甘肅省圖書館

古籍普查登記目錄

（下）

索引

全國古籍普查登記目錄

國家圖書館出版社

National Library of China Publishing House

書名筆畫字頭索引

六畫

八畫

九畫

十畫

11

十二畫

13

十三畫

14

16

十六畫

十七畫

十八畫

十九畫

二十畫

書名筆畫索引

25

三畫

41

四畫

46

53

五畫

六畫

120

八畫

136

140

143

151

九畫

十畫

187

201

215

十二畫

238

239

十三畫

283

285

十五畫

十七畫

十八畫

323

十九畫

327

二十畫

二十一畫

二十二畫

二十三畫

甘肅省圖書館
古籍普查登記目録
（中）

全國古籍普查登記目録

國家圖書館出版社

620000 – 1101 – 0010792　2313

南海普陀山志十五卷首一卷　（清）陳璿等纂
清康熙刻雍正增刻本　十二冊

620000 – 1101 – 0010793　2314

南海普陀山志十五卷首一卷　（清）陳璿等纂
清康熙刻本　二冊　存六卷（一至五、首一
卷）

620000 – 1101 – 0010794　782.7/172

南海學正黃氏家譜十二卷首一卷末一卷
（清）黃任恆編　清宣統三年（1911）保粹堂刻
本　二冊

620000 – 1101 – 0010795　435.3/43

南漢紀五卷　（清）吳蘭修撰　清道光三十年
（1850）南海伍氏粵雅堂文字歡娛室刻本
一冊

620000 – 1101 – 0010796　443.68/0.236

南河成案五十四卷首二卷　（清）□□編　清
道光刻本　三十七冊　存四十六卷（一至二
十八、三十一至三十四、三十六至四十九）

620000 – 1101 – 0010797　443.68/0.236

南河成案五十四卷首二卷　（清）□□編　清
道光刻本　一冊　存五十卷（一至十八、二十
一至四十六、四十九至五十四）

620000 – 1101 – 0010798　933

**南河成案五十四卷首二卷續編一百六卷首一
卷再續編三十八卷首一卷**　（清）□□編　清
道光刻本　三百六十冊

620000 – 1101 – 0010799　443.68/0.236

南河成案續編一百六卷首一卷　（清）□□編
清道光刻本　三十六冊　存八卷（一至二、
二十、二十九至三十、三十七、四十五至四十六）

620000 – 1101 – 0010800　1302

南湖集七卷　（元）貢性之撰　清光緒孔氏嶽
雪樓影抄本　一冊

620000 – 1101 – 0010801　3329

南華發覆八卷　（明）釋性通注　清乾隆十四
年（1749）雲林懷德堂刻本　六冊

620000 – 1101 – 0010802　2856

南華發覆八卷　（明）釋性通注　清天啓文秀
堂刻本　六冊

620000 – 1101 – 0010803　814

南華經內篇集註七卷首一卷　（明）潘基慶集
註　明書林詹霖宇刻本　四冊

620000 – 1101 – 0010804　2948

南華經內篇集註七卷首一卷　（明）潘基慶集
註　明書林詹霖宇刻本　一冊　存四卷（一
至三、首一卷）

620000 – 1101 – 0010805　174

南華經十六卷　（晉）郭象注　（宋）林希逸口
義　（宋）劉辰翁點校　（明）王世貞評點
（明）陳仁錫批注　明刻四色套印本　六冊
存八卷（三至五、八至九、十二至十三、十六）

620000 – 1101 – 0010806　121.331/688.003

南華真經解三卷　（清）宣穎撰　清同治五年
（1866）刻本　六冊

620000 – 1101 – 0010807　121.331/688

南華真經解三卷　（清）宣穎撰　清同治吳氏
刻本　三冊

620000 – 1101 – 0010808　121.331/688.001

南華真經解三卷　（清）宣穎撰　清晚期經國
堂刻本　六冊

620000 – 1101 – 0010809　121.331/688.002

南華真經解三卷　（清）宣穎撰　清泉州郁文
堂刻本　六冊

620000 – 1101 – 0010810　121.331/688.002

南華真經解三卷　（清）宣穎撰　清泉州郁文
堂刻本　一冊　存一卷（一）

620000 – 1101 – 0010811　121.331/688.002

南華真經解三卷　（清）宣穎撰　清泉州郁文
堂刻本　六冊

620000 – 1101 – 0010812　171

南華真經旁注五卷　（明）方虛名撰　明萬曆
二十二年（1594）刻本　八冊

620000 – 1101 – 0010813　3868

南華真經旁注五卷　（明）方虛名撰　明萬曆
刻本　一冊　存三卷（一至三）

620000－1101－0010814　2679

南華真經旁注五卷　（晉）郭象評　（晉）向秀
注　清康熙五十五年（1716）世榮堂刻本
四冊

620000－1101－0010815　2680

南華真經旁注五卷　（晉）郭象評　（晉）向秀
注　清康熙五十五年（1716）世榮堂刻本
五冊

620000－1101－0010816　121.33/877

南華真經旁注五卷　（晉）郭象評　（晉）向秀
注　清嘉慶十一年（1806）文盛堂刻本　三冊

620000－1101－0010817　121.33/877.001

南華真經旁注五卷　（晉）郭象評　（晉）向秀
注　清中晚期刻本　六冊

620000－1101－0010818　121.331/638.001

南華真經十卷　（晉）郭象注　（唐）陸德明音
義　清嘉慶九年（1804）姑蘇聚文堂刻本
四冊

620000－1101－0010819　121.331/37

南華真經正義不分卷　（清）陳壽昌輯　清光
緒十九年（1893）怡顏齋刻本　四冊

620000－1101－0010820　356

南澗甲乙稿二十二卷　（宋）韓元吉撰　清乾
隆武英殿木活字印武英殿聚珍版書本　八冊

620000－1101－0010821　626.901/738

南疆繹史勘本三十卷首二卷　（清）溫睿臨撰
　繹史摭遺十八卷卹諡考八卷　（清）李瑤纂
　　清道光十年（1830）刻本　十六冊

620000－1101－0010822　626.901/738

南疆繹史勘本三十卷首二卷　（清）溫睿臨撰
　繹史摭遺十八卷卹諡考八卷　（清）李瑤纂
　　清道光十年（1830）刻本　二十冊

620000－1101－0010823　830/236

南菁講舍文集六卷　繆荃孫　（清）黃以周編
　清光緒十五年（1889）刻本　四冊

620000－1101－0010824　082.81/120

南菁書院叢書八集四十一種一百四十四卷
王先謙　繆荃孫輯　清光緒十四年（1888）江
陰南菁書院刻本　四十冊　存四十種一百四
十二卷（登科記考三十卷，春秋摘微一卷，深
衣考一卷，左傳補註一卷，穀梁補註一卷，國
語補註一卷，論語註一至二十，群經臏義一
卷，操戈齋遺書四卷，易林釋文二卷，投壺考原
一卷，佚禮扶微五卷，淮南萬畢術一卷，疇人
傳三編七卷，說文職墨三卷，說文舊音補註一
卷、補遺一卷，爾雅詁二卷，吳疆域圖說三卷，
水經註洛涇二水補埗五溪考一卷，開方用表
簡術一卷，毛詩異文箋十卷，勾股演代二卷，
春秋氏族譜拾遺一卷，鄭志考證一卷，釋名補
證一卷，三統術補衍一卷，推步迪蒙記一卷，
史漢駢枝一卷，宋州郡志校勘記一卷，駉思室
答問一卷，漢太初歷考一卷，心巢文錄二卷，
蔡氏月令五卷，律呂古誼六卷，陸氏草本鳥獸
蟲魚疏二卷，劉炫規杜詩持平六卷，周易二閭
記三卷，方氏易學五書五卷，易例輯略一卷，
安甫遺學三卷）

620000－1101－0010825　082.81/120

南菁書院叢書八集四十一種一百四十四卷
王先謙　繆荃孫輯　清光緒十四年（1888）江
陰南菁書院刻本　二十三冊　存二十九種一
百二十二卷（登科記考三十卷，春秋摘微一
卷，深衣考一卷，左傳補註一卷，公羊傳補註
一卷，穀梁傳補註一卷，國語補註一卷，論語
註二十卷，群經臏義一卷，操戈齋遺書四卷，易
林釋文二卷，投壺考原一卷，佚禮扶微五卷，
淮南萬畢術一卷，疇人傳三編七卷，說文職墨
三卷，說文舊音補註一卷、補遺一卷、續一卷、
改錯一卷，爾雅詁二卷，吳疆域圖說三卷，水
經註洛涇二水補埗五溪考一卷，開方用表簡
術一卷，蔡氏月令五卷，律呂古誼六卷，陸氏
草本鳥獸蟲魚疏二卷，劉炫規杜詩持平六卷，
周易二閭記三卷，方氏易學五書五卷，易例輯
略一卷，安甫遺學三卷）

620000－1101－0010826　4232

南齊書五十九卷　（南朝梁）蕭子顯撰　明萬
曆十六年至十七年（1588－1589）南京國子監

刻本　一册　存七卷(四至十)

620000－1101－0010827　1031

南齊書五十九卷　(南朝梁)蕭子顯撰　明萬曆十六年至十七年(1588－1589)南京國子監刻明清遞修本　十册

620000－1101－0010828　1724

南齊書五十九卷　(南朝梁)蕭子顯撰　明萬曆十六年至十七年(1588－1589)南京國子監刻明清遞修本(卷四十七至五十二係補配)　五册　存二十六卷(二十三至三十四、三十七至四十三、四十七至五十三)

620000－1101－0010829　1726

南齊書五十九卷　(南朝梁)蕭子顯撰　明萬曆十六年至十七年(1588－1589)南京國子監刻明清遞修本　七册　存五十二卷(一至十五、二十三至五十九)

620000－1101－0010830　1765

南齊書五十九卷　(南朝梁)蕭子顯撰　明萬曆十六年至十七年(1588－1589)南京國子監刻明清遞修本　四册　存十七卷(十二至十五、二十六至二十九、三十至三十五、五十二至五十四)

620000－1101－0010831　1039

南齊書五十九卷　(南朝梁)蕭子顯撰　明崇禎十年(1637)毛氏汲古閣刻本　八册

620000－1101－0010832　1725

南齊書五十九卷　(南朝梁)蕭子顯撰　明崇禎十年(1637)毛氏汲古閣刻本　三册　存五十四卷(一至七、十三至五十九)

620000－1101－0010833　3172

南齊書五十九卷　(南朝梁)蕭子顯撰　明崇禎十年(1637)毛氏汲古閣刻本　八册

620000－1101－0010834　623.5201/509.01

南齊書五十九卷　(南朝梁)蕭子顯撰　清同治十三年(1874)金陵書局刻本　六册

620000－1101－0010835　623.5201/509.001

南齊書五十九卷　(南朝梁)蕭子顯撰　清同

治十三年(1874)金陵書局刻本　六册

620000－1101－0010836　623.5201/50.16

南齊書五十九卷　(南朝梁)蕭子顯撰　清光緒二十九年(1903)五洲同文局石印本　八册

620000－1101－0010837　4145

南齊書五十九卷　(南朝梁)蕭子顯撰　明萬曆十六年至十七年(1588－1589)南京國子監刻明清遞修本　一册　存四卷(十六至十九)

620000－1101－0010838　847.2/211.01

南山全集十六卷　(清)戴名世撰　清道光三十年(1850)秀野軒木活字印本　三册　存六卷(三至八)

620000－1101－0010839　573.41/731.03

南省公餘錄八卷　(清)梁章鉅撰　清光緒元年(1875)福州梁氏刻本　二册

620000－1101－0010840　14

南史八十卷　(唐)李延壽撰　元大德十年(1306)刻明修本　十册　存二十卷(三十三至五十二)

620000－1101－0010841　803

南史八十卷　(唐)李延壽撰　明萬曆十七年至十九年(1589－1591)南京國子監刻明清遞修本　十七册　存六十卷(一至三、七至五十九、六十三至六十六)

620000－1101－0010842　1718

南史八十卷　(唐)李延壽撰　明萬曆十七年至十九年(1589－1591)南京國子監刻明清遞修本　十一册　存四十五卷(一至二十六、三十二至四十六、五十七至六十)

620000－1101－0010843　1632

南史八十卷　(唐)李延壽撰　明萬曆十七年至十九年(1589－1591)南京國子監刻明清遞修本　二册　存八卷(十一至十八)

620000－1101－0010844　1038

南史八十卷　(唐)李延壽撰　明崇禎十三年(1640)毛氏汲古閣刻本　十八册

620000－1101－0010845　1038

南史八十卷　（唐)李延壽撰　明崇禎十三年
(1640)毛氏汲古閣刻本　二十册

620000－1101－0010846　1038

南史八十卷　（唐)李延壽撰　明崇禎十三年
(1640)毛氏汲古閣刻本　十一册

620000－1101－0010847　1720

南史八十卷　（唐)李延壽撰　明崇禎十三年
(1640)毛氏汲古閣刻本　十八册　存七十八
卷(三至八十)

620000－1101－0010848　1633

南史八十卷　（唐)李延壽撰　北齊書五十卷
　（唐)李百藥撰　明崇禎十三年(1640)毛氏
汲古閣刻本(北齊書係明崇禎十一年毛氏汲
古閣刻本)　五册　存二十九卷(南史六十八
至七十三、七十八至八十，北齊書一至十三、
三十三至三十九)

620000－1101－0010849　1721

南史八十卷　（唐)李延壽撰　（明)張溥評點
　明張溥刻本　三册　存十七卷(列傳十二
至十六、二十四至二十九、三十七至四十二)

620000－1101－0010850　1750

南史八十卷　（唐)李延壽撰　清乾隆四年
(1739)武英殿刻本　三册　存十五卷(四十
五至五十四、六十八至七十二)

620000－1101－0010851　4067

南史八十卷　（唐)李延壽撰　清乾隆四年
(1739)武英殿刻本　十三册　存五十二卷
(一至十四、三十至五十九、七十三至八十)

620000－1101－0010852　4068

南史八十卷　（唐)李延壽撰　清乾隆四年
(1739)武英殿刻本　五册　存二十八卷(三
十八至四十四、五十五至六十七、七十三至八
十)

620000－1101－0010853　623.501/28.01

南史八十卷　（唐)李延壽撰　清同治十一年
(1872)金陵書局刻本　十二册

620000－1101－0010854　623.510/28.002

南史八十卷　（唐)李延壽撰　清光緒十四年
(1888)上海圖書集成局鉛印本　十一册　存
七十六卷(五至八十)

620000－1101－0010855　623.501/293

南史八十卷　（唐)李延壽撰　清光緒二十八
年(1902)上海文瀾書局石印本　四册

620000－1101－0010856　623.407/748

南史識小錄十四卷北史識小錄十四卷　（清)
沈名蓀　（清)朱昆田輯　（清)張應昌補正
清同治十年(1871)武林吳氏清來堂刻本　十
二册

620000－1101－0010857　847.5/168

南墅閒詠集句一卷　（清)黃國珍撰　清道光
二年(1822)刻本　一册

620000－1101－0010858　847.5/168

南墅閒詠集句一卷　（清)黃國珍撰　清道光
二年(1822)刻本　一册

620000－1101－0010859　831.52/378

南宋群賢小集七十四種一百六十九卷　（宋)
陳起輯　（清)顧修重輯　清嘉慶六年(1801)
石門顧氏讀畫齋刻本　三十二册

620000－1101－0010860　625.2/928

南宋書六十八卷　（明)錢士升撰　清嘉慶二
年(1797)掃葉山房刻本　六册　存三十一卷
(一至三十一)

620000－1101－0010861　625.2/928

南宋書六十八卷　（明)錢士升撰　清嘉慶二
年(1797)掃葉山房刻本　六册　存三十七卷
(三十二至六十八)

620000－1101－0010862　625.2/928.001

南宋書六十八卷　（明)錢士升撰　清光緒上
海精一閣書局刻本　十六册

620000－1101－0010863　830.52/525

南宋文範七十卷作者考二卷外編四卷　（清)
莊仲方編　清光緒十四年(1888)江蘇書局刻
本　十六册

620000－1101－0010864　830.52/525

南宋文範七十卷作者考二卷外編四卷　（清）
莊仲方編　清光緒十四年（1888）江蘇書局刻
本　十六冊

620000－1101－0010865　830.52/525

南宋文範七十卷作者考二卷外編四卷　（清）
莊仲方編　清光緒十四年（1888）江蘇書局刻
本　十六冊

620000－1101－0010866　830.52/525

南宋文範七十卷作者考二卷外編四卷　（清）
莊仲方編　清光緒十四年（1888）江蘇書局刻
本　十六冊

620000－1101－0010867　830.52/549

南宋文錄錄二十四卷　（清）董兆熊輯　清光
緒十七年（1891）蘇州書局刻本　六冊

620000－1101－0010868　941.7/33.01

南宋院畫錄八卷　（清）厲鶚輯　清光緒十年
（1884）錢唐丁氏竹書堂刻本　四冊

620000－1101－0010869　941.7/33.01

南宋院畫錄八卷　（清）厲鶚輯　清光緒十年
（1884）錢唐丁氏竹書堂刻本　四冊

620000－1101－0010870　823.187.6/657

南宋樂府一卷　（清）章季英著　（清）趙葆燧
纂注　清光緒二年（1876）歸安趙氏成都刻本
　一冊

620000－1101－0010871　3291

南宋襟事詩七卷　（清）沈嘉轍等撰　清武林
芹香齋刻本　二冊

620000－1101－0010872　831.72/74

南宋雜事詩七卷　（清）沈嘉轍等撰　清同治
十一年（1872）杭州淮南書局刻本　四冊

620000－1101－0010873　831.72/74

南宋雜事詩七卷　（清）沈嘉轍等撰　清同治
十一年（1872）杭州淮南書局刻本　二冊

620000－1101－0010874　435

南唐書三十卷　（宋）馬令撰　明嘉靖二十九
年（1550）顧汝達刻本　六冊

620000－1101－0010875　525

南唐書十八卷　（宋）陸游撰　明崇禎毛氏汲
古閣刻陸放翁全集本　二冊

620000－1101－0010876　624.82/394

南唐書十八卷　（宋）陸游撰　音釋一卷
（元）戚光撰　清嘉慶十五年（1810）種石山房
刻本　二冊

620000－1101－0010877　945.3/682

南田畫跋一卷　（清）惲格撰　清光緒四年
（1878）仁和葛氏刻嘯園叢書本　一冊

620000－1101－0010878　682.2/627

南條水道考異五卷首一卷　（清）方垕著　清
光緒十七年（1891）務本書局刻本　二冊

620000－1101－0010879　522.64/236

南通師範第五次本科實習教授評案不分卷
（清）南通師範學校編輯　清宣統三年（1911）
南通翰墨林書局鉛印本　一冊

620000－1101－0010880　2319

南通州五山全志二十卷　（清）劉名芳纂修
清乾隆十六年（1751）徐嶺刻光緒三年（1877）
修補本　五冊

620000－1101－0010881　845.22/307

南軒文集四十四卷論孟集解十七卷　（宋）張
栻撰　清道光二十五年（1845）綿邑洗墨池刻
本　二十四冊

620000－1101－0010882　945.8/215

南薰殿圖像考二卷　（清）胡敬輯　清嘉慶刻
本　一冊

620000－1101－0010883　627/642

南巡盛典一百二十卷　（清）高晉等撰　清光
緒八年（1882）上海點石齋石印本　八冊

620000－1101－0010884　627/642

南巡盛典一百二十卷　（清）高晉等撰　清光
緒八年（1882）上海點石齋石印本　四冊　存
六十五卷（一至六十五）

620000－1101－0010885　059/236

南洋官報不分卷　（清）南洋官報局編　清光
緒三十一年（1905）南洋官報局鉛印本　二冊

620000－1101－0010886　1977

南陽樂傳奇二卷　（清）夏綸撰　（清）徐夢元評　清乾隆十六年(1751)世光堂刻惺齋五種本　二冊

620000－1101－0010887　847.5/439

南野堂筆記十二卷　（清）吳文溥撰　清嘉慶元年(1796)刻本　五冊

620000－1101－0010888　847.5/439

南野堂詩集七卷首一卷　（清）吳文溥撰　清嘉慶元年(1796)刻本　三冊

620000－1101－0010889　3910

南有草堂集一卷　（清）曹文鐸撰　清乾隆十年(1745)刻本　一冊

620000－1101－0010890　2309

南嶽志八卷　（清）高自位編　清乾隆十八年(1753)開雲樓刻本　六冊

620000－1101－0010891　2310

南嶽志八卷　（清）高自位編　清乾隆十八年(1753)開雲樓刻本　六冊

620000－1101－0010892　683.26/381

南嶽總勝集三卷　（宋）陳田夫撰　古局象棋圖一卷投壺新格一卷　（宋）司馬光撰　清光緒三十二年(1906)長沙葉氏刻麗廔叢書本　二冊

620000－1101－0010893　683.26/381

南嶽總勝集三卷　（宋）陳田夫撰　古局象棋圖一卷投壺新格一卷　（宋）司馬光撰　清光緒三十二年(1906)長沙葉氏刻麗廔叢書本　三冊

620000－1101－0010894　847.2/183

南畇詩稿十卷詩續稿十七卷文稿十二卷小題文稿一卷南畇老人自訂年譜一卷　（清）彭定求撰　清光緒七年(1881)刻本　二冊　存十卷(詩稿十卷)

620000－1101－0010895　847.2/183

南畇詩稿十卷詩續稿十七卷文稿十二卷小題文稿一卷南畇老人自訂年譜一卷　（清）彭定

求撰　清光緒七年(1881)刻本　四冊　存十八卷(詩續稿十七卷、年譜一卷)

620000－1101－0010896　847.4/670

南雲書屋文鈔一卷　（清）廖鴻章著　清光緒永定廖氏刻求可堂兩世遺書本　一冊

620000－1101－0010897　3829

南州草堂集三十卷首一卷續集四卷菊莊詞話一卷菊莊詞甲集一卷　（清）徐釚撰　楓江漁父圖題詞一卷青門集一卷　（清）徐釚輯　清康熙三十四年(1695)菊莊刻本　六冊

620000－1101－0010898　534

難經本義二卷　（元）滑壽撰　明萬曆二十九年(1601)吳勉學刻古今醫統正脈全書本　一冊

620000－1101－0010899　089.8/95

訥盦叢稿八種十二卷　（清）顧鳴鳳撰　清宣統三年(1911)木活字印本　六冊

620000－1101－0010900　573.53/72

內閣漢票籤中書舍人題名一卷補遺一卷　（清）鮑康輯　續編一卷續補遺一卷　（清）丁士彬等輯　清咸豐十一年(1861)直房刻同治續修本　一冊

620000－1101－0010901　573.53/72.17

內閣漢票籤中書舍人題名一卷補遺一卷　（清）鮑康輯　續編一卷續補遺一卷　（清）丁士彬等輯　清咸豐十一年(1861)直房刻光緒續修本(有抄配)　一冊

620000－1101－0010902　802.791/85

內閣撰擬文字二編二卷三編一卷　（清）徐士鑾輯　清同治十一年至十三年(1872－1874)刻本　三冊

620000－1101－0010903　802.791/85

內閣撰擬文字二卷　（清）鮑康輯　清同治七年(1868)刻本　二冊

620000－1101－0010904　558

內經運氣遺篇病釋一卷　（清）陸懋修撰　清稿本　一冊

620000－1101－0010905　413.11/6.294.002

内經知要二卷　(明)李中梓輯　清光緒九年(1883)崇德堂刻本　二冊

620000－1101－0010906　415.2/499

内科理法前編六卷後編總病六卷專病十卷附一卷　(英國)虎伯撰　舒高第口譯　(清)趙元益筆述　清光緒十年(1884)江南製造總局刻本　十冊　存十七卷(前編六卷、後編專病十卷、附一卷)

620000－1101－0010907　415.2/499

内科理法前編六卷後編總病六卷專病十卷附一卷　(英國)虎伯撰　舒高第口譯　(清)趙元益筆述　清光緒十年(1884)江南製造總局刻本　十二冊

620000－1101－0010908　415.2/499

内科理法前編六卷後編總病六卷專病十卷附一卷　(英國)虎伯撰　舒高第口譯　(清)趙元益筆述　清光緒十年(1884)江南製造總局刻本　十二冊

620000－1101－0010909　415.2/499

内科理法前編六卷後編總病六卷專病十卷附一卷　(英國)虎伯撰　舒高第口譯　(清)趙元益筆述　清光緒十年(1884)江南製造總局刻本　十二冊

620000－1101－0010910　415.2/499

内科理法前編六卷後編總病六卷專病十卷附一卷　(英國)虎伯撰　舒高第口譯　(清)趙元益筆述　清光緒十年(1884)江南製造總局刻本　八冊　存十六卷(前編三至六;後編總病六卷,專病二至四、八至十)

620000－1101－0010911　415.2/499

内科理法前編六卷後編總病六卷專病十卷附一卷　(英國)虎伯撰　舒高第口譯　(清)趙元益筆述　清光緒十年(1884)江南製造總局刻本　五冊　存十二卷(後編總病六卷,專病一至三、八至十)

620000－1101－0010912　415.2/499

内科理法前編六卷後編總病六卷專病十卷附

一卷　(英國)虎伯撰　舒高第口譯　(清)趙元益筆述　清光緒十年(1884)江南製造總局刻本　二冊　存六卷(後編總病六卷)

620000－1101－0010913　415.2/499

内科理法前編六卷後編總病六卷專病十卷附一卷　(英國)虎伯撰　舒高第口譯　(清)趙元益筆述　清光緒十年(1884)江南製造總局刻本　一冊　存三卷(後編總病四至六)

620000－1101－0010914　415.2/499

内科理法前編六卷後編總病六卷專病十卷附一卷　(英國)虎伯撰　舒高第口譯　(清)趙元益筆述　清光緒十年(1884)江南製造總局刻本　十冊　存十五卷(前編一至四、後編專病十卷,附一卷)

620000－1101－0010915　529.122/104

内則衍義十六卷　(清)世祖福臨纂　清晚期刻本　八冊

620000－1101－0010916　529.122/104

内則衍義十六卷　(清)世祖福臨纂　清晚期刻本　八冊

620000－1101－0010917　529.122/104

内則衍義十六卷　(清)世祖福臨纂　清晚期刻本　八冊

620000－1101－0010918　529.122/104

内則衍義十六卷　(清)世祖福臨纂　清晚期刻本　八冊

620000－1101－0010919　529.122/104

内則衍義十六卷　(清)世祖福臨纂　清晚期刻本　八冊

620000－1101－0010920　847.6/817

内自訟齋全集十二卷　(清)周凱撰　清中晚期刻本　一冊

620000－1101－0010921　1447

倪石陵書一卷　(宋)倪樸撰　清光緒孔氏嶽雪樓影抄本　一冊

620000－1101－0010922　407

擬寒山詩一卷　(明)張守約撰　明刻本

一册

620000－1101－0010923　407
擬寒山詩一卷　（明）張守約撰　明刻本
二册

620000－1101－0010924　1595
擬漢樂府八卷補遺一卷附錄二卷　（明）胡纘
宗撰　（明）谷繼宗輯解　（明）鄒頤賢評校
明嘉靖十八年(1539)楊祐、李人龍等刻本
二册

620000－1101－0010925　1596
擬漢樂府八卷補遺一卷附錄二卷　（明）胡纘
宗撰　（明）谷繼宗輯解　（明）鄒頤賢評校
明嘉靖十八年(1539)楊祐、李人龍等刻本
二册

620000－1101－0010926　3106
擬漢樂府八卷補遺一卷附錄二卷　（明）胡纘
宗撰　（明）谷繼宗輯解　（明）鄒頤賢評校
明嘉靖十八年(1539)楊祐、李人龍等刻本
一册　存八卷(擬漢樂府八卷)

620000－1101－0010927　459
擬山園初集七十一卷王子二卷　（明）王鐸撰
明崇禎刻本　三十册

620000－1101－0010928　782.17/426
逆臣傳四卷　（清）國史館編輯　清晚期務本
堂刻本　一册

620000－1101－0010929　782.17/426.001
逆臣傳四卷　（清）國史館編輯　清晚期如不
及齋刻本　二册

620000－1101－0010930　782.17/426.002
逆臣傳四卷　（清）國史館編輯　清末都城琉
璃廠半松居士刻本　二册

620000－1101－0010931　847.5/429.7
拈花一笑錄二卷題辭一卷　（清）嚴廷中撰
（清）王僑嶠選　清嘉慶二十一年(1816)刻本
二册

620000－1101－0010932　610.83/119
廿二史策案十二卷首一卷　（清）王鋆輯　清

同治、光緒刻本　二册　存九卷(四至十二)

620000－1101－0010933　1217
廿二史考異一百卷　（清）錢大昕撰　清乾隆
四十五年(1780)潛研堂刻本　三十二册

620000－1101－0010934　4262
廿二史考異一百卷　（清）錢大昕撰　清乾隆
四十五年(1780)潛研堂刻本　二十四册

620000－1101－0010935　4263
廿二史考異一百卷　（清）錢大昕撰　清乾隆
四十五年(1780)潛研堂刻本　十二册　存四
十卷(一至四十)

620000－1101－0010936　192/522
廿二史言行略四十二卷　（清）過元旼輯　清
嘉慶十五年(1810)刻本　八册

620000－1101－0010937　610.8/19.002
廿二史劄記三十六卷補遺一卷　（清）趙翼撰
清嘉慶五年(1800)刻本　十二册

620000－1101－0010938　610.8/19
廿二史劄記三十六卷補遺一卷　（清）趙翼撰
清光緒二十五年(1899)湖南書局刻本　十
六册

620000－1101－0010939　610.8/19.005
廿二史劄記三十六卷補遺一卷　（清）趙翼撰
清光緒二十六年(1900)新化西畬山館刻本
一册　存三卷(二十至二十二)

620000－1101－0010940　610.8/19.001
廿二史劄記三十六卷補遺一卷　（清）趙翼撰
清中晚期刻本　十六册　存三十五卷(二
至三十六)

620000－1101－0010941　610.8/19.006
廿二史劄記三十六卷補遺一卷　（清）趙翼撰
清晚期刻本　一册　存三卷(十七至十九)

620000－1101－0010942　610.8/19.003
廿二史劄記三十六卷首一卷補遺一卷　（清）
趙翼撰　清光緒二十年(1894)廣雅書局刻本
十二册

620000－1101－0010943　610.8/19.003

廿二史劄記三十六卷首一卷補遺一卷 （清）
趙翼撰　清光緒二十年(1894)廣雅書局刻本
十五冊　存三十四卷(三至三十六)

620000－1101－0010944　610.8/19.003

廿二史劄記三十六卷首一卷補遺一卷 （清）
趙翼撰　清光緒二十年(1894)廣雅書局刻本
一冊　存二卷(一至二)

620000－1101－0010945　610.8/19.004

廿二史劄記三十六卷續編四卷 （清）趙翼撰
清光緒二十八年(1902)廣雅書局刻本　十
四冊　存三十四卷(一至十六、二十三至三十
六,續編四卷)

620000－1101－0010946　610.83/994

廿二史志奇八卷 （清）姚彥臣輯　清光緒二
十七年(1901)寶華書局刻本　七冊　存七卷
(一至二、四至八)

620000－1101－0010947　610.81/39

廿二史綜編八卷 （清）陶有容輯　清咸豐三
年(1853)刻本　八冊

620000－1101－0010948　192/930

廿四史分類言行錄四十二卷 （清）錢大昕輯
清光緒二十八年(1902)上海書局石印本
八冊

620000－1101－0010949　610.1/713

廿四史菁華錄七十六卷 （清）汪慶生輯　清
光緒二十九年(1903)上海奎章書局石印本
三冊　存二十六卷(一至八、十七至二十五、
四十五至五十三)

620000－1101－0010950　610.19/971

廿四史約編八卷首一卷 （清）鄭元慶撰
(清)龐祁 （清）龐祉輯　清光緒二十九年
(1903)祥記書莊刻本　八冊

620000－1101－0010951　1958

廿一史彈詞四卷 （明）楊慎撰 （清）張三異
增定　清康熙刻本　四冊

620000－1101－0010952　2606

廿一史彈詞註十卷 （明）楊慎撰 （清）張三

異增定 （清）張仲璜註　清雍正五年(1727)
張坦麟刻本　六冊

620000－1101－0010953　2826

廿一史彈詞註十卷 （明）楊慎撰 （清）張三
異增定 （清）張仲璜註　明史彈詞註一卷
(清)張三異撰 （清）張仲璜註　清乾隆五十
一年(1786)張任佐視履堂刻本　八冊

620000－1101－0010954　2985

廿一史彈詞註十卷 （明）楊慎撰 （清）張三
異增定 （清）張仲璜註　明史彈詞註一卷
(清)張三異撰 （清）張仲璜註　清乾隆五十
一年(1786)張任佐試履堂刻本　八冊

620000－1101－0010955　3799

廿一史彈詞註十卷 （明）楊慎撰 （清）張三
異增定 （清）張仲璜註　明史彈詞註一卷
(清)張三異撰 （清）張仲璜註　清乾隆五十
一年(1786)張任佐試履堂刻本　七冊

620000－1101－0010956　4090

廿一史彈詞註十卷 （明）楊慎撰 （清）張三
異增定 （清）張仲璜註　明史彈詞註一卷
(清)張三異撰 （清）張仲璜註　清乾隆五十
一年(1786)張任佐試履堂刻本　五冊　存七
卷(三至六、九至十,明史彈詞註一卷)

620000－1101－0010957　858.51/272

廿一史彈詞註十卷 （明）楊慎撰 （清）張三
異增定 （清）張仲璜註　清道光十二年
(1832)富平楊浚刻本　三冊　存四卷(一至
二、四、六)

620000－1101－0010958　857.5/273

廿一史彈詞註十卷附類聚數考一卷 （清）張
慎撰 （清）張三異增定　明紀彈詞註二卷
(清)張三異撰　清道光十二年(1832)刻本
十一冊

620000－1101－0010959　610.025/747

廿一史四譜五十四卷 （清）沈炳震撰　清同
治十年(1871)武林吳氏清來堂補刻本　二十
四冊

620000－1101－0010960　610.025/747

廿一史四譜五十四卷　（清）沈炳震撰　清同治十年(1871)武林吳氏清來堂補刻本　十八冊　存三十卷(二十五至五十四)

620000－1101－0010961　2592

廿一史約編八卷首一卷　（清）鄭元慶輯　清康熙三十五年(1696)鄭氏刻本(卷三、五係抄配)　八冊

620000－1101－0010962　2593

廿一史約編八卷首一卷　（清）鄭元慶輯　清康熙刻本　八冊

620000－1101－0010963　3126

廿一史約編八卷首一卷　（清）鄭元慶輯　清雍正刻本　八冊

620000－1101－0010964　2180

廿一史約編八卷首一卷　（清）鄭元慶輯　清同治七年(1868)刻本　八冊

620000－1101－0010965　610.7/972.001

廿一史約編八卷首一卷　（清）鄭元慶輯　清善成堂刻本　八冊

620000－1101－0010966　610.7/972.003

廿一史約編八卷首一卷　（清）鄭元慶輯　清魚計亭刻本　四冊

620000－1101－0010967　610.7/972

廿一史約編八卷首一卷　（清）鄭元慶輯　清晚期刻本　四冊　存四卷(三至五、八)

620000－1101－0010968　610.7/972.002

念初堂詩集四卷　（清）張翽撰　清嘉慶刻本　一冊

620000－1101－0010969　847.5/310.3

念初堂詩集四卷　（清）張翽撰　清嘉慶刻本　一冊

620000－1101－0010970　847.5/310.3

念佛十鏡一卷　（清）鄭學川撰　清咸豐十一年(1861)刻本　一冊

620000－1101－0010971　222.14/979

鳥鼠山人後集二卷　（明）胡纘宗撰　明嘉靖刻清順治十三年(1656)周盛時重修本　二冊

620000－1101－0010972　2787

鳥鼠山人小集十六卷後集二卷近取編二卷願學編二卷擬漢樂府八卷附錄二卷補遺一卷可泉擬涯翁擬古樂府二卷雍音四卷唐雅八卷榮哀錄二卷　（明）胡纘宗撰　明嘉靖刻清、民國遞修本　十三冊　存三十三卷(鳥鼠山人小集十六卷、後集二卷，願學編二卷，擬漢樂府八卷、附錄二卷、補遺一卷，榮哀錄二卷)

620000－1101－0010973　2745

鳥鼠山人小集十六卷後集二卷近取編二卷願學編二卷擬漢樂府八卷附錄二卷補遺一卷可泉擬涯翁擬古樂府二卷雍音四卷唐雅八卷榮哀錄二卷　（明）胡纘宗撰　明嘉靖刻清、民國遞修本　十二冊　存二十八卷(鳥鼠山人小集十六卷，願學編二卷，擬漢樂府一至四、附錄二卷，可泉擬涯翁擬古樂府二卷，榮哀錄二卷)

620000－1101－0010974　2746

鳥鼠山人小集十六卷後集二卷近取編二卷願學編二卷擬漢樂府八卷附錄二卷補遺一卷可泉擬涯翁擬古樂府二卷雍音四卷唐雅八卷榮哀錄二卷　（明）胡纘宗撰　明嘉靖刻清、民國遞修本　二十冊　存四十三卷(鳥鼠山人小集十六卷、後集二卷，擬漢樂府八卷、附錄二卷、補遺一卷，可泉擬涯翁擬古樂府二卷，雍音四卷，唐雅八卷)

620000－1101－0010975　3202

鳥鼠山人小集十六卷後集二卷近取編二卷願學編二卷擬漢樂府八卷附錄二卷補遺一卷可泉擬涯翁擬古樂府二卷雍音四卷唐雅八卷榮哀錄二卷　（明）胡纘宗撰　明嘉靖刻清、民國遞修本　十冊　存二十六卷(鳥鼠山人小集十六卷、後集二卷，擬漢樂府八卷)

620000－1101－0010976　3721

鳥鼠山人小集十六卷後集二卷近取編二卷願學編二卷擬漢樂府八卷附錄二卷補遺一卷可

620000－1101－0010977　3142

鳥鼠山人小集十六卷後集二卷近取編二卷願學編二卷擬漢樂府八卷附錄二卷補遺一卷可

泉擬涯翁擬古樂府二卷雍音四卷唐雅八卷榮哀錄二卷 （明）胡纘宗撰 明嘉靖刻清、民國遞修本 十七冊 存三十七卷（鳥鼠山人小集十六卷、後集二卷,願學編二卷,擬漢樂府八卷,附錄二卷,補遺一卷,雍音四卷,榮哀錄二卷）

620000－1101－0010978 3143
鳥鼠山人小集十六卷後集二卷近取編二卷願學編二卷擬漢樂府八卷附錄二卷補遺一卷可泉擬涯翁擬古樂府二卷雍音四卷唐雅八卷榮哀錄二卷 （明）胡纘宗撰 明嘉靖刻清、民國遞修本 十三冊 存三十三卷（鳥鼠山人小集十六卷、後集二卷,願學編二卷,擬漢樂府八卷,附錄二卷,補遺一卷,榮哀錄二卷）

620000－1101－0010979 3144
鳥鼠山人小集十六卷後集二卷近取編二卷願學編二卷擬漢樂府八卷附錄二卷補遺一卷可泉擬涯翁擬古樂府二卷雍音四卷唐雅八卷榮哀錄二卷 （明）胡纘宗撰 明嘉靖刻清、民國遞修本 十三冊 存三十三卷（鳥鼠山人小集十六卷、後集二卷,願學編二卷,擬漢樂府八卷,附錄二卷,補遺一卷,榮哀錄二卷）

620000－1101－0010980 3390
鳥鼠山人小集十六卷後集二卷近取編二卷願學編二卷擬漢樂府八卷附錄二卷補遺一卷可泉擬涯翁擬古樂府二卷雍音四卷唐雅八卷榮哀錄二卷 （明）胡纘宗撰 明嘉靖刻清、民國遞修本 七冊 存十三卷（鳥鼠山人小集一至七、十五至十六,後集二卷;願學編二卷）

620000－1101－0010981 413.72/157.05
聶氏痘門方旨八卷 （明）聶尚恒撰 清晚期抄本 一冊

620000－1101－0010982 830.71/79
寧都三魏全集八十三卷首一卷 （清）林時益輯 清道光二十五年（1845）寧都謝庭綏綏園書塾刻本 五十冊

620000－1101－0010983 830.71/79
寧都三魏全集八十三卷首一卷 （清）林時益輯 清道光二十五年（1845）寧都謝庭綏綏園書塾刻本 十二冊 存二十七卷（魏季子文集八至十六、魏昭士文集一至十、魏敬士文集一至八）

620000－1101－0010984 830.71/79
寧都三魏全集八十三卷首一卷 （清）林時益輯 清道光二十五年（1845）寧都謝庭綏綏園書塾刻本 四十八冊 存六十四卷（魏伯子文集一至十、附梓室文稿一至六;魏叔子文集外篇一至三、五、七至十、十八,詩集四至八;魏季子文集一至十六、附耕廡文稿二至十、爲谷文稿一至八;首一卷）

620000－1101－0010985 830.71/79
寧都三魏全集八十三卷首一卷 （清）林時益輯 清道光二十五年（1845）寧都謝庭綏綏園書塾刻本 三十八冊 存五十八卷（魏伯子文集一至十,魏叔子文集外篇一至二十二、日錄一至三、詩集一至八,魏季子文集一至八,魏興士文集一至六,首一卷）

620000－1101－0010986 675.75/117.79
寧靈廳地理調查表不分卷 （清）饒守謙編 清宣統元年（1909）抄本 一冊

620000－1101－0010987 675.75/101.79
寧夏縣地理調查表不分卷 （清）朱秉仁編 清宣統元年（1909）抄本 一冊

620000－1101－0010988 671.65/215.78
寧遠縣地理調查表不分卷圖一幅 （清）吳通權編 清晚期抄本 一冊

620000－1101－0010989 567.3/0.701
寧遠縣賦役全書不分卷 （清）□□編 清咸豐二年（1852）刻本 三冊

620000－1101－0010990 782.87/825
牛鑑行述一卷 （清）易棠著 清刻本 一冊

620000－1101－0010991 782.87/825
牛鑑行述一卷 （清）易棠著 清刻本 一冊

620000－1101－0010992 554.973/104
牛戒彙鈔不分卷 （清）世祖福臨輯 清刻本 一冊

620000－1101－0010993　782.87/825.01

牛錦堂先生行略一卷　（清）張敏行著　清同治刻本　一冊

620000－1101－0010994　193/825

牛氏家言二卷　（清）牛作麟撰　清道光三十年(1850)刻同治元年(1862)增刻本　一冊存一卷(上)

620000－1101－0010995　561.11/889

農曹案彙卷不分卷　（清）劉嶽雲撰　清光緒刻本　一冊

620000－1101－0010996　653.5/479.03

農工商部工藝局擴充試辦簡章一卷　（清）農工商部工藝局撰　清光緒三十三年(1907)鉛印本　一冊

620000－1101－0010997　653.785/479

農工商部京師勸工陳列所章程一卷附寄售規則一卷　（清）農工商部擬訂　清光緒三十四年(1908)鉛印本　一冊

620000－1101－0010998　653.785/479.05

農工商部統計表不分卷　（清）農工商部統計處編　清光緒三十四年(1908)鉛印本　二冊

620000－1101－0010999　089.78/700

農工商新論十一種二十四卷　（清）浙東宜今室編輯　清光緒二十五年(1899)上海實事求是齋石印本　十二冊

620000－1101－0011000　355

農桑輯要七卷　（元）司農司撰　清乾隆武英殿木活字印武英殿聚珍版書本　四冊

620000－1101－0011001　3876

農桑輯要七卷　（元）司農司撰　清乾隆蘇州刻武英殿聚珍版書本　二冊

620000－1101－0011002　430/302

農桑輯要七卷　（元）司農司撰　**蠶桑要略一卷**　（清）行行孚撰　清光緒桐廬袁氏漸西村舍刻本　二冊

620000－1101－0011003　430/302

農桑輯要七卷　（元）司農司撰　**蠶桑要略一**

卷　（清）張行孚撰　清光緒桐廬袁氏漸西村舍刻本　二冊

620000－1101－0011004　554.1/482

農事私議二卷附墾荒裕國策不分卷　羅振玉著　清光緒刻本　一冊

620000－1101－0011005　235

農書二十二卷　（元）王禎撰　清乾隆武英殿木活字印武英殿聚珍版書本　十冊

620000－1101－0011006　430/378

農書三卷　（宋）陳旉撰　**蠶書一卷**　（宋）秦觀撰　**附錄耕織圖詩一卷**　（□）□□撰　清光緒津河廣仁堂刻本　一冊

620000－1101－0011007　403

農田餘話二卷　（明）長谷真逸撰　明萬曆刻寶顏堂祕笈本　一冊

620000－1101－0011008　432.4/426

農務化學簡法三卷　（美國）固來納撰　（英國）傅蘭雅口譯　（清）王樹善筆述　清光緒二十九年(1903)江南製造局刻本　一冊

620000－1101－0011009　432.4/426

農務化學簡法三卷　（美國）固來納撰　（英國）傅蘭雅口譯　（清）王樹善筆述　清光緒二十九年(1903)江南製造局刻本　一冊

620000－1101－0011010　432.4/426

農務化學簡法三卷　（美國）固來納撰　（英國）傅蘭雅口譯　（清）王樹善筆述　清光緒二十九年(1903)江南製造局刻本　一冊

620000－1101－0011011　432.4/426

農務化學簡法三卷　（美國）固來納撰　（英國）傅蘭雅口譯　（清）王樹善筆述　清光緒二十九年(1903)江南製造局刻本　一冊

620000－1101－0011012　432.4/426

農務化學簡法三卷　（美國）固來納撰　（英國）傅蘭雅口譯　（清）王樹善筆述　清光緒二十九年(1903)江南製造局刻本　一冊

620000－1101－0011013　432.4/426

農務化學簡法三卷　（美國）固來納撰　（英

國)傅蘭雅口譯　（清）王樹善筆述　清光緒二十九年(1903)江南製造局刻本　一冊

620000－1101－0011014　432.4/912
農務化學問答二卷　（英國）仲斯敦著　（英國）秀耀春口譯　（清）范熙庸筆述　清光緒二十五年(1899)江南製造總局刻本　二冊

620000－1101－0011015　432.4/912
農務化學問答二卷　（英國）仲斯敦著　（英國）秀耀春口譯　（清）范熙庸筆述　清光緒二十五年(1899)江南製造總局刻本　二冊

620000－1101－0011016　432.4/912
農務化學問答二卷　（英國）仲斯敦著　（英國）秀耀春口譯　（清）范熙庸筆述　清光緒二十五年(1899)江南製造總局刻本　二冊

620000－1101－0011017　432/628－1
農務全書上編十六卷　（美國）施妥縷撰　舒高第口譯　（清）趙詒琛筆述　清光緒三十三年(1907)江南機器製造總局刻本　八冊

620000－1101－0011018　432/628－1
農務全書上編十六卷　（美國）施妥縷撰　舒高第口譯　（清）趙詒琛筆述　清光緒三十三年(1907)江南機器製造總局刻本　八冊

620000－1101－0011019　432/628－1
農務全書上編十六卷　（美國）施妥縷撰　舒高第口譯　（清）趙詒琛筆述　清光緒三十三年(1907)江南機器製造總局刻本　一冊　存二卷(十五至十六)

620000－1101－0011020　432/628－1
農務全書上編十六卷　（美國）施妥縷撰　舒高第口譯　（清）趙詒琛筆述　清光緒三十三年(1907)江南機器製造總局刻本　四冊　存八卷(三至六、十三至十六)

620000－1101－0011021　432/628－1
農務全書上編十六卷　（美國）施妥縷撰　舒高第口譯　（清）趙詒琛筆述　清光緒三十三年(1907)江南機器製造總局刻本　七冊　存十三卷(一至六、十至十六)

620000－1101－0011022　432/628－1
農務全書上編十六卷　（美國）施妥縷撰　舒高第口譯　（清）趙詒琛筆述　清光緒三十三年(1907)江南機器製造總局刻本　三冊　存五卷(三至四、十至十二)

620000－1101－0011023　432/628－3
農務全書下編十六卷　（美國）施妥縷撰　舒高第口譯　（清）趙詒琛筆述　清宣統元年(1909)江南製造局刻本　八冊

620000－1101－0011024　432/628－3
農務全書下編十六卷　（美國）施妥縷撰　舒高第口譯　（清）趙詒琛筆述　清宣統元年(1909)江南製造局刻本　八冊

620000－1101－0011025　432/628－3
農務全書下編十六卷　（美國）施妥縷撰　舒高第口譯　（清）趙詒琛筆述　清宣統元年(1909)江南製造局刻本　四冊　存七卷(一至四、七至九)

620000－1101－0011026　432/628－2
農務全書中編十六卷　（美國）施妥縷撰　舒高第口譯　（清）趙詒琛筆述　清宣統元年(1909)江南製造局刻本　八冊

620000－1101－0011027　432/628－2
農務全書中編十六卷　（美國）施妥縷撰　舒高第口譯　（清）趙詒琛筆述　清宣統元年(1909)江南製造局刻本　八冊

620000－1101－0011028　432/628－2
農務全書中編十六卷　（美國）施妥縷撰　舒高第口譯　（清）趙詒琛筆述　清宣統元年(1909)江南製造局刻本　八冊

620000－1101－0011029　432/628－2
農務全書中編十六卷　（美國）施妥縷撰　舒高第口譯　（清）趙詒琛筆述　清宣統元年(1909)江南製造局刻本　八冊

620000－1101－0011030　432/628－2
農務全書中編十六卷　（美國）施妥縷撰　舒高第口譯　（清）趙詒琛筆述　清宣統元年(1909)江南製造局刻本　八冊

620000 - 1101 - 0011031　432/628 - 2

農務全書中編十六卷　（美國）施妥縷撰　舒
高第口譯　（清）趙詒琛筆述　清宣統元年
(1909)江南製造局刻本　一冊　存三卷(二
至四)

620000 - 1101 - 0011032　432/628 - 2

農務全書中編十六卷　（美國）施妥縷撰　舒
高第口譯　（清）趙詒琛筆述　清宣統元年
(1909)江南製造局刻本　四冊　存七卷(二
至八)

620000 - 1101 - 0011033　432/628 - 2

農務全書中編十六卷　（美國）施妥縷撰　舒
高第口譯　（清）趙詒琛筆述　清宣統元年
(1909)江南製造局刻本　六冊　存十二卷
(二至十三)

620000 - 1101 - 0011034　432/113

農務述聞六卷附一卷　（美國）施妥縷撰　舒
高第口譯　（清）趙詒琛筆述　清光緒北洋官
報局石印本　一冊

620000 - 1101 - 0011035　432.2/987

農務土質論三卷圖說一卷　（美國）金福蘭格
令希蘭撰　（美國）衛理口譯　（清）范熙庸筆
述　清光緒二十六年(1900)江南製造局刻本
三冊

620000 - 1101 - 0011036　432.2/987

農務土質論三卷圖說一卷　（美國）金福蘭格
令希蘭撰　（美國）衛理口譯　（清）范熙庸筆
述　清光緒二十六年(1900)江南製造局刻本
三冊

620000 - 1101 - 0011037　432.2/987

農務土質論三卷圖說一卷　（美國）金福蘭格
令希蘭撰　（美國）衛理口譯　（清）范熙庸筆
述　清光緒二十六年(1900)江南製造局刻本
三冊

620000 - 1101 - 0011038　432.2/987

農務土質論三卷圖說一卷　（美國）金福蘭格
令希蘭撰　（美國）衛理口譯　（清）范熙庸筆
述　清光緒二十六年(1900)江南製造局刻本

014

三冊

620000 - 1101 - 0011039　432.2/987

農務土質論三卷圖說一卷　（美國）金福蘭格
令希蘭撰　（美國）衛理口譯　（清）范熙庸筆
述　清光緒二十六年(1900)江南製造局刻本
三冊

620000 - 1101 - 0011040　432.2/987

農務土質論三卷圖說一卷　（美國）金福蘭格
令希蘭撰　（美國）衛理口譯　（清）范熙庸筆
述　清光緒二十六年(1900)江南製造局刻本
三冊

620000 - 1101 - 0011041　432.2/987

農務土質論三卷圖說一卷　（美國）金福蘭格
令希蘭撰　（美國）衛理口譯　（清）范熙庸筆
述　清光緒二十六年(1900)江南製造局刻本
一冊　存一卷(一)

620000 - 1101 - 0011042　432.2/987

農務土質論三卷圖說一卷　（美國）金福蘭格
令希蘭撰　（美國）衛理口譯　（清）范熙庸筆
述　清光緒二十六年(1900)江南製造局刻本
三冊

620000 - 1101 - 0011043　432.2/987.001

農務土質論三卷圖說一卷　（美國）金福蘭格
令希蘭撰　（美國）衛理口譯　（清）范熙庸筆
述　清光緒二十九年(1903)江南總農會石印
本　一冊

620000 - 1101 - 0011044　016.43/906

農務要書簡明目錄一卷　（英國）傅蘭雅口譯
（清）王樹善筆述　清光緒二十七年(1901)
上海製造局刻本　一冊

620000 - 1101 - 0011045　016.43/906

農務要書簡明目錄一卷　（英國）傅蘭雅口譯
（清）王樹善筆述　清光緒二十七年(1901)
上海製造局刻本　一冊

620000 - 1101 - 0011046　016.43/906

農務要書簡明目錄一卷　（英國）傅蘭雅口譯
（清）王樹善筆述　清光緒二十七年(1901)
上海製造局刻本　一冊

620000－1101－0011047　016.43/906

農務要書簡明目錄一卷　（英國）傅蘭雅口譯
（清）王樹善筆述　清光緒二十七年(1901)
上海製造局刻本　一冊

620000－1101－0011048　016.43/906

農務要書簡明目錄一卷　（英國）傅蘭雅口譯
（清）王樹善筆述　清光緒二十七年(1901)
上海製造局刻本　一冊

620000－1101－0011049　016.43/906

農務要書簡明目錄一卷　（英國）傅蘭雅口譯
（清）王樹善筆述　清光緒二十七年(1901)
上海製造局刻本　一冊

620000－1101－0011050　016.43/906

農務要書簡明目錄一卷　（英國）傅蘭雅口譯
（清）王樹善筆述　清光緒二十七年(1901)
上海製造局刻本　一冊

620000－1101－0011051　430.05/479

農學報不分卷　（清）上海農學會編　清光緒
二十三年(1897)江南總農會石印本　一百
七冊

620000－1101－0011052　430.05/479

農學報十八卷　（清）上海農學會編　清光緒
二十三年至三十一年(1897－1905)江南總農
會石印本　二十冊

620000－1101－0011053　430.05/479

農學報一百十卷　（清）上海農學會編　清光
緒二十三年至二十六年(1897－1900)石印本
九冊

620000－1101－0011054　432/1005

農學初級一卷　（英國）旦爾恒理撰　（英國）
秀耀春口譯　（清）范熙庸筆述　清光緒二十
四年(1898)上海製造局刻本　一冊

620000－1101－0011055　432/1005

農學初級一卷　（英國）旦爾恒理撰　（英國）
秀耀春口譯　（清）范熙庸筆述　清光緒二十
四年(1898)上海製造局刻本　一冊

620000－1101－0011056　432/1005

農學初級一卷　（英國）旦爾恒理撰　（英國）
秀耀春口譯　（清）范熙庸筆述　清光緒二十
四年(1898)上海製造局刻本　一冊

620000－1101－0011057　432/1005

農學初級一卷　（英國）旦爾恒理撰　（英國）
秀耀春口譯　（清）范熙庸筆述　清光緒二十
四年(1898)上海製造局刻本　一冊

620000－1101－0011058　432/1005

農學初級一卷　（英國）旦爾恒理撰　（英國）
秀耀春口譯　（清）范熙庸筆述　清光緒二十
四年(1898)上海製造局刻本　一冊

620000－1101－0011059　432/1005

農學初級一卷　（英國）旦爾恒理撰　（英國）
秀耀春口譯　（清）范熙庸筆述　清光緒二十
四年(1898)上海製造局刻本　一冊

620000－1101－0011060　432/1005

農學初級一卷　（英國）旦爾恒理撰　（英國）
秀耀春口譯　（清）范熙庸筆述　清光緒二十
四年(1898)上海製造局刻本　一冊

620000－1101－0011061　430.8/71

農學叢書初集九十一種一百十五卷　（清）上
海農學會譯印　清光緒江南總農會石印本
二十冊

620000－1101－0011062　430.8/71.02

農學叢書第二集四十八種五十四卷　（清）上
海農學會譯印　清光緒江南總農會石印本
十冊

620000－1101－0011063　430.8/71.06

農學叢書第六集二十五種三十四卷　（清）江
南總農會譯印　清光緒江南總農會石印本
十冊

620000－1101－0011064　430.8/71.06

農學叢書第六集二十五種三十四卷　（清）江
南總農會譯印　清光緒江南總農會石印本
十冊

620000－1101－0011065　430.8/71.07

農學叢書第七集二十三種三十七卷　（清）江

南總農會譯印　清光緒江南總農會石印本
十冊

620000－1101－0011066　430.8/71.07
農學叢書第七集二十三種三十七卷　(清)江
南總農會譯印　清光緒江南總農會石印本
十冊

620000－1101－0011067　430.8/71.03
農學叢書第三集十一種二十四卷　(清)江南
總農會譯印　清光緒二十七年(1901)江南總
農會石印本　十冊

620000－1101－0011068　430.8/71.03
農學叢書第三集十一種二十四卷　(清)江南
總農會譯印　清光緒二十七年(1901)江南總
農會石印本　十冊

620000－1101－0011069　430.8/71.04
農學叢書第四集二十五種三十四卷　(清)江
南總農會譯印　清光緒二十九年(1903)江南
總農會石印本　十二冊

620000－1101－0011070　430.8/71.05
農學叢書第五集十二種二十九卷　(清)上海
農學會譯印　清光緒江南總農會石印本
十冊

620000－1101－0011071　430.8/71.05
農學叢書第五集十二種二十九卷　(清)上海
農學會譯印　清光緒江南總農會石印本
十冊

620000－1101－0011072　430.8/71
農學叢書九十一種□□卷　(清)上海農學會
編譯　清光緒江南總農會石印本　十一冊
存五十一種六十三卷(農書三卷、農學初階一
卷、農學初級一卷、農學入門一至三、土壤學
一卷、耕作篇一卷、氣候論一卷、農業保險論
一卷、植學啓原一至三、植稻改良法一卷、陸
稻栽培法一卷、種印度粟法一卷、甜菜培養法
一卷、甘諸試驗成蹟一卷、茶事試驗報告一
卷、日本製茶書一卷、家菌長養法一卷、農產
物分析表一卷、葡萄酒譜三卷、製蘆粟糖法一
卷、驗糖簡易方一卷、美國種蘆粟栽製試驗表

一卷、美國植棉書一卷、植美棉簡法一卷、種
棉實驗說一卷、麻栽製法一卷、蒲葵栽製法一
卷、種藍畧法一卷、吳苑栽桑記一卷、薄荷栽
培製造法一卷、人參攷一卷、樟樹論一卷、煉
樟圖說一卷、植漆法一卷、植三椏樹法一卷、
植雁皮法一卷、植楮法一卷、果樹栽培總論一
卷、種樹書一卷、林業篇一卷、森林保護學一
卷、種植學三卷、草木移植心得一卷、植物近
利志一卷、橋李屠氏藝菊法一卷、月季花譜一
卷、肥料篇一卷、廐肥篇一卷、肥料保護篇一
卷、農學肥料初編二卷、農學肥料續編二卷)

620000－1101－0011073　430.8/71.01
農學叢書四集一百五十種□□卷　(清)江南
總農會譯印　清光緒江南總農會石印本　六
冊　存二十七種四十卷(飼育野蠶識略一卷、
蠶書一卷、湖蠶述四卷、養蠶成法一卷、粵東
飼八蠶法一卷、製絮說一卷、害蟲要說六卷、
驅除害蟲全書一卷、京師土產表略一卷、江震
物產表一卷、南通州物產表一卷、寧波物產表
一卷、武陵土產表一卷、善化土產表一卷、瑞
安土產表一卷、札幌農學施設一卷、杭州蠶學
館章程一卷、蠶業學校指引一卷、瑞安務農支
會試辦章程一卷、整飭皖茶文牘一卷、生絲繭
種審查法一卷、簡易繰絲法一卷、永城土產表
一卷、武陟土產表一卷、戊戌年中國農產物貿
易表一卷、日本水產會章程一卷、農雅六卷)

620000－1101－0011074　432/943
農學津梁不分卷　(英國)恒里湯納耳著
(英國)衛理譯　(清)汪振聲述　清光緒二十
八年(1902)江南製造局刻本　一冊

620000－1101－0011075　432/943
農學津梁不分卷　(英國)恒里湯納耳著
(英國)衛理譯　(清)汪振聲述　清光緒二十
八年(1902)江南製造局刻本　一冊

620000－1101－0011076　432/943
農學津梁不分卷　(英國)恒里湯納耳著
(英國)衛理譯　(清)汪振聲述　清光緒二十
八年(1902)江南製造局刻本　一冊

620000－1101－0011077　432/682

農學津梁不分卷 （英國）恒里湯納耳著 （英國）衛理譯 （清）汪振聲述 清光緒二十八年(1902)江南製造局刻本 一冊

620000－1101－0011078 432/682

農學津梁不分卷 （英國）恒里湯納耳著 （英國）衛理譯 （清）汪振聲述 清光緒二十八年(1902)江南製造局刻本 一冊

620000－1101－0011079 430/953

農政全書六十卷 （明）徐光啓撰 清道光二十三年(1843)王壽康曙海樓刻本 十六冊

620000－1101－0011080 430/953.001

農政全書六十卷 （明）徐光啓撰 清道光二十三年(1843)王壽康曙海樓刻本 二十四冊

620000－1101－0011081 430/953.001

農政全書六十卷 （明）徐光啓撰 清道光二十三年(1843)王壽康曙海樓刻本 十一冊 存三十卷(三十一至六十)

620000－1101－0011082 430/953.002

農政全書六十卷 （明）徐光啓撰 清同治十三年(1874)山東書局刻本 二十冊

620000－1101－0011083 430/953.003

農政全書六十卷 （明）徐光啓撰 清宣統元年(1909)上海求學齋局石印本 八冊

620000－1101－0011084 430/953.003

農政全書六十卷 （明）徐光啓撰 清宣統元年(1909)上海求學齋局石印本 八冊

620000－1101－0011085 430/953.003

農政全書六十卷 （明）徐光啓撰 清宣統元年(1909)上海求學齋局石印本 八冊

620000－1101－0011086 443.62/482

農政全書水利摘要補註一卷附陝西鑿井成案一卷 （清）羅仲玉補注 清道光九年(1829)敬恕堂刻本 一冊

620000－1101－0011087 443.62/482

農政全書水利摘要補註一卷附陝西鑿井成案一卷 （清）羅仲玉補注 清道光九年(1829)敬恕堂刻本 一冊 存一卷(農政全書水利摘要補註一卷)

620000－1101－0011088 847.6/418

耨雲軒詞二卷 （清）馬汾撰 清道光二十七年(1847)刻本 一冊

620000－1101－0011089 192.15/124

女誡淺釋一卷附校勘記一卷 （漢）班昭撰 （清）勞紡釋 清光緒二十五年(1899)守拙之居刻本 一冊

620000－1101－0011090 192.15/124

女誡淺釋一卷附校勘記一卷 （漢）班昭撰 （清）勞紡釋 清光緒二十五年(1899)守拙之居刻本 一冊

620000－1101－0011091 413.6/0.992.7

女科節要不分卷 （□）□□撰 清中晚期抄本 一冊

620000－1101－0011092 413.6/516

女科秘要不分卷 （□）□□撰 清中晚期抄本 一冊

620000－1101－0011093 413.6/906.08

女科仙方四卷 （清）傅青主撰 清道光二十六年(1846)刻本 一冊

620000－1101－0011094 413.6/386

女科要旨四卷 （清）陳念祖撰 清晚期刻本 一冊

620000－1101－0011095 413.6/386.001

女科要旨四卷 （清）陳念祖撰 清晚期刻本 一冊

620000－1101－0011096 192.15/112.001

女四書四卷 （明）王相箋注 清光緒十三年(1887)上海江左書林刻本 一冊 存二卷(宋若昭女論語一卷、王節婦女範捷錄一卷)

620000－1101－0011097 192.15/112

女四書註釋四卷 （明）王相箋注 清道光二年(1822)行恕堂刻本 三冊

620000－1101－0011098 192.15/331

女小學一卷附呂近溪先生女兒語一卷附教女八綱一卷 （清）賀瑞麟編 清光緒五年

(1879)岐山武氏刻本　一册

620000－1101－0011099　193.1/980

女孝經一卷　（唐）鄭氏撰　清光緒二十八年
(1902)西安李氏刻懷潞園叢刊本　一册

620000－1101－0011100　193.1/980

女孝經一卷　（唐）鄭氏撰　清光緒二十八年
(1902)西安李氏刻懷潞園叢刊本　一册

620000－1101－0011101　193.1/980

女孝經一卷　（唐）鄭氏撰　清光緒二十八年
(1902)西安李氏刻懷潞園叢刊本　一册

620000－1101－0011102　192.15/517

女學六卷　（清）藍鼎元編　清宣統元年
(1909)省垣書局刻本　四册

620000－1101－0011103　802.81/627

女子國文讀本不分卷　（清）方瀏生編輯　清
光緒三十一年(1905)上海商務印書館鉛印本
一册

620000－1101－0011104　802.81/627

女子國文讀本不分卷　（清）方瀏生編輯　清
光緒三十一年(1905)上海商務印書館鉛印本
一册

620000－1101－0011105　802.81/627

女子國文讀本不分卷　（清）方瀏生編輯　清
光緒三十一年(1905)上海商務印書館鉛印本
一册

620000－1101－0011106　802.81/627

女子國文讀本不分卷　（清）方瀏生編輯　清
光緒三十一年(1905)上海商務印書館鉛印本
一册

620000－1101－0011107　089.74/19

甌北全集七種一百七十五卷　（清）趙翼撰
清晚期刻本　十四册　存四種五十九卷(皇
朝武功紀盛三至四、甌北詩鈔二十卷、甌北詩
話十二卷、甌北集一至二十五)

620000－1101－0011108　3272

甌北詩鈔二十卷　（清）趙翼撰　清乾隆五十
六年(1791)湛貽堂刻甌北全集本　六册

620000－1101－0011109　847.5/197

甌北詩鈔十九卷詩話十二卷　（清）趙翼撰
清同治十三年(1874)紅杏山房刻本　八册

620000－1101－0011110　941.2/285

甌鉢羅室書畫過目考四卷首一卷附一卷
（清）李玉棻編輯　清光緒二十三年(1897)刻
本　四册

620000－1101－0011111　941.7/28

甌鉢羅室書畫過目考四卷首一卷附一卷
（清）李玉棻編輯　清光緒二十三年(1897)刻
本　四册

620000－1101－0011112　941.7/28

甌鉢羅室書畫過目考四卷首一卷附一卷
（清）李玉棻編輯　清光緒二十三年(1897)刻
本　二册

620000－1101－0011113　941.32/285

甌鉢羅室書畫過目考四卷首一卷附一卷
（清）李玉棻編輯　清晚期上海鴻文齋石印本
四册

620000－1101－0011114　847.2/682

甌香館集十二卷首一卷末一卷　（清）惲格著
（清）蔣光煦輯　清光緒七年(1881)刻本
四册

620000－1101－0011115　847.2/682

甌香館集十二卷首一卷末一卷　（清）惲格著
（清）蔣光煦輯　清光緒七年(1881)刻本
四册

620000－1101－0011116　740.1/844

歐羅巴通史四卷　（日本）箕作元八　（日本）
峰岸米造纂　（清）胡景伊等譯　清光緒二十
六年(1900)東亞譯書會刻本　四册

620000－1101－0011117　740.1/844

歐羅巴通史不分卷　（日本）箕作元八　（日
本）峰岸米造纂　（清）胡景伊等譯　清光緒
二十六年(1900)東亞譯書會鉛印本　四册

620000－1101－0011118　740.1/844

歐羅巴通史不分卷　（日本）箕作元八　（日

本)峰岸米造纂 （清）胡景伊等譯 清光緒
二十六年(1900)東亞譯書會鉛印本 四冊

620000－1101－0011119 740.1/844

歐羅巴通史不分卷 （日本）箕作元八 （日
本）峰岸米造纂 （清）胡景伊等譯 清光緒
二十六年(1900)東亞譯書會鉛印本 四冊

620000－1101－0011120 858.49/524

閨閣錄不分卷 （清）夢覺子彙集 清刻本
一冊

620000－1101－0011121 521.41/676

歐美教育觀不分卷 （日本）育成會原本
（清）呂烈輝譯 清光緒二十九年(1903)北京
大學堂官書局鉛印本 一冊

620000－1101－0011122 589.29/754

歐美日本審判廳編制法通義二卷 潘承鍔編
輯 清宣統元年(1909)中國圖書公司鉛印本
一冊

620000－1101－0011123 574.1/212

歐美政治要義不分卷 （清）戴鴻慈 （清）端
方編 清光緒三十三年(1907)上海商務印書
館石印本 四冊

620000－1101－0011124 574.1/212

歐美政治要義不分卷 （清）戴鴻慈 （清）端
方編 清光緒三十三年(1907)上海商務印書
館石印本 四冊

620000－1101－0011125 626.84/42

歐陽氏遺書一卷 （清）歐陽直撰 清晚期刻
本 一冊

620000－1101－0011126 3983

歐陽文忠公居士集一百五卷 （宋）歐陽修撰
年譜一卷 （宋）胡柯撰 清康熙十一年
(1672)曾弘白鷺書院刻本 十三冊 存七十
一卷(一至五十四、六十二至六十七、八十二
至八十八、九十六至九十九)

620000－1101－0011127 461

歐陽文忠公毛詩本義十六卷 （宋）歐陽修撰
明刻本 二冊

620000－1101－0011128 1648

歐陽文忠公全集一百五十三卷附錄五卷
（宋）歐陽修撰 清乾隆十一年(1746)孝思堂
刻本 三十二冊

620000－1101－0011129 2489

歐陽文忠公全集一百五十三卷附錄五卷
（宋）歐陽修撰 清乾隆十一年(1746)孝思堂
刻本(卷二、六、十二係抄配) 三十冊

620000－1101－0011130 3988

歐陽文忠公全集一百五十三卷附錄五卷
（宋）歐陽修撰 清乾隆十一年(1746)孝思堂
刻本 二十五冊 存七十九卷(一至四十一、
八十四至一百二十一)

620000－1101－0011131 845.14/42

歐陽文忠公全集一百五十三卷附錄五卷
（宋）歐陽修撰 年譜一卷 （宋）胡柯撰 清
嘉慶二十四年(1819)歐陽衡刻本 三冊 存
十二卷(一百十六至一百十八、一百二十六至
一百三十、一百三十六至一百三十九)

620000－1101－0011132 845.14/42

歐陽文忠公全集一百五十三卷附錄五卷
（宋）歐陽修撰 年譜一卷 （宋）胡柯撰 清
嘉慶二十四年(1819)歐陽衡刻本 四十八冊

620000－1101－0011133 845.14/42.02

歐陽文忠公全集一百五十三卷附錄五卷
（宋）歐陽修撰 年譜一卷 （宋）胡柯撰 清
嘉慶二十四年(1819)歐陽衡刻本 二十四冊

620000－1101－0011134 472

歐陽先生文粹二十卷 （宋）歐陽修撰 （宋）
陳亮輯 **遺粹十卷** （宋）歐陽修撰 （明）郭
雲鵬輯 明嘉靖二十六年(1547)郭雲鵬寶善
堂刻本 十二冊

620000－1101－0011135 784.0/286

歐洲八大帝王傳一卷 （英國）李提摩太撰
清光緒二十年(1894)上海廣學會鉛印本
一冊

620000－1101－0011136 740.26/345

歐洲東方交涉記十二卷 （英國）麥高爾輯著

（美國）林樂知 （清）瞿昂來譯 清光緒六年(1880)江南機器製造總局刻本 二冊

620000－1101－0011137 740.26/345

歐洲東方交涉記十二卷 （英國）麥高爾輯著 （美國）林樂知 （清）瞿昂來譯 清光緒六年(1880)江南機器製造總局刻本 二冊

620000－1101－0011138 740.26/345

歐洲東方交涉記十二卷 （英國）麥高爾輯著 （美國）林樂知 （清）瞿昂來譯 清光緒六年(1880)江南機器製造總局刻本 二冊

620000－1101－0011139 740.26/345

歐洲東方交涉記十二卷 （英國）麥高爾輯著 （美國）林樂知 （清）瞿昂來譯 清光緒六年(1880)江南機器製造總局刻本 二冊

620000－1101－0011140 740.26/345

歐洲東方交涉記十二卷 （英國）麥高爾輯著 （美國）林樂知 （清）瞿昂來譯 清光緒六年(1880)江南機器製造總局刻本 二冊

620000－1101－0011141 740.26/345

歐洲東方交涉記十二卷 （英國）麥高爾輯著 （美國）林樂知 （清）瞿昂來譯 清光緒六年(1880)江南機器製造總局刻本 二冊

620000－1101－0011142 740.26/345

歐洲東方交涉記十二卷 （英國）麥高爾輯著 （美國）林樂知 （清）瞿昂來譯 清光緒六年(1880)江南機器製造總局刻本 二冊

620000－1101－0011143 740.26/345

歐洲東方交涉記十二卷 （英國）麥高爾輯著 （美國）林樂知 （清）瞿昂來譯 清光緒六年(1880)江南機器製造總局刻本 二冊

620000－1101－0011144 740.26/345

歐洲東方交涉記十二卷 （英國）麥高爾輯著 （美國）林樂知 （清）瞿昂來譯 清光緒六年(1880)江南機器製造總局刻本 二冊

620000－1101－0011145 740.26/345

歐洲東方交涉記十二卷 （英國）麥高爾輯著 （美國）林樂知 （清）瞿昂來譯 清光緒六

年(1880)江南機器製造總局刻本 二冊

620000－1101－0011146 740.26/345

歐洲東方交涉記十二卷 （英國）麥高爾輯著 （美國）林樂知 （清）瞿昂來譯 清光緒六年(1880)江南機器製造總局刻本 二冊

620000－1101－0011147 740.26/345

歐洲東方交涉記十二卷 （英國）麥高爾輯著 （美國）林樂知 （清）瞿昂來譯 清光緒六年(1880)江南機器製造總局刻本 二冊

620000－1101－0011148 740.26/345

歐洲東方交涉記十二卷 （英國）麥高爾輯著 （美國）林樂知 （清）瞿昂來譯 清光緒六年(1880)江南機器製造總局刻本 二冊

620000－1101－0011149 740.26/345

歐洲東方交涉記十二卷 （英國）麥高爾輯著 （美國）林樂知 （清）瞿昂來譯 清光緒六年(1880)江南機器製造總局刻本 二冊

620000－1101－0011150 740.26/345

歐洲東方交涉記十二卷 （英國）麥高爾輯著 （美國）林樂知 （清）瞿昂來譯 清光緒六年(1880)江南機器製造總局刻本 二冊

620000－1101－0011151 740.26/345

歐洲東方交涉記十二卷 （英國）麥高爾輯著 （美國）林樂知 （清）瞿昂來譯 清光緒六年(1880)江南機器製造總局刻本 一冊 存七卷(六至十二)

620000－1101－0011152 740.1/410

歐洲歷史攬要四卷 （日本）長谷川誠也著 （清）敬業學社譯 清光緒二十八年(1902)敬業學社石印本 二冊

620000－1101－0011153 740.27/686

歐洲列國變法史二十一卷附校勘記一卷 （法國）賽那布著 （清）許士熊譯 清光緒二十九年(1903)上海文明書局鉛印本 七冊 存十九卷(一至五、九至二十一,校勘記一卷)

620000－1101－0011154 592.94/113

歐洲列國戰事本末二十二卷 王樹枏撰 清

光緒二十八年(1902)中衛縣署刻本　六冊

620000 – 1101 – 0011155　592.94/113

歐洲列國戰事本末二十二卷　王樹枏撰　清光緒二十八年(1902)中衛縣署刻本　六冊

620000 – 1101 – 0011156　592.94/113

歐洲列國戰事本末二十二卷　王樹枏撰　清光緒二十八年(1902)中衛縣署刻本　六冊

620000 – 1101 – 0011157　592.94/113

歐洲列國戰事本末二十二卷　王樹枏撰　清光緒二十八年(1902)中衛縣署刻本　六冊

620000 – 1101 – 0011158　592.94/113

歐洲列國戰事本末二十二卷　王樹枏撰　清光緒二十八年(1902)中衛縣署刻本　六冊

620000 – 1101 – 0011159　592.94/113

歐洲列國戰事本末二十二卷歐洲族類源流略五卷　王樹枏撰　清光緒二十八年(1902)中衛縣署刻本　八冊

620000 – 1101 – 0011160　740.27/135

歐洲十九世紀史不分卷　(美國)軒利普格質頓著　麥鼎華譯　清光緒二十八年(1902)上海廣智書局鉛印本　一冊

620000 – 1101 – 0011161　740.14/113

歐洲族類源流略五卷　王樹枏撰　清光緒二十八年(1902)中衛縣署刻本　一冊

620000 – 1101 – 0011162　740.14/113

歐洲族類源流略五卷　王樹枏撰　清光緒二十八年(1902)中衛縣署刻本　一冊

620000 – 1101 – 0011163　740.14/113

歐洲族類源流略五卷　王樹枏撰　清光緒二十八年(1902)中衛縣署刻本　二冊

620000 – 1101 – 0011164　740.14/113

歐洲族類源流略五卷　王樹枏撰　清光緒二十八年(1902)中衛縣署刻本　二冊

620000 – 1101 – 0011165　740.14/113

歐洲族類源流略五卷　王樹枏撰　清光緒二十八年(1902)中衛縣署刻本　二冊

620000 – 1101 – 0011166　740.14/113

歐洲族類源流略五卷　王樹枏撰　清光緒二十八年(1902)中衛縣署刻本　一冊　存三卷(一至三)

620000 – 1101 – 0011167　740.14/113

歐洲族類源流略五卷　王樹枏撰　清光緒二十八年(1902)中衛縣署刻本　一冊

620000 – 1101 – 0011168　740.14/113

歐洲族類源流略五卷　王樹枏撰　清光緒二十八年(1902)中衛縣署刻本　二冊

620000 – 1101 – 0011169　740.14/113

歐洲族類源流略五卷　王樹枏撰　清光緒二十八年(1902)中衛縣署刻本　一冊

620000 – 1101 – 0011170　075.76/504

鷗陂漁話六卷　(清)葉廷琯撰　清同治八年(1869)刻本　二冊

620000 – 1101 – 0011171　4501

偶存稿□□卷　(清)殷兆燕撰　清稿本　一冊　存一卷(一)

620000 – 1101 – 0011172　847.6/544

偶存集一卷授守井研記略一卷　(清)董貽清撰　清同治十一年(1872)刻本　一冊

620000 – 1101 – 0011173　1329

偶道草存不分卷　(清)賀子元撰　清光緒二年(1876)稿本　一冊

620000 – 1101 – 0011174　847.2/736

偶然云二卷附錄一卷　(清)湯之錡撰　清光緒元年(1875)木活字印本　一冊

620000 – 1101 – 0011175　083/860

藕香零拾三十九種一百二卷　繆荃孫輯　清光緒二十二年至宣統二年(1896 – 1910)刻本　三十二冊

620000 – 1101 – 0011176　083/860

藕香零拾三十九種一百二卷　繆荃孫輯　清光緒二十二年至宣統二年(1896 – 1910)刻本　三十二冊

620000 – 1101 – 0011177　858.419/752

潘公免災救難寶卷三卷　（清）潘沂撰　清光緒二年（1876）刻本　一冊

620000－1101－0011178　858.419/752.001

潘公免災救難寶卷三卷　（清）潘沂撰　清光緒二年（1876）刻本　一冊

620000－1101－0011179　997.11/26

潘景齋奕譜約選一卷　（清）楚桐隱　（清）章芝楣評述　清光緒刻本　一冊

620000－1101－0011180　847.2/754

潘孝子鐵廬先生遺集三卷外集二卷後錄一卷　（清）潘天成撰　（清）許重炎輯　清光緒十八年（1892）木活字印本　二冊

620000－1101－0011181　669

潘挹奎文稿不分卷　（清）潘挹奎撰　稿本一冊

620000－1101－0011182　2308

盤山志十六卷首五卷　（清）蔣溥等纂修　清乾隆二十一年（1756）內府刻本　八冊

620000－1101－0011183　793.2/354

盤亭小錄一卷　（清）大潛山人輯　清同治十二年（1873）鉛印本　一冊

620000－1101－0011184　847.7/441.001

柈湖文集十二卷　（清）吳敏樹著　清光緒十九年（1893）思賢講舍刻本　二冊　存九卷（四至十二）

620000－1101－0011185　847.7/441

柈湖文錄八卷首一卷　（清）吳敏樹著　清同治八年（1869）刻本　四冊

620000－1101－0011186　082.77/754

滂喜齋叢書五十種九十六卷　（清）潘祖蔭輯　清同治、光緒吳縣潘氏京師刻本　三十二冊

620000－1101－0011187　082.77/754

滂喜齋叢書五十種九十六卷　（清）潘祖蔭輯　清同治、光緒吳縣潘氏京師刻本　二十七冊　存四十五種九十卷（京畿金石考二卷，止觀輔行傳宏決一卷，炳燭編四卷，橋西雜記一

卷，蕙西先生遺稿一卷，張節公遺集二卷，越三子集七卷，唅敬覽館稿一卷，壬申消夏詩一卷，卦本圖考一卷，尚書序錄一卷，春秋左氏古義六卷，說文管見三卷，古韻論三卷，鹽法議略一卷，黃帝內經素問校義一卷，藝芸書舍宋元本書目二卷，玉井山館筆記一卷、舊游日記一卷，宋四家詞選一卷，癸酉消夏詩一卷，南苑唱和詩一卷，別雅訂五卷，許印林遺著一卷，非石日記鈔一卷，鈕非石遺文一卷，炳燭室雜文一卷，天馬山房詩別錄一卷，沈四山人詩錄六卷、附錄一卷，吳郡金石目一卷，稽瑞樓書目四卷，懷舊集二卷，愛吾廬文鈔一卷，劉貴陽說經殘稿一卷，劉氏遺箸一卷，寶鐵齋金石文跋尾三卷，百塼考一卷，簠齋傳古別錄一卷，陳簠齋丈筆記一卷、手札一卷，鮑臆園丈手札一卷，幽夢續影一卷，徐元歎先生殘稿一卷，二茗詩集五卷，石氏喬梓詩集三卷，小草庵詩鈔一卷，日本金石年表一卷）

620000－1101－0011188　847.8/748

匏隱廬文稿一卷詩稿一卷　（清）沈毓桂著　清光緒二十二年（1896）鉛印本　三冊

620000－1101－0011189　595.97/517

礮乘新法三卷首一卷附圖一卷　（英國）製造官書局原書　舒高第口譯　（清）鄭昌棪筆述　清光緒十六年（1890）江南製造總局鉛印本　四冊

620000－1101－0011190　595.97/925

礮乘新法三卷首一卷附圖一卷　（英國）製造官書局原書　舒高第口譯　（清）鄭昌棪筆述　清光緒十六年（1890）江南製造總局鉛印本　六冊

620000－1101－0011191　595.97/925

礮乘新法三卷首一卷附圖一卷　（英國）製造官書局原書　舒高第口譯　（清）鄭昌棪筆述　清光緒十六年（1890）江南製造總局鉛印本　六冊

620000－1101－0011192　595.97/925

礮乘新法三卷首一卷附圖一卷　（英國）製造官書局原書　舒高第口譯　（清）鄭昌棪筆述

清光緒十六年(1890)江南製造總局鉛印本
六冊

620000－1101－0011193　595.97/925

礮乘新法三卷首一卷附圖一卷　（英國）製造
官書局原書　舒高第口譯　（清）鄭昌棪筆述
清光緒十六年(1890)江南製造總局鉛印本
六冊

620000－1101－0011194　595.97/925

礮乘新法三卷首一卷附圖一卷　（英國）製造
官書局原書　舒高第口譯　（清）鄭昌棪筆述
清光緒十六年(1890)江南製造總局鉛印本
六冊

620000－1101－0011195　595.97/925

礮乘新法三卷首一卷附圖一卷　（英國）製造
官書局原書　舒高第口譯　（清）鄭昌棪筆述
清光緒十六年(1890)江南製造總局鉛印本
六冊

620000－1101－0011196　595.97/825

礮乘新法三卷首一卷附圖一卷　（英國）製造
官書局原書　舒高第口譯　（清）鄭昌棪筆述
清光緒十六年(1890)江南製造總局鉛印本
六冊

620000－1101－0011197　595.97/825

礮乘新法三卷首一卷附圖一卷　（英國）製造
官書局原書　舒高第口譯　（清）鄭昌棪筆述
清光緒十六年(1890)江南製造總局鉛印本
五冊

620000－1101－0011198　595.97/825

礮乘新法三卷首一卷附圖一卷　（英國）製造
官書局原書　舒高第口譯　（清）鄭昌棪筆述
清光緒十六年(1890)江南製造總局鉛印本
四冊

620000－1101－0011199　595.97/925

礮乘新法三卷首一卷附圖一卷　（英國）製造
官書局原書　舒高第口譯　（清）鄭昌棪筆述
清光緒十六年(1890)江南製造總局鉛印本
六冊

620000－1101－0011200　595.94/158

礮法昂度子落高低遠近畫譜不分卷　（清）丁
乃文撰　清光緒十四年(1888)江南製造局鉛
印本　一冊

620000－1101－0011201　595.94/158

礮法昂度子落高低遠近畫譜不分卷　（清）丁
乃文撰　清光緒十四年(1888)江南製造局鉛
印本　一冊

620000－1101－0011202　595.94/158

礮法昂度子落高低遠近畫譜不分卷　（清）丁
乃文撰　清光緒十四年(1888)江南製造局鉛
印本　一冊

620000－1101－0011203　595.94/158

礮法畫譜不分卷　（清）丁乃文撰　清光緒十
四年(1888)江南製造局鉛印本　一冊

620000－1101－0011204　595.94/158

礮法畫譜不分卷　（清）丁乃文撰　清光緒十
四年(1888)江南製造局鉛印本　一冊

620000－1101－0011205　595.94/581

礮學六種六卷　（清）北洋武備研究所編　清
光緒三十二年(1906)北洋陸軍編譯局石印本
五冊

620000－1101－0011206　847.3/37

培遠堂偶存稿十卷　（清）陳弘謀撰　清中晚
期刻本　八冊

620000－1101－0011207　847.4/384

培遠堂手札節存三卷　（清）陳弘謀撰　清同
治三年(1864)刻本　一冊

620000－1101－0011208　856.274/383.002

培遠堂手札節存三卷　（清）陳弘謀撰　清同
治十一年(1872)江蘇書局刻本　一冊

620000－1101－0011209　856.274/383.002

培遠堂手札節存三卷　（清）陳弘謀撰　清同
治十一年(1872)江蘇書局刻本　一冊

620000－1101－0011210　856.274/383.002

培遠堂手札節存三卷　（清）陳弘謀撰　清同
治十一年(1872)江蘇書局刻本　一冊

620000－1101－0011211　856.274/383.002

培遠堂手札節存三卷 （清）陳弘謀撰 清同治十一年(1872)江蘇書局刻本 一冊

620000－1101－0011212 856.274/383.003

培遠堂手札節存三卷 （清）陳弘謀撰 清光緒二十五年(1899)浙江官書局刻朱墨套印本 三冊

620000－1101－0011213 856.274/383.001

培遠堂手札節存三卷 （清）陳弘謀撰 清光緒刻本 一冊

620000－1101－0011214 856.274/383.004

培遠堂手札節存三卷附錄一卷 （清）陳弘謀撰 清光緒津河廣仁堂刻本 二冊

620000－1101－0011215 1599

佩銘類譜八卷 （明）安世鳳輯 明末刻本 八冊

620000－1101－0011216 802.42/285

佩文廣韻匯編五卷 （清）李元祺編輯 清同治十一年(1872)金陵書局刻本 六冊

620000－1101－0011217 812.13/814.002

佩文詩韻釋要五卷 （清）周兆基輯 （清）馮炳章校 清光緒四年(1878)福州陳文鳴刻本 一冊

620000－1101－0011218 812.13/814.001

佩文詩韻釋要五卷 （清）周兆基輯 （清）陸潤庠校 清光緒十二年(1886)刻本 一冊

620000－1101－0011219 812.13/814

佩文詩韻釋要五卷 （清）周兆基輯 清光緒十八年(1892)浙江書局刻本 一冊

620000－1101－0011220 643

佩文詩韻釋要五卷 （清）周兆基輯 清光緒刻本 二冊

620000－1101－0011221 812.13/0.916

佩文詩韻五卷 （清）□□輯 清同治九年(1870)刻本 一冊

620000－1101－0011222 1180

佩文韻府一百六卷 （清）張玉書等輯 清康熙五十一年至五十二年(1712－1713)內府刻本 六十冊 存六十六卷(一至六十六)

620000－1101－0011223 3916

佩文韻府一百六卷 （清）張玉書等輯 清康熙五十一年至五十二年(1712－1713)內府刻本 一冊 存一卷(十四)

620000－1101－0011224 3923

佩文韻府一百六卷 （清）張玉書等輯 清康熙刻本 六十九冊 存七十九卷(一至六、十二至十七、二十二至六十六、七十至九十一)

620000－1101－0011225 3922

佩文韻府一百六卷 （清）張玉書等輯 清雍正刻本 九十三冊 存一百三卷(一至九、十一至四十三、四十六至一百六)

620000－1101－0011226 043/72.306.002

佩文韻府一百六卷 （清）張玉書等輯 清晚期刻本 一百四十四冊

620000－1101－0011227 043/306

佩文韻府一百六卷韻府拾遺一百六卷 （清）張玉書等輯 清光緒八年(1882)上海點石齋石印本 十冊

620000－1101－0011228 043.73/306.004

佩文韻府一百六卷韻府拾遺一百六卷 （清）張玉書等輯 清光緒八年(1882)上海點石齋石印本 三冊 存三十八卷(佩文韻府六十九至一百六)

620000－1101－0011229 043/72.676

佩文韻府一百六卷韻府拾遺一百六卷 （清）張玉書等輯 清光緒八年(1882)上海點石齋石印本 十冊

620000－1101－0011230 043.73/306.002

佩文韻府一百六卷韻府拾遺一百六卷 （清）張玉書等輯 清光緒十三年(1887)上海點石齋石印本 三冊 存六卷(佩文韻府四、八至十二)

620000－1101－0011231 043/72.306.003

佩文韻府一百六卷韻府拾遺一百六卷 （清）張玉書等輯 清光緒十三年(1887)上海點石

齋石印本　六十冊

620000－1101－0011232　043/72.306.001
佩文韻府一百六卷韻府拾遺一百六卷　（清）
張玉書等輯　清光緒二十四年(1898)上海點
石齋石印本　二十四冊

620000－1101－0011233　043.73/306.001
佩文韻府一百六卷韻府拾遺一百六卷　（清）
張玉書等輯　清光緒十二年(1886)上海同文
書局石印本　六十冊

620000－1101－0011234　043.73/306.001
佩文韻府一百六卷韻府拾遺一百六卷　（清）
張玉書等輯　清光緒十二年(1886)上海同文
書局石印本　四十九冊　存八十七卷(佩文
韻府十四至十六、二十二至二十五、二十七至
一百六)

620000－1101－0011235　043.73/306.001
佩文韻府一百六卷韻府拾遺一百六卷　（清）
張玉書等輯　清光緒十二年(1886)上海同文
書局石印本　一冊　存二卷(佩文韻府五至
六)

620000－1101－0011236　043/72.306.004
佩文韻府一百六卷韻府拾遺一百六卷　（清）
張玉書等輯　清光緒十二年(1886)上海同文
書局石印本　六十冊

620000－1101－0011237　043.73/306.003
佩文韻府一百六卷韻府拾遺一百六卷　（清）
張玉書等輯　清光緒十八年(1892)上海同文
書局石印本　四十一冊　存二十一卷(佩文
韻府一至六、二十三至二十四、六十至六十
六、六十八至七十三)

620000－1101－0011238　043/72.676
佩文韻府一百六卷韻府拾遺一百六卷　（清）
張玉書等輯　清中晚期刻本　二百三十二冊

620000－1101－0011239　043/72.306
佩文韻府一百六卷韻府拾遺一百六卷　（清）
張玉書等輯　清刻本　一百六十冊

620000－1101－0011240　802.44/72.88

佩文韻溯原五卷　（清）劉家鎮編輯　清道光
石芝山館刻本　二冊

620000－1101－0011241　3901
佩文齋廣群芳譜一百卷目錄二卷　（清）汪灝
等纂　清康熙四十七年(1708)內府刻本　三
十一冊

620000－1101－0011242　1919
佩文齋廣群芳譜一百卷目錄二卷　（清）汪灝
等纂　清康熙刻本　四十冊

620000－1101－0011243　435/714
佩文齋廣群芳譜一百卷目錄二卷　（清）汪灝
等纂　清同治七年(1868)刻本　四十八冊

620000－1101－0011244　435/714.001
佩文齋廣群芳譜一百卷目錄二卷　（清）汪灝
等纂　清刻本　十六冊　存二十二卷(四十
九至五十三、五十六至五十七、七十至七十
七、九十三至九十四、九十六至一百)

620000－1101－0011245　883
佩文齋書畫譜一百卷　（清）孫岳頒等撰　清
康熙內府刻本　四十冊

620000－1101－0011246　1918
佩文齋書畫譜一百卷　（清）孫岳頒等撰　清
康熙刻本　三十二冊

620000－1101－0011247　940.24/367
佩文齋書畫譜一百卷　（清）孫岳頒等撰　清
光緒九年(1883)上海同文書局石印本　十
六冊

620000－1101－0011248　4606
佩文齋書畫譜一百卷　（清）孫岳頒等纂輯
清康熙刻本　六十冊

620000－1101－0011249　3966
佩文齋詠物詩選四百八十六卷　（清）張玉書
等輯　清康熙刻本　三十八冊　存四百五十
八卷(一至二百六十一、二百九十至四百八十
六)

620000－1101－0011250　2719
佩觿三卷　（宋）郭忠恕撰　清康熙四十九年

(1710)張氏刻澤存堂五種本　一冊

620000－1101－0011251　847.7/183.1

彭剛直公詩集八卷　（清）彭玉麟撰　清光緒
十七年(1891)德清俞樾蘇州刻本　二冊

620000－1101－0011252　652.771/18

彭剛直公奏稿八卷　（清）彭玉麟撰　清光緒
十七年(1891)德清俞樾蘇州刻本　六冊

620000－1101－0011253　652.771/183

彭剛直公奏稿八卷　（清）彭玉麟撰　清末鉛
印本　四冊

620000－1101－0011254　652.771/18

彭剛直公奏稿八卷詩集八卷　（清）彭玉麟撰
　清光緒十七年(1891)德清俞樾蘇州刻本
八冊

620000－1101－0011255　652.771/18

彭剛直公奏稿八卷詩集八卷　（清）彭玉麟撰
　清光緒十七年(1891)德清俞樾蘇州刻本
七冊

620000－1101－0011256　652.771/18.001

彭剛直公奏稿四卷　（清）彭玉麟撰　清光緒
二十八年(1902)上海石印本　四冊

620000－1101－0011257　839.8/183

彭氏五種十八卷　（清）彭定求等撰　清光緒
十年(1884)刻本　四冊

620000－1101－0011258　847.6/37.50

蓬萊閣詩錄四卷　（清）陳克家著　清同治二
年(1863)刻本　四冊

620000－1101－0011259　847.6/37.50

蓬萊閣詩錄四卷　（清）陳克家著　清同治二
年(1863)刻本　二冊

620000－1101－0011260　852.4/18

捧月樓綺語八卷　（清）袁通撰　清嘉慶十二
年(1807)江寧顧晴崖局刻本　一冊

620000－1101－0011261　095.127/226.003

批點春秋左傳綱目句解彙雋六卷　（清）韓葵
重訂　清末刻本　一冊　存一卷(二)

620000－1101－0011262　857.27/528.013

批點聊齋志異十六卷　（清）蒲松齡撰　（清）
王士禛評　（清）何守奇批點　清道光十五年
(1835)文發堂刻本　二冊　存四卷(三至四、
七至八)

620000－1101－0011263　1153

批點聊齋志異十六卷　（清）蒲松齡撰　（清）
王士禛評　（清）何守奇批點　清道光十五年
(1835)文發堂刻本　十六冊

620000－1101－0011264　812.18/115

批點七家試帖輯註彙鈔九卷　（清）王廷紹撰
　（清）張熙宇輯評　（清）王植桂輯注　清光
緒六年(1880)京師琉璃廠刻朱墨套印本
八冊

620000－1101－0011265　802.81/118

批點三字經註解一卷　（宋）王應麟撰　（清）
王言綸批注　清咸豐元年(1851)同仁堂刻朱
墨套印本　一冊

620000－1101－0011266　1692

批點孫子正義十三卷　（明）施逢原批點　**新
鐫孫子兵法衍義十三卷**　（明）施逢原撰　明
崇禎十二年(1639)刻本　七冊　存六卷(批
點孫子正義一至六)

620000－1101－0011267　621.081/44.008

批評東萊博議四卷　（宋）呂祖謙撰　（清）馮
泰松點定　清光緒八年(1882)上海廣益書局
石印本　四冊

620000－1101－0011268　621.081/44.008

批評東萊博議四卷　（宋）呂祖謙撰　（清）馮
泰松點定　清光緒八年(1882)上海廣益書局
石印本　四冊

620000－1101－0011269　621.081/44.010

批評註釋東萊博議四卷　（清）劉鍾英輯注
清光緒上海廣義書局石印本　四冊

620000－1101－0011270　821.187/307.002

批選七家詩註五卷　（清）張熙宇評選　（清）
張昶注釋　清光緒六年(1880)刻本　一冊

620000－1101－0011271　415.7/184.001
皮膚新編一卷附藥方一卷　(美國)嘉約翰口譯　(清)林湘東筆述　清同治十三年(1874)羊城博濟醫局刻本　一冊

620000－1101－0011272　415.7/184
皮膚新編一卷附藥方一卷　(美國)嘉約翰口譯　(清)林湘東筆述　清光緒十四年(1888)刻本　一冊

620000－1101－0011273　351
毘陵集十六卷　(宋)張守撰　清乾隆武英殿木活字印武英殿聚珍版書本　八冊

620000－1101－0011274　1866
埤雅二十卷　(宋)陸佃撰　清康熙刻本　六冊

620000－1101－0011275　853.677.7/645.09.001
琵琶記六卷　(元)高明撰　(清)毛聲山評　清末仁壽堂刻本　四冊

620000－1101－0011276　3185
辟疆園杜詩註解五言律十二卷七言律五卷年譜一卷　(唐)杜甫撰　(清)顧宸註　清康熙二年(1663)顧氏辟疆園刻本　十二冊　存十三卷(五言律十二卷、年譜一卷)

620000－1101－0011277　245.2/0.432
譬喻略解二十課　(□)□□撰　清光緒三十三年(1907)上海美華書館鉛印本　一冊

620000－1101－0011278　835.9/294
駢體文鈔三十一卷　(清)李兆洛輯　清同治六年(1867)婁江徐氏刻本　八冊

620000－1101－0011279　835.9/294
駢體文鈔三十一卷　(清)李兆洛輯　清同治六年(1867)婁江徐氏刻本　八冊

620000－1101－0011280　835.9/294
駢體文鈔三十一卷　(清)李兆洛輯　清同治六年(1867)婁江徐氏刻本　十冊

620000－1101－0011281　835.9/294
駢體文鈔三十一卷　(清)李兆洛輯　清同治六年(1867)婁江徐氏刻本　十二冊

620000－1101－0011282　802.16/833
駢雅七卷首一卷　(明)朱謀瑋撰　清道光二十八年(1848)瀹雅齋刻本　八冊

620000－1101－0011283　041.7/915
駢字摘豔五卷　(清)任科職編輯　清咸豐七年(1857)三丙堂刻本　五冊　存四卷(二至五)

620000－1101－0011284　847.4/726
頻羅庵遺集十六卷　(清)梁同書撰　清光緒刻本　一冊

620000－1101－0011285　627.77/46
平定關隴紀略十三卷　(清)易孔昭　(清)楊昌濬撰　(清)胡孚駿　(清)劉然亮續撰　清光緒十三年(1887)刻本　十三冊

620000－1101－0011286　627.77/46
平定關隴紀略十三卷　(清)易孔昭　(清)楊昌濬撰　(清)胡孚駿　(清)劉然亮續撰　清光緒十三年(1887)刻本　八冊

620000－1101－0011287　627.77/46
平定關隴紀略十三卷　(清)易孔昭　(清)楊昌濬撰　(清)胡孚駿　(清)劉然亮續撰　清光緒十三年(1887)刻本　十三冊

620000－1101－0011288　627.77/46
平定關隴紀略十三卷　(清)易孔昭　(清)楊昌濬撰　(清)胡孚駿　(清)劉然亮續撰　清光緒十三年(1887)刻本　十三冊

620000－1101－0011289　627.77/46
平定關隴紀略十三卷　(清)易孔昭　(清)楊昌濬撰　(清)胡孚駿　(清)劉然亮續撰　清光緒十三年(1887)刻本　十二冊

620000－1101－0011290　627.77/46
平定關隴紀略十三卷　(清)易孔昭　(清)楊昌濬撰　(清)胡孚駿　(清)劉然亮續撰　清光緒十三年(1887)刻本　七冊

620000－1101－0011291　627.77/46
平定關隴紀略十三卷　(清)易孔昭　(清)楊

昌濬撰　（清）胡孚駿　（清）劉然亮續撰　清
光緒十三年(1887)刻本　十二冊

620000－1101－0011292　627.77/46
平定關隴紀略十三卷　（清）易孔昭　（清）楊
昌濬撰　（清）胡孚駿　（清）劉然亮續撰　清
光緒十三年(1887)刻本　八冊　存八卷(三、
五至七、九至十二)

620000－1101－0011293　627.77/46
平定關隴紀略十三卷　（清）易孔昭　（清）楊
昌濬撰　（清）胡孚駿　（清）劉然亮續撰　清
光緒十三年(1887)刻本　六冊　存六卷(三
至四、八至十一)

620000－1101－0011294　627.77/46
平定關隴紀略十三卷　（清）易孔昭　（清）楊
昌濬撰　（清）胡孚駿　（清）劉然亮續撰　清
光緒十三年(1887)刻本　一冊　存一卷(十)

620000－1101－0011295　627.403/376
平定兩金川方略一百三十六卷　（清）阿桂等
纂　清末抄本　十二冊　存一百二十六卷
(一至十、二十一至一百三十六)

620000－1101－0011296　627.74/248.001
平定粵匪紀略十八卷附記四卷　（清）杜文瀾
撰　清同治八年(1869)群玉齋木活字印本
十冊

620000－1101－0011297　627.74/248
平定粵匪紀略十八卷附記四卷　（清）杜文瀾
撰　清同治十年(1871)京都聚珍齋刻本
十冊

620000－1101－0011298　627.74/248.002
平定粵寇紀略十八卷附記四卷　（清）杜文瀾
撰　清光緒元年(1875)校經堂刻本　八冊

620000－1101－0011299　3443
**平定準噶爾方略前編五十四卷正編八十五卷
續編三十二卷首一卷**　（清）傅恆等撰　清乾
隆三十五年(1770)武英殿刻本　二十六冊
存九十九卷(前編一至二、十三至五十四,正
編二十八至八十一;首一卷)

620000－1101－0011300　684.69/0.343
平番龍神祠圖紀一卷附題識雜錄一卷　（清）
□□輯　清同治刻本　一冊

620000－1101－0011301　671.65/409.781
平番縣地理調查表不分卷　（清）陳長齡編
清宣統元年(1909)抄本　一冊

620000－1101－0011302　567.3/0.343
平番縣賦役全書不分卷　（清）□□編　清咸
豐三年(1853)刻本　三冊

620000－1101－0011303　599.2/325.001
平番奏議四卷　（清）那彥成撰　清中晚期抄
本　四冊

620000－1101－0011304　652.71/0.343
平番奏議四卷附修堡議一卷　（清）□□撰
清末抄本　三冊

620000－1101－0011305　599.2/325
平番奏議四卷輿圖一卷　（清）那彥成撰　清
咸豐三年(1853)刻本　四冊

620000－1101－0011306　599.2/325
平番奏議四卷輿圖一卷　（清）那彥成撰　清
咸豐三年(1853)刻本　四冊

620000－1101－0011307　599.2/325
平番奏議四卷輿圖一卷　（清）那彥成撰　清
咸豐三年(1853)刻本　四冊

620000－1101－0011308　599.2/325
平番奏議四卷輿圖一卷　（清）那彥成撰　清
咸豐三年(1853)刻本　四冊

620000－1101－0011309　599.2/325
平番奏議四卷輿圖一卷　（清）那彥成撰　清
咸豐三年(1853)刻本　四冊

620000－1101－0011310　599.2/325
平番奏議四卷輿圖一卷　（清）那彥成撰　清
咸豐三年(1853)刻本　四冊

620000－1101－0011311　599.2/325
平番奏議四卷輿圖一卷　（清）那彥成撰　清
咸豐三年(1853)刻本　四冊

620000－1101－0011312　599.2/325

平番奏議四卷輿圖一卷　（清）那彥成撰　清
咸豐三年(1853)刻本　四冊

620000－1101－0011313　599.2/325

平番奏議四卷輿圖一卷　（清）那彥成撰　清
咸豐三年(1853)刻本　四冊

620000－1101－0011314　599.2/325

平番奏議四卷輿圖一卷　（清）那彥成撰　清
咸豐三年(1853)刻本　四冊

620000－1101－0011315　627.77/274

平回志八卷首一卷　（清）楊毓秀編纂　清光
緒十五年(1889)劍南王氏刻本　四冊

620000－1101－0011316　672.18/650

平江記事一卷　（元）高德基撰　清光緒吳縣
謝氏刻望炊樓叢書本　一冊

620000－1101－0011317　794.2/720

平津讀碑記八卷續記一卷　（清）洪頤煊撰
清嘉慶二十一年(1816)刻本　四冊

620000－1101－0011318　082.75/363.001

平津館叢書三十八種二百六十四卷　（清）孫
星衍輯　清光緒十一年(1885)吳縣朱氏槐廬
家塾刻本　五十冊

620000－1101－0011319　082.75/363.001

平津館叢書三十八種二百六十四卷　（清）孫
星衍輯　清光緒十一年(1885)吳縣朱氏槐廬
家塾刻本　五十冊

620000－1101－0011320　082.75/363

平津館叢書三十八種二百五十四卷　（清）孫
星衍輯　清嘉慶蘭陵孫氏刻本　五十四冊

620000－1101－0011321　018.874/363.001

平津館鑒藏記書籍三卷補遺一卷續編一卷
（清）孫星衍撰　清道光二十年(1840)刻獨抱
廬叢刻本　二冊

620000－1101－0011322　018.874/363

平津館鑒藏書籍記三卷續編一卷補遺一卷
（清）孫星衍撰　清光緒十一年(1885)刻木犀
軒叢書本　二冊

620000－1101－0011323　567.3/0.343

平涼府屬賦役全書不分卷　（清）□□編　清
咸豐三年(1853)刻本　三冊

620000－1101－0011324　671.65/301.79

平涼縣地理調查表一卷　廖元佶編　清宣統
二年(1910)抄本　一冊

620000－1101－0011325　567.3/0.343

平涼縣賦役全書不分卷　（清）□□編　清咸
豐三年(1853)刻本　三冊

620000－1101－0011326　075.78/0.343

平陵雜事不分卷　（清）□□撰　清末東山後
人謝扶亞抄本　一冊

620000－1101－0011327　676.5/109.79

平羅縣地理調查表不分卷　（清）盧求古編
清宣統元年(1909)抄本　一冊

620000－1101－0011328　567.3/0.724

平慶道屬直隸涇州賦役全書不分卷　（清）
□□編　清咸豐三年(1853)刻本　三冊

620000－1101－0011329　317.1/279

平三角舉要五卷　（清）梅文鼎撰　清光緒十
四年(1888)陝西求友齋刻本　二冊

620000－1101－0011330　317.1/279

平三角舉要五卷　（清）梅文鼎撰　清光緒十
四年(1888)陝西求友齋刻本　二冊

620000－1101－0011331　317.1/279

平三角舉要五卷　（清）梅文鼎撰　清光緒十
四年(1888)陝西求友齋刻本　二冊

620000－1101－0011332　317.1/279

平三角舉要五卷　（清）梅文鼎撰　清光緒十
四年(1888)陝西求友齋刻本　二冊

620000－1101－0011333　317.1/279

平三角舉要五卷　（清）梅文鼎撰　清光緒十
四年(1888)陝西求友齋刻本　二冊

620000－1101－0011334　317.1/279

平三角舉要五卷　（清）梅文鼎撰　清光緒十
四年(1888)陝西求友齋刻本　二冊

620000 - 1101 - 0011335　317.1/279

平三角舉要五卷　（清）梅文鼎撰　清光緒十
四年(1888)陝西求友齋刻本　二冊

620000 - 1101 - 0011336　317.1/279

平三角舉要五卷　（清）梅文鼎撰　清光緒十
四年(1888)陝西求友齋刻本　二冊

620000 - 1101 - 0011337　317.1/279

平三角舉要五卷　（清）梅文鼎撰　清光緒十
四年(1888)陝西求友齋刻本　二冊

620000 - 1101 - 0011338　317.1/279

平三角舉要五卷　（清）梅文鼎撰　清光緒
四年(1888)陝西求友齋刻本　二冊

620000 - 1101 - 0011339　317.1/279

平三角舉要五卷　（清）梅文鼎撰　清光緒十
四年(1888)陝西求友齋刻本　二冊

620000 - 1101 - 0011340　317.1/279

平三角舉要五卷　（清）梅文鼎撰　清光緒十
四年(1888)陝西求友齋刻本　二冊

620000 - 1101 - 0011341　317.1/279

平三角舉要五卷　（清）梅文鼎撰　清光緒十
四年(1888)陝西求友齋刻本　二冊

620000 - 1101 - 0011342　317.1/279

平三角舉要五卷　（清）梅文鼎撰　清光緒十
四年(1888)陝西求友齋刻本　二冊

620000 - 1101 - 0011343　317.1/279

平三角舉要五卷　（清）梅文鼎撰　清光緒十
四年(1888)陝西求友齋刻本　二冊

620000 - 1101 - 0011344　317.1/279

平三角舉要五卷　（清）梅文鼎撰　清光緒十
四年(1888)陝西求友齋刻本　二冊

620000 - 1101 - 0011345　317.1/279

平三角舉要五卷　（清）梅文鼎撰　清光緒十
四年(1888)陝西求友齋刻本　二冊

620000 - 1101 - 0011346　684.4/202

平山堂圖志十卷　（清）趙之壁纂　清光緒九
年(1883)歐陽利見刻本　三冊

620000 - 1101 - 0011347　625.704/893

平宋錄三卷　（元）劉敏中撰　元朝征緬錄一
卷　（元）□□撰　招捕總錄一卷　（元）□□
撰　昭忠錄一卷　（宋）□□撰　清道光二十
四年(1844)刻守山閣叢書本　一冊

620000 - 1101 - 0011348　294/504

平陽全書十五卷　（清）葉泰輯　清末刻本
一冊　存四卷(九至十二)

620000 - 1101 - 0011349　847.5/257

平園雜著內編十四卷　（清）林有席著　清嘉
慶十八年(1813)刻本　二冊　存四卷(十一
至十四)

620000 - 1101 - 0011350　821.3/0.2

平仄易記不分卷　（清）□□撰　清光緒二十
四年(1898)刻本　一冊

620000 - 1101 - 0011351　627.75/102

平浙紀略十六卷　（清）秦緗業等撰　清同治
十二年(1873)浙江書局刻本　四冊

620000 - 1101 - 0011352　627.75/102

平浙紀略十六卷　（清）秦緗業等輯　清同治
十二年(1873)浙江書局刻本　四冊

620000 - 1101 - 0011353　627.75/102

平浙紀略十六卷　（清）秦緗業等撰　清同治
十二年(1873)浙江書局刻本　四冊

620000 - 1101 - 0011354　627.75/102

平浙紀略十六卷　（清）秦緗業等撰　清同治
十二年(1873)浙江書局刻本　四冊

620000 - 1101 - 0011355　728

憑西閣長短句一卷　（清）陸宏定撰　清宣統
書帶草堂抄本　一冊

620000 - 1101 - 0011356　2649

洴澼百金方十四卷　（清）惠麓酒民(袁宮桂)
編　清乾隆五十三年(1788)嘉魚堂刻本
十冊

620000 - 1101 - 0011357　1227

洴澼百金方十四卷　（清）惠麓酒民(袁宮桂)
編　清乾隆五十三年(1788)嘉魚堂刻本　十

二冊

620000－1101－0011358　1345

洴澼百金方十四卷　（清）惠麓酒民（袁宮桂）
編　清抄本　八冊

620000－1101－0011359　590.13

洴澼百金方十四卷　（清）惠麓酒民（袁宮桂）
編　清晚期刻本　八冊

620000－1101－0011360　590/13.01

洴澼百金方十四卷　（清）惠麓酒民（袁宮桂）
編　清晚期刻本　十二冊

620000－1101－0011361　590/13.02

洴澼百金方十四卷　（清）惠麓酒民（袁宮桂）
編　清晚期刻本　十冊

620000－1101－0011362　590/13.03

洴澼百金方十四卷　（清）惠麓酒民（袁宮桂）
編　清晚期刻本　八冊

620000－1101－0011363　590/13.03

洴澼百金方十四卷　（清）惠麓酒民（袁宮桂）
編　清晚期刻本　十冊

620000－1101－0011364　590/13.03

洴澼百金方十四卷　（清）惠麓酒民（袁宮桂）
編　清晚期刻本　二冊　存七卷（五至十一）

620000－1101－0011365　590/13.03.001

洴澼百金方十四卷　（清）惠麓酒民（袁宮桂）
編　清晚期刻本　十冊

620000－1101－0011366　847.6/171

瓶隱山房詞八卷　（清）黃曾撰　清道光二十
七年（1847）刻本　四冊

620000－1101－0011367　692.2/37

萍蓬類稿四卷　（清）陳克劬撰　清光緒十九
年（1893）刻本　一冊

620000－1101－0011368　095.127/226

評點春秋綱目左傳句解彙雋六卷　（清）韓菼
重訂　清光緒令德堂刻本　六冊

620000－1101－0011369　095.127/226.001

評點春秋綱目左傳句解彙雋六卷　（清）韓菼
重訂　清末文德堂刻本　二冊　存三卷（一
至三）

620000－1101－0011370　095.127/226.004

評點春秋綱目左傳句解彙雋六卷　（清）韓菼
重訂　清末文林堂刻本　一冊　存一卷（三）

620000－1101－0011371　095.127/226.002

評點春秋綱目左傳句解彙雋六卷　（清）韓菼
重訂　清宣統元年（1909）上海天寶書局石印
本　六冊

620000－1101－0011372　885

評鑑闡要十二卷　（清）劉統勳等撰　清乾隆
三十六年（1771）武英殿刻本　六冊

620000－1101－0011373　1415

評鑑闡要十二卷　（清）劉統勳等撰　清乾隆
三十六年（1771）武英殿刻本　六冊

620000－1101－0011374　857.457/628.004

評論出像水滸傳二十卷七十回　（元）施耐庵
撰　（清）金人瑞評　清刻本　二十冊

620000－1101－0011375　610.81/12

評史管窺四卷　（清）王步蟾著　清光緒十九
年（1893）刻本　四冊

620000－1101－0011376　831.2/74

評選古詩源四卷　（清）沈德潛選　清光緒二
十年（1894）上海圖書集成印書局石印本
四冊

620000－1101－0011377　830/526.001

評選四六法海八卷　（清）蔣士銓評選　清光
緒上海文瑞樓石印本　八冊

620000－1101－0011378　856.7/0.601

評選直省闈藝大全八卷　（清）□□輯　清光
緒三十年（1904）通時書局石印本　四冊

620000－1101－0011379　847.5/380

評月樓遺詩三卷　（清）陳三陛撰　清嘉慶十
九年（1814）刻本　一冊

620000－1101－0011380　830/987

評註才子古文二十六卷　（清）金人瑞選
（清）王之績評注　清末文源堂書坊刻本　八

冊　存九卷(一至九)

620000－1101－0011381　830/987

評註才子古文二十六卷　(清)金人瑞選
(清)王之績評注　清末文源堂書坊刻本
八冊

620000－1101－0011382　857.27/528.011

評註聊齋志異十六卷　(清)蒲松齡著　(清)
王士禎評　(清)呂湛恩注　(清)但明倫批
清光緒刻本　一冊　存一卷(十五)

620000－1101－0011383　4107

憑山閣留青集選十卷　(清)陳枚輯　清康熙
刻本　一冊　存四卷(一至四)

620000－1101－0011384　2898

憑山閣增訂留青廣集十二卷　(清)陳枚輯
清康熙雲林煥文堂刻本　八冊　存七卷(一
至七)

620000－1101－0011385　2040

憑山閣增輯留青新集三十卷　(清)陳枚輯
(清)陳德裕增輯　清康熙四十七年(1708)刻
本　二十二冊　存二十九卷(一至二十七、二
十九至三十)

620000－1101－0011386　3138

憑山閣增輯留青新集三十卷　(清)陳枚輯
(清)陳德裕增輯　清康熙刻本　四冊　存七
卷(一至四、六、十一至十二)

620000－1101－0011387　3849

憑山閣增輯留青新集三十卷　(清)陳枚輯
(清)陳德裕增輯　清康熙刻本　四冊　存十
二卷(三、五至六、八、十五至十六、十九至二
十一、二十三、二十五至二十六)

620000－1101－0011388　040/378

憑山閣增輯留青新集三十卷　(清)陳枚輯
(清)陳德裕增輯　清晚期刻本　二十二冊

620000－1101－0011389　040/378.001

憑山閣增輯留青新集三十卷　(清)陳枚輯
(清)陳德裕增輯　清晚期刻本　十九冊　存
二十三卷(一至九、十一至十六、二十至二十

七)

620000－1101－0011390　040/378.004

憑山閣增輯留青新集三十卷　(清)陳枚輯
(清)陳德裕增輯　清晚期刻本　一冊　存一
卷(十四)

620000－1101－0011391　040/378.0041

憑山閣增輯留青新集三十卷　(清)陳枚輯
(清)陳德裕增輯　清晚期刻本　一冊　存一
卷(十五)

620000－1101－0011392　040/378.002

憑山閣增輯留青新集三十卷　(清)陳枚輯
(清)陳德裕增輯　清末刻本　一冊　存二卷
(二十九至三十)

620000－1101－0011393　040/378.003

憑山閣增輯留青新集三十卷　(清)陳枚輯
(清)陳德裕增輯　清末刻本　三冊　存八卷
(三至四、十至十二、二十六至二十八)

620000－1101－0011394　845.21/720

鄱陽集四卷首一卷末一卷　(宋)洪皓撰　清
同治九年(1870)金陵三瑞堂刻本　一冊

620000－1101－0011395　262.9/909

破密宗旨一卷　(清)儒童老人撰　清末刻本
一冊

620000－1101－0011396　802.81/443

蒲編堂訓蒙草一卷　(清)路德撰　**注釋一卷**
(清)王家督撰　清道光二十一年(1841)刻
本　一冊

620000－1101－0011397　1835

濮川詩鈔三十四種四十三卷　(清)沈堯咨輯
清乾隆五年(1740)刻本　四冊　存四種五
卷(一得吟一卷、寓硤草一卷、客星零草一卷、
霽陽詩鈔二卷)

620000－1101－0011398　782.623/697

浦陽人物記二卷　(明)宋濂撰　(清)胡鳳丹
校刊　清同治八年(1869)永康胡氏退補齋刻
金華叢書本　一冊

620000－1101－0011399　441

浦陽人物記前集二卷後集二卷　（明）宋濂撰
明崇禎四年（1631）刻本　一冊

620000－1101－0011400　830.7/851
普天忠憤全集十四卷首一卷　（清）孔廣德編
定　清光緒二十一年（1895）石印本　十二冊

620000－1101－0011401　830.7/851
普天忠憤全集十四卷首一卷　（清）孔廣德編
定　清光緒二十一年（1895）石印本　十二冊

620000－1101－0011402　830.7/851.001
普天忠憤全集十四卷首一卷　（清）孔廣德編
定　清光緒石印本　十冊　存十二卷（二至
六、八至十四）

620000－1101－0011403　040.79/170
普通百科新大詞典十二卷目錄二卷補遺一卷
　（清）黃摩西編輯　清宣統三年（1911）中國
詞典公司鉛印本　五冊　存五卷（子集至丑
集、申集、戌集，補遺一卷）

620000－1101－0011404　380/160
普通動物學十五章　（日本）五島清太郎著
樊炳清譯　清末湖北農務學堂刻本　一冊

620000－1101－0011405　016.037/306
普通教科書目提要一卷　張一鵬撰　清末北
洋官報局鉛印本　一冊

620000－1101－0011406　610.903.31/0.760
普通小學歷史讀本不分卷　（清）□□撰　清
光緒陝西味經官書局鉛印本　一冊

620000－1101－0011407　610.903.31/0.760
普通小學歷史讀本不分卷　（清）□□撰　清
光緒陝西味經官書局鉛印本　一冊

620000－1101－0011408　610.903.31/0.760
普通小學歷史讀本不分卷　（清）□□撰　清
光緒陝西味經官書局鉛印本　一冊

620000－1101－0011409　610.903.31/760
普通新歷史不分卷　（清）普通學書室編　清
光緒陝西味經官書局鉛印本　二冊

620000－1101－0011410　610.903.31/760
普通新歷史不分卷　（清）普通學書室編　清

光緒陝西味經官書局鉛印本　二冊

620000－1101－0011411　610.903.31/760
普通新歷史不分卷　（清）普通學書室編　清
光緒陝西味經官書局鉛印本　一冊

620000－1101－0011412　192.11/309
普通學歌訣一卷　張一鵬撰　清末陝西味經
官書局鉛印本　一冊

620000－1101－0011413　997.19/720
譜雙五卷附錄一卷　（宋）洪遵撰　打馬圖經
一卷　（宋）李清照撰　清光緒三十二年
（1906）長沙葉氏刻本　一冊

620000－1101－0011414　1494
曝書亭集八十卷附錄一卷　（清）朱彝尊撰
笛漁小稾十卷　（清）朱昆田撰　清康熙五十
三年（1714）朱稻孫刻本　十二冊

620000－1101－0011415　2970
曝書亭集八十卷附錄一卷　（清）朱彝尊撰
笛漁小稾十卷　（清）朱昆田撰　清康熙五十
三年（1714）朱稻孫刻本　六冊

620000－1101－0011416　4100
曝書亭集八十卷附錄一卷　（清）朱彝尊撰
笛漁小稾十卷　（清）朱昆田撰　清康熙五十
三年（1714）朱稻孫刻本　十六冊　存六十八
卷（一至四、十八至八十，附錄一卷）

620000－1101－0011417　2941
曝書亭集八十卷附錄一卷　（清）朱彝尊撰
笛漁小稾十卷　（清）朱昆田撰　清康熙刻本
　十六冊

620000－1101－0011418　852.4/82.28
曝書亭集詞注七卷　（清）李富孫注　清嘉
慶、道光刻本　四冊

620000－1101－0011419　852.4/82.28
曝書亭集詞注七卷　（清）李富孫注　清嘉
慶、道光刻本　四冊

620000－1101－0011420　852.4/82.28
曝書亭集詞注七卷　（清）李富孫注　清嘉
慶、道光刻本　四冊

620000－1101－0011421　2897

曝書亭集詩註二十四卷年譜一卷　（清）楊謙纂　清乾隆刻本　五冊

620000－1101－0011422　791.7/835

曝書亭金石文字跋尾六卷　（清）朱彝尊著　清光緒九年(1883)南海馮氏刻本　二冊

620000－1101－0011423　011.5/927

曝書雜記三卷　（清）錢泰吉撰　清同治七年(1868)刻本　一冊

620000－1101－0011424　011.5/927

曝書雜記三卷　（清）錢泰吉撰　清同治七年(1868)刻本　一冊

620000－1101－0011425　011.5/927.001

曝書雜記三卷　（清）錢泰吉撰　清光緒三十年(1904)朱氏槐廬家塾刻本　二冊

620000－1101－0011426　847.6/719.2

七峰詩稿二卷續一卷　（清）江爾維撰　清同治二年(1863)刻本　一冊

620000－1101－0011427　821.187/307.008

七家詩選七卷　（清）張熙宇輯評　（清）張昶注釋　清道光奎光堂刻朱墨套印本　二冊　存四卷(澹香齋試帖一、修竹齋試帖一、尚絅堂試帖一、檟花館試帖一)

620000－1101－0011428　821.187/307.008

七家詩選七卷　（清）張熙宇輯評　（清）張昶注釋　清道光奎光堂刻朱墨套印本　一冊　存四卷(澹香齋試帖卷、修竹齋試帖一卷、尚絅堂試帖一卷、檟花館試帖一卷)

620000－1101－0011429　821.187/307.008

七家詩選七卷　（清）張熙宇輯評　（清）張昶注釋　清道光奎光堂刻朱墨套印本　一冊　存二卷(尚絅堂試帖一卷、檟花館試帖一卷)

620000－1101－0011430　821.187/307.010

七家詩選七卷　（清）張熙宇輯評　清道光大道堂刻朱墨套印本　一冊　存三卷(桐雲閣試帖一卷、西漚試帖詩註釋一卷、簡學齋試帖詩註釋一卷)

620000－1101－0011431　821.187/307.010

七家詩選七卷　（清）張熙宇輯評　清道光大道堂刻朱墨套印本　一冊　存二卷(西漚試帖詩註釋一卷、簡學齋試帖詩註釋一卷)

620000－1101－0011432　821.187/307.010

七家詩選七卷　（清）張熙宇輯評　清道光大道堂刻朱墨套印本　一冊　存一卷(桐雲閣試帖一卷)

620000－1101－0011433　821.187/307.013

七家詩選七卷　（清）張熙宇輯評　（清）張昶注釋　清道光刻朱墨套印本　二冊　存三卷(尚絅堂試帖一卷、檟花館試帖一卷、桐雲閣試帖一卷)

620000－1101－0011434　821.187/307.014

七家詩選七卷　（清）張熙宇輯評　（清）張昶注釋　清道光刻朱墨套印本　二冊　存三卷(桐雲閣試帖一卷、西漚試帖詩註釋一卷、簡學齋試帖詩註釋一卷)

620000－1101－0011435　821.187/307.006

七家詩選七卷　（清）張熙宇輯評　清道光刻朱墨套印本　一冊　存二卷(澹香齋試帖一卷、修竹齋試帖一卷)

620000－1101－0011436　821.187/307.015

七家詩選七卷　（清）張熙宇輯評　清道光、光緒聚奎堂刻本　一冊　存一卷(桐雲閣試帖一卷)

620000－1101－0011437　821.187/307.007

七家詩選七卷　（清）張熙宇輯評　清晚期刻朱墨套印本　一冊　存二卷(西漚試帖一卷、簡學齋館課試律一卷)

620000－1101－0011438　821.187/307.009

七家詩選七卷　（清）張熙宇輯評　清晚期刻朱墨套印本　一冊　存三卷(桐雲閣試帖一卷、西漚試帖一卷、簡學齋館課試律一卷)

620000－1101－0011439　821.187/307.005

七家詩選註釋七卷　（清）張熙宇輯評　（清）張昶注釋　清道光奎光堂刻本　四冊

620000 – 1101 – 0011440   821.187/307.012

七家詩選註釋七卷 （清）張熙宇輯評 （清）
張昶注釋 清光緒刻本 二冊 存三卷（一
至三）

620000 – 1101 – 0011441   098.1/171

七經精義三十八卷 （清）黃淦纂 清嘉慶十
二年(1807)刻本 七冊

620000 – 1101 – 0011442   098.1/171.001

七經精義三十八卷 （清）黃淦纂 清嘉慶十
五年(1810)刻本 十五冊

620000 – 1101 – 0011443   098.1/171.002

七經精義三十八卷 （清）黃淦纂 清嘉慶刻
本 四冊 存九卷（周易精義一、首一卷，書
經精義一至四、首一卷，春秋精義三至四）

620000 – 1101 – 0011444   847.7/526.6

七經樓文鈔六卷 （清）蔣湘南撰 清道光二
十七年(1847)刻本 二冊 存四卷（三至六）

620000 – 1101 – 0011445   831.56/0.13

七絕詩選不分卷 （金）元好問等撰 清末抄
本 一冊

620000 – 1101 – 0011446   242.8/672

七克七卷 （西班牙）龐迪我撰 清嘉慶三年
(1798)刻本 四冊

620000 – 1101 – 0011447   832/307.001

七十家賦鈔六卷 （清）張惠言輯 清道光元
年(1821)合河康氏刻本 四冊

620000 – 1101 – 0011448   832/307

七十家賦鈔六卷 （清）張惠言輯 清光緒四
年(1878)宏達堂刻本 四冊

620000 – 1101 – 0011449   847.2/893

七頌堂集十二卷 （清）劉體仁著 清同治九
年(1870)刻本 一冊

620000 – 1101 – 0011450   3810

七修類藁五十一卷續藁七卷 （明）郎瑛撰
清乾隆四十年(1775)耕烟草堂刻本 十二冊
存四十六卷（一至二十二、二十九至四十
一、四十五至五十一,續藁一、五至七）

620000 – 1101 – 0011451   075.65/653

七修類藁五十一卷續藁七卷 （明）郎瑛撰
清光緒六年(1880)廣州翰墨園刻本 十二冊

620000 – 1101 – 0011452   1448

七一軒稿六卷 （清）劉青蓮撰 清乾隆刻本
一冊

620000 – 1101 – 0011453   327.32/627

七政全書大成不分卷 （清）方憲重編 清嘉
慶十六年(1811)四知堂刻本 二冊

620000 – 1101 – 0011454   3915

七種古文選四十八卷 （清）儲欣輯評 清乾
隆四十五年(1780)武林三餘堂刻本 三十
二冊

620000 – 1101 – 0011455   1073

七子四書精義不分卷 （清）金廣輯 清王硯
棠抄本 一冊

620000 – 1101 – 0011456   847.8/821

期不負齋全集二種十四卷 （清）周家楣撰
清光緒二十一年(1895)刻本 二冊

620000 – 1101 – 0011457   847.8/821

期不負齋全集二種十四卷 （清）周家楣撰
清光緒二十一年(1895)刻本 八冊

620000 – 1101 – 0011458   847.5/885

棲雲筆記四卷 （清）劉一明撰 清嘉慶二十
年(1815)馬陽健刻本 四冊

620000 – 1101 – 0011459   847.5/885

棲雲筆記四卷 （清）劉一明撰 清嘉慶二十
年(1815)馬陽健刻本 四冊

620000 – 1101 – 0011460   847.5/885

棲雲筆記四卷 （清）劉一明撰 清嘉慶二十
年(1815)馬陽健刻本 四冊

620000 – 1101 – 0011461   847.5/885

棲雲筆記四卷 （清）劉一明撰 清嘉慶二十
年(1815)馬陽健刻本 四冊

620000 – 1101 – 0011462   847.5/885

棲雲筆記四卷 （清）劉一明撰 清嘉慶二十
年(1815)馬陽健刻本 三冊 存三卷（二至

四)

620000 – 1101 – 0011463　847.5/885

棲雲筆記四卷　（清）劉一明撰　清嘉慶二十年(1815)馬陽健刻本　四冊

620000 – 1101 – 0011464　847.5/885

棲雲筆記四卷　（清）劉一明撰　清嘉慶二十年(1815)馬陽健刻本　二冊　存二卷（三至四）

620000 – 1101 – 0011465　413.24/289.02

奇經八脉考一卷　（明）李時珍撰　清光緒四年(1878)刻本　一冊

620000 – 1101 – 0011466　292.5/886

奇門遁甲大全三十卷　（明）劉基訂　清晚期刻本　十一冊　存二十四卷（二至二十五）

620000 – 1101 – 0011467　292.5/886.001

奇門遁甲秘笈大全二十卷　（明）劉基訂　清末抄本　四冊

620000 – 1101 – 0011468　592.5/0.354

奇門法一卷　（□）□□撰　清末抄本　一冊

620000 – 1101 – 0011469　291/274

奇門秘錄九星靈應一卷　（宋）楊維德著　清晚期抄本　一冊

620000 – 1101 – 0011470　443

奇女子傳四卷　（明）吳震元撰　明刻本　四冊

620000 – 1101 – 0011471　1714

奇賞齋古文彙編二百三十六卷　（明）陳仁錫輯並評　明崇禎七年(1634)刻本　七十二冊　存九十五卷（九十九至一百八、一百十五至一百十七、一百二十三至一百二十六、一百二十八至一百四十四、一百五十三至一百六十、一百六十四至一百七十、一百七十二至一百七十八、一百八十七至一百九十六、二百五至二百十一、二百十四至二百二十、二百二十二至二百三十六）

620000 – 1101 – 0011472　4174

奇賞齋古文彙編二百三十六卷　（明）陳仁錫輯並評　明崇禎七年(1634)刻本　七冊　存九卷（一百二十七至一百二十八、一百六十一至一百六十三、二百十二至二百十四、二百二十一）

620000 – 1101 – 0011473　567.3/0.354

奇臺縣賦役全書不分卷　（清）□□編　清咸豐三年(1853)刻本　三冊

620000 – 1101 – 0011474　1045

齊東野語二十卷　（宋）周密撰　明萬曆商氏半埜堂刻清修稗海本　八冊

620000 – 1101 – 0011475　4110

齊東野語二十卷　（宋）周密撰　明崇禎毛氏汲古閣刻本　三冊　存十四卷（一至九、十六至二十）

620000 – 1101 – 0011476　4274

齊東野語二十卷　（宋）周密撰　明崇禎毛氏汲古閣刻本　三冊　存十卷（五至九、十六至二十）

620000 – 1101 – 0011477　430.7/15.001

齊民要術十卷　（北魏）賈思勰撰　清光緒二十二年(1896)中江榷署刻本　四冊

620000 – 1101 – 0011478　683.12/378

齊山巖洞志二十六卷首一卷　（清）陳蔚纂輯　清光緒二十七年(1901)唐石簃刻本　八冊

620000 – 1101 – 0011479　831.137/76.37

齊詩遺說考四卷　（清）陳喬樅撰　清道光刻本　四冊

620000 – 1101 – 0011480　093.207/385

齊詩翼氏學疏證二卷　（清）陳喬樅撰　清道光、同治刻本　一冊　存一卷（上）

620000 – 1101 – 0011481　414.97/662

齊氏醫案崇正辨訛六卷　（清）齊秉慧撰　清光緒刻本　二冊　存二卷（二、五）

620000 – 1101 – 0011482　127.6/433

齊書五卷　（清）吳天成著　（清）楊光錫校刊　清末刻本　三冊　存四卷（內篇一至二、四,外篇五）

620000－1101－0011483　850/662

齊太史移居倡詶集四卷首一卷　(清)齊召南撰　(清)齊毓川編輯　清宣統二年(1910)上海國學扶輪社石印本　一冊

620000－1101－0011484　847/720

齊雲山人文集一卷　(清)洪符孫撰　清光緒九年(1883)雲自在龕刻本　一冊

620000－1101－0011485　1191

芑成堂精訂經濟實言六集　(□)□□輯　明芑成堂刻本　一冊　存一集(射集)

620000－1101－0011486　127.1/16.43

起黃二卷　(清)吳光耀撰　清宣統元年(1909)刻本　一冊　存一卷(二)

620000－1101－0011487　127.1/16.43

起黃二卷　(清)吳光耀撰　清宣統元年(1909)刻本　二冊

620000－1101－0011488　857.1/0.353

豈有此理四卷　(□)□□撰　清嘉慶四年(1799)刻本　四冊

620000－1101－0011489　3181

啓對合筆二卷　(明)□□撰　明刻本　一冊

620000－1101－0011490　856.17/0.653

啓稿不分卷　(□)□□撰　清中晚期稿本　一冊

620000－1101－0011491　1681

啓雋類函一百二卷職官考五卷目錄九卷　(明)俞安期輯　明萬曆四十六年(1618)刻本　十六冊　存四十卷(古體二卷,近體一至三、六十一至八十一,職官考五卷,目錄九卷)

620000－1101－0011492　831.68/102

啓禎宮詞二卷　(明)秦蘭徵撰　(清)瞿紹基校　清嘉慶十六年(1811)刻本　一冊

620000－1101－0011493　847.5/627.4

綺雲春閣詩鈔二卷　(清)方芬著　清咸豐六年(1856)刻本　二冊

620000－1101－0011494　446.2/528

汽機必以十二卷首一卷附錄一卷　(英國)蒲而捈撰　(英國)傅蘭雅口譯　(清)徐建寅筆述　清光緒上海江南製造總局刻本　六冊

620000－1101－0011495　446.2/528

汽機必以十二卷首一卷附錄一卷　(英國)蒲而捈撰　(英國)傅蘭雅口譯　(清)徐建寅筆述　清光緒上海江南製造總局刻本　六冊

620000－1101－0011496　446.2/528

汽機必以十二卷首一卷附錄一卷　(英國)蒲而捈撰　(英國)傅蘭雅口譯　(清)徐建寅筆述　清光緒上海江南製造總局刻本　六冊

620000－1101－0011497　446.2/528

汽機必以十二卷首一卷附錄一卷　(英國)蒲而捈撰　(英國)傅蘭雅口譯　(清)徐建寅筆述　清光緒上海江南製造總局刻本　六冊

620000－1101－0011498　446.2/528

汽機必以十二卷首一卷附錄一卷　(英國)蒲而捈撰　(英國)傅蘭雅口譯　(清)徐建寅筆述　清光緒上海江南製造總局刻本　六冊

620000－1101－0011499　446.2/759

汽機發軔九卷表一卷　(英國)美以納　(英國)白勞那撰　(英國)偉烈譯　(清)徐壽筆述　清同治十一年(1872)江南製造總局刻本　四冊

620000－1101－0011500　446.155/906

汽機圖說不分卷　(英國)傅蘭雅譯　清光緒二十年(1894)益智書會刻本　一冊

620000－1101－0011501　446.2/869

汽機新制八卷　(英國)白爾格撰　(英國)傅蘭雅口譯　(清)徐建寅筆述　清光緒江南製造總局刻本　二冊

620000－1101－0011502　446.2/869

汽機新制八卷　(英國)白爾格撰　(英國)傅蘭雅口譯　(清)徐建寅筆述　清光緒江南製造總局刻本　二冊

620000－1101－0011503　446.2/869

汽機新制八卷　(英國)白爾格撰　(英國)傅蘭雅口譯　(清)徐建寅筆述　清光緒江南製

造總局刻本　二冊

620000－1101－0011504　446.12/719

汽機中西名目表一卷　（清）江南機器製造總局譯　清光緒十五年(1889)江南機器製造總局鉛印本　一冊

620000－1101－0011505　446.12/719

汽機中西名目表一卷　（清）江南機器製造總局譯　清光緒十五年(1889)江南機器製造總局鉛印本　一冊

620000－1101－0011506　446.12/719

汽機中西名目表一卷　（清）江南機器製造總局譯　清光緒十五年(1889)江南機器製造總局鉛印本　一冊

620000－1101－0011507　446.12/719

汽機中西名目表一卷　（清）江南機器製造總局譯　清光緒十五年(1889)江南機器製造總局鉛印本　一冊

620000－1101－0011508　625.5/504

契丹國志二十七卷　（宋）葉隆禮撰　清嘉慶二年(1797)常熟席世臣掃葉山房刻本　四冊

620000－1101－0011509　792/365

契文舉例二卷　（清）孫詒讓撰　清末石印本　一冊　存一卷(下)

620000－1101－0011510　328/906

氣學叢談二卷　（英國）傅蘭雅口譯　（清）華蘅芳筆述　清光緒上海時務報館石印本　二冊

620000－1101－0011511　328.3/890

氣學拾級四章　（清）劉光照譯　清光緒二十八年(1902)上海美華書館鉛印本　一冊

620000－1101－0011512　328.21/890

氣學拾級四章　（清）劉光照譯　清光緒三十三年(1907)上海美華書館鉛印本　一冊

620000－1101－0011513　332.7/906

氣學須知不分卷　（英國）傅蘭雅著　清光緒十二年(1886)刻本　一冊

620000－1101－0011514　440.6/869

器象顯真四卷圖一卷　（英國）白力蓋輯（英國）傅蘭雅口譯　（清）徐建寅刪述　清同治十一年(1872)江南製造總局刻本　二冊

620000－1101－0011515　440.6/869

器象顯真四卷圖一卷　（英國）白力蓋輯（英國）傅蘭雅口譯　（清）徐建寅刪述　清同治十一年(1872)江南製造總局刻本　三冊

620000－1101－0011516　440.6/869

器象顯真四卷圖一卷　（英國）白力蓋輯（英國）傅蘭雅口譯　（清）徐建寅刪述　清同治十一年(1872)江南製造總局刻本　三冊

620000－1101－0011517　440.6/869.001

器象顯真四卷圖一卷　（英國）白力蓋輯（英國）傅蘭雅口譯　（清）徐建寅刪述　清光緒五年(1879)江南製造總局刻本　二冊

620000－1101－0011518　440.6/869.001

器象顯真圖一卷　（英國）白力蓋輯　（英國）傅蘭雅口譯　（清）徐建寅刪述　清光緒五年(1879)江南製造總局刻本　一冊

620000－1101－0011519　831/0.810

千家詩圖注二卷　（清）□□繪輯　清末石印本　一冊

620000－1101－0011520　114

千金記二卷　（明）沈采撰　明末毛氏汲古閣刻六十種曲本　二冊

620000－1101－0011521　041/526

千金裘二集二十六卷　（清）蔣義彬　（清）徐元麟纂　清咸豐元年(1851)志文堂刻本　四冊　存十九卷(一至十三、二十一至二十六)

620000－1101－0011522　041/526.001

千金裘二十七卷　（清）蔣義彬纂　清同治七年(1868)刻本　三冊

620000－1101－0011523　414.6/41.363.011

千金翼方三十卷目錄一卷　（唐）孫思邈撰　清同治七年(1868)刻本　十二冊

620000－1101－0011524　2106

千金翼方三十卷目錄一卷　（唐）孫思邈撰

（宋）林億等校正　清光緒四年（1878）莫氏影印日本文政十三年（1830）影刻元大德梅溪書院本　八冊

620000－1101－0011525　414.6/41.363.012

千金翼方三十卷目錄一卷　（唐）孫思邈撰　清光緒三十四年（1908）上海久敬齋書莊鉛印本　六冊

620000－1101－0011526　1379

千金諸論不分卷　（清）□□輯　清乾隆、嘉慶抄本　八冊

620000－1101－0011527　796.4/396

千甓亭古塼圖釋二十卷　（清）陸心源輯　清光緒十七年（1891）陸氏石印本　十冊

620000－1101－0011528　847.1/33

千山詩集二十卷首一卷　（明）釋函可著（清）釋今羞編　清晚期刻本　四冊

620000－1101－0011529　3230

千叟宴詩三十四卷首二卷　（清）高宗弘曆等撰　清乾隆五十年（1785）武英殿刻本　四冊　存四卷（十五至十六、十九至二十）

620000－1101－0011530　671.55/173.28

汧陽述古編二卷　（清）李嘉績輯　清光緒十五年（1889）李氏代耕堂刻本　一冊

620000－1101－0011531　671.55/173.28

汧陽述古編二卷　（清）李嘉績輯　清光緒十五年（1889）李氏代耕堂刻本　一冊

620000－1101－0011532　671.55/173.28

汧陽述古編二卷　（清）李嘉績輯　清光緒十五年（1889）李氏代耕堂刻本　一冊

620000－1101－0011533　671.55/173.28

汧陽述古編二卷　（清）李嘉績輯　清光緒十五年（1889）李氏代耕堂刻本　一冊

620000－1101－0011534　596.25/224

前敵須知四卷　（美國）克利賴撰　舒高第（清）鄭昌棪譯　清光緒江南製造總局鉛印本　四冊

620000－1101－0011535　596.225/224

前敵須知四卷　（美國）克利賴撰　舒高第（清）鄭昌棪譯　清光緒江南製造總局鉛印本　五冊

620000－1101－0011536　596.25/224

前敵須知四卷　（美國）克利賴撰　舒高第（清）鄭昌棪譯　清光緒江南製造總局鉛印本　一冊

620000－1101－0011537　442

前定錄一卷續錄一卷　（唐）鍾輅撰　明弘治十四年（1501）華珵刻百川學海本　一冊

620000－1101－0011538　622.11/124

前漢補注一百卷首一卷　（漢）班固撰　（唐）顏師古注　王先謙補注　清光緒二十六年（1900）長沙王氏虛受堂刻本　三十二冊

620000－1101－0011539　1666

前漢紀三十卷　（漢）荀悅撰　**後漢紀三十卷**（晉）袁宏撰　**兩漢紀字句異同考一卷**（清）蔣國祚撰　清康熙三十五年（1696）蔣氏刻本　二十冊

620000－1101－0011540　3318

前漢紀三十卷　（漢）荀悅撰　**後漢紀三十卷**（晉）袁宏撰　**兩漢紀字句異同考一卷**（清）蔣國祚撰　清康熙刻本　五冊　存三十一卷（後漢紀三十卷、兩漢紀字句異同考一卷）

620000－1101－0011541　1169

前漢書一百卷　（漢）班固撰　（唐）顏師古注　明嘉靖八年至九年（1529－1530）南京國子監刻明清遞修本　三十三冊

620000－1101－0011542　2162

前漢書一百卷　（漢）班固撰　（唐）顏師古注　明嘉靖八年至九年（1529－1530）南京國子監刻明清遞修本　十三冊　存四十八卷（一至四十八）

620000－1101－0011543　4072

前漢書一百卷　（漢）班固撰　（唐）顏師古注　明嘉靖八年至九年（1529－1530）南京國子監刻明清遞修本　一冊　存一卷（二十）

620000－1101－0011544　695

前漢書一百卷　（漢）班固撰　（唐）顏師古注
明萬曆二十五年(1597)北京國子監刻本
二十六冊

620000－1101－0011545　1722

前漢書一百卷　（漢）班固撰　（唐）顏師古注
清乾隆四年(1739)武英殿刻本　五冊　存
十九卷(二至十六、五十一至五十四)

620000－1101－0011546　4064

前漢書一百卷　（漢）班固撰　（唐）顏師古注
清乾隆四年(1739)武英殿刻本　五冊　存
十八卷(五十五至六十六、八十一至八十四、
九十九至一百)

620000－1101－0011547　4065

前漢書一百卷　（漢）班固撰　（唐）顏師古注
清乾隆四年(1739)武英殿刻本　一冊　存
四卷(五十五至五十八)

620000－1101－0011548　622.101/12.98.003

前漢書一百卷　（漢）班固撰　（唐）顏師古注
清光緒十四年(1888)上海蜚英館石印本
十五冊　存九十六卷(一至二十、二十五至一
百)

620000－1101－0011549　622.101/12.48

前漢書一百卷　（漢）班固撰　（唐）顏師古注
清光緒十四年(1888)上海圖書集成印書局
鉛印本　二十冊

620000－1101－0011550　622.101/12.98.004

前漢書一百卷　（漢）班固撰　（唐）顏師古注
清光緒十四年(1888)上海圖書集成印書局
鉛印本　十三冊　存六十卷(七至十四、十六
至三十一、四十一至六十四、七十至七十七、
九十四至九十七)

620000－1101－0011551　622.101/12.98.004

前漢書一百卷　（漢）班固撰　（唐）顏師古注
清光緒十四年(1888)上海圖書集成印書局
鉛印本　十冊　存六十二卷(二十七至二十
八、四十一至一百)

620000－1101－0011552　622.101/12.98.002

前漢書一百卷　（漢）班固撰　（唐）顏師古注
清光緒十八年(1892)武林竹簡齋石印本
十二冊

620000－1101－0011553　622.101/12.98.005

前漢書一百卷　（漢）班固撰　（唐）顏師古注
清光緒二十三年(1897)味經刊書處刻本
四十二冊　存八十八卷(一至十、十五至二十
八、三十一至九十四)

620000－1101－0011554　622.101/12.98.006

前漢書一百卷　（漢）班固撰　（唐）顏師古注
清光緒二十九年(1903)五洲同文書局石印
本　二冊　存九卷(二十三至二十五、八十八
至九十三)

620000－1101－0011555　622.101/12.98.007

前漢書一百卷　（漢）班固撰　（唐）顏師古注
後漢書一百二十卷　（南朝宋）劉曄撰
（唐）李賢注　清光緒刻本　六冊　存二十五
卷(前漢書五十五至五十七、九十三至九十
五,後漢書六十五至八十三)

620000－1101－0011556　622.101/12.98.008

前漢書一百卷　（漢）班固撰　（唐）顏師古注
清光緒刻本　九冊　存十九卷(二十一上
至二十八上、三十一至四十一)

620000－1101－0011557　2835

前漢書一百卷　（漢）班固撰　（唐）顏師古注
明嘉靖八年至九年(1529－1530)南京國子
監刻明清遞修本　一冊　存四卷(九十三至
九十六)

620000－1101－0011558　4429

前漢書一百卷　（漢）班固撰　（唐）顏師古注
明嘉靖八年至九年(1529－1530)南京國子
監刻明清遞修本　一冊　存二卷(二十四至
二十五)

620000－1101－0011559　4430

前漢書一百卷　（漢）班固撰　（唐）顏師古注
明嘉靖八年至九年(1529－1530)南京國子
監刻明清遞修本　一冊　存六卷(八十七至
九十二)

620000－1101－0011560　013.2/12.67

前漢書藝文志一卷　（漢）班固撰　（唐）顏師古注　清同治九年(1870)成都志古堂刻本　一冊

620000－1101－0011561　835/64

前後漢書菁華錄五卷附蜀漢一卷　（清）高嶹輯　清光緒二十五年(1899)慎記書莊石印本　六冊

620000－1101－0011562　625.703/232

前蒙古紀事本末二卷後蒙古紀事本末二卷　（清）韓善徵編輯　清光緒三十一年(1905)石印本　四冊

620000－1101－0011563　1016

乾道臨安志三卷　（宋）周淙纂　清道光抄本　一冊

620000－1101－0011564　672.34/27.52

乾道臨安志三卷首一卷　（宋）周淙纂　**乾道臨安志札記一卷**　（清）錢保塘撰　**弟子職集解一卷**　（清）莊述祖撰　清光緒四年(1878)刻式訓堂叢書本　二冊

620000－1101－0011565　672.34/27.52

乾道臨安志三卷首一卷　（宋）周淙纂　**乾道臨安志札記一卷**　（清）錢保塘撰　**弟子職集解一卷**　（清）莊述祖撰　清光緒四年(1878)刻式訓堂叢書本　一冊

620000－1101－0011566　672.34/27.52

乾道臨安志三卷首一卷　（宋）周淙纂　**乾道臨安志札記一卷**　（清）錢保塘撰　**弟子職集解一卷**　（清）莊述祖撰　清光緒四年(1878)刻式訓堂叢書本　一冊

620000－1101－0011567　672.34/27.522

乾道臨安志三卷首一卷　（宋）周淙纂　**乾道臨安志札記一卷**　（清）錢保塘撰　**弟子職集解一卷**　（清）莊述祖撰　清光緒四年(1878)刻式訓堂叢書本　二冊

620000－1101－0011568　782.1/504

乾嘉詩壇點將錄一卷東林點將錄一卷附秦雲擷英譜一卷　葉德輝輯　清宣統三年(1911)長沙葉氏刻本　一冊

620000－1101－0011569　290.1/97

乾坤易簡錄一卷　（清）鄭良弼撰　清晚期涵虛抱壹之齋刻本　一冊

620000－1101－0011570　670/720.001

乾隆府廳州縣圖志五十卷　（清）洪亮吉撰　清嘉慶八年(1803)刻北江全集本　十一冊

620000－1101－0011571　670/720

乾隆府廳州縣圖志五十卷　（清）洪亮吉撰　清光緒五年(1879)洪用懃授經堂刻洪北江全集本　二十冊

620000－1101－0011572　670/720.001

乾隆府廳州縣圖志五十卷　（清）洪亮吉撰　清嘉慶八年(1803)刻北江全集本　十四冊

620000－1101－0011573　670/720.003

乾隆府廳州縣圖志五十卷　（清）洪亮吉撰　清光緒五年(1879)洪用懃授經堂刻洪北江全集本　一冊　存二卷(三十九至四十)

620000－1101－0011574　1638

鈐山堂集四十卷　（明）嚴嵩撰　清乾隆二十三年(1758)二酉堂刻本　十冊

620000－1101－0011575　846.5/42.01

鈐山堂集四十卷　（明）嚴嵩撰　清嘉慶十一年(1806)刻本　十冊

620000－1101－0011576　846.5/42.01

鈐山堂集四十卷　（明）嚴嵩撰　清嘉慶十一年(1806)刻本　八冊

620000－1101－0011577　846.5/42.01

鈐山堂集四十卷　（明）嚴嵩撰　清嘉慶十一年(1806)刻本　十冊

620000－1101－0011578　847.2/736.6

潛庵先生擬明史稿二十卷　（清）湯斌撰　清同治九年(1870)蘇廷魁刻湯文正公全集本　一冊　存一卷(二十)

620000－1101－0011579　018.87/835

潛采堂宋元人集目錄一卷　（清）朱彝尊輯　清宣統三年(1911)葉氏刻本　一冊

620000 - 1101 - 0011580　2085

潛夫論十卷 （漢）王符撰　清乾隆十九年（1754）張鎮、方恆刻本　四冊

620000 - 1101 - 0011581　2494

潛夫論十卷 （漢）王符撰　清乾隆十九年（1754）張鎮、方恆刻本　一冊　存四卷（一至四）

620000 - 1101 - 0011582　122.8/121.03

潛夫論十卷 （漢）王符撰　（清）汪繼培箋　清嘉慶二十二年（1817）蕭山陳氏刻湖海樓叢書本　四冊

620000 - 1101 - 0011583　122.8/121.03

潛夫論十卷 （漢）王符撰　（清）汪繼培箋　清嘉慶二十二年（1817）蕭山陳氏刻湖海樓叢書本　一冊　存二卷（三至四）

620000 - 1101 - 0011584　122.8/121.04

潛夫論十卷 （漢）王符撰　**枕中書一卷**（晉）葛洪撰　清嘉慶刻廣漢魏叢書本　二冊

620000 - 1101 - 0011585　122.8/121.01/:2

潛夫論十卷 （漢）王符撰　清光緒元年（1875）崇文書局刻本　一冊　存六卷（五至十）

620000 - 1101 - 0011586　122.8/121.02

潛夫論十卷 （漢）王符撰　（清）汪繼培箋　清光緒十七年（1891）思賢講舍刻本　四冊

620000 - 1101 - 0011587　847.8/987

潛廬文鈔一卷痰氣集一卷 （清）金蓉鏡纂　清光緒三十四年（1908）刻本　一冊

620000 - 1101 - 0011588　2698

潛邱劄記六卷 （清）閻若璩撰　**左汾近稾一卷** （清）閻詠撰　清乾隆大成齋刻本　六冊

620000 - 1101 - 0011589　466

潛確居類書一百二十卷 （明）陳仁錫輯　明崇禎尚敬堂刻本　六十冊

620000 - 1101 - 0011590　1747

潛確居類書一百二十卷 （明）陳仁錫輯　明崇禎尚敬堂刻本　二十七冊　存五十二卷

（一至十九、三十九至四十、四十四至四十五、五十八至六十二、六十六至六十七、七十五至七十七、八十至八十一、一百一至一百五、一百九至一百二十）

620000 - 1101 - 0011591　098.7/318

潛室陳先生木鍾集十一卷 （宋）陳埴撰　清同治六年（1867）東甌郡齋刻本　四冊

620000 - 1101 - 0011592　127.1/66.001

潛書二卷 （清）唐甄撰　（清）王聞遠編　清光緒九年（1883）中江李氏刻本　四冊

620000 - 1101 - 0011593　127.1/66.001

潛書二卷 （清）唐甄撰　（清）王聞遠編　清光緒九年（1883）中江李氏刻本　四冊

620000 - 1101 - 0011594　127.1/66.001

潛書二卷 （清）唐甄撰　（清）王聞遠編　清光緒九年（1883）中江李氏刻本　四冊

620000 - 1101 - 0011595　127.1/66.002

潛書二卷 （清）唐甄撰　（清）王聞遠編　清光緒三十二年（1906）山東全省官印書局鉛印本　四冊

620000 - 1101 - 0011596　847.9/933

潛皖偶錄十一卷 錢麟書撰　清宣統元年（1909）鉛印本　二冊

620000 - 1101 - 0011597　846.1/697

潛溪錄六卷首一卷 （清）丁立中編輯　（清）孫鏘增補　清宣統二年（1910）刻本　一冊

620000 - 1101 - 0011598　847.2/211.001

潛虛先生文集十四卷 （清）戴名世著　（清）尤雲鶚編次　清光緒十一年（1885）木活字印本　八冊

620000 - 1101 - 0011599　071.74/930.06

潛研堂答問十二卷 （清）錢大昕撰　清光緒七年（1881）謨觴室刻本　四冊

620000 - 1101 - 0011600　089.74/930

潛研堂全書十六種二百五十四卷 （清）錢大昕撰　清乾隆、嘉慶刻道光二十年（1840）錢師光重修本　五十冊　存十六種二百十四卷

（廿二史攷異一百卷,三史拾遺五卷,諸史拾遺五卷,元史氏族表三卷,元史藝文志四卷,通鑑注辯正二卷,洪文惠公年譜一卷,洪文敏公年譜一卷,陸放翁先生年譜一卷,深寧先生年譜一卷,弇州山人年譜一卷,潛研堂金石文跋尾六卷、續七卷、又續六卷、三續六卷,潛研堂金石文字目錄八卷,十駕齋養新錄二十卷、餘錄三卷,三統術衍三卷、鈐一卷,潛研堂文集二十一至五十）

620000－1101－0011601　089.74/930.01
潛研堂全書十六種二百五十四卷　（清）錢大昕撰　清乾隆、嘉慶刻道光二十年（1840）錢師光重修本　六十四冊

620000－1101－0011602　847.4/92
潛研堂詩集十卷續集十卷　（清）錢大昕撰　清嘉慶十一年（1806）刻本　六冊

620000－1101－0011603　847.5/930
潛研堂文集五十卷　（清）錢大昕撰　清嘉慶十一年（1806）刻本　十二冊

620000－1101－0011604　2901
潛菴先生擬明史稿二十卷　（清）湯斌撰（清）田蘭芳評　清康熙二十七年（1688）刻本　八冊

620000－1101－0011605　847.2/736.1
潛菴先生全集五卷困學錄一卷疏稿一卷（清）湯斌撰　（清）閻興邦評　**湯文正公年譜定本一卷**　（清）方苞撰　（清）楊椿重輯　清同治十二年（1873）刻本　十二冊

620000－1101－0011606　847.2/736.8
潛菴先生遺稿五卷洛學編五卷志學會約一卷志學會約補刊一卷從祀贊序一卷困學錄一卷潛菴先生疏稿不分卷　（清）湯斌撰　清道光刻本　十二冊

620000－1101－0011607　856.178/292
潛園友朋書問十二卷　（清）李鴻章等撰　清末石印本　一冊　存四卷（九至十二）

620000－1101－0011608　1014
潛齋醫書三種十二卷　（清）王士雄撰　清咸

豐元年（1851）吟香書屋刻本　四冊

620000－1101－0011609　2429
黔書二卷　（清）田雯輯　清康熙、乾隆刻德州田氏叢書本　四冊

620000－1101－0011610　689.36/47
黔書二卷　（清）田雯編　清嘉慶十三年（1808）太湖李氏刻本　四冊

620000－1101－0011611　673.6/484
黔書二卷　（清）田雯編　清晚期刻本　一冊

620000－1101－0011612　673.6/484
黔書二卷　（清）田雯編　清晚期刻本　一冊

620000－1101－0011613　673.6/484.001
黔書二卷　（清）田雯編　清晚期刻本　一冊

620000－1101－0011614　689.36/43
黔語二卷　（清）吳振棫纂　清光緒陳氏刻靈峰草堂叢書本　一冊

620000－1101－0011615　573.42/314
黔中從政錄不分卷　（清）張經田著　清道光四年（1824）刻本　一冊

620000－1101－0011616　567.3/11
錢穀備要十一卷　（清）王又槐編　清光緒十九年（1893）上海古香閣石印本　一冊

620000－1101－0011617　847.2/933
錢牧齋文鈔不分卷　（清）錢謙益撰　清宣統元年（1909）上海國學扶輪社鉛印本　四冊

620000－1101－0011618　847.2/933
錢牧齋文鈔不分卷　（清）錢謙益撰　清宣統元年（1909）上海國學扶輪社鉛印本　四冊

620000－1101－0011619　847.2/933
錢牧齋文鈔不分卷　（清）錢謙益撰　清宣統元年（1909）上海國學扶輪社鉛印本　四冊

620000－1101－0011620　847.4/934
錢南園先生遺集五卷　（清）錢灃撰　清光緒十九年（1893）浙江書局刻本　二冊

620000－1101－0011621　847.4/934
錢南園先生遺集五卷　（清）錢灃撰　清光緒

十九年(1893)浙江書局刻本　二冊

620000－1101－0011622　2118

錢氏小兒藥證直訣三卷　（宋）錢乙撰　（宋）
閻孝忠輯　錢仲陽傳一卷董氏小兒斑疹備急
方論一卷　（宋）董汲撰　清康熙五十八年
(1719)陳世傑起秀堂仿宋刻本　四冊

620000－1101－0011623　2119

錢氏小兒藥證直訣三卷　（宋）錢乙撰　（宋）
閻孝忠輯　錢仲陽傳一卷董氏小兒斑疹備急
方論一卷　（宋）董汲撰　清康熙五十八年
(1719)陳世傑起秀堂仿宋刻本　四冊

620000－1101－0011624　2947

錢氏小兒直訣三卷　（宋）錢乙撰　（明）薛己
注　明萬曆刻薛氏醫按二十四種本　一冊
存一卷(一)

620000－1101－0011625　2117

錢氏小兒直訣四卷　（宋）錢乙撰　（明）薛己
注　明萬曆刻薛氏醫按二十四種本　一冊

620000－1101－0011626　830.6/348

錢唐湖山勝槩詩文不分卷　（明）夏時等撰
清光緒七年(1881)刻本　一冊

620000－1101－0011627　625.204/885

錢塘遺事十卷　（元）劉一清撰　（清）席世臣
訂　清嘉慶四年(1799)常熟席世臣掃葉山房
刻本　二冊

620000－1101－0011628　793.4/310

錢志新編二十卷　（清）張崇懿輯　清道光十
年(1830)刻本　六冊

620000－1101－0011629　793.4/310.01

錢志新編二十卷　（清）張崇懿輯　清咸豐五
年(1855)刻本　六冊

620000－1101－0011630　845.21/828.6

灊山集三卷補遺一卷附錄一卷　（宋）朱翌撰
清嘉慶十五年(1810)松橋抄本　一冊

620000－1101－0011631　690/720

遣戍伊犁日記一卷天山客話一卷外家紀聞一
卷　（清）洪亮吉著　清光緒三年(1877)洪用

勤授經堂刻本　一冊

620000－1101－0011632　847.8/194

强恕齋詩稿節鈔一卷　（清）袁徵楷撰　清光
緒十二年(1886)刻本　一冊

620000－1101－0011633　731.9/276

藕盦東游日記不分卷　（清）樓藜然撰　清光
緒三十三年(1907)鉛印本　一冊

620000－1101－0011634　596.5/581

橋梁教範二卷　（清）北洋陸軍編譯局編　清
光緒三十四年(1908)北洋陸軍編譯局鉛印本
　一冊

620000－1101－0011635　852.4/34

樵歌三卷　（宋）朱敦儒著　清光緒十六年
(1890)刻本　一冊

620000－1101－0011636　083/202

峭帆樓叢書十八種五十四卷　（清）趙詒琛編
　清宣統、民國新陽趙氏刻本　十冊　存七
種二十二卷(重編桐庵文稿一卷,雲間三子新
詩合稿九卷,離憂集二卷,從游集二卷,頑潭
詩話二卷,補遺一卷、附錄一卷,星湄詩話二
卷,晚香書札二卷)

620000－1101－0011637　847.4/392.1

切問齋集十六卷　（清）陸燿著　清嘉慶刻本
　七冊　存十四卷(一至八、十一至十六)

620000－1101－0011638　830.7/392

切問齋文鈔三十卷　（清）陸燿輯　清同治八
年(1869)楊國楨刻本　十四冊

620000－1101－0011639　802.42/384

切韻考外篇三卷　（清）陳澧撰　清光緒十年
(1884)鉛印本　一冊

620000－1101－0011640　802.42/303

切韻指掌圖一卷　（宋）司馬光撰　清宣統二
年(1910)豐城熊氏刻本　一冊

620000－1101－0011641　2571

篋衍集十二卷　（清）陳維崧輯　清康熙三十
六年(1697)蔣國祥刻本　四冊　存九卷(一
至九)

620000－1101－0011642　1838

篋衍集十二卷　（清）陳維崧輯　清康熙三十
六年(1697)蔣國祥刻本　六冊

620000－1101－0011643　847.2/385.07

篋衍集十二卷　（清）陳維崧輯　清末上海神
州國光社鉛印本　四冊

620000－1101－0011644　833.17/601

篋中詞六卷續集四卷　（清）譚獻輯　清光緒
八年(1882)仁和譚氏刻半厰叢書初編本
五冊

620000－1101－0011645　833.17/601

篋中詞六卷續集四卷　（清）譚獻輯　清光緒
八年(1882)仁和譚氏刻半厰叢書初編本　一
冊　存三卷(四至六)

620000－1101－0011646　1698

鍥精選古今名公藻翰雙奇十三卷　（明）施鳳
來輯　明萬曆四十一年(1613)萃慶堂刻本
一冊　存五卷(一至五)

620000－1101－0011647　1053

鍥旁註事類捷録十五卷　（明）鄧志謨撰　明
萬曆書林德聚堂刻本　四冊

620000－1101－0011648　4379

鍥旁註事類捷録十五卷　（明）鄧志謨撰　明
刻本　一冊　存三卷(十三至十五)

620000－1101－0011649　856.7/316.001

欽定啓禎四書文不分卷　（清）方苞輯　清光
緒二年(1876)崇文書局刻本　一冊

620000－1101－0011650　856.7/972

芹宮新譜不分卷　（清）鄭一鵬撰　清道光十
五年(1835)青雲閣刻本　二冊

620000－1101－0011651　856.7/972.001

芹宮新譜二卷　（清）鄭一鵬撰　清光緒刻本
一冊　存一卷(上)

620000－1101－0011652　567.3/0.102

秦安縣賦役全書不分卷　（清）□□編　清咸
豐三年(1853)刻本　三冊

620000－1101－0011653　847.6/54

秦川焚餘草六卷補遺一卷附刻一卷　（清）董
平章撰　清光緒新疆官報書局鉛印本　六冊

620000－1101－0011654　847.6/54.001

秦川焚餘草六卷補遺一卷附刻一卷　（清）董
平章撰　清光緒甘肅官報書局鉛印本　一冊
存五卷(四至六、補遺一卷、附刻一卷)

620000－1101－0011655　847.6/54.001

秦川焚餘草六卷補遺一卷附刻一卷　（清）董
平章撰　清光緒甘肅官報書局鉛印本　一冊
存三卷(一至三)

620000－1101－0011656　796.2/790

秦漢瓦當文字二卷續一卷　（清）程敦著録
清光緒二十年(1894)石印本　三冊

620000－1101－0011657　796.2/790

秦漢瓦當文字一卷續一卷　（清）程敦著録
清光緒二十年(1894)石印本　三冊

620000－1101－0011658　315

秦漢文鈔六卷　（明）閔日斯等輯　（明）楊融
博批點　明萬曆四十八年(1620)閔氏刻朱墨
套印本　六冊

620000－1101－0011659　305

秦漢文準十二卷　（明）程夢庚輯　明萬曆四
十四年(1616)刻本　十二冊

620000－1101－0011660　847.7/68

秦晉游草二卷　（清）蹇諤撰　清咸豐十一年
(1861)務本草堂刻本　二冊

620000－1101－0011661　847.8/119

秦隴感吟一卷鉄里吟一卷　（清）王澍霖撰
清光緒十三年(1887)王澍霖稿本　一冊

620000－1101－0011662　1339

秦山逸叟自記二卷　巨國桂撰　稿本　一冊

620000－1101－0011663　691.5/754

秦輶日記一卷　（清）潘祖蔭撰　清晚期刻本
一冊

620000－1101－0011664　075.78/102

秦中書局彙報一卷　（清）秦中書局編　清光
緒二十三年(1897)鉛印本　十一冊

620000－1101－0011665　589.92/301

秦州直隸州安置歷次不准援免到配已逾拾年軍流各犯原案清冊一卷　（清）托克清阿編清同治元年（1862）抄本　一冊

620000－1101－0011666　671.65/203.78

秦州直隸州秦安縣鎮地理調查表不分卷（清）黃國琦編　清宣統元年（1909）抄本一冊

620000－1101－0011667　567.3/0.100

秦州直隸州三岔州判賦役全書不分卷　（清）□□編　清咸豐三年（1853）刻本　三冊

620000－1101－0011668　847.4/377.1

琴海集二卷　（清）陳玉鄰著　（清）宗德懋正字　清光緒二十一年（1895）刻本　一冊

620000－1101－0011669　1012

琴譜六卷　（明）楊表正撰　清煥文堂、世榮堂刻本　六冊

620000－1101－0011670　916.1102/145

琴譜新聲六卷首一卷　（清）曹尚絅等訂　清嘉慶六年（1801）刻本　三冊

620000－1101－0011671　911.27/0.122

琴譜摘鈔不分卷　（□）□□撰　清同治二年（1863）靜道人抄本　一冊

620000－1101－0011672　1684

琴心記二卷　（明）孫柚撰　明末毛氏汲古閣刻六十種曲本　二冊

620000－1101－0011673　916.08/273

琴學叢書六種二十六卷　楊宗稷輯　清晚期刻本　八冊

620000－1101－0011674　916.08/273

琴學叢書六種二十六卷　楊宗稷輯　清晚期刻本　八冊

620000－1101－0011675　916.1/108

琴學入門二卷　（清）張鶴輯　清同治六年（1867）刻本　一冊　存一卷（上）

620000－1101－0011676　916.1/109

琴學入門二卷　（清）張鶴輯　清同治十二年（1873）刻本　三冊　存一卷（下）

620000－1101－0011677　916.1/109

琴學入門二卷　（清）張鶴輯　清同治十二年（1873）刻本　一冊　存一卷（下）

620000－1101－0011678　916.1/106

琴學入門二卷　（清）張鶴輯　清同治十三年（1874）刻本　三冊

620000－1101－0011679　916/30

琴學入門二卷　（清）張鶴輯　清光緒七年（1881）刻本　一冊

620000－1101－0011680　847.7/736

琴隱園詩集三十五卷詞集四卷　（清）湯貽汾撰　清光緒元年（1875）刻本　八冊

620000－1101－0011681　847.6/73

琴隱園詩集三十五卷詞集四卷　（清）湯貽汾撰　清光緒元年（1875）刻本　八冊

620000－1101－0011682　490

禽經一卷　（晉）張華注　明萬曆周履靖刻夷門廣牘本　一冊

620000－1101－0011683　1387

青白堂彙編不分卷　（清）王希尹撰　（清）王惟賢輯　清乾隆稿本　二冊　存上冊之葉四至四十二，下冊之葉一至三、五至七、九至三十八

620000－1101－0011684　847.5/720

青塥山人詩十卷　（清）洪飴孫著　清光緒十年（1884）閩縣陳氏刻本　一冊　存五卷（一至五）

620000－1101－0011685　626.04/674

青燐屑二卷　（明）應廷吉著　清末刻本一冊

620000－1101－0011686　072/348

青樓集一卷　（元）夏庭芝撰　板橋雜記三卷　（清）余懷撰　吳門畫舫錄一卷　（清）西溪山人撰　清光緒刻郋園先生全書本　一冊

620000－1101－0011687　072/348

青樓集一卷　（元）夏庭芝撰　板橋雜記三卷

（清）余懷撰　**吳門畫舫錄一卷**　（清）西溪山人撰　清光緒刻郎園先生全書本　一冊

620000－1101－0011688　072/348

青樓集一卷　（元）夏庭芝撰　**板橋雜記三卷**　（清）余懷撰　清光緒刻郎園先生全書本　一冊

620000－1101－0011689　782.1/202

青樓小名錄八卷　（清）趙慶楨輯　清宣統二年(1910)上海國學扶輪社鉛印本　一冊　存二卷(一至二)

620000－1101－0011690　847.2/329

青門集三十卷　（清）邵長蘅撰　清光緒二十三年(1897)武進盛氏刻本　四冊

620000－1101－0011691　2498

青囊輯便不分卷　（清）安懷堂主人輯　清道光二十六年(1846)刻本　四冊

620000－1101－0011692　414.6/914

青囊濟世不分卷　（清）儲鑑華校勘　清光緒十六年(1890)抄本　一冊

620000－1101－0011693　1295

青邱高季迪詩集十八卷遺詩一卷　（明）高啓撰　（清）金檀輯注　**扣舷集一卷鳧藻集五卷**　（明）高啓撰　（清）金檀輯　**附錄一卷**　（清）金檀輯　**年譜一卷**　（清）金檀注　清乾隆刻本　八冊

620000－1101－0011694　847.5/971

青墅讀史雜感四卷　（清）鄭大謨著　清嘉慶三年(1798)刻本　四冊

620000－1101－0011695　847.5/971.04

青墅詩鈔初刻十卷首一卷　（清）鄭大謨著　清嘉慶三年(1798)刻本　四冊　存五卷(一至四、首一卷)

620000－1101－0011696　846.6/952

青藤書屋文集三十卷　（明）徐渭撰　（明）袁宏道編　清宣統三年(1911)石印本　八冊

620000－1101－0011697　846.6/952

青藤書屋文集三十卷　（明）徐渭撰　（明）袁宏道編　清宣統三年(1911)石印本　八冊

620000－1101－0011698　847.6/88

青溪舊屋文集十一卷　（清）劉文淇撰　清光緒九年(1883)刻本　四冊

620000－1101－0011699　1640

青溪遺稿十八卷　（清）程正揆撰　清康熙三十二年(1693)天咫閣刻本　一冊

620000－1101－0011700　1492

青箱堂詩集三十三卷文集十二卷遺稿續刻一卷年譜一卷　（清）王崇簡撰　清康熙刻本　十冊　存三十三卷(詩集三十三卷)

620000－1101－0011701　856.7/274

青雲集分韻試帖詳注四卷　（清）楊逢春輯　清末刻本　一冊　存一卷(四)

620000－1101－0011702　856.7/274.001

青雲集試帖四卷　（清）楊逢春輯　（清）沈品三等注　清同治十一年(1872)刻本　二冊　存二卷(三至四)

620000－1101－0011703　856.7/274.002

青雲集試帖四卷　（清）楊逢春輯　清晚期刻本　一冊　存二卷(三至四)

620000－1101－0011704　945.8/113.01

青在堂梅譜二卷　（清）王概等編繪　（清）沈心友輯　清晚期套印本　一冊

620000－1101－0011705　943.5/886

清愛堂法帖不分卷　（清）劉墉書　清宣統元年(1909)石印本　四冊

620000－1101－0011706　847.5/725

清白士集六卷　（清）梁玉繩撰　清嘉慶五年(1800)刻本　三十二冊

620000－1101－0011707　2812

清閟閣全集十二卷　（元）倪瓚撰　清康熙五十二年(1713)曹培廉城書室刻本　六冊

620000－1101－0011708　3252

清閟閣全集十二卷　（元）倪瓚撰　清康熙五十二年(1713)曹培廉城書室刻本　四冊

620000－1101－0011709　075/381

清波三志三卷　（清）陳景鐘輯　（清）莫栻續訂　清光緒二十一年(1895)錢塘丁氏嘉惠堂刻本　三冊

620000－1101－0011710　689.23/381

清波小志補一卷　（清）陳景鐘輯　清光緒二年(1876)仁和葛氏刻嘯園叢書本　一冊

620000－1101－0011711　689.23/954

清波小志二卷　（清）徐逢吉輯　清光緒二年(1876)仁和葛氏刻嘯園叢書本　一冊

620000－1101－0011712　835.7/761

清朝駢體正宗評本十二卷　（清）曾燠選（清）姚燮評　清末上海文瑞樓石印本　四冊

620000－1101－0011713　835.7/761

清朝駢體正宗評本十二卷　（清）曾燠選（清）姚燮評　清末上海文瑞樓石印本　四冊

620000－1101－0011714　593.6/0.717

清代寧夏各營分防里數官兵冊不分卷　（清）□□編　清中晚期抄本　一冊

620000－1101－0011715　651.74/316.3

清高宗純皇帝上諭二卷　（清）高宗弘曆撰　清晚期刻本　二冊

620000－1101－0011716　4102

清河書畫舫十二卷襄陽寶章待訪錄一卷鑒古百一詩一卷　（明）張丑輯　清乾隆二十八年(1763)仁和吳長元池北草堂刻本　十二冊

620000－1101－0011717　2766

清河書畫舫十二卷襄陽寶章待訪錄一卷鑒古百一詩一卷　（明）張丑輯　清乾隆二十八年(1763)仁和吳長元池北草堂刻本　十二冊

620000－1101－0011718　941.2/307

清河書畫舫十二卷襄陽寶章待訪錄一卷鑒古百一詩一卷　（明）張丑輯　清光緒十四年(1888)孫溪朱氏家塾刻本　十二冊

620000－1101－0011719　831.77/60

清華唱和集一卷　（清）許應鑅等撰　清光緒刻本　一冊

620000－1101－0011720　685.4021/301.95.001

清嘉錄十二卷　（清）顧祿撰　清光緒三年(1877)葛氏嘯園刻本　四冊

620000－1101－0011721　685.4021/301.95

清嘉錄十二卷　（清）顧祿撰　清光緒十七年(1891)刻本　六冊

620000－1101－0011722　231/58.001

清靜經圖註不分卷　（清）水精子注　清光緒二十六年(1900)蘭州刻本　一冊

620000－1101－0011723　847.4/942

清籟閣詩草二卷　（清）德敏著　清嘉慶刻本　一冊

620000－1101－0011724　4488

清吏律匯鈔不分卷　（清）□□輯　清晚期稿本　七冊　存七冊(一至四、七至九)

620000－1101－0011725　089.78/331

清麓文集二十三卷日記五卷　（清）賀瑞麟著　清光緒刻本　二十二冊

620000－1101－0011726　089.78/331

清麓文集二十三卷日記五卷　（清）賀瑞麟著　清光緒刻本　十二冊

620000－1101－0011727　089.78/331

清麓文集二十三卷日記五卷　（清）賀瑞麟著　清光緒刻本　二十二冊

620000－1101－0011728　585.4/0.717

清律例鈔不分卷　（清）□□輯　清末刻本（有抄配）　一冊

620000－1101－0011729　782.178/723

清秘述聞十六卷續十六卷補一卷　（清）法式善編　（清）王家相續編　（清）錢惟福重校補　清光緒十四年(1888)刻本　八冊

620000－1101－0011730　946

清內閣古玩局精繪古玉圖譜□□卷　（清）□□撰　清抄本　六冊

620000－1101－0011731　845.7/186

清容居士集五十卷　（元）袁桷撰　札記一卷（清）郁松年撰　清道光二十年(1840)上海

郁氏刻宜稼堂叢書本　六冊

620000－1101－0011732　845.7/186

清容居士集五十卷　（元）袁桷撰　**札記一卷**
（清）郁松年撰　清道光二十年(1840)上海
郁氏刻宜稼堂叢書本　十六冊

620000－1101－0011733　853.61/526

清容外集九種十四卷　（清）蔣士銓填詞
（清）高東井題評　清道光、咸豐刻本　十冊

620000－1101－0011734　651.785/661

清商部奏定章程六種六卷　（清）商部奏定
清光緒三十年(1904)鉛印本　六冊

620000－1101－0011735　627.02/296.004

清史輯要正宗六卷　（日本）增田貢撰　清光
緒二十八年(1902)刻本　二冊　存四卷(三
至六)

620000－1101－0011736　627.02/296.006

清史攬要六卷　（日本）增田貢撰　清光緒二
十七年(1901)杭州白話報館石印本　六冊

620000－1101－0011737　627.02/296.002

清史攬要六卷　（日本）增田貢撰　清末鉛印
本　二冊

620000－1101－0011738　651.73/177.003

清世宗憲皇帝上諭內閣一百五十九卷　（清）
允祿等編　清嘉慶、道光刻本　八冊　存二
十四卷(雍正四年九月至五年十二月、十三年
一月至八月)

620000－1101－0011739　651.73/177.001

清世宗憲皇帝上諭內閣一百五十九卷　（清）
允祿等編　清刻本　三十二冊

620000－1101－0011740　651.73/177.001

清世宗憲皇帝上諭內閣一百五十九卷　（清）
允祿等編　清刻本　二十冊

620000－1101－0011741　651.73/177.001

清世宗憲皇帝上諭內閣一百五十九卷　（清）
允祿等編　清刻本　三十二冊

620000－1101－0011742　651.73/177.001

清世宗憲皇帝上諭內閣一百五十九卷　（清）

允祿等編　清刻本　十一冊

620000－1101－0011743　599

清暑筆談一卷　（明）陸樹聲撰　明萬曆刻陸
學士雜著本　一冊

620000－1101－0011744　671.65/205.79

清水縣地理調查表不分卷　（清）劉炳塑編
清宣統元年(1909)抄本　一冊

620000－1101－0011745　671.65/209.79

清水縣地理調查表不分卷　（清）張其霖編
清宣統二年(1910)抄本　一冊

620000－1101－0011746　567.3/0.717

清水縣賦役全書不分卷　（清）□□編　清咸
豐三年(1853)刻本　三冊

620000－1101－0011747　802.911/700

清文補彙八卷　（清）□□輯　清中晚期刻本
八冊

620000－1101－0011748　802.911/711

清文補彙八卷　（清）□□輯　清中晚期刻本
八冊

620000－1101－0011749　802.911/794

清文典要四卷　（清）秋芳堂主人輯　清晚期
刻本　一冊

620000－1101－0011750　802.911/0.677

清文典要四卷　（□）□□撰　清晚期抄本
八冊

620000－1101－0011751　802.911/293

清文彙書十二卷　（清）李延基譯註　清四合
堂刻本　十二冊

620000－1101－0011752　802.911/293

清文彙書十二卷　（清）李延基譯註　清四合
堂刻本　十二冊

620000－1101－0011753　802.911/293

清文彙書十二卷　（清）李延基譯註　清四合
堂刻本　十二冊

620000－1101－0011754　802.911/293

清文彙書十二卷　（清）李延基譯註　清四合

堂刻本　十二冊

620000－1101－0011755　802.911/293.001

清文彙書十二卷　（清）李延基譯註　清嘉慶十一年(1806)京都琉璃廠雙峯閣刻本　十二冊

620000－1101－0011756　097/0.721

清文四書不分卷　（□）□□輯　清末刻本　六冊

620000－1101－0011757　802.911/0.717

清文指要二卷　（清）存福等校　清嘉慶二十三年(1818)刻本　二冊

620000－1101－0011758　192.1/286.4

清修寶鑑八卷　（清）李惺纂　清同治元年(1862)刻本　一冊

620000－1101－0011759　791.7/314

清儀閣題跋一卷　（清）張廷濟撰　清光緒十七年(1891)丁立誠刻本　一冊

620000－1101－0011760　857.351/399

清異錄二卷　（宋）陶穀撰　清同治十二年(1873)刻本　二冊

620000－1101－0011761　4520

清吟集□□卷　（清）鞏建豐撰　清抄本　一冊　存一卷(三)

620000－1101－0011762　4103

清吟堂全集七十七卷　（清）高士奇撰　清康熙刻本　一冊　存十卷(清吟堂集九卷、附神功聖德詩一卷)

620000－1101－0011763　4491

清語零星雜話八卷　（清）□□輯　清道光抄本　八冊

620000－1101－0011764　845.16/813

清真集二卷補遺一卷　（宋）周邦彥撰　**清真詞校後錄要一卷**　（清）鄭文焯撰　清光緒刻本　一冊

620000－1101－0011765　847.5/309

清真詩略一卷　（清）張五常撰　清道光四年(1824)蘭山仰西堂刻本　一冊

620000－1101－0011766　250/987

清真釋疑補輯不分卷　（清）金天柱撰　清光緒七年(1881)刻本　二冊

620000－1101－0011767　250/418.61

清真指南十卷　（清）馬注撰　清光緒十一年(1885)成都寶真堂刻本　九冊

620000－1101－0011768　250/418.61

清真指南十卷　（清）馬注撰　清光緒十一年(1885)成都寶真堂刻本　一冊　存一卷(九)

620000－1101－0011769　646

清止閣集九卷　（清）趙進美撰　清初刻本　二冊　存六卷(清止閣詩二卷、燕市草一卷、白鷺草一卷、白鷺草二集一卷、詩餘一卷)

620000－1101－0011770　830.76/708

清尊集十六卷　（清）汪遠孫輯　清道光十九年(1839)汪氏振綺堂刻本　三冊

620000－1101－0011771　857.41/766.001

情史類略二十四卷　（明）詹詹外史評輯　清元茂堂刻本　四冊　存八卷(一至二、十五至十九、二十一)

620000－1101－0011772　857.41/766

情天寶鑑十八卷　（明）馮夢龍輯　清光緒二十年(1894)上海石印本　六冊

620000－1101－0011773　655.5/485

慶典成案□□卷　（清）內務府輯　清光緒木活字印本　五冊　存五卷(內務府三卷、禮部一卷、工部一卷)

620000－1101－0011774　671.65/315.78

慶陽府正寧縣地理調查表一卷　（清）謝祖植編　清宣統元年(1909)抄本　一冊

620000－1101－0011775　802.15/972

親屬記二卷　（清）鄭珍輯　（清）陳榘補　清光緒十二年(1886)貴陽陳氏刻本　一冊　存一卷(一)

620000－1101－0011776　1441

親炙集不分卷　（清）朱春橋輯　清乾隆、嘉慶稿本　一冊

620000－1101－0011777　794.4/759

瓊琚譜三卷　（清）姜紹書輯　清宣統元年(1909)刻本　一冊

620000－1101－0011778　610.8/792

瓊州雜事詩不分卷　（清）程秉釗撰　清光緒元和江氏湖南使院刻靈鶼閣叢書本　一冊

620000－1101－0011779　3151

秋滕文鈔十二卷　（清）魯曾煜撰　清乾隆九年(1744)刻本　四冊

620000－1101－0011780　592.8/348

秋季大操統裁報告一卷　（清）夏辛西等編　清光緒三十年(1904)北洋武備研究所鉛印本　一冊

620000－1101－0011781　4323

秋笳集八卷　（清）吳兆騫撰　清康熙徐乾學刻雍正四年(1726)吳振辰增刻本　二冊

620000－1101－0011782　847.4/172

秋江集註六卷　（清）黃任撰　（清）王元麟注　清道光二十三年(1843)刻本　六冊

620000－1101－0011783　2782

秋錦山房集二十二卷外集三卷　（清）李良年撰　尋壑外言五卷　（清）李繩遠撰　香草居集七卷　（清）李符撰　清康熙、乾隆刻本　六冊

620000－1101－0011784　847.5/756

秋士詩鈔一卷　（清）汝堦玉撰　清嘉慶十五年(1810)刻本　一冊

620000－1101－0011785　847.5/455

秋樹讀書樓遺集十六卷　（清）史善長著　清道光十五年(1835)吳江柳樹芳刻本　四冊

620000－1101－0011786　1858

秋水集十卷　（清）嚴繩孫撰　清康熙雨青草堂刻本　一冊　存四卷(一至四)

620000－1101－0011787　847.5/525

秋水軒集二卷　（清）莊盤珠撰　清光緒二年(1876)思補樓刻本　一冊

620000－1101－0011788　847.5/525

秋水軒集二卷　（清）莊盤珠撰　清光緒二年(1876)思補樓刻本　一冊

620000－1101－0011789　847.8/315

秋香閣詩草一卷甘肅鄉試硃卷一卷　（清）張如鏞撰　清光緒八年(1882)刻本　一冊

620000－1101－0011790　847.8/315

秋香閣詩草一卷甘肅鄉試硃卷一卷　（清）張如鏞撰　清光緒八年(1882)刻本　一冊

620000－1101－0011791　847.8/315

秋香閣詩草一卷甘肅鄉試硃卷一卷　（清）張如鏞撰　清光緒八年(1882)刻本　一冊

620000－1101－0011792　847.8/315

秋香閣詩草一卷甘肅鄉試硃卷一卷　（清）張如鏞撰　清光緒八年(1882)刻本　一冊

620000－1101－0011793　589.9165/356

秋讞輯要六卷　（清）子良氏輯　清光緒十年(1884)刻本　八冊

620000－1101－0011794　589.91/483

秋讞輯要六卷首一卷　（清）剛毅輯　清光緒十五年(1889)江蘇書局刻本　八冊

620000－1101－0011795　847.2/715

秋影樓詩集九卷　（清）汪繹纂　清光緒二十三年(1897)常熟瞿氏鐵琴銅劍樓刻本　二冊

620000－1101－0011796　847.6/121

秋嶽小西園詩草一卷　（清）王鑑堂撰　清道光二十八年(1848)刻本　一冊

620000－1101－0011797　791.3/385

求古精舍金石圖初集四卷　（清）陳經輯　清嘉慶十八年至二十二年(1813－1817)烏程陳氏說劍樓刻本　四冊

620000－1101－0011798　791.3/385

求古精舍金石圖初集四卷　（清）陳經輯　清嘉慶十八年至二十二年(1813－1817)烏程陳氏說劍樓刻本　三冊

620000－1101－0011799　794.2/966

求古錄一卷　（清）顧炎武撰　清光緒十四年(1888)吳縣朱記榮刻槐廬叢書本　一冊

620000－1101－0011800　610.81/399

求己錄三卷　（清）蘆涇遯士編　清光緒二十二年(1896)刻本　三冊

620000－1101－0011801　610.81/399

求己錄三卷　（清）蘆涇遯士編　清光緒二十二年(1896)刻本　三冊

620000－1101－0011802　610.81/399

求己錄三卷　（清）蘆涇遯士編　清光緒二十二年(1896)刻本　三冊

620000－1101－0011803　610.81/399

求己錄三卷　（清）蘆涇遯士編　清光緒二十二年(1896)刻本　三冊

620000－1101－0011804　610.81/399

求己錄三卷　（清）蘆涇遯士編　清光緒二十二年(1896)刻本　三冊

620000－1101－0011805　610.81/399

求己錄三卷　（清）蘆涇遯士編　清光緒二十二年(1896)刻本　一冊　存一卷(中)

620000－1101－0011806　847.7/306

求慊齋集八卷　（清）張琳著　清光緒刻本　三冊

620000－1101－0011807　782.87/762

求闕齋弟子記三十二卷　（清）王定安撰　清光緒二年(1876)都門刻本　十六冊

620000－1101－0011808　075.77/761

求闕齋讀書錄十卷　（清）曾國藩撰　清光緒二年(1876)都門刻本　四冊

620000－1101－0011809　075.77/761.001

求闕齋讀書錄十卷　（清）曾國藩撰　清光緒十四年(1888)鴻文書局鉛印本　一冊　存五卷(一至五)

620000－1101－0011810　075.77/761.002

求闕齋讀書錄十卷　（清）曾國藩撰　清光緒刻本　一冊　存二卷(九至十)

620000－1101－0011811　782.876/761.002

求闕齋日記類鈔二卷　（清）曾國藩撰　（清）王啓原編　清光緒二年(1876)傳忠書局刻本

一冊　存一卷(上)

620000－1101－0011812　782.876/761

求闕齋日記類鈔十卷　（清）曾國藩撰　（清）王啓原編　清光緒十年(1884)上海還讀樓刻本　四冊

620000－1101－0011813　782.876/761.001

求闕齋日記類鈔十卷　（清）曾國藩撰　（清）王啓原編　清光緒十三年(1887)上海申報館鉛印本　二冊

620000－1101－0011814　1816

求聲集四卷補遺一卷　（清）宂園輯　清光緒十九年(1893)木活字印本　二冊

620000－1101－0011815　082.78/526

求實齋叢書十五種二十五卷　（清）蔣德鈞輯　清光緒湘鄉蔣氏龍安郡署刻本　一冊　存三種五卷(六書說一卷,轉注古義考一卷,聲調前譜一卷、後譜一卷、續一卷)

620000－1101－0011816　847.8/526

求實齋遺稿一卷　（清）蔣夢蘭撰　清光緒二十七年(1901)夢花書屋石印本　一冊

620000－1101－0011817　653.179/380

求是齋公牘彙存十四卷　（清）陳際唐輯　清宣統二年(1910)鉛印本　六冊

620000－1101－0011818　525.99/183

求是齋雜存不分卷　（清）彭松毓撰　清同治刻本　一冊

620000－1101－0011819　311.7/312

求一算術三卷　（清）張敦仁撰　清道光十一年(1831)陽城張氏刻本　一冊

620000－1101－0011820　847.6/378.3.01

求志居集不分卷　（清）陳世鎔撰　清晚期刻本　一冊

620000－1101－0011821　847.6/378.3

求志居集十二卷　（清）陳世鎔撰　清道光二十五年(1845)獨秀山莊刻本　二冊

620000－1101－0011822　847.6/378.3

求志居集十二卷　（清）陳世鎔撰　清道光二

十五年(1845)獨秀山莊刻本　二冊

620000 – 1101 – 0011823　662

求志居詩藳四卷　(清)陳世鎔撰　稿本
二冊

620000 – 1101 – 0011824　831.41/378

求志居唐詩選八十二卷首一卷　(清)陳世鎔
輯　清道光二十五年(1845)獨秀山莊刻本
十冊

620000 – 1101 – 0011825　831.41/378

求志居唐詩選八十二卷首一卷　(清)陳世鎔
輯　清道光二十五年(1845)獨秀山莊刻本
十冊

620000 – 1101 – 0011826　831.41/378

求志居唐詩選八十二卷首一卷　(清)陳世鎔
輯　清道光二十五年(1845)獨秀山莊刻本
十冊

620000 – 1101 – 0011827　847.8/820

求志堂存稿彙編十六卷　(清)周濟著　清光
緒十八年(1892)刻本　五冊

620000 – 1101 – 0011828　573.42/212

求治管見一卷續增一卷　(清)戴肇辰撰　清
咸豐二年(1852)刻本　一冊

620000 – 1101 – 0011829　652.741/238

裘文達公奏議不分卷　(清)裘曰修撰　清嘉
慶八年(1803)新建裘氏刻本　一冊

620000 – 1101 – 0011830　832.18/348

屈騷心印五卷首一卷　(清)夏大霖注　清嘉
慶、道光刻本　三冊

620000 – 1101 – 0011831　1382

屈騷心印一卷　(清)夏大霖撰　清乾隆九年
(1744)稿本　一冊

620000 – 1101 – 0011832　2610

屈翁山詩集八卷詞一卷　(清)屈大均撰　清
康熙研露齋刻本　四冊

620000 – 1101 – 0011833　832.12/21

屈原賦注七卷通釋二卷音義三卷　(清)戴震
撰　清光緒十七年(1891)廣雅書局刻本

一冊

620000 – 1101 – 0011834　832.16/62

屈子正音三卷　(清)方績撰　清光緒六年
(1880)刻本　一冊

620000 – 1101 – 0011835　432/868

區田編一卷　(清)帥念祖撰　清道光刻本
一冊

620000 – 1101 – 0011836　432/119

區田書一卷　(清)王心敬撰　**勸農說一卷**
(清)拙政老人撰　清咸豐七年(1857)刻本
一冊

620000 – 1101 – 0011837　1220

渠風集略七卷　(清)馬長淑輯　清乾隆八年
(1743)輯慶堂刻本　一冊

620000 – 1101 – 0011838　316.36/526

曲綫新說一卷隄積術辨一卷　(清)蔣維鍾撰
　清光緒二十五年(1899)刻本　一冊

620000 – 1101 – 0011839　316.36/906

曲線須知不分卷　(英國)傅蘭雅著　清光緒
十四年(1888)刻本　一冊

620000 – 1101 – 0011840　856.7/990

曲園四書文不分卷　(清)俞樾撰　清光緒十
四年(1888)刻本　一冊

620000 – 1101 – 0011841　469.29/461

取濾火油法不分卷　(美國)日得烏特撰
(英國)秀耀春　(美國)衛理譯　(清)汪振
聲述　清光緒二十六年(1900)江南製造總局
鉛印本　一冊

620000 – 1101 – 0011842　469.29/461

取濾火油法不分卷　(美國)日得烏特撰
(英國)秀耀春　(美國)衛理譯　(清)汪振
聲述　清光緒二十六年(1900)江南製造總局
鉛印本　一冊

620000 – 1101 – 0011843　469.29/461

取濾火油法不分卷　(美國)日得烏特撰
(英國)秀耀春　(美國)衛理譯　(清)汪振
聲述　清光緒二十六年(1900)江南製造總局

鉛印本　一冊

620000 - 1101 - 0011844　469.29/461

取濾火油法不分卷　（美國）日得烏特撰
（英國）秀耀春　（美國）衛理譯　（清）汪振
聲述　清光緒二十六年（1900）江南製造總局
鉛印本　一冊

620000 - 1101 - 0011845　469.29/461

取濾火油法不分卷　（美國）日得烏特撰
（英國）秀耀春　（美國）衛理譯　（清）汪振
聲述　清光緒二十六年（1900）江南製造總局
鉛印本　一冊

620000 - 1101 - 0011846　846.7/445

去偽齋集十卷附錄一卷闕疑一卷　（明）呂坤
著　清道光七年（1827）開封府署刻本　十冊

620000 - 1101 - 0011847　846.7/445

**去偽齋集十卷附錄一卷闕疑一卷呂書四種合
刻九卷**　（明）呂坤著　清道光七年（1827）開
封府署刻本　十二冊

620000 - 1101 - 0011848　072.78/559

趣園八種十六卷　（清）蔡丕著　清光緒十八
年（1892）上海書局石印本　五冊　存七種十
四卷（趣園紀事三卷、趣園稽古四卷、趣園詩
話一卷、趣園志異一卷、趣園問答篇一卷、趣
園見聞錄二卷、趣園蓬踪吟二卷）

620000 - 1101 - 0011849　2505

全本春秋體註三傳遵解三十卷　（清）胡必豪
（清）胡紹曾輯　清乾隆六十年（1795）三多
齋刻本　十二冊

620000 - 1101 - 0011850　094.327/534

全本禮記體註大全合參十卷　（清）范紫登原
定　（清）徐喧補輯　清光緒二十一年（1895）
澹雅書局刻本　四冊

620000 - 1101 - 0011851　538/263

全地五大洲女俗通考十集　（美國）林樂知輯
譯　（清）任保羅等譯述　清光緒二十九年
（1903）上海華美書局鉛印本　二十一冊

620000 - 1101 - 0011852　538/263

全地五大洲女俗通考十集　（美國）林樂知輯
譯　（清）任保羅等譯述　清光緒二十九年
（1903）上海美華書局鉛印本　十冊　存六集
（第一集上、首一，第二集中、下，第三集上、
下，第四集上、下，第五集上、下，第七集上）

620000 - 1101 - 0011853　839.31/63

全閩明詩傳五十五卷　（清）鄭傑原輯　（清）
郭柏蒼錄刊　清光緒十五年（1889）刻本　二
十八冊

620000 - 1101 - 0011854　835/429.001

全上古三代秦漢三國六朝文七百四十六卷
（清）嚴可均輯　清光緒十三年至十九年
（1887 - 1893）廣雅書局刻本　三十冊　存二
百十六卷（全晉文一百五十五至一百六十七，
全宋文一至三十二、五十八至六十四，全齊文
一至二十六，全梁文一至七十四，全後魏文十
三至六十，全後周文八至十五，全隋文八至十
五）

620000 - 1101 - 0011855　835/429.001

全上古三代秦漢三國六朝文七百四十六卷
（清）嚴可均輯　清光緒十三年至十九年
（1887 - 1893）廣雅書局刻本　一百冊

620000 - 1101 - 0011856　835/429

全上古三代秦漢三國六朝文七百四十六卷
（清）嚴可均輯　清光緒二十年（1894）黃岡王
氏刻本　一百冊

620000 - 1101 - 0011857　835/429

全上古三代秦漢三國六朝文七百四十六卷
（清）嚴可均輯　清光緒二十年（1894）黃岡王
氏刻本　一百冊

620000 - 1101 - 0011858　835/429

全上古三代秦漢三國六朝文七百四十六卷
（清）嚴可均輯　清光緒二十年（1894）黃岡王
氏刻本　一百冊

620000 - 1101 - 0011859　835/429

全上古三代秦漢三國六朝文七百四十六卷
（清）嚴可均輯　清光緒二十年（1894）黃岡王
氏刻本　一冊　存五卷（一至五）

620000－1101－0011860　831/455

全史宮詞二十卷　（清）史夢蘭編著　清光緒
十九年（1893）刻本　五冊　存九卷（十至十
七、二十）

620000－1101－0011861　4513

全唐集句分韻四卷　（清）程祖潤撰　清咸豐
十年（1860）稿本　四冊

620000－1101－0011862　831.4/43

全唐詩鈔八十卷補遺十六卷　（清）吳成儀編
次　清嘉慶十三年（1808）刻本　二十四冊

620000－1101－0011863　821.184/355

全唐詩話六卷　（宋）王襃著　（明）毛晉訂
清宣統三年（1911）三樂堂石印本　五冊　存
四卷（一至三、五）

620000－1101－0011864　725

全唐詩九百卷目錄十二卷　（清）曹寅等輯
清康熙四十六年（1707）揚州詩局刻本　一百
二十冊

620000－1101－0011865　1841

全唐詩九百卷目錄十二卷　（清）曹寅等輯
清康熙刻本　一百二十冊

620000－1101－0011866　4401

全唐詩九百卷目錄十二卷　（清）曹寅等輯
清康熙刻本　一冊　存八卷（六百至六百七）

620000－1101－0011867　4402

全唐詩九百卷目錄十二卷　（清）曹寅等輯
清康熙刻本　一冊　存六卷（三百九十至三
百九十五）

620000－1101－0011868　4403

全唐詩九百卷目錄十二卷　（清）曹寅等輯
清康熙刻本　一冊　存六卷（一百九十六至
二百一）

620000－1101－0011869　4404

全唐詩九百卷目錄十二卷　（清）曹寅等輯
清康熙刻本　三冊　存二十三卷（一百十三
至一百二十四、二百七十六至二百八十六）

620000－1101－0011870　4405

全唐詩九百卷目錄十二卷　（清）曹寅等輯
清康熙刻本　八冊　存六十三卷（二百十六
至二百二十、三百五十四至三百五十八、三百
八十七至三百九十五、四百二十九至四百三
十九、七百三十四至七百六十六）

620000－1101－0011871　4406

全唐詩九百卷目錄十二卷　（清）曹寅等輯
清康熙刻本　十冊　存六十六卷（一至五十
四、目錄十二卷）

620000－1101－0011872　4407

全唐詩九百卷目錄十二卷　（清）曹寅等輯
清康熙刻本　三冊　存十八卷（九十二至九
十八、一百四十七至一百五十一、一百九十六
至二百一）

620000－1101－0011873　4408

全唐詩九百卷目錄十二卷　（清）曹寅等輯
清康熙刻本　一冊　存五卷（四百五十三至
四百五十七）

620000－1101－0011874　4409

全唐詩九百卷目錄十二卷　（清）曹寅等輯
清康熙刻本　六冊　存三十五卷（二百二十
九至二百三十九、二百六十二至二百六十七、
三百四十六至三百五十三、五百七十一至五
百七十四、六百七十四至六百七十九）

620000－1101－0011875　4410

全唐詩九百卷目錄十二卷　（清）曹寅等輯
清康熙刻本　十一冊　存八十六卷（五十五
至六十三、七十七至九十一、九十九至一百
二、二百四十至二百四十五、三百三至三百
二、四百三十九至四百四十三、四百九十六至
五百二、五百十至五百十三、五百四十二至五
百四十八、六百三十一至六百三十九）

620000－1101－0011876　4411

全唐詩九百卷目錄十二卷　（清）曹寅等輯
清康熙刻本　十四冊　存九十九卷（一百七
十八至一百八十五、二百二十一至二百二十
四、三百三十至三百四十五、四百四十八至四
百五十二、四百七十三至四百七十九、五百三
十九至五百四十一、五百六十二至五百七十、

六百八十至六百八十七、七百六十七至七百七十四、七百九十七至八百五、八百三十八至八百四十四、八百五十二至八百五十九、八百八十二至八百八十八）

620000－1101－0011877　4412

全唐詩九百卷目錄十二卷　（清）曹寅等輯　清康熙刻本　六十冊　存四百九十九卷（六十四至七十六、一百二十九至一百四十六、一百五十二至一百七十七、一百八十六至一百九十五、二百二至二百一十五、二百四十六至二百六十一、二百六十八至二百七十五、二百八十七至三百一、三百一十三至三百二十九、三百五十九至三百八十六、三百九十六至四百二十八、四百四十四至四百四十七、四百五十八至四百七十二、四百八十至四百九十五、五百三至五百九、五百一十四至五百三十八、五百四十九至五百五十四、五百七十五至五百九十八、六百八至六百七十三、六百八十八至七百二十、七百二十四至七百三十三、七百七十五至七百九十六、八百六至八百三十七、八百四十五至八百五十一、八百六十至八百八十一、八百八十九至九百）

620000－1101－0011878　4413

全唐詩九百卷目錄十二卷　（清）曹寅等輯　清康熙刻本　一百十九冊　存九百一卷（一至二十九、四十一至九百，目錄十二卷）

620000－1101－0011879　831.4/145

全唐詩三十二卷　（清）曹寅等輯　清光緒十三年(1887)上海同文書局石印本　十一冊　存十一卷（五、七、九至十七）

620000－1101－0011880　831.41/72

全唐詩三十二卷　（清）曹寅等輯　清光緒十三年(1887)上海同文書局石印本　三十二冊

620000－1101－0011881　831.4/145

全唐詩三十二卷　（清）曹寅等輯　清光緒十三年(1887)上海同文書局石印本　三十二冊

620000－1101－0011882　831.4/145

全唐詩三十二卷　（清）曹寅等輯　清光緒十三年(1887)上海同文書局石印本　十五冊

存十五卷（二、四、七至十一、十九至二十、二十二至二十三、二十五至二十七、二十九）

620000－1101－0011883　831.4/145

全唐詩三十二卷　（清）曹寅等輯　清光緒十三年(1887)上海同文書局石印本　三十二冊

620000－1101－0011884　394/23

全體闡微六卷術語索引一卷　（美國）柯爲良編譯　清光緒七年(1881)福州聖教醫館石印本　六冊

620000－1101－0011885　394/23.01

全體闡微三卷術語索引一卷　（美國）柯爲良編譯　清光緒十五年(1889)福州聖教醫館石印本　三冊

620000－1101－0011886　394/94

全體通考十八卷圖二卷　（英國）德貞撰　清光緒十二年(1886)同文館銅活字印本　十四冊

620000－1101－0011887　394/94

全體通考十八卷圖二卷　（英國）德貞撰　清光緒十二年(1886)同文館銅活字印本　十四冊

620000－1101－0011888　394/94

全體通考十八卷圖二卷　（英國）德貞撰　清光緒十二年(1886)同文館銅活字印本　十四冊

620000－1101－0011889　394/94

全體通考十八卷圖二卷　（英國）德貞撰　清光緒十二年(1886)同文館銅活字印本　十四冊

620000－1101－0011890　394/94

全體通考十八卷圖二卷　（英國）德貞撰　清光緒十二年(1886)鉛印本　十二冊

620000－1101－0011891　394/94

全體通考十八卷圖二卷　（英國）德貞撰　清光緒十二年(1886)鉛印本　十二冊

620000－1101－0011892　393/906

全體須知不分卷　（英國）傅蘭雅著　清光緒

二十年(1894)刻本　一冊

620000－1101－0011893　1286

全像金瓶梅第一奇書一百回　(明)蘭陵笑笑
生撰　(清)張竹坡批評　清康熙三十四年
(1695)書業堂刻本　二十四冊

620000－1101－0011894　1287

全像金瓶梅第一奇書一百回　(明)蘭陵笑笑
生撰　(清)張竹坡批評　清刻本　二十四冊

620000－1101－0011895　072.74/986

全謝山先生經史問答十卷　(清)全祖望撰
清光緒八年(1882)上海王氏刻本　四冊

620000－1101－0011896　831.41/113

全興堂唐詩合解十二卷　(清)王堯衢注　清
咸豐十一年(1861)全興堂刻本　四冊

620000－1101－0011897　235.1/459

全真青玄濟鍊鐵罐施食全集一卷　(清)□□
撰　(清)閻笙階校刊　清宣統二年(1910)成
都二仙菴刻本　一冊

620000－1101－0011898　233/209

全真清規一卷　(清)白雲觀原本　(清)郝陽
甜校　清光緒十六年(1890)杭州城隍山純陽
宮刻本　一冊

620000－1101－0011899　793.4/357

泉布統誌八卷首一卷附一卷　(清)孟麟輯
清道光刻本　三十二冊

620000－1101－0011900　793.4/357

泉布統誌八卷首一卷附一卷　(清)孟麟輯
清道光刻本　十四冊　存十卷(一至四、五中
下至六、八至九,首一卷,附一卷)

620000－1101－0011901　793.4/357

泉布統誌九卷首一卷附一卷　(清)孟麟輯
清道光刻本　三十二冊

620000－1101－0011902　793.4/357

泉布統誌九卷首一卷附一卷　(清)孟麟輯
清道光刻本　二冊　存二卷(五、七)

620000－1101－0011903　847.8/670

泉雅集一卷　(清)廖振喬撰　清光緒刻本

一冊

620000－1101－0011904　457

泉志十五卷　(宋)洪遵撰　明萬曆三十一年
(1603)徐象梅刻本　一冊

620000－1101－0011905　627.88/286

拳禍記二編不分卷　(清)李杕編　清光緒三
十一年(1905)上海土山灣印書館鉛印本
四冊

620000－1101－0011906　627.88/286

拳禍記二編不分卷　(清)李杕編　清光緒三
十一年(1905)上海土山灣印書館鉛印本
二冊

620000－1101－0011907　627.88/286.001

拳禍記二編不分卷　(清)李杕編　清宣統元
年(1909)上海土山灣印書館鉛印本　一冊

620000－1101－0011908　590.7/37

權制八卷　(清)陳澹然撰　清光緒二十六年
(1900)長沙徐崇立刻本　四冊

620000－1101－0011909　857.3/726

勸戒近錄六卷　(清)梁恭辰撰　清光緒二十
三年(1897)朱氏刻本　二冊

620000－1101－0011910　192.91/0.481

勸戒圖說不分卷　(□)□□撰　清中晚期江
霂子刻本　一冊

620000－1101－0011911　573.42/761

勸誡淺語十六條一卷　(清)曾國藩撰　清光
緒五年(1879)江西撫署刻本　一冊

620000－1101－0011912　590/582

勸練團說不分卷　(清)崇實撰　清咸豐刻本
一冊

620000－1101－0011913　523.9/762

勸設里塾啓一卷　勞乃宣著　清光緒十八年
(1892)刻本　一冊

620000－1101－0011914　523.9/762

勸設里塾啓一卷　勞乃宣著　清光緒十八年
(1892)刻本　一冊

620000 – 1101 – 0011915　072.76/817

勸襄民種桑說不分卷　（清）周凱撰　清道光五年(1825)刻本　一冊

620000 – 1101 – 0011916　520.128/888

勸學邇言一卷　劉爾炘撰　清光緒三十一年(1905)太和縣刻本　一冊

620000 – 1101 – 0011917　520.128/888

勸學邇言一卷　劉爾炘撰　清光緒三十一年(1905)太和縣刻本　一冊

620000 – 1101 – 0011918　520.128/888

勸學邇言一卷　劉爾炘撰　清光緒三十一年(1905)太和縣刻本　一冊

620000 – 1101 – 0011919　192.8/0.880

勸學格言一卷　（□）□□撰　清晚期抄本　一冊

620000 – 1101 – 0011920　652.785/31

勸學篇二卷　（清）張之洞撰　清光緒二十四年(1898)成都志古堂刻本　一冊

620000 – 1101 – 0011921　655.5/113.001

勸學篇二卷　（清）張之洞撰　清光緒二十四年(1898)山東書局刻本　一冊

620000 – 1101 – 0011922　655.5/113.001

勸學篇二卷　（清）張之洞撰　清光緒二十四年(1898)山東書局刻本　一冊

620000 – 1101 – 0011923　655.5/113.002

勸學篇二卷　（清）張之洞撰　清光緒二十四年(1898)兩湖書院刻本　一冊

620000 – 1101 – 0011924　655.5/113.003

勸學篇二卷　（清）張之洞著　清光緒二十四年(1898)甘肅藩署刻本　一冊

620000 – 1101 – 0011925　655.5/113.003

勸學篇二卷　（清）張之洞著　清光緒二十四年(1898)甘肅藩署刻本　一冊

620000 – 1101 – 0011926　655.5/113.003

勸學篇二卷　（清）張之洞著　清光緒二十四年(1898)甘肅藩署刻本　一冊

620000 – 1101 – 0011927　655.5/113.003

勸學篇二卷　（清）張之洞撰　清光緒二十四年(1898)甘肅藩署刻本　一冊

620000 – 1101 – 0011928　655.5/113.003

勸學篇二卷　（清）張之洞撰　清光緒二十四年(1898)甘肅藩署刻本　一冊

620000 – 1101 – 0011929　655.5/113.003

勸學篇二卷　（清）張之洞撰　清光緒二十四年(1898)甘肅藩署刻本　一冊

620000 – 1101 – 0011930　655.5/113.003

勸學篇二卷　（清）張之洞撰　清光緒二十四年(1898)甘肅藩署刻本　一冊

620000 – 1101 – 0011931　655.5/113.003

勸學篇二卷　（清）張之洞撰　清光緒二十四年(1898)甘肅藩署刻本　一冊

620000 – 1101 – 0011932　655.5/113.003

勸學篇二卷　（清）張之洞撰　清光緒二十四年(1898)甘肅藩署刻本　一冊

620000 – 1101 – 0011933　655.5/113.003

勸學篇二卷　（清）張之洞撰　清光緒二十四年(1898)甘肅藩署刻本　一冊

620000 – 1101 – 0011934　655.5/113.003

勸學篇二卷　（清）張之洞撰　清光緒二十四年(1898)甘肅藩署刻本　一冊

620000 – 1101 – 0011935　655.5/113.003

勸學篇二卷　（清）張之洞撰　清光緒二十四年(1898)甘肅藩署刻本　一冊

620000 – 1101 – 0011936　655.5/113.003

勸學篇二卷　（清）張之洞撰　清光緒二十四年(1898)甘肅藩署刻本　一冊

620000 – 1101 – 0011937　655.5/113.003

勸學篇二卷　（清）張之洞撰　清光緒二十四年(1898)甘肅藩署刻本　一冊

620000 – 1101 – 0011938　655.5/113.003

勸學篇二卷　（清）張之洞撰　清光緒二十四年(1898)甘肅藩署刻本　一冊

620000－1101－0011939　655.5/113.003

勸學篇二卷　（清）張之洞撰　清光緒二十四年(1898)甘肅藩署刻本　一冊

620000－1101－0011940　655.5/113.003

勸學篇二卷　（清）張之洞撰　清光緒二十四年(1898)甘肅藩署刻本　一冊

620000－1101－0011941　655.5/113.003

勸學篇二卷　（清）張之洞撰　清光緒二十四年(1898)甘肅藩署刻本　一冊

620000－1101－0011942　655.5/113.003

勸學篇二卷　（清）張之洞撰　清光緒二十四年(1898)甘肅藩署刻本　一冊

620000－1101－0011943　655.5/113.003

勸學篇二卷　（清）張之洞撰　清光緒二十四年(1898)甘肅藩署刻本　一冊

620000－1101－0011944　655.5/113.003

勸學篇二卷　（清）張之洞撰　清光緒二十四年(1898)甘肅藩署刻本　一冊

620000－1101－0011945　655.5/113.003

勸學篇二卷　（清）張之洞撰　清光緒二十四年(1898)甘肅藩署刻本　一冊

620000－1101－0011946　655.5/113.003

勸學篇二卷　（清）張之洞撰　清光緒二十四年(1898)甘肅藩署刻本　一冊

620000－1101－0011947　655.5/113.003

勸學篇二卷　（清）張之洞撰　清光緒二十四年(1898)甘肅藩署刻本　一冊

620000－1101－0011948　655.5/113.003

勸學篇二卷　（清）張之洞撰　清光緒二十四年(1898)甘肅藩署刻本　一冊

620000－1101－0011949　655.5/113.003

勸學篇二卷　（清）張之洞撰　清光緒二十四年(1898)甘肅藩署刻本　一冊

620000－1101－0011950　655.5/113.003

勸學篇二卷　（清）張之洞撰　清光緒二十四年(1898)甘肅藩署刻本　一冊

620000－1101－0011951　655.5/113.003

勸學篇二卷　（清）張之洞撰　清光緒二十四年(1898)甘肅藩署刻本　一冊

620000－1101－0011952　655.5/113.003

勸學篇二卷　（清）張之洞撰　清光緒二十四年(1898)甘肅藩署刻本　一冊

620000－1101－0011953　655.5/113.004

勸學篇二卷　（清）張之洞撰　清光緒二十四年(1898)山西濬文書局刻本　一冊

620000－1101－0011954　782.23/97

闕里述聞十四卷　（清）鄭曉如撰　清同治七年(1868)華文堂刻本　八冊

620000－1101－0011955　782.23/97

闕里述聞十四卷　（清）鄭曉如撰　清同治七年(1868)華文堂刻本　八冊

620000－1101－0011956　2991

闕里文獻考一百卷首一卷末一卷　（清）孔繼汾撰　清乾隆二十七年(1762)孔昭煥刻本　八冊

620000－1101－0011957　4099

闕里文獻考一百卷首一卷末一卷　（清）孔繼汾撰　清乾隆二十七年(1762)孔昭煥刻本　五冊　存五十九卷(十四至三十七、五十二至六十五、八十一至一百,末一卷)

620000－1101－0011958　588

闕史二卷　（唐）高彥休撰　清初抄本　一冊

620000－1101－0011959　831.71/50

確庵先生詩鈔八卷　（清）陳瑚撰　（清）葉裕仁編　清光緒二年(1876)刻本　二冊

620000－1101－0011960　847.1/37

確菴先生文鈔六卷　（清）陳瑚撰　（清）葉裕仁編　清同治九年(1870)蒯德模刻本　二冊

620000－1101－0011961　847.7/75

鵾泉山館詩八卷首一卷　（清）潘觀保撰　清光緒鄭子蘭刻本　二冊

620000－1101－0011962　571.94/797

群己權界論五篇　（英國）穆勒約翰撰　嚴復

譯　清光緒二十九年(1903)刻本　二冊

620000－1101－0011963　098.037.4/719

群經補義五卷　(清)江永撰　清抄本　二冊

620000－1101－0011964　441.48/917

群經宮室圖二卷　(清)焦循撰　清嘉慶、道光江都焦氏雕菰樓刻焦氏叢書本　二冊

620000－1101－0011965　802.17/151

群經音辨七卷　(宋)賈昌朝撰　**佩觿三卷**（五代)郭忠恕撰　清光緒十年(1884)蔣鳳藻影宋刻鐵華館叢書本　一冊

620000－1101－0011966　098.37/78.16

群經引詩大旨六卷　(清)黃雲鵠撰　清光緒刻本　一冊

620000－1101－0011967　802.17/879

群經字詁七十二卷目錄一卷檢字一卷　(清)段諤廷撰　(清)黃本驥編訂　清道光二十九年(1849)黔陽楊氏刻本　二十冊

620000－1101－0011968　802.17/879

群經字詁七十二卷目錄一卷檢字一卷　(清)段諤廷撰　(清)黃本驥編訂　清道光二十九年(1849)黔陽楊氏刻本　十六冊

620000－1101－0011969　384

群書考索前集六十六卷後集六十五卷續集五十六卷別集二十五卷　(宋)章如愚輯　明正德三年至十三年(1508－1518)劉洪慎獨書齋刻本(卷五十一至五十九係抄配)　五冊　存六十五卷(後集六十五卷)

620000－1101－0011970　071.77/82

群書札記十六卷　(清)朱亦棟撰　清光緒四年(1878)竹簡齋刻本　四冊　存八卷(一至八)

620000－1101－0011971　071.78/833

群書札記十六卷　(清)朱亦棟撰　清光緒四年(1878)竹簡齋刻本　六冊　存八卷(一至八)

620000－1101－0011972　041.411/807

群書治要五十卷　(唐)魏徵等撰　清道光二

十八年(1848)靈石楊氏刻連筠簃叢書本　十二冊

620000－1101－0011973　144.63/179.001

群學肄言不分卷　(英國)斯賓塞爾撰　嚴復譯　清光緒二十八年(1902)樂群社木活字印本　四冊

620000－1101－0011974　144.63/179

群學肄言不分卷　(英國)斯賓塞爾撰　嚴復譯　清光緒二十九年(1903)上海文明書局鉛印本　四冊

620000－1101－0011975　144.63/179

群學肄言不分卷　(英國)斯賓塞爾撰　嚴復譯　清光緒二十九年(1903)上海文明書局鉛印本　四冊

620000－1101－0011976　413/289.003

群玉山房重校醫宗必讀十卷　(明)李中梓撰　清光緒群玉山房刻本　二冊　存四卷(一至四)

620000－1101－0011977　847.8/292.6

髯仙詩舫遺稿二卷　(清)李鴻裔撰　清光緒十四年(1888)遵義黎氏刻本　一冊　存一卷(下)

620000－1101－0011978　847.5/563

燃藜閣詩鈔四卷　(清)蔡濤撰　清光緒七年(1881)刻本　一冊

620000－1101－0011979　847.8/381

染學齋律賦不分卷　(清)陳昌撰　清光緒二十二年(1896)刻本　一冊

620000－1101－0011980　847.8/381

染學齋律賦不分卷　(清)陳昌撰　清光緒二十二年(1896)刻本　一冊

620000－1101－0011981　856.7/381

染學齋試帖三卷　(清)陳昌撰　清光緒二十二年(1896)巴川陳氏家塾刻本　一冊

620000－1101－0011982　856.7/381.06

染學齋制藝不分卷　(清)陳昌撰　清光緒二十二年(1896)巴川陳氏家塾刻本　六冊

620000－1101－0011983　856.7/381.06

染學齋制藝不分卷　（清）陳昌撰　清光緒二十二年(1896)巴川陳氏家塾刻本　五冊

620000－1101－0011984　335/208

熱學揭要六章　（美國）赫士口譯　（清）劉永貴筆述　清光緒二十三年(1897)上海美華書館鉛印本　一冊

620000－1101－0011985　335/108

熱學揭要六章　（美國）赫士口譯　（清）劉永貴筆述　清光緒二十三年(1897)上海美華書館鉛印本　一冊

620000－1101－0011986　335/906

熱學圖說二卷　（英國）傅蘭雅譯　清光緒十六年(1890)刻本　一冊

620000－1101－0011987　335/906

熱學圖說二卷　（英國）傅蘭雅譯　清光緒十六年(1890)刻本　一冊

620000－1101－0011988　335/906.03

熱學須知不分卷　（英國）傅蘭雅著　清光緒二十四年(1898)上海格致書室刻本　一冊

620000－1101－0011989　782.104/725

人表考九卷　（清）梁玉繩撰　清光緒十四年(1888)廣雅書局刻本　四冊

620000－1101－0011990　4514

人參考一卷　（□）□□撰　清嘉慶十年(1805)吳振抄本　一冊

620000－1101－0011991　192.1/526.001

人範六卷　（清）蔣元輯　清光緒十六年(1890)守拙軒刻本　二冊

620000－1101－0011992　192.1/526.001

人範六卷　（清）蔣元輯　清光緒十六年(1890)守拙軒刻本　二冊

620000－1101－0011993　192.1/526.001

人範六卷　（清）蔣元輯　清光緒十六年(1890)守拙軒刻本　二冊

620000－1101－0011994　192.1/526.001

人範六卷　（清）蔣元輯　清光緒十六年(1890)守拙軒刻本　二冊

620000－1101－0011995　192.1/526.001

人範六卷　（清）蔣元輯　清光緒十六年(1890)守拙軒刻本　二冊

620000－1101－0011996　192.1/526.001

人範六卷　（清）蔣元輯　清光緒十六年(1890)守拙軒刻本　二冊

620000－1101－0011997　192.1/526.001

人範六卷　（清）蔣元輯　清光緒十六年(1890)守拙軒刻本　一冊

620000－1101－0011998　192.1/526.001

人範六卷　（清）蔣元輯　清光緒十六年(1890)守拙軒刻本　二冊

620000－1101－0011999　192.1/526.001

人範六卷　（清）蔣元輯　清光緒十六年(1890)守拙軒刻本　二冊

620000－1101－0012000　192.1/526.001

人範六卷　（清）蔣元輯　清光緒十六年(1890)守拙軒刻本　一冊　存三卷(四至六)

620000－1101－0012001　192.1/526.001

人範六卷　（清）蔣元輯　清光緒十六年(1890)守拙軒刻本　二冊

620000－1101－0012002　192.1/526.001

人範六卷　（清）蔣元輯　清光緒十六年(1890)守拙軒刻本　二冊

620000－1101－0012003　192.1/526.001

人範六卷　（清）蔣元輯　清光緒十六年(1890)守拙軒刻本　一冊　存三卷(四至六)

620000－1101－0012004　192.1/526.001

人範六卷　（清）蔣元輯　清光緒十六年(1890)守拙軒刻本　一冊　存三卷(四至六)

620000－1101－0012005　192.1/526

人範六卷　（清）蔣元輯　清光緒二十七年(1901)廣雅書局刻本　一冊

620000－1101－0012006　192.1/340

人範須知六卷　（清）盛隆編輯　清同治二年

(1863)石竹山房刻本　五冊　存五卷(一至五)

620000－1101－0012007　857.17/29

人海記二卷　(清)查慎行編輯　清宣統二年(1910)掃葉山房石印本　二冊

620000－1101－0012008　042/77.78

人鏡類纂四十六卷　(清)程之楨輯　清同治十二年(1873)刻本　十二冊

620000－1101－0012009　293.2/315

人倫大統賦二卷　(金)張行簡撰　(元)薛延年注　清光緒三年(1877)吳興陸氏十萬卷樓刻本　一冊

620000－1101－0012010　126.9/892.006

人譜三卷人譜類記增訂六卷　(明)劉宗周撰　清同治七年(1868)吳興丁氏濟南公廨刻本　二冊

620000－1101－0012011　126.9/892.003

人譜一卷　(明)劉宗周撰　清道光二十一年(1841)大梁書院刻本　一冊

620000－1101－0012012　126.9/892.005

人譜一卷　(明)劉宗周撰　清咸豐三年(1853)邵陽縣署刻本　一冊

620000－1101－0012013　126.9/892.001

人譜一卷人譜類記二卷　(明)劉宗周撰　清同治七年(1868)蕺山書院刻本　二冊

620000－1101－0012014　126.9/892.001

人譜一卷人譜類記二卷　(明)劉宗周撰　清同治七年(1868)蕺山書院刻本　二冊

620000－1101－0012015　3323

人蔙譜四卷　(清)陸烜輯　清乾隆春草堂刻本　一冊

620000－1101－0012016　192.1/667.001

人生必讀書十二卷　(清)唐彪著輯　清道光二十二年(1842)刻本　八冊

620000－1101－0012017　192.1/667

人生必讀書十二卷　(清)唐彪著輯　清中晚期刻本　五冊　存十卷(三至十二)

620000－1101－0012018　782.4/78

人壽金鑑二十二卷　(清)程得齡輯　清嘉慶二十五年(1820)刻本　六冊

620000－1101－0012019　075.66/793

人壽金鑑二十二卷　(清)程得齡輯　清光緒元年(1875)湖北崇文書局刻本　六冊

620000－1101－0012020　153

人天眼目三卷　(宋)釋智昭撰　明刻本　三冊

620000－1101－0012021　151

人物志三卷　(三國魏)劉邵撰　(北魏)劉昞注　明萬曆二十年(1592)程榮刻漢魏叢書本　一冊

620000－1101－0012022　072.24/888

人物志三卷　(三國魏)劉邵撰　(北魏)劉昞釋篇　文心雕龍十卷　(南朝梁)劉勰撰　清嘉慶刻廣漢魏叢書本　二冊

620000－1101－0012023　835.76/954

人嶽萃編四卷　(清)徐紹基纂輯　清晚期抄本　三冊

620000－1101－0012024　511

人子須知地理心學三十卷首一卷　(明)徐善繼　(明)徐善述撰　明萬曆刻本　十六冊

620000－1101－0012025　221.4/854.07

仁王護國般若波羅蜜經二卷　(後秦)釋鳩摩羅什譯　清光緒金陵刻經處刻本　一冊

620000－1101－0012026　294.2/81

仁孝必讀六卷　(清)周梅梁輯　清光緒三年(1877)越城王氏奎照樓書室刻本　五冊

620000－1101－0012027　856.7/443.001

仁在堂全集不分卷蒲編堂訓草一卷　(清)路德評選　清道光二十年至二十八年(1840－1848)來鹿堂刻本　三十冊

620000－1101－0012028　856.7/443

仁在堂全集不分卷蒲編堂訓草一卷　(清)路德評選　清道光刻本　十六冊

620000－1101－0012029　856.7/443.002

仁在堂全集十一集續刻三集　（清）路德評選
清光緒十八年（1892）積山書局石印本
六冊

620000－1101－0012030　856.7/443.07

仁在堂時藝核不分卷　（清）路德輯　清道光
二十二年（1842）來鹿堂刻本　二冊

620000－1101－0012031　856.7/443.05

仁在堂時藝話不分卷　（清）路德選　清道光
十七年（1837）刻本　一冊

620000－1101－0012032　651.75/123

仁宗睿皇帝聖訓一百十卷　（清）仁宗顒琰撰
清道光四年（1824）武英殿刻本　五冊　存
五卷（一至五）

620000－1101－0012033　072.78/28

忍齋叢說一卷　（清）李佳繼撰　清光緒二十
八年（1902）刻本　一冊

620000－1101－0012034　532.2/915

任釣臺先生遺書四卷　（清）任啓運撰　（清）
張紀植錄藏　清嘉慶十三年（1808）彭信刻本
二冊

620000－1101－0012035　843.53/915

任彥昇集五卷　（南朝梁）任昉著　陳後主集
二卷　（南朝陳）陳叔寶著　清宣統三年
（1911）上海文明書局鉛印本　一冊

620000－1101－0012036　127.4/915.001

任兆麟述記三卷　（清）任兆麟撰　清光緒石
印本　二冊

620000－1101－0012037　847.7/74

紉蘭室詩鈔三卷　（清）嚴永華撰　清光緒刻
本　一冊

620000－1101－0012038　945.32/385

紉齋畫賸不分卷　（清）陳仁齋繪　清光緒四
年（1878）刻本　二冊

620000－1101－0012039　411

認字測三卷　（明）周宇撰　明萬曆二十三年
（1595）刻本　六冊

620000－1101－0012040　574.311/788

日本變法次第類考三集七十五類　（清）程恩
培輯　（清）程堯章譯述　清光緒二十八年
（1902）政學譯社石印本　十二冊

620000－1101－0012041　731.6/454

日本地理志不分卷　（日本）中村五六編纂
王國維譯　清光緒二十七年（1901）金粟齋鉛
印本　一冊

620000－1101－0012042　581.312.3/910

日本帝國憲法義解一卷　（日本）伊藤博文纂
（清）□□譯　清光緒二十七年（1901）鉛印
本　一冊

620000－1101－0012043　581.312.3/910

日本帝國憲法義解一卷　（日本）伊藤博文纂
（清）□□譯　清光緒二十七年（1901）鉛印
本　一冊

620000－1101－0012044　583.311/889

日本法規大全二十五卷首一卷　（清）南洋公
學譯書院譯　清光緒三十三年（1907）上海商
務印書館鉛印本　五十冊　存十四卷（一至
三、六至九、十一、十四、十七、十九至二十、二
十四至二十五）

620000－1101－0012045　583.311/889.001

日本法規大全二十五卷首一卷　（清）南洋公
學譯書院譯　清宣統三年（1911）上海商務印
書館鉛印本　八十一冊

620000－1101－0012046　583.311/889

日本法規大全二十五卷首一卷　（清）南洋公
學譯書院譯　清光緒三十三年（1907）上海商
務印書館鉛印本　七十九冊　存二十四卷
（二至二十五）

620000－1101－0012047　583.311/889

日本法規大全二十五卷首一卷　（清）南洋公
學譯書院譯　清光緒三十三年（1907）上海商
務印書館鉛印本　一冊　存一卷（卷一第一
章）

620000－1101－0012048　583.311/932

日本法規解字不分卷　錢恂　董鴻禕編輯
清光緒三十三年（1907）上海商務印書館鉛印

本 一冊

620000－1101－0012049　585.931.1/153

日本改正刑法二卷　（日本）西田龍太譯　清光緒三十三年（1907）鉛印本　一冊

620000－1101－0012050　551

日本國考略一卷補遺一卷　（明）薛俊撰　明抄本　一冊

620000－1101－0012051　585.931/171

日本國刑法志不分卷　（清）黃遵憲纂　清光緒三十二年（1906）成都官報書局鉛印本　二冊

620000－1101－0012052　731.1/171.001

日本國志四十卷首一卷　（清）黃遵憲編纂　清光緒二十四年（1898）浙江書局刻本　十冊

620000－1101－0012053　731.1/171

日本國志四十卷首一卷　（清）黃遵憲編纂　清光緒二十四年（1898）上海圖書集成印書局鉛印本　十冊

620000－1101－0012054　731.1/171

日本國志四十卷首一卷　（清）黃遵憲編纂　清光緒二十四年（1898）上海圖書集成印書局鉛印本　十冊

620000－1101－0012055　731.1/171

日本國志四十卷首一卷　（清）黃遵憲編纂　清光緒二十四年（1898）上海圖書集成印書局鉛印本　十冊

620000－1101－0012056　731.1/171

日本國志四十卷首一卷　（清）黃遵憲編纂　清光緒二十四年（1898）上海圖書集成印書局鉛印本　十冊

620000－1101－0012057　731.1/171.002

日本國志四十卷首一卷　（清）黃遵憲編纂　清光緒二十七年（1901）上海書局石印本　十冊

620000－1101－0012058　731.1/171.002

日本國志四十卷首一卷　（清）黃遵憲編纂　清光緒二十七年（1901）上海書局石印本

十冊

620000－1101－0012059　731.1/171.003

日本國志四十卷首一卷　（清）黃遵憲編纂　清光緒二十八年（1902）上海書局石印本　十冊

620000－1101－0012060　731.6/171

日本國志序不分卷　（清）黃遵憲撰　清晚期刻本　一冊

620000－1101－0012061　526.231/120

日本教育法令十九編　（日本）文部省編纂　（清）王我臧譯　清宣統二年（1910）上海商務印書館鉛印本　四冊

620000－1101－0012062　580.931/717

日本明治法制史不分卷　（日本）清浦奎吾撰　（清）商務印書館譯　清光緒二十九年（1903）上海商務印書館鉛印本　一冊

620000－1101－0012063　558.093.1/171

日本食貨志六卷　（清）黃遵憲編纂　清光緒三十二年（1906）成都官報書局鉛印本　二冊

620000－1101－0012064　552.31/273

日本統計類表要論十二卷　（清）楊道霖撰　清宣統元年（1909）鉛印本　一冊　存二卷（十一至十二）

620000－1101－0012065　731.271/137

日本維新三十年史十二編附錄一卷　（日本）東京博文館編輯　（清）廣智書局譯　清光緒二十九年（1903）上海廣智書局鉛印本　六冊

620000－1101－0012066　731.271/137.001

日本維新三十年史十二編附錄一卷　（日本）東京博文館編輯　（清）廣智書局譯　清光緒上海廣智書局鉛印本　一冊　存三編（五至七）

620000－1101－0012067　581.312.3/210

日本憲法疏證四卷附皇室典範一卷　（清）考察政治大臣咨送　清光緒三十四年（1908）政治官報局鉛印本　二冊

620000－1101－0012068　581.312.3/782

日本憲法說明書十二回 （日本）穗積八束撰
清光緒三十三年(1907)政治官報局鉛印本
一冊

620000－1101－0012069　520.931/137
日本新學制不分卷 （清）天津東寄學社譯
清光緒二十八年(1902)天津開文書局石印本
一冊

620000－1101－0012070　520.931/443
日本學校源流不分卷 （美國）路義思撰
（美國）衛理口譯 （清）范熙庸筆述 清光緒
二十五年(1899)江南製造局刻本 一冊

620000－1101－0012071　520.931/443
日本學校源流不分卷 （美國）路義思撰
（美國）衛理口譯 （清）范熙庸筆述 清光緒
二十五年(1899)江南製造局刻本 一冊

620000－1101－0012072　520.931/443
日本學校源流不分卷 （美國）路義思撰
（美國）衛理口譯 （清）范熙庸筆述 清光緒
二十五年(1899)江南製造局刻本 一冊

620000－1101－0012073　520.931/443
日本學校源流不分卷 （美國）路義思撰
（美國）衛理口譯 （清）范熙庸筆述 清光緒
二十五年(1899)江南製造局刻本 一冊

620000－1101－0012074　520.931/443
日本學校源流不分卷 （美國）路義思撰
（美國）衛理口譯 （清）范熙庸筆述 清光緒
二十五年(1899)江南製造局刻本 一冊

620000－1101－0012075　520.931/443
日本學校源流不分卷 （美國）路義思撰
（美國）衛理口譯 （清）范熙庸筆述 清光緒
二十五年(1899)江南製造局刻本 一冊

620000－1101－0012076　520.931/443
日本學校源流不分卷 （美國）路義思撰
（美國）衛理口譯 （清）范熙庸筆述 清光緒
二十五年(1899)江南製造局刻本 一冊

620000－1101－0012077　520.931/443
日本學校源流不分卷 （美國）路義思撰

（美國）衛理口譯 （清）范熙庸筆述 清光緒
二十五年(1899)江南製造局刻本 一冊

620000－1101－0012078　520.931/443
日本學校源流不分卷 （美國）路義思撰
（美國）衛理口譯 （清）范熙庸筆述 清光緒
二十五年(1899)江南製造局刻本 一冊

620000－1101－0012079　520.931/443
日本學校源流不分卷 （美國）路義思撰
（美國）衛理口譯 （清）范熙庸筆述 清光緒
二十五年(1899)江南製造局刻本 一冊

620000－1101－0012080　520.931/443
日本學校源流不分卷 （美國）路義思撰
（美國）衛理口譯 （清）范熙庸筆述 清光緒
二十五年(1899)江南製造局刻本 一冊

620000－1101－0012081　731.89/171
日本雜事詩二卷 （清）黃遵憲著 清光緒十
一年(1885)刻本 一冊 存一卷(一)

620000－1101－0012082　731.6/837
日本政治地理七編 （日本）矢津昌永著
（清）陶鎔譯 清光緒二十八年(1902)上海商
務印書館鉛印本 一冊

620000－1101－0012083　476.931/182
日本製紙論不分卷 （日本）吉井源太著
（清）沈紘譯 清光緒江南總農會石印本
一冊

620000－1101－0012084　2890
日躔表二卷日躔康熙永年表一卷 （意大利）
羅雅谷撰 （德國）湯若望訂 明崇禎刻清順
治二年(1645)、康熙十七年(1678)、康熙二十
二年(1683)欽天監補刻新法曆書本 二冊

620000－1101－0012085　044.76/504
日典紀要十二卷 （清）葉騰驤輯 清道光二
十年(1840)刻本 四冊

620000－1101－0012086　731.271/118
日俄戰爭記第二卷 王闓憲 李儻編譯 清
光緒三十年(1904)南昌普益書局鉛印本
一冊

620000 – 1101 – 0012087　740.39/739
日耳曼史不分卷大事紀年表一卷　（英國）沙安撰　（清）商務印書館譯述　清光緒二十九年(1903)商務印書館鉛印本　一冊

620000 – 1101 – 0012088　841
日講禮記解義六十四卷　（清）張廷玉等撰　清乾隆十四年(1749)武英殿刻本　十六冊

620000 – 1101 – 0012089　2842
日講四書解義二十六卷　（清）喇沙里等纂　清乾隆甘肅刻本　十一冊　存二十四卷（一至五、八至二十六）

620000 – 1101 – 0012090　3990
日講四書解義二十六卷　（清）喇沙里等纂　清乾隆甘肅刻本　一冊　存二卷（八至九）

620000 – 1101 – 0012091　097.53/133.001
日講四書解義二十六卷　（清）喇沙里等纂　清光緒十八年(1892)蘭州刻本　十二冊

620000 – 1101 – 0012092　097.53/133.001
日講四書解義二十六卷　（清）喇沙里等纂　清光緒十八年(1892)蘭州刻本　十二冊

620000 – 1101 – 0012093　097.53/133.001
日講四書解義二十六卷　（清）喇沙里等纂　清光緒十八年(1892)蘭州刻本　十二冊

620000 – 1101 – 0012094　097.53/133.001
日講四書解義二十六卷　（清）喇沙里等纂　清光緒十八年(1892)蘭州刻本　十二冊

620000 – 1101 – 0012095　097.53/133.001
日講四書解義二十六卷　（清）喇沙里等纂　清光緒十八年(1892)蘭州刻本　十二冊

620000 – 1101 – 0012096　097.53/133.001
日講四書解義二十六卷　（清）喇沙里等纂　清光緒十八年(1892)蘭州刻本　十二冊

620000 – 1101 – 0012097　097.53/133.001
日講四書解義二十六卷　（清）喇沙里等纂　清光緒十八年(1892)蘭州刻本　十二冊

620000 – 1101 – 0012098　097.53/133.001
日講四書解義二十六卷　（清）喇沙里等纂
清光緒十八年(1892)蘭州刻本　五冊　存七卷（四至七、十、二十一至二十二）

620000 – 1101 – 0012099　097.53/133.001
日講四書解義二十六卷　（清）喇沙里等纂　清光緒十八年(1892)蘭州刻本　四冊　存七卷（十一至十二、十五至十六、二十二至二十四）

620000 – 1101 – 0012100　097.53/133.002
日講四書解義二十六卷　（清）喇沙里等纂　清晚期刻本　五冊　存五卷（八至十二）

620000 – 1101 – 0012101　097.53/133.003
日講四書解義二十六卷　（清）喇沙里等纂　清晚期刻本　五冊　存五卷（一至五）

620000 – 1101 – 0012102　2879
日講易經解義十八卷巫儀一卷朱子圖說一卷　（清）牛鈕等纂　清康熙刻本　十八冊

620000 – 1101 – 0012103　1940
日涉編十二卷　（明）陳楷輯　（清）白輝補輯　明萬曆三十九年(1611)徐養量刻清康熙乾隆遞修本　十二冊

620000 – 1101 – 0012104　202
日涉編十二卷　（明）陳楷撰　（清）白輝補輯　明萬曆三十九年(1611)徐養量刻本　十冊　存十卷（一至二、四至十一）

620000 – 1101 – 0012105　1671
日涉編十二卷　（明）陳楷撰　（清）白輝補輯　明萬曆三十九年(1611)徐養量刻清康熙六年(1667)、二十七年(1688)遞修本　六冊　存六卷（七至十二）

620000 – 1101 – 0012106　2691
日涉編十二卷　（明）陳楷撰　（清）白輝補輯　明萬曆三十九年(1611)徐養量刻清康熙、乾隆遞修本　十二冊

620000 – 1101 – 0012107　2924
日涉編十二卷　（明）陳楷撰　（清）白輝補輯　明萬曆三十九年(1611)徐養量刻清康熙、乾隆遞修本　十二冊

620000－1101－0012108　3233

日涉編十二卷　（明）陳堦撰　（清）白輝補輯
明萬曆三十九年（1611）徐養量刻清康熙、乾隆遞修本　十二冊

620000－1101－0012109　3294

日涉編十二卷　（明）陳堦撰　（清）白輝補輯
明萬曆三十九年（1611）徐養量刻清康熙、乾隆遞修本　一冊　存一卷（四）

620000－1101－0012110　192.1/731

日省錄三卷補遺一卷　（清）梁文科輯　清光緒九年（1883）刻本　一冊

620000－1101－0012111　856.7/414

日損益齋時藝全稿不分卷　（清）馬疏撰　清咸豐七年（1857）刻本　四冊

620000－1101－0012112　847.5/414

日損益齋文集三十一卷　（清）馬疏撰　清咸豐八年（1858）刻本　十二冊

620000－1101－0012113　1373

日損齋筆記一卷附錄一卷　（元）黃溍撰　清嘉慶、道光沈氏抱經樓抄本　一冊

620000－1101－0012114　847.8/952

日損齋文稿一卷詩稿一卷　（清）徐敦仁撰　清光緒十五年（1889）江西書局刻本　一冊

620000－1101－0012115　605

日下舊聞四十二卷　（清）朱彝尊輯　（清）朱昆田補遺　清康熙二十七年（1688）朱氏六峰閣刻本　二十四冊

620000－1101－0012116　3124

日下舊聞四十二卷　（清）朱彝尊輯　（清）朱昆田補遺　清康熙二十七年（1688）朱氏六峰閣刻本　十六冊

620000－1101－0012117　3875

日下舊聞四十二卷　（清）朱彝尊輯　（清）朱昆田補遺　清康熙二十七年（1688）朱氏六峰閣刻本　七冊　存二十六卷（五至二十七、三十六至三十八）

620000－1101－0012118　121.29/648

日知薈說四卷　（清）高宗弘曆輯　清晚期刻本　四冊

620000－1101－0012119　071.71/95.17.74

日知錄集釋三十二卷刊誤二卷續刊誤二卷　（清）顧炎武撰　（清）黃汝成集釋並刊誤　清同治八年（1869）廣州述古堂刻本　十二冊

620000－1101－0012120　071.71/959

日知錄集釋三十二卷刊誤二卷續刊誤二卷　（清）顧炎武撰　（清）黃汝成集釋並刊誤　清同治八年（1869）廣州述古堂刻本　十六冊

620000－1101－0012121　071.71/959

日知錄集釋三十二卷刊誤二卷續刊誤二卷　（清）顧炎武撰　（清）黃汝成集釋並刊誤　清同治八年（1869）廣州述古堂刻本　一冊　存二卷（二十九至三十）

620000－1101－0012122　071.71/959.002

日知錄集釋三十二卷刊誤二卷續刊誤二卷　（清）顧炎武撰　（清）黃汝成集釋並刊誤　清同治十一年（1872）湖北崇文書局刻本　十六冊

620000－1101－0012123　071.71/95.17

日知錄集釋三十二卷刊誤二卷續刊誤二卷　（清）顧炎武撰　（清）黃汝成集釋並刊誤　清同治刻本　十六冊

620000－1101－0012124　071.71/95.17.73

日知錄集釋三十二卷刊誤二卷續刊誤二卷　（清）顧炎武撰　（清）黃汝成集釋並刊誤　清同治刻本　二十四冊

620000－1101－0012125　071.71/95.17.74

日知錄集釋三十二卷刊誤二卷續刊誤二卷　（清）顧炎武撰　（清）黃汝成集釋並刊誤　清同治刻本　十六冊

620000－1101－0012126　071.71/95.17

日知錄集釋三十二卷刊誤二卷續刊誤二卷　（清）顧炎武撰　（清）黃汝成集釋並刊誤　清同治刻本　三冊　存五卷（五至六、十至十一、三十一）

620000 – 1101 – 0012127　071.71/959.001

日知錄集釋三十二卷刊誤二卷續刊誤二卷
（清）顧炎武撰　（清）黃汝成集釋並刊誤　清光緒十二年（1886）上海點石齋石印本　四冊

620000 – 1101 – 0012128　3093

日知錄三十二卷　（清）顧炎武撰　清康熙三十四年（1695）潘耒遂初堂刻本　十冊

620000 – 1101 – 0012129　4253

日知錄三十二卷　（清）顧炎武撰　清康熙三十四年（1695）潘耒遂初堂刻本　二冊　存五卷（八至九、十三至十五）

620000 – 1101 – 0012130　071.71/966

日知錄三十二卷　（清）顧炎武撰　清同治八年（1869）刻本　十五冊　存三十卷（一至三十）

620000 – 1101 – 0012131　2028

日知錄三十二卷　（清）顧炎武撰　清同治八年（1869）刻本　十二冊

620000 – 1101 – 0012132　071.71/96

日知錄之餘四卷　（清）顧炎武撰　清宣統二年（1910）吳中刻本　二冊

620000 – 1101 – 0012133　071.71/96

日知錄之餘四卷　（清）顧炎武撰　清宣統二年（1910）吳中刻本　一冊　存二卷（一至二）

620000 – 1101 – 0012134　309

容春堂前集二十卷後集十四卷續集十八卷別集九卷　（明）邵寶撰　明秦榛刻本　十冊　存四十七卷（前集二十卷、續集十八卷、別集九卷）

620000 – 1101 – 0012135　430

容臺文集十卷詩集四卷別集六卷　（明）董其昌撰　明崇禎八年（1635）刻本　十四冊

620000 – 1101 – 0012136　70

容齋隨筆十六卷續筆十六卷三筆十六卷四筆十六卷五筆十卷　（宋）洪邁撰　明弘治十一年（1498）李瀚刻本　三冊　存三十七卷（隨筆十六卷、續筆七至十六、三筆一至十一）

620000 – 1101 – 0012137　71

容齋隨筆十六卷續筆十六卷三筆十六卷四筆十六卷五筆十卷　（宋）洪邁撰　明崇禎三年（1630）馬元調刻本　二十冊

620000 – 1101 – 0012138　821.187/157

蓉峰詩話十二卷　（清）聶銑敏撰　清嘉慶文德堂刻本　六冊

620000 – 1101 – 0012139　1651

蓉谷偶存集三卷聯語一卷　（清）王祖蔭撰　清光緒木活字印本　二冊

620000 – 1101 – 0012140　847.5/908

蓉湖吟稿六卷　（清）伍魯興撰　清嘉慶六年（1801）陽湖伍氏刻本　一冊　存三卷（三至五）

620000 – 1101 – 0012141　681.5/828.02

柔遠新書四卷　（清）朱克敬撰　清光緒十年（1884）刻本　一冊　存二卷（一至二）

620000 – 1101 – 0012142　681.5/828.02

柔遠新書四卷　（清）朱克敬撰　清光緒十年（1884）刻本　四冊

620000 – 1101 – 0012143　082.78/378

如不及齋彙鈔初集三十一卷二集五卷　（清）陳坤輯　清同治、光緒錢塘陳氏粵東刻如不及齋叢書本　十四冊　存三十二卷（日省錄一至三、爲政忠告一至四、大學日程一卷、幼訓一卷、虛子考一卷、古井遺忠集一卷、粵東剿匪紀略一至五、鱷渚廻瀾記一至八、治湖芻言一卷、如不及齋詩鈔一卷、如不及齋詠史詩一卷、有真意齋詩鈔一至五）

620000 – 1101 – 0012144　088/465

如皋冒氏叢書三十四種一百四十八卷附二種八卷　冒廣生輯　清光緒、民國如皋冒氏刻本　十冊　存十五種四十三卷（香儷園偶存一卷，寒碧孤吟一卷，泛雪小草一卷，集美人名詩一卷，宣爐歌注一卷，芥茶彙鈔一卷，蘭言一卷，永嘉高僧碑傳集八卷，附錄一卷、補一卷，婦人集注一卷，婦人集補一卷，甚原詩說四卷，冒巢民先生年譜一卷，前後元夕譙集

詩二卷,枕千錄一卷、附錄一卷,如皋冒氏詩略十四卷、詞略一卷)

620000－1101－0012145　088/465

如皋冒氏叢書三十四種一百四十八卷附二種八卷　冒廣生輯　清光緒、民國如皋冒氏刻本　十二冊　存十一種四十九卷(影梅庵憶語一卷,樸巢詩選一卷、文選四卷,巢民詩集六卷、文集七卷,鑄錯軒詩茸一卷,寒碧堂詩茸一卷、附錄一卷,枕煙亭詩茸一卷、附錄一卷,疚齋小品一至四,小三吾亭文甲集一卷、詩八卷、詞一至二、附錄一卷,冠柳詞一卷,附五周先生集七卷,附外家紀聞一卷)

620000－1101－0012146　856.3/290

如面譚新集十卷首一卷　(清)李光祚纂輯清末藜照堂刻本　四冊

620000－1101－0012147　856.7/478

茹古山房試帖二集不分卷　(清)田依渠撰清同治四年(1865)刻本　一冊

620000－1101－0012148　479

儒函數類六十二卷目錄四卷　(明)汪宗姬撰明萬曆四十年(1612)汪猶龍刻本　十冊

620000－1101－0012149　782.23/52

儒林宗派十六卷　(清)萬斯同撰　清宣統三年(1911)浙江圖書館刻本　一冊

620000－1101－0012150　782.23/52

儒林宗派十六卷　(清)萬斯同撰　清宣統三年(1911)浙江圖書館刻本　二冊

620000－1101－0012151　782.23/52

儒林宗派十六卷　(清)萬斯同撰　清宣統三年(1911)浙江圖書館刻本　二冊

620000－1101－0012152　127.6/183

儒門法語一卷　(清)彭定求撰　(清)湯金釗輯要　清光緒十八年(1892)刻本　一冊

620000－1101－0012153　2125

儒門事親十五卷　(金)張從正撰　明萬曆二十九年(1601)吳勉學刻古今醫統正脈全書本六冊

620000－1101－0012154　418/752

儒門醫學三卷附一卷　(英國)海得蘭撰(英國)傅蘭雅口譯　(清)趙元益筆述　清光緒二年(1876)江南製造總局刻本　四冊

620000－1101－0012155　418/752

儒門醫學三卷附一卷　(英國)海得蘭撰(英國)傅蘭雅口譯　(清)趙元益筆述　清光緒二年(1876)江南製造總局刻本　四冊

620000－1101－0012156　418/752

儒門醫學三卷附一卷　(英國)海得蘭撰(英國)傅蘭雅口譯　(清)趙元益筆述　清光緒二年(1876)江南製造總局刻本　四冊

620000－1101－0012157　418/752

儒門醫學三卷附一卷　(英國)海得蘭撰(英國)傅蘭雅口譯　(清)趙元益筆述　清光緒二年(1876)江南製造總局刻本　四冊

620000－1101－0012158　418/752

儒門醫學三卷附一卷　(英國)海得蘭撰(英國)傅蘭雅口譯　(清)趙元益筆述　清光緒二年(1876)江南製造總局刻本　四冊

620000－1101－0012159　418/752

儒門醫學三卷附一卷　(英國)海得蘭撰(英國)傅蘭雅口譯　(清)趙元益筆述　清光緒二年(1876)江南製造總局刻本　四冊

620000－1101－0012160　418/752

儒門醫學三卷附一卷　(英國)海得蘭撰(英國)傅蘭雅口譯　(清)趙元益筆述　清光緒二年(1876)江南製造總局刻本　四冊

620000－1101－0012161　418/752

儒門醫學三卷附一卷　(英國)海得蘭撰(英國)傅蘭雅口譯　(清)趙元益筆述　清光緒二年(1876)江南製造總局刻本　四冊

620000－1101－0012162　418/752

儒門醫學三卷附一卷　(英國)海得蘭撰(英國)傅蘭雅口譯　(清)趙元益筆述　清光緒二年(1876)江南製造總局刻本　四冊

620000－1101－0012163　418/752

儒門醫學三卷附一卷　（英國）海得蘭撰
（英國）傅蘭雅口譯　（清）趙元益筆述　清光
緒二年(1876)江南製造總局刻本　三冊　存
三卷(儒門醫學三卷)

620000－1101－0012164　418/752

儒門醫學三卷附一卷　（英國）海得蘭撰
（英國）傅蘭雅口譯　（清）趙元益筆述　清光
緒二年(1876)江南製造總局刻本　三冊　存
三卷(儒門醫學三卷)

620000－1101－0012165　418/752

儒門醫學三卷附一卷　（英國）海得蘭撰
（英國）傅蘭雅口譯　（清）趙元益筆述　清光
緒二年(1876)江南製造總局刻本　一冊　存
一卷(下)

620000－1101－0012166　127.6/920

儒門語要六卷　（清）倪元坦輯著　清同治六
年(1867)桂林書屋刻本　二冊

620000－1101－0012167　294.2/522

入地眼全書十卷　（宋）釋靜道著　（清）萬樹
華編　清道光元年(1821)刻本　六冊

620000－1101－0012168　221.5/723

入楞伽心玄義一卷　（唐）釋法藏撰　清光緒
十八年(1892)金陵刻經處刻本　一冊

620000－1101－0012169　573.42/307

入幕須知五種十卷　（清）張廷驤輯　清光緒
十年(1884)元和張氏刻本　六冊

620000－1101－0012170　573.42/307

入幕須知五種十卷　（清）張廷驤輯　清光緒
十年(1884)元和張氏刻本　六冊

620000－1101－0012171　573.4/307

入幕須知五種十卷　（清）張廷驤輯　清光緒
十八年(1892)浙江書局刻本　六冊

620000－1101－0012172　075.7/735

阮盦筆記五種十卷　況周頤撰　清光緒三十
三年(1907)白門刻蕙風叢書本　三冊

620000－1101－0012173　192.91/485

藥牓捷報錄四卷　（清）四香居士撰　清同治

七年(1868)刻本　一冊

620000－1101－0012174　1392

瑞芍軒詩鈔不分卷　（清）許乃穀撰　清抄本
四冊

620000－1101－0012175　847.6/609

瑞芍軒詩鈔四卷瑞芍軒詞稿不分卷　（清）許
乃穀撰　清同治七年(1868)刻本　二冊

620000－1101－0012176　585.948.8/0.123

瑞士刑法典案不分卷　（清）修訂法律大臣鑒
定　清光緒三十三年(1907)鉛印本　一冊

620000－1101－0012177　847.4/30

閭榻先生外集八卷　（清）張望著　清同治三
年(1864)鴻文齋刻本　四冊

620000－1101－0012178　653.761/291

潤經堂自治官書不分卷　（清）李彥章撰　清
道光九年(1829)刻本　一冊

620000－1101－0012179　127.4/988

潤亭學鑑二十六卷　（清）余玿輯注　清嘉慶
十七年(1812)刻本　二冊　存十四卷(一至
十四)

620000－1101－0012180　230/0.516

薩祖了道歌一卷　（宋）薩守堅撰　清末民國
初刻本　一冊

620000－1101－0012181　414.8/7.953

賽金丹二卷　（清）蘊真子輯　清同治元年
(1862)刻本　二冊

620000－1101－0012182　847.7/3.391

三百株梨花吟館不分卷錢星湖先生詩文集序
一卷　（清）陸芝田撰　清同治刻本　一冊

620000－1101－0012183　1873

三不朽圖贊三卷　（清）張岱撰　清乾隆鳳嬉
堂刻本　三冊

620000－1101－0012184　075/0.100

三才紀要不分卷　（清）□□撰　清同治十年
(1871)江南機器製造總局刻本　一冊

620000－1101－0012185　075/0.100

三才紀要不分卷　(清)□□撰　清同治十年
(1871)江南機器製造總局刻本　一冊

620000－1101－0012186　075/0.100
三才紀要不分卷　(清)□□撰　清同治十年
(1871)江南機器製造總局刻本　一冊

620000－1101－0012187　075/0.100
三才紀要不分卷　(清)□□撰　清同治十年
(1871)江南機器製造總局刻本　一冊

620000－1101－0012188　075/0.100
三才紀要不分卷　(清)□□輯　清同治十年
(1871)江南機器製造總局刻本　一冊

620000－1101－0012189　075/0.100
三才紀要不分卷　(清)□□輯　清同治十年
(1871)江南機器製造總局刻本　一冊

620000－1101－0012190　075/0.100
三才紀要不分卷　(清)□□輯　清同治十年
(1871)江南機器製造總局刻本　一冊

620000－1101－0012191　075/0.100
三才紀要不分卷　(清)□□輯　清同治十年
(1871)江南機器製造總局刻本　一冊

620000－1101－0012192　075/0.100
三才紀要不分卷　(清)□□輯　清同治十年
(1871)江南機器製造總局刻本　一冊

620000－1101－0012193　075/0.100
三才紀要不分卷　(清)□□輯　清同治十年
(1871)江南機器製造總局刻本　一冊

620000－1101－0012194　075/0.100
三才紀要不分卷　(清)□□輯　清同治十年
(1871)江南機器製造總局刻本　一冊

620000－1101－0012195　802.81/526
三才略三卷　(清)蔣德鈞輯　**重刊讀史論略
一卷**　(清)杜詔撰　清光緒五年(1879)南京
狀元閣刻本　一冊

620000－1101－0012196　075/0.100
三才略四卷　(清)□□輯　清同治十年
(1871)江南機器製造總局刻本　一冊

620000－1101－0012197　802.81/737
三才蒙求五種合刻十六卷　(清)測隱居士輯
　清光緒二十八年(1902)京都廣文書舍刻本
　八冊

620000－1101－0012198　2640
三才圖會一百六卷　(明)王圻纂　(明)王思
義續纂　明萬曆三十七年(1609)刻本　一冊
　存一卷(器用二)

620000－1101－0012199　671.65/133.79
三岔廳地理調查表式一卷　(清)陳瑾輯　清
宣統元年(1909)抄本　一冊

620000－1101－0012200　082.76/165
三長物齋叢書二十六種二百六十四卷　(清)
黃本驥輯　清道光湘陰蔣璟刻光緒四年
(1878)古香書閣印本　六十冊

620000－1101－0012201　573.44/425
三場程式不分卷　(清)監臨院編　清光緒元
年(1875)刻本　一冊

620000－1101－0012202　312/0.100
三多齋新校算法全書四卷　(□)□□編　清
刻本　一冊　存一卷(三)

620000－1101－0012203　830/781.001
三二家宮詞不分卷　(明)毛晉輯　清同治十
二年(1873)淮南書局刻本　一冊

620000－1101－0012204　830/781
三二家宮詞不分卷　(明)毛晉輯　清宣統三
年(1911)掃葉山房石印本　一冊

620000－1101－0012205　830/781.001
三二家宮詞不分卷　(明)毛晉輯　清同治十
二年(1873)淮南書局刻本　一冊

620000－1101－0012206　285
三法度論三卷　(晉)釋僧伽提婆譯　宋紹興
二年(1132)王永從安吉州思溪法寶資福禪寺
刻本　一冊　存一卷(中)

620000－1101－0012207　626.903/269
三藩紀事本末二十二卷　(清)楊陸榮編　清
光緒二十一年(1895)上海積山書局石印本

一冊

620000－1101－0012208　4282
三藩紀事本末四卷　（清）楊陸榮編　清雍正刻本　二冊

620000－1101－0012209　626.903/26
三藩紀事本末四卷　（清）楊陸榮編　清嘉慶刻本　一冊

620000－1101－0012210　3701
三輔黃圖六卷　（漢）□□撰　明吳琯刻古今逸史本　一冊

620000－1101－0012211　684.2/0.100.01
三輔黃圖六卷　（漢）□□撰　清晚期沈德壽抄本　二冊

620000－1101－0012212　684.2/0.100.03
三輔黃圖六卷補遺一卷　（漢）□□撰　（清）畢沅校　清光緒十七年(1891)思賢講舍刻本　一冊

620000－1101－0012213　684.2/0.100.03
三輔黃圖六卷補遺一卷　（漢）□□撰　（清）畢沅校　清光緒十七年(1891)思賢講舍刻本　一冊

620000－1101－0012214　684.2/0.100.02
三輔黃圖六卷補遺一卷　（漢）□□撰　清嘉慶刻廣漢魏叢書本　一冊

620000－1101－0012215　3377
三古圖四十二卷　（清）黃晟輯　明萬曆吳萬化寶古堂刻清乾隆十七年(1752)黃晟亦政堂印本　三十二冊　存四十卷(東書堂重修宣和博古圖錄三十卷、亦政堂重修考古圖十卷)

620000－1101－0012216　791.3/168
三古圖四十二卷　（清）黃晟輯　明萬曆吳萬化寶古堂刻清乾隆十七年(1752)黃晟亦政堂印本　十六冊　存三十二卷(東書堂重修宣和博古圖錄三至三十、亦政堂重修考古圖一至二、亦政堂重考古玉圖二卷)

620000－1101－0012217　228.1/866
三國佛教略史三卷　（日本）島地墨雷　（日本）生田得能著　（清）釋聽雲　（清）釋海秋譯　清宣統三年(1911)京師龍泉孤兒院石印本　一冊

620000－1101－0012218　602/814
三國紀年表一卷五代紀年表一卷　（清）周嘉猷撰　清光緒崇文書局刻本　一冊

620000－1101－0012219　602/814
三國紀年表一卷五代紀年表一卷　（清）周嘉猷撰　清光緒崇文書局刻本　一冊

620000－1101－0012220　662.3/72.61
三國疆域志補注十九卷首一卷　（清）洪亮吉撰　（清）謝鍾英補注　清晚期刻本　八冊

620000－1101－0012221　662.3/72.61.001
三國疆域志補注十九卷首一卷　（清）洪亮吉撰　（清）謝鍾英補注　清光緒二十四年(1898)湘中刻本　八冊

620000－1101－0012222　662.3/434
三國郡縣表八卷　（清）吳增僅撰　清光緒二十二年(1896)吳氏木活字印本　四冊

620000－1101－0012223　662.3/434
三國郡縣表八卷　（清）吳增僅撰　清光緒二十二年(1896)吳氏木活字印本　二冊

620000－1101－0012224　662.3/434
三國郡縣表八卷　（清）吳增僅撰　清光緒二十二年(1896)吳氏木活字印本　四冊

620000－1101－0012225　573.41/720
三國職官表三卷　（清）洪飴孫撰　清光緒十七年(1891)廣雅書局刻本　五冊

620000－1101－0012226　622.3083/930
三國志辨疑三卷　（清）錢大昭撰　清光緒十五年(1889)廣雅書局刻本　一冊

620000－1101－0012227　622.3083/930
三國志辨疑三卷　（清）錢大昭撰　清光緒十五年(1889)廣雅書局刻本　一冊

620000－1101－0012228　622.3083/930
三國志辨疑三卷　（清）錢大昭撰　清光緒十五年(1889)廣雅書局刻本　一冊

620000 – 1101 – 0012229　622.3083/90

三國志補注續一卷　（清）侯康撰　清光緒十七年(1891)廣雅書局刻本　一冊

620000 – 1101 – 0012230　622.3083/75

三國志考證八卷　（清）潘眉撰　清光緒十五年(1889)廣雅書局刻本　二冊

620000 – 1101 – 0012231　622.3083/754

三國志考證八卷　（清）潘眉撰　清光緒十五年(1889)廣雅書局刻本　一冊

620000 – 1101 – 0012232　622.3083/754

三國志考證八卷　（清）潘眉撰　清光緒十五年(1889)廣雅書局刻本　二冊

620000 – 1101 – 0012233　622.3083/754

三國志考證八卷　（清）潘眉撰　清光緒十五年(1889)廣雅書局刻本　二冊

620000 – 1101 – 0012234　7

三國志六十五卷　（晉）陳壽撰　（南朝宋）裴松之注　宋衢州州學刻元明遞修本　一冊　存一卷(蜀志五)

620000 – 1101 – 0012235　1272

三國志六十五卷　（晉）陳壽撰　（南朝宋）裴松之注　明萬曆二十四年(1596)南京國子監刻清順治、康熙遞修本　六冊　存二十一卷(蜀志十五、吳志二十卷)

620000 – 1101 – 0012236　1604

三國志六十五卷　（晉）陳壽撰　（南朝宋）裴松之注　（明）陳仁錫評　明天啓刻本　一冊　存五卷(吳志三至七)

620000 – 1101 – 0012237　1764

三國志六十五卷　（晉）陳壽撰　（南朝宋）裴松之注　（明）陳仁錫評　明天啓刻本　三冊　存十一卷(蜀志九至十五,魏志八至九、二十九至三十)

620000 – 1101 – 0012238　622.301/377

三國志六十五卷　（晉）陳壽撰　（南朝宋）裴松之注　清同治九年(1870)金陵書局刻本　八冊

620000 – 1101 – 0012239　622.301/377.04

三國志六十五卷　（晉）陳壽撰　（南朝宋）裴松之注　清光緒十三年(1887)江南書局刻本　八冊

620000 – 1101 – 0012240　622.301/377.04

三國志六十五卷　（晉）陳壽撰　（南朝宋）裴松之注　清光緒十三年(1887)江南書局刻本　八冊

620000 – 1101 – 0012241　622.301/377.04

三國志六十五卷　（晉）陳壽撰　（南朝宋）裴松之注　清光緒十三年(1887)江南書局刻本　十冊

620000 – 1101 – 0012242　622.301/377.07

三國志六十五卷　（晉）陳壽撰　（南朝宋）裴松之注　清光緒十四年(1888)上海圖書集成局鉛印本　八冊

620000 – 1101 – 0012243　622.301/377.03

三國志六十五卷　（晉）陳壽撰　（南朝宋）裴松之注　清光緒二十八年(1902)竹簡齋石印本　四冊

620000 – 1101 – 0012244　622.301/377.05

三國志六十五卷　（晉）陳壽撰　（南朝宋）裴松之注　清中晚期刻本　十四冊

620000 – 1101 – 0012245　622.301/377.02

三國志六十五卷　（晉）陳壽撰　（南朝宋）裴松之注　清晚期刻本　二十四冊

620000 – 1101 – 0012246　622.301/377.08

三國志六十五卷　（晉）陳壽撰　（南朝宋）裴松之注　清晚期刻本　二十冊

620000 – 1101 – 0012247　622.3083/72

三國志旁證三十卷　（清）梁章鉅撰　清光緒十五年(1889)廣雅書局刻本　八冊

620000 – 1101 – 0012248　622.3083/72

三國志旁證三十卷　（清）梁章鉅撰　清光緒十五年(1889)廣雅書局刻本　四冊

620000 – 1101 – 0012249　121

三國志通俗演義二十四卷　（明）羅本撰　明

嘉靖元年(1522)刻本(卷十六、十九、二十二有補配) 二十四冊

620000－1101－0012250 622.30/935

三國志證聞三卷 （清）錢儀吉撰 清光緒十一年(1885)江蘇書局刻本 二冊

620000－1101－0012251 622.3083/813

三國志注證遺四卷補四卷 （清）周壽昌撰 清光緒九年(1883)長沙周氏刻本 二冊

620000－1101－0012252 3840

三合便覽不分卷 （清）敬齋輯 （清）富俊補 清乾隆四十五年(1780)刻滿漢蒙合璧本 二冊

620000－1101－0012253 625.7/531

三河創業記五卷 （清）范壽金編輯 清光緒三十三年(1907)石印本 二冊

620000－1101－0012254 625.7/531

三河創業記五卷 （清）范壽金編輯 清光緒三十三年(1907)石印本 一冊

620000－1101－0012255 150

三家宮詞三卷 （明）毛晉輯 明末毛氏綠君亭刻本 一冊

620000－1101－0012256 093.219/75.53

三家詩拾遺十卷 （清）范家相輯 清嘉慶十五年(1810)古趣亭刻本 二冊

620000－1101－0012257 414.9/76.442

三家醫案合刻三卷 （清）吳金壽纂 清道光蘇州綠潤堂刻本 二冊

620000－1101－0012258 414.9/76.442

三家醫案合刻三卷 （清）吳金壽纂 清道光姑蘇綠慎堂刻本 二冊

620000－1101－0012259 414.9/76.442.002

三家醫案合刻三卷 （清）吳金壽纂 清道光刻本 一冊

620000－1101－0012260 414.9/76.442.001

三家醫案合刻三卷附醫效秘傳三卷溫熱贅言一卷 （清）吳金壽纂 清道光十一年(1831)吳氏貯春僊館刻本 六冊

620000－1101－0012261 2205

三江水利紀略四卷 （清）莊有恭等輯 清乾隆刻本 二冊

620000－1101－0012262 317/752

三角數理十二卷 （英國）海麻士輯 （英國）傅蘭雅口譯 （清）華蘅芳筆述 清光緒三年(1877)江南製造總局刻本 六冊

620000－1101－0012263 317/752

三角數理十二卷 （英國）海麻士輯 （英國）傅蘭雅口譯 （清）華蘅芳筆述 清光緒三年(1877)江南製造總局刻本 六冊

620000－1101－0012264 317/752

三角數理十二卷 （英國）海麻士輯 （英國）傅蘭雅口譯 （清）華蘅芳筆述 清光緒三年(1877)江南製造總局刻本 六冊

620000－1101－0012265 317/752

三角數理十二卷 （英國）海麻士輯 （英國）傅蘭雅口譯 （清）華蘅芳筆述 清光緒三年(1877)江南製造總局刻本 一冊 存二卷(三至四)

620000－1101－0012266 317/752

三角數理十二卷 （英國）海麻士輯 （英國）傅蘭雅口譯 （清）華蘅芳筆述 清光緒三年(1877)江南製造總局刻本 四冊 存八卷(一至四、九至十二)

620000－1101－0012267 317/752

三角數理十二卷 （英國）海麻士輯 （英國）傅蘭雅口譯 （清）華蘅芳筆述 清光緒三年(1877)江南製造總局刻本 六冊

620000－1101－0012268 317/752

三角數理十二卷 （英國）海麻士輯 （英國）傅蘭雅口譯 （清）華蘅芳筆述 清光緒三年(1877)江南製造總局刻本 三冊 存六卷(一至二、五至六、十一至十二)

620000－1101－0012269 317/752.001

三角數理十二卷 （英國）海麻士輯 （英國）傅蘭雅口譯 （清）華蘅芳筆述 清光緒二十二年(1896)上海璣衡堂石印本 四冊

620000－1101－0012270　317/752.002

三角數理十二卷　(英國)海麻士輯　(英國)
傅蘭雅口譯　(清)華蘅芳筆述　清光緒二十
三年(1897)積山書局石印本　六冊

620000－1101－0012271　317/752.002

三角數理十二卷　(英國)海麻士輯　(英國)
傅蘭雅口譯　(清)華蘅芳筆述　清光緒二十
三年(1897)積山書局石印本　二冊　存四卷
(一至二、九至十)

620000－1101－0012272　317/906

三角須知不分卷　(英國)傅蘭雅著　清光緒
十四年(1888)刻本　一冊

620000－1101－0012273　782.269/0.100

三教源流搜神大全七卷　(宋)□□撰　清宣
統元年(1909)郎園刻本　四冊

620000－1101－0012274　413.7/438

三科備要三卷　(清)吳師賢輯　清光緒元年
(1875)吳師賢刻本　一冊

620000－1101－0012275　094.627/112

三禮便讀九卷　(清)王一清輯　清同治三年
(1864)刻本　四冊

620000－1101－0012276　4382

三禮便讀三種□□卷　(清)王一清輯　清乾
隆四十一年(1776)本立堂刻本　一冊　存三
種七卷(周禮便讀一至四、儀禮便讀一、禮記
便讀一至二)

620000－1101－0012277　2066

三禮約編喈鳳十九卷　(清)汪基撰　清乾隆
四十八年(1783)三多齋刻本　六冊

620000－1101－0012278　3066

三禮約編喈鳳十九卷　(清)汪基撰　清乾隆
敬堂刻本　八冊

620000－1101－0012279　585.4/667.002

三流道里表不分卷　(清)阿桂等纂修　清嘉
慶十六年(1811)刻本　四冊

620000－1101－0012280　585.4/667.002

三流道里表不分卷　(清)阿桂等纂修　清嘉

慶十六年(1811)刻本　四冊

620000－1101－0012281　585.4/667

三流道里表不分卷　(清)唐紹祖等纂　清同
治十一年(1872)湖北讞局刻本　二冊

620000－1101－0012282　585.4/667

三流道里表不分卷　(清)唐紹祖等纂　清同
治十一年(1872)湖北讞局刻本　二冊

620000－1101－0012283　585.4/667.001

三流道里表不分卷　(清)唐紹祖等纂　清同
治十一年(1872)江蘇書局刻本　二冊

620000－1101－0012284　585.4/667.004

三流道里表不分卷　(清)唐紹祖等纂　清中
期刻本　二冊

620000－1101－0012285　585.4/667.003

三流道里表不分卷　(清)唐紹祖等纂　清晚
期刻本　一冊

620000－1101－0012286　1269

三昧水懺法三卷　(唐)釋智玄撰　明萬曆十
六年(1588)刻本　三冊

620000－1101－0012287　1269

三昧水懺法三卷　(唐)釋智玄撰　明萬曆十
六年(1588)刻本　三冊

620000－1101－0012288　1269

三昧水懺法三卷　(唐)釋智玄撰　明萬曆十
六年(1588)刻本　三冊

620000－1101－0012289　1269

三昧水懺法三卷　(唐)釋智玄撰　明萬曆十
六年(1588)刻本　三冊

620000－1101－0012290　1269

三昧水懺法三卷　(唐)釋智玄撰　明萬曆十
六年(1588)刻本　三冊

620000－1101－0012291　1269

三昧水懺法三卷　(唐)釋智玄撰　明萬曆十
六年(1588)刻本　三冊

620000－1101－0012292　1269

三昧水懺法三卷　(唐)釋智玄撰　明萬曆十

六年(1588)刻本　三冊

620000－1101－0012293　1269

三昧水懺法三卷　(唐)釋智玄撰　明萬曆十六年(1588)刻本　三冊

620000－1101－0012294　293.1/522

三命通會十二卷　(明)萬民英撰　清宣統元年(1909)上海江左書林石印本　十二冊

620000－1101－0012295　432/313

三農紀二十四卷　(清)張宗法撰　清晚期刻本　八冊

620000－1101－0012296　432/313

三農紀二十四卷　(清)張宗法撰　清晚期刻本　八冊

620000－1101－0012297　432/313

三農紀二十四卷　(清)張宗法撰　清晚期刻本　十二冊

620000－1101－0012298　432/313

三農紀二十四卷　(清)張宗法撰　清晚期刻本　十冊

620000－1101－0012299　432/313.001

三農紀十卷　(清)張宗法撰　清善成堂刻本　六冊

620000－1101－0012300　432/313.001

三農紀十卷　(清)張宗法撰　清善成堂刻本　一冊　存二卷(一至二)

620000－1101－0012301　3298

三遷志十二卷　(清)王特選增纂　清康熙六十一年(1722)刻雍正補刻本　六冊

620000－1101－0012302　681.52/429

三省邊防備覽十八卷　(清)嚴如熤輯　清道光十年(1830)來鹿堂刻本　十冊

620000－1101－0012303　681.5/429

三省邊防備覽十四卷　(清)嚴如熤輯　清道光二年(1822)刻本　八冊

620000－1101－0012304　681.52/42

三省邊防備覽十四卷　(清)嚴如熤輯　清道光二年(1822)刻本　八冊

620000－1101－0012305　557.18/531

三省入藏程站記一卷　(清)范壽金輯　清光緒三十三年(1907)石印本　一冊

620000－1101－0012306　557.18/531

三省入藏程站記一卷　(清)范壽金輯　清光緒三十三年(1907)石印本　一冊

620000－1101－0012307　689/429

三省山內風土雜識一卷　(清)嚴如熤撰　萬里行程記一卷　(清)祁韻士撰　清光緒三十四年(1908)鉛印問影樓叢書本　一冊

620000－1101－0012308　831/761

三十家詩鈔六卷　(清)曾國藩纂　(清)王定安增輯　清同治十三年(1874)傳忠書局刻本　六冊

620000－1101－0012309　1355

三十六鷗亭叢稿不分卷　(清)□□撰　清道光稿本　一冊

620000－1101－0012310　413.55/0.430

三十五舉一卷　(元)吾丘衍撰　校勘記一卷　(清)姚覲元撰　續三十五舉一卷　(清)桂馥撰　再續三十五舉一卷　(清)姚晏撰　清光緒九年(1883)歸安姚氏刻咫進齋叢書本　一冊

620000－1101－0012311　610.83/92

三史拾遺五卷　(清)錢大昕撰　清光緒十七年(1891)廣雅書局刻本　一冊

620000－1101－0012312　610.83/92

三史拾遺五卷　(清)錢大昕撰　清光緒十七年(1891)廣雅書局刻本　一冊

620000－1101－0012313　610.83/92

三史拾遺五卷　(清)錢大昕撰　清光緒十七年(1891)廣雅書局刻本　二冊

620000－1101－0012314　610.83/930

三史拾遺五卷諸史拾遺五卷　(清)錢大昕撰　清嘉慶十二年(1807)嘉定李賡芸刻本　四冊

620000－1101－0012315　610.83/930

三史拾遺五卷諸史拾遺五卷　(清)錢大昕撰
清嘉慶十二年(1807)嘉定李賡芸刻本
四冊

620000－1101－0012316　3355

三水小牘二卷　(唐)皇甫枚撰　清乾隆五十
七年(1792)盧氏抱經堂刻本　一冊

620000－1101－0012317　835.514/554

三蘇策論十二卷　(宋)蘇洵著　清光緒二十
七年(1901)上洋煥文書局石印本　三冊　存
六卷(一至二、九至十二)

620000－1101－0012318　830.51/55

三蘇全集二百五卷　(清)弓翊清等編　清道
光十二年(1832)眉州三蘇祠刻本　八十冊

620000－1101－0012319　830.51/55

三蘇全集二百五卷　(清)弓翊清等編　清道
光十二年(1832)眉州三蘇祠刻本　七十六冊
存一百八十四卷(東坡全集八十四卷,樂城
集四十八卷、後集二十四卷、三集十卷、應詔
集十二卷,斜川集六卷)

620000－1101－0012320　830.51/55

三蘇全集二百五卷　(清)弓翊清等編　清道
光十二年(1832)眉州三蘇祠刻本　八冊　存
二十八卷(樂城三集十卷、應詔集十二卷,斜
川集六卷)

620000－1101－0012321　2557

三蘇文抄二十卷　(明)李贄等輯　明崇禎宜
和堂刻本　五冊　存十卷(老泉文抄一至四,
東坡文抄一至四、十一至十二)

620000－1101－0012322　4075

三蘇文鈔十二卷　(宋)蘇洵等撰　(明)陳仁
錫輯　明刻本　二冊　存五卷(四至七、九)

620000－1101－0012323　1680

三台館仰止子考古詳訂遵韻海篇正宗二十卷
　(明)余象斗撰　明萬曆汪國滿刻本　十一
冊　存十九卷(一至十四、十六至二十)

620000－1101－0012324　231/281

三壇圓滿天仙大戒略說不分卷　(清)柳守元
撰　清晚期刻本　一冊

620000－1101－0012325　552

三體摭韻十二卷　(清)朱昆田輯　清抄本
十二冊

620000－1101－0012326　573.1/73.01

三通考輯要七十六卷　湯壽潛輯　清光緒二
十五年(1899)圖書集成局鉛印本　三十冊

620000－1101－0012327　573.1/73

三通考輯要七十六卷　湯壽潛輯　清光緒二
十八年(1902)三味書局刻本　三十冊

620000－1101－0012328　573.1/429

三通考詳節七十六卷　(清)嚴虞惇等錄　清
光緒二十七年(1901)上海鴻寶齋書局石印本
　十二冊　存五十卷(文獻通考詳節一至二
十四、續文獻通考詳節一至二十六)

620000－1101－0012329　573.108/668.001

三通序不分卷　(清)康紹鈞輯　清道光十年
(1830)刻本　一冊

620000－1101－0012330　573.108/66

三通序不分卷　(清)康紹鈞輯　清道光十三
年(1833)周恭壽刻本　四冊

620000－1101－0012331　573.108/66

三通序不分卷　(清)康紹鈞輯　清道光十三
年(1833)周恭壽刻本　四冊

620000－1101－0012332　573.108/66.01

三通序不分卷　(清)康紹鈞輯　清道光十三
年(1833)刻本　二冊

620000－1101－0012333　573.108/668

三通序不分卷　(清)康紹鈞輯　清光緒十四
年(1888)蔣氏求實齋刻本　二冊

620000－1101－0012334　327.32/930

三統術衍三卷鈐一卷　(清)錢大昕撰　清光
緒十年(1884)長沙龍氏家塾刻本　二冊

620000－1101－0012335　782.16/0.100

三賢學案一卷　(□)□□撰　清晚期抄本
一冊

620000－1101－0012336　626.04/527

三湘從事錄一卷　（明）蒙正發著　（清）金永森輯注　清光緒三十三年(1907)刻本　一冊

620000－1101－0012337　858.51/814

三笑新編十二卷四十八回　（清）吳毓昌撰　清光緒四年(1878)刻本　一冊　存一卷(丑)

620000－1101－0012338　858.51/814

三笑新編十二卷四十八回　（清）吳毓昌撰　清光緒四年(1878)刻本　八冊　存八卷(丑至卯、午、申至亥)

620000－1101－0012339　782.102/394

三續疑年錄十卷　（清）陸心源編　清光緒五年(1879)歸安陸氏刻本　四冊

620000－1101－0012340　782.102/394

三續疑年錄十卷　（清）陸心源編　清光緒五年(1879)歸安陸氏刻本　四冊

620000－1101－0012341　782.102/394

三續疑年錄十卷　（清）陸心源編　清光緒五年(1879)歸安陸氏刻本　三冊

620000－1101－0012342　1644

三易集二十卷　（明）唐時升撰　明崇禎刻清康熙二十八年(1689)陸廷燦重修嘉定四先生集本　一冊

620000－1101－0012343　292.1/885.01

三易註略讀法一卷　（清）劉一明著　清嘉慶四年(1799)刻本　一冊

620000－1101－0012344　292.1/885.01

三易註略讀法一卷　（清）劉一明著　清嘉慶四年(1799)刻本　一冊

620000－1101－0012345　292.1/885.01

三易註略讀法一卷　（清）劉一明著　清嘉慶四年(1799)刻本　一冊

620000－1101－0012346　292.1/885

三易註略二十五卷　（清）劉一明注　清嘉慶四年至七年(1799－1802)謝祥刻本　二十五冊

620000－1101－0012347　292.1/885

三易註略二十五卷　（清）劉一明注　清嘉慶四年至七年(1799－1802)謝祥刻本　二十五冊

620000－1101－0012348　192.9/285

三益集六卷　（清）李天錫輯　清嘉慶二十年至道光四年(1815－1824)刻本　七冊

620000－1101－0012349　847.2/387.01

三魚堂賸言十二卷首一卷校誤一卷　（清）陸隴其撰　（清）陳濟編校　清嘉慶十二年(1807)刻本　二冊

620000－1101－0012350　097.272/391.001

三魚堂四書大全四十一卷　（清）陸隴其編　清嘉慶元年(1796)刻本　二十四冊　存二十七卷(大學一至二、中庸一至三、論語十三至二十、孟子一至十四)

620000－1101－0012351　3304

三魚堂文集十二卷附崇祀錄一卷外集六卷附行狀一卷　（清）陸隴其撰　（清）陸禮徵等輯　清康熙四十年(1701)刻乾隆、嘉慶掃葉山房重印本　十冊

620000－1101－0012352　842.2/387.001

三魚堂文集十二卷外集六卷附錄一卷賸言十二卷　（清）陸隴其撰　清宣統三年(1911)掃葉山房石印本　二冊

620000－1101－0012353　847.2/387

三魚堂文集十二卷外集六卷附錄一卷賸言十二卷　（清）陸隴其撰　清宣統三年(1911)掃葉山房石印本　八冊

620000－1101－0012354　072.78/0.100

三餘筆記不分卷　（清）□□撰　清光緒二十四年(1898)稿本　一冊

620000－1101－0012355　3796

三餘齋存稿一卷　（清）江得符撰　清乾隆五十一年(1786)刻本　一冊

620000－1101－0012356　3794

三餘齋詩草一卷　（清）江得符撰　清乾隆五十一年(1786)刻本　一冊

620000－1101－0012357　3795

三餘齋詩草一卷　（清）江得符撰　清乾隆五十一年（1786）刻本　一冊

620000－1101－0012358　292.4/41

三元斗首鑪傳通書秘旨要訣四卷　（清）馬寬裕注　清中晚期鼎發堂刻本　四冊

620000－1101－0012359　293/281

三元總錄三卷　（明）柳洪泉纂輯　清五車樓刻本　一冊

620000－1101－0012360　291/281

三元總錄三卷　（明）柳洪泉纂輯　清五車樓刻本　一冊

620000－1101－0012361　548.1/741

三原善堂章程不分卷　（清）沈衛擬奏　清光緒二十九年（1903）鉛印本　一冊

620000－1101－0012362　413.24/820.002

三指禪脈理精蘊三卷　（清）周學霆撰　清道光三十年（1850）志遠堂刻本　三冊

620000－1101－0012363　413.24/820.001

三指禪三卷　（清）周學霆撰　清晚期湖南書局刻本　三冊

620000－1101－0012364　307

三子新詩合稿九卷　（明）陳子龍等撰　（明）夏完淳輯　明末刻本　四冊　存七卷（一至七）

620000－1101－0012365　802.81/331

三字經註解備要二卷　（宋）王應麟撰　（清）賀興思注　清光緒十二年（1886）刻本　二冊

620000－1101－0012366　802.81/118.01

三字經註解備要二卷　（宋）王應麟撰　（清）賀興思注　清光緒二十五年（1899）刻本　二冊

620000－1101－0012367　438/719

桑蠶說一卷　（清）江毓昌撰　清光緒刻本　一冊

620000－1101－0012368　856.9/393

嗇菴隨筆六卷末一卷　（清）陸文衡著　清光緒二十三年（1897）刻本　二冊

620000－1101－0012369　856.9/393.001

嗇菴隨筆六卷末一卷　（清）陸文衡著　清光緒二十四年（1898）刻本　一冊　存五卷（三至六、末一卷）

620000－1101－0012370　856.9/393.001

嗇菴隨筆六卷末一卷　（清）陸文衡著　清光緒二十四年（1898）刻本　一冊　存五卷（三至六、末一卷）

620000－1101－0012371　567.3/0.759

沙泥州判賦役全書不分卷　（清）□□編　清咸豐三年（1853）刻本　三冊

620000－1101－0012372　413.368/307.003

疹喉正義一卷　（清）張振鋆纂輯　清光緒二十年（1894）蘭州臬署刻本　一冊

620000－1101－0012373　413.368/307.002

疹喉正義一卷　（清）張振鋆纂輯　清光緒二十年（1894）蘭州臬署刻民國六年（1917）印本　一冊

620000－1101－0012374　413.368/307.002

疹喉正義一卷　（清）張振鋆纂輯　清光緒二十年（1894）蘭州臬署刻民國六年（1917）印本　一冊

620000－1101－0012375　413.368/307.002

疹喉正義一卷　（清）張振鋆纂輯　清光緒二十年（1894）蘭州臬署刻民國六年（1917）印本　一冊

620000－1101－0012376　413.368/307.002

疹喉正義一卷　（清）張振鋆纂輯　清光緒二十年（1894）蘭州臬署刻本　一冊

620000－1101－0012377　2120

疹脹玉衡書三卷後卷一卷　（清）郭志邃撰　清康熙十七年（1678）有義堂刻本　四冊

620000－1101－0012378　2121

疹脹玉衡書三卷後卷一卷　（清）郭志邃撰　清康熙十七年（1678）有義堂刻本　四冊

620000－1101－0012379　413.368/633.002

痧脹玉衡書三卷後卷一卷　（清）郭志邃著
清刻本　二冊

620000－1101－0012380　413.368/633.003
痧脹玉衡書三卷後卷一卷　（清）郭志邃著
清細柳山房抄本　四冊

620000－1101－0012381　413.368/0.674.1.001
痧症指微不分卷　（清）周懷西撰　清光緒二
十九年(1903)仇涌堯抄本　一冊

620000－1101－0012382　413.368/0.674.1
痧症指微不分卷　（□）□□撰　清晚期石印
本　一冊

620000－1101－0012383　847.6/209
曬書堂集三十卷　（清）郝懿行著　清光緒十
年(1884)刻本　十六冊

620000－1101－0012384　847.6/209
曬書堂集三十卷　（清）郝懿行著　清光緒十
年(1884)刻本　三冊

620000－1101－0012385　1050
山帶閣集三十三卷　（明）朱日藩撰　明萬曆
刻清重修本　六冊

620000－1101－0012386　671.65/415.78
山丹縣地理調查表不分卷　（清）張瀛學編
清宣統元年(1909)抄本　一冊

620000－1101－0012387　567.3/0.582
山丹縣賦役全書不分卷　（清）□□編　清咸
豐二年(1852)刻本　三冊

620000－1101－0012388　629.12/310
山東軍興紀略二十二卷　（清）張曜撰　清同
治刻本　十冊

620000－1101－0012389　629.12/310
山東軍興紀略二十二卷　（清）張曜撰　清同
治刻本　十冊

620000－1101－0012390　629.12/310.001
山東軍興紀略二十二卷　（清）張曜撰　清光
緒五年(1879)上海申報館鉛印本　二冊　存
十七卷(一至十七)

620000－1101－0012391　671.2/966：1
山東考古錄一卷　（清）顧炎武著　續山東考
古錄三十二卷首一卷　（清）葉圭綬述　清光
緒八年(1882)山東書局刻本　一冊

620000－1101－0012392　671.2/504
山東考古錄一卷　（清）顧炎武著　續山東考
古錄三十二卷首一卷　（清）葉圭綬述　清光
緒八年(1882)山東書局刻本　七冊

620000－1101－0012393　629.12/313
山東省調查地方紳士辦事報告清冊不分卷
張學寬編輯　清宣統三年(1911)稿本　一冊

620000－1101－0012394　2206
山東運河備覽十二卷圖一卷　（清）陸燿撰
清乾隆四十一年(1776)切問齋刻本　六冊

620000－1101－0012395　2327
山東運河備覽十二卷圖一卷　（清）陸燿撰
清乾隆四十一年(1776)切問齋刻本　八冊

620000－1101－0012396　682.84/392
山東運河備覽十二卷圖一卷　（清）陸燿撰
清同治十年(1871)運河道庫刻本　六冊

620000－1101－0012397　629.12/582
山東諮議局第三期報告書不分卷　（清）山東
諮議局編　清宣統石印本　三冊

620000－1101－0012398　845.15/16.91
山谷別集詩註二卷　（宋）黃庭堅撰　（宋）史
季溫注　清光緒二十一年(1895)刻本　一冊

620000－1101－0012399　25
山谷老人刀筆二十卷　（宋）黃庭堅撰　明刻
本　十冊

620000－1101－0012400　1168
山谷內集詩注二十卷外集詩注十七卷別集詩
注二卷　（宋）黃庭堅撰　（宋）史容等注　清
光緒楊守敬刻本　二十冊

620000－1101－0012401　845.15/16.91
山谷詩集注二十卷　（宋）黃庭堅撰　（宋）任
淵注　清光緒二十一年(1895)刻本　十冊

620000－1101－0012402　845.15/16.91

山谷詩集注二十卷 （宋）黃庭堅撰 （宋）任
淵注 清光緒二十一年(1895)刻本 十冊

620000 – 1101 – 0012403 3244

山谷詩內集注二十卷 （宋）黃庭堅撰 （宋）
任淵注 清乾隆五十四年(1789)樹經堂刻黃
詩全集本 七冊

620000 – 1101 – 0012404 845.15/16.91

山谷外集詩註十七卷 （宋）黃庭堅撰 （宋）
史容注 清光緒二十一年(1895)刻本 九冊

620000 – 1101 – 0012405 714

山谷文抄八卷附錄二卷 （宋）黃庭堅撰 清
抄本 十冊

620000 – 1101 – 0012406 857.232/821

山海經補讚觚讀九卷 （清）周繪藻著 （清）
周絨藻輯 清光緒刻本 一冊

620000 – 1101 – 0012407 3081

山海經廣注十八卷讀山海經語一卷山海經雜
述一卷圖五卷 （清）吳任臣注 清乾隆五十
一年(1786)金閶書業堂刻本 六冊

620000 – 1101 – 0012408 857.232/434

山海經廣注十八卷讀山海經語一卷山海經雜
述一卷圖五卷 （清）吳任臣注 清崇義書院
刻本 六冊

620000 – 1101 – 0012409 857.232/434.001

山海經廣注十八卷讀山海經語一卷山海經雜
述一卷圖五卷 （清）吳任臣注 清晚期刻本
六冊 存十六卷(一至十、十六至十八,圖
三至五)

620000 – 1101 – 0012410 857.232/630.001

山海經箋疏十八卷圖讚一卷訂譌一卷敘錄一
卷 （晉）郭璞傳 （清）郝懿行箋疏 清嘉慶
十四年(1809)阮氏琅嬛僊館刻本 四冊

620000 – 1101 – 0012411 857.232/630.001

山海經箋疏十八卷圖讚一卷訂譌一卷敘錄一
卷 （晉）郭璞傳 （清）郝懿行箋疏 清嘉慶
十四年(1809)阮氏琅嬛僊館刻本 四冊

620000 – 1101 – 0012412 857.232/630.004

山海經箋疏十八卷圖讚一卷訂譌一卷敘錄一
卷 （晉）郭璞傳 （清）郝懿行箋疏 清光緒
七年(1881)刻本 四冊

620000 – 1101 – 0012413 857.232/630.004

山海經箋疏十八卷圖讚一卷訂譌一卷敘錄一
卷 （晉）郭璞傳 （清）郝懿行箋疏 清光緒
七年(1881)刻本 四冊

620000 – 1101 – 0012414 857.232/630.004

山海經箋疏十八卷圖讚一卷訂譌一卷敘錄一
卷 （晉）郭璞傳 （清）郝懿行箋疏 清光緒
七年(1881)刻本 四冊

620000 – 1101 – 0012415 1976

山海經十八卷 （晉）郭璞傳 （明）吳中珩校
明吳中珩刻本 四冊

620000 – 1101 – 0012416 2330

山海經十八卷 （晉）郭璞傳 （清）畢沅校
清康熙五十三年至五十四年(1714 – 1715)群
玉書堂刻本 二冊

620000 – 1101 – 0012417 2609

山海經十八卷 （晉）郭璞傳 （清）畢沅校
清乾隆四十八年(1783)畢沅靈巖山館刻本
三冊

620000 – 1101 – 0012418 857.232/630.006

山海經十八卷 （晉）郭璞傳 （清）吳任臣注
清嘉慶十九年(1814)刻本 四冊

620000 – 1101 – 0012419 857.232/630.007

山海經十八卷 （晉）郭璞傳 （清）畢沅校
清光緒三年(1877)浙江書局刻本 二冊 存
十五卷(一至二、六至十八)

620000 – 1101 – 0012420 857.232/630.003

山海經十八卷 （晉）郭璞傳 （清）畢沅校
清光緒二十三年(1897)文瑞樓石印本 一冊

620000 – 1101 – 0012421 857.232/630.002

山海經十八卷圖讚一卷補註一卷 （晉）郭璞
傳 清光緒元年(1875)湖北崇文書局刻本
三冊

620000 – 1101 – 0012422 857.232/630.005

山海經四卷 （晉）郭璞傳 （清）吳任臣注
清光緒十三年(1887)海清樓刻本 二冊

620000－1101－0012423 857.232/630.03

山海經圖贊二卷爾雅圖贊一卷 （晉）郭璞撰
（清）嚴可均集 清光緒二十一年(1895)長
沙葉氏郎園刻本 一冊

620000－1101－0012424 193.9/113

山居瑣言不分卷 （清）王晉之撰 清光緒三
十二年(1906)鉛印本 一冊

620000－1101－0012425 78

山堂肆考二百四十卷 （明）彭大翼撰 明萬
曆二十三年(1595)刻四十七年(1619)張幼學
重修本 八十冊

620000－1101－0012426 1150

山西方輿紀要□□卷 （清）顧祖禹撰 清乾
隆、嘉慶抄本 一冊 存一卷(三十九上)

620000－1101－0012427 567.9214/582.001

山西賦役全書不分卷 （清）山西布政使司輯
清道光刻本 一冊

620000－1101－0012428 671.14/78.03

山西疆域沿革圖譜五卷 （清）曾國荃等修
（清）王軒撰 清光緒十三年(1887)山西撫署
刻朱墨套印本 五冊

620000－1101－0012429 596.20/582

山西陸軍步隊第二標歷史初編一卷 （□）
□□撰 清末抄本 一冊

620000－1101－0012430 567.9241/582

山西省賦役全書不分卷 （清）山西布政使司
編輯 清道光刻本 十三冊

620000－1101－0012431 573.332/582.11

山西鄉試硃卷不分卷 （清）張泰純撰 清光
緒刻本 一冊

620000－1101－0012432 3102

山曉閣文選十五種六十卷 （清）孫琭輯 清
康熙山曉閣刻本 十八冊 存八種二十二卷
(韓昌黎文選二至四、柳柳州文選四卷、歐陽
廬陵文選四卷、蘇老泉文選二卷、蘇東坡文選

一至五、蘇穎濱文選二卷、曾南豐文選一卷、
王臨川文選一卷)

620000－1101－0012433 2531

山曉晢禪師語錄二卷 （清）釋山曉本晢撰
（清）釋方明錄 清順治十八年(1661)刻嘉興
藏本 一冊

620000－1101－0012434 794.2/215

山右石刻叢編四十卷 （清）胡聘之撰 清光
緒二十七年(1901)刻本 二十四冊

620000－1101－0012435 839.14/943

山右通志人物詠史詩略四卷 （清）衛濟世撰
清道光十九年(1839)刻本 一冊 存二卷
(三至四)

620000－1101－0012436 847.2/114

山志初集六卷二集六卷 （清）王弘撰撰 清
光緒二十六年(1900)王凌霄刻本 六冊

620000－1101－0012437 847.2/114

山志初集六卷二集六卷 （清）王弘撰撰 清
光緒二十六年(1900)王凌霄刻本 六冊

620000－1101－0012438 940

山志六卷 （清）王弘撰撰 清康熙朱錕抄本
六冊

620000－1101－0012439 4307

山中白雲八卷 （宋）張炎撰 清康熙龔氏玉
玲瓏閣刻本 一冊 存一卷(三)

620000－1101－0012440 794.1/113

山左北朝石存目一卷 （清）彭壽慈纂 清光
緒十八年(1892)刻本 一冊

620000－1101－0012441 4383

刪補晉書一百三十卷 （唐）房玄齡等撰
（明）蔣之翹刪補並輯 明崇禎十二年(1639)
蔣氏家塾刻本 一冊 存十一卷(一百二十
至一百三十)

620000－1101－0012442 2529

刪訂唐詩解二十四卷 （明）唐汝詢輯 （清）
吳昌祺評 清康熙四十年(1701)誦懿堂刻本
七冊 存二十卷(一至二十)

620000－1101－0012443　4243

刪訂唐詩解二十四卷　（明）唐汝詢輯　（清）吳昌祺評　清康熙四十年(1701)誦懿堂刻本　一冊　存五卷(二十至二十四)

620000－1101－0012444　4244

刪訂唐詩解二十四卷　（明）唐汝詢輯　（清）吳昌祺評　清康熙刻本　七冊　存二十一卷(一至二十一)

620000－1101－0012445　413.24/749.002

刪註脈訣規正二卷　（清）沈鏡刪註　清光緒文奎堂刻本　一冊　存一卷(一)

620000－1101－0012446　413.24/749.003

刪註脈訣規正二卷　（清）沈鏡刪註　清光緒刻本　一冊　存一卷(一)

620000－1101－0012447　413.24/749

刪註脈訣規正二卷　（清）沈鏡刪註　清晚期善成堂刻本　一冊

620000－1101－0012448　413.24/749.001

刪註脈訣規正二卷　（清）沈鏡刪註　清晚期崇順堂刻本　二冊

620000－1101－0012449　2560

刪定管子一卷　（清）方苞刪定　清康熙至嘉慶方氏刻抗希堂十六種本　一冊

620000－1101－0012450　711/262

埏紘外乘二十五卷續編一卷　（美國）林樂知譯　嚴良勳譯　**補遺一卷**　（美國）衛理譯（清）汪振聲述　清光緒二十七年(1901)上海製造局刻本　八冊

620000－1101－0012451　711/262

埏紘外乘二十五卷續編一卷　（美國）林樂知譯　嚴良勳譯　**補遺一卷**　（美國）衛理譯（清）汪振聲述　清光緒二十七年(1901)上海製造局刻本　八冊

620000－1101－0012452　711/262

埏紘外乘二十五卷續編一卷　（美國）林樂知譯　嚴良勳譯　**補遺一卷**　（美國）衛理譯（清）汪振聲述　清光緒二十七年(1901)上海製造局刻本　七冊　存二十一卷(一、六至二十五)

620000－1101－0012453　711/262

埏紘外乘二十五卷續編一卷　（美國）林樂知譯　嚴良勳譯　**補遺一卷**　（美國）衛理譯（清）汪振聲述　清光緒二十七年(1901)上海製造局刻本　八冊

620000－1101－0012454　711/262

埏紘外乘二十五卷續編一卷　（美國）林樂知譯　嚴良勳譯　**補遺一卷**　（美國）衛理譯（清）汪振聲述　清光緒二十七年(1901)上海製造局刻本　八冊

620000－1101－0012455　711/262

埏紘外乘二十五卷續編一卷　（美國）林樂知譯　嚴良勳譯　**補遺一卷**　（美國）衛理譯（清）汪振聲述　清光緒二十七年(1901)上海製造局刻本　八冊

620000－1101－0012456　711/262

埏紘外乘二十五卷續編一卷　（美國）林樂知譯　嚴良勳譯　**補遺一卷**　（美國）衛理譯（清）汪振聲述　清光緒二十七年(1901)上海製造局刻本　一冊　存三卷(十五至十七)

620000－1101－0012457　711/262

埏紘外乘二十五卷續編一卷　（美國）林樂知譯　嚴良勳譯　**補遺一卷**　（美國）衛理譯（清）汪振聲述　清光緒二十七年(1901)上海製造局刻本　一冊　存三卷(十五至十七)

620000－1101－0012458　711/262

埏紘外乘二十五卷續編一卷　（美國）林樂知譯　嚴良勳譯　**補遺一卷**　（美國）衛理譯（清）汪振聲述　清光緒二十七年(1901)上海製造局刻本　二冊　存十卷(十五至二十四)

620000－1101－0012459　856.7/645

陝甘闈墨不分卷　（清）高岫等撰　清咸豐二年(1852)刻本　一冊

620000－1101－0012460　573.332/397.016

陝甘鄉試錄一卷　（清）□□編　清道光五年(1825)刻本　一冊

620000 – 1101 – 0012461　573.332/397.1

陝甘鄉試硃卷一卷　（清）南有蘭撰　清道光
八年(1828)刻本　一冊

620000 – 1101 – 0012462　573.332/397.163

陝甘鄉試硃卷一卷　（清）馮鐕撰　清道光八
年(1828)刻本　一冊

620000 – 1101 – 0012463　573.332/397.1631

陝甘鄉試硃卷一卷　（清）安天倫撰　清道光
八年(1828)刻本　一冊

620000 – 1101 – 0012464　573.332/397.166

陝甘鄉試硃卷一卷　（清）陳作樞撰　清道光
十七年(1837)刻本　一冊

620000 – 1101 – 0012465　573.332/397.167

陝甘鄉試硃卷一卷　（清）郝永泉撰　清道光
十九年(1839)刻本　一冊

620000 – 1101 – 0012466　573.332/397.168

陝甘鄉試硃卷一卷　（清）陳潤生撰　清道光
二十三年(1843)刻本　一冊

620000 – 1101 – 0012467　573.332/397.1626

陝甘鄉試硃卷一卷　（清）邵繩祖撰　清道光
二十六年(1846)刻本　一冊

620000 – 1101 – 0012468　573.332/397.169

陝甘鄉試硃卷一卷　（清）鄭先甲撰　清道光
二十六年(1846)刻本　一冊

620000 – 1101 – 0012469　573.332/397.16

陝甘鄉試硃卷一卷　（清）曹秀彥　（清）謝樹
森等撰　清道光刻本　一冊

620000 – 1101 – 0012470　573.332/397.173

陝甘鄉試硃卷一卷　（清）趙佩珠撰　清咸豐
九年(1859)刻本　一冊

620000 – 1101 – 0012471　573.332/397.176

陝甘鄉試硃卷一卷　（清）趙元普撰　清同治
九年(1870)刻本　一冊

620000 – 1101 – 0012472　3700

陝西古蹟志二卷　（清）劉於義纂修　（清）喬
履信編　清雍正十三年(1735)刻本　二冊

620000 – 1101 – 0012473　573.915573/397

陝西清理財政局辦事細則一卷　（清）陝西清
理財政局編　清宣統陝西圖書館鉛印本
一冊

620000 – 1101 – 0012474　018.87/741

陝西味經官書局書目一卷三原傳經堂劉氏書
目一卷　（清）沈衛輯　清光緒二十九年
(1903)陝西味經官書局刻本　一冊

620000 – 1101 – 0012475　573.332/397.151

陝西鄉試硃卷一卷　（清）龔玉堂輯　清嘉慶
三年(1798)刻本　一冊

620000 – 1101 – 0012476　573.332/397.1515

陝西鄉試硃卷一卷　（清）朱愉梅撰　清嘉慶
十五年(1810)刻本　一冊

620000 – 1101 – 0012477　573.332/397.162

陝西鄉試硃卷一卷　（清）李培滋　（清）李樹
滋撰　清道光五年(1825)刻本　一冊

620000 – 1101 – 0012478　573.332/397.1621

陝西鄉試硃卷一卷　（清）尹世清撰　清道光
五年(1825)刻本　一冊

620000 – 1101 – 0012479　573.332/397.128

陝西鄉試硃卷一卷　（清）焦克新撰　清光緒
二十八年(1902)刻本　一冊

620000 – 1101 – 0012480　018.87/158

善本書室藏書志四十卷附錄一卷　（清）丁丙
輯　清光緒二十七年(1901)刻本　十六冊

620000 – 1101 – 0012481　018.87/158

善本書室藏書志四十卷附錄一卷　（清）丁丙
輯　清光緒二十七年(1901)刻本　十六冊

620000 – 1101 – 0012482　1484

善卷堂四六十卷　（清）陸繁弨撰　（清）吳自
高注　清乾隆三十五年(1770)陳明亦園刻本
六冊

620000 – 1101 – 0012483　847.8/953

善思齋文鈔九卷　（清）徐宗亮著　清光緒刻
本　一冊

620000 – 1101 – 0012484　558.22/479

商部開辦章程一卷歸併工部辦法章程一卷農工商部職掌事宜一卷 （清）農工商部編 清光緒鉛印本 一冊

620000－1101－0012485 558.1/437

商賈便覽八卷 （清）吳中孚纂輯 清晚期刻本 四冊

620000－1101－0012486 121.62/66

商君書五卷 （戰國）商鞅撰 （清）嚴萬里校 清光緒二年(1876)浙江書局刻本 一冊

620000－1101－0012487 121.62/66

商君書五卷 （戰國）商鞅撰 （清）嚴萬里校 清光緒二年(1876)浙江書局刻本 一冊

620000－1101－0012488 121.62/66

商君書五卷 （戰國）商鞅撰 （清）嚴萬里校 清光緒二年(1876)浙江書局刻本 一冊

620000－1101－0012489 560/273

商業實踐法六章 （清）楊鴻達譯 清光緒三十一年(1905)南洋官書局石印本 一冊

620000－1101－0012490 560/273

商業實踐法六章 （清）楊鴻達譯 清光緒三十一年(1905)南洋官書局石印本 一冊

620000－1101－0012491 560/273

商業實踐法六章 （清）楊鴻達譯 清光緒三十一年(1905)南洋官書局石印本 一冊

620000－1101－0012492 346

商子五卷 明萬曆二十年(1592)程榮刻漢魏叢書本 一冊

620000－1101－0012493 2100

傷寒辯證四卷 （清）陳堯道編 清康熙十七年(1678)刻本 四冊

620000－1101－0012494 2139

傷寒古方通六卷 （清）王子接注 清雍正九年(1731)刻光緒上海樂善堂補刻本 一冊

620000－1101－0012495 4372

傷寒金鏡錄一卷 （元）敖氏撰 （元）杜本增訂 明崇禎元年(1628)朱明刻薛氏醫書十六種本(有抄配) 一冊

620000－1101－0012496 413.32/22.307.021

傷寒來蘇集六卷 （漢）張仲景撰 （清）柯琴編 清晚期掃葉山房刻本 六冊

620000－1101－0012497 2103

傷寒六書六卷 （明）陶華撰 明末步月樓刻本 二冊

620000－1101－0012498 413.32/7.949.001

傷寒論類方一卷 （清）徐大椿編 清宣統二年(1910)隴右樂善書局刻本 一冊

620000－1101－0012499 413.32/7.949.001

傷寒論類方一卷 （清）徐大椿編 清宣統二年(1910)隴右樂善書局刻本 一冊

620000－1101－0012500 413.32/7.949.001

傷寒論類方一卷 （清）徐大椿編 清宣統二年(1910)隴右樂善書局刻本 一冊

620000－1101－0012501 413/949.02

傷寒論類方一卷 （清）徐大椿編 清晚期刻本 二冊

620000－1101－0012502 413.32/22.307.071

傷寒論淺註六卷 （漢）張仲景撰 （清）陳念祖集注 清光緒六年(1880)經國堂刻本 三冊

620000－1101－0012503 413.32/22.307.07

傷寒論淺註六卷首一卷 （漢）張仲景撰 （清）陳念祖集注 清晚期石印本 四冊

620000－1101－0012504 413.32/7.814

傷寒論三註十六卷 （清）周揚俊輯 清光緒十三年(1887)味經堂刻本 八冊

620000－1101－0012505 413.32/7.239.001

傷寒論翼二卷 （清）柯琴編 潘雅懷鈔 清末抄本 一冊

620000－1101－0012506 413.32/7.239

傷寒論翼二卷傷寒附翼二卷 （清）柯琴著 清中晚期刻本 四冊

620000－1101－0012507 2101

傷寒論直解六卷傷寒附餘一卷 （清）張錫駒注 清康熙五十一年(1712)三餘堂刻本

四冊

620000－1101－0012508　413.327/113

傷寒論注六卷附餘二卷　（清）王丙著　（清）陸懋修校　清宣統二年（1910）陸潤庠刻世補齋醫書本　四冊

620000－1101－0012509　413.32/56.339.002

傷寒明理論三卷方論一卷　（金）成無己撰　清中晚期刻本　二冊

620000－1101－0012510　413.363/267

傷寒瘟疫條辨六卷　（清）楊璿撰　清同治六年（1867）刻本　六冊

620000－1101－0012511　413.363/267.002

傷寒瘟疫條辨六卷　（清）楊璿撰　清晚期石印本　一冊

620000－1101－0012512　413.32/306

傷寒緒論二卷　（清）張璐撰　清刻本　一冊

620000－1101－0012513　727

傷寒懸解十四卷首一卷末一卷　（清）黃元禦撰　清嘉慶陽湖張氏宛鄰書屋抄本　四冊

620000－1101－0012514　413.32/7.968

傷寒衣鉢一卷　（清）顧愈編　清中晚期刻本　一冊

620000－1101－0012515　2102

傷寒證治準繩八卷　（明）王肯堂輯　清乾隆五十八年（1793）修敬堂刻本　八冊

620000－1101－0012516　902/059.001

賞奇軒合編五種六卷　（□）□□輯　清光緒十二年（1886）上海同文書局石印本　二冊　存二種二卷（南陵無雙譜一卷、竹譜一卷）

620000－1101－0012517　902/059.001

賞奇軒合編五種六卷　（清）□□編　清光緒十二年（1886）上海同文書局石印本　五冊

620000－1101－0012518　902/059

賞奇軒四種合編四卷　（清）□□編　清中晚期刻本　四冊

620000－1101－0012519　902/059

賞奇軒四種合編四卷　（清）□□編　清中晚期刻本　四冊

620000－1101－0012520　902/059

賞奇軒四種合編四卷　（清）□□編　清中晚期刻本　四冊

620000－1101－0012521　902/059

賞奇軒四種合編四卷　（清）□□編　清中晚期刻本　四冊

620000－1101－0012522　782.17/0.598

賞友錄不分卷　（清）□□輯　清同治刻本　一冊

620000－1101－0012523　847.5/984

賞雨茅屋詩鈔四卷　（清）翁春撰　清嘉慶三年（1798）刻本　一冊

620000－1101－0012524　847.5/761

賞雨茅屋詩集二十二卷　（清）曾燠撰　清嘉慶刻道光補刻本　六冊

620000－1101－0012525　015.3/360

上海製造局各種圖書總目不分卷　孫殿起輯著　清末民國初鉛印本　一冊

620000－1101－0012526　1612

上清靈寶文檢十五卷　題（□）金體原輯　明刻本　一冊　存二卷（一至二）

620000－1101－0012527　682.9/136

上虞塘工紀略二卷續一卷三續一卷　（清）連仲愚撰　清光緒四年（1878）敬睦堂刻本　一冊

620000－1101－0012528　443.689/23.13.001

上虞塘工紀略二卷續一卷三續一卷　（清）連仲愚撰　清光緒四年（1878）敬睦堂刻本　一冊　存二卷（上虞塘工紀略二卷）

620000－1101－0012529　682.23/383

上虞縣五鄉水利本末二卷首一卷　（元）陳恬撰　（清）連蕙輯　清光緒九年（1883）枕湖樓連氏刻本　二冊

620000－1101－0012530　443.689/23.13

上虞續塘工紀略一卷三續上虞塘工紀略一卷

（清）連仲愚撰　清光緒刻本　一冊

620000－1101－0012531　669.8101/383
上元江寧鄉土合志六卷　陳作霖編　清宣統
二年(1910)江楚編譯書局刻本　一冊

620000－1101－0012532　2144
尚論前後篇九卷　（清）喻昌撰　清乾隆六十
年(1795)博古堂刻本　三冊　存四卷(一至
四)

620000－1101－0012533　413.32/7.432.001
尚論張仲景傷寒論重編三百九十七法二卷首
一卷後四卷　（清）喻昌撰　清光緒刻本
八冊

620000－1101－0012534　2181
尚史七十二卷　（清）李鍇撰　清乾隆三十八
年(1773)刻本　二十八冊

620000－1101－0012535　2791
尚史七十二卷　（清）李鍇撰　清乾隆三十八
年(1773)刻本　二十四冊

620000－1101－0012536　092.3/978
尚書大傳四卷　（漢）伏勝撰　（漢）鄭玄注
補遺一卷續補遺一卷　（清）盧文弨輯考　考
異一卷　（清）盧文弨撰　清嘉慶五年(1800)
愛日草廬刻本　一冊

620000－1101－0012537　092.3/21.91
尚書大傳四卷　（漢）伏勝撰　（漢）鄭玄注
補遺一卷續補遺一卷　（清）盧文弨輯考　考
異一卷　（清）盧文弨撰　清光緒三年(1877)
湖北崇文書局刻本　一冊

620000－1101－0012538　092.7/312
尚書古文辨惑二十二卷目錄二卷　（清）張諧
之撰　清光緒三十年(1904)張氏潛修精舍刻
本　二冊　存四卷(九至十、十三至十四)

620000－1101－0012539　2797
尚書古文疏證八卷　（清）閻若璩撰　朱子古
文書疑一卷　（清）閻詠輯　清乾隆十年
(1745)閻氏眷西堂刻本　十冊

620000－1101－0012540　092.7/459

尚書古文疏證八卷　（清）閻若璩撰　朱子古
文書疑一卷　（清）閻詠輯　清嘉慶元年
(1796)天津吳人驥刻本　六冊　存六卷(二、
四、六至八,朱子古文書疑一卷)

620000－1101－0012541　092.7/367
尚書古文證疑四卷　（清）孫喬年著　清嘉慶
十五年(1810)刻本　一冊　存二卷(一至二)

620000－1101－0012542　092.7/113
尚書後案駁正二卷　（清）王劼撰　清咸豐十
一年(1861)巴縣王晚晴刻本　一冊

620000－1101－0012543　3076
尚書後案三十卷附後辨一卷　（清）王鳴盛撰
清乾隆四十五年(1780)刻本　八冊

620000－1101－0012544　3831
尚書後案三十卷附後辨一卷　（清）王鳴盛撰
清乾隆四十五年(1780)刻本　四冊　存二
十四卷(一至二十四)

620000－1101－0012545　2061
尚書後案三十卷附後辨一卷　（清）王鳴盛撰
清乾隆四十五年(1780)刻本　八冊

620000－1101－0012546　092.2/74.35.001
尚書今古文注疏二十卷　（清）孫星衍撰　清
光緒十一年(1885)朱氏槐廬家塾刻本　八冊

620000－1101－0012547　092.2/74.35
尚書今古文注疏三十卷　（清）孫星衍撰　清
嘉慶二十年(1815)陽湖冶城山館刻本　六冊

620000－1101－0012548　092.2/74.35
尚書今古文注疏三十卷　（清）孫星衍撰　清
嘉慶二十年(1815)陽湖冶城山館刻本　四冊

620000－1101－0012549　872
尚書精義五十卷　（宋）黃倫撰　清乾隆抄本
十二冊　存四十五卷(一至四十五)

620000－1101－0012550　092.7/74.69
尚書考辨四卷　（清）宋鑒撰　清嘉慶四年
(1799)刻本　二冊

620000－1101－0012551　092.7/74.69
尚書考辨四卷　（清）宋鑒撰　清嘉慶四年

(1799)刻本　一冊　存二卷(三至四)

620000－1101－0012552　092.7/65.27

尚書考異六卷　(明)梅鷟撰　清光緒十八年
(1892)浙江書局刻本　四冊

620000－1101－0012553　092.274/930

尚書離句六卷　(清)錢在培輯解　清光緒十
三年(1887)文林堂刻本　四冊

620000－1101－0012554　092.274/930.001

尚書離句六卷　(清)錢在培輯解　(清)劉梅
垞鑒定　清晚期刻本　一冊　存三卷(四至
六)

620000－1101－0012555　082.8/164

尚書啓幪五卷　(清)黃式三撰　清光緒十四
年(1888)刻本　四冊

620000－1101－0012556　092.7/75.91

尚書伸孔篇一卷　(清)焦廷琥撰　清光緒十
四年(1888)廣雅書局刻本　一冊

620000－1101－0012557　092.7/75.91

尚書伸孔篇一卷　(清)焦廷琥撰　清光緒十
四年(1888)廣雅書局刻本　一冊

620000－1101－0012558　092.7/75.91

尚書伸孔篇一卷　(清)焦廷琥撰　清光緒十
四年(1888)廣雅書局刻本　一冊

620000－1101－0012559　092.221/370

尚書十三卷附考證　(漢)孔安國傳　(唐)陸
德明音義　清道光刻本　二冊　存八卷(一
至八)

620000－1101－0012560　092.27/103

尚書因文六卷　(清)武士選撰　清光緒十八
年(1892)關中書院刻本　四冊

620000－1101－0012561　092.7/112

尚書引義六卷　(清)王夫之撰　清光緒二十
七年(1901)簡青齋書局石印本　一冊

620000－1101－0012562　092.2/915

尚書約注四卷　(清)任啓運撰　清光緒十二
年(1886)施肇曾刻本　一冊　存二卷(一至
二)

620000－1101－0012563　092.221/370.001

尚書注疏十九卷附考證　(漢)孔安國傳
(唐)孔穎達疏　(唐)陸德明音義　(清)齊
召南考證　清同治十年(1871)廣東書局刻本
十冊

620000－1101－0012564　092.221/370.001

尚書注疏十九卷附考證　(漢)孔安國傳
(唐)孔穎達疏　(唐)陸德明音義　(清)齊
召南考證　清同治十年(1871)廣東書局刻本
五冊　存八卷(一至六、十五至十六)

620000－1101－0012565　426

尚書註疏二十卷　(漢)孔安國傳　(唐)孔穎
達疏　(唐)陸德明音義　明萬曆十五年
(1587)北京國子監刻十三經註疏本　八冊

620000－1101－0012566　653

尚書註疏二十卷　(漢)孔安國傳　(唐)孔穎
達疏　(唐)陸德明音義　明崇禎五年(1632)
毛氏汲古閣刻十三經註疏本　九冊

620000－1101－0012567　3960

尚書註疏二十卷　(漢)孔安國傳　(唐)孔穎
達疏　(唐)陸德明音義　明崇禎五年(1632)
毛氏汲古閣刻十三經註疏本　二冊　存六卷
(一至六)

620000－1101－0012568　092.221/370.002

尚書註疏二十卷　(漢)孔安國傳　(唐)孔穎
達疏　(唐)陸德明音義　清嘉慶四友堂刻本
十冊

620000－1101－0012569　2756

尚友錄二十二卷　(明)廖用賢編纂　明萬曆
四十五年(1617)刻清順治補修本　二十五冊

620000－1101－0012570　2893

尚友錄二十二卷補遺一卷　(明)廖用賢編纂
(清)張伯琮補輯　清康熙刻乾隆印本　二
十二冊

620000－1101－0012571　4256

尚友錄二十二卷補遺一卷　(明)廖用賢編纂
(清)張伯琮補輯　清康熙刻乾隆印本　十
冊　存二十一卷(一至十四、十七至二十二，

補遺一卷)

620000－1101－0012572　782.1/437

尚志錄八卷　(清)吳國濂輯　清光緒十二年(1886)可軒舊館木活字印本　二冊

620000－1101－0012573　1309

韶舞九成樂補一卷　(元)余載撰　清光緒孔氏嶽雪樓影抄本　一冊

620000－1101－0012574　223

少室山房全稿四種一百八十九卷　(明)胡應麟撰　(明)江湛然輯　明萬曆四十六年(1618)江氏刻本　二十四冊

620000－1101－0012575　243

少微通鑑節要五十六卷外紀四卷　(宋)江贄撰　明弘治二年(1489)司禮監刻本　四十冊

620000－1101－0012576　847.6/348.003

少嵒賦草四卷　(清)夏思沺撰　清道光九年(1829)致盛堂刻本　二冊

620000－1101－0012577　847.6/348.002

少嵒賦草四卷　(清)夏思沺撰　清道光二十二年(1842)海清樓刻本　一冊　存二卷(一至二)

620000－1101－0012578　847.6/348

少嵒賦草四卷　(清)夏思沺撰　清光緒元年(1875)永盛堂刻本　二冊

620000－1101－0012579　1354

邵氏聞見錄二十卷　(宋)邵伯溫撰　清初抄本　十冊

620000－1101－0012580　082.8/947

邵武徐氏叢書初刻十五種八十六卷　(清)徐榦編　清光緒刻本(冊五至六、十三至十五係補配)　二十二冊

620000－1101－0012581　082.8/947

邵武徐氏叢書初刻十五種八十六卷　(清)徐榦編　清光緒刻本　二十冊

620000－1101－0012582　082.8/947

邵武徐氏叢書二十三種一百五十一卷　(清)徐榦編　清光緒刻本　二十冊　存八種六十

五卷(史測十四卷,剡錄十卷,姓解辨誤一卷,讒書五卷、附校一卷,竹齋詩集四卷,亨甫詩選八卷,本事詩十二卷,花間集十卷)

620000－1101－0012583　782.876/79.79

邵陽魏府君事略一卷　(清)魏耆編　清光緒刻本　一冊

620000－1101－0012584　446

邵子全書二十四卷　(宋)邵雍撰　明萬曆三十四年(1606)徐必達刻本(卷二十三至二十四係抄配)　十四冊

620000－1101－0012585　1672

邵子湘全集三十卷邵氏家錄二卷　(清)邵長蘅撰　清康熙青門草堂刻本　六冊　存十九卷(簏稾一至三、十五至十六,旅稾六卷,膡稾八卷)

620000－1101－0012586　4097

邵子湘全集三十卷邵氏家錄二卷　(清)邵長蘅撰　清康熙青門草堂刻本　二冊　存十一卷(簏稾四至十四)

620000－1101－0012587　847.6/314

紹香堂詩草一卷　(清)張和撰　清咸豐三年(1853)刻本　一冊

620000－1101－0012588　847.8/314

紹香堂詩草一卷　(清)張和撰　清咸豐二年(1852)抄本　一冊

620000－1101－0012589　082.74/949

紹興先正遺書四集十五種一百七十二卷　(清)徐友蘭輯　清光緒會稽徐氏鑄學齋刻本　二十五冊　存七種一百六卷(重訂周易二間記三卷,重訂周易小義二卷,元史本證五十卷,南江札記四卷,群書拾補初編一至二十、二十八至三十七,重論文齋筆錄十二卷,蠻司合志一至五)

620000－1101－0012590　082.74/949

紹興先正遺書四集十五種一百七十二卷　(清)徐友蘭輯　清光緒會稽徐氏鑄學齋刻本　三十一冊　存八種一百十九卷(重訂周易二間記三卷,重訂周易小義二卷,元史本證五

十卷,南江札記四卷,群書拾補初編三十七卷,重論文齋筆錄十二卷,蠻司合志一至四、十至十五,四庫全書提要分纂稿一卷)

620000－1101－0012591　144.69/149
社會通詮十四章　(英國)甄克思著　嚴復譯
清光緒二十九年(1903)鉛印本　一冊

620000－1101－0012592　821.87/25
射鷹樓詩話二十四卷　(清)林昌彝輯　清咸
豐元年(1851)福州侯官林氏刻本　八冊

620000－1101－0012593　821.87/25
射鷹樓詩話二十四卷　(清)林昌彝輯　清咸
豐元年(1851)福州侯官林氏刻本　六冊

620000－1101－0012594　082.76/526.001
涉聞梓舊二十五種一百十九卷　(清)蔣光煦
輯　清咸豐元年(1851)海昌蔣氏宜年堂刻本
二十四冊

620000－1101－0012595　653.78/0.473
申報鈔不分卷　(清)□□編　清光緒抄本
四冊

620000－1101－0012596　122.8/553
申鑒五卷　(漢)荀悅著　中論二卷　(漢)徐
幹著　清嘉慶刻廣漢魏叢書本　一冊

620000－1101－0012597　684.021201/43
申江勝景圖二卷　(清)吳友如繪　清光緒十
年(1884)上海點石齋石印本　二冊

620000－1101－0012598　192/445.005
呻吟語節錄二卷　(明)呂坤撰　清光緒十四
年(1888)山西解梁書院刻本　二冊

620000－1101－0012599　192/445
呻吟語六卷　(明)呂坤撰　清道光七年
(1827)開封府署刻本　六冊

620000－1101－0012600　192/445.002
呻吟語六卷　(明)呂坤撰　清同治十三年
(1874)木犀山房刻本　三冊　存四卷(一至
四)

620000－1101－0012601　192/445.002
呻吟語六卷　(明)呂坤撰　清同治十三年

620000－1101－0012601A　（接上）
(1874)木犀山房刻本　六冊

620000－1101－0012602　847.7/746
莘廬遺詩六卷　(清)凌泗撰　清宣統三年
(1911)刻本　一冊

620000－1101－0012603　4050
深柳堂彙輯書經大全正解十二卷禹貢增刪集
註正解讀本一卷　(清)吳荃彙輯　清深柳堂
刻本　三冊　存四卷(正解一、四、九,禹貢增
刪集註正解讀本一卷)

620000－1101－0012604　847.6/466
深省堂閑吟集九卷隨筆一卷保陽吟艸一卷自
箴錄三卷續錄三卷文集一卷　(清)景安撰
清嘉慶刻本　一冊

620000－1101－0012605　595.94/0.107
神機營槍礮廠創練礮學算法圖說四卷　(□)
□□撰　清光緒江南製造局鉛印本　二冊
存二卷(三至四)

620000－1101－0012606　88
神機制敵太白陰經十卷　(唐)李筌撰　清抄
本　四冊

620000－1101－0012607　2922
神課金口訣六卷別錄一卷　(明)適適子撰
明刻本　六冊

620000－1101－0012608　414.5/7.949.002
神農本草經百種錄不分卷　(清)徐大椿著
清光緒三十三年(1907)隴右樂善書局刻本
一冊

620000－1101－0012609　414.5/7.949.002
神農本草經百種錄不分卷　(清)徐大椿著
清光緒三十三年(1907)隴右樂善書局刻本
一冊

620000－1101－0012610　414.5/7.949.002
神農本草經百種錄不分卷　(清)徐大椿著
清光緒三十三年(1907)隴右樂善書局刻本
一冊

620000－1101－0012611　414.5/7.949.001
神農本草經百種錄不分卷　(清)徐大椿著

清光緒抄本　一冊

620000－1101－0012612　414.1/7.385.003
神農本草經讀四卷　（清）陳念祖著　清光緒
十五年(1889)上海江左書林刻本　二冊

620000－1101－0012613　414.1/7.385.001
神農本草經讀四卷　（清）陳念祖著　清光緒
三十四年(1908)寶慶經元書局刻本　一冊

620000－1101－0012614　414.1/7.385.004
神農本草經讀四卷　（清）陳念祖著　清光緒
三十二年(1906)上海文新書局石印本　一冊

620000－1101－0012615　414.1/7.385.001
神農本草經讀四卷　（清）陳念祖著　清務本
堂刻本　一冊

620000－1101－0012616　80
神農本草經疏三十卷　（明）繆希雍撰　明天
啓五年(1625)毛氏綠君亭刻本　十二冊

620000－1101－0012617　3071
神相全編十二卷首一卷　題(宋)陳摶撰　明
刻本　三冊　存四卷(二至三、五、十二)

620000－1101－0012618　3815
神相全編十二卷首一卷　題(宋)陳摶撰　明
刻清修本　十冊

620000－1101－0012619　413/314.3
神效集二卷附急救應驗良方一卷　（□）□□
撰　（清）錢青選增補　清光緒十九年(1893)
刻本　三冊

620000－1101－0012620　192.9/104.002
神訓註解不分卷　（□）□□編注　清光緒二
十六年(1900)甘肅省城東華觀文星堂刻本
一冊

620000－1101－0012621　782.973/744.001
沈端恪公年譜二卷　（清）沈曰富纂　清同治
十二年(1873)浙江書局刻本　一冊

620000－1101－0012622　782.973/744
沈端恪公年譜二卷　（清）沈曰富纂　清光緒
二十二年(1896)江蘇書局刻本　一冊

620000－1101－0012623　847.3/749
沈端恪公遺書一卷　（清）沈近思撰　清同治
十二年(1873)浙江書局刻本　一冊

620000－1101－0012624　1461
沈歸愚詩文全集六十三卷　（清）沈德潛撰
清乾隆沈氏教忠堂刻本　二十冊

620000－1101－0012625　2646
沈歸愚詩文全集七十五卷　（清）沈德潛撰
清乾隆沈氏教忠堂刻本　二十一冊　存六十
七卷(歸愚詩鈔二十卷、餘集十卷、詩餘一卷、
浙江通省志圖說一卷、歸愚文鈔二十卷、文鈔
餘集八卷、說詩晬語二卷、八秩壽序壽詩一
卷、九秩壽序壽詩一卷、黃山遊草一卷、台山
遊草一卷、自訂年譜一卷)

620000－1101－0012626　847.5/820
沈善齋集十五卷附錄一卷　（清）周爲漢撰
清嘉慶刻本　四冊　存十四卷(一至十二、十
四至十五)

620000－1101－0012627　830.514/74
沈氏三先生文集六十二卷　（宋）□□輯　清
光緒二十二年(1896)浙江書局刻本　八冊

620000－1101－0012628　830.514/74
沈氏三先生文集六十二卷　（宋）□□輯　清
光緒二十二年(1896)浙江書局刻本　十冊

620000－1101－0012629　413.089/749
沈氏尊生書七十二卷　（清）沈金鰲撰　清光
緒二十一年(1895)上海圖書集成印書局鉛印
本　二十四冊

620000－1101－0012630　847.6/746
沈四山人詩錄六卷附錄一卷　（清）沈謹學撰
清光緒三年(1877)八囍齋刻本　一冊

620000－1101－0012631　652.761/74
沈文肅公政書七卷首一卷　（清）沈葆楨撰
清光緒六年(1880)吳門節署鉛印本　十二冊

620000－1101－0012632　652.761/74
沈文肅公政書七卷首一卷　（清）沈葆楨撰
清光緒六年(1880)吳門節署鉛印本　十二冊

620000－1101－0012633　652.761/74

沈文肅公政書七卷首一卷　(清)沈葆楨撰
清光緒六年(1880)吳門節署鉛印本　十四冊

620000－1101－0012634　652.761/74

沈文肅公政書七卷首一卷　(清)沈葆楨撰
清光緒六年(1880)吳門節署鉛印本　十二冊

620000－1101－0012635　652.761/74

沈文肅公政書七卷首一卷　(清)沈葆楨撰
清光緒六年(1880)吳門節署鉛印本　十二冊

620000－1101－0012636　843.53/748

沈休文集九卷　(南朝梁)沈約撰　清宣統三
年(1911)鉛印本　一冊

620000－1101－0012637　219

沈隱侯集四卷　(南朝梁)沈約撰　(明)沈啟
原輯　明萬曆十三年(1585)沈啟原刻本
四冊

620000－1101－0012638　075/205

沈余遺書八卷　(清)趙舒翹編　清光緒二十
二年(1896)江蘇書局刻本　四冊

620000－1101－0012639　075/205

沈余遺書八卷　(清)趙舒翹編　清光緒二十
二年(1896)江蘇書局刻本　四冊

620000－1101－0012640　075/205

沈余遺書八卷　(清)趙舒翹編　清光緒二十
二年(1896)江蘇書局刻本　二冊　存四卷
(年譜二卷、勵志録二卷)

620000－1101－0012641　802.791/52

審看擬式四卷首一卷末一卷　(清)剛毅著
清光緒二十五年(1899)刻本　二冊

620000－1101－0012642　802.791/52

審看擬式四卷首一卷末一卷　(清)剛毅著
清光緒二十五年(1899)刻本　四冊

620000－1101－0012643　847.6/266.01

審巖集二十三卷　(清)楊繼曾輯　清道光二
十四年至二十五年(1844－1845)非能園刻本
六冊　存十一卷(審巖文集二卷、審巖詩集
一卷、介石文集一卷、介石詩集一卷、改定井

田溝洫圖說二卷、翰墨巵言四卷)

620000－1101－0012644　847.6/266.01

審巖集二十三卷　(清)楊繼曾輯　清道光二
十四年至二十五年(1844－1845)非能園刻本
九冊　存十八卷(審巖文集二卷、審巖詩集
一卷、史漢箋論十卷、鶴皋詩鈔一卷、改定井
田溝洫圖說二卷、介石文集一卷、介石詩集一
卷)

620000－1101－0012645　847.6/266.01

審巖集二十三卷　(清)楊繼曾輯　清道光二
十四年至二十五年(1844－1845)非能園刻本
十冊

620000－1101－0012646　847.6/266

審巖詩集一卷　(清)楊于果著　**鶴皋詩鈔一
卷**　(清)楊于棠著　清道光二十五年(1845)
非能園刻本　一冊

620000－1101－0012647　847.6/266

審巖詩集一卷　(清)楊于果著　**鶴皋詩鈔一
卷**　(清)楊于棠著　清道光二十五年(1845)
非能園刻本　一冊

620000－1101－0012648　847.6/266

審巖詩集一卷　(清)楊于果著　**鶴皋詩鈔一
卷**　(清)楊于棠著　清道光二十五年(1845)
非能園刻本　一冊

620000－1101－0012649　847.6/266

審巖詩集一卷　(清)楊于果著　**鶴皋詩鈔一
卷**　(清)楊于棠著　清道光二十五年(1845)
非能園刻本　一冊

620000－1101－0012650　847.6/266

審巖文集二卷詩集一卷　(清)楊于果著　**鶴
皋詩鈔一卷**　(清)楊于棠著　清道光二十五
年(1845)非能園刻本　三冊

620000－1101－0012651　125/833

旾甫先生四種六卷　(清)朱文炑著　清光緒
十五年(1889)刻本　三冊

620000－1101－0012652　847.7/352.1.05

慎盦詩鈔二卷　(清)左宗植撰　清光緒元年

(1875)刻本　二冊

620000 – 1101 – 0012653　847.7/352.1.05
慎盦詩鈔二卷　（清）左宗植撰　清光緒元年
(1875)刻本　二冊

620000 – 1101 – 0012654　847.7/352.1
慎盦文鈔二卷　（清）左宗植撰　清光緒元年
(1875)刻本　一冊　存一卷(下)

620000 – 1101 – 0012655　847.7/352.1
慎盦文鈔二卷詩鈔二卷　（清）左宗植撰　清
光緒元年(1875)刻本　二冊

620000 – 1101 – 0012656　847.7/352.1
慎盦文鈔二卷詩鈔二卷　（清）左宗植撰　清
光緒元年(1875)刻本　四冊

620000 – 1101 – 0012657　847.7/352.1
慎盦文鈔二卷詩鈔二卷　（清）左宗植撰　清
光緒元年(1875)刻本　四冊

620000 – 1101 – 0012658　847.7/352.1
慎盦文鈔二卷詩鈔二卷　（清）左宗植撰　清
光緒元年(1875)刻本　四冊

620000 – 1101 – 0012659　847.7/352.1
慎盦文鈔二卷詩鈔二卷　（清）左宗植撰　清
光緒元年(1875)刻本　四冊

620000 – 1101 – 0012660　847.7/352.1
慎盦文鈔二卷詩鈔二卷　（清）左宗植撰　清
光緒元年(1875)刻本　四冊

620000 – 1101 – 0012661　413/949.05
慎疾芻言一卷　（清）徐大椿撰　清道光刻本
　一冊

620000 – 1101 – 0012662　413/949.06
慎疾芻言一卷　（清）徐大椿撰　清光緒七年
(1881)歸安姚氏刻咫進齋叢書本　一冊

620000 – 1101 – 0012663　192.1/286
慎思錄二卷　（清）李南暉撰　清光緒七年
(1881)蘭州節署刻本　一冊

620000 – 1101 – 0012664　192.1/286
慎思錄二卷　（清）李南暉撰　清光緒七年

(1881)蘭州節署刻本　二冊

620000 – 1101 – 0012665　192.1/286
慎思錄二卷　（清）李南暉撰　清光緒七年
(1881)蘭州節署刻本　二冊

620000 – 1101 – 0012666　192.1/286.001
慎思錄四卷　（清）李南暉撰　清晚期刻本
一冊

620000 – 1101 – 0012667　192.91/125
慎言集訓二卷　（明）敖英撰　清同治四年
(1865)錢塘丁氏刻本　一冊

620000 – 1101 – 0012668　847.8/994
慎宜軒文五卷　（清）姚永概撰　清光緒三十
四年(1908)靈蕷室鉛印本　一冊

620000 – 1101 – 0012669　847.8/994
慎宜軒文五卷　（清）姚永概撰　清光緒三十
四年(1908)靈蕷室鉛印本　一冊

620000 – 1101 – 0012670　097.5/52.83.68.001
慎詒堂四書不分卷四書圖說一卷　（宋）朱熹
集注　清晚期慎詒堂刻本　六冊

620000 – 1101 – 0012671　097.5/52.83.68
慎詒堂四書不分卷四書圖說一卷　（宋）朱熹
集注　清晚期刻本　五冊

620000 – 1101 – 0012672　4091
慎齋遺書十卷　（清）周之幹撰　清乾隆四十
一年(1776)刻本　四冊　存四卷(七至十)

620000 – 1101 – 0012673　2987
聲調前譜一卷後譜一卷續譜一卷附錄二卷
（清）趙執信撰　清乾隆三十年(1765)刻本
一冊

620000 – 1101 – 0012674　802.81/134.001
聲律啓蒙撮要二卷　（清）車萬育著　（清）夏
大觀箋　清同治十三年(1874)刻本　一冊

620000 – 1101 – 0012675　802.81/134
聲律啓蒙撮要二卷　（清）車萬育著　（清）夏
大觀箋　清光緒果州文林叢記刻本　一冊

620000 – 1101 – 0012676　802.81/134

聲律啓蒙撮要二卷 （清）車萬育著 （清）夏
大觀箋 清光緒果州文林叢記刻本 一冊

620000 – 1101 – 0012677 802.81/134

聲律啓蒙撮要二卷 （清）車萬育著 （清）夏
大觀箋 清光緒果州文林叢記刻本 一冊

620000 – 1101 – 0012678 802.81/134

聲律啓蒙撮要二卷 （清）車萬育著 （清）夏
大觀箋 清光緒果州文林叢記刻本 一冊

620000 – 1101 – 0012679 802.81/134

聲律啓蒙撮要二卷 （清）車萬育著 （清）夏
大觀箋 清光緒果州文林叢記刻本 一冊

620000 – 1101 – 0012680 802.81/134

聲律啓蒙撮要二卷 （清）車萬育著 （清）夏
大觀箋 清光緒果州文林叢記刻本 一冊

620000 – 1101 – 0012681 802.81/134

聲律啓蒙撮要二卷 （清）車萬育著 （清）夏
大觀箋 清光緒果州文林叢記刻本 一冊

620000 – 1101 – 0012682 802.81/134

聲律啓蒙撮要二卷 （清）車萬育著 （清）夏
大觀箋 清光緒果州文林叢記刻本 一冊

620000 – 1101 – 0012683 802.81/134

聲律啓蒙撮要二卷 （清）車萬育著 （清）夏
大觀箋 清光緒刻本 一冊

620000 – 1101 – 0012684 802.81/134.002

聲律啓蒙撮要二卷 （清）車萬育著 （清）夏
大觀箋 清光緒刻本 一冊

620000 – 1101 – 0012685 802.81/134.003

620000 – 1101 – 0012686 334/478

聲學八卷 （英國）田大里撰 （英國）傅蘭雅
口譯 （清）徐建寅筆述 清同治十三年
(1874)上海江南製造總局刻本 二冊

620000 – 1101 – 0012687 334/478

聲學八卷 （英國）田大里撰 （英國）傅蘭雅
口譯 （清）徐建寅筆述 清同治十三年
(1874)上海江南製造總局刻本 二冊

620000 – 1101 – 0012688 334/478

聲學八卷 （英國）田大里撰 （英國）傅蘭雅
口譯 （清）徐建寅筆述 清同治十三年
(1874)上海江南製造總局刻本 二冊

620000 – 1101 – 0012689 334/478

聲學八卷 （英國）田大里撰 （英國）傅蘭雅
口譯 （清）徐建寅筆述 清同治十三年
(1874)上海江南製造總局刻本 二冊

620000 – 1101 – 0012690 334/478

聲學八卷 （英國）田大里撰 （英國）傅蘭雅
口譯 （清）徐建寅筆述 清同治十三年
(1874)上海江南製造總局刻本 二冊

620000 – 1101 – 0012691 334/478

聲學八卷 （英國）田大里撰 （英國）傅蘭雅
口譯 （清）徐建寅筆述 清同治十三年
(1874)上海江南製造總局刻本 二冊

620000 – 1101 – 0012692 334/478

聲學八卷 （英國）田大里撰 （英國）傅蘭雅
口譯 （清）徐建寅筆述 清同治十三年
(1874)上海江南製造總局刻本 二冊

620000 – 1101 – 0012693 334/478

聲學八卷 （英國）田大里撰 （英國）傅蘭雅
口譯 （清）徐建寅筆述 清同治十三年
(1874)上海江南製造總局刻本 二冊

620000 – 1101 – 0012694 334/478

聲學八卷 （英國）田大里撰 （英國）傅蘭雅
口譯 （清）徐建寅筆述 清同治十三年
(1874)上海江南製造總局刻本 二冊

620000 – 1101 – 0012695 334/478

聲學八卷 （英國）田大里撰 （英國）傅蘭雅
口譯 （清）徐建寅筆述 清同治十三年
(1874)上海江南製造總局刻本 二冊

620000 – 1101 – 0012696 334/478

聲學八卷 （英國）田大里撰 （英國）傅蘭雅
口譯 （清）徐建寅筆述 清同治十三年
(1874)上海江南製造總局刻本 一冊 存四
卷(五至八)

620000－1101－0012697　334/478

聲學八卷　（英國）田大里撰　（英國）傅蘭雅口譯　（清）徐建寅筆述　清同治十三年（1874）上海江南製造總局刻本　二冊

620000－1101－0012698　334/478

聲學八卷　（英國）田大里撰　（英國）傅蘭雅口譯　（清）徐建寅筆述　清同治十三年（1874）上海江南製造總局刻本　二冊

620000－1101－0012699　334/478

聲學八卷　（英國）田大里撰　（英國）傅蘭雅口譯　（清）徐建寅筆述　清同治十三年（1874）上海江南製造總局刻本　二冊

620000－1101－0012700　334/478

聲學八卷　（英國）田大里撰　（英國）傅蘭雅口譯　（清）徐建寅筆述　清同治十三年（1874）上海江南製造總局刻本　二冊

620000－1101－0012701　334/208

聲學揭要六章　（美國）赫士口譯　（清）朱葆琛筆述　清光緒二十四年（1898）上海美華書館鉛印本　一冊

620000－1101－0012702　334/208

聲學揭要六章　（美國）赫士口譯　（清）朱葆琛筆述　清光緒二十四年（1898）上海美華書館鉛印本　一冊

620000－1101－0012703　334/906

聲學須知不分卷　（英國）傅蘭雅著　清光緒十三年（1887）刻本　一冊

620000－1101－0012704　3813

聲韻考四卷　（清）戴震撰　清乾隆五十四年（1789）周永年據李文藻刻版重編印貸園叢書初集本　一冊

620000－1101－0012705　226.5/183

省庵法師語錄二卷　（清）彭際清重訂　清光緒二十六年（1900）揚州藏經院刻本　二冊

620000－1101－0012706　589.91/0.598

省例成案不分卷　（□）□□撰　清晚期抄本　十二冊　存十二冊（一至二、四至十、十二

至十四）

620000－1101－0012707　585.8/0.598

省例一卷　（清）□□抄　清中晚期抄本　一冊

620000－1101－0012708　2054

省吾堂四種二十五卷　（清）蔣光弼撰　清乾隆刻本　二十四冊

620000－1101－0012709　847.4/705

省吾齋古文集八卷詩賦集十二卷　（清）竇光鼐撰　清嘉慶六年（1801）刻本　三冊

620000－1101－0012710　3290

省軒考古類編十二卷　（清）柴紹炳纂　（清）姚培謙評　清雍正四年（1726）刻本　四冊

620000－1101－0012711　1969

省軒考古類編十二卷　（清）柴紹炳纂　（清）姚培謙評　清乾隆二十三年（1758）刻本　八冊

620000－1101－0012712　2684

省軒考古類編十二卷　（清）柴紹炳纂　（清）姚培謙評　清乾隆二十三年（1758）刻本　八冊

620000－1101－0012713　2807

省軒考古類編十二卷　（清）柴紹炳纂　（清）姚培謙評　清乾隆二十三年（1758）刻本　八冊

620000－1101－0012714　847.6/825

省齋全集十二卷　（清）牛樹梅撰　清同治十三年（1874）蓉城王煌等刻本　六冊

620000－1101－0012715　847.6/825

省齋全集十二卷　（清）牛樹梅撰　清同治十三年（1874）蓉城王煌等刻本　六冊

620000－1101－0012716　847.6/825

省齋全集十二卷　（清）牛樹梅撰　清同治十三年（1874）蓉城王煌等刻本　六冊

620000－1101－0012717　839.21/115

盛湖詩萃十二卷　（清）王鯤編　**續編四卷**（清）王致望編　清咸豐七年（1857）吳江盛湖

王致望刻本　四冊

620000－1101－0012718　571.13/975.001

盛世危言全編十四卷　(清)鄭觀應纂著　清光緒二十三年(1897)劍南同德會刻本　四冊存七卷(一、六至十一)

620000－1101－0012719　571.13/975

盛世危言十四卷　(清)鄭觀應纂著　清光緒二十一年(1895)鉛印本　八冊

620000－1101－0012720　571.13/975

盛世危言十四卷　(清)鄭觀應纂著　清光緒二十一年(1895)鉛印本　八冊

620000－1101－0012721　571.13/975

盛世危言十四卷　(清)鄭觀應纂著　清光緒二十一年(1895)鉛印本　八冊

620000－1101－0012722　571.13/975.002

盛世危言十四卷二編四卷三編六卷　(清)鄭觀應纂著　清光緒二十四年(1898)上海圖書集成局鉛印本　四冊　存十卷(盛世危言四至六、二編四卷、三編一至三)

620000－1101－0012723　571.13/975.003

盛世危言續編三卷　(清)鄭觀應纂著　清光緒二十四年(1898)上海書局石印本　一冊存一卷(下)

620000－1101－0012724　571.13/975.07

盛世危言續編三卷外編二卷　(清)鄭觀應纂著　清光緒二十一年(1895)上海賜書堂石印本　五冊

620000－1101－0012725　2518

盛世元音四卷　(清)程夢元輯　清乾隆二十二年(1757)柳風梧月幽軒刻本　四冊

620000－1101－0012726　097.57/340

盛太僕遺文不分卷　(清)盛應撰　清同治三年(1864)刻本　二冊

620000－1101－0012727　626.902/95

聖安本紀六卷　(清)顧炎武撰　清道光木活字印本　六冊

620000－1101－0012728　626.902/95.02

聖安皇帝本紀二卷　(清)顧炎武撰　清中晚期刻本　一冊

620000－1101－0012729　626.902/95.02.001

聖安皇帝本紀二卷　(清)顧炎武撰　清晚期刻本　一冊

620000－1101－0012730　626.902/95.02.001

聖安皇帝本紀二卷　(清)顧炎武撰　清晚期刻本　一冊

620000－1101－0012731　782.817/0.154

聖蹟圖不分卷　(□)□□輯　清末刻本　一冊

620000－1101－0012732　246.2/920

聖教理證不分卷　(清)倪准編著　清光緒十年(1884)上海慈母堂鉛印本　一冊

620000－1101－0012733　245.2/0.154

聖教日課三卷　(意大利)龍華民編譯　清末刻本　一冊

620000－1101－0012734　241.04/53

聖經典林一卷　(美國)范約翰口譯　(清)徐維繪筆述　清宣統二年(1910)上海中國聖教書會鉛印本　一冊

620000－1101－0012735　533.24/88

聖廟祀典考八卷首一卷　(清)邱希濬撰　清光緒二十五年(1899)蔣步雲軒刻本　十二冊

620000－1101－0012736　533.24/95

聖廟祀典圖考五卷　(清)顧沅輯　清道光六年(1826)刻本　十冊

620000－1101－0012737　533.24/95

聖廟祀典圖考五卷附聖蹟圖一卷孟子聖蹟圖一卷　(清)顧沅輯　清道光六年(1826)刻本　十二冊

620000－1101－0012738　857.46/482.018

聖歎外書不分卷　(明)羅本撰　(清)金人瑞批　清晚期抄本　四冊

620000－1101－0012739　627.019/79

聖武記二編二卷　(清)魏源撰　清光緒十五年(1889)成都志古堂刻本　一冊

620000－1101－0012740　627.019/79.1

聖武記十四卷　（清）魏源撰　清晚期刻本
十二冊

620000－1101－0012741　627.019/79.1

聖武記十四卷　（清）魏源撰　清晚期刻本
二冊　存四卷（十一至十四）

620000－1101－0012742　627.019/79.1

聖武記十四卷　（清）魏源撰　清晚期刻本
十二冊

620000－1101－0012743　627.019/79.002

聖武記十四卷　（清）魏源撰　清刻本　十
二冊

620000－1101－0012744　627.019/79

聖武記十四卷　（清）魏源撰　清光緒十五年
（1889）成都志古堂刻本　九冊　存十二卷
（一、四至十四）

620000－1101－0012745　627.019/79.1

聖武記十四卷　（清）魏源撰　清晚期刻本
八冊

620000－1101－0012746　627.019/79.1

聖武記十四卷　（清）魏源撰　清晚期刻本
十二冊

620000－1101－0012747　627.019/79.004

聖武記十四卷　（清）魏源撰　清光緒十五年
（1889）成都志古堂刻本　一冊　存一卷（一）

620000－1101－0012748　627.019/79.004

聖武記十四卷　（清）魏源撰　清光緒十五年
（1889）成都志古堂刻本　八冊

620000－1101－0012749　627.019/79.004

聖武記十四卷　（清）魏源撰　清光緒十五年
（1889）成都志古堂刻本　八冊

620000－1101－0012750　627.019/79.1

聖武記十四卷　（清）魏源撰　清晚期刻本
四冊　存四卷（十一至十四）

620000－1101－0012751　627.019/79.003

聖武記十四卷　（清）魏源撰　清刻本　十
二冊

620000－1101－0012752　627.019/79.005

聖武記十四卷　（清）魏源撰　清末和記書莊
鉛印本　六冊

620000－1101－0012753　248.2/286

聖心金鑑不分卷　（清）李杕編　清光緒十七
年（1891）上海慈母堂鉛印本　一冊

620000－1101－0012754　126.9/722

聖學格物通一百卷　（清）湛若水撰　清同治
五年（1866）資政堂刻本　十冊　存五十五卷
（四十六至一百）

620000－1101－0012755　523.2/377

聖學入門書三卷蔚村三約一卷　（清）陳瑚著
清光緒十年（1884）津河廣仁堂刻本　一冊

620000－1101－0012756　523.2/377

聖學入門書三卷蔚村三約一卷　（清）陳瑚著
清光緒十年（1884）津河廣仁堂刻本　一冊

620000－1101－0012757　125/677

聖學實行始功條目三卷　（清）文緝根撰　清
咸豐二年（1852）刻本　三冊

620000－1101－0012758　121.24/0.154

聖學一卷　（清）□□撰　清宣統三年（1911）
重慶刻本　一冊

620000－1101－0012759　090.7/310

聖學指南□□卷　（清）張畹九輯　清抄本
十七冊　存十九卷（諸儒定論一卷,勸學格言
下,大學類鈔四卷,中庸類鈔三卷,論語類鈔
上論三卷、下論二卷,孟子類鈔三卷,學案一
卷,易綸精義一卷）

620000－1101－0012760　651.731/1006

聖諭廣訓一卷　（清）世宗胤禛撰　清嘉慶刻
本　一冊

620000－1101－0012761　651.731/1006.001

聖諭廣訓一卷　（清）世宗胤禛撰　清光緒十
二年（1886）津河廣仁堂刻本　一冊

620000－1101－0012762　192.9/941

聖諭廣訓直解一卷　（清）世宗胤禛撰　清光
緒三十四年（1908）學部圖書局石印本　二冊

620000－1101－0012763　651.72/348

聖諭十六條附律易解不分卷　(清)聖祖玄燁撰　(清)夏炘繹　清同治九年(1870)左宗棠刻本　一冊

620000－1101－0012764　651.72/348

聖諭十六條附律易解不分卷　(清)聖祖玄燁撰　(清)夏炘繹　清同治九年(1870)左宗棠刻本　一冊

620000－1101－0012765　192.9/733

聖諭像解二十卷　(清)梁延年編輯　清光緒二十八年(1902)江蘇撫署石印本　十冊

620000－1101－0012766　782.269/733

聖諭像解二十卷　(清)梁延年編輯　清光緒二十八年(1902)江蘇撫署石印本　十冊

620000－1101－0012767　782.269/733.001

聖諭像解二十卷　(清)梁延年編輯　清光緒二十九年(1903)北洋官報局石印本　十冊

620000－1101－0012768　098.27/78.37

聖證論補評二卷　(清)皮錫瑞著　清光緒二十五年(1899)刻本　二冊

620000－1101－0012769　098.278/373

聖證論補評二卷　(清)皮錫瑞著　清光緒二十五年(1899)刻本　二冊

620000－1101－0012770　1403

聖製詩注合編七十三卷　(清)高宗弘曆(清)仁宗顒琰撰　清道光稿本　四十八冊

620000－1101－0012771　522

聖祖仁皇帝庭訓格言一卷　(清)世宗胤禛等編　清雍正八年(1730)內府刻本　一冊

620000－1101－0012772　193/154

聖祖仁皇帝庭訓格言一卷　(清)世宗胤禛等編　清光緒刻本　一冊

620000－1101－0012773　193/676

聖祖仁皇帝庭訓格言一卷　(清)世宗胤禛等編　清晚期刻本　一冊

620000－1101－0012774　193/154.001

聖祖仁皇帝庭訓格言一卷　(清)世宗胤禛等

編　清末鉛印本　一冊

620000－1101－0012775　121.821/715.001

尸子二卷附存疑一卷　(清)汪繼培輯　清光緒三年(1877)浙江書局刻本　一冊

620000－1101－0012776　121.821/715.001

尸子二卷附存疑一卷　(清)汪繼培輯　清光緒三年(1877)浙江書局刻本　一冊

620000－1101－0012777　121.82/715

尸子尹文子合刻四卷　(清)汪繼培輯　清嘉慶十七年(1812)蕭山陳氏刻湖海樓叢書本　一冊

620000－1101－0012778　3847

施愚山先生全集九十六卷　(清)施閏章撰　清康熙四十七年(1708)楝亭刻乾隆施企曾等續刻本　二十四冊

620000－1101－0012779　1026

施註蘇詩四十二卷總目二卷　(宋)蘇軾撰(宋)施元之　(宋)顧禧註　(清)邵長蘅(清)顧嗣立　(宋)宋至補註　蘇詩續補遺二卷　(宋)蘇軾撰　(清)馮景補註　王註正譌一卷　(清)邵長蘅撰　東坡先生年譜一卷(宋)王宗稷撰　清康熙三十八年(1699)宋犖刻本　十冊

620000－1101－0012780　1649

施註蘇詩四十二卷總目二卷　(宋)蘇軾撰(宋)施元之　(宋)顧禧註　(清)邵長蘅(清)顧嗣立　(宋)宋至補註　蘇詩續補遺二卷　(宋)蘇軾撰　(清)馮景補註　王註正譌一卷　(清)邵長蘅撰　東坡先生年譜一卷(宋)王宗稷撰　清康熙三十八年(1699)宋犖刻本　十冊

620000－1101－0012781　2562

施註蘇詩四十二卷總目二卷　(宋)蘇軾撰(宋)施元之　(宋)顧禧註　(清)邵長蘅(清)顧嗣立　(宋)宋至補註　蘇詩續補遺二卷　(宋)蘇軾撰　(清)馮景補註　王註正譌一卷　(清)邵長蘅撰　東坡先生年譜一卷(宋)王宗稷撰　清康熙三十八年(1699)宋犖

刻本　八册　存三十四卷(施註蘇詩一至十
八、二十五至三十六,總目二卷,蘇詩續補遺
二卷)

620000－1101－0012782　2733
施註蘇詩四十二卷總目二卷　(宋)蘇軾撰
(宋)施元之　(宋)顧禧註　(清)邵長蘅
(清)顧嗣立　(清)宋至補註　**蘇詩續補遺二
卷**　(宋)蘇軾撰　(清)馮景補註　**王註正譌
一卷**　(清)邵長蘅撰　**東坡先生年譜一卷**
(宋)王宗稷撰　清康熙三十八年(1699)宋犖
刻本　十册

620000－1101－0012783　3874
施註蘇詩四十二卷總目二卷　(宋)蘇軾撰
(宋)施元之　(宋)顧禧註　(清)邵長蘅
(清)顧嗣立　(清)宋至補註　**蘇詩續補遺二
卷**　(宋)蘇軾撰　(清)馮景補註　**王註正譌
一卷**　(清)邵長蘅撰　**東坡先生年譜一卷**
(宋)王宗稷撰　清康熙三十八年(1699)宋犖
刻本　一册　存二卷(王註正譌一卷、東坡先
生年譜一卷)

620000－1101－0012784　3203
施註蘇詩四十二卷總目二卷　(宋)蘇軾撰
(宋)施元之　(宋)顧禧註　(清)邵長蘅
(清)顧嗣立　(清)宋至補註　**蘇詩續補遺二
卷**　(宋)蘇軾撰　(清)馮景補註　**王註正譌
一卷**　(清)邵長蘅撰　**東坡先生年譜一卷**
(宋)王宗稷撰　清金閶步月樓刻本　十册

620000－1101－0012785　845.15/554
施註蘇詩四十二卷總目二卷　(宋)蘇軾撰
(宋)施元之　(宋)顧禧註　(清)邵長蘅
(清)顧嗣立　(清)宋至補註　**蘇詩續補遺二
卷**　(宋)蘇軾撰　(清)馮景補註　**王註正譌
一卷**　(清)邵長蘅撰　**東坡先生年譜一卷**
(宋)王宗稷撰　清金閶步月樓刻本　十二册
　　存四十二卷(施註蘇詩七至四十二、總目二
卷、續補遺二卷、王註正譌一卷、年譜一卷)

620000－1101－0012786　845.15/554
施註蘇詩四十二卷總目二卷　(宋)蘇軾撰
(宋)施元之　(宋)顧禧註　(清)邵長蘅

(清)顧嗣立　(清)宋至補註　**蘇詩續補遺二
卷**　(宋)蘇軾撰　(清)馮景補註　**王註正譌
一卷**　(清)邵長蘅撰　**東坡先生年譜一卷**
(宋)王宗稷撰　清金閶步月樓刻本　十六册

620000－1101－0012787　845.15/554.001
施註蘇詩四十二卷總目二卷　(宋)蘇軾撰
(宋)施元之　(宋)顧禧註　(清)邵長蘅
(清)顧嗣立　(清)宋至補註　**蘇詩續補遺二
卷**　(宋)蘇軾撰　(清)馮景補註　**王註正譌
一卷**　(清)邵長蘅撰　**東坡先生年譜一卷**
(宋)王宗稷撰　清刻本　一册　存三卷(十
八至二十)

620000－1101－0012788　4239
施註蘇詩四十二卷總目二卷　(宋)蘇軾撰
(宋)施元之　(宋)顧禧註　(清)邵長蘅
(清)顧嗣立　(清)宋至補註　**蘇詩續補遺二
卷**　(宋)蘇軾撰　(清)馮景補註　**王註正譌
一卷**　(清)邵長蘅撰　**東坡先生年譜一卷**
(宋)王宗稷撰　清康熙三十八年(1699)宋犖
刻本　一册　存四卷(二十一至二十四)

620000－1101－0012789　4337
施註蘇詩四十二卷總目二卷　(宋)蘇軾撰
(宋)施元之　(宋)顧禧註　(清)邵長蘅
(清)顧嗣立　(清)宋至補註　**蘇詩續補遺二
卷**　(宋)蘇軾撰　(清)馮景補註　**王註正譌
一卷**　(清)邵長蘅撰　**東坡先生年譜一卷**
(宋)王宗稷撰　清金閶步月樓刻本　一册
存三卷(三十六至三十八)

620000－1101－0012790　4381
施註蘇詩四十二卷總目二卷　(宋)蘇軾撰
(宋)施元之　(宋)顧禧註　(清)邵長蘅
(清)顧嗣立　(清)宋至補註　**蘇詩續補遺二
卷**　(宋)蘇軾撰　(清)馮景補註　**王註正譌
一卷**　(清)邵長蘅撰　**東坡先生年譜一卷**
(宋)王宗稷撰　清金閶步月樓刻本　一册
存四卷(三十九至四十二)

620000－1101－0012791　847.8/373
師伏堂駢文二種六卷　(清)皮錫瑞撰　清光
緒二十一年(1895)善化皮氏刻師伏堂叢書本

一冊 存一卷（師伏堂駢文二）

620000－1101－0012792　856.9/833
師友贈言不分卷　（清）朱守訓編輯　清同治
四年(1865)成都刻本　二冊

620000－1101－0012793　997.11/947
師竹齋饒子譜不分卷　（清）徐星友撰　（清）
盛新甫增訂　清道光十五年(1835)刻本
一冊

620000－1101－0012794　1685
獅吼記二卷　（明）汪廷訥撰　明末毛氏汲古
閣刻六十種曲本　二冊

620000－1101－0012795　847.6/29
詩禪室詩集二十八卷　（清）查冬榮著　清晚
期刻本　六冊

620000－1101－0012796　847.5/385.7
詩饞一卷　（清）陳廷慶撰　清嘉慶刻本
一冊

620000－1101－0012797　821.18/827
詩觸五卷附漁洋詩話二卷說詩晬語二卷
（清）朱琰輯　清嘉慶三年(1798)刻本　六冊

620000－1101－0012798　093.352.4/835
詩傳遺說六卷　（宋）朱鑑撰　清同治十二年
(1873)粵東書局刻本　二冊

620000－1101－0012799　041.75/513
詩賦駢字類珠八卷　（清）蕭燦編　清嘉慶十
九年(1814)識古堂刻本　二冊

620000－1101－0012800　1439
詩稿不分卷　（清）□□撰　清康熙稿本
一冊

620000－1101－0012801　093.27/76.79
詩古微上編三卷中編十卷下編二卷首一卷
（清）魏源撰　清道光邵陽魏氏刻光緒十三年
(1887)席威掃葉山房補修本　十冊

620000－1101－0012802　093.277/805
詩古微上編三卷中編十卷下編二卷首一卷
（清）魏源撰　清光緒十一年(1885)楊守敬刻
本　八冊

620000－1101－0012803　1048
詩故十卷　（明）朱謀㙔撰　明萬曆刻本
二冊

620000－1101－0012804　093.17/71.11
詩廣傳五卷　（清）王夫之撰　清同治四年
(1865)曾國荃金陵刻本　二冊

620000－1101－0012805　093.17/112
詩廣傳五卷　（清）王夫之撰　清光緒上海簡
青齋書局石印本　一冊

620000－1101－0012806　469
詩歸五十一卷　（明）鍾惺（明）譚元春輯
明萬曆四十五年(1617)刻本　八冊

620000－1101－0012807　469
詩歸五十一卷　（明）鍾惺（明）譚元春輯
明萬曆四十五年(1617)刻本　六冊　存十二
卷（古詩歸一至十二）

620000－1101－0012808　850/667
詩畸八卷附外編二卷　（清）唐景崧輯注　清
光緒十九年(1893)刻本　四冊

620000－1101－0012809　1068
詩集傳八卷　（宋）朱熹集傳　清刻本　四冊

620000－1101－0012810　099.12/74.88
詩集傳坿釋一卷　（清）丁晏撰　清光緒二十
年(1894)廣雅書局刻本　與 620000－1101－
0004352 合一冊

620000－1101－0012811　093.6/612
**詩集傳音義二十卷詩圖一卷詩傳綱領一卷朱
氏辯說一卷校釋詩集傳音譯劄記一卷**　（明）
羅復纂輯　清咸豐七年(1857)海昌蔣光焴衍
芬草堂刻本　四冊

620000－1101－0012812　464
詩紀一百五十六卷目錄三十六卷　（明）馮惟
訥輯　明吳琯刻本　四十冊

620000－1101－0012813　093.12/828.008
詩經八卷　（宋）朱熹集傳　清道光七年
(1827)樹德堂刻朱墨套印本　八冊

620000－1101－0012814　093.12/828.008

詩經八卷　（宋）朱熹集傳　清道光七年
(1827)樹德堂刻朱墨套印本　一冊　存二卷
(四至五)

620000－1101－0012815　093.12/828.004

詩經八卷　（宋）朱熹集傳　清道光二十三年
(1843)刻本　四冊

620000－1101－0012816　093.12/52.82.58

詩經八卷　（宋）朱熹集傳　清同治七年
(1868)崇文書局刻本　四冊

620000－1101－0012817　093.12/828

詩經八卷　（宋）朱熹集傳　清同治十年
(1871)刻本　四冊

620000－1101－0012818　093.12/828

詩經八卷　（宋）朱熹集傳　清同治十年
(1871)刻本　四冊

620000－1101－0012819　093.12/828

詩經八卷　（宋）朱熹集傳　清同治十年
(1871)刻本　四冊

620000－1101－0012820　093.12/828

詩經八卷　（宋）朱熹集傳　清同治十年
(1871)刻本　四冊

620000－1101－0012821　093.12/828

詩經八卷　（宋）朱熹集傳　清同治十年
(1871)刻本　四冊

620000－1101－0012822　093.12/828

詩經八卷　（宋）朱熹集傳　清同治十年
(1871)刻本　四冊

620000－1101－0012823　093.12/828

詩經八卷　（宋）朱熹集傳　清同治十年
(1871)刻本　四冊

620000－1101－0012824　093.12/828

詩經八卷　（宋）朱熹集傳　清同治十年
(1871)刻本　四冊

620000－1101－0012825　093.12/828

詩經八卷　（宋）朱熹集傳　清同治十年
(1871)刻本　八冊

620000－1101－0012826　093.12/828

詩經八卷　（宋）朱熹集傳　清同治十年
(1871)刻本　四冊

620000－1101－0012827　093.12/828

詩經八卷　（宋）朱熹集傳　清同治十年
(1871)刻本　四冊

620000－1101－0012828　093.12/828

詩經八卷　（宋）朱熹集傳　清同治十年
(1871)刻本　四冊

620000－1101－0012829　093.12/828

詩經八卷　（宋）朱熹集傳　清同治十年
(1871)刻本　四冊

620000－1101－0012830　093.12/828

詩經八卷　（宋）朱熹集傳　清同治十年
(1871)刻本　二冊　存三卷(一至三)

620000－1101－0012831　093.12/828

詩經八卷　（宋）朱熹集傳　清同治十年
(1871)刻本　四冊

620000－1101－0012832　093.12/828

詩經八卷　（宋）朱熹集傳　清同治十年
(1871)刻本　四冊

620000－1101－0012833　093.12/828

詩經八卷　（宋）朱熹集傳　清同治十年
(1871)刻本　一冊　存三卷(六至八)

620000－1101－0012834　093.12/828

詩經八卷　（宋）朱熹集傳　清同治十年
(1871)刻本　二冊　存三卷(三至五)

620000－1101－0012835　093.12/828

詩經八卷　（宋）朱熹集傳　清同治十年
(1871)刻本　二冊　存三卷(三至五)

620000－1101－0012836　093.12/828

詩經八卷　（宋）朱熹集傳　清同治十年
(1871)刻本　二冊　存五卷(四至八)

620000－1101－0012837　093.12/828

詩經八卷　（宋）朱熹集傳　清同治十年
(1871)刻本　一冊　存二卷(三至四)

620000－1101－0012838　093.12/828
詩經八卷　（宋）朱熹集傳　清同治十年
(1871)刻本　一冊　存一卷(五)

620000－1101－0012839　093.12/828
詩經八卷　（宋）朱熹集傳　清同治十年
(1871)刻本　一冊　存三卷(六至八)

620000－1101－0012840　831.112/52.82.77
詩經八卷　（宋）朱熹集傳　**詩序辨說一卷**
(宋)朱熹著　清同治十一年(1872)湖南尊經
閣刻本　四冊

620000－1101－0012841　093.12/828.015
詩經八卷　（宋）朱熹集傳　清同治十三年
(1874)刻本　四冊

620000－1101－0012842　831.1/52.82
詩經八卷　（宋）朱熹集傳　清光緒三年
(1877)永康胡鳳丹退補齋刻本　四冊

620000－1101－0012843　093.12/828.002
詩經八卷　（宋）朱熹集傳　清光緒十六年
(1890)蘭州刻本　四冊

620000－1101－0012844　093.12/828.002
詩經八卷　（宋）朱熹集傳　清光緒十六年
(1890)蘭州刻本　四冊

620000－1101－0012845　093.12/828.002
詩經八卷　（宋）朱熹集傳　清光緒十六年
(1890)蘭州刻本　四冊

620000－1101－0012846　093.12/828.002
詩經八卷　（宋）朱熹集傳　清光緒十六年
(1890)蘭州刻本　四冊

620000－1101－0012847　093.12/828.002
詩經八卷　（宋）朱熹集傳　清光緒十六年
(1890)蘭州刻本　二冊　存三卷(一至三)

620000－1101－0012848　093.12/828.002
詩經八卷　（宋）朱熹集傳　清光緒十六年
(1890)蘭州刻本　四冊

620000－1101－0012849　093.12/828.002
詩經八卷　（宋）朱熹集傳　清光緒十六年
(1890)蘭州刻本　四冊

620000－1101－0012850　093.12/828.002
詩經八卷　（宋）朱熹集傳　清光緒十六年
(1890)蘭州刻本　四冊

620000－1101－0012851　831.112/52.82.78
詩經八卷　（宋）朱熹集傳　**詩序辨說二卷**
(宋)朱熹著　清光緒十七年(1891)山東書局
刻民國十四年(1925)張宗昌印本　五冊

620000－1101－0012852　093.12/828.003
詩經八卷　（宋）朱熹集傳　清光緒三十四年
(1908)學部圖書局石印本　四冊

620000－1101－0012853　093.12/828.014
詩經八卷　（宋）朱熹集傳　清光緒全義堂刻
本　一冊

620000－1101－0012854　093.12/828.006
詩經八卷　（宋）朱熹集傳　清宣統三年
(1911)上海章福記石印本　三冊　存五卷
(一至五)

620000－1101－0012855　093.12/828.006
詩經八卷　（宋）朱熹集傳　清宣統三年
(1911)上海章福記石印本　一冊　存二卷
(一至二)

620000－1101－0012856　093.12/828.005
詩經八卷　（宋）朱熹集傳　清末京都琉璃廠
刻本　三冊　存五卷(一至五)

620000－1101－0012857　093.12/828.009
詩經八卷　（宋）朱熹集傳　清晚期刻本　一
冊　存三卷(六至八)

620000－1101－0012858　093.12/828.012
詩經八卷　（宋）朱熹集傳　清晚期刻本　一
冊　存一卷(五)

620000－1101－0012859　093.12/828.013
詩經八卷　（宋）朱熹集傳　清晚期刻本　一
冊　存一卷(五)

620000－1101－0012860　093.12/828.010
詩經八卷　（宋）朱熹集傳　清晚期刻本　一
冊　存三卷(六至八)

620000－1101－0012861　093.12/828.010

詩經八卷　（宋）朱熹集傳　清晚期刻本　二
冊　存五卷（四至八）

620000－1101－0012862　093.12/828.011

詩經八卷　（宋）朱熹集傳　清晚期刻本　一
冊　存二卷（四至五）

620000－1101－0012863　093.12/828.001

詩經八卷　（宋）朱熹集傳　清刻本　八冊

620000－1101－0012864　093.12/52.828

詩經八卷圖說一卷　（宋）朱熹集傳　清晚期
慎詒堂刻本　四冊

620000－1101－0012865　093.13/71.11

詩經稗疏四卷考異一卷叶韻辨一卷　（清）王
夫之撰　清同治四年（1865）曾國荃刻本
二冊

620000－1101－0012866　093.221/781

詩經初學讀本不分卷　（清）□□編　清光緒
元年（1875）陝西求友齋刻本　四冊

620000－1101－0012867　093.12/828.007

詩經二十卷　（宋）朱熹集傳　清光緒廣州守
經堂刻本　二冊　存十卷（十一至二十）

620000－1101－0012868　913.6/0.601

詩經古譜二卷　（清）學部圖書局編　清光緒
三十四年（1908）學部圖書局石印本　一冊

620000－1101－0012869　913.6/0.601

詩經古譜二卷　（清）學部圖書局編　清光緒
三十四年（1908）學部圖書局石印本　一冊

620000－1101－0012870　913.6/0.601

詩經古譜二卷　（清）學部圖書局編　清光緒
三十四年（1908）學部圖書局石印本　一冊

620000－1101－0012871　913.6/0.601

詩經古譜二卷　（清）學部圖書局編　清光緒
三十四年（1908）學部圖書局石印本　一冊

620000－1101－0012872　913.6/0.601

詩經古譜二卷　（清）學部圖書局編　清光緒
三十四年（1908）學部圖書局石印本　一冊

620000－1101－0012873　913.6/0.601

詩經古譜二卷　（清）學部圖書局編　清光緒
三十四年（1908）學部圖書局石印本　一冊

620000－1101－0012874　093.027/307

詩經集錦四卷　（清）張衛階輯　清光緒八年
（1882）林鐘月刻本　一冊

620000－1101－0012875　2515

詩經揭要四卷　（清）許寶善撰　清乾隆五十
四年（1789）自怡軒刻本　二冊

620000－1101－0012876　093.12/567

詩經精華十卷　（清）薛嘉穎撰　清道光七年
（1827）姑蘇步月樓刻本　二冊

620000－1101－0012877　093.12/567.001

詩經精華十卷　（清）薛嘉穎撰　清同治四年
（1865）刻本　二冊　存八卷（三至十）

620000－1101－0012878　093.037/171

詩經精義四卷首一卷末一卷　（清）黃淦纂
清晚期刻本　一冊　存四卷（二至四、末一
卷）

620000－1101－0012879　093.027/209

詩經拾遺一卷　（清）郝懿行撰　清光緒八年
（1882）東路廳署刻本　一冊

620000－1101－0012880　093.269/897

詩經世本古義二十八卷首一卷　（清）何楷撰
　清光緒十九年（1893）上海鴻寶齋石印本
十五冊　存二十五卷（一至二十四、首一卷）

620000－1101－0012881　093.269/897

詩經世本古義二十八卷首一卷　（清）何楷撰
　清光緒十九年（1893）上海鴻寶齋石印本
一冊　存二卷（二十一至二十二）

620000－1101－0012882　4516

詩經說略一卷　（清）祁煥章撰　清光緒三十
四年（1908）稿本　四冊

620000－1101－0012883　093.237/385

詩經四家異文考五卷　（清）陳喬樅撰　清道
光、同治刻本　二冊　存二卷（二至三）

620000－1101－0012884　409

詩經四卷　（明）鍾惺評點　明凌杜若刻朱墨

套印本　三冊

620000－1101－0012885　093.12/170
詩經體註八卷　（明）黃文煥輯　（清）范翔重
訂　清光緒六年(1880)煙臺成文信刻本
四冊

620000－1101－0012886　093.12/642
詩經體註大全合參八卷　（清）高朝瓔定
（清）沈世楷輯　清道光二十四年(1844)文發
堂刻本　四冊

620000－1101－0012887　092.12/642.003
詩經體註大全合參八卷　（清）高朝瓔定
（清）沈世楷輯　清道光二十六年(1846)刻本
四冊

620000－1101－0012888　093.12/642.003
詩經體註大全合參八卷　（清）高朝瓔定
（清）沈世楷輯　清道光二十六年(1846)刻本
一冊　存一卷(三)

620000－1101－0012889　093.12/642.001
詩經體註大全合參八卷　（清）高朝瓔定
（清）沈世楷輯　清光緒十七年(1891)刻本
四冊

620000－1101－0012890　093.12/642.002
詩經體註大全合參八卷　（清）高朝瓔定
（清）沈世楷輯　清中晚期學源堂刻本　四冊

620000－1101－0012891　093.12/640.015
詩經體註大全合參八卷　（清）高朝瓔定
（清）沈世楷輯　清晚期兩儀堂刻本　一冊
存一卷(三)

620000－1101－0012892　093.12/642.010
詩經體註大全合參八卷　（清）高朝瓔定
（清）沈世楷輯　清晚期刻本　一冊　存二卷
(一至二)

620000－1101－0012893　093.12/642.010
詩經體註大全合參八卷　（清）高朝瓔定
（清）沈世楷輯　清晚期刻本　四冊

620000－1101－0012894　093.12/642.010
詩經體註大全合參八卷　（清）高朝瓔定

（清）沈世楷輯　清晚期刻本　四冊

620000－1101－0012895　093.12/640.012
詩經體註大全合參八卷　（清）高朝瓔定
（清）沈世楷輯　清晚期刻本　三冊　存六卷
(三至八)

620000－1101－0012896　093.12/640.013
詩經體註大全合參八卷　（清）高朝瓔定
（清）沈世楷輯　清晚期刻本　二冊　存二卷
(五、七)

620000－1101－0012897　093.12/640.014
詩經體註大全合參八卷　（清）高朝瓔定
（清）沈世楷輯　清晚期刻本　一冊　存三卷
(六至八)

620000－1101－0012898　093.12/642.004
詩經體註大全合參不分卷　（清）高朝瓔定
（清）沈世楷輯　清道光二十四年(1844)學源
堂刻本　四冊

620000－1101－0012899　093.12/642.005
詩經體註大全合參不分卷　（清）高朝瓔定
（清）沈世楷輯　清中晚期宏道堂刻本　四冊

620000－1101－0012900　093.12/642.005
詩經體註大全合參不分卷　（清）高朝瓔定
（清）沈世楷輯　清中晚期宏道堂刻本　四冊

620000－1101－0012901　093.12/642.005
詩經體註大全合參不分卷　（清）高朝瓔定
（清）沈世楷輯　清中晚期宏道堂刻本　四冊

620000－1101－0012902　093.12/642.005
詩經體註大全合參不分卷　（清）高朝瓔定
（清）沈世楷輯　清中晚期宏道堂刻本　四冊

620000－1101－0012903　093.12/642.006
詩經體註大全合參不分卷　（清）高朝瓔定
（清）沈世楷輯　清中晚期刻本　六冊

620000－1101－0012904　093.12/642.008
詩經體註大全體要八卷　（清）高朝瓔定
（清）沈世楷輯　清同治五年(1866)刻本　一
冊　存二卷(一至二)

620000－1101－0012905　093.12/642.009

詩經體註大全體要八卷　（清）高朝瓔定
（清）沈世楷輯　清光緒刻本　一冊　存二卷
（一至二）

620000－1101－0012906　093.12/642.007

詩經體註大全體要八卷　（清）高朝瓔定
（清）沈世楷輯　清晚期刻本　二冊　存四卷
（五至八）

620000－1101－0012907　093.12/642.011

詩經體註說約大全八卷　（清）高朝瓔定
（清）沈世楷輯　清晚期刻本　一冊　存一卷
（三）

620000－1101－0012908　866

詩經小學四卷　（清）段玉裁撰　（清）臧庸纂
　清梁巨川愛古堂抄本　一冊

620000－1101－0012909　093.06/0.601

詩經音訓不分卷　（清）□□輯　清光緒元年
（1875）陝西求友齋刻本　四冊

620000－1101－0012910　847.5/312.7.05

詩舲詩錄六卷詩外四卷　（清）張祥河撰　清
道光十八年（1838）松風草堂刻本　一冊　存
四卷（詩外四卷）

620000－1101－0012911　093.12/395

詩毛氏傳疏三十卷　（清）陳奐學　清光緒十
年（1884）吳門南園陳氏掃葉山莊刻本　十冊

620000－1101－0012912　093.12/395.001

詩毛氏傳疏三十卷　（清）陳奐學　清光緒十
年（1884）吳門南園陳氏掃葉山莊刻本　十冊

620000－1101－0012913　831.78/286

詩夢鐘聲錄一卷　（清）李嘉樂等撰　清光緒
十二年（1886）刻本　一冊

620000－1101－0012914　831.78/286

詩夢鐘聲錄一卷　（清）李嘉樂等撰　清光緒
十二年（1886）刻本　一冊

620000－1101－0012915　3222

詩品三卷　（南朝梁）鍾嶸撰　清乾隆二十九
年（1764）刻詩觸本　一冊

620000－1101－0012916　821.8/30

詩品一卷　（唐）司空圖著　畫品一卷　（清）
黃鉞著　書品一卷　（清）楊景曾著　清光緒
五年（1879）刻本　一冊

620000－1101－0012917　831/0.601

詩刪□□卷　（□）□□輯　清刻本　一冊
存十四卷（一至十四）

620000－1101－0012918　093.17/537

詩瀋二十卷　（清）范家相撰　清光緒十三年
（1887）刻本　四冊

620000－1101－0012919　802.24/37

詩聲類十二卷詩聲分例一卷　（清）孔廣森撰
　清同治三年（1864）鎬樂堂刻本　二冊

620000－1101－0012920　093.7/286

詩氏族考六卷　（清）李超孫輯　清道光蔣光
煦刻本　一冊　存三卷（四至六）

620000－1101－0012921　821.11/941

詩式五卷　（唐）釋皎然撰　清光緒歸安陸氏
刻十萬卷樓叢書本　一冊

620000－1101－0012922　1322

詩雙聲疊韻譜四卷　（清）鄧廷楨撰　清道光
十八年（1838）稿本　一冊

620000－1101－0012923　093.07/209

詩說二卷　（清）郝懿行撰　清光緒八年
（1882）刻郝氏遺書本　二冊

620000－1101－0012924　093.07/138

詩說三卷　（清）惠周惕著　附錄一卷　（清）
吳英撰　附校三卷　（清）吳志忠撰　清嘉慶
十七年（1812）璜川吳氏刻本　一冊

620000－1101－0012925　279

詩藪內編六卷外編六卷續編二卷雜編六卷
（明）胡應麟撰　明萬曆四十六年（1618）江湛
然刻少室山房四集本　六冊

620000－1101－0012926　279

詩藪內編六卷外編六卷續編二卷雜編六卷
（明）胡應麟撰　明萬曆四十六年（1618）江湛
然刻少室山房四集本　十二冊

620000－1101－0012927　821.8/21

詩藪內編六卷外編四卷雜編六卷　（明）胡應麟撰　清光緒廣雅書局刻本　四冊

620000－1101－0012928　3317
詩所八卷　（清）李光地注　清雍正五年(1727)刻本　三冊

620000－1101－0012929　280
詩所五十六卷歷代名氏爵里一卷　（明）臧懋循輯　明萬曆三十一年(1603)雕蟲館刻本　二十四冊

620000－1101－0012930　1594
詩所五十六卷歷代名氏爵里一卷　（明）臧懋循輯　明萬曆三十一年(1603)雕蟲館刻本　六冊　存三十一卷(十三至十五、二十至四十七)

620000－1101－0012931　2984
詩談聲調譜一卷　（清）張去病撰　清乾隆二十九年(1764)刻本　一冊

620000－1101－0012932　278
詩外傳十卷　（漢）韓嬰撰　明嘉靖沈辨之野竹齋刻本　五冊

620000－1101－0012933　278
詩外傳十卷　（漢）韓嬰撰　明嘉靖沈辨之野竹齋刻本　二冊

620000－1101－0012934　2065
詩外傳十卷　（漢）韓嬰撰　明崇禎毛氏汲古閣刻津逮祕書本　二冊

620000－1101－0012935　3048
詩外傳十卷　（漢）韓嬰撰　清乾隆十七年(1752)刻本　一冊　存五卷(六至十)

620000－1101－0012936　1158
詩慰初集二十家二十四卷　（清）陳允衡編　清順治澄懷閣刻本　四冊　存七卷(嶽歸堂集選一卷、遺集選一卷、鵠灣集選一卷,蓮鬚閣集選一卷,雪鴻集選一卷,唾餘集選一卷,涉江集選一卷)

620000－1101－0012937　856.7/0.989
詩文合璧二卷　（清）□□輯　清光緒刻本

一冊　存一卷(卷二之葉七十五至一百五十三)

620000－1101－0012938　847.5/378
詩文集略不分卷　（清）陳增撰　（清）秦維嶽評選　清光緒十一年(1885)刻本　一冊

620000－1101－0012939　847.5/378
詩文集略不分卷　（清）陳增撰　（清）秦維嶽評選　清光緒十一年(1885)刻本　一冊

620000－1101－0012940　847.5/378
詩文集略不分卷　（清）陳增撰　（清）秦維嶽評選　清光緒十一年(1885)刻本　一冊

620000－1101－0012941　847.5/378
詩文集略不分卷　（清）陳增撰　（清）秦維嶽評選　清光緒十一年(1885)刻本　一冊

620000－1101－0012942　847.5/378
詩文集略不分卷　（清）陳增撰　（清）秦維嶽評選　清光緒十一年(1885)刻本　一冊

620000－1101－0012943　847.5/378
詩文集略不分卷　（清）陳增撰　（清）秦維嶽評選　清光緒十一年(1885)刻本　一冊

620000－1101－0012944　847.5/378
詩文集略不分卷　（清）陳增撰　（清）秦維嶽評選　清道光刻本　一冊

620000－1101－0012945　847.5/378
詩文集略不分卷　（清）陳增撰　（清）秦維嶽評選　清光緒十一年(1885)刻本　一冊

620000－1101－0012946　847.7/704.05
詩文雜集一卷　安維峻撰　清末稿本　一冊

620000－1101－0012947　093.375/209
詩問二卷　（清）郝懿行撰　清光緒八年(1882)刻郝氏遺書本　六冊

620000－1101－0012948　394
詩宿二十八卷詩人考世二卷　（明）劉一相輯　明萬曆三十六年(1608)刻本　二十四冊

620000－1101－0012949　093.12/74.75
詩序廣義二十四卷　（清）姜炳璋輯　清嘉慶

二十年(1815)尊行堂刻本　十二冊

620000－1101－0012950　041.7/891

詩學含英十四卷　(清)劉文蔚輯　清晚期刻本　二冊

620000－1101－0012951　833.178/117

詩餘偶鈔六卷　王先謙輯　清光緒十六年(1890)長沙王氏刻本　一冊　存四卷(一至四)

620000－1101－0012952　408

詩餘圖譜三卷　(明)張綖撰　明崇禎八年(1635)王象晉刻本　三冊

620000－1101－0012953　4313

詩韻含英十八卷　(清)劉文蔚輯　清乾隆大盛堂刻本　二冊

620000－1101－0012954　821.37/88

詩韻含英十八卷　(清)劉文蔚輯　清道光十五年(1835)懶雲草堂刻本　十冊

620000－1101－0012955　041.7/891.001

詩韻含英四卷詩學含英十四卷　(清)劉文蔚輯　(清)向焄增補　清道光十三年(1833)靈蘭堂刻本　三冊　存十五卷(詩韻含英四卷、詩學含英一至十一)

620000－1101－0012956　802.44/482

詩韻合璧五卷　(清)還讀書齋主人輯　清同治九年(1870)刻本　五冊

620000－1101－0012957　802.44/736.005

詩韻合璧五卷　(清)湯文璐編　虛字韻藪一卷　(清)潘維城輯　清光緒十三年(1887)廣百宋齋鉛印本　五冊

620000－1101－0012958　802.44/736.005

詩韻合璧五卷　(清)湯文璐編　虛字韻藪一卷　(清)潘維城輯　清光緒十三年(1887)廣百宋齋鉛印本　一冊　存二卷(一至二)

620000－1101－0012959　802.44/736.001

詩韻合璧五卷　(清)湯文璐編　虛字韻藪一卷　(清)潘維城輯　清中晚期刻本　二冊　存三卷(三至五)

620000－1101－0012960　802.44/736.002

詩韻合璧五卷　(清)湯文璐編　虛字韻藪一卷　(清)潘維城輯　清晚期刻本　五冊

620000－1101－0012961　802.44/736.003

詩韻合璧五卷　(清)湯文璐編　虛字韻藪一卷　(清)潘維城輯　清末淞隱閣刻本　五冊

620000－1101－0012962　802.44/736.004

詩韻合璧五卷　(清)湯文璐編　虛字韻藪一卷　(清)潘維城輯　清末淞隱閣刻本　一冊　存一卷(四)

620000－1101－0012963　812.13/988.007

詩韻集成十卷　(清)余照輯　詞林典腋一卷　(□)□□輯　清光緒元年(1875)刻本　三冊

620000－1101－0012964　812.13/988.006

詩韻集成十卷　(清)余照輯　詞林典腋一卷　(□)□□輯　清光緒二十九年(1903)石竹山房石印本　四冊

620000－1101－0012965　812.13/988.004

詩韻集成十卷　(清)余照輯　詞林典腋一卷　(清)□□輯　清道光十六年(1836)刻本　一冊

620000－1101－0012966　812.13/988.003

詩韻集成十卷　(清)余照輯　詞林典腋一卷　(清)□□輯　清道光十七年(1837)大文堂刻本　二冊

620000－1101－0012967　812.13/988.002

詩韻集成十卷　(清)余照輯　詞林典腋一卷　(清)□□輯　清咸豐九年(1859)致盛堂刻本　四冊

620000－1101－0012968　812.13/988

詩韻集成十卷　(清)余照輯　詞林典腋一卷　(清)□□輯　清同治十三年(1874)永順堂刻本　一冊

620000－1101－0012969　812.13/988.001

詩韻集成十卷　(清)余照輯　詞林典腋一卷　(清)□□輯　清光緒元年(1875)刻本

四冊

620000－1101－0012970　812.13/988.005
詩韻集成十卷　（清）余照輯　**詞林典腋一卷**
（清）□□輯　清光緒十二年(1886)文盛堂
刻本　四冊

620000－1101－0012971　821.11/0.601
詩韻揀要不分卷　（清）□□編　清咸豐刻本
一冊

620000－1101－0012972　821.378/0.1
詩韻五卷　（清）湯祥瑟輯　清光緒二十一年
(1895)上海鴻寶齋刻本　六冊

620000－1101－0012973　945.32/419
詩中畫二卷　（清）馬濤繪　清末石印本
二冊

620000－1101－0012974　850/746
詩鐘鳴盛集初編十卷　（清）沈宗畸選本　清
光緒三十四年(1908)著涒唫社鉛印本　一冊

620000－1101－0012975　850/746
詩鐘鳴盛集初編十卷　（清）沈宗畸選本　清
光緒三十四年(1908)著涒唫社鉛印本　一冊

620000－1101－0012976　831.23/76
十八家詩鈔二十八卷首一卷　（清）曾國藩纂
（清）李鴻章審訂　清同治十三年(1874)傳
忠書局刻本　十八冊

620000－1101－0012977　831.23/76
十八家詩鈔二十八卷首一卷　（清）曾國藩纂
（清）李鴻章審訂　清同治十三年(1874)傳
忠書局刻本　二十四冊

620000－1101－0012978　831.23/76
十八家詩鈔二十八卷首一卷　（清）曾國藩纂
（清）李鴻章審訂　清同治十三年(1874)傳
忠書局刻本　二十一冊　存二十六卷(一至
十七、二十一至二十八,首一卷)

620000－1101－0012979　831.23/76
十八家詩鈔二十八卷首一卷　（清）曾國藩纂
（清）李鴻章審訂　清同治十三年(1874)傳
忠書局刻本　三冊　存三卷(十七至十九)

620000－1101－0012980　627/120.013
十朝東華錄五百九十四卷　王先謙編　清光
緒十一年(1885)北京琉璃廠擷華書局鉛印本
六十四冊

620000－1101－0012981　627/120.013
十朝東華錄五百九十四卷　王先謙編　清光
緒十一年(1885)北京琉璃廠擷華書局鉛印本
四十二冊　存三百九十五卷(天命朝四卷,
天聰朝十一卷,崇德朝八卷,順治朝三十六
卷,康熙朝一百十卷,雍正朝二十六卷,乾隆
朝一百二十卷,嘉慶朝一至十七、三十八至五
十,道光朝十一至六十)

620000－1101－0012982　627/120.3
十朝東華錄五百九十四卷　王先謙編　清光
緒二十五年(1899)石印本　六冊　存二十六
卷(雍正朝一至二十六)

620000－1101－0012983　627/120.3
十朝東華錄五百九十四卷　王先謙編　清光
緒二十五年(1899)石印本　二十冊　存二百
十三卷(康熙朝二十五至一百十、雍正朝二十
至二十六、乾隆朝一至一百二十)

620000－1101－0012984　627/120.3
十朝東華錄五百九十四卷　王先謙編　清光
緒二十五年(1899)石印本　十五冊　存一百
四十八卷(康熙朝三十九至一百十、雍正朝一
至十九、乾隆朝一至五十七)

620000－1101－0012985　651.70/0.354
十朝聖訓九百二十二卷　（清）□□輯　清光
緒十一年(1885)北京琉璃廠擷華書局鉛印本
二百八十二冊

620000－1101－0012986　651.70/0.354
十朝聖訓九百二十二卷　（清）□□輯　清光
緒十一年(1885)北京琉璃廠擷華書局鉛印本
二百三十一冊　存三百七卷(太祖高皇帝
聖訓四卷、太宗文皇帝聖訓六卷、世祖章皇帝
聖訓六卷、聖祖仁皇帝聖訓六十卷、世宗憲皇
帝聖訓三十六卷、高宗純皇帝聖訓一至一百
九十五)

620000－1101－0012987　651.70/0.354

十朝聖訓九百二十二卷　（清）□□輯　清光緒十一年(1885)北京琉璃廠擷華書局鉛印本　一百十七冊　存三百二十一卷(太宗文皇帝聖訓六卷、高宗純皇帝聖訓一至一百二十二、仁宗睿皇帝聖訓一至二十八、文宗顯皇帝聖訓一至五、穆宗毅皇帝聖訓一百六十卷)

620000－1101－0012988　651.70/0.354

十朝聖訓九百二十二卷　（清）□□輯　清光緒十一年(1885)北京琉璃廠擷華書局鉛印本　十二冊　存二十八卷(穆宗毅皇帝聖訓八十一至一百八)

620000－1101－0012989　651.70/0.354.001

十朝聖訓九百二十二卷　（清）□□輯　清光緒石印本　一百冊

620000－1101－0012990　651.70/0.354.001

十朝聖訓九百二十二卷　（清）□□輯　清光緒石印本　七十四冊　存八百二卷(太祖高皇帝聖訓四卷,太宗文皇帝聖訓六卷,世祖章皇帝聖訓六卷,聖祖仁皇帝聖訓六十卷,世宗憲皇帝聖訓三十六卷,高宗純皇帝聖訓三百卷,仁宗睿皇帝聖訓一百十卷,玄宗成皇帝聖訓一百三十卷,穆宗毅皇帝聖訓一至八十四、九十五至一百六十)

620000－1101－0012991　651.70/0.354.001

十朝聖訓九百二十二卷　（清）□□輯　清光緒石印本　六十四冊　存六百卷(聖祖仁皇帝聖訓六十卷,高宗純皇帝聖訓一至二百九十,仁宗睿皇帝聖訓七至二十八、三十九至七十、八十七至一百十,宣宗成皇帝聖訓五十五至七十四、九十七至一百三十,文宗顯皇帝聖訓一至八十六,穆宗毅皇帝聖訓一百五至一百二十四、一百三十七至一百四十八)

620000－1101－0012992　651.70/0.354.001

十朝聖訓九百二十二卷　（清）□□輯　清光緒石印本　二十五冊　存二百六十卷(文宗顯皇帝聖訓一百十卷,穆宗毅皇帝聖訓一至八十四、九十五至一百六十)

620000－1101－0012993　651.70/0.354.002

十朝聖訓九百二十二卷　（清）□□輯　清光緒鉛印本　二百十六冊　存二百九十二卷(太祖高皇帝聖訓四卷、太宗文皇帝聖訓六卷、世祖章皇帝聖訓六卷、世宗憲皇帝聖訓三十六卷、仁宗睿皇帝聖訓一百十卷、宣宗成皇帝聖訓一百三十卷)

620000－1101－0012994　228.1/723

十二門論宗致義記三卷　（唐）釋法藏撰　清光緒二十一年(1895)金陵刻經處刻本　一冊

620000－1101－0012995　853.61/780

十二種曲二十四卷　（清）李漁編次　清大知堂刻本　十三冊　存十三卷(憐香堂傳奇二卷、意中緣傳奇二卷、蜃中樓傳奇二卷、鳳求鳳傳奇二卷、玉騷頭傳奇二卷、巧團圓傳奇二卷、邯鄲夢傳奇下)

620000－1101－0012996　2156

十國春秋一百十四卷　（清）吳任臣撰　**拾遺一卷備考一卷**　（清）周昂輯　清乾隆五十三年(1788)周昂刻嘉慶四年(1799)補刻光緒顧氏小石山房印本　二十四冊

620000－1101－0012997　2157

十國春秋一百十四卷　（清）吳任臣撰　**拾遺一卷備考一卷**　（清）周昂輯　清乾隆五十三年(1788)周昂刻嘉慶四年(1799)補刻光緒顧氏小石山房印本　十八冊

620000－1101－0012998　2705

十國春秋一百十四卷　（清）吳任臣撰　**拾遺一卷備考一卷**　（清）周昂輯　清乾隆五十八年(1793)周昂刻本　十五冊　存一百十二卷(三至一百十四)

620000－1101－0012999　2983

十國春秋一百十四卷　（清）吳任臣撰　**拾遺一卷備考一卷**　（清）周昂輯　清乾隆五十八年(1793)周昂刻本　十六冊

620000－1101－0013000　831.75/438

十國宮詞一卷　（清）吳省蘭撰　清刻本　一冊

620000－1101－0013001　071.74/930.001

十駕齋養新錄二十卷餘錄三卷　（清）錢大昕撰　清嘉慶十六年(1811)刻本　七冊　存十七卷(一至六、十二至二十,餘錄一至二)

620000－1101－0013002　071.74/930

十駕齋養新錄二十卷餘錄三卷　（清）錢大昕撰　清光緒二年(1876)浙江書局刻本　八冊

620000－1101－0013003　071.74/930

十駕齋養新錄二十卷餘錄三卷　（清）錢大昕撰　清光緒二年(1876)浙江書局刻本　八冊

620000－1101－0013004　071.74/930

十駕齋養新錄二十卷餘錄三卷　（清）錢大昕撰　清光緒二年(1876)浙江書局刻本　八冊

620000－1101－0013005　1003

十經齋文集不分卷　（□）□□撰　清抄本　六冊

620000－1101－0013006　712.4/441

十九世紀大勢變遷通論一卷　（清）吳銘譯　清光緒二十八年(1902)上海廣智書局鉛印本　一冊

620000－1101－0013007　2195

十科策略箋釋十卷　（明）劉定之撰　（清）劉作檖註釋　附呆齋公年譜一卷　（清）劉作檖撰　清雍正四年(1726)劉廷琨刻本　六冊

620000－1101－0013008　846.4/892

十科策略箋釋十卷　（明）劉定之撰　（清）劉作檖註釋　附呆齋公年譜一卷　（清）劉作檖撰　清雍正四年(1726)劉廷琨刻本　一冊

620000－1101－0013009　1319

十六都賣契集鈔不分卷　（明）□□集抄　明嘉靖抄本　一冊

620000－1101－0013010　623.33/736

十六國春秋輯補一百卷　（清）湯球撰　清光緒二十一年(1895)廣雅書局刻本　十冊

620000－1101－0013011　2158

十六國春秋一百卷　（北魏）崔鴻撰　清乾隆四十六年(1781)竹素山房刻本　二十冊

620000－1101－0013012　2510

十六國春秋一百卷　（北魏）崔鴻撰　清乾隆四十六年(1781)竹素山房刻本　二十四冊

620000－1101－0013013　3982

十六國春秋一百卷　（北魏）崔鴻撰　清乾隆四十六年(1781)欣託山房刻本　四冊　存三十三卷(一至四、七十二至一百)

620000－1101－0013014　623.33/590

十六國春秋一百卷　（北魏）崔鴻撰　清光緒元年(1875)湖北崇文書局刻本　十冊　存八十二卷(一至十三、三十二至一百)

620000－1101－0013015　623.33/59

十六國春秋一百卷　（北魏）崔鴻撰　清晚期刻本　十二冊

620000－1101－0013016　623.33/72.001

十六國疆域志十六卷　（清）洪亮吉撰　清嘉慶三年(1798)京師刻本　四冊

620000－1101－0013017　663.3/72

十六國疆域志十六卷　（清）洪亮吉撰　清光緒十七年(1891)廣雅書局刻本　四冊

620000－1101－0013018　623.33/72

十六國疆域志十六卷　（清）洪亮吉撰　清光緒十七年(1891)廣雅書局刻本　四冊

620000－1101－0013019　623.33/72.002

十六國疆域志十六卷　（清）洪亮吉撰　清光緒四年(1878)洪用懃授經堂刻本　六冊

620000－1101－0013020　623.33/72.002

十六國疆域志十六卷補三國疆域志二卷　（清）洪亮吉撰　清光緒四年(1878)洪用懃授經堂刻本　七冊

620000－1101－0013021　952

十六金符齋印存不分卷　（清）吳大澂藏　清光緒十四年(1888)刻鈐印本　二十六冊

620000－1101－0013022　1386

十年讀書之廬詩存八卷　（清）李鍾文撰　清同治、光緒稿本　三冊　存六卷(三至八)

620000－1101－0013023　1327

十年讀書之廬詠史四卷　（清）李鍾文著

（□）崔望賢輯注　清同治稿本　一冊　存一卷（三）

620000－1101－0013024　1328
十年讀書之廬詠史四卷　（清）李鍾文著
（□）崔望賢輯注　清同治稿本　一冊　存二卷（三至四）

620000－1101－0013025　610.83/116
十七史商榷一百卷　（清）王鳴盛撰　清光緒十九年（1893）廣雅書局刻本　十六冊　存六十卷（四十一至一百）

620000－1101－0013026　2167
十七史商榷一百卷目錄一卷　（清）王鳴盛撰　清乾隆五十二年（1787）洞涇艸堂刻本　二十四冊

620000－1101－0013027　2895
十七史商榷一百卷目錄一卷　（清）王鳴盛撰　清乾隆五十二年（1787）洞涇艸堂刻本　八冊　存四十一卷（一至四十、目錄一卷）

620000－1101－0013028　880
十七史詳節二百七十三卷　（宋）呂祖謙輯　明嘉靖四十五年至隆慶四年（1566－1570）陝西布政司刻本　五十冊　存二百十九卷（史記詳節二十卷、西漢書詳節一至十七、東漢書詳節三十卷、三國志詳節二十卷、晉書詳節三十卷、南史詳節二十五卷、北史詳節二十八卷、隋書詳節二十卷、唐書詳節一至十九、五代史詳節十卷）

620000－1101－0013029　4073
十七史一千五百七十四卷　（明）毛晉輯　明崇禎元年至十七年（1628－1644）毛氏汲古閣刻本　二十九冊　存二百十四卷（後漢書五至十七、二十五至九十，志一至二十；三國志六十五卷；後周書五十卷）

620000－1101－0013030　1032
十七史一千五百七十四卷　（明）毛晉輯　明崇禎元年至十七年（1628－1644）毛氏汲古閣刻本　三百三十一冊

620000－1101－0013031　847.5/952

十樵山人詩集九卷　（清）徐文貫撰　清嘉慶十四年（1809）槐影山房刻本　一冊

620000－1101－0013032　802.81/0.163
十三經不二字不分卷　（清）□□輯　清道光二十六年（1846）知恥齋刻本　一冊

620000－1101－0013033　098.037.5/118
十三經策案二十二卷　（清）王謨彙輯　清晚期琉璃廠刻本　十冊

620000－1101－0013034　098.037.5/118.001
十三經策案二十二卷　（清）王謨彙輯　（清）喻祥麟編次　清光緒十三年（1887）上海大同書局石印本　三冊　存十一卷（一至五、十七至二十二）

620000－1101－0013035　098.037.5/118.002
十三經策案二十二卷　（清）王謨彙輯　清晚期刻本　五冊　存十三卷（三至七、十一至十八）

620000－1101－0013036　098.6/163
十三經古注十三種二百九十卷　（明）金蟠訂（明）葛鼐校勘　清同治八年（1869）浙江書局刻本　四十八冊

620000－1101－0013037　802.27/292
十三經集字不分卷　（清）李鴻藻輯注　清光緒六年（1880）刻本　一冊

620000－1101－0013038　802.27/183.001
十三經集字摹本四卷　（清）彭玉雯纂　清道光三十年（1850）刻本　八冊

620000－1101－0013039　802.27/183.003
十三經集字摹本四卷　（清）彭玉雯纂　清道光、咸豐刻本　一冊　存二卷（三至四）

620000－1101－0013040　802.27/183.003
十三經集字摹本四卷　（清）彭玉雯纂　清道光、咸豐刻本　四冊　存三卷（二至四）

620000－1101－0013041　802.27/183.003
十三經集字摹本四卷　（清）彭玉雯纂　清道光、咸豐刻本　二冊　存二卷（三至四）

620000－1101－0013042　802.27/183

十三經集字摹本四卷　（清）彭玉雯纂　清咸豐刻本　八冊

620000－1101－0013043　802.27/183.004

十三經集字摹本四卷　（清）彭玉雯纂　清咸豐刻本　十冊

620000－1101－0013044　802.27/183.002

十三經集字摹本四卷韻有經無各字摘錄一卷　（清）彭玉雯纂　清晚期刻本　八冊

620000－1101－0013045　802.27/183.005

十三經集字摹本四卷韻有經無各字摘錄一卷　（清）彭玉雯纂　清晚期刻本　八冊

620000－1101－0013046　79

十三經類語十四卷　（明）羅萬藻輯　（明）魯重民注　明崇禎金閶東觀閣、臣古齋刻本　八冊

620000－1101－0013047　79

十三經類語十四卷　（明）羅萬藻輯　（明）魯重民注　明崇禎金閶東觀閣、臣古齋刻本　七冊

620000－1101－0013048　090.7/74.004

十三經注疏并校勘記一百四十八卷　（清）阮元校勘　（清）盧宣旬摘錄　附校勘記識語四卷　（清）汪文臺撰　清光緒十三年（1887）上海點石齋石印本　二十二冊　存一百四十卷（周易注疏并校勘記八卷、尚書注疏并校勘記八卷、毛詩注疏并校勘十六卷、周禮注疏并校勘記十二卷、儀禮注疏并校勘記十六卷、禮記注疏并校勘記二十四卷、春秋左傳注疏并校勘記二十四卷、公羊注疏并校勘記八卷、穀梁注疏并校勘記八卷、論語注疏并校勘記八卷、孝經注疏并校勘記四卷、爾雅注疏并校勘記四卷）

620000－1101－0013049　090.8/485

十三經注疏三百四十七卷附考證　（□）□□輯　清同治十年（1871）廣東書局刻本　一百冊　存二百一十四卷（毛詩注疏附考證三十卷、周禮注疏附考證四十二卷、儀禮注疏附考證十七卷、禮記注疏附考證六十三卷、春秋公羊

傳注疏附考證二十八卷、論語注疏附考證二十卷、孟子注疏附考證十四卷）

620000－1101－0013050　090.8/485

十三經注疏三百四十七卷附考證　（□）□□輯　清同治十年（1871）廣東書局刻本　二十四冊　存五十七卷（春秋左傳注疏附考證二十四至二十八、三十一至六十，公羊傳注疏附考證一至二，穀梁傳注疏二十卷）

620000－1101－0013051　829

十三經注疏三百四十七卷附考證　清乾隆四年（1739）武英殿刻本　一百十八冊

620000－1101－0013052　27

十三經註疏三百三十三卷　明崇禎元年至十二年（1628－1639）毛氏汲古閣刻本　一百二十冊

620000－1101－0013053　2942

十三經註疏三百三十三卷　明崇禎元年至十二年（1628－1639）毛氏汲古閣刻本　一百十六冊　存三百二十四卷（尚書註疏二十卷、毛詩註疏二十卷、周禮註疏四十二卷、儀禮註疏十七卷、禮記註疏六十三卷、春秋左傳註疏六十卷、春秋公羊註疏二十八卷、春秋穀梁註疏二十卷、論語註疏解經二十卷、孝經註疏九卷、爾雅註疏十一卷、孟子註疏解經十四卷）

620000－1101－0013054　090.8/713

十三經註疏校勘記識語四卷　（清）汪文臺撰　清光緒十三年（1887）上海點石齋石印本　一冊

620000－1101－0013055　870

十三經註疏正誤八十一卷　（清）浦鏜撰　清同治錢塘周懋琦抄本　十六冊

620000－1101－0013056　1330

十三篇紬意四卷　（清）巫樸齋輯　清嘉慶五年（1800）稿本　一冊　存一卷（兵訣彙集一）

620000－1101－0013057　856.7/434.2

十杉亭帖體詩鈔五卷　（清）吳楷著　清晚期刻本　二冊

620000－1101－0013058　1251

十誦齋集六卷　（清）周天度撰　清乾隆四十八年(1783)刻本　一冊

620000－1101－0013059　082.78/394

十萬卷樓叢書五十一種三百八十八卷　（清）陸心源輯　清光緒歸安陸氏刻本　一百十四冊　缺二種十六卷（新編分門古今類事十至二十、詩式五卷）

620000－1101－0013060　782.99/275

十五家年譜叢書二十三卷　（清）楊希閔編　清光緒揚州書林陳履恒刻本　十六冊

620000－1101－0013061　782.99/275

十五家年譜叢書二十三卷　（清）楊希閔編　清光緒揚州書林陳履恒刻本　十九冊　存二十一卷（晉陶徵士年譜一卷，唐李鄴侯年譜一卷，唐陸宣公年譜一卷，歐陽文忠公年譜一卷，宋韓公獻公年譜一卷，王文公年譜考略節要四卷、附存二卷，曾文定公年譜一卷，黃文節公年譜一卷，李忠定公年譜一卷、附錄一卷，陸文定公年譜二卷，吳聘君年譜一卷，胡文敬公年譜一卷，明王文成公年譜節二卷）

620000－1101－0013062　627/385

十一朝東華錄分類輯要二十四卷　（清）何良棟輯　清光緒二十九年(1903)鴻寶書局石印本　二十四冊

620000－1101－0013063　627/385

十一朝東華錄分類輯要二十四卷　（清）何良棟輯　清光緒二十九年(1903)鴻寶書局石印本　二十四冊

620000－1101－0013064　627.02/11

十一朝東華約錄二百三十卷　（清）王祖顯編　清光緒二十七年(1901)石印本　二十四冊

620000－1101－0013065　627.03/312

十一朝聖武記二十卷　張謇編輯　清光緒二十九年(1903)上海鴻寶齋石印本　五冊　存十七卷（一至三、七至二十）

620000－1101－0013066　084/576

十種古逸書三十卷　（清）茆泮林撰　清道光

十四年(1834)梅瑞軒刻本　五冊　存十一卷（伏侯古今注一至二,計然萬物錄一、補遺一,三輔決錄一、補遺一,元中計一、補遺一,唐月令注一、補遺一、附考一）

620000－1101－0013067　2693

十種唐詩選十七卷　（清）王士禎輯　清康熙刻本　七冊

620000－1101－0013068　3257

十種唐詩選十七卷　（清）王士禎輯　清康熙刻本　四冊

620000－1101－0013069　1761

十竹齋書畫譜八卷　（明）胡正言輯　明末刻彩色套印本　十冊　存七卷（石譜一卷、蘭譜一卷、竹譜一卷、果譜一卷、翎毛一卷、墨華一卷、書畫一卷）

620000－1101－0013070　608

十竹齋書畫譜八卷　（明）胡正言輯　清嘉慶二十二年(1817)芥子園刻彩色套印本　八冊

620000－1101－0013071　080/11

十子全書一百二十九卷　（清）王子興輯　清嘉慶九年(1804)姑蘇王氏聚文堂刻本　二十八冊

620000－1101－0013072　080/115

十子全書一百二十九卷　（清）王子興輯　清嘉慶九年(1804)寶慶經綸堂刻本　三十一冊　存一百二十五卷（道德經評注二卷,南華真經十卷,荀子二十卷、附校勘補遺一卷,沖虛至德真經八卷,管子二十四卷,韓非子二十卷,淮南子五至二十一,新纂門目五臣音註揚子法言十卷,中說十卷,鶡冠子三卷）

620000－1101－0013073　847.8/286.2

石船居古今體詩賸稿十六卷　（清）李超瓊撰　清光緒二十二年(1896)刻本　二冊　存八卷（五至八、十三至十六）

620000－1101－0013074　857.26/130

石點頭十四卷　（明）無名氏撰　清末敬書堂刻本　一冊

620000－1101－0013075　3366

石洞遺芳二卷　(明)郭文達等輯　清康熙二十二年(1683)郭氏紫陽講堂刻本　一册

620000－1101－0013076　794.2/213

石鼓文定本十卷釋音一卷辨證二卷地名考一卷　(清)沈梧撰　清光緒十六年(1890)古華山館刻本　四册

620000－1101－0013077　794.2/213

石鼓文定本十卷釋音一卷辨證二卷地名考一卷　(清)沈梧撰　清光緒十六年(1890)古華山館刻本　四册

620000－1101－0013078　794.2/324

石鼓文匯不分卷　(清)尹彭壽撰　清光緒二十一年(1895)諸城尹氏來山園刻本　一册

620000－1101－0013079　794.2/324

石鼓文匯不分卷　(清)尹彭壽撰　清光緒二十一年(1895)諸城尹氏來山園刻本　一册

620000－1101－0013080　794.2/307

石鼓文釋存一卷補注一卷　(清)張燕昌撰　清光緒二十八年(1902)聚學軒刻本　一册

620000－1101－0013081　791.7/307

石鼓文釋存一卷補注一卷　(清)張燕昌撰　清光緒二十八年(1902)聚學軒刻本　一册

620000－1101－0013082　099.978/78.35

石經彙函四十五卷　王秉恩輯　清光緒十六年(1890)尊經書局刻本　十六册

620000－1101－0013083　099.978/78.35

石經彙函四十五卷　王秉恩輯　清光緒十六年(1890)尊經書局刻本　三册　存八卷(漢石經殘字考一卷、魏三體石經遺字考一卷、北宋汴學二體石經記一卷、石經考文提要一至五)

620000－1101－0013084　099.978/78.35

石經彙函四十五卷　王秉恩輯　清光緒十六年(1890)尊經書局刻本　十册　存二十九卷(後蜀毛詩石經殘本一卷、石經考文提要十三卷、石經補考十一卷、儀禮石經校勘記四卷)

620000－1101－0013085　3152

石蘭詩鈔一卷　(清)許鉞撰　清乾隆二十四年(1759)慎餘書屋刻本　一册

620000－1101－0013086　3976

石蘭詩鈔一卷　(清)許鉞撰　清慎餘書屋刻本　一册

620000－1101－0013087　3325

石林奏議十五卷　(宋)葉夢得撰　清光緒十一年(1885)陸氏皕宋樓仿宋刻本　二册

620000－1101－0013088　1414

石門文字禪三十卷　(宋)釋覺範撰　清光緒孔氏嶽雪樓影抄本　十二册

620000－1101－0013089　158

石墨鐫華八卷　(明)趙崡撰　明萬曆四十六年(1618)刻本　四册

620000－1101－0013090　2747

石墨鐫華八卷　(明)趙崡撰　明萬曆四十六年(1618)刻清光緒十八年(1892)李氏補修本　二册

620000－1101－0013091　845.23/212

石屏詩集十卷　(宋)戴復古撰　清嘉慶二十二年(1817)臨海宋氏刻台州叢書本(重刻石屏先生詩序葉一至二由陳樹桐先生補板)　四册

620000－1101－0013092　945.8/0.350

石譜一卷　(□)□□繪　清晚期彩色套印本　一册

620000－1101－0013093　627.03/118.002

石渠餘紀六卷　(清)王慶雲撰　清光緒十四年(1888)寧鄉黄氏刻本　六册

620000－1101－0013094　627.03/118.002

石渠餘紀六卷　(清)王慶雲撰　清光緒十四年(1888)寧鄉黄氏刻本　六册

620000－1101－0013095　627.03/118.002

石渠餘紀六卷　(清)王慶雲撰　清光緒十四年(1888)寧鄉黄氏刻本　六册

620000－1101－0013096　627.03/118.003

石渠餘紀六卷 （清）王慶雲撰 清光緒至宣統湖北陸軍小學堂鉛印本 六冊

620000－1101－0013097 627.03/118.004

石渠餘紀六卷 （清）王慶雲撰 清光緒刻本 六冊

620000－1101－0013098 890

石室秘籙六卷 （清）陳士鐸撰 清康熙二十八年(1689)本澄堂刻本 三冊

620000－1101－0013099 2137

石室秘籙六卷 （清）陳士鐸撰 清雍正八年(1730)萱永堂刻本 五冊 存五卷(二至六)

620000－1101－0013100 413/378.02

石室秘籙六卷 （清）陳士鐸撰 清隆文堂刻本 三冊

620000－1101－0013101 1021

石室仙機五卷諸家雜說一卷 （清）許穀撰 清初刻朱墨套印本 二冊

620000－1101－0013102 847.4/214.001

石笥山房文集六卷補遺一卷詩集十二卷補遺二卷續補遺二卷 （清）胡天游撰 清咸豐二年(1852)刻 十冊

620000－1101－0013103 847.4/214.001

石笥山房文集六卷補遺一卷詩集十二卷補遺二卷續補遺二卷 （清）胡天游撰 清咸豐二年(1852)刻本 八冊

620000－1101－0013104 847.4/214

石笥山房文集六卷補遺一卷詩集十二卷補遺二卷續補遺二卷 （清）胡天游撰 清宣統二年(1910)上海國學扶輪社石印本 十冊

620000－1101－0013105 1469

石松堂集八卷 （清）余爲霖撰 清康熙十六年(1677)刻本 一冊

620000－1101－0013106 847.8/386

石壇山房詩集二卷 （清）陳得善撰 清光緒三十年(1904)象山陳得善鉛印本 一冊 存一卷(一)

620000－1101－0013107 689.21/158

石亭記事一卷續編一卷 （清）丁晏撰 清道光二十七年(1847)山陽丁氏六藝堂刻頤志齋叢書本 一冊

620000－1101－0013108 4595

石頑印存不分卷 （清）石頑輯 清光緒鈐印本 四冊

620000－1101－0013109 847.8/148

石屋書五種十八卷 （清）曹金籀撰 清同治仁和曹氏刻本 一冊 存三卷(籀書詩編三至四、籀書詞編一卷)

620000－1101－0013110 857.6/988

石園偶錄二卷 （清）余成教撰 清刻本 一冊

620000－1101－0013111 3745

石齋詩草一卷 （清）吳中相撰 板屋吟詩草一卷 （清）吳簡默撰 清乾隆刻本 一冊

620000－1101－0013112 683.24/350

石鐘山志十六卷首一卷 （清）李成謀 （清）丁義方輯 清光緒九年(1883)聽濤眺雨軒刻本 八冊

620000－1101－0013113 683.24/350

石鐘山志十六卷首一卷 （清）李成謀 （清）丁義方輯 清光緒九年(1883)聽濤眺雨軒刻本 八冊

620000－1101－0013114 683.24/350

石鐘山志十六卷首一卷 （清）李成謀 （清）丁義方輯 清光緒九年(1883)聽濤眺雨軒刻本 八冊

620000－1101－0013115 683.24/350

石鐘山志十六卷首一卷 （清）李成謀 （清）丁義方輯 清光緒九年(1883)聽濤眺雨軒刻本 二冊 存二卷(十五至十六)

620000－1101－0013116 821.841/98

石洲詩話八卷 （清）翁方綱撰 清嘉慶二十年(1815)刻本 一冊

620000－1101－0013117 802.16/75.34

拾雅二十卷 （清）夏味堂撰 清嘉慶二十四

年(1819)刻本　十册

620000－1101－0013118　1056

拾遺記十卷　（晉）王嘉撰　明吳琯刻清汪士
漢重修古今逸史本　一册

620000－1101－0013119　857.2/113.001

拾遺記十卷　（晉）王嘉撰　清嘉慶刻廣漢魏
叢書本　二册

620000－1101－0013120　857.2/113

拾遺記十卷　（晉）王嘉撰　清晚期練江汪述
古山莊刻本　一册

620000－1101－0013121　1305

拾遺錄一卷　（明）胡爌撰　清光緒孔氏嶽雪
樓影抄本　一册

620000－1101－0013122　847.8/889

食舊德齋襍箸不分卷　（清）劉嶽雲撰　清光
緒八年(1882)刻本　一册

620000－1101－0013123　847.8/889.001

食舊德齋襍箸不分卷　（清）劉嶽雲撰　清光
緒刻本　一册

620000－1101－0013124　414.1/7.741

食物本草會纂十二卷　（清）沈李龍撰　清道
光元年(1821)刻本　四册

620000－1101－0013125　414.1/7.741.001

食物本草會纂十二卷　（清）沈李龍撰　清刻
本　一册　存一卷（十）

620000－1101－0013126　413.3/7.334

時病論八卷　（清）雷豐著　清光緒十年
(1884)雷慎修堂刻本　四册

620000－1101－0013127　414.6/7.385.002

時方歌括二卷　（清）陳念祖撰　清晚期刻本
　一册

620000－1101－0013128　414.6/7.385.003

時方歌括二卷　（清）陳念祖撰　清晚期刻本
　一册

620000－1101－0013129　414.6/7.385.002

時方妙用四卷　（清）陳念祖撰　清晚期刻本

二册

620000－1101－0013130　414.6/7.385.003

時方妙用四卷　（清）陳念祖撰　清晚期刻本
　二册

620000－1101－0013131　414.6/7.385.004

時方妙用四卷　（清）陳念祖撰　清晚期石印
本　一册

620000－1101－0013132　075.7/0.462

時事采新彙選六卷　（清）□□編　清光緒二
十九年(1903)鉛印本　六册

620000－1101－0013133　059.2/462

時事圖畫新聞報不分卷　（清）時事報社編
清宣統三年(1911)石印本　一册

620000－1101－0013134　552/286

時事新論十二卷　（英國）李提摩太著　清光
緒二十四年(1898)上海廣學會鉛印本　二册

620000－1101－0013135　552/286

時事新論十二卷圖說一卷　（英國）李提摩太
著　清光緒上海廣學會鉛印本　一册

620000－1101－0013136　571.13/286

時事新論圖說不分卷附廣學會書目　（英國）
李提摩太著　清光緒二十年(1894)上海廣學
會石印本　一册

620000－1101－0013137　856.7/773

時文快覩六卷　（清）馮長庚編　清晚期刻本
　一册　存三卷（四至六）

620000－1101－0013138　856.7/313

時文雜錄一卷　（清）李則廣等撰　清晚期抄
本　一册

620000－1101－0013139　059/731

時務報六十九期　梁啓超主編　清光緒二十
二年至二十四年(1896－1898)上海時務報館
石印本　四册　存十九期（二至十七、二十
七、三十一、四十九）

620000－1101－0013140　059/731

時務報六十九期　梁啓超主編　清光緒二十
二年至二十四年(1896－1898)上海時務報館

石印本　四十九冊　存五十二期(一至四十一、五十一、五十四至五十九、六十一至六十二、六十四至六十五)

620000－1101－0013141　059/731

時務報六十九期　梁啓超主編　清光緒二十二年至二十四年(1896－1898)上海時務報館石印本　八冊　存八期(一至二、六、八、十九至二十、三十六、五十八)

620000－1101－0013142　059/731

時務報六十九期　梁啓超主編　清光緒二十二年至二十四年(1896－1898)上海時務報館石印本　六冊　存三十期(一至三十)

620000－1101－0013143　059/731

時務報六十九期　梁啓超主編　清光緒二十二年至二十四年(1896－1898)上海時務報館石印本　十冊　存五十期(一至五十)

620000－1101－0013144　574.411/69.001

時務論一卷　宋育仁撰　**采風記五卷**　宋育仁編　清光緒二十二年(1896)袖海山房石印本　一冊

620000－1101－0013145　040.78/265

時務通考三十一卷首一卷　(清)杞廬主人編　清光緒二十三年(1897)上海點石齋石印本　二十冊

620000－1101－0013146　040.78/265

時務通考三十一卷首一卷　(清)杞廬主人編　清光緒二十三年(1897)上海點石齋石印本　十五冊　存二十四卷(一至二、九至二十一、二十四至三十一,首一卷)

620000－1101－0013147　040.78/265

時務通考三十一卷首一卷　(清)杞廬主人編　清光緒二十三年(1897)上海點石齋石印本　二十一冊　存三十一卷(一至八、十至三十一,首一卷)

620000－1101－0013148　040.78/265.07

時務通考續編三十一卷首一卷　(清)杞廬主人編　清光緒二十七年(1901)上海點石齋石印本　十六冊

620000－1101－0013149　040.78/265.07

時務通考續編三十一卷首一卷　(清)杞廬主人編　清光緒二十七年(1901)上海點石齋石印本　十四冊　存二十九卷(一至二、六至三十一,首一卷)

620000－1101－0013150　312.1/129

時務齋算稿叢鈔不分卷　(清)邢廷莢撰　清光緒二十三年(1897)味經刊書處刻本　四冊

620000－1101－0013151　856.7/0.462

時務齋隨錄講義一卷　(清)曾國藩撰　清光緒二十一年(1895)陝西味經售書處刻本　一冊

620000－1101－0013152　652.761/761.03

時務齋隨錄摺奏一卷　(清)曾國藩等撰　清光緒刻本　一冊

620000－1101－0013153　413.55/165

時疫白喉捷要合編一卷　(清)黃炳乾撰　清光緒五年(1879)刻本　一冊

620000－1101－0013154　413.55/165

時疫白喉捷要合編一卷　(清)黃炳乾撰　清光緒五年(1879)刻本　一冊

620000－1101－0013155　413.55/314

時疫白喉捷要一卷　(清)張紹修著　清光緒六年(1880)刻本　一冊

620000－1101－0013156　856.7/443.03

時藝核續編不分卷　(清)路德輯　清道光二十九年(1849)來鹿堂刻本　二冊

620000－1101－0013157　856.7/443.02

時藝階不分卷　(清)路德輯　清道光二十四年(1844)來鹿堂刻本　一冊

620000－1101－0013158　856.7/313.6

時藝精選一卷墨藝集選一卷墨藝繼選一卷全藝補選一卷　(清)張炳南輯　清同治十二年(1873)抄本　四冊

620000－1101－0013159　847.6/715

實事求是齋遺稿四卷續集一卷　(清)汪廷珍著　清光緒八年(1882)刻本　五冊

620000 – 1101 – 0013160　098.276/830

實事求是之齋經義二卷　（清）朱大韶著　清光緒九年(1883)澄華堂刻本　二冊

620000 – 1101 – 0013161　221.4/676.02

實相般若波羅蜜經一卷　（唐）釋菩提流志等譯　文殊師利所說摩訶般若波羅蜜經一卷　（南朝梁）釋曼陀羅僊譯　清同治十年(1871)金陵刻經處刻本　一冊

620000 – 1101 – 0013162　221.4/676.07

實相般若波羅蜜經一卷　（唐）釋菩提流志等譯　文殊師利所說摩訶般若波羅蜜經一卷　（南朝梁）釋曼陀羅僊譯　清同治十年(1871)金陵刻經處刻本　一冊

620000 – 1101 – 0013163　3802

實齋印存不分卷　（清）楊秉信篆　清光緒三十年(1904)刻鈐印本　一冊

620000 – 1101 – 0013164　573.42/445

實政錄節鈔十卷　（明）呂坤撰　（清）林則徐纂輯　清道光十七年(1837)投筆齋刻本　六冊

620000 – 1101 – 0013165　573.42/445.001

實政錄七卷　（明）呂坤撰　清同治十一年(1872)浙江書局刻本　六冊

620000 – 1101 – 0013166　573.42/445.002

實政錄七卷　（明）呂坤撰　清同治十一年(1872)浙江書局刻本　六冊

620000 – 1101 – 0013167　573.42/445.001

實政錄七卷　（明）呂坤撰　清同治十一年(1872)浙江書局刻本　六冊

620000 – 1101 – 0013168　573.42/445.001

實政錄七卷　（明）呂坤撰　清同治十一年(1872)浙江書局刻本　二冊　存二卷(二至三)

620000 – 1101 – 0013169　072.75/99

識小錄八卷　（清）姚瑩撰　清刻本　二冊

620000 – 1101 – 0013170　610.5/314

史表功比說一卷附侯第表一卷　（清）張錫瑜撰　清光緒十四年(1888)廣雅書局刻本　一冊

620000 – 1101 – 0013171　610.5/314

史表功比說一卷附侯第表一卷　（清）張錫瑜撰　清光緒十四年(1888)廣雅書局刻本　一冊

620000 – 1101 – 0013172　610.29/892

史存三十卷　（清）劉沅輯　清光緒三十一年(1905)致福樓刻本　八冊　存八卷(二十三至三十)

620000 – 1101 – 0013173　610.19/339

史漢駢枝一卷宋州郡志校勘記一卷　（清）成孺撰　清光緒十四年(1888)廣雅書局刻本　一冊

620000 – 1101 – 0013174　622.081/266

史漢籤論十卷　（清）楊于果著　（清）楊繼曾編輯　清道光二十五年(1845)非能園刻本　四冊

620000 – 1101 – 0013175　622.081/266

史漢籤論十卷　（清）楊于果著　（清）楊繼曾編輯　清道光二十五年(1845)非能園刻本　一冊　存二卷(一至二)

620000 – 1101 – 0013176　622.081/266

史漢籤論十卷　（清）楊于果著　（清）楊繼曾編輯　清道光二十五年(1845)非能園刻本　二冊　存四卷(一至二、九至十)

620000 – 1101 – 0013177　610.19/339

史漢駢枝一卷　（清）成孺撰　人表考九卷補一卷附錄一卷　（清）梁玉繩撰　清光緒十四年(1888)廣雅書局刻本　七冊

620000 – 1101 – 0013178　42

史記鈔九十一卷　（明）茅坤輯　明泰昌元年(1620)閔振業刻朱墨套印本　二十四冊

620000 – 1101 – 0013179　610.1107/315

史記功比說一卷　（清）張錫瑜撰　史記天官補目一卷　（清）孫星衍撰　清光緒十四年(1888)廣雅書局刻本　一冊

620000 – 1101 – 0013180　610.11/86
史記集解一百三十卷　（南朝宋）裴駰集解
清光緒四年（1878）金陵書局刻本　十六冊

620000 – 1101 – 0013181　610.6/30.01
史記菁華錄六卷　（漢）司馬遷撰　（清）姚苧
田輯　清道光四年（1824）吳興姚氏扶荔山房
刻朱墨套印本　六冊

620000 – 1101 – 0013182　610.6/30.01
史記菁華錄六卷　（漢）司馬遷撰　（清）姚苧
田輯　清道光四年（1824）吳興姚氏扶荔山房
刻朱墨套印本　十六冊

620000 – 1101 – 0013183　610.6/30.01
史記菁華錄六卷　（漢）司馬遷撰　（清）姚苧
田輯　清道光四年（1824）吳興姚氏扶荔山房
刻朱墨套印本　九冊　存五卷（二至六）

620000 – 1101 – 0013184　610.6/30.01
史記菁華錄六卷　（漢）司馬遷撰　（清）姚苧
田輯　清光緒九年（1883）廣州翰墨園刻朱墨
套印本　六冊

620000 – 1101 – 0013185　610.6/30.02
史記菁華錄六卷　（漢）司馬遷撰　（清）姚苧
田輯　清光緒十八年（1892）善成堂刻本
六冊

620000 – 1101 – 0013186　610.6/30
史記菁華錄六卷　（漢）司馬遷撰　（清）姚苧
田輯　清光緒二十二年（1896）上海書局石印
本　六冊

620000 – 1101 – 0013187　610.6/30.04
史記菁華錄六卷　（漢）司馬遷撰　（清）姚苧
田輯　清光緒二十二年（1896）上海掃葉山房
石印本　一冊

620000 – 1101 – 0013188　610.6/30.03
史記菁華錄六卷　（漢）司馬遷撰　（清）姚苧
田輯　清光緒二十三年（1897）湖南崇德書局
刻本　六冊

620000 – 1101 – 0013189　610.6/30.03
史記菁華錄六卷　（漢）司馬遷撰　（清）姚苧

田輯　清光緒二十三年（1897）湖南崇德書局
刻本　六冊

620000 – 1101 – 0013190　3939
史記論文一百三十卷　（清）吳見思撰　清康
熙刻本　二十四冊

620000 – 1101 – 0013191　4007
史記論文一百三十卷　（清）吳見思撰　清康
熙刻本　十九冊　存一百二十六卷（五至一
百三十）

620000 – 1101 – 0013192　610.81/437.001
史記論文一百三十卷　（清）吳見思評點
（清）吳興祚參訂　清中期刻本　二冊　存十
一卷（一至四、四十六至五十二）

620000 – 1101 – 0013193　610.81/437.001
史記論文一百三十卷　（清）吳見思評點
（清）吳興祚參訂　清中期刻本　八冊　存九
十三卷（一至三十、六十二至一百二十四）

620000 – 1101 – 0013194　610.81/437
史記論文一百三十卷　（清）吳見思評點
（清）吳興祚參訂　清中晚期刻本　一冊　存
七卷（九十八至一百四）

620000 – 1101 – 0013195　38
史記評林一百三十卷　（明）凌稚隆輯　明萬
曆二年至四年（1574 – 1576）凌稚隆刻本　四
十冊

620000 – 1101 – 0013196　1711
史記評林一百三十卷　（明）凌稚隆輯　明萬
曆二年至四年（1574 – 1576）凌稚隆刻本　二
十六冊　存九十一卷（七至八、十九至二十、
二十三至四十、四十四至九十、一百五至一百
十七、一百二十二至一百三十）

620000 – 1101 – 0013197　3856
史記評林一百三十卷　（明）凌稚隆輯　明萬
曆二年至四年（1574 – 1576）凌稚隆刻本　一
冊　存三卷（四十一至四十三）

620000 – 1101 – 0013198　3857
史記評林一百三十卷　（明）凌稚隆輯　明萬

曆二年至四年(1574 – 1576)淩稚隆刻本(卷
一百四配李光縉增補本) 二冊 存十八卷
(九十一至一百四、一百十八至一百二十一)

620000 – 1101 – 0013199 1712
史記評林一百三十卷 (明)淩稚隆輯 明刻
本 十一冊 存一百卷(一至四十、四十八至
六十、七十五至一百三、一百十三至一百三
十)

620000 – 1101 – 0013200 1713
史記評林一百三十卷 (明)淩稚隆輯 (明)
李光縉補 明末刻本 二十一冊 存一百二
十卷(一至二十、二十七至一百二十六)

620000 – 1101 – 0013201 610.1107/302.001
史記評林一百三十卷 (明)淩稚隆輯 清同
治十三年(1874)長沙魏氏養翩書屋刻本 二
十八冊

620000 – 1101 – 0013202 610.1107/302
史記評林一百三十卷 (明)淩稚隆輯 清光
緒十年(1884)刻本 二十四冊

620000 – 1101 – 0013203 610.1107/302
史記評林一百三十卷 (明)淩稚隆輯 清光
緒十年(1884)刻本 十八冊 存五十二卷
(一至三十九、九十八至一百四、一百二十一
至一百二十六)

620000 – 1101 – 0013204 610.1107/302.6
史記評林一百三十卷 (明)淩稚隆輯 清光
緒十七年(1891)刻本 三十冊

620000 – 1101 – 0013205 610.1107/302.002
史記評林一百三十卷 (明)淩稚隆輯 清晚
期石印本 二冊 存十七卷(四至七、一百十
八至一百三十)

620000 – 1101 – 0013206 4466
史記評林一百三十卷 (明)淩稚隆輯 明萬
曆二年至四年(1574 – 1576)淩稚隆刻本 一
冊 存五卷(二至六)

620000 – 1101 – 0013207 292.22/363
史記天官書補目一卷 (清)孫星衍撰 補續

漢書藝文志一卷 (清)錢大昭撰 清光緒十
三年(1887)廣雅書局刻本 一冊

620000 – 1101 – 0013208 610.11/890.09
史記序校勘札記不分卷 (清)劉光蕢輯 清
光緒二十一年(1895)刻本 六冊

620000 – 1101 – 0013209 35
史記一百三十卷 (漢)司馬遷撰 (南朝宋)
裴駰集解 (唐)司馬貞索隱 (唐)張守節正
義 明嘉靖四年至六年(1525 – 1527)王延喆
刻本 八十冊

620000 – 1101 – 0013210 36
史記一百三十卷 (漢)司馬遷撰 (南朝宋)
裴駰集解 (唐)司馬貞索隱 (唐)張守節正
義 明嘉靖四年(1525)汪諒刻本 二十六冊

620000 – 1101 – 0013211 37
史記一百三十卷 (漢)司馬遷撰 (南朝宋)
裴駰集解 (唐)司馬貞索隱 (唐)張守節正
義 明萬曆二年至三年(1574 – 1575)南京國
子監刻本 二十四冊

620000 – 1101 – 0013212 1033
史記一百三十卷 (漢)司馬遷撰 (南朝宋)
裴駰集解 (唐)司馬貞索隱 (唐)張守節正
義 明萬曆二十四年(1596)南京國子監刻明
清遞修本 二十冊

620000 – 1101 – 0013213 860
史記一百三十卷 (漢)司馬遷撰 (唐)司馬
貞補 明萬曆吳中珩刻本 二十冊

620000 – 1101 – 0013214 2190
史記一百三十卷 (漢)司馬遷撰 (明)葛鼎
(明)金蟠輯評 明崇禎十年(1637)葛氏刻
本 十七冊

620000 – 1101 – 0013215 806
史記一百三十卷 (漢)司馬遷撰 (南朝宋)
裴駰集解 明崇禎十四年(1641)毛氏汲古閣
刻本 十冊

620000 – 1101 – 0013216 1035
史記一百三十卷 (漢)司馬遷撰 (南朝宋)

裴駰集解　明崇禎十四年(1641)毛氏汲古閣
刻本　二十四冊

620000－1101－0013217　1593
史記一百三十卷　（漢）司馬遷撰　（南朝宋）
裴駰集解　（唐）司馬貞索隱　（唐）張守節正
義　（明）陳仁錫評　明崇禎刻本　七冊　存
四十卷(五至四十四)

620000－1101－0013218　377
史記一百三十卷　（漢）司馬遷撰　（南朝宋）
裴駰集解　（唐）司馬貞索隱　（唐）張守節正
義　（明）陳仁錫評　明末程正揆刻本　十
八冊

620000－1101－0013219　377
史記一百三十卷　（漢）司馬遷撰　（南朝宋）
裴駰集解　（唐）司馬貞索隱　（唐）張守節正
義　（明）陳仁錫評　明末程正揆刻本　二十
三冊

620000－1101－0013220　4394
史記一百三十卷　（漢）司馬遷撰　（南朝宋）
裴駰集解　（唐）司馬貞索隱　（唐）張守節正
義　（明）陳仁錫評　明末程正揆刻本　一冊
僅存目錄

620000－1101－0013221　3037
史記一百三十卷　（漢）司馬遷撰　（南朝宋）
裴駰集解　（唐）司馬貞索隱　（唐）張守節正
義　（明）凌稚隆　（明）陳子龍輯評　明末致
和堂刻本　八冊　存十八卷(本紀十二卷、年
表一至六)

620000－1101－0013222　39
史記一百三十卷　（漢）司馬遷撰　（明）鍾人
杰輯評　明鍾人傑刻本　二十冊　存十卷
(一至十)

620000－1101－0013223　610.11/303
史記一百三十卷　（漢）司馬遷撰　（南朝宋）
裴駰集解　（唐）司馬貞索隱　（唐）張守節正
義　清同治五年至九年(1866－1870)金陵書
局刻本　二十冊

620000－1101－0013224　610.11/303

620000－1101－0013225　610.11/303
史記一百三十卷　（漢）司馬遷撰　（南朝宋）
裴駰集解　（唐）司馬貞索隱　（唐）張守節正
義　清同治五年至九年(1866－1870)金陵書
局刻本　十四冊

620000－1101－0013226　610.11/303
史記一百三十卷　（漢）司馬遷撰　（南朝宋）
裴駰集解　（唐）司馬貞索隱　（唐）張守節正
義　清同治五年至九年(1866－1870)金陵書
局刻本　十六冊　存九十三卷(一至四十四、
五十三至九十三、一百二十三至一百三十)

620000－1101－0013227　610.11/303.001
史記一百三十卷　（漢）司馬遷撰　（南朝宋）
裴駰集解　（唐）司馬貞索隱　（唐）張守節正
義　清同治九年(1870)湖北崇文書局刻本
二十四冊

620000－1101－0013228　610.11/303.001
史記一百三十卷　（漢）司馬遷撰　（南朝宋）
裴駰集解　（唐）司馬貞索隱　（唐）張守節正
義　清同治九年(1870)湖北崇文書局刻本
三冊　存十二卷(十三至十四、一百十七至一
百二十六)

620000－1101－0013229　610.11/310.18
史記一百三十卷　（漢）司馬遷撰　（南朝宋）
裴駰集解　（唐）司馬貞索隱　（唐）張守節正
義　**史記正義論例謚法解列國分野一卷**
(唐)張守節撰　**補史記一卷**　（唐）司馬貞撰
並注　清同治十一年(1872)成都書局刻本
二十六冊

620000－1101－0013230　610.11/310.18
史記一百三十卷　（漢）司馬遷撰　（南朝宋）
裴駰集解　（唐）司馬貞索隱　（唐）張守節正
義　**史記正義論例謚法解列國分野一卷**
(唐)張守節撰　**補史記一卷**　（唐）司馬貞撰
並注　清同治十一年(1872)成都書局刻本

二十六冊

620000－1101－0013231　610.11/86.30
史記一百三十卷 （漢）司馬遷撰 （明）歸有光評點 **方望溪平點史記四卷** （清）方苞評點 清光緒二年(1876)張裕釗刻本 二十冊

620000－1101－0013232　610.11/303.006
史記一百三十卷 （漢）司馬遷撰 （南朝宋）裴駰集解 （唐）司馬貞索隱 清光緒四年(1878)金陵書局刻本 十六冊

620000－1101－0013233　610.11/303.003
史記一百三十卷 （漢）司馬遷撰 （南朝宋）裴駰集解 （唐）司馬貞索隱 （唐）張守節正義 清光緒十年(1884)上海同文書局石印本 二十二冊 存一百十卷(一至十九、四十至一百三十)

620000－1101－0013234　610.11/30.48
史記一百三十卷 （漢）司馬遷撰 （南朝宋）裴駰集解 （唐）司馬貞索隱 （唐）張守節正義 清光緒十四年(1888)上海圖書集成印書局鉛印本 十六冊

620000－1101－0013235　610.11/303.004
史記一百三十卷 （漢）司馬遷撰 （南朝宋）裴駰集解 （唐）司馬貞索隱 （唐）張守節正義 清光緒十四年(1888)上海圖書集成局鉛印本 六冊 存五十卷(十一至十四、二十七至五十二、一百十一至一百三十)

620000－1101－0013236　610.11/303.005
史記一百三十卷 （漢）司馬遷撰 （南朝宋）裴駰集解 （唐）司馬貞索隱 （唐）張守節正義 清光緒二十年(1894)陝甘味經書院刻本 十三冊 存三十二卷(一至六、九至十七、十九至二十七、一百二十三至一百三十)

620000－1101－0013237　610.11/303.008
史記一百三十卷 （漢）司馬遷撰 （南朝宋）裴駰集解 （唐）司馬貞索隱 （唐）張守節正義 **附補史記一卷** （唐）司馬貞撰 **史記正義論例史法解列國分野一卷** （唐）張守節撰 清光緒二十年(1894)同文書局石印本 三

十二冊

620000－1101－0013238　610.11/30.16
史記一百三十卷 （漢）司馬遷撰 （南朝宋）裴駰集解 （唐）司馬貞索隱 （唐）張守節正義 清光緒二十九年(1903)五洲同文局石印本 二十六冊

620000－1101－0013239　610.11/303.007
史記一百三十卷 （漢）司馬遷撰 （南朝宋）裴駰集解 清光緒陝西撫署刻本 一冊 存二卷(一百二十九至一百三十)

620000－1101－0013240　610.11/303.002
史記一百三十卷首一卷 （漢）司馬遷撰 （南朝宋）裴駰集解 （唐）司馬貞索隱 （唐）張守節正義 清咸豐、同治素未堂刻本 三十二冊

620000－1101－0013241　1148
史記疑問三卷 （清）邵泰衢撰 清抄本 二冊

620000－1101－0013242　610.1107/112
史記正譌三卷 （清）王元啓撰 清光緒十六年(1890)廣雅書局刻本 一冊

620000－1101－0013243　610.1107/11
史記正譌三卷 （清）王元啓撰 清光緒十六年(1890)廣雅書局刻本 一冊

620000－1101－0013244　601.081/0.455
史記志疑三十六卷 （清）梁玉繩撰 清光緒十九年(1893)有三長齋石印本 二十四冊

620000－1101－0013245　610.1107/72
史記志疑三十六卷附錄三卷 （清）梁玉繩撰 清光緒十三年(1887)廣雅書局刻本 十八冊

620000－1101－0013246　610.1107/72
史記志疑三十六卷附錄三卷 （清）梁玉繩撰 清光緒十三年(1887)廣雅書局刻本 十四冊

620000－1101－0013247　610.1107/72
史記志疑三十六卷附錄三卷 （清）梁玉繩撰

清光緒十三年(1887)廣雅書局刻本　十四冊

620000－1101－0013248　610.1107/72

史記志疑三十六卷附錄三卷　（清）梁玉繩撰
清光緒十三年(1887)廣雅書局刻本　八冊
存十五卷(二十二至三十六)

620000－1101－0013249　610.29/120

史鑑綱目新論十卷　（清）王鳳洲鑒定　（清）
譚奇編次　清光緒二十七年(1901)詞源閣石
印本　三冊　存三卷(二、四、十)

620000－1101－0013250　610.29/120.001

史鑑綱目新論十卷　（清）王鳳洲鑒定　（清）
譚奇編次　清末民國初石印本　三冊　存三
卷(八至十)

620000－1101－0013251　610.74/850

史鑑節要便讀六卷　（清）鮑東里編輯　清同
治十二年(1873)崇文書局刻本　二冊

620000－1101－0013252　610.74/850.002

史鑑節要便讀六卷　（清）鮑東里編輯　清同
治七年(1868)刻本　一冊　存一卷(六)

620000－1101－0013253　610.74/850.003

史鑑節要便讀六卷　（清）鮑東里編輯　清光
緒二十九年(1903)湖南書局刻本　四冊　存
四卷(一至四)

620000－1101－0013254　610.74/850.001

史鑑節要便讀六卷末一卷　（清）鮑東里編輯
清光緒刻本　二冊

620000－1101－0013255　652.751/45

史禮堂奏議一卷　（清）史祐著　清晚期刻本
一冊

620000－1101－0013256　835.7/113

史論正鵠初集四卷二集四卷三集八卷　（清）
王樹敏評點　清光緒二十七年(1901)上海久
敬齋石印本　十六冊

620000－1101－0013257　835.7/113

史論正鵠初集四卷二集四卷三集八卷　（清）
王樹敏評點　清光緒二十七年(1901)上海久

敬齋石印本　十六冊

620000－1101－0013258　835.7/113

史論正鵠初集四卷二集四卷三集八卷　（清）
王樹敏評點　清光緒二十七年(1901)上海久
敬齋石印本　一冊　存二卷(初集一至二)

620000－1101－0013259　610.71/833

史略八十七卷　（清）朱墪輯　清同治五年
(1866)皖南朱氏岳麓山房刻本　二十冊

620000－1101－0013260　610.71/833.001

史略八十七卷　（清）朱墪輯　清光緒上海積
山書局石印本　一冊　存四十三卷(四十五
至八十七)

620000－1101－0013261　610.5/720.001

史目表不分卷　（清）洪飴孫撰　清光緒四年
(1878)啓秀山房刻本　一冊

620000－1101－0013262　610.5/720

史目表二卷　（清）洪飴孫撰　清光緒三年
(1877)授經堂刻本　一冊

620000－1101－0013263　772

史縈不分卷　（清）魏栢祥撰　清順治元年
(1644)魏裔魯等刻本　二冊

620000－1101－0013264　386

史通二十卷　（唐）劉知幾撰　明萬曆五年
(1577)張之象刻本　二冊

620000－1101－0013265　3234

史通通釋二十卷　（唐）劉知幾撰　（清）浦起
龍釋　清乾隆十七年(1752)浦氏求放心齋刻
本　八冊

620000－1101－0013266　3987

史通通釋二十卷　（唐）劉知幾撰　（清）浦起
龍釋　清乾隆十七年(1752)浦氏求放心齋刻
本　十冊　存十二卷(一至十二)

620000－1101－0013267　610.83/893

史通通釋二十卷　（唐）劉知幾撰　（清）浦起
龍釋　清同治、光緒翰墨園刻本　六冊

620000－1101－0013268　610.83/718

史通通釋二十卷附錄新唐書劉知幾本傳一卷

（唐）劉知幾撰　（清）浦起龍釋　清光緒上海文瑞樓石印本　八冊

620000－1101－0013269　601.3/85
史通削繁四卷　（清）紀昀撰　清道光十三年(1833)兩廣節署刻朱墨套印本　四冊

620000－1101－0013270　601.3/85
史通削繁四卷　（清）紀昀撰　清道光十三年(1833)兩廣節署刻朱墨套印本　四冊

620000－1101－0013271　601.3/85
史通削繁四卷　（清）紀昀撰　清道光十三年(1833)兩廣節署刻朱墨套印本　四冊

620000－1101－0013272　601.3/85.01
史通削繁四卷　（清）紀昀撰　清光緒元年(1875)湖北崇文書局刻本　四冊

620000－1101－0013273　601.3/85.01
史通削繁四卷　（清）紀昀撰　清光緒元年(1875)湖北崇文書局刻本　十二冊

620000－1101－0013274　601.3/85.001
史通削繁四卷　（清）紀昀撰　清光緒元年(1875)湖北崇文書局刻本　四冊

620000－1101－0013275　601.3/85.001
史通削繁四卷　（清）紀昀撰　清光緒元年(1875)湖北崇文書局刻本　四冊

620000－1101－0013276　601.3/85.002
史通削繁四卷　（清）紀昀撰　清光緒二十一年(1895)寶慶澹雅書局刻本　二冊

620000－1101－0013277　601.3/85.002
史通削繁四卷　（清）紀昀撰　清光緒二十一年(1895)寶慶澹雅書局刻本　四冊

620000－1101－0013278　601.3/85
史通削繁四卷　（清）紀昀撰　清道光十三年(1833)兩廣節署刻朱墨套印本　四冊

620000－1101－0013279　3864
史通訓故補二十卷　（清）黄叔琳撰　清乾隆十二年(1747)黄叔琳養素堂刻本　一冊　存三卷(一至三)

620000－1101－0013280　782.16/710
史外八卷　（清）汪有典撰　清同治四年(1865)刻本　八冊

620000－1101－0013281　782.16/710
史外八卷　（清）汪有典撰　清同治四年(1865)刻本　八冊

620000－1101－0013282　782.16/710
史外八卷　（清）汪有典撰　清同治四年(1865)刻本　八冊

620000－1101－0013283　782.16/710.001
史外八卷　（清）汪有典撰　清光緒三年(1877)謝維藩刻本　八冊

620000－1101－0013284　782.16/710.001
史外八卷　（清）汪有典撰　清光緒三年(1877)謝維藩刻本　八冊

620000－1101－0013285　782.16/710.001
史外八卷　（清）汪有典撰　清光緒三年(1877)謝維藩刻本　一冊　存一卷(七)

620000－1101－0013286　1252
史外三十二卷　（清）汪有典輯　清乾隆刻本　六冊

620000－1101－0013287　782.104/712
史姓韻編六十四卷　（清）汪輝祖輯　清光緒十年(1884)石印本　十二冊

620000－1101－0013288　782.154/712.03
史姓韻編六十四卷　（清）汪輝祖輯　清光緒十年(1884)石印本　十二冊

620000－1101－0013289　610.081/0.455
史學叢書四十三種三百十四卷　（清）□□輯　清光緒二十八年(1902)文瀾書局石印本　三十二冊

620000－1101－0013290　610.081/0.455
史學叢書四十三種三百十四卷　（清）□□輯　清光緒二十八年(1902)文瀾書局石印本　十一冊　存二十四種一百九卷(史記志疑七至九、二十九至三十六,史功表比說一卷,史記天官書補目一卷,楚漢諸侯疆域志三卷,史記駢枝一卷,人表考一至三,漢書辨疑一至十二,漢書注校補一至十六,後漢書注補正八卷,後漢書注又補一卷,後漢書補註續一卷,三史拾遺五卷,補三國疆域志二卷,補三史藝文志一卷,三國志辨疑三卷,三國志考證八卷,三國志旁證一至十二,新舊唐書互證八至二十,宋州郡校勘記一卷,宋史藝文志補一卷,補宋書刑法志一卷,補宋書食貨志一卷,補遼金元藝文志一卷,十六國疆域志一至二)

620000－1101－0013291　610.081/0.455.001

史學叢書四十三種三百十四卷　(清)□□輯
清光緒二十八年(1902)上海煥文書局石印本　十一冊　存十五種一百十九卷(史記志疑十五至三十六、漢書注校補一至十六、後漢書注補正八卷、後漢書注又補一卷、後漢書補註續一卷、補三史藝文志一卷、三國職官表三卷、三國志旁證一至十二、三國志辨疑三卷、三國志考證一至六、讀史舉正八卷、十六國疆域志九至十六、魏書校勘記一卷、新舊唐書互證二十卷、人表考九卷)

620000－1101－0013292　782.1/220.03

史學聯珠十卷　(清)胡文炳輯　清光緒十三年(1887)著易堂鉛印本　九冊　存九卷(一至九)

620000－1101－0013293　610.7/822

史腴二卷　(清)周金壇纂輯　清晚期刻本　二冊

620000－1101－0013294　1146

史贊二卷　王闓運撰　清晚期抄本　二冊

620000－1101－0013295　846.8/45.001

史忠正公集四卷　(明)史可法撰　(明)史山清輯　清道光二十九年(1849)刻本　二冊

620000－1101－0013296　846.8/45

史忠正公文集四卷首一卷　(明)史可法撰
清同治十二年(1873)三原劉質慧刻本　二冊

620000－1101－0013297　846.8/455

史忠正公文集四卷首一卷　(明)史可法撰
清同治十二年(1873)三原劉質慧刻本　二冊

620000－1101－0013298　846.8/45

史忠正公文集四卷首一卷　(明)史可法撰
清同治十二年(1873)三原劉質慧刻本　二冊

620000－1101－0013299　782.878/118

使俄草八卷　(清)王之春撰　清光緒二十一年(1895)上海文藝齋石印本　六冊

620000－1101－0013300　847.4/521

使蜀稿二卷　(清)葛峻起著　清晚期刻本　一冊

620000－1101－0013301　413/289

士材三書四種八卷　(明)李中梓撰　(清)尤乘增訂　清光緒宏道堂刻本　三冊　存二種四卷(診家正眼二卷、本草通元二卷)

620000－1101－0013302　1401

士禮居藏書題跋記不分卷　(清)黃丕烈撰
清光緒繆荃孫藝風堂抄本　五冊

620000－1101－0013303　011.6/167

士禮居藏書題跋記六卷　(清)黃丕烈撰　清光緒十年(1884)滂喜齋刻本　四冊

620000－1101－0013304　011.6/167.01

士禮居藏書題跋記續二卷　(清)黃丕烈撰
繆荃孫輯　清光緒二十二年(1896)元和江氏刻本　二冊

620000－1101－0013305　464.716/313

士那補釋不分卷　(清)張義澍撰　清光緒楊氏香海閣刻本　一冊

620000－1101－0013306　1023

士翼三卷　(明)崔銑撰　明萬曆九年(1581)崔氏永塾刻清修本　三冊

620000－1101－0013307　413.088/391

世補齋醫書後集二十五卷　(清)陸懋修撰
清宣統元年(1909)陸潤庠刻本　十冊

620000－1101－0013308　413.088/391.002

世補齋醫書後集二十五卷　(清)陸懋修撰
清宣統元年(1909)陸潤庠刻本　六冊　存十五卷(女科三卷、廣溫熱論三至四、傷寒論注三至十二)

620000－1101－0013309　413.088/391

世補齋醫書三十三卷　（清）陸懋修撰　清光緒十年(1884)刻本　八冊

620000－1101－0013310　413.088/391

世補齋醫書三十三卷　（清）陸懋修撰　清光緒十年(1884)刻本　十冊

620000－1101－0013311　413.088/391

世補齋醫書三十三卷　（清）陸懋修撰　清光緒十年(1884)刻本　一冊　存七卷(不謝方一卷、傷寒論陽明病釋四卷、內經運氣病釋一至二)

620000－1101－0013312　413.078/391

世補齋醫書三十三卷　（清）陸懋修撰　清光緒十年(1884)刻本　十冊

620000－1101－0013313　413.088/391

世補齋醫書三十三卷　（清）陸懋修撰　清光緒十年(1884)刻十二年(1886)山左書局印本　八冊

620000－1101－0013314　413.088/391

世補齋醫書三十三卷　（清）陸懋修撰　清光緒十年(1884)刻十二年(1886)山左書局印本　一冊　存四卷(文一至四)

620000－1101－0013315　781/314

世界名人傳略不分卷　（英國）張伯爾撰　（清）黃鼎等譯　清光緒三十四年(1908)商務印書館鉛印本　一冊

620000－1101－0013316　514.058/910

世界統計年鑑十一章　（日本）伊東佑穀著　（清）謝蔭昌輯譯　清宣統元年(1909)奉天圖書印刷所鉛印本　一冊

620000－1101－0013317　557.19/372

世界之交通不分卷　（清）鄧振瀛譯　清宣統二年(1910)郵傳部圖書通譯局鉛印本　一冊

620000－1101－0013318　821.37/43

世書堂詩韻更定五卷　（清）吳國縉編輯　清康熙刻本　六冊

620000－1101－0013319　3099

世說新語八卷　（南朝宋）劉義慶撰　（南朝梁）劉孝標注　（明）張懋辰訂　明萬曆刻本　一冊　存二卷(七至八)

620000－1101－0013320　130

世說新語八卷　（南朝宋）劉義慶撰　（南朝梁）劉孝標注　（宋）劉辰翁　（宋）劉應登　(明)王世懋評　明凌瀛初刻四色套印本　八冊

620000－1101－0013321　130

世說新語八卷　（南朝宋）劉義慶撰　（南朝梁）劉孝標注　（宋）劉辰翁　（宋）劉應登　(明)王世懋評　明凌瀛初刻四色套印本　四冊

620000－1101－0013322　1241

世說新語八卷　（南朝宋）劉義慶撰　（南朝梁）劉孝標注　**世說新語補四卷**　（明）何良俊撰　（明）王世貞刪定　清康熙三十三年(1694)程氏刻本　十二冊

620000－1101－0013323　601

世說新語補二十卷　（南朝宋）劉義慶撰　（南朝梁）劉孝標注　（明）王世貞補　（明）張文柱補注　（明）王湛校訂　明萬曆刻本　九冊　存十八卷(三至二十)

620000－1101－0013324　1950

世說新語補二十卷附釋名一卷　（南朝宋）劉義慶撰　（南朝梁）劉孝標注　（明)何良俊增補　（明）王世貞刪定　（明）王世懋批釋　(明)張文柱校注　明萬曆十三年(1585)張文柱刻本　十冊

620000－1101－0013325　1982

世說新語補二十卷附釋名一卷　（南朝宋）劉義慶撰　（南朝梁）劉孝標注　（明)何良俊增補　（明）王世貞刪定　（明）王世懋批釋　(明)張文柱校注　（清）黃汝琳補訂　清乾隆二十七年(1762)黃汝琳茂清書屋刻本　六冊

620000－1101－0013326　3889

世說新語補二十卷附釋名一卷　（南朝宋）劉義慶撰　（南朝梁）劉孝標注　(明)何良俊增

補 （明）王世貞刪定 （明）王世懋批釋
（明）張文柱校注 （清）黃汝琳補訂 清乾隆
二十七年(1762)黃汝琳茂清書屋刻本 四冊

620000－1101－0013327 177
世說新語六卷 （南朝宋）劉義慶撰 （南朝
梁）劉孝標注 明吳中珩刻本 六冊

620000－1101－0013328 1963
世說新語三卷 （南朝宋）劉義慶撰 （南朝
梁）劉孝標注 （宋）劉辰翁評 明萬曆八年
(1580)刻本 一冊 存一卷(一)

620000－1101－0013329 1964
世說新語三卷 （南朝宋）劉義慶撰 （南朝
梁）劉孝標注 **世說新語補四卷** （明）何良
俊撰 （明）王世貞刪定 明凌濛初刻本 三
冊 存五卷(下之下、補四卷)

620000－1101－0013330 2871
世說新語三卷 （南朝宋）劉義慶撰 （南朝
梁）劉孝標注 **世說新語補四卷** （明）何良
俊撰 （明）王世貞刪定 明凌濛初刻本 二
冊 存二卷(中之下、補二)

620000－1101－0013331 1965
世說新語三卷 （南朝宋）劉義慶撰 （南朝
梁）劉孝標注 **世說新語補四卷** （明）何良
俊撰 （明）王世貞刪定 明凌濛初刻清康熙
十五年(1676)印本 九冊 存七卷(上之下
至下、補四卷)

620000－1101－0013332 857.135.1/121
**世說新語三卷首一卷附世說新語注引用書目
一卷佚文一卷校勘小識一卷校勘小識補一卷
世說新語考證一卷** （南朝宋）劉義慶撰
（南朝梁）劉孝標注 葉德輝 王先謙輯校
清光緒十七年(1891)思賢講舍刻本 三冊
存二卷(中、下之上)

620000－1101－0013333 857.135.1/121
**世說新語三卷首一卷附世說新語注引用書目
一卷佚文一卷校勘小識一卷校勘小識補一卷
世說新語考證一卷** （南朝宋）劉義慶撰
（南朝梁）劉孝標注 葉德輝 王先謙輯校

清光緒十七年(1891)思賢講舍刻本 六冊

620000－1101－0013334 126.9/191
世緯二卷 （明）袁袠撰 清嘉慶十五年
(1810)松樵抄本 一冊

620000－1101－0013335 847.7/842
世忠堂文集六卷守城善後紀略一卷家傳一卷
（清）鄒鳴鶴撰 （清）鄒覲颺等輯校 清同
治二年(1863)錫山鄒氏刻本 八冊

620000－1101－0013336 2796
仕學全書三十五卷 （明）魯論撰 清乾隆十
一年(1746)魯鼎梅刻本 五冊

620000－1101－0013337 847.7/663
市隱書屋文橐十一卷詩橐五卷市隱危言一卷
（清）亢樹滋撰 清光緒三年(1877)刻本
一冊

620000－1101－0013338 1231
式古堂集詩六卷文三卷尺牘二卷 （清）張雲
翼撰 清康熙刻本 二冊

620000－1101－0013339 847.7/307
式訓集十六卷 （清）張柏恒撰 清道光二十
一年(1841)式訓堂刻本 一冊

620000－1101－0013340 082.78/657
**式訓堂叢書初集十五種五十五卷二集十三種
五十三卷** （清）章壽康輯 清光緒會稽章氏
刻本 二十八冊

620000－1101－0013341 082.78/657.001
**式訓堂叢書初集十五種五十五卷二集十三種
五十三卷** （清）章壽康輯 清光緒會稽章氏
刻本 十五冊 存十一種四十六卷(初集古
易音訓二卷,傳經表一卷、通經表一卷,漢書
西域傳補註二卷,晉書地理志新補正五卷,乾
道臨安志十五卷、札記一卷,弟子職集解一
卷,呂子校補二卷,竹汀日記鈔三卷,經籍跋
文一卷,對策六卷,拜經樓藏書題跋記五卷、
附錄一卷)

620000－1101－0013342 040.75/307
事類賦補遺十四卷 （清）張均坦編撰 清嘉

慶十六年(1811)令德堂刻本　六冊

620000－1101－0013343　422
事類賦三十卷　(宋)吳淑撰注　明嘉靖刻本
　八冊

620000－1101－0013344　626
事類賦三十卷　(宋)吳淑撰注　清康熙四十
四年(1705)程自淳抄本　四冊

620000－1101－0013345　2013
事類賦三十卷　(宋)吳淑撰注　清乾隆刻本
　四冊

620000－1101－0013346　2015
事類賦三十卷　(宋)吳淑撰注　廣事類賦四
十卷　(清)華希閔撰　清乾隆三十五年
(1770)劍光閣刻本　八冊　存四十卷(廣事
類賦四十卷)

620000－1101－0013347　2827
事類賦三十卷　(宋)吳淑撰注　廣事類賦四
十卷　(清)華希閔撰　清乾隆三十五年
(1770)劍光閣刻本　十二冊

620000－1101－0013348　2814
事類賦三十卷　(宋)吳淑撰注　廣事類賦四
十卷　(清)華希閔撰　清乾隆刻本　十二冊

620000－1101－0013349　2014
事類賦三十卷　(宋)吳淑撰注　廣事類賦四
十卷　(清)華希閔撰　清會成堂刻本　二冊
　存三十卷(事類賦三十卷)

620000－1101－0013350　4587
事類賦三十卷　(宋)吳淑撰注　廣事類賦四
十卷　(清)華希閔撰　清會成堂刻本　十
六冊

620000－1101－0013351　040.75/451.004
事類賦三十卷　(宋)吳淑撰注　清劍光閣刻
本　一冊　存十卷(二十一至三十)

620000－1101－0013352　040.75/451.002
事類賦三十卷　(宋)吳淑撰注　清嘉慶十七
年(1812)體元堂刻本　六冊

620000－1101－0013353　040.75/451

事類賦三十卷　(宋)吳淑撰注　廣事類賦四
十卷　(清)華希閔撰　清泰和堂刻本　十
六冊

620000－1101－0013354　040.75/451.003
事類賦三十卷　(宋)吳淑撰注　清晚期刻本
　一冊　存四卷(十至十三)

620000－1101－0013355　040.78/0.760
事類統編五種一百四十九卷　(清)□□輯
清光緒三年(1877)刻本　四十三冊　存五種
一百三十六卷(重訂事類賦三十卷、重訂廣事
類賦一至三十六、廣廣事類賦三十二卷、續廣
事類賦一至二十四、事類賦補遺十四卷)

620000－1101－0013356　041/51.644
事物紀原十卷　(宋)高承撰　清光緒十四年
(1888)惜陰書局刻本　十冊

620000－1101－0013357　041/51.644.001
事物紀原十卷　(宋)高承撰　(明)李果訂
(清)李錫齡校刊　清道光二十六年(1846)宏
道書院刻惜陰軒叢書本　十冊

620000－1101－0013358　2007
事物異名錄四十卷　(清)厲荃輯　(清)關槐
增輯　清乾隆五十三年(1788)廣東學使刻本
　十二冊

620000－1101－0013359　2653
事物異名錄四十卷　(清)厲荃輯　(清)關槐
增輯　清乾隆五十三年(1788)廣東學使刻本
　十二冊

620000－1101－0013360　629.11/440
試辦天津縣地方自治章程理由書不分卷
(清)吳興讓編　清光緒鉛印本　一冊

620000－1101－0013361　856.7/120.7
試策便覽十六卷　(清)王統　(清)王誥纂
清咸豐九年(1859)刻本　八冊

620000－1101－0013362　856.7/120.7.001
試策便覽十六卷　(清)王統　(清)王誥纂
清咸豐、同治世順堂刻本　二冊　存三卷(十
一至十三)

620000－1101－0013363　857.17/445

試場異聞錄五種十九卷　（清）呂相變輯　清同治九年(1870)廣東味經堂刻本　三冊　存三種六卷(國朝科場異聞錄一至二、前明科場異聞錄一、唐宋科場異聞錄一至三)

620000－1101－0013364　856.7/274.003

試律青雲集四卷　（清）楊逢春輯　清晚期刻本　二冊　存二卷(三至四)

620000－1101－0013365　821.18/119.001

試帖百篇最豁解不分卷　（清）王澤泩評注　清嘉慶刻本　一冊

620000－1101－0013366　831.7/503

試帖清華集不分卷　（清）荊槐芳輯　清中晚期刻本　四冊

620000－1101－0013367　856.7/372

試帖三萬選十卷類目一卷　（清）鄧雲航輯　清光緒十六年(1890)袖海山房石印本　六冊　存五卷(三至四、七至八、十)

620000－1101－0013368　856.7/0.100

試帖詩三萬選十卷　（清）□□輯　清光緒石印本　三冊　存三卷(二、五、九)

620000－1101－0013369　821.14/0.600

試帖詩雜鈔不分卷賦學指南摘要不分卷　（□）□□編　清末抄本　一冊

620000－1101－0013370　856.7/113

試帖文鈔不分卷　（清）王開運等撰　清末抄本　一冊

620000－1101－0013371　856.7/0.600

試帖仙樣集裁詩十法三卷　（清）麓峰居士輯評　清道光刻本　二冊　存二卷(二至三)

620000－1101－0013372　856.7/649

試帖玉堂新翰八卷　（清）高敏輯　清道光二十一年(1841)刻本　四冊

620000－1101－0013373　821.18/119

試帖最豁解二卷　（清）王澤泩評注　清光緒恒言堂刻本　一冊

620000－1101－0013374　072/329

620000－1101－0013375　730.9/41

試藝銜華初集二卷二集二卷　（清）邵積成輯　清光緒十年(1884)京都琉璃廠刻本　三冊　存三卷(初集二卷、二集一)

620000－1101－0013375　730.9/41

適可齋記行六卷　（清）馬建忠撰　清光緒二十二年(1896)刻本　二冊

620000－1101－0013376　847.8/41

適可齋記言四卷　（清）馬建忠撰　清光緒二十二年(1896)刻本　一冊

620000－1101－0013377　847.8/412.08

適可齋記言四卷記行六卷　（清）馬建忠撰　清光緒二十二年(1896)刻本　一冊　存三卷(記行一至三)

620000－1101－0013378　847.8/412

適可齋記言四卷記行六卷　（清）馬建忠撰　清光緒二十二年(1896)刻本　一冊　存二卷(記言三至四)

620000－1101－0013379　072.74/313

適來子四卷　（清）張潤貞著　清嘉慶十九年(1814)書三味樓刻本　一冊

620000－1101－0013380　856.278/947

適軒尺牘八卷　（清）徐菊生撰　清光緒五年(1879)刻本　四冊

620000－1101－0013381　856.278/947.001

適軒尺牘八卷　（清）徐菊生撰　清光緒元年(1875)刻本　三冊　存三卷(一、七至八)

620000－1101－0013382　931.7/43

適園印印二卷　（清）吳咨篆　清宣統三年(1911)石印本　二冊

620000－1101－0013383　3023

謚法考一卷　（清）王士禎撰　清康熙三十四年(1695)刻本　一冊

620000－1101－0013384　222.2/837

釋禪波羅蜜次第法門十卷　（隋）釋智者大師說　（隋）釋法慎記　清光緒三十四年(1908)揚州藏經院刻本　八冊

620000－1101－0013385　094.277/698

釋服二卷 （清）宋綿初學 清嘉慶二十三年
（1818）刻本 一冊 存一卷（上）

620000－1101－0013386 434.1/88
釋穀四卷 （清）劉寶楠撰 清光緒十四年
（1888）廣雅書局刻本 一冊

620000－1101－0013387 434.1/88
釋穀四卷 （清）劉寶楠撰 清光緒十四年
（1888）廣雅書局刻本 一冊

620000－1101－0013388 221.3603/682
釋淨土群疑論七卷 （唐）釋懷感撰 清光緒
金陵刻經處刻本 一冊 存三卷（一至三）

620000－1101－0013389 093.106/385
釋毛詩音四卷毛詩說一卷 （清）陳奐撰 清
道光、咸豐吳門南園掃葉山莊刻陳氏毛詩五
種本 一冊

620000－1101－0013390 093.106/385.001
釋毛詩音四卷毛詩說一卷 （清）陳奐撰 清
道光、咸豐吳門南園掃葉山莊刻陳氏毛詩五
種本 一冊

620000－1101－0013391 3072
釋名疏證八卷續一卷補遺一卷 （漢）劉熙撰
（清）畢沅疏證 清乾隆五十四年（1789）畢
氏靈巖山館刻經訓堂叢書本 四冊

620000－1101－0013392 802.1/120
釋名疏證補八卷附一卷 （漢）劉熙撰 王先
謙撰集 續釋名一卷釋名補遺一卷 （清）畢
沅輯 清光緒二十二年（1896）刻本 三冊

620000－1101－0013393 802.1/120
釋名疏證補八卷附一卷 （漢）劉熙撰 王先
謙撰集 續釋名一卷釋名補遺一卷 （清）畢
沅輯 清光緒二十二年（1896）刻本 四冊

620000－1101－0013394 31
釋名四卷 （漢）劉熙撰 明刻廣漢魏叢書本
三冊

620000－1101－0013395 856.17/253
釋氏書啓不分卷 （清）釋植菴輯 清同治十
年（1871）刻本 一冊

620000－1101－0013396 626.906/290
守汴日志不分卷 （明）李光壂編 清道光六
年（1826）李開鄴刻本 二冊

620000－1101－0013397 192.1/158
守己草廬日記五卷 （清）丁逢辰撰 清光緒
三十三年至宣統二年（1907－1910）刻本
三冊

620000－1101－0013398 847.7/307.3
守樸堂詩稿一卷 （清）張協曾撰 清光緒九
年（1883）刻本 一冊

620000－1101－0013399 627.77/315
守岐公牘彙存一卷 （清）張兆棟撰 清光緒
四年（1878）刻本 一冊

620000－1101－0013400 082.6/928.01.001
守山閣叢書一百十二種六百七十六卷 （清）
錢熙祚輯 清晚期影印本 七冊 存十二種
六十六卷（周禮疑義舉要七卷，儀禮釋宮一
卷，儀禮釋例一卷，春秋別典一至十，文子二
卷、附校勘記一卷，文始真經言外經旨三卷，
周易參同契考異一卷，古文苑二十一卷、附校
勘記一卷，觀林詩話一卷，餘師錄四卷，京口
耆舊傳九卷，大金弔伐錄四卷）

620000－1101－0013401 082.6/928.01
守山閣叢書一百十二種六百七十六卷 （清）
錢熙祚輯 清道光錢氏刻本 一百二十冊

620000－1101－0013402 1954
守拙軒印草一卷 （清）瞿紹坤篆 清道光二
十年（1840）刻鈐印本 一冊

620000－1101－0013403 847.6/439
守拙齋遺稿五卷 （清）吳家騏撰 橙香書屋
遺稿一卷 （清）吳家驤撰 杏園遺詩一卷
（清）吳繩祖撰 清咸豐七年（1857）刻本
一冊

620000－1101－0013404 847.2/289
受祺堂文集四卷續刻四卷 （清）李因篤著
清道光七年至十年（1827－1830）刻本 八冊

620000－1101－0013405 098.07/831

授經圖二十卷　（明）朱睦㮮著　清道光二十
六年(1846)宏道書院刻惜陰軒叢書本　二冊

620000－1101－0013406　098.07/831

授經圖二十卷　（明）朱睦㮮著　清道光二十
六年(1846)宏道書院刻惜陰軒叢書本　二冊

620000－1101－0013407　098.07/831

授經圖二十卷　（明）朱睦㮮著　清道光二十
六年(1846)宏道書院刻惜陰軒叢書本　二冊

620000－1101－0013408　098.07/831.001

授經圖二十卷　（明）朱睦㮮著　（清）李錫齡
校刊　清光緒十四年(1888)長沙惜陰書局刻
本　一冊　存十二卷(易一至四、書一至四、
詩一至四)

620000－1101－0013409　847.2/102

授堂遺書八種七十九卷　（清）武億撰　清道
光二十三年(1843)刻本　十六冊

620000－1101－0013410　095.17/8.888

噯經日記(春秋)一卷附春秋大旨提綱表四卷
　劉爾炘撰　清光緒三十四年(1908)甘肅高
等學堂刻本　一冊

620000－1101－0013411　095.17/8.888

噯經日記(春秋)一卷附春秋大旨提綱表四卷
　劉爾炘撰　清光緒三十四年(1908)甘肅高
等學堂刻本　一冊

620000－1101－0013412　095.17/8.888

噯經日記(春秋)一卷附春秋大旨提綱表四卷
　劉爾炘撰　清光緒三十四年(1908)甘肅高
等學堂刻本　三冊

620000－1101－0013413　095.17/8.888

噯經日記(春秋)一卷附春秋大旨提綱表四卷
　劉爾炘撰　清光緒三十四年(1908)甘肅高
等學堂刻本　三冊

620000－1101－0013414　095.17/8.888

噯經日記(春秋)一卷附春秋大旨提綱表四卷
　劉爾炘撰　清光緒三十四年(1908)甘肅高
等學堂刻本　三冊

620000－1101－0013415　092.7/8.8881

噯經日記(尚書)一卷　劉爾炘撰　清光緒三
十年(1904)甘肅高等學堂鉛印本　一冊

620000－1101－0013416　092.7/8.8881

噯經日記(尚書)一卷　劉爾炘撰　清光緒三
十年(1904)甘肅高等學堂鉛印本　一冊

620000－1101－0013417　092.7/8.8881

噯經日記(尚書)一卷　劉爾炘撰　清光緒三
十年(1904)甘肅高等學堂鉛印本　一冊

620000－1101－0013418　092.7/8.8881

噯經日記(尚書)一卷　劉爾炘撰　清光緒三
十年(1904)甘肅高等學堂鉛印本　一冊

620000－1101－0013419　092.7/8.8881

噯經日記(尚書)一卷　劉爾炘撰　清光緒三
十年(1904)甘肅高等學堂鉛印本　一冊

620000－1101－0013420　092.7/8.8881

噯經日記(周易)二卷　劉爾炘撰　清光緒三
十三年(1907)隴右樂善書局刻本　一冊

620000－1101－0013421　091.7/8.888

噯經日記(周易)二卷　劉爾炘撰　清光緒三
十三年(1907)隴右樂善書局刻本　一冊

620000－1101－0013422　091.7/8.888

噯經日記(周易)二卷　劉爾炘撰　清光緒三
十三年(1907)隴右樂善書局刻本　一冊

620000－1101－0013423　091.7/8.888

噯經日記(周易)二卷　劉爾炘撰　清光緒三
十三年(1907)隴右樂善書局刻本　一冊

620000－1101－0013424　091.7/8.888

噯經日記(周易)二卷　劉爾炘撰　清光緒三
十三年(1907)隴右樂善書局刻本　一冊

620000－1101－0013425　091.7/8.888

噯經日記(周易)二卷　劉爾炘撰　清光緒三
十三年(1907)隴右樂善書局刻本　一冊

620000－1101－0013426　091.7/8.888

噯經日記(周易)二卷　劉爾炘撰　清光緒三
十三年(1907)隴右樂善書局刻本　一冊

620000－1101－0013427　091.7/8.888

噩經日記（周易）二卷　劉爾炘撰　清光緒三十三年(1907)隴右樂善書局刻本　一冊　存一卷(上)

620000－1101－0013428　091.7/8.888

噩經日記（周易）二卷　劉爾炘撰　清光緒三十三年(1907)隴右樂善書局刻本　一冊　存一卷(上)

620000－1101－0013429　091.7/8.888

噩經日記（周易）二卷　劉爾炘撰　清光緒三十三年(1907)隴右樂善書局刻本　一冊　存一卷(上)

620000－1101－0013430　091.7/8.888

噩經日記（周易）二卷　劉爾炘撰　清光緒三十三年(1907)隴右樂善書局刻本　一冊

620000－1101－0013431　091.7/8.888

噩經日記（周易）一卷　劉爾炘撰　清光緒三十年(1904)甘肅高等學堂鉛印本　一冊

620000－1101－0013432　091.7/8.8881

噩經日記（周易）一卷　劉爾炘撰　清光緒三十年(1904)甘肅高等學堂鉛印本　一冊

620000－1101－0013433　091.7/8.8881

噩經日記（周易）一卷　劉爾炘撰　清光緒三十年(1904)甘肅高等學堂鉛印本　一冊

620000－1101－0013434　091.7/8.8881

噩經日記（周易）一卷　劉爾炘撰　清光緒三十年(1904)甘肅高等學堂鉛印本　一冊

620000－1101－0013435　091.7/8.8881

噩經日記（周易）一卷　劉爾炘撰　清光緒三十年(1904)甘肅高等學堂鉛印本　一冊

620000－1101－0013436　414.6/660

壽世保元十卷　（明）龔廷賢撰　清刻本　九冊

620000－1101－0013437　782.878

壽萱集六卷　（清）姚鳴庭輯　清嘉慶八年(1803)刻本　一冊

620000－1101－0013439　071.7/158

卡廬札記一卷　（清）丁泰著　清光緒六年(1880)刻本　一冊

620000－1101－0013440　092.7/75.91

書蔡傳坿釋一卷　（清）丁晏撰　清光緒二十年(1894)廣雅書局刻本　一冊

620000－1101－0013441　187

書傳會選六卷　（明）劉三吾等撰　明趙府味經堂刻本　六冊

620000－1101－0013442　187

書傳會選六卷　（明）劉三吾等撰　明趙府味經堂刻本　六冊

620000－1101－0013443　942.1/754

書法離鉤十卷　（明）潘之淙著　清道光二十六年(1846)宏道書院刻惜陰軒叢書本　二冊

620000－1101－0013444　4504

書法要訣四卷　（清）馮盡善輯　清道光、咸豐稿本　一冊　存二卷(三至四)

620000－1101－0013445　942.1/765

書法正傳十卷　（清）馮武編　清晚期刻本　二冊

620000－1101－0013446　092/806

書古微十二卷首一卷　（清）魏源撰　清光緒四年(1878)淮南書局刻本　四冊

620000－1101－0013447　092/806

書古微十二卷首一卷　（清）魏源撰　清光緒四年(1878)淮南書局刻本　四冊

620000－1101－0013448　3175

書畫跋跋三卷續三卷　（明）孫鑛撰　清乾隆五年(1740)孫氏居業堂刻本　三冊　存五卷(書畫跋跋二至三、續三卷)

620000－1101－0013449　940.1/28

書畫鑑影二十四卷首一卷　（清）李佐賢編輯　清同治十年(1871)刻本　十二冊

620000－1101－0013450　940.1/28.001
書畫鑑影二十四卷首一卷　（清）李佐賢編輯
　清晚期刻本　八冊

620000－1101－0013451　1405
書畫題跋記十二卷續十二卷　（明）郁逢慶編
　清乾隆、嘉慶抄本　十六冊

620000－1101－0013452　13
書集傳六卷　（宋）蔡沈撰　明刻本　六冊

620000－1101－0013453　092.2/52.55
書集傳六卷書序一卷　（宋）蔡沈集傳　**書傳
問答一卷**　（宋）朱熹　（宋）蔡沈撰　**陳淳安
卿記文公語一卷**　陳淳安撰　清光緒十七年
(1891)刻民國十四年(1925)印本　六冊

620000－1101－0013454　092.2/52.55.005
書經讀本不分卷　（宋）蔡沈集傳　清光緒十
九年(1893)陝西刊書處刻本　二冊

620000－1101－0013455　092.027/113
書經精華十卷　（清）薛嘉穎輯　清道光刻本
　四冊

620000－1101－0013456　092.2/52.55.58
書經六卷　（宋）蔡沈集傳　清同治七年
(1868)湖北崇文書局刻本　四冊

620000－1101－0013457　092.2/52.55.001
書經六卷　（宋）蔡沈集傳　清同治十年
(1871)刻本　四冊

620000－1101－0013458　092.2/52.55.001
書經六卷　（宋）蔡沈集傳　清同治十年
(1871)刻本　四冊

620000－1101－0013459　092.2/52.55.001
書經六卷　（宋）蔡沈集傳　清同治十年
(1871)刻本　四冊

620000－1101－0013460　092.2/52.55.001
書經六卷　（宋）蔡沈集傳　清同治十年
(1871)刻本　四冊

620000－1101－0013461　092.2/52.55.001
書經六卷　（宋）蔡沈集傳　清同治十年
(1871)刻本　四冊

620000－1101－0013462　092.2/52.55.001
書經六卷　（宋）蔡沈集傳　清同治十年
(1871)刻本　五冊

620000－1101－0013463　092.2/52.55.001
書經六卷　（宋）蔡沈集傳　清同治十年
(1871)刻本　四冊

620000－1101－0013464　092.2/52.55.001
書經六卷　（宋）蔡沈集傳　清同治十年
(1871)刻本　四冊

620000－1101－0013465　092.2/52.55.001
書經六卷　（宋）蔡沈集傳　清同治十年
(1871)刻本　四冊

620000－1101－0013466　092.2/52.55.001
書經六卷　（宋）蔡沈集傳　清同治十年
(1871)刻本　四冊

620000－1101－0013467　092.2/52.55.581
書經六卷　（宋）蔡沈集傳　清同治十年
(1871)刻本　四冊

620000－1101－0013468　092.2/52.55.581
書經六卷　（宋）蔡沈集傳　清同治十年
(1871)刻本　四冊

620000－1101－0013469　092.2/52.55.001
書經六卷　（宋）蔡沈集傳　清同治十年
(1871)刻本　四冊

620000－1101－0013470　092.2/52.55.001
書經六卷　（宋）蔡沈集傳　清同治十年
(1871)刻本　四冊

620000－1101－0013471　092.2/52.55.001
書經六卷　（宋）蔡沈集傳　清同治十年
(1871)刻本　四冊

620000－1101－0013472　092.2/52.55.001
書經六卷　（宋）蔡沈集傳　清同治十年
(1871)刻本　四冊

620000－1101－0013473　092.2/52.55.001
書經六卷　（宋）蔡沈集傳　清同治十年
(1871)刻本　一冊　存二卷（一至二）

620000－1101－0013474　092.2/52.55.001
書經六卷　（宋）蔡沈集傳　清同治十年
(1871)刻本　四冊

620000－1101－0013475　092.2/52.55.001
書經六卷　（宋）蔡沈集傳　清同治十年
(1871)刻本　四冊

620000－1101－0013476　092.2/52.55.006
書經六卷　（宋）蔡沈集傳　清光緒七年
(1881)江西書局刻本　三冊　存三卷(一、四
至五)

620000－1101－0013477　092.2/52.55.002
書經六卷　（宋）蔡沈集傳　清光緒十六年
(1890)蘭州刻本　四冊

620000－1101－0013478　092.2/52.55.002
書經六卷　（宋）蔡沈集傳　清光緒十六年
(1890)刻本　四冊

620000－1101－0013479　092.2/52.55.002
書經六卷　（宋）蔡沈集傳　清光緒十六年
(1890)蘭州刻本　四冊

620000－1101－0013480　092.2/52.55.002
書經六卷　（宋）蔡沈集傳　清光緒十六年
(1890)蘭州刻本　四冊

620000－1101－0013481　092.2/52.55.002
書經六卷　（宋）蔡沈集傳　清光緒十六年
(1890)蘭州刻本　四冊

620000－1101－0013482　092.2/52.55.002
書經六卷　（宋）蔡沈集傳　清光緒十六年
(1890)蘭州刻本　四冊

620000－1101－0013483　092.2/52.55.002
書經六卷　（宋）蔡沈集傳　清光緒十六年
(1890)蘭州刻本　四冊

620000－1101－0013484　092.2/52.55.004
書經六卷　（宋）蔡沈集傳　清光緒二十五年
(1899)三義堂刻本　四冊

620000－1101－0013485　092.2/52.55.008
書經六卷　（宋）蔡沈集傳　清晚期文林堂刻
本　一冊　存二卷(五至六)

620000－1101－0013486　092.2/52.55.009
書經六卷　（宋）蔡沈集傳　清晚期刻本　一
冊　存一卷(四)

620000－1101－0013487　092.81/0.323
書經六卷附錄禹貢節要便蒙總歌二卷　（□）
□□輯　清晚期刻本　一冊　存二卷(禹貢
節要便蒙總歌二卷)

620000－1101－0013488　092.2/52.55.007
書經六卷首一卷末一卷　（宋）蔡沈集傳　清
光緒七年(1881)江蘇書局刻本　四冊

620000－1101－0013489　092.2/52.551
書經六卷首一卷末一卷　（宋）蔡沈集傳　清
光緒七年(1881)金陵書局刻本　四冊

620000－1101－0013490　092.2/52.55.003
書經六卷首一卷末一卷　（宋）蔡沈集傳　清
晚期李光明莊刻本　四冊

620000－1101－0013491　092.2/52.55.003
書經六卷首一卷末一卷　（宋）蔡沈集傳　清
晚期李光明莊刻本　一冊　存二卷(五至六)

620000－1101－0013492　092.2/52.551.001
書經六卷先淺原公剳記一卷　（明）萬衣撰
清咸豐潯陽萬氏蓮峰書屋刻本　四冊

620000－1101－0013493　092.025.23/563
書經體註大全合參六卷　（宋）蔡沈集傳
（清）范翔鑒定　清嘉慶二十年(1815)文星堂
刻本　四冊

620000－1101－0013494　092.025.23/563.001
書經體註大全合參六卷　（宋）蔡沈集傳
（清）范翔鑒定　（清）錢希祥纂輯　清嘉慶十
一年(1806)文林堂刻本　二冊

620000－1101－0013495　092.025.23/563.002
書經體註大全合參六卷　（宋）蔡沈集傳
（清）范翔鑒定　（清）張聖度訂　（清）錢希
祥參　清光緒九年(1883)恒言堂刻本　一冊

620000－1101－0013496　092.025.23/563.007
書經體註大全合參六卷　（宋）蔡沈集傳
（清）范翔鑒定　（清）錢希祥纂輯　清道光二

十年(1840)刻本　四冊

620000－1101－0013497　092.025.23/563.007
書經體註大全合參六卷　（宋）蔡沈集傳
(清)范翔鑒定　(清)錢希祥纂輯　清道光二
十年(1840)刻本　三冊　存四卷(一至四)

620000－1101－0013498　092.025.23/563.004
書經體註大全合參六卷　（宋）蔡沈集傳
(清)范翔鑒定　(清)錢希祥參　清光緒十年
(1884)善成堂刻本　二冊　存三卷(一、五至
六)

620000－1101－0013499　092.025.23/563.005
書經體註大全合參六卷　（宋）蔡沈集傳
(清)范翔鑒定　(清)張聖度訂　(清)錢希
祥參　清光緒奎光堂刻本　四冊

620000－1101－0013500　092.025.23/563.006
書經體註大全合參六卷　（宋）蔡沈集傳
(清)范翔鑒定　(清)錢希祥參　清光緒桂林
堂刻本　四冊

620000－1101－0013501　092.025.23/563.009
書經體註大全合參六卷　（宋）蔡沈集傳
(清)范翔鑒定　(清)錢希祥纂輯　清晚期刻
本　一冊　存二卷(五至六)

620000－1101－0013502　092.025.23/563.010
書經體註大全合參六卷　（宋）蔡沈集傳
(清)范翔鑒定　(清)錢希祥纂輯　清中晚期
刻本　一冊　存二卷(五至六)

620000－1101－0013503　092.027/309
書經體註大全合參六卷圖一卷　（清）張聖度
撰　(清)錢希祥纂　清晚期刻本　四冊

620000－1101－0013504　092.025.23/563.003
書經體註大全合參六卷圖一卷　（宋）蔡沈集
傳　(清)范翔鑒定　(清)張聖度訂　(清)
錢希祥參　清中晚期芸生堂刻本　四冊

620000－1101－0013505　092.025.23/563.008
書經體註大全合參六卷圖一卷　（宋）蔡沈集
傳　(清)范翔鑒定　(清)錢希祥參訂　清同
治五年(1866)刻本　一冊　存一卷(一)

620000－1101－0013506　092.025.23/563.013
書經體註六卷　（清）錢希祥纂輯　(清)范翔
參訂　清晚期刻本　二冊　存三卷(四至六)

620000－1101－0013507　092.025.23/563.011
書經體註六卷　（清）錢希祥纂輯　清晚期刻
本　一冊　存一卷(六)

620000－1101－0013508　092.025.23/563.012
書經體註六卷　（清）錢希祥纂輯　清晚期刻
本　二冊　存三卷(四至六)

620000－1101－0013509　092.06/270
書經音訓一卷　（清）楊國楨撰　清道光十年
(1830)大梁書院刻本　一冊

620000－1101－0013510　436
書經直解十三卷　（明）張居正撰　明萬卷樓
刻大業堂印本　四冊

620000－1101－0013511　011.1/504
書林清話十卷　葉德輝述　清宣統三年
(1911)石印本　五冊

620000－1101－0013512　011.1/504.001
書林清話十卷　葉德輝述　清光緒善化經濟
堂刻本　二冊　存四卷(五至八)

620000－1101－0013513　896
書目答問不分卷　（清）張之洞撰　(清)沈錫
祚校補　清光緒刻本　一冊

620000－1101－0013514　012.6/312.004
書目答問不分卷　（清）張之洞撰　清光緒刻
本　二冊

620000－1101－0013515　012.6/312.003
書目答問不分卷　（清）張之洞撰　清光緒十
四年(1888)上海蜚英館石印本　一冊

620000－1101－0013516　012.6/312.003
書目答問不分卷　（清）張之洞撰　清光緒十
四年(1888)上海蜚英館石印本　二冊

620000－1101－0013517　012.6/312.001
書目答問不分卷　（清）張之洞撰　清光緒二
十三年(1897)新化三昧堂刻本　一冊

620000 - 1101 - 0013518　012.6/312

書目答問不分卷附國朝著述諸家姓名略不分卷 （清）張之洞編　清光緒四年(1878)上海淞隱閣刻本　四冊

620000 - 1101 - 0013519　012.6/312.002

書目答問不分卷附四川尊經書院記不分卷 （清）張之洞撰　清光緒五年(1879)貴陽刻本　二冊

620000 - 1101 - 0013520　012.6/312.002

書目答問不分卷附四川尊經書院記不分卷 （清）張之洞撰　清光緒五年(1879)貴陽刻本　一冊

620000 - 1101 - 0013521　012.6/312.005

書目答問五卷別錄一卷國朝箸述諸家姓名略一卷 （清）張之洞撰　清宣統元年(1909)石印本　一冊　存二卷(三至四)

620000 - 1101 - 0013522　016.03/30.02

書目答問一卷 （清）張之洞撰　清中晚期刻本　二冊

620000 - 1101 - 0013523　072.7/314

書事存稿二卷 （清）張作楠撰　清中晚期刻本　一冊

620000 - 1101 - 0013524　097.375/209

書說二卷 （清）郝懿行撰　清光緒八年(1882)刻郝氏遺書本　二冊

620000 - 1101 - 0013525　071.5/915

書敘指南二十卷 （宋）任廣編次　清光緒二十二年(1896)刻惜陰軒叢書續編本　四冊

620000 - 1101 - 0013526　075.8/0.323

書字略識不分卷 （□）□□纂　清末民初抄本　三冊

620000 - 1101 - 0013527　3240

書纂言四卷 （元）吳澄撰　清康熙成德刻通志堂經解本　四冊

620000 - 1101 - 0013528　847.8/312.5

舒藝室詩存七卷索笑詞二卷 （清）張文虎撰　清光緒七年(1881)刻本　二冊

620000 - 1101 - 0013529　847.7/994.5

疏影樓詞五卷 （清）姚燮撰　清道光十三年(1833)上湖草堂刻本　一冊

620000 - 1101 - 0013530　1333

蔬彙不分卷 （清）袁枚輯　清乾隆、嘉慶稿本　二冊

620000 - 1101 - 0013531　573.535/60.82

樞垣記略二十八卷 （清）梁章鉅編　清光緒元年(1875)鉛印本　六冊

620000 - 1101 - 0013532　573.41/731

樞垣記略二十八卷 （清）梁章鉅編　清光緒元年(1875)鉛印本　六冊

620000 - 1101 - 0013533　671.65/109.79

署蘭州府金縣地理調查表一卷 （清）余重寅編　清宣統元年(1909)抄本　一冊

620000 - 1101 - 0013534　653.7/372

署理江寧府句容縣事公牘存稿不分卷 （清）鄧炬撰　清光緒刻本　一冊

620000 - 1101 - 0013535　653.78/0.852

署缺官檔一卷補缺官檔一卷 （清）□□編　清末抄本　二冊

620000 - 1101 - 0013536　676.55/109.79

署西寧府碾伯縣地理調查表不分卷 （清）林壽鈞編　清宣統元年(1909)抄本　一冊

620000 - 1101 - 0013537　2581

蜀碧四卷 （清）彭遵泗撰　清乾隆十年(1745)刻本　一冊

620000 - 1101 - 0013538　626.04/183.001

蜀碧四卷 （清）彭遵泗撰　清刻本　一冊　存二卷(三至四)

620000 - 1101 - 0013539　626.04/183

蜀碧四卷 （清）彭遵泗撰　清光緒肇經堂刻本　二冊

620000 - 1101 - 0013540　3839

蜀道驛程記二卷 （清）王士禛撰　清康熙刻雍正印本　二冊

620000－1101－0013541　1151

蜀道驛程記二卷　（清）王士禎撰　清康熙抄本　一冊

620000－1101－0013542　629.27/313

蜀典十二卷　（清）張澍編輯　清道光刻本　六冊

620000－1101－0013543　629.27/313

蜀典十二卷　（清）張澍編輯　清光緒二年（1876）尊經書院刻本　四冊

620000－1101－0013544　629.27/313

蜀典十二卷　（清）張澍編輯　清光緒二年（1876）尊經書院刻本　四冊

620000－1101－0013545　629.27/313

蜀典十二卷　（清）張澍編輯　清光緒二年（1876）尊經書院刻本　四冊

620000－1101－0013546　629.27/313

蜀典十二卷　（清）張澍編輯　清光緒二年（1876）尊經書院刻本　四冊

620000－1101－0013547　629.27/313

蜀典十二卷　（清）張澍編輯　清光緒二年（1876）尊經書院刻本　一冊　存一卷（十二）

620000－1101－0013548　672.7/183

蜀故二十七卷　（清）彭遵泗纂輯　清光緒二十八年（1902）刻本　六冊

620000－1101－0013549　672.71/183

蜀故二十七卷　（清）彭遵泗纂輯　清光緒二年（1876）讀書堂刻本　六冊

620000－1101－0013550　626.04/889

蜀龜鑑七卷首一卷　（清）劉景伯輯　清咸豐八年（1858）刻本　二冊　存五卷（一、五至七,首一卷）

620000－1101－0013551　682.81/37

蜀水考四卷　（清）陳登龍撰　（清）朱錫穀補注　（清）陳一津疏　清光緒二十二年（1896）成都書局刻本　二冊

620000－1101－0013552　682.81/37

蜀水考四卷　（清）陳登龍撰　（清）朱錫穀補注　（清）陳一津疏　清光緒二十二年（1896）成都書局刻本　二冊

620000－1101－0013553　682.81/37.001

蜀水考四卷　（清）陳登龍撰　（清）朱錫穀補注　（清）陳一津疏　清同治刻本　四冊

620000－1101－0013554　847.8/682

蜀秀集九卷　（清）譚宗浚輯訂　清光緒五年（1879）成都試院刻本　一冊　存一卷（九）

620000－1101－0013555　847.7/233

蜀輶偶吟不分卷　（清）韓錫之撰　清同治二年（1863）金城郡署刻本　一冊

620000－1101－0013556　672.76/399

蜀輶日記四卷　（清）陶澍撰　清光緒七年（1881）刻本　一冊

620000－1101－0013557　672.76/399.001

蜀輶日記四卷　（清）陶澍撰　清道光刻本　二冊

620000－1101－0013558　684.027/13

蜀中名勝記三十卷　（清）曹學佺撰　清宣統刻本　六冊

620000－1101－0013559　684.027/13

蜀中名勝記三十卷　（清）曹學佺撰　清宣統刻本　十冊

620000－1101－0013560　1400

鼠璞二卷　（宋）戴埴撰　清宣統三年（1911）曹銜抄本　二冊

620000－1101－0013561　645

述本堂詩集十八卷續集五卷　（清）方登嶧等撰　清乾隆二十年（1755）、嘉慶十四年（1809）刻本　十冊

620000－1101－0013562　082.78/668

述古叢鈔四集二十四種一百五十二卷　（清）劉晚榮輯　清同治、光緒古岡劉氏藏修書屋刻本　三十冊　存十七種一百二十一卷（第一集:藏書紀要一卷、裝潢志一卷、畫筌析覽一卷、清秘藏二卷、傷寒百證歌五卷、昭代名人尺牘小傳二十四卷、廣川畫跋六卷、廣川畫

跋校勘記六卷、靈棋經二卷、月波洞中記一卷;第二集:書苑菁華二十卷、遼詩話二卷、無聲詩史七卷;第三集:南唐書十三至三十,南唐書十八卷,音釋一卷,玉臺書史一卷;第四集:壽親養老新書四卷、附刻經驗十四方一卷)

620000－1101－0013563　2840
述記四卷　(清)任兆麟撰　清乾隆五十二年(1787)忠敏家塾刻本　六冊

620000－1101－0013564　127.4/915
述記四卷　(清)任兆麟撰　(清)尤興讓等編　清晚期刻本　四冊

620000－1101－0013565　127.4/915
述記四卷　(清)任兆麟撰　(清)尤興讓等編　清晚期刻本　六冊

620000－1101－0013566　071.74/70.29
述學內篇三卷外篇一卷補遺一卷別錄一卷
(清)汪中撰　清同治八年(1869)揚州書局刻本　二冊

620000－1101－0013567　071.74/70.29
述學內篇三卷外篇一卷補遺一卷別錄一卷
(清)汪中撰　清同治八年(1869)揚州書局刻本　二冊

620000－1101－0013568　071.74/70.81
述學內篇三卷外篇一卷補遺一卷別錄一卷
(清)汪中撰　清光緒上海千頃堂書局石印本　一冊

620000－1101－0013569　071.74/70.29
述學內篇三卷外篇一卷補遺一卷別錄一卷校勘記一卷　(清)汪中撰　清同治八年(1869)揚州書局刻本　二冊

620000－1101－0013570　071.74/70.29
述學內篇三卷外篇一卷補遺一卷別錄一卷校勘記一卷　(清)汪中撰　清同治八年(1869)揚州書局刻本　二冊

620000－1101－0013571　071.74/70.33
述學內篇三卷外篇一卷補遺一卷別錄一卷校

勘記一卷　(清)汪中撰　清刻本　一冊

620000－1101－0013572　071.74/70.81
述學內篇三卷外篇一卷補遺一卷別錄一卷校勘記一卷　(清)汪中撰　清上海千頃堂石印本　二冊

620000－1101－0013573　071.74/70.29.001
述學三卷　(清)汪中撰　清嘉慶汪氏刻本　一冊

620000－1101－0013574　127.6/348.6
述朱質疑十六卷　(清)夏炘撰　清咸豐二年(1852)刻本　三冊　存十二卷(一至十二)

620000－1101－0013575　847.6/947.001
漱芳閣集十卷　(清)徐士芬撰　清同治十一年(1872)漱芳閣刻本　一冊　存六卷(一至六)

620000－1101－0013576　847.6/947
漱芳閣集四卷　(清)徐士芬撰　清咸豐二年(1852)刻本　二冊

620000－1101－0013577　094.327/537.003
漱芳軒合纂禮記體註□□卷　(清)范翔參訂　清晚期刻本　一冊　存一卷(四)

620000－1101－0013578　094.327/537.007
漱芳軒合纂禮記體註□□卷　(清)范翔參訂　清晚期刻本　一冊　存一卷(二)

620000－1101－0013579　094.327/573.002
漱芳軒合纂禮記體註四卷　(清)范翔參訂　清光緒十四年(1888)保寧恒言堂刻本　二冊

620000－1101－0013580　094.327/537.001
漱芳軒合纂禮記體註四卷　(清)范翔參訂　清光緒十八年(1892)關中五車樓刻本　三冊

620000－1101－0013581　094.327/537
漱芳軒合纂禮記體註四卷　(清)范翔參訂　清光緒刻本　四冊

620000－1101－0013582　094.327/537.004
漱芳軒合纂禮記體註四卷　(清)范翔參訂　清刻本　四冊

620000－1101－0013583　2071

漱芳軒合纂四書體註十九卷　（清）范翔參訂
清雍正八年(1730)李氏啓盛堂刻本　五冊

620000－1101－0013584　094.327/537.001

漱芳軒合纂禮記體註四卷　（清）范翔參訂
清光緒十八年(1892)關中五車樓刻本　二冊

620000－1101－0013585　094.327/537.005

漱芳軒合纂禮記體註四卷　（清）范翔參訂
清文發堂刻本　一冊　存一卷(二)

620000－1101－0013586　094.327/537.006

漱芳軒合纂禮記體註四卷　（清）范翔參訂
清大道堂刻本　一冊　存一卷(三)

620000－1101－0013587　097.527/537.003

漱芳軒合纂四書體註十九卷　（清）鄧林撰
（清）范翔參訂　清光緒刻本　四冊　存八卷
(論語一至四、孟子四至七)

620000－1101－0013588　097.527/537.001

漱芳軒合纂四書體註十九卷　（清）范翔參訂
　清晚期善成堂刻本　四冊　存十五卷(論
語十卷、孟子一至五)

620000－1101－0013589　097.527/537.002

漱芳軒合纂四書體註十九卷　（清）范翔參訂
　清晚期海清樓刻本　一冊　存五卷(論語
一至五)

620000－1101－0013590　311.51/102

數書九章十八卷附札記四卷　（宋）秦九韶撰
　（清）宋景昌撰札記　清道光二十二年
(1842)上海郁氏刻宜稼堂叢書本　六冊　存
十八卷(數書九章十八卷)

620000－1101－0013591　311.51/102

數書九章十八卷附札記四卷　（宋）秦九韶撰
　（清）宋景昌撰札記　清道光二十二年
(1842)上海郁氏刻宜稼堂叢書本　六冊

620000－1101－0013592　311.51/102

數書九章十八卷附札記四卷　（宋）秦九韶撰
　（清）宋景昌撰札記　清道光二十二年
(1842)上海郁氏刻宜稼堂叢書本　二冊　存

四卷(札記四卷)

620000－1101－0013593　312/661

數學教科書二卷　（清）商務印書館編譯所編
纂　清光緒三十二年(1906)上海商務印書館
鉛印本　二冊

620000－1101－0013594　311.7/321.002

數學精詳十一卷首一卷末一卷　（清）屈曾發
輯　清同治十一年(1872)刻本　三冊

620000－1101－0013595　311.7/321.004

數學精詳十一卷首一卷末一卷　（清）屈曾發
輯　清同治刻本　六冊

620000－1101－0013596　311.7/321.003

數學精詳十一卷首一卷末一卷　（清）屈曾發
輯　清光緒十三年(1887)刻本　六冊

620000－1101－0013597　310.22/857.001

數學理九卷附一卷　（英國）棣麼甘撰　（英
國）傅蘭雅口譯　（清）趙元益筆述　清光緒
五年(1879)上海江南製造局刻本　一冊　存
一卷(附一卷)

620000－1101－0013598　310.22/857

數學理九卷附一卷　（英國）棣麼甘撰　（英
國）傅蘭雅口譯　（清）趙元益筆述　清光緒
二十三年(1897)積山書局石印本　二冊　存
三卷(五至六、附一卷)

620000－1101－0013599　310.22/857

數學理九卷附一卷　（英國）棣麼甘撰　（英
國）傅蘭雅口譯　（清）趙元益筆述　清光緒
二十三年(1897)積山書局石印本　四冊

620000－1101－0013600　310.22/857

數學理九卷附一卷　（英國）棣麼甘撰　（英
國）傅蘭雅口譯　（清）趙元益筆述　清光緒
二十三年(1897)積山書局石印本　二冊　存
四卷(七至九、附一卷)

620000－1101－0013601　310.1/910

數學啓蒙二卷　（英國）偉烈亞力撰　清光緒
二十二年(1896)上海格致書室鉛印本　二冊

620000－1101－0013602　310.1/910

數學啓蒙二卷 （英國）偉烈亞力撰 清光緒
二十二年(1896)上海格致書室鉛印本 二冊

620000－1101－0013603 310.1/910.001

數學啓蒙二卷 （英國）偉烈亞力撰 清光緒
二十八年(1902)刻本 四冊

620000－1101－0013604 847.5/622

樹經堂詠史詩八卷 （清）謝啓昆撰 清嘉慶
二年(1797)樹經堂刻本 一冊 存二卷(一
至二)

620000－1101－0013605 532.2/348

衰說考誤一卷 夏震武撰 清光緒刻本
一冊

620000－1101－0013606 847.1/90.56

霜紅龕集四十卷附錄三卷年譜一卷 （清）傅
山撰 清宣統三年(1911)刻本 十二冊

620000－1101－0013607 847.1/90.56

霜紅龕集四十卷附錄三卷年譜一卷 （清）傅
山撰 清宣統三年(1911)丁寶銓刻本 十
二冊

620000－1101－0013608 847.1/90.56

霜紅龕集四十卷附錄三卷年譜一卷 （清）傅
山撰 清宣統三年(1911)山陽丁氏刻本
六冊

620000－1101－0013609 847.8/102.6

霜傑齋詩二卷補遺一卷 （清）秦寶璣撰 清
光緒十二年(1886)刻本 一冊

620000－1101－0013610 847.4/392

雙白燕堂詩八卷 （清）陸耀遹撰 清同治六
年(1867)刻本 二冊

620000－1101－0013611 847.4/392.001

雙白燕堂文集二卷外集八卷詩集八卷集唐二
卷金石續編二十一卷 （清）陸耀遹撰 清光
緒四年(1878)刻本 四冊 存十卷(文集二
卷、外集八卷)

620000－1101－0013612 847.4/392.001

雙白燕堂文集二卷外集八卷詩集八卷集唐二
卷金石續編二十一卷 （清）陸耀遹撰 清光

緒四年(1878)刻本 二冊 存六卷(文集二
卷、外集一至四)

620000－1101－0013613 852.477/98

雙柏詞一卷 （清）金鴻佺撰 清宣統元年
(1909)上海商務印書館鉛印本 一冊

620000－1101－0013614 852.477/98

雙柏詞一卷 （清）金鴻佺撰 清宣統元年
(1909)上海商務印書館鉛印本 一冊

620000－1101－0013615 782.972/988

雙池先生年譜四卷 （清）余龍光編次 清同
治五年(1866)刻本 二冊

620000－1101－0013616 193/659

雙節堂庸訓六卷 （清）汪輝祖纂 清同治七
年(1868)湖北崇文書局刻本 二冊

620000－1101－0013617 082.8/504

雙楳景闇叢書十六種二十六卷 葉德輝輯
清光緒、宣統長沙葉氏郎園刻本 五冊 存
十五種二十五卷(素女經一卷,素女方一卷,
玉房秘訣一卷,指要一卷,洞玄子一卷,天地
陰陽交歡大樂賦一卷,板橋雜記三卷,吳門畫
舫錄一卷,燕蘭小譜五卷,海漚小譜一卷,觀
劇絕句三卷,木皮散人鼓詞一卷、附萬古愁曲
一卷,乾嘉詩壇點將錄一卷,東林點將錄一
卷,重刻足本乾嘉詩壇點將錄一卷,秦雲擷英
小譜一卷)

620000－1101－0013618 082.8/504

雙楳景闇叢書十六種二十六卷 葉德輝輯
清光緒、宣統長沙葉氏郎園刻本 四冊 存
十種十九卷(板橋雜記三卷,吳門畫舫錄一
卷,燕蘭小譜五卷,海漚小譜一卷,觀劇絕句
三卷,木皮散人鼓詞一卷、附萬古愁曲一卷,
乾嘉詩壇點將錄一卷,東林點將錄一卷,重刻
足本乾嘉詩壇點將錄一卷,秦雲擷英小譜一
卷)

620000－1101－0013619 082.8/504

雙楳景闇叢書十六種二十六卷 葉德輝輯
清光緒、宣統長沙葉氏郎園刻本 一冊 存
六種六卷(素女經一卷,素女方一卷、玉房秘

訣一卷、洞玄子一卷、天地陰陽交歡大樂賦一卷、青樓集一卷)

620000－1101－0013620　082.8/504

雙楳景闇叢書十六種二十六卷　葉德輝輯　清光緒、宣統長沙葉氏郎園刻本　四冊　存八種十六卷(青樓集一卷、板橋雜記三卷、吳門畫舫錄一卷、燕蘭小譜五卷、觀劇絕句三卷、木皮散人鼓詞一卷、乾嘉詩壇點將錄一卷、重刻足本乾嘉詩壇點將錄一卷)

620000－1101－0013621　847.4/11.35

雙佩齋詩集八卷　(清)王友亮撰　**補梅書屋詩草一卷**　(清)王麟生撰　清中晚期刻本　六冊

620000－1101－0013622　847.4/115

雙佩齋詩集八卷文集四卷駢體文集一卷金陵雜詠一卷　(清)王友亮撰　**補梅書屋詩草一卷**　(清)王麟生撰　清中晚期刻本　六冊

620000－1101－0013623　847.5/903

雙藤書屋詩集十二卷試帖二卷　(清)何道生撰　**月波舫遺稿一卷**　(清)何熙績撰　清道光元年(1821)何耿繩刻本　四冊

620000－1101－0013624　1424

雙桐書屋詩鈔六卷　(清)李光謙撰　清同治十一年(1872)稿本　一冊

620000－1101－0013625　1423

雙桐書屋詩稿六卷　(清)李光謙撰　清稿本　二冊

620000－1101－0013626　847.7/286

雙榆草堂詩三種不分卷　(清)李協中輯　清光緒二年(1876)廣東以文堂刻本　一冊

620000－1101－0013627　847.7/286.01

雙榆草堂詩三種不分卷　(清)李協中輯　清光緒二年(1876)廣東以文堂刻本　三冊

620000－1101－0013628　1358

誰園集不分卷　(清)程作舟撰　清咸豐稿本　一冊

620000－1101－0013629　682/0.581

水道溯源不分卷　(□)□□輯　清晚期抄本　二冊

620000－1101－0013630　3007

水道提綱二十八卷　(清)齊召南撰　清乾隆四十一年(1776)傳經書屋刻本　六冊

620000－1101－0013631　3820

水道提綱二十八卷　(清)齊召南撰　清乾隆四十一年(1776)傳經書屋刻本　一冊　存三卷(一至三)

620000－1101－0013632　682/66

水道提綱二十八卷　(清)齊召南編　清光緒五年(1879)宏達堂刻本　六冊

620000－1101－0013633　682/66.2

水道提綱二十八卷　(清)齊召南編　清光緒七年(1881)上海文瑞樓鉛印本　八冊

620000－1101－0013634　682/66.2

水道提綱二十八卷　(清)齊召南編　清光緒七年(1881)上海文瑞樓鉛印本　八冊

620000－1101－0013635　682/66.3.001

水道提綱二十八卷　(清)齊召南編　清光緒二十三年(1897)上海古香閣書局石印本　一冊

620000－1101－0013636　3141

水道提綱二十八卷　(清)齊召南撰　清乾隆四十一年(1776)傳經書屋刻本　一冊　存三卷(四至六)

620000－1101－0013637　3095

水道提綱二十八卷　(清)齊召南撰　清乾隆刻本　一冊　存五卷(七至十一)

620000－1101－0013638　3096

水道提綱二十八卷　(清)齊召南撰　清乾隆刻本　五冊　存十七卷(十二至二十八)

620000－1101－0013639　682/66.1

水道提綱二十八卷天度刊誤一卷　(清)齊召南編　清光緒二十四年(1898)新化三味書室刻本　四冊

620000－1101－0013640　682.1/212

水地記一卷 （清）戴震撰 **遊歷記存一卷**
（清）朱書撰 清光緒三十四年(1908)鉛印本
一冊

620000－1101－0013641 432.57/274

水法輯要二卷 （明）徐光啓輯 （清）羅仲玉
補注 清道光二十五年(1845)刻本 一冊

620000－1101－0013642 120

水滸記二卷 （明）許自昌撰 明末毛氏汲古
閣刻六十種曲本 二冊

620000－1101－0013643 682.8/374

水經二卷 （漢）桑欽撰 清嘉慶刻廣漢魏叢
書本 一冊

620000－1101－0013644 1147

水經注碑錄不分卷 （清）伊秉綬輯 清抄本
一冊

620000－1101－0013645 682.8/15.26

水經注匯校四十卷首一卷附錄二卷 （北魏）
酈道元撰 （清）楊希閔校 清光緒七年
(1881)刻本 一冊 存五卷(三十二至三十
六)

620000－1101－0013646 682.8/15.26

水經注匯校四十卷首一卷附錄二卷 （北魏）
酈道元撰 （清）楊希閔校 清光緒七年
(1881)刻本 十六冊

620000－1101－0013647 3092

水經注釋四十卷首一卷附錄二卷水經注箋刊
誤十二卷 （清）趙一清撰 清乾隆五十一年
(1786)趙氏小山堂刻本 二十冊

620000－1101－0013648 682.8/196

水經注釋四十卷首一卷附錄二卷水經注箋刊
誤十二卷 （清）趙一清撰 清光緒六年
(1880)蛟川張氏花雨樓刻本 二十四冊

620000－1101－0013649 682.8/196

水經注釋四十卷首一卷附錄二卷水經注箋刊
誤十二卷 （清）趙一清撰 清光緒六年
(1880)蛟川張氏花雨樓刻本 二冊 存八卷
(三十至三十七)

620000－1101－0013650 61

水經注四十卷 （北魏）酈道元撰 明崇禎二
年(1629)嚴忍公等刻本 十六冊

620000－1101－0013651 61

水經注四十卷 （北魏）酈道元撰 明崇禎二
年(1629)嚴忍公等刻本 十冊

620000－1101－0013652 2329

水經注四十卷 （北魏）酈道元撰 清康熙五
十三年至五十四年(1714－1715)群玉書堂刻
本 十冊

620000－1101－0013653 1293

水經注四十卷 （北魏）酈道元撰 **山海經十
八卷** （晉）郭璞傳 清乾隆十八年(1753)黃
晟槐蔭草堂刻本 二十四冊

620000－1101－0013654 2722

水經注四十卷 （北魏）酈道元撰 **山海經十
八卷** （晉）郭璞傳 清乾隆十八年(1753)黃
晟槐蔭草堂刻本 十二冊

620000－1101－0013655 682.8/152.005

水經注四十卷 （北魏）酈道元撰 清光緒二
十年(1894)寶善書局石印本 二十冊

620000－1101－0013656 682.8/15.98

水經注四十卷補遺一卷附錄二卷 （北魏）酈
道元撰 清光緒薛福成刻本 十六冊

620000－1101－0013657 4327

水經注四十卷首一卷 （北魏）酈道元撰 清
乾隆杭州刻武英殿聚珍版書本 一冊 存三
卷(一至二、首一卷)

620000－1101－0013658 682.8/152.004

水經注四十卷首一卷 （北魏）酈道元撰 清
光緒三年(1877)湖北崇文書局刻本 十二冊

620000－1101－0013659 682.8/152.004

水經注四十卷首一卷 （北魏）酈道元撰 清
光緒三年(1877)湖北崇文書局刻本 十二冊

620000－1101－0013660 682.8/708

水經注圖一卷附錄一卷 （清）汪士鐸學 清
咸豐十一年(1861)刻本 一冊

620000－1101－0013661　682.8/708.001

水經注圖一卷附錄一卷　（清）汪士鐸學　清末石印本　二冊

620000－1101－0013662　682.8/708

水經注圖一卷附錄一卷　（清）汪士鐸學　清咸豐十一年(1861)刻本　四冊

620000－1101－0013663　682.8/708

水經注圖一卷附錄一卷　（清）汪士鐸學　清咸豐十一年(1861)刻本　一冊

620000－1101－0013664　682.27/384

水經注西南諸水考三卷弧三角平視法一卷摹印述一卷　（清）陳澧撰　清光緒廣雅書局刻本　一冊

620000－1101－0013665　293.2/534

水鏡集約編四卷　（清）范騏著　清乾隆五十七年(1792)刻本　六冊

620000－1101－0013666　597.941/455

水雷秘要五卷附圖一卷　（英國）史理孟纂　舒高第口譯　（清）鄭昌棪筆述　清光緒六年(1880)江南製造總局刻本　六冊　存五卷（水雷秘要五卷）

620000－1101－0013667　597.941/455

水雷秘要五卷附圖一卷　（英國）史理孟纂　舒高第口譯　（清）鄭昌棪筆述　清光緒六年(1880)江南製造總局刻本　六冊

620000－1101－0013668　597.941/455

水雷秘要五卷附圖一卷　（英國）史理孟纂　舒高第口譯　（清）鄭昌棪筆述　清光緒六年(1880)江南製造總局刻本　四冊　存四卷（一至三、五）

620000－1101－0013669　597.941/455

水雷秘要五卷附圖一卷　（英國）史理孟纂　舒高第口譯　（清）鄭昌棪筆述　清光緒六年(1880)江南製造總局刻本　一冊　存一卷（五）

620000－1101－0013670　597.941/455

水雷秘要五卷附圖一卷　（英國）史理孟纂

舒高第口譯　（清）鄭昌棪筆述　清光緒六年(1880)江南製造總局刻本　五冊　存五卷（二至五、附圖一卷）

620000－1101－0013671　443.689/17.13

水利荒政合刻一卷　（清）東皋居士輯　清道光二十五年(1845)東皋居士刻本　一冊

620000－1101－0013672　682.11/433

水利營田圖說一卷　（清）吳邦慶撰　清道光四年(1824)益津吳氏刻畿輔河道水利叢書本　二冊

620000－1101－0013673　652.761/69

水流雲在舘奏議二卷　（清）宋晉撰　清光緒十三年(1887)刻本　四冊

620000－1101－0013674　847.8/813

水流雲在館主人手抄詩詞不分卷　（清）周天麟撰　清光緒十六年(1890)石印本　一冊

620000－1101－0013675　2193

水陸攻守戰略秘書七種三十六卷　（清）澥綎道人輯　清咸豐三年(1853)麟桂銅活字印本　二十冊

620000－1101－0013676　597.71/175

水師保身法一卷　（法國）勒羅阿撰　（英國）伯克雷譯　（清）程鑾　趙元益重譯　清光緒江南製造總局刻本　一冊

620000－1101－0013677　597.71/175

水師保身法一卷　（法國）勒羅阿撰　（英國）伯克雷譯　（清）程鑾　趙元益重譯　清光緒江南製造總局刻本　一冊

620000－1101－0013678　597.71/175

水師保身法一卷　（法國）勒羅阿撰　（英國）伯克雷譯　（清）程鑾　趙元益重譯　清光緒江南製造總局刻本　一冊

620000－1101－0013679　597.71/175

水師保身法一卷　（法國）勒羅阿撰　（英國）伯克雷譯　（清）程鑾　趙元益重譯　清光緒江南製造總局刻本　一冊

620000－1101－0013680　597.71/175

水師保身法一卷 （法國）勒羅阿撰 （英國）伯克雷譯 （清）程鑾 趙元益重譯 清光緒江南製造總局刻本 一冊

620000－1101－0013681 597.71/175

水師保身法一卷 （法國）勒羅阿撰 （英國）伯克雷譯 （清）程鑾 趙元益重譯 清光緒江南製造總局刻本 一冊

620000－1101－0013682 597.71/175

水師保身法一卷 （法國）勒羅阿撰 （英國）伯克雷譯 （清）程鑾 趙元益重譯 清光緒江南製造總局刻本 一冊

620000－1101－0013683 597.71/175

水師保身法一卷 （法國）勒羅阿撰 （英國）伯克雷譯 （清）程鑾 趙元益重譯 清光緒江南製造總局刻本 一冊

620000－1101－0013684 597.71/175

水師保身法一卷 （法國）勒羅阿撰 （英國）伯克雷譯 （清）程鑾 趙元益重譯 清光緒江南製造總局刻本 一冊

620000－1101－0013685 597.3/906

水師操練十八卷首一卷附一卷 （英國）戰船部原書 （英國）傅蘭雅口譯 （清）徐建寅筆述 清同治十一年(1872)江南機器製造局刻本 二冊

620000－1101－0013686 597.3/906

水師操練十八卷首一卷附一卷 （英國）戰船部原書 （英國）傅蘭雅口譯 （清）徐建寅筆述 清同治十一年(1872)江南機器製造局刻本 二冊

620000－1101－0013687 597.3/906

水師操練十八卷首一卷附一卷 （英國）戰船部原書 （英國）傅蘭雅口譯 （清）徐建寅筆述 清同治十一年(1872)江南機器製造局刻本 二冊 存十二卷(八至十八、附一卷)

620000－1101－0013688 597.3/906

水師操練十八卷首一卷附一卷 （英國）戰船部原書 （英國）傅蘭雅口譯 （清）徐建寅筆述 清同治十三年(1874)江南機器製造局刻本 三冊

620000－1101－0013689 597.3/906

水師操練十八卷首一卷附一卷 （英國）戰船部原書 （英國）傅蘭雅口譯 （清）徐建寅筆述 清同治十三年(1874)江南機器製造局刻本 三冊

620000－1101－0013690 597.3/906

水師操練十八卷首一卷附一卷 （英國）戰船部原書 （英國）傅蘭雅口譯 （清）徐建寅筆述 清同治十三年(1874)江南機器製造局刻本 三冊

620000－1101－0013691 597.3/906

水師操練十八卷首一卷附一卷 （英國）戰船部原書 （英國）傅蘭雅口譯 （清）徐建寅筆述 清同治十三年(1874)江南機器製造局刻本 三冊

620000－1101－0013692 597.81/581

水師章程十四卷續編六卷 （英國）水師兵部原書 （美國）林樂知譯 （清）鄭昌棪筆述 清光緒五年(1879)江南製造局刻本 十六冊

620000－1101－0013693 597.81/581

水師章程十四卷續編六卷 （英國）水師兵部原書 （美國）林樂知譯 （清）鄭昌棪筆述 清光緒五年(1879)江南製造局刻本 十一冊 存十六卷(水師章程一至十一、續編二至六)

620000－1101－0013694 597.81/581

水師章程十四卷續編六卷 （英國）水師兵部原書 （美國）林樂知譯 （清）鄭昌棪筆述 清光緒五年(1879)江南製造局刻本 十五冊 存十九卷(水師章程一至十、十二至十四，續編六卷)

620000－1101－0013695 597.81/581

水師章程十四卷續編六卷 （英國）水師兵部原書 （美國）林樂知譯 （清）鄭昌棪筆述 清光緒五年(1879)江南製造局刻本 一冊 存一卷(水師章程一)

620000－1101－0013696 597.81/581

水師章程十四卷續編六卷　（英國）水師兵部原書　（美國）林樂知譯　（清）鄭昌棪筆述　清光緒五年（1879）江南製造局刻本　一冊　存一卷（水師章程十一）

620000－1101－0013697　2886

水心文集二十九卷　（宋）葉適撰　清乾隆二十年（1755）刻本　八冊

620000－1101－0013698　1230

水心文集二十九卷　（宋）葉適撰　清乾隆二十年（1755）刻本　二十四冊

620000－1101－0013699　845.23/504

水心先生別集十六卷　（宋）葉適撰　清光緒八年（1882）金陵瑞安孫氏刻本　十二冊

620000－1101－0013700　845.23/504.001

水心先生別集十六卷　（宋）葉適撰　清同治九年（1870）金陵瑞安孫氏刻本　四冊

620000－1101－0013701　845.23/504.04

水心先生文集二十九卷補遺一卷　（宋）葉適撰　清光緒八年（1882）金陵瑞安孫氏刻本　二冊　存九卷（十八至二十六）

620000－1101－0013702　332.6/521

水學拾級不分卷　（法國）葛耨著　（清）劉光照譯　清光緒二十八年（1902）上海美華書館鉛印本　一冊

620000－1101－0013703　332.6/521

水學拾級不分卷　（法國）葛耨著　（清）劉光照譯　清光緒二十八年（1902）上海美華書館鉛印本　一冊

620000－1101－0013704　332.6/521

水學拾級不分卷　（法國）葛耨著　（清）劉光照譯　清光緒二十八年（1902）上海美華書館鉛印本　一冊

620000－1101－0013705　332.6/906

水學圖說二卷　（英國）傅蘭雅譯　清光緒十六年（1890）益智書會刻本　一冊

620000－1101－0013706　332.6/906

水學圖說二卷　（英國）傅蘭雅譯　清光緒十六年（1890）益智書會刻本　一冊

620000－1101－0013707　332.6/906

水學圖說二卷　（英國）傅蘭雅譯　清光緒十六年（1890）益智書會刻本　一冊

620000－1101－0013708　332.6/906

水學圖說二卷　（英國）傅蘭雅譯　清光緒十六年（1890）益智書會刻本　一冊

620000－1101－0013709　332.6/906.03

水學須知不分卷　（英國）傅蘭雅著　清光緒十七年（1891）刻本　一冊

620000－1101－0013710　332.6/906.03

水學須知不分卷　（英國）傅蘭雅著　清光緒十七年（1891）刻本　一冊

620000－1101－0013711　847.7/526

水雲樓詞二卷　（清）蔣春霖撰　清咸豐十一年（1861）曼陀羅華閣刻本　一冊

620000－1101－0013712　557.4/267

水運十一章　（清）楊志洵譯述　清宣統二年（1910）郵傳部圖書通譯局鉛印本　一冊

620000－1101－0013713　485

睡庵文稿二刻六卷　（明）湯賓尹撰　明萬曆李曙寰先月樓刻本　二冊

620000－1101－0013714　554

順存佚紀不分卷　（明）錢受益輯　清抄本　四冊

620000－1101－0013715　847.9/308

順所然齋詩四卷補遺一卷　（清）張雲錦著　清光緒三十三年（1907）武昌刻本　一冊

620000－1101－0013716　856.7/434.3

順天鄉試副榜硃卷（道光己酉科）一卷　（清）吳茂芳撰　清道光、光緒刻本　一冊

620000－1101－0013717　782.611/526

順天鄉試同年齒錄（己酉科）不分卷　（清）蔣彬蔚等編　清道光、同治刻本　一冊

620000－1101－0013718　573.332/235.182

順天鄉試硃卷不分卷　（清）區望濂撰　清光

緒刻本　一冊

620000 – 1101 – 0013719　573.332/235.187
順天鄉試硃卷不分卷　（清）王鍾年撰　清光
緒刻本　一冊

620000 – 1101 – 0013720　3364
說郛一百二十卷　（元）陶宗儀輯　清順治三
年(1646)李際期宛委山堂刻本　六冊　存九
卷(七十九、八十二、八十六至八十七、八十九
至九十、九十四、一百十三、一百十六)

620000 – 1101 – 0013721　4306
說郛一百二十卷　（元）陶宗儀輯　清順治三
年(1646)李際期宛委山堂刻本　十一冊　存
九卷(一至二、四、四十六、七十九、八十一、一
百四至一百六)

620000 – 1101 – 0013722　2943
說郛一百二十卷　（元）陶宗儀輯　清順治三
年(1646)李際期宛委山堂刻本　一冊　存二
卷(八十八至八十九)

620000 – 1101 – 0013723　4321
說郛一百二十卷　（元）陶宗儀輯　清順治三
年(1646)李際期宛委山堂刻本　一冊　存三
卷(五十九至六十、七十五)

620000 – 1101 – 0013724　082.72/435.006
**說鈴前集三十八種四十五卷後集十七種二十
六卷續集七種十卷**　（清）吳震方輯　清晚期
刻本　十二冊　存三十九卷(冬夜箋記一卷、
隴蜀餘聞一卷，分甘餘話二卷，安南雜記一
卷，筠廊偶筆二卷，金鰲退食筆記二卷，扈從
西巡日錄一卷，塞北小鈔一卷，松亭行紀二
卷，天祿識餘二卷，使琉球紀一卷，閩小紀二
卷，滇行紀程一卷、續抄一卷、東還紀程一卷、
續抄一卷、粵述一卷、粵西偶記一卷、滇黔紀
游一卷、京東考古錄一卷、山東考古錄一卷、
救文格論一卷、雜錄一卷、守汴日誌一卷、坤
輿外紀一卷、臺灣紀略一卷、臺灣雜記一卷、
安南紀遊一卷、峒谿纖志一卷、泰山紀勝一
卷、匡廬紀游一卷、登華記一卷、游雁蕩山記
一卷)

146

620000 – 1101 – 0013725　2044
**說鈴前集三十八種四十五卷後集十七種二十
六卷續集七種十卷**　（清）吳震方輯　清康熙
刻本　三十二冊　存五十五種七十一卷(冬
夜箋記一卷、隴蜀餘聞一卷、分甘餘話二卷、
安南雜記一卷、奉使倭羅斯日記一卷、筠廊偶
筆二卷、金鰲退食筆記二卷、扈從西巡日錄一
卷、塞北小鈔一卷、松亭行紀二卷、天祿識餘
二卷、封長白山記一卷、使琉球紀一卷、西征
紀略一卷、閩小紀二卷、滇行紀程一卷、東還
紀程一卷、絕域紀略一卷、揚州鼓吹詞序一
卷、粵述一卷、粵西偶記一卷、滇黔紀遊一卷、
京東考古錄一卷、山東考古錄一卷、救文格論
一卷、雜錄一卷、守汴日誌一卷、坤輿外紀一
卷、臺灣紀略一卷、臺灣雜記一卷、安南紀遊
一卷、峒谿纖志一卷、泰山紀勝一卷、匡廬紀
游一卷、登華記一卷、游雁蕩山記一卷、甌江
逸志一卷、嶺南雜記二卷、讀史吟評一卷、湖
壖雜記一卷、談往一卷、板橋雜記三卷、簪雲
樓雜說一卷、天香樓偶得一卷、蚓菴瑣語一
卷、見聞錄一卷、冥報錄二卷、現果隨錄一卷、
果報聞見錄一卷、信徵錄一卷、曠園雜志二
卷、言鯖二卷、述異記三卷、尊鄉贅筆三卷、觚
賸一卷)

620000 – 1101 – 0013726　2045
**說鈴前集三十八種四十五卷後集十七種二十
六卷續集七種十卷**　（清）吳震方輯　清康熙
刻本　三十冊　存五十八種七十五卷(冬夜
箋記一卷、隴蜀餘聞一卷、分甘餘話二卷、安
南雜記一卷、筠廊偶筆二卷、金鰲退食筆記二
卷、扈從西巡日錄一卷、塞北小鈔一卷、松亭
行紀二卷、天祿識餘二卷、封長白山記一卷、
使琉球紀一卷、閩小紀二卷、滇行紀程一卷、
東還紀程一卷、絕域紀略一卷、揚州鼓吹詞序
一卷、粵述一卷、粵西偶記一卷、滇黔紀遊一
卷、京東考古錄一卷、山東考古錄一卷、救文
格論一卷、雜錄一卷、守汴日志一卷、坤輿外
紀一卷、臺灣紀略一卷、臺灣雜記一卷、安南
紀遊一卷、峒谿纖志一卷、泰山紀勝一卷、匡
廬紀游一卷、游雁蕩山記一卷、甌江逸志一
卷、嶺南雜記二卷、讀史吟評一卷、湖壖雜記

一卷、談往一卷、簪雲樓雜說一卷、天香樓偶得一卷、蚓菴瑣語一卷、見聞錄一卷、冥報錄二卷、現果隨錄一卷、果報聞見錄一卷、信徵錄一卷、曠園雜志二卷、言鯖二卷、述異記三卷、尊鄉贅筆三卷、觚賸一卷、談助一卷、畫壁詩一卷、邇語一卷、庸言一卷、笏廊二筆一卷、池北偶談三卷、讀書質疑二卷）

620000－1101－0013727　3379

說鈴前集三十八種四十五卷後集十七種二十六卷續集七種十卷　（清）吳震方輯　清康熙刻本　一冊　存三種四卷（嶺南雜記二卷、蚓菴瑣語一卷、見聞錄一卷）

620000－1101－0013728　3955

說鈴前集三十八種四十五卷後集十七種二十六卷續集七種十卷　（清）吳震方輯　清康熙刻本　十冊　存十九種三十卷（冬夜箋記一卷、隴蜀餘聞一卷、分甘餘話二卷、甌江逸志一卷、嶺南雜記二卷、湖壖雜記一卷、談往一卷、板橋雜記三卷、簪雲樓雜說一卷、天香樓偶得一卷、蚓菴瑣語一卷、見聞錄一卷、信徵錄一卷、曠園雜志二卷、言鯖二卷、述異記三卷、觚賸一卷、池北偶談三卷、讀書質疑二卷）

620000－1101－0013729　082.72/435.004

說鈴前集三十三種四十三卷後集十九種二十七卷續集七種十卷　（清）吳震方輯　清嘉慶四年(1799)刻本　二十三冊　存五十一卷（冬夜箋記一卷,隴蜀餘聞一卷,安南雜記一卷,奉使倭羅斯日記一卷,笏廊偶筆二卷,金鰲退食筆記一卷,天祿識餘二卷,松亭行紀二卷,封長白山記一卷,使琉球記一卷,閩小紀二卷,西征紀略一卷,滇行紀程一卷、續抄一卷,東還紀程一卷、續抄一卷,粵西偶記一卷,滇黔紀遊一卷,救文格論一卷,雜錄一卷,守汴日誌一卷,坤輿外紀一卷,臺灣紀略一卷,臺灣雜記一卷,安南紀遊一卷,峒谿纖志一卷,泰山紀勝一卷,匡廬紀遊一卷,登華記一卷,游雁蕩山記一卷,甌江逸志一卷,讀史吟評一卷,湖壖雜記一卷,談往一卷,板橋雜記三卷,簪云樓雜說一卷,天香樓偶得一卷,蚓菴瑣語一卷,冥報錄二卷,現果隨錄一卷,曠

園雜志二卷,尊鄉贅筆一卷,觚賸一卷）

620000－1101－0013730　082.72/435.001

說鈴前集三十三種四十三卷後集十九種二十七卷續集七種十卷　（清）吳震方輯　清嘉慶五年(1800)明新堂刻本　十六冊

620000－1101－0013731　082.72/435.001

說鈴前集三十三種四十三卷後集十九種二十七卷續集七種十卷　（清）吳震方輯　清道光五年(1825)聚秀堂刻本　三十六冊

620000－1101－0013732　082.72/435.001

說鈴前集三十三種四十三卷後集十九種二十七卷續集七種十卷　（清）吳震方輯　清道光五年(1825)聚秀堂刻本　三十冊

620000－1101－0013733　082.72/435.007

說鈴前集三十三種四十三卷後集十九種二十七卷續集七種十卷　（清）吳震方輯　清道光刻本　二十三冊　存六十六卷（冬夜箋記一卷,隴蜀餘聞一卷,分甘餘話二卷,笏廊偶筆二卷,金鰲退食筆記二卷,扈從西巡日錄一卷,塞北小鈔一卷,松亭行紀二卷,天祿識餘二卷,封長白山記一卷,使琉球紀一卷,閩小記二卷,滇行紀程一卷、續抄一卷,東還紀程一卷、續抄一卷,粵述一卷,粵西偶記一卷,滇黔紀遊一卷,京東考古錄一卷,山東考古錄一卷,救文格論一卷,雜錄一卷,守汴日志一卷,坤輿外紀一卷,臺灣紀略一卷,臺灣雜記一卷,安南記遊一卷,峒谿纖志一卷,泰山紀勝一卷,匡廬紀游一卷,登華記一卷,游雁蕩山記一卷,讀史吟評一卷,揚州鼓吹詞序一卷,觚賸一卷,湖壖雜記一卷,談往一卷,板橋雜記三卷,簪雲樓雜說一卷,天香樓偶得一卷,蚓菴瑣語一卷,見聞錄一卷,冥報錄二卷,現果隨錄一卷,果報聞見錄一卷,信徵錄一卷,曠園雜志二卷,甌江逸志一卷,言鯖二卷,嶺南雜記二卷,述異記三卷）

620000－1101－0013734　082.72/435.008

說鈴前集三十三種四十三卷後集十九種二十七卷續集七種十卷　（清）吳震方輯　清同治七年(1868)刻本　一冊　存二卷（京東考古

錄一卷、山東考古錄一卷）

620000－1101－0013735　082.72/435.002
說鈴前集三十三種四十三卷後集十九種二十七卷續集七種十卷　（清）吳震方輯　清晚期刻本　一冊　存二卷（守汴日誌一卷、坤輿外紀一卷）

620000－1101－0013736　082.72/435.003
說鈴前集三十三種四十三卷後集十九種二十七卷續集七種十卷　（清）吳震方輯　清晚期刻本　一冊　存二卷（讀史吟評一卷、湖壖雜記一卷）

620000－1101－0013737　082.72/435.005
說鈴前集三十三種四十三卷後集十九種二十七卷續集七種十卷　（清）吳震方輯　清晚期刻本　二十二冊　存六十四卷（奉使倭羅斯日記一卷，筠廊偶筆二卷，金鰲退食筆記二卷，扈從西巡日錄一卷，塞北小鈔一卷，松亭行紀二卷，天祿識餘二卷，封長白山記一卷，使琉球記一卷，西征紀略一卷，閩小紀二卷，滇行紀程一卷、續抄一卷，東還紀程一卷、續抄一卷，絕域紀略一卷，揚州鼓吹詞序一卷，粵述一卷，粵西偶記一卷，滇黔紀遊一卷，京東考古錄一卷，山東考古錄一卷，救文格論一卷，雜錄一卷，守汴日志一卷，坤輿外紀一卷，臺灣紀略一卷，臺灣紀遊一卷，安南紀遊一卷，峒谿纖志一卷，泰山紀勝一卷，匡廬紀遊一卷，登華記一卷，游雁蕩山記一卷，甌江逸志一卷，嶺南雜記二卷，談往一卷，板橋雜記三卷，簪云樓雜說一卷，天香樓偶得一卷，蚓菴瑣語一卷，見聞錄一卷，冥報錄二卷，現果隨錄一卷，果報聞見錄一卷，信徵錄一卷，曠園雜志二卷，述異記三卷，尊鄉贅筆三卷，觚賸一卷）

620000－1101－0013738　2811
說詩樂趣類編二十卷　（清）伍涵芬輯　清康熙四十年（1701）華日堂刻本　六冊

620000－1101－0013739　2322
說嵩三十二卷　（清）景日昣纂　清康熙六十年（1721）嶽生堂刻本　十冊

620000－1101－0013740　582.8/707
說帖辨例新編四十八卷條目二卷　（清）汪進之編輯　清道光十六年（1836）錢氏木活字印本　三十冊　存二十八卷（一至二十八）

620000－1101－0013741　802.225/965
說文辨疑一卷　（清）顧廣圻撰　清光緒三年（1877）湖北崇文書局刻本　一冊

620000－1101－0013742　802.225/965
說文辨疑一卷　（清）顧廣圻撰　清光緒三年（1877）湖北崇文書局刻本　一冊

620000－1101－0013743　802.225/965
說文辨疑一卷　（清）顧廣圻撰　清光緒三年（1877）湖北崇文書局刻本　一冊

620000－1101－0013744　802.225/965
說文辨疑一卷　（清）顧廣圻撰　清光緒三年（1877）湖北崇文書局刻本　一冊

620000－1101－0013745　802.27/43
說文部首讀不分卷　（漢）許慎撰　（清）嘯雲主人撰　清晚期嘯雲書堂刻本　一冊

620000－1101－0013746　802.27/120
說文部首讀不分卷　（清）王筠撰　清光緒刻朱墨套印本　一冊

620000－1101－0013747　802.223/11
說文段注訂補十四卷　（清）王紹蘭撰　清光緒十四年（1888）胡爣棻刻本　八冊

620000－1101－0013748　802.21/315
說文發疑六卷　（清）張行孚撰　清光緒九年至十年（1883－1884）邢上寓廬刻本　三冊

620000－1101－0013749　802.27/60
說文分韻易知錄十卷說文分畫易知錄一卷　（清）許巽行撰　清光緒五年（1879）刻本　十冊

620000－1101－0013750　802.257/747
說文古本考十四卷　（清）沈濤纂　清光緒吳縣潘祖蔭滂喜齋刻本　八冊

620000－1101－0013751　802.252/791
說文古語考補正二卷　（清）程炎撰　（清）傅

雲龍補正　清光緒十一年（1885）紅餘籍室刻本　二冊

620000－1101－0013752　802.257/436.001

說文古籀補十四卷補遺一卷附錄一卷　（清）吳大澂撰　清光緒七年（1881）刻本　二冊

620000－1101－0013753　802.257/436.002

說文古籀補十四卷補遺一卷附錄一卷　（清）吳大澂撰　清光緒石印本　四冊

620000－1101－0013754　802.257/436

說文古籀補十四卷補遺一卷附錄一卷　（清）吳大澂撰　清光緒二十四年（1898）刻本　二冊

620000－1101－0013755　802.257/436

說文古籀補十四卷補遺一卷附錄一卷　（清）吳大澂撰　清光緒二十四年（1898）刻本　二冊

620000－1101－0013756　802.21/222

說文管見三卷　（清）胡秉虔撰　清光緒七年（1881）上海望益山房書局刻本　一冊

620000－1101－0013757　802.26/11

說文廣義三卷　（清）王夫之著　清同治四年（1865）湘陰曾國荃刻船山遺書本　三冊

620000－1101－0013758　802.225/121.08

說文繫傳校錄三十卷　（清）王筠撰　清咸豐七年（1857）刻本　四冊

620000－1101－0013759　802.225/121.08

說文繫傳校錄三十卷　（清）王筠撰　清咸豐七年（1857）刻本　四冊

620000－1101－0013760　802.2578/315

說文揭原二卷　（清）張行孚綴　（清）余澍校　清光緒十年（1884）後知不足齋刻本　二冊

620000－1101－0013761　3825

說文解字繫傳四十卷附錄一卷　（五代）徐鍇撰　清乾隆四十七年（1782）汪啓淑刻本　八冊

620000－1101－0013762　2767

說文解字斠詮十四卷　（清）錢坫撰　清嘉慶十二年（1807）錢氏吉金樂石齋刻本　十四冊

620000－1101－0013763　802.224/928

說文解字斠詮十四卷　（清）錢坫撰　清光緒九年（1883）淮南書局刻本　六冊

620000－1101－0013764　802.224/928

說文解字斠詮十四卷　（清）錢坫撰　清光緒九年（1883）淮南書局刻本　六冊

620000－1101－0013765　802.224/928.001

說文解字斠詮十四卷　（清）錢坫撰　清嘉慶十二年（1807）錢氏吉金樂石齋刻本　二十四冊

620000－1101－0013766　802.21/120.001

說文解字句讀三十卷補正三十卷　（清）王筠撰集　清光緒八年（1882）四川尊經書局刻本　十六冊

620000－1101－0013767　802.21/120

說文解字句讀三十卷補正三十卷　（清）王筠撰集　清同治四年（1865）王彥侗刻本　十六冊

620000－1101－0013768　802.21/120

說文解字句讀三十卷補正三十卷　（清）王筠撰集　清同治四年（1865）王彥侗刻本　十六冊

620000－1101－0013769　802.21/120

說文解字句讀三十卷補正三十卷　（清）王筠撰集　清同治四年（1865）王彥侗刻本　十五冊　存三十卷（說文解字句讀三十卷）

620000－1101－0013770　802.211/994

說文解字三十卷　（漢）許慎撰　清光緒二年（1876）姚覲元刻本　四冊

620000－1101－0013771　1062

說文解字十五卷　（漢）許慎撰　清初毛氏汲古閣刻本　八冊

620000－1101－0013772　1878

說文解字十五卷　（漢）許慎撰　清乾隆朱筠仿宋刻本　八冊

620000－1101－0013773　1874

149

說文解字十五卷　（漢）許慎撰　清初毛氏汲古閣刻本　六冊

620000－1101－0013774　802.211/612.002

說文解字十五卷　（漢）許慎撰　清同治十二年(1873)刻本　九冊

620000－1101－0013775　802.211/612.005

說文解字十五卷　（漢）許慎撰　清嘉慶九年(1804)蘭陵孫氏刻平津館叢書本　二冊　存十卷(六至十五)

620000－1101－0013776　802.211/612.004

說文解字十五卷　（漢）許慎撰　清光緒十四年(1888)上海蜚英館石印本　一冊　存四卷(九至十二)

620000－1101－0013777　802.211/612.003

說文解字十五卷　（漢）許慎撰　清同治十三年(1874)陶升甫刻本　二冊　存十卷(一至十)

620000－1101－0013778　802.211/612

說文解字十五卷標目一卷　（漢）許慎撰　清光緒十一年(1885)蕉心室刻本　八冊

620000－1101－0013779　802.211/612.001

說文解字十五卷標目一卷　（漢）許慎撰　附汲古閣說文解字校記一卷　（清）張行孚撰　清光緒七年(1881)淮南書局刻本　六冊

620000－1101－0013780　802.212/955.003

說文解字繫傳四十卷附錄一卷　（五代）徐鍇撰　清同治十二年(1873)粵東書局刻本　二冊　存十三卷(十五至二十七)

620000－1101－0013781　2813

說文解字繫傳四十卷附錄一卷　（五代）徐鍇撰　清乾隆四十七年(1782)新安汪啓淑刻本　六冊

620000－1101－0013782　802.212/955.001

說文解字徐氏繫傳四十卷　（五代）徐鍇撰　清光緒九年(1883)江蘇書局刻本　八冊

620000－1101－0013783　802.212/955.004

說文解字徐氏繫傳四十卷　（五代）徐鍇撰

說文解字繫傳校勘記三卷　（清）承培元撰　清光緒元年(1875)姚覲元刻本　八冊

620000－1101－0013784　802.212/955.002

說文解字徐氏繫傳四十卷　（五代）徐鍇撰　清道光十九年(1839)祁寯藻刻本　七冊

620000－1101－0013785　802.224/252

說文解字義證五十卷　（清）桂馥學　清同治九年(1870)湖北崇文書局刻本　三十二冊

620000－1101－0013786　802.224/252

說文解字義證五十卷　（清）桂馥學　清同治九年(1870)湖北崇文書局刻本　二十四冊　存三十四卷(一至三十四)

620000－1101－0013787　802.224/252

說文解字義證五十卷　（清）桂馥學　清同治九年(1870)湖北崇文書局刻本　八冊　存十六卷(三十五至五十)

620000－1101－0013788　802.225/949

說文解字注匡謬八卷　（清）徐承慶撰　清光緒歸安姚氏咫進齋刻本　四冊

620000－1101－0013789　2549

說文解字注三十卷六書音均表五卷　（清）段玉裁撰　清乾隆、嘉慶段氏經韻樓刻本　十六冊

620000－1101－0013790　802.223/554

說文解字注十五卷附六書音均表五卷　（清）段玉裁撰　說文部目分韻一卷　（清）陳煥編　清乾隆、嘉慶段氏經韻樓刻同治六年至十一年(1867－1872)蘇州保息局修補本　十六冊

620000－1101－0013791　802.223/86

說文解字注十五卷附六書音均表五卷　（清）段玉裁撰　說文部目分韻一卷　（清）陳煥編　清光緒三年(1877)成都尊經書院刻民國三十一年(1942)國立四川大學印本　一冊　存一卷(二)

620000－1101－0013792　802.223/86

說文解字注十五卷附六書音均表五卷　（清）

段玉裁撰　說文部目分韻一卷　（清）陳煥編
　清光緒三年(1877)成都尊經書院刻民國三
　十一年(1942)國立四川大學印本　十六冊

620000－1101－0013793　802.223/582

說文解字注十五卷附六書音均表五卷汲古閣
　說文訂一卷　（清）段玉裁撰　說文部目分韻
　一卷　（清）陳煥編　清同治十一年(1872)湖
　北崇文書局刻本　十八冊

620000－1101－0013794　802.223/582

說文解字注十五卷附六書音均表五卷汲古閣
　說文訂一卷　（清）段玉裁撰　說文部目分韻
　一卷　（清）陳煥編　清同治十一年(1872)湖
　北崇文書局刻本　八冊　存八卷(一至八)

620000－1101－0013795　802.223/582

說文解字注十五卷附六書音均表五卷汲古閣
　說文訂一卷　（清）段玉裁撰　說文部目分韻
　一卷　（清）陳煥編　清同治十一年(1872)湖
　北崇文書局刻本　十八冊

620000－1101－0013796　802.223/582

說文解字注十五卷附六書音均表五卷汲古閣
　說文訂一卷　（清）段玉裁撰　說文部目分韻
　一卷　（清）陳煥編　清同治十一年(1872)湖
　北崇文書局刻本　十六冊

620000－1101－0013797　802.223/879

說文解字注十五卷附六書音均表五卷汲古閣
　說文訂一卷　（清）段玉裁撰　說文部目分韻
　一卷　（清）陳煥編　清末石印本　一冊　存
　三卷(十二至十四)

620000－1101－0013798　802.223/879.002

說文解字注十五卷附六書音均表五卷汲古閣
　說文訂一卷　（清）段玉裁撰　說文部目分韻
　一卷　（清）陳煥編　清晚期刻本　二冊　存
　六卷(六書音均表五卷、汲古閣說文訂一卷)

620000－1101－0013799　802.223/879.001

說文解字注十五卷汲古閣說文訂一卷　（清）
　段玉裁撰　清嘉慶二十年(1815)刻本　一冊
　　存二卷(十四至十五)

620000－1101－0013800　802.223/879.001

說文解字注十五卷汲古閣說文訂一卷　（清）
　段玉裁撰　清嘉慶二十年(1815)刻本　八冊
　　存八卷(說文解字注二至六、十四至十五，
　汲古閣說文訂一卷)

620000－1101－0013801　802.225/523

說文聲訂二十八卷　（清）苗夔撰　清道光二
　十一年(1841)刻本　一冊　存十四卷(十五
　至二十八)

620000－1101－0013802　802.2408/52.05.001

說文聲讀表七卷　（清）苗夔纂　清同治、光
　緒福山王氏刻天壤閣叢書本　二冊

620000－1101－0013803　802.2408/52.05

說文聲讀表七卷　（清）苗夔纂　清道光、咸
　豐刻本　一冊　存四卷(一至四)

620000－1101－0013804　802.24/429

說文聲類二卷　（清）嚴可均撰　清嘉慶七年
　(1802)刻本　一冊

620000－1101－0013805　802.225/121.001

說文釋例二十卷補正二十卷　（清）王筠撰
　清同治四年(1865)刻本　十冊

620000－1101－0013806　802.225/121.001

說文釋例二十卷補正二十卷　（清）王筠撰
　清同治四年(1865)刻本　十二冊

620000－1101－0013807　802.225/11

說文釋例二十卷補正二十卷　（清）王筠撰
　清同治四年(1865)刻本　十四冊

620000－1101－0013808　802.225/121.001

說文釋例二十卷補正二十卷　（清）王筠撰
　清同治四年(1865)刻本　十一冊

620000－1101－0013809　802.225/121.002

說文釋例二十卷補正二十卷　（清）王筠撰
　清光緒十三年(1887)上海積山書局石印本
　六冊

620000－1101－0013810　802.225/378

說文提要不分卷　（清）陳建侯撰　清同治十
　二年(1873)湖北崇文書局刻本　一冊

620000－1101－0013811　802.2021/79

說文通檢十四卷首一卷末一卷 （清）黎永椿編 清晚期刻本 二冊

620000－1101－0013812 802.21021/79

說文通檢十四卷首一卷末一卷 （清）黎永椿編 清光緒九年(1883)刻本 二冊

620000－1101－0013813 802.210.21/79.001

說文通檢十四卷首一卷末一卷 （清）黎永椿編 清光緒二年(1876)湖北崇文書局刻本 二冊

620000－1101－0013814 802.210.21/79.001

說文通檢十四卷首一卷末一卷 （清）黎永椿編 清光緒二年(1876)湖北崇文書局刻本 二冊

620000－1101－0013815 802.210.21/79.002

說文通檢十四卷首一卷末一卷 （清）黎永椿編 清光緒粵東富文齋刻本 一冊 存九卷(七下至十四下、末一卷)

620000－1101－0013816 802.225/828.002

說文通訓定聲十八卷補遺十八卷 （清）朱駿聲撰 清光緒十四年(1888)上海鴻文書局石印本 三冊 存二十二卷(說文通訓定聲八至九、十三至十四,補遺十八卷)

620000－1101－0013817 802.225/828.003

說文通訓定聲十八卷分部束韻一卷說雅十九篇古今韻準一卷行狀一卷 （清）朱駿聲撰 清同治九年(1870)臨嘯閣刻本 二十四冊

620000－1101－0013818 802.225/828

說文通訓定聲十八卷說文通訓定聲分部檢韻一卷說雅一卷古今韻準一卷行述一卷 （清）朱駿聲撰 清咸豐元年(1851)臨嘯閣刻本 二十六冊

620000－1101－0013819 802.225/828.001

說文通訓定聲十八卷說文通訓定聲分部檢韻一卷說雅一卷古今韻準一卷行述一卷 （清）朱駿聲撰 清咸豐元年(1851)臨嘯閣刻本 二十六冊

620000－1101－0013820 802.25/930

說文統釋自序一卷音 （清）錢大昭撰 同義異辨一卷 （清）畢沅撰 清光緒八年(1882)刻金峨山館叢書本 一冊

620000－1101－0013821 802.224/116

說文五翼八卷 （清）王煦學 清光緒八年(1882)上虞觀海樓刻本 二冊

620000－1101－0013822 802.224/116

說文五翼八卷 （清）王煦學 清光緒八年(1882)上虞觀海樓刻本 一冊

620000－1101－0013823 802.225/429.09.001

說文校議十五卷 （清）嚴可均 （清）姚文田撰 清嘉慶二十三年(1818)刻本 一冊 存七卷(一至七)

620000－1101－0013824 802.225/429.09

說文校議十五卷 （清）嚴可均 （清）姚文田撰 清同治十三年(1874)歸安姚氏刻本 四冊 存十二卷(一至十二)

620000－1101－0013825 802.225/429.09.002

說文校議十五卷 （清）嚴可均 （清）姚文田撰 清同治十三年(1874)歸安姚氏刻本 四冊

620000－1101－0013826 802.26/92

說文新附考六卷說文續考一卷 （清）鈕樹玉撰 清同治十三年(1874)湖北崇文書局刻本 二冊

620000－1101－0013827 802.26/92

說文新附考六卷說文續考一卷 （清）鈕樹玉撰 清同治十三年(1874)湖北崇文書局刻本 二冊

620000－1101－0013828 802.26/92.001

說文新附考六卷說文續考一卷 （清）鈕樹玉撰 清嘉慶六年(1801)鈕氏非石居刻本 一冊

620000－1101－0013829 802.26/926

說文續字彙二卷 （清）鈕樹玉撰 清光緒十二年(1886)上海積山書局石印本 二冊

620000－1101－0013830 802.26/310

說文佚字考四卷　（清）張鳴珂著　清光緒十三年(1887)江西刻本　一冊

620000－1101－0013831　802.251/281

說文引經考異十六卷　（清）柳榮宗撰　清同治六年(1867)刻本　二冊

620000－1101－0013832　141

說文字原一卷　（元）周伯琦撰　六書正譌五卷　（明）寶子偁重編　元刻明修本　六冊

620000－1101－0013833　802.44/222

說文字原韻表二卷　（清）胡重編　（清）金孝柏訂　清嘉慶十六年(1811)秀水金氏月香書屋刻本　一冊

620000－1101－0013834　802.25/291

說文字正俗八卷　（清）李富孫撰　清光緒四年(1878)刻本　四冊

620000－1101－0013835　412

說苑二十卷　（漢）劉向撰　明萬曆二十年(1592)程榮刻漢魏叢書本　四冊

620000－1101－0013836　412

說苑二十卷　（漢）劉向撰　明萬曆二十年(1592)程榮刻漢魏叢書本　四冊

620000－1101－0013837　122.4/893

說苑二十卷　（漢）劉向撰　清光緒二年(1876)紅杏山房刻本　四冊　存十六卷(一至十二、十七至二十)

620000－1101－0013838　122.4/893.001

說苑二十卷　（漢）劉向撰　清光緒元年(1875)湖北崇文書局刻本　四冊

620000－1101－0013839　857.1/124.74

說纂二十三卷　（明）陸楫輯　清道光元年(1821)酉山堂邵氏刻古今說海本　五冊

620000－1101－0013840　095.17/74.34

說左約箋二卷　（清）馮李驊編撰　（清）夏大觀箋注　清敦仁堂坊刻本　一冊

620000－1101－0013841　095.127/766

說左約箋二卷　（清）馮李驊編撰　（清）夏大觀箋注　清晚期刻本　二冊

620000－1101－0013842　095.127/766.001

說左約箋二卷　（清）馮李驊編撰　（清）夏大觀箋注　清晚期刻本　二冊

620000－1101－0013843　748.8/904

朔方備乘六十八卷首十二卷　（清）何秋濤撰　清光緒七年(1881)寶善書局石印本　八冊

620000－1101－0013844　748.8/904

朔方備乘六十八卷首十二卷　（清）何秋濤撰　清光緒七年(1881)寶善書局石印本　八冊

620000－1101－0013845　748.8/904

朔方備乘六十八卷首十二卷　（清）何秋濤撰　清光緒七年(1881)寶善書局石印本　八冊

620000－1101－0013846　748.8/904

朔方備乘六十八卷首十二卷　（清）何秋濤撰　清光緒七年(1881)寶善書局石印本　四冊

620000－1101－0013847　748.8/904

朔方備乘六十八卷首十二卷　（清）何秋濤撰　清中晚期刻本　二十四冊

620000－1101－0013848　748.8/904.003

朔方備乘六十八卷首十二卷　（清）何秋濤撰　清光緒石印本　四冊　存三十八卷(十三至二十二、三十至五十、六十二至六十八)

620000－1101－0013849　748.8/904.001

朔方備乘六十八卷首十二卷　（清）何秋濤撰　清光緒石印本　二冊　存二十七卷(一至十五、首十二卷)

620000－1101－0013850　748.8/904.002

朔方備乘六十八卷首十二卷目一卷　（清）何秋濤撰　清咸豐十年(1860)刻本　六冊　存二十五卷(八至十四、二十八至三十二,首十二卷,目一卷)

620000－1101－0013851　748.8/904.01

朔方備乘圖說一卷　（清）何秋濤撰　清光緒三年(1877)畿輔通志局刻本　一冊

620000－1101－0013852　748.8/904.009

朔方備乘札記一卷　（清）李文田撰　清光緒二十三年(1897)會稽施氏鄮鄭學廬刻本

一冊

620000 – 1101 – 0013853　1111

朔方交涉始末紀要一卷　（清）吳士鑑纂　清
宣統元年(1909)抄本　一冊

620000 – 1101 – 0013854　844.18/30

司空表聖文集十卷　（唐）司空圖撰　（清）朱
徵輯　清光緒三十一年(1905)刻結一廬朱氏
賸餘叢書本　一冊

620000 – 1101 – 0013855　590.12/13

司馬灋古注三卷附音義一卷　（清）曹元忠輯
注　清光緒二十年(1894)刻箋經室叢書本
一冊

620000 – 1101 – 0013856　590.12/13

司馬灋古注三卷附音義一卷　（清）曹元忠輯
注　清光緒二十年(1894)刻箋經室叢書本
一冊

620000 – 1101 – 0013857　2197

司馬氏書儀十卷　（宋）司馬光撰　清雍正元
年(1723)汪亮采刻本　二冊

620000 – 1101 – 0013858　2848

司馬氏書儀十卷　（宋）司馬光撰　清雍正元
年(1723)汪亮采刻本　一冊

620000 – 1101 – 0013859　532/303

司馬氏書儀十卷　（宋）司馬光撰　清同治七
年(1868)江蘇書局刻朱印本　二冊

620000 – 1101 – 0013860　610.29/303

司馬溫公稽古錄二十卷校勘錄一卷　（宋）司
馬光撰　清同治十一年(1872)湖北崇文書局
刻本　四冊

620000 – 1101 – 0013861　610.29/303

司馬溫公稽古錄二十卷校勘錄一卷　（宋）司
馬光撰　清同治十一年(1872)湖北崇文書局
刻本　四冊

620000 – 1101 – 0013862　610.29/303.001

司馬溫公稽古錄二十卷校勘錄一卷　（宋）司
馬光撰　清光緒五年(1879)江蘇書局刻本
四冊

620000 – 1101 – 0013863　610.81/0.303

司馬溫公通鑑論不分卷　（□）□□撰　清光
緒兩湖書院木活字印本　二冊

620000 – 1101 – 0013864　4006

司馬溫公文集八十二卷　（宋）司馬光撰　明
崇禎元年(1628)吳時亮刻本　十二冊　存四
十五卷(三十八至八十二)

620000 – 1101 – 0013865　3063

司馬溫公文集十四卷　（宋）司馬光撰　清康
熙四十八年(1709)正誼堂刻本　六冊

620000 – 1101 – 0013866　845.15/303

司馬溫公文集十四卷　（宋）司馬光撰　清同
治五年(1866)福州正誼書院刻正誼堂全書本
一冊　存二卷(一至二)

620000 – 1101 – 0013867　842.1/303

司馬文園集一卷　（漢）司馬相如撰　（明）張
溥閱　清光緒十八年(1892)善化章經濟堂刻
漢魏六朝百三名家集本　一冊

620000 – 1101 – 0013868　2955

司馬文正公集八十二卷目錄二卷首一卷
（宋）司馬光撰　清乾隆九年(1744)臨汾劉組
曾刻本　二十冊

620000 – 1101 – 0013869　075.75/66

思補齋日錄一卷　（清）齊翀撰　清道光三十
年(1850)齊學裘刻雨峰全集本　一冊

620000 – 1101 – 0013870　075.75/66

思補齋日錄一卷　（清）齊翀撰　清道光三十
年(1850)齊學裘刻雨峰全集本　一冊

620000 – 1101 – 0013871　4510

思復堂詩集二卷　（清）祁世長撰　清抄本
三冊

620000 – 1101 – 0013872　1235

思綺堂文集十卷　（清）章藻功撰　清康熙六
十一年(1722)凌雲書屋刻本　十冊

620000 – 1101 – 0013873　2957

思綺堂文集十卷　（清）章藻功撰　清康熙六
十一年(1722)凌雲書屋刻本　十冊

620000－1101－0013874　2937

思綺堂文集十卷　（清）章藻功撰　清聚錦堂刻本　二十冊

620000－1101－0013875　2954

思綺堂文集十卷　（清）章藻功撰　清聚錦堂刻本　十冊

620000－1101－0013876　4331

思綺堂文集十卷　（清）章藻功撰　清聚錦堂刻本　十冊

620000－1101－0013877　847.6/967

思適齋集十八卷　（清）顧千里著　清中晚期刻本　四冊

620000－1101－0013878　782.87/378

思痛錄一卷　（清）陳才芳述　清光緒刻本　一冊

620000－1101－0013879　782.87/378

思痛錄一卷　（清）陳才芳述　清光緒刻本　一冊

620000－1101－0013880　847.7/700

思無邪齋詩存八卷　（清）宮爾鐸撰　清光緒十五年(1889)刻本　一冊

620000－1101－0013881　857.1/81

思益堂日札五卷　（清）周壽昌撰　清同治三年(1864)上海申報館鉛印本　一冊

620000－1101－0013882　072.78/0.17

斯未信齋語錄三卷　（清）徐宗幹著　清中晚期刻本　二冊

620000－1101－0013883　3270

斯文規範八卷　（清）王茂修輯　清康熙五十九年(1720)映旭齋刻本　一冊　存四卷(一至四)

620000－1101－0013884　2771

斯文精萃不分卷　（清）尹繼善輯　清乾隆七年(1742)西安刻本　十五冊　存制藝、詩、賦、四六、雜體、文

620000－1101－0013885　4378

斯文精萃不分卷　（清）尹繼善輯　清乾隆七年(1742)西安刻本　一冊　存宋文

620000－1101－0013886　3871

斯文精萃不分卷　（清）尹繼善輯　清乾隆刻本　一冊　存宋文

620000－1101－0013887　1970

斯文精萃不分卷　（清）尹繼善輯　清乾隆刻本　四冊

620000－1101－0013888　1317

斯文在茲二卷　（清）許三禮撰　清康熙二十二年(1683)稿本　四冊

620000－1101－0013889　2755

巳畦集二十二卷原詩四卷詩集十卷詩集殘餘一卷附午夢堂詩鈔三卷　（清）葉燮撰　清康熙葉氏二弃草堂刻本　一冊　存二卷(詩集一至二)

620000－1101－0013890　2170

四朝聞見錄五卷附錄一卷　（宋）葉紹翁撰　清乾隆鮑氏刻知不足齋叢書本　六冊

620000－1101－0013891　552.209.72/485

四川賦役全書十三卷　（清）四川布政使司纂　清道光刻本　十三冊

620000－1101－0013892　629.27/667

四川官運鹽案類編九十卷首一卷　（清）唐炯輯　（清）華國英增輯　清光緒二十八年(1902)瀘州總局刻本　二十四冊

620000－1101－0013893　593.731/158

四川派赴東瀛游歷閱操日記二卷　（清）丁鴻臣撰述　（清）李宏年校刊　清光緒二十六年(1900)刻本　二冊

620000－1101－0013894　672.85/107.78

四川新設鑪霍屯志略不分卷　（清）李之珂纂　清光緒三十二年(1906)蓉城鉛印本　一冊

620000－1101－0013895　672.85/107.78

四川新設鑪霍屯志略不分卷附登開辦鑪霍屯務公牘不分卷附錄上趙次帥條陳不分卷　（清）李之珂撰　清光緒三十二年(1906)蓉城鉛印本　一冊

620000－1101－0013896　567.4/27.15

四川鹽法志四十卷首一卷　（清）丁寶楨總纂
清光緒八年(1882)刻本　二十冊

620000－1101－0013897　567.4/27.15

四川鹽法志四十卷首一卷　（清）丁寶楨總纂
清光緒八年(1882)刻本　二十冊

620000－1101－0013898　856.7/121

四川優行貢卷（光緒乙酉科）一卷　（清）王兆
涵撰　清光緒刻本　一冊

620000－1101－0013899　629.27/485

四川諮議局第二屆第一次臨時會決議案一卷
（清）四川諮議局編　清宣統三年(1911)成
都印書館鉛印本　一冊

620000－1101－0013900　629.27/485

四川諮議局第二屆第一次臨時會決議案一卷
（清）四川諮議局編　清宣統三年(1911)成
都印書館鉛印本　一冊

620000－1101－0013901　1371

四存編十一卷　（清）顏元撰　清抄本　四冊

620000－1101－0013902　997.11/372

四大家棋譜不分卷　（清）鄧元鏸編輯　清光
緒上海文瑞樓書局石印本　二冊

620000－1101－0013903　857.46/482.017

四大奇書第一種六十卷一百二十回首一卷
（明）羅本撰　（清）毛宗崗評　清晚期刻本
六冊　存二十一卷四十二回（卷一至十四：第
一至二十八回、卷二十三至二十九：第四十五
至五十八回）

620000－1101－0013904　857.46/482.013

四大奇書第一種十九卷一百二十回首一卷
（明）羅本撰　（清）毛宗崗評　清道光十六年
(1836)刻本　一冊　存一卷（首一卷）

620000－1101－0013905　857.46/482.004

四大奇書第一種十九卷一百二十回首一卷
（明）羅本撰　（清）毛宗崗評　清晚期刻本
一冊　存二卷十三回（卷二至三：第八至二十
回）

620000－1101－0013906　857.46/482.005

四大奇書第一種十九卷一百二十回首一卷
（明）羅本撰　（清）毛宗崗評　清晚期刻本
一冊　存一卷七回（卷十三：第七十七至八十
三回）

620000－1101－0013907　857.46/482.006

四大奇書第一種十九卷一百二十回首一卷
（明）羅本撰　（清）毛宗崗評　清晚期刻本
一冊　存一卷七回（卷二：第八至十四回）

620000－1101－0013908　857.46/482.007

四大奇書第一種十九卷一百二十回首一卷
（明）羅本撰　（清）毛宗崗評　清晚期刻本
一冊　存一卷七回（卷二：第八至十四回）

620000－1101－0013909　857.46/482.008

四大奇書第一種十九卷一百二十回首一卷
（明）羅本撰　（清）毛宗崗評　清晚期刻本
一冊　存一卷三回（卷三：第十五至十七回）

620000－1101－0013910　857.46/482.010

四大奇書第一種十九卷一百二十回首一卷
（明）羅本撰　（清）毛宗崗評　清晚期刻本
四冊　存四卷二十六回（卷七至八：第三十九
至五十一回、卷十三：第七十七至八十三、卷
十七：第一百一至一百六回）

620000－1101－0013911　857.46/482.011

四大奇書第一種十九卷一百二十回首一卷
（明）羅本撰　（清）毛宗崗評　清晚期刻本
一冊　存一卷六回（卷八：第四十五至五十
回）

620000－1101－0013912　857.46/482.016

四大奇書第一種十九卷一百二十回首一卷
（明）羅本撰　（清）毛宗崗評　清晚期刻本
一冊　存二卷十二回（卷十六至十七：第九十
五至一百六回）

620000－1101－0013913　857.46/482.014

四大奇書第一種十九卷一百二十回首一卷
（明）羅本撰　（清）毛宗崗評　清晚期刻本
一冊　存一卷（首一卷）

620000－1101－0013914　857.46/482.009

四大奇書第一種十九卷一百二十回首一卷
（明）羅本撰　（清）毛宗崗評　清刻本　三冊
　　存三卷十八回（卷一：第一至六回、卷四：第
　　二十一至二十六回、卷八：第四十六至五十一
　　回）

620000－1101－0013915　857.46/482.012
四大奇書第一種五十一卷一百二十回首一卷
　　（明）羅本撰　（清）毛宗崗評　清晚期刻本
　　一冊　存一卷（首一卷）

620000－1101－0013916　857.46/482.015
四大奇書第一種五十一卷一百二十回首一卷
　　（明）羅本撰　（清）毛宗崗評　清晚期刻本
　　一冊　存一卷七回（卷四十九：第一百七至
　　一百十三回）

620000－1101－0013917　252/945
四典要會四卷　（清）復初撰　清光緒二十四
年(1898)刻本　四冊

620000－1101－0013918　652.7/485
四家奏議合鈔八卷首一卷　（清）汪瑔輯　清
光緒九年(1883)隨山館刻本　八冊　存八卷
（四家奏議合鈔八卷）

620000－1101－0013919　226.4/837.03
四教義六卷　（隋）釋智顗撰　清光緒金陵刻
經處刻本　一冊

620000－1101－0013920　281
四經同卷四卷　（宋）釋法賢譯　宋紹興二年
(1132)王永從安吉州思溪法寶資福禪寺刻本
　一冊

620000－1101－0013921　013.28/329
四庫簡明目錄標注二十卷　（清）邵懿辰撰
清宣統三年(1911)刻本　六冊

620000－1101－0013922　013.28/329
四庫簡明目錄標注二十卷　（清）邵懿辰撰
清宣統三年(1911)刻本　十冊

620000－1101－0013923　601.1/260
四庫全書表文箋釋四卷　（清）林鶴年纂　清
宣統元年(1909)吳興劉氏刻本　四冊

620000－1101－0013924　013.2/748.009
四庫全書簡明目錄不分卷　（清）紀昀撰　清
味經堂抄本　二冊

620000－1101－0013925　013.2/317
四庫書目略二十卷首一卷附錄一卷　（清）費
莫文良編　清同治九年(1870)刻本　一冊
存一卷(十八)

620000－1101－0013926　534/445
四禮翼不分卷　（明）呂坤撰　清同治十二年
(1873)西安藩署刻本　一冊

620000－1101－0013927　534/445
四禮翼不分卷　（明）呂坤撰　清同治十二年
(1873)西安藩署刻本　一冊

620000－1101－0013928　534/445
四禮翼不分卷　（明）呂坤撰　清同治十二年
(1873)西安藩署刻本　一冊

620000－1101－0013929　534/445.001
四禮翼不分卷　（明）呂坤撰　清光緒八年
(1882)津河廣仁堂刻本　二冊

620000－1101－0013930　825.9/360
四六從話三十三卷選詩從話一卷　（清）孫梅
輯　清光緒七年(1881)刻本　十二冊

620000－1101－0013931　3206
四六法海十二卷　（明）王志堅輯　明天啓七
年(1627)刻清乾隆二十三年(1758)補修本
十六冊

620000－1101－0013932　3374
四六法海十二卷　（明）王志堅輯　明天啓七
年(1627)刻清乾隆二十三年(1758)補修本
八冊　存六卷(七至十二)

620000－1101－0013933　164
四六類編十六卷　（明）李日華輯　明崇禎魯
重民刻本　七冊　存十三卷(一至十三)

620000－1101－0013934　811
四六霞肆十六卷　（明）何偉然輯　（明）美正
炳　（明）美宗邵增刪　明末胡正言十竹齋刻
後印本　十六冊

620000－1101－0013935　2004

四六纂組十卷　（清）胡吉豫輯　清康熙十八年(1679)李雯西爽堂刻本　十二冊

620000－1101－0013936　089.75/324

四秘全書二十四卷　（清）尹有本輯　清光緒北京琉璃廠宏道堂刻本　十冊

620000－1101－0013937　857.176/381

四溟瑣紀十二卷　（清）陳裴之等撰　清光緒元年(1875)上海申報館鉛印本　一冊

620000－1101－0013938　226.4/83

四念處四卷　（隋）釋智者撰　（隋）釋灌頂輯　清光緒三年(1877)江北刻經處刻本　一冊

620000－1101－0013939　252/310

四篇要道補註便蒙淺說四卷　（清）張中譯解　清同治十一年(1872)錦城王占超刻本　一冊

620000－1101－0013940　846.7/286

四品稿九卷五品稿不分卷　（明）李若訥撰　清光緒二十二年(1896)刻本　四冊

620000－1101－0013941　041.76/114

四品彙鈔不分卷　（清）王飛鸑撰　清道光二十三年(1843)刻本　一冊

620000－1101－0013942　418

四聲猿四卷　（明）徐渭撰　明延閣刻本　四冊

620000－1101－0013943　832.22/88

四十五歲箸直史述小像賦一卷　（清）劉愚撰　清光緒刻本　一冊

620000－1101－0013944　413.3/329

四時病機十四卷　（清）邵登瀛輯　清光緒五年(1879)刻本　四冊

620000－1101－0013945　610.1/42.6

四史四種四百十五卷　（清）□□輯　清光緒二十年(1894)同文書局石印本　一百冊

620000－1101－0013946　610.1/42.601

四史四種四百十五卷　（清）□□輯　清同治十一年(1872)成都書局刻本　一百冊

620000－1101－0013947　1290

四書備考二十八卷四書一卷　（明）陳仁錫撰　明末刻本　二十冊

620000－1101－0013948　097.57/293

四書辨訛一卷　（清）李登瀛撰　清晚期抄本　一冊

620000－1101－0013949　1760

四書參十九卷　（明）李贄撰　（明）楊起元等評　（明）張明憲等參訂　明刻朱墨套印本　一冊　存二卷(孟子六至七)

620000－1101－0013950　2075

四書大成集四十卷　（清）李虎文輯　清康熙三十四年(1695)李氏家刻本　十六冊

620000－1101－0013951　097.527.6/293

四書大成直講二十卷　（清）李錫書纂輯　清道光十一年(1831)校經堂刻本　十冊　存十一卷(李見菴四書大成直講論語十卷、朱子年譜一卷)

620000－1101－0013952　2935

四書大全四十二卷　（清）陸隴其輯　清康熙三十七年(1698)席氏嘉會堂刻本　二十二冊

620000－1101－0013953　4350

四書大全四十四卷　（明）胡廣等輯　明末刻本　九冊　存十八卷(大學或問一卷,中庸或問一卷,孟子集註大全十四卷、序說一卷、考異一卷)

620000－1101－0013954　097.272/391

四書大全四十一卷　（清）陸隴其輯　清刻本　十六冊

620000－1101－0013955　097.52/0.485

四書大註匯參合講題鏡合纂□□卷　（□）□□撰　清晚期刻本　十冊　存三卷(論語三至四、孟子七)

620000－1101－0013956　097.57/119

四書地理考十五卷　（清）王瑬撰　清道光十五年(1835)刻本　六冊

620000－1101－0013957　097.57/814

四書典故辨正二十卷附錄一卷 （清）周柄中
著 清光緒十六年(1890)習靜齋刻本 六冊

620000－1101－0013958 097.07/445

四書典故快觀四卷 （清）呂麗明 （清）鈕谷
芳纂 清經緯堂刻本 一冊

620000－1101－0013959 2982

四書典林三十卷 （清）江永輯 清乾隆六十
年(1795)金閶函三堂刻本 十六冊

620000－1101－0013960 097.565/459

四書典制類聯音註三十三卷 （清）閻其淵編
輯 清嘉慶元年(1796)浙江蕭山縣署刻本
十六冊

620000－1101－0013961 097.565/459.001

四書典制類聯音註三十三卷 （清）閻其淵編
輯 清中晚期文光堂刻本 十冊

620000－1101－0013962 097.526/655

四書讀書樂六卷 （明）辛全著 （清）柏森校
刊 清光緒二十四年(1898)柏經正堂刻本
四冊

620000－1101－0013963 097.5/722.89

四書反身錄八卷 （清）李顒撰 清中晚期刻
本 四冊

620000－1101－0013964 097.5/72.28903

四書反身錄八卷 （清）李顒撰 清晚期小嫏
嬛山館刻本 二冊

620000－1101－0013965 097.5/72.28.901

四書反身錄八卷 （清）李顒撰 清光緒十一
年(1885)刻本 二冊

620000－1101－0013966 097.5/72.289.04

四書反身錄八卷 （清）李顒撰 清同治、光
緒刻本 四冊

620000－1101－0013967 097.5/72.28902

四書反身錄六卷 （清）李顒撰 清嘉慶十五
年(1810)蘭州楊春和刻本 四冊

620000－1101－0013968 097.5/72.28902

四書反身錄六卷 （清）李顒撰 清嘉慶十五
年(1810)蘭州楊春和刻本 四冊

620000－1101－0013969 097.5/72.289.05

四書反身錄十卷 （清）李顒撰 清光緒十七
年(1891)廣安郁文堂刻本 四冊

620000－1101－0013970 097.572/289.06

四書反身錄十卷 （清）李顒撰 清同治六年
(1867)刻本 四冊

620000－1101－0013971 097.5/72.28

四書反身錄四卷續錄一卷 （清）李顒撰 清
宣統二年(1910)刻本 四冊

620000－1101－0013972 097.57/781

四書改錯二十二卷 （清）毛奇齡撰 清嘉慶
十六年(1811)刻本 六冊

620000－1101－0013973 097.57/77.26

四書改錯平十四卷 （清）楊希閔撰 清光緒
元年(1875)刻本 二冊

620000－1101－0013974 097.527/697

四書古今訓釋十九卷 （清）宋翔鳳撰 清嘉
慶十八年(1813)浮谿艸堂刻本 四冊

620000－1101－0013975 097.527/0.485

四書古註群義九種彙解九十四卷 （□）□□
輯 清光緒十四年(1888)上海點石齋石印本
十六冊

620000－1101－0013976 097.52/892

四書恒解十四卷 （清）劉沅輯注 清光緒豫
誠堂刻本 十冊

620000－1101－0013977 2576

四書會要錄三十卷 （清）黃瑞輯 （清）談仕
麟參 清乾隆十年(1745)思齊堂刻本 二十
四冊

620000－1101－0013978 3306

四書彙典玉穀十一卷 （清）章駿飛纂輯 清
乾隆寶旭齋刻本 五冊

620000－1101－0013979 097.52/833

四書或問語類集解釋註大全四十一卷 （清）
朱良玉纂輯 清晚期致和堂刻本 四十冊

620000－1101－0013980 097.52/833

四書或問語類集解釋註大全四十一卷 （清）

朱良玉纂輯　清晚期致和堂刻本　三十冊

620000－1101－0013981　097.527/314

四書集疏二十二卷論語緒言一卷　（清）張蘿谷著　清光緒三十四年（1908）柏經正堂刻本　六冊　存六卷（大學一至三、中庸一至三）

620000－1101－0013982　097.525/828.001

四書集注十九卷　（宋）朱熹集注　清同治五年（1866）金陵書局刻本　一冊　存二卷（大學一卷、中庸一卷）

620000－1101－0013983　097.525/828

四書集注十九卷　（宋）朱熹集注　清光緒金陵狀元閣李氏刻本　三冊　存十二卷（大學一卷、中庸一卷、論語十卷）

620000－1101－0013984　097.525/828.006

四書集注十九卷　（宋）朱熹集注　清晚期文聚堂刻朱墨套印本　二冊

620000－1101－0013985　097.5/307

四書集註闡微直解二十七卷　（明）張居正撰　**纂序四書說約合叅大全不分卷**　（明）顧夢麟等輯　清光緒八旗經正書院刻本　十二冊

620000－1101－0013986　097.5/307.001

四書集註闡微直解二十七卷　（明）張居正撰　清宣統元年（1909）學部圖書局鉛印本　十三冊　存二十五卷（一、四至二十七）

620000－1101－0013987　097.525/828.007

四書集註十九卷　（宋）朱熹集注　清道光十六年（1836）刻本　十四冊

620000－1101－0013988　097.525/828.005

四書集註十九卷　（宋）朱熹集注　清同治十年（1871）刻本　六冊

620000－1101－0013989　097.525/828.004

四書集註十九卷　（宋）朱熹集注　清光緒三十二年（1906）上海商務印書館鉛印本　六冊

620000－1101－0013990　097.525/828.004

四書集註十九卷　（宋）朱熹集注　清光緒三十二年（1906）上海商務印書館鉛印本　十冊　存十七卷（中庸一卷、論語十卷、孟子一至六）

六）

620000－1101－0013991　097.525/828.002

四書集註十九卷　（宋）朱熹集注　清晚期刻本　二冊　存七卷（論語一至五、孟子六至七）

620000－1101－0013992　3163

四書講義困勉錄三十七卷續錄六卷　（清）陸隴其輯　清乾隆四年（1739）嘉會堂刻本　十七冊　存三十九卷（大學講義困勉錄一卷、續一卷，中庸講義困勉錄二卷、續一卷，論語講義困勉錄二十卷、續二卷，孟子講義困勉錄一至十、十三至十四）

620000－1101－0013993　3962

四書講義困勉錄三十七卷續錄六卷　（清）陸隴其輯　清康熙三十八年（1699）嘉會堂刻本　二十四冊

620000－1101－0013994　097.527/704

四書講義四卷　安維峻著　清宣統三年（1911）隴右樂善書局刻本　四冊

620000－1101－0013995　097.537/704

四書講義四卷　安維峻著　清宣統三年（1911）隴右樂善書局刻本　二冊　存三卷（一至三）

620000－1101－0013996　097.5/8.520

四書講義一卷　慕壽祺編　清末稿本　二冊

620000－1101－0013997　3155

四書解義七卷　（清）李光地撰　清康熙六十一年（1722）居業堂刻本　二冊

620000－1101－0013998　097.52/440.001

四書經註集證九卷　（清）吳昌宗輯　清嘉慶刻本　二十四冊

620000－1101－0013999　097.02/74.43

四書經註集證十九卷　（清）吳昌宗輯　清嘉慶三年（1798）江都汪廷機刻本　十二冊

620000－1101－0014000　097.52/440

四書經註集證十九卷　（清）吳昌宗輯　清嘉慶三年（1798）江都汪廷機刻本　八冊

620000－1101－0014001　097.52/440

四書經註集證十九卷　（清）吳昌宗輯　清嘉慶三年(1798)江都汪廷機刻本　十六冊

620000－1101－0014002　097.52/440

四書經註集證十九卷　（清）吳昌宗輯　清嘉慶三年(1798)江都汪廷機刻本　十六冊

620000－1101－0014003　097.52/440

四書經註集證十九卷　（清）吳昌宗輯　清嘉慶三年(1798)江都汪廷機刻本　十四冊　存十六卷(大學一卷、中庸一卷、論語一至七、孟子七卷)

620000－1101－0014004　2934

四書考輯要二十卷　（清）陳弘謀輯　清乾隆三十六年(1771)培遠堂刻本　六冊

620000－1101－0014005　1086

四書考略十八卷　（清）鄭兆元撰　清抄本十六冊　存十六卷(三至十八)

620000－1101－0014006　29

四書考一卷　（明）張位撰　明萬曆周氏大業堂刻本　一冊

620000－1101－0014007　4276

四書考異七十二卷　（清）翟灝撰　清乾隆三十四年(1769)無不宜齋刻本　十四冊

620000－1101－0014008　3786

四書課童詩一卷　（清）吳鎮撰　清乾隆五十六年(1791)蘭山書院刻本　一冊

620000－1101－0014009　4118

四書課童詩一卷　（清）吳鎮撰　清乾隆五十六年(1791)蘭山書院刻本　一冊

620000－1101－0014010　4431

四書類典賦二十四卷　（清）甘紱撰　清乾隆十一年(1746)刻本　一冊　存一卷(一)

620000－1101－0014011　041.74/178

四書類典賦二十四卷　（清）甘紱撰　清中晚期刻本　十三冊　存二十一卷(二至五、七至二十三)

620000－1101－0014012　097.501/0.485

四書全文不分卷　（□)□□撰　清道光二十三年(1843)京都琉璃廠刻本　十一冊

620000－1101－0014013　042.75/525

四書人物類典串珠四十卷　（清）臧志仁編輯　清嘉慶四年(1799)刻本　四冊

620000－1101－0014014　042.75/525.002

四書人物類典串珠四十卷　（清）臧志仁編輯　清嘉慶四年(1799)刻本　八冊　存二十六卷(一至四、十五至三十一、三十六至四十)

620000－1101－0014015　042.75/525.003

四書人物類典串珠四十卷　（清）臧志仁編輯　清嘉慶十八年(1813)引相堂刻本　八冊存二十八卷(一至十八、二十六至三十五)

620000－1101－0014016　042.75/525.001

四書人物類典串珠四十卷　（清）臧志仁編輯　清同治十二年(1873)刻本　十冊

620000－1101－0014017　042.75/525.006

四書人物類典串珠四十卷　（清）臧志仁編輯　清光緒十一年(1885)上海點石齋石印本　三冊　存二十九卷(一至七、十九至四十)

620000－1101－0014018　042.75/525.007

四書人物類典串珠四十卷　（清）臧志仁編輯　清晚期刻本　六冊　存二十卷(八至十八、二十五至二十八、三十六至四十)

620000－1101－0014019　042.75/525.005

四書人物類典串珠四十卷　（清）臧志仁編輯　清晚期刻本　一冊　存八卷(二十二至二十四、三十一至三十五)

620000－1101－0014020　042.75/525.004

四書人物類典串珠四十卷　（清）臧志仁編輯　清晚期刻本　五冊　存二十二卷(十九至四十)

620000－1101－0014021　097.5/828

四書十九卷　（宋）朱熹集注　清同治十年(1871)刻本　十冊

620000－1101－0014022　097.5/52.83.71

四書十九卷　（宋）朱熹集注　清同治十年

（1871）刻本　六册

620000－1101－0014023　097.5/52.83.71

四書十九卷　（宋）朱熹集注　清同治十年
（1871）刻本　六册

620000－1101－0014024　097.5/52.83.71

四書十九卷　（宋）朱熹集注　清同治十年
（1871）刻本　五册　存十七卷（大學一卷，中
庸一卷，論語十卷，孟子一至三、六至七）

620000－1101－0014025　097.5/52.83.71

四書十九卷　（宋）朱熹集注　清同治十年
（1871）刻本　六册

620000－1101－0014026　097.5/52.83.71

四書十九卷　（宋）朱熹集注　清同治十年
（1871）刻本　六册

620000－1101－0014027　097.5/52.83.71

四書十九卷　（宋）朱熹集注　清同治十年
（1871）刻本　六册

620000－1101－0014028　097.5/52.83.71

四書十九卷　（宋）朱熹集注　清同治十年
（1871）刻本　六册

620000－1101－0014029　097.5/52.83.71

四書十九卷　（宋）朱熹集注　清同治十年
（1871）刻本　六册

620000－1101－0014030　097.5/52.83.71

四書十九卷　（宋）朱熹集注　清同治十年
（1871）刻本　四册　存十五卷（大學一卷、中
庸一卷、論語十卷、孟子一至三）

620000－1101－0014031　097.5/52.83.71

四書十九卷　（宋）朱熹集注　清同治十年
（1871）刻本　六册

620000－1101－0014032　097.5/52.83.71

四書十九卷　（宋）朱熹集注　清同治十年
（1871）刻本　六册

620000－1101－0014033　097.5/52.83.71

四書十九卷　（宋）朱熹集注　清同治十年
（1871）刻本　六册

620000－1101－0014034　097.5/52.83.71

四書十九卷　（宋）朱熹集注　清同治十年
（1871）刻本　二册　存七卷（大學一卷、中庸
一卷、論語六至十）

620000－1101－0014035　097.5/52.83.71

四書十九卷　（宋）朱熹集注　清同治十年
（1871）刻本　五册　存十四卷（大學一卷、中
庸一卷、論語六至十、孟子七卷）

620000－1101－0014036　097.5/52.83.71

四書十九卷　（宋）朱熹集注　清同治十年
（1871）刻本　二册　存五卷（大學一卷、中庸
一卷、孟子一至三）

620000－1101－0014037　097.5/52.83.71

四書十九卷　（宋）朱熹集注　清同治十年
（1871）刻本　二册　存五卷（論語八至十、孟
子一至二）

620000－1101－0014038　097.5/52.83.73

四書十九卷　（宋）朱熹集注　清同治十三年
（1874）蘭州府署刻本　六册

620000－1101－0014039　097.5/52.83.73

四書十九卷　（宋）朱熹集注　清同治十三年
（1874）蘭州府署刻本　六册

620000－1101－0014040　097.5/52.83.72

四書十九卷　（宋）朱熹集注　清光緒十六年
（1890）蘭州刻本　六册

620000－1101－0014041　097.5/52.83.72

四書十九卷　（宋）朱熹集注　清光緒十六年
（1890）蘭州刻本　六册

620000－1101－0014042　097.5/52.83.72

四書十九卷　（宋）朱熹集注　清光緒十六年
（1890）蘭州刻本　六册

620000－1101－0014043　097.5/52.83.72

四書十九卷　（宋）朱熹集注　清光緒十六年
（1890）蘭州刻本　六册

620000－1101－0014044　097.54/75.28.001

四書釋地補一卷續補一卷又續補一卷　（清）
閻若璩撰　（清）樊廷枚校補　清嘉慶二十一

年(1816)刻本　四冊

620000－1101－0014045　097.54/75.28
四書釋地補一卷續補一卷又續補一卷三續補一卷　（清）閻若璩撰　（清）樊廷枚校補　清嘉慶二十一年(1816)海涵堂刻本　八冊

620000－1101－0014046　097.54/75.28
四書釋地補一卷續補一卷又續補一卷三續補一卷　（清）閻若璩撰　（清）樊廷枚校補　清嘉慶二十一年(1816)海涵堂刻本　五冊

620000－1101－0014047　097.54/75.28
四書釋地補一卷續補一卷又續補一卷三續補一卷　（清）閻若璩撰　（清）樊廷枚校補　清嘉慶二十一年(1816)海涵堂刻本　四冊

620000－1101－0014048　097.54/75.28.003
四書釋地補一卷續補一卷又續補一卷三續補一卷　（清）閻若璩撰　（清）樊廷枚校補　清嘉慶刻本　一冊　存一卷(三續補一卷)

620000－1101－0014049　097.54/75.28.002
四書釋地補一卷續補一卷又續補一卷三續補一卷　（清）閻若璩撰　（清）樊廷枚校補　清晚期刻本　二冊　存二卷(又續補一卷、三續補一卷)

620000－1101－0014050　097.54/75.28.004
四書釋地一卷四書釋地補一卷　（清）閻若璩撰　（清）樊廷枚校補　清晚期刻本　一冊

620000－1101－0014051　097.527/215
四書疏註撮言大全三十七卷　（清）胡蓉芝輯　清光緒十八年(1892)益元書局刻本　二十四冊

620000－1101－0014052　097.5/266
四書述要十九卷　（清）楊玉緒撰　清晚期文秀堂刻本　六冊

620000－1101－0014053　097.5/266.001
四書述要十九卷　（清）楊玉緒撰　清光緒十年(1884)刻本　六冊

620000－1101－0014054　097.5/266.003
四書述要十九卷　（清）楊玉緒撰　清中晚期奎光堂刻本　十冊

620000－1101－0014055　097.5/266.002
四書述要十九卷　（清）楊玉緒撰　清晚期宏道堂刻本　四冊　存八卷(大學一卷、論語一至五、孟子六至七)

620000－1101－0014056　097.57/76.11
四書說略四卷教童子法一卷　（清）王筠撰　清道光三十年(1850)刻本　二冊

620000－1101－0014057　121.217/76.35
四書說苑十一卷首一卷補遺一卷續遺一卷　（清）孫應科輯　清道光四年(1824)高郵孫氏刻二十八年(1848)補刻本　四冊

620000－1101－0014058　121.217/76.35
四書說苑十一卷首一卷補遺一卷續遺一卷　（清）孫應科輯　清道光二十八年(1848)刻本　四冊

620000－1101－0014059　097.57/715.001
四書題鏡不分卷　（清）汪鯉翔纂述　清嘉慶十四年(1809)刻本　二冊

620000－1101－0014060　097.57/715.002
四書題鏡不分卷　（清）汪鯉翔纂述　清六合堂刻本　七冊

620000－1101－0014061　097.57/715
四書題鏡十六卷　（清）汪鯉翔纂述　清道光十年(1830)刻本　十冊

620000－1101－0014062　097.57/987.002
四書題鏡味根錄合編三十七卷　（清）金澂撰　清光緒二十年(1894)袖海山房石印本　八冊

620000－1101－0014063　097.527/340
四書體註彙講不分卷　（清）范翔編　（清）盛大經批　清道光二十三年(1843)文穎閣刻朱墨套印本　一冊

620000－1101－0014064　1616
四書通證六卷　（元）張存中撰　明刻本　一冊　存一卷(孟子二)

620000－1101－0014065　097.527/987.001

四書味根錄三十七卷 （清）金澂撰 清光緒七年（1881）玉尺山房刻本 四冊 存十卷（論語十六至二十,孟子一至二、五至六、八）

620000－1101－0014066 097.527/987

四書味根錄三十七卷 （清）金澂撰 清晚期刻本 五冊 存三十四卷（論語二十卷、孟子十四卷）

620000－1101－0014067 097.527/987.002

四書味根錄三十七卷 （清）金澂撰 清光緒石印本 一冊 存五卷（孟子六至十）

620000－1101－0014068 097.57/987

四書味根錄題鏡合編不分卷附四書宗旨不分卷 （清）金澂 （清）江鯉翔撰 清光緒十四年（1888）上海點石齋石印本 六冊

620000－1101－0014069 040.78/212

四書五經類典集成三十四卷 （清）戴兆春輯 清光緒十四年（1888）同文書局石印本 二十四冊

620000－1101－0014070 040.78/212

四書五經類典集成三十四卷 （清）戴兆春輯 清光緒十四年（1888）同文書局石印本 十一冊 存二十四卷（一、五至七、十二、十六至三十四）

620000－1101－0014071 040.78/212

四書五經類典集成三十四卷 （清）戴兆春輯 清光緒十四年（1888）同文書局石印本 六冊 存十一卷（二、十至十五、二十二至二十四、二十九）

620000－1101－0014072 040.78/212

四書五經類典集成三十四卷 （清）戴兆春輯 清光緒十四年（1888）同文書局石印本 一冊 存三卷（十六至十八）

620000－1101－0014073 856.7/582.001

四書五經義策論初編不分卷 （清）崇實齋主人輯 清光緒刻本 二冊

620000－1101－0014074 098.3/582

四書五經義策論續編四卷 （清）崇實齋主人

輯 清光緒二十八年（1902）浙杭編印局鉛印本 六冊

620000－1101－0014075 098.3/582.001

四書五經義策論續編四卷 （清）崇實社主人輯 清光緒二十九年（1903）上海崇實學社石印本 三冊 存三卷（一至二、四）

620000－1101－0014076 856.7/582

四書五經義策論正續合編不分卷 （清）崇實社主人輯 清光緒二十九年（1903）上海崇實學社石印本 五冊

620000－1101－0014077 097.57/828

四書小參一卷問答一卷 （明）朱斯行撰 清光緒三年（1877）姑蘇刻經處刻本 一冊

620000－1101－0014078 097.03/76.30

四書訓解參證十二卷 （清）張定鋈撰 清咸豐二年（1852）刻本 三冊

620000－1101－0014079 3082

四書翊註四十二卷首一卷 （清）刁包輯 清雍正五年（1727）光裕堂刻本 十冊

620000－1101－0014080 856.7/0.485

四書義經正篇二卷首一卷 （清）□□編選 清光緒二十七年（1901）上海掃葉山房石印本 四冊

620000－1101－0014081 097.527/307

四書翼註論文三十八卷 （清）張甄陶撰 清嘉慶十五年（1810）浙湖竹下書堂刻本 十二冊

620000－1101－0014082 097.527/307.001

四書翼註論文三十八卷 （清）張甄陶撰 清乾隆、嘉慶刻本 六冊 存二十一卷（上論一至五、下論一至十、上孟一至二、下孟一至四）

620000－1101－0014083 097.527/372

四書引解二十六卷 （清）鄧柱瀾纂輯 清嘉慶十四年（1809）刻本 二十一冊

620000－1101－0014084 097.5/507

四書引左彙解十卷 （清）蕭榕年纂輯 清中晚期刻本 四冊

620000－1101－0014085　2612

四書羽儀十九卷　（清）周冕　（清）劉景周纂
清乾隆五十二年(1787)敦化堂刻本　五冊
存十四卷(大學一卷、中庸一卷、論語六至
十、孟子七卷)

620000－1101－0014086　097.5/73.91

四書約旨不分卷　（清）任啓運撰　清光緒二
十年(1894)浙江書局刻本　十冊

620000－1101－0014087　097.527/116.001

四書章句本義匯參不分卷　（清）王步青輯
清光緒三十一年(1905)上海宏文閣書局鉛印
本　八冊

620000－1101－0014088　097.252/828.002

四書章句集注二十六卷　（宋）朱熹撰　附四
書家塾讀本句讀不分卷四書章句集注定本辨
不分卷　（清）吳英撰　四書章句附考四卷
(清)吳志忠撰　清嘉慶十六年(1811)吳縣吳
志忠刻本　六冊

620000－1101－0014089　227

四書章句集註二十八卷　（宋）朱熹撰　清內
府仿宋淳祐刻本　九冊

620000－1101－0014090　097.525/828.003

四書章句集註二十六卷　（宋）朱熹撰　清晚
期刻本　一冊　存二卷(大學一卷、中庸一
卷)

620000－1101－0014091　097.374/145.002

四書摭餘說七卷　（清）曹之升輯　清嘉慶三
年(1798)刻本　六冊

620000－1101－0014092　097.374/145.002

四書摭餘說七卷　（清）曹之升輯　清嘉慶三
年(1798)刻本　二冊

620000－1101－0014093　097.374/145.001

四書摭餘說七卷　（清）曹之升輯　清嘉慶十
九年(1814)刻本　六冊

620000－1101－0014094　097.374/145

四書摭餘說七卷　（清）曹之升輯　清道光十
二年(1832)刻本　六冊

620000－1101－0014095　822

四書徵十二卷　（明）王夢簡撰　明王大年刻
本　六冊

620000－1101－0014096　2863

四書朱子本義匯參四十七卷　（清）王步青輯
清學源堂刻本　二十四冊

620000－1101－0014097　2639

四書朱子本義匯參四十七卷　（清）王步青輯
清文會堂刻本　三十冊

620000－1101－0014098　097.527/116

四書朱子本義匯參四十七卷　（清）王步青輯
清光緒北京琉璃廠善成堂刻本　二十一冊

620000－1101－0014099　3917

四書朱子本義匯參四十七卷　（清）王步青輯
清刻本　二十五冊　存三十二卷(論語三
至二十、孟子十四卷)

620000－1101－0014100　097.527/116.003

四書朱子本義匯參四十七卷　（清）王步青輯
清中晚期刻本　三十冊

620000－1101－0014101　097.527/116.006

四書朱子本義匯參四十七卷　（清）王步青輯
清刻本　二十四冊

620000－1101－0014102　097.527/116.002

四書朱子本義匯參四十七卷　（清）王步青輯
清光緒十五年(1889)上海廣百宋齋鉛印本
七冊　存二十六卷(大學一至十、論語十一
至十四、孟子一至十二)

620000－1101－0014103　097.227/116

四書朱子本義匯參四十七卷　（清）王步青輯
清晚期刻本　十冊　存十三卷(孟子二至
十四)

620000－1101－0014104　097.527/116.004

四書朱子本義匯參四十七卷　（清）王步青輯
清晚期刻本　十冊　存二十卷(大學三卷、
首一卷,中庸三至六,論語一至二、七至十、十
八至二十、首一卷,孟子九至十)

620000－1101－0014105　097.527/116.005

四書朱子本義匯參四十七卷 （清）王步青輯
清晚期文會堂刻本 八冊 存九卷（論語
一、四至五、十三,首一卷;孟子九至十一、十
三）

620000－1101－0014106 097.327/116
四書朱子本義匯參四十七卷 （清）王步青輯
清晚期文會堂刻本 一冊 存一卷（大學
三）

620000－1101－0014107 1921
四書朱子異同條辨四十卷 （清）李沛霖
（清）李禎撰 清康熙四十四年(1705)黎光樓
刻本 五十冊

620000－1101－0014108 3061
四書朱子異同條辨四十卷 （清）李沛霖
（清）李禎撰 清康熙四十四年(1705)黎光樓
刻本 三十二冊

620000－1101－0014109 3921
四書朱子異同條辨四十卷 （清）李沛霖
（清）李禎撰 清康熙四十四年(1705)黎光樓
刻本 六十冊

620000－1101－0014110 097.437/292
四書朱子異同條辨四十卷 （清）李沛霖
（清）李禎撰 清近譬堂刻本 二冊 存二卷
（一、三）

620000－1101－0014111 2076
四書自課錄三十卷 （清）任時懋纂 清乾隆
四年(1739)璜川書屋刻本 十四冊

620000－1101－0014112 802.17/879.03
四書字詁七十八卷 （清）段諤廷撰 （清）黃
本驥編訂 清道光二十九年(1849)黔陽楊氏
刻咸豐七年(1857)補刻本 十二冊 存五十
卷(一至三十一、四十五至四十八、五十七至
七十一)

620000－1101－0014113 2896
四書遵註正解二十六卷大全纂要条補群書不
分卷四書字類辨義一卷 （清）曹飛捷撰 清
康熙二十三年(1684)書穋堂刻本 八冊

620000－1101－0014114 4589
四書左國彙纂四卷 （清）高其名 （清）鄭師
成纂 清乾隆百尺樓刻本 四冊

620000－1101－0014115 2077
四書左國彙纂四卷 （清）高其名 （清）鄭師
成纂 清乾隆百尺樓刻三多齋、聚錦堂印本
五冊

620000－1101－0014116 097.527/642
四書左國彙纂四卷 （清）高其名 （清）鄭師
成纂 清乾隆百尺樓刻三多齋、聚錦堂印本
四冊

620000－1101－0014117 4035
四書左國彙纂四卷 （清）高其名 （清）鄭師
成纂 清乾隆本立堂刻本 二冊 存一卷
（一）

620000－1101－0014118 719/30
四述奇十六卷 （清）張德彝撰 清晚期著易
堂鉛印本 八冊

620000－1101－0014119 3817
四先生年譜四卷 （清）毛念恃輯 清乾隆十
年(1745)張坦刻本 二冊

620000－1101－0014120 857.47/680.002
四雪草堂重訂通俗隋唐演義二十卷 （清）褚
人獲編 清刻本 二十冊

620000－1101－0014121 847.4/139
四焉齋文集八卷詩集六卷 （清）曹一士著
梯仙閣餘課一卷 （清）陸鳳池著 清宣統二
年(1910)刻本 六冊

620000－1101－0014122 2166
四言史徵十二卷 （清）葛震輯 （清）曹荃注
清康熙三十三年(1694)曹氏芷園刻本 十
二冊

620000－1101－0014123 327.31/262
四裔編年表四卷 （英國）博那著 （美國）林
樂知 （清）嚴良勳譯 （清）李鳳苞彙編 清
同治十三年(1874)江南製造總局刻本 四冊

620000－1101－0014124 327.31/262

四裔編年表四卷 （英國）博那著 （美國）林樂知 （清）嚴良勳譯 （清）李鳳苞彙編 清同治十三年(1874)江南製造總局刻本 四冊

620000－1101－0014125 327.31/262

四裔編年表四卷 （英國）博那著 （美國）林樂知 （清）嚴良勳譯 （清）李鳳苞彙編 清同治十三年(1874)江南製造總局刻本 四冊

620000－1101－0014126 327.31/262.01

四裔編年表四卷 （英國）博那著 （美國）林樂知 （清）嚴良勳譯 （清）李鳳苞彙編 清光緒二十三年(1897)石印本 四冊

620000－1101－0014127 327.31/262

四裔編年表四卷 （英國）博那著 （美國）林樂知 （清）嚴良勳譯 （清）李鳳苞彙編 清同治十三年(1874)江南製造總局刻本 四冊

620000－1101－0014128 327.31/262

四裔編年表四卷 （英國）博那著 （美國）林樂知 （清）嚴良勳譯 （清）李鳳苞彙編 清同治十三年(1874)江南製造總局刻本 四冊

620000－1101－0014129 327.31/262

四裔編年表四卷 （英國）博那著 （美國）林樂知 （清）嚴良勳譯 （清）李鳳苞彙編 清同治十三年(1874)江南製造總局刻本 四冊

620000－1101－0014130 327.31/262

四裔編年表四卷 （英國）博那著 （美國）林樂知 （清）嚴良勳譯 （清）李鳳苞彙編 清同治十三年(1874)江南製造總局刻本 四冊

620000－1101－0014131 327.31/262

四裔編年表四卷 （英國）博那著 （美國）林樂知 （清）嚴良勳譯 （清）李鳳苞彙編 清同治十三年(1874)江南製造總局刻本 四冊

620000－1101－0014132 327.31/262

四裔編年表四卷 （英國）博那著 （美國）林樂知 （清）嚴良勳譯 （清）李鳳苞彙編 清同治十三年(1874)江南製造總局刻本 四冊

620000－1101－0014133 327.31/262

四裔編年表四卷 （英國）博那著 （美國）林

樂知 （清）嚴良勳譯 （清）李鳳苞彙編 清同治十三年(1874)江南製造總局刻本 二冊 存二卷(一至二)

620000－1101－0014134 327.31/262

四裔編年表四卷 （英國）博那著 （美國）林樂知 （清）嚴良勳譯 （清）李鳳苞彙編 清同治十三年(1874)江南製造總局刻本 二冊 存二卷(一、三)

620000－1101－0014135 327.31/262

四裔編年表四卷 （英國）博那著 （美國）林樂知 （清）嚴良勳譯 （清）李鳳苞彙編 清同治十三年(1874)江南製造總局刻本 二冊 存二卷(一、三)

620000－1101－0014136 2570

四憶堂詩集六卷 （清）侯方域撰 清順治刻本 一冊

620000－1101－0014137 847.1/907.03

四憶堂詩集六卷 （清）侯方域撰 （清）賈開宗 （清）宋犖選注 清宣統二年(1910)掃葉山房石印本 一冊 存三卷(一至三)

620000－1101－0014138 802.44/886

四音定切四卷首一卷 （清）劉熙載輯 清光緒四年(1878)刻本 二冊

620000－1101－0014139 802.3/973.003

四音釋義十二集 （清）鄭長庚輯 清嘉慶二十五年(1820)刻本 六冊

620000－1101－0014140 802.3/973

四音釋義十二集 （清）鄭長庚輯 清道光四年(1824)刻本 六冊

620000－1101－0014141 802.3/973

四音釋義十二集 （清）鄭長庚輯 清道光四年(1824)刻本 三冊 存六集(辰至酉)

620000－1101－0014142 802.3/973

四音釋義十二集 （清）鄭長庚輯 清道光四年(1824)刻本 十冊 存十集(丑至巳、未至亥)

620000－1101－0014143 802.3/973.002

四音釋義十二集　（清）鄭長庚輯　清道光十一年(1831)刻本　十二冊

620000－1101－0014144　802.3/973.001

四音釋義十二集　（清）鄭長庚輯　清道光二十九年(1849)學德堂刻本　四冊

620000－1101－0014145　802.3/973.001

四音釋義十二集　（清）鄭長庚輯　清道光二十九年(1849)學德堂刻本　一冊　存三集（卯至巳）

620000－1101－0014146　802.3/973.004

四音釋義十二集　（清）鄭長庚輯　清末刻本　五冊　存十集（寅至亥）

620000－1101－0014147　311.57/828.03

四元玉鑑細草三卷四象細草假令之圖一卷四元釋例一卷附補增一卷　（元）朱世傑編述　（清）羅士琳補　清道光十五年至十八年(1835－1838)刻本　五冊　存三卷（四元玉鑑細草三卷）

620000－1101－0014148　311.57/828.03.001

四元玉鑑細草三卷四象細草假令之圖一卷四元釋例一卷附補增一卷　（元）朱世傑編述　（清）羅士琳補　清光緒十七年(1891)成都志古堂刻本　十冊

620000－1101－0014149　311.57/828.03.001

四元玉鑑細草三卷四象細草假令之圖一卷四元釋例一卷附補增一卷　（元）朱世傑編述　（清）羅士琳補　清光緒十七年(1891)成都志古堂刻本　十二冊

620000－1101－0014150　311.57/828.03.002

四元玉鑑細草三卷四象細草假令之圖一卷四元釋例一卷附補增一卷　（元）朱世傑編述　（清）羅士琳補　清光緒二十二年(1896)石印本　六冊

620000－1101－0014151　2063

四診抉微八卷管窺附餘一卷　（清）林之翰撰　清雍正元年(1723)刻本　四冊

620000－1101－0014152　847.4/274

四知堂文集三十六卷　（清）楊錫紱撰　清嘉慶刻本　四冊

620000－1101－0014153　835.485

四忠遺集三十九卷　（□）□□撰　清光緒二十三年(1897)湘南書局刻本　四冊

620000－1101－0014154　831.7/689

四眾弟子淨土詩六種六卷　（清）釋定慧等撰　清同治十一年(1872)如皋刻經處刻本　一冊

620000－1101－0014155　126.9/11

俟後編六卷補錄一卷　（明）王敬臣撰　**仁孝先生事略附錄一卷**　（清）彭定求輯　清光緒元年(1875)刻本　一冊

620000－1101－0014156　846.5/113

俟後編六卷補錄一卷　（明）王敬臣撰　**仁孝先生事略附錄一卷**　（清）彭定求輯　清光緒元年(1875)刻本　一冊

620000－1101－0014157　847.7/704.03

嗣徽集一卷詒煒集□□卷　安維峻撰　清光緒三十年(1904)石印本　一冊

620000－1101－0014158　847.7/183.01

松風閣詩鈔二十六卷　（清）彭蘊章撰　清同治刻本　七冊　存二十三卷（一至六、十至二十六）

620000－1101－0014159　916.1102/792

松風閣指法一卷　（清）莊臻鳳撰　（清）程雄訂正　**松風閣琴譜二卷**　（清）程雄選訂　**抒懷操一卷**　（清）曹溶填詞　清北京隆福寺三槐堂刻本　二冊

620000－1101－0014160　1229

松桂堂全集三十七卷南泩集三卷延露詞三卷　（清）彭孫遹撰　清乾隆八年(1743)彭景曾刻本　三冊

620000－1101－0014161　831.7/965

松壑間合刻詩鈔二種四卷　（清）顧初昱（清）胡家瑄著　清道光四年(1824)刻本　一冊　存一種二卷（課暇吟二卷）

620000－1101－0014162　2764

松花菴集唐一卷集唐絕句一卷　（清）吳鎮撰
　清乾隆蘭山書院刻本　一冊

620000－1101－0014163　3779

松花菴集唐一卷集唐絕句一卷　（清）吳鎮撰
　清乾隆刻本　一冊

620000－1101－0014164　3780

松花菴集唐一卷集唐絕句一卷　（清）吳鎮撰
　清乾隆刻本　一冊

620000－1101－0014165　3767

松花菴律古一卷　（清）吳鎮撰　清乾隆刻本
　一冊

620000－1101－0014166　3769

松花菴律古一卷　（清）吳鎮撰　清乾隆刻本
　一冊

620000－1101－0014167　3771

松花菴律古一卷集古絕句一卷　（清）吳鎮撰
　清乾隆刻本　一冊

620000－1101－0014168　3772

松花菴律古一卷律古續稿一卷集古絕句一卷
　（清）吳鎮撰　清乾隆刻本　一冊

620000－1101－0014169　847.4/44

松花菴全集十二卷　（清）吳鎮撰　清宣統二
年(1910)狄道後學刻本　十二冊

620000－1101－0014170　847.4/44

松花菴全集十二卷　（清）吳鎮撰　清宣統二
年(1910)狄道後學刻本　十二冊

620000－1101－0014171　847.4/44

松花菴全集十二卷　（清）吳鎮撰　清宣統二
年(1910)狄道後學刻本　十二冊

620000－1101－0014172　847.4/44

松花菴全集十二卷　（清）吳鎮撰　清宣統二
年(1910)狄道後學刻本　四冊

620000－1101－0014173　847.4/44

松花菴全集十二卷　（清）吳鎮撰　清宣統二
年(1910)狄道後學刻本　十二冊

620000－1101－0014174　847.4/44

松花菴全集十二卷　（清）吳鎮撰　清宣統二
年(1910)狄道後學刻本　十二冊

620000－1101－0014175　847.4/44

松花菴全集十二卷　（清）吳鎮撰　清宣統二
年(1910)狄道後學刻本　十二冊

620000－1101－0014176　847.4/44

松花菴全集十二卷　（清）吳鎮撰　清宣統二
年(1910)狄道後學刻本　十二冊

620000－1101－0014177　847.4/44

松花菴全集十二卷　（清）吳鎮撰　清宣統二
年(1910)狄道後學刻本　六冊

620000－1101－0014178　847.4/44

松花菴全集十二卷　（清）吳鎮撰　清宣統二
年(1910)狄道後學刻本　十二冊

620000－1101－0014179　847.4/44

松花菴全集十二卷　（清）吳鎮撰　清宣統二
年(1910)狄道後學刻本　十一冊　缺一卷
（律古一卷）

620000－1101－0014180　847.4/44

松花菴全集十二卷　（清）吳鎮撰　清宣統二
年(1910)狄道後學刻本　三冊　存四卷(蘭
山詩草一卷、韻史一卷、文稿一卷、文稿次編
一卷)

620000－1101－0014181　847.4/44

松花菴全集十二卷　（清）吳鎮撰　清宣統二
年(1910)狄道後學刻本　十二冊

620000－1101－0014182　2873

松花菴全集十二種十五卷　（清）吳鎮撰　清
乾隆蘭山書院刻本　十二冊

620000－1101－0014183　2899

松花菴全集十二種十五卷　（清）吳鎮撰　清
乾隆蘭山書院刻本　二冊　存二種三卷(松
花菴集唐一卷、集唐絕句一卷,韻史一卷)

620000－1101－0014184　3237

松花菴全集十二種十五卷　（清）吳鎮撰　清
乾隆蘭山書院刻本　三冊　存三種四卷(松

花菴逸草一卷附詩餘,松花菴集唐一卷、集唐
絕句一卷,松花菴雜稿一卷)

620000－1101－0014185　4138
松花菴全集十二種十五卷　（清）吳鎮撰　清
乾隆蘭山書院刻本　九冊　存九種十二卷
（松厓文稿一卷,松厓文稿次編一卷,松花菴
詩草二卷,松花菴遊草一卷,蘭山詩草一卷,
松花菴集唐一卷、集唐絕句一卷,松花菴律古
一卷、律古續藁一卷,松花菴雜稿一卷,韻史
一卷）

620000－1101－0014186　4015
松花菴全集十二種十五卷　（清）吳鎮撰　清
乾隆蘭山書院刻本　二冊　存二種二卷（松
厓文稿一卷、松花菴逸草一卷附詩餘）

620000－1101－0014187　4161
松花菴全集十二種十五卷　（清）吳鎮撰　清
乾隆蘭山書院刻本　三冊　存三種四卷（松
花菴詩草二卷,松花菴遊草一卷,韻史一卷）

620000－1101－0014188　3757
松花菴全集十九種二十卷　（清）吳鎮撰　清
乾隆、嘉慶刻本　十七冊

620000－1101－0014189　3752
松花菴全集十三種十四卷　（清）吳鎮撰　清
乾隆刻本　十二冊

620000－1101－0014190　3753
松花菴全集十三種十四卷　（清）吳鎮撰　清
乾隆刻本　十二冊

620000－1101－0014191　3754
松花菴全集十三種十四卷　（清）吳鎮撰　清
乾隆刻本　十二冊

620000－1101－0014192　3756
松花菴全集十三種十四卷　（清）吳鎮撰　清
乾隆刻本　六冊　存六種七卷（松花菴詩草
一卷,松花菴遊草一卷,松花菴逸草一卷附詩
餘,蘭山詩草一卷,松花菴集唐一卷、集唐絕
句一卷,松花菴雜稿一卷）

620000－1101－0014193　3758

松花菴全集十三種十四卷　（清）吳鎮撰　清
乾隆刻本　十冊　存十一種十二卷（松花菴
詩草一卷,松花菴遊草一卷,松花菴逸草一卷
附詩餘,蘭山詩草一卷,律古續稿一卷、集古
絕句一卷,松花菴雜稿一卷,韻史一卷,聲調
譜一卷,八病說一卷,松厓文稿一卷,松厓文
稿次編一卷）

620000－1101－0014194　3755
松花菴全集十三種十四卷　（清）吳鎮撰　清
乾隆刻本　八冊　存九種十卷（松花菴詩草
一卷,松花菴遊草一卷,松花菴律古一卷,律
古續稿一卷、集古絕句一卷,松花菴逸草一卷
附詩餘,松花菴集唐一卷,韻史一卷,聲調譜
一卷,八病說一卷）

620000－1101－0014195　2775
松花菴詩草二卷　（清）吳鎮撰　清乾隆刻本
一冊

620000－1101－0014196　3759
松花菴詩草二卷　（清）吳鎮撰　清乾隆刻本
一冊

620000－1101－0014197　3760
松花菴詩草二卷　（清）吳鎮撰　清乾隆刻本
一冊

620000－1101－0014198　3761
松花菴詩草二卷　（清）吳鎮撰　清乾隆刻本
一冊

620000－1101－0014199　847.4/442.01
松花菴詩草四卷　（清）吳鎮撰　清同治刻本
四冊

620000－1101－0014200　3762
松花菴逸草一卷詩餘一卷　（清）吳鎮撰　清
乾隆刻本　一冊

620000－1101－0014201　3763
松花菴逸草一卷詩餘一卷　（清）吳鎮撰　清
乾隆刻本　一冊

620000－1101－0014202　3764
松花菴逸草一卷詩餘一卷　（清）吳鎮撰　清

乾隆刻本　一冊

620000－1101－0014203　3765

松花菴逸草一卷詩餘一卷　（清）吳鎮撰　清
乾隆刻本　一冊

620000－1101－0014204　3766

松花菴逸草一卷詩餘一卷　（清）吳鎮撰　清
乾隆刻本　一冊

620000－1101－0014205　3791

松花菴遊草一卷　（清）吳鎮撰　清乾隆五十
年(1785)蘭山書院刻本　一冊

620000－1101－0014206　3792

松花菴遊草一卷　（清）吳鎮撰　清乾隆五十
年(1785)蘭山書院刻本　一冊

620000－1101－0014207　3781

松花菴雜稿三種三卷　（清）吳鎮撰　清乾隆
刻本　一冊

620000－1101－0014208　3787

松花菴雜稿三種三卷　（清）吳鎮撰　清乾隆
刻本　一冊

620000－1101－0014209　689.1307/121

松陵見聞錄十卷　（清）王鯤撰　清道光九年
(1829)刻本　四冊

620000－1101－0014210　831/969

松陵詩徵前編十二卷　（清）殷增編次　清嘉
慶二十一年(1816)刻本　四冊

620000－1101－0014211　839.21/764

松陵文錄二十四卷　（清）凌淦編　清同治十
三年(1874)刻本　八冊

620000－1101－0014212　782.621/281

松陵文錄作者姓氏爵里著述考一卷　（清）柳
兆薰補刊　清光緒刻本　一冊

620000－1101－0014213　782.621/281

松陵文錄作者姓氏爵里著述考一卷　（清）柳
兆薰補刊　清光緒刻本　一冊

620000－1101－0014214　856.9/157.1

松崔草廬雜記一卷　（清）鄭鶴翁等撰　清光

緒十七年(1891)矗吉儒抄本　一冊

620000－1101－0014215　847.4/337

松聲池館詩存四卷　（清）汪璐撰　清光緒十
五年(1889)刻本　一冊

620000－1101－0014216　847.5/707

松聲池館詩存四卷　（清）汪璐撰　清光緒十
五年(1889)刻本　一冊

620000－1101－0014217　089.75/667

松石齋集四種六卷　（清）唐璉撰　**國朝畫後
續集一卷**　（清）王光晟輯　清道光七年至咸
豐六年(1827－1856)松石齋刻本　七冊

620000－1101－0014218　089.75/667

松石齋集四種六卷　（清）唐璉撰　**國朝畫後
續集一卷**　（清）王光晟輯　清道光七年至咸
豐六年(1827－1856)松石齋刻本　四冊

620000－1101－0014219　940.7/667

松石齋書畫瑣言一卷　（清）唐璉撰　清道光
七年(1827)任國鈞等刻本　一冊

620000－1101－0014220　940.7/667

松石齋書畫瑣言一卷　（清）唐璉撰　清道光
七年(1827)任國鈞等刻本　一冊

620000－1101－0014221　3803

松石齋印譜不分卷　（清）唐璉篆　（清）唐儉
輯　清道光二十年(1840)刻鈐印本　一冊

620000－1101－0014222　847.5/30.03

松心詩集十集　（清）張維屏撰　清道光三十
年(1850)刻本　八冊

620000－1101－0014223　847.7/30

松心詩錄十卷　（清）張維屏撰　（清）李長榮
　（清）沈世良編校　清咸豐四年(1854)趙惟
濂刻本　二冊

620000－1101－0014224　566

松心堂醫案經驗鈔一卷　（清）繆遵義撰　清
道光二十五年(1845)抄本　一冊

620000－1101－0014225　072.72/507

松軒先生日錄雜記一卷　（清）蕭松軒著　清
中晚期抄本　一冊

620000 – 1101 – 0014226　847.4/442.03

松崖對聯一卷　（清）吳鎮撰　（清）楊芳燦選
清嘉慶二十三年(1818)刻本　一冊

620000 – 1101 – 0014227　1261

松崖全集六種八卷　（清）吳鎮撰　清乾隆蘭
山書院刻本　二冊

620000 – 1101 – 0014228　1258

松崖全集六種六卷　（清）吳鎮撰　清乾隆蘭
山書院刻本　六冊

620000 – 1101 – 0014229　847.4/442.04

松崖試帖一卷松崖對聯一卷　（清）吳鎮撰
（清）楊芳燦選　清嘉慶十六年(1811)吳承禧
刻道光元年(1821)增刻本　一冊

620000 – 1101 – 0014230　3782

松崖文稿一卷　（清）吳鎮撰　清乾隆五十五
年(1790)蘭山書院刻本　一冊

620000 – 1101 – 0014231　3784

松崖文稿一卷　（清）吳鎮撰　清乾隆五十五
年(1790)蘭山書院刻本　一冊

620000 – 1101 – 0014232　3785

松崖文稿一卷　（清）吳鎮撰　清乾隆五十五
年(1790)蘭山書院刻本　一冊

620000 – 1101 – 0014233　3783

松崖文稿一卷次編一卷　（清）吳鎮撰　清乾
隆五十五年(1790)蘭山書院刻本　二冊

620000 – 1101 – 0014234　847.4/442.07

松崖制義一卷　（清）吳鎮撰　（清）衛學詩
（清）薛寧廷選　（清）吳承禧編輯　清嘉慶二
十四年(1819)松花庵刻本　一冊

620000 – 1101 – 0014235　075.74/138

松崖筆記三卷　（清）惠棟撰　清道光二年
(1822)吳門玉照堂刻本　一冊

620000 – 1101 – 0014236　3058

松陽講義六卷　（清）陸隴其撰　清康熙二十
九年(1690)三魚堂刻本　三冊

620000 – 1101 – 0014237　097.53/390

松陽講義十二卷　（清）陸隴其撰　清光緒十

四年(1888)柏經正堂刻本　四冊

620000 – 1101 – 0014238　097.53/390.001

松陽講義十二卷　（清）陸隴其撰　清同治十
三年(1874)湖南省城書局刻本　三冊　存十
卷(三至十二)

620000 – 1101 – 0014239　4311

松陽講義十二卷　（清）陸隴其撰　清康熙刻
本　一冊　存二卷(一至二)

620000 – 1101 – 0014240　2836

松源經說四卷　（清）孫之騄撰　清乾隆三十
一年(1766)春草園刻本　四冊

620000 – 1101 – 0014241　847.7/808

菘耘文鈔四卷　（清）季錫疇撰　清光緒五年
(1879)刻本　一冊

620000 – 1101 – 0014242　857.18/11

淞濱瑣話十二卷　（清）王韜撰　清光緒十九
年(1893)淞隱廬鉛印本　四冊

620000 – 1101 – 0014243　414.6/466.3

嵩崖尊生書十五卷　（清）景日昣纂著　清中
晚期三讓堂刻本　四冊

620000 – 1101 – 0014244　565

悚齋遺書十八卷　（清）于蔭霖撰　清稿本
十四冊

620000 – 1101 – 0014245　1869

宋百家詩存二十卷　（清）曹庭棟輯　清乾隆
六年(1741)曹氏二六書堂刻本　十冊

620000 – 1101 – 0014246　090.7/74.002

宋本十三經注疏四百十六卷附校勘記　（清）
阮元校勘　（清）盧宣旬摘錄　清光緒十三年
(1887)上海脈望仙館石印本　三十一冊

620000 – 1101 – 0014247　090.82/74.37.361

宋本十三經注疏四百十六卷附校勘記　（清）
阮元校勘　（清）盧宣旬摘錄　清光緒十三年
(1887)上海脈望仙館石印本　三十二冊

620000 – 1101 – 0014248　090.82/74.37.361

宋本十三經注疏四百十六卷附校勘記　（清）
阮元校勘　（清）盧宣旬摘錄　清光緒十三年

（1887）上海脈望仙館石印本　三十二冊

620000－1101－0014249　090.82/74.37.361
宋本十三經注疏四百十六卷附校勘記　（清）阮元校勘　（清）盧宣旬摘錄　清光緒十三年（1887）上海脈望仙館石印本　三十二冊

620000－1101－0014250　573.151/293
宋朝事實二十卷　（宋）李攸撰　清福建刻武英殿聚珍版書本　八冊

620000－1101－0014251　573.151/293.001
宋朝事實二十卷　（宋）李攸撰　清同治十三年（1874）江西書局刻武英殿聚珍版書本　六冊

620000－1101－0014252　413.32/56.339.003
宋成無己先生傷寒各症論不分卷　（宋）成無己原撰　（清）張金門重訂　清郁榮卿抄本　一冊

620000－1101－0014253　213
宋丞相李忠定公奏議六十九卷附錄十六卷　（宋）李綱撰　明正德十一年（1516）胡文靜、蕭泮刻本　十冊　存四十卷（一至四十）

620000－1101－0014254　2783
宋淳熙敕編古玉圖譜一百卷　（宋）龍大淵等編　（宋）劉松年繪　清乾隆四十四年（1779）江春康山草堂刻同治八年（1869）王寶庸遞修本　十六冊

620000－1101－0014255　4168
宋大家曾文定公文抄十卷　（宋）曾鞏撰　明崇禎元年（1628）方應祥刻唐宋八大家文抄本　一冊　存二卷（一至二）

620000－1101－0014256　3397
宋大家曾文定公文抄十卷　（宋）曾鞏撰　明崇禎元年（1628）方應祥刻唐宋八大家文抄本　三冊　存八卷（三至十）

620000－1101－0014257　1668
宋大家歐陽文忠公文抄三十二卷附五代史抄二十卷　（宋）歐陽修撰　明崇禎金閶簣玉堂刻唐宋八大家文抄本　四冊　存十五卷（一

至三、九至十六、二十五至二十八）

620000－1101－0014258　274
宋大家蘇文定公文抄二十卷　（宋）蘇轍撰　明萬曆七年（1579）茅一桂刻唐宋八大家文抄本　六冊

620000－1101－0014259　275
宋大家蘇文定公文抄二十卷　（宋）蘇轍撰　明崇禎金閶簣玉堂刻唐宋八大家文抄本　六冊

620000－1101－0014260　262
宋大家王文公文抄十六卷　（宋）王安石撰　明萬曆七年（1579）茅一桂刻唐宋八大家文抄本　四冊

620000－1101－0014261　782
宋大家王文公文抄十六卷　（宋）王安石撰　明崇禎金閶簣玉堂刻唐宋八大家文抄本　四冊

620000－1101－0014262　831.5/941
宋代五十六家詩集六卷　（清）坐春書塾選輯　清宣統二年（1910）北京龍文閣石印本　六冊

620000－1101－0014263　1785
宋端明殿學士蔡忠惠公文集三十六卷　（宋）蔡襄撰　**別紀補遺二卷**　（明）徐燉輯　（明）宋珏增輯　清雍正十二年至乾隆五年（1734－1740）蔡氏遜敏齋刻本　十二冊

620000－1101－0014264　268
宋洪魏公進萬首唐人絕句四十卷目錄四卷　（宋）洪邁輯　（明）趙宧光　（明）黃習遠補　明萬曆三十五年（1607）趙氏小宛堂刻本　十四冊

620000－1101－0014265　688
宋會要四百六十卷考略一卷輯一卷　（宋）陳騤等纂修　（清）徐松輯　劉承幹編　清抄本　八冊　存八卷（一百三十二至一百三十三、一百三十五、四百五十一、四百五十五至四百五十六，考略一卷，輯一卷）

620000－1101－0014266　1820

宋金元詩永二十卷補遺二卷　（清）吳綺輯
清康熙十七年(1678)思永堂刻本　六冊

620000－1101－0014267　2990

宋金元詩永二十卷補遺二卷　（清）吳綺輯
清康熙濂溪書屋刻本　十二冊

620000－1101－0014268　4448

宋金元詩永二十卷補遺二卷　（清）吳綺輯
清康熙濂溪書屋刻本　四冊　存十卷(一至
七、十八至二十)

620000－1101－0014269　4114

**宋李忠定公奏議選十五卷文集選二十九卷首
四卷**　（宋）李綱撰　（明）左光先等輯　明崇
禎刻本　五冊　存十五卷(奏議選十五卷)

620000－1101－0014270　845.16/293

**宋李忠定擬撰表本一卷靖康擬詔書一卷建炎
擬詔一卷建炎擬制詔四卷奏議六十卷首一卷**
　（宋）李綱撰　清光緒二十九年(1903)愛日
堂刻本　六冊

620000－1101－0014271　417

宋濂溪周元公先生集十三卷　（宋）周敦頤撰
明刻本　三冊　存六卷(八至十三)

620000－1101－0014272　852.3/781.1

宋六十名家詞八十九卷　（明）毛晉輯　清光
緒錢唐汪氏刻本　二十四冊

620000－1101－0014273　625.08/112

宋論十五卷　（清）王夫之撰　（清）黃慶增
（清）董昌達校梓　清光緒二十五年(1899)武
昌刻本　四冊

620000－1101－0014274　845.25/368

宋秘書孫氏太白山齋遺稿二卷　（宋）孫德之
撰　（清）孫揚集刻　清道光四年(1824)刻本
二冊

620000－1101－0014275　782.15/828

**宋名臣言行錄前集十卷後集十四卷續集八卷
別集二十六卷外集十七卷**　（宋）朱熹纂集
（宋）李幼武纂集　清同治七年(1868)臨川桂

氏刻本　十二冊

620000－1101－0014276　782.15/828.001

**宋名臣言行錄前集十卷後集十四卷續集八卷
別集二十六卷外集十七卷**　（宋）朱熹纂集
（宋）李幼武纂集　清光緒十三年(1887)刻本
十二冊

620000－1101－0014277　833.15/401

宋七家詞選七卷附玉田先生樂府指迷一卷
（清）戈載輯　清光緒十一年(1885)刻本　二
冊　存五卷(一至三、六至七)

620000－1101－0014278　844.14/281

宋乾道永州本柳柳州外集一卷附錄一卷
（唐）柳宗元撰　清光緒四年(1878)影宋刻本
一冊

620000－1101－0014279　782.852/267

宋儒楊龜山先生通紀五卷　（清）楊起佐校編
續通紀三卷　（清）楊浚校編　清光緒十四
年(1888)道南祠刻本　四冊　存七卷(通紀
五卷、續通紀二至三)

620000－1101－0014280　845.15/329

宋邵康節先生伊川擊壤集九卷集外詩一卷
（宋）邵雍撰　（明）吳瀚摘注　（明）吳泰增
注　清晚期刻本　六冊

620000－1101－0014281　292.1/329

宋邵康節先生一撮金易數不分卷　（宋）邵雍
撰　（明）劉伯溫補注　清中晚期尚友堂刻本
一冊

620000－1101－0014282　1246

宋詩鈔初集九十五卷　（清）呂留良等輯　清
康熙十年(1671)吳氏鑑古堂刻本　二十五冊

620000－1101－0014283　821.18/393

宋詩紀事補遺一百卷總目一卷　（清）陸心源
輯　清光緒十九年(1893)刻本　二十四冊

620000－1101－0014284　821.18/393

宋詩紀事補遺一百卷總目一卷　（清）陸心源
輯　清光緒十九年(1893)刻本　二十四冊

620000－1101－0014285　821.18/393.04

宋詩紀事小傳補正四卷　（清）陸心源輯　清光緒刻本　一冊

620000－1101－0014286　4105

宋詩紀事一百卷　（清）厲鶚輯　清乾隆十一年(1746)樊榭山房刻本　三十二冊

620000－1101－0014287　507

宋史紀事本末二十八卷　（明）馮琦撰　（明）陳邦瞻輯　明萬曆刻本　十四冊

620000－1101－0014288　3285

宋史紀事本末一百九卷　（明）馮琦撰　（明）陳邦瞻輯　（明）張溥論正　明末張溥刻本　十冊

620000－1101－0014289　3883

宋史紀事本末一百九卷　（明）馮琦撰　（明）陳邦瞻輯　（明）張溥論正　明末張溥刻本（卷六十九至七十三係抄配）　十五冊　存八十九卷(二十一至一百九)

620000－1101－0014290　625.3/765

宋史紀事本末一百九卷　（明）馮琦撰　（明）陳邦瞻輯　（明）張溥論正　清同治十三年(1874)江西書局刻本　二十冊

620000－1101－0014291　625.3/765.001

宋史紀事本末一百九卷　（明）馮琦撰　（明）陳邦瞻輯　（明）張溥論正　清光緒二十一年(1895)上海積山書局石印本　七冊　存九十二卷(一至九十二)

620000－1101－0014292　192.1/82.37.006

宋史列傳一卷明史列傳一卷小學集注校勘記六卷校語一卷　（清）吳棠輯　清同治、光緒吳氏望三益齋刻本　一冊

620000－1101－0014293　975

宋史四百九十六卷目錄三卷　（元）脫脫等撰　明萬曆二十七年(1599)北京國子監刻本（卷二百五十六至二百六十五配南監本）　九十九冊　存四百九十三卷(一至一百九十、一百九十四至四百九十六)

620000－1101－0014294　1166

宋史四百九十六卷目錄三卷　（元）脫脫等撰　明成化七年至十六年(1471－1480)朱英刻明清遞修本　九十三冊　存四百六十二卷(一至四百四十八、四百六十二至四百六十八、四百九十至四百九十六)

620000－1101－0014295　1583

宋史四百九十六卷目錄三卷　（元）脫脫等撰　明成化七年至十六年(1471－1480)朱英刻明清遞修本　十八冊　存八十八卷(七十五至七十七、七十九至八十二、八十七至九十、一百十七至一百二十二、一百三十一至一百三十六、二百十五至二百十七、二百二十五至二百二十八、二百五十四至二百五十五、三百二十一至三百二十五、三百四十至三百四十五、三百七十八至三百八十九、三百九十一至四百十七、四百五十四、四百七十至四百七十四)

620000－1101－0014296　4062

宋史四百九十六卷目錄三卷　（元）脫脫等撰　清乾隆四年(1739)武英殿刻本　五十四冊　存二百六十九卷(十九至四十二、四十八至八十四、一百十九至一百三十四、一百六十一至一百七十二、一百七十七至一百八十一、一百八十七至二百二、二百十五至二百二十一、二百二十五至二百二十七、二百三十六至二百六十五、三百二十四至三百二十五、三百三十四至三百三十六、三百四十六至三百五十五、三百六十一至三百八十三、三百八十九至四百二、四百八至四百三十一、四百三十九至四百五十、四百六十一至四百六十五、四百七十一至四百九十六)

620000－1101－0014297　876

宋史四百九十六卷目錄三卷　（元）脫脫等撰　清光緒元年(1875)浙江書局刻本　十六冊　存二十七卷(二百十五至二百四十一)

620000－1101－0014298　625.101/812

宋史四百九十六卷目錄三卷　（元）脫脫等撰　清光緒元年(1875)浙江書局刻本　一百冊

620000－1101－0014299　625.101/812

宋史四百九十六卷目錄三卷　（元）脫脫等撰
　清光緒元年（1875）浙江書局刻本　一百冊

620000－1101－0014300　625.101/812
宋史四百九十六卷目錄三卷　（元）脫脫等撰
　清光緒元年（1875）浙江書局刻本　一百冊

620000－1101－0014301　625.101/812
宋史四百九十六卷目錄三卷　（元）脫脫等撰
　清光緒元年（1875）浙江書局刻本　三冊
存十四卷（二百四十三至二百四十六、二百六
十六至二百七十、二百九十二至二百九十六）

620000－1101－0014302　625.101/812
宋史四百九十六卷目錄三卷　（元）脫脫等撰
　清光緒元年（1875）浙江書局刻本　二冊
存十卷（一百七十七至一百八十一、一百九十
九至二百三）

620000－1101－0014303　625.101/812
宋史四百九十六卷目錄三卷　（元）脫脫等撰
　清光緒元年（1875）浙江書局刻本　二冊
存十二卷（三百八至三百十三、四百七十一至
四百七十六）

620000－1101－0014304　625.101/812.001
宋史四百九十六卷目錄三卷　（元）脫脫等撰
　清光緒上海圖書集成局鉛印本　一冊　存
十卷（三百六十八至三百七十七）

620000－1101－0014305　4472
宋史四百九十六卷目錄三卷　（元）脫脫等撰
　明成化七年至十六年（1471－1480）朱英刻
明清遞修本　一冊　存三卷（一百七十至一
百七十二）

620000－1101－0014306　4473
宋史四百九十六卷目錄三卷　（元）脫脫等撰
　明成化七年至十六年（1471－1480）朱英刻
明清遞修本　一冊　存一卷（一百九十四）

620000－1101－0014307　4474
宋史四百九十六卷目錄三卷　（元）脫脫等撰
　明萬曆二十七年（1599）北京國子監刻清康
熙二十五年（1686）重修本　一冊　存六卷
（二十九至三十四）

620000－1101－0014308　013.25/812
宋史藝文志八卷　（元）脫脫等修　清光緒八
年（1882）鎮海張氏刻本　三冊　存七卷（一
至七）

620000－1101－0014309　013.2/51.92
宋史藝文志補一卷　（清）倪燦撰　清光緒十
七年（1891）廣雅書局刻本　一冊

620000－1101－0014310　1041
宋書一百卷　（南朝梁）沈約撰　明崇禎七年
（1634）毛氏汲古閣刻本　二十冊

620000－1101－0014311　1041
宋書一百卷　（南朝梁）沈約撰　明崇禎七年
（1634）毛氏汲古閣刻清順治重修本　十八冊

620000－1101－0014312　1730
宋書一百卷　（南朝梁）沈約撰　明崇禎七年
（1634）毛氏汲古閣刻本　十七冊　存六十二
卷（一至三十八、七十六至八十九、九十一至
一百）

620000－1101－0014313　4077
宋書一百卷　（南朝梁）沈約撰　明崇禎七年
（1634）毛氏汲古閣刻本　七冊　存三十七卷
（三十九至七十五）

620000－1101－0014314　1047
宋書一百卷　（南朝梁）沈約撰　明萬曆二十
二年（1594）南京國子監刻清順治、康熙遞修
本　二十四冊

620000－1101－0014315　1047
宋書一百卷　（南朝梁）沈約撰　明萬曆二十
二年（1594）南京國子監刻清順治、康熙遞修
本　二十冊

620000－1101－0014316　1731
宋書一百卷　（南朝梁）沈約撰　明萬曆二十
二年（1594）南京國子監刻清順治、康熙遞修
本　十二冊　存六十二卷（三十九至一百）

620000－1101－0014317　1732
宋書一百卷　（南朝梁）沈約撰　明萬曆二十
二年（1594）南京國子監刻清順治、康熙遞修

本　十四冊　存六十七卷(二十一至二十四、三十八至一百)

620000－1101－0014318　623.5101/74.01

宋書一百卷　(南朝梁)沈約撰　清同治十一年(1872)金陵書局刻本　十六冊

620000－1101－0014319　623.5101/74.16

宋書一百卷　(南朝梁)沈約撰　清光緒二十九年(1903)五洲同文局石印本　二十四冊

620000－1101－0014320　623.5101/748

宋書一百卷　(南朝梁)沈約撰　清光緒十四年(1888)上海圖書集成局鉛印本　十二冊

620000－1101－0014321　2759

宋四六選二十四卷　(清)彭元瑞輯　(清)曹振鏞編　清乾隆四十一年(1776)曹振鏞刻本　十二冊

620000－1101－0014322　2760

宋四六選二十四卷　(清)彭元瑞輯　(清)曹振鏞編　清乾隆四十一年(1776)曹振鏞刻本　十冊

620000－1101－0014323　4031

宋四六選二十四卷　(清)彭元瑞輯　(清)曹振鏞編　清乾隆刻本　二冊　存四卷(九至十二)

620000－1101－0014324　4032

宋四六選二十四卷　(清)彭元瑞輯　(清)曹振鏞編　清乾隆刻本　二冊　存四卷(五至八)

620000－1101－0014325　1818

宋四六選二十四卷　(清)彭元瑞輯　(清)曹振鏞編　清乾隆刻本　十二冊

620000－1101－0014326　2496

宋四六選二十四卷　(清)彭元瑞輯　(清)曹振鏞編　清乾隆刻本　六冊

620000－1101－0014327　835.5/140

宋四六選二十四卷　(清)彭元瑞輯　(清)曹振鏞編　清同治四年(1865)青雲樓刻本　六冊

620000－1101－0014328　2578

宋四名家詩鈔二十七卷　(清)周之鱗　(清)柴升輯　清康熙三十二年(1693)弘訓堂刻本　八冊　存十九卷(東坡先生詩鈔七卷、石湖先生詩鈔二至六、放翁先生詩鈔七卷)

620000－1101－0014329　2864

宋四名家詩鈔二十七卷　(清)周之鱗　(清)柴升輯　清有文堂刻本　八冊

620000－1101－0014330　831.5/819

宋四名家詩鈔二十七卷　(清)周之鱗　(清)柴升輯　清嘉慶二十二年(1817)博古堂刻本　八冊

620000－1101－0014331　831.5/819.001

宋四名家詩六卷　(清)周之鱗　(清)柴升輯　清光緒元年(1875)望雲草堂刻本　二冊　存二卷(四、六)

620000－1101－0014332　125/445

宋四子抄釋二十一卷　(明)呂柟撰　清道光二十六年(1846)宏道書院刻惜陰軒叢書本　八冊

620000－1101－0014333　782.9514/36.57

宋孫莘老先生年譜一卷　(清)茆泮林撰　年譜補遺一卷　(清)陳奏平撰　清道光刻本　一冊

620000－1101－0014334　1236

宋孫仲益内簡尺牘十卷首一卷　(宋)孫覿撰　(宋)李祖堯注　清乾隆十二年(1747)蔡焯等刻本　四冊

620000－1101－0014335　623.5107/20.001

宋瑣語不分卷　(清)郝懿行撰　清嘉慶二十年(1815)刻郝氏遺書本　三冊

620000－1101－0014336　623.5107/20

宋瑣語不分卷　(清)郝懿行撰　清嘉慶二十一年(1816)曬書堂刻本　一冊

620000－1101－0014337　943.1/115

宋拓絳帖目錄二十卷　(清)王存善撰　清光緒三十二年(1906)鉛印本　一冊

620000 – 1101 – 0014338　3818

宋王忠文公文集五十卷目錄一卷　（宋）王十朋撰　清雍正六年（1728）唐傳鉎刻本　十二冊

620000 – 1101 – 0014339　512

宋文鑑一百五十卷目錄三卷　（宋）呂祖謙輯　明刻本　四十八冊

620000 – 1101 – 0014340　835.51/448

宋文鑑一百五十卷目錄三卷　（宋）呂祖謙輯　清光緒十二年（1886）江蘇書局刻本　二十四冊

620000 – 1101 – 0014341　835.51/448

宋文鑑一百五十卷目錄三卷　（宋）呂祖謙輯　清光緒十二年（1886）江蘇書局刻本　二十四冊

620000 – 1101 – 0014342　835.51/448

宋文鑑一百五十卷目錄三卷　（宋）呂祖謙輯　清光緒十二年（1886）江蘇書局刻本　二十四冊

620000 – 1101 – 0014343　835.51/448

宋文鑑一百五十卷目錄三卷　（宋）呂祖謙輯　清光緒十二年（1886）江蘇書局刻本　二十四冊

620000 – 1101 – 0014344　835.51/448

宋文鑑一百五十卷目錄三卷　（宋）呂祖謙輯　清光緒十二年（1886）江蘇書局刻本　二十四冊

620000 – 1101 – 0014345　846.1/697

宋文憲公全集八十三卷　（明）宋濂撰　清宣統三年（1911）成都刻本　四冊

620000 – 1101 – 0014346　6

宋相臣傳□□卷　（□）□□撰　明刻本　四冊　存八卷（九至十六）

620000 – 1101 – 0014347　3268

宋葉文康公禮經會元四卷　（宋）葉時撰　（清）許元准輯　清乾隆五十年（1785）桐柏山房刻本　四冊

620000 – 1101 – 0014348　011.5/71.88

宋元本行格表二卷　（清）江標輯　清晚期刻本　四冊

620000 – 1101 – 0014349　011.5/71.88

宋元本行格表二卷　（清）江標輯　清晚期刻本　四冊

620000 – 1101 – 0014350　012.6/51

宋元舊本書經眼錄三卷附錄二卷　（清）莫友芝撰　（清）莫繩孫編　清晚期刻本　一冊　存三卷（宋元舊本書經眼錄三卷）

620000 – 1101 – 0014351　012.6/51

宋元舊本書經眼錄三卷附錄二卷　（清）莫友芝撰　（清）莫繩孫編　清晚期刻本　一冊　存三卷（宋元舊本書經眼錄三卷）

620000 – 1101 – 0014352　012.6/51.01

宋元舊本書經眼錄三卷附錄二卷　（清）莫友芝撰　（清）莫繩孫編　清同治十二年（1873）莫繩孫刻影山草堂六種本　一冊　存三卷（宋元舊本書經眼錄三卷）

620000 – 1101 – 0014353　012.6/51.01

宋元舊本書經眼錄三卷附錄二卷　（清）莫友芝撰　（清）莫繩孫編　清同治十二年（1873）莫繩孫刻影山草堂六種本　一冊　存三卷（宋元舊本書經眼錄三卷）

620000 – 1101 – 0014354　012.6/51.01

宋元舊本書經眼錄三卷附錄二卷　（清）莫友芝撰　（清）莫繩孫編　清中晚期刻本　二冊　存三卷（宋元舊本書經眼錄三卷）

620000 – 1101 – 0014355　833.15/719

宋元名家詞十五種十七卷　（清）江標輯　清光緒二十一年（1895）湖南思賢書局刻本　四冊

620000 – 1101 – 0014356　831/828

宋元明詩約鈔三百首二卷　（清）冷昌言（清）朱梓編輯　清道光二十一年（1841）冷氏華峰書屋刻本　一冊

620000 – 1101 – 0014357　831/828.001

宋元明詩約鈔三百首二卷　（清）冷昌言
（清）朱梓編輯　清光緒李光明莊刻本　一冊
　存一卷（一）

620000－1101－0014358　210

宋元詩六十一種二百七十三卷　（明）潘是仁
輯　明萬曆四十三年（1615）刻天啓二年
（1622）重修本　三十九冊　存六十種二百六
十七卷（唐眉山詩集七卷、米襄陽詩集五卷、
蔡莆陽詩集六卷、秦少游詩集六卷、文與可詩
集九卷、嚴滄浪詩集六卷、王梅溪詩集六卷、
白玉蟾詩集九卷、陳後山詩集四卷、趙清獻公
詩集五卷、裘竹齋詩集六卷、曾茶山詩集二
卷、陳簡齋詩集五卷、放翁詩集八卷、晞髮吟
集五卷、石屏詩集六卷、雪巖詩集三卷、戴東
埜詩集五卷、葦碧軒詩集四卷、清苑齋詩集四
卷、芳蘭軒詩集五卷、二薇亭詩集四卷、真山
民詩集四卷、花蘂夫人詩集一卷、斷腸詩集四
卷、元遺山詩集十卷、劉靜修詩集三卷、陳笏
齋詩集六卷、貫酸齋詩集二卷、困學齋詩集二
卷、松雪齋詩集七卷、吳草廬詩集六卷、盧含
雪詩集三卷、馬西如詩集三卷、范錦江詩集五
卷、楊浦城詩集四卷、石屋禪師山居詩六卷、
虞邵菴詩集七卷、揭秋宜詩集五卷、王陌菴詩
集二卷、薛象峯詩集二卷、薩天錫詩集八卷、
句曲張外史詩集六卷、陳荔溪詩集三卷、貢南
湖詩集七卷、倪雲林詩集六卷、楊鐵崖古樂府
三卷、傅玉樓詩集四卷、柳初陽詩集三卷、張
蛻菴詩集四卷、泰顧北詩集一卷、李五峯詩集
二卷、余竹窗詩集二卷、貢玩齋詩集三卷、成
柳莊詩集四卷、陸湖峯詩集一卷、酒前岡詩集
三卷、松谷詩集二卷、魚軒詩集二卷、春傭軒
詩集一卷）

620000－1101－0014359　672.34/701.52

宋元四明六志八種九十六卷　（清）徐時棟輯
　清咸豐四年（1854）徐氏言嶼樓刻本　四
十冊

620000－1101－0014360　782.15/170

宋元學案一百卷首一卷　（清）黃宗羲原本
（清）黃百家輯　（清）全祖望修訂　（清）馮
雲濠等校刊　清光緒五年（1879）長沙寄廬刻

本　四十八冊

620000－1101－0014361　782.15/170

宋元學案一百卷首一卷　（清）黃宗羲原本
（清）黃百家輯　（清）全祖望修訂　（清）馮
雲濠等校刊　清光緒五年（1879）長沙寄廬刻
本　十九冊　存四十四卷（三至七、十至十
六、三十八至四十、四十八、五十一至五十三、
五十五至五十九、六十四至六十九、七十四至
八十五、九十七至九十八）

620000－1101－0014362　782.15/170

宋元學案一百卷首一卷　（清）黃宗羲原本
（清）黃百家輯　（清）全祖望修訂　（清）馮
雲濠等校刊　清光緒五年（1879）長沙寄廬刻
本　二十五冊　存五十六卷（一至二十七、四
十至四十三、四十九至五十、五十八至六十
八、七十一至八十、九十九至一百）

620000－1101－0014363　684

宋元以來畫人姓氏錄不分卷　（清）張庚編
清稿本　二冊

620000－1101－0014364　845.15/68

宋宗忠簡公文集四卷補遺一卷遺事二卷
（清）劉質慧輯　清同治十二年（1873）述荊堂
刻本　四冊

620000－1101－0014365　845.15/68

宋宗忠簡公文集四卷補遺一卷遺事二卷
（清）劉質慧輯　清同治十二年（1873）述荊堂
刻本　四冊

620000－1101－0014366　845.15/68

宋宗忠簡公文集四卷補遺一卷遺事二卷
（清）劉質慧輯　清同治十二年（1873）述荊堂
刻本　四冊

620000－1101－0014367　847.7/781

訟過齋日記六卷　（清）毛輝鳳撰　（清）饒拱
辰編訂　（清）牛樹梅評校　清同治十一年
（1872）求仁堂刻本　二冊

620000－1101－0014368　847.7/781

訟過齋日記六卷　（清）毛輝鳳撰　（清）饒拱
辰編訂　（清）牛樹梅評校　清同治十一年

(1872)求仁堂刻本　二冊

620000－1101－0014369　847.6/638

誦芬堂詩文鈔三十二卷　(清)郭儀霄著　清晚期刻本　一冊

620000－1101－0014370　704

搜采異聞錄五卷　(宋)永亨撰　明萬曆商氏半埜堂刻稗海本　一冊

620000－1101－0014371　857.232/111

搜神記八卷　(晉)干寶撰　神異經一卷(漢)東方朔撰　清嘉慶刻廣漢魏叢書本一冊

620000－1101－0014372　1360

搜珠集六卷　(清)武尚仁選訂　清末抄本一冊

620000－1101－0014373　847.6/267.4

蘇盫文錄二卷駢文錄五卷詩錄八卷詞錄一卷　(清)楊葆光撰　清光緒九年(1883)杭州刻本　五冊

620000－1101－0014374　531

蘇長公合作八卷補二卷附錄一卷　(宋)蘇軾撰　(明)鄭圭輯　明萬曆四十八年(1620)凌啓康刻四色套印本　十冊

620000－1101－0014375　856.151/16.50

蘇東坡黃山谷尺牘合編五卷　(清)黃始箋輯清光緒三十四年(1908)著易堂石印本四冊

620000－1101－0014376　557.259.3/383

蘇杭甬鐵路始末記不分卷　陳毅編　清宣統二年(1910)郵傳部圖書通譯局鉛印本　一冊

620000－1101－0014377　517

蘇黃風流小品十六卷　(明)黃嘉惠輯　明而如堂刻本　十冊

620000－1101－0014378　365

蘇黃門龍川別志八卷　(宋)蘇轍撰　明抄本一冊

620000－1101－0014379　1915

蘇黃題跋五卷　(清)溫一貞輯錄　清乾隆五

十年(1785)寧遠堂刻本　四冊

620000－1101－0014380　1791

蘇老泉先生全集二十卷　(宋)蘇洵撰　附錄二卷　(宋)沈斐輯　清康熙三十七年(1698)邵仁泓安樂居刻本　四冊

620000－1101－0014381　200

蘇米志林三卷　(宋)蘇軾　(宋)米芾撰(明)毛晉輯　明天啓五年(1625)毛氏綠君亭刻本　三冊

620000－1101－0014382　200

蘇米志林三卷　(宋)蘇軾　(宋)米芾撰(明)毛晉輯　明天啓五年(1625)毛氏綠君亭刻本　三冊

620000－1101－0014383　2136

蘇沈內翰良方十卷　(宋)蘇軾等撰　清乾隆五十九年(1794)修敬堂刻六醴齋醫書十種本三冊

620000－1101－0014384　414.6/51.554.001

蘇沈內翰良方十卷　(宋)蘇軾等撰　清光緒二十三年(1897)刻本　四冊

620000－1101－0014385　672.1/761

蘇省輿地圖說不分卷　(清)曾國藩　(清)丁日昌纂修　清同治江蘇布政司刻本　十冊

620000－1101－0014386　672.1/761

蘇省輿地圖說不分卷　(清)曾國藩　(清)丁日昌纂修　清同治江蘇布政司刻本　九冊

620000－1101－0014387　672.1/761

蘇省輿地圖說不分卷　(清)曾國藩　(清)丁日昌纂修　清同治江蘇布政司刻本　二冊

620000－1101－0014388　672.1/761

蘇省輿地圖說不分卷　(清)曾國藩　(清)丁日昌纂修　清同治江蘇布政司刻本　二冊

620000－1101－0014389　568.221/554

蘇屬清理財政局附編府州廳縣預算說明書六帙　(清)蘇屬清理財政局編訂　清宣統三年(1911)鉛印本　八冊

620000－1101－0014390　847.8/192

蘇臺攬勝詞二卷 （清）袁學瀾撰 清同治十一年（1872）香溪草堂刻適園叢稿本 一冊

620000－1101－0014391 3902
蘇文六卷 （宋）蘇軾撰 （明）茅坤等評 明末閔爾容刻三色套印本 一冊 存一卷（二）

620000－1101－0014392 4354
蘇文六卷 （宋）蘇軾撰 （明）茅坤等評 明末閔爾容刻三色套印本 二冊 存二卷（五至六）

620000－1101－0014393 4415
蘇文六卷 （宋）蘇軾撰 （明）茅坤等評 明末閔爾容刻三色套印本 二冊 存二卷（二至三）

620000－1101－0014394 845.15/55.12
蘇文忠公詩編註集成編年總案四十五卷編年古今體詩四十五卷帖子口號詞一卷諸家弁言一卷王施註諸家姓氏考一卷墓誌銘註一卷本傳註一卷恭錄聖祖仁皇帝高宗純皇帝御評一卷詩目一卷真像考一卷兩宋雜綴一卷蘇海識餘四卷附賤詩圖一卷 （宋）蘇軾撰 （清）王文誥編註 清光緒十四年（1888）浙江書局刻本 二十四冊

620000－1101－0014395 845.15/55.12
蘇文忠公詩編註集成編年總案四十五卷編年古今體詩四十五卷帖子口號詞一卷諸家弁言一卷王施註諸家姓氏考一卷墓誌銘註一卷本傳註一卷恭錄聖祖仁皇帝高宗純皇帝御評一卷詩目一卷真像考一卷兩宋雜綴一卷蘇海識餘四卷附賤詩圖一卷 （宋）蘇軾撰 （清）王文誥編註 清光緒十四年（1888）浙江書局刻本 二十四冊

620000－1101－0014396 845.15/55.12
蘇文忠公詩編註集成一百三卷 （宋）蘇軾撰 （清）王文誥編註 清光緒十四年（1888）浙江書局刻本 二十四冊

620000－1101－0014397 845.15/55.12
蘇文忠公詩編註集成一百三卷 （宋）蘇軾撰 （清）王文誥編註 清光緒十四年（1888）浙

江書局刻本 二十四冊

620000－1101－0014398 845.15/554.051
蘇文忠公詩集五十卷目錄二卷 （宋）蘇軾撰 （清）紀昀評點 清道光十四年（1834）兩廣節署刻朱墨套印本 十二冊

620000－1101－0014399 845.15/554.051
蘇文忠公詩集五十卷目錄二卷 （宋）蘇軾撰 （清）紀昀評點 清道光十四年（1834）兩廣節署刻朱墨套印本 十二冊

620000－1101－0014400 845.15/554.051
蘇文忠公詩集五十卷目錄二卷 （宋）蘇軾撰 （清）紀昀評點 清道光十四年（1834）兩廣節署刻朱墨套印本 十二冊

620000－1101－0014401 845.15/554.051.001
蘇文忠公詩集五十卷目錄二卷 （宋）蘇軾撰 （清）紀昀評點 清同治八年（1869）韞玉山房刻朱墨套印本 十二冊

620000－1101－0014402 4281
蘇文忠詩合註五十卷 （宋）蘇軾撰 （清）馮應榴輯註 清乾隆五十八年（1793）躍息齋刻本 二十冊

620000－1101－0014403 548.314/622
蘇齒錄不分卷 （清）謝家福編 清光緒刻本 一冊

620000－1101－0014404 413.55/0.430
蘇齋唐碑選一卷 （清）翁方綱撰 清光緒九年（1883）歸安姚氏刻咫進齋叢書本 一冊

620000－1101－0014405 192.1/892
俗言一卷 （清）劉沅著 清同治元年（1862）平遙李氏刻本 一冊

620000－1101－0014406 846.8/984
素蘭集二卷補遺一卷 （明）翁孺安撰 （明）南襪居士校 清光緒三十三年（1907）鉛印本 一冊

620000－1101－0014407 337
素履子三卷 （唐）張弧撰 明范氏天一閣刻范氏奇書本 一冊

620000－1101－0014408　2952

素問病機氣宜保命集三卷　（金）劉完素撰
明懷德堂刻本　一冊

620000－1101－0014409　413.12/7.711.003

素問靈樞類纂約注三卷　（清）汪昂纂輯　清
嘉慶九年(1804)掃葉山房刻本　二冊

620000－1101－0014410　413.12/7.711.002

素問靈樞類纂約註三卷　（清）汪昂纂輯　清
光緒二十一年(1895)刻本　一冊

620000－1101－0014411　857.151.5/303.001

涑水記聞十六卷補遺一卷　（宋）司馬光撰
清同治十三年(1874)江西書局刻武英殿聚珍
版書本　一冊　存四卷(十三至十六)

620000－1101－0014412　857.151.5/303

涑水記聞十六卷補遺一卷　（宋）司馬光撰
清光緒三年(1877)湖北崇文書局刻本　四冊

620000－1101－0014413　086.23/987

粟香室叢書八十二種一百六十七卷　金武祥
輯　清光緒、民國江陰金氏粟香室刻本　二
十八冊

620000－1101－0014414　847.8/21

肅藻遺書四卷　（清）胡發琅撰　清光緒刻本
一冊

620000－1101－0014415　671.65/501.79

肅州直隸州地理調查表不分卷　（清）恩光編
清宣統元年(1909)抄本　一冊

620000－1101－0014416　311.57/828

筭學啓蒙通釋三卷　（元）朱世傑撰　（清）徐
鳳誥釋　清光緒十二年(1886)刻本　三冊

620000－1101－0014417　310/378

算法大成上編十卷首一卷　（清）陳杰著　清
光緒二十四年(1898)浙江官書局刻本　十冊

620000－1101－0014418　311/211

算經十書四十六卷　（清）孔繼涵輯　清光緒
十六年(1890)上海刻本　十冊

620000－1101－0014419　311/211

算經十書四十六卷　（清）孔繼涵輯　清光緒
十六年(1890)上海刻本　十冊

620000－1101－0014420　311/211.001

算經十書四十六卷　（清）孔繼涵輯　清光緒
二十二年(1896)鴻寶齋石印本　八冊

620000－1101－0014421　316/431

算式集要四卷　（英國）哈司韋輯　（英國）傅
蘭雅口譯　（清）江衡筆述　清光緒三年
(1877)上海江南製造局刻本　二冊

620000－1101－0014422　316/431

算式集要四卷　（英國）哈司韋輯　（英國）傅
蘭雅口譯　（清）江衡筆述　清光緒三年
(1877)上海江南製造局刻本　二冊

620000－1101－0014423　316/431

算式集要四卷　（英國）哈司韋輯　（英國）傅
蘭雅口譯　（清）江衡筆述　清光緒三年
(1877)上海江南製造局刻本　二冊

620000－1101－0014424　316/431

算式集要四卷　（英國）哈司韋輯　（英國）傅
蘭雅口譯　（清）江衡筆述　清光緒三年
(1877)上海江南製造局刻本　二冊

620000－1101－0014425　316/431

算式集要四卷　（英國）哈司韋輯　（英國）傅
蘭雅口譯　（清）江衡筆述　清光緒三年
(1877)上海江南製造局刻本　二冊

620000－1101－0014426　316/431

算式集要四卷　（英國）哈司韋輯　（英國）傅
蘭雅口譯　（清）江衡筆述　清光緒三年
(1877)上海江南製造局刻本　二冊

620000－1101－0014427　316/431

算式集要四卷　（英國）哈司韋輯　（英國）傅
蘭雅口譯　（清）江衡筆述　清光緒三年
(1877)上海江南製造局刻本　二冊

620000－1101－0014428　316/431

算式集要四卷　（英國）哈司韋輯　（英國）傅
蘭雅口譯　（清）江衡筆述　清光緒三年
(1877)上海江南製造局刻本　二冊

620000－1101－0014429　310.27/992

算式解法十四卷　（美國）好敦司　（美國）開奈利撰　（英國）傅蘭雅口譯　（清）華蘅芳筆述　清光緒二十五年(1899)江南製造局刻本　二冊

620000－1101－0014430　310.27/992
算式解法十四卷　（美國）好敦司　（美國）開奈利撰　（英國）傅蘭雅口譯　（清）華蘅芳筆述　清光緒二十五年(1899)江南製造局刻本　二冊

620000－1101－0014431　310.27/992
算式解法十四卷　（美國）好敦司　（美國）開奈利撰　（英國）傅蘭雅口譯　（清）華蘅芳筆述　清光緒二十五年(1899)江南製造局刻本　二冊

620000－1101－0014432　310.27/992
算式解法十四卷　（美國）好敦司　（美國）開奈利撰　（英國）傅蘭雅口譯　（清）華蘅芳筆述　清光緒二十五年(1899)江南製造局刻本　二冊

620000－1101－0014433　310.27/992
算式解法十四卷　（美國）好敦司　（美國）開奈利撰　（英國）傅蘭雅口譯　（清）華蘅芳筆述　清光緒二十五年(1899)江南製造局刻本　二冊

620000－1101－0014434　310.27/992
算式解法十四卷　（美國）好敦司　（美國）開奈利撰　（英國）傅蘭雅口譯　（清）華蘅芳筆述　清光緒二十五年(1899)江南製造局刻本　二冊

620000－1101－0014435　310.27/992
算式解法十四卷　（美國）好敦司　（美國）開奈利撰　（英國）傅蘭雅口譯　（清）華蘅芳筆述　清光緒二十五年(1899)江南製造局刻本　一冊　存六卷(九至十四)

620000－1101－0014436　310.27/992
算式解法十四卷　（美國）好敦司　（美國）開奈利撰　（英國）傅蘭雅口譯　（清）華蘅芳筆述　清光緒二十五年(1899)江南製造局刻本　一冊　存八卷(一至八)

620000－1101－0014437　310.27/992
算式解法十四卷　（美國）好敦司　（美國）開奈利撰　（英國）傅蘭雅口譯　（清）華蘅芳筆述　清光緒二十五年(1899)江南製造局刻本　一冊　存八卷(一至八)

620000－1101－0014438　310.8/158.004
算書廿一種二十二卷　（清）丁取忠輯　清同治、光緒長沙古荷花池精舍刻白芙堂算學叢書本　一冊　存二種五卷(筆算一卷、九章翼四卷)

620000－1101－0014439　311.57/828.01
算學啓蒙述義三卷　（元）朱世傑編撰　（清）王鑒學　清光緒十年(1884)刻本　三冊

620000－1101－0014440　311.7/378
算學雜草四卷　（清）陳其晉撰　清光緒五年(1879)刻本　二冊　存二卷(三至四)

620000－1101－0014441　013.2/657.001
隋經籍志考證十三卷　（清）章宗源撰　清光緒三年(1877)湖北崇文書局刻本　四冊

620000－1101－0014442　013.2/657
隋經籍志考證十三卷　（清）章宗源撰　清光緒三年(1877)湖北崇文書局刻本　四冊

620000－1101－0014443　4230
隋書八十五卷　（唐）魏徵等撰　明萬曆二十二年至二十三年(1594－1595)南京國子監刻本　三冊　存十三卷(一至五、七十五至八十二)

620000－1101－0014444　1587
隋書八十五卷　（唐）魏徵等撰　明萬曆二十二年至二十三年(1594－1595)南京國子監刻明清遞修本　九冊　存三十二卷(一至四、十一至二十一、二十四至二十六、三十三至四十一、五十四至五十八)

620000－1101－0014445　1044
隋書八十五卷　（唐）魏徵等撰　明崇禎八年(1635)毛氏汲古閣刻本　二十冊

620000 – 1101 –0014446 1585

隋書八十五卷 （唐）魏徵等撰 明崇禎八年(1635)毛氏汲古閣刻本 八冊 存七十一卷（一至四十六、六十一至八十五）

620000 – 1101 –0014447 1586

隋書八十五卷 （唐）魏徵等撰 明崇禎八年(1635)毛氏汲古閣刻本 十二冊 存八十卷（六至八十五）

620000 – 1101 –0014448 4083

隋書八十五卷 （唐）魏徵等撰 明崇禎八年(1635)毛氏汲古閣刻本 十六冊

620000 – 1101 –0014449 1584

隋書八十五卷 （唐）魏徵等撰 清乾隆四年(1739)武英殿刻本 十四冊 存四十八卷（一至二十一、五十一至六十一、六十六至七十七、八十二至八十五）

620000 – 1101 –0014450 623.701/79.01

隋書八十五卷 （唐）魏徵等撰 清同治十年(1871)淮南書局刻本 十二冊

620000 – 1101 –0014451 623.701/79.01

隋書八十五卷 （唐）魏徵等撰 清同治十年(1871)淮南書局刻本 一冊 存四卷（二十四至二十七）

620000 – 1101 –0014452 623.701/79.02

隋書八十五卷 （唐）魏徵等撰 清晚期刻本 二冊 存二十卷（四十七至五十七、七十七至八十五）

620000 – 1101 –0014453 4358

隋書八十五卷 （唐）魏徵等撰 明萬曆二十二年至二十三年(1594 – 1595)南京國子監刻明清遞修本 二冊 存八卷（七十五至八十二）

620000 – 1101 –0014454 4471

隋書八十五卷 （唐）魏徵等撰 明崇禎八年(1635)毛氏汲古閣刻本 一冊 存三卷（二十一至二十三）

620000 – 1101 –0014455 623.701/79.01

隋書八十五卷附考異 （唐）魏徵等撰 清同治十年(1871)淮南書局刻本 一冊 存五卷（二十七至三十一）

620000 – 1101 –0014456 623.783/273.09

隋書地理志考證九卷補遺一卷 （清）楊守敬撰 清光緒二十二年(1896)璘蘇園刻本 六冊

620000 – 1101 –0014457 013.2/37.41

隋書經籍志四卷 （唐）長孫無忌等撰 清同治九年(1870)志古堂刻本 三冊

620000 – 1101 –0014458 626.803/441

綏寇紀略十二卷補遺三卷 （清）吳偉業輯 清嘉慶刻本 八冊

620000 – 1101 –0014459 626.803/441

綏寇紀略十二卷補遺三卷 （清）吳偉業輯 清嘉慶刻本 六冊

620000 – 1101 –0014460 626.803/441

綏寇紀略十二卷補遺三卷 （清）吳偉業輯 清嘉慶刻本 六冊

620000 – 1101 –0014461 567.3/0.863

綏來縣賦役全書不分卷 （清）□□編 清咸豐三年(1853)刻本 三冊

620000 – 1101 –0014462 652.78/0.863

綏遠奏議不分卷 （清）□□撰 清光緒三十三年(1907)鉛印本 一冊

620000 – 1101 –0014463 2869

隨庵徐氏叢書十種五十二卷續編十種四十一卷 徐乃昌輯 清光緒、民國徐氏影宋元刻本 十二冊 存十種五十二卷（詞林韻釋一卷，吳越春秋十卷、附札記一卷、逸文一卷，蒼崖先生金石例十卷、附札記一卷，中朝故事一卷，雲仙散錄十卷、附札記一卷，述異記二卷，離騷集傳一卷，唐女郎魚玄機詩一卷，篋中集一卷、附札記一卷，樂府新編陽春白雪前集五卷、後集五卷）

620000 – 1101 –0014464 082.78/950

隨庵徐氏叢書十種五十二卷續編十種四十一

卷 徐乃昌輯 清光緒、民國徐氏影宋元刻本 二十四冊

620000 – 1101 – 0014465 1418

隨筆不分卷 （清）唐棣華摘錄 清光緒二十三年(1897)稿本 一冊

620000 – 1101 – 0014466 652.77/482

隨槎錄三卷 （清）羅鎮嵩錄 清光緒十八年(1892)南屏山館刻本 一冊

620000 – 1101 – 0014467 313/468

隨方一得草四卷 （清）易抱一著錄 清光緒三十年(1904)刻本 二冊

620000 – 1101 – 0014468 313/468

隨方一得草四卷 （清）易抱一著錄 清光緒三十年(1904)刻本 二冊

620000 – 1101 – 0014469 313/468

隨方一得草四卷 （清）易抱一著錄 清光緒三十年(1904)刻本 二冊

620000 – 1101 – 0014470 313/468

隨方一得草四卷 （清）易抱一著錄 清光緒三十年(1904)刻本 二冊

620000 – 1101 – 0014471 313/468

隨方一得草四卷 （清）易抱一著錄 清光緒三十年(1904)刻本 二冊

620000 – 1101 – 0014472 313/468

隨方一得草四卷 （清）易抱一著錄 清光緒三十年(1904)刻本 一冊

620000 – 1101 – 0014473 414.8/0.397

隨我筆驗不分卷 （□）□□撰 清晚期鳳栖主人亮臣抄本 二冊

620000 – 1101 – 0014474 847.4/186.08

隨園八十壽言六卷 （清）袁枚輯 **紅豆村人詩稿十四卷** （清）袁樹撰 清晚期刻本 一冊 存五卷(隨園八十壽言五至六、紅豆村人詩稿一至三)

620000 – 1101 – 0014475 847.4/186.03

隨園駢體文註十六卷 （清）袁枚撰 （清）黎光地註 清光緒五年(1879)長沙刻本 八冊

620000 – 1101 – 0014476 082.4/186

隨園三十八種二百七十三卷 （清）袁枚等撰 清光緒十八年(1892)勤裕堂石印本 三十九冊 存二十九種二百六十七卷(隨園圖一卷;小倉山房文集三十五卷;小倉山房外集八卷;小倉山房詩集三十七卷、補遺二卷;袁太史稿一卷;小倉山房尺牘十卷;牘外餘言一卷;隨園詩話十六卷、補遺十卷;隨園隨筆二十八卷;新齊諧一至十二、十九至二十四,續十卷;隨園食單一卷;隨園續同人集十七卷;八十壽言六卷;紅豆村人詩稿十四卷;碧腴齋詩存八卷;何南園詩選二卷;筱雲詩集二卷;湄君詩集二卷;袁家三妹合稿四卷;閩南雜詠一卷;湘痕閣詩稿二卷、詞稿一卷;瑤華閣詩草一卷、詞鈔一卷、補遺一卷;隨園女弟子詩選六卷;飲水詞鈔二卷;七家詞鈔十卷;隨園瑣記二卷;涉洋管見一卷;紅豆村人續稿四卷;諸子詹詹錄二卷)

620000 – 1101 – 0014477 082.4/186.001

隨園三十八種二百七十三卷 （清）袁枚等撰 清宣統二年(1910)上海鴻文書局石印本 八冊 存五種六十八卷(牘外餘言一卷,隨園詩話一至五、補遺十卷,新齊諧二十四卷、續十卷,隨園食單一卷,隨園續同人集十七卷)

620000 – 1101 – 0014478 082.4/186.003

隨園三十六種二百六十六卷 （清）袁枚等撰 清光緒上海集成圖書公司鉛印本 四十六冊 缺二種二十三卷(新齊諧十二至二十四、續新齊諧十卷)

620000 – 1101 – 0014479 082.4/186.002

隨園三十種二百五十六卷 （清）袁枚等撰 清咸豐四年至八年(1854－1858)刻本 六十八冊 存二十一種二百二十八卷(小倉山房文集三十五卷,小倉山房詩集三十七卷、補遺二卷,小倉山房外集一至三、七至八,袁太史時文一卷,小倉山房尺牘一至四、八至十,讀外餘言一卷,隨園詩話十六卷,詩話補遺十卷,隨園隨筆二十八卷,新齊諧一至二十、續新齊諧六至十卷,隨園食單一卷,碧腴齋詩存八卷,續同人集十七卷,隨園女弟子詩六卷,隨

園八十壽言六卷,紅豆村人詩稿十四卷,袁家三妹合稿三卷,南園詩選二卷,筱雲詩集二卷,飲水詞鈔二卷)

620000－1101－0014480　082.4/186.002
隨園三十種二百五十六卷　(清)袁枚等撰　清咸豐四年至八年(1854－1858)刻本　三十一冊　存十種九十一卷(隨園詩話六至十六,詩話補遺十卷,新齊諧二十四卷,續新齊諧十卷,碧腴齋詩存八卷,續同人集一至十五,紅豆村人詩稿九至十四,袁家三妹合稿三卷,南園詩選二卷,飲水詞鈔二卷)

620000－1101－0014481　082.4/186.002
隨園三十種二百五十六卷　(清)袁枚等撰　清咸豐四年至八年(1854－1858)刻本　十四冊　存三種四十四卷(隨園詩話十一至十六、詩話補遺十卷、隨園隨筆二十八卷)

620000－1101－0014482　1486
隨園詩草八卷　(清)邊連寶撰　清乾隆四十年(1775)邊氏刻本　四冊

620000－1101－0014483　821.18/186
隨園詩話十六卷補遺十卷　(清)袁枚撰　清同治八年(1869)經國堂刻本　八冊

620000－1101－0014484　821.18/186.001
隨園詩話十六卷補遺十卷　(清)袁枚撰　清光緒十九年(1893)石印本　一冊

620000－1101－0014485　821.18/186.002
隨園詩話十六卷補遺十卷　(清)袁枚撰　清道光四年(1824)三讓堂刻本　六冊　存十一卷(一至四、十四至十六,補遺一至四)

620000－1101－0014486　821.18/186.006
隨園詩話十六卷補遺十卷　(清)袁枚撰　清晚期刻本　一冊　存二卷(隨園詩話八至九)

620000－1101－0014487　821.18/186.005
隨園詩話十六卷補遺十卷　(清)袁枚撰　清宣統元年(1909)上海鑄記書局石印本　一冊　存五卷(隨園詩話一至五)

620000－1101－0014488　821.18/186.003
隨園詩話十六卷補遺十卷　(清)袁枚撰　清末刻本　七冊　存十九卷(四至八、十一至十六,補遺一至四、七至十)

620000－1101－0014489　847.4/186.02
隨園隨筆二十八卷　(清)袁枚撰　清嘉慶十三年(1808)小倉山房刻本　六冊

620000－1101－0014490　847.4/186.02.001
隨園隨筆二十八卷　(清)袁枚撰　清刻本　六冊

620000－1101－0014491　847.4/186.02.002
隨園隨筆二十八卷　(清)袁枚撰　清咸豐八年(1858)刻本　八冊

620000－1101－0014492　847.4/186.02.003
隨園隨筆二十八卷　(清)袁枚撰　清乾隆、嘉慶刻本　三冊

620000－1101－0014493　847.4/186.02.004
隨園隨筆二十八卷　(清)袁枚撰　清光緒十八年(1892)著易堂鉛印本　四冊

620000－1101－0014494　821.876/719
隨月山房試帖詩註一卷　(清)江國霖撰　(清)張熙宇輯　清光緒刻朱墨套印本　一冊

620000－1101－0014495　1338
遂初閑話六卷　巨國桂撰　稿本　一冊　存三卷(四至六)

620000－1101－0014496　847.2/314.7
遂寧張文端公全集六卷首一卷末一卷　(清)張鵬翮撰　清光緒七年(1881)張知銓刻本　七冊

620000－1101－0014497　847.2/314.7.001
遂寧張文端公全集六卷首一卷末一卷　(清)張鵬翮撰　清光緒八年(1882)刻本　一冊　存一卷(首一卷)

620000－1101－0014498　413.7/525.06
遂生編一卷福幼編一卷　(清)莊一夔撰　清道光二十六年(1846)刻本　一冊

620000－1101－0014499　413.7/525.06
遂生編一卷福幼編一卷　(清)莊一夔撰　清

道光二十六年(1846)刻本　一冊

620000－1101－0014500　413.7/525.06

遂生編一卷福幼編一卷　（清）莊一夔撰　清
道光二十六年(1846)刻本　一冊

620000－1101－0014501　413.7/525.06

遂生編一卷福幼編一卷　（清）莊一夔撰　清
道光二十六年(1846)刻本　一冊

620000－1101－0014502　413.7/525

遂生編一卷福幼編一卷　（清）莊一夔撰　清
同治四年(1865)刻本　一冊

620000－1101－0014503　413.7/525.06.002

遂生福幼編不分卷　（清）莊一夔撰　清抄本
　一冊

620000－1101－0014504　413.7/525.06.001

遂生福幼合編二卷　（清）莊一夔撰　清道光
十二年(1832)陝西大荔容忍堂刻本　一冊

620000－1101－0014505　782.976/19

遂翁自訂年譜一卷　（清）趙畇撰　清光緒趙
氏家刻刻本　一冊

620000－1101－0014506　821.18/307

歲寒堂詩話二卷　（宋）張戒撰　清晚期刻本
　一冊

620000－1101－0014507　847.6/18

邃懷堂文集箋注十六卷　（清）袁翼著　（清）
朱齡注　清咸豐八年(1858)古懽齋刻本
八冊

620000－1101－0014508　847.6/187

邃懷堂文集箋注十六卷　（清）袁翼著　（清）
朱齡注　清咸豐八年(1858)古懽齋刻本
二冊

620000－1101－0014509　847.5/99

邃雅堂集十卷續編一卷　（清）姚文田撰　清
晚期刻本　八冊

620000－1101－0014510　847.5/99.001

邃雅堂文集續編不分卷　（清）姚文田撰　清
道光八年(1828)刻本　一冊

620000－1101－0014511　844.19/360

孫可之文集十卷　（唐）孫樵撰　清光緒二年
(1876)刻本　一冊

620000－1101－0014512　845.15/363

孫明復小集三卷　（宋）孫復撰　清光緒十五
年(1889)問經精舍刻本　一冊

620000－1101－0014513　830/514.014

孫批胡刻文選五卷文選考異一卷　（南朝梁）
蕭統撰　（唐）李善注　（清）胡克家校勘　清
光緒十四年(1888)同文書局石印本　六冊

620000－1101－0014514　4599

孫氏養正樓印存六卷　（清）孟介臣篆　（清）
孫阜昌藏　清道光二十一年(1841)刻鈐印本
六冊

620000－1101－0014515　690/35

孫文定公南遊記一卷　（清）孫嘉淦撰　清光
緒十四年(1888)景山書屋刻本　一冊

620000－1101－0014516　1786

孫文定公全集六種十二卷　（清）孫廷銓撰
清康熙十七年(1678)師儉堂刻本　一冊　存
二種四卷(沚亭刪定文集二卷、漢史億二卷)

620000－1101－0014517　652.176/359

孫文定公奏議二卷　（清）孫瑞珍撰　清咸豐
十年(1860)刻本　二冊

620000－1101－0014518　846.7/365

孫文恭公遺書二十卷孫山甫督學文集四卷
(明)孫應鰲撰　清宣統二年(1910)南洋官書
局鉛印本　一冊

620000－1101－0014519　592/359

孫吳司馬瀘八卷　（春秋）孫武等撰　（清）孫
星衍校　清同治十年(1871)淮南書局刻本
一冊

620000－1101－0014520　098.17/78.82

孫谿朱氏經學叢書初編十三種三十八卷
(清)李富孫輯　清光緒十二年(1886)吳縣朱
記榮刻槐廬叢書本　十二冊

620000－1101－0014521　098.17/833

孫谿朱氏經學叢書初編十三種三十八卷
(清)李富孫輯　清光緒十二年(1886)吳縣朱
記榮刻槐廬叢書本　十二冊

620000－1101－0014522　3979
孫夏峰全集□□種□□卷　(清)孫奇峰撰
清康熙刻本　六冊　存六種七卷(遊譜一卷、
中州人物考一卷、孝友堂家規一卷、乙丙紀事
一卷、答問一卷、附徵君孫先生年譜二卷)

620000－1101－0014523　847.5/363.01
孫淵如先生全集二十一卷附二卷　(清)孫星
衍撰　清光緒二十年(1894)思賢書局刻本
十冊

620000－1101－0014524　847.5/363.01
孫淵如先生全集二十一卷附二卷　(清)孫星
衍撰　清光緒二十年(1894)思賢書局刻本
十冊

620000－1101－0014525　4003
孫月峰先生批評漢書一百卷　(漢)班固撰
(明)孫鑛撰　明末馮元仲天益山刻本　一冊
存三卷(漢書志八至十)

620000－1101－0014526　41
孫月峰先生批評史記一百三十卷褚先生附餘
一卷　(漢)司馬遷撰　(明)孫鑛評　明崇禎
九年(1636)刻本　二十冊

620000－1101－0014527　2107
孫真人備急千金要方九十三卷首一卷目錄一
卷　(唐)孫思邈撰　(宋)林億等校正　清康
熙二十八年(1689)喻成龍刻本　二十冊

620000－1101－0014528　414.6/7.306
孫真人千金方衍義三十卷　(唐)孫思邈撰
(清)張璐衍義　清同治六年(1867)掃葉山房
刻本　三十二冊

620000－1101－0014529　414.6/7.306.001
孫真人千金方衍義三十卷　(唐)孫思邈撰
(清)張璐衍義　清晚期掃葉山房刻本　三十
二冊

620000－1101－0014530　1332

孫子參同契不分卷　(清)夔堂輯　稿本
一冊

620000－1101－0014531　592/182.001
孫子十家註十三卷　(春秋)孫武撰　(三國
魏)曹操等注　(清)孫星衍　(清)吳人驥校
　孫子敘錄一卷　(清)畢以珣撰　孫子遺說
一卷　(宋)鄭友賢撰　清晚期刻本　六冊

620000－1101－0014532　592/182.002
孫子十家註十三卷　(春秋)孫武撰　(三國
魏)曹操等注　(清)孫星衍　(清)吳人驥校
　孫子敘錄一卷　(清)畢以珣撰　孫子遺說
一卷　(宋)鄭友賢撰　清咸豐淡香齋刻本
一冊　存二卷(十至十一)

620000－1101－0014533　592/182
孫子十家註十三卷　(春秋)孫武撰　(三國
魏)曹操等注　(清)孫星衍　(清)吳人驥校
　孫子敘錄一卷　(清)畢以珣撰　孫子遺說
一卷　(宋)鄭友賢撰　清光緒三年(1877)浙
江書局刻本　六冊

620000－1101－0014534　311.17/0.35
孫子算經三卷　題(春秋)孫武撰　五曹算經
五卷　(□)□□撰　清晚期刻本　一冊

620000－1101－0014535　323
孫子一卷　(明)王世貞評釋　明閔氏刻朱墨
套印兵垣四編本　一冊

620000－1101－0014536　847.7/267
損齋先生全書三十卷首一卷　(清)楊樹椿著
　清光緒十九年(1893)柏氏柏經正堂刻本
七冊

620000－1101－0014537　585.8/412
所見集初集三十七卷　(清)馬世璘編　清中
晚期刻本　五冊　存五卷(三十三至三十七)

620000－1101－0014538　831.79/35
鎖院唫秋唱龢集一卷　(清)孫崇緯等撰　清
宣統元年(1909)昆明鉛印本　一冊

620000－1101－0014539　567.3/0.296
塔西河所千總賦役全書不分卷　(清)□□編

清咸豐三年(1853)刻本　三冊

620000 – 1101 – 0014540　075.7/0.995
獺祭編不分卷　(清)李慶辰撰　清中晚期抄本　三冊

620000 – 1101 – 0014541　1431
獺祭編四十二卷　(清)張九畹輯　清道光二十七年(1847)稿本　四十二冊　存四十一卷(一至三十二、三十四至四十二)

620000 – 1101 – 0014542　413.63/459
胎產心法三卷　(清)閻純璽撰　清道光二十四年(1844)刻本　三冊

620000 – 1101 – 0014543　413.63/459.001
胎產心法三卷　(清)閻純璽撰　清道光二十八年(1848)刻本　六冊

620000 – 1101 – 0014544　413.63/125
胎產指南續成集不分卷　(清)靜香撰　清咸豐九年(1859)履亨清抄本　一冊

620000 – 1101 – 0014545　086.23/75.691
台州叢書九種九十二卷　(清)宋世犖輯　清嘉慶、道光臨海宋氏刻本　二十冊　存七種八十卷(赤城志四十卷,赤城集十八卷,滇考二卷,石屏詩集十卷,文則二卷、附錄一卷,廣志繹五卷,見聞隨筆二卷)

620000 – 1101 – 0014546　673.27/348
臺灣輿圖一卷　(清)夏獻綸撰　清光緒五年(1879)刻本　二冊

620000 – 1101 – 0014547　673.27/348
臺灣輿圖一卷　(清)夏獻綸撰　清光緒五年(1879)刻本　一冊

620000 – 1101 – 0014548　627/8.720
臺灣戰紀二卷　(清)洪棄父纂　清光緒三十二年(1906)鉛印本　二冊

620000 – 1101 – 0014549　847.2/28.001
太白山人槲葉集五卷南遊草一卷補遺一卷附刊一卷　(清)李柏撰　清光緒刻本　六冊

620000 – 1101 – 0014550　108
太保費文憲公摘稿二十卷　(明)費宏撰　明

嘉靖三十四年(1555)吳遵之刻本　十冊

620000 – 1101 – 0014551　1398
太倉稊米集七十卷首一卷　(宋)周紫芝撰　清抄本　十二冊

620000 – 1101 – 0014552　652.781/365
太傅孫文正公手書遺摺稿一卷　(清)孫家鼐撰　清宣統元年(1909)石印本　一冊

620000 – 1101 – 0014553　1611
太古遺音二卷伯牙心法一卷　(明)楊掄輯　明萬曆三十七年(1609)刻本　三冊　存二卷(太古遺音一、伯牙心法一卷)

620000 – 1101 – 0014554　2043
太古遺音二卷伯牙心法一卷　(明)楊掄輯　明萬曆三十七年(1609)刻本　三冊　存二卷(太古遺音一、伯牙心法一卷)

620000 – 1101 – 0014555　3367
太古遺音二卷伯牙心法一卷　(明)楊掄輯　明萬曆三十七年(1609)刻本　一冊　存二卷(太古遺音二卷)

620000 – 1101 – 0014556　2323
太湖備考十六卷首一卷　(清)金友理纂　湖程紀略一卷　(清)吳曾撰　清乾隆十五年(1750)藝蘭小圃刻本　八冊

620000 – 1101 – 0014557　2324
太湖備考十六卷首一卷　(清)金友理纂　湖程紀略一卷　(清)吳曾撰　清乾隆十五年(1750)藝蘭小圃刻本　十六冊

620000 – 1101 – 0014558　2325
太湖備考十六卷首一卷　(清)金友理纂　湖程紀略一卷　(清)吳曾撰　清乾隆十五年(1750)藝蘭小圃刻本　八冊

620000 – 1101 – 0014559　2326
太湖備考十六卷首一卷　(清)金友理纂　湖程紀略一卷　(清)吳曾撰　清乾隆十五年(1750)藝蘭小圃刻本　八冊　存八卷(一至八)

620000 – 1101 – 0014560　2613

太湖備考十六卷首一卷 （清）金友理纂 **湖程紀略一卷** （清）吳曾撰 清乾隆十五年(1750)藝蘭小圃刻本 八冊

620000 - 1101 - 0014561 2614

太湖備考十六卷首一卷 （清）金友理纂 **湖程紀略一卷** （清）吳曾撰 清乾隆十五年(1750)藝蘭小圃刻本 八冊 存十卷（八至十六、湖程紀略一卷）

620000 - 1101 - 0014562 3282

太湖備考十六卷首一卷附一卷續編四卷 （清）金友理纂 （清）鄭言紹續纂 清乾隆十五年(1750)刻光緒二十九年(1903)增刻本 十二冊

620000 - 1101 - 0014563 3283

太湖備考十六卷首一卷附一卷續編四卷 （清）金友理纂 （清）鄭言紹續纂 清乾隆十五年(1750)刻光緒二十九年(1903)增刻本 十二冊

620000 - 1101 - 0014564 682.88/98

太湖備考續編四卷 （清）鄭言紹輯 清光緒刻本 四冊

620000 - 1101 - 0014565 682.88/98

太湖備考續編四卷 （清）鄭言紹輯 清光緒刻本 四冊

620000 - 1101 - 0014566 847.7/504.2

太湖竹枝詞二卷 （清）葉承桂撰 清咸豐三年(1853)刻本 一冊

620000 - 1101 - 0014567 691.5147/197

太華紀游略一卷太白紀游略一卷 （清）趙嘉肇編 清光緒十年(1884)刻本 一冊

620000 - 1101 - 0014568 858.5/0.893

太華山紫金鎮兩世修行劉香寶卷全集二卷 （□）□□著 清同治九年(1870)曉菴氏等刻本 一冊

620000 - 1101 - 0014569 235.1/980

太極祭鍊語略一卷 （宋）鄭所南著 （清）費陽熙節錄 **太極祭鍊科一卷** （清）費陽熙著

清光緒七年(1881)刻本 一冊

620000 - 1101 - 0014570 1981

太極圖說遺議一卷 （清）毛奇齡撰 清康熙毛氏書留草堂刻乾隆印西河合集本（有抄配） 一冊

620000 - 1101 - 0014571 196

太平廣記五百卷目錄十卷 （宋）李昉等輯 明許自昌刻本 二十冊 存一百三十卷（三百七十一至五百）

620000 - 1101 - 0014572 040.512/289

太平廣記五百卷目錄十卷 （宋）李昉等輯 清道光二十六年(1846)刻本 四十八冊

620000 - 1101 - 0014573 665.1/87

太平寰宇記二百卷目錄二卷 （宋）樂史撰 **補闕七卷** （清）陳蘭森編 清同治、光緒金谿趙氏紅杏山房補刻重印趙氏藏書本 二十七冊

620000 - 1101 - 0014574 665.1/87

太平寰宇記二百卷目錄二卷 （宋）樂史撰 **補闕七卷** （清）陳蘭森編 清同治、光緒金谿趙氏紅杏山房補刻重印趙氏藏書本 三十九冊

620000 - 1101 - 0014575 665.1/873.02

太平寰宇記二百卷目錄二卷 （宋）樂史撰 清刻本 六十四冊

620000 - 1101 - 0014576 665.1/873

太平寰宇記二百卷目錄二卷 （宋）樂史撰 清光緒八年(1882)金陵書局刻本 三十六冊

620000 - 1101 - 0014577 665.1/873.01

太平寰宇記二百卷目錄二卷 （宋）樂史撰 清光緒八年(1882)金陵書局刻本 三十六冊 缺一卷（四）

620000 - 1101 - 0014578 665.1/873

太平寰宇記二百卷目錄二卷 （宋）樂史撰 清光緒八年(1882)金陵書局刻本 五冊 存二十七卷（五十一至五十六、一百三十八至一百四十三、一百六十六至一百七十、一百九十

一至二百）

620000－1101－0014579　665.1/873.001

太平寰宇記一百九十二卷目錄二卷補闕八卷
朝代紀元表一卷　（宋）樂史撰　清嘉慶南昌
萬廷蘭刻本　四十冊

620000－1101－0014580　1109

太平天國戰紀不分卷　（清）羅惇曧撰　清抄
本　二冊

620000－1101－0014581　544

太平御覽一千卷目錄十五卷　（宋）李昉等編
　　明抄本　一百十四冊　存九百四十三卷
（一至八百三十八、八百九十六至一千）

620000－1101－0014582　041/512.289.001

太平御覽一千卷目錄十五卷　（宋）李昉等編
　　清嘉慶十二年至十七年(1807－1812)鮑氏
刻本　一百二十冊

620000－1101－0014583　041/512.289

太平御覽一千卷目錄十五卷　（宋）李昉等編
　　清光緒二十年(1894)上海積山書局石印本
三十二冊

620000－1101－0014584　1265

太上洞玄靈寶無量度人上品妙經三卷　（元）
陳致虛注　明成化十二年(1476)刻本　一件
　　存一卷(二)

620000－1101－0014585　231/309

太上感應篇補注不分卷　（清）張友柏注　清
光緒九年(1883)志遠齋刻本　一冊

620000－1101－0014586　231/0.486

太上感應篇不分卷　（□）□□撰　清末刻本
　　一冊

620000－1101－0014587　231/0.354

太上感應篇關聖帝君覺世真經文昌帝君陰隲
文勸孝文戒淫文不分卷　（清）□□編　清道
光十五年(1835)刻本　一冊

620000－1101－0014588　231/935

太上感應篇集註不分卷附勸懲切近錄　（清）
錢仁寶等輯　清道光二十一年(1841)刻本

四冊

620000－1101－0014589　2992

太上感應篇說定六卷　（清）朱璣纂　清雍正
十二年(1734)武威刻嘉慶十四年(1809)補刻
本　七冊

620000－1101－0014590　231/610

太上感應篇圖說八卷　（清）許鶴沙撰　清光
緒七年(1881)刻本　一冊　存一卷(七)

620000－1101－0014591　231/165

太上感應篇圖說八卷　（清）黃正元撰　清光
緒石印本　八冊

620000－1101－0014592　2654

太上感應篇圖說五卷　（清）陶篯輯　清康熙
五十一年(1712)陶氏德新堂刻本　二冊　存
二卷(一、五)

620000－1101－0014593　231/831.001

太上感應篇圖說十二卷　（清）朱日豐輯　清
同治刻本　五冊　存五卷(午至未、酉至亥)

620000－1101－0014594　231/831.001

太上感應篇圖說十二卷　（清）朱日豐輯　清
同治刻本　五冊　存五卷(午至未、酉至亥)

620000－1101－0014595　231/831

太上感應篇增訂圖說十二卷　（清）朱日豐輯
　（清）鐵珊增訂　清同治十三年(1874)蘭州
官署刻光緒七年(1881)增刻本　十二冊

620000－1101－0014596　231/831

太上感應篇增訂圖說十二卷　（清）朱日豐輯
　（清）鐵珊增訂　清同治十三年(1874)蘭州
官署刻本　十一冊　存十一卷(一至八、十至
十二)

620000－1101－0014597　231/831

太上感應篇增訂圖說十二卷　（清）朱日豐輯
　（清）鐵珊增訂　清同治十三年(1874)蘭州
官署刻本　七冊　存七卷(一至六、十二)

620000－1101－0014598　231/831

太上感應篇增訂圖說十二卷　（清）朱日豐輯
　（清）鐵珊增訂　清同治十三年(1874)蘭州

官署刻本　五冊　存五卷(一至三、五至六)

620000－1101－0014599　20

太上混洞赤文女青詔書天律□□卷　（□）
□□撰　元龍虎山靜德堂刻本　一冊　存一
卷(上)

620000－1101－0014600　239/622

太上混元聖紀九卷　（宋）謝守灝編　清光緒
三十二年(1906)成都二仙菴刻本　一冊　存
五卷(一至五)

620000－1101－0014601　343

太上老君說常清靜經一卷　（明）王元暉注
明正統十一年(1446)京都大德觀刻本　一冊

620000－1101－0014602　231/451.001

太上十三經註十三種附循途錄一種　（唐）呂
洞賓評點　（清）李涵虛注　清道光二十六年
(1846)刻本　一冊　存一種四卷(道德經註
釋四卷)

620000－1101－0014603　231/451.002

太上十三經註解十三種附循途錄一種　（唐）
呂洞賓評點　（清）李涵虛注　清道光純陽宮
刻本　二冊　存二種(道德經註釋、黃庭內外
景經註釋)

620000－1101－0014604　1281

太上泰清天童護命妙經一卷　明成化刻本
一張

620000－1101－0014605　1282

太上泰清天童護命妙經一卷　明成化刻本
一張

620000－1101－0014606　231/970

太上無極大道三十六部尊經註解三卷　（唐）
孚佑帝君註解　清光緒三十二年(1906)刻本
二冊　存二卷(中、下)

620000－1101－0014607　1280

太上消禳火災經一卷　明成化刻本　二張

620000－1101－0014608　1277

太上玄靈北斗本命延生真經一卷　（□）□□
編　明宣德元年(1426)刻本　十八張

620000－1101－0014609　1276

太上玄靈北斗本命延生真經一卷太上靈寶天
尊說禳災度厄真經一卷元始天尊說北方真武
妙經一卷太上說平安竈經一卷　（□）□□編
明宣德元年(1426)刻本　二十一張

620000－1101－0014610　1278

太上元始天尊說三官寶號一卷　明成化十六
年(1480)刻本　二十二張

620000－1101－0014611　234.3/764

太上正一朝天百拜謝罪寶懺十卷　（清）□□
撰　清晚期抄本　十冊

620000－1101－0014612　1436

太上祝由科六卷　（□）□□輯　清抄本(卷
六係抄配)　七冊

620000－1101－0014613　3378

太師誠意伯劉文成公集二十卷首一卷　（明）
劉基撰　清康熙四十六年(1707)刻雍正八年
(1730)補刻乾隆十一年(1746)印本　十二冊

620000－1101－0014614　846.1/886

太師誠意伯劉文成公集二十卷首一卷　（明）
劉基撰　清光緒二十六年(1900)浙江書局刻
本　十冊

620000－1101－0014615　467

太師誠意伯劉文成公集十八卷　（明）劉基撰
明嘉靖三十五年(1556)樊獻科、于德昌刻
本　二十冊

620000－1101－0014616　3964

太史升菴全集八十一卷　（明）楊慎撰　明萬
曆二十年(1592)刻本　十四冊　存三十九卷
(二十九至五十一、六十六至八十一)

620000－1101－0014617　1675

太史升菴全集八十一卷　（明）楊慎撰　明刻
本　十四冊　存四十二卷(一至二十八、五十
二至六十五)

620000－1101－0014618　1645

太史升菴全集八十一卷目錄二卷外集一百卷
遺集二十六卷　（明）楊慎撰　清乾隆六十年

（1795）新都周氏養拙山房刻本（外集、遺集係清道光二十四年刻本） 六十四冊

620000－1101－0014619 189

太史升菴文集八十一卷目錄四卷 （明）楊慎撰 明萬曆十年（1582）張士佩等刻本 二十冊

620000－1101－0014620 846.6/26

太史升菴遺集二十六卷 （明）楊慎撰 （明）楊金吾等輯 清道光二十四年（1844）景清堂影明刻本 四冊

620000－1101－0014621 846.6/272

太史升菴遺集二十六卷 （明）楊慎撰 （明）楊金吾等輯 清道光二十八年（1848）香芸書屋刻本 八冊

620000－1101－0014622 847.8/175

太素齋詞鈔二卷 （清）勒方錡撰 清光緒十年（1884）蟫隱廬刻本 一冊

620000－1101－0014623 290.1/29.43

太玄十卷 （漢）揚雄撰 （清）吳汝綸點勘 清宣統二年（1910）衍星社鉛印本 一冊

620000－1101－0014624 290.1/29.43

太玄十卷 （漢）揚雄撰 （清）吳汝綸點勘 清宣統二年（1910）衍星社鉛印本 一冊

620000－1101－0014625 224.3/0.354

太陽太陰尊經不分卷 （□）□□輯 清光緒十九年（1893）刻本 一冊

620000－1101－0014626 574

太乙遁局不分卷 （□）□□撰 明抄本 四冊

620000－1101－0014627 2912

太乙數統宗大全四十卷 （清）李自明輯 清乾隆六十年（1795）集福堂刻本 二十冊

620000－1101－0014628 292.4/193.001

太乙數統宗大全四十卷 （清）李自明輯 清同治三年（1864）刻本 二十冊

620000－1101－0014629 292.4/193.002

太乙數統宗大全四十卷 （清）李自明輯 清

中晚期集福堂刻本 一冊 存二卷（三十二至三十三）

620000－1101－0014630 292.4/293

太乙數統宗大全四十卷 （清）李自明輯 清中晚期集福堂刻本 四冊 存十一卷（九至十九）

620000－1101－0014631 629.21/456

太鎮徵信錄不分卷 （清）聞福圻編 清光緒木活字印本 二冊

620000－1101－0014632 2574

泰山道里記一卷 （清）聶鈫撰 清乾隆三十八年（1773）聶氏杏雨山堂刻本 一冊

620000－1101－0014633 683.12/101.001

泰山道里記一卷 （清）聶鈫撰 清同治五年（1866）刻本 一冊

620000－1101－0014634 683.12/101

泰山道里記一卷 （清）聶鈫撰 清光緒四年（1878）刻本 一冊

620000－1101－0014635 683.12/101

泰山道里記一卷 （清）聶鈫撰 清光緒四年（1878）刻本 一冊

620000－1101－0014636 2495

泰山小史一卷 （明）蕭協中撰 清乾隆五十四年（1789）宋思仁刻本 一冊

620000－1101－0014637 683.2/987

泰山志二十卷 （清）金榮纂輯 清嘉慶十五年（1810）刻本 十冊

620000－1101－0014638 683.2/987.001

泰山志二十卷 （清）金榮纂輯 清嘉慶、光緒刻本 一冊 存二卷（七至八）

620000－1101－0014639 781/315

泰西各國名人言行錄十六卷 （清）張兆蓉編纂 清光緒二十九年（1903）石印本 六冊

620000－1101－0014640 781/315.001

泰西各國名人言行錄十六卷 （清）張兆蓉編纂 清光緒二十九年（1903）石印本 二冊 存五卷（一至五）

193

620000 – 1101 – 0014641　781/315

泰西各國名人言行錄十六卷　（清）張兆蓉編纂　清光緒二十九年(1903)石印本　一冊　存四卷(十三至十六)

620000 – 1101 – 0014642　781/315.002

泰西各國名人言行錄十六卷　（清）張兆蓉編纂　清光緒二十九年(1903)石印本　三冊　存九卷(三至十一)

620000 – 1101 – 0014643　781/315.001

泰西各國名人言行錄十六卷　（清）張兆蓉編纂　清光緒二十九年(1903)石印本　五冊　存十三卷(一至二、六至十六)

620000 – 1101 – 0014644　740.1/844.01

泰西通史三編　（日本）箕作元八　（日本）峰岸米造著　（清）華文祺　（清）李濬譯纂　清光緒二十八年(1902)上海文明編譯局鉛印本　一冊　存一編(上)

620000 – 1101 – 0014645　712.4/414.002

泰西新史攬要二十三卷附記一卷　（英國）馬懇西撰　（英國）李提摩太譯　蔡爾康述　清光緒二十八年(1902)秦中官書局石印本　八冊

620000 – 1101 – 0014646　712.4/414

泰西新史攬要二十四卷　（英國）馬懇西撰（英國）李提摩太譯　蔡爾康述　清光緒刻本　八冊

620000 – 1101 – 0014647　712.4/414.001

泰西新史攬要二十四卷　（英國）馬懇西撰（英國）李提摩太譯　蔡爾康述　清光緒二十一年(1895)美華書館鉛印本　八冊

620000 – 1101 – 0014648　712.4/414.001

泰西新史攬要二十四卷　（英國）馬懇西撰（英國）李提摩太譯　蔡爾康述　清光緒二十四年(1898)上海美華書館鉛印本　八冊

620000 – 1101 – 0014649　847.5/367

泰雲堂集二十五卷　（清）孫爾準撰　清光緒三十二年(1906)刻本　四冊

620000 – 1101 – 0014650　672.15/421.119

泰州新志刊謬二卷首一卷　（清）任鈺等輯　清道光十年(1830)刻本　二冊

620000 – 1101 – 0014651　571.15/164

談邊要刪十二種十二卷　（清）黃壽袞輯　清光緒二十七年(1901)石印本　二冊

620000 – 1101 – 0014652　320/907.001

談天十八卷首一卷附表一卷　（英國）侯失勒著　（英國）偉烈亞力口譯　（清）李善蘭刪述　（清）徐建寅續述　清光緒二十二年(1896)上海著易堂石印本　四冊

620000 – 1101 – 0014653　320/907.001

談天十八卷首一卷附表一卷　（英國）侯失勒著　（英國）偉烈亞力口譯　（清）李善蘭刪述　（清）徐建寅續述　清光緒二十二年(1896)上海著易堂石印本　四冊

620000 – 1101 – 0014654　320/907

談天十八卷首一卷附表一卷　（英國）侯失勒著　（英國）偉烈亞力口譯　（清）李善蘭刪述　（清）徐建寅續述　清光緒七年(1881)上海江南製造總局刻本　四冊

620000 – 1101 – 0014655　320/907

談天十八卷首一卷附表一卷　（英國）侯失勒著　（英國）偉烈亞力口譯　（清）李善蘭刪述　（清）徐建寅續述　清光緒七年(1881)上海江南製造總局刻本　四冊

620000 – 1101 – 0014656　320/907

談天十八卷首一卷附表一卷　（英國）侯失勒著　（英國）偉烈亞力口譯　（清）李善蘭刪述　（清）徐建寅續述　清光緒七年(1881)上海江南製造總局刻本　四冊

620000 – 1101 – 0014657　320/907

談天十八卷首一卷附表一卷　（英國）侯失勒著　（英國）偉烈亞力口譯　（清）李善蘭刪述　（清）徐建寅續述　清光緒七年(1881)上海江南製造總局刻本　四冊

620000 – 1101 – 0014658　320/907

談天十八卷首一卷附表一卷　（英國）侯失勒

著　（英國）偉烈亞力口譯　（清）李善蘭删述
（清）徐建寅續述　清光緒七年（1881）上海
江南製造總局刻本　四冊

620000－1101－0014659　320/907

談天十八卷首一卷附表一卷　（英國）侯失勒
著　（英國）偉烈亞力口譯　（清）李善蘭删述
（清）徐建寅續述　清光緒七年（1881）上海
江南製造總局刻本　四冊

620000－1101－0014660　320/907

談天十八卷首一卷附表一卷　（英國）侯失勒
著　（英國）偉烈亞力口譯　（清）李善蘭删述
（清）徐建寅續述　清光緒七年（1881）上海
江南製造總局刻本　二冊　存十一卷（一至
十、首一卷）

620000－1101－0014661　320/907

談天十八卷首一卷附表一卷　（英國）侯失勒
著　（英國）偉烈亞力口譯　（清）李善蘭删述
（清）徐建寅續述　清光緒刻本　四冊

620000－1101－0014662　071.75/852

談徵四卷　（清）外方山人輯　清嘉慶二十年
（1815）刻本　五冊

620000－1101－0014663　2304

潭柘山岫雲寺志不分卷　（清）神穆德輯　清
乾隆四年（1739）刻本　一冊

620000－1101－0014664　2822

壇廟祀典三卷　（清）方承觀輯　清乾隆二十
三年（1758）刻本　三冊

620000－1101－0014665　477

檀弓一卷　（宋）謝枋得　（明）楊慎批點　明
萬曆四十四年（1616）閔齊伋刻朱墨套印三經
評注本　一冊

620000－1101－0014666　094.381/329

檀弓疑問一卷　（清）邵泰衢撰　清抄本
一冊

620000－1101－0014667　2038

檀几叢書五十卷二集五十卷餘集二卷　（清）
王晫　（清）張潮輯　清康熙王晫、張潮刻本

十二冊

620000－1101－0014668　2039

檀几叢書五十卷二集五十卷餘集二卷　（清）
王晫　（清）張潮輯　清康熙王晫、張潮刻本
十二冊

620000－1101－0014669　4299

檀几叢書五十卷二集五十卷餘集二卷　（清）
王晫　（清）張潮輯　清康熙王晫、張潮刻本
十四冊

620000－1101－0014670　4300

檀几叢書五十卷二集五十卷餘集二卷　（清）
王晫　（清）張潮輯　清康熙王晫、張潮刻本
三冊　存十九卷（二集一至六、十六至二十
八）

620000－1101－0014671　4301

檀几叢書五十卷二集五十卷餘集二卷　（清）
王晫　（清）張潮輯　清康熙王晫、張潮刻本
三冊　存十六卷（檀几叢書七至十、十五至
十八，二集三十六至四十三）

620000－1101－0014672　4302

檀几叢書五十卷二集五十卷餘集二卷　（清）
王晫　（清）張潮輯　清康熙王晫、張潮刻本
四冊　存三十七卷（檀几叢書二十八至五
十、二集五至十八）

620000－1101－0014673　4303

檀几叢書五十卷二集五十卷餘集二卷　（清）
王晫　（清）張潮輯　清康熙王晫、張潮刻本
八冊　存三十卷（二集一至三十）

620000－1101－0014674　367

檀孟批點二卷　（宋）謝枋得　（明）楊慎批點
明萬曆趙標刻本　二冊

620000－1101－0014675　652.771/60

譚文勤公奏稿二十卷首一卷　（清）譚鍾麟撰
清宣統三年（1911）刻本　十冊

620000－1101－0014676　127.6/333

探本錄二十三卷　（清）雲茂琦著　清咸豐元
年（1851）刻本　六冊

620000－1101－0014677　1059

湯義仍先生還魂記二卷　（明）湯顯祖撰　清初刻本　二冊

620000－1101－0014678　847.2/736.5

湯子遺書十卷首一卷續編一卷　（清）湯斌撰　清同治九年(1870)蘇廷魁刻本　九冊　存八卷(一至七、首一卷)

620000－1101－0014679　4094

唐百家詩一百七十一卷附唐詩品一卷　（明）朱警輯　明嘉靖十九年(1540)刻本　一冊　存七卷(郎士元詩集一卷、皇甫冉詩集二卷、皇甫御史詩集一卷、唐司空文明詩集三卷)

620000－1101－0014680　613

唐大家韓文公文抄十六卷　（唐）韓愈撰　明崇禎金閶簧玉堂刻唐宋八大家文抄本　十二冊

620000－1101－0014681　857.141/382.005

唐代叢書二集十八卷　（清）王文誥輯　清嘉慶十一年(1806)刻本　六冊

620000－1101－0014682　857.141/382.002

唐代叢書二十卷　（清）陳世熙輯　清同治八年(1869)刻本　二十冊

620000－1101－0014683　857.141/382

唐代叢書一百六十四種一百七十卷　（清）王文誥輯　清嘉慶十一年(1806)刻本　二十四冊

620000－1101－0014684　857.141/382

唐代叢書一百六十四種一百七十卷　（清）王文誥輯　清嘉慶十一年(1806)刻本　一冊　存四種六卷(尚書故實一卷、中朝故事一卷、金鑾密記一卷、杜陽雜編三卷)

620000－1101－0014685　857.141/382.004

唐代叢書一百六十四種一百七十卷　（清）陳世熙輯　清宣統三年(1911)上海天寶書局石印本　六冊　存六十五種七十卷(隋唐嘉話一卷、朝野僉載一卷、尚書故實一卷、中朝故事一卷、金鑾密記一卷、杜陽雜編三卷、幽閒鼓吹一卷、桂苑叢談一卷、劉賓客嘉話錄一卷、松窗雜記一卷、次柳氏舊聞一卷、大唐傳載一卷、開元天寶遺事一卷、開天傳信記一卷、大唐新語一卷、明皇雜錄一卷、常侍言旨一卷、雲溪友議一卷、國史補一卷、因話錄一卷、劇談錄一卷、法苑珠林一卷、南楚新聞一卷、宣室志一卷、甘澤謠一卷、金華子雜編一卷、玉泉子一卷、嶺表錄異一卷、來南錄一卷、平泉山居草木記一卷、北戶錄一卷、終南十志一卷、洞天福地記一卷、北里記一卷、秘樓記一卷、海山記一卷、開河記一卷、吳地記一卷、南部煙花記一卷、香山九老會一卷、教坊記一卷、湘中怨詞一卷、二十四詩品一卷、本事詩一卷、比紅兒詩一卷、貞娘墓詩一卷、書法一卷、學畫秘訣一卷、續畫品錄一卷、公私畫史一卷、歌者葉記一卷、嘯旨一卷、吹笛記一卷、故物記一卷、茶經三卷、十六湯品一卷、煎茶水記一卷、酉陽雜俎二卷、諸臯記一卷、支諾臯一卷、前定錄一卷、卓異記一卷、摭異記一卷、集異記一卷、博異志一卷)

620000－1101－0014686　857.141.4/291

唐國史補三卷　（唐）李肇撰　**淳熙玉堂雜紀三卷**　（宋）周必大撰　清嘉慶十年(1805)虞川張氏照曠閣刻學津討原本　一冊

620000－1101－0014687　573.14/119.10

唐會要一百卷　（宋）王溥撰　清光緒十年(1884)江蘇書局刻本　二十四冊

620000－1101－0014688　294

唐駱先生集八卷附錄一卷　（唐）駱賓王撰　（明）王衡等評釋　明凌毓枏刻朱墨套印本　三冊

620000－1101－0014689　938

唐荊川先生文集十八卷　（明）唐順之撰　清康熙五十一年(1712)刻本　八冊

620000－1101－0014690　614

唐開元占經一百二十卷　（唐）瞿曇悉達撰　清抄本　二十冊

620000－1101－0014691　77

唐類函二百卷目錄二卷　（明）俞安期輯　明萬曆三十一年(1603)刻養正堂重修本　六

十冊

620000－1101－0014692　77

唐類函二百卷目錄二卷　（明）俞安期輯　明萬曆三十一年(1603)刻四十六年(1618)重修本　四十冊

620000－1101－0014693　77

唐類函二百卷目錄二卷　（明）俞安期輯　明萬曆三十一年(1603)刻四十六年(1618)重修本　四十四冊

620000－1101－0014694　1763

唐類函二百卷目錄二卷　（明）俞安期輯　明萬曆三十一年(1603)刻重修本(卷九十六至一百、一百六至一百十係補配)　二十九冊　存一百四十三卷(一至五十、九十六至一百四十五、一百五十一至一百八十八、一百九十一至一百九十五)

620000－1101－0014695　170

唐柳河東集四十五卷外集五卷遺文一卷附錄一卷　（明）俞安期輯　明崇禎元年(1628)蔣氏三徑草堂刻韓柳全集本　十四冊

620000－1101－0014696　573.141/667

唐六典三十卷　（唐）玄宗李隆基撰　（唐）李林甫等注　清晚期廣雅書局刻本　四冊

620000－1101－0014697　302

唐陸宣公翰苑集二十四卷　（唐）陸贄撰　明萬曆三十五年(1607)陸基忠刻本　八冊

620000－1101－0014698　3913

唐陸宣公翰苑集二十四卷　（唐）陸贄撰　（清）張佩芳注釋　清乾隆張氏希音堂刻本　十冊

620000－1101－0014699　3914

唐陸宣公翰苑集二十四卷　（唐）陸贄撰　（清）張佩芳注釋　清乾隆張氏希音堂刻光緒七年(1881)印本　四冊　存十二卷(一至二、十三至二十二)

620000－1101－0014700　844.16/38.30

唐陸宣公翰苑集二十四卷首一卷末一卷

（唐）陸贄撰　（清）張佩芳注釋　清光緒十八年(1892)柏經正堂刻本　十二冊

620000－1101－0014701　11

唐陸宣公集二十二卷　（唐）陸贄撰　明刻本　六冊

620000－1101－0014702　958

唐陸宣公集二十二卷　（唐）陸贄撰　清雍正元年(1723)年龔堯刻本　十二冊

620000－1101－0014703　1834

唐陸宣公集二十二卷　（唐）陸贄撰　清雍正刻本　六冊

620000－1101－0014704　2689

唐陸宣公集二十二卷　（唐）陸贄撰　清雍正刻本　四冊

620000－1101－0014705　973

唐陸宣公集二十二卷　（唐）陸贄撰　清乾隆陸鍾輝刻本　六冊

620000－1101－0014706　1665

唐陸宣公集二十二卷　（唐）陸贄撰　清乾隆、嘉慶刻本　六冊

620000－1101－0014707　844.16/38.004

唐陸宣公集二十二卷　（唐）陸贄撰　**增輯二卷**　（清）耆英輯　清道光二十七年(1847)李延福等刻本　八冊

620000－1101－0014708　844.16/38.002

唐陸宣公集二十二卷　（唐）陸贄撰　清同治五年(1866)楊氏問竹軒家塾刻本　四冊　存十二卷(一至五、九至十二、十八至二十)

620000－1101－0014709　844.16/38.002

唐陸宣公集二十二卷　（唐）陸贄撰　清同治五年(1866)楊氏問竹軒家塾刻本　六冊

620000－1101－0014710　844.16/38.003

唐陸宣公集二十二卷　（唐）陸贄撰　清光緒二十年(1894)上海鴻寶齋石印本　六冊

620000－1101－0014711　844.16/38.001

唐陸宣公集二十二卷首一卷　（唐）陸贄撰　清咸豐元年(1851)刻本　六冊

197

620000－1101－0014712　1027

唐陸宣公全集二十四卷　（唐）陸贄撰　（明）湯賓尹評　明崇禎元年（1628）刻本　五冊

620000－1101－0014713　652.417.1/387.05

唐陸宣公奏議讀本四卷首一卷　（唐）陸贄撰　（清）汪銘謙輯　（清）馬傳庚評點　清光緒至宣統元年（1909）會稽馬氏石印本　一冊　存二卷（三至四）

620000－1101－0014714　652.417.1/387.05

唐陸宣公奏議讀本四卷首一卷　（唐）陸贄撰　（清）汪銘謙輯　（清）馬傳庚評點　清光緒至宣統元年（1909）會稽馬氏石印本　二冊

620000－1101－0014715　652.417.1/387.05

唐陸宣公奏議讀本四卷首一卷　（唐）陸贄撰　（清）汪銘謙輯　（清）馬傳庚評點　清光緒至宣統元年（1909）會稽馬氏石印本　一冊

620000－1101－0014716　652.417.1/387

唐陸宣公奏議全集四卷首一卷　（唐）陸贄撰　（清）汪銘謙輯　清同治五年（1866）楊文盛刻本　二冊

620000－1101－0014717　652.417.1/387.001

唐陸宣公奏議全集四卷首一卷制誥續集十卷　（唐）陸贄撰　（清）汪銘謙輯　清光緒十五年（1889）文彬閣刻本　六冊

620000－1101－0014718　652.417.1/387.07

唐陸宣公奏議十二卷　（唐）陸贄撰　清道光四年（1824）陸成本刻本　六冊

620000－1101－0014719　832.41/273

唐律賦鈔不分卷　（清）楊泗孫選編　清光緒二年（1876）刻本　一冊

620000－1101－0014720　4508

唐歐陽詢書法□□卷　（清）馮盡善輯　清道光、咸豐稿本　一冊　存一卷（二）

620000－1101－0014721　190

唐皮日休文藪十卷　（唐）皮日休撰　明刻本　四冊

620000－1101－0014722　835.941/378

620000－1101－0014723　847.5/667

唐駢體文鈔十七卷　（清）陳均輯　清嘉慶二十五年（1820）海寧陳氏刻本　六冊

620000－1101－0014723　847.5/667

唐確慎公集十卷首一卷末一卷　（清）唐鑑撰　清光緒元年（1875）刻本　六冊

620000－1101－0014724　834/102

唐人三家集二十八卷　（清）秦恩復輯　清宣統三年（1911）石印本　八冊

620000－1101－0014725　857.141/382.002

唐人說薈二十卷　（清）陳世熙輯　清同治八年（1869）刻本　二十冊

620000－1101－0014726　857.141/382.003

唐人說薈二十卷　（清）陳世熙輯　清末刻本　二十冊

620000－1101－0014727　4289

唐人說薈二十卷　（清）陳世熙輯　清乾隆五十七年（1792）挹秀軒刻本　三十四冊

620000－1101－0014728　2582

唐人說薈二十卷　（清）陳世熙輯　清乾隆刻本　二十冊

620000－1101－0014729　425

唐人四集十二卷　（明）毛晉輯　明末毛氏汲古閣刻本　二冊

620000－1101－0014730　831.41/11.86

唐人萬首絕句選七卷　（清）王士禛輯　清光緒刻民國三十一年（1942）成都國立四川大學印本　二冊

620000－1101－0014731　831.41/720

唐人萬首絕句選七卷　（清）王士禛輯　清晚期江右同文堂刻本　二冊

620000－1101－0014732　2559

唐人萬首絕句選七卷　（清）王士禛輯　清康熙刻雍正印本　四冊

620000－1101－0014733　831.41/950

唐人五言長律清麗集六卷　（清）徐日璉（清）沈士駿輯　清中晚期坊刻本　四冊

620000－1101－0014734　831.41/950.001

唐人五言長律清麗集六卷　（清）徐曰璉
（清）沈士駿輯　清刻本　四冊

620000－1101－0014735　3028

唐人五言排律詩論三卷　（清）蔣鵬翮撰　清
乾隆寒三草堂刻本　一冊　存二卷（二至三）

620000－1101－0014736　831.41/526

唐人五言排律詩論三卷　（清）蔣鵬翮編釋
清尺木堂刻本　一冊

620000－1101－0014737　332

唐人選唐詩二十三卷　（明）毛晉輯　明崇禎
元年(1628)毛氏汲古閣刻本　二冊　存二卷
（御覽詩一卷、篋中集一卷）

620000－1101－0014738　1857

唐詩別裁集十卷　（清）沈德潛　（清）陳培脉
輯　清康熙五十六年(1717)碧梧書屋刻本
十冊

620000－1101－0014739　831.41/749

唐詩別裁集引典備註二十卷　（清）沈德潛選
（清）俞汝昌增注　清道光十八年(1838)刻
本　十二冊

620000－1101－0014740　831.41/749

唐詩別裁集引典備註二十卷　（清）沈德潛選
（清）俞汝昌增注　清道光十八年(1838)刻
本　十冊

620000－1101－0014741　2872

唐詩成法十二卷　（清）屈復撰　清乾隆八年
(1743)弱水草堂刻本　四冊

620000－1101－0014742　3253

唐詩鼓吹十卷　（金）元好問輯　（元）郝天挺
注　（明）廖文炳解　（清）錢朝鼐　（清）王
俊臣校注　清康熙四十七年(1708)崇玉堂刻
本　六冊

620000－1101－0014743　2845

唐詩鼓吹十卷　（金）元好問輯　（元）郝天挺
注　（明）廖文炳解　（清）錢朝鼐　（清）王
俊臣校注　清乾隆五十七年(1792)三多齋刻

本　三冊

620000－1101－0014744　1842

唐詩貫珠六十卷　（清）胡以梅輯並箋釋　清
康熙五十四年(1715)素心堂刻本　二十四冊

620000－1101－0014745　545

唐詩紀事八十一卷　（宋）計有功撰　明抄本
十冊　存十八卷（一至十八）

620000－1101－0014746　821.841/60.86

唐詩紀事八十一卷　（宋）計有功撰　清光緒
四川存古書局刻本　十六冊

620000－1101－0014747　1176

唐詩紀一百七十卷　（明）黃德水　（明）吳琯
輯　明萬曆十三年(1585)吳琯刻方天眷重修
本　十一冊　存五十二卷（六十一至一百十
二）

620000－1101－0014748　4245

唐詩箋要八卷後集八卷　（清）吳瑞榮輯　清
乾隆二十四年(1759)刻本　四冊　存八卷
（箋要七至八，後集一至四、七至八）

620000－1101－0014749　1826

唐詩解五十卷　（明）唐汝詢輯　清順治十六
年(1659)萬笈堂刻本　十二冊

620000－1101－0014750　2616

唐詩解五十卷　（明）唐汝詢輯　清順治十六
年(1659)萬笈堂刻本　十冊　存二十一卷
（一至二十一）

620000－1101－0014751　3022

唐詩金粉十卷　（清）沈炳震輯　清雍正二年
(1724)刻本　十冊

620000－1101－0014752　041.73/747

唐詩金粉十卷　（清）沈炳震輯　清光緒十五
年(1889)湖南書局刻本　五冊　存九卷（一
至九）

620000－1101－0014753　831.4/314

唐詩近體四卷　（清）張錫麟評選　清同治七
年(1868)刻本　二冊

620000－1101－0014754　1676

唐詩品彙九十卷拾遺十卷 （明）高棅輯　明
張恂刻本　八冊　存六十四卷（十六至七十、
八十二至九十）

620000－1101－0014755　831.4/657.004
唐詩三百首不分卷 （清）孫洙編　清同治四
年（1865）貴文堂刻本　一冊　存五言古詩、
七言古詩

620000－1101－0014756　831.4/657.003
唐詩三百首不分卷 （清）孫洙編　清光緒十
四年（1888）宛委山莊刻本　一冊　存五言古
詩、七言古詩

620000－1101－0014757　831.4/366
唐詩三百首不分卷 （清）孫洙編 （清）章燮
注　清光緒琉璃廠宏道堂刻本　一冊

620000－1101－0014758　831.4/366.003
唐詩三百首不分卷 （清）孫洙編　清刻本
一冊

620000－1101－0014759　831.4/366.002
唐詩三百首不分卷 （清）孫洙編　清刻本
一冊

620000－1101－0014760　831.4/50.09
唐詩三百首六卷 （清）孫洙編 （清）文元輔
輯評　清光緒刻本　四冊

620000－1101－0014761　831.4/366.001
唐詩三百首六卷 （清）孫洙編　清晚期刻本
一冊　存二卷（一至二）

620000－1101－0014762　831.4/57
唐詩三百首三卷 （清）孫洙編　清光緒二十
一年（1895）江蘇同文堂刻本　二冊

620000－1101－0014763　831.4/111
唐詩三百首續選不分卷 （清）于慶元編　清
咸豐六年（1856）刻本　一冊

620000－1101－0014764　831.4/657.005
唐詩三百首註釋六卷 （清）孫洙編 （清）章
燮注　清刻本　一冊　存三卷（二至四）

620000－1101－0014765　831.4/657.006
唐詩三百首註釋六卷 （清）孫洙編 （清）章

燮注　清刻本　一冊　存二卷（三至四）

620000－1101－0014766　831.4/657.007
唐詩三百首註疏□□卷 （清）孫洙編 （清）
章燮注　清晚期刻本　一冊　存一卷（四）

620000－1101－0014767　831.4/657.001
唐詩三百首註疏六卷續選一卷 （清）孫洙編
（清）章燮注　清道光十七年（1837）刻本
四冊

620000－1101－0014768　831.4/657.002
唐詩三百首註疏四卷 （清）孫洙編 （清）章
燮注　清道光二十七年（1847）刻本　一冊
存二卷（一至二）

620000－1101－0014769　831.4/657
唐詩三百首註疏四卷 （清）孫洙編 （清）章
燮注　清光緒三年（1877）刻本　一冊

620000－1101－0014770　4427
唐詩試帖課蒙詳解十卷首一卷 （清）王錫侯
編釋　清乾隆刻本　一冊　存二卷（九至十）

620000－1101－0014771　316
唐詩所四十七卷 （明）臧懋循輯　明萬曆刻
本　十二冊

620000－1101－0014772　831.41/11.45
唐詩選六種十卷附宮詞小遊仙詩一卷　王闓
運輯　清光緒二年（1876）尊經書局刻民國三
十一年（1942）成都國立四川大學印本　六冊

620000－1101－0014773　1010
唐詩隱秀集不分卷 （□）□□□撰　清抄本
十冊

620000－1101－0014774　2846
唐詩英華二十二卷 （明）顧有孝輯　清初顧
氏寧遠堂刻本　七冊　存二十卷（一至二、五
至二十二）

620000－1101－0014775　656
唐詩英華二十二卷 （明）顧有孝輯　清初顧
氏寧遠堂刻本　十冊

620000－1101－0014776　099.97/75.42
唐石經校文十卷 （清）嚴可均撰　清嘉慶九

年（1804）元尚居刻本　　七冊

620000－1101－0014777　3333

唐史論斷三卷　（宋）孫甫撰　清乾隆李氏萬
卷樓刻嘉慶十四年（1809）李鼎元印函海本
一冊

620000－1101－0014778　1775

唐書二百二十五卷　（宋）歐陽修等撰　釋音
二十五卷　（宋）董衝撰　元大德九年（1305）
建康路儒學刻明遞修本　　四十冊

620000－1101－0014779　1776

唐書二百二十五卷　（宋）歐陽修等撰　釋音
二十五卷　（宋）董衝撰　元大德九年（1305）
建康路儒學刻明清遞修本　　四十二冊　存二
百三十六卷（一至三十六、四十三至一百五十
四、一百六十三至二百二十五，釋音二十五
卷）

620000－1101－0014780　808

唐書二百二十五卷　（宋）歐陽修等撰　明崇
禎二年（1629）毛氏汲古閣刻本　　二十四冊

620000－1101－0014781　1715

唐書二百二十五卷　（宋）歐陽修等撰　明崇
禎二年（1629）毛氏汲古閣刻本　　二十五冊
存一百六十卷（一至三十、七十二中至一百二
十六、一百五十一至二百二十五）

620000－1101－0014782　1770

唐書二百二十五卷　（宋）歐陽修等撰　明崇
禎二年（1629）毛氏汲古閣刻本　八冊　存三
十四卷（三十九至七十二上）

620000－1101－0014783　1771

唐書二百二十五卷　（宋）歐陽修等撰　明崇
禎二年（1629）毛氏汲古閣刻本（卷一至三係
抄配）　二十三冊　存一百六十三卷（一至六
十、一百六至一百七十四、一百九十至二百二
十、二百二十三下至二百二十五）

620000－1101－0014784　3358

唐書二百二十五卷　（宋）歐陽修等撰　明崇
禎二年（1629）毛氏汲古閣刻本　十冊　存四
十五卷（六十一至一百五）

620000－1101－0014785　4063

唐書二百二十五卷　（宋）歐陽修等撰　釋音
二十五卷　（宋）董衝撰　清乾隆四年（1739）
武英殿刻本　　二十八冊　存一百四十一卷
（七十九至一百三十、一百三十七至二百二十
五）

620000－1101－0014786　624.101/420.01

唐書二百二十五卷　（宋）歐陽修等撰　清同
治十二年（1873）浙江書局刻本　三十冊　存
一百四十八卷（一至八十八、一百六十六至二
百二十五）

620000－1101－0014787　624.101/420.01

唐書二百二十五卷　（宋）歐陽修等撰　清同
治十二年（1873）浙江書局刻本　　四十冊

620000－1101－0014788　624.101/420.01

唐書二百二十五卷　（宋）歐陽修等撰　清同
治十二年（1873）浙江書局刻本　　四十冊

620000－1101－0014789　624.101/420.002

唐書二百二十五卷　（宋）歐陽修等撰　清光
緒二十九年（1903）上海點石齋石印本　四冊
　存三十七卷（六十一至九十七）

620000－1101－0014790　624.101/42.16

唐書二百二十五卷　（宋）歐陽修等撰　釋音
二十五卷　（宋）董衝撰　清光緒二十九年
（1903）五洲同文局石印本　　五十冊

620000－1101－0014791　624.1083/15

唐書合鈔補正六卷　（清）丁子復撰　清嘉慶
刻本　　一冊

620000－1101－0014792　627.101/747

唐書合鈔二百六十卷首一卷　（清）沈炳震撰
　清同治十年（1871）武林吳氏清來堂刻本
五冊　存十四卷（一至十三、首一卷）

620000－1101－0014793　624.101/549

唐書釋音二卷　（宋）董衝撰　清晚期刻本
一冊

620000－1101－0014794　624.105/74

唐書宰相世系表訂譌十二卷　（清）沈炳震撰

清嘉慶刻本　六冊

620000－1101－0014795　624.105/74

唐書宰相世系表訂譌十二卷　（清）沈炳震撰
清嘉慶刻本　六冊

620000－1101－0014796　831.41/0.5

唐四家詩集二十卷　（清）胡鳳丹輯　清宣統
三年(1911)掃葉山房石印本　五冊

620000－1101－0014797　831.41/0.5.001

唐四家詩集二十卷　（清）胡鳳丹輯　清光緒
十三年(1887)湖北官書局刻本　五冊

620000－1101－0014798　2900

唐宋八大家類選十四卷　（清）儲欣輯評　清
乾隆四十五年(1780)刻本　六冊　存十卷
（一至八、十三至十四）

620000－1101－0014799　830.5/914

唐宋八大家類選十四卷　（清）儲欣輯評　清
光緒二十一年(1895)湖北官書處刻本　六冊

620000－1101－0014800　835.4/314

唐宋八大家文鈔十九卷　（清）張伯行重訂
清同治八年(1869)福州正誼書院刻本　六冊

620000－1101－0014801　3980

唐宋八大家文鈔一百六十四卷　（宋）歐陽修
等撰　（明）茅坤批評　明崇禎金閶簧玉堂刻
本　八冊　存三十二卷(宋大家歐陽文忠公
文抄四至八,宋大家蘇文公文抄一至五,宋大
家蘇文忠公文抄一至三、八至十、二十五至二
十八,宋大家蘇文定公文抄四至十五)

620000－1101－0014802　2913

唐宋八家鈔八卷　（清）高嵣評　清乾隆五十
三年(1788)刻本　一冊　存一卷(一)

620000－1101－0014803　835.4/645

唐宋八家鈔八卷　（清）高嵣評　清道光十五
年(1835)善成堂刻本　七冊　存七卷(一至
五、七至八)

620000－1101－0014804　1844

唐宋八家文讀本三十卷　（清）沈德潛評點
清乾隆十五年(1750)刻本　八冊

620000－1101－0014805　3247

唐宋八家文讀本三十卷　（清）沈德潛評點
清乾隆刻本　十二冊

620000－1101－0014806　835.4/733.003

唐宋八家文讀本三十卷　（清）沈德潛評點
清晚期刻本　一冊　存二卷(二十五至二十
六)

620000－1101－0014807　835.4/733.002

唐宋八家文讀本三十卷　（清）沈德潛評點
清末石印本　三冊　存十二卷(九至十六、二
十一至二十四)

620000－1101－0014808　835.4/733.001

唐宋八家文讀本三十卷　（清）沈德潛評點
清光緒二十四年(1898)上海鴻文書局石印本
四冊　存十卷(一至十)

620000－1101－0014809　835.4/733

唐宋八家文讀本三十卷　（清）沈德潛評點
清光緒二十七年(1901)上海同文俊記石印本
六冊

620000－1101－0014810　3101

唐宋白孔六帖一百卷目錄二卷　（唐）白居易
編　（宋）孔傳輯　明刻本　一冊　存二卷
（三十四至三十五）

620000－1101－0014811　3038

唐宋叢書六十八種九十八卷　（明）鍾人傑
（明）張遂辰輯　明刻本　十冊　存二十八種
四十三卷(關氏易傳一卷、潛虛一卷、詩小序
一卷、論語筆解一卷、毛詩草木鳥獸蟲魚疏二
卷、詩說一卷、鼠璞二卷、大唐創業起居注三
卷、唐國史補一卷、大業雜記一卷、燕翼貽謀
錄五卷、畫墁錄一卷、譚子化書六卷、新書一
卷、枕中書一卷、宋景文公筆記一卷、羅湖野
錄一卷、林下偶譚一卷、後山談叢一卷、友會
談叢一卷、續釋常談一卷、資暇錄一卷、愛日
齋叢抄一卷、王氏談錄一卷、獨斷一卷、墨經
一卷、佩觽三卷、尤射一卷)

620000－1101－0014812　1808

唐宋大家全集錄十種五十二卷　（清）儲欣輯

清康熙刻本　二十冊　存九種四十五卷
(昌黎先生全集錄八卷,河東先生全集錄六
卷、外集錄一卷,習之先生全集錄二卷,可之
先生全集錄二卷,老泉先生全集錄五卷,東坡
先生全集錄九卷,欒城先生全集錄六卷,南豐
先生全集錄二卷,臨川先生全集錄四卷)

620000 – 1101 – 0014813　830.41/91
唐宋大家全集錄十種五十二卷首一卷　（清）
儲欣輯　清光緒八年(1882)江蘇書局刻本
三十二冊

620000 – 1101 – 0014814　830.41/91
唐宋大家全集錄十種五十二卷首一卷　（清）
儲欣輯　清光緒八年(1882)江蘇書局刻本
三十二冊

620000 – 1101 – 0014815　2132
唐王燾先生外臺秘要方四十卷　（唐）王燾撰
　明崇禎十三年(1640)程氏經餘居刻本　二
十五冊

620000 – 1101 – 0014816　414.6/41.113.003
唐王燾先生外臺秘要方四十卷　（唐）王燾撰
　清同治十三年(1874)廣東翰墨園刻本　四
十冊

620000 – 1101 – 0014817　414.6/41.113.003
唐王燾先生外臺秘要方四十卷　（唐）王燾撰
　清同治十三年(1874)廣東翰墨園刻本　二
十四冊　存二十四卷(一至八、十至十一、十
五、十九至二十二、二十四至二十八、三十至
三十一、三十三、三十五)

620000 – 1101 – 0014818　414.6/41.113.003
唐王燾先生外臺秘要方四十卷　（唐）王燾撰
　清同治十三年(1874)廣東翰墨園刻本　十
六冊　存十六卷(四至五、九、十六、十八、二
十至二十一、二十五至二十九、三十二、三十
四、三十六、四十)

620000 – 1101 – 0014819　414.6/41.113.005
唐王燾先生外臺秘要方四十卷　（唐）王燾撰
　清晚期刻本　十一冊　存十四卷(三、六至
十三、三十至三十四)

620000 – 1101 – 0014820　830.4/636
唐文粹補遺二十六卷　（清）郭麐輯　清光緒
十一年(1885)江蘇書局刻本　四冊

620000 – 1101 – 0014821　830.4/636
唐文粹補遺二十六卷　（清）郭麐輯　清光緒
十一年(1885)江蘇書局刻本　四冊

620000 – 1101 – 0014822　102
唐文粹一百卷　（宋）姚鉉輯　明崇禎三年
(1630)徐仁中刻本　二十四冊

620000 – 1101 – 0014823　830.4/994
唐文粹一百卷　（宋）姚鉉輯　**補遺二十六卷**
　（清）郭麐輯　清光緒九年至十一年(1883 –
1885)江蘇書局刻本　二十冊

620000 – 1101 – 0014824　830.4/994
唐文粹一百卷　（宋）姚鉉輯　**補遺二十六卷**
　（清）郭麐輯　清光緒九年至十一年(1883 –
1885)江蘇書局刻本　十三冊　存一百八卷
(一至四十、四十八至八十六、九十三至一百,
補遺六至二十六)

620000 – 1101 – 0014825　833.142/339
唐五代詞選三卷　（清）成肇麐輯　清光緒十
三年(1887)刻本　一冊

620000 – 1101 – 0014826　2694
唐賢三昧集三卷　（清）王士禛輯　清康熙刻
本　三冊

620000 – 1101 – 0014827　2710
唐賢三昧集三卷　（清）王士禛輯　清康熙刻
本　一冊

620000 – 1101 – 0014828　1855
唐賢三昧集三卷　（清）王士禛輯　清康熙刻
本　一冊

620000 – 1101 – 0014829　831.41/11.43
唐賢三昧集三卷　（清）王士禛輯　（清）吳煊
　（清）胡棠輯注　（清）黃培芳評　清嘉慶十
年(1805)廣州聽雨齋刻朱墨套印本　三冊

620000 – 1101 – 0014830　831.41/11.43
唐賢三昧集三卷　（清）王士禛輯　（清）吳煊

（清）胡棠輯注 （清）黃培芳評 清嘉慶十年(1805)廣州聽雨齋刻朱墨套印本 一冊 存一卷(下)

620000－1101－0014831　222/683

唐玄奘法師八識規矩母頌一卷八識總論頌一卷 （清）釋性起論釋 （清）釋善漳等錄 清光緒三年(1877)刻本 二冊

620000－1101－0014832　1404

唐雅八卷 （明）胡纘宗輯 明嘉靖二十八年(1549)文斗山堂刻清遞修本 八冊

620000－1101－0014833　1856

唐雅八卷 （明）胡纘宗輯 明嘉靖二十八年(1549)文斗山堂刻清遞修本 二冊 存六卷(一至六)

620000－1101－0014834　2702

唐雅八卷 （明）胡纘宗輯 明嘉靖二十八年(1549)文斗山堂刻清遞修本 三冊 存五卷(一至三、七至八)

620000－1101－0014835　2703

唐雅八卷 （明）胡纘宗輯 明嘉靖二十八年(1549)文斗山堂刻清遞修本 四冊

620000－1101－0014836　2696

唐雅八卷 （明）胡纘宗輯 明嘉靖二十八年(1549)文斗山堂刻清遞修本 四冊

620000－1101－0014837　4436

唐雅八卷 （明）胡纘宗輯 明嘉靖二十八年(1549)文斗山堂刻清遞修本 四冊

620000－1101－0014838　2502

唐雅八卷 （明）胡纘宗輯 明嘉靖二十八年(1549)文斗山堂刻清遞修本 四冊

620000－1101－0014839　857.14/118

唐語林八卷 （宋）王讜撰 清道光二十六年(1846)宏道書院刻惜陰軒叢書本 四冊

620000－1101－0014840　857.14/118

唐語林八卷 （宋）王讜撰 清道光二十六年(1846)宏道書院刻惜陰軒叢書本 四冊

620000－1101－0014841　857.14/118

唐語林八卷 （宋）王讜撰 清道光二十六年(1846)宏道書院刻惜陰軒叢書本 一冊 存二卷(七至八)

620000－1101－0014842　802.44/859

唐韵考五卷 （清）紀容舒撰 清光緒五年(1879)王氏謙德堂刻畿輔叢書本 二冊

620000－1101－0014843　794.5/262

唐昭陵石蹟考略五卷 （清）林侗撰 清刻本 一冊

620000－1101－0014844　3351

唐中興閒氣集二卷 （唐）高仲武輯 清光緒費氏影宋刻本 一冊

620000－1101－0014845　585.8/252

棠陰比事一卷 （宋）桂萬榮撰 清同治六年(1867)木樨山房木活字印本 二冊

620000－1101－0014846　585.8/252.001

棠陰比事一卷 （宋）桂萬榮撰 清光緒三十年(1904)刻本 一冊

620000－1101－0014847　2034

倘湖樵書十二卷 （清）來集之撰 清康熙二十一年(1682)來氏倘湖小筑刻本 十二冊

620000－1101－0014848　647

癹甫五嶽集二十卷 （清）桑調元撰 清乾隆修汲堂刻本 一冊

620000－1101－0014849　323.78/113

弢園經學輯存三種五卷 （清）王韜撰 清光緒十五年(1889)石印本 一冊 存二種二卷(春秋日食辨正一卷、春秋朔至表一卷)

620000－1101－0014850　997.12/378

韜略元機八卷 （宋）陳希夷著 清嘉慶六年(1801)耕經堂刻本 三冊

620000－1101－0014851　794.2/654

匋齋藏石記四十四卷匋齋藏甎記二卷 （清）端方撰 清宣統元年(1909)石印本 十二冊

620000－1101－0014852　794.2/654

匋齋藏石記四十四卷匋齋藏甎記二卷 （清）端方撰 清宣統元年(1909)石印本 十二冊

620000 – 1101 – 0014853　3797

洮陽詩集五種十四卷　（清）□□輯　清乾
隆、道光刻本　六冊

620000 – 1101 – 0014854　567.3/0.752

洮州撫番廳賦役全書不分卷　（清）□□編
清咸豐三年(1853)刻本　二冊

620000 – 1101 – 0014855　671.65/137.79

洮州廳地理調查表式一卷　（清）張彥篤輯
清宣統元年(1909)抄本　一冊

620000 – 1101 – 0014856　997.11/542

桃花泉弈譜二卷　（清）范世勛編　清晚期刻
本　二冊

620000 – 1101 – 0014857　1971

桃花扇傳奇二卷四十齣　（清）孔尚任撰　清
乾隆刻本　四冊

620000 – 1101 – 0014858　3040

桃花扇傳奇二卷四十齣　（清）孔尚任撰　清
乾隆刻本　四冊

620000 – 1101 – 0014859　853.62/370.001

桃花扇傳奇四卷　（清）孔尚任撰　清晚期刻
本　四冊

620000 – 1101 – 0014860　853.62/370

桃花扇傳奇四卷首一卷　（清）孔尚任撰　清
光緒三十三年(1907)蘭雪堂刻本　五冊

620000 – 1101 – 0014861　853.672/370.004

桃花扇四卷首一卷　（清）孔尚任撰　清光緒
二十一年(1895)蘭雪堂刻本　五冊

620000 – 1101 – 0014862　853.677/171

桃谿雪二卷　（清）黃燮清填詞　（清）瞿傳鼎
正譜　清光緒元年(1875)刻本　一冊

620000 – 1101 – 0014863　853.677/171.001

桃谿雪二卷　（清）黃燮清填詞　（清）瞿傳鼎
（清）余炘正譜　清道光二十七年(1847)刻
本　四冊

620000 – 1101 – 0014864　413.32/6.339

陶節菴傷寒全生集四卷　（明）陶華撰　清嘉
慶眉壽堂刻本　四冊

620000 – 1101 – 0014865　1979

陶靖節詩集四卷　（晉）陶潛撰　（清）蔣薰評
閱　**東坡和陶詩一卷**　（宋）蘇軾撰　**律陶一
卷**　（明）王思任輯　**敦好齋律陶纂一卷**
(明)黃槐開輯　清康熙同文山房刻本　二冊

620000 – 1101 – 0014866　847.7/482.7

陶甕詩鈔八卷　（清）羅信南撰　清光緒十八
年(1892)武昌刻本　三冊　存六卷(一至四、
七至八)

620000 – 1101 – 0014867　856.28/11.1

陶廬箋牘四卷　王樹枏撰　清光緒至民國初
新城王氏刻本　一冊　存二卷(一至二)

620000 – 1101 – 0014868　856.28/11.1

陶廬箋牘四卷　王樹枏撰　清光緒至民國初
新城王氏刻本　一冊

620000 – 1101 – 0014869　847.8/116

陶廬箋牘四卷　王樹枏撰　清光緒至民國初
新城王氏刻本　二冊

620000 – 1101 – 0014870　847.8/116

陶廬箋牘四卷　王樹枏撰　清光緒至民國初
新城王氏刻本　一冊　存二卷(一至二)

620000 – 1101 – 0014871　856.28/111

陶廬箋牘四卷　王樹枏撰　清光緒至民國初
新城王氏刻本　二冊

620000 – 1101 – 0014872　856.28/111

陶廬箋牘四卷　王樹枏撰　清光緒至民國初
新城王氏刻本　二冊

620000 – 1101 – 0014873　856.28/111

陶廬箋牘四卷　王樹枏撰　清光緒至民國初
新城王氏刻本　一冊　存二卷(三至四)

620000 – 1101 – 0014874　856.28/111

陶廬箋牘四卷　王樹枏撰　清光緒至民國初
新城王氏刻本　二冊

620000 – 1101 – 0014875　856.28/111

陶廬箋牘四卷　王樹枏撰　清光緒至民國初
新城王氏刻本　二冊

620000 – 1101 – 0014876　856.28/111

陶廬箋牘四卷　王樹枬撰　清光緒至民國初
新城王氏刻本　二册

620000－1101－0014877　856.28/111
陶廬箋牘四卷　王樹枬撰　清光緒至民國初
新城王氏刻本　一册

620000－1101－0014878　847.8/116
陶廬文集二卷　王樹枬撰　清光緒至民國初
新城王氏刻本　一册

620000－1101－0014879　847.8/116
陶廬文集二卷　王樹枬撰　清光緒至民國初
新城王氏刻本　一册

620000－1101－0014880　847.8/116
陶廬文集二卷　王樹枬撰　清光緒至民國初
新城王氏刻本　一册

620000－1101－0014881　847.8/116
陶廬文集二卷　王樹枬撰　清光緒至民國初
新城王氏刻本　一册

620000－1101－0014882　847.8/116
陶廬文集二卷　王樹枬撰　清光緒至民國初
新城王氏刻本　一册

620000－1101－0014883　847.8/116
陶廬文集二卷　王樹枬撰　清光緒至民國初
新城王氏刻本　一册

620000－1101－0014884　847.8/116
陶廬文集二卷　王樹枬撰　清光緒至民國初
新城王氏刻本　一册

620000－1101－0014885　847.8/116
陶廬文集二卷　王樹枬撰　清光緒至民國初
新城王氏刻本　一册

620000－1101－0014886　847.8/116
陶廬文集二卷　王樹枬撰　清光緒至民國初
新城王氏刻本　一册

620000－1101－0014887　821.8/738
陶詩彙評四卷東坡和陶合箋四卷　（清）溫汝
能纂訂　清宣統元年（1909）掃葉山房石印本
四册

620000－1101－0014888　847.8/648
陶堂志微錄五卷遺文一卷恤誦一卷形景盦三
漢碑趺一卷　（清）高心夔編　（清）李鴻裔删
定　清光緒八年（1882）平湖朱氏經注經齋刻
本　二册　存五卷（陶堂志微錄五卷）

620000－1101－0014889　330
陶文簡公集十三卷功臣傳草一卷　（明）陶望
齡撰　明天啓六年（1626）陶履中筠陽道院刻
本　六册　存九卷（一至九）

620000－1101－0014890　847.2/399
陶文毅公全集六十四卷首一卷末一卷　（清）
陶澍撰　清道光二十年（1840）刻本　二十
四册

620000－1101－0014891　847.2/399
陶文毅公全集六十四卷首一卷末一卷　（清）
陶澍撰　清道光二十年（1840）刻本　十三册

620000－1101－0014892　847.2/399
陶文毅公全集六十四卷首一卷末一卷　（清）
陶澍撰　清道光二十年（1840）刻本　十二册
存三十五卷（三十一至六十四、末一卷）

620000－1101－0014893　1172
陶淵明集十卷　（晉）陶潛撰　清光緒二年
（1876）桐城徐椒岑刻本　四册

620000－1101－0014894　3967
陶淵明全集四卷　（晉）陶潛撰　明白鹿齋刻
本　一册

620000－1101－0014895　843.2/399.002
陶淵明文集十卷　（晉）陶潛撰　清同治二年
（1863）何氏篤慶堂刻本　二册

620000－1101－0014896　843.2/399.002
陶淵明文集十卷　（晉）陶潛撰　清同治二年
（1863）何氏篤慶堂刻本　一册

620000－1101－0014897　843.2/399.003
陶淵明文集十卷　（晉）陶潛撰　清光緒五年
（1879）刻本　二册

620000－1101－0014898　843.2/399.004
陶淵明文集十卷　（晉）陶潛撰　清宣統元年

（1909）上海著易堂石印本 四冊

620000－1101－0014899 843.2/399.005

陶淵明文集十卷 （晉）陶潛撰 清晚期刻本
四冊

620000－1101－0014900 846.8/399

陶元暉中丞遺集二卷首一卷 （明）陶朗先撰
清光緒二十四年（1898）蘭州書局鉛印本
一冊

620000－1101－0014901 793.7/654

陶齋吉金錄八卷續錄二卷補遺一卷 （清）端
方輯 清光緒三十四年（1908）金陵石印本
八冊

620000－1101－0014902 793.7/654

陶齋吉金錄八卷續錄二卷補遺一卷 （清）端
方輯 清光緒三十四年（1908）有正書局石印
本 十冊 存十卷（陶齋吉金錄八卷、續錄二
卷）

620000－1101－0014903 793.7/654

陶齋吉金錄八卷續錄二卷補遺一卷 （清）端
方輯 清光緒三十四年（1908）有正書局石印
本 八冊 存八卷（陶齋吉金錄八卷）

620000－1101－0014904 573.332/178.1881

特恩保舉錄一卷 （明）□□編 清晚期刻本
一冊

620000－1101－0014905 840.75/384

藤阿吟稿四卷 （清）陳鴻熙撰 清嘉慶二十
五年（1820）刻本 四冊

620000－1101－0014906 856.7/378

藤華館試帖十卷 （清）陳模著 清道光二十
一年（1841）陝西宜君縣署刻本 四冊

620000－1101－0014907 847.7/56

藤香館詩刪存四卷詞刪存二卷 （清）薛時雨
撰 清光緒五年（1879）刻本 五冊

620000－1101－0014908 847.4/211

藤陰雜記十二卷 （清）戴璐撰 清光緒三年
（1877）刻本 二冊

620000－1101－0014909 802.44/283

剔弊廣增分韻五方元音二卷首一卷 （清）樊
騰鳳著 （清）趙培梓編 清光緒四年（1878）
三聖堂刻本 一冊 存一卷（二）

620000－1101－0014910 414.8/0.653

剔揀良方不分卷 （清）□□輯 清末抄本
一冊

620000－1101－0014911 653.78/0.299

提調總纂纂修補缺官檔一卷 （清）□□編
清末抄本 二冊

620000－1101－0014912 589.8/205

提牢備考二卷 （清）趙舒翹編 清光緒十一
年（1885）刻本 一冊

620000－1101－0014913 3213

題名碑錄不分卷 （清）李周望等輯 清乾隆
刻本 十冊

620000－1101－0014914 830.77/68

題詠集錄二卷 （清）恒保輯 清同治八年
（1869）刻本 二冊

620000－1101－0014915 528.934/123

體操法五卷附圖一卷 （德國）瑞乃爾譯
（清）蕭誦芬筆述 清光緒二十七年（1901）掃
葉山房石印本 一冊

620000－1101－0014916 332/906

體性圖說一卷重學圖說一卷 （英國）傅蘭雅
著 清光緒十一年（1885）刻本 一冊

620000－1101－0014917 398/431

體用十章四卷 （英國）哈士烈著 （美國）嘉
約翰譯 （清）孔慶高筆述 清光緒十年
（1884）羊城博濟醫局刻本 四冊

620000－1101－0014918 235.1/713

體真山人性命要旨一卷 （清）汪啓濩撰 清
光緒十七年（1891）北學草堂刻本 一冊

620000－1101－0014919 192.9/606

愓吉錄不分卷 （清）許瑤光撰 清光緒五年
（1879）刻本 一冊

620000－1101－0014920 245/246

天道講臺三卷 （清）杜步西撰 清光緒三十

二年(1906)上海美華書館鉛印本　一冊

天道溯原三卷　（美國）丁韙良著　清宣統三年(1911)中國聖教書會鉛印本　一冊

天地冥陽水陸儀文三卷雜文四卷　（南朝梁）武帝蕭衍撰　（明）釋碧峰考訂　清刻本　二冊　存二卷(儀文三下、雜文四)

天方典禮擇要解二十卷　（清）劉智纂述　清宣統三年(1911)著易堂鉛印本　一冊　存四卷(六至九)

天方三字經不分卷　（清）劉介廉著　清道光五年(1825)還淳堂刻本　一冊

天方三字經註解淺說不分卷　（清）劉介廉著　（清）袁景初注　清宣統二年(1910)清真保粹書莊鉛印本　一冊

天方性理圖傳五卷首一卷　（清）劉智纂述　清同治十年(1871)刻本　六冊

天方性理圖傳五卷首一卷　（清）劉智纂述　清同治十年(1871)刻本　四冊　存四卷(二至五)

天方性理五卷首一卷　（清）劉智纂　清同治五年(1866)京江談氏刻本　六冊

天方性理五卷首一卷　（清）劉智纂　清同治五年(1866)京江談氏刻本　六冊

天方至聖實錄二十卷首一卷　（清）劉介廉著　清道光七年(1827)刻本　十冊

天方至聖實錄二十卷首一卷　（清）劉介廉著

清道光七年(1827)刻本　九冊　存十九卷(一至十四、十七至二十,首一卷)

天蓋樓四書語錄四十六卷　（清）呂留良撰　（清）周在延輯　清康熙刻本　二十四冊

天花精言六卷　（清）袁句撰　清道光五年(1825)心遠堂刻本　二冊

天鑒堂一集二卷首一卷　（清）沈近思著　清光緒二十五年(1899)刻本　一冊

天津五處兩等官小學堂試辦章程一卷京師勸學所試辦章程一卷直隸高等農業學堂章程一卷天津初等工業學堂試辦簡章一卷北洋醫學堂現行章程一卷　（清）□□編　清光緒刻本　一冊

天籟集一卷　（清）鄭旭旦輯　清同治元年(1862)刻本　一冊

天祿閣外史八卷　（漢）黃憲撰　清乾隆五十六年(1791)王氏刻增訂漢魏叢書本　二冊　存五卷(二至六)

天祿閣外史八卷　（漢）黃憲撰　清光緒二年(1876)紅杏山房刻增訂漢魏叢書本　三冊

天馬山房詩別錄一卷　（清）汪巽東撰　清咸豐二年(1852)刻本　一冊

天目中峰和尚廣錄三十卷　（元）釋明本撰　清光緒七年(1881)姑蘇刻經處刻本　六冊

天壤閣叢書二十四種六十二卷　（清）王懿榮輯　清同治元年至光緒十年(1862 - 1884)福山王氏天壤閣刻本　二十冊　存十二種三十

九卷(麟角集一卷、附錄一卷,求雨篇一卷,爾雅直音上,弟子職正音一卷,急就篇一至二,說文逸字二卷、附錄一卷,說文聲韻讀表一至二,古今韻考四卷、附記一卷,切韻一卷,疑年錄四卷,聲調三譜十一卷,明刑弼教錄六卷)

620000 – 1101 – 0014942　413.1/164

天人解一卷六氣解一卷　(清)黃元御撰　清光緒二十九年(1903)慶恕刻本　一冊

620000 – 1101 – 0014943　847.5/424

天山賦一卷　(清)歐陽鎰撰　(清)邵華清注　清嘉慶三年(1798)刻本　一冊

620000 – 1101 – 0014944　689.61/720

天山客話一卷　(清)洪亮吉著　清光緒王氏鉛印本　一冊

620000 – 1101 – 0014945　246.2/754

天神會課不分卷　(清)潘國光述　清咸豐十一年(1861)上海慈母堂刻本　一冊

620000 – 1101 – 0014946　310.22/719

天算策學通纂十卷　(清)江衡撰　清光緒十四年(1888)上海積山書局石印本　三冊

620000 – 1101 – 0014947　845.24/255

天台前集三卷別編一卷拾遺一卷天台續集三卷拾遺一卷別編六卷　(宋)李庚　(宋)林師蒧輯　清光緒二十四年(1898)翁氏刻本　一冊　存三卷(天台續集別編一至三)

620000 – 1101 – 0014948　830/291

天台前集三卷別編一卷拾遺一卷天台續集三卷拾遺一卷別編六卷　(宋)李庚　(宋)林師蒧輯　清光緒二十四年(1898)翁氏刻本　一冊　存五卷(前集三卷、別編一卷、拾遺一卷)

620000 – 1101 – 0014949　2301

天童寺志十卷首一卷　(清)釋德介纂　清康熙刻嘉慶重修本　四冊

620000 – 1101 – 0014950　2302

天童寺志十卷首一卷　(清)釋德介纂　清康熙刻嘉慶重修本　四冊

620000 – 1101 – 0014951　2303

天童寺志十卷首一卷　(清)釋德介纂　清康熙刻嘉慶重修本　四冊

620000 – 1101 – 0014952　4597

天童寺志十卷首一卷　(清)釋德介纂　清康熙刻嘉慶重修本　四冊

620000 – 1101 – 0014953　847.7/629

天外歸帆草一卷　(清)斌椿撰　清同治七年(1868)刻本　一冊

620000 – 1101 – 0014954　321/208

天文初階九章　(美國)赫士口譯　(清)劉榮桂筆述　清光緒二十四年(1898)上海美華書館鉛印本　一冊

620000 – 1101 – 0014955　324/504.001

天文歌略一卷　葉瀾著　清末刻本　一冊

620000 – 1101 – 0014956　324/504

天文歌略一卷地學歌略一卷　葉瀾著　清光緒二十五年(1899)甘肅學署刻本　二冊

620000 – 1101 – 0014957　324/504

天文歌略一卷地學歌略一卷　葉瀾著　清光緒二十五年(1899)甘肅學署刻本　二冊

620000 – 1101 – 0014958　562

天文會通占三十三卷　(□)□□撰　明抄本(卷一配清抄本)　二十冊

620000 – 1101 – 0014959　320/208

天文揭要二卷　(美國)赫士口譯　(清)周文源筆述　清光緒二十二年(1896)上海美華書館鉛印本　二冊

620000 – 1101 – 0014960　320/208

天文揭要二卷　(美國)赫士口譯　(清)周文源筆述　清光緒二十二年(1896)上海美華書館鉛印本　二冊

620000 – 1101 – 0014961　292/378

天文算學纂要二十卷首一卷　(清)陳松撰　清光緒十四年(1888)刻本　十三冊　存十三卷(五至六、八至十八)

620000 – 1101 – 0014962　292/378

天文算學纂要二十卷首一卷推測易知四卷國

朝萬年書二卷 （清）陳松撰 清光緒十四年
(1888)刻本 二十四冊

620000－1101－0014963 320/906

天文須知一卷 （英國）傅蘭雅著 清光緒十
三年(1887)刻本 一冊

620000－1101－0014964 4509

天文璇璣秘籔二十四卷 （清）項高集覽 清
抄本 四冊

620000－1101－0014965 916.1102/667

天聞閣琴譜十六卷首三卷 （清）唐彝銘纂集
清光緒二年(1876)成都葉宗祺刻本 二冊
存三卷(十三至十四、首一)

620000－1101－0014966 835/987

天下才子必讀書十五卷末一卷 （清）金人瑞
評 清敦化堂刻本 八冊

620000－1101－0014967 669.1/526

天下郡國利病書詳節十八卷 （清）顧炎武撰
（清）蔣錫祉編輯 清光緒二十八年(1902)
紹文石印書局石印本 一冊 存一卷(一)

620000－1101－0014968 669.1/966.003

天下郡國利病書一百二十卷 （清）顧炎武輯
清嘉慶十六年(1811)敷文閣木活字印本
六十一冊 存一百十四卷(一至一百十四)

620000－1101－0014969 669.1/966.004

天下郡國利病書一百二十卷 （清）顧炎武輯
清道光十一年(1831)敷文閣刻本 四十冊

620000－1101－0014970 669.1/966.004

天下郡國利病書一百二十卷 （清）顧炎武輯
清道光十一年(1831)敷文閣刻本 六十
六冊

620000－1101－0014971 669.1/966.004

天下郡國利病書一百二十卷 （清）顧炎武輯
清道光十一年(1831)敷文閣刻本 二十冊
存三十四卷(二十一至二十二、二十四至二
十六、二十八至三十四、八十一至一百二)

620000－1101－0014972 669.1/966.004

天下郡國利病書一百二十卷 （清）顧炎武輯

清道光十一年(1831)敷文閣刻本 十冊
存十一卷(一至六、一百十五至一百十七、一
百十九至一百二十)

620000－1101－0014973 669.1/966.002

天下郡國利病書一百二十卷 （清）顧炎武輯
清道光十一年(1831)敷文閣刻光緒五年
(1879)蜀南桐華書屋薛氏家塾補刻本 五十
六冊

620000－1101－0014974 669.1/966

天下郡國利病書一百二十卷 （清）顧炎武輯
清道光敷文閣刻本 一百二十一冊

620000－1101－0014975 669.1/966

天下郡國利病書一百二十卷 （清）顧炎武輯
清道光敷文閣刻本 五十三冊

620000－1101－0014976 669.1/966.001

天下郡國利病書一百二十卷 （清）顧炎武輯
清光緒二十七年(1901)上海圖書集成局鉛
印本 二十八冊

620000－1101－0014977 669.1/966.001

天下郡國利病書一百二十卷 （清）顧炎武輯
清光緒二十七年(1901)上海圖書集成局鉛
印本 五冊 存二十一卷(二十九至三十六、
四十至五十二)

620000－1101－0014978 669.1/966.001

天下郡國利病書一百二十卷 （清）顧炎武輯
清光緒二十七年(1901)上海圖書集成局鉛
印本 二十八冊

620000－1101－0014979 669.1/966.005

天下郡國利病書一百二十卷 （清）顧炎武輯
清末石印本 二十一冊 存一百四卷(十
一至九十五、一百二至一百二十)

620000－1101－0014980 669.1/966.005

天下郡國利病書一百二十卷 （清）顧炎武輯
清末石印本 二十二冊 存一百十五卷
(五至一百十九)

620000－1101－0014981 683.024/749

天下名山圖詠四卷 （清）沈錫齡輯 清光緒

二十一年(1895)石印本　四冊

620000－1101－0014982　1930

天下山河兩戒考十四卷圖一卷　(清)徐文靖
注　清雍正元年(1723)江南學政署刻本
四冊

620000－1101－0014983　324/952.001

天下山河兩戒考十四卷圖一卷　(清)徐文靖
注　清光緒二年(1876)刻本　五冊

620000－1101－0014984　667/952

天下山河兩戒考十四卷圖一卷　(清)徐文靖
注　清光緒二年(1876)刻本　五冊

620000－1101－0014985　710/286

**天下五洲各大國志要一卷列國變通興盛記四
卷歐洲八大帝王傳一卷**　(英國)李提摩太著
　(清)鑄鐵生述　清光緒十八年(1892)上海
廣學會鉛印本　一冊　存一卷(各大國志要
一卷)

620000－1101－0014986　710/286

**天下五洲各大國志要一卷列國變通興盛記四
卷歐洲八大帝王傳一卷**　(英國)李提摩太著
　(清)鑄鐵生述　清光緒十八年(1892)上海
廣學會鉛印本　一冊

620000－1101－0014987　592.08/581

**天下沿海形勢錄一卷圖一卷塞外行軍指掌一
卷**　(清)澼絖道人輯　清咸豐三年(1853)侯
官林氏銅活字印水陸攻守戰略秘書本　一冊

620000－1101－0014988　328

天下一統志九十卷　(明)李賢等纂修　明萬
壽堂刻清印本　三十冊　存六十五卷(一至
二十三、四十九至九十)

620000－1101－0014989　328

天下一統志九十卷　(明)李賢等纂修　清文
林閣刻本　三十冊　存十九卷(一至十二、六
十一至六十五、六十九至七十)

620000－1101－0014990　235.5/908

天仙正理直論增註不分卷　(明)伍守陽撰並
注　清嘉慶九年(1804)刻本　二冊

620000－1101－0014991　802.831/737

天學入門二卷　(清)測隱居士撰輯　清光緒
二十八年(1902)刻本　一冊

620000－1101－0014992　144.69/208.01

天演論二卷　(英國)赫胥黎撰　嚴復學　清
光緒刻本　二冊

620000－1101－0014993　018.874/530

天一閣見存書目四卷首一卷末一卷　(清)薛
福成編　清光緒十五年(1889)無錫薛氏刻本
　四冊

620000－1101－0014994　018.874/530

天一閣見存書目四卷首一卷末一卷　(清)薛
福成編　清光緒十五年(1889)無錫薛氏刻本
　一冊　存一卷(末一卷)

620000－1101－0014995　018.874/53.37

天一閣書目四卷補遺一卷　(清)阮元　(清)
范邦甸等撰　附碑目一卷　(清)錢大昕編
續編一卷　(清)范懋敏編　清嘉慶十三年
(1808)文選樓刻本　八冊　存四卷(書目四
卷)

620000－1101－0014996　847.1/61

天愚山人詩文集二十八卷附錄一卷　(清)謝
泰宗著　清光緒六年(1880)靈蕤館刻本
八冊

620000－1101－0014997　857.5/399

天雨花三十回　(清)陶貞懷撰　清道光二十
一年(1841)刻本　三十冊

620000－1101－0014998　858.51/399

天雨花三十回　(清)陶貞懷撰　清末刻本
十七冊　存二十三回(二至三、五至十一、十
三、十六至十九、二十一至二十三、二十五至
三十)

620000－1101－0014999　290/526

天元五歌闡義五卷　(清)蔣大鴻撰　(清)無
心道人注　清道光可久堂刻本　一冊

620000－1101－0015000　595

天元玉曆祥異賦不分卷　(□)□□撰　明抄

本 五冊

620000 – 1101 – 0015001 596

天元玉曆祥異賦不分卷 （□）□□撰 清抄
本 十冊

620000 – 1101 – 0015002 847.8/285

天岳山館文鈔四十卷 （清）李元度撰 清光
緒六年(1880)爽谿精舍刻本 十六冊

620000 – 1101 – 0015003 847.8/285

天岳山館文鈔四十卷 （清）李元度撰 清光
緒六年(1880)爽谿精舍刻本 二十冊

620000 – 1101 – 0015004 847.8/285

天岳山館文鈔四十卷 （清）李元度撰 清光
緒六年(1880)爽谿精舍刻本 五冊 存十一
卷(一、八至十三、三十七至四十)

620000 – 1101 – 0015005 362.1/206

天擇篇十一卷 （英國）達爾文著 馬君武譯
清光緒二十九年(1903)廣智書局鉛印本
一冊

620000 – 1101 – 0015006 041/66.383

天中記五十卷 （明）陳燿文纂 清光緒四年
(1878)聽雨山房刻本 六十冊

620000 – 1101 – 0015007 245.2/794

天主實義二卷 （意大利）利瑪竇撰 清同治
七年(1868)刻本 二冊

620000 – 1101 – 0015008 532.1/91

天子肆獻裸饋食禮三卷 （清）任啓運纂 清
光緒十一年(1885)浙江書局刻本 一冊

620000 – 1101 – 0015009 532.1/91

天子肆獻裸饋食禮三卷 （清）任啓運纂 清
光緒十一年(1885)浙江書局刻本 一冊

620000 – 1101 – 0015010 847.8/680

田硯齋文集二卷 （清）褚榮槐撰 （清）褚元
升編輯 清宣統二年(1910)刻本 一冊

620000 – 1101 – 0015011 847.6/0.675

挑寫雜詩一卷 （清）□□輯 清道光十年
(1830)抄本 一冊

620000 – 1101 – 0015012 847.6/292

苕華閣詩稿一卷書苕華閣遺稿後十二首不分
卷 （清）李淑撰 清光緒二十二年(1896)梓
文閣刻本 一冊

620000 – 1101 – 0015013 573.53/0.916.001

條例□□卷 （清）刑部頒 清晚期刻本 十
冊 存六十四卷(乾隆二十一年一至六、八、
十至十一、十三、十六至十七、十九、二十二年
四至十一、十七至十九、二十四年七至十九、
二十五年一至十九、二十六年一至二、三十二
年一、三十七年一至二、三十八年一至三)

620000 – 1101 – 0015014 573.53/0.916.002

條例不分卷 （清）刑部頒 清晚期刻本
六冊

620000 – 1101 – 0015015 573.53/0.916

條例不分卷 （清）刑部頒 清晚期木活字印
本 十九冊 存嘉慶元年至十二年

620000 – 1101 – 0015016 3279

帖體類箋七卷 （清）馮堯虞等彙箋 清乾隆
四十年(1775)刻本 二冊 存三卷(一至三)

620000 – 1101 – 0015017 573.332/0.476

貼例須知一卷 （清）□□編 清光緒元年
(1875)蘭州府署刻本 一冊

620000 – 1101 – 0015018 573.332/0.476

貼例須知一卷 （清）□□編 清光緒元年
(1875)蘭州府署刻本 一冊

620000 – 1101 – 0015019 573.332/0.476

貼例須知一卷 （清）□□編 清光緒元年
(1875)蘭州府署刻本 一冊

620000 – 1101 – 0015020 014.12/719

鐵琴銅劍樓藏宋元本書目一卷 （清）瞿鏞編
（清）江標輯 清光緒二十三年(1897)元和
江氏刻本 二冊

620000 – 1101 – 0015021 833.78/218

鐵笛詞不分卷 （清）胡薇元撰 清光緒二十
七年(1901)鳬山呂氏刻本 一冊

620000 – 1101 – 0015022 2050

鐵華館叢書六種四十五卷　（清）蔣鳳藻校
清光緒九年至十一年(1883－1885)蔣鳳藻影
宋刻本　六冊

620000－1101－0015023　2051

鐵華館叢書六種四十五卷　（清）蔣鳳藻校
清光緒九年至十一年(1883－1885)蔣鳳藻影
宋刻本　六冊

620000－1101－0015024　847.7/30.92

鐵畫樓集六卷　（清）張蔭桓著　清光緒二十
三年(1897)刻本　六冊

620000－1101－0015025　847.8/307

鐵畫樓詩鈔五卷　（清）張蔭桓著　清光緒二
十三年(1897)刻本　六冊

620000－1101－0015026　444.87/795

鐵甲叢譚五卷圖一卷　（英國）黎特著　舒高
第　（清）鄭昌棪譯　清光緒江南機器製造總
局鉛印本　二冊

620000－1101－0015027　444.87/795

鐵甲叢譚五卷圖一卷　（英國）黎特著　舒高
第　（清）鄭昌棪譯　清光緒江南機器製造總
局鉛印本　二冊

620000－1101－0015028　444.87/795

鐵甲叢譚五卷圖一卷　（英國）黎特著　舒高
第　（清）鄭昌棪譯　清光緒江南機器製造總
局鉛印本　二冊

620000－1101－0015029　444.87/795

鐵甲叢譚五卷圖一卷　（英國）黎特著　舒高
第　（清）鄭昌棪譯　清光緒江南機器製造總
局鉛印本　二冊

620000－1101－0015030　444.87/795

鐵甲叢譚五卷圖一卷　（英國）黎特著　舒高
第　（清）鄭昌棪譯　清光緒江南機器製造總
局鉛印本　二冊

620000－1101－0015031　444.87/795

鐵甲叢譚五卷圖一卷　（英國）黎特著　舒高
第　（清）鄭昌棪譯　清光緒江南機器製造總
局鉛印本　二冊

620000－1101－0015032　444.87/795

鐵甲叢譚五卷圖一卷　（英國）黎特著　舒高
第　（清）鄭昌棪譯　清光緒江南機器製造總
局鉛印本　二冊

620000－1101－0015033　444.87/795

鐵甲叢譚五卷圖一卷　（英國）黎特著　舒高
第　（清）鄭昌棪譯　清光緒江南機器製造總
局鉛印本　二冊

620000－1101－0015034　444.87/795

鐵甲叢譚五卷圖一卷　（英國）黎特著　舒高
第　（清）鄭昌棪譯　清光緒江南機器製造總
局鉛印本　二冊

620000－1101－0015035　444.87/795

鐵甲叢譚五卷圖一卷　（英國）黎特著　舒高
第　（清）鄭昌棪譯　清光緒江南機器製造總
局鉛印本　一冊

620000－1101－0015036　444.87/795

鐵甲叢譚五卷圖一卷　（英國）黎特著　舒高
第　（清）鄭昌棪譯　清光緒江南機器製造總
局鉛印本　二冊

620000－1101－0015037　444.87/795

鐵甲叢譚五卷圖一卷　（英國）黎特著　舒高
第　（清）鄭昌棪譯　清光緒江南機器製造總
局鉛印本　一冊　存二卷(四至五)

620000－1101－0015038　442.4/239

鐵路紀要三卷　（美國）柯理集　（清）潘松譯
　（清）章壽彝校　清光緒二十年(1894)江南
機器製造總局刻本　一冊

620000－1101－0015039　442.4/239

鐵路紀要三卷　（美國）柯理集　（清）潘松譯
　（清）章壽彝校　清光緒二十年(1894)江南
機器製造總局刻本　一冊

620000－1101－0015040　442.4/239

鐵路紀要三卷　（美國）柯理集　（清）潘松譯
　（清）章壽彝校　清光緒二十年(1894)江南
機器製造總局刻本　一冊

620000－1101－0015041　442.4/239

鐵路紀要三卷　（美國）柯理集　（清）潘松譯　（清）章壽彝校　清光緒二十年(1894)江南機器製造總局刻本　一冊

620000－1101－0015042　442.4/239

鐵路紀要三卷　（美國）柯理集　（清）潘松譯　（清）章壽彝校　清光緒二十年(1894)江南機器製造總局刻本　一冊

620000－1101－0015043　442.4/239

鐵路紀要三卷　（美國）柯理集　（清）潘松譯　（清）章壽彝校　清光緒二十年(1894)江南機器製造總局刻本　一冊

620000－1101－0015044　442.4/239

鐵路紀要三卷　（美國）柯理集　（清）潘松譯　（清）章壽彝校　清光緒二十年(1894)江南機器製造總局刻本　一冊

620000－1101－0015045　557.24/704

鐵路運送論不分卷　（美國）安登哈特勒撰　（日本）小松謙次郎譯　陳宗蕃重譯　清宣統元年(1909)郵傳部圖書通譯局鉛印本　一冊

620000－1101－0015046　794.7/429

鐵橋漫稿十三卷　（清）嚴可均撰　清道光十八年(1838)刻本　一冊　存四卷(九至十二)

620000－1101－0015047　2695

鐵堂詩草二卷　（清）許珌撰　清乾隆五十五年(1790)蘭山書院刻本　一冊

620000－1101－0015048　3265

鐵堂詩草二卷　（清）許珌撰　清乾隆五十五年(1790)蘭山書院刻本　二冊

620000－1101－0015049　3746

鐵堂詩草二卷　（清）許珌撰　清乾隆五十五年(1790)蘭山書院刻本　二冊

620000－1101－0015050　2035

鐵網珊瑚二十卷　（明）都穆撰　清乾隆二十三年(1758)都氏刻本　六冊

620000－1101－0015051　2036

鐵網珊瑚二十卷　（明）都穆撰　清乾隆二十三年(1758)都氏刻本　八冊

620000－1101－0015052　847.5/82.10

鐵簫庵詩文集三種　（清）朱春生撰　清道光四年(1824)湯晉苑局刻本　二冊

620000－1101－0015053　784.38/182

鐵血宰相不分卷　（日本）吉川潤二郎撰　（清）錢應清　（清）丁疇隱譯　清光緒二十九年(1903)上海文明書局鉛印本　一冊

620000－1101－0015054　571.46/942

鐵血主義不分卷　（日本）德富健次郎著　（清）王鈍譯　清光緒二十九年(1903)上海商務印書館鉛印本　一冊

620000－1101－0015055　845.77/274

鐵厓三種二十六卷　（元）楊維楨著　（清）樓卜瀍注　清宣統二年(1910)上海掃葉山房石印本　十冊

620000－1101－0015056　845.77/274

鐵厓三種二十六卷　（元）楊維楨著　（清）樓卜瀍注　清宣統二年(1910)上海掃葉山房石印本　十冊

620000－1101－0015057　845.77/274

鐵厓三種二十六卷　（元）楊維楨著　（清）樓卜瀍注　清宣統二年(1910)上海掃葉山房石印本　十冊

620000－1101－0015058　845.76/26.27

鐵厓三種二十六卷　（元）楊維楨著　（清）樓卜瀍注　清宣統二年(1910)上海掃葉山房石印本　十冊

620000－1101－0015059　847.6/388

鐵園集不分卷　（清）陸璣撰　清道光二十三年(1843)刻本　一冊

620000－1101－0015060　796.6/893

鐵雲藏陶不分卷　（清）劉鐵雲編　清光緒三十年(1904)石印本　四冊

620000－1101－0015061　1953

聽松別舘印存一卷　（清）徐之元篆　清光緒四年(1878)刻鈐印本　一冊

620000－1101－0015062　847.5/30.01

聽松廬詩鈔十六卷 （清）張維屏撰 清道光刻本 五冊

620000－1101－0015063 997.11/65

聽秋軒弈譜一卷 （清）龍椒散人輯 清同治十二年(1873)刻本 一冊

620000－1101－0015064 847.5/385

聽松樓遺稿四卷附錄一卷 （清）陳爾士撰 清道光刻本 一冊

620000－1101－0015065 847.6/314.2

聽松廬駢體文鈔四卷詩話一卷 （清）張維屏撰 清道光刻本 二冊

620000－1101－0015066 1444

聽雪山房初稿一卷 （清）□□撰 清同治稿本 一冊

620000－1101－0015067 847.5/102

聽雨山房詩鈔三卷 （清）秦維嶽撰 清嘉慶、道光刻本 一冊 存二卷(一、三)

620000－1101－0015068 847.5/102

聽雨山房詩鈔三卷應制詩鈔一卷應制賦鈔一卷 （清）秦維嶽撰 清嘉慶、道光刻本 一冊 存二卷(一至二)

620000－1101－0015069 847.5/102

聽雨山房詩鈔三卷應制詩鈔一卷應制賦鈔一卷 （清）秦維嶽撰 清嘉慶、道光刻本 五冊

620000－1101－0015070 4108

亭林文集六卷 （清）顧炎武撰 清康熙潘未遂初堂刻亭林遺書本 二冊

620000－1101－0015071 847.2/964

亭林文集六卷餘集一卷 （清）顧炎武撰 清光緒三十年(1904)會稽董氏刻本 六冊 存六卷(文集一、三至六,餘集一卷)

620000－1101－0015072 847.2/964.8

亭林先生補遺十種十三卷年譜一卷救文格論一卷 （清）顧炎武撰 清光緒十一年(1885)掃葉山房刻本 八冊

620000－1101－0015073 847.2/964.6

亭林先生遺書彙輯二十三種六十三卷附錄三種四卷首一卷 （清）顧炎武撰 清光緒十四年(1888)掃葉山房刻本 二十四冊

620000－1101－0015074 3313

亭林遺書十種二十七卷 （清）顧炎武撰 清康熙潘未遂初堂刻本 二冊 存二種三卷(韻補正一卷、昌平山水記二卷)

620000－1101－0015075 4109

亭林遺書十種二十七卷 （清）顧炎武撰 清康熙潘未遂初堂刻本 九冊 存九種二十二卷(左傳杜解補正三卷、九經誤字一卷、石經考一卷、金石文字記六卷、韻補正一卷、昌平山水記二卷、譎觚十事一卷、顧氏譜系考一卷、亭林文集六卷)

620000－1101－0015076 193/676.001

庭訓格言一卷 （清）聖祖玄燁撰 （清）世宗胤禛述 （清）紀昀等纂 清光緒七年(1881)津河廣仁堂刻本 一冊

620000－1101－0015077 293.1/748

通德類情十三卷 （清）沈重華輯 清晚期刻本 八冊

620000－1101－0015078 879

通典二百卷 （唐）杜佑撰 清乾隆十二年(1747)武英殿刻本 四十冊

620000－1101－0015079 3926

通典二百卷 （唐）杜佑撰 清乾隆十二年(1747)武英殿刻本 二十七冊 存一百五十八卷(一至一百五十八)

620000－1101－0015080 573.108/10

通典二百卷 （唐）杜佑撰 清光緒浙江書局刻本 二十九冊 存二十五卷(五至十一、四十四至四十七、五十八至六十三、一百八十一至一百八十八)

620000－1101－0015081 573.108/10.001

通典二百卷 （唐）杜佑撰 清光緒木活字印本 十三冊

620000－1101－0015082 3975

通典二百卷　（唐）杜佑撰　清乾隆十二年(1747)武英殿刻本　六冊　存三十卷(一百七十一至二百)

620000－1101－0015083　573.108/10.03

通典二百卷附考證一卷　（唐）杜佑撰　通志二百卷附考證三卷　（宋）鄭樵撰　文獻通考三百四十八卷附考證三卷　（元）馬端臨撰　清光緒二十七年(1901)上海圖書集成局鉛印本　一百二十冊

620000－1101－0015084　573.108/10.002

通典二百卷附考證一卷　（唐）杜佑撰　清光緒二十七年(1901)上海圖書集成局鉛印本　十五冊　存一百八十九卷(十三至二百、考證一卷)

620000－1101－0015085　573.108/10.003

通典二百卷附考證一卷　（唐）杜佑撰　清光緒二十八年(1902)貫吾齋石印本　八冊

620000－1101－0015086　573.108/10.004

通典二百卷附考證一卷　（唐）杜佑撰　清光緒二十八年(1902)上海鴻寶書局石印本　十二冊

620000－1101－0015087　573.108/10.004

通典二百卷附考證一卷　（唐）杜佑撰　清光緒二十八年(1902)上海鴻寶書局石印本　十二冊

620000－1101－0015088　573.1/526

通典輯要二十六卷　（清）蔣麟振輯　清光緒二十八年(1902)上海編譯局石印本　十二冊

620000－1101－0015089　847.6/851

通甫類稿四卷續編二卷詩存四卷詩存之餘二卷　（清）魯一同撰　清咸豐九年(1859)刻本　三冊　存六卷(類稿四卷、續編二卷)

620000－1101－0015090　847.6/851

通甫類稿四卷續編二卷詩存四卷詩存之餘二卷　（清）魯一同撰　清咸豐九年(1859)刻本　二冊　存六卷(類稿四卷、續編二卷)

620000－1101－0015091　847.6/851

通甫類稿四卷續編二卷詩存四卷詩存之餘二卷　（清）魯一同撰　清咸豐九年(1859)刻本　四冊

620000－1101－0015092　847.6/851

通甫類稿四卷續編二卷詩存四卷詩存之餘二卷　（清）魯一同撰　清咸豐九年(1859)刻本　一冊　存六卷(詩存四卷、之餘二卷)

620000－1101－0015093　847.6/85

通甫類稿四卷續編二卷詩存四卷詩存之餘二卷　（清）魯一同著　清咸豐九年(1859)刻本　三冊　存六卷(詩存四卷、之餘二卷)

620000－1101－0015094　230/885.02

通關文二卷　（清）劉一明著　清嘉慶十七年(1812)刻本　一冊　存一卷(上)

620000－1101－0015095　585.4/0.371

通行章程六卷　（清）刑部編　清光緒三十年(1904)刻本　八冊

620000－1101－0015096　589.91/129

通行章程四卷　（清）刑部編　清光緒十三年(1887)榮祿堂刻本　四冊

620000－1101－0015097　3999

通紀彙編九卷　（清）楊本源纂輯　清初刻本　一冊　存二卷(一至二)

620000－1101－0015098　483

通鑑博論三卷　（明）朱權撰　明萬曆十四年(1586)司禮監刻本　三冊

620000－1101－0015099　610.23/118.09

通鑑答問五卷　（宋）王應麟撰　清光緒九年(1883)浙江書局刻本　二冊

620000－1101－0015100　610.23/11

通鑑答問五卷　（宋）王應麟撰　清光緒十年(1884)志古堂刻本　二冊

620000－1101－0015101　2513

通鑑地理通釋十四卷　（宋）王應麟撰　元刻明清遞修本　四冊

620000－1101－0015102　660/11

通鑑地理通釋十四卷　（宋）王應麟撰　清光

緒九年(1883)浙江書局刻本　三冊

620000－1101－0015103　660/11

通鑑地理通釋十四卷　（宋）王應麟撰　清光
緒九年(1883)浙江書局刻本　三冊

620000－1101－0015104　610.24/524

通鑑綱目分註補遺四卷附書法存疑一卷
(清)芮長恤撰　清光緒十六年(1890)溧陽繆
氏小岥山館刻本　四冊

620000－1101－0015105　610.24/524

通鑑綱目分註補遺四卷附書法存疑一卷
(清)芮長恤撰　清光緒十六年(1890)溧陽繆
氏小岥山館刻本　四冊

620000－1101－0015106　4594

通鑑綱目釋地補註六卷　（清）張庚撰　清乾
隆刻本　一冊

620000－1101－0015107　4594

通鑑綱目釋地糾繆六卷　（清）張庚撰　清乾
隆刻本　一冊

620000－1101－0015108　4020

通鑑紀事本末八十卷　（清）谷應泰撰　清順
治十五年(1658)刻本　二十冊

620000－1101－0015109　882

通鑑紀事本末二百三十九卷　（宋）袁樞撰
(明)張溥論正　明末正雅堂刻本　四十八冊

620000－1101－0015110　1689

通鑑紀事本末二百三十九卷　（宋）袁樞撰
(明)張溥論正　明末正雅堂刻本　十一冊
存五十八卷(七十六至一百三十三)

620000－1101－0015111　4021

通鑑紀事本末二百三十九卷　（宋）袁樞撰
(明)張溥論正　明末正雅堂刻清康熙二十四
年(1685)重修本　四十五冊　存一百八十一
卷(一至七十五、一百三十四至二百三十九)

620000－1101－0015112　610.3/386

通鑑紀事本末二百三十九卷　（宋）袁樞編輯
　（明）張溥論正　清光緒十四年(1888)鉛印
本　二十四冊

620000－1101－0015113　610.3/186

通鑑紀事本末二百三十九卷　（宋）袁樞編輯
　(明)張溥論正　清光緒二十一年(1895)上
海稷山書局石印本　一冊　存八卷(八十五
至九十二)

620000－1101－0015114　5

通鑑紀事本末四十二卷　（宋）袁樞撰　宋寶
祐五年(1257)趙與□刻本　一冊　存一卷
(卷二十六之葉九、四十)

620000－1101－0015115　1710

通鑑紀事本末四十二卷　（宋）袁樞撰　明萬
曆三十四年(1606)黃吉士刻本(卷一係清乾
隆二十六年秦滋補抄)　三十一冊　存三十
一卷(一至十一、二十一至二十六、二十八至
三十一、三十三至四十二)

620000－1101－0015116　610.23/303.6

通鑑考異三十卷　（宋）司馬光編集　（清）胡
元常審校　**資治通鑑釋例一卷**　（宋）司馬光
撰　**資治通鑑問疑一卷**　（宋）劉義仲纂輯
清光緒十年(1884)楊氏刻本　十冊

620000－1101－0015117　470

通鑑前編十八卷舉要二卷　（宋）金履祥撰
首一卷　（明）陳桱撰　明末刻本　十冊

620000－1101－0015118　239

通鑑釋文辯誤十二卷　（元）胡三省撰　明陳
仁錫刻本　四冊

620000－1101－0015119　610.23/214

通鑑釋文辯誤十二卷　（元）胡三省撰　清光
緒十六年(1890)積山書局石印本　一冊

620000－1101－0015120　610.23/214

通鑑釋文辯誤十二卷　（元）胡三省撰　清光
緒二十八年(1902)積山書局石印本　一冊

620000－1101－0015121　610.23/214.001

通鑑釋文辯誤十二卷　（元）胡三省輯著　清
晚期刻本　二冊

620000－1101－0015122　265

通鑑總類二十卷　（宋）沈樞輯　明萬曆二十

三年(1595)孫隆刻本 四十冊

620000-1101-0015123 558.58/752

通商各關華洋貿易總冊(光緒三十四年)不分卷 (清)駐滬通商海關造冊處譯 清宣統元年(1909)駐滬通商海關造冊處鉛印本 一冊

620000-1101-0015124 578.28/1882

通商各國條約不分卷 (清)總理各國事務衙門編 清晚期鉛印本 十六冊

620000-1101-0015125 578.28/581

通商條約章程成案彙編三十卷 (清)北洋洋務局編 清光緒石印本 十二冊

620000-1101-0015126 578.28/581

通商條約章程成案彙編三十卷 (清)北洋洋務局編 清光緒石印本 十二冊

620000-1101-0015127 2006

通俗編三十八卷 (清)翟灝編 清乾隆十六年(1751)翟氏無不宜齋刻武林竹簡齋印本 十二冊

620000-1101-0015128 3337

通俗編三十八卷 (清)翟灝編 清乾隆十六年(1751)翟氏無不宜齋刻武林竹簡齋印本 四冊

620000-1101-0015129 671.65/213.785

通渭縣地理調查表不分卷 (清)張孝慈編 清宣統元年(1909)抄本 一冊

620000-1101-0015130 567.3/0.371

通渭縣賦役全書不分卷 (清)□□編 清咸豐三年(1853)刻本 三冊

620000-1101-0015131 336.75/519

通物電光四卷圖一卷 (美國)莫耳登撰 (英國)傅蘭雅口譯 (清)王季烈筆述 清光緒二十五年(1899)江南製造局刻本 一冊

620000-1101-0015132 336.75/519

通物電光四卷圖一卷 (美國)莫耳登撰 (英國)傅蘭雅口譯 (清)王季烈筆述 清光緒二十五年(1899)江南製造局刻本 一冊

620000-1101-0015133 336.75/519

通物電光四卷圖一卷 (美國)莫耳登撰 (英國)傅蘭雅口譯 (清)王季烈筆述 清光緒二十五年(1899)江南製造局刻本 一冊

620000-1101-0015134 336.75/519

通物電光四卷圖一卷 (美國)莫耳登撰 (英國)傅蘭雅口譯 (清)王季烈筆述 清光緒二十五年(1899)江南製造局刻本 一冊存四卷(通物電光四卷)

620000-1101-0015135 336.75/519

通物電光四卷圖一卷 (美國)莫耳登撰 (英國)傅蘭雅口譯 (清)王季烈筆述 清光緒二十五年(1899)江南製造局刻本 一冊

620000-1101-0015136 336.75/519

通物電光四卷圖一卷 (美國)莫耳登撰 (英國)傅蘭雅口譯 (清)王季烈筆述 清光緒二十五年(1899)江南製造局刻本 一冊

620000-1101-0015137 336.75/519

通物電光四卷圖一卷 (美國)莫耳登撰 (英國)傅蘭雅口譯 (清)王季烈筆述 清光緒二十五年(1899)江南製造局刻本 一冊

620000-1101-0015138 336.75/519

通物電光四卷圖一卷 (美國)莫耳登撰 (英國)傅蘭雅口譯 (清)王季烈筆述 清光緒二十五年(1899)江南製造局刻本 一冊

620000-1101-0015139 336.75/519

通物電光四卷圖一卷 (美國)莫耳登撰 (英國)傅蘭雅口譯 (清)王季烈筆述 清光緒二十五年(1899)江南製造局刻本 一冊

620000-1101-0015140 557.6/296

通信要錄十三章 (日本)坂野鐵次郎著 方兆鰲譯 清宣統元年(1909)郵傳部圖書通譯局刻本 二冊

620000-1101-0015141 2026

通雅五十二卷首三卷 (明)方以智撰 清康熙五年(1666)姚文燮浮山此藏軒刻本 十六冊

620000-1101-0015142 3842

通雅五十二卷首三卷 （明）方以智撰 清康熙五年(1666)姚文燮浮山此藏軒刻本 十六冊

620000 – 1101 – 0015143　071.68/62

通雅五十二卷首三卷 （明）方以智撰 清光緒六年(1880)刻本 十六冊

620000 – 1101 – 0015144　847.9/339

通雅齋叢稿八卷 成本璞撰 清宣統元年(1909)武林刻本 四冊

620000 – 1101 – 0015145　847.9/339

通雅齋叢稿八卷 成本璞撰 清宣統元年(1909)武林刻本 四冊

620000 – 1101 – 0015146　857.47/315

通易西遊正旨分章註釋一百回 （清）張含章注 清道光十九年(1839)眉山德馨堂刻本 一冊 存一回(一)

620000 – 1101 – 0015147　847.7/994.07

通藝閣和陶集三卷樗寮詩話三卷 （清）姚椿撰 白石鈍樵禊帖詩一卷 （清）姚楗撰 清道光二十九年(1849)姚氏刻本 一冊

620000 – 1101 – 0015148　847.7/994.02

通藝閣詩錄八卷 （清）姚椿撰 清道光刻本 一冊

620000 – 1101 – 0015149　847.7/994.02

通藝閣詩錄續錄八卷 （清）姚椿撰 清咸豐刻本 一冊

620000 – 1101 – 0015150　847.7/994.01

通藝閣詩三錄八卷 （清）姚椿撰 清末刻本 一冊

620000 – 1101 – 0015151　089.75/784

通藝錄四十八卷 （清）程瑤田撰 清嘉慶刻本 十二冊 存二十一卷(禹貢三江考三卷,水地小記一卷,解字小記一卷,聲律小記一卷,九穀考四卷,釋草小記二卷,讀書求解一卷,數度小記一卷,九勢碎事一卷,釋蟲小記一卷,修辭餘鈔一卷,讓堂亦政錄一卷、嘉定贈別詩文附錄一卷,樂器三事能言一卷、補編

一卷)

620000 – 1101 – 0015152　089.75/784

通藝錄四十八卷 （清）程瑤田撰 清嘉慶刻本 十六冊

620000 – 1101 – 0015153　089.75/784

通藝錄四十八卷 （清）程瑤田撰 清嘉慶刻本 十三冊 存三十三卷(釋宮小記一卷,創物小記八卷,磬折古義一卷,溝洫疆理小記一卷,禹貢三江考三卷,水地小記一卷,解字小記一卷,聲律小記一卷,考工九穀考四卷,釋草小記二卷,讀書求解二卷,數度小記一卷,九勢碎事一卷,釋蟲小記一卷,修辭餘鈔一卷,讓堂亦政錄一卷、嘉定贈別詩文一卷附錄一卷,樂器三事能言一卷、補編一卷)

620000 – 1101 – 0015154　089.75/784

通藝錄四十八卷 （清）程瑤田撰 清嘉慶刻本 十二冊 存二十七卷(論學小記三卷、論學外篇二卷,宗法小記一卷,儀禮喪服文足徵記十卷、釋宮小記一卷、創物小記八卷、磬折古義一卷、溝洫疆理小記一卷)

620000 – 1101 – 0015155　847.6/526

通齋集五卷外集一卷 （清）蔣超伯著 清同治三年(1864)高涼郡齋刻本 一冊

620000 – 1101 – 0015156　1383

通志二百卷 （宋）鄭樵撰 清乾隆十二年(1747)武英殿刻本 一百二十四冊

620000 – 1101 – 0015157　2823

通志二百卷 （宋）鄭樵撰 清乾隆十二年(1747)武英殿刻本 一百四十冊

620000 – 1101 – 0015158　3931

通志二百卷 （宋）鄭樵撰 清乾隆十二年(1747)武英殿刻本 二冊 存八卷(六十三至七十)

620000 – 1101 – 0015159　573.1/973

通志二百卷 （宋）鄭樵撰 清光緒浙江書局刻本 六十九冊 存七十五卷(四十七至五十八、六十二至七十七、八十一、八十三、九十一至九十九、一百八、一百九下、一百十、一百

二十五至一百四十三、一百五十三、一百五十八至一百六十二、一百六十五至一百七十二)

620000－1101－0015160　573.1/973
通志二百卷　(宋)鄭樵撰　清光緒浙江書局刻本　二十冊　存九卷(一百二十九至一百三十七)

620000－1101－0015161　573.1/973.001
通志二百卷　(宋)鄭樵撰　清光緒二十八年(1902)上海鴻寶書局石印本　四十冊

620000－1101－0015162　573.1/973.002
通志二百卷　(宋)鄭樵撰　清光緒二十七年(1901)上海圖書集成局石印本　五十冊　存一百六十七卷(一至一百六十七)

620000－1101－0015163　573.1/973.004
通志二百卷　(宋)鄭樵撰　清光緒石印本一冊　存七卷(七十一至七十七)

620000－1101－0015164　2875
通志略五十二卷　(宋)鄭樵撰　明嘉靖陳宗夔刻清乾隆金匱山房印本(選舉略卷一至二、刑法略卷一係抄配)　四十冊

620000－1101－0015165　3816
通志略五十二卷　(宋)鄭樵撰　明嘉靖陳宗夔刻清乾隆金匱山房印本　二十四冊

620000－1101－0015166　3956
通志略五十二卷　(宋)鄭樵撰　明嘉靖陳宗夔刻清乾隆金匱山房印本　二十四冊

620000－1101－0015167　4283
通志略五十二卷　(宋)鄭樵撰　明嘉靖陳宗夔刻清乾隆金匱山房印本　三十二冊

620000－1101－0015168　098.1/72.861.003
通志堂經解一百四十種一千八百六十卷
(清)納蘭成德輯　清同治十二年(1873)粵東書局刻本　三冊　存五種十三卷(周易上下經說上經一卷、爻傳說二卷，詩說一卷，詩疑二卷，春秋五論一卷，春秋或問十五至二十)

620000－1101－0015169　098.1/72.861.001
通志堂經解一百四十種一千八百六十卷

(清)納蘭成德輯　清同治十二年(1873)粵東書局刻本　四百七十冊　缺四種三十二卷(尚書句解十三卷，書集傳纂疏六卷、首一卷，尚書通考十卷，王耕野先生讀書管見二卷)

620000－1101－0015170　098.1/72.861.002
通志堂經解一百四十種一千八百六十卷
(清)納蘭成德輯　清同治十二年(1873)粵東書局刻本　五百六十七冊　缺六種五十一卷(易小傳六卷，復齋易說六卷，古周易一卷，東谷鄭先生易翼傳二卷，三易備遺十卷，大學集編一卷、中庸集編一卷、論語集編十卷、孟子集編十四卷)

620000－1101－0015171　1140
通志堂經解一百四十種一千八百六十卷
(清)納蘭成德輯　清康熙成德通志堂刻本四百九十三冊　存一百二十種一千四百三十九卷(子夏易傳十一卷，易數鉤隱圖三卷、遺論九事一卷，橫渠先生易說三卷，易學一卷，紫巖居士易傳十卷，漢上易傳十一卷、周易卦圖三卷、周易叢說一卷，易璇璣三卷，周易義海撮要十二卷，易小傳六卷，復齋易說六卷，古周易一卷，周易玩辭三至十六，東谷鄭先生易翼傳二卷，三易備遺十卷，丙子學易編一卷，易學啓蒙小傳一卷、古經傳一卷，晦菴先生朱文公易說二十二至二十三，大易緝說十卷，周易輯聞一，周易傳義附錄十四卷、首一卷，學易記六至九，讀易私言一卷，俞氏易集說十三卷，周易本義附錄纂註十五卷，周易發明啓蒙翼傳三卷、外篇一卷，周易本義通釋十二卷、輯錄雲峯文集易義一卷，易纂言十二卷、首一卷，周易本義集成十二卷、首一卷，周易經傳集程朱解附錄纂注十四卷、首一卷、附一卷，易圖通變五卷，易象圖說內篇三卷、外篇三卷，大易象數鉤深圖三卷，周易參義十二卷，合訂刪補大易集義粹言八十卷，書古文訓十卷，三山拙齋林先生尚書全解四十卷，程尚書禹貢論二卷、後論一卷、山川地理圖二卷，尚書說七卷，增修東萊書說三十五卷、首一卷，書疑九卷，書集傳或問二卷，杏溪傅氏禹貢集解二卷，尚書詳解十三卷，尚書表注二卷，尚書纂傳一至二十三，書蔡氏傳旁通六

卷、尚書句解十三卷,書集傳纂疏六卷、首一卷,尚書通考十卷,王耕野先生讀書管見二卷,定正洪範集說一卷、首一卷,毛詩指說一卷,詩本義十卷,鄭氏詩譜補亡一卷,李迂仲黃實夫毛詩集解四十二卷、首一卷,毛詩名物解二十卷,詩說一卷,詩疑二卷,詩傳遺說六卷,逸齋詩補傳三十卷、篇目一卷,詩集傳名物鈔八卷,詩經疑問七卷,龍學孫公春秋經解十五卷,木訥先生春秋經筌十六卷,石林先生春秋傳二十卷,止齋先生春秋後傳十二卷,春秋集解三十卷,左氏傳說二十卷,春秋左氏傳事類始末五卷、附錄一卷,春秋提綱十卷,春秋王霸列國世紀編三卷,春秋通說十三卷,春秋集註十一卷、綱領一卷,春秋或問二十卷,春秋五論一卷,則堂先生春秋集傳詳說三十卷、綱領一卷,春秋類對賦一卷,春秋諸國統紀六卷,春秋本義三十卷、首一卷,春秋或問十卷,春秋集傳十五卷,春秋屬辭十五卷,春秋師說三卷、附錄二卷,春秋左氏傳補注十卷,春秋諸傳會通二十四卷、首一卷,春秋集傳釋義大成一至二、首一卷,新定三禮圖二十卷,東巖周禮訂義四至八十,膚齋考工記解上、禮記集說三至三十五,禮經會元四卷,太平經國之書十一卷、首一卷,夏小正戴氏傳四卷,儀禮集說十七卷,儀禮逸經傳一卷,經禮補逸九卷、附錄一卷,禮記陳氏集說補正三十八卷,孝經注解一卷,孝經大義一卷,孝經一卷,晦菴先生所定古文孝經句解一卷,南軒先生論語解十卷,論語集說十卷,南軒先生孟子說七卷,孟子集疏十四卷,孟子音義二卷,大學纂疏一卷、中庸纂疏一卷、論語纂疏十卷、孟子纂疏十四卷,大學集編一卷、中庸集編一卷、論語集編十卷、孟子集編十四卷,大學通一卷、中庸通一卷、論語通十卷、孟子通十四卷,大學章句或問通證一卷、中庸章句或問通證一卷、論語集註通證二卷、孟子集註通證二卷,大學章句纂箋一卷、大學或問纂箋一卷、中庸章句纂箋一卷、中庸或問纂箋一卷、論語集註纂箋十卷、孟子集註纂箋十四卷,四書通旨六卷,四書辨疑十五卷,大學集說啓蒙一卷、中庸集說啓蒙一卷,經典釋文三十卷,公

是先生七經小傳三卷,六經奧論六卷、首一卷,六經正誤六卷,熊先生經說七卷,十一經問對五卷,五經蠡測六卷)

620000－1101－0015172　831.76/76

同岑詩鈔十四卷　(清)曾燠輯　清道光九年(1829)刻本(樂潛堂集卷一之葉七至八、十三至二十;拜石山房集卷一之葉十九至二十、卷二之葉十五至十六;壺園集卷一之葉五至六、卷二之葉一至二、五至六、十一至十四、卷三之葉九至十、十七至十八,卷四之葉三至六;真松閣集卷二之葉十三至十四系石印補配)　六冊

620000－1101－0015173　782.17/499

同官簡錄一卷　(清)□□撰　清光緒八年(1882)抄本　一冊

620000－1101－0015174　832.7/723

同館賦鈔三十二卷　(清)法式善編　清嘉慶十七年(1812)刻本　三十二冊

620000－1101－0015175　832.7/947

同館賦續鈔十八卷　(清)徐桐輯　清光緒十六年(1890)刻本　十六冊

620000－1101－0015176　831.77/526

同人唱和詩鈔不分卷　(清)蔣一桂等撰　清同治八年(1869)蘋花小社刻本　一冊

620000－1101－0015177　3069

同人集十二卷　(清)冒襄輯　清康熙十四年(1675)如皋冒氏水繪庵刻本　十二冊

620000－1101－0015178　414.6/7.873.001

同仁堂藥目不分卷　(清)樂鳳鳴撰　清同治八年(1869)京都同仁堂刻本　一冊

620000－1101－0015179　414.6/7.873

同仁堂藥目不分卷　(清)樂鳳鳴撰　清光緒十九年(1893)京都同仁堂刻本　一冊

620000－1101－0015180　414.6/7.873.002

同仁堂藥目不分卷　(清)樂鳳鳴撰　清光緒十五年(1889)京都同仁堂刻本　一冊

620000－1101－0015181　414.6/7.873.003

同仁堂藥目不分卷　(清)樂鳳鳴撰　清光緒

三十二年(1906)京都同仁堂刻本　一冊

620000－1101－0015182　2113

同壽錄四卷　(清)項天瑞撰　清乾隆二十七年(1762)刻本　四冊

620000－1101－0015183　782.877/0.426

同續錄不分卷　(清)□□輯　清光緒六年(1880)京都琉璃廠刻本　一冊

620000－1101－0015184　2964

同菴史彙十卷　(清)蔣善輯評　清康熙三十一年(1692)思永堂刻本　八冊　存九卷(二至十)

620000－1101－0015185　3846

同菴史彙十卷　(清)蔣善輯評　清康熙三十一年(1692)思永堂刻本　十冊

620000－1101－0015186　856.1/0.426

同樂園來往信稿一卷　(□)□□撰　清晚期抄本　一冊

620000－1101－0015187　627/120.008

同治東華續錄一百卷　王先謙編　清晚期石印本　四冊　存十三卷(十五至二十七)

620000－1101－0015188　627/120.008

同治東華續錄一百卷　王先謙編　清晚期石印本　十一冊　存四十卷(四至四十三)

620000－1101－0015189　573.35/0.17.3

同治癸酉科並補甲子科甘肅省武鄉試題名錄一卷　(清)□□編　清同治十二年(1873)刻本　一冊

620000－1101－0015190　782.17/0.426.03

同治癸酉科十八省鄉試同年錄不分卷　(清)□□編　清同治十二年(1873)刻本　一冊

620000－1101－0015191　653.78/0.120

同治九年王升司詳定新案交代章程清單款式　(清)□□撰　清光緒刻本　與620000－1101－0005970合冊

620000－1101－0015192　672.15/203.11

同治上海縣志三十二卷首一卷末一卷附補遺敘錄　(清)應寶時等修　(清)俞樾　(清)

方宗誠纂　清同治十年(1871)吳門桌署刻本　十六冊

620000－1101－0015193　672.15/203.77

同治上海縣志三十二卷首一卷末一卷附補遺敘錄　(清)應寶時等修　(清)俞樾　(清)方宗誠纂　清同治十一年(1872)上海南園志局刻光緒八年(1882)補刻本　十六冊

620000－1101－0015194　672.15/103.77

同治上江兩縣志二十九卷首一卷　(清)莫祥芝　(清)甘紹盤修　(清)汪士鐸等纂　清同治十三年(1874)刻本　十二冊

620000－1101－0015195　672.15/103.77

同治上江兩縣志二十九卷首一卷　(清)莫祥芝　(清)甘紹盤修　(清)汪士鐸等纂　清同治十三年(1874)刻本　二十四冊

620000－1101－0015196　672.15/103.77

同治上江兩縣志二十九卷首一卷　(清)莫祥芝　(清)甘紹盤修　(清)汪士鐸等纂　清同治十三年(1874)刻本　十二冊

620000－1101－0015197　672.15/103.771

同治上江兩縣志二十九卷首一卷　(清)莫祥芝　(清)甘紹盤修　(清)汪士鐸等纂　清同治十三年(1874)刻光緒二年(1876)印本　十二冊

620000－1101－0015198　672.15/513.77

同治宿遷縣志十九卷　(清)李德溥修　(清)方駿謨纂　清同治十三年(1874)刻本　六冊

620000－1101－0015199　652/378

同治中興京外奏議約編八卷　(清)陳弢輯　清光緒元年(1875)篋劍囊琴之室刻本　二冊

620000－1101－0015200　652.770/378

同治中興京外奏議約編八卷　(清)陳弢輯　清光緒元年(1875)篋劍囊琴之室刻本　八冊

620000－1101－0015201　652.770/378

同治中興京外奏議約編八卷　(清)陳弢輯　清光緒元年(1875)篋劍囊琴之室刻本　八冊

620000－1101－0015202　652.770/378

同治中興京外奏議約編八卷 （清）陳弢輯
清光緒元年(1875)篋劍囊琴之室刻本 八冊

620000－1101－0015203 847.8/720.07
彤史貞孝錄不分卷續編二卷 （清）洪良品撰
清光緒二十年(1894)刻本 一冊 存二卷
(續編二卷)

620000－1101－0015204 831.7/627
桐城方氏詩輯六十七卷 （清）方于穀輯 清
嘉慶二十五年(1820)方氏刻本 二十五冊

620000－1101－0015205 121.091/43
桐城吳先生點勘諸子七種一百一卷 （清）吳
汝綸輯 清宣統二年(1910)上海衍星社鉛印
本 十一冊 存七種九十一卷(老子一卷、管
子二十四卷、墨子十六卷、莊子十卷、荀子二
十卷、韓非子一至十、太玄十卷)

620000－1101－0015206 847.8/440
桐城吳先生文集四卷詩集一卷 （清）吳汝綸
撰 清光緒三十年(1904)刻本 五冊

620000－1101－0015207 629.22/455
桐城興建考棚添設豐倉修築東鄉江壩紀略
六卷 （清）史丙榮彙刊 清道光木活字印本
一冊 存二卷(一至二)

620000－1101－0015208 847.5/285.02
桐窗殘筆二卷 （清）李元春著 清晚期刻本
一冊

620000－1101－0015209 847.5/285.01
桐窗散存二卷 （清）李元春著 清道光刻本
二冊

620000－1101－0015210 098.1/285
桐閣經義文選要九卷 （清）李元春撰 清晚
期刻本 一冊

620000－1101－0015211 847.5/285
桐閣先生文鈔十二卷首一卷 （清）李元春撰
清光緒十年(1884)同義文會刻本 十二冊

620000－1101－0015212 847.5/440
桐花閣詞一卷補遺一卷首一卷 （清）吳蘭修
撰 清宣統三年(1911)刻本 一冊

620000－1101－0015213 839.23/192
桐溪耆隱集一卷補錄一卷 （清）袁炯輯 榆
園雜興詩一卷 （清）袁振業撰 清光緒十六
年(1890)漸西村舍刻本 一冊

620000－1101－0015214 839.23/192
桐溪耆隱集一卷補錄一卷 （清）袁炯輯 清
光緒十六年(1890)漸西村舍刻本 一冊

620000－1101－0015215 945.3/102
桐陰論畫二卷首一卷附錄一卷畫訣一卷續一
卷 （清）秦祖永撰 清同治三年(1864)刻朱
墨印本 二冊

620000－1101－0015216 945.3/10
桐陰論畫二卷首一卷附錄一卷畫訣一卷續一
卷 （清）秦祖永撰 清同治三年(1864)刻朱
墨印本 一冊

620000－1101－0015217 945.3/102
桐陰論畫二卷首一卷附錄一卷畫訣一卷續一
卷二編二卷三編二卷 （清）秦祖永撰 清同
治三年至光緒八年(1864－1882)刻朱墨印本
八冊

620000－1101－0015218 802.81/0.658
童蒙必讀書十四種十五卷 （清）□□輯 清
光緒九年(1883)武昌書局刻本 三冊 存二
種二卷(千字文一卷、童歌養正一卷)

620000－1101－0015219 847.5/291
童山詩集四十二卷蠢翁詞二卷文集二十卷
（清）李調元撰 清道光五年(1825)刻本 十
冊 存四十四卷(童山詩集四十二卷、蠢翁詞
二卷)

620000－1101－0015220 097.537/0.485
銅板四書體註合講七卷 （宋）朱熹集注
(□)□□輯 清同治九年(1870)刻本 六冊

620000－1101－0015221 1643
銅鼓書堂遺槀三十二卷 （清）查禮撰 清乾
隆查氏刻本 四冊

620000－1101－0015222 2500
銅鼓書堂遺槀三十二卷 （清）查禮撰 清乾

隆查氏刻本　四冊

620000－1101－0015223　2134

銅人腧穴鍼灸圖經三卷　（宋）王惟一撰（清）姜廷梧考訂　清康熙三十九年(1700)劉錫公刻本　三冊

620000－1101－0015224　793.61/946

銅僊傳一卷　（清）徐元潤纂　清晚期刻藍印本　一冊

620000－1101－0015225　847.4/419

偸閒吟一卷附錄一卷　（清）馬紹融著　（清）李華春選　（清）宋冕評　清嘉慶十九年(1814)刻本　一冊

620000－1101－0015226　847.4/419

偸閒吟一卷附錄一卷　（清）馬紹融著　（清）李華春選　（清）宋冕評　清嘉慶十九年(1814)刻本　一冊

620000－1101－0015227　847.4/419

偸閒吟一卷附錄一卷　（清）馬紹融著　（清）李華春選　（清）宋冕評　清嘉慶十九年(1814)刻本　一冊

620000－1101－0015228　109

投筆集二卷　（清）錢謙益撰　清抄本　一冊

620000－1101－0015229　821.17/935

投筆集箋註二卷　（清）錢謙益著　（清）錢曾箋注　清宣統二年(1910)鄧氏風雨樓鉛印本　一冊

620000－1101－0015230　821.17/935

投筆集箋註二卷　（清）錢謙益著　（清）錢曾箋注　清宣統二年(1910)鄧氏風雨樓鉛印本　一冊

620000－1101－0015231　945.32/312

圖畫精意識一卷　（清）張庚著　清光緒十四年(1888)吳縣朱記榮刻槐廬叢書本　一冊

620000－1101－0015232　3224

圖繪寶鑑八卷　（元）夏文彥輯　（明）毛大倫增補　（清）藍瑛　（清）謝彬續增　清康熙借綠草堂刻本　二冊

620000－1101－0015233　3225

圖繪寶鑑八卷　（元）夏文彥輯　（明）毛大倫增補　（清）藍瑛　（清）謝彬續增　清康熙借綠草堂刻本　六冊

620000－1101－0015234　684.015301/88

圖開勝蹟六卷　（清）劉厚基編　清光緒刻本　六冊

620000－1101－0015235　573.42/191.001

圖民錄四卷　（清）袁守定著　清光緒五年(1879)江蘇書局刻本　一冊

620000－1101－0015236　185

圖書編一百二十七卷　（明）章潢輯　明萬曆四十一年(1613)涂鏡源等刻本　六十四冊

620000－1101－0015237　186

圖書編一百二十七卷　（明）章潢輯　明萬曆四十一年(1613)涂鏡源等刻天啓三年(1623)岳元聲印本　五十四冊　存一百十卷(一至四十九、五十一至六十三、六十六至七十二、八十七至一百二十七)

620000－1101－0015238　603

圖像本草蒙筌十二卷首一卷總論一卷　（明）陳嘉謨撰　明葉棐刻本　八冊

620000－1101－0015239　857.47/292.010

圖像鏡花緣二十卷　（清）李汝珍撰　清光緒十六年(1890)上海廣百宋齋鉛印本　一冊　存四卷(三至六)

620000－1101－0015240　857.47/292.011

圖像鏡花緣二十卷　（清）李汝珍撰　清光緒三十三年(1907)普新端記書局石印本　一冊　存一卷(二)

620000－1101－0015241　857.47/292.008

圖像鏡花緣全傳六卷一百回　（清）李汝珍撰　清宣統元年(1909)章福記書局石印本　一冊

620000－1101－0015242　491

圖註八十一難經八卷　（明）張世賢撰　明沈氏碧梧亭刻本　四冊　存四卷(一至四)

620000 – 1101 – 0015243　413.14/102.002

圖註八十一難經辨真四卷　(明)張世賢撰
清晚期善成堂刻本　一冊　存二卷(二至三)

620000 – 1101 – 0015244　413.14/102.001

圖註八十一難經辨真四卷　(明)張世賢撰
清晚期海清樓刻本　一冊　存一卷(一)

620000 – 1101 – 0015245　413.14/102.003

圖註八十一難經辨真四卷　(明)張世賢撰
清晚期刻本　一冊　存二卷(一至二)

620000 – 1101 – 0015246　413.14/102

圖註八十一難經辨真四卷　(明)張世賢撰
清晚期刻本　一冊　存二卷(一至二)

620000 – 1101 – 0015247　413.14/6.307.001

圖註八十一難經辨真四卷　(明)張世賢撰
清晚期刻本　二冊

620000 – 1101 – 0015248　413.14/6.307.002

圖註八十一難經辨真四卷　(明)張世賢撰
圖註脉訣辨真四卷脉訣附方一卷　(晉)王叔
和撰　(明)張世賢注　附瀕湖脉學一卷奇經
八脉考一卷　(明)李時珍撰輯　清晚期刻本
六冊

620000 – 1101 – 0015249　413.14/6.307.003

圖註八十一難經辨真四卷　(明)張世賢撰
圖註脉訣辨真四卷脉訣附方一卷　(晉)王叔
和撰　(明)張世賢注　附瀕湖脉學一卷奇經
八脉考一卷脉訣攷證一卷　(明)李時珍撰輯
清光緒浙江亦西齋刻本　六冊

620000 – 1101 – 0015250　413.14/6.307.004

圖註八十一難經辨真四卷　(明)張世賢撰
刪註脉規規正二卷　(晉)王叔和撰　(清)沈
鏡刪注　清光緒二十年(1894)經元書局刻本
四冊

620000 – 1101 – 0015251　413.24/116.01.003

圖註八十一難經辨真四卷　(明)張世賢撰
清晚期刻本　一冊　存二卷(三至四)

620000 – 1101 – 0015252　413.24/116.01

圖註脉訣辨真四卷　(晉)王叔和撰　(明)張

世賢注　(清)沈鏡刪注　圖註八十一難經辨
真四卷　(明)張世賢撰　清晚期刻本　四冊

620000 – 1101 – 0015253　413.24/116.01.001

圖註脉訣辨真四卷　(晉)王叔和撰　(明)張
世賢注　清嘉慶二十二年(1817)桂林堂刻本
一冊　存二卷(一至二)

620000 – 1101 – 0015254　413.24/116.01.002

圖註脉訣辨真四卷　(晉)王叔和撰　(明)張
世賢注　清晚期刻本　一冊　存二卷(一至
二)

620000 – 1101 – 0015255　413.24/116.01.004

圖註脉訣辨真四卷　(晉)王叔和撰　(明)張
世賢注　清晚期刻本　一冊　存二卷(三至
四)

620000 – 1101 – 0015256　735.1/880

土耳基國志一卷新志一卷　(清)學部編譯圖
書局編　清光緒三十三年(1907)學部圖書局
鉛印本　一冊

620000 – 1101 – 0015257　735.1/880

土耳基國志一卷新志一卷　(清)學部編譯圖
書局編　清光緒三十三年(1907)學部圖書局
鉛印本　一冊

620000 – 1101 – 0015258　735.1/880

土耳基國志一卷新志一卷　(清)學部編譯圖
書局編　清光緒三十三年(1907)學部圖書局
鉛印本　一冊

620000 – 1101 – 0015259　567.3/0.428

吐魯番賦役全書不分卷　(□)□□編　清咸
豐三年(1853)刻本　三冊

620000 – 1101 – 0015260　627.75/830

團練事宜不分卷　(清)朱孫詒編　清同治二
年(1863)南省文蔚堂刻本　一冊

620000 – 1101 – 0015261　413.92/856.001

推拿廣意三卷　(清)熊應雄輯　清光緒十四
年(1888)掃葉山房刻本　二冊

620000 – 1101 – 0015262　413.92/856.002

推拿廣意三卷　(清)熊應雄輯　清光緒二十

三年(1897)經綸元記刻本　二冊

620000－1101－0015263　413.92/856.003

推拿廣意三卷　（清）熊應雄輯　清晚期刻本　三冊

620000－1101－0015264　413.92/856.004

推拿廣意三卷　（清）熊應雄輯　清晚期書業德刻本　二冊

620000－1101－0015265　413.92/856.005

推拿廣意三卷　（清）熊應雄輯　清晚期刻本　二冊

620000－1101－0015266　2056

推易始末四卷　（清）毛奇齡撰　清康熙毛氏書留草堂刻西河合集本　二冊

620000－1101－0015267　086.23/222

退補齋詩存十六卷首一卷末一卷　（清）胡鳳丹輯　清同治十二年(1873)刻本　八冊

620000－1101－0015268　086.23/222

退補齋文存十二卷首一卷　（清）胡鳳丹撰　清同治十二年(1873)刻本　八冊

620000－1101－0015269　847.7/30.10

退思軒詩集六卷補遺一卷　（清）張百熙著　清宣統三年(1911)京師鉛印本　一冊

620000－1101－0015270　847.7/309

退思軒詩集六卷補遺一卷　（清）張百熙著　清宣統三年(1911)武昌刻本　二冊

620000－1101－0015271　847.8/309

退思軒詩集六卷補遺一卷　（清）張百熙著　清宣統三年(1911)京師鉛印本　一冊

620000－1101－0015272　847.8/309

退思軒詩集六卷補遺一卷　（清）張百熙著　清宣統三年(1911)京師鉛印本　一冊

620000－1101－0015273　847.4/383

退思齋詩集七種十卷　（清）陳祁撰　清嘉慶刻本　八冊

620000－1101－0015274　847.8/920

退遂齋詩鈔八卷　（清）倪鴻撰　清光緒七年

(1881)泉州刻本　一冊　存二卷(一至二)

620000－1101－0015275　791.7/731

退菴金石書畫跋二十卷　（清）梁章鉅撰　清道光二十五年(1845)刻本　十冊

620000－1101－0015276　791.7/731

退菴金石書畫跋二十卷　（清）梁章鉅撰　清道光二十五年(1845)刻本　十二冊　存十五卷(六至二十)

620000－1101－0015277　847.6/731.01

退菴隨筆二十二卷　（清）梁章鉅編　清光緒元年(1875)浙江書局刻二思堂叢書本　四冊　存三卷(六至八)

620000－1101－0015278　466.9/942

脫影奇觀三卷鏡影燈說一卷　（英國）德貞著　清同治十二年(1873)刻本　四冊

620000－1101－0015279　466.9/0.81

脫影奇觀續編一卷　（英國）德貞著　清光緒十四年(1888)刻本　一冊

620000－1101－0015280　413.3/102.001

外感辯證錄二卷　（清）秦霖熙輯　清光緒十年(1884)恭城縣署刻本　二冊

620000－1101－0015281　597.6/610

外國師船圖表八卷雜說三卷圖一卷　（清）許景澄撰　清光緒十四年(1888)上海蜚英館石印本　四冊

620000－1101－0015282　089.74/72

外家紀聞一卷塞外紀聞一卷天山客話一卷伊犁日記一卷　（清）洪亮吉著　清咸豐徐灝刻本　一冊

620000－1101－0015283　059/661

外交報三百期　（清）商務印書館編輯　清光緒二十八年至三十三年(1902－1907)上海商務印書館鉛印本　九冊　存二十期(三十三至三十六、六十七、九十四至九十六、一百五至一百八、一百二十一至一百二十四、一百八十八至一百九十一)

620000－1101－0015284　235.1/354

外金丹五卷　（□）□□輯　清晚期刻本
五冊

620000－1101－0015285　413.4/105
外科大成四卷　（清）祁坤輯著　清晚期善成
堂刻本　六冊

620000－1101－0015286　1395
外科集粹大全不分卷　（清）朱氏輯　清道光
十六年(1836)稿本　六冊

620000－1101－0015287　4373
外科心法七卷　（明）薛己撰　明萬曆刻薛氏
醫按二十四種本　一冊　存二卷(三至四)

620000－1101－0015288　413.4/384.002
外科正宗十二卷　（明）陳實功撰　（清）徐大
椿評　清光緒三十三年(1907)成都書局刻本
六冊

620000－1101－0015289　413.4/384.004
外科正宗十二卷　（明）陳實功撰　（清）徐大
椿評　清咸豐十年(1860)刻本　六冊

620000－1101－0015290　413.4/384.004
外科正宗十二卷　（明）陳實功撰　（清）徐大
椿評　清咸豐十年(1860)刻本　十二冊

620000－1101－0015291　413.4/384.004
外科正宗十二卷　（明）陳實功撰　（清）徐大
椿評　清咸豐十年(1860)刻本　十一冊

620000－1101－0015292　413.4/384.005
外科正宗十二卷　（明）陳實功撰　（清）徐大
椿評　清光緒八年(1882)刻本　十二冊

620000－1101－0015293　413.4/384.008
外科正宗十二卷　（明）陳實功撰　（清）徐大
椿評　清晚期刻本　一冊　存一卷(十一)

620000－1101－0015294　413.4/120
外科症治全生後集□□卷　（清）王維德著
（清）馬文植評　清光緒九年(1883)石印本
一冊　存三卷(一至三)

620000－1101－0015295　413.4/607.001
外科證治全書五卷末一卷　（清）許克昌
（清）畢法輯　清同治六年(1867)刻本　五冊

620000－1101－0015296　578.22/852
外務統計表式解說二卷　（清）外務部編輯
清末鉛印本　一冊

620000－1101－0015297　578.22/852
外務統計表式解說二卷　（清）外務部編輯
清末鉛印本　一冊

620000－1101－0015298　578.22/852
外務統計表式解說二卷　（清）外務部編輯
清末鉛印本　一冊

620000－1101－0015299　847.7/291
宛湄書屋文鈔八卷　（清）李光廷著　清光緒
四年(1878)端溪書院刻本　一冊

620000－1101－0015300　1762
晚邨天蓋樓偶評不分卷　（清）呂留良撰　清
康熙十七年(1678)刻本　十六冊

620000－1101－0015301　4341
晚邨先生八家古文精選八卷　（清）呂留良輯
（清）呂葆中批點　清康熙四十三年(1704)
呂氏家塾刻本　四冊　存六卷(韓文一卷、柳
文一卷、歐陽文一卷、東坡文一卷、潁濱文一
卷、王文一卷)

620000－1101－0015302　4356
晚邨先生八家古文精選八卷　（清）呂留良輯
（清）呂葆中批點　清刻本　七冊　存七卷
(韓文一卷、柳文一卷、歐陽文一卷、老蘇文一
卷、東坡文一卷、潁濱文一卷、王文一卷)

620000－1101－0015303　4125
晚邨先生八家古文精選八卷　（清）呂留良輯
（清）呂葆中批點　清刻本　二冊　存三卷
(柳文一卷、歐陽文一卷、曾文一卷)

620000－1101－0015304　847.7/828
晚甘堂詩鈔一卷　（清）朱甘澍撰　（清）汪巽
東輯　清光緒十三年(1887)金山錢氏刻本
一冊

620000－1101－0015305　847.2/821
晚松廬詩鈔二卷　（清）周銓撰　清嘉慶十六
年(1811)刻本　一冊

620000－1101－0015306　847.4/119

晚聞居士遺集九卷首一卷　（清）王宗炎撰
清道光十一年(1831)愛日軒陸貞一仿宋刻本
四冊

620000－1101－0015307　847.4/119

晚聞居士遺集九卷首一卷　（清）王宗炎撰
清道光十一年(1831)愛日軒陸貞一仿宋刻本
四冊

620000－1101－0015308　846.9/988

晚聞堂集八卷　（明）余紹祉撰　（清）余龍光
輯　清道光刻本　一冊

620000－1101－0015309　846.8/988

晚聞堂集十六卷　（明）余紹祉撰　（清）余龍
光輯　清道光十七年(1837)和源單氏刻本
一冊　存三卷(十四至十六)

620000－1101－0015310　847.7/528

晚香館塾存稿一卷　（清）蒲耀新撰　（清）蒲
楷詥　（清）蒲桐詥編　清咸豐元年(1851)甘
肅蒲兆晉刻本　一冊

620000－1101－0015311　847.4/306

晚香居詩鈔四卷詞二卷　（清）張玉珍撰　清
嘉慶八年(1803)刻本　一冊

620000－1101－0015312　339

晚香堂訂正金丹四百字解一卷　（宋）張伯端
撰　（明）李文燭解　**晚香堂訂正羅湖野錄二
卷**　（宋）釋曉瑩撰　明萬曆刻寶顏堂祕笈本
一冊

620000－1101－0015313　404

晚香堂訂正慎言集訓二卷　（明）敖英輯　明
萬曆刻寶顏堂祕笈本　一冊

620000－1101－0015314　847.4/25

晚學集八卷　（清）桂馥著　清道光二十一年
(1841)刻本　一冊

620000－1101－0015315　847.4/25

晚學集八卷　（清）桂馥著　清道光二十一年
(1841)刻本　一冊

620000－1101－0015316　847.4/25

620000－1101－0015317　847.4/252.001

晚學集八卷　（清）桂馥著　清道光二十一年
(1841)刻本　一冊

620000－1101－0015318　847.8/976

晚學集八卷未谷詩集四卷　（清）桂馥著　清
光緒刻本　一冊　存三卷(晚學集一至三)

620000－1101－0015319　847.7/994

晚學齋集七種二十六卷　（清）鄭由熙著　清
光緒二十四年(1898)靖安縣署刻本　二冊

晚學齋文集十二卷　（清）姚椿撰　清咸豐二
年(1852)刻本　三冊

620000－1101－0015320　831.7/378.001

皖江三家詩鈔四卷　（清）陳世鎔輯　清道光
二十五年(1845)獨秀山莊刻本　一冊

620000－1101－0015321　831.7/378

皖江三家詩鈔五卷　（清）陳世鎔輯　清道光
十四年(1834)求志居刻本　一冊

620000－1101－0015322　672.2/70.3

皖志便覽六卷　（清）李應珏撰　清光緒二十
八年(1902)刻本　二冊

620000－1101－0015323　672.2/70.3.001

皖志便覽六卷　（清）李應珏撰　清光緒二十
四年(1898)安省鏤雲閣刻本　二冊　存三卷
(一至三)

620000－1101－0015324　414.6/0.522

萬病回春八卷　（明）龔廷賢撰　清晚期刻本
一冊　存一卷(七)

620000－1101－0015325　098.11/71.52

萬充宗先生經學五書十九卷　（清）萬斯大撰
清嘉慶刻本　五冊

620000－1101－0015326　414.6/7.698

萬方類纂八卷　（清）宋穆撰　清晚期刻本
六冊

620000－1101－0015327　716/454

萬國地理志六編　（日本）中村五六編纂
（清）周起鳳譯　清光緒二十八年(1902)上海
廣智書局鉛印本　一冊

620000－1101－0015328　041/927
萬國分類時務大成四十卷首一卷　（清）錢豐
選輯　清光緒二十三年(1897)袖海山房石印
本　一冊　存一卷(五)

620000－1101－0015329　579/13.15
萬國公法四卷　（美國）惠頓著　（美國）丁韙
良等譯　清同治三年(1864)鉛印本　四冊

620000－1101－0015330　579/13.15.003
萬國公法四卷　（美國）惠頓著　（美國）丁韙
良等譯　清光緒二十四年(1898)天津維新書
局石印本　六冊

620000－1101－0015331　579/13.15.001
萬國公法四卷　（美國）惠頓著　（美國）丁韙
良等譯　清光緒二十四年(1898)上海新學書
會石印本　四冊

620000－1101－0015332　579/13.15.001
萬國公法四卷　（美國）惠頓著　（美國）丁韙
良等譯　清光緒二十四年(1898)上海新學書
會石印本　四冊

620000－1101－0015333　579/13.15.001
萬國公法四卷　（美國）惠頓著　（美國）丁韙
良等譯　清光緒二十四年(1898)上海新學書
會石印本　四冊

620000－1101－0015334　579/13.15.001
萬國公法四卷　（美國）惠頓著　（美國）丁韙
良等譯　清光緒二十四年(1898)上海新學書
會石印本　四冊

620000－1101－0015335　579/13.15.001
萬國公法四卷　（美國）惠頓著　（美國）丁韙
良等譯　清光緒二十四年(1898)上海新學書
會石印本　四冊

620000－1101－0015336　579/13.15.002
萬國公法四卷　（美國）惠頓著　（美國）丁韙
良等譯　清光緒二十七年(1901)鑄記書莊鉛
印本　四冊

620000－1101－0015337　579/13.15.002
萬國公法四卷　（美國）惠頓著　（美國）丁韙

良等譯　清光緒二十七年(1901)鑄記書莊鉛
印本　四冊

620000－1101－0015338　579/13.15.002
萬國公法四卷　（美國）惠頓著　（美國）丁韙
良等譯　清光緒二十七年(1901)鑄記書莊鉛
印本　四冊

620000－1101－0015339　579/13.15.005
萬國公法四卷　（美國）惠頓著　（美國）丁韙
良等譯　清光緒西湖譯藪石印本　二冊　存
三卷(二至四)

620000－1101－0015340　579/13.15.004
萬國公法四卷　（美國）惠頓著　（美國）丁韙
良等譯　清末四明茹古書局鉛印本　四冊

620000－1101－0015341　711/350
萬國龜鑑三十卷　（日本）石川利之著　清光
緒二十八年(1902)上海會文堂石印本　四冊

620000－1101－0015342　740.02/484
萬國國力比較十七卷比較表一卷附錄一卷
(英國)默爾化著　（清）出洋學生編輯所編譯
　清光緒二十八年(1902)上海商務印書館鉛
印本　二冊　存十卷(十至十七、比較表一
卷、附錄一卷)

620000－1101－0015343　712.414/842
萬國近政考略十六卷　（清）鄒弢編輯　清光
緒二十二年(1896)三借廬鉛印本　四冊

620000－1101－0015344　552.409/179
萬國商業歷史三編　（英國）基賓斯撰　清光
緒二十九年(1903)上海商務印書館鉛印本
一冊

620000－1101－0015345　552.409/380
萬國商業志二卷　（清）陳子祥編譯　清光緒
二十九年(1903)上海廣智書局鉛印本　一冊

620000－1101－0015346　711/483
萬國史記二十卷　（日本）岡本監輔著　清光
緒二十三年(1897)上海慎記書莊石印本
四冊

620000－1101－0015347　711/483.001

萬國史記二十卷 （日本）岡本監輔著 清光緒二十六年（1900）刻本 一冊

620000－1101－0015348 711/483.002
萬國史記二十卷 （日本）岡本監輔著 清光緒二十三年（1897）上海六先書局鉛印本 八冊

620000－1101－0015349 711.1/617
萬國通鑑四卷 （美國）謝衛樓撰 （清）趙如光編譯 清光緒刻本 五冊

620000－1101－0015350 730.9/625
萬國通鑑四卷 （美國）謝衛樓撰 （清）趙如光編譯 清光緒刻本 六冊

620000－1101－0015351 711/289
萬國通史前編十卷續編十卷三編十卷校勘記三卷 （英國）李思倫白輯譯 蔡爾康筆述 清光緒二十六年至三十一年（1900－1905）上海廣學會鉛印本 十冊 存十卷（前編十卷）

620000－1101－0015352 711/289
萬國通史前編十卷續編十卷三編十卷校勘記三卷 （英國）李思倫白輯譯 蔡爾康筆述 清光緒二十六年至三十一年（1900－1905）上海廣學會鉛印本 二冊 存二卷（前編三、六）

620000－1101－0015353 711/289
萬國通史續編十卷 （英國）李思倫白輯譯 （清）曹曾涵纂述 清光緒三十年（1904）上海廣學會鉛印本 十冊

620000－1101－0015354 581.33/336
萬國憲法比較一卷 （日本）辰巳小二郎著 （清）戢翼翬譯 清光緒二十八年（1902）鉛印本 一冊

620000－1101－0015355 581.49/814
萬國憲法志三卷 （清）周逵編著 清光緒二十八年（1902）上海廣智書局鉛印本 一冊

620000－1101－0015356 418.6/720.001
萬國藥方八卷 （美國）洪士提反編譯 清光緒十六年（1890）鉛印本 五冊 存五卷（一、四至七）

620000－1101－0015357 041/82
萬國政治藝學全書三編四種三百八十卷 （清）朱大文 （清）凌賡颺編輯 清光緒二十八年（1902）上海鴻文書局石印本 三十冊 存三種二百卷（藝學叢考一百二十卷、政治最新文編四十卷、藝學最新文編四十卷）

620000－1101－0015358 041/830
萬國政治藝學全書三編四種三百八十卷 （清）朱大文 （清）凌賡颺編輯 清光緒二十八年（1902）上海鴻文書局石印本 二十九冊 存三種二百十九卷（政治叢考二十九至三十三、六十七至七十八、一百三至一百六十九、一百七十五至一百八十，藝學叢考一至十六、三十一至七十一、八十一至九十七、一百一至一百九、一百十三至一百十九，藝學最新文編一至三十九）

620000－1101－0015359 041/830
萬國政治藝學全書三編四種三百八十卷 （清）朱大文 （清）凌賡颺編輯 清光緒二十八年（1902）上海鴻文書局石印本 三十一冊 存二種三百卷（政治叢考一百八十卷、藝學叢考一百二十卷）

620000－1101－0015360 041/830
萬國政治藝學全書三編四種三百八十卷 （清）朱大文 （清）凌賡颺編輯 清光緒二十八年（1902）上海鴻文書局石印本 二十四冊 存二種一百八十八卷（政治叢考一百八十卷、政治最新文編一至八）

620000－1101－0015361 716/828
萬國總說三卷 （清）朱克敬譯撰 清光緒十年（1884）刻本 三冊

620000－1101－0015362 683.9/28
萬山綱目二十一卷 （清）李誠纂 清光緒二十六年（1900）刻本 十冊

620000－1101－0015363 847.5/627
萬善花室文稿六卷附錄一卷 （清）方履籛著 清光緒十二年（1886）溧陽繆氏小岉山館刻

本 三冊

620000－1101－0015364　847.5/627

萬善花室文稿六卷附錄一卷　（清）方履籛著
清光緒十二年（1886）溧陽繆氏小峀山館刻
本　三冊

620000－1101－0015365　683

萬善花室文稿七卷　（清）方履籛著　清道光
十一年（1831）刻本　四冊　存六卷（一至六）

620000－1101－0015366　413.3/522.8

萬氏家傳保命歌括三十五卷　（清）萬全著
清晚期刻本　八冊

620000－1101－0015367　413.63/522

萬氏家傳廣嗣紀要十六卷　（明）萬全撰　清
晚期刻本　一冊　存八卷（一至八）

620000－1101－0015368　267

萬首唐人絕句一百一卷　（宋）洪邁輯　明嘉
靖十九年（1540）陳敬學德星堂刻本　二十冊

620000－1101－0015369　4084

萬壽衢歌樂章六卷　（清）彭元瑞輯　清乾隆
武英殿木活字朱墨套印武英殿聚珍版書本
一冊　存二卷（一至二）

620000－1101－0015370　847.5/75

萬松山房詩鈔五卷首一卷　（清）潘正亨撰
清道光十三年（1833）刻本　二冊

620000－1101－0015371　847.8/744

萬物炊累室文乙集二卷附鸎蕭集鸎蕭集補編
（清）沈同芳著　清光緒二十二年（1896）廣
州刻本　一冊

620000－1101－0015372　847.5/294.1

萬葉堂詩鈔二卷　（清）李會恩撰　清道光二
年（1822）刻本　一冊　存一卷（一）

620000－1101－0015373　847.4/712

汪龍莊先生遺書十五卷　（清）汪輝祖撰　清
光緒八年至十二年（1882－1886）山東書局刻
本　六冊

620000－1101－0015374　835.74/715

汪羅彭薛四家合鈔十五卷　（清）汪縉等著

清宣統二年（1910）上海國學扶輪社鉛印本
六冊

620000－1101－0015375　847.6/70

汪梅村先生集十二卷外集一卷　（清）汪士鐸
撰　清晚期刻本　十二冊

620000－1101－0015376　570

汪文端公評點古文不分卷　（清）汪由敦輯
清乾隆抄本　二冊

620000－1101－0015377　847.5/715

汪子遺書二卷附錄後一卷　（清）汪縉撰　清
嘉慶十年（1805）樗園刻本　一冊

620000－1101－0015378　782.972/893

王船山先生年譜二卷　（清）劉毓崧編　清光
緒十二年（1886）江南書局刻本　二冊

620000－1101－0015379　782.972/893

王船山先生年譜二卷　（清）劉毓崧編　清光
緒十二年（1886）江南書局刻本　一冊　存一
卷（上）

620000－1101－0015380　1654

王艮齋詩集十卷文集四卷　（清）王峻撰　清
乾隆蔣棻刻本　二冊　存四卷（文集四卷）

620000－1101－0015381　092.357/118

王耕野先生讀書管見二卷　（元）王充耘撰
清同治十二年（1873）粵東書局刻本　一冊

620000－1101－0015382　413.4/119

王洪緒先生外科證治全生一卷　（清）王維德
撰　清光緒五年（1879）山西濬文書局刻本
一冊

620000－1101－0015383　413.4/119.002

王洪緒先生外科證治全生一卷　（清）王維德
撰　清光緒元年（1875）常州周氏刻本　一冊

620000－1101－0015384　413.4/119.003

王洪緒先生外科證治全生一卷　（清）王維德
撰　清光緒二年（1876）刻本　一冊

620000－1101－0015385　624

王荊公唐百家詩選二十卷　（宋）王安石輯
清康熙四十三年（1704）宋犖、丘迥刻本

四册

620000－1101－0015386　106

王荆石先生批評韓文十卷　（唐）韓愈撰
（明）王錫爵評　明刻王荆石先生批評韓柳文
本　八册

620000－1101－0015387　1215

王荆文公詩五十卷　（宋）王安石撰　（宋）李
璧注　清乾隆六年(1741)張宗松清綺齋刻本
六册

620000－1101－0015388　1384

王九峰先生醫案一卷　（清）王九峰撰　清同
治稿本　一册

620000－1101－0015389　414.9/7.120.301

王九峰醫案一卷　（清）王九峰撰　清晚期抄
本　二册

620000－1101－0015390　845.14/115.01

王臨川全集一百卷目錄二卷　（宋）王安石撰
清光緒九年(1883)溧陽繆氏小峄山館刻本
十六册

620000－1101－0015391　845.14/115.01

王臨川全集一百卷目錄二卷　（宋）王安石撰
清光緒九年(1883)溧陽繆氏小峄山館刻本
十六册

620000－1101－0015392　845.14/115.002

王臨川全集一百卷目錄二卷　（宋）王安石撰
清光緒九年(1883)聽香館刻本　十六册

620000－1101－0015393　845.14/115.002

王臨川全集一百卷目錄二卷　（宋）王安石撰
清光緒九年(1883)聽香館刻本　二十册

620000－1101－0015394　845.14/115.001

王臨川文集四卷　（宋）王安石撰　清宣統二
年(1910)上海會文堂書局石印本　四册

620000－1101－0015395　1708

王門宗旨十四卷　（明）周汝登輯　明萬曆余
懋孳刻本　六册

620000－1101－0015396　137

王摩詰詩集七卷　（唐）王維撰　（宋）劉辰翁

（明）顧璘評　明凌濛初刻朱墨套印盛唐四
名家集本　三册

620000－1101－0015397　844.14/11.88

王摩詰詩集七卷　（唐）王維撰　（宋）劉辰翁
評　清光緒五年(1879)碧琳琅館刻朱墨套印
本　二册

620000－1101－0015398　782.87/119

王南軒先生紀事詩文合刻一卷　（清）王權輯
清光緒十二年(1886)刻本　一册

620000－1101－0015399　618

王阮亭古詩選三十二卷　（清）王士禎輯　清
乾隆元年(1736)天藜閣刻本　六册

620000－1101－0015400　041/52.118

王深寧先生年譜一卷校補玉海瑣記二卷
（清）張大昌輯　清光緒十六年(1890)刻本
二册

620000－1101－0015401　041/52.118

王深寧先生年譜一卷校補玉海瑣記二卷
（清）張大昌輯　清光緒十六年(1890)刻本
二册

620000－1101－0015402　414.9/7.120.1

王氏醫案二卷續編八卷霍亂論二卷　（清）王
士雄撰　（清）周鑅劍　（清）張鴻輯　清道光
刻本　四册

620000－1101－0015403　847.2/113

王氏漁洋詩鈔十二卷　（清）王士禎撰　（清）
邵長蘅選　清宣統二年(1910)時中書局石印
本　八册

620000－1101－0015404　209

王司空集一卷　（北周）王褒撰　明婁東張氏
刻漢魏六朝百三名家集本　一册

620000－1101－0015405　846.5/936

王文成公集要七卷觀感錄一卷　（明）王守仁
撰　（清）劉永宧編　清同治、光緒刻本　三
册　存五卷(四至七、觀感錄一卷)

620000－1101－0015406　846.5/118

王文成公全集十六卷目錄二卷　（明）王守仁

撰　清道光六年(1826)湖南湘潭王文德刻本
十六冊

620000－1101－0015407　846.5/118
王文成公全集十六卷目錄二卷　（明）王守仁
撰　清道光六年(1826)湖南湘潭王文德刻本
十六冊

620000－1101－0015408　188
王文成公全書三十八卷　（明）王守仁撰　明
隆慶六年(1572)謝廷傑刻本　二十冊

620000－1101－0015409　846.5/118.003
王文成公全書三十八卷　（明）王守仁撰　清
同治、光緒刻本　二十四冊

620000－1101－0015410　846.5/118.003
王文成公全書三十八卷　（明）王守仁撰　清
同治、光緒刻本　一冊　存二卷(十四至十
五)

620000－1101－0015411　846.5/118.003
王文成公全書三十八卷　（明）王守仁撰　清
同治、光緒刻本　一冊

620000－1101－0015412　846.5/118.001
王文成公全書三十八卷　（明）王守仁撰　清
晚期刻本　二十四冊

620000－1101－0015413　846.5/118.004
王文成公全書三十八卷　（明）王守仁撰　清
宣統元年(1909)上海集成圖書公司鉛印本
十二冊

620000－1101－0015414　782.9515/273
王文公年譜考略節要附存二卷　（清）楊希閔
編　清光緒揚州陳履恒刻十五家年譜叢書本
一冊

620000－1101－0015415　691
王文恪公集不分卷　（明）王鏊撰　清抄本
四冊

620000－1101－0015416　230
王文恪公集三十六卷名公筆記一卷　（明）王
鏊撰　**鵑音一卷白社詩草一卷**　（明）王禹聲
撰　明萬曆王氏三槐堂刻本　十冊

620000－1101－0015417　4361
王文恪公集三十六卷名公筆記一卷　（明）王
鏊撰　**鵑音一卷白社詩草一卷**　（明）王禹聲
撰　明萬曆王氏三槐堂刻清修本　一冊　存
四卷(三十至三十三)

620000－1101－0015418　652.791/113
王文敏公奏疏一卷　（清）王懿榮撰　清宣統
三年(1911)鉛印本　一冊

620000－1101－0015419　942/113
王文愍與李子丹太史書不分卷　（清）王懿榮
撰　清光緒三十三年(1907)石印本　一冊

620000－1101－0015420　847.6/118
王文肅公遺文不分卷　（清）王安國撰　清道
光二十一年(1841)刻本　一冊

620000－1101－0015421　1799
王無功集三卷東皋子集補遺二卷　（唐）王績
撰　**東皋子集校勘記一卷**　羅振玉撰　清光
緒三十二年(1906)羅氏唐風樓刻朱印本
一冊

620000－1101－0015422　844.11/126
王無功集三卷東皋子集補遺二卷　（唐）王績
撰　**東皋子集校勘記一卷**　羅振玉撰　清光
緒三十二年(1906)羅氏唐風樓刻本　一冊

620000－1101－0015423　040.5/121
王先生十七史蒙求十六卷　（宋）王令撰　**李
氏蒙求補注六卷**　（宋）李瀚撰　（清）金三俊
輯　清道光二十八年(1848)大文堂刻本
六冊

620000－1101－0015424　040.5/121
王先生十七史蒙求十六卷　（宋）王令撰　清
道光二十八年(1848)大文堂刻本　四冊

620000－1101－0015425　040.5/121
王先生十七史蒙求十六卷　（宋）王令撰　**李
氏蒙求補注六卷**　（宋）李瀚撰　（清）金三俊
輯　清道光二十八年(1848)大文堂刻本
四冊

620000－1101－0015426　040.5/121

王先生十七史蒙求十六卷　(宋)王令撰　清道光二十八年(1848)大文堂刻本　一冊

620000－1101－0015427　4298

王陽明先生全集二十二卷首一卷　(明)王守仁撰　清康熙十二年(1673)刻本　二十三冊　存二十一卷(一至十一、十三至二十二)

620000－1101－0015428　4315

王陽明先生全集二十二卷首一卷　(明)王守仁撰　清康熙十二年(1673)刻本　一冊　存一卷(十二)

620000－1101－0015429　2191

王儀部先生箋釋三十卷首一卷末一卷　(明)王肯堂編　(清)顧鼎輯　清康熙三十年(1691)顧鼎刻本　十二冊

620000－1101－0015430　2978

王右丞集二十八卷首一卷末一卷　(唐)王維撰　(清)趙殿成箋注　清乾隆刻本　八冊

620000－1101－0015431　2618

王右丞詩集二卷　(唐)王維撰　(清)汪立名輯　清康熙三十四年(1695)天都汪氏刻唐四家詩本　二冊

620000－1101－0015432　844.12/11.52

王子安集註二十卷首一卷末一卷　(唐)王勃撰　(清)蔣清翊注　清光緒九年(1883)雙唐碑館刻本　六冊

620000－1101－0015433　671.65/503.78

王子莊州同地里調查表不分卷　(清)張秉倬編　清宣統元年(1909)抄本　一冊

620000－1101－0015434　567.3/0.112

王子莊州同賦役全書不分卷　(清)□□編　清咸豐三年(1853)刻本　二冊

620000－1101－0015435　1641

王遵巖集十卷　(明)王慎中撰　清康熙二十一年(1682)郢雪書林刻本　一冊

620000－1101－0015436　229.9/1001

往生集三卷附一卷　(明)釋袾宏輯　清光緒二十四年(1898)金陵刻經處刻本　一冊

620000－1101－0015437　229.9/1001

往生集三卷附一卷　(明)釋袾宏輯　清光緒二十四年(1898)金陵刻經處刻本　一冊

620000－1101－0015438　1819

網師園唐詩箋十八卷　(清)宋宗元輯　清乾隆二十三年(1758)尚絅堂刻本　十冊

620000－1101－0015439　847.7/438.05

望三益齋詩文鈔十卷　(清)吳棠撰　清同治十三年(1874)成都使署刻本　一冊　存五卷(爐餘吟二卷、詞草一、公餘吟二卷)

620000－1101－0015440　847.7/438

望三益齋雜體文四卷　(清)吳棠撰　清光緒刻本　二冊

620000－1101－0015441　1903

望溪集不分卷　(清)方苞撰　(清)王兆符　(清)程崟輯　清乾隆十一年(1746)程崟刻本　八冊

620000－1101－0015442　847.4/627

望溪先生全集正集十八卷集外文十卷集外文補遺二卷年譜二卷　(清)方苞撰　清咸豐元年(1851)戴鈞衡刻二年(1852)增刻本　十六冊

620000－1101－0015443　847.4/627

望溪先生全集正集十八卷集外文十卷集外文補遺二卷年譜二卷　(清)方苞撰　清咸豐元年(1851)戴鈞衡刻二年(1852)增刻本　十六冊

620000－1101－0015444　573.07/73

危言四卷　湯壽潛著　清光緒二十一年(1895)石印本　二冊

620000－1101－0015445　847.4/370

微波榭遺書六種二十四卷　(清)孔繼涵撰　清光緒十六年(1890)刻本　四冊

620000－1101－0015446　314.1/502

微積溯原八卷　(英國)華里司輯　(英國)傅蘭雅口譯　(清)華蘅芳筆述　清同治十三年(1874)江南機器製造總局刻本　六冊

620000 – 1101 – 0015447　314.1/502

微積溯源八卷　（英國）華里司輯　（英國）傅蘭雅口譯　（清）華蘅芳筆述　清同治十三年（1874）江南機器製造總局刻本　六冊

620000 – 1101 – 0015448　314.1/502

微積溯源八卷　（英國）華里司輯　（英國）傅蘭雅口譯　（清）華蘅芳筆述　清同治十三年（1874）江南機器製造總局刻本　六冊

620000 – 1101 – 0015449　314.1/502

微積溯源八卷　（英國）華里司輯　（英國）傅蘭雅口譯　（清）華蘅芳筆述　清同治十三年（1874）江南機器製造總局刻本　六冊

620000 – 1101 – 0015450　314.1/502

微積溯源八卷　（英國）華里司輯　（英國）傅蘭雅口譯　（清）華蘅芳筆述　清同治十三年（1874）江南機器製造總局刻本　六冊

620000 – 1101 – 0015451　314.1/502

微積溯源八卷　（英國）華里司輯　（英國）傅蘭雅口譯　（清）華蘅芳筆述　清同治十三年（1874）江南機器製造總局刻本　六冊

620000 – 1101 – 0015452　314.1/502

微積溯源八卷　（英國）華里司輯　（英國）傅蘭雅口譯　（清）華蘅芳筆述　清同治十三年（1874）江南機器製造總局刻本　五冊　存七卷（二至八）

620000 – 1101 – 0015453　314.1/502

微積溯源八卷　（英國）華里司輯　（英國）傅蘭雅口譯　（清）華蘅芳筆述　清同治十三年（1874）江南機器製造總局刻本　四冊　存六卷（三至八）

620000 – 1101 – 0015454　314.1/502

微積溯源八卷　（英國）華里司輯　（英國）傅蘭雅口譯　（清）華蘅芳筆述　清同治十三年（1874）江南機器製造總局刻本　四冊　存六卷（三至八）

620000 – 1101 – 0015455　314.1/502

微積溯源八卷　（英國）華里司輯　（英國）傅蘭雅口譯　（清）華蘅芳筆述　清同治十三年（1874）江南機器製造總局刻本　一冊　存一卷（三）

620000 – 1101 – 0015456　833.17/735

薇省詞鈔十卷附錄一卷　（清）況周儀撰錄　清光緒二十四年（1898）白門刻蕙風叢書本　四冊

620000 – 1101 – 0015457　833.17/183

薇省同聲集五卷　（清）端木埰撰　清光緒十六年（1890）刻本　一冊

620000 – 1101 – 0015458　3893

韋蘇州詩集二卷　（唐）韋應物撰　（清）汪立名輯　清康熙三十四年（1695）天都汪氏刻唐四家詩本　一冊　存一卷（上）

620000 – 1101 – 0015459　222/686

唯識二十論述記四卷　（唐）釋窺基撰　清宣統二年（1910）江西刻經處刻本　二冊

620000 – 1101 – 0015460　226.2/941

唯識開蒙問答二卷　（元）釋雲峰集　清宣統三年（1911）揚州藏經禪院刻本　二冊

620000 – 1101 – 0015461　4485

爲學大指一卷　（清）□□撰　清竹素書屋稿本　一冊

620000 – 1101 – 0015462　222.2/35

維摩詰所說經折衷疏六卷　（明）釋大賢著　清光緒金陵刻經處刻本　三冊

620000 – 1101 – 0015463　222.2/854

維摩詰所說經註八卷　（後秦）釋鳩摩羅什譯　（後秦）釋僧肇注　清光緒十三年（1887）金陵刻經處刻本　二冊

620000 – 1101 – 0015464　222.2/854

維摩詰所說經註八卷　（後秦）釋鳩摩羅什譯　（後秦）釋僧肇注　清光緒十三年（1887）金陵刻經處刻本　一冊　存四卷（一至四）

620000 – 1101 – 0015465　791.13/0.377

濰縣陳氏寶簠齋藏器目二卷　（清）陳介祺撰　清晚期稿本　二冊

620000 – 1101 – 0015466　2514

緯蕭草堂詩三卷　（清）宋至撰　清康熙二十七年（1688）刻本　一冊

620000－1101－0015467　413.088/754.2

韓園醫學六種二十一卷　（清）潘霨編　清同治五年至光緒五年（1866－1879）刻本　十六冊

620000－1101－0015468　847.7/947

未灰齋文集八卷外集一卷　（清）徐鼒撰　清咸豐十一年（1861）刻本　三冊　存六卷（文集一至五、外集一卷）

620000－1101－0015469　3353

未信編六卷　（清）潘杓燦撰　清康熙、雍正刻本　一冊　存一卷（六）

620000－1101－0015470　847.8/714

味菜堂詩集四卷　（清）汪淵撰　清光緒十九年（1893）刻本　一冊

620000－1101－0015471　847.6/291.6

味塵軒詩集十三卷詩餘二卷試帖詩存一卷　（清）李文瀚撰　清道光二十三年（1843）宣城李氏刻本　五冊

620000－1101－0015472　831/947

味經堂重訂千家詩二卷韻府對語一卷　（清）許世鋑註解　清同治四年（1865）富文堂刻本　一冊

620000－1101－0015473　093.12/890

味經校勘毛詩注疏札記二十卷　（清）劉光蕡撰　清光緒十九年（1893）刻本　四冊

620000－1101－0015474　3296

味蘭軒百篇賦鈔四卷　（清）張世燾　（清）彭克惠輯　清乾隆三十八年（1773）刻本　四冊

620000－1101－0015475　847.6/549

味無味齋駢文二卷　（清）董兆熊撰　清同治十三年（1874）刻本　一冊

620000－1101－0015476　847.6/549.001

味無味齋詩鈔七卷雜文一卷　（清）董兆熊撰　清光緒元年至二年（1875－1876）刻本　一冊

620000－1101－0015477　847.5/895

味餘書室全集定本四十卷目錄四卷隨筆二卷　（清）仁宗顒琰撰　清嘉慶刻本　三十二冊

620000－1101－0015478　587

味蔗軒詩鈔四卷　（清）顧焞世撰　清同治七年（1868）李嘉績抄本　三冊　存三卷（二至四）

620000－1101－0015479　847.4/963

味蔗軒詩鈔一卷　（清）顧焞世撰　雙桐書屋賸稿二卷　（清）李光謙撰　（清）方俊選　清光緒十二年（1886）西安刻本　一冊

620000－1101－0015480　567.3/0.738

渭源縣賦役全書不分卷　（清）□□編　清咸豐三年（1853）刻本　三冊

620000－1101－0015481　676.6/412

衛藏圖識四卷附蠻語一卷　（清）馬揭修　（清）盛繩祖纂　清刻本　八冊

620000－1101－0015482　127.4/893

衛道編二卷　（清）劉紹攽編注　清光緒九年（1883）津河廣仁堂刻本　一冊

620000－1101－0015483　413.4/137

衛濟寶書二卷　（宋）東軒居士撰　清光緒四年（1878）錢塘丁氏刻本　一冊

620000－1101－0015484　413/120.7

衛濟餘編十八卷　（清）王纕堂撰　清晚期刻本　四冊

620000－1101－0015485　413/120.7.001

衛濟餘編十八卷　（清）王纕堂輯　清道光二十二年（1842）經國堂刻本　四冊　存十四卷（一至五、九至十一、十三至十八）

620000－1101－0015486　413/482.001

衛生寶鑑二十四卷　（元）羅天益撰　補遺不分卷　（□）□□撰　清道光二十六年（1846）李錫齡刻本　八冊

620000－1101－0015487　2095

衛生編三卷　（清）魏祖清撰　清雍正八年（1730）魏樹蕙堂刻本　三冊

620000－1101－0015488　413/450

衛生集四卷　（清）呂帝正編　清刻本　一冊
　　存二卷(三至四)

620000－1101－0015489　411.07/581

衛生學教科書七章　（清）北洋陸軍編譯局編
纂　清光緒三十三年(1907)石印本　一冊

620000－1101－0015490　411/158

衛生學問答八章　丁福保撰　清光緒三十年
(1904)甘肅高等學堂刻本　一冊

620000－1101－0015491　411/158

衛生學問答八章　丁福保撰　清光緒三十年
(1904)甘肅高等學堂刻本　一冊

620000－1101－0015492　411/158

衛生學問答八章　丁福保撰　清光緒三十年
(1904)甘肅高等學堂刻本　一冊

620000－1101－0015493　411/158

衛生學問答八章　丁福保撰　清光緒三十年
(1904)甘肅高等學堂刻本　一冊

620000－1101－0015494　411/158

衛生學問答八章　丁福保撰　清光緒三十年
(1904)甘肅高等學堂刻本　一冊

620000－1101－0015495　411/158

衛生學問答八章　丁福保撰　清光緒三十年
(1904)甘肅高等學堂刻本　一冊

620000－1101－0015496　411/158

衛生學問答八章　丁福保撰　清光緒三十年
(1904)甘肅高等學堂刻本　一冊

620000－1101－0015497　411/158

衛生學問答八章　丁福保撰　清光緒三十年
(1904)甘肅高等學堂刻本　一冊

620000－1101－0015498　411/158

衛生學問答八章　丁福保撰　清光緒三十年
(1904)甘肅高等學堂刻本　一冊

620000－1101－0015499　411/158

衛生學問答八章　丁福保撰　清光緒三十年
(1904)甘肅高等學堂刻本　一冊

620000－1101－0015500　411/158

衛生學問答八章　丁福保撰　清光緒三十年
(1904)甘肅高等學堂刻本　一冊

620000－1101－0015501　411/158

衛生學問答八章　丁福保撰　清光緒三十年
(1904)甘肅高等學堂刻本　一冊

620000－1101－0015502　411/158

衛生學問答八章　丁福保撰　清光緒三十年
(1904)甘肅高等學堂刻本　一冊

620000－1101－0015503　411/158

衛生學問答八章　丁福保撰　清光緒三十年
(1904)甘肅高等學堂刻本　一冊

620000－1101－0015504　411/158

衛生學問答八章　丁福保撰　清光緒三十年
(1904)甘肅高等學堂刻本　一冊

620000－1101－0015505　411/158

衛生學問答八章　丁福保撰　清光緒三十年
(1904)甘肅高等學堂刻本　一冊

620000－1101－0015506　413.44/427

衛生雜錄一卷　（清）澹然居士審定　清光緒
九年(1883)新安余氏刻本　一冊

620000－1101－0015507　847.4/801

魏伯子文集十卷　（清）魏際瑞著　（清）魏世
杰編　清道光二十五年(1845)寧都謝庭綏綏
園書塾刻本　一冊　存一卷(十)

620000－1101－0015508　847.8/806

魏稼孫先生全集四種十三卷　（清）魏錫曾著
　　清光緒九年(1883)刻本　三冊

620000－1101－0015509　179

魏劉公幹集一卷　（漢）劉楨撰　明婁東張氏
刻漢魏六朝百三名家集本　一冊

620000－1101－0015510　099.97/75.95

魏三體石經遺字考一卷　（清）顧廣圻撰　清
嘉慶十一年(1806)五松書屋刻本　一冊

620000－1101－0015511　2768

魏叔子文集外篇二十二卷詩集八卷　（清）魏
禧撰　清康熙易堂刻寧都三魏全集本　十

二册

620000－1101－0015512　847.2/804

魏叔子文集外篇二十二卷首一卷　（清）魏禧撰　清道光二十五年(1845)寧都謝庭綏紱園書塾刻本　六册　存八卷(一至七、首一卷)

620000－1101－0015513　623.6101/120

魏書校勘記一卷　王先謙撰　清光緒九年(1883)長沙王氏刻本　一册

620000－1101－0015514　623.6101/120

魏書校勘記一卷　王先謙撰　清光緒九年(1883)長沙王氏刻本　一册

620000－1101－0015515　503

魏書一百十四卷　（北齊)魏收撰　宋刻宋元明遞修本　四十册

620000－1101－0015516　505

魏書一百十四卷　（北齊)魏收撰　明萬曆二十四年(1596)南京國子監刻本　二十四册

620000－1101－0015517　1769

魏書一百十四卷　（北齊)魏收撰　明萬曆二十四年(1596)南京國子監刻明清遞修本(卷三十二至四十五係補配)　十五册　存六十六卷(四至七、三十二至四十五、六十七至一百十四)

620000－1101－0015518　1034

魏書一百十四卷　（北齊)魏收撰　明崇禎九年(1636)毛氏汲古閣刻本　三十二册

620000－1101－0015519　1034

魏書一百十四卷　（北齊)魏收撰　明崇禎九年(1636)毛氏汲古閣刻本　二十册

620000－1101－0015520　1034

魏書一百十四卷　（北齊)魏收撰　明崇禎九年(1636)毛氏汲古閣刻本　二十四册

620000－1101－0015521　2159

魏書一百十四卷　（北齊)魏收撰　明崇禎九年(1636)毛氏汲古閣刻本　二十四册

620000－1101－0015522　4079

魏書一百十四卷　（北齊)魏收撰　明崇禎九年(1636)毛氏汲古閣刻本　二十四册

620000－1101－0015523　623.6101/79.01

魏書一百十四卷　（北齊)魏收撰　清同治十一年(1872)金陵書局刻本　二十册

620000－1101－0015524　836

魏武帝集一卷　（三國魏)曹操撰　明婁東張氏刻漢魏六朝百三名家集本　一册

620000－1101－0015525　178

魏荀公曾集一卷　（晉)荀勗撰　明婁東張氏刻漢魏六朝百三名家集本　一册

620000－1101－0015526　844.2/118

魏鄭公諫錄五卷　（唐)王方慶輯　**魏鄭公諫續錄一卷**　（元)翟思忠輯　清光緒五年(1879)王氏謙德堂刻畿輔叢書本　一册

620000－1101－0015527　844.12/807

魏鄭公文集三卷詩集一卷　（唐)魏徵著　清光緒五年(1879)王氏謙德堂刻畿輔叢書本　一册

620000－1101－0015528　413.3/434.003

溫病條辨六卷首一卷　（清)吳瑭撰　清宣統元年(1909)渭南嚴氏孝義家塾刻本　四册

620000－1101－0015529　413.3/434.007

溫病條辨六卷首一卷　（清)吳瑭撰　清光緒刻本　一册　存三卷(四至六)

620000－1101－0015530　413.3/434.008

溫病條辨六卷首一卷　（清)吳瑭撰　清光緒刻本　一册　存一卷(二)

620000－1101－0015531　413.3/434.009

溫病條辨六卷首一卷　（清)吳瑭撰　清光緒刻本　一册　存二卷(一至二)

620000－1101－0015532　617

溫飛卿詩集七卷別集一卷集外詩一卷　（唐)溫庭筠撰　（明)曾益注　（清)顧予咸補注　（清)顧嗣立續注　清康熙三十六年(1697)顧氏秀野草堂刻本　二册

620000－1101－0015533　1802

溫飛卿詩集七卷別集一卷集外詩一卷　（唐）
溫庭筠撰　（明）曾益注　（清）顧予咸補注
（清）顧嗣立續注　清刻本　四冊

620000－1101－0015534　2749

溫飛卿詩集七卷別集一卷集外詩一卷　（唐）
溫庭筠撰　（明）曾益注　（清）顧予咸補注
（清）顧嗣立續注　清刻本　二冊

620000－1101－0015535　3256

溫飛卿詩集七卷別集一卷集外詩一卷　（唐）
溫庭筠撰　（明）曾益注　（清）顧予咸補注
（清）顧嗣立續注　清刻本　二冊

620000－1101－0015536　844.18/73.951

溫飛卿詩集七卷別集一卷集外詩一卷　（唐）
溫庭筠撰　（明）曾益注　（清）顧予咸補注
（清）顧嗣立續注　清光緒八年(1882)泉唐汪
氏刻本　二冊

620000－1101－0015537　844.18/738.001

溫飛卿詩集七卷別集一卷集外詩一卷附錄諸
家詩評一卷　（唐）溫庭筠撰　（明）曾益注
（清）顧予咸補注　（清）顧嗣立續注　清宣統
二年(1910)掃葉山房石印本　四冊

620000 － 1101 － 0015538　 844. 13/73.
951.001

溫飛卿詩集七卷別集一卷集外詩一卷附錄諸
家詩評一卷　（唐）溫庭筠撰　（明）曾益注
（清）顧予咸補注　（清）顧嗣立續注　清宣統
二年(1910)上海國學扶輪社石印本　四冊

620000－1101－0015539　3733

溫恭毅公文集三十卷　（明）溫純撰　清乾隆
溫氏刻本　十冊

620000－1101－0015540　413.3/7.112

溫熱經緯五卷　（清）王士雄纂　清同治十三
年(1874)湖北崇文書局刻本　四冊

620000－1101－0015541　413.363/436.001

溫疫論補註二卷　（明）吳有性撰　（清）鄭重
光補注　清光緒六年(1880)掃葉山房刻本
二冊

620000－1101－0015542　413.363/436.002

溫疫論二卷　（明）吳有性撰　清咸豐刻本
一冊

620000－1101－0015543　413.363/436.004

溫疫論二卷　（明）吳有性撰　清中晚期刻本
二冊

620000－1101－0015544　413.363/436.005

溫疫論二卷　（明）吳有性撰　清中晚期刻本
二冊

620000－1101－0015545　1058

溫疫論二卷　（明）吳有性撰　清康熙四十八
年(1709)劉敞刻本　一冊

620000－1101－0015546　413.363/436.003

溫疫論一卷　（明）吳有性撰　清晚期抄本
一冊

620000－1101－0015547　413.363/267.01

瘟疫條辨摘要一卷　（清）楊璿　（清）陳良佐
撰　（清）呂田集錄　清宣統三年(1911)嚴裕
莊刻本　一冊

620000－1101－0015548　413.363/267.01

瘟疫條辨摘要一卷　（清）楊璿　（清）陳良佐
撰　（清）呂田集錄　清宣統三年(1911)嚴裕
莊刻本　一冊

620000－1101－0015549　413.363/267.011

瘟疫條辨摘要一卷　（清）楊璿　（清）陳良佐
撰　（清）呂田集錄　清光緒十五年(1889)浙
江書局刻本　一冊

620000－1101－0015550　3310

文昌雜錄六卷補遺一卷　（宋）龐元英撰　清
乾隆二十一年(1756)盧氏雅雨堂刻本　一冊

620000－1101－0015551　835.41/99

文萃補遺二十六卷　（清）郭麈纂　清光緒十
六年(1890)許邁孫刻本　四冊

620000－1101－0015552　835/313

文萃十三種四十五卷　（清）張道緒輯評　清
嘉慶十六年(1811)刻本　十六冊

620000－1101－0015553　835/313

文萃十三種四十五卷 （清）張道緒輯評 清
嘉慶十六年(1811)刻本 二十冊

620000－1101－0015554 835.41/99
文萃一百卷 （宋）姚鉉纂 清光緒十六年
(1890)許邁孫刻本 二十冊

620000－1101－0015555 2503
文房肆攷圖說八卷 （清）唐秉鈞撰 （清）康
愷繪圖 清乾隆四十三年(1778)刻本 四冊

620000－1101－0015556 2509
文房肆攷圖說八卷 （清）唐秉鈞撰 （清）康
愷繪圖 清乾隆四十三年(1778)刻本 六冊
存四卷(一至四)

620000－1101－0015557 3136
文房肆攷圖說八卷 （清）唐秉鈞撰 （清）康
愷繪圖 清乾隆四十三年(1778)刻本 八冊

620000－1101－0015558 3321
文房肆攷圖說八卷 （清）唐秉鈞撰 （清）康
愷繪圖 清乾隆四十三年(1778)刻本 四冊

620000－1101－0015559 4027
文房肆攷圖說八卷 （清）唐秉鈞撰 （清）康
愷繪圖 清乾隆四十三年(1778)刻本 一冊
存二卷(一至二)

620000－1101－0015560 129
文公家禮儀節八卷 （明）丘濬輯 明正德十
二年(1517)直隸太平府刻本 四冊

620000－1101－0015561 094.625/828.001
文公家禮儀節八卷 （宋）朱熹編 （明）楊慎
輯 清末大文堂刻本 一冊

620000－1101－0015562 094.625/828
文公家禮儀節八卷 （宋）朱熹編 （明）楊慎
輯 清善成堂刻本 六冊

620000－1101－0015563 845.14/221
文恭集四十卷 （宋）胡宿撰 清光緒二十一
年(1895)武進盛氏刻本 四冊

620000－1101－0015564 845.15/221.001
文恭集四十卷 （宋）胡宿撰 清同治十三年
(1874)江西書局刻武英殿聚珍版書本 五冊

存三十四卷(七至四十)

620000－1101－0015565 652.761/44
文節公奏疏二卷 （清）呂賢基著 清光緒惇
福堂刻本 二冊

620000－1101－0015566 652.761/44
文節公奏疏二卷 （清）呂賢基著 清光緒惇
福堂刻本 二冊

620000－1101－0015567 1377
文潔公手札不分卷 （清）□□撰 清乾隆稿
本 六冊

620000－1101－0015568 802.39/426
文科大詞典十二集 國學扶輪社編輯 清宣
統三年(1911)上海中國詞典公司鉛印本 十
二冊

620000－1101－0015569 040.8/94
文林綺繡五種五十九卷 （清）鴻寶齋書局輯
清光緒二十二年(1896)鴻寶齋書局石印本
五冊

620000－1101－0015570 040.8/94.001
文林綺繡五種五十九卷 （清）鴻寶齋書局輯
清光緒二十年(1894)上海鴻寶齋石印本
三冊 存三種三十五卷(楚騷綺語六卷、左國
腴詞八卷、文選錦字錄二十一卷)

620000－1101－0015571 782.1/314
文廟紀略六卷首一卷 （清）張伯璜著 清宣
統元年(1909)開平張氏刻本 一冊 存一卷
(四)

620000－1101－0015572 782.1/339
文廟考略一卷 （清）成兆南 （清）胡仲熊等
編 清同治四年(1865)秦安非能園刻本
一冊

620000－1101－0015573 782.1/339
文廟考略一卷 （清）成兆南 （清）胡仲熊等
編 清同治四年(1865)秦安非能園刻本
一冊

620000－1101－0015574 533.2424/37
文廟禮器圖式不分卷 （清）孔繼汾輯 清同

治六年(1867)寶翰樓刻本　一冊

620000－1101－0015575　782.23/51

文廟史典二十一卷　(清)莫瑞堂輯　清道光
九年(1829)刻本　八冊

620000－1101－0015576　533.24/504

文廟思源錄考不分卷　(清)葉慶提錄　(清)
麻兆慶考　清光緒二十年(1894)刻本　二冊

620000－1101－0015577　533.2/672

文廟祀典考五十卷首一卷　(清)龐鍾璐編輯
清光緒四年(1878)刻本　八冊

620000－1101－0015578　533.2/672

文廟祀典考五十卷首一卷　(清)龐鍾璐編輯
清光緒四年(1878)刻本　八冊　存四十卷
(一至三十一、四十至四十七,首一卷)

620000－1101－0015579　782.1/893.2

文廟祀位考略六卷　(清)劉槼撰　清光緒十
八年(1892)楊鴻文堂刻本　三冊　存五卷
(二至六)

620000－1101－0015580　121.24/828

文廟通考六卷首一卷　(清)牛樹梅編　清光
緒十四年(1888)岐山學署刻本　四冊

620000－1101－0015581　782.1/825

文廟通考六卷首一卷　(清)牛樹梅編　清同
治十一年(1872)浙江書局刻本　二冊

620000－1101－0015582　782.1/825.001

文廟通考六卷首一卷　(清)牛樹梅編　清同
治、光緒刻本　一冊　存二卷(五至六)

620000－1101－0015583　782.1/825.002

文廟通考六卷首一卷　(清)牛樹梅編　清同
治八年(1869)刻本　二冊　存五卷(一至四、
首一卷)

620000－1101－0015584　847.8/113.1

文莫室詩八卷　王樹柟撰　清光緒十三年
(1887)新城王氏文莫室刻本　一冊　存二卷
(七至八)

620000－1101－0015585　847.8/113.1

文莫室詩八卷　王樹柟撰　清光緒十三年

(1887)新城王氏文莫室刻本　一冊　存二卷
(七至八)

620000－1101－0015586　847.8/113.1

文莫室詩八卷　王樹柟撰　清光緒十三年
(1887)新城王氏文莫室刻本　一冊　存二卷
(七至八)

620000－1101－0015587　847.8/113.1

文莫室詩八卷　王樹柟撰　清光緒十三年
(1887)新城王氏文莫室刻本　一冊　存二卷
(七至八)

620000－1101－0015588　1296

文清公薛先生文集二十四卷　(明)薛瑄撰
明萬曆四十二年(1614)薛士弘刻本　六冊

620000－1101－0015589　1478

文清公薛先生文集二十四卷　(明)薛瑄撰
清雍正十二年(1734)薛氏刻本　十二冊

620000－1101－0015590　4181

文清公薛先生文集二十四卷　(明)薛瑄撰
清雍正十二年(1734)薛氏刻本　十二冊

620000－1101－0015591　4435

文清公薛先生文集二十四卷　(明)薛瑄撰
清雍正十二年(1734)薛氏刻本　二冊　存四
卷(七至八、十五至十六)

620000－1101－0015592　610.8/657

文史通義八卷　(清)章學誠著　清道光十二
年(1832)章華紱刻本　五冊

620000－1101－0015593　610.8/657

文史通義八卷　(清)章學誠著　清道光十二
年(1832)章華紱刻本　五冊

620000－1101－0015594　610.8/657

文史通義八卷　(清)章學誠著　清道光十二
年(1832)章華紱刻本　四冊

620000－1101－0015595　610.8/657

文史通義八卷校讎通義三卷　(清)章學誠著
清道光十二年至十三年(1832－1833)章華
紱刻本　五冊

620000－1101－0015596　610.8/657

文史通義八卷校讎通義三卷 （清）章學誠著 清道光十二年至十三年(1832－1833)章華紱刻本 一冊 存三卷(文史通義一至三)

620000－1101－0015597 610.8/657.001

文史通義八卷校讎通義三卷 （清）章學誠著 清光緒二十八年(1902)湖南勸學書社刻本 八冊

620000－1101－0015598 121.341/381

文始真經言外經旨二卷 （宋）陳顯微注 清光緒五年(1879)終南山古樓觀刻本 一冊

620000－1101－0015599 292.9/824

文殊菩薩籤不分卷 （□）無我金剛譯 清普施氏抄本 一冊

620000－1101－0015600 222.1/527

文殊師利菩薩問菩提經論二卷 （北魏）釋菩提流支(菩提留支)譯 金剛般若波羅蜜經破取著不壞假各論二卷 （唐）釋地婆訶羅譯 清宣統三年(1911)常州天寧寺刻本 一冊

620000－1101－0015601 1656

文溯閣四庫全書七萬九千八百九十七卷 （清）永瑢等纂修 清乾隆內府寫本 三萬六千三百十五冊

620000－1101－0015602 856.7/798

文壇博鈔二十五卷 （清）魏元煜等編選 清同治三年(1864)萃英堂刻本 二十二冊

620000－1101－0015603 98

文體明辯六十一卷目錄六卷附錄十四卷附錄目錄二卷首一卷 （明）徐師曾輯 明萬曆八年(1580)董氏壽檜堂刻本 七十七冊 存七十七卷(一至二、四至二十五、二十七至三十七、四十一至五十九,目錄六卷,附錄十四卷,附錄目錄二卷,首一卷)

620000－1101－0015604 802.63/412.013

文通十卷 （清）馬建忠撰 清光緒三十年(1904)上海商務印書館鉛印本 二冊

620000－1101－0015605 802.63/412

文通十卷 （清）馬建忠撰 清光緒二十四年(1898)上海商務印書館鉛印本 十冊

620000－1101－0015606 567.3/0.677

文縣賦役全書不分卷 （清）□□編 清咸豐二年(1852)刻本 三冊

620000－1101－0015607 573.1/736.05.005

文獻通考輯要二十四卷 湯壽潛編輯 清光緒刻本 十冊

620000－1101－0015608 573.1/736.05

文獻通考輯要二十四卷 湯壽潛編輯 清光緒二十五年(1899)圖書集成印書局鉛印本 十九冊

620000－1101－0015609 573.1/736.05

文獻通考輯要二十四卷 湯壽潛編輯 清光緒二十五年(1899)圖書集成印書局鉛印本 五冊 存十四卷(五至十八)

620000－1101－0015610 573.1/736.05

文獻通考輯要二十四卷 湯壽潛編輯 清光緒二十五年(1899)圖書集成印書局鉛印本 十八冊 存二十卷(五至二十四)

620000－1101－0015611 573.1/736.05

文獻通考輯要二十四卷 湯壽潛編輯 清光緒二十五年(1899)圖書集成印書局鉛印本 一冊 存一卷(十二)

620000－1101－0015612 573.1/751

文獻通考紀要二卷 （元）馬端臨撰 （清）□□編 清光緒二十八年(1902)濟南大學堂刻本 四冊

620000－1101－0015613 573.1/294

文獻通考截句四百首二卷 （清）李鑫撰 清道光六年(1826)李鑫希西山房刻本 二冊

620000－1101－0015614 52

文獻通考三百四十八卷 （元）馬端臨撰 明正德十一年至十四年(1516－1519)劉洪慎獨齋刻本 八十冊

620000－1101－0015615 4355

文獻通考三百四十八卷 （元）馬端臨撰 明正德十一年至十四年(1516－1519)劉洪慎獨

齋刻十六年(1521)重修本　二冊　存十二卷
(二百六十至二百七十一)

620000－1101－0015616　53
文獻通考三百四十八卷　(元)馬端臨撰　明
嘉靖三年(1524)司禮監刻本　二十二冊　存
六十九卷(一至十六、二十至二十一、二十五
至三十、九十至九十七、一百一至一百十三、
一百二十三至一百二十六、二百九十六至二
百九十九、三百五至三百十六、三百四十五至
三百四十八)

620000－1101－0015617　53
文獻通考三百四十八卷　(元)馬端臨撰　明
嘉靖三年(1524)司禮監刻本　六十七冊　存
二百四十卷(一至三十九、七十五至七十七、
八十四至一百五十二、一百六十六至一百七
十一、一百八十六至二百三十六、二百七十四
至二百七十七、二百八十一至三百四十八)

620000－1101－0015618　4061
文獻通考三百四十八卷　(元)馬端臨撰　明
末刻本　六十一冊　存二百二十二卷(一、五
至七、十至十二、二十八至三十九、六十一至
七十三、八十八至一百十五、一百八十三至二
百二十九、二百三十四至三百四十八)

620000－1101－0015619　54
文獻通考三百四十八卷　(元)馬端臨撰　明
末刻梅墅石渠閣印本　一百十九冊　存二百
四十五卷(一至二百四十二、二百四十六至二
百四十八)

620000－1101－0015620　3934
文獻通考三百四十八卷　(元)馬端臨撰　清
乾隆十二年(1747)武英殿刻本　十七冊　存
六十二卷(九十一至一百五十二)

620000－1101－0015621　573.1/417
文獻通考三百四十八卷　(元)馬端臨撰　清
光緒二十八年(1902)貫吾齋石印本　二十冊

620000－1101－0015622　573.1/417.001
文獻通考三百四十八卷　(元)馬端臨撰　清
光緒木活字印本　二十四冊　存六十一卷

(十至十六、五十七至六十二、一百六十三至
一百七十、一百八十二至一百九十二、二百一
至二百十、三百三十至三百四十八)

620000－1101－0015623　573.1/415.0
文獻通考三百四十八卷考證三卷　(元)馬端
臨撰　清光緒二十二年(1896)浙江書局刻本
一百五十一冊　存三百四十四卷(一至一
百五十七、一百六十二至三百四十八)

620000－1101－0015624　573.1/417.002
文獻通考三百四十八卷考證三卷　(元)馬端
臨撰　清光緒浙江書局刻本　三十四冊　存
六十九卷(一至十六、十九至三十四、三十七
至四十、四十三至五十六、六十七至六十八、
七十二至八十八)

620000－1101－0015625　573.1/417.002
文獻通考三百四十八卷考證三卷　(元)馬端
臨撰　清光緒浙江書局刻本　二十六冊　存
五十七卷(六十三至六十四、七十一至八十、
八十七至八十八、一百一至一百二、一百六至
一百十一、三百十四至三百四十八)

620000－1101－0015626　573.1/417.002
文獻通考三百四十八卷考證三卷　(元)馬端
臨撰　清光緒浙江書局刻本　八冊　存十八
卷(二十七至三十二、三十九至五十)

620000－1101－0015627　573.1/417.003
文獻通考三百四十八卷考證三卷　(元)馬端
臨撰　清光緒二十七年(1901)上海圖書集成
局鉛印本　三十八冊　存三百十一卷(一至
二十七、六十八至三百四十八,考證三卷)

620000－1101－0015628　573.1/417.003
文獻通考三百四十八卷考證三卷　(元)馬端
臨撰　清光緒二十七年(1901)上海圖書集成
局鉛印本　四十四冊

620000－1101－0015629　573.1/417.003
文獻通考三百四十八卷考證三卷　(元)馬端
臨撰　清光緒二十七年(1901)上海圖書集成
局鉛印本　四十冊　存五十六卷(二十至二
十七、七十三至七十八、八十五至九十八、一

243

百十三至一百三十三、一百四十二至一百四十八）

620000－1101－0015630　573.1/417.004
文獻通考三百四十八卷考證三卷　（元）馬端臨撰　清光緒二十八年（1902）上海鴻寶書局石印本　三十二冊

620000－1101－0015631　573.1/417.004
文獻通考三百四十八卷考證三卷　（元）馬端臨撰　清光緒二十八年（1902）上海鴻寶書局石印本　七冊　存七十八卷（二百五十九至三百二十九、三百四十二至三百四十八）

620000－1101－0015632　573.1/415.03
文獻通考詳節二十四卷　（元）馬端臨撰（清）嚴虞惇輯　清光緒五年（1879）八杉齋刻本　十二冊

620000－1101－0015633　573.1/415.03.001
文獻通考詳節二十四卷　（元）馬端臨撰（清）周鵬錄　清光緒二十七年（1901）上海汲綆齋石印本　六冊

620000－1101－0015634　573.1/415.03.002
文獻通考詳節二十四卷　（元）馬端臨撰　清光緒石印本　三冊　存十一卷（十四至二十四）

620000－1101－0015635　573.1/415.03.001
文獻通考詳節二十四卷　（元）馬端臨撰（清）周鵬錄　清光緒二十七年（1901）上海汲綆齋石印本　五冊　存二十一卷（一至十四、十八至二十四）

620000－1101－0015636　573.1/415.03.001
文獻通考詳節二十四卷　（元）馬端臨撰（清）周鵬錄　清光緒二十七年（1901）上海汲綆齋石印本　六冊

620000－1101－0015637　3360
文獻通考詳節二十四卷　（元）馬端臨撰（清）嚴虞惇輯　清乾隆二十九年（1764）繩武堂刻本　十二冊

620000－1101－0015638　1674

文獻通考纂二十二卷　（元）馬端臨撰　**續文獻通考纂二十二卷**　（明）王圻撰　清康熙心遠堂刻本　十一冊　存三十七卷（文獻通考纂八至二十二、續纂二十二卷）

620000－1101－0015639　573.1/415.04
文獻通考纂二十二卷續纂二十二卷　（清）郎星等纂　清晚期刻本　二十九冊　存三十九卷（文獻通考纂六至二十二、續纂二十二卷）

620000－1101－0015640　573.1/216
文獻通考纂要二十四卷　（元）馬端臨著（明）胡震亨纂　清光緒二十七年（1901）麗澤學會石印本　八冊

620000－1101－0015641　782.17/928
文獻徵存錄十卷　（清）錢林輯　（清）王藻編　清咸豐八年（1858）有嘉樹軒刻本　十冊

620000－1101－0015642　782.17/928
文獻徵存錄十卷　（清）錢林輯　（清）王藻編　清咸豐八年（1858）有嘉樹軒刻本　一冊　存一卷（一）

620000－1101－0015643　782.17/928
文獻徵存錄十卷　（清）錢林輯　（清）王藻編　清咸豐八年（1858）有嘉樹軒刻本　十冊

620000－1101－0015644　782.17/928
文獻徵存錄十卷　（清）錢林輯　（清）王藻編　清咸豐八年（1858）有嘉樹軒刻本　十九冊

620000－1101－0015645　782.17/928
文獻徵存錄十卷　（清）錢林輯　（清）王藻編　清咸豐八年（1858）有嘉樹軒刻本　十冊

620000－1101－0015646　122
文心雕龍十卷　（南朝梁）劉勰撰　明萬曆七年（1579）張之象刻本（卷八係補配）　二冊

620000－1101－0015647　3074
文心雕龍十卷　（南朝梁）劉勰撰　（清）黃叔琳輯注　清乾隆六年（1741）黃氏養素堂刻本　二冊

620000－1101－0015648　3336
文心雕龍十卷　（南朝梁）劉勰撰　（清）黃叔

琳輯注　清乾隆六年(1741)黃氏養素堂刻本
　二冊

620000－1101－0015649　2718
文心雕龍十卷　(南朝梁)劉勰撰　(清)黃叔
琳輯注　清乾隆刻本　二冊

620000－1101－0015650　2993
文心雕龍十卷　(南朝梁)劉勰撰　(清)黃叔
琳輯注　清乾隆刻本　二冊

620000－1101－0015651　820/88.16
文心雕龍十卷　(南朝梁)劉勰撰　(清)黃叔
琳注　(清)紀昀評　清道光十三年(1833)兩
廣節署刻朱墨套印本　四冊

620000－1101－0015652　820/88.16
文心雕龍十卷　(南朝梁)劉勰撰　(清)黃叔
琳注　(清)紀昀評　清道光十三年(1833)兩
廣節署刻朱墨套印本　四冊

620000－1101－0015653　820/88.16
文心雕龍十卷　(南朝梁)劉勰撰　(清)黃叔
琳注　(清)紀昀評　清道光十三年(1833)兩
廣節署刻朱墨套印本　四冊

620000－1101－0015654　820/88.16
文心雕龍十卷　(南朝梁)劉勰撰　(清)黃叔
琳注　(清)紀昀評　清道光十三年(1833)兩
廣節署刻朱墨套印本　四冊

620000－1101－0015655　820/88.16.004
文心雕龍十卷　(南朝梁)劉勰撰　(明)楊慎
批點　(清)張松孫輯注　清同治七年(1868)
刻本　四冊

620000－1101－0015656　820/88.16.003
文心雕龍十卷　(南朝梁)劉勰撰　清光緒三
年(1877)湖北崇文書局刻本　二冊

620000－1101－0015657　820/88.16.005
文心雕龍十卷　(南朝梁)劉勰撰　(清)黃叔
琳注　(清)紀昀評　清光緒十四年(1888)兩
廣節署刻本　四冊

620000－1101－0015658　820/88.16.002
文心雕龍十卷　(南朝梁)劉勰撰　(清)黃叔

琳注　(清)紀昀評　清光緒十九年(1893)思
賢講舍刻本　四冊

620000－1101－0015659　820/88.16.002
文心雕龍十卷　(南朝梁)劉勰撰　(清)黃叔
琳注　(清)紀昀評　清光緒十九年(1893)思
賢講舍刻本　四冊

620000－1101－0015660　830.7/399
文選編珠四卷　(清)陶元藻輯注　清嘉慶七
年(1802)刻本　一冊

620000－1101－0015661　830.3/574
文選古字通疏證六卷　(清)薛傳均撰　清道
光二十年(1840)刻本　二冊

620000－1101－0015662　830.3/574.001
文選古字通疏證六卷　(清)薛傳均撰　清道
光二十年(1840)刻本　一冊

620000－1101－0015663　135
文選錦字錄二十一卷　(明)凌迪知輯　明萬
曆四年至五年(1576－1577)凌氏桂芝館刻文
林綺繡本　十二冊

620000－1101－0015664　042/67.76
文選錦字錄二十一卷　(明)凌迪知輯　清光
緒十一年(1885)融經館刻本　八冊

620000－1101－0015665　042.6/764
文選錦字錄二十一卷　(明)凌迪知輯　清光
緒二十年(1894)上海寶文書局石印本　二冊
　存十四卷(八至二十一)

620000－1101－0015666　042/67.761
文選錦字錄二十一卷　(明)凌迪知輯　清光
緒二十二年(1896)上海鴻寶齋石印本　二冊

620000－1101－0015667　830/51.21
文選考異十卷　(清)胡克家撰　清嘉慶十四
年(1809)刻本　八冊

620000－1101－0015668　830/215
文選考異十卷　(清)胡克家撰　清同治八年
(1869)湖北崇文書局刻本　一冊　存三卷
(五至七)

620000－1101－0015669　830/215

文選考異十卷 （清）胡克家撰 清同治八年(1869)湖北崇文書局刻本 二冊 存五卷（一至二、五至七）

620000－1101－0015670 040.7/278

文選課虛四卷 （清）杭世駿類次 文選集腋二卷 （清）胥斌纂輯 清光緒二十年(1894)上海寶文書局石印本 一冊

620000－1101－0015671 041.7/897

文選類雋十四卷 （清）何焯編 清光緒二十年(1894)上海寶文書局石印本 一冊

620000－1101－0015672 142

文選六十卷 （南朝梁）蕭統輯 （唐）李善注 明成化二十三年(1487)唐藩朱芝址刻本 三十二冊

620000－1101－0015673 134

文選六十卷 （南朝梁）蕭統輯 （唐）李善注 明崇禎毛氏汲古閣刻本 二十冊

620000－1101－0015674 3067

文選六十卷 （南朝梁）蕭統輯 （唐）李善注 明崇禎毛氏汲古閣刻本 六冊 存二十九卷（三十二至六十）

620000－1101－0015675 3094

文選六十卷 （南朝梁）蕭統輯 （唐）李善注 明崇禎毛氏汲古閣刻本 九冊 存四十五卷（六至十、十六至二十、二十六至六十）

620000－1101－0015676 136

文選六十卷 （南朝梁）蕭統輯 （唐）李善注 明崇禎毛氏汲古閣刻清康熙二十五年(1686)錢士謐重修本 八冊

620000－1101－0015677 1854

文選六十卷 （南朝梁）蕭統輯 （唐）李善注 （清）何焯評 清乾隆三十七年(1772)葉氏海錄軒刻朱墨套印本 十二冊

620000－1101－0015678 1860

文選六十卷 （南朝梁）蕭統輯 （唐）李善等注 清乾隆四十九年(1784)刻本 十二冊

620000－1101－0015679 1861

文選六十卷 （南朝梁）蕭統輯 （唐）李善等注 清乾隆四十九年(1784)刻本 十二冊

620000－1101－0015680 3128

文選六十卷 （南朝梁）蕭統輯 （唐）李善注 文選考異十卷 （清）胡克家撰 清嘉慶十四年(1809)胡克家影宋刻本 十八冊 存五十一卷（一至三十五、五十五至六十，文選考異十卷）

620000－1101－0015681 1216

文選六十卷 （南朝梁）蕭統輯 （唐）李善注 （清）何焯評 清刻朱墨套印本 十六冊

620000－1101－0015682 1226

文選六十卷 （南朝梁）蕭統輯 （唐）李善注 （清）何焯評 清刻朱墨套印本 十二冊

620000－1101－0015683 1226－1

文選六十卷 （南朝梁）蕭統輯 （唐）李善注 （清）何焯評 清刻朱墨套印本 十二冊

620000－1101－0015684 1942

文選六十卷 （南朝梁）蕭統輯 （唐）李善注 （清）何焯評 清晚期文彬堂刻朱墨套印本 十二冊

620000－1101－0015685 1943

文選六十卷 （南朝梁）蕭統輯 （唐）李善注 （清）何焯評 清晚期芸生堂刻朱墨套印本 十冊

620000－1101－0015686 830/514.021

文選六十卷 （南朝梁）蕭統輯 （唐）李善注 （清）何焯評 清晚期羊城翰墨園刻朱墨套印本 十二冊

620000－1101－0015687 830/514.017

文選六十卷 （南朝梁）蕭統輯 （唐）李善注 清同治八年(1869)金陵書局刻本 十冊

620000－1101－0015688 830/514.017

文選六十卷 （南朝梁）蕭統輯 （唐）李善注 清同治八年(1869)金陵書局刻本 九冊 存五十二卷（一至四十六、五十五至六十）

620000－1101－0015689 830/514.009

文選六十卷 （南朝梁）蕭統輯 （唐）李善注
清光緒元年(1875)成都尊經書院刻本
十冊

620000 - 1101 - 0015690　830/514.010
文選六十卷 （南朝梁）蕭統輯 （唐）李善注
文選考異十卷 （清）胡克家撰 清光緒六
年(1880)四明林氏刻本　二十冊

620000 - 1101 - 0015691　830/514.001
文選六十卷 （南朝梁）蕭統輯 （唐）李善注
文選考異十卷 （清）胡克家撰 清光緒十
六年(1890)上海鴻文書局石印本　五冊

620000 - 1101 - 0015692　830/514.015
文選六十卷 （南朝梁）蕭統輯 （唐）李善注
文選考異十卷 （清）胡克家撰 清宣統三
年(1911)上海會文堂書局鉛印本　一冊　存
四卷(文選一至四)

620000 - 1101 - 0015693　830/514.016
文選六十卷 （南朝梁）蕭統輯 （唐）李善注
文選考異十卷 （清）胡克家撰 清末上海
鴻文書局石印本　十冊

620000 - 1101 - 0015694　830/514.007
文選六十卷 （南朝梁）蕭統輯 （唐）李善注
（清）何焯評 清中晚期刻朱墨套印本　二
冊　存七卷(五至十一)

620000 - 1101 - 0015695　830/514.007
文選六十卷 （南朝梁）蕭統輯 （唐）李善注
（清）何焯評 清中晚期刻朱墨套印本　五
冊　存二十五卷(十六至二十、二十六至三
十、三十六至四十、五十一至六十)

620000 - 1101 - 0015696　830/514.007
文選六十卷 （南朝梁）蕭統輯 （唐）李善注
（清）何焯評 清中晚期刻朱墨套印本　一
冊　存五卷(十二至十六)

620000 - 1101 - 0015697　830/514.007
文選六十卷 （南朝梁）蕭統輯 （唐）李善注
（清）何焯評 清晚期刻朱墨套印本　三十
二冊

620000 - 1101 - 0015698　830/514.007
文選六十卷 （南朝梁）蕭統輯 （唐）李善注
（清）何焯評 清晚期刻朱墨套印本　三十
二冊

620000 - 1101 - 0015699　830/514.018
文選六十卷 （南朝梁）蕭統輯 （唐）李善注
（清）何焯評 清晚期刻朱墨套印本　二冊
存六卷(二十一至二十五、五十)

620000 - 1101 - 0015700　830/514.019
文選六十卷 （南朝梁）蕭統輯 （唐）李善注
（清）何焯評 清晚期刻朱墨套印本　四冊
存十八卷(一至三、三十二至三十六、四十
至四十九)

620000 - 1101 - 0015701　830/514.008
文選六十卷 （南朝梁）蕭統輯 （唐）李善注
（清）何焯評 清刻朱墨套印本　十二冊

620000 - 1101 - 0015702　830/514.008
文選六十卷 （南朝梁）蕭統輯 （唐）李善注
（清）何焯評 清刻朱墨套印本　十二冊

620000 - 1101 - 0015703　830/514.012
文選六十卷 （南朝梁）蕭統輯 （唐）李善注
清刻本　十六冊

620000 - 1101 - 0015704　830/514.013
文選六十卷 （南朝梁）蕭統輯 （唐）李善注
清刻本　三冊　存三十卷(一至三十)

620000 - 1101 - 0015705　830/514.013
文選六十卷 （南朝梁）蕭統輯 （唐）李善注
清刻本　十二冊

620000 - 1101 - 0015706　830/514.020
文選六十卷 （南朝梁）蕭統輯 （唐）李善注
清刻本　九冊　存四十五卷(六至十、十六
至三十、三十六至六十)

620000 - 1101 - 0015707　830/514.022
文選六十卷 （南朝梁）蕭統輯 （唐）李善注
（清）何焯評 清刻本　十六冊

620000 - 1101 - 0015708　830/514.023
文選六十卷 （南朝梁）蕭統輯 （唐）李善注

清刻本　十二册

620000－1101－0015709　830/51.72

文選旁證四十六卷　（清）梁章鉅撰　清光緒
八年（1882）刻本　十二册

620000－1101－0015710　040.8/68

文選四種四十卷　（清）上海寶文書局輯　清
光緒十年（1884）上海寶文書局石印本　六册

620000－1101－0015711　830/51.24

文選通假字會四卷　（清）杜宗玉撰　清光緒
二十二年（1896）孝感學署刻本　四册

620000－1101－0015712　830/514.014

文選五卷首一卷考異一卷　（南朝梁）蕭統選
編　（唐）李善注　（明）孫月峰批　（清）胡
克家考異　清光緒十四年（1888）同文書局石
印本　六册

620000－1101－0015713　3326

文選音義八卷　（清）余蕭客撰　清乾隆二十
二年（1757）余氏靜勝堂刻本　八册

620000－1101－0015714　4117

文選音義八卷　（清）余蕭客撰　清乾隆二十
二年（1757）余氏靜勝堂刻本　四册

620000－1101－0015715　774

文選章句二十八卷　（明）陳與郊撰　明萬曆
二十五年（1597）刻本　十册

620000－1101－0015716　041.78/120

文選鍼度十七卷　（清）王伯鹿編輯　清光緒
二十一年（1895）上海鴻寶齋石印本　一册

620000－1101－0015717　526.195.2/262

文學興國策二卷　（日本）森有禮輯　（美國）
林樂知譯　（清）任廷旭筆述　清光緒二十二
年（1896）上海圖書集成局鉛印本　二册

620000－1101－0015718　526.195.2/262

文學興國策二卷　（日本）森有禮輯　（美國）
林樂知譯　（清）任廷旭筆述　清光緒二十二
年（1896）上海圖書集成局鉛印本　二册

620000－1101－0015719　526.195.2/262

文學興國策二卷　（日本）森有禮輯　（美國）

林樂知譯　（清）任廷旭筆述　清光緒二十二
年（1896）上海圖書集成局鉛印本　一册

620000－1101－0015720　822/842

文鑰二卷　鄒福保輯　清宣統三年（1911）甘
肅存古學堂刻本　一册

620000－1101－0015721　822/842

文鑰二卷　鄒福保輯　清宣統三年（1911）甘
肅存古學堂刻本　二册

620000－1101－0015722　822/842

文鑰二卷　鄒福保輯　清宣統三年（1911）甘
肅存古學堂刻本　二册

620000－1101－0015723　822/842

文鑰二卷　鄒福保輯　清宣統三年（1911）甘
肅存古學堂刻本　一册

620000－1101－0015724　822/842

文鑰二卷　鄒福保輯　清宣統元年（1909）刻
本　一册　存一卷（下）

620000－1101－0015725　822/842

文鑰二卷　鄒福保輯　清宣統三年（1911）甘
肅存古學堂刻本　二册

620000－1101－0015726　822/842

文鑰二卷　鄒福保輯　清宣統三年（1911）甘
肅存古學堂刻本　二册

620000－1101－0015727　822/842

文鑰二卷　鄒福保輯　清宣統三年（1911）甘
肅存古學堂刻本　一册　存一卷（下）

620000－1101－0015728　822/842

文鑰二卷　鄒福保輯　清宣統三年（1911）甘
肅存古學堂刻本　一册　存一卷（下）

620000－1101－0015729　822/842

文鑰二卷　鄒福保輯　清宣統三年（1911）甘
肅存古學堂刻本　一册　存一卷（下）

620000－1101－0015730　822/842

文鑰二卷　鄒福保輯　清宣統三年（1911）甘
肅存古學堂刻本　一册　存一卷（下）

620000－1101－0015731　822/842

文鑰二卷　鄒福保輯　清宣統三年(1911)甘肅存古學堂刻本　一冊　存一卷(下)

620000－1101－0015732　041/911

文腋類編十卷　(清)周岱鑒定　(清)劉燕(清)劉慎樞訂　清光緒十四年(1888)刻本十六冊

620000－1101－0015733　856.7/886

文腋類編十卷　(清)周岱鑒定　(清)劉燕(清)劉慎樞訂　清光緒十四年(1888)三友書室鉛印本　二冊　存四卷(一至二、九至十)

620000－1101－0015734　856.7/0.677

文苑集成三十三卷　(清)□□編　清同治九年(1870)京都琉璃廠刻本　三十四冊

620000－1101－0015735　856.7/357

文苑菁華二集續編六卷　(清)孟廣居輯　清光緒二年(1876)刻本　六冊

620000－1101－0015736　856.7/780

文苑菁華六卷　(清)漪生閣主人編　清光緒二年(1876)刻本　六冊

620000－1101－0015737　92

文苑英華一千卷　(宋)李昉等輯　明隆慶元年(1567)胡維新、戚繼光刻本　一百二冊

620000－1101－0015738　820/381

文則二卷　(宋)陳騤撰　文則校語附錄一卷　(清)宋世犖輯　清嘉慶二十二年(1817)臨海宋氏刻台州叢書本　一冊

620000－1101－0015739　820/381

文則二卷　(宋)陳騤撰　文則校語附錄一卷　(清)宋世犖輯　清嘉慶二十二年(1817)臨海宋氏刻台州叢書本　一冊

620000－1101－0015740　3012

文章軌範七卷　(宋)謝枋得輯評　清乾隆四十年(1775)刻本　二冊

620000－1101－0015741　835/61

文章軌範七卷　(宋)謝枋得輯評　清光緒三十四年(1908)成都志古堂刻本　二冊

620000－1101－0015742　830.76/860

文章游戲初編八卷二編八卷三編八卷四編八卷　(清)繆艮選編　清刻本　五冊　存九卷(初編五至八、二編五至八、三編二)

620000－1101－0015743　96

文章正宗鈔四卷　(明)胡汝嘉輯　明萬曆三年(1575)懷慶府刻本　八冊

620000－1101－0015744　835/235

文章正宗復刻三十卷　(宋)真德秀輯　清同治三年(1864)刻本　二十冊

620000－1101－0015745　97

文章正宗選要四卷　(明)李時成輯　明萬曆七年(1579)刻本　八冊

620000－1101－0015746　123.91/115.002

文中子中說十卷　(隋)王通撰　(宋)阮逸注　清道光二年(1822)閻士驤刻本　四冊

620000－1101－0015747　123.91/115

文中子中說十卷　(隋)王通撰　(宋)阮逸注　清道光五年(1825)賈需刻本　四冊

620000－1101－0015748　123.91/115.001

文中子中說十卷　(隋)王通撰　(宋)阮逸注　清光緒二年(1876)浙江書局刻二十二子叢書本　二冊

620000－1101－0015749　123.91/115.001

文中子中說十卷　(隋)王通撰　(宋)阮逸注　清光緒二年(1876)浙江書局刻二十二子叢書本　二冊

620000－1101－0015750　123.91/115.001

文中子中說十卷　(隋)王通撰　(宋)阮逸注　清光緒二年(1876)浙江書局刻二十二子叢書本　二冊

620000－1101－0015751　121.39/249

文子纘義十二卷　(宋)杜道堅撰　清光緒三年(1877)浙江書局刻本　二冊

620000－1101－0015752　121.39/249.001

文子纘義十二卷　(宋)杜道堅撰　清光緒三年(1877)浙江書局刻本　二冊

620000－1101－0015753　121.39/249

文子續義十二卷　（宋）杜道堅撰　清光緒三年（1877）浙江書局刻本　二冊

620000－1101－0015754　126

文字會寶不分卷　（明）朱文治輯　明萬曆三十六年（1608）刻本　六冊　存六冊（二、四至六、九至十）

620000－1101－0015755　126

文字會寶不分卷　（明）朱文治輯　明萬曆三十六年（1608）刻本　十冊

620000－1101－0015756　802.27/550

文字蒙求廣義四卷　（清）蒯光典撰　清光緒二十七年（1901）江楚書局刻本　四冊　存二卷（三至四）

620000－1101－0015757　802.27/11

文字蒙求四卷　（清）王筠著　清光緒五年（1879）章氏刻本　一冊

620000－1101－0015758　2711

聞鶴軒酬應錄見二十四卷　（清）盧夑輯　清康熙刻本　十二冊

620000－1101－0015759　831/292

聞湖詩三鈔八卷　（清）李道悠輯　續編一卷（清）沈景修輯　清光緒十九年（1893）刻本　一冊

620000－1101－0015760　831/292

聞湖詩三鈔八卷　（清）李道悠輯　續編一卷（清）沈景修輯　清光緒十九年（1893）刻本　二冊　存八卷（三鈔八卷）

620000－1101－0015761　857.177/348

聞見一隅錄三卷　（清）夏炘撰　清同治六年（1867）刻本　一冊

620000－1101－0015762　847.9/935

聞妙香室詩稿五卷　（清）錢錫寀著　清宣統二年（1910）天津醒華報館石印本　一冊

620000－1101－0015763　847.9/935

聞妙香室詩稿五卷　（清）錢錫寀著　清宣統二年（1910）天津醒華報館石印本　一冊

620000－1101－0015764　192.92/825

聞善錄二卷末一卷　（清）牛樹梅輯　清同治三年（1864）古柏書屋刻本　一冊

620000－1101－0015765　782.17/825

聞善錄二卷末一卷　（清）牛樹梅輯　清同治三年（1864）古柏書屋刻本　一冊

620000－1101－0015766　856.176/825

聞善錄二卷末一卷　（清）牛樹梅輯　清同治十三年（1874）古柏書屋刻本　四冊

620000－1101－0015767　802.39/66

問奇典註六卷　（清）唐英撰　清嘉慶二十三年（1818）張昹刻本　六冊

620000－1101－0015768　1886

問奇一覽二卷　（清）李書雲輯　清康熙二十九年（1690）刻本　二冊

620000－1101－0015769　847.8/113

問青園集十二種十三卷　（清）王晉之著　清光緒二十二年（1896）刻本　一冊

620000－1101－0015770　413.3/434.001

問心堂溫病條辨六卷首一卷　（清）吳瑭著　清光緒二十一年（1895）學庫山房刻本　六冊

620000－1101－0015771　413.3/434.001

問心堂溫病條辨六卷首一卷　（清）吳瑭著　清光緒二十一年（1895）學庫山房刻本　一冊　存一卷（一）

620000－1101－0015772　653.771/30

問心齋學治雜錄二卷續錄四卷　（清）張聯桂撰　清光緒十一年（1885）刻本　六冊

620000－1101－0015773　716.08/218

問影樓輿地叢書第一集十五種四十四卷　胡思敬輯　清光緒三十四年（1908）胡氏鉛印本　九冊　存十四種三十四卷（黑韃事略一卷、峒谿纖志三卷、雲緬山川志一卷、黔記四卷、東三省輿圖說一卷、陝西南山谷口考一卷、緬述一卷、三省山內風土雜記一卷、萬里行程記一卷、關中水道記四卷、水地記一卷、遊歷記一卷、滇海虞衡志十三卷、東三省韓俄交界道里表一卷）

620000－1101－0015774　716.08/218

問影樓輿地叢書第一集十五種四十四卷　胡思敬輯　清光緒三十四年(1908)胡氏鉛印本　六冊

620000－1101－0015775　716.08/218

問影樓輿地叢書第一集十五種四十四卷　胡思敬輯　清光緒三十四年(1908)胡氏鉛印本　十冊

620000－1101－0015776　716.08/218

問影樓輿地叢書第一集十五種四十四卷　胡思敬輯　清光緒三十四年(1908)胡氏鉛印本　一冊　存三種五卷(黑韃事略一卷、峒谿纖志三卷、雲緬山川志一卷)

620000－1101－0015777　716.08/218

問影樓輿地叢書第一集十五種四十四卷　胡思敬輯　清光緒三十四年(1908)胡氏鉛印本　八冊　存十二種三十二卷(黑韃事略一卷、峒谿纖志三卷、雲緬山川志一卷、黔記四卷、東三省輿圖說一卷、三省山內風土雜記一卷、萬里行程記一卷、關中水道記四卷、水地記一卷、遊歷記一卷、滇海虞衡志十三卷、東三省韓俄交界道里表一卷)

620000－1101－0015778　413.3/526.6

問齋醫桉五卷　(清)蔣寶素著　清道光三十年(1850)刻本　六冊

620000－1101－0015779　413.3/526.6

問齋醫桉五卷　(清)蔣寶素著　清道光三十年(1850)刻本　六冊

620000－1101－0015780　847.1/32.01

翁山詩外二十卷　(清)屈大均撰　清宣統二年(1910)上海國學扶輪社鉛印本　一冊　存三卷(十二至十四)

620000－1101－0015781　847.1/32.01

翁山詩外十六卷　(清)屈大均撰　清宣統二年(1910)上海國學扶輪社鉛印本　十六冊

620000－1101－0015782　943.4/98.01

翁松禪楷書顧亭林詩一卷　(清)翁同龢書　鄧秋枚集印　清宣統元年(1909)上海神州國光社影印本　一冊

620000－1101－0015783　856.278/98

翁松禪手札不分卷　(清)翁同龢撰　清宣統元年(1909)石印本　二冊

620000－1101－0015784　943.4/98.62

翁覃谿楷書金剛經一卷　(清)翁方綱書　清宣統三年(1911)上海神州國光社銅版印本　一冊

620000－1101－0015785　413.72/609

翁仲仁先生痘疹金鏡錄三卷　(清)許豫和注釋　清晚期刻本　一冊　存二卷(上、下)

620000－1101－0015786　071.526/118

翁注困學紀聞二十卷首一卷　(宋)王應麟撰　(清)翁元圻輯　清光緒十五年(1889)上海點石齋石印本　六冊

620000－1101－0015787　2022

甕牖閒評八卷　(宋)袁文撰　清乾隆武英殿木活字印武英殿聚珍版書本　四冊

620000－1101－0015788　089.76/91.004

倭文端公遺書八卷首二卷末一卷續刊四卷　(清)倭仁撰　清光緒元年(1875)求我齋刻本　三冊　存八卷(七至八、首一、末一卷、續刊四卷)

620000－1101－0015789　089.76/91.004

倭文端公遺書八卷首二卷末一卷續刊四卷　(清)倭仁撰　清光緒元年(1875)求我齋刻本　三冊　存十三卷(一至五、七至八,首一、末一卷,續刊四卷)

620000－1101－0015790　089.76/91

倭文端公遺書十卷首二卷　(清)倭仁撰　清光緒三年(1877)翰元樓刻本　六冊

620000－1101－0015791　089.76/91.002

倭文端公遺書十一卷首二卷　(清)倭仁撰　清末刻本　八冊

620000－1101－0015792　089.76/91.001

倭文端公遺書十一卷首二卷　(清)倭仁撰　清光緒二十年(1894)山東書局刻本　八冊

620000－1101－0015793　089.76/91.003

倭文端公遺書十一卷首二卷 （清）倭仁撰
清同治刻本　八冊

620000－1101－0015794　977.11/455

蝸篆弈錄八種八卷 （清）鮑鼎編　清光緒十
二年至二十二年(1886－1896)蝸篆刻本
九冊

620000－1101－0015795　847.4/859.07

我法集二卷 （清）紀昀撰　（清）紀樹馨編錄
清嘉慶三年(1798)河間紀氏閱微草堂刻本
一冊

620000－1101－0015796　2018

臥龍崗志二卷 （清）羅景輯　清康熙五十一
年(1712)刻本　二冊

620000－1101－0015797　2307

臥龍崗志二卷 （清）羅景輯　清康熙五十一
年(1712)刻本　二冊

620000－1101－0015798　3391

臥龍崗志二卷 （清）羅景輯　清康熙五十一
年(1712)刻本　二冊

620000－1101－0015799　293

握機經三卷握機緯十五卷 （明）曹胤儒輯
明末刻本(吳子二卷配清抄本)　七冊

620000－1101－0015800　293

握機經三卷握機緯十五卷 （明）曹胤儒輯
明末刻本　六冊　存十五卷(握機緯十五卷)

620000－1101－0015801　689.61/859

烏魯木齊雜記一卷 （清）紀昀撰　清光緒王
氏鉛印本　一冊

620000－1101－0015802　683.31/86.63

烏石山志九卷首一卷 （清）郭柏蒼　（清）劉
永松纂輯　清光緒刻本　六冊

620000－1101－0015803　192.14/835

毋欺錄一卷補錄一卷 （明）朱用純撰　清同
治八年(1869)刻本　一冊

620000－1101－0015804　192.14/835

毋欺錄一卷補錄一卷 （明）朱用純撰　清同
治八年(1869)刻本　一冊

620000－1101－0015805　847.8/119

毋自欺室文集十卷 （清）王炳燮撰　清光緒
十一年(1885)津河廣仁堂刻本　四冊

620000－1101－0015806　847.8/119

毋自欺室文集十卷 （清）王炳燮撰　清光緒
十一年(1885)津河廣仁堂刻本　四冊

620000－1101－0015807　573.17/440.004

吾學錄初編二卷 （清）吳榮光　（清）黃本驥
編　（清）左宗棠節選　清光緒六年(1880)酒
泉營次刻本　二冊

620000－1101－0015808　573.17/440.004

吾學錄初編二卷 （清）吳榮光　（清）黃本驥
編　（清）左宗棠節選　清光緒六年(1880)酒
泉營次刻本　二冊

620000－1101－0015809　573.17/440.004

吾學錄初編二卷 （清）吳榮光　（清）黃本驥
編　（清）左宗棠節選　清光緒六年(1880)酒
泉營次刻本　二冊

620000－1101－0015810　573.17/440.004

吾學錄初編二卷 （清）吳榮光　（清）黃本驥
編　（清）左宗棠節選　清光緒六年(1880)酒
泉營次刻本　二冊

620000－1101－0015811　573.17/440.004

吾學錄初編二卷 （清）吳榮光　（清）黃本驥
編　（清）左宗棠節選　清光緒六年(1880)酒
泉營次刻本　二冊

620000－1101－0015812　573.17/440.004

吾學錄初編二卷 （清）吳榮光　（清）黃本驥
編　（清）左宗棠節選　清光緒六年(1880)酒
泉營次刻本　二冊

620000－1101－0015813　573.17/440.004

吾學錄初編二卷 （清）吳榮光　（清）黃本驥
編　（清）左宗棠節選　清光緒六年(1880)酒
泉營次刻本　一冊　存一卷(二)

620000－1101－0015814　573.17/440.004

吾學錄初編二卷 （清）吳榮光　（清）黃本驥

編　（清）左宗棠節選　清光緒六年（1880）酒
泉營次刻本　二冊

620000－1101－0015815　573.17/440.004
吾學錄初編二卷　（清）吳榮光　（清）黃本驥
編　（清）左宗棠節選　清光緒六年（1880）酒
泉營次刻本　二冊

620000－1101－0015816　573.17/440.004
吾學錄初編二卷　（清）吳榮光　（清）黃本驥
編　（清）左宗棠節選　清光緒六年（1880）酒
泉營次刻本　二冊

620000－1101－0015817　573.17/440.004
吾學錄初編二卷　（清）吳榮光　（清）黃本驥
編　（清）左宗棠節選　清光緒六年（1880）酒
泉營次刻本　二冊

620000－1101－0015818　573.17/440.004
吾學錄初編二卷　（清）吳榮光　（清）黃本驥
編　（清）左宗棠節選　清光緒六年（1880）酒
泉營次刻本　二冊

620000－1101－0015819　573.17/440.004
吾學錄初編二卷　（清）吳榮光　（清）黃本驥
編　（清）左宗棠節選　清光緒六年（1880）酒
泉營次刻本　二冊

620000－1101－0015820　573.17/440.004
吾學錄初編二卷　（清）吳榮光　（清）黃本驥
編　（清）左宗棠節選　清光緒六年（1880）酒
泉營次刻本　二冊

620000－1101－0015821　573.17/440.004
吾學錄初編二卷　（清）吳榮光　（清）黃本驥
編　（清）左宗棠節選　清光緒六年（1880）酒
泉營次刻本　二冊

620000－1101－0015822　573.17/440.004
吾學錄初編二卷　（清）吳榮光　（清）黃本驥
編　（清）左宗棠節選　清光緒六年（1880）酒
泉營次刻本　二冊

620000－1101－0015823　573.17/440.004
吾學錄初編二卷　（清）吳榮光　（清）黃本驥
編　（清）左宗棠節選　清光緒六年（1880）酒

620000－1101－0015824　573.17/440.004
吾學錄初編二卷　（清）吳榮光　（清）黃本驥
編　（清）左宗棠節選　清光緒六年（1880）酒
泉營次刻本　二冊

620000－1101－0015825　573.17/440.004
吾學錄初編二卷　（清）吳榮光　（清）黃本驥
編　（清）左宗棠節選　清光緒六年（1880）酒
泉營次刻本　二冊

620000－1101－0015826　573.17/440.004
吾學錄初編二卷　（清）吳榮光　（清）黃本驥
編　（清）左宗棠節選　清光緒六年（1880）酒
泉營次刻本　二冊

620000－1101－0015827　573.17/440.004
吾學錄初編二卷　（清）吳榮光　（清）黃本驥
編　（清）左宗棠節選　清光緒六年（1880）酒
泉營次刻本　二冊

620000－1101－0015828　573.17/440.004
吾學錄初編二卷　（清）吳榮光　（清）黃本驥
編　（清）左宗棠節選　清光緒六年（1880）酒
泉營次刻本　二冊

620000－1101－0015829　573.17/440.004
吾學錄初編二卷　（清）吳榮光　（清）黃本驥
編　（清）左宗棠節選　清光緒六年（1880）酒
泉營次刻本　二冊

620000－1101－0015830　573.17/440.004
吾學錄初編二卷　（清）吳榮光　（清）黃本驥
編　（清）左宗棠節選　清光緒六年（1880）酒
泉營次刻本　一冊　存一卷（上）

620000－1101－0015831　573.17/440.005
吾學錄初編二十四卷　（清）吳榮光述　清道
光二十九年（1849）湘西高國榮刻本　八冊

620000－1101－0015832　573.17/440.005
吾學錄初編二十四卷　（清）吳榮光述　清道
光二十九年（1849）湘西高國榮刻本　六冊

620000－1101－0015833　573.17/440.002
吾學錄初編二十四卷　（清）吳榮光述　清同

治九年(1870)江蘇書局刻本　六冊

620000－1101－0015834　573.17/440.003

吾學錄初編二十四卷　(清)吳榮光述　清光緒七年(1881)三原李氏桐蔭軒刻本　六冊

620000－1101－0015835　573.17/440.006

吾學錄初編二十四卷　(清)吳榮光述　清光緒七年(1881)三原李氏桐蔭軒刻本　十二冊

620000－1101－0015836　573.17/440.001

吾學錄初編二十四卷　(清)吳榮光述　清光緒二十年(1894)寶善書局石印本　二冊　存十三卷(一至十三)

620000－1101－0015837　573.17/440.001

吾學錄初編二十四卷　(清)吳榮光述　清光緒二十年(1894)寶善書局石印本　四冊

620000－1101－0015838　573.17/440.007

吾學錄二十四卷　(清)吳榮光述　清同治十三年(1874)黔中羅大春刻本　八冊

620000－1101－0015839　224

吳朝請集一卷　(南朝梁)吳均撰　明婁東張氏刻漢魏六朝百三名家集本　一冊

620000－1101－0015840　830.7/471

吳會英才集二十四卷　(清)畢沅輯　清嘉慶刻本　一冊　存十卷(十一至二十)

620000－1101－0015841　144.69/208

吳京卿節本天演論不分卷　(英國)赫胥黎著　嚴復譯　(清)吳汝綸刪節　清光緒二十九年(1903)上海文明書局鉛印本　一冊

620000－1101－0015842　144.69/208

吳京卿節本天演論不分卷　(英國)赫胥黎著　嚴復譯　(清)吳汝綸刪節　清光緒二十九年(1903)上海文明書局鉛印本　一冊

620000－1101－0015843　144.69/208

吳京卿節本天演論不分卷　(英國)赫胥黎著　嚴復譯　(清)吳汝綸刪節　清光緒二十九年(1903)上海文明書局鉛印本　一冊

620000－1101－0015844　144.69/208

吳京卿節本天演論不分卷　(英國)赫胥黎著

嚴復譯　(清)吳汝綸刪節　清光緒二十九年(1903)上海文明書局鉛印本　一冊

620000－1101－0015845　144.69/208

吳京卿節本天演論不分卷　(英國)赫胥黎著　嚴復譯　(清)吳汝綸刪節　清光緒二十九年(1903)上海文明書局鉛印本　一冊

620000－1101－0015846　144.69/208

吳京卿節本天演論不分卷　(英國)赫胥黎著　嚴復譯　(清)吳汝綸刪節　清光緒二十九年(1903)上海文明書局鉛印本　一冊

620000－1101－0015847　144.69/208

吳京卿節本天演論不分卷　(英國)赫胥黎著　嚴復譯　(清)吳汝綸刪節　清光緒二十九年(1903)上海文明書局鉛印本　一冊

620000－1101－0015848　144.69/208

吳京卿節本天演論不分卷　(英國)赫胥黎著　嚴復譯　(清)吳汝綸刪節　清光緒二十九年(1903)上海文明書局鉛印本　一冊

620000－1101－0015849　144.69/208

吳京卿節本天演論不分卷　(英國)赫胥黎著　嚴復譯　(清)吳汝綸刪節　清光緒二十九年(1903)上海文明書局鉛印本　一冊

620000－1101－0015850　144.69/208

吳京卿節本天演論不分卷　(英國)赫胥黎著　嚴復譯　(清)吳汝綸刪節　清光緒二十九年(1903)上海文明書局鉛印本　一冊

620000－1101－0015851　144.69/208

吳京卿節本天演論不分卷　(英國)赫胥黎著　嚴復譯　(清)吳汝綸刪節　清光緒二十九年(1903)上海文明書局鉛印本　一冊

620000－1101－0015852　144.69/208

吳京卿節本天演論不分卷　(英國)赫胥黎著　嚴復譯　(清)吳汝綸刪節　清光緒鉛印本　一冊

620000－1101－0015853　672.15/828

吳郡圖經續記三卷　(宋)朱長文撰　清同治十二年(1873)江蘇書局刻本　一冊

620000－1101－0015854　672.15/828

吳郡圖經續記三卷　（宋）朱長文撰　清同治十二年(1873)江蘇書局刻本　一冊

620000－1101－0015855　847.7/63

吳可讀文集四卷　（清）吳可讀著　（清）楊慶生箋注　清光緒三十四年(1908)集成圖書公司鉛印本　一冊

620000－1101－0015856　847.7/63

吳可讀文集四卷　（清）吳可讀著　（清）楊慶生箋注　清光緒三十四年(1908)集成圖書公司鉛印本　一冊

620000－1101－0015857　847.7/63

吳可讀文集四卷　（清）吳可讀著　（清）楊慶生箋注　清光緒三十四年(1908)集成圖書公司鉛印本　一冊

620000－1101－0015858　782.178/420

吳柳堂先生誄詞不分卷　（清）馬人龍撰　清光緒五年至六年(1879－1880)刻本　一冊

620000－1101－0015859　782.877/434.001

吳柳堂先生誄文正續合編不分卷　（清）傅嚴霖等輯　清光緒九年(1883)北京榮祿堂刻本　四冊

620000－1101－0015860　782.877/434

吳柳堂先生誄文正續合編四卷　（清）傅嚴霖等輯　清光緒刻本　四冊

620000－1101－0015861　847.1/441

吳梅村詞一卷　（清）吳偉業著　清宣統元年(1909)掃葉山房石印本　一冊

620000－1101－0015862　857.17/153

吳門畫舫錄一卷　（清）西溪山人編　清光緒三十四年(1908)長沙葉氏刻本　一冊

620000－1101－0015863　3316

吳門吳烈女輓詩不分卷　（□）□□撰　清康熙三十六年(1697)刻本　二冊

620000－1101－0015864　684.68/987

吳山伍公廟志六卷首一卷附溧陽縣志一卷　（清）金文淳纂輯　清光緒二年(1876)刻本　一冊

620000－1101－0015865　2607

吳詩集覽二十卷補注二十卷　（清）吳偉業撰　（清）靳榮藩注　吳詩談藪二卷拾遺一卷　（清）靳榮藩輯　清乾隆四十年(1775)凌雲亭刻道光七年(1827)增補後印本　十六冊　存二十卷(集覽二十卷)

620000－1101－0015866　2630

吳詩集覽二十卷補注二十卷　（清）吳偉業撰　（清）靳榮藩注　吳詩談藪二卷拾遺一卷　（清）靳榮藩輯　清乾隆刻本　十七冊　存三十四卷(集覽一至十、十二至十八，補注一至十、十二至十八)

620000－1101－0015867　2631

吳詩集覽二十卷補注二十卷　（清）吳偉業撰　（清）靳榮藩注　吳詩談藪二卷拾遺一卷　（清）靳榮藩輯　清乾隆刻本　十五冊

620000－1101－0015868　2824

吳詩集覽二十卷補注二十卷　（清）吳偉業撰　（清）靳榮藩注　吳詩談藪二卷拾遺一卷　（清）靳榮藩輯　清乾隆刻本　十六冊

620000－1101－0015869　2825

吳詩集覽二十卷補注二十卷　（清）吳偉業撰　（清）靳榮藩注　吳詩談藪二卷拾遺一卷　（清）靳榮藩輯　清乾隆刻本　十六冊

620000－1101－0015870　3918

吳詩集覽二十卷補注二十卷　（清）吳偉業撰　（清）靳榮藩注　吳詩談藪二卷拾遺一卷　（清）靳榮藩輯　清乾隆刻本　二十冊

620000－1101－0015871　4009

吳詩集覽二十卷補注二十卷　（清）吳偉業撰　（清）靳榮藩注　吳詩談藪二卷拾遺一卷　（清）靳榮藩輯　清乾隆刻本　一冊　存二十三卷(補注二十卷、談藪二卷、拾遺一卷)

620000－1101－0015872　4012

吳詩集覽二十卷補注二十卷　（清）吳偉業撰　（清）靳榮藩注　吳詩談藪二卷拾遺一卷　（清）靳榮藩輯　清乾隆刻本　十冊　存二十

七卷(集覽九至二十、補注九至二十、談藪二卷、拾遺一卷)

620000－1101－0015873　4051
吳詩集覽二十卷補注二十卷　（清）吳偉業撰　（清）靳榮藩注　**吳詩談藪二卷拾遺一卷**　（清）靳榮藩輯　清乾隆刻本　一冊　存四卷（集覽八至九、補注八至九）

620000－1101－0015874　847.2/434
吳詩集覽二十卷吳詩談藪一卷　（清）吳偉業撰　（清）靳榮藩注　清刻本　二十冊

620000－1101－0015875　833.1/441
吳氏石蓮庵刻山左人詞十七種五十卷　（清）吳重憙輯　清光緒二十七年(1901)海豐吳氏金陵刻本　十冊

620000－1101－0015876　413.8/441.002
吳氏醫學述第四種十二卷首一卷末一卷　（清）吳儀洛輯　清刻本　十冊

620000－1101－0015877　413.8/441.002
吳氏醫學述第四種十二卷首一卷末一卷　（清）吳儀洛輯　清晚期吳氏刻本　五冊　存十一卷（二至六、八至十二，末一卷）

620000－1101－0015878　071.75/43
吳氏遺著五卷　（清）吳炆雲撰　清光緒十七年(1891)廣雅書局刻本　二冊

620000－1101－0015879　652.781/437
吳侍御奏稿三卷　（清）吳峋撰　清光緒刻綠印本　二冊　存二卷（中、下）

620000－1101－0015880　847.7/439
吳文節公遺集八十卷　（清）吳文鎔撰　清咸豐刻本　十五冊　存七十一卷（五至七十五）

620000－1101－0015881　853.66/73.43
吳吳山三婦合評牡丹亭還魂記二卷　（明）湯顯祖撰　（清）陳同　（清）錢宜評注　**附錄一卷**　（清）□□撰　**還魂記或問一卷**　（清）錢宜撰　清同治九年(1870)刻本　四冊

620000－1101－0015882　847.5/434.03
吳學士文集四卷詩集五卷　（清）吳鼒撰

（清）梁肇煌編訂　清光緒八年(1882)江寧藩署刻本　六冊

620000－1101－0015883　847.5/434
吳學士文集四卷詩集五卷　（清）吳鼒撰　（清）梁肇煌編訂　清光緒八年(1882)江寧藩署刻本　六冊

620000－1101－0015884　413/667.2
吳醫彙講十一卷　（清）唐大烈輯　清嘉慶元年(1796)刻本　四冊

620000－1101－0015885　413/667.201
吳醫彙講十一卷　（清）唐大烈輯　清宣統二年(1910)掃葉山房石印本　二冊

620000－1101－0015886　1639
吳歈小草十卷學古緒言二十五卷　（明）婁堅撰　明崇禎刻清康熙二十八年(1689)陸廷燦重修嘉定四先生集本　四冊　存十卷（吳歈小草十卷）

620000－1101－0015887　4040
吳淵穎先生集十二卷　（元）吳萊撰　（清）王邦采　（清）王繩曾箋　清康熙六十年(1721)刻本　二冊　存八卷（五至十二）

620000－1101－0015888　624.204/531
吳越備史四卷補遺一卷雜考一卷　（宋）范坰　（宋）林禹撰　（清）錢受徵輯雜考　清光緒二十一年(1895)錢塘丁氏嘉惠堂刻本　一冊

620000－1101－0015889　2608
吳越春秋六卷　（漢）趙曄撰　明刻廣漢魏叢書本　二冊

620000－1101－0015890　621.704/200
吳越春秋六卷　（漢）趙曄撰　清嘉慶九年(1804)新安汪氏刻本(卷五之葉十一至十二係抄配)　三冊

620000－1101－0015891　621.704/200.001
吳越春秋六卷　（漢）趙曄撰　清光緒刻增訂漢魏叢書本　二冊

620000－1101－0015892　621.704/200.002
吳越春秋六卷　（漢）趙曄撰　清刻本　一冊

620000 – 1101 – 0015893　839.23/934

吳越錢氏傳芳集一卷　（清）錢泳輯　清光緒七年(1881)刻本　一冊

620000 – 1101 – 0015894　847.2/118

吳越游草一卷　（清）王文治撰　清宣統三年(1911)古吳藏書樓石印本　一冊

620000 – 1101 – 0015895　847.7/440.03

吳摯甫詩集一卷　（清）吳汝綸撰　清宣統元年(1909)上海國學扶輪社石印本　一冊

620000 – 1101 – 0015896　847/440

吳摯甫文集四卷　（清）吳汝綸撰　清宣統二年(1910)上海國學扶輪社石印本　五冊

620000 – 1101 – 0015897　847.7/43

吳摯甫文集四卷附鈔深州風土記一卷　（清）吳汝綸撰　清宣統元年(1909)國學扶輪社鉛印本　五冊

620000 – 1101 – 0015898　847.7/43

吳摯甫文集四卷附鈔深州風土記一卷　（清）吳汝綸撰　清宣統元年(1909)國學扶輪社鉛印本　五冊

620000 – 1101 – 0015899　847.4/906

梧生文鈔十卷　（清）傅桐著　清同治三年(1864)刻本　三冊

620000 – 1101 – 0015900　845.77/121.001

梧溪集七卷補遺一卷困學雜錄一卷　（元）王逢撰　清同治十三年(1874)思補樓刻本　八冊

620000 – 1101 – 0015901　235.1/306

無根樹解不分卷　（明）張三豐撰　（清）劉一明解　清同治五年(1866)王大器抄本　一冊

620000 – 1101 – 0015902　284

無垢淨光大陀羅尼經一卷　（唐）釋彌陀山等譯　宋紹興二年(1132)王永從安吉州思溪法寶資福禪寺刻本　一冊

620000 – 1101 – 0015903　345/123

無機化學教科書三卷　（英國）瓊司撰　（清）徐兆熊譯述　清光緒三十四年(1908)江南機器製造總局刻本　三冊

620000 – 1101 – 0015904　292.9/0.824

無極聖帝靈籤不分卷　（□）□□撰　清同治十一年(1872)龍泉坊刻本　一冊

620000 – 1101 – 0015905　221/806

無量壽經優婆提舍願生偈一卷偈註二卷　（北魏）釋菩提留支譯　（北魏）釋曇鸞注解　略論安樂淨土義一卷　（北魏）釋曇鸞撰　清光緒十九年(1893)金陵刻經處刻本　一冊

620000 – 1101 – 0015906　782.16/759

無聲詩史七卷　（清）姜紹書輯　清刻本　四冊

620000 – 1101 – 0015907　847.4/310

無爲齋文集十二卷　（清）張昭潛撰　清晚期刻本　一冊

620000 – 1101 – 0015908　852.4/918

無弦琴譜二卷　（元）仇遠著　清光緒十一年(1885)丁氏刻本　一冊

620000 – 1101 – 0015909　448.78/224

無線電報不分卷補編不分卷　（英國）克爾撰　（美國）衛理譯　（清）范熙庸筆述　清光緒二十六年(1900)江南製造局刻本　一冊

620000 – 1101 – 0015910　448.78/224

無線電報不分卷補編不分卷　（英國）克爾撰　（美國）衛理譯　（清）范熙庸筆述　清光緒二十六年(1900)江南製造局刻本　一冊

620000 – 1101 – 0015911　448.78/224

無線電報不分卷補編不分卷　（英國）克爾撰　（美國）衛理譯　（清）范熙庸筆述　清光緒二十六年(1900)江南製造局刻本　一冊

620000 – 1101 – 0015912　448.78/224

無線電報不分卷補編不分卷　（英國）克爾撰　（美國）衛理譯　（清）范熙庸筆述　清光緒二十六年(1900)江南製造局刻本　一冊

620000 – 1101 – 0015913　448.78/224

無線電報不分卷補編不分卷　（英國）克爾撰　（美國）衛理譯　（清）范熙庸筆述　清光緒

二十六年(1900)江南製造局刻本　一冊

620000－1101－0015914　448.78/224

無線電報不分卷補編不分卷　（英國）克爾撰
（美國）衛理譯　（清）范熙庸筆述　清光緒
二十六年(1900)江南製造局刻本　一冊

620000－1101－0015915　448.78/224

無線電報不分卷補編不分卷　（英國）克爾撰
（美國）衛理譯　（清）范熙庸筆述　清光緒
二十六年(1900)江南製造局刻本　一冊

620000－1101－0015916　448.78/224

無線電報不分卷補編不分卷　（英國）克爾撰
（美國）衛理譯　（清）范熙庸筆述　清光緒
二十六年(1900)江南製造局刻本　一冊

620000－1101－0015917　448.78/224

無線電報不分卷補編不分卷　（英國）克爾撰
（美國）衛理譯　（清）范熙庸筆述　清光緒
二十六年(1900)江南製造局刻本　一冊

620000－1101－0015918　448.78/224

無線電報不分卷補編不分卷　（英國）克爾撰
（美國）衛理譯　（清）范熙庸筆述　清光緒
二十六年(1900)江南製造局刻本　一冊

620000－1101－0015919　672.78/82

無邪堂答問五卷　（清）朱一新等著　清光緒
二十一年(1895)廣東刻本　五冊

620000－1101－0015920　071.78/827

無邪堂答問五卷　（清）朱一新等著　清光緒
二十二年(1896)上海鴻寶齋石印本　五冊

620000－1101－0015921　071.78/827.001

無邪堂答問五卷　（清）朱一新等著　清光緒
二十一年(1895)廣雅書局刻本　五冊

620000－1101－0015922　857.2/0.824

無一是齋叢鈔三十七種三十七卷　（清）□□
輯　清宣統元年(1909)夢梅仙館刻本　四冊
存二十種二十卷(武帝内傳一卷、唐國史補
一卷、拾遺記一卷、酉陽雜俎一卷、博物志一
卷、搜神記一卷、搜神後記一卷、霍小玉傳一
卷、北夢瑣言一卷、梅妃傳一卷、聶隱娘傳一

卷、枕中記一卷、南柯記一卷、焚椒錄一卷、閣
典史傳一卷、揚州夢記一卷、虬髯客傳一卷、
海山記一卷、郭子一卷、輟耕錄一卷)

620000－1101－0015923　857.2/0.824

無一是齋叢鈔三十七種三十七卷　（清）張心
泰輯　清宣統元年(1909)夢梅仙館刻本　三
冊　存十九種十九卷(北夢瑣言一卷、梅妃傳
一卷、聶隱娘傳一卷、紅線傳一卷、枕中記一
卷、南柯記一卷、焚椒錄一卷、閣典史傳一卷、
揚州夢記一卷、虬髯客傳一卷、海山記一卷、
費宮人傳一卷、郭子一卷、輟耕錄一卷、昆侖
奴傳一卷、會真記一卷、汧國夫人傳一卷、夢
溪筆談一卷、趙飛燕外傳一卷)

620000－1101－0015924　847.4/79

五百四峰堂詩鈔二十五卷　（清）黎簡撰　清
晚期廣州儒雅堂刻本　八冊

620000－1101－0015925　847.4/79.001

五百四峰堂詩鈔二十五卷　（清）黎簡撰　清
晚期廣州儒雅堂刻本　八冊

620000－1101－0015926　311.341/149

五曹算經五卷　（北周）甄鸞撰　（唐）李淳風
等注　**夏侯陽算經三卷**　（□）夏侯陽撰　清
末刻本　一冊

620000－1101－0015927　543

五朝小說四百六十四種四百八十卷　（明）
□□輯　清初刻本　二十九冊　存三百二十
三種三百二十六卷(尚書故實一卷、次柳氏舊
聞一卷、松窗雜記一卷、金鑾密記一卷、龍城
錄一卷、小說舊聞記一卷、卓異記一卷、摭異
記一卷、紅線傳一卷、迷樓記一卷、集異記一
卷、博異記一卷、海山記一卷、幽怪錄一卷、續
幽怪錄一卷、耳目記一卷、瀟湘錄一卷、前定
錄一卷、開元天寶遺事一卷、明皇十七事一
卷、楊太真外傳二卷、長恨歌傳一卷、梅妃傳
一卷、李林甫外傳一卷、東城老父傳一卷、高
力士傳一卷、鄴侯外傳一卷、開河記一卷、劍
俠傳一卷、洛中九老會一卷、黑心符一卷、大
藏治病藥一卷、平泉山居草木記一卷、嶺表錄
異記一卷、來南錄一卷、北戶錄一卷、吳地記

一卷、南部烟花記一卷、粧樓記一卷、教坊記一卷、北里志一卷、本事詩一卷、終南十志一卷、洞天福地記一卷、比紅兒詩一卷、虬髯客傳一卷、嘯旨一卷、茶經三卷、十六湯品一卷、煎茶水記一卷、醉鄉日月一卷、食譜一卷、花九錫一卷、二十四詩品一卷、書法一卷、畫學秘訣一卷、劉無雙傳一卷、申宗傳一卷、小名錄一卷、金縷裙記一卷、耒耜經一卷、五木經一卷、樂府雜錄一卷、羯鼓錄一卷、摭言一卷、衛公故物記一卷、藥譜一卷、諧噱錄一卷、肉攫部一卷、金剛經鳩異一卷、會真記一卷、記事珠一卷、志怪錄一卷、聞奇錄一卷、靈應錄一卷、妙女傳一卷、稽神錄一卷、揚州夢記一卷、杜秋傳一卷、龍女傳一卷、霍小玉傳一卷、蔣子文傳一卷、杜子春傳一卷、奇男子傳一卷、墨崑崙傳一卷、牛應貞傳一卷、錢氏私誌一卷、家王故事一卷、家事舊聞一卷、玉堂逢辰錄一卷、澠水燕談錄一卷、大中遺事一卷、紹熙行禮記一卷、御寨行程一卷、茅亭客話一卷、幙府燕閒錄一卷、洛中紀異錄一卷、熙豐日曆一卷、上壽拜舞記一卷、太清樓侍宴記一卷、高宗幸張府節次略一卷、從駕記一卷、東巡記一卷、涑水記聞一卷、異聞記一卷、白獺髓一卷、清夜錄一卷、梁溪漫志一卷、暘谷漫錄一卷、春渚紀聞一卷、曲洧舊聞一卷、摭青雜說一卷、玉壺清話一卷、儒林公議一卷、友會談叢一卷、閒燕常談一卷、程史一卷、默記一卷、談藪一卷、江南野錄一卷、談淵一卷、話腴一卷、聞見雜錄一卷、東軒筆錄一卷、陶朱新錄一卷、倦游雜錄一卷、東皋雜錄一卷、行都紀事一卷、虛谷閒抄一卷、蓼花洲閒錄一卷、傳載略一卷、該聞錄一卷、洞微志一卷、芝田錄一卷、吹劍錄一卷、碧雲騢一卷、投轄錄一卷、忘懷錄一卷、對雨編一卷、軒渠錄一卷、中山狼傳一卷、清尊錄一卷、昨夢錄一卷、拊掌錄一卷、調謔編一卷、艾子雜說一卷、仇池筆記一卷、暎車志一卷、玉澗雜書一卷、石林燕語一卷、巖下放言一卷、避暑錄話一卷、避暑漫抄一卷、席上腐譚一卷、游宦紀聞一卷、悅生隨抄一卷、嬾真子錄一卷、豹隨紀談一卷、讀書隨見一卷、齊東野語一卷、野人閒話一卷、西溪叢語一卷、植杖閒譚一卷、道山清話一卷、深雪隅談一卷、船窗夜話一卷、葦航紀談一卷、雲谷雜記一卷、東齋記事一卷、誕山雜識一卷、楊文公談苑一卷、老學庵筆記一卷、三柳軒雜識一卷、雞肋編一卷、泊宅編一卷、暇日記一卷、隱窟雜志一卷、韋居聽輿一卷、雞林類事一卷、坦齋通編一卷、臆乘一卷、雞肋一卷、鑑戒錄一卷、事原一卷、續釋常談一卷、乾道庚寅奏事錄一卷、艮嶽記一卷、登西臺慟哭記一卷、于役記一卷、六朝事跡一卷、錢塘瑣記一卷、古杭夢遊錄一卷、汴都平康記一卷、侍兒小名錄一卷、思陵書畫記一卷、琴曲譜錄一卷、本朝茶法一卷、宣和北苑貢茶錄一卷、北苑別錄一卷、品茶要錄一卷、茶錄一卷、酒名記一卷、蔬食譜一卷、麗情集一卷、花經一卷、禪本草一卷、耕祿稿一卷、水族加恩簿一卷、感應經一卷、土牛經一卷、物類相感志一卷、雜纂續一卷、遊仙夢記一卷、龍壽丹記一卷、惠民藥局記一卷、鬼國記一卷、鬼國續記一卷、海外怪洋記一卷、閩海蠱毒記一卷、福州猴王神記一卷、皇朝盛事一卷、菽園雜記一卷、客座新聞一卷、枝山前聞一卷、莘野纂聞一卷、駒陰冗記一卷、中洲野錄一卷、長安客話一卷、古穰雜錄一卷、後渠雜識一卷、懸笥瑣探一卷、南翁夢錄一卷、碧里雜存一卷、田居乙記一卷、西樵野記一卷、二西委譚一卷、三餘贅筆一卷、聽雨紀談一卷、劉氏雜志一卷、推篷寤語一卷、寒夜膚見一卷、書肆說鈴一卷、語窺今古一卷、新知錄一卷、雜纂三續一卷、庚巳編一卷、續巳編一卷、涉異志一卷、蘇談一卷、意見一卷、遇恩錄一卷、天順日錄一卷、今言一卷、彭公筆記一卷、琅琊漫抄一卷、震澤紀聞一卷、震澤長語一卷、病逸漫記一卷、高坡異纂一卷、豫章漫抄一卷、蓬軒別記一卷、蓬窗續錄一卷、青巖叢錄一卷、東谷贅言一卷、閒中今古錄一卷、春風堂隨筆一卷、簪曝偶譚一卷、雨航雜錄一卷、農田餘話一卷、水南翰記一卷、暈采清課一卷、吳風錄一卷、篷櫳夜話一卷、寶檀記一卷、腳氣集一卷、逐鹿記一卷、寓圃雜記一卷、青溪暇筆一卷、近峰聞略一卷、近峰記略一

259

卷、翦勝野聞一卷、遜國記一卷、谿山餘話一卷、吳中故語一卷、清暑筆談一卷、甲乙剩言一卷、百可漫志一卷、見聞紀訓一卷、先進遺風一卷、擁絮迂談一卷、遼邸記聞一卷、女俠傳一卷、秘錄一卷、笑禪錄一卷、醫間漫記一卷、義虎傳一卷、琉球使略一卷、雲中事記一卷、南巡日錄一卷、洞簫記一卷、平定交南錄一卷、雲林遺事一卷、國寶新編一卷、仰山脞錄一卷、新倩籍一卷、異林一卷、綠雪亭雜言一卷、雲夢藥溪譚一卷、兼葭堂雜抄一卷、快雪堂漫錄一卷、天爵堂筆餘一卷、迺徇編一卷、雪濤談叢一卷、委巷叢譚一卷、前定錄補一卷、譚輅一卷、戲瑕一卷、語怪一卷、海味索隱一卷、西州合譜一卷）

620000－1101－0015928　543

五朝小說四百六十四種四百八十卷　（明）□□輯　清初刻本　十冊　存一百七種一百七卷(皇朝盛事一卷、菽園雜記一卷、客座新聞一卷、枝山前聞一卷、莘野纂聞一卷、駒陰冗記一卷、中洲野錄一卷、長安客話一卷、古穰雜錄一卷、後渠漫記一卷、懸笥瑣探一卷、南翁夢錄一卷、碧里雜存一卷、田居乙記一卷、西樵野記一卷、二酉委譚一卷、三餘贅筆一卷、聽雨紀談一卷、劉氏雜志一卷、推篷寤語一卷、寒檠膚見一卷、書肆說鈴一卷、語窺今古一卷、新知錄一卷、庚巳編一卷、續巳編一卷、涉異志一卷、蘇談一卷、意見一卷、遇恩錄一卷、天順日錄一卷、今言一卷、彭公筆記一卷、琅琊漫抄一卷、震澤紀聞一卷、震澤長語一卷、病逸漫記一卷、高坡異纂一卷、豫章漫抄一卷、蓬軒別記一卷、蓬窓續錄一卷、青巖叢錄一卷、東谷贅言一卷、閒中今古錄一卷、春風堂隨筆一卷、簪曝偶譚一卷、雨航雜錄一卷、農田餘話一卷、水南翰記一卷、覼采清課一卷、吳風錄一卷、篷櫳夜話一卷、寶櫝記一卷、腳氣集一卷、續志林一卷、寓圃雜記一卷、青溪暇筆一卷、近峰聞略一卷、近峰記略一卷、翦勝野聞一卷、瓠不瓠錄一卷、谿山餘話一卷、吳中故語一卷、清暑筆談一卷、甲乙剩言一卷、百可漫志一卷、見聞紀訓一卷、先進遺風一卷、擁絮迂談一卷、遼邸記聞一

卷、女俠傳一卷、北使錄一卷、西征記一卷、醫間漫記一卷、義虎傳一卷、琉球使略一卷、雲中事記一卷、南巡日錄一卷、朝鮮紀事一卷、平定交南錄一卷、雲林遺事一卷、國寶新編一卷、仰山脞錄一卷、新倩籍一卷、吳中往哲記一卷、綠雪亭雜言一卷、雲夢藥溪譚一卷、兼葭堂雜抄一卷、快雪堂漫錄一卷、天爵堂筆餘一卷、迺徇編一卷、雪濤談叢一卷、委巷叢譚一卷、前定錄補一卷、譚輅一卷、戲瑕一卷、語怪一卷、異林一卷、海味索隱一卷、西州合譜一卷、笑禪錄一卷、雜纂三續一卷、洞簫記一卷、廣寒殿記一卷、周顛仙人傳一卷、李公子傳一卷、阿寄傳一卷）

620000－1101－0015929　1022

五朝小說四百六十四種四百八十卷　（明）□□輯　清初刻本　七十九冊

620000－1101－0015930　139

五車霏玉三十四卷　（明）吳昭明輯　（明）汪道昆增訂　明萬曆刻本　六冊

620000－1101－0015931　097.527/562

五車樓五訂正韻四書纂序說約集註定本不分卷　（清）蔡方炳等輯　清光緒十三年(1887)務時敏齋石印本　一冊

620000－1101－0015932　802.4/764

五車韻瑞一百六十卷目錄一卷　（明）凌稚隆輯　清刻本　三十二冊

620000－1101－0015933　573.142/119

五代會要三十卷　（宋）王溥撰　清光緒十二年(1886)江蘇書局刻本　六冊

620000－1101－0015934　526

五代史補五卷　（宋）陶岳撰　**五代史闕文一卷**　（宋）王禹偁撰　明末毛氏汲古閣刻本　一冊

620000－1101－0015935　504

五代史七十四卷　（宋）歐陽修撰　明萬曆二十八年(1600)北京國子監刻本　十冊

620000－1101－0015936　504

五代史七十四卷　（宋）歐陽修撰　明萬曆二

十八年(1600)北京國子監刻本　十冊

620000 – 1101 – 0015937　810
五代史七十四卷　（宋）歐陽修撰　（宋）徐無
黨注　**附五代史補五卷**　（宋）陶岳撰　**五代
史闕文一卷**　（宋）王禹偁撰　明崇禎三年
(1630)毛氏汲古閣刻本　六冊

620000 – 1101 – 0015938　1716
五代史七十四卷　（宋）歐陽修撰　（宋）徐無
黨注　明崇禎三年(1630)毛氏汲古閣刻本
六冊

620000 – 1101 – 0015939　4080
五代史七十四卷　（宋）歐陽修撰　（宋）徐無
黨注　明崇禎三年(1630)毛氏汲古閣刻本
二冊　存二十二卷(二十八至三十八、六十四
至七十四)

620000 – 1101 – 0015940　1020
五代史七十四卷　（宋）歐陽修撰　（宋）徐無
黨注　明崇禎三年(1630)毛氏汲古閣刻本
十二冊

620000 – 1101 – 0015941　624.21/424.001
五代史七十四卷　（宋）歐陽修撰　（宋）徐無
黨注　清同治十一年(1872)湖北崇文書局刻
本　八冊

620000 – 1101 – 0015942　624.21/424.001
五代史七十四卷　（宋）歐陽修撰　（宋）徐無
黨注　清同治十一年(1872)湖北崇文書局刻
本　八冊

620000 – 1101 – 0015943　624.21/424.001
五代史七十四卷　（宋）歐陽修撰　（宋）徐無
黨注　清同治十一年(1872)湖北崇文書局刻
本　八冊

620000 – 1101 – 0015944　624.21/424.001
五代史七十四卷　（宋）歐陽修撰　（宋）徐無
黨注　清同治十一年(1872)湖北崇文書局刻
本　八冊

620000 – 1101 – 0015945　624.21/424
五代史七十四卷　（宋）歐陽修撰　（宋）徐無

黨注　清同治十一年(1872)湖北崇文書局刻
本　八冊

620000 – 1101 – 0015946　624.21/424
五代史七十四卷　（宋）歐陽修撰　（宋）徐無
黨注　清光緒元年(1875)成都書局刻本
十冊

620000 – 1101 – 0015947　624.21/424
五代史七十四卷　（宋）歐陽修撰　（宋）徐無
黨注　清光緒元年(1875)成都書局刻本
十冊

620000 – 1101 – 0015948　624.201/42.16
五代史七十四卷　（宋）歐陽修撰　（宋）徐無
黨注　清光緒二十九年(1903)五洲同文書局
石印本　十冊

620000 – 1101 – 0015949　624.201/42.02
五代史七十四卷　（宋）歐陽修撰　（宋）徐無
黨注　清晚期趙氏刻本　八冊

620000 – 1101 – 0015950　624.21/424.003
五代史七十四卷附考證　（宋）歐陽修撰
（宋）徐無黨注　清光緒十七年(1891)陝甘味
經書院刻本　十冊

620000 – 1101 – 0015951　624.21/424.003
五代史七十四卷附考證　（宋）歐陽修撰
（宋）徐無黨注　清光緒十七年(1891)陝甘味
經書院刻本　八冊　存五十七卷(十八至七
十四)

620000 – 1101 – 0015952　624.21/424.003
五代史七十四卷附考證　（宋）歐陽修撰
（宋）徐無黨注　清光緒十七年(1891)陝甘味
經書院刻本　八冊　存四十一卷(十八、二十
七至三十四、四十三至七十四)

620000 – 1101 – 0015953　624.201/890
五代史校勘札記七十四卷　（清）劉光蕡撰
清光緒十七年(1891)陝甘味經書院刻本
四冊

620000 – 1101 – 0015954　624.201/890
五代史校勘札記七十四卷　（清）劉光蕡撰

清光緒十七年(1891)陝甘味經書院刻本
四冊

620000－1101－0015955　152
五燈會元二十卷　（宋）釋普濟撰　明嘉靖四
十年(1561)徑山寺釋道興等募刻本　十六冊

620000－1101－0015956　802.44/283.002
五方元音二卷　（清）樊騰鳳撰　（清）年希堯
增補　清晚期刻本　二冊

620000－1101－0015957　018.87/171
五桂樓書目四卷　（清）黃澄量輯　清光緒二
十一年(1895)刻本　一冊

620000－1101－0015958　858.419/0.160
五桂緣一卷　（□）□□撰　清同治二年
(1863)文義堂刻本　一冊

620000－1101－0015959　847.8/26
五好山房詩稿四卷　（清）楊昌濬撰　清光緒
刻本　一冊

620000－1101－0015960　941.31/504
五湖漁莊圖題詞四卷　（清）葉承桂輯　清咸
豐三年(1853)刻本　二冊

620000－1101－0015961　857.47/286
五虎平西前傳十四卷一百十二回　（清）□□
撰　清末刻本　一冊　存二卷(十三至十四)

620000－1101－0015962　857.47/0.160
五虎平西前傳十四卷一百十二回　（□）□□
撰　清道光十六年(1836)刻本　十四冊

620000－1101－0015963　3920
五華纂訂四書大全四十六卷　（清）孫見龍輯
清乾隆十三年(1748)雲南五華書院刻本
四十五冊

620000－1101－0015964　1076
五經白文不分卷　（清）□□輯　清抄本
六冊

620000－1101－0015965　090.81/07.78
五經白文二十七卷　（□）□□輯　清道光三
十年(1850)種德堂刻本　十六冊

620000－1101－0015966　098.127/842
五經備旨四十五卷　（清）鄒聖脈纂輯　清光
緒十二年(1886)上海點石齋石印本　三冊
存十二卷(詩經備旨五至八、春秋備旨九至十
二、禮記全文備旨四卷)

620000－1101－0015967　098.102.521/828
五經合纂大成四十四卷　（清）同文書局輯
清光緒十一年(1885)同文書局石印本　十冊
　存二十五卷(書經三至六,詩經一至五,禮
記一至二、九至十,春秋一至七、十二至十六)

620000－1101－0015968　098.102.521/828
五經合纂大成四十四卷　（清）同文書局輯
清光緒十一年(1885)同文書局石印本　二
十冊

620000－1101－0015969　098.102.521/828
五經合纂大成四十四卷　（清）同文書局輯
清光緒十一年(1885)同文書局石印本　二十
一冊　存三十八卷(周易四卷、詩經八卷、春
秋十六卷、禮記十卷)

620000－1101－0015970　098.102.521/
828.001
五經合纂大成四十四卷　（清）鴻文書局輯
清光緒十一年(1885)上海鴻文書局石印本
九冊　存二十三卷(周易四卷、春秋一至十
一、禮記一至八)

620000－1101－0015971　098.1/766.001
五經集解三十三卷　（清）馮世瀛編輯　清光
緒上海著易堂鉛印本　四冊　存十七卷(九
至十六、二十一至二十四、二十九至三十三)

620000－1101－0015972　090.8/16
五經集注四十四卷　（□）□□輯　清同治十
年(1871)刻本　三十四冊

620000－1101－0015973　098.127/612
五經揭要二十五卷　（清）周蕙田輯　清晚期
刻本　十二冊

620000－1101－0015974　098.127/612.001
五經揭要二十五卷　（清）周蕙田輯　清末自
怡軒刻本　四冊　存八卷(周易二至三、書經

一至三、禮記三、春秋左傳一至二)

620000－1101－0015975　2525

五經類編二十八卷　(清)周世樟輯　清雍正
二年(1724)王蕡刻本　十冊

620000－1101－0015976　2539

五經類編二十八卷　(清)周世樟輯　清雍正
二年(1724)王蕡刻本　十冊

620000－1101－0015977　2516

五經類編二十八卷　(清)周世樟輯　清雍正
穀詒堂刻本　十冊

620000－1101－0015978　2568

五經類編二十八卷　(清)周世樟輯　清雍正
穀詒堂刻本　六冊　存十四卷(一至十四)

620000－1101－0015979　042.7/816.001

五經類編二十八卷　(清)周世樟輯　清雍正
穀詒堂刻本　六冊　存十三卷(十六至二十
八)

620000－1101－0015980　2009

五經類編二十八卷　(清)周世樟輯　清刻本
八冊

620000－1101－0015981　2587

五經類編二十八卷　(清)周世樟輯　清雍正
刻本　十二冊

620000－1101－0015982　3961

五經類編二十八卷　(清)周世樟輯　清乾隆
三十八年(1773)友益齋刻本　十二冊

620000－1101－0015983　042.7/814

五經類編二十八卷　(清)周世樟輯　清嘉慶
十五年(1810)刻本　十二冊

620000－1101－0015984　311.365/149

五經算術二卷　(北周)甄鸞撰　(唐)李淳風
注　清同治十三年(1874)江西書局刻武英殿
聚珍版書本　一冊

620000－1101－0015985　098.127/838

五經味根錄四十二卷　(清)竹林館主人輯
清光緒二十六年(1900)上海中西書局石印本
　十六冊　存三十八卷(易經四卷、詩經四

卷、書經一至六、禮記十卷、春秋十四卷)

620000－1101－0015986　098.127/838

五經味根錄四十二卷　(清)竹林館主人輯
清光緒二十六年(1900)上海中西書局石印本
　十六冊　存三十七卷(易經一至三、詩經四
卷、書經一至六、禮記十卷、春秋十四卷)

620000－1101－0015987　098.127/838

五經味根錄四十二卷　(清)竹林館主人輯
清光緒二十六年(1900)上海中西書局石印本
　八冊　存二十四卷(禮記十卷、春秋十四
卷)

620000－1101－0015988　098.127/838

五經味根錄四十二卷　(清)竹林館主人輯
清光緒二十六年(1900)上海中西書局石印本
　九冊　存二十三卷(易經一至二,詩經四
卷,書經三至四,禮記一至二、六至七,春秋四
至十四)

620000－1101－0015989　856.7/0.160

五經文府不分卷　(□)□□編　清光緒石印
本　二冊

620000－1101－0015990　2092

五經文字三卷　(唐)張參撰　**九經字樣一卷**
　(唐)唐玄度輯　清乾隆馬氏叢書樓刻本
四冊

620000－1101－0015991　2078

五經文字三卷　(唐)張參撰　清康熙五十四
年(1715)項絪刻本　三冊

620000－1101－0015992　098.5/41.30

五經文字三卷　(唐)張參撰　清光緒九年
(1883)鮑氏刻後知不足齋叢書本　二冊　存
二卷(一至二)

620000－1101－0015993　585.92/59.003

五軍道里表不分卷　(清)常泰等纂　清同治
十一年(1872)湖北讞局刻本　二冊

620000－1101－0015994　585.92/59.003

五軍道里表不分卷　(清)常泰等纂　清同治
十一年(1872)湖北讞局刻本　一冊

620000－1101－0015995　585.92/59.003

五軍道里表不分卷　（清）常泰等纂　清同治十一年(1872)湖北讞局刻本　二冊

620000－1101－0015996　585.92/59.003

五軍道里表不分卷　（清）常泰等纂　清同治十一年(1872)湖北讞局刻本　二冊

620000－1101－0015997　2210

五禮通考二百六十二卷目錄二卷首四卷（清）秦蕙田撰　讀禮通考一百十二卷　（清）徐乾學撰　清乾隆十八年(1753)秦氏味經窩刻本　七十三冊　存二百九卷(五十四至二百六十二)

620000－1101－0015998　4054

五禮通考二百六十二卷目錄二卷首四卷（清）秦蕙田撰　讀禮通考一百十二卷　（清）徐乾學撰　清乾隆十八年(1753)秦氏味經窩刻本　五十冊　存一百四十九卷(一至二十八、六十至八十四、一百十六至一百七十四、二百四至二百三十四,目錄二卷,首四卷)

620000－1101－0015999　2211

五禮通考二百六十二卷目錄二卷首四卷（清）秦蕙田撰　讀禮通考一百十二卷　（清）徐乾學撰　清乾隆十八年(1753)秦氏味經窩刻本　一百二十八冊

620000－1101－0016000　094.627/102

五禮通考二百六十二卷首四卷　（清）秦蕙田撰　清光緒六年(1880)江蘇書局刻本　一百冊

620000－1101－0016001　094.627/102

五禮通考二百六十二卷首四卷　（清）秦蕙田撰　清光緒六年(1880)江蘇書局刻本　六冊　存十二卷(二百三十八至二百四十九)

620000－1101－0016002　094.627/102

五禮通考二百六十二卷首四卷　（清）秦蕙田撰　清光緒六年(1880)江蘇書局刻本　三十六冊　存九十五卷(二十至二十三、二十七至五十四、一百五至一百三十二、一百五十八至一百六十、一百六十八至一百七十二、二百三

十六至二百六十二)

620000－1101－0016003　684.3/623

五畝園小志題詠合刻四種四卷　（清）謝家福輯　清光緒吳縣謝氏刻民國十三年(1924)蘇州徐文藝齋補刻本　一冊

620000－1101－0016004　684.3/623

五畝園小志題詠合刻四種四卷　（清）謝家福輯　清光緒吳縣謝氏刻民國十三年(1924)蘇州徐文藝齋補刻本　一冊　存一種一卷(小志一卷)

620000－1101－0016005　640/489

五千年中外交涉史九十七卷　（清）屯廬主人輯　清光緒鉛印本　二十冊

620000－1101－0016006　856.278/329

五色瓜廬尺牘叢殘四卷　（清）邵慶辰存稿　清光緒八年(1882)刻本　二冊

620000－1101－0016007　856.278/329

五色瓜廬尺牘叢殘四卷　（清）邵慶辰存稿　清光緒八年(1882)刻本　三冊

620000－1101－0016008　146

五色線二卷　（□）□□撰　明崇禎毛氏汲古閣刻津逮祕書本　二冊

620000－1101－0016009　682.9/741

五省溝洫圖說一卷補錄一卷　（清）沈夢蘭撰　清光緒十七年(1891)祁縣縣署刻本　一冊

620000－1101－0016010　857.178/941

五使瀛環略不分卷　（清）愛東氏撰　清光緒、宣統鉛印本　一冊

620000－1101－0016011　943.7/286

五體書豳風七月詩一卷　（清）李朝棟書　清同治九年(1870)刻本　一冊

620000－1101－0016012　018.78/286

五萬卷閣書目記四卷附叢刻一卷　（清）李嘉績彙錄　清光緒三十年(1904)華清官舍刻本　二冊

620000－1101－0016013　018.78/286

五萬卷閣書目記四卷附叢刻一卷　（清）李嘉

續彙錄　清光緒三十年(1904)華清官舍刻本
　二冊

620000－1101－0016014　018.78/286

五萬卷閣書目記四卷附叢刻一卷　(清)李嘉
續彙錄　清光緒三十年(1904)華清官舍刻本
　二冊

620000－1101－0016015　018.78/286

五萬卷閣書目記四卷附叢刻一卷　(清)李嘉
續彙錄　清光緒三十年(1904)華清官舍刻本
　一冊　存二卷(一至二)

620000－1101－0016016　222

五先堂字學元元十卷　(明)袁子讓撰　明萬
曆三十一年(1603)刻本　四冊

620000－1101－0016017　1617

五雅四十一卷　(明)郎奎金輯　明天啓六年
(1626)郎氏堂策檻刻本　一冊　存九卷(逸
雅八卷、廣雅十)

620000－1101－0016018　131

五雅四十一卷　(明)郎奎金輯　明天啓六年
(1626)郎氏堂策檻刻本　十二冊

620000－1101－0016019　831.41/99

五言今體詩鈔九卷　(清)姚鼐輯　清同治五
年(1866)金陵書局刻本　一冊

620000－1101－0016020　831.41/0.667

五言律詩一卷　(唐)王勃等著　清同治五年
(1866)抄本　一冊

620000－1101－0016021　1937

五知齋琴譜八卷　(清)周魯封輯　清乾隆十
一年(1746)懷德堂刻本　六冊

620000－1101－0016022　2682

五知齋琴譜八卷　(清)周魯封輯　清乾隆十
一年(1746)懷德堂刻本　八冊

620000－1101－0016023　1945

五知齋琴譜八卷　(清)周魯封輯　清栖心琴
舍刻本　六冊

620000－1101－0016024　1946

五知齋琴譜八卷　(清)周魯封輯　清栖心琴
舍刻本　八冊

620000－1101－0016025　2681

五知齋琴譜八卷　(清)周魯封輯　清栖心琴
舍刻本　十一冊　存七卷(二至八)

620000－1101－0016026　4309

五知齋琴譜八卷　(清)周魯封輯　清栖心琴
舍刻本(有抄配)　五冊　存六卷(一至六)

620000－1101－0016027　2093

五種遺規十六卷　(清)陳弘謀輯　清乾隆五
十五年(1790)刻本　八冊　存十二卷(教女
遺規三卷,養正遺規二卷、補遺一卷,從政遺
規二卷,訓俗遺規四卷)

620000－1101－0016028　192/382.002

五種遺規十六卷　(清)陳弘謀輯　清光緒十
九年(1893)刻本　八冊

620000－1101－0016029　192/382.002

五種遺規十六卷　(清)陳弘謀輯　清光緒十
九年(1893)刻本　八冊

620000－1101－0016030　192/382.002

五種遺規十六卷　(清)陳弘謀輯　清光緒十
九年(1893)刻本　八冊

620000－1101－0016031　192/382.002

五種遺規十六卷　(清)陳弘謀輯　清光緒十
九年(1893)刻本　十六冊

620000－1101－0016032　192/382.002

五種遺規十六卷　(清)陳弘謀輯　清光緒十
九年(1893)刻本　十六冊

620000－1101－0016033　192/382.002

五種遺規十六卷　(清)陳弘謀輯　清光緒十
九年(1893)刻本　八冊

620000－1101－0016034　192/382.002

五種遺規十六卷　(清)陳弘謀輯　清光緒十
九年(1893)刻本　四冊　存四卷(在官法戒
錄二、從政遺規上、訓俗遺規二至三)

620000－1101－0016035　192/382.002

五種遺規十六卷　(清)陳弘謀輯　清光緒十
九年(1893)刻本　十六冊

620000 – 1101 – 0016036　192/382.002

五種遺規十六卷　（清）陳弘謀輯　清光緒十九年(1893)刻本　十六冊

620000 – 1101 – 0016037　192/382.002

五種遺規十六卷　（清）陳弘謀輯　清光緒十九年(1893)刻本　八冊

620000 – 1101 – 0016038　192/382.003

五種遺規十七卷　（清）陳弘謀輯　清道光三十年(1850)歙縣洪氏刻同治七年(1868)金陵書局重修本　十冊

620000 – 1101 – 0016039　716/120

五洲地理志略三十六卷首一卷　王先謙撰　清宣統二年(1910)湖南學務公所刻本　十二冊

620000 – 1101 – 0016040　574.1/933

五洲各國政治考八卷　錢恂輯　清光緒二十八年(1902)文行山房刻本　六冊

620000 – 1101 – 0016041　040.78/197

五洲事類匯表五十卷　（清）趙上元　（清）孔昭綬編輯　清光緒二十九年(1903)上海仁記書局石印本　二十冊

620000 – 1101 – 0016042　716/660

五洲圖考不分卷　（清）龔柴撰　清光緒二十八年(1902)上海徐家滙印書館鉛印本　四冊

620000 – 1101 – 0016043　716/660

五洲圖考不分卷　（清）龔柴撰　清光緒二十八年(1902)上海徐家匯印書館鉛印本　四冊

620000 – 1101 – 0016044　2080

五子近思錄發明十四卷　（清）施璜纂注　清康熙四十四年(1705)刻本　十冊

620000 – 1101 – 0016045　125/628

五子近思錄發明十四卷　（清）施璜纂注　清咸豐二年(1852)刻本　八冊

620000 – 1101 – 0016046　3004

五子近思錄十四卷　（清）汪佑輯　清康熙三十二年(1693)刻本　二冊

620000 – 1101 – 0016047　847.5/360

午清吟館詩草二卷　（清）孫孝增撰　清嘉慶十七年(1812)臨洮刻本　一冊

620000 – 1101 – 0016048　847.5/360

午清吟館詩草二卷　（清）孫孝增撰　清嘉慶十七年(1812)臨洮刻本　一冊

620000 – 1101 – 0016049　721

午亭文編五十卷　（清）陳廷敬撰　清康熙四十七年(1708)林佶刻本　十六冊

620000 – 1101 – 0016050　2795

午亭文編五十卷　（清）陳廷敬撰　清康熙四十七年(1708)林佶刻本　八冊　存二十四卷(一至二十四)

620000 – 1101 – 0016051　3924

午亭文編五十卷　（清）陳廷敬撰　清康熙四十七年(1708)林佶刻乾隆印本　十六冊

620000 – 1101 – 0016052　3925

午亭文編五十卷　（清）陳廷敬撰　清康熙四十七年(1708)林佶刻乾隆印本　十六冊

620000 – 1101 – 0016053　847/902

午陰清舍詩草十六卷試帖四卷附錄一卷　（清）何福堃撰　清光緒三十一年(1905)蘭州官書局鉛印本　一冊　存四卷(詩草一至四)

620000 – 1101 – 0016054　847.8/902

午陰清舍詩草十六卷試帖四卷附錄一卷　（清）何福堃撰　清光緒三十一年(1905)蘭州官書局鉛印本　二冊　存八卷(詩草五至十二)

620000 – 1101 – 0016055　847.8/902

午陰清舍詩草十六卷試帖四卷附錄一卷　（清）何福堃撰　清光緒三十一年(1905)蘭州官書局鉛印本　四冊　存十六卷(詩草十六卷)

620000 – 1101 – 0016056　847.8/902

午陰清舍詩草十六卷試帖四卷附錄一卷　（清）何福堃撰　清光緒三十一年(1905)蘭州官書局鉛印本　三冊　存十二卷(詩草五至十六)

620000－1101－0016057　856.7/902

午陰清舍試帖四卷附七言排律一卷　（清）何福堃撰　清光緒三十一年(1905)蘭州官書局鉛印本　二冊

620000－1101－0016058　856.7/902

午陰清舍試帖四卷附七言排律一卷　（清）何福堃撰　清光緒三十一年(1905)蘭州官書局鉛印本　二冊

620000－1101－0016059　856.7/902

午陰清舍試帖四卷附七言排律一卷　（清）何福堃撰　清光緒三十一年(1905)蘭州官書局鉛印本　二冊

620000－1101－0016060　590/60

武備輯要六卷　（清）許學范撰　清道光十二年(1832)錢塘許氏刻敏果齋七種本　一冊

620000－1101－0016061　590/609

武備輯要續編十卷　（清）許乃釗撰　清道光二十九年(1849)錢塘許氏刻敏果齋七種本　三冊

620000－1101－0016062　590.8/51

武備志二百四十卷　（清）茅元儀輯　清道光木活字印本　六十冊

620000－1101－0016063　842.5/604

武侯全書二十卷首一卷　（三國蜀）諸葛亮撰　（清）趙承恩編輯　清光緒十年(1884)刻本　十冊

620000－1101－0016064　592/952

武經集要八卷　（清）徐亦輯　清光緒十五年(1889)浙江書局刻本　二冊

620000－1101－0016065　2930

武經七書彙解七卷首一卷末一卷　（清）朱墉撰　清康熙三十八年(1699)懷山園刻本　十五冊

620000－1101－0016066　2676

武經七書講義全彙合參十卷　（清）朱墉撰　清康熙五十一年(1712)雲林大盛堂刻本　十五冊

620000－1101－0016067　4088

武經七書講義全彙合參十卷　（清）朱墉撰　清康熙五十一年(1712)雲林大盛堂刻本　一冊　存二卷(一至二)

620000－1101－0016068　4365

武經七書講義全彙合參十卷　（清）朱墉撰　清康熙五十一年(1712)雲林大盛堂刻本　三冊　存三卷(二至四)

620000－1101－0016069　592/0.103

武經體註大全三卷　（□）□□撰　清晚期刻本　一冊

620000－1101－0016070　3005

武林舊事十卷附錄一卷　（宋）周密輯　錢塘先賢傳贊一卷附錄一卷　（宋）袁韶撰　清乾隆五十八年(1793)刻知不足齋叢書本　二冊

620000－1101－0016071　684.023.48/366

武林靈隱寺誌八卷　（清）孫治輯　清光緒十四年(1888)錢塘丁氏嘉惠堂刻本　四冊

620000－1101－0016072　082.78/158

武林掌故叢編一百九十一種六百四十九卷（清）丁丙輯　清光緒三年至二十六年(1877－1900)錢塘丁氏嘉惠堂刻本　六十四冊　存八十二種一百九十八卷(乾道臨安志十五卷,都城紀勝一卷,錢塘西湖百詠一卷,錢塘先賢傳贊一卷、附錄一卷,古杭雜記一卷,新刻古杭雜記詩集四卷,西湖韻事一卷,不繫園集一卷,隨喜庵集一卷,流香一覽一卷,武林理安寺志八卷,廣福廟志一卷,武林舊事十卷、附錄一卷,重陽庵集一卷、附刻一卷、附錄一卷,西湖紀述一卷,慧因寺志十二卷、附錄一卷,杭郡庠得表忠觀碑記事一卷,西湖修禊詩一卷,唐棲志略稿二卷,吳山遺事詩一卷,南屏百詠一卷,崔府君祠錄一卷,御覽孤山志一卷,七述一卷,錢塘湖山勝槩詩文二卷,西湖臥遊圖題跋一卷,西谿梵隱志四卷,南宋古蹟考二卷,雲樓紀事一卷,孝義無礙庵錄一卷,南湖倡和集一卷,崇福寺志四卷、續志一卷,湖墅雜詩二卷,淳祐臨安志殘五至十,遊明聖湖日記一卷,客越志略一卷,清波小志二卷、清波小志補一卷，大昭慶律寺志一至六，金牛湖漁唱一卷，西湖遊記一卷，銀瓶徵一卷，龍井顯應胡公墓錄一卷，西湖百詠二卷，客杭日記一卷，西湖八社詩帖一卷，湖山敘遊一卷，養素園詩四卷，武林元妙觀志四卷，西泠仙詠三卷，北隅掌錄二卷，西湖雜詩一卷，揚清祠志一卷，武林西湖高僧事略一卷、續一卷，西湖竹枝集一卷，西湖十記一卷、附錄一卷，西湖夢尋五卷，韜光庵紀遊集一卷，鳳黃山聖果寺志一卷，南漳子二卷，東城雜記二卷，湖船錄一卷，湖船續錄一卷、首一卷，武林怡老會詩集一卷，西湖月觀紀一卷，鼉峰倡和詩一卷，橫山遊記一卷，孝慈庵集一卷，武林草一卷、附刻一卷，里居雜詩一卷，金鼓洞志八卷、首一卷，新門散記一卷，城北天后宮志一卷，湖壖雜記一卷，西湖百詠一卷，春草園小記一卷，武林新年雜詠一卷，復園紅板橋詩一卷，東郊土物詩一卷，江鄉節物詩一卷，蘭因集二卷，定鄉小識十六卷，紫陽庵集一卷）

620000－1101－0016073　082.78/158

武林掌故叢編一百九十一種六百四十九卷

（清）丁丙輯　清光緒三年至二十六年（1877－1900）錢塘丁氏嘉惠堂刻本　九十冊　存一百二十二種三百九十卷（乾道臨安志十五卷，都城紀勝一卷，錢塘西湖百詠一卷，錢塘先賢傳贊一卷、附錄一卷，古杭雜記一卷，新刻古杭雜記詩集四卷，西湖韻事一卷，不繫園集一卷，隨喜庵集一卷，流香一覽一卷，武林理安寺志八卷，廣福廟志一卷，武林舊事十卷、附錄一卷，重陽庵集一卷、附刻一卷、附錄一卷，西湖紀述一卷，慧因寺志十二卷、附錄一卷，杭郡庠得表忠觀碑記事一卷，西湖修禊詩一卷，唐棲志略稿二卷，吳山遺事詩一卷，南屏百詠一卷，崔府君祠錄一卷，御覽孤山志一卷，七述一卷，錢塘湖山勝槩詩文二卷，西湖臥遊圖題跋一卷，西谿梵隱志四卷，南宋古蹟考二卷，雲棲紀事一卷，孝義無礙庵錄一卷，南湖倡和集一卷，崇福寺志四卷、續志一卷，湖墅雜詩二卷，大昭慶律寺志十卷，定鄉雜著二卷，金牛湖漁唱一卷，西湖遊記一卷，銀瓶徵一卷，龍井顯應胡公墓錄一卷，西湖百詠二

卷，客杭日記一卷，西湖八社詩帖一卷，湖山敘遊一卷，養素園詩四卷，武林元妙觀志四卷，西泠仙詠三卷，北隅掌錄二卷，西湖雜詩一卷，揚清祠志一卷，武林西湖高僧事略一卷、續一卷，西湖竹枝集一卷，西村十記一卷、附錄一卷，西湖夢尋五卷，韜光庵紀遊集一卷，鳳黃山聖果寺志一卷，南漳子二卷，東城雜記二卷，湖船錄一卷，湖船續錄一卷、首一卷，武林怡老會詩集一卷，西湖月觀紀一卷，鼉峰倡和詩一卷，橫山遊記一卷，孝慈庵集一卷，武林草一卷、附刻一卷，里居雜詩一卷，金鼓洞志八卷、首一卷，新門散記一卷，城北天后宮志一卷，湖壖雜記一卷，西湖百詠一卷，春草園小記一卷，武林新年雜詠一卷，復園紅板橋詩一卷，東郊土物詩一卷，江鄉節物詩一卷，蘭因集二卷，定鄉小識十六卷，紫陽庵集一卷，山游倡和詩一卷，聖宋錢塘賦一卷，西湖雜記一卷，南宋院畫錄八卷，西湖蘇文忠公祠從祀議一卷，西湖紀遊一卷，捍海塘志一卷，翠微亭題名考一卷，西泠閨詠十六卷，俞樓詩記一卷，宋中興學士院題名一卷，月會約一卷，讀書社約一卷，聖蓮社約一卷，西溪百詠二卷，臨平記四卷、附錄一卷，小雲樓放生錄一卷，西湖秋柳詞一卷，武林靈隱寺誌八卷，增修雲林寺志八卷，續修雲林寺誌八卷，錢塘遺事十卷，雪莊西湖漁唱七卷，龍井見聞錄十卷、附宋僧元淨外傳二卷，杭府仁錢三學灋埽職一卷、附錄一卷，湖山懷古集一卷，武林第宅考一卷，勅建淨慈寺志三十卷、首二卷、末一卷，夢粱錄二十卷，神州古史考殘一卷，湖山雜詠一卷、附錄一卷，西湖雜詠一卷，湖上青山集一卷，四時幽賞錄一卷、附錄一卷，西湖小史一卷，西泠懷古集十卷，龍興祥符戒壇寺志十二卷，萬曆錢塘縣志不分卷，武林遊記一卷，流芳亭記一卷，雲居聖水寺志六卷、補遺一卷，西湖詩一卷）

620000－1101－0016074　082.78/158

武林掌故叢編一百九十一種六百四十九卷

（清）丁丙輯　清光緒三年至二十六年（1877－1900）錢塘丁氏嘉惠堂刻本　二百八冊

620000－1101－0016075　621.504/254

武王克殷日紀一卷　（清）林春溥纂　清嘉慶、道光刻本　一冊

620000－1101－0016076　782.87/226

武威韓氏忠節錄一卷詩錄二卷　（清）張澍輯　清道光刻本　一冊

620000－1101－0016077　782.87/226

武威韓氏忠節錄一卷詩錄二卷　（清）張澍輯　清道光刻本　二冊

620000－1101－0016078　782.87/226

武威韓氏忠節錄一卷詩錄二卷　（清）張澍輯　清道光刻本　一冊

620000－1101－0016079　782.87/226

武威韓氏忠節錄一卷詩錄二卷　（清）張澍輯　清道光刻本　二冊

620000－1101－0016080　782.87/226

武威韓氏忠節錄一卷詩錄二卷　（清）張澍輯　清道光刻本　二冊

620000－1101－0016081　782.87/226

武威韓氏忠節錄一卷詩錄二卷　（清）張澍輯　清道光刻本　二冊

620000－1101－0016082　782.87/226

武威韓氏忠節錄一卷詩錄二卷　（清）張澍輯　清道光刻本　一冊

620000－1101－0016083　782.87/226

武威韓氏忠節錄一卷詩錄二卷　（清）張澍輯　清道光刻本　一冊

620000－1101－0016084　782.87/226

武威韓氏忠節錄一卷詩錄二卷　（清）張澍輯　清道光刻本　二冊

620000－1101－0016085　782.616/401.75

武威耆舊傳四卷　（清）潘挹奎撰　清中晚期刻本　一冊

620000－1101－0016086　782.616/401.75

武威耆舊傳四卷　（清）潘挹奎撰　清中晚期刻本　一冊

620000－1101－0016087　782.616/401.75

武威耆舊傳四卷　（清）潘挹奎撰　清中晚期刻本　一冊

620000－1101－0016088　567.3/0.103

武威縣賦役全書不分卷　（清）□□編　清咸豐三年（1853）刻本　三冊

620000－1101－0016089　567.3/0.103

武威縣賦役全書不分卷　（清）□□編　清嘉慶十八年（1813）刻本　一冊

620000－1101－0016090　592/578

武闈司馬法集註詳解五卷　（清）艾欽注　（清）許鏘訂　清晚期刻本　一冊　存四卷（仁本一卷、天子之義一卷、定爵一卷、嚴位一卷）

620000－1101－0016091　308

武夷略四卷　（明）徐表然撰　明萬曆四十七年（1619）孫世昌刻本　六冊

620000－1101－0016092　683.31/10.54

武夷山志二十四卷首一卷　（清）董天工編　清道光二十七年（1847）五夫尺木軒刻本　八冊

620000－1101－0016093　683.31/10.54

武夷山志二十四卷首一卷　（清）董天工編　清道光二十七年（1847）五夫尺木軒刻本　八冊

620000－1101－0016094　683.31/10.54

武夷山志二十四卷首一卷　（清）董天工編　清道光二十七年（1847）五夫尺木軒刻本　七冊　存二十三卷（一至十九、二十二至二十四，首一卷）

620000－1101－0016095　683.31/10.54

武夷山志二十四卷首一卷　（清）董天工編　清道光二十七年（1847）五夫尺木軒刻本　十冊

620000－1101－0016096　2532

武英殿聚珍版書□□種□□卷　清乾隆杭州刻本　七十七冊　存二十四種二百十六卷（融堂書解二十卷，魏鄭公諫續錄二卷，鄞中

記一卷,直齋書錄解題二十二卷,帝範四卷,農桑輯要七卷,墨法集要一卷,五經算術二卷,孫子算經三卷,海島算經一卷,夏侯陽算經三卷,甕牖閒評八卷,拙軒集六卷,郭氏傳家易說十一卷,易象意言一卷,禹貢指南四卷,絜齋毛詩經筵講義四卷,漢官舊儀二卷、補遺一卷,水經注四十卷、首一卷,傅子一卷,明本釋上,文恭集四十卷,絜齋集二十四卷,金淵集六卷)

620000-1101-0016097　2629

武英殿聚珍版書□□種□□卷　清乾隆蘇州刻本　十九冊　存十三種五十七卷(易緯八種十二卷,儀禮識誤三卷,春秋傳說例一卷,春秋辨疑四卷,麟臺故事五卷,嶺表錄異三卷,雲谷雜紀四卷、首一卷、末一卷,攷古質疑六卷,澗泉日記三卷,浩然齋雅談三卷,敬齋古今黈八卷,歲寒堂詩話二卷,欽定武英殿聚珍版程式一卷)

620000-1101-0016098　082.74/717

武英殿聚珍版書五十四種四百二十四卷　清同治十三年(1874)江西書局刻本　一冊　存二種十一卷(儀禮識誤三卷、茶山集八卷)

620000-1101-0016099　082.74/717

武英殿聚珍版書五十四種四百二十四卷　清同治十三年(1874)江西書局刻本　一百二十八冊

620000-1101-0016100　082.74/717

武英殿聚珍版書五十四種四百二十四卷　清同治十三年(1874)江西書局刻本　一百二十八冊

620000-1101-0016101　1998

武英殿聚珍版書一百四十九種二千九百四十卷　清乾隆四十二年(1777)福建刻道光、同治遞修光緒二十一年(1895)增刻本　一千冊

620000-1101-0016102　1999

武英殿聚珍版書一百四十九種二千九百四十卷　清乾隆四十二年(1777)福建刻道光、同治遞修光緒二十一年(1895)增刻本　八百三十一冊

620000-1101-0016103　592/715

戊笈談兵九卷首一卷　(清)汪紱錄　清光緒二十年(1894)刻本　八冊

620000-1101-0016104　592/715

戊笈談兵九卷首一卷　(清)汪紱錄　清光緒二十年(1894)刻本　八冊

620000-1101-0016105　652.5/668

戊戌奏稿不分卷　康有爲撰　清宣統三年(1911)鉛印本　一冊

620000-1101-0016106　602

物理小識十二卷　(清)方以智撰　清康熙三年(1664)刻本　四冊

620000-1101-0016107　041/627

物理小識十二卷首一卷　(清)方以智撰　清光緒十年(1884)寧靜堂刻本　六冊

620000-1101-0016108　330/940

物理學上編四卷中編四卷下編四卷　(日本)飯盛挺造編纂　(日本)藤田豐八譯　(清)王季烈重編　清光緒二十六年至二十九年(1900-1903)江南製造局刻本　四冊　存四卷(中編四卷)

620000-1101-0016109　330/940

物理學上編四卷中編四卷下編四卷　(日本)飯盛挺造編纂　(日本)藤田豐八譯　(清)王季烈重編　清光緒二十六年至二十九年(1900-1903)江南製造局刻本　九冊　存十卷(上編四卷、中編一至二、下編四卷)

620000-1101-0016110　330/940

物理學上編四卷中編四卷下編四卷　(日本)飯盛挺造編纂　(日本)藤田豐八譯　(清)王季烈重編　清光緒二十六年至二十九年(1900-1903)江南製造局刻本　一冊　存二卷(上編三至四)

620000-1101-0016111　330/940

物理學上編四卷中編四卷下編四卷　(日本)飯盛挺造編纂　(日本)藤田豐八譯　(清)王季烈重編　清光緒二十六年至二十九年(1900-1903)江南製造局刻本　八冊　存八

卷（上編四卷、中編四卷）

620000 – 1101 – 0016112　330/940

物理學上編四卷中編四卷下編四卷　（日本）
飯盛挺造編纂　（日本）藤田豐八譯　（清）王
季烈重編　清光緒二十六年至二十九年
（1900 – 1903）江南製造局刻本　十二冊

620000 – 1101 – 0016113　330/940

物理學上編四卷中編四卷下編四卷　（日本）
飯盛挺造編纂　（日本）藤田豐八譯　（清）王
季烈重編　清光緒二十六年至二十九年
（1900 – 1903）江南製造局刻本　十二冊

620000 – 1101 – 0016114　330/940

物理學上編四卷中編四卷下編四卷　（日本）
飯盛挺造編纂　（日本）藤田豐八譯　（清）王
季烈重編　清光緒二十六年至二十九年
（1900 – 1903）江南製造局刻本　十二冊

620000 – 1101 – 0016115　330/940

物理學上編四卷中編四卷下編四卷　（日本）
飯盛挺造編纂　（日本）藤田豐八譯　（清）王
季烈重編　清光緒二十六年至二十九年
（1900 – 1903）江南製造局刻本　四冊　存四
卷（上編四卷）

620000 – 1101 – 0016116　330/940

物理學上編四卷中編四卷下編四卷　（日本）
飯盛挺造編纂　（日本）藤田豐八譯　（清）王
季烈重編　清光緒二十六年至二十九年
（1900 – 1903）江南製造局刻本　四冊　存四
卷（上編四卷）

620000 – 1101 – 0016117　330/940

物理學上編四卷中編四卷下編四卷　（日本）
飯盛挺造編纂　（日本）藤田豐八譯　（清）王
季烈重編　清光緒二十六年至二十九年
（1900 – 1903）江南製造局刻本　十二冊

620000 – 1101 – 0016118　330/940

物理學上編四卷中編四卷下編四卷　（日本）
飯盛挺造編纂　（日本）藤田豐八譯　（清）王
季烈重編　清光緒二十六年至二十九年
（1900 – 1903）江南製造局刻本　十二冊

620000 – 1101 – 0016119　330/940

物理學上編四卷中編四卷下編四卷　（日本）
飯盛挺造編纂　（日本）藤田豐八譯　（清）王
季烈重編　清光緒二十六年至二十九年
（1900 – 1903）江南製造局刻本　十二冊

620000 – 1101 – 0016120　330/940

物理學上編四卷中編四卷下編四卷　（日本）
飯盛挺造編纂　（日本）藤田豐八譯　（清）王
季烈重編　清光緒二十六年至二十九年
（1900 – 1903）江南製造局刻本　四冊　存四
卷（中編四卷）

620000 – 1101 – 0016121　330/940

物理學上編四卷中編四卷下編四卷　（日本）
飯盛挺造編纂　（日本）藤田豐八譯　（清）王
季烈重編　清光緒二十六年至二十九年
（1900 – 1903）江南製造局刻本　四冊　存四
卷（中編四卷）

620000 – 1101 – 0016122　335.5/351

物體遇熱改易記四卷　（英國）瓦特斯輯
（英國）傅蘭雅口譯　（清）徐壽筆述　清光緒
二十五年（1899）江南製造局刻本　二冊

620000 – 1101 – 0016123　335.5/351

物體遇熱改易記四卷　（英國）瓦特斯輯
（英國）傅蘭雅口譯　（清）徐壽筆述　清光緒
二十五年（1899）江南製造局刻本　二冊

620000 – 1101 – 0016124　335.5/351

物體遇熱改易記四卷　（英國）瓦特斯輯
（英國）傅蘭雅口譯　（清）徐壽筆述　清光緒
二十五年（1899）江南製造局刻本　二冊

620000 – 1101 – 0016125　335.5/351

物體遇熱改易記四卷　（英國）瓦特斯輯
（英國）傅蘭雅口譯　（清）徐壽筆述　清光緒
二十五年（1899）江南製造局刻本　二冊

620000 – 1101 – 0016126　335.5/351

物體遇熱改易記四卷　（英國）瓦特斯輯
（英國）傅蘭雅口譯　（清）徐壽筆述　清光緒
二十五年（1899）江南製造局刻本　二冊

620000 – 1101 – 0016127　335.5/351

物體遇熱改易記四卷 （英國）瓦特斯輯
（英國）傅蘭雅口譯 （清）徐壽筆述 清光緒
二十五年(1899)江南製造局刻本 二冊

620000－1101－0016128 335.5/351

物體遇熱改易記四卷 （英國）瓦特斯輯
（英國）傅蘭雅口譯 （清）徐壽筆述 清光緒
二十五年(1899)江南製造局刻本 二冊

620000－1101－0016129 335.5/351

物體遇熱改易記四卷 （英國）瓦特斯輯
（英國）傅蘭雅口譯 （清）徐壽筆述 清光緒
二十五年(1899)江南製造局刻本 二冊

620000－1101－0016130 335.5/351

物體遇熱改易記四卷 （英國）瓦特斯輯
（英國）傅蘭雅口譯 （清）徐壽筆述 清光緒
二十五年(1899)江南製造局刻本 二冊

620000－1101－0016131 335.5/351

物體遇熱改易記四卷 （英國）瓦特斯輯
（英國）傅蘭雅口譯 （清）徐壽筆述 清光緒
二十五年(1899)江南製造局刻本 二冊

620000－1101－0016132 335.5/351

物體遇熱改易記四卷 （英國）瓦特斯輯
（英國）傅蘭雅口譯 （清）徐壽筆述 清光緒
二十五年(1899)江南製造局刻本 二冊

620000－1101－0016133 335.5/351

物體遇熱改易記四卷 （英國）瓦特斯輯
（英國）傅蘭雅口譯 （清）徐壽筆述 清光緒
二十五年(1899)江南製造局刻本 一冊 存
二卷(三至四)

620000－1101－0016134 235.1/70

悟性窮原一卷 （明）涵谷子著 清道光刻本
一冊

620000－1101－0016135 235.1/70.001

悟性窮原一卷 （明）涵谷子著 清光緒三十
三年(1907)金城李氏刻本 一冊

620000－1101－0016136 3006

悟真篇一卷 （宋）張伯端撰 **悟真篇闡幽三
卷** （宋）朱元育撰 清康熙六十年(1721)天

德堂刻本 四冊

620000－1101－0016137 235.1/549

悟真篇正義三卷 （清）董德寧注 清刻本
一冊

620000－1101－0016138 235/307

悟真直指四卷 （宋）張伯端著 （清）劉一明
注解 清嘉慶四年(1799)白玉峰刻本 五冊

620000－1101－0016139 235/307

悟真直指四卷 （宋）張伯端著 （清）劉一明
注解 清嘉慶四年(1799)白玉峰刻本 五冊

620000－1101－0016140 235.715/88

**悟真直指四卷參同契經文直指三卷箋註三卷
三相類二卷** （清）劉一明注解 清嘉慶白玉
峰刻本 九冊

620000－1101－0016141 311.7/949

務民義齋算學十一卷 （清）徐有壬著 清同
治十三年(1874)長沙古荷花池精舍刻本 一
冊 存六卷(截球解義一卷、弧三角拾遺一
卷、用表推日食三差一卷、朔食九服里差三
卷)

620000－1101－0016142 830.7/0.374

務滋堂集七種四十四卷 （清）□□輯 清嘉
慶二十二年(1817)同川金氏刻本 六冊 存
五種二十六卷(林屋山人夢遊草一至十四、翠
娛樓詩草四卷、翠娛樓詩餘一卷、翠娛樓雜著
一卷、其恕齋詩草一至六)

620000－1101－0016143 2861

婺書八卷 （明）吳之器撰 明崇禎十四年
(1641)采蘭堂刻本 二冊 存三卷(一至三)

620000－1101－0016144 4433

婺書八卷 （明）吳之器撰 清光緒二十年
(1894)凝德祠木活字印本 二冊 存五卷
(四至八)

620000－1101－0016145 672.35/315.8

**婺志粹十四卷婺詩補三卷寶婺碎金一卷緱城
漫鈔三卷定溪詩稿一卷攄懷編一卷** （清）盧
標撰並錄 清道光十九年(1839)映台樓刻本

十冊　存十七卷（婺志粹十四卷、婺詩補三卷）

620000－1101－0016146　847.8/37
寤言二卷　（清）陳澹然著　清光緒刻本
二冊

620000－1101－0016147　681.27/610
西北邊界圖地名譯漢考證二卷　（清）許景澄
撰　清光緒二十二年（1896）刻本　二冊

620000－1101－0016148　681.27/610
西北邊界圖地名譯漢考證二卷　（清）許景澄
撰　清光緒二十二年（1896）刻本　二冊

620000－1101－0016149　681.27/610
西北邊界圖地名譯漢考證二卷　（清）許景澄
撰　清光緒二十二年（1896）刻本　二冊

620000－1101－0016150　681.27/610
西北邊界圖地名譯漢考證二卷　（清）許景澄
撰　清光緒二十二年（1896）刻本　二冊

620000－1101－0016151　681.27/610
西北邊界圖地名譯漢考證二卷　（清）許景澄
撰　清光緒二十二年（1896）刻本　二冊

620000－1101－0016152　681.27/610
西北邊界圖地名譯漢考證二卷　（清）許景澄
撰　清光緒二十二年（1896）刻本　二冊

620000－1101－0016153　681.27/610
西北邊界圖地名譯漢考證二卷　（清）許景澄
撰　清光緒二十二年（1896）刻本　二冊

620000－1101－0016154　681.27/610
西北邊界圖地名譯漢考證二卷　（清）許景澄
撰　清光緒二十二年（1896）刻本　一冊

620000－1101－0016155　671.7/0.153
西北地理五種□□卷　（清）施世杰校輯　清
光緒二十三年（1897）會稽施氏□鄭學盧刻本
四冊　存四種十五卷（元秘史山川地名考
十二卷、元耶律楚材西遊錄一卷、和林詩一
卷、朔方備乘札記一卷）

620000－1101－0016156　748/880
西比利亞志不分卷新志不分卷　（清）前編書

局編纂　清光緒三十四年（1908）學部編譯圖
書局鉛印本　一冊

620000－1101－0016157　1118
西藏地理考不分卷　（□）□□撰　清抄本
二冊

620000－1101－0016158　676.6/783.6
西藏賦不分卷　（清）和寧撰　清嘉慶二年
（1797）刻本　一冊

620000－1101－0016159　676.6/783.6
西藏賦不分卷　（清）和寧撰　清嘉慶二年
（1797）刻本　一冊

620000－1101－0016160　696.6/814
西藏紀游四卷　（清）周藹聯撰　清嘉慶鉛印
本　二冊

620000－1101－0016161　676.60/582
西藏通覽二編　（日本）山縣初男編著　（清）
四川西藏研究會編譯　清宣統元年（1909）四
川西藏研究會石印本　四冊

620000－1101－0016162　676.60/582
西藏通覽二編　（日本）山縣初男編著　（清）
四川西藏研究會編譯　清宣統元年（1909）四
川西藏研究會石印本　四冊

620000－1101－0016163　676.60/582
西藏通覽二編　（日本）山縣初男編著　（清）
四川西藏研究會編譯　清宣統元年（1909）四
川西藏研究會石印本　四冊

620000－1101－0016164　676.60/582.001
西藏通覽二編　（日本）山縣初男編著　（清）
四川西藏研究會編譯　清晚期石印本　四冊

620000－1101－0016165　629.66/430
西藏小識四卷　（清）單毓年著　清晚期抄本
四冊

620000－1101－0016166　226.96/30
西藏宗教源流考一卷　（清）張其勤編輯　清
宣統二年（1910）官印刷局鉛印本　一冊

620000－1101－0016167　226.96/30
西藏宗教源流考一卷　（清）張其勤編輯　清

宣統二年(1910)官印刷局鉛印本　一冊

620000 – 1101 – 0016168　226.96/30
西藏宗教源流考一卷　(清)張其勤編輯　清宣統二年(1910)官印刷局鉛印本　一冊

620000 – 1101 – 0016169　676.1/755
西陲要略四卷　(清)祁韻士輯　清道光十七年(1837)筠淥山房刻本　二冊

620000 – 1101 – 0016170　676.1/755
西陲要略四卷　(清)祁韻士輯　清道光十七年(1837)筠淥山房刻本　二冊

620000 – 1101 – 0016171　676.1/755
西陲要略四卷　(清)祁韻士輯　清道光十七年(1837)筠淥山房刻本　二冊

620000 – 1101 – 0016172　676.1/755.002
西陲要略四卷　(清)祁韻士輯　清同治元年(1862)南海伍氏刻粵雅堂叢書本　一冊

620000 – 1101 – 0016173　676.1/755
西陲要略四卷　(清)祁韻士輯　清光緒八年(1882)鉛印本　二冊

620000 – 1101 – 0016174　676.1/755.003
西陲要略四卷　(清)祁韻士輯　清晚期鉛印本　一冊　存二卷(三至四)

620000 – 1101 – 0016175　676.1/755
西陲要略一卷　(清)祁韻士輯　清光緒十七年(1891)王錫祺鉛印本　一冊

620000 – 1101 – 0016176　222/686.001
西方要決科註二卷　(唐)釋窺基撰　清光緒金陵刻經處刻本　一冊

620000 – 1101 – 0016177　950
西㒹草一卷　(清)王星誠撰　清困學盦抄本　一冊

620000 – 1101 – 0016178　567.3/0.153
西固州同賦役全書不分卷　(清)□□編　清咸豐三年(1853)刻本　三冊

620000 – 1101 – 0016179　058/262
西國近事彙編(丙申)四卷　(清)王汝騤編輯

清光緒二十二年(1896)上海機器製造局鉛印本　四冊

620000 – 1101 – 0016180　058/262.012
西國近事彙編(丙申)四卷　(清)王汝騤編輯　清光緒二十二年(1896)上海機器製造局鉛印本　四冊

620000 – 1101 – 0016181　058/262.012
西國近事彙編(丙申)四卷　(清)王汝騤編輯　清光緒二十二年(1896)上海機器製造局鉛印本　四冊

620000 – 1101 – 0016182　058/262.012
西國近事彙編(丙申)四卷　(清)王汝騤編輯　清光緒二十二年(1896)上海機器製造局鉛印本　四冊

620000 – 1101 – 0016183　058/262.012
西國近事彙編(丙申)四卷　(清)王汝騤編輯　清光緒二十二年(1896)上海機器製造局鉛印本　四冊

620000 – 1101 – 0016184　058/262.012
西國近事彙編(丙申)四卷　(清)王汝騤編輯　清光緒二十二年(1896)上海機器製造局鉛印本　三冊　存三卷(二至四)

620000 – 1101 – 0016185　058/262.008
西國近事彙編(丙戌)四卷　(清)鄭昌棪編輯　清光緒十二年(1886)上海機器製造局鉛印本　四冊

620000 – 1101 – 0016186　058/262.008
西國近事彙編(丙戌)四卷　(清)鄭昌棪編輯　清光緒十二年(1886)上海機器製造局鉛印本　四冊

620000 – 1101 – 0016187　058/262.008
西國近事彙編(丙戌)四卷　(清)鄭昌棪編輯　清光緒十二年(1886)上海機器製造局鉛印本　四冊

620000 – 1101 – 0016188　058/262.008
西國近事彙編(丙戌)四卷　(清)鄭昌棪編輯　清光緒十二年(1886)上海機器製造局鉛印

本　一冊　存一卷(四)

620000－1101－0016189　058/262.008
西國近事彙編(丙戌)四卷　(清)鄭昌棪編輯
　清光緒十二年(1886)上海機器製造局鉛印
本　三冊　存三卷(二至四)

620000－1101－0016190　058/262.008
西國近事彙編(丙戌)四卷　(清)鄭昌棪編輯
　清光緒十二年(1886)上海機器製造局鉛印
本　二冊　存二卷(三至四)

620000－1101－0016191　058/262.008
西國近事彙編(丙戌)四卷　(清)鄭昌棪編輯
　清光緒十二年(1886)上海機器製造局鉛印
本　四冊

620000－1101－0016192　058/262.003
西國近事彙編(丙子)四卷　(美國)金楷理口
譯　(清)蔡錫齡筆述　清光緒二年(1876)上
海機器製造局鉛印本　四冊

620000－1101－0016193　058/262.003
西國近事彙編(丙子)四卷　(美國)金楷理口
譯　(清)蔡錫齡筆述　清光緒二年(1876)上
海機器製造局鉛印本　四冊

620000－1101－0016194　058/262.003
西國近事彙編(丙子)四卷　(美國)金楷理口
譯　(清)蔡錫齡筆述　清光緒二年(1876)上
海機器製造局鉛印本　四冊

620000－1101－0016195　058/262.003
西國近事彙編(丙子)四卷　(美國)金楷理口
譯　(清)蔡錫齡筆述　清光緒二年(1876)上
海機器製造局鉛印本　四冊

620000－1101－0016196　058/262.003
西國近事彙編(丙子)四卷　(美國)金楷理口
譯　(清)蔡錫齡筆述　清光緒二年(1876)上
海機器製造局鉛印本　三冊　存三卷(一至
三)

620000－1101－0016197　058/262.003
西國近事彙編(丙子)四卷　(美國)金楷理口
譯　(清)蔡錫齡筆述　清光緒二年(1876)上

海機器製造局鉛印本　三冊　存三卷(一至
三)

620000－1101－0016198　058/262.016
西國近事彙編(丁丑)四卷　(美國)金楷理口
譯　(清)蔡錫齡筆述　清光緒三年(1877)上
海機器製造局鉛印本　四冊

620000－1101－0016199　058/262.016
西國近事彙編(丁丑)四卷　(美國)金楷理口
譯　(清)蔡錫齡筆述　清光緒三年(1877)上
海機器製造局鉛印本　四冊

620000－1101－0016200　058/262.016
西國近事彙編(丁丑)四卷　(美國)金楷理口
譯　(清)蔡錫齡筆述　清光緒三年(1877)上
海機器製造局鉛印本　四冊

620000－1101－0016201　058/262.016
西國近事彙編(丁丑)四卷　(美國)金楷理口
譯　(清)蔡錫齡筆述　清光緒三年(1877)上
海機器製造局鉛印本　二冊　存二卷(二至
三)

620000－1101－0016202　058/262.016
西國近事彙編(丁丑)四卷　(美國)金楷理口
譯　(清)蔡錫齡筆述　清光緒三年(1877)上
海機器製造局鉛印本　四冊

620000－1101－0016203　058/262.016
西國近事彙編(丁丑)四卷　(美國)金楷理口
譯　(清)蔡錫齡筆述　清光緒三年(1877)上
海機器製造局鉛印本　四冊

620000－1101－0016204　058/262.016
西國近事彙編(丁丑)四卷　(美國)金楷理口
譯　(清)蔡錫齡筆述　清光緒三年(1877)上
海機器製造局鉛印本　四冊

620000－1101－0016205　058/262.016
西國近事彙編(丁丑)四卷　(美國)金楷理口
譯　(清)蔡錫齡筆述　清光緒三年(1877)上
海機器製造局鉛印本　三冊　存三卷(二至
四)

620000－1101－0016206　058/262.009

西國近事彙編(丁亥)四卷　（清)李嶽薈編輯
清光緒十三年(1887)上海機器製造局鉛印
本　四冊

620000－1101－0016207　058/262.009
西國近事彙編(丁亥)四卷　（清)李嶽薈編輯
清光緒十三年(1887)上海機器製造局鉛印
本　四冊

620000－1101－0016208　058/262.009
西國近事彙編(丁亥)四卷　（清)李嶽薈編輯
清光緒十三年(1887)上海機器製造局鉛印
本　四冊

620000－1101－0016209　058/262.009
西國近事彙編(丁亥)四卷　（清)李嶽薈編輯
清光緒十三年(1887)上海機器製造局鉛印
本　四冊

620000－1101－0016210　058/262.009
西國近事彙編(丁亥)四卷　（清)李嶽薈編輯
清光緒十三年(1887)上海機器製造局鉛印
本　四冊

620000－1101－0016211　058/262.009
西國近事彙編(丁亥)四卷　（清)李嶽薈編輯
清光緒十三年(1887)上海機器製造局鉛印
本　四冊

620000－1101－0016212　058/262.009
西國近事彙編(丁亥)四卷　（清)李嶽薈編輯
清光緒十三年(1887)上海機器製造局鉛印
本　三冊　存三卷(一至三)

620000－1101－0016213　058/262.009
西國近事彙編(丁亥)四卷　（清)李嶽薈編輯
清光緒十三年(1887)上海機器製造局鉛印
本　二冊　存二卷(一至二)

620000－1101－0016214　058/262.013
西國近事彙編(丁酉)四卷　（蒙古)鳳儀譯
（清)汪振聲編　清光緒二十三年(1897)上海
機器製造局鉛印本　四冊

620000－1101－0016215　058/262.013
西國近事彙編(丁酉)四卷　（蒙古)鳳儀譯

（清)汪振聲編　清光緒二十三年(1897)上海
機器製造局鉛印本　四冊　存三卷(二至四)

620000－1101－0016216　058/262.013
西國近事彙編(丁酉)四卷　（蒙古)鳳儀譯
（清)汪振聲編　清光緒二十三年(1897)上海
機器製造局鉛印本　四冊

620000－1101－0016217　058/262.013
西國近事彙編(丁酉)四卷　（蒙古)鳳儀譯
（清)汪振聲編　清光緒二十三年(1897)上海
機器製造局鉛印本　四冊

620000－1101－0016218　058/262
西國近事彙編(庚辰)四卷　（美國)林樂知口
譯　（清)蔡錫齡筆述　清光緒六年(1880)上
海機器製造局鉛印本　四冊

620000－1101－0016219　058/262
西國近事彙編(庚辰)四卷　（美國)林樂知口
譯　（清)蔡錫齡筆述　清光緒六年(1880)上
海機器製造局鉛印本　四冊

620000－1101－0016220　058/262
西國近事彙編(庚辰)四卷　（美國)林樂知口
譯　（清)蔡錫齡筆述　清光緒六年(1880)上
海機器製造局鉛印本　四冊

620000－1101－0016221　058/262.001
西國近事彙編(庚辰)四卷　（美國)林樂知口
譯　（清)蔡錫齡筆述　清光緒六年(1880)上
海機器製造局鉛印本　四冊

620000－1101－0016222　058/262.001
西國近事彙編(庚辰)四卷　（美國)林樂知口
譯　（清)蔡錫齡筆述　清光緒六年(1880)上
海機器製造局鉛印本　四冊

620000－1101－0016223　058/262.001
西國近事彙編(庚辰)四卷　（美國)林樂知口
譯　（清)蔡錫齡筆述　清光緒六年(1880)上
海機器製造局鉛印本　四冊

620000－1101－0016224　058/262.001
西國近事彙編(庚辰)四卷　（美國)林樂知口
譯　（清)蔡錫齡筆述　清光緒六年(1880)上

276

海機器製造局鉛印本　四冊

620000－1101－0016225　058/262.023
西國近事彙編(庚寅)四卷　（清）張通煜編輯
　清光緒十六年(1890)上海機器製造局鉛印
本　四冊

620000－1101－0016226　058/262.023
西國近事彙編(庚寅)四卷　（清）張通煜編輯
　清光緒十六年(1890)上海機器製造局鉛印
本　四冊

620000－1101－0016227　058/262.023
西國近事彙編(庚寅)四卷　（清）張通煜編輯
　清光緒十六年(1890)上海機器製造局鉛印
本　四冊

620000－1101－0016228　058/262.023
西國近事彙編(庚寅)四卷　（清）張通煜編輯
　清光緒十六年(1890)上海機器製造局鉛印
本　四冊

620000－1101－0016229　058/262.023
西國近事彙編(庚寅)四卷　（清）張通煜編輯
　清光緒十六年(1890)上海機器製造局鉛印
本　四冊

620000－1101－0016230　058/262.023
西國近事彙編(庚寅)四卷　（清）張通煜編輯
　清光緒十六年(1890)上海機器製造局鉛印
本　四冊

620000－1101－0016231　058/262.023
西國近事彙編(庚寅)四卷　（清）張通煜編輯
　清光緒十六年(1890)上海機器製造局鉛印
本　一冊　存一卷(四)

620000－1101－0016232　058/262.015
西國近事彙編(癸巳)四卷　（清）蔡祚來編輯
　清光緒十九年(1893)上海機器製造局鉛印
本　四冊

620000－1101－0016233　058/262.015
西國近事彙編(癸巳)四卷　（清）蔡祚來編輯
　清光緒十九年(1893)上海機器製造局鉛印
本　四冊

620000－1101－0016234　058/262.015
西國近事彙編(癸巳)四卷　（清）蔡祚來編輯
　清光緒十九年(1893)上海機器製造局鉛印
本　四冊

620000－1101－0016235　058/262.015
西國近事彙編(癸巳)四卷　（清）蔡祚來編輯
　清光緒十九年(1893)上海機器製造局鉛印
本　四冊

620000－1101－0016236　058/262.015
西國近事彙編(癸巳)四卷　（清）蔡祚來編輯
　清光緒十九年(1893)上海機器製造局鉛印
本　四冊

620000－1101－0016237　058/262.015
西國近事彙編(癸巳)四卷　（清）蔡祚來編輯
　清光緒十九年(1893)上海機器製造局鉛印
本　四冊

620000－1101－0016238　058/262.017
西國近事彙編(癸未)四卷　（清）鍾天緯編輯
　清光緒九年(1883)上海機器製造局鉛印本
四冊

620000－1101－0016239　058/262.017
西國近事彙編(癸未)四卷　（清）鍾天緯編輯
　清光緒九年(1883)上海機器製造局鉛印本
四冊

620000－1101－0016240　058/262.017
西國近事彙編(癸未)四卷　（清）鍾天緯編輯
　清光緒九年(1883)上海機器製造局鉛印本
四冊

620000－1101－0016241　058/262.017
西國近事彙編(癸未)四卷　（清）鍾天緯編輯
　清光緒九年(1883)上海機器製造局鉛印本
四冊

620000－1101－0016242　058/262.017
西國近事彙編(癸未)四卷　（清）鍾天緯編輯
　清光緒九年(1883)上海機器製造局鉛印本
三冊　存三卷(一至三)

620000－1101－0016243　058/262.017

西國近事彙編（癸未）四卷 （清）鍾天緯編輯
清光緒九年（1883）上海機器製造局鉛印本
一冊 存一卷（一）

620000－1101－0016244 058/262.019
西國近事彙編（癸酉）四卷 （美國）金楷理口
譯 （清）姚棻筆述 清同治十二年（1873）上
海機器製造局刻本 四冊

620000－1101－0016245 058/262.019
西國近事彙編（癸酉）四卷 （美國）金楷理口
譯 （清）姚棻筆述 清同治十二年（1873）上
海機器製造局刻本 一冊 存一卷（四）

620000－1101－0016246 058/262.005
西國近事彙編（己丑）四卷 （清）李嶽蘅編輯
清光緒十五年（1889）上海機器製造局鉛印
本 四冊

620000－1101－0016247 058/262.005
西國近事彙編（己丑）四卷 （清）李嶽蘅編輯
清光緒十五年（1889）上海機器製造局鉛印
本 四冊

620000－1101－0016248 058/262.005
西國近事彙編（己丑）四卷 （清）李嶽蘅編輯
清光緒十五年（1889）上海機器製造局鉛印
本 四冊

620000－1101－0016249 058/262.005
西國近事彙編（己丑）四卷 （清）李嶽蘅編輯
清光緒十五年（1889）上海機器製造局鉛印
本 四冊

620000－1101－0016250 058/262.005
西國近事彙編（己丑）四卷 （清）李嶽蘅編輯
清光緒十五年（1889）上海機器製造局鉛印
本 四冊

620000－1101－0016251 058/262.005
西國近事彙編（己丑）四卷 （清）李嶽蘅編輯
清光緒十五年（1889）上海機器製造局鉛印
本 三冊 存三卷（二至四）

620000－1101－0016252 058/262.005
西國近事彙編（己丑）四卷 （清）李嶽蘅編輯

清光緒十五年（1889）上海機器製造局鉛印
本 三冊 存三卷（二至四）

620000－1101－0016253 058/262.014
西國近事彙編（己亥）四卷 （清）范熙庸輯
清光緒二十五年（1899）上海機器製造局鉛印
本 四冊

620000－1101－0016254 058/262.014
西國近事彙編（己亥）四卷 （清）范熙庸輯
清光緒二十五年（1899）上海機器製造局鉛印
本 四冊

620000－1101－0016255 058/262.014
西國近事彙編（己亥）四卷 （清）范熙庸輯
清光緒二十五年（1899）上海機器製造局鉛印
本 四冊

620000－1101－0016256 058/262.014
西國近事彙編（己亥）四卷 （清）范熙庸輯
清光緒二十五年（1899）上海機器製造局鉛印
本 四冊

620000－1101－0016257 058/262.014
西國近事彙編（己亥）四卷 （清）范熙庸輯
清光緒二十五年（1899）上海機器製造局鉛印
本 四冊

620000－1101－0016258 058/262.014
西國近事彙編（己亥）四卷 （清）范熙庸輯
清光緒二十五年（1899）上海機器製造局鉛印
本 一冊 存一卷（二）

620000－1101－0016259 058/262.020
西國近事彙編（己卯）四卷 （美國）林樂知口
譯 （清）蔡錫齡筆述 清光緒五年（1879）上
海機器製造局鉛印本 四冊

620000－1101－0016260 058/262.020
西國近事彙編（己卯）四卷 （美國）林樂知口
譯 （清）蔡錫齡筆述 清光緒五年（1879）上
海機器製造局鉛印本 四冊

620000－1101－0016261 058/262.020
西國近事彙編（己卯）四卷 （美國）林樂知口
譯 （清）蔡錫齡筆述 清光緒五年（1879）上

海機器製造局鉛印本　四冊

620000－1101－0016262　058/262.020
西國近事彙編(己卯)四卷　(美國)林樂知口譯　(清)蔡錫齡筆述　清光緒五年(1879)上海機器製造局鉛印本　三冊　存三卷(二至四)

620000－1101－0016263　058/262.020
西國近事彙編(己卯)四卷　(美國)林樂知口譯　(清)蔡錫齡筆述　清光緒五年(1879)上海機器製造局鉛印本　三冊　存三卷(二至四)

620000－1101－0016264　058/262.020
西國近事彙編(己卯)四卷　(美國)林樂知口譯　(清)蔡錫齡筆述　清光緒五年(1879)上海機器製造局鉛印本　二冊　存二卷(三至四)

620000－1101－0016265　058/262.020
西國近事彙編(己卯)四卷　(美國)林樂知口譯　(清)蔡錫齡筆述　清光緒五年(1879)上海機器製造局鉛印本　一冊　存一卷(三)

620000－1101－0016266　058/262.018
西國近事彙編(甲申)四卷　(清)鍾天緯編輯　清光緒十年(1884)上海機器製造局鉛印本　四冊

620000－1101－0016267　058/262.018
西國近事彙編(甲申)四卷　(清)鍾天緯編輯　清光緒十年(1884)上海機器製造局鉛印本　四冊

620000－1101－0016268　058/262.018
西國近事彙編(甲申)四卷　(清)鍾天緯編輯　清光緒十年(1884)上海機器製造局鉛印本　四冊

620000－1101－0016269　058/262.018
西國近事彙編(甲申)四卷　(清)鍾天緯編輯　清光緒十年(1884)上海機器製造局鉛印本　四冊

620000－1101－0016270　058/262.018

西國近事彙編(甲申)四卷　(清)鍾天緯編輯　清光緒十年(1884)上海機器製造局鉛印本　二冊　存二卷(三至四)

620000－1101－0016271　058/262.004
西國近事彙編(甲午)四卷　(清)王汝駢編輯　清光緒二十年(1894)上海機器製造局鉛印本　四冊

620000－1101－0016272　058/262.004
西國近事彙編(甲午)四卷　(清)王汝駢編輯　清光緒二十年(1894)上海機器製造局鉛印本　四冊

620000－1101－0016273　058/262.004
西國近事彙編(甲午)四卷　(清)王汝駢編輯　清光緒二十年(1894)上海機器製造局鉛印本　四冊

620000－1101－0016274　058/262.004
西國近事彙編(甲午)四卷　(清)王汝駢編輯　清光緒二十年(1894)上海機器製造局鉛印本　四冊

620000－1101－0016275　058/262.004
西國近事彙編(甲午)四卷　(清)王汝駢編輯　清光緒二十年(1894)上海機器製造局鉛印本　三冊　存三卷(一至三)

620000－1101－0016276　058/262.021
西國近事彙編(甲戌)四卷　(美國)金楷理口譯　(清)蔡錫齡筆述　清同治十三年(1874)上海機器製造局刻本　四冊

620000－1101－0016277　058/262.010
西國近事彙編(壬辰)四卷　(清)蔡祚來編輯　清光緒十八年(1892)上海機器製造局鉛印本　四冊

620000－1101－0016278　058/262.010
西國近事彙編(壬辰)四卷　(清)蔡祚來編輯　清光緒十八年(1892)上海機器製造局鉛印本　四冊

620000－1101－0016279　058/262.010
西國近事彙編(壬辰)四卷　(清)蔡祚來編輯

279

清光緒十八年(1892)上海機器製造局鉛印
本　四冊

620000－1101－0016280　058/262.010
西國近事彙編(壬辰)四卷　(清)蔡祚來編輯
清光緒十八年(1892)上海機器製造局鉛印
本　四冊

620000－1101－0016281　058/262.010
西國近事彙編(壬辰)四卷　(清)蔡祚來編輯
清光緒十八年(1892)上海機器製造局鉛印
本　四冊

620000－1101－0016282　058/262.010
西國近事彙編(壬辰)四卷　(清)蔡祚來編輯
清光緒十八年(1892)上海機器製造局鉛印
本　二冊　存二卷(三至四)

620000－1101－0016283　058/262.026
西國近事彙編(壬午)四卷　(清)鍾天緯編輯
清光緒八年(1882)上海機器製造局鉛印本
四冊

620000－1101－0016284　058/262.026
西國近事彙編(壬午)四卷　(清)鍾天緯編輯
清光緒八年(1882)上海機器製造局鉛印本
四冊

620000－1101－0016285　058/262.026
西國近事彙編(壬午)四卷　(清)鍾天緯編輯
清光緒八年(1882)上海機器製造局鉛印本
四冊

620000－1101－0016286　058/262.026
西國近事彙編(壬午)四卷　(清)鍾天緯編輯
清光緒八年(1882)上海機器製造局鉛印本
四冊

620000－1101－0016287　058/262.026
西國近事彙編(壬午)四卷　(清)鍾天緯編輯
清光緒八年(1882)上海機器製造局鉛印本
四冊

620000－1101－0016288　058/262.026
西國近事彙編(壬午)四卷　(清)鍾天緯編輯
清光緒八年(1882)上海機器製造局鉛印本

四冊

620000－1101－0016289　058/262.024
西國近事彙編(戊戌)四卷　(清)楊召芬譯
(清)汪振聲編　清光緒二十四年(1898)上海
機器製造局鉛印本　四冊

620000－1101－0016290　058/262.024
西國近事彙編(戊戌)四卷　(清)楊召芬譯
(清)汪振聲編　清光緒二十四年(1898)上海
機器製造局鉛印本　四冊

620000－1101－0016291　058/262.024
西國近事彙編(戊戌)四卷　(清)楊召芬譯
(清)汪振聲編　清光緒二十四年(1898)上海
機器製造局鉛印本　四冊

620000－1101－0016292　058/262.024
西國近事彙編(戊戌)四卷　(清)楊召芬譯
(清)汪振聲編　清光緒二十四年(1898)上海
機器製造局鉛印本　二冊　存二卷(二、四)

620000－1101－0016293　058/262.024
西國近事彙編(戊戌)四卷　(清)楊召芬譯
(清)汪振聲編　清光緒二十四年(1898)上海
機器製造局鉛印本　四冊

620000－1101－0016294　058/262.024
西國近事彙編(戊戌)四卷　(清)楊召芬譯
(清)汪振聲編　清光緒二十四年(1898)上海
機器製造局鉛印本　三冊　存三卷(二至四)

620000－1101－0016295　058/262
西國近事彙編(戊寅)四卷　(美國)林樂知口
譯　(清)蔡錫齡筆述　清光緒四年(1878)上
海機器製造局鉛印本　四冊

620000－1101－0016296　058/262
西國近事彙編(戊寅)四卷　(美國)林樂知口
譯　(清)蔡錫齡筆述　清光緒四年(1878)上
海機器製造局鉛印本　四冊

620000－1101－0016297　058/262.002
西國近事彙編(戊寅)四卷　(美國)林樂知口
譯　(清)蔡錫齡筆述　清光緒四年(1878)上
海機器製造局鉛印本　四冊

620000 – 1101 – 0016298　058/262.002
西國近事彙編(戊寅)四卷　（美國）林樂知口譯　（清）蔡錫齡筆述　清光緒四年(1878)上海機器製造局鉛印本　四冊

620000 – 1101 – 0016299　058/262.002
西國近事彙編(戊寅)四卷　（美國）林樂知口譯　（清）蔡錫齡筆述　清光緒四年(1878)上海機器製造局鉛印本　四冊

620000 – 1101 – 0016300　058/262.002
西國近事彙編(戊寅)四卷　（美國）林樂知口譯　（清）蔡錫齡筆述　清光緒四年(1878)上海機器製造局鉛印本　四冊

620000 – 1101 – 0016301　058/262.002
西國近事彙編(戊寅)四卷　（美國）林樂知口譯　（清）蔡錫齡筆述　清光緒四年(1878)上海機器製造局鉛印本　一冊

620000 – 1101 – 0016302　058/262.006
西國近事彙編(戊子)四卷　（清）李嶽蕤編輯　清光緒十四年(1888)上海機器製造局鉛印本　四冊

620000 – 1101 – 0016303　058/262.006
西國近事彙編(戊子)四卷　（清）李嶽蕤編輯　清光緒十四年(1888)上海機器製造局鉛印本　四冊

620000 – 1101 – 0016304　058/262.006
西國近事彙編(戊子)四卷　（清）李嶽蕤編輯　清光緒十四年(1888)上海機器製造局鉛印本　四冊

620000 – 1101 – 0016305　058/262.006
西國近事彙編(戊子)四卷　（清）李嶽蕤編輯　清光緒十四年(1888)上海機器製造局鉛印本　四冊

620000 – 1101 – 0016306　058/262.006
西國近事彙編(戊子)四卷　（清）李嶽蕤編輯　清光緒十四年(1888)上海機器製造局鉛印本　三冊　存三卷(一、三至四)

620000 – 1101 – 0016307　058/262.006

620000 – 1101 – 0016307　058/262.006
西國近事彙編(戊子)四卷　（清）李嶽蕤編輯　清光緒十四年(1888)上海機器製造局鉛印本　四冊

620000 – 1101 – 0016308　058/262.022
西國近事彙編(辛卯)四卷　（清）蔡祚來編輯　清光緒十七年(1891)上海機器製造局鉛印本　四冊

620000 – 1101 – 0016309　058/262.022
西國近事彙編(辛卯)四卷　（清）蔡祚來編輯　清光緒十七年(1891)上海機器製造局鉛印本　四冊

620000 – 1101 – 0016310　058/262.022
西國近事彙編(辛卯)四卷　（清）蔡祚來編輯　清光緒十七年(1891)上海機器製造局鉛印本　四冊

620000 – 1101 – 0016311　058/262.022
西國近事彙編(辛卯)四卷　（清）蔡祚來編輯　清光緒十七年(1891)上海機器製造局鉛印本　四冊

620000 – 1101 – 0016312　058/262.022
西國近事彙編(辛卯)四卷　（清）蔡祚來編輯　清光緒十七年(1891)上海機器製造局鉛印本　四冊

620000 – 1101 – 0016313　058/262.022
西國近事彙編(辛卯)四卷　（清）蔡祚來編輯　清光緒十七年(1891)上海機器製造局鉛印本　二冊　存二卷(一至二)

620000 – 1101 – 0016314　058/262.027
西國近事彙編(辛巳)四卷　（美國）林樂知口譯　（清）蔡錫齡筆述　（清）鍾天緯參校　清光緒七年(1881)上海機器製造局鉛印本　四冊

620000 – 1101 – 0016315　058/262.027
西國近事彙編(辛巳)四卷　（美國）林樂知口譯　（清）蔡錫齡筆述　（清）鍾天緯參校　清光緒七年(1881)上海機器製造局鉛印本　四冊

620000－1101－0016316　058/262.027

西國近事彙編(辛巳)四卷　（美國）林樂知口譯　（清）蔡錫齡筆述　（清）鍾天緯參校　清光緒七年(1881)上海機器製造局鉛印本　四冊

620000－1101－0016317　058/262.027

西國近事彙編(辛巳)四卷　（美國）林樂知口譯　（清）蔡錫齡筆述　（清）鍾天緯參校　清光緒七年(1881)上海機器製造局鉛印本　四冊

620000－1101－0016318　058/262.027

西國近事彙編(辛巳)四卷　（美國）林樂知口譯　（清）蔡錫齡筆述　（清）鍾天緯參校　清光緒七年(1881)上海機器製造局鉛印本　四冊

620000－1101－0016319　058/262.027

西國近事彙編(辛巳)四卷　（美國）林樂知口譯　（清）蔡錫齡筆述　（清）鍾天緯參校　清光緒七年(1881)上海機器製造局鉛印本　四冊

620000－1101－0016320　058/262.027

西國近事彙編(辛巳)四卷　（美國）林樂知口譯　（清）蔡錫齡筆述　（清）鍾天緯參校　清光緒七年(1881)上海機器製造局鉛印本　四冊

620000－1101－0016321　058/262.025

西國近事彙編(乙亥)四卷　（美國）金楷理口譯　（清）蔡錫齡筆述　清光緒元年(1875)上海機器製造局刻本　四冊

620000－1101－0016322　058/262.025

西國近事彙編(乙亥)四卷　（美國）金楷理口譯　（清）蔡錫齡筆述　清光緒元年(1875)上海機器製造局刻本　四冊

620000－1101－0016323　058/262.011

西國近事彙編(乙未)四卷　（清）王汝駒編輯　清光緒二十一年(1895)上海機器製造局鉛印本　四冊

620000－1101－0016324　058/262.011

西國近事彙編(乙未)四卷　（清）王汝駒編輯　清光緒二十一年(1895)上海機器製造局鉛印本　四冊

620000－1101－0016325　058/262.011

西國近事彙編(乙未)四卷　（清）王汝駒編輯　清光緒二十一年(1895)上海機器製造局鉛印本　四冊

620000－1101－0016326　058/262.011

西國近事彙編(乙未)四卷　（清）王汝駒編輯　清光緒二十一年(1895)上海機器製造局鉛印本　一冊　存一卷(三)

620000－1101－0016327　058/262.007

西國近事彙編(乙酉)四卷　（清）鄭昌棪編輯　清光緒十一年(1885)上海機器製造局鉛印本　一冊　存一卷(一)

620000－1101－0016328　058/262.007

西國近事彙編(乙酉)四卷　（清）鄭昌棪編輯　清光緒十一年(1885)上海機器製造局鉛印本　四冊

620000－1101－0016329　058/262.007

西國近事彙編(乙酉)四卷　（清）鄭昌棪編輯　清光緒十一年(1885)上海機器製造局鉛印本　四冊

620000－1101－0016330　058/262.007

西國近事彙編(乙酉)四卷　（清）鄭昌棪編輯　清光緒十一年(1885)上海機器製造局鉛印本　四冊

620000－1101－0016331　058/262.007

西國近事彙編(乙酉)四卷　（清）鄭昌棪編輯　清光緒十一年(1885)上海機器製造局鉛印本　二冊　存二卷(一至二)

620000－1101－0016332　058/262.007

西國近事彙編(乙酉)四卷　（清）鄭昌棪編輯　清光緒十一年(1885)上海機器製造局鉛印本　四冊　存三卷(二至四)

620000－1101－0016333　058/262.007

西國近事彙編(乙酉)四卷　（清）鄭昌棪編輯

清光緒十一年(1885)上海機器製造局鉛印本　一冊　存一卷(三)

620000－1101－0016334　468.56/906

西國鍊鋼說一卷　(英國)傅蘭雅輯　清光緒十八年(1892)上海格致書室鉛印本　一冊

620000－1101－0016335　596.93/239

西國陸軍制考略八卷　(英國)柯里著　(英國)傅蘭雅口譯　(清)范本禮筆述　清光緒二十八年(1902)江南製造局刻本　四冊

620000－1101－0016336　596.93/239

西國陸軍制考略八卷　(英國)柯里著　(英國)傅蘭雅口譯　(清)范本禮筆述　清光緒二十八年(1902)江南製造局刻本　四冊

620000－1101－0016337　465.161/906

西國漂染棉布論一卷　(英國)傅蘭雅輯　清光緒十八年(1892)上海格致書室鉛印本　一冊

620000－1101－0016338　476.3/906

西國造紙法一卷　(英國)傅蘭雅輯　清光緒十八年(1892)上海格致書室鉛印本　一冊

620000－1101－0016339　573.121

西漢會要七十卷　(宋)徐天麟撰　清光緒十年(1884)江蘇書局刻本　十冊

620000－1101－0016340　573.121/946

西漢會要七十卷　(清)徐天麟撰　清光緒十年(1884)江蘇書局刻本　十冊

620000－1101－0016341　3183

西漢會要七十卷　(宋)徐天麟撰　清乾隆武英殿木活字印武英殿聚珍版書本　十冊

620000－1101－0016342　579

西漢文二十卷東漢文二十卷　(明)張采輯　明崇禎刻本　十冊　存二十卷(東漢文二十卷)

620000－1101－0016343　4046

西漢文二十卷東漢文二十卷　(明)張采輯　明崇禎刻本　十冊　存十六卷(西漢文一至十五、二十)

620000－1101－0016344　3859

西漢文選四卷　(清)儲欣評　清康熙六十一年(1722)刻本　二冊

620000－1101－0016345　228

西漢文苑十卷　(明)申用嘉輯　明萬曆二十八年(1600)刻本　十二冊

620000－1101－0016346　857.46/149.002

西漢演義評八卷　(明)甄偉撰　清末刻本　一冊　存一卷(五)

620000－1101－0016347　691.7/772

西行日記不分卷　(清)馮焌光撰　清光緒七年(1881)上海刻本　一冊

620000－1101－0016348　691.7/772

西行日記不分卷　(清)馮焌光撰　清光緒七年(1881)上海刻本　一冊

620000－1101－0016349　567.3/0.153

西和縣賦役全書不分卷　(清)□□編　清咸豐三年(1853)刻本　三冊

620000－1101－0016350　839.15/285

西河古文錄八卷　(清)李元春輯　清道光十年(1830)西河書院刻本　四冊

620000－1101－0016351　839.15/285

西河古文錄八卷　(清)李元春輯　清道光十年(1830)西河書院刻本　四冊

620000－1101－0016352　097.567/781

西河合集二十二卷　(清)毛奇齡撰　清嘉慶十六年(1811)學圃刻本　八冊

620000－1101－0016353　097.567/781

西河合集二十二卷　(清)毛奇齡撰　清嘉慶十六年(1811)學圃刻本　十六冊

620000－1101－0016354　4131

西河合集一百十九種四百九十六卷　(清)毛奇齡撰　清康熙書留草堂刻本　五十三冊　存四十七種二百七十二卷(仲氏易三十卷、推易始末四卷、河圖洛書原舛編一卷、太極圖說遺議一卷、易小帖五卷、易韻四卷、春秋毛氏傳三十六卷、春秋屬辭比事記四卷、春秋條貫

篇十一卷、春秋占筮書三卷、春秋簡書刊誤二
卷、誥一卷、頌一卷、主客辭二卷、奏疏一卷、
議四卷、揭子一卷、劄子二卷、史館擬判一卷、
書八卷、牘札一卷、箋一卷、序三十四卷、引弁
首一卷、題題詞題端一卷、跋一卷、書後緣起
一卷、碑記十一卷、傳十一卷、王文成傳本二
卷、墓碑銘二卷、墓表五卷、墓誌銘十六卷、神
道碑銘二卷、塔誌銘二卷、事狀四卷、易齋馮
公年譜一卷、二韻詩三卷、七言絕句八卷、排
律六卷、七言古詩十三卷、五言律詩六卷、七
言律詩十卷、七言排律一卷、五言格詩五卷、
雜體詩一卷、徐都講詩一卷）

620000－1101－0016355　4310
西河合集一百十九種四百九十六卷　（清）毛
奇齡撰　清康熙書留草堂刻本　十七冊　存
十九種一百卷（毛詩寫官記四卷，詩札二卷，
詩傳詩說駁義五卷，廟制折衷二卷，大小宗通
繹一卷，北郊配位尊西向議一卷，辨定嘉靖大
禮議二卷，辨定祭禮通俗譜五卷，喪禮吾說篇
十卷，曾子問講錄四卷，春秋毛氏傳三十六
卷，春秋屬辭比事記四卷，春秋條貫篇一至
二、七至十，議三至四，揭子一卷，劄子二卷，
史館擬判一卷，書一至六，序十三至十八）

620000－1101－0016356　831.6/285
西河詩錄八卷西河制藝錄二卷　（清）李元春
輯　清道光十年（1830）西河書院刻本　六冊

620000－1101－0016357　682.23/158
西湖集覽二十種三十一卷　（清）丁丙輯　清
光緒九年（1883）錢塘丁氏嘉惠堂刻本　八冊
　　存十三種二十二卷（西湖百詠二卷，西湖竹
枝集一卷，湖山敘遊一卷，西湖韻事一卷，附
不繫園集一卷，附隨喜庵集一卷，西湖夢尋五
卷，西湖百詠二卷，湖船錄一卷，西湖修禊詩
一卷，南屏百詠一卷，金牛湖漁唱一卷，西湖
遊記一卷，西湖雜詩一卷，湖船續錄一卷、首
一卷）

620000－1101－0016358　3219
西湖佳話古今遺蹟十六卷　題（清）墨浪子輯
　　清康熙刻本　四冊

620000－1101－0016359　3821
西湖佳話古今遺蹟十六卷　題（清）墨浪子輯
　　清康熙金陵王衙刻五色套印本　八冊

620000－1101－0016360　857.47/484
西湖佳話古今遺蹟十六卷　題（清）墨浪子輯
　　清晚期刻本　三冊　存十二卷（一至三、八
至十六）

620000－1101－0016361　4001
西湖覽勝詩志八卷　（清）夏基撰　清順治十
二年（1655）刻本　一冊　存七卷（二至八）

620000－1101－0016362　682.23/43
西湖水利考一卷續考一卷　（清）吳農祥撰
清光緒二十四年（1898）錢塘丁氏嘉惠堂刻武
林掌故叢編本　一冊

620000－1101－0016363　692.3101/479.001
西湖遊覽志二十四卷志餘二十六卷　（清）田
汝成撰　清光緒二十二年（1896）錢塘丁氏嘉
惠堂刻武林掌故叢編本　十冊

620000－1101－0016364　692.3101/479.001
西湖遊覽志二十四卷志餘二十六卷　（明）田
汝成撰　清光緒二十二年（1896）錢塘丁氏嘉
惠堂刻武林掌故叢編本　十二冊

620000－1101－0016365　1051
西湖遊覽志二十四卷志餘二十六卷　（明）田
汝成撰　明萬曆四十七年（1619）商濬刻本
十冊

620000－1101－0016366　684.023101/294.001
西湖志四十八卷　（清）李衛等修　（清）傅王
露纂　清光緒四年（1878）浙江書局刻本　二
十冊

620000－1101－0016367　684.023101/294.001
西湖志四十八卷　（清）李衛等修　（清）傅王
露纂　清光緒四年（1878）浙江書局刻本　二
十冊

620000－1101－0016368　684.023101/294.001
西湖志四十八卷　（清）李衛等修　（清）傅王
露纂　清光緒四年（1878）浙江書局刻本　二

284

十冊

620000－1101－0016369　684.023101/294.001

西湖志四十八卷　（清）李衛等修　（清）傅王露纂　清光緒四年(1878)浙江書局刻本　二十冊

620000－1101－0016370　684.023101/294.001

西湖志四十八卷　（清）李衛等修　（清）傅王露纂　清光緒四年(1878)浙江書局刻本　二十冊

620000－1101－0016371　684.023101/294.001

西湖志四十八卷　（清）李衛等修　（清）傅王露纂　清光緒四年(1878)浙江書局刻本　一冊　存二卷(五至六)

620000－1101－0016372　875

西湖志四十八卷　（清）李衛等修　（清）傅王露纂　清雍正十二年(1734)兩浙鹽驛道庫刻本　二十冊

620000－1101－0016373　1416

西湖志四十八卷　（清）李衛等修　（清）傅王露纂　清雍正十二年(1734)兩浙鹽驛道庫刻本　二十冊

620000－1101－0016374　2306

西湖志四十八卷　（清）李衛等修　（清）傅王露纂　清雍正十二年(1734)兩浙鹽驛道庫刻本　二十冊

620000－1101－0016375　4179

西湖志四十八卷　（清）李衛等修　（清）傅王露纂　清雍正十二年(1734)兩浙鹽驛道庫刻本　一冊　存二卷(三至四)

620000－1101－0016376　874

西湖志纂十五卷首一卷　（清）沈德潛　（清）傅王露輯　（清）梁詩正纂　清乾隆二十七年(1762)賜經堂刻本　六冊

620000－1101－0016377　4178

西湖志纂十五卷首一卷　（清）沈德潛　（清）傅王露輯　（清）梁詩正纂　清乾隆二十七年(1762)賜經堂刻本　三冊　存八卷(一至七、

首一卷)

620000－1101－0016378　847.4/377

西湖竹枝詞不分卷　（清）陳璨著　清光緒十四年(1888)丁氏正修堂刻本　一冊

620000－1101－0016379　3751

西華集四卷　（清）張之浚撰　清乾隆刻本　四冊

620000－1101－0016380　947.1/906

西畫初學一卷　（英國）傅蘭雅譯　清光緒十六年(1890)上海格致書室鉛印本　一冊

620000－1101－0016381　847.7/886.8

西澗舊廬詩稿四卷　（清）劉樞撰　清同治十一年(1872)刻本　一冊

620000－1101－0016382　582.212.4/300

西江政要一百三十二卷　（清）西江按察司編纂　清江西按察司刻本　十六冊　存三十七卷(道光三年、六年至十一年、十三年、十五年至二十年、二十二年、二十五年至三十年,咸豐二年、六年、十年至十一年,同治一年至三年、五年、十二年至十三年,光緒一年至二年、六年至七年、二十年、二十六年)

620000－1101－0016383　644.8/938.001

西疆交涉志要六卷　（清）鍾鏞撰　清宣統元年(1909)鉛印本　一冊

620000－1101－0016384　682.8/17

西徽水道一卷　（清）黃楙材撰　清光緒二十二年(1896)刻本　一冊

620000－1101－0016385　682.8/17

西徽水道一卷　（清）黃楙材撰　清光緒二十二年(1896)刻本　一冊

620000－1101－0016386　857.47/378

西晉志傳四卷東晉志傳八卷　（明）陳氏尺蠖齋評釋　清道光九年(1829)刻本　十二冊

620000－1101－0016387　538.184/906

西禮須知不分卷　（英國）傅蘭雅輯　清光緒十二年(1886)刻本　一冊

620000－1101－0016388　3826

西泠八家印選三十卷　（清）丁仁輯　清光緒刻鈐印本　三十冊

620000－1101－0016389　847.5/37

西泠懷古集十卷　（清）陳文述撰　清光緒九年(1883)錢塘丁氏嘉惠堂刻武林掌故叢編本　四冊

620000－1101－0016390　086.237/158

西泠五布衣遺著七種三十六卷　（清）丁丙輯　清同治、光緒丁氏當歸草堂刻本　八冊　存七種二十五卷(硯林詩集四卷、拾遺一卷，臨江鄉人詩四卷、拾遺一卷，冬心先生集四卷、續集一卷，柳洲遺稿二卷，冬花庵爐餘稿三卷，樊榭山房集外詩三卷，半巖廬遺詩二卷)

620000－1101－0016391　086.231/158

西泠五布衣遺著七種三十六卷　（清）丁丙輯　清同治、光緒丁氏當歸草堂刻本　六冊　存五種二十卷(硯林詩集四卷，臨江鄉人詩四卷，冬心先生集四卷、續集一卷、三體詩一卷、自度曲一卷，柳洲遺稿二卷，冬花庵爐餘稿三卷)

620000－1101－0016392　839.234/102

西泠消寒集二卷附錄二卷　（清）秦澹如選定　清同治十三年(1874)刻本　一冊

620000－1101－0016393　847.2/314.5

西廬文集四卷　（清）張雋著　清宣統二年(1910)上海國學扶輪社鉛印本　二冊

620000－1101－0016394　592.946.1/237.001

西美戰史二卷　（法國）勃利德著　（清）李景鎬譯　清光緒三十年(1904)江南製造總局鉛印本　二冊

620000－1101－0016395　592.946.1/237.001

西美戰史二卷　（法國）勃利德著　（清）李景鎬譯　清光緒三十年(1904)江南製造總局鉛印本　二冊

620000－1101－0016396　599.217/35

西寧等處軍務紀略不分卷　（清）奎順編　清晚期石印本　一冊

620000－1101－0016397　599.217/35

西寧等處軍務紀略不分卷　（清）奎順編　清晚期石印本　一冊

620000－1101－0016398　676.55/121.791

西寧府丹噶爾廳地理調查表不分卷　（清）孚惠編　清宣統元年(1909)抄本　一冊

620000－1101－0016399　676.54/344

西寧府續志十卷　（清）來維禮纂修　清光緒九年(1883)抄本　五冊　存八卷(二至九)

620000－1101－0016400　567.3/0.153

西寧縣賦役全書不分卷　（清）□□編　清咸豐三年(1853)刻本　一冊

620000－1101－0016401　793.3/731.001

西清古鑑四十卷附錢錄十六卷　（清）梁詩正等編纂　清光緒三十四年(1908)集成圖書公司石印本　二十四冊

620000－1101－0016402　793.3/731

西清古鑑四十卷附錢錄十六卷　（清）梁詩正等編纂　清光緒十四年(1888)鴻文書局石印本　二十四冊

620000－1101－0016403　793.3/731.01

西清續鑑甲編二十卷附錄一卷　（清）王杰等編纂　清宣統二年(1910)涵芬樓影印本　四十二冊

620000－1101－0016404　793.3/731.01

西清續鑑甲編二十卷附錄一卷　（清）王杰等編纂　清宣統二年(1910)涵芬樓影印本　二十一冊

620000－1101－0016405　793.3/731.01

西清續鑑甲編二十卷附錄一卷　（清）王杰等編纂　清宣統二年(1910)涵芬樓影印本　四十一冊

620000－1101－0016406　941.7/21

西清劄記四卷　（清）胡敬輯　清嘉慶二十二年(1817)刻本　二冊　存二卷(三至四)

620000－1101－0016407　941.7/21

西清劄記四卷　（清）胡敬輯　清嘉慶二十二

年(1817)刻本　二冊

620000－1101－0016408　941.7/21

西清劄記四卷　（清）胡敬輯　清嘉慶二十二
年(1817)刻本　一冊　存二卷(三至四)

620000－1101－0016409　850/679

西山集一卷　（清）毓俊等撰　清光緒十四年
(1888)刻本　一冊

620000－1101－0016410　845.24/235

西山先生真文忠公全集一百八十三卷　（宋）
真德秀撰　清同治三年(1864)刻本　七十
五冊

620000－1101－0016411　845.24/235.001

**西山先生真文忠公文集五十五卷目錄二卷補
遺一卷附心經一卷政經一卷**　（宋）真德秀撰
　西山真文忠公年譜一卷　（清）真采編　清
同治四年(1865)刻本　三十冊

620000－1101－0016412　4246

西山先生真文忠公文章正宗二十四卷　（宋）
真德秀撰　明嘉靖四十三年(1564)李豸、李
磐刻本　一冊　存一卷(二)

620000－1101－0016413　782.621/168

西神叢語不分卷　（清）黃蛟起撰　清咸豐四
年(1854)刻本　十二冊

620000－1101－0016414　740.1/0.719

西史綱目二十卷　（清）周維翰編纂　清光緒
二十八年(1902)經世文社石印本　八冊　存
十八卷(三至二十)

620000－1101－0016415　740.1/821

西史綱目二十卷　（清）周維翰編纂　清光緒
二十八年(1902)經世文社石印本　十八冊

620000－1101－0016416　740.9/191

西俗雜誌一卷　（清）袁祖志著　清光緒十年
(1884)著易堂鉛印本　一冊

620000－1101－0016417　2786

西堂全集四種一百二十八卷附一種六卷
（清）尤侗撰　清康熙刻本　六冊　存一種十
五卷(艮齋雜說十卷、看鑑偶評五卷)

620000－1101－0016418　3120

西堂全集四種一百二十八卷附一種六卷
（清）尤侗撰　清康熙刻本　八冊　存一種三
十一卷(年譜圖詩一卷,小影圖贊一卷,悔菴
年譜二卷,性理吟一卷,後性理吟一卷,續論
語詩一卷,艮齋倦稿詩集十一卷、文集一至十
三)

620000－1101－0016419　3177

西堂全集四種一百二十八卷附一種六卷
（清）尤侗撰　清康熙刻本　六冊　存一種六
卷(艮齋雜說一至六)

620000－1101－0016420　3957

西堂全集四種一百二十八卷附一種六卷
（清）尤侗撰　清康熙刻本　十三冊　存三種
五十六卷(西堂雜俎一集八卷、二集八卷、三
集一至四;西堂剩稿二卷,西堂秋夢錄一卷,
西堂小草一卷,論語詩一卷,右北平集一卷,
看雲草堂集八卷,述祖詩一卷,于京集五卷,
哀絃集二卷,擬明史樂府一卷,外國竹枝詞一
卷,百末詞五卷、詞餘一卷;附湘中草六卷)

620000－1101－0016421　3220

西堂全集四種一百二十八卷附一種六卷
（清）尤侗撰　清康熙刻本　十冊　存一種三
十一卷(年譜圖詩一卷,小影圖贊一卷,艮齋
年譜二卷,艮齋雜說三至十,明史擬稿六卷、
外國傳八卷,宮閨小名錄五卷)

620000－1101－0016422　847.2/355.004

西堂全集四種一百二十八卷附一種六卷
（清）尤侗撰　清康熙刻本　一冊　存一種四
卷(明史擬稿四至六、宮閨小名錄一)

620000－1101－0016423　847.2/355.004

西堂全集四種一百二十八卷附一種六卷
（清）尤侗撰　清康熙刻本　三冊　存一種九
卷(西堂雜俎一集五至八、二集四至八)

620000－1101－0016424　847.2/355.002

西堂全集四種一百二十八卷附一種六卷
（清）尤侗撰　清同治、光緒文富堂刻本　八
冊　存三種二十二卷(西堂雜組一集六至八、
二集八卷、三集八卷,西堂剩稿二卷,西堂秋

夢錄一卷）

620000－1101－0016425　847.2/355.003

西堂全集四種一百二十八卷附一種六卷
（清）尤侗撰　清學畬堂刻本　十二冊　存四種三十一卷（西堂雜俎一集八卷、三集八卷，擬明史樂府一卷、外國竹枝詞一卷、讀離騷一卷、弔琵琶一卷、桃花源一卷、黑白衛一卷、李白登科記一卷、鈞天樂二卷，附湘中草六卷）

620000－1101－0016426　1476

西堂全集四種一百二十八卷附一種六卷
（清）尤侗撰　清刻本　十九冊　存三種六十卷（西堂雜俎一集八卷、二集八卷、三集八卷；西堂剩稿二卷，西堂秋夢錄一卷，西堂小草一卷，論語詩一卷，右北平集一卷，看雲草堂集八卷，述祖詩一卷，于京集五卷，哀絃集二卷，擬明史樂府一卷，外國竹枝詞一卷，百末詞五卷、詞餘一卷；附湘中草六卷）

620000－1101－0016427　847.2/355

西堂全集四種一百二十八卷附一種六卷
（清）尤侗撰　清刻本　二十四冊　存四種五十九卷（西堂雜俎一集八卷、二集八卷、三集八卷；西堂剩稿二卷，右北平集一卷，看雲草堂集八卷，述祖詩一卷，于京集五卷，哀絃集二卷，擬明史樂府一卷，外國竹枝詞一卷，百末詞五卷、詞餘一卷；性理吟一卷、後性理吟一卷；附湘中草六卷）

620000－1101－0016428　847.2/355.001

西堂全集四種一百二十八卷附一種六卷
（清）尤侗撰　清刻本　十六冊　存四種六十九卷（西堂雜俎一集八卷、二集八卷、三集八卷；西堂剩稿二卷，西堂秋夢錄一卷，西堂小草一卷，論語詩一卷，右北平集八卷，述祖詩一卷，于京集五卷，哀絃集二卷，擬明史樂府一卷，外國竹枝詞一卷，百末詞五卷、詞餘一卷；明史擬稿六卷、外國傳一至三；附湘中草六卷）

620000－1101－0016429　847.2/355

西堂全集四種一百二十八卷附一種六卷
（清）尤侗撰　清刻本　一冊　存一種二卷

（西堂雜俎一集一至二）

620000－1101－0016430　3166

西堂全集四種一百二十八卷附一種六卷
（清）尤侗撰　清康熙刻本　二冊　存一種十卷（艮齋雜說十卷）

620000－1101－0016431　847.2/355.05

西堂詩集三十卷　（清）尤侗撰　清刻本　一冊　存三卷（西堂小草一卷、論語詩一卷、北平集一卷）

620000－1101－0016432　683.23/153

西天目祖山志八卷首一卷末一卷　（明）釋廣賓輯　（清）釋際界增訂　清光緒二年（1876）刻本　四冊

620000－1101－0016433　683.23/153

西天目祖山志八卷首一卷末一卷　（明）釋廣賓輯　（清）釋際界增訂　清光緒二年（1876）刻本　四冊

620000－1101－0016434　847.2/115

西亭文鈔十二卷首一卷末一卷　（清）王原著　清光緒十七年（1891）不遠復齋刻本　四冊

620000－1101－0016435　557.259/153

西潼鐵路大概辦法二十二條一卷　（清）□□編　清光緒鉛印本　一冊

620000－1101－0016436　623.6301/622

西魏書二十四卷　（清）謝啓昆撰　**附錄一卷**（清）趙雲松撰　**校勘記一卷**　王先謙編　清光緒廣雅書局刻本　七冊

620000－1101－0016437　4605

西魏書二十四卷　（清）謝啟昆撰　清乾隆六十年（1795）刻樹經堂集本　六冊

620000－1101－0016438　521

西溪叢語二卷　（宋）姚寬撰　明萬曆商氏半埜堂刻稗海本　二冊

620000－1101－0016439　1005

西溪叢語二卷　（宋）姚寬撰　明萬曆商氏半埜堂刻清修稗海本　一冊

620000－1101－0016440　625.303/30

西夏紀事本末三十六卷首二卷　（清）張鑑著
　清光緒十年（1884）江蘇書局刻本　四冊

620000－1101－0016441　625.303/30
西夏紀事本末三十六卷首二卷　（清）張鑑著
　清光緒十年（1884）江蘇書局刻本　四冊

620000－1101－0016442　625.303/30
西夏紀事本末三十六卷首二卷　（清）張鑑著
　清光緒十年（1884）江蘇書局刻本　四冊

620000－1101－0016443　625.303/30
西夏紀事本末三十六卷首二卷　（清）張鑑著
　清光緒十年（1884）江蘇書局刻本　三冊

620000－1101－0016444　625.303/30
西夏紀事本末三十六卷首二卷　（清）張鑑著
　清光緒十年（1884）江蘇書局刻本　四冊

620000－1101－0016445　625.303/30
西夏紀事本末三十六卷首二卷　（清）張鑑著
　清光緒十年（1884）江蘇書局刻本　四冊

620000－1101－0016446　625.303/30
西夏紀事本末三十六卷首二卷　（清）張鑑著
　清光緒十一年（1885）金陵刻本　八冊

620000－1101－0016447　625.303/30.1
西夏紀事本末三十六卷首二卷　（清）張鑑著
　清光緒二十一年（1895）上海積山書局石印
本　二冊

620000－1101－0016448　625.303/315
西夏紀事本末三十六卷首二卷　（清）張鑑著
　清光緒二十一年（1895）上海積山書局石印
本　二冊

620000－1101－0016449　625.302/439
西夏書事四十二卷　（清）吳廣成纂　清道光
五年（1825）刻本　八冊

620000－1101－0016450　083/113
西學大成十二卷　（清）王西清　（清）盧梯君
輯　清光緒二十一年（1895）上海醉六堂石印
本　十二冊

620000－1101－0016451　083/113
西學大成十二卷　（清）王西清　（清）盧梯君
輯　清光緒二十一年（1895）上海醉六堂石印

本　十二冊

620000－1101－0016452　083/113
西學大成十二卷　（清）王西清　（清）盧梯君
輯　清光緒二十一年（1895）上海醉六堂石印
本　十二冊

620000－1101－0016453　082.78/307
西學富強叢書六十七種三百五十卷　（清）張
蔭桓編輯　清光緒二十三年（1897）鴻文書局
石印本　六十冊

620000－1101－0016454　082.78/688.001
西學富強叢書七十七種四百二卷　（清）張蔭
桓編輯　清光緒二十七年（1901）上海寶善齋
石印本　六十二冊　缺五種十三卷（各國交
涉公法論三集六至八、校勘記一卷，銀礦指南
一卷,冶金錄三卷,鍊綱要言一卷,鍊石編三
卷、圖一卷）

620000－1101－0016455　040.78/112
西學輯存六種六卷　（清）王韜輯著　清光緒
淞隱廬鉛印本　二冊

620000－1101－0016456　520.94/158
西學考略二卷　（美國）丁韙良著　清光緒九
年（1883）北京同文館鉛印本　一冊　存一卷
（上）

620000－1101－0016457　520.94/158
西學考略二卷　（美國）丁韙良著　清光緒九
年（1883）北京同文館鉛印本　二冊

620000－1101－0016458　082.78/578
西學啓蒙十六種一百九十六卷　（英國）艾約
瑟編譯　清光緒二十四年（1898）上海圖書集
成印書局鉛印本　十六冊

620000－1101－0016459　015.3/731
西學書目表三卷讀西學書法一卷　梁啓超撰
　清光緒二十二年（1896）時務報館石印本
一冊

620000－1101－0016460　015.3/731
西學書目表三卷讀西學書法一卷　梁啓超撰
　清光緒二十二年（1896）時務報館石印本

一冊

620000－1101－0016461　071.78/223

西學通考三十六卷　（清）胡兆鸞輯　清光緒
二十四年(1898)石印本　十二冊

620000－1101－0016462　627.804/182

西巡回鑾始末記六卷　（日本）吉田良太郎編
清光緒二十八年(1902)石印本　一冊

620000－1101－0016463　627/547

西巡盛典二十四卷首一卷　（清）董浩等纂
清嘉慶十七年(1812)木活字印本　十冊　存
十八卷(七至二十四)

620000－1101－0016464　711/583.001

西洋歷史教科書二卷　（英國）默爾化著
（清）出洋學生編輯所譯述　清光緒三十一年
(1905)上海商務印書館鉛印本　二冊

620000－1101－0016465　711/583

西洋歷史教科書二卷　（英國）默爾化著
（清）出洋學生編輯所譯述　清光緒二十八年
(1902)上海商務印書館鉛印本　二冊

620000－1101－0016466　740.1/598

西洋史要發端不分卷　（日本）小川銀次郎撰
樊炳清　（清）薩端譯　清末味經官書局鉛
印本　二冊

620000－1101－0016467　418.1/431

西藥大成補編十卷首一卷　（英國）哈來撰
（英國）傅蘭雅口譯　（清）趙元益筆述　清光
緒三十年(1904)江南製造局刻本　六冊

620000－1101－0016468　418.1/431

西藥大成補編十卷首一卷　（英國）哈來撰
（英國）傅蘭雅口譯　（清）趙元益筆述　清光
緒三十年(1904)江南製造局刻本　二冊　存
二卷(三、五)

620000－1101－0016469　418.1/431

西藥大成補編十卷首一卷　（英國）哈來撰
（英國）傅蘭雅口譯　（清）趙元益筆述　清光
緒三十年(1904)江南製造局刻本　三冊　存
二卷(三、五)

620000－1101－0016470　418.1/431

西藥大成補編十卷首一卷　（英國）哈來撰
（英國）傅蘭雅口譯　（清）趙元益筆述　清光
緒三十年(1904)江南製造局刻本　五冊

620000－1101－0016471　418.1/431

西藥大成補編十卷首一卷　（英國）哈來撰
（英國）傅蘭雅口譯　（清）趙元益筆述　清光
緒三十年(1904)江南製造局刻本　六冊

620000－1101－0016472　418.1/431

西藥大成補編十卷首一卷　（英國）哈來撰
（英國）傅蘭雅口譯　（清）趙元益筆述　清光
緒三十年(1904)江南製造局刻本　六冊

620000－1101－0016473　418.1/344

西藥大成十卷首一卷　（英國）來拉　（英國）
海得蘭撰　（英國）傅蘭雅口譯　（清）趙元益
筆述　清光緒十三年(1887)江南製造局刻本
十六冊

620000－1101－0016474　418.1/344

西藥大成十卷首一卷　（英國）來拉　（英國）
海得蘭撰　（英國）傅蘭雅口譯　（清）趙元益
筆述　清光緒十三年(1887)江南製造局刻本
十六冊

620000－1101－0016475　418.1/344

西藥大成十卷首一卷　（英國）來拉　（英國）
海得蘭撰　（英國）傅蘭雅口譯　（清）趙元益
筆述　清光緒十三年(1887)江南製造局刻本
十四冊

620000－1101－0016476　418.1/344

西藥大成十卷首一卷　（英國）來拉　（英國）
海得蘭撰　（英國）傅蘭雅口譯　（清）趙元益
筆述　清光緒十三年(1887)江南製造局刻本
十五冊

620000－1101－0016477　418.1/344

西藥大成十卷首一卷　（英國）來拉　（英國）
海得蘭撰　（英國）傅蘭雅口譯　（清）趙元益
筆述　清光緒十三年(1887)江南製造局刻本
二冊　存二卷(三、五)

620000－1101－0016478　418.1/344

西藥大成十卷首一卷 （英國）來拉 （英國）海得蘭撰 補編十卷首一卷 （英國）傅蘭雅口譯 （清）趙元益筆述 清光緒十三年（1887）江南製造局刻本（補編係清光緒三十年刻本） 二十二冊

620000－1101－0016479 418.1/370

西藥略釋四卷總論一卷 （清）孔繼良譯 （美國）嘉約翰校正 清光緒十二年（1886）羊城博濟醫局刻本 四冊

620000－1101－0016480 418.1/370

西藥略釋四卷總論一卷 （清）孔繼良譯 （美國）嘉約翰校正 清光緒十二年（1886）羊城博濟醫局刻本 四冊

620000－1101－0016481 415.2/370

西醫內科全書十六卷 （美國）嘉約翰譯 （清）孔慶高筆述 清光緒八年（1882）羊城博濟醫局刻本 一冊 存二卷（雜症時疫類二卷）

620000－1101－0016482 470/605

西藝知新初集十卷 （英國）諾格德等撰 （英國）傅蘭雅口譯 （清）徐壽筆述 西藝知新續集十二卷 （英國）傅蘭雅等口譯 （清）徐壽等筆述 清光緒四年至十年（1878－1884）江南機器製造總局刻本 十四冊

620000－1101－0016483 470/605

西藝知新初集十卷 （英國）諾格德等撰 （英國）傅蘭雅口譯 （清）徐壽筆述 西藝知新續集十二卷 （英國）傅蘭雅等口譯 （清）徐壽等筆述 清光緒四年至十年（1878－1884）江南機器製造總局刻本 一冊 存二卷（續集七至八）

620000－1101－0016484 470/605

西藝知新初集十卷 （英國）諾格德等撰 （英國）傅蘭雅口譯 （清）徐壽筆述 西藝知新續集十二卷 （英國）傅蘭雅等口譯 （清）徐壽等筆述 清光緒四年至十年（1878－1884）江南機器製造總局刻本 十二冊

620000－1101－0016485 470/605

西藝知新初集十卷 （英國）諾格德等撰 （英國）傅蘭雅口譯 （清）徐壽筆述 西藝知新續集十二卷 （英國）傅蘭雅等口譯 （清）徐壽等筆述 清光緒四年至十年（1878－1884）江南機器製造總局刻本 八冊 存十二卷（續集十二卷）

620000－1101－0016486 470/605

西藝知新二十二卷 （英國）諾格德等撰 （英國）傅蘭雅口譯 （清）徐壽筆述 清光緒江南機器製造總局刻本 十四冊

620000－1101－0016487 470/605

西藝知新二十二卷 （英國）諾格德等撰 （英國）傅蘭雅口譯 （清）徐壽筆述 清光緒江南機器製造總局刻本 十四冊

620000－1101－0016488 734.9/155.003

西遊錄注一卷 （元）耶律楚材撰 （元）盛如梓刪略 （清）李文田注 澳大利亞洲新志一卷 （清）吳宗濂 （清）趙元益譯 張憶娘簪華圖卷題詠一卷 （清）江標輯 清光緒二十三年（1897）元和江氏湖南使院刻靈鶼閣叢書本 一冊

620000－1101－0016489 857.46/436.07

西遊原旨二十四卷一百回 （清）劉一明解 清嘉慶十三年（1808）棲雲山刻本 二十四冊

620000－1101－0016490 857.46/436.07

西遊原旨二十四卷一百回 （清）劉一明解 清嘉慶十三年（1808）棲雲山刻本 二十四冊

620000－1101－0016491 857.46/436.07

西遊原旨二十四卷一百回 （清）劉一明解 清嘉慶十三年（1808）棲雲山刻本 二十四冊

620000－1101－0016492 857.46/436.07

西遊原旨二十四卷一百回 （清）劉一明解 清嘉慶十三年（1808）棲雲山刻本 十冊 存十卷四十四回（卷十一：第四十一至四十五回、卷十六至二十四：第六十二至一百回）

620000－1101－0016493 857.46/436.071

西遊原旨二十四卷一百回 （清）劉一明解 清嘉慶二十四年（1819）刻本 十二冊

620000－1101－0016494　857.46/436.07

西遊原旨二十四卷一百回　（清）劉一明解
清嘉慶二十四年（1819）刻本　十八冊　存十
八卷七十八回（卷七至二十四：第二十三至一
百回）

620000－1101－0016495　857.46/436.071

西遊原旨二十四卷一百回　（清）劉一明解
清嘉慶二十四年（1819）刻本　二十四冊

620000－1101－0016496　857.46/436.071

西遊原旨二十四卷一百回首一卷　（清）劉一
明解　清嘉慶二十四年（1819）護國菴刻本
六冊　存七卷二十二回（卷一至六：第一至二
十二回、首一卷）

620000－1101－0016497　857.47/378.1

西遊真詮一百回　（清）陳士斌詮評　清晚期
刻本　二冊　存十回（九十一至一百）

620000－1101－0016498　734.9/155

西游錄一卷補注一卷　（元）耶律楚材撰
（元）盛如梓刪略　清光緒二十一年（1895）陝
西味經售書處刻本　一冊

620000－1101－0016499　737.9/16

**西輶日記四卷坿印度劄記一卷遊歷芻言一卷
西徼水道考一卷**　（清）黃楙材撰　清光緒二
十三年（1897）成都志古堂刻本　四冊

620000－1101－0016500　676/238.002

西域記八卷　（清）椿園七十一著　清嘉慶十
九年（1814）刻本　二冊

620000－1101－0016501　676/238.004

西域記八卷　（清）椿園七十一著　清嘉慶十
九年（1814）刻本　一冊

620000－1101－0016502　676.11/755.01

西域釋地不分卷　（清）祁韻士輯　清道光十
七年（1837）筠淥山房刻本　一冊

620000－1101－0016503　682.6/947.003

西域水道記五卷　（清）徐松撰　清道光三年
（1823）刻本　五冊

620000－1101－0016504　682.6/947.001

西域水道記五卷　（清）徐松撰　清光緒十九
年（1893）寶善書局石印本　五冊

620000－1101－0016505　682.6/947.001

西域水道記五卷　（清）徐松撰　清光緒十九
年（1893）寶善書局石印本　五冊

620000－1101－0016506　682.6/947.001

西域水道記五卷　（清）徐松撰　清光緒十九
年（1893）寶善書局石印本　五冊

620000－1101－0016507　682.6/947.001

西域水道記五卷　（清）徐松撰　清光緒十九
年（1893）寶善書局石印本　五冊

620000－1101－0016508　682.6/947

西域水道記五卷　（清）徐松撰　清中晚期刻
本　二冊

620000－1101－0016509　682.6/947.001

西域水道記五卷　（清）徐松撰　清中晚期刻
本　五冊

620000－1101－0016510　682.6/947.002

西域水道記五卷　（清）徐松撰　清末上海鴻
文書局石印本　三冊

620000－1101－0016511　682.6/947.002

西域水道記五卷　（清）徐松撰　清末上海鴻
文書局石印本　一冊　存二卷（一至二）

620000－1101－0016512　629.6/0.15

西域四種十五卷　（清）□□撰　清光緒石印
本　八冊

620000－1101－0016513　629.6/0.15

西域四種十五卷　（清）□□撰　清光緒石印
本　八冊

620000－1101－0016514　629.6/0.15

西域四種十五卷　（清）□□輯　清光緒石印
本　八冊

620000－1101－0016515　3684

西域聞見錄八卷　（清）七十一撰　清乾隆四
十二年（1777）刻本　二冊

620000－1101－0016516　676.1/409.001

西域聞見錄八卷 （清）七十一撰 清末刻本
二冊

620000 – 1101 – 0016517 676.1/409.001

西域聞見錄八卷 （清）七十一撰 清末刻本
二冊

620000 – 1101 – 0016518 676.1/409.001

西域聞見錄八卷 （清）七十一撰 清末刻本
二冊

620000 – 1101 – 0016519 676.1/950

西域輿地三種彙刻三卷 （清）徐崇立編輯
清光緒三十二年(1906)長沙徐氏京師刻本
一冊

620000 – 1101 – 0016520 847.6/781

西垣詩鈔二卷黔苗竹枝詞一卷 （清）毛貴銘
撰 清光緒十年(1884)長沙王氏刻本 一冊

620000 – 1101 – 0016521 847.6/781

西垣詩鈔二卷黔苗竹枝詞一卷 （清）毛貴銘
撰 清光緒十年(1884)長沙王氏刻本 一冊

620000 – 1101 – 0016522 443.686/772

西園文鈔一卷 （清）馮道立著 清道光刻本
一冊

620000 – 1101 – 0016523 696.1/698.001

西轅瑣記二卷 宋伯魯撰 清晚期海棠仙館
刻本 一冊

620000 – 1101 – 0016524 696.1/698

西轅瑣記二卷 宋伯魯撰 清光緒三十三年
(1907)官報書局刻本 二冊

620000 – 1101 – 0016525 071.74/180

西齋偶得三卷 （清）博明撰 **附錄一卷**
(清)楊鐘羲撰 清光緒二十六年(1900)刻本
一冊

620000 – 1101 – 0016526 681.566/282

西招圖略一卷圖說一卷附錄前藏至西寧路程
二卷 （清）松筠撰 清道光二十七年(1847)
王師道刻本 二冊

620000 – 1101 – 0016527 681.566/282

西招圖略一卷圖說一卷附錄前藏至西寧路程

二卷 （清）松筠撰 清道光二十七年(1847)
王師道刻本 二冊

620000 – 1101 – 0016528 681.566/282

西招圖略一卷圖說一卷附錄前藏至西寧路程
二卷 （清）松筠撰 清道光二十七年(1847)
王師道刻本 四冊

620000 – 1101 – 0016529 681.566/282

西招圖略一卷圖說一卷附錄前藏至西寧路程
二卷 （清）松筠撰 清道光二十七年(1847)
王師道刻本 一冊

620000 – 1101 – 0016530 681.566/282

西招圖略一卷圖說一卷附錄前藏至西寧路程
二卷 （清）松筠撰 清道光二十七年(1847)
王師道刻本 一冊

620000 – 1101 – 0016531 719/842

西征紀程四卷 （清）鄒代鈞撰 清光緒十
年(1891)鉛印本 二冊

620000 – 1101 – 0016532 691.5/526

西征述一卷後西征述一卷 （清）蔣湘南撰
清道光十九年(1839)刻本 一冊

620000 – 1101 – 0016533 691.5/526.001

西征述一卷後西征述一卷 （清）蔣湘南撰
清道光十九年(1839)刻本 一冊

620000 – 1101 – 0016534 691.5/526.002

西征述一卷後西征述一卷 （清）蔣湘南撰
清光緒王氏鉛印本 一冊

620000 – 1101 – 0016535 082.78/238

西政叢書三十二種一百十一卷 梁啓超輯
清光緒二十三年(1897)慎記書莊石印本 三
十一冊 缺一種六卷(工程致富一至六)

620000 – 1101 – 0016536 082.78/238

西政叢書三十二種一百十一卷 梁啓超輯
清光緒二十三年(1897)慎記書莊石印本 三
十二冊

620000 – 1101 – 0016537 082.78/238

西政叢書三十二種一百十一卷 梁啓超輯
清光緒二十三年(1897)慎記書莊石印本 一

册　存三種四卷(農事論略一卷、圖一卷,蠶
務圖說一卷,紡織機器圖說一卷)

620000－1101－0016538　640
希臘春秋八卷　王樹枏撰　清稿本　五冊

620000－1101－0016539　740.212/578
希臘志略七卷　(英國)艾約瑟譯　清光緒二
十四年(1898)石印本　一冊

620000－1101－0016540　740.212/578
希臘志略七卷　(英國)艾約瑟譯　清光緒二
十四年(1898)石印本　一冊

620000－1101－0016541　192.3/57
希聖錄一卷　(清)艾雲蒼著　清光緒三十三
年(1907)陳榮昌刻本　一冊

620000－1101－0016542　857.47/714
希夷夢四十卷目錄一卷　(清)汪寄著　清光
緒四年(1878)刻本　十冊　存二十一卷(一
至二十、目錄一卷)

620000－1101－0016543　082.8/754
希鄭堂叢書□□卷　(清)潘任輯　清光緒二
十年(1894)木活字印本　一冊　存三卷(理
學辨似一卷、疏瀹論一卷、過雲廬畫論一卷)

620000－1101－0016544　847.8/118.5
昔夢詞一卷　(清)王慶昌撰　清光緒十四年
(1888)刻本　一冊

620000－1101－0016545　856.273/99
惜抱先生尺牘八卷　(清)姚鼐撰　清宣統三
年(1911)志古堂刻本　四冊

620000－1101－0016546　847.5/994.05
惜抱軒筆記八卷　(清)姚鼐撰　清嘉慶二十
五年(1820)刻本　二冊

620000－1101－0016547　831/994
惜抱軒今體詩選十八卷　(清)姚鼐輯　清同
治五年(1866)金陵書局刻本　二冊

620000－1101－0016548　847.5/994.7
惜抱軒十種七十卷　(清)姚鼐撰　**五七言今
體詩鈔十八卷**　(清)姚鼐輯　清嘉慶、道光
刻本　二十四冊

620000－1101－0016549　082.6/294
**惜陰軒叢書三十四種三百三卷續編一種二十
一卷**　(清)李錫齡編　清道光二十六年
(1846)宏道書院刻咸豐八年(1858)續刻本
一百二十四冊　缺一種一卷(北溪字義補遺
一卷)

620000－1101－0016550　082.76/294.001
**惜陰軒叢書三十四種三百三卷續編一種二十
一卷**　(清)李錫齡編　清道光二十六年
(1846)宏道書院刻咸豐八年(1858)續刻本
五十冊　存十七種一百十八卷(玩易意見二
卷,石渠意見四卷、拾遺二卷、補缺一卷,學易
記五卷,周易本義爻徵二卷,戰國策十卷,會
稽三賦註四卷,雍州金石記十卷、記餘一卷,
北溪字義二卷、補遺一卷、嚴陵講義一卷,正
蒙會稿四卷,六如畫譜三卷,新增格古要論十
三卷,見物五卷,書敘指南二十卷,表異錄二
十卷,清異錄二卷,世說新語三卷,老子集解
二卷、考異一卷)

620000－1101－0016551　082.6/28
**惜陰軒叢書三十四種三百三卷續編一種二十
一卷**　(清)李錫齡編　清光緒十四年(1888)
長沙惜陰書局刻本　一百二十冊　缺一種十
二卷(授經圖一至十二)

620000－1101－0016552　082.76/294.07
惜陰軒叢書續編二十一卷　(清)李錫齡編
清咸豐八年(1858)刻本　十一冊

620000－1101－0016553　847.8/54
惜餘軒古文鈔四卷　(清)董錦章撰　清光緒
刻本　二冊

620000－1101－0016554　847.8/54.97
惜餘軒詩鈔二卷　(清)董錦章撰　清光緒三
十年(1904)刻本　一冊

620000－1101－0016555　192.9/0.682
惜字真宗不分卷　(清)□□撰　清宣統元年
(1909)西安刻本　一冊

620000－1101－0016556　413.368/116
晰微補化二卷　(清)王凱編　清嘉慶十九年

(1814)刻本 二冊

620000－1101－0016557 413.368/116

晰微補化二卷 （清）王凱編 清嘉慶十九年
(1814)刻本 二冊

620000－1101－0016558 627.03/118.001

熙朝紀政八卷 （清）王慶雲述 清光緒二十
八年(1902)上海石印本 四冊

620000－1101－0016559 627.03/118

熙朝紀政八卷 （清）王慶雲述 清光緒二十
八年(1902)上海書局鉛印本 四冊

620000－1101－0016560 627.03/118

熙朝紀政八卷 （清）王慶雲述 清光緒二十
八年(1902)上海書局鉛印本 四冊

620000－1101－0016561 627.03/118.005

熙朝政紀八卷 （清）王慶雲述 清光緒二十
七年(1901)上海圖書集成印書局鉛印本
四冊

620000－1101－0016562 627.03/118.006

熙朝政紀八卷 （清）王慶雲述 清光緒二十
八年(1902)上海石印本 四冊

620000－1101－0016563 652.791/429

熙筱舫奏稿彙存六卷首一卷末一卷 （清）嚴
經邦撰 清宣統二年(1910)抄本 八冊

620000－1101－0016564 684.021311/118

錫山景物略十卷 （清）王永積輯 清光緒二
十四年(1898)刻本 五冊

620000－1101－0016565 292.1/885.06

羲易註略三卷 （清）劉一明撰 清嘉慶四年
(1799)刻本 三冊

620000－1101－0016566 292.1/885.06

羲易註略三卷 （清）劉一明撰 清嘉慶四年
(1799)刻本 二冊 存二卷(上、中)

620000－1101－0016567 292.1/885.06

羲易註略三卷 （清）劉一明撰 清嘉慶四年
(1799)刻本 三冊

620000－1101－0016568 387.754/151

蟋蟀諸名譜一卷附四病說一卷 （宋）賈似道
輯 （明）周履靖續增 清抄本 一冊

620000－1101－0016569 847.6/384

席門集十六卷 （清）陳海霖撰 清道光十年
(1830)刻本 三冊 存十二卷(一至八、十三
至十六)

620000－1101－0016570 847.6/384

席門集十六卷 （清）陳海霖撰 清道光十年
(1830)刻本 四冊

620000－1101－0016571 945.1/21

習苦齋畫絮十卷 （清）戴熙記 （清）惠年編
輯 清光緒十九年(1893)刻本 四冊

620000－1101－0016572 945.3/212

習苦齋畫絮十卷 （清）戴熙記 （清）惠年編
輯 清光緒十九年(1893)刻本 四冊

620000－1101－0016573 945.3/212

習苦齋畫絮十卷 （清）戴熙記 （清）惠年編
輯 清光緒十九年(1893)刻本 三冊 存八
卷(三至十)

620000－1101－0016574 847.6/211

習苦齋詩集八卷 （清）戴熙撰 清同治五年
(1866)刻本 二冊

620000－1101－0016575 844.16/286

習之先生文集二卷 （唐）李翱撰 清宣統三
年(1911)上海會文堂書局石印本 二冊

620000－1101－0016576 413.99/825

洗髓經一卷 （宋）牛皋撰 清末抄本 一冊

620000－1101－0016577 586.65/761.001

洗冤錄表四卷 （清）曾恒德編次 清晚期刻
本 一冊

620000－1101－0016578 586.65/697.006

洗冤錄補註全纂六卷集證二卷 （清）王又槐
增輯 清晚期刻本 六冊

620000－1101－0016579 586.65/994

洗冤錄解一卷 （清）姚德豫撰 清同治九年
(1870)孫熹刻本 一冊

620000－1101－0016580　586.65/994

洗冤錄解一卷　（清）姚德豫撰　清同治九年（1870）孫憙刻本　一冊

620000－1101－0016581　586.65/994

洗冤錄解一卷　（清）姚德豫撰　清同治九年（1870）孫憙刻本　一冊

620000－1101－0016582　586.65/521.001

洗冤錄詳義四卷首一卷　（清）許槤編校　**洗冤錄摭遺二卷**　（清）葛元煦撰　清光緒二年（1876）葛氏嘯園刻本　五冊

620000－1101－0016583　586.65/521.002

洗冤錄詳義四卷首一卷　（清）許槤編校　**洗冤錄摭遺二卷**　（清）葛元煦輯　**洗冤錄摭遺補一卷**　（清）張開運輯　清光緒三年（1877）湖北藩署刻本　六冊

620000－1101－0016584　586.65/521.002

洗冤錄詳義四卷首一卷　（清）許槤編校　**洗冤錄摭遺二卷**　（清）葛元煦輯　**洗冤錄摭遺補一卷**　（清）張開運輯　清光緒三年（1877）湖北藩署刻本　六冊

620000－1101－0016585　586.65/521.002

洗冤錄詳義四卷首一卷　（清）許槤編校　**洗冤錄摭遺二卷**　（清）葛元煦輯　**洗冤錄摭遺補一卷**　（清）張開運輯　清光緒三年（1877）湖北藩署刻本　六冊

620000－1101－0016586　586.65/521.003

洗冤錄詳義四卷首一卷　（清）許槤編校　清光緒四年（1878）刻本　四冊

620000－1101－0016587　586.65/521

洗冤錄詳義四卷首一卷　（清）許槤編校　**洗冤錄摭遺二卷**　（清）葛元煦撰　清光緒五年（1879）刻本　五冊

620000－1101－0016588　586.65/521.005

洗冤錄詳義四卷首一卷　（清）許槤編校　清光緒十二年（1886）山東書局刻本　一冊　存二卷（一、首一卷）

620000－1101－0016589　586.65/521.004

620000－1101－0016590　586.65/483

620000－1101－0016589 （洗冤錄詳義四卷首一卷　（清）許槤編校　清咸豐六年（1856）甘肅官報書局鉛印本　二冊　存三卷（二至四））

620000－1101－0016590　586.65/483

洗冤錄義證四卷首一卷　（清）剛毅編輯　清光緒十七年（1891）江蘇書局刻本　一冊　存二卷（一、首一卷）

620000－1101－0016591　586.65/521.01

洗冤錄摭遺二卷　（清）葛元煦撰　清光緒二年（1876）葛氏嘯園刻本　一冊

620000－1101－0016592　586.65/761

洗冤錄表四卷　（清）曾恒德撰　（清）楊鉅源增訂　清道光二十五年（1845）刻本　一冊

620000－1101－0016593　847.6/291

喜聞過齋文集十二卷　（清）李文耕著　清道光十九年（1839）刻本　一冊

620000－1101－0016594　847.8/113

細陽小草一卷　（清）王樹中撰　清光緒三十二年（1906）刻本　一冊

620000－1101－0016595　847.8/113

細陽小草一卷　（清）王樹中撰　清光緒三十二年（1906）刻本　一冊

620000－1101－0016596　856.7/0.397.7

陝甘試牘不分卷　（清）金國均鑒定　清道光刻本　二冊

620000－1101－0016597　856.7/0.397.7

陝甘試牘不分卷　（清）□□輯　清刻本　一冊

620000－1101－0016598　832.7/0.397

陝甘試牘不分卷　（清）曹步瀛等撰　清晚期刻本　一冊

620000－1101－0016599　856.7/0.397.01

陝甘闈墨（同治癸酉科）不分卷　（清）□□輯　清同治衡鑑堂刻本　一冊

620000－1101－0016600　856.7/0.397.3

陝甘闈墨一卷　（清）□□輯　清同治、光緒刻本　一冊

620000－1101－0016601　856.7/0.397.4

陝甘鄉試硃卷不分卷 （清）□□輯　清咸豐、光緒刻本　一冊

620000－1101－0016602　831.7/765

陝甘校士錄一卷 （清）馮一言等撰　清晚期刻本　一冊

620000－1101－0016603　3439

陝甘刑案彙編一卷 （清）□□編　清乾隆二十六年(1761)抄本　一冊

620000－1101－0016604　652.795/78

陝甘制軍敬抒管見摺一卷 升允撰　清宣統元年(1909)抄本　一冊

620000－1101－0016605　3437

陝西長安縣應催徵光緒拾肆年民欠銀糧石總數及已完花戶散數仍未完總數徵信冊不分卷 （清）安守和編　清光緒十六年(1890)錢溥木活字印本　一冊

620000－1101－0016606　527.91/346

陝西存古學校現辦節略一卷 （清）高曦亭編　清宣統元年(1909)刻本　一冊

620000－1101－0016607　566.9215/0.397

陝西藩庫收支章程並簿式票式一卷 （清）□□編　清宣統鉛印本　一冊

620000－1101－0016608　3408

陝西經籍志二卷 （清）沈青崖纂　清雍正刻本　二冊

620000－1101－0016609　856.7/0.397

陝西魁墨（光緒丙子科）不分卷 （清）□□輯　清光緒刻本　一冊

620000－1101－0016610　683.15/23.78

陝西南山谷口考一卷 （清）毛鳳枝撰　清光緒三十四年(1908)鉛印問影樓叢書本　一冊

620000－1101－0016611　683.15/23.78

陝西南山谷口考一卷 （清）毛鳳枝撰　清末通學齋鉛印本　一冊

620000－1101－0016612　566.9215/397.61

陝西清理財政局調查府廳州縣各缺歲入確數一卷 （清）陝西清理財政局編　清宣統鉛印本　一冊

620000－1101－0016613　566.9215/397.6

陝西清理財政局歲入雜捐類說明書一卷 （清）陝西清理財政局編　清宣統鉛印本　一冊

620000－1101－0016614　567.9215/397

陝西省西安布政司賦役全書八十六卷 （清）陝西省布政司編　清道光十四年(1834)刻本　六十八冊

620000－1101－0016615　856.7/0.397.6

陝西闈墨（道光辛卯恩科）不分卷 （清）□□輯　清衡鑒堂刻本　一冊

620000－1101－0016616　856.7/0.397

陝西闈墨（光緒甲午科）不分卷 （清）□□輯　清光緒衡鑒堂刻本　一冊

620000－1101－0016617　856.7/0.397

陝西闈墨（光緒甲午科）不分卷 （清）□□輯　清光緒衡鑒堂刻本　一冊

620000－1101－0016618　573.915/397

陝西憲政調查局法制科第三股第一次報告書第五卷 （清）陝西憲政調查局法制科第三股編　清宣統稿本　五冊

620000－1101－0016619　3438

陝西鄉試錄不分卷 （清）韋謙恒　（清）陳嗣龍輯　清乾隆五十一年(1786)刻本　一冊

620000－1101－0016620　573.332/397.174

陝西鄉試硃卷不分卷 （清）謝葆初等輯　清乾隆、嘉慶刻本　一冊

620000－1101－0016621　839.15/202

陝西校士錄不分卷 （清）趙惟熙輯　清光緒二十三年(1897)三原學署刻本　四冊

620000－1101－0016622　3720

陝西藝文志十三卷 （清）沈青崖纂　清雍正刻後印本　十二冊

620000－1101－0016623　682.27/482

峽江救生船志二卷圖一卷附刻行川必要一卷

（清）羅縉紳撰繪　清光緒三年至九年
（1877－1883）水師新副中營刻本　四冊

620000－1101－0016624　682.81024/71

峽江圖考不分卷　（清）江國璋編　清光緒二
十年（1894）上洋袖海山房書局石印本　二冊

620000－1101－0016625　115

霞箋記二卷　（□）□□撰　明末毛氏汲古閣
刻六十種曲本　二冊

620000－1101－0016626　690/933

霞客遊記十卷補編一卷　（明）徐宏祖著
（清）李寄輯　（明）季夢良等編　（清）葉廷
甲增補　清嘉慶十三年（1808）葉氏水心齋刻
本　十二冊

620000－1101－0016627　847.2/362

夏峰先生集十六卷　（清）孫奇逢著　清道光
二十五年（1845）大梁書院刻本　二冊

620000－1101－0016628　846.8/348

**夏節愍全集十卷首一卷末一卷補遺一卷續補
遺一卷**　（明）夏完淳撰　（清）莊師洛輯　清
嘉慶刻同治八年（1869）增刻本　一冊

620000－1101－0016629　094.4812/74.52

夏時明堂陰陽經十卷夏時等列說一卷　（清）
莊述祖撰　清光緒九年（1883）刻本　四冊

620000－1101－0016630　094.4812/74.52

夏時明堂陰陽經十卷夏時等列說一卷　（清）
莊述祖撰　清光緒九年（1883）刻本　二冊

620000－1101－0016631　094.481/731

夏小正通釋一卷　（清）梁章鉅輯　清光緒十
三年（1887）浙江書局刻本　一冊

620000－1101－0016632　094.481/731

夏小正通釋一卷　（清）梁章鉅輯　清光緒十
三年（1887）浙江書局刻本　一冊

620000－1101－0016633　094.462/21.34

夏小正一卷　（漢）戴德傳　（清）朱駿聲補傳
清道光刻本　一冊

620000－1101－0016634　235.1/908

仙佛合宗不分卷　（明）伍守陽撰　清道光三

十年（1850）安瀾禪室刻本　一冊

620000－1101－0016635　235.1/908.001

仙佛合宗語錄九卷附一卷　（明）伍守陽撰
清光緒二十三年（1897）善成堂刻本　一冊

620000－1101－0016636　338

仙佛奇蹤八卷　（明）洪應明撰　明萬曆刻本
四冊

620000－1101－0016637　413/291

仙拈集四卷　（清）李文炳撰　清嘉慶十五年
（1810）刻本　四冊

620000－1101－0016638　830/0.839

先達遺著二卷　（清）□□輯　清晚期稿本
二冊

620000－1101－0016639　2663

先大夫奏章一卷安命賦一卷自狀一卷　（明）
李元芳撰　（明）李延雲輯　清康熙二十一年
（1682）八卦山房刻本　一冊

620000－1101－0016640　782.875/917

先府君事略一卷　（清）焦廷琥撰　清嘉慶、
道光江都焦氏雕菰樓刻焦氏叢書本　一冊

620000－1101－0016641　782.817/370

先聖生卒年月日考二卷　（清）孔廣牧述　清
光緒十九年（1893）浙江書局刻本　一冊

620000－1101－0016642　847.8/704

先嚴所著守城叢說及安太史奏稿不分卷
（清）疎懶漢撰　安維峻撰　清光緒二十年
（1894）閏壽軒主人抄本　一冊

620000－1101－0016643　3335

先憂集五十七卷　（清）陳芳生輯　清康熙二
十三年（1684）刻本　四冊　存四十卷（一至
四十）

620000－1101－0016644　192.8/0.839

先喆格言一卷　（清）□□輯　清光緒七年
（1881）津河廣仁堂刻本　一冊

620000－1101－0016645　521.9/81

先正讀書訣不分卷　（清）周永年輯　清光緒
二十一年（1895）嚴修刻本　二冊

620000－1101－0016646　521.9/81.001

先正讀書訣不分卷　（清）周永年輯　清光緒四年(1878)刻本　一冊

620000－1101－0016647　521.9/81.001

先正讀書訣不分卷　（清）周永年輯　清光緒四年(1878)刻本　一冊

620000－1101－0016648　521.9/81.001

先正讀書訣不分卷　（清）周永年輯　清光緒四年(1878)刻本　一冊

620000－1101－0016649　521.9/81.001

先正讀書訣不分卷　（清）周永年輯　清光緒四年(1878)刻本　一冊

620000－1101－0016650　521.9/81.001

先正讀書訣不分卷　（清）周永年輯　清光緒四年(1878)刻本　一冊

620000－1101－0016651　521.9/81.001

先正讀書訣不分卷　（清）周永年輯　清光緒四年(1878)刻本　一冊

620000－1101－0016652　521.9/81.001

先正讀書訣不分卷　（清）周永年輯　清光緒四年(1878)刻本　一冊

620000－1101－0016653　521.9/81.001

先正讀書訣不分卷　（清）周永年輯　清光緒四年(1878)刻本　一冊

620000－1101－0016654　192/708

先正遺教四卷　（清）汪正集錄　清光緒十九年(1893)浙江書局刻本　二冊

620000－1101－0016655　4370

僊傳痘疹奇書三卷　（明）高如山傳　（明）高堯臣輯　清康熙、乾隆刻本　一冊

620000－1101－0016656　413.72/649

僊傳痘疹奇書三卷　（明）高如山傳　（明）高堯臣輯　清晚期金陵□□堂刻本　一冊

620000－1101－0016657　653.761/173

僊屏書屋初集年記三十一卷　（清）黃爵滋撰　清道光刻本　二冊　存七卷(十七至二十三)

620000－1101－0016658　413/648

弦雪居遵生八牋十九卷　（明）高濂撰　清嘉慶金閶多文堂刻本　一冊　存一卷(十三)

620000－1101－0016659　2664

弦雪居遵生八牋十九卷　（明）高濂撰　明萬曆刻清補修本　二冊　存二卷(十四至十五)

620000－1101－0016660　2389

咸淳臨安志一百卷　（宋）潛說友纂修　校刊咸淳臨安志札記三卷　（清）黃士珣撰　清道光十年(1830)汪氏振綺堂仿宋刻本　二十冊　存九十六卷(一至八十九、九十一至九十七)

620000－1101－0016661　2388

咸淳臨安志一百卷　（宋）潛說友纂修　校刊咸淳臨安志札記三卷　（清）黃士珣撰　清道光十年(1830)汪氏振綺堂仿宋刻本　二十冊　存九十七卷(一至九十七)

620000－1101－0016662　672.34/273.525

咸淳臨安志一百卷　（宋）潛說友纂修　校刊咸淳臨安志札記三卷　（清）黃士珣撰　清道光十年(1830)錢塘汪氏振綺堂刻本　八冊　存三十七卷(四至二十六、三十八至五十一)

620000－1101－0016663　627/120.002

咸豐朝東華續錄一百卷　王先謙編　清光緒十五年至十六年(1889－1890)會稽籀三倉室刻本　六冊　存十九卷(一至十七、九十六至九十七)

620000－1101－0016664　627/120.005

咸豐東華錄一百卷　王先謙編　清光緒二十五年(1899)石印本　十八冊

620000－1101－0016665　782.269/830

咸豐以來功臣別傳三十卷　朱孔彰撰　清光緒二十四年(1898)石印漸學廬叢書本　六冊

620000－1101－0016666　857.27/478

閑談偶集□□卷　（清）芝田主人編次　清晚期抄本　一冊　存一卷(二)

620000－1101－0016667　3000

閒情偶寄十六卷 （清）李漁撰 清康熙翼聖堂刻本 八冊

620000－1101－0016668 3165

閒情偶寄十六卷 （清）李漁撰 清康熙翼聖堂刻本 二冊 存十二卷（一至十二）

620000－1101－0016669 406

閒情小品二十七種二十八卷附錄一卷 （明）華淑輯 明萬曆四十五年（1617）刻本 一冊 存五種五卷（禪榻夢餘一卷、煮泉小品一卷、皇明吳郡丹青志一卷、寶顏堂訂正畫說一卷、寶顏堂訂正耄餘雜識一卷）

620000－1101－0016670 847.7/22

閒味軒詩鈔十卷詞鈔二卷 （清）韓欽撰 清光緒二十二年（1896）刻本 二冊

620000－1101－0016671 378

賢奕編四卷附錄二卷 （明）劉元卿撰 明萬曆賀仲蒙刻本 一冊

620000－1101－0016672 847.6/76

顯志堂稿十二卷夢奈詩存一卷 （清）馮桂芬著 清光緒二年（1876）馮氏校邠廬刻本 六冊 存十二卷（顯志堂稿十二卷）

620000－1101－0016673 847.6/76

顯志堂稿十二卷夢奈詩存一卷 （清）馮桂芬著 清光緒二年（1876）馮氏校邠廬刻本 八冊

620000－1101－0016674 847.6/76

顯志堂稿十二卷夢奈詩存一卷 （清）馮桂芬著 清光緒二年（1876）馮氏校邠廬刻本 十冊

620000－1101－0016675 581/814

憲法精理二卷 （清）周逵編譯 清光緒二十八年（1902）上海廣智書局鉛印本 一冊

620000－1101－0016676 581/814

憲法精理二卷 （清）周逵編譯 清光緒二十八年（1902）上海廣智書局鉛印本 一冊

620000－1101－0016677 581/821

憲法指南六章 （清）周廷元撰 清宣統元年

（1909）甘肅官報書局鉛印本 二冊

620000－1101－0016678 571.46/689

憲政編查館會奏各省諮議局章程及案語並議員選舉章程摺單一卷 （清）憲政編查館擬訂 清光緒三十四年（1908）官報書局石印本 一冊

620000－1101－0016679 571.46/0.654

憲政分年籌備事宜表不分卷 （清）□□編 清光緒三十四年（1908）鉛印本 一冊

620000－1101－0016680 571.46/0.654

憲政分年籌備事宜表不分卷 （清）□□編 清光緒三十四年（1908）鉛印本 一冊

620000－1101－0016681 571.46/0.654

憲政分年籌備事宜表不分卷 （清）□□編 清光緒三十四年（1908）鉛印本 一冊

620000－1101－0016682 571.46/0.654

憲政分年籌備事宜表不分卷 （清）□□編 清光緒三十四年（1908）鉛印本 一冊

620000－1101－0016683 467.31/430

相地探金石法四卷 （英國）喝爾勃特喀格司著 （清）王汝騏譯 清光緒二十九年（1903）上海江南製造局刻本 四冊

620000－1101－0016684 467.31/430

相地探金石法四卷 （英國）喝爾勃特喀格司著 （清）王汝騏譯 清光緒二十九年（1903）上海江南製造局刻本 四冊

620000－1101－0016685 467.31/430

相地探金石法四卷 （英國）喝爾勃特喀格司著 （清）王汝騏譯 清光緒二十九年（1903）上海江南製造局刻本 四冊

620000－1101－0016686 467.31/430

相地探金石法四卷 （英國）喝爾勃特喀格司著 （清）王汝騏譯 清光緒二十九年（1903）上海江南製造局刻本 三冊 存三卷（二至四）

620000－1101－0016687 467.31/430

相地探金石法四卷 （英國）喝爾勃特喀格司

著 （清）王汝騊譯 清光緒二十九年（1903）
上海江南製造局刻本 一冊 存一卷（二）

620000－1101－0016688 856.9/0.719

相泉隨筆一卷 （清）□□撰 清光緒稿本
一冊

620000－1101－0016689 098.5/52.88

相臺書塾刊正九經三傳沿革例一卷 （宋）岳
珂撰 清嘉慶十九年（1814）汪紹成刻本
一冊

620000－1101－0016690 098.5/52.88.001

相臺書塾刊正九經三傳沿革例一卷 （宋）岳
珂撰 清光緒三年（1877）湖北崇文書局刻本
一冊

620000－1101－0016691 226.2/83

相宗八要直解八卷 （明）釋智旭述 清同治
九年（1870）金陵刻經處刻本 二冊

620000－1101－0016692 098.13/111

香草校書六十卷 （清）于鬯撰 清光緒刻本
十六冊

620000－1101－0016693 847.8/754

香禪精舍集十五種三十四卷 （清）潘鍾瑞撰
清光緒長洲潘氏香禪精舍刻本 一冊 存
四卷（香禪詞一至四）

620000－1101－0016694 1410

香譜二卷 （清）□□撰 清抄本 一冊

620000－1101－0016695 2881

香山詩鈔二十卷 （唐）白居易撰 （清）楊大
鶴選 清康熙四十年（1701）刻本 六冊

620000－1101－0016696 1473

香樹齋文集二十八卷 （清）錢陳群撰 清乾
隆刻本 十二冊

620000－1101－0016697 847.5/43

香蘇山館古體詩鈔十七卷今體詩鈔十九卷
（清）吳嵩梁撰 清光緒二十二年（1896）三益
文社刻本 八冊

620000－1101－0016698 847.5/43

香蘇山館古體詩鈔十七卷今體詩鈔十九卷

（清）吳嵩梁撰 清道光刻本 六冊 存二十
三卷（古體詩鈔四至十四、今體詩鈔一至十
二）

620000－1101－0016699 847.6/431

香蘇山館全集十六種五十七卷 （清）吳嵩梁
撰 清道光二十三年（1843）刻本 八冊 存
十五種四十九卷（香蘇山館古體詩集十四卷、
今體詩集五至十四、詞一卷，香蘇山館文集二
卷，石溪舫詩話二卷，聽香館叢錄六卷，表忠
錄一卷，東鄉風土記一卷，粵游記一卷，新田
十憶圖詠四卷，香蘇草堂圖詠一卷，秦淮春泛
圖詠一卷，拜梅圖詠一卷，廬山記游圖詠一
卷，武夷山記游圖詠一卷，蓮花博士圖詠一
卷，鶴意聽詩圖詠一卷）

620000－1101－0016700 847.4/56

香聞遺集四卷 （清）薛起鳳著 清光緒十一
年（1885）刻本 一冊

620000－1101－0016701 26

香溪先生范賢良文集二十二卷 （宋）范浚撰
明成化十五年（1479）唐韶刻遞修本 四冊
存八卷（一至八）

620000－1101－0016702 3834

香屑集十八卷首一卷末一卷 （清）黃之雋撰
清雍正十二年（1734）陳邦直遂初園刻本
四冊

620000－1101－0016703 847.2/170

香屑集十八卷首一卷末一卷 （清）黃之雋撰
清宣統二年（1910）上海掃葉山房石印本
四冊

620000－1101－0016704 847.5/82.89

香雪詩存六卷 （清）劉侃撰 清光緒四年
（1878）蘇州刻本 一冊

620000－1101－0016705 1475

香雪文鈔十二卷 （清）曹學詩撰 清乾隆十
年（1745）染翠軒刻十六年（1751）增刻本 二
十冊

620000－1101－0016706 082.79/454

香艷叢書二十集八十卷 （清）蟲天子輯 清

宣統國學扶輪社鉛印本　八十冊

620000－1101－0016707　2757

香祖筆記十二卷　（清）王士禛撰　清康熙刻本　四冊

620000－1101－0016708　593.5/286

鄉兵管見三卷　（清）李棫著　清同治元年（1862）刻本　一冊

620000－1101－0016709　094.24/719

鄉黨圖考十卷　（清）江永撰　清晚期富裕堂刻本　四冊

620000－1101－0016710　094.24/719.001

鄉黨圖考十卷　（清）江永撰　清晚期集秀堂刻本　四冊

620000－1101－0016711　094.24/719.002

鄉黨圖考十卷　（清）江永撰　清晚期刻本一冊　存二卷(四至五)

620000－1101－0016712　3890

鄉黨圖考十卷　（清）江永撰　清乾隆五十二年(1787)致和堂刻本　四冊

620000－1101－0016713　094.18/410

鄉官書考法一卷　（清）長庚撰　清宣統二年（1910)隴右樂善書局刻本　一冊

620000－1101－0016714　094.18/410

鄉官書考法一卷　（清）長庚撰　清宣統二年（1910)隴右樂善書局刻本　一冊

620000－1101－0016715　573.44/0.991

鄉會須知一卷　（清）□□撰　清光緒二年（1876)刻本　一冊

620000－1101－0016716　573.332/178.1881

鄉試硃卷一卷　（清）駱英撰　清晚期刻本一冊

620000－1101－0016717　627.75/609

鄉守輯要十卷　（清）許乃釗輯　守望良規一卷　（清）黃來備撰　清咸豐二年(1852)京都琉璃廠刻本　四冊

620000－1101－0016718　802.81/292

鄉塾正誤二卷　（清）李江著　清光緒七年（1881)津河廣仁堂刻本　一冊

620000－1101－0016719　670.026/880

鄉土志例目一卷　（清）學部編　清光緒三十一年(1905)鉛印本　一冊

620000－1101－0016720　126.9/774

鄉賢崇祀錄一卷附錄一卷　（清）李元春撰　清咸豐七年(1857)刻本　一冊

620000－1101－0016721　918/74

鄉飲酒禮御製補笙詩樂譜不分卷　（清）高宗弘曆撰　清刻本　二冊

620000－1101－0016722　3427

鄉飲習一卷　（清）張世英撰　清光緒木活字印本　一冊

620000－1101－0016723　4503

鄉用錢賬簿一卷　（清）□□撰　清道光十八年(1838)稿本　一冊

620000－1101－0016724　565.26/724

湘岸督銷局收支各款清單不分卷　（清）湘岸督銷局編　清光緒鉛印本　一冊

620000－1101－0016725　059.26/880

湘報類纂六集　（清）覺睡齋主人輯　清光緒二十八年(1902)上海中華編譯印書館鉛印本　八冊

620000－1101－0016726　653.7/203

湘藩案牘抄存不分卷　（清）趙濱彥撰　清光緒、宣統湖南布政使司鉛印本　一冊

620000－1101－0016727　627.904/119

湘軍記二十卷　（清）王定安撰　清光緒十五年(1889)江南書局刻本　十二冊

620000－1101－0016728　627.904/119

湘軍記二十卷　（清）王定安撰　清光緒十五年(1889)江南書局刻本　十二冊

620000－1101－0016729　627.904/119

湘軍記二十卷　（清）王定安撰　清光緒十五年(1889)江南書局刻本　十二冊

620000－1101－0016730　627.904/119.001

湘軍記二十卷　（清）王定安撰　清光緒十六年(1890)袖海山房石印本　四冊

620000－1101－0016731　627.75/176

湘軍志十六卷　王闓運撰　清光緒十一年(1885)養翩齋刻本　四冊

620000－1101－0016732　627.75/176

湘軍志十六卷　王闓運撰　清光緒十一年(1885)養翩齋刻本　四冊

620000－1101－0016733　627.75/176.001

湘軍志十六卷　王闓運撰　清光緒二十八年(1902)湖南書局刻本　六冊

620000－1101－0016734　627.75/176.002

湘軍志十六卷　王闓運撰　清光緒二十八年(1902)富記書局刻本　六冊

620000－1101－0016735　627.75/176.003

湘軍志十六卷　王闓運撰　清光緒刻本　四冊

620000－1101－0016736　1437

湘靈調運齋詩集不分卷　（清）錢陸燦撰　清抄本　八冊

620000－1101－0016737　856.28/11

湘綺樓箋啓八卷　王闓運撰　清宣統三年(1911)志古堂刻本　四冊

620000－1101－0016738　847.8/118

湘綺樓全集三十卷　王闓運撰　清宣統二年(1910)上海國學扶輪社石印本　十二冊

620000－1101－0016739　847.8/11

湘綺樓文集八卷　王闓運撰　清光緒三十四年(1908)湘靈文社京師鉛印本　四冊

620000－1101－0016740　500/724

湘學報類編西政叢鈔六種　（清）湘學報編　清光緒二十八年(1902)石印本　六冊

620000－1101－0016741　2704

湘中草六卷　（明）湯傳楹撰　清康熙刻西堂全集本　一冊

620000－1101－0016742　782.616131/439

襄武人物志二卷　（清）吳之琠撰　清咸豐六年(1856)刻本　二冊

620000－1101－0016743　782.616131/439

襄武人物志二卷　（清）吳之琠撰　清咸豐六年(1856)刻本　二冊

620000－1101－0016744　782.616131/439

襄武人物志二卷　（清）吳之琠撰　清咸豐六年(1856)刻本　一冊

620000－1101－0016745　311.13/271

詳解九章算法一卷纂類一卷附札記一卷　（宋）楊輝撰　（清）宋景昌撰札記　清道光二十二年(1842)上海郁氏刻宜稼堂叢書本　二冊

620000－1101－0016746　311.13/271

詳解九章算法一卷纂類一卷附札記一卷　（宋）楊輝撰　（清）宋景昌撰札記　清道光二十二年(1842)上海郁氏刻宜稼堂叢書本　二冊

620000－1101－0016747　413/289.002

詳校醫宗必讀十卷　（明）李中梓撰　清光緒二十六年(1900)上海文宜書局石印本　二冊

620000－1101－0016748　847.6/340

詳注水竹居賦不分卷　（清）盛觀潮著　清道光二十九年(1849)聚錦堂刻本　四冊

620000－1101－0016749　802.81/689

詳註繪圖朱子格言白話句解不分卷　（清）守拙堂主人注釋　清宣統三年(1911)天津萃文魁書莊鉛印本　一冊

620000－1101－0016750　857.27/528.006

詳註聊齋志異圖詠十六卷　（清）蒲松齡著　（清）呂湛恩注　清光緒十二年(1886)上海同文書局石印本　八冊

620000－1101－0016751　857.27/528.004

詳註聊齋志異圖詠十六卷　（清）蒲松齡著　（清）呂湛恩注　清光緒十二年(1886)上海同文書局石印本　八冊

620000－1101－0016752　948.16/0.156

詳註聊齋志異圖詠十六卷　（清）蒲松齡著
（清）呂湛恩注　清光緒十五年(1889)廣百宋
齋石印本　四冊

620000－1101－0016753　857.27/528.004

詳註聊齋志異圖詠十六卷　（清）蒲松齡著
（清）呂湛恩注　清宣統元年(1909)上海久敬
齋石印本　八冊

620000－1101－0016754　857.27/528.004

詳註聊齋志異圖詠十六卷　（清）蒲松齡著
（清）呂湛恩注　清末錦章書局石印本　八冊

620000－1101－0016755　856.17/940

詳註飲香尺牘分類四卷　（清）飲香居士編
（清）白下慵隱子釋　清道光刻本　一冊　存
一卷(三)

620000－1101－0016756　847.7/19

向湖邨舍詩初集十二卷　（清）趙藩撰　清光
緒十四年(1888)刻本　三冊

620000－1101－0016757　997.12/0.851

象棋譜三卷　（清）□□編　清晚期抄本
三冊

620000－1101－0016758　3097

象山先生全集三十六卷　（宋）陸九淵撰　明
嘉靖刻本　一冊　存六卷(九至十四)

620000－1101－0016759　389

象山先生全集三十六卷　（宋）陸九淵撰　明
刻本　十二冊

620000－1101－0016760　845.22/389

象山先生文集三十六卷　（宋）陸九淵撰　**附
錄少湖徐先生學則辯一卷**　（明）徐階撰　清
宣統二年(1910)江左書林鉛印本　八冊

620000－1101－0016761　845.22/389

象山先生文集三十六卷　（宋）陸九淵撰　**附
錄少湖徐先生學則辯一卷**　（明）徐階撰　清
宣統二年(1910)江左書林鉛印本　八冊

620000－1101－0016762　292.1/16

象數論六卷　（清）黃宗羲撰　清光緒廣雅書
局刻本　二冊

620000－1101－0016763　317.3/161

象數一原七卷　（清）項名達撰　清光緒十四
年(1888)上海刻本　四冊

620000－1101－0016764　839.8/185

項城袁氏家集六十六卷　丁振鐸輯　清宣統
三年(1911)清芬閣鉛印本　二十冊　存二十
卷(端敏公奏議一至四、六至七、九至十七、二
十,函牘一卷,首二;閣學公公牘七、書札三)

620000－1101－0016765　839.8/185

項城袁氏家集六十六卷　丁振鐸輯　清宣統
三年(1911)清芬閣鉛印本　五十五冊

620000－1101－0016766　839.8/185

項城袁氏家集六十六卷　丁振鐸輯　清宣統
三年(1911)清芬閣鉛印本　五十六冊

620000－1101－0016767　845.13/754

逍遙集一卷　（宋）潘閬著　**百正集三卷**
（宋）連文鳳著　清嘉慶十五年(1810)松樵抄
本　一冊

620000－1101－0016768　684.8/987

逍遙山萬壽宮志二十二卷首一卷　（清）金桂
馨等增訂　清光緒四年(1878)刻本　十冊

620000－1101－0016769　684.8/987

逍遙山萬壽宮志二十二卷首一卷　（清）金桂
馨等增訂　清宣統三年(1911)刻本　十冊

620000－1101－0016770　684.8/987

逍遙山萬壽宮志二十二卷首一卷　（清）金桂
馨等增訂　清宣統三年(1911)刻本　十冊

620000－1101－0016771　945.32/50

消夏百一詩二卷　葉德輝撰　清光緒三十四
年(1908)觀古堂刻本　一冊

620000－1101－0016772　945.32/50

消夏百一詩二卷　葉德輝撰　清光緒三十四
年(1908)觀古堂刻本　一冊

620000－1101－0016773　848/259

脩然樓詩約抄一卷　（清）林棠撰　清晚期鉛
印本　一冊

620000－1101－0016774　848/259

翛然樓詩約抄一卷　（清）林棠撰　清晚期鉛
印本　一冊

620000－1101－0016775　082.9/172

霄鵬先生遺著五種五卷　（清）黃保康輯　清
宣統三年(1911)刻本　三冊

620000－1101－0016776　335

銷釋金剛經科儀錄說記四卷　（後秦）釋鳩摩
羅什譯　（宋）釋延壽述　（明）釋成桂注　明
正德十年(1515)刻本　二冊

620000－1101－0016777　1273

銷釋金剛科儀川老三卷　（□）□□撰　清刻
本　三冊

620000－1101－0016778　2619

蕭亭詩選六卷　（清）張實居撰　（清）王士禛
輯　清康熙刻本　二冊

620000－1101－0016779　327

瀟碧堂集二十卷　（明）袁宏道撰　明刻本
六冊　存十六卷(一至十六)

620000－1101－0016780　3941

泫濱蔡先生文集十二卷　（明）蔡靉撰　清順
治十七年(1660)金陵蔡含靈刻本　三冊　存
十卷(三至十二)

620000－1101－0016781　856.274/186.05.003

小倉山房尺牘輯註十卷　（清）袁枚撰　（清）
馬步元箋註　清光緒十八年(1892)刻本　四
冊　存九卷(一至六、八至十)

620000－1101－0016782　856.274/186.05.003

小倉山房尺牘輯註十卷　（清）袁枚撰　（清）
馬步元箋註　清光緒十八年(1892)刻本　三
冊　存八卷(一至五、八至十)

620000－1101－0016783　3249

小倉山房尺牘六卷　（清）袁枚撰　清乾隆五
十四年(1789)隨園刻本　二冊

620000－1101－0016784　856.274/186.05.004

小倉山房尺牘十卷　（清）袁枚撰　清光緒十
七年(1891)刻本　一冊　存三卷(五至七)

620000－1101－0016785　856.274/186.05.002

小倉山房尺牘十卷附牘外餘言一卷　（清）袁
枚撰　清光緒書業堂刻本　三冊　存六卷
(尺牘一至六)

620000－1101－0016786　847.4/18

小倉山房全集四種四十四卷　（清）袁枚撰
清同治三年(1864)紫文閣刻本　十六冊

620000－1101－0016787　1467

小倉山房詩集三十六卷　（清）袁枚撰　清乾
隆隨園刻本　十二冊

620000－1101－0016788　847.4/186.04.001

小倉山房詩集三十七卷補遺二卷　（清）袁枚
撰　清晚期刻本　一冊　存四卷(二十五至
二十八)

620000－1101－0016789　847.4/186.04.002

小倉山房詩集三十七卷補遺二卷　（清）袁枚
撰　清晚期刻本　一冊　存三卷(二十九至
三十一)

620000－1101－0016790　847.4/186.04

小倉山房詩集三十一卷補遺一卷附錄一卷
（清）袁枚撰　清晚期英秀堂刻本　一冊　存
八卷(一至八)

620000－1101－0016791　847.4/186.04

小倉山房詩集三十一卷補遺一卷附錄一卷
（清）袁枚撰　清晚期英秀堂刻本　六冊

620000－1101－0016792　847.4/186.05

小倉山房外集八卷　（清）袁枚撰　清光緒十
七年(1891)刻本　一冊　存三卷(四至六)

620000－1101－0016793　856.274/186

小倉山房往還書札全集十八卷　（清）袁枚撰
（清）朱士俊　（清）沈錦垣編校　清光緒十
三年(1887)鉛印本　二冊

620000－1101－0016794　856.175/186

小倉山房往還書札全集十八卷　（清）袁枚撰
（清）朱士俊　（清）沈錦垣編校　清光緒十
三年(1887)上海著易堂鉛印本　一冊　存九
卷(十至十八)

620000 - 1101 - 0016795　3850

小倉山房文集三十五卷外集八卷　（清）袁枚
撰　清乾隆隨園刻本　十二冊

620000 - 1101 - 0016796　072.74/37

小滄浪筆談四卷　（清）阮元撰　清光緒二十
六年（1900）江蘇書局刻本　二冊

620000 - 1101 - 0016797　821.187/313

小滄浪詩話四卷　（清）張燮承纂　清咸豐九
年（1859）古汲郡賀氏刻本　一冊　存二卷
（一至二）

620000 - 1101 - 0016798　847.6/834

小滄溟館集二十七卷　（清）朱瀚著　清晚期
刻本　一冊

620000 - 1101 - 0016799　72

小窗自紀四卷別紀四卷清紀一卷艷紀一卷
（明）吳從先撰　明萬曆刻本　四冊　存四卷
（小窗自紀四卷）

620000 - 1101 - 0016800　413.72/705

小兒痘症不分卷　（宋）竇漢卿輯著　清晚期
抄本　一冊

620000 - 1101 - 0016801　413.7/928.001

小兒葯證真訣三卷　（宋）錢乙撰　清晚期刻
本　二冊

620000 - 1101 - 0016802　802.81/453

小兒語不分卷　（明）呂近溪撰　劉爾炘摘抄
說意　清光緒三十二年（1906）隴右樂善書局
刻本　一冊

620000 - 1101 - 0016803　802.81/453

小兒語不分卷　（明）呂近溪撰　劉爾炘摘抄
說意　清光緒三十二年（1906）隴右樂善書局
刻本　一冊

620000 - 1101 - 0016804　802.81/453

小兒語不分卷　（明）呂近溪撰　劉爾炘摘抄
說意　清光緒三十二年（1906）隴右樂善書局
刻本　一冊

620000 - 1101 - 0016805　802.81/453

小兒語不分卷　（明）呂近溪撰　劉爾炘摘抄
說意　清光緒三十二年（1906）隴右樂善書局
刻本　一冊

620000 - 1101 - 0016806　802.81/453

小兒語一卷　（明）呂近溪撰　劉爾炘摘抄說
意　清光緒三十二年（1906）隴右樂善書局刻
本　一冊

620000 - 1101 - 0016807　802.81/453

小兒語摘鈔說意一卷附一卷　（明）呂近溪撰
　劉爾炘說意　清光緒三十二年（1906）隴右
樂善書局刻本　一冊

620000 - 1101 - 0016808　802.81/453

小兒語摘鈔說意一卷附一卷　（明）呂近溪撰
　劉爾炘說意　清光緒三十二年（1906）隴右
樂善書局刻本　一冊

620000 - 1101 - 0016809　802.81/453

小兒語摘鈔說意一卷附一卷　（明）呂近溪撰
　劉爾炘說意　清光緒三十二年（1906）隴右
樂善書局刻本　一冊

620000 - 1101 - 0016810　802.81/453

小兒語摘鈔說意一卷附一卷　（明）呂近溪撰
　劉爾炘說意　清光緒三十二年（1906）隴右
樂善書局刻本　一冊

620000 - 1101 - 0016811　802.81/453

小兒語摘鈔說意一卷附一卷　（明）呂近溪撰
　劉爾炘說意　清光緒三十二年（1906）隴右
樂善書局刻本　一冊

620000 - 1101 - 0016812　802.81/453

小兒語摘鈔說意一卷附一卷　（明）呂近溪撰
　劉爾炘說意　清光緒三十二年（1906）隴右
樂善書局刻本　一冊

620000 - 1101 - 0016813　802.81/453

小兒語摘鈔說意一卷附一卷　（明）呂近溪撰
　劉爾炘說意　清光緒三十二年（1906）隴右
樂善書局刻本　一冊

620000 - 1101 - 0016814　802.13/116

小爾雅疏八卷　（清）王煦撰集　清光緒刻邵
武徐氏叢書本　二冊

620000－1101－0016815　802.13/116.001

小爾雅疏八卷　（清）王煦撰集　清嘉慶五年(1800)刻本　二冊

620000－1101－0016816　099.1/697

小爾雅訓纂六卷　（清）宋翔鳳撰　清嘉慶二十五年(1820)刻浮谿精舍叢書本　一冊

620000－1101－0016817　716.08/11.001

小方壺齋輿地叢鈔六卷　（清）王錫祺輯　清光緒五年(1879)鉛印本　一冊　存一卷(一)

620000－1101－0016818　716.08/11

小方壺齋輿地叢鈔十二帙補編十二帙再補編十二帙　（清）王錫祺輯　清光緒十七年至二十三年(1891－1897)上海著易堂鉛印本　一冊　存一帙(輿地叢鈔六:保德風土論至西行瑣錄)

620000－1101－0016819　716.08/11

小方壺齋輿地叢鈔十二帙補編十二帙再補編十二帙　（清）王錫祺輯　清光緒十七年至二十三年(1891－1897)上海著易堂鉛印本　九冊　存二帙(輿地叢鈔十一至十二)

620000－1101－0016820　716.08/11

小方壺齋輿地叢鈔十二帙補編十二帙再補編十二帙　（清）王錫祺輯　清光緒十七年至二十三年(1891－1897)上海著易堂鉛印本　十七冊　存四帙(輿地叢鈔九:途中記至中外述游、十至十二)

620000－1101－0016821　716.08/11

小方壺齋輿地叢鈔十二帙補編十二帙再補編十二帙　（清）王錫祺輯　清光緒十七年至二十三年(1891－1897)上海著易堂鉛印本　八十四冊

620000－1101－0016822　716.08/11

小方壺齋輿地叢鈔十二帙補編十二帙再補編十二帙　（清）王錫祺輯　清光緒十七年至二十三年(1891－1897)上海著易堂鉛印本　六十八冊　存二十四帙(輿地叢鈔十二帙、補編十二帙)

620000－1101－0016823　716.08/11

小方壺齋輿地叢鈔十二帙補編十二帙再補編十二帙　（清）王錫祺輯　清光緒十七年至二十三年(1891－1897)上海著易堂鉛印本　六十四冊　存十二帙(輿地叢鈔十二帙)

620000－1101－0016824　716.08/11

小方壺齋輿地叢鈔十二帙補編十二帙再補編十二帙　（清）王錫祺輯　清光緒十七年至二十三年(1891－1897)上海著易堂鉛印本　六十四冊　存十二帙(輿地叢鈔十二帙)

620000－1101－0016825　847.6/504

小庚詞存二卷　（清）葉申薌撰　清道光十四年(1834)任九思刻本　一冊

620000－1101－0016826　847.6/97

小谷口詩鈔十二卷首一卷餘一卷　（清）鄭祖琛著　清晚期刻本　二冊

620000－1101－0016827　040.8/59.01

小嬛嬛山館彙刊類書十二種二十三卷　（清）□□輯　清咸豐群玉閣刻本　八冊

620000－1101－0016828　040.8/59.02

小嬛嬛山館彙刊類書十二種二十三卷　（清）□□輯　清晚期刻本　八冊

620000－1101－0016829　040.8/59.02

小嬛嬛山館彙刊類書十二種二十三卷　（清）□□輯　清晚期刻本　八冊

620000－1101－0016830　847.5/183

小謨觴館詩文集注十七卷　（清）彭兆蓀撰　(清)孫元培　（清）孫長熙纂輯　清光緒二十年(1894)刻本　十冊

620000－1101－0016831　794.2/168

小蓬萊閣金石文字不分卷　（清）黃易撰　清道光十四年(1834)刻本　五冊

620000－1101－0016832　847.5/378.2

小瓊海詩初集三卷二集六卷三集八卷　（清）陳赫著　清道光陳氏刻本　八冊

620000－1101－0016833　845.16/467

小山詞鈔一卷補鈔一卷　（宋）晏幾道著　清光緒十一年(1885)揚州刻本　一冊

620000 - 1101 - 0016834　1487

小山詩鈔十一卷　（清）鄒一桂撰　清乾隆三十五年(1770)刻本　八冊　存九卷（三至十一）

620000 - 1101 - 0016835　847.7/111

小詩初稿三十卷　（清）王之藩撰　清光緒十四年(1888)王之藩刻本　四冊

620000 - 1101 - 0016836　821.13/984

小石帆亭著錄五卷　（清）翁方綱撰　談龍錄一卷　（清）趙執信撰　清同治、光緒福山王氏刻天壤閣叢書本　一冊　存五卷（小石帆亭著錄二至五、談龍錄一卷）

620000 - 1101 - 0016837　082.77/966

小石山房叢書三十八種六十四卷　（清）顧湘輯　清同治十三年(1874)虞山顧氏刻本　十六冊

620000 - 1101 - 0016838　082.77/966

小石山房叢書三十八種六十四卷　（清）顧湘輯　清同治十三年(1874)虞山顧氏刻本　十六冊

620000 - 1101 - 0016839　931.7/95

小石山房印譜四卷集名刻一卷歸去來辭一卷　（清）顧湘　（清）顧浩編輯　清宣統三年(1911)石印本　六冊

620000 - 1101 - 0016840　931.7/95

小石山房印譜四卷集名刻一卷集金玉晶石銅牙瓷竹木類印一卷　（清）顧湘　（清）顧浩編輯　清宣統三年(1911)石印本　六冊

620000 - 1101 - 0016841　931.7/95

小石山房印譜四卷集名刻一卷集金玉晶石銅牙瓷竹木類印一卷　（清）顧湘　（清）顧浩編輯　清宣統三年(1911)石印本　六冊

620000 - 1101 - 0016842　852.3/954

小檀欒室彙刻閨秀詞一百種一百十二卷附閨秀詞鈔十六卷閨秀補遺一卷續補遺四卷　徐乃昌輯　清光緒二十一年至二十二年(1895 - 1896)南陵徐氏刻本（附閨秀詞鈔、補遺、續補遺爲清宣統元年刻本）　三十冊

620000 - 1101 - 0016843　856.7/0.598

小題真珠船不分卷　（清）□□輯　清光緒刻本　四冊

620000 - 1101 - 0016844　610.19/947

小腆紀傳六十五卷補遺二卷　（清）徐鼒撰　清光緒十三年(1887)金陵刻本　十八冊

620000 - 1101 - 0016845　626.802/94

小腆紀年附考二十卷　（清）徐鼒撰　清光緒四年(1878)刻本　十六冊

620000 - 1101 - 0016846　626.802/94

小腆紀年附考二十卷　（清）徐鼒撰　清咸豐刻本　十六冊

620000 - 1101 - 0016847　2520

小桐廬詩草十卷　（清）袁景輅撰　清乾隆刻本　二冊

620000 - 1101 - 0016848　082.77/92

小萬卷樓叢書十七種七十二卷　（清）錢培名輯　清光緒四年(1878)金山錢氏刻本　十二冊

620000 - 1101 - 0016849　847.5/827.04

小萬卷齋詩稿三十二卷續稿十二卷文稿二十四卷經進稿四卷　（清）朱琦撰　清道光六年至二十二年(1826 - 1842)刻本　十冊　存四十一卷（詩稿三十二卷、續稿一至五、經進稿四卷）

620000 - 1101 - 0016850　847.5/82

小萬卷齋詩稿三十二卷續稿十二卷文稿二十四卷經進稿四卷　（清）朱琦撰　清光緒十一年(1885)朱藏成嘉樹山房刻本　二十四冊

620000 - 1101 - 0016851　847.5/82.1

小萬卷齋詩稿三十二卷續稿十二卷文稿二十四卷經進稿四卷　（清）朱琦撰　清光緒十一年(1885)朱藏成嘉樹山房刻本　十二冊　存四十八卷（詩稿三十二卷、續稿十二卷、經進稿四卷）

620000 - 1101 - 0016852　847.5/827

小萬卷齋詩稿三十二卷續稿十二卷文稿二十

四卷經進稿四卷 （清）朱琦撰 清光緒十一年（1885）朱藏成嘉樹山房刻本 二冊 存四卷（文稿十九至二十、二十三至二十四）

620000－1101－0016853 847.4/92.01

小學盦遺書四卷 （清）錢馥撰 清光緒二十一年（1895）什邡清風室刻本 一冊

620000－1101－0016854 071.74/935

小學盦遺書四卷 （清）錢馥撰 清光緒二十一年（1895）什邡清風室刻本 一冊

620000－1101－0016855 312.1/310

小學筆算教科書五卷 （清）張景良撰 （清）文明書局編輯 清光緒三十一年（1905）上海文明書局鉛印本 五冊

620000－1101－0016856 192.11/781

小學大成六卷 （清）毛繼登等輯 清晚期刻本 二冊

620000－1101－0016857 192.1/82.37.004

小學大全名解六卷 （清）陸有奇等輯 清晚期刻本 四冊

620000－1101－0016858 528

小學紺珠十卷 （宋）王應麟撰 明崇禎毛氏汲古閣刻津逮祕書本 五冊

620000－1101－0016859 523.3/181

小學各科教授法九章附表不分卷 （日本）寺內頴 （日本）兒崎爲槌撰 （清）白作霖譯編 清光緒三十年（1904）上海文明書局鉛印本 一冊

620000－1101－0016860 099.019/915

小學鉤沈十九卷 （清）任大椿輯 （清）王念孫校 清光緒十年（1884）李氏半畝園刻小學類編本 四冊

620000－1101－0016861 802.28/96

小學鉤沈續編八卷 （清）顧震福撰輯 清光緒十八年（1892）盩厔路仵署刻本 一冊 存二卷（一至二）

620000－1101－0016862 099/77.938

小學彙函十四種一百五十三卷 （清）鍾謙鈞等輯 清同治十二年（1873）粵東書局刻本 三十三冊

620000－1101－0016863 192.1/314

小學集解六卷 （宋）朱熹撰 （清）張伯行輯注 清同治十一年（1872）江西善成堂刻本 四冊

620000－1101－0016864 192.1/82.37.001

小學集注六卷 （明）陳選集注 清同治十年（1871）刻本 二冊

620000－1101－0016865 192.1/82.37.001

小學集注六卷 （明）陳選集注 清同治十年（1871）刻本 二冊

620000－1101－0016866 192.1/82.37.001

小學集注六卷 （明）陳選集注 清同治十年（1871）刻本 二冊

620000－1101－0016867 192.1/82.37.001

小學集注六卷 （明）陳選集注 清同治十年（1871）刻本 二冊

620000－1101－0016868 192.1/82.37.001

小學集注六卷 （明）陳選集注 清同治十年（1871）刻本 二冊

620000－1101－0016869 192.1/82.37

小學集註六卷 （宋）朱熹撰 （明）陳選集注附孝經一卷 （唐）玄宗李隆基注 （唐）陸德明音義 清光緒山東官印書局鉛印本 一冊

620000－1101－0016870 192.1/828.001

小學集註六卷 （宋）朱熹撰 （明）陳選集注 清光緒三十三年（1907）學部圖書局石印本 二冊

620000－1101－0016871 192.1/82.37.003

小學集註六卷 （宋）朱熹撰 （明）陳選集注 清光緒京都文成堂刻本 二冊

620000－1101－0016872 192.1/828.002

小學集註六卷附忠孝經二卷 （宋）朱熹撰 （明）陳選集注 清光緒三十二年（1906）上海鴻寶齋石印本 四冊

620000 - 1101 - 0016873　192.1/828

小學集註六卷附忠孝經二卷　（宋）朱熹撰
（明）陳選集注　清光緒上海萃英書局石印本
四冊

620000 - 1101 - 0016874　192.1/828

小學集註六卷附忠孝經二卷　（宋）朱熹撰
（明）陳選集注　清光緒上海萃英書局石印本
三冊　存六卷（小學集註六卷）

620000 - 1101 - 0016875　802.021/61

小學考五十卷　（清）謝啓昆錄　清咸豐二年
（1852）謝氏樹經堂刻本　十六冊

620000 - 1101 - 0016876　016.802/611

小學考五十卷　（清）謝啓昆錄　清光緒十四
年（1888）浙江書局刻本　二十冊

620000 - 1101 - 0016877　016.099/622

小學考五十卷　（清）謝啓昆錄　清光緒十四
年（1888）浙江書局刻本　二十冊

620000 - 1101 - 0016879　016.099/622

小學考五十卷　（清）謝啓昆錄　清光緒十四
年（1888）浙江書局刻本　二十冊

620000 - 1101 - 0016880　016.802/61.01

小學考五十卷　（清）謝啓昆錄　清光緒十五
年（1889）石印本　六冊

620000 - 1101 - 0016881　192.1/119

小學六卷　（清）王炳瀛參訂　清道光安岳王
氏刻本　四冊

620000 - 1101 - 0016882　125.5/828.04

小學六卷　（宋）朱熹輯　清光緒七年（1881）
津河廣仁堂刻本　二冊

620000 - 1101 - 0016883　125.5/828.04

小學六卷　（宋）朱熹輯　清光緒七年（1881）
津河廣仁堂刻本　二冊

620000 - 1101 - 0016884　192.11/650.001

小學體註大成六卷　（清）高愈纂注　清嘉慶

二十三年（1818）刻本　二冊　存三卷（一至
二、六）

620000 - 1101 - 0016885　660.37/378

小學萬國地理新編二卷　（清）陳乾生輯　清
光緒三十二年（1906）上海商務印書館鉛印本
一冊

620000 - 1101 - 0016886　523.9/482

小學韻語一卷　（清）羅澤南撰　清光緒二十
一年（1895）上海江南製造總局刻本　一冊

620000 - 1101 - 0016887　523.9/482

小學韻語一卷　（清）羅澤南撰　清光緒二十
一年（1895）上海江南製造總局刻本　一冊

620000 - 1101 - 0016888　523.9/482

小學韻語一卷　（清）羅澤南撰　清光緒二十
一年（1895）上海江南製造總局刻本　一冊

620000 - 1101 - 0016889　523.9/482

小學韻語一卷　（清）羅澤南撰　清光緒二十
一年（1895）上海江南製造總局刻本　一冊

620000 - 1101 - 0016890　523.9/482

小學韻語一卷　（清）羅澤南撰　清光緒二十
一年（1895）上海江南製造總局刻本　一冊

620000 - 1101 - 0016891　523.9/482.001

小學韻語一卷　（清）羅澤南撰　清光緒二十
六年（1900）京師同文館鉛印本　一冊

620000 - 1101 - 0016892　2915

小學纂註六卷　（清）高愈輯　**文公朱夫子年
譜一卷**　（清）高愈撰　清乾隆刻本　四冊

620000 - 1101 - 0016893　192.11/650

小學纂註六卷　（清）高愈輯　清同治八年
（1869）江蘇書局刻本　四冊

620000 - 1101 - 0016894　733.51/880

小亞西亞志不分卷附新志不分卷　（清）學部
編譯圖書局編纂　清光緒三十三年（1907）學
部編譯圖書局鉛印本　一冊

620000 - 1101 - 0016895　733.51/880

小亞西亞志不分卷附新志不分卷　（清）學部
編譯圖書局編纂　清光緒三十三年（1907）學

部編譯圖書局鉛印本　一冊

620000－1101－0016896　733.51/880

小亞西亞志不分卷附新志不分卷　（清）學部
編譯圖書局編纂　清光緒三十三年(1907)學
部編譯圖書局鉛印本　一冊

620000－1101－0016897　733.51/880

小亞西亞志不分卷附新志不分卷　（清）學部
編譯圖書局編纂　清光緒三十三年(1907)學
部編譯圖書局鉛印本　一冊

620000－1101－0016898　847.7/436

小酉腴山館集外文二卷　（清）吳大廷撰　清
同治三年(1864)刻本　一冊

620000－1101－0016899　847.5/312.7.04

小重山房初稿十卷　（清）張祥河撰　清道光
張氏刻本　一冊　存二卷(四至五)

620000－1101－0016900　847.5/30.04

小重山房詩詞全集三十二卷　（清）張祥河撰
清光緒元年至民國八年(1875－1919)刻本
十二冊

620000－1101－0016901　847.5/30.04

小重山房詩詞全集三十二卷　（清）張祥河撰
清光緒元年至民國八年(1875－1919)刻本
二冊

620000－1101－0016902　847.5/30.02001

小重山房詩續錄十二卷　（清）張祥河撰　清
光緒元年(1875)刻本　四冊

620000－1101－0016903　847.5/30.02.001

小重山房詩續錄十二卷　（清）張祥河撰　清
光緒元年(1875)刻本　四冊

620000－1101－0016904　847.5/30.02

小重山房詩續錄十二卷　（清）張祥河撰　清
光緒元年(1875)刻本　四冊

620000－1101－0016905　847.2/120

曉庵先生集五卷　（清）張海珊編輯　清道光
刻本　三冊

620000－1101－0016906　847/862

曉嵐紀先生風雅集詩詳解四卷　（清）紀昀撰

（清）梁紹顏注釋　清嘉慶三年(1798)刻本
一冊

620000－1101－0016907　782.2078/0.210

孝行錄一卷　（清）□□撰　清光緒三十年
(1904)刻本　一冊

620000－1101－0016908　096.07/139

孝經學七卷　（清）曹元弼撰　清光緒三十四
年(1908)刻本　一冊

620000－1101－0016909　847

孝經衍義一百卷首二卷　（清）葉方藹等撰
清康熙二十九年(1690)內府刻本　三十冊

620000－1101－0016910　096.272/226

孝經衍義一百卷首二卷　（清）葉方藹等撰
清晚期刻本　二十四冊　存一百卷(一至九
十八、首二卷)

620000－1101－0016911　096.2/41.66

孝經一卷　（唐）玄宗李隆基注　（唐）陸德明
音義　清同治七年(1868)湖北崇文書局刻本
一冊

620000－1101－0016912　096.1/455

孝經一卷　（清）史致儼書　清道光六年
(1826)刻本　一冊

620000－1101－0016913　096.2/41.66.001

孝經一卷　（唐）玄宗李隆基注　（唐）陸德明
音義　清光緒廣仁堂刻本　一冊

620000－1101－0016914　096.06/270

孝經一卷爾雅一卷　（清）楊國楨撰　清光緒
三年(1877)湖北崇文書局刻本　一冊

620000－1101－0016915　096.2/78.37

孝經鄭注疏二卷　（漢）鄭玄注　（清）皮錫瑞
疏　清光緒二十一年(1895)師伏堂刻本
二冊

620000－1101－0016916　096.2/289

孝經注疏九卷　（唐）玄宗李隆基注　（唐）陸
德明音義　（宋）邢昺校　清同治十年(1871)
刻本　一冊

620000－1101－0016917　833

孝經注疏九卷附考證一卷　(唐)玄宗李隆基注　(唐)陸德明音義　(宋)邢昺校　清乾隆四年(1739)武英殿刻十三經注疏本　一冊

620000－1101－0016918　096.2/41.66.002

孝經注疏九卷附校勘記一卷　(唐)玄宗李隆基注　(唐)陸德明音義　(宋)邢昺校　清道光六年(1826)刻本　一冊

620000－1101－0016919　096.2/41.66.003

孝經註疏九卷正義一卷　(唐)玄宗李隆基注　(唐)陸德明音義　(宋)邢昺校　清刻本　二冊

620000－1101－0016920　652.511/84

孝肅包公奏議十卷　(宋)包拯撰　(宋)張純輯　清同治九年(1870)包芳國天祿閣刻本　四冊

620000－1101－0016921　652.511/84.001

孝肅奏議十卷　(宋)包拯撰　清同治三年(1864)李瀚章省心閣刻本　四冊

620000－1101－0016922　858.51/816

孝義真蹟珍珠塔二十四回　(清)周殊士撰　清刻本　二冊　存二十二回(二至二十三)

620000－1101－0016923　573.07/766.003

校邠廬抗議二卷　(清)馮桂芬撰　清光緒十年(1884)刻本　二冊

620000－1101－0016924　573.07/766.001

校邠廬抗議二卷　(清)馮桂芬撰　清光緒二十四年(1898)上海書局鉛印本　二冊

620000－1101－0016925　573.07/766

校邠廬抗議一卷　(清)馮桂芬撰　清光緒九年(1883)津河廣仁堂刻本　一冊

620000－1101－0016926　573.07/766

校邠廬抗議一卷　(清)馮桂芬撰　清光緒九年(1883)津河廣仁堂刻本　二冊

620000－1101－0016927　573.07/766

校邠廬抗議一卷　(清)馮桂芬撰　清光緒九年(1883)津河廣仁堂刻本　一冊

620000－1101－0016928　011/657

校讎通義三卷　(清)章學誠著　清道光十三年(1833)章華紱刻本　一冊

620000－1101－0016929　847.6/66.02

校訂定盒全集十卷　(清)龔自珍撰　清宣統二年(1910)鉛印本　八冊

620000－1101－0016930　071.52/11.45.001

校訂困學紀聞集證二十卷　(宋)王應麟撰　(清)萬希槐集證　清嘉慶二十四年(1819)山壽齋胡氏刻本　十六冊

620000－1101－0016931　071.52/11.45

校訂困學紀聞三箋二十卷　(宋)王應麟撰　(清)閻百詩等注　清嘉慶十二年(1807)刻本　八冊

620000－1101－0016932　082.78/83

校經山房叢書二十七種一百八卷　(清)朱記榮輯　清光緒三十年(1904)孫谿朱氏槐廬家塾重編印式訓堂叢書本　三十二冊

620000－1101－0016933　082.78/833

校經山房叢書二十七種一百八卷　(清)朱記榮輯　清光緒三十年(1904)孫谿朱氏槐廬家塾重編印式訓堂叢書本　二十四冊　存二十四種八十九卷(傳經表一卷、通經表一卷,古易音訓二卷,春秋夏正二卷,家語疏證四至六,漢書西域傳補注二卷,晉書地理志新補正五卷,乾道臨安志十五卷,弟子職集解一卷,呂子校補二卷,太歲超辰表二至三,竹汀先生日記鈔三卷,鍾山札記四卷,龍城札記三卷,銅熨斗齋隨筆八卷,知聖道齋讀書跋二卷,曝書雜記三卷,經籍跋文一卷,附對策六卷,拜經樓藏書題跋記五卷、附錄一卷,誌銘廣例二卷,金石例補二卷,元魏熒陽鄭文公摩崖碑跋一卷,溉亭述古錄二卷,後甲集二卷,晚學集八卷)

620000－1101－0016934　416.7/170.001

校刊目經大成三卷首一卷　(清)黃庭鏡撰　清同治十年(1871)文馨堂刻本　六冊

620000－1101－0016935　416.7/170

校刊目經大成三卷首一卷　(清)黃庭鏡撰

(清)黃玉峰校刊　清晚期賓城述古堂刻本
六冊

620000－1101－0016936　610.11/312
校刊史記集解索隱正義札記五卷　（清）張文
虎撰　清同治十一年（1872）金陵書局刻本
二冊

620000－1101－0016937　082.78/113
校刊西學八種　（清）王韜輯　清光緒二十三
年（1897）可閱山房刻本　四冊　存四種（一
至三、六）

620000－1101－0016938　089.74/76
校禮堂全集六種六十六卷　（清）凌廷堪撰
清嘉慶、道光刻本　二十二冊

620000－1101－0016939　089.74/764
校禮堂全集六種六十六卷　（清）凌廷堪撰
清嘉慶、道光刻本　十二冊　存四種六十三
卷（校禮堂詩集十四卷、文集三十六卷，燕樂
考原六卷，梅邊吹笛二卷、補錄一卷，凌次仲
先生年譜四卷）

620000－1101－0016940　802.298/167
校增字學舉隅不分卷　（清）黃本驥輯　（清）
譚鍾麟校增　清同治十三年（1874）刻本
一冊

620000－1101－0016941　782.04/670
校正尚友錄二十二卷　（明）廖用賢編纂
（清）張伯琮補輯　清光緒十九年（1893）上海
蜚英館石印本　四冊

620000－1101－0016942　782.04/670.002
校正尚友錄統編二十四卷　（清）錢湖釣徒編
　清末石印本　四冊　存六卷（五至七、十
六、十九至二十）

620000－1101－0016943　414.87/850.01
校正增廣驗方新方附續集十八卷　（清）鮑相
璈撰　清光緒二十六年（1900）上海觀瀾閣書
莊石印本　六冊　存七卷（十二至十八）

620000－1101－0016944　847.6/526.5
嘯古堂文集八卷　（清）蔣敦復撰　清同治十

年（1871）上海道署刻本　二冊

620000－1101－0016945　802.292/120
嘯堂集古錄二卷考異二卷　（宋）王俅撰
（清）張蓉鏡編　清嘉慶十七年（1812）張氏刻
本　三冊

620000－1101－0016946　857.174/462
嘯亭雜錄八卷續錄二卷　（清）昭槤撰　清光
緒六年（1880）刻本　十二冊

620000－1101－0016947　857.174/462
嘯亭雜錄八卷續錄二卷　（清）昭槤著　清光
緒六年（1880）刻本　十二冊

620000－1101－0016948　857.174/462.001
嘯亭雜錄十卷續錄三卷　（清）昭槤著　清宣
統元年（1909）中國圖書公司鉛印本　四冊

620000－1101－0016949　3393
嘯雪堂詩鈔一卷　（清）王垣撰　清乾隆二十
四年（1759）刻本　一冊

620000－1101－0016950　082.78/521
嘯園叢書五十七種一百九十卷　（清）葛元煦
輯　清光緒仁和葛氏刻本　三十六冊

620000－1101－0016951　847.7/788
嘯雲軒詩集五卷　（清）程晙撰　清光緒十三
年（1887）刻本　一冊

620000－1101－0016952　847.7/788.01
嘯雲軒文集六卷　（清）程晙撰　清光緒十三
年（1887）刻本　二冊

620000－1101－0016953　653.7/0.163
協修到館官檔一卷　（清）□□編　清末抄本
　一冊

620000－1101－0016954　2642
斜川集六卷　（宋）蘇過撰　**訂誤一卷**　（清）
吳長元撰　**附錄二卷**　清乾隆五十三年
（1788）趙懷玉亦有生齋刻本　一冊

620000－1101－0016955　1312
斜川詩集十卷　（宋）蘇過撰　清嘉慶金鶚抄
本　四冊

620000 – 1101 – 0016956　　1313

斜川詩集十卷　（宋）蘇過撰　清嘉慶金鶚抄本　四冊

620000 – 1101 – 0016957　847.63/741

諧鐸十二卷　（清）沈起鳳著　清中期刻本　一冊　存三卷（七至九）

620000 – 1101 – 0016958　802.44/698

諧聲補逸十四卷　（清）宋保撰　清嘉慶八年（1803）志學堂刻本　一冊　存九卷（六至十四）

620000 – 1101 – 0016959　847.7/431

攜雪堂全集八卷　（清）吳可讀撰　（清）郭嵐編輯　清光緒十九年（1893）刻本　一冊　存一卷（文集一卷）

620000 – 1101 – 0016960　847.7/431

攜雪堂全集八卷　（清）吳可讀撰　（清）郭嵐編輯　清光緒十九年（1893）刻本　二冊　存三卷（文集一卷、詩集一卷、對聯一卷）

620000 – 1101 – 0016961　847.7/431

攜雪堂全集八卷　（清）吳可讀撰　（清）郭嵐編輯　清光緒十九年（1893）刻本　五冊

620000 – 1101 – 0016962　847.7/431

攜雪堂全集七卷　（清）吳可讀撰　（清）郭嵐編輯　清光緒十九年（1893）刻本　五冊

620000 – 1101 – 0016963　847.7/431

攜雪堂全集七卷　（清）吳可讀撰　（清）郭嵐編輯　清光緒十九年（1893）刻本　五冊

620000 – 1101 – 0016964　847.7/431.001

攜雪堂全集七卷　（清）吳可讀撰　（清）楊慶生箋注　（清）郭嵐編輯　清光緒二十六年（1900）浙江書局刻本　四冊

620000 – 1101 – 0016965　847/433

攜雪堂試帖不分卷　（清）吳可讀撰　清晚期刻本　一冊

620000 – 1101 – 0016966　847.7/431.001

攜雪堂文集四卷　（清）吳可讀撰　（清）楊慶生箋注　（清）郭嵐編輯　清光緒二十六年（1900）浙江書局刻本　四冊

620000 – 1101 – 0016967　847.7/431.001

攜雪堂文集四卷　（清）吳可讀撰　（清）楊慶生箋注　（清）郭嵐編輯　清光緒二十六年（1900）浙江書局刻本　四冊

620000 – 1101 – 0016968　847.7/434.3

攜雪堂文集四卷　（清）吳可讀撰　（清）楊慶生箋注　（清）郭嵐編輯　清光緒二十六年（1900）浙江書局刻本　四冊

620000 – 1101 – 0016969　847.7/431

攜雪堂文集一卷　（清）吳可讀撰　清光緒十九年（1893）刻本　一冊

620000 – 1101 – 0016970　856.17/667

寫信必讀十卷　（清）唐芸洲撰　清光緒二十五年（1899）上海石印書局石印本　三冊　存三卷（一、三、九）

620000 – 1101 – 0016971　856.7/167

屑瓊集不分卷　（清）黃仁等選訂　清道光二十七年（1847）刻本　四冊

620000 – 1101 – 0016972　857.178/936

屑玉叢談初集六卷　（清）錢徵　蔡爾康輯　清光緒上海申報館鉛印本　六冊

620000 – 1101 – 0016973　839.215/949

褉湖詩拾八卷　（清）徐達源編輯　清嘉慶刻本　二冊

620000 – 1101 – 0016974　830/617

謝疊山先生文章軌範七卷　（宋）謝枋得評選　清光緒八年（1882）刻本　二冊

620000 – 1101 – 0016975　311.7/623

謝穀堂算學三種三卷　（清）謝家禾撰　清光緒十五年（1889）上海江南機器製造總局刻本　一冊

620000 – 1101 – 0016976　311.7/623

謝穀堂算學三種三卷　（清）謝家禾撰　清光緒十五年（1889）上海江南機器製造總局刻本　一冊

620000 – 1101 – 0016977　311.7/623

謝穀堂算學三種三卷 （清）謝家禾撰 清光緒十五年(1889)上海江南機器製造總局刻本 一冊

620000 – 1101 – 0016978 311.7/623

謝穀堂算學三種三卷 （清）謝家禾撰 清光緒十五年(1889)上海江南機器製造總局刻本 一冊

620000 – 1101 – 0016979 311.7/623

謝穀堂算學三種三卷 （清）謝家禾撰 清光緒十五年(1889)上海江南機器製造總局刻本 一冊

620000 – 1101 – 0016980 311.7/623

謝穀堂算學三種三卷 （清）謝家禾撰 清光緒十五年(1889)上海江南機器製造總局刻本 一冊

620000 – 1101 – 0016981 311.7/623

謝穀堂算學三種三卷 （清）謝家禾撰 清光緒十五年(1889)上海江南機器製造總局刻本 一冊

620000 – 1101 – 0016982 311.7/623

謝穀堂算學三種三卷 （清）謝家禾撰 清光緒十五年(1889)上海江南機器製造總局刻本 一冊

620000 – 1101 – 0016983 311.7/623

謝穀堂算學三種三卷 （清）謝家禾撰 清光緒十五年(1889)上海江南機器製造總局刻本 一冊

620000 – 1101 – 0016984 794.66/312

謝溫泉先生墓表一卷 （清）張亨撰 清光緒二十年(1894)刻本 一冊

620000 – 1101 – 0016985 847.7/905

心盦詩外一卷 （清）何兆瀛撰 清光緒二年(1876)武林刻本 一冊

620000 – 1101 – 0016986 4434

心簡齋集錄十二卷 （清）于光華輯 清乾隆三十四年(1769)刻本 四冊 存三卷(二至四)

620000 – 1101 – 0016987 176/526

心理學不分卷 （清）商務印書館編譯所編譯 蔣維喬校訂 清光緒三十三年(1907)上海商務印書館鉛印本 一冊

620000 – 1101 – 0016988 414.6/7.125

心身藥四卷首一卷 （清）丹英撰 閨戒一卷 （□）□□撰 清道光二十四年(1844)頤壽堂刻本 四冊

620000 – 1101 – 0016989 312.1012/325

心算啓蒙十五章 （美國）那夏禮撰 清光緒二十三年(1897)上海美華書館鉛印本 一冊

620000 – 1101 – 0016990 193/0.776

心性文章十卷 （□）□□撰 清嘉慶十六年(1811)刻本 二冊

620000 – 1101 – 0016991 1446

心逸軒雜著不分卷 （清）延陵子撰 清同治稿本 八冊

620000 – 1101 – 0016992 847.6/70.91

心知堂詩稿十八卷 （清）汪仲洋著 清晚期刻本 四冊

620000 – 1101 – 0016993 578.28/78.26

辛丑各國和約一卷 （清）李鴻章等編 清光緒鉛印本 一冊

620000 – 1101 – 0016994 941.7/43

辛丑銷夏記五卷 （清）吳榮光撰 清光緒三十一年(1905)邸園刻本 五冊

620000 – 1101 – 0016995 941.7/43

辛丑銷夏記五卷 （清）吳榮光撰 清光緒三十一年(1905)邸園刻本 二冊 存二卷(四至五)

620000 – 1101 – 0016996 941.7/43

辛丑銷夏記五卷 （清）吳榮光撰 清光緒三十一年(1905)邸園刻本 三冊 存三卷(一至三)

620000 – 1101 – 0016997 696.1/188

辛亥撫新記程二卷 袁大化撰 清宣統三年(1911)新疆官報書局鉛印本 一冊

620000－1101－0016998　691.6/39

辛卯侍行記六卷　（清）陶保廉撰　清光緒二十三年(1897)養樹山房刻本　六冊

620000－1101－0016999　691.6/39

辛卯侍行記六卷　（清）陶保廉撰　清光緒二十三年(1897)養樹山房刻本　六冊

620000－1101－0017000　691.6/39

辛卯侍行記六卷　（清）陶保廉撰　清光緒二十三年(1897)養樹山房刻本　六冊

620000－1101－0017001　691.6/39

辛卯侍行記六卷　（清）陶保廉撰　清光緒二十三年(1897)養樹山房刻本　六冊

620000－1101－0017002　691.6/39

辛卯侍行記六卷　（清）陶保廉撰　清光緒二十三年(1897)養樹山房刻本　六冊

620000－1101－0017003　691.6/39

辛卯侍行記六卷　（清）陶保廉撰　清光緒二十三年(1897)養樹山房刻本　六冊

620000－1101－0017004　691.6/39

辛卯侍行記六卷　（清）陶保廉撰　清光緒二十三年(1897)養樹山房刻本　六冊

620000－1101－0017005　691.6/39

辛卯侍行記六卷　（清）陶保廉撰　清光緒二十三年(1897)養樹山房刻本　六冊

620000－1101－0017006　691.6/39

辛卯侍行記六卷　（清）陶保廉撰　清光緒二十三年(1897)養樹山房刻本　六冊

620000－1101－0017007　691.6/39

辛卯侍行記六卷　（清）陶保廉撰　清光緒二十三年(1897)養樹山房刻本　六冊

620000－1101－0017008　856.278/147

欣賞齋尺牘六卷附生意筋絡傳家至寶一卷　（清）曹仁鏡輯　清光緒二十三年(1897)煥文書局石印本　三冊　存五卷(一至四、附生意筋絡傳家至寶一卷)

620000－1101－0017009　856.278/147

欣賞齋尺牘六卷附生意筋絡傳家至寶一卷

（清）曹仁鏡輯　清光緒二十三年(1897)煥文書局石印本　四冊

620000－1101－0017010　858.4/0.971

新編八角水晶牌十二卷　□□撰　清光緒二十七年(1901)果新堂刻本　一冊

620000－1101－0017011　9

新編方輿勝覽七十卷　（宋）祝穆撰　元刻本　一冊　存二卷(四十九至五十)

620000－1101－0017012　858.51/785

新編鳳雙飛全傳五十二回　（清）程蕙英撰　清光緒石印本　一冊　存二回(後傳三十一至三十二)

620000－1101－0017013　207

新編古今事文類聚前集六十卷後集五十卷續集二十八卷別集三十二卷　（宋）祝穆編　**新集三十六卷外集十五卷**　（元）富大用輯　**遺集十五卷**　（元）祝淵輯　明萬曆三十二年(1604)書林唐富春德壽堂刻本　四十冊　存一百十一卷(續集二十八卷、別集三十二卷、新集三十六卷、外集十五卷)

620000－1101－0017014　207

新編古今事文類聚前集六十卷後集五十卷續集二十八卷別集三十二卷　（宋）祝穆編　**新集三十六卷外集十五卷**　（元）富大用輯　**遺集十五卷**　（元）祝淵輯　明萬曆三十二年(1604)書林唐富春德壽堂刻本　八十冊

620000－1101－0017015　468

新編漢唐通鑑品藻三十卷　（明）戴璟撰　明嘉靖十七年(1538)西安府刻本　二十冊

620000－1101－0017016　2129

新編金匱要略方論三卷　（漢）張仲景撰　（晉）王叔和輯　明萬曆二十九年(1601)吳勉學刻古今醫統正脈全書本　一冊

620000－1101－0017017　387

新編目連救母勸善戲文三卷　（明）鄭之珍撰　明萬曆十年(1582)鄭氏高石山房刻本　三冊

620000－1101－0017018　387

新編目連救母勸善戲文三卷　（明）鄭之珍撰
　明萬曆十年（1582）鄭氏高石山房刻本
三冊

620000－1101－0017019　857.47/948.001

新編批評後七國樂田演義十八回　（清）徐震
撰　清文秀堂刻本　一冊

620000－1101－0017020　312.7/828.002

新編算學啓蒙三卷總括一卷　（元）朱世傑編
撰　清同治十年（1871）江南機器製造總局刻
本　三冊

620000－1101－0017021　312.7/828.002

新編算學啓蒙三卷總括一卷　（元）朱世傑編
撰　清同治十年（1871）江南機器製造總局刻
本　三冊

620000－1101－0017022　312.7/828.002

新編算學啓蒙三卷總括一卷　（元）朱世傑編
撰　清同治十年（1871）江南機器製造總局刻
本　二冊

620000－1101－0017023　312.7/828.002

新編算學啓蒙三卷總括一卷　（元）朱世傑編
撰　清同治十年（1871）江南機器製造總局刻
本　二冊

620000－1101－0017024　312.7/828.002

新編算學啓蒙三卷總括一卷　（元）朱世傑編
撰　清同治十年（1871）江南機器製造總局刻
本　一冊　存一卷（下）

620000－1101－0017025　312.7/828.002

新編算學啓蒙三卷總括一卷　（元）朱世傑編
撰　清同治十年（1871）江南機器製造總局刻
本　一冊　存一卷（下）

620000－1101－0017026　312.7/828.002

新編算學啓蒙三卷總括一卷　（元）朱世傑編
撰　清同治十年（1871）江南機器製造總局刻
本　二冊

620000－1101－0017027　312.7/828.001

新編算學啓蒙三卷總括一卷　（元）朱世傑編

撰　清光緒八年（1882）吳氏醉六堂刻本
二冊

620000－1101－0017028　294/667

新編楊會地理家傳心法捷訣一貫堪輿八卷
（明）唐世友編輯　清晚期刻本　八冊

620000－1101－0017029　782.87/333

新出張文襄公事略一卷　（清）聽雨樓主人撰
　清宣統石印本　一冊

620000－1101－0017030　831.76/30

新春宴遊唱和詩一卷　（清）張維屏輯　清道
光二十六年（1846）刻本　一冊

620000－1101－0017031　812.2/886

新德堂精選清明諸名家管城韻事一卷　（清）
劉坦評選　清刻本　一冊

620000－1101－0017032　844.6/869.05

新雕校證大字白氏諷諫不分卷　（唐）白居易
撰　清光緒十九年（1893）吳門徐元圃影宋刻
本　一冊

620000－1101－0017033　567.19/0.235

新定朝邑縣差徭章程一卷　（清）□□編　清
光緒刻本　一冊

620000－1101－0017034　2741

新定三禮圖二十卷　（宋）聶崇義集注　清康
熙成德刻通志堂經解本　二冊

620000－1101－0017035　097.02/74.24.002

新訂四書補註備旨十卷　（明）鄧林著　（清）
杜定基增訂　清咸豐、光緒刻本　一冊　存
一卷（下孟四）

620000－1101－0017036　097.02/74.24

新訂四書補註備旨十卷　（明）鄧林著　（清）
杜定基增訂　清光緒七年（1881）刻本　六冊

620000－1101－0017037　097.02/74.24.001

新訂四書補註備旨十卷　（明）鄧林著　（清）
杜定基增訂　清宣統三年（1911）上海掃葉山
房石印本　八冊

620000－1101－0017038　097.02/74.24.003

新訂四書補註備旨十卷　（明）鄧林著　（清）

杜定基增訂　清末刻本　二冊　存四卷(上論一至四)

620000－1101－0017039　097.02/74.24.004

新訂四書補註備旨十卷　(明)鄧林著　(清)杜定基增訂　清咸豐、光緒刻本　一冊　存二卷(下論三至四)

620000－1101－0017040　097.526/572

新訂四書人物備考十二卷圖一卷　(明)薛應旗輯　(明)陳仁錫增定　清刻本　六冊

620000－1101－0017041　294/119

新訂王氏羅經透解二卷　(清)王道亨輯錄　清道光鳳山書齋刻本　一冊

620000－1101－0017042　294/119.001

新訂王氏羅經透解二卷　(清)王道亨輯錄　清道光三年(1823)四合堂刻本　一冊　存一卷(一)

620000－1101－0017043　802.167/708

新爾雅十四卷　汪榮寶　葉瀾編纂　清光緒三十年(1904)刻本　二冊

620000－1101－0017044　802.5/657

新方言十一卷嶺外三州語一卷　章炳麟撰　清光緒鉛印本　一冊

620000－1101－0017045　856.17/610

新輯尺牘合璧四卷　(清)許思湄著　(清)婁世瑞注　清宣統元年(1909)上海同文書局石印本　三冊

620000－1101－0017046　856.177/610

新輯尺牘合璧四卷　(清)許思湄著　(清)婁世瑞注　(清)寄紅軒主人輯　清光緒二十年(1894)上海煥文局石印本　一冊　存一卷(一)

620000－1101－0017047　437.2/432.001

新輯纂圖元亨療馬集六卷圖像水黃牛經合拼大全二卷駝經一卷　(明)喻仁　(明)喻傑編　清光緒三十四年(1908)書業德刻本　四冊

620000－1101－0017048　437.2/432.003

新輯纂圖元亨療馬集四卷附牛駝經三卷

(明)喻仁　(明)喻傑編　清末石印本　一冊

620000－1101－0017049　2079

新加九經字樣一卷　(唐)唐玄度輯　清康熙五十四年(1715)項絪刻本　一冊

620000－1101－0017050　098.5/41.86

新加九經字樣一卷　(唐)唐玄度輯　清光緒九年(1883)鮑氏刻後知不足齋叢書本　一冊

620000－1101－0017051　592/186

新建陸軍兵書錄存八卷　袁世凱撰　清光緒二十四年(1898)石印本　八冊

620000－1101－0017052　592/186

新建陸軍兵書錄存八卷　袁世凱輯　清光緒二十四年(1898)石印本　八冊

620000－1101－0017053　629.61/113

新疆兵事志不分卷　王樹枏撰　清晚期新疆官書局鉛印本　二冊

620000－1101－0017054　676.1/45

新疆大記六卷首一卷　(清)闞鳳樓撰　清光緒三十四年(1908)鉛印本　一冊

620000－1101－0017055　676.1/45

新疆大記六卷首一卷　(清)闞鳳樓撰　清光緒三十四年(1908)鉛印本　一冊

620000－1101－0017056　676.1/45

新疆大記六卷首一卷　(清)闞鳳樓撰　清光緒三十四年(1908)鉛印本　一冊

620000－1101－0017057　676.1/45

新疆大記六卷首一卷　(清)闞鳳樓撰　清光緒三十四年(1908)鉛印本　一冊

620000－1101－0017058　629.61/94

新疆賦一卷　(清)徐松撰　清道光刻本　一冊

620000－1101－0017059　629.61/94

新疆賦一卷　(清)徐松撰　清道光刻本　一冊

620000－1101－0017060　629.61/94

新疆賦一卷　(清)徐松撰　清道光刻本

一册

620000－1101－0017061　629.61/947.05

新疆賦一卷　（清）徐松撰　清光緒刻本
一册

620000－1101－0017062　629.61/947.05

新疆賦一卷　（清）徐松撰　清光緒刻本
一册

620000－1101－0017063　629.61/947.05

新疆賦一卷　（清）徐松撰　清光緒刻本
一册

620000－1101－0017064　3418

新疆高等學堂章程六章　（清）□□撰　清光
緒三十一年(1905)木活字印本　一册

620000－1101－0017065　3419

新疆高等學堂章程六章　（清）□□撰　清光
緒三十一年(1905)木活字印本　一册

620000－1101－0017066　3420

新疆高等學堂章程六章　（清）□□撰　清光
緒三十一年(1905)木活字印本　一册

620000－1101－0017067　681.27/11

新疆國界圖志八卷　王樹枏撰　清晚期新疆
官書局鉛印本　四册　存四卷(一、三至五)

620000－1101－0017068　681.27/11

新疆國界圖志八卷　王樹枏撰　清晚期新疆
官書局鉛印本　五册　存五卷(一至五)

620000－1101－0017069　681.27/11

新疆國界圖志八卷　王樹枏撰　清晚期新疆
官書局鉛印本　一册　存一卷(一)

620000－1101－0017070　681.27/11

新疆國界圖志八卷　王樹枏撰　清晚期新疆
官書局鉛印本　一册　存一卷(一)

620000－1101－0017071　681.27/11

新疆國界圖志八卷　王樹枏撰　清晚期新疆
官書局鉛印本　一册　存一卷(一)

620000－1101－0017072　1291

新疆回部紀略十二卷首一卷　（清）慕暲撰

清光緒十年(1884)慕霽堂稿本　十二册

620000－1101－0017073　676.1/69

新疆建置志四卷　宋伯魯撰　清末海棠仙館
鉛印本　三册　存三卷(二至四)

620000－1101－0017074　554.34/353

新疆墾荒奏稿不分卷　（清）帕爾漫等著　清
晚期抄本　一册

620000－1101－0017075　685.4061/11

新疆禮俗志一卷　王樹枏撰　清末新疆官書
局鉛印本　一册

620000－1101－0017076　685.4061/11

新疆禮俗志一卷　王樹枏撰　清末新疆官書
局鉛印本　一册

620000－1101－0017077　685.4061/11

新疆禮俗志一卷　王樹枏撰　清末新疆官書
局鉛印本　一册

620000－1101－0017078　685.4061/11

新疆禮俗志一卷　王樹枏撰　清末新疆官書
局鉛印本　一册

620000－1101－0017079　3421

新疆蒙養學堂簡明章程一卷　（清）□□撰
清光緒三十一年(1905)木活字印本　一册

620000－1101－0017080　3422

新疆蒙養學堂簡明章程一卷　（清）□□撰
清光緒三十一年(1905)木活字印本　一册

620000－1101－0017081　3423

新疆蒙養學堂簡明章程一卷　（清）□□撰
清光緒三十一年(1905)木活字印本　一册

620000－1101－0017082　3424

新疆蒙養學堂簡明章程一卷　（清）□□撰
清光緒三十一年(1905)木活字印本　一册

620000－1101－0017083　3425

新疆蒙養學堂簡明章程一卷　（清）□□撰
清光緒三十一年(1905)木活字印本　一册

620000－1101－0017084　3426

新疆蒙養學堂簡明章程一卷　（清）□□撰

清光緒三十一年(1905)木活字印本 一冊

620000－1101－0017085 676.1/11
新疆山脈志六卷 王樹枏撰 清新疆官書局
鉛印本 六冊

620000－1101－0017086 676.1/11
新疆山脈志六卷 王樹枏撰 清新疆官書局
鉛印本 二冊 存二卷(一至二)

620000－1101－0017087 676.1/11
新疆山脈志六卷 王樹枏撰 清新疆官書局
鉛印本 五冊 存五卷(一至三、五至六)

620000－1101－0017088 676.1/11
新疆山脈志六卷 王樹枏撰 清新疆官書局
鉛印本 六冊

620000－1101－0017089 676.1/11
新疆山脈志六卷 王樹枏撰 清新疆官書局
鉛印本 四冊 存四卷(一至二、五至六)

620000－1101－0017090 676.1/11
新疆山脈志六卷 王樹枏撰 清新疆官書局
鉛印本 四冊 存四卷(一至二、五至六)

620000－1101－0017091 676.1/11
新疆山脈志六卷 王樹枏撰 清新疆官書局
鉛印本 五冊 存三卷(一至二、五)

620000－1101－0017092 676.1/11
新疆山脈志六卷 王樹枏撰 清新疆官書局
鉛印本 五冊 存一卷(卷五:天山三)

620000－1101－0017093 577.375/61
新疆省道里表一卷 (清)□□輯 清光緒十
六年(1890)刻本 一冊

620000－1101－0017094 676.1/861
新疆圖考不分卷 (清)□□撰 清末刻本
一冊

620000－1101－0017095 676.1/861
新疆圖考不分卷 (清)□□撰 清末刻本
一冊

620000－1101－0017096 676.1/861
新疆圖考不分卷 (清)□□撰 清末刻本

一冊

620000－1101－0017097 676.1/11.02
新疆物候志一卷 王樹枏撰 清新疆官書局
鉛印本 一冊

620000－1101－0017098 676.1/11.02
新疆物候志一卷 王樹枏撰 清新疆官書局
鉛印本 一冊

620000－1101－0017099 676.1/11.02
新疆物候志一卷 王樹枏撰 清新疆官書局
鉛印本 一冊

620000－1101－0017100 676.1/755.002
新疆要略四卷 (清)祁韻士輯 清光緒二十
一年(1895)鴻寶書局石印本 一冊

620000－1101－0017101 676.1/180
新疆輿圖風土考五卷 (清)七十一撰 清末
點石齋石印本 一冊

620000－1101－0017102 676.1/180
新疆輿圖風土考五卷 (清)七十一撰 清末
點石齋石印本 一冊

620000－1101－0017103 676.1/180
新疆輿圖風土考五卷 (清)七十一撰 清末
點石齋石印本 一冊

620000－1101－0017104 676.1/180
新疆輿圖風土考五卷 (清)七十一撰 清末
點石齋石印本 一冊

620000－1101－0017105 676.1/180
新疆輿圖風土考五卷 (清)七十一撰 清末
點石齋石印本 一冊

620000－1101－0017106 676.1/180
新疆輿圖風土考五卷 (清)七十一撰 清末
點石齋石印本 一冊

620000－1101－0017107 669.1/928
新斠注地里志十六卷 (清)錢坫著 清嘉慶
二年(1797)岑陽官舍刻本 十六冊

620000－1101－0017108 669.3/928
新斠注地里志十六卷 (清)錢坫著 (清)徐

松集釋　清同治十三年(1874)會稽章氏刻本
　八册

620000－1101－0017109　669.1/928.001
新斠注地里志十六卷　(清)錢坫著　(清)徐
松集釋　清同治十三年(1874)會稽章氏刻本
　八册

620000－1101－0017110　669.1/928.001
新斠注地里志十六卷　(清)錢坫著　(清)徐
松集釋　清同治十三年(1874)會稽章氏刻本
　四册　存八卷(九至十六)

620000－1101－0017111　997.11/0.23
新舊棋譜滙選四卷　(清)□□輯　清晚期刻
本　四册

620000－1101－0017112　586/680
新鐫法家透膽寒十六卷　(明)補相子著　清
晚期刻本　二册

620000－1101－0017113　1966
新鐫分類便用書柬活套錦繡雲箋初集四卷
(清)王相纂輯　清康熙鄭漢刻本　四册

620000－1101－0017114　830.1/638.001
新鐫分類評註文武合編百子金丹十卷　(明)
郭偉選注　(明)郭中吉編次　清晚期天元堂
刻本　七册　存九卷(一至六、八至十)

620000－1101－0017115　835/63
新鐫分類評註文武合編百子金丹十卷　(明)
郭偉選注　(明)郭中吉編次　清經國堂刻本
　十册

620000－1101－0017116　922.17/824
**新鐫工師雕斲正式魯班木經新家鏡二卷附一
卷**　(明)午榮彙編　清晚期刻本　二册

620000－1101－0017117　922.17/824
**新鐫工師雕斲正式魯班木經新家鏡二卷附一
卷**　(明)午榮彙編　清晚期刻本　二册

620000－1101－0017118　922.17/824
**新鐫工師雕斲正式魯班木經新家鏡二卷附一
卷**　(明)午榮彙編　清晚期刻本　二册

620000－1101－0017119　1154

新鐫古本批評繡像三世報隔簾花影四十八回
　(清)□□撰　清刻本　六册

620000－1101－0017120　161
新鐫古今大雅北宮詞紀六卷　(明)陳所聞
(明)陳邦泰輯　明萬曆三十二年(1604)陳氏
繼志齋刻本　三册

620000－1101－0017121　318
新鐫古今大雅南宮詞紀六卷　(明)陳所聞輯
　明萬曆三十三年(1605)陳氏繼志齋刻本
三册　存三卷(一至三)

620000－1101－0017122　318
新鐫古今大雅南宮詞紀六卷　(明)陳所聞輯
　明萬曆三十三年(1605)陳氏繼志齋刻本
四册

620000－1101－0017123　858.419/0.656
新鐫韓祖成仙寶傳八卷二十四回　(清)□□
編　清晚期刻本　一册

620000－1101－0017124　858.419/0.
656.001
新鐫韓祖成仙寶傳八卷二十四回　(清)□□
編　清晚期刻本　一册

620000－1101－0017125　858.419/0.656
新鐫韓祖成仙寶傳八卷二十四回　(清)□□
編　清晚期刻本　一册

620000－1101－0017126　858.419/0.656
新鐫韓祖成仙寶傳八卷二十四回　(清)□□
編　清晚期刻本　一册

620000－1101－0017127　858.419/0.656
新鐫韓祖成仙寶傳八卷二十四回　(清)□□
編　清晚期刻本　一册

620000－1101－0017128　802.81/118.51
新鐫鑑略四字書不分卷　(清)王望如著　清
末順和堂刻本　一册

620000－1101－0017129　090.8/935
新鐫經苑二十五種二百五十一卷　(清)錢儀
吉輯　清道光二十五年(1845)開封大梁書院
刻民國十一年(1922)補刻本　七十九册

620000－1101－0017130　291/806

新鐫曆法便覽象吉備要通書大全二十九卷
（清）魏鑑彙述　清嘉慶九年(1804)致和堂刻
本　十冊

620000－1101－0017131　291/806.001

新鐫曆法便覽象吉備要通書大全二十九卷
（清）魏鑑彙述　清嘉慶三多齋刻本　十冊
存二十五卷(一至十三、十五至十七、二十一
至二十九)

620000－1101－0017132　1421

新鐫曆法總覽合節鰲頭通書大全二十二卷首
三卷二十四山一卷　（明）熊宗立撰　清康熙
二十五年(1686)熊氏種德堂刻本　一冊　存
一卷(首上)

620000－1101－0017133　291/856

新鐫曆法總纜合節鰲頭通書大全二十二卷首
三卷附二十四山一卷遁甲奇門四卷　（明）熊
宗立撰　清刻本　一冊　存三卷(首三卷)

620000－1101－0017134　954

新鐫批評出相韓湘子三十回　（明）楊爾曾撰
明天啓三年(1623)泰和堂刻本　八冊

620000－1101－0017135　1052

新鐫批評出像通俗演義禪真後史十集六十回
（明）方汝浩撰　明末金衙刻本　十冊

620000－1101－0017136　481

新鐫全補標題音註歷朝捷錄四卷　（明）顧充
撰　明崇禎顧氏刻本　二冊

620000－1101－0017137　835/522

新鐫邵聞堂精選古文覺斯五刻八卷　（清）過
珙評選　清古吳大成堂刻本　八冊

620000－1101－0017138　293.1/307

新鐫神峰張先生通考闢謬命理正宗大全六卷
（明）張楠著集　清嘉慶十五年(1810)刻本
一冊　存一卷(一)

620000－1101－0017139　831/113

新鐫五言千家詩箋注不分卷附諸名家百花詩
一卷　（清）王相選注　（清）鄭漢校梓　清咸

豐五年(1855)文苑閣刻本　一冊

620000－1101－0017140　830.1/638

新鐫校正評註分類百子金丹全書八卷　（明）
郭偉選注　（明）郭中吉編次　清光緒二十九
年(1903)上海書局石印本　五冊

620000－1101－0017141　857.46/856.002

新鐫玉茗堂批點按鑑參補楊家將傳十卷五十
回　（明）研石山樵訂正　清啟元堂刻本
四冊

620000－1101－0017142　857.46/856.02.001

新鐫玉茗堂批評按鑑參補南宋志傳十卷五十
回　（明）研石山樵訂正　清刻本　四冊

620000－1101－0017143　091.26/171

新鐫增補周易脩旨一見能解六卷　（明）黃淳
耀撰　（清）嚴而寬增補　清嘉慶元年(1796)
致和堂刻本　六冊

620000－1101－0017144　091.26/171

新鐫增補周易備旨一見能解六卷　（明）黃淳
耀撰　（清）嚴而寬增補　清嘉慶元年(1796)
致和堂刻本　一冊

620000－1101－0017145　3394

新鐫增定元明捷錄大全八卷　（明）屠隆撰
明末刻本　一冊　存一卷(四)

620000－1101－0017146　091.26/171.001

新鐫增註周易備旨一見能解六卷　（明）黃淳
耀撰　（清）嚴而寬增補　清末刻本　三冊
存五卷(二至六)

620000－1101－0017147　091.26/171.002

新鐫增註周易備旨一見能解六卷　（明）黃淳
耀撰　（清）嚴而寬增補　清末刻本　一冊
存一卷(二)

620000－1101－0017148　1690

新鐫諸子玄言評苑□□卷　（明）陸可教撰
（明）李廷機訂　明萬曆刻本　二冊　存四卷
(七至十)

620000－1101－0017149　1240

新鐫註釋故事白眉十卷　（清）許以忠輯　清

乾隆十八年(1753)聚錦堂刻本　八冊

620000－1101－0017150　413/775

新刊便中集十二卷　（清）冲一子著　清咸豐
元年(1851)承裕堂刻本　十二冊

620000－1101－0017151　1067

新刊道書全集譚子化書六卷　（五代）譚峭撰
　明萬曆十九年(1591)刻清康熙二十一年
(1682)周在延重修道書全集本　一冊

620000－1101－0017152　782.22/893

新刊古列女傳八卷　（漢）劉向撰　清道光刻
本　四冊

620000－1101－0017153　1610

新刊官板地學剖秘萬金琢玉斧三卷　（明）徐
之鏌撰　明末刻本　三冊　存二卷(中至下)

620000－1101－0017154　291/954

新刊合併官板音義評註淵海子平五卷　（宋）
徐升編　清晚期刻本　一冊

620000－1101－0017155　291/954.001

新刊合併官板音義評註淵海子平五卷　（宋）
徐升編　清光緒刻本　一冊

620000－1101－0017156　291/954.002

新刊合併官板音義評註淵海子平五卷　（宋）
徐升編　清福建余氏刻本　二冊

620000－1101－0017157　3226

新刊彙編秦漢精華十四卷　（明）詹惟修
(明)汪道昆選　明萬曆新安黃氏刻本　一冊
　存二卷(十三至十四)

620000－1101－0017158　414.6/0.656

新刊良朋彙集□□卷　（□）□□輯　清刻本
　一冊　存一卷(九)

620000－1101－0017159　844.16/27

新刊權載之文集五十卷　（唐）權德輿撰　清
嘉慶十一年(1806)刻本　八冊

620000－1101－0017160　844.16/27

新刊權載之文集五十卷　（唐）權德輿撰　清
嘉慶十一年(1806)刻本　二十冊

620000－1101－0017161　438/987

新刊桑蠶條說一卷　（清）金文同輯　清光緒
三十年(1904)刻本　一冊

620000－1101－0017162　1625

新刊四明先生續資治通鑑節要二十卷　（明）
陳桱撰　（明）劉宏毅補　明嘉靖劉氏慎獨齋
刻本　一冊　存一卷(十)

620000－1101－0017163　610.23/378

新刊四明先生續資治通鑑節要三十卷　（明）
陳桱撰　清刻本　十七冊　存十八卷(一至
二、四至九、十三至二十二)

620000－1101－0017164　3016

新刊五百家註音辯昌黎先生文集四十卷
(唐)韓愈撰　（宋）魏仲舉輯註　清乾隆四十
九年(1784)刻本　八冊

620000－1101－0017165　405

新刊校正增補圓機詩韻活法全書十四卷
(明)王世貞增校　明萬曆刻本　八冊

620000－1101－0017166　3090

新刊校正增補圓機詩韻活法全書十四卷
(明)王世貞增校　明刻本　八冊

620000－1101－0017167　2668

新刊校正增補圓機詩韻活法全書十四卷
(明)王世貞增校　新刻重校正增補圓機活法
詩學全書二十四卷　（明）王世貞校正　明刻
本　二十四冊

620000－1101－0017168　2701

新刊校正增補圓機詩韻活法全書十四卷
(明)王世貞增校　新刻重校正增補圓機活法
詩學全書二十四卷　（明）王世貞校正　明刻
本　二十冊　存二十九卷(詩韻活法一至十，
詩學一至二、四至十七、二十二至二十四)

620000－1101－0017169　857.46/0.397

新刊徐文長先生批評隋唐演義十卷一百十四
節　（明）徐渭批評　明末清初刻本　一冊
存一卷(卷六:六十四至七十五節)

620000－1101－0017170　4371

新刊醫林狀元壽世保元十卷　（明）龔廷賢撰
　清乾隆四十年（1775）文會堂刻本　一冊
存一卷（五）

620000－1101－0017171　414.6/660.001
新刊醫林狀元壽世保元十卷　（明）龔廷賢撰
　清光緒刻本　一冊　存一卷（三）

620000－1101－0017172　414.6/660.002
新刊醫林狀元壽世保元十卷　（明）龔廷賢撰
　清光緒刻本　一冊　存一卷（九）

620000－1101－0017173　414.6/660.004
新刊醫林狀元壽世保元十卷　（明）龔廷賢撰
　清光緒刻本　一冊　存一卷（十）

620000－1101－0017174　414.6/660.003
新刊醫林狀元壽世保元十卷　（明）龔廷賢撰
　清晚期致和堂刻本　一冊　存一卷（十）

620000－1101－0017175　414.6/660.012
新刊醫林狀元壽世保元十卷　（明）龔廷賢撰
　清文緯堂刻本　二冊　存二卷（三至四）

620000－1101－0017176　414.6/660.012
新刊醫林狀元壽世保元十卷　（明）龔廷賢撰
　清文緯堂刻本　一冊　存一卷（三）

620000－1101－0017177　234.2/333
新刊陰陽三教護救千鎮厭法經四卷　（清）雲
石道人校梓　清晚期刻本　一冊　存一卷
（四）

620000－1101－0017178　462
新刊迂齋先生標註崇古文訣三十五卷　（宋）
樓昉輯　明刻本　八冊

620000－1101－0017179　610.29/186.005
新刊趙田了凡袁先生編纂古本歷史大方綱鑑
補三十九卷首一卷　（明）袁黃撰　清光緒二
十一年（1895）文昌書局刻本　一冊　存二卷
（一、首一卷）

620000－1101－0017180　610.29/186.005
新刊趙田了凡袁先生編纂古本歷史大方綱鑑
補三十九卷首一卷　（明）袁黃撰　清光緒二
十一年（1895）文昌書局刻本　二十冊　存二
十卷（一至二十）

620000－1101－0017181　2953
新刊註釋素問玄機原病式二卷　（金）劉完素
撰　（元）薛時平註釋　明金溪吳起祥刻本
與620000－1101－0014408合冊

620000－1101－0017182　437.2/432.017
新刊纂圖類方元亨療馬集六卷　（明）喻本元
　（明）喻本亨著　清晚期刻本　一冊　存二
卷（三至四）

620000－1101－0017183　437.2/432.018
新刊纂圖類方元亨療馬集六卷　（明）喻本元
　（明）喻本亨著　清末刻本　一冊　存二卷
（三至四）

620000－1101－0017184　437.2/432.006
新刊纂圖元亨療馬集六卷附駝經一卷元亨療
牛集二卷　（明）喻仁　（明）喻傑編　清道光
宏道堂刻本　三冊

620000－1101－0017185　437.2/432.020
新刊纂圖元亨療馬集六卷圖像水黃牛經合併
大全二卷駝經一卷　（明）喻本元　（明）喻本
亨著　清晚期刻本　二冊　存三卷（水黃牛
經合併大全二卷、駝經一卷）

620000－1101－0017186　1614
新刻艾先生天祿閣彙編採精便覽萬寶全書十
八卷　（明）艾南英輯　明崇禎王泰源三槐堂
刻本　一冊　存十四卷（一至十四）

620000－1101－0017187　857.46/820
新刻按鑑編纂開闢衍繹通俗志傳六卷　（明）
周游撰　清道光刻本　一冊　存一卷（二）

620000－1101－0017188　853.51/125
新刻出像點板時尚崑腔雜曲醉怡情□□卷
（清）菰蘆釣叟點次　清古吳致和堂刻本　二
冊　存四卷（一至四）

620000－1101－0017189　1060
新刻出像增補搜神記六卷　（晉）干寶撰　明
萬曆金陵書林唐富春刻大盛堂印本　一冊

620000－1101－0017190　858.419/816

新刻地藏王菩薩地獄救母生天報孝記不分卷
(清)周萬國編集 清咸豐三年(1853)文運
堂刻本 一冊

620000－1101－0017191 333

新刻洞天清錄一卷 (宋)趙希鵠撰 新刻香
譜二卷 (宋)洪芻撰 明萬曆胡氏文會堂刻
格致叢書本 一冊

620000－1101－0017192 250

新刻爾雅翼三十二卷 (宋)羅願撰 明畢效
欽刻本 八冊

620000－1101－0017193 586/0.656

新刻法家霹靂手五卷 (清)□□撰 清刻本
一冊

620000－1101－0017194 857.46/614.005

新刻封神演義八卷 (明)許仲琳撰 (明)鍾
惺評 清末藜照書屋刻本 三冊 存三卷
(一、七至八)

620000－1101－0017195 193

新刻格古論要五卷 (明)曹昭撰 (明)王佐
增補 明萬曆胡氏文會堂刻格致叢書本
二冊

620000－1101－0017196 293.1/378

新刻合併十八飛星策天紫薇斗數全集六卷
(宋)陳摶撰 清咸豐九年(1859)丹桂堂刻本
一冊 存三卷(一至三)

620000－1101－0017197 858.419/0.858

新刻紅燈記全本三卷 (□)□□撰 清咸豐
五年(1855)文運堂刻本 一冊

620000－1101－0017198 953

新刻濟顛大師醉菩提全傳二十回 (清)天花
藏主人輯 清雍正五年(1727)致和堂刻本
六冊

620000－1101－0017199 857.46/149

新刻劍嘯閣批評西漢演義傳八卷 (明)甄偉
撰 新刻劍嘯閣批評東漢演義傳十卷 (明)
謝詔撰 清末刻本 十二冊

620000－1101－0017200 857.46/149.003

新刻劍嘯閣批評西漢演義傳八卷 (明)甄偉
撰 清末刻本 一冊 存一卷(八)

620000－1101－0017201 857.46/149.001

新刻劍嘯閣批評西漢演義傳八卷 (明)甄偉
撰 清末刻本 一冊 存一卷(二)

620000－1101－0017202 093.12/719

新刻晉雲江先生詩經衍義集註□□卷 (□)
江環輯撰 (□)朱名鼎 (□)朱名璜重校
清晚期刻本 一冊 存二卷(三至四)

620000－1101－0017203 091.2/344.003

新刻來瞿唐先生易註十五卷首一卷末一卷
(明)來知德撰 清同治十年(1871)刻本 四
冊 存四卷(十三至十五、首一卷)

620000－1101－0017204 091.2/344.004

新刻來瞿唐先生易註十五卷首一卷末一卷
(明)來知德撰 清晚期李連福刻本 三冊
存七卷(三至四、九至十三)

620000－1101－0017205 091.2/344.005

新刻來瞿唐先生易註十五卷首一卷末一卷
(明)來知德撰 (明)凌夫惇圈點 (清)高
喬映校讎 清刻本 四冊 存十五卷(一至
三、五至十五,首一卷)

620000－1101－0017206 091.2/344.006

新刻來瞿塘先生易註十五卷首一卷末一卷
(明)來知德撰 (明)凌夫惇圈點 (清)高
喬映校讎 清晚期大文堂刻本 二冊

620000－1101－0017207 263

新刻臨川王介甫先生文集一百卷目錄二卷
(宋)王安石撰 明萬曆四十年(1612)王鳳翔
光啓堂刻本 三十二冊

620000－1101－0017208 413.6/522

新刻羅田萬氏家藏婦人秘科三卷 (清)萬全
著 清晚期刻本 一冊

620000－1101－0017209 4367

新刻批評百將傳正集十卷 (宋)張預集
(明)趙光裕評 明末刻本 一冊 存三卷
(六至八)

620000－1101－0017210　857.47/717

新刻批評東漢演義八卷三十二回　（明）謝詔
撰　（清）清遠道人重編　清同治善成堂刻本
　　二冊　存二卷八回（卷一至二：第一至八
回）

620000－1101－0017211　3190

新刻批評繡像平山冷燕六卷二十回　（清）荻
岸散人輯　（清）冰玉主人批點　清乾隆靜寄
山房刻本　六冊

620000－1101－0017212　1744

新刻全像三寶太監西洋記通俗演義二十卷一
百回　（明）羅懋登撰　明三山道人刻清初步
月樓重修本　五冊　存五卷（七、十二至十
三、十五、十八）

620000－1101－0017213　041.7/526

新刻時用繪意雲箋三卷新鐫寫帖一卷　（清）
蔣守誠編輯　（清）王相參訂　清晚期刻本
一冊

620000－1101－0017214　208

新刻世史類編四十五卷首一卷　（明）李純卿
草創　（明）謝遷補遺　（明）王守仁覆詳
（明）王世貞會纂　（明）李槃增修　明書林張
起鵬刻本　四十冊

620000－1101－0017215　342

新刻事物異名二卷　（明）余庭璧編　明萬曆
胡氏文會堂刻格致叢書本　一冊

620000－1101－0017216　523

新刻釋名八卷　（漢）劉熙撰　明萬曆胡氏文
會堂刻格致叢書本　二冊

620000－1101－0017217　092.02/414

新刻書經備旨善本輯要六卷　（清）馬大猷輯
清嘉慶二十二年（1817）刻本　四冊

620000－1101－0017218　815

新刻四書通典人物備考十二卷　（明）唐光蘷
撰　明末陳長卿刻本　十二冊

620000－1101－0017219　395

新刻太醫院纂集醫教立命元龜七卷　（明）朱

儒撰　明萬曆十八年（1590）書林余成章刻本
十冊

620000－1101－0017220　298

新刻晚香堂虎薈六卷　（明）陳繼儒輯　明萬
曆刻寶顏堂祕笈本　三冊

620000－1101－0017221　858.51/0.160

新刻五毒傳十卷　（□）□□著　清末刻本
十冊

620000－1101－0017222　413.92/660.001

新刻小兒推拿方脈活嬰秘旨全書三卷　（明）
龔雲林撰　（明）姚國禎補輯　清晚期文林堂
刻本　一冊

620000－1101－0017223　858.51/0.918

新刻繡像雙珠球全傳四十九卷　（清）□□撰
清道光刻本　五冊　存二十卷（十七至三
十六）

620000－1101－0017224　437.2/432.019

新刻繡像療牛經六卷附駝經一卷　（明）喻本
元　（明）喻本亨著　清末文林堂刻本　一冊

620000－1101－0017225　437.2/432.013

新刻繡像療牛馬經八卷附療駝全集一卷
（明）喻本元　（明）喻本亨著　清光緒刻本
一冊　存二卷（牛馬經四至五）

620000－1101－0017226　437.2/432.014

新刻繡像療牛馬經八卷附療駝全集一卷
（明）喻本元　（明）喻本亨著　清光緒刻本
一冊　存一卷（牛馬經二）

620000－1101－0017227　437.2/432.015

新刻繡像療牛馬經八卷附療駝全集一卷
（明）喻本元　（明）喻本亨著　清光緒刻本
一冊　存二卷（牛馬經五、附療駝全集一卷）

620000－1101－0017228　437.2/432.016

新刻繡像療牛馬經八卷附療駝全集一卷
（明）喻本元　（明）喻本亨著　清末刻本　一
冊　存一卷（牛馬經五）

620000－1101－0017229　437.2/432.011

新刻繡像療牛馬經八卷附療駝全集一卷

（明）喻本元　（明）喻本亨著　清晚期刻本
一冊　存三卷(牛馬經一至三)

620000－1101－0017230　437.2/432.012
新刻繡像療牛馬經八卷附療駝全集一卷
（明）喻本元　（明）喻本亨著　清晚期刻本
一冊　存二卷(牛馬經三至四)

620000－1101－0017231　437.2/432.005
新刻繡像療牛馬經五卷　（明）喻本元　（明）
喻本亨著　清末刻本　一冊

620000－1101－0017232　437.2/432.021
新刻繡像療牛馬經五卷　（明）喻本元　（明）
喻本亨著　清晚期遊藝閣刻本　三冊

620000－1101－0017233　437.2/432.021
新刻繡像療牛馬經五卷所刻繡像療牛經一卷
（明）喻本元　（明）喻本亨著　清晚期遊藝
閣刻本　一冊

620000－1101－0017234　437.2/432.002
新刻繡像療牛馬經五卷新刻繡像療牛經一卷
（明）喻本元　（明）喻本亨著　清晚期刻本
三冊

620000－1101－0017235　294.1/0.656
新刻陽宅滾盤珠不分卷　（□）□□編　清咸
豐四年(1854)抄本　一冊

620000－1101－0017236　857.47/993.001
新刻異說反唐演義全傳九卷一百回　（清）如
蓮居士編輯　清光緒十年(1884)刻本　一冊
存二卷十八回(卷一至二:第一至十八回)

620000－1101－0017237　857.47/993
新刻異說南唐演義全傳十卷一百回　（清）如
蓮居士編輯　清刻本　十冊

620000－1101－0017238　1691
新刻逸田叟女仙外史大奇書一百回　（清）呂
熊撰　清康熙釣璜軒刻本　十六冊

620000－1101－0017239　1064
新刻音釋啓蒙總龜對類大全八卷　（明）謝天
祐訂正　明萬曆三十六年(1608)金陵唐氏富
春堂刻文林閣印本　八冊

620000－1101－0017240　4360
新刻陰陽臺鑑曆正通書大全十卷　（□）□□
撰　明末積善堂刻本　一冊　存四卷(七至
十)

620000－1101－0017241　1427
新刻袁柳莊先生秘傳相法二卷　（□）□□撰
清初抄本　一冊

620000－1101－0017242　413/660.5
新刻增補古今醫鑑十六卷　（明）龔信編
（明）龔廷賢續編　**丹溪先生胎產秘書三卷**
（元）朱震亨撰　清晚期刻本　一冊　存五卷
(古今醫鑑卷五之葉七下至六十二、六,胎產
秘書三卷)

620000－1101－0017243　4127
新刻增訂太史仇滄柱先生家傳周易備旨四卷
（清）黃國鼎　（清）梁惠疇撰　清乾隆五十
五年(1790)金陵敦化堂刻本　四冊

620000－1101－0017244　857.46/614.003
新刻鍾伯敬先生批評封神演義二十卷一百回
（明）許仲琳撰　（明）鍾惺評　清晚期經編
堂刻本　二十冊

620000－1101－0017245　4228
新刻鍾伯敬先生批評封神演義十九卷一百回
（明）許仲琳撰　（明）鍾惺評　清康熙四雪
草堂刻本　一冊　存一卷六回(卷三:第十二
至十七回)

620000－1101－0017246　4229
新刻鍾伯敬先生批評封神演義十九卷一百回
（明）許仲琳撰　（明）鍾惺評　清康熙四雪
草堂刻本(有抄配)　五冊　存五卷二十七回
(卷三:第十二至十七回、卷十至十二:第五十
一至六十七回、卷十九:第九十七至一百回)

620000－1101－0017247　857.46/614.002
新刻鍾伯敬先生批評封神演義十九卷一百回
（明）許仲琳撰　（明）鍾惺評　清道光刻本
二十

620000－1101－0017248　857.46/614.004
新刻鍾伯敬先生批評封神演義十九卷一百回

（明）許仲琳撰　（明）鍾惺評　清晚期刻本
三冊　存三卷（十二至十三、十八）

620000－1101－0017249　1156

新刻鍾伯敬先生批評封神演義十卷一百回
（明）許仲琳撰　（明）鍾惺評　清刻本　十冊

620000－1101－0017250　081.3/113

新刻重校增補圓機活法詩學全書二十四卷新
刊校正增補圓機詩韻活法全書十四卷　（明）
王世貞校正　（明）楊淙參閱　清晚期刻本
二十冊

620000－1101－0017251　830/894

新刻諸葛宗岳史四公文集三十卷　（清）劉質
慧輯　清同治十二年（1873）刻本　十四冊

620000－1101－0017252　652.71/72.001

新刻奏對合編三卷　（清）京都榮錄堂輯　清
光緒十九年（1893）京都榮錄堂刻本　二冊

620000－1101－0017253　123.7/886

新論十卷　（北齊）劉晝撰　清嘉慶刻廣漢魏
叢書本　一冊

620000－1101－0017254　857.274/186

新齊諧二十四卷續十卷　（清）袁枚撰　清咸
豐八年（1858）刻本　十冊

620000－1101－0017255　148

新鍥二太史彙選註釋九子全書評林十五卷
（明）焦竑註　（明）翁正春評　明萬曆詹聖澤
刻本　十冊

620000－1101－0017256　3725

新鍥會元湯先生批評空同文選五卷　（明）李
夢陽撰　（明）湯賓尹輯評　明刻本　二冊

620000－1101－0017257　818

新鍥京臺校釋救貧楊仙師尋龍經二卷　（唐）
楊筠松撰　明書林詹景刻本　一冊　存一卷
（下）

620000－1101－0017258　040.6/377

新鍥考數問奇諸家字法五侯鯖四卷　（明）陳
三策輯　清晚期刻本　一冊　存一卷（三）

620000－1101－0017259　1609

新鍥全補發微通書大全三十卷　（明）顧乃德
輯　（明）羅崇麟增補　明刻本　一冊　存八
卷（五至十二）

620000－1101－0017260　292.2/967

新鍥全補發微通書大全三十卷　（明）顧乃德
輯　清刻本　一冊　存三卷（十九至二十一）

620000－1101－0017261　121.42/521

新鍥葛稚川內篇四卷外篇四卷　（晉）葛洪撰
清嘉慶刻廣漢魏叢書本　六冊

620000－1101－0017262　121.42/521

新鍥葛稚川內篇四卷外篇四卷　（晉）葛洪撰
清嘉慶刻廣漢魏叢書本　四冊

620000－1101－0017263　123.42/49

新鍥葛稚川內篇四卷外篇四卷　（晉）葛洪撰
（清）張可大評校　（清）盧舜治評校　清嘉
慶刻廣漢魏叢書本　四冊　存四卷（外篇四
卷）

620000－1101－0017264　817

新鍥京臺校釋晉國師郭璞葬經二卷　（晉）郭
璞撰　明書林詹景刻本　一冊　存一卷（一）

620000－1101－0017265　293.1/378.5

新鍥希夷陳先生紫薇斗數全書四卷　（宋）陳
搏撰　（清）潘希尹補輯　清末刻本　一冊
存一卷（一）

620000－1101－0017266　653.078/331

新賞時務不分卷　（清）賀長齡　（清）沈葆楨
等著　清末抄本　一冊

620000－1101－0017267　122.1/151

新書十卷　（漢）賈誼撰　清光緒元年（1875）
浙江書局刻本　二冊

620000－1101－0017268　122.1/151

新書十卷　（漢）賈誼撰　清光緒元年（1875）
浙江書局刻本　二冊

620000－1101－0017269　122.1/151

新書十卷　（漢）賈誼撰　清光緒元年（1875）
浙江書局刻本　二冊

620000－1101－0017270　521.42/235

新說教授學四篇 （日本）槇山榮次著 （清）商務印書館編輯 清光緒二十九年(1903)上海商務印書館鉛印本 一冊

620000－1101－0017271 323/165

新談天三卷 （清）黃芝譯編 清光緒三十三年(1907)刻本 三冊

620000－1101－0017272 1132

新唐書糾謬二十卷 （宋）吳縝纂 清抄本 二冊

620000－1101－0017273 520.94/924

新體歐洲教育史要二卷 （日本）谷本富撰 （清）汪郁年譯 清光緒二十九年(1903)北京大學堂官書局鉛印本 一冊

620000－1101－0017274 830/0.656

新天花亂墜四卷 題硯雲居士編纂 清宣統三年(1911)石印本 二冊 存二卷(一至二)

620000－1101－0017275 653.77/656

新田縣年額徵解支領各款冊一卷 （清）新田縣署擬編 清咸豐、同治刻本 與 620000－1101－0005970 合冊

620000－1101－0017276 857.61/0.656

新小說不分卷 （清）雨塵子等著 梁啓超趙毓林等編 清光緒二十八年(1902)上海新民叢報鉛印本 一冊

620000－1101－0017277 857.61/0.656

新小說不分卷 （清）披髮生等譯 梁啓超趙毓林等編 清光緒二十九年(1903)上海新民叢報鉛印本 一冊

620000－1101－0017278 663/627

新校晉書地理志一卷 （清）方愷撰 清光緒二十一年(1895)廣雅書局刻本 一冊

620000－1101－0017279 2311

新修長沙府嶽麓志八卷首一卷 （清）趙寧纂修 清康熙二十七年(1688)鏡水堂刻本 十二冊

620000－1101－0017280 621.704/89.001

新序十卷 （漢）劉向撰 清嘉慶刻本 二冊

620000－1101－0017281 621.704/89

新序十卷 （漢）劉向撰 清光緒元年(1875)崇文書局刻本 二冊

620000－1101－0017282 621.704/89.002

新序十卷說苑二十卷 （漢）劉向撰 清嘉慶刻廣漢魏叢書本 四冊 存十一卷(新序十卷、說苑一)

620000－1101－0017283 831.76/290

新選七家詩字字珠七卷 （清）李惺評選 （清）張熙宇註釋 清道光二十七年(1847)四教書屋刻朱墨印本 四冊

620000－1101－0017284 831.76/290

新選七家詩字字珠七卷 （清）李惺評選 （清）張熙宇註釋 清道光二十七年(1847)四教書屋刻朱墨印本 二冊

620000－1101－0017285 082.78/656

新學大叢書十種一百八卷 （清）□□輯 清光緒二十九年(1903)喬記書局石印本 三十二冊

620000－1101－0017286 090/668.001

新學偽經考十四卷 康有爲撰 清光緒十七年(1891)廣州康氏萬木草堂刻本 八冊

620000－1101－0017287 090/668

新學偽經考十四卷 康有爲撰 清光緒十七年(1891)武林望雲樓石印本 八冊

620000－1101－0017288 090/668

新學偽經考十四卷 康有爲撰 清光緒十七年(1891)武林望雲樓石印本 二冊

620000－1101－0017289 090/668

新學偽經考十四卷 康有爲撰 清光緒十七年(1891)武林望雲樓石印本 四冊 存七卷(一至三上、九至十、十二下至十三)

620000－1101－0017290 742.1/317

新譯法史攬要三編 （法國）費克度撰 （清）劉禜漢 （清）王文耿合譯 清光緒二十八年(1902)上海廣智書局鉛印本 二冊 存二編(中、下)

620000－1101－0017291 583.311/889

日本法規大全二十五卷首一卷 （清）南洋公學譯書院譯 清光緒三十三年（1907）上海商務印書館鉛印本 八十冊

620000－1101－0017292　122.1/388

新語二卷 （漢）陸賈撰 新書十卷 （漢）賈誼撰 清晚期刻本 二冊

620000－1101－0017293　847.7/522

新樂府詞不分卷 （清）萬斯同撰 清同治刻本 一冊

620000－1101－0017294　858.51/0.397

新造隋唐演義右調彈詞七十四卷六十八回 （清）□□撰 清末潮州李萬利刻本 十二冊

620000－1101－0017295　195

新增格古要論十三卷 （明）曹昭撰 （明）王佐增補 明鄭焜刻本 三冊 存七卷（五至十一）

620000－1101－0017296　3288

新增格古要論十三卷 （明）曹昭撰 （明）王佐增補 明鄭焜刻本 一冊 存二卷（十二至十三）

620000－1101－0017297　194

新增格古要論十三卷 （明）曹昭撰 （明）王佐增補 明黃正位刻清淑躬堂重修本 六冊

620000－1101－0017298　2543

新增格古要論十三卷 （明）曹昭撰 （明）王佐增補 明黃正位刻清淑躬堂重修本 四冊

620000－1101－0017299　2563

新增格古要論十三卷 （明）曹昭撰 （明）王佐增補 明黃正位刻清淑躬堂重修本 六冊

620000－1101－0017300　293/802

新增命學津梁不分卷 （清）魏明遠原本 （清）鹿橋野人重輯 清末三讓堂刻本 一冊

620000－1101－0017301　093.024/842.001

新增詩經補注附考備旨八卷 （清）鄒聖脈纂輯 清刻本 一冊 存三卷（六至八）

620000－1101－0017302　17

新增說文韻府群玉二十卷 （元）陰時夫輯

（元）陰中夫注 明弘治七年（1494）劉氏安正書堂刻本 十九冊 存十九卷（一至十三、十五至二十）

620000－1101－0017303　1300

新增說文韻府群玉二十卷 （元）陰時夫輯 （元）陰中夫注 明萬曆十八年（1590）王元貞刻本 二十冊

620000－1101－0017304　1756

新增說文韻府群玉二十卷 （元）陰時夫輯 （元）陰中夫注 明萬曆十八年（1590）王元貞刻本 二冊 存四卷（一至四）

620000－1101－0017305　2819

新增說文韻府群玉二十卷 （元）陰時夫輯 （元）陰中夫注 清康熙五十五年（1716）文盛堂天德堂刻本 十冊

620000－1101－0017306　2949

新增說文韻府群玉二十卷 （元）陰時夫輯 （元）陰中夫注 清康熙五十五年（1716）文盛堂天德堂刻本（卷五至六係補配） 四冊 存八卷（一至八）

620000－1101－0017307　2851

新增說文韻府群玉二十卷 （元）陰時夫輯 （元）陰中夫注 清文光堂刻本 二十冊

620000－1101－0017308　3228

新增說文韻府群玉二十卷 （元）陰時夫輯 （元）陰中夫注 清奎光堂刻本 九冊 存九卷（一至二、九至十一、十四至十五、十七至十八）

620000－1101－0017309　506

新增說文韻府群玉二十卷 （元）陰時夫輯 （元）陰中夫注 清刻本 二十冊

620000－1101－0017310　802.4/400

新增說文韻府群玉二十卷 （元）陰時夫輯 （元）陰中夫注 清刻本 二十冊

620000－1101－0017311　802.4/400

新增說文韻府群玉二十卷 （元）陰時夫輯 （元）陰中夫注 清刻本 十六冊

620000－1101－0017312　802.4/400.001

新增說文韻府群玉二十卷　（元）陰時夫輯
（元）陰中夫注　清中晚期刻本　二冊　存四
卷(十五至十六、十九至二十)

620000－1101－0017313　802.4/400.002

新增說文韻府群玉二十卷　（元）陰時夫輯
（元）陰中夫注　清中晚期刻本　一冊　存二
卷(九至十)

620000－1101－0017314　802.4/400.003

新增說文韻府群玉二十卷　（元）陰時夫輯
（元）陰中夫注　清中晚期刻本　一冊　存二
卷(十四至十五)

620000－1101－0017315　802.4/400.004

新增說文韻府群玉二十卷　（元）陰時夫輯
（元）陰中夫注　清中晚期刻本　一冊　存二
卷(十一至十二)

620000－1101－0017316　802.4/400.005

新增說文韻府群玉二十卷　（元）陰時夫輯
（元）陰中夫注　清中晚期刻本　一冊　存二
卷(十七至十八)

620000－1101－0017317　802.4/400.006

新增說文韻府群玉二十卷　（元）陰時夫輯
（元）陰中夫注　清中晚期刻本　一冊　存一
卷(十三)

620000－1101－0017318　097.57/987.001

新增四書典考輯要味根錄三十七卷　（清）金
澂輯　清光緒八年(1882)漢鎮同德堂刻本
一冊　存三卷(一至三)

620000－1101－0017319　585.8/754.1

新增刑案匯覽十六卷　（清）潘文舫編　**續增
刑案匯覽十六卷**　（清）祝慶祺編　清光緒圖
書集成局鉛印本　十二冊

620000－1101－0017320　585.8/754

新增刑案匯覽十六卷目錄一卷　（清）潘文舫
編　清光緒十二年(1886)刻本　八冊

620000－1101－0017321　072.69/766

新增智囊補二十八卷　（明）馮夢龍輯　清晚

期維經堂刻本　十二冊　存十二卷(一至十
二)

620000－1101－0017322　571.5/902

新政真詮六編　（清）何啓　（清）胡禮垣編
清光緒二十七年(1901)格致新報館鉛印本
六冊

620000－1101－0017323　684.9/257

新置上邽書院膳田錄一卷　（清）林大蓬輯
清刻本　一冊

620000－1101－0017324　845.22/834

**新注朱淑真斷腸詩集十卷後集八卷斷腸詞一
卷**　（宋）朱淑真撰　（宋）鄭元佐註　清光緒
三十四年(1908)袁思永北京抄本　二冊

620000－1101－0017325　4160

**新纂成案所見集三十七卷目錄二卷二集十九
卷續纂駁改比照成案所見三集二十一卷**
（清）馬世璘輯　清乾隆五十八年(1793)刻本
三十五冊　存七十三卷(所見集四至十四、
十六至十七、十九至二十、二十二至三十七,
目錄二卷;二集十九卷;三集二十一卷)

620000－1101－0017326　312.9/741

新纂簡捷易明算法四卷　（清）沈士桂纂輯
清道光十四年(1834)同盛堂刻本　四冊

620000－1101－0017327　312.9/741.001

新纂簡捷易明算法四卷　（清）沈士桂纂輯
清咸豐、同治刻本　二冊　存二卷(二至三)

620000－1101－0017328　782.104/856

新纂氏族箋釋八卷　（清）熊峻運撰　清晚期
裕元堂刻本　四冊

620000－1101－0017329　782.104/856.004

新纂氏族箋釋八卷　（清）熊峻運撰　清文光
堂刻本　四冊

620000－1101－0017330　782.104/856.002

新纂氏族箋釋八卷　（清）熊峻運撰　清文秀
堂刻本　二冊　存五卷(一至二、六至八)

620000－1101－0017331　782.104/856.003

新纂氏族箋釋八卷　（清）熊峻運撰　清刻本

四冊

620000 – 1101 – 0017332　782.104/856.001

新纂氏族箋釋八卷　（清）熊峻運撰　清晚期
崇讓堂刻本　四冊

620000 – 1101 – 0017333　578.2/582

新纂約章大全七十三卷　（清）陸鳳石編　清
宣統元年(1909)上海崇義堂石印本　三十八
冊　存十五卷(四、十一、十四、三十七、四十
至四十六、五十五、五十七至五十八、六十四)

620000 – 1101 – 0017334　125.57/331

信好錄四卷　（清）賀瑞麟編　清光緒十六年
(1890)柏經正堂刻本　一冊

620000 – 1101 – 0017335　125.57/331

信好錄四卷　（清）賀瑞麟編　清光緒十六年
(1890)柏經正堂刻本　二冊

620000 – 1101 – 0017336　414.6/7.493

信驗方一卷續信驗方一卷　（清）盧蔭長編
清咸豐八年(1858)刻本　一冊

620000 – 1101 – 0017337　292.22/178

星經二卷　（漢）甘公　（漢）石申著　清嘉慶
刻廣漢魏叢書本　一冊

620000 – 1101 – 0017338　324.4/286

星土釋三卷首一卷　（清）李林松編輯　清光
緒十年(1884)刻本　二冊

620000 – 1101 – 0017339　324.4/286

星土釋三卷首一卷　（清）李林松編輯　清光
緒十年(1884)刻本　二冊

620000 – 1101 – 0017340　324.4/286

星土釋三卷首一卷　（清）李松林編輯　清光
緒十年(1884)刻本　二冊

620000 – 1101 – 0017341　323/422

星學發軔引說二卷　（愛爾蘭）駱三畏著　清
光緒二十年(1894)鉛印本　二冊

620000 – 1101 – 0017342　578.01/156

星軺指掌三卷續一卷　（清）聯芳　（清）慶常
仝譯　清光緒二年(1876)鉛印本　四冊

620000 – 1101 – 0017343　292.22/0.467

星野圖考不分卷　（□）□□撰　清道光、咸
豐抄本　二冊

620000 – 1101 – 0017344　847.9/432

惺諟齋初稿十卷　（清）喻長霖撰　清宣統三
年(1911)鉛印本　五冊　存六卷(三至八)

620000 – 1101 – 0017345　2963

惺齋五種十卷續編一種二卷　（清）夏綸撰
清乾隆十六年(1751)世光堂刻本　十冊　存
五種十卷(無瑕璧傳奇二卷、瑞筇圖傳奇二
卷、廣寒梯傳奇二卷、南陽樂傳奇二卷、續編
花萼吟傳奇二卷)

620000 – 1101 – 0017346　2859

惺齋五種十卷續編一種二卷　（清）夏綸撰
清乾隆十六年(1751)世光堂刻本　三冊　存
二種三卷(無瑕璧傳奇下、續編花萼吟傳奇二
卷)

620000 – 1101 – 0017347　585.8/106

刑案匯覽八十八卷目錄二卷　（清）祝慶祺輯
　清道光二十四年(1844)慎思堂刻本　八
十冊

620000 – 1101 – 0017348　585.8/106.02

刑案匯覽八十八卷目錄二卷　（清）祝慶祺輯
　清刻本　八十冊

620000 – 1101 – 0017349　585.8/106

刑案匯覽六十卷首一卷末一卷拾遺備考一卷
　（清）祝慶祺輯　清道光十四年(1834)慎思
堂刻本　六十四冊

620000 – 1101 – 0017350　585.8/106

**刑案匯覽六十卷首一卷末一卷拾遺備考一卷
續增十六卷**　（清）祝慶祺輯　清道光十四年
至二十年(1834 – 1840)慎思堂刻本　八十冊

620000 – 1101 – 0017351　585.8/106.01

**刑案匯覽六十卷首一卷末一卷拾遺備考一卷
續增十六卷**　（清）祝慶祺輯　清道光二十九
年(1849)味塵軒木活字印本　八十冊

620000 – 1101 – 0017352　585.8/902

刑案新編四十卷 （清）趙爾巽等編輯 清光
緒二十八年（1902）蘭州官書局鉛印本 四
十冊

620000 – 1101 – 0017353 585.8/902
刑案新編四十卷 （清）趙爾巽等編輯 清光
緒二十八年（1902）蘭州官書局鉛印本 四
十冊

620000 – 1101 – 0017354 585.8/902
刑案新編四十卷 （清）趙爾巽等編輯 清光
緒二十八年（1902）蘭州官書局鉛印本 四
十冊

620000 – 1101 – 0017355 585.8/902
刑案新編四十卷 （清）趙爾巽等編輯 清
緒二十八年（1902）蘭州官書局鉛印本 四
十冊

620000 – 1101 – 0017356 585.8/902
刑案新編四十卷 （清）趙爾巽等編輯 清光
緒二十八年（1902）蘭州官書局鉛印本 四
十冊

620000 – 1101 – 0017357 585.8/902
刑案新編四十卷 （清）趙爾巽等編輯 清光
緒二十八年（1902）蘭州官書局鉛印本 四
十冊

620000 – 1101 – 0017358 585.8/902
刑案新編四十卷 （清）趙爾巽等編輯 清
緒二十八年（1902）蘭州官書局鉛印本 四
十冊

620000 – 1101 – 0017359 585.8/902
刑案新編四十卷 （清）趙爾巽等編輯 清光
緒二十八年（1902）蘭州官書局鉛印本 十冊
存十卷（貞函一至十）

620000 – 1101 – 0017360 585.8/902
刑案新編四十卷 （清）趙爾巽等編輯 清光
緒二十八年（1902）蘭州官書局鉛印本 十冊
存十卷（貞函一至十）

620000 – 1101 – 0017361 585.8/902
刑案新編四十卷 （清）趙爾巽等編輯 清光

緒二十八年（1902）蘭州官書局鉛印本 二十
冊 存二十卷（利函一至十、貞函一至十）

620000 – 1101 – 0017362 585.8/902
刑案新編四十卷 （清）趙爾巽等編輯 清光
緒二十八年（1902）蘭州官書局鉛印本 四
十冊

620000 – 1101 – 0017363 585.8/902
刑案新編四十卷 （清）趙爾巽等編輯 清光
緒二十八年（1902）蘭州官書局鉛印本 四
十冊

620000 – 1101 – 0017364 3002
刑部駁案彙鈔八卷 （清）丁湘錦編 清乾隆
三十六年（1771）京都詠春堂刻本 八冊

620000 – 1101 – 0017365 582.8/0.129
說帖不分卷 （清）□□撰 清嘉慶抄本
四冊

620000 – 1101 – 0017366 582.8/115
刑錢必覽十卷錢穀備要十卷 （清）王又槐編
輯 清中晚期刻本 十二冊

620000 – 1101 – 0017367 585.8/106.001
刑案匯覽六十卷首一卷末一卷拾遺備考一卷
續增十六卷新增十六卷 （清）祝慶祺輯 清
光緒上海圖書集成印書局鉛印本 二十八冊
存六十三卷（邢案匯覽六十卷、首一卷、末
一卷，拾遺備考一卷）

620000 – 1101 – 0017368 313/842
形學備旨全草十卷首一卷 （清）鄒君立撰
清光緒三十一年（1905）石印本 六冊

620000 – 1101 – 0017369 313/842
形學備旨全草十卷首一卷 （清）鄒君立撰
清光緒三十一年（1905）石印本 六冊

620000 – 1101 – 0017370 316.3/997
形學備旨十卷開端一卷 （美國）狄考文選譯
（清）鄒立文筆述 清光緒十一年（1885）上
海美華書館鉛印本 二冊

620000 – 1101 – 0017371 316.3/997
形學備旨十卷開端一卷 （美國）狄考文選譯

（清）鄒立文筆述　清光緒十一年（1885）上海美華書館鉛印本　二冊

620000－1101－0017372　316.3/997
形學備旨十卷開端一卷　（美國）狄考文選譯（清）鄒立文筆述　清光緒十一年（1885）上海美華書館鉛印本　二冊

620000－1101－0017373　316.3/997.003
形學備旨十卷開端一卷　（美國）狄考文選譯（清）鄒立文筆述　清光緒二十三年（1897）上海美華書館鉛印本　二冊

620000－1101－0017374　316.3/997.001
形學備旨十卷開端一卷　（美國）狄考文選譯（清）鄒立文筆述　清光緒三十一年（1905）上海美華書館鉛印本　二冊

620000－1101－0017375　316.3/997.001
形學備旨十卷開端一卷　（美國）狄考文選譯（清）鄒立文筆述　清光緒三十一年（1905）上海美華書館鉛印本　一冊　存五卷（一至四、開端一卷）

620000－1101－0017376　316.3/997.001
形學備旨十卷開端一卷　（美國）狄考文選譯（清）鄒立文筆述　清光緒三十一年（1905）上海美華書館鉛印本　二冊

620000－1101－0017377　316.3/997.001
形學備旨十卷開端一卷　（美國）狄考文選譯（清）鄒立文筆述　清光緒三十一年（1905）上海美華書館鉛印本　二冊

620000－1101－0017378　316.3/997.001
形學備旨十卷開端一卷　（美國）狄考文選譯（清）鄒立文筆述　清光緒三十一年（1905）上海美華書館鉛印本　二冊

620000－1101－0017379　316.3/997.001
形學備旨十卷開端一卷　（美國）狄考文選譯（清）鄒立文筆述　清光緒三十一年（1905）上海美華書館鉛印本　二冊

620000－1101－0017380　316.3/997.002
形學備旨十卷開端一卷　（美國）狄考文選譯

（清）鄒立文筆述　清光緒四川善成堂刻本四冊

620000－1101－0017381　316.39/947
形學備旨習題詳草七卷　（清）徐樹勳選輯清光緒三十一年（1905）鉛印本　三冊

620000－1101－0017382　192.9/521
醒夢編四卷　（清）葛玄著　清光緒三十年（1904）謝復瑞刻本　一冊

620000－1101－0017383　192.9/63
醒世八箴八卷　（清）郭相忠彙輯　清咸豐九年（1859）刻本　四冊

620000－1101－0017384　955
醒世姻緣傳一百回　（清）西周生輯著　清刻本　二十四冊

620000－1101－0017385　847.7/88
醒予山房文存十二卷　（清）劉愚撰　清同治元年至四年（1862－1865）安福劉愚成都刻本六冊

620000－1101－0017386　4285
醒園錄一卷　（清）李化楠撰　清乾隆李氏萬卷樓刻嘉慶十四年（1809）李調元印函海本一冊

620000－1101－0017387　847.4/994
醒齋閒話一卷覺宦晨鐘一卷　（清）姚大勳撰清抄本　一冊

620000－1101－0017388　847.8/603
杏廬文鈔八卷　（清）諸福坤撰　清光緒二十七年（1901）刻本　二冊

620000－1101－0017389　626.04/348
幸存錄二卷續幸存錄一卷　（明）夏允彝（明）夏完淳撰　清晚期刻本　二冊

620000－1101－0017390　696
幸魯盛典四十卷　（清）孔毓圻等纂　清康熙二十八年（1689）孔氏紅萼軒刻本　二十冊

620000－1101－0017391　4249
幸魯盛典四十卷　（清）孔毓圻等纂　清康熙五十年（1711）孔氏紅萼軒刻本　十二冊

620000－1101－0017392　3129

性理標題綜要二十二卷　(明)詹淮撰　(明)陳仁錫訂正　明崇禎金陵翼聖堂刻本　二十九冊

620000－1101－0017393　1184

性理大全書七十卷　(明)胡廣等撰　明嘉靖二十二年(1543)應天府學刻本　二十冊　存四十三卷(一至七、十一至十四、十七至十八、二十二至三十五、四十一至四十三、五十二、五十六至六十一、六十五至七十)

620000－1101－0017394　1185

性理大全書七十卷　(明)胡廣等撰　明萬曆二十五年(1597)吳勉學師古齋刻本　三十二冊

620000－1101－0017395　1742

性理大全書七十卷　(明)胡廣等撰　明萬曆二十五年(1597)吳勉學師古齋刻本　六冊　存十一卷(一至四、十至十六)

620000－1101－0017396　2090

性理大全書七十卷　(明)胡廣等撰　明萬曆二十五年(1597)吳勉學師古齋刻本　四十八冊

620000－1101－0017397　4292

性理大全書七十卷　(明)胡廣等撰　明萬曆二十五年(1597)吳勉學師古齋刻本　一冊　存二卷(二十至二十一)

620000－1101－0017398　979

性理大全書七十卷　(明)胡廣等撰　明萬曆二十五年(1597)吳勉學師古閣刻呈祥館周馨吾印本　二十七冊　存三十五卷(一至八、二十三至三十二、三十九至五十三、五十九至六十)

620000－1101－0017399　3361

性理大全書七十卷　(明)胡廣等撰　明刻本　七冊　存十八卷(三十五至五十、六十九至七十)

620000－1101－0017400　1061

性理會通七十卷續編四十二卷　(明)鍾人傑輯　明崇禎刻本　四十冊

620000－1101－0017401　1375

性理精義不分卷　(清)□□輯　清抄本　一冊

620000－1101－0017402　192.1/638

性理淺說不分卷　(清)郭長清撰　清光緒津河廣仁堂刻本　一冊

620000－1101－0017403　125.12/615

性理體註標題講義八卷　(清)許鑽增輯　清致和堂刻本　四冊

620000－1101－0017404　125.12/615

性理體註標題講義八卷　(清)許鑽增輯　清致和堂刻本　四冊

620000－1101－0017405　2709

性理體註說約大全要解六卷　(清)林時對等輯　清康熙友益齋刻本　一冊

620000－1101－0017406　125.12/819

性理體註訓解標題八卷　(清)張道升等纂輯　(清)呂從律增訂　清文興堂刻本　一冊

620000－1101－0017407　127.6/209

性理約編不分卷　(清)郝鳴謙錄　清光緒三年(1877)抄本　一冊

620000－1101－0017408　413.99/0.683

性命雙脩萬神圭旨四集　(明)尹真人等著　清中晚期刻本　四冊

620000－1101－0017409　222.13/942

性相通說一卷　(明)釋德清撰　清同治十二年(1873)金陵刻經處刻本　一冊

620000－1101－0017410　782.104/329

姓解三卷　(宋)邵思纂　清光緒十年(1884)遵義黎氏日本東京使署影刻古逸叢書本　一冊

620000－1101－0017411　536.2/306

姓氏辯誤三十卷　(清)張澍纂　清道光十八年(1838)棗華書屋刻本　八冊

620000－1101－0017412　544.2/313

姓氏尋源四十五卷 （清）張澍纂 清道光十
八年(1838)棗華書屋刻本 十二冊

620000－1101－0017413 544.2/313
姓氏尋源四十五卷 （清）張澍纂 清道光十
八年(1838)棗華書屋刻本 十四冊

620000－1101－0017414 413.364/719
興化實濟局霍亂論不分卷 （清）江曲春撰
興化實濟局霍亂麻痧辯証不分卷備急方不分
卷 （清）趙履鼇纂 清光緒十四年(1888)實
濟局刻本 一冊

620000－1101－0017415 413.364/719.001
興化實濟局霍亂論不分卷 （清）江曲春撰
興化實濟局霍亂麻痧辯証六葉不分卷備急方
四葉不分卷 （清）趙履鼇纂 清晚期王引達
抄本 一冊

620000－1101－0017416 782.615/113
興平縣士女續志一卷 （清）王權撰 清光緒
二十年(1894)刻本 一冊

620000－1101－0017417 1652
雄雉齋選集六卷 （清）顧圖河撰 清康熙刻
本 二冊

620000－1101－0017418 3239
熊劉詩集二卷 （清）易履泰輯 清乾隆五十
七年(1792)名山閣刻本 二冊

620000－1101－0017419 846.8/856.07.001
熊襄愍公集十卷首一卷末一卷 （明）熊廷弼
撰 （清）徐文檢輯 清嘉慶刻本 十冊

620000－1101－0017420 846.8/856.07
熊襄愍公集四卷 （清）朱澤楠選輯 清同治
二年(1863)綿州刻本 一冊

620000－1101－0017421 846.8/856
熊襄愍公遺集十卷首一卷末一卷 （明）熊廷
弼撰 清同治三年(1864)刻本 二冊

620000－1101－0017422 831.6/117
休庵詩集一卷 （明）王竑著 （清）張和選錄
　破塵草一卷 （明）朱家仕著 （清）張和選
錄 清道光三十年(1850)刻本 一冊

620000－1101－0017423 926
休寧縣魚鱗經冊不分卷 （□）□□輯 明刻
本 二冊

620000－1101－0017424 082.6/262
修本堂叢書十種九十三卷 （清）林伯桐撰
清道光刻同治五年(1866)補刻彙印本 十冊
　存八種八十卷(毛詩通考三十卷、毛詩識小
三十卷、供冀小言一卷、修本堂稿五卷、月亭
詩鈔一卷、古言箋十一卷、學海堂志一卷、公
車見聞錄一卷)

620000－1101－0017425 222.11/680
修設瑜伽集要施食壇儀一卷 （明）釋袾宏補
注 清晚期刻本 一冊

620000－1101－0017426 224.3/979
修西定課不分卷 （清）鄭澄德 （清）鄭澄源
撰 清光緒二十四年(1898)金陵刻經處刻本
　一冊

620000－1101－0017427 229.8/0.913
修西聞見錄七卷續一卷 （□）□□撰 清晚
期刻本 一冊

620000－1101－0017428 222.4/837.001
修習止觀坐禪法要二卷六妙法門一卷 （隋）
釋智顗述 清光緒十八年(1892)金陵刻經處
刻本 一冊

620000－1101－0017429 222.4/837.001
修習止觀坐禪法要二卷六妙法門一卷 （隋）
釋智顗述 清光緒十八年(1892)金陵刻經處
刻本 一冊

620000－1101－0017430 226.4/837
修習止觀坐禪法要二卷六妙法門一卷 （隋）
釋智顗述 清光緒二十九年(1903)金陵刻經
處刻本 一冊

620000－1101－0017431 226.4/837
修習止觀坐禪法要二卷六妙法門一卷 （隋）
釋智顗述 清光緒二十九年(1903)金陵刻經
處刻本 一冊

620000－1101－0017432 226.4/837

修習止觀坐禪法要二卷六妙法門一卷 （隋）
釋智顗述 清光緒二十九年（1903）金陵刻經
處刻本 一冊

620000－1101－0017433 226.4/837

修習止觀坐禪法要二卷六妙法門一卷 （隋）
釋智顗述 清光緒二十九年（1903）金陵刻經
處刻本 一冊

620000－1101－0017434 226.4/837

修習止觀坐禪法要二卷六妙法門一卷 （隋）
釋智顗述 清光緒二十九年（1903）金陵刻經
處刻本 一冊

620000－1101－0017435 226.4/837

修習止觀坐禪法要二卷六妙法門一卷 （隋）
釋智顗述 清光緒二十九年（1903）金陵刻經
處刻本 一冊

620000－1101－0017436 653.785/0.913

修志應查條目雜記不分卷 （清）□□撰 清
光緒稿本 一冊

620000－1101－0017437 782.141/517

脩史試筆二卷 （清）藍鼎元纂 清光緒五年
（1879）刻本 二冊

620000－1101－0017438 847.8/858

羞園詩草一卷詩餘一卷 （清）續廉著 清光
緒三十三年（1907）刻本 一冊

620000－1101－0017439 847.1/823

袖海集七卷 （明）風囊著 清順治九年
（1652）款月堂刻本 一冊

620000－1101－0017440 090.82/0.681

袖珍五經三十五卷 （清）□□輯 清末刻本
十冊

620000－1101－0017441 684.015203/954

褒谷古蹟輯略不分卷 （清）徐廷鈺等輯 清
同治十三年（1874）刻本 一冊

620000－1101－0017442 852.477/70

繡蜨盦詞鈔五卷 （清）汪藻撰 附錄一卷
清光緒四年（1878）刻本 一冊

620000－1101－0017443 4294

繡虎軒尺牘八卷二集八卷三集八卷 （清）曹
煜撰 清康熙傳萬堂刻本 三冊 存六卷
（繡虎軒尺牘一至六）

620000－1101－0017444 119

繡襦記二卷 （明）徐霖撰 明末毛氏汲古閣
刻六十種曲本 二冊

620000－1101－0017445 858.51/391

繡像芙蓉洞全傳十卷四十回 （清）陳遇乾撰
（清）陳士奇評 清道光十一年（1831）刻本
一冊 存一卷四回（卷九：第三十三至三十
六回）

620000－1101－0017446 857.47/0.945

繡像後西遊記六卷 （□）□□撰 清光緒二
十一年（1895）上海書局石印本 六冊

620000－1101－0017447 857.46/953

繡像京本雲合奇踪十卷八十回 （明）徐渭編
清晚期刻本 二冊 存一卷二回（卷二：第
六至七回）

620000－1101－0017448 857.46/953.001

繡像京本雲合奇踪玉茗英烈全傳十卷八十回
（明）徐渭編 清晚期刻本 一冊 存二卷
十六回（卷七至八：第五十一至六十六回）

620000－1101－0017449 857.47/378.01

繡像三國演義續編八卷 （明）陳氏尺蠖齋評
清光緒十九年（1893）上海文宜書局石印本
四冊

620000－1101－0017450 858.51/836

繡像四香緣四集二十二卷三十二回 （清）朱
鏡江撰 清同治五年（1866）刻本 一冊 存
五卷（十至十四）

620000－1101－0017451 858.51/0.694

繡像宋史奇書十二卷繡像一卷 （□）□□著
清光緒十九年（1893）上海書局石印本
六冊

620000－1101－0017452 857.46/269

繡像西遊記四卷 （明）陽致和編 清末繡谷
錦盛堂刻本 二冊 存二卷（一至二）

620000 – 1101 – 0017453　847.5/30

齃花崗集八卷　（清）張望著　清同治三年（1864）萬家坊鴻文齋刻本　二冊

620000 – 1101 – 0017454　847.8/835.2

虛白山房詩集四卷　（清）朱鳳毛撰　清光緒二十五年（1899）刻本　一冊

620000 – 1101 – 0017455　2911

虛白齋詩草三卷　（清）霍維瓚撰　清乾隆五十九年（1794）霍氏刻本　一冊

620000 – 1101 – 0017456　847.8/120

虛受堂文集十六卷　王先謙撰　清宣統二年（1910）上海國學書社石印本　六冊

620000 – 1101 – 0017457　941.1/672

虛齋名畫錄十六卷　龐元濟撰　清宣統元年（1909）烏程龐氏申江刻本　十六冊

620000 – 1101 – 0017458　847.2/994

虛直軒文集十卷首一卷　（清）姚文然撰　清同治津河廣仁堂刻本　四冊

620000 – 1101 – 0017459　802.1/947

虛字會通法初編不分卷　（清）徐超編輯　清光緒三十一年（1905）上海群學社鉛印本　三冊

620000 – 1101 – 0017460　802.1/947

虛字會通法初編不分卷　（清）徐超編輯　清光緒三十一年（1905）上海群學社鉛印本　三冊

620000 – 1101 – 0017461　802.1/947

虛字會通法初編不分卷　（清）徐超編輯　清光緒三十一年（1905）上海群學社鉛印本　三冊

620000 – 1101 – 0017462　802.1/947

虛字會通法初編不分卷　（清）徐超編輯　清光緒三十一年（1905）上海群學社鉛印本　三冊

620000 – 1101 – 0017463　802.1/947

虛字會通法初編不分卷　（清）徐超編輯　清光緒三十一年（1905）上海群學社鉛印本　三冊

620000 – 1101 – 0017464　802.1/947

虛字會通法初編不分卷　（清）徐超編輯　清光緒三十一年（1905）上海群學社鉛印本　三冊

620000 – 1101 – 0017465　802.1/947

虛字會通法初編不分卷　（清）徐超編輯　清光緒三十一年（1905）上海群學社鉛印本　三冊

620000 – 1101 – 0017466　802.1/947

虛字會通法初編不分卷　（清）徐超編輯　清光緒三十一年（1905）上海群學社鉛印本　三冊

620000 – 1101 – 0017467　802.1/947

虛字會通法初編不分卷　（清）徐超編輯　清光緒三十一年（1905）上海群學社鉛印本　三冊

620000 – 1101 – 0017468　802.1/947

虛字會通法初編不分卷　（清）徐超編輯　清光緒三十一年（1905）上海群學社鉛印本　三冊

620000 – 1101 – 0017469　802.1/947

虛字會通法初編不分卷　（清）徐超編輯　清光緒三十一年（1905）上海群學社鉛印本　三冊

620000 – 1101 – 0017470　802.1/947

虛字會通法初編不分卷　（清）徐超編輯　清光緒三十一年（1905）上海群學社鉛印本　三冊

620000 – 1101 – 0017471　802.1/947

虛字會通法初編不分卷　（清）徐超編輯　清光緒三十一年（1905）上海群學社鉛印本　三冊

620000 – 1101 – 0017472　802.1/947

虛字會通法初編不分卷　（清）徐超編輯　清光緒三十一年（1905）上海群學社鉛印本　三冊

620000 - 1101 - 0017473　802.1/947

虛字會通法初編不分卷　（清）徐超編輯　清
光緒三十一年（1905）上海群學社鉛印本
三冊

620000 - 1101 - 0017474　802.1/947

虛字會通法初編不分卷　（清）徐超編輯　清
光緒三十一年（1905）上海群學社鉛印本
三冊

620000 - 1101 - 0017475　802.1/947

虛字會通法初編不分卷　（清）徐超編輯　清
光緒三十一年（1905）上海群學社鉛印本
三冊

620000 - 1101 - 0017476　802.1/947

虛字會通法初編不分卷　（清）徐超編輯　清
光緒三十一年（1905）上海群學社鉛印本
三冊

620000 - 1101 - 0017477　802.1/947

虛字會通法初編不分卷　（清）徐超編輯　清
光緒三十一年（1905）上海群學社鉛印本
三冊

620000 - 1101 - 0017478　802.1/947

虛字會通法初編不分卷　（清）徐超編輯　清
光緒三十一年（1905）上海群學社鉛印本
三冊

620000 - 1101 - 0017479　802.1/947

虛字會通法初編不分卷　（清）徐超編輯　清
光緒三十一年（1905）上海群學社鉛印本
三冊

620000 - 1101 - 0017480　802.1/947

虛字會通法初編不分卷　（清）徐超編輯　清
光緒三十一年（1905）上海群學社鉛印本
三冊

620000 - 1101 - 0017481　802.1/947

虛字會通法初編不分卷　（清）徐超編輯　清
光緒三十一年（1905）上海群學社鉛印本
三冊

620000 - 1101 - 0017482　802.1/947

620000 - 1101 - 0017483　802.1/947

虛字會通法初編不分卷　（清）徐超編輯　清
光緒三十一年（1905）上海群學社鉛印本
三冊

620000 - 1101 - 0017484　802.1/947

虛字會通法初編不分卷　（清）徐超編輯　清
光緒三十一年（1905）上海群學社鉛印本
四冊

620000 - 1101 - 0017485　802.1/947

虛字會通法初編不分卷　（清）徐超編輯　清
光緒三十一年（1905）上海群學社鉛印本
二冊

620000 - 1101 - 0017486　802.1/947

虛字會通法初編不分卷　（清）徐超編輯　清
光緒三十一年（1905）上海群學社鉛印本
二冊

620000 - 1101 - 0017487　802.1/947

虛字會通法初編不分卷　（清）徐超編輯　清
光緒三十一年（1905）上海群學社鉛印本
二冊

620000 - 1101 - 0017488　802.1/947.001

虛字會通法初編不分卷　（清）徐超編輯　清
末味經官書局鉛印本　二冊

620000 - 1101 - 0017489　802.1/947.001

虛字會通法初編不分卷　（清）徐超編輯　清
末味經官書局鉛印本　二冊

620000 - 1101 - 0017490　802.61/193

虛字說一卷　（清）袁仁林著　（清）李錫齡校
刊　清光緒李錫齡刻本　一冊

620000 - 1101 - 0017491　802.19/312

虛字註釋備考六卷　（清）張文炳撰　清光緒
二十年（1894）木活字印本　一冊

620000 - 1101 - 0017492　795.2/754

須靜齋雲煙過眼錄一卷　（清）潘世璜撰　清

宣統三年(1911)吳縣潘氏刻本　一冊

620000 – 1101 –0017493　413.088/949.011

徐靈胎十二種全集二十三卷　(清)徐大椿撰
並注　清同治三年(1864)彭樹萱刻本　二
十冊

620000 – 1101 –0017494　413.088/94

徐靈胎醫學全書十六種三十一卷　(清)徐大
椿撰　清光緒三十三年(1907)上海章福記書
局石印本　十六冊

620000 – 1101 –0017495　845.11/955

徐騎省集三十卷補遺一卷校勘記一卷　(宋)
徐鉉撰　(清)李英元校　清光緒十六年
(1890)刻本　八冊

620000 – 1101 –0017496　2837

徐氏訓蒙三卷　(清)徐士業校　清乾隆金陵
味經堂刻本　三冊

620000 – 1101 –0017497　413.088/94.02

徐氏醫書八種十八卷　(清)徐大椿撰　清光
緒十五年(1889)文奎山房刻本　十冊

620000 – 1101 –0017498　2140

徐氏醫書六種十六卷　(清)徐大椿撰　清雍
正五年至乾隆二十二年(1727 – 1757)半松齋
刻本　四冊　存四種七卷(難經經釋二卷、神
農本草經百種錄一卷、醫學源流論二卷、醫貫
砭二卷)

620000 – 1101 –0017499　2590

徐文長文集三十卷目錄一卷　(明)徐渭撰
(明)袁宏道評點　明萬曆四十二年(1614)鍾
人傑刻本　十二冊

620000 – 1101 –0017500　539

徐霞客遊記十二卷　(明)徐宏祖撰　清抄本
十二冊

620000 – 1101 –0017501　1968

徐孝穆全集六卷　(南朝陳)徐陵撰　(清)吳
兆宜箋注　**備考一卷**　(清)徐文炳撰　清康
熙藝古堂刻本　四冊

620000 – 1101 –0017502　843.54/949.001

徐孝穆全集六卷　(南朝陳)徐陵撰　(清)吳
兆宜箋注　**備考一卷**　(清)徐文炳撰　清道
光善化經濟書堂刻本　三冊

620000 – 1101 –0017503　843.54/949.003

徐孝穆全集六卷　(南朝陳)徐陵撰　(清)吳
兆宜箋注　**備考一卷**　(清)徐文炳撰　清光
緒善化經濟書堂刻本　五冊　存五卷(一至
五)

620000 – 1101 –0017504　843.54/949.08

徐孝穆全集六卷　(南朝陳)徐陵撰　(清)吳
兆宜箋注　**備考一卷**　(清)徐文炳撰　清光
緒二年(1876)廣東翰墨園刻本　十冊

620000 – 1101 –0017505　1129

徐巖叟公年譜不分卷　徐詠緋重編　稿本
一冊

620000 – 1101 –0017506　830.71/25

徐州二遺民集十卷　(清)桂中行輯　清光緒
十九年(1893)刻本　五冊

620000 – 1101 –0017507　830.71/25

徐州二遺民集十卷　(清)桂中行輯　清光緒
十九年(1893)刻本　五冊

620000 – 1101 –0017508　830.71/25

徐州二遺民集十卷　(清)桂中行輯　清光緒
十九年(1893)刻本　五冊

620000 – 1101 –0017509　847.7/952

徐竹所先生遺稿二卷　(清)徐文錫撰　清咸
豐二年(1852)刻本　一冊

620000 – 1101 –0017510　083/954.01

鄦齋叢書二十種四十七卷　徐乃昌輯　清光
緒二十六年(1900)南陵徐氏刻本　二十四冊

620000 – 1101 –0017511　083/954.01

鄦齋叢書二十種四十七卷　徐乃昌輯　清光
緒二十六年(1900)南陵徐氏刻本　十六冊

620000 – 1101 –0017512　083/954.01

鄦齋叢書二十種四十七卷　徐乃昌輯　清光
緒二十六年(1900)南陵徐氏刻本　二十冊

620000 – 1101 –0017513　083/954.01

鄰齋叢書二十種四十七卷　徐乃昌輯　清光緒二十六年(1900)南陵徐氏刻本　二十冊

620000－1101－0017514　083/954.01

鄰齋叢書二十種四十七卷　徐乃昌輯　清光緒二十六年(1900)南陵徐氏刻本　二十冊

620000－1101－0017515　589.8/821

恤囚編一卷　(清)周馥輯　清光緒十七年(1891)刻本　一冊

620000－1101－0017516　782.21/860

續碑傳集八十六卷首二卷　繆荃孫撰　清宣統二年(1910)江楚編譯書局刻本　二十四冊

620000－1101－0017517　782.21/860

續碑傳集八十六卷首二卷　繆荃孫撰　清宣統二年(1910)江楚編譯書局刻本　二十四冊

620000－1101－0017518　782.21/860

續碑傳集八十六卷首二卷　繆荃孫撰　清宣統二年(1910)江楚編譯書局刻本　二十四冊

620000－1101－0017519　496

續博物志十卷　(晉)李石撰　明吳琯刻古今逸史本　二冊

620000－1101－0017520　1325

續博物志十卷　(晉)李石撰　(清)陳逢衡疏證　博物志補遺一卷　(清)陳逢衡輯　清道光陳氏稿本　五冊

620000－1101－0017521　075.5/286

續博物志十卷　(晉)李石撰　清光緒元年(1875)湖北崇文書局刻本　一冊

620000－1101－0017522　075.5/286.001

續博物志十卷　(晉)李石撰　(清)汪士漢校　清嘉慶周光霽刻本　一冊

620000－1101－0017523　095.17/112

續春秋左氏傳博議二卷　(清)王夫之撰　清光緒二十七年(1901)簡青書局石印本　一冊

620000－1101－0017524　4452

續東游草不分卷　(清)胡鈜撰　清乾隆稿本　二冊

620000－1101－0017525　041.78/717

續二十五子彙函一百五十六卷　(清)上海鴻文書局輯　清光緒二十四年(1898)上海鴻文書局石印本　八冊

620000－1101－0017526　550.18/384

續富國策四卷　(清)陳熾編輯　清光緒二十二年(1896)刻本　四冊

620000－1101－0017527　835/99.104

續古文辭類纂二十八卷　(清)黎庶昌輯　清光緒十六年(1890)金陵書局刻本　一冊　存二卷(二十七至二十八)

620000－1101－0017528　835/99

續古文辭類纂三十四卷　王先謙纂集　清光緒八年(1882)長沙王氏刻本　七冊

620000－1101－0017529　835/99

續古文辭類纂三十四卷　王先謙纂集　清光緒八年(1882)長沙王氏刻本　八冊

620000－1101－0017530　835/99

續古文辭類纂三十四卷　王先謙纂集　清光緒八年(1882)長沙王氏刻本　八冊

620000－1101－0017531　835/99.03.001

續古文辭類纂三十四卷　王先謙纂集　清光緒二十八年(1902)蜀東善成堂刻本　四冊

620000－1101－0017532　835/99.013

續古文辭類纂十卷　王先謙纂集　清光緒二十四年(1898)上海慎記書莊石印本　三冊

620000－1101－0017533　835/99.014

續古文辭類纂十卷　王先謙纂集　清末鉛印本　三冊　存八卷(三至十)

620000－1101－0017534　835/99.014

續古文辭類纂十卷　王先謙纂集　清末鉛印本　三冊　存八卷(三至十)

620000－1101－0017535　835/99.014

續古文辭類纂十卷　王先謙纂集　清末鉛印本　三冊　存六卷(一至六)

620000－1101－0017536　830/363

續古文苑二十卷　(清)孫星衍撰　清光緒九

年(1883)江蘇書局刻本　六冊

620000－1101－0017537　830/363.001

續古文苑二十卷　(清)孫星衍撰　(清)朱記
榮校刊　清光緒十一年(1885)吳縣朱氏槐廬
家塾刻本　八冊

620000－1101－0017538　4505

續古篆韻六卷　(元)吾衍編　清道光二十九
年(1849)蔣氏茹古精舍抄本　一冊

620000－1101－0017539　040.75/120.002

續廣事類賦三十卷　(清)王鳳喈撰　清嘉慶
六年(1801)刻本　二十三冊　存二十九卷
(一至十三、十五至三十)

620000－1101－0017540　040.75/120

續廣事類賦三十卷　(清)王鳳喈撰　清嘉慶
二十五年(1820)刻本　十六冊

620000－1101－0017541　040.75/120.001

續廣事類賦三十卷　(清)王鳳喈撰　清嘉慶
刻本　九冊　存二十二卷(五至七、九、十三
至三十)

620000－1101－0017542　040.75/120.003

續廣事類賦三十卷　(清)王鳳喈撰　清晚期
刻本　一冊　存三卷(九至十一)

620000－1101－0017543　802.15/892

續廣雅三卷　(清)劉燦輯　清道光二十五年
(1845)刻本　一冊

620000－1101－0017544　443.63/28

續海塘新志四卷　(清)琅玕撰　清道光刻本
四冊

620000－1101－0017545　622.21/303

續漢書八志三十卷　(晉)司馬彪撰　(南朝
梁)劉昭注補　清光緒金陵書局刻本　二冊

620000－1101－0017546　622.21/303

續漢書八志三十卷　(晉)司馬彪撰　(南朝
梁)劉昭注補　清光緒金陵書局刻本　二冊

620000－1101－0017547　622.21/303

續漢書八志三十卷　(晉)司馬彪撰　(南朝
梁)劉昭注補　清光緒金陵書局刻本　二冊

620000－1101－0017548　622.2083/930.07

續漢書辨疑九卷　(清)錢大昭撰　清光緒十
四年(1888)廣雅書局刻本　一冊

620000－1101－0017549　622.2083/930.07

續漢書辨疑九卷　(清)錢大昭撰　清光緒十
四年(1888)廣雅書局刻本　一冊

620000－1101－0017550　847.7/888.2

續何有錄一卷　(清)劉愚撰　清刻本　一冊

620000－1101－0017551　2184

續弘簡錄元史類編四十二卷　(清)邵遠平撰
清康熙三十八年(1699)繼善堂刻本　二
十冊

620000－1101－0017552　2186

續弘簡錄元史類編四十二卷　(清)邵遠平撰
清康熙三十八年(1699)繼善堂刻本　十
二冊

620000－1101－0017553　3851

續弘簡錄元史類編四十二卷　(清)邵遠平撰
清康熙三十八年(1699)繼善堂刻本　十
四冊

620000－1101－0017554　2154

續弘簡錄元史類編四十二卷　(清)邵遠平撰
清康熙三十八年(1699)繼善堂刻乾隆印本
十六冊

620000－1101－0017555　2182

續弘簡錄元史類編四十二卷　(清)邵遠平撰
清康熙三十八年(1699)繼善堂刻乾隆印本
十九冊　存四十一卷(一至四十一)

620000－1101－0017556　3852

續弘簡錄元史類編四十二卷　(清)邵遠平撰
清康熙三十八年(1699)繼善堂刻乾隆印本
十六冊

620000－1101－0017557　3853

續弘簡錄元史類編四十二卷　(清)邵遠平撰
清康熙三十八年(1699)繼善堂刻乾隆印本
十六冊

620000－1101－0017558　3854

續弘簡錄元史類編四十二卷 （清）邵遠平撰
清康熙三十八年（1699）繼善堂刻乾隆印本
二十冊

620000－1101－0017559　3855

續弘簡錄元史類編四十二卷 （清）邵遠平撰
清康熙三十八年（1699）繼善堂刻乾隆印本
七冊　存二十卷（一至十、十四至二十三）

620000－1101－0017560　622.201/209

續後漢書九十卷 （元）郝經撰 （元）茍宗道
注　附札記四卷 （清）郁松年撰　清道光二
十一年（1841）上海郁氏刻宜稼堂叢書本　二
十四冊

620000－1101－0017561　622.201/209

續後漢書九十卷 （元）郝經撰 （元）茍宗道
注　附札記四卷 （清）郁松年撰　清道光二
十一年（1841）上海郁氏刻宜稼堂叢書本　六
冊　存五十三卷（十七至六十九）

620000－1101－0017562　622.201/209

續後漢書九十卷 （元）郝經撰 （元）茍宗道
注　附札記四卷 （清）郁松年撰　清道光二
十一年（1841）上海郁氏刻宜稼堂叢書本　二
十六冊

620000－1101－0017563　622.201/209

續後漢書九十卷 （元）郝經撰 （元）茍宗道
注　附札記四卷 （清）郁松年撰　清道光二
十一年（1841）上海郁氏刻宜稼堂叢書本　二
十四冊

620000－1101－0017564　622.201/511

續後漢書四十二卷義例一卷音義四卷 （宋）
蕭常撰　清道光二十一年（1841）上海郁氏刻
宜稼堂叢書本　十冊

620000－1101－0017565　622.201/511

續後漢書四十二卷義例一卷音義四卷 （宋）
蕭常撰　清道光二十一年（1841）上海郁氏刻
宜稼堂叢書本　五冊　存三十二卷（一至十
二、二十一至三十二、四十至四十二，義例一
卷,音義四卷）

620000－1101－0017566　622.201/511

續後漢書四十二卷義例一卷音義四卷 （宋）
蕭常撰　清道光二十一年（1841）上海郁氏刻
宜稼堂叢書本　一冊　存七卷（二十二至二
十八）

620000－1101－0017567　794.9/864

續景楷帖卅種不分卷 （□）□□編　清宣統
二年（1910）文明書局影印本　四冊

620000－1101－0017568　682.23/0.858

續浚南湖圖志一卷 （清）□□纂輯　清光緒
三十一年（1905）浙江官書局刻三十三年
（1907）增刻本　一冊

620000－1101－0017569　846.5/445.02

續刻呂涇野先生文集八卷 （明）呂柟撰
（清）楊浚編　清道光十二年（1832）關中書院
刻本　八冊

620000－1101－0017570　094.3241/278

續禮記集說一百卷 （清）杭世駿撰　清光緒
二十一年至三十年（1895－1904）浙江書局刻
本　四十冊

620000－1101－0017571　094.3241/278

續禮記集說一百卷 （清）杭世駿撰　清光緒
二十一年至三十年（1895－1904）浙江書局刻
本　四十冊

620000－1101－0017572　857.174/859.07

續灤陽銷夏錄六卷 （清）紀昀撰　清道光十
年（1830）掃葉山房刻本　四冊

620000－1101－0017573　350

續呂氏家塾讀詩記三卷 （宋）戴溪撰　清乾
隆武英殿木活字印武英殿聚珍版書本　二冊

620000－1101－0017574　610.3/920

續明紀事本末十八卷 （清）倪在田輯　清光
緒二十九年（1903）育英學社鉛印本　六冊

620000－1101－0017575　673.6/312

續黔書八卷 （清）張澍撰　清嘉慶九年
（1804）刻本　一冊

620000－1101－0017576　789.2/306

續秦州張氏族譜不分卷 （清）張世英纂　清

光緒三十四年(1908)刻本　二冊

620000－1101－0017577　793.4/293.01

續泉匯十四卷補遺二卷　(清)李佐賢　(清)
鮑康編　清光緒元年(1875)刻本　五冊

620000－1101－0017578　793.4/293.01

續泉匯十四卷補遺二卷　(清)李佐賢　(清)
鮑康編　清光緒元年(1875)刻本　四冊

620000－1101－0017579　793.478/85.01

續泉說一卷　(清)李竹朋著　**續蠻稿一卷**
(清)鮑康撰　清同治十三年(1874)鮑康刻本
一冊

620000－1101－0017580　847.1/127

續騷堂集不分卷　(清)萬泰撰　清光緒十年
(1884)刻本　一冊

620000－1101－0017581　671.2/966

續山東考古錄三十二卷首一卷　(清)葉圭綬
述　清光緒八年(1882)山東書局刻本　六冊

620000－1101－0017582　857.47/0.858

續施公案四十卷　(清)□□撰　清晚期刻本
一冊　存三卷(六至八)

620000－1101－0017583　857.47/487

續四才子四卷十八回　(清)步月主人撰　清
光緒十四年(1888)紅葉山房刻本　四冊

620000－1101－0017584　610.3/29

續通鑑紀事本末一百十卷　(清)李銘漢編輯
清光緒二十九年至三十二年(1903－1906)
武威李氏刻本　三十二冊

620000－1101－0017585　610.3/29

續通鑑紀事本末一百十卷　(清)李銘漢編輯
清光緒二十九年至三十二年(1903－1906)
武威李氏刻本　三十二冊

620000－1101－0017586　610.3/29

續通鑑紀事本末一百十卷　(清)李銘漢編輯
清光緒二十九年至三十二年(1903－1906)
武威李氏刻本　三十二冊

620000－1101－0017587　610.3/29

續通鑑紀事本末一百十卷　(清)李銘漢編輯

清光緒三十二年(1906)刻本　三十二冊

620000－1101－0017588　610.3/28

續通鑑紀事本末一百十卷　(清)李銘漢編輯
清光緒三十二年(1906)刻本　三十二冊

620000－1101－0017589　610.3/29

續通鑑紀事本末一百十卷　(清)李銘漢編輯
清光緒三十二年(1906)刻本　三十二冊

620000－1101－0017590　610.3/29

續通鑑紀事本末一百十卷　(清)李銘漢編輯
清光緒三十二年(1906)刻本　三十二冊

620000－1101－0017591　610.3/29

續通鑑紀事本末一百十卷　(清)李銘漢編輯
清光緒三十二年(1906)刻本　三十二冊

620000－1101－0017592　610.3/28

續通鑑紀事本末一百十卷　(清)李銘漢編輯
清光緒三十二年(1906)刻本　三十二冊

620000－1101－0017593　610.3/28

續通鑑紀事本末一百十卷　(清)李銘漢編輯
清光緒三十二年(1906)刻本　三十二冊

620000－1101－0017594　610.3/29

續通鑑紀事本末一百十卷　(清)李銘漢編輯
清光緒三十二年(1906)刻本　三十二冊

620000－1101－0017595　199

續文選三十二卷　(明)湯紹祖輯　明萬曆三
十年(1602)希貴堂刻本　十六冊

620000－1101－0017596　199

續文選三十二卷　(明)湯紹祖輯　明萬曆三
十年(1602)希貴堂刻本　十四冊　存二十九
卷(四至三十二)

620000－1101－0017597　835.235

續文章正宗復刻十二卷　(宋)真德秀輯　清
同治三年(1864)刻本　十冊

620000－1101－0017598　415/942

續西醫舉隅四十七篇　(英國)德貞撰　清光
緒元年(1875)刻本　一冊

620000－1101－0017599　192.1/286.1

續心影集四卷 （清）李士麟編輯 清光緒二年(1876)蘭州郡署刻本 四冊

620000－1101－0017600 192.1/286.1

續心影集四卷 （清）李士麟編輯 清光緒二年(1876)蘭州郡署刻本 四冊

620000－1101－0017601 672.15/205.92

續修楓涇小志十卷首一卷 （清）程兼善纂 清宣統三年(1911)鉛印本 四冊

620000－1101－0017602 568.43/0.858

續修通商進口稅則善後章程不分卷 （清）□□輯 清光緒三十一年(1905)上海刻本 一冊

620000－1101－0017603 684.8/748

續修雲林寺誌八卷 （清）沈鑅彪纂 清光緒十四年(1888)錢塘丁氏嘉惠堂刻本 一冊 存二卷(七至八)

620000－1101－0017604 684.8/748

續修雲林寺誌八卷 （清）沈鑅彪纂 清光緒十四年(1888)錢塘丁氏嘉惠堂刻本 一冊 存三卷(一至三)

620000－1101－0017605 684.8/748

續修雲林寺誌八卷 （清）沈鑅彪纂 清光緒十四年(1888)錢塘丁氏嘉惠堂刻本 二冊 存五卷(四至八)

620000－1101－0017606 830/257

續選古文雅正十四卷 （清）林有席評輯 清道光二十二年(1842)刻本 十五冊

620000－1101－0017607 413.63/0.354.003

續增大生要旨六卷 （清）唐千頃纂 （清）馬振蕃增補 （清）何大生續增 清道光二十九年(1849)刻本 一冊

620000－1101－0017608 573.332/109.003

續增科場條例不分卷 （清）□□輯 清道光刻本 一冊

620000－1101－0017609 573.332/109.004

續增科場條例不分卷 （清）□□輯 清咸豐九年(1859)刻本 一冊

620000－1101－0017610 573.332/109

續增科場條例不分卷 （清）□□輯 清晚期刻本 一冊

620000－1101－0017611 573.332/109.002

續增科場條例不分卷 （清）□□輯 清晚期刻本 二冊 存道光十四年至二十四年

620000－1101－0017612 573.332/109.001

續增科場條例不分卷 （清）□□輯 清晚期刻本 三冊 存道光十五年至十六年、二十三年至二十四年、二十六年至二十九年

620000－1101－0017613 586.65/477

續增洗冤錄辨正三卷 （清）瞿中溶撰 （清）李璋煜重訂 清光緒石印本 一冊

620000－1101－0017614 585.8/106

續增刑案匯覽十六卷 （清）祝慶祺編 清道光二十年(1840)慎思堂刻本 十六冊

620000－1101－0017615 082.7/644

續知不足齋叢書十七種四十四卷 （清）高承勳輯 清渤海高氏刻本 八冊 存十一種二十二卷(古今事物考八卷、戴氏鼠璞二卷、聽雨紀談一卷、三餘贅筆一卷、物原一卷、山水忠肝集摘要一卷、大六壬苗公射覆鬼撮腳三卷、宜齋野乘一卷、痛餘雜錄一卷、豪譜一卷、遊戲錄二卷)

620000－1101－0017616 226/157

續指月錄二十卷首一卷尊宿集一卷 （清）聶先編集 清光緒十二年(1886)金陵刻經處刻本 六冊

620000－1101－0017617 610.23/102

續資治通鑑長編拾補六十卷 （清）秦緗業等輯 清光緒九年(1883)浙江書局刻本 十六冊

620000－1101－0017618 726

續資治通鑑長編五百二十卷 （宋）李燾撰 清乾隆內府寫文瀾閣四庫全書本 一冊 存二卷(三百六十九至三百七十)

620000－1101－0017619 610.23/285

續資治通鑑長編五百二十卷 （宋）李燾撰
清光緒七年（1881）浙江書局刻本　一百二十冊

620000－1101－0017620　610.23/285

續資治通鑑長編五百二十卷 （宋）李燾撰
清光緒七年（1881）浙江書局刻本　一百二十冊

620000－1101－0017621　610.23/285

續資治通鑑長編五百二十卷 （宋）李燾撰
清光緒七年（1881）浙江書局刻本　一百二十冊

620000－1101－0017622　4053

續資治通鑑二百二十卷 （清）畢沅輯　清乾隆刻嘉慶六年（1801）補刻本　六十二冊　存二百十三卷（一至二百二、二百十至二百二十）

620000－1101－0017623　4016

續資治通鑑二百二十卷 （清）畢沅輯　清乾隆刻嘉慶六年（1801）補刻同治八年（1869）江蘇書局印本　十冊　存四十六卷（一至四十六）

620000－1101－0017624　610.23/47.002

續資治通鑑二百二十卷 （清）畢沅輯　清乾隆刻嘉慶六年（1801）補刻同治八年（1869）江蘇書局印本　六十冊

620000－1101－0017625　610.23/47.002

續資治通鑑二百二十卷 （清）畢沅輯　清乾隆刻嘉慶六年（1801）補刻同治八年（1869）江蘇書局印本　六十冊

620000－1101－0017626　610.23/47.002

續資治通鑑二百二十卷 （清）畢沅輯　清乾隆刻嘉慶六年（1801）補刻同治八年（1869）江蘇書局印本　六十冊

620000－1101－0017627　610.23/47.002

續資治通鑑二百二十卷 （清）畢沅輯　清乾隆刻嘉慶六年（1801）補刻同治八年（1869）江蘇書局印本　六十冊

620000－1101－0017628　610.23/47.003

續資治通鑑二百二十卷 （清）畢沅輯　清乾隆刻嘉慶六年（1801）補刻本　六十冊

620000－1101－0017629　610.23/47.002

續資治通鑑二百二十卷 （清）畢沅輯　清乾隆刻嘉慶六年（1801）補刻同治八年（1869）江蘇書局印本　二冊　存七卷（二百三至二百九）

620000－1101－0017630　610.23/47.002

續資治通鑑二百二十卷 （清）畢沅輯　清乾隆刻嘉慶六年（1801）補刻同治八年（1869）江蘇書局印本　一冊　存四卷（四十三至四十六）

620000－1101－0017631　610.23/47.001

續資治通鑑二百二十卷 （清）畢沅輯　清光緒二十四年（1898）上海積山書局石印本　二十二冊

620000－1101－0017632　610.23/47.001

續資治通鑑二百二十卷 （清）畢沅輯　清光緒二十八年（1902）上海積山書局石印本　二十二冊

620000－1101－0017633　610.23/47.001

續資治通鑑二百二十卷 （清）畢沅輯　清光緒二十八年（1902）上海積山書局石印本　二十二冊

620000－1101－0017634　610.23/47.001

續資治通鑑二百二十卷 （清）畢沅輯　清光緒二十八年（1902）上海積山書局石印本　九冊　存九十卷（一至五十、八十一至一百十、一百四十一至一百五十）

620000－1101－0017635　47

續資治通鑑綱目二十七卷 （明）商輅等撰
明成化十二年（1476）內府刻本　二十四冊

620000－1101－0017636　48

續資治通鑑綱目二十七卷 （明）商輅等撰
（明）周德恭發明　（明）張時泰廣義　明嘉靖三十九年（1560）書林楊氏歸仁齋刻通鑑綱目全書本　十冊

620000－1101－0017637　610.24/661.01

續資治通鑑綱目二十七卷　（明）商輅等撰
（明）陳仁錫評　清晚期刻本　二十五冊

620000－1101－0017638　585.8/619

續纂駁改比照成案所見十八卷　（清）謝奎
（清）王又槐編　清嘉慶十年（1805）三餘堂刻
本　十冊

620000－1101－0017639　443.689.21/291.07

續纂江蘇水利全案正編四十卷附編十二卷
（清）李慶雲編　清光緒十五年（1889）木活字
印本　十二冊　存二十七卷（正編一至十七
上、附編三至十二）

620000－1101－0017640　095.108/813

續左傳類對賦一卷增訂左傳類對賦一卷
（宋）徐晉卿撰　（清）周春編　清同治、光緒
綠潤堂刻本　二冊

620000－1101－0017641　589.6/0.178

宣統二年甘肅法官第一次考試同門齒錄一卷
　（清）□□編　清宣統二年（1910）鉛印本
一冊

620000－1101－0017642　573.332/133

宣統二年庚戌科優貢授職官職錄不分卷
（清）吏部編制　清宣統二年（1910）刻本
二冊

620000－1101－0017643　566.9215/397.64

宣統三年陝省各府廳州縣歲入歲出款目豫算
表式一卷　（清）陝西清理財政局編　清宣統
三年（1911）陝西圖書館鉛印本　一冊

620000－1101－0017644　566.9215/397.62

宣統三年陝西藩庫歲入歲出各款預算表式一
卷　（清）陝西清理財政局編　清宣統三年
（1911）鉛印本　一冊

620000－1101－0017645　1116

宣統十四年歲次壬戌陰陽合曆不分卷　（清）
□□撰　清宣統朱墨抄本　一冊

620000－1101－0017646　566.9215/397.65

宣統四年度府廳州縣歲出入預算表一卷

（清）陝西清理財政局編　清宣統鉛印本
一冊

620000－1101－0017647　566.9215/0.688

宣統四年陝西興安府白河縣入出款目預算表
一卷　（清）□□編　清宣統二年（1910）抄本
一冊

620000－1101－0017648　565.23/717

宣統元年冬季分司道關局報告冊不分卷
（清）浙江清理財政局編　清宣統二年（1910）
稿本　十四冊

620000－1101－0017649　295/0.688

宣宗成皇帝黜異端以崇正學韻文一卷　（清）
宣宗旻寧撰　大清律例不分卷　（清）□□撰
恪靖伯禁種罌粟四字諭不分卷　（清）左宗
棠撰　清光緒三年（1877）刻本　一冊

620000－1101－0017650　651.76/701

宣宗成皇帝聖訓一百二十卷　（清）宣宗旻寧
撰　清咸豐六年（1856）武英殿刻本　五冊
存五卷（一百一至一百五）

620000－1101－0017651　1054

玄宗內典諸經註十二種十三卷　（明）邵以正
輯　明萬曆十九年（1591）刻清康熙二十一年
（1682）周在延重修本　一冊

620000－1101－0017652　1183

旋宮合樂譜一卷　（明）朱載堉撰　明萬曆鄭
藩刻樂律全書本　一冊

620000－1101－0017653　835.7/942

選鈔雜文不分卷　（清）德卿抄　清光緒五年
（1879）抄本　一冊

620000－1101－0017654　370

選賦六卷　（南朝梁）蕭統選　（明）郭正域評
點　名人世次爵里一卷　明鳳笙閣刻朱墨套
印本　六冊

620000－1101－0017655　370

選賦六卷　（南朝梁）蕭統選　（明）郭正域評
點　名人世次爵里一卷　明鳳笙閣刻朱墨套
印本　六冊

620000 – 1101 – 0017656　802.24/620

選集漢印分韻二卷　（清）袁日省選集　（清）謝雲生摹錄　**續集漢印分韻二卷**　（清）謝景卿纂摹　清嘉慶二年至八年（1797 – 1803）漱藝堂刻本　四冊

620000 – 1101 – 0017657　802.24/620

選集漢印分韻二卷　（清）袁日省選集　（清）謝雲生摹錄　**續集漢印分韻二卷**　（清）謝景卿纂摹　清嘉慶二年至八年（1797 – 1803）漱藝堂刻本　四冊

620000 – 1101 – 0017658　802.24/620

選集漢印分韻二卷　（清）袁日省選集　（清）謝雲生摹錄　**續集漢印分韻二卷**　（清）謝景卿纂摹　清嘉慶二年至八年（1797 – 1803）漱藝堂刻本　四冊

620000 – 1101 – 0017659　802.16/792

選雅二十卷　程先甲述　清光緒二十八年（1902）千一齋刻本　八冊

620000 – 1101 – 0017660　413.08/567

薛氏醫按二十四種一百七卷　（明）薛己等撰　清光華堂刻本　四十八冊　缺二種二卷（外傷金鏡錄一卷、癰疽神秘驗方一卷）

620000 – 1101 – 0017661　413.08/567.001

薛氏醫按二十四種一百七卷　（明）薛己等撰　清刻本　四十六冊　缺一種一卷（錢氏小兒直訣四）

620000 – 1101 – 0017662　126.1/566.08

薛文清公讀書錄鈔四卷　（明）薛瑄撰　清光緒七年（1881）仁和葛氏刻本　一冊

620000 – 1101 – 0017663　585.8/910

學案初模不分卷　（清）伊里布輯　清光緒七年（1881）甘肅臬署刻本　十冊

620000 – 1101 – 0017664　585.8/910

學案初模不分卷　（清）伊里布輯　清光緒七年（1881）甘肅臬署刻本　十冊

620000 – 1101 – 0017665　585.8/910

學案初模續編不分卷　（清）伊里布輯　清光

緒七年（1881）甘肅臬署刻本　十冊

620000 – 1101 – 0017666　585.8/910

學案初模續編不分卷　（清）伊里布輯　清光緒七年（1881）甘肅臬署刻本　十冊

620000 – 1101 – 0017667　585.8/910

學案初模續編不分卷　（清）伊里布輯　清光緒七年（1881）甘肅臬署刻本　十冊

620000 – 1101 – 0017668　127.09/667

學案小識十四卷首一卷末一卷　（清）唐鑑撰　清光緒十年（1884）刻本　十二冊

620000 – 1101 – 0017669　059/880

學部官報不分卷　（清）學部圖書局編輯　清光緒三十一年至宣統元年（1905 – 1909）學部圖書局鉛印本　十冊

620000 – 1101 – 0017670　059/880.003

學部官報不分卷　（清）學部圖書局編輯　清光緒三十四年至宣統元年（1908 – 1909）學部圖書局鉛印本　一冊

620000 – 1101 – 0017671　059/880.001

學部官報第八十一期　（清）學部圖書局編輯　清光緒三十三年（1907）學部圖書局鉛印本　一冊

620000 – 1101 – 0017672　059/880.002

學部官報第十二期　（清）學部圖書局編輯　清光緒三十二年（1906）學部圖書局鉛印本　一冊

620000 – 1101 – 0017673　015.5/236

學部審定學堂教科書目表不分卷　（清）□□編　清光緒三十一年（1905）南洋官書局石印本　一冊

620000 – 1101 – 0017674　016.037/880

學部審定學堂教科書目表不分卷學堂參考書目表不分卷　（清）□□編　清光緒三十一年（1905）南洋官書局石印本　一冊

620000 – 1101 – 0017675　2683

學蔀通辨前編三卷續編三卷後編三卷終編三卷　（明）陳建撰　（清）陳璋等輯　清雍正六

年(1728)刻本　四冊

620000 - 1101 - 0017676　536

學的二卷　(明)丘濬輯　清康熙汪霦高興郡署刻本　二冊

620000 - 1101 - 0017677　533.24/0.880

學宮志不分卷　(清)彭君振編撰　清光緒二十五年(1899)溧陽志書局刻本　一冊

620000 - 1101 - 0017678　2426

學宮志一卷　(清)□□纂修　清光緒二十五年(1899)溧陽志書局木活字印本　一冊

620000 - 1101 - 0017679　041.78/334

學古堂日記四十種五十四卷　(清)雷浚等選輯　(清)吳履剛等編次　清光緒十六年(1890)刻二十二年(1896)續刻本　二十六冊

620000 - 1101 - 0017680　791.11/521

學古齋金石叢書十二種七十卷　(清)葛元煦輯　清光緒崇川葛氏學古齋刻本　二十四冊　存六種四十七卷(元豐金石跋尾一卷,古刻叢鈔一卷,金薤琳琅二十卷、附補遺一卷,金石古文十四卷,石墨鐫華八卷,金石史二卷)

620000 - 1101 - 0017681　847.6/56.01

學詁齋文集二卷　(清)薛壽撰　清光緒六年(1880)刻本　一冊

620000 - 1101 - 0017682　847.6/56

學詁齋文集二卷　(清)薛壽撰　清光緒十五年(1889)廣雅書局刻本　一冊

620000 - 1101 - 0017683　847.6/56

學詁齋文集二卷　(清)薛壽撰　清光緒十五年(1889)廣雅書局刻本　二冊

620000 - 1101 - 0017684　847.6/56

學詁齋文集二卷　(清)薛壽撰　清光緒十五年(1889)廣雅書局刻本　一冊

620000 - 1101 - 0017685　830.74/37.43

學海堂集十六卷　(清)阮元等輯　清道光五年(1825)啟秀山房刻本　四冊　存八卷(一至八)

620000 - 1101 - 0017686　830.74/37.43

學海堂集十六卷二集二十二卷三集二十四卷四集二十八卷　(清)阮元等輯　清道光五年至光緒十二年(1825 - 1886)啟秀山房刻本　四十冊

620000 - 1101 - 0017687　830.74/37.43

學海堂集十六卷二集二十二卷三集二十四卷四集二十八卷　(清)阮元等輯　清道光五年至光緒十二年(1825 - 1886)啟秀山房刻本　十四冊　存三十七卷(學海堂集十六卷、二集一至十、三集一至十一)

620000 - 1101 - 0017688　830.74/37.43

學海堂集十六卷二集二十二卷三集二十四卷四集二十八卷　(清)阮元等輯　清道光五年至光緒十二年(1825 - 1886)啟秀山房刻本　二十八冊　存六十九卷(學海堂集十六卷、二集二十二卷、三集二十四卷、四集一至七)

620000 - 1101 - 0017689　830.74/37.43

學海堂三集二十四卷　(清)阮元等輯　清咸豐九年(1859)啟秀山房刻本　三冊　存十卷(十二至十四、十八至二十四)

620000 - 1101 - 0017690　072.77/491

學話四卷　(清)盧政著　清同治十三年(1874)抄本　四冊

620000 - 1101 - 0017691　313/719

學計韻言不分卷　(清)江衡述　清光緒三十二年(1906)隴右樂善書局刻本　一冊

620000 - 1101 - 0017692　313/719

學計韻言不分卷　(清)江衡述　清光緒三十二年(1906)隴右樂善書局刻本　一冊

620000 - 1101 - 0017693　313/719

學計韻言不分卷　(清)江衡述　清光緒三十二年(1906)隴右樂善書局刻本　一冊

620000 - 1101 - 0017694　313/719

學計韻言不分卷　(清)江衡述　清光緒三十二年(1906)隴右樂善書局刻本　一冊

620000 - 1101 - 0017695　313/719

學計韻言不分卷　(清)江衡述　清光緒三十

二年(1906)隴右樂善書局刻本　一冊

620000－1101－0017696　313/719
學計韻言不分卷　（清）江衡述　清光緒三十二年(1906)隴右樂善書局刻本　一冊

620000－1101－0017697　313/719
學計韻言不分卷　（清）江衡述　清光緒三十二年(1906)隴右樂善書局刻本　一冊

620000－1101－0017698　313/719
學計韻言不分卷　（清）江衡述　清光緒三十二年(1906)隴右樂善書局刻本　一冊

620000－1101－0017699　313/719
學計韻言不分卷　（清）江衡述　清光緒三十二年(1906)隴右樂善書局刻本　一冊

620000－1101－0017700　313/719
學計韻言不分卷　（清）江衡述　清光緒三十二年(1906)隴右樂善書局刻本　一冊

620000－1101－0017701　313/719
學計韻言不分卷　（清）江衡述　清光緒三十二年(1906)隴右樂善書局刻本　一冊

620000－1101－0017702　094.38/890
學記臆解一卷　（清）劉光蕡著　清末甘肅高等學堂刻本　一冊

620000－1101－0017703　094.3/890
學記臆解一卷　（清）劉光蕡著　清末甘肅高等學堂刻本　一冊

620000－1101－0017704　094.3/890
學記臆解一卷　（清）劉光蕡著　清末甘肅高等學堂刻本　一冊

620000－1101－0017705　094.3/890
學記臆解一卷　（清）劉光蕡著　清末甘肅高等學堂刻本　一冊

620000－1101－0017706　094.3/890
學記臆解一卷　（清）劉光蕡著　清末甘肅高等學堂刻本　一冊

620000－1101－0017707　094.3/890
學記臆解一卷　（清）劉光蕡著　清末甘肅高

等學堂刻本　一冊

620000－1101－0017708　094.3/890
學記臆解一卷　（清）劉光蕡著　清末甘肅高等學堂刻本　一冊

620000－1101－0017709　094.3/890
學記臆解一卷　（清）劉光蕡著　清末甘肅高等學堂刻本　一冊

620000－1101－0017710　094.3/890
學記臆解一卷　（清）劉光蕡著　清末甘肅高等學堂刻本　一冊

620000－1101－0017711　094.3/890
學記臆解一卷　（清）劉光蕡著　清末甘肅高等學堂刻本　一冊

620000－1101－0017712　094.3/890
學記臆解一卷　（清）劉光蕡著　清末甘肅高等學堂刻本　一冊

620000－1101－0017713　094.3/890
學記臆解一卷　（清）劉光蕡著　清末甘肅高等學堂刻本　一冊

620000－1101－0017714　094.3/890
學記臆解一卷　（清）劉光蕡著　清末甘肅高等學堂刻本　一冊

620000－1101－0017715　094.3/890
學記臆解一卷　（清）劉光蕡著　清末甘肅高等學堂刻本　一冊

620000－1101－0017716　094.3/890
學記臆解一卷　（清）劉光蕡著　清末甘肅高等學堂刻本　一冊

620000－1101－0017717　094.3/890
學記臆解一卷　（清）劉光蕡著　清末甘肅高等學堂刻本　一冊

620000－1101－0017718　094.3/890
學記臆解一卷　（清）劉光蕡著　清末甘肅高等學堂刻本　一冊

620000－1101－0017719　094.3/890
學記臆解一卷　（清）劉光蕡著　清末甘肅高

等學堂刻本　一冊

620000 – 1101 – 0017720　094.3/890
學記臆解一卷　（清）劉光蕡著　清末甘肅高
等學堂刻本　一冊

620000 – 1101 – 0017721　094.3/890
學記臆解一卷　（清）劉光蕡著　清末甘肅高
等學堂刻本　一冊

620000 – 1101 – 0017722　094.3/890
學記臆解一卷　（清）劉光蕡著　清末甘肅高
等學堂刻本　一冊

620000 – 1101 – 0017723　094.3/890
學記臆解一卷　（清）劉光蕡著　清末甘肅高
等學堂刻本　一冊

620000 – 1101 – 0017724　094.3/890
學記臆解一卷　（清）劉光蕡著　清末甘肅高
等學堂刻本　一冊

620000 – 1101 – 0017725　094.3/890
學記臆解一卷　（清）劉光蕡著　清末甘肅高
等學堂刻本　一冊

620000 – 1101 – 0017726　094.3/890
學記臆解一卷　（清）劉光蕡著　清末甘肅高
等學堂刻本　一冊

620000 – 1101 – 0017727　094.3/890
學記臆解一卷　（清）劉光蕡著　清末甘肅高
等學堂刻本　一冊

620000 – 1101 – 0017728　094.3/890
學記臆解一卷　（清）劉光蕡著　清末甘肅高
等學堂刻本　一冊

620000 – 1101 – 0017729　094.3/890
學記臆解一卷　（清）劉光蕡著　清末甘肅高
等學堂刻本　一冊

620000 – 1101 – 0017730　094.3/890
學記臆解一卷　（清）劉光蕡著　清末甘肅高
等學堂刻本　一冊

620000 – 1101 – 0017731　094.3/890
學記臆解一卷　（清）劉光蕡著　清末甘肅高

等學堂刻本　一冊

620000 – 1101 – 0017732　094.3/890
學記臆解一卷　（清）劉光蕡著　清末甘肅高
等學堂刻本　一冊

620000 – 1101 – 0017733　094.3/890
學記臆解一卷　（清）劉光蕡著　清末甘肅高
等學堂刻本　一冊

620000 – 1101 – 0017734　094.3/890
學記臆解一卷　（清）劉光蕡著　清末甘肅高
等學堂刻本　一冊

620000 – 1101 – 0017735　094.3/890
學記臆解一卷　（清）劉光蕡著　清末甘肅高
等學堂刻本　一冊

620000 – 1101 – 0017736　094.3/890
學記臆解一卷　（清）劉光蕡著　清末甘肅高
等學堂刻本　一冊

620000 – 1101 – 0017737　094.3/890
學記臆解一卷　（清）劉光蕡著　清末甘肅高
等學堂刻本　一冊

620000 – 1101 – 0017738　094.3/890
學記臆解一卷　（清）劉光蕡著　清末甘肅高
等學堂刻本　一冊

620000 – 1101 – 0017739　094.3/890
學記臆解一卷　（清）劉光蕡著　清末甘肅高
等學堂刻本　一冊

620000 – 1101 – 0017740　094.3/890
學記臆解一卷　（清）劉光蕡著　清末甘肅高
等學堂刻本　一冊

620000 – 1101 – 0017741　094.3/890
學記臆解一卷　（清）劉光蕡著　清末甘肅高
等學堂刻本　一冊

620000 – 1101 – 0017742　094.3/890
學記臆解一卷　（清）劉光蕡著　清末甘肅高
等學堂刻本　一冊

620000 – 1101 – 0017743　094.3/890
學記臆解一卷　（清）劉光蕡著　清末甘肅高

等學堂刻本　一冊

620000－1101－0017744　094.3/890
學記臆解一卷　（清）劉光蕡著　清末甘肅高
等學堂刻本　一冊

620000－1101－0017745　094.3/890
學記臆解一卷　（清）劉光蕡著　清末甘肅高
等學堂刻本　一冊

620000－1101－0017746　094.3/890
學記臆解一卷　（清）劉光蕡著　清末甘肅高
等學堂刻本　一冊

620000－1101－0017747　094.3/890
學記臆解一卷　（清）劉光蕡著　清末甘肅高
等學堂刻本　一冊

620000－1101－0017748　094.3/890
學記臆解一卷　（清）劉光蕡著　清末甘肅高
等學堂刻本　一冊

620000－1101－0017749　094.3/890
學記臆解一卷　（清）劉光蕡著　清末甘肅高
等學堂刻本　一冊

620000－1101－0017750　094.3/890
學記臆解一卷　（清）劉光蕡著　清末甘肅高
等學堂刻本　一冊

620000－1101－0017751　094.3/890
學記臆解一卷　（清）劉光蕡著　清末甘肅高
等學堂刻本　一冊

620000－1101－0017752　094.3/890
學記臆解一卷　（清）劉光蕡著　清末甘肅高
等學堂刻本　一冊

620000－1101－0017753　094.3/890
學記臆解一卷　（清）劉光蕡著　清末甘肅高
等學堂刻本　一冊

620000－1101－0017754　094.3/890
學記臆解一卷　（清）劉光蕡著　清末甘肅高
等學堂刻本　一冊

620000－1101－0017755　094.3/890
學記臆解一卷　（清）劉光蕡著　清末甘肅高

等學堂刻本　一冊

620000－1101－0017756　094.3/890
學記臆解一卷　（清）劉光蕡著　清末甘肅高
等學堂刻本　一冊

620000－1101－0017757　094.3/890
學記臆解一卷　（清）劉光蕡著　清末甘肅高
等學堂刻本　一冊

620000－1101－0017758　094.3/890
學記臆解一卷　（清）劉光蕡著　清末甘肅高
等學堂刻本　一冊

620000－1101－0017759　094.3/890
學記臆解一卷　（清）劉光蕡著　清末甘肅高
等學堂刻本　一冊

620000－1101－0017760　094.3/890
學記臆解一卷　（清）劉光蕡著　清末甘肅高
等學堂刻本　一冊

620000－1101－0017761　094.3/890
學記臆解一卷　（清）劉光蕡著　清末甘肅高
等學堂刻本　一冊

620000－1101－0017762　094.3/890
學記臆解一卷　（清）劉光蕡著　清末甘肅高
等學堂刻本　一冊

620000－1101－0017763　094.3/890
學記臆解一卷　（清）劉光蕡著　清末甘肅高
等學堂刻本　一冊

620000－1101－0017764　094.3/890
學記臆解一卷　（清）劉光蕡著　清末甘肅高
等學堂刻本　一冊

620000－1101－0017765　094.3/890
學記臆解一卷　（清）劉光蕡著　清末甘肅高
等學堂刻本　一冊

620000－1101－0017766　094.3/890
學記臆解一卷　（清）劉光蕡著　清末甘肅高
等學堂刻本　一冊

620000－1101－0017767　094.3/890
學記臆解一卷　（清）劉光蕡著　清末甘肅高

等學堂刻本　一冊

620000－1101－0017768　094.3/890
學記臆解一卷　（清）劉光蕡著　清末甘肅高
等學堂刻本　一冊

620000－1101－0017769　094.3/890
學記臆解一卷　（清）劉光蕡著　清末甘肅高
等學堂刻本　一冊

620000－1101－0017770　094.3/890
學記臆解一卷　（清）劉光蕡著　清末甘肅高
等學堂刻本　一冊

620000－1101－0017771　094.3/890
學記臆解一卷　（清）劉光蕡著　清末甘肅高
等學堂刻本　一冊

620000－1101－0017772　094.3/890
學記臆解一卷　（清）劉光蕡著　清末甘肅高
等學堂刻本　一冊

620000－1101－0017773　094.3/890
學記臆解一卷　（清）劉光蕡著　清末甘肅高
等學堂刻本　一冊

620000－1101－0017774　094.3/890
學記臆解一卷　（清）劉光蕡著　清末甘肅高
等學堂刻本　一冊

620000－1101－0017775　094.3/890
學記臆解一卷　（清）劉光蕡著　清末甘肅高
等學堂刻本　一冊

620000－1101－0017776　094.3/890
學記臆解一卷　（清）劉光蕡著　清末甘肅高
等學堂刻本　一冊

620000－1101－0017777　094.3/890
學記臆解一卷　（清）劉光蕡著　清末甘肅高
等學堂刻本　一冊

620000－1101－0017778　094.3/890
學記臆解一卷　（清）劉光蕡著　清末甘肅高
等學堂刻本　一冊

620000－1101－0017779　094.3/890
學記臆解一卷　（清）劉光蕡著　清末甘肅高

等學堂刻本　一冊

620000－1101－0017780　094.3/890
學記臆解一卷　（清）劉光蕡著　清末甘肅高
等學堂刻本　一冊

620000－1101－0017781　094.3/890
學記臆解一卷　（清）劉光蕡著　清末甘肅高
等學堂刻本　一冊

620000－1101－0017782　094.3/890
學記臆解一卷　（清）劉光蕡著　清末甘肅高
等學堂刻本　一冊

620000－1101－0017783　094.3/890
學記臆解一卷　（清）劉光蕡著　清末甘肅高
等學堂刻本　一冊

620000－1101－0017784　094.3/890
學記臆解一卷　（清）劉光蕡著　清末甘肅高
等學堂刻本　一冊

620000－1101－0017785　094.3/890
學記臆解一卷　（清）劉光蕡著　清末甘肅高
等學堂刻本　一冊

620000－1101－0017786　094.3/890
學記臆解一卷　（清）劉光蕡著　清末甘肅高
等學堂刻本　一冊

620000－1101－0017787　094.3/890
學記臆解一卷　（清）劉光蕡著　清末甘肅高
等學堂刻本　一冊

620000－1101－0017788　094.3/890
學記臆解一卷　（清）劉光蕡著　清末甘肅高
等學堂刻本　一冊

620000－1101－0017789　094.3/890
學記臆解一卷　（清）劉光蕡著　清末甘肅高
等學堂刻本　一冊

620000－1101－0017790　094.3/890
學記臆解一卷　（清）劉光蕡著　清末甘肅高
等學堂刻本　一冊

620000－1101－0017791　094.3/890
學記臆解一卷　（清）劉光蕡著　清末甘肅高

等學堂刻本　一冊

620000－1101－0017792　094.3/890
學記臆解一卷　（清）劉光蕡著　清末甘肅高
等學堂刻本　一冊

620000－1101－0017793　094.3/890
學記臆解一卷　（清）劉光蕡著　清末甘肅高
等學堂刻本　一冊

620000－1101－0017794　094.3/890
學記臆解一卷　（清）劉光蕡著　清末甘肅高
等學堂刻本　一冊

620000－1101－0017795　094.3/890
學記臆解一卷　（清）劉光蕡著　清末甘肅高
等學堂刻本　一冊

620000－1101－0017796　094.3/890
學記臆解一卷　（清）劉光蕡著　清末甘肅高
等學堂刻本　一冊

620000－1101－0017797　094.3/890
學記臆解一卷　（清）劉光蕡著　清末甘肅高
等學堂刻本　一冊

620000－1101－0017798　094.3/890
學記臆解一卷　（清）劉光蕡著　清末甘肅高
等學堂刻本　一冊

620000－1101－0017799　094.3/890
學記臆解一卷　（清）劉光蕡著　清末甘肅高
等學堂刻本　一冊

620000－1101－0017800　094.3/890
學記臆解一卷　（清）劉光蕡著　清末甘肅高
等學堂刻本　一冊

620000－1101－0017801　094.3/890
學記臆解一卷　（清）劉光蕡著　清末甘肅高
等學堂刻本　一冊

620000－1101－0017802　094.3/890
學記臆解一卷　（清）劉光蕡著　清末甘肅高
等學堂刻本　一冊

620000－1101－0017803　094.3/890
學記臆解一卷　（清）劉光蕡著　清末甘肅高

620000－1101－0017804　094.3/890
學記臆解一卷　（清）劉光蕡著　清末甘肅高
等學堂刻本　一冊

620000－1101－0017805　094.3/890
學記臆解一卷　（清）劉光蕡著　清末甘肅高
等學堂刻本　一冊

620000－1101－0017806　094.3/890
學記臆解一卷　（清）劉光蕡著　清末甘肅高
等學堂刻本　一冊

620000－1101－0017807　094.3/890
學記臆解一卷　（清）劉光蕡著　清末甘肅高
等學堂刻本　一冊

620000－1101－0017808　094.3/890
學記臆解一卷　（清）劉光蕡著　清末甘肅高
等學堂刻本　一冊

620000－1101－0017809　094.3/890
學記臆解一卷　（清）劉光蕡著　清末甘肅高
等學堂刻本　一冊

620000－1101－0017810　094.3/890
學記臆解一卷　（清）劉光蕡著　清末甘肅高
等學堂刻本　一冊

620000－1101－0017811　094.3/890
學記臆解一卷　（清）劉光蕡著　清末甘肅高
等學堂刻本　一冊

620000－1101－0017812　094.3/890
學記臆解一卷　（清）劉光蕡著　清末甘肅高
等學堂刻本　一冊

620000－1101－0017813　094.3/890
學記臆解一卷　（清）劉光蕡著　清末甘肅高
等學堂刻本　一冊

620000－1101－0017814　094.3/890
學記臆解一卷　（清）劉光蕡著　清末甘肅高
等學堂刻本　一冊

620000－1101－0017815　094.3/890
學記臆解一卷　（清）劉光蕡著　清末甘肅高

等學堂刻本　一冊

620000－1101－0017816　094.3/890

學記臆解一卷　（清）劉光蕡著　清末甘肅高
等學堂刻本　一冊

620000－1101－0017817　094.3/890

學記臆解一卷　（清）劉光蕡著　清末甘肅高
等學堂刻本　一冊

620000－1101－0017818　094.3/890

學記臆解一卷　（清）劉光蕡著　清末甘肅高
等學堂刻本　一冊

620000－1101－0017819　094.3/890

學記臆解一卷　（清）劉光蕡著　清末甘肅高
等學堂刻本　一冊

620000－1101－0017820　094.3/890

學記臆解一卷　（清）劉光蕡著　清末甘肅高
等學堂刻本　一冊

620000－1101－0017821　312/279

學疆恕齋筆算十卷　（清）梅啓照輯　清同治
刻本　八冊

620000－1101－0017822　3195

學林十卷　（宋）王觀國撰　清乾隆福建刻道
光、同治遞修武英殿聚珍版書本　十冊

620000－1101－0017823　075.521/115

學林十卷　（宋）王觀國撰　清嘉慶十四年
（1809）蕭山陳氏刻湖海樓叢書本（有補配）
四冊

620000－1101－0017824　192.8/37

學廬自鏡語一卷補勤幼學錄一卷　（清）陳錦
撰　清光緒五年（1879）刻本　一冊

620000－1101－0017825　573.42/0.880

學幕須知不分卷　（清）□□輯　清晚期抄本
　一冊

620000－1101－0017826　093.13/79.28

學詩堂經解二十卷　（清）李宗棠撰　清宣統
三年（1911）鉛印本　八冊

620000－1101－0017827　830.117/965

學詩詳說三十卷正詁五卷　（清）顧廣譽撰
清光緒三年（1877）刻本　十冊

620000－1101－0017828　573.42/211

學仕錄十六卷　（清）戴肇辰輯　清同治刻本
二冊　存四卷（十三至十六）

620000－1101－0017829　082.8/954

學壽堂叢書十二種八十九卷　（清）徐紹楨輯
清咸豐、光緒番禺徐氏梧州刻本　二十六
冊　存十種八十二卷（通介堂經說三十七卷、
樂律考二卷、四書質疑十九卷、三國志質疑六
卷、後漢書朔閏考五卷、勾股通義三卷、學一
齋算課草四卷、學一齋勾股代數草二卷、學一
齋算學問答一卷、算學報三卷）

620000－1101－0017830　312/502

學算筆談十二卷　（清）華蘅芳學　清光緒二
十二年（1896）鉛印本　四冊

620000－1101－0017831　312/502

學算筆談十二卷　（清）華蘅芳學　清光緒二
十二年（1896）鉛印本　四冊

620000－1101－0017832　312/502

學算筆談十二卷　（清）華蘅芳學　清光緒二
十二年（1896）鉛印本　四冊

620000－1101－0017833　312/502

學算筆談十二卷　（清）華蘅芳學　清光緒二
十二年（1896）鉛印本　四冊

620000－1101－0017834　312/502.002

學算筆談十二卷　（清）華蘅芳學　清光緒二
十二年（1896）上海文瑞樓石印本　四冊

620000－1101－0017835　312/502.001

學算筆談十二卷　（清）華蘅芳學　清光緒二
十三年（1897）味經刊書處刻本　六冊

620000－1101－0017836　312/502.001

學算筆談十二卷　（清）華蘅芳學　清光緒二
十三年（1897）味經刊書處刻本　六冊

620000－1101－0017837　312/502.003

學算筆談十二卷　（清）華蘅芳學　清光緒三
十一年（1905）廣益書局石印本　四冊

620000－1101－0017838　312/502.003

學算筆談十二卷　（清）華蘅芳學　清光緒三十一年（1905）廣益書局石印本　一冊　存三卷（七至九）

620000－1101－0017839　312/502.004

學算筆談十二卷　（清）華蘅芳學　清光緒石印本　四冊

620000－1101－0017840　312/502

學算筆談十二卷　（清）華蘅芳學　清光緒二十二年（1896）鉛印本　四冊

620000－1101－0017841　521.4/272

學堂備覽一卷　（清）楊文慶撰　清同治元年（1862）刻本　一冊

620000－1101－0017842　525.11/309

學堂章程不分卷　（清）張百熙　（清）張之洞等擬訂　清光緒石印本　一冊

620000－1101－0017843　120.9/856

學統五十六卷　（清）熊賜履撰　清道光刻本　十六冊

620000－1101－0017844　2927

學統五十六卷閑道錄三卷下學堂劄記三卷（清）熊賜履撰　清康熙二十四年（1685）熊氏經義齋刻本　十六冊

620000－1101－0017845　847.2/38

學文堂文集十六卷詩集五卷詩餘三卷　（清）陳玉璂撰　清光緒二十三年（1897）武進盛氏刻本　四冊　存十六卷（文集十六卷）

620000－1101－0017846　847.2/38

學文堂文集十六卷詩集五卷詩餘三卷　（清）陳玉璂撰　清光緒二十三年（1897）武進盛氏刻本　六冊

620000－1101－0017847　527/661

學校管理法八章　（清）商務印書館編譯所編纂　清光緒三十二年（1906）上海商務印書館鉛印本　一冊

620000－1101－0017848　521.72/461

學校制度不分卷　（日本）隈本繁吉講授

（清）程家檉編譯　清光緒三十二年（1906）京師學部編譯書局鉛印本　一冊

620000－1101－0017849　097.37/121

學庸便童錄二卷　（清）王化興輯　清道光八年（1828）刻本　一冊

620000－1101－0017850　097.47/0.880

學庸精義摘錄一卷　（清）□□摘錄　清同治、光緒抄本　一冊

620000－1101－0017851　4340

學庸思辨錄十四卷　（清）朱鼎謙輯　清乾隆十四年（1749）玉山講堂刻本　五冊　存八卷（中庸思辨錄二至九）

620000－1101－0017852　573.42/395

學治偶存八卷　（清）陸維祺撰　清光緒十九年（1893）刻本　四冊

620000－1101－0017853　573.42/352.001

學治要言一卷　（清）左宗棠編　清同治十一年（1872）安定營次刻本　一冊

620000－1101－0017854　573.42/352.001

學治要言一卷　（清）左宗棠編　清同治十一年（1872）安定營次刻本　一冊

620000－1101－0017855　573.42/352.001

學治要言一卷　（清）左宗棠編　清同治十一年（1872）安定營次刻本　一冊

620000－1101－0017856　573.42/352

學治要言一卷　（清）左宗棠編　清光緒十五年（1889）陝西藩署刻本　一冊

620000－1101－0017857　573.42/352

學治要言一卷　（清）左宗棠編　清光緒十五年（1889）陝西藩署刻本　一冊

620000－1101－0017858　573.42/352

學治要言一卷　（清）左宗棠編　清光緒十五年（1889）陝西藩署刻本　一冊

620000－1101－0017859　573.42/897

學治一得編不分卷　（清）何耿繩編　清道光二十一年（1841）眉壽堂刻本　一冊

620000－1101－0017860　573.42/117.003

學治臆說二卷續說一卷說贅一卷　（清）汪輝祖著　清光緒二十二年(1896)甘肅藩署刻本　一冊

620000－1101－0017861　573.42/117.003

學治臆說二卷續說一卷說贅一卷　（清）汪輝祖著　清光緒二十二年(1896)甘肅藩署刻本　一冊

620000－1101－0017862　573.42/117.003

學治臆說二卷續說一卷說贅一卷　（清）汪輝祖著　清光緒二十二年(1896)甘肅藩署刻本　一冊

620000－1101－0017863　573.42/117.003

學治臆說二卷續說一卷說贅一卷　（清）汪輝祖著　清光緒二十二年(1896)甘肅藩署刻本　一冊

620000－1101－0017864　573.42/117.003

學治臆說二卷續說一卷說贅一卷　（清）汪輝祖著　清光緒二十二年(1896)甘肅藩署刻本　一冊

620000－1101－0017865　573.42/117.003

學治臆說二卷續說一卷說贅一卷　（清）汪輝祖著　清光緒二十二年(1896)甘肅藩署刻本　一冊

620000－1101－0017866　573.42/117

學治臆說二卷續說一卷說贅一卷　（清）汪輝祖著　清光緒江蘇書局刻本　一冊

620000－1101－0017867　573.42/117.001

學治臆說二卷續說一卷說贅一卷重刻附記一卷附增畿輔事宜一卷　（清）汪輝祖著　清道光十七年(1837)刻本　一冊

620000－1101－0017868　573.42/117.002

學治臆說一卷續說一卷說贅一卷　（清）汪輝祖著　清道光三年(1823)刻本　二冊

620000－1101－0017869　847.4/942.5

雪林遺詩一卷續刻一卷　（清）釋德亮撰　清道光元年(1821)養餘齋刻本　一冊

620000－1101－0017870　831.77/92

雪鴻偶鈔詩四卷詞一卷　（清）倪世珍輯　清光緒四年(1878)吳縣倪世珍刻本　二冊

620000－1101－0017871　856.177/660

雪鴻軒尺牘四卷　（清）龔萼著　清末刻本　三冊　存三卷(二至四)

620000－1101－0017872　847.6/291.5

雪泥鴻爪集不分卷附東遊草一卷　（清）李廣滋撰　**附錄五禽言一卷**　（清）李清淑撰　清光緒十五年(1889)廣州刻本　一冊

620000－1101－0017873　098.1/766

雪樵經解三十卷附錄三卷　（清）馮世瀛輯　清光緒十五年(1889)邗江晉銅古齋石印本　七冊　存三十卷(一至二十四、二十八至三十,附錄三卷)

620000－1101－0017874　847.7/624

雪青閣詩集四卷　（清）謝維藩撰　清光緒九年(1883)開封官廨刻本　一冊

620000－1101－0017875　847.6/179

雪曉詩稿一卷　（清）斯山撰　清道光二十二年(1842)碧梧精舍木活字印本　一冊

620000－1101－0017876　1155

雪月梅傳十卷五十回　（清）陳朗撰　（清）董孟汾評釋　清乾隆四十年(1775)德華堂刻本　九冊　存九卷(一至五、七至十)

620000－1101－0017877　414.8/72.75

血症良方一卷　（清）潘爲縉撰　清光緒二十八年(1902)鉛印本　一冊

620000－1101－0017878　847.7/892.02

壎箎集十卷　（清）劉沅撰　清咸豐二年(1852)刻本　二冊

620000－1101－0017879　121.271/209

荀子補注二卷　（清）郝懿行撰　清刻齊魯先喆遺書本　一冊

620000－1101－0017880　321

荀子二十卷　（唐）楊倞注　明嘉靖十二年(1533)顧春世德堂刻六子書本　四冊　存十

三卷(一至十三)

620000－1101－0017881　121.271/11.67.004
荀子二十卷　（戰國）荀況撰　（唐）楊倞注
清末鉛印本　一冊　存十卷(一至十)

620000－1101－0017882　121.271/11.67
荀子二十卷首一卷　（戰國）荀況撰　王先謙
集解　清光緒十七年(1891)思賢講舍刻本
六冊

620000－1101－0017883　121.271/11.67
荀子二十卷首一卷　（戰國）荀況撰　王先謙
集解　清光緒十七年(1891)思賢講舍刻本
六冊

620000－1101－0017884　121.271/11.68
荀子二十卷首一卷　（戰國）荀況撰　王先謙
集解　清光緒十七年(1891)長沙王氏刻本
六冊

620000－1101－0017885　121.271/11.67.002
荀子二十卷校勘補遺二十卷　（戰國）荀況撰
　（唐）楊倞注　清嘉慶九年(1804)刻本
六冊

620000－1101－0017886　121.271/11.67.002
荀子二十卷校勘補遺二十卷　（戰國）荀況撰
　（唐）楊倞注　清嘉慶九年(1804)刻本
六冊

620000－1101－0017887　2736
荀子二十卷校勘補遺一卷　（唐）楊倞注
（清）盧文弨　（清）謝墉校　清乾隆五十一年
(1786)嘉善謝氏刻本　四冊

620000－1101－0017888　121.271/11.67.001
荀子二十卷校勘補遺一卷　（唐）楊倞注　清
光緒二年(1876)浙江書局刻本　六冊

620000－1101－0017889　121.271/11.67.001
荀子二十卷校勘補遺一卷　（唐）楊倞注　清
光緒二年(1876)浙江書局刻本　六冊

620000－1101－0017890　121.271/11.67.003
荀子三卷　（戰國）荀況撰　　清光緒元年
(1875)湖北崇文書局刻本　一冊　存一卷

（上）

620000－1101－0017891　676.55/113.79
循化廳地理調查表不分卷　（清）任肇新編
清宣統元年(1909)抄本　一冊

620000－1101－0017892　802.63/0.133
尋常小學速通文法教科書二卷　（清）□□編
訂　清光緒三十年(1904)陝西味經官書局鉛
印本　一冊

620000－1101－0017893　593/656
訓練歌一卷　（清）新疆巡撫部院編　清光緒
十九年(1893)新疆巡撫部院刻本　一冊

620000－1101－0017894　593.2/656.1
訓練歌一卷　（清）新疆巡撫部院撰　清光緒
十九年(1893)新疆巡撫部院刻本　一冊

620000－1101－0017895　593/656.001
訓練歌一卷　（清）新疆巡撫部院撰　清光緒
二十五年(1899)陝甘督署刻本　一冊

620000－1101－0017896　192/382.05.002
訓俗遺規四卷　（清）陳弘謀編　訓俗遺規補
編一卷　（清）華希閔編輯　清光緒三十四年
(1908)學部圖書局刻本　二冊

620000－1101－0017897　192/382.05
訓俗遺規四卷　（清）陳弘謀編　清光緒刻本
四冊

620000－1101－0017898　192/382.05.001
訓俗遺規四卷　（清）陳弘謀編　清光緒刻本
一冊　存一卷(一)

620000－1101－0017899　192/382.05.003
訓俗遺規四卷　（清）陳弘謀編　訓俗遺規補
二卷　（清）陳蘭森等編校　清末刻本　二冊
存三卷(遺規二、補二卷)

620000－1101－0017900　192.9/626
訓學良規一卷　（清）□□撰　清光緒十一年
(1885)甘肅蘭山書院刻本　一冊

620000－1101－0017901　192.11/307
訓子語二卷　（清）張履祥撰　清光緒九年
(1883)津河廣仁堂刻本　一冊

620000 - 1101 - 0017902　192.11/307

訓子語二卷　（清）張履祥撰　清光緒九年（1883）津河廣仁堂刻本　一冊

620000 - 1101 - 0017903　846.8/682

遜庵先生彙不分卷　（清）惲日初撰　清咸豐二年（1852）惲氏宗祠刻本　一冊

620000 - 1101 - 0017904　682.82/340

濬河事例一卷　（清）盛沅編　清光緒刻本　一冊

620000 - 1101 - 0017905　856.276/860

壓線編六卷　（清）繆艮撰　（清）趙古農選　清道光二十七年（1847）刻本　六冊

620000 - 1101 - 0017906　847.5/70

壓線集二卷　（清）汪湛恩撰　清道光十一年（1831）刻本　一冊

620000 - 1101 - 0017907　292/0.107

牙牌神數不分卷　（□）□□撰　清末抄本　一冊

620000 - 1101 - 0017908　847.7/791

雅安書屋詩集四卷文集二卷　（清）程汪婪撰　清道光二十四年（1844）刻本　一冊

620000 - 1101 - 0017909　1177

雅趣藏書一卷　（清）錢書撰　清康熙四十二年（1703）刻朱墨套印本　二冊

620000 - 1101 - 0017910　416

雅尚齋遵生八牋十九卷　（明）高濂撰　明萬曆十九年（1591）雅尚齋刻本　二冊　存二卷（十七至十八）

620000 - 1101 - 0017911　2685

雅雨堂藏書十三種一百三十八卷　（清）盧見曾輯　清乾隆二十一年（1756）盧氏雅雨堂刻本　五冊　存二種二十三卷（鄭氏周易三卷、北夢瑣言二十卷）

620000 - 1101 - 0017912　2708

雅雨堂藏書十三種一百三十八卷　（清）盧見曾輯　清乾隆二十一年（1756）盧氏雅雨堂刻本　二十八冊

620000 - 1101 - 0017913　968

雅雨堂藏書十三種一百三十八卷　（清）盧見曾輯　清乾隆二十一年（1756）盧氏雅雨堂刻本　四十八冊

620000 - 1101 - 0017914　760.1/880

亞斐利加洲志不分卷新志不分卷　（清）前編書局編纂　清宣統元年（1909）學部編譯圖書局鉛印本　一冊

620000 - 1101 - 0017915　760.1/880

亞斐利加洲志不分卷新志不分卷　（清）前編書局編纂　清宣統元年（1909）學部編譯圖書局鉛印本　一冊

620000 - 1101 - 0017916　735.01/880.01

亞拉伯志不分卷附新志不分卷　（清）學部編譯圖書局編纂　清光緒三十三年（1907）學部編譯圖書局鉛印本　一冊

620000 - 1101 - 0017917　735.01/880.01

亞拉伯志不分卷附新志不分卷　（清）學部編譯圖書局編纂　清光緒三十三年（1907）學部編譯圖書局鉛印本　一冊

620000 - 1101 - 0017918　735.01/880.01

亞拉伯志不分卷附新志不分卷　（清）學部編譯圖書局編纂　清光緒三十三年（1907）學部編譯圖書局鉛印本　一冊

620000 - 1101 - 0017919　751.21/212

亞美利加洲通史十編　（清）戴彬編譯　清光緒二十八年（1902）上海商務印書館鉛印本　一冊　存五編（一至五）

620000 - 1101 - 0017920　751.21/212

亞美利加洲通史十編　（清）戴彬編譯　清光緒二十八年（1902）上海商務印書館鉛印本　二冊

620000 - 1101 - 0017921　730.1/880

亞細亞洲志不分卷附亞細亞洲新志一卷　（清）學部編譯圖書局編纂　清光緒三十四年（1908）學部編譯圖書局鉛印本　一冊

620000 - 1101 - 0017922　730.1/880

亞細亞洲志不分卷附亞細亞洲新志一卷
(清)學部編譯圖書局編纂　清光緒三十四年
(1908)學部編譯圖書局鉛印本　一冊

620000－1101－0017923　730.1/880

亞細亞洲志不分卷附亞細亞洲新志一卷
(清)學部編譯圖書局編纂　清光緒三十四年
(1908)學部編譯圖書局鉛印本　一冊

620000－1101－0017924　413.55/313

咽喉祕集二卷　(清)張宗良等編　清光緒九
年(1883)山西濬文書局刻本　一冊

620000－1101－0017925　413.55/313.001

咽喉祕集二卷　(清)張宗良等編　清晚期刻
本　一冊

620000－1101－0017926　856.17/226

胭脂牡丹六卷　(清)韓鄂撰　清道光刻本
五冊　存五卷(二至六)

620000－1101－0017927　847.8/11.01

煙霞萬古樓詩殘稿一卷　(清)王曇著　清光
緒二十六年(1900)嘉興張鳴珂寒松閣刻本
一冊

620000－1101－0017928　847.4/116

煙霞萬古樓詩殘稿一卷　(清)王曇著　清光
緒二十六年(1900)嘉興張鳴珂寒松閣刻本
一冊

620000－1101－0017929　847.4/116.06

煙霞萬古樓詩選二卷　(清)王曇著　(清)汪
瑞選　清道光、咸豐上海徐氏刻春暉堂叢書
本　一冊

620000－1101－0017930　014.12/808

延令宋板書目一卷　(清)季振宜撰　(清)黃
丕烈校　清嘉慶十年(1805)黃氏刻士禮居黃
氏叢書本　一冊

620000－1101－0017931　412.276/941

延年益壽論不分卷　(英國)傅蘭雅輯　清光
緒十八年(1892)上海格致書室鉛印本　一冊

620000－1101－0017932　125.4/828

延平李先生師弟子答問二卷　(宋)朱熹編

清光緒五年(1879)刻本　一冊　存一卷(上)

620000－1101－0017933　125.4/828

延平李先生師弟子答問二卷　(宋)朱熹編
清光緒五年(1879)刻本　二冊

620000－1101－0017934　847.8/31

延秋吟館詩鈔四卷續鈔四卷　(清)張聯桂著
清光緒十一年(1885)刻本　二冊

620000－1101－0017935　413.3/184

炎症論略不分卷　(美國)嘉約翰譯　清光緒
七年(1881)羊城博濟醫局刻本　一冊

620000－1101－0017936　312.1/947

沿沂亭算稿不分卷　(清)徐異學撰　清光緒
二十七年(1901)刻本　一冊

620000－1101－0017937　857.46/856.02

研鐫玉茗堂批點按鑑參補南宋志傳十卷
(明)熊大木撰　清晚期刻本　十冊

620000－1101－0017938　847.6/215.2

研六室文鈔十卷　(清)胡培翬撰　清光緒四
年(1878)世澤樓刻本　四冊

620000－1101－0017939　916.1102/589

研露樓琴譜四卷首一卷　(清)崔應階訂　清
同治三年(1864)穆敬止刻本　四冊

620000－1101－0017940　847.6/375.01

揅經室集五集　(清)阮元著　清晚期刻本
十八冊

620000－1101－0017941　782.87/459

閻桓肅公事略一卷　(清)□□輯　清末刻本
一冊

620000－1101－0017942　782.87/459

閻桓肅公事略一卷　(清)□□輯　清末刻本
一冊

620000－1101－0017943　465.5/719

顏料篇三卷　(日本)江守襄吉郎編　(日本)
藤田豐八譯　(清)汪振聲重編　清光緒江南
製造局刻本　二冊

620000－1101－0017944　465.5/719

顏料篇三卷 （日本）江守襄吉郎編 （日本）藤田豐八譯 （清）汪振聲重編 清光緒江南製造局刻本 二冊

620000－1101－0017945 465.5/719

顏料篇三卷 （日本）江守襄吉郎編 （日本）藤田豐八譯 （清）汪振聲重編 清光緒江南製造局刻本 二冊

620000－1101－0017946 465.5/719

顏料篇三卷 （日本）江守襄吉郎編 （日本）藤田豐八譯 （清）汪振聲重編 清光緒江南製造局刻本 一冊 存二卷(二至三)

620000－1101－0017947 789.2/679

顏氏家譜不分卷 （清）顏秉惇修 清嘉慶十七年(1812)刻本 六冊

620000－1101－0017948 123.7/67

顏氏家訓七卷附考證一卷 （北齊）顏之推撰 （宋）沈揆撰 清光緒十六年(1890)湘西經濟堂刻本 二冊

620000－1101－0017949 123.7/67.001

顏氏家訓七卷附考證一卷 （北齊）顏之推撰 （宋）沈揆撰 書品一卷 （南朝梁）庾肩吾撰 詩品三卷 （南朝梁）鍾嶸撰 清嘉慶刻廣漢魏叢書本 二冊

620000－1101－0017950 127.2/21

顏氏學記十卷 （清）戴望撰 清光緒二十年(1894)刻本 四冊

620000－1101－0017951 127.2/21

顏氏學記十卷 （清）戴望撰 清光緒二十年(1894)刻本 四冊

620000－1101－0017952 844.14/649

顏魯公文集三十卷首一卷 （唐）顏真卿撰 （清）黃本驥編 （清）蔣環校 清道光二十五年(1845)刻本 八冊

620000－1101－0017953 856.277/429

嚴士竹尺牘四卷 （清）嚴士竹撰 清咸豐八年(1858)刻本 二冊 存二卷(三至四)

620000－1101－0017954 567.3/0.425

鹽茶廳賦役全書不分卷 （清）□□編 清咸豐二年(1852)刻本 三冊

620000－1101－0017955 122.3/240.003

鹽鐵論二卷 （漢）桓寬撰 清光緒元年(1875)湖北崇文書局刻本 一冊 存一卷(下)

620000－1101－0017956 415

鹽鐵論十二卷 （漢）桓寬撰 （明）張之象注 明刻廣漢魏叢書本 二冊

620000－1101－0017957 4400

鹽鐵論十二卷 （漢）桓寬撰 （明）金蟠輯 明崇禎十三年(1640)刻本 二冊

620000－1101－0017958 122.3/240.001

鹽鐵論十二卷 （漢）桓寬撰 （明）張之象注 清嘉慶刻廣漢魏叢書本 二冊

620000－1101－0017959 122.3/240.002

鹽鐵論十卷 （漢）桓寬撰 附考證一卷 （清）張敦仁撰 清嘉慶十二年(1807)張敦仁刻本 二冊

620000－1101－0017960 122.3/240

鹽鐵論十卷 （漢）桓寬撰 附校勘小識一卷 王先謙撰 清光緒十七年(1891)思賢講舍刻本 二冊

620000－1101－0017961 312.1/715

衍元筆算今式二卷 （清）汪香祖撰 清光緒二十三年(1897)江蘇書局刻本 二冊

620000－1101－0017962 598

弇州山人四部稿一百八十卷目錄十二卷 （明）王世貞撰 明萬曆五年(1577)王氏世經堂刻本 三十一冊 存九十三卷(四十至六十、八十五至一百三十二、一百三十九至一百四十一、一百四十五至一百五十六、一百六十三至一百六十五、一百六十九至一百七十一、一百七十八至一百八十)

620000－1101－0017963 577

弇州山人續稿選三十八卷 （明）王世貞撰 （明）顧元起輯 明刻本 二十四冊

620000－1101－0017964　429

弇州史料前集三十卷後集七十卷　（明）王世貞撰　明萬曆四十二年(1614)刻本　二十冊

620000－1101－0017965　845.7/211

剡源集三十卷　（元）戴表元撰　**附札記一卷**（清）郁松年撰　清道光二十年(1840)上海郁氏刻宜稼堂叢書本（卷一至三、二十八至三十，札記係補配）　八冊

620000－1101－0017966　413.52/885

眼科啓蒙四卷　（清）劉一明撰　清嘉慶二十二年(1817)刻本　四冊

620000－1101－0017967　413.52/885

眼科啓蒙四卷　（清）劉一明撰　清嘉慶二十二年(1817)刻本　四冊

620000－1101－0017968　192.91/649

演教諭語一卷　（清）高繼珩著　清光緒九年(1883)津河廣仁堂刻本　一冊

620000－1101－0017969　782.817/46.43

晏子春秋內篇六卷外篇二卷　（周）晏嬰撰（宋）岳珂編　清嘉慶二十一年(1816)吳氏刻本　一冊

620000－1101－0017970　121.29/467.002

晏子春秋內篇六卷外篇二卷　（周）晏嬰撰（明）周子義注　清光緒元年(1875)湖北崇文書局刻本　一冊　存五卷（內篇四至六、外篇二卷）

620000－1101－0017971　440

晏子春秋內篇二卷　（明）周子義注　明萬曆五年(1577)南京國子監刻子彙本　二冊

620000－1101－0017972　3218

晏子春秋七卷　（清）孫星衍校　**音義二卷**（清）孫星衍撰　清乾隆五十三年(1788)畢氏靈巖山館刻經訓堂叢書本　二冊

620000－1101－0017973　782.817/363

晏子春秋七卷　（周）晏嬰撰　**音義二卷**（清）孫星衍撰　**校勘二卷**（清）黃以周撰清光緒元年(1875)浙江書局刻本　四冊

620000－1101－0017974　121.29/467.001

晏子春秋七卷　（周）晏嬰撰　**音義二卷**（清）孫星衍撰　**校勘二卷**（清）黃以周撰清光緒元年(1875)浙江書局刻本　四冊

620000－1101－0017975　121.29/467

晏子春秋七卷　（周）晏嬰撰　清光緒十八年(1892)思賢講舍刻本　二冊

620000－1101－0017976　4492

硯譜三卷　（清）□□撰　稿本　三冊

620000－1101－0017977　082.75/987

硯雲甲編八種十六卷乙編八種三十四卷（清）金忠淳輯　清光緒上海申報館鉛印本二冊　存二種十四卷（乙編長物志七至十二、冷賞八卷）

620000－1101－0017978　1257

硯雲甲編八種十六卷乙編八種三十四卷昆耶寶驅暑閑抄一卷　（清）金忠淳輯　清乾隆四十年(1775)、四十三年(1778)硯雲書屋刻本　十六冊

620000－1101－0017979　845.76/51.52

雁門集十四卷附卷詩餘一卷　（元）薩都刺撰　雁門集補遺一卷別錄一卷　（元）薩龍光輯　倡和錄一卷別錄一卷　（元）薩龍光輯　清宣統二年(1910)刻本　五冊

620000－1101－0017980　845.76/51.51

雁門集十四卷附卷一卷倡和錄一卷　（元）薩都刺撰　（元）薩龍光編注　清嘉慶十二年(1807)刻本　八冊

620000－1101－0017981　847.8/281

雁影齋詩存一卷　（清）李希聖撰　清光緒三十一年(1905)刻本　一冊

620000－1101－0017982　663

燕京雜詠二卷　（清）潘挹奎撰　稿本　一冊

620000－1101－0017983　782.269/704

燕蘭小譜五卷　（清）吳長元撰　**海漚小譜一卷**（清）趙執信撰　清宣統三年(1911)長沙葉氏刻本　一冊

620000－1101－0017984　782.269/704

燕蘭小譜五卷　（清）吳長元撰　**海漚小譜一卷**　（清）趙執信撰　清宣統三年(1911)長沙葉氏刻本　二冊

620000－1101－0017985　857.47/377.002

燕山外史二卷　（清）陳球撰　清光緒三年(1877)刻本　一冊

620000－1101－0017986　857.47/377

燕山外史四卷　（清）陳球撰　清同治五年(1866)鳴盛堂刻本　四冊

620000－1101－0017987　857.47/377.001

燕山外史註釋二卷　（清）陳球撰　清宣統元年(1909)鑄記山房石印本　二冊

620000－1101－0017988　3882

燕市集二卷　（明）王穉登撰　明隆慶四年(1570)刻本　一冊

620000－1101－0017989　388.882/209

燕子春秋一卷　（清）郝懿行著　清光緒五年(1879)刻郝氏遺書本　一冊

620000－1101－0017990　414.6/7.850

驗方新編二十四卷　（清）鮑相璈輯　清光緒四年(1878)杭州東壁齋刻本　十六冊

620000－1101－0017991　414.87/850.003

驗方新編八卷　（清）鮑相璈輯　清道光、咸豐尊古堂刻本　一冊　存二卷(一至二)

620000－1101－0017992　414.87/850

驗方新編十六卷　（清）鮑相璈輯　清同治六年(1867)學文堂刻本　六冊　存八卷(一、九至十三、十五至十六)

620000－1101－0017993　414.87/850.002

驗方新編十六卷　（清）鮑相璈輯　**痧症全書三卷**　（清）王凱輯　清光緒二年(1876)種香別業刻本　六冊　存十一卷(二至四、九至十一、十五至十六,痧症全書三卷)

620000－1101－0017994　414.87/850.001

驗方新編十六卷　（清）鮑相璈輯　清晚期春華堂刻本　一冊　存四卷(二至五)

620000－1101－0017995　414.87/850.001

驗方新編十六卷　（清）鮑相璈輯　清晚期春華堂刻本　一冊　存四卷(二至五)

620000－1101－0017996　626.804/29

灔澦囊五卷　（清）李馥榮輯　清道光刻本　三冊

620000－1101－0017997　681.57/42

洋防輯要二十四卷　（清）嚴如熤輯　清道光十八年(1838)刻本　十二冊

620000－1101－0017998　681.57/42

洋防輯要二十四卷　（清）嚴如熤輯　清道光十八年(1838)刻本　十六冊

620000－1101－0017999　681.57/42

洋防輯要二十四卷　（清）嚴如熤輯　清道光十八年(1838)刻本　八冊

620000－1101－0018000　595.92/679

洋槍淺言不分卷　（清）顏邦固等譯述　清光緒十一年(1885)江南製造總局刻本　一冊

620000－1101－0018001　595.92/679

洋槍淺言不分卷　（清）顏邦固等譯述　清光緒十一年(1885)江南製造總局刻本　一冊

620000－1101－0018002　595.92/679

洋槍淺言不分卷　（清）顏邦固等譯述　清光緒十一年(1885)江南製造總局刻本　一冊

620000－1101－0018003　595.92/679

洋槍淺言不分卷　（清）顏邦固等譯述　清光緒十一年(1885)江南製造總局刻本　一冊

620000－1101－0018004　595.92/679

洋槍淺言不分卷　（清）顏邦固等譯述　清光緒十一年(1885)江南製造總局刻本　一冊

620000－1101－0018005　595.92/679

洋槍淺言不分卷　（清）顏邦固等譯述　清光緒十一年(1885)江南製造總局刻本　一冊

620000－1101－0018006　595.92/679

洋槍淺言不分卷　（清）顏邦固等譯述　清光緒十一年(1885)江南製造總局刻本　一冊

620000－1101－0018007　500.19/521

洋務時事彙編八卷　（清）葛子源輯　清光緒二十四年(1898)上海書局石印本　十一冊　存七卷(一至三、五至八)

620000－1101－0018008　830.7/928

陽湖錢氏家集三十四卷附二卷　（清）錢振鍠撰　清光緒三十三年(1907)木活字印本　一冊　存七卷(一至七)

620000－1101－0018009　782.877/201

陽毅殉難事實不分卷　（清）趙達編編　清光緒十九年(1893)趙爾巽刻本　一冊

620000－1101－0018010　846.5/118.03.001

陽明先生集要四種十六卷　（明）王守仁撰（明）施邦曜評輯　清光緒三十三年(1907)明明學社鉛印本　一冊　存一種一卷(經濟編一)

620000－1101－0018011　846.5/118.03

陽明先生集要四種十六卷　（明）王守仁撰（明）施邦曜評輯　清晚期刻本　十一冊　存二種十一卷(經濟編七卷、文章編四卷)

620000－1101－0018012　1483

陽明先生文集十六卷目錄二卷　（明）王守仁撰　清康熙二十四年(1685)刻本　十六冊

620000－1101－0018013　183

陽明先生文錄五卷外集九卷別錄十卷　（明）王守仁撰　明嘉靖十四年(1535)聞人詮刻本　四冊　存四卷(文錄一至四)

620000－1101－0018014　183

陽明先生文錄五卷外集九卷別錄十卷　（明）王守仁撰　明嘉靖十四年(1535)聞人詮刻本　十冊　存二十三卷(文錄五卷、外集九卷、別錄一至九)

620000－1101－0018015　183

陽明先生文錄五卷外集九卷別錄十卷　（明）王守仁撰　明嘉靖十四年(1535)聞人詮刻本　十冊

620000－1101－0018016　1745

620000－1101－0018017　294.1/798

陽宅本旨圖解集成八卷　（明）陳夢和輯　明吳氏師古齋刻本　一冊　存六卷(三至八)

陽宅大成四種十五卷　（清）魏青江撰　清晚期刻本　十六冊

620000－1101－0018018　2799

陽宅三要四卷　（清）趙廷棟撰　清乾隆五十二年(1787)刻本　一冊

620000－1101－0018019　294.1/204.001

陽宅三要四卷　（清）趙廷棟撰　清光緒善成堂刻本(有補配)　二冊

620000－1101－0018020　294.1/204

陽宅三要四卷　（清）趙廷棟撰　清光緒宏道堂刻本(有補配)　一冊　存二卷(一至二)

620000－1101－0018021　294.1/204.002

陽宅三要四卷　（清）趙廷棟撰　清晚期欽文堂刻本　二冊

620000－1101－0018022　294.1/204.003

陽宅三要四卷　（清）趙廷棟撰　清刻本　四冊

620000－1101－0018023　1960

揚州畫舫錄十八卷　（清）李斗撰　清乾隆六十年(1795)自然盦刻本　四冊

620000－1101－0018024　832.7/631

揚州攬勝賦鈔初集四卷　（清）郭晉超編輯　清光緒五年(1879)印山堂刻本　四冊

620000－1101－0018025　832.7/631

揚州攬勝賦鈔五集四卷　（清）郭晉超編輯　清光緒五年(1879)印山堂刻本　四冊

620000－1101－0018026　824/782

揚州夢二卷　（清）嵇永仁撰　清同治十一年(1872)永州刻本　一冊

620000－1101－0018027　682.21/891

揚州水道記四卷圖一卷　（清）劉文淇撰　清道光二十五年(1845)江西撫署刻本　二冊

620000－1101－0018028　121.2/286.002

揚子法言十三卷 （漢）揚雄撰 （晉）李軌注
文子纘義十二卷 （宋）杜道堅撰 清光緒
十九年(1893)上海鴻文書局石印本 一冊

620000－1101－0018029 121.2/286.001

揚子法言十三卷音義一卷 （漢）揚雄撰
（晉）李軌注 清嘉慶二十三年(1818)石研齋
秦氏刻本 一冊

620000－1101－0018030 122.5/269.002

揚子法言十三卷音義一卷 （漢）揚雄撰
（晉）李軌注 清光緒二年(1876)浙江書局刻
本 一冊

620000－1101－0018031 121.2/286

揚子法言十三卷音義一卷 （漢）揚雄撰
（晉）李軌注 清光緒二年(1876)浙江書局刻
本 一冊

620000－1101－0018032 682.8/262

揚子江流域現勢論四編 （日本）林繁撰 清
光緒二十八年(1902)廣智書局鉛印本 一冊

620000－1101－0018033 846.6/27.01

楊公家寶書一卷 （明）楊繼盛撰 清同治六
年(1867)刻本 一冊

620000－1101－0018034 845.21/270

楊龜山文集四十二卷總一卷末一卷 （宋）楊
時撰 （清）夏子鎔等補正 清光緒五年
(1879)刻本 十冊

620000－1101－0018035 311.51/271

楊輝算法六卷 （宋）楊輝集 札記一卷
(清)宋景昌撰 清道光二十二年(1842)上海
郁氏刻宜稼堂叢書本 二冊

620000－1101－0018036 857.46/856.001

楊家將傳十卷五十回 （明）熊大木撰 清晚
期啟元堂刻本 五冊

620000－1101－0018037 846.6/274

楊椒山公垂範集三卷 （明）楊繼盛撰 （清）
章淵選輯 清同治八年(1869)裘邦興刻本
一冊

620000－1101－0018038 193/274

楊椒山家訓不分卷 （明）楊繼盛撰 清光緒
四年(1878)刻本 一冊

620000－1101－0018039 3838

楊椒山先生集四卷椒山自著年譜一卷
(明)楊繼盛撰 清康熙三十七年(1698)胡范
刻本 一冊 存一卷(年譜一卷)

620000－1101－0018040 193.9/26

楊椒山先生誡子文一卷 （明）楊繼盛撰 清
光緒西山堂書坊刻本 一冊

620000－1101－0018041 3168

楊椒山先生文集二卷 （明）楊繼盛撰 楊大
洪先生集二卷 （明）楊漣撰 清康熙四十八
年至四十九年(1709－1710)正誼堂刻本
二冊

620000－1101－0018042 84

楊升庵先生評注先秦五子全書五卷 （明）張
懋窣輯 明天啟五年(1625)張氏橫秋閣刻本
二冊

620000－1101－0018043 2528

楊氏誠齋先生易傳二十卷 （宋）楊萬里撰
清乾隆十一年(1746)楊氏刻本 四冊

620000－1101－0018044 294.2/267

楊松筠三元運訣一卷 （□）幕講師手授 陽
宅紫白賦一卷 （□）幕講師原授 泄天機洞
明卦 （宋）廖禹撰 （□）崆峒山人注 清抄
本 一冊

620000－1101－0018045 127.1/307

楊園先生備忘四卷 （清）張履祥撰 清同治
刻本 二冊

620000－1101－0018046 847.2/307.001

楊園先生全集十六卷 （清）張履祥纂 清同
治九年(1870)刻本 六冊

620000－1101－0018047 847.2/307

楊園先生全集五十四卷年譜一卷 （清）張履
祥著 （清）姚璉原輯 （清）萬斛泉編次 清
同治十年(1871)江蘇書局刻本 十六冊

620000－1101－0018048 847.2/307

楊園先生全集五十四卷年譜一卷　（清）張履
祥著　（清）姚璉原輯　（清）萬斛泉編次　清
同治十年(1871)江蘇書局刻本　十六冊

620000－1101－0018049　4005
楊忠烈公文集三卷　（明）楊漣撰　清順治十
八年(1661)楊苞刻本　六冊

620000－1101－0018050　846.8/273
楊忠烈公文集五卷　（明）楊漣撰　清宣統三
年(1911)文盛書局石印本　四冊

620000－1101－0018051　846.6/27.01.001
楊忠愍公傳家寶訓三卷　（明）楊繼盛撰　清
光緒二十六年(1900)刻本　一冊

620000－1101－0018052　782.866/833
楊忠愍公集輯要不分卷　（清）岳世英輯　清
光緒三十年(1904)蘭州刻本　一冊

620000－1101－0018053　782.866/833
楊忠愍公集輯要不分卷　（清）岳世英輯　清
光緒三十年(1904)蘭州刻本　一冊

620000－1101－0018054　782.866/883
楊忠愍公集輯要不分卷　（清）岳世英輯　清
光緒三十年(1904)蘭州刻本　一冊

620000－1101－0018055　846.6/27
楊忠愍公集四卷　（明）楊繼盛撰　清光緒九
年(1883)甘肅藩署刻本　四冊

620000－1101－0018056　846.6/27
楊忠愍公集四卷　（明）楊繼盛撰　清光緒九
年(1883)甘肅藩署刻本　四冊

620000－1101－0018057　846.6/27.001
楊忠愍公集四卷　（明）楊繼盛撰　清光緒九
年(1883)甘肅藩署刻本　四冊

620000－1101－0018058　846.6/27
楊忠愍公集四卷　（明）楊繼盛撰　清光緒九
年(1883)甘肅藩署刻本　四冊

620000－1101－0018059　846.6/27
楊忠愍公集四卷　（明）楊繼盛撰　清光緒九
年(1883)甘肅藩署刻本　四冊

620000－1101－0018060　846.6/27.001
楊忠愍公集四卷　（明）楊繼盛撰　清光緒九
年(1883)甘肅藩署刻本　四冊

620000－1101－0018061　846.6/27.001
楊忠愍公集四卷　（明）楊繼盛撰　清光緒九
年(1883)甘肅藩署刻本　四冊

620000－1101－0018062　846.6/27
楊忠愍公集四卷　（明）楊繼盛撰　清光緒九
年(1883)甘肅藩署刻本　四冊

620000－1101－0018063　846.6/27
楊忠愍公集四卷　（明）楊繼盛撰　清光緒九
年(1883)甘肅藩署刻本　二冊

620000－1101－0018064　846.6/27
楊忠愍公集四卷　（明）楊繼盛撰　清光緒九
年(1883)甘肅藩署刻本　四冊

620000－1101－0018065　846.6/27.001
楊忠愍公集四卷　（明）楊繼盛撰　清光緒九
年(1883)甘肅藩署刻本　二冊

620000－1101－0018066　846.6/27
楊忠愍公集四卷　（明）楊繼盛撰　清光緒九
年(1883)甘肅藩署刻本　四冊

620000－1101－0018067　846.6/27.004
楊忠愍公集五卷首一卷末一卷　（明）楊繼盛
撰　清同治、光緒景萊書室刻本　一冊

620000－1101－0018068　1634
楊忠愍公全集四卷　（明）楊繼盛撰　清康熙
三十七年(1698)章鈺敬一齋刻本　二冊

620000－1101－0018069　2936
楊忠愍公全集四卷　（明）楊繼盛撰　清康熙
三十七年(1698)章鈺敬一齋刻本　一冊　存
二卷(一至二)

620000－1101－0018070　3059
楊忠愍公全集四卷　（明）楊繼盛撰　清康熙
三十七年(1698)章鈺敬一齋刻本　四冊

620000－1101－0018071　3103
楊忠愍公全集四卷　（明）楊繼盛撰　清康熙
三樂齋刻本　二冊

620000－1101－0018072　846.6/27.003

楊忠愍公全集四卷　（明）楊繼盛撰　清光緒
十九年(1893)味菜廬刻本　四冊

620000－1101－0018073　846.6/27.003

楊忠愍公全集四卷　（明）楊繼盛撰　清光緒
十九年(1893)味菜廬刻本　四冊

620000－1101－0018074　846.6/27.002

楊忠愍公全集四卷　（明）楊繼盛撰　清光緒
二十一年(1895)柏經正堂刻本　四冊

620000－1101－0018075　846.6/27.005

楊忠愍公全集四卷　（明）楊繼盛撰　清宣統
二年(1910)守政書局木活字印本　四冊

620000－1101－0018076　782.87/0.270

楊忠勤公征捻匪戰功事蹟二卷　（□）□□撰
清咸豐抄本　二冊

620000－1101－0018077　413.42/960.001

瘍醫大全四十卷　（清）顧世澄撰　清光緒二
十七年(1901)上海圖書集成印書局鉛印本
十六冊

620000－1101－0018078　413.42/960.002

瘍醫大全四十卷　（清）顧世澄撰　清光緒刻
本　四十冊　存三十四卷(七至四十)

620000－1101－0018079　413.42/960

瘍醫大全四十卷　（清）顧世澄撰　清中晚期
光華堂刻本　四十冊

620000－1101－0018080　082.78/202

仰視千七百二十九鶴齋叢書四十種八十五卷
　（清）趙之謙輯　清光緒會稽趙氏刻本　三
十冊　存三十七種七十五卷(韓詩遺說二卷、
訂譌一卷,周禮二卷、儀禮一卷,卡廬札記一
卷,從古堂款識學一卷,汰存錄一卷,偁陽雜
錄一卷,英吉利廣東入城始末一卷,東籬耦談
四卷,阮亭詩餘一卷,書巖賸稿一卷,二十一
都懷古詩一卷,勇廬閒詰一卷,虞氏易事二
卷,質疑一卷,補五代史藝文志一卷,六壬神
定經二卷,天問閣集三卷,鮓話一卷,西藏考
一卷,讀史舉正八卷,弟子職注一卷,餘生錄
一卷,甲乙雜箸一卷,遜翁隨筆二卷,鄭堂札

記五卷,春秋朔閏異同二卷,金源答劄二卷,
存漢錄一卷,論語孔注辨偽二卷,敬脩堂釣業
一卷,張忠烈公年譜一卷,古易音訓二卷,憶
書六卷,柳邊紀略五卷,曹州牡丹譜一卷、附
記一卷,明氏實錄一卷,天慵菴筆記二卷)

620000－1101－0018081　857.1/336

養穌齋筆記不分卷　（清）霍樹清著　清光緒
二十七年(1901)刻本　一冊

620000－1101－0018082　627.04/434

養吉齋叢錄二十六卷餘錄十卷　（清）吳振棫
撰　清光緒二十二年(1896)刻本　八冊

620000－1101－0018083　627.04/434

養吉齋叢錄二十六卷餘錄十卷　（清）吳振棫
撰　清光緒二十二年(1896)刻本　八冊

620000－1101－0018084　847.6/987.7

養疴集一卷　（清）金倫撰　附春草堂集一卷
　（清）金璋撰　清道光十年(1830)刻本
一冊

620000－1101－0018085　782.1/260

養蒙金鑑二卷首一卷　（清）林之望編輯　清
光緒元年(1875)湖北藩署刻本　二冊

620000－1101－0018086　782.1/260

養蒙金鑑二卷首一卷　（清）林之望編輯　清
光緒元年(1875)湖北藩署刻本　二冊

620000－1101－0018087　192.11/627

養蒙彝訓一卷　（清）方宗誠撰　清光緒九年
(1883)津河廣仁堂刻本　一冊

620000－1101－0018088　802.27/754

養蒙針度五卷　（清）潘子聲撰　（清）孫蒼璧
　（清）陳樹芝校刊　清光緒元年(1875)寶仁
堂刻本　一冊　存三卷(三至五)

620000－1101－0018089　523.23/808

養蒙正軌一卷　（英國）秀耀春譯　（清）汪振
聲譯　清末江南製造局鉛印本　一冊

620000－1101－0018090　523.23/808

養蒙正軌一卷　（英國）秀耀春譯　（清）汪振
聲譯　清末江南製造局鉛印本　一冊

620000 – 1101 – 0018091　523.23/80

養蒙正軌一卷　（英國）秀耀春譯　（清）汪振聲譯　清末江南製造局鉛印本　一冊

620000 – 1101 – 0018092　847.5/312

養素堂詩集二十六卷　（清）張澍撰　清道光二十二年（1842）棗華書屋刻本　十四冊

620000 – 1101 – 0018093　847.5/312

養素堂詩集二十六卷　（清）張澍撰　清道光二十二年（1842）棗華書屋刻本　十四冊

620000 – 1101 – 0018094　847.5/312

養素堂詩集二十六卷　（清）張澍撰　清道光二十二年（1842）棗華書屋刻本　十四冊

620000 – 1101 – 0018095　847.5/312

養素堂詩集二十六卷　（清）張澍撰　清道光二十二年（1842）棗華書屋刻本　十四冊

620000 – 1101 – 0018096　847.5/312

養素堂詩集二十六卷　（清）張澍撰　清道光二十二年（1842）棗華書屋刻本　十四冊

620000 – 1101 – 0018097　847.5/312

養素堂詩集二十六卷　（清）張澍撰　清道光二十二年（1842）棗華書屋刻本　十四冊

620000 – 1101 – 0018098　847.5/312

養素堂詩集二十六卷　（清）張澍撰　清道光二十二年（1842）棗華書屋刻本　十四冊

620000 – 1101 – 0018099　847.5/312.01

養素堂文集三十五卷首一卷　（清）張澍撰　清道光十七年（1837）甘肅棗華書屋刻本　十二冊

620000 – 1101 – 0018100　847.5/312.01

養素堂文集三十五卷首一卷　（清）張澍撰　清道光十七年（1837）甘肅棗華書屋刻本　八冊

620000 – 1101 – 0018101　847.5/312.01

養素堂文集三十五卷首一卷　（清）張澍撰　清道光十七年（1837）甘肅棗華書屋刻本　十六冊

620000 – 1101 – 0018102　847.5/312.01

620000 – 1101 – 0018103　847.5/312.01

養素堂文集三十五卷首一卷　（清）張澍撰　清道光十七年（1837）甘肅棗華書屋刻本　十冊

620000 – 1101 – 0018104　847.5/312.01

養素堂文集三十五卷首一卷　（清）張澍撰　清道光十七年（1837）甘肅棗華書屋刻本　十六冊

620000 – 1101 – 0018105　847.5/312.01

養素堂文集三十五卷首一卷　（清）張澍撰　清道光十七年（1837）甘肅棗華書屋刻本　十六冊

620000 – 1101 – 0018106　847.5/312.01

養素堂文集三十五卷首一卷　（清）張澍撰　清道光十七年（1837）甘肅棗華書屋刻本　十六冊

620000 – 1101 – 0018107　847.5/312.01

養素堂文集三十五卷首一卷　（清）張澍撰　清道光十七年（1837）甘肅棗華書屋刻本　十六冊

620000 – 1101 – 0018108　847.5/312.01

養素堂文集三十五卷首一卷　（清）張澍撰　清道光十七年（1837）甘肅棗華書屋刻本　十六冊

620000 – 1101 – 0018109　847.5/312.01

養素堂文集三十五卷首一卷　（清）張澍撰　清道光十七年（1837）甘肅棗華書屋刻本　十四冊　存三十卷（一至二、五至二十九、三十三至三十五）

620000 – 1101 – 0018110　192.1/337

養心養氣合編二卷　（清）原浹纂輯　清咸豐、同治刻本　一冊

620000 – 1101 – 0018111　192.1/337

養心養氣合編二卷　（清）原浹纂輯　清咸

豐、同治刻本　一冊

620000－1101－0018112　847.5/294

養一齋文集二十卷　（清）李兆洛著　清光緒
四年(1878)刻本　八冊

620000－1101－0018113　847.5/294

養一齋文集二十卷李養一先生詩集四卷
（清）李兆洛著　清光緒四年至八年(1878－
1882)江陰刻本　十冊

620000－1101－0018114　847.6/281.07

養餘齋初集四卷二集四卷三集六卷　（清）柳
樹芳撰　清道光二十七年(1847)勝溪草堂刻
本　四冊

620000－1101－0018115　847.6/281.07

養餘齋初集四卷二集四卷三集六卷　（清）柳
樹芳撰　清道光二十七年(1847)勝溪草堂刻
本　四冊

620000－1101－0018116　847.6/281

養餘齋詩初刻八卷　（清）柳樹芳撰　清道光
十二年(1832)刻本　一冊

620000－1101－0018117　856.7/606.002

養雲山館試帖四卷　（清）許球著　（清）王榮
絨注釋　清光緒三年(1877)刻本　三冊　存
三卷(一、三至四)

620000－1101－0018118　856.7/606

養雲山館試帖四卷　（清）許球著　（清）王榮
絨注釋　清光緒九年(1883)刻本　一冊

620000－1101－0018119　856.7/606.001

養雲山館試帖四卷　（清）許球著　（清）王榮
絨注釋　清光緒二十三年(1897)順慶文林堂
刻本　一冊

620000－1101－0018120　856.7/606.003

養雲山館試帖四卷　（清）許球著　（清）王榮
絨注釋　清晚期京都龍文閣書坊刻本　四冊

620000－1101－0018121　230/759

養真集不分卷　（清）王士端撰　清光緒二十
四年(1898)恒一堂刻本　一冊

620000－1101－0018122　230/759

養真集不分卷　（清）王士端撰　清光緒二十
四年(1898)恒一堂刻本　一冊

620000－1101－0018123　230/759

養真集不分卷　（清）王士端撰　清光緒二十
四年(1898)恒一堂刻本　一冊

620000－1101－0018124　523.2/574

養正俚吟七種不分卷　（清）薛仁齋著　（清）
王守恭輯　清光緒十四年(1888)刻本　一冊

620000－1101－0018125　501

養正圖解不分卷　（明）焦竑撰　（明）丁雲鵬
繪　明萬曆刻本　四冊

620000－1101－0018126　192.11/383.002

養正遺規二卷補編一卷　（清）陳弘謀編　清
光緒五年(1879)江西書局刻本　二冊

620000－1101－0018127　192.11/383.001

養正遺規二卷補編一卷　（清）陳弘謀編　清
光緒十九年(1893)刻本　一冊

620000－1101－0018128　192.11/383

養正遺規二卷補編一卷　（清）陳弘謀編　清
光緒三十四年(1908)學部圖書局鉛印本
二冊

620000－1101－0018129　523.2/394

養正遺規摘抄不分卷　（清）陳弘謀編　清光
緒關中味經官書局刻本　一冊

620000－1101－0018130　847.8/634

養知書屋全集三種五十五卷　（清）郭嵩燾撰
清光緒十八年(1892)刻本　六冊

620000－1101－0018131　847.78/634

養知書屋文集二十八卷　（清）郭嵩燾撰　清
光緒十八年(1892)刻本　十二冊

620000－1101－0018132　1815

腰雪堂詩集六卷　（清）釋德溥撰　清雍正五
年(1727)刻本　二冊

620000－1101－0018133　1637

**姚端恪公文集十八卷詩集十二卷外集十八卷
末一卷**　（清）姚文然撰　清康熙二十四年
(1685)姚士塈等刻本　二冊

620000－1101－0018134　847.7/994.1

姚吉仙女史詩稿三卷　（清）姚其慶撰　清光緒二十九年（1903）刻本　一冊

620000－1101－0018135　563

堯峰文鈔五十卷　（清）汪琬撰　清康熙三十二年（1693）林佶刻本　八冊

620000－1101－0018136　563

堯峰文鈔五十卷　（清）汪琬撰　清康熙三十二年（1693）林佶刻本　六冊

620000－1101－0018137　124

堯山堂偶雋七卷　（明）蔣一葵撰　明刻本　六冊

620000－1101－0018138　847.7/193

瑤華閣詩草一卷閩南雜咏一卷瑤華閣詞一卷詞補遺一卷　（清）袁綬撰　清宣統二年（1910）陝西圖書館鉛印本　二冊

620000－1101－0018139　2112

藥品化義十三卷首一卷　（明）賈所學輯著（清）李延昰補訂　清康熙黃德公刻本　二冊

620000－1101－0018140　221.36/676

藥師瑠璃光如來本願功德經一卷　（唐）釋玄奘譯　清同治十一年（1872）如皋刻經處刻本　一冊

620000－1101－0018141　414.578/431

藥性便覽輯要不分卷　（清）唅香室主人編　清光緒稿本　一冊

620000－1101－0018142　414.5/0.576

藥性賦不分卷　（□）□□撰　清晚期抄本　一冊

620000－1101－0018143　192.9/291

藥言四卷賸稿四卷　（清）李惺纂　清光緒三十三年（1907）江蘇提學署刻本　二冊

620000－1101－0018144　671.25/423.41

掖縣全志四種二十卷　（清）魏起鵬編　清光緒十九年（1893）刻本　十六冊

620000－1101－0018145　468.91/376

冶金錄三卷　（美國）阿發滿撰　（英國）傅蘭雅口譯　（清）趙元益筆述　清同治十二年（1873）上海江南製造總局刻本　二冊

620000－1101－0018146　468.91/376

冶金錄三卷　（美國）阿發滿撰　（英國）傅蘭雅口譯　（清）趙元益筆述　清同治十二年（1873）上海江南製造總局刻本　二冊

620000－1101－0018147　072.6/749

野獲編三十卷補遺四卷　（明）沈德符撰　清道光七年（1827）刻本　二十四冊

620000－1101－0018148　072.6/749.001

野獲編三十卷補遺四卷　（明）沈德符撰　清道光十一年（1831）錢塘姚氏羊城扶荔山房刻同治八年（1869）補刻本　二十

620000－1101－0018149　484

野客叢書三十卷附錄一卷　（宋）王楙撰　明萬曆商氏半埜堂刻稗海本（附錄一卷配孫氏小綠天抄本）　二冊

620000－1101－0018150　484

野客叢書三十卷附錄一卷　（宋）王楙撰　明萬曆商氏半埜堂刻稗海本　二冊

620000－1101－0018151　596.2/581

野外隊戰軌範一卷　（清）北洋武備編譯局編　清末北洋武備編譯局鉛印本　一冊

620000－1101－0018152　857.274/457

夜譚隨錄十二卷　（清）和邦額撰　清光緒十三年（1887）鴻寶齋石印本　一冊　存六卷（一至六）

620000－1101－0018153　847.8/55

夜餘錄一卷宦海餘生紀略一卷　（清）蔡瑞年著　清光緒三十二年（1906）刻本　一冊

620000－1101－0018154　794.1/504

葉氏菉竹堂碑目六卷　（明）葉盛撰　清咸豐四年（1854）南海伍氏刻粵雅堂叢書本　一冊

620000－1101－0018155　098.07/504

葉先生論經學源流七則不分卷　葉昌熾撰　清光緒三十二年（1906）蘭州官書局鉛印本　一冊

620000－1101－0018156　098.279/504

葉先生條論群經傳注得失二十則不分卷　葉昌熾撰　清光緒蘭州官書局鉛印本　一冊

620000－1101－0018157　018.616/504

葉學使擬購甘肅學堂應用經史諸書書目不分卷　葉昌熾編　清光緒末蘭州官書局鉛印本　一冊

620000－1101－0018158　018.616/504

葉學使擬購甘肅學堂應用經史諸書書目不分卷　葉昌熾編　清光緒末蘭州官書局鉛印本　一冊

620000－1101－0018159　018.616/504

葉學使擬購甘肅學堂應用經史諸書書目不分卷　葉昌熾編　清光緒末蘭州官書局鉛印本　一冊

620000－1101－0018160　018.616/504

葉學使擬購甘肅學堂應用經史諸書書目不分卷　葉昌熾編　清光緒末蘭州官書局鉛印本　一冊

620000－1101－0018161　018.616/504

葉學使擬購甘肅學堂應用經史諸書書目不分卷　葉昌熾編　清光緒末蘭州官書局鉛印本　一冊

620000－1101－0018162　3887

葉忠節公遺稿十二卷　（清）葉映榴撰　（清）葉芳輯　**鼓瑟樓詩偶存一卷**　（清）葉魚魚撰　清乾隆十年(1745)葉芳刻本(鼓瑟樓詩偶存係清嘉慶刻本)　四冊

620000－1101－0018163　592.946.1/237

一八九八年之西美戰史十六章　（法國）勃利德撰　（清）李景鎬譯　清光緒三十年(1904)廣方言館鉛印本　二冊

620000－1101－0018164　592.946.1/237.001

一八九八年之西美戰史十六章　（法國）勃利德撰　（清）李景鎬譯　清光緒三十年(1904)江南機器製造總局鉛印本　二冊

620000－1101－0018165　592.946.1/237.001

一八九八年之西美戰史十六章　（法國）勃利德撰　（清）李景鎬譯　清光緒三十年(1904)江南機器製造總局鉛印本　一冊　存七章（一至七）

620000－1101－0018166　592.946.1/237.001

一八九八年之西美戰史十六章　（法國）勃利德撰　（清）李景鎬譯　清光緒三十年(1904)江南機器製造總局鉛印本　二冊

620000－1101－0018167　592.946.1/237.001

一八九八年之西美戰史十六章　（法國）勃利德撰　（清）李景鎬譯　清光緒三十年(1904)江南機器製造總局鉛印本　二冊　存九章（八至十六）

620000－1101－0018168　592.946.1/237.001

一八九八年之西美戰史十六章　（法國）勃利德撰　（清）李景鎬譯　清光緒三十年(1904)江南機器製造總局鉛印本　一冊　存七章（一至七）

620000－1101－0018169　072.76/977

一斑錄五卷附編一卷雜述八卷　（清）鄭光祖撰　清道光二十五年(1845)鄭光祖青玉山房刻咸豐七年(1857)遞修本　六冊

620000－1101－0018170　072.76/977

一斑錄五卷附編一卷雜述八卷　（清）鄭光祖撰　清道光二十五年(1845)鄭光祖青玉山房刻咸豐七年(1857)遞修本　六冊

620000－1101－0018171　125.14/754

一得錄四卷　（清）潘世璜著　清光緒六年(1880)刻本　一冊

620000－1101－0018172　847.6/89

一鐙精舍甲部稿五卷　（清）何秋濤撰　清光緒五年(1879)淮南書局刻本　一冊

620000－1101－0018173　847.6/89

一鐙精舍甲部稿五卷　（清）何秋濤撰　清光緒五年(1879)淮南書局刻本　一冊

620000－1101－0018174　847.6/89

一鐙精舍甲部稿五卷　（清）何秋濤撰　清光

緒五年(1879)淮南書局刻本　一冊

620000－1101－0018175　847.6/89
一鐙精舍甲部稿五卷　(清)何秋濤撰　清光緒五年(1879)淮南書局刻本　一冊

620000－1101－0018176　847.6/946
一規八棱硯齋文鈔不分卷　(清)徐廷華撰清咸豐、光緒刻本　一冊

620000－1101－0018177　270/582
一目了然一卷　(清)崇道主人撰　清光緒二十三年(1897)上海慈母堂書館鉛印本　一冊

620000－1101－0018178　3356
一切經音義二十五卷　(唐)釋玄應撰　清乾隆五十一年(1786)莊炘刻本　六冊

620000－1101－0018179　802.17/676
一切經音義二十五卷　(唐)釋玄應撰　華夏經音義二卷　(唐)釋慧苑撰　清同治八年(1869)武林張氏寶晉齋刻本　四冊

620000－1101－0018180　847.4/35
一松齋集八卷　(清)孫擴圖著　清同治十年(1871)刻本　六冊

620000－1101－0018181　830/897
一微塵集五卷　(清)王毓菁等撰　(清)何震彝校錄　清宣統元年(1909)江陰何氏韡芬室鉛印本　一冊

620000－1101－0018182　1385
[滿漢合璧三字經]二卷　(清)□□撰　清抄本　一冊

620000－1101－0018183　845.14/329
伊川擊壤集二十卷補遺一卷　(宋)邵雍撰清光緒三年(1877)劉質慧刻本　八冊

620000－1101－0018184　689.17/720
伊犁日記一卷　(清)洪亮吉著　清光緒王氏鉛印本　一冊

620000－1101－0018185　676.1/282
伊犁總統事略十二卷　(清)松筠纂　(清)汪廷楷輯　(清)祁韻士編　(清)廣寧繪　西陲竹枝詞一卷　(清)祁韻士撰　綏服紀略圖詩

一卷　(清)松筠撰　清嘉慶十四年(1809)刻本　四冊

620000－1101－0018186　782.613/624
伊洛淵源續錄六卷　(明)謝鐸撰　清光緒二十四年(1898)刻本　二冊

620000－1101－0018187　4493
猗覺寮雜記二卷　(宋)朱翌撰　清抄本二冊

620000－1101－0018188　040.802/001
壹是紀始八卷　(清)魏崧撰　清道光十四年(1834)刻本　十冊

620000－1101－0018189　040/802
壹是紀始二十二卷補遺一卷　(清)魏崧撰清中晚期刻本　十冊

620000－1101－0018190　847.6/165
壹齋集四十卷附奏御集二卷兩朝恩賚記一卷附壹齋集六卷　(清)黃鉞撰　蕭湯二老遺詩合編一卷　(清)黃鉞輯　清同治二年(1863)許文深、許文澄刻本　十冊

620000－1101－0018191　847.9/440
漪香山館文集不分卷　吳曾祺撰　清宣統二年(1910)刻本　一冊

620000－1101－0018192　414.9/0.424
醫案選粹不分卷　(□)□□輯　清抄本三冊

620000－1101－0018193　414.6/7.713.0101
醫方集解不分卷　(清)汪昂撰　清光緒二十年(1894)文奎堂刻本　一冊

620000－1101－0018194　414.6/7.713.012
醫方集解二十三卷　(清)汪昂撰　清道光二十五年(1845)瓶花書屋刻本　四冊

620000－1101－0018195　414.6/7.713.016
醫方集解六卷　(清)汪昂撰　清晚期刻本三冊

620000－1101－0018196　414.6/711
醫方集解三卷　(清)汪昂撰　清光緒宏道堂刻本　三冊

620000－1101－0018197　414.6/711.003

醫方集解三卷本草備要十一卷 （清）汪昂撰
　清末刻本　二冊　存十一卷（醫方集解中、
下,本草備要三至十一）

620000－1101－0018198　414.6/711.004

醫方集解三卷本草備要十一卷 （清）汪昂撰
　清末刻本　一冊　存四卷（醫方集解下、本
草備要四至六）

620000－1101－0018199　414.6/711.001

**醫方集解三卷湯頭歌括一卷經絡歌訣一卷續
增日食菜物一卷** （清）汪昂撰　清中晚期刻
本　一冊　存一卷（醫方集解下）

620000－1101－0018200　414.6/0.424.5

醫方集捄不分卷 （□）□□撰　清中晚期抄
本　一冊

620000－1101－0018201　414.6/6.482.001

醫方捷徑一卷 （明）羅必煒校正　**藥性賦一
卷** （□）□□撰　清道光五年（1825）全興堂
刻本　一冊

620000－1101－0018202　414.6/6.482.001

醫方捷徑一卷 （明）羅必煒校正　**藥性賦一
卷** （□）□□撰　清道光五年（1825）全興堂
刻本　一冊

620000－1101－0018203　414.6/6.482.002

醫方捷徑一卷 （明）羅必煒校正　**藥性賦一
卷** （□）□□撰　清咸豐十年（1860）文林堂
刻本　一冊

620000－1101－0018204　414.6/6.482

醫方捷徑一卷 （明）羅必煒校正　**藥性賦一
卷** （□）□□撰　清同治九年（1870）仁義堂
刻本　一冊

620000－1101－0018205　414.6/6.482.001

醫方捷徑一卷 （明）羅必煒校正　清道光五
年（1825）全興堂刻本　一冊

620000－1101－0018206　413/119.2

醫方捷徑指南全書二卷 （明）王宗顯輯　清
中晚期永順堂刻本　一冊

620000－1101－0018207　413/119.201

醫方捷徑指南全書二卷 （明）王宗顯輯　清
宏道堂刻本　一冊

620000－1101－0018208　290

醫方考六卷脈語二卷 （明）吳崑撰　明萬曆
十四年（1586）友益齋刻本　十冊

620000－1101－0018209　291

醫方考六卷脈語二卷 （明）吳崑撰　明萬曆
瑯環刻本　四冊

620000－1101－0018210　414.6/7.367

醫方詩要四卷 （□）□□撰　（□）孫位金校
　清光緒抄本　四冊

620000－1101－0018211　414.6/7.713.003

醫方湯頭歌括一卷附經絡歌訣 （清）汪昂輯
　清晚期刻本　一冊

620000－1101－0018212　414.6/7.713.006

醫方湯頭歌括一卷附經絡歌訣 （清）汪昂輯
　清晚期刻本　一冊

620000－1101－0018213　414.6/7.713.007

醫方湯頭歌括一卷附經絡歌訣 （清）汪昂輯
　清光緒二十二年（1896）圖書集成局鉛印本
　一冊

620000－1101－0018214　414.6/711.002

醫方湯頭歌括一卷附經絡歌訣 （清）汪昂輯
　清末刻本　一冊

620000－1101－0018215　413/660.7

醫方易簡新編六卷 （清）龔自璋　（清）黃統
撰　清同治十二年（1873）浙江溫處道署刻本
　六冊

620000－1101－0018216　413/292.2

醫綱提要八卷 （清）李宗源撰　清光緒二十
三年（1897）南京李光明莊刻本　四冊

620000－1101－0018217　413/200.002

醫貫六卷 （明）趙獻可撰　清同治六年
（1867）文英堂刻本　四冊

620000－1101－0018218　413/200.001

醫貫六卷 （明）趙獻可撰　清致盛堂刻本

四冊

620000－1101－0018219　2070

醫經原旨六卷　（清）薛雪撰　清乾隆十九年(1754)薛氏扫葉莊刻本　六冊

620000－1101－0018220　413.11/7.568.001

醫經原旨六卷　（清）薛雪撰　清晚期掃葉山房刻本　六冊

620000－1101－0018221　413.11/7.568.001

醫經原旨六卷　（清）薛雪撰　清晚期掃葉山房刻本　六冊

620000－1101－0018222　410.012/324

醫理略述二卷　（清）尹端模譯　清光緒十八年(1892)羊城博濟醫局刻本　二冊

620000－1101－0018223　410.012/324

醫理略述二卷　（清）尹端模譯　清光緒十八年(1892)羊城博濟醫局刻本　二冊

620000－1101－0018224　413/112.2

醫林指月十二種二十三卷　（清）王琦輯　清光緒二十二年(1896)上海圖書集成印書局鉛印本　八冊

620000－1101－0018225　414.6/660.005

醫林狀元壽世保元十卷　（明）龔廷賢撰　清光緒刻本　一冊　存一卷(四)

620000－1101－0018226　413/716

醫林纂要探源十卷　（清）汪紱輯　清光緒二十三年(1897)江蘇書局刻本　十冊

620000－1101－0018227　413/716

醫林纂要探源十卷　（清）汪紱輯　清光緒二十三年(1897)江蘇書局刻本　十冊

620000－1101－0018228　413/657

醫門棒喝二集傷寒論本旨九卷　（清）章楠著　清同治六年(1867)聚文堂刻本　八冊

620000－1101－0018229　413/657

醫門棒喝二集傷寒論本旨九卷　（清）章楠著　清同治六年(1867)聚文堂刻本　八冊

620000－1101－0018230　413/657

醫門棒喝二集傷寒論本旨九卷　（清）章楠著　清同治六年(1867)聚文堂刻本　二冊　存二卷(一、六)

620000－1101－0018231　413/657

醫門棒喝四卷　（清）章楠著　清同治六年(1867)聚文堂刻本　四冊

620000－1101－0018232　413/657

醫門棒喝四卷　（清）章楠著　清同治六年(1867)聚文堂刻本　四冊

620000－1101－0018233　413/657.001

醫門棒喝四卷醫門棒喝二集傷寒論本旨九卷　（清）章楠著　清宣統元年(1909)蠡城三友益齋石印本　十冊

620000－1101－0018234　413/0.424

醫門弌助不分卷　（清）高生芝輯　清道光二十九年(1849)文成堂刻本　一冊

620000－1101－0018235　272

醫說十卷　（宋）張杲撰　明嘉靖二十三年(1544)顧定芳刻本(卷二配清抄本)　十冊

620000－1101－0018236　273

醫說十卷　（宋）張杲撰　明嘉靖二十九年(1550)傅鳳翱刻本(卷一至二配清抄本)　五冊

620000－1101－0018237　413.08/67.116

醫統正脈全書二百四卷　（明）王肯堂輯　清光緒三十三年(1907)京師醫局刻本　八十冊

620000－1101－0018238　413.3/504.001

醫效秘傳三卷　（清）葉桂撰　清道光十一年(1831)貯春仙館吳氏刻本　二冊

620000－1101－0018239　413.3/385.001

醫學從衆錄八卷　（清）陳念祖撰　清光緒十五年(1889)務本堂刻本　四冊

620000－1101－0018240　413.002/725.001

醫學答問四卷　（清）梁玉瑜傳　（清）陶保廉錄　清光緒二十三年(1897)任振基刻本　四冊

620000－1101－0018241　413/385.002

醫學三字經四卷　(清)陳念祖撰　清光緒十三年(1887)務本堂刻本　二冊

620000－1101－0018242　413/385.003
醫學三字經四卷　(清)陳念祖撰　清經國堂刻本　一冊

620000－1101－0018243　413/385.011
醫學實在易八卷　(清)陳念祖撰　清光緒十五年(1889)務本堂刻本　一冊

620000－1101－0018244　414/670.001
醫學五則五卷　(清)廖雲溪輯　清光緒十三年(1887)興發堂刻本　四冊　存四卷(醫門初步一卷、藥性簡要一卷、湯頭歌括一卷、切總傷寒一卷)

620000－1101－0018245　414/670
醫學五則五卷　(清)廖雲溪輯　清光緒三十三年(1907)刻本　二冊

620000－1101－0018246　413.174/949
醫學源流論二卷　(清)徐大椿撰　清晚期同德堂刻本　二冊

620000－1101－0018247　413/669
醫學摘粹五種九卷　(清)慶恕編輯　清光緒二十三年(1897)刻本　六冊　存四種七卷(傷寒十六證類方二至三、傷寒證辨一卷、雜證要法三卷、本草類要一卷)

620000－1101－0018248　413/350
醫原二卷　(清)石壽棠撰　清抄本　二冊

620000－1101－0018249　413/350.001
醫原三卷　(清)石壽棠撰　清咸豐十一年(1861)留耕書屋刻本　四冊

620000－1101－0018250　413/350.002
醫原三卷　(清)石壽棠撰　清中晚期抄本　一冊

620000－1101－0018251　413/289.005
醫宗必讀十卷　(明)李中梓撰　清善成堂刻本　一冊　存二卷(七至八)

620000－1101－0018252　413/289.006
醫宗必讀十卷　(明)李中梓撰　清晚期刻本

一冊　存一卷(三)

620000－1101－0018253　857.252/720
夷堅志甲集二十卷乙集二十卷丙集二十卷丁集二十卷　(宋)洪邁撰　清光緒五年(1879)歸安陸氏刻十萬卷樓叢書本　十二冊

620000－1101－0018254　857.252/720
夷堅志甲集二十卷乙集二十卷丙集二十卷丁集二十卷　(宋)洪邁撰　清光緒五年(1879)歸安陸氏刻十萬卷樓叢書本　十二冊

620000－1101－0018255　857.252/720
夷堅志甲集二十卷乙集二十卷丙集二十卷丁集二十卷　(宋)洪邁撰　清光緒五年(1879)歸安陸氏刻十萬卷樓叢書本　十六冊

620000－1101－0018256　443.029/73.43
怡賢親王疏鈔一卷　(清)允祥撰　李文貞公疏二篇　(清)李光地撰　清道光刻本　一冊

620000－1101－0018257　652.721/857
怡賢親王奏議一卷　(清)允祥撰　清光緒十年(1884)津河廣仁堂刻本　一冊

620000－1101－0018258　652.721/857
怡賢親王奏議一卷　(清)允祥撰　附奏摺一卷　(清)李光地撰　清光緒十年(1884)津河廣仁堂刻本　一冊

620000－1101－0018259　847.8/200
怡雲閣詩草六卷　(清)趙齡著　清光緒二十四年(1898)刻本　一冊

620000－1101－0018260　4502
宜都縣統計處委員江忠謙報告調查民事習慣問題不分卷　(清)江忠謙撰　清宣統二年(1910)稿本　一冊

620000－1101－0018261　567.3/0.700
宜禾縣賦役全書不分卷　(清)□□編　清咸豐二年(1852)刻本　三冊

620000－1101－0018262　082.76/353
宜稼堂叢書七種二百五十六卷　(清)郁松年輯　清道光上海郁氏刻本　六十四冊

620000－1101－0018263　082.76/353

宜稼堂叢書七種二百五十六卷　（清）郁松年輯　清道光上海郁氏刻本　六十四冊

620000－1101－0018264　082.76/353

宜稼堂叢書七種二百五十六卷　（清）郁松年輯　清道光上海郁氏刻本　三十二冊　存七種二百三卷（續後漢書四十二卷、義例一卷、音義四卷、附札記一卷，續後漢書一至三十七、附札記四卷，數書九章十八卷、附札記四卷，詳解九章算法一卷、纂類一卷、附札記一卷，楊輝算法六卷、附札記一卷，剡源集三十卷、附札記一卷，清容居士集五十卷、附札記一卷）

620000－1101－0018265　782.7/0.700

宜良嚴氏族譜八卷　（□）□□撰　清嘉慶雙壁堂刻本　一冊　存七卷（二至八）

620000－1101－0018266　672.15/313.75

宜興荊溪志五種合刻四十五卷　（清）□□輯　清光緒八年（1882）刻本　二十六冊

620000－1101－0018267　847.8/960

宜雅堂詩錄六卷　（清）顧翰撰　清光緒二十八年（1902）刻本　一冊

620000－1101－0018268　847.8/736

宜齋小草二卷　（清）湯希瑗撰　清光緒八年（1882）刻本　一冊　存一卷（一）

620000－1101－0018269　847.8/736.001

宜齋小草二卷　（清）湯希瑗撰　清光緒八年（1882）刻本　二冊

620000－1101－0018270　071.52/434

宜齋野乘一卷　（宋）吳枋撰　**陽羨茗壺系一卷洞山岕茶系一卷**　（明）周高起撰　清光緒二十三年（1897）武進盛氏刻朱印本　一冊

620000－1101－0018271　830.75/542

柉華館駢體文二卷　（清）董祐誠撰　清道光、同治刻本　一冊

620000－1101－0018272　830.75/542.001

柉華館駢體文四卷　（清）董基誠　（清）董祐誠撰　清咸豐九年（1859）蓉城刻本　一冊

存二卷（一至二）

620000－1101－0018273　782.878/286

詒煒集五卷　（清）許振褘輯　清光緒十八年（1892）東河節署刻本　一冊

620000－1101－0018274　782.878/286

詒煒集五卷　（清）許振褘輯　清光緒十八年（1892）東河節署刻本　一冊

620000－1101－0018275　782.878/286.001

詒煒集五卷侍香集一卷　（清）許振褘輯　清光緒二十三年（1897）廣州節署刻本　二冊

620000－1101－0018276　1219

飴山詩集二十卷聲調譜三卷飴山文集十二卷附錄一卷禮俗權衡二卷談龍錄一卷　（清）趙執信撰　清乾隆十七年（1752）、三十九年（1774）因園刻本　二冊

620000－1101－0018277　2878

飴山文集十二卷附錄一卷　（清）趙執信撰　清乾隆三十九年（1774）刻本　四冊

620000－1101－0018278　294/273

疑龍經一卷　（唐）楊益撰　清道光、光緒南海伍氏刻粵雅堂叢書本　一冊

620000－1101－0018279　782.102/310

疑年賡錄二卷　（清）張鳴珂編　清光緒二十四年（1898）寒松閣刻本　一冊

620000－1101－0018280　782.102/930.01

疑年錄四卷　（清）錢大昕撰　（清）吳修校　續疑年錄四卷　（清）吳修編　清同治十三年（1874）虞山顧氏刻本　二冊

620000－1101－0018281　782.102/930.01

疑年錄四卷　（清）錢大昕撰　（清）吳修校　續疑年錄四卷　（清）吳修編　清同治十三年（1874）虞山顧氏刻本　四冊

620000－1101－0018282　782.102/930

疑年錄四卷　（清）錢大昕撰　（清）吳修校　續疑年錄四卷　（清）吳修編　清嘉慶二十三年（1818）刻本　二冊

620000－1101－0018283　782.102/930

疑年錄四卷　（清）錢大昕撰　（清）吳修校
續疑年錄四卷　（清）吳修編　清同治元年
(1862)福山王氏刻天壤閣叢書本　二冊

620000－1101－0018284　846.8/118

疑雨集四卷　（明）王彥泓著　清晚期刻本
二冊

620000－1101－0018285　846.8/118.02

疑雲集四卷　（明）王彥泓著　清末補拙齋石
印本　一冊

620000－1101－0018286　107

遺山先生詩集二十卷　（金）元好問撰　明崇
禎十一年(1638)毛氏汲古閣刻元人十種詩本
八冊

620000－1101－0018287　107

遺山先生詩集二十卷　（金）元好問撰　明崇
禎十一年(1638)毛氏汲古閣刻元人十種詩本
五冊

620000－1101－0018288　1777

遺山先生文集四十卷　（金）元好問撰　附錄
一卷　（明）儲罐輯　清康熙四十六年(1707)
華希閔刻本　八冊

620000－1101－0018289　845.6/128.04

遺山先生新樂府五卷　（金）元好問撰　補遺
一卷訂誤一卷　（清）張家驤撰　清光緒二年
(1876)刻本　一冊

620000－1101－0018290　847.8/393

儀顧堂集六卷　（清）陸心源撰　清光緒二十
四年(1898)刻本　六冊

620000－1101－0018291　011.6/38.01

儀顧堂續跋十六卷　（清）陸心源輯　清晚期
刻本　四冊

620000－1101－0018292　094.22/0.91

儀禮不分卷　（□）□□注　清晚期刻本
二冊

620000－1101－0018293　3192

儀禮經傳通解三十七卷續二十九卷　（宋）朱
熹撰　（宋）黃幹　（宋）楊復續撰　清康熙呂

氏寶誥堂刻本　二十四冊

620000－1101－0018294　4304

儀禮經傳通解三十七卷續二十九卷　（宋）朱
熹撰　（宋）黃幹　（宋）楊復續撰　清康熙呂
氏寶誥堂刻本　二十冊　存五十五卷(通解
九至三十七、續四至二十九)

620000－1101－0018295　094.227/987

儀禮經注疏正譌十七卷　（清）金日追撰　清
咸豐四年(1854)宜稼堂刻本　二冊

620000－1101－0018296　532/306

儀禮聯句二卷　（清）張雲瑞輯　清道光四年
(1824)醉經堂刻本　一冊

620000－1101－0018297　094.22/978

儀禮十七卷附校錄一卷續校錄一卷　（漢）鄭
玄注　（清）黃丕烈校錄　清同治九年(1870)
湖北崇文書局刻本　二冊

620000－1101－0018298　094.22/978

儀禮十七卷附校錄一卷續校錄一卷　（漢）鄭
玄注　（清）黃丕烈校錄　清同治九年(1870)
湖北崇文書局刻本　二冊

620000－1101－0018299　094.23/215.001

儀禮釋官九卷首一卷　（清）胡匡衷著　清嘉
慶二十一年(1816)胡氏研六閣刻本　二冊
存六卷(四至九)

620000－1101－0018300　094.23/215

儀禮釋官九卷首一卷　（清）胡匡衷著　清同
治八年(1869)胡肇智刻本　四冊

620000－1101－0018301　094.23/215

儀禮釋官九卷首一卷　（清）胡匡衷著　清同
治八年(1869)胡肇智刻本　二冊　存五卷
(二至三、七至九)

620000－1101－0018302　094.23/77.97.78

儀禮私箋八卷　（清）鄭珍撰　清同治五年
(1866)成山唐氏刻本　二冊

620000－1101－0018303　094.23/77.97.78

儀禮私箋八卷　（清）鄭珍撰　清同治五年
(1866)成山唐氏刻本　二冊

620000 - 1101 - 0018304　094.23/77.97.78

儀禮私箋八卷　（清）鄭珍撰　清光緒十七年
（1891）廣雅書局刻本　一冊

620000 - 1101 - 0018305　094.257.5/307

儀禮圖六卷　（清）張惠言撰　清同治九年
（1870）湖北崇文書局刻本　三冊

620000 - 1101 - 0018306　094.257.5/307

儀禮圖六卷　（清）張惠言撰　清同治九年
（1870）湖北崇文書局刻本　一冊　存二卷
（一至二）

620000 - 1101 - 0018307　094.257.5/307

儀禮圖六卷　（清）張惠言撰　清同治九年
（1870）湖北崇文書局刻本　二冊　存四卷
（三至六）

620000 - 1101 - 0018308　094.22/357

儀禮問津不分卷　（清）孟先穎撰　清道光十
五年（1835）會文齋刻本　一冊

620000 - 1101 - 0018309　094.22/76.44

儀禮先易六卷首一卷　（清）呂仁杰撰　清道
光二十六年（1846）師皾書屋刻本　三冊

620000 - 1101 - 0018310　2891

儀禮易讀十七卷　（清）馬駉輯　清乾隆三十
八年（1773）山陰縣學刻本　四冊

620000 - 1101 - 0018311　094.22/0.91.001

儀禮音訓十七卷　（清）楊國楨撰　清道光十
年（1830）刻本　二冊

620000 - 1101 - 0018312　094.22/441

儀禮章句十七卷　（清）吳廷華章句　清嘉慶
四年（1799）刻本　六冊

620000 - 1101 - 0018313　094.227/215.001

儀禮正義四十卷　（清）胡培翬撰　（清）楊大
堉補　清咸豐二年（1852）刻本　一冊　存二
卷（三至四）

620000 - 1101 - 0018314　094.227/215

儀禮正義四十卷　（清）胡培翬撰　（清）楊大
堉補　**儀禮釋官九卷首一卷**　（清）胡匡衷撰
（清）楊大堉補　清同治八年（1869）刻本

三十二冊

620000 - 1101 - 0018315　3382

**儀禮鄭註句讀十七卷附監本正誤一卷儀禮石
本誤字一卷**　（漢）鄭玄註　（清）張爾岐句讀
清乾隆八年（1743）刻三十八年（1773）補刻
本　四冊

620000 - 1101 - 0018316　094.202.21/314.001

**儀禮鄭註句讀十七卷附監本正誤一卷儀禮石
本誤字一卷**　（漢）鄭玄註　（清）張爾岐句讀
清同治七年（1868）金陵書局刻本　四冊

620000 - 1101 - 0018317　094.202.21/314

儀禮鄭註句讀一卷　（漢）鄭玄註　（清）張爾
岐句讀　清宣統元年（1909）學部圖書局刻本
一冊

620000 - 1101 - 0018318　3210

儀禮註疏十七卷　（漢）鄭玄註　（唐）賈公彥
疏　（唐）陸德明音義　明崇禎九年（1636）毛
氏汲古閣刻十三經註疏本　十四冊

620000 - 1101 - 0018319　094.22/151

儀禮註疏十七卷　（漢）鄭玄註　（唐）賈公彥
疏　（唐）陸德明音義　清刻本　十二冊

620000 - 1101 - 0018320　1308

頤山詩話二卷　（明）安磐撰　清光緒孔氏嶽
雪樓影抄本　一冊

620000 - 1101 - 0018321　500

頤真園圖詠不分卷　（明）王文登輯　明萬曆
刻本　一冊

620000 - 1101 - 0018322　089.77/158

頤志齋叢書二十一種四十二卷　（清）丁晏撰
清咸豐、同治山陽丁氏六藝堂刻同治元年
（1862）彙印本　十冊

620000 - 1101 - 0018323　089.77/158

頤志齋叢書二十一種四十二卷　（清）丁晏撰
清咸豐、同治山陽丁氏六藝堂刻同治元年
（1862）彙印本　十冊

620000 - 1101 - 0018324　089.77/158

頤志齋叢書二十一種四十二卷　（清）丁晏撰

清咸豐、同治山陽丁氏六藝堂刻同治元年
（1862）彙印本　十冊

620000－1101－0018325　089.77/158

頤志齋叢書二十一種四十二卷　（清）丁晏撰
清咸豐、同治山陽丁氏六藝堂刻同治元年
（1862）彙印本　二十冊

620000－1101－0018326　856.7/0.401

乙亥直省鄉墨不分卷　（清）□□輯　清末刻
本　一冊

620000－1101－0018327　593.1/267

乙巳河間觀操記不分卷　（清）楊慕璿撰　清
光緒三十一年（1905）鉛印本　一冊

620000－1101－0018328　653.78/0.401

乙巳中外大事表（正月至十二月）不分卷
（清）□□撰　清末抄本　一冊

620000－1101－0018329　847.6/790.8

以恬養智齋詩初集六卷　（清）程庭鷺撰　清
道光九年（1829）碧城僊館刻本　二冊

620000－1101－0018330　847.7/773

倚松閣詩鈔十五卷　（清）馮錫鏞撰　清同
治、光緒刻本　三冊　存十三卷（一至十三）

620000－1101－0018331　847.7/881

蟻餘偶筆一卷附筆一卷讕言瑣記一卷　（清）
劉因之撰　清光緒十二年（1886）刻本　二冊

620000－1101－0018332　1823

亦山草堂遺稿六卷遺詞二卷　（清）陳維崧撰
崇祀鄉賢錄一卷花萼倡和集一卷　清康熙
二十八年（1689）陳氏彊善堂刻本　三冊

620000－1101－0018333　847.5/202

**亦有生齋集文二十卷詞五卷詩三十二卷樂府
二卷**　（清）趙懷玉撰　清嘉慶二十四年至道
光元年（1819－1821）刻本　十六冊

620000－1101－0018334　1233

亦玉堂稿十卷　（明）沈鯉撰　清康熙二十九
年（1690）劉榛刻本　一冊

620000－1101－0018335　1088

亦政堂重考古玉圖二卷　（元）朱德潤撰　明

萬曆吳萬化寶古堂刻清乾隆十七年（1752）黃
晟亦政堂印本　一冊

620000－1101－0018336　091.221/651

易傳三卷　（漢）京房著　（三國吳）陸績注
清嘉慶刻廣漢魏叢書本　一冊

620000－1101－0018337　413/813.7

易簡方便醫書六卷　（清）周茂五編　清咸豐
十一年（1861）石陽周日新堂刻本　六冊

620000－1101－0018338　091.277/310

易解經傳證五卷首一卷　（清）張步騫注　清
同治十年（1871）刻本　五冊

620000－1101－0018339　091.252/828.03

易經初學讀本不分卷　（清）□□編　清光緒
十五年（1889）陝西求友齋刻本　二冊

620000－1101－0018340　091.27/344

易經大全會解不分卷　（清）來爾繩輯　**周易
四卷**　（宋）朱熹本義　清嘉慶九年（1804）刻
本　一冊

620000－1101－0018341　091.27/344.001

易經大全會解不分卷　（清）來爾繩輯　**周易
四卷**　（宋）朱熹本義　清光緒七年（1881）刻
本　一冊

620000－1101－0018342　2801

易經大全會解四卷　（清）來爾繩輯　清康熙
二十年（1681）朱采治刻本　二冊

620000－1101－0018343　091.8/567

易經精華六卷末一卷　（清）薛嘉穎撰　清道
光七年（1827）光疁堂刻本　四冊

620000－1101－0018344　091.8/567.002

易經精華六卷末一卷　（清）薛嘉穎撰　清同
治四年（1865）刻本　二冊

620000－1101－0018345　091.8/567.001

易經精華六卷末一卷　（清）薛嘉穎撰　清光
緒十四年（1888）古香閣魏氏刻本　二冊

620000－1101－0018346　091.274/267

易經困勉錄六卷　（清）楊嘉輯說　清宣統元
年（1909）春麓堂木活字印本　二冊　存二卷

（五至六）

620000－1101－0018347　091.278/0.468

易經旁訓四卷　（清）□□撰　清光緒二十七年（1901）黔南書局刻本　一冊

620000－1101－0018348　091.274/714

易經如話十二卷首一卷　（清）汪烜學　清同治曲水書局木活字印本　十二冊

620000－1101－0018349　869

易經識餘不分卷　（清）徐秉義撰　清抄本　八冊

620000－1101－0018350　091.2/0.468

易經體註□□卷　（□）□□輯注　清晚期刻本　一冊　存四十四葉（三十一至七十四）

620000－1101－0018351　091.276/294

易經體註大全合參四卷　（清）李兆賢輯著（清）范紫登鑒定　清道光二十三年（1843）刻本　四冊

620000－1101－0018352　849

易經通論十二卷　（明）曹學佺撰　明末刻本　二冊

620000－1101－0018353　091.2/633

易經醒宗□□卷　（□）郭有守輯撰　（□）郭善佺等參較　**周易申解□□卷**　（□）郭建邦啟訓　（□）郭宗璜訂正　清刻本　一冊　存一卷（四）

620000－1101－0018354　292.1/917

易林四卷　（漢）焦贛著　清嘉慶刻廣漢魏叢書本　二冊　存二卷（三至四）

620000－1101－0018355　091.376/164

易釋四卷　（清）黃式三學　清光緒十四年（1888）定海黃氏家塾刻本　二冊

620000－1101－0018356　091.274/504

易守三十二卷附易卦總論一卷　（清）葉佩蓀撰　清嘉慶十五年（1810）刻本　七冊　存二十九卷（一至二十三、二十八至三十二，附易卦總論一卷）

620000－1101－0018357　1321

易書詩簡要不分卷　（清）朱克敏輯　清咸豐元年至九年（1851－1859）朱克敏抄本　二冊

620000－1101－0018358　091.374/138

易說六卷　（清）惠士奇撰　清嘉慶十五年（1810）吳氏真意堂刻本　二冊

620000－1101－0018359　091.2/75.20

易說十二卷附易說便錄一卷　（清）郝懿行撰　清光緒八年（1882）刻郝氏遺書本　八冊

620000－1101－0018360　091.2/209

易說十二卷附易說便錄一卷　（清）郝懿行撰　清光緒八年（1882）刻郝氏遺書本　四冊

620000－1101－0018361　830.76/183

易堂九子文鈔十九卷　（清）彭玉雯輯　清道光十七年（1837）刻本　十二冊

620000－1101－0018362　3109

易堂問目四卷　（清）吳鼎輯　清乾隆三十七年（1772）刻本　二冊

620000－1101－0018363　091.377/917

易通釋二十卷　（清）焦循撰　清嘉慶、道光江都焦氏雕菰樓刻焦氏叢書本　八冊　存十六卷（一至十四、十七至十八）

620000－1101－0018364　091/747

易憲四卷　（明）沈泓撰　清光緒十四年（1888）卓德徵刻本　三冊

620000－1101－0018365　3928

易憲四卷　（明）沈泓撰　清乾隆九年（1744）刻本　二冊　存三卷（一至三）

620000－1101－0018366　091.267/387

易象鉤解四卷　（明）陳士元撰　清光緒十五年（1889）上海鴻文書局影印本　一冊　存二卷（一至二）

620000－1101－0018367　091.7/746

易小傳六卷　（宋）沈該撰　清道光通志堂刻本　三冊

620000－1101－0018368　2058

易小貼五卷　（清）毛奇齡撰　清康熙毛氏書留草堂刻西河合集本　二冊

620000－1101－0018369　2716

易研八卷首一卷　（清）胡麹元撰　清乾隆五十七年（1792）凝輝閣刻本　八冊

620000－1101－0018370　091.07/307

易義別錄十四卷周易鄭荀義三卷虞氏易禮二卷　（清）張惠言輯　清道光元年（1821）合河康氏刻本　四冊

620000－1101－0018371　091.2/78.985

易翼貫解七卷　（清）佘德楷輯　清光緒十八年（1892）刻本　五冊

620000－1101－0018372　091.2/78.985

易翼貫解七卷　（清）佘德楷輯　清光緒十八年（1892）刻本　六冊

620000－1101－0018373　091.2/78.985

易翼貫解七卷　（清）佘德楷輯　清光緒十八年（1892）刻本　五冊

620000－1101－0018374　091.2/78.985

易翼貫解七卷　（清）佘德楷輯　清光緒十八年（1892）刻本　四冊

620000－1101－0018375　847.6/286

易園文集四卷詩集二卷詞集一卷　（清）李林松著　清道光十七年（1837）濟寧州署刻光緒二十九年（1903）補修本　六冊

620000－1101－0018376　2057

易韻四卷　（清）毛奇齡撰　清康熙毛氏書留草堂刻西河合集本　二冊

620000－1101－0018377　2665

易占經緯四卷　（明）韓邦奇輯　清乾隆十六年（1751）刻嘉慶七年（1802）補修本　四冊

620000－1101－0018378　091.07/834

易旨二卷餘義一卷　（清）朱澤澐撰　清道光四年（1824）刻本　四冊

620000－1101－0018379　311

秕林伐山二十卷　（明）楊慎撰　明萬曆三年（1575）許嶽刻本　四冊

620000－1101－0018380　997.11/891

弈理金鍼不分卷　（清）劉福山撰　清光緒四年（1878）如皋官廨刻本　一冊

620000－1101－0018381　997.11/652

奕萃官子一卷奕萃一卷　（清）卞文恒撰　清嘉慶二十一年（1816）味書堂刻本　二冊

620000－1101－0018382　345

奕善堂集一卷　（明）朱□□撰　明嘉靖刻本　一冊

620000－1101－0018383　3372

奕學會海四卷　（清）董耀輯　清康熙三十七年（1698）京都文錦堂刻本　四冊

620000－1101－0018384　413.363/348

疫喉淺論二卷疫補遺一卷　（清）夏雲撰　清光緒五年（1879）存吾春齋刻本　三冊

620000－1101－0018385　413.363/113

疫癘溯源不分卷　（清）王敬義撰　清道光二十五年（1845）思宜堂刻本　一冊

620000－1101－0018386　856.7/987

挹蘭山房時藝錄存不分卷　（清）金玉音撰　清光緒刻本　一冊

620000－1101－0018387　856.7/987.001

挹蘭山房時藝錄存不分卷　（清）金玉音撰　清光緒刻本　一冊

620000－1101－0018388　797.12/879

益都金石記四卷　（清）段松苓撰　清光緒九年（1883）刻本　四冊

620000－1101－0018389　567.9212/0.982

益都縣賦役全書不分卷　（清）□□纂　清嘉慶二十一年（1816）山東益都縣署刻本　一冊

620000－1101－0018390　311.57/292

益古演段三卷　（元）李冶撰　清同治十二年（1873）長沙古荷池精舍刻本　一冊　存一卷（上）

620000－1101－0018391　075.6/367

益智編四十一卷　（明）孫能傳纂輯　清光緒十七年（1891）刻本　三冊　存十二卷（二十七至三十八）

620000 – 1101 – 0018392　802.02/739

埶文備覽十二集一百二十卷埶文備覽補詳字義一卷　（清）沙木集注　清嘉慶十一年(1806)刻本　六十冊

620000 – 1101 – 0018393　802.2/739

埶文通覽十二集一百二十卷埶文通覽補詳字義十四篇　（清）沙木集注　清嘉慶十一年至十二年(1806 – 1807)刻本　四十四冊

620000 – 1101 – 0018394　3201

異方便淨土傳燈歸元鏡三祖實錄二卷　（清）釋智達撰　清初刻杭州昭慶寺印本　二冊

620000 – 1101 – 0018395　1225

異方便淨土傳燈歸元鏡三祖實錄二卷　（清）釋智達撰　清乾隆四十九年(1784)龍王廟刻本　一冊

620000 – 1101 – 0018396　226.5/837

異方便淨土傳燈歸元鏡三祖實錄二卷　（清）釋智達撰　清咸豐三年(1853)刻本　四冊

620000 – 1101 – 0018397　226.5/837.001

異方便淨土傳燈歸元鏡三祖實錄二卷　（清）釋智達撰　清光緒二十三年(1897)廣陵藏經禪院刻本　一冊

620000 – 1101 – 0018398　716/481

異域錄二卷　（清）圖理琛撰　清嘉慶十三年(1808)昭文張海鵬刻本　一冊　存一卷(下)

620000 – 1101 – 0018399　676/238

異域瑣談四卷　（清）七十一著　清嘉慶二十三年(1818)刻本　四冊

620000 – 1101 – 0018400　676/238

異域瑣談四卷　（清）七十一著　清嘉慶二十三年(1818)刻本　一冊

620000 – 1101 – 0018401　676/238.1

異域瑣談四卷　（清）七十一著　清嘉慶二十三年(1818)刻本(卷一之葉 1a 至 14b 係抄配)　四冊

620000 – 1101 – 0018402　676/238

異域瑣談四卷　（清）七十一著　清光緒七年(1881)抄本　一冊

620000 – 1101 – 0018403　3015

逸周書十卷　（晉）孔晁注　清乾隆五十一年(1786)盧氏抱經堂刻本　二冊

620000 – 1101 – 0018404　621.51/370

逸周書十卷附錄一卷　（晉）孔晁注　清晚期刻本　四冊

620000 – 1101 – 0018405　621.51/830.09

逸周書校釋十卷周書逸文二卷　（清）朱右曾校釋　清光緒三年(1877)湖北崇文書局刻本　二冊

620000 – 1101 – 0018406　080/366

逸子書七種十卷　（清）孫馮翼輯　清嘉慶七年(1802)金陵問經堂刻問經堂叢書本　一冊

620000 – 1101 – 0018407　438.2/823

意大里蠶書十五章　（意大利）丹吐魯著　（英國）傅蘭雅　（英國）傅紹蘭口譯　（清）汪振聲筆述　（清）趙元益校錄　清光緒二十四年(1898)上海江南製造局刻本　一冊

620000 – 1101 – 0018408　438.2/823

意大里蠶書十五章　（意大利）丹吐魯著　（英國）傅蘭雅　（英國）傅紹蘭口譯　（清）汪振聲筆述　（清）趙元益校錄　清光緒二十四年(1898)上海江南製造局刻本　一冊

620000 – 1101 – 0018409　438.2/823

意大里蠶書十五章　（意大利）丹吐魯著　（英國）傅蘭雅　（英國）傅紹蘭口譯　（清）汪振聲筆述　（清）趙元益校錄　清光緒二十四年(1898)上海江南製造局刻本　一冊

620000 – 1101 – 0018410　438.2/823

意大里蠶書十五章　（意大利）丹吐魯著　（英國）傅蘭雅　（英國）傅紹蘭口譯　（清）汪振聲筆述　（清）趙元益校錄　清光緒二十四年(1898)上海江南製造局刻本　一冊

620000 – 1101 – 0018411　438.2/823

意大里蠶書十五章　（意大利）丹吐魯著　（英國）傅蘭雅　（英國）傅紹蘭口譯　（清）

汪振聲筆述 （清）趙元益校錄 清光緒二十
四年(1898)上海江南製造局刻本 一冊

620000－1101－0018412 438.2/823
意大里蠶書十五章 （意大利）丹吐魯著
（英國）傅蘭雅 （英國）傅紹蘭口譯 （清）
汪振聲筆述 （清）趙元益校錄 清光緒二十
四年(1898)上海江南製造局刻本 一冊

620000－1101－0018413 438.2/823
意大里蠶書十五章 （意大利）丹吐魯著
（英國）傅蘭雅 （英國）傅紹蘭口譯 （清）
汪振聲筆述 （清）趙元益校錄 清光緒二十
四年(1898)上海江南製造局刻本 一冊

620000－1101－0018414 438.2/823.001
意大里蠶書十五章 （意大利）丹吐魯著
（英國）傅蘭雅 （英國）傅紹蘭口譯 （清）
汪振聲筆述 （清）趙元益校錄 清光緒上海
著易堂鉛印本 一冊

620000－1101－0018415 438.2/823
意大里蠶書十五章 （意大利）丹吐魯著
（英國）傅蘭雅 （英國）傅紹蘭口譯 （清）
汪振聲筆述 （清）趙元益校錄 清光緒二十
四年(1898)上海江南製造局刻本 一冊

620000－1101－0018416 847.9/274
意園文略二卷附事略一卷 （清）楊鍾羲編次
清宣統二年(1910)刻本 一冊

620000－1101－0018417 565.45/60
義大利財政書五種五卷 （清）翟青松 （清）
陳德零譯 清光緒三十一年(1905)駐義使署
鉛印本 三冊

620000－1101－0018418 2032
義門讀書記五十八卷 （清）何焯撰 （清）蔣
維鈞輯 清乾隆三十四年(1769)蔣氏刻本
十二冊

620000－1101－0018419 2624
義門讀書記五十八卷 （清）何焯撰 （清）蔣
維鈞輯 清乾隆三十四年(1769)蔣氏刻本
十二冊

620000－1101－0018420 2625
義門讀書記五十八卷 （清）何焯撰 （清）蔣
維鈞輯 清乾隆三十四年(1769)蔣氏刻本
十六冊

620000－1101－0018421 3150
義門讀書記五十八卷 （清）何焯撰 （清）蔣
維鈞輯 清乾隆三十四年(1769)蔣氏刻本
十六冊

620000－1101－0018422 2772
義門讀書記五十八卷 （清）何焯撰 （清）蔣
維鈞輯 清乾隆三十四年(1769)蔣氏刻光緒
六年(1880)重修本 十二冊

620000－1101－0018423 4602
義門讀書記五十八卷 （清）何焯撰 （清）蔣
維鈞輯 清乾隆三十四年(1769)蔣氏刻光緒
六年(1880)重修本 十六冊

620000－1101－0018424 847.2/89
義門先生集十二卷附錄一卷 （清）何焯撰
（清）吳雲等輯 清宣統三年(1911)中華圖書
館石印本 四冊

620000－1101－0018425 847.2/89
義門先生集十二卷附錄一卷 （清）何焯撰
（清）吳雲等輯 清宣統三年(1911)中華圖書
館石印本 四冊

620000－1101－0018426 086.23/222
義田錄不分卷 （清）□□撰 清同治四年
(1865)退補齋刻本 四冊

620000－1101－0018427 193.3/831
義烏朱鼎甫先生示兒書不分卷 （清）朱一新
撰 清末蘭州官書局鉛印本 一冊

620000－1101－0018428 193.3/831
義烏朱鼎甫先生示兒書不分卷 （清）朱一新
撰 清末蘭州官書局鉛印本 一冊

620000－1101－0018429 193.3/831
義烏朱鼎甫先生示兒書不分卷 （清）朱一新
撰 清末蘭州官書局鉛印本 一冊

620000－1101－0018430 193.3/831

義烏朱鼎甫先生示兒書不分卷 （清）朱一新
撰 清末蘭州官書局鉛印本 一冊

620000－1101－0018431 193.3/831

義烏朱鼎甫先生示兒書不分卷 （清）朱一新
撰 清末蘭州官書局鉛印本 一冊

620000－1101－0018432 847.8/828

義烏朱先生文鈔四卷 （清）朱一新撰 （清）
平遠輯 清光緒二十三年（1897）刻本 二冊

620000－1101－0018433 112

義俠記二卷 （明）沈璟撰 明末毛氏汲古閣
刻六十種曲本 二冊

620000－1101－0018434 548.31/893

義賑芻言不分卷 （清）劉鍾琳著 清宣統元
年（1909）益森印刷公司鉛印本 一冊

620000－1101－0018435 413.55/0.430

瘞鶴銘考一卷附圖一卷 （清）汪士鋐編 清
光緒九年（1883）歸安姚氏刻咫進齋叢書本
一冊

620000－1101－0018436 846.6/295

毅齋查先生闡道集十卷末一卷 （明）查鐸撰
清光緒十六年（1890）刻本 四冊

620000－1101－0018437 847.6/161

憶雲詞稾四卷 （清）項廷紀撰 憶雲詞刪存
一卷 （清）項承紀撰 （清）許增輯 清光緒
十九年（1893）許氏榆園刻本 一冊

620000－1101－0018438 078/55

翼教叢編六卷 （清）蘇輿輯 清光緒二十四
年（1898）武昌刻本 二冊 存四卷（一至四）

620000－1101－0018439 078/55

翼教叢編六卷 （清）蘇輿輯 清光緒二十四
年（1898）武昌刻本 三冊

620000－1101－0018440 830.7/554

翼教叢編六卷 （清）蘇輿輯 清光緒二十四
年（1898）武昌刻本 三冊

620000－1101－0018441 127.6/554

翼教叢編六卷 （清）蘇輿輯 清光緒二十四
年（1898）武昌刻本 三冊

620000－1101－0018442 847.9/860

藝風堂文集七卷外篇一卷 繆荃孫撰 清光
緒二十六年（1900）江陰繆荃孫藝風堂刻本
四冊

620000－1101－0018443 847.6/886

藝槩六卷 （清）劉熙載撰 清同治十二年
（1873）刻本 二冊

620000－1101－0018444 847.6/886.001

藝槩六卷 （清）劉熙載撰 清光緒三年
（1877）刻本 二冊

620000－1101－0018445 082.75/438

藝海珠塵一百六十四種三百十七卷 （清）吳
省蘭輯 清嘉慶南匯吳氏聽彝堂刻本 五
十冊

620000－1101－0018446 082.75/438

藝海珠塵一百六十四種三百十七卷 （清）吳
省蘭輯 清嘉慶南匯吳氏聽彝堂刻本 六
十冊

620000－1101－0018447 082.75/438

藝海珠塵一百六十四種三百十七卷 （清）吳
省蘭輯 清嘉慶南匯吳氏聽彝堂刻本 一冊
存四種十三卷（金川瑣記六卷、朝鮮志二
卷、至游子二卷、夢占逸旨六至八）

620000－1101－0018448 082.75/438

藝海珠塵一百六十四種三百十七卷 （清）吳
省蘭輯 清嘉慶南匯吳氏聽彝堂刻本 一冊
存一種一卷（至游子二）

620000－1101－0018449 082.75/438

藝海珠塵一百六十四種三百十七卷 （清）吳
省蘭輯 清嘉慶南匯吳氏聽彝堂刻本 一冊
存一種一卷（至游子二）

620000－1101－0018450 533

藝林粹言四十一卷 （明）陳繼儒輯 明刻本
一冊 存六卷（一至六）

620000－1101－0018451 821.18/314

藝談錄二卷 （清）張維屏撰 清道光、咸豐
刻本 三冊

620000 – 1101 – 0018452　528.8 – 1/479

藝徒學堂章程一卷農工商部女子繡工科暫行章程一卷　（清）農工商部編　清末農工商部工業學堂鉛印本　一冊

620000 – 1101 – 0018453　270

藝文類聚一百卷　（唐）歐陽詢輯　明正德十年(1515)華堅蘭雪堂銅活字印本　二冊　存二卷(四十三、九十二)

620000 – 1101 – 0018454　269

藝文類聚一百卷　（唐）歐陽詢輯　明嘉靖六年至七年(1527 – 1528)胡纘宗、陸采刻本　三十冊

620000 – 1101 – 0018455　082.8/830

藝學叢考一百二十卷附藝學最新文編四十卷　（清）朱大文輯　清光緒二十八年(1902)上海鴻文書局石印本　二十六冊

620000 – 1101 – 0018456　082.8/830

藝學叢考一百二十卷目錄二十卷　（清）朱大文輯　清光緒二十八年(1902)上海鴻文書局石印本　二十三冊

620000 – 1101 – 0018457　082.75/965

藝苑捃華四十八種九十七卷　（清）顧之逵輯　清同治七年(1868)刻本　二十三冊　存四十六種九十卷(海內十洲記一卷、群輔錄一卷、南方草木狀三卷、搜神記八卷、神仙傳五卷、御覽闕史二卷、二十四詩品一卷、本事詩一卷、雲溪友議一卷、酉陽雜俎二卷、諾皋記一卷、博異志一卷、李泌傳一卷、仙吏傳一卷、英雄傳一卷、劍俠傳一卷、柳毅傳一卷、虯髯客傳一卷、馮燕傳一卷、蔣子文傳一卷、杜子春傳一卷、龍女傳一卷、妙女傳一卷、神女傳一卷、楊太真外傳二卷、長恨歌傳一卷、梅妃傳一卷、紅線傳一卷、劉無雙傳一卷、霍小玉傳一卷、牛應貞傳一卷、謝小娥傳一卷、李娃傳一卷、章台柳傳一卷、非烟傳一卷、江淮異人錄一卷、離騷集傳一卷、離騷草木疏四卷、農書三卷、蠶書一卷、於潛令樓公進耕織圖詩一卷、本朝名家詩鈔小傳三卷、國朝麗體金膏四卷、說鈴十三種十四卷、竟山樂錄四卷、八

紱譯史三卷)

620000 – 1101 – 0018458　1677

繹史一百六十卷　（清）馬驌撰　清康熙刻本　二十冊

620000 – 1101 – 0018459　2173

繹史一百六十卷　（清）馬驌撰　清康熙刻本　三十六冊

620000 – 1101 – 0018460　610.3/41

繹史一百六十卷　（清）馬驌撰　清光緒三十年(1904)浙江書局刻本　五十冊

620000 – 1101 – 0018461　610.3/41

繹史一百六十卷　（清）馬驌撰　清光緒三十年(1904)浙江書局刻本　五十冊

620000 – 1101 – 0018462　610.3/41

繹史一百六十卷　（清）馬驌撰　清光緒三十年(1904)浙江書局刻本　五十冊

620000 – 1101 – 0018463　610.3/41.001

繹史一百六十卷　（清）馬驌撰　清晚期刻本　五十冊

620000 – 1101 – 0018464　610.3/41.001

繹史一百六十卷　（清）馬驌撰　清晚期刻本　四十二冊　存一百四十一卷(一至九、十七至一百四十八)

620000 – 1101 – 0018465　127.1/21

繹志十九卷　（清）胡承諾撰　清同治十一年(1872)浙江書局刻本　八冊

620000 – 1101 – 0018466　127.1/21

繹志十九卷　（清）胡承諾撰　清同治十一年(1872)浙江書局刻本　八冊

620000 – 1101 – 0018467　127.1/21

繹志十九卷　（清）胡承諾撰　清同治十一年(1872)浙江書局刻本　八冊

620000 – 1101 – 0018468　712.4/120

譯史綱目十六卷首一卷　（清）王勳撰　清光緒二十七年(1901)刻本　十冊

620000 – 1101 – 0018469　847.6/845

因寄軒文初集十卷二集六卷補遺一卷　（清）
管同著　清道光十三年(1833)管氏刻本
二冊

620000－1101－0018470　847.6/84

因寄軒文初集十卷二集六卷補遺一卷　（清）
管同著　坿刻小異遺文一卷　（清）管嗣復著
清光緒五年(1879)刻本　四冊

620000－1101－0018471　222.96/941

因明入正理論疏八卷　（清）釋窺基撰　清光
緒二十二年(1896)金陵刻經處刻本　一冊
存四卷(一至四)

620000－1101－0018472　633

因樹屋書影十卷　（清）周亮工撰　清雍正三
年(1725)懷德堂刻　四冊

620000－1101－0018473　222.16/714

音釋坐花誌果八卷　（清）汪道鼎著　（清）鶯
峰樵者音釋　清光緒十四年(1888)廣百宋齋
鉛印本　一冊

620000－1101－0018474　802.24/719

音學辨微一卷　（清）江永撰　清宣統二年
(1910)正誼書院刻本　一冊

620000－1101－0018475　1165

音學五書三十八卷　（清）顧炎武撰　清康熙
六年(1667)張弨符山堂刻本　十二冊

620000－1101－0018476　2597

音學五書三十八卷　（清）顧炎武撰　清康熙
六年(1667)張弨符山堂刻本　六冊　存十六
卷(音論三卷、詩本音十卷、易音三卷)

620000－1101－0018477　4297

音學五書三十八卷　（清）顧炎武撰　清康熙
六年(1667)張弨符山堂刻本　十冊　存三十
二卷(音論三卷,詩本音一至三、十,易音三
卷,唐韻正二十卷,古音表二卷)

620000－1101－0018478　2575

音學五書三十八卷　（清）顧炎武撰　清康熙
刻本　六冊　存十八卷(唐韻正五至二十、古
音表二卷)

620000－1101－0018479　802.408/95

音學五書三十八卷　（清）顧炎武撰　清光緒
十一年(1885)四明觀稼樓刻本　十二冊

620000－1101－0018480　802.408/95

音學五書三十八卷　（清）顧炎武撰　清光緒
十一年(1885)四明觀稼樓刻本　十二冊

620000－1101－0018481　802.408/95

音學五書三十八卷　（清）顧炎武撰　清光緒
十一年(1885)四明觀稼樓刻本　六冊　存十
八卷(唐韻正五至二十、古音表二卷)

620000－1101－0018482　802.44/290

音韻闡微十八卷　（清）李光地撰　清光緒七
年(1881)淮南書局刻本　五冊

620000－1101－0018483　1706

音韻日月燈六十四卷　（明）呂維祺撰　明崇
禎六年(1633)志清堂刻本　八冊　存二十六
卷(同文鐸一至五、八至十七、二十一至三十,
首一)

620000－1101－0018484　856.274/186.05

音註小倉山房尺牘八卷　（清）袁枚著　（清）
胡光斗箋釋　清光緒三十二年(1906)章福記
書局石印本　一冊

620000－1101－0018485　856.274/186.05.001

音註小倉山房尺牘八卷　（清）袁枚著　（清）
胡光斗箋釋　清光緒掃葉山房刻朱墨套印本
一冊　存二卷(三至四)

620000－1101－0018486　2962

陰符經三皇玉訣二卷　（□）□□撰　清康熙
二十年(1681)刻本　一冊

620000－1101－0018487　4489

陰符經一卷　題黃帝撰　清乾隆、嘉慶抄本
一冊

620000－1101－0018488　1435

陰陽定論三卷　（明）周視撰　明抄本　一冊

620000－1101－0018489　294/994

陰陽指正四卷　（清）姚承興撰　清咸豐二年
(1852)刻本　一冊

620000－1101－0018490　414.9/117

陰證略例一卷　（元）王好古撰　清光緒五年（1879）歸安陸氏刻十萬卷樓叢書本　一冊

620000－1101－0018491　233/165

陰騭文圖說不分卷　（清）黃正元纂輯　清咸豐元年（1851）蘭州刻本　四冊

620000－1101－0018492　231/165.02

陰騭文圖說不分卷　（清）黃正元纂輯　清咸豐元年（1851）蘭州刻本　四冊

620000－1101－0018493　231/317

陰騭文圖證不分卷　（清）費丹旭繪圖　（清）許光清集證　清光緒二十四年（1898）石印本　一冊

620000－1101－0018494　651.7/478.001

欽頒州縣事宜不分卷　（清）田文鏡輯　清咸豐九年（1859）錢塘許氏刻宦海指南本　一冊

620000－1101－0018495　651.7/478

欽頒州縣事宜不分卷　（清）田文鏡輯　清同治七年（1868）江蘇書局刻本　一冊

620000－1101－0018496　651.73/478

欽頒州縣事宜不分卷　（清）田文鏡輯　清中晚期刻本　一冊

620000－1101－0018497　651.7/478.002

欽頒州縣事宜不分卷　（清）田文鏡輯　清末鉛印本　一冊

620000－1101－0018498　591.1/485

欽定八旗通志三百四十二卷首十二卷　（清）內府纂修　清嘉慶四年（1799）武英殿刻本　四十八冊　存九十六卷（一至三、七至十六、二十一至二十七、一百三十七至一百四十一、一百四十五至一百六十六、一百七十一至一百八十二、二百一至二百二十八,首四至十二）

620000－1101－0018499　1141

欽定八旗則例十二卷　（清）鄂爾泰等纂修　清乾隆六年（1741）武英殿刻本　四冊

620000－1101－0018500　573.53/919

欽定兵部處分則例八旗三十七卷綠營三十九卷　（清）伯麟等纂修　清道光三年（1823）刻本　十六冊　存三十七卷（八旗三十七卷）

620000－1101－0018501　573.53/919

欽定兵部處分則例八旗三十七卷綠營三十九卷　（清）伯麟等纂修　清道光三年（1823）刻本　二十九冊　存六十七卷（八旗一至三十一、綠營一至三十六）

620000－1101－0018502　573.53/919

欽定兵部處分則例八旗三十七卷綠營三十九卷　（清）伯麟等纂修　清道光三年（1823）刻本　十七冊　存三十六卷（八旗二十二至三十七,綠營四、二十一至三十九）

620000－1101－0018503　573.53/410.001

欽定兵部處分則例三十九卷　（清）長齡等纂輯　清道光九年（1829）內府刻本　六冊　存十四卷（十七至二十五、二十七至三十、三十二）

620000－1101－0018504　573.53/410

欽定兵部處分則例三十九卷續纂四卷　（清）長齡等纂輯　清道光九年（1829）內府刻本　十八冊　存四十二卷（欽定兵部處分則例三十九卷、續纂一至三）

620000－1101－0018505　573.53/669

欽定兵部續纂處分則例四卷　（清）慶源等纂修　清道光九年（1829）刻本　四冊

620000－1101－0018506　573.53/669

欽定兵部續纂處分則例四卷　（清）慶源等纂修　清道光九年（1829）刻本　三冊　存三卷（一至三）

620000－1101－0018507　842

欽定春秋傳說彙纂三十八卷首二卷　（清）王掞等纂　清康熙六十年（1721）內府刻本　四十八冊

620000－1101－0018508　3086

欽定春秋傳說彙纂三十八卷首二卷　（清）王掞等纂　清雍正甘肅刻本　二十五冊

620000－1101－0018509　3087

欽定春秋傳說彙纂三十八卷首二卷　（清）王
掞等纂　清雍正甘肅刻本　二十八冊　存三
十九卷（一至三十七、首二卷）

620000－1101－0018510　3088

欽定春秋傳說彙纂三十八卷首二卷　（清）王
掞等纂　清雍正甘肅刻本　二十三冊　存三
十九卷（一至十六、十八至三十八，首二卷）

620000－1101－0018511　3125

欽定春秋傳說彙纂三十八卷首二卷　（清）王
掞等纂　清雍正甘肅刻本　二十四冊

620000－1101－0018512　3951

欽定春秋傳說彙纂三十八卷首二卷　（清）王
掞等纂　清雍正甘肅刻本　二十一冊　存三
十三卷（一至十、十三至十八、二十至二十七、
三十至三十二、三十五至三十八，首二卷）

620000－1101－0018513　3227

欽定春秋傳說彙纂三十八卷首二卷　（清）王
掞等纂　清雍正甘肅刻本　五冊　存九卷
（一至六、三十七，首二卷）

620000－1101－0018514　2998

欽定春秋傳說彙纂三十八卷首二卷　（清）王
掞等纂　清雍正刻本　二十冊

620000－1101－0018515　095.03/113.003

欽定春秋傳說彙纂三十八卷首二卷　（清）王
掞等纂　清道光十八年（1838）刻本　十八冊

620000－1101－0018516　095.03/113

欽定春秋傳說彙纂三十八卷首二卷　（清）王
掞等纂　清同治九年（1870）楊昌濬刻本　十
三冊

620000－1101－0018517　095.03/113

欽定春秋傳說彙纂三十八卷首二卷　（清）王
掞等纂　清同治九年（1870）楊昌濬刻本　二
十冊

620000－1101－0018518　095.03/113

欽定春秋傳說彙纂三十八卷首二卷　（清）王
掞等纂　清同治九年（1870）楊昌濬刻本　二

十冊

620000－1101－0018519　095.03/113

欽定春秋傳說彙纂三十八卷首二卷　（清）王
掞等纂　清同治九年（1870）楊昌濬刻本　二
十

620000－1101－0018520　095.03/113

欽定春秋傳說彙纂三十八卷首二卷　（清）王
掞等纂　清同治九年（1870）楊昌濬刻本　十
九冊　存三十八卷（三至三十八、首二卷）

620000－1101－0018521　095.03/113.004

欽定春秋傳說彙纂三十八卷首二卷　（清）王
掞等纂　清同治十年（1871）湖北崇文書局刻
本　二十冊

620000－1101－0018522　095.03/113.004

欽定春秋傳說彙纂三十八卷首二卷　（清）王
掞等纂　清同治十年（1871）湖北崇文書局刻
本　十冊

620000－1101－0018523　095.03/113.004

欽定春秋傳說彙纂三十八卷首二卷　（清）王
掞等纂　清同治十年（1871）湖北崇文書局刻
本　二十冊

620000－1101－0018524　095.03/113.004

欽定春秋傳說彙纂三十八卷首二卷　（清）王
掞等纂　清同治十年（1871）湖北崇文書局刻
本　十六冊　存三十卷（一至八、十六至三十
三、三十六至三十八，首一）

620000－1101－0018525　095.03/113.004

欽定春秋傳說彙纂三十八卷首二卷　（清）王
掞等纂　清同治十年（1871）湖北崇文書局刻
本　三冊　存五卷（十六至二十）

620000－1101－0018526　095.03/113.004

欽定春秋傳說彙纂三十八卷首二卷　（清）王
掞等纂　清同治十年（1871）湖北崇文書局刻
本　二十冊

620000－1101－0018527　095.03/113.004

欽定春秋傳說彙纂三十八卷首二卷　（清）王
掞等纂　清同治十年（1871）湖北崇文書局刻

本　二十册

620000－1101－0018528　095.03/113.006

欽定春秋傳說彙纂三十八卷首二卷　（清）王
掞等纂　清同治、光緒刻本　五册　存五卷
（十八至十九、二十四、二十七、三十）

620000－1101－0018529　095.03/113.006

欽定春秋傳說彙纂三十八卷首二卷　（清）王
掞等纂　清同治、光緒刻本　十九册　存三
十二卷（七至三十八）

620000－1101－0018530　095.03/113.005

欽定春秋傳說彙纂三十八卷首二卷　（清）王
掞等纂　清光緒十四年（1888）上海點石齋石
印本　一册　存八卷（一至八）

620000－1101－0018531　095.03/113.002

欽定春秋傳說彙纂三十八卷首二卷　（清）王
掞等纂　清晚期刻本　十六册

620000－1101－0018532　095.03/113.002

欽定春秋傳說彙纂三十八卷首二卷　（清）王
掞等纂　清晚期刻本　二十四册

620000－1101－0018533　095.03/113.002

欽定春秋傳說彙纂三十八卷首二卷　（清）王
掞等纂　清晚期刻本　二十四册

620000－1101－0018534　621.76/11

欽定春秋傳說彙纂三十八卷首二卷　（清）王
掞等纂　清晚期刻本　二十四册

620000－1101－0018535　095.03/113.007

欽定春秋傳說彙纂三十八卷首一卷　（清）王
掞等纂　清同治、光緒刻本　一册　存二卷
（三十四至三十五）

620000－1101－0018536　095.12/517

欽定春秋左傳讀本三十卷　（清）英和　（清）
程恩澤等纂輯　清道光二年（1822）武英殿刻
本　十六册

620000－1101－0018537　095.12/517.001

欽定春秋左傳讀本三十卷　（清）英和　（清）
程恩澤等纂輯　清同治八年（1869）江蘇書局
刻本　十册

620000－1101－0018538　095.12/517.002

欽定春秋左傳讀本三十卷　（清）英和　（清）
程恩澤等纂輯　清同治十一年（1872）山東書
局刻本　十四册　存二十六卷（三至十三、十
六至三十）

620000－1101－0018539　573.171/58.02

**欽定大清會典八十卷事例九百二十卷目錄八
卷圖一百三十二卷目錄二卷**　（清）托津等纂
　清嘉慶二十三年（1818）武英殿刻本　二百
六十二册　存六百四十二卷（大清會典十九
至二十四、六十至六十三、事例一至九十八、
一百四十一至二百六、二百二十一至二百三
十二、二百三十九至二百四十七、二百五十七
至三百五十三、三百五十九至三百八十三、四
百十至四百二十六、四百四十四至五百五十
一、五百六十九至五百八十三、五百九十九至
六百二、六百九至六百十、六百十七至六百四
十八、六百六十一至六百六十二、六百九十五
至六百九十七、七百二十六至七百七十一、七
百七十五至七百七十八、七百八十一至八百
三十六、八百四十五至八百四十八、八百七十
一至九百二）

620000－1101－0018540　573.171/58.02

**欽定大清會典八十卷事例九百二十卷目錄八
卷圖一百三十二卷目錄二卷**　（清）托津等纂
　清嘉慶二十三年（1818）武英殿刻本　一百
三十八册　存三百六十五卷（大清會典二至
二十六、三十四至四十、四十五至四十六、七
十九至八十，事例三十六至四十、四十八至四
十九、五十五至五十九、九十九至一百、一百
四至一百六、一百二十二至一百三十、一百三
十四至一百三十五、二百一至二百三、二百七
至二百十八、二百二十至二百三十八、二百九
十七至三百十四、四百二十七至四百三十一、
四百三十六至四百三十七、四百四十二至四
百四十三、四百四十八至四百五十三、四百五
十七至四百八十五、五百二至五百三、五百七
至五百十四、五百二十三至五百二十六、五百
三十至五百三十二、五百三十六至五百六十
五、六百一至六百八、六百二十五至六百四
十、六百五十三至六百五十四、六百七十三至

六百七十五、七百十二至七百十五、七百二十至七百二十二、八百三十七至八百五十七、八百八十六至八百九十、八百九十七至九百二，圖一至五十、八十七至九十六、九十九至一百二十八）

620000－1101－0018541　573.171/58.02
欽定大清會典八十卷事例九百二十卷目錄八卷圖一百三十二卷目錄二卷　（清）托津等纂
　　清嘉慶二十三年(1818)武英殿刻本　一百二冊　存二百二十三卷(大清會典十至二十二、四十三至五十一;事例十四至十八、三十九至四十九、五十五至五十七、六十二至六十三、二百九十九至三百、三百七至三百九、三百十四至三百四十五、三百六十六至三百九十、三百九十二至四百三、四百十二至四百十三、四百七十三至四百七十四、五百二十六至五百二十九、五百四十二至五百五十一、五百五十八至五百五十九、五百六十四至五百六十五、五百六十六至五百七十三、六百三至六百八、六百五十七至六百六十八、六百八十二至六百八十四、七百九至七百十七、七百四十八至七百五十、七百九十九至八百八、八百三十七至八百五十五、八百九十四至八百九十六、九百七至九百九;圖十五至十八、目錄二至五）

620000－1101－0018542　573.171/58.02
欽定大清會典八十卷事例九百二十卷目錄八卷圖一百三十二卷目錄二卷　（清）托津等纂
　　清嘉慶二十三年(1818)武英殿刻本　一百四十三冊　存三百六十七卷(大清會典一至三、六十七至六十八、七十二至八十;事例四至八十、九十至九十四、一百五十二至一百五十四、一百六十二至一百七十五、二百二十五至二百二十八、二百三十三至二百四十六、二百六十至二百六十一、二百九十四至三百四十九、三百九十二至四百九、四百十七至四百二十、四百三十至四百三十一、四百七十五至四百七十七、四百八十至四百八十八、四百九十五至五百六、五百十五至五百二十七、五百三十至五百三十二、五百六十六至五百六十七、六百十三至六百十四、六百十七至六百三

十七、七百五十四至七百八十、八百十八至八百十九、八百二十四至八百三十六、九百至九百三,目錄四至八;圖一至二十六、七十八至八十九、九十七至九十八,目錄二卷）

620000－1101－0018543　573.171/58.02
欽定大清會典八十卷事例九百二十卷目錄八卷圖一百三十二卷目錄二卷　（清）托津等纂
　　清嘉慶二十三年(1818)武英殿刻本　二百六十四冊　存六百九十五卷(大清會典一至九、十六至十八;事例一至十三、三十五至四十七、五十五至五十九、八十一至九十四、九十七至九十八、一百七至一百二十七、一百五十至一百七十二、一百七十四至一百七十九、一百八十三至二百十九、二百二十一至二百六十三、二百八十至二百八十二、二百九十一至二百九十三、三百三十四至三百八十七、三百九十七至四百、四百七至四百二十六、四百四十一至四百五十、四百五十七至四百六十九、四百九十三至五百十四、五百二十八至六百、六百十九至六百四十六、六百六十一至六百八十四、七百五、七百九至七百十一、七百十八至七百二十二、七百二十六至七百八十五、七百九十二至八百四十、八百四十九至八百五十二、八百八十五至九百二十,目錄八卷;圖一至八十六）

620000－1101－0018544　573.171/58.01
欽定大清會典八十卷事例九百二十卷目錄八卷圖一百三十二卷目錄二卷　（清）托津等纂
　　清道光、咸豐刻本　三百六十冊

620000－1101－0018545　573.171/58.02
欽定大清會典事例九百二十卷目錄八卷
（清）托津等纂　清嘉慶二十三年(1818)武英殿刻本　五冊　存十二卷(三百六十三至三百七十四)

620000－1101－0018546　573.171/58.05
欽定大清會典事例九百二十卷目錄八卷
（清）托津等纂　清嘉慶武英殿刻本　一冊　存二卷(六百三十二至六百三十三)

620000－1101－0018547　573.171/58.04

欽定大清會典事例九百二十卷目錄八卷
(清)托津等撰　清嘉慶武英殿刻本　一冊
存三卷(三百二十八至三百三十)

620000－1101－0018548　573.171/58
欽定大清會典事例一千二百二十卷　(清)李
鴻章等修纂　清光緒二十五年(1899)石印本
　六冊　存二十四卷(一百七十八至一百八
十三、二百三十二至二百四十九)

620000－1101－0018549　573.171/85.207
欽定大清會典事例一千二百二十卷　(清)李
鴻章等修纂　清光緒三十四年(1908)上海商
務印書館石印本　一冊　存七卷(六百十四
至六百二十)

620000－1101－0018550　573.171/58.1
欽定大清會典事例一千二百二十卷首一卷
(清)內閣職臣同纂　清宣統元年(1909)商務
印書館石印本　一百五十冊

620000－1101－0018551　573.171/58
欽定大清會典事例一千二百二十卷首一卷目
錄八卷　(清)李鴻章等纂修　清光緒二十五
年(1899)外交部石印本　三冊　存八卷(二
百二十四至二百三十一)

620000－1101－0018552　573.171/85.206
欽定大清會典事例一千二百二十卷首一卷目
錄八卷　(清)李鴻章等纂修　清末抄本　七
冊　存十六卷(三百八十六至三百八十七、四
百八至四百十四、五百二至五百四、五百六至
五百九)

620000－1101－0018553　573.171/58.03
欽定大清會典圖一百三十二卷目錄二卷
(清)托津等纂　清嘉慶武英殿刻本　一冊
存三卷(一百二十六至一百二十八)

620000－1101－0018554　573.171/58.3
欽定大清會典圖一百三十二卷目錄二卷
(清)劉啓瑞等纂修　清晚期刻本　三十九冊

620000－1101－0018555　573.171/85
欽定大清會典一百卷　(清)顧汝修等纂修
清光緒刻本　十六冊

620000－1101－0018556　573.171/85.205
欽定大清會典一百卷　(清)允祹等纂　清光
緒十九年(1893)上海圖書集成印書局鉛印本
　八冊

620000－1101－0018557　573.171/85.205
欽定大清會典一百卷　(清)允祹等纂　清光
緒十九年(1893)上海圖書集成印書局鉛印本
　八冊

620000－1101－0018558　573.171/85.205
欽定大清會典一百卷　(清)允祹等纂　清光
緒十九年(1893)上海圖書集成印書局鉛印本
　四冊　存五十卷(五十一至一百)

620000－1101－0018559　573.171/85.203
欽定大清會典一百卷　(清)顧汝修等纂修
清光緒二十五年(1899)上海書局石印本
六冊

620000－1101－0018560　573.171/85.202
欽定大清會典一百卷　(清)允祹等纂修　清
光緒二十七年(1901)上海文林石印本　六冊

620000－1101－0018561　573.171/85.205
欽定大清會典一百卷首一卷　(清)崑岡等纂
修　清光緒十九年(1893)上海圖書集成印書
局鉛印本　八冊

620000－1101－0018562　573.171/85.2
欽定大清會典一百卷首一卷　(清)崑岡等纂
修　清光緒二十五年(1899)京師官書局石印
本　二十四冊

620000－1101－0018563　573.171/85.201
欽定大清會典一百卷首一卷　(清)崑岡等纂
修　清宣統元年(1909)上海商務印書館石印
本　十冊

620000－1101－0018564　573.171/58
欽定大清會典一百卷首一卷　(清)吳樹梅
(清)吳中欽纂　欽定大清會典圖二百七十卷
首一卷　(清)劉啓瑞等纂　欽定大清會典事
例一千二百二十卷目錄八卷　(清)內閣職臣
同纂　清光緒石印本　四百八十八冊

620000－1101－0018565　573.171/58
欽定大清會典一百卷首一卷 （清）吳樹梅
（清）吳中欽纂　**欽定大清會典圖二百七十卷
首一卷** （清）劉啓瑞等纂　**欽定大清會典事
例一千二百二十卷目錄八卷** （清）內閣職臣
同纂　清光緒石印本　四百九十二冊

620000－1101－0018566　573.171/85.208
**欽定大清會典一百卷首一卷事例一千二百二
十卷首一卷** （清）崑岡等撰　清光緒三十四
年（1908）上海商務印書館石印本　四十三冊
　存三百九十卷（二十至五十七、八十九至一
百、一百五十九至一百九十五、二百四至二百
十七、二百九十至三百三、五百二十七至五百
八十二、六百至六百五十、六百五十九至七百
七十一、八百三十五至八百四十三、九百六
十三至九百九十七、一千四十四至一千五十
四）

620000－1101－0018567　573.171/85.201
**欽定大清會典一百卷首一卷事例一千二百二
十卷首一卷** （清）崑岡等撰　清宣統元年
（1909）商務印書館石印本　一百六十冊

620000－1101－0018568　573.171/85.201
**欽定大清會典一百卷首一卷事例一千二百二
十卷首一卷** （清）崑岡等撰　清宣統元年
（1909）商務印書館石印本　一百三十五冊
存一千一百五十一卷（大清會典一至五十七、
六十九至七十八、八十九至一百、首一卷；事
例一百八至二百十七、二百二十六至一千五
十四、一千六十四至一千七十一、一千八十至
一千八十九、一千九十六至一千一百五、一千
一百十八至一千二百二十，首一卷）

620000－1101－0018569　4055
欽定大清會典一百卷則例一百八十卷 （清）
允祹等纂　清乾隆二十九年（1764）武英殿刻
本　一百冊　存一百七十九卷（則例一至八
十五、八十七至一百八十）

620000－1101－0018570　4056
欽定大清會典一百卷則例一百八十卷 （清）
允祹等纂　清乾隆二十九年（1764）武英殿刻

本　十二冊　存六十六卷（大清會典八至六
十三、八十七至九十、九十五至一百）

620000－1101－0018571　4057
欽定大清會典一百卷則例一百八十卷 （清）
允祹等纂　清乾隆二十九年（1764）武英殿刻
本　三十冊　存五十九卷（則例二至八、三十
四至三十五、五十九至六十二、六十六至七
十、七十四、七十六至七十九、八十一至八十
二、九十六至一百二、一百四至一百五、一百
十二、一百二十二至一百二十三、一百三十
七、一百四十、一百五十六至一百五十九、一
百六十一至一百六十四、一百六十九至一百
八十）

620000－1101－0018572　4058
欽定大清會典一百卷則例一百八十卷 （清）
允祹等纂　清乾隆二十九年（1764）武英殿刻
本　十四冊　存八十六卷（大清會典一至三
十三、四十至九十二）

620000－1101－0018573　4295
欽定大清會典一百卷則例一百八十卷 （清）
允祹等纂　清乾隆二十九年（1764）武英殿刻
本　七冊　存十四卷（則例四至五、十一至十
三、三十一至三十三、四十、九十二、一百六十
五至一百六十八）

620000－1101－0018574　3866
欽定大清會典一百卷則例一百八十卷 （清）
允祹等纂　清乾隆二十九年（1764）武英殿刻
本　十七冊　存四十三卷（則例六至八、十一
至二十三、一百四至一百五、一百十、一百十
九至一百二十一、一百二十五至一百三十四、
一百三十八、一百七十一至一百八十）

620000－1101－0018575　3995
欽定大清會典一百卷則例一百八十卷 （清）
允祹等纂　清乾隆二十九年（1764）武英殿刻
本　八冊　存二十卷（則例四至十三、三十四
至三十五、一百四至一百七、一百七十一至一
百七十四）

620000－1101－0018576　4338
欽定大清會典一百卷則例一百八十卷 （清）

允裪等纂　清乾隆二十九年(1764)武英殿刻本　二冊　存三卷(則例一百三、一百二十二至一百二十三)

620000－1101－0018577　558.22/661
欽定大清商律不分卷　(清)商部擬訂　清光緒鉛印本　一冊

620000－1101－0018578　440.7/140
欽定工部續增則例一百三十六卷總目一卷　(清)曹振鏞等纂修　清嘉慶二十四年(1819)刻本　七冊　存二十七卷(一至二十六、總目一卷)

620000－1101－0018579　440.7/140
欽定工部續增則例一百三十六卷總目一卷　(清)曹振鏞等纂修　清嘉慶二十四年(1819)刻本　七冊　存三十卷(一至二十九、總目一卷)

620000－1101－0018580　440.7/140
欽定工部續增則例一百三十六卷總目一卷　(清)曹振鏞等纂修　清嘉慶二十四年(1819)刻本　二十一冊　存一百六卷(一至二十九、四十四至四十七、六十五至一百三十六,總目一卷)

620000－1101－0018581　440.7/160.001
欽定工部則例九十八卷　(清)福長安等纂修　清嘉慶三年(1798)刻本　十冊　存七十九卷(一至二十六、三十六至五十四、六十五至九十八)

620000－1101－0018582　440.7/160.001
欽定工部則例九十八卷　(清)福長安等纂修　清嘉慶三年(1798)刻本　十二冊

620000－1101－0018583　440.7/160
欽定工部則例一百十六卷　(清)文煜等纂修　清光緒十年(1884)刻本　三冊　存九卷(十九至二十一、三十一至三十六)

620000－1101－0018584　440.7/160
欽定工部則例一百十六卷　(清)文煜等纂修　清光緒十年(1884)刻本　十四冊　存五十七卷(十六至四十五、三十一至四十五、四十九至六十)

620000－1101－0018585　440.7/160
欽定工部則例一百十六卷　(清)文煜等纂修　清光緒十年(1884)刻本　十冊　存六十四卷(一至八、十五至三十一、四十至五十二、六十一至八十六)

620000－1101－0018586　440.7/160
欽定工部則例一百十六卷　(清)文煜等纂修　清光緒十年(1884)刻本　三十一冊　存九十卷(一至九十)

620000－1101－0018587　440.7/160
欽定工部則例一百十六卷　(清)文煜等纂修　清光緒十年(1884)刻本　四十冊　存八十卷(三十七至一百十六)

620000－1101－0018588　440.7/160
欽定工部則例一百十六卷　(清)文煜等纂修　清光緒十年(1884)刻本　三十九冊　存一百十三卷(一至九十三、九十七至一百十六)

620000－1101－0018589　610.81/316
欽定古今儲貳金鑑六卷　(清)高宗弘曆御定　清光緒二十一年(1895)浙江官書局刻本　二冊　存二卷(三至四)

620000－1101－0018590　655
欽定古今圖書集成經濟彙編銓衡典一百二十卷　(清)陳夢雷等輯　清雍正四年(1726)內府銅活字印本　六十冊

620000－1101－0018591　1657
欽定古今圖書集成一萬卷目錄四十卷　(清)蔣廷錫等輯　清雍正四年(1726)內府銅活字印本　五千二十冊

620000－1101－0018592　573.41/0.700
欽定官階品級三卷　(□)□□撰　清末抄本　一冊

620000－1101－0018593　2999
欽定國朝詩別裁集三十二卷　(清)沈德潛輯　清乾隆二十六年(1761)刻本　十二冊

620000－1101－0018594　573.332/886

欽定國子監則例四十四卷首一卷　（清）劉墉等修　（清）承光等纂　清嘉慶二年(1797)武英殿刻本　九冊

620000－1101－0018595　443.682/0.939

欽定河工則例九卷　（□）□□撰　清嘉慶刻本　一冊

620000－1101－0018596　557.47/754

欽定戶部漕運全書九十二卷首一卷　（清）潘世恩　（清）桂亮等纂修　清道光二十五年(1845)內府刻本　三十二冊　存六十四卷（七至十二、十五至五十四、五十七至六十六、七十五至八十二）

620000－1101－0018597　557.47/211

欽定戶部漕運全書九十六卷首一卷　（清）載齡　（清）福趾等纂修　清光緒二年(1876)內府刻本　十八冊　存三十六卷（六十一至九十六）

620000－1101－0018598　557.47/211

欽定戶部漕運全書九十六卷首一卷　（清）載齡　（清）福趾等纂修　清光緒二年(1876)內府刻本　四十二冊　存八十四卷（七至六十八、七十一至九十二）

620000－1101－0018599　1117

欽定戶部軍需則例九卷續增一卷欽定兵部軍需則例五卷欽定工部軍需則例一卷　（清）阿桂等纂修　清抄本　三冊　存四卷（戶部軍需則例一至三、工部軍需則例一卷）

620000－1101－0018600　594.174/376

欽定戶部軍需則例九卷續纂一卷欽定兵部軍需則例五卷　（清）阿桂等纂修　清道光二十八年(1848)刻本　四冊

620000－1101－0018601　594.174/376.001

欽定戶部軍需則例九卷續纂一卷欽定兵部軍需則例五卷欽定工部軍需則例一卷　（清）阿桂等纂修　清晚期刻本　四冊

620000－1101－0018602　552.2097/958

欽定戶部則例九十九卷首一卷　（清）戶部纂修　清道光二年(1822)刻本　三十冊　存四

十二卷（一至二、五、七、九至十、五十七、五十九至七十一、七十四至八十、八十二至八十九、九十一至九十五、九十八至九十九）

620000－1101－0018603　4319

欽定戶部則例一百二十六卷首一卷　（清）于敏中等纂修　清乾隆刻本　三冊　存十二卷（八至十二、二十一至二十七）

620000－1101－0018604　552.2097/211

欽定戶部則例一百卷首一卷　（清）載齡等修　（清）惠祥等纂　清同治十三年(1874)刻本　三十一冊　存六十二卷（十七至七十八）

620000－1101－0018605　552.2097/113

欽定戶部則例一百三十二卷總類一卷　（清）祿康纂修　清嘉慶七年(1802)武英殿刻本　三十二冊　存七十三卷（一至四十九、五十一至五十二、一百十至一百二十二、一百二十五至一百三十二,總類一卷）

620000－1101－0018606　552.2097/301

欽定戶部則例一百三十四卷　（清）托津（清）依滿泰等纂修　清嘉慶十七年(1812)刻本　五十七冊　存一百二十二卷（一至八十、九十三至一百三十四）

620000－1101－0018607　676.1/906

欽定皇輿西域圖志四十八卷首四卷　（清）傅恆等纂修　清光緒十九年(1893)杭州便益書局石印本　十二冊

620000－1101－0018608　676.1/906

欽定皇輿西域圖志四十八卷首四卷　（清）傅恆等纂修　清光緒十九年(1893)杭州便益書局石印本　十二冊

620000－1101－0018609　676.1/906.001

欽定皇輿西域圖志四十八卷首四卷　（清）傅恆等纂修　清光緒鉛印本　三冊　存七卷（三十六至三十七、四十二至四十四、四十七至四十八）

620000－1101－0018610　573.176/686.01

欽定回疆則例八卷首一卷　（清）賽尚阿等修　（清）肇麟等纂　清道光二十二年(1842)刻

本　　五冊

620000 – 1101 – 0018611　573.176/686
欽定回疆則例八卷首一卷　（清）賽尚阿等修
　（清）肇麟等纂　清光緒三十四年（1908）鉛
　印本　三冊

620000 – 1101 – 0018612　573.176/686
欽定回疆則例八卷首一卷　（清）賽尚阿等修
　（清）肇麟等纂　清光緒三十四年（1908）鉛
　印本　三冊

620000 – 1101 – 0018613　627.78/675
欽定剿平捻匪方略三百二十卷　（清）奕訢等
　纂　清同治十一年（1872）鉛印本　八十九冊
　　存三百一卷（一至六十、七十一至一百三十
　七、一百四十一至一百四十七、一百五十一至
　一百七十、一百七十四至三百二十）

620000 – 1101 – 0018614　627.78/675
欽定剿平捻匪方略三百二十卷　（清）奕訢等
　纂　清同治十一年（1872）鉛印本　三十五冊
　　存三十三卷（一至十九、三十七、四十九至
　五十、五十八至五十九、六十六至六十七、七
　十二、八十八、九十至九十三、一百六十三）

620000 – 1101 – 0018615　627.74/675
欽定剿平粵匪方略四百二十卷首一卷　（清）
　奕訢等纂修　清同治鉛印本　一百八十五冊
　　存一百八十五卷（一百一至一百十、一百二
　十一至一百七十四、一百八十至二百、三百一
　至四百）

620000 – 1101 – 0018616　627.74/675
欽定剿平粵匪方略四百二十卷首一卷　（清）
　奕訢等纂修　清同治鉛印本　五冊　存五卷
　（一百七十五至一百七十九）

620000 – 1101 – 0018617　625.601/647
欽定金史語解十二卷　（清）高宗弘曆撰　清
　光緒四年（1878）江蘇書局刻本　二冊

620000 – 1101 – 0018618　1107
欽定軍器則例二十卷　（清）史貽直等纂修
　清抄本　十冊　存九卷（旗幟做法七卷、涼蓬
　帳房做法二卷）

620000 – 1101 – 0018619　591.8/546
欽定軍器則例二十四卷　（清）董誥等纂修
　清晚期抄本　二冊　存四卷（三至六）

620000 – 1101 – 0018620　548.31/920
欽定康濟錄四卷　（清）倪國璉編　清同治三
　年（1864）左宗棠刻本　三冊

620000 – 1101 – 0018621　548.31/920
欽定康濟錄四卷　（清）倪國璉編　清同治三
　年（1864）左宗棠刻本　三冊

620000 – 1101 – 0018622　548.31/920
欽定康濟錄四卷　（清）倪國璉編　清同治三
　年（1864）左宗棠刻本　三冊

620000 – 1101 – 0018623　548.31/920.001
欽定康濟錄四卷　（清）倪國璉編　清同治八
　年（1869）湖北崇文書局刻本　四冊

620000 – 1101 – 0018624　548.31/920.001
欽定康濟錄四卷　（清）倪國璉編　清同治八
　年（1869）湖北崇文書局刻本　四冊

620000 – 1101 – 0018625　573.332/210
欽定科場條例六十卷　（清）耆英　（清）麟桂
　等纂修　清道光十四年（1834）刻本　十冊

620000 – 1101 – 0018626　573.332/466
欽定科場條例六十卷首一卷　（清）景安
　（清）蔡繼揚等纂修　清嘉慶二十一年（1816）
　刻本　十五冊　存四十八卷（一至三十七、五
　十一至六十，首一卷）

620000 – 1101 – 0018627　573.332/109.07
欽定科場條例六十卷首一卷　（清）禮部纂修
　　清光緒刻本　三十八冊　存五十七卷（二
　至七、十至六十）

620000 – 1101 – 0018628　573.332/942
欽定科場條例五十八卷首一卷　（清）德明等
　纂修　清嘉慶九年（1804）刻本　十六冊

620000 – 1101 – 0018629　2203
欽定科場條例五十四卷　（清）羅正墀等撰
　清乾隆五十五年（1790）刻本　十六冊

620000 – 1101 – 0018630　573.171/123

欽定理藩部則例六十四卷　（清）理藩部編
清光緒三十四年（1908）鉛印本　十六冊

620000－1101－0018631　573.171/123.001
欽定理藩院則例六十三卷　（清）理藩院纂修
　清光緒二十二年（1896）刻本　八冊　存二
　十四卷（二十一至四十四）

620000－1101－0018632　573.53/109.003
欽定禮部則例二百二卷　（清）恭阿拉等修
（清）卓凌阿等纂　清嘉慶十一年（1806）刻本
　三冊　存七卷（一百四十三至一百四十九）

620000－1101－0018633　573.53/109.002
欽定禮部則例二百二卷　（清）恭阿拉等修
（清）卓凌阿等纂　清嘉慶十一年（1806）刻本
　四冊　存三十九卷（八十九至一百二十七）

620000－1101－0018634　573.53/677
欽定禮部則例二百二卷　（清）文孚等修
（清）薩迎阿等纂　清嘉慶二十五年（1820）刻
　本　二冊　存十八卷（十五至三十二）

620000－1101－0018635　573.53/677
欽定禮部則例二百二卷　（清）文孚等修
（清）薩迎阿等纂　清嘉慶二十五年（1820）刻
　本　十一冊　存九十卷（二至三十二、一百三
　至一百十三、一百二十二至一百三十二、一百
　五十九至一百九十五）

620000－1101－0018636　573.53/677
欽定禮部則例二百二卷　（清）文孚等修
（清）薩迎阿等纂　清嘉慶二十五年（1820）刻
　本　十一冊　存九十八卷（七十二至一百四
　十六、一百五十三至一百五十八、一百七十九
　至一百九十五）

620000－1101－0018637　573.53/839
欽定禮部則例二百二卷　（清）特登額等修
（清）長秀等纂　清道光二十四年（1844）刻本
　二十四冊

620000－1101－0018638　573.53/839.001
欽定禮部則例二百二卷　（清）特登額等修
（清）長秀等纂　清道光二十四年（1844）刻本
　二十四冊

620000－1101－0018639　573.53/839.002
欽定禮部則例二百二卷　（清）特登額等修
（清）長秀等纂　清道光二十四年（1844）刻本
　二十三冊

620000－1101－0018640　573.53/109
欽定禮部則例二百二卷　（清）特登額等修
（清）長秀等纂　清刻本　十冊　存九十九卷
（四十四至一百四十二）

620000－1101－0018641　573.53/109.004
欽定禮部則例一百九十四卷　（清）王杰等纂
修　清乾隆六十年（1795）刻本　七冊　存四
十六卷（一百二十八至一百四十四、一百四十
八至一百七十六）

620000－1101－0018642　573.53/109.001
欽定禮部則例一百九十四卷　（清）王杰等纂
修　清嘉慶刻本　九冊　存九十四卷（一至
十五、二十四至一百二）

620000－1101－0018643　3198
欽定禮記義疏八十二卷首一卷　（清）允祿等
輯　清乾隆刻本　四十冊

620000－1101－0018644　094.337.7/857.001
欽定禮記義疏八十二卷首一卷　（清）允祿等
輯　清道光十八年（1838）刻本　五十二冊

620000－1101－0018645　094.337.7/857
欽定禮記義疏八十二卷首一卷　（清）允祿等
輯　清同治十年（1871）湖北崇文書局刻本
四十八冊

620000－1101－0018646　094.337.7/857
欽定禮記義疏八十二卷首一卷　（清）允祿等
輯　清同治十年（1871）湖北崇文書局刻本
四十八冊

620000－1101－0018647　094.337.7/857
欽定禮記義疏八十二卷首一卷　（清）允祿等
輯　清同治十年（1871）湖北崇文書局刻本
四十八冊

620000－1101－0018648　094.227.4/857
欽定禮記義疏八十二卷首一卷　（清）允祿等

輯　清同治十年（1871）湖北崇文書局刻本
二十冊　存三十二卷（一至二、六至七、九至
十七、六十三至六十四、六十七至八十二，首
一卷）

620000－1101－0018649　094.337.7/857
欽定禮記義疏八十二卷首一卷　（清）允祿等
輯　清同治十年（1871）湖北崇文書局刻本
二十九冊　存四十八卷（一至十七、二十四至
二十九、三十二至三十三、四十至四十一、六
十三至八十二，首一卷）

620000－1101－0018650　094.337.7/857
欽定禮記義疏八十二卷首一卷　（清）允祿等
輯　清同治十年（1871）湖北崇文書局刻本
九冊　存十四卷（六十七至六十八、七十一至
八十二）

620000－1101－0018651　094.337.7/857
欽定禮記義疏八十二卷首一卷　（清）允祿等
輯　清同治十年（1871）湖北崇文書局刻本
十二冊　存二十四卷（十八至四十一）

620000－1101－0018652　094.337.7/857
欽定禮記義疏八十二卷首一卷　（清）允祿等
輯　清同治十年（1871）湖北崇文書局刻本
三冊　存七卷（七十六至八十二）

620000－1101－0018653　094.337.7/857
欽定禮記義疏八十二卷首一卷　（清）允祿等
輯　清同治十年（1871）湖北崇文書局刻本
三十九冊　存五十六卷（一至九、二十四至二
十九、三十二至三十七、四十至四十三、五十
三至八十二，首一卷）

620000－1101－0018654　094.337.7/857
欽定禮記義疏八十二卷首一卷　（清）允祿等
輯　清同治十年（1871）湖北崇文書局刻本
一冊　存三卷（七十六至七十八）

620000－1101－0018655　094.337.7/857.005
欽定禮記義疏八十二卷首一卷　（清）允祿等
輯　清同治、光緒刻本　三十二冊

620000－1101－0018656　094.337.7/857.005
欽定禮記義疏八十二卷首一卷　（清）允祿等

輯　清同治、光緒刻本　三十二冊

620000－1101－0018657　094.337.7/857.005
欽定禮記義疏八十二卷首一卷　（清）允祿等
輯　清同治、光緒刻本　十六冊　存四十卷
（一至十五、十九至二十三、三十一至三十三、
四十二至四十八、六十三至六十五、七十二至
七十七，首一卷）

620000－1101－0018658　094.337.7/857.005
欽定禮記義疏八十二卷首一卷　（清）允祿等
輯　清同治、光緒刻本　三十六冊

620000－1101－0018659　094.337.7/857.005
欽定禮記義疏八十二卷首一卷　（清）允祿等
輯　清同治、光緒刻本　三十二冊

620000－1101－0018660　094.337.7/857.005
欽定禮記義疏八十二卷首一卷　（清）允祿等
輯　清同治、光緒刻本　三十二冊

620000－1101－0018661　094.337.4/857.004
欽定禮記義疏八十二卷首一卷　（清）允祿等
輯　清光緒刻本　四十四冊

620000－1101－0018662　094.337.7/857.003
欽定禮記義疏八十二卷首一卷　（清）允祿等
輯　清光緒石印本　二冊　存十六卷（四十
三至五十、六十至六十七）

620000－1101－0018663　573.4/937.07
欽定吏部處分則例五十二卷　（清）錫珍等纂
修　清光緒十二年（1886）刻本　一冊　存二
卷（二十九至三十）

620000－1101－0018664　573.4/937.07.001
欽定吏部處分則例五十二卷　（清）錫珍等纂
修　清光緒十二年（1886）刻本　六冊　存十
四卷（三十五至四十、四十三至四十五、四十
七至五十一）

620000－1101－0018665　573.49/133
欽定吏部稽勳司則例八卷　（清）吏部纂修
清晚期刻本　三冊

620000－1101－0018666　573.49/133
欽定吏部稽勳司則例八卷　（清）吏部纂修

清晚期刻本　四冊

620000－1101－0018667　573.4/686
欽定吏部文選司章程三十二卷　（清）寶鋆等
纂修　清同治十二年(1873)刻本　十二冊

620000－1101－0018668　573.4/677
欽定吏部則例八十七卷　（清）文孚等纂修
清道光刻本　九冊　存九卷（滿洲官員品級
考一、三,蒙官品級考一卷、漢官品級考三至
四,滿官則例一、三至五）

620000－1101－0018669　573.4/677
欽定吏部則例八十七卷　（清）文孚等纂修
清道光刻本　二冊　存二卷（滿洲官員品級
考一至二）

620000－1101－0018670　573.4/426
欽定吏部則例八十七卷　（清）恩桂等纂修
清道光二十三年(1843)刻本　九冊　存九卷
（滿洲官員品級考一至三、蒙官品級考一卷、
漢官品級考二至四、滿官則例一、漢官則例
三）

620000－1101－0018671　573.4/677
欽定吏部則例八十七卷　（清）文孚等纂修
清道光刻本　三冊　存五卷（二至六）

620000－1101－0018672　573.4/677
欽定吏部則例八十七卷　（清）文孚等纂修
清道光刻本　六冊　存六卷（一至六）

620000－1101－0018673　573.4/677
欽定吏部則例八十七卷　（清）文孚等纂修
清道光刻本　四冊　存四卷（二至四、六）

620000－1101－0018674　573.4/677
欽定吏部則例八十七卷　（清）文孚等纂修
清道光刻本　一冊　存二卷（七至八）

620000－1101－0018675　573.4/677.001
欽定吏部則例八十七卷　（清）文孚等纂修
清同治、光緒刻本　三冊　存三卷（六至八）

620000－1101－0018676　573.4/937
欽定吏部則例八十七卷　（清）錫珍等纂修
清光緒十二年(1886)刻本　十九冊　存十七

卷（滿洲官員品級考三卷、蒙官品級考一卷、
漢官品級考五卷、漢官則例八卷）

620000－1101－0018677　573.4/937
欽定吏部則例八十七卷　（清）錫珍等纂修
清光緒十二年(1886)刻本　十三冊　存十四
卷（滿洲官員品級考一至二、漢官品級考四
卷、漢官則例八卷）

620000－1101－0018678　573.4/937
欽定吏部則例八十七卷　（清）錫珍等纂修
清光緒十二年(1886)刻本　十九冊　存二十
一卷（滿洲官員品級考三卷、蒙官品級考一
卷、漢官品級考四卷、滿官則例五卷、漢官則
例八卷）

620000－1101－0018679　573.4/937
欽定吏部則例八十七卷　（清）錫珍等纂修
清光緒十二年(1886)刻本　十八冊　存十九
卷（滿洲官員品級考三卷、漢官品級考四卷,
滿官則例一至二、四至五、漢官則例八卷）

620000－1101－0018680　573.4/937
欽定吏部則例八十七卷　（清）錫珍等纂修
清光緒十二年(1886)刻本　十冊　存八卷
（漢官則例八卷）

620000－1101－0018681　573.4/677.002
欽定吏部則例八十七卷　（清）文孚等纂修
清光緒刻本　一冊　存二卷（一至二）

620000－1101－0018682　573.4/912
欽定吏部則例六十八卷　（清）保寧等纂修
清刻本　四十七冊　存六十七卷（滿洲官員
品級考三卷、蒙官品級考一卷、漢官品級考四
卷、滿官則例五卷、漢官則例二至八、處分則
例四十七卷）

620000－1101－0018683　573.41/74.01
欽定歷代職官表七十二卷首一卷　（清）紀昀
等纂修　清嘉慶刻本　三十六冊

620000－1101－0018684　573.41/74.01
欽定歷代職官表七十二卷首一卷　（清）紀昀
等纂修　清嘉慶刻本　二十四冊　存四十六
卷（二十七至七十二）

620000－1101－0018685　573.41/74.01

欽定歷代職官表七十二卷首一卷　（清）紀昀
等纂修　清嘉慶刻本　十九冊　存三十四卷
（二十七至三十四、三十九至六十四）

620000－1101－0018686　573.41/74.02

欽定歷代職官表七十二卷首一卷　（清）紀昀
等纂修　清光緒二十二年(1896)廣雅書局刻
本　二十二冊

620000－1101－0018687　573.41/74.02

欽定歷代職官表七十二卷首一卷　（清）紀昀
等纂修　清光緒二十二年(1896)廣雅書局刻
本　二十四冊

620000－1101－0018688　573.41/74.02

欽定歷代職官表七十二卷首一卷　（清）紀昀
等纂修　清光緒二十二年(1896)廣雅書局刻
本　十一冊　存五十三卷(三至十七、二十一
至二十三、三十一至三十九、六十七至九十
二)

620000－1101－0018689　573.41/74.02

欽定歷代職官表七十二卷首一卷　（清）紀昀
等纂修　清光緒二十二年(1896)廣雅書局刻
本　八冊　存十八卷(五十五至七十二)

620000－1101－0018690　573.41/74.02

欽定歷代職官表七十二卷首一卷　（清）紀昀
等纂修　清光緒二十二年(1896)廣雅書局刻
本　二冊　存八卷(六十至六十七)

620000－1101－0018691　625.501/647.001

欽定遼史語解十卷　（清）高宗弘曆撰　清道
光四年(1824)武英殿刻本　四冊

620000－1101－0018692　625.501/647

欽定遼史語解十卷　（清）高宗弘曆撰　清光
緒四年(1878)江蘇書局刻本　二冊

620000－1101－0018693　625.501/647

欽定遼史語解十卷　（清）高宗弘曆撰　清光
緒四年(1878)江蘇書局刻本　二冊

620000－1101－0018694　625.41/354

欽定遼史語解十卷欽定金史語解十二卷欽定

元史語解二十四卷　（清）高宗弘曆撰　清光
緒四年(1878)江蘇書局刻本　五冊

620000－1101－0018695　589.91/685.001

欽定六部處分則例五十二卷　（清）文孚等纂
修　清光緒十三年(1887)刻本　二十四冊

620000－1101－0018696　589.91/685

欽定六部處分則例五十二卷　（清）文孚等纂
修　清光緒十八年(1892)上海圖書集成印書
局鉛印本　八冊

620000－1101－0018697　589.91/685.002

欽定六部處分則例五十二卷　（清）文孚等纂
修　清光緒二十一年(1895)紫英山房刻本
八冊

620000－1101－0018698　856.7/316

欽定隆萬四書文不分卷　（清）方苞輯　清光
緒二年(1876)崇文書局刻本　五冊

620000－1101－0018699　856.7/74.66

欽定隆萬四書文不分卷　（清）方苞輯　清晚
期刻本　三冊

620000－1101－0018700　674/376

欽定滿洲源流考二十卷首一卷　（清）阿桂等
纂修　清光緒十九年(1893)杭州便益書局石
印本　四冊

620000－1101－0018701　536.22/376

欽定滿洲源流考二十卷首一卷　（清）阿桂等
纂修　清光緒十九年(1893)杭州便益書局石
印本　四冊

620000－1101－0018702　1113

欽定蒙古源流八卷　（清）小徹辰薩囊台吉撰
　清抄本　一冊

620000－1101－0018703　639.23/516

欽定蒙古源流八卷　（清）小徹辰薩囊台吉撰
　清末刻本　四冊

620000－1101－0018704　639.23/598

欽定蒙古源流八卷　（清）小徹辰薩囊台吉撰
　清晚期刻本　四冊

620000－1101－0018705　523.71/880.001

欽定蒙學堂章程不分卷　（清）學部輯　清光
緒刻本　一冊

620000－1101－0018706　626.02/218
欽定明鑑二十四卷首一卷　（清）胡敬等纂修
　清嘉慶二十三年(1818)刻本　八冊

620000－1101－0018707　626.02/218
欽定明鑑二十四卷首一卷　（清）胡敬等纂修
　清嘉慶二十三年(1818)刻本　四冊　存九
卷(六至十四)

620000－1101－0018708　627.73/675
欽定平定貴州苗匪紀略四十卷欽定平定雲南
回匪紀略五十卷　（清）奕訢等纂修　清光緒
二十二年(1896)鉛印本　四十冊　存四十卷
（欽定平定貴州苗匪紀略一至十、二十一至四
十，欽定平定雲南回匪紀略四十一至五十）

620000－1101－0018709　627.7/301
欽定平定教匪紀略四十二卷首一卷　（清）托
津等纂修　清嘉慶武英殿刻本　二十五冊

620000－1101－0018710　627.7/301
欽定平定教匪紀略四十二卷首一卷　（清）托
津等纂修　清嘉慶武英殿刻本　三十三冊
存三十一卷(一至五、十八至四十二，首一卷)

620000－1101－0018711　627.77/74
欽定平定陝甘新疆回匪方略三百二十卷首一
卷　（清）奕訢等纂修　清光緒鉛印本　七十
八冊　存七十八卷(十一至二十、二百一至二
百十五、二百十八至二百三十、二百四十一至
二百五十、二百六十一至二百九十)

620000－1101－0018712　098.279/0.409
欽定七經綱領不分卷　（清）學部圖書局編
清宣統元年(1909)學部圖書局鉛印本　一冊

620000－1101－0018713　098.279/0.409
欽定七經綱領不分卷　（清）學部圖書局編
清宣統元年(1909)學部圖書局鉛印本　一冊

620000－1101－0018714　098.279/0.409
欽定七經綱領不分卷　（清）學部圖書局編
清宣統元年(1909)學部圖書局鉛印本　一冊

620000－1101－0018715　098.279/0.409
欽定七經綱領不分卷　（清）學部圖書局編
清宣統元年(1909)學部圖書局鉛印本　一冊

620000－1101－0018716　098.279/0.409
欽定七經綱領不分卷　（清）學部圖書局編
清宣統元年(1909)學部圖書局鉛印本　一冊

620000－1101－0018717　098.279/0.409
欽定七經綱領不分卷　（清）學部圖書局編
清宣統元年(1909)學部圖書局鉛印本　一冊

620000－1101－0018718　098.279/0.409
欽定七經綱領不分卷　（清）學部圖書局編
清宣統元年(1909)學部圖書局鉛印本　一冊

620000－1101－0018719　098.279/0.409
欽定七經綱領不分卷　（清）學部圖書局編
清宣統元年(1909)學部圖書局鉛印本　一冊

620000－1101－0018720　098.279/0.409
欽定七經綱領不分卷　（清）學部圖書局編
清宣統元年(1909)學部圖書局鉛印本　一冊

620000－1101－0018721　098.279/0.409
欽定七經綱領不分卷　（清）學部圖書局編
清宣統元年(1909)學部圖書局鉛印本　一冊

620000－1101－0018722　098.279/0.409
欽定七經綱領不分卷　（清）學部圖書局編
清宣統元年(1909)學部圖書局鉛印本　一冊

620000－1101－0018723　098.279/0.409
欽定七經綱領不分卷　（清）學部圖書局編
清宣統元年(1909)學部圖書局鉛印本　一冊

620000－1101－0018724　098.279/0.409
欽定七經綱領不分卷　（清）學部圖書局編
清宣統元年(1909)學部圖書局鉛印本　一冊

620000－1101－0018725　098.279/0.409
欽定七經綱領不分卷　（清）學部圖書局編
清宣統元年(1909)學部圖書局鉛印本　一冊

620000－1101－0018726　098.279/0.409
欽定七經綱領不分卷　（清）學部圖書局編
清宣統元年(1909)學部圖書局鉛印本　一冊

620000－1101－0018727　098.279/0.409
欽定七經綱領不分卷　（清）學部圖書局編
清宣統元年(1909)學部圖書局鉛印本　一冊

620000－1101－0018728　098.279/0.409
欽定七經綱領不分卷　（清）學部圖書局編
清宣統元年(1909)學部圖書局鉛印本　一冊

620000－1101－0018729　098.279/0.409
欽定七經綱領不分卷　（清）學部圖書局編
清宣統元年(1909)學部圖書局鉛印本　一冊

620000－1101－0018730　098.279/0.409
欽定七經綱領不分卷　（清）學部圖書局編
清宣統元年(1909)學部圖書局鉛印本　一冊

620000－1101－0018731　098.279/0.409
欽定七經綱領不分卷　（清）學部圖書局編
清宣統元年(1909)學部圖書局鉛印本　一冊

620000－1101－0018732　098.279/0.409
欽定七經綱領不分卷　（清）學部圖書局編
清宣統元年(1909)學部圖書局鉛印本　一冊

620000－1101－0018733　098.279/0.409
欽定七經綱領不分卷　（清）學部圖書局編
清宣統元年(1909)學部圖書局鉛印本　一冊

620000－1101－0018734　098.279/0.409
欽定七經綱領不分卷　（清）學部圖書局編
清宣統元年(1909)學部圖書局鉛印本　一冊

620000－1101－0018735　098.279/0.409
欽定七經綱領不分卷　（清）學部圖書局編
清宣統元年(1909)學部圖書局鉛印本　一冊

620000－1101－0018736　098.279/0.409
欽定七經綱領不分卷　（清）學部圖書局編
清宣統元年(1909)學部圖書局鉛印本　一冊

620000－1101－0018737　098.279/0.409
欽定七經綱領不分卷　（清）學部圖書局編
清宣統元年(1909)學部圖書局鉛印本　一冊

620000－1101－0018738　098.279/0.409
欽定七經綱領不分卷　（清）學部圖書局編
清宣統元年(1909)學部圖書局鉛印本　一冊

620000－1101－0018739　098.279/0.409
欽定七經綱領不分卷　（清）學部圖書局編
清宣統元年(1909)學部圖書局鉛印本　一冊

620000－1101－0018740　098.279/0.409
欽定七經綱領不分卷　（清）學部圖書局編
清宣統元年(1909)學部圖書局鉛印本　一冊

620000－1101－0018741　098.279/0.409
欽定七經綱領不分卷　（清）學部圖書局編
清宣統元年(1909)學部圖書局鉛印本　一冊

620000－1101－0018742　098.279/0.409
欽定七經綱領不分卷　（清）學部圖書局編
清宣統元年(1909)學部圖書局鉛印本　一冊

620000－1101－0018743　098.279/0.409
欽定七經綱領不分卷　（清）學部圖書局編
清宣統元年(1909)學部圖書局鉛印本　一冊

620000－1101－0018744　098.279/0.409
欽定七經綱領不分卷　（清）學部圖書局編
清宣統元年(1909)學部圖書局鉛印本　一冊

620000－1101－0018745　098.279/0.409
欽定七經綱領不分卷　（清）學部圖書局編
清宣統元年(1909)學部圖書局鉛印本　一冊

620000－1101－0018746　098.279/0.409
欽定七經綱領不分卷　（清）學部圖書局編
清宣統元年(1909)學部圖書局鉛印本　一冊

620000－1101－0018747　098.279/0.409
欽定七經綱領不分卷　（清）學部圖書局編
清宣統元年(1909)學部圖書局鉛印本　一冊

620000－1101－0018748　098.279/0.409
欽定七經綱領不分卷　（清）學部圖書局編
清宣統元年(1909)學部圖書局鉛印本　一冊

620000－1101－0018749　098.279/0.409
欽定七經綱領不分卷　（清）學部圖書局編
清宣統元年(1909)學部圖書局鉛印本　一冊

620000－1101－0018750　098.279/0.409
欽定七經綱領不分卷　（清）學部圖書局編
清宣統元年(1909)學部圖書局鉛印本　一冊

620000－1101－0018751　098.279/0.409
欽定七經綱領不分卷　（清）學部圖書局編
清宣統元年(1909)學部圖書局鉛印本　一冊

620000－1101－0018752　098.279/0.409
欽定七經綱領不分卷　（清）學部圖書局編
清宣統元年(1909)學部圖書局鉛印本　一冊

620000－1101－0018753　098.279/0.409
欽定七經綱領不分卷　（清）學部圖書局編
清宣統元年(1909)學部圖書局鉛印本　一冊

620000－1101－0018754　098.279/0.409
欽定七經綱領不分卷　（清）學部圖書局編
清宣統元年(1909)學部圖書局鉛印本　一冊

620000－1101－0018755　098.279/0.409
欽定七經綱領不分卷　（清）學部圖書局編
清宣統元年(1909)學部圖書局鉛印本　一冊

620000－1101－0018756　098.279/0.409
欽定七經綱領不分卷　（清）學部圖書局編
清宣統元年(1909)學部圖書局鉛印本　一冊

620000－1101－0018757　098.279/0.409
欽定七經綱領不分卷　（清）學部圖書局編
清宣統元年(1909)學部圖書局鉛印本　一冊

620000－1101－0018758　098.279/0.409
欽定七經綱領不分卷　（清）學部圖書局編
清宣統元年(1909)學部圖書局鉛印本　一冊

620000－1101－0018759　098.279/0.409
欽定七經綱領不分卷　（清）學部圖書局編
清宣統元年(1909)學部圖書局鉛印本　一冊

620000－1101－0018760　098.279/0.409
欽定七經綱領不分卷　（清）學部圖書局編
清宣統元年(1909)學部圖書局鉛印本　一冊

620000－1101－0018761　098.279/0.409
欽定七經綱領不分卷　（清）學部圖書局編
清宣統元年(1909)學部圖書局鉛印本　一冊

620000－1101－0018762　098.279/0.409
欽定七經綱領不分卷　（清）學部圖書局編
清宣統元年(1909)學部圖書局鉛印本　一冊

620000－1101－0018763　098.279/0.409
欽定七經綱領不分卷　（清）學部圖書局編
清宣統元年(1909)學部圖書局鉛印本　一冊

620000－1101－0018764　098.279/0.409
欽定七經綱領不分卷　（清）學部圖書局編
清宣統元年(1909)學部圖書局鉛印本　一冊

620000－1101－0018765　098.279/0.409
欽定七經綱領不分卷　（清）學部圖書局編
清宣統元年(1909)學部圖書局鉛印本　一冊

620000－1101－0018766　098.279/0.409
欽定七經綱領不分卷　（清）學部圖書局編
清宣統元年(1909)學部圖書局鉛印本　一冊

620000－1101－0018767　098.279/0.409
欽定七經綱領不分卷　（清）學部圖書局編
清宣統元年(1909)學部圖書局鉛印本　一冊

620000－1101－0018768　098.279/0.409
欽定七經綱領不分卷　（清）學部圖書局編
清宣統元年(1909)學部圖書局鉛印本　一冊

620000－1101－0018769　098.279/0.409
欽定七經綱領不分卷　（清）學部圖書局編
清宣統元年(1909)學部圖書局鉛印本　一冊

620000－1101－0018770　098.279/0.409
欽定七經綱領不分卷　（清）學部圖書局編
清宣統元年(1909)學部圖書局鉛印本　一冊

620000－1101－0018771　098.279/0.409
欽定七經綱領不分卷　（清）學部圖書局編
清宣統元年(1909)學部圖書局鉛印本　一冊

620000－1101－0018772　098.279/0.409
欽定七經綱領不分卷　（清）學部圖書局編
清宣統元年(1909)學部圖書局鉛印本　一冊

620000－1101－0018773　098.279/0.409
欽定七經綱領不分卷　（清）學部圖書局編
清宣統元年(1909)學部圖書局鉛印本　一冊

620000－1101－0018774　098.279/0.409
欽定七經綱領不分卷　（清）學部圖書局編
清宣統元年(1909)學部圖書局鉛印本　一冊

620000 – 1101 – 0018775　793.4/859

欽定錢錄十六卷 （清）紀昀等纂修　清晚期刻本　六冊

620000 – 1101 – 0018776　830.75/546

欽定全唐文一千卷總目三卷 （清）董誥等編　清嘉慶武英殿刻本　三百二冊

620000 – 1101 – 0018777　2331

欽定日下舊聞考一百六十卷 （清）英廉等纂　清乾隆武英殿刻本　四十八冊

620000 – 1101 – 0018778　4270

欽定日下舊聞考一百六十卷 （清）英廉等纂　清乾隆武英殿刻本　十冊　存八十卷(九至十六、二十五至四十、七十三至八十八、一百五至一百四十四)

620000 – 1101 – 0018779　094.627/857

欽定三禮義疏一百八十二卷 （清）允祿等纂修　清晚期徽州紫陽書院刻本　一百四十四冊

620000 – 1101 – 0018780　782.21/74

欽定勝朝殉節諸臣錄十二卷首一卷 （清）高宗弘曆撰　清道光刻本　六冊

620000 – 1101 – 0018781　1130

欽定勝朝殉節諸臣錄十二卷首一卷 （清）高宗弘曆撰　清抄本　六冊

620000 – 1101 – 0018782　3085

欽定詩經傳說彙纂二十一卷首二卷詩序二卷 （清）王鴻緒等纂　清雍正五年(1727)內府刻本　十六冊

620000 – 1101 – 0018783　3089

欽定詩經傳說彙纂二十一卷首二卷詩序二卷 （清）王鴻緒等纂　清雍正甘肅刻本　二十六冊

620000 – 1101 – 0018784　093.02/119.002

欽定詩經傳說彙纂二十一卷首二卷詩序二卷 （清）王鴻緒等纂　清同治七年(1868)馬新貽刻本　十六冊

620000 – 1101 – 0018785　093.02/119.002

欽定詩經傳說彙纂二十一卷首二卷詩序二卷 （清）王鴻緒等纂　清同治七年(1868)馬新貽刻本　十六冊

620000 – 1101 – 0018786　093.02/119

欽定詩經傳說彙纂二十一卷首二卷詩序二卷 （清）王鴻緒等纂　清同治七年(1868)馬新貽刻本　十八冊

620000 – 1101 – 0018787　093.02/119.002

欽定詩經傳說彙纂二十一卷首二卷詩序二卷 （清）王鴻緒等纂　清同治七年(1868)馬新貽刻本　八冊　存十二卷(十二至二十一、詩序二卷)

620000 – 1101 – 0018788　093.02/119.002

欽定詩經傳說彙纂二十一卷首二卷詩序二卷 （清）王鴻緒等纂　清同治七年(1868)馬新貽刻本　八冊

620000 – 1101 – 0018789　093.02/119.002

欽定詩經傳說彙纂二十一卷首二卷詩序二卷 （清）王鴻緒等纂　清同治七年(1868)馬新貽刻本　十六冊

620000 – 1101 – 0018790　093.02/119.002

欽定詩經傳說彙纂二十一卷首二卷詩序二卷 （清）王鴻緒等纂　清同治七年(1868)馬新貽刻本　十二

620000 – 1101 – 0018791　093.02/119.001

欽定詩經傳說彙纂二十一卷首二卷詩序二卷 （清）王鴻緒等纂　清同治十年(1871)湖北崇文書局刻本　十八冊

620000 – 1101 – 0018792　093.02/119.001

欽定詩經傳說彙纂二十一卷首二卷詩序二卷 （清）王鴻緒等纂　清同治十年(1871)湖北崇文書局刻本　十八冊

620000 – 1101 – 0018793　093.02/119.001

欽定詩經傳說彙纂二十一卷首二卷詩序二卷 （清）王鴻緒等纂　清同治十年(1871)湖北崇文書局刻本　十八冊

620000 – 1101 – 0018794　093.02/119.001

欽定詩經傳說彙纂二十一卷首二卷詩序二卷
　（清）王鴻緒等纂　清同治十年(1871)湖北
崇文書局刻本　十七冊　存二十三卷(一至
十二、十五至二十一,首二卷,詩序二卷)

620000－1101－0018795　093.02/119.001
欽定詩經傳說彙纂二十一卷首二卷詩序二卷
　（清）王鴻緒等纂　清同治十年(1871)湖北
崇文書局刻本　十八冊

620000－1101－0018796　093.02/119.001
欽定詩經傳說彙纂二十一卷首二卷詩序二卷
　（清）王鴻緒等纂　清同治十年(1871)湖北
崇文書局刻本　十八冊

620000－1101－0018797　093.02/119.001
欽定詩經傳說彙纂二十一卷首二卷詩序二卷
　（清）王鴻緒等纂　清同治十年(1871)湖北
崇文書局刻本　八冊　存十二卷(一至十、首
二卷)

620000－1101－0018798　093.02/119.001
欽定詩經傳說彙纂二十一卷首二卷詩序二卷
　（清）王鴻緒等纂　清同治十年(1871)湖北
崇文書局刻本　七冊　存十卷(一至十)

620000－1101－0018799　093.02/119.001
欽定詩經傳說彙纂二十一卷首二卷詩序二卷
　（清）王鴻緒等纂　清同治十年(1871)湖北
崇文書局刻本　一冊　存二卷(十一至十二)

620000－1101－0018800　093.02/119.001
欽定詩經傳說彙纂二十一卷首二卷詩序二卷
　（清）王鴻緒等纂　清同治十年(1871)湖北
崇文書局刻本　三冊　存四卷(三、十一至十
二、十八)

620000－1101－0018801　093.02/119.006
欽定詩經傳說彙纂二十一卷首二卷詩序二卷
　（清）王鴻緒等纂　清同治、光緒刻本　二
十二冊　存二十三卷(一至十四、十七至二十
一,首二卷,詩序二卷)

620000－1101－0018802　093.02/119.006
欽定詩經傳說彙纂二十一卷首二卷詩序二卷
　（清）王鴻緒等纂　清同治、光緒刻本　八

冊　存八卷(三至四、十二、十四、十七、二十
一,首二卷)

620000－1101－0018803　093.02/119.006
欽定詩經傳說彙纂二十一卷首二卷詩序二卷
　（清）王鴻緒等纂　清同治、光緒刻本　二
十二冊　存二十三卷(一至十、十三至二十
一,首二卷,詩序二卷)

620000－1101－0018804　093.02/119.005
欽定詩經傳說彙纂二十一卷首二卷詩序二卷
　（清）王鴻緒等纂　清光緒十四年(1888)上
海點石齋石印本　一冊　存六卷(六至十一)

620000－1101－0018805　093.02/119.008
欽定詩經傳說彙纂二十一卷首二卷詩序二卷
　（清）王鴻緒等纂　清光緒刻本　十八冊

620000－1101－0018806　093.02/119.003
欽定詩經傳說彙纂二十一卷首二卷詩序二卷
　（清）王鴻緒等纂　清晚期刻本　二十冊

620000－1101－0018807　093.02/119.004
欽定詩經傳說彙纂二十一卷首二卷詩序二卷
　（清）王鴻緒等纂　清晚期刻本　二十四冊

620000－1101－0018808　093.02/119.007
欽定詩經傳說彙纂二十一卷首二卷詩序二卷
　（清）王鴻緒等纂　清晚期刻本　十六冊

620000－1101－0018809　093.12/72
欽定詩經傳說彙纂二十一卷首二卷詩序二卷
　（清）王鴻緒等纂　清晚期刻本　二十三冊
缺一卷(六)

620000－1101－0018810　093.02/119.002
欽定詩經傳說彙纂二十一卷首一卷詩序二卷
　（清）王鴻緒等纂　清同治七年(1868)馬新
貽刻本　十六冊

620000－1101－0018811　889
欽定授時通考七十八卷　（清）鄂爾泰等纂
清乾隆七年(1742)武英殿刻本　四十冊

620000－1101－0018812　430.04/482
欽定授時通考七十八卷　（清）鄂爾泰等纂
清道光六年(1826)四川藩署刻本　二十四冊

620000－1101－0018813　430.04/482
欽定授時通考七十八卷　（清）鄂爾泰等纂
清道光六年（1826）四川藩署刻本　二十冊
存六十三卷（一至五十三、五十八至六十七）

620000－1101－0018814　430.04/482.001
欽定授時通考七十八卷　（清）鄂爾泰等纂
清道光刻本　四冊　存十五卷（六十三至六十六、六十八至七十八）

620000－1101－0018815　2725
欽定書經傳說彙纂二十一卷首二卷書序一卷
　（清）王頊齡等纂　清雍正刻本　十六冊

620000－1101－0018816　2820
欽定書經傳說彙纂二十一卷首二卷書序一卷
　（清）王頊齡等纂　清雍正刻本　二十冊

620000－1101－0018817　2995
欽定書經傳說彙纂二十一卷首二卷書序一卷
　（清）王頊齡等纂　清雍正甘肅刻本　二十三冊　存二十三卷（一至二十一、首二、書序一卷）

620000－1101－0018818　3949
欽定書經傳說彙纂二十一卷首二卷書序一卷
　（清）王頊齡等纂　清雍正甘肅刻本　二十四冊

620000－1101－0018819　3950
欽定書經傳說彙纂二十一卷首二卷書序一卷
　（清）王頊齡等纂　清雍正甘肅刻本　二十四冊

620000－1101－0018820　2726
欽定書經傳說彙纂二十一卷首二卷書序一卷
　（清）王頊齡等纂　清尊經閣刻本　十二冊

620000－1101－0018821　092.2/112.001
欽定書經傳說彙纂二十一卷首二卷書序一卷
　（清）王頊齡等纂　清同治七年（1868）馬新貽、李瀚章刻本　十二冊

620000－1101－0018822　092.2/112.001
欽定書經傳說彙纂二十一卷首二卷書序一卷
　（清）王頊齡等纂　清同治七年（1868）馬新貽、李瀚章刻本　十二冊

620000－1101－0018823　092.2/112.001
欽定書經傳說彙纂二十一卷首二卷書序一卷
　（清）王頊齡等纂　清同治七年（1868）馬新貽、李瀚章刻本　十二冊

620000－1101－0018824　092.2/112.001
欽定書經傳說彙纂二十一卷首二卷書序一卷
　（清）王頊齡等纂　清同治七年（1868）馬新貽、李瀚章刻本　一冊　存二卷（首二卷）

620000－1101－0018825　092.2/112.001
欽定書經傳說彙纂二十一卷首二卷書序一卷
　（清）王頊齡等纂　清同治七年（1868）馬新貽、李瀚章刻本　十二冊

620000－1101－0018826　092.2/112.001
欽定書經傳說彙纂二十一卷首二卷書序一卷
　（清）王頊齡等纂　清同治七年（1868）馬新貽、李瀚章刻本　一冊

620000－1101－0018827　092.2/112
欽定書經傳說彙纂二十一卷首二卷書序一卷
　（清）王頊齡等纂　清同治十年（1871）湖北崇文書局刻本　十二冊

620000－1101－0018828　092.2/112
欽定書經傳說彙纂二十一卷首二卷書序一卷
　（清）王頊齡等纂　清同治十年（1871）湖北崇文書局刻本　十二冊

620000－1101－0018829　092.2/112
欽定書經傳說彙纂二十一卷首二卷書序一卷
　（清）王頊齡等纂　清同治十年（1871）湖北崇文書局刻本　十二冊

620000－1101－0018830　092.2/112.003
欽定書經傳說彙纂二十一卷首二卷書序一卷
　（清）王頊齡等纂　清光緒十四年（1888）上海點石齋石印本　二冊　存十三卷（一至十三）

620000－1101－0018831　621.12/72
欽定書經傳說彙纂二十一卷首二卷書序一卷
　（清）王頊齡等纂　清中晚期刻本　十二冊

620000－1101－0018832　092.2/112.002

欽定書經傳說彙纂二十一卷首二卷書序一卷
（清）王頊齡等纂　清中晚期刻本　十二冊

620000－1101－0018833　092.5/78.717

欽定書經圖說五十卷　（清）孫家鼐等撰
（清）詹秀林　（清）詹步魁繪　清光緒三十一
年(1905)石印本　十六冊

620000－1101－0018834　092.5/78.717

欽定書經圖說五十卷　（清）孫家鼐等撰
（清）詹秀林　（清）詹步魁繪　清光緒三十一
年(1905)石印本　十六冊

620000－1101－0018835　092.5/78.717

欽定書經圖說五十卷　（清）孫家鼐等撰
（清）詹秀林　（清）詹步魁繪　清光緒三十一
年(1905)石印本　十六冊

620000－1101－0018836　092.5/78.717

欽定書經圖說五十卷　（清）孫家鼐等撰
（清）詹秀林　（清）詹步魁繪　清光緒三十一
年(1905)石印本　十六冊

620000－1101－0018837　092.85/366

欽定書經圖說五十卷　（清）孫家鼐等撰
（清）詹秀林　（清）詹步魁繪　清光緒三十一
年(1905)石印本　十六冊

620000－1101－0018838　092.85/366

欽定書經圖說五十卷　（清）孫家鼐等撰
（清）詹秀林　（清）詹步魁繪　清光緒三十一
年(1905)石印本　十六冊

620000－1101－0018839　092.85/366

欽定書經圖說五十卷　（清）孫家鼐等撰
（清）詹秀林　（清）詹步魁繪　清光緒三十一
年(1905)石印本　十六冊

620000－1101－0018840　092.85/366

欽定書經圖說五十卷　（清）孫家鼐等撰
（清）詹秀林　（清）詹步魁繪　清光緒三十一
年(1905)末印本　十六冊

620000－1101－0018841　092.85/366

欽定書經圖說五十卷　（清）孫家鼐等撰

（清）詹秀林　（清）詹步魁繪　清光緒三十一
年(1905)石印本　十六冊

620000－1101－0018842　1660

欽定四庫全書分架圖不分卷　清內府抄本
四冊

620000－1101－0018843　013.2/218

欽定四庫全書附存目錄十卷　（清）胡虔輯
清光緒十年(1884)學海堂刻本　四冊　存七
卷(一至二、四至五、八至十)

620000－1101－0018844　1658

欽定四庫全書簡明目錄二十卷　（清）紀昀等
纂　清內府抄本　十七冊

620000－1101－0018845　013.2/748.007

欽定四庫全書簡明目錄二十卷　（清）紀昀等
纂　書目答問不分卷　（清）張之洞編　清光
緒十四年(1888)暢懷書屋鉛印本　六冊

620000－1101－0018846　013.2/748.007

欽定四庫全書簡明目錄二十卷　（清）紀昀等
纂　清光緒十四年(1888)暢懷書屋鉛印本
二冊　存十卷(一至五、十六至二十)

620000－1101－0018847　013.2/74.8.001

欽定四庫全書簡明目錄二十卷　（清）紀昀等
纂　清光緒十四年(1888)上海漱六山莊石印
本　四冊

620000－1101－0018848　013.2/748.001

欽定四庫全書簡明目錄二十卷　（清）紀昀等
纂　清同治七年(1868)廣東書局刻本　十
二冊

620000－1101－0018849　013.2/74.81

欽定四庫全書簡明目錄二十卷　（清）紀昀等
纂　清同治七年(1868)廣東書局刻本　一冊
存一卷(十三)

620000－1101－0018850　013.2/74.8.003

欽定四庫全書簡明目錄二十卷　（清）紀昀等
纂　清晚期刻本　十二冊

620000－1101－0018851　013.2/748.008

欽定四庫全書簡明目錄二十卷　（清）紀昀等

篹　清晚期刻本　一册　存二卷(十二至十三)

620000－1101－0018852　013.2/74.81
欽定四庫全書簡明目錄二十卷首一卷　（清）紀昀等纂　清同治七年(1868)廣東書局刻本　十二册

620000－1101－0018853　013.2/748.001
欽定四庫全書簡明目錄二十卷首一卷　（清）紀昀等纂　清同治七年(1868)廣東書局刻本　十一册　存十九卷(一至七、十至二十,首一卷)

620000－1101－0018854　013.2/74.8
欽定四庫全書簡明目錄二十卷首一卷　（清）紀昀等纂　清光緒元年(1875)成都志古堂刻本　十五册

620000－1101－0018855　013.2/74.81
欽定四庫全書簡明目錄二十卷首一卷　（清）紀昀等纂　清同治七年(1868)廣東書局刻本　三册　存三卷(一、六,首一卷)

620000－1101－0018856　349
欽定四庫全書考證一百卷　（清）王太岳等纂　清乾隆武英殿木活字印武英殿聚珍版書本　一百册

620000－1101－0018857　1659
欽定四庫全書考證一百卷　（清）王太岳等纂　清内府抄本　七十二册

620000－1101－0018858　1661
欽定四庫全書總目二百卷首四卷　（清）紀昀等纂　清乾隆内府刻本　一百二十七册

620000－1101－0018859　4266
欽定四庫全書總目二百卷首四卷　（清）紀昀等纂　清乾隆内府刻本　二十五册　存三十三卷(六至七、九至十一、十六至二十二、四十三、一百七十一至一百八十六,首四卷)

620000－1101－0018860　013.2/74.85.5
欽定四庫全書總目二百卷首四卷　（清）紀昀等纂　清嘉慶刻本　一百册

620000－1101－0018861　013.2/74.9
欽定四庫全書總目二百卷首四卷　（清）紀昀等纂　清嘉慶刻本　五十册　存九十五卷(一百六至二百)

620000－1101－0018862　013.2/748.07
欽定四庫全書總目二百卷首四卷　（清）紀昀等纂　清晚期刻本　一册　存二卷(四十五至四十六)

620000－1101－0018863　013.2/74.85.1
欽定四庫全書總目二百卷首一卷　（清）紀昀等纂　清嘉慶刻本　一百十二册

620000－1101－0018864　013.2/74.85
欽定四庫全書總目二百卷首一卷　（清）紀昀等纂　清同治七年(1868)廣東書局刻本　一百二十册

620000－1101－0018865　013.2/74.85
欽定四庫全書總目二百卷首一卷　（清）紀昀等纂　清同治七年(1868)廣東書局刻本　一百二十册

620000－1101－0018866　013.2/74.85.2
欽定四庫全書總目二百卷首一卷　（清）紀昀等纂　清中晚期刻本　一百十二册

620000－1101－0018867　013.2/74.85.4
欽定四庫全書總目一卷　（清）紀昀等纂　清末抄本　二册

620000－1101－0018868　3134
欽定四書文選不分卷　（清）方苞輯　清乾隆五年(1740)直省學宫刻本　十八册　存欽定化治四書文、欽定啓禎四書文、欽定本朝四書文

620000－1101－0018869　2761
欽定四書文選不分卷　（清）方苞輯　清乾隆刻本　十八册

620000－1101－0018870　835/627
欽定四書文選不分卷　（清）方苞輯　清刻本　六册　存欽定正嘉四書文、欽定隆萬四書文

620000－1101－0018871　573.8/922

欽定臺規四十二卷　（清）延煦等修　清光緒
十八年(1892)都察院刻本　三冊　存七卷
（四至十）

620000－1101－0018872　573.8/282

欽定臺規四十卷首一卷　（清）松筠等修　清
道光七年(1827)刻本　五冊　存二十九卷
（十二至四十）

620000－1101－0018873　580

欽定天祿琳琅書目十卷　（清）于敏中等撰
清內府抄本　十冊

620000－1101－0018874　581

欽定天祿琳琅書目十卷後編二十卷　（清）于
敏中等撰　清道光抄本　二十冊

620000－1101－0018875　573.1/973.003

欽定通志考證二百卷　（宋）鄭樵撰　清光緒
二十八年(1902)貫吾齋石印本　一冊　存一
卷（一）

620000－1101－0018876　782.17/426.07

欽定外藩蒙古回部王公表傳一百二十卷首一
卷　（清）國史館理藩院撰　清乾隆六十年
(1795)武英殿刻本　四十七冊　存九十五卷
（三至九、十二至十四、十八至四十二、四十五
至六十、六十三至七十二、七十五至七十八、
八十一至九十四、九十七至一百五、一百八至
一百十三,首一卷）

620000－1101－0018877　782.17/426.07

欽定外藩蒙古回部王公表傳一百二十卷首一
卷　（清）國史館理藩院撰　清乾隆六十年
(1795)武英殿刻本　二十八冊　存五十八卷
（十五至十六、十九至四十八、五十九至六十
八、九十二至九十四、一百一至一百五、一百
八至一百九、一百十六至一百二十,首一卷）

620000－1101－0018878　782.17/426.07

欽定外藩蒙古回部王公表傳一百二十卷首一
卷　（清）國史館理藩院撰　清乾隆六十年
(1795)武英殿刻本　四十三冊　存八十三卷
（一至四、十九至二十二、三十六至四十二、四

十五至四十六、五十六至一百二十,首一卷）

620000－1101－0018879　782.17/426.07

欽定外藩蒙古回部王公表傳一百二十卷首一
卷　（清）國史館理藩院撰　清乾隆六十年
(1795)武英殿刻本　二十七冊　存五十卷
（五十七至七十九、八十二至九十八、一百
一至一百十）

620000－1101－0018880　1152

欽定外藩蒙古回部王公功績表傳一百二十卷
　（清）紀昀等纂　清光緒孔氏嶽雪樓影抄本
四冊　存二十六卷(一至二十六)

620000－1101－0018881　585.92/59

欽定五軍道里表十八卷　（清）常泰等纂　清
嘉慶刻本　二十冊

620000－1101－0018882　585.92/59.001

欽定五軍道里表十八卷　（清）常泰等纂　清
嘉慶刻本　六冊

620000－1101－0018883　585.92/59.002

欽定五軍道里表十八卷　（清）常泰等纂　清
同治十二年(1873)江蘇書局刻本　十八冊

620000－1101－0018884　477.19/987

欽定武英殿聚珍版程式不分卷　（清）金簡撰
清同治十三年(1874)江西書局刻武英殿聚
珍版書本　一冊

620000－1101－0018885　551.16/384

欽定物料價值則例八卷　（清）快亮　（清）鄒
夢皐等纂　清刻本　八冊

620000－1101－0018886　551.16/384

欽定物料價值則例八卷　（清）快亮　（清）鄒
夢皐等纂　清刻本　八冊

620000－1101－0018887　1289

欽定協紀辨方書三十六卷　（清）允祿等纂修
清乾隆六年(1741)武英殿刻朱墨套印本
十五冊

620000－1101－0018888　3110

欽定協紀辨方書三十六卷　（清）允祿等纂修
清乾隆刻朱墨套印本　二十四冊

620000 – 1101 – 0018889　3111

欽定協紀辨方書三十六卷　（清）允祿等纂修
　清乾隆刻朱墨套印本　十五冊

620000 – 1101 – 0018890　291/857

欽定協紀辨方書三十六卷　（清）允祿等纂修
　清光緒二十五年(1899)江左書林石印本
八冊

620000 – 1101 – 0018891　291/857

欽定協紀辨方書三十六卷　（清）允祿等纂修
　清光緒二十五年(1899)江左書林石印本
八冊

620000 – 1101 – 0018892　291/858.001

欽定協紀辨方書三十六卷　（清）允祿等纂修
　清光緒鉛印本　十四冊　存三十四卷(三
至三十六)

620000 – 1101 – 0018893　3929

欽定續通典一百五十卷　（清）嵇璜等纂　清
乾隆四十八年(1783)武英殿刻本　十九冊
存四十二卷(六十六至九十一、一百九至一百
二十二、一百二十八至一百二十九)

620000 – 1101 – 0018894　4451

欽定續通典一百五十卷　（清）嵇璜等纂　清
乾隆四十八年(1783)武英殿刻本　一冊　存
七卷(卷六十七之葉二十三至二十五,卷六十
九之葉十九至二十、二十二至二十六,卷一百
六之葉二十三至二十四,一百二十三至一百
二十五,卷一百二十九之葉十四至十八)

620000 – 1101 – 0018895　573.1/858

欽定續通典一百五十卷　（清）嵇璜等纂　清
光緒十二年(1886)浙江書局刻本　四十冊

620000 – 1101 – 0018896　573.1/858

欽定續通典一百五十卷　（清）嵇璜等纂　清
光緒十二年(1886)浙江書局刻本　四十冊

620000 – 1101 – 0018897　573.1/858

欽定續通典一百五十卷　（清）嵇璜等纂　清
光緒十二年(1886)浙江書局刻本　三冊　存
七卷(二十三至二十五、三十七至四十)

620000 – 1101 – 0018898　573.1/100.001

欽定續通典一百五十卷　（清）嵇璜等纂　清
光緒二十七年(1901)上海圖書集成印書局鉛
印本　十五冊　存一百四十二卷(九至一百
五十)

620000 – 1101 – 0018899　573.1/100

欽定續通典一百五十卷　（清）嵇璜等纂　清
光緒二十八年(1902)貫吾齋石印本　六冊

620000 – 1101 – 0018900　573.1/100.002

欽定續通典一百五十卷　（清）嵇璜等纂　清
光緒二十八年(1902)上海鴻寶書局石印本
八冊

620000 – 1101 – 0018901　3933

欽定續通志六百四十卷　（清）嵇璜等纂　清
乾隆五十年(1785)武英殿刻本　十六冊　存
六十四卷(二百四至二百五十、三百九十二至
三百九十七、四百七至四百十三、四百二十三
至四百二十六)

620000 – 1101 – 0018902　573.1/858.1

欽定續通志六百四十卷　（清）嵇璜等纂　清
光緒十二年(1886)浙江書局刻本　二百冊

620000 – 1101 – 0018903　573.1/858.1

欽定續通志六百四十卷　（清）嵇璜等纂　清
光緒十二年(1886)浙江書局刻本　二百冊

620000 – 1101 – 0018904　573.1/858.1

欽定續通志六百四十卷　（清）嵇璜等纂　清
光緒十二年(1886)浙江書局刻本　十五冊
存四十一卷(三至八、三十五至三十六、五十
七至八十四、一百十八至一百十九、一百二十
二至一百二十四)

620000 – 1101 – 0018905　573.1/858.1

欽定續通志六百四十卷　（清）嵇璜等纂　清
光緒十二年(1886)浙江書局刻本　十四冊
存四十卷(三十四、六十五至六十九、二百三
十四至二百三十八、二百五十八至二百六十、
三百九十五至四百、四百六十八至四百七十、
四百八十五至四百九十二、四百四十五至四
百四十九、五百六十八至五百七十一)

620000 - 1101 - 0018906　　573.1/858.1

欽定續通志六百四十卷　（清）嵇璜等纂　清光緒十二年(1886)浙江書局刻本　一冊　存三卷(三至五)

620000 - 1101 - 0018907　　573.1/858.1.001

欽定續通志六百四十卷　（清）嵇璜等纂　清光緒二十八年(1902)貫吾齋石印本　二十二冊　存五百七十一卷(一至二百八、二百三十六至二百九十八、三百二十四至三百六十、三百七十八至六百四十)

620000 - 1101 - 0018908　　573.1/858.1.002

欽定續通志六百四十卷　（清）嵇璜等纂　清光緒二十八年(1902)上海鴻寶書局石印本四十冊　存六百七卷(三十四至六百四十)

620000 - 1101 - 0018909　　3938

欽定續文獻通考二百五十卷　（清）嵇璜等纂　清乾隆四十九年(1784)武英殿刻本　二十冊　存三十四卷(一、八至十、八十八至一百二、一百七至一百九、一百十一至一百十五、二百四十二至二百四十八)

620000 - 1101 - 0018910　　4449

欽定續文獻通考二百五十卷　（清）嵇璜等纂　清乾隆四十九年(1784)武英殿刻本　一冊　存五卷(卷二之葉一至二十一,卷一百十五之葉七十四,卷二百四十二之葉五十四至五十五,卷二百四十八之葉三十七、其他八葉葉碼不明,卷二百四十九)

620000 - 1101 - 0018911　　573.1/415.02

欽定續文獻通考二百五十卷　（清）嵇璜等纂　清光緒十三年(1887)浙江書局刻本　一百二十冊

620000 - 1101 - 0018912　　573.1/415.02

欽定續文獻通考二百五十卷　（清）嵇璜等纂　清光緒十三年(1887)浙江書局刻本　一百十九冊

620000 - 1101 - 0018913　　573.1/415.02

欽定續文獻通考二百五十卷　（清）嵇璜等纂　清光緒十三年(1887)浙江書局刻本　三十

四冊　存八十三卷(十七至十八、二十、二十八、三十、三十五至三十七、四十五至四十六、五十五至五十六、六十七至六十八、七十四至九十六、一百三十五至一百六十六、二百六至二百九、二百三十五至二百三十六、二百四十一、二百四十四至二百五十)

620000 - 1101 - 0018914　　573.1/415.02.002

欽定續文獻通考二百五十卷　（清）嵇璜等纂　清光緒二十七年(1901)上海圖書集成印書局鉛印本　十四冊　存九十五卷(一百二十一至一百四十、一百七十六至二百五十)

620000 - 1101 - 0018915　　573.1/415.02.003

欽定續文獻通考二百五十卷　（清）嵇璜等纂　清光緒二十八年(1902)上海鴻寶書局石印本　二十四冊

620000 - 1101 - 0018916　　573.1/415.02.001

欽定續文獻通考二百五十卷　（清）嵇璜等纂　清光緒二十八年(1902)貫吾齋石印本　十四冊

620000 - 1101 - 0018917　　573.1/736

欽定續文獻通考輯要二十六卷　湯壽潛輯　清光緒二十五年(1899)上海圖書集成印書局鉛印本　十冊

620000 - 1101 - 0018918　　573.1/736

欽定續文獻通考輯要二十六卷　湯壽潛輯　清光緒二十五年(1899)上海圖書集成印書局鉛印本　七冊　存十八卷(五至十一上、十六至二十六)

620000 - 1101 - 0018919　　573.1/736

欽定續文獻通考輯要二十六卷　湯壽潛輯　清光緒二十五年(1899)上海圖書集成印書局鉛印本　二十冊

620000 - 1101 - 0018920　　573.1/736

欽定續文獻通考輯要二十六卷　湯壽潛輯　清光緒二十五年(1899)上海圖書集成印書局鉛印本　二十冊

620000 - 1101 - 0018921　　573.1/736.001

欽定續文獻通考輯要二十六卷　湯壽潛輯

清光緒刻本　十冊

620000－1101－0018922　573.1/415.05
欽定續文獻通考詳節二十六卷　（清）嚴虞惇
輯　清光緒鉛印本　六冊

620000－1101－0018923　782.17/669
欽定續纂外藩蒙古回部王公表十二卷傳十二
卷　（清）慶桂等纂　清道光元年(1821)武英
殿刻本　十二冊　存十二卷(表十二卷)

620000－1101－0018924　782.17/797
欽定續纂外藩蒙古回部王公表十二卷傳十二
卷　（清）穆彰阿等纂　清道光二十九年
(1849)武英殿刻本　二冊　存二卷(表一至
二)

620000－1101－0018925　782.17/797
欽定續纂外藩蒙古回部王公表十二卷傳十二
卷　（清）穆彰阿等纂　清道光二十九年
(1849)武英殿刻本　二十二冊　存二十二卷
(表一、三至十二,傳一至八、十至十二)

620000－1101－0018926　782.17/797
欽定續纂外藩蒙古回部王公表十二卷傳十二
卷　（清）穆彰阿等纂　清道光二十九年
(1849)武英殿刻本　十三冊　存十三卷(表
二至十二,傳二、十二)

620000－1101－0018927　782.17/183
欽定續纂外藩蒙古回部王公表十二卷傳十二
卷　（清）彭蘊章等纂　清咸豐武英殿刻本
五冊　存五卷(表一,傳四至六、十二)

620000－1101－0018928　782.17/183
欽定續纂外藩蒙古回部王公表十二卷傳十二
卷　（清）彭蘊章等纂　清咸豐武英殿刻本
二十四冊

620000－1101－0018929　526.12/312
欽定學堂章程不分卷　（清）張之洞等纂　清
光緒上海時中書局石印本　一冊

620000－1101－0018930　573.07/664.1
欽定學政全書八十二卷　（清）王杰等修
(清)廣興等纂　清嘉慶刻本　二十四冊

620000－1101－0018931　573.332/163
欽定學政全書八十六卷首一卷　（清）童璜等
撰　清嘉慶十七年(1812)刻本　二十四冊

620000－1101－0018932　573.332/163
欽定學政全書八十六卷首一卷　（清）童璜等
撰　清嘉慶十七年(1812)刻本　二十四冊

620000－1101－0018933　651.765/797
欽定嚴禁鴉片煙條例不分卷　（清）穆彰阿等
輯　清道光十九年(1839)刻本　一冊

620000－1101－0018934　589.91/987
欽定藥鉛火繩做法則例一卷欽定硝磺鉛斤價
值則例一卷欽定水陸運費則例一卷　（清）金
簡等撰　清晚期抄本　一冊

620000－1101－0018935　094.227.4/857.004
欽定儀禮義疏四十八卷首二卷　（清）允祿等
纂修　清道光十八年(1838)刻本　五十二冊

620000－1101－0018936　094.227.4/857
欽定儀禮義疏四十八卷首二卷　（清）允祿等
纂修　清同治十年(1871)湖北崇文書局刻本
三十二冊

620000－1101－0018937　094.227.4/857
欽定儀禮義疏四十八卷首二卷　（清）允祿等
纂修　清同治十年(1871)湖北崇文書局刻本
三十二冊

620000－1101－0018938　094.227.4/857
欽定儀禮義疏四十八卷首二卷　（清）允祿等
纂修　清同治十年(1871)湖北崇文書局刻本
三十二冊

620000－1101－0018939　094.227.4/857
欽定儀禮義疏四十八卷首二卷　（清）允祿等
纂修　清同治十年(1871)湖北崇文書局刻本
三十二冊

620000－1101－0018940　094.227.4/857
欽定儀禮義疏四十八卷首二卷　（清）允祿等
纂修　清同治十年(1871)湖北崇文書局刻本
一冊　存二卷(二十六至二十七)

620000－1101－0018941　094.227.4/857

欽定儀禮義疏四十八卷首二卷　（清）允祿等
纂修　清同治十年(1871)湖北崇文書局刻本
　二十七冊　存三十三卷(一至三十一、首二
卷)

620000－1101－0018942　094.227.4/857
欽定儀禮義疏四十八卷首二卷　（清）允祿等
纂修　清同治十年(1871)湖北崇文書局刻本
　四冊　存五卷(二十三至二十五、三十至三
十一)

620000－1101－0018943　094.227.4/857
欽定儀禮義疏四十八卷首二卷　（清）允祿等
纂修　清同治十年(1871)湖北崇文書局刻本
　九冊　存十三卷(二十至二十五、二十八至
三十一、三十六至三十七、四十八)

620000－1101－0018944　094.227.4/857
欽定儀禮義疏四十八卷首二卷　（清）允祿等
纂修　清同治十年(1871)湖北崇文書局刻本
　十五冊　存二十五卷(十四至十六、十八至
二十二、二十五至三十九、四十二至四十三)

620000－1101－0018945　094.227.4/857
欽定儀禮義疏四十八卷首二卷　（清）允祿等
纂修　清同治十年(1871)湖北崇文書局刻本
　十七冊　存二十六卷(一至二、五至八、十
二至十三、十七至三十一、四十二至四十三、
四十六)

620000－1101－0018946　094.227.4/857.001
欽定儀禮義疏四十八卷首二卷　（清）允祿等
纂修　清光緒十四年(1888)江南書局刻本
二十八冊

620000－1101－0018947　094.227.4/857.001
欽定儀禮義疏四十八卷首二卷　（清）允祿等
纂修　清光緒十四年(1888)江南書局刻本
　十四冊　存二十六卷(一至二十四、首二卷)

620000－1101－0018948　094.227.4/857.001
欽定儀禮義疏四十八卷首二卷　（清）允祿等
纂修　清光緒十四年(1888)江南書局刻本
二十八冊

620000－1101－0018949　094.227.4/857.001

欽定儀禮義疏四十八卷首二卷　（清）允祿等
纂修　清光緒十四年(1888)江南書局刻本
一冊　存二卷(二十七至二十八)

620000－1101－0018950　094.227.4/857.003
欽定儀禮義疏四十八卷首二卷　（清）允祿等
纂修　清同治、光緒刻本　二十四冊

620000－1101－0018951　094.227.4/857.003
欽定儀禮義疏四十八卷首二卷　（清）允祿等
纂修　清同治、光緒刻本　二十六冊　存四
十六卷(一至四十二、四十七至四十八,首二
卷)

620000－1101－0018952　094.227.4/857.003
欽定儀禮義疏四十八卷首二卷　（清）允祿等
纂修　清同治、光緒刻本　二十七冊　存四
十八卷(一至二十六、二十九至四十八,首二
卷)

620000－1101－0018953　094.227.4/857.003
欽定儀禮義疏四十八卷首二卷　（清）允祿等
纂修　清同治、光緒刻本　九冊　存十六卷
(三至六、十四至十五、二十一至二十二、二十
九至三十、三十六至三十七、四十三、四十七,
首二卷)

620000－1101－0018954　094.227.4/857.002
欽定儀禮義疏四十八卷首二卷　（清）允祿等
纂修　清尊經閣刻本　三十一冊

620000－1101－0018955　094.227.4/857.002
欽定儀禮義疏四十八卷首二卷　（清）允祿等
纂修　清尊經閣刻本　四十八冊

620000－1101－0018956　625.71/719
欽定元史語解二十四卷　（清）高宗弘曆撰
清光緒四年(1878)江蘇書局刻本　六冊

620000－1101－0018957　856.7/74.65
欽定正嘉四書文不分卷　（清）高宗弘曆編
清晚期刻本　三冊

620000－1101－0018958　591.8/701
欽定中樞政考七十二卷　（清）明達等纂修
清嘉慶十三年(1808)刻本　十二冊　存十二

卷(八旗五至十六)

620000－1101－0018959　591.8/463
欽定中樞政考七十二卷　（清）明亮等修
（清）納蘇泰等纂　清道光五年(1825)武英殿
刻本　六十八冊　存六十八卷(八旗三十二
卷、綠營五至四十)

620000－1101－0018960　591.8/463
欽定中樞政考七十二卷　（清）明亮等修
（清）納蘇泰等纂　清道光五年(1825)武英殿
刻本　二十八冊　存二十八卷(綠營一至三、
五至七、九至十三、十五至十八、二十一至二
十五、二十七至三十、三十二至三十三、三十
八、四十)

620000－1101－0018961　2969
欽定中樞政考三十一卷　（清）鄂爾泰等纂修
　清乾隆八年(1743)武英殿刻本　十八冊

620000－1101－0018962　591.8/410
欽定中樞政考續纂四卷　（清）景善等撰　清
道光刻本　四冊

620000－1101－0018963　567.4/23.37
欽定重修兩浙鹽法志三十卷首一卷　（清）阮
元等纂　清嘉慶七年(1802)刻本　二十四冊

620000－1101－0018964　573.41/428
欽定周官義疏四十八卷首一卷　（清）諸錦
（清）朱佩蓮等纂　清道光十八年(1838)刻本
　三十二冊

620000－1101－0018965　094.137.7/857.002
欽定周官義疏四十八卷首一卷　（清）允祿等
纂　清同治七年(1868)李瀚章刻本　二十
四冊

620000－1101－0018966　094.137.7/857.002
欽定周官義疏四十八卷首一卷　（清）允祿等
纂　清同治七年(1868)李瀚章刻本　二十
四冊

620000－1101－0018967　094.137.7/857.002
欽定周官義疏四十八卷首一卷　（清）允祿等
纂　清同治七年(1868)李瀚章刻本　二十

四冊

620000－1101－0018968　094.137.7/857.002
欽定周官義疏四十八卷首一卷　（清）允祿等
纂　清同治七年(1868)李瀚章刻本　二十
四冊

620000－1101－0018969　094.137.7/857.002
欽定周官義疏四十八卷首一卷　（清）允祿等
纂　清同治七年(1868)李瀚章刻本　二十
四冊

620000－1101－0018970　094.137.7/857
欽定周官義疏四十八卷首一卷　（清）允祿等
纂　清同治十年(1871)湖北崇文書局刻本
二十七冊　存四十八卷(欽定周官義疏四十
八卷)

620000－1101－0018971　094.137.7/857
欽定周官義疏四十八卷首一卷　（清）允祿等
纂　清同治十年(1871)湖北崇文書局刻本
二十八冊

620000－1101－0018972　094.137.7/857
欽定周官義疏四十八卷首一卷　（清）允祿等
纂　清同治十年(1871)湖北崇文書局刻本
二十二冊　存三十八卷(一至二、十一至二十
九、三十一至三十二、三十四至三十九、四十
一至四十八,首一卷)

620000－1101－0018973　094.137.7/857
欽定周官義疏四十八卷首一卷　（清）允祿等
纂　清同治十年(1871)湖北崇文書局刻本
八冊　存十五卷(一至十四、首一卷)

620000－1101－0018974　094.137.7/857
欽定周官義疏四十八卷首一卷　（清）允祿等
纂　清同治十年(1871)湖北崇文書局刻本
八冊　存十五卷(一至十四、首一卷)

620000－1101－0018975　094.137.7/857
欽定周官義疏四十八卷首一卷　（清）允祿等
纂　清同治十年(1871)湖北崇文書局刻本
七冊　存十三卷(一至十、十五至十六,首一
卷)

620000－1101－0018976　094.137.7/857

欽定周官義疏四十八卷首一卷 （清）允祿等纂　清同治十年(1871)湖北崇文書局刻本二十八冊

620000－1101－0018977　094.137.7/857

欽定周官義疏四十八卷首一卷 （清）允祿等纂　清同治十年(1871)湖北崇文書局刻本九冊　存十八卷（十一至十四、十七至二十八、三十六至三十七）

620000－1101－0018978　094.137.7/857

欽定周官義疏四十八卷首一卷 （清）允祿等纂　清同治十年(1871)湖北崇文書局刻本二冊　存四卷（十三至十四、二十一至二十二）

620000－1101－0018979　094.137.7/857

欽定周官義疏四十八卷首一卷 （清）允祿等纂　清同治十年(1871)湖北崇文書局刻本五冊　存十卷（十五至十八、二十一至二十四、二十七至二十八）

620000－1101－0018980　094.137.7/857.004

欽定周官義疏四十八卷首一卷 （清）允祿等纂　清同治、光緒刻本　四十一冊　存四十一卷（一至三、五至十一、十三至十四、十七至三十五、三十七至四十五、四十八）

620000－1101－0018981　094.137.7/857.005

欽定周官義疏四十八卷首一卷 （清）允祿等纂　清同治、光緒刻本　九冊　存十九卷（二至三、二十三至三十三、三十八至四十、四十六至四十八）

620000－1101－0018982　094.137.7/857.001

欽定周官義疏四十八卷首一卷 （清）允祿等纂　清晚期尊經閣刻本　二十六冊

620000－1101－0018983　094.137.7/857.003

欽定周官義疏四十八卷首一卷 （清）允祿等纂　清晚期刻本　二十八冊

620000－1101－0018984　098.1/290

欽定篆文六經四書六十一卷 （清）李光地等輯　清光緒九年(1883)上海同文書局石印本

十冊

620000－1101－0018985　782.17/426.8

欽定宗室王公功績表傳十二卷首一卷 （清）國史館編　清晚期京都琉璃廠刻本　六冊

620000－1101－0018986　782.22/48

欽旌姓氏事實錄不分卷 （清）彭康保輯　清光緒十五年(1889)採訪局木活字印本　四冊

620000－1101－0018987　413.52/363.001

銀海精微四卷 （唐）孫思邈輯　清文發堂刻本　四冊

620000－1101－0018988　413.52/363.002

銀海精微四卷 （唐）孫思邈輯　清學餘堂刻本　二冊

620000－1101－0018989　413.52/363.003

銀海精微四卷 （唐）孫思邈輯　清晚期刻本　四冊

620000－1101－0018990　561.32/886

銀價駁議不分卷 劉世珩撰　清光緒三十年(1904)南洋官報總局刻本　一冊

620000－1101－0018991　467.6/154

銀礦指南一卷附圖一卷 （美國）亞倫著（英國）傅蘭雅譯　應祖錫譯　清光緒十七年(1891)江南機器製造局刻本　一冊

620000－1101－0018992　467.6/154

銀礦指南一卷附圖一卷 （美國）亞倫著（英國）傅蘭雅譯　應祖錫譯　清光緒十七年(1891)江南機器製造局刻本　一冊

620000－1101－0018993　467.6/154

銀礦指南一卷附圖一卷 （美國）亞倫著（英國）傅蘭雅譯　應祖錫譯　清光緒十七年(1891)江南機器製造局刻本　一冊

620000－1101－0018994　192.1/946

尹涇論學一卷 （清）徐玉于輯　清光緒十六年(1890)刻本　一冊

620000－1101－0018995　125.5/324

尹氏小學大全五種十五卷 （清）尹嘉銓疏　清光緒二十五年(1899)刻民國六年(1917)印

本　五冊

620000－1101－0018996　65

尹文子二卷　（周)尹文撰　**古三墳不分卷**
明泰和堂刻本　一冊

620000－1101－0018997　827

尹文子一卷　（周)尹文撰　明嘉靖二十三年
(1544)歐陽清刻五子書本　一冊

620000－1101－0018998　121.52/324

尹文子一卷　（周)尹文撰　**慎子一卷**　（周)
慎到撰　**公孫龍子一卷**　（周)公孫龍撰　**鬼
谷子一卷**　（周)鬼谷子撰　清光緒元年
(1875)湖北崇文書局刻本　一冊

620000－1101－0018999　412.454/882

引痘略不分卷　（清)邱熺輯　清光緒三年
(1877)貴文堂刻本　一冊

620000－1101－0019000　412.454/882.006

引痘略不分卷　（清)邱熺輯　清光緒六年
(1880)甘涼道署刻本　一冊

620000－1101－0019001　412.454/882.006

引痘略不分卷　（清)邱熺輯　清光緒六年
(1880)甘涼道署刻本　一冊

620000－1101－0019002　415.2714/882.005

引痘略不分卷　（清)邱熺輯　（清)李汝霖補
輯　清光緒十年(1884)上海著易堂鉛印本
一冊

620000－1101－0019003　412.454/882.001

引痘略不分卷　（清)邱熺輯　清末上海廣益
書局石印本　一冊

620000－1101－0019004　412.454/882.003

引痘略不分卷　（清)邱熺輯　清晚期上海錦
章書局石印本　一冊

620000－1101－0019005　412.454/882.004

引痘略不分卷　（清)楊慶齡輯　清晚期細柳
山房主人抄本　一冊

620000－1101－0019006　412.454/882.007

引痘略不分卷　（清)邱熺輯　清末蘭州官書
局鉛印本　一冊

620000－1101－0019007　412.454/882.007

引痘略不分卷　（清)邱熺輯　清末蘭州官書
局鉛印本　一冊

620000－1101－0019008　412.454/882.007

引痘略不分卷　（清)邱熺輯　清末蘭州官書
局鉛印本　一冊

620000－1101－0019009　412.454/882.002

引痘略合編四種四卷　（清)邱熺等輯　清光
緒二十一年(1895)宏道堂刻本　二冊

620000－1101－0019010　802.21/792

引申義舉例二卷　程先甲撰　清光緒二十二
年(1896)刻本　一冊

620000－1101－0019011　847.6/301

月齋文集八卷詩集四卷　（清)張穆撰　清晚
期刻本　六冊

620000－1101－0019012　1397

蚓竅集十卷　（明)管時敏撰　（明)丁鶴年評
述　清末抄本　一冊

620000－1101－0019013　560.78/731

飲冰室理財論集二輯　梁啓超撰　清宣統三
年(1911)上海廣智書局鉛印本　二冊

620000－1101－0019014　476

隱秀軒集三十三卷　（明)鍾惺撰　明天啓二
年(1622)沈春澤刻本　四冊　存二十六卷
(天至玄、宙至月、晨至往、閏至雲)

620000－1101－0019015　737.1/880

印度國志不分卷　（清)學部編譯圖書局編纂
　清光緒三十三年(1907)學部編譯圖書局鉛
印本　一冊

620000－1101－0019016　737.1/880

印度國志不分卷　（清)學部編譯圖書局編纂
　清光緒三十三年(1907)學部編譯圖書局鉛
印本　一冊

620000－1101－0019017　737.1/880

印度國志不分卷　（清)學部編譯圖書局編纂
　清光緒三十三年(1907)學部編譯圖書局鉛
印本　一冊

620000－1101－0019018　731.1/629

印度史攬要三卷　（英國）亨德偉良撰　（清）
任廷旭譯　清光緒二十七年(1901)鉛印本
三冊

620000－1101－0019019　737.1/880.07

印度新志不分卷　（清）學部編譯圖書局編纂
清光緒三十三年(1907)學部編譯圖書局鉛
印本　一冊

620000－1101－0019020　737.1/880.07

印度新志不分卷　（清）學部編譯圖書局編纂
清光緒三十三年(1907)學部編譯圖書局鉛
印本　一冊

620000－1101－0019021　737.1/880.07

印度新志不分卷　（清）學部編譯圖書局編纂
清光緒三十三年(1907)學部編譯圖書局鉛
印本　一冊

620000－1101－0019022　368

印史五卷　（明）何通撰　明天啓刻鈐印本
六冊

620000－1101－0019023　714.7/417

英俄印度交涉書一卷續編一卷　（英國）馬文
著　（英國）羅亨利　（清）瞿昂來譯　清光緒
十三年(1887)上海江南製造總局刻本　一冊

620000－1101－0019024　714.7/417

英俄印度交涉書一卷續編一卷　（英國）馬文
著　（英國）羅亨利　（清）瞿昂來譯　清光緒
十三年(1887)上海江南製造總局刻本　一冊

620000－1101－0019025　714.7/417

英俄印度交涉書一卷續編一卷　（英國）馬文
著　（英國）羅亨利　（清）瞿昂來譯　清光緒
十三年(1887)上海江南製造總局刻本　一冊

620000－1101－0019026　714.7/417

英俄印度交涉書一卷續編一卷　（英國）馬文
著　（英國）羅亨利　（清）瞿昂來譯　清光緒
十三年(1887)上海江南製造總局刻本　一冊

620000－1101－0019027　714.7/417

英俄印度交涉書一卷續編一卷　（英國）馬文

著　（英國）羅亨利　（清）瞿昂來譯　清光緒
十三年(1887)上海江南製造總局刻本　一冊

620000－1101－0019028　714.7/417

英俄印度交涉書一卷續編一卷　（英國）馬文
著　（英國）羅亨利　（清）瞿昂來譯　清光緒
十三年(1887)上海江南製造總局刻本　一冊

620000－1101－0019029　714.7/417

英俄印度交涉書一卷續編一卷　（英國）馬文
著　（英國）羅亨利　（清）瞿昂來譯　清光緒
十三年(1887)上海江南製造總局刻本　一冊

620000－1101－0019030　714.7/417

英俄印度交涉書一卷續編一卷　（英國）馬文
著　（英國）羅亨利　（清）瞿昂來譯　清光緒
十三年(1887)上海江南製造總局刻本　一冊

620000－1101－0019031　565.41/0.517

英國財政要覽五章　（清）考察政治大臣咨送
清光緒三十四年(1908)政治官報局鉛印本
一冊

620000－1101－0019032　595.81/391

英國定準軍藥書四卷附編二卷　（英國）陸軍
水師部編纂　舒高第譯　汪振聲述　清光緒
上海江南製造總局刻本　二冊

620000－1101－0019033　595.81/391

英國定準軍藥書四卷附編二卷　（英國）陸軍
水師部編纂　舒高第譯　汪振聲述　清光緒
上海江南製造總局刻本　一冊　存四卷(三
至四、附編二卷)

620000－1101－0019034　564.141/302

英國度支考六章　（英國）司可得開勒撰
（清）華龍譯　清光緒二十九年(1903)上海商
務印書館鉛印本　一冊

620000－1101－0019035　597.941/325

英國水師考不分卷　（英國）巴那比　（美國）
克理撰　（英國）傅蘭雅　（清）鍾天緯譯　清
光緒十二年(1886)上海機器製造局鉛印本
二冊

620000－1101－0019036　597.941/325

英國水師考不分卷 （英國）巴那比 （美國）克理撰 （英國）傅蘭雅 （清）鍾天緯譯 清光緒十二年(1886)上海機器製造局鉛印本 二冊

620000 - 1101 - 0019037 597.941/325
英國水師考不分卷 （英國）巴那比 （美國）克理撰 （英國）傅蘭雅 （清）鍾天緯譯 清光緒十二年(1886)上海機器製造局鉛印本 二冊

620000 - 1101 - 0019038 597.941/325
英國水師考不分卷 （英國）巴那比 （美國）克理撰 （英國）傅蘭雅 （清）鍾天緯譯 清光緒十二年(1886)上海機器製造局鉛印本 二冊

620000 - 1101 - 0019039 597.941/325
英國水師考不分卷 （英國）巴那比 （美國）克理撰 （英國）傅蘭雅 （清）鍾天緯譯 清光緒十二年(1886)上海機器製造局鉛印本 二冊

620000 - 1101 - 0019040 597.941/325
英國水師考不分卷 （英國）巴那比 （美國）克理撰 （英國）傅蘭雅 （清）鍾天緯譯 清光緒十二年(1886)上海機器製造局鉛印本 二冊

620000 - 1101 - 0019041 597.941/325
英國水師考不分卷 （英國）巴那比 （美國）克理撰 （英國）傅蘭雅 （清）鍾天緯譯 清光緒十二年(1886)上海機器製造局鉛印本 二冊

620000 - 1101 - 0019042 597.941/325
英國水師考不分卷 （英國）巴那比 （美國）克理撰 （英國）傅蘭雅 （清）鍾天緯譯 清光緒十二年(1886)上海機器製造局鉛印本 二冊

620000 - 1101 - 0019043 597.941/325
英國水師考不分卷 （英國）巴那比 （美國）克理撰 （英國）傅蘭雅 （清）鍾天緯譯 清光緒十二年(1886)上海機器製造局鉛印本 二冊

620000 - 1101 - 0019044 597.941/325
英國水師考不分卷 （英國）巴那比 （美國）克理撰 （英國）傅蘭雅 （清）鍾天緯譯 清光緒十二年(1886)上海機器製造局鉛印本 二冊

620000 - 1101 - 0019045 597.941/325
英國水師考不分卷 （英國）巴那比 （美國）克理撰 （英國）傅蘭雅 （清）鍾天緯譯 清光緒十二年(1886)上海機器製造局鉛印本 一冊

620000 - 1101 - 0019046 597.941/325
英國水師考不分卷 （英國）巴那比 （美國）克理撰 （英國）傅蘭雅 （清）鍾天緯譯 清光緒十二年(1886)上海機器製造局鉛印本 二冊

620000 - 1101 - 0019047 591.941/942
英國水師律例四卷 （英國）德麟 （英國）極福德著 舒高第 （清）鄭昌棪譯 清光緒三年(1877)江南製造總局鉛印本 二冊

620000 - 1101 - 0019048 591.941/942
英國水師律例四卷 （英國）德麟 （英國）極福德著 舒高第 （清）鄭昌棪譯 清光緒三年(1877)江南製造總局鉛印本 二冊

620000 - 1101 - 0019049 591.941/942
英國水師律例四卷 （英國）德麟 （英國）極福德著 舒高第 （清）鄭昌棪譯 清光緒三年(1877)江南製造總局鉛印本 二冊

620000 - 1101 - 0019050 591.941/942
英國水師律例四卷 （英國）德麟 （英國）極福德著 舒高第 （清）鄭昌棪譯 清光緒三年(1877)江南製造總局鉛印本 二冊

620000 - 1101 - 0019051 591.941/942
英國水師律例四卷 （英國）德麟 （英國）極福德著 舒高第 （清）鄭昌棪譯 清光緒三年(1877)江南製造總局鉛印本 二冊

620000 - 1101 - 0019052 581.412.9/282

英國憲法史十編　（日本）松平康國編著（清）麥孟華譯述　清光緒上海廣智書局鉛印本　一冊　存四編（一至四）

620000 – 1101 – 0019053　557.222/381

英屬五印度開辦鐵路章程不分卷　（愛爾蘭）歐禮斐鑒定　（清）陳貽範譯　清光緒鉛印本　一冊

620000 – 1101 – 0019054　805.1/915

英文初學三參不分卷　（清）任廷旭輯譯　清光緒十六年(1890)刻本　一冊

620000 – 1101 – 0019055　782.123/116

英雄記鈔一卷　（三國魏）王粲撰　高士傳三卷　（晉）皇甫謐撰　清嘉慶刻廣漢魏叢書本　一冊

620000 – 1101 – 0019056　805.1/667

英語集全六卷　（清）唐廷樞著　清同治六年(1867)刻本　六冊

620000 – 1101 – 0019057　413.7/851.001

嬰童百問十卷　（明）魯伯嗣著　（明）王肯堂訂　清聚錦堂刻本　四冊

620000 – 1101 – 0019058　850/320

嚶鳴集三卷　（清）屠文洲輯　清道光刻本　一冊

620000 – 1101 – 0019059　1046

桯史十五卷　（宋）岳珂撰　明萬曆商氏半埜堂刻清修補海本　四冊

620000 – 1101 – 0019060　1120

桯史十五卷　（宋）岳珂撰　清抄本　四冊

620000 – 1101 – 0019061　856.6/731.002

楹聯叢話十二卷　（清）梁章鉅輯　清道光二十年(1840)刻本　四冊

620000 – 1101 – 0019062　856.6/731.005

楹聯叢話十二卷　（清）梁章鉅輯　清道光二十六年(1846)刻本　四冊

620000 – 1101 – 0019063　856.6/731.003

楹聯叢話十二卷　（清）梁章鉅輯　清咸豐元年(1851)刻本　四冊

620000 – 1101 – 0019064　856.6/731.004

楹聯叢話十二卷　（清）梁章鉅輯　清咸豐八年(1858)刻本　二冊

620000 – 1101 – 0019065　856.6/731.007

楹聯叢話十二卷　（清）梁章鉅輯　清晚期刻本　一冊　存三卷（七至九）

620000 – 1101 – 0019066　856.6/731.002

楹聯叢話十二卷續話四卷　（清）梁章鉅輯　清道光二十年至二十三年(1840 – 1843)刻本　六冊

620000 – 1101 – 0019067　856.6/731.006

楹聯叢話十二卷續話四卷　（清）梁章鉅輯　清道光二十三年(1843)刻本　五冊　存十三卷（楹聯叢話一至三、七至十二，續話四卷）

620000 – 1101 – 0019068　856.6/731.001

楹聯叢話十二卷續話四卷　（清）梁章鉅輯　楹聯雜紀一卷　（清）呂恩湛輯　清道光二十五年(1845)刻本　六冊

620000 – 1101 – 0019069　856.6/73

楹聯叢話五種二十六卷　（清）梁章鉅輯　清道光刻本　八冊　存四種二十三卷（楹聯叢話十二卷、楹聯續話一至二、巧對錄八卷、巧對補錄一卷）

620000 – 1101 – 0019070　856.6/990

楹聯錄存五卷　（清）俞樾撰　清光緒刻本　三冊

620000 – 1101 – 0019071　857.2/752

螢窗異草初編四卷二編四卷三編四卷　（清）浩歌子著　（清）隨園老人評　清光緒三年(1877)申報館鉛印本　十二冊

620000 – 1101 – 0019072　595.1/914

營城揭要二卷附圖一卷　（英國）儲意比撰（英國）傅蘭雅口譯　（清）徐壽筆述　清光緒二年(1876)上海江南製造總局刻本　二冊

620000 – 1101 – 0019073　595.1/914

營城揭要二卷附圖一卷　（英國）儲意比撰（英國）傅蘭雅口譯　（清）徐壽筆述　清光緒

二年(1876)上海江南製造總局刻本　一冊
存一卷(二)

620000－1101－0019074　595.1/914
營城揭要二卷附圖一卷　（英國）儲意比撰
(英國)傅蘭雅口譯　（清）徐壽筆述　清光緒
二年(1876)上海江南製造總局刻本　二冊

620000－1101－0019075　595.1/914
營城揭要二卷附圖一卷　（英國）儲意比撰
(英國)傅蘭雅口譯　（清）徐壽筆述　清光緒
二年(1876)上海江南製造總局刻本　二冊

620000－1101－0019076　595.1/914
營城揭要二卷附圖一卷　（英國）儲意比撰
(英國)傅蘭雅口譯　（清）徐壽筆述　清光緒
二年(1876)上海江南製造總局刻本　二冊

620000－1101－0019077　595.1/914
營城揭要二卷附圖一卷　（英國）儲意比撰
(英國)傅蘭雅口譯　（清）徐壽筆述　清光緒
二年(1876)上海江南製造總局刻本　一冊
存一卷(一)

620000－1101－0019078　595.1/914
營城揭要二卷附圖一卷　（英國）儲意比撰
(英國)傅蘭雅口譯　（清）徐壽筆述　清光緒
二年(1876)上海江南製造總局刻本　二冊

620000－1101－0019079　595.1/914
營城揭要二卷附圖一卷　（英國）儲意比撰
(英國)傅蘭雅口譯　（清）徐壽筆述　清光緒
二年(1876)上海江南製造總局刻本　二冊

620000－1101－0019080　595.1/914
營城揭要二卷附圖一卷　（英國）儲意比撰
(英國)傅蘭雅口譯　（清）徐壽筆述　清光緒
二年(1876)上海江南製造總局刻本　二冊

620000－1101－0019081　592.5/103
營工要覽四卷　（英國）武備工程編　（英國）
傅蘭雅　（清）王振聲譯　清光緒上海江南製
造總局鉛印本　二冊

620000－1101－0019082　592.5/103
營工要覽四卷　（英國）武備工程編　（英國）

傅蘭雅　（清）王振聲譯　清光緒上海江南製
造總局鉛印本　二冊

620000－1101－0019083　592.5/103
營工要覽四卷　（英國）武備工程編　（英國）
傅蘭雅　（清）王振聲譯　清光緒上海江南製
造總局鉛印本　二冊

620000－1101－0019084　592.5/103
營工要覽四卷　（英國）武備工程編　（英國）
傅蘭雅　（清）王振聲譯　清光緒上海江南製
造總局鉛印本　二冊

620000－1101－0019085　592.5/103
營工要覽四卷　（英國）武備工程編　（英國）
傅蘭雅　（清）王振聲譯　清光緒上海江南製
造總局鉛印本　二冊

620000－1101－0019086　592.5/103
營工要覽四卷　（英國）武備工程編　（英國）
傅蘭雅　（清）王振聲譯　清光緒上海江南製
造總局鉛印本　二冊

620000－1101－0019087　592.5/103
營工要覽四卷　（英國）武備工程編　（英國）
傅蘭雅　（清）王振聲譯　清光緒上海江南製
造總局鉛印本　二冊

620000－1101－0019088　592.5/103
營工要覽四卷　（英國）武備工程編　（英國）
傅蘭雅　（清）王振聲譯　清光緒上海江南製
造總局鉛印本　一冊　存二卷(一至二)

620000－1101－0019089　592.5/103
營工要覽四卷　（英國）武備工程編　（英國）
傅蘭雅　（清）王振聲譯　清光緒上海江南製
造總局鉛印本　二冊

620000－1101－0019090　592.5/103
營工要覽四卷　（英國）武備工程編　（英國）
傅蘭雅　（清）王振聲譯　清光緒上海江南製
造總局鉛印本　二冊

620000－1101－0019091　595.1/919
營壘圖說不分卷　（比利時）伯里牙芒著
(美國)金楷理口譯　（清）李鳳苞筆述　清光

緒二年(1876)上海江南製造總局刻本　一冊

620000－1101－0019092　595.1/919

營壘圖說不分卷　(比利時)伯里牙芒著
(美國)金楷理口譯　(清)李鳳苞筆述　清光
緒二年(1876)上海江南製造總局刻本　一冊

620000－1101－0019093　595.1/919

營壘圖說不分卷　(比利時)伯里牙芒著
(美國)金楷理口譯　(清)李鳳苞筆述　清光
緒二年(1876)上海江南製造總局刻本　一冊

620000－1101－0019094　595.1/919

營壘圖說不分卷　(比利時)伯里牙芒著
(美國)金楷理口譯　(清)李鳳苞筆述　清光
緒二年(1876)上海江南製造總局刻本　一冊

620000－1101－0019095　595.1/919

營壘圖說不分卷　(比利時)伯里牙芒著
(美國)金楷理口譯　(清)李鳳苞筆述　清光
緒二年(1876)上海江南製造總局刻本　一冊

620000－1101－0019096　595.1/919

營壘圖說不分卷　(比利時)伯里牙芒著
(美國)金楷理口譯　(清)李鳳苞筆述　清光
緒二年(1876)上海江南製造總局刻本　一冊

620000－1101－0019097　595.1/919

營壘圖說不分卷　(比利時)伯里牙芒著
(美國)金楷理口譯　(清)李鳳苞筆述　清光
緒二年(1876)上海江南製造總局刻本　一冊

620000－1101－0019098　595.1/919

營壘圖說不分卷　(比利時)伯里牙芒著
(美國)金楷理口譯　(清)李鳳苞筆述　清光
緒二年(1876)上海江南製造總局刻本　一冊

620000－1101－0019099　595.1/919

營壘圖說不分卷　(比利時)伯里牙芒著
(美國)金楷理口譯　(清)李鳳苞筆述　清光
緒二年(1876)上海江南製造總局刻本　一冊

620000－1101－0019100　595.1/919

營壘圖說不分卷　(比利時)伯里牙芒著
(美國)金楷理口譯　(清)李鳳苞筆述　清光
緒二年(1876)上海江南製造總局刻本　一冊

620000－1101－0019101　595.1/919

營壘圖說不分卷　(比利時)伯里牙芒著
(美國)金楷理口譯　(清)李鳳苞筆述　清光
緒二年(1876)上海江南製造總局刻本　一冊

620000－1101－0019102　595.1/919

營壘圖說不分卷　(比利時)伯里牙芒著
(美國)金楷理口譯　(清)李鳳苞筆述　清光
緒二年(1876)上海江南製造總局刻本　一冊

620000－1101－0019103　595.1/919

營壘圖說不分卷　(比利時)伯里牙芒著
(美國)金楷理口譯　(清)李鳳苞筆述　清光
緒二年(1876)上海江南製造總局刻本　一冊

620000－1101－0019104　595.1/919

營壘圖說不分卷　(比利時)伯里牙芒著
(美國)金楷理口譯　(清)李鳳苞筆述　清光
緒二年(1876)上海江南製造總局刻本　一冊

620000－1101－0019105　595.1/919

營壘圖說不分卷　(比利時)伯里牙芒著
(美國)金楷理口譯　(清)李鳳苞筆述　清光
緒二年(1876)上海江南製造總局刻本　一冊

620000－1101－0019106　441.28/291

營造法式三十四卷目錄看詳二卷　(宋)李誠
編修　清道光抄本　八冊

620000－1101－0019107　718.5/314

瀛海論三篇　(清)張自牧撰　清光緒五年
(1879)森寶閣鉛印本　一冊

620000－1101－0019108　856.7/828.1.001

瀛海探驪集八卷　(清)朱埏之輯　(清)馮泉
等注　清嘉慶十九年(1814)增美堂刻本　一
冊　存二卷(一至二)

620000－1101－0019109　856.7/828.1.001

瀛海探驪集八卷　(清)朱埏之輯　(清)馮泉
等注　清嘉慶十九年(1814)刻本　一冊　存
三卷(一至三)

620000－1101－0019110　716/623

瀛寰全志不分卷　(清)謝洪賚輯　清光緒三
十一年(1905)上海商務印書館鉛印本　一冊

620000 – 1101 – 0019111　716/947.001

瀛環新志十卷　(清)李慎儒著　清光緒二十
八年(1902)石印本　六冊

620000 – 1101 – 0019112　716/947.003

瀛環志略十卷　(清)徐繼畬輯　清道光三十
年(1850)刻本　六冊

620000 – 1101 – 0019113　716/947.003

瀛環志略十卷　(清)徐繼畬輯　清道光三十
年(1850)刻本　六冊

620000 – 1101 – 0019114　716/947.004

瀛環志略十卷　(清)徐繼畬輯　清同治五年
(1866)總理衙門刻本　六冊

620000 – 1101 – 0019115　716/947.002

瀛環志略十卷　(清)徐繼畬輯　清同治十二
年(1873)掞雲樓刻本　六冊

620000 – 1101 – 0019116　716/947.006

瀛環志略十卷　(清)徐繼畬輯　清同治十三
年(1874)香海書局鉛印本　六冊

620000 – 1101 – 0019117　716/947

瀛環志略十卷　(清)徐繼畬輯　續集四卷末
一卷　(清)薛福成撰　續集續補一卷　(清)
□□撰　清光緒二十四年(1898)掃葉山房石
印本　四冊

620000 – 1101 – 0019118　716/947.005

瀛環志略十卷首一卷　(清)徐繼畬輯　清光
緒六年(1880)周鯤刻本　六冊

620000 – 1101 – 0019119　831/627

瀛奎律髓刊誤四十九卷　(元)方回選　(清)
紀昀批點　清光緒六年(1880)懺花盦刻本
十冊

620000 – 1101 – 0019120　1707

瀛奎律髓四十九卷　(元)方回撰　清康熙五
十一年(1712)吳寶芝刻本　八冊

620000 – 1101 – 0019121　072.77/113

瀛壖雜志六卷　(清)王韜撰　清光緒元年
(1875)刻本　二冊

620000 – 1101 – 0019122　2648

影北宋本二李和唱集一卷　(宋)李昉　(宋)
李至撰　清光緒十五年(1889)貴陽陳榘日本
影宋刻本　一冊

620000 – 1101 – 0019123　2109

映雪堂詳校醫宗必讀十卷　(明)李中梓撰
清乾隆五十八年(1793)映雪堂刻本　二冊
存四卷(五至六、九至十)

620000 – 1101 – 0019124　2805

應試唐詩類釋十九卷　(清)臧岳編　清乾隆
四十年(1775)三樂齋刻本　六冊

620000 – 1101 – 0019125　4329

應試唐詩類釋十九卷　(清)臧岳編　清乾隆
刻本　四冊　存十一卷(一至七、十六至十
九)

620000 – 1101 – 0019126　4441

應試唐詩類釋十九卷　(清)臧岳編　清乾隆
刻本　一冊　存二卷(三至四)

620000 – 1101 – 0019127　856.7/525

應試唐詩類釋十九卷　(清)臧岳編　清嘉慶
五年(1800)刻本　八冊

620000 – 1101 – 0019128　4087

應試唐詩說詳八卷　(清)蘇寧亭輯注　清乾
隆刻本　一冊　存五卷(四至八)

620000 – 1101 – 0019129　847.8/572.01

庸盦海外文編四卷　(清)薛福成撰　清光緒
二十一年(1895)蕭山陳氏刻本　四冊

620000 – 1101 – 0019130　089.78/56.001

庸盦全集二十一卷　(清)薛福成撰　清光緒
二十三年(1897)上海醉六堂石印本　十一冊
　存十九卷(庸庵文編四卷、外編四卷、海外
文編四卷,籌洋芻議一卷,出使英法義比四國
日記六卷)

620000 – 1101 – 0019131　847.8/572.001

庸盦全集二十一卷　(清)薛福成撰　清光緒
二十三年(1897)上海醉六堂石印本　十二冊

620000 – 1101 – 0019132　847.8/572.001

庸盦全集二十一卷　(清)薛福成撰　清光緒

二十三年(1897)上海醉六堂石印本　六册
存十卷(庸庵文編二、海外文編四卷,籌洋芻
議一卷,出使英法義比四國日記一至四)

620000－1101－0019133　847.8/572.001
庸盦全集二十一卷　(清)薛福成撰　清光緒
二十三年(1897)上海醉六堂石印本　十二册

620000－1101－0019134　847.8/572
庸盦全集二十一卷　(清)薛福成撰　清光緒
二十四年(1898)長沙鑄新齋刻本　十册

620000－1101－0019135　089.78/56
庸盦全集七種四十七卷　(清)薛福成撰　清
光緒十年至二十四年(1884－1898)刻本　四
十六册

620000－1101－0019136　089.78/56
庸盦全集七種四十七卷　(清)薛福成撰　清
光緒十年至二十四年(1884－1898)刻本　四
十四册　存四十五卷(庸庵文編四卷、續編二
卷、外編四卷、海外文編一至三,籌洋芻議一
卷,浙東籌防錄四卷,出使奏疏二卷,出使公
牘一至八、十,出使英法義比四國日記六卷,
出使日記續刻十卷)

620000－1101－0019137　573.42/894.05.001
庸吏庸言不分卷附蓮舫先生事跡不分卷
(清)劉衡撰　清光緒三十二年(1906)直隸藩
署鉛本　一册

620000－1101－0019138　573.42/894.05
庸吏庸言三十卷庸吏餘談一卷　(清)劉衡撰
清咸豐元年(1851)刻本　一册

620000－1101－0019139　627.083/384
庸書內外篇四卷　(清)陳熾撰　清光緒二十
三年(1897)上海文瑞樓石印本　四册

620000－1101－0019140　627.083/384.001
庸書內外篇四卷　(清)陳熾撰　清光緒二十
四年(1898)上海書局石印本　一册

620000－1101－0019141　857.178/378
庸閒齋筆記十二卷　(清)陳其元撰　清宣統
三年(1911)上海掃葉山房石印本　三册　存

九卷(一至三、七至十二)

620000－1101－0019142　127.6/988
庸言四卷補遺一卷　(清)余元遴撰　清光緒
二十二年(1896)江蘇書局刻本　二册

620000－1101－0019143　1739
雍音四卷　(明)胡纘宗輯　明嘉靖二十七年
(1548)清渭草堂刻清遞修本　三册　存三卷
(一、三至四)

620000－1101－0019144　1859
雍音四卷　(明)胡纘宗輯　明嘉靖二十七年
(1548)清渭草堂刻清遞修本　四册

620000－1101－0019145　2750
雍音四卷　(明)胡纘宗輯　明嘉靖二十七年
(1548)清渭草堂刻清遞修本　三册　存三卷
(二至四)

620000－1101－0019146　2793
雍音四卷　(明)胡纘宗輯　明嘉靖二十七年
(1548)清渭草堂刻清遞修本　四册

620000－1101－0019147　2802
雍音四卷　(明)胡纘宗輯　明嘉靖二十七年
(1548)清渭草堂刻清遞修本　四册

620000－1101－0019148　2828
雍音四卷　(明)胡纘宗輯　明嘉靖二十七年
(1548)清渭草堂刻清遞修本　四册

620000－1101－0019149　2830
雍音四卷　(明)胡纘宗輯　明嘉靖二十七年
(1548)清渭草堂刻清遞修本　三册　存三卷
(一、三至四)

620000－1101－0019150　797.15/82
雍州金石記十卷記餘一卷　(清)朱楓著　清
光緒十四年(1888)刻惜陰軒叢書續編本
二册

620000－1101－0019151　797.15/82
雍州金石記十卷記餘一卷　(清)朱楓著　清
刻本　二册

620000－1101－0019152　797.15/82
雍州金石記十卷記餘一卷　(清)朱楓著　清

刻本　二冊

620000－1101－0019153　567.3/0.653

永昌縣賦役全書不分卷　（清）□□編　清咸豐三年(1853)刻本　二冊

620000－1101－0019154　689.23401/363

永嘉聞見錄二卷　（清）孫同元撰　**補遺一卷**　（清）徐希勉撰　清光緒十四年(1888)刻十五年(1889)補刻本　二冊

620000－1101－0019155　075.5/385.001

永嘉先生八面鋒十三卷　（宋）陳傅良撰　清嘉慶十八年(1813)蕭山陳氏刻湖海樓叢書本　二冊

620000－1101－0019156　075.5/385.001

永嘉先生八面鋒十三卷　（宋）陳傅良撰　清嘉慶十八年(1813)蕭山陳氏刻湖海樓叢書本　一冊　存六卷(八至十三)

620000－1101－0019157　075.5/385

永嘉先生八面鋒十三卷　（宋）陳傅良撰　清光緒二十四年(1898)石印本　二冊

620000－1101－0019158　290/119

永寧通書四集十二卷　（清）王維德纂輯　清光緒十二年(1886)掃葉山房刻本　四冊

620000－1101－0019159　097.527/537

永順堂合纂四書體註十九卷　（清）范翔參訂　清中晚期廣安永順堂刻本　三冊　存九卷(大學一卷、中庸一卷、孟子七卷)

620000－1101－0019160　578.291/138

永息教案策一卷　（美國）惠志道撰　清光緒二十四年(1898)上海廣學會鉛印本　一冊

620000－1101－0019161　998

永樂南藏六千三百六十一卷　（唐）釋玄奘譯　明永樂南京刻萬曆蕭憲王紳堯印本　六千三百四十五冊

620000－1101－0019162　682.23/820

甬上水利志六卷　（清）周道遵考述　清道光木活字印本　四冊　存四卷(一至三、六)

620000－1101－0019163　1851

咏物詩選八卷　（清）俞琰輯　清雍正三年(1725)寧儉堂刻本　八冊

620000－1101－0019164　2638

咏物詩選八卷　（清）俞琰輯　清刻本　四冊

620000－1101－0019165　538

詠懷堂新編十錯認春燈謎記二卷　（明）阮大鋮撰　明末刻本　一冊

620000－1101－0019166　847.4/959

詠菊小品初編二卷菊名目錄備編一卷續編一卷補遺一卷　（清）顧文煥著　清嘉慶十二年(1807)刻本　一冊

620000－1101－0019167　830.7/748

詠樓盍戠集九種十一卷　（清）沈秉成編訂　清同治十年(1871)歸安沈氏刻本　一冊　存三卷(海秋詩錄上、下,通父詩錄一)

620000－1101－0019168　072.77/61

詠梅軒劄記一卷劄記增訂一卷賸稿一卷存要一卷　（清）謝蘭生輯　清中晚期刻本　一冊

620000－1101－0019169　1430

詠史詩二卷　（唐）胡曾撰　**秋巖詩集二卷**　（元）陳宜甫撰　清光緒孔氏嶽雪樓影抄本　一冊

620000－1101－0019170　847.2/959

詠物三百詩二卷　（清）顧瑝美撰　清刻本　一冊　存一卷(上)

620000－1101－0019171　4029

湧幢小品三十二卷　（明）朱國楨撰　明天啓二年(1622)清美堂刻本　十二冊　存二十四卷(一至二十一、二十四至二十六)

620000－1101－0019172　847.9/290

優盋羅室詩稿一卷　（清）李尚暲撰　**月來軒詩稿一卷**　（清）錢韞素撰　清宣統元年(1909)鉛印本　一冊

620000－1101－0019173　557/837

郵傳部第二次交通統計表八卷　（清）郵傳部統計處編輯　清宣統三年(1911)鉛印本　二冊　存二卷(一、四)

620000 - 1101 - 0019174　557/837

郵傳部第二次交通統計表八卷　（清）郵傳部統計處編輯　清宣統三年（1911）鉛印本　四冊　存四卷（一至二、四至五）

620000 - 1101 - 0019175　593.795/0.837

郵傳部接辦粵漢川漢鐵路借款及分別接收各路股款始末記不分卷附參考各案件　（□）□□編　清宣統鉛印本　一冊

620000 - 1101 - 0019176　782.104/837

郵傳部住址單不分卷　（清）郵傳部編制　清宣統二年（1910）鉛印本　一冊

620000 - 1101 - 0019177　652.785/837

郵傳部奏議類編不分卷　（清）郵傳部參議廳編覈科編輯　清光緒三十四年（1908）參議廳編覈科鉛印本　五冊

620000 - 1101 - 0019178　652.785/837

郵傳部奏議類編不分卷　（清）郵傳部參議廳編覈科編輯　清光緒三十四年（1908）參議廳編覈科鉛印本　二冊

620000 - 1101 - 0019179　690/94.50

遊記不分卷　（明）徐宏祖撰　（清）李寄輯　**遊記補編一卷**　（清）葉廷甲輯　清嘉慶十三年（1808）刻本　十冊

620000 - 1101 - 0019180　690/950.002

遊記不分卷　（明）徐宏祖撰　（清）李寄輯　**遊記補編一卷**　（清）葉廷甲輯　清光緒七年（1881）瘦影山房刻本　二十冊

620000 - 1101 - 0019181　690/950.003

遊記不分卷　（明）徐宏祖撰　（清）李寄輯　**遊記補編一卷**　（清）葉廷甲輯　清光緒三十四年（1908）集成圖書公司鉛印本　八冊

620000 - 1101 - 0019182　737.9/0.62

遊歷芻言一卷　（清）黃楙材撰　清光緒十二年（1886）得一齋刻本　一冊

620000 - 1101 - 0019183　691.5/501

遊秦偶記一卷　（清）柴桑撰　清光緒王氏鉛印本　一冊

620000 - 1101 - 0019184　690/39

遊志續編不分卷　（明）陶宗儀輯　清光緒十二年（1886）新陽趙氏刻本　一冊

620000 - 1101 - 0019185　691.5/312

游城南記一卷　（宋）張禮撰　清光緒二十七年（1901）江陰繆荃孫刻本　一冊

620000 - 1101 - 0019186　847.5/83

游道堂集四卷　（清）朱彬撰　清晚期刻本　二冊

620000 - 1101 - 0019187　845.1/750

游定夫先生集六卷首一卷末一卷　（宋）游酢撰　清同治六年（1867）和州官舍刻本　二冊

620000 - 1101 - 0019188　755.748/906

游歷巴西圖經十卷　（清）傅雲龍述　清光緒二十七年（1901）石印本　二冊

620000 - 1101 - 0019189　755.618/906

游歷古巴圖經二卷　（清）傅雲龍述　清光緒鉛印本　一冊

620000 - 1101 - 0019190　402

輶軒使者絕代語釋別國方言十三卷　（漢）揚雄撰　（晉）郭璞注　清乾隆武英殿木活字印武英殿聚珍版書本　二冊

620000 - 1101 - 0019191　802.51/29.21

輶軒使者絕代語釋別國方言十三卷　（漢）揚雄撰　（清）戴震疏　清光緒八年（1882）汗青簃刻本　四冊

620000 - 1101 - 0019192　802.51/29.21.001

輶軒使者絕代語釋別國方言十三卷首一卷續二卷續補一卷　（漢）揚雄撰　（晉）郭璞注　清光緒十七年（1891）思賢講舍刻本　三冊

620000 - 1101 - 0019193　2832

輶軒使者絕代語釋別國方言十三卷校正補遺一卷　（漢）揚雄撰　（晉）郭璞注　清乾隆四十九年（1784）盧氏抱經堂刻本　二冊

620000 - 1101 - 0019194　802.51/29.21.86

輶軒使者絕代語釋別國方言十三卷　（漢）揚雄撰　（清）戴震疏　清光緒刻民國三十一年

(1942)國立四川大學印本　一冊

620000－1101－0019195　1174

輶軒語不分卷　（清）張之洞撰　清光緒二年(1876)刻本　一冊

620000－1101－0019196　019.1/30

輶軒語六卷　（清）張之洞撰　清光緒刻民國三十一年(1942)國立四川大學印本　一冊

620000－1101－0019197　019.1/30.001

輶軒語一卷　（清）張之洞撰　清光緒三年(1877)刻本　一冊

620000－1101－0019198　019.1/312

輶軒語一卷　（清）張之洞撰　清光緒三年(1877)濠上書齋刻本　一冊

620000－1101－0019199　019.1/30.002

輶軒語一卷　（清）張之洞撰　清光緒沔陽盧氏刻慎始基齋叢書本　二冊

620000－1101－0019200　019.1/30.002

輶軒語一卷　（清）張之洞撰　清光緒沔陽盧氏刻慎始基齋叢書本　二冊

620000－1101－0019201　019.1/30.003

輶軒語一卷　（清）張之洞撰　清末抄本　一冊

620000－1101－0019202　019.1/312

輶軒語一卷書目答問五卷　（清）張之洞撰　清光緒三年(1877)濠上書齋刻本　一冊

620000－1101－0019203　847.8/52

友竹草堂詩二卷　（清）蔣慶第撰　清光緒刻本　一冊

620000－1101－0019204　847.8/52

友竹草堂詩二卷　（清）蔣慶第撰　清光緒刻本　一冊

620000－1101－0019205　847.8/52.02

友竹草堂文集一卷　（清）蔣慶第撰　清光緒刻本　一冊

620000－1101－0019206　847.8/52.02

友竹草堂文集一卷　（清）蔣慶第撰　清光緒

刻本　一冊

620000－1101－0019207　847.8/52.02

友竹草堂文集一卷　（清）蔣慶第撰　清光緒刻本　一冊

620000－1101－0019208　847.6/554

友竹山房詩草七卷補遺一卷　（清）蘇履吉著　清道光十三年(1833)刻本　三冊

620000－1101－0019209　847.6/554

友竹山房詩草七卷首一卷補遺一卷續鈔七卷首一卷末一卷　（清）蘇履吉撰　清道光十三年至十四年(1833－1834)刻本　八冊

620000－1101－0019210　192.08/43

有福讀書堂叢刻四種六卷　吳引孫輯　清光緒二十三年至二十六年(1897－1900)儀徵吳氏刻本　二冊

620000－1101－0019211　2626

有懷堂詩文藁二十二卷詩藁六卷　（清）韓菼撰　清康熙四十二年(1703)刻本　八冊

620000－1101－0019212　1653

有懷堂文集一卷詩集一卷　（清）田肇麗撰　清乾隆七年(1742)刻本　一冊

620000－1101－0019213　372

有宋福建莆陽黃國簿四如先生文藁五卷　(宋)黃仲元撰　明嘉靖二十五年(1546)刻本　四冊

620000－1101－0019214　847.2/933.02

有學集五十卷補遺二卷投筆集一卷　（清）錢謙益撰　清宣統二年(1910)鉛印本　十六冊

620000－1101－0019215　847.4/441.05

有正味齋詞集八卷　（清）吳錫麒撰　清宣統元年(1909)掃葉山房石印本　三冊

620000－1101－0019216　847.4/441.03

有正味齋賦四卷　（清）吳錫麒撰　清道光六年(1826)刻本　三冊

620000－1101－0019217　847.4/441.001

有正味齋駢體文二十四卷首一卷　（清）吳錫麒撰　（清）王廣業　（清）葉聯芬纂　清光緒

十五年(1889)上海蜚英館石印本　四冊

620000－1101－0019218　847.4/441.001

有正味齋駢體文二十四卷首一卷　(清)吳錫麒撰　(清)王廣業　(清)葉聯芬纂　清光緒十五年(1889)上海蜚英館石印本　四冊

620000－1101－0019219　847.4/441.07

有正味齋駢體文續集八卷　(清)吳錫麒撰　清光緒十一年(1885)刻本　一冊　存四卷(一至四)

620000－1101－0019220　847.4/441

有正味齋駢文十六卷　(清)吳錫麒撰　(清)葉聯芬箋注　清道光二十年(1840)刻本　八冊

620000－1101－0019221　847.4/441

有正味齋駢文十六卷　(清)吳錫麒撰　(清)葉聯芬箋注　清道光二十年(1840)刻本　三冊

620000－1101－0019222　847.4/43

有正味齋全集八種七十三卷　(清)吳錫麒撰　清晚期刻本　十六冊

620000－1101－0019223　847.4/43

有正味齋全集八種七十三卷　(清)吳錫麒撰　清晚期刻本　二十四冊

620000－1101－0019224　847.4/43.01

有正味齋全集八種七十三卷　(清)吳錫麒撰　清晚期刻本　八冊

620000－1101－0019225　847.4/441.08.001

有正味齋全集七種六十五卷　(清)吳錫麒撰　清晚期敬書堂刻本　十八冊

620000－1101－0019226　847.4/441.08

有正味齋全集四種五十三卷　(清)吳錫麒撰　清嘉慶十三年(1808)刻本　三十二冊

620000－1101－0019227　847.4/441.02

有正味齋詩集十六卷　(清)吳錫麒撰　清光緒刻本　六冊

620000－1101－0019228　821.875/441

有正味齋試帖詩註六卷　(清)吳錫麒撰　清

道光十五年(1835)鹿鳴堂刻本　四冊

620000－1101－0019229　821.875/441.001

有正味齋試帖詩註六卷　(清)吳錫麒撰　(清)吳清皋等注　清末刻本　一冊　存二卷(一至二)

620000－1101－0019230　825.875/441

有正味齋試帖詳註四卷　(清)吳錫麒撰　(清)吳搶　(清)吳敬恒注　清道光四年(1824)文成堂刻本　一冊　存二卷(一至二)

620000－1101－0019231　857.1/879

酉陽雜俎二十卷續集十卷　(唐)段成式撰　清道光二十九年(1849)小嬾嬛山館刻本　三冊

620000－1101－0019232　857.1/879.001

酉陽雜俎二十卷續集十卷　(唐)段成式撰　清道光二十九年(1849)小嬾嬛山館刻本　六冊

620000－1101－0019233　587.1/879.002

酉陽雜俎續集十卷　(唐)段成式撰　清光緒三年(1877)湖北崇文書局刻本　一冊

620000－1101－0019234　127.6/892

又問一卷　(清)劉沅著　清咸豐三年(1853)豫誠堂刻本　一冊

620000－1101－0019235　782.932/851

右軍年譜十二卷　(清)魯一同編　清咸豐五年(1855)刻本　一冊

620000－1101－0019236　857.277/990

右臺仙館筆記十二卷　(清)俞樾撰　清光緒俞氏刻本　四冊

620000－1101－0019237　857.277/990

右臺仙館筆記十二卷　(清)俞樾撰　清光緒俞氏刻本　五冊　存十卷(三至十二)

620000－1101－0019238　413.7/0.857.7

幼科彙集秘旨不分卷　(□)□□編　清晚期抄本　一冊

620000－1101－0019239　413.7/348.001

幼科鐵鏡六卷　(清)夏鼎撰　清道光九年

(1829)掃葉山房刻本　一冊

620000－1101－0019240　413.7/348.003
幼科鐵鏡六卷　（清）夏鼎撰　清同治、光緒
刻本　一冊　存三卷（四至六）

620000－1101－0019241　413.7/348.002
幼科鐵鏡六卷　（清）夏鼎撰　清光緒三年
（1877）西征糧臺刻本　二冊

620000－1101－0019242　528.932/669
幼學操身一卷　（英國）慶丕編著　（清）翟汝
州編著　清光緒二十一年（1895）會文齋刻本
　一冊

620000－1101－0019243　847.5/74
幼學堂文稿八卷　（清）沈欽韓撰　清嘉慶、
道光刻本（序與目錄係抄配）　四冊

620000－1101－0019244　802.81/792
幼學須知句解四卷　（清）程允升撰　（清）錢
元龍校梓　清末刻本　四冊

620000－1101－0019245　782.6/915
於越先賢傳一卷列仙酒牌一卷　（清）任熊繪
　（清）王齡傳輯　清光緒十二年（1886）上海
同文書局石印本　二冊

620000－1101－0019246　847.8/191.01
于湖題襟集十卷　（清）袁昶輯　清光緒二十
一年（1895）桐廬袁氏刻本　一冊　存二卷
（二至三）

620000－1101－0019247　847.8/527
于湖小集二卷附錄一卷　（清）芳郭鈍宧（袁
昶）撰　清光緒二十年（1894）水明樓刻本
一冊

620000－1101－0019248　615
于清端公政書八卷外集一卷首一卷　（清）于
成龍撰　清康熙四十六年（1707）于準刻本
六冊

620000－1101－0019249　615
于清端公政書八卷外集一卷首一卷　（清）于
成龍撰　續集一卷　（清）于大樅輯　清康熙
四十六年（1707）于準刻乾隆二十六年（1761）

續刻本　十一冊

620000－1101－0019250　857.46/365
于少保萃忠全傳十卷四十回　（明）孫高亮纂
　清咸豐三年（1853）寶翰樓刻本　三冊　存
七卷（一至四、八至十）

620000－1101－0019251　846.2/11
于肅愍公集八卷附錄一卷拾遺一卷　（明）于
謙撰　清光緒錢塘丁立中刻本　二冊

620000－1101－0019252　845.77/988
余忠宣公青陽集五卷　（元）余闕撰　清道光
元年（1821）刻本　一冊

620000－1101－0019253　683.33/480
禹峽山志四卷　（清）孫繩祖纂　清光緒十年
（1884）刻本　四冊

620000－1101－0019254　1344
娛老雜俎不分卷　巨國桂撰　稿本　二冊

620000－1101－0019255　857.1/518
娛目醒心編十五卷　（清）玉山草亭老人編次
　清道光九年（1829）刻本　四冊

620000－1101－0019256　098.07/429.001
娛親雅言六卷　（清）嚴元照輯　清嘉慶十四
年（1809）刻本　二冊

620000－1101－0019257　098.07/429
娛親雅言六卷　（清）嚴元照撰　清光緒十一
年（1885）彀園王氏刻本　二冊　存三卷（一
至三）

620000－1101－0019258　847.5/399
萸江詩存三卷萸江古文存四卷萸江制義一卷
　（清）陶必銓撰　印心石屋詩鈔初集四卷印
心石屋詩鈔二集三卷　（清）陶澍撰　附朋舊
詩一卷　（清）嚴如煜等撰　清嘉慶二十一年
（1816）刻本　一冊

620000－1101－0019259　1271
瑜伽海上焰口施食左右二卷　（□）□□撰
清抄本　二冊

620000－1101－0019260　627.804/842
榆關紀事四卷　（清）鄒渭三　（清）凌登岳撰

（清）蘆中窮士刪改　清光緒三十年（1904）
石印本　一冊　存一卷（一）

620000－1101－0019261　671.54/282.9
榆林府志辨訛一卷　（清）楊江纂修　清咸豐
七年（1857）刻本　一冊

620000－1101－0019262　691.5/29
榆塞紀行錄四卷　（清）李嘉績纂　清光緒十
二年（1886）李氏代耕堂刻本　一冊

620000－1101－0019263　691.5/29
榆塞紀行錄四卷　（清）李嘉績纂　清光緒十
二年（1886）李氏代耕堂刻本　一冊

620000－1101－0019264　691.5/29
榆塞紀行錄四卷　（清）李嘉績纂　清光緒十
二年（1886）李氏代耕堂刻本　一冊

620000－1101－0019265　850/339
榆社詩鐘錄不分卷　（清）成昌輯　清光緒十
六年（1890）鉛印本　一冊

620000－1101－0019266　082.77/607
榆園叢刻十六種八十五卷　（清）許增輯　清
同治、光緒榆園刻本　十六冊

620000－1101－0019267　3137
虞初新志二十卷　（清）張潮輯　清乾隆二十
九年（1764）清遠閣刻本　十冊

620000－1101－0019268　857.17/313
虞初新志二十卷　（清）張潮輯　清晚期清遠
閣刻本　一冊　存三卷（六至八）

620000－1101－0019269　1784
虞文靖公詩集十卷　（元）虞集撰　（清）翁方
綱輯　年譜一卷　（清）翁方綱撰　清嘉慶十
一年（1806）曾氏賞雨茅屋刻本　八冊

620000－1101－0019270　847.6/291.8
愚荃敝帚二卷　（清）李文安著　清同治五年
（1866）刻本　一冊

620000－1101－0019271　847.7/30.70
漁蒲草堂詩集四卷補遺一卷　（清）張道著
清同治刻本　四冊

620000－1101－0019272　831.2/11.98
漁洋山人古詩選三十二卷惜抱軒今體詩選十
八卷　（清）王士禛選　清同治五年（1866）金
陵書局刻本　八冊

620000－1101－0019273　831.2/11.98
漁洋山人古詩選三十二卷惜抱軒今體詩選十
八卷　（清）王士禛選　清同治五年（1866）金
陵書局刻本　八冊

620000－1101－0019274　1795
漁洋山人精華錄箋注十二卷補一卷年譜一卷
附錄一卷　（清）王士禛撰　（清）金榮箋注
（清）徐淮纂輯　清金氏鳳翽堂刻本　十四冊

620000－1101－0019275　2523
漁洋山人精華錄箋注十二卷補一卷年譜一卷
附錄一卷　（清）王士禛撰　（清）金榮箋注
（清）徐淮纂輯　清金氏鳳翽堂刻本　十二冊

620000－1101－0019276　2524
漁洋山人精華錄箋注十二卷補一卷年譜一卷
附錄一卷　（清）王士禛撰　（清）金榮箋注
（清）徐淮纂輯　清乾隆刻本　十二冊　存十
四卷（箋注十二卷、補一卷、年譜一卷）

620000－1101－0019277　847.1/113.001
漁洋山人精華錄箋注十二卷補一卷年譜一卷
附錄一卷　（清）王士禛撰　（清）金榮箋注
（清）徐淮纂輯　清乾隆刻本　八冊

620000－1101－0019278　620
漁洋山人精華錄十卷　（清）王士禛撰　清康
熙三十九年（1700）林佶刻本　四冊

620000－1101－0019279　1896
漁洋山人精華錄十卷　（清）王士禛撰　清康
熙三十九年（1700）林佶刻本　四冊

620000－1101－0019280　619
漁洋山人精華錄訓纂十卷　（清）王士禛撰
（清）惠棟註　年譜註補二卷金氏精華錄箋註
辯訛一卷　（清）惠棟撰　清惠氏紅豆齋刻本
　　二十四冊

620000－1101－0019281　2880

漁洋山人精華錄訓纂十卷 （清）王士禎撰
（清）惠棟註 年譜註補二卷金氏精華錄箋註
辯訛一卷 （清）惠棟撰 清惠氏紅豆齋刻本
十二冊

620000－1101－0019282 1897
漁洋山人詩集二十二卷續集十六卷 （清）王
士禎撰 清康熙刻本 四冊

620000－1101－0019283 4167
漁隱叢話前集六十卷後集四十卷 （宋）胡仔
輯 清乾隆五年至六年(1740－1741)楊佑啟
耘經樓刻本 一冊 存七卷(後集一至七)

620000－1101－0019284 847.8/262
餘力吟草四卷 （清）林鈞著 清光緒二年
(1876)刻本 二冊 存二卷(一至二)

620000－1101－0019285 550
輿程人物考二卷 （明）韓邦奇輯 明抄本
四冊

620000－1101－0019286 660/424.001
輿地廣記三十八卷 （宋）歐陽忞撰 附札記
二卷 （清）黃丕烈撰 清嘉慶十七年(1812)
黃氏士禮居刻本 二冊 存十九卷(一至十
九)

620000－1101－0019287 660/424
輿地廣記三十八卷 （宋）歐陽忞撰 附札記
二卷 （清）黃丕烈撰 清光緒六年(1880)金
陵書局刻本 四冊

620000－1101－0019288 660/424
輿地廣記三十八卷 （宋）歐陽忞撰 附札記
二卷 （清）黃丕烈撰 清光緒六年(1880)金
陵書局刻本 四冊

620000－1101－0019289 660/424
輿地廣記三十八卷 （宋）歐陽忞撰 附札記
二卷 （清）黃丕烈撰 清光緒六年(1880)金
陵書局刻本 一冊 存十一卷(二十至三十)

620000－1101－0019290 665.2/120.01
輿地紀勝二百卷 （宋）王象之編 清咸豐五
年(1855)粵雅堂刻本 二十四冊

620000－1101－0019291 665.2/120
輿地紀勝二百卷 （宋）王象之編 補闕十卷
（清）岑建功輯 校勘五十二卷 （清）劉文
淇撰 清道光二十九年(1849)甘泉岑氏懼盈
齋刻本 四十八冊 存一百六十八卷(一至
十二、十七至四十九、五十五至一百三十五、
一百四十五至一百六十七、一百七十四至一
百九十二)

620000－1101－0019292 660.37/994
輿地學課程不分卷附錄戊戌遊記不分卷
（清）姚炳奎撰 清光緒二十九年(1903)經心
書院刻本 八冊

620000－1101－0019293 660/269
輿地沿革表四十卷首一卷 （清）楊丕復著
清光緒十四年(1888)武陵楊氏刻本 二十二
冊 存三十七卷(一至三、五至七、十一至四
十,首一卷)

620000－1101－0019294 326/0.481
輿圖簡法一卷 （□）□□撰 清光緒刻本
一冊

620000－1101－0019295 276
輿圖摘要十五卷 （明）李日華撰 明崇禎魯
重民刻四六全書本 四冊

620000－1101－0019296 276
輿圖摘要十五卷 （明）李日華撰 明崇禎魯
重民刻四六全書本 二冊

620000－1101－0019297 4156
輿圖摘要十五卷 （明）李日華撰 明崇禎魯
重民刻四六全書本 四冊 存九卷(一至九)

620000－1101－0019298 4235
輿圖摘要十五卷 （明）李日華撰 明崇禎魯
重民刻四六全書本 一冊 存八卷(八至十
五)

620000－1101－0019299 716/365
輿學入門不分卷 （清）孫文楨譯 清光緒陜
西味經官書局石印本 一冊

620000－1101－0019300 716/365

興學入門不分卷 （清）孫文楨譯 清光緒陝
西味經官書局石印本 一冊

620000－1101－0019301 847.4/662

雨峰詩鈔七卷 （清）齊翀著 清光緒二年
(1876)揚州隨安室刻本 二冊

620000－1101－0019302 847.4/662

雨峰詩鈔七卷 （清）齊翀著 清光緒二年
(1876)揚州隨安室刻本 二冊

620000－1101－0019303 847.4/662

雨峰詩鈔七卷 （清）齊翀著 清光緒二年
(1876)揚州隨安室刻本 二冊

620000－1101－0019304 847.4/662

雨峰詩鈔七卷 （清）齊翀著 清光緒二年
(1876)揚州隨安室刻本 一冊 存四卷(一
至四)

620000－1101－0019305 847.4/662

雨峰詩鈔七卷 （清）齊翀著 清光緒二年
(1876)揚州隨安室刻本 一冊 存四卷(一
至四)

620000－1101－0019306 847.4/662

雨峰詩鈔七卷文鈔一卷 （清）齊翀著 清光
緒二年至六年(1876－1880)揚州隨安室刻本
三冊

620000－1101－0019307 847.4/66

雨峰文鈔不分卷 （清）齊翀著 清光緒六年
(1880)上海隨安室刻本 一冊

620000－1101－0019308 847.4/66

雨峰文鈔不分卷 （清）齊翀著 清光緒六年
(1880)上海隨安室刻本 一冊

620000－1101－0019309 847.4/66

雨峰文鈔不分卷 （清）齊翀著 清光緒六年
(1880)上海隨安室刻本 一冊

620000－1101－0019310 847.4/66

雨峰文鈔不分卷 （清）齊翀著 清光緒六年
(1880)上海隨安室刻本 一冊

620000－1101－0019311 847.4/66

雨峰文鈔不分卷 （清）齊翀著 清光緒六年

(1880)上海隨安室刻本 一冊

620000－1101－0019312 847.4/66

雨峰文鈔不分卷 （清）齊翀著 清光緒六年
(1880)上海隨安室刻本 一冊

620000－1101－0019313 847.4/66

雨峰文鈔不分卷 （清）齊翀著 清光緒六年
(1880)上海隨安室刻本 一冊

620000－1101－0019314 847.4/66

雨峰文鈔不分卷 （清）齊翀著 清光緒六年
(1880)上海隨安室刻本 一冊

620000－1101－0019315 847.4/66

雨峰文鈔不分卷 （清）齊翀著 清光緒六年
(1880)上海隨安室刻本 一冊

620000－1101－0019316 847.4/66

雨峰文鈔不分卷 （清）齊翀著 清光緒六年
(1880)上海隨安室刻本 一冊

620000－1101－0019317 847.4/66

雨峰文鈔不分卷 （清）齊翀著 清光緒六年
(1880)上海隨安室刻本 一冊

620000－1101－0019318 847.4/66

雨峰文鈔不分卷 （清）齊翀著 清光緒六年
(1880)上海隨安室刻本 一冊

620000－1101－0019319 847.4/66

雨峰文鈔不分卷 （清）齊翀著 清光緒六年
(1880)上海隨安室刻本 一冊

620000－1101－0019320 847.4/66

雨峰文鈔不分卷 （清）齊翀著 清光緒六年
(1880)上海隨安室刻本 一冊

620000－1101－0019321 092.812/76.33

禹貢班義述三卷附漢糜水入尚龍谿考一卷
（清）成蓉鏡撰 清光緒十四年(1888)廣雅書
局刻本 一冊

620000－1101－0019322 092.812/76.33

禹貢班義述三卷附考一卷 （清）成蓉鏡撰
清光緒十四年(1888)廣雅書局刻本 一冊

620000－1101－0019323 092.812/76.33

禹貢班義述三卷附考一卷　（清）成蓉鏡撰
清光緒十四年(1888)廣雅書局刻本　一冊

620000－1101－0019324　092.81/272

禹貢本義一卷　（清）楊守敬撰　清光緒三十
二年(1906)鄂城菊灣楊守敬刻本　一冊

620000－1101－0019325　092.812.7/947

禹貢地輿考不分卷　（清）徐朝俊輯　清嘉慶
二十年(1815)刻本　一冊

620000－1101－0019326　1074

禹貢二卷　（清）□□撰　清抄本　二冊

620000－1101－0019327　092.813.71/907

禹貢古今注通釋六卷　（清）侯楨纂　清光緒
古杍秋館刻本　二冊

620000－1101－0019328　092.813/906

禹貢集解二卷　（宋）傅寅撰　（清）胡鳳丹校
　清同治八年(1869)永康胡氏退補齋刻金華
叢書本　一冊

620000－1101－0019329　092.81/906

禹貢說斷四卷　（宋）傅寅撰　清光緒刻本
三冊　存三卷(二至四)

620000－1101－0019330　092.812/838

禹貢正解一卷圖表一卷　（清）朱鎮正解　清
光緒三十年(1904)華亭朱氏知正軒刻本
一冊

620000－1101－0019331　092.816/11

禹貢正字不分卷　（清）王筠編　清道光、咸
豐刻王篆友九種本　一冊

620000－1101－0019332　4392

禹貢註節讀一卷禹貢圖說一卷　（清）胡渭撰
　（清）馬俊良輯　清乾隆五十四年(1789)端
溪書院刻本　一冊　存一卷(禹貢圖說一卷)

620000－1101－0019333　649

禹貢錐指二十卷圖一卷　（清）胡渭撰　清康
熙漱六軒刻本　十冊

620000－1101－0019334　2567

禹貢錐指二十卷圖一卷　（清）胡渭撰　清康
熙漱六軒刻本　十二冊

620000－1101－0019335　2594

禹貢錐指二十卷圖一卷　（清）胡渭撰　清康
熙漱六軒刻本　十二冊

620000－1101－0019336　1912

禹貢錐指二十卷圖一卷　（清）胡渭撰　清康
熙漱六軒刻本　十六冊

620000－1101－0019337　092.817/708

禹貢錐指節要不分卷　（清）汪獻玗編　清咸
豐三年(1853)刻本　一冊

620000－1101－0019338　843.65/67

庾開府集四卷　（北周）庾信撰　（清）胡鳳丹
輯　清晚期刻本　二冊

620000－1101－0019339　1906

庾子山集十六卷　（北周）庾信撰　（清）倪璠
注　年譜一卷總釋一卷　（清）倪璠撰　清康
熙二十六年(1687)崇岫堂刻本　六冊

620000－1101－0019340　3380

庾子山集十六卷　（北周）庾信撰　（清）倪璠
注　年譜一卷總釋一卷　（清）倪璠撰　清康
熙二十六年(1687)崇岫堂刻本　六冊

620000－1101－0019341　4293

庾子山集十六卷　（北周）庾信撰　（清）倪璠
注　年譜一卷總釋一卷　（清）倪璠撰　清康
熙二十六年(1687)崇岫堂刻本　六冊

620000－1101－0019342　3191

庾子山集十六卷　（北周）庾信撰　（清）倪璠
注　年譜一卷總釋一卷　（清）倪璠撰　清康
熙二十六年(1687)崇岫堂刻本　八冊　存八
卷(一至六、年譜一卷、總釋一卷)

620000－1101－0019343　843.65/67.92

庾子山集十六卷　（北周）庾信撰　（清）倪璠
注　年譜一卷　（清）倪璠撰　清嘉慶刻本
十二冊

620000－1101－0019344　843.65/67.92

庾子山集十六卷　（北周）庾信撰　（清）倪璠
注　年譜一卷　（清）倪璠撰　清嘉慶刻本
十二冊

620000－1101－0019345　843.65/673.002
庚子山集十六卷　（北周）庾信撰　（清）倪璠注　**年譜一卷總釋一卷**　（清）倪璠撰　清道光十九年(1839)善成堂刻本　十二冊

620000－1101－0019346　843.65/67.92.002
庚子山集十六卷　（北周）庾信撰　（清）倪璠注　**年譜一卷總釋一卷**　（清）倪璠撰　清道光十九年(1839)同文堂刻本　八冊

620000－1101－0019347　843.65/67.92.003
庚子山集十六卷　（北周）庾信撰　（清）倪璠注　**年譜一卷總釋一卷**　（清）倪璠撰　清道光十九年(1839)大文堂刻本　十六冊

620000－1101－0019348　2834
庚子山全集十卷附錄諸家詩評一卷　（北周）庾信撰　（清）吳兆宜箋注　清貴文堂刻本　六冊

620000－1101－0019349　794/504
語石十卷　葉昌熾撰　清宣統元年(1909)護龍街文學山房刻本　四冊

620000－1101－0019350　794/504
語石十卷　葉昌熾撰　清宣統元年(1909)刻本　四冊

620000－1101－0019351　794/504
語石十卷　葉昌熾撰　清宣統元年(1909)刻本　四冊

620000－1101－0019352　794/504
語石十卷　葉昌熾撰　清宣統元年(1909)刻本　四冊

620000－1101－0019353　3031
玉海二百卷辭學指南四卷附刻十三種六十一卷　（宋）王應麟撰　元至元六年(1340)慶元路儒學刻元明遞修本　二冊　存五卷(玉海六十三至六十四、詩地理考四至六)

620000－1101－0019354　4163
玉海二百卷辭學指南四卷附刻十三種六十一卷　（宋）王應麟撰　元至元六年(1340)慶元路儒學刻元明清遞修本　二冊　存二卷(玉海一至二)

620000－1101－0019355　4316
玉海二百卷辭學指南四卷附刻十三種六十一卷　（宋）王應麟撰　元至元六年(1340)慶元路儒學刻元明清遞修本　一冊　存三卷(一百二十六至一百二十八)

620000－1101－0019356　041/52.118.001
玉海二百卷辭學指南四卷附刻十三種六十一卷　（宋）王應麟撰　清嘉慶十一年(1806)江寧藩署刻本　一百八冊　存二百三十九卷(玉海一至三、七至八、十一至十二、十四至六十二、六十五至一百十二、一百二十至二百,辭學指南四卷,詩考一卷,詩地理考六卷,漢藝文志考證十卷,通鑑地理通釋十四卷,急就篇四卷,漢制考四卷,小學紺珠一至六、九至十,姓氏急就篇二卷,周易鄭康成注一卷)

620000－1101－0019357　041/52.118.001
玉海二百卷辭學指南四卷附刻十三種六十一卷　（宋）王應麟撰　清嘉慶十一年(1806)江寧藩署刻本　五十五冊　存一百八十五卷(玉海一至三十九、四十七至六十四、六十八至一百九十三上,辭學指南三至四)

620000－1101－0019358　041/52.118.001
玉海二百卷辭學指南四卷附刻十三種六十一卷　（宋）王應麟撰　清嘉慶十一年(1806)江寧藩署刻本　九十九冊　缺五卷(一至二、一百四十八至一百五十)

620000－1101－0019359　041/52.118
玉海二百四卷附刻十三種六十一卷　（宋）王應麟撰　**校補玉海瑣記二卷王深寧先生年譜一卷**　（清）張大昌撰　清光緒九年至十六年(1883－1890)浙江書局刻本　一百二十二冊

620000－1101－0019360　041/52.118
玉海二百四卷附刻十三種六十一卷　（宋）王應麟撰　**校補玉海瑣記二卷王深寧先生年譜一卷**　（清）張大昌撰　清光緒九年至十六年(1883－1890)浙江書局刻本　一百二十冊　缺五卷(二百一至二百四、王深寧先生年譜一卷)

620000 – 1101 – 0019361　041/52.118

玉海二百四卷附刻十三種六十一卷　（宋）王應麟撰　校補玉海瑣記二卷王深甯先生年譜一卷　（清）張大昌撰　清光緒九年至十六年（1883－1890）浙江書局刻本　一百二十二冊

620000 – 1101 – 0019362　041/52.627

玉海摘要二十一卷　（清）方維翰撰　清道光十五年（1835）刻本　六冊

620000 – 1101 – 0019363　084/415

玉函山房輯佚書五百九十三種七百七卷附一種三十一卷　（清）馬國翰輯　清光緒九年（1883）長沙嫏嬛館刻本　一百冊

620000 – 1101 – 0019364　084/415.001

玉函山房輯佚書五百九十三種七百七卷附一種三十一卷　（清）馬國翰輯　清光緒十年（1884）章邱李氏重印馬氏刻本　七冊　存六十四種八十一卷(連山一卷附諸家論說、歸藏一卷附諸家論說、周易子夏傳二卷、周易薛氏記一卷、蔡氏易說一卷、周易丁氏傳二卷、周易韓氏傳二卷、周易古五子傳一卷、周易淮南九師道訓一卷、周易施氏章句一卷、周易孟氏章句二卷、周易梁丘氏章句一卷、周易京氏章句一卷、費氏易一卷、費氏易林一卷、周易分野一卷、周易馬氏傳三卷、周易劉氏章句一卷、周易宋氏注一卷、周易荀氏注三卷、周易陸氏述三卷、周易王氏注二卷、周易王氏音一卷、周易何氏解一卷、周易董氏章句一卷、周易姚氏注一卷、周易翟氏義一卷、周易向氏義一卷、周易統略一卷、周易掛序論一卷、周易張氏義一卷、周易張氏集解一卷、周易干氏注三卷、周易王氏注一卷、周易蜀才注一卷、周易黃氏注一卷、周易徐氏音一卷、周易李氏音一卷、易象妙於見形論一卷、周易繫辭桓氏注一卷、周易繫辭荀氏注一卷、周易繫辭明氏注一卷、周易沈氏要略一卷、周易劉氏義疏一卷、周易大義一卷、周易伏氏集解一卷、周易褚氏講疏一卷、周易周氏義疏一卷、周易張氏講疏一卷、周易何氏講疏一卷、周易姚氏注一卷、周易崔氏注一卷、周易傅氏注一卷、周易盧氏注一卷、周易王氏注一卷、周易王氏義一卷、周易朱氏義一卷、周易莊氏義一卷、周易侯氏注三卷、周易探元三卷、周易元義一卷、周易新論傳疏一卷、周易新義一卷、易纂一卷)

620000 – 1101 – 0019365　084/415.002

玉函山房輯佚書五百九十三種七百七卷附一種三十一卷　（清）馬國翰輯　清光緒十年（1884）楚南書局刻本　六十六冊　存二百七十四種三百三十三卷(爾雅犍爲文學注三卷,爾雅劉氏注一卷,爾雅樊氏注一卷,爾雅李氏注三卷,爾雅孫氏注三卷,爾雅孫氏音一卷,爾雅音義一卷,爾雅圖讚一卷,集注爾雅一卷,爾雅施氏音一卷,爾雅謝氏音一卷,爾雅顧氏音一卷,爾雅裴氏注一卷,五經通義一卷,五經要義一卷,六藝論一卷,五經然否論一卷,聖證論一卷,五經通論一卷,五經鉤沈一卷,五經大義一卷,六經略注序一卷,七經義綱一卷,尚書中候三卷,尚書緯璇璣鈐一卷,尚書緯考靈曜一卷,尚書緯刑德放一卷,尚書緯帝命驗一卷,尚書緯運期授一卷,詩緯推度災一卷,詩緯汜歷樞一卷,詩緯含神霧一卷,禮緯含文嘉一卷,禮緯稽命徵一卷,禮緯斗威儀一卷,樂緯動聲儀一卷,樂緯稽耀嘉一卷,樂緯葉圖徵一卷,春秋緯文耀鉤一卷,春秋緯運斗樞一卷,春秋緯感精符一卷,春秋緯合誠圖一卷,春秋緯考異郵一卷,春秋緯保乾圖一卷,春秋緯漢含孳一卷,春秋緯佐助期一卷,春秋緯握誠圖一卷,春秋緯潛潭巴一卷,春秋緯說題辭一卷,春秋緯演孔圖一卷,春秋緯元命苞二卷,春秋命歷序一卷,春秋內事一卷,孝經緯援神契二卷,孝經緯鉤命訣一卷,孝經中契一卷,孝經左契一卷,孝經右契一卷,孝經內事圖一卷,孝經章句一卷,孝經雌雄圖一卷,孝經古祕一卷,論語讖八卷,史籒篇一卷,蒼頡篇一卷,凡將篇一卷,訓纂篇一卷,倉頡訓詁一卷,三蒼一卷,古文官書一卷,雜字指一卷,勸學篇一卷,通俗文一卷,埤蒼一卷,古今字詁一卷,雜字一卷,雜字解詁一卷,聲類一卷,廣蒼一卷,辨釋名一卷,異字一卷,始學篇一卷,草書狀一卷,發蒙記一卷,啟蒙記一卷,韻集一卷,字指一卷,四體書勢一卷,要用字苑一卷,演說文一卷,字統一卷,篆文一卷,庭誥一卷,篆要一卷,文字集略一卷,古今文字表一卷,韻略一卷,桂苑珠叢一卷,文字指歸一卷,四聲五音九弄反紐圖一卷,分毫字樣一卷,石經尚書一卷,石經魯詩一卷,石經儀禮一卷,石經公羊一卷,石經論語一卷,三字石經尚書一卷,三字石經春秋一卷,古文瑣語一卷,帝王要略一卷,三五歷記一卷,年歷一卷,汲冢書鈔一卷,聖賢高士傳一卷,鑒戒象讚一卷,七略別錄一卷,漆雕子一卷,宓子一卷,景子一卷,世子一卷,魏文侯書一卷,李克書一卷,公孫尼子一卷,内業一卷,讕言一卷,甯子一卷,王孫子一卷,李氏春秋一卷,董子一卷,徐子一卷,魯連子一卷,虞氏春秋一卷,平原君書一卷,劉敬書一卷,至言一卷,河間獻王書一卷,兒寬書一卷,公孫弘書一卷,終軍書一卷,吾丘壽王書一卷,正部論一卷,仲長子昌言二卷,魏子一卷,周生子要論一卷,王子正論一卷,去伐論一卷,杜氏體論一卷,王氏新書一卷,周子一卷,顧子新言一卷,典語一卷,通語一卷,譙子法訓一卷,袁子正論二卷,袁子正書一卷,孫氏成敗志一卷,古今通論一卷,化清經一卷,夏侯子新論一卷,太元經一卷,華氏新論一卷,梅子新論一卷,志林新書一卷,廣林一卷,釋滯一卷,通疑一卷,干子一卷,顧子義訓一卷,讀書記一卷,神農書一卷,野老書一卷,范子計然三卷,養魚經一卷,尹都尉書一卷,氾勝之書二卷,蔡癸書一卷,養羊法一卷,家政法一卷,伊尹書一卷,辛甲書一卷,公子牟子一卷,田子一卷,老萊子一卷,黔婁子一卷,鄭長者書一卷,任子道論一卷,洞極真經一卷,唐子一卷,蘇子一卷,陸子一卷,杜氏幽求新書一卷,孫子一卷,荷子一卷,少子一卷,夷夏論一卷,申子一卷,龜氏新書一卷,崔氏政論一卷,劉氏政論一卷,阮子政論一卷,世要論一卷,陳子要言一卷,惠子一卷,士緯一卷,史佚書一卷,田俅子一卷,隋巢子一卷,胡非子一卷,纏子一卷,蘇子一卷,闕子一卷,刪子一卷,鄒陽書一卷,主父偃書一卷,徐樂書一卷,嚴安書一卷,由余書一卷,博物記一卷,伏侯古今注一卷,

蔣子萬機論一卷,篤論一卷,鄒子一卷,諸葛子一卷,墨記一卷,裴氏新言一卷,新義一卷,秦子一卷,析言論一卷,附古今訓,時務論一卷,廣志二卷,陸氏要覽一卷,古今善言一卷,文釋一卷,要雅一卷,俗說一卷,青史子一卷,宋子一卷,裴子語林二卷,笑林一卷,郭子一卷,元中記一卷,齊諧記一卷,水飾一卷,泰階六符經一卷,五殘雜變星書一卷,靈憲一卷,渾儀一卷,昕天論一卷,安天論一卷,穹天論一卷,未央術一卷,宋司星子韋書一卷,鄒子一卷,陰陽書一卷,太史公素王妙論一卷,瑞應圖一卷,白澤圖一卷,天鏡一卷,地鏡一卷,地鏡圖一卷,夢雋一卷,雜五行書一卷,請雨止雨書一卷,易洞林三卷,補遺一卷,藝經一卷,投壺變一卷,國語章句一卷,國語解詁二卷,春秋外傳國語虞氏注一卷,春秋外傳國語唐氏注一卷,春秋外傳國語孔氏注一卷,國語音一卷;附目耕帖三十一卷)

620000-1101-0019366　117

玉合記二卷　(明)梅鼎祚撰　明末毛氏汲古閣刻六十種曲本　二冊

620000-1101-0019367　224.3/0.238

玉皇王母救劫保生經一卷　(□)□□撰　清晚期刻本　一冊

620000-1101-0019368　157

玉機微義五十卷　(明)彦純撰　(明)劉純續　明黃焯刻藍印本　二十四冊

620000-1101-0019369　794.4/380

玉紀一卷　(清)陳原心撰　清光緒二十三年(1897)西泠印社鉛印本　一冊

620000-1101-0019370　097.52/828.09

玉箋四書十九卷　(宋)朱熹集注　清晚期刻本　六冊

620000-1101-0019371　082.9/482.01

玉簡齋叢書十種三十卷　羅振玉輯　清宣統二年(1910)上虞羅氏刻本　八冊

620000-1101-0019372　847.6/60

玉井山館詩十五卷詩餘一卷　(清)許宗衡撰

清同治九年(1870)刻本　三冊

620000－1101－0019373　113

玉鏡臺記二卷　（明）朱鼎撰　明末毛氏汲古閣刻六十種曲本　二冊

620000－1101－0019374　222.16/0.122

玉歷鈔傳警世不分卷　（□）□□撰　清咸豐四年(1854)勝邑梁氏刻本　一冊

620000－1101－0019375　231/0.122

玉歷鈔傳警世不分卷　（清）□□撰　清光緒刻本　一冊

620000－1101－0019376　231/0.122.001

玉歷鈔傳警世因果實錄合編二卷　（清）□□編　清咸豐十一年(1861)刻本　一冊

620000－1101－0019377　671.65/513.78

玉門縣地理調查表不分卷　（清）周彝章編　清宣統元年(1909)抄本　一冊

620000－1101－0019378　567.3/0.122

玉門縣賦役全書不分卷　（清）□□編　清咸豐三年(1853)刻本　三冊

620000－1101－0019379　1175

玉茗堂還魂記二卷　（明）湯顯祖撰　清乾隆五十年(1785)冰絲館刻本　四冊

620000－1101－0019380　709

玉泉子一卷　（□）□□撰　明萬曆商氏半埜堂刻稗海本　一冊

620000－1101－0019381　610.29/441.006

玉山樓綱鑑易知錄九十二卷　（清）吳乘權等輯　清晚期刻本　二十四冊　存五十二卷(二十八至六十六、八十至九十二)

620000－1101－0019382　853.367/37

玉獅堂傳奇五種十卷　（清）陳烺撰　清光緒十一年(1885)刻本　十冊

620000－1101－0019383　853.6378/384

玉獅堂十種曲十五卷　（清）陳烺撰　清光緒十七年(1891)徐光瑩等刻本　十冊

620000－1101－0019384　1139

玉笥山房書目不分卷　（□）□□撰　清玉笥山房抄本　六冊

620000－1101－0019385　847.5/95

玉笥山房要集四卷　（清）顧廷綸撰　清光緒十二年(1886)刻本　一冊

620000－1101－0019386　782.1/736.6

玉臺畫史五卷別錄一卷　（清）湯漱玉輯　清道光十七年(1837)汪氏振綺堂刻本　一冊

620000－1101－0019387　2751

玉臺新詠十卷　（南朝陳）徐陵輯　（清）吳兆宜注　清乾隆三十九年(1774)刻本　十冊

620000－1101－0019388　3284

玉臺新詠十卷　（南朝陳）徐陵輯　（清）吳兆宜注　清乾隆三十九年(1774)刻本　四冊

620000－1101－0019389　610.29/319

玉堂綱鑑十六卷　（清）慰農輯　清宣統二年(1910)慰農抄本　十六冊

620000－1101－0019390　844.18/29.8

玉溪生詩意八卷附錄諸家詩評一卷　（唐）李商隱撰　（清）屈復箋注　清道光十年(1830)弱水草堂刻本　四冊

620000－1101－0019391　844.17/298.001

玉溪生詩意八卷附錄諸家詩評一卷　（唐）李商隱撰　（清）屈復箋注　清道光十年(1830)劉傳經堂刻本　四冊

620000－1101－0019392　3371

玉谿生詩詳註三卷首一卷樊南文集詳註八卷　（唐）李商隱撰　（清）馮浩輯　清乾隆四十五年(1780)刻同治七年(1868)補修本　八冊

620000－1101－0019393　154

玉照新志六卷　（宋）王明清撰　明萬曆刻寶顏堂祕笈本　二冊

620000－1101－0019394　857.267/952

玉芝堂談薈三十六卷　（明）徐應秋輯　清光緒元年(1875)蒨園刻本　三十一冊　存三十一卷(三至二十四、二十六至三十四)

620000－1101－0019395　3790

玉芝亭詩草不分卷 （清）吳鎮撰 清乾隆刻本 一冊

620000－1101－0019396 1341

玉鐘雜俎三卷雜作彙存一卷 巨國桂撰 稿本 三冊

620000－1101－0019397 286

郁迦羅越問菩薩行經一卷 （晉）釋竺法護譯 宋紹興二年(1132)王永從安吉州思溪法寶資福禪寺刻本 一冊

620000－1101－0019398 072.6/886

郁離子一卷 （明）劉基撰 空同子一卷 （明）李夢陽撰 海沂子一卷 （明）王文祿撰 清光緒元年(1875)湖北崇文書局刻本 二冊

620000－1101－0019399 523.2/792

育正堂重訂幼學須知句解四卷 （清）程允升撰 清晚期錢元龍刻本 一冊 存二卷(一至二)

620000－1101－0019400 192.691/820

欲海回狂三卷 （清）周安士撰 清同治三年(1864)刻本 一冊

620000－1101－0019401 782.87/315

欲樸張公老先生墓誌銘一卷 （清）鄒學海撰 清道光刻本 一冊

620000－1101－0019402 847/0.125

欲未能齋詩集不分卷 （清）□□撰 清末抄本 一冊

620000－1101－0019403 857.2/122

遇福緣四卷 （清）玉佛園等輯 清光緒二十六年(1900)刻本 三冊 存三卷(一至三)

620000－1101－0019404 857.2/122

遇福緣四卷 （清）玉佛園等輯 清光緒二十六年(1900)刻本 一冊 存一卷(三)

620000－1101－0019405 413/432.002

喻氏醫書三種十六卷 （清）喻昌撰 清簡青齋書局石印本 六冊

620000－1101－0019406 413.1/432

喻氏醫書三種十三卷 （清）喻昌撰 清光緒三十一年(1905)經元書室刻本 十八冊

620000－1101－0019407 413/432

喻氏醫書三種十四卷 （清）喻昌撰 清三讓堂刻本 十六冊

620000－1101－0019408 2127

喻氏醫書三種十五卷 （清）喻昌撰 清乾隆五十年(1785)步月樓刻本(有抄配) 十二冊

620000－1101－0019409 093.024/842

御案詩經備旨八卷 （清）鄒聖脈纂輯 清光緒十二年(1886)上海點石齋石印本 二冊 存四卷(一至四)

620000－1101－0019410 093.024/842.002

御案詩經備旨八卷 （清）鄒聖脈纂輯 （清）鄒廷猷編次 清光緒刻本 一冊 存二卷(七至八)

620000－1101－0019411 3898

御定歷代賦彙一百四十卷外集二十卷逸句二卷補遺二十二卷目錄二卷 （清）陳元龍輯 清康熙四十五年(1706)內府刻本 五十冊

620000－1101－0019412 964

御定歷代題畫詩類一百二十卷 （清）陳邦彥輯 清康熙四十六年(1707)內府刻本 四十八冊

620000－1101－0019413 4033

御定歷代題畫詩類一百二十卷 （清）陳邦彥輯 清康熙四十六年(1707)內府刻本 二冊 存五卷(六十七至六十九、七十六至七十七)

620000－1101－0019414 041/0.8

御定駢字類編二百四十卷 （清）張廷玉等編纂 清光緒十三年(1887)上海同文書局石印本 四十八冊

620000－1101－0019415 041/0.8

御定駢字類編二百四十卷 （清）張廷玉等編纂 清光緒十三年(1887)上海同文書局石印本 四十冊 存二百七卷(一至一百二十三、

一百三十四至二百十七)

620000－1101－0019416　041/0.8

御定駢字類編二百四十卷 （清）張廷玉等編纂　清光緒十三年(1887)上海同文書局石印本　八冊　存三十三卷(一百二十四至一百三十三、二百十八至二百四十)

620000－1101－0019417　041/0.8

御定駢字類編二百四十卷 （清）張廷玉等編纂　清光緒十三年(1887)上海同文書局石印本　三十八冊　存一百八十五卷(一至二十一、三十一至三十五、七十八至一百三十三、一百三十八至二百四十)

620000－1101－0019418　327.392/939

御定七政四餘萬年書不分卷 （清）欽天監編制　清刻本　一冊

620000－1101－0019419　4111

御定全唐詩錄一百卷 （清）徐倬等輯　清康熙四十五年(1706)內府刻本　二十四冊

620000－1101－0019420　1863

御定全唐詩錄一百卷 （清）徐倬等輯　清康熙刻本　十冊　存九十六卷(一至二十七、三十二至一百)

620000－1101－0019421　327.392/0.945

御定萬年書不分卷 （清）□□撰　清晚期刻本　二冊

620000－1101－0019422　328.5/86.98

御風要術三卷 （英國）白爾特撰　（美國）金楷理口譯　（清）華蘅芳筆述　清同治十二年(1873)江南製造總局刻本　二冊

620000－1101－0019423　444.9/869

御風要術三卷 （英國）白爾特撰　（美國）金楷理口譯　（清）華蘅芳筆述　清同治十二年(1873)江南製造總局刻本(冊二係補配)　二冊

620000－1101－0019424　444.9/869

御風要術三卷 （英國）白爾特撰　（美國）金楷理口譯　（清）華蘅芳筆述　清同治十二年

(1873)江南製造總局刻本　二冊

620000－1101－0019425　444.9/869

御風要術三卷 （英國）白爾特撰　（美國）金楷理口譯　（清）華蘅芳筆述　清同治十二年(1873)江南製造總局刻本(冊二係補配)　二冊

620000－1101－0019426　444.9/869

御風要術三卷 （英國）白爾特撰　（美國）金楷理口譯　（清）華蘅芳筆述　清同治十二年(1873)江南製造總局刻本　二冊

620000－1101－0019427　444.9/869

御風要術三卷 （英國）白爾特撰　（美國）金楷理口譯　（清）華蘅芳筆述　清同治十二年(1873)江南製造總局刻本　二冊

620000－1101－0019428　444.9/869

御風要術三卷 （英國）白爾特撰　（美國）金楷理口譯　（清）華蘅芳筆述　清同治十二年(1873)江南製造總局刻本　二冊

620000－1101－0019429　444.9/869

御風要術三卷 （英國）白爾特撰　（美國）金楷理口譯　（清）華蘅芳筆述　清同治十二年(1873)江南製造總局刻本(冊二係補配)　二冊

620000－1101－0019430　444.9/869

御風要術三卷 （英國）白爾特撰　（美國）金楷理口譯　（清）華蘅芳筆述　清同治十二年(1873)江南製造總局刻本　二冊

620000－1101－0019431　444.9/869

御風要術三卷 （英國）白爾特撰　（美國）金楷理口譯　（清）華蘅芳筆述　清同治十二年(1873)江南製造總局刻本　二冊

620000－1101－0019432　857.241/647

御覽闕史二卷 （唐）高彥休撰　清晚期抄本　一冊

620000－1101－0019433　682.82/966

御覽三省黃河全圖不分卷 （清）顧潮　（清）黃庭等繪　清光緒十六年(1890)上海鴻文書

437

局石印本　五冊

620000－1101－0019434　965

御錄經海一滴六卷　（清）世宗胤禛輯錄　清雍正十三年(1735)內府刻本　六冊

620000－1101－0019435　891

御錄宗鏡大綱二十卷　（清）世宗胤禛輯　清雍正十二年(1734)內府刻本　四冊

620000－1101－0019436　610.29/74.421.019

御批歷代通鑑輯覽一百二十卷　（清）傅恆等撰　清光緒二十六年(1900)上海鍊石齋石印本　十八冊　存一百十四卷（一至七十七、八十四至一百二十）

620000－1101－0019437　610.29/74.421.027

御批歷代通鑑輯覽一百二十卷　（清）傅恆等撰　清光緒石印本　二冊　存十一卷（六十三至六十六、一百十四至一百二十）

620000－1101－0019438　610.29/74.421.021

御批歷代通鑑輯覽一百二十卷　（清）傅恆等纂　清同治十年(1871)浙江書局刻朱墨套印本　三十四冊　存七十八卷（一至二、二十七至二十九、三十九至四十一、五十一至一百二十）

620000－1101－0019439　610.29/74.421.05

御批歷代通鑑輯覽一百二十卷　（清）傅恆等纂　清同治十一年(1872)湖北崇文書局刻本　五十五冊

620000－1101－0019440　610.29/74.421

御批歷代通鑑輯覽一百二十卷　（清）傅恆等纂　清同治十三年(1874)湖南書局刻本　六十冊

620000－1101－0019441　610.29/74.421.01

御批歷代通鑑輯覽一百二十卷　（清）傅恆等纂　清同治十三年(1874)湖南書局刻本　六十冊

620000－1101－0019442　610.29/74.421.01

御批歷代通鑑輯覽一百二十卷　（清）傅恆等纂　清同治十三年(1874)湖南書局刻本　五

十六冊

620000－1101－0019443　610.29/74.421

御批歷代通鑑輯覽一百二十卷　（清）傅恆等纂　清光緒九年(1883)同文書局石印本　十六冊

620000－1101－0019444　610.29/74.421.025

御批歷代通鑑輯覽一百二十卷　（清）傅恆等纂　清光緒十一年(1885)同文書局石印本　二十冊

620000－1101－0019445　610.29/74.421.04

御批歷代通鑑輯覽一百二十卷　（清）傅恆等纂　清光緒二十四年(1898)掃葉山房石印本　十九冊

620000－1101－0019446　610.29/74.421.016

御批歷代通鑑輯覽一百二十卷　（清）傅恆等纂　清光緒二十五年(1899)北洋石印官書局石印本　十八冊　存一百六卷（一至六、十五至二十一、二十八至一百二十）

620000－1101－0019447　610.29/74.421.012

御批歷代通鑑輯覽一百二十卷　（清）傅恆等纂　清光緒二十八年(1902)萃文齋石印本　五冊　存三十三卷（一至三十三）

620000－1101－0019448　610.29/74.421.013

御批歷代通鑑輯覽一百二十卷　（清）傅恆等纂　清光緒二十八年(1902)上海日新書莊石印本　二十三冊　存一百十五卷（一至一百十五）

620000－1101－0019449　610.29/74.421.018

御批歷代通鑑輯覽一百二十卷　（清）傅恆等纂　清光緒二十九年(1903)上海通元書局石印本　二十四冊

620000－1101－0019450　610.29/74.421.028

御批歷代通鑑輯覽一百二十卷　（清）傅恆等纂　清光緒二十九年(1903)上海廣益書室石印本　一冊　存六卷（一至六）

620000－1101－0019451　610.29/74.421.024

御批歷代通鑑輯覽一百二十卷 （清）傅恆等纂 清光緒三十年（1904）上海商務印書館鉛印本 二十四冊

620000－1101－0019452 610.29/74.421.010
御批歷代通鑑輯覽一百二十卷 （清）傅恆等纂 清光緒三十年（1904）上海圖書集成局鉛印本 三十二冊

620000－1101－0019453 610.29/74.421.08
御批歷代通鑑輯覽一百二十卷 （清）傅恆等纂 清光緒三十一年（1905）上海商務印書館鉛印本 三十九冊 存一百十七卷（一至五十三、五十七至一百二十）

620000－1101－0019454 610.29/74.421.08
御批歷代通鑑輯覽一百二十卷 （清）傅恆等纂 清光緒三十一年（1905）上海商務印書館鉛印本 三十九冊 存一百十六卷（一至三、八至一百二十）

620000－1101－0019455 610.29/74.421.08
御批歷代通鑑輯覽一百二十卷 （清）傅恆等纂 清光緒三十一年（1905）上海商務印書館鉛印本 十冊 存三十卷（三十三至六十二）

620000－1101－0019456 610.29/74.421.08
御批歷代通鑑輯覽一百二十卷 （清）傅恆等纂 清光緒三十一年（1905）上海商務印書館鉛印本 四十冊 存一百十八卷（一至五十七、六十至一百二十）

620000－1101－0019457 610.29/74.421.08
御批歷代通鑑輯覽一百二十卷 （清）傅恆等纂 清光緒三十一年（1905）上海商務印書館鉛印本 四十冊

620000－1101－0019458 610.29/74.421.08
御批歷代通鑑輯覽一百二十卷 （清）傅恆等纂 清光緒三十一年（1905）上海商務印書館鉛印本 六冊 存十八卷（十八至二十三、五十一至五十三、六十七至六十九、七十三至七十五、一百七至一百九）

620000－1101－0019459 610.29/74.421.08
御批歷代通鑑輯覽一百二十卷 （清）傅恆等

纂 清光緒三十一年（1905）上海商務印書館鉛印本 四冊 存十卷（九十一至九十三、九十七至一百、一百十三至一百十五）

620000－1101－0019460 610.29/74.421.08
御批歷代通鑑輯覽一百二十卷 （清）傅恆等纂 清光緒三十一年（1905）上海商務印書館鉛印本 三十九冊 存一百十七卷（一至七十五、七十九至一百二十）

620000－1101－0019461 610.29/74.421.08
御批歷代通鑑輯覽一百二十卷 （清）傅恆等纂 清光緒三十一年（1905）上海商務印書館鉛印本 三十一冊 存九十三卷（一至五十三、五十八至九十、一百六至一百九、一百十三至一百十五）

620000－1101－0019462 610.29/74.421.08
御批歷代通鑑輯覽一百二十卷 （清）傅恆等纂 清光緒三十一年（1905）上海商務印書館鉛印本 二十七冊 存七十九卷（三十六至六十二、六十六至九十、九十四至一百二十）

620000－1101－0019463 610.29/74.421.08
御批歷代通鑑輯覽一百二十卷 （清）傅恆等纂 清光緒三十一年（1905）上海商務印書館鉛印本 四十冊

620000－1101－0019464 610.29/74.421.08
御批歷代通鑑輯覽一百二十卷 （清）傅恆等纂 清光緒三十一年（1905）上海商務印書館鉛印本 一冊 存三卷（九十四至九十六）

620000－1101－0019465 610.29/74.421.08
御批歷代通鑑輯覽一百二十卷 （清）傅恆等纂 清光緒三十一年（1905）上海商務印書館鉛印本 一冊 存三卷（一至三）

620000－1101－0019466 610.29/74.421.08
御批歷代通鑑輯覽一百二十卷 （清）傅恆等纂 清光緒三十一年（1905）上海商務印書館鉛印本 三十八冊 存一百六卷（一至六十五、七十至一百二十）

620000－1101－0019467 610.29/74.421.08
御批歷代通鑑輯覽一百二十卷 （清）傅恆等

纂　清光緒三十一年（1905）上海商務印書館
鉛印本　四十冊

620000－1101－0019468　610.29/74.421.08
御批歷代通鑑輯覽一百二十卷　（清）傅恆等
纂　清光緒三十一年（1905）上海商務印書館
鉛印本　十八冊　存五十一卷（五十九至六
十、六十四至一百十二）

620000－1101－0019469　610.29/74.421.08
御批歷代通鑑輯覽一百二十卷　（清）傅恆等
纂　清光緒三十一年（1905）上海商務印書館
鉛印本　三十八冊　存一百十二卷（一至五
十、五十四至六十、六十三至一百、一百四至
一百二十）

620000－1101－0019470　610.29/74.421.08
御批歷代通鑑輯覽一百二十卷　（清）傅恆等
纂　清光緒三十一年（1905）上海商務印書館
鉛印本　三十九冊　存一百十七卷（一至四
十四、四十八至一百二十）

620000－1101－0019471　610.29/74.421.08
御批歷代通鑑輯覽一百二十卷　（清）傅恆等
纂　清光緒三十一年（1905）上海商務印書館
鉛印本　四十冊

620000－1101－0019472　610.29/74.421.08
御批歷代通鑑輯覽一百二十卷　（清）傅恆等
纂　清光緒三十一年（1905）上海商務印書館
鉛印本　四十冊　存一百十八卷（一至六十、
六十三至一百二十）

620000－1101－0019473　610.29/74.421.08
御批歷代通鑑輯覽一百二十卷　（清）傅恆等
纂　清光緒三十一年（1905）上海商務印書館
鉛印本　四十冊

620000－1101－0019474　610.29/74.421.08
御批歷代通鑑輯覽一百二十卷　（清）傅恆等
纂　清光緒三十一年（1905）上海商務印書館
鉛印本　三十七冊　存一百十一卷（一至三
十八、四十八至一百二十）

620000－1101－0019475　610.29/74.421.08
御批歷代通鑑輯覽一百二十卷　（清）傅恆等

纂　清光緒三十一年（1905）上海商務印書館
鉛印本　四十冊

620000－1101－0019476　610.29/74.421.08
御批歷代通鑑輯覽一百二十卷　（清）傅恆等
纂　清光緒三十一年（1905）上海商務印書館
鉛印本　四十冊

620000－1101－0019477　610.29/74.421.08
御批歷代通鑑輯覽一百二十卷　（清）傅恆等
纂　清光緒三十一年（1905）上海商務印書館
鉛印本　四十冊

620000－1101－0019478　610.29/74.421.08
御批歷代通鑑輯覽一百二十卷　（清）傅恆等
纂　清光緒三十一年（1905）上海商務印書館
鉛印本　四十冊

620000－1101－0019479　610.29/74.421.08
御批歷代通鑑輯覽一百二十卷　（清）傅恆等
纂　清光緒三十一年（1905）上海商務印書館
鉛印本　四十冊

620000－1101－0019480　610.29/74.421.08
御批歷代通鑑輯覽一百二十卷　（清）傅恆等
纂　清光緒三十一年（1905）上海商務印書館
鉛印本　二十四冊　存七十一卷（四至十一、
十六至十八、二十二至二十四、四十五至四十
七、五十一至五十三、六十三至六十五、六十
八至一百十五）

620000－1101－0019481　610.29/74.421.08
御批歷代通鑑輯覽一百二十卷　（清）傅恆等
纂　清光緒三十一年（1905）上海商務印書館
鉛印本　三十九冊　存一百十七卷（一至三
十二、三十六至一百二十）

620000－1101－0019482　610.29/74.421.08
御批歷代通鑑輯覽一百二十卷　（清）傅恆等
纂　清光緒三十一年（1905）上海商務印書館
鉛印本　四十冊

620000－1101－0019483　610.29/74.421.08
御批歷代通鑑輯覽一百二十卷　（清）傅恆等
纂　清光緒三十一年（1905）上海商務印書館
鉛印本　二十六冊　存八十二卷（一至六十

二、八十五至八十七、九十四至九十六、一百
一至一百九、一百十六至一百二十）

620000－1101－0019484　610.29/74.421.08
御批歷代通鑑輯覽一百二十卷　（清）傅恆等
纂　清光緒三十一年（1905）上海商務印書館
鉛印本　四十冊

620000－1101－0019485　610.29/74.421.08
御批歷代通鑑輯覽一百二十卷　（清）傅恆等
纂　清光緒三十一年（1905）上海商務印書館
鉛印本　四十冊

620000－1101－0019486　610.29/74.421.08
御批歷代通鑑輯覽一百二十卷　（清）傅恆等
纂　清光緒三十一年（1905）上海商務印書館
鉛印本　四十冊

620000－1101－0019487　610.29/74.421.08
御批歷代通鑑輯覽一百二十卷　（清）傅恆等
纂　清光緒三十一年（1905）上海商務印書館
鉛印本　四十冊

620000－1101－0019488　610.29/74.421.08
御批歷代通鑑輯覽一百二十卷　（清）傅恆等
纂　清光緒三十一年（1905）上海商務印書館
鉛印本　四十冊

620000－1101－0019489　610.29/74.421.08
御批歷代通鑑輯覽一百二十卷　（清）傅恆等
纂　清光緒三十一年（1905）上海商務印書館
鉛印本　四十冊

620000－1101－0019490　610.29/74.421.08
御批歷代通鑑輯覽一百二十卷　（清）傅恆等
纂　清光緒三十一年（1905）上海商務印書館
鉛印本　四十冊

620000－1101－0019491　610.29/74.421.08
御批歷代通鑑輯覽一百二十卷　（清）傅恆等
纂　清光緒三十一年（1905）上海商務印書館
鉛印本　四十冊

620000－1101－0019492　610.29/74.421.08
御批歷代通鑑輯覽一百二十卷　（清）傅恆等
纂　清光緒三十一年（1905）上海商務印書館

鉛印本　十六冊　存四十九卷（一至十一、十
五至二十六、三十至五十、五十四至五十八）

620000－1101－0019493　610.29/74.421.08
御批歷代通鑑輯覽一百二十卷　（清）傅恆等
纂　清光緒三十一年（1905）上海商務印書館
鉛印本　四十冊

620000－1101－0019494　610.29/74.421.08
御批歷代通鑑輯覽一百二十卷　（清）傅恆等
纂　清光緒三十一年（1905）上海商務印書館
鉛印本　四十冊

620000－1101－0019495　610.29/74.421.09
御批歷代通鑑輯覽一百二十卷　（清）傅恆等
纂　清光緒三十四年（1908）上海商務印書館
鉛印本　四十冊

620000－1101－0019496　610.29/74.421.09
御批歷代通鑑輯覽一百二十卷　（清）傅恆等
纂　清光緒三十四年（1908）上海商務印書館
鉛印本　四十冊

620000－1101－0019497　610.29/74.421.09
御批歷代通鑑輯覽一百二十卷　（清）傅恆等
纂　清光緒三十四年（1908）鉛印本　三十八
冊　存一百十四卷（一至三十八、四十二至九
十、九十四至一百二十）

620000－1101－0019498　610.29/74.421.09
御批歷代通鑑輯覽一百二十卷　（清）傅恆等
纂　清光緒三十四年（1908）鉛印本　四十冊

620000－1101－0019499　610.29/74.421.023
御批歷代通鑑輯覽一百二十卷　（清）傅恆等
纂　清光緒湖南三味堂刻本　七十三冊　存
一百七卷（十四至一百二十）

620000－1101－0019500　610.29/74.421.010
御批歷代通鑑輯覽一百二十卷　（清）傅恆等
纂　清光緒上海圖書集成局鉛印本　三十
二冊

620000－1101－0019501　610.29/74.421.010
御批歷代通鑑輯覽一百二十卷　（清）傅恆等
纂　清光緒上海圖書集成局鉛印本　一冊

存三卷(五十四至五十六)

620000－1101－0019502　610.29/74.421.010
御批歷代通鑑輯覽一百二十卷 （清）傅恆等
纂　清光緒上海圖書集成局鉛印本　三十
二冊

620000－1101－0019503　610.29/74.421.010
御批歷代通鑑輯覽一百二十卷 （清）傅恆等
纂　清光緒上海圖書集成局鉛印本　三十
二冊

620000－1101－0019504　610.29/74.421.010
御批歷代通鑑輯覽一百二十卷 （清）傅恆等
纂　清光緒上海圖書集成局鉛印本　三十
二冊

620000－1101－0019505　610.29/74.421.010
御批歷代通鑑輯覽一百二十卷 （清）傅恆等
纂　清光緒上海圖書集成局鉛印本　三十
三冊

620000－1101－0019506　610.29/74.421.010
御批歷代通鑑輯覽一百二十卷 （清）傅恆等
纂　清光緒上海圖書集成局鉛印本　三十二
冊　存一百七卷(一至七、十至十四、十九至
七十四、八十二至一百二十)

620000－1101－0019507　610.29/74.421.010
御批歷代通鑑輯覽一百二十卷 （清）傅恆等
纂　清光緒上海圖書集成局鉛印本　三十六
冊　存一百十八卷(一至七、十至一百二十)

620000－1101－0019508　610.29/74.421.011
御批歷代通鑑輯覽一百二十卷 （清）傅恆等
纂　清光緒石印本　五冊　存二十六卷(五
十八至六十二、六十九至七十三、九十一至一
百、一百七至一百十二)

620000－1101－0019509　610.29/74.421.010
御批歷代通鑑輯覽一百二十卷 （清）傅恆等
纂　清光緒鉛印本　四十冊

620000－1101－0019510　610.29/74.421.010
御批歷代通鑑輯覽一百二十卷 （清）傅恆等
纂　清光緒鉛印本　三十九冊　存一百十七

卷(一至十八、二十二至一百二十)

620000－1101－0019511　610.29/74.421.010
御批歷代通鑑輯覽一百二十卷 （清）傅恆等
纂　清光緒鉛印本　四十一冊

620000－1101－0019512　610.29/74.421.010
御批歷代通鑑輯覽一百二十卷 （清）傅恆等
纂　清光緒鉛印本　十六冊　存四十七卷
(一至六、十二至十五、二十二至三十二、五十
四至五十九、六十三至六十九、七十五至七十
八、八十八至九十三、一百十三至一百十五)

620000－1101－0019513　610.29/74.421.010
御批歷代通鑑輯覽一百二十卷 （清）傅恆等
纂　清光緒鉛印本　十五冊　存四十三卷
(一至三、十一至三十五、四十二至四十四、四
十八至五十、六十六至六十七、九十七至一
百、一百十三至一百十五)

620000－1101－0019514　610.29/74.421.026
御批歷代通鑑輯覽一百二十卷 （清）傅恆等
纂　清宣統元年(1909)上海商務印書館鉛印
本　四十冊

620000－1101－0019515　610.29/74.421.017
御批歷代通鑑輯覽一百二十卷 （清）傅恆等
纂　清宣統二年(1910)上海久敬齋石印本
二十三冊　存一百十四卷(七至一百二十)

620000－1101－0019516　610.29/74.421.014
御批歷代通鑑輯覽一百二十卷 （清）傅恆等
纂　清末錦章圖書局石印本　十五冊　存六
十四卷(六至十一、六十三至一百二十)

620000－1101－0019517　610.29/74.421.07
御批歷代通鑑輯覽一百二十卷 （清）傅恆等
纂　清晚期浙江書局刻本　四十八冊

620000－1101－0019518　610.29/74.421.06
御批歷代通鑑輯覽一百二十卷 （清）傅恆等
纂　清晚期刻本　一百二十冊

620000－1101－0019519　610.29/74.421.020
御批歷代通鑑輯覽一百二十卷 （清）傅恆等
纂　清晚期刻本　二十二冊　存四十五卷

（三至十四、四十一至四十六、四十九至五十二、五十七至六十、六十三至六十四、一百一至一百四、一百七至一百八、一百十至一百二十）

620000－1101－0019520　610.29/74.421.022
御批歷代通鑑輯覽一百二十卷　（清）傅恆等纂　清晚期刻本　二十三冊　存四十二卷（十三至十四、十九至二十四、二十九至三十一、三十八至四十七、六十二至六十七、八十至八十六、九十一至九十二、九十八、一百三至一百四、一百十一至一百十三）

620000－1101－0019521　610.29/74.421.015
御批歷代通鑑輯覽一百二十卷　（清）傅恆等纂　清晚期石印本　九冊　存三十八卷（二十九至四十一、四十六至五十、七十九至九十八）

620000－1101－0019522　610.29/74.421.015
御批歷代通鑑輯覽一百二十卷　（清）傅恆等纂　清晚期石印本　五冊　存二十五卷（十六至二十、五十六至六十、六十六至七十、八十一至八十五、一百六至一百十）

620000－1101－0019523　610.01/319
御批明史二卷附遼金元西夏史略　（清）慰農輯抄　清宣統二年（1910）慰農抄本　二冊

620000－1101－0019524　041.78/971
御批通鑑輯覽分類纂新五十八卷　（清）八千卷樓主人輯　清光緒二十九年（1903）上海鴻文書局石印本　六冊

620000－1101－0019525　610.29/186.003
御批增補了凡綱鑑四十卷首一卷　（明）趙田（明）袁黃編纂　清光緒二十九年（1903）上海書局石印本　三冊　存十卷（一至九、首一卷）

620000－1101－0019526　610.29/186.013
御批增補了凡綱鑑四十卷首一卷御纂資治通鑑綱目三編六卷　（明）趙田（明）袁黃編纂　清光緒三十年（1904）上海同文升記書局鉛印本　十八冊　存三十六卷（一至二十、二十

三至二十六、二十九至四十）

620000－1101－0019527　881
御批資治通鑑綱目全書一百九卷　（清）宋犖校編　清康熙四十六年（1707）內府刻本　四十七冊

620000－1101－0019528　2174
御批資治通鑑綱目全書一百九卷　（清）宋犖校編　清康熙四十六年（1707）內府刻本　八十冊

620000－1101－0019529　2178
御批資治通鑑綱目全書一百九卷　（清）宋犖校編　清康熙四十六年（1707）內府刻本　四十八冊　存一百八卷（資治通鑑綱目五十九卷，前編十八卷、舉要三卷、前編外紀一卷，續資治通鑑綱目二十七卷）

620000－1101－0019530　4022
御批資治通鑑綱目全書一百九卷　（清）宋犖校編　清康熙四十六年（1707）內府刻本　五十六冊　存九十九卷（資治通鑑綱目一至三十八、四十九至五十九，首一卷；前編十八卷、舉要三卷、前編外紀一卷；續資治通鑑綱目二十七卷）

620000－1101－0019531　652.71/72
御授攝政王洪大經略奏對日鈔筆記二卷　（清）洪承疇著　清光緒十六年（1890）京都善成堂刻本　一冊

620000－1101－0019532　844.1/686
御選妙覺普度和聖寒山大士詩二卷　（唐）釋寒山等撰　（清）世宗胤禛選　清晚期刻本　一冊

620000－1101－0019533　831.413/686
御選妙覺普度和聖寒山大士詩一卷御選圓覺慈度合聖拾得大士詩一卷御選大慈圓通禪仙紫陽真人張平叔語錄一卷栦堂山居詩一卷　（唐）釋寒山等撰　（清）世宗胤禛選　清光緒十一年（1885）金陵刻經處刻本　一冊

620000－1101－0019534　3179
御選宋金元明四朝詩三百二卷首二卷姓名爵

里十三卷 （清）張豫章等輯 清康熙四十八年（1709）內府刻本 一冊 存三卷（御選宋詩三至五）

620000－1101－0019535 935

御選唐詩三十二卷補編一卷 （清）聖祖玄燁輯 （清）陳廷敬等注 清康熙五十二年（1713）內府刻朱墨套印本 二十四冊

620000－1101－0019536 935

御選唐詩三十二卷補編一卷 （清）聖祖玄燁輯 （清）陳廷敬等注 清康熙五十二年（1713）內府刻朱墨套印本 三十二冊

620000－1101－0019537 1824

御選唐宋詩醇四十七卷目錄二卷 （清）高宗弘曆輯 清乾隆二十五年（1760）內府刻本 二十冊 缺一卷（卷四十五之葉二十五至二十九）

620000－1101－0019538 1825

御選唐宋詩醇四十七卷目錄二卷 （清）高宗弘曆輯 清乾隆兩儀堂刻朱墨套印本 十二冊

620000－1101－0019539 2632

御選唐宋詩醇四十七卷目錄二卷 （清）高宗弘曆輯 清乾隆刻本 二十四冊

620000－1101－0019540 831.4/72

御選唐宋詩醇四十七卷目錄二卷 （清）高宗弘曆輯 清光緒三年（1877）刻本 二十四冊

620000－1101－0019541 831.4/73

御選唐宋詩醇四十七卷目錄二卷 （清）高宗弘曆輯 清光緒七年（1881）浙江書局刻本 三十二冊

620000－1101－0019542 831.4/316.003

御選唐宋詩醇四十七卷目錄二卷 （清）高宗弘曆輯 清光緒七年（1881）浙江書局刻本 十五冊 存三十九卷（一至十五、十九至四十一，目錄一）

620000－1101－0019543 835/857

御選唐宋詩醇四十七卷目錄二卷 （清）高宗

弘曆輯 清光緒七年（1881）浙江書局刻本 二十冊

620000－1101－0019544 831.4/73

御選唐宋詩醇四十七卷目錄二卷 （清）高宗弘曆輯 清光緒七年（1881）浙江書局刻本 二十冊

620000－1101－0019545 831.4/316.001

御選唐宋詩醇四十七卷目錄二卷 （清）高宗弘曆輯 清光緒十八年（1892）益元書局刻本 二十九冊 存四十四卷（五至三十九、四十一至四十七，目錄二卷）

620000－1101－0019546 831.4/316

御選唐宋詩醇四十七卷目錄二卷 （清）高宗弘曆輯 清光緒十八年（1892）學庫山房刻本 二十冊

620000－1101－0019547 831.4/316.002

御選唐宋詩醇四十七卷目錄二卷 （清）高宗弘曆輯 清中晚期刻本 二十冊

620000－1101－0019548 831.4/316.005

御選唐宋詩醇四十七卷目錄二卷 （清）高宗弘曆輯 清晚期聚秀堂刻本 六冊 存十四卷（一至十四）

620000－1101－0019549 831.4/316.004

御選唐宋詩醇四十七卷目錄二卷 （清）高宗弘曆輯 清晚期書業堂刻本 二十二冊 存四十四卷（一至十八、二十二至四十五，目錄二卷）

620000－1101－0019550 831.4/72

御選唐宋詩醇四十七卷目錄二卷 （清）高宗弘曆輯 清晚期刻本 二十四冊

620000－1101－0019551 831.4/316.006

御選唐宋詩醇四十七卷目錄二卷 （清）高宗弘曆輯 清晚期刻本 十七冊 存四十五卷（一至十五、十八至四十一、四十四至四十七，目錄二卷）

620000－1101－0019552 963

御選唐宋文醇五十八卷 （清）高宗弘曆輯

清乾隆三年（1738）內府刻四色套印本　二十冊

620000－1101－0019553　831.4/73

御選唐宋文醇五十八卷　（清）高宗弘曆輯
清光緒三年（1877）浙江書局刻本　二十冊

620000－1101－0019554　835.4/316.002

御選唐宋文醇五十八卷　（清）高宗弘曆輯
清光緒三年（1877）浙江書局刻本　五冊　存十五卷（二十三至二十八、四十至四十二、四十九至五十一、五十四至五十六）

620000－1101－0019555　835.4/316.002

御選唐宋文醇五十八卷　（清）高宗弘曆輯
清光緒三年（1877）浙江書局刻本　二十冊

620000－1101－0019556　835.4/316.001

御選唐宋文醇五十八卷　（清）高宗弘曆輯
清光緒二十三年（1897）經綸元記刻本　二十四冊

620000－1101－0019557　835.4/316.003

御選唐宋文醇五十八卷　（清）高宗弘曆輯
清光緒刻本　十六冊　存四十七卷（十二至五十八）

620000－1101－0019558　835.4/316

御選唐宋文醇五十八卷　（清）高宗弘曆輯
清尊經閣刻本　二十冊

620000－1101－0019559　830.45/857

御選唐宋文醇五十八卷　（清）高宗弘曆輯
清末刻四色套印本　二十冊

620000－1101－0019560　226.607/941

御選語錄十九卷　（清）世宗胤禛選編　清光緒四年（1878）金陵刻經處刻本　十四冊

620000－1101－0019561　222/177

御選語錄十九卷　（清）世宗胤禛選編　清光緒四年（1878）金陵刻經處刻本　一冊　存一卷（十三）

620000－1101－0019562　969

御製避暑山莊三十六景詩二卷　（清）聖祖玄燁　（清）高宗弘曆撰　（清）揆敘等注

（清）沈崳繪圖　清乾隆六年（1741）武英殿刻滿漢合璧本　四冊

620000－1101－0019563　097/109

御製繙譯四書不分卷　（清）祥亨等譯　清光緒十六年（1890）刻本　五冊

620000－1101－0019564　097/428

御製繙譯四書不分卷　（清）鄂爾泰等譯　清光緒十四年（1888）聚珍堂刻本　六冊

620000－1101－0019565　1070

御製繙譯四書六卷　（□）□□譯　清乾隆二十年（1755）武英殿刻滿漢合璧本　六冊

620000－1101－0019566　361

御製耕織圖二卷　（清）聖祖玄燁撰　（清）宋樓壽編繪　（清）焦秉貞等繪　（清）朱圭鑴　清康熙三十五年（1696）內府刻本　一冊

620000－1101－0019567　430.39/941

御製耕織圖二卷　（清）聖祖玄燁撰　（清）宋樓壽編繪　（清）焦秉貞等繪　（清）朱圭鑴　清光緒十二年（1886）上海點石齋石印本　一冊

620000－1101－0019568　430.39/941

御製耕織圖二卷　（清）聖祖玄燁撰　（清）宋樓壽編繪　（清）焦秉貞等繪　（清）朱圭鑴　清光緒十二年（1886）上海點石齋石印本　二冊

620000－1101－0019569　323.024/857

御製曆象考成後編十卷　（清）允祿等纂修　清光緒二十二年（1896）勵志書屋刻本　八冊

620000－1101－0019570　323.024/857

御製曆象考成後編十卷　（清）允祿等纂修　清光緒二十二年（1896）勵志書屋刻本　八冊

620000－1101－0019571　323/857

御製曆象考成上編十六卷下編十卷　（清）允祿等纂修　清光緒二十三年（1897）雙梧書屋石印本　十六冊

620000－1101－0019572　323/857

御製曆象考成上編十六卷下編十卷　（清）允

祿等纂修　清光緒二十三年(1897)雙梧書屋石印本　十六冊

620000－1101－0019573　888
御製曆象考成上編十六卷下編十卷表十六卷
　(清)允祿等纂修　清雍正二年(1724)內府刻本　二十九冊

620000－1101－0019574　1748
御製曆象考成上編十六卷下編十卷表十六卷後編十卷　(清)允祿等纂修　清雍正二年(1724)、乾隆七年(1742)內府刻本　九冊　存十三卷(上編九至十一,下編四、八至十,表一、六至七、十二,後編五、八)

620000－1101－0019575　2588
御製曆象考成上編十六卷下編十卷表十六卷後編十卷　(清)允祿等纂修　清雍正二年(1724)、乾隆七年(1742)內府刻本　三十二冊　存三十六卷(上編十六卷、下編十卷、後編十卷)

620000－1101－0019576　939
御製全韻詩五卷　(清)高宗弘曆撰　清乾隆內府刻本　五冊

620000－1101－0019577　939
御製全韻詩五卷　(清)高宗弘曆撰　清乾隆內府刻本　四冊　存四卷(上平聲、下平聲、上聲、去聲)

620000－1101－0019578　192.9/520
御製勸善要言集解一卷　(清)世祖福臨撰 (清)慕暲集解　清同治、光緒稿本　一冊

620000－1101－0019579　192.9/177
御製勸善要言一卷　(清)世祖福臨撰　清光緒十八年(1892)刻本　一冊

620000－1101－0019580　192.9/177
御製勸善要言一卷　(清)世祖福臨撰　清光緒十八年(1892)刻本　一冊

620000－1101－0019581　192.9/177.01
御製勸善要言一卷　(清)世祖福臨撰　清刻本　一冊

620000－1101－0019582　192.9/104
御製勸善要言一卷　(清)世祖福臨撰　清光緒陶模刻本　一冊

620000－1101－0019583　192.9/104.001
御製勸善要言一卷　(清)世祖福臨撰　清光緒十六年(1890)刻本　一冊

620000－1101－0019584　192.9/104.003
御製勸善要言一卷　(清)世祖福臨撰　清咸豐武英殿刻滿漢合璧本　一冊

620000－1101－0019585　3032
御製詩初集四十四卷總目四卷二集九十卷總目十卷三集一百卷總目十二卷四集一百卷總目十二卷五集一百卷總目十二卷餘集二十卷總目三卷　(清)高宗弘曆撰　清乾隆十四年至嘉慶五年(1749－1800)內府刻本　一百三十四冊　存三百四十卷(初集一至八、十四至四十四,總目四卷;二集一至二十、三十八至九十,總目十卷;三集一至四十五、五十二至八十三、八十七至一百,總目十二卷;四集一至二十一、四十五至一百,總目十二卷;五集總目一至七;餘集六至二十)

620000－1101－0019586　3033
御製詩初集四十四卷總目四卷二集九十卷總目十卷三集一百卷總目十二卷四集一百卷總目十二卷五集一百卷總目十二卷餘集二十卷總目三卷　(清)高宗弘曆撰　清乾隆十四年至嘉慶五年(1749－1800)內府刻本　一百五十三冊　存三百二十四卷(二集九十卷、總目十卷,三集一百卷、總目十二卷,四集一百卷、總目十二卷)

620000－1101－0019587　3996
御製詩初集四十四卷總目四卷二集九十卷總目十卷三集一百卷總目十二卷四集一百卷總目十二卷五集一百卷總目十二卷餘集二十卷總目三卷　(清)高宗弘曆撰　清乾隆十四年至嘉慶五年(1749－1800)內府刻本　八冊　存十七卷(初集三十一至三十二,二集一至十三、八十一至八十二)

620000－1101－0019588　3942

御製詩二集九十卷總目十卷　（清）高宗弘曆
撰　清乾隆二十四年（1759）內府刻本　一冊
　　存十卷（總目十卷）

620000－1101－0019589　3948
御製詩二集九十卷總目十卷　（清）高宗弘曆
撰　清乾隆二十四年（1759）內府刻本　四冊
　　存八卷（五至七、二十五至二十七，總目一、
　　三）

620000－1101－0019590　847.5/895
御製詩二集六十四卷目錄八卷　（清）仁宗顒
琰撰　清嘉慶十六年（1811）內府刻本　四冊
　　存八卷（御製詩二集一至八）

620000－1101－0019591　971
御製詩集十卷二集十卷　（清）聖祖玄燁撰
（清）高士奇等編　清康熙四十二年（1703）宋
犖揚州詩局刻本　四冊

620000－1101－0019592　847.5/895
御製詩三集六十四卷目錄八卷　（清）仁宗顒
琰撰　清嘉慶二十四年（1819）內府刻本　四
十冊

620000－1101－0019593　1899
御製詩三集一百卷總目十二卷　（清）高宗弘
曆撰　清乾隆四十三年（1778）刻本　三十一
冊　存一百十一卷（一至九十九、總目十二
卷）

620000－1101－0019594　3039
御製詩五集一百卷總目十二卷　（清）高宗弘
曆撰　清乾隆六十年（1795）內府刻本　四十
五冊　存八十一卷（一至六、三十七至八十
八、九十至一百，總目十二卷）

620000－1101－0019595　830.7/676
御製詩一卷文一卷　（清）聖祖玄燁等撰　清
刻本　二冊

620000－1101－0019596　830.7/676
御製詩一卷文一卷　（清）聖祖玄燁等撰　清
刻本　二冊

620000－1101－0019597　847.2/72.16

御製詩餘集二十卷總目三卷　（清）高宗弘曆
撰　清刻本　十二冊

620000－1101－0019598　847.2/72.16
御製詩餘集二十卷總目三卷　（清）高宗弘曆
撰　清刻本　十二冊

620000－1101－0019599　847.2/72.16
御製詩餘集二十卷總目三卷　（清）高宗弘曆
撰　清刻本　一冊　存一卷（六）

620000－1101－0019600　4095
御製數理精蘊上編五卷下編四十卷表八卷
（清）允祿等纂修　清雍正二年（1724）內府刻
本　十二冊　存十七卷（上編三，下編四至
八、十一至十八、三十五至三十六、三十八）

620000－1101－0019601　311.7/480
御製數理精蘊上編五卷下編四十卷表八卷
（清）允祿等纂修　清光緒八年（1882）江寧藩
署刻本　四十冊

620000－1101－0019602　311.7/480
御製數理精蘊上編五卷下編四十卷表八卷
（清）允祿等纂修　清光緒八年（1882）江寧藩
署刻本　四十冊

620000－1101－0019603　311.7/480.002
御製數理精蘊上編五卷下編四十卷表八卷
（清）允祿等纂修　清光緒十九年（1893）江南
製造總局鉛印本　三冊　存四卷（上編一至
四）

620000－1101－0019604　311.7/480.002
御製數理精蘊上編五卷下編四十卷表八卷
（清）允祿等纂修　清光緒十九年（1893）江南
製造總局鉛印本　三冊　存四卷（上編一至
四）

620000－1101－0019605　311.7/480.002
御製數理精蘊上編五卷下編四十卷表八卷
（清）允祿等纂修　清光緒十九年（1893）江南
製造總局鉛印本　三冊　存四卷（上編一至
四）

620000－1101－0019606　311.7/480.002

御製數理精蘊上編五卷下編四十卷表八卷
（清）允祿等纂修　清光緒十九年（1893）江南
製造總局鉛印本　三冊　存四卷（上編一至
四）

620000－1101－0019607　311.7/480.002
御製數理精蘊上編五卷下編四十卷表八卷
（清）允祿等纂修　清光緒十九年（1893）江南
製造總局鉛印本　三冊　存四卷（上編一至
四）

620000－1101－0019608　311.7/480.002
御製數理精蘊上編五卷下編四十卷表八卷
（清）允祿等纂修　清光緒十九年（1893）江南
製造總局鉛印本　三冊　存四卷（上編一至
四）

620000－1101－0019609　311.7/480.002
御製數理精蘊上編五卷下編四十卷表八卷
（清）允祿等纂修　清光緒十九年（1893）江南
製造總局鉛印本　三冊　存四卷（上編一至
四）

620000－1101－0019610　311.7/480.002
御製數理精蘊上編五卷下編四十卷表八卷
（清）允祿等纂修　清光緒十九年（1893）江南
製造總局鉛印本　三冊　存四卷（上編一至
四）

620000－1101－0019611　311.7/480.001
御製數理精蘊上編五卷下編四十卷表八卷
（清）允祿等纂修　清光緒二十二年（1896）上
海博文書局石印本　二十四冊

620000－1101－0019612　311.7/480.001
御製數理精蘊上編五卷下編四十卷表八卷
（清）允祿等纂修　清光緒二十二年（1896）上
海博文書局石印本　二十二冊

620000－1101－0019613　311.7/480.004
御製數理精蘊上編五卷下編四十卷表八卷
（清）允祿等纂修　清光緒三十二年（1906）上
海通時書局石印本　八冊

620000－1101－0019614　311.7/480.004
御製數理精蘊上編五卷下編四十卷表八卷

（清）允祿等纂修　清光緒三十二年（1906）上
海通時書局石印本　八冊

620000－1101－0019615　311.7/480.003
御製數理精蘊上編五卷下編四十卷表八卷
（清）允祿等纂修　清光緒、宣統石印本　三
冊　存十三卷（二十四至三十、三十六至四
十，表二）

620000－1101－0019616　3042
御製文初集三十卷目錄二卷二集四十四卷目
錄二卷三集十六卷餘集二卷　（清）高宗弘曆
撰　清乾隆二十八年至嘉慶五年（1763－
1800）內府刻本　二十五冊　存九十卷（初集
一至二十六、目錄二卷，二集四十四卷、目錄
二卷，三集十六卷）

620000－1101－0019617　3043
御製文初集三十卷目錄二卷二集四十四卷目
錄二卷三集十六卷餘集二卷　（清）高宗弘曆
撰　清乾隆二十八年至嘉慶五年（1763－
1800）內府刻本　十三冊　存三十卷（初集一
至六、二十七至三十，目錄二卷；三集十六卷；
餘集二卷）

620000－1101－0019618　1163
御製文初集十卷　（清）仁宗顒琰撰　清嘉慶
十年（1805）內府刻本　八冊

620000－1101－0019619　3055
御製文第二集五十卷總目六卷　（清）聖祖玄
燁撰　清康熙五十三年（1714）內府刻本　二
十二冊　存四十五卷（一至二、六至八、十一
至十三、十五至四十、四十五至五十，總目一
至四、六）

620000－1101－0019620　3051
御製文第四集三十六卷總目四卷　（清）聖祖
玄燁撰　清雍正內府刻本　十二冊

620000－1101－0019621　3052
御製文第四集三十六卷總目四卷　（清）聖祖
玄燁撰　清雍正內府刻本　七冊　存二十九
卷（五至二十四、二十八至三十六）

620000－1101－0019622　3053

御製文第四集三十六卷總目四卷　（清）聖祖
玄燁撰　清雍正内府刻本　八冊　存三十二
卷（一至二十八、三十三至三十六）

620000－1101－0019623　2706
御製文第四集三十六卷總目四卷　（清）聖祖
玄燁撰　清雍正内府刻本　十冊

620000－1101－0019624　1164
御製文二集十四卷　（清）仁宗顒琰撰　清嘉
慶二十年（1815）内府刻本　十二冊

620000－1101－0019625　3049
御製文集四十卷總目五卷　（清）聖祖玄燁撰
　清康熙五十三年（1714）内府刻本　二十
二冊

620000－1101－0019626　3050
御製文集四十卷總目五卷二集五十卷總目六
卷三集五十卷總目六卷　（清）聖祖玄燁撰
清康熙五十三年（1714）内府刻本　三十三冊
　存六十六卷（文集三至十八、二十三至三
十、三十三至四十;三集一至二、六至八、十一
至十二、十五至十六、十九至三十四、四十二
至四十八,總目一至二）

620000－1101－0019627　3908
御製文集四十卷總目五卷二集五十卷總目六
卷三集五十卷總目六卷　（清）聖祖玄燁撰
清康熙五十三年（1714）内府刻本　十冊　存
六十七卷（文集一至三十、三十五至四十、總
目五卷;二集十七至四十;三集總目一至二）

620000－1101－0019628　1893
御製文三集五十卷總目六卷　（清）聖祖玄燁
撰　清康熙五十年（1711）内府刻本　二十
八冊

620000－1101－0019629　847.4/717
御製文餘集二卷　（清）高宗弘曆撰　清嘉慶
刻本　二冊

620000－1101－0019630　847.4/316
御製圓明園詩不分卷　（清）高宗弘曆撰
（清）鄂爾泰等注　清晚期石印本　一冊

620000－1101－0019631　1489
御製圓明園詩二卷　（清）高宗弘曆撰　（清）
鄂爾泰等注　清光緒十三年（1887）天津石印
書屋石印本　二冊

620000－1101－0019632　684.3/73
御製圓明園詩二卷　（清）高宗弘曆撰　（清）
鄂爾泰等注　清光緒十三年（1887）天津石印
書屋石印本　二冊

620000－1101－0019633　850/316
御製圓明園詩二卷　（清）高宗弘曆撰　（清）
鄂爾泰等注　清光緒十三年（1887）天津石印
書屋石印本　二冊

620000－1101－0019634　850/316
御製圓明園圖詠二卷　（清）高宗弘曆撰
（清）鄂爾泰等注　清光緒十三年（1887）天津
石印書屋石印本　一冊　存一卷（上）

620000－1101－0019635　2177
御撰資治通鑑綱目三編二十卷　（清）張廷玉
等撰　清乾隆刻本　四冊

620000－1101－0019636　2179
御撰資治通鑑綱目三編二十卷　（清）張廷玉
等撰　清乾隆刻本　四冊

620000－1101－0019637　610.24/385.002
御撰資治通鑑綱目三編二十卷　（清）張廷玉
等撰　清道光三十年（1850）刻本　五冊　存
十七卷（一至十三、十七至二十）

620000－1101－0019638　610.24/385.005
御撰資治通鑑綱目三編二十卷　（清）張廷玉
等撰　清光緒益興堂刻本　三冊　存四卷
（一至四）

620000－1101－0019639　610.24/385.006
御撰資治通鑑綱目三編二十卷　（清）張廷玉
等撰　清光緒刻本　一冊　存五卷（七至十
一）

620000－1101－0019640　610.24/385.007
御撰資治通鑑綱目三編二十卷　（清）張廷玉
等撰　清光緒刻本　三冊　存十五卷（一至

十五)

620000－1101－0019641　610.29/113
御撰資治通鑑綱目三編二十卷　（清）張廷玉
等撰　清晚期刻本　六冊

620000－1101－0019642　626.02/30.001
御撰資治通鑑綱目三編二十卷　（清）張廷玉
等撰　清晚期刻本　四冊

620000－1101－0019643　626.02/30.003
御撰資治通鑑綱目三編二十卷　（清）張廷玉
等撰　清晚期刻本　四冊　存十三卷（一至
十三）

620000－1101－0019644　610.24/385.012
御撰資治通鑑綱目三編二十卷　（清）張廷玉
等撰　清晚期刻本　四冊

620000－1101－0019645　610.24/385.011
御撰資治通鑑綱目三編二十卷　（清）張廷玉
等撰　清晚期刻本　一冊　存七卷（十四至
二十）

620000－1101－0019646　610.24/385.016
御撰資治通鑑綱目三編二十卷　（清）張廷玉
等撰　清末民初石印本　一冊　存二卷（三
至四）

620000－1101－0019647　610.24/385.021
御撰資治通鑑綱目三編二十卷末一卷　（清）
張廷玉等撰　清光緒十三年（1887）玉尺山房
刻本　三冊

620000－1101－0019648　610.24/385.015
御撰資治通鑑綱目三編二十卷末一卷　（清）
張廷玉等撰　清晚期刻本　一冊　存六卷
（十六至二十、末一卷）

620000－1101－0019649　2724
御纂春秋直解十二卷　（清）傅恆等纂　清乾
隆刻本（卷六有抄配）　八冊

620000－1101－0019650　095.627/906
御纂春秋直解十二卷　（清）傅恆等纂　清刻
本　八冊

620000－1101－0019651　095.627/906

御纂春秋直解十二卷　（清）傅恆等纂　清刻
本　四冊　存六卷（一至二、五、八、十一至十
二）

620000－1101－0019652　090.8/290
御纂七經二百九十四卷　（清）李光地等輯
清同治十一年（1872）湖北崇文書局刻本　一
百六十九冊

620000－1101－0019653　090.8/290
御纂七經二百九十四卷　（清）李光地等輯
清同治十一年（1872）湖北崇文書局刻本　一
百七十冊

620000－1101－0019654　090.8/290.1
御纂七經二百九十四卷　（清）李光地等輯
清光緒十九年（1893）湖南寶慶漱芳閣刻本
一百三十二冊　存二百七十一卷（欽定書經
傳說彙纂一至二十一、首二卷、書序一卷，欽
定詩經傳說彙纂一至二十一、首二卷、詩序二
卷，欽定春秋傳說彙纂一至三十八、首二卷，
欽定周官義疏一至四十八、首一卷，欽定禮記
義疏一至八十二、首一卷，欽定儀禮義疏一至
四十八、首二卷）

620000－1101－0019655　090.8/290.002
御纂七經二百九十四卷　（清）李光地等輯
清光緒二十年（1894）上海鴻寶齋石印本　十
六冊　存一百九十五卷（御纂周易折中一至
二十二、首一卷，欽定書經傳說彙纂一至二十
一、首二卷、書序一卷，欽定詩經傳說彙纂一
至二十一、首二卷、詩序二卷，欽定春秋傳說
彙纂一至三十八、首二卷，欽定禮記義疏一至
八十二、首一卷）

620000－1101－0019656　090.8/290.003
御纂七經二百九十四卷　（清）李光地等輯
清光緒二十八年（1902）上海寶文書局石印本
三十二冊

620000－1101－0019657　1848
御纂詩義折中二十卷　（清）高宗弘曆纂　清
乾隆二十年（1755）刻本　十二冊

620000－1101－0019658　093.13/906.005

御纂詩義折中二十卷　（清）高宗弘曆撰
（清）傅恆等纂　清光緒涇陽姚光昭刻本　五
冊　存七卷(十、十三至十八)

620000－1101－0019659　093.13/906
御纂詩義折中二十卷　（清）高宗弘曆撰
（清）傅恆等纂　清晚期文光堂刻本　十冊

620000－1101－0019660　093.13/906.001
御纂詩義折中二十卷　（清）高宗弘曆撰
（清）傅恆等纂　清晚期經元堂刻本　十冊

620000－1101－0019661　093.13/906.003
御纂詩義折中二十卷　（清）高宗弘曆撰
（清）傅恆等纂　清晚期文光堂刻本　十冊

620000－1101－0019662　093.13/906.002
御纂詩義折中二十卷　（清）高宗弘曆撰
（清）傅恆等纂　清晚期刻本　八冊

620000－1101－0019663　093.13/906.009
御纂詩義折中二十卷　（清）高宗弘曆撰
（清）傅恆等纂　清晚期刻本　六冊

620000－1101－0019664　093.13/906.004
御纂詩義折中二十卷　（清）高宗弘曆撰
（清）傅恆等纂　清晚期刻本　二冊　存六卷
(一至三、十四至十六)

620000－1101－0019665　093.13/906.006
御纂詩義折中二十卷　（清）高宗弘曆撰
（清）傅恆等纂　清晚期刻本　五冊　存八卷
(三、十二至十五、十七、十九至二十)

620000－1101－0019666　093.13/906.007
御纂詩義折中二十卷　（清）高宗弘曆撰
（清）傅恆等纂　清晚期刻本　六冊　存十四
卷(四至十三、十七至二十)

620000－1101－0019667　093.13/906.008
御纂詩義折中二十卷　（清）高宗弘曆撰
（清）傅恆等纂　清晚期刻本　七冊　存十七
卷(四至二十)

620000－1101－0019668　937
御纂性理精義十二卷　（清）李光地等纂　清
康熙五十六年(1717)內府刻本　五冊

620000－1101－0019669　2917
御纂性理精義十二卷　（清）李光地等纂　清
康熙五十六年(1717)內府刻本　五冊

620000－1101－0019670　3832
御纂性理精義十二卷　（清）李光地等纂　清
康熙五十六年(1717)內府刻本　二冊　存四
卷(一至四)

620000－1101－0019671　3833
御纂性理精義十二卷　（清）李光地等纂　清
康熙五十六年(1717)內府刻本　一冊　存四
卷(三至六)

620000－1101－0019672　2671
御纂性理精義十二卷　（清）李光地等纂　清
雍正九年(1731)甘肅刻本　五冊

620000－1101－0019673　3308
御纂性理精義十二卷　（清）李光地等纂　清
雍正九年(1731)甘肅刻本　五冊

620000－1101－0019674　4038
御纂性理精義十二卷　（清）李光地等纂　清
雍正廣西刻本　一冊　存六卷(七至十二)

620000－1101－0019675　4396
御纂性理精義十二卷　（清）李光地等纂　清
雍正刻本　一冊　存三卷(七至九)

620000－1101－0019676　3271
御纂性理精義十二卷　（清）李光地等纂　清
道光三十年(1850)內府刻本　四冊

620000－1101－0019677　125/290
御纂性理精義十二卷　（清）李光地等纂　清
光緒刻本　六冊

620000－1101－0019678　125/290.001
御纂性理精義十二卷　（清）李光地等纂　清
晚期刻本　四冊

620000－1101－0019679　125/290.002
御纂性理精義十二卷　（清）李光地等纂　清
晚期刻本　五冊

620000－1101－0019680　125/290.001
御纂性理精義十二卷　（清）李光地等纂　清

晚期刻本　四册

620000－1101－0019681　125/290.003
御纂性理精義十二卷　（清）李光地等纂　清
晚期刻本　二册　存五卷（二至四、九至十）

620000－1101－0019682　125/28
御纂性理精義十卷　（清）聖祖玄燁纂　清中
期刻本　六册

620000－1101－0019683　413/439.002
御纂醫宗金鑑九十卷首一卷　（清）吳謙等纂
輯　清光緒二年（1876）江西書局刻本　五十
二册　存七十九卷（一至四十三、五十至六
十、六十五至七十六、七十九至九十、首一卷）

620000－1101－0019684　413/439.001
御纂醫宗金鑑九十卷首一卷　（清）吳謙等纂
輯　清光緒十八年（1892）上海圖書集成印書
局刻本　八册　存二十五卷（二十至二十五、
三十四至三十五、五十三至五十五、六十至六
十二、七十五至七十八、八十五至九十、首一
卷）

620000－1101－0019685　413/439.004
御纂醫宗金鑑九十卷首一卷　（清）吳謙等纂
輯　清光緒十八年（1892）上海五彩書局石印
本　十二册　存七十五卷（一至七十四、首一
卷）

620000－1101－0019686　413/439.007
御纂醫宗金鑑九十卷首一卷　（清）吳謙等纂
輯　清光緒刻本　二册　存三卷（六十二至
六十四）

620000－1101－0019687　413/439.008
御纂醫宗金鑑九十卷首一卷　（清）吳謙等纂
輯　清光緒刻本（卷四十九係抄配）　一册
存八卷（四十二至四十九）

620000－1101－0019688　413/439
御纂醫宗金鑑九十卷首一卷　（清）吳謙等纂
輯　清會友堂刻本　四十册

620000－1101－0019689　413/439.005
御纂醫宗金鑑九十卷首一卷　（清）吳謙等纂

輯　清中晚期刻本　二册　存二卷（二十一、
五十六）

620000－1101－0019690　413.15/7.428
御纂醫宗金鑑九十卷首一卷　（清）吳謙等纂
輯　清中晚期刻本　四十八册

620000－1101－0019691　413/439.009
御纂醫宗金鑑九十卷首一卷　（清）吳謙等纂
輯　清晚期刻本　二册　存三卷（六十四、七
十二至七十三）

620000－1101－0019692　413/439.010
御纂醫宗金鑑九十卷首一卷　（清）吳謙等纂
輯　清晚期刻本　一册　存五卷（五十八至
六十二）

620000－1101－0019693　413/439.011
御纂醫宗金鑑九十卷首一卷　（清）吳謙等纂
輯　清晚期刻本　一册　存二卷（四十三至
四十四）

620000－1101－0019694　413/439.012
御纂醫宗金鑑九十卷首一卷　（清）吳謙等纂
輯　清晚期刻本　一册　存四卷（七十一至
七十四）

620000－1101－0019695　413/439.013
御纂醫宗金鑑九十卷首一卷　（清）吳謙等纂
輯　清晚期刻本　一册　存二卷（二十九至
三十）

620000－1101－0019696　413/439.014
御纂醫宗金鑑九十卷首一卷　（清）吳謙等纂
輯　清晚期刻本　一册　存三卷（一至二、首
一卷）

620000－1101－0019697　413/439.006
御纂醫宗金鑑九十卷首一卷　（清）吳謙等纂
輯　清末刻本　一册　存二卷（十一至十二）

620000－1101－0019698　413/439.015
御纂醫宗金鑑九十卷首一卷　（清）吳謙等纂
輯　清末刻本　一册　存一卷（五）

620000－1101－0019699　413/439.003
御纂醫宗金鑑九十卷首一卷　（清）吳謙等纂

輯 清末刻本 十四冊 存五十三卷(一至十八、二十六至四十五、五十一至五十三、五十七至五十九、六十三至六十五、七十至七十四,首一卷)

620000－1101－0019700 1346
御纂醫宗金鑑幼科心法要訣不分卷 （清）□□撰 清嘉慶内府抄本 一冊

620000－1101－0019701 2584
御纂周易述義十卷 （清）傅恆等纂修 清乾隆刻本 四冊

620000－1101－0019702 2657
御纂周易述義十卷 （清）傅恆等纂修 清乾隆刻本 四冊

620000－1101－0019703 091.037.4/906
御纂周易述義十卷 （清）傅恆等纂修 清同治十二年(1873)味經書院刻本 八冊

620000－1101－0019704 091.037.4/906
御纂周易述義十卷 （清）傅恆等纂修 清同治十二年(1873)味經書院刻本 六冊

620000 － 1101 － 0019705 091.037.4/906.001
御纂周易述義十卷 （清）傅恆等纂修 清中晚期刻本 四冊

620000－1101－0019706 1928
御纂周易折中二十二卷首一卷 （清）李光地等纂 清康熙刻本 十冊

620000－1101－0019707 3819
御纂周易折中二十二卷首一卷 （清）李光地等纂 清乾隆國子監刻本 十冊

620000－1101－0019708 091.2/290.001
御纂周易折中二十二卷首一卷 （清）李光地等纂 清同治六年(1867)馬新貽刻本 十冊

620000－1101－0019709 091.2/290.001
御纂周易折中二十二卷首一卷 （清）李光地等纂 清同治六年(1867)馬新貽刻本 十冊

620000－1101－0019710 091.2/290.001
御纂周易折中二十二卷首一卷 （清）李光地

等纂 清同治六年(1867)馬新貽刻本 十冊

620000－1101－0019711 091.2/290.001
御纂周易折中二十二卷首一卷 （清）李光地等纂 清同治六年(1867)馬新貽刻本 九冊 存二十一卷(二至二十二)

620000－1101－0019712 091.2/290.002
御纂周易折中二十二卷首一卷 （清）李光地等纂 清同治十年(1871)湖北崇文書局刻本 十二冊

620000－1101－0019713 091.2/290.002
御纂周易折中二十二卷首一卷 （清）李光地等纂 清同治十年(1871)湖北崇文書局刻本 十二冊

620000－1101－0019714 091.2/290.002
御纂周易折中二十二卷首一卷 （清）李光地等纂 清同治十年(1871)湖北崇文書局刻本 十二冊

620000－1101－0019715 091.2/290.002
御纂周易折中二十二卷首一卷 （清）李光地等纂 清同治十年(1871)湖北崇文書局刻本 十二冊

620000－1101－0019716 091.2/290.002
御纂周易折中二十二卷首一卷 （清）李光地等纂 清同治十年(1871)湖北崇文書局刻本 十二冊

620000－1101－0019717 091.2/290
御纂周易折中二十二卷首一卷 （清）李光地等纂 清光緒二十年(1894)湖北書局刻本 十二冊

620000－1101－0019718 091.2/290
御纂周易折中二十二卷首一卷 （清）李光地等纂 清光緒二十年(1894)湖北書局刻本 十一冊 存二十一卷(一至二十、首一卷)

620000－1101－0019719 091.272/290.007
御纂周易折中二十二卷首一卷 （清）李光地等纂 清晚期刻本 十冊

620000－1101－0019720 091.2/290.003

御纂周易折中二十二卷首一卷 （清）李光地
等纂 清晚期刻本 十册

620000－1101－0019721 091.2/290.004
御纂周易折中二十二卷首一卷 （清）李光地
等纂 清晚期刻本 一册 存二卷（九至十）

620000－1101－0019722 091.2/290.005
御纂周易折中二十二卷首一卷 （清）李光地
等纂 清晚期刻本 七册 存十一卷（十二
至二十二）

620000－1101－0019723 091.2/290.006
御纂周易折中二十二卷首一卷 （清）李光地
等纂 清晚期刻本 七册 存九卷（十三至
二十、首一卷）

620000－1101－0019724 941.31/860
寓意録四卷 （清）繆曰藻撰 （清）徐渭仁校
 清道光二十年（1840）上海徐氏寒木春華館
刻本 二册

620000－1101－0019725 941.31/860
寓意録四卷 （清）繆曰藻撰 （清）徐渭仁校
 清道光二十年（1840）上海徐氏寒木春華館
刻本 二册

620000－1101－0019726 847.7/781.7
寓意於物齋文編不分卷 （清）毛鳳枝撰 清
光緒刻本 一册

620000－1101－0019727 071.77/892
愈愚録六卷 （清）劉寶楠撰 清光緒十四年
（1888）廣雅書局刻本 二册

620000－1101－0019728 571.46/374
預備立憲公會報不分卷 （清）預備立憲公會
編輯 清光緒三十四年（1908）鉛印本 一册

620000－1101－0019729 412.45/0.374
預防疫病不分卷附喉症舉要不分卷 （□）
□□撰 清光緒二十三年（1897）蘭州督署刻
本 一册

620000－1101－0019730 671.3/828
豫乘識小録二卷 （清）朱雲錦撰 清同治十
二年（1873）鄉文齋刻本 二册

620000－1101－0019731 671.3/828
豫乘識小録二卷 （清）朱雲錦撰 清同治十
二年（1873）鄉文齋刻本 一册 存一卷（下）

620000－1101－0019732 627.704/32
豫軍紀略十二卷 （清）尹耕雲等纂 清晚期
刻本 八册

620000－1101－0019733 627.704/32
豫軍紀略十二卷 （清）尹耕雲等纂 清晚期
刻本 六册

620000－1101－0019734 192.1/566
豫養編六卷 （清）薛于瑛編 清光緒七年
（1881）刻本 一册

620000－1101－0019735 652.78/0.301
諭摺合訂不分卷 （清）內務府輯 清光緒十
六年（1890）刻本 三册

620000－1101－0019736 652.78/0.301.001
諭摺合訂不分卷 （清）內務府輯 清光緒十
四年（1888）刻本 三册

620000－1101－0019737 652.78/485
諭摺彙存（政務處）不分卷 （清）內務府輯
清光緒三十二年（1906）鉛印本 二册 存光
緒三十二年八月

620000－1101－0019738 652.78/485
諭摺彙存（政務處）不分卷 （清）內務府輯
清光緒三十一年至三十二年（1905－1906）鉛
印本 二十九册 存光緒三十一年八月至十
一月至十二月第一至五十七葉，光緒三十二
年正月、二月、四月、閏四月至八月、九月第一
至六十八葉、十月第一至七十二葉、十一月至
十二月

620000－1101－0019739 652.78/485
諭摺彙存（政務處）不分卷 （清）內務府輯
清光緒三十一年至三十二年（1905－1906）鉛
印本 十二册 存光緒三十一年十一月第五
十七至一百二十九葉，光緒三十二年正月第
一至四十七葉、二月、閏四月至五月、六月第
一至五十二葉、八月、九月第一至六十八葉、
十月第一至七十二葉

620000 - 1101 - 0019740　652.78/485.004

諭摺彙存(政治館)不分卷　(清)內務府輯
清光緒三十三年(1907)鉛印本　二冊　存光
緒三十三年七月

620000 - 1101 - 0019741　652.78/485.002

諭摺彙存(政治館)不分卷　(清)內務府輯
清光緒三十二年至三十三年(1906－1907)鉛
印本　十二冊　存光緒三十二年十一月至十
二月,光緒三十三年正月至三月、五月至七
月、九月

620000 - 1101 - 0019742　652.78/485.003

諭摺彙存二十二卷　(清)內務府輯　清光緒
二十九年(1903)上海慎記書莊石印本　二十
四冊

620000 - 1101 - 0019743　652.78/485.003

諭摺彙存二十二卷　(清)內務府輯　清光緒
二十九年(1903)上海慎記書莊石印本　六冊
　存六卷(十六至二十一)

620000 - 1101 - 0019744　652.78/485.005

諭摺彙存不分卷　(清)內務府輯　清同治、
光緒京都琉璃廠刻本　二冊

620000 - 1101 - 0019745　652.78/485

諭摺彙存不分卷　(清)內務府輯　清光緒三
十二年(1906)鉛印本　六冊

620000 - 1101 - 0019746　652.78/485.001

諭摺彙存不分卷　(清)內務府輯　清光緒京
都擷華書局鉛印本　六百四十五冊　存光緒
十八年正月至四月,閏六月;十九年三月一日
至六日,四月,六月一日至七日、十三日至二
十九日;二十年七月,十一月五日至二十三
日、二十八日至三十日;二十一年正月一日至
六日、十六日至十九日、二十三日至三十日,
二月一日至六日,三月一日至四日、十一日至
十八日、二十二日至二十五日,四月一日至六
日、十二日至二十九日,五月,閏五月七日至
十七日,六月至十二月;二十二年正月,二月
一日至十一日、十七日至三十日,三月一日至
四日、十日至二十五日,四月至六月,七月一
日至六日、十二日至二十九日,八月至十二

月;二十三年三月至四月,五月一日至十二
日、十九日至二十三日,六月一日至十七日、
二十四日至二十九日,七月至九月,十月十九
日至二十三日、二十八日至二十九日,十一月
至十二月;二十四年正月,二月一日至十二
日、十八日至二十九日,四月,六月,七月一日
至五日、二十日至三十日,八月,九月一日至
二十一日,十一月八日至三十日,十二月一日
至四日;二十五年正月一日至八日、十三日至
三十日,二月一日至五日、九日至十四日,三
月一日至二日、八日至十三日、二十日至二十
四日,四月六日至九日、十五日至二十日,五
月至六月,八月十一日至十三日,十一月一日
至五日;二十七年四月十五日至二十四日,五
月至八月,十月,十二月;二十八年正月,二月
一日至六日、十六日至二十一日,三月至四
月,五月一日至十五日,六月,七月九日至十
五日,八月四日至八日、十四日至三十日,九
月十三日至十六日、二十一日至三十日,十
月;二十九年正月,二月,三月,四月,五月七
日至十四日、十八日至二十五日,閏五月,六
月,七月,八月一日至二十四日,九月至十一
月,十二月七日至十五日、二十五日至三十
日;三十年正月八日至十二日、十九日至二十
一日、二十五日至三十日,二月,三月五日至
十四日、十八日至二十九日,四月至六月,七
月一日至十四日、十九日至三十日,八月至九
月,十月六日至十八日,十一月一日至十三
日、二十日至三十日,十二月一日至八日、十
四日至二十九日;三十一年正月一日至六日、
十二日至十九日,二月一日至七日,三月,五
月至六月,七月一日至四日、七日至二十九
日,八月至十二月;三十二年正月至十月,十
一月五日至二十九日,十二月;三十三年正
月,二月一日至十一日,三月二十三日至二十
九日,五月一日至十二日、十九日至二十三
日,六月一日至六日、十八日至三十日,七月,
八月七日至八日、十七日至二十一日,九月一
日至四日、九日至三十日

620000 - 1101 - 0019747　652.78/485.001

諭摺彙存不分卷　(清)內務府輯　清光緒京

都擷華書局鉛印本　二百八十六冊　存光緒十八年三月十一日至十六日；十九年四月一日至十日、二十四日至二十九日；二十年七月一日至十一日、二十六日至二十九日；二十一年三月五日至十日，四月一日至二十日，五月一日至三日、十一日至十三日、二十日至二十六日，六月八日至十九日、二十三日至二十九日，七月一日至二十四日，八月一日至十八日，九月八日至十二日、十八日至三十日，十月一日至二十三日、二十七日至二十九日，十一月一日至十三日、二十四日至三十日，十二月九日至十四日、十八日至二十四日；二十二年正月一日至二十三日，四月，五月十一日至十六日、二十日至三十日，八月六日至十日、二十七日至三十日，九月一日至十四日、二十一日至二十九日，十月一日至四日、六日至二十九日，十一月五日至十三日、十七日至二十九日，十二月；二十三年三月，五月二十四日至三十日，六月一日至八日、十四日至二十三日，七月九日至十二日、二十二日至三十日，八月，九月一日至二十五日，十月一日至十八日、二十四日至二十七日；二十四年正月十四日至十六日、二十四日至三十日，二月十三日至二十九日，四月，七月六日至十九日，十一月十五日至三十日；二十五年五月五日至二十三日，六月六日至十二日；二十七年六月，八月二十日至二十四日，十月；二十八年正月七日至八日，四月一日至五日、九日至十四日、二十日至二十三日，六月一日至四日、十一日至二十三日，十月一日至十七日、二十一日至二十五日；二十九年正月一日至二十九日，二月，四月，閏五月至八月，九月一日至五日、十二日至三十日，十月十六日至二十日，十一月四日至八日、十八日至二十九日；三十年正月二十五日至三十日，二月一日至五日、十日至十五日、二十一日至二十三日，四月一日至九日、十七日至二十日、二十六日至三十日，五月二十六日至二十九日，六月一日至四日、十四日至二十三日，七月一日至十四日，八月，九月十八日至二十三日、二十六日至二十九日，十月十六日至十八日、三十日，十一

月一日至四日、十四日至十九日；三十一年六月一日至二十九日；三十二年正月一日至九日、二十五日至二十九日，二月一日至七日、二十四日至三十日，三月一日至六日，四月二十四日至二十九日，閏四月至六月，七月一日至十六日、二十三日至二十九日，八月至十月，十一月一日至十五日；三十三年七月

620000－1101－0019748　652.78/485.001
諭摺彙存不分卷　（清）內務府輯　清光緒京都擷華書局鉛印本　七十八冊　存光緒二十一年四月二十一日至二十四日，九月十三日至十七日、二十二日至二十六日，十二月二十五日至二十九日；二十二年四月一日至五日、九日至十五日、二十日至二十九日，十月六日至十四日，十二月一日至八日、十八日至三十日；二十三年六月十八日至二十三日，八月一日至十七日、二十日至二十九日，十月一日至十日；二十四年正月二十四日至三十日，十一月八日至二十三日；二十五年五月十九日至二十三日；二十九年二月一日至二十二日、二十六日至三十日，七月，八月二十五日至二十九日；三十年八月九日至十二日，十一月十日至二十日；三十一年五月至七月；三十二年閏四月一日至八日，五月一日至五日、二十日至二十九日，八月，九月一日至五日，十一月一日至四日；三十三年五月，七月

620000－1101－0019749　3827
諭旨錄十卷　（清）岳鍾琪等編　清雍正七年（1729）陝西、甘肅刻本　九冊　存八卷（二至九）

620000－1101－0019750　651.731/883
諭旨錄十卷　（清）岳鍾琪等編　清中晚期刻本　一冊　存一卷（九）

620000－1101－0019751　429.2/307
鬻嬰提要說一卷　（清）張振鋆纂輯　清光緒二十年（1894）蘭州槖署刻本　一冊

620000－1101－0019752　429.2/307
鬻嬰提要說一卷　（清）張振鋆纂輯　清光緒二十年（1894）蘭州槖署刻本　一冊

620000－1101－0019753　828

鬻子一卷　（唐）逢行珪注　明嘉靖二十三年
(1544)歐陽清刻五子書本　一冊

620000－1101－0019754　121.81/854

鬻子一卷　（唐）逢行珪注　清光緒元年
(1875)湖北崇文書局刻本　一冊

620000－1101－0019755　121.81/854

鬻子一卷　（唐）逢行珪注　清光緒元年
(1875)湖北崇文書局刻本　一冊

620000－1101－0019756　121.81/854

鬻子一卷　（唐）逢行珪注　清光緒元年
(1875)湖北崇文書局刻本　一冊

620000－1101－0019757　847.8/340

鬱華閣遺集四卷　（清）盛昱撰　清光緒二十
八年(1902)武昌刻本　一冊

620000－1101－0019758　1144

淵鑒齋御纂朱子全書六十六卷　（清）李光地
等輯　清康熙五十三年(1714)武英殿刻本
四冊

620000－1101－0019759　4428

淵鑒齋御纂朱子全書六十六卷　（清）李光地
等輯　清康熙刻本　十六冊　存四十卷(一
至六、十至四十一、五十二至五十三)

620000－1101－0019760　125.5/828.06.004

淵鑒齋御纂朱子全書六十六卷　（清）李光地
等輯　清同治八年(1869)四川刻本　十六冊
　存三十二卷(一至三十二)

620000－1101－0019761　125.5/828.06.005

淵鑒齋御纂朱子全書六十六卷　（清）李光地
等輯　清同治、光緒刻本　二十四冊　存四
十卷(一至二十四、五十一至六十六)

620000－1101－0019762　125.5/828.06.006

淵鑒齋御纂朱子全書六十六卷　（清）李光地
等輯　清同治、光緒刻本　四冊　存九卷(五
十八至六十六)

620000－1101－0019763　089.52/82.28

淵鑒齋御纂朱子全書六十六卷　（清）李光地

等輯　清中晚期刻本　二十冊　存五十卷
(一至五十)

620000－1101－0019764　125.5/828.06.008

淵鑒齋御纂朱子全書六十六卷　（清）李光地
等輯　清中晚期刻本　二十四冊　存五十卷
(一至五十)

620000－1101－0019765　125.5/828.06

淵鑒齋御纂朱子全書六十六卷　（清）李光地
等輯　清晚期刻本　二十一冊　存四十四卷
(二至三、八至九、十二至十三、二十至三十
五、四十二至四十三、四十七至六十六)

620000－1101－0019766　125.5/828.06

淵鑒齋御纂朱子全書六十六卷　（清）李光地
等輯　清晚期刻本　十七冊

620000－1101－0019767　125.5/828.06

淵鑒齋御纂朱子全書六十六卷　（清）李光地
等輯　清晚期刻本　二十四冊　存四十二卷
(一至四十二)

620000－1101－0019768　125.5/828.06

淵鑒齋御纂朱子全書六十六卷　（清）李光地
等輯　清晚期刻本　二十冊　存五十七卷
(一至五十七)

620000－1101－0019769　125.5/828.06

淵鑒齋御纂朱子全書六十六卷　（清）李光地
等輯　清晚期刻本　四十一冊

620000－1101－0019770　125.5/828.06

淵鑒齋御纂朱子全書六十六卷　（清）李光地
等輯　清晚期刻本　三十二冊　存六十四卷
(一至五十一、五十四至六十六)

620000－1101－0019771　125.5/828.06.001

淵鑒齋御纂朱子全書六十六卷　（清）李光地
等輯　清晚期刻本　四十冊

620000－1101－0019772　125.5/828.06

淵鑒齋御纂朱子全書六十六卷　（清）李光地
等輯　清晚期刻本　三十二冊

620000－1101－0019773　125.5/828.06

淵鑒齋御纂朱子全書六十六卷　（清）李光地

等輯　清晚期刻本　三十一冊

620000－1101－0019774　125.5/828.06

淵鑒齋御纂朱子全書六十六卷　（清）李光地
等輯　清晚期刻本　三十冊　存六十三卷
（二至二十五、二十八至六十六）

620000－1101－0019775　125.5/828.06.003

淵鑒齋御纂朱子全書六十六卷　（清）李光地
等輯　清晚期刻本　十五冊　存三十三卷
（三十四至六十六）

620000－1101－0019776　125.5/828.06.007

淵鑒齋御纂朱子全書六十六卷　（清）李光地
等輯　清晚期刻本　九冊　存十八卷（十至
十一、十四至十九、三十六至四十一、四十四
至四十五、五十二至五十三）

620000－1101－0019777　2815

淵鑑類函四百五十卷目錄四卷　（清）張英等
纂　清康熙四十九年（1710）內府刻本　一百
四十冊

620000－1101－0019778　1992

淵鑑類函四百五十卷目錄四卷　（清）張英等
纂　清康熙朗潤堂刻本　一百五十九冊

620000－1101－0019779　1993

淵鑑類函四百五十卷目錄四卷　（清）張英等
纂　清康熙朗潤堂刻本　一百四十冊

620000－1101－0019780　1994

淵鑑類函四百五十卷目錄四卷　（清）張英等
纂　清康熙清吟堂刻本　二百冊　存四百四
十八卷（一至二百六、二百九至四百五十）

620000－1101－0019781　2816

淵鑑類函四百五十卷目錄四卷　（清）張英等
纂　清康熙清吟堂刻本　一百二十六冊　存
四百八卷（一至三百七十六、三百九十七至四
百二十四，目錄四卷）

620000－1101－0019782　2817

淵鑑類函四百五十卷目錄四卷　（清）張英等
纂　清康熙清吟堂刻本　一百六十冊

620000－1101－0019783　4414

淵鑑類函四百五十卷目錄四卷　（清）張英等
纂　清康熙清吟堂刻本　一冊　存四卷（目
錄四卷）

620000－1101－0019784　041/72.003

淵鑑類函四百五十卷目錄四卷　（清）張英等
纂　清康熙清吟堂刻本　七冊　存二十卷
（三百七十七至三百九十六）

620000－1101－0019785　2818

淵鑑類函四百五十卷目錄四卷　（清）張英等
纂　清康熙刻本　一百十九冊　存二百十九
卷（一至一百二十五、一百五十七至二百四十
八，目錄三至四）

620000－1101－0019786　4417

淵鑑類函四百五十卷目錄四卷　（清）張英等
纂　清康熙刻本　九十四冊　存一百七十八
卷（一百三十九至一百五十六、二百四十九至
二百七十九、二百九十七至三百八十七、三百
九十一至三百九十八、四百十八至四百四十
七）

620000－1101－0019787　041/72

淵鑑類函四百五十卷目錄四卷　（清）張英等
纂　清刻本　一百二十冊

620000－1101－0019788　041/72.002

淵鑑類函四百五十卷目錄四卷　（清）張英等
纂　清光緒九年（1883）上海點石齋石印本
十冊

620000－1101－0019789　041/72.001

淵鑑類函四百五十卷目錄四卷　（清）張英等
纂　清光緒十三年（1887）上海同文書局石印
本　一冊　存九卷（一百十一至一百十九）

620000－1101－0019790　041/72.001

淵鑑類函四百五十卷目錄四卷　（清）張英等
纂　清光緒十三年（1887）上海同文書局石印
本　三十二冊　存二百九十七卷（一至七十
二、一百五十一至二百二十六、三百六至四百
五十，目錄四卷）

620000－1101－0019791　041/72.001

淵鑑類函四百五十卷目錄四卷　（清）張英等

纂　清光緒十三年(1887)上海同文書局石印
本　二十二冊　存二百十六卷(一百十一至
一百七十二、一百八十三至二百四十六、二百
五十九至二百八十四、二百九十六至三百四
十九、四百十四至四百二十三)

620000－1101－0019792　041/72.001
淵鑑類函四百五十卷目錄四卷　(清)張英等
纂　清光緒十三年(1887)上海同文書局石印
本　四十四冊　存四百十二卷(一至一百一、
一百十一至一百七十二、一百八十三至三百
九十、四百十四至四百五十,目錄四卷)

620000－1101－0019793　041/72.004
淵鑑類函四百五十卷目錄四卷　(清)張英等
纂　清光緒二十一年(1895)上海點石齋石印
本　十冊

620000－1101－0019794　850/883
鴛水聯吟集二十卷　(清)岳洪慶等集訂　清
道光十八年(1838)刻本　一冊　存十三卷
(一至十三)

620000－1101－0019795　90
元白長慶集一百四十一卷　(明)馬元調輯
明萬曆三十二年(1604)魚樂軒刻寶儉堂印本
二十八冊

620000－1101－0019796　625.704/12.50
元朝秘史十卷續集二卷　(□)□□撰　清光
緒三十四年(1908)長沙葉氏觀古堂刻本
六冊

620000－1101－0019797　625.704/12.50
元朝秘史十卷續集二卷　(□)□□撰　清光
緒三十四年(1908)長沙葉氏觀古堂刻本　二
冊　存四卷(元朝秘史五至六、續集二卷)

620000－1101－0019798　625.704/291
元朝秘史十五卷　(清)李文田注　清光緒二
十九年(1903)金匱浦氏靜寄東軒石印皇朝藩
屬輿地叢書本　四冊

620000－1101－0019799　625.704/291.01
元朝秘史十五卷首一卷　(清)李文田注　清
光緒二十二年(1896)通隱堂刻本　四冊

620000－1101－0019800　625.704/291.01
元朝秘史十五卷首一卷　(清)李文田注　清
光緒二十二年(1896)通隱堂刻本　四冊

620000－1101－0019801　625.704/291.02
元朝秘史十五卷首一卷　(清)李文田注　清
光緒石印本　二冊　存九卷(四至十二)

620000－1101－0019802　125.3/116
元城語錄解三卷行錄解一卷　(明)王崇慶撰
(清)李錫齡校刊　清道光刻惜陰軒叢書本
二冊

620000－1101－0019803　665.1/115
元豐九域志十卷　(宋)王存等刪定　清光緒
八年(1882)金陵書局刻本　四冊

620000－1101－0019804　1779
元豐類稿五十卷首一卷　(宋)曾鞏撰　清乾
隆二十八年(1763)刻本　十六冊

620000－1101－0019805　3105
元豐類稿五十卷首一卷　(宋)曾鞏撰　清乾
隆二十八年(1763)刻本　十二冊

620000－1101－0019806　845.15/98.1
元豐類稿五十卷首一卷　(宋)曾鞏撰　清光
緒十六年(1890)慈利漁浦書院刻本　十冊

620000－1101－0019807　664.1/286
元和郡縣補志九卷　(清)嚴觀輯　清光緒八
年(1882)金陵書局刻本　二冊

620000－1101－0019808　664.1/286
元和郡縣補志九卷　(清)嚴觀輯　清光緒八
年(1882)金陵書局刻本　二冊

620000－1101－0019809　3277
元和郡縣補志九卷　(清)嚴觀輯　清乾隆四
十年(1775)蒲盧學舍刻本　二冊

620000－1101－0019810　664.1/286
元和郡縣圖志四十卷　(唐)李吉甫撰　元和
郡縣補志九卷　(清)嚴觀輯　清光緒六年
(1880)金陵書局刻本(補志爲光緒八年刻本)
八冊　存四十卷(圖志四十卷)

620000－1101－0019811　664.1/286

元和郡縣圖志四十卷 （唐）李吉甫撰 元和郡縣補志九卷 （清）嚴觀輯 清光緒六年(1880)金陵書局刻本(補志爲光緒八年刻本) 十冊

620000－1101－0019812 664.1/286

元和郡縣圖志四十卷 （唐）李吉甫撰 元和郡縣補志九卷 （清）嚴觀輯 清光緒六年(1880)金陵書局刻本(補志爲光緒八年刻本) 六冊 存四十卷(圖志四十卷)

620000－1101－0019813 664.1/286.002

元和郡縣圖志四十卷 （唐）李吉甫撰 元和郡縣補志六卷 （清）嚴觀輯 清嘉慶二年(1797)蘭陵孫氏刻岱南閣叢書本 十冊

620000－1101－0019814 664.1/286.001

元和郡縣志四十卷 （唐）李吉甫撰 清末刻本 十六冊

620000－1101－0019815 782.104/261

元和姓纂十卷 （唐）林寶撰 （清）孫星衍校補 清嘉慶七年(1802)洪瑩刻本 四冊

620000－1101－0019816 782.104/261.001

元和姓纂十卷 （唐）林寶撰 （清）孫星衍（清）洪瑩校 清光緒六年(1880)金陵書局刻本 四冊

620000－1101－0019817 437.2/432.010

元亨療馬集四卷附牛經一卷駝經一卷 （明）喻本元 （明）喻本亨編 清晚期刻本 一冊 存一卷(療馬集二)

620000－1101－0019818 437.2/432.022

元亨療馬集四卷附駝經一卷元亨療牛集二卷 （明）喻仁 （明）喻傑編 清道光三十年(1850)刻本 四冊

620000－1101－0019819 437.2/432.008

元亨療馬集四卷牛經一卷附駝經一卷 （明）喻本元 （明）喻本亨編 清道光十年(1830)大經堂刻本 一冊 存一卷(療馬集一)

620000－1101－0019820 437.2/432.009

元亨療馬集四卷牛經一卷附駝經一卷 （明）

喻本元 （明）喻本亨編 清咸豐四年(1854)崇順堂刻本 一冊 存一卷(療馬集一)

620000－1101－0019821 437.2/432.004

元亨療馬集五卷附駝經牛經 （明）喻仁 （明）喻傑著 清光緒三十二年(1906)經元書室刻本 三冊

620000－1101－0019822 235.1/0.128

元化指南五卷 （□）□□撰 清晚期刻本 二冊

620000－1101－0019823 4334

元經薛氏傳十卷 （唐）薛收撰 （宋）阮逸注 明萬曆二十年(1592)程榮刻漢魏叢書本 一冊 存六卷(五至十)

620000－1101－0019824 49

元經薛氏傳十卷 （唐）薛收撰 （宋）阮逸注 明刻廣漢魏叢書本 六冊

620000－1101－0019825 625.7/354

元寇紀略二卷附年表黑韃事略一卷 （日本）大橋順著 清光緒二十九年(1903)江蘇通州翰墨林編譯印書局鉛印本 一冊

620000－1101－0019826 625.704/28.64

元祕史李注補正十五卷 （清）高寶銓撰 清光緒二十八年(1902)刻本 二冊

620000－1101－0019827 625.704/12.509

元祕史山川地名攷十二卷 （清）施世杰撰 朔方備乘札記一卷 （清）李文田撰 清光緒二十三年(1897)刻郰鄭學廬地理叢刊本 三冊

620000－1101－0019828 669.8/628

元祕史山川地名攷十二卷 （清）施世杰撰 朔方備乘札記一卷 （清）李文田撰 清光緒二十三年(1897)刻郰鄭學廬地理叢刊本 一冊 存四卷(一至四)

620000－1101－0019829 1688

元人十種詩六十二卷 （明）毛晉輯 明崇禎十一年(1638)毛氏汲古閣刻清初增刻本 三冊 存二種五卷(薩天錫詩集三卷、集外詩一

卷,句曲外史集外詩一卷)

620000－1101－0019830　1862

元詩百一鈔八卷補遺一卷　(清)姚培謙等點
閱　清乾隆二十九年(1764)刻本　四冊

620000－1101－0019831　821.87.8/385

元詩紀事二十四卷　(清)陳衍輯　清光緒鉛
印本　六冊

620000－1101－0019832　1759

元詩選初集一百十四卷首一卷　(清)顧嗣立
輯　清康熙三十三年(1694)顧氏秀野草堂刻
本　二十冊

620000－1101－0019833　3232

元詩選癸集十卷　(清)顧嗣立輯　(清)席世
臣補　清嘉慶三年(1798)席氏掃葉山房刻光
緒十四年(1888)重修本　十六冊

620000－1101－0019834　1846

元詩選六卷補遺一卷　(清)顧奎光輯　清乾
隆十六年(1751)刻本　四冊　存六卷(元詩
選六卷)

620000－1101－0019835　2721

元詩選六卷補遺一卷　(清)顧奎光輯　清乾
隆刻本　二冊

620000－1101－0019836　625.783/712

元史本證五十卷　(清)汪輝祖撰　清嘉慶七
年(1802)刻本　八冊

620000－1101－0019837　625.701/697.004

元史二百十卷　(明)宋濂等撰　清刻本　一
冊　存五卷(二百六至二百十)

620000－1101－0019838　625.701/697.003

元史二百十卷　(明)宋濂等撰　清道光四年
(1824)刻本　一冊　存二卷(九十一至九十
二)

620000－1101－0019839　625.701/697.01

元史二百十卷附考證目錄二卷　(明)宋濂等
撰　清同治十三年(1874)江蘇書局刻本　四
十冊

620000－1101－0019840　625.701/697.01

元史二百十卷附考證目錄二卷　(明)宋濂等
撰　清同治十三年(1874)江蘇書局刻本　四
十八冊

620000－1101－0019841　625.701/697.01

元史二百十卷附考證目錄二卷　(明)宋濂等
撰　清同治十三年(1874)江蘇書局刻本　二
十一冊

620000－1101－0019842　1686

元史二百十卷目錄二卷　(明)宋濂等撰　明
洪武三年(1370)內府刻明清遞修本　二十七
冊　存一百八卷(一至九、十三至三十六、四
十二至四十七、五十一至五十三、六十至六十
二、七十二至七十四、七十九至八十一、八十
五至九十九、一百七至一百十二、一百二十一
至一百二十五、一百三十至一百四十一、一百
五十七至一百六十、一百八十三至一百九十
二、一百九十四至一百九十八)

620000－1101－0019843　4455

元史二百十卷目錄二卷　(明)宋濂等撰　明
洪武三年(1370)內府刻嘉靖重修本　二十冊
　存四十九卷(十至十三、六十至七十三、九
十六至一百二、一百五至一百十三、一百五十
五至一百五十六、一百五十九至一百六十五、
一百六十七至一百六十八、一百七十二至一
百七十四,目錄二)

620000－1101－0019844　4456

元史二百十卷目錄二卷　(明)宋濂等撰　明
洪武三年(1370)內府刻嘉靖重修本　二冊
存九卷(二十九至三十二、四十三至四十七)

620000－1101－0019845　4457

元史二百十卷目錄二卷　(明)宋濂等撰　明
洪武三年(1370)內府刻嘉靖重修本　一冊
存四卷(三十二至三十五)

620000－1101－0019846　625.703/385.002

元史紀事本末二十七卷　(明)陳邦瞻編輯
(明)張溥論正　清光緒二十一年(1895)上海
積山書局石印本　二冊

620000－1101－0019847　625.703/385.001

461

元史紀事本末二十七卷　（明）陳邦瞻編輯
（明）張溥論正　清同治十三年（1874）江西書
局刻本　四冊

620000－1101－0019848　625.703/385.001
元史紀事本末二十七卷　（明）陳邦瞻編輯
（明）張溥論正　清同治十三年（1874）江西書
局刻本　四冊

620000－1101－0019849　50
元史紀事本末四卷　（明）陳邦瞻撰　（明）臧
懋循補　明萬曆三十四年（1606）劉曰梧、徐
申刻本　四冊

620000－1101－0019850　625.701/697.002
元史九十五卷目錄一卷　（明）宋濂等修　清
光緒三十一年（1905）邵陽魏愼微堂刻本　十
七冊　存五十七卷（一至五十五、八十至八十
一）

620000－1101－0019851　625.705/930
元史氏族表三卷　（清）錢大昕補纂　（清）黃
鐘校刊　清嘉慶十一年（1806）嘉定黃鐘刻本
二冊

620000－1101－0019852　625.7101/72
元史譯文證補三十卷　（清）洪鈞撰　清光緒
二十六年（1900）廣雅書局刻廣雅書局叢書本
四冊

620000－1101－0019853　625.7101/720.001
元史譯文證補三十卷　（清）洪鈞撰　清光緒
二十三年（1897）刻本　四冊

620000－1101－0019854　625.7101/72.002
元史譯文證補三十卷　（清）洪鈞撰　清光緒
二十九年（1903）史學齋編譯石印書局石印本
四冊

620000－1101－0019855　625.7101/720.001
元史譯文證補三十卷　（清）洪鈞撰　清光緒
二十三年（1897）刻本　四冊

620000－1101－0019856　625.7101/720.001
元史譯文證補三十卷　（清）洪鈞撰　清光緒
二十三年（1897）刻本　四冊

620000－1101－0019857　625.7101/720.001
元史譯文證補三十卷　（清）洪鈞撰　清光緒
二十三年（1897）刻本　四冊

620000－1101－0019858　1279
元始天尊說北方真武妙經一卷　明成化十二
年（1476）刻本　八張

620000－1101－0019859　224.4/0.8
元始天尊演說昌化犯占釀斗朝真法懺一卷
（□）□□撰　清光緒二十九年（1903）刻本
一冊

620000－1101－0019860　625.701/761
元書二百二十卷首一卷　（清）曾廉撰　清宣
統三年（1911）刻本　二十冊

620000－1101－0019861　625.701/761
元書二百二十卷首一卷　（清）曾廉撰　清宣
統三年（1911）刻本　二十冊

620000－1101－0019862　628
元文類七十卷目錄三卷　（元）蘇天爵輯　明
嘉靖十六年（1537）晉藩刻本　二十冊

620000－1101－0019863　103
元文類七十卷目錄三卷　（元）蘇天爵輯　明
末修德堂刻本　十二冊

620000－1101－0019864　835.57/554
元文類七十卷目錄三卷　（元）蘇天爵輯　清
光緒十五年（1889）江蘇書局刻本　十冊

620000－1101－0019865　835.57/554
元文類七十卷目錄三卷　（元）蘇天爵輯　清
光緒十五年（1889）江蘇書局刻本　十冊

620000－1101－0019866　835.57/554
元文類七十卷目錄三卷　（元）蘇天爵輯　清
光緒十五年（1889）江蘇書局刻本　十冊

620000－1101－0019867　734.9/155.001
元耶律楚材西遊錄一卷　（元）耶律楚材撰
（元）盛如梓刪略　（清）李文田注　和林詩一
卷　（清）李文田撰　清光緒二十三年（1897）
鄱鄭學廬刻本　一冊

620000－1101－0019868　734.9/155.004

元耶律文正公西游録略注補一卷　（元）耶律
楚材撰　（清）李文田注　（清）范壽金補　劉
世珩校刊　清光緒二十三年(1897)刻聚學軒
叢書本　一冊

620000－1101－0019869　845.6/315.001
元遺山詩集箋注十四卷　（金）元好問撰
（元）張德輝類次　（清）施國祁箋　全集附録
一卷　（明）柴墟輯　（清）華希敏增輯　全集
補載一卷　（清）施國祁輯　清道光二年
(1822)刻本　八冊

620000－1101－0019870　845.6/12.62
元遺山詩集箋注十四卷　（金）元好問撰
（元）張德輝類次　（清）施國祁箋　全集附録
一卷　（明）柴墟輯　（清）華希敏增輯　全集
補載一卷　（清）施國祁輯　清道光二年
(1822)刻本　六冊

620000－1101－0019871　845.6/12.62.52
元遺山詩集箋注十四卷　（金）元好問撰
（元）張德輝類次　（清）施國祁箋　全集附録
一卷　（明）柴墟輯　（清）華希敏增輯　全集
補載一卷　（清）施國祁輯　清道光二年
(1822)刻本　六冊

620000－1101－0019872　845.6/315
元遺山詩集箋注十四卷　（金）元好問撰
（元）張德輝類次　（清）施國祁箋　全集附録
一卷　（明）柴墟輯　（清）華希敏增輯　全集
補載一卷　（清）施國祁輯　清宣統三年
(1911)掃葉山房石印本　八冊

620000－1101－0019873　845.6/128
元遺山詩集箋注十四卷　（金）元好問撰
（元）張德輝類次　（清）施國祁箋　全集附録
一卷　（明）柴墟輯　（清）華希敏增輯　全集
補載一卷　（清）施國祁輯　清宣統三年
(1911)掃葉山房石印本　八冊

620000－1101－0019874　845.6/128.03
元遺山先生全集五十七卷首一卷　（金）元好
問撰　清光緒七年(1881)讀書山房刻本　十
七冊

620000－1101－0019875　230/183
元宰必讀書八卷　（清）彭凝祉輯　清道光二
十三年(1843)成都刻本　一冊

620000－1101－0019876　839.26/71
沅湘通藝録八卷附録二卷　（清）江標輯　清
光緒二十三年(1897)江標刻本　十冊

620000－1101－0019877　846.1/189
袁海叟詩集四卷詩補一卷　（明）袁凱撰　清
光緒十九年(1893)石埭徐士愷刻觀自得齋叢
書本　二冊

620000－1101－0019878　2855
袁詩五卷　（清）袁枚撰　（清）張懷湉選　清
乾隆四十五年(1780)刻本　一冊

620000－1101－0019879　652.781/191
袁太常戊戌條陳不分卷　（清）袁昶撰　清光
緒二十八年(1902)平原村舍鉛印本　一冊

620000－1101－0019880　652.781/191.01
袁太常奏稿一卷　（清）袁昶撰　清末刻本
一冊

620000－1101－0019881　610.29/186.004
袁王綱鑑合編三十九卷附明紀綱目二十卷首
一卷　（明）袁黃輯　（清）王世貞編　清光緒
三十年(1904)上海商務印書館鉛印本　一冊
　存四十七卷(一至十、十七至二十六、三十
四至三十九,附明紀綱目二十卷,首一卷)

620000－1101－0019882　847.4/186
袁文合箋十六卷　（清）袁枚撰　（清）王廣業
集箋　（清）于振煦參訂　清光緒八年(1882)
青箱塾刻本　六冊

620000－1101－0019883　847.4/18.35
袁文箋正十六卷補注一卷　（清）袁枚撰
（清）石韞玉箋　清嘉慶十七年(1812)刻本
四冊

620000－1101－0019884　847.4/186.4
袁文箋正十六卷補注一卷　（清）袁枚撰
（清）石韞玉箋　清嘉慶十七年(1812)刻本
六冊

620000－1101－0019885　847.4/186.4

袁文箋正十六卷補注一卷　（清）袁枚撰
（清）石韞玉箋　清嘉慶十七年(1812)刻本
六冊

620000－1101－0019886　847.4/186.4.001

袁文箋正十六卷補注一卷　（清）袁枚撰
（清）石韞玉箋　清同治四年(1865)松壽山房
刻本　八冊

620000－1101－0019887　847.4/186.002

袁文箋正十六卷補注一卷　（清）袁枚撰
（清）石韞玉箋　清光緒八年(1882)汗青簃刻
本　八冊

620000－1101－0019888　847.4/186.003

袁文箋正十六卷補注一卷　（清）袁枚撰
（清）石韞玉箋　清晚期刻本　一冊　存四卷
（五至八）

620000－1101－0019889　573.42/191

袁易齋先生圖民錄四卷　（清）袁守定撰　清
同治十二年(1873)湘鄉楊昌濬刻本　二冊

620000－1101－0019890　090.7/74.001

原板阮十三經注疏四百十六卷附校勘記
（清）阮元校勘　（清）盧宣旬摘錄　清嘉慶二
十年(1815)南昌府學刻道光六年(1826)盱江
朱華臨重校印本　一百九十二冊

620000－1101－0019891　311.6/787.001

原本直指算法統宗十二卷　（明）程大位編集
清晚期刻本　一冊　存二卷(七至八)

620000－1101－0019892　551.2/179

原富五部　（英國）斯密亞丹撰　嚴復譯　清
光緒二十八年(1902)南洋公學譯書院鉛印本
四冊　存三部(甲下、丙上下、丁上)

620000－1101－0019893　551.2/179

原富五部　（英國）斯密亞丹撰　嚴復譯　清
光緒二十八年(1902)南洋公學譯書院鉛印本
八冊

620000－1101－0019894　551.2/179

原富五部　（英國）斯密亞丹撰　嚴復譯　清
光緒二十八年(1902)南洋公學譯書院鉛印本
八冊

620000－1101－0019895　551.2/179

原富五部　（英國）斯密亞丹撰　嚴復譯　清
光緒二十八年(1902)南洋公學譯書院鉛印本
七冊

620000－1101－0019896　551.2/179

原富五部　（英國）斯密亞丹撰　嚴復譯　清
光緒二十八年(1902)南洋公學譯書院鉛印本
八冊

620000－1101－0019897　551.2/179

原富五部　（英國）斯密亞丹撰　嚴復譯　清
光緒二十八年(1902)南洋公學譯書院鉛印本
八冊

620000－1101－0019898　551.2/179

原富五部　（英國）斯密亞丹撰　嚴復譯　清
光緒二十八年(1902)南洋公學譯書院鉛印本
八冊

620000－1101－0019899　2114

原機啓微二卷　（元）倪維德撰　**附錄一卷**
（明）薛己撰　明崇禎元年(1628)朱明刻薛氏
醫書十六種本　三冊

620000－1101－0019900　830/331

**原獻文錄四卷詩錄三卷原故文錄一卷詩錄一
卷**　（清）賀瑞麟編輯　清光緒五年(1879)刻
本　一冊

620000－1101－0019901　071.74/99

援鶉堂筆記五十卷　（清）姚範撰　**刊誤一卷
刊誤補遺一卷**　（清）方東樹撰　清道光刻本
十五冊

620000－1101－0019902　071.74/99

援鶉堂筆記五十卷　（清）姚範撰　**刊誤一卷
刊誤補遺一卷**　（清）方東樹撰　清道光刻本
十一冊　存三十六卷(一至十三、二十八至
五十)

620000－1101－0019903　071.74/99.001

援鶉堂筆記五十卷　（清）姚範撰　**刊誤一卷**

刊誤補遺一卷　（清）方東樹撰　清道光十五年(1835)刻本　十二冊　存五十卷(援鶉堂筆記五十卷)

620000－1101－0019904　081.3/113.001
圓機活法□□卷　（明）王世貞校正　（明）楊淙參閱　清光緒刻本　一冊　存一卷(九)

620000－1101－0019905　081.3/113.002
圓機活法□□卷　（明）王世貞校正　（明）楊淙參閱　清光緒刻本　一冊　存一卷(七)

620000－1101－0019906　221.303/684
圓覺經略疏之鈔二十五卷　（唐）釋宗密錄　清刻本　一冊　存一卷(二)

620000－1101－0019907　632
圓明園四十景匾額一卷　（清）□□撰　清抄本　一冊

620000－1101－0019908　316.38/238
圓錐曲線不分卷　（美國）求德生選譯　（清）劉維師筆述　（清）張寶善校閱　清光緒十九年(1893)上海美華書館鉛印本　一冊

620000－1101－0019909　316.38/238
圓錐曲線不分卷　（美國）求德生選譯　（清）劉維師筆述　（清）張寶善校閱　清光緒十九年(1893)上海美華書館鉛印本　一冊

620000－1101－0019910　846.5/233
苑洛集二十二卷　（明）韓邦奇撰　清道光八年(1828)同里謝氏刻本　十冊

620000－1101－0019911　846.5/233
苑洛集二十二卷　（明）韓邦奇撰　清道光八年(1828)同里謝氏刻本　十冊

620000－1101－0019912　1650
苑西集十二卷　（清）高士奇撰　清康熙二十九年(1690)刻清吟堂全集本　二冊

620000－1101－0019913　3837
願體集一卷增纂願體集一卷　（清）史典輯　清康熙史氏刻本　八冊

620000－1101－0019914　847.7/197
約園詞稿十卷　（清）趙起撰　清光緒二十六年(1900)刻本　二冊

620000－1101－0019915　641.7/581
約章成案匯覽甲篇十卷乙篇四十二卷　（清）北洋洋務局纂輯　清光緒三十一年(1905)上海點石齋石印本　十冊　存十卷(甲篇十卷)

620000－1101－0019916　641.7/581
約章成案匯覽甲篇十卷乙篇四十二卷　（清）北洋洋務局纂輯　清光緒三十一年(1905)上海點石齋石印本　十冊　存十卷(甲篇十卷)

620000－1101－0019917　641.7/581
約章成案匯覽甲篇十卷乙篇四十二卷　（清）北洋洋務局纂輯　清光緒三十一年(1905)上海點石齋石印本　十冊　存十卷(甲篇十卷)

620000－1101－0019918　578.285/1905
約章成案匯覽甲篇十卷乙篇四十二卷　（清）北洋洋務局纂輯　清光緒三十一年(1905)上海點石齋石印本　七冊　存十卷(甲篇十卷)

620000－1101－0019919　641.7/581
約章成案匯覽甲篇十卷乙篇四十二卷　（清）北洋洋務局纂輯　清光緒三十一年(1905)上海點石齋石印本　十冊　存十卷(甲篇十卷)

620000－1101－0019920　641.7/581
約章成案匯覽甲篇十卷乙篇四十二卷　（清）北洋洋務局纂輯　清光緒三十一年(1905)上海點石齋石印本　四十六冊

620000－1101－0019921　641.7/581
約章成案匯覽甲篇十卷乙篇四十二卷　（清）北洋洋務局纂輯　清光緒三十一年(1905)上海點石齋石印本　四十六冊

620000－1101－0019922　641.7/581
約章成案匯覽甲篇十卷乙篇四十二卷　（清）北洋洋務局纂輯　清光緒三十一年(1905)上海點石齋石印本　三十一冊　存三十八卷(乙篇一至三十七、四十二)

620000－1101－0019923　641.7/581
約章成案匯覽甲篇十卷乙篇四十二卷　（清）北洋洋務局纂輯　清光緒三十一年(1905)上

海點石齋石印本　十二冊　存十二卷(乙篇
三下、五至六、十二、二十五、二十八至二十
九、三十四至三十七、四十二)

620000－1101－0019924　641.7/581
約章成案匯覽甲篇十卷乙篇四十二卷　(清)
北洋洋務局纂輯　清光緒三十一年(1905)上
海點石齋石印本　一冊　存一卷(乙篇二)

620000－1101－0019925　641.7/581
約章成案匯覽甲篇十卷乙篇四十二卷　(清)
北洋洋務局纂輯　清光緒三十一年(1905)上
海點石齋石印本　十一冊　存十三卷(乙篇
一至五、十二下、十九至二十二、三十至三十
一、三十八下)

620000－1101－0019926　641.7/581
約章成案匯覽甲篇十卷乙篇四十二卷　(清)
北洋洋務局纂輯　清光緒三十一年(1905)上
海點石齋石印本　二十三冊　存三十卷(乙
篇一至七、十至十二、十九至二十三上、二十
五下至二十七、三十至三十一、三十三至三十
六、三十七下至四十二)

620000－1101－0019927　641.7/581
約章成案匯覽甲篇十卷乙篇四十二卷　(清)
北洋洋務局纂輯　清光緒三十一年(1905)上
海點石齋石印本　三十六冊　存四十二卷
(乙篇四十二卷)

620000－1101－0019928　641.7/581
約章成案匯覽甲篇十卷乙篇四十二卷　(清)
北洋洋務局纂輯　清光緒三十一年(1905)上
海點石齋石印本　三十四冊　存三十五卷
(乙篇八至四十二)

620000－1101－0019929　641.7/581
約章成案匯覽甲篇十卷乙篇四十二卷　(清)
北洋洋務局纂輯　清光緒三十一年(1905)上
海點石齋石印本　三十四冊　存四十二卷
(乙篇四十二卷)

620000－1101－0019930　578.285/564
約章分類輯要三十八卷首一卷　(清)蔡乃煌
纂　清光緒二十六年(1900)湖南商務局刻本

三十冊

620000－1101－0019931　578.285/293
約章述要二卷　(美國)李佳白纂輯　(清)嚴
善坊編　清光緒三十三年(1907)尚賢堂鉛印
本　一冊　存一卷(下)

620000－1101－0019932　847.8/444
月滄文集六卷首一卷附詩二卷　(清)呂璜撰
清抄本　三冊

620000－1101－0019933　168
月旦堂新鐫繡像列仙傳四卷　(明)洪應明輯
明末吳門種書堂刻本　一冊

620000－1101－0019934　847.5/587
月沽詩草四卷　(清)崔旸撰　清咸豐四年
(1854)刻本　一冊　存二卷(三至四)

620000－1101－0019935　044.7/102
月令粹編二十四卷圖說一卷　(清)秦嘉謨編
刻　清嘉慶十七年(1812)江都秦氏琳琅仙館
刻本　八冊

620000－1101－0019936　044.7/102
月令粹編二十四卷圖說一卷　(清)秦嘉謨編
刻　清嘉慶十七年(1812)江都秦氏琳琅仙館
刻本　八冊

620000－1101－0019937　229
月令廣義二十四卷首一卷附錄一卷　(明)馮
應京輯　(明)戴任增釋　明萬曆陳邦泰刻本
十二冊

620000－1101－0019938　229
月令廣義二十四卷首一卷附錄一卷　(明)馮
應京輯　(明)戴任增釋　明萬曆陳邦泰刻本
十四冊

620000－1101－0019939　2010
月令輯要二十四卷首一卷　(清)李光地等輯
清康熙五十四年(1715)內府刻本　十四冊

620000－1101－0019940　2011
月令輯要二十四卷首一卷　(清)李光地等輯
清康熙五十四年(1715)內府刻本　十二冊

620000－1101－0019941　684.68/766

岳廟志略十卷首一卷 （清）馮培編輯 清光緒五年(1879)浙江書局刻本 四冊

620000－1101－0019942 684.68/766
岳廟志略十卷首一卷 （清）馮培編輯 清光緒五年(1879)浙江書局刻本 四冊

620000－1101－0019943 163
岳石帆先生鑒定四六宙函三十卷 （明）李自榮輯 明天啓五年(1625)蔣時機刻本 十六冊

620000－1101－0019944 845.21/883
岳忠武王文集八卷末一卷 （宋）岳飛撰（清）黃邦寧纂修 清光緒十二年(1886)上海簡玉山房刻本 三冊

620000－1101－0019945 845.21/88
岳忠武王文集八卷首一卷末一卷 （宋）岳飛撰 清同治十二年(1873)劉質慧刻本 四冊

620000－1101－0019946 845.21/88
岳忠武王文集八卷首一卷末一卷 （宋）岳飛撰 清同治十二年(1873)劉質慧刻本 四冊

620000－1101－0019947 845.21/88
岳忠武王文集八卷首一卷末一卷 （宋）岳飛撰 清同治十二年(1873)劉質慧刻本 四冊

620000－1101－0019948 845.21/88
岳忠武王文集八卷首一卷末一卷 （宋）岳飛撰 清同治十二年(1873)劉質慧刻本 四冊

620000－1101－0019949 845.21/88
岳忠武王文集八卷首一卷末一卷 （宋）岳飛撰 清同治十二年(1873)劉質慧刻本 四冊

620000－1101－0019950 4539
越縵堂讀書記二十卷 （清）李慈銘撰 陳乃乾編 稿本 十七冊

620000－1101－0019951 847.8/292
越縵堂集十卷 （清）李慈銘著 清光緒十六年(1890)刻本 二冊

620000－1101－0019952 738.9/429
越南游歷記不分卷 （清）嚴璩 （清）恩慶撰 清光緒三十一年(1905)鉛印本 一冊

620000－1101－0019953 627.84/886
越事備考十二卷首一卷 （清）劉名譽纂輯 清光緒二十一年(1895)刻本 四冊

620000－1101－0019954 627.84/886
越事備考十二卷首一卷 （清）劉名譽纂輯 清光緒二十一年(1895)刻本 四冊 存十二卷(奏議三卷、芻言六卷、案略二卷、首一卷)

620000－1101－0019955 802.51/537
越諺三卷膡語二卷 （清）范寅輯 清光緒七年(1881)刻本 三冊

620000－1101－0019956 797.23/24
越中金石記十卷越中金石目二卷 （清）杜春生編 清道光十年(1830)詹波館刻本 四冊

620000－1101－0019957 086.127/361
越中文獻輯存書十種十七卷 （清）紹興公報社輯 清宣統三年(1911)紹興公報社鉛印本 四冊 存六種六卷(蘇甘室讀說文小識一卷、俛東餓夫傳一卷、越縵堂日記鈔一卷、鄉談一卷、憂菴大司馬并夫人合稿一卷、筠菴文選一卷)

620000－1101－0019958 689.34/30
粵西筆述一卷 （清）張祥河輯 清光緒二十二年(1896)蔣氏存遠堂刻本 一冊

620000－1101－0019959 585.8/828
粵東成案初編三十八卷總類一卷補遺一卷 （清）朱橒編次 清道光十二年(1832)羊城柏署刻本 三十三冊

620000－1101－0019960 2300
粵行三志三卷 （清）王士禛撰 清康熙刻本 一冊

620000－1101－0019961 830/908
粵十三家集一百九十一卷 （清）伍元薇輯 清道光二十年(1840)南海伍氏詩雪軒刻本 三十六冊 存十三種一百七十六卷(文溪集二十卷、首一卷,秋曉先生覆瓿集四卷、附錄一卷、末一卷,九峰先生集三卷、首一卷、附錄一卷,李駕部前集四卷、後集二卷,青霞漫稿一卷、附錄一卷,瑤石山人詩稿十六卷,區太

467

史詩集二十七卷,中洲草堂遺集二十三卷、首一卷、末一卷、蓮鬚閣集二十六卷、首一卷、九谷集六卷、六瑩堂集九卷、二集三至六、評詞一卷、附錄一卷,大樗堂初集十二卷,雲華閣詩略六卷、附錄一卷、坡亭詞鈔一卷)

620000－1101－0019962　082.77/90

粵雅堂叢書一百八十四種一千三百五卷
(清)伍崇曜輯　清道光、光緒南海伍氏刻本
　　四百冊

620000－1101－0019963　082.77/90

粵雅堂叢書一百八十四種一千三百五卷
(清)伍崇曜輯　清道光、光緒南海伍氏刻本
　　四百冊

620000－1101－0019964　082.77/90

粵雅堂叢書一百八十四種一千三百五卷
(清)伍崇曜輯　清道光、光緒南海伍氏刻本
　　三百二十九冊　缺三種八卷(焦氏筆乘續一至四、孝經今文音義一卷、蜀中名勝記二十八至三十)

620000－1101－0019965　082.77/90

粵雅堂叢書一百八十四種一千三百五卷
(清)伍崇曜輯　清道光、光緒南海伍氏刻本
　　二百六十冊　缺七十四種五百七十一卷(天香閣集一卷,蘇詩補注八卷、附志道集一卷,石洲詩話八卷,北江詩話六卷,玉山草堂續集六卷,虎鈐經二十卷,打馬圖經一卷,敘古千文一卷,草廬經略十二卷,字觸六卷,今世說八卷,飲水詩集一卷、詞集一卷,雙溪集十五卷、附遺言一卷,日湖漁唱一卷、補遺一卷、續補遺一卷,瑟譜六卷,秋笳集八卷、附錄一卷,燕樂考原六卷,絳雲樓書目四卷,述古堂藏書目四卷、宋板書目一卷,石柱記箋釋五卷,林屋唱酬錄一卷,焦山紀遊集一卷,沙河逸老小稿六卷,嶰谷詞一卷,南齋集六卷、詞二卷,九國志十二卷,胡子知言六卷、疑義一卷、附錄一卷,藥庵閒話二卷,後漢書補註二十四卷,後漢書補表八卷,十三經音略十一至十三、附錄一卷,說文聲系一至六,文館詞林六百六十二、六百六十四、六百六十八、六百九十五,中興禦侮錄二卷,襄陽守城錄一卷,

樓山堂集二十五至二十七,國策地名考十八至二十,樂縣考二卷,國朝漢學師承記一至二、附國朝經師經義目錄一卷,顧亭林先生年譜三至四,孟子音義二卷,春秋五禮例宗十卷,兒易外儀十五卷,春秋國都爵姓考一卷、附補一卷,儀禮管見三卷、附錄一卷,孝經今文音義一卷,續世說十二卷,書義主意六卷,群英書義二卷,焦氏類林八卷,西域釋地一卷、西陲要略四卷,鳳氏經說三卷,比雅十九卷,廣釋名二卷、首一卷,墨志一卷,述學內篇三卷、外篇一卷、補遺一卷、別錄一卷,帝範二卷,臣軌二卷,群書治要五十卷,四聲等子一卷,周易新講義十卷,泰軒易傳六卷,崔舍人玉堂類稿二十卷,西垣類稿二卷、附錄一卷,唐才子傳十卷,樂經律呂通解五卷,六書轉注錄十卷,延令宋板書一卷,墨緣彙觀錄四卷,兒易內儀以六卷,蜀中名勝記三十卷,補宋書刑法志一卷,補宋書食貨志一卷,晉宋書故一卷,姑溪居士文集五十卷、後集二十卷,授堂文鈔一至二,南北朝文鈔二卷)

620000－1101－0019966　082.77/90

粵雅堂叢書一百八十四種一千三百五卷
(清)伍崇曜輯　清道光、光緒南海伍氏刻本
　　六十四冊　存三十九種二百二十三卷(鄭志三卷、附錄一卷,文館詞林六百六十二、六百六十四、六百六十八、六百九十五,兩京新記三,新譯大方廣佛華嚴經音義四卷,道德真經註四卷,太上感應篇注二卷,歷代帝王年表三卷,紀元編三卷、末一卷,中興禦侮錄二卷,襄陽守城錄一卷,宋季三朝政要五卷、附錄一卷,詞源二卷,精選名儒草堂詩餘三卷,樓山堂集二十七卷,朱子年譜四卷、考異四卷、附朱子論學切要語二卷,韓柳年譜八卷,疑年錄四卷,續疑年錄四卷,米海岳年譜一卷,元遺山先生年譜三卷、附墓圖記略一卷,崇文總目五卷、補遺一卷、附錄一卷,菉竹堂書目六卷,菉竹堂碑目六卷,寒山堂金石林時地考二卷,勝飲編十八卷,采硫日記三卷,嵩洛訪碑日記一卷,通志堂經解目錄一卷,蘇米齋蘭亭考八卷,石渠隨筆八卷,周官新義十六卷、附考工記解二卷,爾雅新義二十卷、附敘錄一卷,孫

氏周易集解十卷,春秋穀梁傳時月日書法釋
例四卷,群經音辨七卷,相臺書塾刊正九經三
傳沿革例一卷,九經補韻一卷、附錄一卷,詞
林韻釋二卷)

620000－1101－0019967　082.77/90
粵雅堂叢書一百八十四種一千三百五卷
(清)伍崇曜輯　清道光、光緒南海伍氏刻本
　三百九十七冊　缺三種十四卷(南部新書
一至六、九至十,孝經今文音義一卷,蜀中名
勝記二十六至三十)

620000－1101－0019968　693.3/30
粵遊小識七卷　(清)張心泰撰　清光緒二十
六年(1900)刻本　一冊

620000－1101－0019969　220/837
閱藏知津四十四卷總目四卷　(清)釋智旭彙
輯　清光緒十七年(1891)金陵刻經處刻本
十冊

620000－1101－0019970　857.1/859
閱微草堂筆記二十四卷　(清)紀昀撰　清嘉
慶五年(1800)蘇州振新書社刻本　十冊

620000－1101－0019971　857.2/859
閱微草堂筆記二十四卷　(清)紀昀撰　清嘉
慶五年(1800)蘇州振新書社刻本　十二冊

620000－1101－0019972　857.2/859
閱微草堂筆記二十四卷　(清)紀昀撰　清嘉
慶五年(1800)蘇州振新書社刻本　七冊　存
十五卷(三至四、十二至二十四)

620000－1101－0019973　857.174/859
閱微草堂筆記二十四卷　(清)紀昀撰　清道
光十三年(1833)羊城刻本　八冊

620000－1101－0019974　857.2/859.001
閱微草堂筆記二十四卷　(清)紀昀撰　清光
緒三年(1877)刻本　八冊　存十八卷(灤陽
消夏錄六卷、如是我聞四卷、槐西雜志四卷、
姑妄聽之四卷)

620000－1101－0019975　911.2/292
樂典六卷　李燮義編譯　清宣統元年(1909)

學部圖書局石印本　一冊

620000－1101－0019976　911.2/292
樂典六卷　李燮義編譯　清宣統元年(1909)
學部圖書局石印本　一冊

620000－1101－0019977　831/631
樂府詩集一百卷　(宋)郭茂倩編次　清同治
十三年(1874)湖北崇文書局刻本　二冊　存
十二卷(三十七至四十八)

620000－1101－0019978　916.1/714
樂府外集琴譜四卷首一卷　(清)汪烜輯　清
晚期刻本　三冊

620000－1101－0019979　853.29/267
樂府新編陽春白雪十卷　(元)楊朝英選集
清光緒三十一年(1905)南陵徐氏影元刻本
一冊

620000－1101－0019980　931.7/363
樂老堂集古百廿壽一卷　(清)孫蟠篆　清晚
期刻鈐印本　一冊

620000－1101－0019981　287
樂律全書十五種四十九卷　(明)朱載堉撰
明萬曆鄭藩刻增修本　二十二冊

620000－1101－0019982　287
樂律全書十五種四十九卷　(明)朱載堉撰
明萬曆鄭藩刻增修本　十冊　存十種二十五
卷(樂學新說一卷、附樂經古文一卷,算學新
說一卷,律呂精義外編一至五,操縵古樂譜一
卷,旋宮合樂譜一卷,鄉飲詩樂譜六卷,六代
小舞譜一卷,二佾綴兆圖一卷,聖壽萬年曆二
卷,律屬融通四卷、附錄一卷)

620000－1101－0019983　287
樂律全書十五種四十九卷　(明)朱載堉撰
明萬曆鄭藩刻增修本　十九冊　存十四種四
十六卷(律學新說四卷,樂學新說一卷、附樂
經古文一卷,算學新說一卷,律呂精義內編十
卷,律呂精義外編十卷,操縵古樂譜一卷,旋
宮合樂譜一卷,鄉飲詩樂譜六卷,六代小舞譜
一卷,小舞鄉樂譜一卷,二佾綴兆圖一卷,靈
星小樂譜一卷,聖壽萬年曆二卷,律屬融通四

卷、附錄一卷)

620000－1101－0019984　1481

樂善堂全集定本三十卷目錄一卷　(清)高宗
弘曆撰　清乾隆刻本　十八冊

620000－1101－0019985　847.4/616.07

樂善堂全集定本三十卷目錄一卷　(清)高宗
弘曆撰　清光緒刻本　九冊

620000－1101－0019986　847.4/616.07

樂善堂全集定本三十卷目錄一卷　(清)高宗
弘曆撰　清光緒刻本　十八冊

620000－1101－0019987　4511

樂志二十一卷　(□)□□撰　清嘉慶朱墨抄
本　二冊　存五卷(五至七、二十至二十一)

620000－1101－0019988　847.7/601

樂志堂文集十八卷文續集二卷詩集十二卷
(清)譚瑩撰　清咸豐十年(1860)吏隱園刻本
　十二冊

620000－1101－0019989　847.8/746.07

樂志簃文錄四卷　(清)沈祥龍撰　清光緒二
十六年(1900)刻本　一冊

620000－1101－0019990　847.6/930

龠翁詩鈔四卷　(清)錢辰著　**寄生吟草一卷**
　(清)錢家吉著　清光緒八年(1882)南錢草
堂刻本　二冊

620000－1101－0019991　071.7/0.502

芸窗必覽初編不分卷　(清)□□輯　清道光
二十七年(1847)刻本　一冊

620000－1101－0019992　074.7/113

芸窗清賞一卷　(清)王世茂彙輯　清晚期抄
本　二冊

620000－1101－0019993　610.29/441.003

芸經樓綱鑑易知錄九十二卷明紀十五卷
(清)吳乘權等輯　清晚期芸經樓刻本　十二
冊　存二十四卷(綱鑑易知錄五十七至七十
一、八十二至八十三、八十六至八十九,明紀
七至九)

620000－1101－0019994　1326

芸香館試帖偶存四卷附續存一卷　(清)鍾文
著　清同治四年(1865)鍾文十年讀書之廬稿
本　二冊

620000－1101－0019995　2677

雲川閣集詩八卷　(清)杜詔撰　清康熙五十
七年(1718)刻本　一冊

620000－1101－0019996　847.5/795

雲膚山房詩稿六卷首一卷　(清)黎光地著
清同治鹿園刻本　二冊

620000－1101－0019997　2023

雲谷雜紀四卷首一卷末一卷　(宋)張淏撰
清乾隆武英殿木活字印武英殿聚珍版書本
二冊

620000－1101－0019998　1620

雲笈七籤一百二十卷　(宋)張君房撰　明張
宣清真館刻本　一冊　存六卷(三十七至四
十二)

620000－1101－0019999　853.6/117.009

雲林別墅繪像妥註六才子書六卷首一卷
(元)王德信撰　(清)金人瑞批　(清)鄒聖
脈注　清道光二十九年(1849)文誠堂刻本
二冊

620000－1101－0020000　042.74/617.002

雲林別墅新集酬世錦囊五卷　(清)謝梅林選
　(清)鄒可庭輯　(清)鄒景揚訂　清光緒刻
本　一冊　存二卷(一至二)

620000－1101－0020001　042.74/617.003

雲林別墅纂輯酬世錦囊家禮纂要續編五卷
(清)謝梅林選　(清)鄒可庭輯　(清)鄒景
揚訂　清晚期刻本　一冊　存二卷(四至五)

620000－1101－0020002　847/181

雲南封傅亭明府詩稿一卷　(清)封傅亭撰
戒亭詩草集句一卷　(清)劉壬撰　**梅齋律古
一卷**　(清)吳錠撰　清稿本　一冊

620000－1101－0020003　629.35/314

雲南機務抄黃一卷　(明)張紞編　清道光二
十六年(1846)宏道書院刻惜陰軒叢書本

一冊

620000－1101－0020004　673.5/333

雲南課吏館全滇紀要編輯章程不分卷　（清）
雲南課吏館編輯　清光緒三十一年（1905）鉛
印本　十冊

620000－1101－0020005　567.9235/333

雲南民屯賦役全書不分卷　（清）雲南布政使
司編輯　清道光刻本　十八冊

620000－1101－0020006　220/700

雲棲法彙三十二種六十一卷　（明）釋袾宏輯
　清光緒十八年至二十五年（1892－1899）金
陵刻經處刻本　十五冊　存十二種二十八卷
（阿彌陀經疏鈔四卷、事義四卷，諸經日誦二
卷，西方原文略釋一卷，緇門崇行錄一卷，自
知錄一卷，正訛集一卷，直道錄一卷，山房雜
錄二卷，雲棲大師遺稿三卷，雲棲共住約規三
卷、囑語一卷，雲棲紀事一卷，附孝義無礙庵
錄一卷，雲棲大師塔銘一卷、附祭文偈讚一
卷）

620000－1101－0020007　852.4/677

雲起軒詞鈔一卷　（清）文廷式撰　清光緒三
十三年（1907）南陵徐乃昌刻懷豳雜俎本
一冊

620000－1101－0020008　847.7/885

雲水前集一卷後集一卷　（清）劉元機著　清
光緒十一年（1885）楚北余永慶刻本　二冊

620000－1101－0020009　847.7/885

雲水前集一卷後集一卷　（清）劉元機撰　清
光緒十一年（1885）楚北余永慶刻本　二冊

620000－1101－0020010　847.7/885

雲水前集一卷後集一卷　（清）劉元機撰　清
光緒十一年（1885）楚北余永慶刻本　二冊

620000－1101－0020011　225.4/333

雲水直道法寶輪宗誌四卷　（清）釋雲水撰
清光緒四年（1878）杭州昭慶寺刻本　二冊

620000－1101－0020012　847.4/814

雲臥山房集二卷　（清）周嘉猷撰　清咸豐二

年（1852）刻本　二冊

620000－1101－0020013　831.7/64

雲樣集八卷　（清）高陳謨編　清嘉慶二年
（1797）傳經堂刻本　四冊

620000－1101－0020014　831.7/64

雲樣集八卷　（清）高陳謨編　清嘉慶二年
（1797）傳經堂刻本　八冊

620000－1101－0020015　4496

雲棧紀程七卷　（清）張邦伸輯　清稿本
一冊

620000－1101－0020016　084/860.01

雲自在龕叢書十九種一百十九卷　繆荃孫輯
　清光緒江陰繆氏刻本　二十四冊

620000－1101－0020017　084/860.01

雲自在龕叢書十九種一百十九卷　繆荃孫輯
　清光緒江陰繆氏刻本　二十六冊

620000－1101－0020018　847.6/258

雲左山房詩鈔八卷附卷一卷　（清）林則徐撰
　清光緒十二年（1886）刻本　四冊

620000－1101－0020019　316.1/869

運規約指三卷　（英國）白起德輯　（英國）傅
蘭雅口譯　（清）徐建寅筆述　清同治十年
（1871）江南製造局刻本　一冊

620000－1101－0020020　316.1/869

運規約指三卷　（英國）白起德輯　（英國）傅
蘭雅口譯　（清）徐建寅筆述　清同治十年
（1871）江南製造局刻本　一冊

620000－1101－0020021　316.1/869

運規約指三卷　（英國）白起德輯　（英國）傅
蘭雅口譯　（清）徐建寅筆述　清同治十年
（1871）江南製造局刻本　一冊

620000－1101－0020022　316.1/869.001

運規約指三卷　（英國）白起德輯　（英國）傅
蘭雅口譯　（清）徐建寅筆述　清光緒二十六
年（1900）香港文運書局石印本　一冊

620000－1101－0020023　316.1/869.001

運規約指三卷　（英國）白起德輯　（英國）傅

蘭雅口譯　（清）徐建寅筆述　清光緒二十六年（1900）香港文運書局石印本　一冊

620000－1101－0020024　316.1/869.001
運規約指三卷　（英國）白起德輯　（英國）傅蘭雅口譯　（清）徐建寅筆述　清光緒二十六年（1900）香港文運書局石印本　一冊

620000－1101－0020025　847.8/37.01
運甓齋詩稿八卷文稿四卷文彙續編六卷贈言錄四卷　（清）陳勱著　清光緒十年（1884）刻本　一冊　存八卷（詩稿八卷）

620000－1101－0020026　847.8/37.02
運甓齋詩稿八卷文稿四卷文彙續編六卷贈言錄四卷　（清）陳勱著　清光緒二十年（1894）刻本　一冊　存四卷（文稿四卷）

620000－1101－0020027　847.8/37.02
運甓齋詩稿八卷文稿四卷文彙續編六卷贈言錄四卷　（清）陳勱著　清光緒二十年（1894）刻本　一冊　存六卷（文彙續編六卷）

620000－1101－0020028　847.8/37.02
運甓齋詩稿八卷文稿四卷文彙續編六卷贈言錄四卷　（清）陳勱著　清光緒二十年（1894）刻本　一冊　存四卷（贈言錄四卷）

620000－1101－0020029　097.7/845
韞山堂時文初集一卷二集二卷三集一卷　（清）管世銘撰　清道光三年（1823）成氏刻本　二冊　存三卷（二集二卷、三集一卷）

620000－1101－0020030　847.4/845
韞山堂文集八卷　（清）管世銘撰　清光緒十七年（1891）刻本　四冊

620000－1101－0020031　847.8/994.7
蘊素軒詩稿五卷附詞一卷　姚倚雲撰　清光緒刻本　一冊

620000－1101－0020032　821.137/749
韻辨附文五卷　（清）沈兆霖撰　清道光二十三年（1843）刻本　二冊

620000－1101－0020033　821.137/749.001
韻辨附文五卷　（清）沈兆霖撰　清光緒四年

（1878）蘭山書院刻本　三冊　存三卷（上平、下平、上聲）

620000－1101－0020034　33
韻補五卷　（宋）吳棫撰　明刻本　二冊

620000－1101－0020035　802.44/605
韻鈔十四卷　（清）傅王露抄錄　清光緒十一年（1885）抄本　十四冊

620000－1101－0020036　831/323
韻對五七言千家詩輯鈔四卷附敬避字樣不分卷二十四詩品不分卷　（清）忠興堂書林重輯　清光緒四年（1878）西安忠興堂刻本　三冊　存三卷（一至二、四）

620000－1101－0020037　802.44/275
韻法十便十二卷　（清）楊得春輯　清光緒二十年（1894）刻本　六冊

620000－1101－0020038　802.42/279
韻法直圖一卷橫圖一卷　（明）梅膺祚撰　清刻本　一冊

620000－1101－0020039　802.42/279.001
韻法直圖一卷橫圖一卷　（明）梅膺祚撰　清刻本　一冊

620000－1101－0020040　802.44/714.6
韻府紀字一卷墨字編一卷　（清）汪汲撰　清嘉慶元年（1796）古愚山房刻本　一冊

620000－1101－0020041　2598
韻府拾遺一百六卷　（清）張廷玉等輯　清康熙五十九年（1720）內府刻本　二十冊

620000－1101－0020042　2599
韻府拾遺一百六卷　（清）張廷玉等輯　清康熙刻本　十冊　存三十四卷（一至三十四）

620000－1101－0020043　802.44/714
韻府拾遺一百六卷　（清）張廷玉等輯　清嘉慶刻本　三十二冊

620000－1101－0020044　802.44/314.001
韻府拾遺一百六卷　（清）張廷玉等輯　清晚期刻本　二十四冊

620000－1101－0020045　802.44/314

韻府拾遺一百六卷 （清）張廷玉等輯　清光緒十八年(1892)上海同文書局石印本　八冊

620000－1101－0020046　802.44/78.62

韻詁不分卷補遺一卷 （清）方濬頤輯　清光緒四年(1878)淮南書局刻本　六冊

620000－1101－0020047　847.7/118

韻篁樓吟稾二卷 （清）王文瑞著　清同治十二年(1873)刻本　二冊

620000－1101－0020048　832.7/833

韻蘭賦鈔二集不分卷 （清）朱方增鑒定　清道光十九年(1839)刻本　二冊

620000－1101－0020049　812.187/388

韻蘭集不分卷 （清）陸雲槎輯選　清道光六年(1826)刻本　四冊

620000－1101－0020050　1170

韻縻詞一卷後韻縻詞一卷 （清）金子通撰　清道光十九年(1839)刻本　二冊

620000－1101－0020051　2938

韻歧五卷 （清）江昱輯　清乾隆二十六年(1761)湘東署齋刻本　四冊

620000－1101－0020052　821.378/719

韻歧五卷 （清）江昱輯　清光緒七年(1881)刻本　二冊

620000－1101－0020053　847.5/118.5

韻山堂詩集七卷補遺一卷 （清）王文誥撰　清光緒十四年(1888)浙江書局刻本　一冊

620000－1101－0020054　846.8/759

韻石齋筆談二卷 （明）姜紹書著　清光緒五年(1879)仁和葛氏刻嘯園叢書本　一冊

620000－1101－0020055　610.74/615

韻史二卷 （清）許邐翁撰　（清）朱玉岑增補　清咸豐十一年(1861)讀書之廬刻本　一冊

620000－1101－0020056　3788

韻史一卷 （清）吳鎮撰　清乾隆刻本　一冊

620000－1101－0020057　3789

韻史一卷 （清）吳鎮撰　清乾隆刻本　一冊

620000－1101－0020058　3984

韻史一卷 （清）吳鎮撰　清乾隆刻本　一冊

620000－1101－0020059　802.44/889

韻學入門二卷 （清）劉鼎梅撰　清嘉慶八年(1803)刻本　二冊

620000－1101－0020060　802.44/781

韻學指要一卷 （清）毛奇齡撰　清末刻本　一冊

620000－1101－0020061　802.19/220

韻字同異辨二卷 （清）胡文炳輯　清光緒二年(1876)蘭石齋刻本　二冊

620000－1101－0020062　802.19/220

韻字同異辨二卷 （清）胡文炳輯　清光緒二年(1876)蘭石齋刻本　二冊

620000－1101－0020063　075.78/0.676

雜抄一卷 （清）□□輯　清晚期抄本　一冊

620000－1101－0020064　221.84/238

雜阿含經五十卷 （南朝宋）釋求那跋陀羅譯　清光緒十四年(1888)常熟刻經處刻本　二冊　存八卷(四十三至五十)

620000－1101－0020065　414.6/116

雜病證治類方八卷 （明）王肯堂輯　清晚期刻本　一冊　存一卷(二)

620000－1101－0020066　3060

雜華文表三卷 （清）釋智生撰　清康熙二十一年(1682)刻本　一冊

620000－1101－0020067　413.363/885

雜疫症治一卷 （清）劉奎著輯　清嘉慶二十五年(1820)刻本　二冊

620000－1101－0020068　413/0.675

雜症便蒙五卷 （清）□□撰　清光緒三十一年(1905)稿本　五冊

620000－1101－0020069　650

載道集前編一卷正編七卷末編一卷 （清）馬起升編　稿本　四冊

620000 –1101 –0020070　097.22/554

載詠樓重鐫硃批孟子二卷　（宋）蘇洵評　清嘉慶八年(1803)刻朱墨套印本　二冊

620000 –1101 –0020071　856.9/419

再送越南貢使日記一卷　（清）馬先登編　清同治十一年(1872)刻本　一冊

620000 –1101 –0020072　2099

再重訂傷寒集註十卷附五卷　（清）舒詔撰清乾隆三十五年(1770)刻本　六冊

620000 –1101 –0020073　2889

在官法戒錄四卷　（清）陳弘謀輯　清乾隆八年(1743)陳氏培遠堂刻本　二冊

620000 –1101 –0020074　573.42/378.02

在官法戒錄四卷　（清）陳弘謀輯　清道光刻本　二冊

620000 –1101 –0020075　573.42/378.02.001

在官法戒錄四卷　（清）陳弘謀輯　清道光七年(1827)西安藩署刻本　二冊

620000 –1101 –0020076　4438

在璞堂吟稿一卷續稿一卷　（清）方芳佩撰清乾隆刻本　二冊

620000 –1101 –0020077　847.1/605

棗林詩集不分卷　（明）談遷著　清宣統三年(1911)上海國學扶輪社鉛印張氏適園叢書本　一冊

620000 –1101 –0020078　857.16/605

棗林雜俎六卷附錄一卷　（明）談遷著　清宣統三年(1911)上海國學扶輪社鉛印張氏適園叢書本　六冊

620000 –1101 –0020079　857.16/605

棗林雜俎六卷附錄一卷　（明）談遷著　清宣統三年(1911)上海國學扶輪社鉛印張氏適園叢書本　二冊　存三卷(仁集二、和集六,附錄一卷)

620000 –1101 –0020080　847.8/372

藻川堂詩集選不分卷　（清）鄧繹著　清光緒四年(1878)刻本　二冊

620000 –1101 –0020081　235.5/680

灶君寶訓籤方不分卷　（清）補過氏刪定　清宣統二年(1910)刻本　一冊

620000 –1101 –0020082　192.1/736

則古山房偶刊七卷　（清）湯偉著　清晚期則古山房刻本　一冊

620000 –1101 –0020083　089.77/292

則古昔齋算學十三種二十四卷　（清）李善蘭學　清同治六年(1867)金陵刻本　六冊

620000 –1101 –0020084　089.77/292

則古昔齋算學十三種二十四卷　（清）李善蘭學　清同治六年(1867)金陵刻本　六冊

620000 –1101 –0020085　089.77/292

則古昔齋算學十三種二十四卷　（清）李善蘭學　清同治六年(1867)金陵刻本　六冊

620000 –1101 –0020086　089.77/292

則古昔齋算學十三種二十四卷　（清）李善蘭學　清同治六年(1867)金陵刻本　六冊

620000 –1101 –0020087　089.77/292.001

則古昔齋算學十三種二十四卷　（清）李善蘭學　清光緒二十二年(1896)上海積山書局石印本　二冊

620000 –1101 –0020088　089.77/292.001

則古昔齋算學十三種二十四卷　（清）李善蘭學　清光緒二十二年(1896)上海積山書局石印本　二冊

620000 –1101 –0020089　595.9/736

則克錄三卷　（德國）湯若望撰　（明）焦勖纂清晚期刻本　三冊

620000 –1101 –0020090　2572

擇識錄九卷　（清）方中輯　清乾隆五十八年(1793)刻本　四冊

620000 –1101 –0020091　2713

澤存堂五種五十卷　（清）張士俊輯　清康熙吳郡張氏澤存堂刻本　八冊　存二種三十五卷(大宋重修廣韻五卷、大廣益會玉篇三十卷)

620000－1101－0020092　430/433

澤農要錄六卷　（清）吳邦慶撰　清道光四年
(1824)益津吳氏刻本　二冊

620000－1101－0020093　430/433

澤農要錄六卷　（清）吳邦慶撰　清道光四年
(1824)益津吳氏刻本　一冊　存三卷(四至
六)

620000－1101－0020094　847.8/628.065

澤雅堂詩二集八卷　（清）施補華撰　清光緒
十六年(1890)兩妍齋刻本　二冊

620000－1101－0020095　847.8/628.006

澤雅堂詩二集十八卷　（清）施補華撰　清晚
期抄本　四冊

620000－1101－0020096　847.8/628.02

澤雅堂詩集六卷　（清）施補華撰　清同治十
一年(1872)刻本　二冊

620000－1101－0020097　847.8/628.02

澤雅堂詩集六卷　（清）施補華撰　清同治十
一年(1872)刻本　二冊

620000－1101－0020098　847.8/628.06

澤雅堂詩集六卷　（清）施補華撰　清光緒刻
本　二冊

620000－1101－0020099　847.8/628.007

澤雅堂文集八卷　（清）施補華撰　清光緒刻
本　二冊

620000－1101－0020100　847.8/628

澤雅堂文集十卷　（清）施補華撰　清光緒十
九年(1893)刻本　二冊

620000－1101－0020101　414.1/6.289.301

增補本草原始十二卷　（明）李中立纂　清晚
期刻本　八冊

620000－1101－0020102　413.3/289.001

增補病機沙篆二卷　（明）李中梓著　（清）尤
乘增補校訂　清刻本　一冊　存一卷(下)

620000－1101－0020103　095.12/304

增補春秋左傳易讀六卷　（清）司徒修輯　清
光緒二十年(1894)文淵書坊刻本　十二冊

620000－1101－0020104　413.63/0.354.002

增補大生要旨五卷　（清）唐千頃纂　（清）馬
振蕃續增　清道光五年(1825)陝西慎德堂刻
本　一冊

620000－1101－0020105　294/993

增補地理直指原真六卷首一卷　（清）釋如玉
撰　清中晚期刻本　一冊　存一卷(首一卷)

620000－1101－0020106　294/993.001

增補地理直指原真四卷　（清）釋如玉撰　清
宣統元年(1909)上海掃葉山房石印本　一冊
存二卷(三至四)

620000－1101－0020107　294/993.002

增補地理直指原真四卷　（清）釋如玉撰　清
晚期刻本　三冊　存三卷(一至三)

620000－1101－0020108　413.72/984.003

增補痘疹玉髓金鏡錄真本三卷　（明）翁仲仁
輯著　（清）陸道元補遺　（清）陸道光參補
清晚期資事堂刻本　一冊　存二卷(中、下)

620000－1101－0020109　942.23/52.001

增補分部書法正傳不分卷學書要論一卷新增
一卷　（清）蔣和編　清光緒五年(1879)刻本
一冊

620000－1101－0020110　942.23/52

增補分部書法正傳四卷　（清）蔣和編　清光
緒十三年(1887)刻本　一冊

620000－1101－0020111　610.29/186.01.001

增補綱鑑輯要四十卷首一卷　（明）袁黃編纂
清光緒二十八年(1902)玉尺山房刻本　三
十二冊

620000－1101－0020112　610.29/186.01

增補綱鑑輯要四十卷首一卷　（明）袁黃編纂
清光緒十三年(1887)玉尺山房刻本　二十
五冊

620000－1101－0020113　782.24/16.002

增補貢舉考略六卷　（清）黃崇蘭輯　清光緒
五年(1879)金陵文英堂刻本　四冊

620000－1101－0020114　853.53/118.002

増補箋註繪像第六才子西廂釋解八卷末一卷
（元）王德信 （元）關漢卿撰 （清）鄧汝
寧註 清康熙致和堂刻本 一冊 存一卷
（六）

620000－1101－0020115 853.53/987.001

増補箋註繪像第六才子西廂釋解八卷末一卷
（元）王德信 （元）關漢卿撰 （清）鄧汝
寧註 清康熙致和堂刻本 三冊

620000－1101－0020116 853.83/987.002

増補箋註繪像第六才子西廂釋解八卷末一卷
（元）王德信 （元）關漢卿撰 （清）鄧汝
寧註 清康熙致和堂刻本 六冊

620000－1101－0020117 853.53/987

増補箋註繪像第六才子西廂釋解八卷末一卷
（元）王德信 （元）關漢卿撰 （清）鄧汝
寧註 清文苑堂刻本 八冊

620000－1101－0020118 853.53/118.003

増補箋註繪像第六才子西廂釋解八卷末一卷
（元）王德信 （元）關漢卿撰 （清）鄧汝
寧註 清刻本 一冊 存二卷（六至七）

620000－1101－0020119 853.53/118.006

増補箋註繪像第六才子西廂釋解八卷末一卷
（元）王德信 （元）關漢卿撰 （清）鄧汝
寧註 清刻本 六冊

620000－1101－0020120 853.53/118.008

増補箋註繪像第六才子西廂釋解八卷末一卷
（元）王德信 （元）關漢卿撰 （清）鄧汝
寧註 清刻本 三冊

620000－1101－0020121 610.29/186.010

増補了凡綱鑑四十卷 （明）袁黃編纂 清光
緒刻本 五冊 存六卷（三十四至三十八、四
十）

620000－1101－0020122 610.29/186.010

増補了凡綱鑑四十卷 （明）袁黃編纂 清光
緒刻本 五冊 存五卷（十九、二十八至三十
一）

620000－1101－0020123 413.24/670

増補脈訣五集一卷 （清）廖雲溪撰 清光緒
三年（1877）刻本 一冊

620000－1101－0020124 413.72/984.002

増補秘傳痘疹玉髓金鏡錄真本四卷 （明）翁
仲仁輯著 （清）仇天一參閱 清宣統二年
（1910）上海萃英書局石印本 二冊

620000－1101－0020125 413.72/984.001

増補秘傳痘疹玉髓金鏡錄真本四卷首一卷
（明）翁仲仁輯著 （清）仇天一參閱 清宣統
二年（1910）文元書莊石印本 二冊

620000－1101－0020126 413.72/984

増補秘傳痘疹玉髓金鏡錄真本四卷圖像一卷
（明）翁仲仁輯著 （清）仇天一參閱 清晚
期刻本 一冊

620000－1101－0020127 413.72/984

増補秘傳痘疹玉髓金鏡錄真本四卷圖像一卷
（明）翁仲仁輯著 （清）仇天一參閱 清晚
期刻本 一冊 存三卷（玉髓金鏡錄真本一
至二、圖像一卷）

620000－1101－0020128 2192

増補錢穀刑名便覽二卷 （清）董公振編 清
乾隆七年（1742）誠意堂刻本 二冊

620000－1101－0020129 2894

増補錢穀刑名便覽二卷 （清）董公振編 清
乾隆七年（1742）誠意堂刻本 四冊

620000－1101－0020130 627.02/296.001

増補清史攬要八卷 （日本）増田貢撰 （清）
毛淦編補 清光緒二十八年（1902）上海石印
本 四冊

620000－1101－0020131 856.3/290.001

増補如面譚新集十集 （清）李光祚纂輯 清
末刻本 六冊

620000－1101－0020132 040.78/426.001

増補詩句題解彙編二十二卷 （清）陳劍芝等
輯 （清）朱春舫增輯 清同治十二年（1873）
京都琉璃廠刻本 五冊 存五卷（二、八、十
四至十五、十八）

620000 – 1101 – 0020133　040.78/426.001

增補詩句題解彙編二十二卷　（清）陳劍芝等輯　（清）朱春舫增輯　清同治十二年(1873)京都琉璃廠刻本　一冊　存二卷(十四至十五)

620000 – 1101 – 0020134　041/167.7

增補事類統編九十三卷首一卷　（清）黃葆真增輯　清道光二十六年(1846)敦好堂刻本　四十冊

620000 – 1101 – 0020135　040.76/165.002

增補事類統編九十三卷首一卷　（清）黃葆真增輯　清道光二十六年(1846)敦好堂刻本　四十冊

620000 – 1101 – 0020136　040.76/165.004

增補事類統編九十三卷首一卷　（清）黃葆真增輯　清道光聖陰堂刻本　二冊　存三卷(二十四、四十三至四十四)

620000 – 1101 – 0020137　040.76/165.001

增補事類統編九十三卷首一卷　（清）黃葆真增輯　清光緒十四年(1888)上海積山書局石印本　十二冊

620000 – 1101 – 0020138　040.76/165.001

增補事類統編九十三卷首一卷　（清）黃葆真增輯　清光緒二十二年(1896)上海積山書局石印本　十二冊

620000 – 1101 – 0020139　040.76/165

增補事類統編九十三卷首一卷　（清）黃葆真增輯　清光緒二十六年(1900)上海文盛書局石印本　十二冊

620000 – 1101 – 0020140　040.76/165.003

增補事類統編九十三卷首一卷　（清）黃葆真增輯　清光緒石印本　五冊　存四十三卷(五十一至九十三)

620000 – 1101 – 0020141　097.526/572.001

增補四書精繡圖像人物備考十二卷　（明）薛應旗輯　（明）陳仁錫增定　清嘉慶三年(1798)刻本　七冊

620000 – 1101 – 0020142　097.526/572.002

增補四書精繡圖像人物備考十二卷　（明）薛應旗輯　（明）陳仁錫增定　清中晚期刻本　一冊　存二卷(五至六)

620000 – 1101 – 0020143　2841

增補四書人物聚考十二卷　（清）汪份等增定　清乾隆四十年(1775)帶月樓刻本　六冊　存六卷(一至六)

620000 – 1101 – 0020144　097.21/55.19

增補蘇批孟子二卷　（宋）蘇洵批　**年譜一卷**　（□）□□撰　清同治四年(1865)朱墨套印本　二冊

620000 – 1101 – 0020145　040.68/385.001

增補萬寶全書二十卷　（明）陳繼儒纂輯　清嘉慶刻本　一冊　存六卷(十一至十六)

620000 – 1101 – 0020146　040.68/385.001

增補萬寶全書二十卷　（明）陳繼儒纂輯　清嘉慶刻本　一冊　存七卷(十至十六)

620000 – 1101 – 0020147　413/660.63.001

增補萬病回春原本八卷　（明）龔廷賢編　（明）周亮發校　清道光二十五年(1845)桐右山房刻本　一冊　存一卷(七)

620000 – 1101 – 0020148　413/660.63

增補萬病回春原本八卷　（明）龔廷賢編　（明）周亮發校　清光緒三十三年(1907)上洋京師書業公司石印本　六冊

620000 – 1101 – 0020149　592/348

增補武經三子體註不分卷　（清）夏振翼纂輯　清晚期三多齋刻本　四冊

620000 – 1101 – 0020150　573.41/76.68

增補武職則例一卷　（清）□□編　清道光抄本　一冊

620000 – 1101 – 0020151　578

增補星平會海命學全書十卷首一卷　（明）水中龍撰　明末西陵還讀齋刻本　六冊

620000 – 1101 – 0020152　782.104/819

增補姓氏四六八卷　（清）周謨著　（清）葉騰

驤補　清道光二十年(1840)品石山房刻本
四冊

620000－1101－0020153　413/720

增補醫方一盤珠全集十卷　(清)洪金鼎纂
清晚期刻本　六冊

620000－1101－0020154　413/720.001

增補醫方一盤珠全集十卷　(清)洪金鼎纂
清晚期刻本　四冊

620000－1101－0020155　413/720.002

增補醫方一盤珠全集十卷　(清)洪金鼎纂
清宣統二年(1910)上海淵明書莊石印本
一冊

620000－1101－0020156　2956

增補註釋故事白眉十卷　(清)許以忠輯　清
康熙四十一年(1702)聚錦堂刻本　六冊

620000－1101－0020157　816

增補字彙十二卷目錄一卷　(明)梅膺祚輯
(明)張自烈增補　明梅墅石渠閣刻本　十
三冊

620000－1101－0020158　095.127/304

增補左傳易讀六卷　(清)司徒修輯　清咸豐
六年(1856)刻本　六冊

620000－1101－0020159　095.127/304.002

增補左傳易讀六卷　(清)司徒修輯　清光緒
刻本　三冊　存四卷(二至五)

620000－1101－0020160　095.127/304.002

增補左傳易讀六卷　(清)司徒修輯　清光緒
刻本　三冊　存三卷(二至三、六)

620000－1101－0020161　095.127/304.003

增補左傳易讀六卷　(清)司徒修輯　清光緒
刻本　三冊　存三卷(二至三、六)

620000－1101－0020162　095.12/72.24.006

增補左繡三十卷首一卷　(清)馮李驊　(清)
陸浩輯　清中晚期刻本　六冊　存十六卷
(一至十五、首一卷)

620000－1101－0020163　095.12/72.24.007

增補左繡三十卷首一卷　(清)馮李驊　(清)

陸浩輯　清中晚期刻本　四冊　存十五卷
(十六至三十)

620000－1101－0020164　414.1/7.711.006

增訂本草備要三卷總義一卷　(清)汪昂撰
清光緒刻本　四冊

620000－1101－0020165　414.1/7.711.002

增訂本草備要四卷　(清)汪昂撰　清光緒七
年(1881)永順堂刻本　三冊

620000－1101－0020166　414.1/7.711.007

增訂本草備要四卷　(清)汪昂撰　清末刻本
一冊　存二卷(三至四)

620000－1101－0020167　414.1/7.711.008

增訂本草備要四卷　(清)汪昂撰　清晚期刻
本　一冊　存一卷(一)

620000－1101－0020168　414.1/7.711.009

增訂本草備要四卷　(清)汪昂撰　清光緒七
年(1881)掃葉山房刻本　二冊　存三卷(一
至二、四)

620000－1101－0020169　414.1/7.711.010

增訂本草備要四卷　(清)汪昂撰　清晚期裕
文堂刻本　一冊　存一卷(三)

620000－1101－0020170　414.1/7.711.011

增訂本草備要四卷　(清)汪昂撰　清晚期文
誠堂刻本　一冊　存三卷(一至三)

620000－1101－0020171　414.1/7.711.002

**增訂本草備要四卷醫方湯頭歌括一卷經絡歌
訣一卷**　(清)汪昂撰　清光緒七年(1881)永
順堂刻本　四冊

620000－1101－0020172　414.1/7.711.004

**增訂本草備要四卷醫方湯頭歌括一卷經絡歌
訣一卷脈訣歌一卷經絡圖說一卷**　(清)汪昂
撰　清光緒七年(1881)京都老二西堂刻脈草
經絡五種會編本　六冊

620000－1101－0020173　2016

增訂二三場群書備考四卷　(明)袁黃撰
(明)袁儼注　明崇禎十五年(1642)刻本
六冊

620000 – 1101 – 0020174　1367

增訂二三場群書備考四卷　（明）袁黃撰
（明）袁儼注　明崇禎大觀堂刻本　八冊

620000 – 1101 – 0020175　1995

增訂漢魏叢書八十六種四百五十三卷　（清）
王謨輯　清乾隆五十六年(1791)金谿王氏刻
本　一百八十九冊　存七十六種四百二十五
卷(焦氏易林四卷,易傳三卷,關氏易傳一卷,
周易略例一卷,古三墳一卷,汲冢周書十卷,
詩傳孔氏傳一卷,詩說一卷,韓詩外傳十卷,
毛詩草木鳥獸蟲魚疏二卷,大戴禮記十三卷,
春秋繁露十七卷,白虎通德論四卷,獨斷一
卷,忠經一卷,孝傳一卷,小爾雅一卷,方言十
三卷,博雅十卷,釋名四卷,竹書紀年二卷,穆
天子傳六卷,越絕書十五卷,吳越春秋六卷,
西京雜記六卷,漢武帝内傳一卷,飛燕外傳一
卷,雜事祕辛一卷,華陽國志十四卷,十六國
春秋十六卷,元經薛氏傳十卷,群輔錄一卷,
英雄記鈔一卷,高士傳三卷,蓮社高賢傳一
卷,神僊傳十卷,孔叢二卷,附詰墨一卷,新語
二卷,新書十卷,新序十卷,說苑二十卷,淮南
鴻烈解二十一卷,鹽鐵論十二卷,法言十卷,
申鑒五卷,論衡三十卷,潛夫論十卷,中論二
卷,中說二卷,風俗通義十卷,人物志三卷,新
論十卷,顏氏家訓二卷,參同契一卷,陰符經
一卷,風后握奇經一卷、附握奇經續圖一卷、
八陣總述一卷,秦書一卷,心書一卷,古今注
三卷,博物志十卷,文心雕龍十卷,詩品三卷,
別國洞冥記四卷,枕中書一卷,佛國記一卷,
伽藍記五卷,三輔黃圖六卷,水經二卷,星經
二卷,荊楚歲時記一卷,南方草木狀三卷,竹
譜一卷,禽經一卷,古今刀劍錄一卷,鼎錄一
卷,天祿閣外史八卷)

620000 – 1101 – 0020176　2600

增訂漢魏叢書八十六種四百五十三卷　（清）
王謨輯　清乾隆五十六年(1791)金谿王氏刻
本　二十一冊　存十種六十八卷(焦氏易林
一、汲冢周書十卷、釋名四卷、西京雜記六卷、
華陽國志十四卷、風俗通義十卷、人物志三
卷、新論十卷、水經二卷、天祿閣外史八卷)

620000 – 1101 – 0020177　4144

增訂漢魏叢書八十六種四百五十三卷　（清）
王謨輯　清乾隆五十六年(1791)金谿王氏刻
本　七冊　存十七種四十二卷(關氏易傳一
卷,周易略例一卷,古三墳一卷,詩傳孔氏傳
一卷,詩說一卷,韓詩外傳一至五,大戴禮記
十三卷,釋名四卷,參同契一卷,陰符經一卷,
風后握奇經一卷、附握奇經續圖一卷、八陣總
述一卷,素書一卷,心書一卷,文心雕龍八至
十,詩品三卷,書品一卷,尤射一卷)

620000 – 1101 – 0020178　4259

增訂漢魏叢書八十六種四百五十三卷　（清）
王謨輯　清乾隆五十六年(1791)金谿王氏刻
本　五冊　存三種三十六卷(十六國春秋十
六卷、元經薛氏傳十卷、神僊傳十卷)

620000 – 1101 – 0020179　4386

增訂漢魏叢書八十六種四百五十三卷　（清）
王謨輯　清乾隆五十六年(1791)金谿王氏刻
本　二冊　存三種二十七卷(穆天子傳六卷、
越絕書十五卷、吳越春秋六卷)

620000 – 1101 – 0020180　4399

增訂漢魏叢書八十六種四百五十三卷　（清）
王謨輯　清乾隆五十六年(1791)金谿王氏刻
本　六冊　存三種三十五卷(淮南鴻烈解一
至三、十二至二十一,鹽鐵論十二卷,法言十
卷)

620000 – 1101 – 0020181　3295

增訂漢魏叢書八十六種四百五十三卷　（清）
王謨輯　清乾隆五十六年(1791)金谿王氏刻
本　六冊　存十三種五十七卷(申鑒五卷、潛
夫論一至五、中論二卷、風俗通義十卷、人物
志三卷、新論十卷、文心雕龍十卷、伽藍記五
卷、南方草木狀三卷、竹譜一卷、禽經一卷、古
今刀劍錄一卷、鼎錄一卷)

620000 – 1101 – 0020182　082.4/118

增訂漢魏叢書九十六種四百七十四卷　（清）
王謨輯　清光緒二十一年(1895)石印本　十
六冊

620000 – 1101 – 0020183　081.3/89.11.79

增訂漢魏叢書九十六種四百七十四卷 （清）
王謨輯 清宣統三年（1911）上海大通書局石
印本 三十二冊

620000－1101－0020184 082.4/118.002

增訂漢魏叢書九十六種四百七十四卷 （清）
王謨輯 清末石印本 三冊 存十五種八十
六卷(漢武帝內傳一卷，飛燕外傳一卷，華陽
國志十四卷，十六國春秋十六卷，元經薛氏傳
十卷，群輔錄一卷，英雄記鈔一卷，高士傳三
卷，蓮社高賢傳一卷，神僊傳一卷，孔叢二卷、
附詰墨一卷，新語二卷，新書十卷，新序十卷，
鹽鐵論十二卷)

620000－1101－0020185 081.3/89.11.78

增訂漢魏叢書九十六種四百七十四卷 （清）
王謨輯 清光緒二十一年（1895）石印本 十
六冊

620000－1101－0020186 082.4/118.001

增訂漢魏叢書九十種四百三卷 （清）王謨輯
清光緒六年（1880）練江三餘堂刻本 十五
冊 存二十一種七十七卷(焦氏易林四卷、京
氏易傳三卷、關氏易傳一卷、周易略例一卷、
古三墳一卷、汲冢周書十卷、詩傳孔氏傳一
卷、詩說一卷、韓詩外傳十卷、毛詩草木獸蟲
魚疏二卷、白虎通德論二卷、獨斷一卷、忠經
一卷、孝傳一卷、小爾雅一卷、方言十三卷、博
雅十卷、釋名四卷、竹書紀年二卷、穆天子傳
六卷、中說二卷)

620000－1101－0020187 082.4/118.001

增訂漢魏叢書九十種四百三卷 （清）王謨輯
清光緒六年（1880）練江三餘堂刻本 五十
七冊 存七十六種三百五十七卷(焦氏易林
四卷、京氏易傳三卷、關氏易傳一卷、周易略
例一卷、古三墳一卷、汲冢周書十卷、詩傳孔
氏傳一卷、詩說一卷、韓詩外傳十卷、毛詩草
木鳥獸蟲魚疏二卷、大戴禮記十三卷、春秋繁
露一至九、白虎通德論二卷、獨斷一卷、忠經
一卷、小爾雅一卷、方言十三卷、博雅十卷、釋
名四卷、竹書紀年二卷、穆天子傳六卷、越絕
書十五卷、吳越春秋六卷、漢武帝內傳一卷、
飛燕外傳一卷、十六國春秋十六卷、元經薛氏

傳十卷，群輔錄一卷，英雄紀鈔一卷，高士傳
三卷，蓮社高賢傳一卷，神仙傳十卷，孔叢二
卷，新語二卷，新書十卷，新序十卷，說苑二十
卷，淮南鴻烈解二十一卷，鹽鐵論十卷，法言
十卷，申鑒五卷，潛夫論一至六，風俗通義四
卷，人物志三卷，新論十卷，顏氏家訓二卷，參
同契一卷，陰符經一卷，風后握奇經一卷、續
圖一卷、八陣總述一卷，素書一卷，心書一卷，
列子八卷，傅子一卷，道德經評注二卷，博物
志十卷，文心雕龍十卷，詩品三卷，書品一卷，
尤射一卷，拾遺記一至七，別國洞冥記四卷，
枕中書一卷，佛國記一卷，伽藍記五卷，三輔
黃圖六卷，水經二卷，鼎錄一卷，輶軒絕代語
一卷，鄴中記一卷，博異記一卷，世本一卷，荆
楚歲時記一卷，南方草木狀三卷，竹譜一卷，
禽經一卷，古今刀劍錄一卷)

620000－1101－0020188 802.56/762

增訂合聲簡字譜不分卷 勞乃宣撰 清光緒
三十二年（1906）江寧刻本 一冊

620000－1101－0020189 413.7/720

增訂洪氏小兒一盤珠二卷增補洪氏眼科一盤
珠一卷 （清）洪金鼎撰 清中晚期刻本
一冊

620000－1101－0020190 415.2771/184

增訂花柳指迷不分卷 （美國）嘉約翰輯譯
（清）林應祥筆述 清光緒十五年（1889）羊城
博濟醫局刻本 一冊

620000－1101－0020191 2530

增訂集錄十二卷 （清）于光華輯 清乾隆四
十四年（1779）刻本 十二冊

620000－1101－0020192 2555

增訂講義四書襯十九卷 （清）駱培撰 （清）
汪思迴 （清）蔣勳增輯 清乾隆十一年
（1746）刻本 二冊

620000－1101－0020193 802.16/209

增訂金壺字考一卷附古體假借字一卷 （清）
郝在田撰 清同治十三年（1874）刻本 一冊

620000－1101－0020194 192.9/819

增訂敬信錄二卷 （清）□□輯 清光緒三十二年(1906)刻本 一冊 存一卷(上)

620000－1101－0020195 802.2/314.002

增訂臨文便覽不分卷 （清）張啓泰輯 （清）怡雲仙館主人重訂 清光緒二年(1876)怡雲仙館刻本 四冊

620000－1101－0020196 802.2/314.002

增訂臨文便覽不分卷 （清）張啓泰輯 （清）怡雲仙館主人重訂 清光緒二年(1876)怡雲仙館刻本 四冊

620000－1101－0020197 2522

增訂南城張太史稿不分卷 （清）張江撰 （清）王步青輯評 清乾隆十四年(1749)刻本 六冊 缺癸巳鄉墨、癸卯會墨

620000－1101－0020198 802.81/0.409

增訂七言三字經一卷新增女三字經一卷 （□）□□輯 清光緒十二年(1886)德心堂刻本 一冊

620000－1101－0020199 3895

增訂四書集註大全三十六卷 （清）汪份撰 清康熙遄喜齋刻本 二十四冊

620000－1101－0020200 3080

增訂四書通典人物備考十二卷 （明）陳仁錫增定 清乾隆五十九年(1794)三多齋刻本 五冊

620000－1101－0020201 4247

增訂四書通典人物備考十二卷 （明）陳仁錫增定 清乾隆二十一年(1756)三樂齋刻本 一冊 存三卷(一至三)

620000－1101－0020202 4248

增訂四書通典人物備考十二卷 （明）陳仁錫增定 清乾隆五年(1740)三樂齋刻本 四冊 存五卷(四、八、十至十二)

620000－1101－0020203 097.527/307.1

增訂四書析疑□□卷 （清）張權時輯 清聚秀堂刻本 一冊 存五卷(上論一至五)

620000－1101－0020204 098.127/429

增訂五經體注大全七十二卷 （清）嚴氏家塾主人輯 清光緒八年(1882)湖南寶芸堂刻本 十二冊 存十八卷(易經大全會解一至四、書經體注大全合參一至六、詩經融注體要一至八)

620000－1101－0020205 192.1/82.37.005

增訂小學體註說約大全凌雲解六卷 （清）沈相起輯著 清刻本 一冊 存三卷(小學集註一卷、忠經集註一卷、孝經集註一卷)

620000－1101－0020206 843

增訂易經存疑的藁十二卷 （明）林希元撰 清康熙十九年(1680)仇兆鰲等刻本 十二冊

620000－1101－0020207 802.44/947

增訂韻辨摘要一卷 （清）徐郇撰 清光緒元年(1875)蘭州府署刻本 一冊

620000－1101－0020208 413.44/427

增訂治疗彙要三卷 （清）過鑄撰 清光緒二十四年(1898)武林刻本 四冊

620000－1101－0020209 856.1/0.296

增廣尺牘句解二卷續集二卷 （□）□□編輯 清光緒三十三年(1907)刻本 二冊 存二卷(尺牘句解下、續集下)

620000－1101－0020210 413.63/0.354.004

增廣大生要旨五卷 （清）唐千頃纂 （清）葉灝增訂 清光緒十年(1884)掃葉山房刻本 一冊

620000－1101－0020211 040.7/967

增廣臨文寶笈二卷 （清）顧紹鼎輯 清光緒二十二年(1896)慎記書莊石印本 二冊

620000－1101－0020212 220.7/116

增廣龍舒淨土文十四卷首一卷 （宋）王日休撰 清咸豐元年(1851)刻本 四冊

620000－1101－0020213 220.7/116

增廣龍舒淨土文十四卷首一卷 （宋）王日休撰 清咸豐元年(1851)刻本 四冊

620000－1101－0020214 220.7/116

增廣龍舒淨土文十四卷首一卷 （宋）王日休

撰　清咸豐元年(1851)刻本　四冊

620000－1101－0020215　220.7/116

增廣龍舒淨土文十四卷首一卷　(宋)王日休
撰　清咸豐元年(1851)刻本　四冊

620000－1101－0020216　220.7/116

增廣龍舒淨土文十四卷首一卷　(宋)王日休
撰　清咸豐元年(1851)刻本　四冊

620000－1101－0020217　782.04/670.001

增廣尚友錄統編二十二卷　(清)應祖錫編輯
清光緒二十八年(1902)鴻寶齋石印本　三
冊　存十卷(一至三、九至十一、十六至十九)

620000－1101－0020218　782.04/670.001

增廣尚友錄統編二十二卷　(清)應祖錫編輯
清光緒二十八年(1902)鴻寶齋石印本　九
冊　存十八卷(一至十二、十五至十六、十九
至二十二)

620000－1101－0020219　040.78/426

增廣詩句題解彙編四卷　(清)同文書局編
清光緒十年(1884)上海同文書局石印本　二
冊　存二卷(一、三)

620000－1101－0020220　040.78/736

增廣詩韻大全五卷　(清)湯祥瑟輯　(清)華
錕編　詩賦類聯采新十二卷月令粹編二十四
卷分韻文選題解擇要不分卷增附府縣異名不
分卷詩腋不分卷詞林典腋一卷賦彙不分卷
(清)□□輯　清光緒二十一年(1895)石印本
二冊

620000－1101－0020221　041.7/861

增廣試帖玉芙蓉三十二卷　(清)經訓堂主人
選輯　清光緒十九年(1893)上海蜚英館石印
本　七冊　存二十七卷(一至二十七)

620000－1101－0020222　041.7/717

增廣試帖玉芙蓉五卷續集二卷　(清)經訓堂
主人選輯　清光緒十七年(1891)上海鴻寶齋
石印本　八冊

620000－1101－0020223　098.278/715

增廣四書題鏡味根錄三十七卷附四書宗旨不

分卷　(清)金澂　(清)江鯉翔撰　清光緒二
十一年(1895)上海寶文書局石印本　八冊

620000－1101－0020224　041.7/238

增廣文選六種六十六卷　(清)求益軒主人輯
清光緒二十一年(1895)上海鴻寶齋石印本
十二冊

620000－1101－0020225　856.7/0.296

增廣小題文府三十七卷　(□)□□輯　清光
緒十六年(1890)秀文書局石印本　十六冊

620000－1101－0020226　856.7/0.296

增廣小題文府三十七卷　(□)□□輯　清光
緒十六年(1890)秀文書局石印本　十冊　存
十五卷(上論一、四至五、九至十，下論一至
四，中庸二卷，上孟三至四，下孟六至七)

620000－1101－0020227　805.1/274

增廣英字指南六卷　(清)楊勳輯譯　清光緒
二十七年(1901)上海書局石印本　六冊

620000－1101－0020228　857.26/766

增廣智囊補二十八卷　(明)馮夢龍輯　清末
文盛書局石印本　六冊

620000－1101－0020229　23

增廣註釋音辯唐柳先生集二十卷別集一卷外
集一卷附錄一卷　(唐)柳宗元撰　(宋)童宗
說註釋　(宋)張敦頤音辯　(宋)潘緯音義
明刻本　十二冊

620000－1101－0020230　169

增廣註釋音辯唐柳先生集四十三卷別集二卷
外集二卷附錄一卷　(唐)柳宗元撰　(宋)童
宗說註釋　(宋)張敦頤音辯　(宋)潘緯音義
明正統十三年(1448)善敬堂刻本　四冊

620000－1101－0020231　802.298/926

增廣字學舉隅四卷　(清)鐵珊輯　清同治十
三年(1874)蘭州郡署刻本　四冊

620000－1101－0020232　802.298/926

增廣字學舉隅四卷　(清)鐵珊輯　清同治十
三年(1874)蘭州郡署刻本　四冊

620000－1101－0020233　802.298/926

增廣字學舉隅四卷　（清）鐵珊輯　清同治十三年(1874)蘭州郡署刻本　四冊

620000－1101－0020234　199/825

增輯勤儉集二卷　（清）善舫氏採錄　清咸豐五年(1855)抄本　一冊

620000－1101－0020235　231/183.001

增刻道藏輯要一卷　（清）嚴永和增輯　清末成都二仙菴刻本　一冊

620000－1101－0020236　948.1602/296

增刻紅樓夢圖詠不分卷　（清）王墀繪　（清）姜祺題詩　清光緒八年(1882)上海點石齋石印本　四冊

620000－1101－0020237　621.081/44.006

增批東萊博議四卷備考六卷　（宋）呂祖謙撰　（清）馮松泰重校　清末三善書屋刻本　一冊　存八卷(增批東萊博議三至四、備考六卷)

620000－1101－0020238　847.6/157.001

增批寄嶽雲齋試體詩選四卷　（清）聶銑敏撰　（清）朱兆鳳評　（清）張學蘇注　清同治六年(1867)刻本　一冊

620000－1101－0020239　857.47/141.0012

增評補圖石頭記一百二十卷首一卷　（清）曹雪芹撰　清晚期鉛印本　十六冊

620000－1101－0020240　857.47/141.006

增評補圖石頭記一百二十卷首一卷　（清）曹雪芹撰　清晚期鉛印本　十六冊

620000－1101－0020241　856.7/0.858.002

增評加批直省鄉墨不分卷　（清）京師大學堂輯　清光緒二十九年(1903)京都擷華書局石印本　一冊

620000－1101－0020242　414.6/7.713.015

增評童氏醫方集解二十三卷增訂童氏本草備要八卷　（清）汪昂撰　（清）李保常增批　（清）費伯卿加評　清光緒二十二年(1896)上海圖書集成印書局鉛印本　六冊

620000－1101－0020243　292/158

增刪卜易六卷　（清）丁耀亢撰　（清）李文輝增刪　清晚期刻本　四冊　存五卷(二至六)

620000－1101－0020244　2550

增刪堅瓠集八卷　（清）汪燮輯　清乾隆二十一年(1756)刻本　八冊

620000－1101－0020245　097.527/816

增刪四書朱子大全精言四十一卷　（清）周筆峰纂輯　（清）張葯齋鑒定　清刻本　一冊　存三卷(大學三卷)

620000－1101－0020246　097.527/816

增刪四書朱子大全精言四十一卷　（清）周筆峰纂輯　（清）張葯齋鑒定　清刻本　四十冊

620000－1101－0020247　097.527/816

增刪四書朱子大全精言四十一卷　（清）周筆峰纂輯　（清）張葯齋鑒定　清刻本　三十八冊　存三十八卷(中庸四卷、論語二十卷、孟子十四卷)

620000－1101－0020248　311.6/787

增刪算法統宗十一卷首一卷　（明）程大位編集　（清）梅毅成增刪　校算記一卷　（清）賈步緯撰　清光緒三年(1877)江南製造總局刻本　四冊

620000－1101－0020249　311.6/787

增刪算法統宗十一卷首一卷　（明）程大位編集　（清）梅毅成增刪　校算記一卷　（清）賈步緯撰　清光緒三年(1877)江南製造總局刻本　四冊

620000－1101－0020250　311.6/787

增刪算法統宗十一卷首一卷　（明）程大位編集　（清）梅毅成增刪　校算記一卷　（清）賈步緯撰　清光緒三年(1877)江南製造總局刻本　三冊　存十卷(一至五、九至十一,首一卷,校算記一卷)

620000－1101－0020251　311.6/787

增刪算法統宗十一卷首一卷　（明）程大位編集　（清）梅毅成增刪　校算記一卷　（清）賈步緯撰　清光緒三年(1877)江南製造總局刻本　四冊

620000－1101－0020252　311.6/787

增刪算法統宗十一卷首一卷　（明）程大位編集　（清）梅瑴成增刪　校算記一卷　（清）賈步緯撰　清光緒三年（1877）江南製造總局刻本　二冊　存六卷（六至十一）

620000－1101－0020253　853.53/118

增像第六才子書五卷首一卷　（元）王德信撰　（清）金人瑞批　清光緒三十四年（1908）石印本　二冊

620000－1101－0020254　192.91/926

增修安樂箴銘一卷詩對一卷成詩一卷　（清）鐵珊增訂　清光緒八年（1882）甘涼道署刻本　一冊

620000－1101－0020255　192.91/926

增修安樂箴銘一卷詩對一卷成詩一卷　（清）鐵珊增訂　清光緒八年（1882）甘涼道署刻本　一冊

620000－1101－0020256　672.45/437

增修鷺湖書田志四卷首一卷　（清）吳嵩梁撰　清道光二十三年（1843）刻香蘇山館全集本　一冊

620000－1101－0020257　123

增修詩話總龜四十八卷後集五十卷　（宋）阮閱輯　明嘉靖二十四年（1545）月窗道人刻本　二冊

620000－1101－0020258　589.91/129.001

增修刑部奏定新章四卷　（清）刑部編　清光緒十八年（1892）北京琉璃廠榮祿堂刻本　四冊

620000－1101－0020259　684.8/337

增修雲林寺志八卷續修雲林寺志八卷　（清）厲鶚增輯　清光緒十四年（1888）錢塘丁氏嘉惠堂刻本　四冊　存十三卷（志八卷、續志四至八）

620000－1101－0020260　856.3/0.296

增選尺牘初桄二卷附商賈尺牘通問便集　（□）□□撰　清光緒二十一年（1895）上海書局石印本　一冊

620000－1101－0020261　856.7/434.002

增注八銘塾鈔二集不分卷　（清）吳懋政編次　（清）李文山注釋　清光緒六年（1880）紫文閣刻本　六冊

620000－1101－0020262　413.32/51.835.001

增注類證活人書二十二卷目錄一卷　（宋）朱肱撰　（明）吳勉學校　清光緒十二年（1886）刻本　四冊

620000－1101－0020263　413.32/51.835.002

增注類證活人書二十二卷目錄一卷　（宋）朱肱撰　（明）吳勉學校　清光緒十二年（1886）江南機器製造總局刻本　四冊

620000－1101－0020264　413.32/51.835.002

增注類證活人書二十二卷目錄一卷　（宋）朱肱撰　（明）吳勉學校　清光緒十二年（1886）江南機器製造總局刻本　四冊

620000－1101－0020265　413.32/51.835.002

增注類證活人書二十二卷目錄一卷　（宋）朱肱撰　（明）吳勉學校　清光緒十二年（1886）江南機器製造總局刻本　四冊

620000－1101－0020266　413.32/51.835.002

增注類證活人書二十二卷目錄一卷　（宋）朱肱撰　（明）吳勉學校　清光緒十二年（1886）江南機器製造總局刻本　四冊

620000－1101－0020267　731.14/885

增註東洋詩史三卷　（清）劉玨撰　清光緒二十九年（1903）江陰中西實學書館木活字印本　三冊

620000－1101－0020268　856.7/285

增註賦學正鵠十一卷　（清）李元度輯　清光緒二十一年（1895）刻　五冊　存六卷（一至三、八至九、十一）

620000－1101－0020269　822/988.002

增註賦學指南十卷二集六卷　（清）余丙照編輯　（清）余榮耀　（清）余榮辛等注　清同治七年（1868）刻本　三冊　存十二卷（增註賦學指南五至十、二集六卷）

620000－1101－0020270　822/988.002

增註賦學指南十卷二集六卷　（清）余丙照編輯　（清）余榮耀　（清）余榮辛等注　清同治七年(1868)刻本　三冊　存十二卷(增註賦學指南五至十、二集六卷)

620000－1101－0020271　821.187/307.011

增註七家詩七卷　（清）張熙宇輯評　（清）王植桂輯注　清光緒鉛印本　一冊　存一卷(五)

620000－1101－0020272　4291

贈言一卷　（清）孫孝維輯　清康熙四年(1665)孫氏刻本　一冊

620000－1101－0020273　071.74/25.002

札樸十卷　（清）桂馥撰　清嘉慶十八年(1813)小李山房刻本　四冊　存八卷(三至十)

620000－1101－0020274　071.74/25

札樸十卷　（清）桂馥撰　清嘉慶會稽徐氏刻本　十冊

620000－1101－0020275　071.74/25.001

札樸十卷　（清）桂馥撰　清光緒七年(1881)刻桂氏遺書本　五冊

620000－1101－0020276　071.74/25.52

札樸十卷　（清）桂馥撰　清光緒九年(1883)長洲蔣氏刻心矩齋叢書本　八冊

620000－1101－0020277　071.74/25.52

札樸十卷　（清）桂馥撰　清光緒九年(1883)長洲蔣氏刻心矩齋叢書本　六冊

620000－1101－0020278　071.78/365

札迻十二卷　（清）孫詒讓撰　清光緒二十年(1894)刻本　四冊

620000－1101－0020279　071.78/365

札迻十二卷　（清）孫詒讓撰　清光緒二十年(1894)刻本　四冊

620000－1101－0020280　071.78/365

札迻十二卷　（清）孫詒讓撰　清光緒二十年(1894)刻本　四冊

620000－1101－0020281　071.78/365

札迻十二卷　（清）孫詒讓撰　清光緒二十年(1894)刻本　一冊　存三卷(七至九)

620000－1101－0020282　835.7/0.398

摘錄隴南書院時文一卷　（清）□□摘錄　清同治、光緒抄本　一冊

620000－1101－0020283　413.72/827

摘星樓治痘全書十八卷　（明）朱一麟著　清道光六年(1826)耕樂堂刻本　十冊

620000－1101－0020284　627.019/129

摘注聖武記城守篇不分卷　（清）魏源撰　清光緒二十一年(1895)陝西味經售書處刻本　一冊

620000－1101－0020285　847.6/953

蒼蔔花館詩集二卷　（清）徐鴻謨撰　清光緒十二年(1886)刻本　一冊

620000－1101－0020286　845.7/155

湛然居士文集十四卷　（元）耶律楚材撰　清光緒元年(1875)漸西村舍刻本　四冊

620000－1101－0020287　847.5/759

湛園未定稿六卷　（清）姜宸英撰　清宣統二年(1910)石印本　六冊

620000－1101－0020288　847.2/759

湛園未定稿六卷　（清）姜宸英撰　清宣統二年(1910)石印本　六冊

620000－1101－0020289　621.81/647.05

戰國策補註三十三卷　（漢）高誘注　吳曾祺補注　清宣統元年(1909)商務印書館鉛印本　三冊　存二十六卷(八至三十三)

620000－1101－0020290　2160

戰國策去毒二卷　（清）陸隴其評定　清康熙三十三年(1694)三魚堂刻本　二冊

620000－1101－0020291　3062

戰國策去毒二卷　（清）陸隴其評定　清康熙三十三年(1694)三魚堂刻本　二冊

620000－1101－0020292　621.81/391

戰國策去毒二卷　（清）陸隴其評選　（清）陸

宸徵編次 清同治九年（1870）六安求我齋刻本（卷二係補配） 二冊

620000－1101－0020293 4308

戰國策三十三卷 （漢）劉向輯 清乾隆二十七年（1762）刻本 八冊 存十卷（一至十）

620000－1101－0020294 4312

戰國策三十三卷 （漢）劉向輯 清乾隆三十年（1765）刻本 五冊 存七卷（一至二、四至五、八至十）

620000－1101－0020295 621.81/647.003

戰國策三十三卷 （漢）劉向輯 （漢）高誘注 **重刻剡川姚氏本戰國策札記三卷** （清）黃丕烈撰 清嘉慶八年（1803）吳門黃氏讀未見書齋影宋刻本 五冊

620000－1101－0020296 621.8407/16

戰國策三十三卷 （漢）劉向輯 （漢）高誘注 **重刻剡川姚氏本戰國策札記三卷** （清）黃丕烈撰 清嘉慶八年（1803）吳門黃氏讀未見書齋影宋刻本 一冊 存三卷（札記三卷）

620000－1101－0020297 621.84/65.58

戰國策三十三卷 （漢）劉向輯 （漢）高誘注 **重刻剡川姚氏本戰國策札記三卷** （清）黃丕烈撰 清同治八年（1869）湖北崇文書局刻本 四冊

620000－1101－0020298 621.81/647.001

戰國策三十三卷 （漢）劉向輯 （漢）高誘注 **重刻剡川姚氏本戰國策札記三卷** （清）黃丕烈撰 清同治八年（1869）湖北崇文書局刻本 五冊

620000－1101－0020299 621.81/647.001

戰國策三十三卷 （漢）劉向輯 （漢）高誘注 **重刻剡川姚氏本戰國策札記三卷** （清）黃丕烈撰 清同治八年（1869）湖北崇文書局刻本 五冊

620000－1101－0020300 621.81/647.001

戰國策三十三卷 （漢）劉向輯 （漢）高誘注 **重刻剡川姚氏本戰國策札記三卷** （清）黃丕烈撰 清同治八年（1869）湖北崇文書局刻

本 二冊 存十四卷（十四至二十七）

620000－1101－0020301 621.81/647.004

戰國策三十三卷 （漢）劉向輯 （漢）高誘注 **重刻剡川姚氏本戰國策札記三卷** （清）黃丕烈撰 清同治八年（1869）讀未見書齋刻本 五冊

620000－1101－0020302 621.8/88.65

戰國策三十三卷 （漢）劉向輯 （漢）高誘注 **重刻剡川姚氏本戰國策札記三卷** （清）黃丕烈撰 清光緒二年（1876）尊經書院刻本 四冊

620000－1101－0020303 621.81/647

戰國策三十三卷 （漢）劉向輯 （漢）高誘注 **重刻剡川姚氏本戰國策札記三卷** （清）黃丕烈撰 清光緒三年（1877）退補齋刻本 五冊

620000－1101－0020304 621.81/647.002

戰國策三十三卷 （漢）劉向輯 （漢）高誘注 **重刻剡川姚氏本戰國策札記三卷** （清）黃丕烈撰 清光緒二十三年（1897）經綸元記刻本 六冊

620000－1101－0020305 2161

戰國策十二卷 （漢）劉向輯 （明）閔齊伋注 明萬曆四十八年（1620）閔齊伋刻本 六冊

620000－1101－0020306 621.81/893.001

戰國策十卷 （宋）鮑彪校注 （元）吳師道重校 清晚期刻本 六冊 存七卷（四至十）

620000－1101－0020307 621.81/893.002

戰國策十卷 （宋）鮑彪校注 （元）吳師道重校 清末刻本 三冊 存七卷（一至七）

620000－1101－0020308 621.8/30.01

戰國策釋地二卷 （清）張琦撰 清道光陽湖張氏刻宛鄰書屋叢書本 一冊

620000－1101－0020309 621.8/30

戰國策釋地二卷 （清）張琦撰 清光緒二十六年（1900）廣雅書局刻本 一冊

620000－1101－0020310 621.81/893

戰國策校注十卷 （宋）鮑彪校注 （元）吳師
道重校 清道光二十六年(1846)宏道書院刻
惜陰軒叢書本 八冊

620000－1101－0020311 592.5/180

戰術學三卷 （日本）士官學校編 清末南洋
公學譯書院鉛印本 一冊 存二卷(一至二)

620000－1101－0020312 672.85/442

章谷屯志略一卷 （清）吳德煦輯 埃及碑釋
一卷 （清）陳其驥譯錄 清光緒二十年
(1894)汪氏刻振綺堂叢書本 一冊

620000－1101－0020313 089.74/65

章氏遺書二種十一卷 （清）章學誠著 清道
光十二年至十三年(1832－1833)章華紱刻本
五冊

620000－1101－0020314 089.74/65

章氏遺書二種十一卷 （清）章學誠著 清道
光十二年至十三年(1832－1833)章華紱刻本
五冊

620000－1101－0020315 089.74/65

章氏遺書二種十一卷 （清）章學誠著 清道
光十二年至十三年(1832－1833)章華紱刻本
五冊

620000－1101－0020316 089.74/657

章氏遺書二種十一卷 （清）章學誠著 清光
緒三年至四年(1877－1878)章季真貴陽刻本
八冊

620000－1101－0020317 089.74/657

章氏遺書二種十一卷 （清）章學誠著 清光
緒三年至四年(1877－1878)章季真貴陽刻本
六冊

620000－1101－0020318 856.7/313.7

張百川先生塾課注釋八卷 （清）張江著
(清)周汝調編 （清）陳觀民注 清道光十八
年(1838)刻本 一冊 存一卷(一)

620000－1101－0020319 652.1/312

張大司馬奏稿四卷 （清）張亮基撰 清光緒
十七年(1891)刻本 四冊

620000－1101－0020320 652.1/312

張大司馬奏稿四卷 （清）張亮基撰 清光緒
十七年(1891)刻本 四冊

620000－1101－0020321 847.7/35

張大司馬奏稿四卷 （清）張亮基撰 清光緒
十七年(1891)刻本 四冊

620000－1101－0020322 847.7/35

張大司馬奏稿四卷 （清）張亮基撰 清光緒
十七年(1891)刻本 四冊

620000－1101－0020323 652.1/312

張大司馬奏稿四卷 （清）張亮基撰 清光緒
十七年(1891)刻本 二冊 存二卷(一、三)

620000－1101－0020324 652.1/312

張大司馬奏稿四卷 （清）張亮基撰 清光緒
十七年(1891)刻本 三冊 存三卷(一至三)

620000－1101－0020325 094.205.74/307

張皋文儀禮圖六卷 （清）張惠言撰 清同治
九年(1870)湖北崇文書局刻本 三冊

620000－1101－0020326 627.64/378

張公襄理軍務紀略六卷 （清）陳世勳編 清
宣統元年(1909)石印本 六冊

620000－1101－0020327 567.4/312

張季子說鹽不分卷 張謇著 清宣統二年
(1910)翰墨林書局鉛印本 二冊

620000－1101－0020328 847.8/207

張家口至烏里雅蘇台竹枝詞一卷窮塞微吟一
卷 志銳撰 清宣統二年(1910)石印本
一冊

620000－1101－0020329 097.77/76.315

張介侯太史時文五卷 （清）張澍撰 清道光
二十四年(1844)刻本 一冊 存三卷(一至
三)

620000－1101－0020330 4363

張九達先生四書尊註會意解三十六卷 （清）
張九達輯 （清）張庸德補輯 清康熙詒清堂
刻本 四冊 存十七卷(三至四、六至七、十
三至二十二、二十六至二十八)

620000 – 1101 – 0020331　4041

張陸二先生批評戰國策抄四卷　（明）阮宗孔
刪注　（明）張居正　（明）陸深評　明萬曆六
年(1578)王篆刻本　二冊　存二卷(一至二)

620000 – 1101 – 0020332　845.22/307.01

張南軒先生文集七卷　（宋）張栻撰　清同治
五年(1866)福州正誼書院刻正誼堂全書本
一冊　存四卷(四至七)

620000 – 1101 – 0020333　231/307

張三丰先生全集八卷　（明）張三丰撰　靈寶
畢法三卷　（唐）鍾離權輯　太上十三經註陰
符經解四卷　（宋）李涵虛撰　黃庭經註解二
卷　（宋）李涵虛撰　張三丰祖師無根樹詞註
解一卷　（宋）劉悟元注　（宋）李涵虛解　呂
祖年譜海山奇遇仙蹟七卷　（清）火西月述
呂祖全書十卷　（唐）呂洞賓撰　（清）火西月
編　如意寶珠二卷　（清）張世犖編注　清道
光二十四年(1844)刻本　二十冊

620000 – 1101 – 0020334　231/307.003

張三丰先生全集八卷　（明）張三丰撰　（清）
李西月重編　清道光二十四年(1844)南洋公
學譯書院刻本　十冊

620000 – 1101 – 0020335　231/307.001

張三丰先生全集八卷　（明）張三丰撰　（清）
李西月重編　清末刻本　二冊　存二卷(三、
八)

620000 – 1101 – 0020336　231/307.002

張三丰先生全集八卷附如意寶珠二卷　（明）
張三丰撰　（清）李西月重編　清光緒閒中朱
道生刻本　五冊　存五卷(一、三至五,下)

620000 – 1101 – 0020337　231/307.002

張三丰先生全集八卷附如意寶珠二卷　（明）
張三丰撰　（清）李西月重編　清光緒閒中朱
道生刻本　十冊

620000 – 1101 – 0020338　088/286

張氏適園叢書初集七種三十三卷　張鈞衡輯
清宣統三年(1911)上海國學扶輪社鉛印本
十冊

620000 – 1101 – 0020339　413.55/314.7

張氏咽喉總論不分卷　（清）張氏撰　清晚期
孫亦蘇抄本　二冊

620000 – 1101 – 0020340　413/306.002

張氏醫通七種二十七卷　（清）張璐等撰　清
光緒二十年(1894)上海圖書集成印書局鉛印
本　二十四冊

620000 – 1101 – 0020341　413/306.002

張氏醫通七種二十七卷　（清）張璐等撰　清
光緒二十年(1894)上海圖書集成印書局鉛印
本　二十四冊

620000 – 1101 – 0020342　413/306.003

張氏醫通七種二十七卷　（清）張璐等撰　清
光緒三十三年(1907)上海書局石印本　十
六冊

620000 – 1101 – 0020343　413/306.004

張氏醫通七種二十七卷　（清）張璐等撰　清
三元堂刻本　三十六冊

620000 – 1101 – 0020344　844.14/312

張說之文集二十五卷補遺五卷　（唐）張說撰
清光緒三十一年(1905)刻結一廬朱氏臏餘
叢書本　四冊

620000 – 1101 – 0020345　847.2/307.1

張文端公全集四種三十八卷　（清）張英撰
清光緒二十三年(1897)張氏刻本　三冊

620000 – 1101 – 0020346　847.8/312

張文襄公詩集四卷　（清）張之洞撰　清宣統
二年(1910)鉛印本　二冊

620000 – 1101 – 0020347　846.7/307

張文忠公詩集六卷文集十一卷　（明）張居正
撰　清宣統三年(1911)醉古堂石印本　四冊

620000 – 1101 – 0020348　1833

張燕公集二十五卷　（唐）張說撰　清乾隆武
英殿聚珍版印本　四冊　存二十四卷(一至
十五、十七至二十五)

620000 – 1101 – 0020349　2012

張楊園先生集二十八卷　（清）張履祥撰　清

乾隆二十一年(1756)刻四十七年(1782)修補本 六冊

620000－1101－0020350 782.968/994

張楊園先生年譜四卷附錄一卷 (清)姚夏輯 (清)陳梓訂 清道光十四年(1834)補讀書齋刻本 一冊

620000－1101－0020351 782.971/30.55

張楊園先生年譜一卷 (清)蘇惇元編 清同治三年(1864)當歸草堂刻本 一冊

620000－1101－0020352 847.2/307.002

張楊園先生全集六卷 (清)張履祥撰 (清)李文耕輯 清同治元年(1862)刻本 六冊

620000－1101－0020353 671.65/411.78

張掖縣地理調查表不分卷 (清)朱遠繕編 清宣統元年(1909)抄本 一冊

620000－1101－0020354 567.3/0.311

張掖縣賦役全書不分卷 (清)□□編 清咸豐三年(1853)刻本 三冊

620000－1101－0020355 652.178/286

張中丞奏議四卷 (清)張聯桂撰 清光緒二十五年(1899)揚州刻本 四冊

620000－1101－0020356 846.8/30

張忠敏公遺集十卷附錄六卷首一卷 (明)張國維著 清咸豐七年(1857)張振珂刻本 六冊

620000－1101－0020357 846.8/30.001

張忠敏公遺集十卷附錄六卷首一卷 (明)張國維著 (清)林鶚訂正 (清)張振珂編輯 清咸豐十年(1860)刻本 二冊

620000－1101－0020358 413.32/7.355.001

張仲景傷寒論貫珠集八卷 (清)尤怡注 清晚期刻本 四冊

620000－1101－0020359 413.32/7.386

張仲景傷寒論原文淺註六卷 (清)陳念祖集注 清同治元年(1862)務本山房刻本 三冊

620000－1101－0020360 413.32/22.307.072

張仲景傷寒論原文淺註六卷真方歌括六卷

(清)陳念祖集注 清末民國初石印陳修園四十八種醫書本 一冊 存十卷(傷寒論原文淺註六卷、真方歌括一至四)

620000－1101－0020361 2087

張子全書十五卷 (宋)張載撰 (宋)朱熹注 明萬曆四十六年(1618)沈氏刻清順治十年(1653)、嘉慶十一年(1806)遞修本 八冊

620000－1101－0020362 125.141/828.001

張子全書十五卷 (宋)張載撰 (宋)朱熹注 清道光二十二年(1842)刻本 八冊

620000－1101－0020363 125.141/828.002

張子全書十五卷 (宋)張載撰 (宋)朱熹注 清同治九年(1870)刻本 八冊

620000－1101－0020364 125.141/828.003

張子全書十五卷 (宋)張載撰 (宋)朱熹注 清同治九年(1870)刻本 八冊

620000－1101－0020365 125.141/828.003

張子全書十五卷 (宋)張載撰 (宋)朱熹注 清同治九年(1870)刻本 八冊

620000－1101－0020366 125.141/828.003

張子全書十五卷 (宋)張載撰 (宋)朱熹注 清同治九年(1870)刻本 八冊

620000－1101－0020367 627.04/0.597

掌故叢編□□種□□卷 (清)□□編 清光緒二十七年(1901)掃葉山房石印本 四冊 存四種十六卷(嘯亭襍錄八卷、嘯亭續錄二卷、皇朝武功紀盛四卷、庸盦筆記二卷)

620000－1101－0020368 3070

賬紀八卷 (清)方承觀等輯 清乾隆十九年(1754)刻本 四冊

620000－1101－0020369 4254

昭代詞選三十八卷 (清)蔣重光輯 清乾隆三十二年(1767)經鉏堂刻本 十八冊

620000－1101－0020370 4049

昭代叢書甲集五十種五十卷乙集四十種四十卷 (清)張潮輯 清康熙刻後印本 十二冊

620000－1101－0020371 932

昭代叢書甲集五十種五十卷乙集五十種五十卷丙集五十種五十卷　（清）張潮輯　清康熙三十六年至四十二年(1697-1703)詒清堂刻本　六冊　存五十種五十卷(乙集毛朱詩說一卷、春秋三傳異同考一卷、讀禮問一卷、十六國年表一卷、第十一段錦一卷、江南星野考一卷、廣祀典議一卷、師友行輩議一卷、國朝謚法考一卷、旗軍志一卷、封長白山記一卷、紀琉球入太學始末一卷、人瑞錄一卷、紀恩錄一卷、恩賜御書記一卷、恭迎大駕記一卷、暢春苑御試恭紀一卷、出山異數紀一卷、奏對機緣一卷、塞程別紀一卷、西北水利議一卷、廣州遊覽小志一卷、隴聞餘聞一卷、東西二漢水辯一卷、日錄裹言一卷、偶書一卷、漫堂說詩一卷、燃脂集例一卷、聲韻叢說一卷、伯子論文一卷、日錄論文一卷、韻問一卷、南曲入聲客問一卷、連文釋義一卷、畫訣一卷、焦山古鼎考一卷、瘞鶴銘辯一卷、昭陵六駿贊辯一卷、甘泉宮瓦考一卷、飯有十二合說一卷、醫津一筏一卷、花甲數譜一卷、江邨草堂紀一卷、荔社紀事一卷、後觀石錄一卷、石友贊一卷、畫眉筆談一卷、蛇譜一卷、竹譜一卷、箋卉一卷)

620000 - 1101 - 0020372　082.2/313

昭代叢書十一集六百十三卷　（清）張潮（清）張漸輯　（清）楊復吉　（清）沈楙惪續輯　清道光吳江沈氏世楷堂刻本　一百五十一冊　存五百七十三卷(甲集五十卷、補十六卷,乙集五十卷、補六卷,丙集五十卷、補五卷,丁集五十卷、補十三卷,戊集一至二十七,己集十一至五十、補三卷,庚集五十卷、補四卷,辛集五十卷、補六卷,壬集五十卷,癸集一至十三、十五至二十七、三十一至三十二、三十六至五十,別集六十卷)

620000 - 1101 - 0020373　082.2/313

昭代叢書十一集六百十三卷　（清）張潮（清）張漸輯　（清）楊復吉　（清）沈楙惪續輯　清道光吳江沈氏世楷堂刻本　一百七十冊

620000 - 1101 - 0020374　782.247/43

昭代名人尺牘小傳二十四卷　（清）吳修輯　清光緒七年(1881)刻本　二冊

620000 - 1101 - 0020375　782.247/43.001

昭代名人尺牘續集小傳二十四卷　（清）吳修輯　清宣統石印本　十七冊　存十六卷(五至二十)

620000 - 1101 - 0020376　011.67/470.01

昭德先生郡齋讀書志二十卷　（宋）晁公武撰　（宋）姚應績編　清嘉慶二十四年(1819)汪氏藝芸書舍刻本　六冊

620000 - 1101 - 0020377　011.67/470.01

昭德先生郡齋讀書志二十卷　（宋）晁公武撰　（宋）姚應績編　清嘉慶二十四年(1819)汪氏藝芸書舍刻本　八冊

620000 - 1101 - 0020378　011.67/470.01

昭德先生郡齋讀書志二十卷　（宋）晁公武撰　（宋）姚應績編　清嘉慶二十四年(1819)汪氏藝芸書舍刻本　四冊　存十一卷(一至四、十四至二十)

620000 - 1101 - 0020379　011.67/470.011

昭德先生郡齋讀書志二十卷首一卷　（宋）晁公武撰　（宋）姚應績編　清光緒六年(1880)會稽章氏刻本　八冊

620000 - 1101 - 0020380　794.5/482

昭陵碑錄三卷附錄一卷　羅振玉校錄　清宣統元年(1909)刻晨風閣叢書本　二冊

620000 - 1101 - 0020381　1445

昭明太子集六卷　（南朝梁）蕭統撰　清光緒孔氏嶽雪樓影抄本　一冊

620000 - 1101 - 0020382　413.17/203

昭陽趙氏辨症錄一卷續錄一卷　（清）趙并禹輯　清光緒二十四年(1898)棠湖函亭侯後裔抄本　四冊

620000 - 1101 - 0020383　782.621/0.462

昭忠錄前編六卷　（□）□□輯　清咸豐刻本　四冊

620000 - 1101 - 0020384　739.51/880

爪哇志不分卷垇新志不分卷蘇門答臘志不分卷垇新志不分卷　（清）學部圖書局編纂　清光緒三十三年(1907)學部圖書局鉛印本　一冊

620000－1101－0020385　739.51/880
爪哇志不分卷垇新志不分卷蘇門答臘志不分卷垇新志不分卷　（清）學部圖書局編纂　清光緒三十三年(1907)學部圖書局鉛印本　一冊

620000－1101－0020386　739.51/880
爪哇志不分卷垇新志不分卷蘇門答臘志不分卷垇新志不分卷　（清）學部圖書局編纂　清光緒三十三年(1907)學部圖書局鉛印本　一冊

620000－1101－0020387　955.32/476
照相鏤板印圖法不分卷　（美國）貝列尼撰（美國）衛理譯　（清）王汝駧譯　清光緒二十六年(1900)江南製造局刻本　一冊

620000－1101－0020388　959
趙恭毅公剩藁八卷　（清）趙申喬撰　趙裘萼公剩藁四卷　（清）趙熊詔撰　清乾隆二年(1737)趙侗敥刻本　六冊

620000－1101－0020389　1218
趙恭毅公剩藁八卷　（清）趙申喬撰　趙裘萼公剩藁四卷　（清）趙熊詔撰　清乾隆二年(1737)趙侗敥刻本　二冊

620000－1101－0020390　847.4/197
趙恭毅公剩藁八卷　（清）趙申喬撰　清光緒十八年(1892)浙江書局刻本　四冊

620000－1101－0020391　847.4/197
趙恭毅公剩藁八卷　（清）趙申喬撰　趙裘萼公剩藁四卷　（清）趙熊詔撰　清光緒十八年(1892)浙江書局刻本　六冊

620000－1101－0020392　781
趙浚谷文集十卷詩集六卷　（明）趙時春撰　明隆慶刻本　十六冊　存十三卷(文集十卷、詩集一至三)

620000－1101－0020393　3732
趙浚谷文集十卷詩集六卷　（明）趙時春撰　明隆慶刻本　六冊　存六卷(詩集六卷)

620000－1101－0020394　4024
趙浚谷文集十卷詩集六卷　（明）趙時春撰　明隆慶刻本　一冊　存一卷(文集四)

620000－1101－0020395　2773
趙客亭先生年譜紀略不分卷　（清）呂元亮輯　陳大中丞題清人祀疏稿一卷　（清）陳弘謀撰　清乾隆十四年(1749)刻本　一冊

620000－1101－0020396　1804
趙清獻公集十卷目錄二卷　（宋）趙抃撰　明萬曆十六年(1588)詹思謙刻本　四冊

620000－1101－0020397　1805
趙清獻公集十卷目錄二卷校字一卷　（宋）趙抃撰　明萬曆十六年(1588)詹思謙刻清光緒重修本　四冊

620000－1101－0020398　847/200
趙日冕詩集一卷對集一卷　（清）趙日冕撰　清刻本　一冊

620000－1101－0020399　830/204
趙氏淵源集十卷消暑錄一卷　（清）趙紹祖撰　清光緒十三年(1887)小古墨齋刻本　六冊

620000－1101－0020400　845.76/199
趙文敏公松雪齋全集十卷　（元）趙孟頫撰　清光緒八年(1882)刻本　六冊

620000－1101－0020401　1781
趙文敏公松雪齋全集十卷外集一卷續集一卷　（元）趙孟頫撰　清康熙五十二年(1713)曹培廉城書室刻本　六冊

620000－1101－0020402　1255
趙文敏公松雪齋全集十卷外集一卷續集一卷　（元）趙孟頫撰　清康熙五十二年(1713)曹培廉城書室刻光緒八年(1882)楊氏重修本　六冊

620000－1101－0020403　2690
趙虞選註杜工部五七言近體合刻六卷　（唐）

杜甫撰　（元）趙汸　（元）虞集選註　（清）
查弘道　（清）金集補註　清查弘道亦山草堂
刻本　二冊

620000－1101－0020404　592/197
趙註孫子四卷　（明）趙本學註　清光緒三十
一年（1905）北洋陸軍學堂印書局鉛印本
四冊

620000－1101－0020405　222.103/942
肇論略注六卷　（後秦）釋僧肇作　（明）釋德
清述　清光緒十四年（1888）金陵刻經處刻本
一冊　存三卷（一至三）

620000－1101－0020406　586.5/0.301
折獄便覽不分卷　（□）□□撰　清宣統二年
（1910）蘭州官書局鉛印本　一冊

620000－1101－0020407　586.5/0.301
折獄便覽不分卷　（□）□□撰　清宣統二年
（1910）蘭州官書局鉛印本　一冊

620000－1101－0020408　586.5/0.301
折獄便覽不分卷　（□）□□撰　清宣統二年
（1910）蘭州官書局鉛印本　一冊

620000－1101－0020409　586.5/0.301
折獄便覽不分卷　（□）□□撰　清宣統二年
（1910）蘭州官書局鉛印本　一冊

620000－1101－0020410　586.5/0.301
折獄便覽不分卷　（□）□□撰　清宣統二年
（1910）蘭州官書局鉛印本　一冊

620000－1101－0020411　586.5/0.301
折獄便覽不分卷　（□）□□撰　清宣統二年
（1910）蘭州官書局鉛印本　一冊

620000－1101－0020412　586.5/0.301
折獄便覽不分卷　（□）□□撰　清宣統二年
（1910）蘭州官書局鉛印本　一冊

620000－1101－0020413　586.5/0.301
折獄便覽不分卷　（□）□□撰　清宣統二年
（1910）蘭州官書局鉛印本　一冊

620000－1101－0020414　586.5/0.301
折獄便覽不分卷　（□）□□撰　清宣統二年

（1910）蘭州官書局鉛印本　一冊

620000－1101－0020415　586.5/0.301
折獄便覽不分卷　（□）□□撰　清宣統二年
（1910）蘭州官書局鉛印本　一冊

620000－1101－0020416　586.5/0.301
折獄便覽不分卷　（□）□□撰　清宣統二年
（1910）蘭州官書局鉛印本　一冊

620000－1101－0020417　586.5/0.301
折獄便覽不分卷　（□）□□撰　清宣統二年
（1910）蘭州官書局鉛印本　一冊

620000－1101－0020418　586.5/0.301
折獄便覽不分卷　（□）□□撰　清宣統二年
（1910）蘭州官書局鉛印本　一冊

620000－1101－0020419　585.8/973.003
折獄龜鑑八卷　（宋）鄭克輯　清光緒四年
（1878）蘭石齋刻本　二冊

620000－1101－0020420　585.8/973.003
折獄龜鑑八卷　（宋）鄭克輯　清光緒四年
（1878）蘭石齋刻本　二冊

620000－1101－0020421　585.8/973.005
折獄龜鑑八卷首一卷　（宋）鄭克撰　清道光
十五年（1835）山陽李氏聞妙香室刻致用叢書
本　一冊　存四卷（一至四）

620000－1101－0020422　585.8/973.001
折獄龜鑑八卷首一卷　（宋）鄭克輯　清道光
十七年（1837）安康張鵬飛來鹿堂刻本　二冊

620000－1101－0020423　585.8/973.002
折獄龜鑑八卷首一卷　（宋）鄭克輯　清光緒
元年（1875）陝西湖廣會館刻本　二冊

620000－1101－0020424　585.8/973.004
折獄龜鑑八卷首一卷　（宋）鄭克輯　清光緒
四年（1878）湖北武昌府發審局刻本　四冊
存六卷（一至二、五至八）

620000－1101－0020425　585.8/973
折獄龜鑑八卷首一卷　（宋）鄭克輯　清光緒
八年（1882）刻本　一冊

620000 – 1101 –0020426　585.8/220

折獄龜鑑補六卷　（清）胡文炳輯　清光緒四年(1878)蘭石齋刻本　二冊　存二卷(五至六)

620000 – 1101 –0020427　585.8/220

折獄龜鑑補六卷　（清）胡文炳輯　清光緒四年(1878)蘭石齋刻本　六冊

620000 – 1101 –0020428　856.4/0.153

摺奏要略不分卷　（清）□□編　清末抄本　一冊

620000 – 1101 –0020429　847.7/21

謫麐堂遺集四卷　（清）戴望撰　清宣統三年(1911)陸樹聲刻本　二冊

620000 – 1101 –0020430　847.7/21

謫麐堂遺集四卷　（清）戴望撰　清宣統三年(1911)陸樹聲刻本　一冊

620000 – 1101 –0020431　847.7/212

謫麐堂遺集五卷　（清）戴望撰　清宣統三年(1911)鉛印本　一冊

620000 – 1101 –0020432　653.781/572

浙東海防錄四卷　（清）薛福成纂輯　清光緒十三年(1887)刻本　四冊

620000 – 1101 –0020433　847.6/748

浙東紀遊草一卷　（清）沈錫爵著　清道光二年(1822)刻本　一冊

620000 – 1101 –0020434　3405

浙江採集遺書總錄十卷　（清）沈初等輯　清乾隆三十九年(1774)刻本　十冊

620000 – 1101 –0020435　557.47/417

浙江海運全案重編初編八卷續編四卷新編八卷　（清）馬新貽等編　清同治浙江糧道庫刻本　一冊　存一卷(初編三)

620000 – 1101 –0020436　672.33/684

浙江全省輿圖並水陸道里記不分卷　（清）宗源瀚等編繪　清光緒二十年(1894)石印本　一冊

620000 – 1101 –0020437　672.33/684

浙江全省輿圖並水陸道里記不分卷　（清）宗源瀚等編繪　清光緒二十年(1894)石印本　十六冊

620000 – 1101 –0020438　672.33/684

浙江全省輿圖並水陸道里記不分卷　（清）宗源瀚等編繪　清光緒二十年(1894)石印本　二十冊

620000 – 1101 –0020439　856.7/828

浙江闈墨一卷　（清）朱李鑒定　清光緒二十八年(1902)石印本　一冊

620000 – 1101 –0020440　856.7/382

浙江選優貢卷(光緒乙酉科)一卷　（清）陳尚彬撰　清光緒刻本　一冊

620000 – 1101 –0020441　782.623/94.1

浙江忠義錄十卷續編二卷表五卷續表不分卷　（清）張景祁等輯　清光緒元年(1875)浙江采訪忠義總局刻本　六冊　存十二卷(忠義錄十卷、續編二卷)

620000 – 1101 –0020442　782.623/94.1

浙江忠義錄十卷續編二卷表五卷續表不分卷　（清）張景祁等輯　清光緒元年(1875)浙江采訪忠義總局刻本　十六冊

620000 – 1101 –0020443　443.689.23/120.001

浙西水利備考不分卷　（清）王鳳生纂修　清道光四年(1824)刻朱墨套印本　四冊

620000 – 1101 –0020444　443.689.23/120

浙西水利備考不分卷　（清）王鳳生纂修　清光緒四年(1878)浙江書局刻朱墨套印本　三冊

620000 – 1101 –0020445　443.689.23/120

浙西水利備考不分卷　（清）王鳳生纂修　清光緒四年(1878)浙江書局刻朱墨套印本　一冊

620000 – 1101 –0020446　443.689.23/120

浙西水利備考不分卷　（清）王鳳生纂修　清光緒四年(1878)浙江書局刻朱墨套印本　二冊

620000－1101－0020447　414.5/6.289.003

珍珠囊指掌補遺藥性賦四卷　（金）李杲編
雷公炮製藥性解六卷　（明）李中梓輯　清晚期刻本　一冊

620000－1101－0020448　672.15/657

貞豐擬乘二卷　（清）章騰龍撰　（清）陳勰增輯　清嘉慶十五年（1810）聚星堂刻本　二冊

620000－1101－0020449　831.7/399

貞豐詩萃五卷　（清）陶煦輯　清同治三年（1864）陶氏儀一堂刻本　一冊　存三卷（三至五）

620000－1101－0020450　456

貞觀政要十卷　（唐）吳兢撰　（元）戈直集論　明成化元年（1465）內府刻本　六冊

620000－1101－0020451　845.77/305.001

貞居詞一卷　（元）張天雨撰　**柘軒詞一卷**（明）凌雲翰撰　清光緒十二年至十三年（1886－1887）錢塘丁氏刻本　一冊

620000－1101－0020452　245.2/739

真道自證四卷首一卷　（清）沙守信撰　清同治七年（1868）刻本　二冊

620000－1101－0020453　254/894

真功發微二卷　（清）劉介廉撰　清光緒十九年（1893）刻本　二冊

620000－1101－0020454　245.2/470

真教自證六篇　（意大利）晁德蒞撰　清宣統三年（1911）上海土山灣鉛印本　一冊

620000－1101－0020455　245.2/470

真教自證六篇　（意大利）晁德蒞撰　清宣統三年（1911）上海土山灣鉛印本　一冊

620000－1101－0020456　245.2/470

真教自證六篇　（意大利）晁德蒞撰　清宣統三年（1911）上海土山灣鉛印本　一冊

620000－1101－0020457　245.2/470

真教自證六篇　（意大利）晁德蒞撰　清宣統三年（1911）上海土山灣鉛印本　一冊

620000－1101－0020458　245.2/470

真教自證六篇　（意大利）晁德蒞撰　清宣統三年（1911）上海土山灣鉛印本　一冊

620000－1101－0020459　2037

真意堂三種十三卷　（清）吳志忠輯　清嘉慶十六年（1811）吳氏木活字印本　五冊

620000－1101－0020460　413.91/274

針灸大成十卷　（明）楊繼洲撰　清致和堂刻本　十冊

620000－1101－0020461　857.178/994

偵探記二卷　姚文棟撰　清光緒刻本　一冊

620000－1101－0020462　2141

鍼灸大成十卷　（明）楊繼洲撰　清乾隆二年（1737）會稽章廷珪刻本　十冊

620000－1101－0020463　413.91/274.008

鍼灸大成十卷　（明）楊繼洲撰　清道光十四年（1834）刻本　四冊　存五卷（一、三至六）

620000－1101－0020464　413.91/274.009

鍼灸大成十卷　（明）楊繼洲撰　清道光紫文閣刻本　三冊　存三卷（七至九）

620000－1101－0020465　413.91/274.010

鍼灸大成十卷　（明）楊繼洲撰　清中晚期致和堂刻本　二冊　存三卷（一至二、十）

620000－1101－0020466　413.91/274.011

鍼灸大成十卷　（明）楊繼洲撰　清同治、光緒刻本　一冊　存一卷（七）

620000－1101－0020467　413.91/274.014

鍼灸大成十卷　（明）楊繼洲撰　清同治、光緒刻本　一冊　存一卷（十）

620000－1101－0020468　413.91/274.012

鍼灸大成十卷　（明）楊繼洲撰　清光緒刻本　一冊　存一卷（卷四之葉三至六十九）

620000－1101－0020469　413.91/274.013

鍼灸大成十卷　（明）楊繼洲撰　清光緒刻本　一冊　存一卷（三）

620000－1101－0020470　413.91/274.016

鍼灸大成十卷　（明）楊繼洲撰　清光緒刻本

二冊　存三卷(二至三、五)

620000－1101－0020471　413.91/274.005

鍼灸大成十卷　(明)楊繼洲撰　清綠蔭山房刻本　十冊

620000－1101－0020472　413.91/274.005

鍼灸大成十卷　(明)楊繼洲撰　清綠蔭山房刻本　五冊

620000－1101－0020473　413.91/274.015

鍼灸大成十卷　(明)楊繼洲撰　清末刻本一冊　存一卷(三)

620000－1101－0020474　413.91/870.003

鍼灸甲乙經十二卷　(晉)皇甫謐撰　清光緒十三年(1887)刻本　五冊

620000－1101－0020475　413.24/289.3

診家正眼二卷　(明)李中梓撰　(清)尤乘增訂　清晚期刻本　一冊　存一卷(二)

620000－1101－0020476　413.4/214

枕藏外科諸症不分卷　(清)胡璟編　清晚期刻本　一冊

620000－1101－0020477　856.176/380

枕善堂尺牘一隅二十卷　(清)陳大溶著(清)劉儀校　清道光十六年(1836)富春堂刻本　九冊　存十五卷(一、三至六、十一至二十)

620000－1101－0020478　847.6/820.07

枕善齋集十六卷　(清)周爲漢撰　清晚期刻本　四冊

620000－1101－0020479　847.6/820

枕善齋遺詩四卷　(清)周爲漢撰　清道光二年(1822)刻本　一冊

620000－1101－0020480　847.6/820

枕善齋遺詩四卷　(清)周爲漢撰　清道光二年(1822)刻本　一冊

620000－1101－0020481　847.7/429

枕石軒詩鈔四卷　(清)嚴濟寬輯　清宣統三年(1911)刻本　一冊

620000－1101－0020482　592/902

陣紀四卷　(明)何良臣著　清道光二十六年(1846)宏道書院刻惜陰軒叢書本　二冊

620000－1101－0020483　592/902.001

陣紀四卷　(明)何良臣著　(清)莊肇麟校刊　清咸豐四年(1854)莊氏過客軒刻本　一冊

620000－1101－0020484　082.78/713.001

振綺堂叢刊七種十七卷　(清)汪康年輯　清末民國初汪氏振綺堂刻本　八冊

620000－1101－0020485　082.78/713

振綺堂叢書初集十種二十一卷　(清)汪康年輯　清宣統二年(1910)泉唐汪氏鉛印本　六冊

620000－1101－0020486　082.78/713

振綺堂叢書初集十種二十一卷　(清)汪康年輯　清宣統二年(1910)泉唐汪氏鉛印本　六冊

620000－1101－0020487　847.4/337

振綺堂詩存一卷　(清)汪憲撰　清光緒十五年(1889)刻本　一冊

620000－1101－0020488　846.6/868

震川大全集三十卷餘集八卷別集十卷補集八卷　(明)歸有光撰　清宣統二年(1910)國學扶輪社石印本　十二冊

620000－1101－0020489　1646

震川先生集三十卷別集十卷附錄一卷　(明)歸有光撰　清康熙十年至十四年(1671－1675)歸莊、歸玠等刻本　六冊

620000－1101－0020490　2792

震川先生集三十卷別集十卷附錄一卷　(明)歸有光撰　清康熙十年至十四年(1671－1675)歸莊、歸玠等刻本　十冊

620000－1101－0020491　846.6/86

震川先生集三十卷別集十卷附錄一卷　(明)歸有光撰　清宣統二年(1910)上海集成圖書公司鉛印本　十冊

620000－1101－0020492　1306

震澤長語二卷 （明）王鏊撰 清光緒孔氏嶽雪樓影抄本 一冊

620000－1101－0020493 567.3/0.937

鎮番縣賦役全書不分卷 （清）□□編 清咸豐三年(1853)刻本 三冊

620000－1101－0020494 567.3/0.937

鎮西府賦役全書不分卷 （清）□□編 清咸豐三年(1853)刻本 三冊

620000－1101－0020495 567.3/0.937

鎮西府賦役全書不分卷 （清）□□編 清咸豐三年(1853)刻本 三冊

620000－1101－0020496 671.65/325.79

鎮原縣地理調查表一卷 宋運貢編 清宣統抄本 一冊

620000－1101－0020497 567.3/0.937

鎮原縣賦役全書不分卷 （清）□□編 清咸豐三年(1853)刻本 三冊

620000－1101－0020498 245.2/833

拯世略說不分卷 （清）朱宗元著 清同治十二年(1873)刻本 一冊

620000－1101－0020499 830.8/696

正本學社講學類鈔不分卷 宋育仁等編輯 清光緒三十一年(1905)同文社鉛印本 三冊

620000－1101－0020500 2601

正藏書六十八卷 （明）李贄撰 明汪修能刻本 十六冊 存六十卷(一至六十)

620000－1101－0020501 248.2/17

正教奉褒一卷 （清）黃伯祿編 清光緒二十年(1894)上海慈母堂鉛印本 二冊

620000－1101－0020502 252/988

正教一目醒不分卷 （清）成龍 （清）余澤周撰 清宣統元年(1909)刻本 一冊

620000－1101－0020503 082.77/10

正覺樓叢刻二十九種七十九卷 （清）崇文書局輯 清光緒崇文書局刻本 三十六冊

620000－1101－0020504 082.77/10

正覺樓叢刻二十九種七十九卷 （清）崇文書局輯 清光緒崇文書局刻本 七冊 存六種十一卷(三國志辨疑三卷、律呂臆說一卷、管色考一卷、荀勖笛律圖注一卷、三國職官表三卷、紀事約言二卷)

620000－1101－0020505 082.77/10

正覺樓叢刻二十九種七十九卷 （清）崇文書局輯 清光緒崇文書局刻本 三十六冊

620000－1101－0020506 082.77/10

正覺樓叢刻二十九種七十九卷 （清）崇文書局輯 清光緒崇文書局刻本 六冊 存四種十二卷(周官指掌五卷、禮記天算釋一卷、律呂新義四卷、附錄一卷,擬瑟譜一卷)

620000－1101－0020507 082.77/10

正覺樓叢刻二十九種七十九卷 （清）崇文書局輯 清光緒崇文書局刻本 二十三冊 存十八種四十四卷(西京雜記二卷,括地志八卷,兩京新記一卷,李嶠雜詠二卷,龍經疑龍三卷、撼龍統說一卷,指南後錄三卷,酌中志餘二卷,人海記二卷,樂府傳聲二卷,三國志辨疑三卷,後漢郡國令長考一卷,管色考一卷,三國職官表三卷,舊唐書疑義四卷,臨安旬制紀三卷,全浙詩話刊誤一卷,三國紀年表一卷,五代紀年表一卷)

620000－1101－0020508 082.77/10

正覺樓叢刻三十種八十三卷 （清）崇文書局輯 清光緒崇文書局刻本 八冊 存八種二十一卷(譚子化書六卷、二林居集二卷、南渡錄四卷、指南後錄三卷、臨安旬制紀三卷、全浙詩話刊誤一卷、三國紀年表一卷、五代紀年表一卷)

620000－1101－0020509 2666

正蒙二卷 （宋）張載撰 （清）李光地注 清初刻本 一冊

620000－1101－0020510 573.1021/66

正三通目錄十二卷續三通目錄十四卷皇朝三通目錄十四卷 （清）席裕福編 清光緒二十九年(1903)圖書集成局石印本 四冊 存十二卷(正三通目錄十二卷)

620000－1101－0020511　573.1021/66

正三通目錄十二卷續三通目錄十四卷皇朝三通目錄十四卷　(清)席裕福編　清光緒二十九年(1903)圖書集成局石印本　十二冊

620000－1101－0020512　573.1021/66

正三通目錄十二卷續三通目錄十四卷皇朝三通目錄十四卷　(清)席裕福編　清光緒二十九年(1903)圖書集成局石印本　十六冊

620000－1101－0020513　573.1021/66

正三通目錄十二卷續三通目錄十四卷皇朝三通目錄十四卷　(清)席裕福編　清光緒二十九年(1903)圖書集成局石印本　四冊　存十四卷(皇朝三通目錄十四卷)

620000－1101－0020514　931.7/790

正陽真人戒淫歌不分卷　(清)程之華篆　清晚期石印本　一冊

620000－1101－0020515　089.72/314

正誼堂全書六十三種四百八十卷　(清)張伯行輯　(清)楊浚重輯　清同治五年(1866)福州正誼書院刻本　一百二十三冊　缺一種一卷(二程粹言下)

620000－1101－0020516　089.72/314

正誼堂全書六十三種四百八十卷　(清)張伯行輯　(清)楊浚重輯　清同治五年(1866)福州正誼書院刻本　三十四冊　存二十二種一百六十九卷(黃勉齋先生文集八卷,陳克齋先生集五卷,許魯齋先生集六卷,薛敬軒先生文集十卷,胡敬齋先生文集三卷,諸葛武侯文集四卷,陳清瀾先生學蔀通辯十二卷,薛文清公讀書錄八卷,道南源委六卷,陸桴亭思辨錄輯要二十二卷,濂洛風雅六至九,學規類編二十七卷,養正類編十三卷,居濟一得八卷,陸稼書先生問學錄四卷,陸稼書先生松陽鈔存一卷,讀朱隨筆四卷,石守道先生集二卷,王學質疑五卷,附錄一卷,讀禮志疑六卷,高東溪先生遺集二卷,真西山先生集八卷)

620000－1101－0020517　089.72/314

正誼堂全書六十三種四百八十卷續刻三種四十二卷　(清)張伯行輯　(清)楊浚重輯　清

同治五年(1866)福州正誼書院刻八年至九年(1869－1870)續刻本　一百五十一冊　缺二種十八卷(朱子語類輯略三至八、濂洛關閩書一至十二)

620000－1101－0020518　089.72/314

正誼堂全書六十三種四百八十卷續刻三種四十二卷　(清)張伯行輯　(清)楊浚重輯　清同治五年(1866)福州正誼書院刻八年至九年(1869－1870)續刻本　一百七十九冊　缺六種四十七卷(上蔡先生語錄三卷、程氏家塾讀書分年日程三卷、朱子學的二卷、陳清瀾先生學蔀通辯十二卷、朱子語類輯略八卷、濂洛關閩書十九卷)

620000－1101－0020519　847.3/314

正誼堂文集十二卷續集八卷　(清)張伯行撰　清同治五年(1866)福州正誼書院刻正誼堂全書本　五冊

620000－1101－0020520　847.3/314.001

正誼堂文集四十卷首一卷　(清)張伯行撰　清光緒二年(1876)刻本　九冊　存十八卷(一至十七、首一卷)

620000－1101－0020521　847.3/314.001

正誼堂文集四十卷首一卷　(清)張伯行撰　清光緒二年(1876)刻本　十一冊　存二十三卷(十八至四十)

620000－1101－0020522　802.49/54

正音咀華三卷正音咀華續編一卷　(清)莎彝尊撰　清咸豐三年(1853)刻朱墨套印本　二冊

620000－1101－0020523　846.7/258

正志稿十卷　(明)林貴兆著　(清)陳乃文編　清宣統二年(1910)太平陳氏木活字印本　一冊

620000－1101－0020524　4271

正字通十二卷首一卷　(清)張自烈撰　(清)廖文英輯　清康熙二十四年(1685)清畏堂刻本　二十一冊

620000－1101－0020525　4439

正字通十二卷首一卷 （清）張自烈撰 （清）
廖文英輯 清康熙十年(1671)弘文書院刻本
　二十八冊

620000－1101－0020526　1890
正字通十二卷首一卷 （清）張自烈撰 （清）
廖文英輯 清康熙九年(1670)刻本 三十
二冊

620000－1101－0020527　871
政和五禮新儀二百四十卷目錄六卷 （宋）鄭
居中等撰 清嘉慶劉喜海味經書屋抄本 五
冊 存九十六卷(一至九十、目錄六卷)

620000－1101－0020528　652.771/258.001
政書蒐遺一卷國史本傳一卷 （清）林則徐著
　清光緒五年(1879)長洲黃氏刻本 一冊

620000－1101－0020529　571/851
政治汎論二卷 （美國）域魯威爾遜著 麥鼎
華譯 清光緒二十九年(1903)上海廣智書局
鉛印本 一冊 存一卷(上)

620000－1101－0020530　147.6/325
政治學二卷 （德國）那特硈講述 （清）戢翼
翬譯 （清）王慕陶譯 清光緒二十八年
(1902)上海商務印書館鉛印本 二冊

620000－1101－0020531　041/830
政治最新文編四十卷 （清）朱大文等編 清
光緒二十八年(1902)上海鴻文書局石印萬國
政治藝學全書本 三冊 存三十二卷(九至
四十)

620000－1101－0020532　041/830
政治最新文編四十卷 （清）朱大文等編 清
光緒二十八年(1902)上海鴻文書局石印萬國
政治藝學全書本 一冊 存九卷(十九至二
十七)

620000－1101－0020533　847.8/886.2
鄭谷詩存八卷 （清）劉世奇撰 清光緒三年
(1877)甘肅劉毓英傳經堂刻本 一冊

620000－1101－0020534　845.5/97
鄭少谷先生全集二十四卷首一卷 （明）鄭善

夫撰 （清）鄭炳文校刊 清道光四年(1824)
刻本 十冊

620000－1101－0020535　091.8/211
鄭氏爻辰補六卷 （清）戴棠著 清道光二十
九年(1849)燕山書屋刻本 一冊 存四卷
(三至六)

620000－1101－0020536　089.22/978
鄭氏佚書二十三種七十九卷 （漢）鄭玄撰
（清）袁鈞輯 清光緒十四年(1888)浙江書局
刻本 十冊

620000－1101－0020537　098.12/193
鄭氏佚書二十三種七十九卷 （漢）鄭玄撰
（清）袁鈞輯 清光緒十四年(1888)浙江書局
刻本 十冊

620000－1101－0020538　2960
鄭氏周易三卷 （漢）鄭玄撰 （宋）王應麟輯
　（清）惠棟補輯 清乾隆二十一年(1756)盧
氏雅雨堂刻本 一冊

620000－1101－0020539　19
鄭所南先生太極祭煉內法一卷祭煉議略一卷
　（宋）鄭思肖撰 明刻本 二冊

620000－1101－0020540　782.123/972
鄭學錄四卷 （清）鄭珍撰 清同治四年
(1865)唐鄂生刻本 二冊

620000－1101－0020541　782.123/972
鄭學錄四卷 （清）鄭珍撰 清同治四年
(1865)唐鄂生刻本 一冊 存三卷(二至四)

620000－1101－0020542　098.22/978
鄭志三卷 （三國魏）鄭小同撰 清晚期刻本
　一冊

620000－1101－0020543　098.22/78.37
鄭志疏證八卷鄭記考證一卷 （漢）鄭玄撰
（清）皮錫瑞注 清光緒二十五年(1899)刻本
　三冊

620000－1101－0020544　543.213/718
鄭州直隸州屬調查民事習慣報告書不分卷
　（清）河南調查局編 清宣統抄本 二十七冊

498

620000 – 1101 – 0020545　126.9/965

證性編八卷　(明)顧憲成撰　清光緒三年
(1877)刻本　一冊　存六卷(一至六)

620000 – 1101 – 0020546　653.178/183

證學編不分卷　(清)彭希洛輯　清光緒八年
(1882)刻本　一冊

620000 – 1101 – 0020547　653.178/702

證學編十卷　(清)額勒精額撰　清光緒二十
年(1894)刻本　二冊

620000 – 1101 – 0020548　413.4/994

證治全生後集四卷　(清)姚凱元輯　清光緒
四年(1878)刻本　一冊

620000 – 1101 – 0020549　669.1/782

支那疆域沿革略說一卷　(日本)重野安繹
(日本)河田羆著　清光緒二十二年(1896)興
地學會刻本　一冊

620000 – 1101 – 0020550　669.1/782

支那疆域沿革略說一卷　(日本)重野安繹
(日本)河田羆著　清光緒二十二年(1896)興
地學會刻本　一冊

620000 – 1101 – 0020551　669.1/782

支那疆域沿革略說一卷　(日本)重野安繹
(日本)河田羆著　清光緒二十二年(1896)興
地學會刻本　一冊

620000 – 1101 – 0020552　669.1/782

支那疆域沿革略說一卷　(日本)重野安繹
(日本)河田羆著　清光緒二十二年(1896)興
地學會刻本　一冊

620000 – 1101 – 0020553　248.9/70.42

支那教案論一卷　(英國)宓克撰　嚴復譯
清光緒南洋公學譯書院鉛印本　一冊

620000 – 1101 – 0020554　610/325

支那通史七卷　(日本)那珂通世編　清光緒
二十五年(1899)東文學社石印本　五冊　存
四卷(一至四)

620000 – 1101 – 0020555　610/325

支那通史七卷　(日本)那珂通世編　清光緒

二十五年(1899)東文學社石印本　五冊　存
四卷(一至四)

620000 – 1101 – 0020556　610/325.001

支那通史七卷　(日本)那珂通世編　清末鉛
印本　五冊　存四卷(一至四)

620000 – 1101 – 0020557　074.76/88

支雅二卷　(清)劉燦編　清道光六年(1826)
刻本　一冊

620000 – 1101 – 0020558　853.63/546

芝龕記六卷　(清)董榕撰　清光緒十五年
(1889)資中刻本　六冊

620000 – 1101 – 0020559　071.68/821

巵林十卷補遺一卷　(明)周嬰纂　清嘉慶二
十年(1815)蕭山陳氏刻湖海樓叢書本　四冊
　存八卷(三至十)

620000 – 1101 – 0020560　071.68/821

巵林十卷補遺一卷　(明)周嬰纂　清嘉慶二
十年(1815)蕭山陳氏刻湖海樓叢書本　一冊
　存三卷(九至十、補遺一卷)

620000 – 1101 – 0020561　071.68/821

巵林十卷補遺一卷　(明)周嬰纂　清嘉慶二
十年(1815)蕭山陳氏刻湖海樓叢書本　四冊

620000 – 1101 – 0020562　1987

知不足齋叢書三十集一百九十六種八百二十
卷　(清)鮑廷博輯　(清)鮑志祖續輯　清乾
隆至道光長塘鮑氏刻本　二百四十冊

620000 – 1101 – 0020563　1988

知不足齋叢書三十集一百九十六種八百二十
卷　(清)鮑廷博輯　(清)鮑志祖續輯　清乾
隆至道光長塘鮑氏刻本　二百四十冊

620000 – 1101 – 0020564　1989

知不足齋叢書三十集一百九十六種八百二十
卷　(清)鮑廷博輯　(清)鮑志祖續輯　清乾
隆至道光長塘鮑氏刻本　二百四十冊

620000 – 1101 – 0020565　1990

知不足齋叢書三十集一百九十六種八百二十
卷　(清)鮑廷博輯　(清)鮑志祖續輯　清乾

隆至道光長塘鮑氏刻本　二百二十四冊　存一百八十五種七百七十六卷（第一集：御覽闕史二卷，古文孝經孔氏傳一卷，寓簡十卷、附錄一卷，兩漢刊誤補遺十卷、附錄一卷，涉史隨筆一卷，客杭日記一卷，韻石齋筆談二卷，七頌堂識小錄一卷；第二集：公是先生弟子記一卷，經筵玉音問答一卷，碧溪詩話十卷，獨醒雜志十卷、附錄一卷，梁谿漫志十卷、附錄一卷，赤雅三卷，諸史然疑一卷，榕城詩話三卷；第三集：入蜀記六卷，猗覺寮雜記二卷，對牀夜語五卷，歸田詩話三卷，南濠詩話一卷，麓堂詩話一卷，石墨鐫華八卷；第四集：孫子算經三卷，五曹算經五卷，釣磯立談一卷、附錄一卷，四朝聞見錄五卷、附錄一卷，金石史二卷，閒者軒帖考一卷；第五集：清虛雜著三卷、補闕一卷，補漢兵志一卷，臨漢隱居詩話一卷，漵南詩話三卷，歸潛志十四卷、附錄一卷，黃孝子紀程二卷、附一卷，虎口餘生記一卷，澹生堂藏書約一卷、附流通古書約一卷，苦瓜和尚畫語錄一卷；第六集：愧郯錄十五卷，碧雞漫志五卷，樂府補題一卷，蛻巖詞二卷；第七集：論語集解義疏十卷，離騷草木疏四卷，游宦紀聞十卷；第八集：張丘建算經三卷，緝古算經一卷，默記一卷，南湖集十卷、附錄三卷，蘋洲漁笛譜二卷；第九集：金樓子六卷，鐵圍山叢談六卷，農書三卷，蠶書一卷，於潛令樓公進耕織二圖詩一卷、附錄一卷，湛淵靜語二卷，賈備餘談二卷、附錄一卷；第十集：續孟子二卷，伸蒙子三卷，麟角集一卷、附錄一卷，蘭亭考十二卷、附群公帖跋一卷，蘭亭續考二卷，石刻鋪敘二卷、附錄一卷，江西詩社宗派圖錄一卷、附江西詩派小序一卷，萬柳溪邊舊話一卷；第十一集：詩傳注疏三卷，顏氏家訓七卷、附攷證一卷，江南餘載二卷，五國故事二卷，故宮遺錄一卷，伯牙琴一卷、續補一卷，洞霄詩集十四卷，石湖詞一卷、補遺一卷、附和石湖詞一卷，花外集一卷；第十二集：昌武段氏詩義指南一卷，離騷集傳一卷，江淮異人錄一卷，慶元黨禁一卷，酒經三卷，山居新話一卷，鬼董五卷，墨史三卷，畫訣一卷，畫筌一卷，今水經一卷、表一卷，佐治藥言一卷、續一

卷；第十三集：相臺書塾刊正九經三傳沿革例一卷，元真子三卷，翰苑群書二卷，朝野類要五卷，碧血錄二卷、附周端孝先生血疏貼黃冊一卷、逍遙集一卷，百正集三卷，張子野詞二卷、補遺二卷，貞居詞一卷、補遺一卷；第十四集：籟紀一卷，潛虛一卷、附潛虛發微論一卷，袁氏世範三卷、附集事詩鑒一卷，天水冰山錄不分卷、附錄一卷、附鈐山堂書畫記一卷；第十五集：新唐書糾繆二十、附錄一卷，修唐書史臣表一卷，洞霄圖志六卷，聲隅子歔欷瑣微論二卷，世緯二卷、附錄一卷；第十六集：皇宋書錄三卷，宣和奉使高麗圖經四十卷、附錄一卷，武林舊事十卷、附錄一卷，錢塘先賢傳贊一卷、附錄一卷；第十七集：五代史纂誤三卷，嶺外代答十卷，南窗紀談一卷，蘇沈內翰良方十卷，浦陽人物記二卷；第十八集：宜州乙酉家乘一卷，吳船錄二卷，清波雜志十二卷、別志三卷，蜀難敘略一卷，灊山集三卷、補遺一卷、附錄一卷，頤菴居士集二卷；第十九集：文苑英華辨證十卷，詩紀匡謬一卷，西塘集耆舊續聞十卷，山房隨筆一卷，勿菴曆算書目一卷，黃山領要錄二卷，世善堂藏書目錄二卷；第二十集：測圓海鏡細草十二卷，蘆浦筆記十卷，五代史記纂誤補四卷，山靜居畫論二卷，茗香詩論一卷；第二十一集：孝經鄭註一卷、附補證一卷，孝經鄭氏解一卷，益古演段三卷，弧矢算術細草一卷，五總志一卷，黃氏日抄古今紀要逸編一卷，丙寅北行日譜一卷，粵行紀事三卷，滇黔土司婚禮記一卷，三山鄭菊山先生清雋集一卷，所南翁一百二十圖詩集一卷、附錦錢餘笑一卷、附錄一卷，鄭所南先生文集一卷；第二十二集：重彫足本鑒誡錄十卷，侯鯖錄八卷，松窗百說一卷，北軒筆記一卷，藏海詩話一卷，吳禮部詩話一卷，畫墁集八卷、補遺一卷；第二十三集：讀易別錄三卷，古今偽書考一卷，澠水燕談錄十卷，石湖紀行三錄附桂海虞衡志一卷，北行日錄二卷，放翁家訓一卷，庶齋老學叢談三卷，湛淵遺稿三卷、補一卷，趙待制遺稿一卷、附王國器詞一卷，濼京雜詠二卷，陽春集一卷，草窗詞二卷、補二卷；第二十四集：吹劍錄外集一卷，宋遺

民錄十五卷,天地閒集一卷,宋舊宮人詩詞一卷,竹譜詳錄七卷,書學捷要二卷;第二十五集:履齋示兒編二十三卷,附校補一、覆校一卷,霽山先生集五卷、首一卷、拾遺一卷;第二十六集:五行大義五卷,負暄野錄二卷,古刻叢鈔一卷,梅花喜神譜二卷,斜川集六卷、附錄二卷、訂誤一卷;第二十七集:道命錄十卷,曲洧舊聞十卷,字通一卷,透簾細草一卷,續古摘奇算法一卷,丁巨算法一卷,緝古算經細草三卷;第二十八集:雲林石譜三卷、附縐雲石圖記一卷,夢粱錄二十卷,靜春堂詩集四卷、附錄三卷、附紅蕙山房吟稾一卷、附錄一卷)

620000－1101－0020566　1991

知不足齋叢書三十集一百九十六種八百二十卷　(清)鮑廷博輯　(清)鮑志祖續輯　清乾隆至道光長塘鮑氏刻本　三百四十冊

620000－1101－0020567　4345

知非堂稿六卷外稿四卷文獻外錄一卷　(元)何中撰　清康熙五十八年(1719)刻知非堂集本　一冊　存七卷(知非堂稿一至三、外稿四卷)

620000－1101－0020568　847.7/385

知非齋詩鈔一卷　(清)陳鍾英著　清同治十一年(1872)刻本　一冊

620000－1101－0020569　127.6/670

知聖篇二卷　廖平著　清宣統三年(1911)上海國學扶輪社鉛印張氏適園叢書本　一冊

620000－1101－0020570　943.31/697

知唐桑艾四卷　宋伯魯撰　清中晚期海棠仙館刻本　二冊

620000－1101－0020571　1900

知新錄三十二卷　(清)王棠撰　清康熙五十六年(1717)刻本　十六冊

620000－1101－0020572　1369

知止齋筆記二卷　(清)□□撰　清同治稿本　一冊

620000－1101－0020573　847.6/98

知止齋詩集十六卷　(清)翁心存著　清中晚期刻本　四冊

620000－1101－0020574　847.4/827.07

知足齋進呈文稾二卷　(清)朱珪撰　清晚期刻本　三冊

620000－1101－0020575　847.4/827

知足齋文集六卷　(清)朱珪撰　清嘉慶十年(1805)知足齋刻本　一冊

620000－1101－0020576　567.3/0.704

直隸安西州賦役全書不分卷　(清)□□編　清咸豐二年(1852)刻本　三冊

620000－1101－0020577　567.3/0.704

直隸安西州屬賦役全書不分卷　(清)□□編　清咸豐三年(1853)刻本　二冊

620000－1101－0020578　567.3/0.4801

直隸迪化州賦役全書不分卷　(□)□□編　清咸豐二年(1852)刻本　三冊

620000－1101－0020579　567.3/0.4801

直隸迪化州屬賦役全書不分卷　(清)□□編　清咸豐三年(1853)刻本　二冊

620000－1101－0020580　567.3/0.400

直隸階州賦役全書不分卷　(□)□□編　清咸豐二年(1852)刻本　三冊

620000－1101－0020581　567.3/0.400

直隸階州賦役全書不分卷　(□)□□編　清咸豐二年(1852)刻本　三冊

620000－1101－0020582　567.3/0.724

直隸涇州賦役全書不分卷　(清)□□編　清咸豐三年(1853)刻本　三冊

620000－1101－0020583　567.3/0.724

直隸涇州屬賦役全書不分卷　(清)□□編　清咸豐三年(1853)刻本　三冊

620000－1101－0020584　555.092/235

直隸工藝志初編八卷　(清)直隸工藝總局編　清光緒三十三年(1907)北洋官報局鉛印本　三冊　存三卷(一、五、七)

620000 – 1101 – 0020585　567.3/0.102
直隸秦州賦役全書不分卷　（清）□□編　清
咸豐二年(1852)刻本　二冊

620000 – 1101 – 0020586　567.3/0.102
直隸秦州屬賦役全書不分卷　（清）□□編
清咸豐二年(1852)刻本　三冊　缺冊一之葉
一上

620000 – 1101 – 0020587　584.022/0.235
直隸省調查民事習慣答案不分卷　（清）□□
編　清宣統鉛印本　一冊

620000 – 1101 – 0020588　567.3/0.319
直隸肅州賦役全書不分卷　（清）□□編　清
咸豐三年(1853)刻本　三冊

620000 – 1101 – 0020589　567.3/0.319
直隸肅州屬賦役全書不分卷　（清）□□編
清咸豐三年(1853)刻本　三冊

620000 – 1101 – 0020590　2110
直隸五道成規五卷目錄一卷　（清）高斌輯
清乾隆八年(1743)刻本　五冊

620000 – 1101 – 0020591　847.2/915.7
直木齋全集十三卷　（清）任繩隗著　清光緒
十三年(1887)刻本　二冊　存七卷（一至四、
十一至十三）

620000 – 1101 – 0020592　533.24/67
直省釋奠禮樂記六卷首一卷　（清）應寶時等
輯　清同治十二年(1873)刻本　四冊

620000 – 1101 – 0020593　532.3/0.235
直省文武官員相見通禮一卷　（□）□□編
清末刻本　一冊

620000 – 1101 – 0020594　856.7/0.235
直省鄉墨采真（丙子年）不分卷　（□）□□輯
清光緒二年(1876)刻本　二冊

620000 – 1101 – 0020595　856.7/581
直省新墨約選不分卷　（清）北洋官報局輯
清光緒二十九年(1903)北洋官報局鉛印本
五冊　存史論一、三至四,四書義,五經義,
策問

620000 – 1101 – 0020596　011.67/378.001
直齋書錄解題二十二卷　（宋）陳振孫撰　清
刻本　十二冊

620000 – 1101 – 0020597　011.67/378.002
直齋書錄解題二十二卷　（宋）陳振孫撰　清
刻本　十冊

620000 – 1101 – 0020598　011.67/378.002
直齋書錄解題二十二卷　（宋）陳振孫撰　清
刻本　八冊

620000 – 1101 – 0020599　847.5/434.1
執虛詩鈔二卷附詞鈔一卷　（清）吳蔚光撰
清刻本　一冊

620000 – 1101 – 0020600　375.9/906
植物圖說四卷　（英國）傅蘭雅著　清光緒二
十一年(1895)益智書會刻本　一冊

620000 – 1101 – 0020601　375.9/906
植物圖說四卷　（英國）傅蘭雅著　清光緒二
十一年(1895)益智書會刻本　一冊

620000 – 1101 – 0020602　370/906
植物須知不分卷　（英國）傅蘭雅撰　清光緒
二十四年(1898)刻本　一冊

620000 – 1101 – 0020603　1318
摭韻不分卷　（清）朱昆田輯　清抄本　十
二冊

620000 – 1101 – 0020604　1123
職方外紀五卷首一卷　（意大利）艾儒略撰
清抄本　二冊

620000 – 1101 – 0020605　847.6/172
止齋遺書十六卷　（清）黃俊苑著　清光緒元
年(1875)刻本　一冊

620000 – 1101 – 0020606　682.81/307
指津說沿江說略□□卷　（清）張振集著　清
中晚期寶箋堂刻本　一冊　存一卷（三）

620000 – 1101 – 0020607　312.8/0.299
指明算法不分卷　（□）□□撰　清光緒三十
三年(1907)宏道堂刻本　一冊

620000－1101－0020608　845.225/67

指南後錄三卷　（宋）文天祥撰　清光緒六年（1880）刻本　一冊

620000－1101－0020609　230/885.03

指南三書六卷　（清）劉一明撰　清嘉慶十八年（1813）刻本　六冊

620000－1101－0020610　230/885.03

指南三書六卷　（清）劉一明撰　清嘉慶十八年（1813）刻本　六冊

620000－1101－0020611　230/885.03

指南三書六卷　（清）劉一明撰　清嘉慶十八年（1813）刻本　六冊

620000－1101－0020612　230.88/885

指南針十二卷　（清）劉一明注　清嘉慶蘭州榆中刻本　八冊

620000－1101－0020613　230.88/885

指南針十二卷　（清）劉一明注　清嘉慶蘭州榆中刻本　八冊

620000－1101－0020614　659

指月錄三十二卷　（明）瞿汝稷撰　明萬曆三十年（1602）釋通一刻本　十冊

620000－1101－0020615　660

指月錄三十二卷　（明）瞿汝稷撰　明釋開慧刻本　十冊

620000－1101－0020616　1922

指月錄三十二卷　（明）瞿汝稷撰　清乾隆六年（1741）明善堂刻本　二十冊

620000－1101－0020617　082.78/994

咫進齋叢書三十七種九十三卷　（清）姚覲元輯　清同治十三年至光緒九年（1874－1883）歸安姚覲元刻本　二十四冊

620000－1101－0020618　082.78/994

咫進齋叢書三十七種九十三卷　（清）姚覲元輯　清同治十三年至光緒九年（1874－1883）歸安姚覲元刻本　二十四冊

620000－1101－0020619　847.6/868

咫聞軒詩艸十卷詩稿四卷　（清）帥方蔚著

清中晚期刻本　一冊

620000－1101－0020620　244

至大重修宣和博古圖錄三十卷　（宋）王黼等撰　明嘉靖七年（1528）蔣旸刻本　十六冊

620000－1101－0020621　1870

至聖編年世紀二十四卷　（清）李灼　（清）黃晟輯　清乾隆十六年（1751）亦政堂刻本　十二冊

620000－1101－0020622　672.14/93.57

至順鎮江志二十一卷首一卷　（元）脫因修　（元）俞希魯纂　附錄一卷校勘記二卷　（清）劉文淇　（清）劉毓崧撰　清道光二十二年（1842）丹徒包氏刻本　七冊

620000－1101－0020623　672.14/93.57

至順鎮江志二十一卷首一卷　（元）脫因修　（元）俞希魯纂　附錄一卷校勘記二卷　（清）劉文淇　（清）劉毓崧撰　清同治二年（1863）刻本　八冊

620000－1101－0020624　847.8/842

志遠堂文集十卷　（清）鄒鍾撰　清光緒十二年（1886）山東省城德華堂王少南刻本　六冊

620000－1101－0020625　652.1/987

豸華堂文鈔十二卷首一卷　（清）金應麟撰　清咸豐元年（1851）刻本　二冊

620000－1101－0020626　856.7/731

制義叢話二十五卷　（清）梁章鉅撰　清咸豐知足知不足齋刻本　六冊　存二十卷（一至七、十三至二十五）

620000－1101－0020627　856.7/731.001

制義叢話二十五卷　（清）梁章鉅撰　清道光、咸豐刻本　二冊　存五卷（八至十二）

620000－1101－0020628　856.7/822

制義靈樞四編　（清）周銘恩評選　清光緒刻本　一冊

620000－1101－0020629　856.7/0.825

制藝萃珍十卷　（□）□□輯　清末刻本　五冊　存五卷（三至七）

503

620000－1101－0020630　856.7/0.825.001

制藝萃珍十卷　（□）□□輯　清末刻本　五冊　存五卷（六至十）

620000－1101－0020631　856.7/213

制藝鎔裁十五卷續集二卷　（清）古香齋主人纂輯　清同治十二年（1873）青雲閣刻本　十八冊

620000－1101－0020632　443.685/176.001

治河方略十卷首一卷　（清）靳輔著　清嘉慶四年（1799）靳文鈞刻本　十一冊

620000－1101－0020633　443.685/176

治河方略五卷首一卷圖一卷　（清）靳輔著　清嘉慶十七年（1812）刻本　六冊

620000－1101－0020634　443.63/0.753

治河要法一卷　（□）□□撰　清中晚期抄本　一冊

620000－1101－0020635　193/212

治家格言繹義不分卷　（清）戴翊清著　清光緒十五年（1889）刻本　一冊

620000－1101－0020636　552.209/835

治平略增定全書三十三卷　（明）朱健　（明）朱徽撰　清道光二十九年（1849）來鹿堂刻本　二十冊

620000－1101－0020637　552.209/835

治平略增定全書三十三卷　（明）朱健　（明）朱徽撰　清道光二十九年（1849）來鹿堂刻本　十五冊　存二十六卷（八至三十三）

620000－1101－0020638　1422

治平勝算全書十四卷　（清）年羹堯輯　清抄本　十二冊

620000－1101－0020639　127.6/391

治平通議八卷　（清）陳虬撰　清光緒十九年（1893）甌雅堂刻本　二冊　存四卷（經世博議四卷）

620000－1101－0020640　575.223/724

治浙成規八卷　（清）浙江布政司編　清道光刻本　七冊　存七卷（二至八）

620000－1101－0020641　4101

治政集要十四卷　（清）王又槐增輯　清乾隆五十九年（1794）刻本　七冊　存十四卷（六部例限圖六卷、簡明作法一卷、中樞例限圖一卷、考成章程一卷、題咨事件二卷、三流道里表圖一卷、刺字彙纂一卷、申詳成規一卷）

620000－1101－0020642　072.69/766.001

智囊補二十八卷　（明）馮夢龍輯　清道光二十五年（1845）聚芸堂刻本　六冊　存二十四卷（五至二十八）

620000－1101－0020643　847.1/76

智囊補二十八卷　（明）馮夢龍輯　清道光二十五年（1845）聚芸堂刻本　五冊

620000－1101－0020644　847.1/76.01

智囊補二十八卷　（明）馮夢龍輯　清晚期芸生堂刻本　十二冊

620000－1101－0020645　399

智品十三卷　（明）樊玉衝撰　（明）于倫增補　明萬曆四十二年（1614）于斯行刻本　十冊

620000－1101－0020646　221.6/880

智證傳一卷　（宋）釋覺範撰　（宋）釋覺慈編　清光緒二年（1876）金陵刻經處刻本　一冊

620000－1101－0020647　468.4/278

製羃金法二卷　（日本）橋本奇策著　（清）王季點譯　清光緒二十七年（1901）上海製造局刻本　二冊

620000－1101－0020648　468.4/278

製羃金法二卷　（日本）橋本奇策著　（清）王季點譯　清光緒二十七年（1901）上海製造局刻本　二冊

620000－1101－0020649　468.4/278

製羃金法二卷　（日本）橋本奇策著　（清）王季點譯　清光緒二十七年（1901）上海製造局刻本　二冊

620000－1101－0020650　468.4/278

製羃金法二卷　（日本）橋本奇策著　（清）王季點譯　清光緒二十七年（1901）上海製造局

刻本　一册　存一卷(二)

620000－1101－0020651　468.4/278
製屧金法二卷　(日本)橋本奇策著　(清)王
季點譯　清光緒二十七年(1901)上海製造局
刻本　二册

620000－1101－0020652　468.4/278
製屧金法二卷　(日本)橋本奇策著　(清)王
季點譯　清光緒二十七年(1901)上海製造局
刻本　二册

620000－1101－0020653　462.11/794.001
製火藥法三卷　(英國)利稼孫　(英國)華得
斯輯　(英國)傅蘭雅口譯　(清)丁樹棠筆述
清同治九年(1870)江南製造總局刻本
一册

620000－1101－0020654　462.11/794.001
製火藥法三卷　(英國)利稼孫　(英國)華得
斯輯　(英國)傅蘭雅口譯　(清)丁樹棠筆述
清同治九年(1870)江南製造總局刻本
一册

620000－1101－0020655　462.11/794.001
製火藥法三卷　(英國)利稼孫　(英國)華得
斯輯　(英國)傅蘭雅口譯　(清)丁樹棠筆述
清同治九年(1870)江南製造總局刻本
一册

620000－1101－0020656　462.11/794.001
製火藥法三卷　(英國)利稼孫　(英國)華得
斯輯　(英國)傅蘭雅口譯　(清)丁樹棠筆述
清同治九年(1870)江南製造總局刻本
一册

620000－1101－0020657　462.11/794
製火藥法三卷　(英國)利稼孫　(英國)華得
斯輯　(英國)傅蘭雅口譯　(清)丁樹棠筆述
清光緒江南製造總局刻本　一册

620000－1101－0020658　462.11/794
製火藥法三卷　(英國)利稼孫　(英國)華得
斯輯　(英國)傅蘭雅口譯　(清)丁樹棠筆述
清光緒江南製造總局刻本　一册

620000－1101－0020659　446.16/880
製機理法八卷附表及圖解　(英國)覺顯祿斯
撰　(英國)傅蘭雅口譯　(清)華備鈺筆述
清光緒二十五年(1899)上海江南機器製造局
刻本　四册

620000－1101－0020660　446.16/880
製機理法八卷附表及圖解　(英國)覺顯祿斯
撰　(英國)傅蘭雅口譯　(清)華備鈺筆述
清光緒二十五年(1899)上海江南機器製造局
刻本　四册

620000－1101－0020661　446.16/880
製機理法八卷附表及圖解　(英國)覺顯祿斯
撰　(英國)傅蘭雅口譯　(清)華備鈺筆述
清光緒二十五年(1899)上海江南機器製造局
刻本　四册

620000－1101－0020662　794.66/725
誌銘廣例二卷　(清)梁玉繩撰　清光緒四年
(1878)會稽章氏刻本　一册

620000－1101－0020663　127.6/435
質顧一卷　(清)吳光耀撰　清宣統元年
(1909)成都刻本　一册

620000－1101－0020664　345/910
質學課本五卷　(英國)伊那楞木孫撰　(清)
曾宗鞏譯　清光緒三十二年(1906)學部編譯
圖書局鉛印本　五册

620000－1101－0020665　345/910
質學課本五卷　(英國)伊那楞木孫撰　(清)
曾宗鞏譯　清光緒三十二年(1906)學部編譯
圖書局鉛印本　五册

620000－1101－0020666　345/910
質學課本五卷　(英國)伊那楞木孫撰　(清)
曾宗鞏譯　清光緒三十二年(1906)學部編譯
圖書局鉛印本　五册

620000－1101－0020667　345/910
質學課本五卷　(英國)伊那楞木孫撰　(清)
曾宗鞏譯　清光緒三十二年(1906)學部編譯
圖書局鉛印本　五册

620000 – 1101 – 0020668　345/910

質學課本五卷　（英國）伊那楞木孫撰　（清）曾宗鞏譯　清光緒三十二年（1906）學部編譯圖書局鉛印本　四冊　存四卷（二至五）

620000 – 1101 – 0020669　345/910

質學課本五卷　（英國）伊那楞木孫撰　（清）曾宗鞏譯　清光緒三十二年（1906）學部編譯圖書局鉛印本　四冊　存四卷（一至三、五）

620000 – 1101 – 0020670　345/910

質學課本五卷　（英國）伊那楞木孫撰　（清）曾宗鞏譯　清光緒三十二年（1906）學部編譯圖書局鉛印本　三冊　存三卷（一至三）

620000 – 1101 – 0020671　345/910

質學課本五卷　（英國）伊那楞木孫撰　（清）曾宗鞏譯　清光緒三十二年（1906）學部編譯圖書局鉛印本　二冊　存二卷（二至三）

620000 – 1101 – 0020672　345/910

質學課本五卷　（英國）伊那楞木孫撰　（清）曾宗鞏譯　清光緒三十二年（1906）學部編譯圖書局鉛印本　一冊　存一卷（三）

620000 – 1101 – 0020673　413.11/502.001

中藏經八卷　（漢）華佗撰　清光緒抄本三冊

620000 – 1101 – 0020674　578.2321/28

中朝約章合編一卷　（清）□□編　清晚期木活字印本　一冊

620000 – 1101 – 0020675　660.37/307

中等本國地理教科書四卷　（清）張相文著清光緒二十九年（1903）南洋公學石印本四冊

620000 – 1101 – 0020676　660.37/762

中等地文學教科書二十六章　（英國）勞梅痕著　（清）南洋官書局譯述　清光緒三十一年（1905）南洋官書局石印本　二冊

620000 – 1101 – 0020677　730/374.004

中等東洋史二卷　（日本）桑原騭藏撰　（清）周同愈譯　清光緒三十年（1904）上海文明書

局鉛印本　一冊　存一卷（上）

620000 – 1101 – 0020678　730/374.002

中等東洋史要五卷首一卷　（日本）桑原騭藏撰　（清）湖北自强學堂東文齋譯　清光緒三十年（1904）山東官印書局鉛印本　二冊

620000 – 1101 – 0020679　524.67/840

中等格致課本四卷　（法國）包爾培著　（清）徐兆熊譯　清光緒二十八年（1902）南洋公學石印本　六冊　存三卷（一至三）

620000 – 1101 – 0020680　740.1/598.03

中等西洋史四卷　（日本）小川銀次郎著（清）沙曾詒譯　清光緒三十年（1904）上海文明書局鉛印本　二冊

620000 – 1101 – 0020681　627.86/262

中東戰紀本末八卷首一卷末一卷續編四卷首一卷末一卷三編四卷　（美國）林樂知著譯蔡爾康纂輯　清光緒二十二年至二十六年（1896 – 1900）上海廣學會鉛印本　三冊　存三卷（續編四、三編一至二）

620000 – 1101 – 0020682　627.86/262

中東戰紀本末八卷首一卷末一卷續編四卷首一卷末一卷三編四卷　（美國）林樂知著譯蔡爾康纂輯　清光緒二十二年至二十六年（1896 – 1900）上海廣學會鉛印本　十一冊存十五卷（中東戰紀本末一、四至八，首一卷，末一卷；續編一至三、首一卷；三編一至二、四）

620000 – 1101 – 0020683　627.86/262

中東戰紀本末八卷首一卷末一卷續編四卷首一卷末一卷三編四卷　（美國）林樂知著譯蔡爾康纂輯　清光緒二十二年至二十六年（1896 – 1900）上海廣學會鉛印本　十一冊存四卷（續編四卷）

620000 – 1101 – 0020684　627.86/262.001

中東戰紀本末八卷首一卷末一卷續編四卷首一卷末一卷文學興國策二卷　（美國）林樂知著譯　蔡爾康纂輯　清光緒二十三年（1897）上海圖書集成局鉛印本　十二冊　存十五卷

（中東戰紀本末八卷、首一卷、末一卷,續編四
卷、首一卷）

620000－1101－0020685　627.86/262.001
**中東戰紀本末八卷首一卷末一卷續編四卷首
一卷末一卷文學興國策二卷**　（美國）林樂知
著譯　蔡爾康纂輯　清光緒二十三年（1897）
上海圖書集成局鉛印本　十四冊

620000－1101－0020686　578.248/628
中俄國際約註五卷　施紹常編輯　清光緒三
十一年（1905）上海商務印書館鉛印本　一冊
　存二卷（一至二）

620000－1101－0020687　578.248/628
中俄國際約註五卷　施紹常編輯　清光緒三
十一年（1905）上海商務印書館鉛印本　二冊

620000－1101－0020688　681.27/842
中俄界記不分卷　（清）鄒代鈞撰　（清）曾寅
校訂　清宣統三年（1911）亞新地學社鉛印本
　二冊

620000－1101－0020689　681.27/842
中俄界記不分卷　（清）鄒代鈞撰　（清）曾寅
校訂　清宣統三年（1911）亞新地學社鉛印本
　二冊

620000－1101－0020690　681.27/842
中俄界記不分卷　（清）鄒代鈞撰　（清）曾寅
校訂　清宣統三年（1911）亞新地學社鉛印本
　二冊

620000－1101－0020691　681.27/933
中俄界約斠注七卷首一卷　（清）安錢恂撰
清光緒二十年（1894）上海醉六堂刻本　二冊

620000－1101－0020692　1104
中俄續修稅則善後章程不分卷　（清）□□撰
　清光緒二十九年（1903）抄本　一冊

620000－1101－0020693　1105
中俄續修稅則善後章程不分卷　（清）□□撰
　清光緒二十九年（1903）抄本　一冊

620000－1101－0020694　578.248/1893
中俄約章會要三卷續編一卷　（清）總理各國

事務衙門編　清光緒八年（1882）同文舘鉛印
本　四冊

620000－1101－0020695　578.248/1893
中俄約章會要三卷續編一卷　（清）總理各國
事務衙門編　清光緒八年（1882）同文舘鉛印
本　四冊

620000－1101－0020696　578.248/1893
中俄約章會要三卷續編一卷　（清）總理各國
事務衙門編　清光緒八年（1882）同文舘鉛印
本　一冊　存一卷（會要中）

620000－1101－0020697　1106
中法續修稅則善後章程不分卷　（清）□□撰
　清光緒三十年（1904）抄本　一冊

620000－1101－0020698　1106
中法續修稅則善後章程不分卷　（清）□□撰
　清光緒三十年（1904）抄本　一冊

620000－1101－0020699　847.5/99.01
中復堂全集十種九十八卷　（清）姚瑩著　清
同治六年（1867）姚濬昌安福縣署刻本　八冊

620000－1101－0020700　847.5/99.01
中復堂全集十種九十八卷　（清）姚瑩著　清
同治六年（1867）姚濬昌安福縣署刻本　二十
三冊　存十種八十一卷（東溟文後集十四卷、
文外集二卷,後湘詩集九卷、二集五卷,東溟
奏稿四卷,東槎紀略五卷,識小錄八卷,寸陰
叢錄四卷,康輶紀行十六卷,姚氏先德傳六
卷,中復堂遺稿五卷、續編二卷,中復堂全集
附錄一卷）

620000－1101－0020701　847.5/99.03
中復堂遺稿五卷　（清）姚瑩著　清同治四年
（1865）刻本　一冊

620000－1101－0020702　847.5/99.02
中復堂遺稿續編二卷附錄一卷　（清）姚瑩等
著　清同治六年（1867）姚濬昌刻本　一冊

620000－1101－0020703　564.3/137
中國財政紀略四章　（日本）東邦協會纂
（清）吳鳴譯　清光緒二十九年（1903）上海廣

智書局鉛印本　一冊

620000－1101－0020704　660.37/842.001

中國地理講義一卷首一卷　（清）鄒代鈞撰
清末蘭州官書局鉛印本　一冊

620000－1101－0020705　660.37/842.001

中國地理講義一卷首一卷　（清）鄒代鈞撰
清末蘭州官書局鉛印本　一冊

620000－1101－0020706　660.37/842.001

中國地理講義一卷首一卷　（清）鄒代鈞撰
清末蘭州官書局鉛印本　一冊

620000－1101－0020707　660.37/842

中國地理講義一卷首一卷　（清）鄒代鈞撰
京師大學堂經濟學講議一卷　（日本）杉榮三
郎編　清光緒京師大學堂鉛印本　一冊

620000－1101－0020708　686.4/858

中國工商業考一卷　（日本）緒方南溟撰
（日本）古城貞吉譯　清光緒二十三年（1897）
上海時務報館石印本　一冊

620000－1101－0020709　681.57/752

**中國江海險要圖誌二十二卷首一卷補編五卷
附圖五卷**　（英國）海軍海圖官局編　（清）陳
壽彭譯　清光緒二十七年（1901）上海經世文
社石印本　十五冊

620000－1101－0020710　681.57/752

**中國江海險要圖誌二十二卷首一卷補編五卷
附圖五卷**　（英國）海軍海圖官局編　（清）陳
壽彭譯　清光緒二十七年（1901）上海經世文
社石印本　一冊　存一卷（附圖三葉九十六
至一百二十四）

620000－1101－0020711　552.2097/861

中國經濟全書□□編　（日本）東亞同文會
編纂　經濟學會編譯　清宣統二年（1910）
經濟學會鉛印本　七冊　存十一編（六至
七、十至十三、十六、十九至二十、二十三至
二十四）

620000－1101－0020712　357.4/0.454

中國礦產志略一卷附鐵路簡明表一卷　（清）

曹鑅室輯　清末鉛印本　一冊

620000－1101－0020713　669.1/782.001

中國歷代疆域沿革考不分卷　（日本）重野安
繹　（日本）河田羆撰　（清）滌盦居士譯　清
光緒二十八年（1902）商務印書館鉛印本
一冊

620000－1101－0020714　802.81/186

中國歷史歌一卷　（清）袁桐輯　清光緒二十
九年（1903）鏡今書局鉛印本　一冊

620000－1101－0020715　610.903.34/994.002

中國歷史教科書七卷　（清）商務印書館編輯
清光緒三十一年（1905）商務印書館鉛印本
二冊

620000－1101－0020716　609.2/497

中國歷史戰爭形勢全圖不分卷　（清）盧彤撰
清宣統二年（1910）亞新地學社石印本
一冊

620000－1101－0020717　592.92/497

中國歷史戰爭形勢圖說附論二卷　（清）盧彤
撰　清宣統二年（1910）鉛印本　一冊

620000－1101－0020718　788.57/293

中國六大政治家六編　梁啓超　李岳瑞等編
著　清宣統二年（1910）上海廣智書局鉛印本
一冊　存二編（三至四）

620000－1101－0020719　627.64/941

中國六十年戰史十三章　（英國）愛特華斯著
（清）史悠明　（清）程履祥譯　清光緒二十
九年（1903）上海美華書館鉛印本　六冊

620000－1101－0020720　190.092/557

中國倫理學史三十三章　（清）蔡振編纂　清
宣統二年（1910）上海商務印書館鉛印本
一冊

620000－1101－0020721　584.4/109

中國民法禮法關係論不分卷　（清）禮學館編
清光緒鉛印本　一冊

620000－1101－0020722　601/65

中國史學通論不分卷　（清）京師大學堂編

清光緒三十年(1904)京師學務處官書局鉛印本 一冊

620000－1101－0020723 630/45
中國四千年開化史不分卷附歷代大事年表一卷 (清)中國少年編譯 清光緒三十二年(1906)成都局刻本 二冊

620000－1101－0020724 802.6/329
中國文學指南二卷 (清)邵伯棠撰 清宣統二年(1910)上海會文堂粹記石印本 二冊

620000－1101－0020725 561/754
中國之金融二卷 潘承鍔編譯 清光緒三十四年(1908)中國圖書公司鉛印本 一冊 存一卷(下)

620000－1101－0020726 847.6/359
中和集十卷 (清)孫玉麟輯 清道光十二年(1832)刻本 十冊

620000－1101－0020727 847.6/359
中和集十卷 (清)孫玉麟輯 清道光十二年(1832)刻本 二冊 存二卷(六至七)

620000－1101－0020728 525.9922/454
中江講院現設經誼治事兩齋章程不分卷 (清)中江講院訂 清光緒二十二年(1896)中江講院刻本 一冊

620000－1101－0020729 222.1/85
中論六卷 (後秦)釋鳩摩羅什譯 清光緒三十三年(1907)揚州藏經院刻本 二冊

620000－1101－0020730 578.28/0.454
中美續議通商行船條約不分卷 (清)外務部訂 清光緒鉛印本 一冊

620000－1101－0020731 578.28/0.454
中美續議通商行船條約不分卷 (清)外務部訂 清光緒鉛印本 一冊

620000－1101－0020732 578.28/0.454
中美續議通商行船條約不分卷 (清)外務部訂 清光緒鉛印本 一冊

620000－1101－0020733 578.28/0.454
中美續議通商行船條約不分卷 (清)外務部

訂 清光緒鉛印本 一冊

620000－1101－0020734 578.28/0.454
中美續議通商行船條約不分卷 (清)外務部訂 清光緒鉛印本 一冊

620000－1101－0020735 578.28/0.454
中美續議通商行船條約不分卷 (清)外務部訂 清光緒鉛印本 一冊

620000－1101－0020736 578.28/0.454
中美續議通商行船條約不分卷 (清)外務部訂 清光緒鉛印本 一冊

620000－1101－0020737 578.28/0.454
中美續議通商行船條約不分卷 (清)外務部訂 清光緒鉛印本 一冊

620000－1101－0020738 578.28/0.454
中美續議通商行船條約不分卷 (清)外務部訂 清光緒鉛印本 一冊

620000－1101－0020739 578.28/0.454
中美續議通商行船條約不分卷 (清)外務部訂 清光緒鉛印本 一冊

620000－1101－0020740 578.28/0.454
中美續議通商行船條約不分卷 (清)外務部訂 清光緒鉛印本 一冊

620000－1101－0020741 847.6/840
中衢一勺三卷附錄四卷 (清)包世臣撰 (清)包世榮 (清)包慎言注 清同治十一年(1872)包誠刻安吳四種本 六冊

620000－1101－0020742 578.231/78.01
中日馬關新約一卷 (清)李鴻章擬定 清晚期鉛印本 一冊

620000－1101－0020743 578.231/852.03
中日通商行船條約續約不分卷 (清)外務部編 清光緒鉛印本 一冊

620000－1101－0020744 643.1/0.454
中日議和紀略不分卷致伊藤陸奧照會不分卷 (□)□□編 清光緒刻本 二冊

620000－1101－0020745 1249

509

中山文鈔二卷詩鈔二卷史論二卷奏議四卷見
聖多言稿一卷粵西封事一卷　（清）郝浴撰
清康熙刻本　二冊

中說二卷　（隋）王通撰　清中期刻本　一冊

中說二卷　（隋）王通撰　清嘉慶刻廣漢魏叢
書本　一冊

中說十卷　（隋）王通撰　（宋）阮逸注　清嘉
慶九年(1804)姑蘇王氏聚文堂刻十子全書本
二冊

中外地輿圖說集成一百三十卷首三卷　（清）
同康盧輯　清光緒二十年(1894)上海積山書
局石印本　二十四冊

中外地輿圖說集成一百三十卷首三卷　（清）
同康盧輯　清光緒二十年(1894)上海積山書
局石印本　二十四冊

中外地輿圖說集成一百三十卷首三卷附皇輿
全圖一卷　（清）同康盧輯　清光緒二十年
(1894)上海順成書局石印本　二十四冊

中外紀年通表六卷　（清）齊召南編　清光緒
二十三年(1897)上海著易堂石印本　八冊

中外紀年通表六卷　（清）齊召南編　清光緒
二十三年(1897)上海著易堂石印本　六冊

中外交涉類要表四卷　（清）錢學嘉編　光緒
通商綜覆表十六卷　（清）錢學嘉編　清光緒
刻本　二冊

中外歷代史參證紀七卷　（清）戴惕權編輯
清光緒二十九年(1903)上海商務印書館鉛印

本　一冊

中外農學合編十二卷　（清）楊鞏編輯　清光
緒三十四年(1908)農務總會刻本　十冊

中外時務經濟文編二十二卷　（清）薛福成撰
清光緒二十八年(1902)上海積山書局石印
本　十二冊

中外政治章程彙編八卷　（清）陳邦瑞編定
清光緒二十八年(1902)四川中西學堂石印本
三冊　存三卷(一、三、八)

中晚唐詩叩彈集十二卷續集三卷　（清）杜詔
（清）杜庭珠輯　清康熙四十三年(1704)采
山亭刻本　九冊

中晚唐詩叩彈集十二卷續集三卷　（清）杜詔
（清）杜庭珠輯　清晚期寶仁堂刻本　六冊

中吳紀聞六卷　（宋）龔明之撰　清嘉慶十五
年(1810)張海鵬刻本　一冊

中西兵略指掌二十四卷首一卷　（明）陳龍昌
輯　清光緒二十三年(1897)石印本　八冊

中西度量權衡備考不分卷　（清）鄭端黻撰
清光緒二十八年(1902)湖北鐵政洋務局刻本
一冊

中西關繫略論四卷續編一卷　（美國）林樂知
撰　清光緒十八年(1892)上海格致書室鉛印
本　一冊

中西關係略論四卷　（美國）林樂知撰　清光
緒七年(1881)漢口福音堂刻本　一冊

中西匯參醫學圖說不分卷　（清）王有忠編輯
清光緒三十二年(1906)上海廣益書局石印
本　四冊

620000－1101－0020767　413.081/667.6

中西匯通醫書五種二十九卷　（清）唐宗海著
清光緒二十年(1894)順成書局石印本　十
二冊

620000－1101－0020768　413.081/667.6

中西匯通醫書五種二十九卷　（清）唐宗海著
清光緒三十四年(1908)千頃堂書局石印本
十二冊

620000－1101－0020769　413.081/667.6

中西匯通醫書五種二十九卷　（清）唐宗海著
清光緒三十四年(1908)千頃堂書局石印本
十二冊

620000－1101－0020770　413.081/667.6

中西匯通醫書五種二十九卷　（清）唐宗海著
清光緒三十四年(1908)千頃堂書局石印本
十二冊

620000－1101－0020771　413.081/667.6

中西匯通醫書五種二十九卷　（清）唐宗海著
清光緒三十四年(1908)千頃堂書局石印本
十二冊

620000－1101－0020772　413.081/667.6

中西匯通醫書五種二十九卷　（清）唐宗海著
清光緒三十四年(1908)千頃堂書局石印本
十二冊

620000－1101－0020773　641.3/719

中西紀事二十四卷首一卷　（清）夏燮撰　清
同治七年(1868)刻本　八冊

620000－1101－0020774　641.3/719.001

中西紀事二十四卷首一卷　（清）夏燮撰　清
光緒二十四年(1898)黎照書屋刻本　六冊

620000－1101－0020775　641.3/719.001

中西紀事二十四卷首一卷　（清）夏燮撰　清
光緒二十四年(1898)黎照書屋刻本　六冊

620000－1101－0020776　549.1/286

中西四大政一卷　（英國）李提摩太撰　清光
緒二十一年(1895)上海廣學會鉛印本　一冊

620000－1101－0020777　549.1/286

中西四大政一卷　（英國）李提摩太撰　清光
緒二十一年(1895)上海廣學會鉛印本　一冊

620000－1101－0020778　310.81/238

中西算學叢書初編八十四卷　（清）求敏齋主
人輯　清光緒二十二年(1896)上海鴻寶齋石
印本　四十冊

620000－1101－0020779　310.81/238

中西算學叢書初編八十四卷　（清）求敏齋主
人輯　清光緒二十二年(1896)上海鴻寶齋石
印本　四十冊

620000－1101－0020780　311.7/385

中西算學大成一百卷　（清）陳維祺纂　清光
緒十五年(1889)上海同文書局石印本　十七
冊　存八十四卷(一至三十、三十五至三十
八、四十六至七十九、八十五至一百)

620000－1101－0020781　312/482

中西算學匯通四卷　（清）羅士琳演　清光緒
二十二年(1896)三魚書屋石印本　四冊

620000－1101－0020782　418.2/719

中西藥名表不分卷　（清）上海製造局翻譯館
編譯　清光緒上海江南製造局鉛印本　一冊

620000－1101－0020783　418.2/719

中西藥名表不分卷　（清）上海製造局翻譯館
編譯　清光緒上海江南製造局鉛印本　一冊

620000－1101－0020784　418.2/719

中西藥名表不分卷　（清）上海製造局翻譯館
編譯　清光緒上海江南製造局鉛印本　一冊

620000－1101－0020785　413/482.6

中西醫粹四卷　（清）羅定昌撰　清光緒二十
七年(1901)刻本　四冊

620000－1101－0020786　413/482.601

中西醫粹四卷　（清）羅定昌撰　清光緒二十
年(1894)刻本　四冊

620000－1101－0020787　413/667

中西醫解二卷　（清）唐宗海撰　清光緒二十五年(1899)刻本　二冊

620000－1101－0020788　540.9/120

中西政學問對三十六卷首一卷　（清）王仁俊撰　清光緒二十三年(1897)實學報館石印本　四冊　存三十三卷(四至三十六)

620000－1101－0020789　1131

中興館閣錄十卷　（宋）陳騤撰　清光緒十八年(1892)翰生抄本　二冊

620000－1101－0020790　782.24/82.01

中興將帥別傳三十卷　朱孔彰撰　清光緒二十三年(1897)江寧刻本　十二冊

620000－1101－0020791　782.24/82.01

中興將帥別傳三十卷　朱孔彰撰　清光緒二十三年(1897)江寧刻本　九冊　存二十八卷(三至三十)

620000－1101－0020792　782.17/830

中興名臣事略八卷　朱孔彰撰　清光緒二十五年(1899)上海圖書集成印書局石印本　三冊　存六卷(一至四、七至八)

620000－1101－0020793　1119

中興禦侮錄二卷　（□）□□撰　清沈氏抱經樓抄本　一冊

620000－1101－0020794　660.37/115

中學地理中國誌四卷　（清）王達輯　清光緒二十九年(1903)鉛印本　四冊

620000－1101－0020795　660.37/115.001

中學地理中國誌四卷　（清）王達輯　清光緒二十九年(1903)兩湖書院鉛印本　三冊　存三卷(一至二、四)

620000－1101－0020796　524.4/719

中學各科教授細目不分卷　（清）江蘇師範講習會翻譯　清光緒二十九年(1903)鉛印本　一冊

620000－1101－0020797　835.7/262

中學國文讀本不分卷　林紓編纂　清光緒三十四年(1908)上海商務印書館鉛印本　二冊

620000－1101－0020798　740.9/519

中亞洲俄屬遊記二卷　（英國）蘭士德著（清）莫鎮藩　（清）楊樞譯　清光緒二十年(1894)刻本　二冊

620000－1101－0020799　733.09/518

中亞洲俄屬遊記二卷　（英國）蘭士德著（清）莫鎮藩　（清）楊樞譯　清光緒二十年(1894)刻本　二冊

620000－1101－0020800　733.09/518

中亞洲俄屬遊記二卷　（英國）蘭士德著（清）莫鎮藩　（清）楊樞譯　清光緒二十年(1894)刻本　二冊

620000－1101－0020801　733.09/518

中亞洲俄屬遊記二卷　（英國）蘭士德著（清）莫鎮藩　（清）楊樞譯　清光緒二十年(1894)刻本　一冊　存一卷(上)

620000－1101－0020802　733.09/518

中亞洲俄屬遊記二卷　（英國）蘭士德著（清）莫鎮藩　（清）楊樞譯　清光緒二十年(1894)刻本　一冊　存一卷(上)

620000－1101－0020803　097.437/393

中庸闡義七卷　（清）陳之蘭著　清道光元年(1821)刻本　四冊

620000－1101－0020804　2493

中庸輯略二卷　（宋）石𡑧輯　（宋）朱熹刪訂　清康熙寶誥堂刻朱子遺書本　一冊

620000－1101－0020805　097.47/350

中庸輯略二卷　（宋）石𡑧輯　（宋）朱熹刪訂　清晚期刻本　四冊

620000－1101－0020806　097.426/348

中庸衍義十七卷　（明）夏良勝撰　（清）曾國藩等校刊　清同治十年(1871)刻本　八冊

620000－1101－0020807　3410

中庸一卷　（宋）朱熹章句　（明）李卓吾（明）張鼐等評　明末刻朱墨套印本　一冊

620000－1101－0020808　097.41/370

中庸一卷　（宋）朱熹章句　清光緒三十三年

(1907)學部圖書局石印本　一冊

620000－1101－0020809　097.427/116

中庸章句本義匯參六卷首一卷　（清）王步青
輯　清晚期敦復堂刻本　四冊

620000－1101－0020810　868

中庸章句質疑二卷　（清）郭嵩燾撰　清稿本
一冊

620000－1101－0020811　097.47/76.63

中庸章句質疑一卷　（清）郭嵩燾撰　清光緒
十六年(1890)思賢講舍刻本　一冊

620000－1101－0020812　097.407/942

中庸直指一卷　（明）釋德清述　清光緒十年
(1884)金陵刻經處刻本　一冊

620000－1101－0020813　652

中州集十卷樂府一卷首一卷　（金）元好問輯
明末毛氏汲古閣刻本　九冊　存十一卷
（一至四、六至十,樂府一卷,首一卷）

620000－1101－0020814　797.13/471.001

中州金石記五卷　（清）畢沅撰　清光緒八年
(1882)刻本　一冊

620000－1101－0020815　797.13/471

中州金石記五卷　（清）畢沅撰　清光緒十三
年(1887)上海大同書局石印經訓堂叢書本
一冊

620000－1101－0020816　782.613/362

中州人物考八卷　（清）孫奇逢輯　清道光二
十四年(1844)刻本　八冊

620000－1101－0020817　846.6/275

忠介公集十三卷附錄五卷首一卷末一卷
（明）楊爵著　清光緒十九年(1893)履誠堂刻
本　六冊

620000－1101－0020818　846.6/275

忠介公集十三卷附錄五卷首一卷末一卷
（明）楊爵著　清光緒十九年(1893)履誠堂刻
本　六冊

620000－1101－0020819　196.3/41.97

忠經一卷　（漢）鄭玄集注　**孝經一卷**　（明）

陳選集注　清末石印本　一冊

620000－1101－0020820　684.7/293.001

忠武祠墓志七卷首一卷末一卷　（清）李復心
彙輯　清道光刻本　六冊

620000－1101－0020821　684.7/293

忠武祠墓志七卷首一卷末一卷　（清）李復心
彙輯　清同治五年(1866)刻本　四冊

620000－1101－0020822　684.7/293

忠武祠墓志七卷首一卷末一卷　（清）李復心
彙輯　清同治五年(1866)刻本　四冊

620000－1101－0020823　684.7/293

忠武祠墓志七卷首一卷末一卷　（清）李復心
彙輯　清同治五年(1866)刻本　四冊

620000－1101－0020824　3409

忠武侯諸葛孔明先生全集五種二十卷　（清）
張澍輯　清同治元年(1862)聚珍齋木活字印
本　十二冊

620000－1101－0020825　782.1/220

忠孝節義錄四卷　（清）胡文炳輯　清光緒十
三年(1887)刻本　四冊

620000－1101－0020826　782.1/220

忠孝節義錄四卷　（清）胡文炳輯　清光緒十
三年(1887)刻本　四冊

620000－1101－0020827　830/526

忠雅堂評選四六法海八卷　（清）蔣士銓評選
清同治刻朱墨套印本　八冊

620000－1101－0020828　830/526

忠雅堂評選四六法海八卷　（清）蔣士銓評選
清同治刻朱墨套印本　八冊

620000－1101－0020829　830/526.002

忠雅堂評選四六法海八卷　（清）蔣士銓評選
清同治、光緒刻朱墨套印本　八冊

620000－1101－0020830　830/526.003

忠雅堂評選四六法海八卷　（清）蔣士銓評選
清光緒十年(1884)深柳讀書堂刻本　八冊

620000－1101－0020831　847.4/526.001

忠雅堂詩集二十七卷補遺二卷銅絃詞二卷
（清）蔣士銓撰　清嘉慶三年（1798）揚州刻本
　六冊

620000－1101－0020832　847.4/526.001
忠雅堂詩集二十七卷補遺二卷銅絃詞二卷
（清）蔣士銓撰　清嘉慶三年（1798）揚州刻本
　六冊

620000－1101－0020833　847.4/526.002
忠雅堂詩集二十七卷補遺二卷銅絃詞二卷
（清）蔣士銓撰　清嘉慶三年（1798）揚州刻紅
杏山房印本　十冊

620000－1101－0020834　847.4/526
忠雅堂詩集二十七卷補遺二卷銅絃詞二卷
（清）蔣士銓撰　清中晚期刻本　十冊

620000－1101－0020835　847.4/52.02
忠雅堂文集十二卷　（清）蔣士銓撰　清中晚
期刻本　八冊

620000－1101－0020836　847.4/52.02.002
忠雅堂文集十二卷　（清）蔣士銓撰　清道光
二十三年（1843）刻本　五冊　存十卷（一至
六、九至十二）

620000－1101－0020837　847.4/52.02.001
忠雅堂文集十二卷　（清）蔣士銓撰　清刻本
　一冊　存二卷（七至八）

620000－1101－0020838　782.17/385
忠義紀聞錄三十卷　（清）陳繼聰撰　清光緒
八年（1882）鎮海陳氏刻本　六冊　存二十四
卷（一至二、九至三十）

620000－1101－0020839　1426
忠正德文集十卷　（宋）趙鼎撰　清同治、光
緒嘉蔭簃抄本　六冊

620000－1101－0020840　4162
鍾伯敬先生批評漢書一百卷　（漢）班固撰
（明）鍾惺評　明崇禎刻本　一冊　存五卷
（帝紀一至五）

620000－1101－0020841　3945
鍾評杜林春秋左傳合註三十卷　（明）鍾惺評

明崇禎四年（1631）毛氏汲古閣刻本　一冊
存二卷（一至二）

620000－1101－0020842　1065
鍾無艷六集六十四卷　（□）守拙主人訂　清
璧經堂刻本　十二冊

620000－1101－0020843　3115
鍾鼎字源五卷　（清）汪立名輯　清康熙五十
五年（1716）一隅草堂刻本　一冊

620000－1101－0020844　793.2/713
鍾鼎字源五卷　（清）汪立名撰　清光緒二年
（1876）刻本　二冊　存三卷（一至三）

620000－1101－0020845　413.72/306
種痘新書十二卷　（清）張琰編輯　清晚期刻
本　一冊　存一卷（十二）

620000－1101－0020846　414.6/7.504.001
種福堂公選良方兼刻古吳名醫精論四卷
（清）葉桂撰　清晚期刻本　二冊

620000－1101－0020847　414.6/7.504.002
種福堂公選良方兼刻古吳名醫精論四卷
（清）葉桂撰　清晚期刻本　二冊

620000－1101－0020848　435/990
種樹書一卷　（元）俞宗本撰　蠶桑說一卷
（清）趙敬如撰　清光緒二十三年（1897）漸西
村舍刻本　一冊

620000－1101－0020849　435/990
種樹書一卷　（元）俞宗本撰　廣蠶桑說輯補
二卷　（清）沈練撰　（清）仲學輅輯補　蠶桑
說一卷　（清）趙敬如撰　清光緒二十三年
（1897）漸西村舍刻本　一冊

620000－1101－0020850　847.8/638
種樹軒詩草不分卷　（清）郭長清撰　清光緒
二十二年（1896）刻本　一冊

620000－1101－0020851　847.8/638.07
種樹軒遺集四種四卷　（清）郭長清撰　清光
緒二十三年（1897）刻本　二冊

620000－1101－0020852　847.7/851
仲實類稿一卷　（清）魯賁撰　清咸豐山陽魯

氏刻本 一册

620000－1101－0020853 2059

仲氏易三十卷 （清）毛奇齡撰 清康熙毛氏
書留草堂刻西河合集本 十一册

620000－1101－0020854 474

重編廣韻五卷 （宋）陳彭年等撰 （明）朱祐
檳重編 明嘉靖二十八年(1549)益藩刻本
五册

620000－1101－0020855 040/772.001

重編留青新集二十四卷 （清）馮善長輯 清
光緒十六年(1890)上海鉛印本 六册 存十
三卷(一至十三)

620000－1101－0020856 040/772

重編留青新集二十四卷 （清）馮善長輯 清
光緒三十四年(1908)上海廣益書局鉛印本
十二册

620000－1101－0020857 040/772

重編留青新集二十四卷 （清）馮善長輯 清
光緒三十四年(1908)上海廣益書局鉛印本
四册 存七卷(一至六、十六)

620000－1101－0020858 040/772

重編留青新集二十四卷 （清）馮善長輯 清
光緒三十四年(1908)上海廣益書局鉛印本
九册 存十九卷(一至六、十一至十四、十六
至二十四)

620000－1101－0020859 791.7/307

重定金石契不分卷首一卷續一卷補遺一卷
（清）張燕昌輯 清光緒二十二年(1896)貴池
聚學軒刻本 四册

620000－1101－0020860 791.7/307

重定金石契不分卷首一卷續一卷補遺一卷
（清）張燕昌撰 清光緒二十二年(1896)貴池
聚學軒刻本 四册

620000－1101－0020861 791.7/307

重定金石契不分卷首一卷續一卷補遺一卷
（清）張燕昌撰 清光緒二十二年(1896)貴池
聚學軒刻本 四册

620000－1101－0020862 791.7/307

重定金石契不分卷首一卷續一卷補遺一卷
（清）張燕昌撰 清光緒二十二年(1896)貴池
聚學軒刻本 十二册

620000－1101－0020863 042.74/617.001

重訂酬世錦囊全集五集□□卷 （清）鄒可庭
（清）謝梅林編輯 清光緒十五年(1889)古
果海清書屋刻本 六册 存十四卷(初集一
至四、三集一至五、四集一至三、五集一至二)

620000－1101－0020864 742.1/113.001

重訂法國志略二十四卷 （清）王韜輯撰 清
光緒十五年(1889)鉛印本 十册

620000－1101－0020865 742.1/113

重訂法國志略二十四卷 （清）王韜輯撰 清
光緒十六年(1890)淞隱廬鉛印本 十册

620000－1101－0020866 742.1/113

重訂法國志略二十四卷 （清）王韜輯撰 清
光緒十六年(1890)淞隱廬鉛印本 十册

620000－1101－0020867 3047

重訂方望溪先生全稿不分卷 （清）方苞撰
清懷德堂刻本 四册

620000－1101－0020868 629.16/178

重訂甘肅進口百貨統捐條規章程一卷 （清）
甘肅全省稅釐統捐總局訂 清宣統官報書局
鉛印本 一册

620000－1101－0020869 040.74/502.003

重訂廣事類賦四十卷 （清）華希閔著 清同
治、光緒刻本 二册 存九卷(十八至二十
二、二十七至三十)

620000－1101－0020870 040.74/502.002

重訂廣事類賦四十卷 （清）華希閔著 清晚
期刻本 八册 存三十二卷(一至十七、二十
三至二十六、三十至四十)

620000－1101－0020871 621.77/579.003

重訂國語國策合註五十四卷 （三國吳）韋昭
解 （宋）鮑彪注 清嘉慶二十年(1815)刻本
二册 存九卷(國語一至九)

620000－1101－0020872　1145

重訂教乘法數十二卷　（清）釋超海等輯　清雍正十三年(1735)刻本　六冊

620000－1101－0020873　220.4/19

重訂教乘法數十二卷　（清）釋超海等輯　清光緒三十四年(1908)常州天寧寺刻本　六冊

620000－1101－0020874　802.44/714.2

重訂空谷傳聲一卷　（清）汪鎏訂　（清）王伯塤校　清光緒八年(1882)李光明莊刻本　一冊

620000－1101－0020875　1801

重訂李義山詩集箋注三卷集外詩箋注一卷　(唐)李商隱撰　（清）朱鶴齡箋注　（清）程夢星刪補　年譜一卷詩話一卷　（清）程夢星輯　清乾隆十一年(1746)東柯草堂刻本　四冊

620000－1101－0020876　610.4/482

重訂路史全本前紀九卷後紀十四卷國名紀八卷發揮六卷餘論十卷　（宋）羅泌輯　（宋）羅苹注　（明）吳弘基等訂　清嘉慶六年(1801)西山堂刻本　二十四冊

620000－1101－0020877　610.4/482

重訂路史全本前紀九卷後紀十四卷國名紀八卷發揮六卷餘論十卷　（宋）羅泌輯　（宋）羅苹注　（明）吳弘基等訂　清嘉慶六年(1801)西山堂刻本　二十四冊

620000－1101－0020878　610.4/482.004

重訂路史全本前紀九卷後紀十四卷國名紀八卷發揮六卷餘論十卷　（宋）羅泌輯　（宋）羅苹注　（明）吳弘基等訂　清嘉慶六年(1801)刻本　四冊　存六卷(後紀十至十三、國名紀三至四)

620000－1101－0020879　610.4/482

重訂路史全本前紀九卷後紀十四卷國名紀八卷發揮六卷餘論十卷　（宋）羅泌輯　（宋）羅苹注　（明）吳弘基等訂　清晚期刻本　十六冊

620000－1101－0020880　610.4/482

重訂路史全本前紀九卷後紀十四卷國名紀八卷發揮六卷餘論十卷　（宋）羅泌輯　（宋）羅苹注　（明）吳弘基等訂　清晚期刻本　十二冊　存四十二卷(前紀九卷、後紀十四卷、國名紀一至五、發揮一至四、餘論十卷)

620000－1101－0020881　742.27/112

重訂普法戰紀四卷　（清）李光廷輯　清光緒二十四年(1898)中華印務總局石印本　四冊

620000－1101－0020882　847.6/348.001

重訂少嵒賦草四卷　（清）夏思沺撰　清道光二十一年(1841)至德堂刻本　二冊

620000－1101－0020883　547

重訂紹興姚氏譜十五卷首三卷附存三卷　(清)姚振宗纂修　清光緒稿本　十七冊

620000－1101－0020884　092.026/473

重訂申文定公書經講義會編十二卷　（明）申時行撰　（明）申紹芳等較訂　清刻本　一冊　存一卷(十二)

620000－1101－0020885　093.272/719

重訂詩經衍義合參集註八卷　（清）江晉雲輯著　清嘉慶四年(1799)刻本　四冊

620000－1101－0020886　040.75/451.001

重訂事類賦三十卷　（宋）吳淑撰注　（明）華麟祥校　清道光六年(1826)刻本　四冊　存十九卷(一至五、十至二十三)

620000－1101－0020887　3003

重訂唐詩別裁集二十卷　（清）沈德潛輯　清乾隆二十八年(1763)教忠堂刻本　十冊

620000－1101－0020888　3018

重訂唐詩別裁集二十卷　（清）沈德潛輯　清乾隆二十八年(1763)教忠堂刻本　十冊

620000－1101－0020889　3113

重訂唐詩別裁集二十卷　（清）沈德潛輯　清乾隆二十八年(1763)教忠堂刻本　八冊

620000－1101－0020890　831.41/749.001

重訂唐詩別裁集二十卷　（清）沈德潛輯　清刻本　一冊　存二卷(十三至十四)

620000－1101－0020891　413.4/384.003

重訂外科正宗十二卷　（明）陳實功撰　清光緒十四年(1888)鐵瓶里有耀齋局刻本　六冊

620000－1101－0020892　413.4/384.006

重訂外科正宗十二卷　（明）陳實功撰　清光緒宏道堂刻本　二冊　存六卷(一至二、九至十二)

620000－1101－0020893　413.4/384.009

重訂外科正宗十二卷　（明）陳實功撰　清晚期刻本　二冊　存四卷(四至五、七至八)

620000－1101－0020894　413.4/384.007

重訂外科正宗十二卷　（明）陳實功撰　清晚期刻本　一冊　存二卷(五至六)

620000－1101－0020895　610.29/113

重訂王鳳洲先生綱鑑會纂四十六卷　（明）王世貞纂　清晚期同文堂刻本　二十八冊　存四十二卷(一至三十、三十三至三十五、三十八至四十六)

620000－1101－0020896　610.29/113

重訂王鳳洲先生綱鑑會纂四十六卷　（明）王世貞纂　清晚期同文堂刻本　六冊　存十二卷(十二至二十三)

620000－1101－0020897　2172

重訂王鳳洲先生綱鑑會纂四十六卷續宋元二十三卷　（明）王世貞纂　（明）陳仁錫訂　明末刻本　四十二冊

620000－1101－0020898　610.29/113.003

重訂王鳳洲先生綱鑑會纂四十六卷續宋元二十三卷御纂資治通鑑綱目四卷　（明）王世貞纂　（明）陳仁錫訂　清光緒十三年(1887)上海大同書局石印本　八冊　存三十七卷(綱鑑會纂十三至十六、二十五至四十六、續宋元一至十一)

620000－1101－0020899　610.29/113.002

重訂王鳳洲先生綱鑑會纂四十六卷續宋元二十三卷　（明）王世貞纂　（明）陳仁錫訂　清晚期刻本　十冊　存十四卷(綱鑑會纂十一至十二、十九至二十、三十四、四十至四十二、

四十五,續宋元一、五、十八、二十二至二十三)

620000－1101－0020900　4124

重訂文選集評十五卷首一卷末一卷　（清）于光華輯　清乾隆四十三年(1778)刻本　十六冊

620000－1101－0020901　4150

重訂文選集評十五卷首一卷末一卷　（清）于光華輯　清乾隆五十一年(1786)刻本　八冊　存八卷(一至七、首一卷)

620000－1101－0020902　4273

重訂文選集評十五卷首一卷末一卷　（清）于光華輯　清乾隆五十四年(1789)有懷堂刻本　五冊　存五卷(一至三、六,首一卷)

620000－1101－0020903　1259

重訂文選集評十五卷首一卷末一卷　（清）于光華輯　清乾隆五十四年(1789)有懷堂刻本　十六冊

620000－1101－0020904　1868

重訂文選集評十五卷首一卷末一卷　（清）于光華輯　清乾隆鍾綱刻本　十六冊

620000－1101－0020905　830/51.11

重訂文選集評十五卷首一卷末一卷　（清）于光華輯　清咸豐八年(1858)衡文會刻本　十六冊

620000－1101－0020906　830/51.11

重訂文選集評十五卷首一卷末一卷　（清）于光華輯　清咸豐八年(1858)衡文會刻本　二冊　存五卷(一至二、六至七,首一卷)

620000－1101－0020907　830/51.11.001

重訂文選集評十五卷首一卷末一卷　（清）于光華輯　清晚期刻本　十六冊

620000－1101－0020908　225.4/183

重訂西方公據二卷　（清）彭際清集　清光緒十三年(1887)揚州藏經禪院刻本　一冊

620000－1101－0020909　225.4/183

重訂西方公據二卷　（清）彭際清集　清光緒

十三年(1887)揚州藏經禪院刻本　一冊

620000 – 1101 – 0020910　956

重訂袁了凡註釋群書備考八卷　（明）袁黃撰
　　清康熙二年(1663)吳門鳴鳳堂刻本　四冊

620000 – 1101 – 0020911　554.9/385

重訂增補陶朱公致富奇書八卷　（明）陳繼儒
纂輯　（清）石巖逸叟增訂　清晚期刻本
一冊

620000 – 1101 – 0020912　182

重廣補註黃帝內經素問二十四卷　（唐）王冰
註　（宋）林億等校正　（宋）孫兆改誤　明嘉
靖二十九年(1550)顧從德影宋刻本　十冊

620000 – 1101 – 0020913　181

重廣補註黃帝內經素問二十四卷　（唐）王冰
註　（宋）林億等校正　明書林周曰校刻本
十冊

620000 – 1101 – 0020914　1292

重廣補註黃帝內經素問二十四卷遺篇一卷
（唐）王冰註　（宋）林億等校正　（宋）孫兆
改誤　黃帝素問靈樞經十二卷　明萬曆二十
九年(1601)吳勉學刻古今醫統正脈全書本
五冊

620000 – 1101 – 0020915　672.15/205.91

重輯楓涇小志十卷　（清）曹相駿纂　（清）許
光墉增纂　清光緒十七年(1891)鉛印本
二冊

620000 – 1101 – 0020916　156

重鐫官板地理天機會元三十五卷　（唐）卜則
巍撰　（明）顧乃德輯　（明）徐之鏌刪補　明
書林唐庭揚刻本　八冊

620000 – 1101 – 0020917　2919

重鐫官板地理天機會元三十五卷　（唐）卜則
巍撰　（明）顧乃德輯　（明）徐之鏌刪補　明
末積善堂陳玉我刻本　十六冊

620000 – 1101 – 0020918　1606

重鐫官板天機會元增補地學剖秘萬金琢玉斧
三卷　（明）徐之鏌撰　明末積善堂陳心疇刻

本　三冊

620000 – 1101 – 0020919　2908

重鐫太上感應篇仙真諸經善惡勸戒圖說不分
卷　（清）鄭覲文　（清）吳聲玉繪圖　清康熙
三十六年(1697)刻本　一冊

620000 – 1101 – 0020920　145

重鐫心齋王先生全集六卷　（明）王艮撰　明
萬曆三十四年(1606)耿定力、丁賓刻本
六冊

620000 – 1101 – 0020921　230/192

重鐫玉歷鈔傳因果實錄記三卷　（清）袁澂纂
　　清光緒二十九年(1903)刻本　一冊

620000 – 1101 – 0020922　222.16/0.782

重鐫玉歷警世一卷　（清）□□撰　清光緒十
年(1884)刻本　一冊

620000 – 1101 – 0020923　4260

重鐫朱青巖先生擬編明紀輯略十六卷　（清）
朱璘撰　清康熙三十五年(1696)刻本　十五
冊　存十五卷(一至三、五至十六)

620000 – 1101 – 0020924　4261

重鐫朱青巖先生擬編明紀輯略十六卷　（清）
朱璘撰　清康熙刻本　四冊　存四卷(二、
五、八、十二)

620000 – 1101 – 0020925　586.65/697

重刊補註洗冤錄集證六卷　（清）王又槐增輯
　　（清）李觀瀾補輯　（清）阮其新補注　清道
光二十四年(1844)刻四色套印本　五冊

620000 – 1101 – 0020926　586.65/697.005

重刊補註洗冤錄集證六卷　（清）王又槐增輯
　　（清）李觀瀾補輯　（清）阮其新補注　清道
光二十四年(1844)省城翰墨園刻四色套印本
六冊

620000 – 1101 – 0020927　586.65/697.005

重刊補註洗冤錄集證六卷　（清）王又槐增輯
　　（清）李觀瀾補輯　（清）阮其新補注　清道
光二十四年(1844)省城翰墨園刻四色套印本
五冊

620000－1101－0020928　586.65/697.009

重刊補註洗冤錄集證六卷 （清）王又槐增輯
（清）李觀瀾補輯 （清）阮其新補注 清光
緒八年(1882)刻五色套印本　六冊

620000－1101－0020929　586.65/115.010

重刊補註洗冤錄集證六卷 （清）王又槐增輯
（清）李觀瀾補輯 （清）阮其新補注 清光
緒十八年(1892)上海圖書集成局鉛印本
四冊

620000－1101－0020930　586.65/697.003

**重刊補註洗冤錄集證四卷補輯一卷附寶鑑編
石香秘錄洗冤錄解洗冤錄辨正檢驗合參不分
卷**　（清）王又槐增輯　（清）李觀瀾補輯
（清）阮其新補注 清光緒十七年(1891)京都
琉璃廠刻五色套印本　六冊

620000－1101－0020931　586.65/697.002

**重刊補註洗冤錄集證四卷補輯一卷附檢骨圖
格寶鑑編石香秘錄洗冤錄解洗冤錄辨正檢驗
合參不分卷**　（清）王又槐增輯　（清）李觀瀾
補輯 （清）阮其新補注 清同治四年至十二
年(1865－1873)粤東省署刻四色套印本
六冊

620000－1101－0020932　586.65/697.002

**重刊補註洗冤錄集證四卷補輯一卷附檢骨圖
格寶鑑編石香秘錄洗冤錄解洗冤錄辨正檢驗
合參不分卷**　（清）王又槐增輯　（清）李觀瀾
補輯 （清）阮其新補注　**寶鑒編一卷** （清）
□□撰　**急救方一卷** （清）李達春撰　**石香
秘錄一卷**　（清）仲振履校訂　**洗冤錄解一卷**
（清）姚德豫撰　清同治四年至十二年
(1865－1873)粤東省署刻四色套印本　五冊

620000－1101－0020933　586.65/697.004

重刊補註洗冤錄集證五卷　（清）王又槐增輯
（清）李觀瀾補輯 （清）阮其新補注 清光
緒三十三年(1907)上海書局石印本　一冊

620000－1101－0020934　586.65/697.007

重刊補註洗冤錄集證五卷附一卷　（清）王又
槐增輯 （清）李觀瀾補輯 （清）阮其新補注
（清）張錫蕃重訂加丹 清道光十七年

(1837)張氏三色套印本　三冊　存五卷(一、
三至五,附一卷)

620000－1101－0020935　586.65/697.008

重刊補註洗冤錄集證五卷附一卷　（清）王又
槐增輯 （清）李觀瀾補輯 （清）阮其新補注
（清）張錫蕃重訂加丹 清末民初上海錦章
書局石印本　三冊　存四卷(一至四)

620000－1101－0020936　231/183

重刊道藏輯要二十八集五百七十二卷　（清）
彭求定輯 （清）嚴永和增輯 清光緒三十二
年(1906)成都二仙庵刻本　二冊　存九卷
(太上混元聖紀九卷)

620000－1101－0020937　231/183

重刊道藏輯要二十八集五百七十二卷　（清）
彭求定輯 （清）嚴永和增輯 清光緒三十二
年(1906)成都二仙庵刻本　一冊　存五卷
(太上混元聖紀一至五)

620000－1101－0020938　231/183

重刊道藏輯要二十八集五百七十二卷　（清）
彭求定輯 （清）嚴永和增輯 清光緒三十二
年(1906)成都二仙庵刻本　十冊　存二十三
卷(續虛集一至五、危集一至五、張集一至六、
翼集一至七)

620000－1101－0020939　231/183

重刊道藏輯要二十八集五百七十二卷　（清）
彭求定輯 （清）嚴永和增輯 清光緒三十二
年(1906)成都二仙庵刻本　二冊　存十三卷
(張集十三卷)

620000－1101－0020940　234.5/0.761

重刊道藏輯要全真正韻一卷　（□）□□撰
清光緒三十二年(1906)成都二仙菴刻本
一冊

620000－1101－0020941　230/385.001

重刊道藏輯要心香妙語四卷　（清）陳復烜校
輯 清光緒三十二年(1906)成都二仙庵刻本
三冊　存三卷(一至二、四)

620000－1101－0020942　4

重刊許氏說文解字五音韻譜十二卷　（宋）李

燾撰　宋刻元明遞修本　十二冊

620000－1101－0020943　385

重刊嘉祐集十五卷　（宋）蘇洵撰　明弘治刻本　四冊

620000－1101－0020944　825/172

重刊李扶九原選古文筆法百篇二十卷首一卷　（清）黃仁黼撰　清光緒七年（1881）三昧堂刻本　三冊

620000－1101－0020945　845.15/554.01

重刊明成化本東坡七集一百十一卷　（宋）蘇軾撰　附校勘記二卷　繆荃孫撰　東坡先生年譜一卷　（宋）王宗稷編　清光緒三十四年至宣統元年（1908－1909）寶華盦刻本　四十八冊

620000－1101－0020946　845.15/554.01

重刊明成化本東坡七集一百十一卷　（宋）蘇軾撰　附校勘記二卷　繆荃孫撰　東坡先生年譜一卷　（宋）王宗稷編　清光緒三十四年至宣統元年（1908－1909）寶華盦刻本　十二冊　存四十卷（東坡集四十卷）

620000－1101－0020947　610.74/850.004

重刊史鑑節要便讀六卷　（清）鮑東里編輯　清同治元年（1862）刻本　一冊　存二卷（一至二）

620000－1101－0020948　610.74/850.005

重刊史鑑節要便讀六卷　（清）鮑東里編輯　清晚期刻本　一冊　存三卷（四至六）

620000－1101－0020949　090.7/74.001

重刊宋本十三經註疏四百十六卷附校勘記　(清)阮元校勘　（清）盧宣旬摘錄　清嘉慶二十年（1815）南昌府學刻本　一百二十九冊　存三百十八卷（尚書註疏二十卷附校勘記、毛詩注釋七十卷附校勘記、周禮註疏四十二卷附校勘記、儀禮註疏五十卷附校勘記、禮記註疏六十三卷附校勘記、春秋左傳註疏四十八卷附校勘記、監本附註釋音春秋公羊傳註疏二十五卷附校勘記）

620000－1101－0020950　090.7/74.001

重刊宋本十三經注疏四百十六卷附校勘記　(清)阮元校勘　（清）盧宣旬摘錄　清嘉慶二十年（1815）南昌府學刻本　一百二十冊

620000－1101－0020951　090.82/74.37.36

重刊宋本十三經注疏四百十六卷附校勘記　(清)阮元校勘　（清）盧宣旬摘錄　清光緒十八年（1892）湖南寶慶務本書局刻本　一百二十冊

620000－1101－0020952　515

重刊體仁彙編十卷　（明）彭用光撰　明萬曆三年（1575）刻本　八冊

620000－1101－0020953　627

重刊校正笠澤叢書四卷補遺一卷續補遺一卷　（唐）陸龜蒙撰　清雍正九年（1731）陸鍾輝水雲漁屋刻本　二冊

620000－1101－0020954　4317

重刊校正笠澤叢書四卷補遺一卷續補遺一卷　（唐）陸龜蒙撰　清顧氏碧蒻草堂刻本　一冊

620000－1101－0020955　844.18/38.05

重刊校正笠澤叢書四卷補遺一卷續補遺一卷　（唐）陸龜蒙撰　清光緒姚氏大疊山房刻本　一冊

620000－1101－0020956　844.18/38.05

重刊校正笠澤叢書四卷補遺一卷續補遺一卷　（唐）陸龜蒙撰　清光緒姚氏大疊山房刻本　一冊　存五卷（叢書四卷、補遺一卷）

620000－1101－0020957　844.18/38.05

重刊校正笠澤叢書四卷補遺一卷續補遺一卷　（唐）陸龜蒙撰　清光緒姚氏大疊山房刻本　二冊

620000－1101－0020958　846.6/66.71

重刊校正唐荆川先生文集十二卷外集三卷補遺五卷附錄一卷　（明）唐順之撰　清光緒三十年（1904）江南書局刻本　十冊

620000－1101－0020959　846.6/66.71

重刊校正唐荆川先生文集十二卷外集三卷補

遺五卷附錄一卷　（明）唐順之撰　清光緒三
十年（1904）江南書局刻本　一冊　存三卷
（補遺三至五）

620000－1101－0020960　846.6/66.71
重刊校正唐荆川先生文集十二卷外集三卷補
遺五卷附錄一卷　（明）唐順之撰　清光緒三
十年（1904）江南書局刻本　十冊

620000－1101－0020961　846.6/66.71
重刊校正唐荆川先生文集十二卷外集三卷補
遺五卷附錄一卷　（明）唐順之撰　清光緒三
十年（1904）江南書局刻本　十冊

620000－1101－0020962　846.6/66.71
重刊校正唐荆川先生文集十二卷外集三卷補
遺五卷附錄一卷　（明）唐順之撰　清光緒三
十年（1904）江南書局刻本　九冊　存十八卷
（文集十二卷、外集三卷、補遺一至二、附錄一
卷）

620000－1101－0020963　413.72/882
重刊引痘新書一卷　（清）邱熺等輯　清光緒
蘭州官書局鉛印本　一冊

620000－1101－0020964　413.72/882
重刊引痘新書一卷　（清）邱熺等輯　清光緒
蘭州官書局鉛印本　一冊

620000－1101－0020965　413.72/882
重刊引痘新書一卷　（清）邱熺等輯　清光緒
蘭州官書局鉛印本　一冊

620000－1101－0020966　413.72/882
重刊引痘新書一卷　（清）邱熺等輯　清光緒
蘭州官書局鉛印本　一冊

620000－1101－0020967　413.72/882
重刊引痘新書一卷　（清）邱熺等輯　清光緒
蘭州官書局鉛印本　一冊

620000－1101－0020968　413.72/882
重刊引痘新書一卷　（清）邱熺等輯　清光緒
蘭州官書局鉛印本　一冊

620000－1101－0020969　413.72/882
重刊引痘新書一卷　（清）邱熺等輯　清光緒

蘭州官書局鉛印本　一冊

620000－1101－0020970　413.72/882
重刊引痘新書一卷　（清）邱熺等輯　清光緒
蘭州官書局鉛印本　一冊

620000－1101－0020971　413.72/882
重刊引痘新書一卷　（清）邱熺等輯　清光緒
蘭州官書局鉛印本　一冊

620000－1101－0020972　413.72/882
重刊引痘新書一卷　（清）邱熺等輯　清光緒
蘭州官書局鉛印本　一冊

620000－1101－0020973　413.72/882
重刊引痘新書一卷　（清）邱熺等輯　清光緒
蘭州官書局鉛印本　一冊

620000－1101－0020974　413.72/882
重刊引痘新書一卷　（清）邱熺等輯　清光緒
蘭州官書局鉛印本　一冊

620000－1101－0020975　3800
重刻恭簡公志樂二十卷　（明）韓邦奇撰　清
乾隆十二年（1747）刻本　十二冊

620000－1101－0020976　910/233
重刻恭簡公志樂二十卷　（明）韓邦奇撰　清
嘉慶十一年（1806）關中裕德堂刻本　十二冊

620000－1101－0020977　4359
重刻會稽三賦四卷　（宋）王十朋撰　（明）南
逢吉注　（明）尹壇補注　明朱啓元刻本　一
冊　存三卷（二至四）

620000－1101－0020978　2887
重刻敬信錄不分卷　（□）□□撰　清乾隆五
十五年（1790）吳椿、郭鎦蘭州刻本　一冊
存太上感應篇至方便歌三十九篇

620000－1101－0020979　846.7/344.7
重刻來瞿唐先生日錄十三卷　（明）來知德撰
　清道光刻本　七冊

620000－1101－0020980　856.16/81.33.07
重刻賴古堂尺牘新鈔三選結隣集十六卷
（清）周在梁等輯抄　清道光六年（1826）北平
雷氏刻十四年（1834）續刻本　六冊

620000－1101－0020981　845.7/353

重刻清容居士集札記一卷　（清）郁松年撰
清道光二十年(1840)上海郁氏刻宜稼堂叢書
本　一冊

620000－1101－0020982　192.1/677

重刻文昌帝君四字孝經不分卷　（□）文昌帝
君撰　清光緒三年(1877)慶餘堂刻本　一冊

620000－1101－0020983　3347

重刻詳訂世史類編四十五卷首一卷　（明）李
純卿草創　（明）謝遷補遺　（明）王守仁覆詳
　（明）王世貞會纂　（明）李槃增修　明崇禎
毓秀齋刻本　二冊　存三卷(三十七至三十
八、四十)

620000－1101－0020984　413.55/0.430

重刻咽喉脈證通論一卷　（□）□□撰　清同
治十三年(1874)歸安姚氏刻咫進齋叢書本
一冊

620000－1101－0020985　413.55/973.001

重樓玉鑰二卷　（清）鄭梅澗撰　清光緒二十
五年(1899)留清堂刻本　一冊

620000－1101－0020986　802.258/77.76

重文本部考不分卷　（清）曾紀澤輯　清同治
八年(1869)吳坤刻本　一冊

620000－1101－0020987　080/439

重校拜經樓叢書十種二十九卷　（清）吳騫等
撰　（清）朱記榮輯　清光緒二十年(1894)吳
縣朱氏校經堂刻本　十冊

620000－1101－0020988　942.1/526

重校分部書法正傳四卷　（清）蔣和編　清光
緒京師酉山堂刻本　一冊

620000－1101－0020989　3182

重校古周禮六卷　（明）陳仁錫撰　明末刻本
　六冊

620000－1101－0020990　155

重校刊官板地理玉髓真經二十八卷　（宋）張
洞玄撰　（宋）劉允中撰　後卷一卷　（宋）房
正撰　明書林陳孫賢刻本　六冊

620000－1101－0020991　820.7/21

重校臨文便覽一卷　（清）胡子英輯　清同治
十三年(1874)刻本　一冊

620000－1101－0020992　458

重校全補海篇直音十二卷首三卷新集背篇列
部之字一卷　（明）蔡燧輯　明萬曆二十三年
(1595)書林鄭世豪刻本　一冊

620000－1101－0020993　098.5/28

重校十三經不貳字不分卷　（清）李鴻藻輯
清光緒二十二年(1896)刻本　一冊

620000－1101－0020994　2907

重校增補圓機活法詩學全書二十四卷　（明）
王世貞校正　明刻本　九冊　存十八卷(一
至二、七至十二、十五至二十四)

620000－1101－0020995　99

重校正唐文粹一百卷　（宋）姚鉉輯　明嘉靖
三年(1524)徐焴刻本　七冊　存四十四卷
(十至十四、十八至三十三、四十八至五十五、
七十八至九十二)

620000－1101－0020996　99

重校正唐文粹一百卷　（宋）姚鉉輯　明嘉靖
三年(1524)徐焴刻本　二十冊

620000－1101－0020997　100

重校正唐文粹一百卷　（宋）姚鉉輯　明嘉靖
六年(1527)張大輪刻本　十二冊

620000－1101－0020998　1589

重校正唐文粹一百卷　（宋）姚鉉輯　明嘉靖
六年(1527)張大輪刻本　(卷三十四至四十配
明嘉靖三年徐焴刻本)　四冊　存三十卷(十
一至十七、二十六至二十八、三十一至四十、
七十一至八十)

620000－1101－0020999　101

重校正唐文粹一百卷　（宋）姚鉉輯　明萬曆
四十六年(1618)鄧渼刻本　十二冊

620000－1101－0021000　672.15/387

重修淮郡文渠志不分卷　（清）陸元鼎輯　清
光緒三十年(1904)善後局刻本　一冊

620000－1101－0021001　567.9221/0.184

重修江蘇賦役全書不分卷　（□）□□編　清
嘉慶十四年(1809)刻本　二十冊

620000－1101－0021002　567.9221/0.184.01

重修江蘇賦役全書不分卷　（□）□□編　清
嘉慶二十三年(1818)刻本　二十冊

620000－1101－0021003　684.4/670

重修酒泉亭記一卷　（清）廖振喬撰　清光緒
刻本　一冊

620000－1101－0021004　684.4/670

重修酒泉亭記一卷　（清）廖振喬撰　清光緒
刻本　一冊

620000－1101－0021005　684.4/670

重修酒泉亭記一卷　（清）廖振喬撰　清光緒
刻本　一冊

620000－1101－0021006　683.23/768.3

重修南海普陀山志二十卷首一卷　（清）秦耀
曾輯　清道光十二年(1832)刻本　四冊

620000－1101－0021007　683.23/768.3

重修南海普陀山志二十卷首一卷　（清）秦耀
曾輯　清道光十二年(1832)刻本　四冊

620000－1101－0021008　683.23/768.3

重修南海普陀山志二十卷首一卷　（清）秦耀
曾輯　清道光十二年(1832)刻本　四冊

620000－1101－0021009　683.23/768.3

重修南海普陀山志二十卷首一卷　（清）秦耀
曾輯　清道光十二年(1832)刻本　四冊

620000－1101－0021010　683.23/768.3

重修南海普陀山志二十卷首一卷　（清）秦耀
曾輯　清道光十二年(1832)刻本　三冊　存
十四卷(七至二十)

620000－1101－0021011　3906

重修正文對音捷要真傳琴譜大全十卷　（明）
楊表正撰　明萬曆十三年(1585)金陵富春堂
刻本　七冊　存七卷(四至十)

620000－1101－0021012　514

重修政和經史證類備用本草三十卷　（宋）唐

慎微撰　（宋）寇宗奭衍義　明嘉靖二年
(1523)陳鳳梧刻本　二十冊

620000－1101－0021013　332/578

重學二十卷附圜錐曲線說三卷　（英國）胡威
立撰　（英國）艾約瑟口譯　（清）李善蘭筆述
清同治五年(1866)金陵書局刻本　五冊
存二十卷(重學二十卷)

620000－1101－0021014　332/578

重學二十卷附圜錐曲線說三卷　（英國）胡威
立撰　（英國）艾約瑟口譯　（清）李善蘭筆述
清同治五年(1866)金陵書局刻本　五冊
存二十卷(重學二十卷)

620000－1101－0021015　332/578

重學二十卷附圜錐曲線說三卷　（英國）胡威
立撰　（英國）艾約瑟口譯　（清）李善蘭筆述
清同治五年(1866)金陵書局刻本　六冊

620000－1101－0021016　332/578

重學二十卷附圜錐曲線說三卷　（英國）胡威
立撰　（英國）艾約瑟口譯　（清）李善蘭筆述
清同治五年(1866)金陵書局刻本　六冊

620000－1101－0021017　332/578.001

重學二十卷附圜錐曲線說三卷　（英國）胡威
立撰　（英國）艾約瑟口譯　（清）李善蘭筆述
清光緒二十二年(1896)上海積山書局石印
本　二冊

620000－1101－0021018　332/578.001

重學二十卷附圜錐曲線說三卷　（英國）胡威
立撰　（英國）艾約瑟口譯　（清）李善蘭筆述
清光緒二十二年(1896)上海積山書局石印
本　二冊

620000－1101－0021019　332/906

重學圖說一卷體性圖說一卷　（英國）傅蘭雅
著　清光緒十一年(1885)刻本　一冊

620000－1101－0021020　332/906

重學圖說一卷體性圖說一卷　（英國）傅蘭雅
著　清光緒十一年(1885)刻本　一冊

620000－1101－0021021　332/906.08

重學須知不分卷 （英國）傅蘭雅著 清光緒
十五年（1889）刻本 一冊

620000－1101－0021022 332/906.08
重學須知不分卷 （英國）傅蘭雅著 清光緒
十五年（1889）刻本 一冊

620000－1101－0021023 443.688/88.39
重濬劉河全案三卷 （清）陶澍 （清）林則徐
等撰 歷治劉河敘錄一卷 （清）□□撰 清
中晚期刻本 一冊

620000－1101－0021024 433.635/821
重濬七浦圖四卷 （清）周岱齡等撰 清道光
十五年（1835）刻本 一冊

620000－1101－0021025 230/385
重著併儷心香妙語四卷 （清）陳復烜輯 清
道光二十年（1840）刻本 四冊

620000－1101－0021026 782.818/310
重纂三遷志十卷首一卷 （清）孟廣均原纂
（清）陳錦 （清）孫葆田重纂 清光緒十三年
（1887）刻本 六冊

620000－1101－0021027 858.419/381
眾喜粗言寶卷五卷 （清）釋陳眾喜撰 清道
光三年（1823）杭州西湖高麗寺刻本 五冊

620000－1101－0021028 1307
衆妙集不分卷 （宋）趙師秀編 清光緒孔氏
嶽雪樓影抄本 一冊

620000－1101－0021029 718.89/125
舟車所至十八種三十四卷 （清）鄭光祖輯
清道光二十三年（1843）琴川鄭氏青玉山房刻
本 四冊

620000－1101－0021030 718.89/125.001
舟車所至十八種三十四卷 （清）鄭光祖輯
清道光二十三年（1843）琴川鄭氏青玉山房刻
本 二冊 存五種五卷（西藏紀聞一卷、採硫
日記一卷、臺灣使槎錄一卷、海島逸志一卷、
海錄一卷）

620000－1101－0021031 2809
周官精義十二卷 （清）連斗山輯 清乾隆四

十一年（1776）安徽督學使署刻本 六冊

620000－1101－0021032 094.12/136.001
周官精義十二卷 （清）連斗山輯 清嘉慶二
十二年（1817）刻本 六冊

620000－1101－0021033 094.12/136
周官精義十二卷 （清）連斗山輯 清晚期刻
本 四冊

620000－1101－0021034 1364
周會魁校正四書大全十八卷 （明）胡廣等輯
（明）周士顯校正 明留畊堂周譽吾刻本
三十冊

620000－1101－0021035 3263
周會魁校正易經大全二十卷 （明）胡廣等輯
清康熙五十年（1711）郁郁堂刻五經大全本
四冊

620000－1101－0021036 621.502/164
周季編略九卷 （清）黃式三纂 清同治十二
年（1873）浙江書局刻儆居遺書本 四冊

620000－1101－0021037 621.502/164
周季編略九卷 （清）黃式三纂 清同治十二
年（1873）浙江書局刻儆居遺書本 四冊

620000－1101－0021038 621.502/164
周季編略九卷 （清）黃式三纂 清同治十二
年（1873）浙江書局刻儆居遺書本 四冊

620000－1101－0021039 094.107/292
周禮古學考十一卷 李滋然學 清宣統元年
（1909）鉛印本 一冊 存二卷（七至八）

620000－1101－0021040 2715
周禮節訓六卷 （清）黃叔琳撰 清雍正十年
（1732）古音堂刻本 四冊

620000－1101－0021041 3327
周禮節訓六卷 （清）黃叔琳撰 清乾隆四十
三年（1778）刻本 一冊

620000－1101－0021042 094.12/380.003
周禮精華六卷 （清）陳龍標編輯 清嘉慶十
六年（1811）緯文堂刻本 五冊

620000－1101－0021043　094.12/380

周禮精華六卷　（清）陳龍標編輯　清嘉慶二十一年(1816)益美堂刻本　六冊

620000－1101－0021044　094.12/380

周禮精華六卷　（清）陳龍標編輯　清嘉慶二十一年(1816)益美堂刻本　六冊

620000－1101－0021045　094.12/380

周禮精華六卷　（清）陳龍標編輯　清嘉慶二十一年(1816)益美堂刻本　二冊　存二卷(一至二)

620000－1101－0021046　094.12/380.004

周禮精華六卷　（清）陳龍標編輯　清嘉慶刻本　五冊　存五卷(二至六)

620000－1101－0021047　094.12/380.002

周禮精華六卷　（清）陳龍標編輯　清道光十二年(1832)姑蘇步月樓刻本　四冊

620000－1101－0021048　094.12/380.002

周禮精華六卷　（清）陳龍標編輯　清道光十二年(1832)姑蘇步月樓刻本　五冊

620000－1101－0021049　094.12/380.002

周禮精華六卷　（清）陳龍標編輯　清道光十二年(1832)姑蘇步月樓刻本　六冊

620000－1101－0021050　094.12/380.005

周禮精華六卷　（清）陳龍標編輯　清晚期刻本　六冊

620000－1101－0021051　094.12/380.001

周禮精華六卷首一卷　（清）陳龍標編輯　清晚期魏氏古香閣刻本　二冊

620000－1101－0021052　094.12/22.97.58.001

周禮六卷　（漢）鄭玄注　（唐）陸德明音義　清同治十一年(1872)山東書局刻本　六冊

620000－1101－0021053　094.127./365.07

周禮三家佚注一卷　（清）孫詒讓撰　清光緒二十年(1894)孫詒讓刻本　一冊

620000－1101－0021054　094.12/22.97.58

周禮十二卷　（漢）鄭玄注　（唐）陸德明音義　清同治七年(1868)湖北崇文書局刻本

六冊

620000－1101－0021055　094.106/304

周禮易讀六卷　（清）司徒修選訂　清道光二十三年(1843)來鹿堂刻本　四冊

620000－1101－0021056　094.16/270

周禮音訓不分卷　（清）楊國楨撰　清道光十年(1830)刻本　二冊

620000－1101－0021057　094.127/221

周禮折衷六卷　（漢）鄭玄注　（唐）賈逵疏　（清）胡興銓重訂　清同治五年(1866)經綸堂刻本　三冊

620000－1101－0021058　094.127/365

周禮正義八十六卷　（清）孫詒讓撰　清光緒三十一年(1905)上海澄衷學堂鉛印本　十二冊

620000－1101－0021059　094.107/365.001

周禮政要二卷　（清）孫詒讓著　清光緒二十九年(1903)山東書局石印本　二冊

620000－1101－0021060　094.107/365.001

周禮政要二卷　（清）孫詒讓著　清光緒二十九年(1903)山東書局石印本　二冊

620000－1101－0021061　094.107/365

周禮政要二卷　（清）孫詒讓著　清光緒三十一年(1905)甘肅高等學堂刻本　二冊

620000－1101－0021062　094.107/365

周禮政要二卷　（清）孫詒讓著　清光緒三十一年(1905)甘肅高等學堂刻本　二冊

620000－1101－0021063　094.107/365

周禮政要二卷　（清）孫詒讓著　清光緒三十一年(1905)甘肅高等學堂刻本　二冊

620000－1101－0021064　094.107/365

周禮政要二卷　（清）孫詒讓著　清光緒三十一年(1905)甘肅高等學堂刻本　二冊

620000－1101－0021065　094.107/365

周禮政要二卷　（清）孫詒讓著　清光緒三十一年(1905)甘肅高等學堂刻本　二冊

620000 – 1101 – 0021066　094.107/365
周禮政要二卷　（清）孫詒讓著　清光緒三十
一年（1905）甘肅高等學堂刻本　二冊

620000 – 1101 – 0021067　094.107/365
周禮政要二卷　（清）孫詒讓著　清光緒三十
一年（1905）甘肅高等學堂刻本　二冊

620000 – 1101 – 0021068　094.107/365
周禮政要二卷　（清）孫詒讓著　清光緒三十
一年（1905）甘肅高等學堂刻本　二冊

620000 – 1101 – 0021069　094.107/365
周禮政要二卷　（清）孫詒讓著　清光緒三十
一年（1905）甘肅高等學堂刻本　二冊

620000 – 1101 – 0021070　094.107/365
周禮政要二卷　（清）孫詒讓著　清光緒三十
一年（1905）甘肅高等學堂刻本　二冊

620000 – 1101 – 0021071　094.107/365
周禮政要二卷　（清）孫詒讓著　清光緒三十
一年（1905）甘肅高等學堂刻本　二冊

620000 – 1101 – 0021072　094.107/365
周禮政要二卷　（清）孫詒讓著　清光緒三十
一年（1905）甘肅高等學堂刻本　二冊

620000 – 1101 – 0021073　094.107/365
周禮政要二卷　（清）孫詒讓著　清光緒三十
一年（1905）甘肅高等學堂刻本　二冊

620000 – 1101 – 0021074　094.107/365
周禮政要二卷　（清）孫詒讓著　清光緒三十
一年（1905）甘肅高等學堂刻本　二冊

620000 – 1101 – 0021075　094.107/365
周禮政要二卷　（清）孫詒讓著　清光緒三十
一年（1905）甘肅高等學堂刻本　二冊

620000 – 1101 – 0021076　094.107/365
周禮政要二卷　（清）孫詒讓著　清光緒三十
一年（1905）甘肅高等學堂刻本　二冊

620000 – 1101 – 0021077　094.107/365
周禮政要二卷　（清）孫詒讓著　清光緒三十
一年（1905）甘肅高等學堂刻本　二冊

620000 – 1101 – 0021078　094.107/365
周禮政要二卷　（清）孫詒讓著　清光緒三十
一年（1905）甘肅高等學堂刻本　二冊

620000 – 1101 – 0021079　094.107/365
周禮政要二卷　（清）孫詒讓著　清光緒三十
一年（1905）甘肅高等學堂刻本　二冊

620000 – 1101 – 0021080　094.107/365
周禮政要二卷　（清）孫詒讓著　清光緒三十
一年（1905）甘肅高等學堂刻本　二冊

620000 – 1101 – 0021081　094.107/365
周禮政要二卷　（清）孫詒讓著　清光緒三十
一年（1905）甘肅高等學堂刻本　二冊

620000 – 1101 – 0021082　094.107/365
周禮政要二卷　（清）孫詒讓著　清光緒三十
一年（1905）甘肅高等學堂刻本　二冊

620000 – 1101 – 0021083　094.107/365
周禮政要二卷　（清）孫詒讓著　清光緒三十
一年（1905）甘肅高等學堂刻本　二冊

620000 – 1101 – 0021084　094.107/365
周禮政要二卷　（清）孫詒讓著　清光緒三十
一年（1905）甘肅高等學堂刻本　二冊

620000 – 1101 – 0021085　094.107/365
周禮政要二卷　（清）孫詒讓著　清光緒三十
一年（1905）甘肅高等學堂刻本　二冊

620000 – 1101 – 0021086　094.107/365
周禮政要二卷　（清）孫詒讓著　清光緒三十
一年（1905）甘肅高等學堂刻本　二冊

620000 – 1101 – 0021087　094.107/365
周禮政要二卷　（清）孫詒讓著　清光緒三十
一年（1905）甘肅高等學堂刻本　二冊

620000 – 1101 – 0021088　094.107/365
周禮政要二卷　（清）孫詒讓著　清光緒三十
一年（1905）甘肅高等學堂刻本　二冊

620000 – 1101 – 0021089　094.107/365
周禮政要二卷　（清）孫詒讓著　清光緒三十
一年（1905）甘肅高等學堂刻本　二冊

620000－1101－0021090　094.107/365
周禮政要二卷　（清）孫詒讓著　清光緒三十一年(1905)甘肅高等學堂刻本　二冊

620000－1101－0021091　094.107/365
周禮政要二卷　（清）孫詒讓著　清光緒三十一年(1905)甘肅高等學堂刻本　二冊

620000－1101－0021092　094.107/365
周禮政要二卷　（清）孫詒讓著　清光緒三十一年(1905)甘肅高等學堂刻本　二冊

620000－1101－0021093　094.107/365
周禮政要二卷　（清）孫詒讓著　清光緒三十一年(1905)甘肅高等學堂刻本　二冊

620000－1101－0021094　094.107/365
周禮政要二卷　（清）孫詒讓著　清光緒三十一年(1905)甘肅高等學堂刻本　二冊

620000－1101－0021095　094.107/365
周禮政要二卷　（清）孫詒讓著　清光緒三十一年(1905)甘肅高等學堂刻本　二冊

620000－1101－0021096　094.107/365
周禮政要二卷　（清）孫詒讓著　清光緒三十一年(1905)甘肅高等學堂刻本　二冊

620000－1101－0021097　094.107/365
周禮政要二卷　（清）孫詒讓著　清光緒三十一年(1905)甘肅高等學堂刻本　二冊

620000－1101－0021098　094.107/365
周禮政要二卷　（清）孫詒讓著　清光緒三十一年(1905)甘肅高等學堂刻本　二冊

620000－1101－0021099　094.107/365
周禮政要二卷　（清）孫詒讓著　清光緒三十一年(1905)甘肅高等學堂刻本　二冊

620000－1101－0021100　094.107/365
周禮政要二卷　（清）孫詒讓著　清光緒三十一年(1905)甘肅高等學堂刻本　二冊

620000－1101－0021101　094.107/365
周禮政要二卷　（清）孫詒讓著　清光緒三十一年(1905)甘肅高等學堂刻本　二冊

620000－1101－0021102　094.107/365
周禮政要二卷　（清）孫詒讓著　清光緒三十一年(1905)甘肅高等學堂刻本　二冊

620000－1101－0021103　094.107/365
周禮政要二卷　（清）孫詒讓著　清光緒三十一年(1905)甘肅高等學堂刻本　一冊　存一卷(下)

620000－1101－0021104　094.107/365
周禮政要二卷　（清）孫詒讓著　清光緒三十一年(1905)甘肅高等學堂刻本　一冊　存一卷(下)

620000－1101－0021105　094.107/365
周禮政要二卷　（清）孫詒讓著　清光緒三十一年(1905)甘肅高等學堂刻本　一冊　存一卷(下)

620000－1101－0021106　094.107/365
周禮政要二卷　（清）孫詒讓著　清光緒三十一年(1905)甘肅高等學堂刻本　一冊　存一卷(下)

620000－1101－0021107　094.107/365
周禮政要二卷　（清）孫詒讓著　清光緒三十一年(1905)甘肅高等學堂刻本　二冊

620000－1101－0021108　094.107/365
周禮政要二卷　（清）孫詒讓著　清光緒三十一年(1905)甘肅高等學堂刻本　二冊

620000－1101－0021109　094.107/365
周禮政要二卷　（清）孫詒讓著　清光緒三十一年(1905)甘肅高等學堂刻本　二冊

620000－1101－0021110　094.107/365
周禮政要二卷　（清）孫詒讓著　清光緒三十一年(1905)甘肅高等學堂刻本　二冊

620000－1101－0021111　094.107/365.002
周禮政要四卷　（清）孫詒讓著　清光緒二十八年(1902)瑞安普通學堂刻本　一冊　存二卷(三至四)

620000－1101－0021112　094.107/365.002
周禮政要四卷　（清）孫詒讓著　清光緒二十

八年（1902）瑞安普通學堂刻本　三册　存三卷（一、三至四）

620000－1101－0021113　094.12/850

周禮註釋十二卷　（清）鮑梁纂輯　清道光善成堂刻本　六册

620000－1101－0021114　247

周禮註疏刪翼三十卷　（明）王志長輯　明崇禎十二年（1639）葉培恕刻本　十二册

620000－1101－0021115　2067

周禮註疏刪翼三十卷　（明）王志長輯　明末天德堂刻本　二十册

620000－1101－0021116　2641

周禮註疏刪翼三十卷　（明）王志長輯　清乾隆六十年（1795）醉墨齋刻本　十六册

620000－1101－0021117　094.126/113

周禮註疏刪翼三十卷　（明）王志長輯　清光緒十二年（1886）卓觀堂刻本　十六册

620000－1101－0021118　094.126/113.001

周禮註疏刪翼三十卷　（明）王志長輯　清刻本　六册　存十卷（二十一至三十）

620000－1101－0021119　094.126/113.002

周禮註疏刪翼三十卷　（明）王志長輯　清刻本　二十册

620000－1101－0021120　094.126/113.002

周禮註疏刪翼三十卷　（明）王志長輯　清刻本　二十册

620000－1101－0021121　3065

周禮註疏十八卷　（漢）鄭玄註　（唐）賈公彥等疏　明末張采刻本　六册

620000－1101－0021122　245

周禮註疏四十二卷　（漢）鄭玄註　（唐）賈公彥疏　（唐）陸德明音義　明萬曆二十一年（1593）北京國子監刻十三經註疏本　十四册

620000－1101－0021123　838

周禮註疏四十二卷　（漢）鄭玄註　（唐）賈公彥疏　（唐）陸德明音義　明崇禎元年（1628）毛氏汲古閣刻十三經註疏本　二十册

620000－1101－0021124　2945

周禮註疏四十二卷　（漢）鄭玄註　（唐）賈公彥疏　（唐）陸德明音義　明崇禎元年（1628）毛氏汲古閣刻十三經註疏本　十二册

620000－1101－0021125　094.122/978

周禮註疏四十二卷　（漢）鄭玄註　（唐）賈公彥疏　清嘉慶十八年（1813）四友堂刻十三經註疏本　二十册

620000－1101－0021126　782.115/959

周列士傳不分卷　（清）顧壽楨著　清同治五年（1866）見素抱樸齋刻本　一册

620000－1101－0021127　413.081/820

周氏醫學叢書三十三種二百卷　（清）周學海輯　清光緒、宣統刻宣統三年（1911）池陽周氏福慧雙修館印本　七十二册　存三十一種一百九十七卷（本艸經三卷，本艸經疏三十卷，脈經十卷，脈訣刊誤集解二卷，脈訣刊誤附錄一卷，增輯難經本義二卷、難經彙攷一卷、闕誤總類一卷，中藏經三卷、附方一卷，巢氏諸病源候總論五十卷，脈因證治四卷，小兒藥證直訣三卷、附方一卷，閻氏小兒方論一卷，小兒斑疹備急方論一卷，脈義簡摩八卷，脈簡補義二卷，辨脈平脈章句二卷，內經評文素問二十四卷、遺篇一卷、內經評文靈樞十二卷，讀醫隨筆六卷，診家樞要一卷、附錄一卷，臟府標本藥式一卷，金匱鉤玄三卷，三消論一卷，溫熱論一卷，幼科要略二卷，評點葉案存真類編二卷，評點馬氏醫案印機草一卷，評註史載之方二卷，慎柔五書五卷，韓氏醫書二卷，傷寒補例二卷，形色外診簡摩二卷，重訂診家直訣二卷）

620000－1101－0021128　823.18/820.001

周氏止庵詞辨二卷附介存齋論詞雜著一卷（清）周濟輯錄　（清）譚獻評　清晚期刻本　一册

620000－1101－0021129　621.51/365

周書斠補四卷　（清）孫詒讓撰　清光緒二十六年（1900）刻本　一册

620000－1101－0021130　621.51/830

周書十卷附錄一卷　（清）朱右曾集訓校釋
清光緒三年(1877)湖北崇文書局刻本　二冊

620000－1101－0021131　433

周書五十卷　（唐）令狐德棻等撰　宋刻宋元明遞修本　二十冊

620000－1101－0021132　804

周書五十卷　（唐）令狐德棻等撰　明萬曆十六年(1588)南京國子監刻本　六冊

620000－1101－0021133　1752

周書五十卷　（唐）令狐德棻等撰　明萬曆十六年(1588)南京國子監刻明清遞修本　七冊

620000－1101－0021134　712

周書五十卷　（唐）令狐德棻等撰　明萬曆三十二年(1604)北京國子監刻本　三冊

620000－1101－0021135　1019

周書五十卷　（唐）令狐德棻等撰　明崇禎五年(1632)毛氏汲古閣刻本　八冊

620000－1101－0021136　1019

周書五十卷　（唐）令狐德棻等撰　明崇禎五年(1632)毛氏汲古閣刻本　六冊

620000－1101－0021137　894

周書五十卷　（唐）令狐德棻等撰　清乾隆四年(1739)武英殿刻本　八冊

620000－1101－0021138　4475

周書五十卷　（唐）令狐德棻等撰　明萬曆十六年(1588)南京國子監刻清順治、康熙遞修本　二冊　存十卷(四十一至五十)

620000－1101－0021139　4476

周書五十卷　（唐）令狐德棻等撰　明萬曆十六年(1588)南京國子監刻清順治、康熙遞修本　四冊　存十九卷(十至二十二、二十五至二十七、三十三至三十五)

620000－1101－0021140　856.27/813

周文忠公尺牘二卷雜文附錄一卷　（清）周天爵著　清同治七年(1868)蘇松太道署刻本　一冊

620000－1101－0021141　847.8/816

周武壯公遺書九卷別集三卷首一卷附錄一卷　（清）周盛傳撰　清光緒三十一年(1905)金陵刻本　三冊　存三卷(別集一、首一卷、附錄一卷)

620000－1101－0021142　1084

周易白文不分卷　（□）□□輯　清抄本　一冊

620000－1101－0021143　121.12/52.83

周易本義十二卷首一卷末一卷　（宋）朱熹撰音訓十二卷　（宋）呂祖謙撰　清同治四年(1865)金陵書局刻本　二冊

620000－1101－0021144　091.252/828

周易本義十二卷首一卷末一卷　（宋）朱熹撰音訓十二卷　（宋）呂祖謙撰　清同治四年(1865)金陵書局刻本　二冊

620000－1101－0021145　668

周易本義十二卷易圖一卷五贊一卷筮儀一卷　（宋）朱熹撰　清康熙內府刻本　二冊

620000－1101－0021146　091.2/52.82.58

周易本義四卷附易圖一卷卦歌一卷筮儀一卷五贊一卷　（宋）朱熹撰　清同治七年(1868)湖北崇文書局刻本　二冊

620000－1101－0021147　091.2/52.82.581

周易本義四卷附易圖一卷卦歌一卷筮儀一卷五贊一卷　（宋）朱熹撰　清同治十年(1871)刻本　二冊

620000－1101－0021148　091.2/52.82.581

周易本義四卷附易圖一卷卦歌一卷筮儀一卷五贊一卷　（宋）朱熹撰　清同治十年(1871)刻本　二冊

620000－1101－0021149　091.2/52.82.581

周易本義四卷附易圖一卷卦歌一卷筮儀一卷五贊一卷　（宋）朱熹撰　清同治十年(1871)刻本　二冊

620000－1101－0021150　091.2/72.437

周易本義爻徵二卷　（清）吳曰慎著　清咸豐八年(1858)刻本　二冊

620000－1101－0021151　2060

周易辨畫四十卷 （清）連斗山撰　清乾隆三十七年(1772)李士果刻本　十二冊

620000－1101－0021152　1351

周易不分卷書經不分卷詩經八卷 （□）□□輯　清乾隆抄本　四冊

620000－1101－0021153　235.5/990

周易參同契發揮三卷附釋疑一卷 （宋）俞琰述　清同治十年(1871)錢江王詒燕堂刻本　三冊

620000－1101－0021154　235.5/380.001

周易參同契分章註解三卷 （漢）魏伯陽撰　（元）陳致虛註解　清晚期坊刻本　一冊

620000－1101－0021155　235.5/380.002

周易參同契分章註解三卷 （漢）魏伯陽撰　（元）陳致虛註解　清道光二十一年(1841)善成堂刻本　一冊

620000－1101－0021156　121.12/85

周易參同契集韻二卷末一卷 （清）紀大奎輯　清咸豐二年(1852)刻本　四冊

620000－1101－0021157　091.2/76.885

周易闡真四卷首一卷孔易闡真二卷 （清）劉一明述注　清嘉慶四年(1799)李陽新、梁本中刻本　八冊

620000－1101－0021158　091.2/76.885

周易闡真四卷首一卷孔易闡真二卷 （清）劉一明述注　清嘉慶四年(1799)李陽新、梁本中刻本　八冊

620000－1101－0021159　091.2/76.885

周易闡真四卷首一卷孔易闡真二卷 （清）劉一明述注　清嘉慶四年(1799)李陽新、梁本中刻本　八冊

620000－1101－0021160　091.2/76.885

周易闡真四卷首一卷孔易闡真二卷 （清）劉一明述注　清嘉慶四年(1799)李陽新、梁本中刻本　八冊

620000－1101－0021161　1297

周易傳義大全二十四卷 （明）胡廣等輯　明刻本　十二冊

620000－1101－0021162　1283

周易傳義附錄十四卷首一卷 （宋）董楷撰　清康熙通志堂刻本　六冊　存十卷(一至十)

620000－1101－0021163　091.08/785

周易傳義音訓八卷 （宋）程頤傳　（宋）朱熹述　（宋）呂祖謙音訓　清光緒十五年(1889)江南書局刻本　八冊

620000－1101－0021164　091.2/0.7

周易讀本六卷 （清）夏與賢輯　清光緒三年(1877)陝西乾陽官舍刻本　五冊

620000－1101－0021165　091.2/72.28

周易觀象十二卷 （清）李光地撰　清嘉慶九年(1804)梅照壁刻本　六冊

620000－1101－0021166　091.2/72.28

周易觀象十二卷 （清）李光地撰　清嘉慶九年(1804)梅照壁刻本　六冊

620000－1101－0021167　2620

周易觀象十二卷 （清）李光地注　清康熙刻本　三冊

620000－1101－0021168　4328

周易觀玩錄十五卷 （清）張曾慶撰　清康熙三十八年(1699)刻本　十冊　存十卷(一至三、六、八、十一至十五)

620000－1101－0021169　3200

周易函書約存十八卷約註十八卷別集十六卷 （清）胡煦撰　清乾隆胡氏葆璞堂刻本　十冊　存十八卷(周易函書約存十八卷)

620000－1101－0021170　3884

周易函書約存十八卷約註十八卷別集十六卷 （清）胡煦撰　清乾隆胡氏葆璞堂刻本　二十六冊

620000－1101－0021171　3246

周易會歸二卷 （清）鄧霽纂　清乾隆十五年(1750)刻本　十二冊

620000－1101－0021172　121.13/631

周易薈解八卷 （清）陳炳奎輯 清咸豐抄本
一冊

620000－1101－0021173 091.241/289
周易集解十七卷 （唐）李鼎祚撰 清嘉慶二
十三年(1818)木瀆周氏刻本 四冊

620000－1101－0021174 320
周易集解十七卷 （唐）李鼎祚撰 明崇禎毛
氏汲古閣刻津逮祕書本 四冊

620000－1101－0021175 091.241/289
周易集解十七卷 （唐）李鼎祚撰 清嘉慶二
十三年(1818)木瀆周氏刻本 二冊 存十一
卷(七至十七)

620000－1101－0021176 091.241/289.001
周易集解十七卷 （唐）李鼎祚撰 清光緒三
十二年(1906)東洲刻本 一冊 存二卷(一
至二)

620000－1101－0021177 091.2/76.28
周易集解纂疏三十六卷首一卷 （清）李道平
撰 清光緒思賢講舍刻本 六冊

620000－1101－0021178 091.276/292
周易集解纂疏十卷易筮遺占一卷 （清）李道
平撰 清光緒十七年(1891)三餘艸堂刻本
十冊

620000－1101－0021179 091.276/949
周易輯說五卷 （清）徐通久編集 清道光七
年(1827)抱真書屋刻本 四冊

620000－1101－0021180 3958
周易兼義九卷 （三國魏）王弼 （晉）韓康伯
註 （唐）孔穎達正義 明崇禎四年(1631)毛
氏汲古閣刻十三經註疏本 二冊 存四卷
(三至六)

620000－1101－0021181 091.224/113.001
周易兼義九卷附校勘記一卷附音義一卷
(三國魏)王弼 （晉）韓康伯註 （唐）孔穎
達正義 （唐）陸德明音義 清道光六年
(1826)刻本 五冊

620000－1101－0021182 1082

周易解蒙不分卷 （清）范履乾撰 清抄本
六冊

620000－1101－0021183 1081
周易精義慕氏鈔本不分卷 慕壽祺輯 清抄
本 四冊

620000－1101－0021184 091.37/171
周易精義四卷首一卷 （清）黃淦纂 清嘉慶
十五年(1810)尊德堂刻本 一冊 存二卷
(一、首一卷)

620000－1101－0021185 091.37/171.001
周易精義四卷首一卷 （清）黃淦纂 清嘉慶
九年(1804)慈谿養正堂刻本 一冊 存三卷
(一至二、首一卷)

620000－1101－0021186 654
周易可說七卷 （明）曹學佺撰 明崇禎刻本
四冊

620000－1101－0021187 091.357/383
周易上經爻變易蘊四卷 （元）陳應潤註釋
參易發凡一卷 （清）金鷹揚著 清光緒二十
四年(1898)翁長森刻本 四冊

620000－1101－0021188 121.12/52.82
周易十二卷 （宋）朱熹注 清光緒元年
(1875)刻本 二冊

620000－1101－0021189 3010
周易四卷 （宋）朱熹注 清乾隆五十五年
(1790)芥子園刻本 二冊

620000－1101－0021190 091.2/52.82.582
周易四卷 （宋）朱熹注 清光緒十六年
(1890)蘭州刻本 二冊

620000－1101－0021191 091.2/52.82.581
周易四卷 （宋）朱熹注 清同治十年(1871)
刻本 二冊

620000－1101－0021192 091.2/52.82.581
周易四卷 （宋）朱熹注 清同治十年(1871)
刻本 二冊

620000－1101－0021193 091.2/52.82.581
周易四卷 （宋）朱熹注 清同治十年(1871)

刻本　二册

620000－1101－0021194　091.2/52.82.581
周易四卷　（宋）朱熹注　清同治十年(1871)
刻本　二册

620000－1101－0021195　091.2/52.82.581
周易四卷　（宋）朱熹注　清同治十年(1871)
刻本　二册

620000－1101－0021196　091.2/52.82.581
周易四卷　（宋）朱熹注　清同治十年(1871)
刻本　二册

620000－1101－0021197　091.2/52.82.581
周易四卷　（宋）朱熹注　清同治十年(1871)
刻本　二册

620000－1101－0021198　091.2/52.82.582
周易四卷　（宋）朱熹注　清光緒十六年
(1890)蘭州刻本　二册

620000－1101－0021199　091.2/52.82.581
周易四卷　（宋）朱熹注　清同治十年(1871)
刻本　二册

620000－1101－0021200　091.2/52.82.581
周易四卷　（宋）朱熹注　清同治十年(1871)
刻本　二册

620000－1101－0021201　091.2/52.82.581
周易四卷　（宋）朱熹注　清同治十年(1871)
刻本　二册

620000－1101－0021202　091.2/52.82.581
周易四卷　（宋）朱熹注　清同治十年(1871)
刻本　二册

620000－1101－0021203　091.2/52.82.581
周易四卷　（宋）朱熹注　清同治十年(1871)
刻本　二册

620000－1101－0021204　091.2/52.82.581
周易四卷　（宋）朱熹注　清同治十年(1871)
刻本　二册

620000－1101－0021205　091.2/52.82.581
周易四卷　（宋）朱熹注　清同治十年(1871)

刻本　二册

620000－1101－0021206　091.2/52.82.581
周易四卷　（宋）朱熹注　清同治十年(1871)
刻本　二册

620000－1101－0021207　091.2/52.82.581
周易四卷　（宋）朱熹注　清同治十年(1871)
刻本　二册

620000－1101－0021208　091.2/52.82.581
周易四卷　（宋）朱熹注　清同治十年(1871)
刻本　二册

620000－1101－0021209　091.2/52.82.581
周易四卷　（宋）朱熹注　清同治十年(1871)
刻本　一册　存三卷(二至四)

620000－1101－0021210　091.2/52.82.586
周易四卷　（宋）朱熹注　清嘉慶十年(1805)
揚州鮑氏樗園刻本　二册

620000－1101－0021211　091.2/52.82.582
周易四卷　（宋）朱熹注　清光緒十六年
(1890)蘭州刻本　二册

620000－1101－0021212　091.2/52.82.582
周易四卷　（宋）朱熹注　清光緒十六年
(1890)蘭州刻本　二册

620000－1101－0021213　091.2/52.82.582
周易四卷　（宋）朱熹注　清光緒十六年
(1890)蘭州刻本　二册

620000－1101－0021214　091.2/52.82.583
周易四卷　（宋）朱熹注　清末刻本　二册

620000－1101－0021215　091.2/52.82.585
周易四卷　（宋）朱熹注　清光緒三年(1877)
胡氏退補齋刻本　二册

620000－1101－0021216　091.2/52.82.587
周易四卷　（宋）朱熹注　清末關中益興堂刻
本　四册

620000－1101－0021217　091.2/52.82.588
周易四卷　（宋）朱熹注　清晚期刻本　一册

620000－1101－0021218　4362

周易通論四卷　（清）李光地撰　清雍正刻本
　二冊

620000－1101－0021219　091.7/72.119
周易圖說述四卷　（清）王弘撰　清光緒三十
三年(1907)敬義堂刻本　四冊

620000－1101－0021220　091.372/112
周易外傳七卷　（清）王夫之撰　清光緒二十
七年(1901)簡青書局石印王船山先生經史論
八種本　一冊

620000－1101－0021221　2885
周易洗心十卷　（清）陸文起撰　清乾隆十八
年(1753)刻本　十冊

620000－1101－0021222　121.12/77.70
周易學統九卷十翼遺文一卷　（清）汪宗沂撰
　清光緒汪氏家刻本　八冊

620000－1101－0021223　091.7/77.374
周易研幾一卷　（清）豫師撰　清同治八年
(1869)刻本　一冊

620000－1101－0021224　091.27/994
周易姚氏學十六卷首一卷　（清）姚配中撰
清光緒三年(1877)湖北崇文書局刻本　六冊

620000－1101－0021225　091.2/76.24
周易用初四卷　（清）杜宗嶽撰　清道光二十
二年(1842)寶孺堂刻本　八冊

620000－1101－0021226　091.275/307.07
周易虞氏消息二卷　（清）張惠言撰　清嘉慶
八年(1803)刻本　一冊

620000－1101－0021227　091.275/307
周易虞氏義九卷虞氏消息二卷　（清）張惠言
撰　清嘉慶八年(1803)揚州阮氏琅嬛仙館刻
本　四冊

620000－1101－0021228　091.27/307
周易約註依講合鈔四十九卷　（清）張拱北輯
　清光緒八年(1882)湖南養書山房刻本　二
十四冊

620000－1101－0021229　091.221/978
周易鄭注十二卷　（漢）鄭玄注　（宋）王應麟

撰集　（清）張惠言訂正　附敘錄一卷　（清）
臧鏞堂撰　清嘉慶二十四年(1819)蕭山陳氏
刻湖海樓叢書本　二冊

620000－1101－0021230　091.221/978
周易鄭注十二卷　（漢）鄭玄注　（宋）王應麟
撰集　（清）張惠言訂正　附敘錄一卷　（清）
臧鏞堂撰　清嘉慶二十四年(1819)蕭山陳氏
刻湖海樓叢書本　一冊

620000－1101－0021231　292.1/885.07
周易註略八卷參斷二卷　（清）劉一明述注
清嘉慶刻本　十冊

620000－1101－0021232　292.1/885.07
周易註略八卷參斷二卷　（清）劉一明述注
清嘉慶刻本　十冊

620000－1101－0021233　091.224/113
周易註疏十三卷附考證一卷　（三國魏）王弼
注　（唐）陸德明音義　（唐）孔穎達疏　略例
一卷　（三國魏）王弼撰　（唐）邢璹注
(唐)陸德明音義　清同治十年(1871)廣東書
局刻本　六冊

620000－1101－0021234　847.6/820.6
周止菴遺稿三卷　（清）周濟撰　清道光二十
年(1840)刻本　一冊　存一卷(文一)

620000－1101－0021235　2966
周忠介公燼餘集三卷　（明）周順昌撰　清康
熙四十年(1701)彭定求刻本　一冊

620000－1101－0021236　856.7/120
籀鄦誃經藝五卷　（清）王仁俊撰　清光緒二
十三年(1897)寔學報館石印本　二冊

620000－1101－0021237　856.7/835
朱鳳標殿試策不分卷　（清）朱鳳標撰　清道
光刻本　一冊

620000－1101－0021238　847.6/82.76
朱九江先生集十卷首一卷　（清）朱次琦撰
清光緒二十三年(1897)讀書草堂刻本　一冊

620000－1101－0021239　847.6/82.76
朱九江先生集十卷首一卷　（清）朱次琦撰

清光緒二十三年(1897)讀書草堂刻本　四冊

620000－1101－0021240　847.6/82.76

朱九江先生集十卷首一卷　(清)朱次琦撰
清光緒二十三年(1897)讀書草堂刻本　三冊
存八卷(一至七、首一卷)

620000－1101－0021241　073.76/82.84

朱九江先生講學記一卷　(清)簡朝亮纂
(清)簡朝亮編　清光緒二十三年(1897)刻本
一冊

620000－1101－0021242　082.7/828

朱氏群書六種二十五卷　(清)朱駿聲纂　清
光緒八年(1882)臨嘯閣刻本　六冊

620000－1101－0021243　414.9/7.827

朱氏醫案一卷　(清)朱滋潤撰　清同治九年
(1870)抄本　一冊

620000－1101－0021244　2049

朱文端公藏書十三種一百八十三卷　(清)朱
軾校輯　清康熙、乾隆刻本　六十冊

620000－1101－0021245　2086

朱文端公藏書十三種一百八十三卷　(清)朱
軾校輯　清康熙、乾隆刻本　二十五冊　存
十種一百二十二卷(周易傳議合訂一至七、十
至十二,春秋鈔十卷、首一卷,孝經一卷,孝經
三本管窺三卷,呂氏四禮翼四卷,儀禮節略一
至十三,大戴禮記十三卷,禮記纂言三十六
卷,張子全書十五卷,家範十卷,歷代名儒傳
一至六)

620000－1101－0021246　782.974/835.001

朱文端公年譜一卷　(清)朱齡撰　清同治十
年(1871)刻本　一冊

620000－1101－0021247　782.974/835

朱文端公年譜一卷　(清)朱齡撰　清光緒十
年(1884)津河廣仁堂刻本　一冊

620000－1101－0021248　782.974/835

朱文端公年譜一卷　(清)朱齡撰　清光緒十
年(1884)津河廣仁堂刻本　一冊

620000－1101－0021249　473

**朱文公校昌黎先生文集四十卷外集十卷遺文
一卷傳一卷**　(唐)韓愈撰　(宋)朱熹攷異
(宋)王伯大音釋　明刻萬曆三年(1575)重修
本　八冊

620000－1101－0021250　1669

**朱文公校昌黎先生文集四十卷外集十卷遺文
一卷傳一卷**　(唐)韓愈撰　(宋)朱熹攷異
(宋)王伯大音釋　明萬曆朱崇沐刻本　十六
冊　存五十卷(文集四十卷、外集十卷)

620000－1101－0021251　1670

**朱文公校昌黎先生文集四十卷外集十卷遺文
一卷傳一卷**　(唐)韓愈撰　(宋)朱熹攷異
(宋)王伯大音釋　明萬曆朱崇沐刻本　十冊
存三十五卷(文集一至三十五)

620000－1101－0021252　2147

朱文懿公奏疏十二卷　(明)朱賡撰　清乾隆
刻本　六冊

620000－1101－0021253　3715

朱飲山千金譜二十九卷弌韻易知十卷　(清)
朱燮撰　清乾隆刻本　十冊

620000－1101－0021254　3737

朱圍山人集十二卷　(清)鞏建豐撰　清乾隆
十九年(1754)刻本　六冊

620000－1101－0021255　3738

朱圍山人集十二卷　(清)鞏建豐撰　清乾隆
十九年(1754)刻本　二冊　存八卷(五至十
二)

620000－1101－0021256　3739

朱圍山人集十二卷　(清)鞏建豐撰　清乾隆
十九年(1754)刻本　一冊　存三卷(五至七)

620000－1101－0021257　4013

朱圍山人集十二卷　(清)鞏建豐撰　清乾隆
十九年(1754)刻本　三冊　存六卷(七至十
二)

620000－1101－0021258　4014

朱圍山人集十二卷　(清)鞏建豐撰　清乾隆
十九年(1754)刻本　一冊　存三卷(七至九)

620000－1101－0021259　847.3/834

朱止泉先生文集八卷　（清）朱澤澐撰　（清）
朱光進輯　清中晚期刻本　一冊

620000－1101－0021260　845.23/828.001

**朱子大全文集一百卷目錄二卷續集五卷別集
七卷正譌一卷**　（宋）朱熹撰　清光緒十年
(1884)賀氏傳經堂刻本　十五冊　存三十卷
（十六至二十、二十九至三十一、三十八至三
十九、四十二至五十、五十二至五十六、六十
三至六十四、七十至七十三）

620000－1101－0021261　845.23/828.001

**朱子大全文集一百卷目錄二卷續集五卷別集
七卷正譌一卷**　（宋）朱熹撰　清光緒十年
(1884)賀氏傳經堂刻本　三十九冊　存九十
三卷(一、七至八十二、八十九至一百,目錄二
卷,別集七,正譌一卷)

620000－1101－0021262　125.5/313

朱子讀書法四卷　（宋）張洪　（宋）齊熙編
清光緒十八年(1892)順德龍氏刻知服齋叢書
朱印本　一冊

620000－1101－0021263　1782

朱子古文讀本六卷　（宋）朱熹撰　（清）周大
璋輯　清康熙五十六年(1717)寶旭齋刻本
十二冊

620000－1101－0021264　782.852/165

朱子行狀一卷　（宋）黃榦撰　**程明道先生行
狀一卷**　（宋）程頤撰　清同治、民國刻西京
清麓叢書本　一冊

620000－1101－0021265　845.21/82.30.001

朱子集一百四卷目錄二卷　（宋）朱熹撰　清
咸豐十年(1860)紫霞洲祠堂刻本　三十八冊

620000－1101－0021266　534/828

朱子家禮十卷首一卷　（宋）朱熹撰　（明）丘
濬輯　（明）楊廷筠補　清嘉慶六年(1801)寶
寧堂刻本　六冊

620000－1101－0021267　534/828.001

朱子家禮五卷　（宋）朱熹撰　清末抄本
一冊

620000－1101－0021268　2714

朱子近思錄十四卷　（清）朱顯祖輯　清康熙
二十九年(1690)江都朱澐刻本　二冊

620000－1101－0021269　097.16/754

朱子論語集注訓詁考二卷　（清）潘衍桐輯
清光緒十七年(1891)刻本　一冊

620000－1101－0021270　782.952/82.11.002

朱子年譜不分卷　（清）鄭士範編集　清光緒
六年(1880)周正誼堂刻本　一冊

620000－1101－0021271　782.952/82.11.001

朱子年譜四卷考異四卷附錄二卷校勘記二卷
　（清）王懋竑纂　清光緒九年(1883)刻本
四冊

620000－1101－0021272　3025

朱子年譜四卷考異四卷朱子論學切要語二卷
　（清）王懋竑纂　清乾隆十七年(1752)寶應
王氏白田草堂刻浙江書局補刻本　四冊

620000－1101－0021273　782.952/82.11

朱子年譜四卷考異四卷朱子論學切要語二卷
　（清）王懋竑纂訂　清乾隆十七年(1752)寶
應王氏白田草堂刻浙江書局補刻本　四冊

620000－1101－0021274　093.12/627

朱子詩義補正八卷　（清）方苞著　清光緒二
年(1876)刻本　二冊

620000－1101－0021275　3303

朱子四書或問三十七卷　（宋）朱熹撰　**中庸
輯略二卷**　（宋）石䃮輯　（宋）朱熹刪訂　明
末墨潤齋刻本　六冊

620000－1101－0021276　3030

朱子文鈔二十卷詩鈔四卷　（宋）朱熹撰
（清）杜庭珠輯　清康熙五十一年(1712)采山
亭刻本　六冊　存二十卷(文鈔二十卷)

620000－1101－0021277　845.21/82.30

朱子文集十八卷　（宋）朱熹撰　（清）張伯行
編　清同治五年(1866)正誼書局刻正誼堂全
書本　十二冊

620000－1101－0021278　845.21/828

朱子文選不分卷 （宋）朱熹撰 （清）朱止泉
選 清嘉慶十八年(1813)刻本 一冊

620000－1101－0021279 125.5/828.01

朱子五書二卷 （宋）朱熹撰 清光緒十一年
(1885)傳經堂刻西京清麓叢書本 一冊

620000－1101－0021280 099.7/52.82

朱子小學集解六卷 （宋）朱熹撰 朱子年譜
一卷 （清）高愈輯 爲學大指一卷 （清）倭
仁輯 清光緒二十九年(1903)志古堂刻本
四冊

620000－1101－0021281 125.5/331

朱子遺書重刻合編十一種一百七卷 （清）賀
瑞麟輯 清光緒十二年(1886)傳經堂刻西京
清麓叢書本 二十四冊

620000－1101－0021282 094.227/728

朱子儀禮經傳通解六十九卷 （清）梁萬方考
訂 （清）翁荃等校正 清咸豐六年(1856)刻
本 四十八冊

620000－1101－0021283 125.5/795

朱子語類一百四十卷 （宋）黎靖德編 清晚
期刻本 一冊 存二卷(六十九至七十)

620000－1101－0021284 125.5/828

朱子原訂近思錄十四卷 （宋）朱熹撰 （清）
江永集注 清光緒十五年(1889)刻本 四冊

620000－1101－0021285 125.5/828

朱子原訂近思錄十四卷 （宋）朱熹撰 （清）
江永集注 清光緒十五年(1889)刻本 四冊

620000－1101－0021286 125.5/828

朱子原訂近思錄十四卷 （宋）朱熹撰 （清）
江永集注 清光緒十五年(1889)刻本 四冊

620000－1101－0021287 125.5/828

朱子原訂近思錄十四卷 （宋）朱熹撰 （清）
江永集注 清光緒十五年(1889)刻本 四冊

620000－1101－0021288 125.5/828

朱子原訂近思錄十四卷 （宋）朱熹撰 （清）
江永集注 清光緒十五年(1889)刻本 四冊

620000－1101－0021289 125.5/828

朱子原訂近思錄十四卷 （宋）朱熹撰 （清）
江永集注 清光緒十五年(1889)刻本 四冊

620000－1101－0021290 125.5/828

朱子原訂近思錄十四卷 （宋）朱熹撰 （清）
江永集注 清光緒十五年(1889)刻本 二冊

620000－1101－0021291 125.5/828

朱子原訂近思錄十四卷 （宋）朱熹撰 （清）
江永集注 清光緒十五年(1889)刻本 四冊

620000－1101－0021292 125.5/828.006

朱子原訂近思錄十四卷校勘記一卷考訂朱子
世家引言一卷 （宋）朱熹撰 （清）江永集注
清光緒十一年(1885)江西書局刻本 四冊

620000－1101－0021293 082.76/928

珠叢別錄二十八種八十三卷 （清）錢熙祚輯
清道光刻本 十二冊

620000－1101－0021294 573.332/178.1881

硃卷彙存不分卷 （清）□□輯 清光緒刻本
一冊

620000－1101－0021295 821.187/307.003

硃批七家詩選箋注七卷 （清）張熙宇輯評
清道光刻朱墨套印本 四冊

620000－1101－0021296 821.187/307.004

硃批七家詩選註釋七卷 （清）張熙宇輯評
（清）張昶註釋 清咸豐二年(1852)文發堂刻
朱墨套印本 四冊

620000－1101－0021297 821.187/307.004

硃批七家詩選註釋七卷 （清）張熙宇輯評
（清）張昶註釋 清咸豐二年(1852)文發堂刻
朱墨套印本 一冊 存三卷(一至二、四)

620000－1101－0021298 821.187/307.004

硃批七家詩選註釋七卷 （清）張熙宇輯評
（清）張昶註釋 清咸豐二年(1852)文發堂刻
朱墨套印本 一冊 存三卷(一至三)

620000－1101－0021299 821.187/307.008

硃批七家詩選註釋七卷 （清）張熙宇輯評
（清）張昶註釋 清道光奎光堂刻朱墨套印本
一冊 存二卷(一至二)

620000－1101－0021300　821.187/307

硃批七家詩註五卷　（清）張熙宇評選　（清）
張昶註釋　清道光二十六年(1846)崇順堂刻
朱墨套印本　四冊

620000－1101－0021301　821.187/307

硃批七家詩註五卷　（清）張熙宇評選　（清）
張昶註釋　清道光二十六年(1846)崇順堂刻
朱墨套印本　四冊

620000－1101－0021302　2507

硃批諭旨不分卷　（清）張廷玉等編　清乾隆
刻朱墨套印本　九十八冊　存十六函(一至
八、十至十一、十三至十八)

620000－1101－0021303　3056

硃批諭旨不分卷　（清）張廷玉等編　清乾隆
刻朱墨套印本　一百十二冊

620000－1101－0021304　3057

硃批諭旨不分卷　（清）張廷玉等編　清乾隆
刻朱墨套印本　一百十一冊　存十八函(一
至十七、函十八之冊一至三、五至六)

620000－1101－0021305　4011

硃批諭旨不分卷　（清）張廷玉等編　清乾隆
刻朱墨套印本　十六冊　存十一函(函一之
冊一、函三之冊一、四、六，函五之冊一，函七
之冊四，函八之冊三，函九之冊六，函十二之
冊六，函十三之冊一，函十四之冊三、六，函十
五之冊二、四，函十八之冊一、五)

620000－1101－0021306　651.73/177.004

硃批諭旨不分卷　（清）張廷玉等編　清中晚
期刻朱墨套印本　六冊　存六冊(一至六)

620000－1101－0021307　651.73/177.005

硃批諭旨不分卷　（清）張廷玉等編　清光緒
十三年(1887)上海點石齋石印本　六十冊

620000－1101－0021308　651.73/177.005

硃批諭旨不分卷　（清）張廷玉等編　清光緒
十三年(1887)上海點石齋石印本　六十冊

620000－1101－0021309　821.18/291

硃套七家詩註七卷　（清）張熙宇評註　（清）

張昶注釋　清同治十三年(1874)刻朱墨套印
本　一冊

620000－1101－0021310　821.187/307.001

硃套七家詩註七卷　（清）張熙宇評註　清道
光十二年(1832)刻朱墨套印本　四冊

620000－1101－0021311　127.6/705

鉄寸錄二卷　（清）竇垿撰　（清）方宗誠節錄
清光緒津河廣仁堂刻本　一冊

620000－1101－0021312　699

諸佛世尊如來菩薩尊者名稱歌曲不分卷
(明)成祖朱棣撰　明永樂十五年(1417)內府
刻本　一冊

620000－1101－0021313　837

諸葛丞相集一卷　（三國蜀）諸葛亮撰　明婁
東張氏刻漢魏六朝百三名家集本　一冊

620000－1101－0021314　842.5/604.002

諸葛武侯集四卷首一卷　（三國蜀）諸葛亮撰
清同治七年(1868)楚醴景萊書室刻本
二冊

620000－1101－0021315　592/667

諸葛武侯心書一卷白猿經風雨占圖說一卷
(清)林松唐編　（清）□□繪　清光緒二十年
(1894)鉛印本　一冊

620000－1101－0021316　782.825/604.02

諸葛忠武侯故事五卷　（清）張澍輯　清嘉慶
刻本　一冊

620000－1101－0021317　782.825/604.02

諸葛忠武侯故事五卷　（清）張澍輯　清刻本
一冊　存三卷(一至三)

620000－1101－0021318　842.5/604.001

諸葛忠武侯文集六卷首一卷　（三國蜀）諸葛
亮撰　（清）劉質慧重刊　清同治十二年
(1873)三原劉氏述荊堂刻本　四冊

620000－1101－0021319　842.5/604.001

諸葛忠武侯文集六卷首一卷　（三國蜀）諸葛
亮撰　（清）劉質慧重刊　清同治十二年
(1873)三原劉氏述荊堂刻本　一冊　存二卷

(二至三)

620000－1101－0021320　842.5/604.01

諸葛忠武侯文集四卷附錄二卷諸葛忠武侯故事五卷首一卷　（清）張澍纂輯　清嘉慶十七年(1812)刻本　二冊　存五卷(諸葛忠武侯故事五卷)

620000－1101－0021321　842.5/604.01

諸葛忠武侯文集四卷附錄二卷諸葛忠武侯故事五卷首一卷　（清）張澍纂輯　清嘉慶十七年(1812)刻本　四冊

620000－1101－0021322　1311

諸葛忠武書十卷　（明）楊時偉編次　清光緒孔氏嶽雪樓影抄本　二冊

620000－1101－0021323　127.1/0.603

諸儒定論一卷　（□）□□撰　清晚期抄本　一冊

620000－1101－0021324　414.6/0.603

諸聖仙真降賜妙方幼科目科外科不分卷　（□）□□撰　清中晚期武都濟化壇刻本　一冊

620000－1101－0021325　610.83/720

諸史考異十八卷　（清）洪頤煊撰　清光緒十五年(1889)廣雅書局刻本　二冊　存十四卷(一至十四)

620000－1101－0021326　610.83/720

諸史考異十八卷　（清）洪頤煊撰　清光緒十五年(1889)廣雅書局刻本　三冊

620000－1101－0021327　610.83/93

諸史拾遺五卷　（清）錢大昕撰　清光緒十七年(1891)廣雅書局刻本　一冊

620000－1101－0021328　292

諸子彙函二十六卷　（明）歸有光輯　明天啟刻本　六冊　存十二卷(一至十二)

620000－1101－0021329　292

諸子彙函二十六卷　（明）歸有光輯　明天啟刻本　二十七冊

620000－1101－0021330　1602

諸子彙函二十六卷　（明）歸有光輯　明末刻本　一冊　存二卷(四至五)

620000－1101－0021331　121.07/99

諸子平議三十五卷　（清）俞樾撰　清同治九年(1870)李氏刻本　十二冊

620000－1101－0021332　121.07/990

諸子平議三十五卷　（清）俞樾撰　清光緒二十一年(1895)上海鴻文書局石印本　二冊

620000－1101－0021333　089.77/254

竹柏山房十五種八十四卷　（清）林春溥編撰　清嘉慶、咸豐竹柏山房刻本　四十冊

620000－1101－0021334　089.77/254

竹柏山房十五種八十四卷　（清）林春溥編撰　清嘉慶、咸豐竹柏山房刻本　四十冊

620000－1101－0021335　089.77/254

竹柏山房十五種八十四卷　（清）林春溥編撰　清嘉慶、咸豐竹柏山房刻本　四十冊

620000－1101－0021336　089.77/254

竹柏山房十五種八十四卷　（清）林春溥編撰　清嘉慶、咸豐竹柏山房刻本　三十二冊

620000－1101－0021337　089.77/254

竹柏山房十五種八十四卷　（清）林春溥編撰　清嘉慶、咸豐竹柏山房刻本　三冊　存五種九卷(開闢傳疑二卷,孔門師弟年表一卷、後說一卷,孟子時事年表一卷、後說一卷,孔子世家補訂一卷,孟子列傳纂一卷,孟子外書補證一卷)

620000－1101－0021338　413.6/838

竹林女科四卷　（清）竹林寺僧撰　清光緒十七年(1891)皖江節署刻本　四冊

620000－1101－0021339　610.21/22

竹書紀年辨正四卷　（清）韓怡撰　清嘉慶十二年(1807)木存堂刻本　四冊

620000－1101－0021340　610.21/258

竹書紀年補證四卷本末一卷後案一卷　（清）林春溥撰　清道光二十年(1840)刻竹柏山房十五種本　二冊

538

620000－1101－0021341　610.21/748

竹書紀年二卷　（南朝梁）沈約注　**穆天子傳六卷**　（晉）郭璞注　清嘉慶刻廣漢魏叢書本　一冊

620000－1101－0021342　610.21/385

竹書紀年集證五十卷首一卷　（清）陳逢衡撰　清嘉慶十八年(1813)刻本　十二冊

620000－1101－0021343　610.21/952

竹書紀年統箋十二卷前編一卷雜述一卷　（清）徐文靖撰　清光緒三年(1877)浙江書局刻二十二子本　四冊

620000－1101－0021344　610.21/952

竹書紀年統箋十二卷前編一卷雜述一卷　（清）徐文靖撰　清光緒三年(1877)浙江書局刻二十二子本　四冊

620000－1101－0021345　610.21/952

竹書紀年統箋十二卷前編一卷雜述一卷　（清）徐文靖撰　清光緒三年(1877)浙江書局刻二十二子本　四冊

620000－1101－0021346　610.21/952.001

竹書紀年統箋十二卷前編一卷雜述一卷　（清）徐文靖撰　**商君書五卷附考一卷**　（周）商鞅撰　（清）嚴萬里校　清光緒十九年(1893)上海鴻文書局石印二十五子彙函本　一冊

620000－1101－0021347　610.21/209

竹書紀年校正十四卷通考一卷　（南朝梁）沈約注　（清）郝懿行學　清光緒五年(1879)刻郝氏遺書本　一冊

620000－1101－0021348　610.21/209

竹書紀年校正十四卷通考一卷蜂衙小記一卷記海錯一卷　（南朝梁）沈約注　（清）郝懿行學　清光緒五年(1879)刻郝氏遺書本　四冊

620000－1101－0021349　782.875/930

竹汀先生日記鈔三卷　（清）錢大昕撰　（清）何元錫編　清嘉慶十年(1805)何元錫刻本　一冊

620000－1101－0021350　591

竹溪鬳齋十一稿續集三十卷　（宋）林希逸撰　清乾隆內府寫文瀾閣四庫全書本　一冊　存二卷(二十九至三十)

620000－1101－0021351　2860

竹巖詩草二卷　（清）邊中寶撰　清乾隆四十年(1775)刻本　二冊

620000－1101－0021352　857.1/994

竹葉亭雜記八卷　（清）姚元之撰　清光緒十九年(1893)刻本　二冊

620000－1101－0021353　681

竹雲題跋四卷　（清）王澍撰　**附金粟逸人逸事一卷**　（清）朱琰撰　清乾隆三十二年(1767)錢人龍刻本　四冊

620000－1101－0021354　4121

竹雲題跋四卷　（清）王澍撰　清刻本　二冊

620000－1101－0021355　944

塵史三卷　（宋）王得臣撰　清抄本　三冊

620000－1101－0021356　1303

杼山集十卷　（唐）釋皎然撰　清光緒孔氏嶽雪樓影抄本　二冊

620000－1101－0021357　413.32/22.307.006

注解傷寒論十卷圖論一卷　（漢）張仲景述　（晉）王叔和撰次　（宋）成無己注　清同治九年(1870)刻本　四冊

620000－1101－0021358　250/417

祝天大贊集解一卷　（清）阿日孚撰　（清）馬安禮譯　清光緒二十三年(1897)刻本　一冊

620000－1101－0021359　413.987/0.106

祝由科二卷增補一卷　（清）□□撰　清光緒刻朱墨套印本　二冊

620000－1101－0021360　1365

註解傷寒論方十卷　（晉）王叔和撰　（宋）成無己註　清抄本　十冊

620000－1101－0021361　3892

註解藥王藥聖赤金寶卷一卷　（□）□□撰　清順治十七年(1660)書林周景新、周士明刻

本　一冊

620000－1101－0021362　844.16/38.65

註陸宣公奏議十五卷　（唐）陸贄撰　（宋）郎
曄註　清光緒七年(1881)歸安姚氏咫進齋刻
本　四冊

620000－1101－0021363　652.416.1/388

註陸宣公奏議十五卷制誥十卷　（唐）陸贄撰
（宋）郎曄註　附錄一卷年譜輯略一卷
（清）江榕撰　（清）郭夔校　清光緒十二年
(1886)淮南書局刻本　四冊

620000－1101－0021364　821.187/465

註釋九家詩十一卷　（清）吳錫麒等評注　註
釋九家詩續刻一卷　（清）李錫瓚評注　清道
光十年(1830)文德堂刻本　一冊　存三卷
（九至十一）

620000－1101－0021365　831.4/50.01

註釋唐詩三百首不分卷　（清）孫洙編　清末
李光明莊刻本　二冊

620000－1101－0021366　831.4/50.01

註釋唐詩三百首不分卷　（清）孫洙編　清末
李光明莊刻本　一冊

620000－1101－0021367　831.4/50.01

註釋唐詩三百首不分卷　（清）孫洙編　清末
李光明莊刻本　二冊

620000－1101－0021368　226.6/922

註心賦四卷　（宋）釋延壽述　清光緒三年
(1877)金陵刻經處刻本　四冊

620000－1101－0021369　226.6/922

註心賦四卷　（宋）釋延壽述　清光緒三年
(1877)金陵刻經處刻本　四冊

620000－1101－0021370　472.833/906

鑄錢工藝三卷　（英國）傅蘭雅　（清）鍾天緯
譯　清光緒江南機器製造總局鉛印本　一冊
存二卷(一至二)

620000－1101－0021371　472.833/906

鑄錢工藝三卷　（英國）傅蘭雅　（清）鍾天緯
譯　清光緒江南機器製造總局鉛印本　二冊

620000－1101－0021372　472.833/906

鑄錢工藝三卷　（英國）傅蘭雅　（清）鍾天緯
譯　清光緒江南機器製造總局鉛印本　二冊

620000－1101－0021373　472.833/906

鑄錢工藝三卷　（英國）傅蘭雅　（清）鍾天緯
譯　清光緒江南機器製造總局鉛印本　二冊

620000－1101－0021374　472.833/906

鑄錢工藝三卷　（英國）傅蘭雅　（清）鍾天緯
譯　清光緒江南機器製造總局鉛印本　一冊

620000－1101－0021375　472.833/906

鑄錢工藝三卷　（英國）傅蘭雅　（清）鍾天緯
譯　清光緒江南機器製造總局鉛印本　二冊

620000－1101－0021376　472.833/906

鑄錢工藝三卷　（英國）傅蘭雅　（清）鍾天緯
譯　清光緒江南機器製造總局鉛印本　二冊

620000－1101－0021377　610.04/35

鑄史駢言十二卷　（清）孫玉田編　清光緒二
年(1876)鄭月如刻本　四冊

620000－1101－0021378　845

篆文六經四書六十一卷　（清）李光地等輯
清康熙內府刻本　三十冊

620000－1101－0021379　2068

篆文周禮六卷　（清）李光地等校　清康熙內
府刻本　三冊

620000－1101－0021380　1853

篆字彙十二卷　（清）佟世男撰　清康熙三十
年(1691)多山堂刻本　十二冊

620000－1101－0021381　3388

篆字彙十二卷　（清）佟世男撰　清康熙刻本
六冊　存八卷(一至六、九至十)

620000－1101－0021382　671.65/409.78

莊浪縣茶馬廳地理調查表不分卷　（清）劉秉
權編　清宣統元年(1909)抄本　一冊

620000－1101－0021383　671.65/309.79

莊浪縣丞地理調查表一卷　（清）沈廷彥編
清宣統元年(1909)抄本　一冊

620000－1101－0021384　329

莊渠先生遺書十二卷　（明）魏校撰　明嘉靖
四十年（1561）王道行刻本　八冊

620000－1101－0021385　1927

莊子獨見三十三篇　（清）胡文英評釋　清乾
隆十七年（1752）刻本　四冊

620000－1101－0021386　2615

莊子獨見三十三篇　（清）胡文英評釋　清乾
隆十七年（1752）刻本　三冊

620000－1101－0021387　1173

莊子集解八卷　王先謙撰　清宣統元年
（1909）思賢書局刻本　四冊

620000－1101－0021388　121.33/120

莊子集解八卷　王先謙撰　清宣統元年
（1909）思賢書局刻本　三冊

620000－1101－0021389　121.331/632

莊子集釋十卷　（清）郭慶藩輯　清光緒二十
年（1894）思賢講舍刻本　七冊　存八卷（一
至八）

620000－1101－0021390　121.331/112

莊子解三十三卷　（清）王夫之撰　（清）王敔
增注　莊子通一卷　（清）王夫之撰　愚鼓詞
夕堂戲墨之八一卷　（清）王夫之撰　清同治
四年（1865）湘陰曾國荃刻船山遺書本　六冊

620000－1101－0021391　1894

莊子南華真經解不分卷　（清）宣穎撰　清康
熙六十年（1721）積秀堂刻本　六冊

620000－1101－0021392　121.33/525

莊子南華真經三卷　（周）莊子撰　莊子闕誤
一卷　（明）楊慎撰　清光緒元年（1875）湖北
崇文書局刻本　二冊

620000－1101－0021393　173

莊子南華真經四卷音義四卷　（唐）陸德明音
義　明閔齊伋刻朱墨套印三子合刊本　五冊

620000－1101－0021394　173

莊子南華真經四卷音義四卷　（唐）陸德明音
義　明閔齊伋刻朱墨套印三子合刊本　四冊

620000－1101－0021395　173

莊子南華真經四卷音義四卷　（唐）陸德明音
義　明閔齊伋刻朱墨套印三子合刊本　五冊

620000－1101－0021396　121.331/942

莊子內篇註四卷　（明）釋德清註　清光緒十
四年（1888）金陵刻經處刻本　二冊

620000－1101－0021397　121.331/942

莊子內篇註四卷　（明）釋德清註　清光緒十
四年（1888）金陵刻經處刻本　二冊

620000－1101－0021398　121.331/942

莊子內篇註四卷　（明）釋德清註　清光緒十
四年（1888）金陵刻經處刻本　一冊　存二卷
（三至四）

620000－1101－0021399　4175

莊子三卷　（清）吳世尚注評　清康熙五十四
年（1715）光裕堂刻本　一冊　存一卷（一）

620000－1101－0021400　4481

莊子三卷　（清）李嶽蘅輯注　清李嶽蘅抄本
四冊

620000－1101－0021401　121.331/638

莊子十卷　（晉）郭象注　（唐）陸德明音義
清光緒二年（1876）浙江書局刻本　四冊

620000－1101－0021402　172

莊子翼八卷　（明）焦竑撰　明萬曆十六年
（1588）王元貞刻本　六冊

620000－1101－0021403　1472

壯悔堂文集十卷　（清）侯方域撰　（清）陳履
中　（清）陳履平輯　清乾隆十四年（1749）陳
履中、陳履平刻本　三冊

620000－1101－0021404　847.1/907.001

壯悔堂文集十卷　（清）侯方域撰　清嘉慶十
九年（1814）刻本　四冊

620000－1101－0021405　847.1/907.003

壯悔堂文集十卷　（清）侯方域撰　（清）賈開
宗　（清）徐作肅選　清嘉慶二十二年（1817）
強忍堂刻本　四冊

620000－1101－0021406　847.1/907.004

壯悔堂文集十卷　（清）侯方域撰　清宣統二年(1910)上海掃葉山房石印本　一冊　存二卷(一至二)

620000－1101－0021407　847.1/907.002

壯悔堂文集十卷遺稿一卷四憶堂詩集六卷遺稿一卷　（清）侯方域撰　年譜一卷　（清）侯洵輯　清同治十一年(1872)刻本　十二冊

620000－1101－0021408　847.1/907.002

壯悔堂文集十卷遺稿一卷四憶堂詩集六卷遺稿一卷　（清）侯方域撰　年譜一卷　（清）侯洵輯　清同治十一年(1872)刻本　十二冊

620000－1101－0021409　847.1/907.005

壯悔堂文集十卷遺稿一卷四憶堂詩集一卷　（清）侯方域撰　清抄本　五冊

620000－1101－0021410　573.332/0.6

狀元策不分卷　（清）□□輯　清同治文琳堂書坊刻本　十冊

620000－1101－0021411　4037

狀元策六卷總考一卷　（明）焦竑撰　明末大業堂刻本　一冊　存二卷(一至二)

620000－1101－0021412　1957

綴白裘十二集四十八卷　（清）玩花主人輯　清乾隆四十六年(1781)四教堂刻本　四冊　存八卷(三集一至二、五集一至二、七集三至四、十集三至四)

620000－1101－0021413　4106

綴白裘新集合編十二編　（清）玩花主人輯　（清）錢德蒼增輯　清乾隆五十二年(1787)嘉興增利堂刻本　十二冊　存六編(一至三、十至十二)

620000－1101－0021414　850/366

綴韻初集一卷　（清）孫馮翼等撰　清嘉慶三年(1798)問經草堂刻本　一冊

620000－1101－0021415　089.7/827

拙盦叢稿五種二十卷　（清）朱一新撰　附傳行狀　（清）廖廷相等撰　清光緒二十二年(1896)順德龍氏葆真堂刻本　十六冊

542

620000－1101－0021416　089.7/827.001

拙盦叢稿五種二十卷首一卷　（清）朱一新撰　附傳行狀輓聯輓詩祭文　（清）廖廷相等撰　清光緒二十二年(1896)順德龍氏葆真堂刻宣統三年(1911)抱經樓補刻本　十六冊

620000－1101－0021417　847.7/441.2

拙修集十卷　（清）吳廷棟撰　清同治十年(1871)六安求我齋刻本　四冊

620000－1101－0021418　1347

拙學齋古文一卷　（清）廖鼎聲撰　清同治六年(1867)廖鼎聲稿本　一冊

620000－1101－0021419　1348

拙學齋詩草續編十卷　（清）廖鼎聲撰　清同治二年(1863)廖鼎聲稿本　一冊　存一卷(六)

620000－1101－0021420　847.9/119

拙菴詩草一卷　（清）王炳麟著　清宣統二年(1910)鉛印本　一冊

620000－1101－0021421　847.9/119

拙菴詩草一卷　（清）王炳麟著　清宣統二年(1910)鉛印本　一冊

620000－1101－0021422　847.9/119

拙菴詩草一卷　（清）王炳麟著　清宣統二年(1910)鉛印本　一冊

620000－1101－0021423　847.9/119

拙菴詩草一卷　（清）王炳麟著　清宣統二年(1910)鉛印本　一冊

620000－1101－0021424　847.9/119

拙菴詩草一卷　（清）王炳麟著　清宣統二年(1910)鉛印本　一冊

620000－1101－0021425　847.9/119

拙菴詩草一卷　（清）王炳麟著　清宣統二年(1910)鉛印本　一冊

620000－1101－0021426　847.7/79

拙尊園叢稿六卷　（清）黎庶昌撰　清光緒二十一年(1895)狀元閣刻本　四冊

620000－1101－0021427　847.7/79

拙尊園叢稿六卷 （清）黎庶昌撰 清光緒二十一年(1895)狀元閣刻本 四冊

620000－1101－0021428 847.7/79.001
拙尊園叢稿六卷 （清）黎庶昌撰 清光緒十九年(1893)上海醉六堂石印本 二冊

620000－1101－0021429 1362
卓廬初草不分卷 （清）陳墉撰 清道光稿本 一冊

620000－1101－0021430 847.6/378.002
卓廬初草不分卷 （清）陳墉撰 清晚期刻本 四冊

620000－1101－0021431 847.6/378
卓廬初草不分卷 （清）陳墉撰 清中晚期刻本 四冊

620000－1101－0021432 847.6/378
卓廬初草不分卷 （清）陳墉撰 清中晚期刻本 四冊

620000－1101－0021433 847.6/378.001
卓廬初草不分卷 （清）陳墉撰 清道光十四年(1834)刻本 二冊

620000－1101－0021434 847.6/378.001
卓廬初草不分卷 （清）陳墉撰 清道光虞氏刻本 二冊

620000－1101－0021435 685.016/138.7
卓尼記一卷 （清）俞文綏撰 清道光十六年(1836)刻本 一冊

620000－1101－0021436 4036
卓氏藻林八卷 （明）卓明卿輯 明萬曆八年(1580)妙香室刻本 一冊 存一卷(二)

620000－1101－0021437 497
卓吾先生批評龍谿王先生語錄鈔八卷 （明）王畿撰 明萬曆二十六年(1598)刻本 四冊

620000－1101－0021438 086.21/0.153
酌古準今十五種三十一卷 （□）□□□撰 清道光、光緒刻本 一冊 存二種六卷(辨惑編四、附錄一卷,蹠息廬稿四卷)

620000－1101－0021439 097.527/984
酌雅齋四書遵註合講十九卷 （清）翁復編次 清光緒上海鑄記書局石印本 六冊

620000－1101－0021440 097.527/984.002
酌雅齋四書遵註合講十九卷 （清）翁復編次 清晚期刻本 六冊

620000－1101－0021441 097.527/984.001
酌雅齋四書遵註合講十九卷 （清）翁復編次 清晚期刻本 三冊 存十卷(孟子一至五、論語一至五)

620000－1101－0021442 847.6/74
斲研山房詩鈔八卷 （清）沈炳垣著 清中晚期刻本 一冊

620000－1101－0021443 847.5/312.02
濯漢堂夏課一卷 （清）張澍撰 清同治三年(1864)刻本 一冊

620000－1101－0021444 852.48/88
濯絳宧存槀一卷 （清）劉毓盤撰 清光緒刻本 一冊

620000－1101－0021445 821.87/11
淄陽詩話初集四卷 （清）王樹編 清同治刻本 四冊

620000－1101－0021446 847.8/285.1
滋樹室遺集六卷 （清）李經達撰 清光緒三十年(1904)刻本 一冊

620000－1101－0021447 610.23/429.001
資治通鑑補二百九十四卷 （宋）司馬光編集 （元）胡三省音注 （明）嚴衍補正 清光緒二年(1876)思補樓刻本 四十二冊 存一百二十三卷(一至一百十九、一百六十九至一百七十二)

620000－1101－0021448 610.23/429.001
資治通鑑補二百九十四卷 （宋）司馬光編集 （元）胡三省音注 （明）嚴衍補正 清光緒二年(1876)思補樓刻本 四十二冊 存一百四十三卷(一至二十三、二十八至三十、三十七至一百四十四、一百五十三至一百五十四、

二百四至二百六、二百八十三至二百八十六）

620000－1101－0021449　610.23/429.001

資治通鑑補二百九十四卷　（宋）司馬光編集
（元）胡三省音注　（明）嚴衍補正　清光緒
二年(1876)思補樓刻本　七十八冊　存二百
九十卷(一至一百六十八、一百七十三至二百
九十四)

620000－1101－0021450　610.23/429

資治通鑑補正二百九十四卷　（宋）司馬光編
集　（元）胡三省音注　（明）嚴衍補正　清光
緒二十八年(1902)益智書局石印本　六冊

620000－1101－0021451　610.23/434

資治通鑑地理今釋十六卷　（清）吳熙載撰
清光緒八年(1882)江蘇書局刻本　三冊

620000－1101－0021452　610.23/434

資治通鑑地理今釋十六卷　（清）吳熙載撰
清光緒八年(1882)江蘇書局刻本　二冊　存
九卷(一至九)

620000－1101－0021453　610.23/434

資治通鑑地理今釋十六卷　（清）吳熙載撰
清光緒八年(1882)江蘇書局刻本　三冊

620000－1101－0021454　610.23/434

資治通鑑地理今釋十六卷　（清）吳熙載撰
清光緒八年(1882)江蘇書局刻本　三冊

620000－1101－0021455　610.23/434

資治通鑑地理今釋十六卷　（清）吳熙載撰
清光緒八年(1882)江蘇書局刻本　三冊

620000－1101－0021456　610.23/434.001

資治通鑑地理今釋十六卷　（清）吳熙載撰
清光緒二十三年(1897)刻本　四冊

620000－1101－0021457　236

資治通鑑二百九十四卷　（宋）司馬光撰
（元）胡三省音注　**通鑑釋文辯誤十二卷**
（元）胡三省撰　明萬曆二十年(1592)吳勉學
刻本　一百冊　存二百九十四卷(資治通鑑
二百九十四卷)

620000－1101－0021458　237

資治通鑑二百九十四卷　（宋）司馬光撰
（元）胡三省音注　（明）陳仁錫評　**通鑑釋文
辯誤十二卷**　（元）胡三省撰　明天啓五年
(1625)陳仁錫刻本　九十八冊　存二百九十
四卷(資治通鑑二百九十四卷)

620000－1101－0021459　237

資治通鑑二百九十四卷　（宋）司馬光撰
（元）胡三省音注　（明）陳仁錫評　**通鑑釋文
辯誤十二卷**　（元）胡三省撰　明天啓五年
(1625)陳仁錫刻本　九十冊　存二百六十四
卷(一至二百六十四)

620000－1101－0021460　4017

資治通鑑二百九十四卷　（宋）司馬光撰
（元）胡三省音注　（明）陳仁錫評　**通鑑釋文
辯誤十二卷**　（元）胡三省撰　明天啓五年
(1625)陳仁錫刻本　二十三冊　存八十一卷
(六至十七、三十五至三十八、四十七至五十、
七十一至七十四、一百七十七至一百八十、一
百九十六至一百九十九、二百四至二百五、二
百三十四至二百三十七、二百四十至二百七
十、二百八十三至二百九十四)

620000－1101－0021461　4018

資治通鑑二百九十四卷　（宋）司馬光撰
（元）胡三省音注　（明）陳仁錫評　**通鑑釋文
辯誤十二卷**　（元）胡三省撰　明天啓五年
(1625)陳仁錫刻本　十三冊　存四十九卷
(一至四十一、八十五至八十八、二百三十九
至二百四十二)

620000－1101－0021462　4082

資治通鑑二百九十四卷　（宋）司馬光撰
（元）胡三省音注　明崇禎刻本　一冊　存一
卷(一)

620000－1101－0021463　4592

資治通鑑二百九十四卷　（宋）司馬光撰
（元）胡三省音注　**通鑑釋文辯誤十二卷**
（元）胡三省撰　清同治八年(1869)江蘇書局
影元刻本　一百四冊

620000－1101－0021464　4593

資治通鑑二百九十四卷　（宋）司馬光撰

(元)胡三省音注　**通鑑釋文辯誤十二卷**
(元)胡三省撰　清同治八年(1869)江蘇書局
影元刻本　一百冊

620000－1101－0021465　610.23/303.004
資治通鑑二百九十四卷　(宋)司馬光撰
(元)胡三省音注　**通鑑釋文辯誤十二卷**
(元)胡三省撰　清同治八年(1869)江蘇書局
刻本　三十六冊　存一百十一卷(一至九十、
九十八至一百十八)

620000－1101－0021466　610.23/303.005
資治通鑑二百九十四卷　(宋)司馬光撰
(元)胡三省音注　**通鑑釋文辯誤十二卷**
(元)胡三省撰　清同治十年(1871)湖北崇文
書局刻本　一百四冊

620000－1101－0021467　610.23/303.005
資治通鑑二百九十四卷　(宋)司馬光撰
(元)胡三省音注　**通鑑釋文辯誤十二卷**
(元)胡三省撰　清同治十年(1871)湖北崇文
書局刻本　一百冊

620000－1101－0021468　610.23/303.006
資治通鑑二百九十四卷　(宋)司馬光撰
(元)胡三省音注　清光緒十七年(1891)長沙
胡元常刻本　三冊　存十五卷(十六至三十)

620000－1101－0021469　610.23/303.003
資治通鑑二百九十四卷　(宋)司馬光撰
(元)胡三省音注　清光緒二十四年(1898)積
山書局石印本　十八冊

620000－1101－0021470　610.23/303.003
資治通鑑二百九十四卷　(宋)司馬光撰
(元)胡三省音注　清光緒二十四年(1898)積
山書局石印本　三十冊

620000－1101－0021471　610.23/303.007
資治通鑑二百九十四卷　(宋)司馬光撰
(元)胡三省音注　**通鑑釋文辯誤十二卷**
(元)胡三省撰　清光緒二十八年(1902)上海
積山書局石印本　十五冊　存一百五十二卷
(通鑑十一至一百五十、辯誤十二卷)

620000－1101－0021472　610.23/303.006

**資治通鑑二百九十四卷附新校資治通鑑敍錄
三卷**　(宋)司馬光撰　(元)胡三省音注　清
光緒十七年(1891)刻本　九十冊

620000－1101－0021473　205
資治通鑑綱目發明五十九卷　(宋)尹起莘撰
明內府刻本　一冊　存十五卷(四十五至
五十九)

620000－1101－0021474　610.24/324
資治通鑑綱目發明五十九卷　(宋)尹起莘撰
清光緒八年(1882)退補齋刻本　六冊

620000－1101－0021475　204
資治通鑑綱目集覽五十九卷　(元)王幼學撰
(明)陳濟正誤　明內府刻本　二冊　存十
六卷(一至三、二十八至四十)

620000－1101－0021476　2176
**資治通鑑綱目前編二十五卷正編五十九卷續
編二十七卷**　(明)陳仁錫評　清康熙四十年
(1701)王公行刻本　一百二十冊

620000－1101－0021477　3123
**資治通鑑綱目前編二十五卷正編五十九卷續
編二十七卷**　(明)陳仁錫評　清康熙四十年
(1701)王公行刻本　一百二十冊

620000－1101－0021478　2950
**資治通鑑綱目前編二十五卷正編五十九卷續
編二十七卷**　(明)陳仁錫評　清康熙四十年
(1701)王公行刻本　四十六冊　存三十六卷
(正編一至五、二十一至二十八、三十七至四
十二,續編一至五、八至九、十八至二十七)

620000－1101－0021479　2951
**資治通鑑綱目前編二十五卷正編五十九卷續
編二十七卷**　(明)陳仁錫評　清康熙四十年
(1701)王公行刻本　七十四冊　存七十二卷
(前編一、十四至二十三,正編一至三、四下至
五、九至十上、十八至十九、二十二至三十、三
十九至五十六、五十八至五十九,續編一至
九、十一至十四、十六至二十三、二十五至二
十六)

620000－1101－0021480　610.24/385.017

資治通鑑綱目前編二十五卷正編五十九卷續編二十七卷 （明）陳仁錫評 清刻本 二冊 存二卷（正編九、二十）

620000－1101－0021481 610.24/385.018

資治通鑑綱目前編二十五卷正編五十九卷續編二十七卷 （明）陳仁錫評 清刻本 一冊 存一卷（正編卷四十四之葉六十七至一百四十二）

620000－1101－0021482 610.24/385.019

資治通鑑綱目前編二十五卷正編五十九卷續編二十七卷 （明）陳仁錫評 清刻本 一冊 存一卷（正編七）

620000－1101－0021483 610.24/385.020

資治通鑑綱目前編二十五卷正編五十九卷續編二十七卷 （明）陳仁錫評 清刻本 一冊 存一卷（正編三十七）

620000－1101－0021484 610.24/385.010

資治通鑑綱目前編二十五卷正編五十九卷續編二十七卷 （明）陳仁錫評閱 清康熙四十年（1701）王公行刻本 一百九冊 存一百四卷（前編二十五卷，正編一至三十七、四十五至五十九，續編二十七卷）

620000－1101－0021485 610.24/385.004

資治通鑑綱目前編二十五卷正編五十九卷續編二十七卷末一卷 （明）陳仁錫評 清嘉慶八年（1803）敬書堂刻本 六冊 存十三卷（前編一至十三）

620000－1101－0021486 610.24/385.004

資治通鑑綱目前編二十五卷正編五十九卷續編二十七卷末一卷 （明）陳仁錫評 清嘉慶八年（1803）敬書堂刻本 一百二十冊

620000－1101－0021487 610.24/385.004

資治通鑑綱目前編二十五卷正編五十九卷續編二十七卷末一卷 （明）陳仁錫評 清嘉慶八年（1803）敬書堂刻本 二十一冊 存三十三卷（前編一至二十，正編五下至八上、九至十二，續編二、四至六、二十七）

620000－1101－0021488 610.24/385.003

資治通鑑綱目前編二十五卷正編五十九卷續編二十七卷末一卷 （明）陳仁錫評 清嘉慶十三年（1808）忠信書林刻本 二十六冊 存九十四卷（前編一至十一、正編五至五十九、續編二十七卷、末一卷）

620000－1101－0021489 724

資治通鑑綱目前編十八卷舉要三卷 （宋）金履祥撰 明嘉靖三十九年（1560）楊氏歸仁齋刻通鑑綱目全書本 五冊 存十五卷（四至十八）

620000－1101－0021490 241

資治通鑑綱目五十九卷 （宋）朱熹撰 資治通鑑綱目發明五十九卷 （宋）尹起華撰 資治通鑑綱目集覽五十九卷 （元）王幼學撰 （明）陳濟正誤 明成化九年（1473）內府刻本（資治通鑑綱目發明與集覽係明內府刻本）四十冊

620000－1101－0021491 1592

資治通鑑綱目五十九卷 （宋）朱熹撰 續資治通鑑綱目二十七卷 （明）商輅等撰 資治通鑑綱目前編二十五卷 （明）南軒撰 明崇禎三年（1630）陳仁錫刻本 十冊 存六卷（資治通鑑綱目三十八至四十三）

620000－1101－0021492 4366

資治通鑑綱目五十九卷 （宋）朱熹撰 續資治通鑑綱目二十七卷 （明）商輅等撰 資治通鑑綱目前編二十五卷 （明）南軒撰 明崇禎三年（1630）陳仁錫刻本 二冊 存一卷（資治通鑑綱目三十五）

620000－1101－0021493 610.24/385.013

資治通鑑綱目五十九卷 （明）陳仁錫評 清中晚期刻本 三冊 存三卷（十八、二十一、三十）

620000－1101－0021494 46

資治通鑑綱目五十九卷首一卷 （宋）朱熹撰 （宋）尹起莘發明 （元）劉友益書法 （元）汪克寬考異 （元）徐昭文考證 （元）王幼學集覽 （明）陳濟正誤 （明）馮智舒質實 明嘉靖三十九年（1560）楊氏歸仁齋刻通

鑑綱目全書本(卷五、十一至五十九配明嘉靖
吉澄刻本) 二十四冊

620000－1101－0021495 2968
資治通鑑綱目五十九卷首一卷 (宋)朱熹撰
(宋)尹起莘發明 (元)劉友益書法
(元)汪克寬考異 (元)徐昭文考證 (元)
王幼學集覽 (明)陳濟正誤 (明)馮智舒質
實 明萬曆二十八年(1600)朱燮元等刻資治
通鑑綱目全書本 五十一冊 存二十四卷
(一至四、二十三至三十七、四十三至四十六,
首一卷)

620000－1101－0021496 610.24/385.009
**資治通鑑綱目正編五十九卷前編二十二卷續
編二十七卷** (明)陳仁錫評 清刻本 二十
三冊 存三十一卷(正編十、三十四至三十
七、三十九至四十、四十二、五十至五十一、五
十四至五十五,前編十一至二十二,續編二、
十一至十三、二十三至二十五)

620000－1101－0021497 610.24/385.022
**資治通鑑綱目正編五十九卷前編二十二卷續
編二十七卷** (明)陳仁錫評 清刻本 二十
五冊 存二十一卷(正編十七、三十七至四十
三,續編十至十八、二十一至二十二、二十六
至二十七)

620000－1101－0021498 610.24/385.014
**資治通鑑綱目正編五十九卷前編二十二卷續
編二十七卷續末一卷** (明)陳仁錫評 清刻
本 十冊 存七卷(正編一至三、五十六至五
十七、五十九,續末一卷)

620000－1101－0021499 610.24/385.001
**資治通鑑綱目正編五十九卷前編二十五卷續
編二十七卷** (明)陳仁錫評 清嘉慶八年
(1803)大文堂刻本 一百六十冊

620000－1101－0021500 610.24/385
**資治通鑑綱目正編五十九卷前編二十五卷續
編二十七卷** (明)陳仁錫評 御撰資治通鑑
綱目三編二十卷 (清)張廷玉等撰 清嘉慶
八年(1803)宏道堂刻本 一百四十三冊

620000－1101－0021501 242
資治通鑑節要續編三十卷 (明)張光啓撰
明正德九年(1514)司禮監刻本 二十冊

620000－1101－0021502 238
資治通鑑目錄三十卷 (宋)司馬光撰 (明)
陳仁錫評 明崇禎二年(1629)陳仁錫刻本
十四冊

620000－1101－0021503 610.235/303.002
資治通鑑目錄三十卷 (宋)司馬光撰 清同
治八年(1869)江蘇書局刻本 十冊

620000－1101－0021504 610.235/303.001
資治通鑑目錄三十卷 (宋)司馬光撰 清光
緒十七年(1891)刻本 十冊

620000－1101－0021505 3331
資治通鑑前編十八卷舉要三卷首一卷 (宋)
金履祥撰 (明)陳桱增補 清乾隆十年
(1745)金氏刻率祖堂叢書本 十冊

620000－1101－0021506 610.23081/339
資治通鑑釋例圖譜一卷 (明)陳仁錫撰 資
治通鑑問疑一卷 (宋)劉羲仲纂 資治通鑑
目錄三十卷 (宋)司馬光編集 資治通鑑釋
文辯誤十二卷 (元)胡三省撰 資治通鑑外
紀十卷目錄五卷 (宋)劉恕編 資治通鑑二
百九十四卷 (宋)司馬光編集 清光緒三十
一年(1905)成都官書局石印本 一百六十冊

620000－1101－0021507 610.23/455
資治通鑑釋文三十卷 (宋)史炤撰 通鑑釋
文辨誤十二卷 (元)胡三省撰 清光緒十五
年(1889)刻本 十冊

620000－1101－0021508 610.23/888
資治通鑑外紀十卷 (宋)劉恕編集 (清)胡
克家注補 清光緒十六年(1890)上海積山書
局石印本 一冊

620000－1101－0021509 610.23/888
資治通鑑外紀十卷 (宋)劉恕編集 (清)胡
克家注補 清光緒二十八年(1902)上海積山
書局石印本 一冊

620000－1101－0021510　610.23/888.001

資治通鑑外紀十卷目錄五卷　（宋）劉恕編集
（清）胡克家注補　清同治十年(1871)江蘇
書局刻本　十二冊

620000－1101－0021511　610.23/888.001

資治通鑑外紀十卷目錄五卷　（宋）劉恕編集
（清）胡克家注補　清同治十年(1871)江蘇
書局刻本　十冊

620000－1101－0021512　610.23/888.001

資治通鑑外紀十卷目錄五卷　（宋）劉恕編集
（清）胡克家注補　清同治十年(1871)江蘇
書局刻本　十二冊

620000－1101－0021513　041/286.72.002

資治新書十四卷二集二十卷首一卷　（清）李
漁輯　清嘉慶、道光聚文堂刻本　二十四冊

620000－1101－0021514　041/286.72.001

資治新書十四卷二集二十卷首一卷　（清）李
漁輯　清光緒二十年(1894)上海圖書集成印
書局鉛印本　七冊　存二十一卷(資治新書
一至二、七至十,二集一至七、十四至二十,首
一卷)

620000－1101－0021515　041/286.72.001

資治新書十四卷二集二十卷首一卷　（清）李
漁輯　清光緒二十年(1894)上海圖書集成印
書局鉛印本　六冊

620000－1101－0021516　041/286.72.001

資治新書十四卷二集二十卷首一卷　（清）李
漁輯　清光緒二十年(1894)上海圖書集成印
書局鉛印本　十二冊

620000－1101－0021517　041/286.72.001

資治新書十四卷二集二十卷首一卷　（清）李
漁輯　清光緒二十年(1894)上海圖書集成印
書局鉛印本　十二冊

620000－1101－0021518　041/286.72.001

資治新書十四卷二集二十卷首一卷　（清）李
漁輯　清光緒二十年(1894)上海圖書集成印
書局鉛印本　十二冊

620000－1101－0021519　041/72.28.02

資治新書十四卷二集二十卷首一卷　（清）李
漁輯　清晚期同文堂刻本　十二冊　存二十
卷(二集二十卷)

620000－1101－0021520　041/286.72.004

資治新書十四卷二集二十卷首一卷　（清）李
漁輯　清末輔仁堂刻本　五冊　存十卷(二
集一至二、十一至十八)

620000－1101－0021521　041/286.72

資治新書十四卷二集二十卷首一卷　（清）李
漁輯　清晚期尚德堂刻本　二十冊

620000－1101－0021522　1619

緇門警訊二卷　（□）□□撰　明刻本　一冊
存一卷(下)

620000－1101－0021523　653.795/689

諮議局章程及選舉章程解釋彙鈔不分卷
（清）憲政編查館編　清宣統二年(1910)官報
書局鉛印本　一冊

620000－1101－0021524　1389

子粹二卷　（清）丁晏撰　稿本　四冊

620000－1101－0021525　66

子華子二卷　（春秋）程本撰　明嘉靖二十三
年(1544)歐陽清刻五子書本　一冊

620000－1101－0021526　67

子華子二卷古三墳不分卷　（明）郎兆玉點評
明天啓郎氏堂策檻刻本　一冊

620000－1101－0021527　041.75/217

子史輯要詩賦題解四卷續編四卷　（清）胡本
淵編輯　**夏小正四卷**　（清）任兆麟注　清道
光二十二年(1842)天德堂刻本　四冊　存十
卷(子史輯要詩賦題解四卷、續編四卷、夏小
正一至二)

620000－1101－0021528　041.75/217.001

子史輯要詩賦題解四卷續編四卷　（清）胡本
淵輯　清嘉慶抄本　二冊

620000－1101－0021529　1787

子史精華一百六十卷　（清）允祿等纂修　清

雍正五年(1727)內府刻本 四十八冊

620000－1101－0021530 1143
子史精華一百六十卷 （清）允祿等纂修 清
雍正五年(1727)內府刻本 六十四冊

620000－1101－0021531 2627
子史精華一百六十卷 （清）允祿等纂修 清
雍正刻本 四十八冊

620000－1101－0021532 2628
子史精華一百六十卷 （清）允祿等纂修 清
雍正刻本 四十四冊 存一百三十七卷(二
十四至一百六十)

620000－1101－0021533 042/72.07
子史精華一百六十卷 （清）允祿等纂修 清
道光十八年(1838)刻本 六冊 存二十三卷
(一至二十三)

620000－1101－0021534 042/72.09
子史精華一百六十卷 （清）允祿等纂修 清
光緒十年(1884)上海同文書局石印本 八冊

620000－1101－0021535 042/72.05
子史精華一百六十卷 （清）允祿等纂修 清
光緒十二年(1886)上海同文書局石印本
八冊

620000－1101－0021536 042/72.04
子史精華一百六十卷 （清）允祿等纂修 清
光緒十三年(1887)上海積山書局石印本
八冊

620000－1101－0021537 042/72.06
子史精華一百六十卷 （清）允祿等纂修 清
宣統元年(1909)上海圖書集成公司石印本
八冊

620000－1101－0021538 042/72.06
子史精華一百六十卷 （清）允祿等纂修 清
宣統元年(1909)上海圖書集成公司石印本
四冊 存七十六卷(一至四十、四十五至八
十)

620000－1101－0021539 042/72.01
子史精華一百六十卷 （清）允祿等纂修 清

刻本 四十冊

620000－1101－0021540 042/72.02
子史精華一百六十卷 （清）允祿等纂修 清
刻本 四十八冊

620000－1101－0021541 042/72.03
子史精華一百六十卷 （清）允祿等纂修 清
中期刻本 三十二冊

620000－1101－0021542 042/72.03
子史精華一百六十卷 （清）允祿等纂修 清
中期刻本 四十八冊

620000－1101－0021543 042/72.08
子史精華一百六十卷 （清）允祿等纂修 清
晚期刻本 四冊 存十二卷(四十八至五十、
五十五至六十三)

620000－1101－0021544 080/582
子書百家五百十一卷 （清）崇文書局輯 清
光緒元年(1875)湖北崇文書局刻本 一百
十冊

620000－1101－0021545 080/582
子書百家五百十一卷 （清）崇文書局輯 清
光緒元年(1875)湖北崇文書局刻本 九十四
冊 缺十八種四十六卷(孔子家語十卷,孔子
集語二卷,荀子一卷,陰符經一卷,關尹子一
卷,老子道德經二卷,道德真經註四卷,莊子
南華真經三卷、札記一卷,莊子闕誤一卷,列
子二卷,抱朴子內篇四卷、外篇四卷,亢倉子
一卷,玄真子一卷,天隱子一卷,无能子三卷,
胎息經一卷,胎息經疏一卷,至游子二卷)

620000－1101－0021546 080/582.001
子書百家五百十一卷 （清）崇文書局輯 清
光緒元年(1875)湖北崇文書局刻本 八十冊

620000－1101－0021547 080/582
子書百家五百十一卷 （清）崇文書局輯 清
光緒元年(1875)湖北崇文書局刻本 一冊
存三種十二卷(胡子知言六卷、疑義一卷、附
錄一卷,薛子道論三卷,海樵子一卷)

620000－1101－0021548 080/582

子書百家五百十一卷 （清）崇文書局輯　清光緒元年(1875)湖北崇文書局刻本　二十四冊　存二十九種一百四十八卷(孔子家語十卷,孔子集語二卷,荀子一卷,孔叢子二卷,鹽鐵論一,胡子知言六卷,疑義一卷,附錄一卷,薛子道論三卷,海樵子一卷,鸎子一卷,補一卷,計倪子一卷,於陵子一卷,子華子二卷,墨子十六卷,附篇目考一卷,尹文子一卷,慎子一卷,公孫龍子一卷,鬼谷子一卷,鶡冠子三卷,呂氏春秋二十六卷,淮南鴻烈解二十一卷,金樓子六卷,劉子二卷,顏氏家訓二卷,獨斷一卷,論衡一至十九,莊子南華真經三卷、札記一卷,莊子闕誤一卷,列子二卷,抱朴子內篇四卷、外篇一至二)

620000－1101－0021549　080/582
子書百家五百十一卷 （清）崇文書局輯　清光緒元年(1875)湖北崇文書局刻本　十二冊　存十五種三十三卷(陰符經一卷,關尹子一卷,老子道德經二卷,道德真經註四卷,莊子南華真經三卷、札記一卷,莊子闕誤一卷,列子二卷,抱朴子內篇四卷、外篇四卷,亢倉子一卷,玄真子一卷,天隱子一卷,无能子三卷,胎息經一卷,胎息經疏一卷,至遊子二卷)

620000－1101－0021550　1368
子書萃精不分卷 （□）□□輯　明抄本　二冊

620000－1101－0021551　080/677
子書二十八種三百四十八卷 （清）上海文瑞樓校補　清宣統三年(1911)上海文瑞樓鉛印本　四十七冊

620000－1101－0021552　080/676
子書二十八種三百四十八卷 （清）育文書局輯　清宣統三年(1911)育文書局鉛印本　十三冊　存八種九十三卷(管子二十四卷,呂氏春秋二十至二十六、附考一卷,列子八卷,補注黃帝內經素問十三至二十四、遺篇一卷、靈樞一至五,竹書紀年統箋七至十二,關尹子一卷,揚子法言十三卷、音義一卷,孫子十家註十三卷、附遺說一卷)

620000－1101－0021553　121.24/169
子思子七卷 （清）黃以周輯　清光緒二十二年(1896)江陰南菁書院刻本　二冊

620000－1101－0021554　121.24/169
子思子七卷 （清）黃以周輯　清光緒二十二年(1896)江陰南菁書院刻本　二冊

620000－1101－0021555　192.11/892
子問二卷 （清）劉沅著　清咸豐二年(1852)豫誠堂刻本　二冊

620000－1101－0021556　997.11/19
子仙百局一卷 （清）陳子仙著　（清）常棣華編輯　清光緒常棣華刻本　一冊

620000－1101－0021557　595.96/158
子藥準則不分卷 （清）丁乃文撰　清光緒十四年(1888)江南製造局鉛印本　一冊

620000－1101－0021558　595.96/158
子藥準則不分卷 （清）丁乃文撰　清光緒十四年(1888)江南製造局鉛印本　一冊

620000－1101－0021559　595.96/158
子藥準則不分卷 （清）丁乃文撰　清光緒十四年(1888)江南製造局鉛印本　一冊

620000－1101－0021560　595.96/158
子藥準則不分卷 （清）丁乃文撰　清光緒十四年(1888)江南製造局鉛印本　一冊

620000－1101－0021561　595.96/158
子藥準則不分卷 （清）丁乃文著　清光緒十四年(1888)江南製造局鉛印本　一冊

620000－1101－0021562　595.96/158
子藥準則不分卷 （清）丁乃文撰　清光緒十四年(1888)江南製造局鉛印本　一冊

620000－1101－0021563　595.96/158
子藥準則不分卷 （清）丁乃文撰　清光緒十四年(1888)江南製造局鉛印本　一冊

620000－1101－0021564　595.96/158
子藥準則不分卷 （清）丁乃文撰　清光緒十四年(1888)江南製造局鉛印本　一冊

620000－1101－0021565　595.96/158

子藥準則不分卷　（清）丁乃文撰　清光緒十四年(1888)江南製造局鉛印本　一冊

620000－1101－0021566　595.96/158

子藥準則不分卷　（清）丁乃文撰　清光緒十四年(1888)江南製造局鉛印本　一冊

620000－1101－0021567　595.96/158

子藥準則不分卷　（清）丁乃文撰　清光緒十四年(1888)江南製造局鉛印本　一冊

620000－1101－0021568　595.96/158

子藥準則不分卷　（清）丁乃文撰　清光緒十四年(1888)江南製造局鉛印本　一冊

620000－1101－0021569　595.96/158

子藥準則不分卷　（清）丁乃文撰　清光緒十四年(1888)江南製造局鉛印本　一冊

620000－1101－0021570　595.96/158

子藥準則不分卷　（清）丁乃文撰　清光緒十四年(1888)江南製造局鉛印本　一冊

620000－1101－0021571　595.96/158

子藥準則不分卷　（清）丁乃文撰　清光緒十四年(1888)江南製造局鉛印本　一冊

620000－1101－0021572　595.96/158

子藥準則不分卷　（清）丁乃文撰　清光緒十四年(1888)江南製造局鉛印本　一冊

620000－1101－0021573　595.96/158

子藥準則不分卷　（清）丁乃文撰　清光緒十四年(1888)江南製造局鉛印本　一冊

620000－1101－0021574　2967

梓潼帝君陰騭文敷言二卷　（清）丁詠淇編　清乾隆刻本　一冊

620000－1101－0021575　683.15/884

紫柏山誌圖一卷　（清）景邦憲撰　清同治十年(1871)刻本　一冊

620000－1101－0021576　853.6/717

紫荊花傳奇二卷　（清）李文瀚撰　（清）賀仲瑊評注　清道光刻本　一冊

620000－1101－0021577　847.8/147

紫荊吟館詩集四卷賦略一卷試帖一卷　（清）曹秉哲撰　清光緒二十五年(1899)番禺曹氏刻本　四冊

620000－1101－0021578　847.7/741

紫茜山房詩鈔六卷　（清）沈金藻撰　清同治十二年(1873)刻本　四冊

620000－1101－0021579　847.7/350

紫莖山館詩餘偶存一卷　（清）石贊清撰　清光緒九年(1883)上海鮑源深刻本　一冊

620000－1101－0021580　847.6/440

紫石泉山房詩文鈔十五卷　（清）吳定著　清晚期刻本　一冊

620000－1101－0021581　075.6/289

紫桃軒雜綴三卷又綴三卷　（明）李日華撰　清光緒四年(1878)秀水孫氏望雲仙館刻本　一冊　存二卷（又綴二至三）

620000－1101－0021582　847.6/987.1

紫庭遺詩鈔四卷　（清）金堦撰　清道光刻本　一冊

620000－1101－0021583　856.6/118.001

紫映閣新鐫分類四民便用應酬全書二卷補遺一卷　（清）王文明彙　（清）王元升校梓　清末刻本　一冊　存一卷（上）

620000－1101－0021584　856.6/118

紫映閣新鐫分類四民便用應酬全書二卷補遺一卷　（清）王文明彙　（清）王元升校梓　清末刻本　一冊　存一卷（上）

620000－1101－0021585　676.6/117

自成都府至後藏路程一卷附乍了圖說一卷　（清）王師道撰　（清）姚石甫撰　清道光二十七年(1847)刻本　一冊

620000－1101－0021586　782.104/951

自號錄一卷　（宋）徐光溥撰　清光緒歸安陸氏刻十萬卷樓叢書本　一冊

620000－1101－0021587　782.16/644

自靖錄考略八卷外編一卷　（清）高承埏著

（清）高佑釪補　清咸豐八年(1858)嘉興竹里
王氏槐華吟館刻本　六冊

620000－1101－0021588　240/747

自歷明證十四卷　（美國）林樂知輯譯　清光
緒二十九年(1903)上海廣學會鉛印本　一冊

620000－1101－0021589　592/312

自強兵法通考十一種十九卷　（清）張樹聲輯
　清光緒十年至十一年(1884－1885)刻本
八冊　存六種八卷(火攻備要三卷、七注陰符
經一卷、孫子九地問對一卷、俄羅斯國紀要一
卷、操勝要覽一卷、華洋戰書初編一卷)

620000－1101－0021590　593.5/746

自強軍西法類編十八卷首一卷　（清）沈敦和
纂輯　（清）洪恩波參訂　**自強軍創制公言二
卷**　（清）沈敦和編次　（清）洪恩波參校　清
光緒二十四年(1898)上海順成書局石印本
二十冊

620000－1101－0021591　550/917

自強齋保富興國論初編六卷　（清）焦東遯叟
輯　清光緒二十四年(1898)上海書局石印本
三冊

620000－1101－0021592　847.6/714

自然好學齋詩鈔七卷　（清）汪端撰　清道光
九年(1829)刻本　一冊

620000－1101－0021593　573.079/578

自西徂東五卷　（德國）花之安撰　（清）馮勉
齋刪訂　清光緒十年(1884)花之安刻本
五冊

620000－1101－0021594　573.079/578

自西徂東五卷　（德國）花之安撰　（清）馮勉
齋刪訂　清光緒十年(1884)花之安刻本
五冊

620000－1101－0021595　573.079/578.001

自西徂東五卷　（德國）花之安撰　（清）馮勉
齋刪訂　清光緒上海廣學會刻本　一冊　存
一卷(四)

620000－1101－0021596　192.1/434

自勵錄全編四卷　（清）吳杕撰　清宣統、民
國刻本　四冊

620000－1101－0021597　3416

自勵錄全編四卷　（清）吳杕撰　清乾隆抄本
四冊

620000－1101－0021598　847.8/28.02

自怡軒隨筆偶存二卷　（清）李承銜撰　清光
緒十年(1884)刻本　一冊

620000－1101－0021599　847.8/834

自怡軒遺稿一卷　（清）朱清撰　**知止軒吟草
一卷**　（清）朱鎮撰　**片玉山莊詩存一卷**
（清）朱彥臣撰　清光緒二十二年(1896)刻本
一冊

620000－1101－0021600　916.1102/440

自遠堂琴譜十二卷　（清）吳灯彙輯　清嘉慶
七年(1802)自遠堂刻本　十二冊

620000－1101－0021601　916.1102/440.001

自遠堂琴譜十二卷　（清）吳灯彙輯　清嘉慶
刻本　六冊　存六卷(七至十二)

620000－1101－0021602　192.91/545

字不離譜一卷　（清）董常義編集　清光緒二
十四年(1898)刻本　一冊

620000－1101－0021603　802.3/113.001

字典考證十二集　（清）王引之等輯　清道光
刻本　八冊

620000－1101－0021604　802.3/113

字典考證十二集　（清）王引之等輯　清光緒
二年(1876)崇文書局刻本　六冊

620000－1101－0021605　802.3/113

字典考證十二集　（清）王引之等輯　清光緒
二年(1876)崇文書局刻本　六冊

620000－1101－0021606　802.3/113.001

字典考證十二集　（清）王引之等輯　清道光
刻本　八冊

620000－1101－0021607　802.19/16

字詁一卷義府二卷　（清）黃生撰　**附承吉兄
字說一卷**　（清）孫承吉撰　清道光二十二年

(1842)刻本　四冊

620000－1101－0021608　802.3/279
字彙十二卷　（明）梅膺祚撰　清晚期刻本
十二冊

620000－1101－0021609　802.3/279.004
字彙十二卷　（明）梅膺祚撰　清晚期刻本
二冊　存二卷（寅集至卯集）

620000－1101－0021610　802.3/279.001
字彙十二卷　（明）梅膺祚撰　清晚期刻本
一冊　存一卷（子集）

620000－1101－0021611　1703
**字彙十二卷首一卷末一卷附韻法直圖一卷韻
法橫圖一卷**　（明）梅膺祚撰　明萬曆四十三
年（1615）刻本　六冊

620000－1101－0021612　4388
**字彙十二卷首一卷末一卷附韻法直圖一卷韻
法橫圖一卷**　（明）梅膺祚撰　明金陵懷德堂
刻本　一冊　存一卷（首一卷）

620000－1101－0021613　821
**字彙十二卷首一卷末一卷附韻法直圖一卷韻
法橫圖一卷**　（明）梅膺祚撰　明刻本　十
二冊

620000－1101－0021614　4284
**字彙十二卷首一卷末一卷附韻法直圖一卷韻
法橫圖一卷**　（明）梅膺祚撰　明刻本　一冊
存三卷（末一卷、韻法直圖一卷、韻法橫圖
一卷）

620000－1101－0021615　1704
**字彙十二卷首一卷末一卷附韻法直圖一卷韻
法橫圖一卷**　（明）梅膺祚撰　明刻本　十二
冊　存十二卷（字彙十二卷）

620000－1101－0021616　4387
**字彙十二卷首一卷末一卷附韻法直圖一卷韻
法橫圖一卷**　（明）梅膺祚撰　清康熙二十七
年（1688）致和堂刻本　一冊　存一卷（戌集）

620000－1101－0021617　1417
字彙十二卷首一卷末一卷附韻法直圖一卷韻

法橫圖一卷　（明）梅膺祚撰　清康熙武林昭
慶寺刻本　十三冊　存十三卷（字彙十二卷、
末一卷）

620000－1101－0021618　1705
**字彙十二卷首一卷末一卷附韻法直圖一卷韻
法橫圖一卷**　（明）梅膺祚撰　清刻本　四冊
存七卷（寅集、未集、亥集,首一卷,末一卷,
韻法直圖一卷,韻法橫圖一卷）

620000－1101－0021619　2650
**字彙十二卷首一卷末一卷附韻法直圖一卷韻
法橫圖一卷**　（明）梅膺祚撰　清刻本　十三
冊　存十五卷（字彙十二卷、首一卷、韻法直
圖一卷、韻法橫圖一卷）

620000－1101－0021620　2585
**字彙十二卷首一卷末一卷附韻法直圖一卷韻
法橫圖一卷**　（明）梅膺祚撰　清刻本　十
四冊

620000－1101－0021621　802.3/279.002
**字彙十二卷首一卷末一卷附韻法直圖一卷韻
法橫圖一卷**　（明）梅膺祚撰　清刻本　五冊
存五卷（子集至寅集、巳集至午集）

620000－1101－0021622　1079
字鑑五卷　（元）李文仲編　清沈氏授經樓抄
本　二冊

620000－1101－0021623　2829
字類標韻六卷　（清）華綱撰　（清）何承鋸重
訂　清乾隆刻本　二冊

620000－1101－0021624　802.44/0.685
字體音韻辨訛不分卷　（清）□□撰　清道光
刻本　一冊

620000－1101－0021625　802.27/65.002
字學舉隅不分卷　（清）黃本驥輯　（清）龍啓
瑞增輯　清道光十八年（1838）刻本　一冊

620000－1101－0021626　802.27/168
字學舉隅不分卷　（清）黃本驥輯　（清）龍啓
瑞增輯　清道光二十六年（1846）刻本　一冊

620000－1101－0021627　802.27/168.003

字學舉隅不分卷 （清）黃本驥輯 （清）龍啓
瑞增輯 清同治十三年（1874）刻本 一冊

620000－1101－0021628 802.27/65.001
字學舉隅不分卷 （清）黃本驥輯 清光緒二
年（1876）刻本 一冊

620000－1101－0021629 802.27/168.001
字學舉隅不分卷 （清）黃本驥輯 （清）龍啓
瑞增輯 清光緒十二年（1886）刻本 一冊

620000－1101－0021630 802.27/65
字學舉隅不分卷附摘誤一卷 （清）龍啓瑞編
清道光二十年（1840）刻本 一冊

620000－1101－0021631 802.27/70
字學舉隅續編不分卷 （清）汪敘疇編 清光
緒二年（1876）刻本 一冊

620000－1101－0021632 226.6/92
宗範八卷首一卷 （清）錢伊庵編輯 清光緒
十二年（1886）金陵刻經處刻本 三冊

620000－1101－0021633 226.6/92
宗範八卷首一卷 （清）錢伊庵編輯 清光緒
十二年（1886）金陵刻經處刻本 三冊

620000－1101－0021634 220/922
宗鏡錄一百卷 （宋）釋延壽纂 清同治十二
年（1873）武林昭慶寺刻本 三冊 存十五卷
（一至十、十六至二十）

620000－1101－0021635 652.785/858
總理衙門議覆推廣學校摺一卷附整頓同文館
摺一卷 （清）總理衙門撰 清光緒二十二年
（1896）刻本 一冊

620000－1101－0021636 527.91/0.858
總署奏定京師大學堂暨直省學堂一律遵行章
程不分卷 （清）總理衙門撰 清光緒二十四
年（1898）刻本 一冊

620000－1101－0021637 1376
總宜樓吟草不分卷 （清）陳畹珍撰 清嘉慶
稿本 一冊

620000－1101－0021638 089.76/84
鄒叔子遺書七種三十卷附二種二卷 （清）鄒

漢勛撰 清光緒八年（1882）刻本 十四冊

620000－1101－0021639 089.76/84
鄒叔子遺書七種三十卷附二種二卷 （清）鄒
漢勛撰 清光緒八年（1882）刻本 十四冊

620000－1101－0021640 311.365/842
鄒徵君遺書八種十一卷附二種八卷 （清）鄒
伯奇撰 夏氏算學四種四卷 （清）夏鸞翔撰
徐氏算學三種三卷 （清）徐有壬撰 清同
治十二年（1873）鄒達泉拾芥園刻本 五冊
存八種十四卷（學記一得二卷、補小爾雅釋度
量衡一卷、格術補一卷、對數尺記一卷、乘方
捷算一卷、鄒徵君存稿一卷、夏氏算學四卷、
徐氏算學三卷）

620000－1101－0021641 291/990
諏吉便覽不分卷 （清）俞榮寬輯 清光緒七
年（1881）楊昌濬刻朱墨套印本 一冊

620000－1101－0021642 291/990
諏吉便覽不分卷 （清）俞榮寬輯 清光緒七
年（1881）楊昌濬刻朱墨套印本 一冊

620000－1101－0021643 411.235/180
奏辦廣東士敏土廠公文紀略不分卷 （清）廣
東士敏土廠編 清宣統二年（1910）鉛印本
一冊

620000－1101－0021644 597.1/186
奏定北洋練兵營制餉章不分卷 袁世凱編
清光緒北洋官報總局鉛印本 一冊

620000－1101－0021645 593.94/391
奏定懲治陸軍漏洩機密等項章程不分卷
（清）陸軍部編譯局編 清光緒三十四年至宣
統三年（1908－1911）陸軍部編譯局鉛印本
一冊

620000－1101－0021646 593.94/391
奏定懲治陸軍漏洩機密等項章程不分卷
（清）陸軍部編譯局編 清光緒三十四年至宣
統三年（1908－1911）陸軍部編譯局鉛印本
一冊

620000－1101－0021647 593.94/391

奏定懲治陸軍漏洩機密等項章程不分卷
(清)陸軍部編譯局編　清光緒三十四年至宣
統三年(1908－1911)陸軍部編譯局鉛印本
一冊

620000－1101－0021648　593.94/391
奏定懲治陸軍漏洩機密等項章程不分卷
(清)陸軍部編譯局編　清光緒三十四年至宣
統三年(1908－1911)陸軍部編譯局鉛印本
一冊

620000－1101－0021649　593.94/391
奏定懲治陸軍漏洩機密等項章程不分卷
(清)陸軍部編譯局編　清光緒三十四年至宣
統三年(1908－1911)陸軍部編譯局鉛印本
一冊

620000－1101－0021650　593.94/391
奏定懲治陸軍漏洩機密等項章程不分卷
(清)陸軍部編譯局編　清光緒三十四年至宣
統三年(1908－1911)陸軍部編譯局鉛印本
一冊

620000－1101－0021651　593.94/391
奏定懲治陸軍漏洩機密等項章程不分卷
(清)陸軍部編譯局編　清光緒三十四年至宣
統三年(1908－1911)陸軍部編譯局鉛印本
一冊

620000－1101－0021652　593.94/391
奏定懲治陸軍漏洩機密等項章程不分卷
(清)陸軍部編譯局編　清光緒三十四年至宣
統三年(1908－1911)陸軍部編譯局鉛印本
一冊

620000－1101－0021653　652.785/479
奏定華商辦理農工商實業爵賞章程一卷奏定
改訂獎勵華商公司章程一卷奏定獎給商勳章
程一卷　(清)農工商部擬訂　清光緒三十三
年(1907)鉛印本　一冊

620000－1101－0021654　573.53/393
奏定陸軍部官制一卷　(清)□□編　清光緒
三十二年(1906)鉛印本

620000－1101－0021655　653.5/479

奏定農會簡明章程不分卷奏定商會簡明章程
不分卷奏定商船公會簡明章程不分卷　(清)
農工商部擬訂　清光緒鉛印本　一冊

620000－1101－0021656　527.91/309.001
奏定學堂章程不分卷　(清)張百熙等編　清
光緒二十九年(1903)湖北學務處刻本　二冊

620000－1101－0021657　527.91/309.001
奏定學堂章程不分卷　(清)張百熙等編　清
光緒二十九年(1903)湖北學務處刻本　五冊

620000－1101－0021658　527.91/309.002
奏定學堂章程不分卷　(清)張百熙等編　清
光緒二十九年(1903)北京官書局鉛印本
五冊

620000－1101－0021659　527.91/309
奏定學堂章程不分卷　(清)張百熙等編　清
末鉛印本　一冊

620000－1101－0021660　527.91/309
奏定學堂章程不分卷　(清)張百熙等編　清
末鉛印本　一冊

620000－1101－0021661　442.41/661
奏定重訂鐵路簡明章程不分卷　(清)商部編
清光緒二十九年(1903)鉛印本　一冊

620000－1101－0021662　652.61/400
奏稿不分卷　(清)隆文等撰　清道光抄本
一冊

620000－1101－0021663　652.78/754
奏疏分類便覽不分卷　(清)潘駿德輯　清光
緒四年(1878)京都擷華書局鉛印本　一冊

620000－1101－0021664　652.781/312.01
奏議初編十二卷　(清)張之洞撰　(清)仰止
廬主輯　清光緒二十七年(1901)上海圖書集
成印書局石印本　三冊

620000－1101－0021665　856.4/940
奏摺譜不分卷　(清)饒甸宣纂　清光緒十三
年(1887)京都松古齋刻本　一冊

620000－1101－0021666　856.7/0.443
足本直省闈藝大全十卷　(□)□□撰　清光

緒三十年(1904)上海書局石印本　一冊　存
二卷(一至二)

620000－1101－0021667　10
纂圖互註南華真經十卷　(晉)郭象註　(唐)
陸德明音義　明初刻本　八冊

620000－1101－0021668　15
纂圖互註荀子二十卷　(唐)楊倞注　元刻明
修本　十冊

620000－1101－0021669　312.1/952
最新初等小學筆算教科書教授法不分卷
(清)徐寯編纂　清光緒三十一年(1905)上海
商務印書館鉛印本　一冊

620000－1101－0021670　312.1/952
最新初等小學筆算教科書教授法不分卷
(清)徐寯編纂　清光緒三十一年(1905)上海
商務印書館鉛印本　二冊

620000－1101－0021671　312.1/952.002
最新初等小學筆算教科書教授法不分卷
(清)徐寯編纂　清光緒三十二年(1906)上海
商務印書館鉛印本　一冊

620000－1101－0021672　312.1/952.001
最新初等小學筆算教科書教授法不分卷
(清)徐寯編纂　清光緒三十二年(1906)上海
商務印書館鉛印本　一冊

620000－1101－0021673　523.3/526.003
最新初等小學國文教科書教授法不分卷　蔣
維喬　莊俞編纂　清光緒三十二年(1906)上
海商務印書館鉛印本　一冊

620000－1101－0021674　523.3/526.002
最新初等小學國文教科書教授法不分卷　蔣
維喬　莊俞編纂　清光緒三十二年(1906)上
海商務印書館鉛印本　二冊

620000－1101－0021675　523.3/526.004
最新初等小學國文教科書教授法不分卷　蔣
維喬等編纂　清光緒三十二年(1906)上海商
務印書館鉛印本　一冊

620000－1101－0021676　523.3/526.001

最新初等小學國文教科書教授法不分卷　蔣
維喬等編纂　清光緒三十二年(1906)上海商
務印書館鉛印本　一冊

620000－1101－0021677　523.3/526
最新初等小學堂國文教科書教授法不分卷
蔣維喬等編纂　清光緒三十二年(1906)上海
商務印書館鉛印本　一冊

620000－1101－0021678　523.3/526
最新初等小學堂國文教科書教授法不分卷
蔣維喬等編纂　清光緒三十二年(1906)上海
商務印書館鉛印本　一冊

620000－1101－0021679　523.3/526
最新初等小學堂國文教科書教授法不分卷
蔣維喬等編纂　清光緒三十二年(1906)上海
商務印書館鉛印本　一冊

620000－1101－0021680　523.3/661
最新初等小學修身教科書教授法不分卷
(清)商務印書館編譯所編纂　清光緒三十二
年(1906)上海商務印書館鉛印本　一冊

620000－1101－0021681　523.3/661.001
最新初等小學修身教科書教授法不分卷
(清)商務印書館編譯所編纂　清光緒三十二
年(1906)上海商務印書館鉛印本　一冊

620000－1101－0021682　609/623
最新地理教科書四卷　(清)謝洪賚編　清光
緒三十二年(1906)上海商務印書館鉛印本
四冊

620000－1101－0021683　730.0337/661
最新東洋歷史教科書二卷　(清)商務印書館
編譯所編纂　清光緒三十二年(1906)上海商
務印書館鉛印本　二冊

620000－1101－0021684　730.0337/661
最新東洋歷史教科書二卷　(清)商務印書館
編譯所編纂　清光緒三十二年(1906)上海商
務印書館鉛印本　二冊

620000－1101－0021685　730.0337/661
最新東洋歷史教科書二卷　(清)商務印書館

編譯所編纂　清光緒三十二年（1906）上海商務印書館鉛印本　二冊

620000－1101－0021686　312.1/121

最新高等小學筆算教科書四卷　（清）王兆枏編纂　清光緒三十二年（1906）上海商務印書館鉛印本　二冊　存二卷（一、三）

620000－1101－0021687　312.1/121.001

最新高等小學筆算教科書四卷　（清）王兆枏編纂　清光緒三十二年（1906）上海商務印書館鉛印本　二冊　存二卷（二、四）

620000－1101－0021688　300/623

最新高等小學理科教科書不分卷　（清）謝洪賚編輯　清光緒三十二年（1906）上海商務印書館鉛印本　三冊

620000－1101－0021689　523.3/526.03

最新國文教科書不分卷　蔣維喬等編纂　清光緒三十二年（1906）上海商務印書館鉛印本　一冊

620000－1101－0021690　523.3/526.03.001

最新國文教科書不分卷　蔣維喬等編纂　清光緒三十二年（1906）上海商務印書館鉛印本　二冊

620000－1101－0021691　526.231/677

最新日本教育法規二十八編　（日本）文部省編著　（清）奉天學務公所增補　（清）盧靖等譯　清宣統二年（1910）奉天圖書印刷所鉛印本　十二冊

620000－1101－0021692　856.4/581

最新書牘須知二卷　（清）北洋陸軍編譯局編　清宣統北洋陸軍編譯局鉛印本　一冊　存一卷（下）

620000－1101－0021693　528.93/651

最新體操教科書二卷　（清）京師大學堂鑒定　清光緒三十一年（1905）上海科學印刷會社石印本　一冊

620000－1101－0021694　716.4/66

最新萬國輿地韻編十二卷補韻一卷　（清）齊

忠甲編輯　清光緒二十九年（1903）刻本　十二冊

620000－1101－0021695　192.11/661

最新修身教科書不分卷　（清）商務印書館編譯所編纂　清光緒三十三年（1907）上海商務印書館鉛印本　一冊

620000－1101－0021696　610.903.34/994.001

最新中國歷史教科書四卷　（清）姚祖義輯　清光緒三十二年（1906）上海商務印書館鉛印本　二冊

620000－1101－0021697　610.903.34/994.001

最新中國歷史教科書四卷　（清）姚祖義輯　清光緒三十二年（1906）上海商務印書館鉛印本　二冊　存二卷（三至四）

620000－1101－0021698　610.903.34/994.001

最新中國歷史教科書四卷　（清）姚祖義輯　清光緒三十二年（1906）上海商務印書館鉛印本　四冊

620000－1101－0021699　610.903.34/994.001

最新中國歷史教科書四卷　（清）姚祖義輯　清光緒三十二年（1906）上海商務印書館鉛印本　二冊　存二卷（一至二）

620000－1101－0021700　610.903.34/994.001

最新中國歷史教科書四卷　（清）姚祖義輯　清光緒三十二年（1906）上海商務印書館鉛印本　二冊

620000－1101－0021701　610.903.34/994.001

最新中國歷史教科書四卷　（清）姚祖義輯　清光緒三十二年（1906）上海商務印書館鉛印本　四冊

620000－1101－0021702　610.903.34/994.001

最新中國歷史教科書四卷　（清）姚祖義輯　清光緒三十二年（1906）上海商務印書館鉛印本　二冊

620000－1101－0021703　1242

最樂堂文集六卷　（清）喬光烈撰　清乾隆二十一年（1756）刻本　一冊

620000－1101－0021704　847.7/393

醉茗山房詩鈔不分卷　（清）陳敦齋撰　清咸豐七年(1857)刻本　一冊

620000－1101－0021705　847.8/504.1

醉月居詩鈔一卷詞鈔一卷　（清）葉世熊撰　清光緒三十年(1904)刻本　一冊

620000－1101－0021706　856.7/270

醉芸窗試帖詳註四卷　（清）楊昌光著　（清）楊延亮注　清道光元年(1821)達古堂刻本　一冊　存一卷（一）

620000－1101－0021707　856.7/270.001

醉芸窗試帖詳註四卷　（清）楊昌光著　（清）楊延亮注　清道光五年(1825)刻本　二冊　存二卷（二至三）

620000－1101－0021708　850/383

尊瓠室詩不分卷　陳詩輯　清光緒三十四年(1908)鉛印本　一冊

620000－1101－0021709　498

尊前集二卷　（□）□□撰　明末毛氏汲古閣刻詞苑英華本　一冊

620000－1101－0021710　1800

尊前集二卷　（□）□□撰　明末毛氏汲古閣刻詞苑英華本　一冊

620000－1101－0021711　847.4/482

尊聞居士集八卷　（清）羅有高撰　（清）彭紹升錄　清光緒八年(1882)長洲彭氏刻本　二冊

620000－1101－0021712　3877

尊聞居士集八卷　（清）羅有高撰　清乾隆四十七年(1782)彭紹升刻本　二冊

620000－1101－0021713　127.6/118

尊聞錄初稿二卷　（清）王應昌撰　（清）王槑照等編校　清同治八年(1869)成都刻本　二冊

620000－1101－0021714　847.8/118.05

尊聞齋詩草一卷　（清）王應昌撰　（清）王槑照等編校　清同治八年(1869)古歙王氏刻本　一冊

620000－1101－0021715　847.8/118.06

尊聞齋遺草一卷　（清）王應昌撰　（清）王槑照等編校　清光緒二十一年(1895)古歙王氏刻本　一冊

620000－1101－0021716　093.278/828

遵註義釋詩經離句襯解八卷　（清）朱榛編訂　清光緒十五年(1889)宏道堂刻本　一冊

620000－1101－0021717　857.16/97

昨非錄十二卷　（明）鄭漢奉著　清光緒十一年(1885)石印本　二冊

620000－1101－0021718　857.16/97

昨非錄十二卷　（明）鄭漢奉著　清光緒十一年(1885)石印本　一冊　存六卷（一至六）

620000－1101－0021719　095.17/112.001

左傳博議續編二卷　（清）王夫之撰　（清）席威校刊　清光緒二十四年(1898)掃葉山房鉛印本　一冊

620000－1101－0021720　1072

左傳分類評選不分卷　（□）甬上芝孫氏評選　清嘉慶十四年(1809)范氏天一閣抄本　四冊

620000－1101－0021721　610.3/642

左傳紀事本末五十三卷　（清）高士奇撰　清同治十二年(1873)江西書局刻本　十二冊

620000－1101－0021722　610.3/642

左傳紀事本末五十三卷　（清）高士奇撰　清同治十二年(1873)江西書局刻本　十二冊

620000－1101－0021723　3880

左傳經世鈔二十三卷　（清）魏禧評　清乾隆十三年(1748)彭家屏刻本　十冊

620000－1101－0021724　621.737/650

左傳史論二卷　（清）高士奇論正　清光緒刻本　二冊

620000－1101－0021725　3077

左傳事緯前書八卷　（清）馬驌撰　清乾隆刻本　四冊

620000 – 1101 – 0021726　095.9/415.001

左傳事緯十二卷附錄八卷　（清）馬驌撰　清嘉慶九年(1804)六桐書屋刻本　十二冊

620000 – 1101 – 0021727　3903

左傳事緯十二卷字釋一卷　（清）馬驌撰　清乾隆四十九年(1784)黃暹懷澄堂刻本　十二冊

620000 – 1101 – 0021728　095.127/821

左傳條疏十六卷　（清）周廷華編輯　清光德堂刻本　六冊

620000 – 1101 – 0021729　861

左傳新義不分卷　（清）馬長復撰　清光緒紅雪樓抄本　十冊

620000 – 1101 – 0021730　2727

左傳翼三十八卷　（清）周大璋輯評　清乾隆光德堂、懷德堂刻本　十六冊

620000 – 1101 – 0021731　3952

左傳翼三十八卷　（清）周大璋輯評　清乾隆四箴堂刻本　十六冊

620000 – 1101 – 0021732　095.127/816

左傳翼三十八卷　（清）周大璋輯評　清咸豐、光緒文盛堂刻本　十六冊

620000 – 1101 – 0021733　095.127/816.002

左傳翼三十八卷　（清）周大璋輯評　清中晚期刻本　一冊　存二卷(一至二)

620000 – 1101 – 0021734　095.127/816.001

左傳翼三十八卷　（清）周大璋輯評　清刻本　十七冊　存三十五卷(三至三十七)

620000 – 1101 – 0021735　095.115/764

左國腴詞八卷　（明）凌迪知輯　（明）閔一崔校　清光緒七年(1881)八杉齋刻本　一冊　存二卷(一至二)

620000 – 1101 – 0021736　088/378

左海全集十種三十六卷　（清）陳壽祺撰　清嘉慶、道光陳紹塘刻本　三十二冊

620000 – 1101 – 0021737　225

左紀十一卷　（明）錢應奎撰　明萬曆三年(1575)華叔陽刻本　四冊

620000 – 1101 – 0021738　652.771/352.02

左恪靖侯奏稿初編三十八卷續編七十六卷三編六卷　（清）左宗棠撰　清光緒十二年(1886)刻本　二冊　存六卷(三編六卷)

620000 – 1101 – 0021739　652.771/352.02

左恪靖侯奏稿初編三十八卷續編七十六卷三編六卷　（清）左宗棠撰　清光緒十二年(1886)刻本　二十二冊　存三十八卷(初編三十八卷)

620000 – 1101 – 0021740　830.67/35

左氏雙忠集十八卷　（明）左光斗　（明）左懋第著　清道光二十六年至二十七年(1846 – 1847)湘鄉詠史齋刻本　八冊

620000 – 1101 – 0021741　856.6/270

左文襄公誄詞四卷　（清）楊昌濬等撰　清光緒刻本　三冊

620000 – 1101 – 0021742　782.97/352

左文襄公年譜十卷　（清）羅正鈞纂　清光緒二十三年(1897)湘陰左氏刻本　九冊　存九卷(二至十)

620000 – 1101 – 0021743　782.97/352

左文襄公年譜十卷　（清）羅正鈞纂　清光緒二十三年(1897)湘陰左氏刻本　十冊

620000 – 1101 – 0021744　782.97/352

左文襄公年譜十卷　（清）羅正鈞纂　清光緒二十三年(1897)湘陰左氏刻本　六冊　存六卷(三至四、七至十)

620000 – 1101 – 0021745　782.97/352

左文襄公年譜十卷　（清）羅正鈞纂　清光緒二十三年(1897)湘陰左氏刻本　九冊　存九卷(一至八、十)

620000 – 1101 – 0021746　653.771/352.01

左文襄公批札七卷　（清）左宗棠著　清光緒十八年(1892)刻本　七冊

620000 – 1101 – 0021747　653.771/352

左文襄公批札七卷　（清）左宗棠著　清光緒

十八年（1892）刻本　七冊

620000－1101－0021748　653.771/352.01
左文襄公批札七卷　（清）左宗棠著　清光緒
十八年（1892）刻本　三冊　存三卷（四、六至
七）

620000－1101－0021749　847.7/35
**左文襄公全集七種一百十九卷首一卷附二種
十四卷**　（清）左宗棠撰　清光緒刻本　一百
十四冊　存七種一百二十卷（奏稿六十四卷，
書牘二十六卷、說帖一卷，批札七卷、咨札一
卷、告示一卷，謝摺二卷，文集五卷、詩集一
卷、聯語一卷，年譜十卷，首一卷）

620000－1101－0021750　847.7/352
**左文襄公全集七種一百十九卷首一卷附二種
十四卷**　（清）左宗棠撰　清光緒刻本　一冊
存一種二卷（咨札一卷、告示一卷）

620000－1101－0021751　847.7/352
**左文襄公全集七種一百十九卷首一卷附二種
十四卷**　（清）左宗棠撰　清光緒刻本　十一
冊　存二種十一卷（奏稿四、六至九、十一至
十二、十四，書牘十九至二十，首一卷）

620000－1101－0021752　847.7/352
**左文襄公全集七種一百十九卷首一卷附二種
十四卷**　（清）左宗棠撰　清光緒刻本　一冊
存一卷（首一卷）

620000－1101－0021753　847.7/352.001
**左文襄公全集七種一百十九卷首一卷附二種
十四卷**　（清）左宗棠撰　清光緒刻本　一冊
存二種五卷（說帖一卷，文集四至五、詩集
一卷、聯語一卷）

620000－1101－0021754　847.7/352.001
**左文襄公全集七種一百十九卷首一卷附二種
十四卷**　（清）左宗棠撰　清光緒刻本　四十
八冊　存五種五十二卷（奏稿一至十七、二
十八至二十九、三十四至三十九、四十二至四
十五、四十八至五十、五十三至五十四、五十七
至六十三，書牘一至四，說帖一卷，文集四至
五、詩集一卷、聯語一卷，附張大司馬奏稿一，

附駱文忠公奏稿一）

620000－1101－0021755　847.7/352
**左文襄公全集七種一百十九卷首一卷附二種
十四卷**　（清）左宗棠撰　清光緒刻本　三十
五冊　存一種三十五卷（奏稿一至二十五、四
十至四十一、四十三、四十五、五十一、五十三
至五十四、五十七至五十九）

620000－1101－0021756　847.7/352
**左文襄公全集七種一百十九卷首一卷附二種
十四卷**　（清）左宗棠撰　清光緒刻本　二十
冊　存一種二十卷（書牘五至二十四）

620000－1101－0021757　847.7/352
**左文襄公全集七種一百十九卷首一卷附二種
十四卷**　（清）左宗棠撰　清光緒刻本（卷二
十六至二十七、四十係補配）　二十冊　存一
種二十卷（奏稿二十六至二十七、四十至四十
一、四十三至五十、五十二至五十八，首一卷）

620000－1101－0021758　847.7/352
**左文襄公全集七種一百十九卷首一卷附二種
十四卷**　（清）左宗棠撰　清光緒刻本　十七
冊　存一種十六卷（奏稿八、十至十七、十九、
二十一、四十一、五十二、六十、六十二，首一
卷）

620000－1101－0021759　847.7/352
**左文襄公全集七種一百十九卷首一卷附二種
十四卷**　（清）左宗棠撰　清光緒刻本　三十
二冊　存三種三十一卷（奏稿一、十六、十八、
二十五、二十八至三十、三十二至三十四、三
十八、四十六至四十九、五十五至五十七、五
十九，書牘四、六、十四、十六、二十三至二十
四、二十六，批札二至三、五至七）

620000－1101－0021760　847.7/35
**左文襄公全集七種一百十九卷首一卷附二種
十四卷**　（清）左宗棠撰　清光緒刻本　一百
二十八冊　存八種一百二十四卷（奏稿六十
四卷，書牘二十六卷、說帖一卷，批札七卷，咨
札一卷、告示一卷，謝摺二卷，文集五卷、詩集
一卷、聯語一卷，首一卷，附張大司馬奏稿四
卷,附駱文忠公奏稿十卷）

620000－1101－0021761　847.7/35

左文襄公全集七種一百十九卷首一卷附二種十四卷 （清）左宗棠撰　清光緒刻本　一百十四冊　存八種一百二十四卷(奏稿六十四卷,書牘二十六卷,說帖一卷,批札七卷,咨札一卷、告示一卷,謝摺二卷,文集五卷、詩集一卷、聯語一卷,首一卷,附張大司馬奏稿四卷,附駱文忠公奏稿十卷)

620000－1101－0021762　847.7/35

左文襄公全集七種一百十九卷首一卷附二種十四卷 （清）左宗棠撰　清光緒刻本　一百三冊　存六種一百十卷(奏稿六十四卷,書牘二十六卷,說帖一卷,批札七卷,咨札一卷、告示一卷,謝摺二卷,文集五卷、詩集一卷、聯語一卷,首一卷)

620000－1101－0021763　847.7/352.001

左文襄公全集七種一百十九卷首一卷附二種十四卷 （清）左宗棠撰　清光緒刻本　三冊　存二種八卷(書牘一至三、說帖一卷,文集四至五、詩集一卷、聯語一卷)

620000－1101－0021764　847.7/352.01

左文襄公詩集一卷文集五卷 （清）左宗棠撰　清宣統元年(1909)鉛印本　二冊

620000－1101－0021765　856.277/35

左文襄公書牘二十六卷 （清）左宗棠撰　清光緒十八年(1892)刻本　二十六冊

620000－1101－0021766　856.277/35

左文襄公書牘二十六卷 （清）左宗棠撰　清光緒十八年(1892)刻本　七冊　存七卷(三至四、七、十、十五、十九、二十六)

620000－1101－0021767　856.277/352.001

左文襄公書牘節要二十六卷 （清）左宗棠撰　清光緒二十八年(1902)刻本　十二冊

620000－1101－0021768　856.277/35

左文襄公書牘節要二十六卷 （清）左宗棠撰　清光緒二十八年(1902)刻本　十二冊

620000－1101－0021769　847.7/352

左文襄公文集五卷詩集一卷聯語一卷藝學說帖一卷 （清）左宗棠撰　清光緒十八年(1892)刻本　二冊

620000－1101－0021770　653.771/352.02

左文襄公謝摺二卷 （清）左宗棠著　清光緒刻本　二冊

620000－1101－0021771　653.771/352.02

左文襄公謝摺二卷 （清）左宗棠著　清光緒刻本　二冊

620000－1101－0021772　653.771/352.02

左文襄公謝摺二卷 （清）左宗棠著　清光緒刻本　一冊　存一卷(二)

620000－1101－0021773　653.771/352

左文襄公咨札一卷 （清）左宗棠著　清光緒刻本　一冊

620000－1101－0021774　653.771/352

左文襄公咨札一卷 （清）左宗棠著　清光緒刻本　一冊

620000－1101－0021775　652.772/352

左文襄公奏稿初編三十八卷續編七十六卷三編六卷 （清）左宗棠著　清光緒二十七年(1901)刻本　十七冊　存五十九卷(初編三十八卷、續編五十六至七十六)

620000－1101－0021776　652.772/352

左文襄公奏稿初編三十八卷續編七十六卷三編六卷 （清）左宗棠著　清光緒二十八年(1902)上海古香閣石印本　十二冊

620000－1101－0021777　652.772/352

左文襄公奏稿初編三十八卷續編七十六卷三編六卷 （清）左宗棠著　清光緒二十八年(1902)上海古香閣石印本　八冊　存八卷(續編一至八)

620000－1101－0021778　652.772/352.021

左文襄公奏稿初編三十八卷續編七十六卷三編六卷 （清）左宗棠著　清末刻本　三十冊　存六十一卷(續編五至十九、三十一至七十六)

620000－1101－0021779　652.771/352

左文襄公奏稿初編三十八卷續編七十六卷三編六卷　（清）左宗棠著　清末刻本　十一冊　存二十一卷（初編十八至三十八）

620000－1101－0021780　652.772/352.02
左文襄公奏稿初編三十八卷續編七十六卷三編六卷　（清）左宗棠著　清末石印本　十冊　存六十六卷（續編六至七十一）

620000－1101－0021781　652.772/352
左文襄公奏稿六十四卷　（清）左宗棠著　清光緒十六年(1890)刻本　六十四冊　存六十三卷（一至五十四、五十六至六十四）

620000－1101－0021782　652.771/352
左文襄公奏稿六十四卷　（清）左宗棠著　清光緒十六年(1890)刻本　六十五冊

620000－1101－0021783　652.772/352
左文襄公奏疏初編三十八卷續編七十六卷三編六卷　（清）左宗棠著　清光緒十六年(1890)上海圖書集成局鉛印本　二十冊

620000－1101－0021784　652.771/352.001
左文襄公奏疏初編三十八卷續編七十六卷三編六卷　（清）左宗棠著　清光緒十六年(1890)上海圖書集成局鉛印本　二十冊

620000－1101－0021785　3981
左繡三十卷首一卷　（清）馮李驊　（清）陸浩輯　清乾隆三十六年(1771)刻本　八冊　存二十卷（一至二、六至十、十四至十八、二十四至三十,首一卷）

620000－1101－0021786　2788
左繡三十卷首一卷　（清）馮李驊　（清）陸浩輯　清華川書屋刻本　十四冊

620000－1101－0021787　095.12/72.24
左繡三十卷首一卷　（清）馮李驊　（清）陸浩輯　清大文堂刻本　十六冊

620000－1101－0021788　095.12/72.24
左繡三十卷首一卷　（清）馮李驊　（清）陸浩輯　清大文堂刻本　二冊　存八卷（二十至二十三、二十七至三十）

620000－1101－0021789　095.12/72.24.001
左繡三十卷首一卷　（清）馮李驊　（清）陸浩輯　清宏道堂刻本　二十冊

620000－1101－0021790　095.12/72.24.002
左繡三十卷首一卷　（清）馮李驊　（清）陸浩輯　清中晚期刻本　十六冊

620000－1101－0021791　095.12/72.24.003
左繡三十卷首一卷　（清）馮李驊　（清）陸浩輯　清晚期文淵堂刻本　十二冊

620000－1101－0021792　095.12/72.24.004
左繡三十卷首一卷　（清）馮李驊　（清）陸浩輯　清中晚期刻本　一冊　存十二卷（八至十一、二十三至三十）

620000－1101－0021793　095.12/72.24.005
左繡三十卷首一卷　（清）馮李驊　（清）陸浩輯　清中晚期刻本　一冊　存三卷（二十六至二十八）

620000－1101－0021794　095.12/72.24.008
左繡三十卷首一卷　（清）馮李驊　（清）陸浩輯　清中晚期刻本　七冊　存十四卷（十至十一、十四至二十三、二十六至二十七）

620000－1101－0021795　095.12/72.24.009
左繡三十卷首一卷　（清）馮李驊　（清）陸浩輯　清中晚期刻本　六冊　存十五卷（十六至三十）

620000－1101－0021796　095.12/72.24.010
左繡三十卷首一卷　（清）馮李驊　（清）陸浩輯　清中晚期刻本　五冊　存十二卷（十六至二十五、二十九至三十）

620000－1101－0021797　095.12/72.24.011
左繡三十卷首一卷　（清）馮李驊　（清）陸浩輯　清華川書屋刻本　六冊　存十六卷（一至十五、首一卷）

620000－1101－0021798　095.12/72.24.012
左繡三十卷首一卷　（清）馮李驊　（清）陸浩輯　清中晚期刻本　十二冊

620000－1101－0021799　571.5/906.001

佐治芻言二卷　（英國）傅蘭雅口譯　（清）應祖錫筆述　清光緒二十六年(1900)上海富强齋石印本　二冊

620000－1101－0021800　571.5/906

佐治芻言三十一章　（英國）傅蘭雅口譯（清）應祖錫筆述　清光緒十一年(1885)江南製造總局鉛印本　二冊　存二十章(一至二十)

620000－1101－0021801　571.5/906

佐治芻言三十一章　（英國）傅蘭雅口譯（清）應祖錫筆述　清光緒十一年(1885)江南製造總局鉛印本　三冊

620000－1101－0021802　571.5/906

佐治芻言三十一章　（英國）傅蘭雅口譯（清）應祖錫筆述　清光緒十一年(1885)江南製造總局鉛印本　三冊

620000－1101－0021803　571.5/906

佐治芻言三十一章　（英國）傅蘭雅口譯（清）應祖錫筆述　清光緒十一年(1885)江南製造總局鉛印本　一冊　存十一章(一至十一)

620000－1101－0021804　571.5/906

佐治芻言三十一章　（英國）傅蘭雅口譯（清）應祖錫筆述　清光緒十一年(1885)江南製造總局鉛印本　二冊　存二十章(一至二十)

620000－1101－0021805　571.5/906

佐治芻言三十一章　（英國）傅蘭雅口譯（清）應祖錫筆述　清光緒十一年(1885)江南製造總局鉛印本　三冊

620000－1101－0021806　571.5/906.002

佐治芻言一卷　（英國）傅蘭雅口譯　（清）應祖錫筆述　列國歲計政要十二卷　（英國）麥丁富得力編纂　（美國）林樂知口譯　（清）鄭昌棪筆述　清光緒二十四年(1898)上海測海山房石印本　二冊

620000－1101－0021807　573.42/712

佐治藥言一卷續言一卷　（清）汪輝祖著　清道光三年(1823)刻本　一冊

620000－1101－0021808　573.42/712.001

佐治藥言一卷續言一卷　（清）汪輝祖著　清光緒二十二年(1896)甘肅藩署刻本　一冊

620000－1101－0021809　573.42/712.001

佐治藥言一卷續言一卷　（清）汪輝祖著　清光緒二十二年(1896)甘肅藩署刻本　一冊

620000－1101－0021810　573.42/712.001

佐治藥言一卷續言一卷　（清）汪輝祖著　清光緒二十二年(1896)甘肅藩署刻本　一冊

620000－1101－0021811　573.42/712.001

佐治藥言一卷續言一卷　（清）汪輝祖著　清光緒二十二年(1896)甘肅藩署刻本　一冊

620000－1101－0021812　573.42/712.001

佐治藥言一卷續言一卷　（清）汪輝祖著　清光緒二十二年(1896)甘肅藩署刻本　一冊

620000－1101－0021813　573.42/712.001

佐治藥言一卷續言一卷　（清）汪輝祖著　清光緒二十二年(1896)甘肅藩署刻本　一冊

620000－1101－0021814　857.37/714

坐花志果八卷　（清）汪道鼎述　清同治刻本　一冊

620000－1101－0021815　304

坐隱先生訂碁譜二卷題贈二卷　（明）汪廷訥撰　明萬曆三十七年(1609)汪氏環翠堂刻坐隱先生全集本　五冊

620000－1101－0021816　198

坐隱先生集十二卷　（明）汪廷訥撰　明萬曆三十七年(1609)汪氏環翠堂刻坐隱先生全集本　三冊

620000－1101－0021817　3276

座右銘類鈔一卷續鈔一卷　（清）汪汲撰（清）顧景濂輯　清乾隆刻本　一冊

中華古籍保護計劃

ZHONG HUA GU JI BAO HU JI HUA CHENG GUO

·成果·

甘肅省圖書館

古籍普查登記目録

（上）

全國古籍普查登記目録

國家圖書館出版社
National Library of China Publishing House

圖書在版編目（CIP）數據

甘肅省圖書館古籍普查登記目録:全三册/甘肅省圖書館編. —北京:國家圖書館出版社,2020.8

ISBN 978 – 7 – 5013 – 6985 – 0

Ⅰ.①甘…　Ⅱ.①甘…　Ⅲ.①省級圖書館—古籍—圖書館目録—甘肅　Ⅳ.①Z838

中國版本圖書館 CIP 數據核字（2020）第 058842 號

書　　名	甘肅省圖書館古籍普查登記目録（全三册）
著　　者	甘肅省圖書館　編
責任編輯	許海燕

出版發行　國家圖書館出版社（北京市西城區文津街 7 號　　100034）
　　　　　（原書目文獻出版社 北京圖書館出版社）
　　　　　010 – 66114536　63802249　nlcpress@ nlc. cn（郵購）

網　　址	http://www. nlcpress. com
排　　版	京荷（北京）科技有限公司
印　　裝	河北三河弘翰印務有限公司
版次印次	2020 年 8 月第 1 版　2020 年 8 月第 1 次印刷

開　　本	787 × 1092（毫米）　1/16
印　　張	92.5
字　　數	2200 千字
書　　號	ISBN 978 – 7 – 5013 – 6985 – 0
定　　價	900.00 圓

《全國古籍普查登記目錄》

工作委員會

主　任：周和平

副主任：張永新　詹福瑞　劉小琴　李致忠　張志清

委　員（按姓氏筆畫排序）：

于立仁	王水喬	王　沛	王紅蕾	王筱雯
方自今	尹壽松	包菊香	任　競	全　勤
李西寧	李　彤	李忠昊	李春來	李　培
李曉秋	吳建中	宋志英	努　木	林世田
易向軍	周建文	洪　琰	倪曉建	徐欣禄
徐　蜀	高文華	郭向東	陳荔京	陳紅彥
張　勇	湯旭岩	楊　揚	賈貴榮	趙　嬿
鄭智明	劉洪輝	歷　力	鮑盛華	韓　彬
魏存慶	鍾海珍	謝冬榮	謝　林	應長興

《全國古籍普查登記目録》

序　言

　　全國古籍普查登記工作是"中華古籍保護計劃"的首要任務,是全面開展古籍搶救、保護和利用工作的基礎,也是有史以來第一次由政府組織、參加收藏單位最多的全國性古籍普查登記工作。

　　2007年國務院辦公廳發布《關於進一步加强古籍保護工作的意見》(國辦發[2007]6號),明確了古籍保護工作的首要任務是對全國公共圖書館、博物館和教育、宗教、民族、文物等系統的古籍收藏和保護狀況進行全面普查,建立中華古籍聯合目録和古籍數字資源庫。2011年12月,文化部下發《文化部辦公廳關於加快推進全國古籍普查登記工作的通知》(文辦發[2011]518號),進一步落實了全國古籍普查登記工作。根據文化部2011年518號文件精神,國家古籍保護中心擬訂了《全國古籍普查登記工作方案》,進一步規範了古籍普查登記工作的範圍、内容、原則、步驟、辦法、成果和經費。目前進行的全國古籍普查登記工作的中心任務是通過每部古籍的身份證——"古籍普查登記編號"和相關信息,建立古籍總臺賬,全面瞭解全國古籍存藏情況,開展全國古籍保護的基礎性工作,加强各級政府對古籍的管理、保護和利用。

　　《全國古籍普查登記工作方案》規定了全國古籍普查登記工作的三個主要步驟:一、開展古籍普查登記工作;二、在古籍普查登記基礎上,編纂出版館藏古籍普查登記目録,形成《全國古籍普查登記目録》;三、在古籍普查登記工作基本完成的前提下,由省級古籍保護中心負責編纂出版本省古籍分類聯合目録《中華古籍總目》分省卷,由國家古籍保護中心負責編纂出版《中華古籍總目》統編卷。

　　在黨和政府領導下,在各地區、各有關部門和全社會共同努力下,古籍普查登記工作得以扎實推進。古籍普查已在除臺、港、澳之外的全國各省級行政區域開展,普查内容除漢文古籍外,還包括各少數民族文字古籍,特別是於2010年分別啓動了新疆古籍保護和西藏古籍保護專項,因地制宜,開展古籍普查登記工作;國家古籍保護中心研製的"全國古籍普查登記平臺"已覆蓋到全國各省級古籍保護中心,并進一步研發了"中華古籍索引庫",爲及時展現古籍普查成果提供有力支持;截至目前,已有11375部古籍進入《國家珍貴古籍名録》,浙江、江蘇、山東、河北等省公布了省級《珍貴古籍名録》,古籍分級保護機制初步形成。

《全國古籍普查登記目録》是古籍普查工作的階段性成果,旨在摸清家底,揭示館藏,反映古籍的基本信息。原則上每申報單位獨立成册,館藏量少不能獨立成册者,則在本省範圍内幾個館目合并成册。無論獨立成册還是合并成册,均編製獨立的書名筆畫索引附於書後。著録的必填基本項目有:古籍普查登記編號、索書號、題名卷數、著者(含著作方式)、版本、册數及存缺卷數。其他擴展項目有:分類、批校題跋、版式、裝幀形式、叢書子目、書影、破損狀況等。有條件的收藏單位多著録的一些擴展項目,也反映在《全國古籍普查登記目録》上。目録編排按古籍普查登記編號排序,内在順序給予各古籍收藏單位較大自由度,可按分類排列古籍普查登記編號,也可按排架號、按同書名等排列古籍普查登記編號,以反映各館特色。

此次全國古籍普查登記工作,克服了古籍數量多、普查人員少、普查難度大等各種困難,也得到了全國古籍保護工作者的極大支持。在古籍普查登記過程中,國家古籍保護中心、各省古籍保護中心爲此舉辦了多期古籍普查、古籍鑒定、古籍普查目録審校等培訓班,全國共1600餘家單位參加了培訓,爲古籍普查登記工作培養了大量人才。同時在古籍普查登記工作中,也鍛煉了普查員的實踐能力,爲將來古籍保護事業發展奠定了良好的基礎。

《全國古籍普查登記目録》的出版,將摸清我國古籍家底,爲古籍保護和利用工作提供依據,也將是古籍保護長期工作的一個里程碑。

國家古籍保護中心

2013 年 10 月

《全國古籍普查登記目録》

編纂凡例

　　一、收録範圍爲我國境内各收藏機構或個人所藏,産生於 1912 年以前,具有文物價值、學術價值和藝術價值的文獻典籍,包括漢文古籍和少數民族文字古籍以及甲骨、簡帛、敦煌遺書、碑帖拓本、古地圖等文獻。其中,部分文獻的收録年限適當延伸。

　　二、以各收藏機構爲分册依據,篇幅較小者,適當合并出版。

　　三、一部古籍一條款目,複本亦單獨著録。

　　四、著録基本要求爲客觀登記、規範描述。

　　五、著録款目包括古籍普查登記編號、索書號、題名卷數、著者、版本、册數、存缺卷等。古籍普查登記編號的組成方式是:省級行政區劃代碼—單位代碼—古籍普查登記順序號。

　　六、以古籍普查登記編號順序排序。

《甘肅省圖書館古籍普查登記目錄》

編委會

主　任：李素平　魏孔俊

主　編：曾雪梅

副主編：王江東　呂文瑞

顧　問：邵國秀　張紹重　郭向東　易雪梅

編　委（按姓氏筆畫排序）：

　　　　王江東　呂文瑞　李芬林　李素平　邵國秀

　　　　易雪梅　郭向東　陳　軍　張紹重　許新龍

　　　　曾雪梅　劉　瑛　魏孔俊

《甘肅省圖書館古籍普查登記目録》

前　言

　　甘肅省圖書館成立於 1916 年。建館伊始,接收蘭州蘭山、求古、五泉三書院 400 餘册古籍,此後逐年采訪搜羅,至二三十年代,藏書初具規模。1934 年接受國民政府考試院院長戴傳賢(字季陶)捐贈的《古今圖書集成》一部,1936 年添購《四部叢刊》《初編天算叢書》《四庫全書珍本初集》等;40 年代西北圖書館(甘肅省圖書館的前身之一)時期,由於主管館務的劉國鈞先生特别注重古籍的求訪,當地張維(字鴻汀)、慕壽祺、虞君質等諸先生及省内外各機關捐贈之書頗多,古籍數量大爲改觀,其中不乏珍善本,由是奠定古籍藏書的堅實基礎。中華人民共和國成立初期,接受一批原甘肅省文獻徵集委員會和教育部調撥之日僞機關藏書,60 年代"文革"初期,李葵英、張思温、王椿等諸賢又將家藏稿本與綫裝古籍 6795 册、字畫 390 軸、拓片照片 238 張捐贈我館。1966 年 10 月,中央文化部决定,原藏遼寧省圖書館文溯閣《四庫全書》及銅活字版《古今圖書集成》移交我館保存,從而使我館古籍藏品再次得到有力充實。經幾代人百餘年之不懈努力,我館古籍從無到有,從少到多,逐漸形成了普通古籍、善本特藏、西北地方文獻共同構建的歷史文獻藏書體系。

　　在古籍編目方面,我館早在 1924 年就采用四部分類法編印了《甘肅省公立圖書館書目初編》,1925 年編印了《甘肅省公立圖書館保存類書目》,1948 年又編印了《國立蘭州圖書館特藏書目初編》,收録元明刻本 110 部,稿本、批校本、傳抄本 215 部。1949 年後,我館古籍整理工作有了明顯的進展,尤其注重古籍中的精華,即善本古籍的收藏、整理與編目。1955 年編輯油印了揭示館藏敦煌資料的《敦煌文物資料》,1959 年又編輯油印了館藏善本書目草目。

　　20 世紀 80 年代,全國善本書目編輯工作在全國公共圖書館展開,我館吴田易、易雪梅兩位同志參加善本書目編輯工作,在吸取《中國古籍善本書目》編纂經驗基礎上,1989 年周永勝編纂完成《甘肅省圖書館善本書目》并親刻蠟板進行印刷,收録善本 997 部 14365 册。此次書目編纂整理使我館古籍編目工作邁上了一個新臺階,并逐步走向規範化、科學化。1994—1995 年我館組織人力開展了古籍整理工作,之後由於整理編目人員陸續退休,後備力量不足,約有 10 餘萬册古籍一直未編目整理,成爲我館幾十年來古籍整理的老大難問題。

　　爲全面保護中華古籍資源,國務院辦公廳於 2007 年 1 月出臺《關於進一步加强古籍保護工作的意見》(國辦發[2007]6號),下撥資金,在全國範圍內啓動實施"中華古籍保護計劃",開展古籍普查工作。藉此和風春雨,我館自2007年7月開始,全力配合國家古籍保護中心安排部署,有計劃、分步驟地啓動古籍普查登記工作,輪流委派職工出外培訓學習,積極開展珍貴古籍名録與"全國古籍重點保護單位"申報。10多年來,參與普查人員50餘人,有正式職工,也有臨時聘用人員,有80歲高齡的老先生,也有20歲出頭在校的大學生,大家齊心協力,通過去塵清潔、整合歸并、版本鑒定、分類編目、鈐蓋印章、電子表格登記、書影拍攝、平臺數據著録與審核、訂製函套等工作程序,迄今已全部完成古籍普查工作,包括文溯閣《四庫全書》在内的124部古籍入選《國家珍貴古籍名録》,293部古籍入選《甘肅省珍貴古籍名録》。經最終統計,包含民國文獻在内,我館所藏古舊籍總量約38萬册(件),其中1912年以前漢文古籍21817部248203册(件),含善本4415部97758册(件)。我館西北地方文獻收藏尤具特色,據《中國地方志聯合目録》統計,全國各圖書館現存1949年以前西北方志793種,我館收藏就達682種,其中所藏明萬曆刻本《重修鳳翔府志》、清康熙刻本《朔方廣武志》,皆海内外孤本,我館正因其完備的西北地方文獻特色藏書體系而成爲研究西北史地、西北民族問題及敦煌學的重要文獻基地和交流中心。

我館古籍普查工作取得的成績是巨大的,總結原因,一是歷屆領導重視,二是經費保障,三是注重人才培養,四是科學管理。總之,我館古籍普查的順利完成,不僅摸清了古籍家底,豐富了館藏,培養了一支古籍專業隊伍,完善了古籍目録體系,更爲我們今天編纂出版《甘肅省圖書館古籍普查登記目録》提供了有力保障。

此書的出版,是歷屆館領導的大力支持和幾代圖書館古籍工作者辛勤努力的成果,使走過百秩芳華之路的圖書館人倍感欣喜!值此書出版之際,還要感謝建館以來歷代爲古籍事業傾心傾力之前輩們,他們的執着與守望將激勵後來者。尤其值得一提的是我館德高望重之原任副館長邵國秀老先生,爲古籍普查事業接受返聘,嘔心瀝血,最後因突發腦溢血搶救無效於2016年2月29日凌晨5點不幸離世。邵老先生的忽然謝世令我们悲痛不已!其心心念念之館藏古籍書目即將付之棗梨,想必他老人家的在天之靈定感慰藉!

《甘肅省圖書館古籍普查登記目録》是在完成古籍整理和普查的基礎上編輯而成的,先後參與古籍整理和數據普查的有本館原副館長邵國秀及職工易雪梅、王梅、丁學藝、劉瑛、曾雪梅、鍾蕭鳳、岳欣、岳慶艷、張麗玲、曹有林、周生龍、王娟、邵正春、王江東、吕文瑞、張超等,另有臨時聘用人員張紹重、湯静、霍曼立、王雯、李育敏、海燕等,他們爲此工作付出了心力。李芬林、劉瑛負責目録編輯的協調統籌工作,曾雪梅負責完成數據終審與統稿工作,王江東、吕文瑞負責完成數據的檢查、校改、審核工作,不妥之處敬請專家指正。

本書編委會

2019年11月29日

2

目　録

上册

中册

下册

620000－1101－0000001　672.35/215.524

[寶慶]會稽續志八卷　（宋）張淏纂修　清嘉慶十三年(1808)刻本　二冊

620000－1101－0000002　546

[寶祐]重修琴川志十五卷圖一卷　（宋）孫應時纂　（宋）鮑廉增補　（元）盧鎮續修　清道光抄本　四冊

620000－1101－0000003　573.53/353

[布政司衙門刊頒道光元年至十年一切條例]不分卷　（清）布政司衙門編　清道光布政司衙門刻本　十八冊

620000－1101－0000004　653.71/147

[曹氏財產分立清單]不分卷　（清）曹績堂錄　清同治抄本　一冊

620000－1101－0000005　672.24/94.48

[淳熙]新安志十卷附錄一卷　（宋）羅願纂　清嘉慶十七年(1812)刻本　十冊

620000－1101－0000006　672.24/94.522

[淳熙]新安志十卷附錄一卷　（宋）羅願纂　清光緒十四年(1888)刻本　四冊

620000－1101－0000007　672.24/94.522

[淳熙]新安志十卷附錄一卷　（宋）羅願纂　清光緒十四年(1888)刻本　四冊

620000－1101－0000008　672.24/94.522

[淳熙]新安志十卷附錄一卷　（宋）羅願纂　清光緒十四年(1888)刻本　四冊

620000－1101－0000009　672.34/429.522

[淳熙]嚴州圖經三卷　（宋）董弅修　（宋）喻彥先檢訂　（宋）陳公亮重修　重刊校字記一卷　（清）袁昶撰　清光緒二十二年(1896)漸西村舍刻本　二冊

620000－1101－0000010　672.35/111

[淳祐]臨安志□□卷　（宋）施諤纂　清光緒九年(1883)錢塘丁氏嘉惠堂刻本　二冊　存六卷(五至十)

620000－1101－0000011　1908

[大清太宗文皇帝聖訓]六卷　（清）太宗皇太極撰　清乾隆四年(1739)刻本　六冊

620000－1101－0000012　672.2/76

[道光]安徽通志二百六十卷首六卷　（清）陶澍　（清）鄧廷楨修　（清）李振庸　（清）韓玟纂　清道光十年(1830)刻本　四冊　存九卷(二百二十四至二百三十二)

620000－1101－0000013　672.45/719.76

[道光]安遠縣志三十二卷首一卷　（清）黃文燮修　（清）徐必藻纂　清道光三年(1823)刻本　一冊　存七卷(一至六、首一卷)

620000－1101－0000014　672.75/551.76

[道光]安岳縣志十六卷首一卷　（清）濮瑗修　（清）周國頤等纂　清道光十六年(1836)刻本　八冊

620000－1101－0000015　671.35/335.76

[道光]寶豐縣志十六卷首一卷　（清）李彷梧修　（清）耿興宗　（清）鮑桂徵纂　清道光十七年(1837)刻本　六冊

620000－1101－0000016　671.25/305.76

[道光]博平縣志六卷　（清）楊祖憲修　（清）烏竹芳纂　清道光十一年(1831)刻本　五冊　存五卷(一至四、六)

620000－1101－0000017　671.25/121.76

[道光]長清縣志十六卷首四卷末二卷　（清）舒化民等修　（清）徐德成等纂　清道光十五年(1835)刻本　八冊

620000－1101－0000018　671.25/121.76

[道光]長清縣志十六卷首四卷末二卷　（清）舒化民等修　（清）徐德成等纂　清道光十五年(1835)刻本　八冊

620000－1101－0000019　1110

[道光]長壽縣志五卷　（清）李彬然纂修　清道光抄本　五冊

620000－1101－0000020　675.44/358.76

[道光]承德府志六十卷首二十六卷　（清）海忠纂修　清道光十一年(1831)刻本　二十四冊

620000 – 1101 – 0000021　672.75/253.88
[道光]城口廳志二十卷首一卷　(清)劉紹文修　(清)洪錫疇纂　清道光二十四年(1844)刻本　六冊

620000 – 1101 – 0000022　671.25/245.76
[道光]城武縣志十四卷首一卷　(清)袁章華修　(清)劉士瀛纂　清道光十年(1830)刻本　八冊　存十四卷(一至十三、首一卷)

620000 – 1101 – 0000023　671.55/133.76
[道光]大荔縣志十六卷首一卷　(清)熊兆麟纂修　清道光三十年(1850)刻本　六冊

620000 – 1101 – 0000024　672.75/149.76
[道光]德陽縣新志十二卷首一卷末一卷　(清)裴顯忠修　(清)劉碩輔纂　清道光十七年(1837)刻本　六冊

620000 – 1101 – 0000025　671.25/343.76
[道光]東阿縣志二十四卷首一卷　(清)李賢書修　(清)吳怡等纂　清道光九年(1829)刻本　十二冊

620000 – 1101 – 0000026　671.65/511.76
[道光]敦煌縣志七卷首一卷　(清)蘇履吉修　(清)曾誠纂　清道光十一年(1831)刻本　四冊

620000 – 1101 – 0000027　671.65/511.76
[道光]敦煌縣志七卷首一卷　(清)蘇履吉修　(清)曾誠纂　清道光十一年(1831)刻本　四冊

620000 – 1101 – 0000028　671.65/511.76
[道光]敦煌縣志七卷首一卷　(清)蘇履吉修　(清)曾誠纂　清道光十一年(1831)刻本　四冊

620000 – 1101 – 0000029　671.65/511.76
[道光]敦煌縣志七卷首一卷　(清)蘇履吉修　(清)曾誠纂　清道光十一年(1831)刻本　四冊

620000 – 1101 – 0000030　671.65/511.76
[道光]敦煌縣志七卷首一卷　(清)蘇履吉修

(清)曾誠纂　清道光十一年(1831)刻本　四冊

620000 – 1101 – 0000031　671.65/511.76
[道光]敦煌縣志七卷首一卷　(清)蘇履吉修　(清)曾誠纂　清道光十一年(1831)刻本　四冊

620000 – 1101 – 0000032　671.65/511.76
[道光]敦煌縣志七卷首一卷　(清)蘇履吉修　(清)曾誠纂　清道光十一年(1831)刻本　四冊

620000 – 1101 – 0000033　671.65/511.76
[道光]敦煌縣志七卷首一卷　(清)蘇履吉修　(清)曾誠纂　清道光十一年(1831)刻本　四冊

620000 – 1101 – 0000034　671.65/511.76
[道光]敦煌縣志七卷首一卷　(清)蘇履吉修　(清)曾誠纂　清道光十一年(1831)刻本　四冊

620000 – 1101 – 0000035　671.65/511.76
[道光]敦煌縣志七卷首一卷　(清)蘇履吉修　(清)曾誠纂　清道光十一年(1831)刻本　四冊

620000 – 1101 – 0000036　671.65/511.76
[道光]敦煌縣志七卷首一卷　(清)蘇履吉修　(清)曾誠纂　清道光十一年(1831)刻本　四冊

620000 – 1101 – 0000037　671.65/511.76
[道光]敦煌縣志七卷首一卷　(清)蘇履吉修　(清)曾誠纂　清道光十一年(1831)刻本　四冊

620000 – 1101 – 0000038　671.65/511.76
[道光]敦煌縣志七卷首一卷　(清)蘇履吉修　(清)曾誠纂　清道光十一年(1831)刻本　四冊

620000 – 1101 – 0000039　671.65/511.76
[道光]敦煌縣志七卷首一卷　(清)蘇履吉修　(清)曾誠纂　清道光十一年(1831)刻本

四冊

620000－1101－0000040　671.65/511.76
[道光]敦煌縣志七卷首一卷　（清）蘇履吉修
　（清）曾誠纂　清道光十一年(1831)刻本
四冊

620000－1101－0000041　671.65/511.76
[道光]敦煌縣志七卷首一卷　（清）蘇履吉修
　（清）曾誠纂　清道光十一年(1831)刻本
四冊

620000－1101－0000042　671.65/511.76
[道光]敦煌縣志七卷首一卷　（清）蘇履吉修
　（清）曾誠纂　清道光十一年(1831)刻本
四冊

620000－1101－0000043　671.65/511.76
[道光]敦煌縣志七卷首一卷　（清）蘇履吉修
　（清）曾誠纂　清道光十一年(1831)刻本
一冊　存二卷(六至七)

620000－1101－0000044　671.65/511.76
[道光]敦煌縣志七卷首一卷　（清）蘇履吉修
　（清）曾誠纂　清道光十一年(1831)刻本
一冊　存三卷(五至七)

620000－1101－0000045　671.65/511.76
[道光]敦煌縣志七卷首一卷　（清）蘇履吉修
　（清）曾誠纂　清道光十一年(1831)刻本
三冊　存六卷(二至七)

620000－1101－0000046　673.35/105.768
[道光]佛山忠義鄉志十四卷　（清）吳榮光纂
　清道光十一年(1831)刻本　七冊

620000－1101－0000047　671.35/157.76
[道光]扶溝縣志十三卷　（清）王德英纂修
清道光十三年(1833)刻本　四冊

620000－1101－0000048　671.65/103.76
[道光]皋蘭縣續志十二卷　（清）黃璟修
(清)秦維嶽纂　（清）陸芝田　（清）張廷選
續纂　清道光二十七年(1847)刻本　四冊

620000－1101－0000049　671.65/103.76
[道光]皋蘭縣續志十二卷　（清）黃璟修

(清)秦維嶽纂　（清）陸芝田　（清）張廷選
續纂　清道光二十七年(1847)刻本　四冊

620000－1101－0000050　671.65/103.76
[道光]皋蘭縣續志十二卷　（清）黃璟修
(清)秦維嶽纂　（清）陸芝田　（清）張廷選
續纂　清道光二十七年(1847)刻本　四冊

620000－1101－0000051　671.65/103.76
[道光]皋蘭縣續志十二卷　（清）黃璟修
(清)秦維嶽纂　（清）陸芝田　（清）張廷選
續纂　清道光二十七年(1847)刻本　三冊
存九卷(一至三、七至十二)

620000－1101－0000052　671.65/103.76
[道光]皋蘭縣續志十二卷　（清）黃璟修
(清)秦維嶽纂　（清）陸芝田　（清）張廷選
續纂　清道光二十七年(1847)刻本　一冊
存十卷(三至十二)

620000－1101－0000053　673.65/718.16
[道光]廣順州志十二卷首一卷末一卷　（清）
金臺修　（清）但明倫纂　清道光二十六年
(1846)刻本　二冊　存六卷(八至十二、末一
卷)

620000－1101－0000054　671.45/155.76
[道光]壺關縣志十卷首一卷　（清）茹金等纂
修　清道光十四年(1834)刻本　五冊

620000－1101－0000055　671.35/159.76
[道光]許州志十六卷首一卷志圖考十七幅
（清）蕭元吉修　（清）李堯觀纂　清道光十八
年(1838)刻本　十二冊

620000－1101－0000056　671.35/225.78
[道光]輝縣志二十卷首一卷末一卷　（清）周
際華修　（清）戴銘纂　清光緒十四年(1888)
郭藻、二十一年(1895)易釗補刻本　八冊

620000－1101－0000057　671.65/139.76
[道光]會寧縣志十二卷首一卷　（清）畢光堯
纂修　清道光十一年(1831)刻本　二冊

620000－1101－0000058　671.65/139.76
[道光]會寧縣志十二卷首一卷　（清）畢光堯

纂修　清道光十一年(1831)刻本　四册

620000－1101－0000059　671.65/139.76
[道光]會寧縣志十二卷首一卷　(清)畢光堯
纂修　清道光十一年(1831)刻本　二册

620000－1101－0000060　674.4/51
[道光]吉林外記十卷　(清)薩英額纂　清光
緒二十一年(1895)漸西村舍刻本　四册

620000－1101－0000061　674.4/51
[道光]吉林外記十卷　(清)薩英額纂　清光
緒二十一年(1895)漸西村舍刻本　四册

620000－1101－0000062　674.4/516.001
[道光]吉林外記十卷　(清)薩英額纂　清光
緒二十六年(1900)廣雅書局刻本　二册

620000－1101－0000063　674.4/51
[道光]吉林外記十卷　(清)薩英額纂　清光
緒二十一年(1895)漸西村舍刻本　四册

620000－1101－0000064　674.4/51
[道光]吉林外記十卷　(清)薩英額纂　清光
緒二十一年(1895)漸西村舍刻本　四册

620000－1101－0000065　671.25/201.49
[道光]濟寧直隸州志十卷首一卷末一卷圖一
卷　(清)徐宗幹修　(清)許瀚纂　清咸豐九
年(1859)盧朝安刻本　二十册

620000－1101－0000066　671.25/201.76
[道光]濟寧直隸州志十卷首一卷末一卷圖一
卷　(清)徐宗幹修　(清)許瀚纂　清咸豐九
年(1859)盧朝安刻本　十八册　存十卷(二
至十、末一卷)

620000－1101－0000067　671.65/109.76
[道光]金縣志十三卷首一卷　(清)恩福修
(清)冒暵纂　清道光二十四年(1844)刻本
四册

620000－1101－0000068　671.65/107.76
[道光]靖遠縣志八卷首一卷　(清)陳之驥修
(清)尹世阿纂　清道光十三年(1833)刻本
八册

620000－1101－0000069　671.65/107.76

620000－1101－0000069　671.65/107.76
[道光]靖遠縣志八卷首一卷　(清)陳之驥修
(清)尹世阿纂　清道光十三年(1833)刻本
七册　存七卷(二至八)

620000－1101－0000070　671.65/107.76
[道光]靖遠縣志八卷首一卷　(清)陳之驥修
(清)尹世阿纂　清道光十三年(1833)刻本
一册　存五卷(二至三、五至七)

620000－1101－0000071　672.15/227.91
[道光]靜海鄉志三卷附大事紀　(清)丁鹿壽
纂　清道光十四年(1834)刻本　一册

620000－1101－0000072　673.55/101.76
[道光]昆明縣志十卷　(清)戴絅孫纂修　清
光緒二十七年(1901)刻本　六册

620000－1101－0000073　671.64/51.76
[道光]蘭州府志十二卷首一卷　(清)陳士楨
修　(清)涂鴻儀纂　清道光十三年(1833)刻
本　四册

620000－1101－0000074　671.64/51.76
[道光]蘭州府志十二卷首一卷　(清)陳士楨
修　(清)涂鴻儀纂　清道光十三年(1833)刻
本　八册

620000－1101－0000075　671.64/51.76
[道光]蘭州府志十二卷首一卷　(清)陳士楨
修　(清)涂鴻儀纂　清道光十三年(1833)刻
本　八册

620000－1101－0000076　671.64/51.76
[道光]蘭州府志十二卷首一卷　(清)陳士楨
修　(清)涂鴻儀纂　清道光十三年(1833)刻
本　八册

620000－1101－0000077　671.64/51.76
[道光]蘭州府志十二卷首一卷　(清)陳士楨
修　(清)涂鴻儀纂　清道光十三年(1833)刻
本　六册　存十一卷(一至八、十一至十二,
首一卷)

620000－1101－0000078　671.64/51.76
[道光]蘭州府志十二卷首一卷　(清)陳士楨
修　(清)涂鴻儀纂　清道光十三年(1833)刻

本　五冊　存五卷(二至三、五至七)

620000－1101－0000079　671.65/209.75
[道光]兩當縣新志十二卷首一卷　(清)德峻
修　(清)韓塘纂　清道光二十年(1840)刻本
　四冊

620000－1101－0000080　671.65/209.75
[道光]兩當縣新志十二卷首一卷　(清)德峻
修　(清)韓塘纂　清道光二十年(1840)刻本
　一冊　存一卷(十一)

620000－1101－0000081　671.25/337.76
[道光]臨邑縣志十六卷首一卷末一卷　(清)
沈淮纂修　清道光十七年(1837)刻本　八冊

620000－1101－0000082　671.55/221.76
[道光]留壩廳志十卷附足徵錄四卷　(清)賀
仲瑊修　(清)蔣湘南纂　清道光二十二年
(1842)刻本　四冊

620000－1101－0000083　672.75/143.76
[道光]茂州志四卷首一卷　(清)楊迦懌等修
　(清)劉輔廷纂　清道光十一年(1831)刻本
　四冊

620000－1101－0000084　671.15/455.76
[道光]南宮縣志十六卷　(清)周栻修
(清)陳柱纂　清道光十一年(1831)刻本
八冊

620000－1101－0000085　673.35/105.766
[道光]南海縣志四十四卷首一卷末一卷
(清)潘尚楫修　(清)鄧士憲纂　清同治八年
(1869)刻本　二十冊

620000－1101－0000086　671.55/241.25
[道光]寧陝廳志四卷　(清)林一銘修
(明)焦世官纂　清道光九年(1829)刻本
四冊

620000－1101－0000087　671.65/215.76
[道光]寧遠縣志續刻一卷　(清)蘇得坡修纂
　清道光十五年(1835)刻本　一冊

620000－1101－0000088　671.65/215.76
[道光]寧遠縣志續刻一卷　(清)蘇得坡修纂

清道光十五年(1835)刻本　一冊

620000－1101－0000089　672.75/547.76
[道光]蓬溪縣志十六卷首一卷　(清)吳章祁
等修　(清)顧士英等纂　清道光二十五年
(1845)刻本　八冊

620000－1101－0000090　673.65/341.75
[道光]黔西州志八卷　(清)魯壽崧修
(清)熊聲元纂　清道光十五年(1835)刻光緒
十年(1884)印本　一冊　存一卷(八)

620000－1101－0000091　671.65/203.42
[道光]秦安縣志十四卷　(清)嚴長宧修
(清)劉德熙纂　清道光十八年(1838)刻本
四冊

620000－1101－0000092　671.65/203.42
[道光]秦安縣志十四卷　(清)嚴長宧修
(清)劉德熙纂　清道光十八年(1838)刻本
四冊

620000－1101－0000093　671.65/203.42
[道光]秦安縣志十四卷　(清)嚴長宧修
(清)劉德熙纂　清道光十八年(1838)刻本
四冊

620000－1101－0000094　671.65/203.42
[道光]秦安縣志十四卷　(清)嚴長宧修
(清)劉德熙纂　清道光十八年(1838)刻本
四冊

620000－1101－0000095　671.65/203.42
[道光]秦安縣志十四卷　(清)嚴長宧修
(清)劉德熙纂　清道光十八年(1838)刻本
四冊

620000－1101－0000096　671.65/203.42
[道光]秦安縣志十四卷　(清)嚴長宧修
(清)劉德熙纂　清道光十八年(1838)刻本
四冊

620000－1101－0000097　671.65/203.42
[道光]秦安縣志十四卷　(清)嚴長宧修
(清)劉德熙纂　清道光十八年(1838)刻本
四冊

620000－1101－0000098　671.65/203.42

[道光]秦安縣志十四卷　（清）嚴長宧修
（清）劉德熙纂　清道光十八年(1838)刻本
四冊

620000－1101－0000099　671.65/203.42

[道光]秦安縣志十四卷　（清）嚴長宧修
（清）劉德熙纂　清道光十八年(1838)刻本
四冊

620000－1101－0000100　671.65/203.42

[道光]秦安縣志十四卷　（清）嚴長宧修
（清）劉德熙纂　清道光十八年(1838)刻本
四冊

620000－1101－0000101　671.65/203.42

[道光]秦安縣志十四卷　（清）嚴長宧修
（清）劉德熙纂　清道光十八年(1838)刻本
四冊

620000－1101－0000102　671.65/203.42

[道光]秦安縣志十四卷　（清）嚴長宧修
（清）劉德熙纂　清道光十八年(1838)刻本
二冊　存六卷(八至九、十一至十四)

620000－1101－0000103　671.65/203.42

[道光]秦安縣志十四卷　（清）嚴長宧修
（清）劉德熙纂　清道光十八年(1838)刻本
二冊　存七卷(四至十)

620000－1101－0000104　671.65/203.42

[道光]秦安縣志十四卷　（清）嚴長宧修
（清）劉德熙纂　清道光十八年(1838)刻本
一冊　存一卷(九下)

620000－1101－0000105　2410

[道光]琴川三志補記十卷續八卷　（清）黃廷
鑑纂　清光緒二十四年(1898)木活字印本
四冊　存十卷(補記十卷)

620000－1101－0000106　671.15/223.76

[道光]任邱縣志續編二卷　（清）鮑承壽修
（清）瞿光縉等纂　清道光十七年(1837)刻本
二冊

620000－1101－0000107　671.25/419.28

[道光]榮成縣志十卷　（清）李天驥修
（清）岳賡廷纂　清道光二十年(1840)刻本
四冊

620000－1101－0000108　672.15/321.751

[道光]如皋縣續志十二卷　（清）范仕義修
（清）吳鎧纂　清道光十七年(1837)刻本
二冊

620000－1101－0000109　672.15/321.76

[道光]如皋縣續志十二卷　（清）范仕義修
（清）吳鎧纂　清道光十七年(1837)刻本
二冊

620000－1101－0000110　672.15/321.76

[道光]如皋縣續志十二卷　（清）范仕義修
（清）吳鎧纂　清道光十七年(1837)刻本
二冊

620000－1101－0000111　671.35/329.76

[道光]汝州全志十卷首一卷　（清）白明義修
（清）趙林成纂　清道光二十年(1840)刻本
十冊

620000－1101－0000112　673.15/201.76

[道光]廈門志十六卷　（清）周凱等纂修　清
道光十九年(1839)玉屏書院刻本　十二冊

620000－1101－0000113　673.15/201.76

[道光]廈門志十六卷　（清）周凱等纂修　清
道光十九年(1839)玉屏書院刻本　一冊　存
二卷(十五至十六)

620000－1101－0000114　671.65/415.76

[道光]山丹縣續志十卷　（清）党行義原本
（清）黃璟續修　清道光十五年(1835)刻本
四冊

620000－1101－0000115　671.65/415.76

[道光]山丹縣續志十卷　（清）党行義原本
（清）黃璟續修　清道光十五年(1835)刻本
三冊　存七卷(一至四、八至十)

620000－1101－0000116　671.5/113

[道光]陝西志輯要六卷首一卷　（清）王志沂
輯　漢南紀游一卷　（清）王志沂撰　秦疆治

略一卷　（清）盧坤撰　關中漢唐存碑跋一卷
（清）王志沂輯　清道光七年(1827)朝坂謝
氏賜書堂刻本　六冊

620000－1101－0000117　671.5/113
[道光]陝西志輯要六卷首一卷　（清）王志沂
輯　漢南紀游一卷　（清）王志沂撰　秦疆治
略一卷　（清）盧坤撰　關中漢唐存碑跋一卷
（清）王志沂輯　清道光七年(1827)朝坂謝
氏賜書堂刻本　六冊

620000－1101－0000118　671.5/113
[道光]陝西志輯要六卷首一卷　（清）王志沂
輯　漢南紀游一卷　（清）王志沂撰　秦疆治
略一卷　（清）盧坤撰　關中漢唐存碑跋一卷
（清）王志沂輯　清道光七年(1827)朝坂謝
氏賜書堂刻本　六冊

620000－1101－0000119　671.25/147.76
[道光]商河縣志八卷首一卷　（清）龔廷煌等
纂修　清道光十六年(1836)刻本　八冊

620000－1101－0000120　673.55/303.82
[道光]神木縣志八卷　（清）王致雲修
（清）朱墇纂　附補編一卷　（清）張琛纂　清
道光二十一年(1841)刻本　四冊

620000－1101－0000121　672.75/139.76
[道光]石泉縣志十卷　（清）趙德林等修
（清）張沅等纂　清道光十四年(1834)刻本
六冊

620000－1101－0000122　673.55/239.76
[道光]石泉縣志四卷　（清）舒鈞纂修　清道
光二十九年(1849)刻本　二冊

620000－1101－0000123　673.55/239.76
[道光]石泉縣志四卷　（清）舒鈞纂修　清道
光二十九年(1849)刻本　二冊

620000－1101－0000124　671.35/155.76
[道光]太康縣志八卷　（清）戴鳳翔修
（清）高崧　（清）江練纂　清道光八年
(1828)刻本　四冊　存四卷(一至三、七)

620000－1101－0000125　671.45/317.76

[道光]太平縣志十六卷首一卷　（清）李炳彥
修　（清）梁棲鸞纂　清道光五年(1825)刻本
八冊

620000－1101－0000126　671.25/123.76
[道光]泰安縣志十二卷首一卷末一卷　（清）
徐宗幹修　（清）蔣大慶纂　清道光八年
(1828)刻本　十三冊

620000－1101－0000127　672.15/421.76
[道光]泰州志三十六卷首一卷　（清）王有慶
等修　（清）陳世鎔等纂　清道光七年(1827)
刻本　四冊　存十七卷(一至十六、首一卷)

620000－1101－0000128　672.15/421.11
[道光]泰州志三十六卷首一卷　（清）王有慶
等修　（清）陳世鎔等纂　清道光七年(1827)
刻光緒三十四年(1908)補刻本　十冊

620000－1101－0000129　672.15/421.761
[道光]泰州志三十六卷首一卷　（清）王有慶
等修　（清）陳世鎔等纂　清道光七年(1827)
刻光緒三十四年(1908)補刻本　十二冊

620000－1101－0000130　671.25/211.76
[道光]滕縣志十四卷首一卷　（清）王政修
（清）王庸立　（清）黃來麟纂　清道光二十六
年(1846)刻本　八冊

620000－1101－0000131　671.25/211.76
[道光]滕縣志十四卷首一卷　（清）王政修
（清）王庸立　（清）黃來麟纂　清道光二十六
年(1846)刻本　八冊

620000－1101－0000132　671.35/109.89
[道光]尉氏縣志二十卷首一卷　（清）劉厚滋
（清）沈湘修　（清）王觀潮等纂　清道光十
一年(1831)刻本　八冊

620000－1101－0000133　2404
[道光]武進陽湖縣合志三十六卷首一卷
（清）孫琬等修　（清）李兆洛等纂　清光緒十
二年(1886)木活字印本　三十冊

620000－1101－0000134　672.15/309.781
[道光]武進陽湖縣合志三十六卷首一卷

（清）孫琬等修　（清）李兆洛等纂　清晚期刻本　一冊　存一卷（二十一）

620000－1101－0000135　671.35/203.76
[道光]武陟縣志三十六卷　（清）王榮陛修（清）方履籛纂　清道光九年（1829）刻本　八冊

620000－1101－0000136　672.75/117.76
[道光]新都縣志十八卷首一卷　（清）張奉書等修　（清）張懷洵等纂　清道光二十四年（1844）刻本　三冊

620000－1101－0000137　673.15/117.76
[道光]新修羅源縣志三十卷首一卷　（清）盧鳳岑修　（清）林春溥纂　清道光十一年（1831）刻本　十冊

620000－1101－0000138　671.45/313.76
[道光]新修曲沃縣志十二卷　（清）張兆衡纂修　清道光二十二年（1842）刻本　二冊　存三卷（五至七）

620000－1101－0000139　671.45/313.76
[道光]新修曲沃縣志十二卷　（清）張兆衡纂修　清道光二十二年（1842）刻本　一冊　存二卷（五至六）

620000－1101－0000140　672.45/229.38
[道光]新喻縣志十四卷首一卷　（清）陸堯春纂修　清道光五年（1825）刻本　八冊

620000－1101－0000141　672.25/105.76
[道光]宿松縣志二十八卷首一卷　（清）鄔正階　（清）鄭敦亮修　（清）石葆元　（清）汪景祥纂　清道光八年（1828）刻本　十冊

620000－1101－0000142　671.15/411.76
[道光]續修長垣縣志二卷　（清）葛之鏞（清）陳壽昌修　（清）蔣庸　（清）郭餘裕纂　清道光二十九年（1849）刻本　二冊

620000－1101－0000143　671.65/139.761
[道光]續修會寧縣志二卷　（清）徐敬修（清）周西範纂　清道光二十年（1840）刻本　二冊

620000－1101－0000144　672.75/549.76
[道光]樂至縣志十六卷首一卷　（清）裴顯忠修　（清）劉碩輔纂　清道光二十年（1840）刻同治八年（1869）補刻本　四冊

620000－1101－0000145　672.75/549.76
[道光]樂至縣志十六卷首一卷　（清）裴顯忠修　（清）劉碩輔纂　清道光二十年（1840）刻同治八年（1869）補刻本　一冊　存四卷（十三至十六）

620000－1101－0000146　629.35/11
[道光]雲南備徵志二十一卷　（清）王崧纂清宣統二年（1910）雲南官報局鉛印本　七冊

620000－1101－0000147　673.5/112.76
[道光]雲南備徵志二十一卷　（清）王崧纂清宣統二年（1910）雲南官報局鉛印本　十六冊

620000－1101－0000148　671.25/105.76
[道光]章邱縣志十六卷首一卷末一卷　（清）吳璋修　（清）曹楙堅纂　清道光十三年（1833）刻本　八冊

620000－1101－0000149　671.45/361.27
[道光]趙城縣志三十七卷首一卷　（清）楊延亮修纂　清道光七年（1827）刻本　八冊

620000－1101－0000150　671.65/325.76
[道光]鎮原縣志二十二卷首一卷　（清）李從圖修纂　清道光二十七年（1847）刻本　十二冊

620000－1101－0000151　671.65/325.76
[道光]鎮原縣志二十二卷首一卷　（清）李從圖修纂　清道光二十七年（1847）刻本　十三冊　存二十一卷（一至八、十一至二十二，首一卷）

620000－1101－0000152　671.65/325.76
[道光]鎮原縣志二十二卷首一卷　（清）李從圖修纂　清道光二十七年（1847）刻本　十二冊

620000－1101－0000153　671.65/325.76

[道光]鎮原縣志二十二卷首一卷 （清）李從
圖修纂 清道光二十七年（1847）刻本 十
二冊

620000－1101－0000154 671.65/325.76
[道光]鎮原縣志二十二卷首一卷 （清）李從
圖修纂 清道光二十七年（1847）刻本 一冊
存三卷（一至二、首一卷）

620000－1101－0000155 671.45/355.76
[道光]直隸霍州志二十五卷首一卷 （清）崔
允昭修 （清）李培謙纂 清道光六年（1826）
刻本 十冊

620000－1101－0000156 672.75/541.76
[道光]中江縣新志八卷首一卷 （清）楊霈修
（清）李福源 （清）范泰衡纂 清道光十九
年（1839）刻本 五冊

620000－1101－0000157 675.75/113.76
[道光]中衛縣志十卷 （清）鄭元吉修
（清）余懋官纂 清道光二十一年（1841）刻本
四冊

620000－1101－0000158 675.75/113.76
[道光]中衛縣志十卷 （清）鄭元吉修
（清）余懋官纂 清道光二十一年（1841）刻本
四冊

620000－1101－0000159 675.75/113.76
[道光]中衛縣志十卷 （清）鄭元吉修
（清）余懋官纂 清道光二十一年（1841）刻本
四冊

620000－1101－0000160 675.75/113.76
[道光]中衛縣志十卷 （清）鄭元吉修
（清）余懋官纂 清道光二十一年（1841）刻本
四冊

620000－1101－0000161 675.75/113.76
[道光]中衛縣志十卷 （清）鄭元吉修
（清）余懋官纂 清道光二十一年（1841）刻本
二冊

620000－1101－0000162 672.15/425.765
[道光]重修寶應縣志二十八卷首一卷 （清）

孟毓蘭修 （清）喬載繇等纂 清道光二十年
（1840）湯氏沐華堂刻本 十冊

620000－1101－0000163 672.15/425.765
[道光]重修寶應縣志二十八卷首一卷 （清）
孟毓蘭修 （清）喬載繇等纂 清道光二十年
（1840）湯氏沐華堂刻本 十冊

620000－1101－0000164 672.15/425.766
[道光]重修寶應縣志二十八卷首一卷 （清）
孟毓蘭修 （清）喬載繇等纂 清道光二十年
（1840）湯氏沐華堂刻本 十六冊

620000－1101－0000165 672.15/425.766
[道光]重修寶應縣志二十八卷首一卷 （清）
孟毓蘭修 （清）喬載繇等纂 清道光二十年
（1840）湯氏沐華堂刻本 十六冊

620000－1101－0000166 672.15/425.766
[道光]重修寶應縣志二十八卷首一卷 （清）
孟毓蘭修 （清）喬載繇等纂 清道光二十年
（1840）湯氏沐華堂刻本 十六冊

620000－1101－0000167 672.15/425.766
[道光]重修寶應縣志二十八卷首一卷 （清）
孟毓蘭修 （清）喬載繇等纂 清道光二十年
（1840）湯氏沐華堂刻本 十六冊

620000－1101－0000168 671.25/433.31
[道光]重修膠州志四十卷 （清）張同聲修
（清）李圖等纂 清道光二十五年（1845）刻本
八冊

620000－1101－0000169 671.55/215.76
[道光]重修略陽縣志四卷 （清）譚瑀修
（清）黎成德等纂 清光緒三十年（1904）刻本
四冊

620000－1101－0000170 671.25/425.76
[道光]重修平度州志二十七卷 （清）保忠等
修 （清）李圖等纂 清道光二十九年（1849）
刻本 八冊

620000－1101－0000171 671.25/425.76
[道光]重修平度州志二十七卷 （清）保忠等
修 （清）李圖等纂 清道光二十九年（1849）

刻本　八冊

620000－1101－0000172　671.55/173.76

[道光]重修汧陽縣志十二卷首一卷　(清)羅
曰璧纂修　清道光二十一年(1841)刻本
四冊

620000－1101－0000173　671.55/173.76

[道光]重修汧陽縣志十二卷首一卷　(清)羅
曰璧纂修　清道光二十一年(1841)刻本　三
冊　存九卷(四至十二)

620000－1101－0000174　672.15/415.76

[道光]重修儀徵縣志五十卷首一卷　(清)王
檢心修　(清)劉文淇　(清)張安保纂　清光
緒十六年(1890)刻本　二十四冊

620000－1101－0000175　671.65/405.61

[道光]重修鎮番縣志十卷首一卷　(清)許協
修　(清)謝集成纂　清道光五年(1825)刻本
五冊

620000－1101－0000176　671.65/405.61

[道光]重修鎮番縣志十卷首一卷　(清)許協
修　(清)謝集成纂　清道光五年(1825)刻本
五冊

620000－1101－0000177　671.65/405.61

[道光]重修鎮番縣志十卷首一卷　(清)許協
修　(清)謝集成纂　清道光五年(1825)刻本
五冊

620000－1101－0000178　671.65/405.61

[道光]重修鎮番縣志十卷首一卷　(清)許協
修　(清)謝集成纂　清道光五年(1825)刻本
五冊

620000－1101－0000179　671.65/405.61

[道光]重修鎮番縣志十卷首一卷　(清)許協
修　(清)謝集成纂　清道光五年(1825)刻本
五冊

620000－1101－0000180　671.65/405.61

[道光]重修鎮番縣志十卷首一卷　(清)許協
修　(清)謝集成纂　清道光五年(1825)刻本
一冊　存三卷(五至七)

620000－1101－0000181　671.65/405.61

[道光]重修鎮番縣志十卷首一卷　(清)許協
修　(清)謝集成纂　清道光五年(1825)刻本
一冊　存一卷(七)

620000－1101－0000182　673.1/77

[道光]重纂福建通志二百七十八卷首七卷補
採福建全省列女附志一卷　(清)孫爾準等修
(清)陳壽祺纂　(清)程祖洛等續修
(清)魏敬中續纂　清同治十年(1871)正誼書
院刻本　一百四十冊

620000－1101－0000183　673.1/77

[道光]重纂福建通志二百七十八卷首七卷補
採福建全省列女附志一卷　(清)孫爾準等修
(清)陳壽祺纂　(清)程祖洛等續修
(清)魏敬中續纂　清同治十年(1871)正誼書
院刻本　一百四十冊

620000－1101－0000184　673.55/237.76

[道光]紫陽縣志八卷首一卷　(清)吳純
(清)陳僅修　(清)楊家坤　(清)曹學易纂
清道光二十三年(1843)刻光緒八年(1882)
吳世澤補刻本　四冊

620000－1101－0000185　671.25/107.76

[道光]鄒平縣志十八卷　(清)羅宗瀛修
(清)成瓘纂　清道光十六年(1836)刻本　二
冊　存二卷(十五至十六)

620000－1101－0000186　673.64/971.76

[道光]遵義府志四十八卷首一卷　(清)平翰
等修　(清)鄭珍　(清)莫友芝纂　清道光二
十一年(1841)刻本　二十冊

620000－1101－0000187　585.8/0.130.01

[盜竊案(天字拾玖號)]不分卷　(清)□□
輯　清末抄本　一冊

620000－1101－0000188　4490

[讀書雜鈔]不分卷　(清)□□輯　清乾隆、
嘉慶抄本　一冊

620000－1101－0000189　414.87/0.627

[方劑摘鈔]不分卷　(清)□□輯　清晚期抄
本　一冊

620000－1101－0000190　221/941

[佛經九種合刻]四十二卷　（□）□□輯　清
同治、光緒金陵刻經處刻本　十一冊

620000－1101－0000191　413.4/682

[腹腋肋內癰湯頭歌訣]不分卷　（□）□□撰
清晚期仇誦堯抄本　一冊

620000－1101－0000192　585.8/178

[甘肅案例雜抄]一卷　（清）□□輯　清中晚
期抄本　一冊

620000－1101－0000193　3429

[甘肅秦州直隸禮縣光緒拾陸年應催徵光緒
拾肆拾伍兩年民欠仍未完糧石徵信冊]不分
卷　（清）□□編　清光緒十七年(1891)蕭慶
增、查德朗木活字印本　一冊

620000－1101－0000194　3430

[甘肅秦州直隸禮縣光緒拾陸年應催徵光緒
拾肆拾伍兩年民欠仍未完糧石徵信冊]不分
卷　（清）□□編　清光緒十七年(1891)蕭慶
增、查德朗木活字印本　一冊

620000－1101－0000195　3431

[甘肅秦州直隸禮縣光緒拾陸年應催徵光緒
拾肆拾伍兩年民欠仍未完糧石徵信冊]不分
卷　（清）□□編　清光緒十七年(1891)蕭慶
增、查德朗木活字印本　一冊

620000－1101－0000196　589.9298/178

[甘肅省各縣監獄罪犯出入統計表(宣統元
年)]不分卷　（清）甘肅總辦調查局　（清）
甘肅提法使司編　清宣統二年(1910)鉛印本
一冊

620000 － 1101 － 0000197　529.9216/101.
178.02

[甘肅速成師範學堂同學錄]一卷　（清）□□
編　清光緒三十三年(1907)甘肅省官報書局
鉛印本　一冊

620000－1101－0000198　594.4/0.178

[甘肅肅州鎮屬標協造報咸豐元年差費清冊]
不分卷　（清）□□抄　清咸豐二年(1852)抄
本　一冊

620000－1101－0000199　599.2/214

[甘肅提屬南古城營守備接收頒儲傳流敕名
冊]一卷　（清）胡培錦撰　清晚期抄本
一冊

620000－1101－0000200　599.2/214

[甘肅提屬南古城營守備接收頒儲傳流敕名
冊]一卷　（清）胡培錦撰　清晚期抄本
一冊

620000－1101－0000201　594.48/214

[甘肅提屬南古城營守備接收公費銀兩數目
冊]一卷　（清）胡培錦撰　清光緒十一年
(1885)胡培錦抄本　一冊

620000－1101－0000202　573.332/178.71

[甘肅鄉試墨硃卷]一卷　（清）藍佩青撰　清
同治元年(1862)刻本　一冊

620000－1101－0000203　573.332/178.1881

[甘肅優貢卷]一卷　（清）楊茂生撰　清光緒
二十年(1894)刻本　一冊

620000－1101－0000204　653.75/109

[高宗純皇帝奉安一切事宜冊檔]不分卷
（清）禮部祠祭司編　清嘉慶四年(1799)抄本
二冊

620000－1101－0000205　831/0.213

[古詩鈔]一卷　（□）□□編　清晚期抄本
一冊

620000－1101－0000206　835/0.677

[古文鈔]不分卷　（清）□□撰　清晚期抄本
二冊

620000－1101－0000207　835/0.213

[古文擇鈔]九卷　（清）□□集鈔　清抄本
九冊

620000－1101－0000208　091.5/0.481

[卦圖斯演]不分卷　（□）□□撰　清末刻本
一冊

620000－1101－0000209　672.21/0.70

[光緒]安徽輿圖表說十卷　（□）□□編　清
光緒二十二年(1896)石印本　三冊

620000 – 1101 – 0000210　2408

[光緒]常昭合志稿四十八卷首一卷末一卷
(清)鄭鍾祥等修　(清)龐鴻文等纂　清光緒
三十年(1904)木活字印本　二十冊

620000 – 1101 – 0000211　2421

[光緒]常昭合志稿四十八卷首一卷末一卷
(清)鄭鍾祥等修　(清)龐鴻文等纂　清光緒
三十年(1904)木活字印本　十六冊

620000 – 1101 – 0000212　672.25/339.78

[光緒]滁州志十卷首一卷末一卷　(清)熊祖
詒纂修　清光緒二十三年(1897)木活字印本
十冊

620000 – 1101 – 0000213　672.34/499.78

[光緒]處州府志三十卷首一卷末一卷　(清)
潘紹詒修　(清)周榮椿等纂　清光緒三年
(1877)刻本　二十三冊　存二十六卷(六至
三十、末一卷)

620000 – 1101 – 0000214　672.15/215.78

[光緒]川沙廳志十四卷首一卷末一卷　(清)
陳方瀛修　(清)俞樾等纂　清光緒五年
(1879)刻本　六冊

620000 – 1101 – 0000215　672.15/215.78

[光緒]川沙廳志十四卷首一卷末一卷　(清)
陳方瀛修　(清)俞樾等纂　清光緒五年
(1879)刻本　六冊

620000 – 1101 – 0000216　672.35/329.28

[光緒]淳安縣志十六卷首一卷　(清)劉世甯
原本　(清)李詩續修　(清)陳中元　(清)
竺士彥續纂　清光緒十年(1884)刻本　八冊

620000 – 1101 – 0000217　672.35/203.78

[光緒]慈谿縣志五十六卷附編一卷　(清)楊
泰亨　(清)馮可鏞纂　(清)劉一桂校補　清
光緒二十五年(1899)刻本　二十四冊

620000 – 1101 – 0000218　671.66/107.78

[光緒]打拉池縣丞志不分卷　(清)廖丙文修
(清)陳希魁等纂　清光緒三十四年(1908)
抄本　一冊

620000 – 1101 – 0000219　672.75/239.78

[光緒]大寧縣志八卷首一卷　(清)高維嶽修
(清)魏遠猷等纂　清光緒十一年(1885)刻
本　八冊

620000 – 1101 – 0000220　671.45/203.78

[光緒]代州志十二卷首一卷　(清)俞廉三修
(清)楊篤纂　清光緒八年(1882)代山書院
刻本　六冊

620000 – 1101 – 0000221　672.15/117.78

[光緒]丹徒縣志六十卷首四卷　(清)何紹章
(清)馮壽鏡修　(清)呂耀斗等纂　清光緒
五年(1879)刻本　三十二冊

620000 – 1101 – 0000222　672.15/117.78

[光緒]丹徒縣志六十卷首四卷　(清)何紹章
(清)馮壽鏡修　(清)呂耀斗等纂　清光緒
五年(1879)刻本　三十二冊

620000 – 1101 – 0000223　672.15/119.78

[光緒]丹陽縣志三十六卷首一卷　(清)凌焯
等修　(清)徐錫麟等纂　清光緒十一年
(1885)鳴鳳書院刻本　十六冊

620000 – 1101 – 0000224　672.15/119.78

[光緒]丹陽縣志三十六卷首一卷　(清)凌焯
等修　(清)徐錫麟等纂　清光緒十一年
(1885)鳴鳳書院刻民國十六年(1927)印本
十六冊

620000 – 1101 – 0000225　671.25/331.78

[光緒]德平縣志十二卷首一卷　(清)凌錫祺
修　(清)李敬熙纂　清光緒十九年(1893)刻
本　六冊

620000 – 1101 – 0000226　671.25/331.78

[光緒]德平縣志十二卷首一卷　(清)凌錫祺
修　(清)李敬熙纂　清光緒十九年(1893)刻
本　五冊　存十卷(一至二、六至十二,首一
卷)

620000 – 1101 – 0000227　672.35/213.78

[光緒]定海廳志三十卷首一卷　(清)史致馴
修　(清)黃以周等纂　清光緒十一年(1885)
黃樹藩刻二十八年(1902)補刻本　十冊

620000 – 1101 – 0000228　671.45/239.78

[光緒]定襄縣補志十三卷圖一卷　(清)鄭繼修等修　(清)邢澍田纂　清光緒六年(1880)刻本　八冊

620000 – 1101 – 0000229　671.55/219.98

[光緒]定遠廳志二十六卷首一卷末一卷　(清)余修鳳纂修　清光緒五年(1879)刻本　六冊

620000 – 1101 – 0000230　671.55/219.98

[光緒]定遠廳志二十六卷首一卷末一卷　(清)余修鳳纂修　清光緒五年(1879)刻本　六冊

620000 – 1101 – 0000231　671.55/219.98

[光緒]定遠廳志二十六卷首一卷末一卷　(清)余修鳳纂修　清光緒五年(1879)刻本　一冊　存十卷(一至五、十二至十六)

620000 – 1101 – 0000232　671.25/341.35

[光緒]東平州志二十七卷圖一卷首一卷　(清)左宜似等修　(清)盧崑等纂　清光緒七年(1881)刻本　二十冊

620000 – 1101 – 0000233　671.45/247.90

[光緒]繁峙縣志四卷首一卷　(清)何才价修　(清)楊篤纂　清光緒七年(1881)刻本　四冊

620000 – 1101 – 0000234　671.25/129.78

[光緒]肥城縣志十卷首一卷　(清)凌紱曾修　(清)邵承照纂　清光緒十七年(1891)刻本　六冊

620000 – 1101 – 0000235　671.45/357.78

[光緒]汾西縣志八卷首一卷　(清)曹憲等修　(清)周桐軒纂　清光緒八年(1882)刻本　四冊

620000 – 1101 – 0000236　671.45/125.78

[光緒]汾陽縣志十四卷首一卷　(清)方家駒等修　(清)王文員纂　清光緒十年(1884)刻本　十冊

620000 – 1101 – 0000237　671.15/261.78

[光緒]豐潤縣志十二卷　(清)郝增祜等纂修　(清)周晉堃等續纂修　清光緒十七年(1891)刻本　十二冊

620000 – 1101 – 0000238　672.15/503.78

[光緒]豐縣志十六卷首一卷　(清)姚鴻杰等纂修　清光緒二十年(1894)刻本　六冊

620000 – 1101 – 0000239　672.75/257.78

[光緒]酆都縣志四卷首一卷　(清)田秀粟(清)徐瀞鏞修　(清)徐昌緒纂　(清)蔣履泰增纂　清同治八年(1869)刻光緒十九年(1893)增刻本　六冊

620000 – 1101 – 0000240　672.35/205.78

[光緒]奉化縣志四十卷首一卷　(清)李前泮修　(清)張美翊等纂　清光緒三十四年(1908)刻本　十二冊

620000 – 1101 – 0000241　673.55/249.78

[光緒]鳳縣志十卷首一卷　(清)朱子春修(清)段澍霖纂　清光緒十八年(1892)刻本　四冊

620000 – 1101 – 0000242　673.55/249.78

[光緒]鳳縣志十卷首一卷　(清)朱子春修(清)段澍霖纂　清光緒十八年(1892)刻本　四冊

620000 – 1101 – 0000243　2393

[光緒]鳳陽府志二十一卷　(清)馮煦(清)張成勳修　(清)魏家驊等纂　(清)張德霈等續纂　清光緒三十四年(1908)木活字印本　二十四冊

620000 – 1101 – 0000244　672.25/823.78

[光緒]鳳陽縣志十六卷首一卷　(清)于萬培纂修　續志　(清)謝永泰　(清)王汝琛纂修　清光緒十三年(1887)刻本　三冊　存五卷(九至十一、十五至十六)

620000 – 1101 – 0000245　671.55/892

[光緒]佛坪廳志二卷首一卷　(清)劉煐纂修　清光緒九年(1883)刻本　一冊

620000 – 1101 – 0000246　671.15/247.78

[光緒]撫寧縣志十六卷首一卷 （清）張上龢修 （清）史夢蘭纂 清光緒三年(1877)刻本 六冊

620000－1101－0000247 671.55/125.78
[光緒]富平縣志稿十卷首一卷 樊增祥修 譚麐纂 清光緒十七年(1891)刻本 十冊

620000－1101－0000248 671.55/125.78
[光緒]富平縣志稿十卷首一卷 樊增祥修 譚麐纂 清光緒十七年(1891)刻本 二冊 存三卷(一、六,首一卷)

620000－1101－0000249 672.35/107.78
[光緒]富陽縣志二十四卷首一卷 （清）汪文炳修 （清）蔣敬時 （清）何鏜纂 清光緒三十二年(1906)刻本 十六冊

620000－1101－0000250 672.35/107.78
[光緒]富陽縣志二十四卷首一卷 （清）汪文炳修 （清）蔣敬時 （清）何鏜纂 清光緒三十二年(1906)刻本 十六冊

620000－1101－0000251 671.60/70
[光緒]甘肅新通志一百卷首五卷 升允 長庚修 安維峻纂 清宣統元年(1909)刻本 八十冊

620000－1101－0000252 671.60/70
[光緒]甘肅新通志一百卷首五卷 升允 長庚修 安維峻纂 清宣統元年(1909)刻本 八十冊

620000－1101－0000253 671.60/70
[光緒]甘肅新通志一百卷首五卷 升允 長庚修 安維峻纂 清宣統元年(1909)刻本 七十九冊

620000－1101－0000254 671.60/70
[光緒]甘肅新通志一百卷首五卷 升允 長庚修 安維峻纂 清宣統元年(1909)刻本 七十九冊

620000－1101－0000255 671.60/70
[光緒]甘肅新通志一百卷首五卷 升允 長庚修 安維峻纂 清宣統元年(1909)刻本

七十六冊 存九十卷(一至二十六、二十八至八十八、九十八至一百)

620000－1101－0000256 671.60/70
[光緒]甘肅新通志一百卷首五卷 升允 長庚修 安維峻纂 清宣統元年(1909)刻本 六十八冊 存九十卷(一至四、六至二十五、三十一至四十、四十二至四十四、四十八至一百)

620000－1101－0000257 671.60/70
[光緒]甘肅新通志一百卷首五卷 升允 長庚修 安維峻纂 清宣統元年(1909)刻本 七十九冊 存九十九卷(一至十二、十四至一百)

620000－1101－0000258 671.60/70
[光緒]甘肅新通志一百卷首五卷 升允 長庚修 安維峻纂 清宣統元年(1909)刻本 五十六冊 存六十七卷(一、六至八、十一至十二、二十五至二十六、二十八至四十四、四十八、五十三至七十二、七十四至七十七、七十九至八十六、八十八至九十、九十七,首五卷)

620000－1101－0000259 671.60/70
[光緒]甘肅新通志一百卷首五卷 升允 長庚修 安維峻纂 清宣統元年(1909)刻本 七十四冊 存九十二卷(一至三十、四十一、四十五至一百,首五卷)

620000－1101－0000260 671.60/70
[光緒]甘肅新通志一百卷首五卷 升允 長庚修 安維峻纂 清宣統元年(1909)刻本 五十六冊 存六十七卷(一、六至八、十一至十二、二十五至二十六、二十八至四十四、四十八、五十三至七十二、七十四至七十七、七十九至八十六、八十八至九十、九十七,首五卷)

620000－1101－0000261 671.60/70
[光緒]甘肅新通志一百卷首五卷 升允 長庚修 安維峻纂 清宣統元年(1909)刻本 四十八冊 存六十五卷(一至二、五至六、八至十二、十四至二十六、二十八至三十六、三

十九至四十五、四十九至五十七、五十九至六
十、六十二、六十五、七十六至七十九、八十一
至八十七,首一至三)

620000－1101－0000262　671.60/70
[光緒]甘肅新通志一百卷首五卷　升允　長
庚修　安維峻纂　清宣統元年(1909)刻本
七冊　存八卷(六、十、十七、二十五、二十九、
八十一、卷八十二:葉一至六,首一)

620000－1101－0000263　671.60/70
[光緒]甘肅新通志一百卷首五卷　升允　長
庚修　安維峻纂　清宣統元年(1909)刻本
一冊　存一卷(二十五)

620000－1101－0000264　671.60/70
[光緒]甘肅新通志一百卷首五卷　升允　長
庚修　安維峻纂　清宣統元年(1909)刻本
二十七冊　存三十七卷(一至二、六、十至十
二、十四、十六至二十六、二十八至三十、四十
一、五十二至五十四、五十七、五十九、七十
九、八十一至八十三、八十五,首五卷)

620000－1101－0000265　671.60/70
[光緒]甘肅新通志一百卷首五卷　升允　長
庚修　安維峻纂　清宣統元年(1909)刻本
六十二冊　存八十三卷(一至二、四至二十
六、三十至五十七、六十、六十二、六十四至六
十八、七十、七十二、七十五至八十九、九十一
至九十二,首一至四)

620000－1101－0000266　671.65/103.77
[光緒]皋蘭縣西固採訪稿一卷　(清)許爾熾
　(清)孫世貴撰　清光緒十七年(1891)稿本
　一冊

620000－1101－0000267　672.15/109.78
[光緒]高淳縣志二十八卷首一卷　(清)楊福
鼎修　(清)陳嘉謀纂　清光緒七年(1881)學
山書院刻本　十冊

620000－1101－0000268　671.55/111.66
[光緒]高陵縣續志八卷　(清)程維雍修
(清)白遇道纂　清光緒十年(1884)刻本
二冊

620000－1101－0000269　671.55/111.66
[光緒]高陵縣續志八卷　(清)程維雍修
(清)白遇道纂　清光緒十年(1884)刻本
二冊

620000－1101－0000270　671.55/111.78
[光緒]高陵縣續志八卷　(清)程維雍修
(清)白遇道纂　清光緒十年(1884)刻本
二冊

620000－1101－0000271　671.55/111.66
[光緒]高陵縣續志八卷　(清)程維雍修
(清)白遇道纂　清光緒十年(1884)刻本　一
冊　存四卷(一至四)

620000－1101－0000272　673.34/267.78
[光緒]高州府志五十四卷首一卷末一卷
(清)楊霽修　(清)陳蘭彬等纂　清光緒十六
年(1890)刻本　六冊　存九卷(九至十、三十
七至三十九、四十五至四十七,末一卷)

620000－1101－0000273　672.75/127.78
[光緒]灌縣鄉土志二卷　(清)鍾文虎修
(清)徐昱等纂　清光緒三十三年(1907)刻本
　二冊

620000－1101－0000274　671.45/213.78
[光緒]廣靈縣補志十卷首一卷末一卷　(清)
楊亦銘等纂修　清光緒七年(1881)刻本
二冊

620000－1101－0000275　671.14/664.78
[光緒]廣平府志六十三卷首一卷　(清)吳中
彥修　(清)胡景桂纂　清光緒二十年(1894)
刻本　二十四冊

620000－1101－0000276　672.35/131.78
[光緒]歸安縣志五十二卷首一卷　(清)李昱
修　(清)陸心源纂　清光緒八年(1882)刻本
　十六冊

620000－1101－0000277　673.45/625.78
[光緒]歸順直隸州志六卷　(清)顏嗣徽修
(清)顏永迪等纂　清光緒二十五年(1899)刻
本　六冊

620000 – 1101 – 0000278　671.65/331.871

［光緒］海城縣志十卷　（清）楊金庚修（清）陳廷珍纂　清光緒三十四年(1908)官報書局鉛印本　二冊

620000 – 1101 – 0000279　671.65/331.781

［光緒］海城縣志十卷　（清）楊金庚修（清）陳廷珍纂　清光緒三十四年(1908)官報書局鉛印本　二冊

620000 – 1101 – 0000280　671.65/331.781

［光緒］海城縣志十卷　（清）楊金庚修（清）陳廷珍纂　清光緒三十四年(1908)官報書局鉛印本　二冊

620000 – 1101 – 0000281　671.65/331.781

［光緒］海城縣志十卷　（清）楊金庚修（清）陳廷珍纂　清光緒三十四年(1908)官報書局鉛印本　二冊

620000 – 1101 – 0000282　671.65/331.781

［光緒］海城縣志十卷　（清）楊金庚修（清）陳廷珍纂　清光緒三十四年(1908)官報書局鉛印本　一冊　存六卷(一至六)

620000 – 1101 – 0000283　671.65/331.78

［光緒］海城縣志十卷　（清）楊金庚修（清）陳廷珍纂　清光緒三十四年(1908)抄本　二冊

620000 – 1101 – 0000284　672.15/227.78

［光緒］海門廳圖志二十卷首一卷　（清）俞麟年等修　（清）孫壽祺等纂　清光緒二十六年(1900)刻本　四冊

620000 – 1101 – 0000285　672.15/227.78

［光緒］海門廳圖志二十卷首一卷　（清）俞麟年等修　（清）孫壽祺等纂　清光緒二十六年(1900)刻本　四冊

620000 – 1101 – 0000286　672.35/123.78

［光緒］海鹽縣志二十二卷首一卷末一卷（清）王彬修　（清）徐用儀纂　清光緒三年(1877)蔚文書院刻本　十六冊

620000 – 1101 – 0000287　673.35/325.78

［光緒］海陽縣志四十六卷首一卷　（清）盧蔚獻修　（清）吳道鎔纂　清光緒二十六年(1900)刻本　十四冊

620000 – 1101 – 0000288　671.65/317.78

［光緒］合水縣志二卷　（清）□□修　清光緒三十四年(1908)修民國三十六年(1947)抄本　二冊

620000 – 1101 – 0000289　671.25/239.50

［光緒］菏澤縣志十八卷首一卷　（清）凌壽柏修　（清）葉道源纂　清光緒十一年(1885)刻本　六冊

620000 – 1101 – 0000290　671.25/239.50

［光緒］菏澤縣志十八卷首一卷　（清）凌壽柏修　（清）葉道源纂　清光緒十一年(1885)刻本　四冊　存十八卷(一至十七上、首一卷)

620000 – 1101 – 0000291　671.25/239.50

［光緒］菏澤縣志十八卷首一卷　（清）凌壽柏修　（清）葉道源纂　清光緒十一年(1885)刻本　一冊　存二卷(十七至十八)

620000 – 1101 – 0000292　671.25/239.50

［光緒］菏澤縣志十八卷首一卷　（清）凌壽柏修　（清）葉道源纂　清光緒十一年(1885)刻本　一冊　存二卷(十七下至十八)

620000 – 1101 – 0000293　674.7/78

［光緒］黑龍江述略六卷　（清）徐宗亮纂　清光緒十七年(1891)石埭徐士愷刻觀自得齋叢書本　一冊

620000 – 1101 – 0000294　674.7/78

［光緒］黑龍江述略六卷　（清）徐宗亮纂　清光緒十七年(1891)石埭徐士愷刻觀自得齋叢書本　二冊

620000 – 1101 – 0000295　674.7/78

［光緒］黑龍江述略六卷　（清）徐宗亮纂　清光緒十七年(1891)石埭徐士愷刻觀自得齋叢書本　二冊

620000 – 1101 – 0000296　671.45/155.78

［光緒］壺關縣續志二卷　（清）胡燕昌修

(清)楊篤纂　清光緒七年(1881)刻本　二冊

620000－1101－0000297　672.6/78

[光緒]湖南通志二百八十八卷首八卷末十九卷　(清)李瀚章　(清)卞寶第修　(清)曾國荃等纂　清光緒十一年(1885)刻本　一百六十八冊

620000－1101－0000298　672.14/753.78

[光緒]淮安府志四十卷首一卷　(清)孫雲錦等修　(清)吳昆田　(清)高延第纂　清光緒十年(1884)刻本　十六冊

620000－1101－0000299　672.55/135.78

[光緒]黃岡縣志二十四卷首一卷　(清)戴昌言修　(清)劉恭冕纂　清光緒八年(1882)刻本　二十四冊

620000－1101－0000300　672.35/231.78

[光緒]黃巖縣志四十卷首一卷　(清)陳寶善等修　(清)王棻纂　(清)陳鍾英等續修　(清)王詠霓續纂　清光緒三年(1877)刻本　十六冊

620000－1101－0000301　672.35/231.78

[光緒]黃巖縣志四十卷首一卷　(清)陳寶善等修　(清)王棻纂　(清)陳鍾英等續修　(清)王詠霓續纂　清光緒三年(1877)刻本　十六冊

620000－1101－0000302　672.54/171.78

[光緒]黃州府志四十卷首一卷　(清)英啓修　(清)鄧琛纂　清光緒十年(1884)刻本　四十冊

620000－1101－0000303　671.25/131.78

[光緒]惠民縣志三十卷首一卷末一卷　(清)沈世銓等修　(清)李晶纂　清光緒十二年(1886)刻本　六冊

620000－1101－0000304　672.75/325.788

[光緒]會理州續志二卷　(清)蔣金生修　(清)徐昱纂　清光緒三十一年(1905)刻本　一冊

620000－1101－0000305　671.45/217.78

[光緒]渾源州續志十卷　(清)賀澍恩修　(清)程繼等纂　清光緒七年(1881)刻本　六冊

620000－1101－0000306　671.45/217.78

[光緒]渾源州續志十卷　(清)賀澍恩修　(清)程繼等纂　清光緒七年(1881)刻本　五冊　存八卷(三至十)

620000－1101－0000307　672.44/182.78

[光緒]吉安府志五十三卷首一卷　(清)定祥等修　(清)劉繹等纂　清光緒二年(1876)刻本(卷五十三葉六十五至九十四係抄配)　三十九冊　存五十三卷(吉安府志五十三卷)

620000－1101－0000308　674.2/78

[光緒]吉林通志一百二十二卷圖一卷　(清)長順等修　(清)李桂林等纂　清光緒十七年(1891)刻本　四十八冊

620000－1101－0000309　674.2/78

[光緒]吉林通志一百二十二卷圖一卷　(清)長順等修　(清)李桂林等纂　清光緒十七年(1891)刻本　五十冊

620000－1101－0000310　674.2/78

[光緒]吉林通志一百二十二卷圖一卷　(清)長順等修　(清)李桂林等纂　清光緒十七年(1891)刻本　四十九冊

620000－1101－0000311　672.15/219.78

[光緒]嘉定縣志三十二卷首一卷補遺一卷附勘誤一卷　(清)程其珏修　(清)楊震福等纂　清光緒七年(1881)刻本　八冊

620000－1101－0000312　672.34/184.78

[光緒]嘉興府志八十八卷首二卷　(清)許瑤光修　(清)吳仰賢等纂　清光緒四年(1878)鴛湖書院刻本　四十八冊

620000－1101－0000313　672.34/184.78

[光緒]嘉興府志八十八卷首二卷　(清)許瑤光修　(清)吳仰賢等纂　清光緒四年(1878)鴛湖書院刻本　四十八冊

620000－1101－0000314　673.35/343.78

[光緒]嘉應州志三十二卷首一卷　（清）吳宗
焯　（清）李慶榮修　（清）溫仲和纂　清光緒
二十七年(1901)刻民國二十二年(1933)補刻
本　十四冊

620000－1101－0000315　673.35/343.781
[光緒]嘉應州志三十二卷首一卷　（清）吳宗
焯　（清）李慶榮修　（清）溫仲和纂　清光緒
二十七年(1901)刻本　十四冊

620000－1101－0000316　672.75/107.77
[光緒]簡州續志二卷　（清）易家霖修
（清）傅爲霖等纂　清光緒二十三年(1897)刻
本　二冊

620000－1101－0000317　672.15/111.78
[光緒]江浦埤乘四十卷首一卷　（清）侯宗海
（清）夏錫寶纂　清光緒十七年(1891)刻本
十四冊

620000－1101－0000318　672.4/78
[光緒]江西通志一百八十卷首五卷　（清）劉
坤一等修　（清）劉鐸等纂　清光緒七年
(1881)刻本　一百二十冊

620000－1101－0000319　672.4/78
[光緒]江西通志一百八十卷首五卷　（清）劉
坤一等修　（清）劉鐸等纂　清光緒七年
(1881)刻本　三十三冊　存五十一卷(三十
四至四十五、八十四至八十五、一百七至一百
四十三)

620000－1101－0000320　672.15/315.78
[光緒]江陰縣志三十卷首一卷　（清）盧思誠
等修　（清）季念詒等纂　清光緒四年(1878)
刻本　二十冊

620000－1101－0000321　672.75/137.78
[光緒]江油縣志二十四卷　（清）武丕文修
（清）歐培槐等纂　清光緒二十九年(1903)刻
本　五冊

620000－1101－0000322　671.45/349.785
[光緒]絳縣志二十一卷　（清）胡延纂修　清
光緒二十五年(1899)刻本　四冊

620000－1101－0000323　671.45/111.34
[光緒]交城縣志十卷首一卷　（清）夏肇庸修
（清）許惺南纂　清光緒八年(1882)刻本
八冊

620000－1101－0000324　671.65/223.78
[光緒]階州直隸州續志三十三卷首一卷
（清）葉恩沛修　（清）呂震南纂　清光緒十二
年(1886)刻本　十冊

620000－1101－0000325　671.65/223.78
[光緒]階州直隸州續志三十三卷首一卷
（清）葉恩沛修　（清）呂震南纂　清光緒十二
年(1886)刻本　十冊

620000－1101－0000326　671.65/223.78
[光緒]階州直隸州續志三十三卷首一卷
（清）葉恩沛修　（清）呂震南纂　清光緒十二
年(1886)刻本　十冊

620000－1101－0000327　671.65/223.78
[光緒]階州直隸州續志三十三卷首一卷
（清）葉恩沛修　（清）呂震南纂　清光緒十二
年(1886)刻本　十冊

620000－1101－0000328　671.65/223.78
[光緒]階州直隸州續志三十三卷首一卷
（清）葉恩沛修　（清）呂震南纂　清光緒十二
年(1886)刻本　八冊　存三十三卷(階州直
隸州續志三十三卷)

620000－1101－0000329　671.65/223.78
[光緒]階州直隸州續志三十三卷首一卷
（清）葉恩沛修　（清）呂震南纂　清光緒十二
年(1886)刻本　九冊　存三十一卷(三至三
十三)

620000－1101－0000330　671.65/223.78
[光緒]階州直隸州續志三十三卷首一卷
（清）葉恩沛修　（清）呂震南纂　清光緒十二
年(1886)刻本　四冊　存八卷(二十六至三
十三)

620000－1101－0000331　671.65/223.78
[光緒]階州直隸州續志三十三卷首一卷
（清）葉恩沛修　（清）呂震南纂　清光緒十二

年(1886)刻本　一冊　存三卷(二十三至二十五)

620000 – 1101 – 0000332　672.15/213.78
[光緒]金山縣志三十卷首一卷　(清)龔寶琦(清)崔廷鏞修　(清)黃厚本等纂　清光緒四年(1878)刻本　八冊

620000 – 1101 – 0000333　672.15/213.78
[光緒]金山縣志三十卷首一卷　(清)龔寶琦(清)崔廷鏞修　(清)黃厚本等纂　清光緒四年(1878)刻本　八冊

620000 – 1101 – 0000334　672.35/407.78
[光緒]縉雲縣志十六卷首一卷末一卷　(清)何乃容　(清)葛華修　(清)潘樹棠纂　清光緒二年至七年(1876 – 1881)刻本　十二冊

620000 – 1101 – 0000335　672.54/503.78
[光緒]荊州府志八十卷首一卷　(清)倪文蔚(清)蔣銘勛修　(清)顧嘉蘅　(清)李廷鈇纂　清光緒六年(1880)刻本　三十二冊

620000 – 1101 – 0000336　671.65/321.78
[光緒]涇州鄉土志二卷　(清)張元溁編　清光緒三十三年(1907)稿本　一冊

620000 – 1101 – 0000337　673.55/327.78
[光緒]靖邊志稿四卷　(清)丁錫奎修(清)白翰章等纂　清光緒二十五年(1899)刻本　四冊

620000 – 1101 – 0000338　672.15/317.50
[光緒]靖江縣志十六卷首一卷　(清)葉滋森修　(清)褚翔等纂　清光緒五年(1879)刻本　八冊

620000 – 1101 – 0000339　673.35/105.91
[光緒]九江儒林鄉志二十一卷　(清)朱次琦等修　(清)馮栻宗等纂　清光緒九年(1883)鉛印本　十冊

620000 – 1101 – 0000340　671.15/423.78
[光緒]鉅鹿縣志十二卷首一卷　(清)凌燮等修　(清)夏應麟纂　清光緒十二年(1886)刻本　六冊

620000 – 1101 – 0000341　671.15/409.78
[光緒]開州志八卷首一卷　(清)陳兆麟修(清)祁德昌纂　清光緒八年(1882)刻本　八冊

620000 – 1101 – 0000342　672.15/305.78
[光緒]崑新兩縣續修合志五十二卷首一卷末一卷　(清)金吳瀾　(清)李福沂修　(清)汪堃　(清)朱成熙纂　清光緒六年(1880)刻本　二十四冊

620000 – 1101 – 0000343　672.15/305.78
[光緒]崑新兩縣續修合志五十二卷首一卷末一卷　(清)金吳瀾　(清)李福沂修　(清)汪堃　(清)朱成熙纂　清光緒六年(1880)刻本　二十四冊

620000 – 1101 – 0000344　672.15/305.78
[光緒]崑新兩縣續修合志五十二卷首一卷末一卷　(清)金吳瀾　(清)李福沂修　(清)汪堃　(清)朱成熙纂　清光緒六年(1880)刻本　十二冊　存二十五卷(二十九至五十二、末一卷)

620000 – 1101 – 0000345　2405
[光緒]黎里續志十六卷首一卷　(清)蔡丙圻纂修　清光緒二十五年(1899)禊湖書院刻朱印本　六冊

620000 – 1101 – 0000346　672.15/107.78
[光緒]溧水縣志二十二卷首一卷　(清)傅觀光等修　(清)丁維誠纂　清光緒九年(1883)刻十五年(1889)重印本　十二冊

620000 – 1101 – 0000347　2425
[光緒]溧陽縣續志十六卷末一卷　(清)朱畯等修　(清)馮煦等纂　清光緒二十五年(1899)木活字印本　八冊

620000 – 1101 – 0000348　672.75/261.78
[光緒]梁山縣志十卷首一卷　(清)朱言詩等纂修　清光緒二十年(1894)刻本　十二冊

620000 – 1101 – 0000349　671.55/109.78
[光緒]臨潼縣續志二卷　(清)安守和修(清)楊彥修纂　清光緒十六年(1890)刻本

二冊

620000－1101－0000350　671.55/109.78

[光緒]臨潼縣續志二卷　（清）安守和修
（清）楊彥修纂　清光緒十六年(1890)刻本
一冊　存一卷(一)

620000－1101－0000351　672.15/113.78

[光緒]六合縣志八卷圖說一卷附錄一卷
（清）謝延庚等修　（清）賀廷壽等纂　清光緒
十年(1884)刻本　十冊

620000－1101－0000352　672.15/113.78

[光緒]六合縣志八卷圖說一卷附錄一卷
（清）謝延庚等修　（清）賀廷壽等纂　清光緒
十年(1884)刻本　十冊

620000－1101－0000353　672.15/205.781

[光緒]婁縣續志二十卷　（清）汪坤厚
（清）程其玨修　（清）張雲望等纂　清光緒五
年(1879)刻本　六冊

620000－1101－0000354　2390

[光緒]廬江縣志十六卷首一卷　（清）錢鑅修
（清）盧鈺　（清）俞燮奎纂　清光緒十一年
(1885)木活字印本　十六冊

620000－1101－0000355　671.15/135.15

[光緒]密雲縣志六卷首一卷　（清）丁符九等
修　（清）周林等纂　清光緒七年(1881)刻本
八冊　存六卷(密雲縣志六卷)

620000－1101－0000356　672.75/153.78

[光緒]綿竹縣鄉土志不分卷　（清）田明理修
（清）黃尚毅等纂　清光緒三十四年(1908)
刻本　一冊

620000－1101－0000357　671.55/213.78

[光緒]沔縣志四卷　（清）孫銘鐘　（清）羅
桂銘修　（清）彭齡纂　清光緒九年(1883)刻
本　四冊

620000－1101－0000358　671.55/213.78

[光緒]沔縣志四卷　（清）孫銘鐘　（清）羅
桂銘修　（清）彭齡纂　清光緒九年(1883)刻
本　四冊

620000－1101－0000359　671.55/213.78

[光緒]沔縣志四卷　（清）孫銘鐘　（清）羅
桂銘修　（清）彭齡纂　清光緒九年(1883)刻
本　四冊

620000－1101－0000360　671.55/213.78

[光緒]沔縣志四卷　（清）孫銘鐘　（清）羅
桂銘修　（清）彭齡纂　清光緒九年(1883)刻
本　四冊

620000－1101－0000361　671.15/455.78

[光緒]南宮縣志十八卷　（清）戴世文修
（清）喬國楨纂　清光緒三十年(1904)刻本
八冊

620000－1101－0000362　671.15/271.78

[光緒]寧河縣志十六卷　（清）丁符九修
（清）談松林等纂　清光緒六年(1880)刻本
十二冊

620000－1101－0000363　671.15/229.10

[光緒]寧津縣志十二卷首一卷　（清）祝嘉庸
等修　（清）吳潯源纂　清光緒二十六年
(1900)刻本　八冊

620000－1101－0000364　671.55/211.78

[光緒]寧羌州志五卷　（清）馬毓華修
（清）鄭書香　（清）曹良模纂　清光緒十四年
(1888)刻本　五冊

620000－1101－0000365　671.25/207.78

[光緒]寧陽縣志二十四卷　（清）高塏榮修
（清）黃恩彤纂　清光緒十三年(1887)陳文
顯、黃師闓增刻本　十二冊

620000－1101－0000366　672.75/547.78

[光緒]蓬溪縣續志十四卷首一卷　（清）周學
銘修　（清）熊祥謙等纂　清光緒二十五年
(1899)刻本　四冊　存五卷(一至四、首一
卷)

620000－1101－0000367　672.75/531.78

[光緒]蓬州志十五卷　方旭修　（清）張禮杰
等纂　清光緒二十三年(1897)刻本　三冊

620000－1101－0000368　672.75/125.78

[光緒]郫縣鄉土志不分卷　（清）黃德潤等修　（清）姜士諤纂　清光緒三十四年(1908)鉛印本　一冊

620000－1101－0000369　672.75/125.78
[光緒]郫縣鄉土志不分卷　（清）黃德潤等修　（清）姜士諤纂　清光緒三十四年(1908)鉛印本　一冊

620000－1101－0000370　671.45/181.78
[光緒]平定州志補一卷　（清）葛士達編修　清光緒十八年(1892)刻本　一冊

620000－1101－0000371　672.35/127.78
[光緒]平湖縣志二十五卷首一卷末一卷　（清）彭潤章等修　（清）葉廉鍔等纂　平湖殉難錄一卷　（清）彭潤章撰　清光緒十二年(1886)刻本　十三冊

620000－1101－0000372　672.35/127.78
[光緒]平湖縣志二十五卷首一卷末一卷　（清）彭潤章等修　（清）葉廉鍔等纂　平湖殉難錄一卷　（清）彭潤章撰　清光緒十二年(1886)刻本　十三冊

620000－1101－0000373　672.35/127.78
[光緒]平湖縣志二十五卷首一卷末一卷　（清）彭潤章等修　（清）葉廉鍔等纂　平湖殉難錄一卷　（清）彭潤章撰　清光緒十二年(1886)刻本　十二冊　存二十七卷(平湖縣志二十五卷、首一卷、末一卷)

620000－1101－0000374　672.35/127.78
[光緒]平湖縣志二十五卷首一卷末一卷　（清）彭潤章等修　（清）葉廉鍔等纂　平湖殉難錄一卷　（清）彭潤章撰　清光緒十二年(1886)刻本　十三冊

620000－1101－0000375　671.65/301.78
[光緒]平涼縣志二卷　鄭濬　王安民纂　清光緒三十四年(1908)稿本　四冊

620000－1101－0000376　671.45/129.78
[光緒]平遙縣志十二卷　（清）恩端等修　（清）武達材等纂　清光緒八年(1882)刻本　八冊

620000－1101－0000377　671.45/129.78
[光緒]平遙縣志十二卷　（清）恩端等修　（清）武達材等纂　清光緒八年(1882)刻本　八冊

620000－1101－0000378　675.75/119.38
[光緒]平遠縣志十卷　（清）陳日新纂修　清光緒五年(1879)刻本　一冊

620000－1101－0000379　675.75/119.38
[光緒]平遠縣志十卷　（清）陳日新纂修　清光緒五年(1879)刻本　一冊

620000－1101－0000380　675.75/119.38
[光緒]平遠縣志十卷　（清）陳日新纂修　清光緒五年(1879)刻本　一冊

620000－1101－0000381　675.75/119.38
[光緒]平遠縣志十卷　（清）陳日新纂修　清光緒五年(1879)刻本　一冊

620000－1101－0000382　675.75/119.38
[光緒]平遠縣志十卷　（清）陳日新纂修　清光緒五年(1879)刻本　一冊

620000－1101－0000383　672.75/423.78
[光緒]屏山縣續志二卷首一卷　（清）張九章修　（清）陳藩垣纂　清光緒二十四年(1898)刻本　二冊

620000－1101－0000384　671.55/155.78
[光緒]蒲城縣新志十三卷首一卷　（清）李體仁修　（清）王學禮纂　清光緒三十一年(1905)刻本　四冊

620000－1101－0000385　671.55/155.78
[光緒]蒲城縣新志十三卷首一卷　（清）李體仁修　（清）王學禮纂　清光緒三十一年(1905)刻本　四冊

620000－1101－0000386　2243
[光緒]棲霞縣續志十卷　（清）黃麗中修　（清）于如川纂　清光緒五年(1879)刻本　四冊

620000－1101－0000387　671.45/109.78
[光緒]祁縣志十六卷　（清）劉發岉修

（清）李芬纂　清光緒八年(1882)刻本　十冊

620000－1101－0000388　671.55/185.781
[光緒]乾州志稿補正一卷　（清）周銘旂纂修
清光緒十七年(1891)刻本　一冊

620000－1101－0000389　671.55/185.781
[光緒]乾州志稿補正一卷　（清）周銘旂纂修
清光緒十七年(1891)刻本　一冊

620000－1101－0000390　671.55/185.78
[光緒]乾州志稿十四卷首一卷別錄四卷乾陽
殉難士女錄一卷　（清）周銘旂纂修　清光緒
十年(1884)乾陽書院刻本　六冊

620000－1101－0000391　671.55/185.78
[光緒]乾州志稿十四卷首一卷別錄四卷乾陽
殉難士女錄一卷　（清）周銘旂纂修　清光緒
十年(1884)乾陽書院刻本　五冊　存十九卷
(志稿十四卷、首一卷、別錄四卷)

620000－1101－0000392　673.65/341.78
[光緒]黔西州續志六卷　（清）白建鍫修
（清）諶焕模等纂　清光緒十年(1884)刻本
一冊　存二卷(一至二)

620000－1101－0000393　672.15/209.78
[光緒]青浦縣志三十卷首二卷末一卷　（清）
汪祖綬等修　（清）熊其英等纂　清光緒五年
(1879)尊經閣刻本　十二冊

620000－1101－0000394　672.15/209.78
[光緒]青浦縣志三十卷首二卷末一卷　（清）
汪祖綬等修　（清）熊其英等纂　清光緒五年
(1879)尊經閣刻本　十二冊　存三十一卷
(志三十卷、末一卷)

620000－1101－0000395　673.35/201.78
[光緒]曲江縣志十六卷　（清）張希京修
（清）歐樾華等纂　清光緒元年(1875)刻本
五冊

620000－1101－0000396　673.5/333.78
[光緒]全滇紀要不分卷　（清）雲南課吏館纂
修　清光緒三十一年(1905)鉛印本　十冊

620000－1101－0000397　673.5/333.78

[光緒]全滇紀要不分卷　（清）雲南課吏館纂
修　清光緒三十一年(1905)鉛印本　十冊

620000－1101－0000398　673.5/333.78
[光緒]全滇紀要不分卷　（清）雲南課吏館纂
修　清光緒三十一年(1905)鉛印本　十冊

620000－1101－0000399　671.25/455.78
[光緒]日照縣志十二卷首一卷　（清）陳懋修
（清）張庭詩纂　清光緒十二年(1886)刻本
四冊

620000－1101－0000400　671.55/151.78
[光緒]三續華州志十二卷　（清）吳炳南修
（清）劉域纂　清光緒八年(1882)刻本　六冊

620000－1101－0000401　671.55/119.78
[光緒]三原縣新志八卷　（清）焦雲龍修
（清）賀瑞麟纂　清光緒六年(1880)刻本
四冊

620000－1101－0000402　671.55/119.78
[光緒]三原縣新志八卷　（清）焦雲龍修
（清）賀瑞麟纂　清光緒六年(1880)刻本
四冊

620000－1101－0000403　671.55/119.78
[光緒]三原縣新志八卷　（清）焦雲龍修
（清）賀瑞麟纂　清光緒六年(1880)刻本
四冊

620000－1101－0000404　671.55/119.78
[光緒]三原縣新志八卷　（清）焦雲龍修
（清）賀瑞麟纂　清光緒六年(1880)刻本
四冊

620000－1101－0000405　671.4/78
[光緒]山西通志一百八十四卷首一卷　（清）
曾國荃　（清）張煦等修　（清）王軒等纂　清
光緒十八年(1892)刻本　九十六冊

620000－1101－0000406　671.4/78
[光緒]山西通志一百八十四卷首一卷　（清）
曾國荃　（清）張煦等修　（清）王軒等纂　清
光緒十八年(1892)刻本　九十六冊

620000－1101－0000407　671.35/303.786

[光緒]陝州直隸州續志十卷首一卷 (清)黃璟修 (清)慶增 (清)李本穌纂 清光緒十八年(1892)刻本 二冊 存六卷(五至十)

620000－1101－0000408 671.35/303.78
[光緒]陝州直隸州志十五卷首一卷 (清)趙希曾等纂修 清光緒十七年(1891)刻本 十一冊 存十五卷(陝州直隸州志十五卷)

620000－1101－0000409 672.65/103.78
[光緒]善化縣志三十四卷首一卷 (清)吳兆熙修 (清)張先掄等纂 清光緒三年(1877)刻本 十二冊

620000－1101－0000410 672.35/223.78
[光緒]上虞縣志四十八卷首一卷末一卷 (清)唐煦春修 (清)朱士黻纂 清光緒十七年(1891)刻本 二十冊

620000－1101－0000411 672.35/223.78
[光緒]上虞縣志四十八卷首一卷末一卷 (清)唐煦春修 (清)朱士黻纂 清光緒十七年(1891)刻本 二十冊

620000－1101－0000412 672.35/223.785
[光緒]上虞縣志校續五十卷首一卷末一卷 (清)儲家藻修 (清)徐致靖纂 清光緒二十四年至二十五年(1898－1899)刻本 二十冊

620000－1101－0000413 672.35/223.785
[光緒]上虞縣志校續五十卷首一卷末一卷 (清)儲家藻修 (清)徐致靖纂 清光緒二十四年至二十五年(1898－1899)刻本 二十冊

620000－1101－0000414 673.34/657.77
[光緒]韶州府志四十卷 (清)額哲克等修 (清)單興詩纂 清光緒二年(1876)刻本 二十四冊

620000－1101－0000415 671.25/311.78
[光緒]莘縣志十卷 (清)張朝瑋修 (清)孔廣海纂 清光緒十三年(1887)刻本 六冊

620000－1101－0000416 672.54/628.78
[光緒]施南府志續編十卷建始縣志續編一卷 (清)王庭楨等修 (清)雷春沼等纂 清光

緒十一年(1885)刻本 四冊

620000－1101－0000417 672.65/319.78
[光緒]石門縣志六卷 (清)閻鎮珩纂修 清光緒十五年(1889)慈利鄭壽民刻本 二冊

620000－1101－0000418 671.25/349.78
[光緒]壽張縣志十卷首一卷 (清)劉文煃修 (清)王守謙纂 清光緒二十六年(1900)刻本 六冊

620000－1101－0000419 671.14/101.78
[光緒]順天府志一百三十卷附錄一卷 (清)萬青藜等修 (清)張之洞等纂 清光緒十年至十二年(1884－1886)刻本 六十四冊

620000－1101－0000420 671.14/101.78
[光緒]順天府志一百三十卷附錄一卷 (清)萬青藜等修 (清)張之洞等纂 清光緒十年至十二年(1884－1886)刻本 六十四冊

620000－1101－0000421 672.25/329.78
[光緒]泗虹合志十九卷 (清)方瑞蘭修 (清)江殿颺 (清)許湘甲纂 清光緒十四年(1888)刻本 八冊

620000－1101－0000422 671.25/213.78
[光緒]泗水縣誌十五卷首一卷 (清)趙英祚修 (清)黃承腠纂 清光緒十八年(1892)刻本 八冊

620000－1101－0000423 672.14/282.78
[光緒]松江府續志四十卷首一卷圖一卷 (清)博潤修 (清)姚光發等纂 清光緒十年(1884)刻本 二十四冊

620000－1101－0000424 672.14/282.78
[光緒]松江府續志四十卷首一卷圖一卷 (清)博潤修 (清)姚光發等纂 清光緒十年(1884)刻本 二十四冊

620000－1101－0000425 671.64/31.78
[光緒]肅州新志稿不分卷 (清)吳人壽 (清)何衍慶修纂 清光緒抄本 一冊 存地理疆域

620000－1101－0000426 675.6/476

[光緒]綏遠志十卷首一卷　貽穀修　高賡恩纂　清光緒三十四年(1908)刻本　六冊

620000－1101－0000427　675.6/476

[光緒]綏遠志十卷首一卷　貽穀修　高賡恩纂　清光緒三十四年(1908)刻本　六冊

620000－1101－0000428　672.75/545.78

[光緒]遂寧縣志六卷首一卷　(清)孫海等修　(清)李星根等纂　清光緒五年(1879)刻本　六冊

620000－1101－0000429　671.45/107.77

[光緒]太谷縣志八卷首一卷末一卷　(清)恩浚　(清)趙冠卿修　(清)王效尊纂　清光緒十二年(1886)刻本　八冊

620000－1101－0000430　672.15/311.788

[光緒]泰伯梅里志八卷　(清)吳熙編輯　清光緒二十三年(1897)許巨楫刻本　四冊

620000－1101－0000431　672.15/323.78

[光緒]泰興縣志二十六卷首一卷末一卷　(清)楊激雲修　(清)顧曾烜纂　清光緒十二年(1886)刻本　十冊

620000－1101－0000432　672.15/323.78

[光緒]泰興縣志二十六卷首一卷末一卷　(清)楊激雲修　(清)顧曾烜纂　清光緒十二年(1886)刻本　十冊

620000－1101－0000433　672.15/421.78

[光緒]泰州鄉土志二卷　(清)馬錫純編　清光緒三十四年(1908)上海錦章書局石印本　二冊

620000－1101－0000434　672.15/421.78

[光緒]泰州鄉土志二卷　(清)馬錫純編　清光緒三十四年(1908)上海錦章書局石印本　一冊　存一卷(泰州地理)

620000－1101－0000435　672.35/103.788

[光緒]唐棲志二十卷　(清)王同輯　清光緒十六年(1890)刻本　八冊

620000－1101－0000436　672.35/103.788

[光緒]唐棲志二十卷　(清)王同輯　清光緒十六年(1890)刻本　八冊

620000－1101－0000437　671.15/425.78

[光緒]唐山縣志十二卷首一卷末一卷　(清)蘇玉修　(清)杜靄　(清)李飛鳴纂　清光緒七年(1881)刻本　八冊

620000－1101－0000438　671.15/311.78

[光緒]唐縣志十二卷首一卷　(清)陳詠修　(清)張惇德纂　清光緒四年(1878)刻本　八冊

620000－1101－0000439　671.65/137.78

[光緒]洮州廳志十八卷首一卷　(清)張彥篤修　(清)包永昌纂　清光緒三十三年(1907)刻本　八冊

620000－1101－0000440　671.65/137.78

[光緒]洮州廳志十八卷首一卷　(清)張彥篤修　(清)包永昌纂　清光緒三十三年(1907)刻本　八冊

620000－1101－0000441　673.55/401.78

[光緒]騰越廳志稿二十卷首一卷　(清)陳宗海修　(清)趙瑞禮纂　清光緒十三年(1887)刻本　十二冊

620000－1101－0000442　672.15/319.78

[光緒]通州直隸州志十六卷首一卷末一卷　(清)梁悅馨　(清)莫祥芝修　(清)季念詒　(清)沈鎤纂　清光緒元年(1875)刻本　十六冊

620000－1101－0000443　672.15/319.78

[光緒]通州直隸州志十六卷首一卷末一卷　(清)梁悅馨　(清)莫祥芝修　(清)季念詒　(清)沈鎤纂　清光緒元年(1875)刻本　十六冊

620000－1101－0000444　672.15/319.78

[光緒]通州直隸州志十六卷首一卷末一卷　(清)梁悅馨　(清)莫祥芝修　(清)季念詒　(清)沈鎤纂　清光緒元年(1875)刻本　十六冊

620000－1101－0000445　672.15/319.78

[光緒]通州直隸州志十六卷首一卷末一卷 （清）梁悅馨 （清）莫祥芝修 （清）季念詒 （清）沈鍠纂 清光緒元年(1875)刻本 十六冊

620000－1101－0000446 671.54/426.78
[光緒]同州府續志十六卷首一卷 （清）饒應祺修 （清）馬先登 （清）王守恭纂 清光緒七年(1881)刻本 六冊

620000－1101－0000447 672.75/347.78
[光緒]威遠縣志三編四卷 （清）吳曾輝修 （清）吳容纂 清光緒三年(1877)刻本 四冊

620000－1101－0000448 675.55/213.78
[光緒]蔚州志二十卷首一卷 （清）慶之金修 （清）楊篤纂 清光緒三年(1877)刻本 八冊

620000－1101－0000449 675.55/213.78
[光緒]蔚州志二十卷首一卷 （清）慶之金修 （清）楊篤纂 清光緒三年(1877)刻本 八冊

620000－1101－0000450 675.55/213.78
[光緒]蔚州志二十卷首一卷 （清）慶之金修 （清）楊篤纂 清光緒三年(1877)刻本 八冊

620000－1101－0000451 675.55/213.78
[光緒]蔚州志二十卷首一卷 （清）慶之金修 （清）楊篤纂 清光緒三年(1877)刻本 一冊 存三卷(三至五)

620000－1101－0000452 671.65/229.78
[光緒]文縣志八卷首一卷末一卷 （清）長贇修 （清）劉健纂 清光緒二年(1876)刻本 六冊

620000－1101－0000453 671.65/229.78
[光緒]文縣志八卷首一卷末一卷 （清）長贇修 （清）劉健纂 清光緒二年(1876)刻本 六冊

620000－1101－0000454 671.65/229.78
[光緒]文縣志八卷首一卷末一卷 （清）長贇修 （清）劉健纂 清光緒二年(1876)刻本 六冊

620000－1101－0000455 671.65/229.78
[光緒]文縣志八卷首一卷末一卷 （清）長贇修 （清）劉健纂 清光緒二年(1876)刻本 六冊

620000－1101－0000456 671.65/229.78
[光緒]文縣志八卷首一卷末一卷 （清）長贇修 （清）劉健纂 清光緒二年(1876)刻本 六冊

620000－1101－0000457 671.65/229.78
[光緒]文縣志八卷首一卷末一卷 （清）長贇修 （清）劉健纂 清光緒二年(1876)刻本 六冊

620000－1101－0000458 671.65/229.78
[光緒]文縣志八卷首一卷末一卷 （清）長贇修 （清）劉健纂 清光緒二年(1876)刻本 六冊

620000－1101－0000459 671.65/229.78
[光緒]文縣志八卷首一卷末一卷 （清）長贇修 （清）劉健纂 清光緒二年(1876)刻本 三冊 存四卷(四至七)

620000－1101－0000460 671.65/229.78
[光緒]文縣志八卷首一卷末一卷 （清）長贇修 （清）劉健纂 清光緒二年(1876)刻本 一冊 存二卷(一、首一卷)

620000－1101－0000461 671.65/229.78
[光緒]文縣志八卷首一卷末一卷 （清）長贇修 （清）劉健纂 清光緒二年(1876)刻本 六冊 存九卷(文縣志八卷、首一卷)

620000－1101－0000462 671.65/229.78
[光緒]文縣志八卷首一卷末一卷 （清）長贇修 （清）劉健纂 清光緒二年(1876)刻本 五冊 存七卷(二至八)

620000－1101－0000463 672.35/131.78
[光緒]烏程縣志三十六卷 （清）潘玉璿等修 （清）周學濬等纂 （清）徐鳳銜繪 清光緒

七年(1881)刻本　十二册

620000－1101－0000464　672.15/307.78
[光緒]吳江縣續志四十卷首一卷　(清)金福曾等修　(清)熊其英等纂　清光緒五年(1879)刻本　八册

620000－1101－0000465　672.15/307.78
[光緒]吳江縣續志四十卷首一卷　(清)金福曾等修　(清)熊其英等纂　清光緒五年(1879)刻本　八册

620000－1101－0000466　672.15/307.78
[光緒]吳江縣續志四十卷首一卷　(清)金福曾等修　(清)熊其英等纂　清光緒五年(1879)刻本　八册

620000－1101－0000467　672.15/311.78
[光緒]無錫金匱縣志四十卷首一卷附殉難紳民表二卷列女姓氏錄四卷　(清)裴大中等修　(清)秦緗業等纂　清光緒七年(1881)刻本　二十册

620000－1101－0000468　672.15/311.78
[光緒]無錫金匱縣志四十卷首一卷附殉難紳民表二卷列女姓氏錄四卷　(清)裴大中等修　(清)秦緗業等纂　清光緒七年(1881)刻本　十八册

620000－1101－0000469　672.15/311.78
[光緒]無錫金匱縣志四十卷首一卷附殉難紳民表二卷列女姓氏錄四卷　(清)裴大中等修　(清)秦緗業等纂　清光緒七年(1881)刻本　十八册

620000－1101－0000470　672.15/311.78
[光緒]無錫金匱縣志四十卷首一卷附殉難紳民表二卷列女姓氏錄四卷　(清)裴大中等修　(清)秦緗業等纂　清光緒七年(1881)刻本　一册　存四卷(列女姓氏錄四卷)

620000－1101－0000471　671.45/243.36
[光緒]五臺新志四卷首一卷　(清)徐繼畬纂修　(清)孫汝明等續修　(清)楊篤續纂　清光緒九年(1883)刻本　四册

620000－1101－0000472　671.45/243.78
[光緒]五臺新志四卷首一卷　(清)徐繼畬纂修　(清)孫汝明等續修　(清)楊篤續纂　清光緒九年(1883)刻本　五册

620000－1101－0000473　672.55/101.78
[光緒]武昌縣志二十六卷首一卷末一卷　(清)鍾桐山修　(清)柯逢時纂　清光緒十一年(1885)刻本　十册

620000－1101－0000474　671.55/187.78
[光緒]武功縣續志二卷　(清)張世英修　巨國桂纂　清光緒十四年(1888)刻本　二册

620000－1101－0000475　671.55/187.78
[光緒]武功縣續志二卷　(清)張世英修　巨國桂纂　清光緒十四年(1888)刻本　二册

620000－1101－0000476　671.55/187.78
[光緒]武功縣續志二卷　(清)張世英修　巨國桂纂　清光緒十四年(1888)刻本　一册　存一卷(二)

620000－1101－0000477　671.55/187.78
[光緒]武功縣續志二卷　(清)張世英修　巨國桂纂　清光緒十四年(1888)刻本　一册

620000－1101－0000478　2403
[光緒]武陽志餘十二卷首一卷　(清)莊毓鋐　(清)陸鼎翰纂修　[光緒]武陽團練紀實二卷　(清)莊毓鋐　(清)薛紹元編纂　清光緒十四年(1888)木活字印本　十五册

620000－1101－0000479　676.60/16.001
[光緒]西藏圖考八卷首一卷　(清)黃沛翹纂　清光緒十二年(1886)滇南李培榮刻本　四册

620000－1101－0000480　676.60/16
[光緒]西藏圖考八卷首一卷　(清)黃沛翹纂　清光緒二十三年(1897)刻本　六册

620000－1101－0000481　676.60/16
[光緒]西藏圖考八卷首一卷　(清)黃沛翹纂　清光緒十二年(1886)滇南李培榮刻本　六册

620000－1101－0000482　676.60/16
[光緒]西藏圖考八卷首一卷　（清）黃沛翹纂
　清光緒二十三年(1897)刻本　六冊

620000－1101－0000483　676.60/16
[光緒]西藏圖考八卷首一卷　（清）黃沛翹纂
　清光緒二十年(1894)刻本　四冊

620000－1101－0000484　676.6/166
[光緒]西藏圖考八卷首一卷　（清）黃沛翹纂
　清光緒十二年(1886)滇南李培榮刻本
四冊

620000－1101－0000485　676.6/166
[光緒]西藏圖考八卷首一卷　（清）黃沛翹纂
　清光緒二十九年(1903)石印皇朝藩屬輿地
叢書本　六冊

620000－1101－0000486　676.6/166
[光緒]西藏圖考八卷首一卷　（清）黃沛翹纂
　清光緒二十九年(1903)石印皇朝藩屬輿地
叢書本　六冊

620000－1101－0000487　676.60/16.001
[光緒]西藏圖考八卷首一卷　（清）黃沛翹纂
　清光緒十二年(1886)滇南李培榮刻本
四冊

620000－1101－0000488　676.60/16.002
[光緒]西藏圖考八卷首一卷　（清）黃沛翹纂
　清光緒二十三年(1897)刻本　一冊　存一
卷(八)

620000－1101－0000489　671.45/337.16
[光緒]夏縣志十卷首一卷　（清）黃緝榮等修
　（清）張承熊纂　清光緒六年(1880)刻本
四冊

620000－1101－0000490　673.35/119.78
[光緒]香山縣志二十二卷　（清）田明曜修
（清）陳澧纂　清光緒五年(1879)刻本　四冊
　存七卷(十六至二十二)

620000－1101－0000491　672.65/111.78
[光緒]湘潭縣志十二卷　（清）陳嘉榆等修
王闓運等纂　清光緒十五年(1889)刻本　八

冊　存九卷(一至九)

620000－1101－0000492　672.65/111.78
[光緒]湘潭縣志十二卷　（清）陳嘉榆等修
王闓運等纂　清光緒十五年(1889)刻本
十冊

620000－1101－0000493　672.65/111.78
[光緒]湘潭縣志十二卷　（清）陳嘉榆等修
王闓運等纂　清光緒十五年(1889)刻本　十
一冊

620000－1101－0000494　672.65/105.78
[光緒]湘陰縣圖志三十四卷首一卷末一卷
（清）郭嵩燾等纂修　清光緒六年(1880)湘陰
縣志局刻本　十二冊

620000－1101－0000495　672.65/105.78
[光緒]湘陰縣圖志三十四卷首一卷末一卷
（清）郭嵩燾等纂修　清光緒六年(1880)湘陰
縣志局刻本　十二冊

620000－1101－0000496　672.65/105.78
[光緒]湘陰縣圖志三十四卷首一卷末一卷
（清）郭嵩燾等纂修　清光緒六年(1880)湘陰
縣志局刻本　十四冊

620000－1101－0000497　672.74/751.78
[光緒]新修潼川府志三十卷　（清）阿麟修
（清）王龍勳等纂　清光緒二十三年(1897)刻
本　十六冊

620000－1101－0000498　671.55/215.76
[光緒]新續略陽縣志一卷　（清）桂超修
（清）侯龍光纂　清光緒三十年(1904)刻本
一冊

620000－1101－0000499　671.55/123.78
[光緒]新續渭南縣志十二卷　（清）嚴書麐修
（清）焦聯甲纂　清光緒十八年(1892)刻本
十冊

620000－1101－0000500　672.65/233.78
[光緒]興寧縣志十八卷首一卷末一卷　（清）
郭樹馨等修　（清）黃榜元等纂　清光緒元年
(1875)刻本　十二冊

620000 - 1101 - 0000501　3449

[光緒]興平縣鄉土志六卷　(清)張元際纂修
清光緒三十三年(1907)木活字印本　六冊

620000 - 1101 - 0000502　671.15/323.78

[光緒]雄縣鄉土志十五卷　(清)劉崇本編
清光緒三十一年(1905)鉛印本　一冊

620000 - 1101 - 0000503　672.75/267.78

[光緒]秀山縣志十四卷首一卷　(清)王壽松
修　(清)李稽勳等纂　清光緒十八年(1892)
刻本　四冊

620000 - 1101 - 0000504　672.25/333.78

[光緒]盱眙縣志稿十七卷首一卷　(清)王錫
元修　(清)高延第等纂　清光緒二十九年
(1903)盱眙縣志局增刻本　八冊

620000 - 1101 - 0000505　672.25/333.78

[光緒]盱眙縣志稿十七卷首一卷　(清)王錫
元修　(清)高延第等纂　清光緒二十九年
(1903)盱眙縣志局增刻本　十冊

620000 - 1101 - 0000506　672.15/501.78

[光緒]徐州府銅山縣鄉土志不分卷　(清)袁
國鈞　(清)楊世楨編　清光緒三十年(1904)
刻本　一冊

620000 - 1101 - 0000507　672.75/112.78

[光緒]敍州府志四十三卷首一卷末一卷
(清)王麟祥修　(清)邱晉成等纂　清光緒二
十二年(1896)刻本　二十八冊

620000 - 1101 - 0000508　671.45/355.78

[光緒]續刻直隸霍州志二卷　(清)楊立旭修
　(清)白天章纂　清光緒六年(1880)刻本
二冊

620000 - 1101 - 0000509　671.45/103.78

[光緒]續太原縣志二卷　(清)薛元釗修
(清)王效尊纂　清光緒八年(1882)刻本
二冊

620000 - 1101 - 0000510　672.55/303.78

[光緒]續修江陵縣志六十五卷首一卷　(清)
蒯正昌　(清)吳耀斗修　(清)胡九皋

(清)劉長謙纂　清光緒三年(1877)賓興館刻
本　二十四冊

620000 - 1101 - 0000511　672.55/303.78

[光緒]續修江陵縣志六十五卷首一卷　(清)
蒯正昌　(清)吳耀斗修　(清)胡九皋
(清)劉長謙纂　清光緒三年(1877)賓興館刻
本　一冊　存四卷(三十二至三十五)

620000 - 1101 - 0000512　672.24/671.78

[光緒]續修廬州府志一百卷首一卷末一卷
(清)黃雲修　(清)林之望等纂　清光緒十一
年(1885)刻本　四十八冊

620000 - 1101 - 0000513　672.24/671.78

[光緒]續修廬州府志一百卷首一卷末一卷
(清)黃雲修　(清)林之望等纂　清光緒十一
年(1885)刻本　四十八冊

620000 - 1101 - 0000514　672.24/671.78

[光緒]續修廬州府志一百卷首一卷末一卷
(清)黃雲修　(清)林之望等纂　清光緒十一
年(1885)刻本　四十八冊

620000 - 1101 - 0000515　672.24/671.78

[光緒]續修廬州府志一百卷首一卷末一卷
(清)黃雲修　(清)林之望等纂　清光緒十一
年(1885)刻本　四十八冊

620000 - 1101 - 0000516　671.55/229.78

[光緒]續修平利縣志十卷　(清)楊孝寬修
(清)李聯芳等纂　清光緒二十三年(1897)刻
本　四冊

620000 - 1101 - 0000517　673.15/419.78

[光緒]續修浦城縣志四十二卷首一卷　(清)
翁天祐　(清)呂渭英修　(清)翁昭泰纂　清
光緒二十六年(1900)南浦書院刻本　二十冊

620000 - 1101 - 0000518　673.15/419.78

[光緒]續修浦城縣志四十二卷首一卷　(清)
翁天祐　(清)呂渭英修　(清)翁昭泰纂　清
光緒二十六年(1900)南浦書院刻本　二十冊

620000 - 1101 - 0000519　2397

[光緒]續修舒城縣志五十卷首一卷末一卷

(清)呂林鍾等修　(清)趙鳳詔等纂　清光緒
三十三年(1907)木活字印本　十六冊

620000－1101－0000520　2398
[光緒]續修舒城縣志五十卷首一卷末一卷
(清)呂林鍾等修　(清)趙鳳詔等纂　清光緒
三十三年(1907)木活字印本(首一卷係抄配)
十六冊

620000－1101－0000521　2399
[光緒]續修舒城縣志五十卷首一卷末一卷
(清)呂林鍾等修　(清)趙鳳詔等纂　清光緒
三十三年(1907)木活字印本　十六冊

620000－1101－0000522　673.5/78
[光緒]續雲南通志稿一百九十四卷首六卷
(清)王文韶等修　(清)唐炯等纂　清光緒二
十七年(1901)四川岳池刻本　一百冊

620000－1101－0000523　672.75/549.78
[光緒]續增樂至縣志四卷首一卷　(清)胡書
雲修　(清)李星根等纂　清光緒九年(1883)
刻本　四冊

620000－1101－0000524　672.15/105.78
[光緒]續纂句容縣志二十卷首一卷末一卷
(清)張紹棠修　(清)蕭穆等纂　清光緒三十
年(1904)刻本　二十冊

620000－1101－0000525　672.35/419.78
[光緒]宣平縣志二十卷首一卷　(清)皮樹棠
修纂　清光緒四年(1878)刻本　八冊

620000－1101－0000526　673.55/233.78
[光緒]洵陽縣志十四卷　(清)劉德全修
(清)郭焱昌等纂　清光緒二十八年(1902)刻
本　四冊

620000－1101－0000527　672.34/429.78
[光緒]嚴州府志三十八卷首一卷　(清)吳士
進原本　(清)吳世榮續修　(清)鄒柏森等續
纂　清光緒九年(1883)刻民國二十六年
(1937)印本　二十冊

620000－1101－0000528　672.15/411.89
[光緒]鹽城縣志十七卷首一卷　(清)劉崇照

修　(清)龍繼棟　(清)陳玉樹纂　清光緒二
十一年(1895)刻本　十冊

620000－1101－0000529　672.15/313.78
[光緒]宜興荊谿縣新志十卷首一卷末一卷
(清)施惠　(清)錢志澄修　(清)吳景牆等
纂　清光緒八年(1882)刻宜興荊溪舊志五種
本　八冊

620000－1101－0000530　671.25/439.78
[光緒]益都縣圖志五十四卷首一卷　(清)張
承燮修　(清)法偉堂等纂　清光緒三十三年
(1907)刻本　十六冊

620000－1101－0000531　671.25/439.78
[光緒]益都縣圖志五十四卷首一卷　(清)張
承燮修　(清)法偉堂等纂　清光緒三十三年
(1907)刻本　十六冊

620000－1101－0000532　671.45/315.78
[光緒]翼城縣志二十八卷　(清)王燿章
(清)龔履坦纂修　清光緒七年(1881)刻本
八冊

620000－1101－0000533　682.11/828
[光緒]永定河續志十六卷首一卷　(清)朱其
詔續修　清光緒七年(1881)刻本　十二冊

620000－1101－0000534　671.45/323.78
[光緒]永濟縣志二十四卷　(清)李榮和
(清)劉鍾麟修　(清)張元懋纂　清光緒十二
年(1886)刻本　十四冊

620000－1101－0000535　672.35/401.78
[光緒]永嘉縣志三十八卷首一卷　(清)張寶
琳修　(清)王棻等纂　清光緒八年(1882)溫
州維新書局刻本　二十四冊

620000－1101－0000536　672.35/319.78
[光緒]永康縣志十六卷首一卷　(清)李汝爲
(清)郭文翹修　(清)潘樹棠等纂　清光緒
十八年(1892)刻本　十二冊

620000－1101－0000537　672.35/319.78
[光緒]永康縣志十六卷首一卷　(清)李汝爲
(清)郭文翹修　(清)潘樹棠等纂　清光緒

十八年(1892)刻本　十二冊

620000－1101－0000538　672.35/319.78
[光緒]永康縣志十六卷首一卷　(清)李汝爲
(清)郭文翹修　(清)潘樹棠等纂　清光緒
十八年(1892)刻本　十二冊

620000－1101－0000539　671.14/653.78
[光緒]永平府志七十二卷首一卷末一卷
(清)游智開修　(清)史夢蘭纂　清光緒五年
(1879)敬勝書院刻本　三十一冊　存七十二
卷(一至五、八至七十二,首一卷,末一卷)

620000－1101－0000540　671.55/189.78
[光緒]永壽縣重修新志十卷首一卷　(清)鄭
德樞修　(清)趙奇齡纂　清光緒十四年
(1888)刻本　六冊

620000－1101－0000541　671.55/189.78
[光緒]永壽縣重修新志十卷首一卷　(清)鄭
德樞修　(清)趙奇齡纂　清光緒十四年
(1888)刻本　六冊

620000－1101－0000542　671.45/185.31
[光緒]盂縣志二十二卷首一卷末一卷　(清)
張嵐奇　(清)劉鴻逵等修　(清)武續緒等纂
清光緒七年(1881)刻本　十冊

620000－1101－0000543　672.35/221.78
[光緒]餘姚縣志二十七卷首一卷末一卷
(清)周炳麟修　(清)邵友謙　(清)孫德祖
纂　清光緒二十五年(1899)刻本　十六冊

620000－1101－0000544　672.35/221.78
[光緒]餘姚縣志二十七卷首一卷末一卷
(清)周炳麟修　(清)邵友謙　(清)孫德祖
纂　清光緒二十五年(1899)刻本　十六冊

620000－1101－0000545　672.35/221.78
[光緒]餘姚縣志二十七卷首一卷末一卷
(清)周炳麟修　(清)邵友謙　(清)孫德祖
纂　清光緒二十五年(1899)刻本　十六冊

620000－1101－0000546　672.35/221.78
[光緒]餘姚縣志二十七卷首一卷末一卷
(清)周炳麟修　(清)邵友謙　(清)孫德祖

纂　清光緒二十五年(1899)刻本　十六冊

620000－1101－0000547　672.35/431.48
[光緒]玉環廳志十四卷首一卷　(清)杜冠英
(清)胥壽榮修　(清)呂鴻燾纂　清光緒六
年(1880)刻本　八冊

620000－1101－0000548　672.35/425.78
[光緒]樂清縣志十六卷首一卷　(清)李登雲
(清)錢寶鎔修　(清)陳珅等纂　清光緒二
十七年(1901)刻民國元年(1912)高誼校印本
十五冊

620000－1101－0000549　671.15/253.78
[光緒]樂亭縣志十五卷首一卷末一卷　(清)
蔡志修等修　(清)史夢蘭纂　清光緒三年
(1877)刻本　六冊

620000－1101－0000550　671.15/253.78
[光緒]樂亭縣志十五卷首一卷末一卷　(清)
蔡志修等修　(清)史夢蘭纂　清光緒三年
(1877)刻本　五冊　存十五卷(一至九、十二
至十五,首一卷,末一卷)

620000－1101－0000551　672.15/423.78
[光緒]再續高郵州志八卷首一卷　(清)金元
烺　(清)龔定瀛修　(清)夏子鐊纂　清光緒
九年(1883)刻本　八冊

620000－1101－0000552　672.75/111.78
[光緒]增修崇慶州志十二卷首一卷　(清)沈
恩培修　(清)胡麟等纂　清光緒三年(1877)
刻本(封面、牌記、序、卷一葉二十七至卷二葉
六係抄配)　十冊

620000－1101－0000553　671.24/372.78
[光緒]增修登州府志六十九卷首一卷　(清)
方汝翼　(清)賈瑚修　(清)周悅讓　(清)
慕榮幹纂　清光緒七年(1881)刻本　二十冊

620000－1101－0000554　671.24/372.78
[光緒]增修登州府志六十九卷首一卷　(清)
方汝翼　(清)賈瑚修　(清)周悅讓　(清)
慕榮幹纂　清光緒七年(1881)刻本　十一冊
存二十八卷(四十二至六十九)

620000 – 1101 – 0000555　2417

[光緒]增修甘泉縣志二十四卷首一卷　（清）徐成敊等修　（清）陳浩恩等纂　清光緒七年（1881）木活字印本　二十冊

620000 – 1101 – 0000556　671.25/143.78

[光緒]霑化縣志十六卷首一卷　（清）聯印修　（清）張會一　（清）耿翔儀纂　清光緒十七年（1891）刻本　四冊

620000 – 1101 – 0000557　671.25/143.78

[光緒]霑化縣志十六卷首一卷　（清）聯印修　（清）張會一　（清）耿翔儀纂　清光緒十七年（1891）刻本　四冊

620000 – 1101 – 0000558　671.25/105.78

[光緒]章邱縣鄉土志二卷　（清）楊學淵修　（清）李洪鈺等纂　清光緒三十三年（1907）石印本　二冊

620000 – 1101 – 0000559　673.14/751.78

[光緒]漳州府志五十卷首一卷　（清）李維鈺原本　（清）沈定均續修　（清）吳聯薰增纂　清光緒三年（1877）芝山書院刻本　十六冊

620000 – 1101 – 0000560　672.3/291

[光緒]浙志便覽十卷　（清）李應珏纂修　清光緒二十二年（1896）刻本　四冊

620000 – 1101 – 0000561　673.55/245.78

[光緒]鎮安縣鄉土志二卷　（清）李麟圖修纂　清光緒三十四年（1908）鉛印本　一冊

620000 – 1101 – 0000562　672.35/207.78

[光緒]鎮海縣志四十卷　（清）于萬川修　（清）俞樾纂　清光緒五年（1879）鯤池書院刻本　十六冊

620000 – 1101 – 0000563　672.2/78

[光緒]重修安徽通志三百五十卷補遺十卷　（清）吳坤修等修　（清）何紹基　（清）楊沂孫纂　清光緒七年（1881）馮焌校補本　一百二十冊

620000 – 1101 – 0000564　672.2/78.1

[光緒]重修安徽通志三百五十卷補遺十卷　（清）吳坤修等修　（清）何紹基　（清）楊沂孫纂　清光緒四年（1878）刻本　一百二十冊

620000 – 1101 – 0000565　672.15/211.78

[光緒]重修奉賢縣志二十卷首一卷末一卷　（清）韓佩金修　（清）張文虎等纂　清光緒四年（1878）刻本　六冊

620000 – 1101 – 0000566　672.15/211.78

[光緒]重修奉賢縣志二十卷首一卷末一卷　（清）韓佩金修　（清）張文虎等纂　清光緒四年（1878）刻本　一冊　存三卷（十一至十三）

620000 – 1101 – 0000567　947

[光緒]重修皋蘭縣志三十卷　（清）張國常纂修　清光緒十八年（1892）稿本　十五冊

620000 – 1101 – 0000568　672.15/205.78

[光緒]重修華亭縣志二十四卷首一卷末一卷　（清）楊開第修　（清）姚光發等纂　清光緒五年（1879）刻本　十冊

620000 – 1101 – 0000569　672.15/205.78

[光緒]重修華亭縣志二十四卷首一卷末一卷　（清）楊開第修　（清）姚光發等纂　清光緒五年（1879）刻本　十冊

620000 – 1101 – 0000570　672.35/121.78

[光緒]重修嘉善縣志三十六卷首一卷　（清）江峰青修　（清）顧福仁纂　清光緒二十年（1894）刻本　十六冊

620000 – 1101 – 0000571　672.35/121.78

[光緒]重修嘉善縣志三十六卷首一卷　（清）江峰青修　（清）顧福仁纂　清光緒二十年（1894）刻本　十六冊

620000 – 1101 – 0000572　672.75/129.78

[光緒]重修彭縣志十三卷首一卷末一卷補遺一卷　（清）張龍甲修　（清）呂調陽等纂　清光緒六年（1880）刻本　十冊

620000 – 1101 – 0000573　672.75/129.78

[光緒]重修彭縣志十三卷首一卷末一卷補遺一卷　（清）張龍甲修　（清）呂調陽等纂　清光緒六年（1880）刻本　十冊

620000－1101－0000574　671.14/130.78
[光緒]重修天津府志五十四卷首一卷末一卷
沈家本　(清)榮銓修　徐宗亮　(清)蔡啓
盛纂　清光緒二十五年(1899)刻本　二十
八冊

620000－1101－0000575　671.14/130.78
[光緒]重修天津府志五十四卷首一卷末一卷
沈家本　(清)榮銓修　徐宗亮　(清)蔡啓
盛纂　清光緒二十五年(1899)刻本　二十
八冊

620000－1101－0000576　671.65/213.78
[光緒]重修通渭縣新志十二卷首一卷補遺一
卷　(清)高蔚霞修　(清)苟廷誠纂　清光緒
十九年(1893)刻本　四冊

620000－1101－0000577　671.65/213.78
[光緒]重修通渭縣新志十二卷首一卷補遺一
卷　(清)高蔚霞修　(清)苟廷誠纂　清光緒
十九年(1893)刻本　四冊

620000－1101－0000578　671.65/213.78
[光緒]重修通渭縣新志十二卷首一卷補遺一
卷　(清)高蔚霞修　(清)苟廷誠纂　清光緒
十九年(1893)刻本　四冊

620000－1101－0000579　671.65/213.78
[光緒]重修通渭縣新志十二卷首一卷補遺一
卷　(清)高蔚霞修　(清)苟廷誠纂　清光緒
十九年(1893)刻本　四冊

620000－1101－0000580　671.65/213.78
[光緒]重修通渭縣新志十二卷首一卷補遺一
卷　(清)高蔚霞修　(清)苟廷誠纂　清光緒
十九年(1893)刻本　四冊

620000－1101－0000581　671.65/213.78
[光緒]重修通渭縣新志十二卷首一卷補遺一
卷　(清)高蔚霞修　(清)苟廷誠纂　清光緒
十九年(1893)刻本　二冊　存四卷(十一至
十二、首一卷、補遺一卷)

620000－1101－0000582　672.25/331.78
[光緒]重修五河縣志二十卷首一卷末一卷
(清)賴同宴　(清)孫玉銘修　(清)俞宗誠

等纂　清光緒二十年(1894)刻本　八冊

620000－1101－0000583　671.65/211.78
[光緒]重纂禮縣新志四卷首一卷　(清)雷文
淵修　(清)王思溫纂　清光緒十六年(1890)
刻本　四冊

620000－1101－0000584　671.65/211.78
[光緒]重纂禮縣新志四卷首一卷　(清)雷文
淵修　(清)王思溫纂　清光緒十六年(1890)
刻本　四冊

620000－1101－0000585　671.65/211.78
[光緒]重纂禮縣新志四卷首一卷　(清)雷文
淵修　(清)王思溫纂　清光緒十六年(1890)
刻本　四冊

620000－1101－0000586　671.65/211.78
[光緒]重纂禮縣新志四卷首一卷　(清)雷文
淵修　(清)王思溫纂　清光緒十六年(1890)
刻本　三冊　存三卷(二至四)

620000－1101－0000587　671.65/211.78
[光緒]重纂禮縣新志四卷首一卷　(清)雷文
淵修　(清)王思溫纂　清光緒十六年(1890)
刻本　一冊　存一卷(二)

620000－1101－0000588　671.65/211.78
[光緒]重纂禮縣新志四卷首一卷　(清)雷文
淵修　(清)王思溫纂　清光緒十六年(1890)
刻本　一冊　存一卷(二)

620000－1101－0000589　671.65/201.78
[光緒]重纂秦州直隸州新志二十四卷首一卷
(清)余澤春修　(清)王權　(清)任其昌
纂　清光緒十五年(1889)刻本　二十冊

620000－1101－0000590　671.65/201.78
[光緒]重纂秦州直隸州新志二十四卷首一卷
(清)余澤春修　(清)王權　(清)任其昌
纂　清光緒十五年(1889)刻本　二十冊

620000－1101－0000591　671.65/201.78
[光緒]重纂秦州直隸州新志二十四卷首一卷
(清)余澤春修　(清)王權　(清)任其昌
纂　清光緒十五年(1889)刻本　二十冊

620000 – 1101 – 0000592　671.65/201.78

[光緒]重纂秦州直隸州新志二十四卷首一卷

　（清）余澤春修　（清）王權　（清）任其昌纂　清光緒十五年(1889)刻本　二十冊

620000 – 1101 – 0000593　671.65/201.78

[光緒]重纂秦州直隸州新志二十四卷首一卷

　（清）余澤春修　（清）王權　（清）任其昌纂　清光緒十五年(1889)刻本　十六冊

620000 – 1101 – 0000594　671.65/201.78

[光緒]重纂秦州直隸州新志二十四卷首一卷

　（清）余澤春修　（清）王權　（清）任其昌纂　清光緒十五年(1889)刻本　十六冊

620000 – 1101 – 0000595　671.65/201.78

[光緒]重纂秦州直隸州新志二十四卷首一卷

　（清）余澤春修　（清）王權　（清）任其昌纂　清光緒十五年(1889)刻本　十五冊　存二十四卷(重纂秦州直隸州新志二十四卷)

620000 – 1101 – 0000596　671.65/201.78

[光緒]重纂秦州直隸州新志二十四卷首一卷

　（清）余澤春修　（清）王權　（清）任其昌纂　清光緒十五年(1889)刻本　二十四冊

620000 – 1101 – 0000597　671.65/201.78

[光緒]重纂秦州直隸州新志二十四卷首一卷

　（清）余澤春修　（清）王權　（清）任其昌纂　清光緒十五年(1889)刻本　二十四冊

620000 – 1101 – 0000598　671.65/201.78

[光緒]重纂秦州直隸州新志二十四卷首一卷

　（清）余澤春修　（清）王權　（清）任其昌纂　清光緒十五年(1889)刻本　二十二冊

620000 – 1101 – 0000599　671.65/201.78

[光緒]重纂秦州直隸州新志二十四卷首一卷

　（清）余澤春修　（清）王權　（清）任其昌纂　清光緒十五年(1889)刻本　十九冊

620000 – 1101 – 0000600　671.65/201.78

[光緒]重纂秦州直隸州新志二十四卷首一卷

　（清）余澤春修　（清）王權　（清）任其昌纂　清光緒十五年(1889)刻本　十冊　存十二卷(一至十一、首一卷)

620000 – 1101 – 0000601　671.65/201.78

[光緒]重纂秦州直隸州新志二十四卷首一卷

　（清）余澤春修　（清）王權　（清）任其昌纂　清光緒十五年(1889)刻本　一冊　存一卷(六)

620000 – 1101 – 0000602　671.65/201.78

[光緒]重纂秦州直隸州新志二十四卷首一卷

　（清）余澤春修　（清）王權　（清）任其昌纂　清光緒十五年(1889)刻本　一冊　存一卷(十五)

620000 – 1101 – 0000603　671.65/201.78

[光緒]重纂秦州直隸州新志二十四卷首一卷

　（清）余澤春修　（清）王權　（清）任其昌纂　清光緒十五年(1889)刻本　一冊　存一卷(十)

620000 – 1101 – 0000604　671.65/201.78

[光緒]重纂秦州直隸州新志二十四卷首一卷

　（清）余澤春修　（清）王權　（清）任其昌纂　清光緒十五年(1889)刻本　二冊　存二卷(六、十)

620000 – 1101 – 0000605　671.65/201.78

[光緒]重纂秦州直隸州新志二十四卷首一卷

　（清）余澤春修　（清）王權　（清）任其昌纂　清光緒十五年(1889)刻本　四冊　存四卷(十、十四至十五、十八)

620000 – 1101 – 0000606　671.65/201.78

[光緒]重纂秦州直隸州新志二十四卷首一卷

　（清）余澤春修　（清）王權　（清）任其昌纂　清光緒十五年(1889)刻本　十八冊　存十八卷(一至十、十三至十五、十七至十九、二十二、二十四)

620000 – 1101 – 0000607　671.65/201.78

[光緒]重纂秦州直隸州新志二十四卷首一卷

　（清）余澤春修　（清）王權　（清）任其昌纂　清光緒十五年(1889)刻本　九冊　存十二卷(十二、十四至二十四)

620000 – 1101 – 0000608　671.65/201.78

[光緒]重纂秦州直隸州新志二十四卷首一卷

（清）余澤春修 （清）王權 （清）任其昌
纂 清光緒十五年（1889）刻本 十一冊 存
十六卷（三至十五、十七至十八，首一卷）

620000－1101－0000609 671.65/201.78
[光緒]重纂秦州直隸州新志二十四卷首一卷
　（清）余澤春修 （清）王權 （清）任其昌
纂 清光緒十五年（1889）刻本 七冊 存九
卷（一至二、七至八、十一至十二、十七至十
八、二十四）

620000－1101－0000610 671.65/201.78
[光緒]重纂秦州直隸州新志二十四卷首一卷
　（清）余澤春修 （清）王權 （清）任其昌
纂 清光緒十五年（1889）刻本 五冊 存十
卷（一至四、十九至二十四）

620000－1101－0000611 671.65/201.78
[光緒]重纂秦州直隸州新志二十四卷首一卷
　（清）余澤春修 （清）王權 （清）任其昌
纂 清光緒十五年（1889）刻本 一冊 存二
卷（十九至二十）

620000－1101－0000612 672.15/301.92
[光緒]周莊鎮志六卷首一卷附貞豐里庚甲見
聞錄二卷 （清）陶煦纂 清光緒八年（1882）
元和陶氏儀一堂刻本 六冊

620000－1101－0000613 672.35/219.78
[光緒]諸暨縣志六十卷首一卷 陳遹聲修
（清）蔣鴻藻纂 清宣統二年（1910）刻本 十
八冊

620000－1101－0000614 672.35/219.78
[光緒]諸暨縣志六十卷首一卷 陳遹聲修
（清）蔣鴻藻纂 清宣統二年（1910）刻本 十
八冊

620000－1101－0000615 672.35/219.78
[光緒]諸暨縣志六十卷首一卷 陳遹聲修
（清）蔣鴻藻纂 清宣統二年（1910）刻本 十
八冊

620000－1101－0000616 671.25/203.78
[光緒]滋陽縣志十四卷 （清）莫熾修
（清）黃恩彤纂 （清）李兆霖等續修 （清）

黃師闓等續纂 清光緒十四年（1888）續刻民
國二十九年（1940）金甲一補刻本 十冊

620000－1101－0000617 671.65/415.78
[光緒]纂修山丹縣志十八卷首一卷 （清）陳
兆麟纂 清光緒抄本 八冊 存十三卷（一
至五、七至九、十二、十五、十七至十八，首一
卷）

620000－1101－0000618 573.332/385
[光緒丙戌科考陳廷鑑卷]一卷 （清）陳廷鑑
撰 清光緒十二年（1886）刻本 一冊

620000－1101－0000619 856.7/377
[光緒辛卯科]江西闈墨不分卷 （清）陳□□
（清）余□□鑒定 清光緒奎宿堂刻本
一冊

620000－1101－0000620 059.276.64/272
[廣益叢報]不分卷 （清）楊庶堪 （清）梅
際郇等編輯 清末廣益書局鉛印本 九冊

620000－1101－0000621 575
[貴州道里形勢述略]一卷 （□）□□撰 清
稿本 一冊

620000－1101－0000622 782.97/209
[郝天年年譜]一卷 （清）郝天年 （清）郝
鸞翔撰 清道光抄本 一冊

620000－1101－0000623 672.35/229.65
[弘治]赤城新志二十三卷 （明）陳相修
（明）謝鐸纂 清光緒二十四年（1898）刻續台
州叢書本 三冊

620000－1101－0000624 673.14/880.65
[弘治]大明興化府志五十四卷 （明）陳效修
　（明）周瑛 （明）黃仲昭纂 清同治十年
（1871）刻本 二十四冊

620000－1101－0000625 673.14/880.65
[弘治]大明興化府志五十四卷 （明）陳效修
　（明）周瑛 （明）黃仲昭纂 清同治十年
（1871）刻本 二十四冊

620000－1101－0000626 557.373/0.723
[湖南省驛站程途里數限行時刻冊]不分卷

（清）□□編　清晚期刻本　一冊

620000－1101－0000627　296.2/0.761
[乩語雜鈔]不分卷　（□）□□抄　清光緒至
民國抄本　一冊

620000－1101－0000628　672.35/229.523
[嘉定]赤城志四十卷　（宋）黃𪩘（宋）齊碩
修　（宋）陳耆卿纂　清嘉慶二十三年(1818)
臨海宋氏刻台州叢書本　十二冊

620000－1101－0000629　672.35/229.523
[嘉定]赤城志四十卷　（宋）黃𪩘（宋）齊碩
修　（宋）陳耆卿纂　清嘉慶二十三年(1818)
臨海宋氏刻台州叢書本　一冊　存六卷(十
一至十六)

620000－1101－0000630　672.35/229.523
[嘉定]赤城志四十卷　（宋）黃𪩘（宋）齊碩
修　（宋）陳耆卿纂　清嘉慶二十三年(1818)
臨海宋氏刻台州叢書本　六冊　存二十九卷
(一至九、二十一至四十)

620000－1101－0000631　672.35/649.001
[嘉定]剡錄十卷　（宋）史安之修　（宋）高
似孫纂　清道光八年(1828)李式圃刻本
六冊

620000－1101－0000632　672.35/649
[嘉定]剡錄十卷　（宋）史安之修　（宋）高
似孫纂　清同治九年(1870)刻本　二冊

620000－1101－0000633　672.35/649
[嘉定]剡錄十卷　（宋）史安之修　（宋）高
似孫纂　清同治九年(1870)刻本　二冊

620000－1101－0000634　671.55/141.66
[嘉靖]澄城縣志二卷　（明）徐效賢（明）
敖佐修　（明）石道立纂　清咸豐元年(1851)
刻本　一冊

620000－1101－0000635　671.55/111.65
[嘉靖]高陵縣志七卷　（明）呂柟纂修　清
光緒十年(1884)刻本　二冊

620000－1101－0000636　671.55/111.66
[嘉靖]高陵縣志七卷　（明）呂柟纂修　清光

緒十年(1884)刻本　二冊

620000－1101－0000637　671.55/111.66
[嘉靖]高陵縣志七卷　（明）呂柟纂修　清光
緒十年(1884)刻本　二冊

620000－1101－0000638　671.55/111.78
[嘉靖]高陵縣志七卷　（明）呂柟纂修　清光
緒十年(1884)刻本　二冊

620000－1101－0000639　1299
[嘉靖]鞏郡記二十卷　（明）胡纘宗纂修　明
嘉靖二十五年(1546)清渭草堂刻本　二冊
存四卷(一至四)

620000－1101－0000640　672.35/105.66
[嘉靖]海寧縣志九卷首一卷　（明）蔡完修
（明）董轂纂　清光緒二十四年(1898)許仁沐
刻本　二冊

620000－1101－0000641　674
[嘉靖]平涼府志十三卷　（明）趙時春纂修
明嘉靖三十九年(1560)刻本　一冊　存一卷
(一)

620000－1101－0000642　3455
[嘉靖]喬三石耀州志十一卷　（明）李廷寶修
（明）喬世寧纂　清乾隆二十七年(1762)汪
灝刻本　二冊

620000－1101－0000643　3456
[嘉靖]喬三石耀州志十一卷　（明）李廷寶修
（明）喬世寧纂　清乾隆二十七年(1762)汪
灝刻本　二冊

620000－1101－0000644　3581
[嘉靖]秦安志九卷　（明）亢世英修　（明）
胡纘宗纂　明嘉靖十四年(1535)刻清順治增
修本　二冊

620000－1101－0000645　676
[嘉靖]秦安志九卷　（明）亢世英修　（明）
胡纘宗纂　明嘉靖十四年(1535)刻清順治增
修本　四冊

620000－1101－0000646　672.75/151.75
[嘉慶]安縣志三十卷首一卷　（清）楊英燦纂

修　清嘉慶十七年(1812)刻本　四冊

620000－1101－0000647　672.75/151.75
[嘉慶]安縣志三十卷首一卷　(清)楊英燦纂
修　清嘉慶十七年(1812)刻本　一冊　存七
卷(二十四至三十)

620000－1101－0000648　671.25/447.79
[嘉慶]昌樂縣志三十二卷首一卷　(清)魏禮
焯　(清)時銘修　(清)閻學夏　(清)黃方
遠纂　清嘉慶十四年(1809)刻本　六冊

620000－1101－0000649　671.25/447.79
[嘉慶]昌樂縣志三十二卷首一卷　(清)魏禮
焯　(清)時銘修　(清)閻學夏　(清)黃方
遠纂　清嘉慶十四年(1809)刻本　六冊

620000－1101－0000650　671.55/103.75
[嘉慶]長安縣志三十六卷　(清)張聰賢修
(清)董曾臣纂　清嘉慶二十年(1815)刻本
十冊

620000－1101－0000651　671.55/103.75
[嘉慶]長安縣志三十六卷　(清)張聰賢修
(清)董曾臣纂　清嘉慶二十年(1815)刻本
一冊　存六卷(十三至十八)

620000－1101－0000652　671.55/103.75
[嘉慶]長安縣志三十六卷　(清)張聰賢修
(清)董曾臣纂　清嘉慶二十年(1815)刻本
二冊　存十二卷(一至十二)

620000－1101－0000653　671.55/103.75
[嘉慶]長安縣志三十六卷　(清)張聰賢修
(清)董曾臣纂　清嘉慶二十年(1815)刻同治
十二年(1873)補刻本　六冊

620000－1101－0000654　671.55/103.75
[嘉慶]長安縣志三十六卷　(清)張聰賢修
(清)董曾臣纂　清嘉慶二十年(1815)刻同治
十二年(1873)補刻本　六冊

620000－1101－0000655　671.25/111.75
[嘉慶]長山縣志十六卷首一卷　(清)倪企望
修　(清)鍾廷瑛　(清)徐果行纂　清嘉慶六
年(1801)刻本　十冊

620000－1101－0000656　671.15/411.75
[嘉慶]長垣縣志十六卷　(清)李于垣修
(清)楊元錫纂　清嘉慶十五年(1810)刻本
八冊

620000－1101－0000657　673.35/303.75
[嘉慶]澄海縣志二十六卷首一卷　(清)李書
吉等纂修　清嘉慶二十年(1815)刻本　八冊

620000－1101－0000658　673.35/303.75
[嘉慶]澄海縣志二十六卷首一卷　(清)李書
吉等纂修　清嘉慶二十年(1815)刻本　五冊
存十六卷(五至十八、二十五至二十六)

620000－1101－0000659　672.72/111.75
[嘉慶]崇慶州志十卷首一卷　(清)丁榮表
(清)顧堯峯修　(清)衛道凝　(清)謝攀雲
纂　清嘉慶十八年(1813)刻本　一冊　存三
卷(一至三)

620000－1101－0000660　672.75/241.75
[嘉慶]達縣志五十二卷　(清)魯鳳輝等修
(清)王廷偉等纂　清嘉慶二十年(1815)刻本
六冊

620000－1101－0000661　671.25/331.75
[嘉慶]德平縣志十卷首一卷　(清)鍾大受纂
修　清嘉慶元年(1796)刻本　四冊

620000－1101－0000662　673.5/867.78
[嘉慶]滇繫四十卷　(清)師範纂　清光緒十
三年(1887)雲南通志局刻本　四十冊

620000－1101－0000663　672.75/335.75
[嘉慶]峨眉縣志十卷首一卷　(清)王燮修
(清)張希緒　(清)張希玕纂　清嘉慶十八年
(1813)刻本　四冊

620000－1101－0000664　672.25/305.75
[嘉慶]鳳臺縣志十二卷　(清)李兆洛纂修
清嘉慶十九年(1814)刻本　六冊　存十卷
(一至十)

620000－1101－0000665　671.55/167.75
[嘉慶]扶風縣志十八卷首一卷　(清)宋世犖
修　(清)吳鵬翔　(清)王樹棠纂　清嘉慶二

十四年(1819)刻本　四冊

620000－1101－0000666　671.55/167.75
[嘉慶]扶風縣志十八卷首一卷　(清)宋世犖修　(清)吳鵬翔　(清)王樹棠纂　清嘉慶二十四年(1819)刻本　四冊

620000－1101－0000667　672.15/213.92
[嘉慶]干巷志六卷首一卷　(清)朱棟纂　清嘉慶六年(1801)柘湖丁氏種松山房刻民國二十二年(1933)印本　一冊

620000－1101－0000668　673.4/75
[嘉慶]廣西通志二百七十九卷首一卷　(清)謝啓昆修　(清)胡虔纂　清嘉慶六年(1801)刻本　十三冊　存四十五卷(三十四至五十六、六十一至六十四、二百九至二百十四、二百三十至二百三十七、二百四十一至二百四十四)

620000－1101－0000669　673.4/78
[嘉慶]廣西通志二百七十九卷首一卷　(清)謝啓昆修　(清)胡虔纂　清光緒十七年(1891)桂垣書局補刻本　八十冊

620000－1101－0000670　671.55/145.74
[嘉慶]韓城縣續志五卷　(清)冀蘭泰修(清)陸耀遹纂　清嘉慶二十三年(1818)刻本　一冊

620000－1101－0000671　672.75/109.75
[嘉慶]漢州志四十卷首一卷末一卷　(清)劉長庚修　(清)侯肇元　(清)張懷泗纂　清嘉慶二十二年(1817)刻本　十二冊

620000－1101－0000672　672.75/109.75
[嘉慶]漢州志四十卷首一卷末一卷　(清)劉長庚修　(清)侯肇元　(清)張懷泗纂　清嘉慶二十二年(1817)刻本　十二冊

620000－1101－0000673　674.7/15
[嘉慶]黑龍江外記八卷　(清)西清纂　清光緒漸西村舍刻本　二冊

620000－1101－0000674　674.7/42
[嘉慶]黑龍江外記八卷　(清)西清纂　清光

緒漸西村舍刻本　二冊

620000－1101－0000675　674.7/42
[嘉慶]黑龍江外記八卷　(清)西清纂　清光緒漸西村舍刻本　二冊

620000－1101－0000676　672.75/337.75
[嘉慶]洪雅縣志二十五卷首一卷　(清)王好音修　(清)張柱等纂　清嘉慶十八年(1813)刻本　七冊

620000－1101－0000677　672.75/337.75
[嘉慶]洪雅縣志二十五卷首一卷　(清)王好音修　(清)張柱等纂　清嘉慶十八年(1813)刻本　七冊

620000－1101－0000678　672.75/105.75
[嘉慶]華陽縣志四十四卷首一卷　(清)吳鞏　(清)董淳修　(清)潘時彤等纂　清嘉慶二十一年(1816)刻本　十二冊

620000－1101－0000679　672.75/105.751
[嘉慶]華陽縣志四十四卷首一卷　(清)吳鞏　(清)董淳修　(清)潘時彤等纂　清嘉慶二十一年(1816)刻本　十六冊

620000－1101－0000680　671.65/207.31
[嘉慶]徽縣志八卷　(清)張伯魁纂修　清嘉慶十四年(1809)刻本　八冊

620000－1101－0000681　671.65/207.31
[嘉慶]徽縣志八卷　(清)張伯魁纂修　清嘉慶十四年(1809)刻本　八冊

620000－1101－0000682　671.65/207.31
[嘉慶]徽縣志八卷　(清)張伯魁纂修　清嘉慶十四年(1809)刻本　十冊

620000－1101－0000683　671.65/207.31
[嘉慶]徽縣志八卷　(清)張伯魁纂修　清嘉慶十四年(1809)刻本(冊一係抄配)　六冊

620000－1101－0000684　671.65/207.31
[嘉慶]徽縣志八卷　(清)張伯魁纂修　清嘉慶十四年(1809)刻本　四冊

620000－1101－0000685　671.65/207.31
[嘉慶]徽縣志八卷　(清)張伯魁纂修　清嘉

慶十四年(1809)刻本　五册　存五卷(一至四、八)

620000－1101－0000686　671.65/207.31
[嘉慶]徽縣志八卷　(清)張伯魁纂修　清嘉慶十四年(1809)刻本　一册　存三卷(六至八)

620000－1101－0000687　671.65/207.31
[嘉慶]徽縣志八卷　(清)張伯魁纂修　清嘉慶十四年(1809)刻本　二册　存四卷(三至六)

620000－1101－0000688　671.65/207.31
[嘉慶]徽縣志八卷　(清)張伯魁纂修　清嘉慶十四年(1809)刻本　二册　存二卷(一、八)

620000－1101－0000689　672.35/302
[嘉慶]嘉興縣志三十六卷首二卷　(清)司能任修　(清)屠本仁纂　清嘉慶六年(1801)刻本　六册　存十四卷(一至十二、首二卷)

620000－1101－0000690　672.75/341.75
[嘉慶]夾江縣志十二卷首一卷　(清)王佐纂修　清嘉慶十八年(1813)刻本　四册

620000－1101－0000691　672.75/343.75
[嘉慶]犍爲縣志十卷首一卷　(清)王夢庚纂修　清嘉慶二十一年(1816)刻本　四册

620000－1101－0000692　671.45/131.75
[嘉慶]介休縣志十四卷　(清)徐品山　(清)陸元鏸修　(清)熊兆占等纂　清嘉慶二十四年(1819)刻本　八册

620000－1101－0000693　672.75/123.76
[嘉慶]金堂縣志九卷首一卷末一卷　(清)謝惟傑修　(清)陳一津　(清)黄烈纂　清嘉慶十六年(1811)刻道光二十四年(1844)楊得質補刻本　八册

620000－1101－0000694　672.25/227.75
[嘉慶]涇縣志三十二卷首一卷　(清)李德淦　(清)周鶴立修　(清)洪亮吉纂　清嘉慶十一年(1806)刻本　十四册

620000－1101－0000695　671.25/235.75
[嘉慶]莒州志十六卷首一卷　(清)許紹錦纂修　清嘉慶元年(1796)刻本　六册

620000－1101－0000696　671.25/235.75
[嘉慶]莒州志十六卷首一卷　(清)許紹錦纂修　清嘉慶元年(1796)刻本　五册　存十六卷(一至十二、十四至十六,首一卷)

620000－1101－0000697　671.15/409.75
[嘉慶]開州志八卷首一卷　(清)李符清修　(清)沈樂善纂　清嘉慶十一年(1806)刻本　六册

620000－1101－0000698　672.15/307.758
[嘉慶]黎里志十六卷首一卷　(清)徐達源纂　清嘉慶十年(1805)吴江徐氏孚遠堂刻本　四册

620000－1101－0000699　672.15/307.758
[嘉慶]黎里志十六卷首一卷　(清)徐達源纂　清嘉慶十年(1805)吴江徐氏孚遠堂刻本　四册

620000－1101－0000700　672.15/123.75
[嘉慶]溧陽縣志十六卷　(清)李景嶧　(清)陳鴻壽修　(清)史炳等纂　(清)汪鴻繪　清嘉慶十八年(1813)刻本　十册

620000－1101－0000701　675.75/105.511
[嘉慶]靈州誌蹟四卷　(清)楊芳燦修　(清)郭楷纂　清嘉慶三年(1798)豐延泰刻本　四册

620000－1101－0000702　675.75/105.511
[嘉慶]靈州誌蹟四卷　(清)楊芳燦修　(清)郭楷纂　清嘉慶三年(1798)豐延泰刻本　一册　存一卷(一)

620000－1101－0000703　675.75/105.782
[嘉慶]靈州誌蹟四卷　(清)楊芳燦修　(清)郭楷纂　清末抄本　一册　存一卷(二)

620000－1101－0000704　671.35/331.75
[嘉慶]魯山縣志二十六卷　(清)董作棟修　(清)武億纂　清嘉慶元年(1796)刻本　六册

620000－1101－0000705　671.35/331.75

[嘉慶]魯山縣志二十六卷　(清)董作棟修
(清)武億纂　清嘉慶元年(1796)刻本　三冊
　存十四卷(六至十六、二十一至二十三)

620000－1101－0000706　671.35/331.75

[嘉慶]魯山縣志二十六卷　(清)董作棟修
(清)武億纂　清嘉慶元年(1796)刻本　三冊
　存六卷(六至十一)

620000－1101－0000707　672.75/157.77

[嘉慶]羅江縣志三十六卷　(清)李桂林修
(清)鄧林等纂　清同治四年(1865)刻本
四冊

620000－1101－0000708　672.75/157.75

[嘉慶]羅江縣志十卷　(清)李調元纂修　清
嘉慶七年(1802)刻本　二冊

620000－1101－0000709　672.75/157.75

[嘉慶]羅江縣志十卷　(清)李調元纂修　清
嘉慶七年(1802)刻本　二冊

620000－1101－0000710　672.75/349.75

[嘉慶]眉州屬志十九卷　(清)涂長發修
(清)王昌年纂　清嘉慶五年(1800)刻本　十
一冊

620000－1101－0000711　671.25/345.43

[嘉慶]平陰縣志四卷　(清)喻春林修
(清)朱續孜纂　清嘉慶十三年(1808)刻本
四冊

620000－1101－0000712　671.25/345.43

[嘉慶]平陰縣志四卷　(清)喻春林修
(清)朱續孜纂　清嘉慶十三年(1808)刻本
四冊

620000－1101－0000713　672.75/357.75

[嘉慶]邛州直隸州志四十六卷首一卷　(清)
吳鞏修　(清)王來遴纂　清嘉慶二十三年
(1818)刻本　十三冊　存四十一卷(一至三
十四、四十一至四十六,首一卷)

620000－1101－0000714　672.75/245.11

[嘉慶]渠縣志五十二卷　(清)王來遴纂修

清嘉慶十七年(1812)刻本　八冊

620000－1101－0000715　672.15/321.75

[嘉慶]如皋縣志二十四卷　(清)楊受廷
(清)左元鎮修　(清)馬汝舟　(清)江大鍵
纂　清嘉慶十三年(1808)刻本　十冊

620000－1101－0000716　672.15/321.75

[嘉慶]如皋縣志二十四卷　(清)楊受廷
(清)左元鎮修　(清)馬汝舟　(清)江大鍵
纂　清嘉慶十三年(1808)刻本　十冊

620000－1101－0000717　671.35/427.75

[嘉慶]汝寧府志三十卷首一卷　(清)德昌修
　(清)王增纂　清嘉慶元年(1796)刻本　十
二冊

620000－1101－0000718　673.35/123.751

[嘉慶]三水縣志十六卷首一卷　(清)李友榕
　(清)汪雲任等修　(清)鄧雲龍　(清)董
思誠纂　清嘉慶二十四年(1819)刻本　八冊

620000－1101－0000719　672.35/215.75

[嘉慶]山陰縣志三十卷首一卷　(清)徐元梅
修　(清)朱文翰等纂　清嘉慶八年(1803)刻
本　十二冊

620000－1101－0000720　672.35/215.75

[嘉慶]山陰縣志三十卷首一卷　(清)徐元梅
修　(清)朱文翰等纂　清嘉慶八年(1803)刻
本　八冊

620000－1101－0000721　671.35/453.10

[嘉慶]商城縣志十四卷首一卷末一卷　(清)
武開吉修　(清)周之驪纂　清嘉慶八年
(1803)刻本　十二冊

620000－1101－0000722　672.7/75

[嘉慶]四川通志二百四卷首二十二卷　(清)
常明等修　(清)楊芳燦等纂　清嘉慶二十一
年(1816)刻本　二冊　存三卷(四十四、一百
四十五至一百四十六)

620000－1101－0000723　672.7/75

[嘉慶]四川通志二百四卷首二十二卷　(清)
常明等修　(清)楊芳燦等纂　清嘉慶二十一

年(1816)刻本　一百五十九冊　存二百二十五卷(二至二百四、首二十二卷)

620000－1101－0000724　672.7/75
[嘉慶]四川通志二百四卷首二十二卷　（清）常明等修　（清）楊芳燦等纂　清嘉慶二十一年(1816)刻本　七十九冊　存一百三十四卷(一至一百十二、首二十二卷)

620000－1101－0000725　672.7/75
[嘉慶]四川通志二百四卷首二十二卷　（清）常明等修　（清）楊芳燦等纂　清嘉慶二十一年(1816)刻本　三十冊　存五十一卷(二十六至二十七、三十五、四十二至四十九、五十八至五十九、六十四至七十三、七十七至八十、一百四十一至一百五十二、一百五十八至一百五十九、一百六十六至一百六十八、一百七十八至一百八十四)

620000－1101－0000726　672.14/282.75
[嘉慶]松江府志八十四卷首二卷圖一卷　(清)宋如林修　(清)孫星衍等纂　清嘉慶二十三年(1818)松江府學明倫堂刻本　四十冊

620000－1101－0000727　672.14/282.75
[嘉慶]松江府志八十四卷首二卷圖一卷　(清)宋如林修　(清)孫星衍等纂　清嘉慶二十三年(1818)松江府學明倫堂刻本　四十冊

620000－1101－0000728　672.14/282.75
[嘉慶]松江府志八十四卷首二卷圖一卷　(清)宋如林修　(清)孫星衍等纂　清嘉慶二十三年(1818)松江府學明倫堂刻本　四十冊

620000－1101－0000729　2409
[嘉慶]淞南志十六卷　（清）陳元模纂　(清)陳至言續纂　清嘉慶十八年(1813)木活字印本　五冊　存十一卷(一至二、六至十二、十五至十六)

620000－1101－0000730　672.16/307.81
[嘉慶]同里志二十四卷首一卷　（清）閻登雲修　（清）周之楨纂　清嘉慶十七年(1812)刻本　六冊

620000－1101－0000731　672.75/347.75

[嘉慶]威遠縣志六卷　（清）陳汝秋纂修　清嘉慶十八年(1813)刻本　六冊

620000－1101－0000732　671.35/111.90
[嘉慶]洢川縣志八卷首一卷　（清）何文明修　（清）李紳纂　清嘉慶二十三年(1818)刻本　四冊

620000－1101－0000733　676.6/783
[嘉慶]衛藏通志十六卷首一卷　（清）和琳纂　清光緒二十一年(1895)漸西村舍刻本　四冊　存十三卷(一至十三)

620000－1101－0000734　676.6/783
[嘉慶]衛藏通志十六卷首一卷　（清）和琳纂　清光緒二十一年(1895)漸西村舍刻本　八冊

620000－1101－0000735　676.6/783
[嘉慶]衛藏通志十六卷首一卷　（清）和琳纂　清光緒二十一年(1895)漸西村舍刻本　四冊

620000－1101－0000736　676.6/783
[嘉慶]衛藏通志十六卷首一卷　（清）和琳纂　清光緒二十一年(1895)漸西村舍刻本　四冊　存四卷(十三至十六)

620000－1101－0000737　671.65/223.77
[嘉慶]武階備志二十二卷　（清）吳鵬翔纂　清同治十二年(1873)洪惟善刻本　六冊

620000－1101－0000738　671.65/223.77
[嘉慶]武階備志二十二卷　（清）吳鵬翔纂　清同治十二年(1873)洪惟善刻本　六冊

620000－1101－0000739　671.65/223.77
[嘉慶]武階備志二十二卷　（清）吳鵬翔纂　清同治十二年(1873)洪惟善刻本　四冊

620000－1101－0000740　671.65/223.77
[嘉慶]武階備志二十二卷　（清）吳鵬翔纂　清同治十二年(1873)洪惟善刻本　四冊

620000－1101－0000741　671.65/223.77
[嘉慶]武階備志二十二卷　（清）吳鵬翔纂　清同治十二年(1873)洪惟善刻本　二冊　存

十一卷(一至四、十六至二十二)

620000－1101－0000742　672.35/321.75
[嘉慶]武義縣志十二卷首一卷　(清)張營堠
修　周家駒等纂　清宣統二年(1910)石印本
六冊

620000－1101－0000743　672.25/217.75
[嘉慶]婺源縣志三十九卷首一卷　(清)趙汝
爲纂修　清嘉慶十二年(1807)刻本　十四冊

620000－1101－0000744　671.55/101.75
[嘉慶]西安縣志四十八卷首一卷　(清)姚寶
煃修　(清)范崇楷等纂　清嘉慶十六年
(1811)刻本　一冊　存四卷(四十五至四十
八)

620000－1101－0000745　671.55/103.65
[嘉慶]咸寧縣志二十六卷首一卷　(清)高廷
法　(清)沈琮修　(清)陸耀通　(清)董祐
誠纂　清嘉慶二十四年(1819)刻本　八冊

620000－1101－0000746　671.55/103.65
[嘉慶]咸寧縣志二十六卷首一卷　(清)高廷
法　(清)沈琮修　(清)陸耀通　(清)董祐
誠纂　清嘉慶二十四年(1819)刻本　八冊

620000－1101－0000747　672.65/111.77
[嘉慶]湘潭縣志四十卷　(清)張雲璈等修
(清)周系英纂　清嘉慶二十三年(1818)刻本
十八冊

620000－1101－0000748　2400
[嘉慶]新修荊溪縣志四卷首一卷　(清)唐仲
冕修　(清)寧楷纂　清同治八年(1869)木活
字印本　三冊

620000－1101－0000749　2420
[嘉慶]新修宜興縣志四卷首一卷　(清)阮升
基增修　(清)寧楷等纂　清同治八年(1869)
木活字印本　三冊

620000－1101－0000750　672.75/349.751
[嘉慶]續眉州志略不分卷　(清)戴三錫纂修
(清)王之俊等纂　清嘉慶十七年(1812)刻
本　一冊

620000－1101－0000751　671.25/229.75
[嘉慶]續修郯城縣志十卷　(清)吳堦修
(清)陸繼輅纂　清嘉慶十五年(1810)刻本
四冊

620000－1101－0000752　673.55/341.75
[嘉慶]續修中部縣志四卷首一卷　(清)丁瀚
修　(清)張永清等纂　清嘉慶十二年(1807)
刻本　四冊

620000－1101－0000753　671.54/92.72
[嘉慶]延安府志八十卷　(清)洪蕙纂修　清
嘉慶七年(1802)刻本　十六冊

620000－1101－0000754　673.35/101.75
[嘉慶]羊城古鈔八卷首一卷　(清)仇池石撰
清嘉慶十一年(1806)刻本　五冊

620000－1101－0000755　672.25/213.75
[嘉慶]黟縣志十六卷首一卷　(清)吳甸華修
(清)程汝翼　(清)俞正燮纂　(清)呂子
珏　(清)詹錫齡增補　清嘉慶十七年(1812)
刻道光五年(1825)補刻本　十四冊

620000－1101－0000756　672.25/213.751
[嘉慶]黟縣志十六卷首一卷　(清)吳甸華修
(清)程汝翼　(清)俞正燮纂　(清)呂子
珏　(清)詹錫齡增補　清同治十年(1871)刻
本　十六冊

620000－1101－0000757　672.35/317.75
[嘉慶]義烏縣志二十二卷首一卷　(清)諸自
穀修　(清)程瑜　(清)李錫齡纂　清嘉慶七
年(1802)刻本　十冊

620000－1101－0000758　671.65/403.75
[嘉慶]永昌縣志八卷續編一卷　(清)南濟漢
纂　清嘉慶二十一年(1816)綠雲山房刻本
二冊

620000－1101－0000759　671.65/403.75
[嘉慶]永昌縣志八卷續編一卷　(清)南濟漢
纂　清嘉慶二十一年(1816)綠雲山房刻本
二冊

620000－1101－0000760　671.65/403.75

[嘉慶]永昌縣志八卷續編一卷　（清）南濟漢纂　清嘉慶二十一年(1816)綠雲山房刻本　二冊

620000－1101－0000761　671.65/403.75

[嘉慶]永昌縣志八卷續編一卷　（清）南濟漢纂　清嘉慶二十一年(1816)綠雲山房刻本　一冊　存五卷(一至五)

620000－1101－0000762　671.65/403.75

[嘉慶]永昌縣志八卷續編一卷　（清）南濟漢纂　清嘉慶二十一年(1816)綠雲山房刻本　五冊　存五卷(一至五)

620000－1101－0000763　671.25/339.75

[嘉慶]禹城縣志十二卷　（清）董鵬翔修（清）牟應震纂　清嘉慶十三年(1808)刻本　四冊

620000－1101－0000764　672.54/113.75

[嘉慶]郿陽志十卷首一卷　（清）王正常修（清）謝攀雲纂　清嘉慶二年(1797)刻本　六冊

620000－1101－0000765　671.65/325.75

[嘉慶]鎮原縣志十卷　（清）陳珙繁修（清）劉化鵬（清）陳琚繁纂　清嘉慶八年(1803)刻本　一冊　存四卷(三至六)

620000－1101－0000766　671.65/325.75

[嘉慶]鎮原縣志十卷　（清）陳珙繁修（清）劉化鵬（清）陳琚繁纂　清嘉慶八年(1803)刻本　二冊　存三卷(七至九)

620000－1101－0000767　672.14/719.75

[嘉慶]重刊江寧府志五十六卷附校勘記一卷　（清）呂燕昭修　（清）姚鼐纂　清光緒六年(1880)刻本　十二冊

620000－1101－0000768　672.14/719.75

[嘉慶]重刊江寧府志五十六卷附校勘記一卷　（清）呂燕昭修　（清）姚鼐纂　清光緒六年(1880)刻本　十二冊　存五十六卷(志五十六卷)

620000－1101－0000769　672.14/719.75

[嘉慶]重刊江寧府志五十六卷附校勘記一卷　（清）呂燕昭修　（清）姚鼐纂　清光緒六年(1880)刻本　十二冊

620000－1101－0000770　672.14/719.75

[嘉慶]重刊江寧府志五十六卷附校勘記一卷　（清）呂燕昭修　（清）姚鼐纂　清光緒六年(1880)刻本　十一冊　存五十一卷(一至三十六、四十二至五十六)

620000－1101－0000771　672.14/719.75

[嘉慶]重刊江寧府志五十六卷附校勘記一卷　（清）呂燕昭修　（清）姚鼐纂　清光緒六年(1880)刻本　一冊　存五卷(九至十三)

620000－1101－0000772　672.15/313.751

[嘉慶]重刊荊溪縣志四卷首一卷　（清）唐仲冕修　（清）寧楷纂　清光緒八年(1882)刻宜興荊溪舊志五種本　一冊

620000－1101－0000773　672.15/313.7501

[嘉慶]重刊宜興縣舊志十卷首一卷末一卷（清）李先榮原本　（清）阮升基增修　（清）寧楷等增纂　清光緒八年(1882)刻宜興荊溪舊志五種本　十冊

620000－1101－0000774　672.15/313.7501

[嘉慶]重刊宜興縣舊志十卷首一卷末一卷（清）李先榮原本　（清）阮升基增修　（清）寧楷等增纂　清光緒八年(1882)刻宜興荊溪舊志五種本　十冊

620000－1101－0000775　672.14/29.30

[嘉慶]重修揚州府志七十二卷首一卷　（清）阿克當阿修　（清）姚文田等纂　清嘉慶十五年(1810)刻本　四十八冊

620000－1101－0000776　672.35/215.523

[嘉泰]會稽志二十卷　（宋）沈作賓修（宋）施宿等纂　清嘉慶十三年(1808)刻本　八冊

620000－1101－0000777　585.8/0.130

[姦案附部駁（天字拾陸號）]不分卷　（清）□□輯　清末抄本　一冊

620000－1101－0000778　4498

[江蘇學堂表]不分卷　(清)江蘇學務處編
清光緒三十一年(1905)稿本　四冊　存蘇、
松、常、鎮、太五府縣學堂表

620000－1101－0000779　413.2/918

[經絡捷徑歌]一卷　(□)□□撰　清晚期仇
誦堯抄本　一冊

620000－1101－0000780　3565

[康熙]安定縣志八卷　(清)張爾介纂修　清
康熙十九年(1680)刻本　一冊

620000－1101－0000781　3502

[康熙]城固縣志十卷　(清)王穆修　清康熙
五十六年(1717)刻本　四冊

620000－1101－0000782　2249

[康熙]茌平縣志五卷　(清)王世臣修
(清)孫克緒纂　清康熙四十九年(1710)刻本
五冊

620000－1101－0000783　3677

[康熙]大冶縣志十二卷首一卷　(清)陳邦寄
修　(清)胡繩祖纂　清康熙二十二年(1683)
刻本　四冊

620000－1101－0000784　2487

[康熙]德清縣誌十卷　(清)侯元棐修
(清)王振孫等纂　清康熙十二年(1673)刻本
六冊

620000－1101－0000785　4211

[康熙]定遠縣志八卷首一卷　(清)張彥紳修
(清)李仲偉纂　清康熙四十一年(1702)刻
本　二冊

620000－1101－0000786　3509

[康熙]鄜州志八卷　(清)顧耿臣修　(清)
任于嶠纂　清康熙五年(1666)刻本　五冊

620000－1101－0000787　2278

[康熙]藁城縣志十二卷　(清)賴于宣修
(清)張丙宿纂　清康熙三十七年(1698)刻五
十九年(1720)閻堯熙增刻本　一冊　存六卷
(六至十一)

620000－1101－0000788　3515

[康熙]鞏昌府志二十八卷　(明)楊恩原本
(清)紀元續修　清康熙二十七年(1688)刻本
六冊　存十九卷(一至十九)

620000－1101－0000789　3516

[康熙]鞏昌府志二十八卷　(明)楊恩原本
(清)紀元續修　清康熙二十七年(1688)刻本
十二冊

620000－1101－0000790　3517

[康熙]鞏昌府志二十八卷　(明)楊恩原本
(清)紀元續修　清康熙二十七年(1688)刻本
三冊　存五卷(二十四至二十八)

620000－1101－0000791　3518

[康熙]鞏昌府志二十八卷　(明)楊恩原本
(清)紀元續修　清康熙二十七年(1688)刻本
六冊　存十卷(十九至二十八)

620000－1101－0000792　3519

[康熙]鞏昌府志二十八卷　(明)楊恩原本
(清)紀元續修　清康熙二十七年(1688)刻本
五冊　存十卷(三至六、十九至二十、二十
三至二十六)

620000－1101－0000793　3570

[康熙]河州誌六卷　(清)王全臣纂修　清康
熙四十六年(1707)刻本　六冊

620000－1101－0000794　3571

[康熙]河州誌六卷　(清)王全臣纂修　清康
熙四十六年(1707)刻本　四冊　存五卷(二
至六)

620000－1101－0000795　3572

[康熙]河州誌六卷　(清)王全臣纂修　清康
熙四十六年(1707)刻本　一冊　存一卷(二)

620000－1101－0000796　3573

[康熙]河州誌六卷　(清)王全臣纂修　清康
熙四十六年(1707)刻本　一冊　存一卷(六)

620000－1101－0000797　2334

[康熙]懷來縣志十八卷首一卷　(清)許隆遠
纂修　清康熙五十一年(1712)刻雍正印本

五冊 存十五卷(四至十八)

620000－1101－0000798 2392

[康熙]徽州府志十八卷圖一卷 (清)丁廷楗
(清)盧詢修 (清)趙吉士纂 清康熙三十
八年(1699)萬青閣刻朱印本 八冊 存十四
卷(一、四至十六)

620000－1101－0000799 2375

[康熙]會稽縣志二十八卷首一卷 (清)王元
臣修 (清)董欽德等纂 清康熙二十二年
(1683)刻本(序、卷首、卷一至二十八有抄配)
九冊

620000－1101－0000800 2382

[康熙]金華府志三十卷 (清)張蓋修
(清)沈麟趾等纂 清康熙二十二年(1683)刻
本 十二冊

620000－1101－0000801 672.34/987.72

[康熙]金華府志三十卷圖十幅 (清)張蓋修
(清)沈麟趾等纂 清宣統元年(1909)石印
本 十二冊

620000－1101－0000802 3564

[康熙]金縣誌二卷 (清)耿喻修 (清)郭
殿邦纂 清康熙二十六年(1687)刻本 一冊

620000－1101－0000803 3639

[康熙]靜寧州志十四卷首一卷 (清)黃廷鈺
(清)吳之玭纂修 清康熙五十五年(1716)
刻本 四冊

620000－1101－0000804 671.34/456.77

[康熙]開封府志四十卷 (清)管竭忠修
(清)張沐纂 清同治二年(1863)刻本 十
一冊

620000－1101－0000805 2232

[康熙]開封府志四十卷 (清)管竭忠修
(清)張沐纂 清康熙三十四年(1695)刻本
四冊 存十六卷(一至十六)

620000－1101－0000806 2233

[康熙]開封府志四十卷 (清)管竭忠修
(清)張沐纂 清康熙三十四年(1695)刻本

十冊

620000－1101－0000807 2219

[康熙]考城縣志四卷 (清)陳德敏修
(清)王貫三纂 清康熙三十七年(1698)刻本
四冊

620000－1101－0000808 1284

[康熙]蘭州志四卷 (清)劉斗修 (清)陳
如稷纂 清康熙二十五年(1686)刻五十四年
(1715)補刻本 四冊

620000－1101－0000809 3532

[康熙]蘭州志四卷 (清)劉斗修 (清)陳
如稷纂 清康熙二十五年(1686)刻五十四年
(1715)補刻本 二冊

620000－1101－0000810 3533

[康熙]蘭州志四卷 (清)劉斗修 (清)陳
如稷纂 清康熙二十五年(1686)刻五十四年
(1715)補刻本(有抄配) 四冊

620000－1101－0000811 4203

[康熙]蘭州志四卷 (清)劉斗修 (清)陳
如稷纂 清康熙二十五年(1686)刻五十四年
(1715)補刻本 二冊

620000－1101－0000812 2453

[康熙]黎城縣志四卷 (清)程大夏修
(清)李御等纂 清康熙二十一年(1682)刻本
四冊

620000－1101－0000813 2373

[康熙]臨海縣志十五卷首一卷 (清)洪若皋
等纂修 清康熙二十二年(1683)刻本 八冊

620000－1101－0000814 3529

[康熙]臨洮府志二十二卷 (清)高錫爵修
(清)郭巍纂 清康熙二十六年(1687)刻本
(卷四至十一、十五至十六係抄配) 八冊

620000－1101－0000815 3530

[康熙]臨洮府志二十二卷 (清)高錫爵修
(清)郭巍纂 清康熙二十六年(1687)刻本
七冊 存十九卷(一至三、七至二十二)

620000－1101－0000816 3531

[康熙]臨洮府志二十二卷　（清）高錫爵修
（清）郭巍纂　清康熙二十六年（1687）刻本
七冊　存二十一卷（一至十一、十三至二十二）

620000－1101－0000817　2434
[康熙]靈石縣志四卷　（清）侯榮圭纂修　清康熙十一年（1672）刻本　二冊

620000－1101－0000818　2283
[康熙]靈壽縣志十卷末一卷　（清）陸隴其修
（清）傅維櫄纂　清康熙二十五年（1686）刻本　四冊

620000－1101－0000819　2284
[康熙]靈壽縣志十卷末一卷　（清）陸隴其修
（清）傅維櫄纂　清康熙二十五年（1686）刻本　四冊

620000－1101－0000820　2285
[康熙]靈壽縣志十卷末一卷　（清）陸隴其修
（清）傅維櫄纂　清康熙二十五年（1686）刻本　四冊　存十卷（志十卷）

620000－1101－0000821　685
[康熙]隆德縣志二卷　（清）常星景修
（清）張煒纂　清康熙二年（1663）刻本　二冊

620000－1101－0000822　671.65/307.721
[康熙]隆德縣志二卷　（清）常星景修
（清）張煒纂　清晚期抄本　二冊

620000－1101－0000823　4215
[康熙]龍游縣志十二卷　（清）盧燦修
（清）余恂纂　清康熙二十年（1681）刻本　一冊　存二卷（一至二）

620000－1101－0000824　672.35/303.78
[康熙]龍游縣志十二卷　（清）盧燦修
（清）余恂纂　清光緒八年（1882）刻本　六冊

620000－1101－0000825　3486
[康熙]隴州志八卷首一卷　（清）羅彰彝纂修
清康熙五十二年（1713）刻本　四冊

620000－1101－0000826　4222
[康熙]隴州志八卷首一卷　（清）羅彰彝纂修

清康熙五十二年（1713）刻本　一冊　存三卷（一至三）

620000－1101－0000827　2454
[康熙]潞城縣志八卷　（清）張士浩修
（清）申伯纂　清康熙四十五年（1706）刻本　四冊

620000－1101－0000828　672.15/311.726
[康熙]梅里志四卷首一卷　（清）吳存禮編纂　清道光四年（1824）泰伯廟華乾刻本　四冊

620000－1101－0000829　2402
[康熙]梅里志四卷首一卷　（清）吳存禮編纂　清雍正二年（1724）蔡名烜刻本　四冊

620000－1101－0000830　3508
[康熙]米脂縣志八卷　（清）寧養氣纂修　清康熙二十年（1681）刻本　一冊

620000－1101－0000831　3504
[康熙]沔縣誌四卷　（清）錢兆沆纂修　清康熙四十九年（1710）刻本　一冊

620000－1101－0000832　3576
[康熙]岷州志二十卷　（清）汪元絅修
（清）田而穟纂　清康熙四十一年（1702）刻本　六冊

620000－1101－0000833　3577
[康熙]岷州志二十卷　（清）汪元絅修
（清）田而穟纂　清康熙四十一年（1702）刻本　六冊　存十九卷（一、三至二十）

620000－1101－0000834　4206
[康熙]岷州志二十卷　（清）汪元絅修
（清）田而穟纂　清康熙四十一年（1702）刻本　一冊　存二卷（一至二）

620000－1101－0000835　4207
[康熙]岷州志二十卷　（清）汪元絅修
（清）田而穟纂　清康熙四十一年（1702）刻本　四冊　存十二卷（一至六、十一至十六）

620000－1101－0000836　671.65/135.721
[康熙]岷州志二十卷　（清）汪元絅修
（清）田而穟纂　清晚期抄本　四冊

620000 – 1101 – 0000837　2235

[康熙]南陽府志六卷首一卷　（清）朱璘纂修
　　清康熙三十三年(1694)刻本　六冊　存四
　　卷(三至六)

620000 – 1101 – 0000838　2471

[康熙]南陽縣志六卷首一卷　（清）張光祖修
　　（清）宋景愈　（清）徐永芝等纂　清康熙三
　　十二年(1693)刻本　六冊

620000 – 1101 – 0000839　673.15/305.72

[康熙]寧化縣志七卷　（清）祝文郁修
　　（清）李世熊纂　清同治八年(1869)蔣澤元刻
　　本　七冊

620000 – 1101 – 0000840　2431

[康熙]寧鄉縣志十卷圖考一卷　（清）呂履恆
　　纂修　清康熙四十一年(1702)刻本　二冊

620000 – 1101 – 0000841　3591

[康熙]寧遠縣志六卷　（清）馮同憲輯
　　（清）李樟纂　清康熙四十九年(1710)刻本
　　二冊

620000 – 1101 – 0000842　3592

[康熙]寧遠縣志六卷　（清）馮同憲輯
　　（清）李樟纂　清康熙四十九年(1710)刻本
　　二冊

620000 – 1101 – 0000843　3594

[康熙]寧遠縣志六卷　（清）馮同憲輯
　　（清）李樟纂　清康熙四十九年(1710)刻本
　　二冊

620000 – 1101 – 0000844　3595

[康熙]寧遠縣志六卷　（清）馮同憲輯
　　（清）李樟纂　清康熙四十九年(1710)刻本
　　二冊

620000 – 1101 – 0000845　3596

[康熙]寧遠縣志六卷　（清）馮同憲輯
　　（清）李樟纂　清康熙四十九年(1710)刻本
　　二冊

620000 – 1101 – 0000846　3597

[康熙]寧遠縣志六卷　　　（清）馮同憲輯

（清）李樟纂　清康熙四十九年(1710)刻本
二冊

620000 – 1101 – 0000847　3643

[康熙]寧州志五卷　（清）晉顯卿修　（清）
王星麟纂　清康熙二十六年(1687)刻本
三冊

620000 – 1101 – 0000848　3644

[康熙]寧州志五卷　（清）晉顯卿修　（清）
王星麟纂　清康熙二十六年(1687)刻本
三冊

620000 – 1101 – 0000849　672.55/207.74

[康熙]潛江縣志二十卷首一卷　（清）劉煥修
　　（清）朱載震纂　清光緒五年(1879)傳經書
院刻本　二冊　存四卷(八至十一)

620000 – 1101 – 0000850　2380

[康熙]錢塘縣志三十六卷首一卷　（清）魏㟙
修　（清）裴璉等纂　清康熙五十七年(1718)
刻本　十冊

620000 – 1101 – 0000851　3582

[康熙]清水縣誌十二卷　（清）劉俊聲修
（清）張桂芳　（清）雍山鳴纂　清康熙二十六
年(1687)刻本　二冊

620000 – 1101 – 0000852　2383

[康熙]衢州府志四十卷首一卷　（清）楊廷望
纂修　清康熙五十年(1711)刻本　十二冊

620000 – 1101 – 0000853　2384

[康熙]衢州府志四十卷首一卷　（清）楊廷望
纂修　清康熙五十年(1711)刻本　十冊　存
三十一卷(一至三十、四十)

620000 – 1101 – 0000854　2381

[康熙]仁和縣志二十八卷　（清）趙世安修
（清）顏豹文　（清）邵遠平纂　清康熙二十六
年(1687)刻本　十二冊

620000 – 1101 – 0000855　2226

[康熙]汝陽縣志十卷　（清）邱天英修
（清）李根茂纂　清康熙二十九年(1690)刻本
　　八冊　存七卷(一至三、七至十)

620000－1101－0000856　689

[康熙]三水縣志四卷　（清）林逢泰修
（清）文倬天纂　清康熙十六年(1677)刻本
一冊　存三卷(一至三)

620000－1101－0000857　2220

[康熙]商邱縣志二十卷首一卷　（清）劉德昌
修　（清）葉澐纂　清康熙四十四年(1705)刻
本　六冊

620000－1101－0000858　671

[康熙]朔方廣武志二卷　（清）高嶷修
（清）俞益漢等纂　清康熙五十六年(1717)刻
本　二冊

620000－1101－0000859　2338

[康熙]思州府志八卷　（清）蔣深纂修　清康
熙六十一年(1722)刻本　五冊

620000－1101－0000860　2430

[康熙]松江府志五十四卷圖經一卷　（清）郭
廷弼修　（清）周建鼎等纂　清康熙二年
(1663)刻本　二十冊

620000－1101－0000861　2412

[康熙]太平府志四十卷　（清）黃桂修
（清）宋驤等纂　清光緒二十九年(1903)木活
字印本　二十冊

620000－1101－0000862　2250

[康熙]堂邑縣志二十卷　（清）盧承琰修
（清）劉淇纂　清康熙五十年(1711)刻本
三冊

620000－1101－0000863　671.25/303.49

[康熙]堂邑縣志二十卷　（清）盧承琰修
（清）劉淇等纂　清光緒十八年(1892)刻本
三冊

620000－1101－0000864　671.25/303.49

[康熙]堂邑縣志二十卷　（清）盧承琰修
（清）劉淇等纂　清光緒十八年(1892)刻本
(卷十一、十五、十七至二十補配石印本)
三冊

620000－1101－0000865　2372

[康熙]天台縣志十五卷首一卷　（清）李德燿
（清）黃執中纂修　清康熙二十三年(1684)
刻本　五冊　存十四卷(一至十四)

620000－1101－0000866　2345

[康熙]通海縣志八卷　（清）魏蓋臣修
（清）闞禎兆纂　清康熙三十年(1691)刻本
(序,卷一、六、八有抄配)　四冊

620000－1101－0000867　3472

[康熙]潼關縣志三卷圖一卷　（清）唐咨伯修
（清）楊端本纂　清康熙二十四年(1685)刻
本　二冊

620000－1101－0000868　3473

[康熙]潼關縣志三卷圖一卷　（清）唐咨伯修
（清）楊端本纂　清康熙二十四年(1685)刻
本　二冊

620000－1101－0000869　2287

[康熙]文安縣志八卷　（清）楊朝麟修
（清）胡淓纂　清康熙四十二年(1703)刻本
六冊　存六卷(三至八)

620000－1101－0000870　3631

[康熙]文縣志八卷　（清）江景瑞纂修　清康
熙四十一年(1702)刻本　二冊

620000－1101－0000871　671.35/203.72

[康熙]武陟縣志八卷　（清）甘國垓修
（清）杜之叢　（清）千兆等纂　清康熙三十年
(1691)刻乾隆印本　四冊

620000－1101－0000872　2332

[康熙]西藏誌不分卷　（清）允禮纂修　藏程
紀略不分卷　（清）焦應旂撰　清乾隆五十七
年(1792)和寧刻本　一冊

620000－1101－0000873　2356

[康熙]西充縣志十二卷　（清）李棠等修
（清）李昭治等纂　清康熙六十一年(1722)刻
本　五冊

620000－1101－0000874　2344

[康熙]嶍峨縣志四卷　（清）陸紹閎修
（清）彭學曾纂　清康熙三十七年(1698)刻本

四冊

620000－1101－0000875　2379

[康熙]孝豐縣志十卷　（清）羅爲賡修
（清）張遲等纂　清康熙十二年(1673)刻本
五冊

620000－1101－0000876　3809

[康熙]新城縣續志二卷　（清）孫元衡修
（清）王啟涑纂　清康熙三十二年(1693)刻本
一冊

620000－1101－0000877　671.25/113.72

[康熙]新城縣志十四卷首一卷　（清）崔懋修
（清）嚴濂曾纂　清康熙三十二年(1693)刻
乾隆印本　五冊

620000－1101－0000878　2269

[康熙]新修萊蕪縣志十卷　（清）鍾國義等纂
修　清康熙十二年(1673)刻本　四冊

620000－1101－0000879　2414

[康熙]休寧縣志八卷首一卷　（清）廖騰煃修
（清）汪晉徵纂　清康熙三十二年(1693)刻
本　十冊

620000－1101－0000880　3359

[康熙]徐溝縣志四卷　（清）王嘉謨纂修　清
康熙五十一年(1712)刻乾隆重修本　四冊

620000－1101－0000881　3862

[康熙]徐溝縣志四卷　（清）王嘉謨纂修　清
康熙五十一年(1712)刻乾隆重修本　四冊

620000－1101－0000882　383

[康熙]續安丘縣志二十五卷　（清）任周鼎修
（清）王訓纂　清康熙元年(1662)刻十五年
(1676)增補本　二冊

620000－1101－0000883　671.55/151.72

[康熙]續華州志四卷　（清）馮昌奕修
（清）劉遇奇纂　清光緒八年(1882)刻本
四冊

620000－1101－0000884　2254

[康熙]續修汶上縣志六卷　（清）聞元炅纂修
清康熙五十六年(1717)刻本　二冊

620000－1101－0000885　2255

[康熙]續修汶上縣志六卷　（清）聞元炅纂修
清康熙五十六年(1717)刻本　二冊

620000－1101－0000886　2256

[康熙]續修汶上縣志六卷　（清）聞元炅纂修
清康熙五十六年(1717)刻本　二冊

620000－1101－0000887　2486

[康熙]延津縣志十卷　（清）余心孺纂修　清
康熙四十一年(1702)刻本　四冊

620000－1101－0000888　3445

[康熙]延綏鎮志六卷　（清）譚吉璁纂修　清
康熙十二年(1673)刻本　八冊

620000－1101－0000889　3503

[康熙]洋縣誌八卷首一卷　（清）鄒溶修
（清）周忠纂　清康熙三十三年(1694)刻本
四冊

620000－1101－0000890　4200

[康熙]洋縣誌八卷首一卷　（清）鄒溶修
（清）周忠纂　清康熙三十三年(1694)刻本
一冊　存二卷(二至三)

620000－1101－0000891　2251

[康熙]沂州志八卷　（清）邵士修　（清）王
壎等纂　清康熙十三年(1674)刻本　七冊

620000－1101－0000892　2252

[康熙]沂州志八卷　（清）邵士修　（清）王
壎等纂　清康熙十三年(1674)刻本　六冊

620000－1101－0000893　2368

[康熙]宜春縣志二十卷首一卷末一卷　（清）
江爲龍修　（清）李紹蓮纂　清康熙四十七年
(1708)刻本　十冊

620000－1101－0000894　2458

[康熙]永寧州誌八卷　（清）謝汝霖修
（清）朱鈴　（清）張永清纂　清康熙四十一年
(1702)刻本　四冊

620000－1101－0000895　2347

[康熙]雲南府志二十六卷　（清）張毓碧修
（清）謝儼纂　清康熙三十五年(1696)刻本

十冊　存十一卷(一至十一)

620000－1101－0000896　2350

[康熙]重修曲江縣志四卷　(清)秦熙祚修
(清)陳金闓纂　清康熙二十六年(1687)刻本
四冊

620000－1101－0000897　3562

[康熙]重纂靖遠衛志六卷首一卷　(清)馬文
麟等修　(清)李一鵬等纂　清康熙四十八年
(1709)刻本　六冊

620000－1101－0000898　3563

[康熙]重纂靖遠衛志六卷首一卷　(清)馬文
麟等修　(清)李一鵬等纂　清康熙四十八年
(1709)刻本　六冊

620000－1101－0000899　2257

[康熙]鄒縣志三卷　(清)婁一均修　(清)
周巽纂　清康熙五十五年(1716)刻本　四冊

620000－1101－0000900　3289

[康熙三十五年丙子科貴州鄉試墨卷]不分卷
(清)□□編　清康熙刻本　一冊

620000－1101－0000901　856.7/310

[蘭山書院試卷]不分卷　(清)張景焱等撰
清晚期稿本　十八夾

620000－1101－0000902　221.1/957

[楞嚴七種]八十九卷　(唐)釋般剌密諦等譯
(明)釋真界等纂注　清同治、光緒金陵刻
經處刻本　三十七冊

620000－1101－0000903　594.4/359

[涼州鎮屬大靖營中軍守備接收清冊]一卷
(清)孫蘭撰　清光緒十六年(1890)抄本
一冊

620000－1101－0000904　2519

[劉先聲(體智)行述]一卷　(清)劉擢撰輯
稿本　一冊

620000－1101－0000905　671.55/151.66

[隆慶]華州志二十四卷　(明)李可久修
(明)張光孝纂　清光緒八年(1882)刻本
四冊

620000－1101－0000906　847.8/720.02

[龍岡山人集]三十四卷　(清)洪良品撰　清
光緒刻本　十冊

620000－1101－0000907　782.85/312

[魯堂敘文集]不分卷　(清)張應宿撰　清嘉
慶刻本　一冊

620000－1101－0000908　802.81/0.721

[滿漢合璧幼學]□□卷　(清)□□撰　清抄
本　四冊　存四卷(十一至十二、十四、十六)

620000－1101－0000909　782.977/754

[潘文恭公自定年譜]一卷　(清)潘世恩撰
清同治二年(1863)吳縣潘氏刻本　一冊

620000－1101－0000910　782.977/754

[潘文恭公自定年譜]一卷　(清)潘世恩撰
清同治二年(1863)吳縣潘氏刻本　一冊

620000－1101－0000911　653.76/0.343

[平陽府洪洞縣爲憲綱事等報告冊]不分卷
(清)□□撰　清道光洪洞縣署抄本　一冊

620000－1101－0000912　997.11/170

[棋譜]不分卷　(清)黃龍士撰　清光緒四年
(1878)六橋山人杯度抄本　一冊

620000－1101－0000913　2357

[乾隆]巴縣志十四卷首一卷　(清)王爾鑑修
(清)王世沿纂　清乾隆二十六年(1761)刻
本　五冊　存八卷(一至七、首一卷)

620000－1101－0000914　3483

[乾隆]寶鷄縣志十六卷圖一卷　(清)鄧夢琴
修　(清)董紹纂　清乾隆五十年(1785)刻本
四冊

620000－1101－0000915　2354

[乾隆]蒼溪縣志四卷　(清)丁映奎纂修　清
乾隆四十八年(1783)刻本　四冊

620000－1101－0000916　3493

[乾隆]長武縣志十二卷　(清)樊士鋒修
(清)洪亮吉撰　[嘉慶]長武縣志附後續刻一
卷　(清)李大成等纂　清乾隆四十八年
(1783)刻嘉慶二十四年(1819)增刻本　四冊

620000－1101－0000917　3494

[乾隆]長武縣志十二卷　（清）樊士鋒修　（清）洪亮吉撰　[嘉慶]長武縣志附後續刻一卷　（清）李大成等纂　清乾隆四十八年(1783)刻嘉慶二十四年(1819)增刻本　四冊

620000－1101－0000918　3462

[乾隆]朝邑志十一卷首一卷　（清）金嘉琰（清）朱廷模修　（清）錢坫纂　清乾隆四十五年(1780)刻本　四冊

620000－1101－0000919　3463

[乾隆]朝邑志十一卷首一卷　（清）金嘉琰（清）朱廷模修　（清）錢坫纂　清乾隆四十五年(1780)刻本　一冊　存三卷(四至六)

620000－1101－0000920　673.34/723.741

[乾隆]潮州府志四十二卷首一卷　（清）周碩勳纂　清光緒十九年(1893)刻本　二十五冊

620000－1101－0000921　673.34/723.741

[乾隆]潮州府志四十二卷首一卷　（清）周碩勳纂　清光緒十九年(1893)刻本　二十五冊

620000－1101－0000922　2234

[乾隆]陳州府志三十卷首一卷　（清）崔應階修　（清）姚之琅纂　清乾隆十二年(1747)刻本　十五冊　存二十二卷(五至十七、十九至二十一、二十六至三十,首一卷)

620000－1101－0000923　2573

[乾隆]成縣新志四卷　（清）黃泳修　（清）汪于雍等纂　清乾隆十七年(1752)刻本　四冊

620000－1101－0000924　3624

[乾隆]成縣新志四卷　（清）黃泳修　（清）汪于雍等纂　清乾隆十七年(1752)刻本　四冊

620000－1101－0000925　3625

[乾隆]成縣新志四卷　（清）黃泳修　（清）汪于雍等纂　清乾隆十七年(1752)刻本　四冊

620000－1101－0000926　3626

[乾隆]成縣新志四卷　（清）黃泳修　（清）汪于雍等纂　清乾隆十七年(1752)刻本　四冊

620000－1101－0000927　3627

[乾隆]成縣新志四卷　（清）黃泳修　（清）汪于雍等纂　清乾隆十七年(1752)刻本　四冊

620000－1101－0000928　3628

[乾隆]成縣新志四卷　（清）黃泳修　（清）汪于雍等纂　清乾隆十七年(1752)刻本　四冊

620000－1101－0000929　3629

[乾隆]成縣新志四卷　（清）黃泳修　（清）汪于雍等纂　清乾隆十七年(1752)刻本　四冊

620000－1101－0000930　3630

[乾隆]成縣新志四卷　（清）黃泳修　（清）汪于雍等纂　清乾隆十七年(1752)刻本　二冊　存二卷(二、四)

620000－1101－0000931　4264

[乾隆]成縣新志四卷　（清）黃泳修　（清）汪于雍等纂　清乾隆十七年(1752)刻本　四冊

620000－1101－0000932　3468

[乾隆]澄城縣志二十卷　（清）戴治修（清）洪亮吉　（清）孫星衍纂　清乾隆四十九年(1784)刻本　四冊

620000－1101－0000933　3469

[乾隆]澄城縣志二十卷　（清）戴治修（清）洪亮吉　（清）孫星衍纂　清乾隆四十九年(1784)刻本　四冊

620000－1101－0000934　2335

[乾隆]赤城縣志八卷首一卷　（清）孟思誼修　（清）張曾炳纂　清乾隆十二年(1747)刻二十四年(1759)黃紹七補刻本　四冊

620000－1101－0000935　672.3/74

[乾隆]勅修浙江通志二百八十卷首三卷

(清)李衛等修　(清)沈翼機　(清)傅王露
纂　清光緒二十五年(1899)浙江書局刻本
一百二十冊

620000－1101－0000936　672.3/74
[乾隆]勅修浙江通志二百八十卷首三卷
(清)李衛等修　(清)沈翼機　(清)傅王露
纂　清光緒二十五年(1899)浙江書局刻本
一百二十冊　存一百七十七卷(一至二十二、
二十五至二十七、三十至三十四、四十三至五
十一、六十七至八十二、九十二至一百七、一
百四十九至二百四十、二百六十二至二百七
十一、二百七十八,首三卷)

620000－1101－0000937　2422
[乾隆]崇明縣志二十卷首一卷　(清)趙廷健
修　(清)韓彥曾纂　清乾隆二十五年(1760)
刻本　十冊

620000－1101－0000938　4320
[乾隆]崇明縣志二十卷首一卷　(清)趙廷健
修　(清)韓彥曾纂　清乾隆二十五年(1760)
刻本　一冊　存一卷(首一卷)

620000－1101－0000939　3490
[乾隆]淳化縣志三十卷圖一卷　(清)萬廷樹
修　(清)洪亮吉纂　清乾隆四十九年(1784)
刻本　四冊

620000－1101－0000940　3491
[乾隆]淳化縣志三十卷圖一卷　(清)萬廷樹
修　(清)洪亮吉纂　清乾隆四十九年(1784)
刻本　四冊

620000－1101－0000941　3492
[乾隆]淳化縣志三十卷圖一卷　(清)萬廷樹
修　(清)洪亮吉纂　清乾隆四十九年(1784)
刻本　四冊

620000－1101－0000942　2281
[乾隆]大名縣志四十卷首一卷　(清)張維祺
修　(清)李棠纂　清乾隆五十四年(1789)刻
本　十二冊

620000－1101－0000943　2291
[乾隆]大名縣志四十卷首一卷　(清)張維祺

修　(清)李棠纂　清乾隆五十四年(1789)刻
本　十二冊

620000－1101－0000944　2415
[乾隆]碭山縣志十四卷首一卷　(清)劉王瓚
纂修　清乾隆三十二年(1767)刻本　三冊
存八卷(二至四、十至十四)

620000－1101－0000945　2416
[乾隆]碭山縣志十四卷首一卷　(清)劉王瓚
纂修　清乾隆三十二年(1767)刻本　五冊

620000－1101－0000946　2247
[乾隆]德州志十二卷首一卷　(清)王道亨修
(清)張慶源纂　清乾隆五十三年(1788)刻
本　八冊

620000－1101－0000947　2248
[乾隆]德州志十二卷首一卷　(清)王道亨修
(清)張慶源纂　清乾隆五十三年(1788)刻
本　八冊

620000－1101－0000948　2474
[乾隆]登封縣志三十二卷　(清)陸繼萼修
(清)洪亮吉纂　清乾隆五十二年(1787)刻本
八冊

620000－1101－0000949　2475
[乾隆]登封縣志三十二卷　(清)陸繼萼修
(清)洪亮吉纂　清乾隆五十二年(1787)刻本
八冊

620000－1101－0000950　2476
[乾隆]登封縣志三十二卷　(清)陸繼萼修
(清)洪亮吉纂　清乾隆五十二年(1787)刻本
十六冊

620000－1101－0000951　3566
[乾隆]狄道州志十六卷　(清)呼延華國修
(清)吳鎮纂　清乾隆二十八年(1763)刻本
八冊

620000－1101－0000952　3567
[乾隆]狄道州志十六卷　(清)呼延華國修
(清)吳鎮纂　清乾隆二十八年(1763)刻本
八冊

620000－1101－0000953　3568
[乾隆]狄道州志十六卷　（清）呼延華國修
（清）吳鎮纂　清乾隆二十八年(1763)刻本
八冊

620000－1101－0000954　3569
[乾隆]狄道州志十六卷　（清）呼延華國修
（清）吳鎮纂　清乾隆二十八年(1763)刻本
五冊　存十卷(一、六至九、十二至十六)

620000－1101－0000955　671.65/115.74.79
[乾隆]狄道州志十六卷　（清）呼延華國修
（清）吳鎮纂　清宣統元年(1909)刻本　四冊
存八卷(一至三、八至九、十四至十六)

620000－1101－0000956　671.65/115.74.79
[乾隆]狄道州志十六卷　（清）呼延華國修
（清）吳鎮纂　清宣統元年(1909)刻本　二冊
存三卷(一至三)

620000－1101－0000957　671.65/115.74.79
[乾隆]狄道州志十六卷　（清）呼延華國修
（清）吳鎮纂　清宣統元年(1909)刻本　八冊

620000－1101－0000958　671.65/115.74.79
[乾隆]狄道州志十六卷　（清）呼延華國修
（清）吳鎮纂　清宣統元年(1909)刻本　八冊

620000－1101－0000959　671.65/115.74.79
[乾隆]狄道州志十六卷　（清）呼延華國修
（清）吳鎮纂　清宣統元年(1909)刻本　八冊

620000－1101－0000960　671.65/115.74.79
[乾隆]狄道州志十六卷　（清）呼延華國修
（清）吳鎮纂　清宣統元年(1909)刻本　八冊

620000－1101－0000961　671.65/115.74.79
[乾隆]狄道州志十六卷　（清）呼延華國修
（清）吳鎮纂　清宣統元年(1909)刻本　八冊

620000－1101－0000962　671.65/115.74.79
[乾隆]狄道州志十六卷　（清）呼延華國修
（清）吳鎮纂　清宣統元年(1909)刻本　八冊

620000－1101－0000963　671.65/115.74.80
[乾隆]狄道州志十六卷　（清）呼延華國修
（清）吳鎮纂　清光緒官報書局鉛印本　九冊

620000－1101－0000964　671.65/115.74.80
[乾隆]狄道州志十六卷　（清）呼延華國修
（清）吳鎮纂　清光緒官報書局鉛印本　七冊
存十四卷(一至三、六至十六)

620000－1101－0000965　2358
[乾隆]墊江縣志八卷　（清）丁漣修　（清）
楊錫麟等纂　清乾隆十一年(1746)刻二十六
年(1761)增補本　五冊

620000－1101－0000966　4596
[乾隆]東川府志二十卷首一卷　（清）方桂修
（清）胡蔚纂　清乾隆二十六年(1761)刻光
緒三十四年(1908)印本(卷五至八係補配)
六冊

620000－1101－0000967　2461
[乾隆]汾陽縣志十四卷首一卷　（清）李文起
修　（清）戴震纂　清乾隆三十七年(1772)刻
本　八冊

620000－1101－0000968　2463
[乾隆]汾州府志三十四卷首一卷　（清）孫和
相修　（清）戴震纂　清乾隆三十六年(1771)
刻本　十六冊

620000－1101－0000969　2464
[乾隆]汾州府志三十四卷首一卷　（清）孫和
相修　（清）戴震纂　清乾隆三十六年(1771)
刻本　十五冊　存三十一卷(一至五、九至三
十四)

620000－1101－0000970　2377
[乾隆]奉化縣志十四卷首一卷　（清）曹膏
（清）唐宇霖修　（清）陳琦等纂　清乾隆三十
八年(1773)刻本　六冊

620000－1101－0000971　2452
[乾隆]鳳臺縣志二十卷首一卷　（清）林荔修
（清）姚學甲纂　清乾隆四十九年(1784)刻
本　八冊　存十七卷(四至二十)

620000－1101－0000972　3604
[乾隆]伏羌縣志十二卷　（清）續相文
（清）萬紹煥修　（清）鞏建豐纂　清乾隆十四
年(1749)刻本　四冊

620000－1101－0000973　3605

[乾隆]伏羌縣志十二卷　（清）續相文
（清）萬紹煥修　（清）鞏建豐纂　清乾隆十四
年(1749)刻本　四冊

620000－1101－0000974　4223

[乾隆]伏羌縣志十二卷　（清）續相文
（清）萬紹煥修　（清）鞏建豐纂　清乾隆十四
年(1749)刻本　一冊　存二卷(十一至十二)

620000－1101－0000975　4224

[乾隆]伏羌縣志十二卷　（清）續相文
（清）萬紹煥修　（清）鞏建豐纂　清乾隆十四
年(1749)刻本　一冊　存二卷(十一至十二)

620000－1101－0000976　4225

[乾隆]伏羌縣志十二卷　（清）續相文
（清）萬紹煥修　（清）鞏建豐纂　清乾隆十四
年(1749)刻本　一冊　存二卷(十一至十二)

620000－1101－0000977　3019

[乾隆]伏羌縣志十四卷　（清）周銑修
（清）葉芝纂　清乾隆三十五年(1770)刻本
五冊

620000－1101－0000978　3606

[乾隆]伏羌縣志十四卷　（清）周銑修
（清）葉芝纂　清乾隆三十五年(1770)刻本
四冊

620000－1101－0000979　3607

[乾隆]伏羌縣志十四卷　（清）周銑修
（清）葉芝纂　清乾隆三十五年(1770)刻本
四冊

620000－1101－0000980　3608

[乾隆]伏羌縣志十四卷　（清）周銑修
（清）葉芝纂　清乾隆三十五年(1770)刻本
四冊

620000－1101－0000981　3609

[乾隆]伏羌縣志十四卷　（清）周銑修
（清）葉芝纂　清乾隆三十五年(1770)刻本
四冊

620000－1101－0000982　3610

[乾隆]伏羌縣志十四卷　（清）周銑修
（清）葉芝纂　清乾隆三十五年(1770)刻本
四冊

620000－1101－0000983　3611

[乾隆]伏羌縣志十四卷　（清）周銑修
（清）葉芝纂　清乾隆三十五年(1770)刻本
四冊

620000－1101－0000984　3612

[乾隆]伏羌縣志十四卷　（清）周銑修
（清）葉芝纂　清乾隆三十五年(1770)刻本
四冊

620000－1101－0000985　3613

[乾隆]伏羌縣志十四卷　（清）周銑修
（清）葉芝纂　清乾隆三十五年(1770)刻本
四冊

620000－1101－0000986　3614

[乾隆]伏羌縣志十四卷　（清）周銑修
（清）葉芝纂　清乾隆三十五年(1770)刻本
四冊

620000－1101－0000987　3615

[乾隆]伏羌縣志十四卷　（清）周銑修
（清）葉芝纂　清乾隆三十五年(1770)刻本
一冊　存十卷(一至九、十三下)

620000－1101－0000988　4182

[乾隆]伏羌縣志十四卷　（清）周銑修
（清）葉芝纂　清乾隆三十五年(1770)刻本
一冊　存五卷(五至九)

620000－1101－0000989　4183

[乾隆]伏羌縣志十四卷　（清）周銑修
（清）葉芝纂　清乾隆三十五年(1770)刻本
一冊　存四卷(五至八)

620000－1101－0000990　4185

[乾隆]伏羌縣志十四卷　（清）周銑修
（清）葉芝纂　清乾隆三十五年(1770)刻本
四冊

620000－1101－0000991　4186

[乾隆]伏羌縣志十四卷　（清）周銑修

（清）葉芝纂　清乾隆三十五年(1770)刻本
四冊

620000－1101－0000992　4187

[乾隆]伏羌縣志十四卷　（清）周銑修
（清）葉芝纂　清乾隆三十五年(1770)刻本
四冊

620000－1101－0000993　4188

[乾隆]伏羌縣志十四卷　（清）周銑修
（清）葉芝纂　清乾隆三十五年(1770)刻本
一冊　存四卷(一至四)

620000－1101－0000994　4192

[乾隆]伏羌縣志十四卷　（清）周銑修
（清）葉芝纂　清乾隆三十五年(1770)刻本
一冊　存四卷(十至十三)

620000－1101－0000995　4212

[乾隆]福建續志九十二卷首一卷　（清）楊延
璋等修　（清）沈庭芳等纂　清乾隆三十三年
(1768)刻本　十四冊　存二十七卷(三十二
至四十三、七十二至八十一、八十六至八十
七、九十至九十二)

620000－1101－0000996　2245

[乾隆]福山縣志十二卷　（清）何樂善修
（清）蕭劼等纂　清乾隆二十八年(1763)刻本
八冊

620000－1101－0000997　3505

[乾隆]府谷縣志四卷　（清）鄭居中　（清）
麟書纂修　清乾隆四十八年(1783)刻本
四冊

620000－1101－0000998　3506

[乾隆]府谷縣志四卷　（清）鄭居中　（清）
麟書纂修　清乾隆四十八年(1783)刻本
四冊

620000－1101－0000999　3507

[乾隆]府谷縣志四卷　（清）鄭居中　（清）
麟書纂修　清乾隆四十八年(1783)刻本
四冊

620000－1101－0001000　672.75/407.74

[乾隆]富順縣志五卷首一卷　（清）段玉裁修
（清）李芝等纂　清光緒八年(1882)刻本
五冊

620000－1101－0001001　672.75/407.74

[乾隆]富順縣志五卷首一卷　（清）段玉裁修
（清）李芝等纂　清光緒八年(1882)刻本
五冊

620000－1101－0001002　672.75/407.74

[乾隆]富順縣志五卷首一卷　（清）段玉裁修
（清）李芝等纂　清光緒八年(1882)刻本
五冊

620000－1101－0001003　3511

[乾隆]甘肅通志五十卷首一卷　（清）許容修
（清）李迪纂　清乾隆元年(1736)刻本(卷
三、二十七係抄配)　三十六冊

620000－1101－0001004　3512

[乾隆]甘肅通志五十卷首一卷　（清）許容修
（清）李迪纂　清乾隆元年(1736)刻本　二
十九冊　存四十七卷(一至三十三、三十五至
四十五、四十九至五十,首一卷)

620000－1101－0001005　3513

[乾隆]甘肅通志五十卷首一卷　（清）許容修
（清）李迪纂　清乾隆元年(1736)刻本　十
三冊　存十八卷(六、十四、十九至二十一、二
十九至三十三、三十五至四十二)

620000－1101－0001006　3514

[乾隆]甘肅通志五十卷首一卷　（清）許容修
（清）李迪纂　清乾隆元年(1736)刻本　六
冊　存八卷(三十五至四十二)

620000－1101－0001007　2874

[乾隆]甘州府志十六卷首一卷　（清）鍾賡起
纂修　清乾隆四十四年(1779)刻嘉慶七年
(1802)增刻本　十冊

620000－1101－0001008　3520

[乾隆]甘州府志十六卷首一卷　（清）鍾賡起
纂修　清乾隆四十四年(1779)刻嘉慶七年
(1802)增刻本　十冊

620000－1101－0001009　3521
[乾隆]甘州府志十六卷首一卷　（清）鍾賡起
纂修　清乾隆四十四年（1779）刻嘉慶七年
（1802）增刻本　十冊

620000－1101－0001010　3522
[乾隆]甘州府志十六卷首一卷　（清）鍾賡起
纂修　清乾隆四十四年（1779）刻嘉慶七年
（1802）增刻本　十冊

620000－1101－0001011　3523
[乾隆]甘州府志十六卷首一卷　（清）鍾賡起
纂修　清乾隆四十四年（1779）刻嘉慶七年
（1802）增刻本　十冊

620000－1101－0001012　3524
[乾隆]甘州府志十六卷首一卷　（清）鍾賡起
纂修　清乾隆四十四年（1779）刻嘉慶七年
（1802）增刻本　十冊

620000－1101－0001013　3525
[乾隆]甘州府志十六卷首一卷　（清）鍾賡起
纂修　清乾隆四十四年（1779）刻嘉慶七年
（1802）增刻本　十冊

620000－1101－0001014　3526
[乾隆]甘州府志十六卷首一卷　（清）鍾賡起
纂修　清乾隆四十四年（1779）刻嘉慶七年
（1802）增刻本　十冊

620000－1101－0001015　4142
[乾隆]甘州府志十六卷首一卷　（清）鍾賡起
纂修　清乾隆四十四年（1779）刻嘉慶七年
（1802）增刻本　四冊　存七卷（一至四、十四
至十六）

620000－1101－0001016　4143
[乾隆]甘州府志十六卷首一卷　（清）鍾賡起
纂修　清乾隆四十四年（1779）刻嘉慶七年
（1802）增刻本　六冊　存十一卷（一至四、七
至十、十四至十六）

620000－1101－0001017　3601
[乾隆]甘州府志十六卷首一卷　（清）鍾賡起
纂修　清乾隆四十四年（1779）刻嘉慶七年
（1802）增刻本　十冊

620000－1101－0001018　2451
[乾隆]高平縣志二十二卷末一卷　（清）傅德
宜修　（清）戴純纂　清乾隆三十九年（1774）
刻本　八冊

620000－1101－0001019　2260
[乾隆]高苑縣誌十卷　（清）張耀璧纂修　清
乾隆二十三年（1758）刻本　六冊

620000－1101－0001020　2261
[乾隆]高苑縣誌十卷　（清）張耀璧纂修　清
乾隆二十三年（1758）刻本　六冊

620000－1101－0001021　2262
[乾隆]高苑縣誌十卷　（清）張耀璧纂修　清
乾隆二十三年（1758）刻本　六冊

620000－1101－0001022　2821
[乾隆]皋蘭縣志二十卷　（清）吳鼎新修
（清）黃建中纂　清乾隆四十三年（1778）刻本
四冊

620000－1101－0001023　2916
[乾隆]皋蘭縣志二十卷　（清）吳鼎新修
（清）黃建中纂　清乾隆四十三年（1778）刻本
四冊

620000－1101－0001024　3552
[乾隆]皋蘭縣志二十卷　（清）吳鼎新修
（清）黃建中纂　清乾隆四十三年（1778）刻本
四冊

620000－1101－0001025　3553
[乾隆]皋蘭縣志二十卷　（清）吳鼎新修
（清）黃建中纂　清乾隆四十三年（1778）刻本
四冊

620000－1101－0001026　3554
[乾隆]皋蘭縣志二十卷　（清）吳鼎新修
（清）黃建中纂　清乾隆四十三年（1778）刻本
四冊

620000－1101－0001027　3555
[乾隆]皋蘭縣志二十卷　（清）吳鼎新修
（清）黃建中纂　清乾隆四十三年（1778）刻本
四冊

620000－1101－0001028　3556

［乾隆］皋蘭縣志二十卷　（清）吳鼎新修
（清）黃建中纂　清乾隆四十三年(1778)刻本
四冊

620000－1101－0001029　3557

［乾隆］皋蘭縣志二十卷　（清）吳鼎新修
（清）黃建中纂　清乾隆四十三年(1778)刻本
四冊

620000－1101－0001030　3558

［乾隆］皋蘭縣志二十卷　（清）吳鼎新修
（清）黃建中纂　清乾隆四十三年(1778)刻本
四冊

620000－1101－0001031　3559

［乾隆］皋蘭縣志二十卷　（清）吳鼎新修
（清）黃建中纂　清乾隆四十三年(1778)刻本
四冊

620000－1101－0001032　3561

［乾隆］皋蘭縣志二十卷　（清）吳鼎新修
（清）黃建中纂　清乾隆四十三年(1778)刻本
四冊

620000－1101－0001033　4146

［乾隆］皋蘭縣志二十卷　（清）吳鼎新修
（清）黃建中纂　清乾隆四十三年(1778)刻本
(有補配)　三冊　存十七卷(一至十二、十六
至二十)

620000－1101－0001034　4376

［乾隆］皋蘭縣志二十卷　（清）吳鼎新修
（清）黃建中纂　清乾隆四十三年(1778)刻本
一冊　存五卷(十六至二十)

620000－1101－0001035　3560

［乾隆］皋蘭縣志二十卷　（清）吳鼎新修
（清）黃建中纂　清乾隆四十三年(1778)刻本
四冊

620000－1101－0001036　2478

［乾隆］鞏縣志二十卷首一卷　（清）李述武修
（清）張紫峴纂　清乾隆五十四年(1789)刻
本　六冊

620000－1101－0001037　2207

［乾隆］古汜城志十卷　（清）劉青芝纂　清乾
隆五年(1740)刻劉氏傳家集本　十冊

620000－1101－0001038　3670

［乾隆］古浪縣誌一卷　（清）張珆美修
（清）趙璘等纂　清乾隆十四年(1749)刻五涼
考治六德集全誌本　一冊

620000－1101－0001039　3671

［乾隆］古浪縣誌一卷　（清）張珆美修
（清）趙璘等纂　清乾隆十四年(1749)刻五涼
考治六德集全誌本　一冊

620000－1101－0001040　3672

［乾隆］古浪縣誌一卷　（清）張珆美修
（清）趙璘等纂　清乾隆十四年(1749)刻五涼
考治六德集全誌本　一冊

620000－1101－0001041　2445

［乾隆］廣靈縣誌十卷首一卷末一卷　（清）郭
磊等纂修　清乾隆十九年(1754)刻本　四冊

620000－1101－0001042　2446

［乾隆］廣靈縣誌十卷首一卷末一卷　（清）郭
磊等纂修　清乾隆十九年(1754)刻本　四冊

620000－1101－0001043　2447

［乾隆］廣靈縣誌十卷首一卷末一卷　（清）郭
磊等纂修　清乾隆十九年(1754)刻本　四冊

620000－1101－0001044　2346

［乾隆］廣西府志二十六卷　（清）周埰修
（清）李綬纂　清乾隆四年(1739)刻本　四冊
存二十卷(七至二十六)

620000－1101－0001045　2339

［乾隆］貴州通志四十六卷首一卷　（清）鄂爾
泰等修　（清）靖道謨等纂　清乾隆六年
(1741)刻本　十五冊　存二十五卷(一至十
四、三十七至四十六,首一卷)

620000－1101－0001046　2340

［乾隆］貴州通志四十六卷首一卷　（清）鄂爾
泰等修　（清）靖道謨等纂　清乾隆六年
(1741)刻本　二十册

620000－1101－0001047　2341

[乾隆]貴州通志四十六卷首一卷　（清）鄂爾泰等修　（清）靖道謨等纂　清乾隆六年(1741)刻本　十六冊　存二十四卷（三至十二、十六至二十六、三十四、四十五至四十六）

620000－1101－0001048　2396

[乾隆]海鹽縣續圖經七卷　（清）王如珽修（清）陳世倕　（清）錢元昌纂　清乾隆十三年(1748)刻本　七冊　存六卷（一至五、七）

620000－1101－0001049　2280

[乾隆]邯鄲縣志十二卷首一卷　（清）王炯纂修　清乾隆二十一年(1756)刻本　六冊

620000－1101－0001050　3470

[乾隆]韓城縣志十六卷首一卷　（清）傅應奎修　（清）錢坫等纂　清乾隆四十九年(1784)刻本　六冊

620000－1101－0001051　3452

[乾隆]鄠縣新志六卷　（清）汪以誠修（清）孫景烈纂　清乾隆四十二年(1777)刻本　四冊

620000－1101－0001052　3648

[乾隆]環縣志十卷首一卷　（清）高觀鯉纂修　清乾隆十九年(1754)刻本　二冊

620000－1101－0001053　3649

[乾隆]環縣志十卷首一卷　（清）高觀鯉纂修　清乾隆十九年(1754)刻本　二冊

620000－1101－0001054　2244

[乾隆]黃縣志十二卷　（清）袁中立修（清）毛贊纂　清乾隆二十一年(1756)刻本　四冊

620000－1101－0001055　2208

[乾隆]輝縣志十二卷首一卷末一卷　（清）文兆奭修　（清）楊喜榮　（清）王楷纂　清乾隆二十二年(1757)刻本　八冊

620000－1101－0001056　2209

[乾隆]輝縣志十二卷首一卷末一卷　（清）文兆奭修　（清）楊喜榮　（清）王楷纂　清乾隆二十二年(1757)刻本　八冊

620000－1101－0001057　2443

[乾隆]渾源州志十卷　（清）桂敬順纂修　清乾隆二十八年(1763)刻本　一冊　存二卷（一至二）

620000－1101－0001058　2444

[乾隆]渾源州志十卷　（清）桂敬順纂修　清乾隆二十八年(1763)刻同治九年(1870)孔廣培增刻本　五冊

620000－1101－0001059　2212

[乾隆]獲嘉縣志十六卷首一卷　（清）吳喬齡修　（清）李棟纂　清乾隆二十一年(1756)刻本　八冊

620000－1101－0001060　2370

[乾隆]吉安府志七十四卷首一卷　（清）盧崧修　（清）朱承熙等纂　清乾隆四十一年(1776)刻本　四冊　存二卷（十二、首一卷）

620000－1101－0001061　2371

[乾隆]吉安府志七十四卷首一卷　（清）盧崧修　（清）朱承熙等纂　清乾隆四十一年(1776)刻本　二十七冊　存五十一卷（一至三、六至七、九至十八、二十二至四十二、四十五至四十八、五十八至五十九、六十一至六十六、七十一至七十二,首一卷）

620000－1101－0001062　2216

[乾隆]汲縣志十四卷首一卷末一卷　（清）徐汝瓚修　（清）杜崑纂　清乾隆二十年(1755)刻本　六冊

620000－1101－0001063　2270

[乾隆]濟陽縣志十四卷首一卷　（清）胡德琳修　（清）何明禮　（清）章承茂纂　清乾隆三十年(1765)刻本　八冊

620000－1101－0001064　672.44/32.35

[乾隆]建昌府志六十四卷首一卷　（清）孟炤修　（清）黃祐等纂　清乾隆二十四年(1759)刻本　十冊　存三十四卷（卷一之葉三、二至四、六至十一、十三至十五、二十五至三十九、五十九至六十四）

620000－1101－0001065　3600

[乾隆]建寧縣志二十八卷首一卷　（清）韓琮修　（清）朱霞等纂　清乾隆四十七年(1782)牛世顯刻本　九冊　存二十八卷(一至十、十二至二十八,首一卷)

620000－1101－0001066　2437

[乾隆]解州安邑縣運城志十六卷首一卷（清）言如泗修　（清）熊名相　（清）呂瀜纂　清乾隆二十九年(1764)刻解州全志本　四冊

620000－1101－0001067　2435

[乾隆]解州安邑縣志十六卷首一卷　（清）言如泗修　（清）呂瀜等纂　清乾隆二十九年(1764)刻解州全志本　四冊

620000－1101－0001068　4139

[乾隆]解州安邑縣志十六卷首一卷　（清）言如泗修　（清）呂瀜等纂　清乾隆二十九年(1764)刻解州全志本　一冊　存四卷(八至十一)

620000－1101－0001069　2436

[乾隆]解州平陸縣志十六卷　（清）言如泗修　（清）杜若拙等纂　清乾隆三十九年(1774)刻解州全志本　四冊

620000－1101－0001070　1663

[乾隆]解州全志九十八卷首六卷　（清）言如泗纂修　清乾隆二十九年(1764)解州官衙刻本　二十四冊

620000－1101－0001071　2459

[乾隆]介休縣志十四卷　（清）王謀文纂修　清乾隆三十五年(1770)刻本　八冊

620000－1101－0001072　4190

[乾隆]荊門州志三十六卷　（清）舒成龍修（清）李法孟　（清）陳榮杰纂　清乾隆十九年(1754)宗陸堂刻本　二冊　存六卷(一至五、三十六)

620000－1101－0001073　3650

[乾隆]涇州誌二卷　（清）張延福修　（清）李瑾纂　清乾隆十九年(1754)刻本　二冊

620000－1101－0001074　3651

[乾隆]涇州誌二卷　（清）張延福修　（清）李瑾纂　清乾隆十九年(1754)刻本　二冊

620000－1101－0001075　3652

[乾隆]涇州誌二卷　（清）張延福修　（清）李瑾纂　清乾隆十九年(1754)刻本　二冊

620000－1101－0001076　3653

[乾隆]涇州誌二卷　（清）張延福修　（清）李瑾纂　清乾隆十九年(1754)刻本　二冊

620000－1101－0001077　3654

[乾隆]涇州誌二卷　（清）張延福修　（清）李瑾纂　清乾隆十九年(1754)刻本　二冊

620000－1101－0001078　3655

[乾隆]涇州誌二卷　（清）張延福修　（清）李瑾纂　清乾隆十九年(1754)刻本　二冊

620000－1101－0001079　3656

[乾隆]涇州誌二卷　（清）張延福修　（清）李瑾纂　清乾隆十九年(1754)刻本　二冊

620000－1101－0001080　4210

[乾隆]涇州誌二卷　（清）張延福修　（清）李瑾纂　清乾隆十九年(1754)刻本　一冊　存一卷(下)

620000－1101－0001081　4218

[乾隆]涇州誌二卷　（清）張延福修　（清）李瑾纂　清乾隆十九年(1754)刻本　二冊

620000－1101－0001082　2286

[乾隆]景州志六卷首一卷　（清）屈成霖纂修　清乾隆十年(1745)刻本　四冊

620000－1101－0001083　3632

[乾隆]靜寧州志八卷首一卷　（清）王烜纂修　清乾隆十一年(1746)刻本　四冊

620000－1101－0001084　3633

[乾隆]靜寧州志八卷首一卷　（清）王烜纂修　清乾隆十一年(1746)刻本　四冊

620000－1101－0001085　3634

[乾隆]靜寧州志八卷首一卷　（清）王烜纂修　清乾隆十一年(1746)刻本　四冊

620000 – 1101 – 0001086　3635

[乾隆]靜寧州志八卷首一卷　（清）王烜纂修
　　清乾隆十一年（1746）刻本　四冊

620000 – 1101 – 0001087　3636

[乾隆]靜寧州志八卷首一卷　（清）王烜纂修
　　清乾隆十一年（1746）刻本　四冊

620000 – 1101 – 0001088　3637

[乾隆]靜寧州志八卷首一卷　（清）王烜纂修
　　清乾隆十一年（1746）刻本　四冊

620000 – 1101 – 0001089　3638

[乾隆]靜寧州志八卷首一卷　（清）王烜纂修
　　清乾隆十一年（1746）刻本　四冊

620000 – 1101 – 0001090　4219

[乾隆]靜寧州志八卷首一卷　（清）王烜纂修
　　清乾隆十一年（1746）刻本　四冊

620000 – 1101 – 0001091　673.54/456.74

[乾隆]開化府誌十卷　（清）楊大賓修
（清）趙震等纂　清乾隆二十四年（1759）刻本
　　三冊　存七卷（二至五、八至十）

620000 – 1101 – 0001092　3454

[乾隆]醴泉縣志十四卷圖一卷　（清）蔣騏昌
　　（清）孫星衍纂修　清乾隆四十九年（1784）
刻本　四冊

620000 – 1101 – 0001093　2268

[乾隆]利津縣新誌十卷　（清）韓文焜纂修
　　清乾隆二十三年（1758）刻本　二冊

620000 – 1101 – 0001094　2267

[乾隆]利津縣志補六卷　（清）程士範纂修
　　清乾隆三十五年（1770）刻本　一冊

620000 – 1101 – 0001095　2265

[乾隆]利津縣誌續編十卷　（清）劉文確修
（清）劉永祚纂　清乾隆二十三年（1758）刻本
　　一冊

620000 – 1101 – 0001096　672.25/123.77

[乾隆]歷陽典錄三十四卷補編六卷　（清）陳
廷桂纂輯　清同治六年（1867）刻本　十二冊

620000 – 1101 – 0001097　672.25/123.77

[乾隆]歷陽典錄三十四卷補編六卷　（清）陳
廷桂纂輯　清同治六年（1867）刻本　十二冊

620000 – 1101 – 0001098　672.25/123.77

[乾隆]歷陽典錄三十四卷補編六卷　（清）陳
廷桂纂輯　清同治六年（1867）刻本　十二冊

620000 – 1101 – 0001099　3589

[乾隆]兩當縣志四卷　（清）秦武域纂修　清
乾隆三十二年（1767）刻本　一冊

620000 – 1101 – 0001100　3590

[乾隆]兩當縣志四卷　（清）秦武域纂修　清
乾隆三十二年（1767）刻本　一冊

620000 – 1101 – 0001101　2231

[乾隆]林縣志十卷首一卷末一卷　（清）楊潮
觀纂修　清乾隆十七年（1752）黃華書院刻本
　　四冊

620000 – 1101 – 0001102　4333

[乾隆]臨安縣志四卷　（清）趙民沿修
（清）許琳纂　清乾隆二十四年（1759）刻本
二冊　存二卷（三至四）

620000 – 1101 – 0001103　3450

[乾隆]臨潼縣志九卷圖一卷　（清）史傳遠纂
修　清乾隆四十一年（1776）刻本　六冊

620000 – 1101 – 0001104　3451

[乾隆]臨潼縣志九卷圖一卷　（清）史傳遠纂
修　清乾隆四十一年（1776）刻本　五冊　存
八卷（二至九）

620000 – 1101 – 0001105　4226

[乾隆]鄮縣志二十三卷首一卷　（清）林愈蕃
修　（清）段維翰纂　清乾隆三十一年（1766）
刻本　七冊　存二十二卷（一至二十一、首一
卷）

620000 – 1101 – 0001106　3574

[乾隆]隴西縣志十二卷　（清）魯廷琰修
（清）田呂葉纂　清乾隆元年（1736）刻本
六冊

620000 – 1101 – 0001107　3575

[乾隆]隴西縣志十二卷　（清）魯廷琰修

（清）田呂葉纂　清乾隆元年(1736)刻本(有補配)　五冊　存八卷(四至六、八至十二)

620000－1101－0001108　4204

[乾隆]隴西縣志十二卷　（清）魯廷琰修（清）田呂葉纂　清乾隆元年(1736)刻本　一冊　存五卷(四至八)

620000－1101－0001109　671.65/131.742

[乾隆]隴西縣志十二卷　（清）魯廷琰修（清）田呂葉纂　清晚期抄本　二冊　存四卷(一至三、十)

620000－1101－0001110　3485

[乾隆]隴州續志八卷首一卷末一卷　（清）吳炳纂修　清乾隆三十一年(1766)刻本　四冊

620000－1101－0001111　3487

[乾隆]隴州續志八卷首一卷末一卷　（清）吳炳纂修　清乾隆三十一年(1766)刻本　四冊

620000－1101－0001112　2424

[乾隆]婁縣志三十卷首二卷　（清）謝庭薰修（清）陸錫熊纂　清乾隆五十三年(1788)刻本　六冊

620000－1101－0001113　3480

[乾隆]雒南縣志十二卷附錄一卷　（清）范啓源修（清）薛韞訂正　清乾隆十一年(1746)刻五十二年(1787)增刻本　四冊

620000－1101－0001114　3481

[乾隆]雒南縣志十二卷附錄一卷　（清）范啓源修（清）薛韞訂正　清乾隆十一年(1746)刻五十二年(1787)增刻本　四冊

620000－1101－0001115　3484

[乾隆]郿縣志十八卷首一卷　（清）李帶雙修（清）張若纂　清乾隆四十三年(1778)刻本　四冊

620000－1101－0001116　3603

[乾隆]郿縣志十八卷首一卷　（清）李帶雙修（清）張若纂　清乾隆四十三年(1778)刻本　四冊

620000－1101－0001117　2482

[乾隆]孟縣志十卷　（清）仇汝瑚修（清）馮敏昌纂　清乾隆五十五年(1790)刻本　十冊

620000－1101－0001118　3501

[乾隆]南鄭縣志十六卷　（清）王行儉纂修　清乾隆五十九年(1794)刻本　四冊

620000－1101－0001119　2466

[乾隆]寧武府志十二卷首一卷　（清）周景柱等纂修　[咸豐]續寧武府志不分卷　（清）常文遴等纂修　清乾隆十五年(1750)刻咸豐七年(1857)增刻本　七冊

620000－1101－0001120　3679

[乾隆]寧夏府志二十二卷首一卷　（清）張金城修（清）楊湜雨纂　清乾隆四十五年(1780)刻本　十六冊

620000－1101－0001121　3680

[乾隆]寧夏府志二十二卷首一卷　（清）張金城修（清）楊湜雨纂　清乾隆四十五年(1780)刻本(卷五、六係抄配)　十三冊　存二十卷(一至十二、十四至二十,首一卷)

620000－1101－0001122　4217

[乾隆]寧夏府志二十二卷首一卷　（清）張金城修（清）楊湜雨纂　清乾隆四十五年(1780)刻本　二冊　存三卷(十六至十七、十九)

620000－1101－0001123　3593

[乾隆]寧遠縣志續略八卷補闕一卷　（清）胡奠域修（清）于纘周纂　清乾隆二十七年(1762)刻道光十五年(1835)增刻本　一冊

620000－1101－0001124　3598

[乾隆]寧遠縣志續略八卷補闕一卷　（清）胡奠域修（清）于纘周纂　清乾隆二十七年(1762)刻道光十五年(1835)增刻本　二冊

620000－1101－0001125　3599

[乾隆]寧遠縣志續略八卷補闕一卷　（清）胡奠域修（清）于纘周纂　清乾隆二十七年(1762)刻道光十五年(1835)增刻本　二冊

620000－1101－0001126　671.65/215.74

[乾隆]寧遠縣志續略八卷補闕一卷　(清)胡奠域修　(清)于續周纂　清乾隆二十七年(1762)刻道光十五年(1835)增刻本　一冊

620000－1101－0001127　3673

[乾隆]平番縣誌一卷　(清)張珩美修　(清)曾鈞等纂　清乾隆十四年(1749)刻五凉考治六德集全誌本　一冊

620000－1101－0001128　3674

[乾隆]平番縣誌一卷　(清)張珩美修　(清)曾鈞等纂　清乾隆十四年(1749)刻五凉考治六德集全誌本　一冊

620000－1101－0001129　3675

[乾隆]平番縣誌一卷　(清)張珩美修　(清)曾鈞等纂　清乾隆十四年(1749)刻五凉考治六德集全誌本　一冊

620000－1101－0001130　2246

[乾隆]平原縣志十卷首一卷　(清)黃懷祖修　(清)黃兆熊纂　清乾隆十四年(1749)刻本　四冊

620000－1101－0001131　2361

[乾隆]屏山縣志八卷首一卷　(清)張曾敏修　(清)陳琦纂　清乾隆四十三年(1778)刻嘉慶五年(1800)增刻本　四冊

620000－1101－0001132　2366

[乾隆]鄱陽縣志二十四卷首一卷末一卷　(清)黃登穀修　(清)凌之調纂　清乾隆十四年(1749)刻本　八冊

620000－1101－0001133　3477

[乾隆]蒲城縣志十五卷　(清)張心鏡修　(清)吳泰來纂　清乾隆四十七年(1782)刻本　四冊

620000－1101－0001134　3478

[乾隆]蒲城縣志十五卷　(清)張心鏡修　(清)吳泰來纂　清乾隆四十七年(1782)刻本　六冊

620000－1101－0001135　3479

[乾隆]蒲城縣志十五卷　(清)張心鏡修　(清)吳泰來纂　清乾隆四十七年(1782)刻本　六冊

620000－1101－0001136　2432

[乾隆]蒲縣志十卷首一卷　(清)巫慧修　(清)王居正纂　清乾隆十八年(1753)刻本　四冊

620000－1101－0001137　2243

[乾隆]棲霞縣志十卷　(清)衛萇纂修　清乾隆十九年(1754)刻本　四冊

620000－1101－0001138　2462

[乾隆]祁縣志十六卷　(清)陳時纂修　清乾隆四十五年(1780)刻本　八冊

620000－1101－0001139　3482

[乾隆]岐山縣志八卷　(清)平世增等修　(清)蔣兆甲纂　清乾隆四十四年(1779)刻本　四冊

620000－1101－0001140　2223

[乾隆]杞縣志二十四卷　(清)周璣修　(清)朱璿纂　清乾隆五十三年(1788)刻本　十二冊

620000－1101－0001141　2224

[乾隆]杞縣志二十四卷　(清)周璣修　(清)朱璿纂　清乾隆五十三年(1788)刻本　十二冊

620000－1101－0001142　2423

[乾隆]青浦縣志四十卷　(清)孫鳳鳴修　(清)王昶纂　清乾隆五十三年(1788)刻本　五冊　存二十一卷(一、十八至二十五、二十九至四十)

620000－1101－0001143　3583

[乾隆]清水縣志十六卷　(清)朱超纂修　清乾隆六十年(1795)刻本　四冊

620000－1101－0001144　3584

[乾隆]清水縣志十六卷　(清)朱超纂修　清乾隆六十年(1795)刻本　四冊

620000－1101－0001145　3585

[乾隆]清水縣志十六卷　（清）朱超纂修　清
乾隆六十年（1795）刻本　四冊

620000－1101－0001146　3586

[乾隆]清水縣志十六卷　（清）朱超纂修　清
乾隆六十年（1795）刻本　四冊

620000－1101－0001147　3587

[乾隆]清水縣志十六卷　（清）朱超纂修　清
乾隆六十年（1795）刻本　四冊

620000－1101－0001148　3588

[乾隆]清水縣志十六卷　（清）朱超纂修　清
乾隆六十年（1795）刻本　二冊

620000－1101－0001149　3248

[乾隆]清水縣志十六卷　（清）朱超纂修　清
乾隆六十年（1795）刻本　四冊

620000－1101－0001150　4238

[乾隆]清水縣志十六卷　（清）朱超纂修　清
乾隆六十年（1795）刻本　三冊　存九卷（八
至十六）

620000－1101－0001151　4242

[乾隆]清水縣志十六卷　（清）朱超纂修　清
乾隆六十年（1795）刻本　一冊　存三卷（十
二至十四）

620000－1101－0001152　4004

[乾隆]清水縣志十六卷　（清）朱超纂修　清
乾隆六十年（1795）刻本　一冊　存三卷（十
二至十四）

620000－1101－0001153　2258

[乾隆]曲阜縣志一百卷　（清）潘相纂修　清
乾隆三十九年（1774）刻本　十二冊

620000－1101－0001154　2259

[乾隆]曲阜縣志一百卷　（清）潘相纂修　清
乾隆三十九年（1774）刻本　十二冊

620000－1101－0001155　673.14/871.74

[乾隆]泉州府志七十六卷首一卷　（清）懷蔭
布修　（清）黃任　（清）郭賡武纂　清同治九
年（1870）刻民國十六年（1927）補刻本　四十
八冊

620000－1101－0001156　673.14/871.74

[乾隆]泉州府志七十六卷首一卷　（清）懷蔭
布修　（清）黃任　（清）郭賡武纂　清同治九
年（1870）刻民國十六年（1927）補刻本　四十
八冊

620000－1101－0001157　2470

[乾隆]確山縣志四卷　（清）周之瑚修
（清）嚴克嶹纂　清乾隆十一年（1746）刻本
四冊

620000－1101－0001158　2282

[乾隆]饒陽縣志二卷首一卷末一卷　（清）單
作哲纂修　清乾隆十四年（1749）刻本　二冊

620000－1101－0001159　671.35/329.74

[乾隆]汝州續志八卷　（清）宋名立修
（清）韓定仁　（清）屈啓賢纂　清乾隆八年
（1743）刻本　六冊

620000－1101－0001160　2279

[乾隆]山東通志三十六卷首一卷　（清）岳濬
（清）法敏修　（清）杜詔　（清）顧瀛纂
清乾隆元年（1736）刻本　三十四冊　存三十
卷（一至二十四、二十八至三十一、三十五至
三十六）

620000－1101－0001161　2467

[乾隆]山西志輯要十卷首一卷附清涼山志輯
要二卷　（清）雅德修　（清）汪本直纂　清乾
隆四十五年（1780）刻本　十冊　存十卷（山
西志輯要十卷）

620000－1101－0001162　2468

[乾隆]山西志輯要十卷首一卷附清涼山志輯
要二卷　（清）雅德修　（清）汪本直纂　清乾
隆四十五年（1780）刻本　十冊

620000－1101－0001163　2385

[乾隆]紹興府志八十卷首一卷　（清）李亨特
修　（清）平恕　（清）徐嵩纂　清乾隆五十七
年（1792）刻本　四十八冊

620000－1101－0001164　877

[乾隆]盛京通志四十八卷首一卷　（清）呂耀
曾等修　（清）魏樞等纂　清乾隆元年（1736）

刻本　四十冊

620000 – 1101 – 0001165　2336
[乾隆]盛京通志四十八卷首一卷　（清）呂耀
曾等修　（清）魏樞等纂　清乾隆元年（1736）
刻本　十六冊

620000 – 1101 – 0001166　4332
[乾隆]盛京通志四十八卷首一卷　（清）呂耀
曾等修　（清）魏樞等纂　清乾隆元年（1736）
刻咸豐二年（1852）雷以誠重修本　十冊　存
二十六卷（二十三至四十八）

620000 – 1101 – 0001167　4220
[乾隆]石屏州續志二卷　（清）呂繼先修
（清）羅元琦纂　清乾隆四十五年（1780）刻本
　一冊　存一卷（一）

620000 – 1101 – 0001168　2342
[乾隆]石屏州志八卷　（清）管學宣纂修　清
乾隆二十四年（1759）刻本　十冊

620000 – 1101 – 0001169　2472
[乾隆]嵩縣志三十卷首一卷　（清）康基淵纂
修　清乾隆三十二年（1767）刻本　四冊

620000 – 1101 – 0001170　2473
[乾隆]嵩縣志三十卷首一卷　（清）康基淵纂
修　清乾隆三十二年（1767）刻本　一冊　存
五卷（一至四、首一卷）

620000 – 1101 – 0001171　2277
[乾隆]泰安府志三十卷首二卷　（清）顏希深
修　（清）成城等纂　清乾隆二十五年（1760）
刻本　七冊　存十七卷（一至十五、首二卷）

620000 – 1101 – 0001172　2215
[乾隆]湯陰縣志十卷　（清）楊世達纂修　清
乾隆三年（1738）刻本　四冊

620000 – 1101 – 0001173　2294
[乾隆]天津縣志二十四卷　（清）朱奎揚修
（清）吳廷華纂　清乾隆四年（1739）刻本
八冊

620000 – 1101 – 0001174　2295
[乾隆]天津縣志二十四卷　（清）朱奎揚修

（清）吳廷華纂　清乾隆四年（1739）刻本
八冊

620000 – 1101 – 0001175　2296
[乾隆]天津縣志二十四卷　（清）朱奎揚修
（清）吳廷華纂　清乾隆四年（1739）刻本
八冊

620000 – 1101 – 0001176　2222
[乾隆]通許縣志十卷　（清）阮龍光修
（清）邵自祐纂　清乾隆三十五年（1770）刻本
　六冊

620000 – 1101 – 0001177　3444
[乾隆]同州府志二十卷首一卷　（清）張奎祥
等纂修　清乾隆六年（1741）刻本　二冊　存
七卷（一至七）

620000 – 1101 – 0001178　2337
[乾隆]萬全縣志十卷首一卷　（清）左承業纂
修　清乾隆十年（1745）刻本　四冊

620000 – 1101 – 0001179　2359
[乾隆]威遠縣志八卷首一卷　（清）李南暉修
　（清）張翼儒纂　清乾隆四十年（1775）威遠
縣署刻本　八冊

620000 – 1101 – 0001180　2360
[乾隆]威遠縣志八卷首一卷　（清）李南暉修
　（清）張翼儒纂　清乾隆四十年（1775）威遠
縣署刻本　八冊

620000 – 1101 – 0001181　4202
[乾隆]威遠縣志八卷首一卷　（清）李南暉修
　（清）張翼儒纂　清乾隆四十年（1775）威遠
縣署刻本　一冊　存一卷（四）

620000 – 1101 – 0001182　2241
[乾隆]濰縣志六卷首一卷末一卷　（清）張耀
璧修　（清）王誦芬纂　清乾隆二十五年
（1760）刻本　六冊

620000 – 1101 – 0001183　2242
[乾隆]濰縣志六卷首一卷末一卷　（清）張耀
璧修　（清）王誦芬纂　清乾隆二十五年
（1760）刻民國二十年（1931）印本　六冊

620000 - 1101 - 0001184　2227

[乾隆]衛輝府志五十三卷首一卷末一卷

(清)德昌修　(清)徐朗齋纂　清乾隆五十三年(1788)刻本　十六冊　存三十五卷(一至十一、十七至三十九,首一卷)

620000 - 1101 - 0001185　2228

[乾隆]衛輝府志五十三卷首一卷末一卷

(清)德昌修　(清)徐朗齋纂　清乾隆五十三年(1788)刻本　十八冊

620000 - 1101 - 0001186　4147

[乾隆]衛輝府志五十三卷首一卷末一卷

(清)德昌修　(清)徐朗齋纂　清乾隆五十三年(1788)刻本　六冊　存十五卷(四十至五十三、末一卷)

620000 - 1101 - 0001187　2386

[乾隆]溫州府志三十卷首一卷　(清)李琬修　(清)齊召南　(清)汪沆纂　(清)周開錫　(清)陳思燏補　清乾隆二十七年(1762)刻同治四年(1865)補刻本　十七冊

620000 - 1101 - 0001188　2406

[乾隆]吳江縣志五十八卷首一卷　(清)陳莫纕　(清)丁正元修　(清)倪師孟　(清)沈彤纂　清乾隆十二年(1747)刻本　十六冊

620000 - 1101 - 0001189　2976

[乾隆]五涼考治六德集全誌五卷　(清)張玿美修　(清)曾鈞等纂　清乾隆十四年(1749)刻本　五冊

620000 - 1101 - 0001190　3537

[乾隆]五涼考治六德集全誌五卷　(清)張玿美修　(清)曾鈞等纂　清乾隆十四年(1749)刻本　五冊

620000 - 1101 - 0001191　3538

[乾隆]五涼考治六德集全誌五卷　(清)張玿美修　(清)曾鈞等纂　清乾隆十四年(1749)刻本　五冊

620000 - 1101 - 0001192　3539

[乾隆]五涼考治六德集全誌五卷　(清)張玿美修　(清)曾鈞等纂　清乾隆十四年(1749)

刻本　五冊

620000 - 1101 - 0001193　3540

[乾隆]五涼考治六德集全誌五卷　(清)張玿美修　(清)曾鈞等纂　清乾隆十四年(1749)刻本　五冊

620000 - 1101 - 0001194　3541

[乾隆]五涼考治六德集全誌五卷　(清)張玿美修　(清)曾鈞等纂　清乾隆十四年(1749)刻本　五冊

620000 - 1101 - 0001195　3542

[乾隆]五涼考治六德集全誌五卷　(清)張玿美修　(清)曾鈞等纂　清乾隆十四年(1749)刻本　五冊

620000 - 1101 - 0001196　3543

[乾隆]五涼考治六德集全誌五卷　(清)張玿美修　(清)曾鈞等纂　清乾隆十四年(1749)刻本　五冊

620000 - 1101 - 0001197　3544

[乾隆]五涼考治六德集全誌五卷　(清)張玿美修　(清)曾鈞等纂　清乾隆十四年(1749)刻本　五冊

620000 - 1101 - 0001198　3545

[乾隆]五涼考治六德集全誌五卷　(清)張玿美修　(清)曾鈞等纂　清乾隆十四年(1749)刻本　五冊

620000 - 1101 - 0001199　3546

[乾隆]五涼考治六德集全誌五卷　(清)張玿美修　(清)曾鈞等纂　清乾隆十四年(1749)刻本　五冊

620000 - 1101 - 0001200　3547

[乾隆]五涼考治六德集全誌五卷　(清)張玿美修　(清)曾鈞等纂　清乾隆十四年(1749)刻本　五冊

620000 - 1101 - 0001201　3548

[乾隆]五涼考治六德集全誌五卷　(清)張玿美修　(清)曾鈞等纂　清乾隆十四年(1749)刻本　五冊

620000 – 1101 – 0001202　3549

[乾隆]五涼考治六德集全誌五卷　（清）張珌
美修　（清）曾鈞等纂　清乾隆十四年(1749)
刻本　五冊

620000 – 1101 – 0001203　3550

[乾隆]五涼考治六德集全誌五卷　（清）張珌
美修　（清）曾鈞等纂　清乾隆十四年(1749)
刻本　五冊

620000 – 1101 – 0001204　3551

[乾隆]五涼考治六德集全誌五卷　（清）張珌
美修　（清）曾鈞等纂　清乾隆十四年(1749)
刻本　五冊

620000 – 1101 – 0001205　3659

[乾隆]武威縣誌一卷　（清）張珌美修
(清)曾鈞等纂　清乾隆十四年(1749)刻五涼
考治六德集全誌本　一冊

620000 – 1101 – 0001206　3660

[乾隆]武威縣誌一卷　（清）張珌美修
(清)曾鈞等纂　清乾隆十四年(1749)刻五涼
考治六德集全誌本　一冊

620000 – 1101 – 0001207　3661

[乾隆]武威縣誌一卷　（清）張珌美修
(清)曾鈞等纂　清乾隆十四年(1749)刻五涼
考治六德集全誌本　一冊

620000 – 1101 – 0001208　3662

[乾隆]武威縣誌一卷　（清）張珌美修
(清)曾鈞等纂　清乾隆十四年(1749)刻五涼
考治六德集全誌本　一冊

620000 – 1101 – 0001209　4184

[乾隆]武威縣誌一卷　（清）張珌美修
(清)曾鈞等纂　清乾隆十四年(1749)刻五涼
考治六德集全誌本　一冊

620000 – 1101 – 0001210　3808

[乾隆]西安府志八十卷首一卷　（清）舒其紳
修　（清）嚴長明纂　清乾隆四十四年(1779)
刻本　二十冊　存四十九卷(三十三至八十、
首一卷）

620000 – 1101 – 0001211　676.1/282.02

[乾隆]西陲總統事略十二卷　（清）松筠修
(清)汪廷楷輯　（清)祁韻士編　（清）廥寧
繪　西陲竹枝詞一卷　（清)祁韻士撰　綏服
紀略圖詩一卷　（清)松筠撰　清嘉慶刻本
八冊

620000 – 1101 – 0001212　676.1/282.02

[乾隆]西陲總統事略十二卷　（清）松筠修
(清)汪廷楷輯　（清)祁韻士編　（清）廥寧
繪　西陲竹枝詞一卷　（清)祁韻士撰　綏服
紀略圖詩一卷　（清)松筠撰　清嘉慶刻本
八冊

620000 – 1101 – 0001213　676.1/282.02

[乾隆]西陲總統事略十二卷　（清）松筠修
(清)汪廷楷輯　（清)祁韻士編　（清）廥寧
繪　西陲竹枝詞一卷　（清)祁韻士撰　綏服
紀略圖詩一卷　（清)松筠撰　清嘉慶刻本
八冊

620000 – 1101 – 0001214　676.1/282.02

[乾隆]西陲總統事略十二卷　（清）松筠修
(清)汪廷楷輯　（清)祁韻士編　（清）廥寧
繪　西陲竹枝詞一卷　（清)祁韻士撰　綏服
紀略圖詩一卷　（清)松筠撰　清嘉慶刻本
八冊

620000 – 1101 – 0001215　676.1/282.02

[乾隆]西陲總統事略十二卷　（清）松筠修
(清)汪廷楷輯　（清)祁韻士編　（清）廥寧
繪　西陲竹枝詞一卷　（清)祁韻士撰　綏服
紀略圖詩一卷　（清)松筠撰　清嘉慶刻本
八冊

620000 – 1101 – 0001216　3616

[乾隆]西和縣志四卷　（清）邱大英纂修　清
乾隆三十九年(1774)刻本　四冊

620000 – 1101 – 0001217　3617

[乾隆]西和縣志四卷　（清）邱大英纂修　清
乾隆三十九年(1774)刻本(卷一係抄配)
四冊

620000 – 1101 – 0001218　3618

[乾隆]西和縣志四卷　（清）邱大英纂修　清乾隆三十九年（1774）刻本　四冊

620000－1101－0001219　3619

[乾隆]西和縣志四卷　（清）邱大英纂修　清乾隆三十九年（1774）刻本　四冊

620000－1101－0001220　3620

[乾隆]西和縣志四卷　（清）邱大英纂修　清乾隆三十九年（1774）刻本　四冊

620000－1101－0001221　3621

[乾隆]西和縣志四卷　（清）邱大英纂修　清乾隆三十九年（1774）刻本　四冊

620000－1101－0001222　4213

[乾隆]西和縣志四卷　（清）邱大英纂修　清乾隆三十九年（1774）刻本　一冊　存一卷（三）

620000－1101－0001223　4214

[乾隆]西和縣志四卷　（清）邱大英纂修　清乾隆三十九年（1774）刻本　三冊　存三卷（二至四）

620000－1101－0001224　4216

[乾隆]西華縣志十四卷首一卷　（清）宋恂修　（清）于大猷纂　清乾隆十九年（1754）西華縣署刻本　一冊　存三卷（八至十）

620000－1101－0001225　2564

[乾隆]西寧府新志四十卷　（清）楊應琚纂修　清乾隆十二年(1747)刻二十七年(1762)增刻本　十二冊

620000－1101－0001226　2565

[乾隆]西寧府新志四十卷　（清）楊應琚纂修　清乾隆十二年(1747)刻二十七年(1762)增刻本　十冊

620000－1101－0001227　3261

[乾隆]西寧府新志四十卷　（清）楊應琚纂修　清乾隆十二年(1747)刻二十七年(1762)增刻本　十二冊

620000－1101－0001228　3262

[乾隆]西寧府新志四十卷　（清）楊應琚纂修

清乾隆十二年(1747)刻二十七年(1762)增刻本　十二冊

620000－1101－0001229　3693

[乾隆]西寧府新志四十卷　（清）楊應琚纂修　清乾隆十二年(1747)刻二十七年(1762)增刻本　十二冊

620000－1101－0001230　3694

[乾隆]西寧府新志四十卷　（清）楊應琚纂修　清乾隆十二年(1747)刻二十七年(1762)增刻本　十二冊

620000－1101－0001231　3695

[乾隆]西寧府新志四十卷　（清）楊應琚纂修　清乾隆十二年(1747)刻二十七年(1762)增刻本　十二冊

620000－1101－0001232　3696

[乾隆]西寧府新志四十卷　（清）楊應琚纂修　清乾隆十二年(1747)刻二十七年(1762)增刻本　十二冊

620000－1101－0001233　3697

[乾隆]西寧府新志四十卷　（清）楊應琚纂修　清乾隆十二年(1747)刻二十七年(1762)增刻本　十二冊

620000－1101－0001234　4193

[乾隆]西寧府新志四十卷　（清）楊應琚纂修　清乾隆十二年(1747)刻二十七年(1762)增刻本　二冊　存六卷（十四至十九）

620000－1101－0001235　4194

[乾隆]西寧府新志四十卷　（清）楊應琚纂修　清乾隆十二年(1747)刻二十七年(1762)增刻本　三冊　存七卷（十八至二十一、三十二至三十四）

620000－1101－0001236　4195

[乾隆]西寧府新志四十卷　（清）楊應琚纂修　清乾隆十二年(1747)刻二十七年(1762)增刻本　十冊　存三十四卷（五至十九、二十二至四十）

620000－1101－0001237　4196

[乾隆]西寧府新志四十卷 （清）楊應琚纂修
　清乾隆十二年（1747）刻二十七年（1762）增
刻本　九册　存二十七卷（一至四、十八至四
十）

620000－1101－0001238　4197
[乾隆]西寧府新志四十卷 （清）楊應琚纂修
　清乾隆十二年（1747）刻二十七年（1762）增
刻本　三册　存九卷（三十二至四十）

620000－1101－0001239　2401
[乾隆]錫金識小錄十二卷 （清）黃印纂輯
清光緒二十二年（1896）王念祖木活字印本
六册

620000－1101－0001240　2411
[乾隆]歙縣志二十卷首一卷 （清）張佩芳修
　（清）劉大櫆纂　黃山志二卷 （清）□□撰
　清乾隆三十六年（1771）刻本　八册

620000－1101－0001241　3464
[乾隆]郃陽縣全志四卷圖一卷 （清）席奉乾
修　（清）孫景烈纂　清乾隆三十四年（1769）
刻本　五册

620000－1101－0001242　3465
[乾隆]郃陽縣全志四卷圖一卷 （清）席奉乾
修　（清）孫景烈纂　清乾隆三十四年（1769）
刻本　四册

620000－1101－0001243　3466
[乾隆]郃陽縣全志四卷圖一卷 （清）席奉乾
修　（清）孫景烈纂　清乾隆三十四年（1769）
刻本　四册

620000－1101－0001244　3467
[乾隆]郃陽縣全志四卷圖一卷 （清）席奉乾
修　（清）孫景烈纂　清乾隆三十四年（1769）
刻本　四册　存三卷（一、三至四）

620000－1101－0001245　2497
[乾隆]夏津縣誌十卷首一卷 （清）方學成修
　（清）梁大鯤纂　清乾隆六年（1741）刻本
四册　存九卷（一至八、首一卷）

620000－1101－0001246　671.55/105.74

[乾隆]咸陽縣志二十二卷首一卷末一卷
（清）臧應桐纂修　[道光]續修咸陽縣志一卷
　（清）陳堯書纂修　清道光十六年（1836）刻
本　四册

620000－1101－0001247　671.55/105.74
[乾隆]咸陽縣志二十二卷首一卷末一卷
（清）臧應桐纂修　[道光]續修咸陽縣志一卷
　（清）陳堯書纂修　清道光十六年（1836）刻
本　四册

620000－1101－0001248　671.55/105.74
[乾隆]咸陽縣志二十二卷首一卷末一卷
（清）臧應桐纂修　[道光]續修咸陽縣志一卷
　（清）陳堯書纂修　清道光十六年（1836）刻
本　四册

620000－1101－0001249　671.55/105.74
[乾隆]咸陽縣志二十二卷首一卷末一卷
（清）臧應桐纂修　[道光]續修咸陽縣志一卷
　（清）陳堯書纂修　清道光十六年（1836）刻
本　四册

620000－1101－0001250　671.55/105.74
[乾隆]咸陽縣志二十二卷首一卷末一卷
（清）臧應桐纂修　[道光]續修咸陽縣志一卷
　（清）陳堯書纂修　清道光十六年（1836）刻
本　四册

620000－1101－0001251　2438
[乾隆]鄉寧縣志十五卷 （清）葛清等纂修
清乾隆四十九年（1784）刻本　四册

620000－1101－0001252　2364
[乾隆]湘潭縣志二十五卷首一卷續集一卷
（清）呂正音纂修　（清）歐陽正煥纂　清乾隆
二十一年（1756）刻本　十册

620000－1101－0001253　2218
[乾隆]襄城縣志十四卷首一卷 （清）汪運正
纂修　清乾隆十一年（1746）刻本　九册

620000－1101－0001254　2225
[乾隆]祥符縣志二十二卷 （清）張淑載修
（清）魯曾煜纂　清乾隆四年（1739）刻本　十
二册

620000－1101－0001255　2488

[乾隆]祥符縣志二十二卷　（清）張淑載修（清）魯曾煜纂　清乾隆四年(1739)刻本　十二冊

620000－1101－0001256　4133

[乾隆]祥符縣志二十二卷　（清）張淑載修（清）魯曾煜纂　清乾隆四年(1739)刻本　四冊　存六卷(十五至十八、二十一至二十二)

620000－1101－0001257　2376

[乾隆]象山縣志十二卷　（清）史鳴臯修（清）姜炳璋　（清）冒春榮纂　清乾隆二十四年(1759)刻本　六冊

620000－1101－0001258　2460

[乾隆]孝義縣誌二十卷　（清）鄧必安修（清）鄧常纂　清乾隆三十五年(1770)刻本八冊

620000－1101－0001259　3459

[乾隆]校正朝邑志一卷　（明）王道修（明）韓邦靖纂　清乾隆四十年(1775)楊志梁刻本　一冊

620000－1101－0001260　2213

[乾隆]新鄉縣志三十四卷首一卷　（清）趙開元修　（清）暢俊纂　清乾隆十二年(1747)刻本　六冊

620000－1101－0001261　2214

[乾隆]新鄉縣志三十四卷首一卷　（清）趙開元修　（清）暢俊纂　清乾隆十二年(1747)刻本　六冊

620000－1101－0001262　2229

[乾隆]新修懷慶府志三十二卷首一卷圖經一卷　（清）唐侍陛　（清）杜琼修　（清）洪亮吉等纂　清乾隆五十四年(1789)刻本　十六冊

620000－1101－0001263　3534

[乾隆]新修慶陽府志四十二卷　（清）趙本植纂修　清乾隆二十七年(1762)刻本(卷四十二係抄配)　七冊　存三十一卷(一至二十九、四十一至四十二)

620000－1101－0001264　3535

[乾隆]新修慶陽府志四十二卷　（清）趙本植纂修　清乾隆二十七年(1762)刻本　四冊　存二十九卷(一至二十九)

620000－1101－0001265　3536

[乾隆]新修慶陽府志四十二卷　（清）趙本植纂修　清乾隆二十七年(1762)刻本　二冊　存二卷(四十一至四十二)

620000－1101－0001266　2230

[乾隆]新修彰德府志三十二卷首一卷　（清）盧嵩修　（清）江大鍵　（清）程煥纂　清乾隆五十二年(1787)刻本　三十二冊

620000－1101－0001267　2221

[乾隆]新鄭縣志三十一卷首一卷　（清）黃本誠纂修　清乾隆四十一年(1776)刻本　十二冊

620000－1101－0001268　4201

[乾隆]興安府志三十卷　（清）李國麟纂修清乾隆五十三年(1788)刻本　一冊　存五卷(二十六至三十)

620000－1101－0001269　2352

[乾隆]興化府莆田縣志三十六卷首一卷（清）汪大經等修　（清）廖必琦等纂　清乾隆二十三年(1758)刻光緒五年(1879)、民國十五年(1926)遞修本　二十冊

620000－1101－0001270　2353

[乾隆]興化府莆田縣志三十六卷首一卷（清）汪大經等修　（清）廖必琦等纂　清乾隆二十三年(1758)刻光緒五年(1879)、民國十五年(1926)遞修本　二十冊

620000－1101－0001271　3448

[乾隆]興平縣志二十五卷　（清）顧聲雷修（清）張塤纂　清乾隆四十四年(1779)刻本六冊

620000－1101－0001272　2483

[乾隆]修武縣志二十卷首一卷　（清）李映白修　（清）李謨纂　（清）戈雲錦續修　清乾隆二十二年(1757)刻三十一年(1766)增補本

八冊

620000－1101－0001273　2427

［乾隆］徐州府志三十卷首一卷　（清）石杰修 （清）王峻纂　清乾隆七年(1742)刻本　十 二冊

620000－1101－0001274　2275

［乾隆］續登州府志十二卷　（清）永泰纂修 清乾隆七年(1742)刻本　四冊

620000－1101－0001275　2238

［乾隆］續河南通志八十卷首四卷　（清）阿思 哈　（清）嵩貴纂修　清乾隆三十二年(1767) 刻民國三年(1914)印歷次補修本　二十四冊

620000－1101－0001276　2239

［乾隆］續河南通志八十卷首四卷　（清）阿思 哈　（清）嵩貴纂修　清乾隆三十二年(1767) 刻民國三年(1914)印歷次補修本　二十四冊

620000－1101－0001277　2240

［乾隆］續河南通志八十卷首四卷　（清）阿思 哈　（清）嵩貴纂修　清乾隆三十二年(1767) 刻民國三年(1914)印歷次補修本　二十四冊

620000－1101－0001278　4199

［乾隆］續河南通志八十卷首四卷　（清）阿思 哈　（清）嵩貴纂修　清乾隆三十二年(1767) 刻民國三年(1914)印歷次補修本　一冊　存 四卷(首四卷)

620000－1101－0001279　4241

［乾隆］續河南通志八十卷首四卷　（清）阿思 哈　（清）嵩貴纂修　清乾隆三十二年(1767) 刻民國三年(1914)印歷次補修本　一冊　存 一卷(七十九)

620000－1101－0001280　671.3/376.78

［乾隆］續河南通志八十卷首四卷　（清）阿思 哈　（清）嵩貴纂修　清光緒二十八年(1902) 刻本　十六冊

620000－1101－0001281　3476

［乾隆］續商州志十卷　（清）羅文思纂修　清 乾隆二十三年(1758)刻本　二冊

620000－1101－0001282　3457

［乾隆］續耀州志十一卷　（清）汪灝修 （清）鍾研齋纂　清乾隆二十七年(1762)刻光 緒十六年(1890)增刻本　二冊

620000－1101－0001283　3458

［乾隆］續耀州志十一卷　（清）汪灝修 （清）鍾研齋纂　清乾隆二十七年(1762)刻光 緒十六年(1890)增刻本　二冊

620000－1101－0001284　3562

［乾隆］續增靖遠縣志一卷　（清）那禮善修 （清）李林等纂　清乾隆四十年(1775)刻本 一冊

620000－1101－0001285　3229

［乾隆］宣化府志四十二卷首一卷　（清）王者 輔原本　（清）張志奇續修　（清）黃可潤續纂 清乾隆二十二年(1757)刻本　一冊　存四 卷(九至十二)

620000－1101－0001286　676.55/113.74

［乾隆］循化志八卷　（清）龔景翰纂修　清道 光刻本　八冊

620000－1101－0001287　676.55/113.74

［乾隆］循化志八卷　（清）龔景翰纂修　清道 光刻本　八冊

620000－1101－0001288　676.55/113.74

［乾隆］循化志八卷　（清）龔景翰纂修　清道 光刻本　六冊　存六卷(二至四、六至八)

620000－1101－0001289　2333

［乾隆］延慶州志十卷首一卷　（清）李鍾俾修 （清）穆元肇　（清）方世熙纂　清乾隆七年 (1742)刻本　六冊

620000－1101－0001290　713

［乾隆］鹽茶廳志備遺一卷　（清）朱亨衍修 （清）劉統等纂　清咸豐九年(1859)史廷珍抄 本　一冊

620000－1101－0001291　2274

［乾隆］兗州府志三十二卷首二卷圖考一卷 （清）覺羅普爾泰　（清）陳顧灝纂修　清乾隆

三十五年(1770)刻本　七冊　存十五卷(十四至十八、二十三至三十二)

620000－1101－0001292　4198

[乾隆]郾城縣志十八卷　(清)傅豫纂修　清乾隆十九年(1754)刻民國三年(1914)印歷次補修本　六冊

620000－1101－0001293　2479

[乾隆]偃師縣志三十卷首一卷　(清)湯毓倬修　(清)孫星衍　(清)武億纂　清乾隆五十四年(1789)刻本　十六冊

620000－1101－0001294　2450

[乾隆]陽城縣志十六卷　(清)楊善慶修　(清)田懋纂　清乾隆二十年(1755)刻本　八冊

620000－1101－0001295　2481

[乾隆]陽武縣志十二卷　(清)談諟曾修　(清)楊仲震纂　清乾隆十年(1745)刻本　六冊

620000－1101－0001296　2266

[乾隆]陽信縣志八卷首一卷　(清)王允深修　(清)沈佐清等纂　清乾隆二十四年(1759)刻本　五冊

620000－1101－0001297　2272

[乾隆]沂州府志三十六卷首一卷　(清)李希賢修　(清)潘遇莘等纂　清乾隆二十五年(1760)刻本　十二冊

620000－1101－0001298　2273

[乾隆]沂州府志三十六卷首一卷　(清)李希賢修　(清)潘遇莘等纂　清乾隆二十五年(1760)刻本　十二冊

620000－1101－0001299　2477

[乾隆]宜陽縣志四卷　(清)王道成　(清)周洵修　(清)汪堅纂　清乾隆十二年(1747)刻本　四冊

620000－1101－0001300　690

[乾隆]宜章縣志十三卷　(清)楊文植等修　(清)楊河等纂　清乾隆二十一年(1756)刻本

六冊

620000－1101－0001301　2369

[乾隆]弋陽縣志十三卷首一卷　(清)連柱修　(清)左方海纂　清乾隆四十九年(1784)刻本　二冊　存五卷(一至二、十一至十三)

620000－1101－0001302　2253

[乾隆]嶧縣志十卷首一卷　(清)忠璉纂修　清乾隆二十六年(1761)刻本　三冊　存八卷(一至七、首一卷)

620000－1101－0001303　892

[乾隆]欽定熱河志一百二十卷　(清)和珅等纂　清乾隆四十六年(1781)武英殿刻本　四十八冊

620000－1101－0001304　676.1/28

[乾隆]欽定新疆識略十二卷首一卷　(清)徐松原著　(清)松筠纂　清道光元年(1821)武英殿修書處刻本　十冊

620000－1101－0001305　676.1/28

[乾隆]欽定新疆識略十二卷首一卷　(清)徐松原著　(清)松筠纂　清道光元年(1821)武英殿修書處刻本　十冊

620000－1101－0001306　676.1/28

[乾隆]欽定新疆識略十二卷首一卷　(清)徐松原著　(清)松筠纂　清道光刻本　十冊

620000－1101－0001307　676.1/28

[乾隆]欽定新疆識略十二卷首一卷　(清)徐松原著　(清)松筠纂　清道光刻本　十冊

620000－1101－0001308　676.1/28

[乾隆]欽定新疆識略十二卷首一卷　(清)徐松原著　(清)松筠纂　清道光刻本　十冊

620000－1101－0001309　676.1/28

[乾隆]欽定新疆識略十二卷首一卷　(清)徐松原著　(清)松筠纂　清道光刻本　十冊

620000－1101－0001310　676.1/28

[乾隆]欽定新疆識略十二卷首一卷　(清)徐松原著　(清)松筠纂　清道光刻本　十冊

620000－1101－0001311　676.1/282.01

[乾隆]欽定新疆識略十二卷首一卷　（清）徐松原著　（清）松筠纂　清光緒二十年(1894)上海積山書局石印本　十六冊

620000－1101－0001312　2378

[乾隆]鄞縣志三十卷首一卷　（清）錢維喬修　（清）錢大昕纂　清乾隆五十三年(1788)刻本　十六冊

620000－1101－0001313　2217

[乾隆]滎澤縣志十四卷圖一卷　（清）崔淇修　（清）王博　（清）李維橋纂　清乾隆十三年(1748)刻本　四冊

620000－1101－0001314　2355

[乾隆]營山縣志不分卷　（清）李榕纂修　清乾隆四十五年(1780)刻本　一冊

620000－1101－0001315　3666

[乾隆]永昌縣志十卷首一卷　（清）李登瀛修　（清）南濟漢纂　清乾隆五十年(1785)刻本　三冊　存九卷(一至六、九至十,首一卷)

620000－1101－0001316　3663

[乾隆]永昌縣誌一卷　（清）張珆美修　（清）沈紹祖等纂　清乾隆十四年(1749)刻五涼考治六德集全誌本　一冊

620000－1101－0001317　3664

[乾隆]永昌縣誌一卷　（清）張珆美修　（清）沈紹祖等纂　清乾隆十四年(1749)刻五涼考治六德集全誌本　一冊

620000－1101－0001318　3665

[乾隆]永昌縣誌一卷　（清）張珆美修　（清）沈紹祖等纂　清乾隆十四年(1749)刻五涼考治六德集全誌本　一冊

620000－1101－0001319　4205

[乾隆]永昌縣誌一卷　（清）張珆美修　（清）沈紹祖等纂　清乾隆十四年(1749)刻五涼考治六德集全誌本　一冊

620000－1101－0001320　2288

[乾隆]永清縣志二十五篇永清文徵五卷　（清）周震榮修　（清）章學誠纂　清乾隆四十

四年(1779)刻本　四冊

620000－1101－0001321　2448

[乾隆]盂縣志十卷首一卷末一卷　（清）胡予翼　（清）馬廷俊修　（清）吳森纂　清乾隆四十九年(1784)刻本　八冊

620000－1101－0001322　2374

[乾隆]餘姚志四十卷　（清）唐若瀛修　（清）邵晉涵纂　清乾隆四十六年(1781)刻本　十冊

620000－1101－0001323　3801

[乾隆]垣曲縣志十四卷首一卷　（清）湯登泗等纂修　清乾隆三十年(1765)刻本　六冊

620000－1101－0001324　2484

[乾隆]原武縣志十卷　（清）吳文炘修　（清）何遠纂　清乾隆十二年(1747)刻本　四冊　存九卷(二至十)

620000－1101－0001325　2263

[乾隆]樂陵縣志八卷首一卷末一卷　（清）王謙益修　（清）鄭成中纂　清乾隆二十七年(1762)刻本　八冊

620000－1101－0001326　2264

[乾隆]樂陵縣志八卷首一卷末一卷　（清）王謙益修　（清）鄭成中纂　清乾隆二十七年(1762)刻本　八冊

620000－1101－0001327　2343

[乾隆]雲南騰越州志十三卷　（清）屠述濂修　清乾隆五十五年(1790)刻本　五冊　存十二卷(二至十三)

620000－1101－0001328　671.55/151.74

[乾隆]再續華州志十二卷　（清）汪以誠修　（清）史葂纂　清光緒八年(1882)刻本　二冊

620000－1101－0001329　672.15/307.746

[乾隆]震澤縣志三十八卷首一卷　（清）陳和志修　（清）倪師孟　（清）沈彤纂　清光緒十九年(1893)刻本　八冊

620000－1101－0001330　3667

[乾隆]鎮番縣誌一卷　（清）張珆美修

（清）曾鈞等纂　清乾隆十四年(1749)刻五凉考治六德集全誌本　一册

620000－1101－0001331　3668
[乾隆]鎮番縣誌一卷　（清）張玿美修
（清）曾鈞等纂　清乾隆十四年(1749)刻五凉考治六德集全誌本　一册

620000－1101－0001332　3669
[乾隆]鎮番縣誌一卷　（清）張玿美修
（清）曾鈞等纂　清乾隆十四年(1749)刻五凉考治六德集全誌本　一册

620000－1101－0001333　3645
[乾隆]正寧縣志十八卷　（清）折遇蘭纂修
清乾隆二十八年(1763)刻本　六册

620000－1101－0001334　3646
[乾隆]正寧縣志十八卷　（清）折遇蘭纂修
清乾隆二十八年(1763)刻本　六册

620000－1101－0001335　3647
[乾隆]正寧縣志十八卷　（清）折遇蘭纂修
清乾隆二十八年(1763)刻本　六册

620000－1101－0001336　3488
[乾隆]直隸邠州志二十五卷圖一卷　（清）王
朝爵　（清）王灼修　（清）孫星衍纂　清乾隆
四十九年(1784)刻本　四册

620000－1101－0001337　3489
[乾隆]直隸邠州志二十五卷圖一卷　（清）王
朝爵　（清）王灼修　（清）孫星衍纂　清乾隆
四十九年(1784)刻本　三册　存二十一卷
（五至二十五）

620000－1101－0001338　2433
[乾隆]直隸絳州志二十卷圖攷一卷　（清）張
成德修　（清）李友洙　（清）張我觀纂　清乾
隆三十年(1765)刻本　八册

620000－1101－0001339　2465
[乾隆]直隸絳州志二十卷圖攷一卷　（清）張
成德修　（清）李友洙　（清）張我觀纂　清乾
隆三十年(1765)刻本　八册

620000－1101－0001340　3622

[乾隆]直隸階州志二卷　（清）林忠纂
（清）毛琪麟補輯　清乾隆元年(1736)刻本
四册

620000－1101－0001341　3623
[乾隆]直隸階州志二卷　（清）林忠纂
（清）毛琪麟補輯　清乾隆元年(1736)刻本
二册　存一卷(二)

620000－1101－0001342　2914
[乾隆]直隸秦州新志十二卷首一卷末一卷
（清）費廷珍修　（清）胡釴等纂　清乾隆二十
九年(1764)刻本　十五册　存十一卷(四至
十二、首一卷、末一卷)

620000－1101－0001343　3578
[乾隆]直隸秦州新志十二卷首一卷末一卷
（清）費廷珍修　（清）胡釴等纂　清乾隆二十
九年(1764)刻本　十六册

620000－1101－0001344　3579
[乾隆]直隸秦州新志十二卷首一卷末一卷
（清）費廷珍修　（清）胡釴等纂　清乾隆二十
九年(1764)刻本　十六册

620000－1101－0001345　3580
[乾隆]直隸秦州新志十二卷首一卷末一卷
（清）費廷珍修　（清）胡釴等纂　清乾隆二十
九年(1764)刻本(有補配)　十六册

620000－1101－0001346　3968
[乾隆]直隸秦州新志十二卷首一卷末一卷
（清）費廷珍修　（清）胡釴等纂　清乾隆二十
九年(1764)刻本　十六册

620000－1101－0001347　3969
[乾隆]直隸秦州新志十二卷首一卷末一卷
（清）費廷珍修　（清）胡釴等纂　清乾隆二十
九年(1764)刻本　八册　存四卷(十至十二、
末一卷)

620000－1101－0001348　3970
[乾隆]直隸秦州新志十二卷首一卷末一卷
（清）費廷珍修　（清）胡釴等纂　清乾隆二十
九年(1764)刻本　八册　存四卷(十至十二、
末一卷)

620000－1101－0001349　3971

[乾隆]**直隸秦州新志十二卷首一卷末一卷**
(清)費廷珍修　(清)胡釪等纂　清乾隆二十
九年(1764)刻本　三冊　存三卷(十至十一、
末一卷)

620000－1101－0001350　3972

[乾隆]**直隸秦州新志十二卷首一卷末一卷**
(清)費廷珍修　(清)胡釪等纂　清乾隆二十
九年(1764)刻本　四冊　存一卷(十一)

620000－1101－0001351　3973

[乾隆]**直隸秦州新志十二卷首一卷末一卷**
(清)費廷珍修　(清)胡釪等纂　清乾隆二十
九年(1764)刻本　一冊　存一卷(十二)

620000－1101－0001352　3474

[乾隆]**直隸商州志十四卷首一卷**　(清)王如
玖纂修　清乾隆九年(1744)刻本　八冊

620000－1101－0001353　3475

[乾隆]**直隸商州志十四卷首一卷**　(清)王如
玖纂修　清乾隆九年(1744)刻本　一冊　存
一卷(十三)

620000－1101－0001354　2418

[乾隆]**直隸通州志二十二卷**　(清)王繼祖修
(清)夏之蓉纂　清乾隆二十年(1755)刻本
十六冊

620000－1101－0001355　2419

[乾隆]**直隸通州志二十二卷**　(清)王繼祖修
(清)夏之蓉纂　清乾隆二十年(1755)刻本
十冊　存十五卷(一至十三、十六、二十)

620000－1101－0001356　3681

[乾隆]**中衛縣志十卷**　(清)黃恩錫纂修　清
乾隆二十六年(1761)刻本　四冊

620000－1101－0001357　3682

[乾隆]**中衛縣志十卷**　(清)黃恩錫纂修　清
乾隆二十六年(1761)刻本　四冊

620000－1101－0001358　3683

[乾隆]**中衛縣志十卷**　(清)黃恩錫纂修　清
乾隆二十六年(1761)刻本　四冊

620000－1101－0001359　2469

[乾隆]**重修固始縣志二十六卷首一卷**　(清)
謝聘修　(清)洪亮吉纂　清乾隆五十一年
(1786)刻本　十六冊

620000－1101－0001360　2449

[乾隆]**重修和順縣志八卷首一卷**　(清)黃玉
衡修　(清)賈訒纂　清乾隆三十三年(1768)
刻本　四冊

620000－1101－0001361　672.55/105.74

[乾隆]**重修嘉魚縣志八卷**　(清)汪雲銘修
(清)方承保　(清)張宗軾纂　清乾隆五十五
年(1790)刻本　六冊

620000－1101－0001362　2480

[乾隆]**重修洛陽縣志二十四卷圖考一卷**
(清)龔松林修　(清)王堅纂　清乾隆十年
(1745)刻本　二十冊

620000－1101－0001363　3527

[乾隆]**重修肅州新志三十卷**　(清)黃文煒
(清)沈青崖纂修　清乾隆二年(1737)刻本
三冊　存七卷(河西一卷、肅州一至三、高臺
四至六)

620000－1101－0001364　3528

[乾隆]**重修肅州新志三十卷**　(清)黃文煒
(清)沈青崖纂修　清乾隆二年(1737)刻本
十冊

620000－1101－0001365　3602

[乾隆]**重修肅州新志三十卷**　(清)黃文煒
(清)沈青崖纂修　清乾隆二年(1737)刻本
八冊　存十九卷(河西一卷,肅州一至三、七
至九、十三至十五,高臺一至六,沙州一至二,
西陲記略一)

620000－1101－0001366　4240

[乾隆]**重修直隸陝州志二十卷首一卷**　(清)
龔松林修　(清)楊建章纂　清乾隆二十一年
(1756)張學林刻本　一冊　存一卷(十五)

620000－1101－0001367　2237

[乾隆]**諸城縣志四十六卷**　(清)宮懋讓修
(清)李文藻纂　清乾隆二十九年(1764)刻本

八冊

620000－1101－0001368　3642

[乾隆]莊浪縣志略二十卷　（清）邵陸纂修
清乾隆三十六年(1771)刻本　四冊

620000－1101－0001369　3640

[乾隆]莊浪志略二十卷　（清）邵陸原本
（清）耿光文增補　清乾隆五十五年(1790)刻
本　四冊

620000－1101－0001370　3641

[乾隆]莊浪志略二十卷　（清）邵陸原本
（清）耿光文增補　清乾隆五十五年(1790)刻
本　四冊

620000－1101－0001371　3287

[乾隆五十四年己酉萬壽恩科]山東鄉試同年
齒錄不分卷　（清）□□編　清乾隆刻本
一冊

620000－1101－0001372　573.332/178.1

[秦安竇養鋒鄉試硃卷]不分卷　（清）竇養鋒
撰　清光緒十一年至十六年(1885－1890)抄
本　一冊

620000－1101－0001373　681.517/0.717

[清邊雜抄]一卷　（清）□□撰　清晚期抄本
一冊

620000－1101－0001374　4507

[清人日記鈔]不分卷　（清）吳重熹輯　清光
緒海豐吳氏稿本　四冊

620000－1101－0001375　651.73/177

[清世宗憲皇帝上諭內閣]一百五十九卷
（清）允祿等編　清光緒二十一年(1895)浙江
官書局刻本　三十二冊

620000－1101－0001376　856.7/307.8

[求古書院試卷]不分卷　（清）張林焱等撰
清光緒稿本　四十七夾

620000－1101－0001377　214

[紹定]吳郡志五十卷　（宋）范成大纂修
（宋）汪泰亨等續修　明末毛氏汲古閣刻本
八冊

620000－1101－0001378　672.15/205.521

[紹熙]雲閒志三卷續入一卷　（宋）楊潛纂
清嘉慶十九年(1814)華亭沈氏刻本　三冊

620000－1101－0001379　672.15/205.52

[紹熙]雲閒志三卷續入一卷　（宋）楊潛纂
清光緒二十年(1894)石埭徐士愷刻觀自得齋
叢書本　二冊

620000－1101－0001380　4453

[詩人玉屑]一卷[詩話集抄]一卷　（清）朱
克敏輯　稿本　二冊

620000－1101－0001381　229.3/987

[十八代祖派源流]不分卷　（清）金齒逸士撰
清宣統三年(1911)貴州慶玄庵刻本　一冊

620000－1101－0001382　578.285/163

[十五國條約]不分卷　（清）□□編　清光緒
刻本　十五冊

620000－1101－0001383　671.55/141.77

[順治]澄城縣志二卷首一卷　（明）石道立原
纂　（清）姚欽明增修　（清）路世美增纂　清
咸豐元年(1851)刻本　一冊

620000－1101－0001384　2276

[順治]登州府志二十二卷　（清）施閏章修
（清）楊奇烈纂　清康熙三十三年(1694)刻本
八冊

620000－1101－0001385　686

[順治]丁酉重刊甘鎮志六卷　（清）□□纂修
清順治十四年(1657)刻本　四冊

620000－1101－0001386　3657

[順治]靈臺志四卷　（清）黃居中修　（清）
楊淳纂　清順治十五年(1658)刻本　一冊
存二卷(一至二)

620000－1101－0001387　3658

[順治]靈臺志四卷　（清）黃居中修　（清）
楊淳纂　清順治十五年(1658)刻本　二冊

620000－1101－0001388　687

[順治]秦州志十三卷　（清）宋琬等纂修　清
順治十一年(1654)刻本　三冊　存四卷(十

至十三）

620000－1101－0001389　3692

[順治]西鎮志不分卷　（清）蘇銑纂修　清順治十四年(1657)刻本　一冊　存藝文考

620000－1101－0001390　2485

[順治]胙城縣志四卷　（清）劉純德修（清）郭金鼎纂　清順治十六年(1659)刻本　二冊

620000－1101－0001391　075.7/0.485

[四庫全書總目錄存]不分卷　（□）□□撰　清光緒四年(1878)抄本　一冊

620000－1101－0001392　4497

[四書制藝]不分卷　（清）□□輯　清抄本　二十冊

620000－1101－0001393　4477

[宋明詩鈔]不分卷　（□）□□輯　清抄本　二冊

620000－1101－0001394　856.7/0.595

[堂課文鈔]不分卷　（□）□□抄　清光緒二十二年(1896)抄本　一冊

620000－1101－0001395　847.7/994.05

[通藝閣詩文集]四十二卷　（清）姚椿撰　清道光、咸豐刻本　十二冊

620000－1101－0001396　672.35/139.77

[同治]安吉縣志十八卷首一卷　（清）汪榮（清）劉蘭敏修　（清）張行孚　（清）丁寶書纂　清同治十三年(1874)刻本　十六冊

620000－1101－0001397　2367

[同治]安義縣志十六卷首一卷末一卷　（清）杜林修　（清）彭斗山　（清）熊寶善纂　清同治十年(1871)木活字印本　八冊

620000－1101－0001398　672.35/133.78

[同治]長興縣志三十二卷　（清）趙定邦修（清）周學濬　（清）丁寶書纂　清光緒元年(1875)刻本　十六冊

620000－1101－0001399　675.55/203.78

[同治]赤城縣續志十卷　（清）林牟貽等纂修

清光緒九年(1883)刻本　一冊

620000－1101－0001400　672.75/711.20

[同治]大邑縣志二十卷　（清）趙霦等纂修　清同治六年(1867)刻本　二冊　存八卷(一至八)

620000－1101－0001401　673.25/751.77

[同治]淡水廳志十六卷　（清）陳培桂等纂修　清同治十年(1871)刻本　八冊

620000－1101－0001402　672.75/149.77

[同治]德陽縣志四十四卷首一卷　（清）何慶恩等修　（清）劉宸楓　（清）田正訓纂　清同治十三年(1874)刻本　十六冊

620000－1101－0001403　673.35/103.77

[同治]番禺縣志五十四卷首一卷附錄一卷（清)李福泰修　（清）史澄　（清）何若瑤纂　清同治十年(1871)光霽堂刻本　十六冊

620000－1101－0001404　672.55/231.77

[同治]房縣志十二卷首一卷　（清）楊延烈修（清）郁方董纂　（清）劉元棟纂　清同治四年(1865)刻本　六冊

620000－1101－0001405　672.44/658.77

[同治]贛州府志七十八卷首一卷　（清）魏瀛修　（清）魯琪光等纂　清同治十二年(1873)刻本　二十六冊

620000－1101－0001406　672.55/305.77

[同治]公安縣志八卷首一卷　（清）周承弼修（清）王慰纂　清同治十三年(1874)刻本十冊

620000－1101－0001407　672.45/139.77

[同治]貴溪縣志十卷首一卷　（清）楊長傑修（清）黃聯珏纂　清同治十年(1871)刻本十四冊

620000－1101－0001408　672.55/125.77

[同治]漢川縣志二十二卷首一卷　（清）德廉（清）袁鳴珂修　（清）林祥瑗纂　清同治十二年(1873)刻本　十二冊

620000－1101－0001409　672.65/201.77

[同治]衡陽縣志十二卷 （清）羅慶薌修
（清）彭玉麟等纂 清同治十三年（1874）刻本
七冊

620000－1101－0001410 672.65/201.77
[同治]衡陽縣志十二卷 （清）羅慶薌修
（清）彭玉麟等纂 清同治十三年（1874）刻本
七冊

620000－1101－0001411 672.34/723.77
[同治]湖州府志九十六卷首一卷 （清）宗源
瀚 （清）郭式昌修 （清）周學濬 （清）陸
心源纂 清同治十三年（1874）愛山書院刻本
四十冊

620000－1101－0001412 672.34/723.771
[同治]湖州府志九十六卷首一卷 （清）宗源
瀚 （清）郭式昌修 （清）周學濬 （清）陸
心源纂 清同治十三年（1874）愛山書院刻本
四十冊

620000－1101－0001413 671.35/231.77
[同治]滑縣志十二卷 （清）姚錕修 （清）
徐光第纂 清同治六年（1867）刻本 八冊

620000－1101－0001414 672.55/127.77
[同治]黃陂縣志十六卷 （清）劉昌緒修
（清）徐瀛纂 清同治十年（1871）刻本 十
二冊

620000－1101－0001415 671.25/405.77
[同治]黃縣志十四卷首一卷 （清）尹繼美纂
修 清同治十年（1871）刻本 四冊

620000－1101－0001416 672.75/325.77
[同治]會理州志十二卷 （清）鄧仁垣等修
（清）吳鍾崙等纂 清同治十三年（1874）刻本
八冊

620000－1101－0001417 671.1/78.102
[同治]畿輔通志三百卷首一卷 （清）李鴻章
等修 （清）黃彭年等纂 清光緒十年（1884）
刻本 二百四十冊

620000－1101－0001418 671.1/78
[同治]畿輔通志三百卷首一卷 （清）李鴻章
等修 （清）黃彭年等纂 清宣統二年（1910）
北洋官報兼印刷局石印本 二百四十冊

620000－1101－0001419 671.1/78
[同治]畿輔通志三百卷首一卷 （清）李鴻章
等修 （清）黃彭年等纂 清宣統二年（1910）
北洋官報兼印刷局石印本 二百三十冊 存
二百八十七卷（一至一百九十六、二百十一至
三百,首一卷）

620000－1101－0001420 671.25/437.771
[同治]即墨縣志十二卷首一卷 （清）林溥修
（清）周翕鏗纂 清同治十二年（1873）刻本
八冊

620000－1101－0001421 672.35/305.771
[同治]江山縣志十二卷首一卷末一卷 （清）
王彬 （清）孫晉梓修 （清）朱寶慈等纂 清
同治十二年（1873）文溪書院刻本 八冊

620000－1101－0001422 672.55/101.11
[同治]江夏縣志八卷首一卷 （清）王庭禎修
（清）彭崧毓纂 清同治八年（1869）刻本
九冊

620000－1101－0001423 672.55/631.977
[同治]荊門直隸州志十二卷首一卷 （清）恩
榮修 （清）張圻纂 清同治七年（1868）明倫
堂刻本 十一冊 存五卷（七至十一）

620000－1101－0001424 672.35/421.77
[同治]景寧縣志十四卷首一卷末一卷 （清）
周杰修 （清）嚴用光 （清）葉篤貞纂 清同
治十二年（1873）刻本 八冊

620000－1101－0001425 671.15/215.77
[同治]靜海縣志八卷 （清）鄭士蕙纂修 清
同治十二年（1873）刻本 六冊

620000－1101－0001426 672.44/854.77
[同治]九江府志五十四卷首一卷末一卷
（清）達春布修 （清）黃鳳樓 （清）歐陽燾
纂 清同治十三年（1874）刻本 二十四冊

620000－1101－0001427 672.44/425.77
[同治]臨江府志三十二卷首一卷 （清）德馨

（清）鮑孝光修　（清）朱孫詒　（清）陳錫麟纂　清同治十年(1871)刻本　六冊

620000－1101－0001428　671.25/337.77
[同治]臨邑縣志十六卷首一卷　（清）沈淮原本　（清）陳鴻翽續修　（清）翟振慶續纂　清同治十三年(1874)續補刻本　八冊

620000－1101－0001429　671.15/345.77
[同治]靈壽縣志十卷末一卷　（清）陸隴其原本　（清）劉虙年續纂修　清同治十三年(1874)刻本　六冊

620000－1101－0001430　672.65/107.77
[同治]瀏陽縣志二十四卷　（清）王汝惺修　（清）鄒焌傑等纂　清同治十二年(1873)刻本　十三冊

620000－1101－0001431　671.15/341.77
[同治]欒城縣志十四卷首一卷末一卷　（清）陳詠修　（清）張惇德纂　清同治十一年(1872)刻本　六冊

620000－1101－0001432　672.44/236.77
[同治]南昌府志六十六卷首一卷末一卷　（清）許應鑅等修　（清）曾作舟等纂　清同治十二年(1873)刻本　四十冊

620000－1101－0001433　673.35/105.77
[同治]南海縣志二十六卷首一卷　（清）鄭夢玉修　（清）梁紹獻等纂　清同治十一年(1872)刻本　十二冊

620000－1101－0001434　672.75/409.77
[同治]南溪縣志八卷　（清）福倫修　（清）胡元翔等纂　清同治十三年(1874)刻本　八冊

620000－1101－0001435　672.45/235.77
[同治]萍鄉縣志十卷首一卷　（清）錫榮（清）王明璠纂修　清同治十一年(1872)尊經堂刻本　八冊

620000－1101－0001436　672.45/235.77
[同治]萍鄉縣志十卷首一卷　（清）錫榮（清）王明璠纂修　清同治十一年(1872)尊經堂刻本　七冊　存十卷(萍鄉縣志十卷)

620000－1101－0001437　672.25/219.77
[同治]祁門縣志三十六卷首一卷　（清）周溶修　（清）汪韻珊纂　清同治十二年(1873)刻本　十一冊

620000－1101－0001438　672.25/219.771
[同治]祁門縣志三十六卷首一卷　（清）周溶修　（清）汪韻珊纂　清同治十二年(1873)刻本　十一冊

620000－1101－0001439　672.45/141.77
[同治]鉛山縣志三十卷首一卷　（清）張廷珩修　（清）華祝三纂　清同治十二年(1873)刻本　十六冊

620000－1101－0001440　672.45/225.77
[同治]清江縣志十卷首一卷　（清）潘懿（清）胡湛修　（清）朱孫詒等纂　清同治九年(1870)刻本　十五冊

620000－1101－0001441　672.15/321.77
[同治]如皋縣續志十六卷　（清）周際霖（清）胡維藩修　（清）吳開陽等纂　清同治十二年(1873)刻本　六冊

620000－1101－0001442　672.15/321.77
[同治]如皋縣續志十六卷　（清）周際霖（清）胡維藩修　（清）吳開陽等纂　清同治十二年(1873)刻本　六冊

620000－1101－0001443　672.15/321.77
[同治]如皋縣續志十六卷　（清）周際霖（清）胡維藩修　（清）吳開陽等纂　清同治十二年(1873)刻本　六冊

620000－1101－0001444　672.45/405.77
[同治]瑞昌縣志十卷首一卷　（清）姚暹修（清）馮士傑等纂　清同治十年(1871)瀼溪書院刻本　十二冊

620000－1101－0001445　672.44/123.77
[同治]瑞州府志二十四卷首一卷　（清）黃廷金修　（清）蕭浚蘭　（清）熊松之等纂　清同治十二年(1873)刻本　十四冊

620000－1101－0001446　671.55/179.77

[同治]三水縣志十二卷首一卷　（清）姜桐岡修　（清）郭四維纂　清同治十一年(1872)刻本　四冊

620000－1101－0001447　671.15/373.78

[同治]深州風土記二十二卷附表五卷　（清）吳汝綸纂　清光緒二十六年(1900)文瑞書院刻本　八冊

620000－1101－0001448　671.15/373.78

[同治]深州風土記二十二卷附表五卷　（清）吳汝綸纂　清光緒二十六年(1900)文瑞書院刻本　六冊

620000－1101－0001449　672.35/225.77

[同治]嵊縣志二十六卷首一卷末一卷　（清）嚴思忠　（清）陳仲麟修　（清）蔡以瑺等纂　清同治九年(1870)刻本　十二冊

620000－1101－0001450　672.55/311.77

[同治]松滋縣志十二卷首一卷　（清）呂縉雲　（清）李晸修　（清）羅有文　（清）朱美爕纂　清同治八年(1869)刻本　八冊　存十一卷(一至九、十一,首一卷)

620000－1101－0001451　672.14/554.77

[同治]蘇州府志一百五十卷首三卷　（清）李銘皖　（清）譚鈞培修　（清）馮桂芬纂　清光緒八年(1882)江蘇書局刻本　八十冊

620000－1101－0001452　672.14/554.77

[同治]蘇州府志一百五十卷首三卷　（清）李銘皖　（清）譚鈞培修　（清）馮桂芬纂　清光緒八年(1882)江蘇書局刻本　八十冊

620000－1101－0001453　672.14/554.77

[同治]蘇州府志一百五十卷首三卷　（清）李銘皖　（清）譚鈞培修　（清）馮桂芬纂　清光緒八年(1882)江蘇書局刻本　八十冊

620000－1101－0001454　672.14/554.77

[同治]蘇州府志一百五十卷首三卷　（清）李銘皖　（清）譚鈞培修　（清）馮桂芬纂　清光緒八年(1882)江蘇書局刻本　八十冊

620000－1101－0001455　672.45/205.78

[同治]泰和縣志三十卷首一卷　（清）宋瑛等修　（清）彭啟瑞等纂　（清）周之鏞續纂修　清光緒四年(1878)刻本　十六冊

620000－1101－0001456　672.35/429.77

[同治]泰順分疆錄十二卷首一卷　（清）林鶚纂　（清）林用霖續纂　清光緒五年(1879)林氏望山堂刻本　五冊

620000－1101－0001457　675.55/209.77

[同治]西寧新志十卷首一卷　（清）韓志超等修　（清）楊篤纂　清光緒元年(1875)宏州書院刻本　三冊　存八卷(一至八)

620000－1101－0001458　672.65/117.77

[同治]湘鄉縣志二十三卷首一卷末一卷　（清）齊德五　（清）王述恩修　（清）黃楷盛纂　清同治十三年(1874)刻本　二十四冊

620000－1101－0001459　672.55/201.77

[同治]襄陽縣志七卷首一卷　（清）楊宗時修　（清）崔淦纂　（清）吳耀斗續修　（清）李士彬續纂　清同治十三年(1874)刻本　八冊

620000－1101－0001460　672.55/201.77

[同治]襄陽縣志七卷首一卷　（清）楊宗時修　（清）崔淦纂　（清）吳耀斗續修　（清）李士彬續纂　清同治十三年(1874)刻本　八冊

620000－1101－0001461　672.35/141.77

[同治]孝豐縣志十卷首一卷　（清）劉濬修　（清）潘宅仁等纂　清光緒五年(1879)刻本　十冊

620000－1101－0001462　672.65/460.77

[同治]新化縣志三十五卷首一卷末一卷　（清）甘啓運　（清）關培鈞修　（清）劉洪澤等纂　清同治十一年(1872)刻本　八冊　存十五卷(十九至二十一、二十六至三十五,首一卷,末一卷)

620000－1101－0001463　671.65/217.77

[同治]續伏羌縣志六卷　（清）侯新嚴修　（清）方承宣纂　清同治十一年(1872)刻本　二冊

620000－1101－0001464　671.65/217.77
[同治]續伏羌縣志六卷　（清）侯新嚴修
（清）方承宣纂　清同治十一年(1872)刻本
二冊

620000－1101－0001465　671.65/217.77
[同治]續伏羌縣志六卷　（清）侯新嚴修
（清）方承宣纂　清同治十一年(1872)刻本
二冊

620000－1101－0001466　671.65/217.77
[同治]續伏羌縣志六卷　（清）侯新嚴修
（清）方承宣纂　清同治十一年(1872)刻本
二冊

620000－1101－0001467　671.65/217.77
[同治]續伏羌縣志六卷　（清）侯新嚴修
（清）方承宣纂　清同治十一年(1872)刻本
二冊

620000－1101－0001468　671.65/217.77
[同治]續伏羌縣志六卷　（清）侯新嚴修
（清）方承宣纂　清同治十一年(1872)刻本
（首葉係抄配）　二冊

620000－1101－0001469　671.65/217.77
[同治]續伏羌縣志六卷　（清）侯新嚴修
（清）方承宣纂　清同治十一年(1872)刻本
二冊

620000－1101－0001470　671.55/217.77
[同治]續伏羌縣志六卷　（清）侯新嚴修
（清）方承宣纂　清同治十一年(1872)刻本
二冊

620000－1101－0001471　671.55/217.77
[同治]續伏羌縣志六卷　（清）侯新嚴修
（清）方承宣纂　清同治十一年(1872)刻本
一冊　存四卷(一至四)

620000－1101－0001472　671.55/217.77
[同治]續伏羌縣志六卷　（清）侯新嚴修
（清）方承宣纂　清同治十一年(1872)刻本
二冊

620000－1101－0001473　671.55/217.77

620000－1101－0001473　671.55/217.77
[同治]續伏羌縣志六卷　（清）侯新嚴修
（清）方承宣纂　清同治十一年(1872)刻本
一冊

620000－1101－0001474　671.55/217.77
[同治]續伏羌縣志六卷　（清）侯新嚴修
（清）方承宣纂　清同治十一年(1872)刻本
一冊　存四卷(一至四)

620000－1101－0001475　672.75/109.77
[同治]續漢州志二十四卷首一卷補志一卷
(清)張超等修　（清）曾履中　（清）張敏行
纂　清同治八年(1869)刻本　八冊

620000－1101－0001476　672.75/109.77
[同治]續漢州志二十四卷首一卷補志一卷
(清)張超等修　（清）曾履中　（清）張敏行
纂　清同治八年(1869)刻本　八冊

620000－1101－0001477　672.55/121.77
[同治]續輯漢陽縣志二十八卷　（清）黃式度
修　（清）王柏心纂　清同治七年(1868)刻本
　二十冊

620000－1101－0001478　672.75/123.77
[同治]續金堂縣志八卷首一卷末一卷　（清）
王樹桐　（清）徐璞玉修　（清）米繪裳等纂
清同治六年(1867)刻本　四冊　存九卷(一
至七、首一卷、末一卷)

620000－1101－0001479　671.15/201.77
[同治]續天津縣志二十卷首一卷　（清）吳惠
元修　（清）蔣玉虹　（清）俞樾纂　清同治九
年(1870)刻本　八冊

620000－1101－0001480　671.15/201.77
[同治]續天津縣志二十卷首一卷　（清）吳惠
元修　（清）蔣玉虹　（清）俞樾纂　清同治九
年(1870)刻本　八冊

620000－1101－0001481　672.55/301.98
[同治]續修東湖縣志三十卷首一卷續補藝文
一卷　（清）金大鏞修　（清）王柏心纂　清同
治三年(1864)刻本　十冊

620000－1101－0001482　672.75/157.41

[同治]續修羅江縣志二十四卷　（清）馬傳業等修　（清）劉正慧等纂　清同治四年(1865)刻本　二冊

620000－1101－0001483　672.75/157.771

[同治]續修羅江縣志二十四卷　（清）馬傳業等修　（清）劉正慧等纂　清同治四年(1865)刻本　二冊

620000－1101－0001484　672.14/719.78

[同治]續纂江寧府志十五卷首一卷附勘誤一卷　（清）蔣啓勳　（清）趙佑宸修　（清）汪士鐸等纂　清光緒六年(1880)刻本　十二冊

620000－1101－0001485　672.14/719.78

[同治]續纂江寧府志十五卷首一卷附勘誤一卷　（清）蔣啓勳　（清）趙佑宸修　（清）汪士鐸等纂　清光緒六年(1880)刻本　十二冊

620000－1101－0001486　672.14/719.78

[同治]續纂江寧府志十五卷首一卷附勘誤一卷　（清）蔣啓勳　（清）趙佑宸修　（清）汪士鐸等纂　清光緒六年(1880)刻本　十二冊

620000－1101－0001487　672.14/719.78

[同治]續纂江寧府志十五卷首一卷附勘誤一卷　（清）蔣啓勳　（清）趙佑宸修　（清）汪士鐸等纂　清光緒六年(1880)刻本　十二冊

620000－1101－0001488　672.14/29.51

[同治]續纂揚州府志二十四卷　（清）方濬頤修　（清）晏端書等纂　清同治十三年(1874)刻本　八冊

620000－1101－0001489　672.14/29.51

[同治]續纂揚州府志二十四卷　（清）方濬頤修　（清）晏端書等纂　清同治十三年(1874)刻本　八冊

620000－1101－0001490　672.14/29.51

[同治]續纂揚州府志二十四卷　（清）方濬頤修　（清）晏端書等纂　清同治十三年(1874)刻本　八冊

620000－1101－0001491　671.45/163.77

[同治]陽城縣志十八卷首一卷　（清）賴昌期修　（清）譚澐　（清）盧廷棻纂　清同治十三年(1874)刻本　八冊

620000－1101－0001492　671.35/425.77

[同治]葉縣志十卷首一卷　（清）歐陽霖（清）張佩訓修　（清）倉景恬　（清）胡廷楨纂　清同治十一年(1872)刻本　七冊

620000－1101－0001493　672.35/201.77

[同治]鄞縣志七十五卷　（清）戴枚修（清）張恕等纂　清光緒三年(1877)刻本　三十二冊

620000－1101－0001494　672.35/201.77

[同治]鄞縣志七十五卷　（清）戴枚修（清）張恕等纂　清光緒三年(1877)刻本　三十二冊

620000－1101－0001495　672.55/215.775

[同治]遠安縣志八卷首一卷　（清）鄭燡林修　（清）周葆恩纂　清同治五年(1866)刻本　十二冊

620000－1101－0001496　671.15/411.77

[同治]增續長垣縣志二卷　（清）觀祐（清）費瀛修　（清）齊聯芳　（清）李元鵬纂　清同治十二年(1873)刻本　二冊

620000－1101－0001497　672.75/541.76

[同治]中江縣新志補遺一卷續編一卷　（清）李星根纂　清同治五年(1866)刻本　一冊

620000－1101－0001498　672.75/103.77

[同治]重修成都縣志十六卷首一卷　（清）李玉宣等修　（清）衷興鑑等纂　清同治十二年(1873)刻本　十六冊

620000－1101－0001499　671.25/413.771

[同治]重修寧海州志二十六卷　（清）舒孔安修　（清）王厚階纂　清同治三年(1864)刻本　六冊

620000－1101－0001500　672.15/403.77

[同治]重修山陽縣志二十一卷圖一卷　（清）張兆棟　（清）孫雲修　（清）何紹基　（清）丁晏等纂　清同治十二年(1873)刻本　八冊

620000 – 1101 – 0001501　672.15/403.77

[同治]重修山陽縣志二十一卷圖一卷　（清）
張兆棟　（清）孫雲修　（清）何紹基　（清）
丁晏等纂　清同治十二年(1873)刻本　八冊

620000 – 1101 – 0001502　672.15/403.77

[同治]重修山陽縣志二十一卷圖一卷　（清）
張兆棟　（清）孫雲修　（清）何紹基　（清）
丁晏等纂　清同治十二年(1873)刻本　八冊

620000 – 1101 – 0001503　847.2/522

[萬季野文鈔錄]一卷　（清）萬斯同撰　清咸
豐抄本　一冊

620000 – 1101 – 0001504　382

[萬曆]安丘縣志二十八卷　（明）熊元修
（明）馬文煒纂　明萬曆十七年(1589)刻本
四冊

620000 – 1101 – 0001505　3453

[萬曆]富平縣志十卷首一卷　（明）劉兌修
（明）孫丕揚纂　清乾隆四十三年(1778)吳六
鰲刻本　二冊

620000 – 1101 – 0001506　3471

[萬曆]華陰縣志九卷圖一卷　（明）王九疇修
　（明）張毓翰纂　明萬曆四十二年(1614)刻
清康熙增刻本　二冊

620000 – 1101 – 0001507　673.14/104.67

[萬曆]閩都記三十三卷　（明）王應山纂　清
道光十一年(1831)求放心齋刻本　六冊

620000 – 1101 – 0001508　673.14/104.67

[萬曆]閩都記三十三卷　（明）王應山纂　清
道光十一年(1831)求放心齋刻本　六冊

620000 – 1101 – 0001509　450

[萬曆]祁門縣志四卷　（明）余士奇修
（明）謝存仁纂　明萬曆二十八年(1600)刻清
順治九年(1652)補刻本　二冊

620000 – 1101 – 0001510　4221

[萬曆]錢塘縣志十紀　（明）聶心湯纂修　明
萬曆三十七年(1609)刻本　二冊　存紀制、
外紀

620000 – 1101 – 0001511　675

[萬曆]朔方新志五卷　（明）楊應聘　（清）
楊壽纂修　明萬曆四十五年(1617)刻本
五冊

620000 – 1101 – 0001512　3461

[萬曆]續朝邑縣志八卷　（明）郭實修
（明）王學謨撰　清康熙五十一年(1712)王兆
鰲刻本　二冊

620000 – 1101 – 0001513　673

[萬曆]重修鳳翔府志五卷　（明）周易纂修
明萬曆五年(1577)刻本　二冊　存二卷(一、
四)

620000 – 1101 – 0001514　672

[萬曆]重脩通渭縣志四卷　（明）劉世綸修
（明）白我心纂　明萬曆四十四年(1616)刻本
一冊　存三卷(一至三)

620000 – 1101 – 0001515　4494

[王氏談詩韻]不分卷　（清）王念孫撰　清道
光抄本　一冊

620000 – 1101 – 0001516　415/989

[西醫]五種十卷　（英國）合信　（清）管茂
材　（清）陳修堂撰　清咸豐元年至八年
(1851 – 1858)刻本　五冊

620000 – 1101 – 0001517　415/989

[西醫]五種十卷　（英國）合信　（清）管茂
材　（清）陳修堂撰　清咸豐元年至八年
(1851 – 1858)刻本　五冊

620000 – 1101 – 0001518　857.46/436.06

[西游記]十卷一百回　（明）吳承恩撰　清刻
本　十九冊

620000 – 1101 – 0001519　3446

[熙寧]長安志二十卷圖三卷　（宋）宋敏求撰
　（元）李好文繪圖　（清）畢沅校正　清乾隆
四十九年(1784)畢氏靈巖山館刻經訓堂叢書
本　六冊

620000 – 1101 – 0001520　3447

[熙寧]長安志二十卷圖三卷　（宋）宋敏求撰

（元）李好文繪圖　（清）畢沅校正　清乾隆四十九年(1784)畢氏靈巖山館刻經訓堂叢書本　四冊

620000－1101－0001521　596.8/397.02

[陝甘督標中協鎮府經管房租銀兩四柱交代清冊]一卷　（清）陝甘督標中協鎮府編　清宣統二年(1910)抄本　一冊

620000－1101－0001522　596.8/397

[陝甘督標中協鎮府器具交代清冊]一卷（清）陝甘督標中協鎮府編　清宣統二年(1910)抄本　一冊

620000－1101－0001523　596.8/397.01

[陝甘督標中協鎮府造報製造五營旂幟號衣用過銀數清冊]一卷　（清）陝甘督標中協鎮府編　清光緒三十一年(1905)抄本　一冊

620000－1101－0001524　4524

[陝西甘肅文職俸銀則例]不分卷　（清）□□編　清末抄本　一冊

620000－1101－0001525　585.8/0.3971

[陝西刑案判牘]不分卷　（清）□□輯　清末抄本　一冊

620000－1101－0001526　585.8/0.3971

[陝西刑案判牘]不分卷　（□）□□輯　清末抄本　一冊

620000－1101－0001527　585.8/0.3971

[陝西刑案判牘]不分卷　（清）□□輯　清末抄本　一冊

620000－1101－0001528　585.8/0.397

[陝西刑案判牘]不分卷　（清）□□輯　清末抄本　三冊

620000－1101－0001529　593.98/725

[陝西延綏鎮標中軍遊擊接收奉頒傳流敕名冊]一卷　（清）梁鴻盛抄　清光緒十五年(1889)抄本　一冊

620000－1101－0001530　311.7/161

[下學菁算術]三種不分卷　（清）項名達著　清光緒十三年(1887)刻本　三冊

620000－1101－0001531　672.14/596.525

[咸淳]重修毗陵志三十卷　（宋）史能之纂　清嘉慶二十五年(1820)趙懷玉刻本　八冊存二十九卷(一至十九、二十一至三十)

620000－1101－0001532　671.14/354.77

[咸豐]大名府志二十二卷首一卷續志六卷末一卷　（清）朱煃等纂修　（清）武蔚文續修（清）郭程先續纂　（清）高繼珩增補　清咸豐三年(1853)刻本　二十四冊

620000－1101－0001533　672.15/417.75

[咸豐]東臺縣志四十卷　（清）周右修（清）蔡復午等纂　清嘉慶二十一年(1816)刻本　九冊　存三十五卷(一至四、十至四十)

620000－1101－0001534　672.15/417.75

[咸豐]東臺縣志四十卷　（清）周右修（清）蔡復午等纂　清嘉慶二十一年(1816)刻本　十冊

620000－1101－0001535　671.25/201.491

[咸豐]濟寧直隸州續志四卷　（清）盧朝安纂修　清咸豐九年(1859)刻本　四冊

620000－1101－0001536　672.75/107.77

[咸豐]簡州志十四卷首一卷　（清）濮瑗修（清）黃樸等纂　清咸豐三年(1853)刻本　十冊

620000－1101－0001537　671.25/219.29

[咸豐]金鄉縣志略十二卷首一卷　（清）李壘纂修　清同治元年(1862)刻本　四冊

620000－1101－0001538　671.25/219.29

[咸豐]金鄉縣志略十二卷首一卷　（清）李壘纂修　清同治元年(1862)刻本　四冊

620000－1101－0001539　671.35/209.77

[咸豐]臨漳縣志六卷　（清）張濟纂修　清咸豐十年(1860)刻本　二冊　存二卷(一、六)

620000－1101－0001540　671.35/209.77

[咸豐]臨漳縣志六卷　（清）張濟纂修　清咸豐十年(1860)刻本　二冊　存二卷(一、六)

620000－1101－0001541　672.35/131.91

[咸豐]南潯鎮志四十卷首一卷 （清）汪曰楨撰 清同治二年（1863）刻本 十冊

620000－1101－0001542 672.15/511.54
[咸豐]邳州志二十卷首一卷 （清）董用威（清）馬軼群修 （清）魯一同纂 清咸豐元年（1851）刻本 四冊

620000－1101－0001543 672.15/511.54
[咸豐]邳州志二十卷首一卷 （清）董用威（清）馬軼群修 （清）魯一同纂 清咸豐元年（1851）刻本 四冊

620000－1101－0001544 672.15/217.77
[咸豐]壬癸志稿二十八卷 （清）錢寶琛纂清光緒六年（1880）刻錢頤壽中丞全集續編本一冊

620000－1101－0001545 672.15/217.77
[咸豐]壬癸志稿二十八卷 （清）錢寶琛纂清光緒六年（1880）刻本 四冊

620000－1101－0001546 671.45/107.77
[咸豐]太谷縣志八卷首一卷末一卷 （清）章青選 （清）汪和修 （清）章嗣衡纂 清咸豐五年（1855）刻本 八冊

620000－1101－0001547 671.45/107.77
[咸豐]太谷縣志八卷首一卷末一卷 （清）章青選 （清）汪和修 （清）章嗣衡纂 清咸豐五年（1855）刻本 八冊

620000－1101－0001548 671.54/426.77
[咸豐]同州府志三十四卷首二卷附文徵錄三卷 （清）李恩繼 （清）文廉修 （清）蔣湘南纂 清咸豐二年（1852）刻本 二十四冊

620000－1101－0001549 671.54/426.77
[咸豐]同州府志三十四卷首二卷附文徵錄三卷 （清）李恩繼 （清）文廉修 （清）蔣湘南纂 清咸豐二年（1852）刻本 八冊 存十卷(一至二、八至九、十九至二十四)

620000－1101－0001550 671.24/10.29
[咸豐]武定府志三十八卷首一卷 （清）李熙齡修 （清）鄒恒纂 清咸豐九年（1859）刻本

二十四冊

620000－1101－0001551 672.15/419.77
[咸豐]重修興化縣志十卷 （清）梁園棣修（清）鄭之僑 （清）趙彦俞纂 清咸豐二年（1852）刻本 八冊

620000－1101－0001552 672.15/419.77
[咸豐]重修興化縣志十卷 （清）梁園棣修（清）鄭之僑 （清）趙彦俞纂 清咸豐二年（1852）刻本 八冊

620000－1101－0001553 672.15/419.77
[咸豐]重修興化縣志十卷 （清）梁園棣修（清）鄭之僑 （清）趙彦俞纂 清咸豐二年（1852）刻本 八冊

620000－1101－0001554 672.15/419.77
[咸豐]重修興化縣志十卷 （清）梁園棣修（清）鄭之僑 （清）趙彦俞纂 清咸豐二年（1852）刻本 八冊

620000－1101－0001555 672.15/419.77
[咸豐]重修興化縣志十卷 （清）梁園棣修（清）鄭之僑 （清）趙彦俞纂 清咸豐二年（1852）刻本 八冊

620000－1101－0001556 672.75/437.77
[咸豐]資陽縣志四十八卷首二卷 （清）范淶清等修 （清）何華元等纂 清咸豐十年（1860）刻本 九冊 存四十四卷(一至八、十五至四十八,首二卷)

620000－1101－0001557 856.7/0.338
[咸豐九年己未科闈墨]一卷 （清）□□輯清咸豐刻本 一冊

620000－1101－0001558 413.7/0.593
[小兒科]不分卷 （□）□□撰 清中晚期抄本 一冊

620000－1101－0001559 413.7/0.881.7
[小兒科]不分卷 （□）□□撰 清中晚期抄本 一冊

620000－1101－0001560 4478
[小學內外篇]二卷 （宋）朱熹編 （清）顧

八代譯　清抄本　三冊

620000－1101－0001561　554.34/353.01

[新疆伊犁將軍奏稿]不分卷　（清）布彥泰等
著　清晚期抄本　一冊

620000－1101－0001562　674.24/41.30

[宣統]長白彙徵錄八卷　（清）張鳳臺等修
（清）劉龍光等纂　清宣統二年（1910）鉛印本
一冊　存二卷（七至八）

620000－1101－0001563　674.24/41.30

[宣統]長白彙徵錄八卷　（清）張鳳臺等修
（清）劉龍光等纂　清宣統二年（1910）鉛印本
四冊

620000－1101－0001564　671.65/115.79

[宣統]狄道州續志十二卷首一卷　（清）聯瑛
修　（清）李鏡清纂　清宣統元年（1909）刻本
一冊　存四卷（一至三、首一卷）

620000－1101－0001565　671.65/115.79

[宣統]狄道州續志十二卷首一卷　（清）聯瑛
修　（清）李鏡清纂　清宣統元年（1909）刻本
八冊

620000－1101－0001566　671.65/115.79

[宣統]狄道州續志十二卷首一卷　（清）聯瑛
修　（清）李鏡清纂　清宣統元年（1909）刻本
八冊

620000－1101－0001567　671.65/115.79

[宣統]狄道州續志十二卷首一卷　（清）聯瑛
修　（清）李鏡清纂　清宣統元年（1909）刻本
八冊

620000－1101－0001568　671.65/115.79

[宣統]狄道州續志十二卷首一卷　（清）聯瑛
修　（清）李鏡清纂　清宣統元年（1909）刻本
八冊

620000－1101－0001569　671.65/115.79

[宣統]狄道州續志十二卷首一卷　（清）聯瑛
修　（清）李鏡清纂　清宣統元年（1909）刻本
六冊　存十二卷（狄道州續志十二卷）

620000－1101－0001570　671.65/115.79

[宣統]狄道州續志十二卷首一卷　（清）聯瑛
修　（清）李鏡清纂　清宣統元年（1909）刻本
八冊

620000－1101－0001571　671.65/115.79

[宣統]狄道州續志十二卷首一卷　（清）聯瑛
修　（清）李鏡清纂　清宣統元年（1909）刻本
三冊　存四卷（一至三、首一卷）

620000－1101－0001572　672.35/107.789

[宣統]富陽縣新志補正二卷　（清）朱壽保纂
清宣統三年（1911）石印本　一冊

620000－1101－0001573　672.25/243.79

[宣統]建德縣志二十卷首一卷　（清）張贊巽
（清）張翊六修　（清）周學銘等纂　清宣統
二年（1910）鉛印本　十冊

620000－1101－0001574　671.65/321.79

[宣統]涇州採訪新志不分卷　（清）楊丙榮纂
清宣統元年（1909）抄本　一冊

620000－1101－0001575　672.15/117.91

[宣統]開沙志二卷　王錫極纂　丁時需增纂
王之瑚刪訂　清宣統三年（1911）鉛印本
二冊

620000－1101－0001576　673.35/105.79

[宣統]南海縣志二十六卷末一卷　（清）張鳳
喈等修　（清）桂玷等纂　清宣統三年（1911）
刻本　十五冊

620000－1101－0001577　671.25/351.64

[宣統]濮州志八卷　（清）高士英修　（清）
榮相鼎纂　清宣統元年（1909）刻本　八冊

620000－1101－0001578　672.15/103.79

[宣統]上元江寧鄉土合志六卷　陳作霖編
清宣統二年（1910）江楚編譯書局刻本　二冊

620000－1101－0001579　676.6/611

[宣統]西藏新志三卷　（清）許世光　（清）
蔡晉成纂　清宣統三年（1911）上海自治編輯
社鉛印本　一冊

620000－1101－0001580　676.6/611

[宣統]西藏新志三卷　（清）許世光　（清）

蔡晉成纂　清宣統三年(1911)上海自治編輯
社鉛印本　一冊

620000－1101－0001581　676.6/611
[宣統]西藏新志三卷　(清)許世光　(清)
蔡晉成纂　清宣統三年(1911)上海自治編輯
社鉛印本　一冊

620000－1101－0001582　676.6/611
[宣統]西藏新志三卷　(清)許世光　(清)
蔡晉成纂　清宣統三年(1911)上海自治編輯
社鉛印本　一冊

620000－1101－0001583　676.6/611
[宣統]西藏新志三卷　(清)許世光　(清)
蔡晉成纂　清宣統三年(1911)上海自治編輯
社鉛印本　一冊

620000－1101－0001584　3691
[宣統]新疆藩部志六卷　袁大化修　王樹柟
纂　清宣統三年(1911)木活字印本　六冊

620000－1101－0001585　3685
[宣統]新疆圖志一百十六卷首一卷　袁大化
修　王樹柟纂　清宣統三年(1911)木活字印
本　一百十六冊

620000－1101－0001586　3686
[宣統]新疆圖志一百十六卷首一卷　袁大化
修　王樹柟纂　清宣統三年(1911)木活字印
本　一百十六冊

620000－1101－0001587　3687
[宣統]新疆圖志一百十六卷首一卷　袁大化
修　王樹柟纂　清宣統三年(1911)木活字印
本　一百十六冊

620000－1101－0001588　3688
[宣統]新疆圖志一百十六卷首一卷　袁大化
修　王樹柟纂　清宣統三年(1911)木活字印
本　一百十三冊

620000－1101－0001589　3689
[宣統]新疆圖志一百十六卷首一卷　袁大化
修　王樹柟纂　清宣統三年(1911)木活字印
本　三冊　存三卷(五、七至八)

620000－1101－0001590　3690
[宣統]新疆圖志一百十六卷首一卷　袁大化
修　王樹柟纂　清宣統三年(1911)木活字印
本　三冊　存二卷(七至八)

620000－1101－0001591　676.1/79
[宣統]新疆圖志一百十六卷首一卷　袁大化
修　王樹柟纂　清宣統三年(1911)木活字印
本　四冊　存三卷(二十六、二十八、四十八)

620000－1101－0001592　676.1/79
[宣統]新疆圖志一百十六卷首一卷　袁大化
修　王樹柟纂　清宣統三年(1911)木活字印
本　一冊　存一卷(二十八)

620000－1101－0001593　676.1/79
[宣統]新疆圖志一百十六卷首一卷　袁大化
修　王樹柟纂　清宣統三年(1911)木活字印
本　一百八冊　存一百七卷(一至六、十至二
十一、二十三至二十八、三十至三十一、三十
三至五十四、五十六至七十三、七十五至八十
六、八十八至一百十六)

620000－1101－0001594　676.1/79
[宣統]新疆圖志一百十六卷首一卷　袁大化
修　王樹柟纂　清宣統三年(1911)木活字印
本　三十冊　存三十卷(二、四、十六至二十
一、二十四至二十八、三十一、三十八至三十
九、四十八、六十至六十四、六十七、六十九、
七十二、九十、一百十一至一百十四)

620000－1101－0001595　671.65/329.11
[宣統]新修固原直隸州志十一卷附錄一卷
王學伊修　(清)錫麒纂　新修硝河城志一卷
(清)楊修德纂　清宣統元年(1909)官報書
局鉛印本　十一冊

620000－1101－0001596　671.65/329.11
[宣統]新修固原直隸州志十一卷附錄一卷
王學伊修　(清)錫麒纂　新修硝河城志一卷
(清)楊修德纂　清宣統元年(1909)官報書
局鉛印本　十一冊

620000－1101－0001597　671.65/329.11
[宣統]新修固原直隸州志十一卷附錄一卷

620000－1101－0001598　671.65/329.11

[宣統]新修固原直隸州志十一卷附錄一卷

王學伊修　（清）錫麒纂　新修硝河城志一卷

（清）楊修德纂　清宣統元年(1909)官報書

局鉛印本　十一冊

620000－1101－0001599　671.65/329.11

[宣統]新修固原直隸州志十一卷附錄一卷

王學伊修　（清）錫麒纂　新修硝河城志一卷

（清）楊修德纂　清宣統元年(1909)官報書

局鉛印本　十一冊

620000－1101－0001600　671.65/329.11

[宣統]新修固原直隸州志十一卷附錄一卷

王學伊修　（清）錫麒纂　新修硝河城志一卷

（清）楊修德纂　清宣統元年(1909)官報書

局鉛印本　十一冊

620000－1101－0001601　671.65/329.11

[宣統]新修固原直隸州志十一卷附錄一卷

王學伊修　（清）錫麒纂　新修硝河城志一卷

（清）楊修德纂　清宣統元年(1909)官報書

局鉛印本(卷十一係抄配)　十一冊

620000－1101－0001602　671.65/329.79

[宣統]新修固原直隸州志十一卷附錄一卷

王學伊修　（清）錫麒纂　新修硝河城志一卷

（清）楊修德纂　清宣統元年(1909)官報書

局鉛印本　十一冊

620000－1101－0001603　671.65/329.79

[宣統]新修固原直隸州志十一卷附錄一卷

王學伊修　（清）錫麒纂　新修硝河城志一卷

（清）楊修德纂　清宣統元年(1909)官報書

局鉛印本　十一冊

620000－1101－0001604　671.65/329.11

[宣統]新修固原直隸州志十一卷附錄一卷

王學伊修　（清）錫麒纂　新修硝河城志一卷

（清）楊修德纂　清宣統元年(1909)官報書

局鉛印本　十一冊

620000－1101－0001605　671.65/329.11

[宣統]新修固原直隸州志十一卷附錄一卷

王學伊修　（清）錫麒纂　新修硝河城志一卷

（清）楊修德纂　清宣統元年(1909)官報書

局鉛印本　二冊　存二卷(十、新修硝河城志

一卷)

620000－1101－0001606　671.65/329.11

[宣統]新修固原直隸州志十一卷附錄一卷

王學伊修　（清）錫麒纂　新修硝河城志一卷

（清）楊修德纂　清宣統元年(1909)官報書

局鉛印本　十冊　存九卷(一至二、四、六至

七、九至十一,新修硝河城志一卷)

620000－1101－0001607　671.55/117.81

[宣統]重修涇陽縣志十六卷首一卷末一卷圖

一卷　劉懋官修　宋伯魯　周斯億纂　清宣

統三年(1911)天津華新印刷局鉛印本　四冊

620000－1101－0001608　671.55/117.81

[宣統]重修涇陽縣志十六卷首一卷末一卷圖

一卷　劉懋官修　宋伯魯　周斯億纂　清宣

統三年(1911)天津華新印刷局鉛印本　四冊

620000－1101－0001609　671.55/117.81

[宣統]重修涇陽縣志十六卷首一卷末一卷圖

一卷　劉懋官修　宋伯魯　周斯億纂　清宣

統三年(1911)天津華新印刷局鉛印本　四冊

620000－1101－0001610　652.795/880

[學部奏酌量變通初等小學堂及中學堂課程

章程摺]不分卷　（清）學部擬奏　清宣統元

年(1909)鉛印本　一冊

620000－1101－0001611　629.12/736

[兗州鎮標右營守備移交清冊]一卷[山東高

唐營守備移交清冊]一卷　（清）湯正仁等撰

清道光六年(1826)抄本　二冊

620000－1101－0001612　018.616/504

[葉學使擬購甘肅學堂應用經史諸書書目]不

分卷　葉昌熾擬　清光緒末蘭州官書局鉛印

本　一冊

620000－1101－0001613　414.6/0.424

[醫方]不分卷　（□）□□撰　清中晚期抄本

四冊

620000－1101－0001614　652.781/312
[議約束遊學生章程并鼓勵遊學生章程]不分卷　（清）張之洞撰　清光緒蘭州官書局鉛印本　一冊

620000－1101－0001615　652.781/312
[議約束遊學生章程并鼓勵遊學生章程]不分卷　（清）張之洞撰　清光緒蘭州官書局鉛印本　一冊

620000－1101－0001616　652.781/312
[議約束遊學生章程并鼓勵遊學生章程]不分卷　（清）張之洞撰　清光緒蘭州官書局鉛印本　一冊

620000－1101－0001617　652.781/312
[議約束遊學生章程并鼓勵遊學生章程]不分卷　（清）張之洞撰　清光緒蘭州官書局鉛印本　一冊

620000－1101－0001618　652.781/312
[議約束遊學生章程并鼓勵遊學生章程]不分卷　（清）張之洞撰　清光緒蘭州官書局鉛印本　一冊

620000－1101－0001619　652.781/312
[議約束遊學生章程并鼓勵遊學生章程]不分卷　（清）張之洞撰　清光緒蘭州官書局鉛印本　一冊

620000－1101－0001620　652.781/312
[議約束遊學生章程并鼓勵遊學生章程]不分卷　（清）張之洞撰　清光緒蘭州官書局鉛印本　一冊

620000－1101－0001621　652.781/312
[議約束遊學生章程并鼓勵遊學生章程]不分卷　（清）張之洞撰　清光緒蘭州官書局鉛印本　一冊

620000－1101－0001622　652.781/312
[議約束遊學生章程并鼓勵遊學生章程]不分卷　（清）張之洞撰　清光緒蘭州官書局鉛印本　一冊

620000－1101－0001623　652.781/312
[議約束遊學生章程并鼓勵遊學生章程]不分卷　（清）張之洞撰　清光緒蘭州官書局鉛印本　一冊

620000－1101－0001624　652.781/312
[議約束遊學生章程并鼓勵遊學生章程]不分卷　（清）張之洞撰　清光緒蘭州官書局鉛印本　一冊

620000－1101－0001625　652.781/312
[議約束遊學生章程并鼓勵遊學生章程]不分卷　（清）張之洞撰　清光緒蘭州官書局鉛印本　一冊

620000－1101－0001626　652.781/312
[議約束遊學生章程并鼓勵遊學生章程]不分卷　（清）張之洞撰　清光緒蘭州官書局鉛印本　一冊

620000－1101－0001627　652.781/312
[議約束遊學生章程并鼓勵遊學生章程]不分卷　（清）張之洞撰　清光緒蘭州官書局鉛印本　一冊

620000－1101－0001628　2394
[雍正]勅修浙江通志二百八十卷首三卷（清）李衛等修　（清）沈翼機　（清）傅王露纂　清乾隆元年(1736)刻本　一百二十二冊

620000－1101－0001629　2395
[雍正]勅修浙江通志二百八十卷首三卷（清）李衛等修　（清）沈翼機　（清）傅王露纂　清乾隆元年(1736)刻本　九十九冊　存二百五十一卷(四至八、十一至一百六、一百九至一百四十、一百四十三至一百四十六、一百五十一至一百六十二、一百六十七至一百七十四、一百七十八至二百六十五、二百六十七至二百六十八、二百七十至二百七十一、二百七十九至二百八十)

620000－1101－0001630　2413
[雍正]勅修浙江通志二百八十卷首三卷（清）李衛等修　（清）沈翼機　（清）傅王露纂　清乾隆元年(1736)刻本　二十四冊　存

九十五卷(四十八至一百四十二)

620000－1101－0001631　4137
[雍正]勅修浙江通志二百八十卷首三卷
(清)李衛等修　(清)沈翼機　(清)傅王露
纂　清乾隆元年(1736)刻本　二十七冊　存
七十七卷(十七至二十四、四十九至六十三、
七十至八十八、九十二至一百四、一百十七至
一百二十二、一百二十五至一百三十七、二百
十四至二百十六)

620000－1101－0001632　3035
[雍正]勅修浙江通志二百八十卷首三卷
(清)李衛等修　(清)沈翼機　(清)傅王露
纂　清乾隆元年(1736)刻本　十七冊　存四
十卷(二十五至三十、三十三至四十三、五十
至五十二、一百二、一百七十至一百七十一、
一百八十二至一百八十四、一百九十至一百
九十五、二百四十二至二百四十九)

620000－1101－0001633　3036
[雍正]勅修浙江通志二百八十卷首三卷
(清)李衛等修　(清)沈翼機　(清)傅王露
纂　清乾隆元年(1736)刻本　十二冊　存二
十四卷(二十五至三十八、五十三至五十四、
一百八十五至一百八十六、二百二至二百五、
二百八至二百九)

620000－1101－0001634　2387
[雍正]處州府志二十卷　(清)曹掄彬修
(清)朱肇濟等纂　清雍正十一年(1733)刻本
　十六冊

620000－1101－0001635　4191
[雍正]慈谿縣志十六卷　(清)楊正筍修
(清)馮鴻模等纂　清乾隆三年(1738)許炳增
刻本　六冊　存十三卷(四至十六)

620000－1101－0001636　2351
[雍正]廣東通志六十四卷　(清)郝玉麟修
(清)魯曾煜纂　清雍正九年(1731)刻本　四
十冊

620000－1101－0001637　2348
[雍正]廣西通志一百二十八卷　(清)金鉷修

(清)錢元昌　(清)陸綸纂　清雍正十一年
(1733)刻本　三十四冊　存九十三卷(八至
三十八、四十二至四十五、四十八至五十八、
六十三至六十七、七十九至八十九、九十七至
一百二十七)

620000－1101－0001638　672.35/105.76
[雍正]海昌備志五十二卷　(清)錢泰吉等纂
修　清道光二十七年(1847)刻本　十六冊

620000－1101－0001639　4148
[雍正]河南通志八十卷　(清)田文鏡等修
(清)孫灝等纂　清雍正十三年(1735)刻光緒
補修本　八冊　存十九卷(十至十五、十八至
三十)

620000－1101－0001640　2236
[雍正]河南通志八十卷　(清)田文鏡等修
(清)孫灝等纂　清雍正十三年(1735)刻光緒
補修本　四十冊

620000－1101－0001641　671.3/78
[雍正]河南通志八十卷　(清)田文鏡等修
(清)孫灝等纂　清光緒二十八年(1902)刻本
　三十三冊　存七十卷(一至五十七、六十八
至八十)

620000－1101－0001642　2439
[雍正]洪洞縣志九卷　(清)余世堂修
(清)蔡行仁等纂　清雍正八年(1730)刻本
八冊

620000－1101－0001643　2440
[雍正]洪洞縣志九卷　(清)余世堂修
(清)蔡行仁等纂　清雍正八年(1730)刻本
八冊

620000－1101－0001644　2441
[雍正]洪洞縣志九卷　(清)余世堂修
(清)蔡行仁等纂　清雍正八年(1730)刻本
八冊

620000－1101－0001645　2365
[雍正]湖廣通志一百二十卷首一卷　(清)邁
柱修　(清)夏力恕纂　清雍正十一年(1733)
刻本　十五冊　存二十三卷(一至二十三)

620000－1101－0001646　3678

[雍正]劍州志二十四卷圖一卷　（清）李梅賓修　（清）楊端纂　清雍正五年(1727)刻本五冊

620000－1101－0001647　672.34/701.73

[雍正]寧波府志三十六卷首一卷　（清）曹秉仁等修　（清）萬經等纂　清道光二十六年(1846)沈氏介祉堂刻本　十六冊

620000－1101－0001648　2271

[雍正]齊河縣志十卷首一卷　（清）上官有儀修　（清）許琰纂　清乾隆二年(1737)刻本四冊

620000－1101－0001649　4189

[雍正]山東通志三十六卷首一卷　（清）岳濬（清）法敏修　（清）杜詔（清）顧瀛纂清乾隆元年(1736)刻本　六冊　存一卷(三十五)

620000－1101－0001650　4208

[雍正]山西通志二百三十卷　（清）覺羅石麟修　（清）儲大文纂　清雍正十二年(1734)刻本　二十二冊　存五十七卷(五十四至五十六、一百一至一百三、一百十五至一百四十、一百四十四至一百四十八、一百九十三至一百九十八、二百四至二百六、二百九至二百十四、二百十七至二百二十一)

620000－1101－0001651　3804

[雍正]陝西通志一百卷首一卷　（清）劉於義修　（清）沈青崖纂　清雍正十三年(1735)刻本　一百冊

620000－1101－0001652　3805

[雍正]陝西通志一百卷首一卷　（清）劉於義修　（清）沈青崖纂　清雍正十三年(1735)刻本　一百冊

620000－1101－0001653　3806

[雍正]陝西通志一百卷首一卷　（清）劉於義修　（清）沈青崖纂　清雍正十三年(1735)刻本　一百冊

620000－1101－0001654　3807

[雍正]陝西通志一百卷首一卷　（清）劉於義修　（清）沈青崖纂　清雍正十三年(1735)刻本　一百冊

620000－1101－0001655　2290

[雍正]深澤縣志十二卷首一卷　（清）趙憲修　（清）王植纂　清雍正十三年(1735)刻本六冊

620000－1101－0001656　2457

[雍正]石樓縣志八卷首一卷　（清）袁學謨修　（清）秦燮等纂　清雍正十年(1732)刻本八冊

620000－1101－0001657　4134

[雍正]朔州志十二卷　（清）汪嗣聖修（清）王翯纂　清雍正十三年(1735)刻本　九冊　存十卷(一至九、十二)

620000－1101－0001658　4135

[雍正]朔州志十二卷　（清）汪嗣聖修（清）王翯纂　清雍正十三年(1735)刻本十冊

620000－1101－0001659　2442

[雍正]朔州志十二卷　（清）汪嗣聖修（清）王翯纂　清雍正十三年(1735)刻民國二十五年(1936)重修本　八冊

620000－1101－0001660　2362

[雍正]四川通志四十七卷首一卷　（清）黃廷桂等修　（清）張晉生等纂　清乾隆元年(1736)刻本　十冊　存十卷(十九至二十、二十二、二十七至二十八、四十一至四十二、四十四至四十五,首一卷)

620000－1101－0001661　2363

[雍正]四川通志四十七卷首一卷　（清）黃廷桂等修　（清）張晉生等纂　清乾隆元年(1736)刻本　四十八冊

620000－1101－0001662　2455

[雍正]屯留縣志四卷　（清）甄爾節修（清）羅煥章等纂　清雍正八年(1730)刻本四冊

620000 – 1101 – 0001663　2456

[雍正]屯留縣志四卷　（清）甄爾節修
（清）羅煥章等纂　清雍正八年(1730)刻本
八冊

620000 – 1101 – 0001664　2428

[雍正]揚州府志四十卷首一卷　（清）尹會一
修　（清）程夢星纂　清雍正十一年(1733)刻
本　十六冊

620000 – 1101 – 0001665　3510

[雍正]宜君縣志不分卷　（清）查遜等纂修
清雍正十年(1732)刻本　二冊

620000 – 1101 – 0001666　3676

[雍正]元和縣志三十二卷圖一卷　（清）沈德
潛纂修　清乾隆五年(1740)刻本　八冊

620000 – 1101 – 0001667　2407

[雍正]昭文縣志十卷首一卷　（清）勞必達修
（清）陳祖範等纂　清雍正九年(1731)刻本
四冊

620000 – 1101 – 0001668　782.7/674

[永康]應氏先型錄六卷首一卷　（清）應正祿
等輯　清同治五年(1866)上海道署刻本
一冊

620000 – 1101 – 0001669　831/0.605

[詠史詩鈔]一卷　（□）□□編　清晚期抄本
一冊

620000 – 1101 – 0001670　651.7/0.1

[諭旨]不分卷　（清）□□輯　清抄本　一冊

620000 – 1101 – 0001671　782.873/883

[岳鍾琪行略]一卷　（清）□□撰　清嘉慶刻
本　一冊

620000 – 1101 – 0001672　847.8/746

[樂志簃集]五種十七卷　（清）沈祥龍撰　清
光緒二十六年(1900)文墨齋刻本　四冊

620000 – 1101 – 0001673　626.04/0.675

[雜錄七種]七卷　（□）□□輯　清末民國初
無夢園抄本　一冊

620000 – 1101 – 0001674　565.209/958

[增修籌餉事例條款]一卷[籌餉事例]一卷
[增修現行常例]一卷　（清）戶部纂修　清同
治五年(1866)戶部刻本　三冊　存二卷(增
修籌餉事例條款一卷、籌餉事例一卷)

620000 – 1101 – 0001675　856.7/201

[趙以炯殿試策]不分卷　（清）趙以炯撰　清
光緒刻朱墨套印本　一冊

620000 – 1101 – 0001676　847.7/627

[枕經堂集]四種□□卷　（清）方朔撰　清同
治刻本　一冊

620000 – 1101 – 0001677　3460

[正德]朝邑縣志二卷　（明）王道修　（明）
韓邦靖纂　韓五泉詩四卷　（明）韓邦靖撰
韓五泉附錄二卷　（明）王九思等撰　韓安人
遺詩一卷　（明）屈氏撰　明萬曆四十年
(1612)刻本　三冊

620000 – 1101 – 0001678　671.55/135.651

[正德]朝邑縣志二卷　（明）王道修　（明）
韓邦靖纂　清嘉慶元年(1796)是政堂刻本
一冊

620000 – 1101 – 0001679　671.55/135.651

[正德]朝邑縣志二卷　（明）王道修　（明）
韓邦靖纂　清中期刻本　一冊

620000 – 1101 – 0001680　671.55/135.651

[正德]朝邑縣志二卷　（明）王道修　（明）
韓邦靖纂　清末刻本　一冊

620000 – 1101 – 0001681　671.55/135.651

[正德]朝邑縣志二卷　（明）王道修　（明）
韓邦靖纂　清末刻本　一冊

620000 – 1101 – 0001682　671.55/135.651

[正德]朝邑縣志二卷　（明）王道修　（明）
韓邦靖纂　清末刻本　一冊

620000 – 1101 – 0001683　671.55/135.651

[正德]朝邑縣志二卷　（明）王道修　（明）
韓邦靖纂　清末刻本　一冊

620000 – 1101 – 0001684　671.55/135.651

[正德]朝邑縣志二卷　（明）王道修　（明）

韓邦靖纂　清末刻本　一冊

620000－1101－0001685　451
[正德]姑蘇志六十卷　（明）林世遠修
（明）王鏊等纂修　明正德刻嘉增修本　二十
二冊

620000－1101－0001686　3385
[正德]武功縣志三卷首一卷　（明）康海纂
（清）孫景烈評注　清乾隆二十六年(1761)長
白瑪星阿刻本　一冊

620000－1101－0001687　3386
[正德]武功縣志三卷首一卷　（明）康海纂
（清）孫景烈評注　清乾隆二十六年(1761)長
白瑪星阿刻本　一冊

620000－1101－0001688　3499
[正德]武功縣志三卷首一卷　（明）康海纂
（清）孫景烈評注　清乾隆二十六年(1761)長
白瑪星阿刻本　一冊

620000－1101－0001689　3500
[正德]武功縣志三卷首一卷　（明）康海纂
（清）孫景烈評注　清乾隆二十六年(1761)長
白瑪星阿刻本　一冊

620000－1101－0001690　3383
[正德]武功縣志三卷首一卷　（明）康海纂
（清）孫景烈評注　清乾隆二十六年(1761)刻
光緒十三年(1887)張世英補修本　一冊

620000－1101－0001691　3384
[正德]武功縣志三卷首一卷　（明）康海纂
（清）孫景烈評注　清乾隆二十六年(1761)刻
光緒十三年(1887)張世英補修本　一冊

620000－1101－0001692　3495
[正德]武功縣志三卷首一卷　（明）康海纂
（清）孫景烈評注　清乾隆二十六年(1761)刻
光緒十三年(1887)補刻本　一冊

620000－1101－0001693　3496
[正德]武功縣志三卷首一卷　（明）康海纂
（清）孫景烈評注　清乾隆二十六年(1761)刻
光緒十三年(1887)補刻本　一冊

620000－1101－0001694　3497
[正德]武功縣志三卷首一卷　（明）康海纂
（清）孫景烈評注　清乾隆二十六年(1761)刻
光緒十三年(1887)補刻本　一冊

620000－1101－0001695　3498
[正德]武功縣志三卷首一卷　（明）康海纂
（清）孫景烈評注　清乾隆二十六年(1761)刻
光緒十三年(1887)補刻本　一冊

620000－1101－0001696　671.55/187.666
[正德]武功縣志三卷首一卷　（明）康海纂
（清）孫景烈評注　清道光八年(1828)風滿樓
刻本　一冊

620000－1101－0001697　671.55/187.665
[正德]武功縣志三卷首一卷　（明）康海纂
（清）孫景烈評注　清道光十一年(1831)來鹿
堂刻本　一冊

620000 － 1101 － 0001698　671.55/187.
661.001
[正德]武功縣志三卷首一卷　（明）康海纂
（清）孫景烈評注　清道光十一年(1831)來鹿
堂刻本　一冊

620000－1101－0001699　671.55/187.662
[正德]武功縣志三卷首一卷　（明）康海纂
（清）孫景烈評注　清同治十二年(1873)湖北
崇文書局刻本　一冊

620000－1101－0001700　671.55/187.662
[正德]武功縣志三卷首一卷　（明）康海纂
（清）孫景烈評注　清同治十二年(1873)湖北
崇文書局刻本　一冊

620000－1101－0001701　671.55/187.662
[正德]武功縣志三卷首一卷　（明）康海纂
（清）孫景烈評注　清同治十二年(1873)湖北
崇文書局刻本　一冊

620000－1101－0001702　671.55/187.662
[正德]武功縣志三卷首一卷　（明）康海纂
（清）孫景烈評注　清同治十二年(1873)湖北
崇文書局刻本　一冊

620000－1101－0001703　671.55/187.661.002

[正德]武功縣志三卷首一卷　（明）康海纂（清）孫景烈評注　清刻本　一冊

620000－1101－0001704　671.55/187.664

[正德]武功縣志四卷首一卷　（明）康海纂（清）孫景烈評注　清光緒二十年（1894）海昌許頌鼎刻本　一冊

620000－1101－0001705　230.88/885.01

[指南針五種]十卷　（清）劉一明著　清嘉慶刻本　十冊

620000－1101－0001706　672.15/305.5.77

[至正]崑山郡志六卷　（元）楊譓纂　清咸豐元年（1851）嘉定錢氏誦芬精舍刻本　一冊

620000－1101－0001707　578.231/852

[中日通商行船條約]不分卷　（清）外務部編　清光緒鉛印本　一冊

620000－1101－0001708　782.82/292

[重輯董子故里志]不分卷　（清）李汝釗編輯　清末抄本　一冊

620000－1101－0001709　835/0.525

[莊子史漢唐宋文雜鈔]不分卷　（清）□□輯　清中晚期抄本　一冊

620000－1101－0001710　3417

[總辦甘肅全省師範學堂章程]一卷　（清）總辦甘肅全省師範學堂編　清光緒三十二年（1906）甘肅官報局木活字印本　一冊

620000－1101－0001711　856.277/352

[左文襄公致史士良手札]不分卷　（清）左宗棠書　清光緒三十三年（1907）石印本　一冊

620000－1101－0001712　782.878/0.352

[左宗棠祭文]不分卷　（清）□□撰　清光緒刻本　四冊

620000－1101－0001713　821.18/173

碧溪詩話十卷　（宋）黃徹撰　清乾隆至光緒福建刻本　一冊

620000－1101－0001714　1471

唐堂集五十卷補遺二卷續八卷冬錄一卷（清）黃之雋撰　清乾隆刻本　十四冊

620000－1101－0001715　2611

唐堂集五十卷補遺二卷續八卷冬錄一卷（清）黃之雋撰　清乾隆刻本　十冊

620000－1101－0001716　3897

唐堂集五十卷補遺二卷續八卷冬錄一卷（清）黃之雋撰　清乾隆刻本　十二冊

620000－1101－0001717　847.7/105

饅飯亭集三十二卷後集十二卷　（清）祁寯藻撰　清咸豐祁氏刻本　六冊

620000－1101－0001718　739.26/880

阿達曼群島志一卷婆羅島志一卷　（清）前編書局編纂　清光緒三十四年（1908）學部編譯圖書局鉛印本　一冊

620000－1101－0001719　736.2/880

阿富汗土耳基斯坦志不分卷阿富汗斯坦志附新志不分卷土耳基斯坦志不分卷東土耳基斯坦志不分卷　（清）學部編譯圖書局編纂　清光緒三十三年（1907）學部編譯圖書局鉛印本　一冊

620000－1101－0001720　736.2/880

阿富汗土耳基斯坦志不分卷阿富汗斯坦志坿新志不分卷土耳基斯坦志不分卷東土耳基斯坦志不分卷　（清）學部編譯圖書局編纂　清光緒三十三年（1907）學部編譯圖書局鉛印本　一冊

620000－1101－0001721　736.2/880

阿富汗土耳基斯坦志不分卷阿富汗斯坦志坿新志不分卷土耳基斯坦志不分卷東土耳基斯坦志不分卷　（清）學部編譯圖書局編纂　清光緒三十三年（1907）學部編譯圖書局鉛印本　一冊

620000－1101－0001722　221/704

阿難問事佛吉凶經一卷　（五代）釋安世高譯　十二緣生祥瑞經二卷　（宋）釋施護譯　清同治、光緒刻本　一冊

620000 – 1101 – 0001723　782.97/325

阿文成公年譜二十四卷　（清）那彦成纂　清嘉慶十八年(1813)刻本　二十四冊

620000 – 1101 – 0001724　782.97/325

阿文成公年譜三十四卷　（清）那彦成纂　清嘉慶十八年(1813)刻本　十二冊

620000 – 1101 – 0001725　782.97/325

阿文成公年譜三十四卷　（清）那彦成纂　清嘉慶十八年(1813)刻本　十七冊　存十七卷（二、四至八、十至十四、十七至二十、二十三至二十四）

620000 – 1101 – 0001726　761.1/501

埃及近世史二十六章　（日本）柴四郎著　麥鼎華譯　清光緒二十八年(1902)上海廣智書局鉛印本　一冊

620000 – 1101 – 0001727　847.8/329

艾廬遺稿六卷　（清）邵曾鑑撰　清光緒二十三年(1897)陶聽泉刻本　二冊

620000 – 1101 – 0001728　1069

愛娟女櫻桃記不分卷　（明）史槃撰　清抄本　一冊

620000 – 1101 – 0001729　847.1/35

愛日堂文集八卷　（清）孫宗彝著　（清）孫弓安輯　清晚期刻本　四冊

620000 – 1101 – 0001730　847.8/218

愛月軒女史遺稿不分卷　（清）胡凱姒撰　清光緒十四年(1888)朱墨套印本　一冊

620000 – 1101 – 0001731　847.8/18.02

安般簃集十卷　（清）袁昶撰　清光緒十六年(1890)桐廬袁氏刻漸西村舍彙刊本　四冊

620000 – 1101 – 0001732　847.8/18.02

安般簃集十卷　（清）袁昶撰　清光緒十六年(1890)桐廬袁氏刻漸西村舍彙刊本　三冊

620000 – 1101 – 0001733　847.8/18.02

安般簃集十卷　（清）袁昶撰　清光緒十六年(1890)桐廬袁氏刻漸西村舍彙刊本　一冊　存三卷（八至十）

620000 – 1101 – 0001734　847.8/18.02

安般簃集十卷春閨雜詠一卷附錄一卷　（清）袁昶撰　清光緒桐廬袁氏刻漸西村舍彙刊本　三冊

620000 – 1101 – 0001735　567.3/0.704

安定縣賦役全書不分卷　（清）□□編　清咸豐二年(1852)刻本　三冊

620000 – 1101 – 0001736　684.9/0.704

安化縣學志二卷　（□）□□修纂　清光緒刻本　一冊　存一卷（一）

620000 – 1101 – 0001737　782.622/0.704

安徽名宦錄不分卷　（□）□□撰　清光緒刻本　一冊

620000 – 1101 – 0001738　856.7/719

安徽優貢卷（光緒乙酉科）一卷　（清）江朝宗撰　清光緒刻本　一冊

620000 – 1101 – 0001739　856.7/383.1

安徽優選貢卷（光緒乙酉科）一卷　（清）陳之澍撰　清光緒刻本　一冊

620000 – 1101 – 0001740　839.8/628

安吉施氏遺著五種七卷　（清）施文銓　施浴升撰　清光緒十七年(1891)刻本　一冊

620000 – 1101 – 0001741　443.6/94

安瀾紀要二卷　（清）徐心如撰　清道光二十二年(1842)刻本　二冊

620000 – 1101 – 0001742　927

安祿山事迹三卷　（唐）姚汝能纂　清懶髯道人抄本　一冊

620000 – 1101 – 0001743　738.31/305

安南史四卷　（日本）引田利章著　（清）毛乃庸譯　清光緒二十九年(1903)教育世界社石印本　一冊

620000 – 1101 – 0001744　567.3/0.704

安肅道屬賦役全書不分卷　（清）□□編　清咸豐二年(1852)刻本　三冊

620000 – 1101 – 0001745　089.75/84.001

安吳四種三十六卷　（清）包世臣著　清同治

十一年(1872)刻本　十六冊

620000－1101－0001746　089.75/84.001

安吳四種三十六卷　(清)包世臣著　清光緒
十四年(1888)刻本　十六冊

620000－1101－0001747　089.75/84

安吳四種三十六卷　(清)包世臣著　清光緒
十四年(1888)刻本　十六冊

620000－1101－0001748　671.65/509.78

安西直隸州地理調查表不分卷　(清)侯葆文
編　清宣統元年(1909)抄本　一冊

620000－1101－0001749　567.3/0.704

安西直隸州屬賦役全書不分卷　(清)□□編
清咸豐二年(1852)刻本　一冊

620000－1101－0001750　2742

安雅堂全集二十卷　(清)宋琬撰　清順治、
乾隆刻本　十六冊　存十九卷(安雅堂詩一
卷、安雅堂文集二卷、重刻安雅堂文集二卷、
安雅堂書啓一卷、安雅堂未刻稿八卷、入蜀集
二卷、二鄉亭詞三卷)

620000－1101－0001751　4287

安陽集五十卷忠獻韓魏王家傳十卷　(宋)韓
琦撰　遺事一卷　(宋)強至撰　別錄三卷
(宋)王巖叟撰　清康熙五十六年(1717)昆山
徐敏刻本　三冊　存十卷(家傳十卷)

620000－1101－0001752　797.13/10

安陽縣金石錄十二卷　(清)武虛谷著　清嘉
慶二十四年(1819)鐵嶺貴泰刻本　十二冊

620000－1101－0001753　797.13205/103

安陽縣金石錄十二卷　(清)武虛谷著　清嘉
慶二十四年(1819)鐵嶺貴泰刻本　四冊

620000－1101－0001754　222.03/761

安樂集二卷　(唐)釋道綽撰　清光緒二十三
年(1897)金陵刻經處刻本　一冊

620000－1101－0001755　436.2749/439

桉譜不分卷　(清)吳宗濂輯譯　清宣統二年
(1910)上海商務印書館鉛印本　一冊

620000－1101－0001756　192.14/113

闇修記四卷　(清)王檢心撰　清光緒津河廣
仁堂刻本　四冊

620000－1101－0001757　192.9/0.3

暗室燈二卷　題(清)深山居士撰　清光緒刻
本　二冊

620000－1101－0001758　413.2/125

敖氏傷寒金鏡錄不分卷　(元)敖氏撰　清晚
期抄本　一冊

620000－1101－0001759　3104

奧衍新著三卷　(清)張必剛撰　清雍正觀物
堂刻後印本　三冊

620000－1101－0001760　578.29833/80

澳門公牘錄存一卷　(清)□□輯　清宣統鉛
印本　一冊

620000－1101－0001761　1142

八代詩撰五卷補遺一卷　(清)陸奎勳輯　清
乾隆十八年(1753)刻本　四冊

620000－1101－0001762　831.2/11.86

八代詩選二十卷　王闓運撰　清光緒七年
(1881)四川尊經書局刻民國三十一年(1942)
成都國立四川大學印本　六冊

620000－1101－0001763　831/118

八代詩選二十卷　王闓運撰　清光緒十六年
(1890)江蘇書局刻本　二冊　存六卷(十五
至二十)

620000－1101－0001764　1813

八家詩選八卷　(清)吳之振輯　清康熙十一
年(1672)吳氏鑑古堂刻本　四冊

620000－1101－0001765　835.97/43

八家四六文鈔九卷　(清)吳鼒輯　清嘉慶三
年(1798)刻本　四冊

620000－1101－0001766　835.97/43

八家四六文鈔九卷　(清)吳鼒輯　清嘉慶三
年(1798)刻本　二冊

620000－1101－0001767　835.97/43

八家四六文鈔九卷　(清)吳鼒輯　清嘉慶三
年(1798)刻本　二冊

620000－1101－0001768　835.95/363

八家四六文注八卷首一卷　（清）孫星衍等撰
（清）許貞幹注　清光緒十七年(1891)刻本
十六冊

620000－1101－0001769　835.97/43.001

八家四六文註八卷首一卷補註一卷　（清）孫
星衍等撰　（清）許貞幹注　清光緒十八年
(1892)上海圖書集成印書局鉛印本　八冊

620000－1101－0001770　835.95/363.001

八家四六文註八卷首一卷補註一卷　（清）孫
星衍等撰　（清）許貞幹注　清光緒十八年
(1892)上海圖書集成印書局鉛印本　八冊

620000－1101－0001771　086.23/222

八烈贈詩七卷　（清）胡壽椿輯　清同治四年
(1865)退補齋刻本　一冊

620000－1101－0001772　856.7/434.003

八銘塾鈔初集不分卷　（清）吳懋政編　清咸
豐七年(1857)刻本　三冊

620000－1101－0001773　856.7/434

八銘塾鈔初集六卷二集不分卷　（清）吳懋政
編　清嘉慶十一年(1806)刻本　八冊

620000－1101－0001774　856.7/434.001

八銘塾鈔初集六卷二集六卷　（清）吳懋政編
清光緒宏道堂刻本　六冊

620000－1101－0001775　887

八旗滿洲氏族通譜八十卷目錄二卷　（清）弘
晝等撰　清乾隆九年(1744)武英殿刻本　二
十六冊

620000－1101－0001776　1877

八旗滿洲氏族通譜八十卷目錄二卷　（清）弘
晝等撰　清乾隆九年(1744)武英殿刻本　十
七冊　存六十三卷(六至十四、十九至四十
九、五十四至七十三、七十八至八十)

620000－1101－0001777　3041

八旗滿洲氏族通譜八十卷目錄二卷　（清）弘
晝等撰　清乾隆九年(1744)武英殿刻本　十
七冊　存五十五卷(二十二至二十七、三十一

至七十九)

620000－1101－0001778　830.78/340

八旗文經五十六卷作者考三卷敘錄一卷
（清）盛昱輯　清光緒二十七年(1901)武昌刻
本　十二冊

620000－1101－0001779　830.78/340

八旗文經五十六卷作者考三卷敘錄一卷
（清）盛昱輯　清光緒二十七年(1901)武昌刻
本　十二冊

620000－1101－0001780　782.17/109

八旗選拔明經通譜(同治癸酉科)不分卷
（清）禮部編訂　清同治十三年(1874)京都琉
璃廠刻本　一冊

620000－1101－0001781　013.2/0.30

八史經籍志十種三十卷　（日本）□□輯　清
光緒八年(1882)刻本　十六冊

620000－1101－0001782　013.2/0.30

八史經籍志十種三十卷　（日本）□□輯　清
光緒八年(1882)刻本　十六冊

620000－1101－0001783　317.8/482

八線備旨四卷八線學總習問一卷　（美國）羅
密士撰　（美國）潘慎文選譯　（清）謝洪賚校
錄　清光緒二十年(1894)上海美華書館鉛印
本　一冊

620000－1101－0001784　317.8/482

八線備旨四卷八線學總習問一卷　（美國）羅
密士撰　（美國）潘慎文選譯　（清）謝洪賚校
錄　清光緒二十年(1894)上海美華書館鉛印
本　一冊

620000－1101－0001785　317.8/482

八線備旨四卷八線學總習問一卷　（美國）羅
密士撰　（美國）潘慎文選譯　（清）謝洪賚校
錄　清光緒三十年(1904)上海美華書館鉛印
本　一冊

620000－1101－0001786　317.3/151

八線對數簡表不分卷　（清）賈步緯校　火榮
業重校　清光緒二十八年(1902)上海江南機

器製造總局鉛印本 一冊

620000－1101－0001787 317.3/151

八線對數簡表不分卷 （清）賈步緯校 火榮業重校 清光緒二十八年(1902)上海江南機器製造總局鉛印本 一冊

620000－1101－0001788 317.3/151

八線對數簡表不分卷 （清）賈步緯校 火榮業重校 清光緒二十八年(1902)上海江南機器製造總局鉛印本 一冊

620000－1101－0001789 317.3/151

八線對數簡表不分卷 （清）賈步緯校 火榮業重校 清光緒二十八年(1902)上海江南機器製造總局鉛印本 一冊

620000－1101－0001790 317.3/151

八線對數簡表不分卷 （清）賈步緯校 火榮業重校 清光緒二十八年(1902)上海江南機器製造總局鉛印本 一冊

620000－1101－0001791 317.3/151.07

八線簡表不分卷 （清）賈步緯校述 清光緒二十九年(1903)上海江南製造總局鉛印本 一冊

620000－1101－0001792 317.3/151.07

八線簡表不分卷 （清）賈步緯校述 清光緒二十九年(1903)上海江南製造總局鉛印本 一冊

620000－1101－0001793 317.3/151.07

八線簡表不分卷 （清）賈步緯校述 清光緒二十九年(1903)上海江南製造總局鉛印本 一冊

620000－1101－0001794 317.3/151.07

八線簡表不分卷 （清）賈步緯校述 清光緒二十九年(1903)上海江南製造總局鉛印本 一冊

620000－1101－0001795 317.3/151.07

八線簡表不分卷 （清）賈步緯校述 清光緒二十九年(1903)上海江南製造總局鉛印本 一冊

620000－1101－0001796 317.3/151.07

八線簡表不分卷 （清）賈步緯校述 清光緒二十九年(1903)上海江南製造總局鉛印本 一冊

620000－1101－0001797 324/286

八星之一總論不分卷 （英國）李提摩太撰 （清）鑄鐵盦譯 清光緒十九年(1893)上海廣學會鉛印本 一冊

620000－1101－0001798 324/286

八星之一總論不分卷 （英國）李提摩太撰 （清）鑄鐵盦譯 清光緒十九年(1893)上海廣學會鉛印本 一冊

620000－1101－0001799 226.8/775

八宗綱要二卷 （明）釋凝然述 清宣統三年(1911)刻本 一冊

620000－1101－0001800 876/598

巴黎茶花女遺事不分卷 （法國）小仲馬撰 林紓譯 清光緒石印本 一冊

620000－1101－0001801 847.8/84.01

巴里客餘生詩草六卷首一卷末一卷 （清）延清撰 清光緒二十七年(1901)石印本 二冊

620000－1101－0001802 592.3574/962

巴西國地理兵要不分卷巴西政治考不分卷 （清）顧厚焜編 （清）鄭之驤譯 清光緒十五年(1889)石印本 一冊

620000－1101－0001803 676.55/119.79

巴燕戎格廳地理調查表不分卷 （清）鍾文海編 清宣統元年(1909)抄本 一冊

620000－1101－0001804 310.8/158

白芙堂算學叢書二十二種八十九卷 （清）丁取忠輯 清同治、光緒長沙古荷花池精舍刻本 三十二冊

620000－1101－0001805 310.8/158

白芙堂算學叢書二十二種八十九卷 （清）丁取忠輯 清同治、光緒長沙古荷花池精舍刻本 三十二冊

620000－1101－0001806 310.8/158

白芙堂算學叢書二十二種八十九卷 （清）丁
取忠輯 清同治、光緒長沙古荷花池精舍刻
本 三十二冊

620000－1101－0001807 310.8/158.003
白芙堂算學叢書二十二種八十九卷 （清）丁
取忠輯 清末刻本 十一冊 缺一種十二卷
（筆算一卷、今有術一卷、分法一卷、開方一
卷、平方各行術一卷、平圓各形圖一卷、立方
立圓術一卷、句股一卷、衰分一卷、平三角邊
角互求術一卷、弧三角術一卷、測量高遠術一
卷）

620000－1101－0001808 310.8/158.002
白芙堂算學叢書二十二種八十九卷 （清）丁
取忠輯 清光緒二十二年(1896)石印本
八冊

620000－1101－0001809 310.8/158.001
白芙堂算學叢書二十二種八十九卷 （清）丁
取忠輯 清光緒二十三年(1897)上海紹文書
局石印本 八冊

620000－1101－0001810 413.55/349.001
白喉治法忌表抉微一卷 （清）耐修子著 清
光緒十七年(1891)刻本 一冊

620000－1101－0001811 413.55/349.002
白喉治法忌表抉微一卷 （清）耐修子著 清
光緒十七年(1891)刻本 一冊

620000－1101－0001812 413.55/349.003
白喉治法忌表抉微一卷 （清）耐修子著 清
光緒十七年(1891)刻本 一冊

620000－1101－0001813 413.55/349.004
白喉治法忌表抉微一卷 （清）耐修子著 清
光緒十七年(1891)武威同善公所刻本 一冊

620000－1101－0001814 413.55/349.005
白喉治法忌表抉微一卷 （清）耐修子著 清
光緒二十年(1894)刻本 一冊

620000－1101－0001815 413.55/349.007
白喉治法忌表抉微一卷 （清）耐修子著 清
光緒二十二年(1896)刻本 一冊

620000－1101－0001816 413.55/349.006
白喉治法忌表抉微一卷 （清）耐修子著 清
光緒二十四年(1898)湖南同善堂刻本 一冊

620000－1101－0001817 132
白虎通德論二卷 （漢）班固撰 明嘉靖楊祐
刻本 二冊

620000－1101－0001818 69
白虎通德論四卷 （漢）班固撰 明刻廣漢魏
叢書本 二冊

620000－1101－0001819 630
白虎通疏證十二卷 （漢）班固撰 （清）陳立
注 清光緒元年(1875)淮南書局刻本 四冊

620000－1101－0001820 122.6/121.37
白虎通疏證十二卷 （漢）班固撰 （清）陳立
注 清光緒元年(1875)淮南書局刻本 四冊

620000－1101－0001821 098.222/124
白虎通四卷 （漢）班固撰 補遺一卷 （清）
盧文弨撰 闕文一卷 （清）莊述祖撰並輯
清乾隆四十九年(1784)抱經堂刻本 四冊

620000－1101－0001822 098.222/124.001
白虎通四卷 （漢）班固撰 補遺一卷 （清）
盧文弨撰 闕文一卷 （清）莊述祖撰並輯
清刻本 三冊

620000－1101－0001823 1223
白華前稿六十卷 （清）吳省欽撰 清乾隆刻
本 三冊

620000－1101－0001824 1898
白華前稿六十卷 （清）吳省欽撰 清乾隆刻
本 六冊 存四十四卷(一至四十四)

620000－1101－0001825 4348
白華前稿六十卷後稿四十卷年譜一卷 （清）
吳省欽撰 清乾隆四十八年(1783)刻嘉慶十
五年(1810)石經堂增刻本 六冊 存五十七
卷(前稿四十五至六十、後稿四十卷、年譜一
卷)

620000－1101－0001826 2202
白鹿書院志十九卷 （清）毛德琦撰 （清）周

兆蘭重修　清康熙刻乾隆、道光、同治遞修本
八冊

620000－1101－0001827　3302

白鹿書院志十九卷　（清）毛德琦撰　（清）周
兆蘭重修　清康熙刻乾隆、道光、同治遞修本
八冊

620000－1101－0001828　3865

白鹿書院志十九卷　（清）毛德琦撰　（清）周
兆蘭重修　清康熙刻乾隆、道光、同治遞修本
一冊　存二卷（一至二）

620000－1101－0001829　347

白沙子全集九卷附錄一卷　（明）陳獻章撰
明萬曆四十年（1612）何上新刻本　二十四冊

620000－1101－0001830　1479

白沙子全集六卷首一卷附錄一卷　（明）陳獻
章撰　（清）何九疇重編　清康熙四十九年
（1710）刻本　十二冊　存七卷（全集六卷、首
一卷）

620000－1101－0001831　2996

白沙子全集六卷首一卷附錄一卷　（明）陳獻
章撰　（清）何九疇重編　清康熙四十九年
（1710）刻本　六冊

620000－1101－0001832　2644

**白沙子全集十卷首一卷末一卷白沙子古詩教
解二卷**　（明）陳獻章撰　清乾隆三十六年
（1771）陳氏碧玉樓刻本　十冊

620000－1101－0001833　1485

**白田草堂存稿二十四卷崇祀鄉賢錄一卷行狀
一卷**　（清）王懋竑撰　清乾隆刻本　六冊

620000－1101－0001834　831.7/82

白田風雅二十四卷　（清）朱彬武輯　清光緒
十二年（1886）刻本　四冊

620000－1101－0001835　689.21/178

白下瑣言十卷　（清）甘熙撰　清光緒十六年
（1890）刻本　一冊　存二卷（六至七）

620000－1101－0001836　1796

白香山詩長慶集二十卷後集十七卷別集一卷

補遺二卷　（唐）白居易撰　**年譜一卷**　（清）
汪立名撰　**年譜舊本一卷**　（宋）陳振孫撰
清康熙四十一年至四十二年（1702－1703）汪
立名一隅草堂刻本　八冊　存三十九卷（長
慶集二十卷、後集十七卷、年譜一卷、年譜舊
本一卷）

620000－1101－0001837　1797

**白香山詩長慶集二十卷後集十七卷別集一卷
補遺二卷**　（唐）白居易撰　**年譜一卷**　（清）
汪立名撰　**年譜舊本一卷**　（宋）陳振孫撰
清康熙四十一年至四十二年（1702－1703）汪
立名一隅草堂刻本　六冊　存二十九卷（長
慶集二十卷、後集一至七、年譜一卷、年譜舊
本一卷）

620000－1101－0001838　1798

**白香山詩長慶集二十卷後集十七卷別集一卷
補遺二卷**　（唐）白居易撰　**年譜一卷**　（清）
汪立名撰　**年譜舊本一卷**　（宋）陳振孫撰
清康熙四十一年至四十二年（1702－1703）汪
立名一隅草堂刻本　十六冊

620000－1101－0001839　4369

**白香山詩長慶集二十卷後集十七卷別集一卷
補遺二卷**　（唐）白居易撰　**年譜一卷**　（清）
汪立名撰　**年譜舊本一卷**　（宋）陳振孫撰
清康熙四十一年至四十二年（1702－1703）汪
立名一隅草堂刻本　三冊　存十卷（後集一
至三、八至十、十七,別集一卷,補遺二卷）

620000－1101－0001840　847.7/371

白香亭詩集三卷　（清）鄧輔綸著　清光緒十
九年（1893）東河督署刻本　二冊

620000－1101－0001841　847.7/371

白香亭詩集三卷　（清）鄧輔綸著　清光緒十
九年（1893）東河督署刻本　二冊

620000－1101－0001842　847.7/371

白香亭詩集三卷　（清）鄧輔綸著　清光緒十
九年（1893）東河督署刻本　一冊

620000－1101－0001843　423

白雪齋選訂樂府吳騷合編四卷衡曲塵譚一卷

（明）張楚叔　（明）張旭初輯　**曲律一卷**
（明）魏良輔撰　明崇禎十年(1637)張師齡刻
本　八冊

620000－1101－0001844　423

白雪齋選訂樂府吳騷合編四卷衡曲麈譚一卷
　（明）張楚叔　（明）張旭初輯　**曲律一卷**
（明）魏良輔撰　明崇禎十年(1637)張師齡刻
本　四冊

620000－1101－0001845　852.5/37

白雨齋詞話八卷詞存一卷詩鈔一卷　（清）陳
廷焯撰　清光緒二十年(1894)刻本　四冊

620000－1101－0001846　292.2/291

白猿奇書日月風雲占候圖說一卷　題(唐)李
靖撰　（明）蘇茂相訂　（明）嚴之偉補　清末
抄本　一冊

620000－1101－0001847　853.637/0.347

百寶箱二卷　題(清)梅窗主人撰　清光緒二
十年(1894)袖海山房石印本　四冊

620000－1101－0001848　997.12/108

百變象棋譜不分卷　（清）祖龍氏撰　清晚期
刻本　一冊

620000－1101－0001849　211

百川學海一百種一百七十九卷　（宋）左圭輯
　明弘治十四年(1501)華珵刻本　十冊

620000－1101－0001850　311.7/462

百雞術衍二卷　（清）時曰醇編述　清同治十
二年(1873)長沙古荷花池精舍刻本　一冊
存一卷(下)

620000－1101－0001851　802.81/203

百家姓不分卷　（清）趙宜暄書　清嘉慶二十
年(1815)抄本　一冊

620000－1101－0001852　802.81/0.347

百家姓不分卷　（□）□□撰　清光緒十八年
(1892)刻本　一冊

620000－1101－0001853　782.1/158.3

百將圖傳二卷　（清）丁日昌編　清同治八年
(1869)江蘇書局刻本　三冊

620000－1101－0001854　1603

百菊集譜六卷菊史補遺一卷諸菊品目一卷
（宋）史鑄撰　明萬曆新安汪氏刻山居雜志本
　一冊　存四卷(百菊集譜一至三、諸菊品目
一卷)

620000－1101－0001855　831.7/934

百老吟不分卷　錢溯耆輯　清宣統二年
(1910)刻本　一冊

620000－1101－0001856　847.5/307.3

百林園詩集二卷　（清）張建珌著　（清）李苞
選　清嘉慶十七年(1812)刻本　一冊

620000－1101－0001857　831.7/679

百美新詠一卷集詠一卷圖傳一卷　（清）顏希
源編　清嘉慶十年(1805)刻本　八冊

620000－1101－0001858　831.7/679

百美新詠一卷集詠一卷圖傳一卷　（清）顏希
源編　清嘉慶十年(1805)刻本　二冊

620000－1101－0001859　831.7/679

百美新詠一卷集詠一卷圖傳一卷　（清）顏希
源編　清嘉慶十年(1805)刻本　三冊

620000－1101－0001860　385.9/579

百獸圖說不分卷　（清）韋門道氏著　清光緒
八年(1882)益智書會刻本　二冊

620000－1101－0001861　385.9/579

百獸圖說不分卷　（清）韋門道氏著　清光緒
八年(1882)益智書會刻本　二冊

620000－1101－0001862　4603

百璽丝印存不分卷　（清）胡養元輯　清光緒
刻鈐印本　一冊

620000－1101－0001863　223.9/68.91

百丈叢林清規証義記九卷首一卷　（唐）釋懷
海編　（清）釋儀潤注　**地輿名目一卷**　（清）
釋儀潤輯　清同治昭慶寺慧空經房刻本
六冊

620000－1101－0001864　847.7/113

百柱堂全集五十二卷首一卷　（清）王柏心著
　清光緒十九年(1893)刻本　二十冊

620000－1101－0001865　847.6/27

柏梘山房集三十一卷 （清）梅曾亮撰　清咸豐六年(1856)刻本　六冊

620000－1101－0001866　847.6/279

柏梘山房文集十六卷詩集十卷續集二卷駢體文二卷 （清）梅曾亮撰　清咸豐五年(1855)刻同治三年(1864)補刻本　六冊

620000－1101－0001867　847.1/835

柏廬外集四卷 （清）朱用純撰　清光緒八年(1882)刻本　二冊

620000－1101－0001868　090.7/627.001

柏堂讀書筆記六卷 （清）方宗誠撰　清光緒三年至四年(1877－1878)刻本　二冊

620000－1101－0001869　847.7/62

柏堂集前編十四卷次編十三卷續編二十二卷後編二十二卷餘編八卷外編十二卷補存三卷坿存五卷春秋傳正誼四卷春秋集義十二卷俟命錄十卷 （清）方宗誠撰　清光緒四年至十二年(1878－1886)桐城方氏刻本　三十二冊

620000－1101－0001870　029.776/433

拜經樓藏書題跋記五卷附錄一卷 （清）吳壽暘纂　清道光刻本　一冊

620000－1101－0001871　684.7/888

拜李滄溟先生墓記一卷附題詩一卷 （清）劉大紳撰　清嘉慶刻本　一冊

620000－1101－0001872　856.9/780

拜梅山房几上書二十一種二十二卷 （清）□□輯　清道光十六年(1836)拜梅山房刻本　四冊

620000－1101－0001873　1001

稗海七十種四百四十九卷 （明）商濬輯　明萬曆商氏半埜堂刻清康熙振鷺堂補刻本　八十冊

620000－1101－0001874　1664

稗海七十種四百四十九卷 （明）商濬輯　明萬曆商氏半埜堂刻清康熙振鷺堂補刻本　三十二冊　存三十一種一百七十九卷(搜神記八卷,述異記二卷,雲溪友議十二卷,大唐新語十三卷,北夢瑣言四至二十,樂善錄二卷,蠡海集一卷,泊宅編三卷,東軒筆錄十五卷,蒙齋筆談二卷,畫墁錄一卷,墨莊漫錄五至八,歸田錄二卷,東坡先生志林一至二、十至十二,蘇黃門龍川別志二卷,老學庵筆記一至五,雲麓漫抄一至二,避暑錄話下,墨客揮犀十卷,異聞總錄四卷,鶴林玉露九至十二,侯鯖錄八卷,睽車志六卷,桯史十至十五,耕祿藁一卷,厚德錄四卷,野客叢書三十卷、附錄一卷,螢雪叢說二卷,許彥周詩話一卷,癸辛雜識續集二卷、別集二卷,山房隨筆一卷)

620000－1101－0001875　221.4/676

般若波羅密多心經淺釋一卷 （唐）釋玄奘譯　梅光羲釋　清宣統元年(1909)刻本　一冊

620000－1101－0001876　221.4/942

般若波羅蜜多心經直說一卷 （明）釋德清撰　（清）釋戒香錄　清晚期刻本　一冊

620000－1101－0001877　221.4/211

般舟三昧經三卷 （漢）釋支婁迦讖譯　清宣統三年(1911)揚州張肇昌刻本　一冊

620000－1101－0001878　585.4/129

頒發條例不分卷 （清）刑部頒　清嘉慶十七年(1812)刻本　一冊

620000－1101－0001879　573.53/0.983

頒發條例不分卷 （清）刑部頒　清晚期刻本　十二冊　存嘉慶二十五年夏季、秋季、冬季,道光元年春季、冬季,道光二年夏季、秋季,道光三年春季、夏季,道光四年春季、冬季各條例

620000－1101－0001880　573.53/0.983.001

頒發條例不分卷 （清）刑部頒　清晚期刻本　三十五冊

620000－1101－0001881　573.53/0.983.002

頒發條例不分卷 （清）刑部頒　清末刻本　三冊　存光緒元年至三年

620000－1101－0001882　1294

板橋詩鈔二卷詞鈔一卷小唱一卷題畫一卷家

書一卷　（清）鄭燮撰　清乾隆清暉書屋刻本
　四冊

620000－1101－0001883　1783
板橋詩鈔二卷詞鈔一卷小唱一卷題畫一卷家
書一卷　（清）鄭燮撰　清乾隆刻本　四冊

620000－1101－0001884　2884
板橋詩鈔二卷詞鈔一卷小唱一卷題畫一卷家
書一卷　（清）鄭燮撰　清乾隆刻本　三冊
存四卷(詩鈔二卷、題畫一卷、家書一卷)

620000－1101－0001885　847.4/979.001
板橋詩鈔二卷詞鈔一卷小唱一卷題畫一卷家
書一卷　（清）鄭燮撰　清晚期刻本　四冊

620000－1101－0001886　847.4/979
板橋詩鈔二卷詞鈔一卷小唱一卷題畫一卷家
書一卷　（清）鄭燮撰　清晚期玉書樓刻本
　四冊

620000－1101－0001887　3793
板屋吟詩草一卷　（清）吳簡默撰　清乾隆刻
本　一冊

620000－1101－0001888　082.77/601
半厂叢書十種八十四卷　（清）譚獻輯　清光
緒譚氏復堂刻本　十六冊

620000－1101－0001889　3299
半舫印存一卷　（清）葉墨卿　（清）丁二仲篆
　（清）王琛輯　清光緒二十二年（1896）王琛
刻鈐印本　一冊

620000－1101－0001890　2548
半農先生春秋說十五卷　（清）惠士奇撰　清
乾隆十四年(1749)璜川書屋刻本　四冊

620000－1101－0001891　094.137/138
半農先生禮說十四卷大學說一卷　（清）惠士
奇撰　清嘉慶三年(1798)上海彭氏蘭陔書屋
刻本　六冊

620000－1101－0001892　852.4/120
半塘定稿二卷賸稿一卷　（清）王鵬運撰　清
光緒三十一年至三十二年(1905－1906)刻本
　一冊

620000－1101－0001893　847.7/329
半巖廬遺集不分卷　（清）邵懿辰撰　清光緒
三十四年(1908)仁和邵氏刻本　一冊

620000－1101－0001894　856.117/289
半園尺牘二十五卷補遺六卷　題（清）靜福山
人撰　清光緒五年(1879)刻本　十冊

620000－1101－0001895　847.6/627.6
半字集二卷　（清）方東樹撰　清道光十三年
(1833)刻本　一冊

620000－1101－0001896　629.65/309
辦理貴戎兩廳番撒各案覆函不分卷　（清）李
良穆等撰　（清）張大鏞輯　清光緒十七年
(1891)稿本　一冊

620000－1101－0001897　629.65/309.01
辦理河南野番稟詳底稿五卷　（清）張大鏞撰
　清光緒抄本　五冊

620000－1101－0001898　561.11/353
保富述要不分卷　（英國）布來德著　（英國）
傅蘭雅口譯　（清）徐家寶筆述　清光緒二十
二年(1896)江南製造總局刻本　二冊

620000－1101－0001899　561.11/353
保富述要不分卷　（英國）布來德著　（英國）
傅蘭雅口譯　（清）徐家寶筆述　清光緒二十
二年(1896)江南製造總局刻本　一冊

620000－1101－0001900　591.8/947.001
保甲書輯要四卷　（清）徐棟原編　（清）丁日
昌重校　清同治七年(1868)江蘇書局刻本
　一冊

620000－1101－0001901　591.8/947.001
保甲書輯要四卷　（清）徐棟原編　（清）丁日
昌重校　清同治七年(1868)江蘇書局刻本
　一冊

620000－1101－0001902　591.8/947
保甲書四卷末一卷　（清）徐棟輯　清同治刻
本　二冊

620000－1101－0001903　573.41/133
保舉部章不分卷　（清）吏部撰　清光緒抄本

一冊

620000－1101－0001904　411/213

保全生命論一卷附一卷　（英國）古蘭肥勒撰
（英國）秀耀春口譯　（清）趙元益筆述　清
光緒二十七年（1901）上海製造局刻本　一冊

620000－1101－0001905　411/213

保全生命論一卷附一卷　（英國）古蘭肥勒撰
（英國）秀耀春口譯　（清）趙元益筆述　清
光緒二十七年（1901）上海製造局刻本　一冊

620000－1101－0001906　411/213

保全生命論一卷附一卷　（英國）古蘭肥勒撰
（英國）秀耀春口譯　（清）趙元益筆述　清
光緒二十七年（1901）上海製造局刻本　一冊

620000－1101－0001907　411/213

保全生命論一卷附一卷　（英國）古蘭肥勒撰
（英國）秀耀春口譯　（清）趙元益筆述　清
光緒二十七年（1901）上海製造局刻本　一冊

620000－1101－0001908　411/213

保全生命論一卷附一卷　（英國）古蘭肥勒撰
（英國）秀耀春口譯　（清）趙元益筆述　清
光緒二十七年（1901）上海製造局刻本　一冊

620000－1101－0001909　411/213

保全生命論一卷附一卷　（英國）古蘭肥勒撰
（英國）秀耀春口譯　（清）趙元益筆述　清
光緒二十七年（1901）上海製造局刻本　一冊

620000－1101－0001910　411/213

保全生命論一卷附一卷　（英國）古蘭肥勒撰
（英國）秀耀春口譯　（清）趙元益筆述　清
光緒二十七年（1901）上海製造局刻本　一冊

620000－1101－0001911　411/213

保全生命論一卷附一卷　（英國）古蘭肥勒撰
（英國）秀耀春口譯　（清）趙元益筆述　清
光緒二十七年（1901）上海製造局刻本　一冊

620000－1101－0001912　2138

保嬰撮要二十卷　（明）薛鎧撰　明萬曆刻薛
氏醫按二十四種本　十二冊

620000－1101－0001913　2143

保嬰金鏡錄一卷　（明）薛己撰　**敖氏傷寒金
鏡錄一卷**　（元）杜清碧撰　明崇禎元年
（1628）朱明刻薛氏醫書十六種本　一冊

620000－1101－0001914　856

保嬰金鏡一卷　（明）薛己撰　明萬曆刻薛氏
醫按二十四種本　一冊

620000－1101－0001915　413.7/440

保嬰易知錄二卷補編一卷　（清）吳寧瀾撰
清光緒元年（1875）刻本　一冊

620000－1101－0001916　413.7/440

保嬰易知錄二卷補編一卷　（清）吳寧瀾撰
清光緒元年（1875）刻本　一冊

620000－1101－0001917　235.5/239

葆真山人養性編不分卷　（清）柯懷經撰　清
光緒十七年（1891）海峰別墅刻本　一冊

620000－1101－0001918　2661

葆真堂印譜不分卷　（清）董蓮篆　清甘泉董
蓮刻鈐印本　一冊

620000－1101－0001919　468.6/317

寶藏興焉十二卷　（英國）費而奔著　（英國）
傅蘭雅口譯　（清）徐壽筆述　清光緒十年
（1884）江南製造總局刻本　八冊　存七卷
（六至十二）

620000－1101－0001920　468.6/317

寶藏興焉十二卷　（英國）費而奔著　（英國）
傅蘭雅口譯　（清）徐壽筆述　清光緒十年
（1884）江南製造總局刻本　十六冊

620000－1101－0001921　468.6/317

寶藏興焉十二卷　（英國）費而奔著　（英國）
傅蘭雅口譯　（清）徐壽筆述　清光緒十年
（1884）江南製造總局刻本　十六冊

620000－1101－0001922　468.6/317

寶藏興焉十二卷　（英國）費而奔著　（英國）
傅蘭雅口譯　（清）徐壽筆述　清光緒十年
（1884）江南製造總局刻本　十六冊

620000－1101－0001923　610.29/441.1

寶經堂綱鑑易知錄九十二卷　（清）吳乘權等

輯　御撰資治通鑑綱目三編二十卷　（清）張廷玉編　清道光三十年(1850)刻本　二十四冊

620000－1101－0001924　1433

寶鏡圖不分卷　（清）□□撰　清錢錄抄本　一冊

620000－1101－0001925　794.1/68

寶刻類編八卷　（清）伍崇曜輯　清咸豐十一年(1861)南海伍氏刻粵雅堂叢書本　六冊

620000－1101－0001926　847.4/662.1

寶綸堂詩鈔六卷　（清）齊召南撰　清光緒十三年(1887)刻本　四冊

620000－1101－0001927　847.4/662.1.001

寶綸堂文鈔八卷　（清）齊召南撰　清晚期秦瀛刻本　四冊

620000－1101－0001928　847.4/662.1

寶綸堂文鈔八卷詩鈔六卷　（清）齊召南撰　清光緒十三年(1887)刻本　四冊

620000－1101－0001929　3963

寶日堂初集三十二卷　（明）張鼐撰　明崇禎二年(1629)刻本　一冊　存二卷(十一、十五)

620000－1101－0001930　652.771/834

寶山堂遺稿二卷　（清）朱潮撰　清光緒十二年(1886)刻本　一冊

620000－1101－0001931　847.5/375

寶善堂彙稿二十九卷　（清）陳復祖等撰　清道光刻本　三冊

620000－1101－0001932　432/209

寶訓八卷　（清）郝懿行輯　清光緒五年(1879)東路廳署刻本　三冊

620000－1101－0001933　791.7/94

寶鴨齋題跋三卷　（清）徐樹鈞著　清宣統二年(1910)宏文社石印本　一冊

620000－1101－0001934　147

寶顏堂祕笈二百二十九種四百六十九卷　（明）陳繼儒輯　明萬曆刻本　一冊　存三種三卷(高寄齋訂正友論一卷、寶顏堂訂正三事遡真一卷、戊申立春考證一卷)

620000－1101－0001935　217

寶顏堂祕笈二百二十九種四百六十九卷　（明）陳繼儒輯　明萬曆刻本　一冊　存二種二卷(大學士高中玄公伏戎紀事一卷、寶顏堂訂正谿山餘話一卷)

620000－1101－0001936　532

寶顏堂祕笈二百二十九種四百六十九卷　（明）陳繼儒輯　明萬曆刻本　八十冊　存八十四種一百六十三卷(雲烟過眼錄四卷,書品一卷,樂郊私語一卷,清暑筆談一卷,冥寥子游二卷,甲乙剩言一卷,廣莊一卷,瓶史一卷,偶譚一卷,考槃餘事四卷,真西山政訓一卷,荊溪林下偶談四卷,煮泉小品一卷,伏戎紀事一卷,皇明吳郡丹青志一卷,畫說一卷,次柳氏舊聞一卷,谿山餘話一卷,願豐堂漫書一卷,知命錄一卷,疑仙傳一卷,可談一卷,四夷考八卷,慎言集訓二卷,長松茹退二卷,虎薈六卷,談苑四卷,羅湖野錄四卷,尚書故實一卷,賢奕編四卷,畾采館清課二卷,戊申立春考證一卷,金丹四百字解一卷,歲華紀麗譜一卷,牋紙譜一卷,蜀錦譜一卷,友論一卷,腳氣集二卷,傳疑錄一卷,春風堂隨筆一卷,汲古叢語一卷,蠙衣生馬記一卷,蠙衣生劍記一卷,雨航雜錄一卷,滄浪嚴先生詩談一卷,農田餘話二卷,遊城南記一卷,入蜀記四卷,海內十洲記一卷,化書六卷,丹鉛續錄八卷,三輔黃圖二卷,春渚紀聞六卷,問答錄一卷,漁樵閒話錄一卷,攬轡錄一卷,農說一卷,衍極一卷,春雨雜述一卷,畫品一卷,異魚圖贊四卷,江隣幾雜誌一卷,譏言長語二卷,陰符經解一卷,支談三卷,先進遺風二卷,夢溪補筆談二卷,方洲先生奉使錄二卷,碧里雜存一卷,泉南雜志二卷,天目遊紀一卷,文湖州竹派一卷,道德寶章一卷,祝子小言一卷,燕市雜詩一卷,一庵雜問錄一卷,夷俗記一卷,巖棲幽事一卷附清明曲,太平清話四卷,書蕉二卷,眉公筆記二卷,狂夫之言三卷、續二卷,珍珠船四卷,枕譚一卷)

620000－1101－0001937　672.15/425.1

寶應圖經六卷首一卷　（清）劉寶楠撰　清光緒九年（1883）淮南書局刻本　四冊

620000－1101－0001938　943.5/682

寶悰室帖不分卷　（清）惲壽平書　清宣統元年（1909）上海書畫會石印本　四冊

620000－1101－0001939　1941

抱犢山房集六卷　（清）嵇永仁撰　清雍正刻本　二冊

620000－1101－0001940　2769

抱經堂文集三十四卷　（清）盧文弨撰　清乾隆六十年至嘉慶二年（1795－1797）餘姚盧氏刻抱經堂叢書本　四冊

620000－1101－0001941　235/521

抱朴子內篇二十卷外篇五十卷附篇十卷（晉）葛洪撰　清光緒十一年（1885）吳縣朱氏槐廬家塾刻本　八冊

620000－1101－0001942　847.9/412

抱潤軒文集十卷　（清）馬其昶撰　清宣統元年（1909）安徽官紙印刷局石印本　一冊

620000－1101－0001943　847.6/38

抱真書屋詩鈔九卷詩餘一卷　（清）陸應穀撰　鄧虹橋孝廉遺詩一卷　（清）鄧學先著　清道光二十四年（1844）刻本　三冊

620000－1101－0001944　847.8/386.8

袞碧齋詩五卷詞一卷雜文集一卷　陳銳撰　清光緒三十一年（1905）刻本　一冊　存四卷（詩四至五、詞一卷、雜文集一卷）

620000－1101－0001945　853.637/741

報恩緣二卷　（清）沈起鳳著　清嘉慶古香林刻本　一冊　存一卷（上）

620000－1101－0001946　462.11/759

爆藥記要六卷　（美國）水雷局撰　舒高第口譯　（清）趙元益筆述　清光緒五年（1879）江南製造總局刻本　一冊

620000－1101－0001947　462.11/759

爆藥記要六卷　（美國）水雷局撰　舒高第口譯　（清）趙元益筆述　清光緒五年（1879）江南製造總局刻本　一冊

620000－1101－0001948　462.11/759

爆藥記要六卷　（美國）水雷局撰　舒高第口譯　（清）趙元益筆述　清光緒五年（1879）江南製造總局刻本　一冊

620000－1101－0001949　462.11/759

爆藥記要六卷　（美國）水雷局撰　舒高第口譯　（清）趙元益筆述　清光緒五年（1879）江南製造總局刻本　一冊

620000－1101－0001950　462.11/759

爆藥記要六卷　（美國）水雷局撰　舒高第口譯　（清）趙元益筆述　清光緒五年（1879）江南製造總局刻本　一冊

620000－1101－0001951　462.11/759

爆藥記要六卷　（美國）水雷局撰　舒高第口譯　（清）趙元益筆述　清光緒五年（1879）江南製造總局刻本　一冊

620000－1101－0001952　462.11/759

爆藥記要六卷　（美國）水雷局撰　舒高第口譯　（清）趙元益筆述　清光緒五年（1879）江南製造總局刻本　一冊

620000－1101－0001953　462.11/759

爆藥記要六卷　（美國）水雷局撰　舒高第口譯　（清）趙元益筆述　清光緒五年（1879）江南製造總局刻本　一冊

620000－1101－0001954　462.11/759

爆藥記要六卷　（美國）水雷局撰　舒高第口譯　（清）趙元益筆述　清光緒五年（1879）江南製造總局刻本　一冊

620000－1101－0001955　221.7/465

悲華經十卷　（北涼）釋曇無讖譯　清光緒四年（1878）金陵刻經處刻本　三冊

620000－1101－0001956　790.1/11

碑版文廣例十卷　（清）王芑孫輯　清道光二十一年（1841）刻本（目錄,卷一、五至七、十有補配）　四冊

620000－1101－0001957　790.1/11

碑版文廣例十卷　（清）王芑孫輯　清道光二
十一年（1841）刻本　十冊

620000－1101－0001958　790.1/11

碑版文廣例十卷　（清）王芑孫輯　清道光二
十一年（1841）刻本　四冊

620000－1101－0001959　790.1/11.001

碑版文廣例十卷　（清）王芑孫輯　清末抄本
四冊

620000－1101－0001960　782.21/935

碑傳集一百六十卷首二卷末二卷　（清）錢儀
吉纂錄　清光緒十九年（1893）江蘇書局刻本
六十冊

620000－1101－0001961　782.21/935

碑傳集一百六十卷首二卷末二卷　（清）錢儀
吉纂錄　清光緒十九年（1893）江蘇書局刻本
六十冊

620000－1101－0001962　782.21/935

碑傳集一百六十卷首二卷末二卷　（清）錢儀
吉纂錄　清光緒十九年（1893）江蘇書局刻本
六十冊

620000－1101－0001963　782.21/935

碑傳集一百六十卷首二卷末二卷　（清）錢儀
吉纂錄　清光緒十九年（1893）江蘇書局刻本
六十冊

620000－1101－0001964　1315

碑目漢隸金石文字磨滅考不分卷　（清）錢大
昕撰　清乾隆六十年（1795）錢氏抄本　二冊

620000－1101－0001965　857.17/726

北東園筆錄初編六卷　（清）梁恭辰撰　清晚
期刻本　一冊　存三卷（四至六）

620000－1101－0001966　857.17/726.01

北東園筆錄三編六卷　（清）梁恭辰撰　清同
治、光緒刻本　一冊　存三卷（四至六）

620000－1101－0001967　231/450

北斗九皇新經註解三卷　（宋）呂純陽注　清
光緒二十四年（1898）蘭州刻本　三冊

620000－1101－0001968　689.23101/15

北郭詩帳二卷　（清）丁丙撰　清光緒丁氏正
修堂刻本　二冊

620000－1101－0001969　577.831/46.26

北海道拓殖概觀六章　（日）北海道廳編
楊成能　謝蔭昌譯　清晚期鉛印本　一冊

620000－1101－0001970　2569

北江全集七種一百四十一卷　（清）洪亮吉撰
清乾隆、嘉慶刻本　二十四冊　存四種七
十二卷（乾隆府廳州縣圖志五十卷、補三國疆
域志二卷、東晉疆域志四卷、十六國疆域志十
六卷）

620000－1101－0001971　748.8/904.03

北徼彙編十九種　（清）何秋濤輯　清同治四
年（1865）京都龍威閣刻本　一冊　存四種
（康熙乾隆俄羅斯盟聘記、俄羅斯方域、記英
俄二夷搆兵、俄羅斯國志略）

620000－1101－0001972　1967

北夢瑣言二十卷　（宋）孫光憲撰　明萬曆商
氏半埜堂刻清修稗海本　四冊

620000－1101－0001973　1042

北齊書五十卷　（唐）李百藥撰　明崇禎十一
年（1638）毛氏汲古閣刻本　六冊

620000－1101－0001974　623.601/293

北史一百卷　（唐）李延壽撰　清同治十一年
（1872）金陵書局刻本　二十冊

620000－1101－0001975　1043

北史一百卷　（唐）李延壽撰　明崇禎十二年
（1639）毛氏汲古閣刻本　二十四冊

620000－1101－0001976　1733

北史一百卷　（唐）李延壽撰　明崇禎十二年
（1639）毛氏汲古閣刻本　二十六冊

620000－1101－0001977　1734

北史一百卷　（唐）李延壽撰　明崇禎十二年
（1639）毛氏汲古閣刻本　十二冊

620000－1101－0001978　1735

北史一百卷　（唐）李延壽撰　明崇禎十二年

(1639)毛氏汲古閣刻本　十五冊　存七十四卷(六至三十三、三十八至四十二、四十六至七十一、八十三至九十、九十四至一百)

620000－1101－0001979　1736

北史一百卷　(唐)李延壽撰　明萬曆十九年至二十一年(1591－1593)南京國子監刻明清遞修本　十七冊　存五十四卷(一至五、十三至二十八、三十五至四十六、五十一至五十八、六十三至六十六、八十至八十五、九十八至一百)

620000－1101－0001980　623.601/293.001

北史一百卷　(唐)李延壽撰　清光緒二十八年(1902)上海文瀾書局石印本　六冊

620000－1101－0001981　4081

北史一百卷　(唐)李延壽撰　明崇禎十二年(1639)毛氏汲古閣刻本　一冊　存四卷(一至四)

620000－1101－0001982　1442

北狩見聞錄一卷　(宋)曹勳編次　清末沈氏抱經樓抄本　一冊

620000－1101－0001983　160

北堂書鈔一百六十卷　(唐)虞世南輯　(明)陳禹謨補注　明萬曆二十八年(1600)陳禹謨刻本　二十冊

620000－1101－0001984　041/488

北堂書鈔一百六十卷首一卷　(唐)虞世南輯　(清)孔廣陶校注　清光緒十四年(1888)南海三十三萬卷堂刻本　二十冊

620000－1101－0001985　041/488.1

北堂書鈔一百六十卷首一卷　(唐)虞世南輯　(清)孔廣陶校注　清光緒十四年(1888)南海三十三萬卷堂刻本　二十冊

620000－1101－0001986　041/488.1

北堂書鈔一百六十卷首一卷　(唐)虞世南輯　(清)孔廣陶校注　清光緒十四年(1888)南海三十三萬卷堂刻本　二十冊

620000－1101－0001987　2658

北溪草堂詩稿七卷　(清)沈剛中撰　清乾隆刻本　二冊

620000－1101－0001988　192.14/384

北溪先生字義二卷補遺一卷嚴陵講義一卷　(宋)陳淳撰　(宋)王雋編　(清)顧秀虎增輯　清光緒八年(1882)津河廣仁堂刻本　二冊

620000－1101－0001989　192.14/384

北溪先生字義二卷補遺一卷嚴陵講義一卷　(宋)陳淳撰　(宋)王雋編　(清)顧秀虎增輯　清光緒八年(1882)津河廣仁堂刻本　二冊

620000－1101－0001990　192.14/384.001

北溪先生字義二卷補遺一卷嚴陵講義一卷　(宋)陳淳撰　(宋)王雋編　(清)顧秀虎增輯　清光緒二十三年(1897)雲間木活字印本　一冊

620000－1101－0001991　192.14/384.001

北溪先生字義二卷補遺一卷嚴陵講義一卷　(宋)陳淳撰　(宋)王雋編　(清)顧秀虎增輯　清光緒二十三年(1897)雲間木活字印本　一冊

620000－1101－0001992　782.99/798

北學編四卷　(清)魏一鰲輯　(清)尹會一訂　清同治七年(1868)蓮池書院刻本　二冊

620000－1101－0001993　653.78/17

北洋公牘類纂二十五卷　(清)甘厚慈輯　清光緒三十三年(1907)北京益森印刷公司鉛印本　一冊　存二卷(一至二)

620000－1101－0001994　653.78/17

北洋公牘類纂二十五卷　(清)甘厚慈輯　清光緒三十三年(1907)北京益森印刷公司鉛印本　二十冊

620000－1101－0001995　653.78/17

北洋公牘類纂二十五卷　(清)甘厚慈輯　清光緒三十三年(1907)北京益森印刷公司鉛印本　一冊　存一卷(四)

620000－1101－0001996　653.78/17

北洋公牘類纂二十五卷　（清）甘厚慈輯　清光緒三十三年(1907)北京益森印刷公司鉛印本　十五冊　存十七卷(一至十一、十三、十七至十九、二十四至二十五)

620000－1101－0001997　059/581

北洋學報三編　（清）北洋官報局編　清光緒北洋官報局鉛印本　二冊

620000－1101－0001998　847.8/946

北遊潭影集一卷　（清）徐琪撰　清光緒三年(1877)仁和徐氏刻香海盦叢書本　一冊

620000－1101－0001999　857.37/165

北隅掌錄二卷　（清）黃士珣撰　清道光二十五年(1845)錢塘汪憲振綺堂刻本　二冊

620000－1101－0002000　042.78/906

備乘類輯二卷　（清）傅學衡輯　清抄本　一冊

620000－1101－0002001　2105

備急千金要方三十卷附影宋版千金方考異一卷　（唐）孫思邈撰　（宋）林億等校正　清光緒四年(1878)麟瑞堂重印日本江戶醫學影宋本　十二冊

620000－1101－0002002　2145

備急千金要方三十卷附影宋版千金方考異一卷　（唐）孫思邈撰　（宋）林億等校正　清光緒四年(1878)麟瑞堂重印日本江戶醫學影宋本　十二冊

620000－1101－0002003　414.1/7.711.001

本草備要不分卷　（清）汪昂撰　清同治元年(1862)樊川文成堂刻本　五冊

620000－1101－0002004　414.1/7.314.002

本草便讀二卷　（清）張秉成編　清光緒二十二年(1896)毗陵張氏刻本　四冊

620000－1101－0002005　414.1/7.441.001

本草從新六卷　（清）吳儀洛編　清嘉慶十一年(1806)刻本　六冊

620000－1101－0002006　414.1/7.441.002

本草從新六卷　（清）吳儀洛編　清晚期刻本　六冊

620000－1101－0002007　414.1/7.994

本草分經不分卷　（清）姚瀾編輯　清光緒十四年(1888)鉛印本　一冊

620000－1101－0002008　414.1/7.205.002

本草綱目拾遺十卷正誤一卷　（清）趙學敏輯　清同治十年(1871)吉心齋刻利濟十二種本　十冊

620000－1101－0002009　414.1/7.205.002

本草綱目拾遺十卷正誤一卷　（清）趙學敏輯　清同治十年(1871)吉心齋刻利濟十二種本　十冊

620000－1101－0002010　414.1/6.289.003

本草綱目五十二卷　（明）李時珍撰　清光緒鉛印本　一冊　存五卷(三十八至四十二)

620000－1101－0002011　414.1/6.289.006

本草綱目五十二卷　（明）李時珍撰　清刻本　一冊　存二卷(二十九至三十)

620000－1101－0002012　414.1/6.289.007

本草綱目五十二卷　（明）李時珍撰　清刻本　一冊　存三卷(三十八至三十九、五十二)

620000－1101－0002013　414.1/6.289.008

本草綱目五十二卷　（明）李時珍撰　清刻本　七冊　存九卷(十至十三、二十六至三十)

620000－1101－0002014　4521

本草綱目五十二卷　（明）李時珍撰　清乾隆刻本(序、總目、卷四下配清康熙五十二年本立堂刻本，卷一至二配明刻本)　三十冊

620000－1101－0002015　4522

本草綱目五十二卷　（明）李時珍撰　清順治刻本　四十八冊

620000－1101－0002016　1693

本草綱目五十二卷圖二卷瀕湖脈學一卷脈訣考證一卷奇經八脈考一卷　（明）李時珍撰　明萬曆三十一年(1603)張鼎思刻本　二十六冊　存四十九卷(一至三、四中、五至三十三、

三十五至四十二、四十四至五十一）

620000 – 1101 – 0002017　2108

本草綱目五十二卷圖三卷　（明）李時珍撰
清順治十二年(1655)吳毓昌太和堂刻本　四
十七冊

620000 – 1101 – 0002018　4171

本草綱目五十二卷圖三卷　（明）李時珍撰
本草萬方鍼線八卷藥品總目一卷　（清）蔡烈
先輯　清乾隆四十九年(1784)金閶書業堂刻
本　三冊　存六卷(本草萬方鍼線一至四、七
至八)

620000 – 1101 – 0002019　414.1/6.289

本草綱目五十二卷圖三卷　（明）李時珍撰
本草萬方鍼線八卷藥品總目一卷　（清）蔡烈
先輯　清晚期同文堂刻本　四十六冊　存五
十五卷(本草綱目五十二卷、圖三卷)

620000 – 1101 – 0002020　414.1/6.289.004

本草綱目五十二卷圖三卷　（明）李時珍撰
本草萬方鍼線八卷藥品總目一卷　（清）蔡烈
先輯　清晚期漁古山房刻本　四十二冊　存
五十三卷(一、五至五十二,圖三卷,藥品總目
一卷)

620000 – 1101 – 0002021　414.1/6.289.005

本草綱目五十二卷圖三卷　（明）李時珍撰
本草萬方鍼線八卷藥品總目一卷　（清）蔡烈
先輯　清晚期刻本　十二冊　存二十二卷
(五至七、十三、十六、二十一至三十一、五十
一至五十二,本草萬方鍼線一至四)

620000 – 1101 – 0002022　3848

本草類方十卷　（清）年希堯輯　清乾隆十七
年(1752)黃晟槐蔭草堂刻本　十一冊

620000 – 1101 – 0002023　414.1/7.171

本草求真九卷圖一卷　（清）黃宮繡纂　清晚
期刻本　十冊

620000 – 1101 – 0002024　414.1/7.171.002

**本草求真主治二卷本草求真九卷脈理求真三
卷**　（清）黃宮繡纂　清晚期刻本　十冊

620000 – 1101 – 0002025　414.1/7.636.001

本草三家合註六卷　（清）郭汝聰集注　**神農
本草經百種錄一卷**　（清）徐大椿撰　清刻本
六冊

620000 – 1101 – 0002026　414.1/7.636

本草三家合註三卷　（清）郭汝聰集注　清中
晚期刻本　六冊

620000 – 1101 – 0002027　414.16/289

本草通元四卷　（明）李中梓著　（清）尤乘增
訂　清刻本　一冊　存二卷(三至四)

620000 – 1101 – 0002028　414.16/289.001

本草通元四卷　（明）李中梓著　（清）尤乘增
訂　清刻本　一冊　存一卷(三)

620000 – 1101 – 0002029　414.17/559

本草萬方鍼線八卷　（清）蔡烈先輯　清道光
六年(1826)英德堂刻本　一冊　存三卷(四
至六)

620000 – 1101 – 0002030　414.8/0.296

本草萬方正宗十二卷　（清）□□編　清晚期
抄本　十二冊

620000 – 1101 – 0002031　414.1/7.667

本草問答二卷　（清）唐宗海著　清光緒千頃
堂書局石印本　一冊

620000 – 1101 – 0002032　414.1/7.667

本草問答二卷　（清）唐宗海著　清光緒千頃
堂書局石印本　一冊

620000 – 1101 – 0002033　414.1/7.370

本草藥品正別名總目不分卷　（清）孔昭度輯
清光緒十六年(1890)抄本　一冊

620000 – 1101 – 0002034　414.6/7.713.014

本草醫方合編十二卷本草圖像一卷　（清）汪
昂編　清令德堂刻本　六冊

620000 – 1101 – 0002035　414.1/6.289.3

本草原始十二卷　（明）李中立纂　清嘉慶二
十二年(1817)經餘堂刻本　六冊

620000 – 1101 – 0002036　3217

本朝館閣賦前集十二卷後集七卷補遺一卷附

錄一卷稻香樓試帖二卷 （清）葉抱崧等輯
清乾隆二十九年至三十三年(1764 - 1768)刻
本 十六冊

620000 – 1101 – 0002037 1239

本朝館閣詩二十卷附錄一卷續附錄一卷
（清）阮學浩 （清）阮學浚輯 清乾隆三十年
(1765)刻本 二十四冊

620000 – 1101 – 0002038 4330

本朝名媛詩鈔六卷 （清）胡孝思 （清）朱珖
輯 清康熙五十五年(1716)凌雲閣刻乾隆三
十一年(1766)印本 四冊

620000 – 1101 – 0002039 4028

本朝十二家精選十二卷 （清）何飛鳳輯 清
乾隆三十六年(1771)刻本 十冊 存十一卷
（一至十一）

620000 – 1101 – 0002040 856.7/290

本朝試賦麗則四卷 （清）李光理等輯注 清
晚期刻本 八冊

620000 – 1101 – 0002041 2981

本朝試賦新硎五卷首一卷 （清）李光瓊等輯
評 清乾隆二十九年(1764)金陵三多齋刻本
八冊

620000 – 1101 – 0002042 847.4/186.01

本朝文讀本不分卷 （清）袁枚撰 清晚期三
餘堂刻本 三冊

620000 – 1101 – 0002043 847.4/186.01.001

本朝文讀本不分卷 （清）袁枚撰 清末刻本
五冊

620000 – 1101 – 0002044 847.4/186.01.001

本朝文讀本不分卷 （清）袁枚撰 清末刻本
四冊

620000 – 1101 – 0002045 4255

本朝政治全書前集十二卷後集六卷附錄八卷
（清）朱植仁輯 清雍正刻本 八冊 存五
卷（禮部上下、吏部下、戶部上下）

620000 – 1101 – 0002046 414.6/7.842.001

本經疏證十二卷 （清）鄒澍學 清同治十二

年(1873)反經堂刻本 六冊

620000 – 1101 – 0002047 414.6/7.842

本經疏證十二卷續疏六卷序疏要八卷 （清）
鄒澍學 清道光二十九年(1849)常州長年醫
局刻本 八冊

620000 – 1101 – 0002048 414.6/7.842

本經疏證十二卷續疏六卷序疏要八卷 （清）
鄒澍學 清道光二十九年(1849)常州長年醫
局刻本 十六冊

620000 – 1101 – 0002049 2785

本事詩十二卷 （清）徐釚輯 清康熙四十三
年(1704)吳中立刻本 四冊

620000 – 1101 – 0002050 2833

本事詩十二卷 （清）徐釚輯 清乾隆二十二
年(1757)汪氏半松書屋刻本 四冊

620000 – 1101 – 0002051 831.6/949

本事詩十二卷 （清）徐釚輯 清光緒十四年
(1888)刻邵武徐氏叢書本 六冊

620000 – 1101 – 0002052 1847

本韻一得二十卷 （清）龍為霖撰 清乾隆十
六年(1751)刻本 八冊

620000 – 1101 – 0002053 2765

比紅兒詩一卷 （唐）羅虬撰 明嘉靖十九年
(1540)刻本 一冊

620000 – 1101 – 0002054 494.4/988

比京伯魯色爾萬國博覽會章程一卷 （比利
時）余塞爾 （比利時）高第等訂 清宣統二
年(1910)鉛印本 一冊

620000 – 1101 – 0002055 747.1/0.1

比利時政治要覽不分卷 （清）政治官報局編
清光緒三十四年(1908)政治官報局鉛印本
一冊

620000 – 1101 – 0002056 747.1/0.1

比利時政治要覽不分卷 （清）政治官報局編
清光緒三十四年(1908)政治官報局鉛印本
一冊

620000 – 1101 – 0002057 589.912/886

本經疏證十二卷 （清）鄒澍學 清同治十二

比例摘要便覽四卷　（清）劉若瑛輯　（清）任壽昌校刊　清光緒九年(1883)寄螺齋刻本二冊

620000－1101－0002058　847.7/165

比玉樓詩稿補遺一卷　（清）黃振均撰　清末刻朱印本　一冊

620000－1101－0002059　847.7/165.03

比玉樓遺稿四卷　（清）黃振均撰　清光緒二十年(1894)刻本　一冊

620000－1101－0002060　852.47/978

比竹餘音四卷　（清）鄭文焯撰　清光緒二十八年(1902)刻本　一冊

620000－1101－0002061　748.2/113

彼得興俄記一卷　王樹枏撰　清光緒末至民國初新城王氏刻本　一冊

620000－1101－0002062　748.2/113

彼得興俄記一卷　王樹枏撰　清光緒末至民國初新城王氏刻本　一冊

620000－1101－0002063　748.2/113

彼得興俄記一卷　王樹枏撰　清光緒末至民國初新城王氏刻本　一冊

620000－1101－0002064　748.2/113

彼得興俄記一卷　王樹枏撰　清光緒末至民國初新城王氏刻本　一冊

620000－1101－0002065　748.2/113

彼得興俄記一卷　王樹枏撰　清光緒末至民國初新城王氏刻本　一冊

620000－1101－0002066　823.12/686

筆花樓詞譜一卷　（明）顧正誼撰　清晚期刻本　一冊

620000－1101－0002067　413.2/719.002

筆花醫鏡四卷　（清）江涵暾著　清光緒十九年(1893)刻本　一冊

620000－1101－0002068　413.2/719.002

筆花醫鏡四卷　（清）江涵暾著　清光緒十九年(1893)刻本　一冊

620000－1101－0002069　413.2/719.002

筆花醫鏡四卷　（清）江涵暾著　清光緒十九年(1893)刻本　一冊

620000－1101－0002070　413.2/719.002

筆花醫鏡四卷　（清）江涵暾著　清光緒十九年(1893)刻本　一冊

620000－1101－0002071　413.2/719.003

筆花醫鏡四卷　（清）江涵暾著　清末抄本　一冊

620000－1101－0002072　4523

筆花醫鏡四卷　（清）江涵暾撰　清光緒抄本　二冊

620000－1101－0002073　858.51/882

筆生花三十二卷　（清）邱心如撰　清咸豐七年(1857)陳同勛抄本　一冊　存十六卷(一至十六)

620000－1101－0002074　312.9/859

筆算便覽五卷中西度量權衡表一卷　（清）紀大奎撰　清光緒二十二年(1896)上海六先書局石印本　二冊

620000－1101－0002075　312.1/651

筆算教科書二卷　（清）彭蘭琪輯　（清）京師大學堂鑒定　清光緒英商育文書局鉛印本二冊

620000－1101－0002076　312/307

筆算數學全草不分卷　（清）張貢九編輯　清光緒三十二年(1906)上海科學編譯書局石印本　六冊

620000－1101－0002077　312/997.001

筆算數學三卷　（美國）狄考文輯　（清）鄒立文述　清光緒三十二年(1906)甘肅高等學堂刻本　六冊

620000－1101－0002078　312/997

筆算數學三卷細草三卷　（美國）狄考文輯　（清）鄒立文述　清光緒三十年(1904)上海美華書館鉛印本　六冊

620000－1101－0002079　018.87/393

皕宋樓藏書志一百二十卷續志四卷 （清）陸
心源撰 清光緒八年(1882)刻潛園總集本
四十冊

620000－1101－0002080 018.87/393

皕宋樓藏書志一百二十卷續志四卷 （清）陸
心源撰 清光緒八年(1882)刻潛園總集本
三十二冊 存一百二十卷(皕宋樓藏書志一
百二十卷)

620000－1101－0002081 018.87/393

皕宋樓藏書志一百二十卷續志四卷 （清）陸
心源撰 清光緒八年(1882)刻潛園總集本
三十二冊 存一百二十卷(皕宋樓藏書志一
百二十卷)

620000－1101－0002082 018.87/393

皕宋樓藏書志一百二十卷續志四卷 （清）陸
心源撰 清光緒八年(1882)刻潛園總集本
三十二冊

620000－1101－0002083 018.87/393

皕宋樓藏書志一百二十卷續志四卷 （清）陸
心源撰 清光緒八年(1882)刻潛園總集本
二十三冊 存一百十卷(一至一百十)

620000－1101－0002084 438.2/377

神農最要三卷 （清）陳開沚述 清光緒二十
三年(1897)潼川永義和刻本 一冊

620000－1101－0002085 847.6/380

碧山舍詩集二十二卷梅花書屋賦稿一卷
(清)陳子簡撰 清道光二十七年(1847)刻本
八冊

620000－1101－0002086 847.6/380

碧山舍詩集二十二卷梅花書屋賦稿一卷
(清)陳子簡撰 清道光二十七年(1847)刻本
七冊

620000－1101－0002087 847.6/380

碧山舍詩集二十三卷梅花書屋詩稿二卷
(清)陳子簡撰 清道光二十七年(1847)刻本
八冊

620000－1101－0002088 782.21/52.12

碧血錄五卷 （清）莊仲方撰 清光緒八年
(1882)上海同文書局石印本 五冊

620000－1101－0002089 782.21/52.12

碧血錄五卷 （清）莊仲方撰 清光緒八年
(1882)上海同文書局石印本 五冊

620000－1101－0002090 847.4/223.3

碧腴齋詩存八卷 （清）胡德琳著 清刻本
一冊

620000－1101－0002091 532.91/167

避諱錄五卷 （清）黃本驥編輯 清道光二十
六年(1846)湘陰蔣氏刻三長物齋叢書本
一冊

620000－1101－0002092 856.6/546

璧合珠聯集十卷 （清）董恂等撰 （清）翰緣
齋主人錄 清光緒二十三年(1897)京都翰緣
齋刻本 一冊 存一卷(七)

620000－1101－0002093 416.2/439

編輯外科心法要訣十六卷首一卷 （清）吳謙
等輯 清光緒九年(1883)上海掃葉山房刻御
纂醫宗金鑑本 十二冊

620000－1101－0002094 1613

編註醫學入門七卷首一卷 （明）李梴撰 明
萬曆刻本 一冊 存一卷(七)

620000－1101－0002095 681.5/290

邊疆簡覽三卷 （清）李慎儒撰 清光緒二十
八年(1902)退思軒石印本 一冊

620000－1101－0002096 782.87/0.875

邊缺事跡一卷 （清）□□撰 清光緒抄本
一冊

620000－1101－0002097 681.5/828.01

邊事彙鈔十二卷續鈔八卷 （清）朱克敬編輯
清光緒六年(1880)刻本 十冊

620000－1101－0002098 681.5/828.01

邊事續鈔八卷 （清）朱克敬編輯 清光緒六
年(1880)刻本 四冊

620000－1101－0002099 413/705.1

扁鵲心書三卷首一卷神方一卷 （宋）竇材輯

清光緒七年(1881)上海王氏刻本　二冊

620000－1101－0002100　802.81/771

便蒙鑑略不分卷　（清）馮翊撰　清光緒十年(1884)崇雲閣刻本　一冊

620000－1101－0002101　802.81/380

便蒙字書不分卷　（清）陳獻文纂　清中晚期刻本　一冊

620000－1101－0002102　847.2/989

徧行堂集十六卷　（清）釋今釋撰　清宣統三年(1911)上海國學扶輪社鉛印本　四冊

620000－1101－0002103　1323

辨脈彙訣不分卷　（□）□□撰　清抄本　一冊

620000－1101－0002104　413.1/378

辨證錄十四卷洞垣全書脉訣闡微一卷　（清）陳士鐸著述　清晚期刻本　九冊　存九卷（辨證錄一、三、五至六、八至十、十二,脉訣闡微一卷）

620000－1101－0002105　091.7/522

辨志堂新輯易經集解四卷　（清）萬經輯　清嘉慶二十年(1815)西爽堂刻本　四冊

620000－1101－0002106　802.27/940

辨字摘要四卷　（清）饒應召撰　清晚期刻本　一冊

620000－1101－0002107　1374

辯利院志三卷　（清）翟灝編輯　清末丁丙當歸草堂抄本　一冊

620000－1101－0002108　652.785/0.626

變法章程奏議一卷　（清）□□撰　清末抄本　一冊

620000－1101－0002109　561.3/88

變通圜法條議一卷　（清）劉慶汾撰　清光緒三十一年(1905)刻本　一冊

620000－1101－0002110　847.2/249

變雅堂遺集二十卷　（清）杜濬撰　清光緒二十年(1894)黃岡沈氏刻本　一冊　存二卷（一至二）

620000－1101－0002111　041.7/980

表魏不分卷　（清）鄭旭旦輯注　（清）計文翔閱定　（清）許謝樹重校　清中晚期刻本　一冊

620000－1101－0002112　857.21/636

別國洞冥記四卷　（漢）郭憲撰　西京雜記六卷　（漢）劉歆撰　清嘉慶刻廣漢魏叢書本　一冊

620000－1101－0002113　1867

別雅五卷　（清）吳玉搢撰　清乾隆七年(1742)程氏督經堂刻本　五冊

620000－1101－0002114　2965

別雅五卷　（清）吳玉搢撰　清乾隆七年(1742)程氏督經堂刻本　五冊

620000－1101－0002115　802.16/433

別雅五卷　（清）吳玉搢撰　清道光二十九年(1849)小蓬萊山館刻本　五冊

620000－1101－0002116　438.2/270

豳風廣義三卷　（清）楊屾編輯　清光緒十六年(1890)陝西求友齋刻本　三冊

620000－1101－0002117　438.2/270

豳風廣義三卷　（清）楊屾編輯　清光緒十六年(1890)陝西求友齋刻本　三冊

620000－1101－0002118　413.24/289.002

瀕湖脉學一卷　（明）李時珍撰　清光緒四年(1878)蜀東善成堂刻本　一冊

620000－1101－0002119　413.24/289.006

瀕湖脈學一卷奇經八脈考一卷　（明）李時珍撰　脈訣考證一卷　（□）□□著　清晚期刻本　一冊

620000－1101－0002120　696.1/466

冰嶺紀程一卷度嶺吟一卷　（清）景廉撰　清同治六年(1867)刻本　一冊

620000－1101－0002121　782.877/34.34

冰梅詞一卷　（清）夏慎大輯　清光緒二十九年(1903)刻本　一冊

620000－1101－0002122　831.78/987

冰泉唱和集一卷續和一卷附錄一卷 金武祥
輯 清光緒二十七年(1901)江陰金氏刻粟香
室叢書本 一冊

620000－1101－0002123 192.1/291.001

冰言補一卷 (清)李惺撰 清同治六年
(1867)劉鴻典刻本 一冊

620000－1101－0002124 192.1/291

冰言十卷補錄十卷 (清)李惺撰 清光緒三
十三年(1907)江蘇提學署刻本 二冊

620000－1101－0002125 653.785/0.882

兵部武選司奏疏公牘不分卷 (清)□□輯
清光緒抄本 四十七冊

620000－1101－0002126 597.76/987

兵船礮法六卷 (美國)水師書院撰 (美國)
金楷理口譯 (清)朱恩錫筆述 (清)李鳳苞
刪潤 清光緒元年(1875)上海江南製造局刻
本 三冊

620000－1101－0002127 597.76/987

兵船礮法六卷 (美國)水師書院撰 (美國)
金楷理口譯 (清)朱恩錫筆述 (清)李鳳苞
刪潤 清光緒元年(1875)上海江南製造局刻
本 三冊

620000－1101－0002128 597.76/987

兵船礮法六卷 (美國)水師書院撰 (美國)
金楷理口譯 (清)朱恩錫筆述 (清)李鳳苞
刪潤 清光緒元年(1875)上海江南製造局刻
本 三冊

620000－1101－0002129 597.76/987

兵船礮法六卷 (美國)水師書院撰 (美國)
金楷理口譯 (清)朱恩錫筆述 (清)李鳳苞
刪潤 清光緒元年(1875)上海江南製造局刻
本 三冊

620000－1101－0002130 597.76/987

兵船礮法六卷 (美國)水師書院撰 (美國)
金楷理口譯 (清)朱恩錫筆述 (清)李鳳苞
刪潤 清光緒元年(1875)上海江南製造局刻
本 二冊 存四卷(一至四)

620000－1101－0002131 597.76/987.001

兵船礮法六卷 (美國)水師書院撰 (美國)
金楷理口譯 (清)朱恩錫筆述 (清)李鳳苞
刪潤 清同治十一年(1872)上海江南製造總
局刻本 一冊 存二卷(三至四)

620000－1101－0002132 444.44/876.001

兵船汽機六卷附錄一卷 (英國)息尼德撰
(英國)傅蘭雅口譯 (清)華備鈺筆述 清光
緒十一年(1885)江南機器製造總局刻本 四
冊 存五卷(一至二、四至六)

620000－1101－0002133 444.44/876.001

兵船汽機六卷附錄一卷 (英國)息尼德撰
(英國)傅蘭雅口譯 (清)華備鈺筆述 清光
緒十一年(1885)江南機器製造總局刻本 二
冊 存三卷(四至六)

620000－1101－0002134 444.44/876

兵船汽機六卷附錄一卷 (英國)息尼德撰
(英國)傅蘭雅口譯 (清)華備鈺筆述 清光
緒二十年(1894)江南機器製造總局刻本
八冊

620000－1101－0002135 444.44/876

兵船汽機六卷附錄一卷 (英國)息尼德撰
(英國)傅蘭雅口譯 (清)華備鈺筆述 清光
緒二十年(1894)江南機器製造總局刻本
八冊

620000－1101－0002136 444.44/876

兵船汽機六卷附錄一卷 (英國)息尼德撰
(英國)傅蘭雅口譯 (清)華備鈺筆述 清光
緒二十年(1894)江南機器製造總局刻本 四
冊 存四卷(三至六)

620000－1101－0002137 4556

兵法機要指南一卷 (□)□□輯 清抄本
四冊

620000－1101－0002138 2175

兵法全書三種十六卷 (清)鄧廷羅撰 清康
熙刻本 十冊

620000－1101－0002139 592.9/383

兵法史略學二卷 (清)陳慶年纂 清光緒二

十五年(1899)兩湖書院刻本 一冊 存一卷
(一)

620000－1101－0002140 592/372.001

兵鏡備考十三卷孫子集註十三篇兵鏡或問二
卷 (清)鄧廷羅纂輯 清晚期桐石山房刻本
十六冊

620000－1101－0002141 590/121

兵書三種七卷 (清)王鑫等輯 清光緒元年
(1875)湖北崇文書局刻本 一冊

620000－1101－0002142 596.1/947

兵學新書十六卷 (清)徐建寅輯 清末蘭州
官書局鉛印本 八冊

620000－1101－0002143 509

兵垣四編四卷附四卷 (明)閔聲編 明天啓
元年(1621)閔氏刻套印本 六冊

620000－1101－0002144 652.685/380

兵垣奏議不分卷 (明)陳子龍著 清光緒二
十三年(1897)諸暨陳氏刻本 二冊

620000－1101－0002145 059/731.01

丙午新民叢報彙編不分卷 梁啓超編 清光
緒三十三年(1907)普新端記書局石印本
二冊

620000－1101－0002146 653.178/0.674

稟稿摘要不分卷 (□)□□撰 清光緒、宣
統稿本 一冊

620000－1101－0002147 413.3/289

病機沙篆□□卷 (明)李中梓著 (清)尤乘
增補 清道光、光緒善成堂刻本 一冊 存
二卷(五至六)

620000－1101－0002148 782.874/712

病榻夢痕錄二卷 (清)汪輝祖撰 清嘉慶元
年(1796)刻本 二冊

620000－1101－0002149 782.874/712.001

病榻夢痕錄二卷 (清)汪輝祖撰 清晚期刻
本 二冊

620000－1101－0002150 735.01/880

波斯志不分卷 (清)學部編譯圖書局編纂

清光緒三十三年(1907)學部編譯圖書局鉛印
本 一冊

620000－1101－0002151 735.01/880

波斯志不分卷 (清)學部編譯圖書局編纂
清光緒三十三年(1907)學部編譯圖書局鉛印
本 一冊

620000－1101－0002152 735.01/880

波斯志不分卷 (清)學部編譯圖書局編纂
清光緒三十三年(1907)學部編譯圖書局鉛印
本 一冊

620000－1101－0002153 847.7/668

伯山全集 (清)康發祥編輯 清道光、同治
刻本 十六冊

620000－1101－0002154 978

泊如齋重修宣和博古圖錄三十卷 (宋)王黼
等撰 明萬曆十六年(1588)泊如齋刻本 十
六冊

620000－1101－0002155 367/248

博物學大意不分卷 (清)杜就田編譯 清光
緒三十二年(1906)上海商務印書館鉛印本
一冊

620000－1101－0002156 367/248

博物學大意不分卷 (清)杜就田編譯 清光
緒三十二年(1906)上海商務印書館鉛印本
一冊

620000－1101－0002157 495

博物志十卷 (晉)張華撰 明吳琯刻古今逸
史本 二冊

620000－1101－0002158 1413

博物志十卷 (晉)張華撰 (清)陳逢衡考證
清道光十八年(1838)抄本 二冊 存四卷
(一至四)

620000－1101－0002159 071.31/314

博物志十卷 (晉)張華撰 古今注三卷
(晉)崔豹著 清嘉慶刻本 一冊

620000－1101－0002160 32

博雅十卷 (三國魏)張揖撰 (隋)曹憲音釋

明刻廣漢魏叢書本　二冊

620000－1101－0002161　802.1624/307

博雅十卷　（三國魏）張揖撰　清刻本　一冊

620000－1101－0002162　585.8/986

駁案彙編四十一卷　（清）朱梅臣輯　清光緒
九年(1883)圖書集成局鉛印本　十二冊

620000－1101－0002163　585.8/986.002

駁案新編三十二卷續編七卷　（清）全士潮等
輯　清晚期刻本　二十四冊　存三十二卷
(駁案新編三十二卷)

620000－1101－0002164　585.8/986.001

駁案新編三十二卷續編七卷　（清）全士潮等
輯　清晚期刻本　二十八冊　存二十七卷
(一至四、七至八、十六至二十八、三十二，續
編七卷)

620000－1101－0002165　585.8/986.003

駁案續編三十二卷　（清）全士潮等輯　清嘉
慶刻本　三冊　存二十九卷(四至三十二)

620000－1101－0002166　1254

駁呂留良四書講義不分卷　（清）朱軾等撰
清雍正九年(1731)甘肅刻本　八冊

620000－1101－0002167　1254－1

駁呂留良四書講義不分卷　（清）朱軾等撰
清雍正九年(1731)甘肅刻本　八冊

620000－1101－0002168　1254－2

駁呂留良四書講義不分卷　（清）朱軾等撰
清雍正九年(1731)甘肅刻本　八冊

620000－1101－0002169　2041

駁呂留良四書講義不分卷　（清）朱軾等撰
清雍正九年(1731)甘肅刻本　八冊

620000－1101－0002170　2042

駁呂留良四書講義不分卷　（清）朱軾等撰
清雍正九年(1731)甘肅刻本　八冊

620000－1101－0002171　2752

駁呂留良四書講義不分卷　（清）朱軾等撰
清雍正九年(1731)甘肅刻本　一冊

620000－1101－0002172　847.8/117

蘗隝詩存一卷蘗隝詞存一卷　（清）王以敏撰
清光緒刻本　一冊

620000－1101－0002173　847.8/117

蘗隝詩存一卷蘗隝詞存一卷　（清）王以敏撰
清光緒刻本　一冊

620000－1101－0002174　2997

卜法詳考四卷　（清）胡煦撰　清雍正六年
(1728)胡氏葆璞堂刻本　四冊

620000－1101－0002175　292.1/120

卜筮正宗十四卷　（清）王維德輯　清光緒刻
本　二冊　存八卷(七至十四)

620000－1101－0002176　548.319/385

捕蝗彙編四卷　（清）陳僅編述　清晚期刻本
一冊

620000－1101－0002177　548.319/385

捕蝗彙編四卷　（清）陳僅編述　清晚期刻本
一冊

620000－1101－0002178　847.8/522

補蹉跎齋詩存一卷　（清）萬同倫撰　清光緒
十一年(1885)長安刻本　一冊

620000－1101－0002179　013.222/761

補後漢書藝文志考十卷首一卷　曾樸纂　清
光緒二十一年(1895)刻常熟曾氏叢書本
六冊

620000－1101－0002180　013.222/761

補後漢書藝文志考十卷首一卷　曾樸纂　清
光緒二十一年(1895)刻常熟曾氏叢書本
六冊

620000－1101－0002181　794.11/202.001

補寰宇訪碑錄五卷　（清）趙之謙纂集　清同
治三年(1864)刻本　四冊

620000－1101－0002182　794.11/202

補寰宇訪碑錄五卷失編一卷刊誤一卷　（清）
趙之謙纂集　清光緒十二年(1886)朱氏刻槐
廬叢書本　二冊

620000－1101－0002183　3073

補刊震川先生集八卷 （明）歸有光撰 清康熙四十三年（1704）刻本 一冊

620000－1101－0002184 663.53/720

補梁疆域志四卷 （清）洪齮孫纂 清道光十五年（1835）江陰刻本 一冊

620000－1101－0002185 013.2/54.92

補遼金元藝文志一卷 （清）倪燦撰 （清）盧文弨錄 清光緒十七年（1891）廣雅書局刻本 一冊

620000－1101－0002186 013.2/54.92.001

補遼金元藝文志一卷 （清）倪燦撰 （清）盧文弨錄 清光緒九年（1883）張壽榮刻本 一冊

620000－1101－0002187 3392

補三國疆域志二卷 （清）洪亮吉撰 清乾隆四十六年（1781）刻北江全集本 一冊

620000－1101－0002188 622.3/720

補三國疆域志二卷 （清）洪亮吉撰 清光緒十七年（1891）廣雅書局刻本 一冊

620000－1101－0002189 622.3/720

補三國疆域志二卷 （清）洪亮吉撰 清光緒十七年（1891）廣雅書局刻本 二冊

620000－1101－0002190 013.223/907

補三國藝文志四卷 （清）侯康撰 清光緒十三年（1887）廣雅書局刻本 一冊

620000－1101－0002191 013.254/987

補三史藝文志一卷 （清）金門詔撰 清光緒十七年（1891）廣雅書局刻本 一冊

620000－1101－0002192 552.2093/209

補宋書食貨志一卷 （清）郝懿行撰 清嘉慶刻本 一冊

620000－1101－0002193 585.9251/20.001

補宋書刑法志一卷補宋書食貨志一卷 （清）郝懿行撰 清嘉慶二十年（1815）刻郝氏遺書本 一冊

620000－1101－0002194 585.9251/20

補宋書刑法志一卷補宋書食貨志一卷 （清）

郝懿行撰 清光緒十七年（1891）廣雅書局刻本 一冊

620000－1101－0002195 847.4/186

補校袁文箋正八卷首一卷 （清）袁枚撰 （清）石韞玉箋 （清）汗漫山人補校 清道光三年（1823）嶺南叢雅居刻本 六冊

620000－1101－0002196 847.4/186

補校袁文箋正八卷首一卷 （清）袁枚撰 （清）石韞玉箋 （清）汗漫山人補校 清道光三年（1823）嶺南叢雅居刻本 五冊

620000－1101－0002197 847.4/186.5

補校袁文箋正八卷首一卷 （清）袁枚撰 （清）石韞玉箋 （清）汗漫山人補校 清末嶺南叢雅居刻本 十冊

620000－1101－0002198 013.222/930

補續漢書藝文志一卷 （清）錢大昭撰 清光緒十四年（1888）廣雅書局刻本 一冊

620000－1101－0002199 013.222/930

補續漢書藝文志一卷 （清）錢大昭撰 清光緒十四年（1888）廣雅書局刻本 一冊

620000－1101－0002200 782.102/928

補疑年錄四卷 （清）錢椒編 清道光十八年（1838）刻本 一冊

620000－1101－0002201 013.2/57.92

補元史藝文志四卷 （清）錢大昕撰 清光緒十九年（1893）廣雅書局刻本 一冊

620000－1101－0002202 413.11/41.119.5

補注黃帝內經素問二十四卷靈樞十二卷附素問遺篇一卷 （唐）王冰注 清光緒三年（1877）浙江書局刻本 六冊 存二十二卷（素問八至二十四、靈樞五至八、遺篇一卷）

620000－1101－0002203 413.11/41.119.5

補注黃帝內經素問二十四卷靈樞十二卷附素問遺篇一卷 （唐）王冰注 清光緒三年（1877）浙江書局刻本 四冊 存十一卷（素問八至十五、十九至二十一）

620000－1101－0002204 413.11/41.119.5

補注黃帝內經素問二十四卷靈樞十二卷附素問遺篇一卷 （唐）王冰注 清光緒三年(1877)浙江書局刻本 三冊 存十一卷(素問一至七、二十二至二十四,遺篇一卷)

620000－1101－0002205 413.11/41.119.5

補注黃帝內經素問二十四卷靈樞十二卷附素問遺篇一卷 （唐）王冰注 清光緒三年(1877)浙江書局刻本 十冊

620000－1101－0002206 413.11/41.119.5

補注黃帝內經素問二十四卷靈樞十二卷附素問遺篇一卷 （唐）王冰注 清光緒三年(1877)浙江書局刻本 十冊

620000－1101－0002207 413.11/41.119.501

補注黃帝內經素問二十四卷靈樞十二卷附素問遺篇一卷 （唐）王冰注 清光緒十九年(1893)鴻文書局石印本 二冊

620000－1101－0002208 413.11/41.119.503

補注黃帝內經素問二十四卷靈樞十二卷附素問遺篇一卷 （唐）王冰注 清光緒二十二年(1896)上海圖書集成局鉛印本 三冊 存十九卷(素問一至十二、靈樞六至十二)

620000－1101－0002209 413.11/41.119.502

補注黃帝內經素問二十四卷靈樞十二卷附素問遺篇一卷 （唐）王冰注 清光緒新化陳氏三味堂刻本 二冊 存六卷(素問十四至十九)

620000－1101－0002210 180

補註釋文黃帝內經素問十二卷遺篇一卷 (唐)王冰註 （宋）林億等校正 （宋）孫兆改誤 黃帝素問靈樞經十二卷 （宋）史宏音釋 明趙府居敬堂刻本 十六冊

620000－1101－0002211 586.65/697.001

補註洗冤錄集證四卷附一卷 （宋）宋慈撰 （清）王又槐集證 （清）阮其新補注 （清）張錫蕃句讀 （清）鍾淮 （清）童濂校訂 作

吏要言一卷 （清）葉鎮撰 （清）朱椿增補 清道光二十三年(1843)刻三色套印本 四冊

620000－1101－0002212 128

不空羂索神變真言經三十卷 （唐）釋菩提流志譯 明萬曆寒山化城庵刻本 八冊

620000－1101－0002213 847.8/94

不慊齋漫存十二卷 （清）徐廣陛著 清光緒刻本 十二冊

620000－1101－0002214 414.8/7.118

不藥良方二卷 （清）王站桂撰 清光緒七年(1881)京都紹衣堂刻本 二冊

620000－1101－0002215 846.5/381

布衣陳先生遺集四卷 （明）陳晟撰 （清）游光繹重訂 清光緒十年(1884)津河廣仁堂刻本 一冊

620000－1101－0002216 846.5/381

布衣陳先生遺集四卷 （明）陳晟撰 （清）游光繹重訂 清光緒十年(1884)津河廣仁堂刻本 一冊

620000－1101－0002217 596.28/391

步兵射擊教範四卷附表一卷圖一卷 （日本）陸軍省撰 （日本）山根虎之助譯 清光緒二十八年(1902)南洋公學鉛印本 一冊

620000－1101－0002218 323.023/151

步天歌一卷經星彙考一卷上元甲子恒星表不分卷 （清）賈步緯編 清光緒二十八年(1902)上海江南製造局刻本 一冊

620000－1101－0002219 323.023/151

步天歌一卷經星彙考一卷上元甲子恒星表不分卷 （清）賈步緯編 清光緒二十八年(1902)上海江南製造局刻本 一冊

620000－1101－0002220 323.023/151

步天歌一卷經星彙考一卷上元甲子恒星表不分卷 （清）賈步緯編 清光緒二十八年(1902)上海江南製造局刻本 一冊

620000－1101－0002221 323.023/151

步天歌一卷經星彙考一卷上元甲子恒星表不

分卷　（清）賈步緯編　清光緒二十八年
(1902)上海江南製造局刻本　一冊

620000－1101－0002222　323.023/151
步天歌一卷經星彙考一卷上元甲子恒星表不
分卷　（清）賈步緯編　清光緒二十八年
(1902)上海江南製造局刻本　一冊

620000－1101－0002223　323.023/151
步天歌一卷經星彙考一卷上元甲子恒星表不
分卷　（清）賈步緯編　清光緒二十八年
(1902)上海江南製造局刻本　一冊

620000－1101－0002224　323.023/151
步天歌一卷經星彙考一卷上元甲子恒星表不
分卷　（清）賈步緯編　清光緒二十八年
(1902)上海江南製造局刻本　一冊

620000－1101－0002225　323.023/151
步天歌一卷經星彙考一卷上元甲子恒星表不
分卷　（清）賈步緯編　清光緒二十八年
(1902)上海江南製造局刻本　一冊

620000－1101－0002226　323.023/151
步天歌一卷經星彙考一卷上元甲子恒星表不
分卷　（清）賈步緯編　清光緒二十八年
(1902)上海江南製造局刻本　一冊

620000－1101－0002227　323.023/151
步天歌一卷經星彙考一卷上元甲子恒星表不
分卷　（清）賈步緯編　清光緒二十八年
(1902)上海江南製造局刻本　一冊

620000－1101－0002228　323.023/151
步天歌一卷經星彙考一卷上元甲子恒星表不
分卷　（清）賈步緯編　清光緒二十八年
(1902)上海江南製造局刻本　一冊

620000－1101－0002229　323.023/151
步天歌一卷經星彙考一卷上元甲子恒星表不
分卷　（清）賈步緯編　清光緒二十八年
(1902)上海江南製造局刻本　一冊

620000－1101－0002230　323.023/151.001
步天歌一卷經星彙考一卷上元甲子恒星表不
分卷　（清）賈步緯編　清光緒二十八年

(1902)上海江南製造局刻本　一冊

620000－1101－0002231　323.023/151
步天歌一卷經星彙考一卷上元甲子恒星表不
分卷　（清）賈步緯編　清光緒二十八年
(1902)上海江南製造局刻本　一冊

620000－1101－0002232　573.332/109.5
部頒科場條例不分卷　（清）禮部編　清光緒
十年(1884)刻本　一冊

620000－1101－0002233　629.23/0.657
部頒浙省牙帖章程一卷　（清）□□編　清同
治刻本　一冊

620000－1101－0002234　573.53/0.657
部例(嘉慶時期)不分卷　（清）六部編　清末
刻本　十四冊

620000－1101－0002235　573.53/0.657.001
部例(乾隆時期)不分卷　（清）六部編　清末
刻本　五十二冊

620000－1101－0002236　2735
才調集十卷　（五代）韋縠輯　清康熙四十三
年(1704)汪文珍垂雲堂刻本　四冊

620000－1101－0002237　3867
才調集十卷　（五代）韋縠輯　清康熙四十三
年(1704)汪文珍垂雲堂刻本　四冊

620000－1101－0002238　2865
才調集十卷　（五代）韋縠輯　清刻本　六冊

620000－1101－0002239　2866
才調集十卷　（五代）韋縠輯　清刻本　六冊

620000－1101－0002240　2867
才調集十卷　（五代）韋縠輯　清刻本　四冊
存八卷(二至九)

620000－1101－0002241　830.4/579
才調集十卷　（五代）韋縠輯　清刻本　一冊
存二卷(九至十)

620000－1101－0002242　560/933
財政四綱四卷　錢恂撰　清光緒二十七年
(1901)石印本　四冊

620000 – 1101 – 0002243　782.877.614/835

采白仙子殉難哀辭不分卷　（清）朱和羲輯
清光緒三年(1877)刻本　一冊

620000 – 1101 – 0002244　857.175/295

采芳隨筆二十四卷　（清）查彬輯　清嘉慶十
九年(1814)刻本　十六冊

620000 – 1101 – 0002245　857.175/295

采芳隨筆二十四卷　（清）查彬輯　清嘉慶十
九年(1814)刻本　十六冊

620000 – 1101 – 0002246　574.411/69

采風記五卷時務論一卷紀程感事詩一卷　宋
育仁編　清晚期刻本　四冊

620000 – 1101 – 0002247　852.477/24

采香詞四卷　（清）杜文瀾撰　清同治刻曼陀
羅華閣叢書本　一冊

620000 – 1101 – 0002248　847.5/278

采真彙稿四卷　（清）檀萃著　（清）曾力行箋
注　（清）周芬佩評　清晚期刻本　一冊　存
一卷(四)

620000 – 1101 – 0002249　1605

綵毫記二卷　（明）屠隆撰　明末毛氏汲古閣
刻六十種曲本　一冊　存一卷(下)

620000 – 1101 – 0002250　192.1/520.002

菜根談一卷　（明）洪應明撰　清光緒三年
(1877)刻本　一冊

620000 – 1101 – 0002251　192.1/520.001

菜根譚不分卷　（明）洪應明撰　清道光元年
(1821)刻本　一冊

620000 – 1101 – 0002252　192.1/520

菜根譚二卷　（明）洪應明撰　（清）慕暲輯
清中晚期抄本　二冊

620000 – 1101 – 0002253　414.6/7.560

蔡同德堂丸散膏丹全錄一卷　（清）蔡鴻儀編
清光緒八年(1882)蔡同德堂刻本　一冊

620000 – 1101 – 0002254　622.2083/565

蔡邕十意輯存十六卷　（漢）蔡邕撰　（清）于
文華輯　清宣統鉛印東陽于氏叢書本　二冊

620000 – 1101 – 0002255　486

蔡中郎集二卷　（漢）蔡邕撰　明婁東張氏刻
漢魏六朝百三名家集本　二冊

620000 – 1101 – 0002256　832.2/565

蔡中郎集十卷外集四卷末一卷　（漢）蔡邕撰
清光緒十六年(1890)番禺陶氏愛廬刻本
六冊

620000 – 1101 – 0002257　396

蔡中郎文集十卷外傳一卷　（漢）蔡邕撰　明
萬曆三十九年(1611)馬維驥刻本　四冊

620000 – 1101 – 0002258　846.8/563

蔡忠烈公遺集一卷首一卷續編一卷　（明）蔡
道憲撰　（清）鄧顯鶴輯　清道光十三年
(1833)刻本　一冊

620000 – 1101 – 0002259　093.378/920

參校詩傳說存二卷　（清）葛士清等輯　清光
緒十五年(1889)刻本　一冊

620000 – 1101 – 0002260　334

參寥子詩集十二卷　（宋）釋道潛撰　**東坡稱
賞道潛之詩一卷**　（明）汪汝謙輯　明崇禎八
年(1635)王汝謙刻本　六冊

620000 – 1101 – 0002261　3888

參同契闡幽七卷　（清）朱元育撰　清康熙六
十年(1721)天德堂刻本　四冊

620000 – 1101 – 0002262　235.5/380

參同契分節解三卷　（漢）魏伯陽撰　（元）陳
致虛解　（明）姚汝循校刊　清晚期刻本
一冊

620000 – 1101 – 0002263　235.5/806

參同契經文直指三卷　（漢）魏伯陽著　（清）
劉一明解　清嘉慶五年(1800)刻本　二冊

620000 – 1101 – 0002264　235.5/947.001

參同契直指箋註三卷　（漢）徐景休撰　（清）
劉一明解　清嘉慶二十五年(1820)刻本
一冊

620000 – 1101 – 0002265　235.5/947

參同契直指箋註三卷　（漢）徐景休撰　（清）

劉一明解　清嘉慶刻本　一冊

620000－1101－0002266　235.5/487

參同契直指三相類二篇　（漢）淳于叔通撰
（清）劉一明解　清嘉慶刻本　一冊

620000－1101－0002267　235/885

參悟直指十二卷　（清）劉一明解　清嘉慶五
年(1800)蘭州榆中刻本　四冊　存九卷（參
同契經文直指一至三、箋注一至三、悟真直指
一至三）

620000－1101－0002268　235/885

參悟直指十二卷　（清）劉一明解　清嘉慶五
年(1800)蘭州榆中刻本　九冊

620000－1101－0002269　235/885

參悟直指十二卷　（清）劉一明解　清嘉慶五
年(1800)蘭州榆中刻本　九冊

620000－1101－0002270　235/885

參悟直指十二卷　（清）劉一明解　清嘉慶五
年(1800)蘭州榆中刻本　九冊

620000－1101－0002271　847.7/821

餐苪華館詩集八卷附詞一卷　（清）周騰虎撰
清光緒十九年(1893)周芰木活字印本
二冊

620000－1101－0002272　626.903/48

殘明紀事一卷　（清）羅謙本著　清宣統三年
(1911)國學扶輪社鉛印張氏適園叢書本
一冊

620000－1101－0002273　857.46/482.061

殘唐五代史演義傳二卷　（明）羅本撰　（明）
湯顯祖批評　清晚期刻本　四冊

620000－1101－0002274　438.2/761

**蠶桑備要四卷三原桑園蠶婦養蠶簡易法一卷
醫蠶病方一卷圖說一卷**　（清）曾鈺編次
（清）劉光蕡考訂　清光緒二十一年(1895)蠶
桑公局刻本　二冊

620000－1101－0002275　438.2/761

**蠶桑備要四卷三原桑園蠶婦養蠶簡易法一卷
醫蠶病方一卷圖說一卷**　（清）曾鈺編次

（清）劉光蕡考訂　清光緒二十一年(1895)蠶
桑公局刻本　二冊

620000－1101－0002276　554.98/943.002

蠶桑萃編十五卷首一卷　（清）衛傑撰　清光
緒二十五年(1899)刻本　八冊

620000－1101－0002277　554.98/943.002

蠶桑萃編十五卷首一卷　（清）衛傑撰　清光
緒二十五年(1899)刻本　八冊

620000－1101－0002278　554.98/943

蠶桑萃編十五卷首一卷　（清）衛傑撰　清光
緒二十六年(1900)浙江書局刻本　八冊

620000－1101－0002279　554.98/943

蠶桑萃編十五卷首一卷　（清）衛傑撰　清光
緒二十六年(1900)浙江書局刻本　八冊

620000－1101－0002280　554.98/943.001

蠶桑萃編十五卷首一卷　（清）衛傑撰　清光
緒二十六年(1900)蘭州官書局鉛印本　八冊

620000－1101－0002281　554.98/943.001

蠶桑萃編十五卷首一卷　（清）衛傑撰　清光
緒二十六年(1900)蘭州官書局鉛印本　八冊

620000－1101－0002282　554.98/943.001

蠶桑萃編十五卷首一卷　（清）衛傑撰　清光
緒二十六年(1900)蘭州官書局鉛印本　八冊

620000－1101－0002283　554.98/943.003

蠶桑萃編十五卷首一卷　（清）衛傑撰　清光
緒抄本　八冊

620000－1101－0002284　438.2/0.374

蠶桑實濟六卷　（□）□□撰　清光緒八年
(1882)津河廣仁堂刻本　一冊

620000－1101－0002285　438.2/0.374

蠶桑實濟六卷　（□）□□撰　清光緒八年
(1882)津河廣仁堂刻本　一冊

620000－1101－0002286　438.2/0.374

蠶桑實濟六卷　（□）□□撰　清光緒八年
(1882)津河廣仁堂刻本　一冊

620000－1101－0002287　438/748

蠶桑說不分卷　（清）沈練撰　清光緒十四年
(1888)歸安縣署刻本　一冊

620000－1101－0002288　847.4/388

粲花軒詩稿二卷　（清）陸建著　清刻本
一冊

620000－1101－0002289　847.4/388.001

粲花軒詩稿二卷　（清）陸建著　清咸豐四年
(1854)刻本　一冊

620000－1101－0002290　802.19/731

倉頡篇校證三卷補遺一卷　（清）梁章鉅撰
清光緒五年(1879)刻本　二冊

620000－1101－0002291　1222

蒼谷全集十二卷附錄一卷　（明）王尚絅撰
清乾隆二十三年(1758)密止堂刻本　二冊

620000－1101－0002292　782.1/11

滄城殉難錄四卷　（清）王國均修　（清）于光
甲纂　清光緒八年(1882)刻本　四冊

620000－1101－0002293　684.4/697

滄浪小志二卷　（清）宋犖編　清光緒十年
(1884)江蘇書局刻本　一冊

620000－1101－0002294　629

滄溟先生集三十卷附錄一卷　（明）李攀龍撰
明隆慶刻本　三十二冊

620000－1101－0002295　465

滄溟先生集三十卷附錄一卷　（明）李攀龍撰
明萬曆三十四年(1606)陳陞刻本　十六冊

620000－1101－0002296　847.8/504

藏書紀事詩六卷　葉昌熾撰　清光緒二十三
年(1897)長沙學使署刻本　三冊

620000－1101－0002297　847.8/504

藏書紀事詩六卷　葉昌熾撰　清光緒二十三
年(1897)長沙學使署刻本　六冊

620000－1101－0002298　847.8/504.001

藏書紀事詩七卷　葉昌熾撰　清宣統二年
(1910)葉氏刻本　六冊

620000－1101－0002299　393

藏書六十八卷　（明）李贄撰　明萬曆二十七
年(1599)焦竑刻本　二十四冊　存六十卷
(一至六十)

620000－1101－0002300　696.6/0.737

藏遊日記一卷　（清）□□抄　清末抄本
一冊

620000－1101－0002301　696.6/399

藏輶隨記不分卷　（清）陶思曾撰　清宣統官
印刷局鉛印本　一冊

620000－1101－0002302　629.66/901

藏語一卷　何藻翔著　清宣統二年(1910)廣
智書局鉛印本　一冊

620000－1101－0002303　629.66/901

藏語一卷　何藻翔著　清宣統二年(1910)廣
智書局鉛印本　一冊

620000－1101－0002304　629.66/901

藏語一卷　何藻翔著　清宣統二年(1910)廣
智書局鉛印本　一冊

620000－1101－0002305　4336

藏園九種曲十三卷　（清）蔣士銓撰　清乾隆
煥乎堂刻本　八冊　存十一卷(一片石一卷、
雪中人一卷、空谷香二卷、冬青樹一卷、桂林
霜二卷、臨川夢二卷、四絃秋一卷、第二碑一
卷)

620000－1101－0002306　1182

操縵古樂譜一卷　（明）朱載堉編　明萬曆鄭
藩刻樂律全書本　一冊

620000－1101－0002307　842.4/140

曹集銓評十卷附逸文一卷魏陳思王年譜一卷
　（清）丁晏纂　清同治十一年(1872)金陵書
局刻本　二冊

620000－1101－0002308　684.8/987.7

曹江孝女廟志八卷首一卷末一卷　（清）金廷
棟編輯　清光緒八年(1882)刻本　二冊

620000－1101－0002309　684.8/987.001

曹江孝女廟志八卷首一卷末一卷　（清）金廷
棟編輯　清光緒八年(1882)刻本　二冊

620000－1101－0002310　987.7/001

曹江孝女廟志八卷首一卷末一卷　（清）金廷
棟編輯　清光緒八年(1882)刻本　二冊

620000－1101－0002311　856.7/145

曹寅谷制藝一卷寅谷續稿一卷　（清）曹之升
撰　清抄本　二冊

620000－1101－0002312　2748

曹月川先生夜行燭一卷家規輯略一卷　（明）
曹端撰　清康熙二十五年(1686)繆彤刻本
一冊

620000－1101－0002313　842.4/140.001

曹子建集十卷逸文一卷　（三國魏）曹植撰
（清）丁晏銓評　魏陳思王年譜一卷　（清）丁
晏編　清宣統三年(1911)上海文明書局鉛印
本　二冊

620000－1101－0002314　845.25/819

草窗詞二卷補二卷　（宋）周密撰　（清）朱祖
謀輯校　清光緒刻本　一冊

620000－1101－0002315　857.47/719

草木春秋演義五卷　（清）江洪撰　清刻本
四冊

620000－1101－0002316　2806

草木子四卷　（明）葉子奇撰　清乾隆二十七
年(1762)刻本　二冊

620000－1101－0002317　846.1/504.001

草木子四卷　（明）葉子奇撰　清光緒元年
(1875)處州府署刻本　一冊

620000－1101－0002318　846.1/504

草木子四卷　（明）葉子奇撰　清光緒四年
(1878)刻本　二冊

620000－1101－0002319　847.2/891

草堂說史八卷草堂說經八卷　（清）劉應秋撰
清道光十三年(1833)張鵬翂來鹿堂刻本
十冊

620000－1101－0002320　4275

草字彙十二卷　（清）石梁輯　清乾隆五十三
年(1788)刻本　五冊　存十卷(子集至酉集)

620000－1101－0002321　943.7/350

草字彙十二卷　（清）石梁輯　清晚期刻本
二冊　存六卷(卯集至申集)

620000－1101－0002322　943.7/350.002

草字彙十二卷　（清）石梁輯　清晚期刻本
一冊　存二卷(申集至酉集)

620000－1101－0002323　943.7/350.001

草字彙十二卷　（清）石梁輯　清刻本　一冊
存二卷(子集至丑集)

620000－1101－0002324　850/0.843

策對名文約選不分卷　（清）□□選　清末刻
本　一冊

620000－1101－0002325　040.78/889

策府統宗六十五卷目錄一卷　（清）劉昌齡纂
清光緒二十五年(1899)上海點石齋石印本
二十冊

620000－1101－0002326　040.78/889

策府統宗六十五卷目錄一卷　（清）劉昌齡纂
清光緒二十五年(1899)上海點石齋石印本
十冊　存四十五卷(二十一至六十五)

620000－1101－0002327　040.78/437

策學備纂三十二卷目錄三十二卷首一卷
(清)蔡啓盛　（清)吳穎炎輯　清光緒十四年
(1888)上海點石齋石印本　一冊　存二卷
(策學備纂八至九)

620000－1101－0002328　040.78/437

策學備纂三十二卷目錄三十二卷首一卷
(清)蔡啓盛　（清)吳穎炎輯　清光緒十四年
(1888)上海點石齋石印本　一冊　存一卷
(策學備纂三十)

620000－1101－0002329　040.78/437

策學備纂三十二卷目錄三十二卷首一卷
(清)蔡啓盛　（清)吳穎炎輯　清光緒十四年
(1888)上海點石齋石印本　四十八冊

620000－1101－0002330　040.78/437

策學備纂三十二卷目錄三十二卷首一卷
(清)蔡啓盛　（清)吳穎炎輯　清光緒十九年

(1893)上海點石齋石印本　三十七冊　存三十七卷(卷一之葉一至七、十七至四十二,二至三,六至十三,卷十四之葉一至五,十五至三十二;目錄一至六;首一卷)

620000－1101－0002331　040.78/437
策學備纂三十二卷目錄三十二卷首一卷
(清)蔡啟盛　(清)吳頴炎輯　清光緒十九年(1893)上海點石齋石印本　四十一冊　存六十二卷(一至二、六至三十二,目錄三十二卷,首一卷)

620000－1101－0002332　040.78/437
策學備纂三十二卷目錄三十二卷首一卷
(清)蔡啟盛　(清)吳頴炎輯　清光緒十九年(1893)上海點石齋石印本　四十八冊

620000－1101－0002333　040.78/437.001
策學備纂三十二卷目錄三十二卷首一卷
(清)蔡啟盛　(清)吳頴炎輯　清光緒二十年(1894)袖海山房石印本　三十二冊

620000－1101－0002334　040.78/437.001
策學備纂三十二卷目錄三十二卷首一卷
(清)蔡啟盛　(清)吳頴炎輯　清光緒二十年(1894)袖海山房石印本　十九冊　存二十八卷(卷一之葉三十三至四十二、卷四之葉三至二十二、五、八至三十二)

620000－1101－0002335　040.78/437
策學備纂三十二卷目錄三十二卷首一卷
(清)蔡啟盛　(清)吳頴炎輯　清光緒二十六年(1900)上海點石齋石印本　四冊　存三十六卷(四至六、目錄三十二卷、首一卷)

620000－1101－0002336　040.78/120
策學淵海統纂大成四十六卷目錄二卷首一卷
(清)王維璠輯　清光緒十四年(1888)刻本　五冊　存二十一卷(二十八至四十六、目錄二卷)

620000－1101－0002337　040.78/556
策學總纂大成四十六卷目錄二卷　(清)蔡壽祺輯　清光緒三年(1877)刻本　四冊　存二十六卷(四、九至三十一,目錄二卷)

620000－1101－0002338　1923
策學纂要十六卷　(清)戴朋　(清)黃卷輯　清乾隆四十七年(1782)刻本　六冊

620000－1101－0002339　127.1/966
策學纂要正續編十六卷　(清)萬南泉等撰
日知錄集釋三十二卷刊誤二卷續刊誤二卷
(清)顧炎武撰　(清)黃汝成集釋並刊誤　清光緒十三年(1887)上海大同書局石印本　四冊

620000－1101－0002340　326.1/339.001
測地膚言不分卷　(清)陶保廉述　清光緒十六年(1890)守拙軒刻本　一冊

620000－1101－0002341　326.1/399
測地膚言不分卷　(清)陶保廉述　清光緒三十年(1904)刻本　一冊

620000－1101－0002342　326.1/399
測地膚言不分卷　(清)陶保廉述　清光緒三十年(1904)刻本　一冊

620000－1101－0002343　326.1/399
測地膚言不分卷　(清)陶保廉述　清光緒三十年(1904)刻本　一冊

620000－1101－0002344　609.2/688
測地繪圖十一卷附一卷表一卷　(英國)富路瑪撰　(英國)傅蘭雅口譯　(清)徐壽筆述　清光緒江南機器製造總局刻本　四冊

620000－1101－0002345　324.7/171
測地志要四卷　(清)黃炳垕著　清同治六年(1867)刻本　一冊

620000－1101－0002346　324.7/171
測地志要四卷　(清)黃炳垕著　清同治六年(1867)刻本　一冊

620000－1101－0002347　847.4/18.73
測海集六卷　(清)彭紹升撰　清嘉慶二十四年(1819)刻本　一冊

620000－1101－0002348　847.4/18.73
測海集六卷　(清)彭紹升撰　清嘉慶二十四年(1819)刻本　一冊

620000－1101－0002349　847.4/18.73.001

測海集六卷　（清）彭紹升撰　清光緒二年
(1876)成都刻本　二冊

620000－1101－0002350　328.89/987

測候叢談四卷　（美國）金楷理口譯　（清）華
蘅芳筆述　清光緒三年(1877)上海江南製造
總局刻本　一冊　存二卷(一至二)

620000－1101－0002351　328.89/987

測候叢談四卷　（美國）金楷理口譯　（清）華
蘅芳筆述　清光緒三年(1877)上海江南製造
總局刻本　二冊

620000－1101－0002352　328.89/987

測候叢談四卷　（美國）金楷理口譯　（清）華
蘅芳筆述　清光緒三年(1877)上海江南製造
總局刻本　二冊

620000－1101－0002353　328.89/987

測候叢談四卷　（美國）金楷理口譯　（清）華
蘅芳筆述　清光緒三年(1877)上海江南製造
總局刻本　二冊

620000－1101－0002354　328.89/987

測候叢談四卷　（美國）金楷理口譯　（清）華
蘅芳筆述　清光緒三年(1877)上海江南製造
總局刻本　二冊

620000－1101－0002355　328.89/987

測候叢談四卷　（美國）金楷理口譯　（清）華
蘅芳筆述　清光緒三年(1877)上海江南製造
總局刻本　二冊

620000－1101－0002356　328.89/987

測候叢談四卷　（美國）金楷理口譯　（清）華
蘅芳筆述　清光緒三年(1877)上海江南製造
總局刻本　二冊

620000－1101－0002357　328.89/987

測候叢談四卷　（美國）金楷理口譯　（清）華
蘅芳筆述　清光緒三年(1877)上海江南製造
總局刻本　二冊

620000－1101－0002358　328.89/987

測候叢談四卷　（美國）金楷理口譯　（清）華

蘅芳筆述　清光緒三年(1877)上海江南製造
總局刻本　二冊

620000－1101－0002359　328.89/987

測候叢談四卷　（美國）金楷理口譯　（清）華
蘅芳筆述　清光緒三年(1877)上海江南製造
總局刻本　二冊

620000－1101－0002360　328.89/987

測候叢談四卷　（美國）金楷理口譯　（清）華
蘅芳筆述　清光緒三年(1877)上海江南製造
總局刻本　二冊

620000－1101－0002361　328.89/987

測候叢談四卷　（美國）金楷理口譯　（清）華
蘅芳筆述　清光緒三年(1877)上海江南製造
總局刻本　二冊

620000－1101－0002362　328.89/987

測候叢談四卷　（美國）金楷理口譯　（清）華
蘅芳筆述　清光緒三年(1877)上海江南製造
總局刻本　二冊

620000－1101－0002363　444.94/502

測繪海圖全法八卷附一卷　（英國）華爾敦著
（英國）傅蘭雅口譯　（清）趙元益筆述　清
光緒二十五年(1899)江南製造局刻本　六冊

620000－1101－0002364　350.24/353

測繪淺說一卷計開章程一卷　（清）陝西省布
政使司編　清光緒十六年(1890)刻本　一冊

620000－1101－0002365　226

岑嘉州集二卷　（唐）岑參撰　明嘉靖三十一
年(1552)黃埻刻十二家唐詩本　四冊

620000－1101－0002366　847.8/761

曾惠敏公全集四種十七卷　（清）曾紀澤著
清光緒二十年(1894)上海石印本　四冊

620000－1101－0002367　847.8/761

曾惠敏公全集四種十七卷　（清）曾紀澤著
清光緒二十年(1894)上海石印本　一冊　存
一種六卷(奏疏六卷)

620000－1101－0002368　847.8/761

曾惠敏公全集四種十七卷　（清）曾紀澤著

清光緒二十年(1894)上海石印本 二冊 存
二種十一卷(奏疏六卷、文集五卷)

620000－1101－0002369 847.8/761
曾惠敏公全集四種十七卷 (清)曾紀澤著
清光緒二十年(1894)上海石印本 一冊 存
二種八卷(奏疏六卷、使西日記二卷)

620000－1101－0002370 847.8/761.002
曾惠敏公全集四種十七卷 (清)曾紀澤著
清光緒上海書局石印本 二冊

620000－1101－0002371 847.8/76
曾惠敏公遺集四種十七卷 (清)曾紀澤著
清光緒十九年(1893)江南製造總局鉛印本
七冊 存三種十五卷(奏疏六卷、文集五卷、
歸樸齋詩鈔四卷)

620000－1101－0002372 847.8/76
曾惠敏公遺集四種十七卷 (清)曾紀澤著
清光緒十九年(1893)江南製造總局鉛印本
八冊

620000－1101－0002373 845.15/761
曾南豐文集四卷 (宋)曾鞏撰 清宣統二年
(1910)上海會文堂書局石印本 二冊

620000－1101－0002374 845.15/761
曾南豐文集四卷 (宋)曾鞏撰 清宣統二年
(1910)上海會文堂書局石印本 二冊

620000－1101－0002375 097.527/761
曾思合傳不分卷 (清)閻敬銘 (清)曾國荃
校勘 清光緒五年(1879)山西濬文書局刻本
三冊

620000－1101－0002376 782.877/118
曾文正公大事記四卷 (清)王定安撰 清光
緒二年(1876)傳忠書局刻本 二冊

620000－1101－0002377 782.877/118
曾文正公大事記四卷 (清)王定安撰 清光
緒二年(1876)傳忠書局刻本 二冊

620000－1101－0002378 856.276/761
曾文正公家書十卷 (清)曾國藩撰 清光緒
五年(1879)傳忠書局刻曾文正公全集本

八冊

620000－1101－0002379 856.276/761
曾文正公家書十卷 (清)曾國藩撰 清光緒
五年(1879)傳忠書局刻曾文正公全集本
十冊

620000－1101－0002380 856.276/761
曾文正公家書十卷家訓二卷 (清)曾國藩撰
清光緒五年(1879)傳忠書局刻曾文正公全
集本 十二冊

620000－1101－0002381 856.276/761
曾文正公家書十卷家訓二卷 (清)曾國藩撰
清光緒五年(1879)傳忠書局刻曾文正公全
集本 十二冊

620000－1101－0002382 856.276/761.001
**曾文正公家書十卷家訓二卷大事記四卷榮哀
錄一卷** (清)曾國藩撰 清晚期易堂書局石
印本 八冊

620000－1101－0002383 856.276/761.06
曾文正公家訓二卷 (清)曾國藩撰 清同
治、光緒刻本 一冊

620000－1101－0002384 856.276/761.06
曾文正公家訓二卷 (清)曾國藩撰 清同
治、光緒刻本 一冊

620000－1101－0002385 782.977/761
曾文正公年譜十二卷 (清)黎庶昌編輯 清
光緒二年(1876)傳忠書局刻曾文正公全集本
六冊

620000－1101－0002386 782.977/761
曾文正公年譜十二卷 (清)黎庶昌編輯 清
光緒二年(1876)傳忠書局刻曾文正公全集本
一冊 存三卷(十至十二)

620000－1101－0002387 847.6/76.28
曾文正公全集十六種首一卷 (清)曾國藩撰
清同治、光緒傳忠書局刻本 四十五冊
存十種五十六卷(詩集一至三、文集一至三、
批牘一至六、雜著一至二、孟子要略一至五、
經史百家簡編一至二、鳴原堂論文一至二、家

書一至二、大事記一至四、經史百家雜鈔一至二十六,首一卷)

620000-1101-0002388　847.6/76.28
曾文正公全集十六種首一卷　(清)曾國藩撰
　清同治、光緒傳忠書局刻本　五十五冊存九種八十五卷(奏稿一至三十二、書札一至二十三、求闕齋日記類鈔一、詩集一、文集一至三、求闕齋讀書錄一至八、年譜一至十二、批牘一至四、雜著一)

620000-1101-0002389　847.6/76.28
曾文正公全集十三種首一卷　(清)曾國藩撰
　清同治、光緒傳忠書局刻本　一百二十八冊

620000-1101-0002390　847.6/76.28
曾文正公全集十三種首一卷　(清)曾國藩撰
　清同治、光緒傳忠書局刻本　一冊　存一卷(首一卷)

620000-1101-0002391　847.6/76.28
曾文正公全集十三種首一卷　(清)曾國藩撰
　清同治、光緒傳忠書局刻本　二十冊　存二種二十二卷(奏稿五、十一至二十一、二十五至三十、年譜七至九;首一卷)

620000-1101-0002392　847.6/76.28
曾文正公全集十五種首一卷　(清)曾國藩撰
　清同治、光緒傳忠書局刻本　一百十九冊存十四種一百五十八卷(奏稿一至三十六,十八家詩鈔一至二十八,鳴原堂論文一至二,詩集一至四,文集一至四,書札一至三十三,批牘一至六,雜著一至二,求闕齋讀書錄一至十,求闕齋日記類鈔一至二,年譜一至十二,孟子要略一至五、附錄一,家書一至十,家訓一至二;首一卷)

620000-1101-0002393　847.6/76.28
曾文正公全集十五種首一卷　(清)曾國藩撰
　清同治、光緒傳忠書局刻本　一百四十一冊

620000-1101-0002394　847.6/76.28
曾文正公全集十五種首一卷　(清)曾國藩撰

清同治、光緒傳忠書局刻本　一百十九冊

620000-1101-0002395　847.6/76.28
曾文正公全集十五種首一卷　(清)曾國藩撰
　清同治、光緒傳忠書局刻本　四十冊　存五種五十九卷(奏稿一至三十六、詩集一至三、雜著一至二、求闕齋讀書錄三至十、年譜一至九,首一卷)

620000-1101-0002396　847.6/76.28.001
曾文正公全集十五種首一卷　(清)曾國藩撰
　清光緒二十九年(1903)鴻寶書局石印本十五冊　存九種一百四十一卷(奏稿三十六卷、書札三十三卷、批牘六卷、經史百家雜鈔二十六卷、詩集四卷、文集四卷、讀書錄十卷、年譜十二卷、家書十卷)

620000-1101-0002397　847.6/761.05
曾文正公詩集三卷文集三卷　(清)曾國藩撰
　清光緒二年(1876)傳忠書局刻本　一冊存二卷(詩集二至三)

620000-1101-0002398　782.87/119
曾文正公事略四卷曾文正祠雅集詩一卷
(清)王定安撰　清光緒元年(1875)琉璃廠龍文齋刻本　四冊

620000-1101-0002399　782.87/761
曾文正公手書日記不分卷　(清)曾國藩撰
　清宣統元年(1909)上海中國圖書公司石印本四十冊

620000-1101-0002400　782.877/982
曾文正公手書日記不分卷　(清)曾國藩撰
　清宣統元年(1909)上海中國圖書公司石印本二十冊

620000-1101-0002401　782.87/761
曾文正公手書日記不分卷　(清)曾國藩撰
　清宣統元年(1909)上海中國圖書公司石印本四十冊

620000-1101-0002402　782.87/761
曾文正公手書日記不分卷　(清)曾國藩撰
　清宣統元年(1909)上海中國圖書公司石印本四十冊

620000－1101－0002403　856.276/761.01

曾文正公書札三十三卷　（清）曾國藩撰　清光緒二年(1876)傳忠書局刻曾文正公全集本　二十二冊

620000－1101－0002404　856.276/761.002

曾文正公四種十九卷　（清）曾國藩撰　清光緒三十一年(1905)上海商務印書館鉛印本　三冊　存一種六卷(家書一至四、九至十)

620000－1101－0002405　847.6/761.06.001

曾文正公文鈔四卷　（清）曾國藩撰　（清）張瑛編校　清同治十一年(1872)蘇郡刻本　二冊

620000－1101－0002406　847.6/761

曾文正公雜著四卷　（清）曾國藩著　清光緒十四年(1888)鴻文書局鉛印本　一冊

620000－1101－0002407　652.761/761.001

曾文正公奏稿三十六卷　（清）曾國藩撰　清光緒二年(1876)傳忠書局刻曾文正公全集本　三十冊　存三十卷(一至三十)

620000－1101－0002408　652.761/761.001

曾文正公奏稿三十六卷　（清）曾國藩撰　清光緒二年(1876)傳忠書局刻曾文正公全集本　三十六冊

620000－1101－0002409　652.761/761.002

曾文正公奏稿三十六卷　（清）曾國藩撰　清光緒刻曾文正公全集本　十冊　存十卷(三至四、六至十、二十二至二十四)

620000－1101－0002410　847.6/761.06

曾文正公奏疏文鈔合刊六卷　（清）曾國藩撰　清同治十二年(1873)金陵書局刻本　四冊

620000－1101－0002411　652.10/761

曾文正公奏議十卷首一卷末一卷補編四卷　（清）曾國藩撰　（清）薛福成編　清同治六年(1867)上海醉六堂刻本　十二冊

620000－1101－0002412　652.761/761

曾文正公奏議十卷首一卷末一卷補編四卷　（清）曾國藩撰　（清）薛福成編　清同治十三

年(1874)上海醉六堂刻本　十冊　存十二卷(奏議十卷、首一卷、末一卷)

620000－1101－0002413　652.771/761

曾文正公奏議十卷首一卷末一卷補編四卷　（清）曾國藩撰　（清）薛福成編　清同治十三年(1874)蘇郡刻本　二冊　存四卷(補編四卷)

620000－1101－0002414　652.1/761.001

曾文正公奏議十卷首一卷末一卷補編四卷　（清）曾國藩撰　（清）薛福成編　清光緒二年(1876)江蘇武進盛氏思補樓刻三臣奏議本　八冊　存八卷(奏議一至八)

620000－1101－0002415　652.761/761.003

曾文正公奏議十卷首一卷末一卷補編四卷　（清）曾國藩撰　（清）薛福成編　清光緒二十二年(1896)上海圖書集成局鉛印本　四冊

620000－1101－0002416　652.761/761.005

曾文正公奏議十卷首一卷末一卷補編四卷　（清）曾國藩撰　（清）薛福成編　清光緒刻本　一冊　存一卷(奏議九)

620000－1101－0002417　121.24/98.11.001

曾子家語六卷　（清）曾國荃編　清光緒刻本　一冊

620000－1101－0002418　121.24/98.11

曾子家語六卷　（清）曾國荃編　清晚期周鍾麟石印本　六冊

620000－1101－0002419　845.22/761

茶山集八卷　（宋）曾幾撰　清末刻本　二冊

620000－1101－0002420　098.7/990

茶香室經說十六卷　（清）俞樾撰　清光緒二十五年(1899)德清俞氏刻春在堂全書本　一冊　存二卷(十五至十六)

620000－1101－0002421　072.72/375

茶餘客話十二卷　（清）阮葵生著　（清）戴璐選　清咸豐三年(1853)刻本　四冊

620000－1101－0002422　857.27/476

茶餘談薈二卷　題(清)見南山人著　（清）容

園詞客評　清光緒五年(1879)上海申報館鉛
印本　二冊

620000－1101－0002423　548.82/0.295
查禁罌粟邪教條章一卷　(清)□□撰　清同
治清水縣刻本　一冊

620000－1101－0002424　225.3/680
禪關策進一卷　(明)釋袾宏輯　清光緒二十
四年(1898)金陵刻經處刻本　一冊

620000－1101－0002425　4172
禪林寶訓二卷　(宋)釋淨善輯　明刻本　一
冊　存一卷(上)

620000－1101－0002426　528.97/346
禪門鍛煉說十三篇　(清)釋戒顯著　清同治
十一年(1872)如皋刻經處刻本　一冊

620000－1101－0002427　224.3/0.10
禪門日誦不分卷　(□)□□撰　清光緒天寧
寺刻本　一冊

620000－1101－0002428　224.3/0.10
禪門日誦不分卷　(□)□□撰　清晚期刻本
　二冊

620000－1101－0002429　220/181
禪源諸詮集都序四卷　(唐)釋宗密撰　清光
緒十八年(1892)金陵刻經處刻本　一冊

620000－1101－0002430　475
禪宗頌古聯珠通集四十卷　(宋)釋法應輯
(明)釋普會續輯　明萬曆二十四年至二十五
年(1596－1597)徑山寺刻本　八冊

620000－1101－0002431　321.2/15
躔離引蒙二卷　(清)賈步緯算述　賈文浩等
校對　清光緒十八年(1892)江南製造局鉛印
本　二冊

620000－1101－0002432　323.024/151
躔離引蒙二卷　(清)賈步緯算述　賈文浩等
校對　清光緒十八年(1892)江南製造局鉛印
本　二冊

620000－1101－0002433　323.024/151
躔離引蒙二卷　(清)賈步緯算述　賈文浩等

校對　清光緒十八年(1892)江南製造局鉛印
本　二冊

620000－1101－0002434　323.024/151
躔離引蒙二卷　(清)賈步緯算述　賈文浩等
校對　清光緒十八年(1892)江南製造局鉛印
本　二冊

620000－1101－0002435　323.024/151
躔離引蒙二卷　(清)賈步緯算述　賈文浩等
校對　清光緒十八年(1892)江南製造局鉛印
本　二冊

620000－1101－0002436　323.024/151
躔離引蒙二卷　(清)賈步緯算述　賈文浩等
校對　清光緒十八年(1892)江南製造局鉛印
本　一冊　存一卷(上)

620000－1101－0002437　323.024/151
躔離引蒙二卷　(清)賈步緯算述　賈文浩等
校對　清光緒十八年(1892)江南製造局鉛印
本　二冊

620000－1101－0002438　323.024/151
躔離引蒙二卷　(清)賈步緯算述　賈文浩等
校對　清光緒十八年(1892)江南製造局鉛印
本　二冊

620000－1101－0002439　323.024/151
躔離引蒙二卷　(清)賈步緯算述　賈文浩等
校對　清光緒十八年(1892)江南製造局鉛印
本　一冊　存一卷(上)

620000－1101－0002440　417.3/701
產科不分卷　(英國)密爾纂　舒高第口譯
(清)鄭昌棪筆述　清光緒三十一年(1905)江
南機器製造總局鉛印本　四冊

620000－1101－0002441　417.3/701
產科不分卷　(英國)密爾纂　舒高第口譯
(清)鄭昌棪筆述　清光緒三十一年(1905)江
南機器製造總局鉛印本　四冊

620000－1101－0002442　417.3/701
產科不分卷　(英國)密爾纂　舒高第口譯
(清)鄭昌棪筆述　清光緒三十一年(1905)江

南機器製造總局鉛印本　四冊

620000－1101－0002443　417.3/701

產科不分卷　（英國）密爾纂　舒高第口譯
（清）鄭昌棪筆述　清光緒三十一年(1905)江
南機器製造總局鉛印本　四冊

620000－1101－0002444　417.3/701

產科不分卷　（英國）密爾纂　舒高第口譯
（清）鄭昌棪筆述　清光緒三十一年(1905)江
南機器製造總局鉛印本　四冊

620000－1101－0002445　417.3/701

產科不分卷　（英國）密爾纂　舒高第口譯
（清）鄭昌棪筆述　清光緒三十一年(1905)江
南機器製造總局鉛印本　四冊

620000－1101－0002446　417.3/701

產科不分卷　（英國）密爾纂　舒高第口譯
（清）鄭昌棪筆述　清光緒三十一年(1905)江
南機器製造總局鉛印本　四冊

620000－1101－0002447　413.63/708

產科心法二卷　（清）汪樸齋撰　清光緒二十
四年(1898)刻本　一冊

620000－1101－0002448　413.63/708

產科心法二卷　（清）汪樸齋撰　清光緒二十
四年(1898)刻本　一冊

620000－1101－0002449　413.63/310

產孕集二卷　（清）張曜孫撰　清同治十年
(1871)刻本　一冊

620000－1101－0002450　847.9/954

懺慧詞一卷　（清）徐自華著　度鍼樓遺稿一
卷　（清）徐蕙貞著　清宣統元年(1909)鉛印
百尺樓叢書本　一冊

620000－1101－0002451　3736

羼提精舍詩稿十二卷　（清）于昌遂撰　清同
治五年(1866)享帚齋木活字印本　二冊

620000－1101－0002452　847.7/111.3

羼提精舍詩稿十二卷　（清）于昌遂撰　清同
治五年(1866)享帚齋木活字印本　二冊

620000－1101－0002453　847.7/111.3

羼提精舍詩稿十二卷　（清）于昌遂撰　清同
治五年(1866)享帚齋木活字印本　二冊

620000－1101－0002454　2492

昌谷集四卷　（唐）李賀撰　（明）曾益注　明
末刻本　一冊

620000－1101－0002455　567.3/0.465

昌吉縣賦役全書不分卷　（清）□□編　清咸
豐三年(1853)刻本　三冊

620000－1101－0002456　844.16/22.82

昌黎先生集考異十卷　（宋）朱熹撰　清光緒
十一年(1885)趙元益刻本　二冊

620000－1101－0002457　1623

昌黎先生集四十卷外集十卷遺文一卷　（唐）
韓愈撰　（宋）廖瑩中校正　朱子校昌黎先生
集傳一卷　（宋）朱熹撰　明徐氏東雅堂刻本
一冊　存十卷(外集十卷)

620000－1101－0002458　844.16/232.29.002

昌黎先生集四十卷外集十卷遺文一卷　（唐）
韓愈撰　朱子校昌黎先生集傳一卷　（宋）朱
熹撰　韓集點勘四卷　（清）陳景雲撰　清同
治八年(1869)江蘇書局刻本　八冊　存四十
五卷(昌黎先生集二至八、十三至四十，外集
十卷)

620000－1101－0002459　1420

昌黎先生集四十卷外集十卷遺文一卷朱子校
昌黎先生集傳一卷　（唐）韓愈撰　（宋）廖瑩
中校正　朱子校昌黎先生集傳一卷　（宋）朱
熹撰　明徐氏東雅堂刻清初冠山堂重修本
十二冊

620000－1101－0002460　844.16/232.29.001

昌黎先生集四十卷外集四卷遺文一卷　（唐）
韓愈撰　朱子校昌黎先生集傳一卷　（宋）朱
熹撰　韓集點勘四卷　（清）陳景雲撰　清宣
統二年(1910)掃葉山房石印本　十二冊

620000－1101－0002461　844.16/232.29

昌黎先生集四十卷外集四卷遺文一卷　（唐）
韓愈撰　朱子校昌黎先生集傳一卷　（宋）朱
熹撰　韓集點勘四卷　（清）陳景雲撰　清宣

統三年(1911)千頃堂石印本　十冊

620000－1101－0002462　844.16/232.29

昌黎先生集四十卷外集四卷遺文一卷　（唐）韓愈撰　**朱子校昌黎先生集傳一卷**　（宋）朱熹撰　**韓集點勘四卷**　（清）陳景雲撰　清宣統三年(1911)千頃堂石印本　十冊

620000－1101－0002463　1807

昌黎先生全集錄八卷　（唐）韓愈撰　清康熙刻唐宋大家全集錄本　四冊

620000－1101－0002464　1794

昌黎先生詩集注十一卷　（唐）韓愈撰　（清）顧嗣立刪補並注　**年譜一卷**　（清）顧嗣立輯　清康熙三十八年(1699)顧氏秀野草堂刻本　二冊

620000－1101－0002465　2501

昌黎先生詩集注十一卷　（唐）韓愈撰　（清）顧嗣立刪補並注　**年譜一卷**　（清）顧嗣立輯　清康熙三十八年(1699)顧氏秀野草堂刻本　四冊

620000－1101－0002466　3075

昌黎先生詩集注十一卷　（唐）韓愈撰　（清）顧嗣立刪補並注　**年譜一卷**　（清）顧嗣立輯　清康熙三十八年(1699)顧氏秀野草堂刻本　二冊

620000－1101－0002467　844.16/963.001

昌黎先生詩集注十一卷　（唐）韓愈撰　（清）顧嗣立刪補並注　**年譜一卷**　（清）顧嗣立輯　清道光二十五年(1845)膺德堂刻本　十二冊

620000－1101－0002468　844.16/22.16

昌黎先生詩增注証訛十一卷　（清）顧嗣立刪補並注　（清）黃鉞增注証訛　清道光二十八年(1848)二西堂刻本　四冊

620000－1101－0002469　059/465

昌言報十冊　（清）昌言報館編　清光緒上海昌言報館鉛印本　二冊　存六冊(一至六)

620000－1101－0002470　831.78/222

長安宮詞一卷　（清）胡延紀編　清光緒二十八年(1902)刻本　一冊

620000－1101－0002471　793.5/889

長安獲古編二卷補編一卷　（清）洪國楷編　（清）王孝禹補編　清刻本　三冊

620000－1101－0002472　793.5/889

長安獲古編二卷補編一卷　（清）洪國楷編　（清）王孝禹補編　清刻本　三冊

620000－1101－0002473　793.5/889

長安獲古編二卷補編一卷　（清）洪國楷編　（清）王孝禹補編　清刻本　三冊

620000－1101－0002474　2289

長河志籍考十卷　（清）田雯輯　清康熙、乾隆刻德州田氏叢書本　一冊

620000－1101－0002475　4234

長河志籍考十卷　（清）田雯輯　清康熙、乾隆刻德州田氏叢書本　一冊　存六卷(五至十)

620000－1101－0002476　671.25/478

長河志籍考十卷　（清）田雯輯　清光緒三十四年(1908)京師鉛印本　一冊

620000－1101－0002477　671.25/478

長河志籍考十卷　（清）田雯輯　清光緒三十四年(1908)京師鉛印本　一冊

620000－1101－0002478　599.5/420

長江圖說十二卷首一卷　（清）馬徵麟撰　清同治十年(1871)崇文書局刻本　五冊

620000－1101－0002479　847.5/363.01

長離閣集一卷　（清）王采薇撰　清光緒十一年(1885)長沙王氏刻本　一冊

620000－1101－0002480　821.187/242

長律輯典八卷　（清）杜王臣等輯箋　清晚期刻本　三冊　存六卷(三至八)

620000－1101－0002481　847.5/882

長青草廬學文一卷學詩十卷　（清）邱鞏撰　清嘉慶十八年至十九年(1813－1814)刻本　六冊

130

620000－1101－0002482　413.32/7.385.032

長沙方歌括六卷　（清）陳念祖撰　清中晚期大文堂刻本　二冊

620000－1101－0002483　413.32/7.385.033

長沙方歌括六卷　（清）陳念祖撰　清光緒坊刻本　一冊　存三卷（四至六）

620000－1101－0002484　413.32/7.385.031

長沙方歌括六卷　（清）陳念祖撰　清刻本　三冊

620000－1101－0002485　414.1/7.164

長沙藥解四卷　（清）黃元御撰　清道光十二年（1832）宛鄰書屋刻本　二冊

620000－1101－0002486　853.63/720

長生殿傳奇二卷　（清）洪昇填詞　清道光十五年（1835）刻本　四冊

620000－1101－0002487　344

長生詮一卷　（明）洪應明撰　明萬曆刻仙佛奇蹤本　二冊

620000－1101－0002488　831.7/360

長嘯齋詩集一卷附二卷　（清）孫轂等著（清）孫偪輯　清道光刻本　一冊　存二卷（附二卷）

620000－1101－0002489　672.35/133.78.001

長興志拾遺二卷首一卷　（清）朱鎮撰　清光緒二十二年（1896）刻本　一冊

620000－1101－0002490　672.14/29.15

常郡八邑藝文志十二卷　（清）盧文弨纂定（清）莊翊昆校補　清光緒十六年（1890）韓文煥齋刻本　十六冊

620000－1101－0002491　794.5/747

常山貞石志二十四卷　（清）沈濤撰　清道光二十二年（1842）刻本　六冊

620000－1101－0002492　627.74/616

常勝軍案略一卷　（清）謝元壽撰　清晚期抄本　一冊

620000－1101－0002493　086.21/78.34

常州先哲遺書第一集四十四種四百四十一卷　盛宣懷輯　清光緒武進盛氏刻本　六十四冊

620000－1101－0002494　086.21/78.34

常州先哲遺書第一集四十四種四百四十一卷　盛宣懷輯　清光緒武進盛氏刻本　五十六冊　存三十九種三百八十四卷（詩傳旁通十五卷，三續千文注一卷，崇禎朝記事四卷，陳定生先生遺書三種三卷，吳中水利書一卷，遂初堂書目一卷，江陰李氏得月樓書目摘錄一卷，景仰撮書一卷，宜齋野乘一卷，梁谿漫志十卷，萬柳溪邊舊話一卷，陽羨茗壺系一卷，洞山芥茶系一卷，五行大義五卷，戒菴老人漫筆八卷，昭明太子集五卷、補遺一卷，文選注考異一卷，蕭茂挺集一卷，文恭集四十卷，春卿遺稿一卷，摘文堂集十五卷、附錄一卷，毗陵集十六卷、補遺一卷、附錄一卷，鴻慶居士集四十二卷，宋孫仲益內簡尺牘十卷，丹陽集二十四卷，梁谿遺稿二卷、補遺一卷、附錄一卷，侍郎葛公歸愚集十卷、補遺一卷，定齋集二十卷，牆東類稿二十卷，唐荆川先生文集十八卷、補遺一卷、附錄一卷，小辨齋偶存八卷、附錄一卷，從野堂集八卷、補遺一卷、附錄一卷，落落齋遺集十卷、附錄一卷，滄螺集六卷、補遺一卷，清閟閣全集十二卷，金忠潔公文集二卷，堆山先生前集鈔一卷，韻語陽秋二十卷，學文堂文集十六卷、詩集五卷、詩餘三卷）

620000－1101－0002495　3133

唱經堂才子書彙稿十種十五卷　（清）金人瑞撰　清乾隆九年（1744）傳萬堂刻本　八冊

620000－1101－0002496　655.5/113

抄錄黑河老案簿一卷　（清）王輔國等抄　清宣統二年（1910）抄本　一冊

620000－1101－0002497　413.4/862

抄選外科正宗湯頭歌不分卷　（□）□□撰　清宣統元年（1909）綠野堂抄本　一冊

620000－1101－0002498　845.15/47

晁具茨先生詩集十五卷　（宋）晁沖之撰（宋）□□注　清乾隆鮑氏知不足齋刻光緒七年（1881）章氏式訓堂印本　一冊

620000－1101－0002499　847.6/971.07

巢經巢集一卷　（清）鄭珍撰　清咸豐四年(1854)遵義鄭氏刻本　一冊

620000－1101－0002500　847.6/971.07

巢經巢集一卷　（清）鄭珍撰　清咸豐四年(1854)遵義鄭氏刻本　一冊

620000－1101－0002501　847.6/971.001

巢經巢詩鈔九卷　（清）鄭珍撰　清咸豐四年(1854)刻本　二冊

620000－1101－0002502　847.6/971

巢經巢詩鈔九卷後集四卷　（清）鄭珍撰　清光緒二十三年(1897)刻本　三冊

620000－1101－0002503　847.6/971

巢經巢詩鈔九卷後集四卷　（清）鄭珍撰　清光緒二十三年(1897)刻本　四冊

620000－1101－0002504　847.6/971.03

巢經巢遺文五卷　（清）鄭珍撰　清光緒十九年(1893)貴筑高氏資州官署刻本　二冊　存四卷(一至四)

620000－1101－0002505　691/0.1

朝市叢載八卷　（清）李虹若撰　清光緒十二年(1886)刻本　八冊

620000－1101－0002506　691/0.1.002

朝市叢載八卷　（清）李虹若撰　清光緒十三年(1887)京都榮祿堂刻本　一冊　存四卷(五至八)

620000－1101－0002507　691/0.1.001

朝市叢載八卷　（清）李虹若撰　清光緒二十四年(1898)京都榮寶齋刻本　八冊

620000－1101－0002508　847.5/312.7.01

朝天集一卷詩餘一卷　（清）張祥河撰　清道光二十八年(1848)張氏刻本　一冊

620000－1101－0002509　942

朝鮮人詩集四卷　（□）□□輯　清抄本　一冊

620000－1101－0002510　847.5/118.7

車中唫存艸二卷　（清）王廣言撰　清嘉慶十

二年(1807)茶半香初之館刻本　二冊

620000－1101－0002511　222.13/941

徹悟禪師遺稿二卷　（清）釋際醒撰　（清）釋了亮　（清）釋了梅等集　清同治七年(1868)刻本　一冊

620000－1101－0002512　653.72/892

辰州府救生局總記八卷　（清）劉曾撰編　清同治十二年(1873)刻本　七冊　存七卷(一至六、八)

620000－1101－0002513　2305

宸垣識略十六卷　（清）吳長元輯　清乾隆五十三年(1788)池北草堂刻本　八冊

620000－1101－0002514　2988

宸垣識略十六卷　（清）吳長元輯　清乾隆五十三年(1788)池北草堂刻本　六冊

620000－1101－0002515　2647

宸垣識略十六卷　（清）吳長元輯　清乾隆五十三年(1788)池北草堂刻本　八冊

620000－1101－0002516　845.23/394

陳北溪先生文集十四卷　（宋）陳淳撰　（清）張伯行編訂　清光緒九年(1883)刻本　四冊

620000－1101－0002517　847.6/37

陳東塾先生遺詩一卷　（清）陳澧著　（清）汪兆鏞輯　清同治十年(1871)刻本　一冊

620000－1101－0002518　2651

陳檢討集二十卷　（清）陳維崧撰　（清）程師恭注　清康熙三十三年(1694)有美堂刻本　四冊

620000－1101－0002519　1451

陳檢討集二十卷　（清）陳維崧撰　（清）程師恭注　清康熙刻本　六冊

620000－1101－0002520　2670

陳檢討集二十卷　（清）陳維崧撰　（清）程師恭注　清康熙刻本　六冊

620000－1101－0002521　3091

陳檢討集二十卷　（清）陳維崧撰　（清）程師恭注　清康熙刻本　八冊

620000 – 1101 – 0002522　847.2/385

陳檢討集二十卷　（清）陳維崧撰　（清）程師恭注　清道光二年（1822）刻本　六冊

620000 – 1101 – 0002523　847.2/385.001

陳檢討集二十卷　（清）陳維崧撰　（清）程師恭注　清刻本　八冊

620000 – 1101 – 0002524　847.2/385.002

陳檢討四六二十卷　（清）陳維崧撰　（清）程師恭注　清晚期刻本　四冊　存十五卷（六至二十）

620000 – 1101 – 0002525　3705

陳眉公訂正遊城南記一卷　（宋）張禮撰　明萬曆刻寶顏堂祕笈本　一冊

620000 – 1101 – 0002526　218

陳眉公考槃餘事四卷　（明）屠隆撰　明萬曆三十四年（1606）沈氏尚白齋刻陳眉公訂正祕笈本　二冊

620000 – 1101 – 0002527　093.1/385

陳氏毛詩五種三十七卷　（清）陳奐撰　清道光二十七年至咸豐九年（1847－1859）吳門南園陳氏掃葉山莊刻本　十二冊

620000 – 1101 – 0002528　093.1/385

陳氏毛詩五種三十七卷　（清）陳奐撰　清道光二十七年至咸豐九年（1847－1859）吳門南園陳氏掃葉山莊刻本　十二冊

620000 – 1101 – 0002529　857

陳氏小兒痘疹方論一卷　（宋）陳文中撰（明）薛己注　明萬曆刻薛氏醫按二十四種本　一冊

620000 – 1101 – 0002530　805

陳書三十六卷　（唐）姚思廉撰　明萬曆十六年（1588）南京國子監刻本　四冊

620000 – 1101 – 0002531　1018

陳書三十六卷　（唐）姚思廉撰　明崇禎四年（1631）毛氏汲古閣刻本　六冊

620000 – 1101 – 0002532　1018

陳書三十六卷　（唐）姚思廉撰　明崇禎四年

（1631）毛氏汲古閣刻本　六冊

620000 – 1101 – 0002533　893

陳書三十六卷　（唐）姚思廉撰　清乾隆四年（1739）武英殿刻本　六冊

620000 – 1101 – 0002534　623.5401/994.01

陳書三十六卷　（唐）姚思廉撰　清同治十一年（1872）金陵書局刻本　四冊

620000 – 1101 – 0002535　623.5401/99.16

陳書三十六卷　（唐）姚思廉撰　清光緒二十九年（1903）五洲同文局石印本　六冊

620000 – 1101 – 0002536　830/386

陳太僕批選八家文抄八種　（清）陳兆崙批選　清光緒二十六年（1900）天津文美齋石印本　六冊

620000 – 1101 – 0002537　830/386

陳太僕批選八家文抄八種　（清）陳兆崙批選　清光緒二十六年（1900）天津文美齋石印本　六冊

620000 – 1101 – 0002538　847.4/383.06

陳文恭公手札節要三卷　（清）陳弘謀撰　清光緒三十二年（1906）刻本　一冊

620000 – 1101 – 0002539　847.4/383.06

陳文恭公手札節要三卷　（清）陳弘謀撰　清光緒三十二年（1906）刻本　一冊

620000 – 1101 – 0002540　847.4/383.06

陳文恭公手札節要三卷　（清）陳弘謀撰　清光緒三十二年（1906）刻本　一冊

620000 – 1101 – 0002541　846.8/380.3

陳臥子先生安雅堂稿十五卷　（明）陳子龍撰　清宣統元年（1909）上海時中書局鉛印本　六冊

620000 – 1101 – 0002542　413/386.07

陳修園先生晚餘弍書十三卷　（清）陳念祖撰　清咸豐九年（1859）三山林氏刻本　三冊

620000 – 1101 – 0002543　413.08/386

陳修園醫書二十一種九十六卷　（清）陳念祖著　清光緒十八年（1892）上海圖書集成印書

局鉛印本　七冊　存十五種八十一卷(景岳新方砭四卷、女科要旨四卷、醫學實在易八卷、醫學從衆錄八卷、金匱要略淺注十卷、張仲景傷寒論原文淺注六卷、長沙方歌括六卷、金匱方歌括六卷、靈素節要淺注十二卷、傷寒醫訣串解六卷、傷寒真方歌括六卷、十藥神書注解一卷、急救奇痧方一卷、經驗百病內外方一卷、霍亂論二卷)

620000－1101－0002544　1055

陳虛白規中指南二卷　(元)陳沖素撰　群仙要語二卷　(元)董漢醇輯　明萬曆十九年(1591)刻清康熙二十一年(1682)周在延重修本　一冊

620000－1101－0002545　1468

陳學士文集十八卷　(清)陳儀撰　清乾隆十八年(1753)蘭雪齋刻本　八冊

620000－1101－0002546　2499

陳學士文集十八卷　(清)陳儀撰　清乾隆十八年(1753)蘭雪齋刻本　八冊

620000－1101－0002547　3068

陳學士文集十八卷　(清)陳儀撰　清乾隆十八年(1753)蘭雪齋刻本　八冊

620000－1101－0002548　847.4/378

陳一齋先生詩集六卷　(清)陳梓撰　清宣統三年(1911)上海國學扶輪社鉛印本　一冊

620000－1101－0002549　846.8/380

陳忠裕全集三十卷首一卷末一卷年譜三卷　(明)陳文龍撰　(清)王昶輯　清嘉慶八年(1803)刻同治八年(1869)簳山草堂補修本　十冊

620000－1101－0002550　846.8/380

陳忠裕全集三十卷首一卷末一卷年譜三卷　(明)陳文龍撰　(清)王昶輯　清嘉慶八年(1803)刻同治八年(1869)簳山草堂補修本　十冊

620000－1101－0002551　082.79/747

晨風閣叢書二十二種四十七卷　(清)沈宗畸輯　清宣統元年(1909)番禺沈氏刻本　十

六冊

620000－1101－0002552　082.79/747

晨風閣叢書二十二種四十七卷　(清)沈宗畸輯　清宣統元年(1909)番禺沈氏刻本　十六冊

620000－1101－0002553　082.79/747

晨風閣叢書二十二種四十七卷　(清)沈宗畸輯　清宣統元年(1909)番禺沈氏刻本　十六冊

620000－1101－0002554　847.6/731.07

稱謂錄三十二卷　(清)梁章鉅撰　清光緒十年(1884)梁恭辰刻本　八冊

620000－1101－0002555　847.6/443

檉華館全集十二卷　(清)路德撰　清光緒七年(1881)刻本　八冊　存八卷(一至六、十一至十二)

620000－1101－0002556　847.6/443

檉華館全集十二卷　(清)路德撰　清光緒七年(1881)刻本　三冊

620000－1101－0002557　847.6/443

檉華館全集十二卷　(清)路德撰　清光緒七年(1881)刻本　十冊

620000－1101－0002558　847.6/443

檉華館全集十二卷　(清)路德撰　清光緒七年(1881)刻本　十冊

620000－1101－0002559　856.7/443.01

檉華館試帖彙鈔輯注十卷　(清)路德撰　(清)胡葆鍔等注　清道光十四年(1834)刻本　六冊

620000－1101－0002560　856.7/443.01.001

檉華館試帖彙鈔輯注十卷　(清)路德撰　(清)胡葆鍔等注　清道光十四年(1834)刻本　十冊

620000－1101－0002561　856.7/443.01.002

檉華館試帖彙鈔輯注十卷　(清)路德撰　(清)胡葆鍔等注　清末來鹿堂刻本　六冊

620000－1101－0002562　856.7/443.01.003

樨華館試帖彙鈔輯注十卷 （清）路德撰 （清）胡葆鍔等注 清道光十四年(1834)刻本 十冊

620000－1101－0002563 585.8/0.339

成案備考十卷 （清）□□撰 清末抄本 十冊

620000－1101－0002564 585.8/0.601

成案斷語四卷 （□）□□撰 清抄本 四冊

620000－1101－0002565 830.78/0.339

成均課士錄不分卷 （清）□□編 清光緒刻本 二冊

620000－1101－0002566 830.78/309

成均課士錄十六卷 （清）張百熙輯 清光緒二十三年(1897)國子監刻本 八冊

620000－1101－0002567 782.979/667

成山老人年譜六卷附錄一卷 （清）唐炯撰 清宣統二年(1910)鉛印本 一冊 存一卷(附錄一卷)

620000－1101－0002568 567.3/0.339

成縣賦役全書不分卷 （清）□□編 清咸豐三年(1853)刻本 三冊

620000－1101－0002569 853.677.7/645.09

成裕堂繪像第七才子書六卷 （元）高明撰 （清）毛綸評 清晚期宏道堂刻本 二冊

620000－1101－0002570 585.8/0.428

呈報審訊徽縣陳丕績等雜文案彙不分卷 （清）□□編 清中晚期抄本 一冊

620000－1101－0002571 4512

承志錄三卷 （明）彭純撰 （清）陶素耜校注 附集一卷 （清）陶素耜撰 清乾隆抄本 一冊

620000－1101－0002572 575.19/357

城鎮鄉地方自治宣講書十三章 孟昭常編著 清宣統三年(1911)甘肅官書局石印本 一冊

620000－1101－0002573 575.19/357.001

城鎮鄉地方自治宣講書十三章 孟昭常編著 清宣統二年(1910)中新書局鉛印本 一冊

620000－1101－0002574 847.4/790

程古雪先生詩文集二十一卷附一卷 （清）程襄龍撰 清嘉慶刻本 六冊

620000－1101－0002575 2328

程尚書禹貢山川地理圖二卷 （宋）程大昌撰 清康熙成德刻通志堂經解本 一冊

620000－1101－0002576 637

程氏即得方二卷續二卷 （清）程林撰 清康熙九年(1670)居易齋刻本 二冊

620000－1101－0002577 523.9/790.001

程氏家塾讀書分年日程三卷綱領一卷 （元）程端禮撰 清廉書院記一卷 （清）許自俊撰 清嘉慶十年(1805)刻本 一冊

620000－1101－0002578 523.9/790.002

程氏家塾讀書分年日程三卷綱領一卷 （元）程端禮撰 清同治七年(1868)湖北崇文書局刻本 二冊

620000－1101－0002579 523.9/790.003

程氏家塾讀書分年日程三卷綱領一卷 （元）程端禮撰 清同治十年(1871)山東尚志堂刻光緒二十九年(1903)印本 一冊

620000－1101－0002580 523.9/790

程氏家塾讀書分年日程三卷綱領一卷 （元）程端禮撰 清光緒十八年(1892)蘭州督學節署刻本 一冊

620000－1101－0002581 523.9/790

程氏家塾讀書分年日程三卷綱領一卷 （元）程端禮撰 清光緒十八年(1892)蘭州督學節署刻本 一冊

620000－1101－0002582 523.9/790

程氏家塾讀書分年日程三卷綱領一卷 （元）程端禮撰 清光緒十八年(1892)蘭州督學節署刻本 一冊

620000－1101－0002583 523.9/790

程氏家塾讀書分年日程三卷綱領一卷 （元）程端禮撰 清光緒十八年(1892)蘭州督學節

署刻本　一冊

620000－1101－0002584　523.9/790

程氏家塾讀書分年日程三卷綱領一卷　（元）
程端禮撰　清光緒十八年(1892)蘭州督學節
署刻本　一冊

620000－1101－0002585　523.9/790

程氏家塾讀書分年日程三卷綱領一卷　（元）
程端禮撰　清光緒十八年(1892)蘭州督學節
署刻本　二冊

620000－1101－0002586　523.9/790

程氏家塾讀書分年日程三卷綱領一卷　（元）
程端禮撰　清光緒十八年(1892)蘭州督學節
署刻本　二冊

620000－1101－0002587　523.9/790

程氏家塾讀書分年日程三卷綱領一卷　（元）
程端禮撰　清光緒十八年(1892)蘭州督學節
署刻本　二冊

620000－1101－0002588　192.11/785.002

程氏若庸性理字訓不分卷　（宋）程若庸撰
清光緒七年(1881)甘肅藩署刻本　一冊

620000－1101－0002589　192.11/785

程氏性理字訓不分卷　（宋）程若庸撰　清同
治八年(1869)應寶時刻本　一冊

620000－1101－0002590　192.11/785.001

程氏性理字訓不分卷　（宋）程若庸撰　清光
緒津河廣仁堂刻本　一冊

620000－1101－0002591　413.52/785.03

程松崖先生眼科應驗良方一卷　（清）程玠撰
　清光緒二年(1876)趙氏完璧堂刻本　一冊

620000－1101－0002592　413.52/785.03

程松崖先生眼科應驗良方一卷　（清）程玠撰
　清光緒二年(1876)趙氏完璧堂刻本(第十
五葉後係抄配)　一冊

620000－1101－0002593　413/785

程松崖眼科不分卷　（明）程玠著　**秘傳傷科
準繩不分卷**　（□）□□著　**喉痧正的一卷**
（清）曹心怡著　**時疫白喉嚨症論一卷**　（清）

□□著　清抄本　一冊

620000－1101－0002594　1029

程志十卷　（明）崔銑撰　明嘉靖刻重修本
三冊

620000－1101－0002595　2547

誠書十六卷附誠書痘疹三卷　（清）談金章撰
　清雍正十年至十一年(1732－1733)傳經堂
刻本　四冊　存七卷(一、八、十五至十六,誠
書痘疹三卷)

620000－1101－0002596　2561

誠書十六卷附誠書痘疹三卷　（清）談金章撰
　清雍正十年至十一年(1732－1733)傳經堂
刻本　一冊　存四卷(十一至十四)

620000－1101－0002597　4305

誠書十六卷附誠書痘疹三卷　（清）談金章撰
　清雍正十年至十一年(1732－1733)傳經堂
刻本　二冊　存七卷(二至四、九至十一,誠
書痘疹一)

620000－1101－0002598　1931

誠一堂琴譜六卷琴談二卷　（清）程允基輯
清康熙刻本　四冊　存六卷(誠一堂琴譜六
卷)

620000－1101－0002599　3905

誠一堂琴譜六卷琴談二卷　（清）程允基輯
清康熙刻本　一冊　存四卷(一至三、六)

620000－1101－0002600　091.2523/268

誠齋易傳二十卷　（宋）楊萬里著　清光緒二
十一年(1895)湖北官書處刻本　八冊

620000－1101－0002601　831.7/0.682

澄懷八友圖詩一卷　（清）□□撰　清同治十
年(1871)月坡抄本　一冊

620000－1101－0002602　072.72/30

澄懷園語四卷　（清）張廷玉撰　清刻本
一冊

620000－1101－0002603　782.973/314

澄懷主人自訂年譜六卷　（清）張廷玉撰　清
光緒六年(1880)刻本　二冊

620000－1101－0002604　941.7/32

澄蘭室古緣萃錄十八卷　（清）邵松年輯　清光緒三十年（1904）上海鴻文書局石印本六冊

620000－1101－0002605　941.7/32

澄蘭室古緣萃錄十八卷　（清）邵松年輯　清光緒三十年（1904）上海鴻文書局石印本六冊

620000－1101－0002606　847.5/363.06

澄清堂續稿一卷　（清）孫星衍撰　清光緒十一年（1885）吳縣朱氏槐廬家塾刻本　一冊

620000－1101－0002607　4326

澄秋閣集四卷二集四卷三集四卷　（清）閔華撰　清乾隆十七年（1752）閔氏刻本　四冊存四卷（澄秋閣集四卷）

620000－1101－0002608　802.81/886

澄衷蒙學堂字課圖說四卷附刊誤四卷　（清）劉樹屏編　（清）吳子城繪　清光緒二十七年（1901）澄衷蒙學堂石印本　二冊　存二卷（圖說三下、四下）

620000－1101－0002609　802.81/886

澄衷蒙學堂字課圖說四卷附刊誤四卷　（清）劉樹屏編　（清）吳子城繪　清光緒二十七年（1901）澄衷蒙學堂石印本　六冊　存七卷（一至二、四,刊誤四卷）

620000－1101－0002610　802.81/886.001

澄衷蒙學堂字課圖說四卷附刊誤四卷　（清）劉樹屏編　（清）吳子城繪　清光緒石印本　一冊　存一卷（圖說一）

620000－1101－0002611　072.75/85

癡說六卷　（清）紀蔭田著　清道光元年（1821）刻本　三冊

620000－1101－0002612　857.27/72

池上草堂筆記近錄六卷續錄六卷三錄六卷四錄六卷　（清）梁恭辰撰　清道光二十三年（1843）刻光緒十六年（1890）補刻本　五冊存十五卷（近錄四至六、續錄六卷、三錄一至三、四錄一至三）

620000－1101－0002613　857.27/72

池上草堂筆記近錄六卷續錄六卷三錄六卷四錄六卷　（清）梁恭辰撰　清道光二十三年（1843）刻光緒十六年（1890）補刻本　八冊

620000－1101－0002614　857.27/72.001

池上草堂筆記近錄六卷續錄六卷三錄六卷四錄六卷　（清）梁恭辰撰　清咸豐十一年（1861）刻本　八冊

620000－1101－0002615　847.2/731

池上集六卷　（清）梁祉著　清咸豐刻本一冊

620000－1101－0002616　192.8/886

持志塾言二卷　（清）劉熙載撰　清同治六年（1867）刻古桐書屋六種本　一冊

620000－1101－0002617　849.8/270.01

遲鴻軒詩續一卷文續一卷　（清）楊峴撰　清光緒十九年（1893）刻本　一冊

620000－1101－0002618　847.8/270

遲鴻軒文棄二卷詩集四卷　（清）楊峴撰　清光緒十一年（1885）汪煦刻本　一冊　存二卷（遲鴻軒文棄二卷）

620000－1101－0002619　610.29/441.005

尺木堂綱鑑易知錄九十二卷明紀十五卷（清）周之炯等輯　清刻本　九冊　存十八卷（二十至三十五、三十八至三十九）

620000－1101－0002620　610.29/441.001

尺木堂綱鑑易知錄九十二卷明紀十五卷（清）周之炯等輯　清末民初石印本　七冊存九十五卷（十三至九十二、明紀十五卷）

620000－1101－0002621　610.29/441.002

尺木堂綱鑑易知錄九十二卷明紀十五卷（清）周之炯等輯　清光緒三十年（1904）上海校經山房鉛印本　六冊　存四十二卷（五至四十六）

620000－1101－0002622　610.29/441.002

尺木堂綱鑑易知錄九十二卷明紀十五卷（清）周之炯等輯　清光緒三十年（1904）上海

校經山房鉛印本　十三冊　存八十五卷（一至十二、二十至九十二）

620000－1101－0002623　610.29/441.002

尺木堂綱鑑易知錄九十二卷明紀十五卷（清）周之炯等輯　清光緒三十年（1904）上海校經山房鉛印本　二冊　存十四卷（十二至二十五）

620000－1101－0002624　3278

尺木堂綱鑑易知錄一百七卷　（清）吳乘權等輯　清康熙五十年（1711）尺木堂刻本　十二冊　存二十七卷（一至十三、二十七至四十）

620000－1101－0002625　3440

尺木堂綱鑑易知錄一百七卷　（清）吳乘權等輯　清康熙五十年（1711）尺木堂刻本　四十八冊

620000－1101－0002626　1250

尺木堂綱鑑易知錄一百七卷　（清）吳乘權等輯　清康熙五十年（1711）尺木堂刻本　二十四冊

620000－1101－0002627　626.029/441

尺木堂明鑑易知錄十五卷　（清）周之炯等輯　清光緒十四年（1888）上海廣百守齋鉛印本　二冊

620000－1101－0002628　192.91/952

恥言二卷　（清）徐禎稷著　（清）孔廣榮編　清光緒三十二年（1906）刻本　一冊

620000－1101－0002629　782.04/46

齒譜九卷　（清）易宗涒輯　清雍正刻本　十冊

620000－1101－0002630　3843

齒譜九卷　（清）易宗涒輯　清雍正賜書堂刻乾隆補刻本　十冊

620000－1101－0002631　835/255

赤城集十八卷　（宋）林表民輯　清嘉慶二十三年（1818）臨海宋氏刻台州叢書本　四冊

620000－1101－0002632　445

赤水玄珠三十卷醫案五卷醫旨緒餘二卷

（明）孫一奎撰　明萬曆二十四年（1596）孫氏刻清康熙重修本　四十八冊

620000－1101－0002633　4089

赤水玄珠三十卷醫案五卷醫旨緒餘二卷（明）孫一奎撰　明萬曆二十四年（1596）孫氏刻清康熙重修本　一冊　存一卷（醫旨緒餘上）

620000－1101－0002634　413.16/6.359

赤水玄珠三十卷醫案五卷醫旨緒餘二卷（明）孫一奎撰　清晚期刻本　三十六冊

620000－1101－0002635　684.8/941.2

勅建淨慈寺志二十八卷首二卷末一卷　（清）釋際祥纂輯　清光緒十四年（1888）丁氏嘉惠堂刻本　十二冊

620000－1101－0002636　2697

勅修河東鹽法志十二卷圖考一卷　（清）石麟等纂　清雍正刻本　四冊　存五卷（八至十二）

620000－1101－0002637　272/50

敕封大王將軍畫像一卷　（清）紫荆樹舘畫繪　清光緒上海點石齋石印本　一冊

620000－1101－0002638　782.87/115

敕旌樂善好施王氏義士徵詩啟一卷　（清）秦大中等輯　清道光刻本　一冊

620000－1101－0002639　782.87/115

敕旌樂善好施王氏義士徵詩啟一卷　（清）秦大中等輯　清道光刻本　一冊

620000－1101－0002640　782.87/315.3

敕受承德郎浩誥封中憲大夫禮器庫簿正衛候選訓導先考金生府君行述一卷　（清）張業勤等述　清光緒影印本　一冊

620000－1101－0002641　651.76/941

敕書（道光）不分卷　（清）宣宗旻寧製　清道光石印本　一冊

620000－1101－0002642　2540

敕修百丈清䂓二卷　（元）釋德輝編　清康熙五年（1666）刻嘉興藏本　一冊　存一卷（上）

620000－1101－0002643　18

沖虛至德真經八卷　（晉）張湛注　（唐）殷敬順釋文　明正德刻本　四冊

620000－1101－0002644　121.32/347

沖虛至德真經八卷　（晉）張湛注　清嘉慶九年(1804)姑蘇聚文堂刻本　二冊

620000－1101－0002645　802.82/988.001

崇儒堂重訂古文釋義新編八卷　（清）余誠評注　清道光二十三年(1843)刻本　四冊

620000－1101－0002646　782.612/410

崇祀名宦錄不分卷　（清）匡源等撰　清光緒刻本　一冊

620000－1101－0002647　782.615/886

崇祀鄉賢祠錄不分卷　（清）劉蓉等撰　清同治刻本　一冊

620000－1101－0002648　082.78/582

崇文書局彙刻三十一種二百八十三卷　（清）崇文書局輯　清光緒三年(1877)湖北崇文書局刻本　二十九冊　存二十六種二百十二卷（韓詩外傳十卷,春秋繁露十七卷,周書十卷、逸文一卷,尚書大傳四卷、考異一卷、補遺一卷、續補遺一卷,周易姚氏學十六卷,左傳舊疏考證八卷,儀禮古今文疏義九至十七,水經注四至六、三十八至四十,今水經一卷、表一卷,隋經籍志考證十三卷,刊謬正俗八卷,御覽闕史二卷,相臺書塾刊正九經三傳沿革例一卷,鑑誡錄十卷,高士傳三卷,古列女傳七卷、續列女傳一卷,葬經內篇一卷,黃帝宅經二卷,酉陽雜俎二十卷,涑水紀聞十六卷,補遺一卷,世說新語六卷,老學庵筆記十卷,意林五卷、補遺一卷,文心雕龍十卷,人譜正篇一卷、續篇一卷、三篇一卷,人譜類記增訂六卷）

620000－1101－0002649　082.78/582

崇文書局彙刻三十一種二百八十三卷　（清）崇文書局輯　清光緒三年(1877)湖北崇文書局刻本　八十冊

620000－1101－0002650　082.78/582

620000－1101－0002651　082.78/582

崇文書局彙刻三十一種二百八十三卷　（清）崇文書局輯　清光緒三年(1877)湖北崇文書局刻本　八十冊

620000－1101－0002651　082.78/582

崇文書局彙刻三十一種二百八十三卷　（清）崇文書局輯　清光緒三年(1877)湖北崇文書局刻本　六十冊

620000－1101－0002652　013.2/119.301

崇文總目五卷　（宋）王堯臣等撰　（清）錢東垣等輯釋　**補遺一卷附錄一卷**　（清）錢侗輯　清嘉慶三年至四年(1798－1799)嘉定秦氏刻汗筠齋叢書本　三冊

620000－1101－0002653　671.65/323.791

崇信縣地理調查表一卷　（清）張文泉編　清宣統抄本　一冊

620000－1101－0002654　567.3/0.582

崇信縣賦役全書不分卷　（清）□□編　清咸豐三年(1853)刻本　三冊

620000－1101－0002655　2536

崇雅堂詩鈔五卷　（清）楊汝諧撰　清乾隆刻本　一冊

620000－1101－0002656　782.168/146

崇禎五十宰相傳六卷初彙一卷　（清）曹溶撰　清光緒順德龍氏刻知服齋叢書本　一冊

620000－1101－0002657　082.76/504

崇正叢書十種十八卷　（清）葉騰驤輯　清道光十九年(1839)品石山房木活字印本　八冊

620000－1101－0002658　387.7/627

蟲薈五卷　方旭編　清光緒十六年(1890)刻本　一冊　存二卷(一至二)

620000－1101－0002659　2910

仇滄柱先生增補詩經備旨十二卷　（清）祁文友　（清）尹源進增輯　清乾隆五十四年(1789)文盛堂刻本　四冊

620000－1101－0002660　042.74/617

酬世錦囊全集十九卷　（清）謝梅林　（清）鄒可庭定　（清）鄒景揚輯　清晚期寶興堂刻本

十冊

620000－1101－0002661 782.269/375.001

疇人傳五十二卷 （清）阮元撰 （清）羅士琳續補 清道光儀徵阮氏刻本 十三冊 存四十二卷(十一至五十二)

620000－1101－0002662 782.269/375

疇人傳五十二卷 （清）阮元撰 （清）羅士琳續補 清光緒八年(1882)海鹽張氏常惺齋刻本 十二冊

620000－1101－0002663 782.269/375

疇人傳五十二卷 （清）阮元撰 （清）羅士琳續補 清光緒八年(1882)海鹽張氏常惺齋刻本 十二冊

620000－1101－0002664 782.269/375

疇人傳五十二卷 （清）阮元撰 （清）羅士琳續補 清光緒八年(1882)海鹽張氏常惺齋刻本 一冊 存四卷(四十三至四十六)

620000－1101－0002665 782.269/375

疇人傳五十二卷 （清）阮元撰 （清）羅士琳續補 清光緒八年(1882)海鹽張氏常惺齋刻本 五冊 存二十三卷(一至九、二十三至二十八、三十四至三十八、五十至五十二)

620000－1101－0002666 782.269/375

疇人傳五十二卷 （清）阮元撰 （清）羅士琳續補 清光緒八年(1882)海鹽張氏常惺齋刻本 三冊 存十四卷(一至九、三十四至三十八)

620000－1101－0002667 782.269/375

疇人傳五十二卷 （清）阮元撰 （清）羅士琳續補 清光緒八年(1882)海鹽張氏常惺齋刻本 十冊 存四十四卷(一至三十三、三十九至四十六、五十至五十二)

620000－1101－0002668 644.838/352

籌辦交收伊犁事宜奏摺一卷 （清）左宗棠撰 清光緒五年(1879)抄本 一冊

620000－1101－0002669 681.566/99

籌藏芻議一卷附表一卷 姚錫光撰 清光緒

三十四年(1908)鉛印本 一冊

620000－1101－0002670 127.6/892.6

籌國芻言一卷 （清）劉次源著 清宣統二年(1910)石印本 一冊

620000－1101－0002671 597.8/460

籌海初集四卷 （清）關天培撰 清道光十六年(1836)刻本 四冊

620000－1101－0002672 597.1/994

籌海軍芻議二卷 姚錫光著 清光緒三十四年(1908)京師廣齋鉛印本 二冊

620000－1101－0002673 2975

籌海圖編十三卷 （明）胡宗憲輯 明天啟四年(1624)胡維極刻本 八冊

620000－1101－0002674 548.31/270

籌濟編三十二卷首一卷 （清）楊景仁輯 清道光九年(1829)刻本 八冊

620000－1101－0002675 548.31/270.001

籌濟編三十二卷首一卷 （清）楊景仁輯 清道光六年(1826)詁研齋刻本 六冊

620000－1101－0002676 548.31/270.001

籌濟編三十二卷首一卷 （清）楊景仁輯 清道光六年(1826)詁研齋刻本 六冊

620000－1101－0002677 548.31/270.002

籌濟編三十二卷首一卷 （清）楊景仁輯 清光緒九年(1883)武昌書局刻本 三冊 存九卷(一至二、十一至十六,首一卷)

620000－1101－0002678 681.53/994

籌蒙芻議二卷 姚錫光撰 清光緒三十四年(1908)刻本 一冊 存一卷(上)

620000－1101－0002679 2196

籌世芻議四卷 （清）鄒文柏撰 清光緒三十四年(1908)蘋香書屋木活字印本 二冊

620000－1101－0002680 127.6/165

籌蜀篇二卷 （清）黃英撰 清光緒二十七年(1901)容縣旭川書院刻本 一冊 存一卷(下)

620000 – 1101 – 0002681　312.9/762.08

籌算分法淺釋一卷　勞乃宣撰　清光緒二十四年(1898)吳橋官廨刻矩齋籌算叢刻本　一冊

620000 – 1101 – 0002682　312.9/762

籌算蒙課一卷　勞乃宣撰　清光緒二十四年(1898)刻朱印矩齋算學六種本　一冊

620000 – 1101 – 0002683　312.9/279

籌算三卷　(清)梅文鼎著　清光緒十三年(1887)陝西求友齋刻本　一冊

620000 – 1101 – 0002684　312.9/279

籌算三卷　(清)梅文鼎著　清光緒十三年(1887)陝西求友齋刻本　二冊

620000 – 1101 – 0002685　312.9/279

籌算三卷　(清)梅文鼎著　清光緒十三年(1887)陝西求友齋刻本　二冊

620000 – 1101 – 0002686　312.9/279

籌算三卷　(清)梅文鼎著　清光緒十三年(1887)陝西求友齋刻本　二冊

620000 – 1101 – 0002687　579.12/572

籌洋芻議一卷　(清)薛福成撰　清光緒二十三年(1897)上海醉六堂石印本　一冊

620000 – 1101 – 0002688　291/0.583

出行寶鏡不分卷　(清)□□撰　清道光二十二年(1842)抄本　二冊

620000 – 1101 – 0002689　847.6/987

出塞詩選二卷　(清)金悳榮　(清)袁潔著　清道光八年(1828)刻本　一冊

620000 – 1101 – 0002690　782.878/572.001

出使英法義比四國日記六卷　(清)薛福成撰　清光緒十八年(1892)上海鴻寶齋石印本　三冊

620000 – 1101 – 0002691　782.878/572.001

出使英法義比四國日記六卷　(清)薛福成撰　清光緒十八年(1892)上海鴻寶齋石印本　三冊

620000 – 1101 – 0002692　782.878/572

出使英法義比四國日記六卷　(清)薛福成撰　清光緒二十年(1894)孫詒校經堂刻本　六冊

620000 – 1101 – 0002693　782.878/572

出使英法義比四國日記六卷　(清)薛福成撰　清光緒二十年(1894)孫詒校經堂刻本　六冊

620000 – 1101 – 0002694　782.878/572

出使英法義比四國日記六卷　(清)薛福成撰　清光緒二十年(1894)孫詒校經堂刻本　六冊

620000 – 1101 – 0002695　652.1/572

出使奏疏二卷　(清)薛福成撰　清光緒二十年(1894)張美翊刻本　二冊

620000 – 1101 – 0002696　812.18/192

出戍詩話四卷　(清)玉堂居士志　清道光三年至八年(1823 – 1828)刻本　二冊

620000 – 1101 – 0002697　812.18/192

出戍詩話四卷　(清)玉堂居士志　清道光三年至八年(1823 – 1828)刻本　二冊

620000 – 1101 – 0002698　821.18/295

初白菴詩評三卷附詞綜偶評一卷　(清)查慎行撰　(清)張載華輯　清光緒上海六藝書局石印本　八冊

620000 – 1101 – 0002699　821.18/295

初白菴詩評三卷附詞綜偶評一卷　(清)查慎行撰　(清)張載華輯　清光緒上海六藝書局石印本　八冊

620000 – 1101 – 0002700　330.38/647

初等物理學教科書八編　(清)高慎儒編譯　清光緒三十二年(1906)上海商務印書館鉛印本　一冊

620000 – 1101 – 0002701　529.14/526

初等小學女子國文教科書八冊不分卷　蔣維喬等編纂　清光緒三十四年(1908)上海商務印書館石印本　一冊

620000 – 1101 – 0002702　312.1/158

初等小學算術教科書四卷　丁福保譯　清光緒三十二年(1906)上海文明書局鉛印本　二冊　存二卷(三至四)

620000－1101－0002703　312.1/158
初等小學算術教科書四卷　丁福保譯　清光緒三十二年(1906)上海文明書局鉛印本　一冊　存一卷(二)

620000－1101－0002704　312.1/880
初等小學算術教授書不分卷附教授細案二卷　(清)學部編譯圖書局編纂　清光緒三十三年(1907)學部圖書局鉛印本　二冊

620000－1101－0002705　312.1/880
初等小學算術教授書不分卷附教授細案二卷　(清)學部編譯圖書局編纂　清光緒三十三年(1907)學部圖書局鉛印本　一冊

620000－1101－0002706　192.11/880
初等小學修身教科書不分卷　(清)學部編譯圖書局編纂　清光緒三十三年(1907)甘肅學務公所圖書課刻本　一冊

620000－1101－0002707　830.413/161
初唐四傑集三十七卷　(清)項家達輯　清同治籲雅居刻本　八冊

620000－1101－0002708　2554
初學辨體不分卷　(清)徐與喬輯　清康熙十七年(1678)刻本　二十冊

620000－1101－0002709　802.81/360
初學行文語類四卷　(清)孫埏編輯　清嘉慶十六年(1811)文發堂刻本　四冊

620000－1101－0002710　847.1/933.01
初學集一百十卷目錄二卷　(清)錢謙益撰(清)錢曾注　清宣統二年(1910)邃漢齋鉛印本　二十四冊

620000－1101－0002711　847.1/93
初學集一百十卷目錄二卷　(清)錢謙益撰(清)錢曾注　清宣統二年(1910)邃漢齋鉛印本　三十五冊　存七十五卷(一至三十、三十五至五十二、七十八至一百四)

620000－1101－0002712　821.37/99
初學檢韻袖珍十二集附佩文詩韻一卷　(清)姚文登輯　(清)姚炳章校　清嘉慶坊刻本　四冊

620000－1101－0002713　802.4017/50
初學審音二卷　(清)葉庭變輯　清光緒三年(1877)何承禧刻本　一冊

620000－1101－0002714　802.617/274
初學題類文法合編二卷　(清)楊紀元著　清光緒三年(1877)刻本　一冊

620000－1101－0002715　411/906
初學衛生編不分卷　(美國)蓋樂格撰　(英國)傅蘭雅譯　清光緒二十二年(1896)上海格致書室鉛印本　一冊

620000－1101－0002716　521.9/504
初學宜讀諸書要略不分卷初學稍進讀書要略不分卷讀譯書須知不分卷論格致理法綱要不分卷　(清)葉瀚著　清光緒二十四年(1898)味經刊書處刻本　一冊

620000－1101－0002717　521.9/504
初學宜讀諸書要略不分卷初學稍進讀書要略不分卷讀譯書須知不分卷論格致理法綱要不分卷　(清)葉瀚著　清光緒二十四年(1898)味經刊書處刻本　一冊

620000－1101－0002718　847.4/52
樗菴存菴五卷　(清)蔣學鏞撰　清嘉慶十八年(1813)刻本　三冊

620000－1101－0002719　782.625/830
楚寶四十卷外篇五卷考異四十卷外篇增輯五卷　(明)周聖楷輯纂　(清)鄧顯鶴等述　清道光九年(1829)刻本　二十冊

620000－1101－0002720　832.12/116
楚詞釋十一卷　王闓運釋　清光緒二十一年(1895)刻本　一冊

620000－1101－0002721　832.12/11.11
楚詞釋十一卷　(漢)王逸章句　王闓運注　清光緒十二年(1886)成都尊經書院刻民國三

十一年(1942)國立四川大學印本　二冊

620000 – 1101 – 0002722　832.125.21/828.001
楚辭辯證二卷　（宋）朱熹撰　清光緒三年(1877)湖北崇文書局刻本　一冊

620000 – 1101 – 0002723　832.125/720
楚辭補註十七卷　（宋）洪興祖撰　清道光二十六年(1846)宏道書院刻惜陰軒叢書本　六冊

620000 – 1101 – 0002724　3156
楚辭燈四卷楚懷襄二王在位事蹟考一卷　（清）林雲銘撰　屈原列傳一卷　（漢）司馬遷撰　清康熙三十六年(1697)挹奎樓刻本　一冊

620000 – 1101 – 0002725　832.127.2/254
楚辭燈四卷楚懷襄二王在位事蹟考一卷　（清）林雲銘撰　屈原列傳一卷　（漢）司馬遷撰　清晚期刻本　二冊

620000 – 1101 – 0002726　832.127.2/254.001
楚辭燈四卷楚懷襄二王在位事蹟考一卷　（清）林雲銘撰　屈原列傳一卷　（漢）司馬遷撰　清晚期刻本　二冊

620000 – 1101 – 0002727　832.127.2/254.002
楚辭燈四卷楚懷襄二王在位事蹟考一卷　（清）林雲銘撰　屈原列傳一卷　（漢）司馬遷撰　清晚期刻本　二冊

620000 – 1101 – 0002728　2986
楚辭集注八卷　（宋）朱熹撰　清乾隆五十三年(1788)聽雨齋刻朱墨套印本　三冊　存五卷(一至五)

620000 – 1101 – 0002729　832.125.21/828.002
楚辭集注八卷　（宋）朱熹撰　清中晚期聽雨齋刻朱墨套印本　十二冊

620000 – 1101 – 0002730　832.125.21/828.001
楚辭集注八卷辯證二卷　（宋）朱熹撰　清光緒三年(1877)湖北崇文書局刻本　一冊

620000 – 1101 – 0002731　220
楚辭集註八卷辯證二卷後語八卷　（宋）朱熹

撰　（明）蔣之翹補輯并評校　**附覽二卷總評一卷**　（明）蔣之翹輯　明天啟六年(1626)蔣之翹刻本　六冊

620000 – 1101 – 0002732　1028
楚辭集註八卷辯證二卷後語八卷　（宋）朱熹撰　（明）蔣之翹補輯并評校　**附覽二卷總評一卷**　（明）蔣之翹輯　明天啟六年(1626)蔣之翹刻本　八冊

620000 – 1101 – 0002733　832.125.21/828
楚辭集註八卷辯證二卷後語八卷　（宋）朱熹撰　清光緒十八年(1892)刻本　四冊

620000 – 1101 – 0002734　221
楚辭集註八卷辯證二卷後語六卷　（宋）朱熹撰　明萬曆楊鶴刻本　六冊

620000 – 1101 – 0002735　4169
楚辭節註六卷　（清）姚培謙撰　**楚辭叶音一卷**　（清）劉維謙撰　清乾隆六年(1741)刻本　一冊　存二卷(二至三)

620000 – 1101 – 0002736　1063
楚辭十七卷　（漢）王逸章句　（宋）洪興祖補注　清初毛氏汲古閣刻本　六冊

620000 – 1101 – 0002737　2844
楚辭十七卷　（漢）王逸章句　（宋）洪興祖補注　清初毛氏汲古閣刻寶翰樓印本　一冊　存二卷(一至二)

620000 – 1101 – 0002738　832.122/120
楚辭十七卷　（漢）王逸章句　（宋）洪興祖補注　清光緒二十一年(1895)經畬堂刻本　六冊

620000 – 1101 – 0002739　832.122/120
楚辭十七卷　（漢）王逸章句　（宋）洪興祖補注　清光緒二十一年(1895)經畬堂刻本　二冊　存十四卷(四至十七)

620000 – 1101 – 0002740　832.12/11.86
楚辭十七卷　（漢）王逸章句　清光緒刻民國三十一年(1942)國立四川大學印本　二冊

620000 – 1101 – 0002741　232

楚辭十七卷附錄一卷 （宋）洪興祖等注 （明）陳深批點 明萬曆二十八年（1600）凌毓枏刻朱墨套印本 四冊

620000－1101－0002742 1828

楚辭疏十九卷讀楚辭詞一卷楚辭雜論一卷 （明）陸時雍撰 屈原傳一卷 （漢）司馬遷撰 清康熙四十四年（1705）刻本 四冊 存十二卷（一至二、十一至十九,楚辭雜論一卷）

620000－1101－0002743 845.73/78

楚國文憲公雪樓程先生文集三十卷附錄一卷 （元）程鉅夫撰 （元）程大本輯 清宣統二年至民國十四年（1910－1925）陽湖陶氏涉園影刻本 十冊

620000－1101－0002744 669.2199/891

楚漢諸侯疆域志三卷 （清）劉文淇撰 清光緒十五年（1889）廣雅書局刻本 一冊

620000－1101－0002745 669.2199/891

楚漢諸侯疆域志三卷 （清）劉文淇撰 清光緒十五年（1889）廣雅書局刻本 一冊

620000－1101－0002746 669.2199/891

楚漢諸侯疆域志三卷 （清）劉文琪撰 清光緒十五年（1889）廣雅書局刻本 一冊

620000－1101－0002747 847.8/220

楚南鴻爪一卷 （清）胡文炳撰 清光緒刻本 一冊

620000－1101－0002748 414

楚騷綺語六卷 （明）張之象輯 明萬曆四年至五年（1576－1577）凌氏桂芝館刻文林綺繡本 二冊

620000－1101－0002749 414

楚騷綺語六卷 （明）張之象輯 明萬曆四年至五年（1576－1577）凌氏桂芝館刻文林綺繡本 一冊 存三卷（一至三）

620000－1101－0002750 042/67.30

楚騷綺語六卷 （明）張之象輯 清光緒二十二年（1896）上海鴻寶齋石印本 一冊

620000－1101－0002751 589.91/499

處分則例圖要六卷 （清）蔡逢年輯 清同治九年（1870）江蘇書局刻本 二冊

620000－1101－0002752 589.91/499.001

處分則例圖要六卷 （清）蔡逢年輯 清光緒十四年（1888）江蘇書局刻本 一冊

620000－1101－0002753 847.5/307

船山詩草補遺六卷 （清）張問陶撰 清道光二十九年（1849）刻本 二冊

620000－1101－0002754 847.5/307

船山詩草二十卷 （清）張問陶撰 清嘉慶二十年（1815）刻本 十冊

620000－1101－0002755 847.5/307

船山詩草二十卷 （清）張問陶撰 清嘉慶二十年（1815）刻本 四冊

620000－1101－0002756 847.5/307.004

船山詩草二十卷 （清）張問陶撰 清晚期刻本 八冊

620000－1101－0002757 847.5/307.003

船山詩草二十卷 （清）張問陶撰 清宣統二年（1910）石印本 二冊 存七卷（七至十三）

620000－1101－0002758 847.5/307.001

船山詩草二十卷補遺六卷 （清）張問陶撰 清光緒抄本 八冊

620000－1101－0002759 847.5/307.002

船山詩草二十卷補遺六卷 （清）張問陶撰 清晚期刻本 七冊 存二十三卷（詩草二十卷、補遺一至三）

620000－1101－0002760 610.81/112

船山史論四種五十三卷 （清）王夫之撰 清光緒二十六年（1900）湖南中興書局刻本 十六冊

620000－1101－0002761 089.71/11

船山遺書五十八種二百九十二卷 （清）王夫之撰 清同治四年（1865）湘鄉曾氏金陵刻本 八十五冊 存三十八種二百一十七卷（周易內傳六卷、發例一卷,周易大象解一卷,周易稗疏四卷,周易考異一卷,周易外傳七卷,書經稗疏四卷,尚書引義六卷,詩經稗疏四卷,詩經考異一卷,詩經叶韻辨一卷,詩廣傳五卷,禮記章句四十九卷,春秋家說三卷,春秋稗疏二卷,春秋世論五卷,續春秋左氏傳博議二卷,讀四書大全說十卷,四書稗疏一卷,四書考異一卷,說文廣義三卷,讀通鑑論三十卷、末一卷,宋論十五卷,永曆實錄二十六卷,蓮峰志五卷,張子正蒙注九卷,六十自定稿一卷,七十自定稿一卷,柳岸吟一卷,落花詩一卷,和梅花百詠詩一卷,洞庭秋詩一卷,雁字詩一卷,做體詩一卷,嶽餘集一卷,薑齋詩賸稿一卷,鼓棹初集一卷,經義一卷,王船山叢書校勘記二卷)

620000－1101－0002762　089.71/11
船山遺書五十八種二百九十二卷 (清)王夫之撰　清同治四年(1865)湘鄉曾氏金陵刻本　五冊　存五種十二卷(春秋世論五卷、讀通鑑論十三至十六、柳岸吟一卷、落花詩一卷、和梅花百詠詩一卷)

620000－1101－0002763　089.71/11
船山遺書五十八種二百九十二卷 (清)王夫之撰　清同治四年(1865)湘鄉曾氏金陵刻本　五冊　存二種六卷(禮記章句四、六至八、三十一,讀四書大全說八)

620000－1101－0002764　089.71/11
船山遺書五十八種二百九十二卷補刊五種九卷 (清)王夫之撰　清同治四年(1865)湘鄉曾氏金陵刻光緒十三年(1887)補刻本　一百二十冊

620000－1101－0002765　443.868/906
船塢論略一卷附圖一卷 (英國)傅蘭雅輯譯　(清)鍾天緯筆述　清光緒二十年(1894)上海江南製造總局鉛印本　一冊

620000－1101－0002766　443.868/906
船塢論略一卷附圖一卷 (英國)傅蘭雅輯譯　(清)鍾天緯筆述　清光緒二十年(1894)上海江南製造總局鉛印本　一冊

620000－1101－0002767　443.868/906
船塢論略一卷附圖一卷 (英國)傅蘭雅輯譯

(清)鍾天緯筆述　清光緒二十年(1894)上海江南製造總局鉛印本　一冊

620000－1101－0002768　443.868/906
船塢論略一卷附圖一卷 (英國)傅蘭雅輯譯　(清)鍾天緯筆述　清光緒二十年(1894)上海江南製造總局鉛印本　一冊

620000－1101－0002769　443.868/906
船塢論略一卷附圖一卷 (英國)傅蘭雅輯譯　(清)鍾天緯筆述　清光緒二十年(1894)上海江南製造總局鉛印本　一冊

620000－1101－0002770　443.868/906
船塢論略一卷附圖一卷 (英國)傅蘭雅輯譯　(清)鍾天緯筆述　清光緒二十年(1894)上海江南製造總局鉛印本　一冊

620000－1101－0002771　443.868/906
船塢論略一卷附圖一卷 (英國)傅蘭雅輯譯　(清)鍾天緯筆述　清光緒二十年(1894)上海江南製造總局鉛印本　一冊

620000－1101－0002772　597.2/581
船陣圖說二冊 (清)天津北洋水師學堂繪譯　清光緒十年(1884)鉛印本　一冊　存一冊(下)

620000－1101－0002773　1891
傳家寶全集三十二卷 (清)石成金撰　清乾隆四年(1739)石氏刻本　三十二冊

620000－1101－0002774　090.574/720
傳經表二卷通經表二卷 (清)洪亮吉撰　清光緒五年(1879)授經堂刻洪北江全集本　一冊

620000－1101－0002775　847.7/521
傳樸堂詩稿四卷補遺一卷竹樊山莊詞一卷
(清)葛金烺著　附錄一卷　(清)譚獻等撰　**弢華館詩稿一卷** (清)葛嗣浵著　清光緒刻民國增修本　二冊

620000－1101－0002776　414.6/7.196.001
串雅內編四卷 (清)趙學敏纂　清光緒十四年(1888)榆園刻本　二冊

620000－1101－0002777　3400

瘡瘍經驗全書十三卷　（宋）竇杰撰　（宋）竇夢麟續增　清康熙五十六年（1717）浩然樓刻本　三冊　存五卷（六至十）

620000－1101－0002778　413.4/705

瘡瘍經驗全書十三卷　（宋）竇杰撰　清光緒刻本　一冊　存一卷（四）

620000－1101－0002779　413.4/705.001

瘡瘍經驗全書十三卷　（宋）竇杰撰　清光緒刻本　一冊　存三卷（一至三）

620000－1101－0002780　413.4/705.002

瘡瘍經驗全書十三卷　（宋）竇杰撰　清晚期刻本　二冊　存二卷（三、五）

620000－1101－0002781　4164

瘡瘍經驗全書十三卷　（宋）竇杰撰　（宋）竇夢麟續增　清康熙五十六年（1717）浩然樓刻本　一冊　存二卷（十二至十三）

620000－1101－0002782　548.48/891

創設隴右公社義賑處記兩葉　劉爾炘撰　清宣統二年（1910）油印本　一冊

620000－1101－0002783　548.48/891

創設隴右公社義賑處記兩葉　劉爾炘撰　清宣統二年（1910）油印本　一冊

620000－1101－0002784　1457

吹萬閣詩鈔五卷文鈔六卷詞鈔一卷　（清）顧詒祿撰　清乾隆刻本　四冊　存六卷（文鈔六卷）

620000－1101－0002785　3824

吹萬閣詩鈔五卷文鈔六卷詞鈔一卷　（清）顧詒祿撰　敦素齋文鈔□□卷　（清）□□撰　清乾隆刻本　四冊　存十六卷（詩集一至四、文鈔六卷、詞鈔一卷,敦素齋文鈔二至六）

620000－1101－0002786　071.77/50

吹網錄六卷　（清）葉廷琯著　清同治八年（1869）刻本　二冊

620000－1101－0002787　071.77/50

吹網錄六卷　（清）葉廷琯著　清同治八年（1869）刻本　二冊

620000－1101－0002788　071.77/50.001

吹網錄六卷　（清）葉廷琯著　清末刻本　一冊　存二卷（五至六）

620000－1101－0002789　1361

春草堂合集四十七卷　（清）林世燧輯　清乾隆稿本　二十二冊

620000－1101－0002790　847.6/614

春池文鈔十卷　（清）許鯉躍著　清晚期刻本　一冊

620000－1101－0002791　853.63/375

春燈謎四卷　（明）阮大鋮撰　清嘉慶二年（1797）刻本　四冊

620000－1101－0002792　082.76/953

春暉堂叢書十二種三十七卷　（清）徐渭仁輯　清道光、咸豐刻同治補刻本　十六冊

620000－1101－0002793　089.78/63

春暉雜稿十一種二十一卷　（清）郭階撰　清光緒十五年（1889）刻本　八冊

620000－1101－0002794　847.4/819

春酒堂文集一卷　（清）周容著　清宣統二年（1910）上海國學扶輪社鉛印本　一冊

620000－1101－0002795　4486

春明夢餘錄七十卷　（清）孫承澤撰　清抄本　四十冊

620000－1101－0002796　095.5/112

春秋稗疏二卷　（清）王夫之撰　清同治四年（1865）湘陰曾國荃刻船山遺書本　一冊

620000－1101－0002797　862

春秋不傳十二卷　（清）湯啓祚撰　清抄本　四冊

620000－1101－0002798　095.02/72.73

春秋不傳十二卷　（清）湯啟祚撰　清嘉慶刻本　四冊

620000－1101－0002799　095.126/112

春秋詞命二卷　（明）王鏊編輯　清宣統二年

(1910)通州翰墨林書局鉛印本　一冊

620000－1101－0002800　2072
春秋大事表五十卷春秋輿圖一卷附錄一卷
(清)顧棟高輯　清乾隆十三年至十四年
(1748－1749)萬卷樓刻本　二十冊

620000－1101－0002801　095.05/960.001
春秋大事表五十卷春秋輿圖一卷附錄一卷
(清)顧棟高輯　清光緒十四年(1888)陝西求
友齋刻本　二十四冊

620000－1101－0002802　095.05/960.001
春秋大事表五十卷春秋輿圖一卷附錄一卷
(清)顧棟高輯　清光緒十四年(1888)陝西求
友齋刻本　二十四冊

620000－1101－0002803　095.05/960.001
春秋大事表五十卷春秋輿圖一卷附錄一卷
(清)顧棟高輯　清光緒十四年(1888)陝西求
友齋刻本　二十四冊

620000－1101－0002804　095.05/960.001
春秋大事表五十卷春秋輿圖一卷附錄一卷
(清)顧棟高輯　清光緒十四年(1888)陝西求
友齋刻本　二十四冊

620000－1101－0002805　095.05/960.001
春秋大事表五十卷春秋輿圖一卷附錄一卷
(清)顧棟高輯　清光緒十四年(1888)陝西求
友齋刻本　一冊　存一卷(春秋輿圖一卷)

620000－1101－0002806　095.05/960.001
春秋大事表五十卷春秋輿圖一卷附錄一卷
(清)顧棟高輯　清光緒十四年(1888)陝西求
友齋刻本　十九冊　存四十卷(一至八上、十
至十五、二十四至四十二、四十六至五十,輿
圖一卷,附錄一卷)

620000－1101－0002807　4115
春秋大事表五十卷春秋輿圖一卷附錄一卷
(清)顧棟高輯　清乾隆十三年至十四年
(1748－1749)萬卷樓刻本　四十冊

620000－1101－0002808　095.05/960.001
春秋大事表五十卷春秋輿圖一卷附錄一卷

(清)顧棟高輯　清光緒十四年(1888)陝西求
友齋刻本　二十四冊

620000－1101－0002809　095.05/960.002
春秋大事表摘要四卷　(清)顧棟高輯　清光
緒二十九年(1903)刻本　四冊

620000－1101－0002810　095.05/8.888
春秋大旨提綱表四卷　劉爾炘撰　清光緒三
十四年(1908)甘肅高等學堂刻本　一冊

620000－1101－0002811　095.05/8.888
春秋大旨提綱表四卷　劉爾炘撰　清光緒三
十四年(1908)甘肅高等學堂刻本　二冊

620000－1101－0002812　095.05/8.888
春秋大旨提綱表四卷　劉爾炘撰　清光緒三
十四年(1908)甘肅高等學堂刻本　二冊

620000－1101－0002813　095.17/8.888
春秋大旨提綱表四卷　劉爾炘撰　清光緒三
十四年(1908)甘肅高等學堂刻本　三冊

620000－1101－0002814　095.17/8.888
春秋大旨提綱表四卷　劉爾炘撰　清光緒三
十四年(1908)甘肅高等學堂刻本　三冊

620000－1101－0002815　095.57/80.66.001
春秋董氏學八卷　康有爲撰　清末刻萬木草
堂叢書本　一冊　存二卷(一至二)

620000－1101－0002816　095.57/80.66
春秋董氏學八卷附傳一卷　康有爲撰　清光
緒上海大同譯書局刻萬木草堂叢書本　六冊

620000－1101－0002817　095.57/80.66
春秋董氏學八卷附傳一卷　康有爲撰　清光
緒上海大同譯書局刻萬木草堂叢書本　六冊

620000－1101－0002818　298.11/548
春秋繁露求雨篇一卷止雨篇一卷　(漢)董仲
舒撰　(清)倪元坦參注　**白玉蟾木郎求雨咒
一卷**　(明)吳廷舉解　清道光十四年(1834)
刻本　一冊

620000－1101－0002819　122.1/54.72.001
春秋繁露十七卷　(漢)董仲舒撰　清晚期練
江汪述古山莊刻本　二冊

620000 – 1101 – 0002820　1071

春秋繁露十七卷 （漢）董仲舒撰　清刻本
二册

620000 – 1101 – 0002821　122.1/54.72.002

春秋繁露十七卷 （漢）董仲舒撰　清刻本
二册

620000 – 1101 – 0002822　2083

春秋繁露十七卷附錄一卷 （漢）董仲舒撰
（清）盧文弨校　清乾隆盧氏抱經堂刻本
二册

620000 – 1101 – 0002823　2551

**春秋繁露十七卷附錄一卷漢廣川董子集一卷
下馬陵詩文集二卷** （漢）董仲舒撰　（明）孫
鑛評　清康熙二十七年(1688)董文昌刻本
四册　存十九卷(春秋繁露十七卷、附錄一
卷,漢廣川董子集一卷)

620000 – 1101 – 0002824　2084

**春秋繁露十七卷附錄一卷漢廣川董子集一卷
下馬陵詩文集二卷** （漢）董仲舒撰　（明）孫
鑛評　清康熙二十七年(1688)董文昌刻本
六册

620000 – 1101 – 0002825　1699

春秋繁露十三卷附錄一卷 （漢）董仲舒撰
（明）孫鑛評　明天啓五年(1625)花齋刻本
一册　存八卷(一至八)

620000 – 1101 – 0002826　095.5/51

春秋公法比義發微六卷 （清）藍光策撰　清
宣統三年(1911)南洋印刷官廠鉛印本　三册

620000 – 1101 – 0002827　095.5/517

春秋公法比義發微六卷 （清）藍光策撰　清
光緒二十五年(1899)圖書公司總局刻本
六册

620000 – 1101 – 0002828　095.222/904

春秋公羊傳旁訓四卷 （漢）何休學　清掃葉
山房刻本　四册

620000 – 1101 – 0002829　299

春秋公羊傳十二卷 （明）閔齊伋裁注　**考一**

卷　（明）閔齊伋撰　明天啓元年(1621)閔齊
伋刻三色套印本　六册

620000 – 1101 – 0002830　095.22/22.89

春秋公羊傳十一卷 （漢）何休撰　（唐）陸德
明音義　清同治七年(1868)崇文書局刻本
四册

620000 – 1101 – 0002831　830

春秋公羊傳注疏二十八卷附考證 （漢）何休
撰　（唐）陸德明音義　清乾隆四年(1739)武
英殿刻十三經注疏本　八册

620000 – 1101 – 0002832　095.222/904.01

春秋公羊傳註疏二十八卷 （漢）何休撰
（唐）陸德明音義　清嘉慶十八年(1813)四友
堂刻本　十二册

620000 – 1101 – 0002833　3406

春秋公羊穀梁諸傳彙義十二卷 （清）姜兆錫
彙義　清乾隆五年(1740)寅清樓刻本　四册

620000 – 1101 – 0002834　621.71/15.98

春秋公羊經傳解詁十二卷 （漢）何休學　清
光緒二十五年(1899)味經刊書處刻本　四册

620000 – 1101 – 0002835　095.222/905.01

春秋公羊經傳解詁十二卷 （漢）何休學　清
光緒二十五年(1899)味經刊書處刻本　二册

620000 – 1101 – 0002836　095.22/22.892

春秋公羊經傳解詁十二卷附錄一卷 （漢）何
休學　清同治二年(1863)刻本　二册

620000 – 1101 – 0002837　839

春秋公羊註疏二十八卷 （漢）何休註　（唐）
徐彥疏　（唐）陸德明音義　明崇禎七年
(1634)毛氏汲古閣刻十三經註疏本　十册

620000 – 1101 – 0002838　3947

春秋公羊註疏二十八卷 （漢）何休註　（唐）
徐彥疏　（唐）陸德明音義　明萬曆二十一年
(1593)北京國子監刻清康熙重修十三經註疏
本　五册　存十八卷(七至二十四)

620000 – 1101 – 0002839　095.323/536

春秋穀梁傳旁訓四卷 （晉）范寧集解　清嘉

慶掃葉山房刻本　四冊

620000－1101－0002840　095.32/31.53.58

春秋穀梁傳十二卷　（晉）范寧集解　（唐）陸
德明音義　清同治七年(1868)崇文書局刻本
四冊

620000－1101－0002841　095.32/76.93

春秋穀梁經傳補注二十四卷首一卷末一卷
（晉）范寧注　（清）鍾文烝補注　清光緒二年
(1876)鍾氏信美室刻本　八冊

620000－1101－0002842　095.32/76.93

春秋穀梁經傳補注二十四卷首一卷末一卷
（晉）范寧注　（清）鍾文烝補注　清光緒二年
(1876)鍾氏信美室刻本　四冊　存十四卷
(一至六、十三至十九、首一卷)

620000－1101－0002843　831

春秋穀梁注疏二十卷附考證　（晉）范寧集解
（唐）楊士勛疏　（唐）陸德明音義　清乾隆
四年(1739)武英殿刻十三經注疏本　六冊

620000－1101－0002844　095.323/267.001

春秋穀梁註疏二十卷　（晉）范寧集解　（唐）
楊士勛疏　（唐）陸德明音義　清嘉慶十八年
(1813)四友堂刻本　六冊

620000－1101－0002845　28

春秋胡傳三十卷　（宋）胡安國撰　明崇禎毛
氏汲古閣刻本　八冊

620000－1101－0002846　3899

春秋胡傳三十卷　（宋）胡安國撰　明版築居
刻本　五冊　存二十三卷(一至二十三)

620000－1101－0002847　095.64/994

春秋會要四卷　（清）姚彥渠輯　清光緒十四
年(1888)姚氏刻本　二冊

620000－1101－0002848　592

春秋集傳大全三十八卷首一卷末一卷　（明）
胡廣輯　清抄本　四冊　存四卷(一至三、首
一卷)

620000－1101－0002849　095.602/112

春秋家說三卷　（清）王夫之撰　清同治四年

(1865)湘陰曾國荃金陵節署刻船山遺書本
三冊

620000－1101－0002850　095.602/112.001

春秋家說三卷　（清）王夫之撰　清光緒二十
七年(1901)簡青書局石印本　一冊

620000－1101－0002851　1078

春秋金鎖匙三卷　（元）趙汸撰　清沈氏授經
樓抄本　一冊

620000－1101－0002852　840

春秋經傳集解三十卷　（晉）杜預註　（唐）陸
德明音義　明刻本　十冊

620000－1101－0002853　095.12/245.002

春秋經傳集解三十卷　（晉）杜預註　（唐）陸
德明音義　清同治刻本　十二冊　存二十九
卷(二至三十)

620000－1101－0002854　095.12/245.001

春秋經傳集解三十卷　（晉）杜預註　（唐）陸
德明音義　清同治、光緒刻本　五冊　存十
一卷(九至十九)

620000－1101－0002855　095.12/245.003

春秋經傳集解三十卷　（晉）杜預註　（唐）陸
德明音義　清宣統二年(1910)學部圖書局石
印本　四冊　存八卷(一至二、五至六、十七
至二十)

620000－1101－0002856　873

春秋經傳集解三十卷附考證　（晉）杜預註
（唐）陸德明音義　清乾隆四十八年(1783)武
英殿刻仿宋相臺五經本　十六冊

620000－1101－0002857　095.17/66.902

春秋井鑑四卷井鑑續編四卷林泉偶得二卷
（明）何永達編　清咸豐六年(1856)香遠堂刻
本　八冊

620000－1101－0002858　095.17/66.902

春秋井鑑四卷井鑑續編四卷林泉偶得二卷
（明）何永達編　清咸豐六年(1856)香遠堂刻
本　八冊

620000－1101－0002859　095.17/66.902

春秋井鑑四卷井鑑續編四卷林泉偶得二卷
（明）何永達編 清咸豐六年（1856）香遠堂刻
本 八冊

620000－1101－0002860 1077
春秋類編十二卷首二卷 （清）祁煥章編 清
光緒三十二年（1906）稿本 十四冊

620000－1101－0002861 095.657/120
春秋例表不分卷 （清）王代豐撰 清光緒七
年（1881）四川尊經書院刻本 一冊

620000－1101－0002862 326
春秋列傳八卷 （明）劉節撰 明萬曆七年
（1579）錢普、劉士忠等刻本 八冊

620000－1101－0002863 095.627/769
春秋內傳古注補輯三卷 （清）馮明貞輯 清
光緒十五年（1889）味義根齋刻本 一冊

620000－1101－0002864 095.627/657
春秋內外傳筮辭考證三卷 （清）章棐著 清
光緒九年（1883）刻本 一冊

620000－1101－0002865 095.627/952
春秋旁訓辨體合訂四卷 （清）徐立綱輯 清
晚期孝思堂刻本 一冊 存二卷（一至二）

620000－1101－0002866 095.627/952.002
春秋旁訓辨體合訂四卷 （清）徐立綱輯 清
刻本 一冊 存二卷（一至二）

620000－1101－0002867 095.627/952.001
春秋旁訓辨體合訂四卷 （清）徐立綱輯 清
刻本 二冊

620000－1101－0002868 3953
春秋三傳體註十二卷 （清）車廷雅輯 清乾
隆六十年（1795）同文堂刻本 十六冊

620000－1101－0002869 095.602/291
春秋三傳異文釋十二卷 （清）李富孫學
（清）蔣光煦輯 清道光海昌蔣氏刻別下齋叢
書本 四冊

620000－1101－0002870 3079
春秋三十卷 （宋）胡安國傳 清乾隆十二年
（1747）青蓮書屋刻本 八冊

620000－1101－0002871 095.425.2/220
春秋三十卷 題（東周）孔丘撰 （漢）鄭玄注
清嘉慶十六年（1811）集古堂刻本 八冊

620000－1101－0002872 095.2/221
春秋三十卷 題（東周）孔丘撰 （漢）鄭玄注
清晚期刻本 三冊 存二十三卷（八至三
十）

620000－1101－0002873 095.01/396
春秋十六卷首一卷 （□）□□輯 陸氏三傳
釋文音義十六卷 （唐）陸德明音義 清同治
十年（1871）刻本 十二冊 存十七卷（春秋
十六卷、首一卷）

620000－1101－0002874 095.01/396
春秋十六卷首一卷 （□）□□輯 陸氏三傳
釋文音義十六卷 （唐）陸德明音義 清同治
十年（1871）刻本 十三冊 存十五卷（春秋
三至十六、首一卷）

620000－1101－0002875 095.01/396
春秋十六卷首一卷 （□）□□輯 陸氏三傳
釋文音義十六卷 （唐）陸德明音義 清同治
十年（1871）刻本 十四冊

620000－1101－0002876 095.01/396
春秋十六卷首一卷 （□）□□輯 陸氏三傳
釋文音義十六卷 （唐）陸德明音義 清同治
十年（1871）刻本 十四冊

620000－1101－0002877 095.01/396
春秋十六卷首一卷 （□）□□輯 陸氏三傳
釋文音義十六卷 （唐）陸德明音義 清同治
十年（1871）刻本 十三冊

620000－1101－0002878 095.01/396
春秋十六卷首一卷 （□）□□輯 陸氏三傳
釋文音義十六卷 （唐）陸德明音義 清同治
十年（1871）刻本 十四冊

620000－1101－0002879 095.01/396
春秋十六卷首一卷 （□）□□輯 陸氏三傳
釋文音義十六卷 （唐）陸德明音義 清同治
十年（1871）刻本 十三冊 存二十三卷（春
秋十六卷、首一卷，陸氏三傳釋文音義十一至

十六)

620000－1101－0002880　095.01/396
春秋十六卷首一卷　（□）□□輯　**陸氏三傳**
釋文音義十六卷　（唐）陸德明音義　清同治
十年(1871)刻本　十四冊

620000－1101－0002881　095.01/396
春秋十六卷首一卷　（□）□□輯　**陸氏三傳**
釋文音義十六卷　（唐）陸德明音義　清同治
十年(1871)刻本　十四冊

620000－1101－0002882　095.01/396
春秋十六卷首一卷　（□）□□輯　**陸氏三傳**
釋文音義十六卷　（唐）陸德明音義　清同治
十年(1871)刻本　十四冊

620000－1101－0002883　095.01/396
春秋十六卷首一卷　（□）□□輯　**陸氏三傳**
釋文音義十六卷　（唐）陸德明音義　清同治
十年(1871)刻本　七冊　存九卷(春秋三至
八、十、十五至十六)

620000－1101－0002884　095.01/396
春秋十六卷首一卷　（□）□□輯　**陸氏三傳**
釋文音義十六卷　（唐）陸德明音義　清同治
十年(1871)刻本　一冊　存一卷(首一卷)

620000－1101－0002885　095.01/396
春秋十六卷首一卷　（□）□□輯　**陸氏三傳**
釋文音義十六卷　（唐）陸德明音義　清同治
十年(1871)刻本　一冊　存十卷(陸氏三傳
釋文音義一至十)

620000－1101－0002886　095.01/396
春秋十六卷首一卷　（□）□□輯　**陸氏三傳**
釋文音義十六卷　（唐）陸德明音義　清同治
十年(1871)刻本　二冊　存十六卷(陸氏三
傳釋文音義十六卷)

620000－1101－0002887　095.01/396
春秋十六卷首一卷　（□）□□輯　**陸氏三傳**
釋文音義十六卷　（唐）陸德明音義　清同治
十年(1871)刻本　一冊　存六卷(陸氏三傳
釋文音義十一至十六)

620000－1101－0002888　095.01/396
春秋十六卷首一卷　（□）□□輯　**陸氏三傳**
釋文音義十六卷　（唐）陸德明音義　清同治
十年(1871)刻本　一冊　存六卷(陸氏三傳
釋文音義十一至十六)

620000－1101－0002889　095.01/396
春秋十六卷首一卷　（□）□□輯　**陸氏三傳**
釋文音義十六卷　（唐）陸德明音義　清同治
十年(1871)刻本　一冊　存六卷(陸氏三傳
釋文音義十一至十六)

620000－1101－0002890　095.01/396
春秋十六卷首一卷　（□）□□輯　**陸氏三傳**
釋文音義十六卷　（唐）陸德明音義　清同治
十年(1871)刻本　一冊　存六卷(陸氏三傳
釋文音義十一至十六)

620000－1101－0002891　095.01/396
春秋十六卷首一卷　（□）□□輯　**陸氏三傳**
釋文音義十六卷　（唐）陸德明音義　清同治
十年(1871)刻本　一冊　存六卷(陸氏三傳
釋文音義十一至十六)

620000－1101－0002892　095.01/396.001
春秋十六卷首一卷　（□）□□輯　**陸氏三傳**
釋文音義十六卷　（唐）陸德明音義　清光緒
十六年(1890)蘭州刻本　十六冊

620000－1101－0002893　095.01/396.001
春秋十六卷首一卷　（□）□□輯　**陸氏三傳**
釋文音義十六卷　（唐）陸德明音義　清光緒
十六年(1890)蘭州刻本　十三冊　存三十一
卷(春秋一至八、十至十六,陸氏三傳釋文音
義十六卷)

620000－1101－0002894　095.01/396.001
春秋十六卷首一卷　（□）□□輯　**陸氏三傳**
釋文音義十六卷　（唐）陸德明音義　清光緒
十六年(1890)蘭州刻本　十四冊　存十七卷
(春秋十六卷、首一卷)

620000－1101－0002895　095.01/396.001
春秋十六卷首一卷　（□）□□輯　**陸氏三傳**
釋文音義十六卷　（唐）陸德明音義　清光緒

十六年(1890)蘭州刻本 十四冊

620000－1101－0002896 095.01/396
春秋十六卷首一卷 （□）□□輯 **陸氏三傳釋文音義十六卷** （唐）陸德明音義 清同治十年(1871)刻本 二冊 存三卷(春秋十、十二至十三)

620000－1101－0002897 095.01/396
春秋十六卷首一卷 （□）□□輯 **陸氏三傳釋文音義十六卷** （唐）陸德明音義 清同治十年(1871)刻本 三冊 存二卷(春秋九至十)

620000－1101－0002898 095.01/396
春秋十六卷首一卷 （□）□□輯 **陸氏三傳釋文音義十六卷** （唐）陸德明音義 清同治十年(1871)刻本 一冊 存一卷(春秋十)

620000－1101－0002899 095.01/396
春秋十六卷首一卷 （□）□□輯 **陸氏三傳釋文音義十六卷** （唐）陸德明音義 清同治十年(1871)刻本 一冊 存一卷(春秋三)

620000－1101－0002900 095.01/396
春秋十六卷首一卷 （□）□□輯 **陸氏三傳釋文音義十六卷** （唐）陸德明音義 清同治十年(1871)刻本 七冊 存八卷(春秋三至四、九至十四)

620000－1101－0002901 095.01/396
春秋十六卷首一卷 （□）□□輯 **陸氏三傳釋文音義十六卷** （唐）陸德明音義 清同治十年(1871)刻本 四冊 存六卷(春秋三至四、十一至十四)

620000－1101－0002902 095.01/396
春秋十六卷首一卷 （□）□□輯 **陸氏三傳釋文音義十六卷** （唐）陸德明音義 清同治十年(1871)刻本 十四冊

620000－1101－0002903 095.01/396
春秋十六卷首一卷 （□）□□輯 **陸氏三傳釋文音義十六卷** （唐）陸德明音義 清同治十年(1871)刻本 十四冊

620000－1101－0002904 095.01/396
春秋十六卷首一卷 （□）□□輯 **陸氏三傳釋文音義十六卷** （唐）陸德明音義 清同治十年(1871)刻本 十四冊

620000－1101－0002905 095.01/396
春秋十六卷首一卷 （□）□□輯 **陸氏三傳釋文音義十六卷** （唐）陸德明音義 清同治十年(1871)刻本 十四冊

620000－1101－0002906 095.01/396
春秋十六卷首一卷 （□）□□輯 **陸氏三傳釋文音義十六卷** （唐）陸德明音義 清同治十年(1871)刻本 十二冊

620000－1101－0002907 095.01/396
春秋十六卷首一卷 （□）□□輯 **陸氏三傳釋文音義十六卷** （唐）陸德明音義 清同治十年(1871)刻本 十四冊

620000－1101－0002908 095.01/396
春秋十六卷首一卷 （□）□□輯 **陸氏三傳釋文音義十六卷** （唐）陸德明音義 清同治十年(1871)刻本 十四冊

620000－1101－0002909 095.01/396
春秋十六卷首一卷 （□）□□輯 **陸氏三傳釋文音義十六卷** （唐）陸德明音義 清同治十年(1871)刻本 十四冊

620000－1101－0002910 095.01/396
春秋十六卷首一卷 （□）□□輯 **陸氏三傳釋文音義十六卷** （唐）陸德明音義 清同治十年(1871)刻本 十四冊

620000－1101－0002911 095.01/396.001
春秋十六卷首一卷 （□）□□輯 **陸氏三傳釋文音義十六卷** （唐）陸德明音義 清光緒十六年(1890)蘭州刻本 十四冊

620000－1101－0002912 095.01/396
春秋十六卷首一卷 （□）□□輯 **陸氏三傳釋文音義十六卷** （唐）陸德明音義 清同治十年(1871)刻本 二冊 存十六卷(陸氏三傳釋文音義十六卷)

620000 – 1101 – 0002913　586

春秋十六卷首一卷末一卷　（清）汪烜集傳
清吳友義堂抄本　五冊

620000 – 1101 – 0002914　095.55/72.37

春秋氏族圖一卷　（清）陳厚耀撰　清道光二
十四年(1844)王書雲刻本　一冊

620000 – 1101 – 0002915　095.07/112

春秋世論五卷　（清）王夫之撰　清光緒二十
七年(1901)簡青書局石印本　一冊

620000 – 1101 – 0002916　621.705/37

春秋世族譜十卷　（清）陳厚耀撰　清光緒刻
邵武徐氏叢書本　一冊

620000 – 1101 – 0002917　095.57/245

春秋釋例十五卷　（晉）杜預撰　清嘉慶五年
(1800)掃葉山房刻本　四冊　存十三卷(一
至九、卷十之葉一、卷十二之葉二十四至二十
九、十三至十四)

620000 – 1101 – 0002918　095.637/164

春秋釋四卷　（清）黃式三撰　清同治、光緒
刻儆居遺書本　一冊

620000 – 1101 – 0002919　095.67/312

春秋屬辭辨例編六十卷首二卷　（清）張應昌
撰　清同治十二年(1873)江蘇書局刻本　十
七冊　存三十卷(三十一至六十)

620000 – 1101 – 0002920　095.5/209

春秋說略十二卷比二卷　（清）郝懿行撰
（清）趙銘彝校刊　清光緒七年(1881)刻本
四冊

620000 – 1101 – 0002921　095.5/209

春秋說略十二卷比二卷　（清）郝懿行撰
（清）趙銘彝校刊　清光緒七年(1881)刻本
四冊

620000 – 1101 – 0002922　323.78/696

春秋朔閏日食考二卷　（清）宋慶雲撰　清光
緒七年(1881)刻本　二冊

620000 – 1101 – 0002923　327.8/113

春秋朔閏至日考三卷　（清）王韜撰　清光緒

十五年(1889)美華書館鉛印本　三冊

620000 – 1101 – 0002924　848

**春秋四家五傳平文四十一卷首一卷春秋五傳
綱領一卷春秋諸國興廢說一卷春秋筆削發微
圖一卷春秋名號歸一圖二卷春秋二十國年表
一卷**　（明）張岐然輯　**春秋提要二卷**　（明）
虞宗瑤輯　明崇禎十四年(1641)君山堂刻本
十二冊

620000 – 1101 – 0002925　095.627/953

春秋體註大全四卷　（清）徐寅賓纂　清致和
堂刻本　一冊　存一卷(二)

620000 – 1101 – 0002926　095.627/953

春秋體註大全四卷　（清）徐寅賓纂　清致和
堂刻本　四冊

620000 – 1101 – 0002927　095.55/95

春秋輿圖不分卷　（清）顧棟高撰　清陝西求
友齋刻朱墨套印本　一冊

620000 – 1101 – 0002928　095.627/0.101

春秋增訂旁訓四卷　（清）□□撰　清末李光
明莊狀元閣刻本　二冊

620000 – 1101 – 0002929　2739

春秋尊孟不分卷　（清）潘相撰　清乾隆四十
三年(1778)潘氏刻本　一冊

620000 – 1101 – 0002930　3812

春秋左傳杜注三十卷首一卷　（清）姚培謙撰
清乾隆十一年(1746)陸氏小鬱林刻本　十
二冊

620000 – 1101 – 0002931　095.12/73.99.002

春秋左傳杜注三十卷首一卷　（清）姚培謙撰
清嘉慶元年(1796)刻本　十冊

620000 – 1101 – 0002932　095.12/73.99

春秋左傳杜注三十卷首一卷　（清）姚培謙撰
清道光五年(1825)刻本　四冊　存十一卷
(一至十一)

620000 – 1101 – 0002933　095.12/73.99.003

春秋左傳杜注三十卷首一卷　（清）姚培謙撰
清同治五年(1866)金陵書局刻本　十冊

620000－1101－0002934　095.12/73.99.003

春秋左傳杜注三十卷首一卷　（清）姚培謙撰
　　清同治五年(1866)金陵書局刻本　　九冊
　　存二十八卷(一至二十一、二十五至三十，首
　　一卷)

620000－1101－0002935　095.12/73.99.004

春秋左傳杜注三十卷首一卷　（清）姚培謙撰
　　清光緒九年(1883)江南書局刻本　　一冊
　　存三卷(二十二至二十四)

620000－1101－0002936　095.12/73.99.001

春秋左傳杜注三十卷首一卷　（清）姚培謙撰
　　清光緒二十二年(1896)新化三味堂刻本
　　十冊

620000－1101－0002937　3354

春秋左傳分類賦四卷　（清）夏大觀撰　（清）
夏大鼎箋注　清乾隆刻本　　四冊

620000－1101－0002938　095.12/348

春秋左傳分類賦四卷　（清）夏大觀撰　（清）
夏大鼎箋注　清咸豐二年(1852)刻本　　四冊

620000－1101－0002939　095.12/348.001

春秋左傳分類賦四卷　（清）夏大觀撰　（清）
夏大鼎箋注　清晚期叢經堂刻本　　四冊

620000－1101－0002940　095.12/74.72

春秋左傳詁二十卷　（清）洪亮吉撰　清光緒
四年(1878)洪用懃授經堂刻洪北江全集本
七冊　存十七卷(一至五、九至二十)

620000－1101－0002941　095.12/74.72

春秋左傳詁二十卷　（清）洪亮吉撰　清光緒
四年(1878)洪用懃授經堂刻洪北江全集本
一冊　存三卷(六至八)

620000－1101－0002942　2073

春秋左傳彙輯四十卷　（清）吳炳文輯　清乾
隆四十八年(1783)刻本　　二十四冊

620000－1101－0002943　095.127/178

春秋左傳講義一卷　（清）甘肅初級師範學堂
編　清光緒三十四年(1908)鉛印本　　一冊

620000－1101－0002944　095.12/642

春秋左傳類對賦不分卷　（宋）徐晉卿纂錄
（清）高士奇補注　清嘉慶十一年(1806)刻本
　　二冊

620000－1101－0002945　095.12/72.24.58

春秋左傳三十卷首一卷　（晉）杜預注　（宋）
林堯叟附注　（清）馮李驊集解　清同治七年
(1868)崇文書局刻本　　十二冊

620000－1101－0002946　095.1/352

春秋左傳十七卷　（晉）杜預注　清同治元年
(1862)五雲樓刻本　　十六冊

620000－1101－0002947　095.12/72.24.58.003

春秋左傳五十卷提要一卷　（晉）杜預注釋
（唐）陸德明音義　（宋）林堯叟補注　（明）
鍾惺等評點　清光緒二十二年(1896)刻本
十六冊

620000－1101－0002948　095.12/72.24.58.001

春秋左傳五十卷提要一卷　（晉）杜預注釋
（唐）陸德明音義　（宋）林堯叟補注　（明）
鍾惺等評點　清光緒三十四年(1908)善成堂
刻本　　十六冊

620000－1101－0002949　095.12/31.24.25

春秋左傳五十卷提要一卷　（晉）杜預注釋
（唐）陸德明音義　（宋）林堯叟補注　（明）
鍾惺等評點　清李光明莊刻本　　十五冊　存
四十七卷(一至四十七)

620000－1101－0002950　095.12/72.24.58.004

春秋左傳五十卷提要一卷　（晉）杜預注釋
（唐）陸德明音義　（宋）林堯叟補注　（明）
鍾惺等評點　清晚期三多齋刻本　一冊　存
六卷(一至六)

620000－1101－0002951　095.12/72.24.58.004

春秋左傳五十卷提要一卷　（晉）杜預注釋
（唐）陸德明音義　（宋）林堯叟補注　（明）
鍾惺等評點　清晚期三多齋刻本　四冊　存
二十五卷(二十六至五十)

620000－1101－0002952　095.12/72.24.58.005

春秋左傳五十卷提要一卷　（晉）杜預注釋
（唐）陸德明音義　（宋）林堯叟補注　（明）

鍾惺等評點　清晚期學源堂刻本　十一冊
存四十六卷(一至四十六)

620000－1101－0002953　095.12/72.24.58.002
春秋左傳五十卷提要一卷　(晉)杜預注釋
(唐)陸德明音義　(宋)林堯叟補注　(明)
鍾惺等評點　清晚期刻本　十二冊

620000－1101－0002954　095.127/270
春秋左傳音訓不分卷　(清)楊國楨編輯　清
道光十年(1830)刻本　七冊

620000－1101－0002955　1335
春秋左傳注疏六十卷　(晉)杜預注　(唐)孔
穎達疏　(唐)陸德明音義　清乾隆四年
(1739)武英殿刻本　六冊　存十九卷(二十
七至四十五)

620000－1101－0002956　095.12/245
春秋左傳註疏六十卷　(晉)杜預註　(唐)孔
穎達疏　(唐)陸德明音義　清嘉慶十八年
(1813)四友堂刻本　二十四冊

620000－1101－0002957　3122
春秋左傳註疏六十卷　(晉)杜預註　(唐)孔
穎達疏　(唐)陸德明音義　明崇禎十一年
(1638)毛氏汲古閣刻十三經註疏本　二十冊

620000－1101－0002958　2971
春秋左類聯四卷　(清)王一清編注　清乾隆
四十四年(1779)藜照堂刻本　一冊

620000－1101－0002959　3363
春秋左類聯四卷　(清)王一清編注　清乾隆
四十四年(1779)藜照堂刻本　四冊

620000－1101－0002960　095.14/75.74.001
春秋左氏傳補注十二卷　(清)沈欽韓注　清
光緒吳縣潘氏刻本　二冊

620000－1101－0002961　095.14/75.74
春秋左氏傳地名補注十二卷　(清)沈欽韓注
清同治心矩齋刻本　四冊

620000－1101－0002962　095.122/151
春秋左氏傳賈服註輯述二十卷　(漢)賈逵撰
(清)李貽德學　清同治五年(1866)餘姚朱

蘭刻本　六冊

620000－1101－0002963　089.7/118.001
春融堂集三種七十八卷　(清)王昶撰　清嘉
慶青浦王氏塾南書舍刻本　十二冊　存三種
五十卷(春融堂集二十一至四十九、五十四至
六十八,雜記一至四,述庵先生年譜二卷)

620000－1101－0002964　089.7/118
春融堂集三種七十八卷　(清)王昶撰　清嘉
慶青浦王氏塾南書舍刻光緒十八年(1892)文
彬齋重修本　十六冊

620000－1101－0002965　089.74/118
春融堂雜記八種八卷　(清)王昶撰　清嘉慶
青浦王氏塾南書舍刻光緒十八年(1892)文彬
齋重修本　一冊　存五種五卷(滇行日錄一
卷、征緬記聞一卷、征緬記略一卷、蜀徼記聞
一卷、商洛行程記一卷)

620000－1101－0002966　293/738
春樹齋叢說一卷天步真原中卷一卷　(清)溫
葆深撰　清光緒二年(1876)金陵溫氏刻西法
星命叢說本　一冊

620000－1101－0002967　3822
春雨樓百花吟一卷　(清)董秉純撰　清乾隆
四十三年(1778)上思州署刻本　一冊

620000－1101－0002968　2852
春雨樓百花吟一卷　(清)董秉純撰　(清)董
懋瀾注　清乾隆五十三年(1788)春雨堂刻本
一冊

620000－1101－0002969　089.76/82
春雨樓叢書六種三十三卷　(清)朱士端撰
清同治寶應朱氏刻本　六冊

620000－1101－0002970　089.76/82
春雨樓叢書六種三十三卷　(清)朱士端撰
清同治寶應朱氏刻本　六冊

620000－1101－0002971　089.76/82
春雨樓叢書六種三十三卷　(清)朱士端撰
清同治寶應朱氏刻本　三冊　存二種二十卷
(疆識編四卷、續一卷,說文校定本十五卷)

620000－1101－0002972　856.278/99

春在堂尺牘五卷　(清)俞樾撰　清光緒十年(1884)志古堂刻本　五冊

620000－1101－0002973　089.78/990

春在堂全書二十八種三百九十四卷　(清)俞樾撰　清光緒十五年(1889)刻本　八十冊　存十七種二百七十二卷(群經評議三十五卷,諸子評議三十五卷,第一樓叢書三十卷,曲園雜纂一至三十三,俞樓雜纂五十卷,賓萌集五卷、外集四卷,春在堂雜文二卷、續編五卷、三編四卷、四編八卷,春在堂詩編十三卷,春在堂詞錄三卷,春在堂隨筆十卷,春在堂尺牘六卷,楹聯錄存三卷,四書文一卷,茶香室經說十六卷,金剛般若波羅蜜經注二卷,游藝錄六卷,小蓬萊謠一卷)

620000－1101－0002974　089.78/990.01

春在堂全書二十二種二百九十卷　(清)俞樾撰　清光緒九年(1883)刻本　六十八冊

620000－1101－0002975　089.76/99

春在堂全書三十四種□□卷　(清)俞樾撰　清光緒二十四年(1898)刻本　五十七冊　存十種一百二十八卷(俞樓雜纂二十一至五十,賓萌集六卷、外集四卷,春在堂雜文二卷、續編五卷、三編四卷、四編八卷、五編八卷、六編十卷,春在堂詩編二十二卷,春在堂詞錄三卷,春在堂隨筆十卷,春在堂尺牘六卷,楹聯錄存四卷、附錄一卷,四書文一卷,右台仙館筆記一至四)

620000－1101－0002976　089.78/990.001

春在堂全書三十四種四百十九卷　(清)俞樾撰　清光緒二十三年(1897)石印本　三十一冊　存三十四種四百十二卷(群經平議三十五卷,諸子平議三十五卷,第一樓叢書三十卷,曲園雜纂五十卷,俞樓雜纂五十卷,賓萌集六卷,賓萌外集四卷,春在堂雜文二卷、續編五卷、三編四卷、四編八卷,春在堂詩編十五卷,春在堂詞錄三卷,春在堂隨筆十卷,春在堂尺牘六卷,楹聯錄存三卷,四書文一卷,右台仙館筆記八至十六,茶香室叢鈔二十三卷,茶香室續鈔二十五卷,茶香室三鈔二十九

卷,茶香室經說十六卷,金剛般若波羅蜜經注二卷,太上感應篇纘義二卷,游藝錄六卷,小蓬萊謠一卷,袖中書二卷,東瀛詩記二卷,新定牙牌數一卷,慧福樓幸草一卷,春在堂全書錄要一卷,春在堂全書校勘記一卷,曲園自述詩一卷,曲園墨戲一卷,瓊英小錄一卷,經課續編七卷,九九銷夏錄十四卷)

620000－1101－0002977　072.78/990

春在堂隨筆十卷　(清)俞樾撰　清光緒刻本　二冊

620000－1101－0002978　071.78/677

純常子枝語四十卷　(清)文廷式撰　清光緒九年(1883)刻本　十三冊

620000－1101－0002979　230/282

純陽祖師修真輯要一卷　(□)松雲子彙輯　清抄本　一冊

620000－1101－0002980　943.2/947.003

淳化閣釋文十卷　(清)徐朝弼集釋　清嘉慶刻本　一冊

620000－1101－0002981　943.2/947.001

淳化閣釋文十卷　(清)徐朝弼集釋　清刻本　一冊

620000－1101－0002982　943.2/947.001

淳化閣釋文十卷　(清)徐朝弼集釋　清刻本　一冊

620000－1101－0002983　943.2/947.001

淳化閣釋文十卷　(清)徐朝弼集釋　清刻本　二冊

620000－1101－0002984　985

淳化閣帖釋文十卷　(□)□□撰　明崇禎十一年(1638)張肯堂刻本　一冊

620000－1101－0002985　943.2/947.004

淳化閣帖釋文十卷　(清)徐朝弼集釋　清光緒三十四年(1908)南京聶吉儒抄本　一冊

620000－1101－0002986　1924

淳化祕閣法帖考正十卷附錄二卷　(清)王澍撰　清雍正詩鼎齋刻本　八冊

620000－1101－0002987　1925

淳化祕閣法帖考正十卷附錄二卷　（清）王澍
撰　清乾隆秋水藕花居刻本　八冊

620000－1101－0002988　1926

淳化祕閣法帖考正十卷附錄二卷　（清）王澍
撰　清乾隆秋水藕花居刻本　四冊

620000－1101－0002989　943.2/119

淳化祕閣法帖考正十卷附錄二卷　（清）王澍
撰　清光緒鮑氏刻後知不足齋叢書本　六冊

620000－1101－0002990　943.2/947.002

淳化帖集釋十卷　（清）徐朝弼集釋　清嘉慶
八年(1803)問心堂刻本　一冊

620000－1101－0002991　943.2/947.001

淳化帖釋文十卷　（清）徐朝弼集釋　清嘉慶
十七年(1812)蘭州刻本　一冊

620000－1101－0002992　943.2/947.001

淳化帖釋文十卷　（清）徐朝弼集釋　清嘉慶
十七年(1812)蘭州刻本　一冊

620000－1101－0002993　943.2/947.001

淳化帖釋文十卷　（清）徐朝弼集釋　清嘉慶
十七年(1812)蘭州刻本　一冊

620000－1101－0002994　943.2/947.001

淳化帖釋文十卷　（清）徐朝弼集釋　清嘉慶
十七年(1812)蘭州刻本　一冊

620000－1101－0002995　943.2/947.001

淳化帖釋文十卷　（清）徐朝弼集釋　清嘉慶
十七年(1812)蘭州刻本　一冊

620000－1101－0002996　857.16/399

輟畊錄三十卷　（明）陶宗儀撰　清光緒二十
一年(1895)上海福瀛書局刻本　十冊

620000－1101－0002997　594

輟畊錄三十卷　（明）陶宗儀撰　明崇禎毛氏
汲古閣刻津逮祕書本　四冊

620000－1101－0002998　823.18/820

詞辨二卷介存齋論詞雜著一卷　（清）周濟撰
　清光緒四年(1878)刻本　一冊

620000－1101－0002999　2803

詞科掌錄十七卷餘話七卷　（清）杭世駿輯
清乾隆杭氏道古堂刻本　四冊　存十七卷
（詞科掌錄十七卷）

620000－1101－0003000　966

詞林典故八卷　（清）張廷玉等纂　清乾隆十
三年(1748)武英殿刻本　八冊

620000－1101－0003001　823.13/0.602

詞林韻釋一卷　（□）□□撰　清嘉慶十五年
(1810)享帚精舍刻詞學從書本　一冊　缺三
十九葉(一至三十九)

620000－1101－0003002　3205

詞律二十卷　（清）萬樹撰　清康熙二十六年
(1687)萬氏堆絮園刻本　六冊

620000－1101－0003003　3121

詞律二十卷　（清）萬樹撰　清康熙二十六年
(1687)萬氏堆絮園刻尺木堂印本　十二冊

620000－1101－0003004　4236

詞律二十卷　（清）萬樹撰　清康熙刻本　三
冊　存十卷(十一至二十)

620000－1101－0003005　852.1/52

詞律二十卷　（清）萬樹撰　**詞律拾遺八卷**
（清）徐本立撰　**詞律補遺一卷**　（清）杜文瀾
撰　清光緒二年(1876)刻本　十六冊

620000－1101－0003006　852.1/522.001

詞律二十卷　（清）萬樹撰　清晚期刻本　四
冊　存十卷(七至十、十五至二十)

620000－1101－0003007　852.1/949

詞律拾遺八卷　（清）徐本立撰　清同治十二
年(1873)刻本　四冊

620000－1101－0003008　852.1/52.24

詞律校勘記二卷　（清）杜文瀾撰　清咸豐十
一年(1861)曼陀羅華閣刻本　二冊

620000－1101－0003009　852.1/52.24

詞律校勘記二卷　（清）杜文瀾撰　清咸豐十
一年(1861)曼陀羅華閣刻本　一冊

620000－1101－0003010　852.1/52.24

詞律校勘記二卷 （清）杜文瀾撰 清咸豐十一年（1861）曼陀羅華閣刻本 一冊 存一卷（一）

620000－1101－0003011 2849

詞譜六卷 （清）許寶善輯 清乾隆三十七年（1772）刻朱墨套印本 一冊

620000－1101－0003012 1695

詞譜四十卷 （清）王奕清等撰 清康熙五十四年（1715）內府刻朱墨套印本 十冊 存十卷（一至十）

620000－1101－0003013 823.18/313

詞壇妙品十卷 （清）張淵懿選定 （清）田茂遇評 清宣統三年（1911）小安樂書屋石印本 五冊

620000－1101－0003014 852.3/307

詞選二卷附錄一卷 （清）張惠言輯選 **續詞選二卷** （清）董毅輯選 清同治六年（1867）刻本 一冊

620000－1101－0003015 833.175/102

詞學叢書十種二十三卷 （清）秦恩復輯 清嘉慶、道光秦氏享帚精舍刻本 二十四冊

620000－1101－0003016 833.175/102.001

詞學叢書十種二十三卷 （清）秦恩復輯 清嘉慶、道光秦氏享帚精舍刻光緒六年（1880）邗江江承啟堂重修本 十二冊

620000－1101－0003017 823.115/313

詞源二卷 （宋）張炎編 **日湖漁唱一卷續補遺一卷** （宋）陳允平撰 清道光八年至九年（1828－1829）江都秦氏享帚精舍刻詞學叢書本 一冊

620000－1101－0003018 823.18/954

詞苑叢談十二卷 （清）徐釚編輯 清末上海有正書局鉛印本 四冊

620000－1101－0003019 1462

詞苑英華四十五卷 （明）毛晉輯 明末毛氏汲古閣刻清乾隆十七年（1752）洪振珂重修本 二十冊 存四十三卷（花菴絕妙詞選十卷、中興絕妙詞選十卷、草堂詩餘四卷、花間集十卷、尊前集二卷、詞林萬選四卷、詩餘圖譜三卷）

620000－1101－0003020 833.1/835.001

詞綜三十八卷 （清）朱彝尊輯 （清）汪森增輯 **明詞綜十二卷國朝詞綜四十八卷二集八卷** （清）王昶輯 清嘉慶七年（1802）刻本 十四冊 存八十六卷（詞綜三十八卷，明詞綜一至六，國朝詞綜七至二十七、三十六至四十八，二集八卷）

620000－1101－0003021 833.1/835

詞綜三十八卷 （清）朱彝尊輯 （清）汪森增輯 **明詞綜十二卷國朝詞綜四十八卷二集八卷** （清）王昶輯 清嘉慶刻本 十二冊 存三十八卷（詞綜三十八卷）

620000－1101－0003022 833.1/835

詞綜三十八卷 （清）朱彝尊輯 （清）汪森增輯 **明詞綜十二卷國朝詞綜四十八卷二集八卷** （清）王昶輯 清嘉慶刻本 十二冊 存三十八卷（詞綜三十八卷）

620000－1101－0003023 2591

詞綜三十卷 （清）朱彝尊 （清）汪森輯 清康熙十七年（1678）汪氏裘杼樓刻本 六冊

620000－1101－0003024 494

慈悲道場懺法十卷 （南朝梁）武帝蕭衍撰 明崇禎四年（1631）陳龍山經房刻本 二冊

620000－1101－0003025 3870

慈悲道場懺法十卷 （南朝梁）武帝蕭衍撰 明天啟四年（1624）刻本 二冊 存二卷（四至五）

620000－1101－0003026 224.4/60.01

慈悲梁皇寶懺十卷 （南朝梁）武帝蕭衍撰 清光緒十五年（1889）金陵刻經處刻本 三冊

620000－1101－0003027 1285

慈悲水懺法三卷 （唐）釋智玄撰 明萬曆刻本 三冊

620000－1101－0003028 398

慈湖先生遺書二十卷　（宋）楊簡撰　明萬曆
刻本　四冊

620000－1101－0003029　127.6/761

慈陵子天人通一卷　（清）曾純陽著　清宣統
三年(1911)闇章齋刻本　一冊

620000－1101－0003030　071.52/16

慈溪黄氏日抄分類九十七卷　（宋）黄震編輯
清乾隆三十二年(1767)新安汪岱光刻本
二十四冊

620000－1101－0003031　071.52/165

慈溪黄氏日抄分類三十一卷古今紀要十五卷
（宋）黄震編輯　清晚期木活字印本　二十
四冊

620000－1101－0003032　071.52/165.001

慈溪黄氏日鈔分類九十七卷　（宋）黄震編輯
清光緒耕餘樓刻本　十八冊

620000－1101－0003033　413.7/786

慈幼新書十二卷　（清）程雲鵬輯　清刻本
一冊　存二卷(十一至十二)

620000－1101－0003034　821.11/118

辭學指南四卷　（宋）王應麟撰　清光緒十年
(1884)成都志古堂刻本　四冊

620000－1101－0003035　1642

此觀堂集十二卷　（明）羅萬藻撰　清乾隆二
十一年(1756)刻本　六冊

620000－1101－0003036　3243

此木軒四書說九卷　（清）焦袁熹撰　清乾隆
九年(1744)刻本　二冊

620000－1101－0003037　853.6/117

此宜閣增訂金批西廂四卷首一卷末一卷
(元)王德信撰　（清）金人瑞批注　清晚期此
宜閣刻朱墨套印本　六冊

620000－1101－0003038　853.6/117.001

此宜閣增訂金批西廂四卷首一卷末一卷
(元)王德信撰　（清）金人瑞批注　清刻朱墨
套印本　六冊

620000－1101－0003039　949

次閑印譜一卷　（清）趙之琛刻　清光緒百石
齋刻鈐印本　一冊

620000－1101－0003040　413.44/427

刺疔捷法一卷　（清）張鏡撰　五臟六腑各證
癰疽圖解一卷　（清）□□撰　清光緒五年
(1879)刻本　一冊

620000－1101－0003041　413.44/315

刺疔捷法一卷　（清）張鏡撰　五臟六腑各證
癰疽圖解一卷　（清）□□撰　清光緒五年
(1879)刻本　一冊

620000－1101－0003042　572

賜錦堂江督承訊親供稿一卷　（清）牛鑑撰
清抄本　一冊

620000－1101－0003043　571

賜錦堂江督奏疏稿二卷　（清）牛鑑撰　清抄
本　二冊

620000－1101－0003044　3977

賜錦堂詩存六卷　（清）張昀撰　清乾隆四十
一年(1776)刻本　一冊

620000－1101－0003045　4039

賜錦堂詩存六卷　（清）張昀撰　清乾隆四十
一年(1776)刻本　一冊　存四卷(一、三至
四、六)

620000－1101－0003046　847.5/848

賜綺堂集十五卷　（清）詹應甲撰　清晚期刻
本　一冊

620000－1101－0003047　847.7/10

賜慶堂文稿一卷　（清）武震撰　清宣統元年
(1909)刻本　一冊

620000－1101－0003048　4113

賜書堂稿二卷東巡八賦一卷栘晴堂四六二卷
（清）曹秀先撰　清乾隆刻本　二冊　存二
卷(栘晴堂四六二卷)

620000－1101－0003049　847.6/659

賜硯齋集四卷　（清）龍汝言著　清道光十八
年(1838)刻本　一冊

620000－1101－0003050　945.3/21.01

賜硯齋題畫偶錄一卷　（清）戴熙著　清光緒三年（1877）仁和葛氏刻嘯園叢書本　一冊

620000－1101－0003051　945.3/21

賜硯齋題畫偶錄一卷　（清）戴熙著　清同治九年（1870）上海徐氏刻春暉堂叢書本　一冊

620000－1101－0003052　192.1/307

聰訓齋語一卷　（清）張英著　清光緒八年（1882）津河廣仁堂刻本　一冊

620000－1101－0003053　651.1/212

從公錄一卷續錄二卷三錄一卷　（清）戴肇辰撰　清同治元年（1862）刻本　一冊

620000－1101－0003054　651.1/212

從公錄一卷續錄二卷三錄一卷　（清）戴肇辰撰　清同治元年（1862）刻本　三冊

620000－1101－0003055　651.1/212.001

從公續錄二卷　（清）戴肇辰撰　清同治七年（1868）刻本　一冊

620000－1101－0003056　793.2/950

從古堂款識學十六卷　（清）徐同柏釋文（清）徐士燕錄　清光緒三十二年（1906）蒙學報館石印本　八冊

620000－1101－0003057　793.2/950

從古堂款識學十六卷　（清）徐同柏釋文（清）徐士燕錄　清光緒三十二年（1906）蒙學報館石印本　十六冊

620000－1101－0003058　4519

從所好集六卷　（清）王復撰　稿本　二冊

620000－1101－0003059　1829

從野堂存稿八卷補遺一卷附錄一卷　（明）繆昌期撰　文貞公年譜一卷　（清）繆之鎔撰清光緒二十一年（1895）盛氏刻朱印本　四冊

620000－1101－0003060　846.8/86.001

從野堂存稿八卷首一卷末一卷外集一卷（明）繆昌期撰　清同治十三年（1874）刻本一冊

620000－1101－0003061　573.42/378.1

從政緒餘錄七卷　（清）陳坤輯　清光緒九年（1883）刻本　四冊

620000－1101－0003062　573.42/383.003

從政遺規二卷　（清）陳弘謀編輯　清道光七年（1827）西安藩署刻本　二冊

620000－1101－0003063　573.42/383.004

從政遺規二卷　（清）陳弘謀編輯　清咸豐六年（1856）刻本　一冊　存一卷（上）

620000－1101－0003064　573.42/383.006

從政遺規二卷　（清）陳弘謀編輯　清光緒六年（1880）江西書局刻本　一冊　存一卷（下）

620000－1101－0003065　573.42/383

從政遺規二卷　（清）陳弘謀編輯　清光緒十九年（1893）刻本　二冊

620000－1101－0003066　573.42/383

從政遺規二卷　（清）陳弘謀編輯　清光緒十九年（1893）刻本　二冊

620000－1101－0003067　573.42/383

從政遺規二卷　（清）陳弘謀編輯　清光緒十九年（1893）刻本　二冊

620000－1101－0003068　573.42/383

從政遺規二卷　（清）陳弘謀編輯　清光緒十九年（1893）刻本　二冊

620000－1101－0003069　573.42/383

從政遺規二卷　（清）陳弘謀編輯　清光緒十九年（1893）刻本　二冊

620000－1101－0003070　573.42/383

從政遺規二卷　（清）陳弘謀編輯　清光緒十九年（1893）刻本　二冊

620000－1101－0003071　573.42/383

從政遺規二卷　（清）陳弘謀編輯　清光緒十九年（1893）刻本　二冊

620000－1101－0003072　573.42/383.001

從政遺規二卷　（清）陳弘謀編輯　清光緒三十四年（1908）北京學部圖書局石印本　二冊

620000－1101－0003073　573.42/383.005

從政遺規二卷　（清）陳弘謀編輯　清光緒刻

本　一冊　存一卷(下)

620000－1101－0003074　573.42/383.002
從政遺規二卷　(清)陳弘謀編輯　清晚期刻本　一冊　存一卷(下)

620000－1101－0003075　573.42/383.007
從政遺規四卷訓俗遺規補編二卷　(清)陳弘謀編輯　清晚期刻本　四冊　存五卷(從政遺規一至三、訓俗遺規補編二卷)

620000－1101－0003076　4517
叢書目不分卷　盛宣懷輯　稿本　一冊

620000－1101－0003077　1793
徂徠石先生全集二十卷附錄一卷　(宋)石介撰　清康熙五十六年(1717)石鍵刻本　四冊

620000－1101－0003078　847.8/916
巀餘稿一卷　(清)□□撰　清光緒末刻本　一冊

620000－1101－0003079　847.4/584
崔東壁遺書十四種四十三卷　(清)崔述著　清光緒五年(1879)王氏謙德堂刻畿輔叢書本　十六冊

620000－1101－0003080　857.2/979
崔府君祠錄一卷　(清)鄭烺輯　清宣統元年(1909)南陵徐乃昌刻懷豳雜俎叢書本　一冊

620000－1101－0003081　313
崔氏洹詞十七卷附錄四卷　(明)崔銑撰　明嘉靖三十三年(1554)周鎬等刻本　六冊

620000－1101－0003082　847.8/675
萃錦唫二卷　(清)奕訢撰　清光緒十一年(1885)刻本　一冊

620000－1101－0003083　524
翠寒集一卷　(元)宋無撰　明崇禎十一年(1638)毛氏汲古閣刻元人十種詩本　一冊

620000－1101－0003084　310.8/311.01
翠微山房數學十二種三十八卷　(清)張作楠撰　清嘉慶、道光張氏翠微山房刻本　十五冊

620000－1101－0003085　310.8/311.01
翠微山房數學十二種三十八卷　(清)張作楠撰　清嘉慶、道光張氏翠微山房刻本　二十冊

620000－1101－0003086　310.8/311.01
翠微山房數學十二種三十八卷　(清)張作楠撰　清嘉慶、道光張氏翠微山房刻本　二十九冊

620000－1101－0003087　310.8/311
翠微山房數學十二種三十八卷　(清)張作楠撰　清光緒二十三年(1897)上海鴻寶齋石印本　八冊

620000－1101－0003088　916.1102/439.07
存古堂琴譜八卷　(清)吳文煥選輯　清嘉慶元年(1796)刻本　一冊　存七卷(一至七)

620000－1101－0003089　847.6/893
存悔齋集二十八卷外集四卷　(清)劉鳳誥著　清道光十年(1830)刻本　五冊

620000－1101－0003090　652.771/934
存素堂集續編四卷　(清)錢寶琛撰　清光緒六年(1880)刻本　三冊　存三卷(一至三)

620000－1101－0003091　847.5/988
存吾文稿四卷　(清)余廷燦撰　清嘉慶雲香書屋刻本　二冊　存二卷(二、四)

620000－1101－0003092　782.172/378
存餘堂詩話一卷附錄一卷　(明)朱承爵撰
雷溪外傳十八卷　(清)陳鼎撰　清光緒二十三年至二十四年(1897－1898)刻本　四冊

620000－1101－0003093　847.7/949
寸草軒詩存四卷　(清)徐盛持撰　清光緒十九年(1893)刻本　二冊

620000－1101－0003094　847.5/92
寸素堂詩稿十四卷　(清)錢寶琛撰　清同治七年(1868)刻本　一冊

620000－1101－0003095　847.6/92
寸素堂文稿四卷補遺一卷　(清)錢寶琛撰　清同治九年(1870)刻本　一冊

620000－1101－0003096　413.63/700

達生保赤編四卷　（清）寄湘漁父輯　清光緒十二年(1886)刻本　一冊

620000－1101－0003097　2123

達生編二卷　（清）亟齋居士撰　清乾隆十八年(1753)祁鳳崐刻本　一冊

620000－1101－0003098　2124

達生編二卷　（清）亟齋居士撰　清乾隆刻本　一冊

620000－1101－0003099　413.63/182.003

達生編二卷　（清）亟齋居士撰　清晚期蘭州府署刻本　一冊

620000－1101－0003100　413.63/182.006

達生編二卷　（清）亟齋居士撰　清晚期抄本　一冊

620000－1101－0003101　413.63/182.003

達生編二卷　（清）亟齋居士著　（清）南方恒人述　清晚期蘭州府署刻本　一冊

620000－1101－0003102　413.63/182

達生編二卷經驗良方一卷　（清）亟齋居士撰　清光緒十三年(1887)刻本　一冊

620000－1101－0003103　413.63/182.004

達生編節要不分卷　（清）□□輯　清咸豐六年(1856)刻本　一冊

620000－1101－0003104　246.2/747

答客芻言不分卷　（清）沈容齋撰　清光緒七年(1881)鉛印本　一冊

620000－1101－0003105　671.65/107.781

打拉池縣丞地理戶口調查表一卷　（清）喻增榮編　清宣統元年(1909)抄本　一冊

620000－1101－0003106　1006

打馬圖經一卷　（宋）李清照撰　清咸豐元年(1851)南海伍氏刻粵雅堂叢書本　一冊

620000－1101－0003107　998.1/28

打馬圖經一卷　（宋）李清照撰　**除紅譜一卷**　（宋）朱河撰　清光緒三十二年(1906)長沙葉氏刻本　一冊

620000－1101－0003108　998.1/28

打馬圖經一卷　（宋）李清照著　**除紅譜一卷**　（宋）朱河著　清光緒三十二年(1906)長沙葉氏刻麗廔叢書本　一冊

620000－1101－0003109　3114

大般涅槃經四十卷　（北涼）釋曇無讖譯　**大般涅槃經後分二卷**　（唐）釋若那跋陀羅（唐）釋會寧等譯　明萬曆十八年至二十二年(1590－1594)刻本　二十六冊　存二十七卷（五至十五、二十一至三十、三十二至三十六，大般涅槃經後分下）

620000－1101－0003110　715

大般涅槃經四十卷　（北涼）釋曇無讖譯　**大般涅槃經後分二卷**　（唐）釋若那跋陀羅譯　清雍正十三年(1735)內府刻本　八冊

620000－1101－0003111　221.6/465

大般涅槃經四十卷　（北涼）釋曇無讖譯　**大般涅槃經後分二卷**　（唐）釋若那跋陀羅譯　清光緒五年(1879)常熟刻經處刻本　二冊　存七卷（二十七至三十三）

620000－1101－0003112　999

大般若波羅蜜多經六百卷　（唐）釋玄奘譯　明永樂刻本　六十冊　存六十卷（一百六十一至二百、二百十一至二百二十、二百三十一至二百四十）

620000－1101－0003113　221.4/676.06

大般若波羅蜜多經六百卷　（唐）釋玄奘譯　清光緒元年(1875)江北刻經處刻本　三十三冊　存一百七十卷（二百一至二百三十、二百五十一至二百九十、三百一至三百五、四百一至四百四十、四百四十六至五百）

620000－1101－0003114　683.25/35.21

大別山志十卷首一卷　（清）胡鳳丹編纂　清同治十三年(1874)退補齋刻本　四冊

620000－1101－0003115　782.21/51

大臣法則八卷　（清）謝文洊編　清道光劉煜徵刻本　六冊

620000－1101－0003116　943.9/172

大成殿法帖不分卷 （清）黃自元書 清末上
海廣益書局石印本 一冊

620000－1101－0003117 231/946

大成金書摘要不分卷 （清）徐璸撰 清抄本
一冊

620000－1101－0003118 2198

大成通志十八卷首二卷 （清）楊慶撰 清康
熙八年(1669)楊氏理齋刻本 十八冊

620000－1101－0003119 2199

大成通志十八卷首二卷 （清）楊慶撰 清康
熙八年(1669)楊氏理齋刻本 二十冊

620000－1101－0003120 2673

大成通志十八卷首二卷 （清）楊慶撰 清康
熙八年(1669)楊氏理齋刻本 二十冊

620000－1101－0003121 3428

大成通志十八卷首二卷 （清）楊慶撰 清康
熙八年(1669)楊氏理齋刻本 二十冊

620000－1101－0003122 4157

大成通志十八卷首二卷 （清）楊慶撰 清康
熙八年(1669)楊氏理齋刻本 十九冊 存十
九卷(一至八、十至十八,首二卷)

620000－1101－0003123 222.3/676

大乘百法明門論直解不分卷 （唐）釋玄奘譯
（明）釋智旭解 清末刻本 一冊

620000－1101－0003124 1267

大乘本生心地觀經八卷 （唐）釋般若等譯
明隆慶三年(1569)經房徐龍山刻本 八冊

620000－1101－0003125 222.5/99.25

大乘起信論不分卷 （印度）釋馬鳴菩薩撰
（南朝梁）釋真諦譯 （明）釋真界纂 清光緒
三十年(1904)廬陵黃氏刻本 一冊

620000－1101－0003126 222.5/99.25

大乘起信論不分卷 （印度）釋馬鳴菩薩撰
（南朝梁）釋真諦譯 （明）釋真界纂 清光緒
三十年(1904)廬陵黃氏刻本 二冊

620000－1101－0003127 222.5/99.25

大乘起信論不分卷 （印度）釋馬鳴菩薩撰

（南朝梁）釋真諦譯 （明）釋真界纂 清光緒
三十年(1904)廬陵黃氏刻本 一冊

620000－1101－0003128 222.3/837

大乘起信論裂網疏六卷 （明）釋智旭撰 清
光緒金陵書局刻本 一冊

620000－1101－0003129 222.3/72

大乘起信論義記七卷別記一卷 （唐）釋法藏
撰 清光緒二十三年(1897)金陵刻經處刻本
二冊

620000－1101－0003130 222.3/19

大乘起信論直解二卷 （明）釋德清撰 清光
緒十六年(1890)金陵刻經處刻本 一冊

620000－1101－0003131 222.3/19

大乘起信論直解二卷 （明）釋德清撰 清光
緒十六年(1890)金陵刻經處刻本 一冊

620000－1101－0003132 222.5/41.99

大乘起信論纂註二卷 （印度）釋馬鳴菩薩撰
（南朝梁）釋真諦譯 （明）釋真界纂 清光
緒十一年(1885)金陵刻經處刻本 一冊

620000－1101－0003133 221.1/941

大乘三聚懺悔經一卷 （隋）釋闍那崛多等譯
佛說迦業禁戒經一卷 （宋）釋沮渠京聲譯
佛說犯戒輕重經一卷 （五代）釋安世高譯
佛說戒消災經一卷 （三國吳）釋支謙譯
佛說優婆五戒相經一卷 （宋）釋求那跋摩譯
清同治十年(1871)常熟刻經處刻本 一冊

620000－1101－0003134 844

大戴禮記十三卷 （北周）盧辯注 清康熙五
十七年(1718)朱軾自修齋刻朱文端公藏書本
二冊

620000－1101－0003135 2069

大戴禮記十三卷 （北周）盧辯注 清乾隆刻
本 二冊

620000－1101－0003136 2931

大戴禮記十三卷 （北周）盧辯注 清乾隆刻
本 二冊

620000－1101－0003137 3107

大戴禮記十三卷　（北周）盧辯注　清乾隆二十一年(1756)盧氏雅雨堂刻本　二冊

620000－1101－0003138　3173
大戴禮記十三卷　（北周）盧辯注　清乾隆刻本　一冊　存四卷(六至九)

620000－1101－0003139　231/0.689
大洞老仙經發明四卷張三豐祖師無根樹詞註解不分卷　（清）劉悟元注　清晚期刻本　五冊

620000－1101－0003140　231/943
大洞僊經三卷首一卷籙符三卷首一卷　（元）衛琪注　清晚期刻本　二冊

620000－1101－0003141　221.35/941
大方等大集賢護經四卷　（隋）釋闍那崛多等譯　清同治十二年(1873)江北刻經處刻本　一冊

620000－1101－0003142　1270
大方廣佛華嚴經八十卷　（唐）釋實叉難陀譯　明刻本(卷六至十、二十六至三十、四十一至四十二、四十四、六十二至六十五係抄配,卷六十三有抄配,卷四十一至四十五另有清康熙硃墨抄本)　三十八冊　存三十五卷(六至三十、四十一至四十五、六十一至六十五)

620000－1101－0003143　221.2/68.98
大方廣佛華嚴經八十卷　（唐）釋實叉難陀譯　清末金陵刻經處刻本　二十冊

620000－1101－0003144　221.2/686
大方廣佛華嚴經八十卷　（唐）釋實叉難陀譯　清刻本　一冊　存四卷(三十九至四十二)

620000－1101－0003145　221.2/397
大方廣佛華嚴經六十卷　（晉）釋佛陀跋陀羅等譯　清光緒七年(1881)常熟刻經處刻本　十六冊

620000－1101－0003146　221.2/397
大方廣佛華嚴經六十卷　（晉）釋佛陀跋陀羅等譯　清光緒七年(1881)常熟刻經處刻本　八冊　存三十一卷(三十至六十)

620000－1101－0003147　222.2/68
大方廣佛華嚴經普賢行願品別行疏鈔十五卷　（唐）釋澄觀疏　（唐）釋宗密鈔　科文一卷　（唐）釋宗密撰　清光緒三十二年(1906)金陵刻經處刻本　五冊

620000－1101－0003148　222.2/100
大方廣佛華嚴經入不思議解脫境界普賢行願品一卷　（唐）釋般若譯　清晚期武進劉翰清刻本　一冊

620000－1101－0003149　1000
大方廣佛華嚴經三昧懺法八卷　（元）釋德異集製　明萬曆四十年(1612)肅王望岐道人刻本　十冊　存五卷(三、五至八)

620000－1101－0003150　1266
大方廣佛華嚴經三昧懺法八卷　（元）釋德異集製　明萬曆四十年(1612)肅王望岐道人刻本　八冊

620000－1101－0003151　1266
大方廣佛華嚴經三昧懺法八卷　（元）釋德異集製　明萬曆四十年(1612)肅王望岐道人刻本　八冊

620000－1101－0003152　1266
大方廣佛華嚴經三昧懺法八卷　（元）釋德異集製　明萬曆四十年(1612)肅王望岐道人刻本　七冊　存七卷(一、三至八)

620000－1101－0003153　221.2/517.08
大方廣佛華嚴經疏鈔會本二百二十卷　（唐）釋澄觀撰　清光緒九年(1883)常熟刻經處刻本　六十冊

620000－1101－0003154　222.2/941
大方廣佛華嚴經疏鈔懸談二十八卷首一卷　（唐）釋澄觀撰　清光緒三十三年(1907)金陵刻經處刻本　八冊

620000－1101－0003155　222.1/76
大方廣佛華嚴經吞海集三卷法界觀披雲集一卷　（宋）釋道通撰　清光緒十六年(1890)金陵刻經處刻本　一冊

620000－1101－0003156　221.2/517

大方廣佛華嚴經著述集要三十九卷　（唐）釋
澄觀等撰　清同治八年至光緒二十三年
（1869－1897）刻本　十二冊

620000－1101－0003157　222.4/68

大方廣圓覺經大疏十六卷首一卷　（唐）釋宗
密撰　清宣統元年（1909）金陵刻經處刻本
四冊

620000－1101－0003158　221.3/684

大方廣圓覺經大疏十六卷首一卷　（唐）釋宗
密撰　清宣統元年（1909）金陵刻經處刻本
四冊

620000－1101－0003159　221.2/90

大方廣圓覺修多羅了義經二卷　（唐）釋佛陀
多羅譯　清同治八年（1869）金陵刻經處刻本
一冊

620000－1101－0003160　221.2/90

大方廣圓覺修多羅了義經二卷　（唐）釋佛陀
多羅譯　清同治八年（1869）金陵刻經處刻本
一冊

620000－1101－0003161　222.2/909

大方廣圓覺修多羅了義經二卷　（唐）釋佛陀
多羅譯　清同治八年（1869）金陵刻經處刻本
一冊

620000－1101－0003162　221.2/90.001

大方廣圓覺修多羅了義經二卷　（唐）釋佛陀
多羅譯　**佛說梵網經菩薩戒一卷**　（後秦）釋
鳩摩羅什譯　**佛說觀無量壽佛經一卷**　（南
朝宋）釋畺良耶舍譯　清同治、光緒金陵刻經
處刻本　一冊

620000－1101－0003163　221.2/90

大方廣圓覺修多羅了義經二卷　（唐）釋佛陀
多羅譯　**佛說梵網經二卷**　（後秦）釋鳩摩羅
什譯　**佛說四十二章經一卷**　（五代）釋竺法
蘭譯　**佛遺教經一卷**　（後秦）釋鳩摩羅什譯
　八大人覺經一卷　（五代）釋安世高譯　清
同治、光緒金陵刻經處刻本　一冊

620000－1101－0003164　222.2/909

大方廣圓覺修多羅了義經近釋六卷　（明）釋
通潤撰　清光緒十二年（1886）金陵刻經處刻
本　二冊

620000－1101－0003165　222.2/909

大方廣圓覺修多羅了義經近釋六卷　（明）釋
通潤撰　清光緒十二年（1886）金陵刻經處刻
本　二冊

620000－1101－0003166　222.2/90.94

大方廣圓覺修多羅了義經直解二卷　（唐）釋
佛陀多羅譯　（明）釋德清解　清光緒十年
（1884）杭州昭慶寺慧空經房刻本　二冊

620000－1101－0003167　1755

**大佛頂如來密因修證了義諸菩薩萬行首楞嚴
經十卷**　（唐）釋般刺密帝　（唐）釋彌伽釋迦
譯　（元）釋惟則會解　明正統刻本　一冊
存五卷（六至十）

620000－1101－0003168　1627

**大佛頂如來密因修證了義諸菩薩萬行首楞嚴
經十卷**　（唐）釋般刺密帝　（唐）釋彌伽釋迦
譯　明萬曆師古齋刻本　二冊　存八卷（一
至四、七至十）

620000－1101－0003169　221.1/957.001

**大佛頂如來密因修證了義諸菩薩萬行首楞嚴
經十卷**　（唐）釋般刺密帝　（唐）釋彌伽釋迦
譯　清同治八年（1869）金陵刻經處刻本
二冊

620000－1101－0003170　221.1/957.001

**大佛頂如來密因修證了義諸菩薩萬行首楞嚴
經十卷**　（唐）釋般刺密帝　（唐）釋彌伽釋迦
譯　清同治八年（1869）金陵刻經處刻本
二冊

620000－1101－0003171　221.1/957.001

**大佛頂如來密因修證了義諸菩薩萬行首楞嚴
經十卷**　（唐）釋般刺密帝　（唐）釋彌伽釋迦
譯　清同治八年（1869）金陵刻經處刻本
二冊

620000－1101－0003172　221.1/957.002

大佛頂如來密因修證了義諸菩薩萬行首楞嚴

經十卷　（唐）釋般刺密帝　（唐）釋彌伽釋迦
譯　清光緒三十一年（1905）刻本　三冊

620000－1101－0003173　221.3/95.83
大佛頂如來密因修證了義諸菩薩萬行首楞嚴
經玄義二卷　（明）釋智旭撰　大佛頂如來密
因修證了義諸菩薩萬行首楞嚴經文句十卷
（唐）釋般刺密帝譯　（明）釋智旭撰　清光緒
三十一年（1905）刻本　六冊

620000－1101－0003174　221.103/761
大佛頂如來密因修證了義諸菩薩萬行首楞嚴
經宗通十卷　（明）曾鳳儀撰　清晚期刻本
一冊　存一卷（四）

620000－1101－0003175　221.3/95.99
大佛頂如來密因修證了義諸菩薩萬行首楞嚴
經纂註十卷首一卷末一卷　（唐）釋般刺密帝
譯　（明）釋真界纂註　清光緒三十四年
（1908）金陵刻經處刻本　五冊

620000－1101－0003176　221.3/95.99
大佛頂如來密因修證了義諸菩薩萬行首楞嚴
經纂註十卷首一卷末一卷　（唐）釋般刺密帝
譯　（明）釋真界纂註　清光緒三十四年
（1908）金陵刻經處刻本　五冊

620000－1101－0003177　684.69/286
大觀亭志二卷　（清）李丙榮輯　清宣統三年
（1911）皖城衙齋鉛印本　一冊

620000－1101－0003178　1882
大廣益會玉篇三十卷　（南朝梁）顧野王撰
（唐）孫強增字　（宋）陳彭年等重修　清康熙
四十三年（1704）吳郡張氏刻澤存堂五種本
三冊

620000－1101－0003179　2770
大廣益會玉篇三十卷　（南朝梁）顧野王撰
（唐）孫強增字　（宋）陳彭年等重修　清康熙
四十三年（1704）吳郡張氏刻澤存堂五種本
三冊

620000－1101－0003180　802.28/95
大廣益會玉篇三十卷附校刊札記　（南朝梁）
顧野王撰　（唐）孫強增字　（宋）陳彭年等重

修　清道光三十年（1850）新化鄧氏刻本
四冊

620000－1101－0003181　802.28/95
大廣益會玉篇三十卷附校刊札記　（南朝梁）
顧野王撰　（唐）孫強增字　（宋）陳彭年等重
修　清道光三十年（1850）新化鄧氏刻本
三冊

620000－1101－0003182　1934
大還閣琴譜六卷谿山琴況一卷萬峰閣指法閟
牋一卷　（清）徐祺撰　清康熙十二年（1673）
蔡毓榮大還閣刻本　四冊

620000－1101－0003183　1935
大還閣琴譜六卷谿山琴況一卷萬峰閣指法閟
牋一卷　（清）徐祺撰　清康熙十二年（1673）
蔡毓榮大還閣刻本　四冊

620000－1101－0003184　847.9/504
大瓠山房詩集二卷　（清）葉道源著　（清）胡
念修選訂　清宣統三年（1911）鉛印本　一冊

620000－1101－0003185　75
大慧普覺禪師法語二卷　（宋）釋宗杲撰
（宋）釋蘊聞輯　明刻本　一冊

620000－1101－0003186　847.6/307
大吉祥室遺稿一卷　（清）張振凡撰　清道光
刻本　一冊

620000－1101－0003187　625.613/685
大金國志四十卷　（宋）宇文懋昭撰　清嘉慶
二年（1797）掃葉山房刻本　一冊

620000－1101－0003188　625
大金國志四十卷　（宋）宇文懋昭撰　清抄本
八冊

620000－1101－0003189　589.8/354
大理院統計表不分卷　（清）大理院編　清光
緒三十四年（1908）大理院鉛印本　一冊

620000－1101－0003190　1985
大六壬大全十三卷　（清）郭載騋校訂　清康
熙刻本　十三冊

620000－1101－0003191　1986

大六壬大全十三卷 （清）郭載騋校訂 清康熙刻本 十三冊

620000－1101－0003192 3044
大六壬大全十三卷 （清）郭載騋校訂 清康熙刻本 二冊 存二卷（三、九）

620000－1101－0003193 3045
大六壬大全十三卷 （清）郭載騋校訂 清康熙刻本 一冊 存二卷（七至八）

620000－1101－0003194 3046
大六壬大全十三卷 （清）郭載騋校訂 清康熙刻本 二冊 存二卷（一至二）

620000－1101－0003195 292.4/631
大六壬大全十三卷 （清）郭載騋校訂 清咸豐六年（1856）同文堂刻本 一冊 存一卷（十）

620000－1101－0003196 292.4/631.001
大六壬大全十三卷 （清）郭載騋校訂 清咸豐刻本 二冊 存四卷（三至六）

620000－1101－0003197 292.4/631.002
大六壬大全十三卷 （清）郭載騋校訂 清刻本 一冊 存三卷（十一至十三）

620000－1101－0003198 4590
大六壬大全十三卷 （清）郭載騋校訂 清刻本 十三冊

620000－1101－0003199 752.1/505
大美國史略八卷附中美約章撮要 （美國）蔚利高著譯 清光緒二十五年（1899）福州美華書局鉛印本 二冊

620000－1101－0003200 589.91/648
大明律集解附例三十卷 （明）高舉等纂修 清光緒三十四年（1908）刻本 九冊 存二十八卷（一至十七、二十至三十）

620000－1101－0003201 143
大明三藏法數五十卷 （明）釋一如撰 明刻嘉興藏本 十六冊

620000－1101－0003202 943
大明太祖高皇帝實錄二百五十七卷 （明）胡廣等纂修 明抄本 二冊 存十卷（二十九至三十一、三十八至四十四）

620000－1101－0003203 34
大明萬曆己丑重刊改併五音類聚四聲篇十五卷五音集韻十五卷 （金）韓道昭撰 經史正音切韻指南一卷 （元）劉鑑撰 新編篇韻貫珠集八卷 （明）釋真空撰 明崇禎二年至十年（1629－1637）金陵圓覺庵釋新仁刻本 五冊 存十五卷（四聲篇十五卷）

620000－1101－0003204 2490
大明一統志九十卷 （明）李賢等纂修 明萬曆萬壽堂刻本 四十二冊 存七十七卷（二至二十二、二十四至二十五、二十七至三十一、三十八至五十六、五十八至八十七）

620000－1101－0003205 3235
大明一統志九十卷 （明）李賢等纂修 明萬曆萬壽堂刻本 六冊 存十七卷（七十一至七十九、八十三至九十）

620000－1101－0003206 793.424/85
大錢圖錄一卷 （清）鮑康著 清光緒二年（1876）刻本 一冊

620000－1101－0003207 589.92/159
大清法規大全一百六十卷續編一百四十卷 （清）政學社編 清宣統二年（1910）政學社石印本 四十二冊 存一百六十一卷（法律部一至十三、首一，史政部一至二十三、首一，教育部一至三十一，禮制部一至九，財政部一至十四，外交部一至十三，民政部一至十五，實業部一至十五，交通部一至五，旗藩部一至二，軍政部一至十二，憲政部一至七）

620000－1101－0003208 651.74/316.001
大清高宗純皇帝聖訓三百卷 （清）仁宗顒琰輯 清光緒六年（1880）北京鉛印本 九冊 存四十一卷（十至二十八、三十四至三十八、一百九至一百二十一、一百二十六至一百二十九）

620000－1101－0003209 327.392/0.354.808
大清光緒八年歲次壬午時憲書不分卷 （清）

欽天監編　清光緒刻朱墨套印本　一冊

620000－1101－0003210　327.392/0.354.808
大清光緒八年歲次壬午時憲書不分卷　（清）
欽天監編　清光緒刻朱墨套印本　一冊

620000－1101－0003211　327.392/0.354.802
大清光緒二年歲次丙子時憲書不分卷　（清）
欽天監編　清光緒刻朱墨套印本　一冊

620000－1101－0003212　327.392/0.354.828
大清光緒二十八年歲次壬寅時憲書不分卷
（清）欽天監編　清光緒刻朱墨套印本　一冊

620000－1101－0003213　327.392/0.354.828
大清光緒二十八年歲次壬寅時憲書不分卷
（清）欽天監編　清光緒刻朱墨套印本　一冊

620000－1101－0003214　327.392/0.354.822
大清光緒二十二年歲次丙申時憲書不分卷
（清）欽天監編　清光緒刻朱墨套印本　一冊

620000－1101－0003215　327.392/0.354.822
大清光緒二十二年歲次丙申時憲書不分卷
（清）欽天監編　清光緒刻朱墨套印本　一冊

620000－1101－0003216　327.392/0.354.829
大清光緒二十九年歲次癸卯時憲書不分卷
（清）欽天監編　清光緒刻朱墨套印本　一冊

620000－1101－0003217　327.392/0.354.829
大清光緒二十九年歲次癸卯時憲書不分卷
（清）欽天監編　清光緒刻朱墨套印本　一冊

620000－1101－0003218　327.392/0.354.829
大清光緒二十九年歲次癸卯時憲書不分卷
（清）欽天監編　清光緒刻朱墨套印本　一冊

620000－1101－0003219　327.392/0.354.829
大清光緒二十九年歲次癸卯時憲書不分卷
（清）欽天監編　清光緒刻朱墨套印本　一冊

620000－1101－0003220　327.392/0.354.829
大清光緒二十九年歲次癸卯時憲書不分卷
（清）欽天監編　清光緒刻朱墨套印本　一冊

620000－1101－0003221　327.392/0.354.826
大清光緒二十六年歲次庚子時憲書不分卷

（清）欽天監編　清光緒刻朱墨套印本　一冊

620000－1101－0003222　327.392/0.354.826
大清光緒二十六年歲次庚子時憲書不分卷
（清）欽天監編　清光緒刻朱墨套印本　一冊

620000－1101－0003223　327.392/0.354.826
大清光緒二十六年歲次庚子時憲書不分卷
（清）欽天監編　清光緒刻朱墨套印本　一冊

620000－1101－0003224　327.392/0.354.820
大清光緒二十年歲次甲午時憲書不分卷
（清）欽天監編　清光緒刻朱墨套印本　一冊

620000－1101－0003225　327.392/0.354.827
大清光緒二十七年歲次辛丑時憲書不分卷
（清）欽天監編　清光緒刻朱墨套印本　一冊

620000－1101－0003226　327.392/0.354.827
大清光緒二十七年歲次辛丑時憲書不分卷
（清）欽天監編　清光緒刻朱墨套印本　一冊

620000－1101－0003227　327.392/0.354.823
大清光緒二十三年歲次丁酉時憲書不分卷
（清）欽天監編　清光緒刻朱墨套印本　一冊

620000－1101－0003228　327.392/0.354.823
大清光緒二十三年歲次丁酉時憲書不分卷
（清）欽天監編　清光緒刻朱墨套印本　一冊

620000－1101－0003229　327.392/0.354.823
大清光緒二十三年歲次丁酉時憲書不分卷
（清）欽天監編　清光緒刻朱墨套印本　一冊

620000－1101－0003230　327.392/0.354.824
大清光緒二十四年歲次戊戌時憲書不分卷
（清）欽天監編　清光緒刻朱墨套印本　一冊

620000－1101－0003231　327.392/0.354.825
大清光緒二十五年歲次己亥時憲書不分卷
（清）欽天監編　清光緒刻朱墨套印本　一冊

620000－1101－0003232　327.392/0.354.825
大清光緒二十五年歲次己亥時憲書不分卷
（清）欽天監編　清光緒刻朱墨套印本　一冊

620000－1101－0003233　327.392/0.354.825
大清光緒二十五年歲次己亥時憲書不分卷

（清）欽天監編　清光緒刻朱墨套印本　一冊

620000－1101－0003234　327.392/0.354.825

大清光緒二十五年歲次己亥時憲書不分卷
（清）欽天監編　清光緒刻朱墨套印本　一冊

620000－1101－0003235　327.392/0.354.825

大清光緒二十五年歲次己亥時憲書不分卷
（清）欽天監編　清光緒刻朱墨套印本　一冊

620000－1101－0003236　327.392/0.354.821

大清光緒二十一年歲次乙未時憲書不分卷
（清）欽天監編　清光緒刻朱墨套印本　一冊

620000－1101－0003237　327.392/0.354.821

大清光緒二十一年歲次乙未時憲書不分卷
（清）欽天監編　清光緒刻朱墨套印本　一冊

620000－1101－0003238　327.392/0.354.821

大清光緒二十一年歲次乙未時憲書不分卷
（清）欽天監編　清光緒刻朱墨套印本　一冊

620000－1101－0003239　327.392/0.354.806

大清光緒六年歲次庚辰時憲書不分卷　（清）
欽天監編　清光緒刻朱墨套印本　一冊

620000－1101－0003240　327.392/0.354.807

大清光緒七年歲次辛巳時憲書不分卷　（清）
欽天監編　清光緒刻朱墨套印本　一冊

620000－1101－0003241　327.392/0.354.832

大清光緒三十二年歲次丙午時憲書不分卷
（清）欽天監編　清光緒刻朱墨套印本　一冊

620000－1101－0003242　444.9/719.004

**大清光緒二十九年歲次癸卯至三十三年歲次
丁未航海通書不分卷**　（清）江南製造局翻譯
館譯改　（清）賈步緯　火榮業算校　清光緒
二十八年至宣統二年(1902－1910)江南製造
局鉛印本　五冊

620000－1101－0003243　444.9/719.003

大清光緒三十年歲次甲辰航海通書不分卷
（清）江南製造局翻譯館譯改　（清）賈步緯
火榮業算校　清光緒二十九年(1903)江南製
造局鉛印本　一冊

620000－1101－0003244　444.9/719.003

大清光緒三十年歲次甲辰航海通書不分卷
（清）江南製造局翻譯館譯改　（清）賈步緯
火榮業算校　清光緒二十九年(1903)江南製
造局鉛印本　一冊

620000－1101－0003245　444.9/719.003

大清光緒三十年歲次甲辰航海通書不分卷
（清）江南製造局翻譯館譯改　（清）賈步緯
火榮業算校　清光緒二十九年(1903)江南製
造局鉛印本　一冊

620000－1101－0003246　444.9/719.003

大清光緒三十年歲次甲辰航海通書不分卷
（清）江南製造局翻譯館譯改　（清）賈步緯
火榮業算校　清光緒二十九年(1903)江南製
造局鉛印本　一冊

620000－1101－0003247　327.392/0.354830

大清光緒三十年歲次甲辰時憲書不分卷
（清）欽天監編　清光緒刻朱墨套印本　一冊

620000－1101－0003248　327.392/0.354830

大清光緒三十年歲次甲辰時憲書不分卷
（清）欽天監編　清光緒刻朱墨套印本　一冊

620000－1101－0003249　327.392/0.354833

大清光緒三十三年歲次丁未時憲書不分卷
（清）欽天監編　清光緒刻朱墨套印本　一冊

620000－1101－0003250　327.392/0.354833

大清光緒三十三年歲次丁未時憲書不分卷
（清）欽天監編　清光緒刻朱墨套印本　一冊

620000－1101－0003251　327.392/0.354833

大清光緒三十三年歲次丁未時憲書不分卷
（清）欽天監編　清光緒刻朱墨套印本　一冊

620000－1101－0003252　327.392/0.354834

大清光緒三十四年歲次戊申時憲書不分卷
（清）欽天監編　清光緒刻朱墨套印本　一冊

620000－1101－0003253　327.392/0.354835

大清光緒三十五年歲次己酉時憲書不分卷
（清）欽天監編　清光緒刻朱墨套印本　一冊

620000－1101－0003254　327.392/0.354835

大清光緒三十五年歲次己酉時憲書不分卷

（清）欽天監編　清光緒刻朱墨套印本　一冊

620000－1101－0003255　327.392/0.354835

大清光緒三十五年歲次己酉時憲書不分卷

（清）欽天監編　清光緒刻朱墨套印本　一冊

620000－1101－0003256　327.392/0.354835

大清光緒三十五年歲次己酉時憲書不分卷

（清）欽天監編　清光緒刻朱墨套印本　一冊

620000－1101－0003257　327.392/0.354831

大清光緒三十一年歲次乙巳時憲書不分卷

（清）欽天監編　清光緒刻朱墨套印本　一冊

620000－1101－0003258　327.392/0.354818

大清光緒十八年歲次壬辰時憲書不分卷

（清）欽天監編　清光緒刻朱墨套印本　一冊

620000－1101－0003259　327.392/0.354818

大清光緒十八年歲次壬辰時憲書不分卷

（清）欽天監編　清光緒刻朱墨套印本　一冊

620000－1101－0003260　327.392/0.354812

大清光緒十二年歲次丙戌時憲書不分卷

（清）欽天監編　清光緒刻朱墨套印本　一冊

620000－1101－0003261　327.392/0.354812

大清光緒十二年歲次丙戌時憲書不分卷

（清）欽天監編　清光緒刻朱墨套印本　一冊

620000－1101－0003262　327.392/0.354819

大清光緒十九年歲次癸巳時憲書不分卷

（清）欽天監編　清光緒刻朱墨套印本　一冊

620000－1101－0003263　327.392/0.354819

大清光緒十九年歲次癸巳時憲書不分卷

（清）欽天監編　清光緒刻朱墨套印本　一冊

620000－1101－0003264　327.392/0.354819

大清光緒十九年歲次癸巳時憲書不分卷

（清）欽天監編　清光緒刻朱墨套印本　一冊

620000－1101－0003265　327.392/0.354819

大清光緒十九年歲次癸巳時憲書不分卷

（清）欽天監編　清光緒刻朱墨套印本　一冊

620000－1101－0003266　327.392/0.354810

大清光緒十年歲次甲申時憲書不分卷　（清）

欽天監編　清光緒刻朱墨套印本　一冊

620000－1101－0003267　327.392/0.354817

大清光緒十七年歲次辛卯時憲書不分卷

（清）欽天監編　清光緒刻朱墨套印本　一冊

620000－1101－0003268　327.392/0.354817

大清光緒十七年歲次辛卯時憲書不分卷

（清）欽天監編　清光緒刻朱墨套印本　一冊

620000－1101－0003269　327.392/0.354813

大清光緒十三年歲次丁亥時憲書不分卷

（清）欽天監編　清光緒刻朱墨套印本　一冊

620000－1101－0003270　327.392/0.354813

大清光緒十三年歲次丁亥時憲書不分卷

（清）欽天監編　清光緒刻朱墨套印本　一冊

620000－1101－0003271　327.392/0.354814

大清光緒十四年歲次戊子時憲書不分卷

（清）欽天監編　清光緒刻朱墨套印本　一冊

620000－1101－0003272　327.392/0.354814

大清光緒十四年歲次戊子時憲書不分卷

（清）欽天監編　清光緒刻朱墨套印本　一冊

620000－1101－0003273　327.392/0.354814

大清光緒十四年歲次戊子時憲書不分卷

（清）欽天監編　清光緒刻朱墨套印本　一冊

620000－1101－0003274　327.392/0.354814

大清光緒十四年歲次戊子時憲書不分卷

（清）欽天監編　清光緒刻朱墨套印本　一冊

620000－1101－0003275　327.392/0.354815

大清光緒十五年歲次己丑時憲書不分卷

（清）欽天監編　清光緒刻朱墨套印本　一冊

620000－1101－0003276　327.392/0.354815

大清光緒十五年歲次己丑時憲書不分卷

（清）欽天監編　清光緒刻本　一冊

620000－1101－0003277　327.392/0.354811

大清光緒十一年歲次乙酉時憲書不分卷

（清）欽天監編　清光緒刻朱墨套印本　一冊

620000－1101－0003278　327.392/0.354811

大清光緒十一年歲次乙酉時憲書不分卷

（清）欽天監編　清光緒刻朱墨套印本　一冊

620000－1101－0003279　327.392/0.354805

大清光緒五年歲次己卯時憲書不分卷　（清）
欽天監編　清光緒刻朱墨套印本　一冊

620000－1101－0003280　589.92/661

大清光緒新法令不分卷　（清）商務印書館編
輯所編　清宣統元年（1909）上海商務印書館
鉛印本　十三冊　存十三冊（二至五、七、十
一至十六、十九至二十）

620000－1101－0003281　589.92/661

大清光緒新法令不分卷　（清）商務印書館編
輯所編　清宣統元年（1909）上海商務印書館
鉛印本　二十冊

620000－1101－0003282　327.392/0.354801

大清光緒元年歲次乙亥時憲書不分卷　（清）
欽天監編　清光緒刻朱墨套印本　一冊

620000－1101－0003283　573.171/85.204

大清會典四卷　（清）仁宗顒琰續修　清同治
十一年（1872）湖北崇文書局刻本　四冊

620000－1101－0003284　573.171/85.204

大清會典四卷　（清）仁宗顒琰續修　清同治
十一年（1872）湖北崇文書局刻本　四冊

620000－1101－0003285　859

大清會典一百六十二卷　（清）伊桑阿等纂修
　清康熙二十九年（1690）內府刻本（卷八十
九至九十二係抄配）　二十六冊

620000－1101－0003286　327.392/0.354517

大清嘉慶十七年時憲書不分卷　（清）□□編
　清嘉慶十七年（1812）刻本　一冊

620000－1101－0003287　327.392/0.354513

大清嘉慶十三年時憲書不分卷　（清）□□編
　清嘉慶十三年（1808）刻本　一冊

620000－1101－0003288　573.4058/158

大清搢紳全書四卷　（清）丁民輯　清道光二
十四年（1844）榮祿堂刻本　四冊

620000－1101－0003289　573.4058/0.354.001

大清搢紳全書四卷　（清）□□輯　清道光二

十八年（1848）榮祿堂刻本　四冊

620000－1101－0003290　573.4058/76

大清搢紳全書四卷　（清）□□輯　清咸豐八
年（1858）榮晉齋刻本　四冊

620000－1101－0003291　573.4058/76

大清搢紳全書四卷　（清）□□輯　清同治十
二年（1873）榮祿堂刻本　四冊

620000－1101－0003292　573.4058/0.354.005

大清搢紳全書四卷　（清）□□輯　清光緒元
年（1875）斌陞堂刻本　四冊

620000－1101－0003293　573.4058/0.354.006

大清搢紳全書四卷　（清）□□輯　清光緒二
年（1876）大文堂刻本　四冊

620000－1101－0003294　573.4058/0.354.013

大清搢紳全書四卷　（清）□□輯　清光緒十
二年（1886）榮祿堂刻本　四冊

620000－1101－0003295　573.4058/0.354.008

大清搢紳全書四卷　（清）□□輯　清光緒十
三年（1887）榮陞堂刻本　三冊　存三卷（一
至三）

620000－1101－0003296　573.4058/0.354.011

大清搢紳全書四卷　（清）□□輯　清光緒十
五年（1889）榮祿堂刻本　四冊

620000－1101－0003297　573.4058/0.354.004

大清搢紳全書四卷　（清）□□輯　清光緒十
六年（1890）文寶堂刻本　四冊

620000－1101－0003298　573.4058/0.354.012

大清搢紳全書四卷　（清）□□輯　清光緒十
七年（1891）榮祿堂刻本　一冊　存一卷（三）

620000－1101－0003299　573.4058/0.354.003

大清搢紳全書四卷　（清）□□輯　清光緒十
八年（1892）榮祿堂刻本　四冊

620000－1101－0003300　573.4058/0.354.017

大清搢紳全書四卷　（清）□□輯　清光緒十
九年（1893）榮祿堂刻本　四冊

620000－1101－0003301　573.4058/0.354.017

大清搢紳全書四卷　（清）□□輯　清光緒十九年（1893）榮祿堂刻本　四冊

620000－1101－0003302　573.4058/0.354.002
大清搢紳全書四卷　（清）□□輯　清光緒二十年（1894）榮寶齋刻本　三冊　存三卷（一至二、四）

620000－1101－0003303　573.4058/0.354.007
大清搢紳全書四卷　（清）□□輯　清光緒二十一年（1895）文寶堂刻本　三冊　存三卷（二至四）

620000－1101－0003304　573.4058/0.354.016
大清搢紳全書四卷　（清）□□輯　清光緒二十四年（1898）榮祿堂刻本　六冊

620000－1101－0003305　573.4058/0.354.015
大清搢紳全書四卷　（清）□□輯　清光緒二十五年（1899）榮祿堂刻本　三冊　存三卷（一、三至四）

620000－1101－0003306　573.4058/0.354
大清搢紳全書四卷　（清）□□輯　清光緒二十八年（1902）榮祿堂刻本　二冊　存二卷（一至二）

620000－1101－0003307　573.4058/0.354.003
大清搢紳全書四卷　（清）□□輯　清光緒十八年（1892）榮祿堂刻本　一冊　存一卷（三）

620000－1101－0003308　573.4058/0.354.014
大清搢紳全書四卷　（清）□□輯　清光緒二十九年（1903）榮祿堂刻本　四冊

620000－1101－0003309　573.4058/0.354.019
大清搢紳全書四卷　（清）□□輯　清光緒三十年（1904）榮祿堂刻本　四冊

620000－1101－0003310　573.4058/0.354.018
大清搢紳全書四卷　（清）□□輯　清光緒三十三年（1907）榮祿堂刻本　一冊　存一卷（三）

620000－1101－0003311　573.4058/0.354.018
大清搢紳全書四卷　（清）□□輯　清光緒三十三年（1907）榮祿堂刻本　四冊

620000－1101－0003312　573.4058/0.354.018
大清搢紳全書四卷　（清）□□輯　清光緒三十三年（1907）榮祿堂刻本　四冊

620000－1101－0003313　573.4058/762
大清搢紳全書四卷　（清）□□輯　清光緒三十四年（1908）榮祿堂刻本　四冊

620000－1101－0003314　573.4058/0.354.021
大清搢紳全書四卷　（清）□□輯　清光緒榮祿堂刻本　一冊　存一卷（三）

620000－1101－0003315　573.4058/0.354.009
大清搢紳全書四卷　（清）□□輯　清光緒松竹榮寶齋刻本　一冊

620000－1101－0003316　573.4058/0.354.010
大清搢紳全書四卷　（清）□□輯　清宣統二年（1910）榮祿堂刻本　五冊

620000－1101－0003317　573.4058/0.354.010
大清搢紳全書四卷　（清）□□輯　清宣統二年（1910）榮祿堂刻本　四冊

620000－1101－0003318　573.4058/0.354.010
大清搢紳全書四卷　（清）□□輯　清宣統二年（1910）榮祿堂刻本　四冊

620000－1101－0003319　573.4058/0.354.020
大清搢紳全書四卷　（清）□□輯　清宣統三年（1911）榮祿堂刻本　一冊　存一卷（四）

620000－1101－0003320　3001
大清律集解附例三十卷附一卷　（清）剛林等纂修　清康熙四十五年（1706）刻朱墨套印本　十冊

620000－1101－0003321　3300
大清律集解附例三十卷附一卷新例一卷　（清）剛林等纂修　清康熙刻本　六冊

620000－1101－0003322　582.1/830
大清律集解附例三十卷律例總類六卷　（清）朱軾等纂　清刻本　二十冊

620000－1101－0003323　589.91/168
大清律例按語一百四卷　（清）黃恩彤編　清道光二十七年（1847）海山仙館刻本　一百二

十冊

620000－1101－0003324　589.91/785
大清律例歌訣三卷洗冤錄歌訣一卷急救方一卷檢驗雜說歌訣一卷附七殺式一卷　（清）程夢元編定　清光緒二十六年（1900）秦中官書局鉛印本　一冊

620000－1101－0003325　589.91/354.004
大清律例彙輯便覽二百卷　（清）□□輯　清同治刻本　二冊　存二卷（二十七、三十一）

620000－1101－0003326　589.91/354.002
大清律例彙輯便覽四十卷督捕則例附纂二卷五軍道里表二卷三流道里表二卷秋審實緩比較一卷　（清）刑部律例館纂修　清光緒十四年（1888）京都刻本　三十三冊

620000－1101－0003327　589.91/354
大清律例彙輯便覽四十卷督捕則例附纂二卷五軍道里表二卷三流道里表二卷秋審實緩比較一卷　（清）刑部律例館纂修　清光緒十八年（1892）刻本　三十三冊

620000－1101－0003328　589.91/354.003
大清律例彙輯便覽四十卷督捕則例附纂二卷五軍道里表二卷三流道里表二卷秋審實緩比較一卷　（清）刑部律例館纂修　清光緒二十八年（1902）京都刻本　三十三冊

620000－1101－0003329　589.91/354.001
大清律例彙輯便覽四十卷督捕則例附纂二卷五軍道里表一卷三流道里表一卷　（清）刑部律例館纂修　清同治十一年（1872）湖北讞局刻本　十七冊　存二十四卷（便覽十一至二十四、三十五至四十，督捕則例附纂二卷，五軍道里表一卷，三流道里表一卷）

620000－1101－0003330　589.91/354.001
大清律例彙輯便覽四十卷督捕則例附纂二卷五軍道里表一卷三流道里表一卷　（清）刑部律例館纂修　清同治十一年（1872）湖北讞局刻本　二十冊　存二十四卷（便覽一至五、七至九、二十九至四十，督捕則例附纂二卷，五軍道里表一卷，三流道里表一卷）

620000－1101－0003331　589.91/354.001
大清律例彙輯便覽四十卷督捕則例附纂二卷五軍道里表一卷三流道里表一卷　（清）刑部律例館纂修　清同治十一年（1872）湖北讞局刻本　十六冊　存二十四卷（便覽一至二十四）

620000－1101－0003332　589.91/354.001
大清律例彙輯便覽四十卷督捕則例附纂二卷五軍道里表一卷三流道里表一卷　（清）刑部律例館纂修　清同治十一年（1872）湖北讞局刻本　二十五冊　存三十四卷（便覽一至二十四、三十五至四十，督捕則例附纂二卷，五軍道里表一卷，三流道里表一卷）

620000－1101－0003333　589.91/354.001
大清律例彙輯便覽四十卷督捕則例附纂二卷五軍道里表一卷三流道里表一卷　（清）刑部律例館纂修　清同治十一年（1872）湖北讞局刻本　三十二冊

620000－1101－0003334　589.91/354.001
大清律例彙輯便覽四十卷督捕則例附纂二卷五軍道里表一卷三流道里表一卷　（清）刑部律例館纂修　清同治十一年（1872）湖北讞局刻本　三十冊　存四十卷（便覽一至二十八、三十三至四十，督捕則例附纂二卷，五軍道里表一卷，三流道里表一卷）

620000－1101－0003335　589.91/354.001
大清律例彙輯便覽四十卷督捕則例附纂二卷五軍道里表一卷三流道里表一卷　（清）刑部律例館纂修　清同治十一年（1872）湖北讞局刻本　十七冊　存二十四卷（便覽十一至二十四、三十五至四十，督捕則例附纂二卷，五軍道里表一卷，三流道里表一卷）

620000－1101－0003336　589.91/354.001
大清律例彙輯便覽四十卷督捕則例附纂二卷五軍道里表一卷三流道里表一卷　（清）刑部律例館纂修　清同治十一年（1872）湖北讞局刻本　一冊　存一卷（三流道里表一卷）

620000－1101－0003337　589.91/354.001
大清律例彙輯便覽四十卷督捕則例附纂二卷

五軍道里表一卷三流道里表一卷 （清）刑部
律例館纂修 清同治十一年(1872)湖北讞局
刻本 二冊 存二卷（五軍道里表上、三流道
里表上）

620000－1101－0003338 589.91/354.001
大清律例彙輯便覽四十卷督捕則例附纂二卷
五軍道里表一卷三流道里表一卷 （清）刑部
律例館纂修 清同治十一年(1872)湖北讞局
刻本 二冊 存三卷（督捕則例附纂二卷、五
軍道里表上）

620000－1101－0003339 589.91/354.001
大清律例彙輯便覽四十卷督捕則例附纂二卷
五軍道里表一卷三流道里表一卷 （清）刑部
律例館纂修 清同治十一年(1872)湖北讞局
刻本 三十二冊

620000－1101－0003340 589.91/354.001
大清律例彙輯便覽四十卷督捕則例附纂二卷
五軍道里表一卷三流道里表一卷 （清）刑部
律例館纂修 清同治十一年(1872)湖北讞局
刻本 九冊 存十卷（便覽三十五至四十、督
捕則例附纂二卷、五軍道里表一卷、三流道里
表一卷）

620000－1101－0003341 589.91/354.001
大清律例彙輯便覽四十卷督捕則例附纂二卷
五軍道里表一卷三流道里表一卷 （清）刑部
律例館纂修 清同治十一年(1872)湖北讞局
刻本 九冊 存十卷（便覽三十五至四十、督
捕則例附纂二卷、五軍道里表一卷、三流道里
表一卷）

620000－1101－0003342 679
大清律例集解附例三十卷 （清）吳達海等纂
修 清內府刻本 十冊

620000－1101－0003343 2928
大清律例四十七卷 （清）弘晝等纂修 清乾
隆三十三年(1768)江蘇按察司刻本 二十二
冊 存四十二卷（一至八、十一至四十二、四
十六至四十七）

620000－1101－0003344 3869

大清律例四十七卷 （清）弘晝等纂修 清乾
隆三十三年(1768)江蘇按察司刻本 六冊
存二十卷（二十至三十九）

620000－1101－0003345 589.91/830
大清律例四十七卷 （清）弘晝等纂修 清道
光、咸豐刻本 十一冊 存二十三卷（四、六
至二十五、三十五至三十六）

620000－1101－0003346 589.91/830.001
大清律例四十七卷 （清）弘晝等纂修 清晚
期刻本 一冊 存二卷（三十至三十一）

620000－1101－0003347 3407
大清律例四十七卷首一卷督捕則例二卷三流
道里表一卷 （清）董誥等纂修 清乾隆武英
殿刻嘉慶增刻本 二十八冊

620000－1101－0003348 589.91/434
大清律例通考四十卷 （清）吳壇纂 清光緒
十二年(1886)海豐吳氏刻本 二冊 存二卷
（一至二）

620000－1101－0003349 589.91/434
大清律例通考四十卷 （清）吳壇纂 清光緒
十二年(1886)海豐吳氏刻本 六冊 存四卷
（一至三、七）

620000－1101－0003350 585.4/667.001
大清律例通纂四十卷督捕則例附纂二卷洗冤
錄檢尸圖格一卷 （清）胡肇楷 （清）周孟鄰
編 清嘉慶十八年(1813)刻本 十二冊

620000－1101－0003351 585.4/667
大清律例通纂四十卷督捕則例附纂二卷洗冤
錄檢尸圖格一卷 （清）胡肇楷 （清）周孟鄰
編 清嘉慶二十一年(1816)刻本 二十四冊
存三十八卷（一至十一、十四至四十）

620000－1101－0003352 589.91/994.005
大清律例統纂集成四十卷 （清）姚雨薌纂輯
清道光五年(1825)刻本 一冊 存二卷
（三十三至三十四）

620000－1101－0003353 589.91/994.2
大清律例新修統纂集成四十卷督捕則例附纂

二卷　（清）姚雨薌纂輯　（清）王梧巢增修
清道光十七年(1837)刻本　三十冊

620000－1101－0003354　589.91/994.2.001
**大清律例增修統纂集成四十卷督捕則例附纂
二卷**　（清）姚雨薌纂輯　（清）陸翰仙增修
清道光十七年(1837)刻本　二十三冊　存四
十卷(一、四至四十,督捕則例附纂二卷)

620000－1101－0003355　589.91/994.1.001
**大清律例增修統纂集成四十卷督捕則例附纂
二卷**　（清）姚雨薌纂輯　（清）胡仰山增修
清道光二十五年(1845)刻本　二十四冊

620000－1101－0003356　589.91/994.1
**大清律例增修統纂集成四十卷督捕則例附纂
二卷**　（清）姚雨薌纂輯　（清）章畏之增輯
清道光二十五年(1845)同文堂刻本　二十
四冊

620000－1101－0003357　589.91/994
**大清律例增修統纂集成四十卷督捕則例附纂
二卷**　（清）姚雨薌纂輯　（清）胡仰山增修
清咸豐元年(1851)老桐石山房刻本　二十
四冊

620000－1101－0003358　589.91/994.001
**大清律例增修統纂集成四十卷督捕則例附纂
二卷**　（清）姚雨薌纂輯　（清）胡仰山增修
清咸豐七年(1857)刻本　三十冊

620000－1101－0003359　589.91/399
**大清律例增修統纂集成四十卷督捕則例附纂
二卷**　（清）姚雨薌纂輯　（清）陶駿　（清）
陶念霖增修　清光緒八年(1882)聚文堂刻本
二十三冊

620000－1101－0003360　589.91/994.004
**大清律例增修統纂集成四十卷督捕則例附纂
二卷**　（清）姚雨薌纂輯　（清）陸翰仙增修
清光緒刻本　一冊　存二卷(督捕則例附纂
二卷)

620000－1101－0003361　589.91/994.003
**大清律例增修統纂集成四十卷督捕則例附纂
二卷**　（清）姚雨薌纂輯　（清）章鈵等增修

清晚期刻本　六冊　存十四卷(九至二十二)

620000－1101－0003362　589.91/994.002
**大清律例增修統纂集成四十卷督捕則例附纂
二卷**　（清）姚雨薌纂輯　清晚期刻本　十八
冊　存三十四卷(九至四十、督捕則例附纂二
卷)

620000－1101－0003363　651.77/211.001
大清穆宗毅皇帝聖訓一百六十卷　（清）穆宗
載淳撰　清光緒鉛印本　一冊　存二卷(七
十二至七十三)

620000－1101－0003364　651.77/211.002
大清穆宗毅皇帝聖訓一百六十卷　（清）穆宗
載淳撰　清光緒石印本　一冊　存十二卷
(一百三十七至一百四十八)

620000－1101－0003365　532/344
大清通禮五十卷　（清）來保等纂修　清末刻
本　十六冊

620000－1101－0003366　532/344
大清通禮五十卷　（清）來保等纂修　清末刻
本　十六冊

620000－1101－0003367　532/74
大清通禮五十四卷　（清）李玉鳴等纂修
(清)景煥等續纂　清道光刻本　十二冊

620000－1101－0003368　532/74.1
大清通禮五十四卷　（清）李玉鳴等纂修
(清)景煥等續纂　清道光刻本　十二冊

620000－1101－0003369　532/74.2
大清通禮五十四卷　（清）李玉鳴等纂修
(清)景煥等續纂　清道光刻本　二十四冊

620000－1101－0003370　532/285
大清通禮五十四卷　（清）李玉鳴等纂修
(清)景煥等續纂　清光緒九年(1883)江蘇書
局刻本　十二冊

620000－1101－0003371　627.02/296.003
大清通史攬要八卷　（日本）增田貢著　清光
緒二十八年(1902)善成堂刻本　一冊　存六
卷(一至六)

175

620000 – 1101 – 0003372　327.392/0.354702
大清咸豐二年歲次壬子時憲書不分卷　（清）
欽天監編　清咸豐刻朱墨套印本　一冊

620000 – 1101 – 0003373　327.392/0.354707
大清咸豐七年歲次丁巳時憲書不分卷　（清）
欽天監編　清咸豐刻朱墨套印本　一冊

620000 – 1101 – 0003374　589.92/747.01
大清現行刑律案語不分卷　沈家本　俞廉三
編　清宣統元年(1909)北京法律修訂館鉛印
本　五冊

620000 – 1101 – 0003375　589.92/747.01
大清現行刑律案語不分卷　沈家本　俞廉三
編　清宣統元年(1909)北京法律修訂館鉛印
本　十七冊

620000 – 1101 – 0003376　589.92/747.01
大清現行刑律案語不分卷　沈家本　俞廉三
編　清宣統元年(1909)北京法律修訂館鉛印
本　十二冊

620000 – 1101 – 0003377　589.92/747.01
大清現行刑律案語不分卷　沈家本　俞廉三
編　清宣統元年(1909)北京法律修訂館鉛印
本　十三冊

620000 – 1101 – 0003378　589.4/713
大清現行刑律叢纂不分卷　（清）汪庚年輯
清宣統二年(1910)石印本　六冊

620000 – 1101 – 0003379　585.4/182
大清現行刑律講義八卷　吉同鈞纂輯　清宣
統二年(1910)法部律學館石印本　八冊

620000 – 1101 – 0003380　589.92/661
大清新法令十三卷首一卷附錄不分卷　（清）
商務印書館編譯所編輯　清宣統元年(1909)
商務印書館鉛印本　二十冊

620000 – 1101 – 0003381　585/747
大清刑律草案第二編三十六章　沈家本等纂
清光緒三十四年(1908)廣東學務公所鉛印
本　一冊

620000 – 1101 – 0003382　327.392/0.354902

620000 – 1101 – 0003382　327.392/0.354902
大清宣統二年歲次庚戌時憲書不分卷　（清）
欽天監編　清宣統刻朱墨套印本　一冊

620000 – 1101 – 0003383　327.392/0.354902
大清宣統二年歲次庚戌時憲書不分卷　（清）
欽天監編　清宣統刻朱墨套印本　一冊

620000 – 1101 – 0003384　327.392/0.354903
大清宣統三年歲次辛亥時憲書不分卷　（清）
欽天監編　清宣統刻朱墨套印本　一冊

620000 – 1101 – 0003385　327.392/0.354903
大清宣統三年歲次辛亥時憲書不分卷　（清）
欽天監編　清宣統刻朱墨套印本　一冊

620000 – 1101 – 0003386　327.392/0.354903
大清宣統三年歲次辛亥時憲書不分卷　（清）
欽天監編　清宣統刻朱墨套印本　一冊

620000 – 1101 – 0003387　327.392/0.354904
大清宣統四年歲次壬子時憲書不分卷　（清）
欽天監編　清宣統刻朱墨套印本　一冊

620000 – 1101 – 0003388　327.392/0.354904
大清宣統四年歲次壬子時憲書不分卷　（清）
欽天監編　清宣統刻朱墨套印本　一冊

620000 – 1101 – 0003389　589.92/661.06
大清宣統新法令不分卷　（清)商務印書館編
譯所編　清宣統元年至三年(1909 – 1911)上
海商務印書館鉛印本　六冊

620000 – 1101 – 0003390　589.92/661.06
大清宣統新法令不分卷　（清)商務印書館編
譯所編　清宣統元年至三年(1909 – 1911)上
海商務印書館鉛印本　三冊

620000 – 1101 – 0003391　589.92/661.06
大清宣統新法令不分卷　（清)商務印書館編
譯所編　清宣統元年至三年(1909 – 1911)上
海商務印書館鉛印本　一冊

620000 – 1101 – 0003392　589.92/661.06
大清宣統新法令不分卷　（清)商務印書館編
譯所編　清宣統元年至三年(1909 – 1911)上
海商務印書館鉛印本　一冊

620000 – 1101 – 0003393　589.92/661.06

大清宣統新法令不分卷 （清）商務印書館編譯所編　清宣統元年至三年(1909－1911)上海商務印書館鉛印本　一冊

620000－1101－0003394　589.92/661.06
大清宣統新法令不分卷 （清）商務印書館編譯所編　清宣統元年至三年(1909－1911)上海商務印書館鉛印本　十冊

620000－1101－0003395　589.92/661.06
大清宣統新法令不分卷 （清）商務印書館編譯所編　清宣統元年至三年(1909－1911)上海商務印書館鉛印本　八冊

620000－1101－0003396　589.92/661.06
大清宣統新法令不分卷 （清）商務印書館編譯所編　清宣統元年至三年(1909－1911)上海商務印書館鉛印本　七冊

620000－1101－0003397　2292
大清一統志表不分卷紀元表一卷 （清）陳蘭森編　（清）和珅等纂修　清乾隆五十八年(1793)刻本　八冊

620000－1101－0003398　667/74.009
大清一統志輯要五十卷 （清）洪亮吉撰　清光緒二十八年(1902)山左輿圖局石印本　十二冊

620000－1101－0003399　667/74.010
大清一統志節要不分卷 （清）何氏纂校　清晚期刻本　五冊

620000－1101－0003400　667/74.003
大清一統志四百二十四卷 （清）和珅等纂修　清光緒二十三年(1897)杭州竹簡齋石印本　六十冊

620000－1101－0003401　667/74
大清一統志四百二十四卷 （清）和珅等纂修　清光緒二十七年(1901)上海寶善齋石印本　六十冊

620000－1101－0003402　667/74.001
大清一統志四百二十四卷 （清）和珅等纂修　清光緒二十七年(1901)上海寶善齋石印本　六十冊

620000－1101－0003403　667/74
大清一統志四百二十四卷 （清）和珅等纂修　清光緒二十七年(1901)上海寶善齋石印本　五十四冊

620000－1101－0003404　667/74.001
大清一統志四百二十四卷 （清）和珅等纂修　清光緒二十七年(1901)上海寶善齋石印本　六十冊　存三百九十三卷(一至二百九十六、三百五至三百十、三百二十九至三百三十二、三百三十八至四百二十四)

620000－1101－0003405　667/74.001
大清一統志四百二十四卷 （清）和珅等纂修　清光緒二十七年(1901)上海寶善齋石印本　二十四冊　存一百五十六卷(四十九至五十七、一百一至一百八、一百七十七至一百八十一、一百八十九至二百七、二百十四至二百三十二、二百三十七至二百八十一、二百九十一至二百九十六、三百五、三百十、三百二十九至三百五十九、三百七十八至三百八十九)

620000－1101－0003406　667/74
大清一統志四百二十四卷 （清）和珅等纂修　清光緒二十七年(1901)上海寶善齋石印本　十七冊　存一百二十二卷(四十三至六十三、八十九至一百、一百九至一百二十四、一百四十八至一百五十五、一百六十五至一百九十六、二百十九至二百二十五、二百七十至二百七十四、三百三十三至三百三十七、三百五十四至三百五十七、三百七十八至三百八十九)

620000－1101－0003407　667/74
大清一統志四百二十四卷 （清）和珅等纂修　清光緒二十七年(1901)上海寶善齋石印本　四冊　存二十三卷(二百六十五至二百六十九、三百二十四至三百二十八、三百三十八至三百四十四、三百五十四至三百五十九)

620000－1101－0003408　1753
大清一統志四百二十四卷目錄二卷 （清）和珅等纂修　清乾隆五十五年(1790)內府刻本

二十六冊　存六十一卷(三至十一、十六至二十六、七十一至一百十一)

620000－1101－0003409　573.4058/0.454
大清中樞備覽不分卷　(清)□□輯　清光緒二十八年(1902)榮祿堂刻本　四冊

620000－1101－0003410　573.4058/0.454.001
大清中樞備覽二卷　(清)□□輯　清光緒二十年(1894)松竹榮寶齋刻本　二冊

620000－1101－0003411　573.4058/0.454.005
大清中樞備覽二卷　(清)□□輯　清光緒三十三年(1907)榮祿堂刻本　二冊

620000－1101－0003412　573.4058/0.454.008
大清中樞備覽二卷　(清)□□輯　清光緒榮祿堂刻本　一冊　存一卷(下)

620000－1101－0003413　573.4058/0.454.004
大清中樞備覽二卷　(清)□□輯　清光緒榮祿堂刻本　一冊　存一卷(下)

620000－1101－0003414　573.4058/0.454.007
大清中樞備覽二卷　(清)□□輯　清宣統三年(1911)榮祿堂刻本　一冊　存一卷(下)

620000－1101－0003415　573.4058/0.454.003
大清中樞備覽四卷　(清)□□輯　清光緒二十一年(1895)刻本　二冊

620000－1101－0003416　573.4058/0.454.006
大清中樞備覽四卷　(清)□□輯　清光緒三十年(1904)榮祿堂刻本　二冊

620000－1101－0003417　667/215
大清中外壹統輿圖三十一卷首一卷　(清)胡林翼編　(清)鄒世詒　(清)晏啓鎮繪　清同治二年(1863)湖北撫署嚴樹森刻本　十二冊

620000－1101－0003418　667/215
大清中外壹統輿圖三十一卷首一卷　(清)胡林翼編　(清)鄒世詒　(清)晏啓鎮繪　清同治二年(1863)湖北撫署嚴樹森刻本　十二冊

620000－1101－0003419　667/215
大清中外壹統輿圖三十一卷首一卷　(清)胡林翼編　(清)鄒世詒　(清)晏啓鎮繪　清同

治二年(1863)湖北撫署嚴樹森刻本　十二冊

620000－1101－0003420　573.4058/183
大清最新百官錄不分卷　(清)彭汝疇編　清光緒三十四年(1908)京都琉璃廠槐蔭山房刻本　四冊

620000－1101－0003421　413.63/0.354.001
大生要旨五卷　(清)唐千頃纂　清嘉慶刻本　一冊

620000－1101－0003422　413.63/0.354
大生要旨五卷　(清)唐千頃纂　清光緒三年(1877)西鄉李氏椿蔭堂刻本　一冊

620000－1101－0003423　413.63/0.354.005
大生要旨五卷　(清)唐千頃纂　清光緒十七年(1891)刻本　一冊

620000－1101－0003424　610.29/450
大事記十二卷通釋三卷解題十二卷　(宋)呂祖謙撰　清晚期刻本　十二冊　存二十一卷(大事記十二卷、通釋三卷、解題一至六)

620000－1101－0003425　138
大宋眉山蘇氏家傳心學文集大全七十卷　(宋)蘇洵等撰　明正德十二年(1517)劉洪慎獨齋刻本　二十冊

620000－1101－0003426　802.42/378.002
大宋重修廣韻五卷札記一卷　(宋)陳彭年等撰　清道光三十年(1850)鄧氏東山精舍刻本　四冊　存五卷(大宋重修廣韻五卷)

620000－1101－0003427　2712
大宋重修廣韻五卷　(宋)陳彭年等撰　清康熙四十三年(1704)吳郡張氏刻澤存堂五種本　三冊

620000－1101－0003428　802.42/378.001
大宋重修廣韻五卷　(宋)陳彭年等撰　清咸豐刻本　五冊

620000－1101－0003429　802.42/378
大宋重修廣韻五卷　(宋)陳彭年等撰　清光緒十四年(1888)上海蜚英館石印本　三冊

620000－1101－0003430　802.42/37.02

大宋重修廣韻五卷 （宋）陳彭年等撰 清晚期刻本 五冊

620000－1101－0003431 606

大唐開元占經一百二十卷 （唐）瞿曇悉達撰 清抄本 三十二冊

620000－1101－0003432 55

大唐六典三十卷 （唐）玄宗李隆基撰 （唐）李林甫等注 明嘉靖二十三年（1544）浙江按察司刻本（卷一至三、二十七至三十配清抄本） 十冊

620000－1101－0003433 1004

大唐新語十三卷 （唐）劉肅撰 明萬曆商氏半埜堂刻清修稗海本 四冊

620000－1101－0003434 856.7/426.02

大題文府不分卷 （清）同文書局主人輯 清光緒十二年（1886）上海同文書局石印本 十冊

620000－1101－0003435 856.7/426.01

大題文府二集三十七卷 （清）同文書局主人輯 清光緒十三年（1887）上海同文書局石印本 三冊 存十三卷（上論十卷、大學一卷、中庸二卷）

620000－1101－0003436 1849

大題文府六卷目錄一卷 （清）同文書局主人輯 清光緒十一年（1885）上海同文書局石印本 二十冊

620000－1101－0003437 676.55/105.79

大通縣地理調查表不分卷 （清）單志賢編 清宣統元年（1909）抄本 一冊

620000－1101－0003438 097.307/892

大學古本質言一卷 （清）劉沅著 清光緒三十一年（1905）刻本 一冊

620000－1101－0003439 097.37/0.354

大學精義擇錄一卷 （清）□□擇錄 清同治、光緒抄本 一冊

620000－1101－0003440 85

大學衍義補一百六十卷首一卷 （明）丘濬撰

明嘉靖三十八年（1559）吉澄刻本 四十冊

620000－1101－0003441 86

大學衍義補一百六十卷首一卷 （明）丘濬撰 明天啟四年（1624）南京國子監刻本 四十冊

620000－1101－0003442 3989

大學衍義補一百六十卷首一卷 （明）丘濬撰 （明）陳仁錫評 明崇禎陳仁錫刻本 十八冊 存一百十五卷（一至三十三、八十至一百六十，首一卷）

620000－1101－0003443 3991

大學衍義補一百六十卷首一卷 （明）丘濬撰 （明）陳仁錫評 明崇禎陳仁錫刻本 九冊 存三十卷（二十六至二十九、三十九至四十三、九十四至一百七、一百十六至一百二十二）

620000－1101－0003444 097.37/882.002

大學衍義補一百六十卷首一卷 （明）丘濬撰 （明）陳仁錫評 清道光十七年（1837）吳雲刻本 三十九冊 存一百五十七卷（一至七十八、八十三至一百六十，首一卷）

620000－1101－0003445 097.37/882

大學衍義補一百六十卷首一卷 （明）丘濬撰 （明）陳仁錫評 清晚期刻本 三十二冊

620000－1101－0003446 097.37/882.001

大學衍義補一百六十卷首一卷 （明）丘濬撰 （明）陳仁錫評 清晚期刻本 二十六冊 存一百七卷（五至八、三十九至五十二、七十三至一百六十，首一卷）

620000－1101－0003447 125.7/384

大學衍義輯要六卷補十二卷 （宋）真德秀撰 （明）邱濬補 （清）陳弘謀纂輯 清同治十年（1871）刻本 十六冊

620000－1101－0003448 16

大學衍義四十三卷 （宋）真德秀撰 元刻明修本 二冊 存六卷（二十三至二十八）

620000－1101－0003449 600

大學衍義四十三卷　（宋）真德秀撰　明嘉靖
吉澄刻本　五冊

620000－1101－0003450　2089
大學衍義四十三卷　（宋）真德秀撰　明崇禎
十一年(1638)楊鶚寫刻清乾隆印本　十冊

620000－1101－0003451　3078
大學衍義四十三卷　（宋）真德秀撰　明崇禎
十一年(1638)楊鶚寫刻清乾隆印本　十冊

620000－1101－0003452　4227
大學衍義四十三卷　（宋）真德秀撰　（明）陳
仁錫評閱　明崇禎陳仁錫刻本　一冊　存四
卷(十八至二十一)

620000－1101－0003453　1600
大學衍義四十三卷　（宋）真德秀撰　明刻本
　一冊　存四卷(十二至十五)

620000－1101－0003454　097.37/235
大學衍義四十三卷　（宋）真德秀撰　（明）陳
仁錫評閱　清道光十七年(1837)刻本　十冊

620000－1101－0003455　097.37/235.001
大學衍義四十三卷　（宋）真德秀撰　清同治
十一年(1872)浙江書局刻本　十冊

620000－1101－0003456　125.7/99.98
大學衍義四十三卷　（宋）真德秀撰　清同治
十三年(1874)金陵書局刻本　八冊

620000－1101－0003457　127.6/669
大學衍義約旨二卷　（清）慶恕輯　清光緒二
十五年(1899)刻本　二冊

620000－1101－0003458　127.6/669
大學衍義約旨二卷　（清）慶恕輯　清光緒二
十五年(1899)刻本　一冊　存一卷(二)

620000－1101－0003459　865
大學章句質疑一卷　（清）郭嵩燾撰　清稿本
　一冊

620000－1101－0003460　097.32/76.63
大學章句質疑一卷　（清）郭嵩燾撰　清光緒
十六年(1890)思賢講舍刻本　一冊

620000－1101－0003461　097.327/113
大學直解二卷　（清）王建常著　清同治十二
年(1873)三原劉傳經堂刻本　一冊

620000－1101－0003462　097.325/204
大學纂疏一卷　（宋）趙順孫撰　清晚期刻本
　一冊

620000－1101－0003463　856.7/383
大雅扶輪集不分卷　（清）陳康祺選評　清同
治十二年(1873)舊雨草堂刻本　十二冊

620000－1101－0003464　717
大雅集八卷　（元）賴良輯　（元）楊維楨評點
清抄本　二冊

620000－1101－0003465　830/433
大雅堂古文觀止十二卷　（清）吳楚材　（清）
吳調侯錄　清嘉慶五年(1800)湖北藩署刻本
　二冊

620000－1101－0003466　1388
大易貫解不分卷　（清）王尚槃撰　清道光稿
本　一冊

620000－1101－0003467　741.1/520
大英國志八卷　（英國）慕維廉譯　清咸豐六
年(1856)墨海書院刻本　二冊

620000－1101－0003468　741.1/520.001
大英國志八卷　（英國）慕維廉譯　清光緒七
年(1881)上海益智書會刻本　二冊

620000－1101－0003469　741.1/520.002
大英國志八卷　（英國）慕維廉譯　清光緒新
學書局刻本　四冊

620000－1101－0003470　1687
大樂元音七卷大樂合音琴譜一卷　（清）潘士
權撰　清稿本　七冊

620000－1101－0003471　2312
大嶽太和山紀事略八卷　（清）王槩修　（清）
姚世佶等纂　清乾隆九年(1744)刻本　八冊

620000－1101－0003472　847.4/68
大雲山房文稿初集四卷二集四卷　（清）惲敬
著　清嘉慶十六年(1811)富文齋刻本　四冊

620000 – 1101 – 0003473　847.5/682.001

大雲山房文稿初集四卷二集四卷　（清）惲敬
著　清嘉慶二十一年(1816)刻本　四冊

620000 – 1101 – 0003474　847.5/682

大雲山房文稿初集四卷二集四卷言事二卷
（清）惲敬著　清同治二年(1863)惲世臨刻本
十冊

620000 – 1101 – 0003475　847.5/682

大雲山房文稿初集四卷二集四卷言事二卷
（清）惲敬著　清同治二年(1863)惲世臨刻本
十冊

620000 – 1101 – 0003476　847.5/682

大雲山房文稿初集四卷二集四卷言事二卷
（清）惲敬著　清同治二年(1863)惲世臨刻本
六冊　存六卷(初集四卷、言事二卷)

620000 – 1101 – 0003477　222.14/659

大智度論一百卷　（後秦）釋鳩摩羅什譯　清
光緒九年(1883)姑蘇刻經處刻本　二十五冊

620000 – 1101 – 0003478　621

代耕堂初槀六卷　（清）李嘉績撰　清稿本
二冊

620000 – 1101 – 0003479　089.78/286

代耕堂叢刊二十五卷　（清）李嘉績撰　清光
緒十五年至二十八年(1889 – 1902)刻本
八冊

620000 – 1101 – 0003480　847.8/286.08

代耕堂全集九種五十卷　（清）李嘉績撰　清
光緒刻本　九冊　存五種三十七卷(江上草
堂前稿四卷、代耕堂中稿二十三卷、衍陽述古
編二卷、代耕堂雜著四卷、榆塞紀行錄四卷)

620000 – 1101 – 0003481　622

代耕堂雪鴻草二十卷　（清）李嘉績撰　清稿
本　二冊

620000 – 1101 – 0003482　847.8/286.07

代耕堂中稿二十五卷　（清）李嘉績撰　清光
緒二十七年(1901)華州刻代耕堂全集本
六冊

620000 – 1101 – 0003483　847.8/286.07

代耕堂中稿二十五卷　（清）李嘉績撰　清光
緒二十七年(1901)華州刻代耕堂全集本　五
冊　存二十三卷(一至二十三)

620000 – 1101 – 0003484　847.8/286.07

代耕堂中稿十八卷　（清）李嘉績撰　清光緒
二十七年(1901)西安李氏代耕堂刻懷潞園叢
刊本　五冊

620000 – 1101 – 0003485　847.8/286.07

代耕堂中稿十八卷　（清）李嘉績撰　清光緒
二十七年(1901)西安李氏代耕堂刻懷潞園叢
刊本　五冊

620000 – 1101 – 0003486　313.12/997.003

代數備旨二卷　（美國）狄考文譯　（清）范震
亞校錄　清光緒二十八年(1902)上海會文編
譯社石印本　一冊　存一卷(下)

620000 – 1101 – 0003487　313.12/997.004

代數備旨十三章附總答　（美國）狄考文譯
（清）鄒立文　（清）生福維筆述　清光緒二十
八年(1902)上海美華書館鉛印本　一冊

620000 – 1101 – 0003488　313.12/997

代數備旨十三章附總答　（美國）狄考文譯
（清）鄒立文　（清）生福維筆述　清光緒三十
年(1904)上海美華書館鉛印本　一冊

620000 – 1101 – 0003489　313.12/997.001

代數備旨十三章附總答　（美國）狄考文譯
（清）鄒立文　（清）生福維筆述　清光緒三十
一年(1905)上海美華書館鉛印本　一冊

620000 – 1101 – 0003490　313.12/997.002

代數備旨十三章勾股演代一章　（美國）狄考
文譯　（清）鄒立文　（清）生福維筆述　清光
緒三十一年(1905)上海玉麟書局石印本
六冊

620000 – 1101 – 0003491　310.22/922

代數難題解法十六卷　（英國）倫德編輯
（英國）傅蘭雅口譯　（清）華蘅芳筆述　清光
緒五年(1879)上海江南製造總局刻本　四冊
存十二卷(一至八、十三至十六)

620000－1101－0003492　310.22/922

代數難題解法十六卷　（英國）倫德編輯
（英國）傅蘭雅口譯　（清）華蘅芳筆述　清光
緒五年（1879）上海江南製造總局刻本　六冊

620000－1101－0003493　310.22/922

代數難題解法十六卷　（英國）倫德編輯
（英國）傅蘭雅口譯　（清）華蘅芳筆述　清光
緒五年（1879）上海江南製造總局刻本　六冊

620000－1101－0003494　310.22/922

代數難題解法十六卷　（英國）倫德編輯
（英國）傅蘭雅口譯　（清）華蘅芳筆述　清光
緒五年（1879）上海江南製造總局刻本　六冊

620000－1101－0003495　310.22/922

代數難題解法十六卷　（英國）倫德編輯
（英國）傅蘭雅口譯　（清）華蘅芳筆述　清光
緒五年（1879）上海江南製造總局刻本　六冊

620000－1101－0003496　310.22/922

代數難題解法十六卷　（英國）倫德編輯
（英國）傅蘭雅口譯　（清）華蘅芳筆述　清光
緒五年（1879）上海江南製造總局刻本　五冊
　存十四卷（一至六、九至十六）

620000－1101－0003497　310.22/922.001

代數難題解法十六卷　（英國）倫德編輯
（英國）傅蘭雅口譯　（清）華蘅芳筆述　清光
緒二十三年（1897）積山書局石印本　二冊
　存六卷（一至六）

620000－1101－0003498　313/502.003

代數術補式二十六卷首一卷　（英國）華里司
輯　（英國）傅蘭雅口譯　（清）華蘅芳筆述
（清）解崇輝編　清光緒二十六年（1900）上海
順成書局石印本　八冊

620000－1101－0003499　313/502

代數術二十五卷首一卷　（英國）華里司輯
（英國）傅蘭雅口譯　（清）華蘅芳筆述　清同
治十二年（1873）江南製造總局刻本　六冊

620000－1101－0003500　313/502

代數術二十五卷首一卷　（英國）華里司輯
（英國）傅蘭雅口譯　（清）華蘅芳筆述　清同

治十二年（1873）江南製造總局刻本　六冊

620000－1101－0003501　313/502

代數術二十五卷首一卷　（英國）華里司輯
（英國）傅蘭雅口譯　（清）華蘅芳筆述　清同
治十二年（1873）江南製造總局刻本　一冊

620000－1101－0003502　313/502

代數術二十五卷首一卷　（英國）華里司輯
（英國）傅蘭雅口譯　（清）華蘅芳筆述　清同
治十二年（1873）江南製造總局刻本　六冊

620000－1101－0003503　313/502

代數術二十五卷首一卷　（英國）華里司輯
（英國）傅蘭雅口譯　（清）華蘅芳筆述　清同
治十二年（1873）江南製造總局刻本　六冊

620000－1101－0003504　313/502

代數術二十五卷首一卷　（英國）華里司輯
（英國）傅蘭雅口譯　（清）華蘅芳筆述　清同
治十二年（1873）江南製造總局刻本　六冊

620000－1101－0003505　313/502

代數術二十五卷首一卷　（英國）華里司輯
（英國）傅蘭雅口譯　（清）華蘅芳筆述　清同
治十二年（1873）江南製造總局刻本　三冊
　存十三卷（十二至二十四）

620000－1101－0003506　313/502

代數術二十五卷首一卷　（英國）華里司輯
（英國）傅蘭雅口譯　（清）華蘅芳筆述　清同
治十二年（1873）江南製造總局刻本　三冊
　存八卷（十八至二十五）

620000－1101－0003507　313/502

代數術二十五卷首一卷　（英國）華里司輯
（英國）傅蘭雅口譯　（清）華蘅芳筆述　清同
治十二年（1873）江南製造總局刻本　五冊
　存二十三卷（一至二十二、二十五）

620000－1101－0003508　313/502

代數術二十五卷首一卷　（英國）華里司輯
（英國）傅蘭雅口譯　（清）華蘅芳筆述　清同
治十二年（1873）江南製造總局刻本　一冊
　存六卷（一至六）

620000 – 1101 – 0003509　313/502

代數術二十五卷首一卷　(英國)華里司輯
(英國)傅蘭雅口譯　(清)華蘅芳筆述　清同
治十二年(1873)江南製造總局刻本　一冊
存一卷(二十五)

620000 – 1101 – 0003510　313/502.002

代數術二十五卷首一卷　(英國)華里司輯
(英國)傅蘭雅口譯　(清)華蘅芳筆述　清光
緒二十二年(1896)上海書局石印本　四冊

620000 – 1101 – 0003511　313/502.002

代數術二十五卷首一卷　(英國)華里司輯
(英國)傅蘭雅口譯　(清)華蘅芳筆述　清光
緒二十二年(1896)上海書局石印本　四冊

620000 – 1101 – 0003512　313/502.001

代數術二十五卷首一卷　(英國)華里司輯
(英國)傅蘭雅口譯　(清)華蘅芳筆述　清光
緒上海著易堂石印本　四冊

620000 – 1101 – 0003513　313/627

代數通藝錄十六卷　(清)方愷撰　清光緒二
十四年(1898)上海著易堂石印本　五冊

620000 – 1101 – 0003514　313/627.001

代數通藝錄十六卷札記二卷　(清)方愷撰
清光緒二十四年(1898)上海石印本　八冊

620000 – 1101 – 0003515　311.7/726

代數通藝錄札記二卷　(清)梁孝寅　(清)梁
孔達著　清光緒二十七年(1901)六藝書局石
印本　一冊　存一卷(上)

620000 – 1101 – 0003516　311.7/726

代數通藝錄札記二卷　(清)梁孝寅　(清)梁
孔達著　清光緒二十七年(1901)六藝書局石
印本　一冊　存一卷(上)

620000 – 1101 – 0003517　313.1/906

代數須知一卷　(英國)傅蘭雅著　清光緒十
三年(1887)刻本　一冊

620000 – 1101 – 0003518　313.2/1007

代數學十三卷首一卷　(英國)棣麼甘撰
(英國)偉烈亞力口譯　(清)李善蘭筆述　清

咸豐九年(1859)上海鉛印本　四冊

620000 – 1101 – 0003519　314.1/482

代微積拾級十八卷　(美國)羅密士撰　(英
國)偉烈亞力口譯　(清)李善蘭筆述　清咸
豐九年(1859)墨海刻本　三冊

620000 – 1101 – 0003520　314.1/482

代微積拾級十八卷　(美國)羅密士撰　(英
國)偉烈亞力口譯　(清)李善蘭筆述　清咸
豐九年(1859)墨海刻本　三冊

620000 – 1101 – 0003521　4155

岱南閣叢書十九種一百七十二卷　(清)孫星
衍輯　清乾隆、嘉慶孫氏刻本　三十四冊
存十二種一百二十五卷(古文尚書十卷、逸文
二卷,春秋釋例一至十三,孫子十家註十三
卷、敘錄一卷、遺說一卷,元和郡縣圖志四十
卷、闕卷逸文一卷,括地志五至八,故唐律疏
議一至二十三、二十七至三十,問字堂集六
卷,岱南閣集二卷,平津館文稿二卷,五松園
文稿一卷,嘉穀堂集一卷,沂上停雲集一卷)

620000 – 1101 – 0003522　072.76/434

岱雲編三卷續編三卷歸雲編一卷續編一卷
(清)吳梯著　清道光六年至三十年(1826 –
1850)刻本　一冊　存一卷(岱雲編一)

620000 – 1101 – 0003523　072.79/306

待采篇二卷　(清)張玠撰　清宣統二年
(1910)鉛印本　二冊

620000 – 1101 – 0003524　1635

帶經堂集九十二卷　(清)王士禛撰　清康熙
四十九年至五十年(1710 – 1711)程哲七略書
堂刻本　六冊　存二十二卷(三十一至五十
二)

620000 – 1101 – 0003525　3130

帶經堂集九十二卷　(清)王士禛撰　清康熙
四十九年至五十年(1710 – 1711)程哲七略書
堂刻乾隆十二年(1747)黃晟印本　二十四冊

620000 – 1101 – 0003526　3830

帶經堂集九十二卷　(清)王士禛撰　清康熙
四十九年至五十年(1710 – 1711)程哲七略書

堂刻乾隆十二年(1747)黃晟印本　十二冊
存五十二卷(一至五十二)

620000－1101－0003527　4600
帶經堂集九十二卷　(清)王士禛撰　清康熙
四十九年至五十年(1710－1711)程哲七略書
堂刻乾隆十二年(1747)黃晟印本　三十冊

620000－1101－0003528　821.87/116.001
帶經堂詩話三十卷首一卷　(清)王士禛撰
(清)張宗枏輯　清同治十二年(1873)廣州藏
脩堂刻本　八冊

620000－1101－0003529　821.87/116.001
帶經堂詩話三十卷首一卷　(清)王士禛撰
(清)張宗枏輯　清同治十二年(1873)廣州藏
脩堂刻本　十二冊

620000－1101－0003530　821.87/116.001
帶經堂詩話三十卷首一卷　(清)王士禛撰
(清)張宗枏輯　清同治十二年(1873)廣州藏
脩堂刻本　十冊

620000－1101－0003531　821.87/116
帶經堂詩話三十卷首一卷　(清)王士禛撰
(清)張宗枏輯　清光緒元年(1875)刻本　十
二冊

620000－1101－0003532　821.87/116.002
帶經堂詩話三十卷首一卷　(清)王士禛撰
(清)張宗枏輯　清晚期刻本　八冊　存二十
五卷(三至二十三、二十七至三十)

620000－1101－0003533　2047
貸園叢書初集十二種四十九卷　(清)周永年
輯　清乾隆五十四年(1789)周永年據李文藻
刻版重編印本　十六冊

620000－1101－0003534　2048
貸園叢書初集十二種四十九卷　(清)周永年
輯　清乾隆五十四年(1789)周永年據李文藻
刻版重編印本　十六冊

620000－1101－0003535　3017
貸園叢書初集十二種四十九卷　(清)周永年
輯　清乾隆五十四年(1789)周永年據李文藻

刻版重編印本　十二冊

620000－1101－0003536　1221
戴東原集十二卷　(清)戴震撰　**覆校札記一
卷年譜一卷**　(清)段玉裁撰　清乾隆五十七
年(1792)經韻樓刻本　六冊

620000－1101－0003537　1910
戴東原集十二卷　(清)戴震撰　**覆校札記一
卷年譜一卷**　(清)段玉裁撰　清乾隆五十七
年(1792)經韻樓刻本　四冊

620000－1101－0003538　847.4/211.2
戴東原集十二卷　(清)戴震撰　**覆校札記一
卷戴東原先生年譜一卷**　(清)段玉裁校編
清宣統二年(1910)渭南嚴氏成都刻本　六冊

620000－1101－0003539　847.2/211
戴南山文鈔六卷　(清)戴名世撰　清宣統二
年(1910)上海國學扶輪社鉛印本　三冊

620000－1101－0003540　847.2/211
戴南山文鈔六卷　(清)戴名世撰　清宣統二
年(1910)上海國學扶輪社鉛印本　三冊

620000－1101－0003541　847.2/211
戴南山文鈔六卷　(清)戴名世撰　清宣統二
年(1910)上海國學扶輪社鉛印本　三冊

620000－1101－0003542　847.2/211
戴南山文鈔六卷　(清)戴名世撰　清宣統二
年(1910)上海國學扶輪社鉛印本　三冊

620000－1101－0003543　3011
戴氏遺書十二種五十六卷　(清)戴震撰　清
乾隆孔氏微波榭刻本　十二冊　存十一種四
十六卷(毛鄭詩考正四卷、首一卷,杲溪詩經
補注二卷,考工記圖二卷,孟子字義疏證三
卷,聲韻攷四卷,聲類表九卷、首一卷,原善三
卷,原象一卷,續天文略二卷,水地記一卷,方
言疏證十三卷)

620000－1101－0003544　3373
戴氏遺書十五種一百卷　(清)戴震撰　清乾
隆孔氏微波榭刻本　二十八冊　存十四種九
十八卷(東原文集十卷,原善三卷,原象一卷,

聲韻攷四卷,聲類表九卷、首一卷,毛鄭詩考正四卷、首一卷,杲溪詩經補注二卷,孟子字義疏證三卷,考工記圖二卷,輶軒使者絕代語釋別國方言疏證十三卷,水地記一卷,水經注四十卷,策算一卷,句股割圜記三卷)

620000－1101－0003545　097.12/21
戴氏注論語二十卷　(清)戴望注　清同治十年(1871)刻本　一冊

620000－1101－0003546　097.127/211
戴氏注論語二十卷　(清)戴望注　清同治十年(1871)刻本　一冊　存十卷(十一至二十)

620000－1101－0003547　235.5/885
丹法二十四訣解三卷　(清)劉一明著　(清)燕福解　清道光二十三年(1843)刻本　一冊

620000－1101－0003548　288
丹鉛總錄二十七卷　(明)楊慎撰　明嘉靖三十三年(1554)梁佐刻本　十冊

620000－1101－0003549　289
丹鉛總錄二十七卷　(明)楊慎撰　明萬曆刻本　六冊

620000－1101－0003550　071.66/272
丹鉛總錄二十七卷　(明)楊慎撰　清刻本一冊　存五卷(十三至十七)

620000－1101－0003551　413/365
丹臺玉案六卷　(明)孫文胤著　(明)游士進校正　清刻本　一冊　存一卷(卷六之葉五十三至一百七)

620000－1101－0003552　413/627.5
丹溪心法附餘二十四卷首一卷　(明)方廣輯　清晚期大文堂刻本　二十冊

620000－1101－0003553　413/627.5001
丹溪心法附餘二十四卷首一卷　(明)方廣輯　清光緒二十五年(1899)徐氏石印本　十二冊

620000－1101－0003554　413/627.5001
丹溪心法附餘二十四卷首一卷　(明)方廣輯　清晚期上海文瑞樓石印本　六冊

620000－1101－0003555　2098
丹溪朱氏脈因証治二卷　(元)朱震亨撰　清乾隆四十年(1775)湯望久刻本　二冊

620000－1101－0003556　856.9/315
淡塵子養元記一卷　(清)張鑑三撰　清光緒十四年(1888)刻本　一冊

620000－1101－0003557　856.9/315
淡塵子養元記一卷　(清)張鑑三撰　清光緒十四年(1888)刻本　一冊

620000－1101－0003558　595.81/582
淡氣爆藥新書上編四卷　(英國)山福德撰　舒高第口譯　(清)沈陶璋筆述　清光緒三十二年(1906)上海江南製造局刻本　二冊

620000－1101－0003559　595.81/582
淡氣爆藥新書上編四卷　(英國)山福德撰　舒高第口譯　(清)沈陶璋筆述　清光緒三十二年(1906)上海江南製造局刻本　二冊

620000－1101－0003560　847.4/313
噉蔗文集八卷詩集八卷附喪禮祥考一卷周官隨筆一卷　(清)張羲年撰　(清)錢大昕(清)陳以綱評輯　清光緒十九年(1893)上海著易堂鉛印本　六冊

620000－1101－0003561　852.4/963
彈指詞三卷　(清)顧貞觀著　(清)杜詔訂清光緒四年(1878)枕經葄史齋刻本　一冊

620000－1101－0003562　089.74/66
澹靜齋全集五種二十四卷　(清)龔景瀚撰清道光六年(1826)恩錫堂刻本　十二冊

620000－1101－0003563　089.74/66
澹靜齋全集五種二十四卷　(清)龔景瀚撰清道光六年(1826)恩錫堂刻本　八冊　存四種十六卷(澹靜齋文鈔六卷、外篇二卷,祭儀考四卷,邶風說二卷,離騷箋二卷)

620000－1101－0003564　847.5/660
澹靜齋文鈔八卷詩鈔六卷　(清)龔景瀚著清同治八年(1869)濟南郡署刻本　八冊

620000－1101－0003565　847.6/790

澹廬軒存稿一卷　（清）程鶴輪撰　清中晚期
刻本　一冊

620000－1101－0003566　847.7/790

澹廬軒存稿一卷試帖一卷　（清）程鶴輪撰
損齋吟草一卷　（清）程履益撰　藡輝堂詩集
四卷　（清）程烈光撰　碧腴詩草一卷詞一卷
（清）程珮琳撰　清同治、光緒刻本　五冊

620000－1101－0003567　847.7/790

澹廬軒試帖一卷　（清）程鶴輪撰　損齋吟草
一卷　（清）程履益撰　清同治十三年（1874）
刻本　一冊

620000－1101－0003568　636

澹寧居草一卷　（清）陳向秀撰　清別趣齋抄
本　一冊

620000－1101－0003569　3891

澹吟樓詩鈔十六卷　（清）張梁撰　清乾隆二
十一年（1756）張氏刻本　三冊

620000－1101－0003570　847.8/348

澹緣齋初稿不分卷　（清）夏紀釗著　清光緒
抄本　一冊

620000－1101－0003571　847.7/290.05

澹遠香齋詩存四卷　（清）李光漢撰　清同
治、光緒刻本　一冊　存一卷（三）

620000－1101－0003572　847.7/290

澹遠香齋雜存一卷　（清）李光漢撰　清同治
刻本　一冊

620000－1101－0003573　847.2/947

憺園全集三十六卷　（清）徐乾學撰　清光緒
九年（1883）嘉興金吳瀾鋤月吟館刻本　十
二冊

620000－1101－0003574　413.088/0.424

當歸草堂醫學叢書初編十種四十一卷　（清）
丁丙輯　清光緒四年（1878）錢唐丁氏當歸草
堂刻本　一冊　存二種五卷（顱顖經二卷、傳
信適用方三卷）

620000－1101－0003575　413.088/0.424

當歸草堂醫學叢書初編十種四十一卷　（清）

丁丙輯　清光緒四年（1878）錢塘丁氏當歸草
堂刻本　八冊

620000－1101－0003576　413.088/0.424

當歸草堂醫學叢書初編十種四十一卷　（清）
丁丙輯　清光緒四年（1878）錢塘丁氏當歸草
堂刻本　十二冊

620000－1101－0003577　413.088/0.424

當歸草堂醫學叢書初編十種四十一卷　（清）
丁丙輯　清光緒四年（1878）錢塘丁氏當歸草
堂刻本　五冊　存五種二十六卷（太醫局諸
科程文九卷、產育寶慶集方二卷、濟生方八
卷、急救仙方六卷、瑞竹堂經驗方補遺一卷）

620000－1101－0003578　839.23/835

當湖文繫初編二十八卷　（清）朱壬林纂輯
清光緒十五年（1889）刻本　十二冊

620000－1101－0003579　839.23/835

當湖文繫初編二十八卷　（清）朱壬林纂輯
清光緒十五年（1889）刻本　十二冊

620000－1101－0003580　627.75/213

蕩平發逆圖記二十二卷首一卷　題（清）古瀛
蓼花洲主人撰　清光緒十四年（1888）上海漱
六山莊石印本　六冊

620000－1101－0003581　121.311/869

道德寶章不分卷　（宋）白玉蟾注　清光緒八
年（1882）刻本　一冊

620000－1101－0003582　121.311/885

道德經會要六卷　（清）劉一明解　清嘉慶八
年（1803）刻本　六冊

620000－1101－0003583　121.311/885.1

道德經會要六卷　（清）劉一明解　清嘉慶八
年（1803）刻本　六冊

620000－1101－0003584　121.311/886

道德經會義四卷要義一卷附心經解蘊一卷金
剛解目一卷　（清）劉一明注解　清嘉慶刻本
六冊

620000－1101－0003585　121.311/886

道德經會義四卷要義一卷附心經解蘊一卷金

剛解目一卷 （清）劉一明注解 清嘉慶刻本
七冊

620000－1101－0003586 121.311/868

道德經評註二卷 （漢）河上公章句 （明）歸
有光批 （明）文震孟訂正 清嘉慶九年
（1804）刻十子全書本 一冊

620000－1101－0003587 121.311/886.06

道德經要義不分卷 （清）劉一明注 （清）馮
陽貴閱字 清嘉慶八年（1803）梁本中刻本
一冊

620000－1101－0003588 231/451

道德經註釋二卷黃庭經註解二卷 （清）李涵
虛注 清道光朱道生岳陽樓刻太上十三經注
解本 四冊

620000－1101－0003589 1245

道古堂文集四十八卷詩集二十六卷 （清）杭
世駿撰 清乾隆四十一年（1776）刻本 十
二冊

620000－1101－0003590 847.4/278

道古堂文集四十八卷詩集二十六卷集外文一
卷集外詩一卷 （清）杭世駿撰 軼事一卷
（清）汪曾唯輯 清光緒十四年（1888）汪氏振
綺堂刻本 五冊 存二十五卷（文集五至八、
十四至十八、二十九至三十三,詩集一至六、
十二至十六）

620000－1101－0003591 847.4/278

道古堂文集四十八卷詩集二十六卷集外文一
卷集外詩一卷 （清）杭世駿撰 軼事一卷
（清）汪曾唯輯 清光緒十四年（1888）汪氏振
綺堂刻本 十六冊

620000－1101－0003592 2491

道古堂文集四十六卷 （清）杭世駿撰 清乾
隆五十五年至五十七年（1790－1792）黃甲書
院刻本 六冊

620000－1101－0003593 627/120.005

道光東華錄六十卷 王先謙編 清光緒二十
五年（1899）石印本 七冊

620000－1101－0003594 1452

道榮堂文集六卷首一卷 （清）陳鵬年撰 清
乾隆二十七年（1762）刻本 八冊

620000－1101－0003595 230/987

道書杯溪錄三卷 （清）傅金銓著 清光緒三
十四年（1908）抄本 一冊

620000－1101－0003596 1066

道書全集陰符經三皇玉訣三卷 （□）□□撰
明萬曆十九年（1591）刻清康熙二十一年
（1682）周在延重修道書全集本 一冊

620000－1101－0003597 230.88/885.02

道書十二種□□卷 （清）劉一明著 清嘉慶
刻本 八冊

620000－1101－0003598 230.88/885.07

道書十二種□□卷 （清）劉一明著 清嘉慶
刻本 六冊 存五種八卷（西遊原旨讀法一
卷、詩結一卷,無根樹解一卷,黃庭經解一卷,
象言破疑二卷,悟道錄二卷）

620000－1101－0003599 719/116

道西齋日記二卷 （清）王詠霓撰 清光緒十
三年（1887）青陽曹獻之、寧修校刻本 一冊

620000－1101－0003600 831.7/362.002

道咸同光四朝詩史一斑錄十六編不分卷 孫
雄編 清宣統二年（1910）北京孫雄油印本
一冊

620000－1101－0003601 831.7/362.001

道咸同光四朝詩史一斑錄十七編不分卷附楚
机齋譚詩記一卷 孫雄編 清宣統三年
（1911）油印本 二冊

620000－1101－0003602 831.7/362

道咸同光四朝詩史一斑錄五編不分卷 孫雄
編 清宣統元年（1909）油印本 一冊

620000－1101－0003603 782.1/168

道學淵源錄一百卷目一卷首一卷 （清）黃嗣
東輯 清光緒三十四年（1908）鳳山學舍刻本
一冊 存二卷（目一卷、首一卷）

620000－1101－0003604 847.1/32

道援堂詩集十三卷 （清）屈大均著 清道光刻本 六冊

620000－1101－0003605 847.1/32
道援堂詩集十三卷 （清）屈大均著 清道光刻本 六冊

620000－1101－0003606 847.2/310
得天居士集六卷 （清）張照撰 （清）張祥河校 清道光二十八年(1848)張祥河刻本 四冊

620000－1101－0003607 847.2/310
得天居士集六卷 （清）張照撰 （清）張祥河校 清道光二十八年(1848)張祥河刻本 四冊

620000－1101－0003608 847.2/310
得天居士集六卷 （清）張照撰 （清）張祥河校 清道光二十八年(1848)張祥河刻本 一冊

620000－1101－0003609 847.2/310
得天居士集六卷 （清）張照撰 （清）張祥河校 清道光二十八年(1848)張祥河刻本 一冊

620000－1101－0003610 847.2/310
得天居士集六卷 （清）張照撰 （清）張祥河校 清道光二十八年(1848)張祥河刻本 二冊

620000－1101－0003611 532.9/988
得一錄八卷首一卷 （清）余治輯 清光緒十一年(1885)寶善堂刻本 八冊

620000－1101－0003612 532.9/988
得一錄十六卷 （清）余治輯 清光緒十一年(1885)寶善堂刻本 八冊

620000－1101－0003613 532.9/988.001
得一錄十六卷 （清）余治輯 清同治八年(1869)蘇城得見齋刻本 八冊

620000－1101－0003614 532.9/988.001
得一錄十六卷 （清）余治輯 清同治八年(1869)蘇城得見齋刻本 七冊 存十四卷

（一至四、七至十六）

620000－1101－0003615 782.878/667
得一山房四種二十五卷 （清）唐景崧撰 清光緒十九年(1893)臺灣布政使署刻本 二冊

620000－1101－0003616 737.9/16
得一齋雜著四種十卷 （清）黃棨材撰 清光緒二十三年(1897)成都志古堂刻本 四冊

620000－1101－0003617 737.9/16.001
得一齋雜著四種十卷 （清）黃棨材撰 清光緒十二年(1886)刻本 二冊

620000－1101－0003618 832.7/306
得月樓賦四卷 （清）張元灝選訂 清光緒七年(1881)江左書林刻本 八冊

620000－1101－0003619 595.94/136
德國格魯森廠創製新法快礮圖說不分卷 (美國)金福蘭格令希蘭著 （德國）連納編譯 清光緒二十二年(1896)石印本 二冊

620000－1101－0003620 595.94/136
德國格魯森廠創製新法快礮圖說不分卷 (美國)金福蘭格令希蘭著 （德國）連納編譯 清光緒二十二年(1896)石印本 二冊

620000－1101－0003621 588.0943/919
德國工商勃興史五章 (法國)伯羅德爾著 （清）商務印書館譯 清光緒二十九年(1903)上海商務印書館鉛印本 一冊

620000－1101－0003622 557.41/657
德國海商法四卷 （清）章宗元譯 清光緒修訂法律館鉛印本 一冊 存一卷(四)

620000－1101－0003623 597.943/947
德國擴充海軍條議不分卷 （清）徐建寅譯 清光緒十三年(1887)天津石印本 一冊

620000－1101－0003624 596.943/423
德國陸軍考四卷 (法國)歐盟輯著 （清）吳宗濂譯 （清）潘元善筆述 清光緒二十七年(1901)上海江南製造局鉛印本 三冊 存三卷(一至三)

620000－1101－0003625 596.943/423

德國陸軍考四卷　（法國）歐盟輯著　（清）吳宗濂譯　（清）潘元善筆述　清光緒二十七年（1901）上海江南製造局鉛印本　四冊

620000－1101－0003626　596.943/423

德國陸軍考四卷　（法國）歐盟輯著　（清）吳宗濂譯　（清）潘元善筆述　清光緒二十七年（1901）上海江南製造局鉛印本　四冊

620000－1101－0003627　596.943/423

德國陸軍考四卷　（法國）歐盟輯著　（清）吳宗濂譯　（清）潘元善筆述　清光緒二十七年（1901）上海江南製造局鉛印本　四冊

620000－1101－0003628　596.943/423

德國陸軍考四卷　（法國）歐盟輯著　（清）吳宗濂譯　（清）潘元善筆述　清光緒二十七年（1901）上海江南製造局鉛印本　一冊　存一卷（二）

620000－1101－0003629　596.943/423

德國陸軍考四卷　（法國）歐盟輯著　（清）吳宗濂譯　（清）潘元善筆述　清光緒二十七年（1901）上海江南製造局鉛印本　四冊

620000－1101－0003630　596.943/423

德國陸軍考四卷　（法國）歐盟輯著　（清）吳宗濂譯　（清）潘元善筆述　清光緒二十七年（1901）上海江南製造局鉛印本　四冊

620000－1101－0003631　596.943/423

德國陸軍考四卷　（法國）歐盟輯著　（清）吳宗濂譯　（清）潘元善筆述　清光緒二十七年（1901）上海江南製造局鉛印本　二冊　存二卷（一至二）

620000－1101－0003632　520.943/578

德國學校論略不分卷　（德國）花之安撰　清同治十二年（1873）羊城小書會真寶堂刻本　一冊

620000－1101－0003633　585.943.1/341

德意志刑法三編　（德國）威廉·俾斯麥克定　清光緒三十三年（1907）法律館鉛印本　一冊

620000－1101－0003634　1952

德音堂琴譜十卷　（清）郭裕齋輯　清康熙刻本　四冊

620000－1101－0003635　2656

德州田氏叢書十三種一百三十八卷　（清）田雯等撰　清康熙至乾隆刻本　十二冊　存四種五十二卷（蒙齋年譜一卷、續一卷、附蒙齋生志一卷，古歡堂集三十七卷，長河志籍考十卷，黔書二卷）

620000－1101－0003636　3314

德州田氏叢書十三種一百三十八卷　（清）田雯等撰　清康熙至乾隆刻本　八冊　存二種三十卷（古歡堂集雜著八卷、序二卷、題辭一卷、記二卷、銘表二卷、傳一卷、跋一卷、雜文三卷、五言律詩二卷、五言排律一卷、七言律詩二卷、五七言絕句三卷,黔書二卷）

620000－1101－0003637　782.972/578

德壯果公年譜三十二卷　（清）花沙納撰　清咸豐六年（1856）致遠堂刻本　十六冊

620000－1101－0003638　3706

登太華記一卷　（清）江得符撰　清乾隆刻本　一冊

620000－1101－0003639　502

登壇必究四十卷　（明）王鳴鶴輯　明萬曆刻本　四十一冊

620000－1101－0003640　592/116

登壇必究四十卷　（明）王鳴鶴輯　清木活字印本　八十冊

620000－1101－0003641　850/372

鄧林唱和集不分卷　（清）鄧廷楨　（清）林則徐著　清宣統元年（1909）江浦陳氏刻本　一冊

620000－1101－0003642　850/623

鄧尉探梅詩四卷　（清）謝家福輯　清光緒吳縣謝氏刻望炊樓叢書本　一冊　存二卷（一至二）

620000－1101－0003643　2763

鄧析子二卷校文一卷 （清）譚儀校 清同治
十一年(1872)劉履芬仿宋刻本 一冊

620000－1101－0003644 567.3/0.997

狄道州賦役全書不分卷 （清）□□編 清咸
豐三年(1853)刻本 三冊

620000－1101－0003645 192.9/679

迪吉錄八卷首一卷 （清）顏茂猷編輯 清光
緒十二年(1886)福州刻本 八冊

620000－1101－0003646 847.8/433

笛倚樓詩一卷 （清）吳元鏡撰 清光緒十二
年(1886)刻本 一冊

620000－1101－0003647 221.3/68

地藏菩薩本願經三卷 （唐）釋實叉難陀譯
清光緒十四年(1888)金陵刻經處刻本 三冊

620000－1101－0003648 294/382

地理辨正箋四卷首一卷 （清）陳光在著 清
宣統三年(1911)官報書局蘭州鉛印本 一冊

620000－1101－0003649 294.1/526

地理辨正五卷 （明）蔣平階撰 （清）姜垚辨
正 清晚期刻本 二冊

620000－1101－0003650 3286

地理辨正五卷 （明）蔣平階撰 （清）姜垚辨
正 清刻本 一冊 存二卷(四至五)

620000－1101－0003651 4269

地理辨正五卷 （明）蔣平階撰 （清）姜垚辨
正 清刻本 一冊 存三卷(一至三)

620000－1101－0003652 716/520

地理全志不分卷 （英國）慕維廉著 清光緒
二十八年(1902)上海美華書館鉛印本 一冊

620000－1101－0003653 945

地理四彈子四卷 （清）張鳳藻輯 清道光十
九年(1839)清源彭大源抄本 六冊

620000－1101－0003654 716/0.296

地理問答二卷 （清）□□撰 清光緒三十一
年(1905)美華書館石印本 一冊

620000－1101－0003655 294.2/204

地理五訣八卷 （清）趙廷棟著 （清）王庸弼
（清）張合章參著 （清）趙夢麟 （清）趙
白麟校訂 清晚期刻本 四冊

620000－1101－0003656 294.2/204.001

地理五訣八卷 （清）趙廷棟著 （清）王庸弼
（清）張合章參著 （清）趙夢麟 （清）趙
白麟校訂 清末刻本 二冊 存四卷(一至
二、七至八)

620000－1101－0003657 294.2/204

地理五訣八卷 （清）趙廷棟著 （清）王庸弼
（清）張合章參著 （清）趙夢麟 （清）趙
白麟校訂 清晚期刻本 二冊 存六卷(三
至八)

620000－1101－0003658 716/212.8001

地理志略不分卷 （美國）戴德江撰 （清）謝
子榮 （清）丁輯五重訂 清光緒二十二年
(1896)美華書局鉛印本 一冊

620000－1101－0003659 716/417

地略十四卷 （清）馬冠群輯 清光緒二十年
(1894)蘇州文瑞樓石印本 四冊

620000－1101－0003660 716/417

地略十四卷 （清）馬冠群輯 清光緒二十年
(1894)蘇州文瑞樓石印本 四冊

620000－1101－0003661 802.831/119

地球三字經四卷 （清）王學曾輯 清光緒三
十年(1904)刻本 二冊

620000－1101－0003662 740.89/307

地球韻言四卷 （清）張士瀛撰 清光緒二十
三年(1897)味經官書局鉛印本 二冊

620000－1101－0003663 609.011/291

地勢略解十二章 （美國）李安德著 清光緒
十九年(1893)京都匯文書院鉛印本 一冊

620000－1101－0003664 351.19/663

地勢學三卷 （德國）庫司孟撰 （德國）福克
斯增補 （清）詹貴珊譯述 清光緒二十六年
(1900)刻湖北武學二十四種本 一冊

620000－1101－0003665 016.66/82

地圖分編簡明目錄一卷 （清）劉鐸編　清光緒三十二年（1906）外務部鉛印本　一冊

620000－1101－0003666　661

地圖綜要三卷 （明）吳學儼等撰　明末刻本　三冊

620000－1101－0003667　1253

地圖綜要三卷 （明）朱國達等撰　明末刻本　八冊

620000－1101－0003668　592.32/581

地形兵語一卷 （清）北洋陸軍督練處編　清光緒三十二年（1906）北洋陸軍編譯局鉛印本　一冊

620000－1101－0003669　294.2/748

地學二卷 （清）沈鎬著　清同治二年（1863）刻本　二冊

620000－1101－0003670　350/334

地學淺釋三十八卷 （英國）雷俠兒撰　（美國）瑪高溫口譯　（清）華蘅芳筆述　清同治十二年（1873）上海江南機器製造總局刻本　八冊

620000－1101－0003671　350/334

地學淺釋三十八卷 （英國）雷俠兒撰　（美國）瑪高溫口譯　（清）華蘅芳筆述　清同治十二年（1873）上海江南機器製造總局刻本　八冊

620000－1101－0003672　350/334

地學淺釋三十八卷 （英國）雷俠兒撰　（美國）瑪高溫口譯　（清）華蘅芳筆述　清同治十二年（1873）上海江南機器製造總局刻本　八冊

620000－1101－0003673　350/334

地學淺釋三十八卷 （英國）雷俠兒撰　（美國）瑪高溫口譯　（清）華蘅芳筆述　清同治十二年（1873）上海江南機器製造總局刻本　八冊

620000－1101－0003674　350/334

地學淺釋三十八卷 （英國）雷俠兒撰　（美國）瑪高溫口譯　（清）華蘅芳筆述　清同治十二年（1873）上海江南機器製造總局刻本　八冊

620000－1101－0003675　350/334

地學淺釋三十八卷 （英國）雷俠兒撰　（美國）瑪高溫口譯　（清）華蘅芳筆述　清同治十二年（1873）上海江南機器製造總局刻本　八冊

620000－1101－0003676　350/334

地學淺釋三十八卷 （英國）雷俠兒撰　（美國）瑪高溫口譯　（清）華蘅芳筆述　清同治十二年（1873）上海江南機器製造總局刻本　八冊

620000－1101－0003677　350/334

地學淺釋三十八卷 （英國）雷俠兒撰　（美國）瑪高溫口譯　（清）華蘅芳筆述　清同治十二年（1873）上海江南機器製造總局刻本　八冊

620000－1101－0003678　350/334

地學淺釋三十八卷 （英國）雷俠兒撰　（美國）瑪高溫口譯　（清）華蘅芳筆述　清同治十二年（1873）上海江南機器製造總局刻本　八冊

620000－1101－0003679　350/334

地學淺釋三十八卷 （英國）雷俠兒撰　（美國）瑪高溫口譯　（清）華蘅芳筆述　清同治十二年（1873）上海江南機器製造總局刻本　六冊

620000－1101－0003680　350/334

地學淺釋三十八卷 （英國）雷俠兒撰　（美國）瑪高溫口譯　（清）華蘅芳筆述　清同治十二年（1873）上海江南機器製造總局刻本　八冊

620000－1101－0003681　350/334

地學淺釋三十八卷 （英國）雷俠兒撰　（美國）瑪高溫口譯　（清）華蘅芳筆述　清同治十二年（1873）上海江南機器製造總局刻本　八冊

620000－1101－0003682　350/334

地學淺釋三十八卷　（英國）雷俠兒撰　（美國)瑪高溫口譯　（清）華蘅芳筆述　清同治十二年(1873)上海江南機器製造總局刻本　四冊　存十九卷(六至十一、二十一至二十八、三十四至三十八)

620000－1101－0003683　350/334

地學淺釋三十八卷　（英國）雷俠兒撰　（美國)瑪高溫口譯　（清）華蘅芳筆述　清同治十二年(1873)上海江南機器製造總局刻本　三冊　存十四卷(六至十一、二十一至二十四、三十五至三十八)

620000－1101－0003684　350/906

地學須知一卷地理須知一卷　（英國）傅蘭雅著　清光緒九年(1883)刻本　二冊

620000－1101－0003685　350/677

地學指略三卷　（英國）文教治口譯　（清）李慶軒筆述　清光緒七年(1881)益智書會刻本　一冊

620000－1101－0003686　350/677

地學指略三卷　（英國）文教治口譯　（清）李慶軒筆述　清光緒七年(1881)益智書會刻本　一冊

620000－1101－0003687　350/677

地學指略三卷　（英國）文教治口譯　（清）李慶軒筆述　清光緒七年(1881)益智書會刻本　一冊

620000－1101－0003688　351.1/581

地輿學各國要事表不分卷　（清）北洋陸軍編譯局編　清光緒三十三年(1907)北洋陸軍編譯局石印本　一冊

620000－1101－0003689　667/587

地志便覽二卷地理圖一卷附志一卷附錄一卷　（清）崔暕輯　清咸豐十年(1860)長沙崔氏守真道齋刻本　二冊

620000－1101－0003690　351.1/906

地志須知一卷　（英國）傅蘭雅著　清光緒八年(1882)刻本　一冊

620000－1101－0003691　192.9/217

弟子箴言十六卷　（清）胡達源撰　清光緒七年(1881)津河廣仁堂刻本　四冊

620000－1101－0003692　192.9/217

弟子箴言十六卷　（清）胡達源撰　清光緒七年(1881)津河廣仁堂刻本　四冊

620000－1101－0003693　802.81/525

弟子職集解一卷　（清）莊述祖輯　句讀一卷考證一卷補音一卷　（清）黃彭年撰　清光緒十四年(1888)江蘇書局刻本　一冊

620000－1101－0003694　853.6/171

帝女花二卷　（清）查仲誥正譜　（清）黃燮清填詞　（清)孫福海重校　清宣統二年(1910)刻本　一冊

620000－1101－0003695　853.6/171.001

帝女花二卷　（清）查仲誥正譜　（清）黃燮清填詞　（清)孫福海重校　清晚期抄本　四冊

620000－1101－0003696　041/52.66

帝王經世圖譜十六卷　（宋)唐仲友撰　清道光刻本　六冊

620000－1101－0003697　610.7/750

帝王世紀纂要四卷　（清）游昌灼輯　清嘉慶十七年(1812)刻本　四冊

620000－1101－0003698　693

帝學八卷　（宋)范祖禹撰　清省園刻本　二冊

620000－1101－0003699　857.44/591

第八才子書白圭志四卷　（清）崔象川輯　清嘉慶十年(1805)補餘軒刻本　四冊

620000－1101－0003700　528.423/880

第二種簡易識字課本不分卷　（清）學部編譯圖書局編　清宣統元年(1909)學部圖書局石印本　一冊

620000－1101－0003701　853.53/118.004

第六才子書八卷　（元)王德信　（元)關漢卿撰　（清)金人瑞批點　清晚期刻本　一冊　存四卷(五至八)

620000－1101－0003702　853.53/118.001

第六才子書西廂記八卷才子西廂醉心篇一卷西廂詩二卷　（元）王德信撰　（清）金人瑞評　清同治八年(1869)味蘭軒刻朱墨套印本　二冊　存七卷(一至七)

620000－1101－0003703　853.53/118.001

第六才子書西廂記八卷才子西廂醉心篇一卷西廂詩二卷　（元）王德信撰　（清）金人瑞評　清同治八年(1869)味蘭軒刻朱墨套印本　二冊　存七卷(一至七)

620000－1101－0003704　853.53/118.001

第六才子書西廂記八卷才子西廂醉心篇一卷西廂詩二卷　（元）王德信撰　（清）金人瑞評　清同治八年(1869)味蘭軒刻朱墨套印本　四冊　存六卷(一至四、六、八)

620000－1101－0003705　853.53/118.001

第六才子書西廂記八卷才子西廂醉心篇一卷西廂詩二卷　（元）王德信撰　（清）金人瑞評　清同治八年(1869)味蘭軒刻朱墨套印本　八冊

620000－1101－0003706　853.53/118.001

第六才子書西廂記八卷才子西廂醉心篇一卷西廂詩二卷　（元）王德信撰　（清）金人瑞評　清同治八年(1869)味蘭軒刻朱墨套印本　一冊　存一卷(四)

620000－1101－0003707　853.637/442

第十才子書六卷二十四回　（清）吳航野客編次　清嘉慶坊刻本　一冊　存一卷(一)

620000－1101－0003708　857.46/628

第五才子書十二卷一百二十回　（元）施耐庵撰　清刻本　一冊　存三卷四十五回(卷七至九:第六十三至一百七回)

620000－1101－0003709　962

第五才子書十二卷一百二十回　（元）施耐庵撰　清乾隆刻本　十二冊

620000－1101－0003710　857.46/628

第五才子書十二卷一百二十回　（元）施耐庵撰　清刻本　一冊　存二卷二十三回(卷七至八:第六十三至八十五回)

620000－1101－0003711　857.46/628

第五才子書十二卷一百二十回　（元）施耐庵撰　清刻本　一冊　存一卷十二回(卷七:第六十三至七十四回)

620000－1101－0003712　857.46/482.003

第一才子書六十卷一百二十回　（明）羅本撰　（清）毛宗崗評　清光緒十四年(1888)上海鴻文書局石印本　十二冊

620000－1101－0003713　573.44/182

第一次考試法官京闈擬作不分卷　吉同鈞編著　清宣統二年(1910)法部律學館石印本　一冊

620000－1101－0003714　573.44/182

第一次考試法官京闈擬作不分卷　吉同鈞編著　清宣統二年(1910)法部律學館石印本　一冊

620000－1101－0003715　573.44/182

第一次考試法官京闈擬作不分卷　吉同鈞編著　清宣統二年(1910)法部律學館石印本　一冊

620000－1101－0003716　089.78/990

第一樓叢書九種三十卷　（清）俞樾撰　清光緒二十五年(1899)刻春在堂全書本　八冊

620000－1101－0003717　847.8/833

棣坨集四卷首一卷外集三卷　（清）朱啟連撰　清光緒二十六年(1900)刻本　二冊

620000－1101－0003718　629.35/767

滇考二卷　（清）馮甦編　清道光元年(1821)臨海宋氏刻台州叢書本　二冊

620000－1101－0003719　467/434

滇南礦廠輿程圖略二卷　（清）吳其濬編（清）徐金生繪輯　清道光二十四年(1844)刻本　三冊

620000－1101－0003720　467.12/186

滇省雲南府等七處礦物章程不分卷　袁世凱等編　清光緒鉛印本　一冊

620000 – 1101 – 0003721　693.5/25

滇軺紀程一卷荷戈紀程一卷　（清）林則徐撰
清光緒三年(1877)三山林氏刻林文忠公遺集本　一冊

620000 – 1101 – 0003722　693.5/25

滇軺紀程一卷荷戈紀程一卷　（清）林則徐撰
清光緒三年(1877)三山林氏刻林文忠公遺集本　一冊

620000 – 1101 – 0003723　693.5/25

滇軺紀程一卷荷戈紀程一卷　（清）林則徐撰
清光緒三年(1877)三山林氏刻林文忠公遺集本　一冊

620000 – 1101 – 0003724　532/113

典昉十一卷　（清）王權撰　清宣統二年(1910)尊經堂刻本　二冊　存二卷(三至四)

620000 – 1101 – 0003725　532/113

典昉十一卷　（清）王權撰　清宣統二年(1910)尊經堂刻本　二冊　存三卷(七至九)

620000 – 1101 – 0003726　626.4/988

典故紀聞十八卷　（明）余繼登輯　清光緒五年(1879)王氏謙德堂刻畿輔叢書本　六冊

620000 – 1101 – 0003727　782.1/853

典故列女傳四卷　（明）解縉撰　清嘉慶十年(1805)刻本　四冊

620000 – 1101 – 0003728　782.1/853.001

典故列女傳四卷　（明）解縉撰　清晚期廣順堂刻本　一冊

620000 – 1101 – 0003729　782.1/290

典故烈女全傳四卷　（明）解縉撰　（清）李光明校刊　清晚期李光明莊刻本　四冊

620000 – 1101 – 0003730　782.1/290

典故烈女全傳四卷　（明）解縉撰　（清）李光明校刊　清晚期李光明莊刻本　四冊

620000 – 1101 – 0003731　041.78/0.410

典匯十二卷　（□）□□輯　清光緒藜青閣石印本　一冊　存二卷(十一至十二)

620000 – 1101 – 0003732　532/52

620000 – 1101 – 0003732　(清)□□編　清同治五年(1866)萬縣志局刻本　二冊

典禮備考八卷

620000 – 1101 – 0003733　532/52.001

典禮備考八卷　（清）□□編　清末鄲都縣志局刻本　二冊

620000 – 1101 – 0003734　041.77/938

典林博覽十二卷　（清）鍾運堯輯　清同治十二年(1873)存養山房刻本　十二冊

620000 – 1101 – 0003735　040.78/0.484

典林瑯環二十四卷續三十卷　（清）□□纂
清光緒二年(1876)武林湛蘭書屋刻本　十二冊

620000 – 1101 – 0003736　040.78/0.484

典林瑯環二十四卷續三十卷　（清）□□纂
清光緒二年(1876)武林湛蘭書屋刻本　一冊　存四卷(典林瑯環一至四)

620000 – 1101 – 0003737　802.81/424

點勘記二卷省堂筆記一卷　（清）歐陽泉撰
清光緒四年(1878)江蘇書局刻本　二冊

620000 – 1101 – 0003738　945.5/484

點石齋畫報不分卷　（清）點石齋編輯　清光緒上海點石齋石印本　一冊

620000 – 1101 – 0003739　945.5/484

點石齋畫報不分卷　（清）點石齋編輯　清光緒上海點石齋石印本　四冊

620000 – 1101 – 0003740　468.975.1/502

電氣鍍金略法不分卷　（英國）華特纂　（英國）傅蘭雅口譯　（清）周郇筆述　清光緒上海江南製造局刻本　一冊

620000 – 1101 – 0003741　468.975.1/502

電氣鍍金略法不分卷　（英國）華特纂　（英國）傅蘭雅口譯　（清）周郇筆述　清光緒上海江南製造局刻本　一冊

620000 – 1101 – 0003742　468.975.1/502

電氣鍍金略法不分卷　（英國）華特纂　（英國）傅蘭雅口譯　（清）周郇筆述　清光緒上海江南製造局刻本　一冊

620000 – 1101 – 0003743　468.975.1/502

電氣鍍金略法不分卷　（英國）華特纂　（英國）傅蘭雅口譯　（清）周郇筆述　清光緒上海江南製造局刻本　一冊

620000 – 1101 – 0003744　468.975.1/502

電氣鍍金略法不分卷　（英國）華特纂　（英國）傅蘭雅口譯　（清）周郇筆述　清光緒上海江南製造局刻本　一冊

620000 – 1101 – 0003745　468.975.3/906

電氣鍍鎳一卷　（英國）傅蘭雅口譯　（清）徐華封筆述　清光緒十二年(1886)上海江南製造總局刻本　一冊

620000 – 1101 – 0003746　468.975.3/906

電氣鍍鎳一卷　（英國）傅蘭雅口譯　（清）徐華封筆述　清光緒十二年(1886)上海江南製造總局刻本　一冊

620000 – 1101 – 0003747　468.975.3/906

電氣鍍鎳一卷　（英國）傅蘭雅口譯　（清）徐華封筆述　清光緒十二年(1886)上海江南製造總局刻本　一冊

620000 – 1101 – 0003748　468.975.3/906

電氣鍍鎳一卷　（英國）傅蘭雅口譯　（清）徐華封筆述　清光緒十二年(1886)上海江南製造總局刻本　一冊

620000 – 1101 – 0003749　337.1/955

電學測算不分卷　（清）徐兆熊譯述　清光緒鉛印本　一冊

620000 – 1101 – 0003750　337.1/955

電學測算不分卷　（清）徐兆熊譯述　清光緒鉛印本　一冊

620000 – 1101 – 0003751　337.1/955

電學測算不分卷　（清）徐兆熊譯述　清光緒鉛印本　一冊

620000 – 1101 – 0003752　337.1/955

電學測算不分卷　（清）徐兆熊譯述　清光緒鉛印本　一冊

620000 – 1101 – 0003753　337.1/955

電學測算不分卷　（清）徐兆熊譯述　清光緒鉛印本　一冊

620000 – 1101 – 0003754　337.1/955

電學測算不分卷　（清）徐兆熊譯述　清光緒鉛印本　一冊

620000 – 1101 – 0003755　337.1/955

電學測算不分卷　（清）徐兆熊譯述　清光緒鉛印本　一冊

620000 – 1101 – 0003756　337/478

電學綱目一卷　（英國）田大里輯　（英國）傅蘭雅口譯　（清）周郇筆述　清光緒五年(1879)江南製造總局刻本　一冊

620000 – 1101 – 0003757　337/478

電學綱目一卷　（英國）田大里輯　（英國）傅蘭雅口譯　（清）周郇筆述　清光緒五年(1879)江南製造總局刻本　一冊

620000 – 1101 – 0003758　337/478

電學綱目一卷　（英國）田大里輯　（英國）傅蘭雅口譯　（清）周郇筆述　清光緒五年(1879)江南製造總局刻本　一冊

620000 – 1101 – 0003759　337/478

電學綱目一卷　（英國）田大里輯　（英國）傅蘭雅口譯　（清）周郇筆述　清光緒五年(1879)江南製造總局刻本　一冊

620000 – 1101 – 0003760　337/478

電學綱目一卷　（英國）田大里輯　（英國）傅蘭雅口譯　（清）周郇筆述　清光緒五年(1879)江南製造總局刻本　一冊

620000 – 1101 – 0003761　337/478

電學綱目一卷　（英國）田大里輯　（英國）傅蘭雅口譯　（清）周郇筆述　清光緒五年(1879)江南製造總局刻本　一冊

620000 – 1101 – 0003762　337/478

電學綱目一卷　（英國）田大里輯　（英國）傅蘭雅口譯　（清）周郇筆述　清光緒五年(1879)江南製造總局刻本　一冊

620000 – 1101 – 0003763　337/478

電學綱目一卷　（英國）田大里輯　（英國）傅蘭雅口譯　（清）周郇筆述　清光緒五年(1879)江南製造總局刻本　一冊

620000－1101－0003764　337/478
電學綱目一卷　（英國）田大里輯　（英國）傅蘭雅口譯　（清）周郇筆述　清光緒五年(1879)江南製造總局刻本　一冊

620000－1101－0003765　337/478
電學綱目一卷　（英國）田大里輯　（英國）傅蘭雅口譯　（清）周郇筆述　清光緒五年(1879)江南製造總局刻本　一冊

620000－1101－0003766　337/124
電學十卷首一卷　（英國）瑙挨德著　（英國）傅蘭雅口譯　（清）徐建寅筆述　清光緒六年(1880)江南機器製造總局刻本　六冊

620000－1101－0003767　337/124
電學十卷首一卷　（英國）瑙挨德著　（英國）傅蘭雅口譯　（清）徐建寅筆述　清光緒六年(1880)江南機器製造總局刻本　六冊

620000－1101－0003768　337/124
電學十卷首一卷　（英國）瑙挨德著　（英國）傅蘭雅口譯　（清）徐建寅筆述　清光緒六年(1880)江南機器製造總局刻本　六冊

620000－1101－0003769　337/124
電學十卷首一卷　（英國）瑙挨德著　（英國）傅蘭雅口譯　（清）徐建寅筆述　清光緒六年(1880)江南機器製造總局刻本　六冊

620000－1101－0003770　337/124
電學十卷首一卷　（英國）瑙挨德著　（英國）傅蘭雅口譯　（清）徐建寅筆述　清光緒六年(1880)江南機器製造總局刻本　六冊

620000－1101－0003771　337/124
電學十卷首一卷　（英國）瑙挨德著　（英國）傅蘭雅口譯　（清）徐建寅筆述　清光緒六年(1880)江南機器製造總局刻本　六冊

620000－1101－0003772　337/124
電學十卷首一卷　（英國）瑙挨德著　（英國）

傅蘭雅口譯　（清）徐建寅筆述　清光緒六年(1880)江南機器製造總局刻本　五冊

620000－1101－0003773　337/124
電學十卷首一卷　（英國）瑙挨德著　（英國）傅蘭雅口譯　（清）徐建寅筆述　清光緒六年(1880)江南機器製造總局刻本　六冊

620000－1101－0003774　337/124
電學十卷首一卷　（英國）瑙挨德著　（英國）傅蘭雅口譯　（清）徐建寅筆述　清光緒六年(1880)江南機器製造總局刻本　五冊　存八卷(一至七、首一卷)

620000－1101－0003775　337.13/906
電學圖說五卷　（英國）傅蘭雅譯　清光緒十三年(1887)刻本　一冊

620000－1101－0003776　337.13/906
電學圖說五卷　（英國）傅蘭雅譯　清光緒十三年(1887)刻本　一冊

620000－1101－0003777　337.13/906
電學圖說五卷　（英國）傅蘭雅譯　清光緒十三年(1887)刻本　一冊

620000－1101－0003778　337.13/906
電學圖說五卷　（英國）傅蘭雅譯　清光緒十三年(1887)刻本　一冊

620000－1101－0003779　337/906
電學須知一卷　（英國）傅蘭雅著　清光緒十三年(1887)刻本　一冊

620000－1101－0003780　1112
殿試對策不分卷　（□）□□撰　清抄本　一冊

620000－1101－0003781　847.5/917
雕菰集二十四卷　（清）焦循著　清道光四年(1824)阮福刻文選樓叢書本　一冊　存四卷(四至七)

620000－1101－0003782　556
弔伐錄二卷　（□）□□撰　清抄本　二冊

620000－1101－0003783　4499
弔伐錄二卷　（□）□□撰　清王宗炎十萬卷

樓抄本　四冊

620000－1101－0003784　847.5/754

釣渭閒雜贍五種五卷附一種二卷　（清）潘炤
著　清嘉慶小百尺樓刻本　四冊　存五種六
卷(海喇行一卷、涷水鈔一卷、從心錄一卷、西
泠舊事百詠一卷,附烏蘭誓二卷)

620000－1101－0003785　566.9215/397.63

調查陝西各署局所營旅入出款項目暨各項報
告冊式一卷　（清）陝西清理財政局編　清宣
統陝西圖書館鉛印本　一冊

620000－1101－0003786　831.4/617

疊山先生注解章泉澗泉二先生選唐詩五卷
(宋)趙蕃　(宋)韓淲選　(宋)謝枋得注解
清同治二年(1863)望三益齋刻本　一冊

620000－1101－0003787　397

丁亥集六卷遺文六卷遺詩六卷拾遺七卷續集
三卷附錄二卷　（元）劉因撰　明弘治十八年
(1505)崔曷刻本　十冊

620000－1101－0003788　690/795

丁亥入都紀程二卷　（清）黎庶昌撰　清光緒
十四年(1888)鉛印本　一冊

620000－1101－0003789　776

丁卯集二卷　（唐）許渾撰　明崇禎十二年
(1639)毛氏汲古閣刻唐人八家詩本　二冊

620000－1101－0003790　564

丁卯集二卷續稿二卷續補一卷遺詩稿一卷
(唐)許渾撰　清抄本　六冊

620000－1101－0003791　578.113/1907.15

丁未和會類要四卷　（清）外務部編　清光緒
三十四年(1908)圖書公司鉛印本　三冊

620000－1101－0003792　578.113/1907.15

丁未和會類要四卷　（清）外務部編　清光緒
三十四年(1908)圖書公司鉛印本　三冊

620000－1101－0003793　578.113/1907.15

丁未和會類要四卷　（清）外務部編　清光緒
三十四年(1908)圖書公司鉛印本　一冊　存
一卷(二)

620000－1101－0003794　578.113/1907.15

丁未和會類要四卷　（清）外務部編　清光緒
三十四年(1908)圖書公司鉛印本　三冊

620000－1101－0003795　578.113/1907.15

丁未和會類要四卷　（清）外務部編　清光緒
三十四年(1908)圖書公司鉛印本　三冊

620000－1101－0003796　578.113/1907.15

丁未和會類要四卷　（清）外務部編　清光緒
三十四年(1908)圖書公司鉛印本　三冊

620000－1101－0003797　578.113/1907.15

丁未和會類要四卷　（清）外務部編　清光緒
三十四年(1908)圖書公司鉛印本　三冊

620000－1101－0003798　578.113/1907.15

丁未和會類要四卷　（清）外務部編　清光緒
三十四年(1908)圖書公司鉛印本　三冊

620000－1101－0003799　652.1/158

丁文誠公奏稿二十六卷首一卷　（清）丁寶楨
撰　清光緒二十二年(1896)南海羅氏成都刻
本　十三冊

620000－1101－0003800　652.1/158

丁文誠公奏稿二十六卷首一卷　（清）丁寶楨
撰　清光緒二十二年(1896)南海羅氏成都刻
本　十四冊　存十四卷(十三至二十六)

620000－1101－0003801　652.1/158.001

丁文誠公奏稿二十六卷首一卷　（清）丁寶楨
撰　清光緒十九年(1893)京師丁體常刻本
十八冊　存十八卷(二至九、十一至十四、十
六至十九、二十六,首一卷)

620000－1101－0003802　652.1/158

丁文誠公奏稿二十六卷首一卷　（清）丁寶楨
撰　清光緒二十二年(1896)南海羅氏成都刻
本　二十六冊

620000－1101－0003803　1629

鼎鐫六科奏准御製新頒分類注釋刑臺法律十
八卷首一卷附錄二卷　（明）蕭近高注釋　明
熊氏種德堂刻本　一冊　存五卷(十一至十
五)

620000－1101－0003804　231

鼎鐫諸方家彙編皇明名公文雋八卷　（明）袁宏道輯　（明）丘兆麟補　明泰昌元年(1620)金陵奎璧堂鄭思鳴刻本　四冊

620000－1101－0003805　819

鼎鐫註解圖像卜先生切要地理雪心賦二卷（唐）卜則巍撰　明書林詹景刻本　二冊

620000－1101－0003806　388

鼎鐫狀元蘭嶼朱先生遴輯管晏春秋百家評林四卷　（明）朱之蕃輯　明萬曆自新齋余紹崖刻本　六冊

620000－1101－0003807　413.7/386.004

鼎鍥幼幼集成六卷　（清）陳復正輯訂　清晚期崇順堂刻本　四冊

620000－1101－0003808　610.29/186

鼎鍥趙田了凡袁先生編纂古本歷史大方綱鑑補三十九卷首一卷　（明）袁黃編纂　御撰資治通鑑綱目三編二十卷　（清）張廷玉編　清晚期刻本　四十二冊

620000－1101－0003809　610.29/186.001

鼎鍥趙田了凡袁先生編纂古本歷史大方綱鑑補三十九卷首一卷　（明）袁黃編纂　御撰資治通鑑綱目三編二十卷　（清）張廷玉編　清晚期刻本　四十二冊

620000－1101－0003810　610.29/186.012

鼎鍥趙田了凡袁先生編纂古本歷史大方綱鑑補三十九卷首一卷　（明）袁黃編纂　清光緒二十五年(1899)益記書局石印本　十冊　存十卷(一至九、首一卷)

620000－1101－0003811　610.29/186.006

鼎鍥趙田了凡袁先生編纂古本歷史大方綱鑑補三十九卷首一卷　（明）袁黃編纂　清光緒益興堂刻本　二十八冊　存三十五卷(三至四、七至三十九)

620000－1101－0003812　610.29/186.008

鼎鍥趙田了凡袁先生編纂古本歷史大方綱鑑補三十九卷首一卷　（明）袁黃編纂　清光緒文光堂刻本　四冊　存六卷(一至三、六至

七,首一卷)

620000－1101－0003813　610.29/186.007

鼎鍥趙田了凡袁先生編纂古本歷史大方綱鑑補三十九卷首一卷　（明）袁黃編纂　清光緒坊刻本　十二冊　存十八卷(八至十一、十三、二十二至三十三、三十七)

620000－1101－0003814　610.29/186.009

鼎鍥趙田了凡袁先生編纂古本歷史大方綱鑑補三十九卷首一卷　（明）袁黃編纂　清光緒宏道堂刻本　五冊　存七卷(一至六、首一卷)

620000－1101－0003815　4385

鼎鍥鍾伯敬訂正資治綱鑑正史大全七十四卷皇明紀要三卷　（明）鍾惺訂正　明崇禎刻本　一冊　存序、目錄、凡例等

620000－1101－0003816　856.9/88

定安策不分卷　（清）劉愚撰　清刻本　一冊

620000－1101－0003817　847.6/66.03

定盦全集十五卷　（清）龔自珍撰　清宣統二年(1910)掃葉山房石印本　六冊

620000－1101－0003818　847.6/660.001

定盦文集補編四卷　（清）龔自珍撰　清宣統元年(1909)上海國學扶輪社鉛印本　一冊

620000－1101－0003819　847.6/660

定盦文集三卷續集四卷文集補二卷續集補一卷別集一卷　（清）龔自珍撰　清同治七年(1868)刻本　六冊

620000－1101－0003820　847.6/660

定盦文集三卷續集四卷文集補二卷續集補一卷別集一卷　（清）龔自珍撰　清同治七年(1868)刻本　六冊

620000－1101－0003821　847/720

定海遺愛錄一卷　（清）繆浦榮輯　清光緒二十六年(1900)雲自在龕刻本　一冊

620000－1101－0003822　653.7/0.689.001

定例彙編不分卷　（清）□□撰　清同治刻本　一冊

620000 – 1101 – 0003823　653.7/0.689

定例彙編不分卷　（清）□□撰　清道光刻本
　二冊

620000 – 1101 – 0003824　3242

定例續編十二卷續增一卷　（清）梁懋修輯
清乾隆十年（1745）京都琉璃廠榮錦堂刻本
二十八冊

620000 – 1101 – 0003825　847.2/660

定山堂古文小品二卷　（清）龔鼎孳撰　清宣
統二年（1910）上海國學昌明社石印本　一冊
　存一卷（上）

620000 – 1101 – 0003826　072.74/371

定香亭筆談四卷　（清）阮元撰　（清）吳文溥
錄　清光緒二十五年（1899）浙江書局刻本
四冊

620000 – 1101 – 0003827　072.74/371

定香亭筆談四卷　（清）阮元撰　（清）吳文溥
錄　清光緒二十五年（1899）浙江書局刻本
四冊

620000 – 1101 – 0003828　072.74/371

定香亭筆談四卷　（清）阮元撰　（清）吳文溥
錄　清光緒十年（1884）瀨江宋氏刻本　四冊

620000 – 1101 – 0003829　072.74/371

定香亭筆談四卷　（清）阮元撰　（清）吳文溥
錄　清光緒十年（1884）瀨江宋氏刻本　四冊

620000 – 1101 – 0003830　672.35/103.789

定鄉小識十六卷　（清）張道纂　清光緒八年
（1882）刻本　三冊

620000 – 1101 – 0003831　552.209/835.001

訂補古今治平略三十六卷　（明）朱健撰
（清）章士斐訂　清末卓觀堂刻本　三冊　存
八卷（十四至二十一）

620000 – 1101 – 0003832　4374

訂補明醫指掌十卷　（明）皇甫中輯　（明）王
肯堂等校訂　明刻本　一冊　存二卷（二至
三）

620000 – 1101 – 0003833　2133

訂補明醫指掌十卷　（明）皇甫中輯　（明）王
肯堂等校訂　清乾隆四十四年（1779）翰海樓
刻本　二冊

620000 – 1101 – 0003834　4440

訂補明醫指掌十卷　（明）皇甫中輯　（明）王
肯堂等校訂　明刻本　一冊　存三卷（四至
六）

620000 – 1101 – 0003835　3311

訂補明醫指掌十卷　（明）皇甫中輯　（明）王
肯堂等校訂　明刻本　一冊　存二卷（七至
八）

620000 – 1101 – 0003836　4296

訂補明醫指掌十卷　（明）皇甫中輯　（明）王
肯堂等校訂　明刻本　一冊　存二卷（九至
十）

620000 – 1101 – 0003837　1626

訂補明醫指掌十卷診家樞要不分卷　（明）皇
甫中輯　（明）王肯堂等校訂　明天啟二年
（1622）刻本　一冊　存一卷（一）

620000 – 1101 – 0003838　3328

訂譌雜錄十卷　（清）胡鳴玉撰　清康熙二十
三年（1684）戩箴書屋刻本　二冊

620000 – 1101 – 0003839　071.74/218

訂譌雜錄十卷　（清）胡鳴玉撰　清嘉慶十八
年（1813）蕭山陳氏胡海樓刻本　二冊

620000 – 1101 – 0003840　071.74/218.001

訂譌雜錄十卷　（清）胡鳴玉撰　清光緒上海
申報館鉛印本　一冊　存五卷（一至五）

620000 – 1101 – 0003841　1378

冬青閣日記不分卷　（清）□□撰　清同治稿
本　一冊

620000 – 1101 – 0003842　847.8/670.3

冬榮堂集八十卷　（清）廖鼎聲著　清光緒二
十三年（1897）酒泉刻本　十二冊　存五十八
卷（拙學齋詩初編一至二十四、續編一至十、
三編一至四,復甦閣詩草一至八,松心廬詩草
一至十二）

620000－1101－0003843　　847.4/987.001

冬心先生集四卷　（清）金農撰　清宣統二年
（1910）北京琉璃廠書業公司石印本　一冊

620000－1101－0003844　　847.4/987.001

冬心先生集四卷　（清）金農撰　清宣統二年
（1910）北京琉璃廠書業公司石印本　三冊
存三卷（一至二、四）

620000－1101－0003845　　847.4/987.001

冬心先生集四卷　（清）金農撰　清宣統二年
（1910）北京琉璃廠書業公司石印本　四冊

620000－1101－0003846　　931.7/0137

東璧全集印譜四卷　（清）□□篆　（清）沈佐
泉藏　清刻鈐印本　六冊

620000－1101－0003847　　2155

東都事略一百三十卷　（宋）王偁撰　清乾隆
六十年（1795）掃葉山房刻本　十二冊

620000－1101－0003848　　513

東都事略一百三十卷　（宋）王偁撰　清寶華
堂影宋刻本　三十二冊

620000－1101－0003849　　664

東都事略一百三十卷　（宋）王偁撰　清刻朱
印本　八冊

620000－1101－0003850　　625.306/120

東都事略一百三十卷　（宋）王偁撰　清乾
隆、嘉慶刻本　一冊　存四卷（一百二十七至
一百三十）

620000－1101－0003851　　941

東藩輯略不分卷　（清）□□撰　清抄本
一冊

620000－1101－0003852　　732.16/56

東藩紀要十二卷補錄一卷　（清）薛培榕編輯
（清）吳承裕校訂　清光緒八年（1882）上海
申報館鉛印本　三冊　存九卷（一至九）

620000－1101－0003853　　732.16/56

東藩紀要十二卷補錄一卷　（清）薛培榕編輯
（清）吳承裕校訂　清光緒八年（1882）上海
申報館鉛印本　四冊

620000－1101－0003854　　732.16/56

東藩紀要十二卷補錄一卷　（清）薛培榕編輯
（清）吳承裕校訂　清光緒八年（1882）上海
申報館鉛印本　四冊

620000－1101－0003855　　732.16/56

東藩紀要十二卷補錄一卷　（清）薛培榕編輯
（清）吳承裕校訂　清光緒八年（1882）上海
申報館鉛印本　四冊

620000－1101－0003856　　627.86/994

東方兵事紀略五卷　姚錫光撰　清光緒二十
三年（1897）武昌刻本　二冊

620000－1101－0003857　　578.18/372

東方時局論略一卷　（朝鮮）鄧鏗撰　清光緒
十五年（1889）江南製造總局鉛印本　一冊

620000－1101－0003858　　578.18/372

東方時局論略一卷　（朝鮮）鄧鏗撰　清光緒
十五年（1889）江南製造總局鉛印本　一冊

620000－1101－0003859　　578.18/372

東方時局論略一卷　（朝鮮）鄧鏗撰　清光緒
十五年（1889）江南製造總局鉛印本　一冊

620000－1101－0003860　　578.18/372

東方時局論略一卷　（朝鮮）鄧鏗撰　清光緒
十五年（1889）江南製造總局鉛印本　一冊

620000－1101－0003861　　050/137

東方雜誌不分卷　（清）東方雜誌社編　清光
緒三十一年（1905）上海商務印書館鉛印本
一冊

620000－1101－0003862　　1304

東皋子集三卷　（唐）王績撰　清光緒孔氏嶽
雪樓影抄本　一冊

620000－1101－0003863　　091.252/979

東谷鄭先生易翼傳二卷　（宋）鄭汝諧撰　三
易備遺十卷　（宋）朱元昇撰　清同治十二年
（1873）粵東書局刻本　六冊

620000－1101－0003864　　807

東觀漢記二十四卷　（漢）劉珍等撰　清乾隆
武英殿木活字印武英殿聚珍版書本　四冊

620000 – 1101 – 0003865　689.61/627

東歸日記一卷　（清）方士淦撰　清光緒王氏鉛印本　一冊

620000 – 1101 – 0003866　523.831/835

東國觀學記不分卷　（清）朱錦綬等撰　清宣統元年(1909)江蘇學務公所鉛印本　一冊

620000 – 1101 – 0003867　622.2013/94

東漢會要四十卷　（宋）徐天麟撰　清光緒十年(1884)江蘇書局刻本　八冊

620000 – 1101 – 0003868　622.2013/94

東漢會要四十卷　（宋）徐天麟撰　清光緒十年(1884)江蘇書局刻本　八冊

620000 – 1101 – 0003869　622.2013/94

東漢會要四十卷　（宋）徐天麟撰　清光緒十年(1884)江蘇書局刻本　八冊

620000 – 1101 – 0003870　622.2013/94

東漢會要四十卷　（宋）徐天麟撰　清光緒十年(1884)江蘇書局刻本　八冊

620000 – 1101 – 0003871　627/120.301

東華錄二十六卷　王先謙編　清晚期石印本　八冊

620000 – 1101 – 0003872　627/120.017

東華錄三十二卷　（清）蔣良騏編　清道光京都琉璃廠刻本　十二冊

620000 – 1101 – 0003873　627/120.016

東華錄三十二卷　（清）蔣良騏編　清晚期刻本　六冊　存十九卷(七至十二、十六至二十五、三十至三十二)

620000 – 1101 – 0003874　627/120.016

東華錄三十二卷　（清）蔣良騏編　清晚期刻本　十冊　存二十八卷(五至三十二)

620000 – 1101 – 0003875　627/120.018

東華錄三十二卷　（清）蔣良騏編　清晚期刻本　八冊

620000 – 1101 – 0003876　627/120.009

東華錄三十二卷　（清）蔣良騏編　清晚期刻本　三冊　存六卷(九至十、二十三至二十六)

620000 – 1101 – 0003877　627/120.019

東華錄十六卷　（清）蔣良騏輯　清抄本　十六冊

620000 – 1101 – 0003878　627/120.010

東華錄天命朝四卷天聰朝十一卷崇德朝八卷順治朝三十六卷康熙朝一百十卷雍正朝二十六卷東華續錄乾隆朝一百二十卷嘉慶朝五十卷道光朝六十卷咸豐朝一百卷同治朝一百卷　王先謙編　清晚期鉛印本　十四冊　存五十五卷(乾隆朝六十六至一百二十)

620000 – 1101 – 0003879　627/120.010

東華錄天命朝四卷天聰朝十一卷崇德朝八卷順治朝三十六卷康熙朝一百十卷雍正朝二十六卷東華續錄乾隆朝一百二十卷嘉慶朝五十卷道光朝六十卷咸豐朝一百卷同治朝一百卷　王先謙編　清晚期鉛印本　一冊　存四卷(乾隆朝一百十四至一百十七)

620000 – 1101 – 0003880　627/120.012

東華錄天命朝四卷天聰朝十一卷崇德朝八卷順治朝三十六卷康熙朝一百十卷雍正朝二十六卷東華續錄乾隆朝一百二十卷嘉慶朝五十卷道光朝六十卷咸豐朝一百卷同治朝一百卷　王先謙編　清光緒十三年(1887)上海圖書集成印書局鉛印本　四十六冊　存三百十三卷(天命朝四卷,天聰朝十一卷,崇德朝一至七,順治朝三十六卷,康熙朝一百十卷,乾隆朝一至九十一、九十八至一百十、一百十七至一百二十,嘉慶朝一至八、二十二至五十)

620000 – 1101 – 0003881　627/120.010

東華錄天命朝四卷天聰朝十一卷崇德朝八卷順治朝三十六卷康熙朝一百十卷雍正朝二十六卷東華續錄乾隆朝一百二十卷嘉慶朝五十卷道光朝六十卷咸豐朝一百卷同治朝一百卷　王先謙編　清晚期鉛印本　四十五冊　存二百二十六卷(康熙朝十五至十九、三十二至六十九,雍正朝九至十九,乾隆朝十一至三十三、四十一至六十四、六十九至七十五、七十九至九十五、一百一至一百二十,嘉慶朝一至

三十五、四十至五十,道光朝一至三十五)

620000－1101－0003882　627/120.001
東華錄天命朝四卷天聰朝十一卷崇德朝八卷
順治朝三十六卷康熙朝一百十卷雍正朝二十
六卷東華續錄乾隆朝一百二十卷嘉慶朝五十
卷道光朝六十卷咸豐朝一百卷同治朝一百卷
　　王先謙編　清光緒十六年(1890)刻本　一
百二十冊　存七十七卷(咸豐朝十一至三十
一、四十五至一百)

620000－1101－0003883　627/120.004
東華錄天命朝四卷天聰朝十一卷崇德朝八卷
順治朝三十六卷康熙朝一百十卷雍正朝二十
六卷東華續錄乾隆朝一百二十卷嘉慶朝五十
卷道光朝六十卷咸豐朝一百卷同治朝一百卷
　　王先謙編　清光緒十七年(1891)上海廣百
宋齋石印本　六冊　存六十卷(道光朝六十
卷)

620000－1101－0003884　627/120.007
東華錄天命朝四卷天聰朝十一卷崇德朝八卷
順治朝三十六卷康熙朝一百十卷雍正朝二十
六卷東華續錄乾隆朝一百二十卷嘉慶朝五十
卷道光朝六十卷咸豐朝一百卷同治朝一百卷
　　王先謙編　清光緒十七年(1891)上海廣百
宋齋石印本　四十八冊　存二百七十九卷
(天命朝四卷,天聰朝一至十,崇德朝八卷,順
治朝三十六卷,康熙朝八至一百十,雍正朝四
至二十六,乾隆朝一至四十三、六十九至一百
二十)

620000－1101－0003885　627/120.007
東華錄天命朝四卷天聰朝十一卷崇德朝八卷
順治朝三十六卷康熙朝一百十卷雍正朝二十
六卷東華續錄乾隆朝一百二十卷嘉慶朝五十
卷道光朝六十卷咸豐朝一百卷同治朝一百卷
　　王先謙編　清光緒十七年(1891)上海廣百
宋齋石印本　三十一冊　存一百九十八卷
(天命朝四卷,天聰朝一至十,崇德朝八卷,順
治朝三十六卷,康熙朝一至十四、二十至三十
一、七十至一百十,雍正朝一至八、二十至二
十六,乾隆朝一至十、三十四至四十、六十五
至六十八、七十六至七十八、九十六至一百,

202

嘉慶朝三十六至三十九,道光朝三十六至六
十)

620000－1101－0003886　627/120.015
東華錄天命朝四卷天聰朝十一卷崇德朝八卷
順治朝三十六卷康熙朝一百十卷雍正朝二十
六卷東華續錄乾隆朝一百二十卷嘉慶朝五十
卷道光朝六十卷咸豐朝一百卷同治朝一百卷
　　王先謙編　清光緒十八年(1892)上海圖書
集成印書局石印本　十六冊　存六十九卷
(咸豐朝一至六十九)

620000－1101－0003887　627/121.1
東華錄天命朝四卷天聰朝十一卷崇德朝八卷
順治朝三十六卷康熙朝一百十卷雍正朝二十
六卷東華續錄乾隆朝一百二十卷嘉慶朝五十
卷道光朝六十卷咸豐朝一百卷同治朝一百卷
　　王先謙編　清光緒刻本　四十八冊　存一
百二十卷(乾隆朝一百二十卷)

620000－1101－0003888　627/120.001
東華錄天命朝四卷天聰朝十一卷崇德朝八卷
順治朝三十六卷康熙朝一百十卷雍正朝二十
六卷東華續錄乾隆朝一百二十卷嘉慶朝五十
卷道光朝六十卷咸豐朝一百卷同治朝一百卷
　　王先謙編　清光緒刻本　二十三冊　存三
十七卷(天命朝四卷,天聰朝八至十,崇德朝
三至五,順治朝三十一至三十六,雍正朝五至
十、十二至二十六)

620000－1101－0003889　627.02/867
東華錄詳節二十四卷　(清)鄔樹庭編　(清)
李葆璋等校　清光緒二十六年(1900)東文學
堂石印本　十六冊

620000－1101－0003890　627.02/867
東華錄詳節二十四卷　(清)鄔樹庭編　(清)
李葆璋等校　清光緒二十六年(1900)東文學
堂石印本　十三冊　存十七卷(五至二十一)

620000－1101－0003891　627/120.011
東華錄一百二十卷　王先謙編　清晚期石印
本　三冊　存六卷(一、三至七)

620000－1101－0003892　627/120.011

東華錄一百二十卷　王先謙編　清晚期石印
本　五十一冊　存一百一卷(順治朝五至七,
康熙朝一至二十一,雍正朝一至十三,乾隆朝
一至四十八,嘉慶朝一至十,道光朝四至五、
八至九、十二至十三)

620000－1101－0003893　627/120.001

東華全錄九朝四百二十五卷　王先謙編　清
光緒十三年(1887)北京欽文書局刻本　一百
六十冊　存一百九十五卷(天命朝四卷、天聰
朝十一卷、崇德朝八卷、順治朝三十六卷、康
熙朝一百十卷、雍正朝二十六卷)

620000－1101－0003894　627/120.2

東華全錄九朝四百二十五卷　王先謙編　清
光緒十三年(1887)北京欽文書局刻本　三十
一冊　存一百十卷(康熙朝一百十卷)

620000－1101－0003895　627/120

東華全錄九朝四百二十五卷　王先謙編　清
光緒十三年(1887)北京欽文書局刻本　一百
六十四冊

620000－1101－0003896　627/121.3

東華全錄九朝四百二十五卷　王先謙編　清
光緒十三年(1887)北京欽文書局刻本　二十
冊　存六十卷(道光朝六十卷)

620000－1101－0003897　627/120.4

東華全錄九朝四百二十五卷　王先謙編　清
光緒十三年(1887)北京欽文書局刻本　一百
七冊　存二百七十卷(康熙朝十七至二十三、
二十六至一百,雍正朝九至二十六,乾隆朝一
至八十八、一百十至一百二十,嘉慶朝五十
卷,咸豐朝二十八至四十八)

620000－1101－0003898　627/121.1

東華全錄九朝四百二十五卷　王先謙編　清
光緒十三年(1887)北京欽文書局刻本　四十
三冊　存一百六卷(乾隆朝三至十一、十八至
二十五、二十八至三十五、四十至一百二十)

620000－1101－0003899　627/120.003

東華全錄九朝四百二十五卷　王先謙編　清
光緒十三年(1887)善成堂書局刻本　一百二

十二冊

620000－1101－0003900　627/121.1

東華全錄九朝四百二十五卷　王先謙編　清
光緒十三年(1887)刻本　二十冊　存五十卷
(嘉慶朝五十卷)

620000－1101－0003901　627/120.006

東華續錄一百卷　王先謙編　清光緒刻本
二十冊　存二十三卷(一至十、三十二至四十
四)

620000－1101－0003902　627/120.006

東華續錄一百卷　王先謙編　清光緒刻本
四十八冊　存七十九卷(十六至三十三、三十
六至三十九、四十二至五十二、五十五至一
百)

620000－1101－0003903　627/120.014

東華續錄一百卷　王先謙編　清光緒二十五
年(1899)公記書莊石印本　二十四冊

620000－1101－0003904　681.232/720.001

東晉疆域志四卷　(清)洪亮吉撰　清嘉慶元
年(1796)京師刻本　二冊

620000－1101－0003905　663.2/72

東晉疆域志四卷　(清)洪亮吉撰　清光緒十
七年(1891)廣雅書局刻本　二冊

620000－1101－0003906　681.232/720

東晉疆域志四卷　(清)洪亮吉撰　清光緒十
七年(1891)廣雅書局刻本　二冊

620000－1101－0003907　857.46/378

東晉志傳八卷西晉志傳四卷　(明)陳氏尺蠖
齋評釋　清刻本　六冊

620000－1101－0003908　310

東廓鄒先生遺稿十一卷　(明)鄒守益撰　明
刻本　六冊

620000－1101－0003909　621.081/44.001

東萊博議四卷　(宋)呂祖謙撰　清光緒二十
四年(1898)樹德堂刻本　二冊

620000－1101－0003910　621.081/44.003

東萊博議四卷　(宋)呂祖謙撰　清雪苑山房

書局刻本 二冊

620000－1101－0003911 621.081/44.004
東萊博議四卷增補虛字注釋一卷 （宋）呂祖
謙撰 清宣統二年(1910)鑄記書局石印本
四冊

620000－1101－0003912 621.081/44.002
東萊博議四卷增補虛字注釋一卷 （宋）呂祖
謙撰 清光緒二十二年(1896)宏道堂刻本
四冊

620000－1101－0003913 621.081/44.005
東萊博議四卷增補虛字注釋一卷 （宋）呂祖
謙撰 清光緒八年(1882)漢鎮東璧山房刻本
三冊 存三卷(一至二、四)

620000－1101－0003914 621.081/44.004
東萊博議四卷增補虛字注釋一卷 （宋）呂祖
謙撰 清宣統二年(1910)鑄記書局石印本
一冊 存四卷(一至三、增補虛字注釋一卷)

620000－1101－0003915 621.081/44.009
東萊博議四卷增補虛字註釋一卷 （宋）呂祖
謙撰 清末民初石印本 一冊 存二卷(三
至四)

620000－1101－0003916 2637
東萊集註類編觀瀾文集甲集二十五卷乙集二
十五卷丙集二十卷 （宋）林之奇編 （宋）呂
祖謙集註 清光緒十年(1884)方氏碧琳琅館
影宋刻本 十六冊

620000－1101－0003917 692
東萊呂太史文集十五卷別集十六卷外集六卷
附錄四卷 （宋）呂祖謙撰 清趙氏小山堂抄
本 八冊

620000－1101－0003918 12
東萊呂太史文集十五卷別集十六卷外集五卷
麗澤論說集錄十卷附錄三卷附錄拾遺一卷
(宋)呂祖謙撰 （宋）呂祖儉輯 宋嘉泰四年
(1204)呂喬年刻元明遞修本 十二冊 存二
十七卷(別集三至十六,麗澤論說集錄一、三
至十,附錄三卷,附錄拾遺一卷)

620000－1101－0003919 447
東萊呂先生左氏博議句解六卷 （宋）呂祖謙
撰 （明）瞿景淳輯 明嘉靖刻本 六冊

620000－1101－0003920 835/52.44
東萊先生古文關鍵二卷 （宋）呂祖謙評述
(宋)蔡文子注 （清）徐樹屏考異 清同治九
年(1870)勵志書屋刻本 二冊

620000－1101－0003921 437
東萊先生音註唐鑑二十四卷 （宋）范祖禹撰
(宋)呂祖謙注 明刻本 三冊

620000－1101－0003922 624.1081/536.001
東萊先生音註唐鑑二十四卷 （宋）范祖禹撰
(宋)呂祖謙注 清晚期刻本 四冊

620000－1101－0003923 624.024/536
東萊先生音註唐鑑二十四卷 （宋）范祖禹撰
(宋)呂祖謙注 清光緒十八年(1892)浙江
書局影宋刻本 四冊

620000－1101－0003924 624.024/536
東萊先生音註唐鑑二十四卷 （宋）范祖禹撰
(宋)呂祖謙注 清光緒十八年(1892)浙江
書局影宋刻本 一冊 存六卷(一至六)

620000－1101－0003925 621.081/44.007
東萊先生左氏博議二十五卷增補虛字註釋一
卷 （宋）呂祖謙著 清光緒二十四年(1898)
江左書林鉛印本 三冊 存二十卷(一至五、
十二至二十五,增補虛字註釋一卷)

620000－1101－0003926 846.2/26
東里文集二十五卷別集不分卷 （明）楊士奇
撰 楊文貞公年譜一卷 （□）□□撰 清光
緒二年(1876)刻本 九冊

620000－1101－0003927 2862
東林列傳二十四卷末二卷 （清）陳鼎輯 清
康熙五十年(1711)刻本 八冊

620000－1101－0003928 3207
東林列傳二十四卷末二卷 （清）陳鼎輯 清
康熙五十年(1711)刻本 十二冊 存二十四
卷(東林列傳二十四卷)

620000－1101－0003929　525.99/649

東林書院志二十二卷　（清）高棅　（清）高龍
等輯　清光緒七年(1881)刻本　八冊

620000－1101－0003930　626.91/477

東明聞見錄一卷　（明）瞿共美撰　清晚期刻
本　一冊

620000－1101－0003931　652.771/994

東溟奏稿四卷　（清）姚瑩撰　清同治六年
(1867)姚濬昌安福縣署刻本　一冊　存二卷
(一至二)

620000－1101－0003932　782.877/21.11

東牟攀轅錄不分卷　（清）王啓曾等撰　清同
治刻本　一冊

620000－1101－0003933　782.877/21.11

東牟攀轅錄不分卷　（清）王啓曾等撰　清同
治刻本　一冊

620000－1101－0003934　782.877/21.11

東牟攀轅錄不分卷　（清）王啓曾等撰　清同
治刻本　一冊

620000－1101－0003935　682.88/764

東南水利略十六卷　（清）凌介禧撰　清道光
十三年(1833)刻本　六冊

620000－1101－0003936　845.15/554.01.001

東坡全集八十四卷目錄二卷　（宋）蘇軾撰
清道光十二年(1832)刻本　三十一冊

620000－1101－0003937　845.15/554.01.001

東坡全集八十四卷目錄二卷　（宋）蘇軾撰
清道光十二年(1832)刻本　二十六冊

620000－1101－0003938　516

東坡全集一百十五卷目錄七卷　（宋）蘇軾撰
　年譜一卷　（宋）王宗稷撰　明萬曆三十七
年(1609)黃嘉芳刻本　三十九冊　存一百二
十卷(一至七十四、七十八至一百十五,目錄
七卷,年譜一卷)

620000－1101－0003939　4469

東坡全集一百十五卷目錄七卷　（宋）蘇軾撰
　年譜一卷　（宋）王宗稷撰　明刻本　一冊

存十二卷(九十四至一百五)

620000－1101－0003940　845.15/55.60

東坡詩選十二卷　（宋）蘇軾撰　（明）譚元春
選　（明）袁宏道評　**東坡先生年譜一卷**
(宋)王宗稷編　明末清初文盛堂刻本　六冊

620000－1101－0003941　941.32/554

東坡題跋二卷　（宋）蘇軾撰　**山谷題跋三卷**
（宋）黃庭堅撰　清同治十一年(1872)刻本
五冊

620000－1101－0003942　4353

東坡文選二十卷　（宋）蘇軾撰　（明）鍾惺輯
並評　明閔氏刻朱墨套印本　二冊　存五卷
(十六至二十)

620000－1101－0003943　3186

東坡先生編年詩五十卷年表一卷　（宋）蘇軾
撰　（清）查慎行補注　清乾隆二十六年
(1761)查開香雨齋刻本　十五冊　存四十四
卷(一至三、七至十三、十七至五十)

620000－1101－0003944　4280

東坡先生編年詩五十卷年表一卷　（宋）蘇軾
撰　（清）查慎行補注　清乾隆二十六年
(1761)查開香雨齋刻本　五冊　存十六卷
(十七至二十二、三十一至三十六、四十至四
十三)

620000－1101－0003945　1806

東坡先生全集錄九卷　（宋）蘇軾撰　清康熙
刻唐宋大家全集錄本　二冊　存四卷(一至
四)

620000－1101－0003946　4278

東坡先生全集七十五卷　（宋）蘇軾撰　**年譜**
一卷　（宋）王宗稷撰　明萬曆三十四年
(1606)茅維刻本　二冊　存四卷(五十九至
六十二)

620000－1101－0003947　252

東坡先生全集七十五卷　（宋）蘇軾撰　**東坡**
詩選十二卷　（宋）蘇軾撰　（明）譚元春輯
　年譜一卷　（宋）王宗稷撰　明末文盛堂刻本
　三十冊　存七十一卷(一至二十一、二十四

至二十五、二十八至七十五）

620000－1101－0003948　252

東坡先生全集七十五卷　（宋）蘇軾撰　東坡
詩選十二卷　（宋）蘇軾撰　（明）譚元春輯
年譜一卷　（宋）王宗稷撰　明末文盛堂刻本
　三十九冊

620000－1101－0003949　1590

東坡先生全集七十五卷　（宋）蘇軾撰　東坡
詩選十二卷　（宋）蘇軾撰　（明）譚元春輯
年譜一卷　（宋）王宗稷撰　明末文盛堂刻本
　十冊　存二十一卷（一至九、十一、十六至
十九、六十九至七十五）

620000－1101－0003950　4277

東坡先生全集七十五卷　（宋）蘇軾撰　東坡
詩選十二卷　（宋）蘇軾撰　（明）譚元春輯
年譜一卷　（宋）王宗稷撰　明末文盛堂刻本
　二十四冊　存四十九卷（七至十五、二十至
四十七、六十二至七十三）

620000－1101－0003951　4279

東坡先生全集七十五卷　（宋）蘇軾撰　東坡
詩選十二卷　（宋）蘇軾撰　（明）譚元春輯
年譜一卷　（宋）王宗稷撰　明末文盛堂刻本
　十八冊　存三十一卷（三十四至四十三、四
十七至六十七）

620000－1101－0003952　2732

東坡先生詩集註三十二卷　（宋）蘇軾撰　題
（宋）王十朋纂　東坡紀年錄一卷　（宋）傅藻
撰　明萬曆茅維刻本　十四冊　存三十卷
（一至二十八、三十一至三十二）

620000－1101－0003953　253

東坡先生詩集註三十二卷　（宋）蘇軾著
（宋）王十朋纂　明末王永積刻本　六冊

620000－1101－0003954　629.41/101.01

東三省奉天光緒三十四年支款說明書一卷
（清）奉天財政局編　清光緒三十四年（1908）
鉛印本　一冊

620000－1101－0003955　629.41/101

東三省奉天全省試辦宣統三年預算報告不分

卷　（清）奉天省清理財政局編　清宣統三年
（1911）鉛印本　六冊

620000－1101－0003956　557.259.4/157

東三省韓俄交界道里表一卷　（清）聶士成撰
　清光緒三十四年（1908）鉛印本　一冊

620000－1101－0003957　578.2984/885

東三省交涉輯要十二卷　（清）劉瑞霖擬定
（清）孫鳳翔　趙崇蔭輯　清宣統鉛印本　八
冊　存八卷（一至五、八至十）

620000－1101－0003958　653.7/833

東三省蒙務公牘彙編五卷　朱啓鈐輯　清宣
統元年（1909）鉛印本　一冊　存三卷（三至
五）

620000－1101－0003959　573.94/95

東三省政略十二卷目錄一卷　徐世昌撰　清
宣統三年（1911）鉛印本　四十冊

620000－1101－0003960　573.94/95

東三省政略十二卷目錄一卷　徐世昌撰　清
宣統三年（1911）鉛印本　十一冊　存五卷
（五至七、十一至十二）

620000－1101－0003961　1080

東書堂重修宣和博古圖錄三十卷　（宋）王黼
等撰　明萬曆吳萬化寶古堂刻清乾隆十七年
（1752）黃晟亦政堂印本　十八冊

620000－1101－0003962　3878

東書堂重修宣和博古圖錄三十卷　（宋）王黼
等撰　明萬曆吳萬化寶古堂刻清乾隆十七年
（1752）黃晟亦政堂印本　六冊　存十卷（一
至十）

620000－1101－0003963　847.7/384.05

東塾讀書記十五卷　（清）陳澧撰　清光緒二
十四年（1898）紉蘭書館刻本　五冊

620000－1101－0003964　847.7/384.05.003

東塾讀書記十五卷　（清）陳澧撰　清光緒刻
本　四冊

620000－1101－0003965　847.7/384.05.002

東塾讀書記十五卷　（清）陳澧撰　清光緒二

十七年(1901)焕文書局刻本　一冊　存九卷
(一至九)

620000 – 1101 – 0003966　847.7/384.05.001
東塾讀書記十五卷　(清)陳澧撰　清光緒二
十九年(1903)山東書局鉛印本　四冊

620000 – 1101 – 0003967　847.7/384
東塾集六卷　(清)陳澧撰　清光緒十八年
(1892)羊城富文齋刻本　三冊

620000 – 1101 – 0003968　847.7/384
東塾集六卷　(清)陳澧撰　清光緒十八年
(1892)羊城富文齋刻本　三冊

620000 – 1101 – 0003969　803.16/158
東文典問答二卷東文提要一卷東文雜記一卷
　丁福保編纂　(清)屈璠參校　清光緒二十
七年(1901)味經官書局鉛印本　二冊

620000 – 1101 – 0003970　835.12453/11
東武詩存十卷　(清)王賡言輯　清嘉慶化香
閣刻本　十冊

620000 – 1101 – 0003971　730/11
東西洋考十二卷　(明)張燮撰　(清)李錫齡
校　清光緒二十二年(1896)刻惜陰軒叢書續
編本　四冊

620000 – 1101 – 0003972　730/11.001
東西洋考十二卷　(明)張燮撰　(清)李錫齡
校　清道光二十六年(1846)宏道書院刻惜陰
軒叢書本　四冊

620000 – 1101 – 0003973　703
東軒筆錄十五卷　(宋)魏泰撰　明萬曆商氏
半埜堂刻稗海本　五冊

620000 – 1101 – 0003974　1740
東軒筆錄十五卷　(宋)魏泰撰　明萬曆商氏
半埜堂刻清修稗海本　一冊　存十卷(一至
十)

620000 – 1101 – 0003975　830.76/708
東軒吟社書畫像不分卷附記傳題跋　(清)汪
子用　(清)諸可寶輯　(清)費丹旭繪　清光
緒二年(1876)汪氏振綺堂刻本　一冊

620000 – 1101 – 0003976　557.452/461
東亞各港口岸志八卷　(日本)參謀本部編輯
　(清)上海廣智書局譯印　清光緒二十八年
(1902)味經官書局鉛印本　二冊

620000 – 1101 – 0003977　2980
東嵒艸堂評訂唐詩鼓吹十卷　(金)元好問輯
　(元)郝天挺注　(明)廖文炳解　(清)朱
三錫評　清康熙刻本　三冊

620000 – 1101 – 0003978　660.37/814
東洋歷史地圖不分卷　(清)周世棠　(清)孫
海環編　清光緒三十一年(1905)新學會社石
印本　一冊

620000 – 1101 – 0003979　660.37/661
東洋史要地圖一卷　(清)商務印書館編　清
光緒三十二年(1906)上海商務印書館石印本
　一冊

620000 – 1101 – 0003980　730/374.001
東洋史要二卷　(日本)桑原隲藏著　樊炳清
譯　清光緒二十五年(1899)石印本　四冊

620000 – 1101 – 0003981　730/374.003
東洋史要四卷　(日本)桑原隲藏著　樊炳清
譯　清光緒刻本　一冊　存三卷(二至四)

620000 – 1101 – 0003982　730/374
東洋史要四卷　(日本)桑原隲藏著　樊炳清
譯　清光緒二十五年(1899)中西時務學堂刻
本　二冊

620000 – 1101 – 0003983　413.15/6.613.001
東醫寶鑑五篇二十三卷目錄二卷　(朝鮮)許
浚等撰　清嘉慶元年(1796)刻本　三十二冊

620000 – 1101 – 0003984　413.15/6.613.002
東醫寶鑑五篇二十三卷目錄二卷　(朝鮮)許
浚等撰　清道光十一年(1831)刻本　三十
二冊

620000 – 1101 – 0003985　803.11/377
東語入門二卷　(清)陳天麒輯譯　清光緒二
十一年(1895)海鹽陳氏石印本　一冊

620000 – 1101 – 0003986　413.08/28.0102

東垣十書二十二卷 （金）李杲等撰 清光緒
七年(1881)文盛書局石印本 六冊

620000－1101－0003987 413.08/28.01

東垣十書二十二卷 （金）李杲等撰 清刻本
十六冊

620000－1101－0003988 413.08/28.013

東垣十書二十二卷 （金）李杲等撰 清刻本
八冊

620000－1101－0003989 2094

東垣十書二十卷附二卷 （金）李杲等撰 明
末步月樓刻本 八冊

620000－1101－0003990 325

東垣十書十九卷 （金）李杲等撰 明嘉靖八
年(1529)遼藩朱寵瀼梅南書屋刻本 八冊
存十五卷（內外傷辯惑論三卷、脾胃論三卷、
東垣先生此事難知集二卷、格致餘論一卷、外
科精義二卷、醫經溯洄集一卷、蘭室秘藏三
卷）

620000－1101－0003991 380

東垣先生此事難知集二卷 （元）王好古撰
明嘉靖梅南書屋刻本 二冊

620000－1101－0003992 2534

東原文集十卷 （清）戴震撰 清乾隆孔氏刻
本 二冊

620000－1101－0003993 847.6/764

東園詩鈔十二卷 （清）凌泰封撰 清光緒十
六年(1890)刻本 四冊

620000－1101－0003994 857.44/137

東周列國全志二十三卷一百八回 （清）蔡奡
評點 清咸豐四年(1854)書成山房刻朱墨套
印本 二十四冊

620000－1101－0003995 857.46/770.003

東周列國全志二十三卷一百八回 （清）蔡奡
評點 清榮茂堂刻本 二十二冊 缺二卷九
回(卷一:第一至五回、卷十六:第七十三至七
十六回)

620000－1101－0003996 857.46/770.003

東周列國全志二十三卷一百八回 （清）蔡奡
評點 清榮茂堂刻本 十一冊 缺一卷五回
(卷一:第一至五回)

620000－1101－0003997 857.46/770.004

東周列國全志二十三卷一百八回 （清）蔡奡
評點 清晚期刻本 四冊 存十五卷七十二
回(卷一至十五:第一至七十二回)

620000－1101－0003998 857.46/770.003

東周列國全志二十三卷一百八回 （清）蔡奡
評點 清榮茂堂刻本 六冊 存十一卷五十
一回(卷一:第一至五回、卷十四至二十三:第
六十三至一百八回)

620000－1101－0003999 857.46/770.012

東周列國全志二十三卷一百八回 （清）蔡奡
評點 清三多齋刻本 四冊 存四卷二十回
(卷十三:第五十八至六十二回、卷十九至二
十:第八十五至九十三回、卷二十三:第一百
三至一百八回)

620000－1101－0004000 857.46/770.016

東周列國全志二十三卷一百八回 （清）蔡奡
評點 清善成堂刻本 十二冊 存十一卷五
十二回(卷一至十一:第一至五十二回)

620000－1101－0004001 857.46/770.015

東周列國全志二十三卷一百八回 （清）蔡奡
評點 清晚期刻本 七冊 存十一卷五十一
回(卷一:第一至五回、卷四:第十六至二十
回、卷九:第三十九至四十二回、卷十二至十
三:第五十三至六十二回、卷十六至十九:第
七十三至八十八回、卷二十二至二十三:第九
十八至一百八回)

620000－1101－0004002 857.46/770.017

東周列國全志二十三卷一百八回 （清）蔡奡
評點 清晚期刻本 四冊 存四卷十九回
(卷八:第三十五至三十八回、卷十:第四十三
至四十七回、卷十四至十五:第六十三至七十
二回)

620000－1101－0004003 857.46/770.008

東周列國全志二十三卷一百八回 （清）蔡奡

評點　清晚期刻本　二冊　存二卷十回(卷五:第二十一至二十四回、卷二十三:一百三至一百八回)

620000－1101－0004004　857.46/770.009
東周列國全志二十三卷一百八回　(清)蔡奡評點　清晚期刻本　十一冊　存十一卷四十八回(卷三至四:第十一至十九回、卷八至十:第三十五至四十七回、卷十一:第五十一至五十二回、卷十三至十五:第五十八至七十二回、卷十九至二十:第八十五至九十三回)

620000－1101－0004005　857.46/770.018
東周列國全志二十三卷一百八回　(清)蔡奡評點　清晚期刻本　一冊　存一卷五回(卷十五:第六十八至七十二回)

620000－1101－0004006　857.46/770.010
東周列國全志二十三卷一百八回　(清)蔡奡評點　清晚期刻本　五冊　存六卷二十六回(卷八:第三十五至三十八回、卷十:第四十三至四十七回、卷十五至十八:第六十八至八十四回)

620000－1101－0004007　857.46/770.005
東周列國全志二十三卷一百八回　(清)蔡奡評點　清晚期刻本　十七冊　存二十卷九十四回(卷三至十八:第十一至八十四回、卷二十至二十三:第八十九至一百八回)

620000－1101－0004008　857.46/770.007
東周列國全志二十三卷一百八回　(清)蔡奡評點　清晚期刻本　八冊　存十六卷七十五回(卷四至五:第十六至二十四回、卷八至十五:第三十五至七十二回、卷十八至二十三:第八十一至一百八回)

620000－1101－0004009　857.46/770.006
東周列國全志二十三卷一百八回　(清)蔡奡評點　清晚期刻本　一冊　存二卷八回(卷十五至十六:第六十八至七十五回)

620000－1101－0004010　857.46/770.002
東周列國全志二十三卷一百八回　(清)蔡奡評點　清晚期刻本　十二冊

620000－1101－0004011　4487
東周列國全志四十六卷　(明)馮夢龍撰　(清)蔡奡評點　清末內府抄本　四十七冊

620000－1101－0004012　857.46/770.013
東周列國志二十三卷一百八回　(清)蔡奡評點　清晚期刻本　一冊　存三卷十五回(卷二十一至二十三:第九十四至一百八回)

620000－1101－0004013　857.46/770.014
東周列國志二十三卷一百八回　(清)蔡奡評點　清晚期刻本　二冊　存二卷九回(卷二十一至二十二:第九十四至一百二回)

620000－1101－0004014　3376
東周列國志一百八回　(明)馮夢龍撰　明刻本　七冊　存六十二回(二十至三十八、四十四至四十六、五十一至五十三、六十二至七十三、七十五至九十七、一百三至一百四)

620000－1101－0004015　847.6/90
東洲草堂詩鈔三十卷詩餘一卷　(清)何紹基著　清同治六年(1867)刻本　八冊

620000－1101－0004016　316.37/546
董方立算書五種七卷　(清)董祐誠撰　清同治刻本　一冊

620000－1101－0004017　316.37/546.001
董方立遺書九種十六卷　(清)董祐誠撰　清同治八年(1869)成都董貽清刻本　四冊

620000－1101－0004018　316.37/546.001
董方立遺書九種十六卷　(清)董祐誠撰　清同治八年(1869)成都董貽清刻本　一冊　存二種四卷(水經注圖說殘稿三至四、文甲集一至二)

620000－1101－0004019　291/547
董公擇要一卷　(明)董潛撰　清光緒五年(1879)刻本　一冊

620000－1101－0004020　122.1/54.72
董子春秋繁露十七卷　(漢)董仲舒撰　清光緒二年(1876)浙江書局刻本　二冊

620000－1101－0004021　122.1/54.72

董子春秋繁露十七卷　（漢）董仲舒撰　清光緒二年(1876)浙江書局刻本　二冊

620000－1101－0004022　122.1/54.72

董子春秋繁露十七卷　（漢）董仲舒撰　清光緒二年(1876)浙江書局刻本　二冊

620000－1101－0004023　122.1/54.72

董子春秋繁露十七卷　（漢）董仲舒撰　清光緒二年(1876)浙江書局刻本　二冊

620000－1101－0004024　847.5/833

峒鶴山房詩草四卷　（清）朱愉梅撰　清道光三十年(1850)刻本　一冊

620000－1101－0004025　689.36/394

峒谿纖志一卷　（清）陸次雲著　清光緒三十二年(1906)益新書社鉛印本　一冊

620000－1101－0004026　554.34/82

洞闊寺地勢并熟荒情形不分卷　（清）朱文蔚著　清稿本　一冊

620000－1101－0004027　413.4/378

洞天奧旨十六卷　（清）陳士鐸撰　清光緒十八年(1892)竹齋槐庭道人抄本　一冊　存十卷(一至十)

620000－1101－0004028　682.86/399

洞庭湖志十四卷　（清）陶澍等修　（清）萬年淳等輯　清道光五年(1825)刻本　八冊

620000－1101－0004029　847.5/118

洞庭集二十卷　（清）王慶麟撰　清嘉慶二十三年(1818)刻本　三冊

620000－1101－0004030　847.5/118

洞庭集二十卷　（清）王慶麟撰　清嘉慶二十三年(1818)刻本　一冊

620000－1101－0004031　075.8/735

洞一子襍抄二卷　（清）洞一子輯　清晚期抄本　三冊

620000－1101－0004032　691.1/266

都門紀略四集　（清）楊靜亭編輯　清同治三年(1864)榮錄堂刻本　四冊

620000－1101－0004033　857.41/578

豆棚閒話十二則　（清）艾納居士撰　（清）白懶道人重訂　清嘉慶三年(1798)寶寧堂刻本　四冊

620000－1101－0004034　3399

痘科正傳六卷　（清）沈巨源輯　清乾隆九年(1744)刻本　五冊　存五卷(一至五)

620000－1101－0004035　2115

痘疹傳心錄十九卷　（明）朱惠明撰　清乾隆五十九年(1794)修敬堂刻六醴齋醫書十種本　六冊

620000－1101－0004036　2116

痘疹傳心錄十九卷　（明）朱惠明撰　清乾隆五十九年(1794)修敬堂刻六醴齋醫書十種本　四冊

620000－1101－0004037　4045

痘疹定論四卷　（清）朱純嘏輯　清乾隆四十四年(1779)蘭州府署刻本　二冊　存二卷(一、四)

620000－1101－0004038　4132

痘疹定論四卷　（清）朱純嘏輯　清乾隆四十九年(1784)致和堂刻本　一冊　存二卷(一至二)

620000－1101－0004039　413.72/835

痘疹定論四卷　（清）朱純嘏輯　清末刻本　一冊　存一卷(三)

620000－1101－0004040　413.72/307

痘疹管見不分卷　（清）張振濯著　清咸豐九年(1859)刻本　一冊

620000－1101－0004041　413.72/761

痘疹會通五卷　（清）曾鼎纂述　清抄本　八冊

620000－1101－0004042　2135

痘疹活幼心法不分卷　（明）聶尚恆撰　明崇禎六年(1633)四美堂刻本　一冊

620000－1101－0004043　413.72/0.1

痘疹七卷　（□）□□撰　清末抄本　五冊

620000 – 1101 – 0004044　463

痘疹世醫心法十二卷　（明）萬全撰　明萬曆十一年(1583)陳允升刻本　二冊

620000 – 1101 – 0004045　413.72/102

痘疹折衷不分卷　（明）秦昌遇撰　清晚期抄本　一冊

620000 – 1101 – 0004046　4141

痘症精言四卷　（清）袁句撰　清乾隆三十四年(1769)集錦堂刻本　一冊　存一卷(一)

620000 – 1101 – 0004047　413.72/193.001

痘症精言四卷　（清）袁句撰　清乾隆、嘉慶匯源堂刻本　四冊

620000 – 1101 – 0004048　3974

竇東皋大宗師詩賦稿不分卷　（清）竇乃光撰　清乾隆刻本　一冊

620000 – 1101 – 0004049　589.91/947

督捕則例二卷　（清）徐本　（清）唐紹祖等纂修　清末木活字印本　二冊

620000 – 1101 – 0004050　1932

獨旦集八卷　（清）高士奇撰　清康熙三十一年(1692)刻本　一冊　存二卷(一至二)

620000 – 1101 – 0004051　533/565.001

獨斷一卷　（漢）蔡邕撰　**忠經一卷**　（漢）馬融撰　**孝傳一卷**　（晉）陶潛撰　清嘉慶刻廣漢魏叢書本　一冊

620000 – 1101 – 0004052　533/565

獨斷一卷　（漢）蔡邕撰　**忠經一卷**　（漢）馬融撰　**孝傳一卷**　（晉）陶潛撰　清光緒刻增訂漢魏叢書本　一冊

620000 – 1101 – 0004053　2720

獨學廬全稿五種五十五卷　（清）石韞玉撰　清乾隆、嘉慶刻本　四冊　存一種九卷(獨學廬初稿詩一至四、文三卷、讀左卮言一卷、漢書刊訛一卷)

620000 – 1101 – 0004054　2904

獨學廬全稿五種五十五卷　（清）石韞玉撰　清乾隆、嘉慶刻本　二冊　存一種五卷(獨學

廬初稿文三卷、讀左卮言一卷、漢書刊訛一卷)

620000 – 1101 – 0004055　3245

獨學廬全稿五種五十五卷　（清）石韞玉撰　清乾隆、嘉慶刻本　二冊　存一種六卷(詩晚香樓集六卷)

620000 – 1101 – 0004056　847.4/350

獨學廬全稿五種五十五卷　（清）石韞玉撰　清乾隆、嘉慶刻本　六冊　存四種四十二卷(獨學廬初稿詩八卷、文三卷、讀左卮言一卷、漢書刊訛一卷，獨學廬二稿詩三卷、文三卷、花韻庵詩餘一卷、外集一卷、微波詞一至三，獨學廬三稿文五卷、詩晚香樓集六卷，獨學廬四稿文三至五、池上集四卷)

620000 – 1101 – 0004057　710

獨異志三卷　（唐）李冗撰　明萬曆商氏半埜堂刻稗海本　三冊

620000 – 1101 – 0004058　3904

獨異志三卷　（唐）李冗撰　明萬曆商氏半埜堂刻稗海本　一冊

620000 – 1101 – 0004059　847.4/821

犢山文稿不分卷　（清）周鎬撰　清末宏道堂刻本　二冊

620000 – 1101 – 0004060　847.6/172.8

讀白華草堂詩初集九卷二集十二卷首蓿集八卷　（清）黃釗著　清道光十五年至二十八年(1835 – 1848)刻本　八冊

620000 – 1101 – 0004061　2577

讀杜心解二卷首二卷　（清）浦起龍撰　清刻本　十二冊

620000 – 1101 – 0004062　3280

讀杜心解六卷首二卷　（清）浦起龍撰　清刻本　十冊

620000 – 1101 – 0004063　2778

讀杜心解六卷首二卷　（清）浦起龍撰　清刻本　十冊

620000 – 1101 – 0004064　2781

讀杜心解六卷首二卷 （清）浦起龍撰 清刻本 六冊 存五卷（一至三、首二卷）

620000－1101－0004065 589.91/329

讀法圖存四卷 （清）邵繩清繪編 （清）黃杏川鑒定 清道光刻本 一冊 存一卷（四）

620000－1101－0004066 125.5/825

讀近思錄類編十四卷 （清）牛兆濂編 清光緒三十一年（1905）芸閣精舍鉛印本 二冊

620000－1101－0004067 127.6/715

讀困知記三卷 （清）汪紱撰 清光緒二十一年（1895）刻本 一冊

620000－1101－0004068 532.2/288

讀禮叢鈔不分卷 （清）張履祥輯 （清）李輔燿刊 清光緒十七年（1891）湘陰李氏鞠園刻本 六冊

620000－1101－0004069 532.2/288

讀禮叢鈔不分卷 （清）張履祥輯 （清）李輔燿刊 清光緒十七年（1891）湘陰李氏鞠園刻本 六冊

620000－1101－0004070 094.276/116

讀禮條考二十卷 （清）王曜南撰 清光緒二十三年（1897）武林尚友齋石印本 六冊

620000－1101－0004071 1260

讀禮通考一百二十卷 （清）徐乾學撰 清康熙冠山堂刻本 三十六冊

620000－1101－0004072 094.627/947

讀禮通考一百二十卷附補遺一卷 （清）徐乾學撰 清光緒七年（1881）江蘇書局刻本 六冊 存二十四卷（三十二至三十六、四十二至六十）

620000－1101－0004073 094.627/947

讀禮通考一百二十卷附補遺一卷 （清）徐乾學撰 清光緒七年（1881）江蘇書局刻本 三十二冊

620000－1101－0004074 094.67/390

讀禮志疑不分卷 （清）陸隴其撰 （清）張應時校 清嘉慶二十一年（1816）華亭張應時刻本 一冊

620000－1101－0004075 094.67/390

讀禮志疑不分卷 （清）陸隴其撰 （清）張應時校 清書三味樓刻本 一冊

620000－1101－0004076 582.9/56

讀例存疑五十四卷 （清）薛允升著 清光緒三十一年（1905）北京琉璃廠翰茂齋刻本 四十冊

620000－1101－0004077 582.9/56

讀例存疑五十四卷 （清）薛允升著 清光緒三十一年（1905）北京琉璃廠翰茂齋刻本 四十冊

620000－1101－0004078 582.9/56

讀例存疑五十四卷 （清）薛允升著 清光緒三十一年（1905）北京琉璃廠翰茂齋刻本 四十冊

620000－1101－0004079 582.9/56

讀例存疑五十四卷 （清）薛允升著 清光緒三十一年（1905）北京琉璃廠翰茂齋刻本 四十冊

620000－1101－0004080 585.4/894.002

讀律心得三卷 （清）劉衡輯 清道光至同治刻本 一冊

620000－1101－0004081 585.4/894.001

讀律心得三卷蜀僚問答二卷手鏡一卷 （清）王士禎撰 代直隸總督勸諭牧令文 （清）黃輔辰撰 清咸豐刻本 一冊

620000－1101－0004082 585.4/894

讀律心得三卷蜀僚問答一卷 （清）劉衡輯 清道光十六年（1836）劉氏刻本 一冊

620000－1101－0004083 591/215.001

讀史兵略十二卷 （清）胡林翼纂 清光緒二十七年（1901）上海紹先書局石印本 十二冊

620000－1101－0004084 610.72/21.001

讀史兵略四十六卷 （清）胡林翼纂 清咸豐十一年（1861）武昌節署刻本 四冊

620000－1101－0004085 610.72/21.001

讀史兵略四十六卷 （清）胡林翼纂 清咸豐
十一年(1861)武昌莭署刻本 十六冊

620000－1101－0004086 610.72/21.001
讀史兵略四十六卷 （清）胡林翼纂 清咸豐
十一年(1861)武昌莭署刻本 十六冊

620000－1101－0004087 591/215
讀史兵略四十六卷 （清）胡林翼纂 清咸豐
十一年(1861)武昌莭署刻本 八冊 存二十
三卷(一至二十三)

620000－1101－0004088 591/215
讀史兵略四十六卷 （清）胡林翼纂 清咸豐
十一年(1861)武昌節署刻本 八冊 存二十
二卷(二十五至四十六)

620000－1101－0004089 591/215
讀史兵略四十六卷 （清）胡林翼纂 清咸豐
十一年(1861)武昌節署刻本 十六冊

620000－1101－0004090 591/215
讀史兵略四十六卷 （清）胡林翼纂 清咸豐
十一年(1861)武昌莭署刻本 六冊 存三十
二卷(九至十一、十八至四十六)

620000－1101－0004091 610.8/739
讀史大略六十卷首一卷 （清）沙張白撰 小
沙子史略一卷 （清）沙晉撰 清咸豐七年
(1857)刻本 十一冊

620000－1101－0004092 610.8/739.001
讀史大略六十卷首一卷 （清）沙張白撰 小
沙子史略一卷 （清）沙晉撰 清光緒二十七
年(1901)上海祥記書莊石印本 四冊

620000－1101－0004093 610.83/313
讀史大略六十卷首一卷 （清）沙張白撰 小
沙子史略一卷 （清）沙晉撰 清道光二十五
年(1845)刻本 十二冊

620000－1101－0004094 669/95
讀史方輿紀要歷代州域形勢九卷 （清）顧祖
禹撰 清嘉慶十年(1805)彭萬程刻本 八冊

620000－1101－0004095 669.1/957.005
讀史方輿紀要十卷 （清）顧祖禹撰 清光緒

二十八年(1902)湖南書局刻本 十冊

620000－1101－0004096 669.1/957.004
讀史方輿紀要十卷統論歷朝形勢一卷 （清）
顧祖禹撰 清光緒十五年(1889)傳忠書局刻
本 十冊

620000－1101－0004097 669.1/957.004
讀史方輿紀要十卷統論歷朝形勢一卷 （清）
顧祖禹撰 清光緒十五年(1889)傳忠書局刻
本 十冊

620000－1101－0004098 669.1/957.007
讀史方輿紀要序不分卷 （清）顧祖禹撰 清
光緒二十九年(1903)上海清華書局鉛印本
一冊

620000－1101－0004099 669.1/957.007
讀史方輿紀要序不分卷 （清）顧祖禹撰 清
光緒二十九年(1903)上海清華書局鉛印本
一冊

620000－1101－0004100 669.1/957.007
讀史方輿紀要序不分卷 （清）顧祖禹撰 清
光緒二十九年(1903)上海清華書局鉛印本
一冊

620000－1101－0004101 669.1/957.007
讀史方輿紀要序不分卷 （清）顧祖禹撰 清
光緒二十九年(1903)上海清華書局鉛印本
一冊

620000－1101－0004102 669.1/957.007
讀史方輿紀要序不分卷 （清）顧祖禹撰 清
光緒二十九年(1903)上海清華書局鉛印本
一冊

620000－1101－0004103 669.1/957.007
讀史方輿紀要序不分卷 （清）顧祖禹撰 清
光緒二十九年(1903)上海清華書局鉛印本
一冊

620000－1101－0004104 669.1/957.007
讀史方輿紀要序不分卷 （清）顧祖禹撰 清
光緒二十九年(1903)上海清華書局鉛印本
一冊

620000－1101－0004105　669.1/957.007
讀史方輿紀要序不分卷　（清）顧祖禹撰　清
光緒二十九年（1903）上海清華書局鉛印本
一冊

620000－1101－0004106　669.1/957.007
讀史方輿紀要序不分卷　（清）顧祖禹撰　清
光緒二十九年（1903）上海清華書局鉛印本
一冊

620000－1101－0004107　669.1/957.007
讀史方輿紀要序不分卷　（清）顧祖禹撰　清
光緒二十九年（1903）上海清華書局鉛印本
一冊

620000－1101－0004108　669.1/957.007
讀史方輿紀要序不分卷　（清）顧祖禹撰　清
光緒二十九年（1903）上海清華書局鉛印本
一冊

620000－1101－0004109　669.1/957.007
讀史方輿紀要序不分卷　（清）顧祖禹撰　清
光緒二十九年（1903）上海清華書局鉛印本
一冊

620000－1101－0004110　669.1/957.007
讀史方輿紀要序不分卷　（清）顧祖禹撰　清
光緒二十九年（1903）上海清華書局鉛印本
一冊

620000－1101－0004111　669.1/957.007
讀史方輿紀要序不分卷　（清）顧祖禹撰　清
光緒二十九年（1903）上海清華書局鉛印本
一冊

620000－1101－0004112　669.1/957.007
讀史方輿紀要序不分卷　（清）顧祖禹撰　清
光緒二十九年（1903）上海清華書局鉛印本
一冊

620000－1101－0004113　669.1/957.007
讀史方輿紀要序不分卷　（清）顧祖禹撰　清
光緒二十九年（1903）上海清華書局鉛印本
一冊

620000－1101－0004114　669.1/957.007

620000－1101－0004115　669.1/957.007
讀史方輿紀要序不分卷　（清）顧祖禹撰　清
光緒二十九年（1903）上海清華書局鉛印本
一冊

620000－1101－0004116　669.1/957.007
讀史方輿紀要序不分卷　（清）顧祖禹撰　清
光緒二十九年（1903）上海清華書局鉛印本
一冊

620000－1101－0004117　669.1/957.007
讀史方輿紀要序不分卷　（清）顧祖禹撰　清
光緒二十九年（1903）上海清華書局鉛印本
一冊

620000－1101－0004118　669.1/957.007
讀史方輿紀要序不分卷　（清）顧祖禹撰　清
光緒二十九年（1903）上海清華書局鉛印本
一冊

620000－1101－0004119　669.1/957.007
讀史方輿紀要序不分卷　（清）顧祖禹撰　清
光緒二十九年（1903）上海清華書局鉛印本
一冊

620000－1101－0004120　669.1/957.007
讀史方輿紀要序不分卷　（清）顧祖禹撰　清
光緒二十九年（1903）上海清華書局鉛印本
一冊

620000－1101－0004121　669.1/957.001
讀史方輿紀要一百三十卷方輿全圖總說五卷
（清）顧祖禹撰　清光緒二十七年（1901）上
海圖書集成印書局鉛印本　三十二冊

620000－1101－0004122　669.1/957.001
讀史方輿紀要一百三十卷方輿全圖總說五卷
（清）顧祖禹撰　清光緒二十七年（1901）上
海圖書集成印書局鉛印本　十八冊　存七十
四卷（五至七十八）

620000－1101－0004123　669.1/957.001

讀史方輿紀要一百三十卷方輿全圖總說五卷
（清）顧祖禹撰　清光緒二十七年（1901）上
海圖書集成印書局鉛印本　三十二冊

620000－1101－0004124　669.1/957.009
讀史方輿紀要一百三十卷輿圖要覽四卷
（清）顧祖禹撰　（清）龍萬育校刊　清嘉慶敷
文閣刻本　二冊　存三卷（九十三至九十四、
九十七）

620000－1101－0004125　669.1/957.002
讀史方輿紀要一百三十卷輿圖要覽四卷
（清）顧祖禹撰　（清）龍萬育校刊　清嘉慶敷
文閣刻本　七十九冊

620000－1101－0004126　669.1/957.002
讀史方輿紀要一百三十卷輿圖要覽四卷
（清）顧祖禹撰　（清）龍萬育校刊　清嘉慶敷
文閣刻本　六十冊

620000－1101－0004127　669.1/957.002
讀史方輿紀要一百三十卷輿圖要覽四卷
（清）顧祖禹撰　（清）龍萬育校刊　清嘉慶敷
文閣刻本　四十八冊

620000－1101－0004128　669.1/957.008
讀史方輿紀要一百三十卷輿圖要覽四卷
（清）顧祖禹撰　（清）龍萬育校刊　清嘉慶敷
文閣刻本　三冊　存四卷（十九、二十四至二
十六）

620000－1101－0004129　669.1/957.008
讀史方輿紀要一百三十卷輿圖要覽四卷
（清）顧祖禹撰　（清）龍萬育校刊　清嘉慶敷
文閣刻本　十冊　存二十六卷（五至九、六十
八至八十八）

620000－1101－0004130　669.1/957.008
讀史方輿紀要一百三十卷輿圖要覽四卷
（清）顧祖禹撰　（清）龍萬育校刊　清嘉慶敷
文閣刻本　十二冊　存十八卷（一百十五至
一百十七、一百二十至一百三十，要覽四卷）

620000－1101－0004131　669.1/957.006
讀史方輿紀要一百三十卷輿圖要覽四卷
（清）顧祖禹撰　（清）龍萬育校刊　清道光三

年（1823）刻本　六十七冊

620000－1101－0004132　669.1/95.78
讀史方輿紀要一百三十卷輿圖要覽四卷
（清）顧祖禹撰　（清）龍萬育校刊　清光緒二
十五年（1899）慎記書莊石印本　三十二冊
存一百二十三卷（一至一百二十三）

620000－1101－0004133　669.1/95.78
讀史方輿紀要一百三十卷輿圖要覽四卷
（清）顧祖禹撰　（清）龍萬育校刊　清光緒二
十五年（1899）慎記書莊石印本　一冊　存三
卷（十九至二十一）

620000－1101－0004134　669.1/957.003
讀史方輿紀要一百三十卷輿圖要覽四卷
（清）顧祖禹撰　（清）龍萬育校刊　清光緒二
十九年（1903）上海益吾齋石印本　二十四冊

620000－1101－0004135　610.72/75
讀史鏡古編三十二卷　（清）潘世恩輯　清同
治十三年（1874）冶城飛霞閣刻本　六冊

620000－1101－0004136　192.9/754
讀史鏡古編三十二卷　（清）潘世恩輯　清同
治十三年（1874）冶城飛霞閣刻本　六冊

620000－1101－0004137　192.9/754
讀史鏡古編三十二卷　（清）潘世恩輯　清同
治十三年（1874）冶城飛霞閣刻本　六冊

620000－1101－0004138　192.9/754
讀史鏡古編三十二卷　（清）潘世恩輯　清同
治十三年（1874）冶城飛霞閣刻本　六冊

620000－1101－0004139　192.9/754.001
讀史鏡古編三十二卷　（清）潘世恩輯　清道
光四年（1824）刻本　八冊

620000－1101－0004140　610.83/30
讀史舉正八卷　（清）張燿撰　清光緒十七年
（1891）廣雅書局刻本　二冊

620000－1101－0004141　610.83/30
讀史舉正八卷　（清）張燿撰　清光緒十七年
（1891）廣雅書局刻本　二冊

620000－1101－0004142　610.81/24.002

讀史論略一卷 （清）杜詔撰 清刻本 一冊

620000－1101－0004143 610.81/24.001

讀史論略一卷 （清）杜詔撰 清李光明莊刻本 一冊

620000－1101－0004144 610.81/24

讀史論略一卷 （清）杜詔撰 清刻本 一冊

620000－1101－0004145 297

讀史漫録十四卷 （明）于慎行撰 明萬曆四十二年(1614)于緯刻本 六冊

620000－1101－0004146 297

讀史漫録十四卷 （明）于慎行撰 明萬曆四十二年(1614)于緯刻本 六冊

620000－1101－0004147 1356

讀史隨記二卷 （清）□□撰 清咸豐四年(1854)稿本 二冊

620000－1101－0004148 610.4/220

讀史碎金六卷註八十卷 （清）胡文炳編輯 清光緒元年(1875)刻本 七十八冊 存八十四卷(讀史碎金六卷,註一至五十一、五十四至八十)

620000－1101－0004149 610.4/220

讀史碎金六卷註八十卷 （清）胡文炳編輯 清光緒元年(1875)刻本 七十六冊 存八十卷(註八十卷)

620000－1101－0004150 610.81/348

讀史提要録十二卷 （清）夏之蓉編 清同治四年(1865)刻本 四冊

620000－1101－0004151 610.2/0.602

讀史約編不分卷 （□）□□編 清嘉慶十六年(1811)抄本 一冊

620000－1101－0004152 071.75/72

讀書叢録二十四卷 （清）洪頤煊撰 清道光二年(1822)富文齋刻本 六冊

620000－1101－0004153 019/842

讀書鐙不分卷 鄒福保纂 清宣統三年(1911)存古學堂刻本 一冊

620000－1101－0004154 019/842

讀書鐙不分卷 鄒福保纂 清宣統三年(1911)存古學堂刻本 一冊

620000－1101－0004155 019/842

讀書鐙不分卷 鄒福保纂 清宣統三年(1911)存古學堂刻本 一冊

620000－1101－0004156 2025

讀書後八卷 （明）王世貞撰 清乾隆二十一年(1756)姚文爕刻本 二冊

620000－1101－0004157 2810

讀書紀數略五十四卷 （清）宮夢仁輯 清康熙四十七年(1708)刻本 十二冊

620000－1101－0004158 2843

讀書紀數略五十四卷 （清）宮夢仁輯 清康熙四十七年(1708)刻本 十六冊

620000－1101－0004159 2857

讀書紀數略五十四卷 （清）宮夢仁輯 清康熙四十七年(1708)刻本 十五冊

620000－1101－0004160 3940

讀書紀數略五十四卷 （清）宮夢仁輯 清康熙四十七年(1708)刻本 十二冊 存四十六卷(一至四、十一至三十一、三十四至五十四)

620000－1101－0004161 040/700

讀書紀數略五十四卷 （清）宮夢仁輯 清光緒六年(1880)宋澤元刻本 十四冊 存四十七卷(一至四十七)

620000－1101－0004162 040/700

讀書紀數略五十四卷 （清）宮夢仁輯 清光緒六年(1880)宋澤元刻本 十二冊

620000－1101－0004163 040/700

讀書紀數略五十四卷 （清）宮夢仁輯 清光緒六年(1880)宋澤元刻本 二冊 存七卷(四十八至五十四)

620000－1101－0004164 040/700.001

讀書紀數略五十四卷 （清）宮夢仁輯 清光緒十二年(1886)山陰宋氏刻本 十六冊

620000－1101－0004165 125.7/235

讀書記四十卷 （宋）真德秀撰 清同治三年
(1864)刻本 三十冊

620000－1101－0004166 610.81/385

讀書鏡八卷 （明）陳繼儒撰 清光緒四年
(1878)味經書院刻本 二冊

620000－1101－0004167 610.81/385

讀書鏡八卷 （明）陳繼儒撰 清光緒四年
(1878)味經書院刻本 二冊

620000－1101－0004168 610.81/385

讀書鏡八卷 （明）陳繼儒撰 清光緒四年
(1878)味經書院刻本 二冊

620000－1101－0004169 019/275

讀書舉要二卷 （清）楊希閔撰 清光緒八年
(1882)津河廣仁堂刻本 一冊

620000－1101－0004170 019/275

讀書舉要二卷 （清）楊希閔撰 清光緒八年
(1882)津河廣仁堂刻本 一冊

620000－1101－0004171 527

讀書錄十卷 （明）薛瑄撰 明正德十五年
(1520)鄭維新刻本 五冊

620000－1101－0004172 3312

讀書錄十一卷續錄十二卷 （明）薛瑄撰 清
康熙呂氏天蓋樓刻本 四冊

620000－1101－0004173 3197

讀書錄十一卷續錄十二卷 （明）薛瑄撰 清
康熙呂氏天蓋樓刻本 五冊

620000－1101－0004174 1909

讀書錄十一卷續錄十二卷 （明）薛瑄撰 清
乾隆十一年(1746)刻本 八冊

620000－1101－0004175 3064

讀書錄十一卷續錄十二卷 （明）薛瑄撰 清
乾隆十一年(1746)刻本 四冊

620000－1101－0004176 3324

讀書錄十一卷續錄十二卷 （明）薛瑄撰 清
乾隆十一年(1746)刻本 八冊

620000－1101－0004177 3381

讀書錄十一卷續錄十二卷 （明）薛瑄撰 清
乾隆十一年(1746)刻本 四冊 存十二卷
(續錄十二卷)

620000－1101－0004178 847.5/542

讀書偶筆二十卷 （清）董桂新撰 清同治四
年(1865)刻本 三冊 存十四卷(一至十四)

620000－1101－0004179 931.7/797

讀書十八則不分卷 （清）穆慶之篆 清末民
初鉛印本 一冊

620000－1101－0004180 1477

讀書堂綵衣全集十七卷首一卷 （清）趙士麟
撰 （清）梁永淳輯 清康熙三十五年(1696)
刻本 十冊

620000－1101－0004181 847.2/197

讀書堂綵衣全集四十六卷 （清）趙士麟撰
清光緒十九年(1893)浙江書局刻本 十二冊

620000－1101－0004182 2031

讀書小記三十三卷 （清）范爾梅撰 清雍正
七年(1729)敬恕堂刻本 十二冊

620000－1101－0004183 126.1/566

讀書續錄十二卷 （明）薛瑄撰 清乾隆至嘉
慶刻本 四冊

620000－1101－0004184 847.7/856

讀書延年堂詩鈔三十卷讀書延年堂詩餘一卷
讀書延年堂文鈔十卷讀書延年堂賦存一卷讀
書延年堂駢體文存二卷讀書延年堂古今體詩
續集十二卷讀書延年堂補存文鈔一卷 （清）
熊少牧撰 清咸豐七年至光緒三年(1857－
1877)刻本 四冊

620000－1101－0004185 2973

讀書樂趣初集八卷 （清）伍涵芬輯 清康熙
三十七年(1698)伍氏華日堂刻本 八冊

620000－1101－0004186 071.77/76

讀書雜識十二卷 （清）勞格著 清光緒四年
(1878)苕溪丁氏刻月河精舍叢鈔本 四冊

620000－1101－0004187 071.77/76

讀書雜識十二卷 （清）勞格著 清光緒四年

217

(1878)苕溪丁氏刻月河精舍叢鈔本 十冊

620000－1101－0004188 071.77/76
讀書雜識十二卷 （清）勞格著 清光緒四年
(1878)苕溪丁氏刻月河精舍叢鈔本 二冊
存七卷(四至十)

620000－1101－0004189 071.74/121
讀書雜志八十二卷餘編二卷 （清）王念孫撰
清道光十一年(1831)刻本 十八冊

620000－1101－0004190 071.74/121.001
讀書雜志八十二卷餘編二卷 （清）王念孫撰
清同治九年(1870)金陵書局刻本 二十
四冊

620000－1101－0004191 071.74/121.001
讀書雜志八十二卷餘編二卷 （清）王念孫撰
清同治九年(1870)金陵書局刻本 二十
四冊

620000－1101－0004192 071.74/121.002
讀書雜志八十二卷餘編二卷 （清）王念孫撰
清末石印本 五冊 存六十八卷(逸周書
雜志一至四、戰國策雜志一至三、史記雜志一
至六、漢書雜志一至十六、管子雜志一至十
二、晏子春秋雜志一至二、淮南子內篇雜志一
至二十二、漢隸拾遺一,餘編二卷)

620000－1101－0004193 802.617/667
讀書作文譜十二卷父師善誘法二卷 （清）唐
彪輯著 清嘉慶八年(1803)刻本 三冊

620000－1101－0004194 802.617/667
讀書作文譜十二卷父師善誘法二卷 （清）唐
彪輯著 清嘉慶八年(1803)刻本 二冊

620000－1101－0004195 192.1/659
讀書做人譜不分卷 （清）龍炳垣輯 清同治
十一年(1872)刻本 一冊

620000－1101－0004196 192.1/659
讀書做人譜不分卷 （清）龍炳垣輯 清同治
十一年(1872)刻本 一冊

620000－1101－0004197 192.1/659
讀書做人譜不分卷 （清）龍炳垣輯 清同治
十一年(1872)刻本 一冊

620000－1101－0004198 192.1/659.001
讀書做人譜不分卷 （清）龍炳垣輯 清光緒
十年(1884)津河廣仁堂刻本 一冊

620000－1101－0004199 802.27/607
讀說文雜識一卷 （清）許棫撰 清光緒七年
(1881)刻本 一冊

620000－1101－0004200 610.24/286
讀通鑑綱目條記二十卷首一卷 （清）李述來
撰 清嘉慶七年(1802)刻本 六冊

620000－1101－0004201 610.24/657
讀通鑑綱目劄記二十卷 （清）章邦元著 **附
年譜一卷** （清）章家祚撰 清光緒十六年
(1890)銅陵章氏刻本 九冊

620000－1101－0004202 610.81/113.002
讀通鑑論三十卷末一卷 （清）王夫之撰 清
光緒刻本 十八冊

620000－1101－0004203 610.81/113
讀通鑑論三十卷末一卷宋論十五卷 （清）王
夫之撰 清光緒二十五年(1899)刻本 二
十冊

620000－1101－0004204 610.81/113.01
讀通鑑論三十卷末一卷宋論十五卷 （清）王
夫之撰 清光緒二十七年(1901)簡青書局石
印本 七冊

620000－1101－0004205 610.81/113.003
讀通鑑論十卷 （清）王夫之撰 清光緒二十
八年(1902)寶善筬記石印本 三冊 存六卷
(一至四、九至十)

620000－1101－0004206 610.81/113.004
讀通鑑論十卷 （清）王夫之撰 清光緒二十
九年(1903)上海官書局鉛印本 三冊

620000－1101－0004207 610.81/113.001
讀通鑑論十六卷宋論十五卷 （清）王夫之撰
清光緒三十年(1904)上海商務印書館鉛印
本 十冊

620000－1101－0004208 610.81/113.001

讀通鑑論十六卷宋論十五卷 （清）王夫之撰
清光緒三十年（1904）上海商務印書館鉛印
本 二冊 存十卷（讀通鑑論九至十、宋論八
至十五）

620000 – 1101 – 0004209 610.81/113.001

讀通鑑論十六卷宋論十五卷 （清）王夫之撰
清光緒三十年（1904）上海商務印書館鉛印
本 三冊 存十七卷（讀通鑑論九至十、宋論
十五卷）

620000 – 1101 – 0004210 413/821.1

讀醫隨筆六卷 （清）周學海著 清光緒二十
四年（1898）周學海刻本 四冊

620000 – 1101 – 0004211 091.774/286

讀易觀象惺惺錄三十六卷 （清）李南暉注
清抄本 一冊 存一卷（三十六）

620000 – 1101 – 0004212 091.275/783

讀易匯參十五卷首一卷 （清）和瑛纂 清道
光二十三年（1843）易簡書室刻本 八冊 存
八卷（八至十五）

620000 – 1101 – 0004213 863

讀易舉要四卷 （宋）俞琬撰 易學辨惑一卷
（宋）邵伯溫撰 清同治錢塘周懋琦抄本
一冊 存二卷（讀易舉要四、易學辨惑一卷）

620000 – 1101 – 0004214 089.75/920

讀易樓合刻九種二十五卷 （清）倪元坦撰
清嘉慶、道光刻本 九冊 存五種二十四卷
（儒門語要六卷，二曲集錄要四卷、附錄一卷，
老子參註四卷，志樂輯略三卷，畬香草存六
卷）

620000 – 1101 – 0004215 091.07/434

讀易一斑四卷 （清）吳麗生撰 清光緒二十
二年（1896）刻本 二冊

620000 – 1101 – 0004216 3269

讀朱隨筆四卷 （清）陸隴其輯 清康熙四十
七年（1708）正誼堂刻本 一冊

620000 – 1101 – 0004217 089.77/61

賭棋山莊所著書七種七十八卷 （清）謝章鋌

撰 清光緒十年至民國十四年（1884－1925）
增刻彙印本 三十三冊

620000 – 1101 – 0004218 089.77/61

賭棋山莊所著書七種七十八卷 （清）謝章鋌
撰 清光緒十年至民國十四年（1884－1925）
增刻彙印本 三十二冊

620000 – 1101 – 0004219 3013

篤素堂文集十六卷 （清）張英撰 清乾隆刻
本 四冊 存十二卷（一至十二）

620000 – 1101 – 0004220 847.2/307.1.08

篤素堂文集四卷 （清）張英撰 清光緒六年
（1880）張紹文刻本 一冊

620000 – 1101 – 0004221 597

杜工部集二十卷 （唐）杜甫撰 （清）錢謙益
箋注 年譜一卷諸家詩話一卷唱酬題詠附錄
一卷附錄一卷 清康熙六年（1667）靜思堂刻
本 八冊

620000 – 1101 – 0004222 844.14/243.002

杜工部集二十卷 （唐）杜甫撰 （清）錢謙益
箋注 略例一卷諸家詩話一卷唱酬題詠附錄
一卷附錄一卷 清宣統二年（1910）上海國光
印刷所鉛印本 八冊

620000 – 1101 – 0004223 1809

杜工部集二十卷 （唐）杜甫撰 （清）錢謙益
箋注 年譜一卷諸家詩話一卷唱酬題詠附錄
一卷附錄一卷 清康熙六年（1667）靜思堂刻
本 八冊

620000 – 1101 – 0004224 1810

杜工部集二十卷首一卷 （唐）杜甫撰 （明）
王世貞 （清）王士禎等評 清道光十四年
（1834）芸葉盦刻六色套印本 八冊

620000 – 1101 – 0004225 1904

杜工部集二十卷首一卷 （唐）杜甫撰 （明）
王世貞 （清）王士禎等評 清道光十四年
（1834）芸葉盦刻六色套印本 八冊

620000 – 1101 – 0004226 844.14/243

杜工部集二十卷首一卷 （唐）杜甫撰 唱酬

題詠附錄一卷諸家詩話一卷　清同治十一年
(1872)致一齋刻本　十冊

620000－1101－0004227　1188
杜工部集二十卷首一卷　(唐)杜甫撰　(明)
王世貞　(清)王士禛等評　清光緒二年
(1876)翰墨園刻六色套印本　十冊

620000－1101－0004228　1811
杜工部集二十卷首一卷　(唐)杜甫撰　(明)
王世貞　(清)王士禛等評　清光緒二年
(1876)翰墨園刻六色套印本　十冊

620000－1101－0004229　844.14/24.26.4
杜工部集二十卷首一卷　(唐)杜甫撰　(明)
王世貞　(清)王士禛等評　清光緒二年
(1876)翰墨園刻六色套印本　十冊

620000－1101－0004230　844.14/243.001
杜工部集二十卷首一卷　(唐)杜甫撰　清晚
期刻六色套印本　四冊　存十卷(六至九、十
五至二十)

620000－1101－0004231　4395
杜工部詩集二十卷　(唐)杜甫撰　(清)朱鶴
齡輯注　清康熙刻本　一冊　存二卷(八至
九)

620000－1101－0004232　610
杜工部詩集二十卷集外詩一卷文集二卷
(唐)杜甫撰　(清)朱鶴齡注　**年譜一卷**
(清)朱鶴齡撰　清康熙葉永茹萬卷樓刻本
二十四冊

620000－1101－0004233　1845
杜韓詩句集韻三卷　(清)汪文柏輯　清康熙
四十五年至四十六年(1706－1707)汪氏古香
樓刻本　四冊

620000－1101－0004234　4173
杜韓詩句集韻三卷　(清)汪文柏輯　清康熙
四十五年至四十六年(1706－1707)汪氏古香
樓刻本　五冊　存卷上之下至卷下

620000－1101－0004235　1812
杜律啓蒙十二卷　(唐)杜甫撰　(清)邊連寶

注　清乾隆四十二年(1777)刻本　六冊

620000－1101－0004236　2854
杜詩本義二卷　(唐)杜甫撰　(清)齊翀集注
清乾隆刻本　二冊

620000－1101－0004237　844.14/24.26
杜詩鏡銓二十卷　(清)楊倫撰　**讀書堂杜工
部文集註解二卷**　(清)張溍撰　清同治十一
年(1872)望三益齋刻本　十冊

620000－1101－0004238　844.14/24.26
杜詩鏡銓二十卷　(清)楊倫撰　**讀書堂杜工
部文集註解二卷**　(清)張溍撰　清同治十一
年(1872)望三益齋刻本　五冊　存十八卷
(鏡銓一至十六、文集註解二卷)

620000－1101－0004239　844.14/24.26
杜詩鏡銓二十卷　(清)楊倫撰　**讀書堂杜工
部文集註解二卷**　(清)張溍撰　清同治十一
年(1872)望三益齋刻本　十二冊

620000－1101－0004240　844.14/24.26.2
杜詩鏡銓二十卷　(清)楊倫撰　**讀書堂杜工
部文集註解二卷**　(清)張溍撰　清同治十一
年(1872)望三益齋刻本　十冊

620000－1101－0004241　844.14/24.26
杜詩鏡銓二十卷　(清)楊倫撰　**讀書堂杜工
部文集註解二卷**　(清)張溍撰　清同治十一
年(1872)望三益齋刻本　十二冊

620000－1101－0004242　844.14/24.26
杜詩鏡銓二十卷　(清)楊倫撰　**讀書堂杜工
部文集註解二卷**　(清)張溍撰　清同治十一
年(1872)望三益齋刻本　十冊

620000－1101－0004243　844.14/24.26
杜詩鏡銓二十卷　(清)楊倫撰　**讀書堂杜工
部文集註解二卷**　(清)張溍撰　清同治十一
年(1872)望三益齋刻本　九冊　存十八卷
(鏡銓一至十一、十四至十八,文集註解二卷)

620000－1101－0004244　844.14/24.26.001
杜詩鏡銓二十卷　(清)楊倫撰　**讀書堂杜工
部文集註解二卷**　(清)張溍撰　清光緒十八

年(1892)上海著易堂鉛印本 一冊 存三卷
(鏡銓一至三)

620000－1101－0004245 3024

杜詩鏡銓二十卷年譜一卷附錄一卷 （清）楊
倫撰 清乾隆九柏山房刻本 八冊

620000－1101－0004246 2902

杜詩論文五十六卷 （唐）杜甫撰 （清）吳見
思注 （清）潘眉評 清康熙寶翰樓刻本 十
六冊

620000－1101－0004247 1803

杜詩偶評四卷 （清）沈德潛撰 清乾隆十二
年(1747)潘承松賦閒草堂刻本 二冊

620000－1101－0004248 2556

杜詩偶評四卷 （清）沈德潛撰 清乾隆十二
年(1747)潘承松賦閒草堂刻本 四冊

620000－1101－0004249 3009

杜詩偶評四卷 （清）沈德潛撰 清乾隆十二
年(1747)潘承松賦閒草堂刻本 一冊

620000－1101－0004250 105

杜詩詳註二十五卷首一卷附編二卷 （唐）杜
甫撰 （清）仇兆鰲輯註 清康熙刻本 十
四冊

620000－1101－0004251 4151

杜詩詳註二十五卷首一卷附編二卷 （唐）杜
甫撰 （清）仇兆鰲輯註 清康熙刻本 十冊
存十五卷(一至十四、首一卷)

620000－1101－0004252 4152

杜詩詳註二十五卷首一卷附編二卷 （唐）杜
甫撰 （清）仇兆鰲輯註 清康熙刻本 八冊
存十五卷(一至十四、首一卷)

620000－1101－0004253 844.14/24.91

杜詩詳註二十五卷首一卷附編二卷 （唐）杜
甫撰 （清）仇兆鰲輯註 清刻本 十八冊
存二十卷(八至二十五、附編二卷)

620000－1101－0004254 844.14/243.918

杜詩詳註二十五卷首一卷附編二卷 （唐）杜
甫撰 （清）仇兆鰲輯註 清康熙刻本 二十

七冊

620000－1101－0004255 215

杜子美詩集二十卷 （唐）杜甫撰 （宋）劉辰
翁評點 明天啓刻合刻宋劉須溪點校書本
四冊

620000－1101－0004256 331.092/479

度量權衡畫一制度圖說總表推行章程不分卷
（清）農工商部編 清光緒末鉛印本 一冊

620000－1101－0004257 691.6/542

度隴記四卷 （清）董醇撰 清咸豐刻本
四冊

620000－1101－0004258 691.6/542

度隴記四卷 （清）董醇撰 清咸豐刻本
四冊

620000－1101－0004259 691.6/542

度隴記四卷 （清）董醇撰 清咸豐刻本
四冊

620000－1101－0004260 691.6/542

度隴記四卷 （清）董醇撰 清咸豐刻本
四冊

620000－1101－0004261 691.6/542

度隴記四卷 （清）董醇撰 清咸豐刻本 一
冊 存一卷(一)

620000－1101－0004262 691.6/542

度隴記四卷 （清）董醇撰 清咸豐刻本
三冊

620000－1101－0004263 1607

度曲須知二卷絃索辨訛二卷 （明）沈寵綏撰
明崇禎十二年(1639)刻清順治六年(1649)
沈標重修本 一冊 存二卷(度曲須知下、絃
索辨訛下)

620000－1101－0004264 564.2/665

度支部檔案第一集不分卷 （清）度支部彙編
清宣統元年(1909)鉛印本 一冊

620000－1101－0004265 127.2/439

蠹書二卷 （清）吳之斑著 清咸豐六年
(1856)刻本 一冊

221

620000－1101－0004266　127.2/439

蠹書二卷　（清）吳之珽著　清咸豐六年(1856)刻本　一冊

620000－1101－0004267　127.2/439

蠹書二卷　（清）吳之珽著　清咸豐六年(1856)刻本　一冊

620000－1101－0004268　127.2/439

蠹書二卷　（清）吳之珽著　清咸豐六年(1856)刻本　一冊

620000－1101－0004269　127.2/439

蠹書二卷　（清）吳之珽著　清咸豐六年(1856)刻本　一冊

620000－1101－0004270　127.2/439

蠹書二卷　（清）吳之珽著　清咸豐六年(1856)刻本　一冊

620000－1101－0004271　479.93/434

端溪硯史三卷　（清）吳蘭修編　清道光十七年(1837)刻本　一冊

620000－1101－0004272　782.96/87

段容思先生年譜紀略一卷　（明）彭澤編輯　清刻本　一冊

620000－1101－0004273　782.96/87

段容思先生年譜紀略一卷　（明）彭澤編輯　清刻本　一冊

620000－1101－0004274　782.96/87

段容思先生年譜紀略一卷　（明）彭澤編輯　清刻本　一冊

620000－1101－0004275　802.223/92

段氏說文注訂八卷　（清）鈕樹玉著　清同治五年(1866)碧螺山館刻本　四冊

620000－1101－0004276　802.223/92.001

段氏說文注訂八卷　（清）鈕樹玉著　清同治十三年(1874)湖北崇文書局刻本　二冊

620000－1101－0004277　1085

段注說文解字節鈔不分卷　（清）□□輯　清稿本　四冊

620000－1101－0004278　802.44/792

對類便讀六卷首一卷　（清）程錫類編　（清）葉良儀刪訂　清嘉慶刻本　二冊

620000－1101－0004279　802.4/357

對偶聲律合刻四卷　（明）孟紱編　（明）鄭以誠注　（清）車萬育著　（清）夏大觀箋　清刻本　一冊　存一卷(二)

620000－1101－0004280　847.7/781.5

對山書屋墨餘錄十六卷　（清）毛祥麟撰　清同治九年(1870)上海亦可居刻本　八冊

620000－1101－0004281　313.19/443

對數表不分卷　（美國）路密司撰　（美國）赫士口譯　（清）朱葆琛筆述　清光緒二十四年(1898)上海美華書館鉛印本　一冊

620000－1101－0004282　310.208/151

對數表四卷　（清）賈步緯　火榮業校述　清光緒十一年(1885)江南製造總局鉛印本　四冊

620000－1101－0004283　310.208/151

對數表四卷　（清）賈步緯　火榮業校述　清光緒十一年(1885)江南製造總局鉛印本　三冊　存三卷(一至三)

620000－1101－0004284　310.208/151

對數表四卷　（清）賈步緯　火榮業校述　清光緒十一年(1885)江南製造總局鉛印本　四冊

620000－1101－0004285　310.208/151

對數表四卷　（清）賈步緯　火榮業校述　清光緒十一年(1885)江南製造總局鉛印本　四冊

620000－1101－0004286　310.208/151

對數表四卷　（清）賈步緯　火榮業校述　清光緒十一年(1885)江南製造總局鉛印本　四冊

620000－1101－0004287　310.208/151

對數表四卷　（清）賈步緯　火榮業校述　清光緒十一年(1885)江南制造總局鉛印本

四册

620000－1101－0004288　313.19/378
對數述二卷　（清）陳其晉著　清光緒四年
(1878)刻本　二册

620000－1101－0004289　413
對制談經十五卷　（明）杜渥輯　明萬曆晉陵
杜氏泰初堂刻本　四册

620000－1101－0004290　847/165
敦好齋律陶纂一卷　（清）黃槐開著　**陶靖節
詩話一卷**　（清）胡鳳丹編纂　**陶淵明詩集考
異四卷**　（清）胡鳳丹纂　清末刻本　一册

620000－1101－0004291　797.16511/0.640
敦煌石室遺書不分卷　羅振玉輯　清宣統元
年(1909)鉛印本　三册

620000－1101－0004292　797.16/90
敦煌石室真蹟錄五卷　王仁俊撰　清宣統元
年(1909)石印本　一册　存三卷(一至三)

620000－1101－0004293　797.16/90
敦煌石室真蹟錄五卷　王仁俊撰　清宣統元
年(1909)石印本　一册

620000－1101－0004294　671.65/511.791
敦煌縣城關地理調查表不分卷　（清）陳澤藩
編　清宣統元年(1909)抄本　一册

620000－1101－0004295　567.3/0.640
敦煌縣賦役全書不分卷　（清）□□編　清咸
豐三年(1853)刻本　三册

620000－1101－0004296　847.6/50
敦凤好齋詩初編十二卷　（清）葉名澧著　清
咸豐三年(1853)刻本　二册

620000－1101－0004297　847.6/504.7
敦凤好齋詩續編十一卷　（清）葉名澧著　清
咸豐九年(1859)木活字印本　一册　存六卷
(六至十一)

620000－1101－0004298　789.2/679
燉煌郡清塘洪氏支譜四卷首一卷末一卷
（清）洪國楷輯　清嘉慶紫雲書屋刻本　四册

620000－1101－0004299　644
鈍翁前後類槀六十二卷　（清）汪琬撰　清康
熙十四年(1675)刻本　十册

620000－1101－0004300　1778
鈍翁前後類槀六十二卷續槀五十六卷　（清）
汪琬撰　清康熙十四年(1675)、二十四年
(1685)刻本　二十六册

620000－1101－0004301　1682
鈍吟全集二十三卷　（清）馮班撰　清初毛氏
汲古閣、康熙陸貽典等遞刻本　六册　存十
三卷(馮氏小集三卷、鈍吟集三卷、鈍吟別集
一卷、鈍吟餘集一卷、遊仙詩二卷、鈍吟老人
集外詩一卷、鈍吟樂府一卷、鈍吟老人文稿一
卷)

620000－1101－0004302　1792
鈍吟全集二十三卷　（清）馮班撰　清初毛氏
汲古閣、康熙陸貽典等遞刻本　四册

620000－1101－0004303　222.16/126
頓悟入道要門論二卷　（唐）釋慧海撰　清宣
統二年(1910)常州天寧寺刻本　一册

620000－1101－0004304　075.61/886
多能鄙事十二卷　（明）劉基編　清抄本
六册

620000－1101－0004305　089.76/858
多識錄四卷　（清）練恕撰　清道光十八年
(1838)連平練氏上海官舍刻本　二册

620000－1101－0004306　782.87/852
多忠勇公勤勞錄四卷　（清）雷正綰纂輯　清
光緒元年(1875)固原提署刻本　四册

620000－1101－0004307　782.177/334
多忠勇公勤勞錄四卷　（清）雷正綰纂輯　清
光緒元年(1875)固原提署刻本　四册

620000－1101－0004308　782.177/334
多忠勇公勤勞錄四卷　（清）雷正綰纂輯　清
光緒元年(1875)固原提署刻本　四册

620000－1101－0004309　782.177/334
多忠勇公勤勞錄四卷　（清）雷正綰纂輯　清

光緒元年(1875)固原提署刻本(卷四係抄配)
四冊

620000－1101－0004310　597.948/347

俄國水師考不分卷　（英國）百拉西撰　（英國）傅少蘭　（清）李嶽蘅譯　清光緒江南製造總局鉛印本　一冊

620000－1101－0004311　748.6/1000

俄國新志八卷　（英國）陔勒低撰　（英國）傅蘭雅　（清）潘松譯　清光緒二十四年(1898)上海製造總局刻本　三冊

620000－1101－0004312　748.6/1000

俄國新志八卷　（英國）陔勒低撰　（英國）傅蘭雅　（清）潘松譯　清光緒二十四年(1898)上海製造總局刻本　三冊

620000－1101－0004313　748.6/1000

俄國新志八卷　（英國）陔勒低撰　（英國）傅蘭雅　（清）潘松譯　清光緒二十四年(1898)上海製造總局刻本　三冊

620000－1101－0004314　748.6/1000

俄國新志八卷　（英國）陔勒低撰　（英國）傅蘭雅　（清）潘松譯　清光緒二十四年(1898)上海製造總局刻本　三冊

620000－1101－0004315　748.6/1000

俄國新志八卷　（英國）陔勒低撰　（英國）傅蘭雅　（清）潘松譯　清光緒二十四年(1898)上海製造總局刻本　三冊　存四卷(一至四)

620000－1101－0004316　748.6/1000

俄國新志八卷　（英國）陔勒低撰　（英國）傅蘭雅　（清）潘松譯　清光緒二十四年(1898)上海製造總局刻本　二冊　存三卷(一至三)

620000－1101－0004317　748/73.45

俄羅斯三卷　（法國）波留撰　（日本）中島端譯　清光緒三十年(1904)上海商務印書館鉛印本　三冊

620000－1101－0004318　748.1/91.66

俄羅斯史不分卷附錄俄羅斯史大事年譜一卷　（俄國）伊羅瓦伊基撰　（清）商務印書館譯

（清）金鳴鑾校　清光緒二十九年(1903)上海商務印書館鉛印本　一冊

620000－1101－0004319　748.1/58.34

俄羅斯史二卷附錄俄羅斯皇帝年譜一卷　（日本）山本利喜雄撰　麥鼎華譯　清光緒二十九年(1903)廣智書局鉛印本　二冊

620000－1101－0004320　748.1/950

俄史輯譯四卷　（清）徐景羅譯　清光緒二十三年(1897)湖南新學書局石印本　六冊

620000－1101－0004321　748.9/860.001

俄游彙編八卷　（清）繆祐孫纂　清光緒二十一年(1895)上海江左書林石印本　七冊

620000－1101－0004322　748.9/860.002

俄游彙編八卷　（清）繆祐孫纂　清光緒二十四年(1898)上海書局石印本　五冊

620000－1101－0004323　748.9/860.001

俄游彙編八卷　（清）繆祐孫纂　清光緒二十一年(1895)上海江左書林石印本　六冊

620000－1101－0004324　748.9/860

俄游彙編十二卷　（清）繆祐孫纂　清光緒十五年(1889)海上秀文書局石印本　四冊

620000－1101－0004325　748.9/860

俄游彙編十二卷　（清）繆祐孫纂　清光緒十五年(1889)海上秀文書局石印本　四冊　存八卷(一至四、九至十二)

620000－1101－0004326　748.9/860

俄游彙編十二卷　（清）繆祐孫纂　清光緒十五年(1889)海上秀文書局石印本　四冊

620000－1101－0004327　683.27/58.60001

峩山圖志二卷　（清）譚鐘岳編繪　清光緒十七年(1891)刻本　四冊

620000－1101－0004328　683.27/58.60

峩山圖志二卷　（清）譚鐘岳編繪　清光緒十七年(1891)刻本　二冊

620000－1101－0004329　847.8/828.1

峩秀堂詩鈔四卷　（清）朱世重撰　清光緒二十八年(1902)潞河李氏代耕堂刻本　一冊

620000 – 1101 – 0004330　1412

岷秀堂詩存不分卷　（清）朱世重撰　清道光十二年(1832)稿本　一冊

620000 – 1101 – 0004331　3415

垩室錄感一卷　（清）李顒撰　清乾隆刻本　一冊

620000 – 1101 – 0004332　192.1/289

垩室錄感一卷　（清）李顒撰　清道光八年(1828)刻本　一冊

620000 – 1101 – 0004333　127.6/289.02

垩室錄感一卷　（清）李顒撰　清光緒二年(1876)刻本　一冊

620000 – 1101 – 0004334　782.852/88.02

鄂國金佗粹編二十八卷續編三十卷　（宋）岳珂編　清光緒九年(1883)浙江書局刻本　六冊　存三十卷(續編三十卷)

620000 – 1101 – 0004335　782.852/88.01

鄂國金佗粹編二十八卷續編三十卷　（宋）岳珂編　清光緒九年(1883)浙江書局刻本　六冊　存二十八卷(粹編二十八卷)

620000 – 1101 – 0004336　782.852.1/883

鄂國金佗粹編二十八卷續編三十卷　（宋）岳珂編　清光緒九年(1883)浙江書局刻本　十二冊

620000 – 1101 – 0004337　782.852.1/883

鄂國金佗粹編二十八卷續編三十卷　（宋）岳珂編　清光緒九年(1883)浙江書局刻本　十二冊

620000 – 1101 – 0004338　831.7/222

鄂渚同聲集正編二十卷　（清）胡鳳丹輯　清同治九年(1870)刻本　一冊

620000 – 1101 – 0004339　127.1/112

噩夢一卷　（清）王夫之撰　清同治四年(1865)曾國荃金陵節署刻本　一冊

620000 – 1101 – 0004340　127.1/112.001

噩夢一卷　（清）王夫之撰　清光緒二十三年(1897)豐城余氏刻寶墨齋叢書本　一冊

620000 – 1101 – 0004341　573.07/11

噩夢一卷　（清）王夫之撰　清光緒二十三年(1897)豐城余氏刻寶墨齋叢書本　一冊

620000 – 1101 – 0004342　847.4/183

恩餘堂經進初稿十二卷續稿二十二卷　（清）彭元瑞撰　清嘉慶刻本　八冊　存二十四卷(初稿十二卷、續稿一至十二)

620000 – 1101 – 0004343　847.4/183.001

恩餘堂經進初稿十二卷續稿二十二卷策問存課四卷　（清）彭元瑞撰　清晚期抄本　十二冊　存三十六卷(經進初稿十二卷、續稿二十二卷、策問存課一至二)

620000 – 1101 – 0004344　1885

而菴說唐詩二十二卷　（清）徐增撰　清乾隆刻本　六冊

620000 – 1101 – 0004345　4128

而菴說唐詩二十二卷　（清）徐增撰　清乾隆刻本　一冊　存二卷(四至五)

620000 – 1101 – 0004346　2526

而菴說唐詩二十二卷首一卷　（清）徐增撰　清康熙九誥堂刻本　一冊　存六卷(十七至二十二)

620000 – 1101 – 0004347　2527

而菴說唐詩二十二卷首一卷　（清）徐增撰　清康熙九誥堂刻本　八冊

620000 – 1101 – 0004348　523.12/354

兒童矯弊論七章　（日本）大村仁太郎編　（清）京師學務處編書局編譯　清光緒三十一年(1905)京師學務處官書局鉛印本　一冊

620000 – 1101 – 0004349　523.23/0.881

兒童入學常識不分卷　（清）□□編　清末刻本　一冊

620000 – 1101 – 0004350　2517

耳食錄十二卷　（清）樂宮譜撰　清乾隆五十七年(1792)刻本　六冊

620000 – 1101 – 0004351　2754

耳提錄一卷　（清）顧景星撰　（清）顧昌輯

清乾隆二十年(1755)刻本　一册

620000－1101－0004352　099.12/74.88

爾雅補注殘本一卷　(清)劉玉麐撰　清光緒
十四年(1888)廣雅書局刻本　一册

620000－1101－0004353　099.12/74.88

爾雅補注殘本一卷　(清)劉玉麐撰　清光緒
十四年(1888)廣雅書局刻本　一册

620000－1101－0004354　099.127/167

爾雅古義十二卷　(清)黃奭撰　清道光刻本
六册

620000－1101－0004355　099.127/504

爾雅古注斠三卷蘭如詩鈔一卷　(清)葉蕙心
撰　清光緒二年(1876)李氏半畝園刻本
二册

620000－1101－0004356　802.112/81.11

爾雅郭注佚存補訂二十卷　王樹枏著　清光
緒十八年(1892)文莫室刻本　六册

620000－1101－0004357　1009

爾雅郭注義疏二十卷　(清)郝懿行學　清同
治四年(1865)郝氏刻本　十册

620000－1101－0004358　099.12/31.64.001

爾雅郭注義疏二十卷　(清)郝懿行學　清同
治四年(1865)郝氏刻本　八册

620000－1101－0004359　099.12/31.64.001

爾雅郭注義疏二十卷　(清)郝懿行學　清同
治四年(1865)郝氏刻本　八册

620000－1101－0004360　099.12/209

爾雅郭注義疏二十卷　(清)郝懿行學　清光
緒十三年(1887)湖北官書局刻本　八册

620000－1101－0004361　099.12/209.001

爾雅郭注義疏二十卷　(清)郝懿行學　清光
緒十四年(1888)上海鴻文書局石印本　三册
存十二卷(上五卷、下七卷)

620000－1101－0004362　099.22/525

爾雅漢注三卷　(清)臧鏞堂輯　(清)朱記榮
校訂　清光緒十三年(1887)吳縣朱記榮刻槐
廬叢書本　一册

620000－1101－0004363　249

爾雅三卷　(宋)鄭樵注　明崇禎毛氏汲古閣
刻津逮祕書本　三册

620000－1101－0004364　099.1/630.001

爾雅三卷　(晉)郭璞注　清嘉慶十一年
(1806)吳門顧氏思適齋刻本　一册

620000－1101－0004365　099.1/630.001

爾雅三卷　(晉)郭璞注　清嘉慶十一年
(1806)吳門顧氏思適齋刻本　一册

620000－1101－0004366　099.1/630.001

爾雅三卷　(晉)郭璞注　清嘉慶十一年
(1806)吳門顧氏思適齋刻本　一册

620000－1101－0004367　099.1/630

爾雅三卷　(晉)郭璞注　(唐)陸德明音義
清嘉慶二十二年(1817)刻本　一册

620000－1101－0004368　099.12/31.63

爾雅三卷　(晉)郭璞注　(唐)陸德明音義
清同治七年(1868)崇文書局刻本　三册

620000－1101－0004369　099.1/630.002

爾雅三卷　(晉)郭璞注　(唐)陸德明音譯
清同治南京金陵李光明莊刻本　二册　存二
卷(上、中)

620000－1101－0004370　099.1/630.003

爾雅三卷　(晉)郭璞注　(唐)陸德明音義
清同治十一年(1872)山東書局刻本(序為民
國十四年補)　三册

620000－1101－0004371　251

爾雅三卷音釋三卷　(晉)郭璞注　明刻本
三册

620000－1101－0004372　099.12/630

爾雅疏十卷　(晉)郭璞注　(宋)邢昺等校定
清光緒十三年(1887)刻本　二册

620000－1101－0004373　099.12/630.001

爾雅疏十卷　(晉)郭璞注　(宋)邢昺等校定
清光緒四年(1878)吳興陸心源十萬卷樓刻
本　二册

620000－1101－0004374　099.127.6/443

爾雅易讀一卷夏小正一卷 （清）路德撰 清光緒十七年（1891）李光明莊刻本 一冊

620000－1101－0004375 099.153.1/630
爾雅音圖三卷 （晉）郭璞注 清嘉慶六年（1801）南城曾氏藝學軒刻本 一冊

620000－1101－0004376 099.153.1/630.001
爾雅音圖三卷 （晉）郭璞注 清光緒上海石印本 二冊 存一卷（下）

620000－1101－0004377 099.153.1/630.002
爾雅音圖三卷 （晉）郭璞注 清光緒影印本 一冊 存一卷（下）

620000－1101－0004378 099.17/754
爾雅正郭三卷 （清）潘衍桐撰 清光緒十七年（1891）潘氏刻本 一冊

620000－1101－0004379 099.17/754
爾雅正郭三卷 （清）潘衍桐撰 清光緒十七年（1891）潘氏刻本 一冊

620000－1101－0004380 099.17/754
爾雅正郭三卷 （清）潘衍桐撰 清光緒十七年（1891）潘氏刻本 一冊

620000－1101－0004381 099.106/367
爾雅直音二卷 （清）孫侃輯 清光緒二十一年（1895）刻本 二冊

620000－1101－0004382 099.106/367.001
爾雅直音二卷 （清）孫侃輯 清嘉慶四年（1799）刻本 二冊

620000－1101－0004383 248
爾雅注疏十卷 （晉）郭璞注 （宋）邢昺疏 元刻明修本（卷十係抄配） 八冊

620000－1101－0004384 099.123.1/630.004
爾雅注疏十一卷 （晉）郭璞注 （宋）邢昺疏 清道光六年（1826）刻本 六冊

620000－1101－0004385 099.123.1/630.001
爾雅注疏十一卷 （晉）郭璞注 （宋）邢昺疏 清同治十年（1871）廣東按察使署刻本 五冊

620000－1101－0004386 099.123.1/630.001
爾雅注疏十一卷 （晉）郭璞注 （宋）邢昺疏 清同治十年（1871）廣東按察使署刻本 二冊 存六卷（六至十一）

620000－1101－0004387 099.123.1/630.002
爾雅注疏十一卷 （晉）郭璞注 （宋）邢昺疏 清末抄本 一冊

620000－1101－0004388 3362
爾雅注疏十一卷附考證 （晉）郭璞注 （唐）陸德明音義 （宋）邢昺疏 清乾隆四年（1739）武英殿刻十三經注疏本 二冊 存七卷（一至七）

620000－1101－0004389 832
爾雅注疏十一卷附考證 （晉）郭璞注 （唐）陸德明音義 （宋）邢昺疏 清乾隆四年（1739）武英殿刻十三經注疏本 一冊

620000－1101－0004390 099.123.1/630
爾雅註疏十一卷 （晉）郭璞注 （宋）邢昺疏 清嘉慶七年（1802）刻本 六冊

620000－1101－0004391 099.123.1/630.005
爾雅註疏十一卷 （晉）郭璞注 （宋）邢昺疏 清嘉慶十八年（1813）四友堂刻十三經註疏本 四冊

620000－1101－0004392 099.123.1/630.003
爾雅註疏十一卷 （晉）郭璞注 （宋）邢昺疏 清道光二十九年（1849）海清樓刻本 二冊 存五卷（一至五）

620000－1101－0004393 099.123.1/630.006
爾雅註疏十一卷 （晉）郭璞注 （宋）邢昺疏 清晚期刻本 三冊 存九卷（三至十一）

620000－1101－0004394 099.123.1/630.007
爾雅註疏十一卷 （晉）郭璞注 （宋）邢昺疏 清寶旭齋刻本 六冊

620000－1101－0004395 1683
爾雅註疏十一卷 （晉）郭璞注 （宋）邢昺疏 清刻本 四冊

620000－1101－0004396 1881

爾雅註疏十一卷 （晉）郭璞注 （宋）邢昺疏 清刻本 二冊

620000－1101－0004397 847.5/828

二垞詩稿四卷詞稿一卷 （清）朱棟著 清嘉慶十一年(1806)踵息山莊刻本 二冊

620000－1101－0004398 2088

二程全書六十七卷 （宋）程顥 （宋）程頤撰 （宋）朱熹輯 清康熙呂氏寶誥堂刻本 二十冊

620000－1101－0004399 3814

二程全書六十七卷 （宋）程顥 （宋）程頤撰 （宋）朱熹輯 清康熙呂氏寶誥堂刻本 五冊 存十四卷(伊川先生文集附錄二卷、伊川易傳四卷、伊川經說八卷)

620000－1101－0004400 125.2/785

二程全書六十七卷 （宋）程顥 （宋）程頤撰 （宋）朱熹輯 清光緒三十四年(1908)澹雅書局刻本 二十冊

620000－1101－0004401 125.2/785

二程全書六十七卷 （宋）程顥 （宋）程頤撰 （宋）朱熹輯 清光緒三十四年(1908)澹雅書局刻本 十六冊

620000－1101－0004402 125.2/785

二程全書六十七卷 （宋）程顥 （宋）程頤撰 （宋）朱熹輯 清光緒三十四年(1908)澹雅書局刻本 十六冊

620000－1101－0004403 125.2/785

二程全書六十七卷 （宋）程顥 （宋）程頤撰 （宋）朱熹輯 清光緒三十四年(1908)澹雅書局刻本 三冊 存十一卷(伊川文集八卷、伊川經說一至三)

620000－1101－0004404 184

二程先生類語八卷 （明）唐伯元輯 明萬曆十三年(1585)姜召等刻本 六冊 存六卷(一至六)

620000－1101－0004405 2053

二程先生全書五十一卷 （宋）程顥 （宋）程

頤撰 清康熙二十五年(1686)程氏刻本 十二冊

620000－1101－0004406 2790

二程先生全書五十一卷 （宋）程顥 （宋）程頤撰 清康熙二十五年(1686)程氏刻本 十冊

620000－1101－0004407 149

二家宮詞二卷 （明）毛晉輯 明末毛氏綠君亭刻本 一冊

620000－1101－0004408 943.4/19

二金蜨堂尺牘不分卷 吳俊卿書 清光緒三十一年(1905)小長蘆館石印本 一冊

620000－1101－0004409 282

二經合卷二卷 （唐）釋實叉難陀等譯 宋紹興二年(1132)王永從安吉州思溪法寶資福禪寺刻本 一冊

620000－1101－0004410 283

二經同卷二卷 （唐）釋不空等譯 宋紹興二年(1132)王永從安吉州思溪法寶資福禪寺刻本 一冊

620000－1101－0004411 847.4/18.10.001

二林居集二卷 （清）彭紹升撰 清光緒六年(1880)崇文書局刻正覺樓叢刻本 二冊

620000－1101－0004412 847.4/18.10.001

二林居集二卷 （清）彭紹升撰 清光緒六年(1880)崇文書局刻正覺樓叢刻本 二冊

620000－1101－0004413 847.4/18.10.001

二林居集二卷 （清）彭紹升撰 清光緒六年(1880)崇文書局刻正覺樓叢刻本 一冊 存一卷(一)

620000－1101－0004414 847.4/18.10

二林居集二十四卷 （清）彭紹升撰 清光緒七年(1881)刻本 六冊

620000－1101－0004415 847.4/18.10

二林居集二十四卷 （清）彭紹升撰 清光緒七年(1881)刻本 六冊

620000－1101－0004416 847.4/18.10

二林居集二十四卷 （清）彭紹升撰 清光緒七年(1881)刻本 四冊

620000－1101－0004417 847.4/18.10

二林居集二十四卷 （清）彭紹升撰 清光緒七年(1881)刻本 四冊

620000－1101－0004418 794.2/315

二銘艸堂金石聚十六卷 （清）張德容撰 清同治十年(1871)刻本 十六冊

620000－1101－0004419 847.6/821

二南詩鈔二卷續鈔一卷 （清）周樂著 清道光刻本 二冊

620000－1101－0004420 3718

二南遺音四卷續集一卷 （清）劉紹攽輯 清乾隆刻本 二冊

620000－1101－0004421 831.7/893

二南遺音四卷續集一卷 （清）劉紹攽輯 清嘉慶抄本 一冊 存二卷(一至二)

620000－1101－0004422 3740

二曲集二十六卷 （清）李顒撰 清康熙三十二年(1693)刻本 八冊

620000－1101－0004423 127.1/289.07

二曲集錄要四卷附錄一卷 （清）李顒撰 （清）倪元坦輯 清光緒十年(1884)簡易齋刻本 一冊

620000－1101－0004424 127.1/289.002

二曲集四十六卷 （清）李顒撰 清光緒三年(1877)信述堂刻本 十六冊

620000－1101－0004425 127.1/289.002

二曲集四十六卷 （清）李顒撰 清光緒三年(1877)信述堂刻本 十六冊

620000－1101－0004426 127.1/289.004

二曲全集二十六卷 （清）李顒撰 清同治六年(1867)刻本 七冊

620000－1101－0004427 127.1/289.003

二曲全集二十六卷 （清）李顒撰 清光緒十七年(1891)刻本 六冊

620000－1101－0004428 127.1/289.005

二曲全集二十六卷附歷年紀略一卷 （清）李顒撰 清同治十二年(1873)刻本 一冊 存三卷(二十四至二十六)

620000－1101－0004429 127.1/289.001

二曲全集二十六卷四書反身錄八卷 （清）李顒撰 清光緒二十六年(1900)刻本 一冊 存七卷(十三至十九)

620000－1101－0004430 127.1/289.01

二曲全集二十六卷四書反身錄八卷 （清）李顒撰 清光緒二十六年(1900)刻本 八冊

620000－1101－0004431 127.1/289.001

二曲全集二十六卷四書反身錄八卷 （清）李顒撰 清光緒二十六年(1900)刻本 六冊 存二十六卷(全集二十六卷)

620000－1101－0004432 127.1/289.001

二曲全集二十六卷四書反身錄八卷 （清）李顒撰 清光緒二十六年(1900)刻本 八冊

620000－1101－0004433 435/120

二如亭群芳譜不分卷 （明）王象晉纂輯 清光緒十三年(1887)炳南氏抄本 一冊

620000－1101－0004434 1887

二如亭群芳譜三十卷首一卷 （明）王象晉纂輯 明末文富堂刻本 二十八冊

620000－1101－0004435 1888

二如亭群芳譜三十卷首一卷 （明）王象晉纂輯 明末汲古閣刻本 二十五冊

620000－1101－0004436 4419

二如亭群芳譜三十卷首一卷 （明）王象晉纂輯 明末汲古閣刻本 六冊 存二十三卷(歲譜四卷、穀譜一卷、蔬譜二卷、果譜四卷、茶譜一卷、竹譜一卷、桑麻葛譜一卷、棉譜一卷、藥譜三卷、木譜二卷、卉譜二卷、鶴魚譜一卷)

620000－1101－0004437 4421

二如亭群芳譜三十卷首一卷 （明）王象晉纂輯 明末汲古閣刻本 十七冊 存二十三卷

（天譜三卷,歲譜一,穀譜一卷,蔬譜二卷,果譜一、三至四,茶譜一卷,竹譜一卷,桑麻葛譜一卷,棉譜一卷,藥譜三卷,木譜二卷,卉譜二卷,鶴魚譜一卷;首一卷）

620000－1101－0004438　651
二如亭群芳譜三十卷首一卷　（明）王象晉纂輯　明末沙村草堂刻本　二十冊

620000－1101－0004439　2925
二如亭群芳譜三十卷首一卷　（明）王象晉纂輯　明末沙村草堂刻本　二十四冊

620000－1101－0004440　4418
二如亭群芳譜三十卷首一卷　（明）王象晉纂輯　明末沙村草堂刻本　十七冊　存二十三卷(天譜二至三,歲譜四卷,蔬譜二卷,茶譜一卷,竹譜一卷,桑麻葛譜一卷,棉譜一卷,藥譜三卷,木譜二卷,花譜一至二、四,卉譜二卷,鶴魚譜一卷）

620000－1101－0004441　4420
二如亭群芳譜三十卷首一卷　（明）王象晉纂輯　明末沙村草堂刻本　六冊　存十三卷(果譜三至四、茶譜一卷、竹譜一卷、桑麻葛譜一卷、棉譜一卷、藥譜三卷、木譜二卷、花譜一至二）

620000－1101－0004442　4423
二如亭群芳譜三十卷首一卷　（明）王象晉纂輯　明末沙村草堂刻本　八冊　存十一卷(天譜三卷、歲譜四卷、穀譜一卷、花譜四、卉譜一,首一卷）

620000－1101－0004443　4425
二如亭群芳譜三十卷首一卷　（明）王象晉纂輯　明末沙村草堂刻本　五冊　存六卷(蔬譜二卷、果譜一至二、卉譜二、鶴魚譜一卷）

620000－1101－0004444　1889
二如亭群芳譜三十卷首一卷　（明）王象晉纂輯　明末刻本　二十八冊

620000－1101－0004445　4422
二如亭群芳譜三十卷首一卷　（明）王象晉纂輯　明末刻本　一冊　存二卷(藥譜二至三）

620000－1101－0004446　4426
二如亭群芳譜三十卷首一卷　（明）王象晉纂輯　明末刻本　一冊　存一卷(花譜三）

620000－1101－0004447　435/120.001
二如亭群芳譜三十卷首一卷　（明）王象晉纂輯　清末刻本　十三冊　存十八卷(果譜二至四、茶譜一卷、竹譜一卷、桑麻葛譜一卷、棉譜一卷、藥譜三卷、木譜二、花譜四卷、卉譜二卷、鶴魚譜一卷）

620000－1101－0004448　610.72/183
二十二史感應錄二卷　（清）彭希涑輯　清光緒二十三年(1897)刻本　二冊

620000－1101－0004449　080/724.001
二十二子合刻二百九十二卷　（清）浙江書局輯　清光緒二十年(1894)上海積山書局石印本　十六冊

620000－1101－0004450　080/724
二十二子三百三十八卷　（清）浙江書局輯　清光緒浙江書局刻本　八十四冊

620000－1101－0004451　821.187/274
二十四詩品淺解一卷　（清）楊廷芝撰　清光緒三年(1877)刻本　一冊

620000－1101－0004452　610.1/119
二十四史策案十二卷　（清）王鎣輯　清光緒十三年(1887)上海大同書局石印本　二冊

620000－1101－0004453　573.11/16
二十四史九通政典類要合編三百二十卷　（清）黃書霖輯　清光緒二十八年(1902)約雅堂石印本　六十冊

620000－1101－0004454　573.11/16
二十四史九通政典類要合編三百二十卷　（清）黃書霖輯　清光緒二十八年(1902)約雅堂石印本　六十冊

620000－1101－0004455　573.11/16
二十四史九通政典類要合編三百二十卷　（清）黃書霖輯　清光緒二十八年(1902)約雅堂石印本　四十冊　存二百二十九卷(一至

一百二十八、一百七十七至二百二十六、二百七十至三百二十）

620000－1101－0004456　573.11/16
二十四史九通政典類要合編三百二十卷
（清）黃書霖輯　清光緒二十八年（1902）約雅堂石印本　十冊　存五十一卷（二百七十至三百二十）

620000－1101－0004457　573.11/16
二十四史九通政典類要合編三百二十卷
（清）黃書霖輯　清光緒二十八年（1902）約雅堂石印本　三十冊　存一百四十一卷（一百二十九至二百六十九）

620000－1101－0004458　610.81/836
二十四史論新編二十二卷　（清）朱鈞輯　清光緒石印本　二冊　存三卷（十七至十九）

620000－1101－0004459　610.81/383
二十四史論贊七十八卷　（清）陳闡輯　清光緒二十八年（1902）上海文淵山房石印本六冊

620000－1101－0004460　610.81/383
二十四史論贊七十八卷　（清）陳闡輯　清光緒二十八年（1902）上海文淵山房石印本　五冊　存三十七卷（一至二十二、三十四至四十二、六十一至六十六）

620000－1101－0004461　610.81/383
二十四史論贊七十八卷　（清）陳闡輯　清光緒二十八年（1902）上海文淵山房石印本　一冊　存七卷（一至七）

620000－1101－0004462　610/307
二十四史三千二百四十一卷　（清）□□輯
清光緒十年（1884）上海同文書局石印本　七百十三冊

620000－1101－0004463　610/307.02
二十四史三千二百四十一卷　（清）□□輯
清光緒十年（1884）上海同文書局石印本　七百十一冊

620000－1101－0004464　610/45.005
二十四史三千二百四十一卷　（清）□□輯
清光緒三十四年（1908）上海集成圖書公司鉛印本　四百冊

620000－1101－0004465　610/45.006
二十四史三千二百四十一卷　（清）□□輯
清同治九年（1870）金陵書局刻本　五百五十一冊

620000－1101－0004466　610.1/987
二十四史三千二百四十一卷　（清）□□輯
清光緒四年（1878）金陵書局刻本　五百三十冊

620000－1101－0004467　830/861
二十四史文鈔一百十卷　（清）納蘭常安選評
清光緒二十九年（1903）上海文來書局石印本　十六冊

620000－1101－0004468　830/861
二十四史文鈔一百十卷　（清）納蘭常安選評
清光緒二十九年（1903）上海文來書局石印本　十六冊

620000－1101－0004469　830/861
二十四史文鈔一百十卷　（清）納蘭常安選評
清光緒二十九年（1903）上海文來書局石印本　四冊　存六卷（六至七、十九至二十二）

620000－1101－0004470　1959
二十一史彈詞輯註十卷　（明）楊慎撰　（清）孫德威輯註　清康熙四十年（1701）刻本四冊

620000－1101－0004471　51
二十一史論贊輯要三十六卷　（明）彭以明輯
明萬曆刻本　十冊

620000－1101－0004472　089.75/72
二思堂叢書六種五十一卷　（清）梁章鉅撰
清光緒元年（1875）浙江書局刻本　十六冊

620000－1101－0004473　089.75/72
二思堂叢書六種五十一卷　（清）梁章鉅撰
清光緒元年（1875）浙江書局刻本　二十四冊

620000－1101－0004474　082.76/313

二酉堂叢書二十一種三十一卷　（清）張澍輯
　清道光元年(1821)武威張氏二酉堂刻本
十冊

620000－1101－0004475　082.76/313
二酉堂叢書二十一種三十一卷　（清）張澍輯
　清道光元年(1821)武威張氏二酉堂刻本
十冊

620000－1101－0004476　082.76/313
二酉堂叢書二十一種三十一卷　（清）張澍輯
　清道光元年(1821)武威張氏二酉堂刻本
十二冊

620000－1101－0004477　084/313
二酉堂叢書二十一種三十一卷　（清）張澍輯
　清道光元年(1821)武威張氏二酉堂刻本
十冊　存十二種十九卷(世本五卷、風俗通姓
氏篇二卷，十三州志一卷，三秦記一卷，三輔
舊事一卷，三輔故事一卷，皇甫司農集一卷，
張太常集一卷，段太尉集一卷，漢皇德傳一
卷，陰常侍詩集一卷，詩話一卷，李尚書詩集
一卷、附李氏事蹟一卷)

620000－1101－0004478　084/313
二酉堂叢書二十一種三十一卷　（清）張澍輯
　清道光元年(1821)武威張氏二酉堂刻本
六冊　存十二種十六卷(風俗通姓氏篇二卷，
三秦記一卷，三輔舊事一卷，三輔故事一卷，
十三州志一卷，涼州異物志一卷，涼州記一
卷，西河舊事一卷，西河記一卷，沙洲記一
卷、附錄一卷，陰常侍詩集一卷，詩話一卷，李尚
書詩集一卷，附李氏事跡一卷)

620000－1101－0004479　084/313
二酉堂叢書二十一種三十一卷　（清）張澍輯
　清道光元年(1821)武威張氏二酉堂刻本
四冊　存七種十卷(司馬法一卷、逸文一卷，
子夏易傳一卷，世本三至四，三輔決錄二卷，
三秦記一卷，三輔舊事一卷，三輔故事一卷)

620000－1101－0004480　084/313
二酉堂叢書二十一種三十一卷　（清）張澍輯
　清道光元年(1821)武威張氏二酉堂刻本
一冊　存五種五卷(皇甫司農集一卷、漢皇德

傳一卷、張太常集一卷、周生烈子一卷、段太
尉集一卷)

620000－1101－0004481　084/313
二酉堂叢書二十一種三十一卷　（清）張澍輯
　清道光元年(1821)武威張氏二酉堂刻本
八冊　存十四種二十卷(司馬法一卷，子夏易
傳一卷，世本五卷，三輔決錄二卷，皇甫司農
集一卷，張太常集一卷，周生烈子一卷，漢皇
德傳一卷，十三州志一卷，涼州異物志一卷，
涼州記一卷，西河舊事一卷，西河記一卷，沙
洲記一卷、附錄一卷)

620000－1101－0004482　084/313
二酉堂叢書二十一種三十一卷　（清）張澍輯
　清道光元年(1821)武威張氏二酉堂刻本
八冊　存十八種二十六卷(司馬法一卷、逸文
一卷，子夏易傳一卷，世本五卷，三輔決錄二
卷，皇甫司農集一卷，張太常集一卷，段太尉
集一卷，周生烈子一卷，漢皇德傳一卷，風俗
通姓氏篇二卷，三秦記一卷，三輔舊事一卷，
三輔故事一卷，涼州記一卷，涼州異物志一
卷，西河舊事一卷，西河記一卷，沙洲記一卷、
附錄一卷)

620000－1101－0004483　847.7/627.6
二知軒文存三十四卷　（清）方濬頤撰　清光
緒刻本　十二冊　存三十一卷(四至三十四)

620000－1101－0004484　782.16/426.002
貳臣傳八卷　（清）國史館編　清末刻本
八冊

620000－1101－0004485　782.16/426.004
貳臣傳六卷逆臣傳四卷　（清）國史館編　清
道光木活字印本　十六冊

620000－1101－0004486　1128
貳臣傳十二卷　（清）國史館編　清抄本　六
冊　存六卷(乙編一至六)

620000－1101－0004487　782.16/426.001
貳臣傳十二卷　（清）國史館編　清末刻本
四冊

620000－1101－0004488　782.16/426.003

貳臣傳十二卷　（清）國史館編　清晚期刻本
三冊　存六卷（五至十）

620000－1101－0004489　782.16/426.005
貳臣傳十二卷　（清）國史館編　清晚期如不
及齋刻本　六冊

620000－1101－0004490　782.16/426.003
貳臣傳十二卷　（清）國史館編　清晚期刻本
一冊　存二卷（十一至十二）

620000－1101－0004491　782.16/426
貳臣傳十二卷逆臣傳四卷　（清）國史館編
清末刻本　八冊

620000－1101－0004492　653.78/0.372
發卸新田縣楊令不分卷　（清）□□輯　清宣
統三年（1911）抄本　一冊

620000－1101－0004493　653.785/723
法部第二次統計表不分卷　（清）法部編　清
光緒三十四年（1908）鉛印本　二冊

620000－1101－0004494　583.42/471.001
法國律例四十四卷　（法國）畢利幹口譯
（清）時雨化筆述　清光緒六年（1880）同文館
鉛印本　四冊

620000－1101－0004495　583.42/471
法國律例四十四卷　（法國）畢利幹口譯
（清）時雨化筆述　清光緒二十三年（1897）石
印本　六冊　存二卷（民律一、民律指掌一）

620000－1101－0004496　597.942/246
法國水師考一卷　（美國）杜默能撰　（美國）
羅亨利　（清）瞿昂來譯　清光緒江南製造總
局鉛印本　一冊

620000－1101－0004497　597.942/246
法國水師考一卷　（美國）杜默能撰　（美國）
羅亨利　（清）瞿昂來譯　清光緒江南製造總
局鉛印本　一冊

620000－1101－0004498　597.942/246
法國水師考一卷　（美國）杜默能撰　（美國）
羅亨利　（清）瞿昂來譯　清光緒江南製造總
局鉛印本　一冊

620000－1101－0004499　597.942/246
法國水師考一卷　（美國）杜默能撰　（美國）
羅亨利　（清）瞿昂來譯　清光緒江南製造總
局鉛印本　一冊

620000－1101－0004500　597.942/246
法國水師考一卷　（美國）杜默能撰　（美國）
羅亨利　（清）瞿昂來譯　清光緒江南製造總
局鉛印本　一冊

620000－1101－0004501　597.942/246
法國水師考一卷　（美國）杜默能撰　（美國）
羅亨利　（清）瞿昂來譯　清光緒江南製造總
局鉛印本　一冊

620000－1101－0004502　597.942/246
法國水師考一卷　（美國）杜默能撰　（美國）
羅亨利　（清）瞿昂來譯　清光緒江南製造總
局鉛印本　一冊

620000－1101－0004503　742.09/605
法國新志四卷　（英國）該勒低輯　（英國）傅
紹蘭口譯　（清）潘松筆述　清光緒二十四年
（1898）上海江南製造局刻本　二冊

620000－1101－0004504　742.09/605
法國新志四卷　（英國）該勒低輯　（英國）傅
紹蘭口譯　（清）潘松筆述　清光緒二十四年
（1898）上海江南製造局刻本　二冊

620000－1101－0004505　742.09/605
法國新志四卷　（英國）該勒低輯　（英國）傅
紹蘭口譯　（清）潘松筆述　清光緒二十四年
（1898）上海江南製造局刻本　二冊

620000－1101－0004506　742.09/605
法國新志四卷　（英國）該勒低輯　（英國）傅
紹蘭口譯　（清）潘松筆述　清光緒二十四年
（1898）上海江南製造局刻本　二冊

620000－1101－0004507　742.09/605
法國新志四卷　（英國）該勒低輯　（英國）傅
紹蘭口譯　（清）潘松筆述　清光緒二十四年
（1898）上海江南製造局刻本　二冊

620000－1101－0004508　742.09/605

法國新志四卷　（英國）該勒低輯　（英國）傅紹蘭口譯　（清）潘松筆述　清光緒二十四年(1898)上海江南製造局刻本　二冊

620000－1101－0004509　221.2/837.03

法海觀瀾五卷梵室偶談一卷　（明）釋智旭輯　清光緒二十三年(1897)揚州藏經禪院刻本　二冊

620000－1101－0004510　192.91/0.723

法戒編不分卷　（□）□□撰　清光緒二十三年(1897)貴德刻本　一冊

620000－1101－0004511　224.1/941

法界聖凡水陸勝會修齋儀軌六卷　（宋）釋志磐撰　清光緒二十五年(1899)金陵刻經處刻本　二冊

620000－1101－0004512　220.7/858

法界宗王祖略記一卷賢首五教義開蒙一卷　（清）釋續法輯　清光緒二十二年(1896)金陵刻經處刻本　一冊

620000－1101－0004513　586.66/605

法律醫學二十四卷首一卷附錄一卷　（英國）該惠連　（英國）弗里愛撰　（英國）傅蘭雅口譯　（清）徐壽筆述　清光緒二十五年(1899)江南製造局刻本　十冊

620000－1101－0004514　586.66/605

法律醫學二十四卷首一卷附錄一卷　（英國）該惠連　（英國）弗里愛撰　（英國）傅蘭雅口譯　（清）徐壽筆述　清光緒二十五年(1899)江南製造局刻本　十冊

620000－1101－0004515　586.66/605

法律醫學二十四卷首一卷附錄一卷　（英國）該惠連　（英國）弗里愛撰　（英國）傅蘭雅口譯　（清）徐壽筆述　清光緒二十五年(1899)江南製造局刻本　十冊

620000－1101－0004516　586.66/605

法律醫學二十四卷首一卷附錄一卷　（英國）該惠連　（英國）弗里愛撰　（英國）傅蘭雅口譯　（清）徐壽筆述　清光緒二十五年(1899)江南製造局刻本　十冊

234

620000－1101－0004517　586.66/605

法律醫學二十四卷首一卷附錄一卷　（英國）該惠連　（英國）弗里愛撰　（英國）傅蘭雅口譯　（清）徐壽筆述　清光緒二十五年(1899)江南製造局刻本　七冊　存二十卷(二至十、十五至二十四,附錄一卷)

620000－1101－0004518　850/286

法闈酬唱集一卷　（清）李擢英輯　清末石印本　一冊

620000－1101－0004519　580/939

法學通論二卷　（日本）鈴木喜二郎撰　（清）震生譯　清光緒二十八年(1902)上海廣智書局鉛印本　一冊

620000－1101－0004520　122.5/269.003

法言十卷　（漢）揚雄著　（明）朱錫綸閱　清嘉慶刻本　一冊

620000－1101－0004521　230/0.723

法言翊聖續編四卷　（□）□□撰　清咸豐七年(1857)西邑輔相壇刻本　四冊

620000－1101－0004522　220/761

法苑珠林一百卷　（唐）釋道世撰　清宣統刻本　二十冊　存六十九卷(一至六、三十一至三十三、三十七至六十六、七十一至一百)

620000－1101－0004523　089.77/384

番禺陳氏東塾叢書六種四十三卷　（清）陳澧撰　清咸豐、光緒刻本　十冊

620000－1101－0004524　089.77/384.001

番禺陳氏東塾叢書四種九卷　（清）陳澧撰　清咸豐、光緒廣雅書局刻本　一冊　存二種四卷(摹印述一卷、西南諸水考三卷)

620000－1101－0004525　089.77/384

番禺陳氏東塾叢書五種三十四卷　（清）陳澧撰　清咸豐、光緒刻本　九冊

620000－1101－0004526　089.77/384

番禺陳氏東塾叢書五種三十四卷　（清）陳澧撰　清咸豐、光緒刻本　八冊

620000－1101－0004527　089.77/384

番禺陳氏東塾叢書五種三十四卷 （清）陳澧
撰 清咸豐、光緒刻本 七冊 存四種二十
七卷(聲律通考十卷,切韻考六卷,附外篇三
卷,漢書地理志水道圖說七卷,考正德清胡氏
禹貢圖一卷)

620000－1101－0004528 089.77/384

番禺陳氏東塾叢書五種三十四卷 （清）陳澧
撰 清咸豐、光緒刻本 九冊

620000－1101－0004529 089.77/384

番禺陳氏東塾叢書五種三十四卷 （清）陳澧
撰 清咸豐、光緒刻本 九冊

620000－1101－0004530 089.77/384

番禺陳氏東塾遺書八種三十六卷 （清）陳澧
撰 清咸豐、光緒刻本 九冊

620000－1101－0004531 220/723

翻譯名義集二十卷選一卷 （宋）釋法雲編
清光緒四年(1878)金陵刻經處刻本 七冊

620000－1101－0004532 844.1/250

樊川詩集四卷別集一卷外集一卷補遺一卷
（唐）杜牧撰 （清）馮集梧注 清嘉慶六年
(1801)刻本(卷一係補配) 三冊 存四卷
(樊川詩集四卷)

620000－1101－0004533 844.1/250

樊川詩集四卷別集一卷外集一卷補遺一卷
（唐）杜牧撰 （清）馮集梧注 清嘉慶六年
(1801)刻本 四冊

620000－1101－0004534 420

樊川文集二十卷外集一卷別集一卷 （唐）杜
牧撰 明刻本 八冊

620000－1101－0004535 782.857/28.35

樊公祠錄二卷 （清）孫樹禮撰 清光緒嘉惠
堂刻本 一冊

620000－1101－0004536 844.18/291

樊南文集補編十二卷首一卷附錄一卷 （唐）
李商隱撰 （清）錢振倫箋 （清）錢振常注
清同治五年(1866)望三益齋刻本 四冊

620000－1101－0004537 653.781/283

樊山公牘三卷 樊增祥撰 清光緒二十年
(1894)陝西渭南刻本 二冊

620000－1101－0004538 653.781/283.001

樊山公牘三卷 樊增祥撰 清光緒二十年
(1894)陝西渭南刻本 三冊

620000－1101－0004539 653.781/283.002

樊山公牘四卷 樊增祥撰 清宣統三年
(1911)上海廣藝書局石印本 四冊

620000－1101－0004540 582.8/283

樊山判牘四卷 樊增祥撰 清宣統法政學社
石印本 四冊

620000－1101－0004541 582.8/283

樊山判牘四卷 樊增祥撰 清宣統法政學社
石印本 四冊

620000－1101－0004542 582.8/283/:2

樊山判牘續編四卷 樊增祥撰 清宣統三年
(1911)大同書局石印本 四冊

620000－1101－0004543 582.8/283.01

樊山批判十四卷公牘三卷 樊增祥撰 清光
緒二十年至二十三年(1894－1897)陝西渭南
縣署刻本 七冊 存十四卷(批判十四卷)

620000－1101－0004544 582.8/283.01

樊山批判十四卷公牘三卷 樊增祥撰 清光
緒二十年至二十三年(1894－1897)陝西渭南
縣署刻本 十冊

620000－1101－0004545 582.8/283.01

樊山批判十四卷公牘三卷 樊增祥撰 清光
緒二十年至二十三年(1894－1897)陝西渭南
縣署刻本 十冊

620000－1101－0004546 582.8/283.01

樊山批判十四卷公牘三卷 樊增祥撰 清光
緒二十年至二十三年(1894－1897)陝西渭南
縣署刻本 五冊

620000－1101－0004547 582.8/283.01

樊山批判十四卷公牘三卷 樊增祥撰 清光
緒二十年至二十三年(1894－1897)陝西渭南
縣署刻本 八冊

620000－1101－0004548　582.8/283.01

樊山批判十四卷公牘三卷　樊增祥撰　清光緒二十年至二十三年(1894－1897)陝西渭南縣署刻本　二冊　存三卷(一、十至十一)

620000－1101－0004549　582.8/283.01

樊山批判十四卷公牘三卷　樊增祥撰　清光緒二十年至二十三年(1894－1897)陝西渭南縣署刻本　四冊　存八卷(一至二、七至十、十三至十四)

620000－1101－0004550　847.8/283

樊山續集二十八卷　樊增祥撰　清光緒二十八年(1902)西安臬署刻本　四冊　存十七卷(一至十七)

620000－1101－0004551　847.8/283.03

樊山續集二十八卷　樊增祥撰　清光緒三十一年(1905)刻本　一冊　存二卷(十八至十九)

620000－1101－0004552　655.5/283

樊山政書二十卷　樊增祥撰　清宣統二年(1910)刻本　六冊　存六卷(一至六)

620000－1101－0004553　655.5/283.001

樊山政書二十卷　樊增祥撰　清宣統二年(1910)金陵湯明林聚珍書局鉛印本　十冊

620000－1101－0004554　655.5/283.002

樊山政書二十卷　樊增祥撰　清宣統二年(1910)刻本　五冊　存五卷(一至五)

620000－1101－0004555　655.5/283.003

樊山政書二十卷　樊增祥撰　清宣統二年(1910)上海政學社石印本　六冊　存十二卷(一至二、七至十二、十七至二十)

620000－1101－0004556　1892

樊榭山房集十卷續集十卷文集八卷　(清)厲鶚撰　清乾隆刻本　四冊

620000－1101－0004557　2506

樊榭山房集十卷續集十卷文集八卷　(清)厲鶚撰　清乾隆刻本　八冊

620000－1101－0004558　3339

樊榭山房集十卷續集十卷文集八卷　(清)厲鶚撰　清乾隆刻本　二冊　存八卷(文集八卷)

620000－1101－0004559　847.8/337

樊榭山房集外詩一卷　(清)厲鶚撰　清光緒十三年(1887)徐氏觀自得齋刻本　一冊

620000－1101－0004560　847.4/337

樊榭山房全集四十六卷　(清)厲鶚撰　清光緒十年(1884)錢塘汪氏振綺堂刻本　十冊

620000－1101－0004561　847.4/337.01

樊榭山房游仙三百首詩註二卷　(清)厲鶚撰　(清)蔣坦注　清道光二十八年(1848)錢塘蔣氏刻本　二冊

620000－1101－0004562　1408

樊輿負笈集一卷　(清)邊浴禮撰　清道光稿本　一冊

620000－1101－0004563　752.1/280

繙譯米利堅志四卷　(日本)岡千仞　(日本)河野通之撰　清光緒二十二年(1896)新學書局石印本　二冊

620000－1101－0004564　313.19/151

繙譯弦切對數表八卷　(清)賈步緯譯述　火榮業校對　清光緒二十六年(1900)江南製造局鉛印本　八冊

620000－1101－0004565　313.19/151

繙譯弦切對數表八卷　(清)賈步緯譯述　火榮業校對　清光緒二十六年(1900)江南製造局鉛印本　八冊

620000－1101－0004566　313.19/151

繙譯弦切對數表八卷　(清)賈步緯譯述　火榮業校對　清光緒二十六年(1900)江南製造局鉛印本　八冊

620000－1101－0004567　313.19/151

繙譯弦切對數表八卷　(清)賈步緯譯述　火榮業校對　清光緒二十六年(1900)江南製造局鉛印本　七冊　存七卷(一至三、五至八)

620000－1101－0004568　313.19/151

繙譯弦切對數表八卷 （清）賈步緯譯述 火榮業校對 清光緒二十六年(1900)江南製造局鉛印本 五冊 存五卷(二至三、五至七)

620000－1101－0004569 313.19/151

繙譯弦切對數表八卷 （清）賈步緯譯述 火榮業校對 清光緒二十六年(1900)江南製造局鉛印本 二冊 存二卷(三、五)

620000－1101－0004570 313.19/151

繙譯弦切對數表八卷 （清）賈步緯譯述 火榮業校對 清光緒二十六年(1900)江南製造局鉛印本 八冊

620000－1101－0004571 586.8/0.4

犯姦不分卷 （清）□□輯 清道光抄本 一冊

620000－1101－0004572 945.3/312

泛槎圖一卷續泛槎圖一卷 （清）張寶編繪 清嘉慶二十五年(1820)羊城尚古齋刻本 四冊

620000－1101－0004573 945.3/312.001

泛槎圖一卷續泛槎圖一卷續泛槎圖三集一卷艤槎圖四集一卷灩江汎櫂圖五集一卷續泛槎圖六集一卷 （清）張寶編繪 清光緒六年(1880)上海點石齋石印本 一冊 存二卷(泛槎圖三集一卷、艤槎圖四集一卷)

620000－1101－0004574 945.3/312.001

泛槎圖一卷續泛槎圖一卷續泛槎圖三集一卷艤槎圖四集一卷灩江汎櫂圖五集一卷續泛槎圖六集一卷 （清）張寶編繪 清光緒六年(1880)上海點石齋石印本 四冊

620000－1101－0004575 322

范德機詩七卷 （元）范梈撰 明崇禎毛氏汲古閣刻元詩四大家本 四冊

620000－1101－0004576 086.217/538

范聲山雜著八種十四卷 （清）范鍇撰 清道光石印本 四冊

620000－1101－0004577 24

范文正公集二十卷別集四卷政府奏議二卷尺牘三卷年譜補遺一卷祭文一卷諸賢贊頌論疏一卷論頌一卷詩頌一卷朝廷優崇一卷言行拾遺事錄四卷鄱陽遺事錄一卷遺跡一卷褒賢祠記二卷義莊規矩一卷 （宋）范仲淹撰 遺文一卷 （宋）范純仁 （宋）范純粹撰 年譜一卷 （宋）樓鑰撰 元天曆、至正褒賢世家家塾歲寒堂刻本(卷八至十一配清抄本) 八冊 存二十卷(范文正公集二十卷)

620000－1101－0004578 439

范文正公集十二卷附錄七卷 （宋）范仲淹撰 明萬曆三十六年(1608)毛一鷺刻本 十冊

620000－1101－0004579 845.14/536

范文正公文集九卷 （宋）范仲淹撰 （清）張伯行重訂 清同治八年(1869)福州正誼書院刻本 二冊

620000－1101－0004580 1025

范文正公忠宣公全集七十三卷 （清）范時崇輯 清康熙四十六年(1707)范氏歲寒堂刻本 十六冊

620000－1101－0004581 1914

范文正公忠宣公全集七十三卷 （清）范時崇輯 清康熙四十六年(1707)范氏歲寒堂刻本 八冊 存四十八卷(范文正公集四十八卷)

620000－1101－0004582 3264

范文正公忠宣公全集七十三卷 （清）范時崇輯 清康熙四十六年(1707)范氏歲寒堂刻本 十冊 存四十八卷(范文正公集四十八卷)

620000－1101－0004583 997.11/531

范西屏二子譜不分卷 （清）范世勛撰 清光緒陸廷槙抄本 一冊

620000－1101－0004584 824

范忠宣公集十卷 （宋）范純仁撰 明萬曆三十六年(1608)毛一鷺刻合刻范文正公忠宣公全集本 六冊

620000－1101－0004585 3154

方百川稿不分卷 （清）方舟撰 （清）袁國鳳評 清乾隆十三年(1748)刻本 二冊

620000－1101－0004586　221.3/837

方等三昧行法一卷　（隋）釋智者大師說
（隋）釋灌頂記　**方等懺法一卷**　（隋）釋智者
大師撰　**方等三昧一卷**　（隋）釋智者大師說
（唐）釋湛然釋　清光緒北京刻經處刻本
一冊

620000－1101－0004587　221.3/837

方等三昧行法一卷　（隋）釋智者大師說
（隋）釋灌頂記　**方等懺法一卷**　（隋）釋智者
大師撰　**方等三昧一卷**　（隋）釋智者大師說
（唐）釋湛然釋　清光緒北京刻經處刻本
一冊

620000－1101－0004588　221.3/837

方等三昧行法一卷　（隋）釋智者大師說
（隋）釋灌頂記　**方等懺法一卷**　（隋）釋智者
大師撰　**方等三昧一卷**　（隋）釋智者大師說
（唐）釋湛然釋　清光緒北京刻經處刻本
一冊

620000－1101－0004589　221.3/837

方等三昧行法一卷　（隋）釋智者大師說
（隋）釋灌頂記　**方等懺法一卷**　（隋）釋智者
大師撰　**方等三昧一卷**　（隋）釋智者大師說
（唐）釋湛然釋　清光緒北京刻經處刻本
一冊

620000－1101－0004590　221.3/837

方等三昧行法一卷　（隋）釋智者大師說
（隋）釋灌頂記　**方等懺法一卷**　（隋）釋智者
大師撰　**方等三昧一卷**　（隋）釋智者大師說
（唐）釋湛然釋　清光緒北京刻經處刻本
一冊

620000－1101－0004591　221.3/837

方等三昧行法一卷　（隋）釋智者大師說
（隋）釋灌頂記　**方等懺法一卷**　（隋）釋智者
大師撰　**方等三昧一卷**　（隋）釋智者大師說
（唐）釋湛然釋　清光緒北京刻經處刻本
一冊

620000－1101－0004592　221.3/837

方等三昧行法一卷　（隋）釋智者大師說
（隋）釋灌頂記　**方等懺法一卷**　（隋）釋智者

大師撰　**方等三昧一卷**　（隋）釋智者大師說
（唐）釋湛然釋　清光緒北京刻經處刻本
一冊

620000－1101－0004593　845.23/819

方泉先生詩集三卷　（宋）周文璞撰　清宣統
元年(1909)國光社石印本　一冊

620000－1101－0004594　81

方氏墨譜六卷　（明）方于魯撰　明萬曆方氏
美蔭堂刻本　八冊

620000－1101－0004595　81

方氏墨譜六卷　（明）方于魯撰　明萬曆方氏
美蔭堂刻本　八冊

620000－1101－0004596　850/172

方亭酬唱集二卷　（清）黃紹贊等撰　清晚期
刻本　一冊　存一卷(二)

620000－1101－0004597　847.2/627

方望溪文鈔六卷首一卷　（清）方苞撰　清宣
統二年(1910)上海國學扶輪社鉛印本　五冊

620000－1101－0004598　847.2/627

方望溪文鈔六卷首一卷　（清）方苞撰　清宣
統二年(1910)上海國學扶輪社鉛印本　五冊

620000－1101－0004599　847.6/627.5

方學博全集五種二十八卷附二種二卷　（清）
方垌撰　清光緒元年(1875)武昌藩署刻本
一冊　存一種五卷(生齋詩稿五至九)

620000－1101－0004600　30

方言十三卷　（漢）揚雄撰　（晉）郭璞注　明
刻廣漢魏叢書本　二冊

620000－1101－0004601　802.51/269

方言十三卷　（漢）揚雄撰　（晉）郭璞注　清
嘉慶刻廣漢魏叢書本　一冊

620000－1101－0004602　802.51/269.001

方言十三卷　（漢）揚雄撰　（晉）郭璞注　清
嘉慶刻本　二冊

620000－1101－0004603　669.1/95.75

方輿紀要簡覽三十四卷　（清）顧祖禹撰
（清）潘鐸輯錄　清咸豐八年(1858)紅杏書屋

238

刻本　八册

620000－1101－0004604　669.1/965

方輿紀要簡覽三十四卷　(清)顧祖禹撰
(清)潘鐸輯錄　清咸豐八年(1858)紅杏書屋
刻本　八册

620000－1101－0004605　669.1/965

方輿紀要簡覽三十四卷　(清)顧祖禹撰
(清)潘鐸輯錄　清咸豐八年(1858)紅杏書屋
刻本　十六册

620000－1101－0004606　669.1/965

方輿紀要簡覽三十四卷　(清)顧祖禹撰
(清)潘鐸輯錄　清咸豐八年(1858)紅杏書屋
刻本　二册　存八卷(二十七至三十四)

620000－1101－0004607　669.1/965

方輿紀要簡覽三十四卷　(清)顧祖禹撰
(清)潘鐸輯錄　清咸豐八年(1858)紅杏書屋
刻本　十册　存二十三卷(三至八、十六至十
七、二十至三十四)

620000－1101－0004608　669.1/965

方輿紀要簡覽三十四卷　(清)顧祖禹撰
(清)潘鐸輯錄　清咸豐八年(1858)紅杏書屋
刻本　八册　存十五卷(一至十五)

620000－1101－0004609　669.1/965

方輿紀要簡覽三十四卷　(清)顧祖禹撰
(清)潘鐸輯錄　清咸豐八年(1858)紅杏書屋
刻本　十六册

620000－1101－0004610　669.1/60

方輿考證總部六卷　(清)許鴻磐纂　清嘉慶
二十三年(1818)刻本　六册

620000－1101－0004611　669.1/60

方輿考證總部六卷　(清)許鴻磐纂　清嘉慶
二十三年(1818)刻本　三册

620000－1101－0004612　669.1/95.73

方輿類纂二十八卷首一卷　(清)顧祖禹撰
(清)溫汝能編　清嘉慶十三年(1808)文畬堂
刻本　二十四册

620000－1101－0004613　669.1/965.05

方輿全圖總說五卷　(清)顧祖禹輯　(清)浦
錫齡校訂　清光緒二十七年(1901)上海圖書
集成局石印本　四册

620000－1101－0004614　553

方輿勝略十八卷外夷六卷　(明)程百二撰
又一卷　(明)唐時升等輯　明萬曆三十八年
(1610)刻本　四册

620000－1101－0004615　846.1/627

**方正學先生遜志齋集二十四卷拾補一卷外紀
一卷**　(明)方孝孺撰　(明)張紹謙編　**方正
學先生年譜一卷**　(明)盧演撰　**校勘記一卷**
　(清)盛朝彦撰　清同治十二年(1873)吳縣
孫憙浙江省城刻本　十六册

620000－1101－0004616　847.5/363

芳茂山人詩錄九卷　(清)孫星衍撰　**長離閣
集一卷**　(清)王采薇撰　清光緒十一年
(1885)吳縣朱氏槐廬家塾刻本　三册　存六
卷(澄清堂稿一至二,冶城絜養集一至二,冶
城遺集一卷、冶城集補遺一卷)

620000－1101－0004617　847.5/363.05

芳茂山人文集十二卷　(清)孫星衍撰　清光
緒十一年(1885)吳縣朱氏槐廬家塾刻本　六
册　存十卷(問字堂集一至四、岱南閣集二
卷、平津館文稿二卷、五松園文稿一卷、嘉穀
堂集一卷)

620000－1101－0004618　599.4/990

防海輯要十八卷首一卷　(清)俞昌會撰　清
道光二十二年(1842)刻本　十二册

620000－1101－0004619　599.4/990

防海輯要十八卷首一卷　(清)俞昌會撰　清
道光二十二年(1842)刻本　八册　存十五卷
(一至十一、十四至十六,首一卷)

620000－1101－0004620　599.4/992

防海新論十八卷　(德國)希理哈撰　(英國)
傅蘭雅口譯　(清)華蘅芳筆述　清同治十二
年(1873)江南製造總局刻本　五册

620000－1101－0004621　599.4/992

防海新論十八卷　(德國)希理哈撰　(英國)

傅蘭雅口譯　（清）華蘅芳筆述　清同治十二年(1873)江南製造總局刻本　六冊

620000－1101－0004622　599.4/992
防海新論十八卷　（德國）希理哈撰　（英國）傅蘭雅口譯　（清）華蘅芳筆述　清同治十二年(1873)江南製造總局刻本　六冊

620000－1101－0004623　599.4/992
防海新論十八卷　（德國）希理哈撰　（英國）傅蘭雅口譯　（清）華蘅芳筆述　清同治十二年(1873)江南製造總局刻本　六冊

620000－1101－0004624　599.4/992
防海新論十八卷　（德國）希理哈撰　（英國）傅蘭雅口譯　（清）華蘅芳筆述　清同治十二年(1873)江南製造總局刻本　六冊

620000－1101－0004625　192.1/383
防心集五卷　（清）陳育仁輯著　清咸豐五年(1855)刻本　五冊

620000－1101－0004626　192.1/383
防心集五卷　（清）陳育仁輯著　清咸豐五年(1855)刻本　三冊　存三卷(一、三至四)

620000－1101－0004627　192.1/383
防心集五卷　（清）陳育仁輯著　清咸豐五年(1855)刻本　五冊

620000－1101－0004628　192.1/383
防心集五卷　（清）陳育仁輯著　清咸豐五年(1855)刻本　五冊

620000－1101－0004629　192.1/383
防心集五卷　（清）陳育仁輯著　清咸豐五年(1855)刻本　五冊

620000－1101－0004630　192.1/383
防心集五卷　（清）陳育仁輯著　清咸豐五年(1855)刻本　一冊　存一卷(二)

620000－1101－0004631　192.1/383
防心集五卷　（清）陳育仁輯著　清咸豐五年(1855)刻本　五冊

620000－1101－0004632　847.8/415
仿古課孫蛺蝶集一卷　（清）馬步青撰　清光

緒十二年(1886)刻本　一冊

620000－1101－0004633　847.8/415
仿古課孫蛺蝶集一卷　（清）馬步青撰　清光緒十二年(1886)刻本　一冊

620000－1101－0004634　090.7/74.003
仿宋刻阮本十三經注疏四百十六卷附校勘記　（清）阮元撰　清光緒三十年(1904)上海同文升記石印本　二十四冊　存一百七十九卷(周易正義十卷、尚書正義二十卷、周禮注疏四十二卷、禮記正義五十卷、春秋左傳注疏二十八卷、論語注疏二十卷、孝經注疏九卷)

620000－1101－0004635　090.7/74.003
仿宋刻阮本十三經注疏四百十六卷附校勘記　（清）阮元校勘　（清）盧宣旬摘錄　清光緒三十年(1904)上海同文升記石印本　三十二冊

620000－1101－0004636　098.12/0.914
仿宋相臺五經附考證五種九十六卷　（宋）□□編　清光緒二年(1876)江南書局刻本二十四冊　存四種七十七卷(周易附考證十卷、略例一卷,尚書附考證十三卷,毛詩附考證二十卷,春秋經傳集解附考證三十卷、春秋年表一卷、春秋名號歸一圖附考證二卷)

620000－1101－0004637　4096
仿宋相臺五經九十六卷附考證　（□）□□輯清乾隆四十八年(1783)武英殿刻本　八冊存二十三卷(周易十卷、尚書十三卷)

620000－1101－0004638　802.27/519
仿唐寫本說文解字木部一卷唐寫本說文解字木部箋異一卷　（清）莫友芝撰　清同治三年(1864)刻本　一冊

620000－1101－0004639　802.27/519
仿唐寫本說文解字木部一卷唐寫本說文解字木部箋異一卷　（清）莫友芝撰　清同治三年(1864)刻本　一冊

620000－1101－0004640　802.27/519
仿唐寫本說文解字木部一卷唐寫本說文解字木部箋異一卷　（清）莫友芝撰　清同治三年

(1864)刻本　一冊

620000－1101－0004641　478.14/906

紡織機器圖說一卷　（英國）傅蘭雅輯　清光緒十八年(1892)上海格致書室鉛印本　一冊

620000－1101－0004642　857.27/433

飛龍傳六十回　（清）吳璿著　清晚期刻本十六冊

620000－1101－0004643　847.5/70.4

飛香圃詩集四卷　（清）安詩撰　清晚期刻本二冊

620000－1101－0004644　856.27/478

翡翠巢札稿四卷　（清）畏壘山人撰　（清）香湖居士抄　清中晚期香湖居士抄本　四冊

620000－1101－0004645　2030

分甘餘話四卷　（清）王士禛撰　清康熙刻本一冊

620000－1101－0004646　782.7/281

分湖柳氏家譜十卷　（清）柳樹芬撰　清道光二十一年(1841)刻本　二冊

620000－1101－0004647　782.7/281.001

分湖柳氏重修家譜十二卷　（清）柳兆薰撰清光緒七年(1881)刻本　四冊

620000－1101－0004648　672.15/307.92

分湖小識六卷　（清）柳樹芳輯錄　清道光二十七年(1847)刻本　二冊

620000－1101－0004649　672.15/307.92

分湖小識六卷　（清）柳樹芳輯錄　清道光二十七年(1847)刻本　一冊

620000－1101－0004650　821.137/292

分輯詩韻五卷　（清）李漁撰　清末聚文堂刻本　二冊　存二卷(一至二)

620000－1101－0004651　414.178/0.983

分經藥性不分卷　（□）□□撰　清光緒十二年(1886)汪錫嘏抄本　一冊

620000－1101－0004652　1624

分類補註李太白詩二十五卷　（唐）李白撰

（宋）楊齊賢集註　（元）蕭士贇補註　明嘉靖二十五年(1546)玉几山人刻本　一冊　存二卷(十八至十九)

620000－1101－0004653　1411

分類補註李太白詩二十五卷　（唐）李白撰（宋）楊齊賢集註　（元）蕭士贇補註　明刻本五冊

620000－1101－0004654　1697

分類補註李太白詩二十五卷　（唐）李白撰（宋）楊齊賢集註　（元）蕭士贇補註　明萬曆三十年(1602)許自昌刻李杜全集本　二冊存七卷(三至九)

620000－1101－0004655　856.4/116.002

分類尺牘備覽三十卷　（清）王虎榜編　清光緒石印本　一冊　存三卷(六至八)

620000－1101－0004656　856.4/116.001

分類尺牘備覽正集八卷續集八卷　（清）王虎榜編　清光緒三十年(1904)上海廣益書局石印本　三冊　存三卷(正集五,續集一、三)

620000－1101－0004657　856.4/116

分類尺牘三十卷　（清）王虎榜編　清光緒十七年(1891)石印本　六冊

620000－1101－0004658　856.3/343

分類代言四卷　（清）爾爾堃人撰　清道光十二年(1832)蘇州步月樓刻本　四冊

620000－1101－0004659　041.76/314

分類賦學雞跖集三十卷附錄一卷　（清）張維城輯　清道光十二年(1832)㡭花吟館刻本六冊

620000－1101－0004660　041.76/314

分類賦學鷄跖集三十卷附錄一卷　（清）張維城輯　清道光十二年(1832)㡭花吟館刻本八冊

620000－1101－0004661　573.44/385

分類墨腋六卷首一卷　（清）陳廷珍　（清）陳萼芬選　清同治十年(1871)刻本　六冊

620000－1101－0004662　821.117/286

分類詩腋八卷　（清）李楨編　清道光七年(1827)刻本　四冊

620000－1101－0004663　821.117/286.001

分類詩腋八卷　（清）李楨編　清道光十三年(1833)文發堂刻本　一冊

620000－1101－0004664　821.117/286.002

分類詩腋八卷　（清）李楨編　清晚期刻本　二冊　存四卷(三至六)

620000－1101－0004665　856.7/286.001

分類文腋八卷　（清）李楨編　清嘉慶刻本　八冊

620000－1101－0004666　856.7/286

分類文腋八卷　（清）李楨編　清末刻本　四冊

620000－1101－0004667　856.17/940.001

分類詳註飲香尺牘四卷　（清）飲香居士編　（清）白下惝隱子注　清晚期抄本　一冊　存一卷(三)

620000－1101－0004668　3375

分類字錦六十四卷　（清）何焯等輯　清刻本　六冊　存六卷(九、十八至二十、二十三至二十四)

620000－1101－0004669　041.72/306

分類字錦六十四卷　（清）何焯等輯　清刻本　三十六冊　存三十二卷(一至三十二)

620000－1101－0004670　856.7/456

分體利試文中初集六卷　（清）郝朝昇評選　清嘉慶二十年(1815)協裕書屋刻本　六冊

620000－1101－0004671　1402

分韻彙編不分卷　（清）周原溥輯　清乾隆稿本　十五冊

620000－1101－0004672　856.7/274.004

分韻青雲詩集四卷　（清）楊逢春輯　清末刻本　一冊　存二卷(三至四)

620000－1101－0004673　856.7/274.005

分韻青雲詩集四卷　（清）楊逢春輯　清末刻朱墨印本　一冊　存二卷(三至四)

620000－1101－0004674　823.18.76/526

芬陀利室詞話三卷　（清）蔣敦復撰　清光緒十一年(1885)刻本　一冊

620000－1101－0004675　823.187.6/526

芬陀利室詞話三卷　（清）蔣敦復著　清光緒十一年(1885)刻本　一冊

620000－1101－0004676　847.6/813

汾湖草堂詩草二卷　（清）周開錫撰　（清）周開銘編輯　清光緒三年(1877)周氏刻本　一冊

620000－1101－0004677　848/697.01

焚餘草二卷　宋伯魯撰　清末海棠仙館刻本　一冊

620000－1101－0004678　793.67/433

封泥考略十卷　（清）吳式芬輯　（清）陳介祺輯　清光緒三十年(1904)石印本　十冊

620000－1101－0004679　1428

風角不分卷　（□）□□編　清乾隆、嘉慶抄本　一冊

620000－1101－0004680　944.31/158

風木盦圖題詠不分卷　（清）丁立誠輯　清光緒刻本　一冊

620000－1101－0004681　68

風俗通義十卷　（漢）應劭撰　明萬曆二十年(1592)程榮刻漢魏叢書本　一冊　存五卷(一至五)

620000－1101－0004682　340

風俗通義十卷　（漢）應劭撰　明天啓六年(1626)郎氏堂策檻刻本　一冊

620000－1101－0004683　072.23/674.001

風俗通義十卷　（漢）應劭撰　清嘉慶刻廣漢魏叢書本　二冊

620000－1101－0004684　853.637/292.02.001

風箏誤傳奇二卷　（清）李漁編次　（清）樸齋主人批評　清刻本　二冊

620000－1101－0004685　847.7/525

楓南山館遺集七卷末一卷　（清）莊受祺撰

清同治十三年(1874)陽湖莊氏刻本　二冊

620000－1101－0004686　3223

豐川續集三十四卷　(清)王心敬撰　清乾隆十五年(1750)刻光緒十四年(1888)重修本　十六冊

620000－1101－0004687　014.12/719

豐順丁氏持靜盫書目一卷　(清)丁日昌撰　清晚期刻本　一冊

620000－1101－0004688　844.2/44

豐溪存稿一卷　(唐)呂從慶撰　清宣統三年(1911)木活字印本　一冊

620000－1101－0004689　432/754

豐豫莊諉種糧歌不分卷　(清)潘曾沂撰　清光緒八年(1882)津河廣仁堂刻本　一冊

620000－1101－0004690　847.7/172

逢吉堂焚餘稿一卷題詞一卷　(清)黃錫深撰　(清)黃春輯　清光緒三十年(1904)南海黃春刻本　一冊

620000－1101－0004691　3735

馮恭定先生全書不分卷　(明)馮從吾撰　清康熙刻本　三冊

620000－1101－0004692　126.9/774

馮少墟關中四先生要語錄四卷　(明)馮從吾編　(清)李元春注　清晚期刻本　一冊

620000－1101－0004693　3169

馮少墟集二十二卷續集四卷　(明)馮從吾撰　清康熙十二年(1673)盩屋李氏刻本　十七冊

620000－1101－0004694　3734

馮少墟集二十二卷續集四卷　(明)馮從吾撰　清康熙十二年(1673)盩屋李氏刻本　十四冊　存二十二卷(馮少墟集二十二卷)

620000－1101－0004695　846.8/774

馮少墟集二十二卷續集四卷　(明)馮從吾撰　清康熙十二年(1673)盩屋李氏刻本　四冊　存六卷(十七至二十二)

620000－1101－0004696　413.088/774

馮氏錦囊秘錄四十九卷首一卷　(清)馮兆張纂輯　清咸豐八年(1858)翼經堂刻本　二十八冊

620000－1101－0004697　413.088/774.004

馮氏錦囊秘錄四十九卷首一卷　(清)馮兆張纂輯　清光緒刻本　一冊　存一卷(雜症大小合參十七)

620000－1101－0004698　413.088/774.001

馮氏錦囊秘錄四十九卷首一卷　(清)馮兆張纂輯　清晚期刻本　九冊　存十九卷(雜症痘疹藥性主治合參一至五、九至十二,首一卷;雜症六至八、十一至十二、十五至十六、十九至二十)

620000－1101－0004699　413.088/774.005

馮氏錦囊秘錄四十九卷首一卷　(清)馮兆張纂輯　清晚期刻本　一冊　存一卷(痘疹全集三)

620000－1101－0004700　413.088/774.002

馮氏錦囊秘錄四十九卷首一卷　(清)馮兆張纂輯　清刻本　二冊　存五卷(雜症大小合參八至九、十一至十三)

620000－1101－0004701　413.088/774.003

馮氏錦囊秘錄四十九卷首一卷　(清)馮兆張纂輯　清刻本　三冊　存七卷(痘疹全集五至七,雜症大小合參十、十六至十八)

620000－1101－0004702　3402

馮氏錦囊秘錄雜症痘疹藥性主治合參十二卷首一卷　(清)馮兆張纂輯　清康熙四十一年(1702)刻本　二冊　存六卷(一至五、首一卷)

620000－1101－0004703　684.026.7/381

奉使紀勝一卷　(清)陳階平撰　**讀史論略一卷**　(清)杜紫綸撰　清道光刻本　一冊

620000－1101－0004704　853.63/385

鳳飛樓傳奇二卷　(清)陳僅正譜　(清)李文瀚填詞　(清)錫淳批評　清道光二十七年(1847)刻本　二冊

620000－1101－0004705　856.7/754

鳳閣新裁試帖二卷　(清)潘鏞等撰　清道光十七年(1837)刻本　一冊

620000－1101－0004706　853.637/238

鳳凰琴二卷　(清)椿軒居士撰　清咸豐五年(1855)刻本　二冊

620000－1101－0004707　1178

鳳求鳳傳奇二卷　(清)李漁編次　清刻本二冊

620000－1101－0004708　221.1/748

佛頂光明摩訶薩怛多般怛囉無上神咒七卷(清)釋續法集　清光緒三峰寺刻本　一冊

620000－1101－0004709　220.7/272

佛教初學課本一卷註一卷　(清)楊文會述清光緒三十二年(1906)金陵刻經處刻本一冊

620000－1101－0004710　220.7/272

佛教初學課本一卷註一卷　(清)楊文會述清光緒三十二年(1906)金陵刻經處刻本一冊

620000－1101－0004711　221.03/0.909

佛教真經二十章　(□)□□撰　清宣統三年(1911)觀禮堂鉛印本　二冊

620000－1101－0004712　221.9/351

佛母大孔雀明王經三卷　(唐)釋不空譯　清光緒十四年(1888)常熟刻經處刻本　一冊

620000－1101－0004713　221.9/351.001

佛母大孔雀明王經三卷　(唐)釋不空譯　清光緒六年(1880)臨洮刻本　三冊

620000－1101－0004714　221.36/211

佛說阿閦佛國經三卷　(漢)釋支婁迦讖譯清光緒金陵刻經處刻本　一冊

620000－1101－0004715　222.2/10

佛說阿彌陀經疏鈔四卷事義一卷問辯一卷續問答一卷答問一卷答淨土四十八問一卷淨土疑辯一卷　(明)釋袾宏撰　清光緒十八年(1892)金陵刻經處刻本　五冊

620000－1101－0004716　222.2/10.001

佛說阿彌陀經疏鈔四卷事義一卷問辯一卷續問答一卷答問一卷答淨土四十八問一卷淨土疑辯一卷　(明)釋袾宏撰　清宣統金陵刻經處刻本　五冊　存九卷(疏鈔四卷、事義一卷、問辯一卷、續問答一卷、答問一卷、答淨土四十八問一卷)

620000－1101－0004717　222.2/10.002

佛說阿彌陀經疏鈔四卷事義一卷問辯一卷續問答一卷答問一卷答淨土四十八問一卷淨土疑辯一卷　(明)釋袾宏撰　清光緒二十九年(1903)刻本　五冊

620000－1101－0004718　1349

佛說阿彌陀經要解不分卷　(後秦)釋鳩摩羅什譯　(明)釋智旭解　清初抄本　一冊

620000－1101－0004719　222.2/837.1

佛說阿彌陀經要解一卷　(後秦)釋鳩摩羅什譯　(明)釋智旭解　清光緒十一年(1885)金陵刻經處刻本　一冊

620000－1101－0004720　221.36/854

佛說阿彌陀經一卷　(後秦)釋鳩摩羅什譯清刻本　一冊

620000－1101－0004721　221.81/909

佛說長阿含經二十二卷　(後秦)釋佛陀耶舍(後秦)釋竺佛譯　清光緒十三年(1887)姑蘇刻經處刻本　六冊

620000－1101－0004722　221.36/843

佛說大淨法門品經不分卷　(晉)釋竺法護譯清光緒元年(1875)江北刻經處刻本　一冊

620000－1101－0004723　223.2/85

佛說梵網經二卷　(後秦)釋鳩摩羅什譯　清光緒十年(1884)金陵刻經處刻本　一冊

620000－1101－0004724　221.36/360

佛說高王觀世音經不分卷　(東魏)孫敬德傳清光緒二十年(1894)刻本　一冊

620000－1101－0004725　221.36/0.641.001

佛說高王觀世音菩薩經一卷　(□)□□撰

清咸豐十一年(1861)蘭州隍廟興盛堂刻本
一冊

620000－1101－0004726　221.3/13.001
佛說觀無量壽佛經快覽疏一卷　(南朝宋)釋
畺良耶舍譯　(清)釋遼庵禪機述疏　**佛說觀
無量壽佛經雜想觀初心懺願儀一卷**　(清)釋
遼庵禪機編輯　清宣統三年(1911)刻本
一冊

620000－1101－0004727　221.3603/837
佛說觀無量壽佛經疏妙宗鈔四卷　(宋)釋知
禮抄　清同治、光緒揚州刻經處刻本　一冊
　存二卷(一至二)

620000－1101－0004728　221.3603/758
佛說觀無量壽佛經疏四卷　(南朝宋)釋畺良
耶舍譯　(唐)釋善導集記　清光緒二十年
(1894)金陵刻經處刻本　一冊　存二卷(一
至二)

620000－1101－0004729　221.3/13
佛說觀無量壽佛經一卷　(南朝宋)釋畺良耶
舍譯　清同治十年(1871)金陵刻經處刻本
一冊

620000－1101－0004730　221.3/13
佛說觀無量壽佛經一卷　(南朝宋)釋畺良耶
舍譯　**佛說阿彌陀經一卷**　(後秦)釋鳩摩羅
什譯　**稱讚淨土佛攝受經一卷**　(唐)釋玄奘
譯　**拔一切業障根本得生淨土神咒一卷**
(南朝宋)釋求那跋陀羅譯　**阿彌陀經不思議
神力傳一卷**　(□)□□撰　**後出阿彌陀佛偈
經一卷**　(□)□□譯　**阿彌陀鼓音聲王陀羅
尼經一卷**　(□)□□譯　**觀世音菩薩得大勢
菩薩受記經一卷**　(南朝宋)釋曇無竭譯　**無
量壽經優波提舍一卷**　(北魏)釋菩提留支譯
　佛說阿彌陀經疏一卷　(唐)釋元曉撰　清
同治十年至光緒八年(1871－1882)金陵刻經
處刻本　一冊

620000－1101－0004731　221.4/854.001
佛說金剛般若波羅密經一卷　(後秦)釋鳩摩
羅什譯　清光緒二年(1876)刻本　一冊

620000－1101－0004732　221/723
佛說樓炭經六卷　(晉)釋法立　(晉)釋法炬
譯　清光緒金陵刻經處刻本　二冊

620000－1101－0004733　221.1/987
佛說七俱胝佛母准提大明陀羅尼經一卷
(唐)釋金剛智譯　**千手千眼觀世音菩薩廣大
圓滿無礙大悲心陀羅尼經一卷**　(唐)釋伽梵
達摩譯　**佛頂尊勝陀羅尼經一卷**　(唐)釋波
利譯　**穢跡金剛說神通大滿陀羅尼法術靈要
門經一卷**　(天竺)釋無能勝譯　清同治八年
至光緒八年(1869－1882)金陵刻經處刻本
一冊

620000－1101－0004734　221.1/987.001
佛說七俱胝佛母准提大明陀羅尼經一卷
(唐)釋金剛智譯　清同治十年(1871)金陵刻
經處刻本　一冊

620000－1101－0004735　221/213
佛說四十二章經註一卷佛遺教經註一卷
(明)釋古靈了童補注　清光緒十六年(1890)
金陵刻經處刻本　一冊

620000－1101－0004736　221.03/668
佛說無量壽經義疏六卷　(三國魏)釋康僧鎧
譯　(隋)釋慧遠撰疏　清光緒二十年(1894)
金陵刻經處刻本　二冊

620000－1101－0004737　221.03/668
佛說無量壽經義疏六卷　(三國魏)釋康僧鎧
譯　(隋)釋慧遠撰疏　清光緒二十年(1894)
金陵刻經處刻本　二冊

620000－1101－0004738　221.03/668
佛說無量壽經義疏六卷　(三國魏)釋康僧鎧
譯　(隋)釋慧遠撰疏　清光緒二十年(1894)
金陵刻經處刻本　二冊

620000－1101－0004739　221.03/668
佛說無量壽經義疏六卷　(三國魏)釋康僧鎧
譯　(隋)釋慧遠撰疏　清光緒二十年(1894)
金陵刻經處刻本　二冊

620000－1101－0004740　224.6/16
佛說造像量度經一卷續補一卷　(清)工布查

布譯解　清中晚期刻本　二冊

620000－1101－0004741　221/837

佛遺教經解一卷佛說四十二章經解一卷
（明）釋智旭撰　**八大人覺經略解一卷附大乘
寶讚十首一卷**　（後漢）釋安世高譯　（明）釋
智旭解　清光緒四年(1878)山東僧德洲刻本
一冊

620000－1101－0004742　228.2/98

佛祖歷代通載三十六卷　（元）釋念常編　清
宣統元年(1909)江北刻經處刻本　八冊

620000－1101－0004743　162

弗告堂集二十六卷　（明）于若瀛撰　明萬曆
刻本　六冊

620000－1101－0004744　671.65/217.79

伏羌縣地理調查表不分卷　（清）雷光甸編
清宣統元年(1909)抄本　一冊

620000－1101－0004745　567.3/0.911

伏羌縣賦役全書不分卷　（清）□□編　清咸
豐三年(1853)刻本　三冊

620000－1101－0004746　847.8/273

扶雅堂詩集十四卷　（清）楊炳春著　清同
治、光緒刻本　四冊

620000－1101－0004747　2204

芙蓉湖修堤錄八卷　（清）張之杲等撰　清光
緒十五年(1889)木活字印本　八冊

620000－1101－0004748　3747

芙蓉山舘詩文鈔四種四卷　（清）楊芳燦撰
清乾隆、嘉慶刻本　二冊　存二種二卷(文鈔
一卷、詩鈔一卷)

620000－1101－0004749　3748

芙蓉山舘詩文鈔四種四卷　（清）楊芳燦撰
清乾隆、嘉慶刻本　四冊

620000－1101－0004750　3749

芙蓉山舘詩文鈔四種四卷　（清）楊芳燦撰
清乾隆、嘉慶刻本　四冊

620000－1101－0004751　3750

芙蓉山舘詩文鈔四種四卷　（清）楊芳燦撰

清乾隆、嘉慶刻本　一冊　存一種一卷(文鈔
一卷)

620000－1101－0004752　4119

芙蓉山舘詩文鈔四種四卷　（清）楊芳燦撰
清乾隆、嘉慶刻本　一冊　存一種一卷(詩鈔
一卷)

620000－1101－0004753　847.5/267

芙蓉山舘詩鈔八卷補鈔一卷詞二卷　（清）楊
芳燦撰　清嘉慶十二年(1807)刻本　二冊

620000－1101－0004754　2602

**芙蓉山舘詩稿十六卷詞稿四卷真率齋初稿十
卷詞二卷**　（清）楊芳燦撰　**桐華吟館詩稿八
卷詞稿二卷**　（清）楊揆撰　清乾隆五十七年
(1792)刻本　六冊

620000－1101－0004755　847.5/267.05

芙蓉山舘文鈔一卷續刻一卷　（清）楊芳燦撰
清嘉慶十年(1805)刻本　二冊

620000－1101－0004756　413/970

孚菴折肱錄後集一卷續集一卷　（清）汪忱撰
清晚期刻本　一冊

620000－1101－0004757　638

枹罕陳氏族譜五卷　（清）陳誥等纂　清道光
二十三年(1843)雙柏二山抄本　一冊

620000－1101－0004758　847.8/400

罘罳草堂詩集四卷　（清）隆觀易撰　清光緒
五年(1879)義寧陳寶箴長沙刻本　二冊

620000－1101－0004759　127.6/736

浮邱子十二卷　（清）湯鵬撰　清宣統二年
(1910)掃葉山房石印本　六冊

620000－1101－0004760　4495

浮山此藏軒物理小識十二卷　（明）方以智撰
清抄本　三冊

620000－1101－0004761　847.8/214

浮雲集一卷　（清）胡琳章輯　清末刻本
一冊

620000－1101－0004762　391

浮沚集九卷　（宋）周行己撰　清乾隆武英殿

木活字印武英殿聚珍版書本　四冊

620000－1101－0004763　831.71/50

柈亭先生詩鈔八卷　（清）陸世儀撰　（清）葉裕仁編　清光緒二年(1876)刻本　二冊

620000－1101－0004764　2596

福惠全書三十二卷　（清）黃六鴻撰　清康熙三十八年(1699)刻本　十一冊　存二十九卷（一至十三、十七至三十二）

620000－1101－0004765　573.42/170.003

福惠全書三十二卷　（清）黃六鴻撰　清道光刻本　六冊　存十八卷（一、五至六、十六至十八、二十一至三十二）

620000－1101－0004766　573.42/170.001

福惠全書三十二卷　（清）黃六鴻撰　清光緒十九年(1893)京都文昌會館刻本　六冊　存十六卷（十七至三十二）

620000－1101－0004767　573.42/170

福惠全書三十二卷　（清）黃六鴻撰　清晚期刻本　八冊

620000－1101－0004768　573.42/170.002

福惠全書三十二卷　（清）黃六鴻撰　清刻本　十一冊　存二十四卷（六至二十九）

620000－1101－0004769　567.9231/0.104

福建賦役細則不分卷　（清）福建布政使司編輯　清道光二年(1822)刻本　一冊

620000－1101－0004770　567.4/31

福建票鹽志略一卷　（清）福建鹽局編　清同治五年(1866)福建鹽局刻本　一冊

620000－1101－0004771　2672

福壽全書六卷　（明）陳繼儒輯　明崇禎金閶張叔籟刻本　一冊　存一卷（一）

620000－1101－0004772　222.13/347

福源石屋珙禪師語錄二卷　（元）釋至柔等編　清光緒十三年(1887)刻本　一冊

620000－1101－0004773　609

甫田集三十六卷　（明）文徵明撰　明刻清修本　八冊

620000－1101－0004774　846.5/677

甫田集三十六卷　（明）文徵明撰　清宣統三年(1911)鉛印本　十二冊

620000－1101－0004775　846.5/677

甫田集三十六卷　（明）文徵明撰　清宣統三年(1911)鉛印本　十二冊

620000－1101－0004776　434/900

撫郡農產攷略二卷附種田雜說一卷　何剛德　黃維翰編　清光緒三十三年(1907)江蘇刷印局鉛印本　二冊

620000－1101－0004777　434/900

撫郡農產攷略二卷附種田雜說一卷　何剛德　黃維翰編　清光緒三十三年(1907)江蘇刷印局鉛印本　三冊　存一卷（撫郡農產攷略上）

620000－1101－0004778　847.6/399

撫吳艸四卷　（清）陶澍撰　清道光刻本　一冊

620000－1101－0004779　653.771/158

撫吳公牘五十卷　（清）丁日昌撰　（清）沈幼丹評選　清光緒三年(1877)刻本　十冊

620000－1101－0004780　567.3/0.301

撫彝廳賦役全書不分卷　（清）□□編　清咸豐三年(1853)刻本　三冊

620000－1101－0004781　2794

撫豫宣化錄四卷　（清）田文鏡撰　清雍正五年(1727)田文鏡刻本　十六冊

620000－1101－0004782　652.71/478

撫豫宣化錄四卷　（清）田文鏡撰　清抄本　一冊　存一卷（一）

620000－1101－0004783　520.33/667

父師善誘法二卷　（清）唐彪輯　清晚期刻本　一冊

620000－1101－0004784　847.4/720.02

附鮐軒詩八卷　（清）洪亮吉撰　清光緒三年(1877)洪用懃授經堂刻本　二冊

620000－1101－0004785　094.32/41.37.752

附釋音禮記注疏六十三卷 （漢）鄭玄注
（唐）孔穎達疏 （唐）陸德明音義 清嘉慶二
十年（1815）南昌府學刻本 一冊 存三卷
（二十二至二十四）

620000－1101－0004786 093.12/370
附釋音毛詩注疏二十卷附校勘記 （漢）毛亨
傳 （漢）鄭玄箋 （唐）孔穎達疏 （清）阮
元校勘 清光緒十九年（1893）陝西味經刊書
處刻本 三十二冊

620000－1101－0004787 1
附釋音毛詩註疏二十卷 （漢）毛亨傳 （漢）
鄭玄箋 （唐）孔穎達疏 （唐）陸德明音義
元刻明修本（卷一至二、十五至十八配清抄
本） 二十四冊

620000－1101－0004788 094.12/68.112
附釋音周禮注疏四十二卷校勘記四十二卷
（唐）賈公彥疏 （唐）陸德明釋文 （清）阮
元校勘 （清）盧宣旬摘錄 清光緒二十六年
（1900）刻本 二十四冊

620000－1101－0004789 567.3/0.867
阜康縣賦役全書不分卷 （清）□□編 清咸
豐三年（1853）刻本 三冊

620000－1101－0004790 653.75/0.131
副參遊都守千把經額兵丁每歲應支銀糧簿不
分卷 （清）□□編 清末抄本 一冊

620000－1101－0004791 413.6/0.993
婦科輯要不分卷 （□）□□撰 清晚期抄本
一冊

620000－1101－0004792 417.1/970
婦科精蘊圖說五卷 （美國）妥瑪氏撰 （清）
孔慶高筆譯 清光緒十五年（1889）羊城博濟
醫局刻本 四冊

620000－1101－0004793 417.1/970
婦科精蘊圖說五卷 （美國）妥瑪氏撰 （清）
孔慶高筆譯 清光緒十五年（1889）羊城博濟
醫局刻本 五冊

620000－1101－0004794 417.1/736

婦科五十二章 （美國）湯麥斯著 舒高第
（清）鄭昌棪譯 清光緒二十六年（1900）江南
製造局鉛印本 六冊

620000－1101－0004795 417.1/736
婦科五十二章 （美國）湯麥斯著 舒高第
（清）鄭昌棪譯 清光緒二十六年（1900）江南
製造局鉛印本 六冊

620000－1101－0004796 417.1/736
婦科五十二章 （美國）湯麥斯著 舒高第
（清）鄭昌棪譯 清光緒二十六年（1900）江南
製造局鉛印本 六冊

620000－1101－0004797 417.1/736
婦科五十二章 （美國）湯麥斯著 舒高第
（清）鄭昌棪譯 清光緒二十六年（1900）江南
製造局鉛印本 六冊

620000－1101－0004798 417.1/736
婦科五十二章 （美國）湯麥斯著 舒高第
（清）鄭昌棪譯 清光緒二十六年（1900）江南
製造局鉛印本 六冊

620000－1101－0004799 417.1/736
婦科五十二章 （美國）湯麥斯著 舒高第
（清）鄭昌棪譯 清光緒二十六年（1900）江南
製造局鉛印本 六冊

620000－1101－0004800 417.1/736
婦科五十二章 （美國）湯麥斯著 舒高第
（清）鄭昌棪譯 清光緒二十六年（1900）江南
製造局鉛印本 四冊 存三十二章（一至三
十二）

620000－1101－0004801 417.1/736
婦科五十二章 （美國）湯麥斯著 舒高第
（清）鄭昌棪譯 清光緒二十六年（1900）江南
製造局鉛印本 一冊 存一章（第一章之葉
一至八十五）

620000－1101－0004802 413.082/951
婦嬰至寶六卷 （清）徐尚慧輯 清光緒二十
年（1894）文林書局石印本 一冊

620000－1101－0004803 413.082/951.001

婦嬰至寶六卷 （清）徐尚慧輯 清道光十一
年（1831）三松堂刻本 一冊

620000－1101－0004804 843.11/906

傅鶉觚集一卷 （晉）傅玄撰 （明）張溥閱
清光緒五年（1879）刻本 一冊

620000－1101－0004805 413/906.303

傅青主男科二卷 （清）傅山撰 清宣統元年
（1909）上海鑄記書棧石印本 一冊

620000－1101－0004806 413.6/906.012.001

傅青主女科二卷產後編二卷 （清）傅山撰
清光緒刻本 一冊 存二卷（產後編二卷）

620000－1101－0004807 413.6/906.012

傅青主女科二卷產後編二卷 （清）傅山撰
清晚期石印本 一冊

620000－1101－0004808 413.52/906.002

傅氏眼科審視瑤函六卷首一卷 （明）傅仁宇
纂輯 清晚期三益堂刻本 四冊

620000－1101－0004809 413.52/906.004

傅氏眼科審視瑤函六卷首一卷 （明）傅仁宇
纂輯 清晚期刻本 六冊

620000－1101－0004810 413.52/906

傅氏眼科審視瑤函六卷首一卷 （明）傅仁宇
纂輯 清晚期致盛堂刻本 五冊 存五卷
（一至五）

620000－1101－0004811 1463

傅徵君霜紅龕詩鈔九卷附錄一卷 （清）傅山
撰 （清）蘇爾詒 （清）劉贄輯 清乾隆三十
二年（1767）仰止軒刻本 二冊

620000－1101－0004812 847.4/98

復初齋文集三十五卷 （清）翁方綱撰 清道
光十六年（1836）刻本 八冊

620000－1101－0004813 1852

復古編二卷校正一卷附錄一卷 （宋）張有撰
清乾隆四十六年（1781）葛鳴陽刻本 二冊

620000－1101－0004814 802.3/309

復古編二卷校正一卷附錄一卷 （宋）張有撰
曾樂軒稿一卷 （宋）張維撰 安陸集一卷

（宋）張光撰 清光緒八年（1882）淮南書局
刻本 三冊

620000－1101－0004815 802.3/309

復古編二卷校正一卷附錄一卷 （宋）張有撰
曾樂軒稿一卷 （宋）張維撰 安陸集一卷
（宋）張光撰 清光緒八年（1882）淮南書局
刻本 三冊

620000－1101－0004816 443.686/15

復淮故道圖說一卷 （清）丁顯撰 清同治八
年（1869）集韻書屋刻本 一冊

620000－1101－0004817 929

復社紀略二卷 （清）陸世儀輯 清抄本
二冊

620000－1101－0004818 230/0.945

復申集要不分卷 （□）□□撰 清晚期刻本
一冊

620000－1101－0004819 847.8/601.06

復堂類集二十六卷 （清）譚獻撰 清光緒十
一年至十三年（1885－1887）刻本 六冊

620000－1101－0004820 847.8/601

復堂日記八卷 （清）譚獻撰 清光緒十三年
（1887）仁和譚氏刻本 二冊 存六卷（三至
八）

620000－1101－0004821 220/385

復齋集義錄□□種□□卷 （清）陳同書輯
清嘉慶刻本 六冊 存四種二十四卷（心經
五解五卷，金剛經心經註講二卷，佛說大阿彌
陀經一卷、略解一卷，增廣龍舒淨土文十五
卷）

620000－1101－0004822 091.87/202

復齋易說六卷古周易一卷 （宋）趙彥肅撰
（宋）呂祖謙等編 清道光刻本 二冊

620000－1101－0004823 847.7/994.6

復莊駢儷文榷八卷二編八卷 （清）姚燮撰
清咸豐鎮海姚氏刻本 二冊 存五卷（復莊
駢儷文榷四至八）

620000－1101－0004824 943.9/0.323

富春堂增訂四體書法不分卷 （清）鄭虎文校訂 （清）富春堂增輯 清道光二十七年至咸豐二年(1847–1852)富春堂刻本 四冊

620000–1101–0004825 550.18/158

富國策三卷 （英國）法思德撰 汪鳳藻譯 清光緒二十五年(1899)上海美華書館鉛印本 一冊

620000–1101–0004826 550.18/158.001

富國策三卷 （英國）法思德撰 汪鳳藻譯 清光緒八年(1882)上海美華書館鉛印本 三冊

620000–1101–0004827 550.18/158.001

富國策三卷 （英國）法思德撰 汪鳳藻譯 清光緒八年(1882)上海美華書館鉛印本 三冊

620000–1101–0004828 082.78/193

富强齋叢書續集一百二十九種三百十九卷 （清）袁俊德輯 清光緒二十三年(1897)小倉山房石印本 五十九冊 缺九種三十四卷（化學考質九、化學求數十六至二十、內科理法前編六卷、內科理法後編六卷、內科理法三編十卷、藥品類方三卷、藥品中西名目表一卷、德國議院章程一卷、佐治芻言二）

620000–1101–0004829 082.78/688

富强齋叢書正集八十一種四百二卷 （清）袁俊德輯 清光緒二十二年(1896)鴻文書局石印本 六十五冊

620000–1101–0004830 082.78/688

富强齋叢書正集八十一種四百二卷 （清）袁俊德輯 清光緒二十五年(1899)小倉山房石印本 六十三冊

620000–1101–0004831 610.29/819

富文堂綱鑑易知錄九十二卷 （清）周之炯 （清）吳乘權 （清）周之燦輯 清刻本 三十五冊

620000–1101–0004832 832.2/11.33

賦鈔箋略十五卷 （清）雷琳 （清）張杏濱箋 清嘉慶二十二年(1817)刻本 八冊

620000–1101–0004833 1827

賦鈔箋略十五卷 （清）雷琳 （清）張杏濱箋 清乾隆三十一年(1766)刻本 八冊

620000–1101–0004834 2923

賦鈔箋略十五卷 （清）雷琳 （清）張杏濱箋 清乾隆三十一年(1766)刻本 八冊

620000–1101–0004835 3199

賦鈔箋略十五卷 （清）雷琳 （清）張杏濱箋 清乾隆三十一年(1766)刻本 五冊 存十卷(六至十五)

620000–1101–0004836 3368

賦鈔箋略十五卷 （清）雷琳 （清）張杏濱箋 清乾隆刻本 六冊 存十卷(一至五、十一至十五)

620000–1101–0004837 3369

賦鈔箋略十五卷 （清）雷琳 （清）張杏濱箋 清乾隆刻本 四冊 存七卷(七至十二、十五)

620000–1101–0004838 832/307.002

賦鈔六卷 （清）張惠言輯 清光緒八年(1882)廣東載文堂刻本 四冊

620000–1101–0004839 832/307

賦鈔六卷 （清）張惠言輯 清光緒四年(1878)宏達堂刻本 四冊

620000–1101–0004840 041.78/896

賦海大觀三十二卷 （清）沈祖燕編 清光緒十九年(1893)上海鴻寶齋石印本 二十八冊

620000–1101–0004841 041.78/896

賦海大觀三十二卷 （清）沈祖燕編 清光緒十六年(1890)上海鴻寶齋石印本 十二冊 存十六卷(一至三、十、十二至二十一、二十八至二十九)

620000–1101–0004842 856.7/285.001

賦學正鵠集釋四卷 （清）李元度輯 清光緒二十年(1894)上海文瑞樓石印本 一冊

620000–1101–0004843 822/988

賦學指南十卷 （清）余丙照編輯 清光緒九

年(1883)刻本　一冊

620000－1101－0004844　822/988.001

賦學指南十卷　（清）余丙照編輯　清道光十七年(1837)英德堂刻本　四冊

620000－1101－0004845　822/988.003

賦學指南十卷二集六卷　（清）余丙照編輯（清）余榮耀　（清）余榮辛等注　清咸豐四年(1854)刻本　三冊　存十二卷(五至十、二集六卷)

620000－1101－0004846　567.9221/0.719.1

賦役全書不分卷　（清）□□輯　清光緒鉛印本　十六冊

620000－1101－0004847　567.9212/0.582

賦役全書不分卷　（清）□□輯　清刻本　七十二冊

620000－1101－0004848　832.7/677

賦韻海不分卷　（清）文匯館主人輯　清光緒十四年(1888)上海點石齋石印本　五冊

620000－1101－0004849　089.7/312

覆瓿集十三種三十四卷　（清）張文虎撰　清同治、光緒刻本　十冊

620000－1101－0004850　1357

覆瓿偶存稿不分卷　（清）周仲容撰　清道光稿本　一冊

620000－1101－0004851　684.8/275

伽藍記五卷　（北魏）楊衒之著　清嘉慶刻廣漢魏叢書本　一冊

620000－1101－0004852　2033

陔餘叢考四十三卷　（清）趙翼撰　清刻甌北全集本　十六冊

620000－1101－0004853　2974

陔餘叢考四十三卷　（清）趙翼撰　清乾隆五十五年(1790)湛貽堂刻本　十冊

620000－1101－0004854　554.33/266

改定井田溝洫圖說二卷　（清）楊燾撰　（清）楊繼曾輯　清道光二十四年(1844)非能園刻本　一冊

620000－1101－0004855　716/837

改正世界地理學六卷首一卷　（日本）矢津昌永撰　吳啓孫編譯　清光緒三十年(1904)甘肅官書局刻本　二冊

620000－1101－0004856　716/837

改正世界地理學六卷首一卷　（日本）矢津昌永撰　吳啓孫編譯　清光緒三十年(1904)甘肅官書局刻本　二冊

620000－1101－0004857　716/837

改正世界地理學六卷首一卷　（日本）矢津昌永撰　吳啓孫編譯　清光緒三十年(1904)甘肅官書局刻本　二冊

620000－1101－0004858　716/837

改正世界地理學六卷首一卷　（日本）矢津昌永撰　吳啓孫編譯　清光緒三十年(1904)甘肅官書局刻本　二冊

620000－1101－0004859　716/837

改正世界地理學六卷首一卷　（日本）矢津昌永撰　吳啓孫編譯　清光緒三十年(1904)甘肅官書局刻本　二冊

620000－1101－0004860　716/837

改正世界地理學六卷首一卷　（日本）矢津昌永撰　吳啓孫編譯　清光緒三十年(1904)甘肅官書局刻本　二冊

620000－1101－0004861　716/837

改正世界地理學六卷首一卷　（日本）矢津昌永撰　吳啓孫編譯　清光緒三十年(1904)甘肅官書局刻本　二冊

620000－1101－0004862　716/837

改正世界地理學六卷首一卷　（日本）矢津昌永撰　吳啓孫編譯　清光緒三十年(1904)甘肅官書局刻本　二冊

620000－1101－0004863　716/837

改正世界地理學六卷首一卷　（日本）矢津昌永撰　吳啓孫編譯　清光緒三十年(1904)甘肅官書局刻本　二冊

620000－1101－0004864　716/837

改正世界地理學六卷首一卷　（日本）矢津昌
永撰　吳啓孫編譯　清光緒三十年（1904）甘
肅官書局刻本　二冊

620000－1101－0004865　716/837
改正世界地理學六卷首一卷　（日本）矢津昌
永撰　吳啓孫編譯　清光緒三十年（1904）甘
肅官書局刻本　二冊

620000－1101－0004866　716/837
改正世界地理學六卷首一卷　（日本）矢津昌
永撰　吳啓孫編譯　清光緒三十年（1904）甘
肅官書局刻本　二冊

620000－1101－0004867　716/837
改正世界地理學六卷首一卷　（日本）矢津昌
永撰　吳啓孫編譯　清光緒三十年（1904）甘
肅官書局刻本　二冊

620000－1101－0004868　716/837
改正世界地理學六卷首一卷　（日本）矢津昌
永撰　吳啓孫編譯　清光緒三十年（1904）甘
肅官書局刻本　二冊

620000－1101－0004869　716/837
改正世界地理學六卷首一卷　（日本）矢津昌
永撰　吳啓孫編譯　清光緒三十年（1904）甘
肅官書局刻本　二冊

620000－1101－0004870　716/837
改正世界地理學六卷首一卷　（日本）矢津昌
永撰　吳啓孫編譯　清光緒三十年（1904）甘
肅官書局刻本　二冊

620000－1101－0004871　716/837
改正世界地理學六卷首一卷　（日本）矢津昌
永撰　吳啓孫編譯　清光緒三十年（1904）甘
肅官書局刻本　二冊

620000－1101－0004872　716/837
改正世界地理學六卷首一卷　（日本）矢津昌
永撰　吳啓孫編譯　清光緒三十年（1904）甘
肅官書局刻本　二冊

620000－1101－0004873　716/837
改正世界地理學六卷首一卷　（日本）矢津昌

永撰　吳啓孫編譯　清光緒三十年（1904）甘
肅官書局刻本　二冊

620000－1101－0004874　716/837
改正世界地理學六卷首一卷　（日本）矢津昌
永撰　吳啓孫編譯　清光緒三十年（1904）甘
肅官書局刻本　二冊

620000－1101－0004875　716/837
改正世界地理學六卷首一卷　（日本）矢津昌
永撰　吳啓孫編譯　清光緒三十年（1904）甘
肅官書局刻本　二冊

620000－1101－0004876　716/837
改正世界地理學六卷首一卷　（日本）矢津昌
永撰　吳啓孫編譯　清光緒三十年（1904）甘
肅官書局刻本　二冊

620000－1101－0004877　716/837
改正世界地理學六卷首一卷　（日本）矢津昌
永撰　吳啓孫編譯　清光緒三十年（1904）甘
肅官書局刻本　二冊

620000－1101－0004878　716/837
改正世界地理學六卷首一卷　（日本）矢津昌
永撰　吳啓孫編譯　清光緒三十年（1904）甘
肅官書局刻本　二冊

620000－1101－0004879　716/837
改正世界地理學六卷首一卷　（日本）矢津昌
永撰　吳啓孫編譯　清光緒三十年（1904）甘
肅官書局刻本　二冊

620000－1101－0004880　716/837
改正世界地理學六卷首一卷　（日本）矢津昌
永撰　吳啓孫編譯　清光緒三十年（1904）甘
肅官書局刻本　二冊

620000－1101－0004881　716/837
改正世界地理學六卷首一卷　（日本）矢津昌
永撰　吳啓孫編譯　清光緒三十年（1904）甘
肅官書局刻本　二冊

620000－1101－0004882　716/837
改正世界地理學六卷首一卷　（日本）矢津昌
永撰　吳啓孫編譯　清光緒三十年（1904）甘

肅官書局刻本　二冊

620000－1101－0004883　716/837

改正世界地理學六卷首一卷　（日本）矢津昌永撰　吳啓孫編譯　清光緒三十年（1904）甘肅官書局刻本　一冊

620000－1101－0004884　716/837

改正世界地理學六卷首一卷　（日本）矢津昌永撰　吳啓孫編譯　清光緒三十年（1904）甘肅官書局刻本　一冊

620000－1101－0004885　716/837

改正世界地理學六卷首一卷　（日本）矢津昌永撰　吳啓孫編譯　清光緒三十年（1904）甘肅官書局刻本　二冊

620000－1101－0004886　716/837

改正世界地理學六卷首一卷　（日本）矢津昌永撰　吳啓孫編譯　清光緒三十年（1904）甘肅官書局刻本　二冊

620000－1101－0004887　1474

溉堂前集九卷後集六卷續集六卷文集五卷詩餘二卷　（清）孫枝蔚撰　清康熙十六年（1677）刻本　五冊　存十一卷（續集三至六、文集五卷、詩餘二卷）

620000－1101－0004888　974

溉堂前集九卷後集六卷續集六卷文集五卷詩餘二卷　（清）孫枝蔚撰　清康熙刻本　五冊　存十一卷（前集九卷、續集一至二）

620000－1101－0004889　071.74/928

溉亭述古錄二卷　（清）錢塘撰　清晚期刻本　一冊

620000－1101－0004890　847.7/927

甘泉鄉人稿二十四卷餘稿二卷　（清）錢泰吉撰　清同治十一年（1872）刻本　五冊

620000－1101－0004891　73

甘氏奇門一得二卷　（明）甘霖撰　明唐氏文林閣刻本　一冊

620000－1101－0004892　573.332/178.279

甘肅拔貢卷一卷　（清）陳繻撰　清同治十二年（1873）刻本　一冊

620000－1101－0004893　567.5/0.178

甘肅百貨統捐章程不分卷　（清）□□編　清光緒三十二年（1906）刻本　一冊

620000－1101－0004894　782.17/0.17803

甘肅丙子科鄉試同闈錄一卷　（清）□□編　清光緒二年（1876）刻本　一冊

620000－1101－0004895　782.17/0.178.04

甘肅丙子科鄉試同闈錄一卷　（清）□□編　清光緒二年（1876）刻本　一冊

620000－1101－0004896　567.3/0.178

甘肅布政司屬河東賦役全書不分卷　（清）□□編　清咸豐三年（1853）刻本　三冊

620000－1101－0004897　567.3/0.718

甘肅布政司屬河東賦役全書不分卷　（清）□□編　清咸豐三年（1853）刻本　三冊

620000－1101－0004898　567.3/0.718

甘肅布政司屬河西賦役全書不分卷　（清）□□編　清咸豐三年（1853）刻本　二冊

620000－1101－0004899　567.5/754

甘肅大布統捐章程不分卷　（清）□□編　清光緒甘肅政報局鉛印本　一冊

620000－1101－0004900　567.5/754

甘肅大布統捐章程不分卷　（清）□□編　清光緒甘肅政報局鉛印本　一冊

620000－1101－0004901　782.179/286

甘肅第二次考試法官同闈錄不分卷　（清）李擢英鑒定　（清）蕭丙炎鑒定　清宣統二年（1910）甘肅官書局石印本　一冊

620000－1101－0004902　567.3/0.911

甘肅伏羌縣渭陽上大糧紅簿不分卷　（清）□□編　清同治八年（1869）抄本　一冊

620000－1101－0004903　3434

甘肅甘州府張掖縣光緒拾陸年應催徵光緒拾肆年民欠糧石總數仍未完散數徵信冊不分卷　（清）□□編　清光緒十七年（1891）蕭慶增木活字印本　一冊

620000－1101－0004904　856.7/893

甘肅高等學堂經學日記摘鈔一卷附校勘記不分卷　劉爾炘編　清光緒三十年（1904）學堂書局鉛印本　一冊　存一卷（日記摘鈔一卷）

620000－1101－0004905　856.7/893

甘肅高等學堂經學日記摘鈔一卷附校勘記不分卷　劉爾炘編　清光緒三十年（1904）學堂書局鉛印本　一冊

620000－1101－0004906　856.7/893

甘肅高等學堂經學日記摘鈔一卷附校勘記不分卷　劉爾炘編　清光緒三十年（1904）學堂書局鉛印本　一冊

620000－1101－0004907　856.7/893

甘肅高等學堂經學日記摘鈔一卷附校勘記不分卷　劉爾炘編　清光緒三十年（1904）學堂書局鉛印本　一冊

620000－1101－0004908　856.7/893

甘肅高等學堂經學日記摘鈔一卷附校勘記不分卷　劉爾炘編　清光緒三十年（1904）學堂書局鉛印本　一冊

620000－1101－0004909　856.7/893

甘肅高等學堂經學日記摘鈔一卷附校勘記不分卷　劉爾炘編　清光緒三十年（1904）學堂書局鉛印本　一冊

620000－1101－0004910　856.7/893

甘肅高等學堂經學日記摘鈔一卷附校勘記不分卷　劉爾炘編　清光緒三十年（1904）學堂書局鉛印本　一冊

620000－1101－0004911　856.7/893

甘肅高等學堂經學日記摘鈔一卷附校勘記不分卷　劉爾炘編　清光緒三十年（1904）學堂書局鉛印本　一冊

620000－1101－0004912　856.7/893

甘肅高等學堂經學日記摘鈔一卷附校勘記不分卷　劉爾炘編　清光緒三十年（1904）學堂書局鉛印本　一冊

620000－1101－0004913　856.7/893

甘肅高等學堂經學日記摘鈔一卷附校勘記不分卷　劉爾炘編　清光緒三十年（1904）學堂書局鉛印本　一冊

620000－1101－0004914　856.7/893

甘肅高等學堂經學日記摘鈔一卷附校勘記不分卷　劉爾炘編　清光緒三十年（1904）學堂書局鉛印本　一冊

620000－1101－0004915　856.7/893

甘肅高等學堂經學日記摘鈔一卷附校勘記不分卷　劉爾炘編　清光緒三十年（1904）學堂書局鉛印本　一冊

620000－1101－0004916　856.7/893

甘肅高等學堂經學日記摘鈔一卷附校勘記不分卷　劉爾炘編　清光緒三十年（1904）學堂書局鉛印本　一冊

620000－1101－0004917　856.7/893

甘肅高等學堂經學日記摘鈔一卷附校勘記不分卷　劉爾炘編　清光緒三十年（1904）學堂書局鉛印本　一冊

620000－1101－0004918　856.7/893

甘肅高等學堂經學日記摘鈔一卷附校勘記不分卷　劉爾炘編　清光緒三十年（1904）學堂書局鉛印本　一冊

620000－1101－0004919　856.7/893

甘肅高等學堂經學日記摘鈔一卷附校勘記不分卷　劉爾炘編　清光緒三十年（1904）學堂書局鉛印本　一冊

620000－1101－0004920　856.7/893

甘肅高等學堂經學日記摘鈔一卷附校勘記不分卷　劉爾炘編　清光緒三十年（1904）學堂書局鉛印本　一冊

620000－1101－0004921　856.7/893

甘肅高等學堂經學日記摘鈔一卷附校勘記不分卷　劉爾炘編　清光緒三十年（1904）學堂書局鉛印本　一冊

620000－1101－0004922　856.7/893

甘肅高等學堂經學日記摘鈔一卷附校勘記不

分卷　劉爾炘編　清光緒三十年（1904）學堂
書局鉛印本　一冊

620000－1101－0004923　856.7/893
甘肅高等學堂經學日記摘鈔一卷附校勘記不
分卷　劉爾炘編　清光緒三十年（1904）學堂
書局鉛印本　一冊

620000－1101－0004924　856.7/893
甘肅高等學堂經學日記摘鈔一卷附校勘記不
分卷　劉爾炘編　清光緒三十年（1904）學堂
書局鉛印本　一冊

620000－1101－0004925　856.7/893
甘肅高等學堂經學日記摘鈔一卷附校勘記不
分卷　劉爾炘編　清光緒三十年（1904）學堂
書局鉛印本　一冊

620000－1101－0004926　856.7/893
甘肅高等學堂經學日記摘鈔一卷附校勘記不
分卷　劉爾炘編　清光緒三十年（1904）學堂
書局鉛印本　一冊

620000－1101－0004927　856.7/893
甘肅高等學堂經學日記摘鈔一卷附校勘記不
分卷　劉爾炘編　清光緒三十年（1904）學堂
書局鉛印本　一冊

620000－1101－0004928　856.7/893
甘肅高等學堂經學日記摘鈔一卷附校勘記不
分卷　劉爾炘編　清光緒三十年（1904）學堂
書局鉛印本　一冊

620000－1101－0004929　856.7/893
甘肅高等學堂經學日記摘鈔一卷附校勘記不
分卷　劉爾炘編　清光緒三十年（1904）學堂
書局鉛印本　一冊

620000－1101－0004930　856.7/893
甘肅高等學堂經學日記摘鈔一卷附校勘記不
分卷　劉爾炘編　清光緒三十年（1904）學堂
書局鉛印本　一冊

620000－1101－0004931　856.7/893
甘肅高等學堂經學日記摘鈔一卷附校勘記不
分卷　劉爾炘編　清光緒三十年（1904）學堂

書局鉛印本　一冊

620000－1101－0004932　856.7/893
甘肅高等學堂經學日記摘鈔一卷附校勘記不
分卷　劉爾炘編　清光緒三十年（1904）學堂
書局鉛印本　一冊

620000－1101－0004933　856.7/893
甘肅高等學堂經學日記摘鈔一卷附校勘記不
分卷　劉爾炘編　清光緒三十年（1904）學堂
書局鉛印本　一冊

620000－1101－0004934　856.7/893
甘肅高等學堂經學日記摘鈔一卷附校勘記不
分卷　劉爾炘編　清光緒三十年（1904）學堂
書局鉛印本　一冊

620000－1101－0004935　856.7/893
甘肅高等學堂經學日記摘鈔一卷附校勘記不
分卷　劉爾炘編　清光緒三十年（1904）學堂
書局鉛印本　一冊

620000－1101－0004936　856.7/893
甘肅高等學堂經學日記摘鈔一卷附校勘記不
分卷　劉爾炘編　清光緒三十年（1904）學堂
書局鉛印本　一冊

620000－1101－0004937　856.7/893
甘肅高等學堂經學日記摘鈔一卷附校勘記不
分卷　劉爾炘編　清光緒三十年（1904）學堂
書局鉛印本　一冊

620000－1101－0004938　856.7/893
甘肅高等學堂經學日記摘鈔一卷附校勘記不
分卷　劉爾炘編　清光緒三十年（1904）學堂
書局鉛印本　一冊

620000－1101－0004939　856.7/893
甘肅高等學堂經學日記摘鈔一卷附校勘記不
分卷　劉爾炘編　清光緒三十年（1904）學堂
書局鉛印本　一冊

620000－1101－0004940　856.7/893
甘肅高等學堂經學日記摘鈔一卷附校勘記不
分卷　劉爾炘編　清光緒三十年（1904）學堂
書局鉛印本　一冊

620000－1101－0004941　856.7/893

甘肅高等學堂經學日記摘鈔一卷附校勘記不
分卷　劉爾炘編　清光緒三十年(1904)學堂
書局鉛印本　一冊

620000－1101－0004942　856.7/893

甘肅高等學堂經學日記摘鈔一卷附校勘記不
分卷　劉爾炘編　清光緒三十年(1904)學堂
書局鉛印本　一冊

620000－1101－0004943　856.7/893

甘肅高等學堂經學日記摘鈔一卷附校勘記不
分卷　劉爾炘編　清光緒三十年(1904)學堂
書局鉛印本　一冊

620000－1101－0004944　856.7/893

甘肅高等學堂經學日記摘鈔一卷附校勘記不
分卷　劉爾炘編　清光緒三十年(1904)學堂
書局鉛印本　一冊

620000－1101－0004945　856.7/893

甘肅高等學堂經學日記摘鈔一卷附校勘記不
分卷　劉爾炘編　清光緒三十年(1904)學堂
書局鉛印本　一冊

620000－1101－0004946　856.7/893

甘肅高等學堂經學日記摘鈔一卷附校勘記不
分卷　劉爾炘編　清光緒三十年(1904)學堂
書局鉛印本　一冊

620000－1101－0004947　856.7/893

甘肅高等學堂經學日記摘鈔一卷附校勘記不
分卷　劉爾炘編　清光緒三十年(1904)學堂
書局鉛印本　一冊

620000－1101－0004948　856.7/893

甘肅高等學堂經學日記摘鈔一卷附校勘記不
分卷　劉爾炘編　清光緒三十年(1904)學堂
書局鉛印本　一冊

620000－1101－0004949　856.7/893

甘肅高等學堂經學日記摘鈔一卷附校勘記不
分卷　劉爾炘編　清光緒三十年(1904)學堂
書局鉛印本　一冊

620000－1101－0004950　856.7/893

甘肅高等學堂經學日記摘鈔一卷附校勘記不
分卷　劉爾炘編　清光緒三十年(1904)學堂
書局鉛印本　一冊

620000－1101－0004951　856.7/893

甘肅高等學堂經學日記摘鈔一卷附校勘記不
分卷　劉爾炘編　清光緒三十年(1904)學堂
書局鉛印本　一冊

620000－1101－0004952　856.7/893

甘肅高等學堂經學日記摘鈔一卷附校勘記不
分卷　劉爾炘編　清光緒三十年(1904)學堂
書局鉛印本　一冊

620000－1101－0004953　856.7/893

甘肅高等學堂經學日記摘鈔一卷附校勘記不
分卷　劉爾炘編　清光緒三十年(1904)學堂
書局鉛印本　一冊

620000－1101－0004954　671.65/111.795

甘肅鞏昌府安定縣地理調查表式一卷　(清)
劉春堂輯　清晚期抄本　一冊

620000－1101－0004955　3432

甘肅鞏昌府伏羌縣光緒拾貳年銀糧總數民欠
未完散數徵信冊不分卷　(清)□□編　清光
緒十三年(1887)蕭慶增木活字印本　一冊

620000－1101－0004956　671.65/131.792

甘肅鞏昌府隴西縣丞地理調查表式一卷
(清)周裕杬輯　清晚期抄本　一冊

620000－1101－0004957　594.4/178

甘肅供支銀兩結冊不分卷　(清)吳行抄　清
道光二年至三年(1822－1823)抄本　一冊

620000－1101－0004958　657.75/119.79

甘肅固原直隸州平遠縣地理調查表不分卷
(清)秦瑞珍編　清宣統二年(1910)抄本
一冊

620000－1101－0004959　487.7/178

甘肅官書局章程一卷　(清)甘肅文武高等學
堂撰　清光緒二十九年(1903)甘肅官書局刻
本　一冊

620000－1101－0004960　487.7/178

甘肅官書局章程一卷　（清）甘肅文武高等學堂撰　清光緒二十九年（1903）甘肅官書局刻本　一冊

620000－1101－0004961　487.7/178
甘肅官書局章程一卷　（清）甘肅文武高等學堂撰　清光緒二十九年（1903）甘肅官書局刻本　一冊

620000－1101－0004962　487.7/178
甘肅官書局章程一卷　（清）甘肅文武高等學堂撰　清光緒二十九年（1903）甘肅官書局刻本　一冊

620000－1101－0004963　487.7/178
甘肅官書局章程一卷　（清）甘肅文武高等學堂撰　清光緒二十九年（1903）甘肅官書局刻本　一冊

620000－1101－0004964　487.7/178
甘肅官書局章程一卷　（清）甘肅文武高等學堂撰　清光緒二十九年（1903）甘肅官書局刻本　一冊

620000－1101－0004965　487.7/178
甘肅官書局章程一卷　（清）甘肅文武高等學堂撰　清光緒二十九年（1903）甘肅官書局刻本　一冊

620000－1101－0004966　487.7/178
甘肅官書局章程一卷　（清）甘肅文武高等學堂撰　清光緒二十九年（1903）甘肅官書局刻本　一冊

620000－1101－0004967　487.7/178
甘肅官書局章程一卷　（清）甘肅文武高等學堂撰　清光緒二十九年（1903）甘肅官書局刻本　一冊

620000－1101－0004968　487.7/178
甘肅官書局章程一卷　（清）甘肅文武高等學堂撰　清光緒二十九年（1903）甘肅官書局刻本　一冊

620000－1101－0004969　487.7/178
甘肅官書局章程一卷　（清）甘肅文武高等學堂撰　清光緒二十九年（1903）甘肅官書局刻本　一冊

620000－1101－0004970　487.7/178
甘肅官書局章程一卷　（清）甘肅文武高等學堂撰　清光緒二十九年（1903）甘肅官書局刻本　一冊

620000－1101－0004971　487.7/178
甘肅官書局章程一卷　（清）甘肅文武高等學堂撰　清光緒二十九年（1903）甘肅官書局刻本　一冊

620000－1101－0004972　487.7/178
甘肅官書局章程一卷　（清）甘肅文武高等學堂撰　清光緒二十九年（1903）甘肅官書局刻本　一冊

620000－1101－0004973　487.7/178
甘肅官書局章程一卷　（清）甘肅文武高等學堂撰　清光緒二十九年（1903）甘肅官書局刻本　一冊

620000－1101－0004974　487.7/178
甘肅官書局章程一卷　（清）甘肅文武高等學堂撰　清光緒二十九年（1903）甘肅官書局刻本　一冊

620000－1101－0004975　487.7/178
甘肅官書局章程一卷　（清）甘肅文武高等學堂撰　清光緒二十九年（1903）甘肅官書局刻本　一冊

620000－1101－0004976　487.7/178
甘肅官書局章程一卷　（清）甘肅文武高等學堂撰　清光緒二十九年（1903）甘肅官書局刻本　一冊

620000－1101－0004977　487.7/178
甘肅官書局章程一卷　（清）甘肅文武高等學堂撰　清光緒二十九年（1903）甘肅官書局刻本　一冊

620000－1101－0004978　487.7/178
甘肅官書局章程一卷　（清）甘肅文武高等學堂撰　清光緒二十九年（1903）甘肅官書局刻

本 一冊

620000－1101－0004979　487.7/178

甘肅官書局章程一卷 （清）甘肅文武高等學
堂撰　清光緒二十九年(1903)甘肅官書局刻
本 一冊

620000－1101－0004980　487.7/178

甘肅官書局章程一卷 （清）甘肅文武高等學
堂撰　清光緒二十九年(1903)甘肅官書局刻
本 一冊

620000－1101－0004981　487.7/178

甘肅官書局章程一卷 （清）甘肅文武高等學
堂撰　清光緒二十九年(1903)甘肅官書局刻
本 一冊

620000－1101－0004982　487.7/178

甘肅官書局章程一卷 （清）甘肅文武高等學
堂撰　清光緒二十九年(1903)甘肅官書局刻
本 一冊

620000－1101－0004983　487.7/178

甘肅官書局章程一卷 （清）甘肅文武高等學
堂撰　清光緒二十九年(1903)甘肅官書局刻
本 一冊

620000－1101－0004984　487.7/178

甘肅官書局章程一卷 （清）甘肅文武高等學
堂撰　清光緒二十九年(1903)甘肅官書局刻
本 一冊

620000－1101－0004985　487.7/178

甘肅官書局章程一卷 （清）甘肅文武高等學
堂撰　清光緒二十九年(1903)甘肅官書局刻
本 一冊

620000－1101－0004986　487.7/178

甘肅官書局章程一卷 （清）甘肅文武高等學
堂撰　清光緒二十九年(1903)甘肅官書局刻
本 一冊

620000－1101－0004987　487.7/178

甘肅官書局章程一卷 （清）甘肅文武高等學
堂撰　清光緒二十九年(1903)甘肅官書局刻
本 一冊

620000－1101－0004988　487.7/178

甘肅官書局章程一卷 （清）甘肅文武高等學
堂撰　清光緒二十九年(1903)甘肅官書局刻
本 一冊

620000－1101－0004989　487.7/178

甘肅官書局章程一卷 （清）甘肅文武高等學
堂撰　清光緒二十九年(1903)甘肅官書局刻
本 一冊

620000－1101－0004990　487.7/178

甘肅官書局章程一卷 （清）甘肅文武高等學
堂撰　清光緒二十九年(1903)甘肅官書局刻
本 一冊

620000－1101－0004991　487.7/178

甘肅官書局章程一卷 （清）甘肅文武高等學
堂撰　清光緒二十九年(1903)甘肅官書局刻
本 一冊

620000－1101－0004992　487.7/178

甘肅官書局章程一卷 （清）甘肅文武高等學
堂撰　清光緒二十九年(1903)甘肅官書局刻
本 一冊

620000－1101－0004993　487.7/178

甘肅官書局章程一卷 （清）甘肅文武高等學
堂撰　清光緒二十九年(1903)甘肅官書局刻
本 一冊

620000－1101－0004994　487.7/178

甘肅官書局章程一卷 （清）甘肅文武高等學
堂撰　清光緒二十九年(1903)甘肅官書局刻
本 一冊

620000－1101－0004995　487.7/178

甘肅官書局章程一卷 （清）甘肅文武高等學
堂撰　清光緒二十九年(1903)甘肅官書局刻
本 一冊

620000－1101－0004996　487.7/178

甘肅官書局章程一卷 （清）甘肅文武高等學
堂撰　清光緒二十九年(1903)甘肅官書局刻
本 一冊

620000－1101－0004997　487.7/178

甘肃官书局章程一卷 （清）甘肃文武高等學堂撰　清光緒二十九年（1903）甘肃官書局刻本　一册

620000－1101－0004998　487.7/178
甘肃官書局章程一卷 （清）甘肃文武高等學堂撰　清光緒二十九年（1903）甘肃官書局刻本　一册

620000－1101－0004999　487.7/178
甘肃官書局章程一卷 （清）甘肃文武高等學堂撰　清光緒二十九年（1903）甘肃官書局刻本　一册

620000－1101－0005000　487.7/178
甘肃官書局章程一卷 （清）甘肃文武高等學堂撰　清光緒二十九年（1903）甘肃官書局刻本　一册

620000－1101－0005001　487.7/178
甘肃官書局章程一卷 （清）甘肃文武高等學堂撰　清光緒二十九年（1903）甘肃官書局刻本　一册

620000－1101－0005002　487.7/178
甘肃官書局章程一卷 （清）甘肃文武高等學堂撰　清光緒二十九年（1903）甘肃官書局刻本　一册

620000－1101－0005003　487.7/178
甘肃官書局章程一卷 （清）甘肃文武高等學堂撰　清光緒二十九年（1903）甘肃官書局刻本　一册

620000－1101－0005004　487.7/178
甘肃官書局章程一卷 （清）甘肃文武高等學堂撰　清光緒二十九年（1903）甘肃官書局刻本　一册

620000－1101－0005005　487.7/178
甘肃官書局章程一卷 （清）甘肃文武高等學堂撰　清光緒二十九年（1903）甘肃官書局刻本　一册

620000－1101－0005006　487.7/178
甘肃官書局章程一卷 （清）甘肃文武高等學堂撰　清光緒二十九年（1903）甘肃官書局刻本　一册

620000－1101－0005007　487.7/178
甘肃官書局章程一卷 （清）甘肃文武高等學堂撰　清光緒二十九年（1903）甘肃官書局刻本　一册

620000－1101－0005008　487.7/178
甘肃官書局章程一卷 （清）甘肃文武高等學堂撰　清光緒二十九年（1903）甘肃官書局刻本　一册

620000－1101－0005009　487.7/178
甘肃官書局章程一卷 （清）甘肃文武高等學堂撰　清光緒二十九年（1903）甘肃官書局刻本　一册

620000－1101－0005010　487.7/178
甘肃官書局章程一卷 （清）甘肃文武高等學堂撰　清光緒二十九年（1903）甘肃官書局刻本　一册

620000－1101－0005011　487.7/178
甘肃官書局章程一卷 （清）甘肃文武高等學堂撰　清光緒二十九年（1903）甘肃官書局刻本　一册

620000－1101－0005012　487.7/178
甘肃官書局章程一卷 （清）甘肃文武高等學堂撰　清光緒二十九年（1903）甘肃官書局刻本　一册

620000－1101－0005013　487.7/178
甘肃官書局章程一卷 （清）甘肃文武高等學堂撰　清光緒二十九年（1903）甘肃官書局刻本　一册

620000－1101－0005014　487.7/178
甘肃官書局章程一卷 （清）甘肃文武高等學堂撰　清光緒二十九年（1903）甘肃官書局刻本　一册

620000－1101－0005015　487.7/178
甘肃官書局章程一卷 （清）甘肃文武高等學堂撰　清光緒二十九年（1903）甘肃官書局刻

本 一冊

620000－1101－0005016 487.7/178

甘肅官書局章程一卷 （清）甘肅文武高等學堂撰 清光緒二十九年（1903）甘肅官書局刻本 一冊

620000－1101－0005017 487.7/178

甘肅官書局章程一卷 （清）甘肅文武高等學堂撰 清光緒二十九年（1903）甘肅官書局刻本 一冊

620000－1101－0005018 487.7/178

甘肅官書局章程一卷 （清）甘肅文武高等學堂撰 清光緒二十九年（1903）甘肅官書局刻本 一冊

620000－1101－0005019 487.7/178

甘肅官書局章程一卷 （清）甘肅文武高等學堂撰 清光緒二十九年（1903）甘肅官書局刻本 一冊

620000－1101－0005020 487.7/178

甘肅官書局章程一卷 （清）甘肅文武高等學堂撰 清光緒二十九年（1903）甘肅官書局刻本 一冊

620000－1101－0005021 487.7/178

甘肅官書局章程一卷 （清）甘肅文武高等學堂撰 清光緒二十九年（1903）甘肅官書局刻本 一冊

620000－1101－0005022 487.7/178

甘肅官書局章程一卷 （清）甘肅文武高等學堂撰 清光緒二十九年（1903）甘肅官書局刻本 一冊

620000－1101－0005023 487.7/178

甘肅官書局章程一卷 （清）甘肅文武高等學堂撰 清光緒二十九年（1903）甘肅官書局刻本 一冊

620000－1101－0005024 487.7/178

甘肅官書局章程一卷 （清）甘肅文武高等學堂撰 清光緒二十九年（1903）甘肅官書局刻本 一冊

620000－1101－0005025 487.7/178

甘肅官書局章程一卷 （清）甘肅文武高等學堂撰 清光緒二十九年（1903）甘肅官書局刻本 一冊

620000－1101－0005026 487.7/178

甘肅官書局章程一卷 （清）甘肅文武高等學堂撰 清光緒二十九年（1903）甘肅官書局刻本 一冊

620000－1101－0005027 487.7/178

甘肅官書局章程一卷 （清）甘肅文武高等學堂撰 清光緒二十九年（1903）甘肅官書局刻本 一冊

620000－1101－0005028 487.7/178

甘肅官書局章程一卷 （清）甘肅文武高等學堂撰 清光緒二十九年（1903）甘肅官書局刻本 一冊

620000－1101－0005029 487.7/178

甘肅官書局章程一卷 （清）甘肅文武高等學堂撰 清光緒二十九年（1903）甘肅官書局刻本 一冊

620000－1101－0005030 487.7/178

甘肅官書局章程一卷 （清）甘肅文武高等學堂撰 清光緒二十九年（1903）甘肅官書局刻本 一冊

620000－1101－0005031 487.7/178

甘肅官書局章程一卷 （清）甘肅文武高等學堂撰 清光緒二十九年（1903）甘肅官書局刻本 一冊

620000－1101－0005032 487.7/178

甘肅官書局章程一卷 （清）甘肅文武高等學堂撰 清光緒二十九年（1903）甘肅官書局刻本 一冊

620000－1101－0005033 487.7/178

甘肅官書局章程一卷 （清）甘肅文武高等學堂撰 清光緒二十九年（1903）甘肅官書局刻本 一冊

620000－1101－0005034 487.7/178

甘肅官書局章程一卷 （清）甘肅文武高等學
堂撰 清光緒二十九年(1903)甘肅官書局刻
本 一冊

620000－1101－0005035 487.7/178
甘肅官書局章程一卷 （清）甘肅文武高等學
堂撰 清光緒二十九年(1903)甘肅官書局刻
本 一冊

620000－1101－0005036 487.7/178
甘肅官書局章程一卷 （清）甘肅文武高等學
堂撰 清光緒二十九年(1903)甘肅官書局刻
本 一冊

620000－1101－0005037 487.7/178
甘肅官書局章程一卷 （清）甘肅文武高等學
堂撰 清光緒二十九年(1903)甘肅官書局刻
本 一冊

620000－1101－0005038 487.7/178
甘肅官書局章程一卷 （清）甘肅文武高等學
堂撰 清光緒二十九年(1903)甘肅官書局刻
本 一冊

620000－1101－0005039 487.7/178
甘肅官書局章程一卷 （清）甘肅文武高等學
堂撰 清光緒二十九年(1903)甘肅官書局刻
本 一冊

620000－1101－0005040 487.7/178
甘肅官書局章程一卷 （清）甘肅文武高等學
堂撰 清光緒二十九年(1903)甘肅官書局刻
本 一冊

620000－1101－0005041 487.7/178
甘肅官書局章程一卷 （清）甘肅文武高等學
堂撰 清光緒二十九年(1903)甘肅官書局刻
本 一冊

620000－1101－0005042 487.7/178
甘肅官書局章程一卷 （清）甘肅文武高等學
堂撰 清光緒二十九年(1903)甘肅官書局刻
本 一冊

620000－1101－0005043 487.7/178
甘肅官書局章程一卷 （清）甘肅文武高等學

堂撰 清光緒二十九年(1903)甘肅官書局刻
本 一冊

620000－1101－0005044 487.7/178
甘肅官書局章程一卷 （清）甘肅文武高等學
堂撰 清光緒二十九年(1903)甘肅官書局刻
本 一冊

620000－1101－0005045 487.7/178
甘肅官書局章程一卷 （清）甘肅文武高等學
堂撰 清光緒二十九年(1903)甘肅官書局刻
本 一冊

620000－1101－0005046 487.7/178
甘肅官書局章程一卷 （清）甘肅文武高等學
堂撰 清光緒二十九年(1903)甘肅官書局刻
本 一冊

620000－1101－0005047 487.7/178
甘肅官書局章程一卷 （清）甘肅文武高等學
堂撰 清光緒二十九年(1903)甘肅官書局刻
本 一冊

620000－1101－0005048 487.7/178
甘肅官書局章程一卷 （清）甘肅文武高等學
堂撰 清光緒二十九年(1903)甘肅官書局刻
本 一冊

620000－1101－0005049 487.7/178
甘肅官書局章程一卷 （清）甘肅文武高等學
堂撰 清光緒二十九年(1903)甘肅官書局刻
本 一冊

620000－1101－0005050 487.7/178
甘肅官書局章程一卷 （清）甘肅文武高等學
堂撰 清光緒二十九年(1903)甘肅官書局刻
本 一冊

620000－1101－0005051 487.7/178
甘肅官書局章程一卷 （清）甘肅文武高等學
堂撰 清光緒二十九年(1903)甘肅官書局刻
本 一冊

620000－1101－0005052 487.7/178
甘肅官書局章程一卷 （清）甘肅文武高等學
堂撰 清光緒二十九年(1903)甘肅官書局刻

本 一冊

620000－1101－0005053　487.7/178

甘肅官書局章程一卷　（清）甘肅文武高等學堂撰　清光緒二十九年（1903）甘肅官書局刻本　一冊

620000－1101－0005054　487.7/178

甘肅官書局章程一卷　（清）甘肅文武高等學堂撰　清光緒二十九年（1903）甘肅官書局刻本　一冊

620000－1101－0005055　782.17/0.17801

甘肅己卯科鄉試同闈錄一卷　（清）□□編　清光緒五年（1879）刻本　一冊

620000－1101－0005056　782.17/0.17801

甘肅己卯科鄉試同闈錄一卷　（清）□□編　清光緒五年（1879）刻本　一冊

620000－1101－0005057　782.616/178.1

甘肅己卯科鄉試同闈錄一卷　（清）□□編　清光緒五年（1879）刻本　一冊

620000－1101－0005058　671.65/115.791

甘肅蘭州府狄道州地理調查表一卷　（清）聯瑛輯　清末抄本　一冊

620000－1101－0005059　3435

甘肅蘭州府河州光緒拾叁年應催徵光緒拾貳年銀糧總數仍未完散數徵信冊不分卷　（清）陝西甘肅布政使司編　清光緒十四年（1888）蕭慶增木活字印本　一冊　存一冊

620000－1101－0005060　3433

甘肅蘭州府河州光緒拾肆年民欠糧石徵信冊不分卷　（清）陝西甘肅布政使司編　清光緒十五年（1889）蕭慶增木活字印本　二冊　存二冊（三至四）

620000－1101－0005061　3436

甘肅蘭州府河州應徵光緒拾陸年糧石總數民欠未完散數徵信冊不分卷　（清）陝西甘肅布政使司編　清光緒十七年（1891）蕭慶增木活字印本　一冊　存一冊（一）

620000－1101－0005062　566.9216/178

甘肅釐金總局銀錢收支清冊一卷　（清）甘肅釐金總局編　清光緒二十年（1894）抄本　一冊

620000－1101－0005063　566.9216/178.01

甘肅釐金總局月報清冊一卷　（清）甘肅釐金總局編　清光緒二十年（1894）抄本　一冊

620000－1101－0005064　567.5/178.1

甘肅木料統捐章程不分卷　（清）□□編　清光緒官報書局鉛印本　一冊

620000－1101－0005065　567.5/178.1

甘肅木料統捐章程不分卷　（清）□□編　清光緒合興印刷館鉛印本　一冊

620000－1101－0005066　629.16/600

甘肅寧夏府靈州應徵光緒拾貳年銀糧草束總數民欠未完散數徵信冊不分卷　（清）甘肅布政使司編　清光緒十二年（1886）鉛印本　一冊

620000－1101－0005067　675.75/101.79

甘肅寧夏府寧朔縣地理調查表不分卷　張鑑淵編　清宣統元年（1909）抄本　一冊

620000－1101－0005068　671.65/303.78

甘肅平涼府華亭縣地理調查表一卷　（清）汪宗翰編　清宣統二年（1910）抄本　一冊

620000－1101－0005069　566.9216/91.01

甘肅清理財政說明書四編八卷目錄一卷　（清）傅秉鑒撰　清宣統石印本　九冊

620000－1101－0005070　566.9216/91.01

甘肅清理財政說明書四編八卷目錄一卷　（清）傅秉鑒撰　清宣統石印本　九冊

620000－1101－0005071　566.9216/91.01

甘肅清理財政說明書四編八卷目錄一卷　（清）傅秉鑒撰　清宣統石印本　九冊

620000－1101－0005072　566.9216/91.01

甘肅清理財政說明書四編八卷目錄一卷　（清）傅秉鑒撰　清宣統石印本　九冊

620000－1101－0005073　566.9216/91.01

甘肅清理財政說明書四編八卷目錄一卷

（清）傅秉鑒撰　清宣統石印本　九冊

620000－1101－0005074　566.9216/91.01

甘肅清理財政說明書四編八卷目錄一卷

（清）傅秉鑒撰　清宣統石印本　九冊

620000－1101－0005075　566.9216/91.01

甘肅清理財政說明書四編八卷目錄一卷

（清）傅秉鑒撰　清宣統石印本　九冊

620000－1101－0005076　566.9216/91.01

甘肅清理財政說明書四編八卷目錄一卷

（清）傅秉鑒撰　清宣統石印本　七冊　存七卷（初編下，次編上、下，三編上、下，四編上、下）

620000－1101－0005077　566.9216/91.01

甘肅清理財政說明書八卷目錄一卷　（清）傅秉鑒撰　清宣統石印本　八冊　存八卷（初編上、下，次編上、下，三編上、下，四編上、下）

620000－1101－0005078　566.9216/91.01

甘肅清理財政說明書四編八卷目錄一卷

（清）傅秉鑒撰　清宣統石印本　九冊

620000－1101－0005079　566.9216/91.01

甘肅清理財政說明書四編八卷目錄一卷

（清）傅秉鑒撰　清宣統石印本　八冊　存七卷（初編下，次編上、下，三編上、下，四編上、下）

620000－1101－0005080　566.9216/91.01

甘肅清理財政說明書四編八卷目錄一卷

（清）傅秉鑒撰　清宣統石印本　三冊　存三卷（次編下，三編上、下）

620000－1101－0005081　566.9216/91.01

甘肅清理財政說明書四編八卷目錄一卷

（清）傅秉鑒撰　清宣統石印本　一冊　存四卷（三編上、下，四編上、下）

620000－1101－0005082　671.65/311.781

甘肅慶陽府安化縣地理調查表一卷　（清）陳源滉編　清宣統元年（1909）抄本　一冊

620000－1101－0005083　538.8216/0.178

甘肅全省調查民事習慣問題報告冊不分卷

（清）□□編　清宣統抄本　一冊

620000－1101－0005084　555.09216/178

甘肅勸業道第一期報告書不分卷　（清）□□撰　清宣統三年（1911）甘肅官書局石印本　一冊

620000－1101－0005085　676.11/17

甘肅省城自蘭泉驛起至新疆路程不分卷

（清）□□撰　清晚期刻本　一冊

620000－1101－0005086　676.11/17

甘肅省城自蘭泉驛起至新疆路程不分卷

（清）□□撰　清晚期刻本　一冊

620000－1101－0005087　676.11/17

甘肅省城自蘭泉驛起至新疆路程不分卷

（清）□□撰　清晚期刻本　一冊

620000－1101－0005088　589.9296/0.178

甘肅省第弍次考試澧官同闈錄一卷　（清）□□編　清宣統二年（1910）甘肅官書局石印本　一冊

620000－1101－0005089　589.9296/0.178

甘肅省第弍次考試澧官同闈錄一卷　（清）□□編　清宣統二年（1910）甘肅官書局石印本　一冊

620000－1101－0005090　589.9296/0.178

甘肅省第弍次考試澧官同闈錄一卷　（清）□□編　清宣統二年（1910）甘肅官書局石印本　一冊

620000－1101－0005091　589.9296/0.178

甘肅省第弍次考試澧官同闈錄一卷　（清）□□編　清宣統二年（1910）甘肅官書局石印本　一冊

620000－1101－0005092　671.65/403.79

甘肅省涼州府永昌縣地理調查表一卷　（清）馮卓英編　清宣統元年（1909）抄本　一冊

620000－1101－0005093　573.35/0.17.1

甘肅省武鄉試錄一卷　（清）□□編　清道光二年（1822）刻本　一冊

620000－1101－0005094　573.35/0.17.2

甘肅省武鄉試錄一卷　（清）□□編　清道光
十七年(1837)刻本　一冊

620000－1101－0005095　676.55/101.79
甘肅省西寧縣屬地理調查表不分卷　（清）陳
問淯編　清宣統元年(1909)抄本　一冊

620000－1101－0005096　716/468
甘肅師範生高等學堂輿地課藝二卷　（清）易
抱一編　清光緒三十年(1904)鉛印本　一冊

620000－1101－0005097　716/468
甘肅師範生高等學堂輿地課藝二卷　（清）易
抱一編　清光緒三十年(1904)鉛印本　一冊

620000－1101－0005098　716/468
甘肅師範生高等學堂輿地課藝二卷　（清）易
抱一編　清光緒三十年(1904)鉛印本　二冊

620000－1101－0005099　609.037/907
甘肅師範生高等學堂輿地課藝二卷　（清）易
抱一編　清光緒三十年(1904)鉛印本　二冊

620000－1101－0005100　593.5/178
甘肅提標中軍報造候補都守千把武舉世職人
員清冊(道光二十六年)不分卷　（清）秦起輯
　清道光二十六年(1846)抄本　一冊

620000－1101－0005101　589.092/178
甘肅提法使造報靖遠等伍縣宣統貳年分統計
司法表冊不分卷　（清）甘肅提法使司編　清
宣統三年(1911)稿本　一冊

620000－1101－0005102　1631
甘肅通志金石調查表不分卷　張令瑄訂次
稿本　一冊

620000－1101－0005103　782.616/178.01
甘肅同官錄一卷　（清）□□撰　清光緒抄本
　一冊

620000－1101－0005104　567.4/178
甘肅統捐章程不分卷　（清）□□編　清光緒
刻本　一冊

620000－1101－0005105　856.7/0.178.03
甘肅闈墨(光緒丙子科並帶補甲子科)不分卷
　（清）□□輯　清光緒衡鑒堂刻本　一冊

620000－1101－0005106　856.7/0.178.03
甘肅闈墨(光緒丙子科並帶補甲子科)不分卷
　（清）□□輯　清光緒衡鑒堂刻本　一冊

620000－1101－0005107　856.7/0.178.03
甘肅闈墨(光緒丙子科並帶補甲子科)不分卷
　（清）□□輯　清光緒衡鑒堂刻本　一冊

620000－1101－0005108　856.7/0.178.09
甘肅闈墨(光緒丁酉科、癸巳科、戊子科、己卯
科)不分卷　（清）□□輯　清光緒衡鑒堂刻
本　四冊

620000－1101－0005109　856.7/0.178.02
甘肅闈墨(光緒癸巳科)不分卷　（清）□□輯
　清光緒衡鑒堂刻本　一冊

620000－1101－0005110　856.7/0.178.02
甘肅闈墨(光緒癸巳科)不分卷　（清）□□輯
　清光緒衡鑒堂刻本　一冊

620000－1101－0005111　856.7/0.178.02
甘肅闈墨(光緒癸巳科)不分卷　（清）□□輯
　清光緒衡鑒堂刻本　一冊

620000－1101－0005112　856.7/0.178.02
甘肅闈墨(光緒癸巳科)不分卷　（清）□□輯
　清光緒衡鑒堂刻本　一冊

620000－1101－0005113　856.7/0.178.021
甘肅闈墨(光緒癸卯科)不分卷　（清）□□輯
　清光緒衡鑒堂刻本　一冊

620000－1101－0005114　856.7/0.178.021
甘肅闈墨(光緒癸卯科)不分卷　（清）□□輯
　清光緒衡鑒堂刻本　一冊

620000－1101－0005115　856.7/0.178.02
甘肅闈墨(光緒癸巳恩科)不分卷　（清）□□
輯　清光緒衡鑒堂刻本　一冊

620000－1101－0005116　856.7/0.178.02
甘肅闈墨(光緒癸巳恩科)不分卷　（清）□□
輯　清光緒衡鑒堂刻本　一冊

620000－1101－0005117　856.7/0.178.01
甘肅闈墨(光緒己丑恩科)不分卷　（清）□□
輯　清光緒衡鑒堂刻本　一冊

620000－1101－0005118　856.7/0.178.01
甘肅闈墨(光緒己丑科)不分卷 (清)□□輯
　清光緒衡鑒堂刻本　一冊

620000－1101－0005119　856.7/0.178.01
甘肅闈墨(光緒己丑科)不分卷 (清)□□輯
　清光緒衡鑒堂刻本　一冊

620000－1101－0005120　856.7/0.178
甘肅闈墨(光緒己卯科)不分卷 (清)□□輯
　清光緒衡鑒堂刻本　一冊

620000－1101－0005121　856.7/0.178
甘肅闈墨(光緒己卯科)不分卷 (清)□□輯
　清光緒衡鑒堂刻本　一冊

620000－1101－0005122　856.7/0.178
甘肅闈墨(光緒己卯科)不分卷 (清)□□輯
　清光緒衡鑒堂刻本　一冊

620000－1101－0005123　856.7/0.178
甘肅闈墨(光緒己卯科)不分卷 (清)□□輯
　清光緒衡鑒堂刻本　一冊

620000－1101－0005124　856.7/0.178
甘肅闈墨(光緒己卯科)不分卷 (清)□□輯
　清光緒衡鑒堂刻本　一冊

620000－1101－0005125　856.7/0.178
甘肅闈墨(光緒己卯科)不分卷 (清)□□輯
　清光緒衡鑒堂刻本　一冊

620000－1101－0005126　856.7/0.178.04
甘肅闈墨(光緒己卯科)不分卷 (清)□□輯
　清光緒衡鑒堂刻本　一冊

620000－1101－0005127　856.7/0.178.06
甘肅闈墨(光緒甲午科)不分卷 (清)□□輯
　清光緒衡鑒堂刻本　一冊

620000－1101－0005128　856.7/0.178.06
甘肅闈墨(光緒甲午科)不分卷 (清)□□輯
　清光緒衡鑒堂刻本　一冊

620000－1101－0005129　856.7/0.178.06
甘肅闈墨(光緒甲午科)不分卷 (清)□□輯
　清光緒衡鑒堂刻本　一冊

620000－1101－0005130　856.7/0.178.06
甘肅闈墨(光緒甲午科)不分卷 (清)□□輯
　清光緒衡鑒堂刻本　一冊

620000－1101－0005131　856.7/0.178.04
甘肅闈墨(光緒壬午科)不分卷 (清)□□輯
　清光緒衡鑒堂刻本　一冊

620000－1101－0005132　856.7/0.178.04
甘肅闈墨(光緒壬午科)不分卷 (清)□□輯
　清光緒衡鑒堂刻本　一冊

620000－1101－0005133　856.7/0.178.04
甘肅闈墨(光緒壬午科)不分卷 (清)□□輯
　清光緒衡鑒堂刻本　一冊

620000－1101－0005134　856.7/0.178.08
甘肅闈墨(光緒戊子科)不分卷 (清)□□輯
　清光緒衡鑒堂刻本　一冊

620000－1101－0005135　856.7/0.178.09
甘肅闈墨(光緒辛丑補行庚子恩正科)不分卷
　(清)□□輯　清光緒衡鑒堂刻本　一冊

620000－1101－0005136　856.7/0.178.09
甘肅闈墨(光緒辛丑補行庚子恩正科)不分卷
　(清)□□輯　清光緒衡鑒堂刻本　一冊

620000－1101－0005137　856.7/0.178.09
甘肅闈墨(光緒辛丑補行庚子恩正科)不分卷
　(清)□□輯　清光緒衡鑒堂刻本　一冊

620000－1101－0005138　856.7/0.178.07
甘肅闈墨(光緒辛卯科)不分卷 (清)□□輯
　清光緒衡鑒堂刻本　一冊

620000－1101－0005139　856.7/0.178.07
甘肅闈墨(光緒辛卯科)不分卷 (清)□□輯
　清光緒衡鑒堂刻本　一冊

620000－1101－0005140　856.7/0.178.07
甘肅闈墨(光緒辛卯科)不分卷 (清)□□輯
　清光緒衡鑒堂刻本　一冊

620000－1101－0005141　856.7/0.178.05
甘肅闈墨(光緒乙酉科)不分卷 (清)□□輯
　清光緒衡鑒堂刻本　一冊

620000－1101－0005142　856.7/0.178.05

甘肅闈墨(光緒乙酉科)不分卷 （清）□□輯
清光緒衡鑒堂刻本　一冊

620000－1101－0005143　856.7/0.178.05

甘肅闈墨(光緒乙酉科)不分卷 （清）□□輯
清光緒衡鑒堂刻本　一冊

620000－1101－0005144　856.7/0.178.06

甘肅闈墨(光緒元年乙亥恩科)不分卷 （清）
□□輯　清光緒衡鑒堂刻本　一冊

620000－1101－0005145　856.7/0.178.06

**甘肅闈墨(光緒元年乙亥恩科帶補壬戌)不分
卷** （清）□□輯　清光緒衡鑒堂刻本　一冊

620000－1101－0005146　856.7/0.178.022

甘肅闈墨(光緒元年乙亥科)不分卷 （清）
□□輯　清光緒衡鑒堂刻本　一冊

620000－1101－0005147　593.4/0.178

甘肅武備學堂章程一卷 （清）甘肅武備學堂
撰　清末蘭州官書局鉛印本　一冊

620000－1101－0005148　676.55/117.79

甘肅西寧府貴德廳地理調查表不分卷 （清）
余承曾編　清宣統元年(1909)刻本　一冊

620000－1101－0005149　573.332/178.1292

甘肅鄉試卷(光緒癸卯恩科)一卷 （清）張治
撰　清光緒二十九年(1903)刻本　一冊

620000－1101－0005150　573.332/178.1881

甘肅鄉試墨卷(光緒癸卯恩科)一卷 （清）鄧
隆撰　清光緒二十九年(1903)刻本　一冊

620000－1101－0005151　573.35/0.178

甘肅鄉試題名錄(光緒癸巳恩科)一卷 （清）
程械林撰　清光緒十九年(1893)刻本　三冊

620000－1101－0005152　573.332/178.115

甘肅鄉試題名錄(光緒己丑恩科)一卷 （清）
□□編　清光緒十五年(1889)刻本　一冊

620000－1101－0005153　573.332/178.105

甘肅鄉試題名錄(光緒己卯正科)一卷 （清）
□□編　清光緒五年(1879)刻本　一冊

620000－1101－0005154　573.332/178.105

甘肅鄉試題名錄(光緒己卯正科)一卷 （清）
□□編　清光緒五年(1879)刻本　一冊

620000－1101－0005155　573.332/178.104

甘肅鄉試題名錄(光緒甲午科)一卷 （清）
□□編　清光緒二十年(1894)刻本　一冊

620000－1101－0005156　573.35/0.17

**甘肅鄉試題名錄(光緒辛丑補行庚子恩正科)
一卷** （清）□□編　清光緒二十七年(1901)
刻本　一冊

620000－1101－0005157　573.332/178.101

**甘肅鄉試題名錄(光緒乙亥恩科帶補壬戌恩
科)一卷** （清）□□編　清光緒元年(1875)
刻本　一冊

620000－1101－0005158　573.332/178.1011

**甘肅鄉試題名錄(光緒乙亥恩科帶補壬戌恩
科)一卷** （清）□□編　清光緒元年(1875)
刻本　一冊

620000－1101－0005159　573.332/178.1012

**甘肅鄉試題名錄(光緒乙亥至癸卯各恩科)一
卷** （清）□□編　清光緒元年至二十九年
(1875－1903)刻本　一冊

620000－1101－0005160　839.16/0.178

甘肅鄉試同懷卷(光緒癸卯恩科)一卷 （清）
□□輯　清光緒二十九年(1903)鉛印本
一冊

620000－1101－0005161　573.332/178.129

甘肅鄉試同懷卷(光緒癸卯恩科)一卷 （清）
虎文炳撰　清光緒二十九年(1903)刻本
一冊

620000－1101－0005162　573.332/178.129

甘肅鄉試同懷卷(光緒癸卯恩科)一卷 （清）
王廷揚　王廷鑑撰　**甘肅鄉試卷(光緒癸卯
恩科)一卷** （清）虎文炳撰　**甘肅鄉試卷(光
緒癸卯恩科)一卷** （清）趙守愚撰　清光緒
二十九年(1903)刻本　一冊

620000－1101－0005163　573.332/178.106

甘肅鄉試同年齒錄（光緒丁酉科、壬午科、庚子科、辛丑科）不分卷 （清）□□編 清光緒刻本 三冊

620000－1101－0005164 782.17/0.17802
甘肅鄉試同闈錄一卷 （清）□□編 清光緒刻本 一冊

620000－1101－0005165 782.17/0.17802
甘肅鄉試同闈錄一卷 （清）□□編 清光緒刻本 一冊

620000－1101－0005166 573.332/178.1881
甘肅鄉試硃卷不分卷 （清）王海涵 （清）武鑣等撰 清光緒刻本 一冊

620000－1101－0005167 573.332/178.1881
甘肅鄉試硃卷不分卷 （清）張思孝 （清）李應紫等撰 清光緒刻本 一冊

620000－1101－0005168 573.332/178.1881
甘肅鄉試硃卷不分卷 （清）孫友仁 （清）王從乾等撰 清光緒刻本 一冊

620000－1101－0005169 856.7/459
甘肅鄉試硃卷不分卷 （清）閻士璘撰 清光緒二十七年(1901)刻本 一冊

620000－1101－0005170 856.7/313.3
甘肅鄉試硃卷不分卷 （清）張溥撰 清光緒二十年(1894)刻本 一冊

620000－1101－0005171 856.7/501
甘肅鄉試硃卷不分卷 （清）柴樸撰 清光緒十七年(1891)刻本 一冊

620000－1101－0005172 856.7/894
甘肅鄉試硃卷不分卷 （清）劉兆庚撰 清光緒十七年(1891)刻本 一冊

620000－1101－0005173 856.7/420
甘肅鄉試硃卷不分卷 （清）馬如鑑撰 清光緒十四年(1888)刻本 一冊

620000－1101－0005174 573.332/178.1052
甘肅鄉試硃卷不分卷 （清）沈一清撰 清光緒五年(1879)刻本 一冊

620000－1101－0005175 573.332/178.1053
甘肅鄉試硃卷不分卷 （清）劉吉德撰 清光緒元年(1875)刻本 一冊

620000－1101－0005176 573.332/178.1054
甘肅鄉試硃卷不分卷 （清）梁來鵬撰 清光緒五年(1879)刻本 一冊

620000－1101－0005177 573.332/178.106
甘肅鄉試硃卷不分卷 （清）吳兆焜撰 清光緒二年(1876)刻本 一冊

620000－1101－0005178 573.332/178.108
甘肅鄉試硃卷不分卷 （清）王汝梅撰 清光緒八年(1882)刻本 一冊

620000－1101－0005179 573.332/178.1081
甘肅鄉試硃卷不分卷 （清）牛瑜撰 清光緒八年(1882)刻本 一冊

620000－1101－0005180 573.332/178.1082
甘肅鄉試硃卷不分卷 （清）楊映塘撰 清光緒八年(1882)刻本 一冊

620000－1101－0005181 573.332/178.1083
甘肅鄉試硃卷不分卷 （清）賈坤撰 清光緒八年(1882)刻本 一冊

620000－1101－0005182 573.332/178.1083
甘肅鄉試硃卷不分卷 （清）賈坤撰 清光緒八年(1882)刻本 一冊

620000－1101－0005183 573.332/178.1084
甘肅鄉試硃卷不分卷 （清）李渾撰 清光緒八年(1882)刻本 一冊

620000－1101－0005184 573.332/178.1085
甘肅鄉試硃卷不分卷 （清）王士俊撰 清光緒八年(1882)刻本 一冊

620000－1101－0005185 573.332/178.1086
甘肅鄉試硃卷不分卷 （清）趙延齡撰 清光緒八年(1882)刻本 一冊

620000－1101－0005186 573.332/178.127
甘肅鄉試硃卷不分卷 （清）范振緒撰 清光緒二十七年(1901)刻本 一冊

620000 – 1101 – 0005187　573.332/178.127
甘肅鄉試硃卷不分卷　（清）范振緒撰　清光
緒二十七年（1901）刻本　一冊

620000 – 1101 – 0005188　573.332/178.1272
甘肅鄉試硃卷不分卷　（清）王立佶撰　清光
緒十七年（1891）刻本　一冊

620000 – 1101 – 0005189　573.332/178.1273
甘肅鄉試硃卷不分卷　（清）萬中倫撰　清光
緒十七年（1891）刻本　一冊

620000 – 1101 – 0005190　573.332/178.1274
甘肅鄉試硃卷不分卷　（清）苟萃珍撰　清光
緒十七年（1891）刻本　一冊

620000 – 1101 – 0005191　573.332/178.1291
甘肅鄉試硃卷不分卷　（清）王廷揚　（清）王
廷鑑撰　清光緒二十九年（1903）刻本　一冊

620000 – 1101 – 0005192　573.332/178.1271
甘肅鄉試硃卷不分卷　（清）頡步瀛撰　清光
緒二十七年（1901）刻本　一冊

620000 – 1101 – 0005193　573.332/178.187
甘肅鄉試硃卷不分卷　（清）黃居中撰　清光
緒二十年（1894）刻本　一冊

620000 – 1101 – 0005194　573.332/178.188
甘肅鄉試硃卷不分卷　（清）張繼祖撰　清光
緒二十三年（1897）刻本　一冊

620000 – 1101 – 0005195　573.332/178.183
甘肅鄉試硃卷不分卷　（清）權尚絅　（清）權
尚忠撰　清光緒八年（1882）刻本　一冊

620000 – 1101 – 0005196　573.332/178.1831
甘肅鄉試硃卷不分卷　（清）黃書林撰　清光
緒八年（1882）刻本　一冊

620000 – 1101 – 0005197　573.332/178.184
甘肅鄉試硃卷不分卷　（清）王式金撰　清光
緒十一年（1885）刻本　一冊

620000 – 1101 – 0005198　573.332/178.181
甘肅鄉試硃卷不分卷　（清）楊毓琦撰　清光
緒二年（1876）刻本　一冊

620000 – 1101 – 0005199　573.332/178.181
甘肅鄉試硃卷不分卷　（清）郭維城撰　清光
緒十七年（1891）刻本　一冊

620000 – 1101 – 0005200　573.332/178.1861
甘肅鄉試硃卷不分卷　（清）張金壽撰　清光
緒十七年（1891）刻本　一冊

620000 – 1101 – 0005201　573.332/178.1861
甘肅鄉試硃卷不分卷　（清）張金壽撰　清光
緒十七年（1891）刻本　一冊

620000 – 1101 – 0005202　573.332/178.1881
甘肅鄉試硃卷不分卷　（清）王曜南等撰　清
宣統刻本　一冊

620000 – 1101 – 0005203　573.332/178.1881
甘肅鄉試硃卷不分卷　（清）祁酉源撰　清光
緒二十七年（1901）刻本　一冊

620000 – 1101 – 0005204　573.332/178.1881
甘肅鄉試硃卷不分卷　（清）金世清撰　清光
緒二十六年（1900）刻本　一冊

620000 – 1101 – 0005205　573.332/178.1881
甘肅鄉試硃卷不分卷　（清）陳繼善撰　清光
緒二十七年（1901）刻本　一冊

620000 – 1101 – 0005206　573.332/178.1881
甘肅鄉試硃卷不分卷　（清）張明遠撰　清光
緒二十三年（1897）刻本　一冊

620000 – 1101 – 0005207　573.332/178.1881
甘肅鄉試硃卷不分卷　（清）張明遠撰　清光
緒二十三年（1897）刻本　一冊

620000 – 1101 – 0005208　573.332/178.1881
甘肅鄉試硃卷不分卷　（清）楊映塘撰　清光
緒八年（1882）刻本　一冊

620000 – 1101 – 0005209　573.332/178.1881
甘肅鄉試硃卷不分卷　（清）張明遠撰　清光
緒二十三年（1897）刻本　一冊

620000 – 1101 – 0005210　573.332/178.1881
甘肅鄉試硃卷不分卷　（清）楊映塘撰　清光
緒八年（1882）刻本　一冊

620000 – 1101 – 0005211　573.332/701.071

甘肅鄉試硃卷不分卷 （清）李鍾嶽撰　清光緒五年(1879)刻本　一冊

620000 – 1101 – 0005212　573.332/178.1051

甘肅鄉試硃卷不分卷 （清）王濟撰　清光緒五年(1879)刻本　一冊

620000 – 1101 – 0005213　573.332/178.1862

甘肅鄉試硃卷不分卷 （清）段成忠撰　清光緒十七年(1891)刻本　一冊

620000 – 1101 – 0005214　856.7/526

甘肅新疆優貢卷(光緒癸卯恩科)一卷 （清）蔣翠清撰　清光緒二十九年(1903)刻本　一冊

620000 – 1101 – 0005215　585.8/0.179.01

甘肅刑案彙編不分卷 （清）□□抄　清抄本　一冊

620000 – 1101 – 0005216　585.8/0.179

甘肅刑案彙編不分卷 （清）□□抄　清抄本　一冊

620000 – 1101 – 0005217　573.332/178.181

甘肅選拔貢卷一卷 （清）郭維城撰　清光緒十一年(1885)刻本　一冊

620000 – 1101 – 0005218　573.332/178.211

甘肅選拔貢卷一卷 （清）楊國培撰　清光緒十一年(1885)刻本　一冊

620000 – 1101 – 0005219　573.332/178.223

甘肅選拔貢卷一卷 （清）岳世英撰　清光緒二十三年(1897)刻本　一冊

620000 – 1101 – 0005220　573.332/178.1881

甘肅選拔貢卷一卷 （清）張國鈞撰　清宣統元年(1909)刻本　一冊

620000 – 1101 – 0005221　573.332/178.1881

甘肅選拔貢卷一卷 （清）張國鈞撰　清宣統元年(1909)刻本　一冊

620000 – 1101 – 0005222　573.332/178.1881

甘肅選拔貢卷一卷 （清）張國鈞撰　清宣統元年(1909)刻本　一冊

620000 – 1101 – 0005223　573.332/178.1881

甘肅選拔貢卷一卷 （清）張國鈞撰　清宣統元年(1909)刻本　一冊

620000 – 1101 – 0005224　856.7/459.1

甘肅選拔貢卷一卷 （清）閻士相撰　清宣統元年(1909)刻本　一冊

620000 – 1101 – 0005225　573.332/178.1881

甘肅優貢卷一卷 （清）胡庭奎撰　清光緒二十年(1894)刻本　一冊

620000 – 1101 – 0005226　573.332/178.1881

甘肅優貢卷一卷 （清）楊鑑塘撰　清宣統元年(1909)刻本　一冊

620000 – 1101 – 0005227　537.916/0.178

甘肅政要不分卷 （清）□□撰　清晚期抄本　四冊

620000 – 1101 – 0005228　782.616/26

甘肅忠義錄一百三十一卷 （清）楊昌濬修（清）張國常纂　（清）胡孚駿續纂　清光緒十六年(1890)刻本　三十冊

620000 – 1101 – 0005229　782.616/26

甘肅忠義錄一百三十一卷 （清）楊昌濬修（清）張國常纂　（清）胡孚駿續纂　清光緒十六年(1890)刻本　三十冊

620000 – 1101 – 0005230　782.616/26

甘肅忠義錄一百三十一卷 （清）楊昌濬修（清）張國常纂　（清）胡孚駿續纂　清光緒十六年(1890)刻本　三十冊

620000 – 1101 – 0005231　782.616/26

甘肅忠義錄一百三十一卷 （清）楊昌濬修（清）張國常纂　（清）胡孚駿續纂　清光緒十六年(1890)刻本　十四冊　存八十九卷(列傳十三至十七、二十五至二十八,文武職表二十六卷,紳民婦女表三十五至八十八)

620000 – 1101 – 0005232　782.616/26

甘肅忠義錄一百三十一卷 （清）楊昌濬修（清）張國常纂　（清）胡孚駿續纂　清光緒十六年(1890)刻本　三十冊　存一百十四卷

（列傳十七卷、文武職表十八至二十六、紳民婦女表八十八卷）

620000－1101－0005233　782.616/26
甘肅忠義錄一百三十一卷　（清）楊昌濬修（清）張國常纂　（清）胡孚駿續纂　清光緒十六年（1890）刻本　二十一冊　存八十六卷（列傳十七卷，紳民婦女表一至三十四、四十七至七十四、八十二至八十八）

620000－1101－0005234　782.616/26
甘肅忠義錄一百三十一卷　（清）楊昌濬修（清）張國常纂　（清）胡孚駿續纂　清光緒十六年（1890）刻本　二冊　存十二卷（紳民婦女表三十五至四十六）

620000－1101－0005235　782.616/26
甘肅忠義錄一百三十一卷　（清）楊昌濬修（清）張國常纂　（清）胡孚駿續纂　清光緒十六年（1890）刻本　十二冊　存四十三卷（列傳十七卷、文武職表二十六卷）

620000－1101－0005236　604
甘棠小志四卷　（清）董醇纂　清稿本　二冊

620000－1101－0005237　672.15/413.91
甘棠小志四卷首一卷末一卷　（清）董醇纂清咸豐五年（1855）甘棠董氏刻本　四冊

620000－1101－0005238　671.65/417.79
甘州府撫彝廳地理調查表不分卷　（清）姚鈞編　清宣統元年（1909）抄本　一冊

620000－1101－0005239　567.3/0.178
甘州府屬賦役全書不分卷　（清）□□編　清咸豐三年（1853）刻本　三冊

620000－1101－0005240　782.168/222
甘州明季成仁錄一卷　（清）胡秉虔輯　清晚期受經堂刻本　一冊

620000－1101－0005241　782.168/222
甘州明季成仁錄一卷　（清）胡秉虔輯　清晚期受經堂刻本　一冊

620000－1101－0005242　525.9916411/178
甘州書院義學章程一卷　（清）龍錫慶撰　清

光緒二年（1876）刻本　一冊

620000－1101－0005243　848/78.33
苔園詩錄四卷　（清）程霱著　清宣統元年（1909）集成圖書公司鉛印本　一冊

620000－1101－0005244　848/78.33
苔園詩錄四卷　（清）程霱著　清宣統元年（1909）集成圖書公司鉛印本　一冊

620000－1101－0005245　848/78.33
苔園詩錄四卷　（清）程霱著　清宣統元年（1909）集成圖書公司鉛印本　一冊

620000－1101－0005246　3297
感舊集十六卷　（清）王士禛選　（清）盧見曾補傳　清乾隆十七年（1752）盧見曾刻本八冊

620000－1101－0005247　2511
感舊集十六卷　（清）王士禛選　（清）盧見曾補傳　清乾隆十七年（1752）盧見曾刻本八冊

620000－1101－0005248　221.1/0.338
感應觀音經不分卷觀音應感記略不分卷（□）□□撰　清咸豐四年（1854）刻本　一冊

620000－1101－0005249　231/111
感應篇贅言不分卷　（清）于覺世撰　清光緒十四年（1888）刻本　一冊

620000－1101－0005250　847.8/88
感知集二卷　（清）劉炳照撰　清光緒三十一年（1905）劉炳照刻本　一冊

620000－1101－0005251　847.6/897
幹山草堂詩稿一卷續稿二卷三稿二卷　（清）何其偉撰　清道光六年至十六年（1826－1836）何氏刻本　一冊　存一卷（續稿二）

620000－1101－0005252　847.6/897
幹山草堂詩稿一卷續稿二卷三稿二卷　（清）何其偉撰　清道光六年至十六年（1826－1836）何氏刻本　一冊

620000－1101－0005253　847.6/897.4
幹山草堂小稿四卷　（清）何其偉撰　清嘉慶

二十一年(1816)刻本　二冊

620000－1101－0005254　802.297/67

干祿字書一卷　(清)顏元孫編　清光緒八年
(1882)鮑氏刻後知不足齋叢書本　一冊

620000－1101－0005255　627.65/378

岡城枕戈記二卷　(清)陳殿蘭輯　清咸豐五
年(1855)刻本　四冊

620000－1101－0005256　098.5/77.69

剛日識小八卷　宋伯魯輯　清同治六年
(1867)海棠仙館刻本　三冊　存六卷(一至
六)

620000－1101－0005257　610.29/113.001

綱鑑會纂三十九卷首一卷　(明)王世貞編
清中晚期刻本　六冊　存五卷(十二、二十五
至二十八)

620000－1101－0005258　610.29/113.004

綱鑑會纂三十九卷首一卷　(明)王世貞編
附甲子紀元一卷　(清)陳弘謀輯　御纂資治
通鑑綱目三編二十卷　(清)張廷玉等纂　清
中晚期光霽堂刻本　四十八冊

620000－1101－0005259　610.3/304

綱鑑擇語十卷　(清)司徒修輯　清道光十六
年(1836)刻本　八冊

620000－1101－0005260　610.24/30

綱鑑擇語十卷　(清)司徒修輯　清道光十六
年(1836)刻本　八冊

620000－1101－0005261　610.23/304

綱鑑擇語十卷　(清)司徒修輯　清光緒二十
九年(1903)上海書局石印本　六冊

620000－1101－0005262　610.3/304.001

綱鑑擇語十卷　(清)司徒修輯　清末抄本
一冊　存一卷(六)

620000－1101－0005263　471

綱鑑正史約三十六卷　(明)顧錫疇編　明崇
禎刻本(卷三十五至三十六配清乾隆二年刻
本)　二十冊

620000－1101－0005264　4104

綱鑑正史約三十六卷　(明)顧錫疇編　明崇
禎刻本　三冊　存七卷(二十六至三十二)

620000－1101－0005265　2743

綱鑑正史約三十六卷甲子紀元一卷　(明)顧
錫疇編　(清)陳弘謀增訂　清乾隆刻本　二
十四冊

620000－1101－0005266　610.29/384

綱鑑正史約三十六卷甲子紀元一卷　(明)顧
錫疇編　(清)陳弘謀增訂　清同治八年
(1869)浙江書局刻本　二十冊

620000－1101－0005267　610.29/384

綱鑑正史約三十六卷甲子紀元一卷　(明)顧
錫疇編　(清)陳弘謀增訂　清同治八年
(1869)浙江書局刻本　二十冊

620000－1101－0005268　610.29/820

綱鑑總論不分卷　(清)周道卿編　清同治十
一年(1872)小嵋山房刻本　二冊

620000－1101－0005269　610.29/0.858

綱鑑總論二卷　(□)□□撰　清刻本　一冊
存一卷(下)

620000－1101－0005270　886

綱目折衷一卷　(清)費莫文良撰　清道光二
十二年(1842)稿本　四十八冊

620000－1101－0005271　610.24/502

綱目志疑一卷續一卷　(清)華湛恩著　清晚
期鉛印本　一冊

620000－1101－0005272　639

皋蘭梁氏宗譜稿不分卷　(清)梁濟灅纂　清
稿本　一冊

620000－1101－0005273　671.65/103.78

皋蘭縣城內地理調查表一卷　(清)賴恩培編
清宣統元年(1909)抄本　一冊

620000－1101－0005274　567.3/0.871

皋蘭縣賦役全書不分卷　(清)□□編　清咸
豐三年(1853)刻本　三冊

620000－1101－0005275　554.35/0.871

皋蘭俞錫齡家賬不分卷　(清)□□撰　清光

271

緒三十三年(1907)抄本　一冊

620000 – 1101 – 0005276　525.11/0.649

高等實業學堂章程不分卷　（清）農工商部編
清末鉛印本　一冊

620000 – 1101 – 0005277　480/130

高等小學商業教科書十六篇　（日本）天城安
政撰　（清）楊鴻達編譯　清光緒三十二年
(1906)南洋官書局石印本　一冊

620000 – 1101 – 0005278　480/130

高等小學商業教科書十六篇　（日本）天城安
政撰　（清）楊鴻達編譯　清光緒三十二年
(1906)南洋官書局石印本　一冊

620000 – 1101 – 0005279　412.517/662

高等小學生理衛生教科書九章　（日本）齋田
功太郎著　丁福保譯著　清光緒三十二年
(1906)上海文明書局鉛印本　一冊

620000 – 1101 – 0005280　411.07/630

高等小學衛生教科書十六章補篇二章　（美
國）項爾構撰　（清）章乃煒譯著　清光緒三
十一年(1905)上海文明書局鉛印本　一冊

620000 – 1101 – 0005281　21

高峰和尚禪要一卷　（元）釋原妙撰　（元）洪
喬祖編　元至元三十一年(1294)刻本　一冊

620000 – 1101 – 0005282　320.7/947

高厚蒙求四集　（清）徐朝俊纂　清嘉慶十二
年(1807)雲間徐氏刻本　四冊

620000 – 1101 – 0005283　320.7/947.002

高厚蒙求四集　（清）徐朝俊纂　清同治五年
(1866)雲間徐氏刻本　四冊

620000 – 1101 – 0005284　320.7/947.001

高厚蒙求四集　（清）徐朝俊纂　清光緒二十
三年(1897)上海書局石印本　四冊

620000 – 1101 – 0005285　320.7/947.003

高厚蒙求四集　（清）徐朝俊纂　清嘉慶十二
年(1807)雲間徐氏刻本　一冊　存一集(初
集)

620000 – 1101 – 0005286　2831

高季迪先生大全集十八卷　（明）高啓撰　清
康熙許氏竹素園刻本　四冊　存十三卷(四
至十六)

620000 – 1101 – 0005287　371

高令公集一卷　（北魏）高允撰　明婁東張氏
刻漢魏六朝百三名家集本　一冊

620000 – 1101 – 0005288　229.335/126

高僧傳初集十五卷　（南朝梁）釋慧皎撰　清
光緒十年(1884)金陵刻經處刻本　四冊

620000 – 1101 – 0005289　1391

高僧傳十三卷　（南朝梁）釋慧皎撰　清末沈
氏抱經樓抄本　八冊

620000 – 1101 – 0005290　231/0.641

高上玉皇本行集經注解三卷　（□）□□注
清嘉慶十七年(1812)清淨齋所刻本　二冊
存二卷(上、中)

620000 – 1101 – 0005291　782.1/870

高士傳三卷　（晉）皇甫謐著　清光緒三年
(1877)湖北崇文書局刻本　一冊

620000 – 1101 – 0005292　782.1/870

高士傳三卷　（晉）皇甫謐著　清光緒三年
(1877)湖北崇文書局刻本　一冊

620000 – 1101 – 0005293　782.1/870

高士傳三卷　（晉）皇甫謐著　清光緒三年
(1877)湖北崇文書局刻本　一冊

620000 – 1101 – 0005294　671.65/505.79

高臺縣地理調查表不分卷　（清）李應壽編
清宣統元年(1909)抄本　一冊

620000 – 1101 – 0005295　567.3/0.641

高臺縣賦役全書不分卷　（清）□□編　清咸
豐三年(1853)刻本　二冊

620000 – 1101 – 0005296　089.78/650

高陶堂遺集四種八卷　（清）高心夔自編
（清）李鴻裔刪定　清光緒八年(1882)平湖朱
氏刻本　三冊　存三種七卷(陶堂志微錄五
卷、遺文一卷、恤誦一卷)

620000 – 1101 – 0005297　221.36/0.641

高王觀世音經不分卷 （□）□□撰 清光緒
十二年(1886)刻本 一冊

620000－1101－0005298 221.36/0.641

高王觀世音經不分卷 （□）□□撰 清光緒
十二年(1886)刻本 一冊

620000－1101－0005299 2929

高文襄公集十六種九十三卷 （明）高拱撰
清康熙高有聞籠春堂刻本 三十六冊

620000－1101－0005300 831.76/817

高陽池落成修禊詩五卷 （清）周凱輯 清道
光六年(1826)刻本 一冊

620000－1101－0005301 1238

高齋漫錄一卷 （宋）曾慥撰 清光緒沈氏抱
經樓抄本 一冊

620000－1101－0005302 846.8/380.01

高子遺書十二卷 （明）高攀龍撰 附錄一卷
（明）陳龍正輯 高忠憲公年譜一卷 （明）
華允誠輯 清光緒二年(1876)刻民國十一年
(1922)補刻本 八冊

620000－1101－0005303 1493

高子遺書十二卷 （明）高攀龍撰 附錄一卷
（明）陳龍正輯 清康熙二十八年(1689)刻
本 四冊

620000－1101－0005304 651.74/316

高宗純皇帝聖訓三百卷 （清）高宗弘曆撰
清嘉慶十二年(1807)武英殿刻本 六冊 存
六卷(四十六至四十八、七十三至七十五)

620000－1101－0005305 651.74/316

高宗純皇帝聖訓三百卷 （清）高宗弘曆撰
清嘉慶十二年(1807)武英殿刻本 二十五冊
存五十卷(二十一至三十、四十一至五十、
八十一至九十、一百十一至一百二十、一百六
十一至一百七十)

620000－1101－0005306 857.151/76

高齋漫錄一卷 （宋）曾慥撰 清道光二十四
年(1844)刻守山閣叢書本 一冊

620000－1101－0005307 3319

皋蘭課業經訓約編不分卷 （清）盛元珍輯注
清乾隆四十二年(1777)刻本 十二冊

620000－1101－0005308 3320

皋蘭課業經訓約編不分卷 （清）盛元珍輯注
清乾隆四十二年(1777)刻本 四冊 存春
秋、公羊傳、穀梁傳、周禮、性理

620000－1101－0005309 3992

皋蘭課業經訓約編不分卷 （清）盛元珍輯注
清乾隆四十二年(1777)刻本 一冊 存左
傳上

620000－1101－0005310 3994

皋蘭課業經訓約編不分卷 （清）盛元珍輯注
清乾隆四十二年(1777)刻本 二冊 存
書、儀禮、孝經、爾雅、四書集論

620000－1101－0005311 3260

皋蘭課業詩賦約編不分卷 （清）盛元珍輯注
清乾隆四十二年(1777)刻本 六冊

620000－1101－0005312 3266

皋蘭課業詩賦約編不分卷 （清）盛元珍輯注
清乾隆四十二年(1777)刻本 六冊

620000－1101－0005313 3835

皋蘭課業詩賦約編不分卷 （清）盛元珍輯注
清乾隆四十二年(1777)刻本 三冊 存李
太白詩、杜少陵詩

620000－1101－0005314 3292

皋蘭課業詩賦約編不分卷 （清）盛元珍輯注
清乾隆四十二年(1777)刻本 一冊 存
古賦

620000－1101－0005315 4060

皋蘭課業詩賦約編不分卷 （清）盛元珍輯注
清乾隆四十二年(1777)刻本 一冊 存
唐詩

620000－1101－0005316 4389

皋蘭課業詩賦約編不分卷 （清）盛元珍輯注
清乾隆四十二年(1777)刻本 一冊 存杜
少陵詩

620000－1101－0005317 4380

皋蘭課業詩賦約編不分卷　（清）盛元珍輯注
清乾隆四十二年（1777）刻本　一冊　存
古賦

620000－1101－0005318　585.8/0.871
皋蘭縣孔萬福一案詳复文一卷　（清）□□抄
清晚期抄本　一冊

620000－1101－0005319　782.87/892
誥授光祿大夫賞戴花翎總督倉場侍郎顯考子
嘉府君行述一卷　（清）劉汝冕述　清末石印
本　一冊

620000－1101－0005320　782.87/526
誥授光祿大夫頭品頂戴陝西布政使司布政使
贈內閣學士先考之純府君行狀一卷　（清）蔣
澤澐著　清刻本　一冊

620000－1101－0005321　416.1/184
割症全書七卷　（美國）嘉約翰編譯　清光緒
十六年（1890）羊城博濟醫局刻本　七冊

620000－1101－0005322　416.1/184
割症全書七卷　（美國）嘉約翰編譯　清光緒
十六年（1890）羊城博濟醫局刻本　七冊

620000－1101－0005323　416.1/184
割症全書七卷　（美國）嘉約翰編譯　清光緒
十六年（1890）羊城博濟醫局刻本　七冊

620000－1101－0005324　316.36/341
割錐術課本二卷　（英國）威里孫著　（清）陳
沚譯　清光緒三十二年（1906）京師學部官書
局鉛印本　一冊

620000－1101－0005325　1301
革象新書五卷　（元）趙友欽撰　清光緒孔氏
嶽雪樓影抄本　一冊

620000－1101－0005326　595.94/906
格林礮操法一卷　（美國）傅蘭克令撰　（英
國）傅蘭雅口譯　（清）徐建寅筆述　清光緒
元年（1875）上海江南機器製造總局刻本
一冊

620000－1101－0005327　595.94/906
格林礮操法一卷　（美國）傅蘭克令撰　（英

國）傅蘭雅口譯　（清）徐建寅筆述　清光緒
元年（1875）上海江南機器製造總局刻本
一冊

620000－1101－0005328　595.94/906
格林礮操法一卷　（美國）傅蘭克令撰　（英
國）傅蘭雅口譯　（清）徐建寅筆述　清光緒
元年（1875）上海江南機器製造總局刻本
一冊

620000－1101－0005329　330.379/538
格物淺說十六章　（美國）范約翰輯譯　清光
緒二十九年（1903）上海商務印書館鉛印本
一冊

620000－1101－0005330　245.2/579
格物探原六卷　（英國）韋廉臣撰　清光緒六
年（1880）刻本　四冊

620000－1101－0005331　245.2/579
格物探原六卷　（英國）韋廉臣撰　清光緒六
年（1880）刻本　三冊　存五卷（二至六）

620000－1101－0005332　330.379/455
格物質學不分卷　（美國）史砥爾撰　（美國）
潘慎文譯　（清）謝洪賚筆述　清光緒三十年
（1904）上海美華書館鉛印本　一冊

620000－1101－0005333　330.379/455
格物質學不分卷　（美國）史砥爾撰　（美國）
潘慎文譯　（清）謝洪賚筆述　清光緒三十年
（1904）上海美華書館鉛印本　一冊

620000－1101－0005334　330.379/455
格物質學不分卷　（美國）史砥爾撰　（美國）
潘慎文譯　（清）謝洪賚筆述　清光緒三十年
（1904）上海美華書館鉛印本　一冊

620000－1101－0005335　330.379/455
格物質學不分卷　（美國）史砥爾撰　（美國）
潘慎文譯　（清）謝洪賚筆述　清光緒三十年
（1904）上海美華書館鉛印本　一冊

620000－1101－0005336　330.379/455
格物質學不分卷　（美國）史砥爾撰　（美國）
潘慎文譯　（清）謝洪賚筆述　清光緒三十年

(1904)上海美華書館鉛印本　一冊

620000－1101－0005337　330.379/455

格物質學不分卷　（美國）史砥爾撰　（美國）潘慎文譯　（清）謝洪賚筆述　清光緒三十年（1904）上海美華書館鉛印本　一冊

620000－1101－0005338　192.8/987.001

格言聯璧不分卷　（清）金纓輯　清光緒十年（1884）刻本　一冊

620000－1101－0005339　192.8/987

格言聯璧不分卷　（清）金纓輯　清光緒十六年（1890）高梅庭刻本　一冊

620000－1101－0005340　192.8/987.002

格言聯璧不分卷　（清）王纓輯　清咸豐六年（1856）刻本　一冊

620000－1101－0005341　140

格致叢書□□種□□卷　（明）胡文煥輯　明萬曆胡氏文會堂刻本　一冊　存三種五卷（新刻古今碑帖考一卷、新刻寶貨辨疑一卷、新刻南方草木狀三卷）

620000－1101－0005342　082.78/947.1

格致叢書一百種附十種一百六十三卷　（清）徐建寅編　（清）求自强學齋主人校　清光緒二十五年至二十七年（1899－1901）譯書公會石印本　三十二冊

620000－1101－0005343　300/519

格致讀本二卷　（英國）莫爾顯撰　（清）南洋公學譯書院譯　清光緒二十八年（1902）南洋公學譯書院鉛印本　二冊

620000－1101－0005344　071.78/120

格致古微六卷　（清）王仁俊述　清光緒二十二年（1896）刻本　五冊

620000－1101－0005345　305/906

格致彙編不分卷　（英國）傅蘭雅輯　清光緒二年至十八年（1876－1892）上海格致書室鉛印本　二冊　存第七年

620000－1101－0005346　305/906

格致彙編不分卷　（英國）傅蘭雅輯　清光緒

二年至十八年（1876－1892）上海格致書室鉛印本　十二冊　存第五年至第七年

620000－1101－0005347　305/906

格致彙編不分卷　（英國）傅蘭雅輯　清光緒二年至十八年（1876－1892）上海格致書室鉛印本　二十八冊

620000－1101－0005348　305/906

格致彙編不分卷　（英國）傅蘭雅輯　清光緒二年至十八年（1876－1892）上海格致書室鉛印本　三冊　存第三年

620000－1101－0005349　040.78/719

格致精華錄四卷　（清）江標編次　清光緒二十二年（1896）石印本　三冊

620000－1101－0005350　2008

格致鏡原一百卷　（清）陳元龍纂　清康熙五十六年（1717）刻雍正十三年（1735）印本　十二冊

620000－1101－0005351　3170

格致鏡原一百卷　（清）陳元龍纂　清康熙五十六年（1717）刻雍正十三年（1735）印本　十冊　存七十八卷（一至四十八、六十一至八十一、九十二至一百）

620000－1101－0005352　042.72/377

格致鏡原一百卷　（清）陳元龍纂　清光緒石印本　一冊　存六卷（九十至九十五）

620000－1101－0005353　042/72.37

格致鏡原一百卷　（清）陳元龍纂　清晚期大同書局石印本　十六冊

620000－1101－0005354　300/262

格致啓蒙四卷　（英國）羅斯古等纂　（美國）林樂知　（清）鄭昌棪譯　清光緒五年（1879）江南機器製造總局刻本　四冊

620000－1101－0005355　300/262

格致啓蒙四卷　（英國）羅斯古等纂　（美國）林樂知　（清）鄭昌棪譯　清光緒五年（1879）江南機器製造總局刻本　四冊

620000－1101－0005356　300/262

格致啓蒙四卷 （英國）羅斯古等纂 （美國）林樂知 （清）鄭昌棪譯 清光緒五年(1879)江南機器製造總局刻本 四冊

620000－1101－0005357 300/262

格致啓蒙四卷 （英國）羅斯古等纂 （美國）林樂知 （清）鄭昌棪譯 清光緒五年(1879)江南機器製造總局刻本 四冊

620000－1101－0005358 300/262

格致啓蒙四卷 （英國）羅斯古等纂 （美國）林樂知 （清）鄭昌棪譯 清光緒五年(1879)江南機器製造總局刻本 四冊

620000－1101－0005359 300/262

格致啓蒙四卷 （英國）羅斯古等纂 （美國）林樂知 （清）鄭昌棪譯 清光緒五年(1879)江南機器製造總局刻本 四冊

620000－1101－0005360 300/262

格致啓蒙四卷 （英國）羅斯古等纂 （美國）林樂知 （清）鄭昌棪譯 清光緒五年(1879)江南機器製造總局刻本 一冊 存三卷(二至四)

620000－1101－0005361 300/262

格致啓蒙四卷 （英國）羅斯古等纂 （美國）林樂知 （清）鄭昌棪譯 清光緒二十二年(1896)石印本 四冊

620000－1101－0005362 300/262.001

格致啓蒙四卷 （英國）羅斯古等纂 （美國）林樂知 （清）鄭昌棪譯 清光緒二十二年(1896)石印本 四冊

620000－1101－0005363 300/262.001

格致啓蒙四卷 （英國）羅斯古等纂 （美國）林樂知 （清）鄭昌棪譯 清光緒二十二年(1896)石印本 四冊

620000－1101－0005364 300/262.001

格致啓蒙四卷 （英國）羅斯古等纂 （美國）林樂知 （清）鄭昌棪譯 清光緒二十二年(1896)石印本 四冊

620000－1101－0005365 300/262.001

格致啓蒙四卷 （英國）羅斯古等纂 （美國）林樂知 （清）鄭昌棪譯 清光緒二十二年(1896)石印本 四冊

620000－1101－0005366 300/262.001

格致啓蒙四卷 （英國）羅斯古等纂 （美國）林樂知 （清）鄭昌棪譯 清光緒二十二年(1896)石印本 四冊

620000－1101－0005367 330.35/906

格致釋器十部 （英國）傅蘭雅輯 清光緒六年(1880)上海格致書室鉛印本 六冊

620000－1101－0005368 856.7/112

格致書院課藝不分卷 （清）王韜輯 清光緒十二年至十九年(1886－1893)弢園鉛印本 十二冊

620000－1101－0005369 856.7/112.005

格致書院課藝不分卷 （清）王韜輯 清光緒十二年(1886)弢園鉛印本 一冊

620000－1101－0005370 856.7/112.006

格致書院課藝不分卷 （清）王韜輯 清光緒十三年(1887)弢園鉛印本 七冊

620000－1101－0005371 856.7/112.004

格致書院課藝不分卷 （清）王韜輯 清光緒十六年(1890)弢園鉛印本 一冊

620000－1101－0005372 856.7/112.004

格致書院課藝不分卷 （清）王韜輯 清光緒十六年(1890)弢園鉛印本 一冊

620000－1101－0005373 856.7/112.003

格致書院課藝不分卷 （清）王韜輯 清光緒十八年(1892)弢園鉛印本 二冊

620000－1101－0005374 856.7/112.002

格致書院課藝不分卷 （清）王韜輯 清光緒十九年(1893)弢園鉛印本 二冊

620000－1101－0005375 856.7/112.001

格致書院課藝不分卷 （清）王韜輯 清光緒二十四年(1898)上海圖書集成局鉛印本 十三冊 存光緒十二年(丙戌)至十九年(癸巳)

620000－1101－0005376 330.1/208

格致小引一卷　(英國)赫施賚著　(英國)羅亨利　(清)瞿昂來譯　清光緒十二年(1886)上海江南機器製造局刻本　一冊

620000－1101－0005377　330.1/208

格致小引一卷　(英國)赫施賚著　(英國)羅亨利　(清)瞿昂來譯　清光緒十二年(1886)上海江南機器製造局刻本　一冊

620000－1101－0005378　330.1/208

格致小引一卷　(英國)赫施賚著　(英國)羅亨利　(清)瞿昂來譯　清光緒十二年(1886)上海江南機器製造局刻本　一冊

620000－1101－0005379　330.1/208

格致小引一卷　(英國)赫施賚著　(英國)羅亨利　(清)瞿昂來譯　清光緒十二年(1886)上海江南機器製造局刻本　一冊

620000－1101－0005380　330.1/208

格致小引一卷　(英國)赫施賚著　(英國)羅亨利　(清)瞿昂來譯　清光緒十二年(1886)上海江南機器製造局刻本　一冊

620000－1101－0005381　300/906

格致須知初集八種八卷　(英國)傅蘭雅編譯　清光緒八年至十三年(1882－1887)格致書室刻本　八冊

620000－1101－0005382　300/906

格致須知初集八種八卷　(英國)傅蘭雅編譯　清光緒八年至十三年(1882－1887)格致書室刻本　六冊　存六種六卷(地學須知一卷、化學須知一卷、氣學須知一卷、聲學須知一卷、天文須知一卷、電學須知一卷)

620000－1101－0005383　300/906.01

格致須知二集八種八卷　(英國)傅蘭雅編譯　清光緒十三年至十五年(1887－1889)格致書室刻本　八冊

620000－1101－0005384　300/906

格致須知三集二十種二十卷　(英國)傅蘭雅編譯　清光緒八年至二十四年(1882－1898)格致書室刻本　十六冊　存十六種十六卷(天文須知一卷、地理須知一卷、地志須知一卷、地學須知一卷、算法須知一卷、化學須知一卷、氣學須知一卷、聲學須知一卷、電學須知一卷、量法須知一卷、畫器須知一卷、代數須知一卷、三角須知一卷、微積須知一卷、曲線須知一卷、重學須知一卷)

620000－1101－0005385　300/906

格致須知三集二十種二十卷　(英國)傅蘭雅編譯　清光緒八年至二十四年(1882－1898)格致書室刻本　十六冊　存十六種十六卷(地志須知一卷、地理須知一卷、地學須知一卷、化學須知一卷、氣學須知一卷、量法須知一卷、天文須知一卷、代數須知一卷、算法須知一卷、聲學須知一卷、電學須知一卷、畫器須知一卷、曲線須知一卷、微積須知一卷、三角須知一卷、重學須知一卷)

620000－1101－0005386　300/906

格致須知三集二十種二十卷　(英國)傅蘭雅編譯　清光緒八年至二十四年(1882－1898)格致書室刻本　八冊　存八種八卷(地志須知一卷、地理須知一卷、算法須知一卷、代數須知一卷、量法須知一卷、三角須知一卷、曲線須知一卷、微積須知一卷)

620000－1101－0005387　127.6/274

格致治平通議三十卷　(清)楊毓輝撰　清光緒二十八年(1902)上海鴻寶書局石印本　二冊　存四卷(二十一至二十二、二十五至二十六)

620000－1101－0005388　652.78/124

閣鈔彙編不分卷　(清)□□彙編　清光緒北京琉璃廠鉛印本　四十四冊

620000－1101－0005389　573.53/0.852

各部院條例冊不分卷　(清)□□輯　清刻本　三冊　存乾隆四十一年至四十三年之條例

620000－1101－0005390　579/317.07

各國交涉便法論六卷　(英國)費利摩羅巴德著　(英國)傅蘭雅譯　(清)錢國祥校　清光緒江南製造總局鉛印本　一冊　存一卷(二)

620000－1101－0005391　579/317.07

各國交涉便法論六卷　（英國）費利摩羅巴德
著　（英國）傅蘭雅譯　（清）錢國祥校　清光
緒江南製造總局鉛印本　二冊　存二卷（二
至三）

620000－1101－0005392　579/317.07
各國交涉便法論六卷　（英國）費利摩羅巴德
著　（英國）傅蘭雅譯　（清）錢國祥校　清光
緒江南製造總局鉛印本　六冊

620000－1101－0005393　579/317.07
各國交涉便法論六卷　（英國）費利摩羅巴德
著　（英國）傅蘭雅譯　（清）錢國祥校　清光
緒江南製造總局鉛印本　六冊

620000－1101－0005394　579/317.07
各國交涉便法論六卷　（英國）費利摩羅巴德
著　（英國）傅蘭雅譯　（清）錢國祥校　清光
緒江南製造總局鉛印本　三冊　存三卷（一
至三）

620000－1101－0005395　579/317.09
各國交涉便法論六卷　（英國）費利摩羅巴德
著　（英國）傅蘭雅譯　（清）錢國祥校　清光
緒江南製造總局鉛印本　六冊

620000－1101－0005396　579/317.07
各國交涉便法論六卷　（英國）費利摩羅巴德
著　（英國）傅蘭雅譯　（清）錢國祥校　清光
緒江南製造總局鉛印本　六冊

620000－1101－0005397　579/317.07
各國交涉便法論六卷　（英國）費利摩羅巴德
著　（英國）傅蘭雅譯　（清）錢國祥校　清光
緒江南製造總局鉛印本　六冊

620000－1101－0005398　579/317.07
各國交涉便法論六卷　（英國）費利摩羅巴德
著　（英國）傅蘭雅譯　（清）錢國祥校　清光
緒江南製造總局鉛印本　六冊

620000－1101－0005399　579/317.07
各國交涉便法論六卷　（英國）費利摩羅巴德
著　（英國）傅蘭雅譯　（清）錢國祥校　清光
緒江南製造總局鉛印本　六冊

620000－1101－0005400　579/317
各國交涉公法論十六卷校勘記一卷中西紀年
一卷　（英國）費利摩羅巴德著　（英國）傅蘭
雅口譯　（清）俞世爵筆述　（清）汪振聲校正
　（清）錢國祥覆校　清光緒二十四年（1898）
江南機器製造總局鉛印本　十五冊　存十七
卷（一至三、五至十六，校勘記一卷，中西紀年
一卷）

620000－1101－0005401　579/317
各國交涉公法論十六卷校勘記一卷中西紀年
一卷　（英國）費利摩羅巴德著　（英國）傅蘭
雅口譯　（清）俞世爵筆述　（清）汪振聲校正
　（清）錢國祥覆校　清光緒二十四年（1898）
江南機器製造總局鉛印本　八冊　存九卷
（九至十六、校勘記一卷）

620000－1101－0005402　579/317.001
各國交涉公法論十六卷校勘記一卷中西紀年
一卷　（英國）費利摩羅巴德著　（英國）傅蘭
雅口譯　（清）俞世爵筆述　（清）汪振聲校正
　（清）錢國祥覆校　清光緒二十年（1894）江
南製造局繙譯館鉛印本　十六冊

620000－1101－0005403　579/317
各國交涉公法論十六卷校勘記一卷中西紀年
一卷　（英國）費利摩羅巴德著　（英國）傅蘭
雅口譯　（清）俞世爵筆述　（清）汪振聲校正
　（清）錢國祥覆校　清光緒二十四年（1898）
江南機器製造總局鉛印本　六冊　存八卷
（三、六至七、十四至十六，校勘記一卷，中西
紀年一卷）

620000－1101－0005404　641.3/387
各國立約始末記三十卷首二卷　（清）陸元鼎
編　清光緒三十一年（1905）鉛印本　二十
二冊

620000－1101－0005405　557.26/891
各國鐵路圖考四卷　（清）劉啓彤譯述　清光
緒二十二年（1896）倉山書局石印本　八冊

620000－1101－0005406　558.092/118
各國通商始末記二十卷　（清）王之春撰　清
光緒二十一年（1895）上海寶善書局石印本

六冊

620000－1101－0005407　558.092/118

各國通商始末記二十卷　（清）王之春撰　清
光緒二十一年(1895)上海寶善書局石印本
六冊

620000－1101－0005408　558.092/118

各國通商始末記二十卷　（清）王之春撰　清
光緒二十一年(1895)上海寶善書局石印本
六冊

620000－1101－0005409　581.307/30.25

各國憲法源泉三種合編三卷　（德國）挨里捏
克撰　（日本）濃部達吉譯　（清）林萬里
（清）陳承澤重譯　清光緒三十四年(1908)中
國圖書公司鉛印本　一冊

620000－1101－0005410　578.285/370

各國約章纂要六卷首一卷附錄一卷　勞乃宣
輯　清光緒十七年(1891)萃文齋刻本　四冊

620000－1101－0005411　578.29/762

各國約章纂要六卷首一卷附錄一卷　勞乃宣
輯　清光緒十七年(1891)吳橋官廨刻本
四冊

620000－1101－0005412　578.285/370

各國約章纂要六卷首一卷附錄一卷　勞乃宣
輯　清光緒十八年(1892)上海圖書集成印書
局鉛印本　四冊

620000－1101－0005413　578.285/370

各國約章纂要六卷首一卷附錄一卷　勞乃宣
輯　清光緒十八年(1892)上海圖書集成印書
局鉛印本　四冊

620000－1101－0005414　578.29/762.001

各國約章纂要六卷首一卷附錄一卷　勞乃宣
輯　清光緒十八年(1892)上海圖書集成印書
局鉛印本　四冊

620000－1101－0005415　578.29/762.001

各國約章纂要六卷首一卷附錄一卷　勞乃宣
輯　清光緒十八年(1892)上海圖書集成印書
局鉛印本　四冊

620000－1101－0005416　678

各國政藝通考七百七十八卷　（□）□□撰
清光緒抄本　六百一冊　存六百十八卷(一
至六十九、九十二至一百一十、一百二十三至一
百五十五、一百七十三至二百五、二百十一至
二百四十一、二百四十八至二百七十五、二百
八十至三百二十二、三百三十九至三百四十
三、三百四十九至三百九十九、四百四至四百
六十三、四百六十九至四百七十二、四百九十
九至五百九、五百十五至五百三十二、五百四
十八至六百十九、六百二十八至六百八十、六
百九十一至七百七十八)

620000－1101－0005417　082.78/764

各國政治藝學通考三十六卷　（清）凌霄閣主
人輯　清光緒二十八年(1902)石印本　一冊
　存七卷(三十至三十六)

620000－1101－0005418　528.11/661

各科教授法十章　（清）商務印書館編譯所編
纂　清光緒三十三年(1907)上海商務印書館
鉛印本　一冊

620000－1101－0005419　847.2/355.04

艮齋倦稿十一卷文集十五卷　（清）尤侗著
清光緒刻本　一冊　存一卷(文集十五)

620000－1101－0005420　845.23/574

艮齋先生薛常州浪語集三十五卷　（宋）薛季
宣撰　清同治十年(1871)金陵書局刻本
六冊

620000－1101－0005421　2808

庚辰集五卷　（清）紀昀編　清乾隆太和堂刻
鏡煙堂十種本　四冊　存四卷(二至五)

620000－1101－0005422　567

庚辰日抄不分卷　（明）董其昌撰　明稿本
二冊

620000－1101－0005423　627.75/158

庚辛泣杭錄十六卷　（清）丁丙輯　清光緒二
十一年(1895)錢塘丁氏嘉惠堂刻本　六冊

620000－1101－0005424　627.88/808

庚子教會受難記二卷訓論一卷　（英國）季理

斐譯　清光緒二十九年（1903）美華書館鉛印
本　二冊

620000－1101－0005425　941.32/365
庚子銷夏記八卷　（清）孫承澤撰　**閒者軒帖
考一卷**　（清）孫承澤述　清光緒刻本　四冊

620000－1101－0005426　847.6/819
耕道獵德齋詠史小樂府二卷　（清）周懷綏撰
（清）丁嘉珍校錄　清道光二十九年（1849）
隴州官署刻本　二冊

620000－1101－0005427　094.24/109
耕耤典禮不分卷　（清）禮部等編　清晚期鉛
印本　一冊

620000－1101－0005428　847.7/904
**廣縵堂詩集四卷矢音集二卷文集一卷雜俎一
卷**　（清）何彤雲撰　清咸豐九年（1859）刻本
一冊

620000－1101－0005429　568.873/17
更訂甘肅進口百貨統捐條規章程不分卷
（清）□□編　清光緒末鉛印本　一冊

620000－1101－0005430　568.873/17
更訂甘肅進口百貨統捐條規章程不分卷
（清）□□編　清光緒甘肅政報書局鉛印本
一冊

620000－1101－0005431　075.7/0.1
更豈有此理四卷　（清）□□纂　清嘉慶十九
年（1814）醒目齋刻本　四冊

620000－1101－0005432　847.8/720.3
更生齋詩續集十卷　（清）洪亮吉撰　（清）洪
用懃輯　清光緒四年（1878）洪用懃授經堂刻
本　五冊

620000－1101－0005433　440.7/140.001
工部續增則例一百三十六卷　（清）曹振鏞等
纂修　清乾隆、嘉慶刻本　十三冊　存四十
一卷（九至十四、十六、二十七至三十五、四十
至四十六、五十七、七十一至八十七）

620000－1101－0005434　440.95/123
工程致富論略十三卷附圖一卷　（英國）瑪體

生撰　（英國）傅蘭雅　（清）鍾天緯譯　清光
緒二十四年（1898）江南製造總局鉛印本
八冊

620000－1101－0005435　440.95/123
工程致富論略十三卷附圖一卷　（英國）瑪體
生撰　（英國）傅蘭雅　（清）鍾天緯譯　清光
緒二十四年（1898）江南製造總局鉛印本
八冊

620000－1101－0005436　440.95/123
工程致富論略十三卷附圖一卷　（英國）瑪體
生撰　（英國）傅蘭雅　（清）鍾天緯譯　清光
緒二十四年（1898）江南製造總局鉛印本
八冊

620000－1101－0005437　440.95/123
工程致富論略十三卷附圖一卷　（英國）瑪體
生撰　（英國）傅蘭雅　（清）鍾天緯譯　清光
緒二十四年（1898）江南製造總局鉛印本
八冊

620000－1101－0005438　440.95/123
工程致富論略十三卷附圖一卷　（英國）瑪體
生撰　（英國）傅蘭雅　（清）鍾天緯譯　清光
緒二十四年（1898）江南製造總局鉛印本
八冊

620000－1101－0005439　440.95/123
工程致富論略十三卷附圖一卷　（英國）瑪體
生撰　（英國）傅蘭雅　（清）鍾天緯譯　清光
緒二十四年（1898）江南製造總局鉛印本
八冊

620000－1101－0005440　440.7/857
工程做法七十四卷　（清）允禮等纂修　清晚
期刻本　七冊　存三十八卷（三十六至七十
三）

620000－1101－0005441　440.7/857
工程做法七十四卷　（清）允禮等纂修　清晚
期刻本　一冊　存一卷（五十九）

620000－1101－0005442　2762
**工程做法七十四卷附簡明做法一卷城垣做法
冊式一卷**　（清）允禮等纂修　清乾隆元年

(1736)武英殿刻本 十二冊

620000－1101－0005443 3334

工程做法七十四卷附簡明做法一卷城垣做法冊式一卷 （清）允禮等纂修 清乾隆元年(1736)武英殿刻本 二十六冊

620000－1101－0005444 2903

工程做法七十四卷內廷工程做法八卷 （清）允禮等纂修 清乾隆元年(1736)武英殿刻本 十八冊

620000－1101－0005445 4447

工程做法七十四卷內廷工程做法八卷 （清）允禮等纂修 清乾隆元年(1736)武英殿刻本 一冊 存一卷(五十九)

620000－1101－0005446 573.53/0.160

工律條例六卷 （清）□□編纂 清道光刻本 一冊 存一卷(六)

620000－1101－0005447 555.141/302

工業與國政相關論二卷 （英國）司旦離遮風司撰 （美國）衛理譯 （清）王汝駒譯 清光緒二十六年(1900)江南製造局鉛印本 二冊

620000－1101－0005448 555.141/302

工業與國政相關論二卷 （英國）司旦離遮風司撰 （美國）衛理譯 （清）王汝駒譯 清光緒二十六年(1900)江南製造局鉛印本 二冊

620000－1101－0005449 579/158

公法便覽四卷總論一卷續一卷 （美國）吳爾璽撰 （美國）丁韙良 汪鳳藻譯 清光緒三年(1877)同文館鉛印本 六冊

620000－1101－0005450 579/158

公法便覽四卷總論一卷續一卷 （美國）吳爾璽撰 （美國）丁韙良 汪鳳藻譯 清光緒三年(1877)同文館鉛印本 六冊

620000－1101－0005451 579/158

公法便覽四卷總論一卷續一卷 （美國）吳爾璽撰 （美國）丁韙良 汪鳳藻譯 清光緒三年(1877)同文館鉛印本 六冊

620000－1101－0005452 579/158

公法便覽四卷總論一卷續一卷 （美國）吳爾璽撰 （美國）丁韙良 汪鳳藻譯 清光緒三年(1877)同文館鉛印本 六冊

620000－1101－0005453 579/50.15

公法會通十卷 （德國）步倫撰 （美國）丁韙良譯 清光緒六年(1880)同文館鉛印本 五冊

620000－1101－0005454 579/50.15

公法會通十卷 （德國）步倫撰 （美國）丁韙良譯 清光緒六年(1880)同文館鉛印本 五冊

620000－1101－0005455 579/50.15.001

公法會通十卷 （德國）步倫撰 （美國）丁韙良譯 清光緒二十四年(1898)長沙南學會刻本 六冊

620000－1101－0005456 579/482

公法總論一卷 （英國）羅柏村著 （英國）傅蘭雅 （清）汪振聲譯 清光緒江南製造總局鉛印本 一冊

620000－1101－0005457 579/482

公法總論一卷 （英國）羅柏村著 （英國）傅蘭雅 （清）汪振聲譯 清光緒江南製造總局鉛印本 一冊

620000－1101－0005458 579/482

公法總論一卷 （英國）羅柏村著 （英國）傅蘭雅 （清）汪振聲譯 清光緒江南製造總局鉛印本 一冊

620000－1101－0005459 579/482

公法總論一卷 （英國）羅柏村著 （英國）傅蘭雅 （清）汪振聲譯 清光緒江南製造總局鉛印本 一冊

620000－1101－0005460 579/482

公法總論一卷 （英國）羅柏村著 （英國）傅蘭雅 （清）汪振聲譯 清光緒江南製造總局鉛印本 一冊

620000－1101－0005461 579/482

公法總論一卷 （英國）羅柏村著 （英國）傅

蘭雅 （清）汪振聲譯 清光緒江南製造總局鉛印本 一冊

620000－1101－0005462 579/482

公法總論一卷 （英國）羅柏村著 （英國）傅蘭雅 （清）汪振聲譯 清光緒江南製造總局鉛印本 一冊

620000－1101－0005463 579/482

公法總論一卷 （英國）羅柏村著 （英國）傅蘭雅 （清）汪振聲譯 清光緒江南製造總局鉛印本 一冊

620000－1101－0005464 579/482

公法總論一卷 （英國）羅柏村著 （英國）傅蘭雅 （清）汪振聲譯 清光緒江南製造總局鉛印本 一冊

620000－1101－0005465 573.42/691

公門果報錄一卷 （清）宋楚望輯 清光緒二十八年（1902）秦中官書局鉛印本 一冊

620000－1101－0005466 581.23/357

公民必讀初編十章首一章 （清）孟昭常著 清光緒三十三年（1907）上海中新書局鉛印本 一冊

620000－1101－0005467 826

公孫龍子一卷 （周）公孫龍撰 明嘉靖二十三年（1544）歐陽清刻五子書本 一冊

620000－1101－0005468 653.781/744

公言集三卷 （清）沈同芳撰 清光緒三十四年（1908）鉛印本 一冊

620000－1101－0005469 095.237/764

公羊禮說不分卷 （清）凌曙著 清嘉慶二十四年（1819）蜚雲閣刻本 一冊

620000－1101－0005470 095.24/75.37

公羊逸禮考徵一卷 （清）陳奐撰 清同治七年（1868）刻本 一冊

620000－1101－0005471 582.8/906

公餘節約錄二卷 （清）傅秉鑒撰 清宣統元年（1909）甘肅官報書局鉛印本 二冊

620000－1101－0005472 582.8/906

公餘節約錄二卷 （清）傅秉鑒撰 清宣統元年（1909）甘肅官報書局鉛印本 二冊

620000－1101－0005473 582.8/906

公餘節約錄二卷 （清）傅秉鑒撰 清宣統元年（1909）甘肅官報書局鉛印本 二冊

620000－1101－0005474 689/983

公餘隨錄四卷 （清）恒保撰 清同治九年（1870）刻本 三冊 存三卷（二至四）

620000－1101－0005475 071.7/983

公餘摘錄□□卷 （清）恒保編 清同治九年（1870）刻本 一冊 存一卷（一）

620000－1101－0005476 192.9/0.161

功過格羽翼自警二十二卷 （□）□□撰 清咸豐衡山同善堂刻本 六冊 存十六卷（二至四、十至二十二）

620000－1101－0005477 082.78/754

功順堂叢書十八種八十一卷 （清）潘祖蔭輯 清光緒吳縣潘氏刻本 五冊 存五種二十四卷（春秋左氏傳補註五卷、春秋左氏傳地名補註十二卷、周人經說二卷、范石湖詩集注三卷、半氈齋題跋二卷）

620000－1101－0005478 082.78/754

功順堂叢書十八種八十一卷 （清）潘祖蔭輯 清光緒吳縣潘氏刻本 三十二冊

620000－1101－0005479 082.78/754

功順堂叢書十八種八十一卷 （清）潘祖蔭輯 清光緒吳縣潘氏刻本 三十二冊

620000－1101－0005480 595.94/600.05

攻守礮法六卷 （德國）軍政局原書 （美國）金楷理口譯 （清）李鳳苞筆述 清同治十一年（1872）江南製造總局刻本 一冊

620000－1101－0005481 595.94/600.05

攻守礮法六卷 （德國）軍政局原書 （美國）金楷理口譯 （清）李鳳苞筆述 清同治十一年（1872）江南製造總局刻本 一冊

620000－1101－0005482 595.94/600.05

攻守礮法六卷 （德國）軍政局原書 （美國）

金楷理口譯　（清）李鳳苞筆述　清同治十一年(1872)江南製造總局刻本　一冊

620000－1101－0005483　595.94/600.05

攻守礮法六卷　（德國）軍政局原書　（美國）金楷理口譯　（清）李鳳苞筆述　清同治十一年(1872)江南製造總局刻本　一冊

620000－1101－0005484　595.94/600.05

攻守礮法六卷　（德國）軍政局原書　（美國）金楷理口譯　（清）李鳳苞筆述　清同治十一年(1872)江南製造總局刻本　一冊

620000－1101－0005485　595.94/600.05

攻守礮法六卷　（德國）軍政局原書　（美國）金楷理口譯　（清）李鳳苞筆述　清同治十一年(1872)江南製造總局刻本　一冊

620000－1101－0005486　595.94/600.05

攻守礮法六卷　（德國）軍政局原書　（美國）金楷理口譯　（清）李鳳苞筆述　清同治十一年(1872)江南製造總局刻本　一冊

620000－1101－0005487　595.94/600.05

攻守礮法六卷　（德國）軍政局原書　（美國）金楷理口譯　（清）李鳳苞筆述　清同治十一年(1872)江南製造總局刻本　一冊　存五卷（克虜伯腰箍礮說一卷、克虜伯礮架說二卷、克虜伯船礮操法一卷、克虜伯螺繩礮架一卷）

620000－1101－0005488　595.94/600.05

攻守礮法六卷　（德國）軍政局原書　（美國）金楷理口譯　（清）李鳳苞筆述　清同治十一年(1872)江南製造總局刻本　一冊

620000－1101－0005489　595.94/600.05

攻守礮法六卷　（德國）軍政局原書　（美國）金楷理口譯　（清）李鳳苞筆述　清同治十一年(1872)江南製造總局刻本　一冊

620000－1101－0005490　1320

恭錄御製詩小序不分卷　（清）高宗弘曆撰　清怡怡草堂抄本　二冊

620000－1101－0005491　578.23/0.717

恭親王奕訢奏互換條約不分卷　（清）奕訢奏

請頒布　清光緒元年(1875)徐兆麟刻本　七冊

620000－1101－0005492　3709

恭祝湟中張母崔安人壽詩一卷　（清）柳邁祖輯　清乾隆五十二年(1787)刻本　一冊

620000－1101－0005493　847.7/684

躬恥齋文鈔十九卷　（清）宗稷辰撰　清咸豐元年(1851)越峴山館刻本　十四冊

620000－1101－0005494　3716

宮詞四卷　（宋）洪佽輯　清康熙刻本　一冊

620000－1101－0005495　830/81

宮閨文選二十六卷姓氏小錄一卷　（清）周壽昌輯訂　（清）孫鼎臣參閱　（清）霍元鈞纂類　（清）蔣恭鎔編校　清道光二十六年(1846)刻本　八冊

620000－1101－0005496　059/0.700

宮門抄不分卷　（清）□□輯　清光緒鉛印本　四冊

620000－1101－0005497　059/0.700

宮門抄不分卷　（清）□□輯　清光緒鉛印本　二冊

620000－1101－0005498　192.8/825

宮南莊醒世格言一卷附錄一卷　（清）牛樹梅著　清咸豐六年(1856)刻本　一冊

620000－1101－0005499　846.4/660

龔安節公野古集三卷附錄一卷　（明）龔詡撰　清光緒二十八年(1902)新陽趙元益刻本　一冊

620000－1101－0005500　847.6/66.93

龔定盦全集十六卷　（清）龔自珍撰　清光緒刻本　六冊

620000－1101－0005501　847.6/660.001

龔定盦全集二十卷　（清）龔自珍撰　清宣統元年(1909)上海國學扶輪社鉛印本　七冊

620000－1101－0005502　652.1/660

龔端毅公奏疏八卷附一卷浠川政譜二卷　（清）龔鼎孳撰　清光緒九年(1883)聽彝書屋

刻本　五冊

620000 – 1101 – 0005503　567.3/0.162

鞏昌府屬賦役全書不分卷 （清）□□編　清咸豐三年(1853)刻本　三冊

620000 – 1101 – 0005504　567.3/0.162

鞏秦階道賦役全書不分卷 （清）□□編　清咸豐三年(1853)刻本　二冊

620000 – 1101 – 0005505　316.31/161

勾股六術不分卷 （清）項名達著　清同治十三年(1874)上海江南製造局刻本　一冊

620000 – 1101 – 0005506　316.31/161

勾股六術不分卷 （清）項名達著　清同治十三年(1874)上海江南製造局刻本　一冊

620000 – 1101 – 0005507　316.31/161

勾股六術不分卷 （清）項名達著　清同治十三年(1874)上海江南製造局刻本　一冊

620000 – 1101 – 0005508　316.31/161

勾股六術不分卷 （清）項名達著　清同治十三年(1874)上海江南製造局刻本　一冊

620000 – 1101 – 0005509　316.31/161

勾股六術不分卷 （清）項名達著　清同治十三年(1874)上海江南製造局刻本　一冊

620000 – 1101 – 0005510　316.31/161

勾股六術不分卷 （清）項名達著　清同治十三年(1874)上海江南製造局刻本　一冊

620000 – 1101 – 0005511　316.31/161.001

勾股六術不分卷 （清）項名達著　清光緒二十二年(1896)上海璣衡堂石印本　一冊

620000 – 1101 – 0005512　316.31/161.001

勾股六術不分卷 （清）項名達著　清光緒二十二年(1896)上海璣衡堂石印本　一冊

620000 – 1101 – 0005513　317.1/120

勾股演代五卷 （清）王錫恩撰　清光緒二十九年(1903)上海美華書館鉛印本　一冊

620000 – 1101 – 0005514　1407

沽上趨庭始存稿五卷 （清）邊浴禮撰　清道

光稿本　二冊　存二卷(四至五)

620000 – 1101 – 0005515　684.5/386

孤嶼志八卷首一卷 （清）陳舜咨訂修　清嘉慶十四年(1809)介和堂刻本　五冊

620000 – 1101 – 0005516　782.87/434

孤忠錄二卷 （清）袁祖志輯　清光緒十二年(1886)萬選樓刻本　一冊

620000 – 1101 – 0005517　782.87/434

孤忠錄二卷 （清）袁祖志輯　清光緒六年(1880)鉛印本　一冊

620000 – 1101 – 0005518　856.276/392

姑射詞人客陝西撫部箋牘六卷 （清）陸耀通著　（清）畢承昭輯　清道光二十八年(1848)刻本　六冊

620000 – 1101 – 0005519　1956

姑妄聽之四卷 （清）紀昀輯　清乾隆五十八年(1793)在園草堂刻本　四冊

620000 – 1101 – 0005520　2734

觚賸八卷續編四卷 （清）鈕琇輯　清康熙四十一年(1702)臨野堂刻本　六冊

620000 – 1101 – 0005521　857.172/926

觚賸八卷續編四卷 （清）鈕琇輯　清宣統三年(1911)上海時中書局石印本　六冊

620000 – 1101 – 0005522　311.13/762

古籌算考釋六卷 勞乃宣學　清光緒十二年(1886)刻朱墨印本　六冊

620000 – 1101 – 0005523　311.13/762

古籌算考釋六卷 勞乃宣學　清光緒十二年(1886)刻朱墨印本　六冊

620000 – 1101 – 0005524　311.13/762

古籌算考釋六卷 勞乃宣學　清光緒十二年(1886)刻朱墨印本　六冊

620000 – 1101 – 0005525　311.13/762

古籌算考釋六卷 勞乃宣學　清光緒十二年(1886)刻朱墨印本　六冊

620000 – 1101 – 0005526　847.4/950

古春堂詩存二卷 （清）徐是傚撰 清光緒二
十二年(1896)木活字印本 一冊

620000－1101－0005527 414.6/77.91

古方通覽不分卷 （日本）佐藤正昭撰 清光
緒十一年(1885)上海福瀛書局刻本 二冊

620000－1101－0005528 3344

古夫于亭雜錄五卷 （清）王士禎撰 清康熙
刻本 二冊

620000－1101－0005529 847.7/886

古紅梅閣集八卷附錄一卷 （清）劉履芬撰
紫藤花館詩餘一卷 （清）劉觀藻撰 清光緒
六年(1880)蘇州刻本 二冊

620000－1101－0005530 1449

古歡堂集二十二卷蒙齋年譜一卷 （清）田雯
撰 清雍正刻本 六冊

620000－1101－0005531 1450

古歡堂詩集十五卷 （清）田雯撰 清康熙刻
本 一冊 存七卷(古雜體一卷、五言古詩三
卷、七言古詩三卷)

620000－1101－0005532 782.1/158

古今長者錄八卷 （清）丁蓮侶撰 清同治八
年(1869)刻本 四冊

620000－1101－0005533 1917

古今詞話八卷 （清）沈雄編纂 （清）江尚質
增輯 清康熙二十八年(1689)澄暉堂刻本
一冊

620000－1101－0005534 144

古今好議論十卷 （明）呂一經輯 明崇禎九
年(1636)登龍館刻本 四冊

620000－1101－0005535 220/0.213

古今集不分卷 （清）□□編 清光緒九年
(1883)山東僧德洲刻本 一冊

620000－1101－0005536 856.6/519

古今集聯不分卷 （清）莫子偲等集 清同治
十三年(1874)刻本 四冊

620000－1101－0005537 610.19/16

古今紀要二十卷 （宋）黃震輯 （清）劉孝思

校訂 （清）馮祖憲參校 清晚期耕餘樓刻本
六冊

620000－1101－0005538 2024

古今類傳四卷 （清）董榖士 （清）董炳文輯
清康熙三十一年(1692)刻本 四冊

620000－1101－0005539 3338

古今類傳四卷 （清）董榖士 （清）董炳文輯
清康熙三十一年(1692)刻本 四冊

620000－1101－0005540 945.5/0.213

古今名人畫稿一卷 （清）□□編 清光緒十
五年(1889)點石齋石印本 二冊

620000－1101－0005541 413/482.1

古今名醫彙粹八卷 （清）羅美輯 清道光三
年(1823)掃葉山房刻本 四冊

620000－1101－0005542 793.4/920

古今錢略三十二卷首一卷末一卷 （清）倪模
述 清光緒三年(1877)望江倪氏兩疆勉齋刻
本 十五冊 存三十二卷(三至三十二、首一
卷、末一卷)

620000－1101－0005543 401

古今人物論三十六卷 （明）鄭賢輯 明萬曆
余彰德刻本 十二冊

620000－1101－0005544 324

古今濡削選章四十卷 （明）李國祥輯 明萬
曆刻本 二十二冊 存三十六卷(一至十八、
二十一至二十八、三十一至四十)

620000－1101－0005545 821.187/526

古今詩話探奇二卷 （清）蔣鳴珂輯 清末石
印本 二冊

620000－1101－0005546 610.81/334

古今史論大觀前編十五卷後編十七卷 雷瑨
編輯 清光緒二十七年(1901)硯耕山莊石印
本 十冊

620000－1101－0005547 2027

古今釋疑十八卷附錄一卷 （清）方中履撰
清康熙二十一年(1682)方氏汗青閣刻本 十
二冊

620000－1101－0005548　2804

古今釋疑十八卷附錄一卷　（清）方中履撰
清康熙二十一年（1682）方氏汗青閣刻本
八冊

620000－1101－0005549　014.14/81

古今書刻二編不分卷　（明）周洪祖輯　清光
緒三十二年（1906）長沙葉氏觀古堂刻本
二冊

620000－1101－0005550　014.14/81

古今書刻二編不分卷　（明）周洪祖輯　清光
緒三十二年（1906）長沙葉氏觀古堂刻本
二冊

620000－1101－0005551　083/426

**古今說部叢書十集二百六十七種三百五十九
卷**　國學扶輪社輯　清宣統、民國上海國學
扶輪社鉛印本　二冊　存十七種十七卷（文
士傳一卷、衣冠盛事一卷、幽閑鼓吹一卷、法
苑珠林一卷、諧史一卷、三朝野史一卷、閩中
古今錄一卷、西峰談話一卷、琅琊漫抄一卷、
相貝經一卷、禽經一卷、輶軒絕代語一卷、神
異經一卷、南部新書一卷、五色線一卷、採蘭
雜志一卷、異苑一卷）

620000－1101－0005552　081.3/388.001

古今說海一百三十五種一百四十二卷　（明）
陸楫輯　清道光元年（1821）邵氏西山堂刻本
二十四冊

620000－1101－0005553　041/73.526

古今圖書集成一萬卷目錄三十二卷　（清）蔣
廷錫等纂　清光緒十年（1884）上海圖書集成
局鉛印本　一千六百二十八冊

620000－1101－0005554　041/73.526

古今圖書集成一萬卷目錄三十二卷　（清）蔣
廷錫等纂　清光緒十年（1884）上海圖書集成
局鉛印本　一千六百二十八冊

620000－1101－0005555　041/73.52

古今圖書集成一萬卷目錄三十二卷　（清）蔣
廷錫等纂　清光緒十年（1884）上海圖書集成
局石印本　二十二冊　存一百三十六卷（選

舉典一至一百三十六）

620000－1101－0005556　041/73.526

古今圖書集成一萬卷目錄三十二卷　（清）蔣
廷錫等纂　清光緒十年（1884）上海圖書集成
局石印本　一千六百十冊　存九千九百五十
九卷（一至九千九百五十九）

620000－1101－0005557　1667

**古今萬姓統譜一百四十卷歷代帝王姓系統譜
六卷氏族博考十四卷**　（明）凌迪知輯　明萬
曆七年（1579）刻本　三冊　存十九卷（十九
至二十五、四十至四十四、七十六至八十二）

620000－1101－0005558　634

**古今萬姓統譜一百四十卷歷代帝王姓系統譜
六卷氏族博考十四卷**　（明）凌迪知輯　明萬
曆七年（1579）刻本（卷九十八至一百係抄配）
三十二冊

620000－1101－0005559　011.7/99.02

古今偽書考一卷　（清）姚際恒著　清晚期蘇
州寶華山房木活字印本　一冊

620000－1101－0005560　011.7/994

古今偽書考一卷　（清）姚際恒著　清光緒三
年（1877）蘇州文學山房木活字印本　一冊

620000－1101－0005561　011.7/994

古今偽書考一卷　（清）姚際恒著　清光緒三
年（1877）蘇州文學山房木活字印本　一冊

620000－1101－0005562　830/377

古今小品八卷　（清）陳天定評選　清光緒元
年（1875）刻本　八冊

620000－1101－0005563　414.9/7.990.002

古今醫案按十卷　（清）俞震纂輯　（清）李齡
壽重校輯　清光緒九年（1883）吳江李氏刻本
十冊

620000－1101－0005564　414.9/7.990.002

古今醫案按十卷　（清）俞震纂輯　（清）李齡
壽重校輯　清光緒九年（1883）吳江李氏刻本
一冊　存一卷（十）

620000－1101－0005565　414.9/7.990.002

古今醫案按十卷 （清）俞震纂輯 （清）李齡壽重校輯 清光緒九年(1883)吳江李氏刻本 八冊 存八卷(一至三、五至九)

620000－1101－0005566 381

古今醫統正脈全書四十四種二百六卷 （明）王肯堂輯 明萬曆二十九年(1601)吳勉學師古齋刻本 四十冊

620000－1101－0005567 941.5/436

古今楹聯彙刻十二集首一集外一集 （清）吳隱摹集 清光緒二十六年(1900)拓本 七冊 存七集(寅、辰、午、未、申、酉、亥)

620000－1101－0005568 802.43/173

古今韻會舉要三十卷 （清）黃公紹輯 （清）熊忠舉要 清光緒九年(1883)淮南書局刻本 十冊

620000－1101－0005569 2744

古今韻略五卷 （清）邵長蘅纂 清康熙三十五年(1696)宋犖刻本 五冊

620000－1101－0005570 3083

古今韻略五卷 （清）邵長蘅纂 清康熙刻本 五冊

620000－1101－0005571 3084

古今韻略五卷 （清）邵長蘅纂 清康熙三十五年(1696)宋犖刻本 一冊

620000－1101－0005572 4344

古今韻略五卷 （清）邵長蘅纂 清康熙刻本 一冊 存一卷(三)

620000－1101－0005573 4391

古經解鉤沉三十卷 （清）余蕭客輯 清乾隆刻本 一冊 存三卷(二十五至二十七)

620000－1101－0005574 098.1/77.938

古經解彙函三十種二百八十三卷 （清）鍾謙鈞等輯 清同治十二年(1873)粵東書局刻本 六十八冊

620000－1101－0005575 098.1/77.938.001

古經解彙函三十種二百八十三卷 （清）鍾謙鈞等輯 清光緒十四年(1888)上海蜚英館石印本 九冊 存十六種一百三十卷(鄭氏周易注三卷,補遺一卷,陸氏周易述一卷,周易集解十七卷,周易口訣義六卷,易緯十二卷,尚書大傳三卷、附序錄一卷、辨偽一卷,韓詩外傳十卷、附校注拾遺一卷,毛詩草木鳥獸蟲魚疏二卷,春秋繁露十七卷、附錄一卷,春秋釋例十五卷,春秋集撰纂例十卷,春秋微旨三卷,春秋集撰辨疑十卷,論語集解義疏十卷,論語筆解二卷,鄭志三卷、補遺一卷)

620000－1101－0005576 098.1/77.938.002

古經解彙函三十種二百八十三卷 （清）鍾謙鈞等輯 清光緒石印本 一冊 存三種三十二卷(輶軒使者絕代語釋別國方言十三卷、校正補遺一卷,釋名八卷,廣雅十卷)

620000－1101－0005577 098.1/77.938.002

古經解彙函十四種一百五十三卷續附十六種三十七卷 （清）鍾謙鈞等輯 清光緒石印本 十一冊 存二十六種一百九十一卷(輶軒使者絕代語釋別國方言十三卷、校正補遺一卷,釋名八卷,廣雅十卷,匡謬正俗八卷,急就篇四卷,說文解字十五卷,說文解字繫傳四十卷、附校勘記三卷,說文解字篆韻譜五卷、附錄一卷,大廣益會玉篇三十卷,千祿字書一卷,五經文字三卷,新加九經字樣一卷,大宋重修廣韻五卷,廣韻五卷,五經異義三卷,古文尚書十卷,尚書逸文二卷,魯詩故三卷,齊詩傳二卷,韓詩翼要二卷,薛君韓詩章句二卷,月令問答一卷,月令章句一卷,字林考逸八卷,倉頡篇三卷,原本玉篇一卷)

620000－1101－0005578 323/334

古經天象考十二卷緒說一卷圖說一卷 （清）雷學淇撰 劉世珩輯 清光緒刻聚學軒叢書本 七冊

620000－1101－0005579 997.12/30

古局象棋圖一卷投壺新格一卷 （宋）司馬光撰 **譜雙五卷附錄一卷** （宋）洪遵著 清光緒三十二年(1906)長沙葉氏刻麗廔叢書本 一冊

620000－1101－0005580 997.12/30

古局象棋圖一卷投壺新格一卷　（宋）司馬光撰　譜雙五卷附錄一卷　（宋）洪遵著　清光緒三十二年(1906)長沙葉氏刻麗廔叢書本　一冊

620000－1101－0005581　089.76/607

古均閣遺箸三卷　（清）許槤撰　清光緒十四年(1888)刻本　一冊

620000－1101－0005582　567.3/0.213

古浪縣賦役全書不分卷　（清）□□編　清咸豐三年(1853)刻本　三冊

620000－1101－0005583　782.269/893

古列女傳八卷　（漢）劉向著　（明）黃魯曾贊　清光緒三年(1877)湖北崇文書局刻本　一冊

620000－1101－0005584　910.7/85

古律經傳附考五卷　（清）紀大奎著　清嘉慶二十年(1815)紀大畢刻本　一冊

620000－1101－0005585　782.1/282

古品節錄六卷　（清）松筠輯　清嘉慶四年(1799)關中書院刻本　六冊

620000－1101－0005586　793.4/211

古泉叢話三卷附錄一卷　（清）戴熙撰　清光緒元年(1875)吳興右文館抄本　一冊

620000－1101－0005587　793.4/293

古泉匯首集四卷元集十四卷亨集十四卷利集十八卷貞集十四卷　（清）李佐賢撰　清同治三年(1864)刻本　十六冊

620000－1101－0005588　793.4/293

古泉匯首集四卷元集十四卷亨集十四卷利集十八卷貞集十四卷　（清）李佐賢撰　清同治三年(1864)刻本　十二冊

620000－1101－0005589　793.4/293

古泉匯首集四卷元集十四卷亨集十四卷利集十八卷貞集十四卷　（清）李佐賢撰　清同治三年(1864)刻本　三冊　存九卷(首集四卷、元集一至五)

620000－1101－0005590　793.4/504

古泉雜詠四卷　葉德輝撰並注　清光緒二十七年(1901)刻本　二冊

620000－1101－0005591　793.4/504

古泉雜詠四卷　葉德輝撰並注　清光緒二十七年(1901)刻本　二冊

620000－1101－0005592　4377

古三墳書三卷　（晉）阮咸注　清乾隆北幽學恕堂刻本　一冊

620000－1101－0005593　1875

古詩箋三十二卷　（清）王士禛輯　（清）聞人倓箋　清乾隆三十一年(1766)芷蘭堂刻本　十六冊

620000－1101－0005594　831.72/113

古詩箋三十二卷　（清）王士禛輯　（清）聞人倓箋　清晚期松江文萃堂刻本　十六冊

620000－1101－0005595　3872

古詩源十四卷　（清）沈德潛輯　清康熙刻本　六冊

620000－1101－0005596　4126

古詩源十四卷　（清）沈德潛輯　清康熙刻本　一冊　存四卷(八至十一)

620000－1101－0005597　831.2/749.002

古詩源十四卷　（清）沈德潛輯　清嘉慶八年(1803)刻本　三冊

620000－1101－0005598　831.2/749.002

古詩源十四卷　（清）沈德潛輯　清嘉慶八年(1803)刻本　六冊

620000－1101－0005599　831.2/749.003

古詩源十四卷　（清）沈德潛輯　清光緒十四年(1888)考雋堂刻本　二冊　存八卷(一至八)

620000－1101－0005600　831.2/749.004

古詩源十四卷　（清）沈德潛輯　清光緒十七年(1891)湖南思賢書局刻本　四冊　存十三卷(一至十三)

620000－1101－0005601　831.2/749.001

古詩源十四卷　（清）沈德潛輯　清晚期刻本

四冊

620000－1101－0005602　831.2/749.005
古詩源十四卷　（清）沈德潛輯　清晚期刻本
　三冊　存十一卷（一至十一）

620000－1101－0005603　621.021/254
古史紀年十四卷考年同異表二卷考年後語一卷戰國紀年六卷附戰國地輿不分卷戰國年表不分卷　（清）林春溥纂　清道光十七年至十八年(1837－1838)竹柏山房刻本　十三冊

620000－1101－0005604　041/72.62
古事比五十二卷　（清）方中德輯著　清光緒二十一年(1895)寶善局石印本　六冊

620000－1101－0005605　041/72.62.001
古事比五十二卷　（清）方中德輯著　清光緒十三年(1887)上海文盛堂石印本　六冊

620000－1101－0005606　041/72.62.002
古事比五十二卷　（清）方中德輯著　清光緒石印本　三冊　存二十六卷（十八至二十六、三十六至五十二）

620000－1101－0005607　610.4/258
古書拾遺四卷　（清）林春溥撰　清咸豐三年(1853)刻本　二冊

620000－1101－0005608　082.4/458
古書隱樓藏書三十五種四十六卷　（清）閔一得輯　清光緒三十一年(1905)刻本　十四冊

620000－1101－0005609　831.41/11.181
古唐詩合解十六卷　（清）王堯衢注　清末文聚堂刻本　五冊

620000－1101－0005610　831.41/11.181.001
古唐詩合解十六卷　（清）王堯衢注　清晚期刻本　一冊　存十二卷（唐詩十二卷）

620000－1101－0005611　831.41/11.181.004
古唐詩合解十六卷　（清）王堯衢注　清光緒令德堂刻本　二冊　存六卷（唐詩一至六）

620000－1101－0005612　831.41/11.181.010
古唐詩合解十六卷　（清）王堯衢注　清光緒刻本　二冊　存五卷（唐詩八至十二）

620000－1101－0005613　831.41/11.181.011
古唐詩合解十六卷　（清）王堯衢注　清光緒刻本　二冊　存六卷（唐詩七至十二）

620000－1101－0005614　831.41/11.181.015
古唐詩合解十六卷　（清）王堯衢注　清中晚期遵古堂刻本　六冊　存十二卷（唐詩十二卷）

620000－1101－0005615　831.41/11.181.017
古唐詩合解十六卷　（清）王堯衢注　清光緒經文堂刻本　二冊　存二卷（唐詩一至二）

620000－1101－0005616　831.41/11.181.006
古唐詩合解十六卷　（清）王堯衢注　清光緒刻本　二冊

620000－1101－0005617　831.41/11.181.007
古唐詩合解十六卷　（清）王堯衢注　清光緒十二年(1886)老二酉堂刻本　一冊　存三卷（唐詩一至三）

620000－1101－0005618　831.41/11.181.014
古唐詩合解十六卷　（清）王堯衢注　清光緒經編堂刻本　五冊　存十三卷（唐詩一至九、古詩四卷）

620000－1101－0005619　831.41/11.181.003
古唐詩合解十六卷　（清）王堯衢注　清光緒七年(1881)刻本　一冊　存四卷（唐詩一至四）

620000－1101－0005620　831.41/11.181.004
古唐詩合解十六卷　（清）王堯衢注　清光緒令德堂刻本　一冊　存四卷（古詩四卷）

620000－1101－0005621　831.41/11.181.002
古唐詩合解十六卷　（清）王堯衢注　清光緒令德堂刻本　五冊

620000－1101－0005622　831.41/11.181.016
古唐詩合解十六卷　（清）王堯衢注　清光緒七年(1881)刻本　四冊　存十二卷（唐詩五至十二、古詩四卷）

620000－1101－0005623　831.41/11.181.018
古唐詩合解十六卷　（清）王堯衢注　清光緒

刻本　四冊　存十一卷(唐詩六至十二、古詩四卷)

620000 – 1101 – 0005624　831.41/11.181.005
古唐詩合解十六卷　(清)王堯衢注　清光緒三味堂刻本　一冊　存四卷(唐詩四至七)

620000 – 1101 – 0005625　831.41/11.181.008
古唐詩合解十六卷　(清)王堯衢注　清光緒李光明莊刻本　一冊　存三卷(唐詩十至十二)

620000 – 1101 – 0005626　831.41/11.181.009
古唐詩合解十六卷　(清)王堯衢注　清光緒文光堂刻本　一冊　存三卷(唐詩十至十二)

620000 – 1101 – 0005627　831.41/11.181.013
古唐詩合解十六卷　(清)王堯衢注　清光緒聚錦堂刻本　一冊　存四卷(古詩四卷)

620000 – 1101 – 0005628　831.41/11.181.012
古唐詩合解十六卷　(清)王堯衢注　清光緒紫文閣刻本　一冊　存四卷(古詩四卷)

620000 – 1101 – 0005629　019.2/886
古桐書屋續刻三種三卷　(清)劉熙載撰　清光緒十三年(1887)刻本　一冊

620000 – 1101 – 0005630　098.92/68.35
古微書三十六卷　(明)孫瑴著錄　清光緒十四年(1888)刻本　六冊

620000 – 1101 – 0005631　098.9/368
古微書三十六卷　(明)孫瑴著錄　清嘉慶十七年(1812)對山問月樓刻本　二冊

620000 – 1101 – 0005632　098.9/368.001
古微書三十六卷　(明)孫瑴著錄　清光緒二十一年(1895)上海鴻文書局石印本　四冊

620000 – 1101 – 0005633　847.7/805.001
古微堂內集二卷外集八卷　(清)魏源著　清宣統元年(1909)上海國學扶輪社鉛印本　六冊

620000 – 1101 – 0005634　847.7/805.001
古微堂內集二卷外集八卷　(清)魏源著　清宣統元年(1909)上海國學扶輪社鉛印本

六冊

620000 – 1101 – 0005635　847.7/805.001
古微堂內集二卷外集八卷　(清)魏源著　清宣統元年(1909)上海國學扶輪社鉛印本　六冊　存八卷(外集八卷)

620000 – 1101 – 0005636　847.7/805.002
古微堂內集三卷外集七卷　(清)魏源著　清光緒四年(1878)淮南書局刻本　四冊

620000 – 1101 – 0005637　847.7/805.002
古微堂內集三卷外集七卷　(清)魏源著　清光緒四年(1878)淮南書局刻本　四冊

620000 – 1101 – 0005638　847.7/805.002
古微堂內集三卷外集七卷　(清)魏源著　清光緒四年(1878)淮南書局刻本　二冊　存五卷(內集三卷、外集三至四)

620000 – 1101 – 0005639　847.7/805
古微堂詩集十卷　(清)魏源著　清同治九年(1870)刻本　四冊

620000 – 1101 – 0005640　830/286
古文筆法八卷首一卷　(清)李扶九編　清光緒三十年(1904)申江書局石印本　四冊

620000 – 1101 – 0005641　830/0.213
古文鈔不分卷　(□)□□輯　清抄本　四冊

620000 – 1101 – 0005642　830/279
古文詞略二十四卷　(清)梅曾亮編　清光緒三十四年(1908)學部圖書局鉛印本　五冊

620000 – 1101 – 0005643　830/279.001
古文詞略二十四卷　(清)梅曾亮編　清同治六年(1867)合肥李氏刻本　五冊

620000 – 1101 – 0005644　835/99.001
古文辭類纂七十四卷　(清)姚鼐纂集　清道光元年(1821)合河康氏家塾刻本　十二冊

620000 – 1101 – 0005645　835/99
古文辭類纂七十四卷　(清)姚鼐纂集　清光緒八年(1882)刻本　十四冊　存七十二卷(三至七十四)

620000 – 1101 – 0005646　835/99.009
古文辭類纂七十四卷　（清）姚鼐纂集　清光緒十八年(1892)掃葉山房刻本　十二冊

620000 – 1101 – 0005647　835/99.010
古文辭類纂七十四卷　（清）姚鼐纂集　清光緒十八年(1892)湖南文章書局刻本　一冊　存三卷(一至三)

620000 – 1101 – 0005648　835/99.011
古文辭類纂七十四卷　（清）姚鼐纂集　清光緒十九年(1893)思賢講舍刻本　十六冊

620000 – 1101 – 0005649　835/99.008
古文辭類纂七十四卷　（清）姚鼐纂集　清光緒二十八年(1902)蜀東善成堂刻本　八冊

620000 – 1101 – 0005650　835/99.03
古文辭類纂七十四卷續纂三十四卷　（清）姚鼐纂集　王先謙續纂　清光緒三十三年(1907)上海商務印書館鉛印本　十二冊

620000 – 1101 – 0005651　835/99.03
古文辭類纂七十四卷續纂三十四卷　（清）姚鼐纂集　王先謙續纂　清光緒三十三年(1907)上海商務印書館鉛印本　二冊　存二十卷(類纂一至二十)

620000 – 1101 – 0005652　835/99.03
古文辭類纂七十四卷續纂三十四卷　（清）姚鼐纂集　王先謙續纂　清光緒三十三年(1907)上海商務印書館鉛印本　十二冊

620000 – 1101 – 0005653　835/99.03
古文辭類纂七十四卷續纂三十四卷　（清）姚鼐纂集　王先謙續纂　清光緒三十三年(1907)上海商務印書館鉛印本　十二冊

620000 – 1101 – 0005654　835/99.03
古文辭類纂七十四卷續纂三十四卷　（清）姚鼐纂集　王先謙續纂　清光緒三十三年(1907)上海商務印書館鉛印本　十二冊

620000 – 1101 – 0005655　835/99.03
古文辭類纂七十四卷續纂三十四卷　（清）姚鼐纂集　王先謙續纂　清光緒三十三年(1907)上海商務印書館鉛印本　十二冊

620000 – 1101 – 0005656　835/99.03
古文辭類纂七十四卷續纂三十四卷　（清）姚鼐纂集　王先謙續纂　清光緒三十三年(1907)上海商務印書館鉛印本　十二冊

620000 – 1101 – 0005657　835/99.03
古文辭類纂七十四卷續纂三十四卷　（清）姚鼐纂集　王先謙續纂　清光緒三十三年(1907)上海商務印書館鉛印本　十二冊

620000 – 1101 – 0005658　835/99.03
古文辭類纂七十四卷續纂三十四卷　（清）姚鼐纂集　王先謙續纂　清光緒三十三年(1907)上海商務印書館鉛印本　十二冊

620000 – 1101 – 0005659　835/99.03
古文辭類纂七十四卷續纂三十四卷　（清）姚鼐纂集　王先謙續纂　清光緒三十三年(1907)上海商務印書館鉛印本　十二冊

620000 – 1101 – 0005660　835/99.03
古文辭類纂七十四卷續纂三十四卷　（清）姚鼐纂集　王先謙續纂　清光緒三十三年(1907)上海商務印書館鉛印本　十二冊

620000 – 1101 – 0005661　835/99.03
古文辭類纂七十四卷續纂三十四卷　（清）姚鼐纂集　王先謙續纂　清光緒三十三年(1907)上海商務印書館鉛印本　十二冊

620000 – 1101 – 0005662　835/99.03
古文辭類纂七十四卷續纂三十四卷　（清）姚鼐纂集　王先謙續纂　清光緒三十三年(1907)上海商務印書館鉛印本　十二冊

620000 – 1101 – 0005663　835/99.03
古文辭類纂七十四卷續纂三十四卷　（清）姚鼐纂集　王先謙續纂　清光緒三十三年(1907)上海商務印書館鉛印本　十二冊

620000 – 1101 – 0005664　835/99.03
古文辭類纂七十四卷續纂三十四卷　（清）姚鼐纂集　王先謙續纂　清光緒三十三年(1907)上海商務印書館鉛印本　十二冊

620000－1101－0005665　835/99.03

古文辭類纂七十四卷續纂三十四卷　（清）姚
鼐纂集　王先謙續纂　清光緒三十三年
（1907）上海商務印書館鉛印本　十二冊

620000－1101－0005666　835/99.03

古文辭類纂七十四卷續纂三十四卷　（清）姚
鼐纂集　王先謙續纂　清光緒三十三年
（1907）上海商務印書館鉛印本　十二冊

620000－1101－0005667　835/99.03

古文辭類纂七十四卷續纂三十四卷　（清）姚
鼐纂集　王先謙續纂　清光緒三十三年
（1907）上海商務印書館鉛印本　十二冊

620000－1101－0005668　835/99.03

古文辭類纂七十四卷續纂三十四卷　（清）姚
鼐纂集　王先謙續纂　清光緒三十三年
（1907）上海商務印書館鉛印本　十二冊

620000－1101－0005669　835/99.03

古文辭類纂七十四卷續纂三十四卷　（清）姚
鼐纂集　王先謙續纂　清光緒三十三年
（1907）上海商務印書館鉛印本　十二冊

620000－1101－0005670　835/99.03

古文辭類纂七十四卷續纂三十四卷　（清）姚
鼐纂集　王先謙續纂　清光緒三十三年
（1907）上海商務印書館鉛印本　十二冊

620000－1101－0005671　835/99.03

古文辭類纂七十四卷續纂三十四卷　（清）姚
鼐纂集　王先謙續纂　清光緒三十三年
（1907）上海商務印書館鉛印本　十二冊

620000－1101－0005672　835/99.03

古文辭類纂七十四卷續纂三十四卷　（清）姚
鼐纂集　王先謙續纂　清光緒三十三年
（1907）上海商務印書館鉛印本　十二冊

620000－1101－0005673　835/99.03

古文辭類纂七十四卷續纂三十四卷　（清）姚
鼐纂集　王先謙續纂　清光緒三十三年
（1907）上海商務印書館鉛印本　十二冊

620000－1101－0005674

古文辭類纂七十四卷續纂三十四卷　（清）姚
鼐纂集　王先謙續纂　清光緒三十三年
（1907）上海商務印書館鉛印本　十二冊

620000－1101－0005675　835/99.03

古文辭類纂七十四卷續纂三十四卷　（清）姚
鼐纂集　王先謙續纂　清光緒三十三年
（1907）上海商務印書館鉛印本　十二冊

620000－1101－0005676　835/99.03

古文辭類纂七十四卷續纂三十四卷　（清）姚
鼐纂集　王先謙續纂　清光緒三十三年
（1907）上海商務印書館鉛印本　十二冊

620000－1101－0005677　835/99.03

古文辭類纂七十四卷續纂三十四卷　（清）姚
鼐纂集　王先謙續纂　清光緒三十三年
（1907）上海商務印書館鉛印本　十二冊

620000－1101－0005678　835/99.03

古文辭類纂七十四卷續纂三十四卷　（清）姚
鼐纂集　王先謙續纂　清光緒三十三年
（1907）上海商務印書館鉛印本　十二冊

620000－1101－0005679　835/99.03

古文辭類纂七十四卷續纂三十四卷　（清）姚
鼐纂集　王先謙續纂　清光緒三十三年
（1907）上海商務印書館鉛印本　十二冊

620000－1101－0005680　835/99.03

古文辭類纂七十四卷續纂三十四卷　（清）姚
鼐纂集　王先謙續纂　清光緒三十三年
（1907）上海商務印書館鉛印本　八冊　存七
十四卷(類纂七十四卷)

620000－1101－0005681　835/99.03

古文辭類纂七十四卷續纂三十四卷　（清）姚
鼐纂集　王先謙續纂　清光緒三十三年
（1907）上海商務印書館鉛印本　十冊　存九
十一卷(類纂一至三十、四十一至六十七，續
纂三十四卷)

620000－1101－0005682　835/99.03

古文辭類纂七十四卷續纂三十四卷　（清）姚
鼐纂集　王先謙續纂　清光緒三十三年
（1907）上海商務印書館鉛印本　三冊　存二

十七卷（類纂三十一至四十、五十一至六十七）

620000－1101－0005683　835/99.03
古文辭類纂七十四卷續纂三十四卷　（清）姚鼐纂集　王先謙續纂　清光緒三十三年（1907）上海商務印書館鉛印本　十二冊

620000－1101－0005684　835/99.03
古文辭類纂七十四卷續纂三十四卷　（清）姚鼐纂集　王先謙續纂　清光緒三十三年（1907）上海商務印書館鉛印本　一冊　存十卷（類纂一至十）

620000－1101－0005685　835/99.03
古文辭類纂七十四卷續纂三十四卷　（清）姚鼐纂集　王先謙續纂　清光緒三十三年（1907）上海商務印書館鉛印本　三冊　存二十七卷（續纂八至三十四）

620000－1101－0005686　835/99.003
古文辭類纂七十五卷　（清）姚鼐纂集　清道光五年（1825）金陵吳啓昌刻本　二十冊

620000－1101－0005687　835/99.003
古文辭類纂七十五卷　（清）姚鼐纂集　清道光五年（1825）金陵吳啓昌刻本　八冊　存四十四卷（三十二至七十五）

620000－1101－0005688　835/99.006
古文辭類纂七十五卷　（清）姚鼐纂集　清同治八年（1869）刻本　二十四冊

620000－1101－0005689　835/99.006
古文辭類纂七十五卷　（清）姚鼐纂集　清同治八年（1869）刻本　八冊　存三十一卷（一至三十一）

620000－1101－0005690　835/99.007
古文辭類纂七十五卷　（清）姚鼐纂集　**附校勘記一卷**　（清）李承淵撰　清光緒二十七年（1901）滁州李氏求要堂刻本　十二冊

620000－1101－0005691　835/99.007
古文辭類纂七十五卷　（清）姚鼐纂集　**附校勘記一卷**　（清）李承淵撰　清光緒二十七年

（1901）滁州李氏求要堂刻本　十二冊

620000－1101－0005692　835/99.002
古文辭類纂十五卷續纂十卷　（清）姚鼐纂集　王先謙續纂　清光緒十六年（1890）上海文瑞樓鉛印本　十冊

620000－1101－0005693　835/99.005
古文辭類纂十五卷續纂十卷　（清）姚鼐纂集　王先謙續纂　清光緒二十年（1894）上海圖書集成印書局鉛印本　八冊

620000－1101－0005694　835/99.005
古文辭類纂十五卷續纂十卷　（清）姚鼐纂集　王先謙續纂　清光緒二十年（1894）上海圖書集成印書局鉛印本　十冊

620000－1101－0005695　835/99.005
古文辭類纂十五卷續纂十卷　（清）姚鼐纂集　王先謙續纂　清光緒二十年（1894）上海圖書集成印書局鉛印本　八冊

620000－1101－0005696　835/99.005
古文辭類纂十五卷續纂十卷　（清）姚鼐纂集　王先謙續纂　清光緒二十年（1894）上海圖書集成印書局鉛印本　七冊　存十七卷（類纂一至六、十一至十五,續纂一至二、七至十）

620000－1101－0005697　835/99.005
古文辭類纂十五卷續纂十卷　（清）姚鼐纂集　王先謙續纂　清光緒二十年（1894）上海圖書集成印書局鉛印本　八冊

620000－1101－0005698　835/99.005
古文辭類纂十五卷續纂十卷　（清）姚鼐纂集　王先謙續纂　清光緒二十年（1894）上海圖書集成印書局鉛印本　四冊　存十卷（類纂五至十二、續纂一至二）

620000－1101－0005699　835/99.005
古文辭類纂十五卷續纂十卷　（清）姚鼐纂集　王先謙續纂　清光緒二十年（1894）上海圖書集成印書局鉛印本　一冊　存三卷（類纂八至十）

620000－1101－0005700　835/99.005

古文辭類纂十五卷續纂十卷 （清）姚鼐纂集
　　王先謙續纂　清光緒二十年（1894）上海圖書集成印書局鉛印本　一冊　存二卷（類纂三至四）

620000－1101－0005701　835/99.013

古文辭類纂十五卷續纂十卷 （清）姚鼐纂集
　　王先謙續纂　清光緒二十四年（1898）上海慎記書莊石印本　一冊　存二卷（類纂一至二）

620000－1101－0005702　835/99.004

古文辭類纂十五卷續纂十卷 （清）姚鼐纂集
　　王先謙續纂　清光緒二十四年（1898）石印本　十冊

620000－1101－0005703　835/99.004

古文辭類纂十五卷續纂十卷 （清）姚鼐纂集
　　王先謙續纂　清光緒三十四年（1908）上海文瑞樓石印本　十冊

620000－1101－0005704　835/99.004

古文辭類纂十五卷續纂十卷 （清）姚鼐纂集
　　王先謙續纂　清光緒三十四年（1908）上海文瑞樓石印本　十冊

620000－1101－0005705　835/99.004

古文辭類纂十五卷續纂十卷 （清）姚鼐纂集
　　王先謙續纂　清光緒三十四年（1908）上海文瑞樓石印本　十冊

620000－1101－0005706　835/99.004

古文辭類纂十五卷續纂十卷 （清）姚鼐纂集
　　王先謙續纂　清光緒三十四年（1908）上海文瑞樓石印本　十冊

620000－1101－0005707　835/99.004

古文辭類纂十五卷續纂十卷 （清）姚鼐纂集
　　王先謙續纂　清光緒三十四年（1908）上海文瑞樓石印本　十冊

620000－1101－0005708　835/99.004

古文辭類纂十五卷續纂十卷 （清）姚鼐纂集
　　王先謙續纂　清光緒三十四年（1908）上海文瑞樓石印本　二冊　存四卷（類纂一至二、十四至十五）

620000－1101－0005709　835/99.004

古文辭類纂十五卷續纂十卷 （清）姚鼐纂集
　　王先謙續纂　清光緒三十四年（1908）上海文瑞樓石印本　三冊　存五卷（類纂三至五、續纂一至二）

620000－1101－0005710　835/99.004

古文辭類纂十五卷續纂十卷 （清）姚鼐纂集
　　王先謙續纂　清光緒三十四年（1908）上海文瑞樓石印本　六冊　存十五卷（類纂十五卷）

620000－1101－0005711　835/99.004

古文辭類纂十五卷續纂十卷 （清）姚鼐纂集
　　王先謙續纂　清光緒三十四年（1908）上海文瑞樓石印本　一冊　存四卷（類纂七至十）

620000－1101－0005712　835/99.004

古文辭類纂十五卷續纂十卷 （清）姚鼐纂集
　　王先謙續纂　清光緒三十四年（1908）上海文瑞樓石印本　四冊　存十一卷（類纂五至十五）

620000－1101－0005713　835/99.004

古文辭類纂十五卷續纂十卷 （清）姚鼐纂集
　　王先謙續纂　清光緒三十四年（1908）上海文瑞樓石印本　一冊　存三卷（類纂三至五）

620000－1101－0005714　835/99.004

古文辭類纂十五卷續纂十卷 （清）姚鼐纂集
　　王先謙續纂　清光緒三十四年（1908）上海文瑞樓石印本（卷一至二補配光緒二十年上海圖書集成印書局鉛印本）　十冊

620000－1101－0005715　835/99.04

古文辭類纂十五卷續纂十卷 （清）姚鼐纂集
　　王先謙續纂　清宣統元年（1909）上海文瑞樓石印本　十冊

620000－1101－0005716　835/99.04

古文辭類纂十五卷續纂十卷 （清）姚鼐纂集
　　王先謙續纂　清宣統元年（1909）上海文瑞樓石印本　十冊

620000－1101－0005717　835/99.04

古文辭類纂十五卷續纂十卷 （清）姚鼐纂集

王先謙續纂　清宣統元年(1909)上海文瑞樓石印本　十冊

620000－1101－0005718　835/99.04

古文辭類纂十五卷續纂十卷　（清）姚鼐纂集　王先謙續纂　清宣統元年(1909)上海文瑞樓石印本　十冊

620000－1101－0005719　835/99.04

古文辭類纂十五卷續纂十卷　（清）姚鼐纂集　王先謙續纂　清宣統元年(1909)上海文瑞樓石印本　十冊

620000－1101－0005720　835/99.04

古文辭類纂十五卷續纂十卷　（清）姚鼐纂集　王先謙續纂　清宣統元年(1909)上海文瑞樓石印本　十冊

620000－1101－0005721　835/99.04

古文辭類纂十五卷續纂十卷　（清）姚鼐纂集　王先謙續纂　清宣統元年(1909)上海文瑞樓石印本　十冊

620000－1101－0005722　835/99.04

古文辭類纂十五卷續纂十卷　（清）姚鼐纂集　王先謙續纂　清宣統元年(1909)上海文瑞樓石印本　十冊

620000－1101－0005723　835/99.04

古文辭類纂十五卷續纂十卷　（清）姚鼐纂集　王先謙續纂　清宣統元年(1909)上海文瑞樓石印本　十冊

620000－1101－0005724　835/99.04

古文辭類纂十五卷續纂十卷　（清）姚鼐纂集　王先謙續纂　清宣統元年(1909)上海文瑞樓石印本　十冊

620000－1101－0005725　1850

古文分編集評初集五卷二集五卷三集八卷四集四卷　（清）于光華輯　清乾隆五十二年(1787)刻本　二十四冊

620000－1101－0005726　825/111

古文分編集評初集五卷二集五卷三集八卷四集四卷　（清）于光華輯　清中晚期刻本　二冊　存三卷(初集下一、四集三至四)

620000－1101－0005727　3959

古文輯註八卷　（清）朱良玉編訂　清雍正十年(1732)登雲堂刻本　四冊　存六卷(一至四、七至八)

620000－1101－0005728　4342

古文喈鳳新編八卷　（清）汪基輯　清雍正十二年(1734)大盛堂刻本　二冊　存四卷(一至四)

620000－1101－0005729　2939

古文喈鳳新編八卷　（清）汪基輯　清乾隆四十五年(1780)大盛堂刻本　八冊

620000－1101－0005730　830/708.001

古文喈鳳新編八卷　（清）汪基輯　清嘉慶十五年(1810)大盛堂刻本　八冊

620000－1101－0005731　830/708.001

古文喈鳳新編八卷　（清）汪基輯　清嘉慶十五年(1810)大盛堂刻本　七冊　存七卷(一至三、五至八)

620000－1101－0005732　830/708.002

古文喈鳳新編八卷　（清）汪基輯　清道光二年(1822)文賢堂刻本　八冊

620000－1101－0005733　830/708.008

古文喈鳳新編八卷　（清）汪基輯　清道光二年(1822)文發堂刻本　七冊　存七卷(一至四、六至八)

620000－1101－0005734　830/708

古文喈鳳新編八卷　（清）汪基輯　清晚期浙江金華恒言堂刻本　四冊

620000－1101－0005735　830/708.003

古文喈鳳新編八卷　（清）汪基輯　清晚期刻本　五冊　存五卷(四至八)

620000－1101－0005736　830/708.004

古文喈鳳新編八卷　（清）汪基輯　清晚期刻本　七冊　存七卷(二至八)

620000－1101－0005737　830/708.004

古文喈鳳新編八卷　（清）汪基輯　清晚期刻

本　一冊　存一卷(三)

620000－1101－0005738　830/708.005
古文喈鳳新編八卷　(清)汪基輯　清晚期刻
本　三冊　存四卷(二至四、六)

620000－1101－0005739　830/708.006
古文喈鳳新編八卷　(清)汪基輯　清晚期刻
本　一冊　存二卷(五至六)

620000－1101－0005740　830/708.007
古文喈鳳新編八卷　(清)汪基輯　清晚期刻
本　一冊　存一卷(五)

620000－1101－0005741　830/741
古文解八卷　(清)沈楒撰　清嘉慶二十五年
(1820)四川仃雲書館刻本　一冊　存二卷
(一至二)

620000－1101－0005742　775
古文雋十六卷　(明)趙燿輯　明萬曆六年
(1578)徐中行刻本　十六冊

620000－1101－0005743　1013
古文龍虎經註疏三卷　(宋)王道撰　清光緒
孔氏嶽雪樓影抄本　一冊

620000－1101－0005744　2789
古文眉詮七十九卷　(清)浦起龍輯評　清乾
隆九年(1744)三吳書院刻本　二十四冊

620000－1101－0005745　4272
古文眉詮七十九卷　(清)浦起龍輯評　清乾
隆九年(1744)三吳書院刻本　二十四冊

620000－1101－0005746　4044
古文眉詮七十九卷　(清)浦起龍輯評　清乾
隆九年(1744)三吳書院刻本　十一冊　存三
十八卷(三至九、十四至十七、二十四至二十
八、三十二至三十三、四十六至五十四、五十
七至六十四、七十七至七十九)

620000－1101－0005747　3112
古文眉詮七十九卷　(清)浦起龍輯評　清乾
隆九年(1744)三吳書院刻本　十九冊　存六
十三卷(一至三十、三十四至四十八、五十二
至六十九)

620000－1101－0005748　529
古文品外錄二十四卷　(明)陳繼儒輯　明喬
山堂劉龍田刻本　八冊

620000－1101－0005749　3174
古文奇賞二十二卷　(明)陳仁錫輯　明末刻
本　十六冊　存十九卷(一至十一、十四至二
十一)

620000－1101－0005750　801
古文奇賞二十二卷續三十四卷三續二十六卷
四續五十三卷　(明)陳仁錫輯　明末金閶安
少雲刻本　三十六冊　存一百二十二卷(古
文奇賞一至二下、三至十九,續二至二十四、
二十六至三十四,三續一至三、七至十九、二
十一至二十六,四續一至四、七至十、十二至
十七、十九至五十三)

620000－1101－0005751　801－1
古文奇賞二十二卷續三十四卷三續二十六卷
四續五十三卷　(明)陳仁錫輯　明末金閶安
少雲刻本　二十三冊　存二十二卷(古文奇
賞二十二卷)

620000－1101－0005752　780
古文奇賞二十卷　(明)陳仁錫輯　明末雲起
堂刻本　十二冊

620000－1101－0005753　092.7/78.43
古文尚書正辭三十三卷　(清)吳光耀撰　清
光緒十九年(1893)刻本　十冊　存十卷(一
至十)

620000－1101－0005754　830/76
古文四象五卷　(清)曾國藩輯　清光緒二十
八年至二十九年(1902－1903)刻民國十八年
(1929)饒陽常垴璋修補本　五冊

620000－1101－0005755　4352
古文析義六卷二編八卷　(清)林雲銘評注
清乾隆五十六年(1791)大成堂刻本　十冊
存十卷(古文析義一、三至四、六,二編一、四
至八)

620000－1101－0005756　835/254.002
古文析義六卷二編八卷　(清)林雲銘評注

清同治元年(1862)刻本　六册

620000－1101－0005757　835/254.005
古文析義六卷二編八卷　（清）林雲銘評注
清光緒二十四年(1898)益元書局刻本　十四册

620000－1101－0005758　835/254
古文析義六卷二編八卷　（清）林雲銘評注
清光緒北京宏道堂刻本　六册　存六卷(古文析義六卷)

620000－1101－0005759　835/254.006
古文析義六卷二編八卷　（清）林雲銘評注
清刻本　一册　存一卷(二編八)

620000－1101－0005760　835/254.004
古文析義十四卷二編十六卷　（清）林雲銘評注　清晚期致和堂刻本　十六册

620000－1101－0005761　835/254.001
古文析義十四卷二編十六卷　（清）林雲銘評注　清晚期文茂堂刻本　八册　存十四卷(古文析義十四卷)

620000－1101－0005762　835/254.003
古文析義十四卷二編十六卷　（清）林雲銘評注　清晚期刻本　一册　存二卷(古文析義一至二)

620000－1101－0005763　3341
古文選□□卷　（清）張之普述解　清乾隆張仕遇刻本　五册　存五卷(一至五)

620000－1101－0005764　3342
古文選□□卷　（清）張之普述解　清乾隆張仕遇刻本　三册　存六卷(一至二、五至八)

620000－1101－0005765　835.11
古文選讀初編二卷　（清）王維泰輯　清晚期鉛印本　二册

620000－1101－0005766　4030
古文雅正十四卷　（清）蔡世遠輯評　清雍正三年(1725)念修堂刻本　一册　存二卷(一至二)

620000－1101－0005767　802.82/557

古文雅正十四卷　（清）蔡世遠輯評　清嘉慶九年(1804)刻本　一册　存三卷(一至三)

620000－1101－0005768　802.82/557.001
古文雅正十四卷　（清）蔡世遠輯評　清嘉慶九年(1804)刻本　六册

620000－1101－0005769　802.82/557
古文雅正十四卷　（清）蔡世遠輯評　清嘉慶九年(1804)刻本　一册　存二卷(一至二)

620000－1101－0005770　802.82/557
古文雅正十四卷　（清）蔡世遠輯評　清嘉慶九年(1804)刻本　三册　存十一卷(四至十四)

620000－1101－0005771　802.82/557
古文雅正十四卷　（清）蔡世遠輯評　清嘉慶九年(1804)刻本　四册

620000－1101－0005772　802.82/557
古文雅正十四卷　（清）蔡世遠輯評　清嘉慶九年(1804)刻本　六册

620000－1101－0005773　802.82/557.001
古文雅正十四卷　（清）蔡世遠輯評　清嘉慶九年(1804)刻本　六册

620000－1101－0005774　802.82/557.002
古文雅正十四卷　（清）蔡世遠輯評　清同治七年(1868)曾氏刻本　八册

620000－1101－0005775　835/667
古文翼八卷　（清）唐德宜編　清光緒十九年(1893)湖南經國書局刻本　十六册

620000－1101－0005776　934
古文淵鑒六十四卷　（清）徐乾學等輯注　清康熙內府刻五色套印本　二十四册

620000－1101－0005777　934
古文淵鑒六十四卷　（清）徐乾學等輯注　清康熙內府刻五色套印本　二十四册

620000－1101－0005778　934
古文淵鑒六十四卷　（清）徐乾學等輯注　清康熙內府刻五色套印本　三十二册

620000－1101－0005779　1700

古文淵鑒六十四卷　（清）徐乾學等輯注　清康熙內府刻五色套印本　二十一冊　存二十二卷(二十五至四十、四十二至四十四、四十八至五十)

620000－1101－0005780　835/94

古文淵鑒六十四卷　（清）徐乾學等輯注　清同治十二年(1873)浙江書局刻本　三十二冊

620000－1101－0005781　835/94

古文淵鑒六十四卷　（清）徐乾學等輯注　清同治十二年(1873)浙江書局刻本　三十二冊

620000－1101－0005782　835/947

古文淵鑒六十四卷　（清）徐乾學等輯注　清同治十二年(1873)浙江書局刻本　二十八冊　存五十八卷(一至十二、十五至四十六、五十一至六十四)

620000－1101－0005783　835/94

古文淵鑒六十四卷　（清）徐乾學等輯注　清光緒二十九年(1903)蜚英分局石印本　八冊

620000－1101－0005784　835/94

古文淵鑒六十四卷　（清）徐乾學等輯注　清光緒二十九年(1903)蜚英分局石印本　十六冊　存六十卷(一至二十七、三十二至六十四)

620000－1101－0005785　835/72

古文淵鑒六十四卷　（清）徐乾學等輯注　清晚期淵鑑齋刻本　四十冊

620000－1101－0005786　835/72

古文淵鑒六十四卷　（清）徐乾學等輯注　清晚期淵鑑齋刻本　四十八冊

620000－1101－0005787　1288

古文淵鑒六十四卷　（清）徐乾學等輯注　清刻五色套印本　三十二冊

620000－1101－0005788　835/94.02

古文淵鑒六十四卷　（清）徐乾學等輯注　清刻五色套印本　三十九冊

620000－1101－0005789　835/94.02

古文淵鑒六十四卷　（清）徐乾學等輯注　清刻五色套印本　四十七冊

620000－1101－0005790　94

古文苑二十一卷　（宋）章樵注　明萬曆張象賢刻本　八冊

620000－1101－0005791　830.521/657

古文苑二十一卷　（宋）章樵注　清光緒十二年(1886)江蘇書局刻本　四冊

620000－1101－0005792　830.521/657

古文苑二十一卷　（宋）章樵注　清光緒十二年(1886)江蘇書局刻本　四冊

620000－1101－0005793　830.521/657.001

古文苑二十一卷　（宋）章樵注　（清）李錫齡校刊　清道光二十六年(1846)宏道書院刻惜陰軒叢書本　四冊

620000－1101－0005794　830.521/657.001

古文苑二十一卷　（宋）章樵注　（清）李錫齡校刊　清道光二十六年(1846)宏道書院刻惜陰軒叢書本　四冊

620000－1101－0005795　830.521/657.001

古文苑二十一卷　（宋）章樵注　（清）李錫齡校刊　清道光二十六年(1846)宏道書院刻惜陰軒叢書本　一冊　存四卷(一至四)

620000－1101－0005796　235.5/193

古文周易參同契註八卷　（東漢）魏伯陽撰　（清）袁仁林注　清道光二十六年(1846)宏道書院刻惜陰軒叢書本　二冊

620000－1101－0005797　3211

古文斷後集十八卷　（清）姚廷謙評注　清雍正元年(1723)刻本　八冊

620000－1101－0005798　413/289.007

古吳童氏重校醫宗必讀十卷　（明）李中梓撰　清光緒三十年(1904)上海鴻文堂石印本　一冊　存二卷(三至四)

620000－1101－0005799　2017

古稀再度壽印一卷　（清）朱霞篆　清咸豐六年(1856)迎仙閣刻鈐印本　一冊

620000－1101－0005800　1758

古香岑草堂詩餘四集十七卷　（明）沈際飛評
明末刻本　三冊　存十五卷（草堂詩餘正
集六卷、別集四卷、國朝詩餘新集五卷）

620000－1101－0005801　1438

古香岑草堂詩餘四集十七卷　（明）沈際飛評
清乾隆、嘉慶抄本　六冊　存十五卷（草堂
詩餘正集一至四、續集二卷、別集四卷、國朝
詩餘新集五卷）

620000－1101－0005802　2000

古香齋鑒賞袖珍初學記三十卷　（唐）徐堅等
撰　清乾隆內府刻古香齋袖珍十種本　十
二冊

620000－1101－0005803　041/41.94

古香齋鑒賞袖珍初學記三十卷　（唐）徐堅等
撰　清同治、光緒南海孔氏刻古香齋袖珍十
種本　十二冊

620000－1101－0005804　041/41.94

古香齋鑒賞袖珍初學記三十卷　（唐）徐堅等
撰　清同治、光緒南海孔氏刻古香齋袖珍十
種本　十六冊

620000－1101－0005805　041/41.94

古香齋鑒賞袖珍初學記三十卷　（唐）徐堅等
撰　清同治、光緒南海孔氏刻古香齋袖珍十
種本　四冊　存六卷（一至六）

620000－1101－0005806　041/41.94

古香齋鑒賞袖珍初學記三十卷　（唐）徐堅等
撰　清同治、光緒南海孔氏刻古香齋袖珍十
種本　九冊　存二十七卷（四至三十）

620000－1101－0005807　671.1/362

古香齋鑒賞袖珍春明夢餘錄七十卷　（清）孫
承澤撰　清同治、光緒南海孔氏刻古香齋袖
珍十種本　十七冊　存五十八卷（一至五、七
至十二、十五至三十六、三十九至四十一、四
十五至四十七、四十九至五十七、六十一至七
十）

620000－1101－0005808　671.1/362

古香齋鑒賞袖珍春明夢餘錄七十卷　（清）孫
承澤撰　清同治、光緒南海孔氏刻古香齋袖
珍十種本　六冊　存十六卷（二十四至二十
五、三十九、四十三至四十五、五十八至六十
七）

620000－1101－0005809　671.1/362

古香齋鑒賞袖珍春明夢餘錄七十卷　（清）孫
承澤撰　清同治、光緒南海孔氏刻古香齋袖
珍十種本　八冊　存十九卷（三十四至三十
五、三十七至三十九、四十二至四十八、五十
五至五十七、六十四至六十七）

620000－1101－0005810　610.1/30.18

古香齋鑒賞袖珍史記一百三十卷　（漢）司馬
遷撰　（南朝宋）裴駰集解　（唐）司馬貞索隱
（唐）張守節正義　清同治、光緒南海孔氏
刻古香齋袖珍十種本　三十冊

620000－1101－0005811　610.1/30.18.001

古香齋鑒賞袖珍史記一百三十卷　（漢）司馬
遷撰　（南朝宋）裴駰集解　（唐）司馬貞索隱
（唐）張守節正義　清同治、光緒南海孔氏
刻古香齋袖珍十種本　十七冊　存九十三卷
（一至五、八至十四、十八至二十二、二十七至
三十六、四十一至四十六、五十六至八十六、
九十五至一百十、一百十八至一百三十）

620000－1101－0005812　125.5/828.06.002

古香齋新刻袖珍御纂朱子全書六十六卷
（宋）朱熹撰　（清）聖祖玄燁定　清同治、光
緒南海孔氏刻古香齋袖珍十種本　一冊　存
一卷（十二）

620000－1101－0005813　041/72

**古香齋新刻袖珍淵鑑類函四百五十卷目錄四
卷**　（清）張英等修　（清）徐秉義等纂　清同
治、光緒南海孔氏刻古香齋袖珍十種本　一
百六十冊

620000－1101－0005814　082.74/21.37

古香齋袖珍十種九百三卷　（清）聖祖玄燁撰
清同治、光緒南海孔氏刻古香齋袖珍十種
本　二百八十冊

620000－1101－0005815　694

古學彙纂十卷 （明）周時雍輯 明崇禎十五年(1642)周氏愛日齋刻本 三十二冊

620000－1101－0005816 071/434
古學記問錄十五卷 （清）吳蔚文輯 清同治四年(1865)刻本 六冊

620000－1101－0005817 071/434
古學記問錄十五卷 （清）吳蔚文輯 清同治四年(1865)刻本 五冊 存十二卷(四至十五)

620000－1101－0005818 090.7/670
古學考一卷 廖平撰 清光緒二十三年(1897)尊經書局刻本 一冊

620000－1101－0005819 374
古言二卷今言四卷 （明）鄭曉撰 明嘉靖四十四年(1565)項篤壽刻本 六冊

620000－1101－0005820 858.8/248
古謠諺一百卷 （清）杜文瀾輯 清咸豐十一年(1861)曼陀羅華閣刻本 二十冊

620000－1101－0005821 858.8/248
古謠諺一百卷 （清）杜文瀾輯 清咸豐十一年(1861)曼陀羅華閣刻本 二十冊

620000－1101－0005822 2055
古易匯詮四卷 （清）劉文龍撰 清雍正十二年(1734)刻本 四冊

620000－1101－0005823 084/794
古逸叢書二十六種二百七卷 （清）黎庶昌輯 清光緒十年(1884)遵義黎氏日本東京使署影刻本 四十九冊

620000－1101－0005824 084/794
古逸叢書二十六種 （清）黎庶昌輯 清光緒十年(1884)遵義黎氏日本東京使署影刻本 四十九冊

620000－1101－0005825 084/794
古逸叢書二十六種 （清）黎庶昌輯 清光緒十年(1884)遵義黎氏日本東京使署影刻本 三冊 存二種十七卷(姓解三卷,文館詞林殘十四卷)

620000－1101－0005826 084/794
古逸叢書二十六種 （清）黎庶昌輯 清光緒十年(1884)遵義黎氏日本東京使署影刻本 四十九冊

620000－1101－0005827 084/794
古逸叢書二十六種 （清）黎庶昌輯 清光緒十年(1884)遵義黎氏日本東京使署影刻本 四十八冊

620000－1101－0005828 084/794
古逸叢書二十六種 （清）黎庶昌輯 清光緒十年(1884)遵義黎氏日本東京使署影刻本 四十八冊

620000－1101－0005829 3714
古音獵要五卷叢目五卷 （明）楊慎撰 清乾隆刻本 一冊 存六卷(古音獵要一至五、叢目一)

620000－1101－0005830 802.45/99
古音諧八卷首一卷 （清）姚文田輯 清道光二十五年(1845)蘇州振新書社刻本 六冊

620000－1101－0005831 931.7/386
古印選四卷 （明）陳鉅昌輯篆 清晚期刻朱墨套印本 二冊 存二卷(一至二)

620000－1101－0005832 3836
古愚老人消夏錄十七種六十六卷 （清）汪汲撰 清乾隆、嘉慶古愚山房刻本 二十四冊

620000－1101－0005833 089.74/70
古愚老人消夏錄十七種六十六卷 （清）汪汲撰 清乾隆、嘉慶古愚山房刻本 十六冊 存十六種六十四卷(事物原會四十卷,十三經紀字一卷,字典紀字一卷,韻府紀字一卷,墨字編一卷,詞名集解六卷、續編二卷,宋樂類編一卷,南北詞名宮調彙錄二卷,院本名目一卷,雜劇待考一卷,琴曲萃覽一卷,樂府標源二卷,樂府遺聲一卷,解毒編一卷,怪疾奇方一卷,彙集經驗方一卷)

620000－1101－0005834 794.43/436
古玉圖考不分卷 （清）吳大澂編輯 清光緒十五年(1889)上海同文書局石印本 四冊

620000－1101－0005835　794.43/436

古玉圖考不分卷　（清）吳大澂編輯　清光緒
十五年(1889)上海同文書局石印本　四冊

620000－1101－0005836　794.43/436

古玉圖考不分卷　（清）吳大澂編輯　清光緒
十五年(1889)上海同文書局石印本　四冊

620000－1101－0005837　794.43/436

古玉圖考不分卷　（清）吳大澂編輯　清光緒
十五年(1889)上海同文書局石印本　四冊

620000－1101－0005838　794.43/436

古玉圖考不分卷　（清）吳大澂編輯　清光緒
十五年(1889)上海同文書局石印本　四冊

620000－1101－0005839　794.43/436

古玉圖考不分卷　（清）吳大澂編輯　清光緒
十五年(1889)上海同文書局石印本　四冊

620000－1101－0005840　794.43/436

古玉圖考不分卷　（清）吳大澂編輯　清光緒
十五年(1889)上海同文書局石印本　四冊

620000－1101－0005841　847.8/835

古月軒詩存彙稿四種十卷　（清）朱伸林編
清光緒十年(1884)刻本　一冊

620000－1101－0005842　192

古樂苑五十二卷前卷一卷衍錄三卷目錄二卷
　（明）梅鼎祚輯　明萬曆十九年(1591)呂胤
昌刻本　三十二冊　存二十一卷(一至十五、
前卷一卷、衍錄三卷、目錄二卷)

620000－1101－0005843　802.41/65

古韵通說二十卷　（清）龍啓瑞撰　清光緒九
年(1883)尊經書局刻本　四冊

620000－1101－0005844　802.41/65

古韵通說二十卷　（清）龍啓瑞撰　清光緒九
年(1883)尊經書局刻本　四冊

620000－1101－0005845　793.2/365

古籀拾遺三卷宋政咊禮器文字考一卷　（清）
孫詒讓撰　清光緒刻本　二冊

620000－1101－0005846　2800

谷園印譜三卷　（清）許容篆　清康熙二十五

年(1686)胡介祉刻鈐印本　一冊

620000－1101－0005847　2297

鼓山志十四卷首一卷　（清）黃任輯　清乾隆
三十七年(1772)刻本　六冊

620000－1101－0005848　847.1/112

鼓棹初集一卷二集一卷　（清）王夫之撰　清
同治四年(1865)湖南曾國荃刻本　一冊

620000－1101－0005849　671.65/329.791

固原直隸州硝河城州判地理調查表一卷
（清）楊修德編　清宣統抄本　一冊

620000－1101－0005850　567.3/0.426

固原州賦役全書不分卷　（□）□□編　清咸
豐二年(1852)刻本　三冊

620000－1101－0005851　671.65/329.77

固原州憲綱事宜不分卷　（清）□□纂　清咸
豐五年(1855)抄本　一冊

620000－1101－0005852　977

固哉草亭文集二卷補遺一卷詩集四卷　（清）
高斌撰　清乾隆二十四年(1759)高恆刻本
四冊

620000－1101－0005853　1911

固哉叟詩鈔四卷　（清）高孝本撰　清雍正十
一年(1733)高氏刻本　二冊

620000－1101－0005854　582.141/41.66

故唐律疏議三十卷　（唐）長孫無忌等撰　清
光緒十六年(1890)沈子惇刻本　十二冊

620000－1101－0005855　582.411/41

故唐律疏議三十卷　（唐）長孫無忌等撰　附
釋文三十卷　（元）王元酋撰　清光緒十六年
(1890)京師刻本　十二冊

620000－1101－0005856　582.141/41

故唐律疏議三十卷　（唐）長孫無忌等撰　附
釋文三十卷　（元）王元酋撰　清光緒十六年
(1890)京師刻本　十二冊

620000－1101－0005857　582.141/41.002

故唐律疏議三十卷　（唐）長孫無忌等撰　附
律音義一卷　（宋）孫奭等撰　宋提刑洗冤集

録五卷 （宋）宋慈撰 清光緒十七年(1891)
刻本 八冊

620000－1101－0005858 582.141/41.002
故唐律疏議三十卷 （唐）長孫無忌等撰 **附律音義一卷** （宋）孫奭等撰 **宋提刑洗冤集録五卷** （宋）宋慈撰 清光緒十七年(1891)
刻本 八冊

620000－1101－0005859 582.141/41
故唐律疏議三十卷 （唐）長孫無忌等撰 **附釋文三十卷** （元）王元亮撰 清光緒十六年
(1890)京師刻本 十二冊

620000－1101－0005860 582.141/41.001
故唐律疏議三十卷附釋文纂例 （唐）長孫無
忌等撰 （元）王元亮重編 清嘉慶十二年
(1807)刻本 六冊 存三十卷(故唐律疏議
三十卷)

620000－1101－0005861 846.7/966
顧端文公遺書十四種七十三卷 （明）顧憲成
撰 清光緒三年(1877)涇里宗祠刻本 六冊
存六種二十六卷(小心齋劄記十八卷、東林
會約一卷、東林商語二卷、虞山商語三卷、仁
文商語一卷、南嶽商語一卷)

620000－1101－0005862 846.7/966
顧端文公遺書十四種七十三卷 （明）顧憲成
撰 清光緒三年(1877)涇里宗祠刻本 十八
冊 存一種十八卷(小心齋劄記十八卷)

620000－1101－0005863 846.7/966
顧端文公遺書十四種七十三卷 （明）顧憲成
撰 清光緒三年(1877)涇里宗祠刻本 十
冊 存四種三十八卷(經正堂商語一卷,涇皋藏
稿二十二卷,顧端文公年譜四卷,附小辨齋偶
存八卷、涇皋家塾三書三卷)

620000－1101－0005864 400
顧華陽集三卷 （唐）顧況撰 **顧非熊詩一卷**
（唐）顧非熊撰 明萬曆四十一年(1613)顧
名端刻本 四冊

620000－1101－0005865 669.218/962
顧氏弍種八卷 （清）顧觀光撰 清光緒二十

八年(1902)刻本 四冊

620000－1101－0005866 669.218/962
顧氏弍種八卷 （清）顧觀光撰 清光緒二十
八年(1902)刻本 一冊 存一卷(國策編年
一卷)

620000－1101－0005867 669.218/962
顧氏弍種八卷 （清）顧觀光撰 清光緒二十
八年(1902)刻本 四冊

620000－1101－0005868 669.218/962
顧氏弍種八卷 （清）顧觀光撰 清光緒二十
八年(1902)刻本 四冊

620000－1101－0005869 669.218/962
顧氏弍種八卷 （清）顧觀光撰 清光緒二十
八年(1902)刻本 三冊 存七卷(七國地理
考七卷)

620000－1101－0005870 857.16/959
顧氏明朝四十家小說四十一種四十四卷
（清）顧元慶輯 清宣統上海國學扶輪社鉛印
本 五冊 存二十五種二十五卷(瑯琊漫鈔
一卷、瘞鶴銘考一卷、青溪眼筆一卷、病逸漫
紀一卷、夷白齋詩話一卷、讀書筆記一卷、存
餘堂詩話一卷、君子堂日詢手鏡一卷、陽山新
錄一卷、海槎餘錄一卷、新倩籍一卷、景仰撮
書一卷、蠶衣一卷、寶檣記一卷、今雨瑤華一
卷、簷曝偶談一卷、金石契一卷、大石山房十
友譜一卷、皇明天全先生遺事一卷、清夜錄一
卷、聽雨紀談一卷、談藝錄一卷、近言一卷、續
編宋史辨一卷、茶譜一卷)

620000－1101－0005871 321.2/928
顧氏推步簡法三種三卷 （清）顧觀光著
（清）錢國寶校算 清光緒元年(1875)錢氏拜
經書屋刻本 二冊

620000－1101－0005872 782.972/952
顧亭林先生年譜不分卷 （清）徐文松 （清）
車明經撰 清道光二十四年(1844)刻本
一冊

620000－1101－0005873 847.2/964.7
顧亭林先生遺書十種二十七卷 （清）顧炎武

撰　清蓬瀛閣刻本　八冊

620000－1101－0005874　847.2/964.7.001
顧亭林先生遺書十種二十七卷　（清）顧炎武
撰　清蓬瀛閣刻本　八冊

620000－1101－0005875　845.13/312
乖崖先生文集十二卷末一卷　（宋）張詠撰
清光緒八年(1882)獨山莫祥芝刻本　二冊

620000－1101－0005876　443.632/723
官圩修防彙述初編四卷續編五卷三編六卷四
編七卷述餘八卷補編一卷　（清）湖畖逸編輯
（清）丁守謙校　清光緒二十五年(1899)朱
詒穀堂木活字印本　四冊　存八卷(初編一
至二、續編五卷、補編一卷)

620000－1101－0005877　2521
關帝志四卷　（清）張鎮編輯　清乾隆二十一
年(1756)刻本　四冊

620000－1101－0005878　2541
關帝志四卷　（清）張鎮編輯　清乾隆二十一
年(1756)刻本　三冊　存三卷(二至四)

620000－1101－0005879　627.77/120
關隴思危錄四卷　（清）王生吉輯　清光緒三
十四年(1908)中江雷氏鉛印本　二冊

620000－1101－0005880　627.77/120
關隴思危錄四卷　（清）王生吉輯　清光緒三
十四年(1908)中江雷氏鉛印本　二冊

620000－1101－0005881　072.74/371
關隴輿中偶憶編一卷　（清）張祥河撰　清道
光二十八年(1848)張氏刻本　一冊

620000－1101－0005882　847.5/312.7
關隴輿中偶憶編一卷　（清）張祥河撰　清道
光二十八年(1848)張氏刻本　一冊

620000－1101－0005883　782.826/671
關聖帝君聖蹟圖誌全集五卷　（清）盧湛編
清嘉慶刻本　六冊

620000－1101－0005884　782.826/671
關聖帝君聖蹟圖誌全集五卷　（清）盧湛編
清嘉慶刻本　六冊

620000－1101－0005885　782.826/671
關聖帝君聖蹟圖誌全集五卷　（清）盧湛編
清嘉慶刻本　一冊　存一卷(一)

620000－1101－0005886　231/0.460
關聖帝君移山經不分卷　（□）□□撰　清道
光十六年(1836)傳桂堂刻本　一冊

620000－1101－0005887　87
關尹子二卷　（宋）陳顯微注　明天啓讀書坊
刻本　二冊

620000－1101－0005888　3710
關中金石記八卷　（清）畢沅撰　清乾隆四十
六年(1781)刻本　二冊

620000－1101－0005889　797.15/471.004
關中金石記八卷附記一卷　（清）畢沅撰　清
道光二十七年(1847)渭陽焦興儒刻本　一冊

620000－1101－0005890　797.15/47
關中金石記八卷附記一卷　（清）畢沅撰　清
光緒三十四年(1908)渭南嚴氏成都刻本
四冊

620000－1101－0005891　797.15/47
關中金石記八卷附記一卷　（清）畢沅撰　清
光緒三十四年(1908)渭南嚴氏成都刻本
四冊

620000－1101－0005892　797.15/471.001
關中金石記八卷附記一卷　（清）畢沅撰　清
光緒三十四年(1908)渭南嚴氏成都刻本
四冊

620000－1101－0005893　797.15/47
關中金石記八卷附記一卷　（清）畢沅撰　清
光緒三十四年(1908)渭南嚴氏成都刻本
四冊

620000－1101－0005894　797.15/78
關中金石文字存逸考十二卷首一卷　（清）毛
鳳枝撰　清光緒二十七年(1901)會稽顧氏江
西萍鄉縣署刻本　八冊

620000－1101－0005895　797.15/78
關中金石文字存逸考十二卷首一卷　（清）毛

鳳枝撰　清光緒二十七年(1901)會稽顧氏江西萍鄉縣署刻本　八冊

620000－1101－0005896　797.15/78

關中金石文字存逸考十二卷首一卷　(清)毛鳳枝撰　清光緒二十七年(1901)會稽顧氏江西萍鄉縣署刻本　十二冊

620000－1101－0005897　797.15/78

關中金石文字存逸考十二卷首一卷　(清)毛鳳枝撰　清光緒二十七年(1901)會稽顧氏江西萍鄉縣署刻本　十二冊

620000－1101－0005898　797.15/78

關中金石文字存逸考十二卷首一卷　(清)毛鳳枝撰　清光緒二十七年(1901)會稽顧氏江西萍鄉縣署刻本　八冊

620000－1101－0005899　839/285

關中兩朝賦鈔十二卷　(清)李元春彙選　清道光十二年(1832)守樸堂刻本　二冊

620000－1101－0005900　839/285

關中兩朝詩鈔補四卷又補一卷　(清)李元春彙選　清道光十六年(1836)守樸堂刻本　五冊

620000－1101－0005901　839/285

關中兩朝詩鈔十二卷　(清)李元春彙選　清道光十二年(1832)守樸堂刻本　八冊

620000－1101－0005902　839/285

關中兩朝詩鈔十二卷　(清)李元春彙選　清道光十二年(1832)守樸堂刻本　八冊

620000－1101－0005903　839/285

關中兩朝文鈔補六卷　(清)李元春彙選　清道光十六年(1836)守樸堂刻本　六冊

620000－1101－0005904　839/285

關中兩朝文鈔二十二卷　(清)李元春彙選　清道光十二年(1832)守樸堂刻本　二十四冊

620000－1101－0005905　831.76/443

關中書院課士賦不分卷　(清)路德輯注　清道光二十一年(1841)來鹿堂刻本　二冊

620000－1101－0005906　831.76/443

關中書院課士賦不分卷　(清)路德輯注　清道光二十一年(1841)來鹿堂刻本　一冊

620000－1101－0005907　831.76/459.001

關中書院課士詩不分卷　(清)閻敬銘等撰　清晚期刻本　一冊　存一集(八)

620000－1101－0005908　831.76/443.05

關中書院課士詩不分卷　(清)閻敬銘等撰　清道光二十一年(1841)刻本　一冊

620000－1101－0005909　831.76/459

關中書院課士詩不分卷　(清)閻敬銘等撰　清道光十八年(1838)刻本　二冊

620000－1101－0005910　831.76/459

關中書院課士詩不分卷　(清)閻敬銘等撰　清道光十八年(1838)刻本　二冊

620000－1101－0005911　856.7/280

關中書院課藝不分卷附志學齋日記一卷　(清)柏景偉選編　清光緒刻本　一冊

620000－1101－0005912　682.15/367

關中水道記四卷　(清)孫彤撰　清光緒三十四年(1908)鉛印問影樓叢書本　一冊

620000－1101－0005913　782.615/0.460

關中同官錄不分卷　(清)□□編　清光緒二十三年(1897)刻本　五冊

620000－1101－0005914　782.615/0.460.1

關中同官錄不分卷　(清)□□編　清光緒六年(1880)刻本　八冊

620000－1101－0005915　782.615/0.460.2

關中同官錄不分卷　(清)□□編　清光緒二十年(1894)刻本　八冊

620000－1101－0005916　793.47/85.01

觀古閣叢稿二卷　(清)鮑康著　清同治十二年(1873)刻本　一冊

620000－1101－0005917　793.47/85.03

觀古閣叢稿三編二卷　(清)鮑康著　清光緒二年(1876)觀古閣刻本　一冊

620000－1101－0005918　793.478/85

觀古閣泉說一卷 （清）鮑康著 清同治十二年(1873)鮑氏刻本 一冊

620000－1101－0005919 083/504

觀古堂彙刻書二十一種五十六卷 葉德輝輯 清光緒至民國初年長沙葉氏刻本 十五冊 缺一種三卷(三家詩補遺三卷)

620000－1101－0005920 083/504.001

觀古堂彙刻書二十一種五十一卷 葉德輝輯 觀古堂所著書十六種三十二卷 葉德輝撰 清光緒至民國初年長沙葉氏刻本 三十一冊 缺一種四卷(沈下賢集七至十)

620000－1101－0005921 083/504.01

觀古堂彙刻書十七種五十四卷 葉德輝輯 清光緒至民國初年長沙葉氏刻本 十四冊

620000－1101－0005922 089.8/504

觀古堂所著書十六種四十卷 葉德輝撰 清光緒至民國初年長沙葉氏刻本 十四冊

620000－1101－0005923 246.9/744

觀光日本二卷 （清）夏顯德譯 （清）沈則恭纂訂 清同治十年(1871)上海慈母堂刻本 一冊

620000－1101－0005924 847.4/183.7

觀河集四卷 （清）彭紹升撰 清道光三年(1823)刻本 一冊

620000－1101－0005925 847.6/218

觀穫堂文集不分卷 （清）胡國濱著 清道光十五年(1835)刻本 一冊

620000－1101－0005926 831/987

觀劇絕句三卷 （清）金德英等撰 木皮散人鼓詞一卷 （明）賈鳧西撰 清光緒三十三年至三十四年(1907－1908)長沙葉氏觀古堂刻雙楳景闇叢書本 一冊

620000－1101－0005927 831/987

觀劇絕句三卷 （清）金德英等撰 清光緒三十四年(1908)長沙葉氏觀古堂刻雙楳景闇叢書本 一冊

620000－1101－0005928 193/393

觀瀾講義一卷 （清）陸慶頤撰 讀書舉要二卷 （清）楊希閔撰 清光緒八年(1882)津河廣仁堂刻本 一冊

620000－1101－0005929 121.311/942

觀老莊影響論一卷老子道德經解二卷首一卷 （明）釋德清撰 清光緒十二年(1886)金陵刻經處刻本 二冊

620000－1101－0005930 835

觀妙齋藏金石文攷略十六卷 （清）李光暎撰 清雍正七年(1729)刻本 五冊

620000－1101－0005931 847/938

觀香堂詩鈔二卷明日看雲集□□卷 （清）鍾晉撰 清光緒二十年(1894)刻本 一冊 存三卷(觀香堂詩鈔二卷、明日看雲集一)

620000－1101－0005932 089.77/450

觀象廬叢書十九種一百十二卷 （清）呂調陽撰 清光緒十四年(1888)刻本 六十二冊 存十六種一百二卷(易一貫六卷;六書十二聲傳十二卷、解字贅言一卷;大學節訓一卷,中庸節訓一卷,重訂談天正議一卷,三代紀年考一卷;周官司徒類攷一卷,考工記考一卷、圖一卷;釋地三種十卷;五藏山經傳五卷、海內經附傳一卷;重訂越南圖說六卷;穆天子傳釋一卷;漢地理志詳釋四卷;古律呂考一卷;日若編七卷;史表號名通釋三卷;齊民要術十卷;論孟疑義一卷;逸經釋一卷;輿地今古圖考二十二卷;詩序議四卷)

620000－1101－0005933 858.419/664

觀音濟度本願真經二卷 （清）彭德源編 清道光三十年(1850)刻本 一冊

620000－1101－0005934 858.419/0.517

觀音十二圓覺不分卷 （清）□□撰 清刻本 一冊

620000－1101－0005935 082.78/947.001

觀自得齋叢書三十種七十五卷 （清）徐士愷輯 清光緒石埭徐士愷觀自得齋刻本 四十七冊 存二十種六十一卷(倉頡篇三卷、續高士傳五卷、征東實紀一卷、紹熙雲間志三卷、至正崑山郡志六卷、淛程備覽五卷、黑龍江述略六卷、未刊遺書志略一卷、唐昭陵石蹟考略五卷、清儀閣金石題識四卷、多暇錄二卷、北窗囈語一卷、明宮詞一卷、袁海叟詩集四卷、漁洋山人集外詩二卷、樊榭山房集外詩一卷、寄生山館詩賸一卷、瘦玉詩鈔一卷、大瓠堂詩錄八卷、倫敦竹枝詞一卷)

620000 - 1101 - 0005936　082.78/947

觀自得齋叢書三十種七十五卷　(清)徐士愷輯　清光緒石埭徐士愷觀自得齋刻本　二十三冊　存二十九種七十卷(倉頡篇三卷、續高士傳五卷、征東實紀一卷、紹熙雲間志三卷、至正崑山郡志六卷、黑龍江述略六卷、未刊遺書志略一卷、唐昭陵石蹟考略五卷、清儀閣金石題識四卷、洪氏泉志校誤四卷、多暇錄二卷、北窗囈語一卷、明宮詞一卷、袁海叟詩集四卷、漁洋山人集外詩二卷、樊榭山房集外詩一卷、寄生山館詩賸一卷、瘦玉詩鈔一卷、大瓠堂詩錄八卷、梅村詩話一卷、律詩定體一卷、漁洋山人詩問二卷、然燈記聞一卷、投壺儀節一卷、馬戲圖譜一卷、牙牌參禪圖譜一卷、詩牌譜一卷、暢敘譜一卷、倫敦竹枝詞一卷)

620000 - 1101 - 0005937　082.78/947

觀自得齋叢書三十種七十五卷　(清)徐士愷輯　清光緒石埭徐士愷觀自得齋刻本　二十四冊

620000 - 1101 - 0005938　4343

管窺輯要八十卷　(清)黃鼎撰　清順治十二年(1655)黃氏刻本　二冊　存一卷(一)

620000 - 1101 - 0005939　292.2/168.002

管窺輯要八十卷　(清)黃鼎撰　清刻本　三十冊　存七十九卷(二至八十)

620000 - 1101 - 0005940　292.2/168.002

管窺輯要八十卷　(清)黃鼎撰　清刻本　三十二冊

620000 - 1101 - 0005941　292.2/168

管窺輯要八十卷　(清)黃鼎撰　清晚期刻本　三十六冊

620000 - 1101 - 0005942　292.2/168.001

管窺輯要八十卷　(清)黃鼎撰　清晚期刻本　二十一冊　存四十九卷(一至四十九)

620000 - 1101 - 0005943　1247

管窺輯要八十卷天文步天歌要訣一卷　(清)黃鼎撰　清順治九年(1652)巴蜀善成堂刻本　三十二冊

620000 - 1101 - 0005944　257

管子二十四卷　(明)趙用賢等評　明萬曆四十八年(1620)凌汝亨刻朱墨套印本　八冊

620000 - 1101 - 0005945　258

管子二十四卷　(唐)房玄齡注　(明)劉績補注　(明)張榜等評　明天啓五年(1625)朱養純花齋刻本　八冊

620000 - 1101 - 0005946　4177

管子二十四卷　(唐)房玄齡注　(明)劉績補注　(明)張榜等評　明末刻本　七冊　存二十二卷(三至二十四)

620000 - 1101 - 0005947　121.611/95.16.003

管子二十四卷　(唐)房玄齡注　(明)劉績補注　(明)朱養和輯評　清嘉慶九年(1804)刻本　八冊

620000 - 1101 - 0005948　121.611/95.16.002

管子二十四卷　(唐)房玄齡注　(明)劉績補注　清光緒二年(1876)浙江書局刻本　六冊

620000 - 1101 - 0005949　121.611/95.16.002

管子二十四卷　(唐)房玄齡注　(明)劉績補注　清光緒二年(1876)浙江書局刻本　六冊

620000 - 1101 - 0005950　121.611/95.16

管子二十四卷　(唐)房玄齡注　清光緒五年(1879)影宋刻本　六冊

620000 - 1101 - 0005951　121.611/95.16.001

管子二十四卷　(唐)房玄齡注　(明)劉績補注　清光緒二十三年(1897)圖書集成局石印本　四冊

620000 - 1101 - 0005952　847.7/869

館課詩賦偶存一卷　(清)□□撰　清光緒八

年(1882)刻本　一冊

620000－1101－0005953　847.4/859

館課我法詩箋四卷　(清)紀昀撰　清刻本
四冊

620000－1101－0005954　856.7/622

館律萃珍三十二卷　(清)謝祖源編次　清光
緒二年(1876)同雅堂刻本　十六冊

620000－1101－0005955　538.6/262

冠昏喪祭儀考十二卷史記蠡測一卷　(清)林
伯桐撰　(清)林世懋校刊　清道光二十四年
(1844)刻本　四冊

620000－1101－0005956　1470

冠豸山堂文集二卷周易剩義二卷樂律古義二
卷　(清)童能靈撰　(清)童能良編　留村禮
意三卷　(清)童正心撰　(清)童能靈釋　清
乾隆刻本　十一冊

620000－1101－0005957　1171

貫華堂第六才子書八卷西廂文一卷　(元)王
德信　(元)關漢卿撰　(清)金人瑞批點　清
康熙刻本　六冊

620000－1101－0005958　2882

貫華堂第六才子書八卷西廂文一卷　(元)王
德信　(元)關漢卿撰　(清)金人瑞批點　清
康熙刻本　一冊　存一卷(八)

620000－1101－0005959　853.53/118.005

貫華堂第六才子書八卷西廂文一卷　(元)王
德信　(元)關漢卿撰　(清)金人瑞批點　清
康熙刻本　一冊　存五卷(一至三、五至六)

620000－1101－0005960　4159

貫華堂第六才子書西廂記八卷　(元)王德信
(元)關漢卿撰　(清)金人瑞批點　清康熙
刻本　一冊　存一卷(四)

620000－1101－0005961　997.11/375

貫如奕譜不分卷　(清)阮亨輯　清道光八年
(1828)刻本　一冊

620000－1101－0005962　672.57/183

灌記初稿四卷　(清)彭洵編　清光緒二十年

(1894)彭氏種書堂刻本　四冊

620000－1101－0005963　578.285/581

光緒丙午年交涉要覽七卷　(清)北洋洋務局
纂輯　清光緒北洋官報局鉛印本　六冊

620000－1101－0005964　641.8/581.04

光緒丙午年交涉要覽七卷　(清)北洋洋務局
纂輯　清光緒北洋官報局鉛印本　六冊

620000－1101－0005965　641.8/581.04

光緒丙午年交涉要覽七卷　(清)北洋洋務局
纂輯　清光緒北洋官報局鉛印本　六冊

620000－1101－0005966　641.8/581.04

光緒丙午年交涉要覽七卷　(清)北洋洋務局
纂輯　清光緒北洋官報局鉛印本　一冊　存
二卷(上篇一卷、中篇一)

620000－1101－0005967　641.8/581.04

光緒丙午年交涉要覽七卷　(清)北洋洋務局
纂輯　清光緒北洋官報局鉛印本　六冊

620000－1101－0005968　856.7/886.1

光緒丙戌間會試闈墨不分卷附官單題名錄
(清)劉培等撰　清光緒十二年(1886)鉛印本
一冊

620000－1101－0005969　782.17/0.595.01

光緒丁酉科奉天拔貢同年全錄不分卷　(□)
□□輯　清光緒二十三年(1897)刻本　二冊

620000－1101－0005970　653.78/0.912

光緒二十五年但署司詳定交代新章一卷
(清)□□撰　清光緒二十五年(1899)刻本
一冊

620000－1101－0005971　672.35/337.78

光緒分水縣志十卷首一卷末一卷　(清)陳常
鏵　(清)馮圻修　(清)臧承宣等纂　清光緒
三十二年(1906)刻本　六冊

620000－1101－0005972　671.35/157.78

光緒扶溝縣志十六卷首一卷　(清)熊燦修
(清)張文楷纂　清光緒十九年(1893)刻本
三冊　存五卷(十二至十六)

620000－1101－0005973　672.15/523.78

光緒贛榆縣志十八卷 （清）王豫熙修 （清）張謇纂 清光緒十四年(1888)刻本 四冊

620000－1101－0005974 672.50/723
光緒湖北輿地記二十四卷 （清）湖北輿圖局編 清光緒二十年(1894)湖北輿圖局刻朱印本 二十四冊

620000－1101－0005975 672.50/723
光緒湖北輿地記二十四卷 （清）湖北輿圖局編 清光緒二十年(1894)湖北輿圖局刻朱印本 二十四冊

620000－1101－0005976 538.482/0.595
光緒皇帝大婚禮節一卷 （清）□□撰 清光緒刻本 一冊

620000－1101－0005977 782.1/0.991
光緒甲午恩科會試同年齒錄不分卷 （清）□□編 清光緒刻本 四冊

620000－1101－0005978 672.75/439.78
光緒井研志四十二卷首一卷 （清）葉桂年等修 （清）吳嘉謨 （清）龔煦春纂 清光緒二十六年(1900)刻本 十二冊

620000－1101－0005979 672.75/439.78
光緒井研志四十二卷首一卷 （清）葉桂年等修 （清）吳嘉謨 （清）龔煦春纂 清光緒二十六年(1900)刻本 十二冊

620000－1101－0005980 672.75/439.78
光緒井研志四十二卷首一卷 （清）葉桂年等修 （清）吳嘉謨 （清）龔煦春纂 清光緒二十六年(1900)刻本 十二冊

620000－1101－0005981 672.75/439.78
光緒井研志四十二卷首一卷 （清）葉桂年等修 （清）吳嘉謨 （清）龔煦春纂 清光緒二十六年(1900)刻本 十二冊

620000－1101－0005982 681.27/610.01
光緒勘定西北邊界俄文譯漢圖例言一卷 （清）許景澄撰 清光緒刻本 一冊

620000－1101－0005983 681.27/610.01
光緒勘定西北邊界俄文譯漢圖例言一卷

（清）許景澄撰 清光緒刻本 一冊

620000－1101－0005984 681.27/610.01
光緒勘定西北邊界俄文譯漢圖例言一卷 （清）許景澄撰 清光緒刻本 一冊

620000－1101－0005985 681.27/610.01
光緒勘定西北邊界俄文譯漢圖例言一卷 （清）許景澄撰 清光緒刻本 一冊

620000－1101－0005986 681.27/610.01
光緒勘定西北邊界俄文譯漢圖例言一卷 （清）許景澄撰 清光緒刻本 一冊

620000－1101－0005987 681.27/610.01
光緒勘定西北邊界俄文譯漢圖例言一卷 （清）許景澄撰 清光緒刻本 一冊

620000－1101－0005988 672.35/313.78
光緒蘭谿縣志八卷首一卷附補遺一卷 （清）秦簧 （清）邵秉經修 （清）唐壬森纂 清光緒十五年(1889)刻本 十冊

620000－1101－0005989 672.35/313.78
光緒蘭谿縣志八卷首一卷附補遺一卷 （清）秦簧 （清）邵秉經修 （清）唐壬森纂 清光緒十五年(1889)刻本 十冊

620000－1101－0005990 672.35/313.78
光緒蘭谿縣志八卷首一卷附補遺一卷 （清）秦簧 （清）邵秉經修 （清）唐壬森纂 清光緒十五年(1889)刻本 十冊

620000－1101－0005991 672.35/313.78
光緒蘭谿縣志八卷首一卷附補遺一卷 （清）秦簧 （清）邵秉經修 （清）唐壬森纂 清光緒十五年(1889)刻本 十冊

620000－1101－0005992 671.25/449.781
光緒臨朐縣志十六卷首一卷 （清）姚延福修 （清）鄧嘉緝 （清）蔣師轍纂 清光緒十年(1884)刻本 六冊

620000－1101－0005993 671.35/129.78
光緒鹿邑縣志十六卷首一卷鹿邑縣全圖十卷首一卷末一卷重訂河渠紀略一卷 （清）于滄瀾 （清）馬家彥修 （清）蔣師轍纂 清光緒

二十二年(1896)刻本　八冊

620000－1101－0005994　671.35/129.78

光緒鹿邑縣志十六卷首一卷鹿邑縣全圖十卷首一卷末一卷重訂河渠紀略一卷　(清)于滄瀾　(清)馬家彥修　(清)蔣師轍纂　清光緒二十二年(1896)刻本　八冊

620000－1101－0005995　671.35/129.78

光緒鹿邑縣志十六卷首一卷鹿邑縣全圖十卷首一卷末一卷重訂河渠紀略一卷　(清)于滄瀾　(清)馬家彥修　(清)蔣師轍纂　清光緒二十二年(1896)刻本　一冊　存五卷(鹿邑縣志一至四、首一卷)

620000－1101－0005996　672.15/207.781

光緒南匯縣志二十二卷首一卷末一卷　(清)金福曾等修　(清)張文虎等纂　清光緒五年(1879)刻本　十二冊

620000－1101－0005997　672.15/207.78

光緒南匯縣志二十二卷首一卷末一卷　(清)金福曾等修　(清)張文虎等纂　[民國]南匯縣續志二十二卷首一卷　嚴偉　劉芷芬修秦錫田纂　清光緒五年(1879)刻民國十八年(1929)印本(續志為民國十八年刻本)　十二冊

620000－1101－0005998　672.15/207.98

光緒南匯縣志二十二卷首一卷末一卷　(清)金福曾等修　(清)張文虎等纂　清光緒五年(1879)刻民國十六年(1927)印本　十二冊

620000－1101－0005999　856.7/0.858

光緒壬寅補行庚子辛丑恩正併科鄉墨不分卷　(清)急惘齋主人輯　清光緒二十八年(1902)華北書局鉛印本　一冊

620000－1101－0006000　856.7/0.858.001

光緒壬寅補行庚子辛丑恩正併科鄉墨不分卷　(清)急惘齋主人輯　清光緒石印本　七冊

620000－1101－0006001　856.7/0.858

光緒壬寅補行庚子辛丑恩正併科鄉墨不分卷　(清)急惘齋主人輯　清光緒二十八年(1902)華北書局鉛印本　一冊

620000－1101－0006002　782.1/0.991.08

光緒三年丁丑科會試同年齒錄不分卷　(□)□□編　清光緒三年(1877)刻本　四冊

620000－1101－0006003　653.78/0.892

光緒三十一年劉前司詳定攤分平餘新章一卷　(清)□□撰　清光緒三十一年(1905)刻本　與620000－1101－0005970合訂一冊

620000－1101－0006004　673.35/378

光緒四會縣志十編首一編末一編　(清)陳志喆等修　(清)吳大猷等纂　清光緒二十二年(1896)四會縣署刻本　二冊　存一編(二)

620000－1101－0006005　672.15/515.78

光緒睢寧縣志稾十八卷　(清)侯紹瀛修(清)丁顯纂　清光緒十二年至十三年(1886－1887)刻本　八冊

620000－1101－0006006　672.15/515.78

光緒睢寧縣志稾十八卷　(清)侯紹瀛修(清)丁顯纂　清光緒十二年至十三年(1886－1887)刻本　六冊

620000－1101－0006007　672.35/129.78

光緒桐鄉縣志二十四卷首四卷　(清)嚴辰纂**楊園淵源錄四卷**　(清)沈曰富輯　清光緒十三年(1887)刻本　二十四冊

620000－1101－0006008　672.15/309.78

光緒武進陽湖縣志三十卷首一卷　(清)王其淦等修　(清)湯成烈等纂　清光緒五年(1879)刻本　二十冊

620000－1101－0006009　578.285/581

光緒乙巳年交涉要覽五卷　(清)北洋洋務局纂輯　清光緒北洋官報局鉛印本　五冊

620000－1101－0006010　641.8/581

光緒乙巳年交涉要覽五卷　(清)北洋洋務局纂輯　清光緒北洋官報局鉛印本　五冊

620000－1101－0006011　641.8/581

光緒乙巳年交涉要覽五卷　(清)北洋洋務局纂輯　清光緒北洋官報局鉛印本　五冊

620000－1101－0006012　641.8/581

光緒乙巳年交涉要覽五卷 （清）北洋洋務局
纂輯 清光緒北洋官報局鉛印本 五冊

620000－1101－0006013 782.1/0.595

光緒乙未科會試錄不分卷 （清）禮部編 清
光緒二十一年（1895）刻本 一冊

620000－1101－0006014 782.17/354

光緒乙酉科選十八省拔貢明經通譜不分卷
（清）奎光齋輯 清光緒奎光齋刻本 四冊

620000－1101－0006015 782.17/354.01

光緒乙酉科優貢同年齒錄一卷 （清）奎光齋
輯 清光緒奎光齋刻本 一冊

620000－1101－0006016 671.35/133.78

光緒永城縣志三十八卷首一卷 （清）岳廷楷
修 （清）胡贊采 （清）呂永輝纂 清光緒二
十七年至二十九年（1901－1903）刻本 八冊

620000－1101－0006017 672.35/109.78

光緒餘杭縣志稿不分卷 （清）褚成博纂 清
光緒三十二年（1906）刻本 一冊

620000－1101－0006018 627.801/741

光緒政要三十四卷 （清）沈桐生輯 清宣統
元年（1909）崇義堂石印本 三十冊

620000－1101－0006019 336.1/478

光學二卷視學諸器圖說一卷 （英國）田大里
輯 （美國）金楷理口譯 （清）趙元益筆述
清光緒五年（1879）江南機器製造總局刻本
二冊

620000－1101－0006020 336.1/478

光學二卷視學諸器圖說一卷 （英國）田大里
輯 （美國）金楷理口譯 （清）趙元益筆述
清光緒五年（1879）江南機器製造總局刻本
二冊

620000－1101－0006021 336.1/478

光學二卷視學諸器圖說一卷 （英國）田大里
輯 （美國）金楷理口譯 （清）趙元益筆述
清光緒五年（1879）江南機器製造總局刻本
二冊

620000－1101－0006022 336.1/478

光學二卷視學諸器圖說一卷 （英國）田大里
輯 （美國）金楷理口譯 （清）趙元益筆述
清光緒五年（1879）江南機器製造總局刻本
二冊

620000－1101－0006023 336.1/478

光學二卷視學諸器圖說一卷 （英國）田大里
輯 （美國）金楷理口譯 （清）趙元益筆述
清光緒五年（1879）江南機器製造總局刻本
二冊

620000－1101－0006024 336.1/478

光學二卷視學諸器圖說一卷 （英國）田大里
輯 （美國）金楷理口譯 （清）趙元益筆述
清光緒五年（1879）江南機器製造總局刻本
二冊

620000－1101－0006025 336.1/478

光學二卷視學諸器圖說一卷 （英國）田大里
輯 （美國）金楷理口譯 （清）趙元益筆述
清光緒五年（1879）江南機器製造總局刻本
二冊

620000－1101－0006026 336.1/478

光學二卷視學諸器圖說一卷 （英國）田大里
輯 （美國）金楷理口譯 （清）趙元益筆述
清光緒五年（1879）江南機器製造總局刻本
二冊

620000－1101－0006027 336.1/478

光學二卷視學諸器圖說一卷 （英國）田大里
輯 （美國）金楷理口譯 （清）趙元益筆述
清光緒五年（1879）江南機器製造總局刻本
二冊

620000－1101－0006028 336.1/478

光學二卷視學諸器圖說一卷 （英國）田大里
輯 （美國）金楷理口譯 （清）趙元益筆述
清光緒五年（1879）江南機器製造總局刻本
二冊

620000－1101－0006029 336.1/478

光學二卷視學諸器圖說一卷 （英國）田大里
輯 （美國）金楷理口譯 （清）趙元益筆述
清光緒五年（1879）江南機器製造總局刻本

二冊

620000－1101－0006030　336.1/478

光學二卷視學諸器圖說一卷　（英國）田大里輯　（美國）金楷理口譯　（清）趙元益筆述　清光緒五年(1879)江南機器製造總局刻本　二冊

620000－1101－0006031　336.1/478

光學二卷視學諸器圖說一卷　（英國）田大里輯　（美國）金楷理口譯　（清）趙元益筆述　清光緒五年(1879)江南機器製造總局刻本　二冊

620000－1101－0006032　336.1/478

光學二卷視學諸器圖說一卷　（英國）田大里輯　（美國）金楷理口譯　（清）趙元益筆述　清光緒五年(1879)江南機器製造總局刻本　二冊

620000－1101－0006033　336.1/478

光學二卷視學諸器圖說一卷　（英國）田大里輯　（美國）金楷理口譯　（清）趙元益筆述　清光緒五年(1879)江南機器製造總局刻本　二冊

620000－1101－0006034　336.1/208

光學揭要二卷　（美國）赫士口譯　（清）朱葆琛筆述　清光緒二十四年(1898)上海美華書館鉛印本　一冊

620000－1101－0006035　336.1/208

光學揭要二卷　（美國）赫士口譯　（清）朱葆琛筆述　清光緒二十八年(1902)上海美華書館鉛印本　一冊

620000－1101－0006036　336.2/906

光學圖說二卷　（英國）傅蘭雅譯　（清）益智書會校訂　清光緒十六年(1890)刻本　一冊

620000－1101－0006037　336.2/906

光學圖說二卷　（英國）傅蘭雅譯　（清）益智書會校訂　清光緒十六年(1890)刻本　一冊

620000－1101－0006038　336.2/906

光學圖說二卷　（英國）傅蘭雅譯　（清）益智

書會校訂　清光緒十六年(1890)刻本　一冊

620000－1101－0006039　336.2/906.08

光學須知不分卷　（英國）傅蘭雅著　清光緒十七年(1891)刻本　一冊

620000－1101－0006040　1702

廣博物志五十卷　（明）董斯張輯　明萬曆高暉堂刻本　十冊　存十五卷(二十二至二十六、四十至四十六、四十八至五十)

620000－1101－0006041　2002

廣博物志五十卷　（明）董斯張輯　明萬曆高暉堂刻本(卷二係抄配)　三十二冊

620000－1101－0006042　2003

廣博物志五十卷　（明）董斯張輯　明萬曆高暉堂刻本　二十四冊

620000－1101－0006043　4042

廣博物志五十卷　（明）董斯張輯　明萬曆高暉堂刻本　七冊　存十卷(一至三、五、七至十、十二至十三)

620000－1101－0006044　2001

廣博物志五十卷　（明）董斯張輯　明萬曆高暉堂刻清乾隆二十六年(1761)重修本　二十四冊

620000－1101－0006045　041/67.5421

廣博物志五十卷　（明）董斯張輯　清光緒五年(1879)學海堂刻本　十二冊

620000－1101－0006046　438/748.05

廣蠶桑說輯補二卷　（清）沈練撰　清光緒二十三年(1897)刻本　一冊

620000－1101－0006047　438/747

廣蠶桑說一卷　（清）沈練撰　清同治二年(1863)刻本　一冊

620000－1101－0006048　1334

廣川書跋十卷　（宋）董逌撰　清乾隆抄本　一冊

620000－1101－0006049　673.3/77

[道光]廣東通志三百三十四卷首一卷　（清）阮元修　（清）江藩等纂　清同治三年(1864)

刻本　一冊　存四卷（五十七至六十）

620000－1101－0006050　573.332/664.701
廣東鄉試錄一卷　（清）□□編　清咸豐刻本
一冊

620000－1101－0006051　573.332/664.702
廣東鄉試錄一卷　（清）□□編　清咸豐刻本
一冊

620000－1101－0006052　931
廣東一統志九卷廣西一統志一卷　（清）李典
錄　清乾隆三十三年（1768）李典抄本　一冊
存二卷（廣東一統志九、廣西一統志一卷）

620000－1101－0006053　075.7/664
廣廣仁錄八卷首一卷　（□）□□撰　清咸豐
九年（1859）四香草堂刻本　二冊

620000－1101－0006054　040.75/434
廣廣事類賦三十二卷　（清）吳世旃撰注　清
嘉慶元年（1796）文成堂刻本　六冊

620000－1101－0006055　2605
廣漢魏叢書七十六種四百三十九卷　（明）何
允中輯　明刻本　七冊　存三種三十五卷
（中說二卷、潛夫論十卷、論衡一至二十三）

620000－1101－0006056　1972
廣緝詞隱先生增定南九宮詞譜二十六卷
（明）沈璟撰　（明）沈自晉重定　清順治十二
年（1655）沈氏不殊堂刻本　四冊

620000－1101－0006057　292/0.664
廣濟李真人靈籤三卷　（□）□□編　清光緒
二十四年（1898）左公祠刻本　一冊　存一卷
（上）

620000－1101－0006058　847.8/88.16
廣經室文鈔一卷　（清）劉恭冕撰　清光緒十
五年（1889）廣雅書局刻本　一冊

620000－1101－0006059　847.8/88.16
廣經室文鈔一卷　（清）劉恭冕撰　清光緒十
五年（1889）廣雅書局刻本　一冊

620000－1101－0006060　847.8/88.16
廣經室文鈔一卷　（清）劉恭冕撰　清光緒十

五年（1889）廣雅書局刻本　一冊

620000－1101－0006061　2700
廣理學備考八十種四十八卷　（清）范鄗鼎輯
清康熙五經堂刻道光五年（1825）洪洞張恢
等修補印本　四十八冊

620000－1101－0006062　3020
廣理學備考四十八卷　（清）范鄗鼎輯　清康
熙五經堂刻道光五年（1825）洪洞張恢等修補
印本　四十冊　存三十六卷（邵二泉集一卷、
莊定山集一卷、王虎谷集、羅整菴集、崔後渠
集合一卷、呂涇野集一卷、韓苑洛集一卷、王
心齋集、鄭澹泉集、歐陽南野集、羅近溪集合
一卷、湛甘泉集、劉晴川集、王龍谿集合一卷、
羅念菴集一卷、楊斛山集一卷、唐荊川集、蔡
洨濱集、周訥溪集合一卷、楊椒山集一卷、耿
天臺集、錢啟新集合一卷、來瞿唐集一卷、鄧
潛谷集、姜鳳阿集合一卷、呂新吾集一卷、鄒
南泉集一卷、顧涇陽集一卷、馮少墟集一卷、
高景逸集一卷、曹真予集一卷、孫鍾元集一
卷、呂豫石集一卷、鹿乾嶽集一卷、劉念臺集、
史惺堂集合一卷、范竹溪集一卷、賀陽亨集、
張雞山集、朱勉齋集、吳素衣集合一卷、陳幾
亭集一卷、辛天齋集一卷、汪石潭集、何粹夫
集、黃太泉集、唐一菴集合一卷、楊幼殷集、胡
廬山集、尤西川集、李見羅集、宋望之集合一
卷、顧庸菴集、黃幼元集、魯魄尹集、高白浦
集、孟雲浦集、王惺所集、唐曙臺集合一卷、薛
方山集一卷、海剛峯集、于景素集、姚培吾集
合一卷、焦澹園集一卷、丘仲深集、鄒東廓集
合一卷、桑松風集、秦弱水集合一卷）

620000－1101－0006063　782.22/884.5
廣列女傳二十卷　（清）劉開纂　清光緒十年
（1884）刻本　六冊

620000－1101－0006064　782.22/884.5
廣列女傳二十卷　（清）劉開纂　清光緒十年
（1884）刻本　二冊　存七卷（十四至二十）

620000－1101－0006065　629.21/711
廣陵通典十卷　（清）汪中撰　清同治八年
（1869）揚州書局刻本　二冊

620000－1101－0006066　629.21/711

廣陵通典十卷　(清)汪中撰　清同治八年(1869)揚州書局刻本　二冊

620000－1101－0006067　629.21/711

廣陵通典十卷　(清)汪中撰　清同治八年(1869)揚州書局刻本　二冊

620000－1101－0006068　802.81/917

廣三字經不分卷　(清)蕉軒氏撰　(清)王晉之　(清)張諧之重訂　清光緒九年(1883)津河廣仁堂刻本　一冊

620000－1101－0006069　802.81/917

廣三字經不分卷　(清)蕉軒氏撰　(清)王晉之　(清)張諧之重訂　清光緒九年(1883)津河廣仁堂刻本　一冊

620000－1101－0006070　040.74/502.004

廣事類賦四十卷　(清)華希閔撰　清刻本　二冊

620000－1101－0006071　040.74/502.001

廣事類賦四十卷　(清)華希閔撰　清刻本　七冊　存三十五卷(一至七、十三至四十)

620000－1101－0006072　1432

廣唐賢三昧集十卷　(明)王士禛輯　(清)文昭補錄　清康熙六十一年(1722)稿本　十冊

620000－1101－0006073　629.34/833

廣西團練事宜不分卷　(清)朱孫詒編　清咸豐九年(1859)桂林蔣存遠刻本　一冊

620000－1101－0006074　856.7/260

廣西選優貢卷(光緒乙酉科)一卷　(清)林禧徵撰　清光緒刻本　一冊

620000－1101－0006075　802.51/792.01

廣續方言拾遺一卷　程先甲輯　清宣統二年(1910)江寧程先甲刻本　一冊

620000－1101－0006076　802.51/792.01

廣續方言四卷拾遺一卷　程先甲輯　清宣統二年(1910)江寧程先甲刻本　三冊

620000－1101－0006077　082.7/664

廣雅書局叢書一百五十九種二千三百六十卷　徐紹榮彙編　清光緒廣雅書局刻民國九年(1920)番禺徐紹榮彙編印本　三百六十冊　存九十一種一千五百三十八卷(史記索隱三十卷、史記志疑三十六卷、附錄三卷,史記三書正譌三卷,史記月表正譌一卷,史表功比說一卷,史記注補正一卷,史記毛本正誤一卷,史漢駢枝一卷,漢書辨疑二十二卷,漢書注校補五十六卷,漢志水道疏證四卷,漢書西域傳補注二卷,人表攷九卷、補一卷、附錄一卷,漢書人表攷校補一卷,後漢書補注二十四卷,後漢書辨疑十一卷,續漢書辨疑九卷,後漢書注補正八卷,後漢書注又補一卷,後漢書補注續一卷,前漢書注攷證一卷,後漢書注攷證一卷,後漢郡國令長攷一卷,三國志辨疑三卷,三國志攷證八卷,三國志旁證三十卷,三國志補注一卷,三國志注證遺四卷、補四卷,晉書地理志新補正五卷,新校晉書地理志一卷,晉書校勘記五卷,晉書校勘記三卷,晉宋書故一卷,宋州郡志校勘記一卷,魏書校勘記一卷,新舊唐書互證二十卷,宋遼金元四史朔閏攷二卷,遼史拾遺二十四卷、附補五卷,金史詳校十卷、末一卷,元史譯文證補三十卷,史記天官書補目一卷,楚漢諸侯疆域志三卷,後漢書補表八卷,後漢三公年表一卷,補後漢書藝文志四卷,補續漢書藝文志一卷,補三國藝文志四卷,補三國疆域志二卷,三國職官表三卷,三國紀年表一卷,補晉兵志一卷,補晉書藝文志四卷,補遺一卷、附錄一卷、附刊誤一卷,東晉疆域志四卷,十六國疆域志十六卷,東晉南北朝輿地表二十八卷,補梁疆域志四卷,補宋書刑法志一卷,補宋書食貨志一卷,南北史年表一卷,南北史世系表五卷,南北史帝王世系表一卷,五代紀年表一卷,補五代史藝文志一卷,宋史藝文志補一卷,補遼金元藝文志一卷,補三史藝文志一卷,補元史藝文志四卷,元史氏族表三卷,十七史商榷一百卷,廿二史攷異一百卷,廿二史劄記三十六卷、補遺一卷,諸史考異十八卷、附讀書叢錄七卷,歷代史表五十九卷,欽定歷代職官表七十二卷,歷代地理沿革表四十七卷,廿一史四譜五十四卷,九史同姓名略七十二卷、補遺四卷,三史同名録四十卷,西魏書二十四卷、附録一卷,續唐書七十卷,晉書輯本四十三卷,晉紀輯本七卷,晉陽秋輯本五卷,漢晉春秋輯本四卷,三十國春秋輯本十八卷,晉書地道記一卷,晉太康三年地記一卷,十六國春秋輯補一百卷、年表一卷,十六國春秋纂録校本十卷、附校勘記一卷,太常因革禮一百卷、附校識二卷,大金集禮四十卷、附校刊語一卷、校勘記一卷)

620000－1101－0006078　018.4/670

廣雅書院藏書目錄七卷　（清）廖廷相編　清光緒二十七年(1901)廣雅書局刻本　三冊

620000－1101－0006079　018.4/670

廣雅書院藏書目錄七卷　（清）廖廷相編　清光緒二十七年(1901)廣雅書局刻本　三冊

620000－1101－0006080　802.15/121

廣雅疏證十卷　（清）王念孫撰　**博雅音十卷**　（隋）曹憲撰　（清）王念孫校　清光緒五年(1879)淮南書局刻本　八冊

620000－1101－0006081　802.15/121.001

廣雅疏證十卷　（清）王念孫撰　清光緒十九年(1893)上海鴻文書局石印本　一冊　存三卷(一至三)

620000－1101－0006082　2316

廣雁蕩山誌二十八卷首一卷末一卷　（清）曾唯纂　清乾隆五十五年(1790)依綠軒刻本　八冊

620000－1101－0006083　2566

廣雁蕩山誌二十八卷首一卷末一卷　（清）曾唯纂　清乾隆五十五年(1790)刻嘉慶十三年(1808)增刻同治八年(1869)重修本　八冊

620000－1101－0006084　3348

廣雁蕩山誌二十八卷首一卷末一卷　（清）曾唯纂　清乾隆五十五年(1790)刻嘉慶十三年(1808)增刻同治八年(1869)重修本　八冊

620000－1101－0006085　059.276.64/272.001

廣益叢報七期　（清）廣益書局編輯　清宣統

廣益書局鉛印本　七冊

620000－1101－0006086　794.2/668

廣藝舟雙楫六卷首一卷　（清）康祖詒撰　清光緒十五年(1889)刻本　二冊

620000－1101－0006087　1298

廣輿記二十四卷　（明）陸應陽輯　明萬曆二十八年(1600)刻本　十冊

620000－1101－0006088　4443

廣輿記二十四卷　（明）陸應陽輯　明凝香閣刻本　一冊　存四卷(十六至十九)

620000－1101－0006089　4397

廣輿記二十四卷　（明）陸應陽輯　明刻本　一冊　存五卷(二十至二十四)

620000－1101－0006090　4116

廣輿記二十四卷　（明）陸應陽輯　明刻本　一冊　存五卷(十一至十五)

620000－1101－0006091　4112

廣輿記二十四卷　（明）陸應陽輯　明刻本　一冊　存四卷(十二至十五)

620000－1101－0006092　2558

廣輿記二十四卷　（明）陸應陽輯　清順治十七年(1660)刻本　十冊

620000－1101－0006093　2293

廣輿記二十四卷　（明）陸應陽輯　（清）蔡方炳增輯　清康熙刻本　十二冊

620000－1101－0006094　2994

廣輿記二十四卷　（明）陸應陽輯　（清）蔡方炳增輯　清康熙刻本　十冊

620000－1101－0006095　4398

廣輿記二十四卷　（明）陸應陽輯　（清）蔡方炳增輯　清康熙刻本　一冊　存三卷(九至十一)

620000－1101－0006096　4442

廣輿記二十四卷　（明）陸應陽輯　（清）蔡方炳增輯　清康熙刻本　一冊　存二卷(一至二)

620000－1101－0006097　4444

廣輿記二十四卷　（明）陸應陽輯　（清）蔡方炳增輯　清康熙刻本　二冊　存五卷（四至八）

620000－1101－0006098　4445

廣輿記二十四卷　（明）陸應陽輯　（清）蔡方炳增輯　清康熙刻本　四冊　存八卷（三至十）

620000－1101－0006099　669.1/562

廣輿記二十四卷　（明）陸應陽輯　（清）蔡方炳增輯　清嘉慶七年（1802）聚文堂刻本　八冊

620000－1101－0006100　669.1/562

廣輿記二十四卷　（明）陸應陽輯　（清）蔡方炳增輯　清嘉慶七年（1802）聚文堂刻本　一冊　存二卷（二至三）

620000－1101－0006101　669.1/562.001

廣輿記二十四卷圖一卷提要一卷　（明）陸應陽輯　（清）蔡方炳增輯　清道光四年（1824）刻本　十六冊

620000－1101－0006102　669.1/562.001

廣輿記二十四卷圖一卷提要一卷　（明）陸應陽輯　（清）蔡方炳增輯　清道光四年（1824）刻本　四冊　存八卷（十七至二十四）

620000－1101－0006103　669.1/562.001

廣輿記二十四卷圖一卷提要一卷　（明）陸應陽輯　（清）蔡方炳增輯　清道光四年（1824）刻本　八冊　存九卷（一至三、十一至十六）

620000－1101－0006104　689/113

廣志繹六卷　（明）王士性撰　清嘉慶二十二年（1817）臨海宋氏刻台州叢書本　二冊　存五卷（一至五）

620000－1101－0006105　689/113

廣志繹六卷　（明）王士性撰　清嘉慶二十二年（1817）臨海宋氏刻台州叢書本　四冊　存五卷（一至五）

620000－1101－0006106　689/113

廣志繹六卷　（明）王士性撰　清嘉慶二十二年（1817）臨海宋氏刻台州叢書本　四冊

620000－1101－0006107　041/72.55.005

廣治平略三十六卷　（清）蔡方炳輯　清晚期刻本　八冊

620000－1101－0006108　041/72.55.006

廣治平略三十六卷　（清）蔡方炳輯　清咸豐、同治小琅環館刻本　六冊

620000－1101－0006109　041/72.55.002

廣治平略三十六卷　（清）蔡方炳輯　清同治九年（1870）漁古山房刻本　四冊

620000－1101－0006110　041/72.55.001

廣治平略三十六卷　（清）蔡方炳輯　清同治十年（1871）文昌眾會刻本　八冊

620000－1101－0006111　041/72.55.004

廣治平略三十六卷　（清）蔡方炳輯　清同治刻本　五冊　存二十一卷（十至二十五、二十七至三十一）

620000－1101－0006112　041/72.55.003

廣治平略三十六卷續八卷　（清）蔡方炳輯　清末刻本　五冊　存二十三卷（五至八、十三至十七、二十七至三十六，續一至四）

620000－1101－0006113　041/72.55

廣治平略四十四卷　（清）蔡方炳輯　清中晚期沈寧宇刻本　八冊

620000－1101－0006114　4136

廣治平略四十四卷　（清）蔡方炳輯　清康熙金閶沈寧宇刻本　十八冊　存三十三卷（一至十六、二十三至二十四、二十八至三十八、四十一至四十四）

620000－1101－0006115　1425

圭塘小藁十三卷別集二卷續集一卷附錄一卷　（元）許有壬撰　清乾隆廉讓舊廬抄本　三冊

620000－1101－0006116　610.118/86.1

歸方評點史記合筆六卷　（明）歸有光撰（清）方苞撰　（清）王拯纂　清光緒二十一年

（1895）薛崇祀堂刻本　四冊

620000－1101－0006117　610.118/86.11

歸方評點史記合筆六卷　（明）歸有光撰
（清）方苞撰　（清）王拯纂　清光緒二十一年
（1895）薛崇祀堂刻本　四冊

620000－1101－0006118　782.99/987

歸顧朱三先生年譜合刻九卷　（清）金吳瀾輯
清光緒六年（1880）刻本　六冊

620000－1101－0006119　847.7/882

歸來軒遺稿四卷　（清）邱心坦著　清光緒三
十年（1904）鉛印本　一冊

620000－1101－0006120　847.7/183

歸樸龕叢稿十二卷　（清）彭蘊章撰　清道光
二十八年（1848）刻本　三冊

620000－1101－0006121　847.7/183.001

歸樸龕叢稿續編四卷　（清）彭蘊章撰　清同
治刻本　一冊

620000－1101－0006122　740.8/430

歸潛記□□卷　錢恂撰　清宣統元年（1909）
刻本　一冊　存八卷（乙編一、丙編一、丁編
一至三、戊編一、辛編三、癸編二）

620000－1101－0006123　615.604/891

歸潛志十四卷　（元）劉祁撰　清晚期武英殿
木活字印本　四冊

620000－1101－0006124　847.6/731

歸田瑣記八卷　（清）梁章鉅撰　清道光二十
五年（1845）刻本　四冊

620000－1101－0006125　846.9/868

歸元恭先生文續鈔七卷附錄一卷　（清）歸莊
撰　清上海國粹保存會鉛印本　一冊　存四
卷（四至七）

620000－1101－0006126　220/376

歸真總義不分卷　（印度）阿世格撰　（清）張
時中筆記　清光緒四年（1878）蘇世泰刻本
一冊

620000－1101－0006127　220/376

歸真總義不分卷　（印度）阿世格撰　（清）張

時中筆記　清光緒四年（1878）蘇世泰刻本
一冊

620000－1101－0006128　557.22/383

軌政紀要初編九卷　陳毅編　清光緒三十三
年（1907）郵傳部圖書通譯局鉛印本　一冊
存一卷（七）

620000－1101－0006129　071/990

癸巳存稿十五卷　（清）俞正燮撰　清光緒十
年（1884）刻本　八冊

620000－1101－0006130　071/990

癸巳存稿十五卷　（清）俞正燮撰　清光緒十
年（1884）刻本　八冊

620000－1101－0006131　856.7/708

癸巳科直省鄉墨精萃不分卷試帖一卷　（清）
汪蓉洲評選　清光緒十九年（1893）渝城梓潼
會刻本　二冊

620000－1101－0006132　071.76/990.001

癸巳類稿十二卷　（清）俞正燮撰　清中晚期
刻本　六冊

620000－1101－0006133　857.6/99

癸巳類稿十五卷　（清）俞正燮撰　清光緒五
年（1879）會稽章氏刻本　八冊

620000－1101－0006134　071.76/990.002

癸巳類稿十五卷　（清）俞正燮撰　清光緒五
年（1879）會稽章氏刻本　三冊　存六卷（五
至十）

620000－1101－0006135　782.17/0.426

癸酉科選十八省拔貢同年全錄一卷　（清）
□□編　清同治十二年（1873）刻本　一冊

620000－1101－0006136　802.82/988

桂芳齋重訂古文釋義新編八卷　（清）余誠評
注　清道光十五年（1835）文星堂刻本　八冊

620000－1101－0006137　59

桂海虞衡志一卷　（宋）范成大撰　明吳琯刻
古今逸史本　一冊

620000－1101－0006138　684.034/48

桂林山水圖一卷　（清）羅辰繪　清道光十一

年(1831)刻本　一冊

620000－1101－0006139　521.422/668

桂學答問一卷　康有爲著　清晚期刻本
一冊

620000－1101－0006140　847.8/145

桂輶紀程集一卷秦晉封輶集一卷西泠紀事集
一卷　（清）曹福元撰　清光緒三十一年
(1905)刻本　一冊

620000－1101－0006141　693.4/30

桂游日記三卷　（清）張維屏撰　清道光十七
年(1837)刻本　一冊

620000－1101－0006142　693.4/30

桂游日記三卷　（清）張維屏撰　清道光十七
年(1837)刻本　一冊

620000－1101－0006143　844.19/586

桂苑筆耕集二十卷　（新羅）崔致遠撰　清道
光二十七年(1847)番禺潘氏刻海山仙館叢書
本　二冊　存十三卷(一至十三)

620000－1101－0006144　846.8/439

貴池二妙集五十一卷　（明）吳應箕　（明）劉
城著　劉世珩編　清光緒二十六年(1900)劉
氏唐石簃刻本　二冊

620000－1101－0006145　846.8/439.001

貴池二妙集五十一卷　（明）吳應箕　（明）劉
城著　劉世珩編　清光緒二十六年(1900)劉
氏唐石簃刻本　十冊

620000－1101－0006146　3176

郭氏傳家易說十一卷總論一卷　（宋）郭雍撰
　清乾隆武英殿木活字印武英殿聚珍版書本
　七冊

620000－1101－0006147　089.76/63

郭氏佚書六種六卷　（清）郭嵩燾著　清光緒
二十四年(1898)養知書屋刻本　一冊

620000－1101－0006148　652.761/63

郭侍郎奏疏十二卷　（清）郭嵩燾著　清光緒
十八年(1892)刻本　十二冊

620000－1101－0006149　621.81/962.001

國策編年一卷　（清）顧觀光撰　清光緒刻民
國四年(1915)金山高煌補刻本　一冊

620000－1101－0006150　839.11/116

國朝滄州詩鈔十二卷　（清）王國均輯　（清）
葉圭書編次　清道光二十六年(1846)朱彥華
刻本　三冊　存九卷(四至十二)

620000－1101－0006151　835.2159/860

國朝常州詞錄三十一卷　繆荃孫輯　清光緒
二十二年(1896)繆荃孫刻本　十二冊

620000－1101－0006152　839.2159/32

國朝常州駢體文錄三十一卷結一宦駢體文一
卷　（清）屠寄輯　清光緒十六年(1890)武進
屠氏刻本　六冊

620000－1101－0006153　839.21/385

國朝常州駢體文錄三十一卷結一宦駢體文一
卷　（清）屠寄輯　清光緒十六年(1890)武進
屠氏刻本　一冊　存四卷(八至十一)

620000－1101－0006154　839.21/385

國朝常州駢體文錄三十一卷結一宦駢體文一
卷　（清）屠寄輯　清光緒十六年(1890)武進
屠氏刻本　八冊

620000－1101－0006155　833.17/118

國朝詞綜四十八卷二集八卷　（清）王昶輯
清嘉慶七年(1802)刻本　十二冊　存四十八
卷(國朝詞綜四十八卷)

620000－1101－0006156　833.17/118

國朝詞綜四十八卷二集八卷　（清）王昶輯
清嘉慶七年(1802)刻本　十二冊

620000－1101－0006157　833.17/170

國朝詞綜續編二十四卷　（清）黃燮清纂　清
同治十二年(1873)鄂垣旅次刻本　六冊

620000－1101－0006158　833.17/170

國朝詞綜續編二十四卷　（清）黃燮清纂　清
同治十二年(1873)鄂垣旅次刻本　八冊

620000－1101－0006159　835.7/950

國朝二十四家文鈔二十四卷　（清）徐斐然輯
評　（清）徐秉愿參訂　清道光十年(1830)文

光堂刻本　八冊

620000－1101－0006160　782.17/168

國朝貢舉考略三卷　（清）黃崇蘭輯　清道光
十八年(1838)雲林堂刻本　三冊

620000－1101－0006161　782.17/168.002

國朝貢舉考略三卷　（清）黃崇蘭輯　清道光
二十四年(1844)刻本　三冊

620000－1101－0006162　782.17/168.001

國朝貢舉考略四卷首一卷　（清）黃崇蘭輯
清嘉慶刻同治增刻本　三冊

620000－1101－0006163　830.7/386

國朝古文所見集十三卷　（清）陳兆麒編選
清道光二年(1822)一枝山房刻本　二冊

620000－1101－0006164　782.87/437

國朝館選爵里謚法考六卷　（清）吳鼎雯著
清道光刻本　一冊　存二卷（四至五）

620000－1101－0006165　831.7/607

國朝閨秀香咳集十卷　（清）許夔臣輯　清光
緒上海申報館鉛印本　一冊　存五卷（一至
五）

620000－1101－0006166　127.09/71

國朝漢學師承記八卷　（清）江藩纂　清光緒
二十二年(1896)志古堂刻本　三冊

620000－1101－0006167　127.09/71

國朝漢學師承記八卷　（清）江藩纂　清光緒
二十二年(1896)志古堂刻本　三冊

620000－1101－0006168　127.09/719

國朝漢學師承記八卷附經師經義目錄一卷
（清）江藩纂　清光緒二年(1876)木活字印本
二冊

620000－1101－0006169　782.17/719.001

國朝漢學師承記八卷附經師經義目錄一卷
（清）江藩纂　清光緒九年(1883)陝西書局刻
本　三冊

620000－1101－0006170　782.17/719.002

國朝漢學師承記八卷附經師經義目錄一卷國
朝宋學淵源記二卷附記一卷　（清）江藩纂

清光緒十一年(1885)上海掃葉山房刻本　二
冊　存六卷（師承記四至八、經義目錄一卷）

620000－1101－0006171　3274

國朝翰詹源流編年四卷　（清）吳鼎雯撰　清
乾隆五十八年(1793)刻增刻本　一冊

620000－1101－0006172　782.269/112

國朝畫後續集一卷　（清）王光晟輯　清嘉慶
十五年(1810)秦維巖刻本　一冊

620000－1101－0006173　782.269/112.001

國朝畫後續集一卷　（清）王光晟輯　清末蔚
堂氏抄本　一冊

620000－1101－0006174　2729

國朝畫徵錄三卷　（清）張庚撰　清乾隆四年
(1739)刻本　一冊

620000－1101－0006175　3026

國朝畫徵錄三卷　（清）張庚撰　清乾隆四年
(1739)刻本　一冊

620000－1101－0006176　945.2/312

國朝畫徵錄三卷續錄二卷　（清）張庚撰
（清）蔣泰　（清）湯之昱校梓　清中晚期維揚
玉書堂刻本　二冊

620000－1101－0006177　782.17/743.001

國朝歷科館選錄不分卷　（清）沈廷芳輯
（清）陸費墀　（清）沈世煒重訂　清晚期刻本
二冊

620000－1101－0006178　782.17/743

國朝歷科館選錄一卷　（清）沈廷芳輯　清嘉
慶二十五年(1820)刻本　一冊

620000－1101－0006179　782.99/426

國朝歷科題名碑錄初集不分卷　（清）□□輯
清康熙刻雍正、乾隆、嘉慶、光緒遞修本
十四冊

620000－1101－0006180　782.269/0.426

國朝歷科題名碑錄初集不分卷附明洪武至崇
禎各科　（清）□□編　清光緒刻本　七冊

620000－1101－0006181　856.7/233

國朝歷科元墨正宗不分卷二編不分卷　（清）

胡先琅論次　清道光金陵三多齋刻本　十二冊

620000－1101－0006182　2972

國朝練音初集十卷首一卷末一卷　（清）王輔銘輯　清乾隆八年(1743)刻本　四冊

620000－1101－0006183　831.71/88

國朝六家詩鈔八卷　（清）劉執玉選　清宣統二年(1910)澄衷學堂石印本　六冊

620000－1101－0006184　831.71/88

國朝六家詩鈔八卷　（清）劉執玉選　清宣統二年(1910)澄衷學堂石印本　六冊

620000－1101－0006185　831.71/88.001

國朝六家詩鈔八卷　（清）劉執玉選　清嘉慶八年(1803)刻本　六冊

620000－1101－0006186　782.21/21

國朝六科漢給事中題名錄一卷　（清）戴璐原輯　（清）王家相重訂　清光緒刻本　一冊

620000－1101－0006187　782.17/119

國朝名臣言行錄十六卷　（清）王炳爕輯　清光緒十一年(1885)津河廣仁堂刻本　六冊

620000－1101－0006188　782.17/119

國朝名臣言行錄十六卷　（清）王炳爕輯　清光緒十一年(1885)津河廣仁堂刻本　六冊

620000－1101－0006189　830.7/76

國朝駢體正宗十二卷　（清）曾燠輯　清嘉慶十一年(1806)江西曾氏賞雨茆屋刻本　五冊　存十卷(一至十)

620000－1101－0006190　835.9/98

國朝駢體正宗十二卷　（清）曾燠輯　清光緒元年(1875)志古堂刻本　六冊

620000－1101－0006191　830.7/76.001

國朝駢體正宗十二卷　（清）曾燠輯　清光緒十三年(1887)上海蜚英館石印本　六冊

620000－1101－0006192　830.7/76

國朝駢體正宗十二卷　（清）曾燠輯　清嘉慶十一年(1806)江西曾氏賞雨茆屋刻本　四冊

620000－1101－0006193　830.7/313

國朝駢體正宗續編八卷　（清）張鳴珂輯　清光緒十四年(1888)寒松閣刻本　四冊

620000－1101－0006194　847.8/75

國朝莆陽詩輯四卷　涂慶瀾選編　清光緒二十七年(1901)刻本　二冊

620000－1101－0006195　641.3/11.01

國朝柔遠記十八卷附編二卷　（清）王之春編　清光緒十七年(1891)廣雅書局刻本　六冊

620000－1101－0006196　641.3/11.001

國朝柔遠記十八卷附編二卷　（清）王之春編　清光緒十七年(1891)廣雅書局刻本　六冊

620000－1101－0006197　641.3/11

國朝柔遠記十八卷附編二卷　（清）王之春編　（清）彭玉麟訂　清光緒二十二年(1896)湖北書局刻本　六冊

620000－1101－0006198　722

國朝三家文鈔三十二卷　（清）宋犖　（清）許如霖輯　清康熙三十三年(1694)刻本　十二冊

620000－1101－0006199　2876

國朝山左詩鈔六十卷　（清）盧見曾纂　清乾隆二十三年(1758)盧氏雅雨堂刻本　二十冊

620000－1101－0006200　1817

國朝詩別裁集三十六卷　（清）沈德潛輯　清乾隆二十四年(1759)刻本　十二冊

620000－1101－0006201　548

國朝詩別裁集三十六卷　（清）沈德潛輯　清乾隆三十年(1765)守庵老人抄本　二十四冊

620000－1101－0006202　782.24/30

國朝詩人徵略初編六十卷二編六十四卷　（清）張維屏輯　清道光刻本　一冊　存七卷(二編四十六至五十二)

620000－1101－0006203　782.24/30

國朝詩人徵略六十卷　（清）張維屏輯　清道光十年(1830)刻本　十冊

620000－1101－0006204　831.7/436

國朝詩十卷國朝詩外編一卷國朝詩補六卷　(清)吳翌鳳選　清嘉慶趙氏刻本　十冊

620000－1101－0006205　835.97/11
國朝十家四六文鈔十一卷　王先謙輯　清光緒十五年(1889)刻本　五冊

620000－1101－0006206　835.97/11
國朝十家四六文鈔十一卷　王先謙輯　清光緒十五年(1889)刻本　一冊　存三卷(孟塗駢體文鈔一卷、子詵駢體文鈔一卷、蘭石齋駢體文鈔一卷)

620000－1101－0006207　835.97/120
國朝十家四六文鈔十一卷　王先謙輯　清光緒十五年(1889)刻本　三冊　存八卷(萬善花室駢體文鈔一卷、柏梘山房駢體文鈔一卷、梧生駢體文鈔一卷、思益堂駢體文鈔一卷、湘倚樓駢體文鈔一卷、琴鶴山房駢體文鈔一卷、湖塘林館駢體文鈔二卷)

620000－1101－0006208　610.81/462
國朝史論萃編甲集四卷　(清)昭文桂村蒙學堂編　清光緒二十八年(1902)鉛印本　一冊　存一卷(甲集四)

620000－1101－0006209　3117
國朝松陵詩徵二十卷　(清)袁景輅輯　清乾隆三十二年(1767)愛唫齋刻本　四冊

620000－1101－0006210　127.09/71.06
國朝宋學淵源記二卷附記一卷國朝經師經義目錄一卷　(清)江藩纂　清光緒二十二年(1896)志古堂刻本　一冊

620000－1101－0006211　127.09/71.06
國朝宋學淵源記二卷附記一卷國朝經師經義目錄一卷　(清)江藩纂　清光緒二十二年(1896)志古堂刻本　一冊

620000－1101－0006212　782.16/719
國朝宋學淵源記二卷附記一卷國朝經師經義目錄一卷　(清)江藩纂　清咸豐至同治掃葉山房刻本　一冊

620000－1101－0006213　782.104/426
國朝題名碑錄不分卷　(清)李周望輯　(清)德沛等校補　清晚期刻本　八冊

620000－1101－0006214　2906
國朝題名碑錄不分卷　(□)□□輯　清康熙刻本　三冊　存明宣德二年至天順八年、正德三年至嘉靖二十三年、天啓二年至崇禎十六年

620000－1101－0006215　831.7/987
國朝天台詩存十四卷　(清)金文田編輯　清光緒三十四年(1908)木活字印本　四冊

620000－1101－0006216　558.092/118.001
國朝通商始末記二十卷　(清)王之春編輯　清光緒二十七年(1901)上海申昌社石印本　二冊　存十六卷(一至十六)

620000－1101－0006217　327.392/0.426
國朝萬年書二卷　(清)□□編　清光緒刻朱墨印本　一冊

620000－1101－0006218　014.5/833
國朝未刊遺書志略一卷　(清)朱記榮輯錄　清光緒十八年(1892)徐氏觀自得齋刻本　一冊

620000－1101－0006219　014.5/833
國朝未刊遺書志略一卷　(清)朱記榮輯錄　清光緒十八年(1892)徐氏觀自得齋刻本　一冊

620000－1101－0006220　831.7/215
國朝文棟八卷　(清)胡嘉銓輯　清宣統元年(1909)上海時中書局鉛印本　四冊

620000－1101－0006221　835.7/747
國朝文匯甲集六十卷乙集七十卷丙集三十卷丁集二十卷　(清)沈粹芬纂輯　清宣統元年(1909)上海國學扶輪社石印本　八十六冊　存一百七十二卷(甲集六十卷,乙集一至三十二、四十一至七十,丙集三十卷,丁集二十卷)

620000－1101－0006222　835.7/994.001
國朝文錄八十二卷　(清)李祖陶輯　清道光十九年(1839)鳳儀書院刻本　三十六冊

620000－1101－0006223　835.7/291

國朝文錄八十二卷　（清）李祖陶輯　清道光
十九年(1839)鳳儀書院刻本　九冊　存十九
卷(熊學士文集錄一卷、亭林文錄二卷、石莊
先生文錄三卷、壯悔堂文錄二卷、恥躬堂文錄
二卷、四照堂文錄二卷、湘帆堂文錄一卷、水
田居文錄二卷、潛庵先生遺稿文錄二卷、愚山
先生文錄二卷)

620000－1101－0006224　835/291

國朝文錄八十二卷　（清）李祖陶輯　清道光
十九年(1839)鳳儀書院刻本　三十一冊　存
七十四卷(熊學士文集錄一卷、亭林文錄二
卷、石莊先生文錄三卷、南雷文錄三卷、壯悔
堂文錄二卷、恥躬堂文錄二卷、四照堂文錄二
卷、湘帆堂文錄一卷、水田居文錄二卷、潛庵
先生遺稿文錄二卷、愚山先生文錄二卷、午亭
文錄三卷、張文貞公文錄二卷、帶經堂集文錄
二卷、鄭靜菴先生文錄一卷、西陂類槀文錄一
卷、湛園未定槀文錄三卷、居業齋文錄一卷、
邵青門文錄三卷、朱文端公文集二卷、孫文定
公文錄二卷、二希堂文錄二卷、鮚埼亭集文錄
四卷、紫竹山房文集三卷、鹿州文錄三卷、白
鶴堂文錄一卷、南莊類稿文錄二卷、海峰先生
文錄二卷、潛研堂文錄二卷、惜抱軒先生文選
二卷、紀文達公文錄二卷、清獻堂文錄二卷、
忠雅堂文錄二卷、二林居文錄二卷、厚岡文錄
三卷)

620000－1101－0006225　835.7/291

國朝文錄八十二卷　（清）李祖陶輯　清咸豐
元年(1851)終南山館刻本　二十四冊

620000－1101－0006226　835.7/994.001

國朝文錄八十二卷　（清）李祖陶輯　清咸豐
元年(1851)終南山館刻本　一冊　存五卷
(七十八至八十二)

620000－1101－0006227　835.7/994

國朝文錄八十二卷　（清）李祖陶輯　清光緒
二十六年(1900)掃葉山房石印本　十六冊

620000－1101－0006228　835.7/994

國朝文錄八十二卷　（清）李祖陶輯　清光緒

二十六年(1900)掃葉山房石印本　十六冊

620000－1101－0006229　835.7/994

國朝文錄八十二卷　（清）李祖陶輯　清光緒
二十六年(1900)掃葉山房石印本　十六冊

620000－1101－0006230　835.7/994

國朝文錄八十二卷　（清）李祖陶輯　清光緒
二十六年(1900)掃葉山房石印本　八冊

620000－1101－0006231　835.7/994

國朝文錄八十二卷　（清）李祖陶輯　清光緒
二十六年(1900)掃葉山房石印本　七冊　存
三十卷(一至三十)

620000－1101－0006232　782.17/314

國朝文錄小傳二卷　（清）張爾耆編次　清晚
期刻本　二冊

620000－1101－0006233　835.7/291.001

**國朝文錄續編四十九種六十五卷附邁堂文略
四卷**　（清）李祖陶輯　清同治七年(1868)敖
陽李氏刻本　三十二冊

620000－1101－0006234　835.7/257

國朝文雅正所見集十六卷　（清）林有席評輯
　清道光刻本　十二冊

620000－1101－0006235　782.21/28.94

國朝先正事略六十卷　（清）李元度纂　清同
治八年(1869)循陔艸堂刻本　二十四冊

620000－1101－0006236　782.21/281

國朝先正事略六十卷　（清）李元度纂　清同
治八年(1869)循陔艸堂刻本　二十四冊

620000－1101－0006237　782.21/281

國朝先正事略六十卷　（清）李元度纂　清同
治八年(1869)循陔艸堂刻本　二十四冊

620000－1101－0006238　782.21/281

國朝先正事略六十卷　（清）李元度纂　清同
治八年(1869)循陔艸堂刻本　三十二冊

620000－1101－0006239　782.21/281

國朝先正事略六十卷　（清）李元度纂　清同
治八年(1869)循陔艸堂刻本　二十四冊

620000－1101－0006240　782.21/280
國朝先正事略六十卷　（清）李元度纂　清同治八年(1869)循陔艸堂刻本　三十二冊

620000－1101－0006241　782.21/281.001
國朝先正事略六十卷　（清）李元度纂　清同治八年(1869)循陔艸堂刻本　二十四冊

620000－1101－0006242　782.17/285.002
國朝先正事略六十卷　（清）李元度纂　清同治八年(1869)循陔艸堂刻本　二十三冊　存五十八卷(一至二十六、二十九至六十)

620000－1101－0006243　782.17/285.001
國朝先正事略六十卷　（清）李元度纂　清同治八年(1869)循陔艸堂刻本　二十一冊　存五十三卷(一至五、十至二十九、三十三至六十)

620000－1101－0006244　782.17/285.001
國朝先正事略六十卷　（清）李元度纂　清同治八年(1869)循陔艸堂刻本　十六冊　存二十三卷(一至十、二十二至三十四)

620000－1101－0006245　782.17/285.002
國朝先正事略六十卷　（清）李元度纂　清同治八年(1869)循陔艸堂刻本　二十四冊　存五十九卷(一至二十六、二十八至六十)

620000－1101－0006246　782.17/285.001
國朝先正事略六十卷　（清）李元度纂　清同治八年(1869)循陔艸堂刻本　十八冊　存五十卷(十一至六十)

620000－1101－0006247　782.21/280
國朝先正事略六十卷　（清）李元度纂　清同治小琅環館刻本　二十四冊

620000－1101－0006248　782.17/28.001
國朝先正事略六十卷　（清）李元度纂　中興名臣事略八卷　朱孔彰撰　清光緒二十五年(1899)上海圖書集成印書局鉛印本　十冊

620000－1101－0006249　782.17/285
國朝先正事略六十卷　（清）李元度纂　中興名臣事略八卷　朱孔彰撰　清光緒二十五年

(1899)上海圖書集成印書局鉛印本　十二冊

620000－1101－0006250　782.17/285
國朝先正事略六十卷　（清）李元度纂　中興名臣事略八卷　朱孔彰撰　清光緒二十五年(1899)上海圖書集成印書局鉛印本　八冊　存六十卷(國朝先正事略六十卷)

620000－1101－0006251　782.21/28
國朝先正事略六十卷　（清）李元度纂　國朝先正事略續編三十卷　朱孔彰撰　清光緒二十八年(1902)石印本　十冊　存六十四卷(國朝先正事略六十卷、續編一至四)

620000－1101－0006252　782.17/285.003
國朝先正事略六十卷　（清）李元度纂　清光緒二十八年(1902)益元書局刻本　三十一冊

620000－1101－0006253　782.17/830.004
國朝先正事略六十卷　（清）李元度纂　清光緒二十八年(1902)祥記書莊石印本　六冊

620000－1101－0006254　782.17/830.002
國朝先正事略續編三十卷　朱孔彰撰　清光緒二十六年(1900)石印本　二冊　存四卷(一至四)

620000－1101－0006255　782.17/830.001
國朝先正事略續編四卷　朱孔彰撰　清光緒二十八年(1902)祥記書莊石印本　二冊

620000－1101－0006256　627.04/384
國朝掌故不分卷　（清）陳鴻緒編　清光緒北洋武備研究所刻本　一冊

620000－1101－0006257　627.04/384
國朝掌故不分卷　（清）陳鴻緒編　清光緒北洋武備研究所刻本　一冊

620000－1101－0006258　627.04/384
國朝掌故不分卷　（清）陳鴻緒編　清光緒北洋武備研究所刻本　一冊

620000－1101－0006259　627.04/384
國朝掌故不分卷　（清）陳鴻緒編　清光緒北洋武備研究所刻本　一冊

620000－1101－0006260　627.04/384

國朝掌故不分卷　（清）陳鴻緒編　清光緒北洋武備研究所刻本　一冊

620000－1101－0006261　627.04/384

國朝掌故不分卷　（清）陳鴻緒編　清光緒北洋武備研究所刻本　一冊

620000－1101－0006262　627.04/384

國朝掌故不分卷　（清）陳鴻緒編　清光緒北洋武備研究所刻本　一冊

620000－1101－0006263　847.7/846

國朝正雅集九十九卷首一卷　（清）符保森輯　清咸豐刻本　三十二冊

620000－1101－0006264　016.802/324

國朝治說文家書目一卷　（清）尹彭壽纂（清）丁汝彪編　山左北朝石存目一卷　（清）尹彭壽纂　（清）法偉堂訂　漢石存目二卷（清）王懿榮纂　周秦石存目一卷魏晉石存目一卷　（清）尹彭壽纂　清光緒諸城尹氏金泉精舍刻本　一冊

620000－1101－0006265　830.7/554.6

國朝中州文徵五十四卷首一卷　（清）蘇源生編　清道光二十五年（1845）刻本　二十八冊

620000－1101－0006266　830.7/554.6

國朝中州文徵五十四卷首一卷　（清）蘇源生編　清道光二十五年（1845）刻本　二十八冊

620000－1101－0006267　557

國初禮賢錄一卷　（明）劉基撰　明抄本一冊

620000－1101－0006268　059/372

國粹學報不分卷　（清）國學保存會編　清光緒鉛印本　十二冊

620000－1101－0006269　059/372.001

國粹學報不分卷　（清）鄧實等編輯　清宣統元年（1909）鉛印本　七冊

620000－1101－0006270　071.79/657

國故論衡三卷　章炳麟撰　清宣統二年（1910）國學講習會鉛印本　一冊

620000－1101－0006271　579/987

國際公法不分卷　（清）金彭年撰　清末木活字印江蘇法政學堂講義本　四冊　存總論、本論

620000－1101－0006272　528.3/880

國民必讀課本二編　（清）學部圖書局編輯清宣統二年（1910）學部圖書局鉛印本　四冊

620000－1101－0006273　1694

國史貳臣傳不分卷　（清）國使館編　清抄本八冊

620000－1101－0006274　582

國史經籍志六卷　（明）焦竑撰　清初抄本五冊

620000－1101－0006275　583

國史經籍志六卷　（明）焦竑撰　清抄本五冊

620000－1101－0006276　930

國史經籍志六卷糾繆一卷　（明）焦竑輯（明）徐象檽校刊　清嘉慶抄本　五冊

620000－1101－0006277　1127

國史滿大臣傳十二卷漢大臣傳十六卷　（清）□□撰　清抄本　二十四冊　存二十四卷（滿大臣傳一至八、十一至十二,漢大臣傳一至三、五至十二、十四至十六）

620000－1101－0006278　082.9/482

國學叢刊不分卷　羅振玉輯　清宣統三年（1911）石印本　一冊

620000－1101－0006279　082.9/482

國學叢刊不分卷　羅振玉輯　清宣統三年（1911）石印本　一冊

620000－1101－0006280　082.9/482

國學叢刊不分卷　羅振玉輯　清宣統三年（1911）石印本　一冊

620000－1101－0006281　082.7/746

國學萃編七卷　（清）沈宗畸輯　清光緒三十四年至宣統元年（1908－1909）國學萃編社鉛印本　六冊

620000－1101－0006282　2169

國語補音三卷 （宋）宋庠撰 清乾隆孔氏刻
微波榭叢書本 一冊

620000－1101－0006283 621.77/579.005

國語二十一卷 （三國吳）韋昭解 **校刊明道
本韋氏解國語札記一卷** （清）黃丕烈撰 清
光緒二十三年(1897)經綸元記刻本 四冊

620000－1101－0006284 621.77/579.006

國語二十一卷 （三國吳）韋昭解 （宋）宋庠
補音 清中晚期刻本 四冊

620000－1101－0006285 621.77/579.004

國語二十一卷 （三國吳）韋昭解 清晚期刻
本 一冊 存十四卷(八至二十一)

620000－1101－0006286 621.77/579.002

國語二十一卷 （三國吳）韋昭解 **札記一卷**
（清）黃丕烈校 清嘉慶五年(1800)吳門黃
氏讀未見書齋刻本 三冊

620000－1101－0006287 621.77/579.002

國語二十一卷 （三國吳）韋昭解 **札記一卷**
（清）黃丕烈校 清嘉慶五年(1800)吳門黃
氏讀未見書齋刻本 一冊 存八卷(十五至
二十一、札記一卷)

620000－1101－0006288 621.77/579.001

國語二十一卷 （三國吳）韋昭解 **國語明道
本考異四卷** （清）汪遠孫撰 清同治八年
(1869)湖北崇文書局刻本 五冊

620000－1101－0006289 621.77/579.001

國語二十一卷 （三國吳）韋昭解 **國語明道
本考異四卷** （清）汪遠孫撰 清同治八年
(1869)湖北崇文書局刻本 五冊

620000－1101－0006290 260

國語二十一卷 （三國吳）韋昭注 （宋）宋庠
補音 明萬曆張一鯤刻本 六冊

620000－1101－0006291 261

國語二十一卷 （三國吳）韋昭注 （宋）宋庠
補音 （明）穆文熙輯評 明萬曆劉懷思刻春
秋戰國評苑本 七冊 存九卷(一至九)

620000－1101－0006292 2905

國語二十一卷 （三國吳）韋昭注 （宋）宋庠
補音 （明）穆文熙輯評 清乾隆二十七年
(1762)文盛堂刻本 四冊

620000－1101－0006293 621.77/57.86

國語二十一卷 （三國吳）韋昭注 **校刊明道
本韋氏解國語札記一卷** （清）黃丕烈撰 **國
語明道本攷異四卷** （清）汪遠孫攷異 清光
緒二年(1876)成都尊經書院刻民國三十一年
(1942)印本 五冊

620000－1101－0006294 621.77/579.007

國語二十一卷附札記一卷 （三國吳）韋昭解
清光緒二十三年(1897)成都書局刻本 二
冊 存十四卷(一至十四)

620000－1101－0006295 621.77/579

國語二十一卷校刊明道本韋氏解國語札記一
卷 （三國吳）韋昭解 **國語明道本考異四卷**
（清）汪遠孫撰 清光緒三年(1877)退補齋
刻本 五冊

620000－1101－0006296 621.77/579.008

國語二十一卷劄記一卷 （三國吳）韋昭解
清光緒二十七年(1901)上海鴻寶齋石印本
二冊 存十六卷(七至二十一、劄記一卷)

620000－1101－0006297 2163

國語九卷 （三國吳）韋昭注 （明）閔齊伋裁
注 明萬曆四十八年(1620)閔齊伋刻本
四冊

620000－1101－0006298 2589

國語九卷戰國策十二卷 （明）閔齊伋輯 清
康熙四十二年(1703)金谷園刻本 十二冊

620000－1101－0006299 621.77/440

國語韋解補正二十一卷 吳曾祺補正 朱元
善校訂 清宣統三年(1911)上海商務印書館
鉛印本 五冊

620000－1101－0006300 621.77/707

國語校注本三種二十九卷 （清）汪遠孫撰
清道光二十六年(1846)汪氏振綺堂刻振綺堂
遺書本 五冊 存三種二十三卷(國語明道
本考異四卷、三君注輯存四卷、國語發正一至

十五）

620000－1101－0006301　621.77/707

國語校注本三種二十九卷 （清）汪遠孫撰
清道光二十六年(1846)汪氏振綺堂刻振綺堂
遺書本　六冊

620000－1101－0006302　621.77/707

國語校注本三種二十九卷 （清）汪遠孫撰
清道光二十六年(1846)汪氏振綺堂刻振綺堂
遺書本　五冊

620000－1101－0006303　621.77/542.09

國語正義二十一卷 （清）董增齡撰　清光緒
六年(1880)浙江會稽章氏式訓堂刻本　八冊

620000－1101－0006304　558.4/723

國政貿易相關書二卷 （英國）法拉著　（英
國）傅蘭雅口譯　（清）徐家寶筆述　清光緒
九年(1883)江南製造總局刻本　二冊

620000－1101－0006305　558.4/723

國政貿易相關書二卷 （英國）法拉著　（英
國）傅蘭雅口譯　（清）徐家寶筆述　清光緒
九年(1883)江南製造總局刻本　二冊

620000－1101－0006306　558.4/723

國政貿易相關書二卷 （英國）法拉著　（英
國）傅蘭雅口譯　（清）徐家寶筆述　清光緒
九年(1883)江南製造總局刻本　二冊

620000－1101－0006307　558.4/723

國政貿易相關書二卷 （英國）法拉著　（英
國）傅蘭雅口譯　（清）徐家寶筆述　清光緒
九年(1883)江南製造總局刻本　二冊

620000－1101－0006308　558.4/723

國政貿易相關書二卷 （英國）法拉著　（英
國）傅蘭雅口譯　（清）徐家寶筆述　清光緒
九年(1883)江南製造總局刻本　二冊

620000－1101－0006309　858.51/752

果報錄十二卷 （清）海芝濤撰　清晚期木活
字印本　十二冊

620000－1101－0006310　858.51/752

果報錄十二卷 （清）海芝濤撰　清中晚期刻

本　十二冊

620000－1101－0006311　097.57/893

果齋一隙記四卷 劉爾炘撰　清宣統二年
(1910)隴右樂善書局刻本　二冊

620000－1101－0006312　071.76/697

過庭錄十六卷 （清）宋翔鳳撰　清光緒七年
(1881)刻本　四冊

620000－1101－0006313　941.7/95

過雲樓書畫記書四卷畫六卷 （清）顧文彬撰
哭三子承詩四十首一卷 （清）艮盦老人撰
清光緒八年(1882)刻本　四冊

620000－1101－0006314　567.3/0.431

哈密廳賦役全書不分卷 （清）□□編　清咸
豐三年(1853)刻本　二冊

620000－1101－0006315　412.72/906

孩童衛生編不分卷 （英國）傅蘭雅譯　清光
緒十九年(1893)上海格致書室鉛印本　一冊

620000－1101－0006316　412.72/906

孩童衛生編不分卷 （英國）傅蘭雅譯　清光
緒十九年(1893)上海格致書室鉛印本　一冊

620000－1101－0006317　412.72/906

孩童衛生編不分卷 （英國）傅蘭雅譯　清光
緒十九年(1893)上海格致書室鉛印本　一冊

620000－1101－0006318　616

還丹發秘二卷 （明）鄭允璋撰　明抄本
一冊

620000－1101－0006319　820

還魂記二卷 （明）湯顯祖撰　（明）臧懋訂
明萬曆刻乾隆二十六年(1761)書業堂重修本
二冊

620000－1101－0006320　110

還魂記二卷 （明）湯顯祖撰　明末毛氏汲古
閣刻本　二冊

620000－1101－0006321　126.9/965.02

還經錄一卷自反錄一卷 （明）顧憲成撰　清
光緒三年(1877)刻本　一冊

620000 – 1101 – 0006322　1314

還山遺稿二卷附錄一卷　（元）楊奐撰　清光
緒孔氏嶽雪樓影抄本　一冊

620000 – 1101 – 0006323　671.65/331.79

海城縣地理調查表一卷　（清）姚鈞編　清宣
統抄本　一冊

620000 – 1101 – 0006324　437.86/631

海錯百一錄五卷　（清）郭柏蒼輯　清光緒十
二年（1886）刻本　三冊

620000 – 1101 – 0006325　311.24/894

海島算經一卷　（晉）劉徽撰　（唐）李淳風注
清晚期刻本　一冊

620000 – 1101 – 0006326　351.99/987

海道圖說十五卷附長江圖說一卷　（英國）金
約翰輯　（美國）金楷理口譯　（清）王德均筆
述　清同治十三年（1874）江南製造總局刻本
十冊

620000 – 1101 – 0006327　351.99/987

海道圖說十五卷附長江圖說一卷　（英國）金
約翰輯　（美國）金楷理口譯　（清）王德均筆
述　清同治十三年（1874）江南製造總局刻本
十冊

620000 – 1101 – 0006328　351.99/987

海道圖說十五卷附長江圖說一卷　（英國）金
約翰輯　（美國）金楷理口譯　（清）王德均筆
述　清同治十三年（1874）江南製造總局刻本
十冊

620000 – 1101 – 0006329　351.99/987

海道圖說十五卷附長江圖說一卷　（英國）金
約翰輯　（美國）金楷理口譯　（清）王德均筆
述　清同治十三年（1874）江南製造總局刻本
十冊

620000 – 1101 – 0006330　351.99/987

海道圖說十五卷附長江圖說一卷　（英國）金
約翰輯　（美國）金楷理口譯　（清）王德均筆
述　清同治十三年（1874）江南製造總局刻本
十冊

620000 – 1101 – 0006331　351.99/987

海道圖說十五卷附長江圖說一卷　（英國）金
約翰輯　（美國）金楷理口譯　（清）王德均筆
述　清同治十三年（1874）江南製造總局刻本
十冊

620000 – 1101 – 0006332　351.99/987

海道圖說十五卷附長江圖說一卷　（英國）金
約翰輯　（美國）金楷理口譯　（清）王德均筆
述　清同治十三年（1874）江南製造總局刻本
十冊

620000 – 1101 – 0006333　351.99/987

海道圖說十五卷附長江圖說一卷　（英國）金
約翰輯　（美國）金楷理口譯　（清）王德均筆
述　清同治十三年（1874）江南製造總局刻本
十冊

620000 – 1101 – 0006334　351.99/987

海道圖說十五卷附長江圖說一卷　（英國）金
約翰輯　（美國）金楷理口譯　（清）王德均筆
述　清同治十三年（1874）江南製造總局刻本
十冊

620000 – 1101 – 0006335　351.99/987

海道圖說十五卷附長江圖說一卷　（英國）金
約翰輯　（美國）金楷理口譯　（清）王德均筆
述　清同治十三年（1874）江南製造總局刻本
五冊　存九卷（六、九至十五,附長江圖說
一卷）

620000 – 1101 – 0006336　351.99/987

海道圖說十五卷附長江圖說一卷　（英國）金
約翰輯　（美國）金楷理口譯　（清）王德均筆
述　清同治十三年（1874）江南製造總局刻本
五冊　存九卷（六、九至十五,附長江圖說
一卷）

620000 – 1101 – 0006337　351.99/987

海道圖說十五卷附長江圖說一卷　（英國）金
約翰輯　（美國）金楷理口譯　（清）王德均筆
述　清同治十三年（1874）江南製造總局刻本
四冊　存八卷（九至十五、附長江圖說一
卷）

620000－1101－0006338　351.99/987

海道圖說十五卷附長江圖說一卷　（英國）金
約翰輯　（美國）金楷理口譯　（清）王德均筆
述　清同治十三年(1874)江南製造總局刻本
　一册　存二卷(九至十)

620000－1101－0006339　351.99/987

海道圖說十五卷附長江圖說一卷　（英國）金
約翰輯　（美國）金楷理口譯　（清）王德均筆
述　清同治十三年(1874)江南製造總局刻本
　一册　存二卷(九至十)

620000－1101－0006340　351.99/987

海道圖說十五卷附長江圖說一卷　（英國）金
約翰輯　（美國）金楷理口譯　（清）王德均筆
述　清同治十三年(1874)江南製造總局刻本
　四册　存六卷(二至三、十三至十五,附長
江圖說一卷)

620000－1101－0006341　351.99/987.001

海道圖說十五卷附長江圖說一卷　（英國）金
約翰輯　（美國）金楷理口譯　（清）王德均筆
述　清光緒二十二年(1896)上海書局石印本
　八册

620000－1101－0006342　589

海甸野史□□卷　（清）顧炎武輯　清汲古書
屋抄本　四册　存三卷(一至三)

620000－1101－0006343　2298

海東集二卷　（清）周煌撰　清乾隆二十七年
(1762)刻本　一册

620000－1101－0006344　681.57/0.752

海防策要四卷　（清）□□輯　清光緒十五年
(1889)上海蜚英館石印本　一册

620000－1101－0006345　681.5/606

海防圖論一卷　（明）胡宗憲撰　清同治十一
年(1872)刻本　一册

620000－1101－0006346　681.57/292

海防要覽二卷　（清）李鴻章　（清）丁日昌撰
　清光緒十年(1884)刻本　一册

620000－1101－0006347　847.4/888.06.001

海峰詩集十一卷　（清）劉大櫆撰　清晚期刻
本　四册

620000－1101－0006348　847.4/888.06.001

海峰詩集十一卷　（清）劉大櫆撰　清晚期刻
本　三册　存八卷(古體詩五卷、今體詩四至
六)

620000－1101－0006349　1459

海峰文集八卷　（清）劉大櫆撰　清乾隆醒園
刻本　六册

620000－1101－0006350　1460

海峰文集八卷　（清）劉大櫆撰　清乾隆醒園
刻本　六册

620000－1101－0006351　847.4/888.001

海峰文集八卷詩集十一卷　（清）劉大櫆撰
清同治十三年至光緒元年(1874－1875)刻本
　三册　存四卷(文集二至四、七)

620000－1101－0006352　847.4/888.001

海峰文集八卷詩集十一卷　（清）劉大櫆撰
清同治十三年至光緒元年(1874－1875)刻本
　八册

620000－1101－0006353　847.4/888.001

海峰文集八卷詩集十一卷　（清）劉大櫆撰
清同治十三年至光緒元年(1874－1875)刻本
　八册

620000－1101－0006354　847.4/888.001

海峰文集八卷詩集十一卷　（清）劉大櫆撰
清同治十三年至光緒元年(1874－1875)刻本
　一册　存一卷(文集五)

620000－1101－0006355　835.4/888

海峰先生精選八家文鈔不分卷　（清）劉大櫆
輯　清光緒二年(1876)刻本　一册

620000－1101－0006356　847.4/888.06

海峰先生詩集十卷附札記一卷　（清）劉大櫆
撰　（清）姚鼐校定　清光緒二十五年(1899)
刻本　二册

620000－1101－0006357　847.4/888.002

海峰先生文十卷詩六卷　（清）劉大櫆撰

（清）徐宗亮重編　清同治十三年(1874)刻本
六冊

620000－1101－0006358　710/345

海國大政記十二卷首一卷　（英國）麥丁富得
力纂　（美國）林樂知口譯　（清）鄭昌棪筆述
清光緒二十三年(1897)石印本　十二冊

620000－1101－0006359　711/411

海國尚友錄八卷　（清）吳佐清輯　清光緒二
十九年(1903)上海奎章書局石印本　四冊

620000－1101－0006360　716/802

海國圖志一百卷　（清）魏源撰　清咸豐二年
(1852)古微堂刻本　四十八冊

620000－1101－0006361　710/805.002

海國圖志一百卷　（清）魏源撰　清光緒六年
(1880)邵陽急當務齋刻本　三十六冊

620000－1101－0006362　710/805.002

海國圖志一百卷　（清）魏源撰　清光緒六年
(1880)邵陽急當務齋刻本　三十二冊

620000－1101－0006363　710/805

海國圖志一百卷　（清）魏源撰　**續海國圖志
二十五卷首一卷**　（英國）麥高爾輯著　清光
緒二十四年(1898)文賢閣石印本　十六冊

620000－1101－0006364　710/805.001

海國圖志一百卷　（清）魏源撰　**續海國圖志
二十五卷首一卷**　（英國）麥高爾輯著　清光
緒二十一年(1895)上海書局石印本　十六冊

620000－1101－0006365　710/805.003

海國圖志一百卷首一卷　（清）魏源撰　清道
光二十九年(1849)刻本　十九冊　存五十四
卷(三至五十五、首一卷)

620000－1101－0006366　716/80

海國圖志一百卷首一卷　（清）魏源撰　清光
緒二年(1876)平慶涇固道署刻本　二十四冊

620000－1101－0006367　710/805.004

海國圖志一百卷首一卷　（清）魏源撰　清光
緒二年(1876)平慶涇固道署刻本　二十四冊

620000－1101－0006368　710/805.004

海國圖志一百卷首一卷　（清）魏源撰　清光
緒二年(1876)平慶涇固道署刻本　二十四冊

620000－1101－0006369　716/801

海國圖志一百卷首一卷　（清）魏源撰　清光
緒十三年(1887)巴蜀善成堂刻本　二十四冊

620000－1101－0006370　710/805.005

海國圖志一百卷首一卷　（清）魏源撰　清光
緒二十一年(1895)上海積山書局石印本　十
五冊　存九十三卷(一至九十二、首一卷)

620000－1101－0006371　710/805.006

海國圖志一百卷首一卷　（清）魏源撰　清光
緒石印本　二冊　存十四卷(二十三至三十、
五十二至五十七)

620000－1101－0006372　710/805.007

海國圖志一百卷首一卷　（清）魏源撰　清光
緒刻本　二冊　存六卷(二十二至二十七)

620000－1101－0006373　2961

海國聞見錄二卷　（清）陳倫炯撰　清乾隆九
年(1744)刻本　二冊

620000－1101－0006374　597.941/1004

海軍調度要言三卷　（英國）擎核甫撰　舒高
第　（清）鄭昌棪譯　清光緒江南機器製造總
局鉛印本　二冊

620000－1101－0006375　597.1/989

海軍調度要言三卷　（英國）擎核甫撰　舒高
第　（清）鄭昌棪譯　清光緒江南機器製造總
局鉛印本　二冊

620000－1101－0006376　597.1/989

海軍調度要言三卷　（英國）擎核甫撰　舒高
第　（清）鄭昌棪譯　清光緒江南機器製造總
局鉛印本　二冊

620000－1101－0006377　597.1/989

海軍調度要言三卷　（英國）擎核甫撰　舒高
第　（清）鄭昌棪譯　清光緒江南機器製造總
局鉛印本　二冊

620000－1101－0006378　597.1/989

海軍調度要言三卷　（英國）擎核甫撰　舒高

第 （清）鄭昌棪譯 清光緒江南機器製造總局鉛印本 二冊

620000－1101－0006379 597.941/1004

海軍調度要言三卷 （英國）挙核甫撰 舒高第 （清）鄭昌棪譯 清光緒江南機器製造總局鉛印本 二冊

620000－1101－0006380 597.94/1004

海軍調度要言三卷 （英國）挙核甫撰 舒高第 （清）鄭昌棪譯 清光緒江南機器製造總局鉛印本 二冊

620000－1101－0006381 597.94/1004

海軍調度要言三卷 （英國）挙核甫撰 舒高第 （清）鄭昌棪譯 清光緒江南機器製造總局鉛印本 二冊

620000－1101－0006382 847.2/377

海康陳清端公詩集十卷刻詩書札一卷首一卷 （清）陳璸撰 （清）丁宗洛編輯 海康陳清端公年譜二卷 （清）丁宗洛編次 一桂軒詩鈔二卷 （清）李孺之撰 （清）王安福編輯 清道光六年（1826）刻本 二冊

620000－1101－0006383 857.235.3/915

海內十洲記一卷 （漢）東方朔著 述異記二卷 （南朝梁）任昉著 續齊諧記一卷 （南朝梁）吳均著 清嘉慶刻廣漢魏叢書本 一冊

620000－1101－0006384 682.23/193

海寧念汛大口門二限三限石塘圖說不分卷 （清）袁鎮嵩編繪 清光緒七年（1881）刻本 一冊

620000－1101－0006385 831.75/468

海寧州勸賑唱和詩四卷 （清）易鳳庭輯 清嘉慶二十年（1815）刻本 四冊

620000－1101－0006386 845.2/521

海瓊白真人全集十卷 （宋）葛長庚撰 （清）王時宇編訂 清同治八年（1869）刻本 二冊 存二卷（四、九）

620000－1101－0006387 856.7/736

海秋制藝後集四卷 （清）湯鵬著 清道光十九年（1839）刻本 四冊

620000－1101－0006388 847.2/785.1

海日堂集七卷 （清）程克則著 清道光五年（1825）程士偉刻本 一冊

620000－1101－0006389 847.6/381

海騷十二卷感遇堂外集二卷 （清）陳曇著 清道光刻本 五冊

620000－1101－0006390 082.76/754

海山仙館叢書五十六種四百八十八卷 （清）潘仕成輯 清道光、咸豐番禺潘氏刻光緒補刻本 一百二十冊

620000－1101－0006391 082.76/754

海山仙館叢書五十六種四百八十八卷 （清）潘仕成輯 清道光、咸豐番禺潘氏刻光緒補刻本 一百二十冊

620000－1101－0006392 831.7/307

海棠花館七家詩補註七卷 （清）張熙宇輯評 清同治十三年（1874）刻本 四冊

620000－1101－0006393 443.85/579

海塘輯要十卷首一卷附一卷 （英國）韋更斯撰 （英國）傅蘭雅口譯 （清）趙元益筆述 清同治十二年（1873）江南製造總局刻本 二冊

620000－1101－0006394 443.85/579

海塘輯要十卷首一卷附一卷 （英國）韋更斯撰 （英國）傅蘭雅口譯 （清）趙元益筆述 清同治十二年（1873）江南製造總局刻本 二冊

620000－1101－0006395 443.85/579.001

海塘輯要十卷首一卷附一卷 （英國）韋更斯撰 （英國）傅蘭雅口譯 （清）趙元益筆述 清同治十二年（1873）江南製造總局刻本 二冊

620000－1101－0006396 443.85/579.001

海塘輯要十卷首一卷附一卷 （英國）韋更斯撰 （英國）傅蘭雅口譯 （清）趙元益筆述

清同治十二年(1873)江南製造總局刻本
二冊

620000－1101－0006397　443.85/579.001
海塘輯要十卷首一卷附一卷　(英國)韋更斯
撰　(英國)傅蘭雅口譯　(清)趙元益筆述
清同治十二年(1873)江南製造總局刻本
二冊

620000－1101－0006398　443.85/579
海塘輯要十卷首一卷附一卷　(英國)韋更斯
撰　(英國)傅蘭雅口譯　(清)趙元益筆述
清同治十二年(1873)江南製造總局刻本
二冊

620000－1101－0006399　443.85/579
海塘輯要十卷首一卷附一卷　(英國)韋更斯
撰　(英國)傅蘭雅口譯　(清)趙元益筆述
清同治十二年(1873)江南製造總局刻本
二冊

620000－1101－0006400　443.85/579.001
海塘輯要十卷首一卷附一卷　(英國)韋更斯
撰　(英國)傅蘭雅口譯　(清)趙元益筆述
清同治十二年(1873)江南製造總局刻本　一
冊　存六卷(一至五、首一卷)

620000－1101－0006401　443.63/11
海塘新志六卷　(清)琅玕纂　清道光刻本
四冊

620000－1101－0006402　3861
海塘新志六卷　(清)琅玕纂　清乾隆徐綬刻
本　三冊　存五卷(一至五)

620000－1101－0006403　443.843/715
海鹽縣新辦塘工成案三卷　(清)汪仲洋撰
清道光四年(1824)刻本　三冊

620000－1101－0006404　088/306
海鹽張氏涉園叢刻七種十五卷　(清)張元濟
撰　清宣統三年(1911)商務印書館鉛印本
八冊

620000－1101－0006405　839.8/202
海陽趙氏家集十九卷　(清)趙洛衍等編纂

清道光二十六年(1846)刻本　一冊

620000－1101－0006406　014.12/719
海源閣藏書目一卷　(清)楊紹和撰　清光緒
十四年(1888)江氏師鄠室刻本　一冊

620000－1101－0006407　018.87/274
海源閣藏書目一卷　(清)楊紹和撰　清光緒
十四年(1888)江氏師鄠室刻本　一冊

620000－1101－0006408　018.87/274
海源閣藏書目一卷　(清)楊紹和撰　清光緒
十四年(1888)江氏師鄠室刻本　一冊

620000－1101－0006409　557.47/62
海運芻言不分卷　(清)董恂輯　清道光求己
堂刻本　一冊

620000－1101－0006410　192.91/350
**酣樂吟一卷清夜鐘一卷禪宗直指一卷讀書法
一卷讀書樂一卷**　(清)石成金撰集　清中晚
期刻本　一冊

620000－1101－0006411　226.607/104
憨山大師夢遊摘要二卷附東遊集法語三則
(清)釋福善錄　清光緒二十五年(1899)刻本
一冊

620000－1101－0006412　850/761
邗上題襟續集不分卷　(清)曾燠輯　清嘉慶
二年(1797)刻本　一冊

620000－1101－0006413　111
邯鄲記二卷　(明)湯顯祖撰　明末毛氏汲古
閣刻本　二冊

620000－1101－0006414　1996
函海一百五十二種八百五十六卷　(清)李調
元輯　清乾隆李氏萬卷樓刻道光五年(1825)
李朝夔補刻本　一百七十四冊

620000－1101－0006415　1997
函海一百五十二種八百五十六卷　(清)李調
元輯　清乾隆李氏萬卷樓刻道光五年(1825)
李朝夔補刻本　一百八十四冊

620000－1101－0006416　3346
函海一百五十二種八百五十六卷　(清)李調

元輯　清乾隆李氏萬卷樓刻道光五年(1825)
李朝夔補刻本　四冊　存三種二十二卷(金石存十五卷、尾蔗叢談四卷、奇字名一至三)

620000－1101－0006417　4324

函海一百五十二種八百五十六卷　(清)李調
元輯　清乾隆李氏萬卷樓刻道光五年(1825)
李朝夔補刻本　三十三冊　存十七種一百四十七卷(唐史論斷三卷，東坡烏臺詩案一卷，藏海詩話一卷，益州名畫錄三卷，韓氏山水純全集一卷，月波洞中記一卷，蜀檮杌二卷，產育寶慶集二卷，顧顥經一卷，出行寶鏡一卷、圖一卷，制義科瑣記四卷，然犀志二卷，出口程記一卷，方言藻二卷，粵風四卷，萬善堂集十卷、李石亭文集六卷，全五代詩一百卷、補遺一卷)

620000－1101－0006418　3863

函海一百五十二種八百五十六卷　(清)李調
元輯　清乾隆李氏萬卷樓刻道光五年(1825)
李朝夔補刻本　九十四冊　存六十四種三百三十八卷(華陽國志十二卷，郭子翼莊一卷，古今同姓名錄二卷，素履子三卷，說文解字韻譜五卷，緝古算經一卷，主客圖一卷，蘇氏演義二卷，寶藏論一卷，心要經一卷，金華子雜編二卷，翼元十二卷，靖康傳信錄三卷，淳熙薦士錄一卷，江南餘載二卷，江淮異人錄二卷，青溪弄兵錄一卷，張氏可書一卷，珍席放談二卷，鶴山筆錄一卷，建炎筆錄三卷，辯誣筆錄一卷，采石瓜州斃亮記一卷，家訓筆錄一卷，舊聞證誤四卷，大學古本旁註一卷，月令氣候圖說一卷，尚書古文考一卷，詩音辯略二卷，左傳事緯四卷，夏小正箋一卷，蜀語一卷，蜀碑記十卷，中麓畫品一卷，卮辭一卷，周禮摘箋五卷，儀禮古今考二卷，禮記補註四卷，易古文三卷，逸孟子一卷，十三經注疏錦字四卷，左傳官名考二卷，春秋三傳比二卷，博物要覽十二卷，金石存十五卷，通俗編十五卷，南越筆記十六卷，賦話十卷，詩話二卷，詞話四卷，曲話二卷，六書分毫三卷，古音合二卷，尾蔗叢談四卷，奇字名十二卷，樂府侍兒小名二卷，通詁二卷，勸說四卷，四家選集二十九卷，蜀雅二十卷，全五代詩一至八、十一至三

十九，童山文集二十卷、補遺一卷，粵東皇華集四卷，羅江縣志十卷)

620000－1101－0006419　4023

函海一百五十二種八百五十六卷　(清)李調
元輯　清乾隆李氏萬卷樓刻道光五年(1825)
李朝夔補刻本　一百五十二冊　存一百四十四種八百一卷(華陽國志四至十二，郭子翼莊一卷，古今同姓名錄二卷，素履子三卷，說文解字韻譜五卷，緝古算經一卷，主客圖一卷，蘇氏演義二卷，寶藏論一卷，心要經一卷，金華子雜編二卷，易傳燈四卷，鄭氏古文尚書十卷，鄭氏考古編十卷，敷文鄭氏書說一卷，洪範統一一卷，孟子外書四篇四卷，續孟子二卷，伸蒙子三卷，廣成子解一卷，東坡烏臺詩案一卷，藏海詩話一卷，益州名畫錄三卷，韓氏山水純全集一卷，月波洞中記一卷，蜀檮杌二卷，產育寶慶集二卷，顧顥經一卷，出行寶鏡一卷、圖一卷，農書三卷，芻言三卷，常談一卷，靖康傳信錄三卷，淳熙薦士錄一卷，江南餘載二卷，江淮異人錄二卷，青溪弄兵錄一卷，張氏可書一卷，珍席放談二卷，鶴山筆錄一卷，建炎筆錄三卷，辯誣筆錄一卷，采石瓜州斃亮記一卷，家訓筆錄一卷，舊聞證誤四卷，州縣提綱四卷，諸蕃志二卷，省心襟言一卷，三國雜事二卷，三國紀年一卷，五國故事二卷，建炎以來朝野襍記甲集二十卷、乙集二十卷，東原錄一卷，冑紫錄一卷，燕魏雜記一卷，夾漈遺稿三卷，龍龕手鑑四卷，雪履齋筆記一卷，日聞錄一卷，吳中舊事一卷，鳴鶴餘音一卷，升菴經說十四卷，檀弓叢訓二卷，世說舊注一卷，山海經補註一卷，莊子闕誤一卷，秋林伐山二十卷，古雋八卷，謝華啓秀八卷，哲匠金桴五卷，均藻四卷，譚苑醍醐八卷，升庵韻學七種二十八卷，古音駢字五卷，古音複字五卷，希姓錄五卷，升菴詩話十二卷、補遺二卷，詞品六卷、拾遺一卷，墨池瑣錄二卷，法帖神品目一卷，名畫神品目一卷，書品一卷，畫品一卷，金石古文十四卷，古文韻語一卷，石鼓文音釋三卷，風雅逸篇十卷，古今風謠一卷，古今諺一卷，俗言一卷，麗情集一卷，㡑麗情集一卷，墐戶錄一卷，雲南山川志一卷，

331

滇載記一卷，大學古本旁註一卷，月令氣候圖說一卷，尚書古文考一卷，詩音辯略二卷，左傳事緯四卷，夏小正箋一卷，蜀語一卷，蜀碑記十卷，中麓畫品一卷，卮辭一卷，通俗編十五卷，博物要覽十二卷，周禮摘箋五卷，儀禮古今考二卷，禮記補註四卷，易古文三卷，逸孟子一卷，十三經注疏錦字四卷，左傳官名考二卷，春秋三傳比二卷，蜀碑記補十卷，卍齋璅錄十卷，諸家藏畫簿十卷，南越筆記十六卷，賦話十卷，詩話二卷，詞話四卷，曲話二卷，六書分毫三卷，古音合二卷，金石存一至十，尾蔗叢談四卷，樂府侍兒小名二卷，奇字名十二卷，通誥二卷，勸說四卷，制義科瑣記四卷，然犀志二卷，出口程記一卷，方言藻二卷，粵風四卷，全五代詩一百卷、補遺一卷，蜀雅二十卷，萬善堂集十卷、李石亭文集六卷，醒園錄二卷，童山詩集四十二卷、文集二十卷，四家選集二十九卷，粵東皇華集四卷，淡墨錄十六卷，羅江縣志十卷）

620000－1101－0006420　3879

函海一百五十二種八百五十六卷　（清）李調元輯　清乾隆李氏萬卷樓刻道光五年（1825）李朝夔補刻本　一百二十八冊　存一百十六種六百十七卷（華陽國志十二卷，郭子翼莊一卷，古今同姓名錄二卷，素履子三卷，說文解字韻譜五卷，緝古算經一卷，主客圖一卷，蘇氏演義二卷，寶藏論一卷，心要經一卷，金華子雜編二卷，唐史論斷三卷，東坡烏臺詩案一卷，藏海詩話一卷，益州名畫錄三卷，韓氏山水純全集一卷，月波洞中記一卷，蜀檮杌二卷，產育寶慶集二卷，顱顖經一卷，出行寶鏡一卷、圖一卷，翼元十二卷，農書三卷，芻言三卷，常談一卷，靖康傳信錄三卷，淳熙薦士錄一卷，江南餘載二卷，江淮異人錄二卷，青溪弄兵錄一卷，張氏可書一卷，珍席放談二卷，鶴山筆錄一卷，建炎筆錄三卷，辯誣筆錄一卷，采石瓜州斃亮記一卷，家訓筆錄一卷，舊聞證誤四卷，建炎以來朝野襍記甲集二十卷、乙集二十卷，州縣提綱四卷，諸蕃志二卷，省心襍言一卷，三國雜事二卷，三國紀年一卷，五國故事二卷，東原錄一卷，冐緊錄一卷，燕

魏雜記一卷，夾漈遺稿三卷，龍龕手鑑四卷，雪履齋筆記一卷，日聞錄一卷，吳中舊事一卷，鳴鶴餘音一卷，升菴經說十四卷，檀弓叢訓二卷，世說舊注一卷，山海經補註一卷，莊子闕誤一卷，秋林伐山八卷，升庵韻學七種二十八卷，古音駢字五卷，古音複字五卷，希姓錄五卷，升菴詩話十二卷、補遺二卷，詞品六卷、拾遺一卷，墨池瑣錄二卷，法帖神品目一卷，名畫神品目一卷，書品一卷，畫品一卷，金石古文十四卷，古文韻語一卷，石鼓文音釋三卷，大學古本旁註一卷，月令氣候圖說一卷，尚書古文考一卷，詩音辯略二卷，左傳事緯四卷，夏小正箋一卷，蜀語一卷，蜀碑記十卷，中麓畫品一卷，卮辭一卷，周禮摘箋五卷，儀禮古今考二卷，禮記補註四卷，易古文三卷，十三經注疏錦字四卷，左傳官名考二卷，逸孟子一卷，春秋三傳比二卷，蜀碑記補十卷，卍齋璅錄十卷，諸家藏畫簿十卷，博物要覽十二卷，金石存一至十，通俗編十五卷，南越筆記十六卷，賦話十卷，詩話二卷，詞話四卷，曲話二卷，六書分毫三卷，古音合二卷，尾蔗叢談四卷，奇字名十二卷，樂府侍兒小名二卷，通誥二卷，勸說四卷，四家選集二十九卷，全五代詩四十二至九十，童山詩集四十二卷、文集二十卷，粵東皇華集四卷，淡墨錄十六卷，羅江縣志十卷）

620000－1101－0006421　3370

函海一百五十一種八百二十七卷　（清）李調元輯　清乾隆李氏萬卷樓刻嘉慶十四年（1809）李鼎元印本　十一冊　存九種六十六卷（制義科瑣記四卷，然犀志二卷，出口程記一卷，方言藻二卷，粵風四卷，蜀雅二十卷，醒園錄一卷，萬善堂集十卷、李石亭文集六卷，全五代詩一至十六）

620000－1101－0006422　4209

函海一百五十一種八百二十七卷　（清）李調元輯　清乾隆李氏萬卷樓刻嘉慶十四年（1809）李鼎元印本　二十冊　存四十四種一百三十五卷（翼元十二卷，農書三卷，芻言三卷，常談一卷，靖康傳信錄三卷，淳熙薦士錄一卷，江南餘載二卷，江淮異人錄二卷，青溪

弄兵錄一卷,張氏可書一卷,珍席放談二卷,鶴山筆錄一卷,建炎筆錄三卷,辯誣筆錄一卷,采石瓜州斃亮記一卷,家訓筆錄一卷,舊聞證誤四卷,建炎以來朝野襍記甲集一至十五,金石古文十四卷,古文韻語一卷,石鼓文音釋三卷,風雅逸篇十卷,古今風謠一卷,古今諺一卷,俗言一卷,麗情集一卷、厈麗情集一卷,墐戶錄一卷,雲南山川志一卷,滇載記一卷,丹鉛雜錄十卷,玉名詁一卷,異魚圖贊四卷,升庵先生年譜一卷,異魚圖贊補三卷,大學古本旁註一卷,月令氣候圖說一卷,尚書古文考一卷,詩音辯略二卷,左傳事緯四卷,夏小正箋一卷,蜀語一卷,蜀碑記十卷,中麓畫品一卷,厄辭一卷)

620000－1101－0006423　454
函史上編八十二卷下編二十一卷　（明）鄧元錫撰　明萬曆刻本　六十四冊

620000－1101－0006424　392
函史上編八十一卷下編二十一卷　（明）鄧元錫撰　明崇禎七年(1634)鄧應瑞刻清順治重修本　七十冊

620000－1101－0006425　3881
函史上編八十一卷下編二十一卷　（明）鄧元錫撰　明崇禎七年(1634)鄧應瑞刻清順治重修本　十八冊　存二十二卷(上編四十五至四十六、六十八至七十、七十三至八十一,下編十四至二十一)

620000－1101－0006426　782.104/661
涵芬樓古今文鈔小傳四卷首一卷附錄一卷
(清)上海商務印書館編譯所編纂　清宣統三年(1911)上海商務印書館鉛印本　一冊

620000－1101－0006427　1232
涵秋堂詩六卷文稿一卷　（清）林芃撰　清康熙十四年(1675)刻本　一冊

620000－1101－0006428　2850
寒泉子直木堂詩集二卷　（清）釋本書撰　清康熙刻本　一冊

620000－1101－0006429　1006

寒山堂金石林時地考二卷　（明）趙均撰　清咸豐三年(1853)南海伍氏刻粵雅堂叢書本　與620000－1101－0003106合冊

620000－1101－0006430　847.7/310.01
寒松閣詞四卷　（清）張鳴珂撰　清光緒十年(1884)江西書局刻本　一冊

620000－1101－0006431　847.7/310.05
寒松閣詩八卷　（清）張鳴珂撰　清光緒十九年(1893)嘉興張氏刻本　一冊　存四卷(一至四)

620000－1101－0006432　847.7/310
寒松閣詩八卷詞四卷駢體文一卷續一卷
(清)張鳴珂撰　清光緒江西書局刻本　三冊　存十卷(詩五至八、詞四卷、駢體文一卷、續一卷)

620000－1101－0006433　847.2/806
寒松堂全集十二卷附年譜一卷　（清）魏象樞著　清嘉慶十六年(1811)刻本　十三冊

620000－1101－0006434　847.2/806
寒松堂全集十二卷附年譜一卷　（清）魏象樞著　清嘉慶十六年(1811)刻本　十三冊

620000－1101－0006435　413.363/267.001
寒溫條辨七卷　（清）楊璿編　**溫病壞證一卷**　（清）文祖撰　清光緒十九年(1893)江右醉芸軒刻本　六冊

620000－1101－0006436　847.5/331.1
寒香舘詩鈔四卷　（清）賀熙齡撰　清道光二十八年(1848)刻本　一冊

620000－1101－0006437　847.5/331
寒香舘文鈔八卷　（清）賀熙齡撰　清道光二十七年(1847)刻本　一冊

620000－1101－0006438　847.5/331.01
寒香舘文鈔八卷寒香舘詩鈔四卷　（清）賀熙齡撰　**墓誌銘一卷**　（清）唐鑑撰　**崇祀鄉賢錄一卷**　（□）□□撰　清道光刻本　一冊

620000－1101－0006439　072.76/994
寒秀草堂筆記四卷　（清）姚衡撰　清光緒九

年(1883)歸安姚氏刻咫進齋叢書本　一冊

620000－1101－0006440　2583

韓昌黎詩集編年箋注十二卷　（清）方世舉撰
清乾隆二十三年(1758)盧氏雅雨堂刻本
二冊

620000－1101－0006441　3322

韓昌黎詩集編年箋注十二卷　（清）方世舉撰
清乾隆二十三年(1758)盧氏雅雨堂刻本
六冊

620000－1101－0006442　366

韓昌黎文選二卷　（唐）韓愈撰　清抄本
二冊

620000－1101－0006443　255

韓非子二十卷　（戰國）韓非子撰　明萬曆十
年(1582)趙用賢刻管韓合刻本　十冊

620000－1101－0006444　121.67/229

韓非子二十卷　（戰國）韓非子撰　（□）□□
注　清嘉慶九年(1804)姑蘇聚文堂刻本
六冊

620000－1101－0006445　121.67/229.004

韓非子二十卷　（戰國）韓非子撰　（□）□□
注　清嘉慶九年(1804)寶慶經綸堂刻本
四冊

620000－1101－0006446　121.671/0.22

韓非子二十卷　（戰國）韓非子撰　（□）□□
注　清嘉慶九年(1804)刻本　八冊

620000－1101－0006447　121.67/229.003

韓非子二十卷　（戰國）韓非子撰　**附識誤三
卷**　（清）顧廣圻撰　清嘉慶二十三年(1818)
吳氏刻本　四冊

620000－1101－0006448　121.67/43

韓非子二十卷　（戰國）韓非子撰　**附識誤三
卷**　（清）顧廣圻撰　清道光二十五年(1845)
刻本　二冊

620000－1101－0006449　121.67/229.001

韓非子二十卷　（戰國）韓非子撰　**附識誤三
卷**　（清）顧廣圻撰　清光緒元年(1875)浙江

書局刻本　六冊

620000－1101－0006450　121.67/229.001

韓非子二十卷　（戰國）韓非子撰　**附識誤三
卷**　（清）顧廣圻撰　清光緒元年(1875)浙江
書局刻本　五冊　存十九卷(一至十六、附識
誤三卷)

620000－1101－0006451　121.67/229.001

韓非子二十卷　（戰國）韓非子撰　**附識誤三
卷**　（清）顧廣圻撰　清光緒元年(1875)浙江
書局刻本　六冊

620000－1101－0006452　121.671/120

韓非子集解二十卷首一卷　（清）王先慎撰
清光緒二十二年(1896)刻本　六冊

620000－1101－0006453　121.671/120

韓非子集解二十卷首一卷　（清）王先慎撰
清光緒二十二年(1896)刻本　六冊

620000－1101－0006454　121.671/120

韓非子集解二十卷首一卷　（清）王先慎撰
清光緒二十二年(1896)刻本　六冊

620000－1101－0006455　121.671/120

韓非子集解二十卷首一卷　（清）王先慎撰
清光緒二十二年(1896)刻本　六冊

620000－1101－0006456　733.212/153

韓國沿革史□□卷　（日本）西村豐撰　（清）
王履康　（清）辛漢編譯　清光緒二十八年
(1902)申江鉛印燕胎芝館叢書本　一冊　存
一卷(上)

620000－1101－0006457　844.16/22.37

韓集點勘四卷　（清）陳景雲編　清同治九年
(1870)江蘇書局刻本　一冊

620000－1101－0006458　782.99/415

韓柳年譜八卷　（清）馬曰璐輯　清光緒元年
(1875)隸釋齋刻本　一冊

620000－1101－0006459　264

韓柳文一百卷　（明）游居敬輯　明嘉靖十六
年(1537)游居敬刻本　二十冊

620000－1101－0006460　782.877/226

韓南溪四種五卷　（清）韓超等撰　清宣統二年(1910)錢塘汪氏鉛印振綺堂叢書本　一冊

620000－1101－0006461　093.57/927

韓詩內傳并薛君章句考四卷附錄一卷二雨堂筆談一卷　（清）錢玫撰　（清）錢世敍編　清末抄本　四冊

620000－1101－0006462　1737

韓詩外傳十卷　（漢）韓嬰撰　明刻廣漢魏叢書本　一冊　存五卷(一至五)

620000－1101－0006463　831.15/21.23.82

韓詩外傳十卷　（漢）韓嬰撰　（清）周廷寀校注　清光緒元年(1875)盱眙吳棠望三益齋刻本　四冊

620000－1101－0006464　4180

韓詩外傳十卷　（漢）韓嬰撰　清乾隆五十六年(1791)王氏刻增訂漢魏叢書本　一冊　存六卷(五至十)

620000－1101－0006465　093.57/21.22.81

韓詩外傳十卷補逸一卷　（漢）韓嬰撰　（清）趙懷玉校注并輯補逸　（清）周廷寀校注　韓詩外傳校注拾遺一卷　（清）周宗杭輯　清光緒元年(1875)盱眙吳棠望三益齋刻本　四冊

620000－1101－0006466　951

韓蘇二妙集不分卷　（唐）韓愈　（宋）蘇軾書　明弘治九年(1496)程廷珙刻本　一冊

620000－1101－0006467　844.16/22.821

韓文考異四十卷首一卷末一卷昌黎先生外集十卷遺文一卷　（宋）朱熹校正　（宋）王伯大音釋　清光緒十八年(1892)傳經堂刻本　十二冊

620000－1101－0006468　2753

韓文起十二卷　（唐）韓愈撰　（清）林雲銘評注　韓文公年譜一卷　（清）林雲銘編　清康熙三十二年(1693)林雲銘刻本(卷三至四係抄配)　六冊

620000－1101－0006469　2933

韓文起十二卷　（唐）韓愈撰　（清）林雲銘評注　韓文公年譜一卷　（清）林雲銘編　清康熙刻本　十冊

620000－1101－0006470　277

韓文一卷　（唐）韓愈撰　（明）郭正域評　明萬曆四十五年(1617)閔齊伋刻朱墨套印本　二冊

620000－1101－0006471　858.419/333

韓湘寶卷二卷　（清）雲山煙波釣徒風月主人撰　清光緒二十年(1894)上海翼化堂刻本　二冊

620000－1101－0006472　3236

韓子粹言不分卷　（唐）韓愈撰　（清）李光地評　清康熙五十二年(1713)刻本　一冊

620000－1101－0006473　1621

韓子二十卷　明崇禎十一年(1638)葛鼎刻合刻管韓二子本　四冊

620000－1101－0006474　844.16/22.92

韓子四卷　（唐）韓愈撰　（清）谷際岐彙鈔　清嘉慶十八年(1813)采蘭堂刻本　四冊

620000－1101－0006475　254

韓子迂評二十卷　題(明)門無子撰　明刻朱墨套印本　八冊

620000－1101－0006476　802.29/817.009

汗簡箋正七卷目錄一卷　（宋）郭忠恕撰　（清）鄭珍箋正　清光緒十五年(1889)廣雅書局刻本　四冊

620000－1101－0006477　802.29/817.009

汗簡箋正七卷目錄一卷　（宋）郭忠恕撰　（清）鄭珍箋正　清光緒十五年(1889)廣雅書局刻本　四冊

620000－1101－0006478　802.29/817.009

汗簡箋正七卷目錄一卷　（宋）郭忠恕撰　（清）鄭珍箋正　清光緒十五年(1889)廣雅書局刻本　四冊

620000－1101－0006479　802.29/817.009

汗簡箋正七卷目錄一卷　（宋）郭忠恕撰　（清）鄭珍箋正　清光緒十五年(1889)廣雅書

局刻本　四冊

620000－1101－0006480　802.29/817.009

汗簡箋正七卷目錄一卷　（宋）郭忠恕撰
（清）鄭珍箋正　清光緒十五年(1889)廣雅書
局刻本　四冊

620000－1101－0006481　802.29/817.009

汗簡箋正七卷目錄一卷　（宋）郭忠恕撰
（清）鄭珍箋正　清光緒十五年(1889)廣雅書
局刻本　三冊

620000－1101－0006482　802.29/817

汗簡七卷　（宋）郭忠恕撰　（清）朱記榮校刊
　清光緒十一年(1885)槐廬家塾刻本　二冊

620000－1101－0006483　3712

汗簡七卷　（宋）郭忠恕撰　清康熙四十二年
(1703)一隅艸堂刻本　二冊

620000－1101－0006484　3713

汗簡七卷　（宋）郭忠恕撰　清康熙四十二年
(1703)一隅艸堂刻本　二冊

620000－1101－0006485　802.29/634.001

汗簡三卷目錄一卷略敘目錄一卷　（宋）郭忠
恕撰　清光緒九年(1883)上海點石齋石印本
　一冊

620000－1101－0006486　794.5/312

漢碑範八卷　（清）張祖翼選臨　清宣統三年
(1911)上海文明書局石印本　一冊　存四卷
(一至四)

620000－1101－0006487　802.296/52

漢碑徵經一卷　（清）朱百度撰　清光緒十五
年(1889)廣雅書局刻本　一冊

620000－1101－0006488　573.41/378

漢官答問五卷　（清）陳樹鏞撰　清宣統二年
(1910)錢塘汪氏鉛印振綺堂叢書本　一冊

620000－1101－0006489　573.12/363

漢官七種十一卷　（清）孫星衍輯　清嘉慶刻
本　四冊

620000－1101－0006490　573.12/674

漢官儀二卷　（漢）應劭撰　**漢官典職儀式選
用一卷**　（漢）蔡質撰　**漢儀一卷**　（三國吳）
丁孚撰　清光緒十年(1884)吳縣朱記榮槐廬
家塾刻本　一冊

620000－1101－0006491　570.7/15.34

漢賈誼政事疏考補一卷　（清）夏炘訂　清咸
豐三年(1853)刻本　一冊

620000－1101－0006492　8

漢雋十卷　（宋）林鉞撰　元刻明修本　八冊

620000－1101－0006493　802.295/324

漢隸辨體四卷　（清）尹彭壽撰　清光緒二十
一年(1895)諸城尹氏尚志堂刻本　四冊

620000－1101－0006494　1701

漢隸字源五卷碑目一卷附字一卷　（宋）婁機
撰　明末毛氏汲古閣刻本　五冊　存六卷
(漢隸字源五卷、碑目一卷)

620000－1101－0006495　589.91/314

漢律類纂不分卷　（清）張鵬一纂　清光緒三
十三年(1907)鉛印本　一冊

620000－1101－0006496　127.6/384

漢儒通義七卷　（清）陳澧撰　清同治十一年
(1872)番禺陳氏刻東塾叢書本　一冊　存三
卷(一至三)

620000－1101－0006497　794.1/113

漢石存目二卷　（清）王懿榮纂　**周秦石存目
一卷**　（清）彭壽慈纂　**魏晉石存目一卷**
（清）彭壽慈纂　清光緒十五年(1889)刻本
一冊

620000－1101－0006498　790.1/88

漢石例六卷　（清）劉寶楠撰　清道光二十八
年(1848)靈石楊氏刻連筠簃叢書本　二冊

620000－1101－0006499　790.1/88

漢石例六卷　（清）劉寶楠撰　清道光二十八
年(1848)靈石楊氏刻連筠簃叢書本　四冊

620000－1101－0006500　622.1083/930

漢書辨疑二十二卷　（清）錢大昭撰　清光緒
十三年(1887)廣雅書局刻本　五冊

620000－1101－0006501　622.1083/930

漢書辨疑二十二卷 （清）錢大昭撰 清光緒
十三年（1887）廣雅書局刻本 四冊 存十八
卷（一至四、九至二十二）

620000－1101－0006502 622.1083/930

漢書辨疑二十二卷 （清）錢大昭撰 清光緒
十三年（1887）廣雅書局刻本 五冊

620000－1101－0006503 622.1083/930

漢書辨疑二十二卷 （清）錢大昭撰 清光緒
十三年（1887）廣雅書局刻本 六冊

620000－1101－0006504 622.101/12.11

漢書補注一百卷首一卷 （漢）班固撰 （唐）
顏師古注 王先謙補注 清光緒二十六年
（1900）長沙王氏刻本 三十二冊

620000－1101－0006505 622.101/12.98.06

漢書補注一百卷首一卷 （漢）班固撰 （唐）
顏師古注 王先謙補注 清光緒二十六年
（1900）長沙王氏刻本 三十二冊

620000－1101－0006506 622.101/12.1101

漢書補注一百卷首一卷 （漢）班固撰 （唐）
顏師古注 王先謙補注 清晚期鴻章書局石
印本 四十冊

620000－1101－0006507 928

漢書地理志補注一百三卷 （清）吳卓信編纂
清經鉏堂抄本 三十冊

620000－1101－0006508 662.11/707

漢書地理志二卷 （漢）班固撰 （唐）顏師古
注 （清）汪遠孫校 清同治十年（1871）退補
齋刻本 一冊

620000－1101－0006509 662.11/436

漢書地理志水道圖說補正二卷 （清）吳承志
纂 清光緒二十一年（1895）南林劉氏刻求恕
齋叢書本 一冊

620000－1101－0006510 682/384

漢書地理志水道圖說七卷 （清）陳澧撰 考
正德清胡氏禹貢圖一卷 （清）陳宗誼繪 清
咸豐、光緒番禺陳氏刻東塾叢書本 二冊

620000－1101－0006511 662.11/384

漢書地理志水道圖說七卷 （清）陳澧撰 考
正德清胡氏禹貢圖一卷 （清）陳宗誼繪 清
咸豐、光緒番禺陳氏刻東塾叢書本 二冊

620000－1101－0006512 662.11/384

漢書地理志水道圖說七卷 （清）陳澧撰 考
正德清胡氏禹貢圖一卷 （清）陳宗誼繪 清
咸豐、光緒番禺陳氏刻東塾叢書本 二冊

620000－1101－0006513 662.11/384

漢書地理志水道圖說七卷 （清）陳澧撰 考
正德清胡氏禹貢圖一卷 （清）陳宗誼繪 清
咸豐、光緒番禺陳氏刻東塾叢書本 一冊

620000－1101－0006514 662.11/707.001

漢書地理志校本二卷 （清）汪遠孫撰 清道
光二十八年（1848）汪氏振綺堂刻本 一冊

620000－1101－0006515 622.101/12.27

漢書蒙拾二卷後漢書蒙拾二卷 （清）杭世駿
輯 清光緒十年（1884）上海同文書局石印本
二冊

620000－1101－0006516 357

漢書評林一百卷 （明）凌稚隆輯 明萬曆九
年（1581）凌稚隆刻本 四十冊

620000－1101－0006517 1588

漢書評林一百卷 （明）凌稚隆輯 明萬曆九
年（1581）凌稚隆刻本 十冊 存三十三卷
（一至十九、二十七至三十、七十七至八十三、
九十六至九十八）

620000－1101－0006518 622.101/764

漢書評林一百卷 （明）凌稚隆輯 清光緒十
七年（1891）星沙養翻書齋刻本（高帝紀第一
上第一頁為抄補） 三十冊

620000－1101－0006519 622.101/764.001

漢書評林一百卷 （明）凌稚隆輯 清同治十
三年（1874）長沙魏氏養翻書屋刻本 三十
二冊

620000－1101－0006520 622.101/764.001

漢書評林一百卷 （明）凌稚隆輯 清同治十
三年（1874）長沙魏氏養翻書屋刻本 三十

二册

620000－1101－0006521　552.2/10.67

漢書食貨志一卷　（漢）班固撰　（唐）顏師古注　清光緒八年（1882）黎庶昌刻古逸叢書本　一册

620000－1101－0006522　622.201/749

漢書疏證三十卷　（清）沈欽韓撰　清光緒二十六年（1900）浙江官書局刻本　二十四册

620000－1101－0006523　629.61/947

漢書西域傳補註二卷　（清）徐松撰　清道光九年（1829）刻本　一册

620000－1101－0006524　629.61/947.001

漢書西域傳補註二卷　（清）徐松撰　清道光九年（1829）刻本　二册

620000－1101－0006525　629.61/947.001

漢書西域傳補註二卷　（清）徐松撰　清道光十九年（1839）石印本　二册

620000－1101－0006526　629.61/947.001

漢書西域傳補註二卷　（清）徐松撰　清道光十九年（1839）石印本　二册

620000－1101－0006527　629.61/947.002

漢書西域傳補註二卷新疆賦一卷　（清）徐松撰　清光緒鴻文書局刻本　一册

620000－1101－0006528　629.61/947.002

漢書西域傳補註二卷新疆賦一卷　（清）徐松撰　清光緒鴻文書局刻本　一册

620000－1101－0006529　1749

漢書一百卷　（漢）班固撰　（唐）顏師古注　元大德九年（1305）太平路儒學刻明遞修本　七册　存三十卷（十九至二十、三十八至四十五、四十七至六十四、六十六至六十七）

620000－1101－0006530　44

漢書一百卷　（漢）班固撰　（唐）顏師古注　（明）鍾人傑輯評　明萬曆四十七年（1619）鍾人傑刻本　二十四册

620000－1101－0006531　3404

漢書一百卷　（漢）班固撰　（明）葛錫璠彙評

明崇禎十二年（1639）葛鼎刻本　十九册存七十二卷（一至四十四、七十至九十一、九十五至一百）

620000－1101－0006532　43

漢書一百卷　（漢）班固撰　（唐）顏師古注　明崇禎十五年（1642）毛氏汲古閣刻本　五十二册

620000－1101－0006533　43

漢書一百卷　（漢）班固撰　（唐）顏師古注　明崇禎十五年（1642）毛氏汲古閣刻清順治重修本　二十册

620000－1101－0006534　1723

漢書一百卷　（漢）班固撰　（唐）顏師古注　明崇禎十五年（1642）毛氏汲古閣刻本　二十六册　存八十三卷（一至二十二、二十五下至四十九、六十五至一百）

620000－1101－0006535　1983

漢書一百卷　（漢）班固撰　（唐）顏師古注　明崇禎十五年（1642）毛氏汲古閣刻本　八册

620000－1101－0006536　1984

漢書一百卷　（漢）班固撰　（唐）顏師古注　明崇禎十五年（1642）毛氏汲古閣刻本　三十二册

620000－1101－0006537　4074

漢書一百卷　（漢）班固撰　（唐）顏師古注　明崇禎十五年（1642）毛氏汲古閣刻本　十八册　存七十五卷（一至七十五）

620000－1101－0006538　1036

漢書一百卷　（漢）班固撰　（唐）顏師古注　明崇禎十五年（1642）毛氏汲古閣刻本　二十二册

620000－1101－0006539　622.101/12.98

漢書一百卷　（漢）班固撰　（唐）顏師古注　清同治八年（1869）金陵書局刻本　十六册

620000－1101－0006540　622.101/12.98

漢書一百卷　（漢）班固撰　（唐）顏師古注　清同治八年（1869）金陵書局刻本　十六册

620000 – 1101 – 0006541　622.101/12.98

漢書一百卷 （漢）班固撰　（唐）顏師古注
清同治八年(1869)金陵書局刻本　十六冊

620000 – 1101 – 0006542　622.101/12.98

漢書一百卷 （漢）班固撰　（唐）顏師古注
清同治八年(1869)金陵書局刻本　十六冊

620000 – 1101 – 0006543　622.101/12.98.009

漢書一百卷 （漢）班固撰　（唐）顏師古注
清同治八年(1869)金陵書局刻本　一冊　存
三卷(六十四至六十六)

620000 – 1101 – 0006544　622.101/124.002

漢書一百卷 （漢）班固撰　（唐）顏師古注
清光緒十三年(1887)金陵書局刻本　十六冊

620000 – 1101 – 0006545　622.101/12.98.001

漢書一百卷 （漢）班固撰　（唐）顏師古注
清光緒十三年(1887)金陵書局刻本　十六冊

620000 – 1101 – 0006546　622.101/12.98.010

漢書一百卷 （漢）班固撰　（唐）顏師古注
清光緒二十九年(1903)上海點石齋石印本
八冊

620000 – 1101 – 0006547　4454

漢書一百卷 （漢）班固撰　（唐）顏師古注
明崇禎十五年(1642)毛氏汲古閣刻清順治重
修本　六冊　存二十五卷(七十六至一百)

620000 – 1101 – 0006548　621.0107/86

漢書引經異文錄證六卷 （清）繆祐孫撰　清
光緒十一年(1885)刻本　二冊

620000 – 1101 – 0006549　621.0107/86

漢書引經異文錄證六卷 （清）繆祐孫撰　清
光緒十一年(1885)刻本　二冊

620000 – 1101 – 0006550　622.101/0.721

漢書摘翠不分卷 （□）□□摘抄　清末抄本
一冊

620000 – 1101 – 0006551　622.11/813

漢書注校補五十六卷 （清）周壽昌撰　清光
緒十年(1884)思益堂刻本　十二冊

620000 – 1101 – 0006552　622.11/813.001

620000 – 1101 – 0006552　622.11/813.001

漢書注校補五十六卷 （清）周壽昌撰　清光
緒十七年(1891)廣雅書局刻本　十六冊

620000 – 1101 – 0006553　650/833

漢唐事箋十二卷後集八卷 （元）朱禮撰　清
道光二年(1822)李鐵橋刻本　八冊

620000 – 1101 – 0006554　4601

漢瓦當研丝印存不分卷 （清）胡養元輯　清
光緒刻鈐印本　二冊

620000 – 1101 – 0006555　4165

漢魏六朝百三名家集一百十八卷 （明）張溥
輯　明婁東張氏刻本　三冊　存四卷(嵇中
散集一卷、魏鍾司徒集一卷、晉杜征南集一
卷、魏荀公曾集一卷)

620000 – 1101 – 0006556　4166

漢魏六朝百三名家集一百十八卷 （明）張溥
輯　明婁東張氏刻本　二十五冊　存二十八
卷(漢褚先生集一卷、王諫議集一卷、漢劉子
駿集一卷、馮曲陽集一卷、蔡中郎集二卷、宋
何衡陽集一卷、宋傅光祿集一卷、謝康樂集二
卷、顏光祿集一卷、王寧朔集一卷、謝宣城集
一卷、梁武帝御製集一卷、梁昭明太子集一
卷、梁元帝集一卷、江醴陵集二卷、何記室集
一卷、吳朝請集一卷、陳後主集一卷、沈侍中
集一卷、陳張散騎集一卷、江令君集一卷、高
令公集一卷、溫侍讀集一卷、庾開府集二卷)

620000 – 1101 – 0006557　830/30.05

漢魏六朝百三名家集一百十八卷 （明）張溥
輯　明婁東張氏刻本　一冊　存二卷(齊張
長史集一卷、南齊孔詹事集一卷)

620000 – 1101 – 0006558　830/30.05

漢魏六朝百三名家集一百十八卷 （明）張溥
輯　明婁東張氏刻本　三冊　存六卷(宋袁
陽源集一卷、謝法曹集一卷、謝光祿集一卷、
南齊竟陵王集二卷、王文憲集一卷)

620000 – 1101 – 0006559　830/30.03

漢魏六朝百三名家集一百十八卷 （明）張溥
輯　清光緒三年(1877)唐氏壽考堂刻本　十
六冊　存三十九卷(梁武帝御製集一卷、梁昭

明太子集一卷、梁簡文帝御製集二卷、梁元帝集一卷、江醴陵集二卷、沈隱侯集二卷、陶隱居集一卷、梁丘司空集一卷、任中丞集一卷、王左丞集一卷、陸太常集一卷、劉戶曹集一卷、王詹事集一卷、劉秘書集一卷、劉豫章集一卷、劉庶子集一卷、庾度支集一卷、何記室集一卷、吳朝請集一卷、陳後主集一卷、徐僕射集一卷、沈侍中集一卷、江令君集一卷,陳張散騎集一卷,高令公集一卷、溫侍讀集一卷、邢特進集一卷、魏特進集一卷、庾開府集二卷、王司空集一卷、隋煬帝集一卷、盧武陽集一卷、李懷州集一卷、牛奇章集一卷、薛司隸集一卷)

620000－1101－0006560　830/30.04
漢魏六朝百三名家集一百十八卷 （明）張溥輯　清光緒十八年(1892)善化章經濟堂刻本　二十冊　存三十一卷(董膠西集一卷、東方大中集一卷、漢劉子政集一卷、楊侍郎集班蘭臺集一卷、東漢崔亭伯集一卷、李蘭臺集一卷、東漢馬季長集一卷、東漢荀侍中集一卷、東漢王師叔集一卷、孔少府集一卷、阮步兵集一卷、孫馮翊集一卷、晉摯太常集一卷、晉束廣微集一卷、夏侯常侍集一卷、潘黃門集一卷、傅中臣集一卷、潘太常集一卷、晉成公子安集一卷、晉張孟陽集一卷、晉張景陽集一卷、晉劉越石集一卷、鮑參軍集二卷、沈隱侯集二卷、徐僕射集一卷、沈侍中集一卷、庾開府集一卷、牛奇章集一卷、薛司隸集一卷)

620000－1101－0006561　830/30.04
漢魏六朝百三名家集一百十八卷 （明）張溥輯　清光緒十八年(1892)善化章經濟堂刻本　三冊　存五卷(陶隱居集一卷、庾度支集一卷、邱司空集一卷、溫侍讀集一卷、邢特進集一卷)

620000－1101－0006562　830/30.07
漢魏六朝百三名家集一百十八卷 （明）張溥輯　清光緒刻本　一冊　存二卷(陳思王集二卷)

620000－1101－0006563　830/30.06
漢魏六朝百三名家集一百十八卷 （明）張溥輯　清晚期刻本　十五冊　存三十卷(張河間集二卷、漢蘭臺令李伯仁集一卷、魏文帝集二卷、陳思王集一卷之葉一至六十九、陳記室集一卷、王侍中集一卷、魏阮元瑜集一卷、魏劉公幹集一卷、魏應德璉集一卷、魏應休璉集一卷、陸清河集二卷、郭弘農集二卷、晉王右軍集二卷、孫延尉集一卷、陶彭澤集一卷、梁簡文帝御製集二卷、任中丞集一卷、王左丞集一卷、陸太常集一卷、劉戶曹集一卷、王詹事集一卷、劉秘書集一卷、劉豫章集一卷、隋煬帝集一卷)

620000－1101－0006564　830/30.08
漢魏六朝百三名家集一百十八卷 （明）張溥輯　清晚期刻本　三冊　存三卷(漢褚先生集一卷、魏特進集一卷、李懷州集一卷)

620000－1101－0006565　830/30
漢魏六朝百三名家集一百十九卷 （明）張溥輯　清光緒五年(1879)彭懋謙信述堂刻本　一百冊

620000－1101－0006566　830/30
漢魏六朝百三名家集一百十九卷 （明）張溥輯　清光緒五年(1879)彭懋謙信述堂刻本　七十冊　存五十三卷(晉張司空集一卷、孫馮翊集一卷、晉摯太常集一卷、晉束廣微集一卷、夏侯常侍集一卷、潘黃門集一卷、傅中丞集一卷、潘太常集一卷、陸平原集二卷、陸清河集二卷、晉成公子安集一卷、晉張孟陽集一卷、晉張景陽集一卷、晉劉越石集一卷、郭弘農集二卷、晉王右軍集一卷、晉王大令集一卷、晉孫廷尉一卷、陶彭澤集一卷、宋何衡陽集一卷、宋傅光祿集一卷、謝康樂集二卷、顏光祿集一卷、鮑參軍集二卷、宋袁陽源集一卷、謝法曹集一卷、謝光祿集一卷、南齊竟陵王二卷、王文憲集一卷、王寧朔集一卷、謝宣城集一卷、齊張長史集一卷、南齊孔詹士集一卷、梁武帝御製集二卷、梁昭明太子集一卷、梁簡文帝御製集二卷、梁元帝集一卷、江醴陵集二卷、沈隱侯集二卷、陶隱居集一卷、邱司空集一卷、任中丞集一卷)

620000－1101－0006567　830/30.01

340

漢魏六朝百三名家集一百十九卷　（明）張溥
輯　清光緒十八年(1892)南雅書局刻本　一
百冊

620000－1101－0006568　830/158

漢魏六朝名家集初刻一百七十九卷　丁福保
輯　清宣統三年(1911)無錫丁氏鉛印本　三
十冊

620000－1101－0006569　830/158

漢魏六朝名家集初刻一百七十九卷　丁福保
輯　清宣統三年(1911)無錫丁氏鉛印本　二
十四冊　存一百三十七卷(揚子雲集四卷、班
孟堅集三卷、王叔師集一卷、鄭康成集一卷、
蔡中郎集十二卷、劉公幹集一卷、應德槤集一
卷、阮元瑜集一卷、孔文舉集一卷、王仲宣集
三卷、陳孔璋集一卷、徐偉長集一卷、魏武帝
集四卷、魏文帝集六卷、阮嗣宗集四卷、左太
沖集一卷、潘安仁集五卷、嵇叔夜集七卷、陸
士龍集十卷、陶淵明集十卷、謝康樂集五卷、
謝法曹集二卷、謝希逸集三卷、鮑明遠集三
卷、顏延年集四卷、謝宣城集五卷、梁武帝集
八卷、梁元帝集五卷、梁簡文帝集八卷、梁昭
明太子集四卷、江文通集八卷、隋煬帝集五
卷)

620000－1101－0006570　830/314

漢魏六朝女子文選二卷　（清）張維撰　清宣
統三年(1911)海鹽朱是刻本　一冊

620000－1101－0006571　830/314

漢魏六朝女子文選二卷　（清）張維撰　清宣
統三年(1911)海鹽朱是刻本　一冊

620000－1101－0006572　4598

漢魏音四卷　（清）洪亮吉撰　清乾隆五十年
(1785)刻北江全集本　二冊

620000－1101－0006573　857.1/124

漢武帝內傳不分卷　（漢）班固撰　飛燕外傳
不分卷　（漢）伶玄撰　（□）陳斗垣閱　雜事
秘辛不分卷　（明）錢敬臣　（□）徐仁中等閱
　群輔錄　（晉）陶潛撰　（□）徐仁毓閱　神
仙傳十卷　（晉）葛洪撰　清嘉慶刻本　一冊

620000－1101－0006574　629.6/28.001

漢西域圖考七卷圖一卷　（清）李光廷撰　清
光緒十九年(1893)寶善書局石印本　七冊

620000－1101－0006575　629.6/28

漢西域圖考七卷圖一卷　（清）李光廷撰　清
晚期粵東省城西湖街富文齋刻本　四冊

620000－1101－0006576　629.6/28

漢西域圖考七卷圖一卷　（清）李光廷撰　清
晚期粵東省城西湖街富文齋刻本　四冊

620000－1101－0006577　629.6/28

漢西域圖考七卷圖一卷　（清）李光廷撰　清
晚期粵東省城西湖街富文齋刻本　四冊

620000－1101－0006578　629.6/28

漢西域圖考七卷圖一卷　（清）李光廷撰　清
晚期粵東省城西湖街富文齋刻本　四冊

620000－1101－0006579　629.6/28

漢西域圖考七卷圖一卷　（清）李光廷撰　清
晚期粵東省城西湖街富文齋刻本　四冊

620000－1101－0006580　629.6/28

漢西域圖考七卷圖一卷　（清）李光廷撰　清
晚期粵東省城西湖街富文齋刻本　四冊

620000－1101－0006581　3442

漢西域圖考七卷圖一卷　（清）李光廷撰　清
光緒八年(1882)陽湖趙氏壽諼草堂木活字印
本　四冊

620000－1101－0006582　629.6/28.002

漢西域圖考七卷圖一卷　（清）李光廷撰　清
光緒八年(1882)陽湖趙氏壽諼草堂木活字印
本　四冊

620000－1101－0006583　629.6/28

漢西域圖考七卷圖一卷　（清）李光廷撰　清
光緒八年(1882)陽湖趙氏壽諼草堂木活字印
本　四冊

620000－1101－0006584　629.6/28.003

漢西域圖考七卷圖一卷　（清）李光廷撰　清
末上海鴻文書局石印本　三冊　存六卷(二
至七)

341

620000－1101－0006585　629.6/28.003

漢西域圖考七卷圖一卷　（清）李光廷撰　清末上海鴻寶書局石印本　二冊　存三卷（二、六至七）

620000－1101－0006586　629.6/28.004

漢西域圖考七卷圖一卷　（清）李光廷撰　清光緒石印本　一冊　存二卷（六至七）

620000－1101－0006587　2730

漢溪書法通解八卷　（清）戈守智撰　清乾隆十五年（1750）霽雲閣刻本　四冊

620000－1101－0006588　943.2/401

漢溪書法通解八卷　（清）戈守智撰　（清）陸聲鐘編次　清晚期刻本　四冊

620000－1101－0006589　127.6/62

漢學商兌三卷　（清）方東樹撰　清光緒八年（1882）四明華雨樓刻本　四冊

620000－1101－0006590　127.6/62.002

漢學商兌三卷　（清）方東樹撰　清光緒十年（1884）寧鄉成氏刻本　一冊

620000－1101－0006591　127.6/62.001

漢學商兌三卷　（清）方東樹撰　清同治十年（1871）望三益齋刻本　四冊

620000－1101－0006592　084/16

漢學堂叢書二百十五種二百四十五卷　（清）黃奭輯　清道光甘泉黃氏刻光緒印本　八十冊

620000－1101－0006593　629.25/255

漢陽府漢川縣調查民事習慣報告冊不分卷　（清）林世芳編　清宣統二年（1910）抄本　一冊

620000－1101－0006594　013.2/21.11

漢藝文志考證十卷　（宋）王應麟撰　清光緒十年（1884）志古堂刻本　四冊

620000－1101－0006595　573.12/11

漢制考四卷　（宋）王應麟撰　清光緒十年（1884）志古堂刻本　二冊

620000－1101－0006596　573.12/118

漢制考四卷　（宋）王應麟撰　清光緒浙江書局刻本　一冊

620000－1101－0006597　493

翰海十二卷　（明）沈佳胤輯　明末刻本　十二冊

620000－1101－0006598　856.167/385

翰海十二卷　（明）沈佳胤輯　清光緒二年（1876）上海申報館鉛印本　八冊

620000－1101－0006599　942.1/222

翰墨卮言四卷　（清）胡自治撰　世恩堂文鈔一卷　（清）張慶縉撰　清道光二十四年（1844）楊繼曾刻本　一冊

620000－1101－0006600　942.1/222

翰墨卮言四卷　（清）胡自治撰　世恩堂文鈔一卷　（清）張慶縉撰　清道光二十四年（1844）楊繼曾刻本　一冊

620000－1101－0006601　942.1/222

翰墨卮言四卷　（清）胡自治撰　世恩堂文鈔一卷　（清）張慶縉撰　清道光二十四年（1844）楊繼曾刻本　一冊

620000－1101－0006602　682.8/331

行川必要一卷　（清）賀縉紳撰　清光緒四年（1878）刻本　一冊

620000－1101－0006603　557.49/906

行船免撞章程一卷附一卷　（英國）傅蘭雅譯　（清）鍾天緯譯　清光緒江南機器製造總局鉛印本　一冊

620000－1101－0006604　557.49/906

行船免撞章程一卷附一卷　（英國）傅蘭雅譯　（清）鍾天緯譯　清光緒江南機器製造總局鉛印本　一冊

620000－1101－0006605　444.9/987

行海要術四卷　（美國）金楷理口譯　（清）李鳳苞筆述　清光緒十六年（1890）江南製造總局刻本　三冊

620000－1101－0006606　444.9/987

行海要術四卷　（美國）金楷理口譯　（清）李

鳳苞筆述　清光緒十六年(1890)江南製造總局刻本　三冊

620000－1101－0006607　444.9/987
行海要術四卷　（美國）金楷理口譯　（清）李鳳苞筆述　清光緒十六年(1890)江南製造總局刻本　三冊

620000－1101－0006608　444.9/987
行海要術四卷　（美國）金楷理口譯　（清）李鳳苞筆述　清光緒十六年(1890)江南製造總局刻本　一冊　存二卷(三至四)

620000－1101－0006609　444.9/987
行海要術四卷　（美國）金楷理口譯　（清）李鳳苞筆述　清光緒十六年(1890)江南製造總局刻本　二冊　存三卷(一、三至四)

620000－1101－0006610　444.9/987
行海要術四卷　（美國）金楷理口譯　（清）李鳳苞筆述　清光緒十六年(1890)江南製造總局刻本　三冊

620000－1101－0006611　782.876/0.942
行跡一卷名宦錄一卷　（□）□□輯　清道光刻本　一冊

620000－1101－0006612　595.12/136
行軍測繪十卷首一卷　（英國）連提撰　（英國）傅蘭雅口譯　（清）趙元益筆述　清同治十三年(1874)江南製造總局刻本　二冊

620000－1101－0006613　595.12/136
行軍測繪十卷首一卷　（英國）連提撰　（英國）傅蘭雅口譯　（清）趙元益筆述　清同治十三年(1874)江南製造總局刻本　二冊

620000－1101－0006614　595.12/136
行軍測繪十卷首一卷　（英國）連提撰　（英國）傅蘭雅口譯　（清）趙元益筆述　清同治十三年(1874)江南製造總局刻本　二冊

620000－1101－0006615　595.12/136
行軍測繪十卷首一卷　（英國）連提撰　（英國）傅蘭雅口譯　（清）趙元益筆述　清同治十三年(1874)江南製造總局刻本　二冊

620000－1101－0006616　595.12/136
行軍測繪十卷首一卷　（英國）連提撰　（英國）傅蘭雅口譯　（清）趙元益筆述　清同治十三年(1874)江南製造總局刻本　二冊

620000－1101－0006617　595.12/136
行軍測繪十卷首一卷　（英國）連提撰　（英國）傅蘭雅口譯　（清）趙元益筆述　清同治十三年(1874)江南製造總局刻本　二冊

620000－1101－0006618　595.12/136
行軍測繪十卷首一卷　（英國）連提撰　（英國）傅蘭雅口譯　（清）趙元益筆述　清同治十三年(1874)江南製造總局刻本　二冊

620000－1101－0006619　595.12/136
行軍測繪十卷首一卷　（英國）連提撰　（英國）傅蘭雅口譯　（清）趙元益筆述　清同治十三年(1874)江南製造總局刻本　二冊

620000－1101－0006620　595.12/136
行軍測繪十卷首一卷　（英國）連提撰　（英國）傅蘭雅口譯　（清）趙元益筆述　清同治十三年(1874)江南製造總局刻本　二冊

620000－1101－0006621　593.94/0.942
行軍紀律一卷　（清）軍機處撰　清嘉慶二十四年(1819)穆蘭岱刻本　一冊

620000－1101－0006622　595.4/906
行軍鐵路工程二卷附圖一卷　（英國）傅蘭雅　（清）汪振聲譯　清光緒十二年(1886)江南製造總局鉛印本　一冊

620000－1101－0006623　595.4/906
行軍鐵路工程二卷附圖一卷　（英國）傅蘭雅　（清）汪振聲譯　清光緒十二年(1886)江南製造總局鉛印本　一冊

620000－1101－0006624　595.4/906
行軍鐵路工程二卷附圖一卷　（英國）傅蘭雅　（清）汪振聲譯　清光緒十二年(1886)江南製造總局鉛印本　一冊

620000－1101－0006625　595.4/906
行軍鐵路工程二卷附圖一卷　（英國）傅蘭雅

（清）汪振聲譯　清光緒十二年(1886)江南製造總局鉛印本　一冊

620000－1101－0006626　595.4/906

行軍鐵路工程二卷附圖一卷　（英國）傅蘭雅（清）汪振聲譯　清光緒十二年(1886)江南製造總局鉛印本　一冊

620000－1101－0006627　595.4/906

行軍鐵路工程二卷附圖一卷　（英國）傅蘭雅（清）汪振聲譯　清光緒十二年(1886)江南製造總局鉛印本　一冊

620000－1101－0006628　595.4/906

行軍鐵路工程二卷附圖一卷　（英國）傅蘭雅（清）汪振聲譯　清光緒十二年(1886)江南製造總局鉛印本　一冊

620000－1101－0006629　595.4/906

行軍鐵路工程二卷附圖一卷　（英國）傅蘭雅（清）汪振聲譯　清光緒十二年(1886)江南製造總局鉛印本　一冊

620000－1101－0006630　595.4/906

行軍鐵路工程二卷附圖一卷　（英國）傅蘭雅（清）汪振聲譯　清光緒十二年(1886)江南製造總局鉛印本　一冊

620000－1101－0006631　595.4/906

行軍鐵路工程二卷附圖一卷　（英國）傅蘭雅（清）汪振聲譯　清光緒十二年(1886)江南製造總局鉛印本　一冊

620000－1101－0006632　592.5/400

行軍指南不分卷　（清）廳昌編輯　清光緒二十二年(1896)鉛印本　一冊

620000－1101－0006633　592.5/400

行軍指南不分卷　（清）廳昌編輯　清光緒二十二年(1896)鉛印本　一冊

620000－1101－0006634　592/431

行軍指要六卷圖一卷　（英國）哈密撰（美國）金楷理口譯　（清）趙元益筆述　清光緒二十七年(1901)上海製造局刻本　六冊

620000－1101－0006635　592/431

行軍指要六卷圖一卷　（英國）哈密撰（美國）金楷理口譯　（清）趙元益筆述　清光緒二十七年(1901)上海製造局刻本　六冊

620000－1101－0006636　592/431

行軍指要六卷圖一卷　（英國）哈密撰（美國）金楷理口譯　（清）趙元益筆述　清光緒二十七年(1901)上海製造局刻本　六冊

620000－1101－0006637　592/431

行軍指要六卷圖一卷　（英國）哈密撰（美國）金楷理口譯　（清）趙元益筆述　清光緒二十七年(1901)上海製造局刻本　六冊

620000－1101－0006638　592/431

行軍指要六卷圖一卷　（英國）哈密撰（美國）金楷理口譯　（清）趙元益筆述　清光緒二十七年(1901)上海製造局刻本　一冊　存一卷(六)

620000－1101－0006639　592/431

行軍指要六卷圖一卷　（英國）哈密撰（美國）金楷理口譯　（清）趙元益筆述　清光緒二十七年(1901)上海製造局刻本　五冊

620000－1101－0006640　782.8/385

行述一卷　（清）陳兆葵著　清光緒十九年(1893)刻本　一冊

620000－1101－0006641　3900

行水金鑑一百七十五卷首一卷　（清）傅澤洪撰　清雍正三年(1725)淮陽官舍刻本　三十六冊

620000－1101－0006642　794.081/833

行素草堂金石叢書二十一種一百五十二卷（清）朱記榮輯　清光緒吳縣朱氏刻十四年(1888)彙印本　四十八冊　存十八種一百四十五卷(集古錄跋尾十卷、集古錄目五卷、金石錄三十卷、廣川書跋十卷、求古錄一卷、金石錄補二十七卷、金石錄補續跋七卷、京畿金石考二卷、寰宇訪碑錄十二卷、平津讀碑記八卷、平津讀碑續記一卷、漢石例六卷、金石例補二卷、漢魏六朝墓銘纂例四卷、金石綜例四卷、石經閣金石跋文一卷、趙氏補寰宇訪碑錄

五卷、碑版廣例十卷)

620000－1101－0006643　794.081/833

行素草堂金石叢書二十一種一百五十二卷
(清)朱記榮輯　清光緒吳縣朱氏刻十四年
(1888)彙印本　三十六冊　存二十種一百四
十二卷(集古錄跋尾十卷、集古錄目五卷、金
石錄三十卷、廣川書跋十卷、求古錄一卷、金
石錄補二十七卷、金石錄補續跋七卷、京畿金
石考二卷、寰宇訪碑錄十二卷、平津讀碑記八
卷、平津讀碑續記一卷、漢石例六卷、金石例
補二卷、誌銘廣例二卷、漢魏六朝墓銘纂例四
卷、金石綜例四卷、金石稱例四卷、金石稱例
續編一卷、石經閣金石跋文一卷、趙氏補寰宇
訪碑錄五卷)

620000－1101－0006644　794.081/833

行素草堂金石叢書二十一種一百五十四卷
(清)朱記榮輯　清光緒吳縣朱氏刻十四年
(1888)彙印本　四十冊

620000－1101－0006645　012.6/833

行素堂目睹書錄十編　(清)朱記榮輯　清光
緒十年(1884)吳縣朱記榮槐廬刻本　八冊

620000－1101－0006646　012.6/833

行素堂目睹書錄十編　(清)朱記榮輯　清光
緒十年(1884)吳縣朱記榮槐廬刻本　十冊

620000－1101－0006647　012.6/833

行素堂目睹書錄十編　(清)朱記榮輯　清
緒十年(1884)吳縣朱記榮槐廬刻本　十冊

620000－1101－0006648　012.6/833

行素堂目睹書錄十編　(清)朱記榮輯　清光
緒十年(1884)吳縣朱記榮槐廬刻本　八冊
存八編(丙編至癸編)

620000－1101－0006649　523.2/455

行原養正錄不分卷　(清)史翊撰　清咸豐六
年(1856)刻本　一冊

620000－1101－0006650　626.04/892

行在陽秋二卷　(明)劉湘客撰　**嘉定屠城紀**
略一卷　(清)朱子素撰　清光緒刻明季稗史
彙編本　一冊　存一卷(上)

620000－1101－0006651　626.04/892

行在陽秋二卷　(明)劉湘客撰　**嘉定屠城紀**
略一卷　(清)朱子素撰　清光緒刻明季稗史
彙編本　二冊

620000－1101－0006652　3188

杭大宗七種叢書十八卷　(清)杭世駿撰　清
乾隆刻本　六冊

620000－1101－0006653　089.7/278

杭氏七種十八卷　(清)杭世駿撰　清咸豐元
年(1851)長沙小嫏嬛山館刻本　六冊

620000－1101－0006654　684.8/664

杭州上天竺講寺志十五卷　(明)廣賓纂　清
光緒二十三年(1897)錢塘丁氏嘉惠堂刻本
四冊

620000－1101－0006655　013.29/23.278

杭州藝文志十卷　(清)吳慶坻纂　清光緒三
十四年(1908)長沙吳氏刻光緒杭州府志本
五冊

620000－1101－0006656　013.29/23.278

杭州藝文志十卷　(清)吳慶坻纂　清光緒三
十四年(1908)長沙吳氏刻光緒杭州府志本
六冊

620000－1101－0006657　444.9/325

航海簡法四卷　(英國)那麗撰　(美國)金楷
理口譯　(清)王德均筆述　清光緒三十一年
(1905)上海江南機器製造總局刻本　二冊

620000－1101－0006658　444.9/325

航海簡法四卷　(英國)那麗撰　(美國)金楷
理口譯　(清)王德均筆述　清光緒三十一年
(1905)上海江南機器製造總局刻本　二冊

620000－1101－0006659　444.9/325

航海簡法四卷　(英國)那麗撰　(美國)金楷
理口譯　(清)王德均筆述　清光緒三十一年
(1905)上海江南機器製造總局刻本　二冊

620000－1101－0006660　444.9/325

航海簡法四卷　(英國)那麗撰　(美國)金楷
理口譯　(清)王德均筆述　清光緒三十一年

（1905）上海江南機器製造總局刻本　二冊
　　存三卷（一至三）

620000－1101－0006661　568
航海瑣記四卷　（清）余思詒撰　清光緒稿本
　　四冊

620000－1101－0006662　444.9/719.001
航海通書□□冊　（清）江南製造局翻譯館譯
　　（清）賈步緯算校　清同治至民國初年上海
　　江南製造局鉛印本　一冊　存一冊（同治十
　　年）

620000－1101－0006663　444.9/719.001
航海通書□□冊　（清）江南製造局翻譯館譯
　　（清）賈步緯算校　清同治至民國初年上海
　　江南製造局鉛印本　一冊　存一冊（同治十
　　年）

620000－1101－0006664　444.9/719.002
航海通書□□冊　（清）江南製造局翻譯館譯
　　（清）賈步緯算校　清同治至民國初年上海
　　江南製造局鉛印本　一冊　存一冊（同治十
　　一年）

620000－1101－0006665　444.9/719
航海通書□□冊　（清）江南製造局翻譯館譯
　　（清）賈步緯算校　清同治至民國初年上海
　　江南製造局鉛印本　三十冊　存三十冊（同
　　治十年至十三年，光緒元年至八年、十一年至
　　十四年、二十六年至三十四年，宣統元年至三
　　年，民國元年至二年）

620000－1101－0006666　444.9/719
航海通書□□冊　（清）江南製造局翻譯館譯
　　（清）賈步緯算校　清同治至民國初年上海
　　江南製造局鉛印本　二十三冊　存二十三冊
　　（同治十一年至十三年，光緒二年至三年、五
　　年至八年、二十五年至二十七年、二十九年至
　　三十四年，宣統元年至三年，民國元年至二
　　年）

620000－1101－0006667　444.9/719
航海通書□□冊　（清）江南製造局翻譯館譯
　　（清）賈步緯算校　清同治至民國初年上海

江南製造局鉛印本　十冊　存十冊（同治十
三年，光緒二十六年、二十九年至三十年、三
十二年至三十四年，宣統元年、三年，民國元
年）

620000－1101－0006668　444.9/719
航海通書□□冊　（清）江南製造局翻譯館譯
　　（清）賈步緯算校　清同治至民國初年上海
　　江南製造局鉛印本　十四冊　存十二冊（同
　　治十三年，光緒二十五年至二十六年、二十九
　　年至三十四年，宣統元年至三年）

620000－1101－0006669　444.95/316
航海章程一卷初議紀錄一卷　（美國）弗蘭克
　　林纂　（蒙古）鳳儀口譯　（清）徐家寶筆述
　　清同治至光緒江南機器製造總局刻本　一冊

620000－1101－0006670　444.95/316
航海章程一卷初議紀錄一卷　（美國）弗蘭克
　　林纂　（蒙古）鳳儀口譯　（清）徐家寶筆述
　　清同治至光緒江南機器製造總局刻本　一冊

620000－1101－0006671　444.95/316
航海章程一卷初議紀錄一卷　（美國）弗蘭克
　　林纂　（蒙古）鳳儀口譯　（清）徐家寶筆述
　　清光緒二十一年（1895）江南機器製造總局刻
　　本　一冊

620000－1101－0006672　444.95/316
航海章程一卷初議紀錄一卷　（美國）弗蘭克
　　林纂　（蒙古）鳳儀口譯　（清）徐家寶筆述
　　清光緒二十一年（1895）江南機器製造總局刻
　　本　一冊

620000－1101－0006673　444.95/316
航海章程一卷初議紀錄一卷　（美國）弗蘭克
　　林纂　（蒙古）鳳儀口譯　（清）徐家寶筆述
　　清光緒二十一年（1895）江南機器製造總局刻
　　本　一冊

620000－1101－0006674　444.95/316
航海章程一卷初議紀錄一卷　（美國）弗蘭克
　　林纂　（蒙古）鳳儀口譯　（清）徐家寶筆述
　　清光緒江南機器製造總局刻本　一冊

620000－1101－0006675　444.95/316

航海章程一卷初議紀錄一卷 （美國）弗蘭克林纂 （蒙古）鳳儀口譯 （清）徐家寶筆述 清光緒江南機器製造總局刻本 一冊

620000－1101－0006676 847.2/314

蒿菴集三卷拾遺一卷附錄一卷蒿菴閒話二卷 （清）張爾岐著 清光緒十五年(1889)山東書局刻本 一冊

620000－1101－0006677 666

郝蘭石集十四種二十卷 （清）郝璧撰 清順治刻本 十八冊

620000－1101－0006678 847.6/209.01

郝氏遺書二百二十九卷 （清）郝懿行撰 清嘉慶十四年至光緒十年(1809－1884)刻本 一冊 存四卷（補刑法志一卷、補食貨志一卷、荀子補注一至二）

620000－1101－0006679 847.6/719

浩然堂詩集四卷詞稿一卷 （清）江開撰 清道光二十九年(1849)刻本 一冊

620000－1101－0006680 821.184/820

浩然齋雅談三卷 （宋）周密撰 清同治十三年(1874)江西書局刻本 三冊

620000－1101－0006681 3873

合訂西廂記文機活趣全解八卷 （清）鄧溫書輯 新精訂西廂蒲東珠玉詩一卷 （清）張楷撰 清乾隆十七年(1752)新德堂刻本 五冊

620000－1101－0006682 837.7/601

合肥三家詩錄六卷 （清）譚獻選 清光緒十二年(1886)安慶刻本 一冊

620000－1101－0006683 2128

合鐫增補士材三書八卷 （明）李中梓撰 （清）尤乘增輯 清刻本 七冊 存七卷（一、三至八）

620000－1101－0006684 4122

合刻五家言道言十二卷 （唐）徐靈府等注 （明）鍾惺輯 明末刻本 一冊 存四卷（一至四）

620000－1101－0006685 682.8/15.11

合校水經注四十卷首一卷附錄二卷 （北魏）酈道元撰 王先謙等校刊 清光緒十八年(1892)長沙思賢講舍刻本 十二冊 存三十二卷(一至三十二)

620000－1101－0006686 682.8/152.001

合校水經注四十卷首一卷附錄二卷 （北魏）酈道元撰 王先謙等校刊 清光緒十八年(1892)長沙思賢講舍刻本 四冊 存十一卷(三十三至四十、首一卷、附錄二卷)

620000－1101－0006687 682.8/15.11

合校水經注四十卷首一卷附錄二卷 （北魏）酈道元撰 王先謙等校刊 清光緒十八年(1892)長沙思賢講舍刻本 十一冊 存三十一卷(三至四、七至十二、十六至三十八)

620000－1101－0006688 125

合諸名家評註三蘇文選十八卷 （明）楊慎輯 （明）李維楨評註 明崇禎刻本 十二冊

620000－1101－0006689 3034

合諸名家評註三蘇文選十八卷 （明）楊慎輯 （明）李維楨評註 明崇禎刻本 六冊 存八卷(八至十二、十六至十八)

620000－1101－0006690 3912

合諸名家評註三蘇文選十八卷 （明）楊慎輯 （明）李維楨評註 明崇禎刻本 十六冊

620000－1101－0006691 858.51/776

何必西廂三十七卷 （清）心鐵道人編次 清晚期刻本 十四冊 存三十三卷(二至四、八至三十七)

620000－1101－0006692 1256

何大復先生集三十八卷 （明）何景明撰 清乾隆十五年(1750)何輝少、何永謙刻本 八冊

620000－1101－0006693 846.5/900

何大復先生集三十八卷附錄一卷 （明）何景明撰 清晚期刻本 五冊 存十三卷(二十四至三十六)

620000－1101－0006694 095.207/670

何氏公羊春秋十論一卷續十論一卷再續十論一卷附尊卑表一卷附儀注表一卷　廖平撰
清光緒刻蟄雲雷齋叢書本　一冊

620000－1101－0006695　839.8/896
何氏試藝四卷　(清)何壽萱輯　清晚期刻本　四冊

620000－1101－0006696　259
何氏語林三十卷　(明)何良俊撰　明嘉靖二十九年(1550)何氏清森閣刻本　十六冊

620000－1101－0006697　097.127/886
何休注訓論語述不分卷　(清)劉恭冕撰　清同治刻本　一冊

620000－1101－0006698　847.7/888
何有錄一卷　(清)劉愚著　清刻本　一冊

620000－1101－0006699　585.947.2/723
和蘭刑法三編五十章　(清)法律修訂館譯
(清)汪有齡校正　清光緒三十三年(1907)鉛印本　一冊

620000－1101－0006700　803.187/661
和文讀本入門不分卷　(清)商務印書館編譯所編　清光緒三十四年(1908)上海商務印書館鉛印本　一冊

620000－1101－0006701　803.187/661
和文讀本入門不分卷　(清)商務印書館編譯所編　清光緒三十四年(1908)上海商務印書館鉛印本　一冊

620000－1101－0006702　803.189/295
和文漢譯讀本八卷　(日本)坪內雄藏編輯
(日本)長尾槇太郎譯校　清光緒三十二年(1906)上海商務印書館石印本　八冊

620000－1101－0006703　803.189/295
和文漢譯讀本八卷　(日本)坪內雄藏編輯
(日本)長尾槇太郎譯校　清光緒三十二年(1906)上海商務印書館石印本　八冊

620000－1101－0006704　803.189/295
和文漢譯讀本八卷　(日本)坪內雄藏編輯
(日本)長尾槇太郎譯校　清光緒三十二年
(1906)上海商務印書館石印本　四冊　存四卷(四至六、八)

620000－1101－0006705　682.13/120
河北采風錄不分卷　(清)王鳳生撰　清道光六年(1826)刻本　四冊

620000－1101－0006706　844.16/28.99
河東先生文集六卷　(唐)柳宗元撰　清宣統二年(1910)上海會文堂書局石印本　六冊

620000－1101－0006707　3315
河東鹽法備覽十二卷　(清)蔣兆奎輯　清乾隆五十五年(1790)蔣氏刻本　五冊　存七卷(六至十二)

620000－1101－0006708　2779
河東鹽法備覽十二卷　(清)蔣兆奎輯　清乾隆五十五年(1790)蔣氏刻本　六冊　存十卷(一至五、八至十二)

620000－1101－0006709　443.6/88
河防芻議一卷　(清)劉成忠撰　清同治十三年(1874)刻本　一冊

620000－1101－0006710　443.6/88
河防芻議一卷　(清)劉成忠撰　清同治十三年(1874)刻本　一冊

620000－1101－0006711　443.6/820
河防輯要四卷　周家駒編輯　清宣統三年(1911)鉛印本　一冊　存二卷(一至二)

620000－1101－0006712　682.82/363
河防紀略四卷　(清)孫鼎臣撰　清咸豐九年(1859)刻本　一冊

620000－1101－0006713　1115
河防通議二卷　(元)沙克什撰　清沈氏抱經樓抄本　一冊

620000－1101－0006714　424
河防一覽十四卷　(明)潘季馴撰　明萬曆十八年(1590)刻本(卷九至十係抄配)　八冊　存十二卷(一至十、十二至十三)

620000－1101－0006715　2604
河防一覽十四卷　(明)潘季馴撰　清乾隆十

三年(1748)刻本　一冊　存三卷(二至四)

620000－1101－0006716　443.685/37

河干問答一卷　(清)陳法著　清道光八年
(1828)陳若疇刻本　二冊

620000－1101－0006717　443.6/882

河工簡要四卷　(清)邱步洲輯　清光緒十三
年(1887)刻本　八冊

620000－1101－0006718　443.6/66

河工器具圖說四卷　(清)麟慶纂輯　清道光
十六年(1836)刻本　二冊

620000－1101－0006719　443.6/66

河工器具圖說四卷　(清)麟慶纂輯　清道光
十六年(1836)刻本　二冊

620000－1101－0006720　443.6/66

河工器具圖說四卷　(清)麟慶纂輯　清道光
十六年(1836)刻本　四冊

620000－1101－0006721　690/864

河海崑崙錄六卷　裴景福著　清宣統元年
(1909)官書局鉛印本　三冊　存三卷(一、五
至六)

620000－1101－0006722　690/864

河海崑崙錄六卷　裴景福著　清宣統元年
(1909)官書局鉛印本　六冊

620000－1101－0006723　690/864

河海崑崙錄六卷　裴景福著　清宣統元年
(1909)官書局鉛印本　六冊

620000－1101－0006724　690/864

河海崑崙錄六卷　裴景福著　清宣統元年
(1909)官書局鉛印本　六冊

620000－1101－0006725　690/864

河海崑崙錄六卷　裴景福著　清宣統元年
(1909)官書局鉛印本　二冊

620000－1101－0006726　690/864

河海崑崙錄六卷　裴景福著　清宣統元年
(1909)官書局鉛印本　六冊

620000－1101－0006727　690/864

河海崑崙錄六卷　裴景福著　清宣統元年
(1909)官書局鉛印本　六冊

620000－1101－0006728　690/864

河海崑崙錄六卷　裴景福著　清宣統元年
(1909)官書局鉛印本　六冊

620000－1101－0006729　690/864.001

河海崑崙錄四卷　裴景福著　清宣統元年
(1909)鉛印本　四冊

620000－1101－0006730　690/864.001

河海崑崙錄四卷　裴景福著　清宣統元年
(1909)鉛印本　四冊

620000－1101－0006731　821.11/859

河間試律矩二卷　(清)紀昀撰　清同治五年
(1866)錫山文雅堂刻本　一冊

620000－1101－0006732　4325

河洛精蘊九卷　(清)江永撰　清乾隆蘊真書
屋刻本　十二冊　存八卷(二至九)

620000－1101－0006733　125.2/82.59

河南程氏遺書二十五卷外書十二卷附錄一卷
　(宋)程顥　(宋)程頤撰　(宋)朱熹註釋
　清中晚期刻本　五冊

620000－1101－0006734　629.13/958

河南各廳州縣宣統元年秋季倉穀表一卷
(清)戶部撰　清宣統元年(1909)石印本
一冊

620000－1101－0006735　782.99/943

河南人物小樂府二卷　(清)衛濟世著　清光
緒十三年(1887)刻本　一冊　存一卷(上)

620000－1101－0006736　567.25/718

河南廳州縣契稅明細表四卷　(清)河南府編
制　清宣統元年(1909)石印本　一冊　存一
卷(四)

620000－1101－0006737　845.14/324

河南先生文集二十七卷附錄一卷　(宋)尹洙
撰　清宣統二年(1910)守政書局木活字印本
四冊

620000－1101－0006738　443.632/526

河上語一卷 （清）蔣楷撰 清光緒刻本
一冊

620000－1101－0006739 443.632/526

河上語一卷 （清）蔣楷撰 清光緒刻本
一冊

620000－1101－0006740 691/861

河朔訪古記三卷 （元）納新撰 清光緒二十
一年(1895)刻本 一冊

620000－1101－0006741 675.6/273

河套圖考一卷 （清）楊江纂 清咸豐七年
(1857)刻本 一冊

620000－1101－0006742 1980

河圖洛書原舛編一卷 （清）毛奇齡撰 清康
熙毛氏書留草堂刻乾隆印本 一冊

620000－1101－0006743 443.686/19

河議本末一卷 （清）趙洵撰 清嘉慶十四年
(1809)刻本 一冊

620000－1101－0006744 831.41/969

河岳英靈集二卷 （唐）殷璠輯 清光緒四年
(1878)遼陽賴豐烈刻本 二冊

620000－1101－0006745 831.41/969

河岳英靈集二卷 （唐）殷璠輯 清光緒四年
(1878)遼陽賴豐烈刻本 二冊

620000－1101－0006746 341

河嶽英靈集三卷 （唐）殷璠輯 明崇禎元年
(1628)毛氏汲古閣刻唐人選唐詩本 一冊

620000－1101－0006747 671.65/123.79

河州地理調查表式一卷 （清）張庭武輯 清
晚期抄本 一冊

620000－1101－0006748 567.3/0.718

河州賦役全書不分卷 （清）□□編 清咸豐
二年(1852)刻本 三冊

620000－1101－0006749 689.17/258

荷戈紀程一卷 （清）林則徐撰 清光緒王氏
鉛印本 一冊

620000－1101－0006750 589.92/746.001

核訂現行刑律不分卷 沈家本等編 清宣統
鉛印本 四冊

620000－1101－0006751 589.92/746

核訂現行刑律不分卷大清現行刑律案語不分
卷 沈家本等編 清宣統元年(1909)北京修
訂法律館鉛印本 二冊

620000－1101－0006752 589.92/746

核訂現行刑律不分卷大清現行刑律案語不分
卷 沈家本等編 清宣統元年(1909)北京修
訂法律館鉛印本 九冊

620000－1101－0006753 683.57/914

賀蘭山口記一卷 （清）儲大文撰 蘭州風土
記一卷 （清）□□撰 清光緒王氏鉛印本
一冊

620000 － 1101 － 0006754 144.69/208.
01.001

赫胥黎天演論二卷 （英國）赫胥黎撰 嚴復
學 清光緒二十一年(1895)陝西味經刊書處
刻本 二冊

620000－1101－0006755 353

鶡冠子三卷 （宋）陸佃解 清乾隆武英殿木
活字印武英殿聚珍版書本 三冊

620000－1101－0006756 121.39/395

鶡冠子三卷 （宋）陸佃解 （明）王宇評 清
嘉慶九年(1804)刻本 一冊

620000－1101－0006757 121.39/395.001

鶡冠子三卷 （宋）陸佃解 清光緒、民國育
文書局石印本 一冊

620000－1101－0006758 684.1/46

鶴林寺志不分卷 （清）釋明賢纂 清宣統元
年(1909)刻本 一冊

620000－1101－0006759 684.1/46

鶴林寺志不分卷 （清）釋明賢纂 清宣統元
年(1909)刻本 一冊

620000－1101－0006760 518

鶴林玉露十六卷 （宋）羅大經撰 明刻萬曆
七年(1579)林大黼重修本 五冊

620000－1101－0006761　911.27/0.681

鶴樓手訂琴譜不分卷　（□）□□撰　清晚期抄本　二冊

620000－1101－0006762　682.35/834

鶴陽新河紀略一卷　（清）朱洪章著　清光緒十八年(1892)梓文閣刻本　一冊

620000－1101－0006763　782.24/28

鶴徵錄八卷首一卷後錄十二卷首一卷　（清）李集　（清）李富孫輯　清嘉慶刻本　二冊

620000－1101－0006764　782.24/28.001

鶴徵錄八卷首一卷後錄十二卷首一卷　（清）李集　（清）李富孫輯　清同治十一年(1872)刻本　六冊

620000－1101－0006765　847.57/179

黑奴籲天錄四卷　（美國）斯土活著　林紓魏易譯　清光緒二十七年(1901)刻本　一冊存一卷(四)

620000－1101－0006766　554.339/307

恒產瑣言一卷　（清）張英撰　清光緒八年(1882)廣仁堂刻本　一冊

620000－1101－0006767　554.339/307

恒產瑣言一卷　（清）張英撰　清光緒八年(1882)廣仁堂刻本　一冊

620000－1101－0006768　793.3/436

恒軒所見所藏吉金錄不分卷　（清）吳大澂編　清光緒十一年(1885)刻本　二冊

620000－1101－0006769　2320

恆山志五卷圖一卷　（清）桂敬順纂修　清乾隆二十八年(1763)渾源州署刻嘉慶二十四年(1819)增刻本　五冊

620000－1101－0006770　2321

恆山志五卷圖一卷　（清）桂敬順纂修　清乾隆二十八年(1763)渾源州署刻嘉慶二十四年(1819)增刻本　五冊

620000－1101－0006771　443.689/23.16

橫橋堰水利記不分卷　（清）徐用福　（清）姚文枏編　清光緒刻本　一冊

620000－1101－0006772　443.689/23.94

橫橋堰水利記一卷附泖河案牘一卷　（清）徐用福編　清光緒二十四年(1898)鉛印本　一冊

620000－1101－0006773　846.6/21

衡廬精舍藏稿三十卷衡廬續稿十一卷附錄一卷　（明）胡直撰　清光緒二十九年(1903)齊思書塾刻本　十二冊

620000－1101－0006774　317/708

衡齋算學七卷衡齋遺書九卷　（清）汪萊著　清咸豐四年(1854)刻本　二冊

620000－1101－0006775　847.5/636

蘅夢詞二卷浮眉樓詞二卷　（清）郭麐撰　清嘉慶、道光刻本　一冊

620000－1101－0006776　2188

弘簡錄二百五十四卷　（明）邵經邦撰　（清）邵遠平校　清康熙二十七年(1688)邵遠平刻本　四十四冊　存二百五卷(一至一百六十、一百六十六至二百十)

620000－1101－0006777　2189

弘簡錄二百五十四卷　（明）邵經邦撰　（清）邵遠平校　清康熙二十七年(1688)邵遠平刻本　八十冊

620000－1101－0006778　2183

弘簡錄二百五十四卷　（明）邵經邦撰　（清）邵遠平校　清康熙二十七年(1688)邵遠平刻後印本　五十冊　存一百四十九卷(一至一百四十九)

620000－1101－0006779　2185

弘簡錄二百五十四卷　（明）邵經邦撰　（清）邵遠平校　清康熙二十七年(1688)邵遠平刻後印本　六十四冊

620000－1101－0006780　2187

弘簡錄二百五十四卷　（明）邵經邦撰　（清）邵遠平校　清康熙二十七年(1688)邵遠平刻後印本　五十四冊　存一百十一卷(一至五十四、一百九十八至二百五十四)

620000－1101－0006781　2635

弘簡錄二百五十四卷　（明）邵經邦撰　（清）邵遠平校　清康熙二十七年（1688）邵遠平刻後印本　四十三冊　存二百卷（一至四、八至十、二十七至五十四、八十六至一百十八、一百二十三至二百五十四）

620000－1101－0006782　2636

弘簡錄二百五十四卷　（明）邵經邦撰　（清）邵遠平校　清康熙二十七年（1688）邵遠平刻後印本　四十八冊　存二百卷（一至十二、十七至二十五、三十六至一百十九、一百三十至一百三十七、一百四十三至二百二十九）

620000－1101－0006783　3909

弘簡錄二百五十四卷　（明）邵經邦撰　（清）邵遠平校　清康熙二十七年（1688）邵遠平刻後印本　十冊　存四十三卷（一百五十五至一百九十七）

620000－1101－0006784　159

弘明集十四卷　（南朝梁）釋僧祐輯　**廣弘明集三十卷**　（唐）釋道宣輯　**音釋一卷**　明萬曆十四年（1586）吳惟明刻本　十二冊

620000－1101－0006785　220.7/92

弘明集十四卷　（南朝梁）釋僧祐輯　清光緒二十二年（1896）金陵刻經處刻本　四冊

620000－1101－0006786　220.7/92

弘明集十四卷　（南朝梁）釋僧祐輯　清光緒二十二年（1896）金陵刻經處刻本　二冊　存八卷（四至七、十一至十四）

620000－1101－0006787　831.65/30

弘正四傑詩集七十八卷　（清）張祖同輯　清光緒二十一年（1895）長沙張氏湘雨樓刻本　十六冊

620000－1101－0006788　831.65/30

弘正四傑詩集七十八卷　（清）張祖同輯　清光緒二十一年（1895）長沙張氏湘雨樓刻本　十六冊

620000－1101－0006789　847.8/102.7

虹橋老屋遺稿補遺三卷　（清）秦緗業撰　**虎**

侯詩存一卷　（清）秦光祖撰　清光緒二十一年（1895）刻本　一冊

620000－1101－0006790　847.4/720

洪北江全集二十三種二百二十三卷　（清）洪亮吉撰　清光緒三年至五年（1877－1879）洪用懃授經堂刻本　三十冊　存九種八十一卷（卷施閣文甲集補遺一卷、乙集八卷、續編一卷、詩二十卷,更生齋文乙集四卷、續集二卷、詩一至四,更生齋詩餘二卷,擬兩晉南北史樂府二卷,北江詩話六卷,乾隆府廳州縣圖誌一、二十一至二十八,補三國疆域志二卷,東晉疆域志四卷,十六國疆域志十六卷）

620000－1101－0006791　847.4/720

洪北江全集二十三種二百二十三卷　（清）洪亮吉撰　清光緒三年至五年（1877－1879）洪用懃授經堂刻本　四十三冊　存十二種一百十一卷（洪北江先生年譜一卷,更生齋文甲集四卷、詩五至八,曉讀書齋初錄二卷、二錄二卷、三錄二卷、四錄二卷,傳經表二卷、通經表二卷,六書轉注錄十卷,弟子職箋釋一卷,史目表二卷,春秋左傳詁二十卷,漢魏音四卷,比雅十卷,乾隆府廳州縣圖誌二至二十、二十九至五十,東晉疆域志一至二）

620000－1101－0006792　844.16/573

洪度集一卷　（唐）薛濤撰　清光緒、宣統陳氏靈峰草堂刻本　一冊

620000－1101－0006793　844.16/573

洪度集一卷　（唐）薛濤撰　清光緒、宣統陳氏靈峰草堂刻本　一冊

620000－1101－0006794　844.16/573

洪度集一卷　（唐）薛濤撰　清光緒、宣統陳氏靈峰草堂刻本　一冊

620000－1101－0006795　2168

洪範正論五卷　（清）胡渭撰　清乾隆四年（1739）胡紹芬刻本　二冊

620000－1101－0006796　432

洪武正韻十六卷　（明）樂韶鳳等撰　明嘉靖二十七年（1548）衡府厚德堂刻藍印本　十

620000－1101－0006797　847.4/186.07

紅豆村人詩稿十四卷　（清）袁樹撰　清晚期刻本　二冊　存十一卷(四至十四)

620000－1101－0006798　847.8/719

紅蕉詞一卷　（清）江標撰　清光緒十四年(1888)江氏師鄆室刻本　一冊

620000－1101－0006799　850/168

紅樓二百詠二卷　（清）黃昌麟著　（清）丁日昌　（清）黃釗評　清道光二十一年(1841)刻本　一冊　存一卷(上)

620000－1101－0006800　853.6/385

紅樓夢傳奇六卷　（清）陳鍾麟撰　清晚期粵東省城西湖街汗青齋刻本　二冊

620000－1101－0006801　847.6/746.6

紅樓夢賦鈔不分卷　（清）沈謙撰　清光緒十一年(1885)刻本　一冊

620000－1101－0006802　1161

紅樓夢圖詠不分卷　（清）改琦繪　清光緒五年(1879)淮浦居士刻浙江文元堂楊氏影印本　四冊

620000－1101－0006803　847.5/429

紅茗山房詩存十卷附詩餘一卷　（清）嚴烺撰　清嘉慶十九年(1814)湖北臬署刻本　五冊

620000－1101－0006804　847.5/429

紅茗山房詩存十卷附詩餘一卷　（清）嚴烺撰　清嘉慶十九年(1814)湖北臬署刻本　四冊　存八卷(一至八)

620000－1101－0006805　671.65/105.78

紅水縣丞地理調查表式一卷　（清）劉秀石編　清宣統二年(1910)抄本　一冊

620000－1101－0006806　567.3/0.858

紅水縣賦役全書不分卷　（清）□□編　清咸豐三年(1853)刻本　三冊

620000－1101－0006807　1974

紅雪樓九種曲十三卷　（清）蔣士銓撰　清乾隆紅雪樓刻本　六冊　存六卷(雪中人一卷、一片石一卷、桂林霜二卷、臨川夢二卷)

620000－1101－0006808　3307

紅雪樓九種曲十三卷　（清）蔣士銓撰　清乾隆紅雪樓刻本　三冊　存三卷(一片石一卷、香祖樓二卷)

620000－1101－0006809　847.5/437

紅雪山房詩鈔十二卷　（清）吳嶰撰　清嘉慶十九年(1814)常熟吳氏刻本　四冊

620000－1101－0006810　856.277/477

鴻雪軒尺牘六卷　（清）瞿澄撰　清咸豐六年(1856)京都琉璃廠刻本　六冊

620000－1101－0006811　856.277/477.001

鴻雪軒尺牘六卷　（清）瞿澄撰　清同治元年(1862)刻本　六冊

620000－1101－0006812　856.277/477.002

鴻雪軒尺牘六卷　（清）瞿澄撰　清晚期刻本　五冊　存五卷(一至二、四至六)

620000－1101－0006813　690/669

鴻雪因緣圖記三集六卷　（清）麟慶撰　清光緒十二年(1886)上海點石齋石印本　四冊　存四卷(一集下,二集上、下,三集下)

620000－1101－0006814　690/669.001

鴻雪因緣圖記三集六卷　（清）麟慶撰　清光緒二十二年(1896)上海點石齋石印本　五冊　存五卷(一集上、下,二集上、下,三集上)

620000－1101－0006815　690/669

鴻雪因緣圖記三集六卷　（清）麟慶撰　清光緒十二年(1886)上海點石齋石印本　六冊

620000－1101－0006816　413.55/973.1

喉科秘鑰二卷　（清）鄭西園輯　（清）許佐廷增訂　清晚期抄本　一冊

620000－1101－0006817　413.55/747

喉科心法不分卷　（清）沈善謙撰　清光緒三十三年(1907)細柳山房周慶元抄本　一冊

620000－1101－0006818　413.55/313.03

喉科指掌六卷　（清）張宗良撰　清同治九年(1870)刻本　二冊

620000－1101－0006819　413.55/203

喉症秘集不分卷 （清）趙必達輯 清咸豐五年(1855)蘭省浙江會館刻本 二冊

620000－1101－0006820 845.15/37.91

后山詩十二卷 （宋）陳師道撰 （宋）任淵注 清晚期刻本 四冊

620000－1101－0006821 845.15/37.91

后山詩十二卷 （宋）陳師道撰 （宋）任淵注 清晚期刻本 三冊

620000－1101－0006822 845.15/37.91

后山詩十二卷 （宋）陳師道撰 （宋）任淵注 清晚期刻本 一冊 存二卷(一至二)

620000－1101－0006823 414.8/354

厚德堂集驗方萃編四卷 （清）奇克唐阿輯 （清）周青旭校正 清光緒七年至九年(1881－1883)刻本 三冊 存三卷(一至三)

620000－1101－0006824 192.9/317

厚錄一卷 （清）費寅補輯 清光緒三十年(1904)木活字印本 一冊

620000－1101－0006825 193/317

厚錄一卷 （清）費寅補輯 清光緒三十年(1904)木活字印本 一冊

620000－1101－0006826 857.2/0.945

後八仙不分卷 （□）□□撰 清光緒九年(1883)邛州萬順堂刻本 一冊

620000－1101－0006827 3389

後村雜著三卷 （清）王文治撰 清康熙刻本 一冊

620000－1101－0006828 622.283/930

後漢郡國令長考一卷 （清）錢大昭撰 清光緒十七年(1891)廣雅書局刻本 一冊

620000－1101－0006829 622.2083/930

後漢書辨疑十一卷 （清）錢大昭撰 清光緒十四年(1888)廣雅書局刻本 二冊

620000－1101－0006830 622.2083/930

後漢書辨疑十一卷 （清）錢大昭撰 清光緒十四年(1888)廣雅書局刻本 二冊

620000－1101－0006831 622.2083/930

後漢書辨疑十一卷 （清）錢大昭撰 清光緒十四年(1888)廣雅書局刻本 二冊

620000－1101－0006832 622.21/930

後漢書補表八卷 （清）錢大昭撰 清光緒十七年(1891)廣雅書局刻本 四冊

620000－1101－0006833 622.213/138

後漢書補注二十四卷 （清）惠棟撰 清嘉慶九年(1804)刻本 四冊

620000－1101－0006834 622.213/907

後漢書補註續一卷 （清）侯康撰 清光緒十七年(1891)廣雅書局刻本 二冊

620000－1101－0006835 1768

後漢書九十卷 （南朝宋）范曄撰 （唐）李賢注 志三十卷 （晉）司馬彪撰 （南朝梁）劉昭注 明嘉靖八年至九年(1529－1530)南京國子監刻明萬曆、天啓遞修本 八冊 存四十六卷(二至十六、三十五至四十、四十五至四十八、六十三至七十四,志一至九)

620000－1101－0006836 4071

後漢書九十卷 （南朝宋）范曄撰 （唐）李賢注 志三十卷 （晉）司馬彪撰 （南朝梁）劉昭注 明嘉靖八年至九年(1529－1530)南京國子監刻明清遞修本 七冊 存四十三卷(九至十三、十九至二十四、四十八至五十二、六十四至八十,志二十一至三十)

620000－1101－0006837 452

後漢書九十卷 （南朝宋）范曄撰 （唐）李賢注 志三十卷 （漢）司馬彪撰 （南朝梁）劉昭注 明嘉靖汪文盛等刻周采等重修本 三十二冊

620000－1101－0006838 1728

後漢書九十卷 （南朝宋）范曄撰 （唐）李賢注 （明）陳仁錫評 志三十卷 （晉）司馬彪撰 （南朝梁）劉昭注 （明）陳仁錫評 明天啓七年(1627)積秀堂刻本 二十冊

620000－1101－0006839 1729

後漢書九十卷 （南朝宋）范曄撰 （唐）李賢

注 （明）陳仁錫評 **志三十卷** （晉）司馬彪
撰 （南朝梁）劉昭注 （明）陳仁錫評 明天
啓七年(1627)積秀堂刻本 十二冊 存六十
一卷(一至十、三十三至四十、六十五至七十、
七十四至八十九,志七至十一、十九至二十、
二十七至三十)

620000－1101－0006840 4357

後漢書九十卷 （南朝宋）范曄撰 （唐）李賢
注 （明）陳仁錫評 **志三十卷** （晉）司馬彪
撰 （南朝梁）劉昭注 （明）陳仁錫評 明天
啓七年(1627)積秀堂刻本 一冊 存四卷
(後漢書七至十上)

620000－1101－0006841 698

後漢書九十卷 （南朝宋）范曄撰 （唐）李賢
注 **志三十卷** （晉）司馬彪撰 （南朝梁）劉
昭注 明崇禎十六年(1643)毛氏汲古閣刻本
十四冊

620000－1101－0006842 698

後漢書九十卷 （南朝宋）范曄撰 （唐）李賢
注 **志三十卷** （晉）司馬彪撰 （南朝梁）劉
昭注 明崇禎十六年(1643)毛氏汲古閣刻本
十四冊

620000－1101－0006843 1037

後漢書九十卷 （南朝宋）范曄撰 （唐）李賢
注 **志三十卷** （晉）司馬彪撰 （南朝梁）劉
昭注 明崇禎十六年(1643)毛氏汲古閣刻本
二十四冊

620000－1101－0006844 1037

後漢書九十卷 （南朝宋）范曄撰 （唐）李賢
注 **志三十卷** （晉）司馬彪撰 （南朝梁）劉
昭注 明崇禎十六年(1643)毛氏汲古閣刻本
二十四冊

620000－1101－0006845 1037

後漢書九十卷 （南朝宋）范曄撰 （唐）李賢
注 **志三十卷** （晉）司馬彪撰 （南朝梁）劉
昭注 明崇禎十六年(1643)毛氏汲古閣刻本
二十四冊

620000－1101－0006846 1727

後漢書九十卷 （南朝宋）范曄撰 （唐）李賢
注 **志三十卷** （晉）司馬彪撰 （南朝梁）劉
昭注 明崇禎十六年(1643)毛氏汲古閣刻本
七冊 存六十八卷(四十三至八十、志三十
卷)

620000－1101－0006847 2504

後漢書九十卷 （南朝宋）范曄撰 （唐）李賢
注 **志三十卷** （晉）司馬彪撰 （南朝梁）劉
昭注 明崇禎十六年(1643)毛氏汲古閣刻本
八冊

620000－1101－0006848 622.201/534

後漢書九十卷 （南朝宋）范曄撰 （唐）李賢
注 **志三十卷** （晉）司馬彪撰 （南朝梁）劉
昭注 清同治八年(1869)金陵書局刻本 十
四冊 存九十卷(後漢書九十卷)

620000－1101－0006849 622.201/534

後漢書九十卷 （南朝宋）范曄撰 （唐）李賢
注 **志三十卷** （晉）司馬彪撰 （南朝梁）劉
昭注 清同治八年(1869)金陵書局刻本 二
冊 存十卷(七十一至八十)

620000－1101－0006850 622.201/534.003

後漢書九十卷 （南朝宋）范曄撰 （唐）李賢
注 **志三十卷** （晉）司馬彪撰 （南朝梁）劉
昭注 清光緒二十九年(1903)上海點石齋石
印本 六冊

620000－1101－0006851 622.201/534.001

後漢書九十卷 （南朝宋）范曄撰 （唐）李賢
注 **志三十卷** （晉）司馬彪撰 （南朝梁）劉
昭注 清刻本 十五冊

620000－1101－0006852 4458

後漢書九十卷 （南朝宋）范曄撰 （唐）李賢
注 （明）陳仁錫評 **志三十卷** （晉）司馬彪
撰 （南朝梁）劉昭注 （明）陳仁錫評 明天
啟七年(1627)積秀堂刻本 四冊 存九卷
(後漢書二至十上)

620000－1101－0006853 4459

後漢書九十卷 （南朝宋）范曄撰 （唐）李賢
注 （明）陳仁錫評 **志三十卷** （晉）司馬彪

355

撰 （南朝梁）劉昭注 （明）陳仁錫評 明天啟七年（1627）積秀堂刻本 十冊 存十八卷（一至四、十八至二十二、六十七至七十、七十六至八十）

620000 – 1101 – 0006854 697
後漢書九十卷 （南朝宋）范曄撰 （唐）李賢注 志三十卷 （晉）司馬彪撰 （南朝梁）劉昭注 明萬曆二十四年（1596）北京國子監刻本 二十五冊

620000 – 1101 – 0006855 622.201/534.006
後漢書九十卷 （南朝宋）范曄撰 （唐）李賢注 志三十卷 （晉）司馬彪撰 （南朝梁）劉昭注 清光緒十三年（1887）金陵書局刻本 十五冊 存九十卷（後漢書九十卷）

620000 – 1101 – 0006856 622.201/534.006
後漢書九十卷 （南朝宋）范曄撰 （唐）李賢注 志三十卷 （晉）司馬彪撰 （南朝梁）劉昭注 清光緒十三年（1887）金陵書局刻本 十四冊 存九十卷（後漢書九十卷）

620000 – 1101 – 0006857 622.201/534.006
後漢書九十卷 （南朝宋）范曄撰 （唐）李賢注 志三十卷 （晉）司馬彪撰 （南朝梁）劉昭注 清光緒十三年（1887）金陵書局刻本 十六冊

620000 – 1101 – 0006858 622.201/534.005
後漢書九十卷 （南朝宋）范曄撰 （唐）李賢注 志三十卷 （晉）司馬彪撰 （南朝梁）劉昭注 清刻本 三冊 存十卷（二至八、八十五至八十七）

620000 – 1101 – 0006859 878
後漢書九十卷 （南朝宋）范曄撰 （唐）李賢注 志三十卷 （晉）司馬彪撰 （南朝梁）劉昭注 清乾隆四年（1739）武英殿刻本 二十八冊

620000 – 1101 – 0006860 2740
後漢書九十卷 （南朝宋）范曄撰 （唐）李賢注 志三十卷 （晉）司馬彪撰 （南朝梁）劉昭注 明嘉靖八年至九年（1529－1530）南京國子監刻明清遞修本 一冊 存二卷（後漢書一至二）

620000 – 1101 – 0006861 4416
後漢書九十卷 （南朝宋）范曄撰 （唐）李賢注 志三十卷 （晉）司馬彪撰 （南朝梁）劉昭注 明嘉靖八年至九年（1529－1530）南京國子監刻明清遞修本 九冊 存四十二卷（七至二十一、二十六至二十九、四十三至四十七、六十三至八十）

620000 – 1101 – 0006862 4000
後漢書論贊一卷三國志評一卷 （明）鍾惺撰 明末古香齋刻本 一冊

620000 – 1101 – 0006863 622.201/749.09
後漢書疏證三十卷 （清）沈欽韓撰 清光緒二十六年（1900）浙江官書局刻本 十六冊

620000 – 1101 – 0006864 3811
後漢書一百二十卷 （明）金蟠 （明）葛鼎輯評 明崇禎十六年（1643）刻本 七冊 存七十三卷（一至八、十八至六十七、一百二至一百十六）

620000 – 1101 – 0006865 622.201/534.01
後漢書一百二十卷附考證 （南朝宋）范曄撰 （南朝梁）劉昭補志 （唐）李賢注 清同治十年（1871）成都書局刻本 二十八冊

620000 – 1101 – 0006866 622.201/53.28.48
後漢書一百二十卷附考證 （南朝宋）范曄撰 （南朝梁）劉昭補志 （唐）李賢注 清光緒十四年（1888）上海圖書集成印書局鉛印本 十六冊

620000 – 1101 – 0006867 622.201/534.002
後漢書一百二十卷附考證 （南朝宋）范曄撰 （南朝梁）劉昭補志 （唐）李賢注 清光緒十四年（1888）上海圖書集成印書局鉛印本 十三冊 存一百四卷（五至九十七、一百五至一百十五）

620000 – 1101 – 0006868 622.201/534.002
後漢書一百二十卷附考證 （南朝宋）范曄撰 （南朝梁）劉昭補志 （唐）李賢注 清光緒

十四年(1888)上海圖書集成印書局鉛印本
一冊 存十二卷(二十一至三十二)

620000－1101－0006869 622.201/534.002
後漢書一百二十卷附考證 （南朝宋)范曄撰
（南朝梁)劉昭補志 （唐)李賢注 清光緒
十四年(1888)上海圖書集成印書局鉛印本
一冊 存四卷(一至四)

620000－1101－0006870 622.201/534.002
後漢書一百二十卷附考證 （南朝宋)范曄撰
（南朝梁)劉昭補志 （唐)李賢注 清光緒
十四年(1888)上海圖書集成印書局鉛印本
四冊 存三十一卷(三十三至四十四、七十至
七十六、九十八至一百四、一百十六至一百二
十)

620000－1101－0006871 622.21/533
後漢書一百二十卷附考證 （南朝宋)范曄撰
（南朝梁)劉昭補志 （唐)李賢注 清光緒
十四年(1888)上海蜚英館石印本 十二冊

620000－1101－0006872 622.201/534.004
後漢書一百二十卷附考證 （南朝宋)范曄撰
（南朝梁)劉昭補志 （唐)李賢注 清光緒
十四年(1888)上海蜚英館石印本 一冊 存
六卷(一至六)

620000－1101－0006873 622.2083/81.001
後漢書注補正八卷 （清)周壽昌撰 清光緒
八年(1882)思益堂刻本 一冊 存四卷(五
至八)

620000－1101－0006874 622.2083/81.001
後漢書注補正八卷 （清)周壽昌撰 清光緒
八年(1882)思益堂刻本 一冊 存四卷(一
至四)

620000－1101－0006875 622.2083/81
後漢書注補正八卷 （清)周壽昌撰 清光緒
十七年(1891)廣雅書局刻本 一冊

620000－1101－0006876 622.2083/81
後漢書注補正八卷 （清)周壽昌撰 清光緒
十七年(1891)廣雅書局刻本 二冊

620000－1101－0006877 622.2083/81
後漢書注補正八卷 （清)周壽昌撰 清光緒
十七年(1891)廣雅書局刻本 一冊

620000－1101－0006878 622.213/748
後漢書注又補一卷 （清)沈銘彝撰 清光緒
十四年(1888)廣雅書局刻本 一冊

620000－1101－0006879 622.213/748
後漢書注又補一卷 （清)沈銘彝撰 清光緒
十四年(1888)廣雅書局刻本 一冊

620000－1101－0006880 622.213/748
後漢書注又補一卷 （清)沈銘彝撰 清光緒
十四年(1888)廣雅書局刻本 一冊

620000－1101－0006881 1157
後三國石珠演義三十回 （清)遇安氏撰 清
刻本 二冊

620000－1101－0006882 857.48/27
後三國石珠演義三十回 （清)遇安氏撰 清
末刻本 六冊

620000－1101－0006883 847.6/994.001
後湘詩集九卷二集五卷續集七卷 （清)姚瑩
撰 清道光刻本 三冊

620000－1101－0006884 847.6/994
後湘續集七卷 （清)姚瑩撰 清同治六年
(1867)刻本 一冊

620000－1101－0006885 847.8/371.02
後樂堂文鈔續編九卷 （清)陳玉澍著 清光
緒二十七年(1901)鉛印本 三冊

620000－1101－0006886 567.3/0.4311
呼圖壁賦役全書不分卷 （清)□□編 清咸
豐三年(1853)刻本 三冊

620000－1101－0006887 845.6/113
滹南遺老集四十五卷 （金)王若虛撰 清光
緒十二年(1886)吳重憙陳州刻本 一冊 存
八卷(三十八至四十五)

620000－1101－0006888 943.4/754
胡大川先生幻想詩不分卷 潘齡皋書 清宣
統二年(1910)北京文成堂書莊石印本 一冊

620000－1101－0006889　126.1/217
胡敬齋先生居業録四卷　(明)胡居仁撰　清同治八年(1869)陝西劉氏傳經堂刻本　四册

620000－1101－0006890　846.4/215
胡敬齋先生文集三卷　(明)胡居仁撰　清同治八年(1869)陝西劉氏傳經堂刻本　二册

620000－1101－0006891　847.63/215
胡敬齋先生文集三卷居業録四卷　(明)胡居仁撰　清同治八年(1869)陝西劉氏傳經堂刻本　六册

620000－1101－0006892　847.4/223.01
胡靜菴詩鈔八卷　(清)胡釴撰　清光緒十九年(1893)刻本　一册

620000－1101－0006893　847.4/223.01
胡靜菴詩鈔五卷　(清)胡釴撰　清光緒十九年(1893)刻本　五册

620000－1101－0006894　847.4/223.01
胡靜菴詩鈔五卷　(清)胡釴撰　清光緒十九年(1893)刻本　五册

620000－1101－0006895　847.6/223
胡靜菴先生文一卷　(清)胡釴撰　清中晚期遂初山房張思誠刻本　一册

620000－1101－0006896　086.23/222
胡母施太淑人輓言不分卷　(清)胡鳳林　(清)胡鳳丹等撰　清同治刻本　一册

620000－1101－0006897　414.6/7.219
胡慶餘堂丸散膏丹全集不分卷　(清)胡光墉編　清光緒三年(1877)胡慶餘堂雪記刻本　一册

620000－1101－0006898　846.8/531
胡繩集詩鈔三卷　(明)范壺貞撰　清光緒五年(1879)天游閣刻本　一册

620000－1101－0006899　086.23/222
胡氏崇祀鄉賢録一卷鄉賢録詩詞三卷　(清)金華府永康縣儒學撰　清同治退補齋刻本　一册

620000－1101－0006900　3708
胡氏榮哀録二卷　(明)胡初被輯　明嘉靖刻清遞修本　一册

620000－1101－0006901　847.9/214
胡天游文集五卷補遺一卷　(清)胡天游著　清宣統元年(1909)上海國學扶輪社鉛印本　四册

620000－1101－0006902　847.6/215.003
胡文忠公遺集八十六卷首一卷　(清)胡林翼撰　(清)鄭敦謹　(清)曾國荃纂輯　清同治六年(1867)李氏黃鶴樓刻本　三十二册

620000－1101－0006903　847.6/215.003
胡文忠公遺集八十六卷首一卷　(清)胡林翼撰　(清)鄭敦謹　(清)曾國荃纂輯　清同治六年(1867)李氏黃鶴樓刻本　三十六册

620000－1101－0006904　847.6/215.002
胡文忠公遺集八十六卷首一卷　(清)胡林翼撰　(清)鄭敦謹　(清)曾國荃纂輯　清同治六年(1867)李氏黃鶴樓刻本　二十四册

620000－1101－0006905　847.6/215.003
胡文忠公遺集八十六卷首一卷　(清)胡林翼撰　(清)鄭敦謹　(清)曾國荃纂輯　清同治六年(1867)李氏黃鶴樓刻本　二十四册　存五十八卷(一至五十七、首一卷)

620000－1101－0006906　847.6/215.003
胡文忠公遺集八十六卷首一卷　(清)胡林翼撰　(清)鄭敦謹　(清)曾國荃纂輯　清同治六年(1867)李氏黃鶴樓刻本　十六册　存四十三卷(二十三至六十五)

620000－1101－0006907　847.6/215.003
胡文忠公遺集八十六卷首一卷　(清)胡林翼撰　(清)鄭敦謹　(清)曾國荃纂輯　清同治六年(1867)李氏黃鶴樓刻本　五册　存十八卷(一至七、十一至十八、二十二至二十四)

620000－1101－0006908　847.6/215.003
胡文忠公遺集八十六卷首一卷　(清)胡林翼撰　(清)鄭敦謹　(清)曾國荃纂輯　清同治六年(1867)李氏黃鶴樓刻本　十二册　存二十八卷(五十九至八十六)

620000－1101－0006909　847.6/215.006
胡文忠公遺集八十六卷首一卷　（清）胡林翼
撰　（清）鄭敦謹　（清）曾國荃纂輯　清光緒
元年(1875)湖北崇文書局刻本　二十五冊
存七十一卷(一至五十、五十七至五十八、六
十七至八十二、八十五至八十六,首一卷)

620000－1101－0006910　847.6/215.004
胡文忠公遺集八十六卷首一卷　（清）胡林翼
撰　（清）鄭敦謹　（清）曾國荃纂輯　清光緒
十四年(1888)上海著易堂鉛印本　五冊　存
七十卷(六至六十六、六十九至七十七)

620000－1101－0006911　847.6/215.004
胡文忠公遺集八十六卷首一卷　（清）胡林翼
撰　（清）鄭敦謹　（清）曾國荃纂輯　清光緒
十四年(1888)上海著易堂鉛印本　八冊

620000－1101－0006912　847.6/21.76
胡文忠公遺集八十六卷首一卷　（清）胡林翼
撰　（清）曾國荃輯　（清）胡鳳丹編　清光緒
二十七年(1901)上海圖書集成印書局鉛印本
　八冊

620000－1101－0006913　653.761/215
胡文忠公遺集十卷首一卷　（清）胡林翼撰
（清）閻敬銘　（清）厲雲官　（清）盛康輯
清同治三年(1864)武昌節署刻本　八冊

620000－1101－0006914　847.6/215.001
胡文忠公遺集十卷首一卷　（清）胡林翼撰
（清）閻敬銘　（清）厲雲官　（清）盛康輯
清同治三年(1864)武昌節署刻本　八冊

620000－1101－0006915　847.6/215
胡文忠公遺集十卷首一卷　（清）胡林翼撰
（清）閻敬銘　（清）厲雲官　（清）盛康輯
清同治五年(1866)刻本　八冊

620000－1101－0006916　653.761/215.002
胡文忠公遺集十卷首一卷　（清）胡林翼撰
（清）閻敬銘　（清）厲雲官　（清）盛康輯
清同治七年(1868)醉六堂刻本　十冊

620000－1101－0006917　847.6/215.005
胡文忠公遺集十卷首一卷　（清）胡林翼撰

（清）閻敬銘　（清）厲雲官　（清）盛康輯
清同治七年(1868)醉六堂刻本　八冊

620000－1101－0006918　653.761/215.001
胡文忠公遺集十卷首一卷　（清）胡林翼撰
（清）閻敬銘　（清）厲雲官　（清）盛康輯
清同治刻本　一冊　存一卷(十)

620000－1101－0006919　847.6/215.01
胡文忠公政書十四卷　（清）胡林翼撰　（清）
但湘良編輯　**年譜一卷**　（清）嚴樹森編　清
光緒二十五年(1899)湖南糧儲道署刻本　十
六冊

620000－1101－0006920　847.6/215.01
胡文忠公政書十四卷　（清）胡林翼撰　（清）
但湘良編輯　**年譜一卷**　（清）嚴樹森編　清
光緒二十五年(1899)湖南糧儲道署刻本　十
二冊

620000－1101－0006921　652.761/215
胡文忠公奏議六卷　（清）胡林翼撰　清光緒
二年(1876)武進思補樓木活字印本　六冊

620000－1101－0006922　652.761/215
胡文忠公奏議六卷　（清）胡林翼撰　清光緒
二年(1876)武進思補樓木活字印本　六冊

620000－1101－0006923　857.178/0.2
壺天錄三卷　（清）百一居士撰　清光緒鉛印
本　一冊

620000－1101－0006924　086.25/78.201
湖北叢書三十種二百九十一卷　（清）趙尚輔
輯　清光緒十七年(1891)三餘草堂刻本　九
十七冊　缺一種十三卷(姓觿十卷、附錄一
卷、劄記一卷、刊誤一卷)

620000－1101－0006925　086.25/78.201
湖北叢書三十種二百九十一卷　（清）趙尚輔
輯　清光緒十七年(1891)三餘草堂刻本　一
百冊

620000－1101－0006926　596.8/103
湖北武學二十四種五十二卷　（清）湖北武備
學堂輯　清光緒二十六年(1900)湖北官書處

359

刻本　十二冊　存九種十七卷（體操法五卷、附普通體操摘要一卷、護隊集要一卷、步隊戰法二卷、溝壘圖說四卷、修路說略一卷、行軍帳棚說一卷、軍械圖說一卷、槍法圖解一卷）

620000 - 1101 - 0006927　592/103
湖北武學二十四種五十二卷　（清）湖北武備學堂輯　清光緒二十六年（1900）湖北官書處刻本　十二冊　存九種二十二卷（雷火圖說一卷、快槍打靶通法二卷、快槍圖說一卷、戰法輯要六卷、馬隊戰法一卷、礮隊戰法一卷、三隊合戰法一卷、地勢學五卷、行軍測繪學四卷）

620000 - 1101 - 0006928　573.332/722.187
湖北鄉試硃卷(光緒癸巳恩科)一卷　（清）劉濬撰　清光緒刻本　一冊

620000 - 1101 - 0006929　856.7/736.2.06
湖北鄉試硃卷(光緒己丑恩科)一卷　（清）湯霖撰　清光緒刻本　一冊

620000 - 1101 - 0006930　1453
湖海集十三卷　（清）孔尚任撰　清康熙二十七年（1688）介安堂刻本（有抄配）　六冊

620000 - 1101 - 0006931　082.75/377
湖海樓叢書十二種一百十卷　（清）陳春輯清嘉慶蕭山陳氏刻本　三十二冊

620000 - 1101 - 0006932　082.75/377
湖海樓叢書十二種一百十卷　（清）陳春輯清嘉慶蕭山陳氏刻本　三十一冊　存十二種一百四卷（周易鄭注七至十二、附敘錄一卷，論語類考二十卷，孟子雜記四卷，列子八卷、附列子沖虛至德真經釋文二卷，尸子尹文子合刻四卷，潛夫論十卷，學林十卷，卮林十卷、補遺一卷，訂譌雜錄十卷，龍筋鳳髓判四卷，永嘉先生八面鋒十三卷，會稽三賦一卷）

620000 - 1101 - 0006933　082.75/377
湖海樓叢書十二種一百十卷　（清）陳春輯清嘉慶蕭山陳氏刻本　八冊　存五種四十八卷（論語類考二十卷，孟子雜記四卷，列子八卷、附列子沖虛至德真經釋文二卷，尸子尹文

子合刻四卷,潛夫論十卷）

620000 - 1101 - 0006934　082.75/377
湖海樓叢書十二種一百十卷　（清）陳春輯清嘉慶蕭山陳氏刻本　十一冊　存六種四十九卷（學林十卷，卮林十卷、補遺一卷，訂譌雜錄十卷，龍筋鳳髓判四卷，永嘉先生八面鋒十三卷，會稽三賦一卷）

620000 - 1101 - 0006935　082.75/377
湖海樓叢書十二種一百十卷　（清）陳春輯清嘉慶蕭山陳氏刻本　九冊　存七種五十一卷(論語類考七至二十,孟子雜記四卷,列子六至八,附列子沖虛至德真經釋文二卷,訂譌雜錄十卷,龍筋鳳髓判四卷,永嘉先生八面鋒十三卷,會稽三賦一卷)

620000 - 1101 - 0006936　082.75/377
湖海樓叢書十二種一百十卷　（清）陳春輯清嘉慶蕭山陳氏刻本　一冊　存一種六卷（周易鄭注一至六）

620000 - 1101 - 0006937　082.75/377
湖海樓叢書十二種一百十卷　（清）陳春輯清嘉慶蕭山陳氏刻本　三冊　存二種十卷（論語類考一至九、會稽三賦一卷）

620000 - 1101 - 0006938　082.75/377
湖海樓叢書十二種一百十卷　（清）陳春輯清嘉慶蕭山陳氏刻本　一冊　存一種七卷（永嘉先生八面鋒七至十三）

620000 - 1101 - 0006939　082.75/377
湖海樓叢書十二種一百十卷　（清）陳春輯清嘉慶蕭山陳氏刻本　三十二冊　存十二種九十五卷（周易鄭注十二卷、附敘錄一卷,論語類考二十卷,孟子雜記四卷,列子八卷,附列子沖虛至德真經釋文二卷,尸子二卷,潛夫論五至十,學林十卷,卮林一至八,補遺一卷,訂譌雜錄十卷,龍筋鳳髓判四卷,永嘉先生八面鋒一至六,會稽三賦一卷）

620000 - 1101 - 0006940　847.2/385.06
湖海樓全集四集　（清）陳維崧著　清光緒十七年（1891）弇山鐸署刻本　二十四冊

620000－1101－0006941　831.7/11

湖海詩傳四十六卷　（清）王昶輯　清嘉慶八年（1803）刻本　十六冊

620000－1101－0006942　831.7/11

湖海詩傳四十六卷　（清）王昶輯　清嘉慶八年（1803）刻本　十六冊

620000－1101－0006943　831.7/118

湖海詩傳四十六卷　（清）王昶輯　清嘉慶八年（1803）刻本　二冊　存九卷（一至四、四十二至四十六）

620000－1101－0006944　831.7/118.001

湖海詩傳四十六卷　（清）王昶輯　清同治四年（1865）綠蔭堂刻本　十四冊　存三十九卷（一至三十九）

620000－1101－0006945　835.7/11

湖海文傳七十五卷　（清）王昶輯　清道光刻本　十六冊

620000－1101－0006946　835.7/118

湖海文傳七十五卷　（清）王昶輯　清道光十七年（1837）經訓堂刻同治五年（1866）印本　十六冊

620000－1101－0006947　835.7/118

湖海文傳七十五卷　（清）王昶輯　清道光十七年（1837）經訓堂刻同治五年（1866）印本　十六冊

620000－1101－0006948　782.626/634

湖南襃忠錄五十七卷寇事述四卷殉陳二十六卷殉城四卷殉防四卷殉勞六卷殉團六卷殉職一卷外紀三卷殉貞三卷　（清）郭嵩燾纂　清同治十二年（1873）木活字印本　十六冊

620000－1101－0006949　686.1026/165

湖南方物志八卷　（清）黃本驥編輯　清道光二十六年（1846）湘陰蔣氏刻三長物齋叢書本　二冊

620000－1101－0006950　672.6/493

湖南考古略十二卷　（清）盧峻　（清）成業襄纂　清光緒二年（1876）刻本　四冊

620000－1101－0006951　575.226/0.723

湖南酆縣告示不分卷　（□）□□撰　清同治抄本　一冊

620000－1101－0006952　629.26/723

湖南商事習慣報告書二編九卷附錄商業條規十二卷　（清）湖南調查局編　清宣統三年（1911）湖南調查局鉛印本　五冊　存十六卷（第一編四卷、附錄商業條規十二卷）

620000－1101－0006953　629.26/723

湖南商事習慣報告書二編九卷附錄商業條規十二卷　（清）湖南調查局編　清宣統三年（1911）湖南調查局鉛印本　六冊

620000－1101－0006954　629.26/723

湖南商事習慣報告書二編九卷附錄商業條規十二卷　（清）湖南調查局編　清宣統三年（1911）湖南調查局鉛印本　一冊　存四卷（附錄商業條規九至十二）

620000－1101－0006955　839.26/48

湖南文徵一百九十卷姓氏傳四卷目錄六卷　（清）羅汝懷輯　清同治十年（1871）刻本　八十八冊　存一百八十一卷（元明文五十四卷，國朝文一至九十七、一百十七至一百三十六；姓氏傳四卷；目錄六卷）

620000－1101－0006956　839.26/48

湖南文徵一百九十卷姓氏傳四卷目錄六卷　（清）羅汝懷輯　清同治十年（1871）刻本　六十五冊　存一百三十一卷（國朝文二至四十四、四十七至六十八、七十一至一百三十六）

620000－1101－0006957　839.26/48

湖南文徵一百九十卷姓氏傳四卷目錄六卷　（清）羅汝懷輯　清同治十年（1871）刻本　二十冊　存四十卷（元明文七至二十二、二十七至三十六、四十六至五十四、國朝文一；姓氏傳四卷）

620000－1101－0006958　573.332/723.819

湖南鄉試硃卷（光緒癸巳科）一卷　（清）吉仙觀撰　清光緒十九年（1893）刻本　一冊

620000－1101－0006959　573.332/602

湖南鄉試硃卷(光緒甲午科)一卷　(清)諶國
治撰　清光緒二十年(1894)刻本　一冊

620000－1101－0006960　856.7/119

湖南優貢卷(光緒乙酉科)一卷　(清)王家楳
撰　清光緒刻本　一冊

620000－1101－0006961　856.7/667

湖南優貢卷(光緒乙酉科)一卷　(清)唐繼勛
撰　清光緒刻本　一冊

620000－1101－0006962　856.7/423

湖南優貢卷(光緒乙酉科)一卷　(清)歐謙撰
清光緒刻本　一冊

620000－1101－0006963　692.3101/327

湖山便覽十二卷　(清)翟灝　(清)翟瀚輯
清光緒元年(1875)槐蔭堂王氏刻本　六冊

620000－1101－0006964　692.3101/327

湖山便覽十二卷　(清)翟灝　(清)翟瀚輯
清光緒元年(1875)槐蔭堂王氏刻本　六冊

620000－1101－0006965　3008

湖山到處吟不分卷　(清)朱棟撰　清乾隆五
十七年(1792)刻民國印本　一冊

620000－1101－0006966　1788

湖山類稿五卷水雲集一卷附錄三卷　(宋)汪
元量撰　清乾隆三十年(1765)知不足齋刻本
二冊　存四卷(水雲集一卷、附錄三卷)

620000－1101－0006967　672.35/101.789

湖墅小志四卷　(清)高鵬年纂修　清光緒二
十二年(1896)石印本　二冊

620000－1101－0006968　839.234/833

湖州詞徵二十四卷　(清)朱祖謀輯校　清宣
統三年(1911)刻本　四冊

620000－1101－0006969　082.78/396

湖州叢書十二種七十五卷　(清)陸心源輯
清光緒湖城義塾刻本　二十冊　存十種五十
八卷(周官故書考四卷,論語魯讀考一卷,儀
禮古今文異同五卷,爾雅匡名二十卷,娛親雅
言六卷,柯家山館遺詩六卷,詞三卷,秋室集
十卷,禮耕堂叢說一卷,史論五答一卷,吉貝

居暇唱一卷)

620000－1101－0006970　2318

虎阜志十卷圖一卷首一卷　(清)陸肇域
(清)任兆麟纂　清乾隆五十七年(1792)刻本
十冊

620000－1101－0006971　845.6/118.01

虎谷全集十九卷　(明)王雲鳳撰　清光緒十
四年(1888)刻本　一冊

620000－1101－0006972　592/613

虎鈐經二十卷　(宋)許洞撰　清道光刻本
四冊

620000－1101－0006973　592/613.001

虎鈐經二十卷　(宋)許洞撰　清中晚期刻本
十冊

620000－1101－0006974　592/613.002

虎鈐經二十卷　(宋)許洞撰　清中晚期刻本
四冊

620000－1101－0006975　683.21/49.95

虎邱山志十卷　(清)顧湄撰　清道光、咸豐
刻本　一冊

620000－1101－0006976　89

虎帳談資六卷　(清)沈瓶山撰　清抄本　四
冊　存二卷(一、三)

620000－1101－0006977　782.960/973

許魯齋先生年譜不分卷附心法約編　(清)鄭
士範編輯　清光緒六年(1880)周正誼堂刻本
一冊

620000－1101－0006978　652.785/612

許尚書文御史奏摺不分卷　(清)許應騤
(清)文悌撰　清末刻本　一冊

620000－1101－0006979　846.6/60

許氏巾箱集五卷　(明)許察等撰　(清)許兆
熊編　清同治五年(1866)刻本　一冊

620000－1101－0006980　802.44/372

許氏說文解字雙生疊韻譜不分卷　(清)鄧廷
楨編輯　清光緒九年(1883)同文書局石印本
一冊

620000－1101－0006981　845.73/615

許文正公遺書十二卷首一卷末一卷　（元）許衡撰　清光緒十三年（1887）傳經堂刻本　四冊

620000－1101－0006982　082.8/955

許學叢刻九種九卷　（清）許頌鼎　（清）許湛祥輯　清光緒十三年（1887）海寧許氏古均閣刻本　二冊

620000－1101－0006983　082.8/313

許學叢書十四種六十三卷　張炳翔輯　清光緒長洲張氏儀鄭廬刻本　二十四冊

620000－1101－0006984　702

許彥周詩話一卷　（宋）許顗撰　明萬曆商氏半埜堂刻稗海本　一冊

620000－1101－0006985　652.781/958

戶部陝西司奏稿八卷　（清）戶部陝西司輯　清光緒鉛印本　八冊

620000－1101－0006986　222.14/312

護法論不分卷　（宋）張商英撰　清光緒二年（1876）常熟刻經處刻本　一冊

620000－1101－0006987　3798

花萼交輝閣集八卷　（清）曹福元撰　清光緒三十四年至民國七年（1908－1918）刻朱印本　四冊

620000－1101－0006988　782.87/314

花甲閒談十六卷首一卷　（清）張維屏撰　（清）葉夢草繪圖　清道光十九年（1839）刻本　四冊

620000－1101－0006989　782.87/314.001

花甲閒談十六卷首一卷　（清）張維屏撰　（清）葉夢草繪圖　清光緒十年（1884）上海同文書局石印本　四冊

620000－1101－0006990　4484

花間集二卷　（五代）趙崇祚輯　（明）湯顯祖評　清光緒十一年（1885）劉湉年抄本　二冊

620000－1101－0006991　635

花間集十卷　（五代）趙崇祚輯　明崇禎毛氏汲古閣刻本　一冊

620000－1101－0006992　852.342/19.94

花間集十卷　（五代）趙崇祚輯　清光緒十四年（1888）邵武徐榦刻本　二冊

620000－1101－0006993　435.11/384

花鏡四卷　（清）陳淏子輯　清晚期刻本　六冊

620000－1101－0006994　676.5/107.79

花馬池廳地理調查表不分卷　（清）胡炳勳編　清宣統元年（1909）抄本　一冊

620000－1101－0006995　675.75/107.781

花馬池誌蹟十四卷　（清）□□編　清宣統元年（1909）抄本　三冊

620000－1101－0006996　487

花事錄二卷　（明）袁宏道輯　明末刻本　一冊

620000－1101－0006997　856.7/312

花樣集錦四卷　（清）張補山輯　清道光二十三年（1843）刻本　一冊　存二卷（一至二）

620000－1101－0006998　847.7/434

花宜館詩鈔十六卷續存一卷無腔村笛二卷　（清）吳振棫撰　清同治四年（1865）吳文墫刻本　六冊

620000－1101－0006999　082.79/307

花雨樓叢鈔十一種四十六卷續鈔十一種四十一卷附一種十三卷　（清）張壽榮輯　清光緒蛟州張氏花雨樓刻本　四十八冊

620000－1101－0007000　857.47/681

花月痕全書十六卷五十二回　（清）魏秀仁撰　（清）棲霞居士評　清光緒十四年（1888）刻本　一冊　存一卷（五）

620000－1101－0007001　691.5/197

華山紀游略一卷　（清）趙嘉肇撰　清光緒八年（1882）刻本　一冊

620000－1101－0007002　785.28/795

華盛頓泰西史略八卷　（清）黎汝謙　（清）蔡國昭合譯　清光緒二十三年（1897）新學會石

印本　四冊

620000－1101－0007003　413.11/502

華氏中藏經三卷　（漢）華陀撰　（清）孫星衍校　清光緒九年(1883)刻本　一冊

620000－1101－0007004　567.3/0.471

華亭縣賦役全書不分卷　（清）□□編　清咸豐三年(1853)刻本　三冊

620000－1101－0007005　221.2/126

華嚴經音義四卷　（唐）釋慧苑撰　清道光南海伍氏刻粵雅堂叢書本　一冊

620000－1101－0007006　221.2/941

華嚴一乘十玄門一卷五十要問答二卷　（唐）釋智儼撰　清光緒二十二年(1896)金陵刻經處刻本　一冊

620000－1101－0007007　226.7/68.48

華嚴原人論合解二卷　（唐）釋宗密撰　（元）釋圓覺集釋　清同治十一年(1872)釋妙然刻本　一冊

620000－1101－0007008　629.27/59.002

華陽國志十二卷附一卷　（晉）常璩撰　清嘉慶十九年(1814)刻本　二冊

620000－1101－0007009　629.27/59

華陽國志十二卷附一卷　（晉）常璩撰　清光緒影刻本　八冊

620000－1101－0007010　3441

華陽國志十卷　（晉）常璩撰　清乾隆李氏萬卷樓刻函海本　四冊

620000－1101－0007011　629.27/59.001

華陽國志十四卷附江原士女志一卷　（晉）常璩撰　清嘉慶刻廣漢魏叢書本　三冊　存十三卷(一至十一、十三至十四)

620000－1101－0007012　235.5/281.001

華陽金仙證論二十卷　（清）柳華陽撰　清光緒三十二年(1906)善成堂刻本　一冊　存十八卷(一至十八)

620000－1101－0007013　782.972/638

華野郭公年譜一卷　（清）郭廷翼輯　清道光

二十一年(1841)吳郡喜墨齋刻本　一冊

620000－1101－0007014　805.1/0.502

華英通語不分卷　（□）□□撰　清咸豐十年(1860)刻本　一冊

620000－1101－0007015　718

華嶽全集十三卷　（明）張維新撰　（清）馮嘉會續　明萬曆刻本　十冊

620000－1101－0007016　719

華嶽全集十三卷　（明）張維新撰　明萬曆二十五年(1597)刻曹士綸清康熙遞修本　四冊

620000－1101－0007017　3699

華嶽全集十三卷　（明）張維新撰　明萬曆刻清修本　一冊　存六卷(五至十)

620000－1101－0007018　683.15/50.28

華嶽志八卷首一卷　（清）李榕纂輯　清道光十一年(1831)楊翼武清白別墅刻光緒九年(1883)楊昌濬補刻本　四冊

620000－1101－0007019　683.15/50.28

華嶽志八卷首一卷　（清）李榕纂輯　清道光十一年(1831)楊翼武清白別墅刻光緒九年(1883)楊昌濬補刻本　四冊

620000－1101－0007020　683.15/50.28

華嶽志八卷首一卷　（清）李榕纂輯　清道光十一年(1831)楊翼武清白別墅刻光緒九年(1883)楊昌濬補刻本　四冊

620000－1101－0007021　683.15/20.286

華嶽志八卷首一卷　（清）李榕纂輯　清道光十一年(1831)楊翼武清白別墅刻光緒九年(1883)楊昌濬補刻本　四冊

620000－1101－0007022　683.15/50.28

華嶽志八卷首一卷　（清）李榕纂輯　清道光十一年(1831)楊翼武清白別墅刻光緒九年(1883)楊昌濬補刻本　四冊

620000－1101－0007023　683.15/50.28

華嶽志八卷首一卷　（清）李榕纂輯　清道光十一年(1831)楊翼武清白別墅刻光緒九年(1883)楊昌濬補刻本　四冊

620000－1101－0007024　683.15/50.28

華嶽志八卷首一卷　（清）李榕纂輯　清道光
十一年(1831)楊翼武清白別墅刻光緒九年
(1883)楊昌濬補刻本　四冊

620000－1101－0007025　683.15/50.28

華嶽志八卷首一卷　（清）李榕纂輯　清道光
十一年(1831)楊翼武清白別墅刻光緒九年
(1883)楊昌濬補刻本　四冊

620000－1101－0007026　683.15/50.286

華嶽志八卷首一卷　（清）李榕纂輯　清道光
十一年(1831)楊翼武清白別墅刻光緒九年
(1883)楊昌濬補刻本　四冊

620000－1101－0007027　683.15/50.28

華嶽志八卷首一卷　（清）李榕纂輯　清道光
十一年(1831)楊翼武清白別墅刻光緒九年
(1883)楊昌濬補刻本　四冊

620000－1101－0007028　683.15/50.28

華嶽志八卷首一卷　（清）李榕纂輯　清道光
十一年(1831)楊翼武清白別墅刻光緒三十年
(1904)補刻本　四冊

620000－1101－0007029　683.15/50.28

華嶽志八卷首一卷　（清）李榕纂輯　清道光
十一年(1831)楊翼武清白別墅刻光緒三十年
(1904)補刻本　四冊

620000－1101－0007030　683.15/50.28

華嶽志八卷首一卷　（清）李榕纂輯　清道光
十一年(1831)楊翼武清白別墅刻光緒三十年
(1904)補刻本　四冊

620000－1101－0007031　683.15/50.28

華嶽志八卷首一卷　（清）李榕纂輯　清光緒
十九年(1893)寶善書局石印本　四冊

620000－1101－0007032　653.78/502

華制存考十二卷　（清）擷華書局編　清光緒
三十三年(1907)擷華書局鉛印本　一冊　存
一卷(十一)

620000－1101－0007033　653.78/502

華制存考十二卷　（清）擷華書局編　清光緒

三十三年(1907)擷華書局鉛印本　二冊　存
一卷(十一)

620000－1101－0007034　653.78/502.001

華制存考十二卷　（清）擷華書局編　清光緒
三十四年(1908)擷華書局鉛印本　二十二冊
存十一卷(一至十一)

620000－1101－0007035　653.78/502.001

華制存考十二卷　（清）擷華書局編　清光緒
三十四年(1908)擷華書局鉛印本　六冊　存
六卷(七至十二)

620000－1101－0007036　653.78/502.001

華制存考十二卷　（清）擷華書局編　清光緒
三十四年(1908)擷華書局鉛印本　三十二冊
存十一卷(一至十一)

620000－1101－0007037　653.78/502.002

華制存考十二卷　（清）擷華書局編　清宣統
元年(1909)擷華書局鉛印本　十八冊　存二
卷(一至二)

620000－1101－0007038　653.78/502.002

華制存考十二卷　（清）擷華書局編　清宣統
元年(1909)擷華書局鉛印本　七冊　存六卷
(二至五、八至九)

620000－1101－0007039　653.78/502.002

華制存考十二卷　（清）擷華書局編　清宣統
元年(1909)擷華書局鉛印本　六冊　存六卷
(一至六)

620000－1101－0007040　653.78/502.002

華制存考十二卷　（清）擷華書局編　清宣統
元年(1909)擷華書局鉛印本　三十冊　存十
一卷(一至十一)

620000－1101－0007041　653.78/502.003

華制存考十二卷　（清）擷華書局編　清宣統
二年(1910)擷華書局鉛印本　二十冊　存十
一卷(一至六、八至十二)

620000－1101－0007042　653.78/502.07

華制存考十二卷　（清）擷華書局編　清宣統
二年(1910)擷華書局鉛印本　一冊

620000 – 1101 – 0007043　653.78/502.003

華制存考十二卷　（清）擷華書局編　清宣統二年（1910）擷華書局鉛印本　二十二冊

620000 – 1101 – 0007044　653.78/502.003

華制存考十二卷　（清）擷華書局編　清宣統二年（1910）擷華書局鉛印本　二冊　存一卷（十）

620000 – 1101 – 0007045　653.78/502.004

華制存考十二卷　（清）擷華書局編　清宣統三年（1911）擷華書局鉛印本　十四冊　存六卷（二至四、六、八、十一）

620000 – 1101 – 0007046　653.78/502.004

華制存考十二卷　（清）擷華書局編　清宣統三年（1911）擷華書局鉛印本　三冊　存一卷（六）

620000 – 1101 – 0007047　653.78/502.004

華制存考十二卷　（清）擷華書局編　清宣統三年（1911）擷華書局鉛印本　十五冊　存六卷（二至四、閏六、八、冬月及內外折）

620000 – 1101 – 0007048　653.78/502.004

華制存考十二卷　（清）擷華書局編　清宣統三年（1911）擷華書局鉛印本　二冊　存一卷（六）

620000 – 1101 – 0007049　653.78/502.01

華制存考十二卷　（清）擷華書局編　清宣統擷華書局鉛印本　十三冊

620000 – 1101 – 0007050　847.7/233.7

滑疑集八卷　（清）韓錫胙撰　清同治十三年（1874）浙江處州府署刻本　四冊

620000 – 1101 – 0007051　671.65/333.79

化平廳地理調查表一卷　（清）崔純組編　清宣統抄本　一冊

620000 – 1101 – 0007052　296

化書六卷　（五代）譚峭撰　明萬曆刻寶顏堂祕笈本　一冊

620000 – 1101 – 0007053　124.8/60

化書六卷　（五代）譚峭撰　清光緒六年

（1880）刻本　一冊

620000 – 1101 – 0007054　340/157

化學辨質一卷　（美國）聶會東口譯　（清）尚寶臣筆述　清光緒三十四年（1908）上海美華書館鉛印本　一冊

620000 – 1101 – 0007055　340/719

化學材料中西名目表不分卷　（清）江南製造總局編　清光緒十年（1884）江南製造總局鉛印本　一冊

620000 – 1101 – 0007056　340/719

化學材料中西名目表不分卷　（清）江南製造總局編　清光緒十年（1884）江南製造總局鉛印本　一冊

620000 – 1101 – 0007057　340/719

化學材料中西名目表不分卷　（清）江南製造總局編　清光緒十年（1884）江南製造總局鉛印本　一冊

620000 – 1101 – 0007058　346/719

化學材料中西名目表不分卷　（清）江南製造總局編　清光緒十年（1884）江南製造總局鉛印本　一冊

620000 – 1101 – 0007059　340/719

化學材料中西名目表不分卷　（清）江南製造總局編　清光緒十年（1884）江南製造總局鉛印本　一冊

620000 – 1101 – 0007060　340/719

化學材料中西名目表不分卷　（清）江南製造總局編　清光緒十年（1884）江南製造總局鉛印本　一冊

620000 – 1101 – 0007061　340/719.001

化學材料中西名目表不分卷　（清）江南製造總局編　清光緒上海著易堂書局石印本一冊

620000 – 1101 – 0007062　340/719.001

化學材料中西名目表不分卷　（清）江南製造總局編　清光緒上海著易堂書局石印本一冊

620000－1101－0007063　340/471

化學闡原十五卷首一卷　（法國）畢利幹口譯
（清）王鍾祥等筆述　清光緒八年(1882)同
文館鉛印本　十六冊

620000－1101－0007064　345/184

化學初階四卷　（美國）嘉約翰口譯　（清）何
瞭然筆述　清同治九年(1870)羊城博濟醫局
刻本　四冊

620000－1101－0007065　345/184

化學初階四卷　（美國）嘉約翰口譯　（清）何
瞭然筆述　清同治九年(1870)羊城博濟醫局
刻本　四冊

620000－1101－0007066　345/184

化學初階四卷　（美國）嘉約翰口譯　（清）何
瞭然筆述　清同治九年(1870)羊城博濟醫局
刻本　四冊

620000－1101－0007067　345/184

化學初階四卷　（美國）嘉約翰口譯　（清）何
瞭然筆述　清同治九年(1870)羊城博濟醫局
刻本　四冊

620000－1101－0007068　340.34/528.001

化學分原八卷　（英國）蒲陸山撰　（英國）傅
蘭雅口譯　（清）徐建寅筆述　清同治十一年
(1872)江南製造總局刻本　二冊

620000－1101－0007069　340.34/528

化學分原八卷　（英國）蒲陸山撰　（英國）傅
蘭雅口譯　（清）徐建寅筆述　清同治十一年
(1872)江南製造總局刻本　二冊

620000－1101－0007070　340.34/528

化學分原八卷　（英國）蒲陸山撰　（英國）傅
蘭雅口譯　（清）徐建寅筆述　清同治十一年
(1872)江南製造總局刻本　二冊

620000－1101－0007071　340.34/528

化學分原八卷　（英國）蒲陸山撰　（英國）傅
蘭雅口譯　（清）徐建寅筆述　清同治十一年
(1872)江南製造總局刻本　二冊

620000－1101－0007072　340.34/528

化學分原八卷　（英國）蒲陸山撰　（英國）傅
蘭雅口譯　（清）徐建寅筆述　清同治十一年
(1872)江南製造總局刻本　二冊

620000－1101－0007073　340.34/528

化學分原八卷　（英國）蒲陸山撰　（英國）傅
蘭雅口譯　（清）徐建寅筆述　清同治十一年
(1872)江南製造總局刻本　二冊

620000－1101－0007074　340.34/528

化學分原八卷　（英國）蒲陸山撰　（英國）傅
蘭雅口譯　（清）徐建寅筆述　清同治十一年
(1872)江南製造總局刻本　二冊

620000－1101－0007075　340.34/518

化學分原八卷　（英國）蒲陸山撰　（英國）傅
蘭雅口譯　（清）徐建寅筆述　清同治十一年
(1872)江南製造總局刻本　二冊

620000－1101－0007076　340.34/528

化學分原八卷　（英國）蒲陸山撰　（英國）傅
蘭雅口譯　（清）徐建寅筆述　清同治十一年
(1872)江南製造總局刻本　二冊

620000－1101－0007077　340.34/528

化學分原八卷　（英國）蒲陸山撰　（英國）傅
蘭雅口譯　（清）徐建寅筆述　清同治十一年
(1872)江南製造總局刻本　二冊

620000－1101－0007078　340.34/528

化學分原八卷　（英國）蒲陸山撰　（英國）傅
蘭雅口譯　（清）徐建寅筆述　清同治十一年
(1872)江南製造總局刻本　二冊

620000－1101－0007079　340.34/528.001

化學分原八卷　（英國）蒲陸山撰　（英國）傅
蘭雅口譯　（清）徐建寅筆述　清光緒上海著
易堂書局石印本　一冊

620000－1101－0007080　340.34/528.001

化學分原八卷　（英國）蒲陸山撰　（英國）傅
蘭雅口譯　（清）徐建寅筆述　清光緒上海著
易堂書局石印本　一冊

620000－1101－0007081　340.34/528.001

化學分原八卷　（英國）蒲陸山撰　（英國）傅

蘭雅口譯　（清）徐建寅筆述　清光緒上海著
易堂書局石印本　一冊

620000－1101－0007082　340.34/528.001

化學分原八卷　（英國）蒲陸山撰　（英國）傅
蘭雅口譯　（清）徐建寅筆述　清光緒上海著
易堂書局石印本　一冊

620000－1101－0007083　340.34/528.001

化學分原八卷　（英國）蒲陸山撰　（英國）傅
蘭雅口譯　（清）徐建寅筆述　清光緒上海著
易堂書局石印本　一冊

620000－1101－0007084　345/488

化學歌括不分卷植物學歌略不分卷　虞和欽
編　清光緒二十六年（1900）陝西味經官書局
鉛印本　一冊

620000－1101－0007085　344.1/855

化學工藝初集四卷附圖一卷　（英國）能智著
（英國）傅蘭雅　（清）汪振聲譯　（清）徐
華封校　清光緒二十四年（1898）江南製造局
鉛印本　五冊

620000－1101－0007086　344.1/855

**化學工藝初集四卷附圖一卷二集四卷附圖一
卷三集二卷附圖一卷**　（英國）能智著　（英
國）傅蘭雅　（清）汪振聲譯　（清）徐華封校
清光緒二十四年（1898）江南製造局鉛印本
一冊　存一卷（初集二）

620000－1101－0007087　344.1/855

**化學工藝初集四卷附圖一卷二集四卷附圖一
卷三集二卷附圖一卷**　（英國）能智著　（英
國）傅蘭雅　（清）汪振聲譯　（清）徐華封校
清光緒二十四年（1898）江南製造局鉛印本
三冊　存四卷（初集一至二、三集二卷）

620000－1101－0007088　344.1/855

**化學工藝初集四卷附圖一卷二集四卷附圖一
卷三集二卷附圖一卷**　（英國）能智著　（英
國）傅蘭雅　（清）汪振聲譯　（清）徐華封校
清光緒二十四年（1898）江南製造局鉛印本
九冊　存八卷（初集四卷、二集一至二、三
集二卷）

620000－1101－0007089　344.1/855

**化學工藝初集四卷附圖一卷二集四卷附圖一
卷三集二卷附圖一卷**　（英國）能智著　（英
國）傅蘭雅　（清）汪振聲譯　（清）徐華封校
清光緒二十四年（1898）江南製造局鉛印本
十一冊

620000－1101－0007090　344.1/855/;2

化學工藝二集四卷附圖一卷　（英國）能智著
（英國）傅蘭雅　（清）汪振聲譯　（清）徐
華封校　清光緒二十四年（1898）江南製造局
鉛印本　五冊

620000－1101－0007091　344.1/855/;2

化學工藝二集四卷附圖一卷　（英國）能智著
（英國）傅蘭雅　（清）汪振聲譯　（清）徐
華封校　清光緒二十四年（1898）江南製造局
鉛印本　五冊

620000－1101－0007092　344.1/855;3

化學工藝三集二卷附圖一卷　（英國）能智著
（英國）傅蘭雅　（清）汪振聲譯　（清）徐
華封校　清光緒二十四年（1898）江南製造局
鉛印本　三冊

620000－1101－0007093　344.1/855

化學工藝三集二卷附圖一卷　（英國）能智著
（英國）傅蘭雅　（清）汪振聲譯　（清）徐
華封校　清光緒二十四年（1898）江南製造局
鉛印本　三冊

620000－1101－0007094　340.1/906

化學鑑原補編六卷附一卷　（英國）傅蘭雅口
譯　（清）徐壽筆述　清光緒江南製造總局刻
本　六冊

620000－1101－0007095　340.1/906

化學鑑原補編六卷附一卷　（英國）傅蘭雅口
譯　（清）徐壽筆述　清光緒江南製造總局刻
本　五冊　存六卷（二至六、附一卷）

620000－1101－0007096　340.1/906

化學鑑原補編六卷附一卷　（英國）傅蘭雅口
譯　（清）徐壽筆述　清光緒江南製造總局刻
本　六冊

620000－1101－0007097　340.1/906

化學鑑原補編六卷附一卷　（英國）傅蘭雅口譯　（清）徐壽筆述　清光緒江南製造總局刻本　五冊　存六卷(一至二、四至六,附一卷)

620000－1101－0007098　340.1/906

化學鑑原補編六卷附一卷　（英國）傅蘭雅口譯　（清）徐壽筆述　清光緒江南製造總局刻本　六冊

620000－1101－0007099　340.1/906

化學鑑原補編六卷附一卷　（英國）傅蘭雅口譯　（清）徐壽筆述　清光緒江南製造總局刻本　六冊

620000－1101－0007100　340.1/906

化學鑑原補編六卷附一卷　（英國）傅蘭雅口譯　（清）徐壽筆述　清光緒江南製造總局刻本　六冊

620000－1101－0007101　340.1/906

化學鑑原補編六卷附一卷　（英國）傅蘭雅口譯　（清）徐壽筆述　清光緒江南製造總局刻本　六冊

620000－1101－0007102　340.1/906

化學鑑原補編六卷附一卷　（英國）傅蘭雅口譯　（清）徐壽筆述　清光緒江南製造總局刻本　一冊　存二卷(六、附一卷)

620000－1101－0007103　340.1/906

化學鑑原補編六卷附一卷　（英國）傅蘭雅口譯　（清）徐壽筆述　清光緒江南製造總局刻本　四冊　存四卷(一至四)

620000－1101－0007104　340.1/906

化學鑑原補編六卷附一卷　（英國）傅蘭雅口譯　（清）徐壽筆述　清光緒江南製造總局刻本　五冊　存五卷(一至五)

620000－1101－0007105　345/579

化學鑑原六卷　（英國）韋而司撰　（英國）傅蘭雅口譯　（清）徐壽筆述　清同治十一年(1872)江南製造總局刻本　四冊

620000－1101－0007106　345/579

化學鑑原六卷　（英國）韋而司撰　（英國）傅蘭雅口譯　（清）徐壽筆述　清同治十一年(1872)江南製造總局刻本　四冊

620000－1101－0007107　345/579

化學鑑原六卷　（英國）韋而司撰　（英國）傅蘭雅口譯　（清）徐壽筆述　清同治十一年(1872)江南製造總局刻本　四冊

620000－1101－0007108　345/579

化學鑑原六卷　（英國）韋而司撰　（英國）傅蘭雅口譯　（清）徐壽筆述　清同治十一年(1872)江南製造總局刻本　四冊

620000－1101－0007109　345/579

化學鑑原六卷　（英國）韋而司撰　（英國）傅蘭雅口譯　（清）徐壽筆述　清同治十一年(1872)江南製造總局刻本　四冊

620000－1101－0007110　345/579

化學鑑原六卷　（英國）韋而司撰　（英國）傅蘭雅口譯　（清）徐壽筆述　清同治十一年(1872)江南製造總局刻本　四冊

620000－1101－0007111　345/579

化學鑑原六卷　（英國）韋而司撰　（英國）傅蘭雅口譯　（清）徐壽筆述　清同治十一年(1872)江南製造總局刻本　四冊

620000－1101－0007112　345/579

化學鑑原六卷　（英國）韋而司撰　（英國）傅蘭雅口譯　（清）徐壽筆述　清同治十一年(1872)江南製造總局刻本　一冊　存一卷(三)

620000－1101－0007113　345/579

化學鑑原六卷　（英國）韋而司撰　（英國）傅蘭雅口譯　（清）徐壽筆述　清同治十一年(1872)江南製造總局刻本　四冊

620000－1101－0007114　345/579

化學鑑原六卷　（英國）韋而司撰　（英國）傅蘭雅口譯　（清）徐壽筆述　清同治十一年(1872)江南製造總局刻本　四冊

620000－1101－0007115　345/579

化學鑑原六卷　（英國）韋而司撰　（英國）傅蘭雅口譯　（清）徐壽筆述　清同治十一年(1872)江南製造總局刻本　四冊

620000－1101－0007116　345/579

化學鑑原六卷　（英國）韋而司撰　（英國）傅蘭雅口譯　（清）徐壽筆述　清同治十一年(1872)江南製造總局刻本　三冊　存四卷（一至四）

620000－1101－0007117　345/579.001

化學鑑原六卷續編二十四卷補編六卷　（英國）韋而司撰　（英國）傅蘭雅口譯　（清）徐壽筆述　清光緒上海著易堂書局石印本　六冊

620000－1101－0007118　345/579.001

化學鑑原六卷續編二十四卷補編六卷　（英國）韋而司撰　（英國）傅蘭雅口譯　（清）徐壽筆述　清光緒上海著易堂書局石印本　一冊　存十一卷（續編十四至二十四）

620000－1101－0007119　345/579.001

化學鑑原六卷續編二十四卷補編六卷　（英國）韋而司撰　（英國）傅蘭雅口譯　（清）徐壽筆述　清光緒上海著易堂書局石印本　四冊　存三十二卷（鑑原六卷、續編二十四卷、補編四至五）

620000－1101－0007120　345/528

化學鑑原續編二十四卷　（英國）蒲陸山撰　（英國）傅蘭雅口譯　（清）徐壽筆述　清光緒元年(1875)江南製造總局刻本　六冊

620000－1101－0007121　345/528

化學鑑原續編二十四卷　（英國）蒲陸山撰　（英國）傅蘭雅口譯　（清）徐壽筆述　清光緒元年(1875)江南製造總局刻本　六冊　存二十二卷（三至二十四）

620000－1101－0007122　345/528

化學鑑原續編二十四卷　（英國）蒲陸山撰　（英國）傅蘭雅口譯　（清）徐壽筆述　清光緒元年(1875)江南製造總局刻本　六冊

620000－1101－0007123　345/528

化學鑑原續編二十四卷　（英國）蒲陸山撰　（英國）傅蘭雅口譯　（清）徐壽筆述　清光緒元年(1875)江南製造總局刻本　六冊

620000－1101－0007124　345/528

化學鑑原續編二十四卷　（英國）蒲陸山撰　（英國）傅蘭雅口譯　（清）徐壽筆述　清光緒元年(1875)江南製造總局刻本　六冊

620000－1101－0007125　345/528

化學鑑原續編二十四卷　（英國）蒲陸山撰　（英國）傅蘭雅口譯　（清）徐壽筆述　清光緒元年(1875)江南製造總局刻本　一冊　存二卷(一至二)

620000－1101－0007126　345/528

化學鑑原續編二十四卷　（英國）蒲陸山撰　（英國）傅蘭雅口譯　（清）徐壽筆述　清光緒元年(1875)江南製造總局刻本　四冊　存十三卷(一至二、九至十九)

620000－1101－0007127　345/528

化學鑑原續編二十四卷　（英國）蒲陸山撰　（英國）傅蘭雅口譯　（清）徐壽筆述　清光緒元年(1875)江南製造總局刻本　五冊　存十九卷(一至十九)

620000－1101－0007128　340.34/688

化學考質八卷附表一卷　（德國）富里西尼烏司著　（英國）傅蘭雅口譯　（清）徐壽筆述　清光緒九年(1883)江南製造總局刻本　六冊

620000－1101－0007129　340.34/688

化學考質八卷附表一卷　（德國）富里西尼烏司著　（英國）傅蘭雅口譯　（清）徐壽筆述　清光緒九年(1883)江南製造總局刻本　六冊

620000－1101－0007130　340.34/688

化學考質八卷附表一卷　（德國）富里西尼烏司著　（英國）傅蘭雅口譯　（清）徐壽筆述　清光緒九年(1883)江南製造總局刻本　六冊

620000－1101－0007131　340.34/688

化學考質八卷附表一卷　（德國）富里西尼烏司著　（英國）傅蘭雅口譯　（清）徐壽筆述　清光緒九年(1883)江南製造總局刻本　六冊

620000－1101－0007132　340.34/688

化學考質八卷附表一卷　（德國）富里西尼烏
司著　（英國）傅蘭雅口譯　（清）徐壽筆述
清光緒九年(1883)江南製造總局刻本　五冊
　存八卷(化學考質八卷)

620000－1101－0007133　340.34/688.001

化學考質八卷附表一卷　（德國）富里西尼烏
司著　（英國）傅蘭雅口譯　（清）徐壽筆述
清光緒上海著易堂書局石印本　二冊　存六
卷(三至八)

620000－1101－0007134　343/688

化學求數十五卷附求數便用表一卷　（德國）
富里西尼烏司著　（英國）傅蘭雅口譯　（清）
徐壽筆述　清光緒九年(1883)江南製造總局
刻本　十四冊

620000－1101－0007135　343/688

化學求數十五卷附求數便用表一卷　（德國）
富里西尼烏司著　（英國）傅蘭雅口譯　（清）
徐壽筆述　清光緒九年(1883)江南製造總局
刻本　十四冊

620000－1101－0007136　343/688

化學求數十五卷附求數便用表一卷　（德國）
富里西尼烏司著　（英國）傅蘭雅口譯　（清）
徐壽筆述　清光緒九年(1883)江南製造總局
刻本　十四冊

620000－1101－0007137　343/688

化學求數十五卷附求數便用表一卷　（德國）
富里西尼烏司著　（英國）傅蘭雅口譯　（清）
徐壽筆述　清光緒九年(1883)江南製造總局
刻本　十四冊

620000－1101－0007138　343/688

化學求數十五卷附求數便用表一卷　（德國）
富里西尼烏司著　（英國）傅蘭雅口譯　（清）
徐壽筆述　清光緒九年(1883)江南製造總局
刻本　十四冊

620000－1101－0007139　343/688

化學求數十五卷附求數便用表一卷　（德國）
富里西尼烏司著　（英國）傅蘭雅口譯　（清）

徐壽筆述　清光緒九年(1883)江南製造總局
刻本　十三冊　存十四卷(一至十四)

620000－1101－0007140　343/688

化學求數十五卷附求數便用表一卷　（德國）
富里西尼烏司著　（英國）傅蘭雅口譯　（清）
徐壽筆述　清光緒九年(1883)江南製造總局
刻本　三冊　存二卷(一、四)

620000－1101－0007141　343/688

化學求數十五卷附求數便用表一卷　（德國）
富里西尼烏司著　（英國）傅蘭雅口譯　（清）
徐壽筆述　清光緒九年(1883)江南製造總局
刻本　十三冊　存十五卷(二至十五、附求數
便用表一卷)

620000－1101－0007142　343/688

化學求數十五卷附求數便用表一卷　（德國）
富里西尼烏司著　（英國）傅蘭雅口譯　（清）
徐壽筆述　清光緒九年(1883)江南製造總局
刻本　八冊　存九卷(四至五、九至十五)

620000－1101－0007143　343/688.001

化學求數十五卷附求數便用表一卷　（德國）
富里西尼烏司著　（英國）傅蘭雅口譯　（清）
徐壽筆述　清光緒上海著易堂書局石印本
五冊

620000－1101－0007144　343/688.001

化學求數十五卷附求數便用表一卷　（德國）
富里西尼烏司著　（英國）傅蘭雅口譯　（清）
徐壽筆述　清光緒上海著易堂書局石印本
三冊　存七卷(一至七)

620000－1101－0007145　343/688.001

化學求數十五卷附求數便用表一卷　（德國）
富里西尼烏司著　（英國）傅蘭雅口譯　（清）
徐壽筆述　清光緒上海著易堂書局石印本
一冊　存二卷(四至五)

620000－1101－0007146　412.32/906

化學衛生論不分卷　（英國）傅蘭雅輯　清光
緒鉛印本　一冊

620000－1101－0007147　412.32/906.001

化學衛生論四卷　（英國）真司騰撰　（英國）

371

傅蘭雅口譯　清光緒十六年(1890)上海格致書室刻本　四冊

620000－1101－0007148　412.32/906.001

化學衛生論四卷　(英國)真司騰撰　(英國)傅蘭雅口譯　清光緒十六年(1890)上海格致書室刻本　四冊

620000－1101－0007149　340/906

化學須知一卷　(英國)傅蘭雅輯　清光緒十二年(1886)刻本　一冊

620000－1101－0007150　340/906

化學須知一卷　(英國)傅蘭雅輯　清光緒十二年(1886)刻本　一冊

620000－1101－0007151　340/906.03

化學易知二卷　(英國)傅蘭雅輯　清光緒年益智書會刻本　一冊

620000－1101－0007152　340.1/119

化學源流論四卷　(英國)方尼司輯　(清)王汝駪譯　清光緒上海江南機器製造總局鉛印本　一冊　存二卷(三至四)

620000－1101－0007153　340.1/119

化學源流論四卷　(英國)方尼司輯　(清)王汝駪譯　清光緒上海江南機器製造總局鉛印本　一冊　存二卷(一至二)

620000－1101－0007154　340.1/471

化學指南十卷　(法國)畢利幹著　清同治十二年(1873)石印本　十六冊

620000－1101－0007155　340.1/471

化學指南十卷　(法國)畢利幹著　清同治十二年(1873)石印本　十六冊

620000－1101－0007156　340.1/471

化學指南十卷　(法國)畢利幹著　清同治十二年(1873)石印本　十六冊

620000－1101－0007157　2737

畫禪室隨筆四卷　(明)董其昌撰　清康熙五十九年(1720)大魁堂刻本　二冊

620000－1101－0007158　707

畫墁錄一卷　(宋)張舜民撰　明萬曆商氏半

埜堂刻稗海本　一冊

620000－1101－0007159　947.19/906

畫器須知不分卷　(英國)傅蘭雅撰　清光緒十四年(1888)刻本　一冊

620000－1101－0007160　947.19/906

畫器須知不分卷　(英國)傅蘭雅撰　清光緒十四年(1888)刻本　一冊

620000－1101－0007161　947.19/906

畫器須知不分卷　(英國)傅蘭雅撰　清光緒十四年(1888)刻本　一冊

620000－1101－0007162　794.11/113

話雨樓碑帖目錄四卷　(清)王楠鑒藏　(清)王鯤編次　清道光十五年(1835)吳江王氏刻本　二冊

620000－1101－0007163　794.11/113.001

話雨樓碑帖目錄四卷　(清)王楠鑒藏　(清)王鯤編次　清同治三年(1864)鉛印本　一冊

620000－1101－0007164　839.22/0.753

淮安藝文志十卷　(清)□□輯　清同治十二年(1873)刻本　八冊

620000－1101－0007165　013.292.2/0.753

淮安藝文志十卷　(清)□□輯　清同治十二年(1873)刻本　八冊

620000－1101－0007166　567.4/161

淮北票鹽續略二編十卷　(清)項晉蕃編　清光緒十六年(1890)刻本　八冊

620000－1101－0007167　567.4/216.001

淮北票鹽志略十五卷　(清)童濂等編　清道光十八年(1838)刻二十五年(1845)增刻本　四冊

620000－1101－0007168　567/216.5

淮北票鹽志略十五卷　(清)童濂等編　清同治七年(1868)刻本　十二冊

620000－1101－0007169　567.4/216.5

淮北票鹽志略十五卷　(清)童濂等編　清同治七年(1868)刻本　六冊

620000 – 1101 – 0007170　672.25/838

淮北三場池圩圖不分卷　（清）丁毓昌編繪
清末石印本　一冊

620000 – 1101 – 0007171　567.4/28

淮鹺備要十卷　（清）李澄輯　清道光三年
(1823)刻本　四冊

620000 – 1101 – 0007172　845.15/10.11.001

**淮海集十七卷後集二卷詞一卷補遺一卷續補
遺一卷**　（宋）秦觀撰　（清）王敬之等輯　**文
集考證一卷**　（清）王敬之等撰　**重編淮海先
生年譜節要一卷**　（清）秦瀛編　（清）王敬之
節要　清道光十七年（1837）王敬之等刻二十
一年(1841)增刻本　六冊　存二十三卷(淮
海集十七卷、後集二卷、詞一卷、補遺一卷、文
集考證一卷、年譜節要一卷)

620000 – 1101 – 0007173　845.15/10.11.002

**淮海集十七卷後集二卷詞一卷補遺一卷續補
遺一卷**　（宋）秦觀撰　（清）王敬之等輯　**文
集考證一卷**　（清）王敬之等撰　**重編淮海先
生年譜節要一卷**　（清）秦瀛編　（清）王敬之
節要　清道光十七年（1837）王敬之等刻二十
一年(1841)增刻本　八冊　存二十三卷(淮
海集十七卷、後集二卷、詞一卷、補遺一卷、文
集考證一卷、年譜節要一卷)

620000 – 1101 – 0007174　510

淮海集四十卷後集六卷長短句三卷　（宋）秦
觀撰　（明）徐渭評　**詩餘一卷**　（宋）秦觀撰
（明）鄧漢章輯　明末段之錦刻本　二十冊

620000 – 1101 – 0007175　845.15/10.11.003

淮海集四十卷後集六卷長短句三卷首一卷
（宋）秦觀撰　（明）徐渭評　**詩餘一卷**
（宋）秦觀撰　（明）鄧漢章輯　清同治十二年
(1873)秦氏家塾刻本　六冊

620000 – 1101 – 0007176　627.78/814

淮軍平捻記十二卷　（清）周世澄輯　清光緒
三年(1877)上海機器印書局鉛印本　二冊

620000 – 1101 – 0007177　627.78/814

淮軍平捻記十二卷　（清）周世澄輯　清光緒

三年(1877)上海機器印書局鉛印本　二冊

620000 – 1101 – 0007178　627.78/814.001

淮軍平捻記十二卷　（清）周世澄輯　清光緒
刻本　一冊

620000 – 1101 – 0007179　176

淮南鴻烈解二十一卷　（漢）劉安撰　（漢）高
誘注　明張象賢刻本　四冊

620000 – 1101 – 0007180　175

淮南鴻烈解二十一卷　（漢）劉安撰　（明）茅
坤等評　明刻朱墨套印本　八冊

620000 – 1101 – 0007181　072.21/892

淮南鴻烈解二十一卷　（漢）劉安撰　（漢）高
誘注　清嘉慶刻廣漢魏叢書本　七冊

620000 – 1101 – 0007182　072.21/892

淮南鴻烈解二十一卷　（漢）劉安撰　（漢）高
誘注　清嘉慶刻廣漢魏叢書本　七冊　存十
九卷(三至二十一)

620000 – 1101 – 0007183　122.21/399

淮南許注異同詁四卷補遺一卷續補一卷
（清）陶方琦撰　清光緒七年（1881）刻本
三冊

620000 – 1101 – 0007184　320.7/928

淮南天文訓補注二卷　（清）錢塘撰　清光緒
三年(1877)湖北崇文書局刻本　一冊

620000 – 1101 – 0007185　290/576

淮南萬畢術一卷補遺一卷再補遺一卷　（清）
茆泮林輯　清道光十四年（1834）梅瑞軒刻十
種古逸書叢書本　一冊

620000 – 1101 – 0007186　071.75/45

淮南雜識四卷　（清）聞益編　清同治七年
(1868)刻本　四冊

620000 – 1101 – 0007187　071.75/45

淮南雜識四卷　（清）聞益編　清同治七年
(1868)刻本　一冊

620000 – 1101 – 0007188　2081

淮南子二十一卷　（漢）劉安撰　（漢）高誘注
清乾隆五十三年(1788)咸寧官署刻本

四冊

620000－1101－0007189　2082

淮南子二十一卷　（漢）劉安撰　（漢）高誘注
清乾隆五十三年（1788）咸寧官署刻本
六冊

620000－1101－0007190　3241

淮南子二十一卷　（漢）劉安撰　（漢）高誘注
清乾隆五十三年（1788）咸寧官署刻本
六冊

620000－1101－0007191　122.21/64.53.001

淮南子二十一卷　（漢）劉安撰　（漢）高誘注
清嘉慶九年（1804）姑蘇聚文堂刻本　八冊

620000－1101－0007192　122.21/64.53

淮南子二十一卷　（漢）劉安撰　（漢）高誘注
清光緒二年（1876）浙江書局刻二十二子叢
書本　六冊

620000－1101－0007193　122.21/64.53

淮南子二十一卷　（漢）劉安撰　（漢）高誘注
清光緒二年（1876）浙江書局刻二十二子叢
書本　六冊

620000－1101－0007194　122.21/64.53

淮南子二十一卷　（漢）劉安撰　（漢）高誘注
清光緒二年（1876）浙江書局刻二十二子叢
書本　六冊

620000－1101－0007195　845.73/307

淮陽集一卷附錄一卷　（元）張弘範撰　清晚
期抄本　一冊

620000－1101－0007196　082.77/833

槐廬叢書四十六種二百三十九卷　（清）朱記
榮輯　清光緒吳縣朱氏槐廬家塾刻本　八冊
存十種二十三卷（尚書餘論一卷，詩辨說一
卷，饗禮補亡一卷，公羊逸禮攷徵一卷，弟子
職集解一卷，斁經筆記一卷，世本二卷，楚漢春
秋一卷、附疑義一卷、攷證一卷，楚漢諸侯疆
域志三卷，括地志八卷、補遺一卷）

620000－1101－0007197　082.78/82

槐廬叢書四十六種二百三十九卷　（清）朱記

榮輯　清光緒吳縣朱氏槐廬家塾刻本　六十
七冊　存三十三種二百二卷（李氏易解賸義
三卷，漢石例四至六、金石例補二卷，誌銘廣
例二卷，九經古義十六卷，十三經詁答問六
卷，古易音訓二卷，京畿金石考二卷，平津讀
碑記八卷、續記一卷，周髀算經二卷、附音義
一卷、校勘記一卷，數術記遺一卷，九數外錄
一卷，呂子校補二卷、校續補一卷，芳茂山人
文集十二卷，四體權疑八卷，爾雅漢注三卷，
歷代帝王宅京記二十卷，漢魏六朝墓銘纂例
四卷，玉溪生詩說二卷、補錄一卷，論語孫子
注辨偽二卷，營平二州地名記一卷，明季實錄
一卷，廣川書跋十卷，金石稱例四卷、續一卷，
金石綜例四卷，石經閣金石跋文一卷，鍼灸甲
乙經十二卷，中吳紀聞六卷，孟子時事略一
卷，讀孟質疑二卷，金石錄補二十七卷、續跋
七卷，漢學商兌三卷，遜志堂雜鈔十卷，醫學
讀書記三卷、續記一卷、附靜香樓醫案一卷，
何氏心傳一卷）

620000－1101－0007198　082.78/82

槐廬叢書四十六種二百三十九卷　（清）朱記
榮輯　清光緒吳縣朱氏槐廬家塾刻本　八
十冊

620000－1101－0007199　082.78/82

槐廬叢書四十六種二百三十九卷　（清）朱記
榮輯　清光緒吳縣朱氏槐廬家塾刻本　八
十冊

620000－1101－0007200　847.8/120.7

槐門文集二卷　（清）王維戊著　清晚期刻本
一冊　存一卷（二）

620000－1101－0007201　627.06/723

槐廳載筆二十卷　（清）法式善編　清嘉慶四
年（1799）刻本　二冊

620000－1101－0007202　1955

槐西雜志四卷　（清）紀昀輯　清乾隆五十九
年（1794）刻本　四冊

620000－1101－0007203　3340

槐西雜志四卷　（清）紀昀輯　清乾隆五十九
年（1794）刻本　四冊

620000 – 1101 – 0007204　831/348

槐軒千家詩註解二卷　(清)夏世欽訂　清咸
豐八年(1858)恒言堂刻本　一冊

620000 – 1101 – 0007205　847.7/892.08

槐軒全書二十一種附九種一百八十七卷
(清)劉沅撰　清咸豐至民國刻彙印本　二十
四冊　存十二種三十六卷(孝經直解一卷,大
學古本質言一卷,正譌八卷,子問二卷,又問
一卷,拾餘四種四卷,槐軒雜著四卷,槐軒約
言一卷,槐軒俗言一卷,槐軒蒙訓一卷,下學
梯航一卷,尋常語一卷,壎箎集十卷)

620000 – 1101 – 0007206　847.7/892.001

槐軒雜著四卷　(清)劉沅撰　清咸豐十年
(1860)虛受齋刻本　一冊　存一卷(一)

620000 – 1101 – 0007207　847.7/892

槐軒雜著四卷　(清)劉沅撰　清宣統三年
(1911)槐蔭書屋刻本　四冊

620000 – 1101 – 0007208　410

槐野先生存笥稿三十八卷附錄一卷　(明)王
維楨撰　明萬曆三十三年(1605)黃陞、王九
敘刻本　十二冊

620000 – 1101 – 0007209　835.7/280

槐蔭堂自敘冊題跋一卷　(□)□□撰　清道
光七年(1827)文華齋刻本　二冊

620000 – 1101 – 0007210　083/954

懷幽雜俎十二種十七卷　徐乃昌輯　清光
緒、宣統南陵徐氏刻本　十冊

620000 – 1101 – 0007211　083/954

懷幽雜俎十二種十七卷　徐乃昌輯　清光
緒、宣統南陵徐氏刻本　十冊

620000 – 1101 – 0007212　082.9/949

懷幽雜俎十二種十七卷　徐乃昌輯　清光
緒、宣統南陵徐氏刻本　一冊　存四種四卷
(念宛齋詞鈔一卷、海漚漁唱一卷、雲起軒詞
鈔一卷、新聲譜一卷)

620000 – 1101 – 0007213　082.9/949

懷幽雜俎十二種十七卷　徐乃昌輯　清光

緒、宣統南陵徐氏刻本　一冊　存二種三卷
(我信錄二卷、花部農譚一卷)

620000 – 1101 – 0007214　082.9/949

懷幽雜俎十二種十七卷　徐乃昌輯　清光
緒、宣統南陵徐氏刻本　一冊　存二種三卷
(張家口至烏里雅蘇台竹枝詞一卷、無益有益
齋論畫詩二卷)

620000 – 1101 – 0007215　773

懷舫集四十一卷　(清)魏荔彤撰　清康熙、
雍正刻本　六冊　存九卷(懷舫詞二卷、續一
卷、別集一卷、雜著一卷、續刻一卷、懷舫集二
卷、懷舫自述一卷)

620000 – 1101 – 0007216　782.831/95.61

懷古錄三卷　(明)謝應芳編　清光緒六年
(1880)顧雲曙刻本　一冊

620000 – 1101 – 0007217　082.8/286

懷潞園叢刊十六種五十二卷　(清)李嘉績輯
　清光緒李氏代耕堂西安刻本　七冊　存十
一種二十卷(乖崖集存六卷、明刑管見錄一
卷、簡明限期表一卷、峨秀堂詩鈔四卷、惜心
書屋詩鈔一卷、懶雲山莊詩鈔一卷、桐屋遺稿
一卷、蘭谷遺稿一卷、味蔗軒詩鈔一卷、雙桐
書屋賸稿二卷、女孝經一卷)

620000 – 1101 – 0007218　082.8/286

懷潞園叢刊十六種五十二卷　(清)李嘉績輯
　清光緒李氏代耕堂西安刻本　八冊　存十
二種二十五卷(乖崖集存六卷、明刑管見錄一
卷、簡明限期表一卷、峨秀堂詩鈔四卷、惜心
書屋詩鈔一卷、懶雲山莊詩鈔一卷、桐屋遺稿
一卷、蘭谷遺稿一卷、味蔗軒詩鈔一卷、雙桐
書屋賸稿二卷、榆塞紀行錄四卷、汧陽述古編
二卷)

620000 – 1101 – 0007219　082.8/286

懷潞園叢刊十六種五十二卷　(清)李嘉績輯
　清光緒李氏代耕堂西安刻本　六冊　存十
種十九卷(乖崖集存六卷、明刑管見錄一卷、
簡明限期表一卷、峨秀堂詩鈔四卷、惜心書屋
詩鈔一卷、懶雲山莊詩鈔一卷、桐屋遺稿一
卷、蘭谷遺稿一卷、味蔗軒詩鈔一卷、雙桐書

屋賸稿二卷）

620000－1101－0007220　082.8/286

懷潞園叢刊十六種五十二卷　（清）李嘉績輯
清光緒李氏代耕堂西安刻本　四冊　存八
種十六卷(乖崖集存六卷、簡明限期表一卷、
峨秀堂詩鈔四卷、惜心書屋詩鈔一卷、懶雲山
莊詩鈔一卷、桐屋遺稿一卷、蘭谷遺稿一卷、
女孝經一卷）

620000－1101－0007221　082.8/286

懷潞園叢刊十六種五十二卷　（清）李嘉績輯
清光緒李氏代耕堂西安刻本　十六冊　存
十五種四十八卷(乖崖集存六卷、明刑管見錄
一卷、簡明限期表一卷、峨秀堂詩鈔四卷、惜
心書屋詩鈔一卷、懶雲山莊詩鈔一卷、桐屋遺
稿一卷、蘭谷遺稿一卷、味蔗軒詩鈔一卷、雙
桐書屋賸稿二卷、榆塞紀行錄四卷、汧陽述古
編二卷、江上草堂前稿四卷、代耕堂中稿十八
卷、女孝經一卷）

620000－1101－0007222　846.15/289

懷麓堂全集一百卷　（明）李東陽撰　清嘉慶
八年(1803)刻本　二十冊

620000－1101－0007223　4335

**懷麓堂詩稿二十卷詩後稿十卷文稿三十卷文
後稿三十卷文後續稿十卷**　（明）李東陽撰
清康熙二十年(1681)廖方達刻本　三冊　存
十三卷(詩稿五至九、文後稿十至十五、文後
續稿一至二)

620000－1101－0007224　071/747

懷小編二十卷　（清）沈濂撰　清咸豐四年
(1854)刻本　六冊

620000－1101－0007225　846.6/106

懷星堂全集三十卷　（明）祝允明撰　清宣統
二年(1910)中國書畫會鉛印本　八冊

620000－1101－0007226　782.877/736

懷忠錄六卷首一卷末一卷　（清）湯成烈輯
清咸豐五年(1855)常州湯氏刻本　二冊

620000－1101－0007227　322/289

圜天圖說三卷續編二卷　（清）李明徹撰　清

嘉慶二十四年（1819）松梅軒刻道光元年
(1821)增刻本　五冊

620000－1101－0007228　322/289

圜天圖說三卷續編二卷　（清）李明徹撰　清
嘉慶二十四年（1819）松梅軒刻道光元年
(1821)增刻本　五冊

620000－1101－0007229　322/289

圜天圖說三卷續編二卷　（清）李明徹撰　清
嘉慶二十四年（1819）松梅軒刻道光元年
(1821)增刻本　四冊　存四卷(一、三,續編
二卷)

620000－1101－0007230　316.38/578

圜錐曲線說三卷　（英國）艾約瑟口譯　（清）
李善蘭筆述　清同治、光緒刻本　一冊

620000－1101－0007231　794.3/273

寰宇貞石圖六卷　（清）楊守敬輯　清光緒、
宣統石印本　五冊　存五卷(一至五)

620000－1101－0007232　719/286

環遊地球新錄四卷　（清）李圭撰　清光緒刻
本　四冊

620000－1101－0007233　719/286

環遊地球新錄四卷　（清）李圭撰　清光緒刻
本　四冊

620000－1101－0007234　719/286.001

環游環地新錄四卷　（清）李圭撰　清光緒四
年(1878)刻本　三冊

620000－1101－0007235　997.11/818

皖游奕萃不分卷　（清）劉文枬輯　清光緒二
年(1876)刻本　一冊

620000－1101－0007236　082.77/609

宦海指南五種八卷　（清）許乃普輯　清咸豐
九年(1859)錢塘許氏刻本　五冊

620000－1101－0007237　847.4/11

宦拾錄十九卷　（清）王子音著　清嘉慶十一
年(1806)京師琉璃廠文會堂穆春園刻本
八冊

620000－1101－0007238　782.877/81

宦遊紀實二卷 （清）周樂撰 清光緒二十三年(1897)刻本 二冊

620000 – 1101 – 0007239 847/984

宦遊隨筆四卷 （清）翁祖烈著 （清）翁道鴻校刊 清光緒翁氏刻本 一冊 存一卷(四)

620000 – 1101 – 0007240 573.42/649

宦游紀略二卷 （清）高廷瑤撰 清同治十二年(1873)高培穀成都刻本 一冊

620000 – 1101 – 0007241 3343

浣雪詞鈔二卷 （清）毛際可撰 （清）李天馥 （清）王士禎評 黔遊日記一卷 （清）毛際可撰 清康熙刻後印本 一冊

620000 – 1101 – 0007242 626.804/31

荒書五卷燕峰詩鈔一卷 （清）費密編 清晚期刻本 一冊

620000 – 1101 – 0007243 554.8/708

荒政輯要九卷首一卷 （清）汪志伊纂 清道光五年(1825)陝西糧道署刻本 二冊

620000 – 1101 – 0007244 554.8/708.001

荒政輯要九卷首一卷 （清）汪志伊纂 清道光二十一年(1841)錢塘許乃釗刻本 二冊

620000 – 1101 – 0007245 554.8/70

荒政輯要九卷首一卷 （清）汪志伊纂 清同治八年(1869)楚北崇文書局刻本 二冊

620000 – 1101 – 0007246 548.31/708

荒政輯要九卷首一卷 （清）汪志伊纂 清同治十年(1871)山東尚志堂刻本 一冊 存五卷(一至四、首一卷)

620000 – 1101 – 0007247 573.41/827.001

皇朝詞林典故六十四卷 （清）朱珪等纂 清嘉慶十年(1805)刻本 二十六冊 存五十卷(一至二十、二十二、二十五至四十四、四十八至五十、五十三至五十八)

620000 – 1101 – 0007248 573.41/827

皇朝詞林典故六十四卷 （清）朱珪等纂 清光緒十三年(1887)刻本 三十四冊

620000 – 1101 – 0007249 573.41/827

皇朝詞林典故六十四卷 （清）朱珪等纂 清光緒十三年(1887)刻本 十七冊 存三十卷(一至三十)

620000 – 1101 – 0007250 803.81/159

皇朝大事紀略一卷 （清）正蒙公塾編 清光緒二十八年(1902)刻本 一冊

620000 – 1101 – 0007251 629.7/105

皇朝藩部要略十八卷附表四卷 （清）祁韻士纂 清道光二十六年(1846)筠淥山房刻本 八冊

620000 – 1101 – 0007252 629.7/105.001

皇朝藩部要略十八卷附表四卷 （清）祁韻士纂 清光緒十年(1884)浙江書局刻本 三冊 存七卷(一至五、十七至十八)

620000 – 1101 – 0007253 681.5/98

皇朝藩屬輿地叢書二十八種一百四十六卷 （清）浦□輯 清光緒二十九年(1903)金匱浦氏靜寄東軒石印本 四十八冊

620000 – 1101 – 0007254 681.5/98

皇朝藩屬輿地叢書二十八種一百四十六卷 （清）浦□輯 清光緒二十九年(1903)金匱浦氏靜寄東軒石印本 四十八冊

620000 – 1101 – 0007255 681.5/98

皇朝藩屬輿地叢書二十八種一百四十六卷 （清）浦□輯 清光緒二十九年(1903)金匱浦氏靜寄東軒石印本 四十八冊

620000 – 1101 – 0007256 681.5/98.001

皇朝藩屬輿地叢書二十八種一百四十六卷 （清）浦□輯 清光緒二十九年(1903)金匱浦氏靜寄東軒石印本 四十八冊

620000 – 1101 – 0007257 681.5/98

皇朝藩屬輿地叢書二十八種一百四十六卷 （清）浦□輯 清光緒二十九年(1903)金匱浦氏靜寄東軒石印本 八冊 存三種十卷(西藏圖考八卷、西招圖略一卷、越史略一卷)

620000 – 1101 – 0007258 835.7/700

皇朝經濟文新編六十一卷 （清）宜今室主人

輯 清光緒二十七年（1901）上海宜今室石印
本 二十四冊

620000－1101－0007259 835.7/700
皇朝經濟文新編六十一卷 （清）宜今室主人
輯 清光緒二十七年（1901）上海宜今室石印
本 二十四冊

620000－1101－0007260 835.7/700
皇朝經濟文新編六十一卷 （清）宜今室主人
輯 清光緒二十七年（1901）上海宜今室石印
本 十八冊 存五十三卷（通論一至二、君德
一至二、變法一至三、吏治一至八、西律一至
二、學校一至四、農政一至四、蠶桑一至二、礦
物一至二、工藝一至二、製造一卷、商輪一卷、
船政一卷、圜法一至二、商務一至八、稅則一
卷、郵政一卷、鐵路一至二、電報一卷、軍政一
至四）

620000－1101－0007261 835.7/33.001
皇朝經世文編補一百二十卷 （清）賀長齡輯
（清）張鵬飛評 清咸豐元年（1851）來鹿堂
刻本 九十五冊

620000－1101－0007262 835.7/33.001
皇朝經世文編補一百二十卷 （清）賀長齡輯
（清）張鵬飛評 清咸豐元年（1851）來鹿堂
刻本 二十七冊 存四十四卷（三十至三十
五、四十五、七十二至七十四、八十七至一百
二十）

620000－1101－0007263 835.7/122
皇朝經世文編初續一百二十卷 （清）饒玉成
輯 清光緒刻本 三十五冊 存六十七卷
（二至十九、二十六至二十七、三十六至三十
七、七十六至一百二十）

620000－1101－0007264 835.7/33
皇朝經世文編一百二十卷 （清）賀長齡輯
清道光七年（1827）刻本 八十冊

620000－1101－0007265 835.7/33
皇朝經世文編一百二十卷 （清）賀長齡輯
清道光七年（1827）刻本 七十冊

620000－1101－0007266 835.7/33

620000－1101－0007267 835.7/33
皇朝經世文編一百二十卷 （清）賀長齡輯
清道光七年（1827）刻本 五十六冊

皇朝經世文編一百二十卷 （清）賀長齡輯
清道光七年（1827）刻本 八十冊

620000－1101－0007268 835.7/33
皇朝經世文編一百二十卷 （清）賀長齡輯
清道光七年（1827）刻本 六十四冊 存八十
五卷（十一至八十三、九十七至一百八）

620000－1101－0007269 835.7/33
皇朝經世文編一百二十卷 （清）賀長齡輯
清道光七年（1827）刻本 七十二冊

620000－1101－0007270 835.7/33
皇朝經世文編一百二十卷 （清）賀長齡輯
清道光七年（1827）刻本 八十冊

620000－1101－0007271 835.7/33
皇朝經世文編一百二十卷 （清）賀長齡輯
清道光七年（1827）刻本 一百二十三冊

620000－1101－0007272 835.7/33
皇朝經世文編一百二十卷 （清）賀長齡輯
清道光七年（1827）刻本 六十二冊 存八十
九卷（一至十九、二十二、二十九、三十四至四
十、四十六至六十六、七十至七十一、七十五
至八十八、九十七至一百七、一百八至一百二
十）

620000－1101－0007273 835.7/33.011
皇朝經世文編一百二十卷 （清）賀長齡輯
清同治十二年（1873）撫郡雙峰書屋刻本 八
十冊

620000－1101－0007274 835.7/33.010
皇朝經世文編一百二十卷 （清）賀長齡輯
清光緒九年（1883）翠筠山房刻本 五十五冊
存十二卷（九、十三、十五至十六、十八至二
十二、二十六、二十九至三十）

620000－1101－0007275 835.7/33.002
皇朝經世文編一百二十卷 （清）賀長齡輯
清光緒十二年（1886）石印本 五十八冊

620000－1101－0007276　835.7/33.002

皇朝經世文編一百二十卷　（清）賀長齡輯
清光緒十二年(1886)石印本　一冊　存二卷
(七十二至七十三)

620000－1101－0007277　835.7/33.005

皇朝經世文編一百二十卷　（清）賀長齡輯
清光緒十三年(1887)上海點石齋石印本　十
二冊

620000－1101－0007278　835.7/33.005

皇朝經世文編一百二十卷　（清）賀長齡輯
清光緒十三年(1887)上海點石齋石印本　十
二冊

620000－1101－0007279　835.7/33.005

皇朝經世文編一百二十卷　（清）賀長齡輯
清光緒十三年(1887)上海點石齋石印本　十
一冊

620000－1101－0007280　835.7/33.006

皇朝經世文編一百二十卷　（清）賀長齡輯
清光緒十三年(1887)上海點石齋石印本　十
冊　存一百十一卷(十至一百二十)

620000－1101－0007281　835.7/737

皇朝經世文編一百二十卷　（清）賀長齡輯
清光緒十三年(1887)上海點石齋石印本　四
十八冊　存九十九卷(三至七、十至十五、二
十至一百七)

620000－1101－0007282　835.7/33.003

皇朝經世文編一百二十卷　（清）賀長齡輯
清光緒十四年(1888)藝芸書局刻本　七十
八冊

620000－1101－0007283　835.7/33.008

皇朝經世文編一百二十卷　（清）賀長齡輯
清光緒十四年(1888)藝芸書局刻本　七十
四冊

620000－1101－0007284　835.7/33.003

皇朝經世文編一百二十卷　（清）賀長齡輯
清光緒十四年(1888)藝芸書局刻本　一冊
存一卷(五十三)

620000－1101－0007285　835.7/33.004

皇朝經世文編一百二十卷　（清）賀長齡輯
清光緒二十二年(1896)掃葉山房石印本　二
十四冊

620000－1101－0007286　835.7/33.004

皇朝經世文編一百二十卷　（清）賀長齡輯
清光緒二十二年(1896)掃葉山房石印本　五
冊　存二十八卷(三至二十四、三十五至四
十)

620000－1101－0007287　835.7/33.60

皇朝經世文編一百二十卷　（清）賀長齡輯
清光緒二十八年(1902)上海詞源閣書局石印
本　二十冊

620000－1101－0007288　835.7/33.60

皇朝經世文編一百二十卷　（清）賀長齡輯
清光緒二十八年(1902)上海詞源閣書局石印
本　七冊　存五十卷(四十一至五十五、八十
一至一百十五)

620000－1101－0007289　835.7/33.006

皇朝經世文編一百二十卷　（清）賀長齡輯
清光緒二十八年(1902)上海寶善書局石印本
二十冊

620000－1101－0007290　835.7/33.012

皇朝經世文編一百二十卷　（清）賀長齡輯
清光緒刻本　一冊　存二卷(一百七至一百
八)

620000－1101－0007291　835.7/33.009

皇朝經世文編一百二十卷　（清）賀長齡輯
清末鉛印本　二十四冊

620000－1101－0007292　835.7/33.009

皇朝經世文編一百二十卷　（清）賀長齡輯
清末鉛印本　一冊　存七卷(八至十四)

620000－1101－0007293　835.7/33.007

皇朝經世文編一百二十卷續編一百二十卷
（清）賀長齡輯　清光緒十四年(1888)藝芸書
局刻本　一百二十冊　存二百三十九卷(皇
朝經世文編一百二十卷、續編二至一百二十)

620000 – 1101 – 0007294　835.7/37

皇朝經世文三編八十卷　（清）陳忠倚輯　清光緒二十四年（1898）上海寶文書局石印本　十六冊　存七十八卷（一至十五、十八至八十）

620000 – 1101 – 0007295　835.7/37

皇朝經世文三編八十卷　（清）陳忠倚輯　清光緒二十四年（1898）上海寶文書局石印本　十六冊　存七十八卷（一至十五、十八至八十）

620000 – 1101 – 0007296　835.7/391

皇朝經世文三編八十卷　（清）陳忠倚輯　清光緒二十八年（1902）上海書局石印本　十六冊

620000 – 1101 – 0007297　835.7/391

皇朝經世文三編八十卷　（清）陳忠倚輯　清光緒二十八年（1902）上海書局石印本　十六冊

620000 – 1101 – 0007298　835.7/391

皇朝經世文三編八十卷　（清）陳忠倚輯　清光緒二十八年（1902）上海書局石印本　十五冊　存七十五卷（一至五、十一至八十）

620000 – 1101 – 0007299　835.7/391

皇朝經世文三編八十卷　（清）陳忠倚輯　清光緒二十八年（1902）上海書局石印本　三冊　存十五卷（二十一至二十五、三十一至三十五、七十六至八十）

620000 – 1101 – 0007300　835.7/89

皇朝經世文四編五十二卷　（清）何良棟輯　清光緒二十八年（1902）上海書局石印本　十二冊

620000 – 1101 – 0007301　835.7/737.001

皇朝經世文統編一百二十卷　（清）□□輯　清光緒二十七年（1901）上海慎記石印本　四十冊

620000 – 1101 – 0007302　835.7/737.002

皇朝經世文統編一百七卷　（清）□□輯　清光緒二十七年（1901）上海寶善齋石印本　二

十六冊

620000 – 1101 – 0007303　835.7/34.001

皇朝經世文新編二十一卷　（清）麥仲華輯　清光緒二十四年（1898）上海大同譯書局石印本　二十四冊

620000 – 1101 – 0007304　835.7/34

皇朝經世文新編二十一卷　（清）麥仲華輯　清光緒二十七年（1901）上海書局石印本　十二冊

620000 – 1101 – 0007305　835.7/34

皇朝經世文新編二十一卷　（清）麥仲華輯　清光緒二十七年（1901）上海書局石印本　十二冊

620000 – 1101 – 0007306　835.7/34

皇朝經世文新編三十二卷　（清）麥仲華輯　清光緒二十七年（1901）上海書局石印本　十四冊　存二十七卷（一至十三、十七至三十）

620000 – 1101 – 0007307　835.7/34

皇朝經世文新編三十二卷　（清）麥仲華輯　清光緒二十七年（1901）上海書局石印本　十六冊

620000 – 1101 – 0007308　835.7/345

皇朝經世文新編三十二卷　（清）麥仲華輯　清光緒二十八年（1902）上海古香閣石印本　四冊　存十六卷（五至八、十三至二十四）

620000 – 1101 – 0007309　835.7/52.13.006

皇朝經世文新增續編一百二十卷　（清）葛士濬輯　清光緒二十三年（1897）掃葉山房石印本　二十四冊

620000 – 1101 – 0007310　835.7/52.13.004

皇朝經世文新增續編一百二十卷　（清）葛士濬輯　清光緒二十三年（1897）掃葉山房石印本　二十九冊

620000 – 1101 – 0007311　835.7/52.13.006

皇朝經世文新增續編一百二十卷　（清）葛士濬輯　清光緒二十三年（1897）掃葉山房石印本　二十冊　存一百十卷（八至一百三、一百

七至一百二十)

620000－1101－0007312　835.7/52.13.001

皇朝經世文續編一百二十卷　(清)葛士濬輯
清光緒十四年(1888)圖書集成局鉛印本
三十二冊

620000－1101－0007313　835.7/52.13.003

皇朝經世文續編一百二十卷　(清)葛士濬輯
清光緒十四年(1888)圖書集成局鉛印本
三十二冊

620000－1101－0007314　835.7/52.13.005

皇朝經世文續編一百二十卷　(清)葛士濬輯
清光緒十四年(1888)圖書集成局鉛印本
三十二冊

620000－1101－0007315　835.7/52.13.007

皇朝經世文續編一百二十卷　(清)葛士濬輯
清光緒十七年(1891)廣百宋齋鉛印本　二
十四冊

620000－1101－0007316　835.7/52.13.007

皇朝經世文續編一百二十卷　(清)葛士濬輯
清光緒十七年(1891)廣百宋齋鉛印本　十
冊　存四十七卷(六十八至一百十四)

620000－1101－0007317　835.7/52.13.002

皇朝經世文續編一百二十卷　(清)葛士濬輯
清光緒二十二年(1896)寶善書局石印本
十六冊

620000－1101－0007318　835.7/52.13.002

皇朝經世文續編一百二十卷　(清)葛士濬輯
清光緒二十二年(1896)寶善書局石印本
八冊　存三十九卷(一至六、二十六至四十
二、一百五至一百二十)

620000－1101－0007319　835.7/340

皇朝經世文續編一百二十卷　(清)盛康輯
清光緒二十三年(1897)武進盛氏思補樓刻本
七十九冊

620000－1101－0007320　835.7/340

皇朝經世文續編一百二十卷　(清)盛康輯
清光緒二十三年(1897)武進盛氏思補樓刻本

七十八冊

620000－1101－0007321　835.7/340

皇朝經世文續編一百二十卷　(清)盛康輯
清光緒二十三年(1897)武進盛氏思補樓刻本
八十冊

620000－1101－0007322　835.7/340

皇朝經世文續編一百二十卷　(清)盛康輯
清光緒二十三年(1897)武進盛氏思補樓刻本
七十四冊　存一百十二卷(一至十、十四至
十七、二十、二十四至一百二十)

620000－1101－0007323　835.7/340

皇朝經世文續編一百二十卷　(清)盛康輯
清光緒二十三年(1897)武進盛氏思補樓刻本
五冊　存六卷(四十二至四十七)

620000－1101－0007324　835.7/340

皇朝經世文續編一百二十卷　(清)盛康輯
清光緒二十三年(1897)武進盛氏思補樓刻本
八十冊

620000－1101－0007325　835.7/52.13

皇朝經世文續編一百二十卷　(清)葛士濬輯
清光緒二十八年(1902)天章書局石印本
十六冊

620000－1101－0007326　2201

皇朝禮器圖式十八卷目錄一卷　(清)允祿等
纂　(清)福隆安等補纂　清乾隆三十一年
(1766)武英殿刻本　十六冊

620000－1101－0007327　4052

皇朝禮器圖式十八卷目錄一卷　(清)允祿等
纂　(清)福隆安等補纂　清乾隆三十一年
(1766)武英殿刻本　十五冊　存十五卷(三
至十六、目錄一卷)

620000－1101－0007328　667/0.870

皇朝內府輿地圖一卷　(清)六嚴繪　**皇朝輿
地韻略一卷**　(清)六承如編　**皇朝輿地韻編
一卷**　(清)李兆洛編　清咸豐十年(1860)長
沙刻本　一冊

620000－1101－0007329　667/675

皇朝内府輿地圖一卷 （清）六嚴繪 皇朝輿
地韻編一卷 （清）□□撰 皇朝輿地略不分
卷 （清）□□撰 清光緒十年(1884)湖北省
官書處刻本 一冊

620000 – 1101 –0007330 835.97/994
皇朝駢文類苑十四卷首一卷 （清）姚燮選
清光緒七年(1881)刻本 十四冊

620000 – 1101 –0007331 835.97/994
皇朝駢文類苑十四卷首一卷 （清）姚燮選
清光緒七年(1881)刻本 二十四冊

620000 – 1101 –0007332 835.97/994
皇朝駢文類苑十四卷首一卷 （清）姚燮選
清光緒七年(1881)刻本 二十二冊

620000 – 1101 –0007333 533.1/850
皇朝諡法考五卷續編一卷補一卷 （清）鮑康
撰 清同治三年(1864)刻本 一冊

620000 – 1101 –0007334 533.1/850.001
皇朝諡法考五卷續編一卷補一卷 （清）鮑康
輯 清光緒三年(1877)永康胡氏退補齋刻本
一冊

620000 – 1101 –0007335 097.527/764
皇朝四書彙解七十五卷 （清）抉經心室主人
纂輯 清光緒二十九年(1903)上海鴻文書局
石印本 十二冊

620000 – 1101 –0007336 627.04/93
皇朝瑣屑錄四十四卷 （清）鍾琦撰 清光緒
二十三年(1897)刻本 十二冊

620000 – 1101 –0007337 573
皇朝太學志□□卷 （清）□□撰 清內府抄
本 二冊 存二卷(九十三、一百四十八)

620000 – 1101 –0007338 3930
皇朝通典一百卷 （清）嵇璜等纂 清乾隆武
英殿刻本 四十五冊 存九十四卷(一至三
十七、四十一至五十三、五十五至七十二、七
十五至一百)

620000 – 1101 –0007339 573.17/717.07.003
皇朝通典一百卷 （清）嵇璜等纂 清光緒八

年(1882)浙江書局刻本 十八冊 存四十三
卷(一至十八、五十九至六十一、六十四至七
十九、八十三至八十五、八十九至九十一)

620000 – 1101 –0007340 573.17/717.07.001
皇朝通典一百卷 （清）嵇璜等纂 清光緒二
十七年(1901)上海圖書集成印書局石印本
七冊 存五十九卷(二十七至四十九、五十六
至七十一、八十一至一百)

620000 – 1101 –0007341 573.17/717.07
皇朝通典一百卷 （清）嵇璜等纂 清光緒二
十八年(1902)貫吾齋石印本 六冊

620000 – 1101 –0007342 573.17/717.07.002
皇朝通典一百卷 （清）嵇璜等纂 清光緒二
十八年(1902)上海鴻寶書局石印本 八冊

620000 – 1101 –0007343 3932
皇朝通志一百二十六卷 （清）嵇璜等纂 清
乾隆武英殿刻本 四十八冊

620000 – 1101 –0007344 573.17/717.11
皇朝通志一百二十六卷 （清）嵇璜等纂 清
光緒八年(1882)浙江書局刻本 四十冊

620000 – 1101 –0007345 573.17/717.11
皇朝通志一百二十六卷 （清）嵇璜等纂 清
光緒八年(1882)浙江書局刻本 一冊 存二
卷(四十二至四十三)

620000 – 1101 –0007346 573.17/717.11
皇朝通志一百二十六卷 （清）嵇璜等纂 清
光緒八年(1882)浙江書局刻本 三十六冊
存一百十五卷(六至四十九、五十三至五十
七、六十一至一百二十六)

620000 – 1101 –0007347 573.17/717.11
皇朝通志一百二十六卷 （清）嵇璜等纂 清
光緒八年(1882)浙江書局刻本 二十九冊
存九十二卷(一至二、六至二十六、三十五至
三十七、五十至五十七、六十至九十二、一百
二至一百二十六)

620000 – 1101 –0007348 573.17/717.11.003
皇朝通志一百二十六卷 （清）嵇璜等纂 清

光緒二十七年(1901)上海圖書集成印書局石印本　十二冊

620000－1101－0007349　573.17/717.11.001
皇朝通志一百二十六卷　（清）嵇璜等纂　清光緒二十八年(1902)貫吾齋石印本　五冊

620000－1101－0007350　573.17/717.11.002
皇朝通志一百二十六卷續通志六百四十卷（清）嵇璜等纂　清光緒二十八年(1902)上海鴻寶書局石印本　一冊　存十七卷(通志一至十七)

620000－1101－0007351　573.17/717.11.002
皇朝通志一百二十六卷續通志六百四十卷（清）嵇璜等纂　清光緒二十八年(1902)上海鴻寶書局石印本　十冊　存一百五十九卷(通志一百二十六卷、續通志一至三十三)

620000－1101－0007352　856.6/194
皇朝文典七十四卷　（清）李兆洛輯　清嘉慶二十年(1815)李淦刻本　十六冊

620000－1101－0007353　856.9/29.70
皇朝文典一百卷　（清）翰林院撰　（清）李澄編　清嘉慶刻本　三十二冊

620000－1101－0007354　573.17/736.07
皇朝文獻通考輯要二十六卷　湯壽潛輯　清光緒二十五年(1899)上海圖書集成印書局鉛印本　二冊　存二卷(一、二十六)

620000－1101－0007355　573.17/736.07
皇朝文獻通考輯要二十六卷　湯壽潛輯　清光緒二十五年(1899)上海圖書集成印書局鉛印本　八冊　存二十卷(一至十一、十七至十八、二十至二十六)

620000－1101－0007356　573.17/736.07
皇朝文獻通考輯要二十六卷　湯壽潛輯　清光緒二十五年(1899)上海圖書集成印書局鉛印本　二冊　存十七卷(一、五至十八、二十五至二十六)

620000－1101－0007357　573.17/736.07
皇朝文獻通考輯要二十六卷　湯壽潛輯　清

光緒二十五年(1899)上海圖書集成印書局鉛印本　十九冊

620000－1101－0007358　573.17/736.07.002
皇朝文獻通考輯要二十六卷　湯壽潛輯　清光緒二十八年(1902)夢孔山房石印本　一冊　存二卷(二十五至二十六)

620000－1101－0007359　573.17/736.07.001
皇朝文獻通考輯要二十六卷　湯壽潛輯　清光緒刻本　十冊

620000－1101－0007360　3935
皇朝文獻通考三百卷　（清）嵇璜等纂　清乾隆武英殿刻本　一百五十冊　存二百五十卷(一至二百、二百五十至二百六十七、二百六十九至三百)

620000－1101－0007361　3936
皇朝文獻通考三百卷　（清）嵇璜等纂　清乾隆武英殿刻本　七十冊　存一百二十三卷(三十至五十四、五十九至一百四、一百七至一百五十八)

620000－1101－0007362　3937
皇朝文獻通考三百卷　（清）嵇璜等纂　清乾隆武英殿刻本　一百二冊　存一百七十卷(一至二十九、一百五十九至二百六十七、二百六十九至三百)

620000－1101－0007363　4120
皇朝文獻通考三百卷　（清）嵇璜等纂　清乾隆武英殿刻本　二十三冊　存二十九卷(三至四、二十九至三十七、一百五十二至一百五十四、一百五十七至一百六十二、一百八十三至一百九十一)

620000－1101－0007364　4450
皇朝文獻通考三百卷　（清）嵇璜等纂　清乾隆武英殿刻本　一冊　存三卷(卷一百五十二之葉六十五至六十六、卷一百五十四之葉十五至五十八、卷一百六十二之葉二十一至二十五)

620000－1101－0007365　573.17/717.0
皇朝文獻通考三百卷　（清）嵇璜等纂　清光

緒八年(1882)浙江書局刻本　一百四十一冊
　存二百六十卷(一至十九、二十三至三十
　六、三十八至一百三十三、一百四十九至一百
　六十、一百七十至一百七十二、一百八十五至
　三百)

620000－1101－0007366　573.17/717.0
皇朝文獻通考三百卷　(清)嵇璜等纂　清光
緒八年(1882)浙江書局刻本　一百九冊　存
二百四卷(三至十六、十九至二十七、三十六
至四十一、四十五、四十九至一百八十六、二
百二十至二百五十五)

620000－1101－0007367　573.17/717.0
皇朝文獻通考三百卷　(清)嵇璜等纂　清光
緒八年(1882)浙江書局刻本　四十冊　存七
十三卷(十一至十四、三十六、四十九至五十、
五十五、六十至六十二、六十八至七十、七
十三至七十六、七十九至八十、八十五至一百
十、一百十二至一百十六、一百十九至一百二
十七、二百三十五至二百三十七、二百四十至
二百四十四、二百四十八、二百五十、二百五
十三至二百五十五)

620000－1101－0007368　573.17/717.0.001
皇朝文獻通考三百卷　(清)嵇璜等纂　清光
緒二十七年(1901)上海圖書集成局鉛印本
四十冊

620000－1101－0007369　573.17/717.0.001
皇朝文獻通考三百卷　(清)嵇璜等纂　清光
緒二十七年(1901)上海圖書集成局鉛印本
四十冊

620000－1101－0007370　573.17/717.0.001
皇朝文獻通考三百卷　(清)嵇璜等纂　清光
緒二十七年(1901)上海圖書集成局鉛印本
三冊　存十四卷(十三至十八、一百五十九至
一百六十三、一百九十二至一百九十四)

620000－1101－0007371　573.17/717.0.002
皇朝文獻通考三百卷　(清)嵇璜等纂　清光
緒二十八年(1902)貫吾齋石印本　二十冊

620000－1101－0007372　573.17/717.0.003

皇朝文獻通考三百卷　(清)嵇璜等纂　清光
緒二十八年(1902)上海鴻寶書局石印本　三
十二冊

620000－1101－0007373　573.17/0.870
皇朝文獻通考詳節二十六卷　(清)□□輯
清光緒二十七年(1901)鴻寶齋書局石印本
八冊

620000－1101－0007374　098.278/861
皇朝五經彙解二百七十卷　(清)抉經心室主
人纂　清光緒十四年(1888)鴻文書局石印本
　二十四冊　存二百三卷(一至一百四十四、
二百十二至二百七十)

620000－1101－0007375　098.278/861
皇朝五經彙解二百七十卷　(清)抉經心室主
人纂　清光緒十四年(1888)鴻文書局石印本
　四冊　存三十八卷(四十九至七十七、九十三
至九十八、一百七至一百十六)

620000－1101－0007376　098.278/861.001
皇朝五經彙解二百七十卷　(清)抉經心室主
人纂　清光緒十九年(1893)寶文書局石印本
　三十一冊　存一百九十二卷(一至五、二十
三至三十一、四十一至一百六十、一百六十九
至一百八十三、二百二十二至二百六十四)

620000－1101－0007377　098.278/861.002
皇朝五經彙解二百七十卷　(清)抉經心室主
人纂　清光緒石印本　二冊　存十五卷(二
百二十七至二百三十三、二百四十二至二百
四十九)

620000－1101－0007378　627.03/197
皇朝武功紀盛四卷　(清)趙翼撰　清刻本
二冊

620000－1101－0007379　835.7/111
皇朝蓄艾文編八十卷　(清)于寶軒輯　清光
緒二十九年(1903)上海官書局鉛印本　三十
四冊　存六十九卷(一至四十五、四十七至五
十四、五十九至七十四)

620000－1101－0007380　835.7/111
皇朝蓄艾文編八十卷　(清)于寶軒輯　清光

緒二十九年（1903）上海官書局鉛印本　十冊
　　存二十卷（三至四、七至十九、三十七至三十九、七十一至七十二）

620000－1101－0007381　835.7/111
皇朝蓄艾文編八十卷　（清）于寶軒輯　清光緒二十九年（1903）上海官書局鉛印本　四十冊

620000－1101－0007382　667/0.87.001
皇朝輿地略不分卷　（清）六承如輯　清同治、光緒刻本　一冊

620000－1101－0007383　667/716
皇朝輿地通考二十三卷　（清）通文主人輯　清光緒二十九年（1903）通文書局石印本　四十冊

620000－1101－0007384　667/870
皇朝輿地通考二十三卷　（清）通文主人輯　清光緒二十九年（1903）通文書局石印本　四十冊

620000－1101－0007385　667.04/28.004
皇朝輿地韻編二卷　（清）李兆洛輯　（清）六承如等編　清同治九年（1870）合肥李鴻章刻本　一冊

620000－1101－0007386　667.04/28.003
皇朝輿地韻編二卷　（清）李兆洛輯　（清）六承如等編　清同治九年（1870）合肥李鴻章刻本　一冊

620000－1101－0007387　667.04/28.002
皇朝輿地韻編二卷　（清）李兆洛輯　（清）六承如等編　清光緒十四年（1888）上海掃葉山房刻本　一冊

620000－1101－0007388　667.04/28.001
皇朝輿地韻編二卷　（清）李兆洛輯　（清）六承如等編　**校勘記不分卷地志韻編唐志補闕正誤考異不分卷**　（清）馬貞榆撰　清光緒二十四年（1898）上海掃葉山房石印本　一冊

620000－1101－0007389　667.04/28
皇朝輿地韻編二卷　（清）李兆洛輯　（清）六

承如等編　清晚期刻本　二冊

620000－1101－0007390　641.3/306.001
皇朝掌故二卷　張一鵬撰　（清）陳蔚文注　清光緒二十八年（1902）浙省刻本　一冊

620000－1101－0007391　627.04/307
皇朝掌故彙編內編六十卷首一卷外編四十卷首一卷　（清）張壽鏞等編　清光緒二十八年（1902）求實書社鉛印本　六十冊

620000－1101－0007392　627.04/307
皇朝掌故彙編內編六十卷首一卷外編四十卷首一卷　（清）張壽鏞等編　清光緒二十八年（1902）求實書社鉛印本　二十四冊　存四十一卷（外編四十卷、首一卷）

620000－1101－0007393　627.02/296
皇朝政典挈要八卷　（日本）增田貢著　（清）毛淦補編　清光緒二十八年（1902）上海書局石印本　四冊

620000－1101－0007394　627.02/296.005
皇朝政典挈要八卷　（日本）增田貢著　（清）毛淦補編　清光緒二十八年（1902）香港書局石印本　四冊

620000－1101－0007395　667/526
皇朝直省府廳州縣歌括三卷　（清）蔣升撰　清光緒二十九年（1903）滬城慈母堂書局鉛印本　一冊

620000－1101－0007396　2029
皇華紀聞四卷　（清）王士禛撰　清康熙刻本　二冊

620000－1101－0007397　364
皇極經世十二卷　（宋）邵雍撰　明抄本　二冊　存三卷（四、十一至十二）

620000－1101－0007398　290.1/886.001
皇極經世緒言九卷首二卷　（宋）邵雍撰　（明）黃畿注　（清）劉斯組纂輯　清嘉慶四年（1799）錢塘徐樹堂刻本　十冊

620000－1101－0007399　290.1/886.001
皇極經世緒言九卷首二卷　（宋）邵雍撰

(明)黃畿注 (清)劉斯組纂輯 清嘉慶四年(1799)錢塘徐樹堂刻本 二冊 存二卷(三、七)

620000－1101－0007400　290.1/886

皇極經世緒言九卷首一卷 (宋)邵雍撰 (明)黃畿注 (清)劉斯組纂輯 清善成堂刻本 十二冊

620000－1101－0007401　569

皇明碑刻不分卷 (明)孫克宏撰 明抄本 一冊

620000－1101－0007402　549

皇明鴻猷錄十六卷 (明)高岱編輯 明抄本 八冊

620000－1101－0007403　373

皇明經世文編五百四卷補遺四卷 (明)陳子龍等輯 明崇禎平露堂刻本 五十八冊 存三百四十四卷(一至一百四十七、一百五十四至三百五十)

620000－1101－0007404　306

皇明詩選十三卷 (明)陳子龍等輯 三子新詩合稿九卷 (明)陳子龍等撰 明末刻本 十冊

620000－1101－0007405　91

皇明十大家文選二十五卷 (明)陸弘祚編 明刻本 十冊

620000－1101－0007406　519

皇明四大家文選五卷 (明)孫慎行輯 明萬曆刻本 四冊

620000－1101－0007407　3140

皇明通紀集要六十卷 (明)陳建輯 (明)江旭奇補訂 明崇禎刻本 十六冊 存五十七卷(一至四十、四十二至四十九、五十二至六十)

620000－1101－0007408　4008

皇明通紀集要六十卷 (明)陳建輯 (明)江旭奇補訂 明崇禎刻本 十一冊 存三十五卷(一、三至四、二十四至三十二、三十四至四十五、五十至六十)

620000－1101－0007409　4026

皇明通紀集要六十卷 (明)陳建輯 (明)江旭奇補訂 明崇禎刻本 七冊 存十九卷(三至六、十三至十五、二十一至二十三、二十八至三十三、三十八至四十)

620000－1101－0007410　1618

皇明五先生文雋二百四卷目錄五卷 (明)蘇文韓輯 明天啓四年(1624)刻本 一冊 存四卷(九十四至九十七)

620000－1101－0007411　4470

皇明資治通紀三十卷 (明)陳建撰 (明)岳元聲訂 明刻本 二冊 存二卷(十六至十七)

620000－1101－0007412　782.87/433

皇清誥授朝議大夫湖南沅州府知府顯考松厓府君行略一卷 (清)楊芳燦撰 清嘉慶刻本 一冊

620000－1101－0007413　782.87/399

皇清誥授光祿大夫贈太子少保予謚勤肅頭品頂戴兵部尚書都察院右都御史兩廣總督顯考方之府君行述一卷 (清)陶寶廉撰 清末鉛印本 一冊

620000－1101－0007414　782.876/350

皇清誥授通義大夫按察使銜四川川北兵備道顯考梅谿府君行述一卷 (清)石鈞撰 清嘉慶十年(1805)刻本 一冊

620000－1101－0007415　782.87/120

皇清誥授中憲大夫顯考文泉府君行略一卷 (清)王延綸撰 清光緒刻本 一冊

620000－1101－0007416　098.1/77.2

皇清經解分經合纂十六卷 (清)阮元輯 清光緒二十一年(1895)鴻寶齋石印本 三十二冊

620000－1101－0007417　098.1021/764

皇清經解橫直縮編目十六卷 (清)凌忠照編輯 清光緒十八年(1892)上海古香閣石印本

四冊

620000－1101－0007418　098.1/764

皇清經解橫直縮編目十六卷　（清）凌忠照編
輯　清光緒十八年（1892）上海古香閣石印本
三冊　存十四卷（三至十六）

620000－1101－0007419　012.5/562

皇清經解檢目八卷　（清）蔡啟盛編　清光緒
十二年（1886）武林刻本　二冊

620000－1101－0007420　012.5/562

皇清經解檢目八卷　（清）蔡啟盛編　清光緒
十二年（1886）武林刻本　二冊

620000－1101－0007421　098.1021/399

皇清經解敬修堂編目十六卷　（清）陶治元編
輯　清光緒十二年（1886）石印本　四冊

620000－1101－0007422　098.1021/399

皇清經解敬修堂編目十六卷　（清）陶治元編
輯　清光緒十二年（1886）石印本　二冊　存
八卷（一至八）

620000－1101－0007423　090.820.21/78.39

皇清經解縮版編目十六卷　（清）陶治元編輯
（清）李師善　（清）王鳳藻分輯　清光緒十
七年（1891）鴻寶齋石印本　二冊

620000－1101－0007424　090.820.21/78.39

皇清經解縮版編目十六卷　（清）陶治元編輯
（清）李師善　（清）王鳳藻分輯　清光緒十
七年（1891）鴻寶齋石印本　二冊

620000－1101－0007425　098.1/77.11

皇清經解續編二百九卷　王先謙輯　清光緒
十五年（1889）上海蜚英館石印本（分類目錄
係抄配）　三十五冊

620000－1101－0007426　098.1/77.11

皇清經解續編二百九卷　王先謙輯　清光緒
十五年（1889）上海蜚英館石印本　三十二冊

620000－1101－0007427　098.1/77.11

皇清經解續編二百九卷　王先謙輯　清光緒
十五年（1889）上海蜚英館石印本　三十二冊

620000－1101－0007428　098.1/77.11

皇清經解續編二百九卷　王先謙輯　清光緒
十五年（1889）上海蜚英館石印本　三十一冊

620000－1101－0007429　098.1/77.12

皇清經解續編一千四百三十卷　王先謙輯
清光緒十四年（1888）南菁書院刻本　三百二
十冊

620000－1101－0007430　098.1/77.12

皇清經解續編一千四百三十卷　王先謙輯
清光緒十四年（1888）南菁書院刻本　三百二
十冊

620000－1101－0007431　098.1/77.12

皇清經解續編一千四百三十卷　王先謙輯
清光緒十四年（1888）南菁書院刻本　三百四
十冊

620000－1101－0007432　098.1/77.12

皇清經解續編一千四百三十卷　王先謙輯
清光緒十四年（1888）南菁書院刻本　二冊
存七卷（一千三百九十七至一千四百三）

620000－1101－0007433　098.1/74.376

皇清經解一百八十種□□卷　（清）阮元輯
清光緒十三年（1887）上海書局石印本　六十
四冊

620000－1101－0007434　098.1/74.376

皇清經解一百八十種□□卷　（清）阮元輯
清光緒十三年（1887）上海書局石印本　六十
四冊

620000－1101－0007435　098.1/74.376

皇清經解一百八十種□□卷　（清）阮元輯
清光緒十三年（1887）上海書局石印本　四冊
存十四種八十六卷（易章句十二卷、易通釋
二十卷、易圖八卷、周易補疏二卷、尚書補疏
二卷、毛詩補疏五卷、禮記補疏三卷、春秋左
傳補疏五卷、論語補疏二卷、周易述補四卷、
拜經日記八卷、拜經文集一卷、瞥記一卷、經
義述聞十三卷）

620000－1101－0007436　098.1/74.377

皇清經解一百九十卷　（清）阮元輯　清光緒
十一年（1885）上海點石齋石印本　二十四冊

620000－1101－0007437　098.1/74.377

皇清經解一百九十卷 （清）阮元輯　清光緒十四年(1888)滬上石印本　二十四冊

620000－1101－0007438　098.1/74.377

皇清經解一百九十卷 （清）阮元輯　清光緒十七年(1891)鴻寶齋石印本　二十四冊

620000－1101－0007439　098.1/74.378

皇清經解一百九十卷 （清）阮元輯　**續編二百九卷** 王先謙輯　清光緒石印本　五十一冊　存三百三十卷(一、四至二十、二十二至二十五、二十七至三十、三十二、三十四至四十二、四十四至四十五、四十七至五十八、六十至七十八、八十至八十三、八十五至八十九、九十三至一百二、一百四至一百五、一百八至一百二十五、一百二十七、一百三十至一百三十六、一百三十八、一百四十至一百四十一、一百四十三至一百五十三、一百五十六至一百六十三、一百六十五至一百六十九、一百七十一、一百七十四至一百九十,續編一至十七、十九至三十三、三十五至四十二、四十四至四十五、四十七至六十四、六十七至六十九、七十二至八十一、八十三至八十四、八十六至九十、九十三至九十七、九十九、一百一至一百四、一百六至一百十三、一百十九至一百二十三、一百二十五至一百四十四、一百四十六至一百五十三、一百五十六、一百五十九、一百六十一、一百六十三、一百六十五至一百八十四、一百八十七至一百八十八、一百九十二至一百九十九、二百三至二百五、二百九)

620000－1101－0007440　098.1/74.375

皇清經解一千四百八卷 （清）阮元輯　清道光九年（1829）廣東學海堂刻咸豐十一年(1861)補刻本　三百六十冊

620000－1101－0007441　098.1/74.375

皇清經解一千四百八卷 （清）阮元輯　清道光九年（1829）廣東學海堂刻咸豐十一年(1861)補刻本　三百二十冊

620000－1101－0007442　098.1/74.375

皇清經解一千四百八卷 （清）阮元輯　清道光九年(1829)廣東學海堂刻咸豐十一年(1861)補刻本　三百六十冊

620000－1101－0007443　098.1/74.375

皇清經解一千四百八卷 （清）阮元輯　清道光九年(1829)廣東學海堂刻咸豐十一年(1861)補刻本　三百六十冊

620000－1101－0007444　098.1/74.375

皇清經解一千四百八卷 （清）阮元輯　清道光九年(1829)廣東學海堂刻咸豐十一年(1861)補刻本　十冊　存二十六卷(二十七至四十七、一百五十六至一百六十)

620000－1101－0007445　098.1/74.375

皇清經解一千四百八卷 （清）阮元輯　清道光九年(1829)廣東學海堂刻咸豐十一年(1861)補刻本　三冊　存二十六卷(七百四十九至七百七十四)

620000－1101－0007446　098.1/74.3

皇清經解一千四百卷 （清）阮元輯　清道光九年(1829)廣東學海堂刻本(卷十八至十九係抄配)　三百六十冊

620000－1101－0007447　098.1/74.3

皇清經解一千四百卷 （清）阮元輯　清道光九年(1829)廣東學海堂刻本　二百八十四冊　缺一百八卷(毛詩稽古編六十至六十三、仲氏易一百十二至一百十九、經問一百六十二至一百六十六、春秋說二百二十八至二百三十九、尚書集注音疏三百九十至三百九十九、毛詩故訓傳六百至六百十九、尚書今古文注疏七百四十九至七百七十三、孟子正義一千一百二十六至一千一百四十六、春秋公羊經何氏釋例一千二百八十至一千二百八十二)

620000－1101－0007448　4093

皇清開國方略三十二卷首一卷 （清）阿桂等纂　清乾隆五十一年(1786)武英殿刻本　四冊　存十六卷(九至二十四)

620000－1101－0007449　652.7/12

皇清名臣奏議六十八卷首一卷 （清）琴川居

士編輯　清中晚期國史館琴川居士刻本　六十二冊

620000－1101－0007450　573.35/0.397
皇清陝西歷科進士錄不分卷　（清）□□編
清順治、光緒刻本　一冊

620000－1101－0007451　573.35/0.397
皇清陝西歷科進士錄不分卷　（清）□□編
清順治、光緒刻本　一冊

620000－1101－0007452　573.35/0.397
皇清陝西歷科進士錄不分卷　（清）□□編
清順治、光緒刻本　一冊

620000－1101－0007453　830.7/546
皇清文穎續編一百八卷首五十六卷目錄十卷
　（清）董誥等輯　清嘉慶十五年（1810）武英殿刻本　六十七冊　存一百十六卷（一至二、十一至十七、十九至二十一、二十四至五十、五十二至七十一、八十至一百四，首三至六、二十二至三十二、三十六至三十八、四十四至四十五、四十九至五十六，目錄三至四、九至十）

620000－1101－0007454　3707
皇清陝西歷科鄉試題名錄一卷　（清）□□編
　清康熙刻本　一冊

620000－1101－0007455　4059
皇清職貢圖九卷　（清）傅恆等纂　（清）門慶安等繪　清乾隆武英殿刻嘉慶十年（1805）增補本　六冊　存六卷（一至六）

620000－1101－0007456　413.11/41.119.5
黃帝內經靈樞十二卷補注黃帝內經素問二十四卷　（唐）王冰注　清光緒三年（1877）浙江書局刻本　二冊　存十二卷（黃帝內經靈樞十二卷）

620000－1101－0007457　488
黃帝內經靈樞註證發微九卷補遺一卷　（明）馬蒔撰　明刻本　二冊　存九卷（一至九）

620000－1101－0007458　413.13/0.170
黃帝內經靈樞註證發微九卷補遺一卷　（明）

馬蒔撰　清光緒五年（1879）刻本　九冊　存八卷（一至五、七、九，補遺一卷）

620000－1101－0007459　413.12/7.307.0101
黃帝內經素問九卷　（清）張志聰集注　清光緒十六年（1890）浙江書局刻本　六冊

620000－1101－0007460　413.12/307
黃帝內經素問九卷　（清）張志聰集注　清晚期刻本　十冊

620000－1101－0007461　413.11/30
黃帝內經素問九卷靈樞經十卷　（清）張志聰集注　清晚期刻本　二十冊

620000－1101－0007462　559
黃帝內經素問靈樞運氣音釋補遺一卷　（明）田經校正　明熊氏種德堂刻本　一冊

620000－1101－0007463　1359
黃帝內經素問摘錄二十四卷　（唐）王冰注
清抄本　六冊

620000－1101－0007464　1628
黃帝內經素問注證發微九卷補遺一卷黃帝內經靈樞注證發微九卷　（明）馬蒔撰　明萬曆十四年（1586）王元敬刻本　一冊　存二卷（靈樞二至三）

620000－1101－0007465　413.126/413
黃帝內經素問註證發微九卷補遺一卷　（明）馬蒔撰　清嘉慶十年（1805）刻本　十二冊

620000－1101－0007466　434
黃帝素問宣明論方十五卷　（金）劉完素撰
明萬曆二十九年（1601）吳勉學刻古今醫統正脈全書本　四冊

620000－1101－0007467　3946
黃翰林校正禮記大全三十卷　（明）胡廣等輯
　（明）張瑞圖編纂　清康熙五十六年（1717）三畏堂刻本　八冊

620000－1101－0007468　3823
黃翰林校正書經大全十卷　（明）胡廣等纂
書經考異一卷　（宋）王應麟撰　清雍正七年（1729）刻本　九冊

620000 – 1101 – 0007469　683.25/172

黃鵠山志十二卷首一卷　（清）胡鳳丹編纂
清同治十三年(1874)退補齋刻本　六冊

620000 – 1101 – 0007470　683.25/172

黃鵠山志十二卷首一卷　（清）胡鳳丹編纂
清同治十三年(1874)退補齋刻本　六冊

620000 – 1101 – 0007471　941.3/171

黃花晚節圖題詞一卷續輯一卷　（清）黃榮康
輯　清光緒二十八年(1902)刻本　一冊

620000 – 1101 – 0007472　782.972/171

黃黎洲先生年譜三卷　（清）黃炳垕編　清同
治十二年(1873)刻本　一冊

620000 – 1101 – 0007473　683.22/714

黃山領要錄二卷　（清）汪洪度撰　清中晚期
松樵抄本　一冊

620000 – 1101 – 0007474　2317

黃山志定本七卷首一卷圖一卷　（清）閔麟嗣
纂　清康熙十八年至二十五年(1679–1686)
刻本　六冊　存六卷(二至七)

620000 – 1101 – 0007475　4267

黃詩全集五十八卷附錄一卷　（宋）黃庭堅撰
清乾隆五十四年(1789)樹經堂刻本　二
十冊

620000 – 1101 – 0007476　4268

黃詩全集五十八卷附錄一卷　（宋）黃庭堅撰
清乾隆五十四年(1789)樹經堂刻本　一冊
存目錄

620000 – 1101 – 0007477　592/167

黃石公素書一卷素書三卷　（漢）黃石公撰
雷侯世家一卷　（漢）司馬遷撰　清道光十九
年(1839)刻二十六年(1846)補刻本　一冊

620000 – 1101 – 0007478　607

黃氏畫譜八種八卷　（明）黃鳳池輯　明萬
曆、天啓集雅齋、清繪齋刻本　七冊　存四種
四卷(新鐫五言唐詩畫譜一卷、新鐫七言唐詩
畫譜一卷、唐解元倣古今畫譜一卷、新鐫木本
花鳥譜一卷)

620000 – 1101 – 0007479　970

黃氏畫譜八種八卷　（明）黃鳳池輯　明萬
曆、天啓集雅齋、清繪齋刻本　三冊　存三種
三卷(新鐫五言唐詩畫譜一卷、新鐫六言唐詩
畫譜一卷、新鐫七言唐詩畫譜一卷)

620000 – 1101 – 0007480　413.49/172

黃氏青囊全集秘旨二卷　（清）黃廷爵撰　清
光緒十二年(1886)刻本　一冊

620000 – 1101 – 0007481　523.9/164

黃氏塾課三卷　（清）黃式三撰　清同治、光
緒刻本　一冊

620000 – 1101 – 0007482　413.088/164

黃氏醫書八種八十卷　（清）黃元御撰　清咸
豐十年(1860)徐樹銘燮和精舍刻本　十六冊

620000 – 1101 – 0007483　413.088/164

黃氏醫書八種八十卷　（清）黃元御撰　清咸
豐十年(1860)徐樹銘燮和精舍刻本　二十冊

620000 – 1101 – 0007484　127.1/11

黃書一卷　（清）王夫之撰　清光緒二十四年
(1898)豐城余氏刻寶墨齋叢書本　一冊

620000 – 1101 – 0007485　127.1/11

黃書一卷　（清）王夫之撰　清光緒二十四年
(1898)豐城余氏刻寶墨齋叢書本　一冊

620000 – 1101 – 0007486　3943

**黃太史參補古今大方詩經大全十五卷序一卷
圖一卷綱領一卷**　（明）葉向高輯　清康熙五
十六年(1717)三畏堂刻本　五冊　存九卷
(二至三、六至十,序一卷,圖一卷)

620000 – 1101 – 0007487　3301

**黃太史參補古今大方詩經大全十五卷序一卷
圖一卷綱領一卷**　（明）葉向高輯　清康熙五
十六年(1717)三畏堂刻本　十冊

620000 – 1101 – 0007488　4424

黃太史訂正春秋大全三十七卷　（明）胡廣等
纂　清康熙郁郁堂刻本　一冊　存三卷(二
十九至三十一)

620000 – 1101 – 0007489　2164

黃太史訂正春秋大全三十七卷首一卷　（明）
胡廣等纂　清雍正七年(1729)東邑書林刻本
二十冊

620000－1101－0007490　1491
黃陶菴先生全集二十二卷首一卷末一卷
（明）黃淳耀撰　（清）陶應鯤輯　清乾隆二十
六年(1761)寶山學刻本　四冊

620000－1101－0007491　2634
黃陶菴先生全集二十二卷首一卷末一卷
（明）黃淳耀撰　（清）陶應鯤輯　清乾隆二十
六年(1761)寶山學刻本　六冊

620000－1101－0007492　701
黃庭內景玉經一卷黃庭外景經三卷洞靈經一
卷　（唐）白履忠注　明刻本　一冊

620000－1101－0007493　839.8/121
黃巖西橋王氏家集十卷　（清）王舟瑤纂　清
末至民國刻本　五冊

620000－1101－0007494　782.976/16.71
黃蕘圃先生年譜二卷　（清）江標輯　清光緒
二十三年(1897)長沙使院刻本　一冊

620000－1101－0007495　847.2/439
黃葉邨莊詩集八卷續集一卷後集一卷　（清）
吳之振撰　清光緒四年(1878)刻本　四冊

620000－1101－0007496　847.2/439
黃葉邨莊詩集八卷續集一卷後集一卷　（清）
吳之振撰　清光緒四年(1878)刻本　四冊

620000－1101－0007497　682.82/1001
黃運河口古今圖說不分卷　（清）麟慶撰　清
道光二十一年(1841)南河節署刻本　一冊

620000－1101－0007498　846.8/171
黃漳浦集五十卷首一卷目錄二卷　（明）黃道
周撰　（清）陳壽祺編　漳浦先生年譜二卷
（明）莊起儔編　清道光九年(1829)福州陳氏
刻本　三十冊

620000－1101－0007499　846.8/171
黃漳浦集五十卷首一卷目錄二卷　（明）黃道
周撰　（清）陳壽祺編　漳浦先生年譜二卷

（明）莊起儔編　清道光九年(1829)福州陳氏
刻本　二十四冊

620000－1101－0007500　782.967/16.16
黃忠端公年譜二卷　（清）黃炳垕編　清光緒
二十五年(1899)留書種閣刻本　一冊

620000－1101－0007501　782.967/171
黃忠端公年譜二卷　（清）黃炳垕編　清光緒
二十五年(1899)留書種閣刻本　一冊

620000－1101－0007502　781/865
黃種之四大偉人一卷　（日本）川崎三郎著
我亦黃種之偉人譯　清光緒二十九年(1903)
上海廣益書室鉛印本　一冊

620000－1101－0007503　847.4/38
篁村集十二卷　（清）陸錫熊撰　清嘉慶十三
年至十四年(1808－1809)松江無求安居刻本
八冊

620000－1101－0007504　847.4/38
篁村集十二卷　（清）陸錫熊撰　清嘉慶十三
年至十四年(1808－1809)松江無求安居刻本
四冊

620000－1101－0007505　567.3/0.944
徽縣賦役全書不分卷　（清）□□編　清咸豐
三年(1853)刻本　三冊

620000－1101－0007506　2391
徽州府志辨證一卷　（清）黃崇惺纂　清同治
木活字印本　一冊

620000－1101－0007507　536.8/0.428
回部政俗論一卷　（□）□□撰　清光緒王氏
鉛印本　一冊

620000－1101－0007508　258.2/0.428
回回原來不分卷　（□）□□撰　清光緒十一
年(1885)刻本　一冊

620000－1101－0007509　689.61/121
回疆雜紀一卷　（清）王曾翼著　清光緒王氏
鉛印本　一冊

620000－1101－0007510　414.8/119
回生方一卷醫醫卮言一卷　（清）王濠撰　清

光緒二十八年(1902)刻本　一冊

620000－1101－0007511　413/385.7

回生集二卷續回生集二卷　(清)陳杰輯　清
嘉慶十二年(1807)京都丙午堂刻本　四冊

620000－1101－0007512　858.419/931

回文寶卷不分卷　(□)□□撰　清光緒三十
一年(1905)蘇城瑪瑙經房刻本　一冊

620000－1101－0007513　832.27/19

回文賦彙一卷　(清)趙文楷等撰　清光緒二
十三年(1897)謝崧岱刻本　一冊

620000－1101－0007514　845.1/37

回文類聚四卷首一卷　(宋)桑世昌纂　織錦
回文圖一卷續編十卷首一卷　(清)朱象賢並
繪　清裕文堂刻本　六冊

620000－1101－0007515　845.1/37

回文類聚四卷首一卷　(宋)桑世昌纂　織錦
回文圖一卷續編十卷首一卷　(清)朱象賢並
繪　清裕文堂刻本　三冊

620000－1101－0007516　3365

回文類聚四卷續一卷　(宋)桑世昌輯　(清)
朱存孝續輯　清康熙刻本　一冊

620000－1101－0007517　3719

廻車詠一卷　(清)謝大舒輯　清光緒元年
(1875)木活字印本　一冊

620000－1101－0007518　443.632/952

迴瀾紀要二卷　(清)徐端編　清嘉慶刻本
二冊

620000－1101－0007519　915.73/949

洄溪道情一卷　(清)徐大椿撰　清道光二十
八年(1848)刻本　一冊

620000－1101－0007520　414.9/7.949

洄溪醫案一卷　(清)徐大椿撰　(清)王士雄
編　清咸豐十年(1860)蔣氏衍芬艸堂刻本
一冊

620000－1101－0007521　414.9/7.949.001

洄溪醫案一卷　(清)徐大椿撰　(清)王士雄
編　清光緒十七年(1891)湖北官書處刻本

一冊

620000－1101－0007522　847.6/95

悔過齋文集七卷附劄記一卷　(清)顧廣譽撰
清光緒刻本　二冊

620000－1101－0007523　847.6/95

悔過齋文集七卷附劄記一卷　(清)顧廣譽撰
清光緒刻本　二冊

620000－1101－0007524　847.6/119

悔生文集八卷詩鈔六卷　(清)王灼著　清晚
期刻本　一冊

620000－1101－0007525　127.6/348.001

悔言辨正六卷首一卷附記一卷　夏震武撰
清光緒十六年(1890)富陽夏氏刻本　一冊

620000－1101－0007526　127.6/348

悔言六卷　夏震武撰　清光緒八年(1882)富
陽夏氏刻本　一冊

620000－1101－0007527　127.6/348

悔言六卷　夏震武撰　清光緒八年(1882)富
陽夏氏刻本　一冊

620000－1101－0007528　847.6/897.8

悔餘菴文稿九卷　(清)何栻撰　清同治四年
(1865)刻本　三冊

620000－1101－0007529　847.7/894

悔餘菴樂府四卷　(清)何栻撰　清同治四年
(1865)刻本　一冊　存二卷(一至二)

620000－1101－0007530　845.23/828

晦庵先生朱文公文集一百卷續集十一卷別集
十卷目錄二卷　(宋)朱熹撰　清道光三十
年(1850)陝西關中書院刻同治十二年(1873)增
刻本　六十四冊

620000－1101－0007531　653.781/547

晦闇齋筆語六卷　(清)董沛撰　清光緒十年
(1884)鄞縣董氏刻本　一冊　存三卷(四至
六)

620000－1101－0007532　660/272

晦明軒稿不分卷　(清)楊守敬撰　清光緒二
十七年(1901)宜都楊氏鄰蘇園刻本　一冊

620000－1101－0007533　1108

惠陵工程備要六卷　（清）白延昌撰　清光緒
七年(1881)抄本　六冊

620000－1101－0007534　086.23/222

惠文明公輓言不分卷　（清）胡鳳林　（清）胡
鳳丹等撰　清咸豐刻本　一冊

620000－1101－0007535　2979

會稽三賦四卷　（宋）王十朋撰　（明）南逢吉
注　（明）尹壇補注　明刻本　一冊

620000－1101－0007536　845.21/113

會稽三賦一卷　（宋）王十朋撰　（宋）周世則
注　（宋）史鑄增注　清嘉慶十七年(1812)蕭
山陳氏湖海樓刻本　一冊

620000－1101－0007537　845.21/113.001

會稽三賦註四卷　（宋）王十朋撰　（明）南逢
吉注　（明）尹壇補注　清道光二十六年
(1846)宏道書院刻惜陰軒叢書本　二冊

620000－1101－0007538　4479

會稽孫氏祭簿不分卷　（清）孫士達修　清光
緒二十三年(1897)孫士達稿本　一冊

620000－1101－0007539　856.7/522

會墨萃精不分卷　（清）萬青藜評選　清光緒
三年(1877)刻本　三冊

620000－1101－0007540　856.7/172

會墨文鵠六卷附畿輔文粹一卷　（清）黃體芳
鑒定　清光緒五年(1879)刻本　二冊　存六
卷(會墨文鵠六卷)

620000－1101－0007541　671.65/139.78

會寧縣地理調查表一卷　（清）惟康輯　清晚
期抄本　一冊

620000－1101－0007542　567.3/0.991

會寧縣賦役全書不分卷　（清）□□編　清咸
豐三年(1853)刻本　三冊

620000－1101－0007543　856.7/367

會試闈墨不分卷　（清）孫毓文等輯　清光緒
十六年(1890)刻本　一冊

620000－1101－0007544　573.332/178.029

會試墨卷一卷　（清）范振緒撰　清光緒二十
七年(1901)刻本　一冊

620000－1101－0007545　573.332/178.0291

會試墨卷一卷　（清）張銑撰　清光緒二十九
年(1903)刻本　一冊

620000－1101－0007546　573.332/178.0291

會試墨卷一卷　（清）張銑撰　清光緒二十九
年(1903)刻本　一冊

620000－1101－0007547　573.332/178.0292

會試墨卷一卷　（清）周鏞撰　清光緒二十九
年(1903)刻本　一冊

620000－1101－0007548　573.332/178.0293

會試墨卷一卷　（清）段士俊撰　清光緒二十
九年(1903)刻本　一冊

620000－1101－0007549　573.332/178.1881

會試墨卷一卷　楊巨川撰　清光緒三十年
(1904)刻本　一冊

620000－1101－0007550　573.332/178.1881

會試墨卷一卷　（清）鄧隆撰　清光緒三十年
(1904)刻本　一冊

620000－1101－0007551　573.332/397.0301

會試墨卷一卷　（清）茹欲可撰　清光緒三十
年(1904)刻本　一冊

620000－1101－0007552　573.332/397.0302

會試墨卷一卷　（清）田明德　（清）田明理撰
　清光緒三十年(1904)刻本　一冊

620000－1101－0007553　573.332/397.030

會試墨卷一卷　（清）雷延壽撰　清光緒三十
年(1904)刻本　一冊

620000－1101－0007554　573.332/178.030

會試墨卷一卷　（清）程天賜撰　清光緒三十
年(1904)刻本　一冊

620000－1101－0007555　573.332/178.0301

會試墨卷一卷　（清）王烜撰　清光緒三十年
(1904)刻本　一冊

620000－1101－0007556　573.332/178.1881

會試擬墨一卷　（清）吳可讀撰　清道光刻本
　一冊

620000－1101－0007557　856.7/708.3

會試硃卷（光緒庚辰科）一卷　（清）汪柴撰
清光緒刻本　一冊

620000－1101－0007558　856.7/103

會試硃卷（光緒庚辰科）一卷　（清）武頌揚撰
　清光緒刻本　一冊

620000－1101－0007559　856.7/736.2

會試硃卷（光緒庚寅科）一卷　（清）湯霖撰
清光緒刻本　一冊

620000－1101－0007560　856.7/866

會試硃卷（同治甲戌科）三卷　（清）烏拉布等
編輯　清同治十三年（1874）刻本　一冊

620000－1101－0007561　573.332/178.017

會試硃卷一卷　（清）阿應麟撰　清嘉慶七年
（1802）刻本　一冊

620000－1101－0007562　573.332/178.055

會試硃卷一卷　（清）□□撰　清嘉慶十三年
（1808）刻本　一冊

620000－1101－0007563　573.332/178.0702

會試硃卷一卷　（清）王鑑塘撰　清咸豐二年
（1852）刻本　一冊

620000－1101－0007564　573.332/701.071

會試硃卷一卷　（清）張煦撰　清咸豐三年
（1853）刻本　一冊

620000－1101－0007565　573.332/178.074

會試硃卷一卷　（清）劉開第撰　清同治元年
（1862）刻本　一冊

620000－1101－0007566　573.332/235.076

會試硃卷一卷　（清）黃廣照撰　清同治七年
（1868）刻本　一冊

620000－1101－0007567　573.332/178.1881

會試硃卷一卷　（清）馬中律撰　清同治十三
年（1874）刻本　一冊

620000－1101－0007568　573.332/178.004

會試硃卷一卷　（清）劉永亨撰　清光緒三年
（1877）刻本　一冊

620000－1101－0007569　573.332/178.003

會試硃卷一卷　（清）秦霖熙撰　清光緒三年
（1877）刻本　一冊

620000－1101－0007570　573.332/178.082

會試硃卷一卷　（清）吳樹德撰　清光緒六年
（1880）刻本　一冊

620000－1101－0007571　573.332/178.086

會試硃卷一卷　（清）任于正撰　清光緒十六
年（1890）刻本　一冊

620000－1101－0007572　573.332/178.118

會試硃卷一卷　（清）孫尚仁撰　清光緒十八
年（1892）刻本　一冊

620000－1101－0007573　573.332/178.1881

會試硃卷一卷　（清）劉積義撰　清光緒十八
年（1892）刻本　一冊

620000－1101－0007574　573.332/178.0181

會試硃卷一卷　（清）孫尚仁撰　清光緒十八
年（1892）刻本　一冊

620000－1101－0007575　573.332/178.018

會試硃卷一卷　（清）哈銳撰　清光緒十八年
（1892）刻本　一冊

620000－1101－0007576　573.332/178.087

會試硃卷一卷　（清）呂篤撰　清光緒二十年
（1894）刻本　一冊

620000－1101－0007577　573.332/178.088

會試硃卷一卷　（清）李于鍇撰　清光緒二十
一年（1895）刻本　一冊

620000－1101－0007578　856.7/482

會試硃卷一卷　（清）羅經權撰　清光緒二十
一年（1895）刻本　一冊

620000－1101－0007579　573.332/178.024

會試硃卷一卷　（清）魏鴻儀撰　清光緒二十
四年（1898）刻本　一冊

620000－1101－0007580　573.332/178.0241

會試硃卷一卷 （清）王世奎撰 清光緒二十
四年（1898）刻本 一冊

620000－1101－0007581 573.332/178.0893
會試硃卷一卷 段維新 段永恩撰 清光緒
三十三年（1907）刻本 一冊

620000－1101－0007582 573.332/178
會試硃卷一卷 （清）李士則撰 清光緒刻本
一冊

620000－1101－0007583 856.7/434.1
會試硃卷一卷 （清）吳可讀撰 清晚期刻本
一冊

620000－1101－0007584 573.332/178.1881
會試硃卷一卷甘肅鄉試硃卷不分卷 （清）梁
士選 （清）魏鴻儀等撰 清光緒刻本 一冊

620000－1101－0007585 93
會通館印正文苑英華纂要八十四卷 （宋）高
似孫輯 辯證十卷 （宋）彭叔夏撰 明刻本
一冊 存九卷（十七至二十五）

620000－1101－0007586 802.81/991
會文學社字課圖說八卷 （清）上海會文學社
編 清光緒三十年（1904）上海會文堂書莊石
印本 八冊

620000－1101－0007587 847.5/885.01
會心內集二卷外集二卷 （清）劉一明撰 悟
元老師劉先生本末一卷 （清）張陽志撰 清
嘉慶六年（1801）趙存貞刻道光元年（1821）增
刻本 五冊

620000－1101－0007588 847.5/885.01
會心內集二卷外集二卷 （清）劉一明撰 悟
元老師劉先生本末一卷 （清）張陽志撰 清
嘉慶六年（1801）趙存貞刻道光元年（1821）增
刻本 五冊

620000－1101－0007589 847.5/885.01
會心內集二卷外集二卷 （清）劉一明撰 悟
元老師劉先生本末一卷 （清）張陽志撰 清
嘉慶六年（1801）趙存貞刻道光元年（1821）增
刻本 一冊 存一卷（本末一卷）

620000－1101－0007590 847.5/885.01
會心內集二卷外集二卷 （清）劉一明撰 悟
元老師劉先生本末一卷 （清）張陽志撰 清
嘉慶六年（1801）趙存貞刻道光元年（1821）增
刻本 五冊

620000－1101－0007591 847.5/885.01
會心內集二卷外集二卷 （清）劉一明撰 悟
元老師劉先生本末一卷 （清）張陽志撰 清
嘉慶六年（1801）趙存貞刻道光元年（1821）增
刻本 四冊 存四卷（內集二卷、外集上、本
末一卷）

620000－1101－0007592 847.5/885.01
會心內集二卷外集二卷 （清）劉一明撰 悟
元老師劉先生本末一卷 （清）張陽志撰 清
嘉慶六年（1801）趙存貞刻道光元年（1821）增
刻本 一冊 存一卷（本末一卷）

620000－1101－0007593 419
會真六幻十九卷 （明）閔齊伋輯 明末刻本
四冊 存五卷（王實甫西廂記四卷、關漢卿
續西廂記一卷）

620000－1101－0007594 014.6/967
彙刻書目初編十卷新編一卷補編一卷續編一
卷 （清）顧脩編 清嘉慶四年（1799）刻本
十二冊

620000－1101－0007595 014.6/967
彙刻書目初編十卷新編一卷補編一卷續編一
卷 （清）顧脩編 清嘉慶四年（1799）刻本
八冊 存九卷（一、三至四、六至十,補編一
卷）

620000－1101－0007596 014.6/967
彙刻書目初編十卷新編一卷補編一卷續編一
卷 （清）顧脩編 清嘉慶四年（1799）刻本
六冊 存六卷（二、六至十）

620000－1101－0007597 014.6/834
彙刻書目二十卷 （清）顧脩編 （清）朱學勤
增訂 清光緒十二年至十五年（1886－1889）
上海福瀛書局刻本 二十冊

620000－1101－0007598 014.6/834

彙刻書目二十卷 （清）顧脩編 （清）朱學勤
增訂 清光緒十二年至十五年（1886－1889）
上海福瀛書局刻本 二十冊

620000－1101－0007599 014.6/834

彙刻書目二十卷 （清）顧脩編 （清）朱學勤
增訂 清光緒十二年至十五年（1886－1889）
上海福瀛書局刻本 十冊 存十卷（十一至
二十）

620000－1101－0007600 014.6/834

彙刻書目二十卷 （清）顧脩編 （清）朱學勤
增訂 清光緒十二年至十五年（1886－1889）
上海福瀛書局刻本 十一冊 存十一卷（五、
七至八、十一至十六、十九至二十）

620000－1101－0007601 672.15/217.52

彙刻太倉舊志五種二十八卷 （清）繆朝荃等
輯 清宣統元年（1909）太倉繆氏刻本 八冊

620000－1101－0007602 672.15/217.52

彙刻太倉舊志五種二十八卷 （清）繆朝荃等
輯 清宣統元年（1909）太倉繆氏刻本 六冊

620000－1101－0007603 1274

彙纂詩法度鍼三十三卷首一卷 （清）徐文弼
輯 清刻本 七冊

620000－1101－0007604 821.11/952.001

彙纂詩法度鍼三十三卷首一卷 （清）徐文弼
輯 清晚期刻本 四冊

620000－1101－0007605 821.11/952.002

彙纂詩法度鍼三十三卷首一卷 （清）徐文弼
輯 清晚期刻本 一冊 存二卷（三十二至
三十三）

620000－1101－0007606 821.11/952.003

彙纂詩法度鍼三十三卷首一卷 （清）徐文弼
輯 清晚期刻本 四冊 存十五卷（十九至
三十三）

620000－1101－0007607 821.11/952

彙纂詩法度鍼十卷 （清）徐文弼輯 清乾隆
刻本 六冊

620000－1101－0007608 683.21/12.32

慧山記四卷 （清）邵寶纂 續編三卷首一卷
（清）邵涵初輯 清同治七年（1868）刻本
六冊

620000－1101－0007609 683.21/12.32

慧山記續編三卷 （清）邵涵初輯 清同治七
年（1868）刻本 三冊

620000－1101－0007610 326.2/987

繪地法原不分卷 （美國）金楷理口譯 （清）
王德均筆述 清光緒江南機器製造總局刻本
一冊

620000－1101－0007611 831.76/118

繪水集三卷 （清）王之佐等撰 清道光十六
年（1836）刻本 一冊

620000－1101－0007612 858.51/0.431

繪圖呼家將欽賜紫金鞭忠孝全傳四卷 （□）
□□著 清光緒三十一年（1905）石印本
一冊

620000－1101－0007613 857.47/806

繪圖花月姻緣十六卷五十二回 （清）魏秀仁
撰 清光緒十九年（1893）上海書局鉛印本
六冊

620000－1101－0007614 782.1/336

繪圖歷代神仙傳二十四卷 （□）□□編繪
清宣統元年（1909）上海掃葉山房石印本
八冊

620000－1101－0007615 782.1/336

繪圖歷代神仙傳二十四卷 （□）□□編繪
清宣統元年（1909）上海掃葉山房石印本
八冊

620000－1101－0007616 857.47/311

繪圖平金川四卷 （清）張小山編 清光緒二
十五年（1899）富文書局石印本 四冊

620000－1101－0007617 857.47/311.001

繪圖平金川四卷 （清）張小山編 清光緒二
十六年（1900）煥文書局刻本 一冊 存一卷
（一）

620000－1101－0007618 523.24/115

繪圖四書速成新體讀本二十卷　王有宗　施崇恩撰　清光緒三十四年(1908)上海彪蒙書室石印本　八冊

620000－1101－0007619　802.617/628

繪圖速通虛字法不分卷　施崇恩編　清光緒三十四年(1908)杭州圖書陳列所石印本　四冊

620000－1101－0007620　858.51/183

繪圖繡像四雲亭新書全傳二十四卷　(清)彭靚娟撰　清光緒二十五年(1899)鉛印本　八冊

620000－1101－0007621　830/441

繪圖增批古文觀止十二卷　(清)吳乘權(清)吳大職輯　清宣統元年(1909)上海章福記石印本　六冊

620000－1101－0007622　3135

繪像丹桂籍二編不分卷　(清)黃正元輯　清乾隆三十一年(1766)刻本　七冊

620000－1101－0007623　1975

繪像第六才子書八卷　(元)王德信　(元)關漢卿撰　(清)金人瑞批點　清雍正十一年(1733)成裕堂刻本　六冊

620000－1101－0007624　413.32/51.835

活人書二十卷　(宋)朱肱撰　清晚期刻本四冊

620000－1101－0007625　4129

活幼心法大全九卷　(明)聶尚恆撰　清康熙十五年(1676)刻本　一冊　存五卷(一至五)

620000－1101－0007626　413.7/761

活幼心書決證詩賦一卷明本論一卷信效方一卷　(元)曾世榮編　清宣統二年(1910)武昌醫館刻本　二冊

620000－1101－0007627　595.99/604

火龍經三卷陰符經注一卷　(三國蜀)諸葛亮撰　陰符集證□□卷　(□)諸葛光榮輯　清晚期刻本　一冊　存五卷(火龍經三卷、陰符經注一卷、陰符集證下)

620000－1101－0007628　413/386.07

霍亂論二卷　(清)王士雄撰　清道光刻本一冊

620000－1101－0007629　413.364/113

霍亂論二卷　(清)王士雄撰　清咸豐元年(1851)吟香書屋刻本　二冊

620000－1101－0007630　847.6/271.03

嵇庵文集二卷　(清)梅植之著　清晚期刻本一冊

620000－1101－0007631　311.41/113.001

緝古算經三卷　(唐)王孝通撰並注　(清)張敦仁撰評　清嘉慶八年(1803)吳邑四美齋刻本　一冊

620000－1101－0007632　311.41/113

緝古算經一卷　(唐)王孝通撰並注　圖解三卷細草一卷音義一卷　(清)陳杰撰　清道光二十年(1840)刻本　四冊

620000－1101－0007633　311.41/113

緝古算經一卷　(唐)王孝通撰並注　圖解三卷細草一卷音義一卷　(清)陳杰撰　清道光二十年(1840)刻本　四冊

620000－1101－0007634　821.18/754

緝雅堂詩話二卷　(清)潘衍桐撰　(清)高保康編次　清光緒十七年(1891)杭州刻本一冊

620000－1101－0007635　821.18/754

緝雅堂詩話二卷　(清)潘衍桐撰　(清)高保康編次　清光緒十七年(1891)杭州刻本一冊

620000－1101－0007636　086.11/78.119

畿輔叢書一百二十八種一千五百四卷　(清)王灝輯　清光緒五年(1879)定州王氏謙德堂刻本　四百三十八冊

620000－1101－0007637　443.689/11.43

畿輔河道水利叢書九種十四卷　(清)吳邦慶輯　清道光四年(1824)益津吳氏刻本　十冊

620000－1101－0007638　443.689/11.43

畿輔河道水利叢書九種十四卷　（清）吳邦慶
輯　清道光四年(1824)益津吳氏刻本　十冊

620000－1101－0007639　782.611/362
畿輔人物考八卷　（清）孫奇逢輯　清同治八
年(1869)兼山堂刻本　二冊　存二卷（一至
二）

620000－1101－0007640　443.689/11.26
畿輔水道管見一卷畿輔水利私議一卷　（清）
吳邦慶撰　清道光四年(1824)益津吳氏刻畿
輔河道水利叢書本　一冊

620000－1101－0007641　443.689/754
畿輔水利四案補不分卷　（清）潘錫恩編　清
道光刻本　一冊

620000－1101－0007642　443.689/11.25
畿輔水利議一卷　（清）林則徐撰　清光緒二
年(1876)林氏刻本　一冊

620000－1101－0007643　443.689/11.25.001
畿輔水利議一卷　（清）林則徐撰　清光緒二
年(1876)林氏刻本　一冊

620000－1101－0007644　443.689/11.25.002
畿輔水利議一卷　（清）林則徐撰　清光緒刻
本　一冊

620000－1101－0007645　567.9211/235
畿輔條鞭賦役全書不分卷　（清）直隷省布政
使司輯　清道光十三年(1833)刻本　二十
二冊

620000－1101－0007646　567.9211/235
畿輔條鞭賦役全書不分卷　（清）直隷省布政
使司輯　清道光十三年(1833)刻本　一冊

620000－1101－0007647　793.2/375
積古齋鐘鼎彝器款識十卷　（清）阮元編錄
清嘉慶九年(1804)刻本　六冊

620000－1101－0007648　793.2/375
積古齋鐘鼎彝器款識十卷　（清）阮元編錄
清嘉慶九年(1804)刻本　四冊

620000－1101－0007649　793.2/375
積古齋鐘鼎彝器款識十卷　（清）阮元編錄

清嘉慶九年(1804)刻本　四冊

620000－1101－0007650　793.2/375.002
積古齋鐘鼎彝器款識十卷　（清）阮元編錄
清道光刻本　六冊

620000－1101－0007651　793.2/375.003
積古齋鐘鼎彝器款識十卷　（清）阮元編錄
清光緒九年(1883)刻本　四冊

620000－1101－0007652　793.2/375.001
積古齋鐘鼎彝器款識十卷　（清）阮元編錄
清光緒三十三年(1907)醉二堂石印本　五冊

620000－1101－0007653　793.2/375.005
積古齋鐘鼎彝器款識十卷　（清）阮元編錄
清晚期刻本　四冊

620000－1101－0007654　793.2/375.004
積古齋鐘鼎彝器款識十卷　（清）阮元編錄
清光緒十八年(1892)上溪錢覺賢抄本　四冊

620000－1101－0007655　083/954.02
積學齋叢書六十三卷　徐乃昌輯　清光緒南
陵徐氏刻本　二十冊

620000－1101－0007656　083/954.02
積學齋叢書六十三卷　徐乃昌輯　清光緒南
陵徐氏刻本　二十冊

620000－1101－0007657　083/954.02
積學齋叢書六十三卷　徐乃昌輯　清光緒南
陵徐氏刻本　十冊　存二十八卷（周易考占
一卷,尚書伸孔篇一卷,韓詩內傳徵四卷、補
遺一卷、疑義一卷,周禮故書考一卷,周官禮
經注正誤一卷,冕服考四卷,孟子七篇諸國年
表一卷、說一卷,爾雅注疏本正誤五卷,說文
徐氏新補新附考證一卷,輶軒使者絕代語釋
別國方言箋疏一至六）

620000－1101－0007658　083/954.02
積學齋叢書六十三卷　徐乃昌輯　清光緒南
陵徐氏刻本　十冊　存四十卷（補續漢書藝
文志二卷、後漢郡國令長考一卷、輶軒使者絕
代語釋別國方言箋疏十三卷、劉歆與揚雄書
一卷、水經釋地八卷、劉更生年表一卷、管子

義證八卷、臨川答問一卷、同度記一卷、增廣新術二卷、炳燭室雜文一卷、南陵縣建置沿革表一卷)

620000－1101－0007659　248.2/28

擊磬錄不分卷 (清)僧格林沁等撰　清中晚期西江刻本　一冊

620000－1101－0007660　248.2/28

擊磬錄不分卷 (清)僧格林沁等撰　清中晚期西江刻本　一冊

620000－1101－0007661　652.177/921

擊磬錄不分卷 (清)僧格林沁等撰　清中晚期西江刻本　一冊

620000－1101－0007662　041.7/674

雞跖賦續刻三十卷 (清)應心香等編輯　清同治十三年(1874)蘭言室刻本　四冊

620000－1101－0007663　4515

吉光片羽尺牘不分卷 (□)□□輯　清抄本　三冊

620000－1101－0007664　847.7/828.5

吉金樂石山房文集一卷續編一卷詩集二卷 (清)朱士端著　**棗花書屋詩集一卷** (清)朱之羲著　清同治三年至四年(1864－1865)刻本　一冊

620000－1101－0007665　629.42/182

吉林調查局法制報告八章 (清)吉林調查局編　清宣統二年(1910)吉林官書印刷局鉛印本　一冊

620000－1101－0007666　689.44/74

吉林紀事詩四卷首一卷末一卷 (清)沈兆禔撰　清宣統三年(1911)金陵湯明林鉛印本　二冊

620000－1101－0007667　681.3/270

吉林輿地圖說不分卷 (清)楊同桂等撰　清光緒二十四年(1898)石印本　一冊

620000－1101－0007668　847.5/939

吉堂詩稿八卷 (清)欽善撰　清嘉慶二十五年(1820)金陵劉貢九刻本　一冊

620000－1101－0007669　802.25/879

汲古閣說文訂一卷 (清)段玉裁撰　清光緒元年(1875)湖北崇文書局刻本　一冊

620000－1101－0007670　621.51/209

汲冢周書輯要一卷逸書一卷 (清)郝懿行撰　清光緒八年(1882)東路廳署刻本　一冊

620000－1101－0007671　57

汲冢周書十卷 (晉)孔晁注　明刻廣漢魏叢書本　四冊

620000－1101－0007672　2731

汲冢周書十卷 (晉)孔晁注　明刻廣漢魏叢書本　一冊

620000－1101－0007673　413/386.07

急救經驗良方不分卷 (清)□□編　(清)陳念祖評　清光緒十四年(1888)掃葉山房、江左書林刻本　一冊

620000－1101－0007674　414.6/7.317.001

急救應驗良方一卷 (□)□□撰　清光緒十年(1884)刻本　一冊

620000－1101－0007675　414.6/7.317

急救應驗良方一卷 (□)□□撰　清光緒十四年(1888)劉青藜刻本　一冊

620000－1101－0007676　802.296/52

急就章考異一卷 (清)莊世驥撰　清光緒十七年(1891)廣雅書局刻本　一冊

620000－1101－0007677　641.3/103

極東外交感慨史四編 (日本)武田源次郎著　覺海浮漚譯　清光緒三十年(1904)湖南作民譯社鉛印本　一冊

620000－1101－0007678　192.91/0.133

棘闈奪命錄不分卷 (□)□□撰　清晚期刻本　一冊

620000－1101－0007679　791.7/424

集古錄跋尾十卷 (宋)歐陽修撰　清光緒十三年(1887)刻行素草堂金石叢書本　三冊

620000－1101－0007680　794.2/424

集古錄目十卷原目一卷 (宋)歐陽棐撰　繆

荃孫校輯　清光緒江陰繆氏刻雲自在龕叢書
本　二冊

620000－1101－0007681　584

集古錄目五卷　（宋）歐陽棐撰　清道光十九
年(1839)抄本　二冊

620000－1101－0007682　794.2/424.001

集古錄目五卷　（宋）歐陽棐撰　清光緒十三
年(1887)吳縣朱記榮刻槐廬叢書本　一冊

620000－1101－0007683　1024

集古錄十卷　（宋）歐陽修撰　清順治謝啓光
刻本　八冊

620000－1101－0007684　1973

集古印譜六卷　（明）王常編　明萬曆三年
(1575)顧氏芸閣刻朱印本　六冊

620000－1101－0007685　960

集漢隸分韻七卷　（□）□□撰　清乾隆三十
七年(1772)刻本　二冊

620000－1101－0007686　1340

**集句楹聯一卷詩存又一編二卷附課孫臆說一
卷課孫韻語三卷對聯一隅一卷**　巨國桂撰
稿本　二冊

620000－1101－0007687　95

集錄真西山文章正宗三十卷　（宋）真德秀輯
　明嘉靖二十三年(1544)孔天胤刻三十九年
(1560)范惟一重修本　二十冊

620000－1101－0007688　1630

集千家註杜工部詩集二十卷文集二卷　（唐）
杜甫撰　（宋）黃鶴補註　明萬曆三十年
(1602)許自昌刻李杜全集本　一冊　存五卷
(一至五)

620000－1101－0007689　1366

集千家註杜工部詩集二十卷文集二卷　（唐）
杜甫撰　（宋）黃鶴補註　明刻本　六冊

620000－1101－0007690　1696

集千家註杜工部詩集二十卷文集二卷　（唐）
杜甫撰　（宋）黃鶴補註　明萬曆三十年
(1602)許自昌刻李杜全集本　四冊　存十四
卷(一至十四)

620000－1101－0007691　22

集千家註分類杜工部詩二十五卷文集二卷
（唐）杜甫撰　（宋）徐居仁編　（宋）黃鶴補
註　**年譜一卷**　（宋）黃鶴撰　元廣勤書堂刻
本　十冊　存十一卷(一至四、七至十、十七
至十九)

620000－1101－0007692　3180

集善堂省身鑑一卷　（□）□□撰　清乾隆十
三年(1748)刻光緒二十九年(1903)印本
一冊

620000－1101－0007693　4506

集聖教序詩不分卷　（□）□□撰　清末抄本
一冊

620000－1101－0007694　856.6/272

集石鼓文楹帖不分卷　（清）楊調元撰　清光
緒鉛印本　一冊

620000－1101－0007695　219/170

集說詮真提要不分卷　（清）黃伯祿輯　清光
緒五年(1879)刻本　一冊

620000－1101－0007696　681.5/994

集思廣益編二卷　姚文棟編　清光緒刻本
一冊

620000－1101－0007697　847.4/394

集思堂外集六卷　（清）陳道撰　（清）陳用光
輯　清道光刻本　一冊

620000－1101－0007698　1933

集唐詩稿一卷　（清）何道鏡撰　清乾隆刻本
一冊

620000－1101－0007699　082.8/289

集虛草堂叢書甲集七十卷　李國松輯　清光
緒合肥李氏刻本　二十四冊

620000－1101－0007700　075.74/627

集虛齋學古文十二卷　（清）方粱如撰　清光
緒十年(1884)淳安縣署刻本　四冊

620000－1101－0007701　075.74/627

集虛齋學古文十二卷　（清）方粱如撰　清光

緒十年(1884)淳安縣署刻本　一册　存六卷
(七至十二)

620000－1101－0007702　2944

集虛齋學古文十二卷附離騷經解略一卷
(清)方熑如撰　清乾隆十九年(1754)佩古堂
刻本　一册　存六卷(一至六)

620000－1101－0007703　414.678/158

集選奇效簡便良方四卷　(清)丁堯臣彙輯
清光緒姚協贊刻本　二册　存二卷(一、三)

620000－1101－0007704　414.8/7.158

集選奇效簡便良方四卷　(清)丁堯臣彙輯
清晚期刻本　二册　存二卷(三至四)

620000－1101－0007705　121.23/567

集語二卷　(宋)薛據纂　清光緒元年(1875)
湖北崇文書局刻本　一册

620000－1101－0007706　802.44/627

集韻考證十卷　(清)方成珪撰　清光緒五年
(1879)瑞安孫氏治善祠塾刻本　一册　存二
卷(九至十)

620000－1101－0007707　3215

集韻十卷　(宋)丁度等撰　清康熙四十五年
(1706)曹寅揚州使院刻嘉慶十九年(1814)重
修本　十册

620000－1101－0007708　802.42/158

集韻十卷　(宋)丁度等撰　清光緒二年
(1876)川東官舍刻本　十册

620000－1101－0007709　126.9/892

蕺山先生人譜一卷人譜類記二卷　(明)劉宗
周撰　清嘉慶十六年(1811)廣州聚英堂刻本
　二册

620000－1101－0007710　126.9/892.004

蕺山先生人譜一卷人譜類記二卷　(明)劉宗
周撰　清道光十五年(1835)刻本　二册

620000－1101－0007711　126.9/892.007

蕺山先生人譜一卷人譜類記二卷　(明)劉宗
周撰　清光緒二十三年(1897)刻本　二册

620000－1101－0007712　126.9/892.002

蕺山先生人譜一卷人譜類記二卷　(明)劉宗
周撰　清光緒刻宣統元年(1909)陝甘督署印
本　二册

620000－1101－0007713　126.9/892.002

蕺山先生人譜一卷人譜類記二卷　(明)劉宗
周撰　清光緒刻宣統元年(1909)陝甘督署印
本　二册

620000－1101－0007714　126.9/892.002

蕺山先生人譜一卷人譜類記二卷　(明)劉宗
周撰　清光緒刻宣統元年(1909)陝甘督署印
本　二册

620000－1101－0007715　126.9/892.002

蕺山先生人譜一卷人譜類記二卷　(明)劉宗
周撰　清光緒刻宣統元年(1909)陝甘督署印
本　二册

620000－1101－0007716　126.9/892.002

蕺山先生人譜一卷人譜類記二卷　(明)劉宗
周撰　清光緒刻宣統元年(1909)陝甘督署印
本　二册

620000－1101－0007717　782.104/120.001

輯姓錄一卷　(清)王化興撰　清光緒十七年
(1891)刻本　一册

620000－1101－0007718　094.115.7/371

輯周禮二十二卷　(清)通雅書會輯　清光緒
二十四年(1898)琢古齋刻本　一册　存九卷
(一至九)

620000－1101－0007719　856.7/0.324

己丑恩科鄉墨不分卷　(清)□□輯　清末刻
本　一册

620000－1101－0007720　856.7/906.002

己丑恩科直省鄉試墨輯五編不分卷　(清)傅
鍾麟評選　清光緒刻本　三册

620000－1101－0007721　573.332/102

己未詞科錄十二卷首一卷　(清)秦瀛輯　清
嘉慶刻本　三册

620000－1101－0007722　548.313/0.178

己酉甘肅賑務往來電稿一卷　(清)□□編

清宣統官報書局鉛印本　一冊

620000－1101－0007723　316/701

幾何學十卷　（美國）宓爾著　謝洪賚編譯
清光緒三十三年（1907）上海商務印書館鉛印
本　一冊　存六卷（平面部一至六）

620000－1101－0007724　316/423

幾何原本十五卷　（意大利）利瑪竇口譯
（明）徐光啓筆述　（清）李善蘭續述　清同治
四年（1865）金陵刻本　八冊

620000－1101－0007725　316/423

幾何原本十五卷　（意大利）利瑪竇口譯
（明）徐光啓筆述　（清）李善蘭續述　清同治
四年（1865）金陵刻本　八冊

620000－1101－0007726　316/423

幾何原本十五卷　（意大利）利瑪竇口譯
（明）徐光啓筆述　（清）李善蘭續述　清同治
四年（1865）金陵刻本　八冊

620000－1101－0007727　316/423

幾何原本十五卷　（意大利）利瑪竇口譯
（明）徐光啓筆述　（清）李善蘭續述　清同治
四年（1865）金陵刻本　八冊

620000－1101－0007728　316/423.001

幾何原本十五卷　（意大利）利瑪竇口譯
（明）徐光啓筆述　（清）李善蘭續述　清光緒
二十二年（1896）上海積山書局石印本　四冊

620000－1101－0007729　316/423.001

幾何原本十五卷　（意大利）利瑪竇口譯
（明）徐光啓筆述　（清）李善蘭續述　清光緒
二十二年（1896）上海積山書局石印本　二冊
　　存六卷（一至四、九至十）

620000－1101－0007730　449

季漢書六十卷正論一卷答問一卷　（明）謝陛
撰　明末鍾人傑刻本　二十四冊

620000－1101－0007731　1879

季漢五志十二卷　（清）王復禮纂　清康熙刻
本　十冊　存十一卷（一至四、六至十二）

620000－1101－0007732　431

紀錄彙編二百十六卷　（明）沈節甫輯　明萬
曆四十五年（1617）陳于廷刻本　四十冊

620000－1101－0007733　1757

紀錄彙編二百十六卷　（明）沈節甫輯　明萬
曆四十五年（1617）陳于廷刻本　四冊　存十
五卷（三十至四十四）

620000－1101－0007734　075.78/84

紀略七卷　（清）鄒文柏輯　清光緒三十四年
（1908）文苑閣刻本　三冊

620000－1101－0007735　847.4/85

紀慎齋先生全集十二種六十一卷　（清）紀大
奎撰　清嘉慶十三年（1808）刻本　四十四冊

620000－1101－0007736　847.4/85

紀慎齋先生全集十二種五十八卷　（清）紀大
奎撰　清嘉慶十三年（1808）刻本　七十冊

620000－1101－0007737　089.74/85

紀慎齋先生全集十九種八十七卷　（清）紀大
奎撰　清嘉慶十三年至咸豐二年（1808－
1852）刻本　四十冊

620000－1101－0007738　847.4/85

紀慎齋先生全集十四種五十九卷　（清）紀大
奎撰　清嘉慶十三年（1808）文德堂刻本　十
四冊

620000－1101－0007739　857.14/324

紀事續編四卷　（清）尹景叔彙錄　清光緒二
十六年（1900）刻本　二冊

620000－1101－0007740　847.4/859.05

紀文達公文集十六卷詩集十六卷首一卷
（清）紀昀撰　（清）孫樹馨編校　清道光三十
年（1850）刻本　十二冊

620000－1101－0007741　847.4/859.06

紀文達公遺集三十二卷　（清）紀昀撰　（清）
孫樹馨編校　清嘉慶十七年（1812）刻本　十
六冊

620000－1101－0007742　590.126/34.82.001

紀效新書十八卷首一卷　（明）戚繼光撰　清
道光十年（1830）刻本　六冊

620000 – 1101 – 0007743　590.126/34.82.001

紀效新書十八卷首一卷　（明）戚繼光撰　清道光十年(1830)刻本　六冊

620000 – 1101 – 0007744　590/34

紀效新書十八卷首一卷　（明）戚繼光撰　清道光十年(1830)刻本　六冊

620000 – 1101 – 0007745　590.126/34.82

紀效新書十八卷首一卷　（明）戚繼光撰　清道光二十一年(1841)虎林西宗氏刻本　六冊

620000 – 1101 – 0007746　590.126/341

紀效新書十八卷首一卷　（明）戚繼光撰　清晚期刻本　四冊

620000 – 1101 – 0007747　610.5/675

紀元編三卷末一卷　（清）李兆洛撰　（清）六承如輯　清同治十年(1871)李氏刻本　三冊

620000 – 1101 – 0007748　610.5/66.001

紀元編三卷末一卷　（清）李兆洛撰　（清）六承如輯　清光緒十四年(1888)上海蜚英館石印本　三冊

620000 – 1101 – 0007749　610.5/66

紀元編三卷末一卷　（清）李兆洛撰　（清）六承如輯　清晚期南海伍氏刻粵雅堂叢書本　三冊

620000 – 1101 – 0007750　610.5/66

紀元編三卷末一卷　（清）李兆洛撰　（清）六承如輯　清晚期南海伍氏刻粵雅堂叢書本　三冊

620000 – 1101 – 0007751　610.5/0.859

紀元表一卷　（清）□□撰　清末抄本　二冊

620000 – 1101 – 0007752　610.5/66.002

紀元總載三卷末一卷　（清）李兆洛撰　（清）六承如錄　清光緒十四年(1888)上海掃葉山房刻本　一冊

620000 – 1101 – 0007753　610.5/66.003

紀元總載三卷末一卷　（清）李兆洛撰　（清）六承如錄　清光緒十八年(1892)長沙竹素書局刻本　一冊

620000 – 1101 – 0007754　040.74/311.001

記事珠十卷　（清）張以謙輯　清嘉慶二十年(1815)王氏刻本　十冊

620000 – 1101 – 0007755　040.74/311

記事珠十卷　（清）張以謙輯　清嘉慶刻本　六冊

620000 – 1101 – 0007756　041/74.78

寄傲山房塾課新增幼學故事瓊林四卷首一卷　（清）程登吉撰　（清）鄒聖脈增補　清光緒二十五年(1899)寶文堂刻本　三冊　存三卷（一、三至四）

620000 – 1101 – 0007757　041/74.78

寄傲山房塾課新增幼學故事瓊林四卷首一卷　（清）程登吉撰　（清）鄒聖脈增補　清光緒二十五年(1899)寶文堂刻本　三冊　存三卷（一、三至四）

620000 – 1101 – 0007758　041/74.78

寄傲山房塾課新增幼學故事瓊林四卷首一卷　（清）程登吉撰　（清）鄒聖脈增補　清光緒二十五年(1899)寶文堂刻本　三冊　存三卷（一、三至四）

620000 – 1101 – 0007759　041/74.78.001

寄傲山房塾課新增幼學故事瓊林四卷首一卷　（清）程登吉撰　（清）鄒聖脈增補　清晚期刻本　一冊　存一卷（四）

620000 – 1101 – 0007760　094.327/842

寄傲山房塾課纂輯禮記全文備旨十一卷　（清）鄒聖脈纂輯　（清）鄒廷猷編次　清光緒成都藜照書屋刻本　一冊　存二卷（一至二）

620000 – 1101 – 0007761　094.327/842.001

寄傲山房塾課纂輯禮記全文備旨十一卷　（清）鄒聖脈纂輯　（清）鄒廷猷編次　清晚期刻本　四冊　存八卷（一至六、九至十）

620000 – 1101 – 0007762　092.273/842.001

寄傲山房塾課纂輯書經備旨蔡註捷錄七卷　（清）鄒聖脈纂輯　（清）鄒廷猷編次　（清）鄒景揚等校訂　清光緒成都藜照書屋刻本　二冊　存四卷（一至二、六至七）

620000 – 1101 – 0007763　092.273/842

寄傲山房塾課纂輯書經備旨蔡註捷錄七卷
(清)鄒聖脈纂輯　(清)鄒廷猷編次　清晚期
刻本　四冊

620000 – 1101 – 0007764　072.78/702

寄龕乙志四卷　(清)宛委山民撰　清光緒九
年(1883)刻本　一冊

620000 – 1101 – 0007765　610.8/915

寄鷗館讀史六百韻一卷　(清)任道鎔著
(清)崔嘉燾注　清同治六年(1867)刻本
一冊

620000 – 1101 – 0007766　997.11/601

寄青霞館再續弈選二卷附一卷　(清)王存善
編　清光緒刻本　二冊

620000 – 1101 – 0007767　589.92/747.06

寄簃文存八卷　沈家本撰　清光緒三十三年
(1907)修訂法律館鉛印本　二冊

620000 – 1101 – 0007768　589.92/747.06.001

寄簃文存八卷　沈家本撰　清宣統元年
(1909)修訂法律館鉛印本　一冊　存四卷
(一至四)

620000 – 1101 – 0007769　2595

寄園寄所寄十二卷　(清)趙吉士輯　清康熙
三十五年(1696)刻本　十六冊

620000 – 1101 – 0007770　4364

寄園寄所寄十二卷　(清)趙吉士輯　清康熙
三十五年(1696)刻本　七冊　存七卷(一至
二、六、八至十一)

620000 – 1101 – 0007771　857.172/197

寄園寄所寄十二卷　(清)趙吉士輯　清晚期
刻本　一冊　存一卷(四)

620000 – 1101 – 0007772　847.6/157

寄嶽雲齋試體詩選二卷　(清)聶銑敏撰　清
嘉慶十二年(1807)刻本　一冊

620000 – 1101 – 0007773　847.6/157.002

寄嶽雲齋試體詩選詳註四卷　(清)聶銑敏撰
(清)張學蘇箋　清光緒刻本　一冊　存三

卷(二至四)

620000 – 1101 – 0007774　847.76/526

暨陽答問四卷　(清)蔣彤錄　清光緒三年
(1877)刻本　一冊

620000 – 1101 – 0007775　839.215.315/0.318

暨陽輿頌不分卷　(清)□□輯　清光緒二十
四年(1898)刻本　一冊

620000 – 1101 – 0007776　629.11/0.581

冀州公事章程不分卷　(清)□□輯　清末刻
本　一冊

620000 – 1101 – 0007777　419.8/986.7

濟急法不分卷　(英國)舍白辣撰　(英國)秀
耀春口譯　(清)趙元益筆述　清光緒二十九
年(1903)江南製造局刻本　一冊

620000 – 1101 – 0007778　419.8/986.7

濟急法不分卷　(英國)舍白辣撰　(英國)秀
耀春口譯　(清)趙元益筆述　清光緒二十九
年(1903)江南製造局刻本　一冊

620000 – 1101 – 0007779　419.8/986.7

濟急法不分卷　(英國)舍白辣撰　(英國)秀
耀春口譯　(清)趙元益筆述　清光緒二十九
年(1903)江南製造局刻本　一冊

620000 – 1101 – 0007780　567.3/0.751

濟木薩縣丞賦役全書不分卷　(清)□□編
清咸豐三年(1853)刻本　三冊

620000 – 1101 – 0007781　413/689

濟生雜錄不分卷　(清)守素氏纂輯　清光緒
十六年(1890)抄本　一冊

620000 – 1101 – 0007782　414.8/781

**濟世養生集不分卷便易經驗集不分卷養生經
驗補遺不分卷**　(清)毛世洪輯　清道光二年
(1822)刻本　一冊

620000 – 1101 – 0007783　413.6/103.005

濟陰綱目十四卷　(明)武之望撰　清晚期刻
本　八冊

620000 – 1101 – 0007784　413.6/103.006

濟陰綱目十四卷　(明)武之望撰　清晚期刻

本 八冊

620000－1101－0007785 413.6/103.001

濟陰綱目十四卷附保生碎事十四卷 （明）武之望撰 （明）汪淇箋釋 清天德堂刻本 三冊 存五卷(濟陰綱目一至三、十一至十二)

620000－1101－0007786 413.6/103.007

濟陰綱目十四卷附保生碎事十四卷 （明）武之望撰 （明）汪淇箋釋 清光緒刻本 二冊 存四卷(濟陰綱目四至六、九)

620000－1101－0007787 413.6/103.008

濟陰綱目十四卷附保生碎事十四卷 （明）武之望撰 （明）汪淇箋釋 清晚期刻本 二冊 存四卷(濟陰綱目九至十、十三至十四)

620000－1101－0007788 413.6/103.009

濟陰綱目十四卷附保生碎事十四卷 （明）武之望撰 （明）汪淇箋釋 清晚期刻本 一冊 存二卷(濟陰綱目七至八)

620000－1101－0007789 413.6/103.002

濟陰綱目十四卷目錄一卷 （明）武之望輯著 （明）汪淇箋釋 **保生碎事一卷** （明）汪淇論定 清致遠堂刻本 八冊

620000－1101－0007790 3841

濟陰綱目五卷 （明）武之望撰 明萬曆刻本 一冊 存一卷(三)

620000－1101－0007791 548.13/737

濟嬰慈航四卷首一卷 （清）澤南撰 清光緒八年(1882)琅川衍慶堂刻本 一冊

620000－1101－0007792 414.9/762

濟眾錄三種三卷 （清）勞守慎輯 清光緒三十二年(1906)南海勞禮安堂刻本 一冊

620000－1101－0007793 014.8/215

續溪金紫胡氏所著書目二卷 （清）胡培系編輯 清光緒十年(1884)世澤樓刻本 一冊

620000－1101－0007794 241.7/912

加拉太書信略解不分卷 （羅馬）保羅撰 清宣統二年(1910)烟台墨林書館鉛印本 一冊

620000－1101－0007795 621.081/44

加批硃註東萊博議四卷 （宋）呂祖謙撰 清光緒二十四年(1898)刻本 二冊

620000－1101－0007796 362

佳春堂詩選不分卷 （清）焦循輯並評 清嘉慶二十四年(1819)稿本 二冊

620000－1101－0007797 1821

迦陵詞全集三十卷 （清）陳維崧撰 清康熙二十八年(1689)陳宗石患立堂刻本 五冊

620000－1101－0007798 1822

迦陵詞全集三十卷 （清）陳維崧撰 清康熙二十八年(1689)陳宗石患立堂刻本 九冊

620000－1101－0007799 2674

家寶全集初集八卷二集八卷三集八卷四集八卷首一卷 （清）石成金撰 清乾隆四年(1739)揚州石氏刻本 三十二冊

620000－1101－0007800 193/303

家範十卷 （宋）司馬光撰 （清）朱軾評點 清光緒元年(1875)夏州李氏刻本 一冊

620000－1101－0007801 094.6/828

家禮五卷 （宋）朱熹撰 清光緒六年(1880)公善堂刻本 三冊

620000－1101－0007802 523.2/668

家塾蒙求五卷 （清）康基淵纂輯 清道光三年(1823)刻本 二冊

620000－1101－0007803 193/880

家庭談話不分卷 （清）學部圖書局編 清光緒三十三年(1907)學部圖書局石印本 一冊

620000－1101－0007804 193/880

家庭談話不分卷 （清）學部圖書局編 清光緒三十三年(1907)學部圖書局石印本 一冊

620000－1101－0007805 193/880

家庭談話不分卷 （清）學部圖書局編 清光緒三十三年(1907)學部圖書局石印本 一冊

620000－1101－0007806 782.96/817

家蔭堂一瞬錄一卷 （清）周際華著 **來西錄一卷** （清）周奎照撰 清道光十九年(1839)家蔭堂刻本 一冊

620000 – 1101 – 0007807　573.332/0.184

嘉道咸鄉會試卷雜訂不分卷　（清）何履亨撰
　清刻本　一冊

620000 – 1101 – 0007808　652.78/348

嘉定長白二先生奏議四卷　夏震武輯　清宣
統二年（1910）鉛印本　二冊

620000 – 1101 – 0007809　672.14/937.52

**嘉定鎮江志二十二卷首一卷附錄一卷校勘記
二卷**　（宋）盧憲纂修　（清）劉文淇校勘　清
宣統二年（1910）丹徒朱氏刻橫山草堂叢書本
八冊

620000 – 1101 – 0007810　782.17/0.184

嘉慶丁丑乙卯科進士題名錄一卷　（清）□□
編　清嘉慶抄本　一冊

620000 – 1101 – 0007811　782.99/428

嘉慶己卯科鄉試年譜不分卷　（清）鄂恒編輯
清道光十六年（1836）刻本　四冊

620000 – 1101 – 0007812　667/74.002

嘉慶重修一統志五百六十卷目錄二卷　（清）
李佐賢等撰　清嘉慶刻本　四冊　存十卷
（二百七十九至二百八十八）

620000 – 1101 – 0007813　1316

嘉善錄不分卷　（□）□□撰　清乾隆、嘉慶
竹素書屋抄本　一冊

620000 – 1101 – 0007814　847.5/307.1

嘉樹山房集二十卷外集二卷續集二卷　（清）
張士元撰　清嘉慶二十四年（1819）張氏刻本
六冊

620000 – 1101 – 0007815　847.4/289.3

嘉樹山房文集六卷　（清）李中簡撰　清嘉慶
七年（1802）刻本　二冊

620000 – 1101 – 0007816　443.63/62

嘉魚縣續修隁志四卷　（清）方瀚主修　（清）
馬笏臣等纂　清光緒十一年（1885）孔國玉木
活字印本　三冊　存三卷（二至四）

620000 – 1101 – 0007817　443.63/62

嘉魚縣續修隁志四卷　（清）方瀚主修　（清）

馬笏臣等纂　清光緒十一年（1885）孔國玉木
活字印本　四冊　存三卷（一至二、四）

620000 – 1101 – 0007818　234

甲申傳信錄十卷　（明）錢士馨撰　清道光十
一年（1831）抄本　二冊

620000 – 1101 – 0007819　626.804/950

甲申傳信錄十卷　（明）錢士馨撰　清道光二
十年（1840）刻本　六冊

620000 – 1101 – 0007820　1121

甲申紀略四卷　（清）□□撰　清抄本　四冊

620000 – 1101 – 0007821　648

甲巳游草六卷　（清）宮鴻曆撰　清康熙刻本
二冊

620000 – 1101 – 0007822　240

甲子會紀五卷　（明）薛應旂撰　（明）陳仁錫
評　明陳仁錫刻本　四冊

620000 – 1101 – 0007823　842.1/151

賈長沙集一卷　（漢）賈誼著　（明）張溥閱
清光緒十八年（1892）善化章經濟堂刻本
一冊

620000 – 1101 – 0007824　847.6/708

稼門詩文鈔十七卷　（清）汪志伊著　清嘉慶
刻本　一冊

620000 – 1101 – 0007825　1831

駱賓王文集十卷　（唐）駱賓王撰　**考異一卷**
（清）秦恩復撰　清嘉慶二十一年（1816）秦
恩復石研齋仿宋刻本　四冊

620000 – 1101 – 0007826　844.13/422

駱賓王文集十卷　（唐）駱賓王撰　**考異一卷**
（清）顧廣圻撰　清宣統三年（1911）上海文
瑞樓石印本　二冊

620000 – 1101 – 0007827　844.13/422

駱賓王文集十卷　（唐）駱賓王撰　**考異一卷**
（清）顧廣圻撰　清宣統三年（1911）上海文
瑞樓石印本　二冊

620000 – 1101 – 0007828　844.13/422

駱賓王文集十卷　（唐）駱賓王撰　**考異一卷**

（清）顧廣圻撰　清宣統三年（1911）上海文瑞樓石印本　二冊

620000－1101－0007829　782.9/422

駱文忠公自訂年譜二卷　（清）駱秉章撰　清光緒二十一年（1895）思賢書局刻本　二冊

620000－1101－0007830　652.761/421

駱文忠公奏稿十卷　（清）駱秉章撰　清光緒十七年（1891）刻本　十冊

620000－1101－0007831　847.7/35

駱文忠公奏稿十卷　（清）駱秉章撰　清光緒十七年（1891）刻本　十冊

620000－1101－0007832　847.7/35

駱文忠公奏稿十卷　（清）駱秉章撰　清光緒十七年（1891）刻本　十冊

620000－1101－0007833　652.761/422.001

駱文忠公奏稿十卷　（清）駱秉章撰　清光緒十七年（1891）刻本　十冊

620000－1101－0007834　652.761/422.001

駱文忠公奏稿十卷　（清）駱秉章撰　清光緒十七年（1891）刻本　十冊

620000－1101－0007835　652.761/422.001

駱文忠公奏稿十卷　（清）駱秉章撰　清光緒十七年（1891）刻本　五冊　存五卷（二至六）

620000－1101－0007836　652.761/422.001

駱文忠公奏稿十卷　（清）駱秉章撰　清光緒十七年（1891）刻本　五冊　存五卷（六至十）

620000－1101－0007837　652.761/422

駱文忠公奏議十六卷　（清）駱秉章撰　清末刻本　十六冊

620000－1101－0007838　652.761/421.1

駱文忠公奏議十六卷續刻四川奏議十一卷附錄一卷　（清）駱秉章撰　清光緒刻本　三十冊

620000－1101－0007839　652.761/422.002

駱文忠公奏議十六卷奏稿十卷輓聯錄一卷　（清）駱秉章撰　清光緒四年（1878）刻本　十冊　存十卷（奏議十二至十六、奏稿一至五）

620000－1101－0007840　1920

兼濟堂纂刻梅勿菴先生曆算全書二十八種七十四卷　（清）梅文鼎撰　清雍正元年（1723）魏氏兼濟堂刻乾隆十四年（1749）重修本　十六冊

620000－1101－0007841　3029

兼濟堂纂刻梅勿菴先生曆算全書二十八種七十四卷　（清）梅文鼎撰　清雍正元年（1723）魏氏兼濟堂刻咸豐九年（1859）梅體宣、同治十三年（1874）汪紹榮遞修本　三十一冊　存二十七種七十二卷（三角法舉要五卷，句股闡微四卷，弧三角舉要五卷，環中黍尺六卷，塹堵測量二卷，方圓冪積一卷，幾何補編四卷、補遺一卷，解八線割圓之根一卷，曆學疑問二卷、補二卷，交食管見一卷，交食蒙求三卷，揆日候星紀要一卷，歲周地度合攷一卷，冬至攷一卷，諸方節氣加時日軌高度表一卷，五星紀要一卷，火星本法一卷，七政細草補註一卷，仰儀簡儀二銘補註一卷，曆學駢枝四卷，授時平立定三差詳說一卷，曆學答問一卷，古算衍略一卷，筆算五卷，籌算七卷，度算釋例二卷，方程論六卷）

620000－1101－0007842　311.7/279.01

兼濟堂纂刻梅勿菴先生曆算全書七十六卷　（清）梅文鼎撰　（清）魏荔彤輯　清咸豐九年（1859）妙香室刻本　三十二冊

620000－1101－0007843　075.72/680

堅瓠集十五集六十六卷　（清）褚人獲輯　清晚期刻本　三十一冊　存六十四卷（一集四卷、二集四卷、三集四卷、四集三至四、五集四卷、六集四卷、七集四卷、八集四卷、九集四卷、十集四卷、續集四卷、廣集六卷、補集六卷、秘集六卷、餘集四卷）

620000－1101－0007844　075.72/680.001

堅瓠集十五集六十六卷　（清）褚人穫輯　清晚期刻本　三冊　存五卷（七集一至二，廣集一、三至四）

620000－1101－0007845　075.72/680.002

堅瓠集十五集六十六卷　（清）褚人獲輯　清

刻本　三十三冊

620000－1101－0007846　652.781/680

堅正堂摺稟二卷　（清）褚成博撰　清光緒三十一年(1905)刻本　二冊

620000－1101－0007847　681.542/581

間島問題一卷　（清）北京大學留日學生編譯社輯　清光緒三十四年(1908)上海中國圖書公司鉛印本　一冊

620000－1101－0007848　2

監本附音春秋公羊註疏二十八卷　（漢）何休註　（唐）徐彥疏　（唐）陸德明音義　元刻明修本　十四冊

620000－1101－0007849　095.32/267

監本附音春秋穀梁注疏二十卷　（晉）范寧集解　（唐）楊士勛疏　**穀梁傳注疏校勘記二十卷**　（清）阮元撰　清嘉慶二十年(1815)江西南昌府學刻本　六冊

620000－1101－0007850　095.32/267

監本附音春秋穀梁注疏二十卷　（晉）范寧集解　（唐）楊士勛疏　**穀梁傳注疏校勘記二十卷**　（清）阮元撰　清嘉慶二十年(1815)江西南昌府學刻本　六冊

620000－1101－0007851　3

監本附音春秋穀梁註疏二十卷　（晉）范寧集解　（唐）楊士勛疏　（唐）陸德明音義　元刻明修本　八冊

620000－1101－0007852　1011

箋註陶淵明集六卷　（晉）陶潛撰　（明）張自烈評　**和陶一卷**　（宋）蘇軾撰　**律陶一卷**（明）謔菴居士撰　**律陶纂一卷**　（明）黃槐開撰　明末敦化堂刻本　二冊

620000－1101－0007853　1832

箋註陶淵明集十卷　（晉）陶潛撰　（宋）李公煥註　清宣統三年(1911)劉氏玉海堂影宋刻本　二冊

620000－1101－0007854　733.859/469

柬埔治以北探路記十五卷　（法國）晃西士加

尼撰　清光緒二十五年(1899)味經刊書處刻本　十冊

620000－1101－0007855　733.859/469

柬埔治以北探路記十五卷　（法國）晃西士加尼撰　清光緒二十五年(1899)味經刊書處刻本　十冊

620000－1101－0007856　733.859/469

柬埔治以北探路記十五卷　（法國）晃西士加尼撰　清光緒二十五年(1899)味經刊書處刻本　八冊　存十二卷(三至四、六至十五)

620000－1101－0007857　294.1/0.461

揀日擇吉賬不分卷　（清）□□撰　清咸豐稿本　一冊

620000－1101－0007858　075.78/0.282

檢錄便覽一卷　（□）□□抄　清光緒抄本一冊

620000－1101－0007859　126.9/774

檢身冊一卷後錄一卷　（清）李元春撰　清咸豐五年(1855)刻本　一冊

620000－1101－0007860　586.65/653

檢驗合參不分卷檢驗集證不分卷　（清）郎錦騏纂輯　清道光九年(1829)刻本　三冊

620000－1101－0007861　583.65/653

檢驗集證不分卷　（清）郎錦騏纂輯　清道光二十七年(1847)姜榮刻本　二冊

620000－1101－0007862　573.41/477

簡明限期表一卷　（清）瞿懷亭輯　清光緒十五年(1889)李氏代耕堂西安刻懷潞園叢刊本一冊

620000－1101－0007863　856.7/304

簡摩集五卷　（清）司徒修編輯　清道光十二年(1832)刻本　三冊　存四卷(一至三、五)

620000－1101－0007864　856.7/384

簡學齋詩文集十二卷　（清）陳沆撰　清咸豐二年(1852)刻本　六冊

620000－1101－0007865　856.7/384.001

簡學齋試帖補註七卷　（清）陳沆撰　（清）張

熙宇評　（清）申珠補注　清晚期刻本　一冊　存二卷(六至七)

620000－1101－0007866　310.22/893
簡易庵算稿四卷　（清）劉彝程撰　（清）丁國鈞等校　（清）龔傑繪圖　清光緒二十六年(1900)江南製造局刻本　四冊

620000－1101－0007867　310.22/893
簡易庵算稿四卷　（清）劉彝程撰　（清）丁國鈞等校　（清）龔傑繪圖　清光緒二十六年(1900)江南製造局刻本　五冊

620000－1101－0007868　310.22/893
簡易庵算稿四卷　（清）劉彝程撰　（清）丁國鈞等校　（清）龔傑繪圖　清光緒二十六年(1900)江南製造局刻本　四冊

620000－1101－0007869　310.22/893
簡易庵算稿四卷　（清）劉彝程撰　（清）丁國鈞等校　（清）龔傑繪圖　清光緒二十六年(1900)江南製造局刻本　四冊

620000－1101－0007870　310.22/893
簡易庵算稿四卷　（清）劉彝程撰　（清）丁國鈞等校　（清）龔傑繪圖　清光緒二十六年(1900)江南製造局刻本　四冊

620000－1101－0007871　310.22/893
簡易庵算稿四卷　（清）劉彝程撰　（清）丁國鈞等校　（清）龔傑繪圖　清光緒二十六年(1900)江南製造局刻本　四冊

620000－1101－0007872　310.22/893
簡易庵算稿四卷　（清）劉彝程撰　（清）丁國鈞等校　（清）龔傑繪圖　清光緒二十六年(1900)江南製造局刻本　二冊

620000－1101－0007873　310.22/893
簡易庵算稿四卷　（清）劉彝程撰　（清）丁國鈞等校　（清）龔傑繪圖　清光緒二十六年(1900)江南製造局刻本　四冊

620000－1101－0007874　310.22/893
簡易庵算稿四卷　（清）劉彝程撰　（清）丁國鈞等校　（清）龔傑繪圖　清光緒二十六年

(1900)江南製造局刻本　三冊　存三卷(一至二、四)

620000－1101－0007875　847.4/37
簡莊文鈔六卷續編二卷河莊詩鈔一卷　（清）陳鱣撰　清光緒十四年(1888)海昌羊氏粵東刻本　二冊

620000－1101－0007876　847.4/37
簡莊文鈔六卷續編二卷河莊詩鈔一卷　（清）陳鱣撰　清光緒十四年(1888)海昌羊氏粵東刻本　二冊

620000－1101－0007877　847.4/37.01
簡莊綴文六卷　（清）陳鱣撰　清中晚期刻本　一冊

620000－1101－0007878　312/0.476
見龍樓新較算法大全四卷　（□）□□編　清光緒十年(1884)大德堂刻本　二冊　存三卷(一至三)

620000－1101－0007879　312/0.476.001
見龍樓新較算法全書四卷　（□）□□編　清晚期刻本　一冊　存一卷(三)

620000－1101－0007880　312/0.476.002
見龍樓新較算法全書四卷　（□）□□編　清刻本　一冊　存一卷(二)

620000－1101－0007881　626.804/767
見聞隨筆二卷　（清）馮甦著　清晚期臨海宋氏刻台州叢書本　二冊

620000－1101－0007882　857.17/0.476
見聞隨錄一卷　（清）□□撰　清晚期稿本　一冊

620000－1101－0007883　830.24/274
建安七子集七卷　（清）楊逢辰輯　清光緒十六年(1890)刻本　四冊

620000－1101－0007884　684.8/941
建隆寺志略十卷首一卷　（清）釋昌立纂　清道光十九年(1839)刻本　一冊

620000－1101－0007885　847.4/160
建平存稿三卷　（清）貢震撰　清光緒十六年

（1890）玉和堂木活字印本　一冊

620000－1101－0007886　782.961/197

建文年譜四卷　（清）趙士喆纂修　清咸豐四年（1854）古甌習勤堂刻本　二冊　存二卷（三至四）

620000－1101－0007887　3993

建炎以來朝野雜記甲集二十卷乙集二十卷（宋）李心傳撰　清乾隆李氏萬卷樓刻嘉慶十四年（1809）李鼎元印函海本　三冊　存二十卷（乙集二十卷）

620000－1101－0007888　625.2102/292

建炎以來繫年要錄二百卷　（宋）李心傳撰　清光緒二十六年（1900）廣雅書局刻本　四冊　存十九卷（一百十二至一百二十一、一百三十六至一百四十四）

620000－1101－0007889　041.68/938

建邑書林南陽郡鼎鐫會海對類二十卷　（明）鍾惺校訂　清同治七年（1868）文淵堂刻本　三冊　存十卷（六至九、十五至二十）

620000－1101－0007890　1406

健修堂詩錄五卷　（清）邊浴禮撰　清道光稿本　四冊

620000－1101－0007891　847.8/191

漸西村人初集十三卷　（清）袁昶撰　清光緒二十年（1894）漸西村舍刻本　三冊

620000－1101－0007892　082.8/191

漸西村舍彙刊四十四種二百六十二卷　（清）袁昶輯　清光緒桐廬袁氏刻本　十八冊　存九種五十七卷（漸西村人初集十三卷、于湖題襟集十卷、于湖小集六卷、金陵雜事詩一卷、湛然居士文集十四卷、安般簃集十卷、桐溪耆隱集一卷、補錄一卷、榆園雜興詩一卷）

620000－1101－0007893　082.8/220

漸學廬叢書第一集十六種四十五卷　（清）胡祥鑅輯　清光緒石印本　一冊　存七種七卷（塞北紀行一卷、西北域記一卷、寧古塔紀略一卷、西遊記金山以東釋一卷、帕米爾圖說一卷、帕米爾輯略一卷、澳大利亞洲志譯本一卷）

620000－1101－0007894　094.48/118

踐阼篇集解一卷　（宋）王應麟撰　急救篇一卷　（宋）王應麟撰　清光緒十年（1884）成都志古堂刻本　一冊

620000－1101－0007895　2579

劍南詩鈔六卷　（宋）陸游撰　（清）楊大鶴輯　清康熙二十四年（1685）楊氏刻本　六冊

620000－1101－0007896　845.21/394.08

劍南詩鈔六卷　（宋）陸游撰　（清）楊大鶴輯　清末淵海書局刻本　八冊

620000－1101－0007897　845.21/394.08.001

劍南詩鈔六卷　（宋）陸游撰　（清）楊大鶴輯　清愛日堂刻本　十二冊

620000－1101－0007898　1754

劍南詩槀八十五卷　（宋）陸游撰　明末毛氏汲古閣刻陸放翁全集本　三十冊　存八十二卷（一至十一、十五至八十五）

620000－1101－0007899　4098

劍南詩槀八十五卷　（宋）陸游撰　明末毛氏汲古閣刻陸放翁全集本　一冊　存三卷（十二至十四）

620000－1101－0007900　1780

劍南詩槀八十五卷　（宋）陸游撰　清光緒五年（1879）養芸書屋木活字印本　十冊　存二十四卷（一至二十四）

620000－1101－0007901　857.278/97.001

劍俠傳不分卷續不分卷　（清）鄭官應輯　清光緒十二年（1886）上海同文書局石印本　一冊

620000－1101－0007902　857.278/97

劍俠傳四卷續四卷附圖二卷　（清）鄭官應輯　清光緒刻本　三冊

620000－1101－0007903　414.9/7.120.3

澗壁王九峰先生醫案不分卷　（清）王九峰撰　清同治元年（1862）王星湖抄本　四冊

620000－1101－0007904　782.1/463.001

410

鑑撮四卷　（清）曠敏本編　清道光十九年(1839)四宜堂刻本　四冊

620000－1101－0007905　782.1/463

鑑撮四卷附讀史論略一卷　（清）曠敏本編　清同治十三年(1874)文英堂刻本　五冊

620000－1101－0007906　857.1/903

鑑誡錄十卷　（五代）何光遠編　清光緒三年(1877)湖北崇文書局刻本　二冊

620000－1101－0007907　857.1/903

鑑誡錄十卷　（五代）何光遠編　清光緒三年(1877)湖北崇文書局刻本　二冊

620000－1101－0007908　847.5/612

鑑止水齋集二十卷　（清）許宗彥撰　清咸豐八年(1858)許氏刻本　六冊

620000－1101－0007909　847.5/612

鑑止水齋集二十卷　（清）許宗彥撰　清咸豐八年(1858)許氏刻本　六冊

620000－1101－0007910　566.1/719

江北清理財政說明書不分卷　（清）江蘇省江北清理財政局編　清宣統鉛印本　一冊

620000－1101－0007911　557.47/544

江北運程四十卷　（清）董恂輯　清咸豐十年(1860)刻本　四十一冊

620000－1101－0007912　557.47/544

江北運程四十卷　（清）董恂輯　清咸豐十年(1860)刻本　五冊　存五卷(二十一、二十四至二十六、三十)

620000－1101－0007913　652.78/88

江楚會奏變法第一二三摺不分卷附片一件　（清）劉坤一　（清）張之洞撰　清光緒二十七年(1901)甘肅藩署刻本　一冊

620000－1101－0007914　652.78/88

江楚會奏變法第一二三摺不分卷附片一件　（清）劉坤一　（清）張之洞撰　清光緒二十七年(1901)甘肅藩署刻本　一冊

620000－1101－0007915　652.78/88

江楚會奏變法第一二三摺不分卷附片一件

（清）劉坤一　（清）張之洞撰　清光緒二十七年(1901)甘肅藩署刻本　一冊

620000－1101－0007916　2717

江邨銷夏錄三卷　（清）高士奇輯　清康熙三十二年(1693)刻本　三冊

620000－1101－0007917　212

江湖長翁文集四十卷　（宋）陳造撰　明萬曆四十六年(1618)李之藻刻本　十冊

620000－1101－0007918　212

江湖長翁文集四十卷　（宋）陳造撰　明萬曆四十六年(1618)李之藻刻本　十二冊

620000－1101－0007919　831.52/378.06

江湖後集二十四卷　（宋）陳起編　清嘉慶顧修讀畫齋刻本　八冊

620000－1101－0007920　018.87/719

江刻書目三種十卷　（清）江標輯　清光緒元和江氏刻本　四冊

620000－1101－0007921　846.6/30

江陵張文忠公全集四十七卷　（明）張居正撰　清咸豐、同治江陵鄧氏刻本　十二冊

620000－1101－0007922　846.6/30

江陵張文忠公全集四十七卷　（明）張居正撰　清咸豐、同治江陵鄧氏刻本　十六冊

620000－1101－0007923　846.6/30

江陵張文忠公全集四十七卷　（明）張居正撰　清咸豐、同治江陵鄧氏刻本　十六冊

620000－1101－0007924　846.6/30

江陵張文忠公全集四十七卷　（明）張居正撰　清咸豐、同治江陵鄧氏刻本　十六冊

620000－1101－0007925　593.438/92

江南陸師學堂武備課程二十七卷附課藝二卷　（清）錢德培纂輯　清光緒二十五年(1899)江南陸師學堂刻本　二十一冊

620000－1101－0007926　593.438/92

江南陸師學堂武備課程二十七卷附課藝二卷　（清）錢德培纂輯　清光緒二十五年(1899)江南陸師學堂刻本　十四冊

620000 – 1101 –0007927　629.2/299

江南省提督鎮協各標營光緒叄拾壹年分壹歲
大報履歷清冊五冊不分卷　（清）提督江南總
兵輯　清光緒三十一年（1905）抄本　四冊

620000 – 1101 –0007928　610.4/477

江南聞見錄一卷　（清）□□撰　粵游見聞錄
一卷　（明）瞿共美撰　賜姓始末一卷　（清）
黃宗羲撰　兩廣紀略一卷　（明）華復蠡撰
清琉璃廠刻本　一冊

620000 – 1101 –0007929　856.7/391

江南優選貢卷（光緒乙酉科）一卷　（清）陸景
興撰　清光緒刻本　一冊

620000 – 1101 –0007930　624.2/0.719

江南餘載二卷五國故事二卷　（□）□□撰
故宮遺錄一卷　清嘉慶十五年（1810）松樵抄
本　一冊

620000 – 1101 –0007931　552.2/806

江南製造局記十卷首一卷附一卷　（清）魏允
恭編　清光緒三十一年（1905）上海文寶書局
石印本　十冊

620000 – 1101 –0007932　552.2/806

江南製造局記十卷首一卷附一卷　（清）魏允
恭編　清光緒三十一年（1905）上海文寶書局
石印本　一冊　存二卷（一、首一卷）

620000 – 1101 –0007933　552.2/806

江南製造局記十卷首一卷附一卷　（清）魏允
恭編　清光緒三十一年（1905）上海文寶書局
石印本　一冊　存二卷（一、首一卷）

620000 – 1101 –0007934　015.3/719

江南製造局譯書提要二卷　（清）翻譯館編
清宣統元年（1909）鉛印本　二冊

620000 – 1101 –0007935　015.3/719

江南製造局譯書提要二卷　（清）翻譯館編
葉學使擬購甘肅學堂應用經史諸書書目不分
卷　葉昌熾擬　清宣統元年（1909）鉛印本
二冊

620000 – 1101 –0007936　548.1/756

江甯府重建普育堂志八卷附圖不分卷　（清）
涂宗瀛述　清同治十年（1871）刻民國十五年
（1926）印本　五冊

620000 – 1101 –0007937　548.1/361

江甯府重修普育四堂志六卷　（清）涂宗瀛原
輯　（清）孫雲錦重纂　清光緒十二年（1886）
刻民國十五年（1926）印本　五冊

620000 – 1101 –0007938　672.1103/165

江寧府七縣地形考略不分卷附圖不分卷
（清）□□纂修　（清）黃起鳳等校　清光緒江
楚書局刻本　一冊

620000 – 1101 –0007939　794.1/429

江寧金石記八卷　（清）嚴觀輯　江寧金石待
訪目二卷　（清）嚴觀編　清嘉慶九年（1804）
刻本　四冊

620000 – 1101 –0007940　672.14/292

江寧輿圖不分卷　（清）李宗義等纂修　清同
治江寧布政司刻本　二十一冊

620000 – 1101 –0007941　672.14/292

江寧輿圖不分卷　（清）李宗義等纂修　清同
治江寧布政司刻本　十八冊

620000 – 1101 –0007942　847.8/286

江上艸堂蒔橐四卷　（清）李嘉績撰　清光緒
二十六年（1900）少華山堂刻本　一冊

620000 – 1101 –0007943　847.8/286

江上艸堂蒔橐四卷　（清）李嘉績撰　清光緒
二十六年（1900）少華山堂刻本　一冊

620000 – 1101 –0007944　847.8/286

江上艸堂蒔橐四卷　（清）李嘉績撰　清光緒
二十六年（1900）少華山堂刻本　一冊

620000 – 1101 –0007945　847.8/286

江上艸堂蒔橐四卷　（清）李嘉績撰　清光緒
二十六年（1900）少華山堂刻本　一冊

620000 – 1101 –0007946　847.8/286

江上艸堂蒔橐四卷　（清）李嘉績撰　清光緒
二十六年（1900）少華山堂刻本　一冊

620000 – 1101 –0007947　1647

江上怡雲集八卷　（清）丁廷彥撰　清乾隆十
九年(1754)江上草堂刻本　二冊

620000－1101－0007948　782.16/719.001

江氏叢書七種二十一卷　（清）江藩輯　清光
緒十二年(1886)江巨渠補刻本　一冊　存二
種四卷(國朝經師經義目錄一卷,國朝宋學淵
源記二卷、附記一卷)

620000－1101－0007949　443.688/600

江蘇撫憲兩江督憲江北提憲爲運河伏汛奇漲
搶護隄工及啓放車南壩始末細情由不分卷
（清）吳學廉　（清）袁照藜等撰　清宣統鉛印
本　一冊

620000－1101－0007950　567.9221/0.184.001

江蘇賦役全書不分卷　（□）□□編　清嘉
慶、同治刻本　一冊

620000－1101－0007951　567.9221/0.719.06

江蘇賦役全書不分卷　（□）□□編　清同治
四年(1865)鉛印本　二十冊

620000－1101－0007952　567.9221/0.719

江蘇賦役全書不分卷　（□）□□編　清光緒
元年(1875)鉛印本　十八冊

620000－1101－0007953　682.21/291

江蘇海塘新志八卷首一卷　（清）李慶雲等纂
　清光緒十六年(1890)刻本　四冊

620000－1101－0007954　443.63/28

[光緒]江蘇海塘新志八卷首一卷　（清）李慶
雲修　（清）蔣師轍纂　清光緒十六年(1890)
刻本　四冊

620000－1101－0007955　682.21/761

[光緒]江蘇海塘新志八卷首一卷　（清）李慶
雲修　（清）蔣師轍纂　清光緒十六年(1890)
刻本　四冊

620000－1101－0007956　557.47/331

江蘇海運全案十二卷　（清）賀長齡等輯　清
道光六年(1826)江蘇布政使司刻本　十一冊
　存十一卷(一至三、五至十二)

620000－1101－0007957　557.47/331

江蘇海運全案十二卷　（清）賀長齡等輯　清
道光六年(1826)江蘇布政使司刻本　一冊
存一卷(九)

620000－1101－0007958　557.47/331

江蘇海運全案十二卷　（清）賀長齡等輯　清
道光六年(1826)江蘇布政使司刻本　九冊
存九卷(一至七、十至十一)

620000－1101－0007959　565.221/701

江蘇寧屬清理財政局編造說明書□□卷
（清）江蘇寧屬清理財政局編　清宣統南洋印
刷官廠鉛印本　一冊　存一卷(甲篇一卷)

620000－1101－0007960　543.221/0.318

江蘇省蘇屬蘇州府新陽縣州民事習慣調查報
告四卷　（□）□□撰　清宣統二年(1910)石
印本　四冊

620000－1101－0007961　629.21/0.719

江蘇省蘇州府常熟縣應徵光緒拾叁年分熟田
地漕等銀民欠未完散數徵信冊一卷　（清）
□□編　清光緒刻本　一冊

620000－1101－0007962　839.21/11

江蘇詩徵一百八十三卷目錄一卷　（清）王豫
輯　清道光元年(1821)刻本　四十冊

620000－1101－0007963　839.21/11

江蘇詩徵一百八十三卷目錄一卷　（清）王豫
輯　清道光元年(1821)刻本　四十冊

620000－1101－0007964　443.689.21/399

江蘇水利全書圖說二十二卷　（清）陶澍等纂
　清道光刻本　六冊　存十六卷(重濬徒陽
運河全案一至三、重濬白茆河全案一至三、重
濬孟瀆等三河全案一至五、重濬吳淞江全案
一至五)

620000－1101－0007965　443.689.21/291

江蘇水利圖說不分卷　（清）李慶雲編　清宣
統二年(1910)刻本　一冊

620000－1101－0007966　653.78/781

江蘇學務公牘不分卷　（清）毛慶蕃著　清光
緒三十四年(1908)江蘇學務公所印刷處鉛印

本　四冊

620000－1101－0007967　681.521/24

江蘇沿海圖說不分卷長江口附近海島表一卷
　（清）朱正元撰　清光緒二十五年（1899）石
印本　一冊

620000－1101－0007968　856.7/613

江蘇優貢卷（光緒乙酉科）一卷　（清）徐焯撰
　清光緒刻本　一冊

620000－1101－0007969　567.9224/719

江西賦役經制全書不分卷　（清）江西布政使
司編輯　清嘉慶十八年（1813）刻本　十一冊

620000－1101－0007970　567.9224/719.001

江西賦役經制全書不分卷　（清）江西布政使
司編輯　清道光三年（1823）刻本　七十七冊

620000－1101－0007971　059.24/719

江西官報□□期　（清）江西官報局編　清光
緒三十年至三十一年（1904－1905）江西官報
局石印本　一冊　存四期（十二至十五）

620000－1101－0007972　672.4/761

江西全省輿圖十四卷首一卷　（清）曾國藩等
纂修　清同治七年（1868）刻本　十三冊　存
十三卷（二至十四）

620000－1101－0007973　839.24/76

江西詩徵九十四卷補遺一卷論詩雜詠一卷
（清）曾燠編輯　清光緒五年（1879）刻本　四
十四冊　存六十七卷（二十八至九十四）

620000－1101－0007974　856.7/842

江西優選貢卷（光緒乙酉科）一卷　（清）鄒國
琛撰　清光緒刻本　一冊

620000－1101－0007975　548.314/81

江邑救荒筆記一卷　（清）周存義編　清道光
十四年（1834）刻本　一冊

620000－1101－0007976　013.292.1/987

江陰藝文志二卷　金武祥輯　清光緒十七年
（1891）江陰金氏刻粟香室叢書本　一冊

620000－1101－0007977　782.621/80

江陰忠義錄不分卷　（清）季念詒輯　清光緒

四年（1878）木活字印本　十四冊

620000－1101－0007978　2622

江左三大家詩鈔九卷　（清）顧有孝　（清）趙
澐輯　清康熙七年（1668）刻本　三冊

620000－1101－0007979　4339

江左十五子詩選十五卷　（清）宋犖輯　清康
熙四十二年（1703）宋氏宛委堂刻本　四冊

620000－1101－0007980　845.21/759

姜白石集十六卷　（宋）姜夔撰　清同治十年
（1871）刻本　二冊

620000－1101－0007981　592/885

將略要論不分卷　（清）劉璞撰　清光緒十九
年（1893）黃鐘刻本　一冊

620000－1101－0007982　857.177/628

薑露庵雜記六卷　（清）施山撰　清光緒申報
館鉛印本　一冊

620000－1101－0007983　857.177/628.001

薑露庵雜記六卷　（清）施山撰　清宣統三年
（1911）金陵刻本　二冊

620000－1101－0007984　847.9/833

疆邨詞三卷　（清）朱祖謀撰　清光緒三十一
年（1905）歸安朱氏刊本　二冊

620000－1101－0007985　846.9/526

蔣石林先生遺詩三卷　（明）蔣之翹著　（清）
李道悠　（清）沈景修編輯　清光緒二十一年
（1895）刻本　一冊

620000－1101－0007986　957

蔣氏游藝祕錄二卷　（清）蔣衡　（清）蔣和撰
　清乾隆五十九年（1794）刻本　二冊　存一
卷（下）

620000－1101－0007987　847.8/526.3

蔣侑石遺書四種十六卷　（清）蔣曰豫輯　清
光緒三年（1877）蓮池書局刻本　四冊

620000－1101－0007988　3204

匠門書屋文集三十卷　（清）張大受撰　清雍
正刻本　八冊

620000－1101－0007989　4540

絳帖平六卷　（宋）姜夔撰　清抄本　一冊

620000－1101－0007990　414.6/7.115

絳雪園古方選註不分卷　（清）王子接注　清
掃葉山房刻本　四冊

620000－1101－0007991　682

絳雲樓書目不分卷　（清）錢謙益編　清康熙
舒木魯介夫抄本　一冊

620000－1101－0007992　658

絳雲樓書目三卷　（清）錢謙益編　清道光、
咸豐抄本　三冊

620000－1101－0007993　321.2/15.05

交食引蒙不分卷　（清）賈步緯算述　清光緒
二十年（1894）上海江南製造總局鉛印本
一冊

620000－1101－0007994　321.2/15.05

交食引蒙不分卷　（清）賈步緯算述　清光緒
二十年（1894）上海江南製造總局鉛印本
一冊

620000－1101－0007995　321.2/15.05

交食引蒙不分卷　（清）賈步緯算述　清光緒
二十年（1894）上海江南製造總局鉛印本
一冊

620000－1101－0007996　321.2/15.05

交食引蒙不分卷　（清）賈步緯算述　清光緒
二十年（1894）上海江南製造總局鉛印本
一冊

620000－1101－0007997　321.2/15.05

交食引蒙不分卷　（清）賈步緯算述　清光緒
二十年（1894）上海江南製造總局鉛印本
一冊

620000－1101－0007998　321.2/15.05

交食引蒙不分卷　（清）賈步緯算述　清光緒
二十年（1894）上海江南製造總局鉛印本
一冊

620000－1101－0007999　321.2/15.05

交食引蒙不分卷　（清）賈步緯算述　清光緒
二十年（1894）上海江南製造總局鉛印本
一冊

620000－1101－0008000　321.2/15.05

交食引蒙不分卷　（清）賈步緯算述　清光緒
二十年（1894）上海江南製造總局鉛印本
一冊

620000－1101－0008001　856.9/118

椒生隨筆八卷　（清）王之春撰　清光緒七年
（1881）上洋文藝齋刻本　四冊

620000－1101－0008002　782.972/917

焦南浦先生年譜不分卷　（清）焦以敬　（清）
焦以恕編　清光緒二十三年（1897）雲間木活
字印本　一冊

620000－1101－0008003　683.21/91.37

焦山續志八卷　（清）陳任暘輯　清光緒三十
年（1904）刻本　二冊

620000－1101－0008004　683.21/91.37

焦山續志八卷　（清）陳任暘輯　清光緒三十
年（1904）刻本　二冊

620000－1101－0008005　683.21/91.37

焦山續志八卷　（清）陳任暘輯　清光緒三十
年（1904）刻本　二冊

620000－1101－0008006　683.21/91.37

焦山續志八卷　（清）陳任暘輯　清光緒三十
年（1904）刻本　一冊

620000－1101－0008007　683.21/91.43

焦山志二十六卷首一卷　（清）吳雲輯　清同
治十三年（1874）刻本　八冊

620000－1101－0008008　683.21/91.43

焦山志二十六卷首一卷　（清）吳雲輯　清同
治十三年（1874）刻本　八冊

620000－1101－0008009　683.21/91.43

焦山志二十六卷首一卷　（清）吳雲輯　清同
治十三年（1874）刻本　八冊

620000－1101－0008010　683.21/91.43

焦山志二十六卷首一卷　（清）吳雲輯　清同
治十三年（1874）刻本　八冊

620000－1101－0008011　683.21/91.43.001

焦山志二十六卷首一卷　（清）吳雲輯　清同治十三年(1874)刻本　八冊

620000－1101－0008012　683.21/91.43.001

焦山志二十六卷首一卷　（清）吳雲輯　焦山續志八卷　（清）陳任暘輯　清同治十三年(1874)刻本(續志係光緒三十年刻本)　十冊

620000－1101－0008013　683.21/91.43.001

焦山志二十六卷首一卷　（清）吳雲輯　焦山續志八卷　（清）陳任暘輯　清同治十三年(1874)刻本(續志係光緒三十年刻本)　七冊　存二十五卷(一、五至十八、二十三至二十六,首一卷,續志一至五)

620000－1101－0008014　884

焦山志十二卷　（清）盧見曾撰　清乾隆盧氏雅雨堂刻本　二冊

620000－1101－0008015　089/917

焦氏遺書十一種一百二十五卷　（清）焦循撰　清光緒二年(1876)刻本　四十冊

620000－1101－0008016　292.1/917.001

焦氏易林八卷　（漢）焦贛撰　清晚期味經堂刻本　二冊

620000－1101－0008017　631

焦氏易林四卷　（漢）焦贛撰　明崇禎毛氏汲古閣刻津逮祕書本　四冊

620000－1101－0008018　2580

焦氏易林四卷　（漢）焦贛撰　明崇禎毛氏汲古閣刻津逮祕書本(卷三有抄配)　六冊

620000－1101－0008019　4351

焦氏易林四卷　（漢）焦贛撰　明刻廣漢魏叢書本　二冊

620000－1101－0008020　192.1/498

蕉窗十則說證不分卷附妥福齋質言一卷（清）盧徹軒撰　（清）希全主人輯　（清）慎齋居士編　清同治八年(1869)希全主人刻本　一冊

620000－1101－0008021　1464

蕉林詩集十八卷　（清）梁清標撰　清康熙十七年(1678)梁允植刻本　八冊

620000－1101－0008022　847.8/821.7

蕉心閣詞不分卷　（清）周繼煦撰　清光緒二十六年(1900)貴筑高氏成都刻本　一冊

620000－1101－0008023　1353

嚼蠟吟不分卷　（清）香齋氏撰　清宣統二年(1910)香齋氏敬業草堂稿本　一冊

620000－1101－0008024　044.74/994

角山樓增補類腋六十七卷　（清）姚培謙撰　（清）趙克宜增輯　清咸豐十年(1860)角山樓刻本　二十四冊

620000－1101－0008025　044.74/994.001

角山樓增補類腋六十七卷　（清）姚培謙撰　（清）趙克宜增輯　清光緒十二年(1886)上海同文書局石印本　六冊

620000－1101－0008026　044.74/994.001

角山樓增補類腋六十七卷　（清）姚培謙撰　（清）趙克宜增輯　清光緒十二年(1886)上海同文書局石印本　六冊

620000－1101－0008027　192.3/57

教家錄一卷　（清）艾雲蒼撰　清光緒三十三年(1907)陳榮昌刻本　一冊

620000－1101－0008028　253/419

教欵捷要一卷　（清）馬伯良著　清同治六年(1867)刻本　一冊

620000－1101－0008029　858.89/822

教民歌一卷　（清）周鐵真撰　清光緒十年(1884)刻本　一冊

620000－1101－0008030　192.15/383

教女遺規三卷　（清）陳弘謀編輯　清光緒三十四年(1908)學部圖書局石印本　一冊

620000－1101－0008031　192.15/383.001

教女遺規三卷　（清）陳弘謀編輯　清晚期刻本　一冊　存一卷(下)

620000－1101－0008032　192.15/383.002

教女遺規三卷　（清）陳弘謀編輯　清末刻本

二冊

620000－1101－0008033　096.2/41.66.001

教女彝訓一卷　（清）方宗誠撰　清光緒九年(1883)津河廣仁堂刻本　一冊

620000－1101－0008034　521.4/661

教授法原理六編　（清）商務印書館編譯所編輯　清光緒三十三年(1907)上海商務印書館鉛印本　一冊

620000－1101－0008035　522.4/736

教授學一卷附錄一卷補錄一卷　（日本）湯本武比古著　清光緒二十七年(1901)鉛印本一冊

620000－1101－0008036　521.42/852

教授指南二編　（日本）多田房之輔編述（清）吳治恭譯補　清末陝西味經書局鉛印本一冊

620000－1101－0008037　521.42/852

教授指南二編　（日本）多田房之輔編述（清）吳治恭譯補　清末陝西味經書局鉛印本一冊

620000－1101－0008038　521.42/852

教授指南二編　（日本）多田房之輔編述（清）吳治恭譯補　清末陝西味經書局鉛印本一冊

620000－1101－0008039　802.81/120

教童子法一卷　（清）王筠撰　清光緒二十一年(1895)江氏靈鶼閣刻本　一冊

620000－1101－0008040　248.2/289

教務紀略四卷首一卷　（清）李剛己撰　清光緒三十二年(1906)蘭州官書局鉛印本　三冊

620000－1101－0008041　248.2/289

教務紀略四卷首一卷　（清）李剛己撰　清光緒三十二年(1906)蘭州官書局鉛印本　三冊

620000－1101－0008042　248.2/289

教務紀略四卷首一卷　（清）李剛己撰　清光緒三十二年(1906)蘭州官書局鉛印本　三冊

620000－1101－0008043　248.2/289

教務紀略四卷首一卷　（清）李剛己撰　清光緒三十二年(1906)蘭州官書局鉛印本　三冊

620000－1101－0008044　248.2/289

教務紀略四卷首一卷　（清）李剛己撰　清光緒三十二年(1906)蘭州官書局鉛印本　三冊

620000－1101－0008045　248.2/289

教務紀略四卷首一卷　（清）李剛己撰　清光緒三十二年(1906)蘭州官書局鉛印本　三冊

620000－1101－0008046　248.2/289

教務紀略四卷首一卷　（清）李剛己撰　清光緒三十二年(1906)蘭州官書局鉛印本　三冊

620000－1101－0008047　248.2/289

教務紀略四卷首一卷　（清）李剛己撰　清光緒三十二年(1906)蘭州官書局鉛印本　三冊

620000－1101－0008048　248.2/289

教務紀略四卷首一卷　（清）李剛己撰　清光緒三十二年(1906)蘭州官書局鉛印本　三冊

620000－1101－0008049　248.2/289

教務紀略四卷首一卷　（清）李剛己撰　清光緒三十二年(1906)蘭州官書局鉛印本　三冊

620000－1101－0008050　248.2/289

教務紀略四卷首一卷　（清）李剛己撰　清光緒三十二年(1906)蘭州官書局鉛印本　三冊

620000－1101－0008051　248.2/289

教務紀略四卷首一卷　（清）李剛己撰　清光緒三十二年(1906)蘭州官書局鉛印本　三冊

620000－1101－0008052　248.2/289

教務紀略四卷首一卷　（清）李剛己撰　清光緒三十二年(1906)蘭州官書局鉛印本　三冊

620000－1101－0008053　248.2/289

教務紀略四卷首一卷　（清）李剛己撰　清光緒三十二年(1906)蘭州官書局鉛印本　三冊

620000－1101－0008054　248.2/289

教務紀略四卷首一卷　（清）李剛己撰　清光緒三十二年(1906)蘭州官書局鉛印本　三冊

620000－1101－0008055　248.2/289

教務紀略四卷首一卷 （清）李剛己撰 清光
緒三十二年（1906）蘭州官書局鉛印本 三冊

620000－1101－0008056 248.2/289

教務紀略四卷首一卷 （清）李剛己撰 清光
緒三十二年（1906）蘭州官書局鉛印本 三冊

620000－1101－0008057 248.2/289

教務紀略四卷首一卷 （清）李剛己著 清光
緒三十二年（1906）蘭州官書局鉛印本 三冊

620000－1101－0008058 248.2/289

教務紀略四卷首一卷 （清）李剛己撰 清光
緒三十二年（1906）蘭州官書局鉛印本 三冊

620000－1101－0008059 248.2/289

教務紀略四卷首一卷 （清）李剛己撰 清光
緒三十二年（1906）蘭州官書局鉛印本 三冊

620000－1101－0008060 248.2/289

教務紀略四卷首一卷 （清）李剛己撰 清光
緒三十二年（1906）蘭州官書局鉛印本 三冊

620000－1101－0008061 248.2/289

教務紀略四卷首一卷 （清）李剛己撰 清光
緒三十二年（1906）蘭州官書局鉛印本 三冊

620000－1101－0008062 248.2/289

教務紀略四卷首一卷 （清）李剛己撰 清光
緒三十二年（1906）蘭州官書局鉛印本 三冊

620000－1101－0008063 248.2/289

教務紀略四卷首一卷 （清）李剛己撰 清光
緒三十二年（1906）蘭州官書局鉛印本 三冊

620000－1101－0008064 248.2/289

教務紀略四卷首一卷 （清）李剛己撰 清光
緒三十二年（1906）蘭州官書局鉛印本 二冊

620000－1101－0008065 248.2/289

教務紀略四卷首一卷 （清）李剛己撰 清光
緒三十二年（1906）蘭州官書局鉛印本 三冊

620000－1101－0008066 248.2/289

教務紀略四卷首一卷 （清）李剛己撰 清光
緒三十二年（1906）蘭州官書局鉛印本 三冊

620000－1101－0008067 248.2/289

教務紀略四卷首一卷 （清）李剛己撰 清光
緒三十二年（1906）蘭州官書局鉛印本 三冊

620000－1101－0008068 248.2/289

教務紀略四卷首一卷 （清）李剛己撰 清光
緒三十二年（1906）蘭州官書局鉛印本 二冊
存二卷（四、首一卷）

620000－1101－0008069 248.2/289

教務紀略四卷首一卷 （清）李剛己撰 清光
緒三十二年（1906）蘭州官書局鉛印本 二冊
存二卷（四、首一卷）

620000－1101－0008070 248.2/289

教務紀略四卷首一卷 （清）李剛己撰 清光
緒三十二年（1906）蘭州官書局鉛印本 二冊
存二卷（四、首一卷）

620000－1101－0008071 248.2/289

教務紀略四卷首一卷 （清）李剛己撰 清光
緒三十二年（1906）蘭州官書局鉛印本 三冊

620000－1101－0008072 246.2/236

教要序論一卷 （比利時）南懷仁述 清同治
六年（1867）刻本 一冊

620000－1101－0008073 520.9/482

教育叢書初集十一種十四卷 羅振玉編 清
光緒二十七年（1901）教育世界出版所刻本
十冊

620000－1101－0008074 520.9/661

教育史四卷 （清）商務印書館編譯所編纂
清光緒三十二年（1906）上海商務印書館鉛印
本 一冊

620000－1101－0008075 520.13/582

教育統論三卷 （日本）槇山榮次撰 （清）陸
鋆譯 清光緒二十九年（1903）山東官印書局
鉛印本 二冊

620000－1101－0008076 522.840.37/661

教育學三十三章 （清）商務印書館編譯所編
纂 清光緒三十二年（1906）上海商務印書館
鉛印本 一冊

620000－1101－0008077 192.91/625

教諭語五卷　（清）謝金鑾著　清光緒七年(1881)津河廣仁堂刻本　一冊

620000－1101－0008078　414.6/6.660
較正醫林狀元壽世保元十卷　（明）龔廷賢撰　清中晚期文林堂刻本　九冊　存九卷(二至十)

620000－1101－0008079　414.6/660.013
較正醫林狀元壽世保元十卷　（明）龔廷賢撰　清嘉慶二十二年(1817)文光閣刻本　一冊　存二卷(一至二)

620000－1101－0008080　414.6/660.008
較正醫林狀元壽世保元十卷　（明）龔廷賢撰　清刻本　一冊　存二卷(七至八)

620000－1101－0008081　414.6/660.006
較正醫林狀元壽世保元十卷　（明）龔廷賢撰　清永裕堂刻本　二冊　存二卷(一、六)

620000－1101－0008082　414.6/660.007
較正醫林狀元壽世保元十卷　（明）龔廷賢撰　清桂林堂刻本　一冊　存一卷(二)

620000－1101－0008083　414.6/660.009
較正醫林狀元壽世保元十卷　（明）龔廷賢撰　清光緒刻本　一冊　存一卷(八)

620000－1101－0008084　414.6/660.010
較正醫林狀元壽世保元十卷　（明）龔廷賢撰　清末刻本　三冊　存三卷(六、九至十)

620000－1101－0008085　414.6/660.011
較正醫林狀元壽世保元十卷　（明）龔廷賢撰　清末刻本　一冊　存一卷(八)

620000－1101－0008086　011.8/52
斠補隅錄不分卷　（清）蔣光煦輯　清光緒九年(1883)別下齋刻本　四冊

620000－1101－0008087　011.8/52.001
斠補隅錄不分卷　（清）蔣光煦輯　清光緒九年(1883)別下齋刻本　二冊

620000－1101－0008088　847.6/0.354
皆大歡喜四卷　（清）□□撰　清道光元年(1821)刻本　四冊

620000－1101－0008089　413.49/0.300
接骨全書一卷　（□）□□撰　跌打損傷接骨一卷　（□）□□撰　清晚期抄本　二冊

620000－1101－0008090　626.804/21
子遺錄十二卷　（清）戴名世著　清晚期刻本　一冊

620000－1101－0008091　4518
劫餘詩選八卷　（清）齊學裘撰　稿本　二冊

620000－1101－0008092　847.7/662.001
劫餘詩選二十四卷　（清）齊學裘撰　清同治、光緒刻本　七冊

620000－1101－0008093　847.7/662.001
劫餘詩選二十四卷　（清）齊學裘撰　清同治、光緒刻本　六冊　存十七卷(一至三、六至十四、二十至二十四)

620000－1101－0008094　847.7/662.001
劫餘詩選二十四卷　（清）齊學裘撰　清同治、光緒刻本　七冊　存八卷(十一至十三、二十至二十四)

620000－1101－0008095　576
絜齋集二十四卷　（宋）袁燮撰　清乾隆武英殿木活字印武英殿聚珍版書本　六冊

620000－1101－0008096　845.23/192
絜齋集二十四卷　（宋）袁燮撰　清光緒二十一年(1895)刻本　一冊　存四卷(二十一至二十四)

620000－1101－0008097　352
絜齋毛詩經筵講義四卷　（宋）袁燮撰　清乾隆武英殿木活字印武英殿聚珍版書本　二冊

620000－1101－0008098　857.47/990
結水滸全傳七十卷　（清）俞萬春著　清咸豐七年(1857)刻本　二十四冊

620000－1101－0008099　857.47/990.001
結水滸全傳七十卷　（清）俞萬春著　清末刻本　二十四冊

620000－1101－0008100　082.7/834
結一廬朱氏賸餘叢書四種一百十二卷　（清）

朱澂輯　清光緒三十一年（1905）仁和朱氏刻
本　二十冊

620000－1101－0008101　082.7/834
結一盧朱氏賸餘叢書四種一百十二卷　（清）
朱澂輯　清光緒三十一年（1905）仁和朱氏刻
本　五冊　存二種四十二卷（劉賓客文集九
至三十、外集十卷,司空表聖文集十卷）

620000－1101－0008102　847.8/864
睫闇詩鈔四卷　裴景福著　清末刻本　二冊

620000－1101－0008103　712.4/286.001
節本泰西新史攬要八卷　（英國）馬懇西撰
（英國）李提摩太譯　周慶雲節錄　清光緒二
十七年（1901）夢坡室刻本　一冊

620000－1101－0008104　712.4/286.001
節本泰西新史攬要八卷　（英國）馬懇西撰
（英國）李提摩太譯　周慶雲節錄　清光緒二
十七年（1901）夢坡室刻本　四冊

620000－1101－0008105　712.4/286.001
節本泰西新史攬要八卷　（英國）馬懇西撰
（英國）李提摩太譯　周慶雲節錄　清光緒二
十七年（1901）夢坡室刻本　一冊　存三卷
（六至八）

620000－1101－0008106　712.4/286.002
節本泰西新史攬要八卷　（英國）馬懇西撰
（英國）李提摩太譯　周慶雲節錄　清光緒二
十八年（1902）北洋官報局鉛印本　二冊

620000－1101－0008107　712.4/286
節本泰西新史攬要八卷　（英國）馬懇西撰
（英國）李提摩太譯　周慶雲節錄　清光緒三
十年（1904）甘肅學堂刻本　二冊

620000－1101－0008108　712.4/286
節本泰西新史攬要八卷　（英國）馬懇西撰
（英國）李提摩太譯　周慶雲節錄　清光緒三
十年（1904）甘肅學堂刻本　二冊

620000－1101－0008109　712.4/286
節本泰西新史攬要八卷　（英國）馬懇西撰
（英國）李提摩太譯　周慶雲節錄　清光緒三

十年（1904）甘肅學堂刻本　二冊

620000－1101－0008110　712.4/286
節本泰西新史攬要八卷　（英國）馬懇西撰
（英國）李提摩太譯　周慶雲節錄　清光緒三
十年（1904）甘肅學堂刻本　二冊

620000－1101－0008111　712.4/286
節本泰西新史攬要八卷　（英國）馬懇西撰
（英國）李提摩太譯　周慶雲節錄　清光緒三
十年（1904）甘肅學堂刻本　二冊

620000－1101－0008112　712.4/286
節本泰西新史攬要八卷　（英國）馬懇西撰
（英國）李提摩太譯　周慶雲節錄　清光緒三
十年（1904）甘肅學堂刻本　二冊

620000－1101－0008113　712.4/286
節本泰西新史攬要八卷　（英國）馬懇西撰
（英國）李提摩太譯　周慶雲節錄　清光緒三
十年（1904）甘肅學堂刻本　二冊

620000－1101－0008114　712.4/286
節本泰西新史攬要八卷　（英國）馬懇西撰
（英國）李提摩太譯　周慶雲節錄　清光緒三
十年（1904）甘肅學堂刻本　二冊

620000－1101－0008115　712.4/286
節本泰西新史攬要八卷　（英國）馬懇西撰
（英國）李提摩太譯　周慶雲節錄　清光緒三
十年（1904）甘肅學堂刻本　二冊

620000－1101－0008116　712.4/286
節本泰西新史攬要八卷　（英國）馬懇西撰
（英國）李提摩太譯　周慶雲節錄　清光緒三
十年（1904）甘肅學堂刻本　二冊

620000－1101－0008117　712.4/286
節本泰西新史攬要八卷　（英國）馬懇西撰
（英國）李提摩太譯　周慶雲節錄　清光緒三
十年（1904）甘肅學堂刻本　二冊

620000－1101－0008118　712.4/286
節本泰西新史攬要八卷　（英國）馬懇西撰
（英國）李提摩太譯　周慶雲節錄　清光緒三
十年（1904）甘肅學堂刻本　二冊

620000－1101－0008119　712.4/286
節本泰西新史攬要八卷　(英國)馬懇西撰　(英國)李提摩太譯　周慶雲節録　清光緒三十年(1904)甘肅學堂刻本　二册

620000－1101－0008120　712.4/286
節本泰西新史攬要八卷　(英國)馬懇西撰　(英國)李提摩太譯　周慶雲節録　清光緒三十年(1904)甘肅學堂刻本　二册

620000－1101－0008121　712.4/286
節本泰西新史攬要八卷　(英國)馬懇西撰　(英國)李提摩太譯　周慶雲節録　清光緒三十年(1904)甘肅學堂刻本　二册

620000－1101－0008122　712.4/286.002
節本泰西新史攬要八卷　(英國)馬懇西撰　(英國)李提摩太譯　周慶雲節録　清光緒鉛印本　二册

620000－1101－0008123　782.876/313
節孝録一卷　(清)張渭英輯　清咸豐四年(1854)張氏刻本　一册

620000－1101－0008124　847.4/986.001
鮚埼亭集三十八卷首一卷全謝山先生經史問答十卷鮚埼亭集外編五十卷　(清)全祖望撰　清嘉慶九年(1804)史夢蛟借樹山房刻本　二十四册

620000－1101－0008125　847.4/986
鮚埼亭集三十八卷首一卷全謝山先生經史問答十卷鮚埼亭集外編五十卷　(清)全祖望撰　清嘉慶遞刻同治十一年(1872)印本　二十四册

620000－1101－0008126　847.4/986
鮚埼亭集三十八卷首一卷全謝山先生經史問答十卷鮚埼亭集外編五十卷　(清)全祖望撰　清嘉慶遞刻同治十一年(1872)印本　二十四册

620000－1101－0008127　847.4/986.07
鮚埼亭詩集十卷　(清)全祖望撰　清道光十四年(1834)谿上鄭爾齡箋經閣刻本　四册

620000－1101－0008128　847.4/986.07
鮚埼亭詩集十卷　(清)全祖望撰　清道光十四年(1834)谿上鄭爾齡箋經閣刻本　二册

620000－1101－0008129　221.370.3/676
解深密經五卷　(唐)釋玄奘譯　清同治十年(1871)金陵刻經處刻本　一册

620000－1101－0008130　478
解學士全集十卷年譜二卷　(明)解縉撰　明萬曆晏良棨刻本　十二册

620000－1101－0008131　358
解學士文集十卷　(明)解縉撰　明嘉靖四十一年(1562)刻本　十册

620000－1101－0008132　847.6/81
介存齋詩四卷　(清)介存居士撰　清中晚期刻本　一册

620000－1101－0008133　1655
介石堂文集十卷　(清)郭起元撰　清乾隆刻本　一册

620000－1101－0008134　847.6/267
介石文集一卷補遺一卷詩集一卷　(清)楊燾撰　(清)楊繼曾編　清道光二十五年(1845)非能園刻本　一册

620000－1101－0008135　847.6/267.001
介石文集一卷補遺一卷詩集一卷　(清)楊燾撰　(清)楊繼曾編　清光緒刻本　一册

620000－1101－0008136　089.74/71
介亭全集十一種三十九卷　(清)江濬源撰　清同治十三年(1874)刻本　六册　存九種三十一卷(介亭文集一至六、介亭外集一至六、介亭筆記一至八、筆記一至二、居遐邇言一至二、北上偶録一至三、臨安府志序言一卷、于役迤南記一至二、介亭詩鈔一卷)

620000－1101－0008137　532.9/960
戒禮須知不分卷　(英國)傅蘭雅輯　清光緒十二年(1886)刻本　一册

620000－1101－0008138　222.16/680
戒殺放生文一卷　(明)釋袾宏撰并注　清光

緒刻本 一冊

620000－1101－0008139 3741
戒菴詩草六卷 （清）張晉撰 清乾隆五十四年（1789）刻本 一冊 存一卷（一）

620000－1101－0008140 3742
戒菴詩草六卷 （清）張晉撰 清乾隆五十四年（1789）刻本 一冊 存三卷（一至三）

620000－1101－0008141 3743
戒菴詩草六卷 （清）張晉撰 清乾隆五十四年（1789）刻本 一冊 存三卷（一至三）

620000－1101－0008142 3744
戒菴詩草六卷 （清）張晉撰 清乾隆五十四年（1789）刻本 一冊

620000－1101－0008143 3886
戒菴詩草六卷 （清）張晉撰 清乾隆五十四年（1789）刻本 一冊 存二卷（一至二）

620000－1101－0008144 072.523/660
芥隱筆記一卷 （宋）龔頤正撰 清宣統三年（1911）曹衡抄本 一冊

620000－1101－0008145 945.8/113.002
芥子園畫傳初集六卷 （清）王槩等編繪 清光緒十三年（1887）上海天寶書局石印本 四冊

620000－1101－0008146 945.8/113.005
芥子園畫傳初集三卷二集九卷三集六卷 （清）王槩等編繪 清光緒石印本 五冊

620000－1101－0008147 945.9/112
芥子園畫傳二集八卷 （清）王槩等編繪 清嘉慶五年（1800）金陵芥子園刻本 四冊

620000－1101－0008148 945.9/222.001
芥子園畫傳二集八卷首一卷三集四卷 （清）王槩等編繪 清晚期金陵文光堂刻本 五冊 存十二卷（二集八卷，首一卷，三集一至二、四）

620000－1101－0008149 945.8/113
芥子園畫傳九卷 （清）王槩等編繪 清光緒十九年（1893）上海點石齋石印本 四冊

620000－1101－0008150 954.8/113.001
芥子園畫傳六卷 （清）王槩等編繪 清光緒二十三年（1897）石印本 一冊

620000－1101－0008151 945.8/113.008
芥子園畫傳六卷 （清）王槩等編繪 清刻本 一冊 存一卷（三）

620000－1101－0008152 945.8/113.003
芥子園畫傳三集六卷 （清）王槩等編繪 清光緒十四年（1888）上海天寶書局石印本 四冊

620000－1101－0008153 954.8/113.001
芥子園畫傳四集六卷 （清）王槩等編繪 清光緒二十三年（1897）石印本 六冊

620000－1101－0008154 945.8/158
芥子園畫傳四集四卷 （清）王槩等編繪 清晚期芥子園刻本 二冊 存二卷（三至四）

620000－1101－0008155 945.9/222.001
芥子園畫傳四集四卷芥子園圖章會纂一卷 （清）王槩等編繪 清嘉慶二十三年（1818）刻本 四冊

620000－1101－0008156 945.8/113.010
芥子園畫傳四卷 （清）王槩等編繪 清刻本 四冊

620000－1101－0008157 945.8/113.009
芥子園畫傳四卷 （清）王槩等編繪 清晚期刻本 二冊 存二卷（二至三）

620000－1101－0008158 945.9/222.001
芥子園畫傳五卷 （清）王槩等編繪 清晚期刻本 五冊

620000－1101－0008159 945.9/222.02
芥子園畫傳五卷 （清）王槩等編繪 清晚期刻本 五冊

620000－1101－0008160 945.8/113.007
芥子園畫傳五卷 （清）王槩等編繪 清中晚期刻多色套印本 四冊

620000－1101－0008161 945.8/113.006
芥子園畫傳五卷 （清）王槩等編繪 清中晚

期刻多色套印本　四冊

620000－1101－0008162　317.1/293

借根方勾股細草一卷　（清）李錫蕃選　清同
治十一年(1872)荷池精舍刻本　一冊

620000－1101－0008163　317.1/293

借根方勾股細草一卷　（清）李錫蕃選　清同
治十一年(1872)荷池精舍刻本　一冊

620000－1101－0008164　857.174/69

巾經纂二十卷　（清）宋宗元著　清光緒二十
六年(1900)刻本　二冊

620000－1101－0008165　847.5/658

今白華堂詩錄八卷　（清）童槐著　清同治八
年(1869)刻本　二冊

620000－1101－0008166　667/115

今古地理述十八卷首三卷末一卷　（清）王子
音述　（清）王瑞芝等編校　（清）萬承風等補
清嘉慶十二年(1807)湖山半畝園京師刻本
一冊　存一卷(四)

620000－1101－0008167　610.71/0.989

今古覽要不分卷　（□）□□撰　清晚期抄本
五冊

620000－1101－0008168　857.46/301

今古奇觀十六卷　（明）抱甕老人編　清末坊
刻本　一冊　存四卷(一至四)

620000－1101－0008169　090/67.001

今古學考二卷　廖平撰　清光緒刻本　一冊

620000－1101－0008170　090/67

今古學考二卷　廖平撰　清宣統三年(1911)
上海國學扶輪社鉛印張氏適園叢書本　一冊

620000－1101－0008171　090/67.002

今古學考二卷分撰兩戴記章句凡例一卷　廖
平撰　清光緒十二年(1886)成都刻四益堂經
學叢書本　一冊

620000－1101－0008172　682.8/16

今水經不分卷　（清）黃宗羲撰　清光緒三年
(1877)湖北崇文書局刻本　一冊

620000－1101－0008173　682.8/16

今水經不分卷　（清）黃宗羲撰　清光緒三年
(1877)湖北崇文書局刻本　一冊

620000－1101－0008174　682.8/16

今水經不分卷　（清）黃宗羲撰　清光緒三年
(1877)湖北崇文書局刻本　一冊

620000－1101－0008175　682.8/16

今水經不分卷　（清）黃宗羲撰　清光緒三年
(1877)湖北崇文書局刻本　一冊

620000－1101－0008176　092.7/385

今文尚書經說考三十二卷首一卷敘錄一卷
（清）陳喬樅學　清道光、同治刻本　四冊
存十卷(十一至十四、十七至十九、三十至三
十二)

620000－1101－0008177　3254

今文尚書說三卷　（清）陸奎勳輯　清乾隆二
年(1737)刻本　一冊

620000－1101－0008178　3157

今雨堂詩墨二卷　（清）金甡撰　清乾隆二十
四年(1759)刻本　一冊

620000－1101－0008179　802.44/363

今韻三辨二卷　（清）孫同元編次　清道光十
二年(1832)刻本　一冊

620000－1101－0008180　789.2/377

金城陳氏族譜八卷　（清）陳兆鵬等修　清光
緒十二年(1886)刻本　八冊

620000－1101－0008181　455

金丹辯惑一卷　（明）劉太初輯　明刻本
一冊

620000－1101－0008182　492

金丹詩訣二卷　（唐）呂巖撰　（宋）夏元鼎編
明嘉靖刻本　一冊

620000－1101－0008183　235.1/366

金丹真傳六卷　（明）孫汝忠撰　清道光三十
年(1850)刻本　二冊

620000－1101－0008184　089.8/638

金峨山館叢書三十二卷　（清）郭傳璞輯　清

光緒刻本　一冊　存三卷(西漢節義傳論一
至二、竹林答問一卷)

620000－1101－0008185　683.23/987
金蓋山志四卷首一卷　(清)李宗蓮輯　閔小
艮先生金蓋志略一卷　(清)閔苕敷述　清光
緒二十二年(1896)古書隱樓刻本　二冊

620000－1101－0008186　221.4/85.33
金剛般若波羅蜜經講義一卷　(後秦)釋鳩摩
羅什譯　(清)雲峰大師撰　金剛經受持靈驗
記一卷　(清)吳尚采輯　心經合參一卷
(清)王何功輯　清光緒二年(1876)化山傳燈
寺刻本　一冊

620000－1101－0008187　222.14/854
金剛般若波羅蜜經破空論一卷　(後秦)釋鳩
摩羅什譯　(明)釋智旭撰　清同治十年
(1871)如皋刻經處刻本　一冊

620000－1101－0008188　74
金剛般若波羅蜜經一卷　(後秦)釋鳩摩羅什
譯　(明)成祖朱棣注　明崇禎十一年(1638)
陳仁錫、顧玄濡刻本　四冊

620000－1101－0008189　221.4/854.08
金剛般若波羅蜜經一卷　(後秦)釋鳩摩羅什
譯　金剛般若波羅蜜經一卷　(北魏)釋菩提
流支譯　金剛般若波羅蜜經一卷　(南朝陳)釋真
諦譯　金剛能斷般若波羅蜜經一卷　(隋)釋
笈多譯　能斷金剛般若波羅蜜多經一卷
(唐)釋玄奘譯　能斷金剛般若波羅蜜多經一
卷　(唐)釋義淨譯　清同治八年至十一年
(1869－1872)金陵刻經處刻本　一冊

620000－1101－0008190　221.4/854.08.001
金剛般若波羅蜜經一卷　(後秦)釋鳩摩羅什
譯　清光緒金陵刻經處刻本　一冊

620000－1101－0008191　221.4/854.08.001
金剛般若波羅蜜經一卷　(後秦)釋鳩摩羅什
譯　清光緒金陵刻經處刻本　一冊

620000－1101－0008192　221.4/854.08.001
金剛般若波羅蜜經一卷　(後秦)釋鳩摩羅什
譯　清光緒金陵刻經處刻本　一冊

620000－1101－0008193　221.4/854.08.001
金剛般若波羅蜜經一卷　(後秦)釋鳩摩羅什
譯　清光緒金陵刻經處刻本　一冊

620000－1101－0008194　221.4/854.08.003
金剛般若波羅蜜經一卷　(後秦)釋鳩摩羅什
譯　清光緒二十年(1894)石印本　一冊

620000－1101－0008195　222.1/761
金剛般若波羅蜜經宗通九卷　(後秦)釋鳩摩
羅什譯　(明)曾鳳儀注　清光緒十一年
(1885)金陵刻經處刻本　一冊　存四卷(一
至四)

620000－1101－0008196　221.4/837
金剛般若經疏一卷　(隋)釋智顗撰　般若波
羅密多心經略疏一卷　(唐)釋法藏撰　清光
緒七年(1881)長沙刻經處刻本　一冊

620000－1101－0008197　221.4/837.001
金剛般若經疏一卷　(隋)釋智顗撰　般若波
羅密多心經疏一卷　(唐)釋玄奘譯　(唐)釋
靖邁撰　清光緒二十三年至三十三年(1897
－1907)金陵刻經處刻本　一冊

620000－1101－0008198　221.4/86
金剛感應錄不分卷　(清)白通書輯　清道光
二十七年(1847)刻藍印本　一冊

620000－1101－0008199　121.311/885
金剛解目一卷　(清)劉一明解　清嘉慶二十
一年(1816)趙陽升刻本　一冊

620000－1101－0008200　121.311/885.1
金剛解目一卷　(清)劉一明解　清嘉慶二十
一年(1816)趙陽升刻本　一冊

620000－1101－0008201　225.4/824
金剛經傳燈真解一卷　(□)無量度世古佛著
　般若波羅密多心經傳燈真解一卷　(□)觀
音大士注　清光緒二十五年(1899)蘭州刻本
　一冊

620000－1101－0008202　221.4/368
金剛經彙纂二卷心經彙纂一卷　(清)孫念劬
纂　清同治七年(1868)郭氏敬修堂刻本

二冊

620000－1101－0008203　221.4/854.08.002
金剛經一卷心經一卷　（後秦）釋鳩摩羅什譯
清光緒十五年（1889）金陵刻經處刻本
一冊

620000－1101－0008204　221.4/854.08.004
金剛經註解不分卷　（後秦）釋鳩摩羅什譯
清刻本　一冊

620000－1101－0008205　221.4/854.06
金剛決疑一卷般若波羅蜜多心經直說　（後
秦）釋鳩摩羅什譯　（明）釋德清撰　清光緒
陳寶晉刻本　一冊

620000－1101－0008206　221.4/854.06
金剛決疑一卷般若波羅蜜多心經直說　（後
秦）釋鳩摩羅什譯　（明）釋德清撰　清光緒
陳寶晉刻本　一冊

620000－1101－0008207　468.22/668
金工教範二十四卷　（美國）康潑吞撰　（清）
王汝騤　（清）范熙庸譯　清光緒三十年
（1904）江南製造總局刻本　一冊　存七卷
（一至七）

620000－1101－0008208　468.22/668
金工教範二十四卷　（美國）康潑吞撰　（清）
王汝騤　（清）范熙庸譯　清光緒三十年
（1904）江南製造總局刻本　一冊

620000－1101－0008209　468.22/668
金工教範二十四卷　（美國）康潑吞撰　（清）
王汝騤　（清）范熙庸譯　清光緒三十年
（1904）江南製造總局刻本　一冊

620000－1101－0008210　1268
金光明最勝王經十卷　（唐）釋義淨譯　明成
化九年（1473）刻本　五冊　存五卷（六至十）

620000－1101－0008211　086.23/222.001
金華叢書六十七種七百四十四卷　（清）胡鳳
丹輯　清同治、光緒永康胡氏退補齋刻民國
補刻本　三百四十冊　存六十二種七百六卷
（金華叢書書目提要八卷，東萊呂氏古易一

卷、附周易音訓二卷，禹貢集解二卷，增修東
萊書說三十五卷、首一卷，書疑九卷，尚書表
注二卷，讀書叢說六卷，呂氏家塾讀詩記三十
二卷，詩疑二卷，詩集傳名物鈔八卷，左氏傳
說二十卷、首一卷，東萊先生左氏博議二十五
卷，大學疏義一卷，論語集註考證十卷，孟子
集注考證七卷、首一卷，讀四書叢說八卷，大
事記十二卷、通釋三卷、解題十二卷，西漢年
紀三十卷，青谿寇軌一卷，西征道里記一卷，
涉史隨筆二卷，洪武聖政記二卷，明朝國初事
跡一卷，旌義編二卷，浦陽人物記二卷，蜀碑
記十卷、首一卷、附辨謬考異一卷，唐鑑二十
四卷、附音注考異一卷，少儀外傳二卷，楓山
章先生語錄一卷、附考異一卷，日損齋筆記一
卷、附考證一卷，青巖叢錄一卷，華川卮辭一
卷，帝王經世圖譜十六卷、附錄一卷，詩律武
庫十五卷、後集十五卷，泊宅編一至三，玄真
子三卷，螢雪叢說二卷，臥游錄一卷，龍門子
凝道記三卷，駱丞集四卷、附辨謬考異二卷，
禪月集十二卷，忠簡公集七卷、附辨謬考異一
卷，北山文集三十卷、首一卷、末一卷，香谿集
二十二卷，呂東萊先生文集二十卷、首一卷，
龍川文集三十卷、首一卷、附錄一卷、辨謬考
異二卷，仁山先生金文安公文集五卷，白雲集
四卷、首一卷，淵穎集十二卷，黃文獻公集十
卷、首一卷、補遺一卷、附錄一卷，純白齋類稿
二十卷、首一卷、附錄二卷，鹿皮子集四卷，青
村遺稿一卷、附錄一卷，九靈山房集三十卷、
遺稿詩四卷、遺稿文一卷、首一卷、補編二卷，
宋學士全集三十二卷、補遺八卷、附錄二卷，
王忠文公集二十卷，蘇平仲集十六卷，胡仲子
集十卷，楓山章先生集九卷、附實紀八卷、附
楓山章先生年譜二卷，古文關鍵二卷，月泉吟
社三卷，石洞貽芳集二卷、補遺一卷、附考異
一卷）

620000－1101－0008212　086.23/222
金華叢書六十七種七百四十四卷　（清）胡鳳
丹輯　清同治、光緒永康胡氏退補齋刻民國
補刻本　五十九冊　存二十種一百六十七卷
（東萊呂氏古易一卷、附周易音訓二卷，讀書
叢說六卷，詩集傳名物鈔八卷，西漢年紀三十

425

卷,洪武聖政記二卷,旌義編二卷,浦陽人物記二卷,蜀碑記十卷、首一卷、附辨譌考異一卷,少儀外傳二卷,日損齋筆記一卷、附考證一卷、附錄一卷,青巖叢錄一卷,玄真子三卷,螢雪叢說二卷,臥遊錄一卷,北山文集三十卷、首一卷、末一卷,仁山先生金文安公文集五卷,純白齋類稿二十卷、首一卷、附錄二卷,鹿皮子集四卷,蘇平仲集十六卷,胡仲子集十卷)

620000－1101－0008213　2989

金華徵獻略二十卷 （清）王崇炳撰　清雍正十年(1732)金律刻本　八冊

620000－1101－0008214　1399

金姬傳一卷 （明）楊五川撰　**煙艇永懷三卷** （明）龔立本撰　清乾隆三十五年(1770)王嗣賢抄本　一冊

620000－1101－0008215　375

金精廖公秘授地學心法正傳畫筴扒砂經四卷補遺一卷 （宋）廖禹撰　（宋）彭大雄輯　明萬曆四十二年(1614)刻本　四冊

620000－1101－0008216　413.34/7.385.001

金匱方歌括六卷 （清）陳念祖撰　清咸豐五年(1855)重慶閭書業堂刻本　三冊

620000－1101－0008217　413.34/7.385.002

金匱方歌括六卷 （清）陳念祖撰　清光緒三十一年(1905)上海文盛堂書局刻本　一冊

620000－1101－0008218　413.34/7.385.003

金匱方歌括六卷 （清）陳念祖撰　清中晚期刻本　二冊

620000－1101－0008219　672.15/311.76

金匱縣輿地全圖不分卷 （清）華湛恩纂　**金匱縣斗則簡明冊二卷** （清）華耀庭輯　清光緒三十四年(1908)石印本　六冊

620000－1101－0008220　413.34/7.667

金匱要略淺註補正九卷 （漢）張仲景原文　（清）陳念祖淺注　（清）唐宗通補正　清光緒三十四年(1908)上海千頃堂書局石印本　一冊　存三卷(一至三)

620000－1101－0008221　413.34/7.386.05

金匱要略淺註方論合編十卷 （清）陳念祖撰　清宣統元年(1909)渭南嚴氏刻本　五冊

620000－1101－0008222　413.34/7.386.001

金匱要略淺註十卷 （清）陳念祖集注　清刻本　四冊

620000－1101－0008223　413.34/7.386.002

金匱要略淺註十卷 （清）陳念祖集注　清刻本　四冊　存九卷(二至十)

620000－1101－0008224　413.34/22.307.33

金匱要略心典三卷 （漢）張仲景撰　（清）尤怡集注　清同治八年(1869)刻本　三冊

620000－1101－0008225　413.34/22.307.32

金匱要略心典三卷 （漢）張仲景撰　（清）尤怡集注　清光緒七年(1881)刻本　三冊

620000－1101－0008226　413.34/22.307.32

金匱要略心典三卷 （漢）張仲景撰　（清）尤怡集注　清光緒七年(1881)刻本　三冊

620000－1101－0008227　413.34/7.355.001

金匱翼八卷 （清）尤怡輯　清嘉慶十八年(1813)刻本　八冊

620000－1101－0008228　413.34/7.355.001

金匱翼八卷 （清）尤怡輯　清嘉慶十八年(1813)刻本　八冊

620000－1101－0008229　413.34/7.201

金匱玉函經二注二十二卷補方一卷十藥神書一卷 （清）趙以德衍義　（清）周揚俊補校　（清）葉萬青參校　清道光十三年(1833)刻本　六冊　存二十二卷(一至十七,二十至二十二,補方一卷,十藥神書一卷)

620000－1101－0008230　331

金壘子上篇二十卷中篇十二卷下篇十二卷 （明）陳絳撰　明萬曆三十四年(1606)陳昱刻本　八冊

620000－1101－0008231　852.478/81

金梁夢月詞二卷懷夢詞一卷 （清）周之琦撰　清道光愛日軒陸貞一刻本　一冊

620000－1101－0008232　1372

金陵百詠一卷　（宋）曾極撰　清乾隆抄本
一冊

620000－1101－0008233　672.14/71.76

金陵待徵錄十卷　（清）金鰲輯　清光緒二年
(1876)金陵刻本　一冊

620000－1101－0008234　847.8/792

金陵賦一卷　程先甲撰　清宣統二年(1910)
石印本　一冊

620000－1101－0008235　847.8/792

金陵賦一卷　程先甲撰　清宣統二年(1910)
石印本　一冊

620000－1101－0008236　672.15/103.78

金陵歷代建置表一卷　（清）傅春官纂　清光
緒二十三年(1897)傅氏晦齋刻本　一冊

620000－1101－0008237　831/835

金陵詩徵四十四卷　（清）朱緒曾編　清光緒
十八年(1892)江寧翁長森刻本　十冊

620000－1101－0008238　689.21101/385

金陵瑣志八種十四卷　陳作霖　陳詒紱編
清光緒江寧陳氏可園刻民國八年(1919)續刻
一九六三年南京十竹齋印本　六冊

620000－1101－0008239　689.21101/385.001

金陵瑣志五種九卷續二種二卷　陳作霖編
清光緒江寧陳氏可園刻民國八年(1919)續刻
本　四冊

620000－1101－0008240　689.21101/385.001

金陵瑣志五種九卷續二種二卷　陳作霖編
清光緒江寧陳氏可園刻民國八年(1919)續刻
本　五冊

620000－1101－0008241　072.353/514

金樓子六卷　（南朝梁）蕭繹撰　清光緒元年
(1875)湖北崇文書局刻本　二冊

620000－1101－0008242　072.353/514

金樓子六卷　（南朝梁）蕭繹撰　清光緒元年
(1875)湖北崇文書局刻本　二冊

620000－1101－0008243　856.7/381.2

金臚策楷不分卷　（清）陳冠生撰　清光緒十
九年(1893)同文書局石印本　一冊

620000－1101－0008244　847.1/987

金聖歎全集八卷　（清）金人瑞著　清末民國
初上海錦文堂石印本　八冊

620000－1101－0008245　847.1/987

金聖歎全集八卷　（清）金人瑞著　清末民國
初上海錦文堂石印本　八冊

620000－1101－0008246　683.21/987

金山志二十卷首二卷　（清）周伯義編　（清）
陳任暘訂　清光緒三十年(1904)刻本　八冊

620000－1101－0008247　683.21/987

金山志二十卷首二卷　（清）周伯義編　（清）
陳任暘訂　清光緒三十年(1904)刻本　十冊

620000－1101－0008248　357.5/719

金石表一卷　（清）江南製造總局編　清光緒
九年(1883)江南製造總局鉛印本　一冊

620000－1101－0008249　357.5/719

金石表一卷　（清）江南製造總局編　清光緒
九年(1883)江南製造總局鉛印本　一冊

620000－1101－0008250　357.5/719

金石表一卷　（清）江南製造總局編　清光緒
九年(1883)江南製造總局鉛印本　一冊

620000－1101－0008251　357.5/719

金石表一卷　（清）江南製造總局編　清光緒
九年(1883)江南製造總局鉛印本　一冊

620000－1101－0008252　357.5/719

金石表一卷　（清）江南製造總局編　清光緒
九年(1883)江南製造總局鉛印本　一冊

620000－1101－0008253　357.5/719

金石表一卷　（清）江南製造總局編　清光緒
九年(1883)江南製造總局鉛印本　一冊

620000－1101－0008254　357.5/719

金石表一卷　（清）江南製造總局編　清光緒
九年(1883)江南製造總局鉛印本　一冊

620000－1101－0008255　357.5/719

金石表一卷 （清）江南製造總局編 清光緒九年（1883）江南製造總局鉛印本 一冊

620000－1101－0008256 793.3/768

金石莂不分卷 （清）馮承輝輯 清嘉慶二十三年（1818）金陵劉貢九刻本 一冊

620000－1101－0008257 791.2/118.1

金石萃編補略二卷 （清）王言撰 清光緒八年（1882）仁和王氏刻本 二冊

620000－1101－0008258 791.2/118.001

金石萃編一百六十卷 （清）王昶撰 清嘉慶十年（1805）刻本 二十五冊 存一百九卷（一至一百九）

620000－1101－0008259 791.2/118

金石萃編一百六十卷 （清）王昶撰 清嘉慶十年（1805）刻同治十一年（1872）補刻本 八十冊

620000－1101－0008260 791.2/118

金石萃編一百六十卷 （清）王昶撰 清嘉慶十年（1805）刻同治十一年（1872）補刻本 八十冊

620000－1101－0008261 791.2/118

金石萃編一百六十卷 （清）王昶撰 清嘉慶十年（1805）刻同治十一年（1872）補刻本 四十冊

620000－1101－0008262 791.2/118

金石萃編一百六十卷 （清）王昶撰 清嘉慶十年（1805）刻同治十一年（1872）補刻本 五十五冊 存一百十七卷（一至六十六、八十九至一百三十九）

620000－1101－0008263 791.2/118

金石萃編一百六十卷 （清）王昶撰 清嘉慶十年（1805）刻同治十一年（1872）補刻本 二十四冊 存五十九卷（九十至一百十、一百二十三至一百六十）

620000－1101－0008264 791.2/11

金石萃編一百六十卷 （清）王昶撰 金石續編二十一卷 （清）陸耀遹纂修 （清）陸增祥

校訂 清光緒十九年（1893）上海醉六堂石印本 二十四冊

620000－1101－0008265 794.2/433

金石存十五卷 （清）吳玉搢編 清嘉慶二十四年（1819）刻本 四冊

620000－1101－0008266 1905

金石例補二卷 （清）郭麐撰 清嘉慶十八年（1813）刻本 一冊

620000－1101－0008267 794.5/636

金石例補二卷 （清）郭麐撰 清光緒四年（1878）刻本 一冊

620000－1101－0008268 794.2/504

金石錄補二十七卷 （清）葉奕苞撰 清道光刻本 四冊

620000－1101－0008269 791.7/200.1

金石錄三十卷 （宋）趙明誠編 金石錄札記一卷 繆荃孫撰 今存碑目一卷 繆荃孫輯 清光緒三十一年（1905）刻結一廬朱氏賸餘叢書本 四冊

620000－1101－0008270 972

金石錄三十卷 （宋）趙明誠撰 清乾隆二十七年（1762）雅雨堂刻本 六冊

620000－1101－0008271 1880

金石錄三十卷 （宋）趙明誠撰 清乾隆二十七年（1762）雅雨堂刻本 八冊

620000－1101－0008272 623

金石三例十五卷 （清）盧見曾編 清乾隆二十年（1755）盧見曾刻本 二冊

620000－1101－0008273 790.18/48

金石三例十五卷 （清）盧見曾編 清嘉慶十六年（1811）饒向榮刻本 四冊

620000－1101－0008274 790.18/48.001

金石三例十五卷 （清）盧見曾編 清光緒四年（1878）南海馮氏讀有用書齋刻朱墨套印本 四冊

620000－1101－0008275 357.1/911

金石識別十二卷 （美國）代那著 （美國）瑪

高溫口譯　（清）華蘅芳筆述　清同治十一年
(1872)江南機器製造總局刻本　六冊

620000－1101－0008276　357.1/911

金石識別十二卷　（美國）代那著　（美國）瑪
高溫口譯　（清）華蘅芳筆述　清同治十一年
(1872)江南機器製造總局刻本　六冊

620000－1101－0008277　357.1/911

金石識別十二卷　（美國）代那著　（美國）瑪
高溫口譯　（清）華蘅芳筆述　清同治十一年
(1872)江南機器製造總局刻本　六冊

620000－1101－0008278　357.1/911

金石識別十二卷　（美國）代那著　（美國）瑪
高溫口譯　（清）華蘅芳筆述　清同治十一年
(1872)江南機器製造總局刻本　五冊

620000－1101－0008279　357.1/911

金石識別十二卷　（美國）代那著　（美國）瑪
高溫口譯　（清）華蘅芳筆述　清同治十一年
(1872)江南機器製造總局刻本　六冊

620000－1101－0008280　357.1/911

金石識別十二卷　（美國）代那著　（美國）瑪
高溫口譯　（清）華蘅芳筆述　清同治十一年
(1872)江南機器製造總局刻本　六冊

620000－1101－0008281　357.1/911.001

金石識別十二卷名目表一卷　（美國）代那著
（美國）瑪高溫口譯　（清）華蘅芳筆述　清
光緒二十三年(1897)上海著易堂石印本
三冊

620000－1101－0008282　791.7/637

金石史二卷　（明）郭宗昌撰　**閒者軒帖考一
卷**　（清）孫承澤撰　清刻知不足齋叢書本
一冊

620000－1101－0008283　791.2/765.001

金石索十二卷首一卷　（清）馮雲鵬　（清）馮
雲鵷輯　清道光元年(1821)滋陽縣署刻本
十二冊

620000－1101－0008284　791.2/765.001

金石索十二卷首一卷　（清）馮雲鵬　（清）馮

雲鵷輯　清道光元年(1821)滋陽縣署刻本
十二冊

620000－1101－0008285　791.2/765.001

金石索十二卷首一卷　（清）馮雲鵬　（清）馮
雲鵷輯　清道光元年(1821)滋陽縣署刻本
十二冊

620000－1101－0008286　791.2/765

金石索十二卷首一卷　（清）馮雲鵬　（清）馮
雲鵷輯　清光緒三十二年(1906)文新局石印
本　二十四冊

620000－1101－0008287　791.2/765

金石索十二卷首一卷　（清）馮雲鵬　（清）馮
雲鵷輯　清光緒三十二年(1906)文新局石印
本　二十四冊

620000－1101－0008288　791.2/765

金石索十二卷首一卷　（清）馮雲鵬　（清）馮
雲鵷輯　清光緒三十二年(1906)上海文新局
石印本　二十三冊

620000－1101－0008289　791.2/765

金石索十二卷首一卷　（清）馮雲鵬　（清）馮
雲鵷輯　清光緒三十二年(1906)上海文新局
石印本　十三冊　存七卷(金索六卷、石索
六)

620000－1101－0008290　791.2/204

金石文鈔八卷金石續鈔二卷　（清）趙紹祖輯
清光緒二年(1876)趙集成刻本　十冊

620000－1101－0008291　791.2/129.001

金石文字辨異十二卷　（清）邢澍撰　清道光
十三年(1833)刻本　九冊

620000－1101－0008292　1865

金石文字記六卷　（清）顧炎武撰　清康熙潘
氏遂初堂刻亭林遺書本　三冊

620000－1101－0008293　2678

金石文字記六卷　（清）顧炎武撰　清康熙潘
氏遂初堂刻亭林遺書本　二冊

620000－1101－0008294　794.2/392

金石續編二十一卷　（清）陸耀遹撰　（清）陸

增祥校訂　清同治十三年(1874)雙白燕堂刻本　十六冊

620000－1101－0008295　794.2/392

金石續編二十一卷　（清）陸耀遹撰　（清）陸增祥校訂　清同治十三年(1874)雙白燕堂刻本　十冊

620000－1101－0008296　794.2/392

金石續編二十一卷　（清）陸耀遹撰　（清）陸增祥校訂　清同治十三年(1874)雙白燕堂刻本　十六冊

620000－1101－0008297　791.7/394

金石學錄補四卷　（清）陸心源編　清光緒刻本　二冊

620000－1101－0008298　791.2/0.987

金石苑不分卷　（清）劉喜海撰　清道光二十八年(1848)來鳳堂刻本　八冊

620000－1101－0008299　427

金石韻府五卷　（明）朱雲撰　明刻朱印本　五冊

620000－1101－0008300　625.403/290.1

金史紀事本末五十二卷首一卷　（清）李有棠編纂　清光緒二十七年(1901)廣雅書局刻本　六冊

620000－1101－0008301　625.63/288

金史紀事本末五十二卷首一卷末一卷　（清）李有棠編纂　清光緒二十九年(1903)李杝鄂樓刻本　十二冊

620000－1101－0008302　625.601/628

金史詳校十卷首一卷末一卷　（清）施國祁撰　清同治十二年(1873)刻本　十冊

620000－1101－0008303　625.601/812.001

金史一百三十五卷附考證附欽定金國語解一卷　（元）脫脫等修　清同治十三年(1874)江蘇書局刻本　二十四冊

620000－1101－0008304　625.601/812.001

金史一百三十五卷附考證附欽定金國語解一卷　（元）脫脫等修　清同治十三年(1874)江蘇書局刻本　十八冊　存一百四卷(三十二至一百三十五)

620000－1101－0008305　625.601/812.001

金史一百三十五卷附考證附欽定金國語解一卷　（元）脫脫等修　清同治十三年(1874)江蘇書局刻本　二十冊

620000－1101－0008306　625.601/812.002

金史一百三十五卷附考證附欽定金國語解一卷　（元）脫脫等修　清光緒十四年(1888)上海圖書集成印書局石印本　三冊　存十九卷(一至十一、五十一至五十八)

620000－1101－0008307　625.601/81.16

金史一百三十五卷附考證附欽定金國語解一卷　（元）脫脫等修　清光緒二十九年(1903)五洲同文局石印本　二十四冊

620000－1101－0008308　1719

金史一百三十五卷目錄二卷　（元）脫脫等撰　明嘉靖八年(1529)南京國子監刻明清遞修本　五冊　存二十四卷(二十至三十、四十至五十二)

620000－1101－0008309　4460

金史一百三十五卷目錄二卷　（元）脫脫等撰　明嘉靖八年(1529)南京國子監刻明清遞修本　三冊　存八卷(八十七至九十四)

620000－1101－0008310　4461

金史一百三十五卷目錄二卷　（元）脫脫等撰　明嘉靖八年(1529)南京國子監刻明清遞修本　十四冊　存五十一卷(六十六至八十七、九十四至一百五、一百十九至一百三十五)

620000－1101－0008311　4462

金史一百三十五卷目錄二卷　（元）脫脫等撰　明嘉靖八年(1529)南京國子監刻明清遞修本　二冊　存七卷(四十三至四十九)

620000－1101－0008312　4463

金史一百三十五卷目錄二卷　（元）脫脫等撰　明嘉靖八年(1529)南京國子監刻明清遞修本　十一冊　存三十六卷(七十一至七十八、八十七至一百六、一百二十八至一百三十五)

620000－1101－0008313　4464

金史一百三十五卷目錄二卷　（元）脫脫等撰
明嘉靖八年(1529)南京國子監刻明清遞修
本　二冊　存十四卷(八十至八十七、一百二
十一至一百二十六)

620000－1101－0008314　4465

金史一百三十五卷目錄二卷　（元）脫脫等撰
明嘉靖八年(1529)南京國子監刻明清遞修
本　四冊　存十三卷(八十七至九十三、九十
五至一百)

620000－1101－0008315　858.419/0.987

金鎖寶卷不分卷　（□）□□撰　清光緒二十
六年(1900)刻本　一冊

620000－1101－0008316　858.419/0.987

金鎖寶卷不分卷　（□）□□撰　清光緒二十
六年(1900)刻本　一冊

620000－1101－0008317　856.7/314

金臺書院課士錄不分卷　（清）張集馨選輯
清光緒三年至四年(1877－1878)京師刻本
十冊

620000－1101－0008318　592/293.001

金湯借箸十二籌十二卷　（清）李盤撰　清咸
豐五年(1855)淮南李氏刻本　一冊　存三卷
(八至十)

620000－1101－0008319　592/293

金湯借箸十二籌十二卷　（明）李盤撰　清咸
豐五年(1855)淮南李氏刻本　八冊

620000－1101－0008320　1049

金文靖公集十卷外集一卷　（明）金幼孜撰
明成化四年(1468)金昭伯刻弘治六年(1493)
戶淵重修本　八冊

620000－1101－0008321　830.56/525

金文雅十六卷　（清）莊仲方編　清光緒十七
年(1891)江蘇書局刻本　四冊

620000－1101－0008322　830.56/525

金文雅十六卷　（清）莊仲方輯　清光緒十七
年(1891)江蘇書局刻本　四冊

620000－1101－0008323　830.56/525

金文雅十六卷　（清）莊仲方編　清光緒十七
年(1891)江蘇書局刻本　四冊

620000－1101－0008324　830.56/525

金文雅十六卷　（清）莊仲方編　清光緒十七
年(1891)江蘇書局刻本　四冊

620000－1101－0008325　835.56/315.1

金文最六十卷　（清）張金吾輯　清光緒二十
一年(1895)蘇州書局刻本　十六冊

620000－1101－0008326　835.56/315.1

金文最六十卷　（清）張金吾輯　清光緒二十
一年(1895)蘇州書局刻本　十六冊

620000－1101－0008327　835.56/315.1

金文最六十卷　（清）張金吾輯　清光緒二十
一年(1895)蘇州書局刻本　十六冊

620000－1101－0008328　835.56/315

金文最一百二十卷　（清）張金吾輯　清光緒
八年(1882)粵雅堂刻本　三十六冊

620000－1101－0008329　591.8/500

金吾事例十卷　（清）多羅定郡王纂　清咸豐
元年(1851)刻本　十一冊　存九卷(設官上、
下,章程一至六,緝捕上)

620000－1101－0008330　413/0.987

金仙証論不分卷　（清）柳華陽撰並注　清道
光二十八年(1848)兩儀堂刻本　一冊

620000－1101－0008331　567.3/0.987

金縣賦役全書不分卷　（清）□□編　清咸豐
三年(1853)刻本　三冊

620000－1101－0008332　967

金薤琳琅二十卷　（清）都穆撰　補遺一卷
(清)宋振譽撰　清乾隆四十三年(1778)汪狄
洲刻本　二冊

620000－1101－0008333　791.11/622

金玉瑣碎二卷　（清）謝堃撰　清光緒六年
(1880)刻本　一冊

620000－1101－0008334　857.47/141.0011

金玉緣一百二十卷首一卷　（清）曹雪芹撰

清光緒三十四年(1908)求不負齋石印本
八冊

620000－1101－0008335　847.5/73

金源紀事詩八卷　（清）湯運泰著　（清）湯顯
業　（清）湯顯榦注　清同治十二年(1873)淮
南書局刻本　四冊

620000－1101－0008336　857.44/159

金鐘傳八卷六十四回　（清）□□著　清光緒
二十二年(1896)樂善堂刻本　八冊

620000－1101－0008337　671.18/306

津門雜記三卷　（清）張燾輯　清光緒十年
(1884)刻本　三冊

620000－1101－0008338　671.18/306

津門雜記三卷　（清）張燾輯　清光緒十年
(1884)刻本　三冊

620000－1101－0008339　525.99/825

錦江書院條約不分卷　（清）牛雪樵撰　清同
治十一年(1872)薛銓善等刻本　一冊

620000－1101－0008340　857.47/125

錦香亭四卷　（清）素菴主人著　清晚期坊刻
本　一冊　存一卷(二)

620000－1101－0008341　2623

錦字箋四卷　（清）黃湰纂　清康熙二十八年
(1689)刻本　四冊

620000－1101－0008342　2508

近光集二十八卷　（清）汪士鋐輯　清康熙五
十八年(1719)刻本　八冊

620000－1101－0008343　2883

近光集二十八卷　（清）汪士鋐輯　清康熙五
十八年(1719)刻本　八冊

620000－1101－0008344　856.7/947

近科鄉會墨選清腴續編六卷　（清）徐樹銘輯
　清同治六年(1867)刻本　六冊

620000－1101－0008345　330.379/454

近世物理學教科書九卷正誤表不分卷　（日
本）中村清二著　（清）學部編譯圖書局譯
清光緒三十二年(1906)學部編譯圖書局鉛印

本　三冊

620000－1101－0008346　330.379/454

近世物理學教科書九卷正誤表不分卷　（日
本）中村清二著　（清）學部編譯圖書局譯
清光緒三十二年(1906)學部編譯圖書局鉛印
本　一冊　存四卷(六至九)

620000－1101－0008347　627.64/299

近世中國秘史一卷　（清）捫蝨談虎客編　清
光緒三十年(1904)廣智書局鉛印本　一冊

620000－1101－0008348　2920

近思錄集解十四卷　（宋）朱熹輯　（宋）葉采
集解　清康熙刻本　二冊

620000－1101－0008349　125.5/828.07

近思錄集解十四卷　（宋）朱熹輯　（宋）葉采
集解　清光緒十年(1884)津河廣仁堂刻本
二冊

620000－1101－0008350　125.5/828.07

近思錄集解十四卷　（宋）朱熹輯　（宋）葉采
集解　清光緒十年(1884)津河廣仁堂刻本
二冊

620000－1101－0008351　125.5/828.004

近思錄十四卷　（宋）朱熹編　（清）江永集注
　考訂朱子世家一卷　（清）江永撰　清嘉慶
十二年(1807)刻本　四冊

620000－1101－0008352　125.5/828.003

近思錄十四卷　（清）姚椿批注　清道光三年
(1823)刻本　一冊

620000－1101－0008353　125.5/828.005

近思錄十四卷　（宋）朱熹編　（清）江永集注
　清同治八年(1869)江蘇書局刻本　二冊
存七卷(二至八)

620000－1101－0008354　125.5/828.001

近思錄十四卷　（宋）朱熹編　（清）江永集注
　考訂朱子世家一卷　（清）江永撰　清光緒
十五年(1889)金陵書局刻本　四冊

620000－1101－0008355　125.5/828.001

近思錄十四卷　（宋）朱熹編　（清）江永集注

考訂朱子世家一卷 （清）江永撰 清光緒
十五年(1889)金陵書局刻本 二冊

620000－1101－0008356 125.5/828.002
近思錄十四卷考訂朱子世家一卷 （清）江永
集注 清光緒二十七年(1901)上海文瑞樓石
印本 四冊

620000－1101－0008357 680
勁草堂詩稿三卷詩餘一卷 （清）甘國基撰
清方氏碧琳琅館抄本 八冊

620000－1101－0008358 843.11/24.30
晉杜征南集一卷 （晉）杜預著 （明）張溥閱
清晚期刻本 一冊

620000－1101－0008359 3305
晉記六十八卷首一卷 （清）郭倫撰 清乾隆
五十一年(1786)有斐堂刻本（卷十六至十七
係抄配） 二十四冊

620000－1101－0008360 623.101/820
晉略六十六卷 （清）周濟撰 清光緒二年
(1876)味隽齋刻本 十冊

620000－1101－0008361 623.101/820
晉略六十六卷 （清）周濟撰 清光緒二年
(1876)味隽齋刻本 十冊

620000－1101－0008362 623.101/820
晉略六十六卷 （清）周濟撰 清光緒二年
(1876)味隽齋刻本 十冊

620000－1101－0008363 629.14/0.342
晉省使費原詳章程不分卷 （□）□□編 清
宣統山西濬文書局鉛印本 一冊

620000－1101－0008364 082.78/994.3
晉石厂叢書十種十卷 （清）姚慰祖輯 清光
緒七年(1881)刻本 六冊

620000－1101－0008365 623.101/813
晉書校勘記四卷 （清）周家祿撰 清光緒十
四年(1888)廣雅書局初刻本 一冊

620000－1101－0008366 623.101/813.001
晉書校勘記五卷 （清）周家祿撰 清光緒十
四年(1888)廣雅書局刻十六年(1890)補刻廣

雅書局叢書本 一冊

620000－1101－0008367 1167
晉書一百三十卷 （唐）房玄齡等撰 音義三
卷 （唐）何超撰 元刻明清遞修本(卷一百
一至一百七配汲古閣本) 三十七冊

620000－1101－0008368 1679
晉書一百三十卷 （唐）房玄齡等撰 音義三
卷 （唐）何超撰 元刻明清遞修本 二十三
冊 存七十八卷(一至二、十一至三十七、四
十一、四十七至五十一、五十五至五十六、七
十三、七十五、八十九至九十七、一百一至一
百三十)

620000－1101－0008369 976
晉書一百三十卷 （唐）房玄齡等撰 音義三
卷 （唐）何超撰 明萬曆二十四年(1596)北
京國子監刻本(卷二十一至二十四配鍾人傑
本、卷一百二十至一百二十八配汲古閣本)
十八冊 存一百十五卷(一至七十九、九十五
至一百三十)

620000－1101－0008370 1772
晉書一百三十卷 （唐）房玄齡等撰 音義三
卷 （唐）何超撰 明萬曆二十四年(1596)北
京國子監刻本 三冊 存十卷(十至十二、三
十七至四十、九十八至一百）

620000－1101－0008371 1040
晉書一百三十卷 （唐）房玄齡等撰 明崇禎
元年(1628)毛氏汲古閣刻本 三十二冊

620000－1101－0008372 1746
晉書一百三十卷 （唐）房玄齡等撰 明崇禎
元年(1628)毛氏汲古閣刻本 二十四冊

620000－1101－0008373 1774
晉書一百三十卷 （唐）房玄齡等撰 （唐）何
超音義 明吳氏西爽堂刻本 十四冊 存八
十七卷(十八至二十三、二十九至六十、六十
八至一百三、一百十三至一百二十五）

620000－1101－0008374 3153
晉書一百三十卷 （唐）房玄齡等撰 （唐）何
超音義 （明）鍾人傑輯評 明鍾人傑刻本

四冊 存十四卷(一至三、七至十七)

620000－1101－0008375 3387
晉書一百三十卷 （唐)房玄齡等撰 （唐)何超音義 （明)鍾人傑輯評 明鍾人傑刻本
六冊 存二十九卷(帝紀十卷,列傳一至五、二十九至四十二)

620000－1101－0008376 4140
晉書一百三十卷 （唐)房玄齡等撰 （唐)何超音義 （明)鍾人傑輯評 明鍾人傑刻本
二冊 存七卷(列傳三十七至三十九、載記二十六至二十九)

620000－1101－0008377 1773
晉書一百三十卷 （唐)房玄齡等撰 **音義三卷** （唐)何超撰 清乾隆四年(1739)武英殿刻本 十冊 存四十七卷(三十一至六十四、七十至八十二)

620000－1101－0008378 623.101/95.1602
晉書一百三十卷 （唐)房玄齡等撰 **音義三卷** （唐)何超撰 清同治十年(1871)金陵書局刻本 二十冊

620000－1101－0008379 623.101/95.16
晉書一百三十卷 （唐)房玄齡等撰 **音義三卷** （唐)何超撰 清光緒二十九年(1903)五洲同文局石印本 三十冊

620000－1101－0008380 4467
晉書一百三十卷 （唐)房玄齡等撰 （唐)何超音義 明吳氏西爽堂刻本 二冊 存四卷(五十三至五十六)

620000－1101－0008381 623.101/95.1604
晉書一百三十卷 （唐)房玄齡等撰 清古吳書業趙氏刻本 二十九冊 存一百二十三卷(一至一百、一百八至一百三十)

620000－1101－0008382 623.083/20
晉宋書故一卷 （清)郝懿行撰 清光緒十七年(1891)刻本 一冊

620000－1101－0008383 623.083/20.001
晉宋書故一卷 （清)郝懿行撰 清嘉慶二十

一年(1816)刻郝氏遺書本 一冊

620000－1101－0008384 623.083/20.001
晉宋書故一卷 （清)郝懿行撰 清嘉慶二十一年(1816)刻郝氏遺書本 一冊

620000－1101－0008385 623.083/20.001
晉宋書故一卷 （清)郝懿行撰 清嘉慶二十一年(1816)刻郝氏遺書本 一冊

620000－1101－0008386 623.083/20.001
晉宋書故一卷宋瑣語一卷 （清)郝懿行撰 清嘉慶二十一年(1816)刻郝氏遺書本 三冊

620000－1101－0008387 843.2/119
晉王右軍集二卷 （晉)王羲之著 （明)張溥閱 清光緒刻本 二冊

620000－1101－0008388 3100
晉文歸八卷 （明)鍾惺輯評 明末古香齋刻本 一冊 存四卷(五至八)

620000－1101－0008389 319
晉溪本兵敷奏十四卷 （明)王瓊撰 明嘉靖二十三年(1544)廖希顏、江濬刻本 十四冊

620000－1101－0008390 843.2/314
晉張思空集一卷 （晉)張華著 清光緒五年(1879)信述堂刻本 一冊

620000－1101－0008391 2662
晉政輯要八卷 （清)鄭源璹等輯 清乾隆五十四年(1789)刻本 八冊

620000－1101－0008392 071.78/252
晉專宋瓦室類稿五卷 （清)桂坫撰 清光緒二十四年(1898)刻本 一冊

620000－1101－0008393 856.7/229
進科鄉會墨選不分卷 （清)韓秉泰評選 清咸豐元年(1851)刻本 二冊

620000－1101－0008394 585
禁扁五卷 （元)王士點撰 清抄本 五冊

620000－1101－0008395 825/362
縉山書院文話四卷 （清)孫萬春著 清光緒十一年(1885)清苑孫氏家塾刻本 四冊

620000 – 1101 – 0008396　625.04/949

燼餘錄二卷　（元）徐大焯撰　清光緒吳縣謝
氏刻望炊樓叢書本　一冊

620000 – 1101 – 0008397　625.04/949.001

燼餘錄二卷　（元）徐大焯撰　（清）國學保存
會輯　清光緒、宣統國學保存會鉛印本
一冊

620000 – 1101 – 0008398　059/0.651

京報不分卷　（□）□□撰　清光緒刻本
六冊

620000 – 1101 – 0008399　059/0.651.001

京報不分卷　（清）□□擬　清同治天聚報房
刻本　一冊

620000 – 1101 – 0008400　059/0.651.002

京報不分卷　（清）□□擬　清光緒三十年
(1904)甘肅新報局刻本　一冊

620000 – 1101 – 0008401　508

京本呂氏春秋明解大全二十六卷　（漢）高誘
注　明嘉靖十三年(1534)明德書堂刻本
八冊

620000 – 1101 – 0008402　797.11/36.001

京畿金石考二卷　（清）孫星衍撰　清道光二
十六年(1846)宏道書院刻惜陰軒叢書本
二冊

620000 – 1101 – 0008403　797.11/36

京畿金石考二卷　（清）孫星衍撰　清光緒十
二年(1886)吳縣朱氏槐廬家塾刻本　一冊

620000 – 1101 – 0008404　684.021/272.001

京口山水志十八卷首一卷末一卷　（清）楊棨
撰　清道光刻本　六冊

620000 – 1101 – 0008405　684.021/272

京口山水志十八卷首一卷末一卷　（清）楊棨
撰　清光緒五年(1879)刻本　四冊

620000 – 1101 – 0008406　098.178/120

京師大學堂經學科講義不分卷　（清）王舟瑤
講述　清光緒味經官書局鉛印本　一冊

620000 – 1101 – 0008407　190.08/310

京師大學堂倫理學講義二十章　（清）張鶴齡
撰　京師大學堂經學科講義十一章　（清）王
舟瑤撰　清光緒鉛印本　一冊

620000 – 1101 – 0008408　176/810

京師大學堂心理學講義不分卷　（日本）服部
宇之吉講述　清光緒鉛印本　一冊

620000 – 1101 – 0008409　660.37/842.05

京師大學堂中國地理志講義不分卷　（清）鄒
代鈞撰　清末蘭州官書局鉛印本　一冊

620000 – 1101 – 0008410　660.37/842.05

京師大學堂中國地理志講義不分卷　（清）鄒
代鈞撰　清末蘭州官書局鉛印本　一冊

620000 – 1101 – 0008411　660.37/842.05

京師大學堂中國地理志講義不分卷　（清）鄒
代鈞撰　清末蘭州官書局鉛印本　一冊

620000 – 1101 – 0008412　660.37/842.05

京師大學堂中國地理志講義不分卷　（清）鄒
代鈞撰　清末蘭州官書局鉛印本　一冊

620000 – 1101 – 0008413　681.1/86

京師坊巷志稿二卷　（清）朱一新撰　清光緒
葆真堂刻本　二冊

620000 – 1101 – 0008414　820/37

京師優集師範國文講義不分卷　（清）陳曾則
編纂　清宣統三年(1911)商務印書館鉛印本
一冊

620000 – 1101 – 0008415　653.7/0.651

京外文武行走定制不分卷　（清）□□編　清
晚期刻本　一冊

620000 – 1101 – 0008416　856.7/905

京選考卷味蒓初二集合編□□卷　（清）何錦
江輯　清同治九年(1870)刻本　一冊　存一
卷(初集上)

620000 – 1101 – 0008417　327.1/684

荊楚歲時記一卷　（晉）宗懍撰　南方草木狀
三卷　（晉）嵇含撰　竹譜一卷　（晉）戴凱之
撰　古今刀劍錄一卷　（南朝梁）陶弘景撰
鼎錄一卷　（南朝梁）虞荔撰　清嘉慶刻廣漢

魏叢書本　一冊

620000－1101－0008418　40

荆川先生精選批點史記十二卷　（明）唐順之
輯　明嘉靖刻本　四冊

620000－1101－0008419　626.04/384

荆駝逸史五十四種八十六卷　（清）陳湖逸士
輯　清晚期刻本　三十二冊

620000－1101－0008420　626.04/384

荆駝逸史五十四種八十六卷　（清）陳湖逸士
輯　清晚期刻本　二十冊

620000－1101－0008421　626.04/384

荆駝逸史五十四種八十六卷　（清）陳湖逸士
輯　清晚期刻本　三十二冊

620000－1101－0008422　629.7/341.3

荆州記三卷　（南朝宋）盛宏之撰　清光緒十
九年(1893)刻本　一冊

620000－1101－0008423　682.9/920.001

荆州萬城隄續志十卷首一卷末一卷　（清）舒
惠纂　清光緒二十年(1894)刻本　四冊

620000－1101－0008424　672.54/503.781

荆州萬城隄志十卷首一卷末一卷　（清）倪文
蔚纂　清光緒二年(1876)刻本　六冊

620000－1101－0008425　672.54/503.781

荆州萬城隄志十卷首一卷末一卷　（清）倪文
蔚纂　清光緒二年(1876)刻本　六冊

620000－1101－0008426　682.9/920.001

荆州萬城隄志十卷首一卷末一卷　（清）倪文
蔚纂　荆州萬城隄續志十卷首一卷末一卷
（清）舒惠纂　清光緒二年(1876)刻二十一年
(1895)補刻本　十冊

620000－1101－0008427　682.9/920

荆州萬城隄志十卷首一卷末一卷　（清）倪文
蔚纂　清光緒十一年(1885)兩疆勉齋刻本
六冊

620000－1101－0008428　086.22/76.204

涇川叢書五十一種八十五卷　（清）趙紹祖
（清）趙繩祖輯　清道光古墨齋刻本　二十

四冊

620000－1101－0008429　566.9216/761

涇川直隸州造報光緒二十年倉儲耗羡清冊一
卷　（清）曾麟綬編　清光緒二十六年(1900)
曾麟綬抄本　一冊

620000－1101－0008430　1244

涇川朱氏宗譜十六卷首一卷末一卷　（清）朱
世潤等纂修　清乾隆刻本　十六冊

620000－1101－0008431　3698

涇渭考辨一卷　（清）李殿圖　（清）胡紀謨撰
清乾隆刻本　一冊

620000－1101－0008432　846.5/445

涇野先生別集十三卷　（明）呂柟撰　清道光
二十年(1840)宏道書院刻惜陰軒叢書本
六冊

620000－1101－0008433　846.5/445.01

涇野先生別集十三卷　（明）呂柟撰　清道光
二十年(1840)宏道書院刻惜陰軒叢書本
六冊

620000－1101－0008434　097.507/445

涇野先生四書因問六卷　（明）呂柟撰　（明）
魏廷萱會集　清晚期刻本　四冊

620000－1101－0008435　3727

涇野先生文集八卷　（明）呂柟撰　明萬曆刻
本　八冊

620000－1101－0008436　846.5/445.01

涇野先生文集三十八卷　（明）呂柟撰　清道
光十二年(1832)關中書院刻本　四冊

620000－1101－0008437　671.65/321.791

涇州直隸州地理調查表一卷　（清）楊丙榮編
清宣統抄本　一冊

620000－1101－0008438　782.621/0.125

旌表全案一卷　（清）□□編　清光緒刻本
一冊

620000－1101－0008439　098.06/113

經傳釋詞十卷　（清）王引之撰　清道光二十
七年(1847)刻本　二冊

620000－1101－0008440　802.1/437

經詞衍釋十卷補遺一卷　（清）吳昌瑩著　清光緒三年(1877)得一齋刻本　二冊

620000－1101－0008441　847.7/659

經德堂集十四卷　（清）龍啓瑞撰　**梅神吟館詩草一卷**　（清）何慧生撰　**槐廬詩學一卷**（清）龍繼棟撰　清光緒四年(1878)京師刻本八冊

620000－1101－0008442　2542

經典釋文三十卷　（唐）陸德明撰　清康熙成德刻通志堂經解本　十冊

620000－1101－0008443　4233

經典釋文三十卷　（唐）陸德明撰　清康熙成德刻通志堂經解本　二冊　存五卷(十二至十四、二十七至二十八)

620000－1101－0008444　3259

經典釋文三十卷　（唐）陸德明撰　**考證三十卷**　（清）盧文弨撰　清乾隆五十六年(1791)盧氏抱經堂刻本　十二冊

620000－1101－0008445　3293

經典釋文三十卷　（唐）陸德明撰　**考證三十卷**　（清）盧文弨撰　清乾隆五十六年(1791)盧氏抱經堂刻本　十六冊

620000－1101－0008446　3844

經典釋文三十卷　（唐）陸德明撰　**考證三十卷**　（清）盧文弨撰　清乾隆五十六年(1791)盧氏抱經堂刻本　六冊　存十七卷(經典釋文一至十七)

620000－1101－0008447　802.17/38

經典釋文三十卷　（唐）陸德明撰　**考證三十卷**　（清）盧文弨撰　清同治八年(1869)湖北崇文書局刻本　十二冊

620000－1101－0008448　802.17/38

經典釋文三十卷　（唐）陸德明撰　**考證三十卷**　（清）盧文弨撰　清同治八年(1869)湖北崇文書局刻本　六冊　存十七卷(經典釋文一至十七)

620000－1101－0008449　802.17/38

經典釋文三十卷　（唐）陸德明撰　**考證三十卷**　（清）盧文弨撰　清同治八年(1869)湖北崇文書局刻本　十二冊

620000－1101－0008450　802.17/38.001

經典釋文三十卷　（唐）陸德明撰　**考證三十卷**　（清）盧文弨撰　清同治十三年(1874)成都尊經書院刻本　十冊

620000－1101－0008451　098.037/670

經語甲編二卷　廖平撰　清光緒二十三年(1897)尊經書局刻本　二冊

620000－1101－0008452　012.5/659

經籍舉要不分卷　（清）龍啓瑞撰　清光緒八年(1882)甘肅督學使者陸爲刻本　一冊

620000－1101－0008453　1122

經籍志鈔五卷　（□）□□撰　清抄本　三冊

620000－1101－0008454　802.17/375

經籍籑詁一百六卷首一卷　（清）阮元撰集清嘉慶四年(1799)阮氏琅嬛僊館刻本　四十八冊

620000－1101－0008455　802.17/375.002

經籍籑詁一百六卷首一卷　（清）阮元撰集清光緒九年(1883)上海點石齋石印本　十冊

620000－1101－0008456　802.17/375.002

經籍籑詁一百六卷首一卷　（清）阮元撰集清光緒九年(1883)上海點石齋石印本　二冊存四十三卷(一至十四、三十一至五十九)

620000－1101－0008457　802.17/375.001

經籍籑詁一百六卷首一卷　（清）阮元撰集清光緒十四年(1888)上海鴻寶齋石印本　十二冊

620000－1101－0008458　802.17/375.003

經籍籑詁一百六卷首一卷　（清）阮元撰集附新輯經籍籑詁檢韻一卷　（□）□□輯　清光緒上海漱六山莊石印本　一冊　存一卷(首一卷)

620000－1101－0008459　551/783

437

經濟教科書六篇 （日本）和田垣謙三著　清光緒二十八年（1902）上海廣智書局鉛印本　一冊

620000－1101－0008460　867
經解鈔不分卷 （清）純齋輯　清抄本　一冊

620000－1101－0008461　098.037/274
經解斠十二卷 （清）楊廷撰　清道光二年（1822）刻本　一冊　存四卷（二至三、十一至十二）

620000－1101－0008462　090/71
經解入門八卷 （清）江藩纂　清光緒十六年（1890）上海鴻寶齋石印本　二冊

620000－1101－0008463　098.17/74.21
經考五卷 （清）戴震撰　清光緒二十六年（1900）南陵徐氏刻鄦齋叢書本　一冊

620000－1101－0008464　098.13/78.55
經窺十六卷 （清）蔡启盛撰　清光緒刻本　四冊

620000－1101－0008465　413.24/0.861
經絡歌訣不分卷 （□）□□撰　清晚期抄本　一冊

620000－1101－0008466　812
經律戒相布薩軌儀一卷 （明）釋如馨撰　明金陵毘尼菴刻本　一冊

620000－1101－0008467　652.71/72
經略洪承疇奏對筆記二卷 （清）洪承疇撰　清光緒十六年（1890）京都善成堂刻本　二冊

620000－1101－0008468　830/761.07
經史百家簡編二卷 （清）曾國藩纂　清同治十三年（1874）傳忠書局刻本　二冊

620000－1101－0008469　830/761.07
經史百家簡編二卷 （清）曾國藩纂　清同治十三年（1874）傳忠書局刻本　二冊

620000－1101－0008470　830/761.07.001
經史百家簡編二卷 （清）曾國藩纂　清末鉛印本　一冊　存一卷（下）

620000－1101－0008471　075.78/85
經史百家序錄七卷 （清）邵章輯　清光緒二十九年（1903）石印本　七冊

620000－1101－0008472　830/761.002
經史百家雜鈔二十六卷 （清）曾國藩纂　清光緒二年（1876）傳忠書局刻本　二十二冊

620000－1101－0008473　830/761.002
經史百家雜鈔二十六卷 （清）曾國藩纂　清光緒二年（1876）傳忠書局刻本　二十二冊　存二十五卷（一至二十四、二十六）

620000－1101－0008474　830/761
經史百家雜鈔二十六卷 （清）曾國藩纂　清光緒二十年（1894）金城刻本　二十六冊

620000－1101－0008475　830/761
經史百家雜鈔二十六卷 （清）曾國藩纂　清光緒二十年（1894）金城刻本　二十四冊

620000－1101－0008476　830/761
經史百家雜鈔二十六卷 （清）曾國藩纂　清光緒二十年（1894）金城刻本　二十四冊

620000－1101－0008477　830/761
經史百家雜鈔二十六卷 （清）曾國藩纂　清光緒二十年（1894）金城刻本　二十四冊

620000－1101－0008478　830/761
經史百家雜鈔二十六卷 （清）曾國藩纂　清光緒二十年（1894）金城刻本　二十四冊

620000－1101－0008479　830/761
經史百家雜鈔二十六卷 （清）曾國藩纂　清光緒二十年（1894）金城刻本　二十四冊

620000－1101－0008480　830/761
經史百家雜鈔二十六卷 （清）曾國藩纂　清光緒二十年（1894）金城刻本　二十六冊

620000－1101－0008481　830/761
經史百家雜鈔二十六卷 （清）曾國藩纂　清光緒二十年（1894）金城刻本　二十六冊

620000－1101－0008482　830/761
經史百家雜鈔二十六卷 （清）曾國藩纂　清光緒二十年（1894）金城刻本　二冊　存二卷

（二至三）

620000 - 1101 - 0008483　830/761

經史百家雜鈔二十六卷　（清）曾國藩纂　清光緒二十年(1894)金城刻本　十二冊　存十三卷(十四至二十六)

620000 - 1101 - 0008484　830/761

經史百家雜鈔二十六卷　（清）曾國藩纂　清光緒二十年(1894)金城刻本　二十三冊　存二十五卷(一至二、四至二十六)

620000 - 1101 - 0008485　830/761

經史百家雜鈔二十六卷　（清）曾國藩纂　清光緒二十年(1894)金城刻本　二十三冊　存二十五卷(一至八、十至二十六)

620000 - 1101 - 0008486　830/761

經史百家雜鈔二十六卷　（清）曾國藩纂　清光緒二十年(1894)金城刻本　二十六冊

620000 - 1101 - 0008487　830/761

經史百家雜鈔二十六卷　（清）曾國藩纂　清光緒二十年(1894)金城刻本　一冊　存一卷(一)

620000 - 1101 - 0008488　830/761

經史百家雜鈔二十六卷　（清）曾國藩纂　清光緒二十年(1894)金城刻本　二十四冊

620000 - 1101 - 0008489　830/761

經史百家雜鈔二十六卷　（清）曾國藩纂　清光緒二十年(1894)金城刻本　十二冊　存十三卷(六至八、十、十二至十三、十六至十七、二十一至二十二、二十四至二十六)

620000 - 1101 - 0008490　830/761

經史百家雜鈔二十六卷　（清）曾國藩纂　清光緒二十年(1894)金城刻本　二十四冊

620000 - 1101 - 0008491　830/761

經史百家雜鈔二十六卷　（清）曾國藩纂　清光緒二十年(1894)金城刻本　二十四冊

620000 - 1101 - 0008492　830/761.001

經史百家雜鈔二十六卷　（清）曾國藩纂　清光緒三十二年(1906)上海商務印書館鉛印本

一冊　存三卷(十三至十五)

620000 - 1101 - 0008493　830/761.001

經史百家雜鈔二十六卷　（清）曾國藩纂　清光緒三十二年(1906)上海商務印書館鉛印本　一冊　存五卷(十八至二十二)

620000 - 1101 - 0008494　830/761.001

經史百家雜鈔二十六卷　（清）曾國藩纂　清光緒三十二年(1906)上海商務印書館鉛印本　一冊　存二卷(一至二)

620000 - 1101 - 0008495　830/761.001

經史百家雜鈔二十六卷　（清）曾國藩纂　清光緒三十二年(1906)上海商務印書館鉛印本　十二冊

620000 - 1101 - 0008496　830/761.003

經史百家雜鈔二十六卷　（清）曾國藩纂　清末鉛印本　二冊　存二十二卷(五至二十六)

620000 - 1101 - 0008497　4153

經史辨體不分卷　（清）徐與喬輯　清康熙十七年(1678)敦化堂刻本　十六冊　存禮記、春秋、國語、史記、漢書、後漢書

620000 - 1101 - 0008498　098.34/74.37

經書算學天文考不分卷　（清）陳懋齡撰　清嘉慶廣東學海堂刻皇清經解本　一冊

620000 - 1101 - 0008499　098.5/76.26

經書字音辨要九卷　（清）楊名颺輯　清咸豐十年(1860)稽古堂刻本　四冊

620000 - 1101 - 0008500　098.5/76.26.58

經書字音辨要九卷　（清）楊名颺輯　清道光二十七年(1847)令德堂刻本　四冊

620000 - 1101 - 0008501　098.5/76.26.58

經書字音辨要九卷　（清）楊名颺輯　清道光二十七年(1847)令德堂刻本　二冊

620000 - 1101 - 0008502　573.9/696

經術公理學四卷　宋育仁撰　清光緒三十年(1904)上海同文社鉛印本　二冊

620000 - 1101 - 0008503　847.3/33

經笥堂文鈔二卷　（清）雷鋐撰　（清）伊秉綬

編　清嘉慶十六年(1811)刻本　八冊

620000－1101－0008504　847.7/33

經笥堂文鈔二卷　(清)雷鋐撰　(清)伊秉綬編　清嘉慶十六年(1811)刻本　一冊

620000－1101－0008505　041/76.78

經圖彙考三卷　(清)毛應觀著　清道光十九年(1839)刻本　四冊

620000－1101－0008506　856.7/595

經文戞造五種二十卷　(清)藜光閣主人輯　清光緒十九年(1893)上海積山書局石印本　十九冊　存五種十九卷(易經四卷、詩經五卷、書經三卷、禮記二至六、春秋二卷)

620000－1101－0008507　856.7/619

經文囊括十卷　(清)謝階樹等撰　清道光二十九年(1849)刻本　一冊　存二卷(一至二)

620000－1101－0008508　856.7/238

經文求是不分卷　(清)求是軒編　清同治六年(1867)刻本　三冊

620000－1101－0008509　856.7/238.1

經文五萬選不分卷　(清)求志齋主人編　清光緒十九年(1893)上海書局石印本　六十三冊

620000－1101－0008510　2130

經效產寶三卷續編一卷　(宋)昝殷撰　清光緒十四年(1888)影宋刻本　一冊

620000－1101－0008511　2131

經效產寶三卷續編一卷　(宋)昝殷撰　清光緒十四年(1888)影宋刻本　一冊

620000－1101－0008512　835.7/352

經心書院集四卷　(清)左紹佐輯　清光緒十四年(1888)湖北官書處刻本　一冊

620000－1101－0008513　835.7/352

經心書院續集十二卷　(清)譚獻輯　清光緒二十一年(1895)湖北官書處刻本　二冊

620000－1101－0008514　098.378/437

經學輯要二十四卷首一卷　(清)吳潁炎輯　清光緒十四年(1888)上海點石齋石印本　十

六冊　存七卷(十八至二十四)

620000－1101－0008515　098.378/437

經學輯要二十四卷首一卷　(清)吳潁炎輯　清光緒十四年(1888)上海點石齋石印本　三十二冊

620000－1101－0008516　098.378/437

經學輯要二十四卷首一卷　(清)吳潁炎輯　清光緒十四年(1888)上海點石齋石印本　三十二冊

620000－1101－0008517　098.378/437

經學輯要二十四卷首一卷　(清)吳潁炎輯　清光緒十九年(1893)上海點石齋石印本　十六冊　存十八卷(一至十七、首一卷)

620000－1101－0008518　098.378/437

經學輯要二十四卷首一卷　(清)吳潁炎輯　清光緒十九年(1893)上海點石齋石印本　二十一冊　存十五卷(一,十一至十五,十七至二十三,二十四中、下三;首一卷)

620000－1101－0008519　098.378/437

經學輯要二十四卷首一卷　(清)吳潁炎輯　清光緒二十年(1894)上海點石齋石印本　三十二冊

620000－1101－0008520　090.9/37.01

經學歷史一卷　(清)皮錫瑞撰　清光緒三十二年(1906)思賢書局刻本　一冊

620000－1101－0008521　098.037.8/373

經學通論五卷　(清)皮錫瑞撰　清光緒三十三年(1907)思賢書局刻皮氏經學叢書本　二冊　存二卷(春秋通論一卷、三禮通論一卷)

620000－1101－0008522　098.037.8/373

經學通論五卷　(清)皮錫瑞撰　清光緒三十三年(1907)思賢書局刻皮氏經學叢書本　二冊　存二卷(春秋通論一卷、書經通論一卷)

620000－1101－0008523　098.038/139

經學文鈔十五卷首三卷　(清)曹元弼輯　清光緒三十四年(1908)江蘇存古學堂木活字印本　一冊　存一卷(十五)

620000－1101－0008524　1083

經學析疑三禮篇一卷 （□）□□撰　清稿本
　一冊

620000－1101－0008525　098.278/169

經訓比義三卷 （清）黃以周撰　清光緒二十
二年(1896)南菁講舍刻本　三冊

620000－1101－0008526　4604

經訓堂叢書二十二種一百六十八卷 （清）畢
沅輯　清乾隆鎮洋畢氏靈巖山館刻本　三十
二冊

620000－1101－0008527　1396

經驗廣集六卷 （清）李文炳撰　清楊德浚抄
本　六冊

620000－1101－0008528　4368

經驗廣集四卷 （清）李文炳撰　清乾隆四十
三年(1778)刻本　一冊　存一卷(三)

620000－1101－0008529　3187

經驗廣集四卷 （清）李文炳撰　清乾隆四十
三年(1778)刻本　三冊　存三卷(二至四)

620000－1101－0008530　414.8/7.172

經驗良方大全十卷首一卷 （清）黃伯垂撰
（清）王孟英續編　清光緒二十年(1894)上海
進步書局石印本　十冊

620000－1101－0008531　414.8/7.172

經驗良方大全十卷首一卷 （清）黃伯垂撰
（清）王孟英續編　清光緒二十年(1894)上海
進步書局石印本　十冊

620000－1101－0008532　414.8/0.861

經驗良方一卷 （清）□□撰　清咸豐四年
(1854)馮翊抄本　一冊

620000－1101－0008533　414.6/7.885

經驗奇方二卷 （清）劉一明輯　清嘉慶二十
二年(1817)刻本　二冊

620000－1101－0008534　414.6/7.885

經驗奇方二卷 （清）劉一明輯　清嘉慶二十
二年(1817)刻本　二冊

620000－1101－0008535　414.6/7.885.01

經驗雜方二卷 （清）劉一明輯　清嘉慶二十
五年(1820)畢爾德、滕浩直刻本　二冊

620000－1101－0008536　414.6/7.885.01

經驗雜方二卷 （清）劉一明輯　清嘉慶二十
五年(1820)畢爾德、滕浩直刻本　二冊

620000－1101－0008537　011.7/82.1

經義考二百九十八卷目錄二卷 （清）朱彝尊
撰　清光緒二十三年(1897)浙江書局刻本
五十冊

620000－1101－0008538　011.7/82.1

經義考二百九十八卷目錄二卷 （清）朱彝尊
撰　清光緒二十三年(1897)浙江書局刻本
五十冊

620000－1101－0008539　2019

經義考三百卷目錄二卷 （清）朱彝尊撰　清
康熙刻乾隆二十年(1755)盧見曾增刻四十二
年(1777)汪汝瑮補刻本　六十四冊　存二百
八十九(一至二百八十五、二百九十七至二百
九十八,目錄二卷)

620000－1101－0008540　2020

經義考三百卷目錄二卷 （清）朱彝尊撰　清
康熙刻乾隆二十年(1755)盧見曾增刻四十二
年(1777)汪汝瑮補刻本　六十冊　存二百八
十九(一至二百八十五、二百九十七至二百九
十八,目錄二卷)

620000－1101－0008541　4176

經義考三百卷目錄二卷 （清）朱彝尊撰　清
康熙刻乾隆二十年(1755)盧見曾增刻四十二
年(1777)汪汝瑮補刻本　一冊　存十五卷
(一至十三、目錄二卷)

620000－1101－0008542　098/113

經義述聞三十二卷 （清）王引之撰　清道光
七年(1827)京師西江米巷壽藤書屋刻本　二
十四冊

620000－1101－0008543　098/113

經義述聞三十二卷 （清）王引之撰　清道光
七年(1827)京師西江米巷壽藤書屋刻本　二
十四冊

620000 – 1101 – 0008544　098/113

經義述聞三十二卷　（清）王引之撰　清道光七年(1827)京師西江米巷壽藤書屋刻本　二十三冊　存三十一卷(一至三十一)

620000 – 1101 – 0008545　071.75/11.01

經義述聞十五卷　（清）王引之撰　清嘉慶二十一年(1816)刻本　八冊

620000 – 1101 – 0008546　071.75/11

經義述聞十五卷　（清）王引之撰　清刻本　四冊

620000 – 1101 – 0008547　098.57/439

經義圖說八卷　（清）吳寶謨輯　清嘉慶二十四年(1819)江都陳氏裛露軒刻本　八冊

620000 – 1101 – 0008548　011.7/923

經義雜記三十卷敘錄一卷　（清）臧琳撰　清嘉慶武進臧氏拜經堂刻本　六冊

620000 – 1101 – 0008549　2667

經義齋集十八卷　（清）熊賜履撰　清康熙二十九年(1690)熊氏經義齋刻本　八冊

620000 – 1101 – 0008550　856.7/426

經藝宏括五編　（清）同文書局輯　清光緒十一年(1885)上海同文書局石印本　十三冊

620000 – 1101 – 0008551　856.7/392

經藝擷華不分卷　（清）陸光祖輯　清光緒元年(1875)刻本　四冊

620000 – 1101 – 0008552　830/33.003

經餘必讀八卷　（清）雷琳等輯　清嘉慶八年(1803)刻本　四冊

620000 – 1101 – 0008553　830/33.001

經餘必讀八卷　（清）雷琳等輯　清嘉慶八年(1803)致和堂刻本　四冊

620000 – 1101 – 0008554　830/33.001

經餘必讀八卷　（清）雷琳等輯　清嘉慶八年(1803)致和堂刻本　四冊

620000 – 1101 – 0008555　830/33.005

經餘必讀八卷　（清）雷琳等輯　清嘉慶八年(1803)刻本　四冊

620000 – 1101 – 0008556　830/33.004

經餘必讀八卷　（清）雷琳等輯　清嘉慶十年(1805)刻本　四冊

620000 – 1101 – 0008557　830/33.003

經餘必讀八卷續編八卷　（清）雷琳等輯　**經餘必讀又續二卷**　（清）趙在翰纂　清嘉慶八年至十五年(1803 – 1810)刻本　十冊

620000 – 1101 – 0008558　830/33

經餘必讀八卷續編八卷　（清）雷琳等輯　清嘉慶十一年(1806)咸裕堂刻本　八冊

620000 – 1101 – 0008559　856.7/0.397.02

經餘必讀不分卷　（清）雷琳等輯　**陝甘闈墨(同治十二年癸酉科鄉墨)一卷**　（清）齊嶽等撰　**勸學錄不分卷**　（清）□□撰　清末抄本　一冊

620000 – 1101 – 0008560　830/33.007

經餘必讀二卷續編二卷三編二卷　（清）雷琳等輯　清光緒二十二年(1896)上海圖書集成局鉛印本　五冊

620000 – 1101 – 0008561　830/33.006

經餘必讀首編八卷二編八卷三編四卷　（清）錢樹堂　（清）雷琳等輯　清光緒二年(1876)胡鳳丹退補齋刻本　十冊

620000 – 1101 – 0008562　830/33.002

經餘必讀續編八卷　（清）雷琳等輯　清嘉慶十一年(1806)致和堂刻本　四冊

620000 – 1101 – 0008563　830/33.002

經餘必讀續編八卷　（清）雷琳等輯　清嘉慶十一年(1806)致和堂刻本　四冊

620000 – 1101 – 0008564　802.17/18

經韻集字析解二卷經有韻無字一卷全韻字數一卷　（清）彭良敞集注　清同治三年(1864)刻本　四冊

620000 – 1101 – 0008565　802.17/18.001

經韻集字析解五卷　（清）彭良敞集注　清光緒三年(1877)安康來鹿堂刻本　二冊

620000 – 1101 – 0008566　3350

經韻樓叢書八種一百十二卷　（清）段玉裁撰
清乾隆、道光段氏刻本　四冊　存一種十
四卷(戴東原集十二卷、覆校札記一卷、戴東
原先生年譜一卷)

620000－1101－0008567　3965

經韻樓叢書八種一百十二卷　（清）段玉裁撰
清乾隆、道光段氏刻本　五十七冊

620000－1101－0008568　607/879

經韻樓叢書八種一百十二卷　（清）段玉裁撰
清乾隆、道光段氏刻本　六冊　存二種十
三卷(經韻樓集十二卷、儀禮漢讀考一卷)

620000－1101－0008569　847.2/962

精刊顧仲恭文集不分卷　（清）顧大韶著　清
宣統元年(1909)上海國學扶輪社鉛印本
二冊

620000－1101－0008570　856.7/769

精選大題掄元不分卷　（清）馮迪求等校　清
光緒十一年(1885)粵東鑑古書局石印本
五冊

620000－1101－0008571　191

精選古今詩餘醉十五卷　（明）潘游龍輯　明
崇禎胡氏十竹齋刻本　十四冊

620000－1101－0008572　1057

精選故事黃眉十卷　（明）鄧志謨輯　明萬曆
書林余氏萃慶堂刻本　二冊

620000－1101－0008573　2958

精選黃眉故事十卷　（明）鄧志謨輯　清康熙
十四年(1675)天德堂刻本　八冊

620000－1101－0008574　4318

精選黃眉故事十卷　（明）鄧志謨輯　清康熙
六十年(1721)刻本　二冊　存四卷(一至四)

620000－1101－0008575　2659

精選黃眉故事十卷　（明）鄧志謨輯　清乾隆
七年(1742)刻本　四冊

620000－1101－0008576　041.6/372

精選黃眉故事十卷　（明）鄧志謨輯　清同德
堂刻本　六冊

620000－1101－0008577　856.7/293

精選巧搭醇英不分卷　（清）李錫瓚編次　清
道光四年(1824)刻本　四冊

620000－1101－0008578　847.4/386

精選三山文稿合編不分卷　（清）陳兆崙撰
清光緒北京宏道堂刻本　四冊

620000－1101－0008579　075.78/759

精選中外時務文編四十四卷　（清）養晦生輯
清光緒二十三年(1897)石印本　十六冊

620000－1101－0008580　413.7/894

驚風辯證必讀書福幼編一卷　（元）莊一夔撰
治驗錄一卷　（清）秦霖熙輯　清光緒二十
七年(1901)上元江氏刻本　一冊

620000－1101－0008581　413.7/102

驚風治驗錄一卷　（清）秦霖熙輯　清光緒十
二年(1886)刻本　一冊

620000－1101－0008582　413.3/102.001

驚風治驗錄一卷　（清）秦霖熙輯　清光緒十
二年(1886)刻本　一冊

620000－1101－0008583　467.3/869

井礦工程三卷　（英國）白爾捺輯　（英國）傅
蘭雅口譯　（清）趙元益筆述　（清）曹鍾秀繪
圖　清光緒五年(1879)江南機器製造總局刻
本　二冊

620000－1101－0008584　467.3/869

井礦工程三卷　（英國）白爾捺輯　（英國）傅
蘭雅口譯　（清）趙元益筆述　（清）曹鍾秀繪
圖　清光緒五年(1879)江南機器製造總局刻
本　二冊

620000－1101－0008585　467.3/869

井礦工程三卷　（英國）白爾捺輯　（英國）傅
蘭雅口譯　（清）趙元益筆述　（清）曹鍾秀繪
圖　清光緒五年(1879)江南機器製造總局刻
本　二冊

620000－1101－0008586　467.3/869

井礦工程三卷　（英國）白爾捺輯　（英國）傅
蘭雅口譯　（清）趙元益筆述　（清）曹鍾秀繪

443

圖 清光緒五年（1879）江南機器製造總局刻本 二冊

620000 - 1101 - 0008587 467.3/869

井礦工程三卷 （英國）白爾捺輯 （英國）傅蘭雅口譯 （清）趙元益筆述 （清）曹鍾秀繪圖 清光緒五年（1879）江南機器製造總局刻本 二冊

620000 - 1101 - 0008588 467.3/869

井礦工程三卷 （英國）白爾捺輯 （英國）傅蘭雅口譯 （清）趙元益筆述 （清）曹鍾秀繪圖 清光緒五年（1879）江南機器製造總局刻本 二冊

620000 - 1101 - 0008589 467.3/869

井礦工程三卷 （英國）白爾捺輯 （英國）傅蘭雅口譯 （清）趙元益筆述 （清）曹鍾秀繪圖 清光緒五年（1879）江南機器製造總局刻本 二冊

620000 - 1101 - 0008590 467.3/869

井礦工程三卷 （英國）白爾捺輯 （英國）傅蘭雅口譯 （清）趙元益筆述 （清）曹鍾秀繪圖 清光緒五年（1879）江南機器製造總局刻本 一冊 存二卷（一至二）

620000 - 1101 - 0008591 847.6/353

井塯集二卷 （清）郁如金撰 清道光二十九年（1849）刻本 一冊

620000 - 1101 - 0008592 857.174/657

景船齋雜記二卷 （清）章有謨著 清光緒申報館鉛印本 一冊

620000 - 1101 - 0008593 542

景德鎮陶錄十卷 （清）藍浦撰 （清）鄭廷桂補輯 清嘉慶二十年（1815）翼經堂刻本 二冊

620000 - 1101 - 0008594 464.2/51

景德鎮陶錄十卷 （清）藍浦撰 （清）鄭廷桂補輯 清光緒十七年（1891）書業堂刻本 四冊

620000 - 1101 - 0008595 464.2/51

景德鎮陶錄十卷 （清）藍浦撰 （清）鄭廷桂補輯 清光緒十七年（1891）書業堂刻本 四冊

620000 - 1101 - 0008596 464.2/51

景德鎮陶錄十卷 （清）藍浦撰 （清）鄭廷桂補輯 清光緒十七年（1891）書業堂刻本 四冊

620000 - 1101 - 0008597 672.34/429.524

景定嚴州續志十卷 （宋）錢可則修 （宋）鄭瑤等纂 清光緒二十二年（1896）漸西村舍刻本 二冊

620000 - 1101 - 0008598 672.34/429.524

景定嚴州續志十卷 （宋）錢可則修 （宋）鄭瑤等纂 清光緒二十二年（1896）漸西村舍刻本 二冊

620000 - 1101 - 0008599 672.34/429.524

景定嚴州續志十卷 （宋）錢可則修 （宋）鄭瑤等纂 清光緒二十二年（1896）漸西村舍刻本 二冊

620000 - 1101 - 0008600 672.34/429.524

景定嚴州續志十卷 （宋）錢可則修 （宋）鄭瑤等纂 清光緒二十二年（1896）漸西村舍刻本 二冊

620000 - 1101 - 0008601 833.1/437

景刊宋金元明本詞四十種一百三十二卷補編三種九卷 吳昌綬輯 陶湘續輯 敍錄一卷 陶湘撰 清宣統三年至民國六年（1911 - 1917）仁和吳氏雙照樓刻民國六年至十二年（1917 - 1923）武進陶氏涉園續刻本 三十一冊

620000 - 1101 - 0008602 4375

景岳全書六十四卷 （明）張介賓撰 清康熙四十九年（1710）刻本 四冊 存八卷（一至二、十七至十八、二十五至二十七、四十七）

620000 - 1101 - 0008603 413.088/315

景岳全書六十四卷 （明）張介賓撰 清嘉慶二十四年（1819）書業堂刻本 三十六冊

620000－1101－0008604　413.088/315.002

景岳全書六十四卷　（明）張介賓撰　清中晚期刻本　二十三冊　存六十三卷（一至五十三、五十五至六十四）

620000－1101－0008605　413.088/315.003

景岳全書六十四卷　（明）張介賓撰　清中晚期刻本　二十四冊

620000－1101－0008606　413.088/315.004

景岳全書六十四卷　（明）張介賓撰　清中晚期刻本　二十四冊

620000－1101－0008607　413.088/315.005

景岳全書六十四卷　（明）張介賓撰　清中晚期刻本　二十一冊

620000－1101－0008608　413.088/315.006

景岳全書六十四卷　（明）張介賓撰　清光緒二十年(1894)上海圖書集成印書局鉛印本　十六冊

620000－1101－0008609　413.088/315.007

景岳全書六十四卷　（明）張介賓撰　清末刻本　二冊　存七卷（十六至十八、二十二至二十五）

620000－1101－0008610　413.088/315.008

景岳全書六十四卷　（明）張介賓撰　清刻本　二冊　存六卷（二至三、四十至四十三）

620000－1101－0008611　3054

景岳全書六十四卷　（明）張介賓撰　清刻本　一冊　存二卷（四十三至四十四）

620000－1101－0008612　414.6/7.386.032

景岳新方砭四卷　（清）陳念祖撰　**十藥神書註解一卷**　（元）葛乾孫編　（清）陳念祖注　**急救奇痧方一卷**　（清）陳念祖評　**霍亂轉筋二卷**　（清）王士雄撰　清光緒三十二年(1906)吳閩醫學書會石印本　一冊

620000－1101－0008613　414.6/7.386.03

景岳新方砭四卷　（清）陳念祖撰　清中晚期刻本　一冊

620000－1101－0008614　414.6/7.386.031

620000－1101－0008615　847.8/395

景岳新方砭四卷　（清）陳念祖撰　清晚期刻本　一冊

620000－1101－0008615　847.8/395

景雲堂詩稿一卷　（清）陸隽東著　**紅薇閣詩草一卷**　（清）刁素雲著　清光緒八年(1882)刻本　一冊

620000－1101－0008616　847.7/348

景紫堂全書十七種八十一卷　（清）夏炘撰　清咸豐、同治刻本　四冊　存三種十五卷（檀弓辯誣三卷、讀詩劄記附四卷、景紫堂文集四至十一）

620000－1101－0008617　847.6/164

儆季雜著五種二十卷　（清）黃以周撰　**附嬿蒮軒襍箸三卷**　（清）黃家岱撰　清光緒二十年(1894)江蘇南菁講舍刻本　一冊

620000－1101－0008618　089.77/169

儆季雜著五種二十一卷　（清）黃以周撰　**附尚書講義一卷**　（清）黃家辰　（清）黃家岱撰　**嬿蒮軒雜著三卷**　（清）黃家岱撰　清光緒二十年(1894)江蘇南菁講舍刻本　十冊

620000－1101－0008619　089.77/169

儆季雜著五種二十一卷　（清）黃以周撰　**附尚書講義一卷**　（清）黃家辰　（清）黃家岱撰　**嬿蒮軒雜著三卷**　（清）黃家岱撰　清光緒二十年(1894)江蘇南菁講舍刻本　十冊

620000－1101－0008620　847.6/164

儆居集五種二十二卷　（清）黃式三撰　清光緒十四年(1888)刻儆居遺書本　一冊

620000－1101－0008621　847.6/164

儆居集五種二十二卷　（清）黃式三撰　清光緒十四年(1888)刻儆居遺書本　八冊

620000－1101－0008622　575.81/581

警察課本三編　（清）北洋巡警學堂編　清光緒三十一年(1905)鉛印本　一冊

620000－1101－0008623　575.88/904

警察學二編七章　何維道　譚傳愷譯述　清光緒三十三年(1907)政法學社鉛印本　一冊

620000 – 1101 – 0008624　075.77/284

警齋氏自錄一卷　（清）□□輯　清同治養浩堂抄本　一冊

620000 – 1101 – 0008625　221.36/346

淨土極信錄一卷　（清）蓮根撰　清同治十年(1871)刻本　一冊

620000 – 1101 – 0008626　222/311.001

徑中徑又徑徵義三卷　（清）張師誠輯　（清）徐槐廷徵義　清末無錫萬氏鉛印本　一冊

620000 – 1101 – 0008627　222/311

徑中徑又徑徵義三卷首一卷　（清）張師誠輯　（清）徐槐廷徵義　清光緒二十五年(1899)刻本　一冊

620000 – 1101 – 0008628　1947

竟山樂錄三卷　（清）毛奇齡撰　清康熙刻毛翰林本　二冊

620000 – 1101 – 0008629　221/0.755

淨土經論十四種十九卷　（□）□□輯　清同治十年至光緒二十二年(1871 – 1896)金陵刻經處刻本　四冊

620000 – 1101 – 0008630　221/941.06

淨土論三卷　（唐）釋迦才撰　清光緒金陵刻經處刻本　一冊

620000 – 1101 – 0008631　221.36/805

淨土四經不分卷　（清）魏源輯　清同治五年(1866)刻本　一冊

620000 – 1101 – 0008632　235.5/441

敬竈全書不分卷　（清）吳印川撰　清光緒二十一年(1895)杭城刻本　一冊

620000 – 1101 – 0008633　2892

敬書堂四書體註合講十九卷圖說一卷　（清）翁復輯　清敬書堂刻本　五冊　存十七卷（大學一卷、中庸一卷、論語十卷、孟子四至七,圖說一卷）

620000 – 1101 – 0008634　961

敬業堂詩集五十卷續集六卷　（清）查慎行撰　清康熙五十八年(1719)刻雍正增刻本　十

二冊

620000 – 1101 – 0008635　843.2/399.011

靖節先生集十卷靖節先生年譜考異二卷（晉）陶淵明撰　（清）陶澍注　諸本評陶彙集一卷　（清）陶澍撰　清光緒九年(1883)江蘇書局刻本　四冊

620000 – 1101 – 0008636　843.2/399.011

靖節先生集十卷靖節先生年譜考異二卷（晉）陶淵明撰　（清）陶澍注　諸本評陶彙集一卷　（清）陶澍撰　清光緒九年(1883)江蘇書局刻本　四冊

620000 – 1101 – 0008637　843.2/399.011

靖節先生集十卷靖節先生年譜考異二卷（晉）陶淵明撰　（清）陶澍注　諸本評陶彙集一卷　（清）陶澍撰　清光緒九年(1883)江蘇書局刻本　四冊

620000 – 1101 – 0008638　627.5/518

靖逆記六卷　（清）盛大士纂　清嘉慶二十五年(1820)正道堂刻本　一冊

620000 – 1101 – 0008639　830/704

靖獻遺言八卷　（日本）淺見安正編輯　清光緒三十四年(1908)甘肅官報書局鉛印本　一冊

620000 – 1101 – 0008640　830/704

靖獻遺言八卷　（日本）淺見安正編輯　清光緒三十四年(1908)甘肅官報書局鉛印本　一冊

620000 – 1101 – 0008641　830/704

靖獻遺言八卷　（日本）淺見安正編輯　清光緒三十四年(1908)甘肅官報書局鉛印本　一冊

620000 – 1101 – 0008642　567.3/0.654

靖遠縣賦役全書不分卷　（清）□□編　清咸豐二年(1852)刻本　三冊

620000 – 1101 – 0008643　847.4/223

靜庵詩集二卷　（清）胡鈇撰　清嘉慶八年(1803)刻本　一冊

620000－1101－0008644　847.4/223

靜庵詩集二卷　（清）胡釴撰　清嘉慶八年(1803)刻本　一冊

620000－1101－0008645　847.9/116

靜庵文集一卷附詩稿一卷　王國維撰　清光緒三十一年(1905)鉛印本　一冊

620000－1101－0008646　671.65/305.79

靜寧州地理調查表一卷　（清）李支芳編　清宣統二年(1910)抄本　一冊

620000－1101－0008647　567.3/0.125

靜寧州賦役全書不分卷　（清）□□編　清咸豐三年(1853)刻本　三冊

620000－1101－0008648　847.8/862

靜餘錄續生寄篇不分卷　（清）終南道人撰　清光緒三十三年(1907)抄本　一冊

620000－1101－0008649　847.7/377

靜遠堂集二卷首一卷　（清）陳壽熊著　清光緒十八年(1892)蘇州五畝園刻本　一冊　存二卷(一、首一卷)

620000－1101－0008650　530

鏡古錄八卷　（明）毛調元撰　明萬曆四十八年(1620)紫陽書院刻本　四冊

620000－1101－0008651　857.47/292.009

鏡花緣二十卷　（清）李汝珍撰　清道光刻本　一冊　存二卷(十九至二十)

620000－1101－0008652　857.47/292.009

鏡花緣二十卷　（清）李汝珍撰　清道光刻本　一冊　存二卷(十九至二十)

620000－1101－0008653　3330

鏡香園毛聲山評第七才子書十二卷首一卷　(元)高明撰　（清）毛綸評　（清）從周　（清）汪文菁增補　清乾隆十一年(1746)張元振刻本　八冊

620000－1101－0008654　681.5/606

九邊圖論一卷　（明）許論撰　**海防圖論一卷**　（明）胡宗憲撰　清光緒十六年(1890)後知不足齋刻本　一冊

620000－1101－0008655　681.5/606

九邊圖論一卷　（明）許論撰　**海防圖論一卷**　（明）胡宗憲撰　清中晚期莊肇麟刻本　一冊

620000－1101－0008656　610.3/683

九朝紀事本末六百五十八卷　（清）慎氾主人輯　清光緒二十八年(1902)上海書局石印本　十四冊　存二百九卷(元史紀事本末一至二十七、明史紀事本末一至八十、金史紀事本末一至五十二、三藩紀事本末一至二十二、通鑑紀事本末一百五十五至一百八十二)

620000－1101－0008657　610.4/106

九朝野記四卷　（明）祝允明纂　清宣統三年(1911)時中書局鉛印本　二冊

620000－1101－0008658　610.4/106

九朝野記四卷　（明）祝允明纂　清宣統三年(1911)時中書局鉛印本　二冊

620000－1101－0008659　435.4/43

九華新譜不分卷　（清）吳昇編　清宣統三年(1911)上海國學扶輪社鉛印本　一冊

620000－1101－0008660　844.14/24.26.3

九家集注杜詩三十六卷　（唐）杜甫撰　（清）郭知達編注　清嘉慶刻本　十二冊

620000－1101－0008661　1673

九經五十一卷附四卷　（明）秦鑨訂正　清觀成堂刻本（爾雅一卷係抄配）　八冊　存三十四卷(周禮六卷、春秋十七卷、孝經一卷、爾雅一卷、論語二卷、孟子七卷)

620000－1101－0008662　2918

九經五十一卷附四卷　（明）秦鑨訂正　清觀成堂刻本　十二冊　存三十六卷(周禮六卷、禮記六卷、書經四卷、春秋十七卷、孝經一卷、論語二卷)

620000－1101－0008663　2738

九經五十一卷附四卷　（明）秦鑨訂正　清觀成堂刻本　六冊　存十八卷(周易三卷、圖說一卷、書經四卷,詩經四卷、禮記六卷)

620000 – 1101 – 0008664　071.78/990

九九銷夏錄十四卷　（清）俞樾撰　清光緒十
八年(1892)德清俞氏刻本　四冊

620000 – 1101 – 0008665　1087

九龍池三卷　（清）薛旦撰　清抄本　一冊

620000 – 1101 – 0008666　2774

九卿議定物料價值四卷　（清）邁柱等纂修
清乾隆刻本　八冊

620000 – 1101 – 0008667　2870

**九卿議定物料價值四卷續四卷工部簡明做法
一卷**　（清）邁柱等纂修　清乾隆元年(1736)
武英殿刻本　五冊

620000 – 1101 – 0008668　3161

九數通考十一卷首一卷末一卷　（清）屈曾發
輯　清乾隆刻同治補刻本　六冊

620000 – 1101 – 0008669　3162

九數通考十一卷首一卷末一卷　（清）屈曾發
輯　清乾隆刻同治補刻本　五冊

620000 – 1101 – 0008670　311.7/321.01

九數通考十一卷首一卷末一卷　（清）屈曾發
輯　清同治十一年(1872)刻本　五冊

620000 – 1101 – 0008671　311.7/321.01

九數通考十一卷首一卷末一卷　（清）屈曾發
輯　清同治十一年(1872)刻本　五冊

620000 – 1101 – 0008672　311.7/321.001

九數通考十一卷首一卷末一卷　（清）屈曾發
輯　清光緒十四年(1888)上海點石齋石印本
五冊

620000 – 1101 – 0008673　311.7/321

九數通考十一卷首一卷末一卷　（清）屈曾發
輯　清光緒二十三年(1897)味經刊書處刻本
十一冊

620000 – 1101 – 0008674　311.7/321

九數通考十一卷首一卷末一卷　（清）屈曾發
輯　清光緒二十三年(1897)味經刊書處刻本
八冊

620000 – 1101 – 0008675　311.7/321

九數通考十一卷首一卷末一卷　（清）屈曾發
輯　清光緒二十三年(1897)味經刊書處刻本
八冊

620000 – 1101 – 0008676　311.7/962

九數外錄一卷　（清）顧觀光撰　清光緒二年
(1876)上海江南機器製造總局刻本　一冊

620000 – 1101 – 0008677　311.7/962

九數外錄一卷　（清）顧觀光撰　清光緒二年
(1876)上海江南機器製造總局刻本　一冊

620000 – 1101 – 0008678　311.7/962

九數外錄一卷　（清）顧觀光撰　清光緒二年
(1876)上海江南機器製造總局刻本　一冊

620000 – 1101 – 0008679　311.7/962

九數外錄一卷　（清）顧觀光撰　清光緒二年
(1876)上海江南機器製造總局刻本　一冊

620000 – 1101 – 0008680　311.7/962

九數外錄一卷　（清）顧觀光撰　清光緒二年
(1876)上海江南機器製造總局刻本　一冊

620000 – 1101 – 0008681　311.7/962

九數外錄一卷　（清）顧觀光撰　清光緒二年
(1876)上海江南機器製造總局刻本　一冊

620000 – 1101 – 0008682　311.7/962

九數外錄一卷　（清）顧觀光撰　清光緒二年
(1876)上海江南機器製造總局刻本　一冊

620000 – 1101 – 0008683　311.7/962

九數外錄一卷　（清）顧觀光撰　清光緒二年
(1876)上海江南機器製造總局刻本　一冊

620000 – 1101 – 0008684　311.7/962.001

九數外錄一卷　（清）顧觀光撰　清光緒十二
年(1886)吳縣朱記榮刻槐廬叢書本　一冊

620000 – 1101 – 0008685　847.6/471

九水山房文存二卷　（清）畢亨著　清咸豐二
年(1852)刻本　一冊

620000 – 1101 – 0008686　2888

**九天開化主宰元皇司祿宏仁文昌帝君陰騭文
註案四卷首一卷**　（明）顏正註釋　（清）顏文
瑞補案　清乾隆四十二年(1777)治心堂刻本

五册

620000 - 1101 - 0008687　231/0.854
九天應元雷聲普化天尊玉樞寶經一卷　（□）
□□撰　清末趙復振刻本　一冊

620000 - 1101 - 0008688　573.108/10
九通二千三百十四卷　（□）□□輯　清咸豐
九年至光緒二十二年(1859 - 1896)浙江書局
刻本　一千冊

620000 - 1101 - 0008689　573.108/10
九通二千三百十四卷　（□）□□輯　清咸豐
九年至光緒二十二年(1859 - 1896)浙江書局
刻本　九百八冊

620000 - 1101 - 0008690　573.108/10.09
九通二千三百十四卷　（□）□□輯　清光緒
二十七年(1901)上海圖書集成局鉛印本　三
百四冊

620000 - 1101 - 0008691　573.108/10.09
九通二千三百十四卷　（□）□□輯　清光緒
二十七年(1901)上海圖書集成局鉛印本　三
百四冊

620000 - 1101 - 0008692　573.108/10.09
九通二千三百十四卷　（□）□□輯　清光緒
二十七年(1901)上海圖書集成局鉛印本　二
百五十七冊

620000 - 1101 - 0008693　573.108/10.09
九通二千三百十四卷　（□）□□輯　清光緒
二十七年(1901)上海圖書集成局鉛印本　三
百一冊

620000 - 1101 - 0008694　573.108/10.091
九通二千三百十四卷　（□）□□輯　清光緒
二十八年(1902)上海鴻寶書局石印本　二百
五冊

620000 - 1101 - 0008695　573.104/70
九通分類總纂二百四十卷　（清）汪鍾霖纂校
　清光緒二十八年(1902)上海文瀾書局石印
本　八十冊

620000 - 1101 - 0008696　573.104/70

九通分類總纂二百四十卷　（清）汪鍾霖纂校
　清光緒二十八年(1902)上海文瀾書局石印
本　八十冊

620000 - 1101 - 0008697　847.4/893
九畹古文十卷　（清）劉紹攽撰　清同治十二
年(1873)刻本　八冊

620000 - 1101 - 0008698　683.26/526
九疑山志四卷　（明）蔣鐄輯　（清）吳繩祖重
編　清嘉慶元年(1796)刻本　四冊

620000 - 1101 - 0008699　669.251/115
九域志十卷　（宋）王存等刪定　清光緒八年
(1882)金陵書局刻本　四冊

620000 - 1101 - 0008700　669.251/115
九域志十卷　（宋）王存等刪定　清光緒八年
(1882)金陵書局刻本　四冊

620000 - 1101 - 0008701　669.251/115
九域志十卷　（宋）王存等刪定　清光緒八年
(1882)金陵書局刻本　四冊

620000 - 1101 - 0008702　311.13/313
**九章算術細草圖說九卷海島算經細草圖說一
卷**　（三國魏）劉徽注　（唐）李淳風等注釋
（清）李潢撰　清光緒二十二年(1896)上海文
淵山房石印本　四冊

620000 - 1101 - 0008703　311.13/313
**九章算術細草圖說九卷海島算經細草圖說一
卷**　（三國魏）劉徽注　（唐）李淳風等注釋
（清）李潢撰　清光緒二十二年(1896)上海文
淵山房石印本　四冊

620000 - 1101 - 0008704　311.13/313
**九章算術細草圖說九卷海島算經細草圖說一
卷**　（三國魏）劉徽注　（唐）李淳風等注釋
（清）李潢撰　清光緒二十二年(1896)上海文
淵山房石印本　四冊

620000 - 1101 - 0008705　316.1/434
九章翼二十五卷　（清）吳嘉善述　（清）丁取
忠補　清同治、光緒長沙古荷花池精舍刻本
　一冊　存四卷(平圓各形圖一卷、立方立圓

術一卷、句股一卷、平三角邊角互求術一卷）

620000－1101－0008706　847.7/749

久自芬室八韻詩鈔四卷　（清）沈兆霖撰　清咸豐三年(1853)沈氏刻本　一冊

620000－1101－0008707　301

酒顛二卷　（明）夏樹芳撰　明萬曆夏氏清遠樓刻本　二冊

620000－1101－0008708　075.8/0.719

酒泉隨筆一卷　（清）□□輯　清末抄本　一冊

620000－1101－0008709　554.8/68

救荒百策一卷　（清）寄湘漁父輯　清光緒十年(1884)刻本　一冊

620000－1101－0008710　414.1/828

救荒本草十四卷　（明）朱橚著　（清）姚德馨繪　清咸豐六年(1856)安康張鵬飛來鹿堂刻本　一冊　存三卷(三至五)

620000－1101－0008711　554.8/54.82

救荒補遺書二卷　（宋）董煟編　（元）張光大增　（清）朱熊補遺　清同治八年(1869)崇文書局刻本　二冊

620000－1101－0008712　548.31/700

救荒六十策一卷　（清）寄湘漁夫輯　清光緒五年(1879)刻本　一冊

620000－1101－0008713　230/111

救刦回生四卷　（清）于林川撰　清光緒刻本　一冊　存一卷(三)

620000－1101－0008714　413.72/333

救偏集要不分卷　（清）雨田留盧子輯　清嘉慶十五年(1810)抄本　一冊

620000－1101－0008715　2686

救偏瑣言十卷　（清）費啓泰撰　清康熙二十七年(1688)惠迪堂刻本　六冊

620000－1101－0008716　2111

救偏瑣言十卷瑣言備用良方一卷　（清）費啓泰撰　清康熙刻本　四冊

620000－1101－0008717　413.72/317

救偏瑣言五卷瑣言備用良方一卷　（清）費啓泰撰　清晚期抄本　四冊

620000－1101－0008718　414.8/808

救人良方不分卷　（英國）秀耀春編　清光緒十七年(1891)上海美華書館鉛印本　一冊

620000－1101－0008719　192.9/0.238.001

救生船四卷　（清）空靈子編　清光緒六年(1880)刻本　三冊　存三卷(一至三)

620000－1101－0008720　192.9/238

救生船四卷　（清）□□撰　清光緒十九年(1893)金城刻本　四冊

620000－1101－0008721　192.9/0.238

救生船四卷　（清）□□撰　清光緒十九年(1893)金城刻本　四冊

620000－1101－0008722　192.9/0.238

救生船四卷　（清）□□撰　清光緒十九年(1893)金城刻本　二冊　存二卷(二、四)

620000－1101－0008723　573.07/439

救時要策萬言書二卷　（清）吳廣霈撰　清光緒二十四年(1898)著易堂鉛印本　二冊

620000－1101－0008724　192.1/388

就正錄一卷與林奮千先生書一卷　（清）陸世忱著　清同治二年(1863)刻本　一冊

620000－1101－0008725　624.101/889.01

舊唐書二百卷　（五代）劉昫等撰　清同治十一年(1872)浙江書局刻本　四十冊

620000－1101－0008726　624.101/889.01

舊唐書二百卷　（五代）劉昫等撰　清同治十一年(1872)浙江書局刻本　四十冊

620000－1101－0008727　624.101/889.01

舊唐書二百卷　（五代）劉昫等撰　清同治十一年(1872)浙江書局刻本　三十九冊

620000－1101－0008728　624.101/889.01

舊唐書二百卷　（五代）劉昫等撰　清同治十一年(1872)浙江書局刻本　三十八冊　存一百八十七卷(一至一百三十五、一百四十九至

二百）

620000－1101－0008729　624.101/889.01

舊唐書二百卷　（五代）劉昫等撰　清同治十一年（1872）浙江書局刻本　四冊　存十二卷（一至十二）

620000－1101－0008730　624.101/889.01

舊唐書二百卷　（五代）劉昫等撰　清同治十一年（1872）浙江書局刻本　一冊　存五卷（一百六十九至一百七十三）

620000－1101－0008731　624.101/889.002

舊唐書二百卷　（五代）劉昫等撰　清光緒上海圖書集成局鉛印本　六冊　存四十四卷（一百五十三至一百九十六）

620000－1101－0008732　624.101/889.003

舊唐書二百卷　（五代）劉昫等撰　清光緒二十九年（1903）五洲同文局石印本　四十冊　存一百六十四卷（一至十二、十六至十九、二十一至五十、五十五至五十八、六十四至九十一、九十八至一百十七、一百三十二至一百九十七）

620000－1101－0008733　677

舊唐書二百卷　（五代）劉昫等撰　明嘉靖十八年（1539）聞人詮刻本　二十四冊

620000－1101－0008734　624.101/88

舊唐書二百卷　（五代）劉昫等撰　清晚期木活字印本　二十八冊　存一百二十一卷（二十七至一百十六、一百七十至二百）

620000－1101－0008735　624.201/567.02

舊五代史附考證一百五十卷　（宋）薛居正等撰　清嘉慶元年（1796）刻本　十六冊

620000－1101－0008736　624.201/567.01

舊五代史附考證一百五十卷　（宋）薛居正等撰　清同治十一年（1872）湖北崇文書局刻本　十二冊　存一百十七卷（三十四至一百五十）

620000－1101－0008737　624.201/567.01

舊五代史附考證一百五十卷　（宋）薛居正等撰　清同治十一年（1872）湖北崇文書局刻本　十六冊

620000－1101－0008738　624.201/567.06

舊五代史附考證一百五十卷　（宋）薛居正等撰　清光緒二十九年（1903）五洲同文局石印本　二十四冊

620000－1101－0008739　624.201/567.06

舊五代史附考證一百五十卷　（宋）薛居正等撰　清光緒二十九年（1903）五洲同文局石印本　二十四冊

620000－1101－0008740　241.1/325

舊約註釋耶利米書不分卷　（美國）那夏禮注　清光緒二十九年（1903）鉛印本　一冊

620000－1101－0008741　196.3/76.88

居官日省錄六卷　（清）覺羅烏爾通阿潤泉編輯　清同治十二年（1873）刻本　六冊

620000－1101－0008742　443.689/12.30

居濟一得八卷　（清）張伯行撰　清同治五年（1866）正誼書局刻本　四冊

620000－1101－0008743　443.689/12.30.001

居濟一得八卷　（清）張伯行撰　清晚期刻本　四冊

620000－1101－0008744　4482

居來先生集六十六卷　（明）張佳胤撰　清末抄本　十二冊

620000－1101－0008745　229.8/380

居士傳五十六卷附二林居唱和詩一卷附體仁要術一卷　（清）彭際清述　清光緒四年（1878）錢塘許靈虛刻本　三冊

620000－1101－0008746　847.2/119

居業堂文集二十卷首一卷　（清）王源著　清光緒王氏謙德堂刻本　六冊

620000－1101－0008747　847.8/861

居易初集二卷　（清）經元善撰　清光緒二十七年（1901）鉛印本　二冊

620000－1101－0008748　2062

居易錄三十四卷　（清）王士禛撰　清康熙刻

雍正印本　八冊

620000－1101－0008749　2926

居易錄三十四卷　（清）王士禛撰　清康熙刻
雍正印本　八冊

620000－1101－0008750　63

橘譜三卷　（宋）韓彥直撰　明萬曆新安汪氏
刻山居雜志本　一冊

620000－1101－0008751　3273

舉業瑣言不分卷　（清）汪志伊撰　清乾隆五
十八年(1793)蘭山書院刻本　一冊

620000－1101－0008752　782.88/266

巨川日記一卷　楊巨川撰　清光緒十三年
(1887)稿本　一冊

620000－1101－0008753　1393

句股矩測解原二卷　（清）黃百家撰　清光緒
孔氏嶽雪樓影抄本　一冊

620000－1101－0008754　311.7/294

句股算術細草不分卷　（清）李銳撰　清同治
十一年(1872)長沙刻本　一冊

620000－1101－0008755　072.72/383.001

句溪雜著六卷　（清）陳立撰　清光緒十四年
(1888)廣雅書局刻本　一冊

620000－1101－0008756　072.72/383.001

句溪雜著六卷　（清）陳立撰　清光緒十四年
(1888)廣雅書局刻本　一冊

620000－1101－0008757　072.72/383

句溪雜著五卷　（清）陳立撰　清道光二十三
年(1843)揚州刻同治三年(1864)增刻本
一冊

620000－1101－0008758　072.72/383

句溪雜著五卷　（清）陳立撰　清道光二十三
年(1843)揚州刻同治三年(1864)增刻本
二冊

620000－1101－0008759　082.78/886

聚學軒叢書六十種二百五十九卷　劉世珩輯
清光緒貴池劉氏刻本　一百冊

620000－1101－0008760　3704

據鞍錄一卷　（清）楊應琚撰　清乾隆刻本
一冊

620000－1101－0008761　3703

據鞍錄一卷　（清）楊應琚撰　清乾隆刻本
一冊

620000－1101－0008762　482

鐫陳明卿先生彙訂歷朝捷錄六卷　（明）顧充
撰　明崇禎三年(1630)刻本　二冊

620000－1101－0008763　4149

鐫國朝名公翰藻超奇十四卷　（明）徐宗夔批
選　明萬曆唐廷仁刻本　二冊　存二卷（四
至五）

620000－1101－0008764　1743

鐫彙附百名公帷中紫論書經講義會編十二卷
　（明）申時行撰　明萬曆四十三年(1615)蔣
方馨刻本　一冊　存三卷（一至三）

620000－1101－0008765　857.46/482.06

鐫玉茗堂評點殘唐五代史演義傳六卷　（明）
羅本編輯　（明）湯顯祖批評　清晚期刻本
一冊

620000－1101－0008766　847.4/720.06

卷施閣文甲集十卷　（清）洪亮吉撰　清光緒
三年(1877)洪用懃授經堂刻本　三冊

620000－1101－0008767　847.7/885.3

卷石山房詩草不分卷　（清）劉琦撰　清同治
十年(1871)劉氏刻本　一冊

620000－1101－0008768　310.1/906

決疑數學十卷首一卷　（英國）傅蘭雅口譯
（清）華蘅芳筆述　清光緒二十三年(1897)鉛
印本　四冊

620000－1101－0008769　310.1/906

決疑數學十卷首一卷　（英國）傅蘭雅口譯
（清）華蘅芳筆述　清光緒二十三年(1897)鉛
印本　四冊

620000－1101－0008770　310.1/906

決疑數學十卷首一卷　（英國）傅蘭雅口譯

(清)華蘅芳筆述　清光緒二十三年(1897)鉛印本　四冊

620000－1101－0008771　852.3/82.65

絕妙好詞箋七卷　(宋)周密輯　(清)查爲仁　(清)厲鶚箋　**續鈔一卷**　(宋)周密輯　(清)余集編　**詞選二卷**　(清)張惠言錄　**續詞選二卷**　(清)董毅錄　清同治十一年(1872)會稽章氏刻本　六冊

620000－1101－0008772　852.3/82.65.001

絕妙好詞箋七卷　(宋)周密輯　(清)查爲仁　(清)厲鶚箋　**續鈔一卷**　(宋)周密輯　(清)余集編　**詞選二卷**　(清)張惠言錄　**續詞選二卷**　(清)董毅錄　清道光八年(1828)錢塘徐楙刻本　一冊　存五卷(五至七,續鈔一卷)

620000－1101－0008773　852.3/82.65

絕妙好詞箋七卷　(宋)周密輯　(清)查爲仁　(清)厲鶚箋　**續鈔一卷**　(宋)周密輯　(清)余集編　**詞選二卷**　(清)張惠言錄　**續詞選二卷**　(清)董毅錄　清同治十一年(1872)會稽章氏刻本　四冊

620000－1101－0008774　573.4058/485.002

爵秩全覽(□□□□)不分卷　(清)內務府編　清宣統二年(1910)刻本　四冊

620000－1101－0008775　573.4058/0.454.002

爵秩全覽(光緒□□)不分卷　(清)內務府編　清光緒二年(1876)榮晉齋刻本　二冊

620000－1101－0008776　573.4058/485

爵秩全覽(光緒丁亥)不分卷　(清)內務府編　清光緒十三年(1887)刻本　一冊

620000－1101－0008777　573.4058/485.003

爵秩全覽(光緒癸未)不分卷　(清)內務府編　清光緒九年(1883)刻本　四冊

620000－1101－0008778　573.4058/0.354.002

爵秩全覽(光緒甲午)不分卷　(清)內務府編　清光緒二十年(1894)松竹榮寶齋刻本　三冊　存亨、利、貞

620000－1101－0008779　573.4058/485.005

爵秩全覽(光緒壬辰)不分卷　(清)內務府編　清光緒十八年(1892)刻本　二冊

620000－1101－0008780　573.4058/485.004

爵秩全覽(光緒辛巳)不分卷　(清)內務府編　清光緒七年(1881)刻本　四冊

620000－1101－0008781　573.4058/485.001

爵秩全覽(同治辛未)不分卷　(清)內務府編　清同治十年(1871)刻本　二冊

620000－1101－0008782　231/147

覺世正宗省心經十卷　(清)曹鵬齡校定　清咸豐七年(1857)刻本　一冊　存一卷(四)

620000－1101－0008783　1381

君實日記不分卷　(清)□□撰　清宣統稿本　一冊

620000－1101－0008784　594.7/391

軍隊內務條例不分卷　(清)陸軍部編　清光緒山西濬文書局鉛印本　一冊

620000－1101－0008785　592/169

軍禮司馬灋考徵二卷　(清)黃以周撰　清光緒十八年(1892)黃氏試館刻本　一冊

620000－1101－0008786　596/331

軍事初階四卷　(清)賀忠良著　清光緒三十四年(1908)北洋陸軍編譯局石印本　三冊　存三卷(一至三)

620000－1101－0008787　627.75/623

軍興本末紀略四卷　(清)謝蘭生著　清光緒二年(1876)刻本　一冊

620000－1101－0008788　847.6/215.1

軍餘紀詠不分卷　(清)胡超撰　清道光二十二年(1842)刻本　一冊

620000－1101－0008789　847.6/215.1

軍餘紀詠不分卷　(清)胡超撰　清道光二十二年(1842)刻本　一冊

620000－1101－0008790　592/272

軍之運用法一卷圖一卷　(清)楊慶墀譯　(清)景謙編　清光緒末陸軍行營軍官學堂木

活字印本　一冊

620000－1101－0008791　4025

筠廊二筆二卷　(清)宋犖撰　清康熙刻本
一冊

620000－1101－0008792　1490

筠廊偶筆二卷怪石贊一卷漫堂墨品一卷
(清)宋犖撰　**雪堂墨品一卷**　(清)張仁熙撰
清康熙刻本　一冊

620000－1101－0008793　847.2/30

筠心堂存稿八卷　(清)張孝時著　清光緒五
年(1879)張振家刻本　四冊

620000－1101－0008794　1331

筠心堂文集選一卷　(清)張岳崧著　清道光
稿本　一冊

620000－1101－0008795　1458

筠園稿三卷刪稿三卷　(清)朱仕玠撰　清乾
隆刻本　一冊　存三卷(筠園稿三卷)

620000－1101－0008796　222.13/992

筠州黃檗山斷際禪師傳心法要二卷　(唐)釋
希運撰述　(唐)裴休集　清光緒十年(1884)
金陵刻經處刻本　一冊

620000－1101－0008797　791/434

攗古錄二十卷　(清)吳式芬撰　清光緒刻本
二十冊

620000－1101－0008798　1871

攗古錄金文三卷　(清)吳式芬撰　清光緒二
十一年(1895)吳重憙刻本　九冊

620000－1101－0008799　567.3/0.431

喀喇巴爾噶遜糧員賦役全書不分卷　(清)
□□編　清咸豐三年(1853)刻本　二冊

620000－1101－0008800　595.2/103

開地道轟藥法三卷　(英國)武備工程學堂編
(英國)傅蘭雅口譯　(清)汪振聲筆述　清
光緒十九年(1893)江南製造總局刻本　三冊

620000－1101－0008801　595.2/103

開地道轟藥法三卷　(英國)武備工程學堂編
(英國)傅蘭雅口譯　(清)汪振聲筆述　清

光緒十九年(1893)江南製造總局刻本　二冊

620000－1101－0008802　595.2/103

開地道轟藥法三卷　(英國)武備工程學堂編
(英國)傅蘭雅口譯　(清)汪振聲筆述　清
光緒十九年(1893)江南製造總局刻本　二冊

620000－1101－0008803　595.2/103

開地道轟藥法三卷　(英國)武備工程學堂編
(英國)傅蘭雅口譯　(清)汪振聲筆述　清
光緒十九年(1893)江南製造總局刻本　二冊

620000－1101－0008804　595.2/103

開地道轟藥法三卷　(英國)武備工程學堂編
(英國)傅蘭雅口譯　(清)汪振聲筆述　清
光緒十九年(1893)江南製造總局刻本　二冊

620000－1101－0008805　595.2/103

開地道轟藥法三卷　(英國)武備工程學堂編
(英國)傅蘭雅口譯　(清)汪振聲筆述　清
光緒十九年(1893)江南製造總局刻本　二冊

620000－1101－0008806　595.2/103

開地道轟藥法三卷　(英國)武備工程學堂編
(英國)傅蘭雅口譯　(清)汪振聲筆述　清
光緒上海江南製造總局刻本　二冊

620000－1101－0008807　595.2/103

開地道轟藥法三卷　(英國)武備工程學堂編
(英國)傅蘭雅口譯　(清)汪振聲筆述　清
光緒上海江南製造總局刻本　二冊

620000－1101－0008808　595.2/103

開地道轟藥法三卷　(英國)武備工程學堂編
(英國)傅蘭雅口譯　(清)汪振聲筆述　清
光緒上海江南製造總局刻本　二冊

620000－1101－0008809　595.2/103

開地道轟藥法三卷　(英國)武備工程學堂編
(英國)傅蘭雅口譯　(清)汪振聲筆述　清
光緒上海江南製造總局刻本　二冊

620000－1101－0008810　312.5/151

開方表不分卷　(清)賈步緯撰　清光緒江南
機器製造總局鉛印本　一冊

620000－1101－0008811　312.5/151

開方表不分卷 （清）賈步緯撰 清光緒江南
機器製造總局鉛印本 一冊

620000－1101－0008812 312.5/151
開方表不分卷 （清）賈步緯撰 清光緒江南
機器製造總局鉛印本 一冊

620000－1101－0008813 312.5/151
開方表不分卷 （清）賈步緯撰 清同治十三
年(1874)上海江南製造局鉛印本 一冊

620000－1101－0008814 312.5/151
開方表不分卷 （清）賈步緯撰 清同治十三
年(1874)上海江南製造局鉛印本 一冊

620000－1101－0008815 312.5/502
開方別術一卷數根術解一卷 （清）華蘅芳撰
清光緒二十四年(1898)浙西璞衡堂鉛印本
一冊

620000－1101－0008816 312.5/502
開方別術一卷數根術解一卷 （清）華蘅芳撰
清光緒二十四年(1898)浙西璞衡堂鉛印本
一冊

620000－1101－0008817 311.7/422
開方釋例四卷藝游錄二卷 （清）駱騰鳳學
清道光二十三年(1843)刻本 四冊

620000－1101－0008818 192.11/440
開講引蒙一卷 （清）吳鴻恩撰 清光緒十二
年(1886)錦城如不及齋刻本 一冊

620000－1101－0008819 098.07/258
開卷偶得十卷 （清）林春溥撰 清道光二十
九年(1849)竹柏山房刻竹柏山房十五種本
四冊

620000－1101－0008820 467.36/704
開礦器法圖說十一卷 （美國）俺特累著
（英國）傅蘭雅口譯 （清）王樹善筆述 清光
緒二十五年(1899)上海江南製造局石印本
六冊

620000－1101－0008821 856.7/0.456
開路先鋒初集一卷 （清）□□撰 清光緒六
年(1880)福德堂刻本 一冊

620000－1101－0008822 469.15/180
開煤要法十二卷 （英國）士密德輯 （英國）
傅蘭雅口譯 （清）王德均筆述 清光緒上海
江南機器製造總局刻本 二冊

620000－1101－0008823 469.15/180
開煤要法十二卷 （英國）士密德輯 （英國）
傅蘭雅口譯 （清）王德均筆述 清同治十年
(1871)上海江南機器製造總局刻本 二冊

620000－1101－0008824 469.15/180
開煤要法十二卷 （英國）士密德輯 （英國）
傅蘭雅口譯 （清）王德均筆述 清同治十年
(1871)上海江南機器製造總局刻本 二冊

620000－1101－0008825 469.15/180
開煤要法十二卷 （英國）士密德輯 （英國）
傅蘭雅口譯 （清）王德均筆述 清同治十年
(1871)上海江南機器製造總局刻本 二冊

620000－1101－0008826 469.15/180
開煤要法十二卷 （英國）士密德輯 （英國）
傅蘭雅口譯 （清）王德均筆述 清同治十年
(1871)上海江南機器製造總局刻本 二冊

620000－1101－0008827 469.15/180
開煤要法十二卷 （英國）士密德輯 （英國）
傅蘭雅口譯 （清）王德均筆述 清同治十年
(1871)上海江南機器製造總局刻本 一冊
存六卷(七至十二)

620000－1101－0008828 858.419/0.456
開迷寶筏□□卷 （□）□□撰 清刻本 一
冊 存一卷(四)

620000－1101－0008829 766.636/880
開浦殖民地志不分卷新志不分卷 （清）學部
編譯圖書局編纂 清光緒三十四年(1908)學
部圖書局鉛印本 一冊

620000－1101－0008830 766.636/880
開浦殖民地志不分卷新志不分卷 （清）學部
編譯圖書局編纂 清光緒三十四年(1908)學
部圖書局鉛印本 一冊

620000－1101－0008831 653.761/28

開縣李尚書政書八卷首一卷　（清）李宗義撰
　　清光緒十一年(1885)刻本　五冊

620000－1101－0008832　071.78/835

開有益齋讀書志六卷金石文字記一卷讀書續
志一卷　（清）朱緒曾撰　清光緒六年(1880)
金陵翁氏茹古閣刻本　四冊

620000－1101－0008833　589.915/286

開元律疏名例卷一卷　（唐）李林甫等修　唐
開元律疏案證一卷　（清）王仁俊輯　清宣統
三年(1911)國粹堂石印本　一冊

620000－1101－0008834　127.6/314

開知錄十四卷　（清）張秉直撰　清光緒元年
(1875)傳經堂刻本　四冊

620000－1101－0008835　127.6/314

開知錄十四卷治平大略四卷　（清）張秉直撰
　　清光緒元年(1875)傳經堂刻本　六冊

620000－1101－0008836　802.298/679

刊謬正俗八卷　（唐）顏師古撰　清光緒三年
(1877)湖北崇文書局刻本　一冊

620000－1101－0008837　1622

堪輿管見一卷　（明）謝廷柱撰　**堪輿宗旨三
卷**　（明）吳勉學輯　明嘉靖五年(1526)刻本
(宗旨三卷係明萬曆刻本)　一冊　存三卷
(管見一卷、宗旨中下)

620000－1101－0008838　629.61/803

戡定新疆記八卷　（清）魏光燾輯　清光緒二
十五年(1899)鉛印本　四冊

620000－1101－0008839　629.61/803

戡定新疆記八卷　（清）魏光燾輯　清光緒二
十五年(1899)鉛印本　二冊

620000－1101－0008840　629.61/803

戡定新疆記八卷　（清）魏光燾輯　清光緒二
十五年(1899)鉛印本　二冊

620000－1101－0008841　627.604/350

戡靖教匪述編十二卷　（清）石香村居士編輯
　　清道光八年(1828)石香村刻本　三冊

620000－1101－0008842　627.604/350

戡靖教匪述編十二卷　（清）石香村居士編輯
　　清道光八年(1828)石香村刻本　一冊　存
三卷(一至三)

620000－1101－0008843　847.6/935

衍石齋記事稾十卷　（清）錢儀吉撰　清道光
刻本　五冊

620000－1101－0008844　3731

康對山先生集四十五卷首一卷　（明）康海撰
　　清康熙五十一年(1712)馬逸姿刻本　十
二冊

620000－1101－0008845　2552

康對山先生文集十卷　（明）康海撰　清乾隆
二十六年(1761)刻本　六冊

620000－1101－0008846　3728

康對山先生文集十卷　（明）康海撰　清乾隆
二十六年(1761)刻本　六冊

620000－1101－0008847　3729

康對山先生文集十卷　（明）康海撰　清乾隆
二十六年(1761)刻本　六冊

620000－1101－0008848　3730

康對山先生文集十卷　（明）康海撰　清乾隆
二十六年(1761)刻本　六冊

620000－1101－0008849　3021

康濟譜二十五卷　（明）潘游龍撰　明崇禎刻
本　十一冊

620000－1101－0008850　071.72/72

康熙幾暇格物編二卷　（清）聖祖玄燁撰　清
光緒石印本　二冊

620000－1101－0008851　802.3/306.003

康熙字典三十六卷補遺一卷備考一卷　（清）
張玉書等編撰　清光緒三十二年(1906)上海
商務印書館石印本　七冊

620000－1101－0008852　802.3/306.015

康熙字典三十六卷補遺一卷備考一卷　（清）
張玉書等編撰　清晚期刻本　四十冊

620000－1101－0008853　802.3/306.006

康熙字典三十六卷補遺一卷備考一卷　（清）

張玉書等編撰　清道光七年(1827)刻本　四十冊

620000－1101－0008854　802.3/306.007
康熙字典三十六卷補遺一卷備考一卷　（清）張玉書等編撰　清道光七年(1827)刻本　十七冊　存三十二卷(子集上中下至丑集上中下、辰集上中下至亥集上中下,補遺一卷,備考一卷)

620000－1101－0008855　802.3/306.010
康熙字典三十六卷補遺一卷備考一卷　（清）張玉書等編撰　清道光七年(1827)刻本　三十五冊　存三十四卷(子集上中下至卯集上中下、辰集中下、已集下、午集上中下至戌集上中下、亥集上中,補遺一卷,備考一卷)

620000－1101－0008856　802.3/306.008
康熙字典三十六卷補遺一卷備考一卷　（清）張玉書等編撰　清晚期經綸堂刻本　二十冊　存十九卷(子集上中、丑集上、寅集上、卯集上中下、已集上、未集中下、申集下、酉集中下、戌集上、亥集上中下,補遺一卷,備考一卷)

620000－1101－0008857　802.3/306.009
康熙字典三十六卷補遺一卷備考一卷　（清）張玉書等編撰　清光緒三十二年(1906)上海商務印書館石印本　六冊

620000－1101－0008858　802.3/306.009
康熙字典三十六卷補遺一卷備考一卷　（清）張玉書等編撰　清光緒三十二年(1906)上海商務印書館石印本　三冊　存十五卷(已集上中下至午集上中下、申集上中下至戌集上中下)

620000－1101－0008859　802.3/306.012
康熙字典三十六卷補遺一卷備考一卷　（清）張玉書等編撰　清末上海錦章書局石印本　二冊　存六卷(酉集上中下至戌集上中下)

620000－1101－0008860　802.3/306.016
康熙字典三十六卷補遺一卷備考一卷　（清）張玉書等編撰　清晚期刻本　十四冊　存十五卷(未集下、申集上中下至亥集上中下,補遺一卷,備考一卷)

620000－1101－0008861　802.3/306.011
康熙字典三十六卷補遺一卷備考一卷　（清）張玉書等編撰　清晚期刻本　十二冊　存三十三卷(丑集上中下至寅集上中下、卯集中、辰集上中下至亥集上中下,補遺一卷,備考一卷)

620000－1101－0008862　802.3/306.017
康熙字典三十六卷補遺一卷備考一卷　（清）張玉書等編撰　清晚期刻本　十三冊　存十二卷(子集上中下至卯集上中下)

620000－1101－0008863　802.3/306.001
康熙字典十二集四十二卷　（清）張玉書等編撰　清道光七年(1827)刻本　四十冊

620000－1101－0008864　802.3/306.002
康熙字典十二集四十二卷　（清）張玉書等編撰　清中晚期刻本　四十一冊

620000－1101－0008865　802.3/306.005
康熙字典十二集四十二卷　（清）張玉書等編撰　清道光七年(1827)刻本　四十冊

620000－1101－0008866　802.3/306.002
康熙字典三十六卷補遺一卷備考一卷　（清）張玉書等編撰　清晚期刻本　二十六冊　存二十卷(辰集上中下至酉集上中下、補遺一卷、備考一卷)

620000－1101－0008867　802.3/306.002
康熙字典十二集四十二卷　（清）張玉書等編撰　清中期刻本　四十冊

620000－1101－0008868　802.3/306.001
康熙字典十二集四十二卷　（清）張玉書等編撰　清道光七年(1827)刻本　四十冊

620000－1101－0008869　802.3/306.004
康熙字典十二集總目一卷檢字一卷辨似一卷等韻一卷備考一卷補遺一卷　（清）張玉書等編撰　清光緒十年(1884)上海點石齋石印本　六冊

620000－1101－0008870　802.3/306

康熙字典十二集總目一卷檢字一卷辨似一卷字母切韻要法一卷備考一卷補遺一卷　（清）張玉書等編撰　清光緒十五年（1889）上海點石齋石印本　六冊

620000－1101－0008871　802.3/306.014

康熙字典十二集總目一卷檢字一卷辨似一卷字母切韻要法一卷備考一卷補遺一卷　（清）張玉書等編撰　清晚期刻本　一冊　存一卷（申集中）

620000－1101－0008872　692.8/99.001

康輶紀行十六卷　（清）姚瑩撰　清光緒抄本　四冊　存十一卷（三至十三）

620000－1101－0008873　692.8/99

康輶紀行十六卷　（清）姚瑩撰　清同治六年（1867）刻本　五冊

620000－1101－0008874　231/735

亢倉子一卷　（唐）洞靈真人撰　**玄真子一卷**　（唐）張志和撰　**天隱子一卷**　（唐）無名氏撰　**無能子三卷**　（唐）無名氏撰　**胎息經一卷**　（□）幻真先生注　清光緒元年（1875）湖北崇文書局刻本　一冊

620000－1101－0008875　3998

抗希堂全集十五種一百四十三卷　（清）方苞撰　清康熙、嘉慶方氏抗希堂刻本　五十冊　存七種七十三卷（春秋直解十二卷、春秋通論四卷、春秋比事目錄四卷、周官析疑三十卷、考工記析疑四卷、周官辨一卷、禮記析疑一至十八）

620000－1101－0008876　3098

抗希堂十六種一百四十六卷　（清）方苞撰　清康熙、嘉慶方氏抗希堂刻本　十五冊　存五種十一卷（春秋通論四卷、春秋比事目錄四卷、刪定管子一卷、刪定荀子一卷、望溪先生文一卷）

620000－1101－0008877　072.76/170

考辨隨筆二卷　（清）黃定宜撰　清道光二十七年（1847）萍鄉文氏刻本　一冊

620000－1101－0008878　521.7/291

考察日本學校記十六卷　（清）李宗棠編譯　清光緒石印本　五冊　存五卷（一、九至十二）

620000－1101－0008879　348

考工記二卷　（明）郭正域批點　明萬曆四十四年（1616）閔齊伋刻朱墨套印三經評注本　一冊

620000－1101－0008880　484.1/123.001

考工記要十七卷附圖一卷　（英國）瑪體生撰　（英國）傅蘭雅　（清）鍾天緯譯　清光緒二十年（1894）江南製造總局刻本　七冊

620000－1101－0008881　484.1/123.001

考工記要十七卷附圖一卷　（英國）瑪體生撰　（英國）傅蘭雅　（清）鍾天緯譯　清光緒二十年（1894）江南製造總局刻本　五冊　存十二卷（七至十七、附圖一卷）

620000－1101－0008882　484.1/123.001

考工記要十七卷附圖一卷　（英國）瑪體生撰　（英國）傅蘭雅　（清）鍾天緯譯　清光緒二十年（1894）江南製造總局刻本　五冊　存十三卷（一至四、八至十六）

620000－1101－0008883　484.1/123

考工記要十七卷附圖一卷　（英國）瑪體生撰　（英國）傅蘭雅　（清）鍾天緯譯　清光緒二十三年（1897）小倉山房石印本　四冊

620000－1101－0008884　560

考古致知續錄不分卷　（清）朱弘炳編　清乾隆抄本　八冊

620000－1101－0008885　856.7/293.01

考卷約選五集不分卷　（清）李錫瓚編次　清嘉慶福德堂刻本　十一冊

620000－1101－0008886　610.83/93.01

考史拾遺十卷　（清）錢大昕撰　清嘉慶十二年（1807）稻香吟館刻本　四冊

620000－1101－0008887　802.3/837

考正玉堂字彙不分卷　（清）知足子校　清晚

期上海章福記書局石印本　四冊

620000－1101－0008888　379
考證註解傷寒論十卷　（明）黃甲撰　明嘉靖
二十四年(1545)馮岳刻本　六冊

620000－1101－0008889　2021
攷古質疑六卷　（宋）葉大慶撰　清乾隆武英
殿木活字印武英殿聚珍版書本　二冊

620000－1101－0008890　847.5/429.1
柯家山館遺詩六卷　（清）嚴元照撰　清嘉慶
二十二年(1817)刻本　四冊

620000－1101－0008891　573.332/109.08
科場條例（順治十八年至雍正十年）二卷
（清）□□輯　清刻本　一冊

620000－1101－0008892　573.35/78
科名金鍼不分卷　（清）毛昶熙編　清光緒元
年(1875)刻本　一冊

620000－1101－0008893　573.35/78
科名金鍼不分卷　（清）毛昶熙編　清光緒元
年(1875)刻本　一冊

620000－1101－0008894　082.9/482.07
科學叢書第一集八種十一卷　羅振玉輯　清
光緒二十七年(1901)上海教育世界出版所石
印本　四冊

620000－1101－0008895　015.3/116
科學書目提要初編一卷　（清）王景沂撰　清
光緒二十九年(1903)北洋官報局鉛印本
一冊

620000－1101－0008896　234.1/0.794
科儀二卷　（清）□□撰　清光緒四年(1878)
刻本　一冊

620000－1101－0008897　1597
可泉擬涯翁擬古樂府二卷　（明）胡纘宗撰
（明）胡統宗注　（明）張光孝評　明嘉靖三十
六年(1557)汪翰刻清遞修本　二冊

620000－1101－0008898　1598
可泉擬涯翁擬古樂府二卷　（明）胡纘宗撰
（明）胡統宗注　（明）張光孝評　明嘉靖三十

六年(1557)汪翰刻清遞修本　二冊

620000－1101－0008899　3145
可泉擬涯翁擬古樂府二卷　（明）胡纘宗撰
（明）胡統宗注　（明）張光孝評　明嘉靖三十
六年(1557)汪翰刻清遞修本　二冊

620000－1101－0008900　3146
可泉擬涯翁擬古樂府二卷　（明）胡纘宗撰
（明）胡統宗注　（明）張光孝評　明嘉靖三十
六年(1557)汪翰刻清遞修本　二冊

620000－1101－0008901　3147
可泉擬涯翁擬古樂府二卷　（明）胡纘宗撰
（明）胡統宗注　（明）張光孝評　明嘉靖三十
六年(1557)汪翰刻清遞修本　二冊

620000－1101－0008902　3148
可泉擬涯翁擬古樂府二卷　（明）胡纘宗撰
（明）胡統宗注　（明）張光孝評　明嘉靖三十
六年(1557)汪翰刻清遞修本　一冊　存一卷
（一）

620000－1101－0008903　1907
可儀堂古文選不分卷　（清）俞長城輯評　清
康熙三十七年(1698)可儀堂刻本　十二冊

620000－1101－0008904　3894
可儀堂一百二十名家制義一百二十卷　（清）
俞長城輯　清康熙三十八年(1699)可儀堂刻
本　二十七冊　存一百十七卷(一至一百九、
一百十三至一百二十)

620000－1101－0008905　847.8/37.12
可園詩存二卷　陳作霖著　清宣統元年
(1909)刻本　一冊

620000－1101－0008906　848/37.89
可園文存十六卷　陳作霖著　清宣統元年
(1909)刻本　四冊

620000－1101－0008907　595.94/600.06
克虜伯礮準心法一卷表一卷　（德國）軍政局
原書　（美國）金楷理口譯　（清）李鳳苞筆述
清同治、光緒江南製造總局刻本　一冊

620000－1101－0008908　595.94/600.06

克虜伯礮準心法一卷表一卷　（德國）軍政局
原書　（美國）金楷理口譯　（清）李鳳苞筆述
清同治、光緒江南製造總局刻本　一冊
存一卷（心法一卷）

620000－1101－0008909　595.94/600.06

克虜伯礮準心法一卷表一卷　（德國）軍政局
原書　（美國）金楷理口譯　（清）李鳳苞筆述
清同治、光緒江南製造總局刻本　一冊

620000－1101－0008910　595.94/600.06

克虜伯礮準心法一卷表一卷　（德國）軍政局
原書　（美國）金楷理口譯　（清）李鳳苞筆述
清同治、光緒江南製造總局刻本　二冊

620000－1101－0008911　595.94/600.06

克虜伯礮準心法一卷表一卷　（德國）軍政局
原書　（美國）金楷理口譯　（清）李鳳苞筆述
清同治、光緒江南製造總局刻本　一冊
存一卷（心法一卷）

620000－1101－0008912　595.94/600.06

克虜伯礮準心法一卷表一卷　（德國）軍政局
原書　（美國）金楷理口譯　（清）李鳳苞筆述
清同治、光緒江南製造總局刻本　一冊
存一卷（心法一卷）

620000－1101－0008913　595.94/600

克虜伯礮彈一卷餅藥造法一卷　（德國）軍政
局原書　（美國）金楷理口譯　（清）李鳳苞筆
述　清同治十三年（1874）江南製造總局刻本
二冊

620000－1101－0008914　595.94/600

克虜伯礮彈造法二卷附圖一卷餅藥造法一卷
表八卷　（德國）軍政局原書　（美國）金楷理
口譯　（清）李鳳苞筆述　清同治十三年
（1874）江南製造總局刻本　三冊　存四卷
（礮彈造法二卷、附圖一卷、餅藥造法一卷）

620000－1101－0008915　595.94/600

克虜伯礮彈造法二卷附圖一卷餅藥造法一卷
表八卷　（德國）軍政局原書　（美國）金楷理
口譯　（清）李鳳苞筆述　清同治十三年
（1874）江南製造總局刻本　三冊　存十一卷

（礮彈造法上、附圖一卷、餅藥造法一卷、表八
卷）

620000－1101－0008916　595.94/600

克虜伯礮彈造法二卷附圖一卷餅藥造法一卷
表八卷　（德國）軍政局原書　（美國）金楷理
口譯　（清）李鳳苞筆述　清同治十三年
（1874）江南製造總局刻本　二冊　存二卷
（礮彈造法二卷）

620000－1101－0008917　595.94/600.01

克虜伯礮說四卷操法四卷　（德國）軍政局原
書　（美國）金楷理口譯　（清）李鳳苞筆述
清同治十三年（1874）江南製造總局刻本
一冊

620000－1101－0008918　595.94/600.01

克虜伯礮說四卷操法四卷　（德國）軍政局原
書　（美國）金楷理口譯　（清）李鳳苞筆述
清同治十三年（1874）江南製造總局刻本
一冊

620000－1101－0008919　595.94/600.01

克虜伯礮說四卷操法四卷表六卷　（德國）軍
政局原書　（美國）金楷理口譯　（清）李鳳苞
筆述　清同治十三年（1874）江南製造總局刻
本　二冊

620000－1101－0008920　595.94/600.01

克虜伯礮說四卷操法四卷表一卷　（德國）軍
政局原書　（美國）金楷理口譯　（清）李鳳苞
筆述　清同治十三年（1874）江南製造總局刻
本　二冊

620000－1101－0008921　595.94/600.01

克虜伯礮說四卷操法四卷表一卷　（德國）軍
政局原書　（美國）金楷理口譯　（清）李鳳苞
筆述　清同治十三年（1874）江南製造總局刻
本　二冊

620000－1101－0008922　595.94/600.01

克虜伯礮說四卷礮表八卷　（德國）軍政局原
書　（美國）金楷理口譯　（清）李鳳苞筆述
清同治十三年（1874）江南製造總局刻本　一
冊　存四卷（礮說四卷）

620000－1101－0008923　595.94/600

克虜伯礮藥彈造法三卷克虜伯炮彈附圖一卷
（德國）軍政局原書　（美國）金楷理口譯
(清)李鳳苞筆述　清同治十三年(1874)江南
製造總局刻本　三冊

620000－1101－0008924　595.94/600

克虜伯礮藥彈造法三卷克虜伯炮彈附圖一卷
（德國）軍政局原書　（美國）金楷理口譯
(清)李鳳苞筆述　清同治十三年(1874)江南
製造總局刻本　三冊

620000－1101－0008925　595.94/600.06

克虜伯礮準心法一卷　（德國）軍政局原書
(美國)金楷理口譯　（清)李鳳苞筆述　清同
治、光緒江南製造總局刻本　一冊

620000－1101－0008926　595.94/600.06

克虜伯礮準心法一卷　（德國）軍政局原書
(美國)金楷理口譯　（清)李鳳苞筆述　清同
治、光緒江南製造總局刻本　一冊

620000－1101－0008927　1192

刻精釋古今名翰六卷　（明）丘兆麟輯　明末
書林張輔刻本　一冊　存三卷(一至三)

620000－1101－0008928　813

刻徐文長先生秘集十二卷　題(明)徐渭輯
(明)孫一觀校　明天啓刻本　一冊　存二卷
(一至二)

620000－1101－0008929　192.6/0.654

恪靖伯禁種罌粟四字諭一卷　（清)左宗棠撰
清同治八年(1869)刻本　一冊

620000－1101－0008930　847.8/352

恪靖侯盾鼻餘瀋不分卷　（清)左宗棠撰　清
光緒七年(1881)刻本　一冊

620000－1101－0008931　847.8/352

恪靖侯盾鼻餘瀋不分卷　（清)左宗棠撰　清
光緒七年(1881)刻本　一冊

620000－1101－0008932　856.278/352

恪靖侯左相手札不分卷　（清)左宗棠書　清
末岵瞻堂刻本　一冊

620000－1101－0008933　857.2/440

客窗閒話八卷續八卷　（清)吳熾昌著　清光
緒元年(1875)寶書堂刻本　八冊

620000－1101－0008934　857.275/987

客牕偶筆四卷　（清)金捧閶撰　（清)趙學轍
評　清嘉慶二年(1797)刻本　二冊　存二卷
(三至四)

620000－1101－0008935　847.4/289

客青草二卷　（清)李華春撰　清嘉慶二十一
年(1816)刻本　一冊

620000－1101－0008936　857.172/183

客舍偶聞一卷　（清)彭孫貽著　**克復諒山大
略一卷**　（清)□□著　**拳匪聞見錄一卷**
(清)管鶴著　清宣統二年(1910)錢塘汪氏鉛
印振綺堂叢書本　一冊

620000－1101－0008937　193.3/662

課兒草不分卷　（清)齊學裘撰　清光緒元年
(1875)邗上天空海闊之居刻本　一冊

620000－1101－0008938　193.3/662

課兒草不分卷　（清)齊學裘撰　清光緒元年
(1875)邗上天空海闊之居刻本　一冊

620000－1101－0008939　193.3/662

課兒草不分卷　（清)齊學裘撰　清光緒元年
(1875)邗上天空海闊之居刻本　一冊

620000－1101－0008940　193.3/662

課兒草不分卷　（清)齊學裘撰　清光緒元年
(1875)邗上天空海闊之居刻本　一冊

620000－1101－0008941　193.3/662

課兒草不分卷　（清)齊學裘撰　清光緒元年
(1875)邗上天空海闊之居刻本　一冊

620000－1101－0008942　193.3/662

課兒草不分卷　（清)齊學裘撰　清光緒元年
(1875)邗上天空海闊之居刻本　一冊

620000－1101－0008943　193.3/662

課兒草不分卷　（清)齊學裘撰　清光緒元年
(1875)邗上天空海闊之居刻本　一冊

620000－1101－0008944　193.3/662

課兒草不分卷 （清）齊學裘撰 清光緒元年(1875)邗上天空海闊之居刻本 一冊

620000－1101－0008945 193.3/662

課兒草不分卷 （清）齊學裘撰 清光緒元年(1875)邗上天空海闊之居刻本 一冊

620000－1101－0008946 193.3/662

課兒草不分卷 （清）齊學裘撰 清光緒元年(1875)邗上天空海闊之居刻本 一冊

620000－1101－0008947 097.527/383

課士直解七卷 （清）陳弘謀著 清光緒津河廣仁堂刻本 四冊

620000－1101－0008948 224.2/104

課誦日用不分卷 （清）釋福聚編 清光緒十三年(1887)金陵福聚刻本 一冊

620000－1101－0008949 224.2/104

課誦日用不分卷 （清）釋福聚編 清光緒十三年(1887)金陵福聚刻本 一冊

620000－1101－0008950 831.7/379

課選樓合稿四種十三卷 （清）戴燮元輯 清光緒八年(1882)刻本 五冊

620000－1101－0008951 853.63/526

空谷香傳奇二卷 （清）蔣士銓填詞 清中晚期刻藏園九種曲本 二冊

620000－1101－0008952 3398

空明子全集六十六卷 （清）張榮撰 清康熙刻本 一冊 存三卷(空明子文集二卷、雜錄一卷)

620000－1101－0008953 847.4/825.08

空山堂全集八種一百一卷 （清）牛運震撰 清嘉慶二十三年(1818)刻本 二十七冊 存六種七十一卷(詩志八卷、周易解九卷、春秋傳十二卷、論語隨筆二十卷、孟子論文七卷、讀史糾謬十五卷)

620000－1101－0008954 2617

空山堂史記評註十二卷 （清）牛運震撰 清乾隆五十六年(1791)牛鈞刻本 六冊 存十卷(一至八、十、十二)

620000－1101－0008955 3238

空山堂史記評註十二卷 （清）牛運震撰 清乾隆五十六年(1791)牛鈞刻本 八冊

620000－1101－0008956 847.5/852

空山堂文集十二卷 （清）牛運震撰 清嘉慶牛氏空山堂刻本 七冊

620000－1101－0008957 700

空同集六十四卷 （明）李夢陽撰 明萬曆二十九年(1601)李思孝刻本 二冊 存八卷(三十四至三十七、四十五至四十八)

620000－1101－0008958 3726

空同詩選一卷 （明）李夢陽撰 明閔齊伋刻朱墨套印本 一冊

620000－1101－0008959 3722

空同先生集六十三卷 （明）李夢陽撰 明嘉靖黃省曾刻本 十六冊

620000－1101－0008960 777

空同先生集六十三卷 （明）李夢陽撰 明萬曆七年(1579)徐廷器刻本 二十冊

620000－1101－0008961 3723

空同子集六十六卷附錄二卷 （明）李夢陽撰 明萬曆三十年(1602)鄧雲霄刻本 二十冊

620000－1101－0008962 3724

空同子集六十六卷總目三卷附錄二卷 （明）李夢陽撰 明刻本 十六冊

620000－1101－0008963 691.6301/382

崆峒紀遊集六卷 （清）陳芝眉 （清）林桂山輯 清道光二十七年(1847)刻本 二冊

620000－1101－0008964 683.16/58.31

崆峒山志二卷 （清）張伯魁纂修 清嘉慶二十四年(1819)刻本 二冊

620000－1101－0008965 683.16/58.31

崆峒山志二卷 （清）張伯魁纂修 清嘉慶二十四年(1819)刻本 一冊

620000－1101－0008966 683.16/58.31

崆峒山志二卷 （清）張伯魁纂修 清嘉慶二十四年(1819)刻本 二冊

620000－1101－0008967　683.16/58.31
崆峒山志二卷　（清）張伯魁纂修　清嘉慶二
十四年(1819)刻本　二冊

620000－1101－0008968　683.16/58.31
崆峒山志二卷　（清）張伯魁纂修　清嘉慶二
十四年(1819)刻本　二冊

620000－1101－0008969　683.16/58.31
崆峒山志二卷　（清）張伯魁纂修　清嘉慶二
十四年(1819)刻本　一冊　存一卷(上)

620000－1101－0008970　683.16/58.31
崆峒山志二卷　（清）張伯魁纂修　清嘉慶二
十四年(1819)刻本　一冊　存一卷(下)

620000－1101－0008971　683.16/58.31
崆峒山志二卷　（清）張伯魁纂修　清嘉慶二
十四年(1819)刻本　一冊　存一卷(下)

620000－1101－0008972　683.16/58.31
崆峒山志二卷　（清）張伯魁纂修　清嘉慶二
十四年(1819)刻本　一冊　存一卷(下)

620000－1101－0008973　683.16/58.31
崆峒山志二卷　（清）張伯魁纂修　清嘉慶二
十四年(1819)刻本　一冊　存一卷(上)

620000－1101－0008974　683.16/58.31
崆峒山志二卷　（清）張伯魁纂修　清嘉慶二
十四年(1819)刻本　一冊　存一卷(上)

620000－1101－0008975　683.16/58.30
崆峒山志二卷　（清）張伯魁纂修　清同治十
一年(1872)刻本　二冊

620000－1101－0008976　683.16/58.30
崆峒山志二卷　（清）張伯魁纂修　清同治十
一年(1872)刻本　二冊

620000－1101－0008977　683.16/58.30
崆峒山志二卷　（清）張伯魁纂修　清同治十
一年(1872)刻本　二冊

620000－1101－0008978　683.16/58.30
崆峒山志二卷　（清）張伯魁纂修　清同治十
一年(1872)刻本　二冊

620000－1101－0008979　683.16/58.30
崆峒山志二卷　（清）張伯魁纂修　清同治十
一年(1872)刻本　二冊

620000－1101－0008980　683.16/58.30
崆峒山志二卷　（清）張伯魁纂修　清同治十
一年(1872)刻本　二冊

620000－1101－0008981　683.16/58.30
崆峒山志二卷　（清）張伯魁纂修　清同治十
一年(1872)刻本　二冊

620000－1101－0008982　683.16/58.30
崆峒山志二卷　（清）張伯魁纂修　清同治十
一年(1872)刻本　二冊

620000－1101－0008983　683.16/58.30
崆峒山志二卷　（清）張伯魁纂修　清同治十
一年(1872)刻本　一冊

620000－1101－0008984　683.16/58.30
崆峒山志二卷　（清）張伯魁纂修　清同治十
一年(1872)刻本　二冊

620000－1101－0008985　683.16/58.30
崆峒山志二卷　（清）張伯魁纂修　清同治十
一年(1872)刻本　一冊

620000－1101－0008986　683.16/58.30
崆峒山志二卷　（清）張伯魁纂修　清同治十
一年(1872)刻本　二冊

620000－1101－0008987　683.16/58.30
崆峒山志二卷　（清）張伯魁纂修　清同治十
一年(1872)刻本　二冊

620000－1101－0008988　683.16/58.30
崆峒山志二卷　（清）張伯魁纂修　清同治十
一年(1872)刻本　一冊　存一卷(下)

620000－1101－0008989　683.16/58.30
崆峒山志二卷　（清）張伯魁纂修　清同治十
一年(1872)刻本　一冊　存一卷(上)

620000－1101－0008990　683.16/58.30
崆峒山志二卷　（清）張伯魁纂修　清同治十
一年(1872)刻本　一冊　存一卷(上)

620000 – 1101 – 0008991　683.16/58.30

崆峒山志二卷　（清）張伯魁纂修　清同治十一年(1872)刻本　一冊

620000 – 1101 – 0008992　122.1/370.002

孔叢二卷附詰墨一卷　（漢）孔鮒撰　清嘉慶刻廣漢魏叢書本　一冊　存二卷(孔叢二卷)

620000 – 1101 – 0008993　122.1/370.002

孔叢二卷附詰墨一卷　（漢）孔鮒撰　清嘉慶刻廣漢魏叢書本　一冊　存二卷(孔叢二卷)

620000 – 1101 – 0008994　122.1/370.002

孔叢二卷附詰墨一卷　（漢）孔鮒撰　清嘉慶刻廣漢魏叢書本　一冊

620000 – 1101 – 0008995　122.1/370

孔叢子二卷詰墨一卷　（漢）孔鮒撰　清光緒二十年(1894)藝文書局刻本　一冊

620000 – 1101 – 0008996　122.1/370.001

孔叢子七卷　（漢）孔鮒撰　（宋）宋咸注　清光緒元年(1875)海昌陳錫麒刻本　四冊

620000 – 1101 – 0008997　858.4/719

孔孟圖歌二卷　（清）江鍾秀撰　清光緒三十年(1904)刻本　二冊

620000 – 1101 – 0008998　091.274/885

孔易註略傳十卷首一卷總論二卷　（清）劉一明述注　清嘉慶四年(1799)刻本　十一冊

620000 – 1101 – 0008999　292.1/885.02

孔易註略傳十卷首一卷總論二卷　（清）劉一明述注　清嘉慶四年(1799)刻本　十一冊

620000 – 1101 – 0009000　292.1/885.02

孔易註略傳十卷首一卷總論二卷　（清）劉一明述注　清嘉慶四年(1799)刻本　十二冊

620000 – 1101 – 0009001　782.917/222

孔子編年五卷　（宋）胡仔撰　（清）胡培翬校注　清同治九年(1870)京都墨文齋刻本　二冊

620000 – 1101 – 0009002　127.6/668

孔子改制考二十一卷　康有爲撰　清光緒二十四年(1898)上海大同譯書局石印本　九冊

存十八卷(四至二十一)

620000 – 1101 – 0009003　121.23/363

孔子集語十七卷　（清）孫星衍撰　清光緒三年(1877)浙江書局刻本　四冊

620000 – 1101 – 0009004　121.23/363

孔子集語十七卷　（清）孫星衍撰　清光緒三年(1877)浙江書局刻本　四冊

620000 – 1101 – 0009005　1978

孔子家語十卷　（三國魏）王肅注　清乾隆四十九年(1784)文盛堂刻本　四冊

620000 – 1101 – 0009006　2932

孔子家語十卷　（三國魏）王肅注　清乾隆五十五年(1790)天祿齋刻本　一冊

620000 – 1101 – 0009007　121.23/113.001

孔子家語十卷　（三國魏）王肅注　清光緒元年(1875)湖北崇文書局刻本　一冊　存五卷(六至十)

620000 – 1101 – 0009008　121.23/113

孔子家語十卷　（三國魏）王肅注　清嘉慶十九年(1814)刻本　一冊

620000 – 1101 – 0009009　414.6/0.428

口誦心唯不分卷　（□）□□撰　清晚期仇賡唐抄本　一冊

620000 – 1101 – 0009010　4250

叩鉢齋增補應酬全書行厨集十八卷　（清）李之澎　（清）汪建封輯　清康熙二十九年(1690)汪建封刻本　七冊　存六卷(六至九、十一、十三)

620000 – 1101 – 0009011　4251

叩鉢齋增補應酬全書行厨集十八卷　（清）李之澎　（清）汪建封輯　清康熙二十九年(1690)汪建封刻本　十冊　存九卷(十至十八)

620000 – 1101 – 0009012　2652

扣舷集二卷　（清）徐楠撰　清乾隆二十二年(1757)刻本　一冊

620000 – 1101 – 0009013　845.13/687

464

寇忠愍公詩集三卷　（宋）寇準撰　清宣統三
年(1911)中華圖書館影印本　二冊

620000－1101－0009014　4066

快書三卷　（清）陳雲荃撰　清康熙、雍正刻
本　一冊　存二卷(二至三)

620000－1101－0009015　3208

快心編初集五卷十回二集五卷十回三集六卷
十二回　（清）天花才子輯　清課花書屋刻本
　四冊　存四卷(初集三至五、二集一)

620000－1101－0009016　857.47/0.682

快心編初集五卷十回二集五卷十回三集六卷
十二回　（清）天花才子輯　清課花書屋刻本
　十一冊

620000－1101－0009017　850/833

梡鞠錄二卷　（清）朱祖謀編　清宣統元年
(1909)南陵徐乃昌刻本　二冊

620000－1101－0009018　846.2/739

況太守集十六卷補遺一卷首一卷　（明）況鍾
撰　（清）況廷秀纂　清光緒十年(1884)津河
廣仁堂刻本　四冊

620000－1101－0009019　652.621/735

況太守集十六卷補遺一卷首一卷　（明）況鍾
撰　（清）況廷秀纂　清光緒十年(1884)津河
廣仁堂刻本　四冊

620000－1101－0009020　847.8/287

曠遊偶筆二卷　（清）李雲麟著　清光緒十年
(1884)七十二泉寄齋刻本　一冊　存一卷
(上)

620000－1101－0009021　357.5/906

礦石圖說不分卷　（英國）傅蘭雅著　清光緒
十年(1884)刻本　一冊

620000－1101－0009022　467/0.351

礦務叢鈔十二卷　（英國）士密德輯　（英國）
傅蘭雅口譯　（清）王德均筆述　清光緒二十
三年(1897)上海六先書局石印本　八冊　存
六卷(一至六)

620000－1101－0009023　357/0.351

礦學大成五種二十卷　（美國）亞倫等撰
（英國）傅蘭雅口譯　應祖錫筆述　清光緒二
十四年(1898)上海測海山房石印本　一冊
存二種十三卷(銀礦指南一卷、開煤要法十二
卷)

620000－1101－0009024　357/0.351

礦學大成五種二十卷　（美國）亞倫等撰
（英國）傅蘭雅口譯　應祖錫筆述　清光緒二
十四年(1898)上海測海山房石印本　二冊

620000－1101－0009025　357/0.351

礦學大成五種二十卷　（美國）亞倫等撰
（英國）傅蘭雅口譯　應祖錫筆述　清光緒二
十四年(1898)上海測海山房石印本　二冊
存四種十九卷(銀礦指南一卷、開礦要法十二
卷、井礦工程三卷、冶金錄三卷)

620000－1101－0009026　357/0.351

礦學大成五種二十卷　（美國）亞倫等撰
（英國）傅蘭雅口譯　應祖錫筆述　清光緒二
十四年(1898)上海測海山房石印本　二冊

620000－1101－0009027　357/0.351

礦學大成五種二十卷　（美國）亞倫等撰
（英國）傅蘭雅口譯　應祖錫筆述　清光緒二
十四年(1898)上海測海山房石印本　二冊

620000－1101－0009028　357.6/123

[礦學金石中西名目表]一卷　（美國）瑪高溫
譯　清光緒九年(1883)鉛印本　一冊

620000－1101－0009029　467/878

礦學考質十卷首一卷　（美國）奧斯彭纂　舒
高第口譯　（清）沈陶章筆述　清光緒三十三
年(1907)江南機器製造總局刻本　二冊　存
五卷(上編一至二、下編四至五,首一卷)

620000－1101－0009030　357/906

礦學須知不分卷　（英國）傅蘭雅著　清光緒
十九年(1893)刻本　一冊

620000－1101－0009031　357/906

礦學須知不分卷　（英國）傅蘭雅著　清光緒
十九年(1893)刻本　一冊

620000－1101－0009032　1883

奎壁齋選訂詳注古文初集六卷 （清）王相注
清康熙鄭氏奎壁齋刻本　三冊

620000－1101－0009033　848.1/120

葵園四種三十九卷 王先謙撰　清光緒至民
國初年長沙王氏刻本　九冊　存三種二十三
卷(書札二卷、詩存十八卷、王先謙自定年譜
三卷)

620000－1101－0009034　705

睽車志六卷 （宋）郭彖撰　明萬曆商氏半埜
堂刻稗海本　三冊

620000－1101－0009035　847.7/270

愧庵遺集四種六卷 （清）楊甲仁輯　清同治
三年(1864)刻本　四冊

620000－1101－0009036　847.2/835

愧訥集十二卷 （清）朱用純撰　清光緒八年
(1882)津河廣仁堂刻本　四冊

620000－1101－0009037　847.2/835

愧訥集十二卷 （清）朱用純撰　清光緒八年
(1882)津河廣仁堂刻本　四冊

620000－1101－0009038　847.2/835

愧訥集十二卷 （清）朱用純撰　清光緒八年
(1882)津河廣仁堂刻本　四冊

620000－1101－0009039　192.1/477

媿林漫錄不分卷 （明）翟世耜輯　清光緒十
六年(1890)江蘇書局刻本　一冊

620000－1101－0009040　609.2/365

坤輿撮要問答四卷附編一卷 （清）孫文楨譯
清光緒二十四年(1898)上海土山灣書館鉛
印本　一冊

620000－1101－0009041　4480

崑曲藏本不分卷 （□）□□輯　清乾隆、嘉
慶抄本　二冊

620000－1101－0009042　1901

困學紀聞二十卷 （宋）王應麟撰　（清）閻若
璩箋　清乾隆三年(1738)馬氏叢書樓刻本
六冊

620000－1101－0009043　2533

困學紀聞二十卷 （宋）王應麟撰　（清）閻若
璩箋　清乾隆三年(1738)馬氏叢書樓刻本
六冊

620000－1101－0009044　2959

困學紀聞二十卷 （宋）王應麟撰　清乾隆汪
垕桐華書塾刻本　六冊

620000－1101－0009045　3357

困學紀聞二十卷 （宋）王應麟撰　（清）閻若
璩箋　清乾隆刻本　九冊　存十八卷(一至
四、七至二十)

620000－1101－0009046　071.526/118.001

困學紀聞集證二十卷首一卷補遺一卷 （宋）
王應麟撰　（清）萬希槐輯　清嘉慶八年
(1803)會友堂刻本　八冊

620000－1101－0009047　2586

困學紀聞注二十卷 （清）翁元圻輯　清道光
五年(1825)餘姚翁氏守福堂刻本　十二冊

620000－1101－0009048　071.52/11.98.59

困學紀聞注二十卷 （清）翁元圻輯　清咸豐
元年(1851)小嬛嬛山舘刻本　四冊　存六卷
(一至六)

620000－1101－0009049　071.52/11.98.59

困學紀聞注二十卷 （清）翁元圻輯　清咸豐
元年(1851)小瑯嬛山舘刻本　八冊　存十八
卷(二、四至二十)

620000－1101－0009050　071.76/984

困學紀聞注二十卷 （清）翁元圻輯　清光緒
十三年(1887)上海同文書局石印本　六冊

620000－1101－0009051　071.76/984

困學紀聞注二十卷 （清）翁元圻輯　清光緒
十三年(1887)上海同文書局石印本　六冊

620000－1101－0009052　3352

**困知記二卷續二卷三續一卷四續一卷續補一
卷附錄一卷** （明）羅欽順撰　明萬曆刻清嘉
慶十三年(1808)補刻本　一冊　存四卷(困
知記二卷、續二卷)

620000－1101－0009053　660/285

括地志八卷　（唐）李泰等撰　（清）孫星衍輯
清嘉慶二年(1797)蘭陵孫氏刻岱南閣叢書
本　二冊

620000－1101－0009054　660/285

括地志八卷　（唐）李泰等撰　（清）孫星衍輯
清嘉慶二年(1797)蘭陵孫氏刻岱南閣叢書
本　二冊

620000－1101－0009055　660/285

括地志八卷　（唐）李泰等撰　（清）孫星衍輯
清嘉慶二年(1797)蘭陵孫氏刻岱南閣叢書
本　一冊　存四卷(五至八)

620000－1101－0009056　918.8/987

喇叭吹法一卷　（美國）金楷理口譯　（清）蔡
錫齡筆述　清光緒三年(1877)上海江南機器
製造局刻本　一冊

620000－1101－0009057　918.8/987

喇叭吹法一卷　（美國）金楷理口譯　（清）蔡
錫齡筆述　清光緒三年(1877)上海江南機器
製造局刻本　一冊

620000－1101－0009058　918.8/987

喇叭吹法一卷　（美國）金楷理口譯　（清）蔡
錫齡筆述　清光緒三年(1877)上海江南機器
製造局刻本　一冊

620000－1101－0009059　091.2/344

來瞿唐先生易註十五卷首一卷末一卷　（明）
來知德撰　清乾隆、嘉慶寧遠堂刻本　十冊

620000－1101－0009060　091.2/344.007

來瞿唐先生易註十五卷首一卷末一卷　（明）
來知德撰　清嘉慶寧遠堂刻本　十二冊

620000－1101－0009061　091.2/344.002

來瞿唐先生易註十五卷首一卷末一卷　（明）
來知德撰　清嘉慶符永培刻本　八冊　存十
二卷(四至七、十至十五,首一卷,末一卷)

620000－1101－0009062　091.2/344.002

來瞿唐先生易註十五卷首一卷末一卷　（明）
來知德撰　清嘉慶符永培刻本　五冊　存九

卷(八至十五、末一卷)

620000－1101－0009063　091.2/344.002

來瞿唐先生易註十五卷首一卷末一卷　（明）
來知德撰　清嘉慶符永培刻本　十二冊

620000－1101－0009064　091.2/344.001

來瞿唐先生易註十五卷首一卷末一卷　（明）
來知德撰　清末善成堂刻本　十二冊

620000－1101－0009065　857.5/265.001

來生福彈詞三十六回　（清）橘中逸叟撰　清
同治刻本　四冊　存六回(十七至十八、三十
三至三十六)

620000－1101－0009066　857.5/265

來生福彈詞三十六回　（清）橘中逸叟撰　清
刻本　二十四冊

620000－1101－0009067　2538

來瘦草不分卷　（清）汪景洙撰　清康熙潭西
草堂刻本　一冊

620000－1101－0009068　846.7/344

來陽伯文集二十卷　（明）來復撰　清道光二
十三年(1843)惜陰軒刻本　十冊

620000－1101－0009069　846.7/344

來陽伯文集二十卷　（明）來復撰　清道光二
十三年(1843)惜陰軒刻本　一冊　存二卷
(一至二)

620000－1101－0009070　857.6/981

來雲閣詩六卷　（清）金和撰　清光緒十八年
(1892)束允泰刻本　二冊

620000－1101－0009071　794.5/262.01

來齋金石刻考略三卷　（清）林侗纂輯　（清）
徐渭仁校　清道光二十一年(1841)上海徐氏
刻春暉堂叢書本　一冊　存二卷(中、下)

620000－1101－0009072　856.16/81.33

賴古堂尺牘新鈔二選藏弆集十六卷　（清）周
在梁等抄　清道光十九年(1839)刻本　六冊

620000－1101－0009073　856.16/81.33

賴古堂尺牘新鈔二選藏弆集十六卷　（清）周
在梁等抄　清道光十九年(1839)刻本　六冊

620000－1101－0009074　856.16/81.33.001

賴古堂名賢尺牘新鈔十二卷二選藏弆集十六卷三選結鄰集十五卷　（清）周在浚等輯　清宣統三年（1911）上海國學扶輪社石印本　十六冊

620000－1101－0009075　847.4/73

賴古齋文集八卷　（清）湯修業著　清中晚期刻本　二冊

620000－1101－0009076　846.1/51

藍澗詩集六卷　（明）藍智撰　（明）程嗣祖編　清咸豐七年（1857）刻本　三冊

620000－1101－0009077　839.153/285

藍田縣文徵錄四卷　（清）胡元焕撰　清道光刻本　一冊

620000－1101－0009078　847.8/819

蘭伯遺稿不分卷　（清）周祖薰撰　清光緒十八年（1892）刻本　一冊

620000－1101－0009079　3178

蘭閨正要十二卷　（明）秦淮寓客輯　明刻本　一冊

620000－1101－0009080　856.7/601

蘭蕙書屋試帖偶存不分卷　（清）譚培滋著　清光緒三年（1877）西安刻本　一冊

620000－1101－0009081　856.7/601

蘭蕙書屋試帖偶存不分卷　（清）譚培滋著　清光緒三年（1877）西安刻本　一冊

620000－1101－0009082　856.7/601

蘭蕙書屋試帖偶存不分卷　（清）譚培滋著　清光緒三年（1877）西安刻本　一冊

620000－1101－0009083　856.7/601

蘭蕙書屋試帖偶存不分卷　（清）譚培滋著　清光緒三年（1877）西安刻本　一冊

620000－1101－0009084　856.7/601

蘭蕙書屋試帖偶存不分卷　（清）譚培滋著　清光緒三年（1877）西安刻本　一冊

620000－1101－0009085　847.4/116.3

蘭綺堂詩鈔十七卷　（清）王鼎撰　清嘉慶八

年（1803）刻本　四冊

620000－1101－0009086　847/799

蘭泉雜詠一卷　（清）魏椿著　（清）吳福鍾評　清光緒十年（1884）刻本　一冊

620000－1101－0009087　3250

蘭山課業風騷補編不分卷　（清）周樽纂輯　清乾隆五十七年（1792）刻本　一冊　存唐詩

620000－1101－0009088　4019

蘭山課業風騷補編不分卷　（清）周樽纂輯　清乾隆五十七年（1792）刻本　二冊

620000－1101－0009089　3411

蘭山課業經訓約編不分卷　（清）盛元珍輯　清乾隆刻本　十二冊

620000－1101－0009090　3412

蘭山課業經訓約編不分卷　（清）盛元珍輯　清乾隆刻本　十二冊

620000－1101－0009091　3413

蘭山課業經訓約編不分卷　（清）盛元珍輯　清乾隆刻本　十二冊

620000－1101－0009092　3414

蘭山課業經訓約編不分卷　（清）盛元珍輯　清乾隆刻本　十二冊

620000－1101－0009093　1913

蘭山課業松厓詩錄二卷　（清）吳鎮撰　清乾隆五十七年（1792）蘭山書院刻本　二冊

620000－1101－0009094　2669

蘭山課業松厓詩錄二卷　（清）吳鎮撰　清乾隆五十七年（1792）蘭山書院刻本　二冊

620000－1101－0009095　4252

蘭山課業松厓詩錄二卷　（清）吳鎮撰　清乾隆五十七年（1792）蘭山書院刻本　一冊　存一卷（上）

620000－1101－0009096　4257

蘭山課業松厓詩錄二卷　（清）吳鎮撰　清乾隆五十七年（1792）蘭山書院刻本　一冊　存一卷（上）

620000－1101－0009097　3773

蘭山課業松厓詩錄二卷　（清）吳鎮撰　清乾隆五十七年(1792)刻本　二冊

620000－1101－0009098　3774

蘭山課業松厓詩錄二卷　（清）吳鎮撰　清乾隆五十七年(1792)刻本　二冊

620000－1101－0009099　3775

蘭山課業松厓詩錄二卷　（清）吳鎮撰　清乾隆五十七年(1792)刻本　二冊

620000－1101－0009100　3776

蘭山課業松厓詩錄二卷　（清）吳鎮撰　清乾隆五十七年(1792)刻本　二冊

620000－1101－0009101　3777

蘭山課業松厓詩錄二卷　（清）吳鎮撰　清乾隆五十七年(1792)刻本　二冊

620000－1101－0009102　3778

蘭山課業松厓詩錄二卷　（清）吳鎮撰　清乾隆五十七年(1792)刻本　二冊

620000－1101－0009103　847.4/442.06

蘭山課業松厓詩錄二卷　（清）吳鎮撰　清光緒三十年(1904)臨夏張建抄本　二冊

620000－1101－0009104　847.4/442.06.001

蘭山課業松厓詩錄二卷　（清）吳鎮撰　（清）楊芳燦選　清末抄本　二冊

620000－1101－0009105　856.9/662

蘭山書院課卷一卷　（清）齊保泰撰　清晚期稿本　一冊

620000－1101－0009106　856.9/441

蘭山書院課卷一卷　（清）吳繼撰　清晚期稿本　一冊

620000－1101－0009107　847.6/164.6

蘭山堂詩集十五卷　（清）黃璟撰　清道光六年(1826)刻本　十冊

620000－1101－0009108　414.6/7.948.001

蘭臺軌範八卷　（清）徐大椿著　清晚期刻本　六冊

620000－1101－0009109　414.6/948.001

蘭臺軌範八卷　（清）徐大椿著　清中晚期刻本　四冊

620000－1101－0009110　847.4/183.8

蘭臺遺橐一卷蘭臺遺稿續編一卷　（清）彭希涑撰　芸暉小閣吟草一卷　（清）顧韞玉撰　清光緒二年(1876)惠州郡齋刻本　一冊

620000－1101－0009111　847.7/274

蘭馨堂詩存二卷　（清）楊鳳麓撰　（清）楊沂孫等校訂　清同治刻本　一冊

620000－1101－0009112　4288

蘭雪堂古事苑定本十二卷　（明）鄧志謨輯　清康熙二十五年(1686)蘭雪堂刻本　八冊

620000－1101－0009113　3828

蘭韻堂御覽詩六卷經進文稿二卷詩集十二卷續一卷文集五卷續一卷西清札記二卷　（清）沈初撰　清乾隆五十九年至嘉慶二十五年(1794－1820)沈氏刻本　七冊　存十七卷（御覽詩六卷,經進文稿二卷,詩集四至六、十至十二,續一卷,文集一至二）

620000－1101－0009114　671.65/119.78

蘭州府狄道州沙泥州判地理調查表一卷　（清）李少棠輯　清末抄本　一冊

620000－1101－0009115　671.65/107.78

蘭州府靖遠縣地理調查表一卷　（清）沈潮雲編　清宣統元年(1909)稿本　一冊

620000－1101－0009116　567.3/0.518

蘭州府屬賦役全書不分卷　（清）□□編　清咸豐二年(1852)刻本　三冊

620000－1101－0009117　708

嬾真子五卷　（宋）馬永卿撰　明萬曆商氏半埜堂刻稗海本　三冊

620000－1101－0009118　1007

嬾真子五卷　（宋）馬永卿撰　明萬曆商氏半埜堂刻清修稗海本　一冊

620000－1101－0009119　847.5/289

攬青閣詩鈔二卷　（清）李貽德撰　清同治六

年(1867)刻本　一册

620000－1101－0009120　683.23/763

爛柯山志十三卷補錄一卷　（清）鄭永禧輯
清光緒三十三年(1907)刻本　四册

620000－1101－0009121　683.23/763

爛柯山志十三卷補錄一卷　（清）鄭永禧輯
清光緒三十三年(1907)刻本　三册　存九卷
(五至十三)

620000－1101－0009122　857.177/37

郎潛紀聞十四卷　（清）陳康祺撰　清光緒六
年(1880)陳康祺刻本　二册

620000－1101－0009123　847.7/660

嬭嬛小築詩存三卷文存一卷　（清）龔汝霖著
清同治十一年(1872)刻本　一册

620000－1101－0009124　499

瑯嬛記三卷　（元）伊世珍輯　明崇禎毛氏汲
古閣刻津逮祕書本　三册

620000－1101－0009125　072.75/72

浪跡叢談八卷　（清）梁章鉅撰　清晚期鉛印
本　二册

620000－1101－0009126　072.75/72.001

浪跡叢談十一卷　（清）梁章鉅撰　清道光二
十七年(1847)亦東園刻本　四册

620000－1101－0009127　072.75/72.002

浪跡叢談十一卷　（清）梁章鉅撰　清晚期刻
本　四册

620000－1101－0009128　072/731

浪跡續談八卷　（清）梁章鉅撰　清刻本
四册

620000－1101－0009129　072.75/731

浪跡續談八卷　（清）梁章鉅撰　清刻本
四册

620000－1101－0009130　590

浪淘集不分卷　（明）程嘉燧等撰　（清）錢謙
益輯　清抄本　四册

620000－1101－0009131　627.85/166

勞薪錄四卷　（清）黃雲撰　（清）易抱一編次
清光緒二十九年(1903)蘭州官印書局鉛印
本　四册

620000－1101－0009132　627.85/166

勞薪錄四卷　（清）黃雲撰　（清）易抱一編次
清光緒二十九年(1903)蘭州官印書局鉛印
本　二册

620000－1101－0009133　627.85/166

勞薪錄四卷　（清）黃雲撰　（清）易抱一編次
清光緒二十九年(1903)蘭州官印書局鉛印
本　四册

620000－1101－0009134　627.85/166

勞薪錄四卷　（清）黃雲撰　（清）易抱一編次
清光緒二十九年(1903)蘭州官印書局鉛印
本　二册

620000－1101－0009135　627.85/166

勞薪錄四卷　（清）黃雲撰　（清）易抱一編次
清光緒二十九年(1903)蘭州官印書局鉛印
本　二册　存二卷(一至二)

620000－1101－0009136　627.85/166

勞薪錄四卷　（清）黃雲撰　（清）易抱一編次
清光緒二十九年(1903)蘭州官印書局鉛印
本　一册　存一卷(四)

620000－1101－0009137　782.16/0.210

老成在望一卷　（□）□□輯　清晚期抄本
一册

620000－1101－0009138　520

老學庵筆記十卷　（宋）陸游撰　明萬曆商氏
半埜堂刻稗海本　四册

620000－1101－0009139　072.52/394.001

老學庵筆記十卷　（宋）陸游撰　清光緒元年
(1875)湖北崇文書局刻本　一册　存五卷
(一至五)

620000－1101－0009140　072.52/394.002

老學庵筆記十卷　（宋）陸游撰　清光緒三年
(1877)湖北崇文書局刻本　一册　存五卷
(一至五)

620000－1101－0009141　072.77/183

老學莩讀書記四卷　（清）彭蘊章撰　清同治五年(1866)刻本　一冊

620000－1101－0009142　192.11/291

老學究語一卷　（清）李惺撰　清咸豐六年(1856)刻本　一冊

620000－1101－0009143　121.311/113

老子道德經二卷　（三國魏）王弼注　清道光、咸豐刻本　一冊

620000－1101－0009144　121.311/113.002

老子道德經二卷　（三國魏）王弼注　清同治十三年(1874)江西書局刻武英殿聚珍版書本　一冊

620000－1101－0009145　121.31/286

老子道德經二卷附音義一卷　（三國魏）王弼注　（唐）陸德明音義　清光緒元年(1875)浙江書局刻二十二子叢書本　一冊

620000－1101－0009146　121.311/11

老子道德經二卷附音義一卷　（三國魏）王弼注　（唐）陸德明音義　清光緒元年(1875)浙江書局刻二十二子叢書本　一冊

620000－1101－0009147　121.311/113.001

老子道德經二卷附音義一卷　（三國魏）王弼注　（唐）陸德明音義　清末公益印字館鉛印本　一冊

620000－1101－0009148　121.311/942

老子道德經解二卷首一卷　（明）釋德清著　清光緒十二年(1886)金陵刻經處刻本　一冊　存一卷(下)

620000－1101－0009149　121.311/942

老子道德經解二卷首一卷觀老莊影響論不分卷　（明）釋德清著　清光緒十二年(1886)金陵刻經處刻本　二冊

620000－1101－0009150　256

老子道德真經二卷音義一卷　（唐）陸德明音義　明閔齊伋刻套印三子合刊本　一冊

620000－1101－0009151　1738

老子斷註四卷　（明）趙統註　明萬曆七年(1579)刻本　二冊　存二卷(一、三)

620000－1101－0009152　121.311/120

老子襲常編二卷附擇喜錄一卷　（清）王紹祖纂述　清道光三年(1823)蘇州書業堂趙九房刻本　一冊　存二卷(襲常編二卷)

620000－1101－0009153　121.311/111

老子衍一卷　（清）王夫之撰　清同治四年(1865)湘陰曾國荃刻船山遺書本　一冊

620000－1101－0009154　121.31/43

老子一卷　（春秋）老子撰　（清）吳汝綸點勘　清宣統元年(1909)鉛印本　一冊

620000－1101－0009155　121.31/917

老子翼八卷首一卷　（明）焦竑輯　清光緒二十一年(1895)刻本　四冊

620000－1101－0009156　3309

老子元翼二卷考異一卷附錄一卷　（明）焦竑輯　清乾隆五年(1740)郭氏刻本　四冊

620000－1101－0009157　121.31/994

老子章義二卷　（清）姚鼐著　清同治九年(1870)桐城吳氏邗上刻本　一冊

620000－1101－0009158　121.31/994

老子章義二卷　（清）姚鼐著　清同治九年(1870)桐城吳氏邗上刻本　一冊

620000－1101－0009159　192.1/334

雷翠庭先生自恥錄不分卷　（清）雷鋐著　清道光五年(1825)木活字印本　一冊

620000－1101－0009160　414.5/6.289.002

雷公炮製藥性解六卷　（明）李中梓編輯　清晚期群玉山房刻本　二冊

620000－1101－0009161　231/0.334

雷聲普化篇四卷　（清）□□輯　清光緒九年(1883)刻本　四冊

620000－1101－0009162　489

類編標註文公朱先生經濟文衡前集九卷（宋）滕珙輯　明萬曆三十四年(1606)朱崇沐刻本　四冊

620000－1101－0009163　832.7/726

類賦玉盆珠五卷　（清）梁樹輯　清同治十二
年(1873)宏道堂刻本　四冊

620000－1101－0009164　3896

類函上論十二卷　（□）□□纂　清初抄本
九冊　存九卷(一至九)

620000－1101－0009165　266

類經三十二卷　（明）張介賓類注　**圖翼十一
卷附翼四卷**　（明）張介賓撰　明天啓四年
(1624)刻本　三十二冊　存三十六卷(類經
三十二卷、附翼四卷)

620000－1101－0009166　266

類經三十二卷　（明）張介賓類注　**圖翼十一
卷附翼四卷**　（明）張介賓撰　明天啓四年
(1624)刻本　四十八冊

620000－1101－0009167　266

類經三十二卷　（明）張介賓類注　**圖翼十一
卷附翼四卷**　（明）張介賓撰　明天啓四年
(1624)刻本　十四冊

620000－1101－0009168　1678

類經三十二卷　（明）張介賓類注　**圖翼十一
卷附翼四卷**　（明）張介賓撰　明天啓四年
(1624)刻本　二十四冊　存三十二卷(類經
三十二卷)

620000－1101－0009169　2096

類經三十二卷　（明）張介賓類注　**圖翼十一
卷附翼四卷**　（明）張介賓撰　明天啓四年
(1624)刻本　七冊　存十一卷(圖翼十一卷)

620000－1101－0009170　413.11/6.315.001

類經三十二卷　（明）張介賓類注　清嘉慶四
年(1799)刻本　二十冊

620000－1101－0009171　413.11/6.315.002

類經三十二卷　（明）張介賓類注　清嘉慶四
年(1799)刻本　二十四冊

620000－1101－0009172　041.76/291

類類聯珠初編三十二卷二編十二卷　（清）李
塈編　清同治九年(1870)刻本　八冊

620000－1101－0009173　1902

類林新咏三十六卷　（清）姚之駰輯　清康熙
刻本　八冊

620000－1101－0009174　2728

類林新咏三十六卷　（清）姚之駰輯　清康熙
刻本　十六冊

620000－1101－0009175　2868

類林新咏三十六卷　（清）姚之駰輯　清康熙
刻本　十二冊

620000－1101－0009176　4390

類林新咏三十六卷　（清）姚之駰輯　清康熙
刻本　一冊　存三卷(十三至十五)

620000－1101－0009177　2005

類林新咏三十六卷　（清）姚之駰輯　清金閶
書屋刻本　十二冊

620000－1101－0009178　2723

類林新咏三十六卷　（清）姚之駰輯　清金閶
書屋刻本　十六冊

620000－1101－0009179　2545

類書纂要三十三卷　（清）周魯輯　清康熙刻
本　二十二冊

620000－1101－0009180　3221

類書纂要三十三卷　（清）周魯輯　清康熙刻
本　二十冊

620000－1101－0009181　561

類選大成不分卷　（明）楊循吉輯　明抄本
四冊

620000－1101－0009182　303

類選箋釋草堂詩餘六卷　（明）顧從敬輯　**類
編箋釋續選草堂詩餘二卷**　（明）錢允治箋釋
　類編箋釋國朝詩餘五卷　（明）錢允治輯
（明）陳仁錫釋　明萬曆四十二年(1614)刻本
　三冊　存七卷(續選草堂詩餘二卷、國朝詩
餘五卷)

620000－1101－0009183　3164

類腋五十五卷　（清）姚培謙　（清）張卿雲輯
　清乾隆七年至三十年(1742－1765)刻本

十二冊　存五十三卷(天部八卷,地部十六卷,人部一至二、五至十五,物部十六卷)

620000－1101－0009184　044.74/994.003

類腋五十五卷　(清)姚培謙　(清)張卿雲輯　清乾隆、嘉慶刻本　十七冊　存五十卷(天部八卷、地部二至十二、人部十五卷、物部十六卷)

620000－1101－0009185　044.74/994.002

類腋五十五卷補遺一卷　(清)姚培謙輯　(清)張隆孫校訂並補遺　清晚期刻本　六冊　存三十四卷(一至三十三、補遺一卷)

620000－1101－0009186　4002

類音八卷　(清)潘耒撰　清康熙潘氏遂初堂刻本　二冊　存四卷(三至六)

620000－1101－0009187　222.2/23.83

楞伽阿跋多羅寶經四卷　(南朝宋)釋求那跋陀羅譯　(明)釋智旭注　清宣統元年(1909)常州天寧寺刻本　五冊

620000－1101－0009188　221.2/432

楞伽經會譯四卷　(南朝宋)釋求那跋陀羅初譯　(三國魏)釋菩提留支再譯　(唐)釋實叉難陀後譯　(明)釋員珂會譯　清光緒三十四年(1908)金陵刻經處刻本　四冊

620000－1101－0009189　943.6/438

楞嚴經十卷　吳芝瑛寫　清宣統元年(1909)文寶書局石印本　二冊

620000－1101－0009190　847.8/978

冷紅詞四卷　(清)鄭文焯撰　清光緒二十二年(1896)歸安沈氏耦園刻本　一冊

620000－1101－0009191　706

冷齋夜話十卷　(宋)釋惠洪撰　明萬曆商氏半埜堂刻稗海本　三冊

620000－1101－0009192　1008

冷齋夜話十卷　(宋)釋惠洪撰　明萬曆商氏半埜堂刻清修稗海本　一冊

620000－1101－0009193　1419

冷齋夜話十卷　(宋)釋惠洪撰　清抄本　四冊

620000－1101－0009194　082.9/170

梨洲遺著彙刊三十二種六十七卷首一卷　(清)黃宗羲撰　(清)薛鳳昌編次　清宣統二年至民國四年(1910－1915)上海時中書局鉛印本　十冊　存三種二十八卷(文約四卷,文定前集十一卷、後集四卷、三集一至二、附錄一卷,文案四卷、外卷一卷;首一卷)

620000－1101－0009195　082.9/170

梨洲遺著彙刊三十二種六十七卷首一卷　(清)黃宗羲撰　(清)薛鳳昌編次　清宣統二年至民國四年(1910－1915)上海時中書局鉛印本　二十冊

620000－1101－0009196　652.175/795

黎襄勤公奏議六卷　(清)黎世序撰　清道光七年(1827)刻本　四冊

620000－1101－0009197　413.92/307.001

釐正按摩要術四卷　(清)張振鋆纂輯　清光緒十六年(1890)刻本　四冊

620000－1101－0009198　413.92/307.002

釐正按摩要術四卷　(清)張振鋆纂輯　清光緒二十二年(1896)蘭州臬署刻本　四冊

620000－1101－0009199　413.92/307.002

釐正按摩要術四卷　(清)張振鋆纂輯　清光緒二十二年(1896)蘭州臬署刻本　二冊　存二卷(三至四)

620000－1101－0009200　538.48/900

釐正昏禮示諭一卷　(清)何岑撰　**保家良規一卷**　(□)□□輯　清光緒二十六年(1900)刻本　一冊

620000－1101－0009201　832.181/321

離騷不分卷　(戰國)屈原撰　(宋)錢杲之集傳　清光緒三年(1877)湖北崇文書局刻本　一冊

620000－1101－0009202　3014

離騷草木疏四卷　(宋)吳仁傑撰　清乾隆四十五年(1780)刻知不足齋叢書本　一冊

620000－1101－0009203　832.181/441

離騷草木疏四卷　（宋）吳仁傑撰　清光緒三年(1877)湖北崇文書局刻本　一冊

620000－1101－0009204　832.181/441

離騷草木疏四卷　（宋）吳仁傑撰　清光緒三年(1877)湖北崇文書局刻本　一冊

620000－1101－0009205　832.181/441

離騷草木疏四卷　（宋）吳仁傑撰　清光緒三年(1877)湖北崇文書局刻本　一冊

620000－1101－0009206　832.181/931

離騷集傳一卷　（宋）錢杲之集傳　清光緒三年(1877)湖北崇文書局刻本　一冊

620000－1101－0009207　832.181/660

離騷箋二卷　（清）龔景瀚撰　清光緒三年(1877)湖北崇文書局刻本　一冊

620000－1101－0009208　832.181/660

離騷箋二卷　（清）龔景瀚撰　清光緒三年(1877)湖北崇文書局刻本　一冊

620000－1101－0009209　832.181/113

離騷注一卷　王樹枏撰　清光緒王氏刻本　一冊

620000－1101－0009210　945.3/312.001

灘江泛槎圖五集續泛槎圖六集　（清）張寶編繪　清光緒六年(1880)上海點石齋石印本　一冊

620000－1101－0009211　847.7/0.723

蠡湖異響賦一卷哀吳都賦一卷　（清）□□撰　清咸豐十年(1860)稿本　一冊

620000－1101－0009212　847.8/534

蠡園文鈔不分卷　（清）范獻之撰　清光緒三十二年(1906)刻本　一冊

620000－1101－0009213　413.24/289.003

李瀕湖脈學一卷　（明）李時珍撰　**十劑一卷**（□）□□撰　**運氣總論一卷**　（□）□□撰　清晚期抄本　一冊

620000－1101－0009214　2535

李長吉昌谷集句解定本四卷　（唐）李賀撰

（清）姚佺箋　（清）丘象隨等辯注　清初丘象隨西軒刻梅邨書屋印本　三冊　存三卷(一、三至四)

620000－1101－0009215　3149

李長吉昌谷集句解定本四卷　（唐）李賀撰（清）姚佺箋　（清）丘象隨等辯注　清初丘象隨西軒刻本　二冊

620000－1101－0009216　2707

李長吉歌詩四卷外集一卷首一卷　（唐）李賀撰　（清）王琦彙解　清乾隆王琦寶笏樓刻本　六冊

620000－1101－0009217　3717

李何二先生詩集四十八卷　（明）李三才輯　明萬曆三十年(1602)刻本　八冊

620000－1101－0009218　782.878/731

李鴻章十二章　梁啓超著　清光緒二十七年(1901)鉛印本　一冊

620000－1101－0009219　782.87/286

李槐堂傳一卷　（清）吳鎮撰　清道光刻本　一冊

620000－1101－0009220　2758

李空同集六卷　（明）李夢陽撰　（清）張汝湖選　清康熙二十一年(1682)鄆雪書林刻本　五冊

620000－1101－0009221　846.5/29

李空同詩集三十三卷　（明）李夢陽撰　清宣統二年(1910)掃葉山房石印本　十冊

620000－1101－0009222　846.5/29

李空同詩集三十三卷　（明）李夢陽撰　清宣統二年(1910)掃葉山房石印本　十冊

620000－1101－0009223　846.5/29

李空同詩集三十三卷　（明）李夢陽撰　清宣統二年(1910)掃葉山房石印本　九冊

620000－1101－0009224　846.5/29

李空同詩集三十三卷　（明）李夢陽撰　清宣統二年(1910)掃葉山房石印本　十冊

620000－1101－0009225　453

李商隱詩集三卷 （唐）李商隱撰　清康熙席氏琴川書屋刻唐詩百名家全集本　三冊

620000－1101－0009226　857.63/0.285

李師師外傳一卷 （□）□□撰　清末抄本　一冊

620000－1101－0009227　040.5/292.001

李氏蒙求八卷 （唐）李瀚撰　（清）楊迦懌集注　清道光十四年(1834)刻本　八冊

620000－1101－0009228　040.5/292

李氏蒙求補注六卷 （唐）李瀚撰　（清）金三俊輯　清中晚期刻本　一冊

620000－1101－0009229　660.8/293

李氏五種合刊二十八卷 （清）李兆洛輯　清光緒二十四年(1898)上海掃葉山房石印本　八冊

620000－1101－0009230　660.8/293

李氏五種合刊二十八卷 （清）李兆洛輯　清光緒二十四年(1898)上海掃葉山房石印本　八冊

620000－1101－0009231　660.8/293.002

李氏五種合刊二十八卷 （清）李兆洛輯　清同治九年(1870)合肥李氏刻本　十冊

620000－1101－0009232　660.8/293.003

李氏五種合刊二十八卷 （清）李兆洛輯　清光緒十四年(1888)上海掃葉山房刻本　十冊

620000－1101－0009233　660.8/293.003

李氏五種合刊二十八卷 （清）李兆洛輯　清光緒十四年(1888)上海掃葉山房刻本　十二冊

620000－1101－0009234　660.8/293.003

李氏五種合刊二十八卷 （清）李兆洛輯　清光緒十四年(1888)上海掃葉山房刻本　十二冊

620000－1101－0009235　660.8/293.001

李氏五種合刊二十八卷 （清）李兆洛輯　清光緒十八年(1892)長沙竹素書局刻本　十六冊

620000－1101－0009236　660.4/28.29

李氏五種合刊二十八卷 （清）李兆洛輯　清光緒二十四年(1898)上海掃葉山房刻本　八冊　存二種二十二卷(歷代地理韻編今釋二十卷、皇朝輿地韻編二卷)

620000－1101－0009237　660.8/293

李氏五種合刊二十八卷 （清）李兆洛輯　清光緒二十四年(1898)上海掃葉山房石印本　八冊

620000－1101－0009238　660.8/293

李氏五種合刊二十八卷 （清）李兆洛輯　清光緒二十四年(1898)上海掃葉山房石印本　八冊

620000－1101－0009239　660.8/293

李氏五種合刊二十八卷 （清）李兆洛輯　清光緒二十四年(1898)上海掃葉山房石印本　八冊

620000－1101－0009240　414.6/291

李氏醫鑑十卷 （清）李文來彙輯　清晚期刻本　一冊　存四卷(七至十)

620000－1101－0009241　312/293

李氏遺書十一種十八卷 （清）李銳撰並注　清光緒十六年(1890)上海醉六堂刻本　六冊

620000－1101－0009242　1939

李氏易傳十七卷附周易音義一卷 （唐）李鼎祚集解　（唐）陸德明音義　清乾隆二十一年(1756)盧氏雅雨堂刻本　七冊　存十六卷(李氏易傳一至十五、周易音義一卷)

620000－1101－0009243　3116

李氏易傳十七卷附周易音義一卷 （唐）李鼎祚集解　（唐）陸德明音義　清乾隆二十一年(1756)盧氏雅雨堂刻本　六冊

620000－1101－0009244　802.24/292

李氏音鑑六卷 （清）李汝珍撰　清同治七年(1868)木樨山房刻本　四冊

620000－1101－0009245　782.973/768

李恕谷先生年譜六卷 （清）馮辰纂　（清）惲

鶴生訂　（清）李鏏重訂　清道光十六年
(1836)蠹吾李誥刻本　一冊　存二卷（一至
二）

620000－1101－0009246　652.781/657
李肅毅伯奏議二十卷　（清）李鴻章撰　（清）
章洪鈞　（清）吳汝綸編輯　清光緒二十五年
(1899)上海鴻文書局石印本　二十冊

620000－1101－0009247　652.781/292
李肅毅伯奏議二十卷　（清）李鴻章撰　（清）
章洪鈞　（清）吳汝綸編輯　清光緒二十五年
(1899)上海鴻文書局石印本　二十冊

620000－1101－0009248　652.781/657.001
李肅毅伯奏議二十卷　（清）李鴻章撰　（清）
章洪鈞　（清）吳汝綸編輯　清光緒石印本
十三冊

620000－1101－0009249　844.14/293
李太白全集三十六卷　（唐）李白撰　（清）王
琦輯注　清光緒三十四年(1908)上海掃葉山
房石印本　十冊　存十九卷（一至十九）

620000－1101－0009250　1789
李太白文集三十六卷　（唐）李白撰　（清）王
琦輯注　清乾隆寶笏樓刻二十五年(1760)增
刻本　十二冊

620000－1101－0009251　1790
李太白文集三十六卷　（唐）李白撰　（清）王
琦輯注　清乾隆寶笏樓刻二十五年(1760)增
刻本　十二冊

620000－1101－0009252　2777
李太白文集三十六卷　（唐）李白撰　（清）王
琦輯注　清乾隆寶笏樓刻二十五年(1760)增
刻本　十二冊

620000－1101－0009253　2780
李太白文集三十六卷　（唐）李白撰　（清）王
琦輯注　清乾隆聚錦堂刻本　十二冊

620000－1101－0009254　782.876/291
李文安傳一卷　（清）國史館撰　清光緒石印
本　一冊

620000－1101－0009255　856.278/292
李文忠公海軍函稿四卷　（清）李鴻章撰
（清）吳汝綸編　清光緒二十八年(1902)蓮池
書社鉛印本　二冊

620000－1101－0009256　578.221/28.001
李文忠公朋僚函稿二十四卷　（清）李鴻章撰
　（清）吳汝綸編　清光緒二十八年(1902)蓮
池書社鉛印本　十一冊　存二十三卷（一至
二十、二十二至二十四）

620000－1101－0009257　578.221/28.002
李文忠公朋僚函稿二十四卷　（清）李鴻章撰
　（清）吳汝綸編　清光緒三十一年(1905)金
陵刻本　一冊　存二卷（十九至二十）

620000－1101－0009258　578.221/28.001
李文忠公朋僚函稿二十四卷海軍函稿四卷
（清）李鴻章撰　（清）吳汝綸編　清光緒二十
八年(1902)蓮池書社鉛印本　十四冊

620000－1101－0009259　847.7/440
李文忠公全集一百六十五卷首一卷　（清）李
鴻章撰　（清）吳汝綸編　清光緒三十一年
(1905)金陵刻本　九十九冊

620000－1101－0009260　578.221/28
李文忠公外部函稿二十八卷　（清）李鴻章撰
　清光緒二十八年(1902)蓮池書社鉛印本
十四冊

620000－1101－0009261　652.781/291
李文忠公奏議二十卷　（清）李鴻章撰　（清）
章洪鈞　（清）吳汝綸編　清光緒蓮池書社石
印本　二十冊

620000－1101－0009262　652.781/291
李文忠公奏議二十卷　（清）李鴻章撰　（清）
章洪鈞　（清）吳汝綸編　清光緒蓮池書社石
印本　二十冊

620000－1101－0009263　652.781/291
李文忠公奏議二十卷　（清）李鴻章撰　（清）
章洪鈞　（清）吳汝綸編　清光緒蓮池書社石
印本　二十冊

620000－1101－0009264　652.781/291

李文忠公奏議二十卷　（清）李鴻章撰　（清）章洪鈞　（清）吳汝綸編　清光緒蓮池書社石印本　二十冊

620000－1101－0009265　629.65/292

李星使論辦河南番務覆函不分卷　（清）李慎等撰　（清）張大鏞輯　清光緒稿本　二冊

620000－1101－0009266　847.5/294

李養一先生詩集四卷　（清）李兆洛撰　清光緒八年(1882)江陰刻本　二冊

620000－1101－0009267　847.5/294.001

李養一先生文集二十四卷　（清）李兆洛撰　清咸豐元年(1851)維風堂刻本　六冊

620000－1101－0009268　716

李義山詩集三卷李義山詩譜一卷諸家詩評一卷　（唐）李商隱撰　（清）朱鶴齡箋注　清順治十六年(1659)刻本　二冊

620000－1101－0009269　3214

李義山詩集三卷李義山詩譜一卷諸家詩評一卷　（唐）李商隱撰　（清）朱鶴齡箋注　清順治十六年(1659)刻乾隆五十八年(1793)三多齋印本　六冊

620000－1101－0009270　3216

李義山詩集三卷李義山詩譜一卷諸家詩評一卷　（唐）李商隱撰　（清）朱鶴齡箋注　清順治十六年(1659)刻乾隆十五年(1750)懷德堂印本　六冊

620000－1101－0009271　844.17/291.001

李義山詩集三卷李義山詩譜一卷諸家詩評一卷　（唐）李商隱撰　（清）朱鶴齡箋注（清）沈厚塽輯評　清同治九年(1870)廣州倅署刻三色套印本　四冊

620000－1101－0009272　844.17/291.001

李義山詩集三卷李義山詩譜一卷諸家詩評一卷　（唐）李商隱撰　（清）朱鶴齡箋注（清）沈厚塽輯評　清同治九年(1870)廣州倅署刻三色套印本　四冊

620000－1101－0009273　1741

李于鱗唐詩廣選七卷　（明）李攀龍輯　（明）凌瑞森　（明）凌南榮輯評　明萬曆三年(1575)凌氏盟鷗館刻朱墨套印本　二冊　存二卷(一至二)

620000－1101－0009274　127.1/289.01

李徵君二曲全集二十六卷　（清）李顒撰　清嘉慶十五年(1810)蘭山書院刻本　四冊　存十四卷(四至九、十七至十八、二十一至二十六)

620000－1101－0009275　127.1/289.01

李徵君二曲全集二十六卷　（清）李顒撰　清嘉慶十五年(1810)蘭山書院刻本　八冊

620000－1101－0009276　127.1/289.01

李徵君二曲全集二十六卷　（清）李顒撰　清嘉慶十五年(1810)蘭山書院刻本　八冊

620000－1101－0009277　782.952.1/275

李忠定公年譜一卷　（清）楊希閔編　清光緒三年(1877)浙江書局刻本　一冊

620000－1101－0009278　363

里堂集異續錄四卷　（清）焦循輯　清嘉慶二十五年(1820)焦循抄本　六冊　存三卷(一至二、四)

620000－1101－0009279　311.7/917

里堂學算計十六卷　（清）焦循學　清嘉慶四年(1799)江都焦氏雕菰樓刻焦氏叢書本　六冊　存十四卷(加減乘除釋一至二、五至八，天元一釋上、下，釋弧上、中、下，釋輪上、下，釋橢一卷)

620000－1101－0009280　551.2/478

理財學精義不分卷　（日本）田尻稻次郎撰（清）王秀點譯　清光緒二十九年(1903)上海商務印書館鉛印本　一冊

620000－1101－0009281　413.362/858

理虛元鑑五卷　（明）綺石先生撰　（清）陸懋修重訂　清宣統二年(1910)陸潤庠刻世補齋醫書本　一冊

620000－1101－0009282　150/906

理學須知六章　（英國）傅蘭雅著　清光緒二十四年(1898)上海格致書室刻本　一冊

620000－1101－0009283　127.6/98

理學庸言二卷　（清）金錫齡撰　清光緒二十一年(1895)刻本　一冊

620000－1101－0009284　782.1/893

理學宗傳辨正十六卷　（清）劉廷詔撰　清同治十一年(1872)六安求我齋刻本　八冊

620000－1101－0009285　782.1/362

理學宗傳二十六卷　（清）孫奇逢輯　清光緒六年(1880)浙江書局刻本　十二冊

620000－1101－0009286　782.1/362

理學宗傳二十六卷　（清）孫奇逢輯　清光緒六年(1880)浙江書局刻本　十二冊

620000－1101－0009287　782.1/362

理學宗傳二十六卷　（清）孫奇逢輯　清光緒六年(1880)浙江書局刻本　十三冊

620000－1101－0009288　782.1/362

理學宗傳二十六卷　（清）孫奇逢輯　清光緒六年(1880)浙江書局刻本　十二冊

620000－1101－0009289　782.1/362

理學宗傳二十六卷　（清）孫奇逢輯　清光緒六年(1880)浙江書局刻本　四冊　存十卷（一至十）

620000－1101－0009290　414.6/8.441.001

理瀹駢文不分卷　（清）吳師機撰　清同治四年(1865)刻本　四冊

620000－1101－0009291　856.7/761

禮部會試硃卷(光緒甲辰恩科)一卷　（清）曾人傑撰　清光緒刻本　一冊

620000－1101－0009292　45

禮記二十卷　（漢）鄭玄注　釋文四卷　（唐）陸德明撰　考異二卷　（清）張敦仁撰　清嘉慶十一年(1806)張敦仁影刻宋淳熙四年(1177)撫州公使庫本(考異係清嘉慶十一年張敦仁刻本)　八冊

620000－1101－0009293　094.322/978.001

禮記二十卷　（漢）鄭玄注　清光緒十七年(1891)陝西味經書院刻本　十冊

620000－1101－0009294　094.322/978.001

禮記二十卷　（漢）鄭玄注　清光緒十七年(1891)陝西味經書院刻本　十冊

620000－1101－0009295　094.322/978.001

禮記二十卷　（漢）鄭玄注　清光緒十七年(1891)陝西味經書院刻本　十冊

620000－1101－0009296　094.322/978.001

禮記二十卷　（漢）鄭玄注　清光緒十七年(1891)陝西味經書院刻本　十冊

620000－1101－0009297　094.322.2/978.001

禮記二十卷　（漢）鄭玄注　清光緒十七年(1891)陝西味經書院刻本　十冊

620000－1101－0009298　094.322/978.001

禮記二十卷　（漢）鄭玄注　清光緒十七年(1891)陝西味經書院刻本　二冊　存四卷（一至四）

620000－1101－0009299　094.322.2/978

禮記二十卷　（漢）鄭玄注　清晚期刻本　八冊

620000－1101－0009300　094.322.2/978.002

禮記二十卷附考異二卷　（漢）鄭玄注　清同治九年(1870)湖北崇文書局刻本　八冊

620000－1101－0009301　216

禮記二十卷附考證　（漢）鄭玄注　清乾隆四十八年(1783)武英殿仿宋相臺五經本　十冊

620000－1101－0009302　2784

禮記二十卷附考證　（漢）鄭玄注　清乾隆四十八年(1783)武英殿仿宋相臺五經本　十冊

620000－1101－0009303　094.327/368

禮記集解六十一卷附尚書顧命解一卷　（清）孫希旦集解　清咸豐十年至同治七年(1860－1868)刻本　十冊　存三十四卷（二十九至六十一、附一卷）

620000－1101－0009304　094.382.7/209

禮記箋四十九卷 （清）郝懿行學 清光緒八年(1882)東路廳署刻本 十冊

620000－1101－0009305 094.327/952
禮記旁訓辨體合訂六卷 （清）徐立綱輯 清孝思堂刻本 六冊

620000－1101－0009306 4346
禮記省度四卷 （清）彭頤撰 清康熙十一年(1672)刻朱墨套印本 二冊 存二卷(三至四)

620000－1101－0009307 094.327.5/183
禮記省度四卷 （清）彭頤撰 清嘉慶十二年(1807)刻朱墨套印本 四冊

620000－1101－0009308 2687
禮記十卷 （元）陳澔集說 明萬曆唐氏世德堂刻本 十冊

620000－1101－0009309 2688
禮記十卷 （元）陳澔集說 明萬曆胡文煥文會堂刻本 十冊

620000－1101－0009310 1662
禮記十卷 （元）陳澔集說 清康熙刻本 十冊

620000－1101－0009311 3258
禮記十卷 （元）陳澔集說 清康熙刻本 十冊

620000－1101－0009312 094.325.76/384.006
禮記十卷 （元）陳澔集說 清道光三年(1823)崇文堂刻本 五冊 存五卷(一至五)

620000－1101－0009313 094.325.76/384.001
禮記十卷 （元）陳澔集說 清同治十年(1871)刻本 十冊

620000－1101－0009314 094.325.76/384.001
禮記十卷 （元）陳澔集說 清同治十年(1871)刻本 十冊

620000－1101－0009315 094.325.76/384.001
禮記十卷 （元）陳澔集說 清同治十年(1871)刻本 十冊

620000－1101－0009316 094.325.76/384.001
禮記十卷 （元）陳澔集說 清同治十年(1871)刻本 十冊

620000－1101－0009317 094.325.76/384.001
禮記十卷 （元）陳澔集說 清同治十年(1871)刻本 十冊

620000－1101－0009318 094.325.76/384.001
禮記十卷 （元）陳澔集說 清同治十年(1871)刻本 十冊

620000－1101－0009319 094.325.76/384.001
禮記十卷 （元）陳澔集說 清同治十年(1871)刻本 十冊

620000－1101－0009320 094.325.76/384.001
禮記十卷 （元）陳澔集說 清同治十年(1871)刻本 十冊

620000－1101－0009321 094.325.76/384.001
禮記十卷 （元）陳澔集說 清同治十年(1871)刻本 十冊

620000－1101－0009322 094.325.76/384.001
禮記十卷 （元）陳澔集說 清同治十年(1871)刻本 十冊

620000－1101－0009323 094.325.76/384.001
禮記十卷 （元）陳澔集說 清同治十年(1871)刻本 九冊 存九卷(一至二、四至十)

620000－1101－0009324 094.325.76/384.001
禮記十卷 （元）陳澔集說 清同治十年(1871)刻本 十冊

620000－1101－0009325 094.325.76/384.001
禮記十卷 （元）陳澔集說 清同治十年(1871)刻本 十冊

620000－1101－0009326 094.325.76/384.001
禮記十卷 （元）陳澔集說 清同治十年(1871)刻本 十冊

620000－1101－0009327 094.325.76/384.001
禮記十卷 （元）陳澔集說 清同治十年(1871)刻本 十冊

620000－1101－0009328　094.325.76/384.001
禮記十卷　（元）陳澔集說　清同治十年（1871）刻本　十冊

620000－1101－0009329　094.325.76/384.001
禮記十卷　（元）陳澔集說　清同治十年（1871）刻本　七冊　存七卷（四至十）

620000－1101－0009330　094.325.76/384.001
禮記十卷　（元）陳澔集說　清同治十年（1871）刻本　七冊　存七卷（一至二、六至十）

620000－1101－0009331　094.325.76/384.001
禮記十卷　（元）陳澔集說　清同治十年（1871）刻本　四冊　存四卷（一至四）

620000－1101－0009332　094.325.76/384.001
禮記十卷　（元）陳澔集說　清同治十年（1871）刻本　二冊　存二卷（一、三）

620000－1101－0009333　094.325.76/384.001
禮記十卷　（元）陳澔集說　清同治十年（1871）刻本　三冊　存三卷（一至二、八）

620000－1101－0009334　094.325.76/384.001
禮記十卷　（元）陳澔集說　清同治十年（1871）刻本　七冊　存七卷（一至三、五、七、九至十）

620000－1101－0009335　094.325.76/384.001
禮記十卷　（元）陳澔集說　清同治十年（1871）刻本　十冊

620000－1101－0009336　094.325.76/384.001
禮記十卷　（元）陳澔集說　清同治十年（1871）刻本　三冊　存三卷（三、五、十）

620000－1101－0009337　094.325.76/384.001
禮記十卷　（元）陳澔集說　清同治十年（1871）刻本　五冊　存五卷（二、五、八至十）

620000－1101－0009338　094.325.76/384.001
禮記十卷　（元）陳澔集說　清同治十年（1871）刻本　二冊　存二卷（八至九）

620000－1101－0009339　094.325.76/384.001
禮記十卷　（元）陳澔集說　清同治十年

（1871）刻本　四冊　存四卷（五至六、八至九）

620000－1101－0009340　094.325.76/384.001
禮記十卷　（元）陳澔集說　清同治十年（1871）刻本　一冊　存一卷（九）

620000－1101－0009341　094.325.76/384.002
禮記十卷　（元）陳澔集說　清光緒三年（1877）刻本　十冊

620000－1101－0009342　094.325.76/384
禮記十卷　（元）陳澔集說　清光緒十六年（1890）蘭州刻本　十冊

620000－1101－0009343　094.325.76/384
禮記十卷　（元）陳澔集說　清光緒十六年（1890）蘭州刻本　十冊

620000－1101－0009344　094.325.76/384
禮記十卷　（元）陳澔集說　清光緒十六年（1890）蘭州刻本　十冊

620000－1101－0009345　094.325.76/384
禮記十卷　（元）陳澔集說　清光緒十六年（1890）蘭州刻本　十冊

620000－1101－0009346　094.325.76/384
禮記十卷　（元）陳澔集說　清光緒十六年（1890）蘭州刻本　十冊

620000－1101－0009347　094.325.76/384
禮記十卷　（元）陳澔集說　清光緒十六年（1890）蘭州刻本　十冊

620000－1101－0009348　094.325.76/384.003
禮記十卷　（元）陳澔集說　清光緒十九年（1893）江南書局刻本　十冊

620000－1101－0009349　094.325.76/384.004
禮記十卷　（元）陳澔集說　清光緒二十一年（1895）澹雅書局刻本　十冊

620000－1101－0009350　094.325.76/384.005
禮記十卷　（元）陳澔集說　清晚期刻本　五冊　存五卷（三至四、六至七、九）

620000－1101－0009351　094.325.76/384.007

禮記十卷 （元）陳澔集說 清晚期刻本 九冊 存九卷（一、三至十）

620000－1101－0009352 094.32/384

禮記述解闡備匯參十五卷 （元）陳澔集注 （□）馬履成編輯 清晚期刻本 一冊 存二卷（五至六）

620000－1101－0009353 094.327/537.002

禮記體註大全合參四卷 （清）范翔鑒定 （清）徐旦參訂 清光霽堂刻本 四冊

620000－1101－0009354 094.389.2/370

禮記天算釋一卷 （清）孔廣牧撰 清光緒七年（1881）湖北崇文書局刻本 一冊

620000－1101－0009355 094.389.2/370.001

禮記天算釋一卷 （清）孔廣牧撰 清光緒十五年（1889）廣雅書局刻本 一冊

620000－1101－0009356 094.34/77.37

禮記天算釋一卷 （清）孔廣牧撰 清光緒二十五年（1899）廣雅書局刻本 一冊

620000－1101－0009357 094.32/828

禮記訓纂四十九卷 （清）朱彬輯 清咸豐元年（1851）朱氏刻本 八冊

620000－1101－0009358 094.32/828.001

禮記訓纂四十九卷 （清）朱彬輯 清宣統元年（1909）學部圖書局石印本 十冊

620000－1101－0009359 094.27/0.109

禮記易讀四卷 （清）□□纂 清光緒文盛堂刻本 四冊

620000－1101－0009360 094.32/0.109

禮記易讀四卷 （清）□□纂 清道光二十一年（1841）崇順堂刻本 四冊

620000－1101－0009361 094.327/708

禮記約編啫鳳十卷 （清）汪基撰 （清）江永校纂 清光緒三十二年（1906）煥文書局石印本 六冊

620000－1101－0009362 4170

禮記增訂旁訓六卷 （元）陳澔撰 清乾隆二十一年（1756）刻本 二冊 存四卷（一至二、五至六）

620000－1101－0009363 094.327/952.001

禮記增訂旁訓六卷 （清）徐立綱撰 清嘉慶二十四年（1819）刻本 六冊

620000－1101－0009364 531.22/71.11

禮記章句四十九卷 （清）王夫之撰 清同治四年（1865）湘陰曾國荃刻船山遺書本 十二冊

620000－1101－0009365 864

禮記鄭注質疑四十九卷 （清）郭嵩燾撰 清稿本 九冊 存四十七卷（一至四、七至四十九）

620000－1101－0009366 2940

禮記注疏六十三卷 （漢）鄭玄註 （唐）孔穎達疏 （唐）陸德明音義 明崇禎十二年（1639）毛氏汲古閣刻十三經註疏本 十五冊 存四十六卷（一至二十八、三十二至三十八、四十三至四十九、六十至六十三）

620000－1101－0009367 094.32/41.37.75

禮記注疏六十三卷校勘記六十三卷 （漢）鄭玄注 （唐）孔穎達疏 （清）阮元校勘 清同治十年（1871）尊經閣刻本 三十二冊

620000－1101－0009368 3171

禮記註疏六十三卷 （漢）鄭玄註 （唐）孔穎達疏 （唐）陸德明音義 明萬曆十六年（1588）北京國子監刻十三經註疏本 一冊 存四卷（十至十三）

620000－1101－0009369 094.32/41.37.754

禮記註疏六十三卷 （漢）鄭玄註 （唐）孔穎達疏 （唐）陸德明音義 清嘉慶十八年（1813）四友堂刻本 二十四冊

620000－1101－0009370 094.32/41.37.753

禮記註疏六十三卷 （漢）鄭玄註 （唐）孔穎達疏 （唐）陸德明音義 清同治十年（1871）廣東書局刻本 二冊 存三卷（一至三）

620000－1101－0009371 2200

禮記纂言三十六卷 （元）吳澄纂 （清）朱軾

校 清康熙刻本 十六冊

620000－1101－0009372 094.64/75.72

禮經宮室答問二卷 （清）洪頤煊撰 清光緒
十年（1884）刻本 二冊

620000－1101－0009373 094.27/74.76

禮經釋例十三卷首一卷 （清）凌廷堪撰 清
嘉慶十四年（1809）文選樓阮氏刻本 六冊

620000－1101－0009374 094.638/139

禮經校釋二十二卷附禮經纂疏序一卷 （清）
曹元弼撰 清光緒十八年（1892）刻本 十
二冊

620000－1101－0009375 094.638/139

禮經校釋二十二卷附禮經纂疏序一卷 （清）
曹元弼撰 清光緒十八年（1892）刻本 九冊
存十八卷（四至七、九至十一、十三至二十
二，禮經纂疏序一卷）

620000－1101－0009376 094.657/708

禮器圖說一卷 （清）汪荃編 清光緒三十三
年（1907）陝西學務公所石印本 一冊

620000－1101－0009377 4047

禮山園全集二十一種五十九卷 （清）李來章
撰 清康熙刻乾隆印本 五冊 存九種三十
九卷（禮山園文集八卷、文集後編五卷、續集
一卷、詩集十卷，嵩少游草一卷，書紳語略一
卷，紫雲書院讀史偶談一卷，達天錄二卷，聖
諭圖像衍義二卷，聖諭宣講鄉保儀注一卷、條
約一卷，御製訓飭士子文淺解一卷、宣講儀注
一卷、宣講條約一卷，南陽書院學規二卷、首
一卷）

620000－1101－0009378 094.627/719

禮書綱目八十五卷首三卷 （清）江永編 清
嘉慶十五年（1810）鏤恩堂刻本 三十九冊
存八十四卷（一至七十三、七十八至八十五，
首三卷）

620000－1101－0009379 2692

禮說十四卷 （清）惠士奇撰 清乾隆十四年
（1749）惠氏紅豆齋刻本 五冊

620000－1101－0009380 094.137/138

禮說十四卷大學說一卷 （清）惠士奇著 清
嘉慶二年（1797）上海彭氏蘭陔書屋刻本
六冊

620000－1101－0009381 567.3/0.109

禮縣賦役全書不分卷 （清）□□編 清咸豐
三年（1853）刻本 三冊

620000－1101－0009382 231/0.109

禮心編輯要不分卷 （□）□□撰 清光緒二
十八年（1902）秦州百忍堂刻本 一冊

620000－1101－0009383 332/423

力學測算不分卷 （美國）歐莫司德撰 （清）
劉光照譯 清光緒三十年（1904）上海美華書
館鉛印本 一冊

620000－1101－0009384 332/412

力學課編八卷首一卷附答數備質一卷 （英
國）馬格訥斐立撰 （清）嚴文炳譯 清光緒
三十二年（1906）學部編譯圖書局鉛印本
三冊

620000－1101－0009385 332.1/412

力學課編八卷首一卷附答數備質一卷 （英
國）馬格訥斐立撰 （清）嚴文炳譯 清光緒
三十二年（1906）學部編譯圖書局鉛印本
四冊

620000－1101－0009386 332/521

力學拾級三卷 （法國）葛耦撰 （清）劉光照
編譯 清光緒三十年（1904）上海美華書館鉛
印本 一冊

620000－1101－0009387 332/521

力學拾級三卷 （法國）葛耦撰 （清）劉光照
編譯 清光緒三十年（1904）上海美華書館鉛
印本 一冊

620000－1101－0009388 332/521.001

力學拾級三卷 （法國）葛耦撰 （清）劉光照
編譯 清光緒三十三年（1907）上海美華書館
鉛印本 一冊

620000－1101－0009389 332/906.02

力學須知一卷　（英國）傅蘭雅著　清光緒十五年(1889)刻本　一冊

620000－1101－0009390　3275

立命功過格四卷首二卷　（□）□□撰　清乾隆十三年(1748)刻本　一冊

620000－1101－0009391　581.29/890

立政臆解不分卷　（清）劉光蕡著　清光緒三十一年(1905)鉛印本　一冊

620000－1101－0009392　573.53/133

吏部頒發條例不分卷　（清）吏部頒發　清道光二十三年(1843)刻本　二冊

620000－1101－0009393　573.53/133

吏部頒發條例不分卷　（清）吏部頒發　清道光二十三年(1843)刻本　二冊

620000－1101－0009394　573.53/133

吏部頒發條例不分卷　（清）吏部頒發　清道光二十三年(1843)刻本　二冊

620000－1101－0009395　573.4/133

吏部咨嚴覈保舉章程不分卷　（清）吏部訂　清光緒二十年(1894)刻本　一冊

620000－1101－0009396　690/75

荔隱居日記偶存三卷荔隱居衛生集語三卷　涂慶瀾撰　清光緒三十三年(1907)刻本　一冊

620000－1101－0009397　847.8/756

荔隱山房集十六卷　涂慶瀾撰　清光緒莆陽涂氏刻本　三冊　存十卷(詩草一至六、文略一卷、進奉文一卷、荔隱居楹聯偶存一卷、國朝耆老錄一卷)

620000－1101－0009398　847.8/756

荔隱山房文略一卷　涂慶瀾撰　清光緒三十二年(1906)莆陽涂氏刻荔隱山房集本　一冊

620000－1101－0009399　847.8/502

荔雨軒文集六卷　（清）華翼綸撰　清光緒九年(1883)華氏刻本　二冊

620000－1101－0009400　852.4/94

荔園詞二卷　（清）徐本立撰　清同治十年

(1871)刻本　一冊

620000－1101－0009401　62

荔枝譜一卷　（宋）蔡襄撰　明萬曆新安汪氏刻山居雜志本　一冊

620000－1101－0009402　573.42/390

蒞政摘要二卷　（清）陸隴其輯　清咸豐六年(1856)刻本　一冊

620000－1101－0009403　573.42/390.002

蒞政摘要二卷　（清）陸隴其輯　清光緒八年(1882)津河廣仁堂刻本　一冊

620000－1101－0009404　573.42/390.001

蒞政摘要二卷　（清）陸隴其輯　清光緒二十六年(1900)蘭州官書局鉛印本　一冊

620000－1101－0009405　573.42/390.001

蒞政摘要二卷　（清）陸隴其輯　清光緒二十六年(1900)蘭州官書局鉛印本　一冊

620000－1101－0009406　573.42/390.001

蒞政摘要二卷　（清）陸隴其輯　清光緒二十六年(1900)蘭州官書局鉛印本　一冊

620000－1101－0009407　782.975/14.30

栗大王年譜一卷　（清）張壬林編　清宣統元年(1909)豫英會社石印本　一冊

620000－1101－0009408　782.87/149

栗恭勤公毓美行述不分卷　（清）栗烜撰　清道光二十年(1840)刻本　一冊

620000－1101－0009409　847.7/990

笠東草堂文稿一卷補遺一卷　（清）俞岳撰　清光緒十七年(1891)刻本　一冊

620000－1101－0009410　847.7/990.08

笠東草堂遺稿二卷　（清）俞岳撰　清光緒十七年(1891)刻本　一冊　存一卷(下)

620000－1101－0009411　1951

笠翁傳奇十種二十卷　（清）李漁撰　（清）虞巍評　清康熙刻本　二十冊

620000－1101－0009412　1962

笠翁傳奇十種二十卷　（清）李漁撰　（清）虞

巍評　清康熙刻本　十四册　存七種十四卷
（蜃中樓傳奇二卷、鳳求鳳傳奇二卷、奈何天
傳奇二卷、比目魚傳奇二卷、玉搔頭傳奇二
卷、巧團圓傳奇二卷、慎鸞交傳奇二卷）

620000－1101－0009413　853.637/292.01
853.637/292.02　853.637/292.05　853.637/292.07
853.637/292.08
笠翁傳奇十種二十卷　（清）李漁撰　清乾
隆、嘉慶刻本　五册　存五種十卷（憐香伴傳
奇二卷、風箏誤傳奇二卷、鳳求鳳傳奇二卷、
比目魚傳奇二卷、慎鸞交傳奇二卷）

620000－1101－0009414　853.63/292
笠翁十二種曲二十四卷　（清）李漁撰　清道
光十九年（1839）廣盛堂刻本　二册　存一種
二卷（憐香伴傳奇二卷）

620000－1101－0009415　847.2/292
笠翁一家言全集十六卷　（清）李漁撰　清晚
期刻本　十五册　存十五卷（一至七、九至十
六）

620000－1101－0009416　413.365/0.753
痢疾治法不分卷　（□）□□撰　清末抄本
一册

620000－1101－0009417　192.1/748
勵志錄二卷　（清）沈近思撰　清晚期刻本
一册

620000－1101－0009418　192.1/748.001
勵志錄二卷　（清）沈近思撰　**沈端恪公年譜
二卷**　（清）沈日富纂　清同治十二年（1873）
浙江書局刻本　二册

620000－1101－0009419　3954
歷朝賦楷八卷首一卷　（清）王修玉輯　清康
熙文盛堂、致和堂刻本　四册

620000－1101－0009420　832/120
歷朝賦楷八卷首一卷　（清）王修玉輯　清康
熙文盛堂、致和堂刻本　四册

620000－1101－0009421　832/120
歷朝賦楷八卷首一卷　（清）王修玉輯　清康

熙文盛堂、致和堂刻本　八册

620000－1101－0009422　610.3/828
歷朝紀事本末七種五百五十八卷　（清）陳如
升　（清）朱記榮輯　清光緒十四年（1888）上
海書業公所鉛印本　二十四册　存五種二百
九十四卷（左傳紀事本末五十三卷，通鑑記事
本末七至二十，宋史紀事本末一百九卷、西夏
紀事本末三十六卷、首二卷、明史紀事本末八
十卷）

620000－1101－0009423　856.1/378
歷朝名媛尺牘二卷　（清）陳遂輯　清乾隆、
嘉慶水鏡山房刻本　二册

620000－1101－0009424　1876
歷朝名媛詩詞十二卷　（清）陸昶選評　清乾
隆三十八年（1773）吳門陸昶紅樹樓刻本
十册

620000－1101－0009425　831/391
歷朝名媛詩詞十二卷　（清）陸昶選評　清宣
統三年（1911）掃葉山房石印本　四册

620000－1101－0009426　3167
歷朝七言排律遠春集三卷　（清）汪賢衢輯
清乾隆五十二年（1787）錢塘汪氏刻本　一册

620000－1101－0009427　943.7/355
歷朝聖賢篆書百體千文一卷　（南朝梁）周興
嗣撰　（清）孫枝秀篆　清中晚期刻本　二册

620000－1101－0009428　2553
歷朝制帖詩選同聲集十一卷　（清）胡浚注
清乾隆二十二年（1757）刻本　五册

620000－1101－0009429　681.5/828
歷代邊事彙鈔十二卷　（清）朱克敬編　清光
緒二十八年（1902）捷記書局石印本　四册

620000－1101－0009430　681.5/828
歷代邊事彙鈔十二卷　（清）朱克敬編　清光
緒二十八年（1902）捷記書局石印本　二册

620000－1101－0009431　681.5/828
歷代邊事彙鈔十二卷　（清）朱克敬編　清光
緒二十八年（1902）捷記書局石印本　四册

620000－1101－0009432　681.5/828

歷代邊事彙鈔十二卷　(清)朱克敬編　清光緒二十八年(1902)捷記書局石印本　四冊

620000－1101－0009433　1133

歷代兵制八卷　(宋)陳傅良撰　清光緒二十六年(1900)沈氏授經樓抄本　二冊

620000－1101－0009434　830/307

歷代策論約編不分卷　(清)張葆田輯　清光緒二十七年(1901)皖南書院刻本　一冊　存蘇軾策別十七至蘇轍唐論

620000－1101－0009435　599.8/383

歷代籌邊略八十四卷目錄類編三卷　(清)陳麟圖輯注　清光緒二十三年(1897)四川廣安川署刻本　九冊　存二十六卷(一至二十五、目錄類編三)

620000－1101－0009436　831/924

歷代大儒詩鈔六十卷首一卷　(清)谷際岐彙鈔　清嘉慶十八年(1813)采蘭堂刻本　四十冊

620000－1101－0009437　669.1/378

歷代地理沿革表四十七卷　(清)陳芳績撰　清光緒二十一年(1895)廣雅書局刻本　二十四冊

620000－1101－0009438　669.1/378

歷代地理沿革表四十七卷　(清)陳芳績撰　清光緒二十一年(1895)廣雅書局刻本　十五冊

620000－1101－0009439　669.1/675.001

歷代地理沿革圖一卷　(清)六嚴撰　(清)馬徵麟增輯　清光緒十四年(1888)上海掃葉山房刻李氏五種本　一冊

620000－1101－0009440　669.1/675

歷代地理沿革圖一卷　(清)六嚴撰　(清)馬徵麟增輯　清同治十年(1871)金陵刻本　一冊

620000－1101－0009441　669.1/675.001

歷代地理沿革圖一卷　(清)六嚴撰　(清)馬徵麟增輯　清光緒十四年(1888)上海掃葉山房刻李氏五種本　一冊

620000－1101－0009442　660.4/28.29.002

歷代地理志韻編今釋二十卷　(清)李兆洛輯　清同治九年(1870)合肥李鴻章刻本　七冊

620000－1101－0009443　660.4/28.29.004

歷代地理志韻編今釋二十卷　(清)李兆洛輯　清光緒十四年(1888)上海掃葉山房刻本　七冊

620000－1101－0009444　660.4/28.86

歷代地理志韻編今釋二十卷皇朝輿地韻編二卷　(清)李兆洛輯　清道光十七年(1837)蕙學齋木活字印本　五冊　存二十卷(歷代地理志韻編今釋二十卷)

620000－1101－0009445　660.4/28.86

歷代地理志韻編今釋二十卷皇朝輿地韻編二卷　(清)李兆洛輯　清道光十七年(1837)蕙學齋木活字印本　六冊

620000－1101－0009446　660.4/28.29.005

歷代地理志韻編今釋二十卷皇朝輿地韻編二卷　(清)李兆洛輯　清同治九年(1870)合肥李鴻章刻本　七冊　存二十卷(歷代地理志韻編今釋二十卷)

620000－1101－0009447　660.4/28.29.001

歷代地理志韻編今釋二十卷皇朝輿地韻編二卷　(清)李兆洛輯　**校勘記一卷地志韻編唐志補闕正誤考異一卷**　(清)馬貞榆撰　清光緒四年(1878)馬貞榆刻本　八冊

620000－1101－0009448　660.4/28.29.003

歷代地理志韻編今釋二十卷皇朝輿地韻編二卷　(清)李兆洛輯　清光緒二十九年(1903)上海蜚英館石印本　四冊

620000－1101－0009449　782.102/113

歷代帝王紀年考一卷　(清)王檢心輯　清道光二十三年(1843)刻本　一冊

620000－1101－0009450　480

歷代帝王曆祚考八卷音釋一卷歷代紹統年表

一卷歷代年號考同一卷　（明）吳繼安撰　明萬曆二十九年（1601）商山季園刻本　六冊

620000－1101－0009451　610.5/662.001
歷代帝王表不分卷　（清）齊召南編　（清）阮福續編　帝王廟謚年諱譜一卷　（清）陸費墀撰　清道光四年（1824）阮福刻本　六冊

620000－1101－0009452　610.5/662.001
歷代帝王年表不分卷　（清）齊召南編　（清）阮福續編　帝王廟謚年諱譜一卷　（清）陸費墀撰　清道光四年（1824）阮福刻本　五冊

620000－1101－0009453　610.5/662.001
歷代帝王年表不分卷　（清）齊召南編　（清）阮福續編　帝王廟謚年諱譜一卷　（清）陸費墀撰　清道光四年（1824）阮福刻本　一冊　存帝王表至蜀漢魏吳年表

620000－1101－0009454　610.5/662.004
歷代帝王年表不分卷　（清）齊召南編　（清）阮福續編　清道光八年（1828）刻本　二冊　存帝王表至晉年表

620000－1101－0009455　610.5/66
歷代帝王年表三卷　（清）齊召南編　（清）阮福續編　清咸豐五年（1855）南海伍氏刻粵雅堂叢書本　三冊

620000－1101－0009456　610.5/66
歷代帝王年表三卷　（清）齊召南編　（清）阮福續編　清咸豐五年（1855）南海伍氏刻粵雅堂叢書本　三冊

620000－1101－0009457　610.5/662.002
歷代帝王年表三卷　（清）齊召南編　（清）阮福續編　清光緒十二年（1886）掃葉山房刻本　三冊

620000－1101－0009458　610.5/662.005
歷代帝王年表四卷　（清）齊召南編　（清）阮福續編　清光緒二十八年（1902）上海石印本　四冊

620000－1101－0009459　610.5/662.003
歷代帝王年表一卷紀元同異考略一卷　（清）

黃大華撰　清光緒二十六年（1900）夢紅豆邨刻本　一冊

620000－1101－0009460　610.5/0.337
歷代帝王世系圖不分卷　（清）□□輯　清宣統二年（1910）石印本　一冊

620000－1101－0009461　669.1/966.02
歷代帝王宅京記二十卷　（清）顧炎武著　清光緒十四年（1888）吳縣朱記榮刻槐廬叢書本　五冊

620000－1101－0009462　669.1/314
歷代定域史綱四卷　（清）張印西著　清光緒二十九年（1903）蠡碧軒石印本　一冊

620000－1101－0009463　782.627/121
歷代都江堰功小傳二卷　王人文等輯　清宣統三年（1911）成都刻本　一冊

620000－1101－0009464　782.627/121
歷代都江堰功小傳二卷　王人文等輯　清宣統三年（1911）成都刻本　一冊

620000－1101－0009465　830/813
歷代宮閨文選二十六卷姓氏小錄不分卷　（清）周壽昌輯　清宣統三年（1911）上海群學社鉛印本　六冊

620000－1101－0009466　682.82/377
歷代河防統纂二十八卷　（清）陳璜輯　清光緒十四年（1888）鴻寶齋石印本　四冊

620000－1101－0009467　782.104/183
歷代畫史彙傳七十二卷首一卷附錄二卷　（清）彭蘊燦輯　清光緒八年（1882）掃葉山房刻本　八冊　存十九卷（一至十六、首一卷、附錄二卷）

620000－1101－0009468　784.104/882.001
歷代畫史彙傳七十二卷首一卷附錄二卷　（清）彭蘊燦輯　清道光刻本　四冊　存九卷（二十六至二十七、四十三至四十四、五十一至五十三,附錄二卷）

620000－1101－0009469　784.104/183.001
歷代畫史彙傳七十二卷首一卷附錄二卷

(清)彭蘊燦輯　清末石印本　一冊　存四十四卷(三十一至七十二、附錄二卷)

620000－1101－0009470　782.104/882
歷代畫史彙傳七十二卷首一卷附錄二卷
(清)邱步洲重輯　清同治十三年至光緒八年(1874－1882)三楚畔餘堂邱氏刻本　二十四冊

620000－1101－0009471　682.829/88
歷代黃河變遷圖考四卷　(清)劉鶚撰　清光緒十九年(1893)袖海山房石印本　二冊

620000－1101－0009472　682.829/88
歷代黃河變遷圖考四卷　(清)劉鶚撰　清光緒十九年(1893)袖海山房石印本　四冊

620000－1101－0009473　1394
歷代紀元彙考五卷　(清)萬斯同輯　清乾隆知不足齋刻本　一冊

620000－1101－0009474　782.21/37
歷代節義名臣錄十卷　(清)陳炳恭纂　清光緒十二年(1886)刻本　十冊

620000－1101－0009475　460
歷代君鑒五十卷　(明)代宗朱祁鈺撰　明景泰四年(1453)內府刻本　十冊

620000－1101－0009476　1138
歷代陵寢備考五十卷歷代宗廟附考八卷
(清)朱孔陽撰　清抄本　二冊　存十卷(一至五、二十二至二十六)

620000－1101－0009477　782.1/828.02
歷代名臣傳三十五卷首二卷續編五卷　(清)朱軾　(清)蔡世遠輯　清同治三年(1864)刻本　十二冊

620000－1101－0009478　1872
歷代名臣傳三十五卷續編五卷名儒傳八卷循吏傳八卷　(清)朱軾　(清)蔡世遠輯　清雍正刻本　十五冊　存四十卷(名臣傳三十五卷、續編五卷)

620000－1101－0009479　573.42/828.012
歷代名臣言行錄二十四卷　(清)朱桓編輯

清嘉慶刻本　四冊　存六卷(八至九、十七、二十、二十三至二十四)

620000－1101－0009480　573.42/828.004
歷代名臣言行錄二十四卷　(清)朱桓編輯
清同治四年(1865)刻本　三十一冊　存二十三卷(一至二十一、二十三至二十四)

620000－1101－0009481　573.42/828.003
歷代名臣言行錄二十四卷　(清)朱桓編輯
清光緒元年(1875)湖北森寶齋刻本　二十八冊　存二十一卷(一至十七、二十、二十二下、二十三至二十四)

620000－1101－0009482　782.1/828.2
歷代名臣言行錄二十四卷　(清)朱桓編輯
清光緒十一年(1885)刻本　二十四冊

620000－1101－0009483　573.42/828.007
歷代名臣言行錄二十四卷　(清)朱桓編輯
清光緒十二年(1886)石印本　一冊　存三卷(二十二至二十四)

620000－1101－0009484　573.42/828.009
歷代名臣言行錄二十四卷　(清)朱桓編輯
清光緒十五年(1889)上海廣百宋齋鉛印本一冊　存二卷(十九至二十)

620000－1101－0009485　573.42/828.002
歷代名臣言行錄二十四卷　(清)朱桓編輯
清光緒二十六年(1900)文瀾書局石印本八冊

620000－1101－0009486　573.42/828
歷代名臣言行錄二十四卷　(清)朱桓編輯
清光緒二十八年(1902)鴻寶書局鉛印本　十二冊

620000－1101－0009487　573.42/828
歷代名臣言行錄二十四卷　(清)朱桓編輯
清光緒二十八年(1902)鴻寶書局鉛印本　十二冊

620000－1101－0009488　573.42/828
歷代名臣言行錄二十四卷　(清)朱桓編輯
清光緒二十八年(1902)鴻寶書局鉛印本　一

冊　存二卷（三至四）

620000－1101－0009489　782.1/828.21
歷代名臣言行錄二十四卷　（清）朱桓編輯
清光緒三十年（1904）上海同文升記書局鉛印
本　十二冊

620000－1101－0009490　573.42/828.001
歷代名臣言行錄二十四卷　（清）朱桓編輯
清光緒三十年（1904）上海商務印書館鉛印本
　八冊

620000－1101－0009491　573.42/828.010
歷代名臣言行錄二十四卷　（清）朱桓編輯
清光緒開智書局石印本　六冊　存十五卷
（八至二十二）

620000－1101－0009492　573.42/828.011
歷代名臣言行錄二十四卷　（清）朱桓編輯
清光緒刻本　十五冊　存十五卷（二、四、六
至十、十三至十六、十八至十九、二十一、二十
四）

620000－1101－0009493　573.42/828.008
歷代名臣言行錄二十四卷　（清）朱桓編輯
清光緒石印本　二冊　存八卷（四至十一）

620000－1101－0009494　573.42/828.006
歷代名臣言行錄二十四卷　（清）朱桓編輯
清光緒石印本　六冊　存十八卷（四至十六、
二十至二十四）

620000－1101－0009495　573.42/828.005
歷代名臣言行錄二十四卷　（清）朱桓編輯
清光緒石印本　四冊　存十一卷（十二至十
九、二十二至二十四）

620000－1101－0009496　573.42/311
歷代名臣言行錄續集四十卷　（清）張兆蓉輯
　清光緒二十八年（1902）上海通文局石印本
　十二冊

620000－1101－0009497　165
歷代名臣奏議三百五十卷　（明）黃淮等輯
明永樂內府刻本　七十二冊　存二百七卷
（一至二百七）

620000－1101－0009498　56
歷代名臣奏議三百五十卷　（明）黃淮等輯
（明）張溥刪正　明崇禎東觀閣刻本　八十
二冊

620000－1101－0009499　56
歷代名臣奏議三百五十卷　（明）黃淮等輯
（明）張溥刪正　明崇禎東觀閣刻本　一百冊

620000－1101－0009500　4010
歷代名臣奏議三百五十卷　（明）黃淮等輯
（明）張溥刪正　明崇禎刻本　一百二十三冊
　存三百四卷（一至一百四十五、一百六十至
二百五十三、二百五十五至三百十九）

620000－1101－0009501　2146
歷代名臣奏議三百五十卷　（明）黃淮等輯
（明）張溥刪正　明末文德堂刻本　六十四冊
　存三百十九卷（一至三百十九）

620000－1101－0009502　948
歷代名公畫譜四卷　（明）顧炳輯　清萬曆三
十一年（1603）顧三聘、顧三錫刻本　一冊
存一卷（二）

620000－1101－0009503　376
歷代名畫記十卷　（唐）張彥遠撰　明崇禎毛
氏汲古閣刻津逮祕書本　六冊

620000－1101－0009504　782.1/391
歷代名將事略不分卷附演淺說　（清）陸軍部
鑒定　清光緒三十四年（1908）甘肅官報書局
鉛印本　二冊

620000－1101－0009505　782.1/915
歷代名將圖二卷　（清）任薰繪　清光緒上海
點石齋石印本　一冊　存一卷（下）

620000－1101－0009506　782.102/434
歷代名人年譜十卷附一卷　（清）吳榮光撰
清光緒元年（1875）刻本　五冊

620000－1101－0009507　782.99/440.1
歷代名人年譜十卷附一卷　（清）吳榮光撰
清光緒二年（1876）京都寶經書坊刻本　十冊

620000－1101－0009508　782.99/440

歷代名人年譜十卷附一卷　（清）吳榮光撰
清晚期刻本　十冊

620000－1101－0009509　782.99/440.1
歷代名人年譜十卷附一卷　（清）吳榮光撰
清晚期刻本　十冊

620000－1101－0009510　782.1/828.001
歷代名儒傳八卷　（清）朱軾　（清）蔡世遠輯
　清同治三年(1864)刻本　四冊

620000－1101－0009511　782.1/828
高安三傳合編五十六卷　（清）朱軾　（清）蔡
世遠輯　清光緒二十一年(1895)江蘇書局刻
本　二十四冊

620000－1101－0009512　782.1/468
歷代名賢齒譜九卷　（清）易宗涒輯　清晚期
刻本　五冊　存三卷(七至九)

620000－1101－0009513　3212
歷代名賢列女氏姓譜一百五十七卷　（清）蕭
智漢纂輯　清乾隆五十七年(1792)蕭氏聽濤
山房刻嘉慶二十年(1815)印本　一百四十
三冊

620000－1101－0009514　782.104/514
歷代名賢列女氏姓譜一百五十七卷　（清）蕭
智漢纂輯　清乾隆五十七年(1792)蕭氏聽濤
山房刻嘉慶二十年(1815)印本　一百一
十冊

620000－1101－0009515　4437
歷代名媛雜詠三卷　（清）邵飄撰　清乾隆五
十七年(1792)刻本　一冊

620000－1101－0009516　3978
歷代神仙通鑑三集二十二卷　（清）徐道撰
（清）程毓奇續　清康熙刻本　四冊　存四卷
(十九至二十二)

620000－1101－0009517　4432
歷代神仙通鑑三集二十二卷　　（清）徐道撰
（清）程毓奇續　清康熙刻本　十六冊　存十
四卷(一至四、六至九、十五至二十)

620000－1101－0009518　2839
歷代神仙通鑑三集二十二卷　　（清）徐道撰

（清）程毓奇續　清康熙刻本　十二冊　存十
二卷(十一至二十二)

620000－1101－0009519　4092
歷代神仙通鑑三集二十二卷　（清）徐道撰
（清）程毓奇續　清康熙刻本　三冊　存三卷
(五、二十一至二十二)

620000－1101－0009520　239/955
歷代神仙通鑑三集二十二卷　（清）徐道撰
（清）程毓奇續纂　清康熙刻本　二十五冊

620000－1101－0009521　610.022/522
歷代史表五十九卷首一卷末一卷　（清）萬斯
同撰　清光緒十五年(1889)廣雅書局刻本
六冊

620000－1101－0009522　610.022/522
歷代史表五十九卷首一卷末一卷　（清）萬斯
同撰　清光緒十五年(1889)廣雅書局刻本
六冊

620000－1101－0009523　610.022/522.001
歷代史表五十九卷首一卷末一卷　（清）萬斯
同撰　清光緒十九年(1893)上海古香閣石印
本　八冊

620000－1101－0009524　610.81/965
歷代史論二卷　（明）顧充撰　清光緒二十八
年(1902)刻本　一冊　存一卷(一)

620000－1101－0009525　610.81/313.005
歷代史論二十二卷　（明）張溥論正　（清）谷
應泰　（清）高士奇評　清光緒二年(1876)梓
州龍翼堂刻朱墨套印本　八冊　存十五卷
(八至二十二)

620000－1101－0009526　610.81/313
歷代史論二十二卷　（明）張溥論正　（清）谷
應泰　（清）高士奇評　清光緒浙江書局刻朱
墨套印本　六冊

620000－1101－0009527　610.81/313
歷代史論二十二卷　（明）張溥論正　（清）谷
應泰　（清）高士奇評　清光緒浙江書局刻朱
墨套印本　四冊

620000－1101－0009528　610.81/313

歷代史論二十二卷　（明）張溥論正　（清）谷應泰　（清）高士奇評　清光緒浙江書局刻朱墨套印本　八冊

620000－1101－0009529　610.81/313

歷代史論二十二卷　（明）張溥論正　（清）谷應泰　（清）高士奇評　清光緒浙江書局刻朱墨套印本　三冊　存十二卷（一至十二）

620000－1101－0009530　610.81/313.008

歷代史論十二卷宋史論三卷元史論一卷明史論四卷左傳史論二卷　（明）張溥論正　（清）谷應泰　（清）高士奇評　清光緒浙江書局刻朱墨套印本　三冊　存八卷（歷代史論九至十二、元史論一卷、明史論四、左傳史論二卷）

620000－1101－0009531　610.81/313.011

歷代史論十二卷　（明）張溥撰　清光緒五年（1879）上洋珍藝書局鉛印本　六冊

620000－1101－0009532　610.81/313.002

歷代史論十二卷宋史論三卷元史論一卷（明）張溥撰　左傳史論二卷　（清）高士奇撰　明史論四卷　（清）谷應泰撰　清光緒五年（1879）文餘堂刻本　十二冊

620000－1101－0009533　610.81/313.001

歷代史論十二卷宋史論三卷元史論一卷（明）張溥撰　左傳史論二卷　（清）高士奇撰　明史論四卷　（清）谷應泰撰　清光緒九年（1883）蒼松山房刻朱墨套印本　八冊

620000－1101－0009534　610.81/313.001

歷代史論十二卷宋史論三卷元史論一卷（明）張溥撰　左傳史論二卷　（清）高士奇撰　明史論四卷　（清）谷應泰撰　清光緒九年（1883）蒼松山房刻朱墨套印本　八冊

620000－1101－0009535　610.81/313.003

歷代史論十二卷宋史論三卷元史論一卷（明）張溥撰　明史論四卷　（清）谷應泰撰　左傳史論二卷　（清）高士奇撰　清光緒刻朱墨套印本　二冊　存三卷（宋史論三卷）

620000－1101－0009536　610.81/313.010

歷代史論十二卷宋史論三卷元史論一卷（明）張溥撰　明史論四卷　（清）谷應泰撰　左傳史論二卷　（清）高士奇撰　清末刻本　二冊　存十二卷（歷代史論十二卷）

620000－1101－0009537　610.81/313.006

歷代史論十二卷宋史論三卷元史論一卷（明）張溥撰　明史論四卷　（清）谷應泰撰　左傳史論二卷　（清）高士奇撰　清光緒石印本　二冊　存八卷（歷代史論一至八）

620000－1101－0009538　610.81/313.004

歷代史論十二卷宋史論三卷元史論一卷（明）張溥撰　明史論四卷　（清）谷應泰撰　左傳史論二卷　（清）高士奇撰　清光緒二十四年（1898）上海圖書集成局鉛印本　六冊

620000－1101－0009539　610.81/313.007

歷代史論十二卷宋史論三卷元史論一卷（明）張溥撰　明史論四卷　（清）谷應泰撰　左傳史論二卷　（清）高士奇撰　清光緒二十四年（1898）上海書局石印本　一冊　存四卷（歷代史論一至四）

620000－1101－0009540　610.81/313.009

歷代史論十二卷宋史論三卷元史論一卷（明）張溥撰　明史論四卷　（清）谷應泰撰　左傳史論二卷　（清）高士奇撰　清末石印本　一冊　存四卷（宋史論二至三、元史論一卷、明史論一）

620000－1101－0009541　610.81/313.01

歷代史論一編四卷二編十卷　（明）張溥撰　清光緒二十七年（1901）上海書局石印本　一冊　存四卷（一編四卷）

620000－1101－0009542　610.4/0.336

歷代史略六卷　（□）□□撰　清光緒江楚書局刻本　八冊

620000－1101－0009543　1591

歷代史纂左編一百四十二卷　（明）唐順之輯　明嘉靖四十年（1561）胡宗憲刻本　三冊　存四卷（六十三至六十四、一百二十三至一百二十四）

620000－1101－0009544　3985

歷代史纂左編一百四十二卷　（明）唐順之輯
明萬曆三十九年（1611）吳用先等刻本　三
冊　存十一卷（五十五至五十八、六十八至七
十、一百十七至一百二十）

620000－1101－0009545　3986

歷代史纂左編一百四十二卷　（明）唐順之輯
明萬曆三十九年（1611）吳用先等刻本　二
冊　存四卷（三十七至三十八、五十六至五十
七）

620000－1101－0009546　610.74/99

歷代世系紀年編一卷　（清）沈炳震編　清同
治十年（1871）刻半畝園叢書本　一冊

620000－1101－0009547　602/879

歷代統紀表十三卷　（清）段長基撰　清晚期
味古山房刻本　四冊　存四卷（七、十一至十
三）

620000－1101－0009548　782.1/312

歷代循吏傳八卷　（清）朱軾　（清）蔡世遠輯
清同治三年（1864）刻本　四冊

620000－1101－0009549　782.1/809

歷代循良能吏列傳彙鈔二十卷　（清）喬用遷
輯　清道光二十四年（1844）刻本　四冊

620000－1101－0009550　782.1/809

歷代循良能吏列傳彙鈔二十卷　（清）喬用遷
輯　清道光二十四年（1844）刻本　四冊

620000－1101－0009551　681.5/272

歷代輿地沿革險要圖說一卷　（清）楊守敬
（清）饒敦秩撰　（清）王尚德繪　清光緒二十
四年（1898）石印本　一冊

620000－1101－0009552　573.1/501

歷代政治類編十二卷　（清）柴紹炳輯　清光
緒二十七年（1901）上海自強書局石印本
六冊

620000－1101－0009553　573.1/501

歷代政治類編十二卷　（清）柴紹炳輯　清光
緒二十七年（1901）上海自強書局石印本　四

冊　存八卷（一至六、十一至十二）

620000－1101－0009554　573.41/74.16

歷代職官表六卷　（清）黃本驥輯　清光緒八
年（1882）上海王氏刻本　三冊

620000－1101－0009555　573.41/74.16

歷代職官表六卷　（清）黃本驥輯　清光緒八
年（1882）上海王氏刻本　三冊

620000－1101－0009556　573.41/74.161

歷代職官表六卷　（清）黃本驥輯　清光緒二
十四年（1898）柏經正堂刻本　二冊

620000－1101－0009557　573.41/74.161

歷代職官表六卷　（清）黃本驥輯　清光緒二
十四年（1898）柏經正堂刻本　二冊

620000－1101－0009558　573.41/74.161

歷代職官表六卷　（清）黃本驥輯　清光緒二
十四年（1898）柏經正堂刻本　一冊

620000－1101－0009559　793.2/56

歷代鐘鼎彝器款識法帖二十卷　（宋）薛尚功
撰　清嘉慶二年（1797）刻本　五冊

620000－1101－0009560　793.2/571

歷代鐘鼎彝器款識法帖二十卷　（宋）薛尚功
撰　清嘉慶二年（1797）刻本　四冊

620000－1101－0009561　793.2/571

歷代鐘鼎彝器款識法帖二十卷　（宋）薛尚功
撰　清嘉慶二年（1797）刻本　四冊

620000－1101－0009562　942.1/158

歷代字法心傳不分卷　（清）丁庚輯　清晚期
金陵刻本　一冊

620000－1101－0009563　856.7/307

歷科殿試策（庚寅至癸未）不分卷　（清）張建
勛等撰　清光緒松竹齋影印本　一冊

620000－1101－0009564　856.7/0.336

歷科殿試策不分卷　（清）王仁堪等編　清光
緒影印本　二冊

620000－1101－0009565　856.7/0.336

歷科狀元策不分卷　（清）□□輯　清光緒刻

本　二冊

620000 – 1101 – 0009566　782.872/138

歷年紀略不分卷　（清）惠寵嗣輯　清同治六年（1867）刻本　一冊

620000 – 1101 – 0009567　711/338

歷史哲學兩篇十一章　（美國）威爾遜撰（清）羅位雅重譯　（清）蔡俊鏞參訂　清光緒二十八年（1902）上海廣智書局鉛印本　一冊　存五章（前篇一至五）

620000 – 1101 – 0009568　720

隸辨八卷　（清）顧藹吉撰　清康熙五十七年（1718）項氏玉淵堂刻本　八冊

620000 – 1101 – 0009569　1843

隸辨八卷　（清）顧藹吉撰　清康熙五十七年（1718）項氏玉淵堂刻本（卷一配黃晟刻本、卷八配江寧甘瑞祥刻本）　八冊

620000 – 1101 – 0009570　1228

隸辨八卷　（清）顧藹吉撰　清乾隆八年（1743）黃晟刻本　八冊

620000 – 1101 – 0009571　3919

隸辨八卷　（清）顧藹吉撰　清乾隆八年（1743）黃晟刻本　六冊　存六卷（一至二、五至八）

620000 – 1101 – 0009572　802.295/960

隸辨八卷　（清）顧藹吉撰　清同治十二年（1873）漁古山房刻本　七冊　存七卷（二至八）

620000 – 1101 – 0009573　802.295/960

隸辨八卷　（清）顧藹吉撰　清同治十二年（1873）漁古山房刻本　八冊

620000 – 1101 – 0009574　802.295/327

隸篇十五卷續十五卷再續十五卷金石目一卷部目一卷字目一卷　（清）翟云升撰　清道光十七年至十八年（1837－1838）五經歲徧齋刻本　十冊

620000 – 1101 – 0009575　802.295/327

隸篇十五卷續十五卷再續十五卷金石目一卷

部目一卷字目一卷　（清）翟云升撰　清道光十七年至十八年（1837－1838）五經歲徧齋刻二十四年（1844）增刻本　十冊

620000 – 1101 – 0009576　1864

隸釋二十七卷隸續二十一卷　（宋）洪适撰　清乾隆四十二年至四十三年（1777－1778）汪日秀樓松書屋刻本　十六冊

620000 – 1101 – 0009577　3332

隸釋二十七卷隸續二十一卷　（宋）洪适撰　清乾隆四十二年至四十三年（1777－1778）汪日秀樓松書屋刻本　八冊

620000 – 1101 – 0009578　802.295/885

隸韻十卷考證二卷　（宋）劉球纂　清嘉慶十五年（1810）刻本　六冊

620000 – 1101 – 0009579　802.295/885

隸韻十卷考證二卷　（宋）劉球纂　清嘉慶十五年（1810）刻本　六冊

620000 – 1101 – 0009580　535

麗句集六卷　（明）許之吉輯　明天啓刻本　六冊

620000 – 1101 – 0009581　083/504

麗廔叢書八種十七卷　葉德輝輯　清光緒長沙葉氏刻本　八冊

620000 – 1101 – 0009582　083/504

麗廔叢書九種二十四卷　葉德輝輯　清光緒三十二年至宣統元年（1906－1909）長沙葉氏刻本　八冊

620000 – 1101 – 0009583　083/504

麗廔叢書九種二十四卷　葉德輝輯　清光緒三十二年至宣統元年（1906－1909）長沙葉氏刻本　四冊　存三種十卷（除紅譜一卷，三教源流搜神大全七卷，唐女郎魚玄機詩一卷、附錄一卷）

620000 – 1101 – 0009584　082.76/271

連筠簃叢書十三種一百十卷　（清）楊尚文輯　清道光二十八年（1848）靈石楊氏刻本　三十冊

620000－1101－0009585　082.76/271

連筠簃叢書十三種一百十卷　（清）楊尚文輯
清道光二十八年(1848)靈石楊氏刻本　三十二冊

620000－1101－0009586　2349

連陽八排風土記十卷　（清）李來章撰　清康熙四十七年(1708)刻本　四冊　存八卷(一至八)

620000－1101－0009587　1336

蓮峰課賦不分卷　（□）□□撰　稿本　一冊

620000－1101－0009588　831.7/936

蓮花詩一卷　（清）錢受祺等撰　清末刻本　一冊

620000－1101－0009589　856.17/505

蓮橋尺牘四卷　（清）蓮橋居士編　清同治四年(1865)刻本　二冊　存二卷(一至二)

620000－1101－0009590　226.5/517

蓮修必讀不分卷　（清）釋觀如輯　清光緒十二年(1886)刻本　一冊

620000－1101－0009591　2798

蓮洋集二十卷　（清）吳雯撰　**蓮洋吳徵君年譜一卷**　（清）翁方綱輯　清乾隆三十九年(1774)刻本　八冊

620000－1101－0009592　1480

蓮洋集十二卷　（清）吳雯撰　清乾隆十七年(1752)劉組曾刻本　十二冊

620000－1101－0009593　1224

蓮洋集選十二卷　（清）吳雯撰　清乾隆十五年(1750)劉組曾刻本　二冊

620000－1101－0009594　018.87/362

廉石居藏書記內編二卷　（清）孫星衍撰（清）陳宗彝編次　清道光十六年(1836)刻本　一冊

620000－1101－0009595　847.6/430

憐香雜詠一卷　（清）品花居士錄　清道光十五年(1835)紅豆山房拾翠軒刻本　一冊

620000－1101－0009596　125/314

濂洛關閩書十九卷　（清）張伯行集解　清同治五年(1866)福州正誼書院刻正誼堂全書本　四冊

620000－1101－0009597　847.7/312

濂亭文集八卷　（清）張裕釗撰　清光緒八年(1882)查氏木漸齋蘇州刻本　二冊

620000－1101－0009598　847.7/312

濂亭文集八卷　（清）張裕釗撰　清光緒八年(1882)查氏木漸齋蘇州刻本　二冊

620000－1101－0009599　847.7/312.001

濂亭文集八卷　（清）張裕釗撰　清宣統元年(1909)上海掃葉山房石印本　一冊　存四卷(一至四)

620000－1101－0009600　847.7/312.001

濂亭文集八卷　（清）張裕釗撰　清宣統元年(1909)上海掃葉山房石印本　二冊

620000－1101－0009601　782.1/165

濂學編三卷首一卷　（清）黃嗣東輯　清光緒二十二年(1896)漢中刻本　二冊　存二卷(二至三)

620000－1101－0009602　3395

鐮山詩集七卷　（清）劉璽（清）劉峒撰　清康熙四十八年(1709)刻本　四冊

620000－1101－0009603　590/34.08.003

練兵實紀九卷雜集六卷　（明）戚繼光撰　清道光十四年(1834)安康張鵬扮來鹿堂刻本　六冊

620000－1101－0009604　590/34.08.002

練兵實紀九卷雜集六卷　（明）戚繼光撰　清道光二十三年(1843)刻本　四冊

620000－1101－0009605　590/34.08.002

練兵實紀九卷雜集六卷　（明）戚繼光撰　清道光二十三年(1843)刻本　四冊　存九卷(練兵實紀九卷)

620000－1101－0009606　590/34.08

練兵實紀九卷雜集六卷　（明）戚繼光撰　清咸豐四年(1854)光霽堂刻本　六冊

620000－1101－0009607　590/34.08

練兵實紀九卷雜集六卷　（明）戚繼光撰　清
咸豐四年(1854)光霽堂刻本　四冊

620000－1101－0009608　590/34.08.001

練兵實紀九卷雜集六卷　（明）戚繼光撰　清
光緒刻本　十二冊

620000－1101－0009609　590/34.08.004

練兵實紀九卷雜集六卷　（明）戚繼光撰　清
京都琉璃廠刻本　六冊

620000－1101－0009610　468.56/952

練鋼要言附錄試驗各法不分卷　（清）徐家寶
譯　清光緒二十年(1894)江南製造總局刻本
一冊

620000－1101－0009611　468.56/952

練鋼要言附錄試驗各法不分卷　（清）徐家寶
譯　清光緒二十年(1894)江南製造總局刻本
一冊

620000－1101－0009612　468.56/952

練鋼要言附錄試驗各法不分卷　（清）徐家寶
譯　清光緒二十年(1894)江南製造總局刻本
一冊

620000－1101－0009613　468.56/952

練鋼要言附錄試驗各法不分卷　（清）徐家寶
譯　清光緒二十年(1894)江南製造總局刻本
一冊

620000－1101－0009614　468.56/952

練鋼要言附錄試驗各法不分卷　（清）徐家寶
譯　清光緒二十年(1894)江南製造總局刻本
一冊

620000－1101－0009615　468.56/952

練鋼要言附錄試驗各法不分卷　（清）徐家寶
譯　清光緒二十年(1894)江南製造總局刻本
一冊

620000－1101－0009616　468.56/952

練鋼要言附錄試驗各法不分卷　（清）徐家寶
譯　清光緒二十年(1894)江南製造總局刻本
一冊

620000－1101－0009617　468.6/878

鍊金新語不分卷　（英國）拏核甫撰　舒高第
（清）鄭昌棪譯　清光緒江南機器製造總局
鉛印本　三冊

620000－1101－0009618　468.6/878

鍊金新語不分卷　（英國）拏核甫撰　舒高第
（清）鄭昌棪譯　清光緒江南機器製造總局
鉛印本　三冊

620000－1101－0009619　441.235/629

鍊石編三卷附圖一卷　（英國）亨利黎特著
舒高第　（清）鄭昌棪譯　清光緒三年(1877)
江南製造局鉛印本　二冊

620000－1101－0009620　441.235/629

鍊石編三卷附圖一卷　（英國）亨利黎特著
舒高第　（清）鄭昌棪譯　清光緒三年(1877)
江南製造局鉛印本　二冊

620000－1101－0009621　441.235/629.001

鍊石編三卷附圖一卷　（英國）亨利黎特著
舒高第　（清）鄭昌棪譯　清光緒石印本
一冊

620000－1101－0009622　414.6/466

良藥彙編十四卷　（清）景范山人編次　清光
緒十八年(1892)刻本　一冊

620000－1101－0009623　671.65/407.79

涼州府古浪縣地理調查表一卷　（清）李九波
編　清宣統元年(1909)抄本　一冊

620000－1101－0009624　997.11/37

梁程十四局一卷　（清）鄭元鑰輯　清光緒七
年(1881)奕潛齋刻本　一冊

620000－1101－0009625　2946

**梁山來知德先生易經集註十六卷首一卷末一
卷**　（明）來知德撰　清乾隆十一年(1746)三
多齋刻本　五冊　存九卷(一至三、七至十
二)

620000－1101－0009626　2776

**梁山來知德先生易經集註十六卷首一卷末一
卷**　（明）來知德撰　清乾隆十一年(1746)三

多齋刻本　十二冊

620000－1101－0009627　943.4/827
梁山舟宗伯法書一卷　（清）朱珪撰　（清）梁同書書　清宣統二年(1910)石印本　一冊

620000－1101－0009628　809
梁書五十六卷　（唐）姚思廉撰　明崇禎六年(1633)毛氏汲古閣刻本　六冊

620000－1101－0009629　809
梁書五十六卷　（唐）姚思廉撰　明崇禎六年(1633)毛氏汲古閣刻本　五冊

620000－1101－0009630　1017
梁書五十六卷　（唐）姚思廉撰　明崇禎六年(1633)毛氏汲古閣刻本　八冊

620000－1101－0009631　4078
梁書五十六卷　（唐）姚思廉撰　明崇禎六年(1633)毛氏汲古閣刻本　四冊

620000－1101－0009632　1015
梁書五十六卷　（唐）姚思廉撰　明萬曆三十三年(1605)北京國子監刻本(卷四十九至五十六配金陵書局仿汲古閣本)　九冊

620000－1101－0009633　1717
梁書五十六卷　（唐）姚思廉撰　明萬曆三年(1575)南京國子監刻清順治、康熙遞修本　八冊

620000－1101－0009634　1751
梁書五十六卷　（唐）姚思廉撰　明萬曆三年(1575)南京國子監刻清順治、康熙遞修本　三冊　存三十六卷(六至四十一)

620000－1101－0009635　623.5301/99.1601
梁書五十六卷　（唐）姚思廉撰　清同治十三年(1874)金陵書局刻本　六冊

620000－1101－0009636　623.5301/994
梁書五十六卷　（唐）姚思廉撰　清同治十三年(1874)金陵書局刻本　六冊

620000－1101－0009637　623.5301/99.16
梁書五十六卷　（唐）姚思廉撰　清光緒二十九年(1903)五洲同文局石印本　八冊

620000－1101－0009638　623.5301/99.91
梁書五十六卷　（唐）姚思廉撰　清光緒三十三年(1907)上海華商集成圖書公司鉛印本　四冊

620000－1101－0009639　623.5301/99.91
梁書五十六卷　（唐）姚思廉撰　清光緒三十三年(1907)上海華商集成圖書公司鉛印三十四年(1908)後印本　四冊

620000－1101－0009640　4468
梁書五十六卷　（唐）姚思廉撰　明萬曆三年(1575)南京國子監刻本　一冊　存十四卷(七至二十)

620000－1101－0009641　1895
梁溪詩鈔三十四卷　（清）顧光旭輯　清乾隆六十年(1795)梁溪顧氏刻本　十冊

620000－1101－0009642　845.21/293
梁溪先生文集一百八十卷年譜一卷行狀三卷附錄四卷　（宋）李綱著　清道光十四年(1834)刻本　二十冊　存一百三卷(一至一百三)

620000－1101－0009643　845.21/293
梁溪先生文集一百八十卷年譜一卷行狀三卷附錄四卷　（宋）李綱著　清道光十四年(1834)刻本　一冊　存七卷(四十二至四十八)

620000－1101－0009644　845.21/293
梁溪先生文集一百八十卷年譜一卷行狀三卷附錄四卷　（宋）李綱著　清道光十四年(1834)刻本　三十九冊　存一百七十七卷(一至三十二、四十二至一百八十,年譜一卷,行狀三卷,附錄一至二)

620000－1101－0009645　314
梁園風雅二十七卷　（明）趙彥復輯　清康熙四十三年(1704)陸廷燦刻本　十二冊

620000－1101－0009646　847.6/733
兩般秋雨庵詩選不分卷　（清）梁紹壬撰　清宣統二年(1910)徐乃昌刻本　一冊

620000 – 1101 – 0009647　857.176/72.01

兩般秋雨盦隨筆八卷　（清）梁紹壬撰　清道光十七年（1837）錢塘汪氏振綺堂刻本　十四冊

620000 – 1101 – 0009648　857.176/72.02

兩般秋雨盦隨筆八卷　（清）梁紹壬撰　清文德堂刻本　八冊

620000 – 1101 – 0009649　857.176/72.04

兩般秋雨盦隨筆八卷　（清）梁紹壬撰　清崇儒堂刻本　四冊　存四卷（一、五至六、八）

620000 – 1101 – 0009650　857.176/72.03

兩般秋雨盦隨筆八卷　（清）梁紹壬撰　清光緒刻本　一冊　存一卷（五）

620000 – 1101 – 0009651　626.804/43

兩朝剝復錄六卷首一卷　（明）吳應箕輯　清同治二年（1863）刻本　四冊

620000 – 1101 – 0009652　610.29/74.421.017

兩朝御批歷代通鑑輯覽一百二十卷　（清）傅恆等纂　清宣統二年（1910）上海久敬齋石印本　二十一冊　存一百二卷（一至十三、二十至三十四、四十一至一百二、一百九至一百二十）

620000 – 1101 – 0009653　567.3/0.151

兩當縣賦役全書不分卷　（清）□□編　清咸豐三年（1853）刻本　三冊

620000 – 1101 – 0009654　847.4/168

兩當軒集二十二卷附錄四卷考異二卷　（清）黃景仁撰　（清）黃志述輯　清光緒二年（1876）黃氏家塾刻本　四冊

620000 – 1101 – 0009655　847.4/168

兩當軒集二十二卷附錄四卷考異二卷　（清）黃景仁撰　（清）黃志述輯　清光緒二年（1876）黃氏家塾刻本　六冊

620000 – 1101 – 0009656　847.4/168

兩當軒集二十二卷附錄四卷考異二卷　（清）黃景仁撰　（清）黃志述輯　清光緒二年

（1876）黃氏家塾刻本　六冊

620000 – 1101 – 0009657　3860

兩當軒詩鈔十四卷悔存詞鈔二卷　（清）黃景仁撰　清乾隆長寧趙希璜刻嘉慶二十二年（1817）侯官鄭炳文補修本　二冊

620000 – 1101 – 0009658　847.4/168.05

兩當軒詩鈔十四卷悔存詞鈔二卷　（清）黃景仁撰　清道光二十六年（1846）留丹書屋刻本　四冊

620000 – 1101 – 0009659　565.2309/0.151

兩廣各埠引餉不分卷　（□）□□編　清光緒二十一年（1895）抄本　一冊

620000 – 1101 – 0009660　626.904/502

兩廣紀略一卷　（明）華復蠡撰　**東明聞見錄一卷**　（明）瞿共美撰　**青燐屑二卷**　（明）應廷吉撰　**耿尚孔吳四王合傳一卷**　（清）□□撰　**揚州十日記一卷**　（清）王秀楚撰　清末都城琉璃廠刻本　一冊

620000 – 1101 – 0009661　567.4/375

兩廣鹽法志三十五卷　（清）阮元纂修　清同治刻本　十一冊　存十四卷（十五至二十八）

620000 – 1101 – 0009662　203

兩漢博聞十二卷　（宋）楊侃輯　明嘉靖三十七年（1558）黃魯曾刻本　一冊

620000 – 1101 – 0009663　622.06/274

兩漢博聞十二卷　（宋）楊侃輯　清光緒上海申報館鉛印本　六冊

620000 – 1101 – 0009664　622.06/274

兩漢博聞十二卷　（宋）楊侃輯　清光緒上海申報館鉛印本　一冊　存五卷（一至五）

620000 – 1101 – 0009665　835.2/399

兩漢策要十二卷　（宋）陶叔獻編　清光緒十三年（1887）上海同文書局石印本　八冊

620000 – 1101 – 0009666　444

兩漢紀六十卷　（明）黃姬水輯　明嘉靖二十七年（1548）黃氏刻本　十二冊

620000 – 1101 – 0009667　1237

兩漢金石記二十二卷　（清）翁方綱撰　清乾
隆五十四年(1789)南昌使院刻蘇齋叢書本
八冊　存二十一卷(一至十四、十六至二十
二)

620000－1101－0009668　1237－2

兩漢金石記二十二卷　（清）翁方綱撰　清乾
隆五十四年(1789)南昌使院刻蘇齋叢書本
十二冊

620000－1101－0009669　2977

兩漢金石記二十二卷　（清）翁方綱撰　清乾
隆五十四年(1789)南昌使院刻蘇齋叢書本
八冊

620000－1101－0009670　622.083/441

兩漢刊誤補遺十卷　（宋）吳仁傑撰　清同治
七年(1868)金陵書局木活字印本　二冊

620000－1101－0009671　098.7/315

兩漢五經博士考三卷　（清）張金吾撰　清光
緒十年(1884)鮑氏刻後知不足齋叢書本
一冊

620000－1101－0009672　567.4/926

兩淮鹽務奏摺清單不分卷　（清）鐵良撰　清
光緒三十一年(1905)鉛印本　二冊

620000－1101－0009673　541

兩晉南北史合纂四十卷　（明）錢岱輯　明萬
曆刻本　十二冊　存二十四卷(南宋纂四卷、
南齊纂三卷、南梁纂四卷、南陳纂一卷、北魏
纂五卷、北齊纂三卷、北周纂二卷、北隋纂二
卷)

620000－1101－0009674　681.1/57

兩京新記五卷　（唐）韋述撰　李嶠雜詠二卷
（唐）李嶠撰　清光緒刻本　一冊　存一卷
(三)

620000－1101－0009675　793.5/433

兩罍軒彝器圖釋十二卷　（清）吳雲撰　清同
治十二年(1873)刻本　四冊

620000－1101－0009676　585.8/293

兩歧成案新編二卷　（清）李馥堂鈔訂　清道

光十三年(1833)常熟邵繩清刻本　一冊　存
一卷(下)

620000－1101－0009677　126.1/378

兩山墨談十八卷　（明）陳霆撰　清道光二十
六年(1846)宏道書院刻惜陰軒叢書本　四冊

620000－1101－0009678　071.7/37

兩山墨談十八卷　（明）陳霆撰　清光緒十四
年(1888)刻本　四冊

620000－1101－0009679　684.7/375

兩浙防護錄不分卷　（清）阮元撰　清光緒十
五年(1889)浙江書局刻惜陰軒叢書續編本
二冊

620000－1101－0009680　797.23/37

兩浙金石志十八卷補遺一卷　（清）阮元編錄
清道光四年(1824)刻本　七冊　存十六卷
(一至三、六至十八)

620000－1101－0009681　797.23/37.001

兩浙金石志十八卷補遺一卷　（清）阮元編錄
清光緒十六年(1890)浙江書局刻　十
二冊

620000－1101－0009682　797.23/37.001

兩浙金石志十八卷補遺一卷　（清）阮元編錄
清光緒十六年(1890)浙江書局刻　十
二冊

620000－1101－0009683　782.623/94

兩浙名賢錄六十二卷　（清）徐象梅著　清光
緒二十六年(1900)浙江書局刻本　六十二冊

620000－1101－0009684　782.623/94

兩浙名賢錄六十二卷　（清）徐象梅著　清光
緒二十六年(1900)浙江書局刻本　六十二冊

620000－1101－0009685　839.23/375.001

兩浙輶軒錄四十卷補遺十卷　（清）阮元輯
清光緒浙江書局刻本　四冊　存四卷(補遺
一至四)

620000－1101－0009686　839.23/375

兩浙輶軒錄四十卷補遺十卷　（清）阮元輯
清光緒浙江書局刻本　五冊　存十卷(二十

四至二十九、三十六至三十九）

620000－1101－0009687　839.23/75

兩浙輶軒續錄五十四卷補遺六卷　（清）潘衍
桐輯　清光緒十七年(1891)浙江書局刻本
四十冊

620000－1101－0009688　316.01/906

量法須知不分卷　（英國）傅蘭雅著　清光緒
十三年(1887)刻本　一冊

620000－1101－0009689　847.2/528

聊齋先生文集二卷　（清）蒲松齡著　清宣統
二年(1910)上海國學扶輪社鉛印本　二冊

620000－1101－0009690　857.27/528.005

聊齋志異評註十六卷　（清）蒲松齡著　（清）
呂湛恩注　（清）王士禛評　（清）但明倫新評
　清道光十九年(1839)刻朱墨套印本　十
六冊

620000－1101－0009691　857.27/528.009

聊齋志異十六卷　（清）蒲松齡著　（清）王士
禛評　清刻本　一冊　存一卷(六)

620000－1101－0009692　857.27/528.012

聊齋志異十六卷　（清）蒲松齡著　（清）王士
禛評　清刻本　二冊　存二卷(六、十三)

620000－1101－0009693　857.27/528.008

聊齋志異新評十六卷　（清）蒲松齡著　（清）
王士禛評　（清）但明倫新評　清道光刻朱墨
套印本　二冊　存五卷(九至十、十二至十
四)

620000－1101－0009694　857.27/528.007

聊齋志異新評十六卷　（清）蒲松齡著　（清）
王士禛評　（清）但明倫新評　清光緒九年
(1883)掃葉山房刻朱墨套印本　十六冊

620000－1101－0009695　857.27/528.010

聊齋志異遺稿四卷　（清）蒲松齡著　（清）劉
瀛珍　（清）馮喜賡編　清光緒四年(1878)北
京聚珍堂木活字印本　一冊　存二卷(三至
四)

620000－1101－0009696　857.272/451

聊齋志異注十六卷　（清）呂湛恩輯注　清道
光姑蘇步月樓刻本　四冊

620000－1101－0009697　847.7/424

寥天一齋文稿一卷　（清）歐陽兆熊撰　清光
緒二十三年(1897)刻本　一冊

620000－1101－0009698　665.507/28

遼史地理志考五卷　（清）李慎儒撰　清光緒
二十八年(1902)刻本　二冊

620000－1101－0009699　625.403/290.001

遼史紀事本末四十卷首一卷　（清）李有棠編
纂　清光緒二十六年(1900)廣雅書局刻本
四冊

620000－1101－0009700　625.403/290

遼史紀事本末四十卷首一卷金史紀事本末五
十二卷首一卷　（清）李有棠編纂　清光緒十
九年(1893)上海同文書局石印本　十冊

620000－1101－0009701　625.403/290

遼史紀事本末四十卷首一卷金史紀事本末五
十二卷首一卷　（清）李有棠編纂　清光緒十
九年(1893)上海同文書局石印本　十冊

620000－1101－0009702　625.403/290.002

遼史紀事本末四十卷首一卷金史紀事本末五
十二卷首一卷　（清）李有棠編纂　清光緒二
十五年(1899)慎記書莊石印本　四冊

620000－1101－0009703　625.403/290.003

遼史紀事本末四十卷首一卷末一卷　（清）李
有棠編纂　清光緒二十九年(1903)李杕鄂樓
刻本　八冊

620000－1101－0009704　625.501/275.001

遼史拾遺補五卷　（清）楊復吉輯　清道光五
年(1825)錢塘汪氏振綺堂刻本　二冊

620000－1101－0009705　625.501/275

遼史拾遺補五卷　（清）楊復吉撰　清光緒三
年(1877)江蘇書局刻本　二冊

620000－1101－0009706　625.501/275

遼史拾遺補五卷　（清）楊復吉輯　清光緒三
年(1877)江蘇書局刻本　二冊

620000－1101－0009707　625.501/275
遼史拾遺補五卷　（清）楊復吉輯　清光緒三年(1877)江蘇書局刻本　二冊

620000－1101－0009708　625.501/33.001
遼史拾遺二十四卷　（清）厲鶚撰　清道光元年(1821)錢塘汪氏振綺堂刻本　八冊

620000－1101－0009709　625.501/33
遼史拾遺二十四卷　（清）厲鶚撰　清光緒元年(1875)江蘇書局刻本　八冊

620000－1101－0009710　625.501/33
遼史拾遺二十四卷　（清）厲鶚撰　**遼史拾遺補五卷**　（清）楊復吉輯　清光緒刻本　九冊　存二十六卷(拾遺二十四卷、補一至二)

620000－1101－0009711　1766
遼史一百十六卷　（元）脫脫等撰　明嘉靖八年(1529)南京國子監刻明清遞修本　二冊　存三十九卷(四十七至六十二、七十一至九十三)

620000－1101－0009712　4231
遼史一百十六卷　（元）脫脫等撰　明嘉靖八年(1529)南京國子監刻明清遞修本　一冊　存十三卷(八十至九十二)

620000－1101－0009713　3193
遼史一百十六卷　（元）脫脫等撰　明嘉靖八年(1529)南京國子監刻明清遞修本　五冊　存七十一卷(一至四十一、六十二至七十、九十六至一百十六)

620000－1101－0009714　1767
遼史一百十六卷　（元）脫脫等撰　明萬曆三十四年(1606)北京國子監刻本　十一冊　存一百三卷(一至七十九、九十三至一百十六)

620000－1101－0009715　625.501/81.16
遼史一百十六卷　（元）脫脫等撰　清光緒二十九年(1903)五洲同文局石印本　八冊

620000－1101－0009716　4076
遼史一百十六卷　（元）脫脫等撰　明嘉靖八年(1529)南京國子監刻明清遞修本　二冊　存二十一卷(四十六至五十、七十至八十五)

620000－1101－0009717　625.501/81.01
遼史一百十五卷附考證　（元）脫脫等修　**遼史拾遺二十四卷**　（清）厲鶚撰　（清）楊復吉輯　**遼史紀年表一卷西遼紀年表一卷**　（清）汪遠孫撰　清同治十二年至光緒元年(1873－1875)江蘇書局刻本　十二冊　存一百十五卷(遼史一百十五卷附考證)

620000－1101－0009718　625.501/81.01
遼史一百十五卷附考證　（元）脫脫等修　**遼史拾遺二十四卷**　（清）厲鶚撰　（清）楊復吉輯　**遼史紀年表一卷西遼紀年表一卷**　（清）汪遠孫撰　清同治十二年至光緒元年(1873－1875)江蘇書局刻本　十六冊　存一百十五卷(遼史一百十五卷附考證)

620000－1101－0009719　625.501/81.01
遼史一百十五卷附考證　（元）脫脫等修　**遼史拾遺二十四卷**　（清）厲鶚撰　（清）楊復吉輯　**遼史紀年表一卷西遼紀年表一卷**　（清）汪遠孫撰　清同治十二年至光緒元年(1873－1875)江蘇書局刻本　三冊　存十二卷(四十五至四十八、六十三至七十)

620000－1101－0009720　625.501/81.01
遼史一百十五卷附考證　（元）脫脫等修　**遼史拾遺二十四卷**　（清）厲鶚撰　（清）楊復吉輯　**遼史紀年表一卷西遼紀年表一卷**　（清）汪遠孫撰　清同治十二年至光緒元年(1873－1875)江蘇書局刻本　十四冊　存一百二十卷(遼史一百十五卷附考證、拾遺一至五)

620000－1101－0009721　625.501/81.01
遼史一百十五卷附考證　（元）脫脫等修　**遼史拾遺二十四卷**　（清）厲鶚撰　（清）楊復吉輯　**遼史紀年表一卷西遼紀年表一卷**　（清）汪遠孫撰　清同治十二年至光緒元年(1873－1875)江蘇書局刻本　二十冊

620000－1101－0009722　830.55/120
遼文萃七卷遼史藝文志補證一卷西夏文綴二卷藝文志一卷　（清）王仁俊輯　清光緒三十年(1904)刻本　一冊

620000－1101－0009723　437.2/432.007

療馬集大全四卷附牛經一卷駝經一卷　（明）喻本元（明）喻本亨編　清寶仁堂刻本　一冊　存二卷（療馬集大全一至二）

620000－1101－0009724　670

列朝詩集乾集二卷甲集前編十一卷甲集二十二卷乙集八卷丙集十六卷丁集十六卷閏集六卷　（清）錢謙益輯　清順治九年（1652）毛氏汲古閣刻本　三十二冊　存七十九卷（乾集二卷、甲集前編一至九、甲集二十二卷、乙集八卷、丙集十六卷、丁集十六卷、閏集六卷）

620000－1101－0009725　1429

列朝文補讀不分卷　（清）蘇霖輯　清道光十六年（1836）稿本　八冊

620000－1101－0009726　712.4/286.02

列國變通興盛記四卷　（英國）李提摩太著　清光緒二十年（1894）上海廣學會鉛印本　一冊

620000－1101－0009727　712.4/286.02.001

列國變通興盛記四卷　（英國）李提摩太著　清光緒二十四年（1898）上海廣學會刻本　一冊

620000－1101－0009728　596.9/423

列國陸軍制不分卷　（美國）歐潑登著　（美國）林樂知　（清）瞿昂來譯　清光緒二年（1876）江南製造總局刻本　三冊

620000－1101－0009729　596.9/423

列國陸軍制不分卷　（美國）歐潑登著　（美國）林樂知　（清）瞿昂來譯　清光緒二年（1876）江南製造總局刻本　三冊

620000－1101－0009730　596.9/423

列國陸軍制不分卷　（美國）歐潑登著　（美國）林樂知　（清）瞿昂來譯　清光緒二年（1876）江南製造總局刻本　三冊

620000－1101－0009731　596.9/423

列國陸軍制不分卷　（美國）歐潑登著　（美國）林樂知　（清）瞿昂來譯　清光緒十五年（1889）江南製造總局刻本　三冊

620000－1101－0009732　718.5/345

列國歲計政要十二卷首一卷　（英國）麥丁富得力編纂　（美國）林樂知口譯　（清）鄭昌棪筆述　清光緒元年（1875）江南製造總局刻本　六冊

620000－1101－0009733　718.5/345

列國歲計政要十二卷首一卷　（英國）麥丁富得力編纂　（美國）林樂知口譯　（清）鄭昌棪筆述　清光緒元年（1875）江南製造總局刻本　六冊

620000－1101－0009734　718.5/345

列國歲計政要十二卷首一卷　（英國）麥丁富得力編纂　（美國）林樂知口譯　（清）鄭昌棪筆述　清光緒元年（1875）江南製造總局刻本　六冊

620000－1101－0009735　718.5/345

列國歲計政要十二卷首一卷　（英國）麥丁富得力編纂　（美國）林樂知口譯　（清）鄭昌棪筆述　清光緒元年（1875）江南製造總局刻本　六冊

620000－1101－0009736　718.5/345

列國歲計政要十二卷首一卷　（英國）麥丁富得力編纂　（美國）林樂知口譯　（清）鄭昌棪筆述　清光緒元年（1875）江南製造總局刻本　六冊

620000－1101－0009737　718.5/345

列國歲計政要十二卷首一卷　（英國）麥丁富得力編纂　（美國）林樂知口譯　（清）鄭昌棪筆述　清光緒元年（1875）江南製造總局刻本　六冊

620000－1101－0009738　718.5/345

列國歲計政要十二卷首一卷　（英國）麥丁富得力編纂　（美國）林樂知口譯　（清）鄭昌棪筆述　清光緒元年（1875）江南製造總局刻本　六冊

620000－1101－0009739　718.5/345

列國歲計政要十二卷首一卷　（英國）麥丁富得力編纂　（美國）林樂知口譯　（清）鄭昌棪

筆述　清光緒元年（1875）江南製造總局刻本
　　六冊

620000－1101－0009740　718.5/345
列國歲計政要十二卷首一卷　（英國）麥丁富
得力編纂　（美國）林樂知口譯　（清）鄭昌棪
筆述　清光緒元年（1875）江南製造總局刻本
　　六冊

620000－1101－0009741　718.5/345
列國歲計政要十二卷首一卷　（英國）麥丁富
得力編纂　（美國）林樂知口譯　（清）鄭昌棪
筆述　清光緒元年（1875）江南製造總局刻本
　　一冊　存一卷（四）

620000－1101－0009742　718.5/345
列國歲計政要十二卷首一卷　（英國）麥丁富
得力編纂　（美國）林樂知口譯　（清）鄭昌棪
筆述　清光緒元年（1875）江南製造總局刻本
　　四冊　存七卷（四、七至十二）

620000－1101－0009743　718.5/345
列國歲計政要十二卷首一卷　（英國）麥丁富
得力編纂　（美國）林樂知口譯　（清）鄭昌棪
筆述　清光緒元年（1875）江南製造總局刻本
　　五冊　存九卷（四至十二）

620000－1101－0009744　718.5/345
列國歲計政要十二卷首一卷　（英國）麥丁富
得力編纂　（美國）林樂知口譯　（清）鄭昌棪
筆述　清光緒元年（1875）江南製造總局刻本
　　五冊　存十一卷（一至四、七至十二，首一
　　卷）

620000－1101－0009745　718.5/345.001
列國歲計政要十二卷首一卷　（英國）麥丁富
得力編纂　（美國）林樂知口譯　（清）鄭昌棪
筆述　清光緒二十三年（1897）小倉山房石印
本　二冊

620000－1101－0009746　574.11/21.02
列國政要續編九十四卷首一卷　（清）戴鴻慈
　　（清）端方輯　清宣統三年（1911）上海商務
印書館石印本　三十二冊

620000－1101－0009747　574.11/21

列國政要一百三十二卷首一卷　（清）戴鴻慈
　　（清）端方輯　清光緒三十三年（1907）上海
商務印書館石印本　三十二冊

620000－1101－0009748　572/211
列國政要一百三十二卷首一卷　（清）戴鴻慈
　　（清）端方輯　清光緒三十三年（1907）上海
商務印書館石印本　三十二冊

620000－1101－0009749　574.11/21
列國政要一百三十二卷首一卷　（清）戴鴻慈
　　（清）端方輯　清光緒三十三年（1907）上海
商務印書館石印本　三十一冊

620000－1101－0009750　574.11/21
列國政要一百三十二卷首一卷　（清）戴鴻慈
　　（清）端方輯　清光緒三十三年（1907）上海
商務印書館石印本　二十六冊　存一百十九
卷（一至四、十八至一百三十二）

620000－1101－0009751　574.11/21
列國政要一百三十二卷首一卷　（清）戴鴻慈
　　（清）端方輯　清光緒三十三年（1907）上海
商務印書館石印本　十六冊　存七十九卷
（十八至二十、二十八至四十四、五十二至五
十八、六十三至八十九、九十五至一百十九）

620000－1101－0009752　574.11/21
列國政要一百三十二卷首一卷　（清）戴鴻慈
　　（清）端方輯　清光緒三十三年（1907）上海
商務印書館石印本　三十二冊

620000－1101－0009753　574.11/21
列國政要一百三十二卷首一卷　（清）戴鴻慈
　　（清）端方輯　清光緒三十四年（1908）上海
商務印書館石印本　三十二冊

620000－1101－0009754　782.22/893.001
列女傳八卷　（漢）劉向編撰　（清）梁端校注
　　清道光十一年（1831）錢塘汪氏振綺堂刻同
治十三年（1874）補刻本　一冊

620000－1101－0009755　782.22/893.001
列女傳八卷　（漢）劉向編撰　（清）梁端校注
　　清道光十一年（1831）錢塘汪氏振綺堂刻同
治十三年（1874）補刻本　二冊

620000 – 1101 – 0009756　782.22/893.002

列女傳八卷　（漢）劉向編撰　（清）梁端校注
清光緒十七年(1891)陝西咸寧趙東田之妻
劉氏刻本　四冊

620000 – 1101 – 0009757　782.22/893.003

列女傳八卷　（漢）劉向編撰　（清）梁端校注
清宣統二年(1910)上海會文堂書局石印本
一冊

620000 – 1101 – 0009758　782.1/116.001

列女傳補注八卷敘錄一卷校正一卷　（清）王
照圓撰　清光緒八年(1882)刻郝氏遺書本
四冊

620000 – 1101 – 0009759　782.1/116

列女傳補注八卷敘錄一卷校正一卷　（清）王
照圓撰　清光緒八年(1882)刻郝氏遺書本
四冊

620000 – 1101 – 0009760　782.1/116

列女傳補注八卷敘錄一卷校正一卷　（清）王
照圓撰　清光緒八年(1882)刻郝氏遺書本
四冊

620000 – 1101 – 0009761　167

列仙傳二卷　題(漢)劉向撰　**續仙傳一卷**
(唐)沈汾撰　（明）黃省曾贊　明嘉靖三十二
年(1553)黃魯曾刻漢唐三傳本　二冊

620000 – 1101 – 0009762　782.1/116.02

列仙傳校正本二卷讚一卷夢書一卷　（漢）劉
向編撰　（清）王照圓輯並校　清嘉慶十七年
(1812)刻郝氏遺書本　一冊

620000 – 1101 – 0009763　121.321/497

列子八卷　（唐）盧重元注　清嘉慶八年
(1803)江都秦恩復石研齋刻本　一冊

620000 – 1101 – 0009764　121.32/313

列子八卷　（晉）張湛注　清光緒二年(1876)
浙江書局刻本　二冊

620000 – 1101 – 0009765　121.32/313

列子八卷　（晉）張湛注　清光緒二年(1876)
浙江書局刻本　二冊

620000 – 1101 – 0009766　121.32/313

列子八卷　（晉）張湛注　清光緒二年(1876)
浙江書局刻本　一冊　存四卷(一至四)

620000 – 1101 – 0009767　369

列子沖虛真經一卷音義一卷　（唐）陸德明音
義　明閔齊伋刻朱墨套印三子合刊本　二冊

620000 – 1101 – 0009768　626.84/677.001

烈皇小識八卷　（明）文秉撰　清末刻本
七冊

620000 – 1101 – 0009769　626.84/677.001

烈皇小識八卷　（明）文秉撰　清末刻本
九冊

620000 – 1101 – 0009770　626.84/677.001

烈皇小識八卷　（明）文秉撰　清末刻本　六
冊　存七卷(一至七)

620000 – 1101 – 0009771　626.84/677.001

烈皇小識八卷　（明）文秉撰　清末刻本
四冊

620000 – 1101 – 0009772　847.6/754

林阜間集六卷　（清）潘諮撰　清道光十六年
(1836)刻本　二冊

620000 – 1101 – 0009773　1454

林蕙堂全集二十六卷補遺一卷　（清）吳綺撰
清康熙三十九年(1700)刻本(卷十二係抄
配)　二冊　存十二卷(一至十二)

620000 – 1101 – 0009774　2660

林蕙堂文集續刻六卷　（清）吳綺撰　清乾隆
四十一年(1776)刻本　一冊

620000 – 1101 – 0009775　220/942

林間錄二卷　（宋）釋德洪集　**後集一卷**
(宋)釋惠洪撰　清光緒二十七年(1901)刻本
一冊

620000 – 1101 – 0009776　857.47/397

林蘭香八卷六十四回　（清）隨緣下士編輯
清道光刻本　一冊　存二卷五回(卷一至二:
第六至十回)

620000 – 1101 – 0009777　3251

林泉老人評唱丹霞淳禪師頌古虛堂集三卷
(元)釋慧泉輯　明生生道人刻清康熙三十九年(1700)印本　三冊

620000－1101－0009778　3231
林泉老人評唱投子青和尚頌古空谷集三卷
(元)釋義聰輯　明生生道人刻本　一冊　存一卷(一)

620000－1101－0009779　082.6/258
林文忠公遺集四種四十一卷　(清)林則徐撰
清光緒三山林氏刻本　十四冊

620000－1101－0009780　082.6/258
林文忠公遺集四種四十一卷　(清)林則徐撰
清光緒三山林氏刻本　八冊

620000－1101－0009781　652.1/258
林文忠公政書三集三十七卷　(清)林則徐撰
清光緒刻本　十二冊

620000－1101－0009782　652.1/258.002
林文忠公政書三集三十七卷　(清)林則徐撰
清光緒刻本　一冊　存三卷(湖廣奏稿四至五、使粵奏稿一卷)

620000－1101－0009783　652.1/258.001
林文忠公政書三集三十七卷　(清)林則徐撰
清光緒刻本　十六冊

620000－1101－0009784　652.1/258
林文忠公政書三集三十七卷　(清)林則徐撰
清光緒刻本　十二冊

620000－1101－0009785　652.771/258
林文忠公奏議六卷　(清)林則徐撰　清光緒二年(1876)武進盛氏思補樓刻本　六冊

620000－1101－0009786　652.771/258
林文忠公奏議六卷　(清)林則徐撰　清光緒二年(1876)武進盛氏思補樓刻本　六冊

620000－1101－0009787　1443
林下偶談四卷　(宋)吳子良撰　清光緒孔氏嶽雪樓影抄本　一冊

620000－1101－0009788　830.7/465
林下雅音集十五卷　(清)冒俊輯　清光緒十

年(1884)如皋冒氏如不及齋刻本　十一冊

620000－1101－0009789　082.6/214
琳琅祕室叢書四集三十種一百五十七卷
(清)胡珽輯　(清)董金鑑校　清光緒十四年(1888)會稽董氏取斯堂木活字印本　四十五冊　存二十八種九十卷(孔氏祖庭廣記十二卷,東家雜記二卷,質孔說二卷,論語竢質一至二,桂註考工記二卷,吳郡圖經續記三卷,茅亭客話十卷,續幽怪錄四卷、拾遺二卷,葬書一卷,傷寒九十論一卷,疑仙傳三卷,三教平心論二卷,西齋淨土詩三卷、附錄一卷,蠻書十卷,南海百詠一卷,幽明錄一卷,雞肋編三卷,九賢祕典一卷,角力記一卷,密齋筆記五卷、續集一卷,鷗林子五卷,綠珠傳一卷,李師師外傳一卷,梅花字字香前集一卷、後集一卷,霜猨集一卷,丁鶴年集四卷,艇齋詩話一卷,蓮堂詩話二卷)

620000－1101－0009790　626.904/313
臨安旬制紀三卷全浙詩話刊誤一卷　(清)張道撰　清光緒崇文書局刻本　一冊

620000－1101－0009791　271
臨川先生文集一百卷目錄二卷　(宋)王安石撰　明嘉靖三十九年(1560)何遷刻本　三十二冊

620000－1101－0009792　201
臨川先生文集一百卷目錄二卷　(宋)王安石撰　明嘉靖刻本　二十四冊

620000－1101－0009793　672.35/103.91
臨平記補遺四卷續一卷　(清)張大昌輯　清光緒十一年(1885)錢塘丁氏嘉惠堂刻本　二冊

620000－1101－0009794　672.35/103.91
臨平記四卷附錄一卷　(明)沈謙撰　清光緒十年(1884)錢塘丁氏刻本　一冊

620000－1101－0009795　850/203
臨洮同人集一卷增集一卷　(清)趙宜勳等著　清嘉慶十五年(1810)洮陽書院刻本　一冊

620000－1101－0009796　802.2/314

臨文便覽不分卷 　（清）張啓泰輯　清同治十三年(1874)刻本　二冊

620000－1101－0009797　802.2/314

臨文便覽不分卷 　（清）張啓泰輯　清同治十三年(1874)刻本　二冊

620000－1101－0009798　802.2/314

臨文便覽不分卷 　（清）張啓泰輯　清同治十三年(1874)刻本　二冊

620000－1101－0009799　802.2/314.001

臨文便覽不分卷 　（清）張啓泰輯　清光緒元年(1875)刻本　二冊

620000－1101－0009800　802.2/314.003

臨文便覽不分卷 　（清）張啓泰輯　清光緒五年(1879)刻本　二冊

620000－1101－0009801　592.943/179

臨陣管見九卷 　（德國）斯拉弗司撰　（美國）金楷理口譯　（清）趙元益筆述　清光緒江南製造總局刻本　四冊

620000－1101－0009802　592.943/179

臨陣管見九卷 　（德國）斯拉弗司撰　（美國）金楷理口譯　（清）趙元益筆述　清光緒江南製造總局刻本　四冊

620000－1101－0009803　592.943/179

臨陣管見九卷 　（德國）斯拉弗司撰　（美國）金楷理口譯　（清）趙元益筆述　清光緒江南製造總局刻本　一冊　存二卷(二至三)

620000－1101－0009804　592.943/179

臨陣管見九卷 　（德國）斯拉弗司撰　（美國）金楷理口譯　（清）趙元益筆述　清光緒江南製造總局刻本　四冊

620000－1101－0009805　592.943/179

臨陣管見九卷 　（德國）斯拉弗司撰　（美國）金楷理口譯　（清）趙元益筆述　清光緒江南製造總局刻本　二冊　存六卷(一至二、六至九)

620000－1101－0009806　416.5/479

臨陣傷科捷要四卷圖一卷 　（英國）帕脫編

舒高第　（清）鄭昌棪譯　清光緒江南機器製造總局鉛印本　四冊

620000－1101－0009807　416.5/479

臨陣傷科捷要四卷圖一卷 　（英國）帕脫編舒高第　（清）鄭昌棪譯　清光緒江南機器製造總局鉛印本　四冊

620000－1101－0009808　416.5/479

臨陣傷科捷要四卷圖一卷 　（英國）帕脫編舒高第　（清）鄭昌棪譯　清光緒江南機器製造總局鉛印本　四冊

620000－1101－0009809　416.5/479

臨陣傷科捷要四卷圖一卷 　（英國）帕脫編舒高第　（清）鄭昌棪譯　清光緒江南機器製造總局鉛印本　一冊　存一卷(一)

620000－1101－0009810　416.5/479

臨陣傷科捷要四卷圖一卷 　（英國）帕脫編舒高第　（清）鄭昌棪譯　清光緒江南機器製造總局鉛印本　四冊

620000－1101－0009811　416.5/479

臨陣傷科捷要四卷圖一卷 　（英國）帕脫編舒高第　（清）鄭昌棪譯　清光緒江南機器製造總局鉛印本　四冊

620000－1101－0009812　416.5/479

臨陣傷科捷要四卷圖一卷 　（英國）帕脫編舒高第　（清）鄭昌棪譯　清光緒江南機器製造總局鉛印本　四冊

620000－1101－0009813　416.5/479

臨陣傷科捷要四卷圖一卷 　（英國）帕脫編舒高第　（清）鄭昌棪譯　清光緒江南機器製造總局鉛印本　四冊

620000－1101－0009814　416.5/479

臨陣傷科捷要四卷圖一卷 　（英國）帕脫編舒高第　（清）鄭昌棪譯　清光緒江南機器製造總局鉛印本　二冊　存二卷(三至四)

620000－1101－0009815　416.5/479

臨陣傷科捷要四卷圖一卷 　（英國）帕脫編舒高第　（清）鄭昌棪譯　清光緒江南機器製

造總局鉛印本　四冊

620000－1101－0009816　416.5/479
臨陣傷科捷要四卷圖一卷　（英國）帕脫編
舒高第　（清）鄭昌棪譯　清光緒江南機器製
造總局鉛印本（卷二係補配）　三冊　存四卷
（一至二、四，圖一卷）

620000－1101－0009817　413/504.004
臨證指南醫案十卷　（清）葉桂著　清道光十
一年(1831)刻本　十六冊

620000－1101－0009818　413/504.002
臨證指南醫案十卷　（清）葉桂著　清光緒三
十二年(1906)上海書局石印本　八冊

620000－1101－0009819　413/504.003
臨證指南醫案十卷　（清）葉桂著　清光緒三
十二年(1906)上海龍文書局石印本　八冊

620000－1101－0009820　414.9/504
臨證指南醫案十卷　（清）葉桂著　清末著易
堂鉛印本　五冊

620000－1101－0009821　413/504.001
臨證指南醫案十卷　（清）葉桂著　清刻本
十冊

620000－1101－0009822　413/504.001
臨證指南醫案十卷　（清）葉桂著　清中晚期
刻本　十冊

620000－1101－0009823　413/504.001
臨證指南醫案十卷　（清）葉桂著　清中晚期
刻本　十冊

620000－1101－0009824　847.8/889.3
麐椶詞不分卷　（清）劉恩黻撰　清光緒三十
四年(1908)刻朱印本　一冊

620000－1101－0009825　844.18/118
麟角集一卷附錄一卷　（唐）王棨撰　清光緒
十年(1884)王氏天壤閣刻本　一冊

620000－1101－0009826　573.41/792
麟臺故事五卷首一卷末一卷　（宋）程俱撰
清道光二十七年(1847)刻本　一冊

620000－1101－0009827　072.78/935
麟洲雜著四卷　（清）錢贊黃撰　清光緒二十
四年(1898)木活字印本　四冊

620000－1101－0009828　235.1/938
靈寶畢法三卷　（漢）鍾離權著　（唐）呂洞賓
傳　清道光二十四年(1844)刻本　二冊

620000－1101－0009829　847.5/636.01
靈芬館詞四種七卷　（清）郭麐著　（清）許增
輯　清光緒五年(1879)刻榆園叢刻本　二冊

620000－1101－0009830　847.5/63
靈芬館集十種九十二卷　（清）郭麐撰　清嘉
慶、道光刻本　六冊　存六種二十九卷(靈芬
館詞六卷,靈芬館雜著二卷、續編四卷,金石
例補二卷,江行日記一卷,樗園銷夏錄三卷,
靈芬館詩話八至十二、續六卷)

620000－1101－0009831　847.5/63.001
**靈芬館詩初集四卷二集十卷三集四卷詞六卷
雜著二卷**　（清）郭麐撰　清嘉慶十二年
(1807)刻本　四冊　存十八卷(初集四卷、二
集十卷、三集四卷)

620000－1101－0009832　847.5/63.001
靈芬館詩二集十卷　（清）郭麐撰　清嘉慶九
年(1804)刻本　一冊　存二卷(九至十)

620000－1101－0009833　847.5/63.001
**靈芬館詩二集十卷附蘅夢詞二卷浮眉樓詞二
卷**　（清）郭麐撰　清嘉慶八年(1803)刻本
三冊　存八卷(一至八)

620000－1101－0009834　847.5/636.04
靈芬館詩話十二卷續六卷　（清）郭麐撰　清
嘉慶二十一年(1816)刻本(續六卷係清嘉慶
二十三年刻本)　二冊　存十二卷(詩話十二
卷)

620000－1101－0009835　847.5/636
靈芬館雜著二卷　（清）郭麐撰　清嘉慶刻本
一冊

620000－1101－0009836　847.5/636.001
靈芬館雜著續編四卷　（清）郭麐撰　清嘉慶

二十五年(1820)刻本　二冊

620000－1101－0009837　222.3/339

靈峰蕅益大師選定淨土十要十卷　(清)成時評點　清同治十一年(1872)刻本　一冊　存一卷(一)

620000－1101－0009838　683.21/819

靈峰志四卷補遺一卷　(清)周慶雲輯　清宣統三年(1911)刻本　二冊

620000－1101－0009839　292.9/679.001

靈棋經二卷　(晉)顏幼明　(宋)何承天注　(元)陳師凱　(明)劉基解　清道光二十四年(1844)楊以增海源閣刻本　二冊

620000－1101－0009840　082.78/719.001

靈鶼閣叢書第三集十六卷　(清)江標輯　清光緒元和江氏湖南使院刻本　六冊

620000－1101－0009841　082.78/719.001

靈鶼閣叢書六集五十六種九十二卷　(清)江標輯　清光緒元和江氏湖南使院刻本　五十冊　存三十種四十四卷(韓詩遺說二卷、訂譌一卷、朔方備乘札記一卷,使德日記一卷,德國議院章程一卷,英軺私記一卷,新嘉坡風土記一卷,中西度量權衡表一卷,光論一卷,人參攷一卷,積古齋藏器目一卷,平安館藏器目一卷,清儀閣藏器目一卷,懷米山房藏器目一卷,木庵藏器目一卷,梅花草盫藏器目一卷,簠齋藏器目一卷,窓齋藏器目一卷,天壤閣雜記一卷,董華亭書畫錄一卷,畫友詩一卷,士禮居藏書題跋記續二卷,江寧金石待訪目二卷,山左南北朝石刻存目一卷,前塵夢影錄二卷,西遊注錄一卷,澳大利亞新志一卷,張憶娘簪華圖卷題詠一卷,藏書紀事詩一至四,阮湘通藝錄一至四、四書文二卷,黃堯圃先生年譜二卷)

620000－1101－0009842　082.78/719.001

靈鶼閣叢書六集五十六種九十二卷　(清)江標輯　清光緒元和江氏湖南使院刻本　十三冊　存十一種三十九卷(尚書大傳七卷、皇象本急就章一卷,說文解字索隱一卷、補例一卷,漢事會最人物志三卷、隸友肊說一卷、附

506

錄一卷,教童子法一卷,沒民遺文一卷,欽定四庫全書總目提要四部類敘一卷,先正讀書訣一卷,文史通義補編一卷、附鈔本目一卷、刊本所有鈔本所無目一卷,和林金石錄一卷、詩一卷、附和林考一卷,藏書紀事詩六卷,沅湘通藝錄八卷)

620000－1101－0009843　082.78/719.001

靈鶼閣叢書五十六種九十二卷　(清)江標輯　清光緒元和江氏湖南使院刻本　四十八冊

620000－1101－0009844　413/386.07

靈素提要淺注十二卷　(清)陳念祖集注　清光緒元年(1875)務本堂刻本　五冊

620000－1101－0009845　671.65/327.78

靈臺縣地理調查表一卷　(清)萬慶昌編　清宣統二年(1910)抄本　一冊

620000－1101－0009846　193/566

靈峽學則一卷　(清)薛于瑛撰　清光緒七年(1881)津河廣仁堂刻本　一冊

620000－1101－0009847　675.75/105.783

靈州地理調查表不分卷　(清)曾麟綬編　清宣統元年(1909)抄本　一冊

620000－1101－0009848　847.7/953

靈洲山人詩錄六卷　(清)徐灝撰　清同治三年(1864)刻本　二冊

620000－1101－0009849　435.3/43

嶺南荔支譜六卷　(清)吳應逵撰　清道光三十年(1850)南海伍氏粵雅堂文字歡娛室刻本　一冊

620000－1101－0009850　3139

嶺南三大家詩選二十四卷　(清)王隼輯　清康熙刻本　五冊

620000－1101－0009851　830.7/120

嶺南三大家詩選二十四卷　(清)王隼輯　清同治七年(1868)南海陳氏刻本　五冊

620000－1101－0009852　830.7/120

嶺南三大家詩選二十四卷　(清)王隼輯　清同治七年(1868)南海陳氏刻本　三冊

620000 – 1101 – 0009853　847.6/627

嶺南文續集一卷　(清)方諸著　清嘉慶刻本
　一冊

620000 – 1101 – 0009854　086.3/76.908

嶺南遺書六集五十九種三百四十八卷　(清)
伍元薇　(清)伍崇曜輯　清道光、同治南海
伍氏粵雅堂文字歡娛室刻本　九十一冊

620000 – 1101 – 0009855　086.3/76.908

嶺南遺書六集五十九種三百四十八卷　(清)
伍元薇　(清)伍崇曜輯　清道光、同治南海
伍氏粵雅堂文字歡娛室刻本　七十六冊

620000 – 1101 – 0009856　847.7/378

嶺南雜事詩鈔八卷　(清)陳坤撰　清光緒二
年(1876)刻本　六冊

620000 – 1101 – 0009857　847.7/378

嶺南雜事詩鈔八卷　(清)陳坤撰　清光緒二
年(1876)刻本　六冊

620000 – 1101 – 0009858　850/690

留別臨涇詩一卷　(清)宋運功撰　清光緒三
十四年(1908)刻本　一冊

620000 – 1101 – 0009859　856.276/429

留茆盦尺牘叢殘四卷　(清)嚴籀編　清道光
二十四年(1844)刻本　四冊

620000 – 1101 – 0009860　856.276/429.001

留茆盦尺牘叢殘四卷　(清)嚴籀編　清咸豐
六年(1856)刻本　三冊　存三卷(一至三)

620000 – 1101 – 0009861　652.681/952

留垣疏草一卷　(明)徐憲卿撰　清光緒八年
(1882)刻本　一冊

620000 – 1101 – 0009862　847.8/892

留雲借月盦詞七卷　(清)劉炳照撰　清光緒
十九年(1893)刻本　一冊

620000 – 1101 – 0009863　847.7/912

留爪集不分卷　(清)仲湘校選　清咸豐刻本
　一冊

620000 – 1101 – 0009864　2299

琉球國志略十六卷首一卷　(清)周煌輯　清

乾隆二十四年(1759)刻本　四冊

620000 – 1101 – 0009865　1916

琉球入學見聞錄四卷圖一卷　(清)潘相輯
清乾隆刻本　四冊

620000 – 1101 – 0009866　782.172/378

雷溪外傳十八卷　(清)陳鼎撰　清光緒二十
四年(1898)刻本　四冊

620000 – 1101 – 0009867　612

劉賓客詩集十卷　(唐)劉禹錫撰　清抄本
十冊

620000 – 1101 – 0009868　844.16/88

劉賓客文集三十卷外集十卷　(唐)劉禹錫撰
　清光緒三十一年(1905)刻結一廬朱氏賸餘
叢書本　五冊

620000 – 1101 – 0009869　098.07/893.001

劉端臨先生遺書八卷　(清)劉台拱撰　清道
光十四年(1834)世德堂刻本　四冊

620000 – 1101 – 0009870　098.07/893

劉端臨先生遺書八卷　(清)劉台拱撰　清晚
期刻本　三冊　存七卷(一至七)

620000 – 1101 – 0009871　652.771/89

劉果敏公奏稿八卷　(清)劉典撰　清光緒十
八年(1892)刻本　八冊

620000 – 1101 – 0009872　652.771/89

劉果敏公奏稿八卷　(清)劉典撰　清光緒十
八年(1892)刻本　八冊

620000 – 1101 – 0009873　652.771/89

劉果敏公奏稿八卷　(清)劉典撰　清光緒十
八年(1892)刻本　八冊

620000 – 1101 – 0009874　652.771/89

劉果敏公奏稿八卷　(清)劉典撰　清光緒十
八年(1892)刻本　三冊　存三卷(四、七至
八)

620000 – 1101 – 0009875　847.6/893.7

劉禮部集十二卷　(清)劉逢祿撰　清光緒十
八年(1892)延暉承慶堂刻本　三冊　存九卷
(一至五、九至十二)

620000－1101－0009876　847.6/893.7

劉禮部集十二卷　（清）劉逢祿撰　清光緒十八年（1892）延暉承慶堂刻本　六冊

620000－1101－0009877　847.6/893.7

劉禮部集十二卷　（清）劉逢祿撰　清光緒十八年（1892）延暉承慶堂刻本　六冊

620000－1101－0009878　573.42/894

劉廉舫先生吏治三書六卷　（清）劉衡撰　清同治七年（1868）江蘇書局刻本　一冊

620000－1101－0009879　573.42/894

劉廉舫先生吏治三書六卷　（清）劉衡撰　清同治七年（1868）江蘇書局刻本　一冊

620000－1101－0009880　573.42/894

劉廉舫先生吏治三書六卷　（清）劉衡撰　清同治七年（1868）江蘇書局刻本　一冊

620000－1101－0009881　573.42/894

劉廉舫先生吏治三書六卷　（清）劉衡撰　清同治七年（1868）江蘇書局刻本　一冊

620000－1101－0009882　847.5/88

劉孟塗集四十四卷　（清）劉開撰　清道光六年（1826）姚氏檗山草堂刻本　八冊　存四十三卷（孟塗前集十卷,後集一至七、九至二十二,文集十卷,駢體文二卷）

620000－1101－0009883　847.5/88

劉孟塗集四十四卷　（清）劉開撰　清道光六年（1826）姚氏檗山草堂刻本　二冊　存七卷（文集六至十、駢體文二卷）

620000－1101－0009884　997.11/88

劉史十局一卷　（清）劉勤垣編　清光緒二十九年（1903）刻本　一冊

620000－1101－0009885　2603

劉氏傳家集二十八種二百九卷　（清）劉青芝輯　清乾隆二十年（1755）刻本　四冊　存三種九卷（江村山人閏餘稾六卷、學詩闕疑二卷、尚書辨疑一卷）

620000－1101－0009886　082.5/893

劉氏遺書八卷　（清）劉台拱撰　清光緒十五

年（1889）廣雅書局刻本　二冊

620000－1101－0009887　089.74/88

劉氏遺書八卷　（清）劉台拱撰　清光緒十五年（1889）廣雅書局刻本　二冊

620000－1101－0009888　847.8/886

劉太史集二卷　（清）劉葆真撰　清宣統二年（1910）刻本　一冊

620000－1101－0009889　847.4/886

劉文清公遺集十七卷應制詩集三卷　（清）劉墉撰　清道光六年（1826）劉氏味經書屋刻本　一冊

620000－1101－0009890　782.978/886

劉武慎公遺書二十五卷　（清）劉長佑撰　**劉武慎公年譜三卷**　（清）鄧輔綸　（清）王政慈編　清光緒二十六年（1900）湖南劉氏鉛印本　二冊　存一卷（年譜二）

620000－1101－0009891　782.978/886.1

劉武慎公遺書二十五卷　（清）劉長佑撰　**劉武慎公年譜三卷**　（清）鄧輔綸　（清）王政慈編　清光緒二十六年（1900）湖南劉氏鉛印本　十一冊　存八卷（遺書十五至二十、年譜二至三）

620000－1101－0009892　1608

劉向古列女傳七卷續一卷　（漢）劉向撰　明萬曆三十四年（1606）刻本　一冊　存四卷（一至四）

620000－1101－0009893　166

劉雪湖梅譜二卷　（明）劉世儒撰　**像讚評林贈言二卷**　（明）王思任編　明萬曆二十三年（1595）刻清初墨妙山房印本　四冊

620000－1101－0009894　166

劉雪湖梅譜二卷　（明）劉世儒撰　**像讚評林贈言二卷**　（明）王思任編　明萬曆二十三年（1595）刻清初墨妙山房印本　二冊

620000－1101－0009895　166

劉雪湖梅譜二卷　（明）劉世儒撰　明萬曆刻本　二冊

620000 – 1101 – 0009896　858.419/0.426

劉玉郎思家十二卷　（□）□□撰　清末益禪堂刻本　一冊　存二卷(七至八)

620000 – 1101 – 0009897　652.775/890

劉中丞墾荒奏稿一卷　（清）劉蓉撰　清晚期抄本　一冊

620000 – 1101 – 0009898　652.71/89

劉中丞奏稿八卷　（清）劉崐撰　清光緒二十一年(1895)上海鉛印本　八冊

620000 – 1101 – 0009899　652.771/88

劉中丞奏議二十卷　（清）劉蓉撰　清光緒十一年(1885)思賢講舍刻本　十冊

620000 – 1101 – 0009900　652.771/88

劉中丞奏議二十卷　（清）劉蓉撰　清光緒十一年(1885)思賢講舍刻本　十冊

620000 – 1101 – 0009901　652.771/88

劉中丞奏議二十卷　（清）劉蓉撰　清光緒十一年(1885)思賢講舍刻本　十冊

620000 – 1101 – 0009902　652.771/88

劉中丞奏議二十卷　（清）劉蓉撰　清光緒十一年(1885)思賢講舍刻本　七冊　存十四卷(一至八、十三至十四、十七至二十)

620000 – 1101 – 0009903　126/892.001

劉忠介公人譜九卷　（明）劉宗周著　清同治七年(1868)吳興丁氏刻本　一冊

620000 – 1101 – 0009904　652.781/893

劉壯肅公奏議十卷首一卷　（清）劉銘傳撰　清光緒三十二年(1906)鉛印本　三冊　存四卷(一至三、首一卷)

620000 – 1101 – 0009905　1310

劉子十卷　（北齊）劉晝撰　清光緒孔氏嶽雪樓影抄本　二冊

620000 – 1101 – 0009906　842.1/88

劉子政集一卷　（漢）劉向撰　（明）張溥閱　清道光刻本　二冊

620000 – 1101 – 0009907　072.78/74

柳東草堂筆記二十卷　（清）沈鏡賢撰　清宣統鉛印本　四冊

620000 – 1101 – 0009908　072.78/74

柳東草堂筆記二十卷　（清）沈鏡賢撰　清宣統鉛印本　四冊

620000 – 1101 – 0009909　844.16/281

柳河東集四十三卷別集二卷外集二卷　（唐）柳宗元撰　清嘉慶十九年(1814)刻本　六冊

620000 – 1101 – 0009910　844.16/28.46

柳河東詩集二卷　（唐）柳宗元撰　清宣統二年(1910)時中書局石印本　一冊

620000 – 1101 – 0009911　844.16/28.46

柳河東詩集二卷　（唐）柳宗元撰　清宣統二年(1910)時中書局石印本　四冊

620000 – 1101 – 0009912　844.16/28.99

柳河東文集六卷　（唐）柳宗元撰　（唐）劉禹錫編　清宣統二年(1910)會文堂粹記石印本　六冊

620000 – 1101 – 0009913　525.99/16.281

柳湖書院志五卷　（清）朱愉梅編　清道光九年(1829)刻本　一冊

620000 – 1101 – 0009914　235.5/281

柳華陽祖師金僊證論慧命真經合刻二卷　（清）柳華陽撰並注　清同治九年(1870)栖崔山館刻本　二冊

620000 – 1101 – 0009915　4483

柳南續筆四卷　（清）王應奎撰　清抄本　一冊

620000 – 1101 – 0009916　1456

柳塘詩集十二卷　（清）吳祖修撰　清康熙四十四年(1705)刻本　四冊

620000 – 1101 – 0009917　669.1/360

柳庭輿地隅說三卷　（清）孫蘭著　清光緒十一年(1885)儀徵吳氏蟄園刻本　一冊

620000 – 1101 – 0009918　844.16/28.47

柳文惠公全集四十三卷別集二卷附錄一卷　（唐）柳宗元撰　清同治六年(1867)刻本　一冊

620000 – 1101 – 0009919　844.16/28.47.001

柳文惠公全集四十三卷別集二卷外集二卷附錄一卷　（唐）柳宗元撰　清同治六年（1867）廷桂刻七年（1868）補刻本　八冊

620000 – 1101 – 0009920　414.9/7.355.001

柳選四家醫案八卷首一卷　（清）尤在涇撰　（清）柳寶詒選評　清宣統二年（1910）時中書局石印本　五冊

620000 – 1101 – 0009921　2853

六部例限圖三卷　（清）吳翀霄輯　清乾隆二十八年（1763）博文堂刻本　四冊

620000 – 1101 – 0009922　830.34/222

六朝四家全集二十二卷　（清）胡鳳丹輯　清同治九年（1870）永康胡氏退補齋刻本　五冊　存十六卷（謝宣城集一至五、鮑參軍集一至二、庚開府集一至四、附輯歷朝詩話一卷、辨論考異一至四）

620000 – 1101 – 0009923　830.34/222.001

六朝四家全集二十二卷　（清）胡鳳丹輯　清同治刻本　一冊　存六卷（陶彭澤集一至六）

620000 – 1101 – 0009924　832.123/419

六朝唐賦讀本不分卷　（清）馬傳庚選注　清同治十三年（1874）京都馬氏玉燕書巢刻本　二冊

620000 – 1101 – 0009925　832.123/419.001

六朝唐賦讀本不分卷　（清）馬傳庚選注　清光緒二年（1876）京都松竹齋刻本　二冊

620000 – 1101 – 0009926　832.41/419

六朝唐賦讀本不分卷　（清）馬傳庚選注　清光緒二年（1876）刻本　二冊

620000 – 1101 – 0009927　830.4/607.001

六朝文絜四卷　（清）許槤評選　清道光五年（1825）海昌許氏享金寶石齋刻朱墨套印本　一冊

620000 – 1101 – 0009928　1159

六朝文絜四卷　（清）許槤評選　清光緒三年（1877）馮氏讀有用書齋刻朱墨套印本　二冊

620000 – 1101 – 0009929　830.4/607

六朝文絜四卷　（清）許槤評選　清古潭州錫羨堂刻本　一冊

620000 – 1101 – 0009930　537

六臣註文選六十卷　（南朝梁）蕭統輯　（唐）李善等註　明萬曆二年（1574）崔孔昕刻本　三十八冊　存五十六卷（一至二十一、二十六至六十）

620000 – 1101 – 0009931　1181

六代小舞譜一卷　（明）朱載堉撰　明萬曆鄭藩刻樂律全書本　一冊

620000 – 1101 – 0009932　221.7/668

六度集經八卷　（三國吳）釋康僧會譯　清光緒五年（1879）金陵刻經處刻本　二冊

620000 – 1101 – 0009933　094.1104/30

六官駢萃四卷　（清）張蔚春輯　清嘉慶九年（1804）六安六筍齋刻本　四冊

620000 – 1101 – 0009934　041.75/307

六官駢萃四卷　（清）張蔚春輯　清嘉慶九年（1804）六安六筍齋刻本　四冊

620000 – 1101 – 0009935　041.75/307

六官駢萃四卷　（清）張蔚春輯　清嘉慶九年（1804）六安六筍齋刻本　四冊

620000 – 1101 – 0009936　041.75/307

六官駢萃四卷　（清）張蔚春輯　清嘉慶九年（1804）六安六筍齋刻本　四冊

620000 – 1101 – 0009937　443.689/35.16

六河圖說一卷　（清）黃士傑撰　清道光十五年（1835）劉人選刻本　一冊

620000 – 1101 – 0009938　133

六家文選六十卷　（南朝梁）蕭統輯　（唐）李善等注　明嘉靖十三年至二十八年（1534 – 1549）袁褧嘉趣堂刻本　四冊　存五卷（三十五至三十九）

620000 – 1101 – 0009939　320.7/118

六經天文編二卷　（宋）王應麟撰　清嘉慶十年（1805）刻本　二冊

620000－1101－0009940　221.1/837

六經同本七卷　（唐）釋智通譯　清宣統元年
（1909）刻本　一冊

620000－1101－0009941　4130

六經圖二十四卷　（清）鄭之僑輯　清乾隆九
年（1744）鄭氏述堂刻本　九冊　存十七卷
（一至十二、十七至二十、二十四）

620000－1101－0009942　197

六經圖六卷　（宋）楊甲撰　（宋）毛邦翰補
明萬曆四十三年（1615）吳繼仕熙春樓刻本
二十冊

620000－1101－0009943　825

六經圖六卷　（清）王皞輯　清乾隆五年
（1740）向山堂刻本　十二冊

620000－1101－0009944　2921

六經圖十二卷　（清）鄭之僑輯　清乾隆八年
（1743）鄭氏述堂刻本　六冊

620000－1101－0009945　098.55/270

六經圖十二卷　（宋）楊甲撰　清道光十一年
（1831）刻本　一冊

620000－1101－0009946　312.1/894

六九軒算書八卷　（清）劉衡撰　清咸豐五年
（1855）陝西長安縣署刻本　四冊

620000－1101－0009947　312.1/894

六九軒算書八卷　（清）劉衡撰　清咸豐五年
（1855）陝西長安縣署刻本　四冊

620000－1101－0009948　413.081/116.001

六科證治準繩四十四卷　（明）王肯堂輯　清
光緒十八年（1892）上海圖書集成印書局鉛印
本　四十八冊

620000－1101－0009949　413.081/116.001

六科證治準繩四十四卷　（明）王肯堂輯　清
光緒十八年（1892）上海圖書集成印書局鉛印
本　四十八冊　存三十一卷（證治準繩一至
八、雜病證治類方一至八、傷寒證治準繩一至
八、外科準繩一至六、幼科準繩一卷）

620000－1101－0009950　856.27/764

六梅書屋尺牘四卷　（清）凌丹陛撰　清光緒
五年（1879）京都二酉齋刻本　二冊

620000－1101－0009951　3858

六壬經緯六卷　（清）毛志道撰　清雍正刻本
三冊

620000－1101－0009952　944.1/667

六如居士畫譜三卷　（明）唐寅輯　清光緒五
年（1879）仁和葛氏刻嘯園叢書本　一冊

620000－1101－0009953　846.5/66

六如居士全集七卷補遺一卷外集六卷墨亭新
賦一卷制義一卷畫譜三卷花隖聯吟四卷
（明）唐寅撰　（清）唐仲冕編　清嘉慶六年
（1801）刻本　八冊

620000－1101－0009954　853.634/314

六如亭傳奇二卷　（清）張九鉞撰　清道光張
家栻刻本　四冊

620000－1101－0009955　2643

六十種曲一百二十卷　（明）毛晉輯　明末毛
氏汲古閣刻本　二冊　存三卷（鳴鳳記下、繡
襦記二卷）

620000－1101－0009956　4314

六十種曲一百二十卷　（明）毛晉輯　明末毛
氏汲古閣刻本　十冊　存七卷（尋親記下、焚
香記二卷、綵毫記二卷、繡襦記上、贈書記下）

620000－1101－0009957　4043

六十種曲一百二十卷　（明）毛晉輯　明末毛
氏汲古閣刻本　二冊　存二卷（還魂記上、灌
園記下）

620000－1101－0009958　802.23/736

六書辨異二卷補遺一卷　（清）湯容熠輯
（清）吳應庚等編次　清嘉慶四明滋德堂刻本
一冊

620000－1101－0009959　3281

六書分類十二卷首一卷　（清）傅世垚輯篆
清康熙四十四年（1705）聽松閣刻本　十六冊

620000－1101－0009960　2546

六書分類十二卷首一卷　（清）傅世垚輯篆

清乾隆五十四年(1789)傅應奎維隅堂刻本
十三冊

620000－1101－0009961　3194

六書分類十二卷首一卷　(清)傅世垚輯篆
清乾隆五十四年(1789)傅應奎維隅堂刻本
十二冊

620000－1101－0009962　4258

六書故三十三卷六書通釋一卷　(元)戴侗撰
清乾隆四十九年(1784)李鼎元刻本　二十
八冊　存三十卷(六書故一至十、十二至十
三、十七至三十三,六書通釋一卷)

620000－1101－0009963　802.23/670

六書舊義一卷　廖平撰　清光緒十三年
(1887)刻本　一冊

620000－1101－0009964　3711

六書通十卷　(明)閔齊伋撰　(清)畢弘述篆
訂　清初刻本　五冊

620000－1101－0009965　802.23/45

六書通十卷　(明)閔齊伋撰　(清)畢弘述篆
訂　清刻本　九冊　存八卷(一、四至十)

620000－1101－0009966　802.23/45

六書通十卷　(明)閔齊伋撰　(清)畢弘述篆
訂　清刻本　六冊　存七卷(四至十)

620000－1101－0009967　802.23/458

六書通十卷　(明)閔齊伋撰　(清)畢弘述篆
訂　清光緒二十一年(1895)上海鴻寶齋石印
本　一冊　存二卷(九至十)

620000－1101－0009968　4158

六書通十卷　(明)閔齊伋撰　(清)畢弘述篆
訂　清乾隆六十年(1795)刻本　八冊

620000－1101－0009969　4237

六書通十卷　(明)閔齊伋撰　(清)畢弘述篆
訂　清乾隆六十年(1795)刻本　六冊

620000－1101－0009970　802.23/45

六書通十卷　(明)閔齊伋撰　(清)畢弘述篆
訂　清刻本　八冊

620000－1101－0009971　802.23/383

六書微一卷　(清)陳啓彤撰　清光緒抄本
一冊

620000－1101－0009972　2512

六書音均表五卷　(清)段玉裁撰　清乾隆四
十二年(1777)富順官廨刻本　一冊

620000－1101－0009973　76

六書正譌五卷　(元)周伯琦撰　明崇禎胡正
言十竹齋刻清古香閣印本　四冊

620000－1101－0009974　802.257/720

六書轉注錄十卷　(清)洪亮吉著　清光緒四
年(1878)洪用懃授經堂刻本　四冊

620000－1101－0009975　723

六書準不分卷　(清)馮鼎調撰　清康熙刻本
六冊

620000－1101－0009976　041.24/274

六帖補二十卷　(宋)楊伯嵒輯　清抄本
二冊

620000－1101－0009977　573.107/66

六通訂誤六卷　(清)席裕福編　清光緒上海
圖書集成局鉛印本　二冊

620000－1101－0009978　094.108/925.001

六藝綱目二卷附錄二卷　(元)舒天民撰
(元)舒恭注　(元)趙宜中附注　清道光二十
八年(1848)東武劉喜海刻本　二冊

620000－1101－0009979　094.108/925

六藝綱目二卷附錄二卷　(元)舒天民撰
(元)舒恭注　(元)趙宜中附注　重刊六藝綱
目札記一卷　(清)管禮耕撰　清光緒七年
(1881)汪鳴鑾刻本　二冊

620000－1101－0009980　090/925

六藝綱目二卷字原一卷　(元)舒天民撰
(元)舒恭注　(元)趙宜中附注　附檢字一卷
(清)薛秉丁等撰　清光緒二十二年(1896)
張汝梅刻本　二冊

620000－1101－0009981　098.278/373.05

六藝論疏證一卷　(清)皮錫瑞撰　清光緒二
十五年(1899)刻本　一冊

620000－1101－0009982　090/97.37

六藝論疏證一卷魯禮禘祫義疏證一卷　（清）
皮錫瑞撰　清光緒二十五年（1899）刻本
一冊

620000－1101－0009983　58

六詔紀聞二卷　（明）彭汝寔輯　明嘉靖二十
九年（1550）袁褧嘉趣堂刻金聲玉振集本
一冊

620000－1101－0009984　82

六子全書六十卷　（明）顧春輯　明嘉靖十二
年（1533）顧春世德堂刻本　三十六冊

620000－1101－0009985　83

六子全書六十卷　（明）顧春輯　明萬曆十一
年（1583）金陵胡東塘刻本　十二冊

620000－1101－0009986　671.65/307.78

隆德縣地理調查表一卷　（清）張時熙編　清
宣統二年（1910）抄本　一冊

620000－1101－0009987　847.7/113.7

龍壁山房集十七卷　（清）王拯撰　清同治十
一年（1872）王氏龍壁山房刻本　四冊　存十
二卷（六至十七）

620000－1101－0009988　845.23/383.001

龍川文集三十卷補遺一卷附錄二卷札記一卷
　（宋）陳亮撰　（清）應寶時續編　清同治八
年（1869）永康應氏刻本　十冊

620000－1101－0009989　845.23/383.001

龍川文集三十卷補遺一卷附錄二卷札記一卷
　（宋）陳亮撰　（清）應寶時續編　清同治八
年（1869）永康應氏刻本　八冊

620000－1101－0009990　845.23/383.001

龍川文集三十卷補遺一卷附錄二卷札記一卷
　（宋）陳亮撰　（清）應寶時續編　清同治八
年（1869）永康應氏刻本　一冊　存二卷（龍
川文集一至二）

620000－1101－0009991　845.23/383.002

龍川文集三十卷附錄二卷　（宋）陳亮撰　**辨
譌考異二卷**　（清）胡鳳丹撰　清光緒元年

（1875）湖北崇文書局刻本　十冊

620000－1101－0009992　845.23/383

龍川文集三十卷附錄二卷　（宋）陳亮撰　**辨
譌考異二卷**　（清）胡鳳丹撰　清宣統三年
（1911）掃葉山房石印本　八冊

620000－1101－0009993　847.8/720

龍岡山人古今體詩鈔二卷　（清）洪良品撰
清光緒十四年（1888）刻本　一冊

620000－1101－0009994　847.8/720.05

龍岡山人古文鈔十卷　（清）洪良品撰　清光
緒十七年（1891）刻本　二冊

620000－1101－0009995　041/41.30.88

龍筋鳳髓判四卷　（唐）張鷟撰　（明）劉允鵬
注　（清）陳春補正　清嘉慶十六年（1811）蕭
山陳氏湖海樓刻本　二冊

620000－1101－0009996　672.35/710

龍井見聞錄十卷附傳二卷　（清）汪孟鋗纂
清光緒十年（1884）嘉惠堂丁氏刻本　二冊

620000－1101－0009997　779

龍眠山房詩鈔五卷　（清）張家駒撰　清稿本
一冊

620000－1101－0009998　674.38/627

龍沙紀略一卷　（清）方式濟撰　**塞外雜識一
卷**　（清）馮一鵬撰　清嘉慶十三年（1808）張
海鵬刻本　一冊

620000－1101－0009999　220.7/116.001

龍舒淨土文十二卷　（宋）王日休撰　清道光
十三年（1833）秦州會福寺刻本　一冊　存六
卷（七至十二）

620000－1101－0010000　846.7/659

龍太常全集四十六卷首一卷末一卷　（明）龍
膺著　清光緒十三年（1887）刻本　一冊

620000－1101－0010001　857.41/0.659

龍圖公案十卷　（明）□□撰　清咸豐八年
（1858）綿順堂刻本　四冊

620000－1101－0010002　3132

龍威秘書十集一百六十九種三百二十六卷

（清）馬俊良輯　清乾隆五十九年至嘉慶元年（1794－1796）馬氏大酉山房刻本　七十六冊

存一百三十七種二百九十二卷（小爾雅一卷，群輔錄一卷，南方草木狀三卷，西京雜記六卷，海內十洲記一卷，搜神記八卷，神仙傳十卷，神異經一卷，穆天子傳六卷，漢武帝內傳一卷，飛燕外傳一卷，雜事秘辛一卷，述異記二卷，枕中書一卷，別國洞冥記四卷，詩品三卷，鼎錄一卷，竹譜一卷，古今刀劍錄一卷，江淮異人錄一卷，離騷集傳一卷，離騷草木疏四卷，御覽闕史二卷，農書三卷，蠶書一卷，於潛令樓公進耕職二圖詩一卷、附錄一卷，江南餘載二卷，五國故事二卷，故宮遺錄一卷，赤雅三卷，平臺紀略一卷，雲仙雜記一卷，二十四詩品一卷，本事詩一卷，雲溪友議一卷，本朝名家詩鈔小傳四卷，蓮坡詩話三卷，歸田詩話三卷，臨漢隱居詩話三卷，溇南詩話三卷，酉陽雜俎二卷，諾皋記一卷，博異志一卷，李泌傳一卷，仙吏傳一卷，英雄傳一卷，劍俠傳一卷，長恨歌傳一卷，梅妃傳一卷，紅線傳一卷，劉無雙傳一卷，霍小玉傳一卷，牛應貞傳一卷，謝小娥傳一卷，李娃傳一卷，章臺柳傳一卷，非烟傳一卷，會真記一卷，黑心符一卷，南柯記一卷，枕中記一卷，高力士傳一卷，白猿傳一卷，任氏傳一卷，袁氏傳一卷，揚州夢記一卷，妝樓記一卷，幻異志一卷，靈應傳一卷，才鬼記一卷，輶軒絕代語一卷，臆乘一卷，桯史一卷，仇池筆記一卷，東齋記事一卷，漁樵閒話一卷，廬陵雜說一卷，遺史記聞一卷，摭青雜說一卷，晰獄龜鑑一卷，搜神秘覽一卷，玉溪編事一卷，乘異記一卷，廣異記一卷，近異錄一卷，甄異記一卷，旌異記一卷，睽車志一卷，雞肋一卷，虎口餘生記一卷，陶說六卷，鬼董五卷，說郛雜著十卷，考槃餘事四卷，麗體金膏八卷，金鰲退食筆記二卷，京東考古錄一卷，山東考古錄一卷，泰山紀勝一卷，隴蜀餘聞一卷，板橋雜記三卷，揚州鼓吹詞序一卷，匡廬紀游一卷，游雁蕩山記一卷，甌江逸志一卷，湖壖雜記一卷，峝谿纖志一卷，坤輿外紀一卷，嶺南雜記一卷，封長白山記一卷，使琉球紀一卷，閩小紀二卷，臺灣紀略一卷，

臺灣雜記一卷，安南紀遊一卷，粵述一卷，粵西偶記一卷，滇黔紀遊一卷，滇行紀程一卷、續抄一卷，東還紀程一卷、續抄一卷，推易始末四卷，春秋屬辭比事記四卷，春秋占筮書三卷，韻學指要一卷，竟山樂錄四卷，論語稽求篇七卷，大學證文一卷，明堂問一卷，白鷺洲主客說詩一卷，續詩傳鳥名三卷，八紘譯史四卷，八紘荒史一卷，譯史紀餘四卷，西番譯語一卷，外國竹枝詞一卷，西藏記二卷，說文解字繫傳四十卷、附錄一卷）

620000－1101－0010003　3160

龍威秘書十集一百六十九種三百二十六卷

（清）馬俊良輯　清乾隆五十九年至嘉慶元年（1794－1796）馬氏大酉山房刻本　三十二冊

存四十六種一百二十九卷（小爾雅一卷，群輔錄一卷，南方草木狀三卷，西京雜記六卷，海內十洲記一卷，搜神記八卷，神仙傳十卷，神異經一卷，穆天子傳六卷，漢武帝內傳一卷，飛燕外傳一卷，雜事秘辛一卷，述異記二卷，枕中書一卷，別國洞冥記四卷，詩品三卷，鼎錄一卷，竹譜一卷，古今刀劍錄一卷，江淮異人錄一卷，離騷集傳一卷，離騷草木疏四卷，御覽闕史二卷，農書三卷，蠶書一卷，於潛令樓公進耕職二圖詩一卷、附錄一卷，江南餘載二卷，五國故事二卷，故宮遺錄一卷，赤雅三卷，平臺紀略一卷，雲仙雜記一卷，二十四詩品一卷，本事詩一卷，雲溪友議一卷，蓮坡詩話三卷，歸田詩話三卷，臨漢隱居詩話一卷，溇南詩話三卷，八紘譯史四卷，八紘荒史一卷，譯史紀餘四卷，西番譯語一卷，外國竹枝詞一卷，西藏記二卷，說文解字繫傳十六至四十、附錄一卷）

620000－1101－0010004　523.2/289

龍文鞭影二集二卷附訓蒙四字經二卷　（清）李暉吉　（清）徐瀶輯　清光緒卉山書樓刻本　二冊

620000－1101－0010005　523.2/512

龍文鞭影二卷　（明）蕭良有纂輯　（清）楊臣諍增訂　清嘉慶二十一年（1816）刻本　四冊

620000－1101－0010006　523.2/512.002

龍文鞭影二卷　（明）蕭良有纂輯　（清）楊臣
靜增訂　清同治十二年(1873)鐵筆齋刻本
四冊

620000－1101－0010007　523.2/512.004
龍文鞭影二卷　（明）蕭良有纂輯　（清）楊臣
靜增訂　清晚期西安芸香齋刻本　二冊

620000－1101－0010008　523.2/512.001
龍文鞭影二卷　（明）蕭良有纂輯　（清）楊臣
靜增訂　清永順堂刻本　二冊

620000－1101－0010009　523.2/512.001
龍文鞭影二卷　（明）蕭良有纂輯　（清）楊臣
靜增訂　清永順堂刻本　四冊

620000－1101－0010010　523.2/512.007
龍文鞭影二卷　（明）蕭良有纂輯　（清）楊臣
靜增訂　清晚期刻本　二冊

620000－1101－0010011　523.2/512.003
龍文鞭影二卷　（明）蕭良有纂輯　（清）楊臣
靜增訂　清晚期刻本　一冊　存一卷(下)

620000－1101－0010012　523.2/512.006
龍文鞭影二卷　（明）蕭良有纂輯　（清）楊臣
靜增訂　清晚期刻本　二冊

620000－1101－0010013　523.2/512.005
龍文鞭影四卷　（明）蕭良有纂輯　（清）楊臣
靜增訂　（清）李恩綬校補　清光緒二十三年
(1897)三讓堂刻本　二冊

620000－1101－0010014　192.1/291.5
龍溪密諦不分卷　（清）李衷燦輯　清光緒三
年(1877)含山李氏刻本　一冊

620000－1101－0010015　782.7/340
龍溪盛氏宗譜二十四卷末一卷　（清）盛康增
修　清光緒十九年(1893)木活字印本　十冊

620000－1101－0010016　847.7/785
隴上鴻泥不分卷　（清）程履豐輯　清光緒刻
本　一冊

620000－1101－0010017　847.7/785
隴上鴻泥不分卷　（清）程履豐輯　清光緒刻
本　一冊

620000－1101－0010018　3702
隴蜀餘聞一卷　（清）王士禛撰　清康熙四十
年(1701)刻本　一冊

620000－1101－0010019　671.65/131.791
隴西縣地理調查表一卷　（清）黃家模輯　清
宣統元年(1909)抄本　一冊

620000－1101－0010020　567.3/0.398
隴西縣賦役全書不分卷　（清）□□編　清咸
豐三年(1853)刻本　三冊

620000－1101－0010021　567.3/0.398
隴西縣賦役全書不分卷　（清）□□編　清咸
豐三年(1853)刻本　三冊

620000－1101－0010022　782.616/490
隴學編二卷首一卷　（清）盧政輯　清晚期抄
本　一冊

620000－1101－0010023　552.216/18
隴右紀實錄二十二卷　（清）彭英甲輯　清宣
統三年(1911)甘肅官報書局刻本　六冊

620000－1101－0010024　782.616/178
隴右同官錄不分卷　（清）□□編　清光緒二
十年(1894)刻本　四冊

620000－1101－0010025　782.616/178
隴右同官錄不分卷　（清）□□編　清光緒二
十年(1894)刻本　四冊

620000－1101－0010026　782.616/0.398
隴右同官錄不分卷　（清）□□編　清光緒二
十年(1894)刻本　一冊

620000－1101－0010027　839.16/0.398
隴右校士錄不分卷　（清）胡景桂鑒定　清晚
期刻本　三冊

620000－1101－0010028　839.16/0.398.01
隴右校士錄不分卷　（清）胡景桂鑒定　清晚
期刻本　二冊

620000－1101－0010029　839.16/0.398
隴右校士錄不分卷　（清）胡景桂鑒定　清晚
期刻本　四冊

620000－1101－0010030　839.16/0.398

隴右校士錄不分卷　（清）胡景桂鑒定　清晚期刻本　一冊　存四十六葉（一百九十四至二百三十九）

620000－1101－0010031　839.16/88

隴右軼餘集二種二卷　劉爾炘輯　清宣統元年（1909）隴右樂善書局刻本　一冊

620000－1101－0010032　839.16/88

隴右軼餘集二種二卷　劉爾炘輯　清宣統元年（1909）隴右樂善書局刻本　一冊

620000－1101－0010033　839.16/88

隴右軼餘集二種二卷　劉爾炘輯　清宣統元年（1909）隴右樂善書局刻本　一冊

620000－1101－0010034　839.16/88

隴右軼餘集二種二卷　劉爾炘輯　清宣統元年（1909）隴右樂善書局刻本　一冊

620000－1101－0010035　839.16/88

隴右軼餘集二種二卷　劉爾炘輯　清宣統元年（1909）隴右樂善書局刻本　一冊

620000－1101－0010036　839.16/88

隴右軼餘集二種二卷　劉爾炘輯　清宣統元年（1909）隴右樂善書局刻本　一冊

620000－1101－0010037　839.16/88

隴右軼餘集二種二卷　劉爾炘輯　清宣統元年（1909）隴右樂善書局刻本　一冊

620000－1101－0010038　839.16/88

隴右軼餘集二種二卷　劉爾炘輯　清宣統元年（1909）隴右樂善書局刻本　一冊

620000－1101－0010039　839.16/88

隴右軼餘集二種二卷　劉爾炘輯　清宣統元年（1909）隴右樂善書局刻本　一冊

620000－1101－0010040　839.16/88

隴右軼餘集二種二卷　劉爾炘輯　清宣統元年（1909）隴右樂善書局刻本　一冊

620000－1101－0010041　839.16/88

隴右軼餘集二種二卷　劉爾炘輯　清宣統元年（1909）隴右樂善書局刻本　一冊

620000－1101－0010042　672.15/906

婁東小志七卷　（清）傅振海撰　清宣統二年（1910）鉛印本　一冊

620000－1101－0010043　653.78/525

盧鄉公牘四卷　（清）莊綸裔撰　清宣統鉛印本　二冊　存二卷（一至二）

620000－1101－0010044　653.78/525

盧鄉公牘四卷　（清）莊綸裔撰　清宣統鉛印本　四冊

620000－1101－0010045　846.8/671.001

盧忠肅公集十二卷首一卷　（明）盧象昇撰　清光緒元年（1875）施惠刻本　八冊

620000－1101－0010046　846.8/671.001

盧忠肅公集十二卷首一卷　（明）盧象昇撰　清光緒元年（1875）施惠刻本　七冊　存十一卷（一至十、首一卷）

620000－1101－0010047　846.8/671

盧忠肅公集十二卷首一卷　（明）盧象昇撰　清光緒元年（1875）施惠刻本　二冊

620000－1101－0010048　567.3/0.527

蘆草溝所千總賦役全書不分卷　（□）□□編　清咸豐二年（1852）刻本　三冊

620000－1101－0010049　4349

盧陵宋丞相信國公文忠烈先生全集十六卷　（宋）文天祥撰　**文忠烈公從祀原案錄一卷**　清雍正三年（1725）五桂堂刻本　八冊　存十六卷（全集十六卷）

620000－1101－0010050　3349

盧山志十五卷　（清）毛德琦撰　清康熙五十九年（1720）順德堂刻本　十二冊　存十四卷（一至四、六至十五）

620000－1101－0010051　683.24/671.02

盧山志十五卷首一卷　（清）毛德琦撰　清康熙五十九年（1720）順德堂刻宣統二年（1910）重修本　十六冊

620000－1101－0010052　683.24/671.02

盧山志十五卷首一卷　（清）毛德琦撰　清康

熙五十九年(1720)順德堂刻乾隆、道光、同治
遞修本　十六冊

620000－1101－0010053　847.2/963

繡塘集一卷　(清)顧貞觀撰　清光緒七年
(1881)枕經葄史齋刻本　一冊

620000－1101－0010054　294/893

魯班平沙玉尺經三卷　(元)劉秉忠述　(明)
劉基解　清同治二年(1863)刻本　四冊

620000－1101－0010055　844.16/679

魯公文集十五卷　(唐)顏真卿撰　清宣統二
年(1910)守政書局刻本　四冊

620000－1101－0010056　844.14/914

魯國儲公詩集一卷　(唐)儲光羲著　清光緒
十年(1884)木活字印本　一冊

620000－1101－0010057　782.7/0.851

魯氏世譜不分卷　(清)魯紀勛纂　清咸豐刻
本　一冊

620000－1101－0010058　782.7/851

魯氏世譜不分卷　(清)魯紀勛纂　清咸豐刻
本　一冊

620000－1101－0010059　246

魯齋遺書十四卷　(元)許衡撰　(明)怡愉輯
明萬曆二十四年(1596)怡愉、江學詩刻本
八冊

620000－1101－0010060　246

魯齋遺書十四卷　(元)許衡撰　(明)怡愉輯
明萬曆二十四年(1596)怡愉、江學詩刻本
四冊

620000－1101－0010061　1482

魯齋遺書十四卷　(元)許衡撰　(明)怡愉輯
明萬曆二十四年(1596)怡愉、江學詩刻清
雍正重修本　四冊

620000－1101－0010062　596.25/668.001

陸操新義四卷　(德國)康貝著　(清)李鳳苞
譯　清光緒石印本　二冊

620000－1101－0010063　596.25/668

陸操新義四卷附錄一卷　(德國)康貝著

(清)李鳳苞譯　清光緒十年(1884)刻本
二冊

620000－1101－0010064　596.25/668

陸操新義四卷附錄一卷　(德國)康貝著
(清)李鳳苞譯　清光緒十年(1884)刻本
二冊

620000－1101－0010065　596.25/668.002

陸操新義五卷　(德國)康貝著　(清)李鳳苞
譯　清光緒十年(1884)湖北武備學堂刻本
二冊

620000－1101－0010066　596.25/668.002

陸操新義五卷　(德國)康貝著　(清)李鳳苞
譯　清光緒十年(1884)湖北武備學堂刻本
二冊

620000－1101－0010067　097.527/390

陸訂四書大全四十一卷　(清)陸隴其輯　清
三多齋刻本　二十八冊　存三十九卷(中庸
大全三卷,論語集註大全二十卷、考異一卷,
孟子集註大全十四卷、考異一卷)

620000－1101－0010068　127.4/314

陸桴亭思辨錄輯要二十二卷　(清)陸世儀撰
(清)張伯行重訂　清同治五年(1866)福州
正誼書局刻本　三冊

620000－1101－0010069　847.2/388

陸桴亭先生文集五卷　(清)陸世儀撰　清光
緒九年(1883)津河廣仁堂刻本　二冊

620000－1101－0010070　847.2/388

陸桴亭先生文集五卷　(清)陸世儀撰　清光
緒九年(1883)津河廣仁堂刻本　二冊

620000－1101－0010071　847.2/388.03

**陸桴亭先生遺書二十二種七十三卷附年譜一
卷行狀行實一卷**　(清)陸世儀撰　(清)唐受
祺輯　清光緒二十五年(1899)太倉唐受祺京
師刻宣統三年(1911)增刻本　二十八冊

620000－1101－0010072　3108

陸麟度先生彙輯四書講義二十卷　(清)陸師
彙輯　清康熙五十一年(1712)刻本　六冊

620000－1101－0010073　4347

陸平原集二卷　（晉）陸機撰　明婁東張氏刻漢魏六朝百三名家集本　一冊

620000－1101－0010074　782.874/172

陸清獻公苙嘉遺蹟二卷　（清）黃維玉編輯清同治六年（1867）上海道署刻本　一冊

620000－1101－0010075　782.972/438

陸清獻公年譜定本二卷附錄一卷　（清）吳光酉輯　清光緒八年（1882）津河廣仁堂刻本二冊

620000－1101－0010076　782.972/438.001

陸清獻公年譜一卷　（清）吳光酉編次　（清）陸宸徵　（清）李鉉輯　清同治七年（1868）武林薇署刻本　一冊

620000－1101－0010077　847.2/390

陸清獻公日記十卷　（清）陸隴其撰　清道光二十一年（1841）刻本　四冊

620000－1101－0010078　843.11/388.001

陸士衡集十卷　（晉）陸機著　清宣統三年（1911）上海文明書局鉛印本　一冊

620000－1101－0010079　652.781/394

陸文慎公奏議不分卷　（清）陸寶忠撰　清宣統三年（1911）鉛印本　一冊

620000－1101－0010080　652.781/394

陸文慎公奏議不分卷　（清）陸寶忠撰　清宣統三年（1911）鉛印本　一冊

620000－1101－0010081　847.2/387.002

陸子全書六種四十三卷　（清）陸隴其撰　清同治七年（1868）武林薇署刻本　十二冊

620000－1101－0010082　071/121

菉友蛾術編二卷　（清）王筠撰　清咸豐十年（1860）宋官疃刻本　一冊

620000－1101－0010083　071/121

菉友蛾術編二卷　（清）王筠撰　清咸豐十年（1860）宋官疃刻本　二冊

620000－1101－0010084　072.7/120

菉友臆說不分卷　（清）王筠撰　清光緒二十

四年（1898）桂垣書局刻本　一冊

620000－1101－0010085　652.791/669

鹿傳霖奏稿三卷　（清）鹿傳霖撰　清光緒二十六年（1900）刻本　一冊　存一卷（上）

620000－1101－0010086　652.791/669

鹿傳霖奏稿三卷　（清）鹿傳霖撰　清光緒二十六年（1900）刻本　一冊　存一卷（上）

620000－1101－0010087　846.8/669

鹿忠節公認真草十五卷　（明）鹿善繼撰　清中晚期刻本　三冊　存九卷（三至九、十四至十五）

620000－1101－0010088　1243

鹿洲初集二十卷　（清）藍鼎元撰　清雍正刻本　三十二冊

620000－1101－0010089　857.173/517

鹿洲公案二卷　（清）藍鼎元撰　清光緒七年（1881）江州官舍刻本　一冊

620000－1101－0010090　3911

鹿洲全集八種四十三卷　（清）藍鼎元撰（清）曠敏本　（清）王者輔評　清雍正十年（1732）刻本　二十冊　存七種四十二卷（鹿洲初集二十卷、平臺紀畧一卷、東征集六卷、鹿洲公案二卷、脩史試筆二卷、棉陽學準五卷、女學六卷）

620000－1101－0010091　847.3/517.001

鹿洲全集八種四十三卷　（清）藍鼎元撰（清）曠敏本　（清）王者輔評　清雍正十年（1732）刻光緒六年（1880）藍王佐修補本　二十四冊

620000－1101－0010092　847.3/517.002

鹿洲全集八種四十三卷　（清）藍鼎元撰（清）曠敏本　（清）王者輔評　清同治四年（1865）廣東羊城緯文堂刻本　五冊　存三種十二卷（東征集六卷、平臺紀畧一卷、棉陽學準五卷）

620000－1101－0010093　847.3/517.002

鹿洲全集八種四十三卷　（清）藍鼎元撰

(清)曠敏本　（清)王者輔評　清同治四年
(1865)廣東羊城緯文堂刻本　十九冊　存七
種四十二卷(鹿洲初集二十卷、平臺紀畧一
卷、東征集六卷、鹿洲公案二卷、脩史試筆二、
棉陽學準五卷、女學六卷)

620000－1101－0010094　089.73/51

鹿洲全集九種四十七卷　（清)藍鼎元撰
(清)曠敏本　（清)王者輔評　清雍正十年
(1732)刻光緒五年(1879)藍謙修補本　十六
冊　存六種三十六卷(鹿洲初集二十卷、平臺
紀畧一卷、東征集六卷、鹿洲公案二卷、脩史
試筆二卷、棉陽學準五卷)

620000－1101－0010095　847.3/517

鹿洲全集九種四十七卷　（清)藍鼎元撰
(清)曠敏本　（清)王者輔評　清雍正十年
(1732)刻光緒五年(1879)藍謙修補本　二十
四冊

620000－1101－0010096　610.4/482.001

路史四十七卷　(宋)羅泌撰　清嘉慶十三年
(1808)影宋刻本　二十四冊

620000－1101－0010097　610.4/482.003

路史四十七卷　(宋)羅泌撰　清嘉慶十三年
(1808)影宋刻本　二十冊

620000－1101－0010098　2165

路史四十七卷　(宋)羅泌撰　明萬曆三十九
年(1611)喬可傳刻本　二十四冊

620000－1101－0010099　557.2/220

路政輯要不分卷　胡惟賢輯　清宣統元年
(1909)鉛印本　一冊

620000－1101－0010100　432.56/950

潞水客談一卷　(明)徐貞明著　清道光四年
(1824)益津吳氏刻本　一冊

620000－1101－0010101　075.78/121

彙史四十八卷　(清)王希廉輯　清光緒二年
(1876)鉛印本　八冊

620000－1101－0010102　845.15/554.5

欒城第三集十卷　(宋)蘇轍著　清道光十二

年(1832)刻本　一冊

620000－1101－0010103　845.15/554.5

欒城集四十八卷目錄二卷後集二十四卷
(宋)蘇轍著　清道光十二年(1832)刻本　二
十二冊

620000－1101－0010104　651.781/794

綸音簡疏不分卷　(□)□□撰　清光緒秋屏
抄本　一冊

620000－1101－0010105　597.6/151

輪船布陣十二卷首一卷圖一卷　（英國)賈密
倫　(英國)裴路撰　（英國)傅蘭雅口譯
(清)徐建寅筆述　清同治十三年(1874)江南
製造總局刻本　二冊

620000－1101－0010106　597.6/151

輪船布陣十二卷首一卷圖一卷　（英國)賈密
倫　(英國)裴路撰　（英國)傅蘭雅口譯
(清)徐建寅筆述　清同治十三年(1874)江南
製造總局刻本　二冊

620000－1101－0010107　597.6/151

輪船布陣十二卷首一卷圖一卷　（英國)賈密
倫　(英國)裴路撰　（英國)傅蘭雅口譯
(清)徐建寅筆述　清同治十三年(1874)江南
製造總局刻本　二冊

620000－1101－0010108　597.6/151

輪船布陣十二卷首一卷圖一卷　（英國)賈密
倫　(英國)裴路撰　（英國)傅蘭雅口譯
(清)徐建寅筆述　清同治十三年(1874)江南
製造總局刻本　一冊

620000－1101－0010109　597.6/151

輪船布陣十二卷首一卷圖一卷　（英國)賈密
倫　(英國)裴路撰　（英國)傅蘭雅口譯
(清)徐建寅筆述　清同治十三年(1874)江南
製造總局刻本　一冊

620000－1101－0010110　597.6/151

輪船布陣十二卷首一卷圖一卷　（英國)賈密
倫　(英國)裴路撰　（英國)傅蘭雅口譯
(清)徐建寅筆述　清同治十三年(1874)江南
製造總局刻本　一冊

620000－1101－0010111　597.6/151

輪船布陣十二卷首一卷圖一卷 （英國）賈密倫　（英國）裴路撰　（英國）傅蘭雅口譯　（清）徐建寅筆述　清同治十三年(1874)江南製造總局刻本　二冊

620000－1101－0010112　557.23/352

輪船奏稿不分卷 （清）左宗棠撰　清同治、光緒刻本　一冊

620000－1101－0010113　557.23/352

輪船奏稿不分卷 （清）左宗棠撰　清同治、光緒刻本　一冊

620000－1101－0010114　557.23/352

輪船奏稿不分卷 （清）左宗棠撰　清同治、光緒刻本　一冊

620000－1101－0010115　689.61/455

輪臺雜記二卷 （清）史善長撰　清光緒刻本　一冊

620000－1101－0010116　094.34/77.37

輪輿私箋二卷附錄一卷 （清）鄭珍撰　清光緒十七年(1891)廣雅書局刻本　一冊

620000－1101－0010117　390

論衡三十卷 （漢）王充撰　明嘉靖十四年(1535)蘇獻可通津草堂刻本　十二冊

620000－1101－0010118　072.22/118

論衡三十卷 （漢）王充撰　清嘉慶刻廣漢魏叢書本　八冊

620000－1101－0010119　150/163

論理學綱要三篇 （日本）十時彌撰　（清）田吳炤譯述　清光緒三十一年(1905)上海商務印書館鉛印本　一冊

620000－1101－0010120　150/163

論理學綱要三篇 （日本）十時彌撰　（清）田吳炤譯述　清光緒三十一年(1905)上海商務印書館鉛印本　一冊

620000－1101－0010121　150/163

論理學綱要三篇 （日本）十時彌撰　（清）田吳炤譯述　清光緒三十一年(1905)上海商務印書館鉛印本　一冊

620000－1101－0010122　150/163

論理學綱要三篇 （日本）十時彌撰　（清）田吳炤譯述　清光緒三十一年(1905)上海商務印書館鉛印本　一冊

620000－1101－0010123　150/163

論理學綱要三篇 （日本）十時彌撰　（清）田吳炤譯述　清光緒三十一年(1905)上海商務印書館鉛印本　一冊

620000－1101－0010124　150/163

論理學綱要三篇 （日本）十時彌撰　（清）田吳炤譯述　清光緒三十一年(1905)上海商務印書館鉛印本　一冊

620000－1101－0010125　150/163

論理學綱要三篇 （日本）十時彌撰　（清）田吳炤譯述　清光緒三十一年(1905)上海商務印書館鉛印本　一冊

620000－1101－0010126　150/163

論理學綱要三篇 （日本）十時彌撰　（清）田吳炤譯述　清光緒三十一年(1905)上海商務印書館鉛印本　一冊

620000－1101－0010127　150/163

論理學綱要三篇 （日本）十時彌撰　（清）田吳炤譯述　清光緒三十一年(1905)上海商務印書館鉛印本　一冊

620000－1101－0010128　150/163

論理學綱要三篇 （日本）十時彌撰　（清）田吳炤譯述　清光緒三十一年(1905)上海商務印書館鉛印本　一冊

620000－1101－0010129　150/163

論理學綱要三篇 （日本）十時彌撰　（清）田吳炤譯述　清光緒三十一年(1905)上海商務印書館鉛印本　一冊

620000－1101－0010130　150/163

論理學綱要三篇 （日本）十時彌撰　（清）田吳炤譯述　清光緒三十一年(1905)上海商務印書館鉛印本　一冊

620000－1101－0010131　150/163

論理學綱要三篇 （日本）十時彌撰　（清）田吳炤譯述　清光緒三十一年(1905)上海商務印書館鉛印本　一冊

620000－1101－0010132　150/163

論理學綱要三篇 （日本）十時彌撰　（清）田吳炤譯述　清光緒三十一年(1905)上海商務印書館鉛印本　一冊

620000－1101－0010133　150/661

論理學教科書七章 （清）商務印書館編譯所編輯　清光緒三十二年(1906)上海商務印書館鉛印本　一冊

620000－1101－0010134　150/661

論理學教科書七章 （清）商務印書館編譯所編輯　清光緒三十二年(1906)上海商務印書館鉛印本　一冊

620000－1101－0010135　150/661

論理學教科書七章 （清）商務印書館編譯所編輯　清光緒三十二年(1906)上海商務印書館鉛印本　一冊

620000－1101－0010136　610.81/136

論史拾遺不分卷 （清）連仲愚撰　清光緒五年(1879)枕湖樓刻本　一冊

620000－1101－0010137　610.81/136

論史拾遺不分卷 （清）連仲愚撰　清光緒五年(1879)枕湖樓刻本　一冊

620000－1101－0010138　097.7/627

論文章本原三卷 （清）方宗誠述　清光緒十年(1884)津河廣仁堂刻本　二冊

620000－1101－0010139　931.3/43

論印絕句一卷續編一卷 （清）吳騫編　清光緒五年(1879)仁和葛氏刻嘯園叢書本　一冊

620000－1101－0010140　1370

論語八卷 （宋）朱熹集注　清康熙刻本　二冊

620000－1101－0010141　097.103/885

論語補註三卷 （清）劉開撰　清同治七年

(1868)桐城劉氏刻本　一冊

620000－1101－0010142　097.127.5/385

論語古訓十卷 （清）陳鱣撰　清光緒九年(1883)浙江書局刻本　二冊

620000－1101－0010143　097.127.5/385

論語古訓十卷 （清）陳鱣撰　清光緒九年(1883)浙江書局刻本　二冊

620000－1101－0010144　097.12/164

論語後案二十卷 （清）黃式三撰　清光緒九年(1883)浙江書局刻本　二十冊

620000－1101－0010145　097.12/164

論語後案二十卷 （清）黃式三撰　清光緒九年(1883)浙江書局刻本　二十冊

620000－1101－0010146　097.12/164

論語後案二十卷 （清）黃式三撰　清光緒九年(1883)浙江書局刻本　十冊

620000－1101－0010147　097.127/116.001

論語集注本義匯糸十卷首一卷 （清）王步青輯　清晚期刻本　六冊

620000－1101－0010148　097.127/116

論語集註本義匯糸二十卷 （清）王步青輯（清）王士龍編　清刻本　十一冊

620000－1101－0010149　097.13/76.74

論語孔注辨偽二卷 （清）沈濤撰　清晚期刻本　一冊

620000－1101－0010150　097.12/52.82.63

論語十卷 （宋）朱熹集注　清同治十年(1871)刻本　一冊　存五卷(一至五)

620000－1101－0010151　097.12/52.82.63

論語十卷 （宋）朱熹集注　清同治十年(1871)刻本　二冊

620000－1101－0010152　097.12/52.82.64

論語十卷 （宋）朱熹集注　清同治十年(1871)刻本　二冊

620000－1101－0010153　097.12/52.82.62

論語十卷 （宋）朱熹集注　清光緒三十二年

（1906）商務印書館鉛印本　二冊

620000－1101－0010154　097.12/52.82.62

論語十卷　（宋）朱熹集注　清光緒三十二年（1906）上海商務印書館鉛印本　二冊

620000－1101－0010155　097.12/76.88

論語正義二十四卷　（清）劉寶楠撰　清同治五年（1866）刻本　六冊

620000－1101－0010156　834

論語注疏二十卷附考證　（三國魏）何晏集解　（唐）陸德明音義　（宋）邢昺疏　清乾隆四年（1739）武英殿刻十三經注疏本　三冊

620000－1101－0010157　097.122.4/900

論語注疏解經二十卷　（三國魏）何晏集解　（宋）邢昺疏　清嘉慶二十年（1815）江西南昌府學刻本　四冊

620000－1101－0010158　097.122.4/900.001

論語註疏解經二十卷　（三國魏）何晏集解　（宋）邢昺疏　清嘉慶十八年（1813）四友堂刻本　四冊

620000－1101－0010159　845.22/88.001

羅鄂州小集六卷附錄一卷　（宋）羅願撰　羅郢州遺文一卷　（宋）羅頌撰　清光緒十九年（1893）黟縣李氏刻本　二冊

620000－1101－0010160　845.22/88

羅鄂州小集六卷附錄一卷　（宋）羅願撰　羅郢州遺文一卷　（宋）羅頌撰　清光緒十九年（1893）黟縣李氏刻上海江南機器製造總局印本　二冊

620000－1101－0010161　845.22/88

羅鄂州小集六卷附錄一卷　（宋）羅願撰　羅郢州遺文一卷　（宋）羅頌撰　清光緒十九年（1893）黟縣李氏刻上海江南機器製造總局印本　二冊

620000－1101－0010162　845.22/88

羅鄂州小集六卷附錄一卷　（宋）羅願撰　羅郢州遺文一卷　（宋）羅頌撰　清光緒十九年

522

（1893）黟縣李氏刻上海江南機器製造總局印本　一冊　存三卷（一至三）

620000－1101－0010163　845.22/88

羅鄂州小集六卷附錄一卷　（宋）羅願撰　羅郢州遺文一卷　（宋）羅頌撰　清光緒十九年（1893）黟縣李氏刻上海江南機器製造總局印本　二冊

620000－1101－0010164　845.22/88

羅鄂州小集六卷附錄一卷　（宋）羅願撰　羅郢州遺文一卷　（宋）羅頌撰　清光緒十九年（1893）黟縣李氏刻上海江南機器製造總局印本　二冊

620000－1101－0010165　3396

羅鄂州小集五卷　（宋）羅願撰　羅郢州遺文一卷　（宋）羅頌撰　明天啓六年（1626）羅朗刻本　二冊

620000－1101－0010166　683.33/377

羅浮志十五卷　（明）陳璉撰　（清）真逸補　增補陳琴軒羅浮志書後一卷　（清）真逸補　清末刻本　一冊

620000－1101－0010167　845.21/482

羅豫章先生集十二卷首一卷末一卷　（宋）羅從彥撰　清光緒八年（1882）盱江刻本　二冊　存五卷（十至十二、首一卷、末一卷）

620000－1101－0010168　845.21/481

羅豫章先生集十二卷首一卷末一卷　（宋）羅從彥撰　清光緒八年（1882）盱江刻本　四冊

620000－1101－0010169　847.7/482

羅忠節公遺集十七卷　（清）羅澤南撰　清咸豐、同治刻本　八冊

620000－1101－0010170　782.1/736.001

洛學編六卷　（清）湯斌輯　清光緒二年（1876）有不爲齋刻本　一冊

620000－1101－0010171　782.1/736

洛學編五卷　（清）湯斌輯　清同治九年（1870）湯定祥刻本　二冊

620000－1101－0010172　684.8/275.001

洛陽伽藍記五卷 （北魏）楊衒之撰 清光緒
二年(1876)刻本 一冊

620000－1101－0010173 845.15/108

洛陽九老祖龍學文集十六卷 （宋）祖無擇撰
清晚期抄本 二冊

620000－1101－0010174 1830

落落齋遺集十卷 （明）李應昇撰 清光緒二
十二年(1896)盛氏刻朱印本 六冊

620000－1101－0010175 1337

落葉譜不分卷 （□）□□撰 清抄本 一冊

620000－1101－0010176 844.16/292

呂純陽先生編年詩集十卷 （清）火西月編
清道光二十六年(1846)空青洞天刻本 六冊

620000－1101－0010177 098.07/445

呂涇野經說二十一卷 （明）呂柟撰 （清）李
錫齡校刊 清咸豐八年(1858)宏道書院刻惜
陰軒叢書續編本 十冊

620000－1101－0010178 206

呂氏春秋二十六卷 （漢）高誘注 題(宋)陸
游評 （明）凌稚隆批 明萬曆四十八年
(1620)凌毓枏朱墨套印本 八冊

620000－1101－0010179 3267

呂氏春秋二十六卷 （漢）高誘注 （清）畢沅
校 清乾隆五十三年(1788)畢氏靈巖山館刻
經訓堂叢書本 三冊

620000－1101－0010180 121.87/447.001

呂氏春秋二十六卷 （漢）高誘注 （清）畢沅
校 附考一卷 （清）畢沅輯 清光緒元年
(1875)浙江書局刻本 六冊

620000－1101－0010181 121.87/447.001

呂氏春秋二十六卷 （漢）高誘注 （清）畢沅
校 附考一卷 （清）畢沅輯 清光緒元年
(1875)浙江書局刻本 六冊

620000－1101－0010182 121.87/447.001

呂氏春秋二十六卷 （漢）高誘注 （清）畢沅
校 附考一卷 （清）畢沅輯 清光緒元年
(1875)浙江書局刻本 六冊

620000－1101－0010183 121.87/44

呂氏春秋二十六卷 （秦）呂不韋編 （漢）高
誘注 （清）畢沅校 清乾隆五十三年(1788)
靈巖山館刻經訓堂叢書本 十二冊

620000－1101－0010184 093.12/450

呂氏家塾讀詩記三十二卷 （宋）呂祖謙撰
清嘉慶十六年(1811)谿上聽彝堂刻本 六冊

620000－1101－0010185 2675

呂新吾先生閨範圖說四卷 （明）呂坤注 清
康熙呂應菊刻本 六冊

620000－1101－0010186 192/445.003

呂語集粹四卷 （明）呂坤著 （清）尹會一輯
清光緒十三年(1887)嘉興金吳瀾刻本
二冊

620000－1101－0010187 192/445.004

呂語集粹四卷首一卷 （明）呂坤著 （清）陳
弘謀評 清末上海文瑞樓石印本 一冊

620000－1101－0010188 192/445.03

呂子節錄四卷 （明）呂坤著 （清）陳弘謀評
輯 清宣統元年(1909)甘肅藩署刻本 二冊

620000－1101－0010189 192/445.03

呂子節錄四卷 （明）呂坤著 （清）陳弘謀評
輯 清宣統元年(1909)甘肅藩署刻本 二冊

620000－1101－0010190 192/445.03

呂子節錄四卷 （明）呂坤著 （清）陳弘謀評
輯 清宣統元年(1909)甘肅藩署刻本 二冊

620000－1101－0010191 192/445.03

呂子節錄四卷 （明）呂坤著 （清）陳弘謀評
輯 清宣統元年(1909)甘肅藩署刻本 二冊

620000－1101－0010192 192/445.03

呂子節錄四卷 （明）呂坤著 （清）陳弘謀評
輯 清宣統元年(1909)甘肅藩署刻本 二冊

620000－1101－0010193 192/445.03.001

呂子節錄四卷附圖說一卷 （明）呂坤著
(清)陳弘謀評輯 程氏家塾讀書分年日程三
卷綱領一卷 （元）程端禮編 清光緒八年至
九年(1882－1883)津河廣仁堂刻本 二冊

620000－1101－0010194　192/445.001

呂子呻吟語節鈔六卷　（明）呂坤撰　（清）陳弘謀節抄　清同治十年（1871）刻本　二冊

620000－1101－0010195　192/445.001

呂子呻吟語節鈔六卷　（明）呂坤撰　（清）陳弘謀節抄　清同治十年（1871）刻本　二冊

620000－1101－0010196　192/445.001

呂子呻吟語節鈔六卷　（明）呂坤撰　（清）陳弘謀節抄　清同治十年（1871）刻本　二冊

620000－1101－0010197　192/445.001

呂子呻吟語節鈔六卷　（明）呂坤撰　（清）陳弘謀節抄　清同治十年（1871）刻本　二冊

620000－1101－0010198　192/445.001

呂子呻吟語節鈔六卷　（明）呂坤撰　（清）陳弘謀節抄　清同治十年（1871）刻本　一冊　存三卷（一至三）

620000－1101－0010199　846.7/445.03

呂子遺書四種三十一卷　（明）呂坤著　清道光七年（1827）新安程祖洛開封府署刻本　十二冊　存二種十九卷（去偽齋集六種十卷、呂書四種九卷）

620000－1101－0010200　239/763

呂祖年譜海山奇遇七卷　（清）火西月編　清晚期刻本　四冊

620000－1101－0010201　847/763

呂祖年譜海山奇遇七卷呂純陽先生編年詩集十卷　（清）火西月編　清道光二十七年（1847）刻本　六冊　存十六卷（呂祖年譜海山奇遇七卷、呂純陽先生編年詩集二至十）

620000－1101－0010202　231/893

呂祖全書三十三卷　（清）劉體恕輯　清同治七年至光緒五年（1868－1879）刻本　十六冊

620000－1101－0010203　231/893

呂祖全書三十三卷　（清）劉體恕輯　清同治七年至光緒五年（1868－1879）刻本　二十冊

620000－1101－0010204　231/763

呂祖全書五種二十六卷　（清）火西月編　清

道光二十四年（1844）刻本　十七冊

620000－1101－0010205　235.1/296

呂祖指玄篇不分卷　（唐）呂純陽撰　（清）本誠子秘注　清光緒八年（1882）刻本　一冊

620000－1101－0010206　847.7/519

邵亭詩鈔六卷　（清）莫友芝撰　清咸豐二年（1852）刻同治五年（1866）修補本　一冊

620000－1101－0010207　611

履齋示兒編二十三卷　（宋）孫奕撰　清抄本　八冊

620000－1101－0010208　1350

履齋先生遺集四卷　（宋）吳潛撰　清光緒繆氏藕香簃抄本　二冊

620000－1101－0010209　585.8/445

律法須知二卷　（清）呂芝田撰　清光緒十二年（1886）刻本　二冊

620000－1101－0010210　832/814

律賦衡裁六卷　（清）周嘉猷　（清）周鈐輯（清）蔣鳴珂注　（清）湯聘評　清道光刻本　六冊

620000－1101－0010211　3768

律古續稿一卷集古古詩一卷集古絕句一卷（清）吳鎮撰　清乾隆五十六年（1791）刻本　一冊

620000－1101－0010212　3770

律古續稿一卷集古古詩一卷集古絕句一卷（清）吳鎮撰　清乾隆五十六年（1791）刻本　一冊

620000－1101－0010213　585.4/556.002

律例便覽八卷　（清）蔡逢年輯纂　清同治九年（1870）江蘇書局刻本　四冊　存六卷（一至六）

620000－1101－0010214　585.4/556.003

律例便覽八卷　（清）蔡逢年輯纂　清晚期刻本　三冊　存六卷（三至八）

620000－1101－0010215　585.4/556

律例便覽八卷處分則例圖要六卷　（清）蔡雲

峰 （清）蔡研農輯 清同治八年(1869)刻本
六冊

620000－1101－0010216 585.4/556

律例便覽八卷處分則例圖要六卷 （清）蔡雲
峰 （清）蔡研農輯 清同治八年(1869)刻本
六冊

620000－1101－0010217 585.4/556.001

律例便覽八卷處分則例圖要六卷 （清）蔡逢
年撰 清同治十一年(1872)刻本 六冊

620000－1101－0010218 3907

律例館校正洗冤錄四卷 （清）律例館輯 清
初刻本 一冊

620000－1101－0010219 4446

律例圖說辨譌十卷 （清）萬維翰纂 清乾隆
刻本 一冊 存一卷(一)

620000－1101－0010220 589.91/317

律例摘要七卷 （清）費斌輯 清光緒三十一
年(1905)警察書報局鉛印本 五冊 存五卷
(一、三至四、六至七)

620000－1101－0010221 1961

律呂圖說二卷 （清）王建常輯 清乾隆三十
九年(1774)集義堂刻本 一冊

620000－1101－0010222 911.1/719

律呂新義四卷 （清）江永著 清光緒七年
(1881)李瀚章刻本 一冊 存三卷(一至三
上)

620000－1101－0010223 911.1/953

律呂臆說一卷 （清）徐養原撰 清光緒崇文
書局刻本 一冊

620000－1101－0010224 300

律呂正聲六十卷 （明）王邦直撰 明萬曆三
十六年(1608)黃作孚刻本 十二冊

620000－1101－0010225 2052

率祖堂叢書八種五十四卷附六種二十九卷
（宋）金履祥撰 清雍正、乾隆金氏刻光緒補
刻本 四十冊

620000－1101－0010226 847.6/314.3

綠槐書屋詩稿三卷 （清）張綸英撰 清同治
七年(1868)刻本 一冊

620000－1101－0010227 847.4/22

綠蘿山莊文集二十四卷 （清）胡浚撰注 清
嘉慶元年(1796)刻本 十二冊

620000－1101－0010228 847.4/22

綠蘿山莊文集二十四卷 （清）胡浚撰注 清
嘉慶元年(1796)刻本 十六冊

620000－1101－0010229 831/941

綠天蘭臭集八卷 （清）釋含澈編次 清光緒
十五年(1889)潛西精舍刻本 八冊

620000－1101－0010230 847.5/312.5

綠野草堂詩鈔不分卷 （清）張文鰲撰 清光
緒五年(1879)刻本 一冊

620000－1101－0010231 857.47/288

綠野仙蹤八卷 （清）李百川撰 清刻本 四
冊 存四卷(三至六)

620000－1101－0010232 847.5/892

綠野齋前後合集六卷 （清）劉鴻翱撰 清道
光刻本 八冊

620000－1101－0010233 847.8/482

綠漪草堂文集五十七卷首一卷 （清）羅汝懷
著 清光緒九年(1883)刻本 十二冊

620000－1101－0010234 847.4/289.01

綠雲吟舫倡和草一卷 （清）李華春撰 清嘉
慶二十二年(1817)刻本 一冊

620000－1101－0010235 222.1/28

略釋新華嚴經修行第決疑論四卷 （唐）李通
玄撰 清同治九年(1870)如臯刻經處刻本
二冊

620000－1101－0010236 595/331

略圖要訣一卷 （清）賀忠良撰 清光緒三十
一年(1905)北洋武備研究所鉛印本 一冊

620000－1101－0010237 595/331

略圖要訣一卷 （清）賀忠良撰 清光緒三十
一年(1905)北洋武備研究所鉛印本 一冊

620000 – 1101 – 0010238　595/331

略圖要訣一卷　（清）賀忠良撰　清光緒三十一年（1905）北洋武備研究所鉛印本　一冊

620000 – 1101 – 0010239　434.68/642

麻栽製法一卷　（日本）高橋重郎著　（日本）藤田豐八譯　清末北洋官報局石印本　一冊

620000 – 1101 – 0010240　413.72/824

痲症放心篇不分卷　（清）無心道人述　經驗良方不分卷　（清）□□撰　清晚期刻本　四冊

620000 – 1101 – 0010241　1636

馬東田孫沙溪兩公遺集合編三十八卷　（清）賈棠輯　清康熙四十六年（1707）刻本　二十四冊

620000 – 1101 – 0010242　578.231/78

馬關條約一卷　（清）李鴻章擬定　清晚期刻本　一冊

620000 – 1101 – 0010243　1390

馬秋潯叢鈔十七種二十四卷　（清）馬泰榮輯　清道光抄本　三冊

620000 – 1101 – 0010244　684.015/222

馬嵬志十六卷首一卷　（清）胡鳳丹編輯　清光緒三年（1877）退補齋刻本　六冊

620000 – 1101 – 0010245　684.015/222

馬嵬志十六卷首一卷　（清）胡鳳丹編輯　清光緒三年（1877）退補齋刻本　六冊

620000 – 1101 – 0010246　2142

脉經十卷　（晉）王叔和撰　清光緒十九年（1893）景蘇園影宋刻本　四冊

620000 – 1101 – 0010247　413.24/116.003

脉經十卷　（晉）王叔和撰　清光緒二十二年（1896）新化三味堂刻本　六冊

620000 – 1101 – 0010248　2097

脉訣彙辨十卷　（清）李延是輯　清康熙五年（1666）李氏刻本　三冊　存八卷（一至八）

620000 – 1101 – 0010249　637.5/264.001

蠻書十卷　（唐）樊綽撰　校譌一卷　（清）胡

珽校　續校補校一卷　（清）董金鑑輯　清光緒十四年（1888）會稽董氏取斯堂木活字印琳琅秘室叢書本　一冊

620000 – 1101 – 0010250　637.5/264

蠻書十卷　（唐）樊綽撰　清光緒桐廬袁氏漸西村舍刻本　一冊

620000 – 1101 – 0010251　4322

滿漢合璧三字經註解二卷　（宋）王應麟撰　（清）陶格譯　清乾隆六十年（1795）京都三槐堂刻本　一冊

620000 – 1101 – 0010252　782.17/721

滿漢名臣傳八十卷　（清）國史館輯　清晚期京都琉璃廠榮錦書坊刻本　八十冊

620000 – 1101 – 0010253　782.17/721

滿漢名臣傳八十卷　（清）國史館輯　清晚期刻本　五十八冊　存三十一卷（漢名臣傳二至三十二）

620000 – 1101 – 0010254　1124

滿漢名臣傳一百二十卷　（清）□□撰　清抄本　六冊　存六卷（一百十一至一百十六）

620000 – 1101 – 0010255　1125

滿漢名臣傳一百二十卷　（清）□□撰　清抄本　一百二十冊

620000 – 1101 – 0010256　1126

滿漢名臣傳一百二十卷續滿漢名臣傳□□卷　（清）□□撰　清抄本　一百冊　存一百八卷（滿漢名臣傳一至三十、五十一至七十八、八十一至一百二十，續滿漢名臣傳五十一至六十）

620000 – 1101 – 0010257　4500

滿漢聖諭廣訓不分卷　（清）世宗胤禛撰　清抄本　二冊

620000 – 1101 – 0010258　3345

滿漢字清文啓蒙六卷　（清）舞格撰　清乾隆、嘉慶永魁齋刻本　四冊　存四卷（一至四）

620000 – 1101 – 0010259　802.81/0.100

滿漢字三字經不分卷 （□）□□□撰 清光緒
二十三年(1897)抄本 一冊

620000－1101－0010260 3189

滿漢字四書白文六卷 （□）□□□輯 清康熙
三十年(1691)刻本 五冊

620000－1101－0010261 629.4/282

滿洲財力論四編 （日本）松本敬之著 （清）
施爾常譯 清光緒三十二年(1906)京師學部
編譯書局鉛印本 一冊

620000－1101－0010262 694/59.22

滿洲旅行記二卷 （日本）小越平隆撰 （清）
克齋譯 清光緒二十八年(1902)廣智書局鉛
印本 二冊

620000－1101－0010263 694/59.22

滿洲旅行記二卷 （日本）小越平隆撰 （清）
克齋譯 清光緒二十八年(1902)廣智書局鉛
印本 一冊 存一卷(下)

620000－1101－0010264 782.17/721

滿洲名臣傳四十八卷漢名臣傳三十二卷
（清）國史館編 清晚期京都琉璃廠榮錦書坊
刻本 八十冊

620000－1101－0010265 782.17/721

滿洲名臣傳四十八卷漢名臣傳三十二卷
（清）國史館編 清晚期京都琉璃廠榮錦書坊
刻本 二十冊 存二十卷(滿洲名臣傳一至
二、五、八、十八、二十二、二十四至二十五、三
十五、四十六,漢名臣傳一至十)

620000－1101－0010266 782.17/721

滿洲名臣傳四十八卷漢名臣傳三十二卷
（清）國史館編 清晚期京都琉璃廠榮錦書坊
刻本 三十一冊 存三十二卷(漢名臣傳三
十二卷)

620000－1101－0010267 782.17/721

滿洲名臣傳四十八卷漢名臣傳三十二卷
（清）國史館編 清晚期京都琉璃廠榮錦書坊
刻本 十冊 存十卷(滿洲名臣傳一至十)

620000－1101－0010268 532.9/237

滿洲四禮集五種五卷 （清）索寧安輯 清嘉
慶六年(1801)刻本 五冊

620000－1101－0010269 847.7/313

曼陀羅館詩鈔一卷 （清）張家驤撰 清咸豐
六年(1856)刻本 一冊

620000－1101－0010270 847.7/313.05

曼陀羅館詩鈔一卷 （清）張家驤撰 清咸豐
七年(1857)刻本 一冊

620000－1101－0010271 690/119

漫遊紀略四卷 （清）王澐著 清光緒鉛印本
一冊

620000－1101－0010272 671.65/507.79

毛目縣丞地理調查表不分卷 （清）蕭德元編
清宣統元年(1909)抄本 一冊

620000－1101－0010273 567.3/0.781

毛目縣丞賦役全書不分卷 （清）□□編 清
咸豐三年(1853)刻本 三冊

620000－1101－0010274 595.92/123

毛瑟槍圖說四種十五卷 （德國）瑞乃爾譯
清光緒石印本 四冊

620000－1101－0010275 093.122/978

毛詩傳箋二十四卷 （漢）鄭玄箋 清同治至
光緒江南書局刻本 六冊

620000－1101－0010276 093.136/411

毛詩傳箋通釋三十二卷 （清）馬瑞辰撰 清
光緒十四年(1888)廣雅書局刻本 十二冊

620000－1101－0010277 093.127/385

毛詩傳義類十九篇一卷鄭氏箋考徵一卷
（清）陳奐編 清咸豐九年(1859)吳門南園陳
氏掃葉山莊刻陳氏毛詩五種本 一冊

620000－1101－0010278 093.12/77.385.01

毛詩傳義類一卷鄭氏箋考徵一卷 （清）陳奐
撰 清道光、咸豐南園陳氏掃葉山莊刻本
一冊

620000－1101－0010279 093.127/113

毛詩讀三十卷 （清）王劼撰 清咸豐四年
(1854)刻本 二十冊

620000－1101－0010280　2064

毛詩二十卷附考證　（漢）鄭玄箋注　清乾隆四十八年(1783)武英殿刻仿宋相臺五經本　十冊

620000－1101－0010281　1601

毛詩二十卷附考證　（漢）鄭玄箋注　清乾隆四十八年(1783)武英殿刻仿宋相臺五經本　三冊　存六卷(五至十)

620000－1101－0010282　093.106/434

毛詩復古錄十二卷　（清）吳懋清著　清光緒二十年(1894)仁和徐琪廣州學使者署刻本　六冊

620000－1101－0010283　1075

毛詩故訓傳不分卷　（漢）毛亨箋　清抄本　六冊

620000－1101－0010284　093.13/75.21

毛詩後鑒三十卷　（清）胡承珙撰　清光緒十六年(1890)廣雅書局刻本　十二冊

620000－1101－0010285　093.137/383

毛詩稽古編三十卷　（清）陳啓源撰　清嘉慶十八年(1813)刻本　八冊

620000－1101－0010286　093.14/76.84

毛詩禮徵十卷　（清）包世榮撰　清道光八年(1828)涇縣小倦游閣刻本　六冊

620000－1101－0010287　093.14/74.82

毛詩名物略四卷　（清）朱桓撰　清嘉慶七年(1802)蔚齋刻本　二冊

620000－1101－0010288　1884

毛詩名物圖說九卷　（清）徐鼎撰　清乾隆三十六年(1771)刻本　二冊

620000－1101－0010289　093.14/77.483

毛詩品物圖考七卷　（日本）岡元鳳纂輯（日本）桔國雄繪　清光緒十二年(1886)上海積山書局石印本　二冊

620000－1101－0010290　093.135.2/801

毛詩要義二十卷毛詩序要義譜一卷　（宋）魏了翁撰　清光緒八年(1882)莫祥芝刻本　十

二冊

620000－1101－0010291　093.106/789

毛詩音韻考四卷略言一卷　（清）程以恬纂輯　清末木活字印本　四冊

620000－1101－0010292　093.106/428

毛詩注疏校勘札記二十卷　（清）味經刊書處肄業生校勘　清光緒十九年(1893)陝甘味經刊書處刻本　四冊

620000－1101－0010293　2877

毛詩註疏二十卷　（漢）毛亨傳　（漢）鄭玄箋　（唐）孔穎達疏　（唐）陸德明音義　明崇禎三年(1630)毛氏汲古閣刻十三經註疏本　十六冊

620000－1101－0010294　093.12/781

毛詩註疏二十卷　（漢）毛亨傳　（漢）鄭玄箋　（唐）孔穎達疏　（唐）陸德明音義　清刻本　二十四冊

620000－1101－0010295　3927

毛詩註疏纂八卷　（明）田有年　（明）田逢年纂　明崇禎十六年(1643)田氏刻本　七冊

620000－1101－0010296　534.07/78

毛西河先生家禮辨說十六卷明新建伯王文成公傳本二卷　（清）毛奇齡撰　清同治三年(1864)余肇鈞刻本　四冊

620000－1101－0010297　683.21/516

茅山志十四卷　（清）笪蟾光編　清光緒三年(1877)金世祿懶雲艸堂刻本　六冊

620000－1101－0010298　847.8/965

眉綠樓詞不分卷　（清）顧文彬撰　清光緒五年(1879)刻本　一冊

620000－1101－0010299　821.187/362

眉韻樓詩話二卷　孫雄輯　清光緒三十四年(1908)鉛印本　一冊

620000－1101－0010300　847/313

梅窻記言不分卷　（清）張鴻文著　清刻本　一冊

620000－1101－0010301　4123

梅村集四十卷目錄二卷　（清）吳偉業撰　清康熙七年(1668)顧湄等刻本　四冊　存十六卷(一至十三、三十二至三十四)

620000－1101－0010302　665

梅村家藏稿五十八卷補遺一卷　（清）吳偉業撰　梅村先生年譜四卷　（清）顧師軾編　清宣統三年(1911)董氏誦芬室刻本　十冊

620000－1101－0010303　821.18/434

梅村詩話一卷　（清）吳偉業撰　清末掃葉山房石印本　一冊

620000－1101－0010304　847.1/434

梅村詩集箋注十八卷　（清）吳翌鳳撰　年譜一卷　（清）顧湄撰　清嘉慶十九年(1814)嚴容滄浪吟榭刻本　七冊　存十二卷(四、八至十八)

620000－1101－0010305　847.1/434

梅村詩集箋注十八卷　（清）吳翌鳳撰　清嘉慶十九年(1814)嚴容滄浪吟榭刻本　八冊

620000－1101－0010306　847.1/434

梅村詩集箋注十八卷　（清）吳翌鳳撰　清嘉慶十九年(1814)嚴容滄浪吟榭刻本　五冊　存九卷(八至十六)

620000－1101－0010307　847.1/434

梅村詩集箋注十八卷　（清）吳翌鳳撰　清嘉慶十九年(1814)嚴容滄浪吟榭刻本　一冊　存一卷(十八)

620000－1101－0010308　847.1/434.002

梅村詩集箋注十八卷　（清）吳翌鳳撰　清嘉慶十九年(1814)嚴容滄浪吟榭刻本　六冊　存七卷(一至七)

620000－1101－0010309　847.1/43.43

梅村詩集箋注十八卷　（清）吳翌鳳撰　清光緒十年(1884)湖北官書處刻本　十二冊

620000－1101－0010310　847.1/434.003

梅村詩集箋注十八卷　（清）吳翌鳳撰　清光緒十年(1884)湖北官書處刻本　十二冊

620000－1101－0010311　847.1/434.003

梅村詩集箋注十八卷　（清）吳翌鳳撰　清光緒十年(1884)湖北官書處刻本　十二冊

620000－1101－0010312　847.1/434.001

梅村詩集箋注十八卷　（清）吳翌鳳撰　清光緒二十二年(1896)新化三味堂刻本　十冊

620000－1101－0010313　2074

梅谷十種書十八卷　（清）陸烜撰　清乾隆刻本　四冊　存七種十一卷(梅谷文藁一卷、梅谷行卷一卷、耕餘小藁一卷、吳興遊草一卷、梅谷續藁三卷、夢影詞三卷、隴頭芻語一卷)

620000－1101－0010314　292.91/329

梅花數三卷　（宋）邵雍撰　清末刻本　二冊　存一卷(三)

620000－1101－0010315　839.234.184/613

梅里詩輯二十八卷　（清）許燦編　續梅里詩輯十二卷　（清）沈愛蓮編　清道光三十年(1850)刻同治十一年(1872)修補本　八冊

620000－1101－0010316　089.77/279

梅氏叢書輯要六十二卷首一卷　（清）梅文鼎撰　（清）梅毅成較輯　清同治十三年(1874)梅纘高頤園刻本　二十四冊

620000－1101－0010317　089.77/279

梅氏叢書輯要六十二卷首一卷　（清）梅文鼎撰　（清）梅毅成較輯　清同治十三年(1874)梅纘高頤園刻本　二十冊

620000－1101－0010318　089.77/279.01

梅氏叢書輯要六十二卷首一卷　（清）梅文鼎撰　（清）梅毅成較輯　清光緒十四年(1888)上海龍文書局石印本　六冊

620000－1101－0010319　089.77/279.01

梅氏叢書輯要六十二卷首一卷　（清）梅文鼎撰　（清）梅毅成較輯　清光緒十四年(1888)上海龍文書局石印本　六冊

620000－1101－0010320　089.77/279.01

梅氏叢書輯要六十二卷首一卷　（清）梅文鼎撰　（清）梅毅成較輯　清光緒十四年(1888)上海龍文書局石印本　六冊

620000 – 1101 – 0010321　089.77/279.01

梅氏叢書輯要六十二卷首一卷　（清）梅文鼎
撰　（清）梅瑴成較輯　清光緒十四年(1888)
上海龍文書局石印本　六冊

620000 – 1101 – 0010322　089.77/279.01

梅氏叢書輯要六十二卷首一卷　（清）梅文鼎
撰　（清）梅瑴成較輯　清光緒十四年(1888)
上海龍文書局石印本　六冊

620000 – 1101 – 0010323　089.77/279.01

梅氏叢書輯要六十二卷首一卷　（清）梅文鼎
撰　（清）梅瑴成較輯　清光緒十四年(1888)
上海龍文書局石印本　六冊

620000 – 1101 – 0010324　089.77/279.01

梅氏叢書輯要六十二卷首一卷　（清）梅文鼎
撰　（清）梅瑴成較輯　清光緒十四年(1888)
上海龍文書局石印本　六冊

620000 – 1101 – 0010325　428

**梅溪先生廷試策一卷奏議四卷文集二十卷後
集二十九卷附錄一卷**　（宋）王十朋撰　明正
統五年(1440)劉謙、何橫刻天順六年(1462)
重修本(後集卷二十三至二十六係抄配)　三
十冊

620000 – 1101 – 0010326　1465

梅崖居士文集三十卷外集八卷　（清）朱仕琇
撰　清乾隆四十七年(1782)刻本　十二冊

620000 – 1101 – 0010327　847.2/623

梅莊雜著四卷　（清）謝濟世撰　清道光五年
(1825)刻本　四冊

620000 – 1101 – 0010328　597.952/325

美國水師考不分卷　（英國）巴那比　（美國）
克理撰　（英國）傅蘭雅　（清）鍾天緯譯　清
光緒上海機器製造總局鉛印本　一冊

620000 – 1101 – 0010329　597.952/325

美國水師考不分卷　（英國）巴那比　（美國）
克理撰　（英國）傅蘭雅　（清）鍾天緯譯　清
光緒上海機器製造總局鉛印本　一冊

620000 – 1101 – 0010330　597.952/325

美國水師考不分卷　（英國）巴那比　（美國）
克理撰　（英國）傅蘭雅　（清）鍾天緯譯　清
光緒上海機器製造總局鉛印本　一冊

620000 – 1101 – 0010331　597.952/325

美國水師考不分卷　（英國）巴那比　（美國）
克理撰　（英國）傅蘭雅　（清）鍾天緯譯　清
光緒上海機器製造總局鉛印本　一冊

620000 – 1101 – 0010332　597.952/325

美國水師考不分卷　（英國）巴那比　（美國）
克理撰　（英國）傅蘭雅　（清）鍾天緯譯　清
光緒上海機器製造總局鉛印本　一冊

620000 – 1101 – 0010333　597.952/325

美國水師考不分卷　（英國）巴那比　（美國）
克理撰　（英國）傅蘭雅　（清）鍾天緯譯　清
光緒上海機器製造總局鉛印本　一冊

620000 – 1101 – 0010334　597.952/325

美國水師考不分卷　（英國）巴那比　（美國）
克理撰　（英國）傅蘭雅　（清）鍾天緯譯　清
光緒上海機器製造總局鉛印本　一冊

620000 – 1101 – 0010335　597.952/325

美國水師考不分卷　（英國）巴那比　（美國）
克理撰　（英國）傅蘭雅　（清）鍾天緯譯　清
光緒上海機器製造總局鉛印本　一冊

620000 – 1101 – 0010336　597.952/325

美國水師考不分卷　（英國）巴那比　（美國）
克理撰　（英國）傅蘭雅　（清）鍾天緯譯　清
光緒上海機器製造總局鉛印本　一冊

620000 – 1101 – 0010337　597.952/325

美國水師考不分卷　（英國）巴那比　（美國）
克理撰　（英國）傅蘭雅　（清）鍾天緯譯　清
光緒上海機器製造總局鉛印本　一冊

620000 – 1101 – 0010338　597.952/325

美國水師考不分卷　（英國）巴那比　（美國）
克理撰　（英國）傅蘭雅　（清）鍾天緯譯　清
光緒上海機器製造總局鉛印本　一冊

620000 – 1101 – 0010339　597.952/325

美國水師考不分卷　（英國）巴那比　（美國）

克理撰 （英國）傅蘭雅 （清）鍾天緯譯 清
光緒上海機器製造總局鉛印本 一冊

620000－1101－0010340 597.952/325

美國水師考不分卷 （英國）巴那比 （美國）
克理撰 （英國）傅蘭雅 （清）鍾天緯譯 清
光緒上海機器製造總局鉛印本 一冊

620000－1101－0010341 597.952/325

美國水師考不分卷 （英國）巴那比 （美國）
克理撰 （英國）傅蘭雅 （清）鍾天緯譯 清
光緒上海機器製造總局鉛印本 一冊

620000－1101－0010342 597.952/325

美國水師考不分卷 （英國）巴那比 （美國）
克理撰 （英國）傅蘭雅 （清）鍾天緯譯 清
光緒上海機器製造總局鉛印本 一冊

620000－1101－0010343 462.52/0.759

美國提鍊煤油法一卷 （清）孫士頤 （清）蘇
銳釗輯 清光緒三十一年(1905)江南製造局
鉛印本 一冊

620000－1101－0010344 462.52/0.759

美國提鍊煤油法一卷 （清）孫士頤 （清）蘇
銳釗輯 清光緒三十一年(1905)江南製造局
鉛印本 一冊

620000－1101－0010345 462.52/0.759

美國提鍊煤油法一卷 （清）孫士頤 （清）蘇
銳釗輯 清光緒三十一年(1905)江南製造局
鉛印本 一冊

620000－1101－0010346 557.265.2/239

美國鐵路彙考十三卷 （美國）柯理集 （英
國）傅蘭雅口譯 （清）潘松筆述 清光緒二
十五年(1899)江南製造總局刻本 一冊 存
九卷(五至十三)

620000－1101－0010347 557.265.2/239

美國鐵路彙考十三卷 （美國）柯理集 （英
國）傅蘭雅口譯 （清）潘松筆述 清光緒二
十五年(1899)江南製造總局刻本 一冊 存
九卷(五至十三)

620000－1101－0010348 557.265.2/239

美國鐵路彙考十三卷 （美國）柯理集 （英
國）傅蘭雅口譯 （清）潘松筆述 清光緒二
十五年(1899)江南製造總局刻本 二冊

620000－1101－0010349 557.265.2/239

美國鐵路彙考十三卷 （美國）柯理集 （英
國）傅蘭雅口譯 （清）潘松筆述 清光緒二
十五年(1899)江南製造總局刻本 二冊

620000－1101－0010350 557.265.2/239

美國鐵路彙考十三卷 （美國）柯理集 （英
國）傅蘭雅口譯 （清）潘松筆述 清光緒二
十五年(1899)江南製造總局刻本 二冊

620000－1101－0010351 557.265.2/239

美國鐵路彙考十三卷 （美國）柯理集 （英
國）傅蘭雅口譯 （清）潘松筆述 清光緒二
十五年(1899)江南製造總局刻本 二冊

620000－1101－0010352 557.265.2/239

美國鐵路彙考十三卷 （美國）柯理集 （英
國）傅蘭雅口譯 （清）潘松筆述 清光緒二
十五年(1899)江南製造總局刻本 二冊

620000－1101－0010353 581.52/752

美國憲法纂釋二十一卷附二卷 （美國）海麗
生著 舒高第口譯 （清）鄭昌棪筆述 清光
緒三十三年(1907)江南製造局刻本 二冊

620000－1101－0010354 581.52/752

美國憲法纂釋二十一卷附二卷 （美國）海麗
生著 舒高第口譯 （清）鄭昌棪筆述 清光
緒三十三年(1907)江南製造局刻本 一冊
存十一卷(一至十一)

620000－1101－0010355 581.52/752

美國憲法纂釋二十一卷附二卷 （美國）海麗
生著 舒高第口譯 （清）鄭昌棪筆述 清光
緒三十三年(1907)江南製造局刻本 一冊
存十一卷(一至十一)

620000－1101－0010356 581.52/752

美國憲法纂釋二十一卷附二卷 （美國）海麗
生著 舒高第口譯 （清）鄭昌棪筆述 清光
緒三十三年(1907)江南製造局刻本 二冊

620000 - 1101 - 0010357　2194

蒙古律例十二卷 （清）□□輯　清乾隆刻本
四冊

620000 - 1101 - 0010358　589.91/0.527

蒙古律例十二卷附理藩院修改則例一卷
（清）□□纂　清末抄本　三冊

620000 - 1101 - 0010359　732.31/718

蒙古史二卷 （日本）河野元三述　（清）歐陽
瑞驊譯　清宣統三年(1911)江南圖書館鉛印
本　二冊

620000 - 1101 - 0010360　629.51/30

蒙古游牧記十六卷 （清）張穆撰　清同治六
年(1867)壽陽祁氏刻本　四冊

620000 - 1101 - 0010361　629.51/314.002

蒙古游牧記十六卷 （清）張穆撰　清同治六
年(1867)壽陽祁氏刻本　四冊

620000 - 1101 - 0010362　629.51/314.002

蒙古游牧記十六卷 （清）張穆撰　清同治六
年(1867)壽陽祁氏刻本　四冊

620000 - 1101 - 0010363　629.51/30

蒙古游牧記十六卷 （清）張穆撰　清刻本
四冊

620000 - 1101 - 0010364　629.51/314

蒙古游牧記十六卷 （清）張穆撰　清刻本
四冊

620000 - 1101 - 0010365　629.51/314

蒙古游牧記十六卷 （清）張穆撰　清刻本
四冊

620000 - 1101 - 0010366　629.51/314.001

蒙古游牧記十六卷 （清）張穆撰　清光緒二
十九年(1903)金匱浦氏靜寄東軒石印皇朝蕃
屬輿地叢書本　六冊

620000 - 1101 - 0010367　732.36/994

蒙古志三卷 （清）姚明煇編　清光緒三十三
年(1907)上海中國圖書公司鉛印本　一冊

620000 - 1101 - 0010368　675.3/372

蒙古諸部述略一卷 （清）鄧廷楨輯　清道光

刻本　一冊

620000 - 1101 - 0010369　1434

蒙山施食真經不分卷 （□）□□撰　明抄本
二冊

620000 - 1101 - 0010370　802.92/686

**蒙文晰義二卷法程一卷便覽正訛一卷補遺一
卷** （清）賽尚阿纂輯　清道光二十八年
(1848)刻本　四冊

620000 - 1101 - 0010371　802.81/100

蒙學讀本全書七編 （清）無錫三等公學堂編
輯　清光緒二十九年(1903)上海文明書局石
印本　七冊

620000 - 1101 - 0010372　802.81/100.001

蒙學讀本全書七編 （清）無錫三等公學堂編
輯　清宣統元年(1909)上海文明書局石印本
三冊　存三編(一至三)

620000 - 1101 - 0010373　740.89/307.001

蒙學課本地球歌韻四卷 （清）張士瀛撰　清
光緒二十七年(1901)藻文書局石印本　二冊

620000 - 1101 - 0010374　059/527

蒙學書報一百十一種一百三十一卷 （清）汪
鍾霖編　清光緒二十八年(1902)上海蒙學報
館石印本　二十四冊　存十五種二十二卷
(小數一卷、比例一卷、句股學一卷、蒙學地理
紀要一卷、小學日本地理二卷、輿地啟蒙一
卷、京城圖問答一卷、中國各省府廳州縣方名
歌表一卷、亞洲全圖簡明說略一卷、亞洲山勢
簡明說略一卷、亞洲水流說略一卷、測繪輿圖
入門二卷、測繪地圖學一卷、各國政治史事論
一卷、各國政治藝學策六卷)

620000 - 1101 - 0010375　802.81/158

蒙學算學畫不分卷 （清）丁福同著　清光緒
三十一年(1905)上海文明書局石印本　一冊

620000 - 1101 - 0010376　802.81/158

蒙學算學畫不分卷 （清）丁福同著　清光緒
三十一年(1905)上海文明書局石印本　一冊

620000 - 1101 - 0010377　523.71/880

蒙學堂章程一卷 （清）張百熙編 清光緒石印本 一冊

620000－1101－0010378 528.931/676

蒙學體操教科書四章 （日本）玄坪井道（日本）田中盛業著 （清）丁錦譯 清光緒三十一年(1905)上海文明書局鉛印本 一冊

620000－1101－0010379 411.07/158

蒙學衛生教科書不分卷 丁福保撰 清光緒二十九年(1903)上海文明書局鉛印本 一冊

620000－1101－0010380 782.972/47

蒙齋年譜一卷續一卷補一卷 （清）田雯撰（清）田肇麗補 清康熙、乾隆刻德州田氏叢書本 一冊

620000－1101－0010381 312

孟東野集十卷 （唐）孟郊撰 明楊鶴刻本 二冊

620000－1101－0010382 104

孟浩然詩集二卷 （唐）孟浩然撰 （宋）劉辰翁 （明）李夢陽評 明凌濛初刻朱墨套印盛唐四名家集本 二冊

620000－1101－0010383 104

孟浩然詩集二卷 （唐）孟浩然撰 （宋）劉辰翁 （明）李夢陽評 明凌濛初刻朱墨套印盛唐四名家集本 一冊

620000－1101－0010384 844.14/11.88

孟浩然詩集二卷 （唐）孟浩然撰 （宋）劉辰翁 （明）李夢陽評 清光緒五年(1879)碧琳琅館刻朱墨套印本 二冊

620000－1101－0010385 847.7/959

孟晉齋文集五卷附周烈士傳一卷 （清）顧壽楨撰 清同治五年(1866)見素抱樸齋刻本 二冊 存三卷(一、四至五)

620000－1101－0010386 847.7/959

孟晉齋文集五卷附周烈士傳一卷 （清）顧壽楨撰 清同治五年(1866)見素抱樸齋刻本 一冊 存三卷(一至三)

620000－1101－0010387 846.7/959.01

孟晉齋文集五卷附周烈士傳一卷 （清）顧壽楨撰 清同治五年(1866)見素抱樸齋刻本 一冊

620000－1101－0010388 847.5/88.02

孟塗先生遺詩二卷 （清）劉開撰 清光緒十二年(1886)刻本 一冊

620000－1101－0010389 782.915/997

孟子編年四卷 （清）狄子奇撰 清光緒十三年(1887)浙江書局刻本 一冊

620000－1101－0010390 782.915/997

孟子編年四卷 （清）狄子奇撰 清光緒十三年(1887)浙江書局刻本 一冊

620000－1101－0010391 782.915/997

孟子編年四卷 （清）狄子奇撰 清光緒十三年(1887)浙江書局刻本 一冊

620000－1101－0010392 295

孟子二卷 題(宋)蘇洵批點 明萬曆四十五年(1617)閔齊伋刻三色套印三經評注本 二冊

620000－1101－0010393 295

孟子二卷 題(宋)蘇洵批點 明萬曆四十五年(1617)閔齊伋刻三色套印三經評注本 二冊

620000－1101－0010394 2621

孟子二卷 題(宋)蘇洵批點 明萬曆四十五年(1617)閔齊伋刻三色套印三經評注本 二冊

620000－1101－0010395 097.21/357

孟子二卷 （戰國）孟軻撰 清光緒三十四年(1908)學部圖書局石印本 一冊

620000－1101－0010396 4393

孟子集註大全十四卷 （明）胡廣等輯 明萬曆德壽堂刻本 一冊 存二卷(十三至十四)

620000－1101－0010397 2838

孟子集註大全十四卷 （明）胡廣等輯 明刻本 一冊 存四卷(十一至十四)

620000－1101－0010398 782.915/145

孟子年譜二卷　（清）曹之升撰　清嘉慶十一年(1806)刻本　二冊

620000－1101－0010399　782.915/145

孟子年譜二卷　（清）曹之升撰　清嘉慶十一年(1806)刻本　二冊

620000－1101－0010400　782.915/145

孟子年譜二卷　（清）曹之升撰　清嘉慶十一年(1806)刻本　一冊

620000－1101－0010401　1363

孟子七卷　（宋）朱熹集注　清康熙刻本　三冊

620000－1101－0010402　097.225/828.006

孟子七卷　（宋）朱熹集注　清同治十年(1871)刻本　二冊　存五卷(一至三、六至七)

620000－1101－0010403　097.225/828.006

孟子七卷　（宋）朱熹集注　清同治十年(1871)刻本　二冊　存二卷(五至六)

620000－1101－0010404　097.225/828

孟子七卷　（宋）朱熹集注　清光緒十二年(1886)湖北官書處刻本　三冊

620000－1101－0010405　097.22/52.82

孟子七卷　（宋）朱熹集注　清光緒三十二年(1906)商務印書館鉛印本　一冊

620000－1101－0010406　097.225/828.008

孟子七卷　（宋）朱熹集注　清古鎮福德堂刻本　三冊　存四卷(一至二、六至七)

620000－1101－0010407　097.22/52.82.29

孟子七卷　（宋）朱熹集注　清晚期刻本　三冊

620000－1101－0010408　097.225/828.002

孟子七卷　（宋）朱熹集注　清晚期刻本　七冊

620000－1101－0010409　097.225/828.003

孟子七卷　（宋）朱熹集注　清晚期刻本　六冊

620000－1101－0010410　097.225/828.004

孟子七卷　（宋）朱熹集注　清晚期刻本　三冊

620000－1101－0010411　097.225/828.001

孟子七卷　（宋）朱熹集注　清晚期刻本　三冊

620000－1101－0010412　097.225/828.007

孟子七卷　（宋）朱熹集注　清晚期刻本　一冊　存三卷(一至三)

620000－1101－0010413　856.7/0.357

孟子文楲六卷　（清）□□輯　清同治十二年(1873)刻本　六冊

620000－1101－0010414　097.225/828.005

孟子要略五卷　（宋）朱熹撰　（清）曾國藩輯　清光緒十四年(1888)山東書局刻本　一冊

620000－1101－0010415　097.23/75.69

孟子趙注補正六卷孟子劉注一卷　（清）宋翔鳳撰　清光緒十七年(1891)廣雅書局刻本　一冊

620000－1101－0010416　121.262/917

孟子正義三十卷　（清）焦循撰集　清道光刻本　十五冊

620000－1101－0010417　097.22/74.91

孟子正義三十卷　（清）焦循撰集　清道光刻本　十三冊

620000－1101－0010418　097.22/200

孟子注疏解經十四卷　（漢）趙岐注　（宋）孫奭疏　校勘記十四卷　（清）阮元撰　（清）盧宣旬摘錄　清嘉慶二十年(1815)江西南昌府學刻本　七冊

620000－1101－0010419　097.22/220.001

孟子註疏解經十四卷　（漢）趙岐註　（宋）孫奭疏　清嘉慶十八年(1813)四友堂刻十三經註疏本　六冊

620000－1101－0010420　857.175/990

夢厂雜著十卷　（清）俞蛟撰　清道光刻本　三冊　存三卷(八至十)

620000－1101－0010421　845.524/437

夢窗詞四卷札記一卷補遺一卷　（宋）吳文英撰　清光緒三十四年(1908)歸安朱氏刻本　二冊

620000－1101－0010422　847.7/289

夢春廬詞一卷　（清）李賭德撰　**早花集一卷**　（清）吳筠撰　清同治六年(1867)刻本　一冊

620000－1101－0010423　847.5/33

夢東禪師遺集二卷　（清）釋際醒撰　清嘉慶二十二年(1817)刻本　四冊

620000－1101－0010424　847.5/33

夢東禪師遺集二卷　（清）釋際醒撰　清嘉慶二十二年(1817)刻本　一冊

620000－1101－0010425　589.91/712

夢痕錄節鈔一卷　（清）汪輝祖撰　清末蘭州官書局鉛印本　一冊

620000－1101－0010426　589.91/712

夢痕錄節鈔一卷　（清）汪輝祖撰　清末蘭州官書局鉛印本　一冊

620000－1101－0010427　589.91/712

夢痕錄節鈔一卷　（清）汪輝祖撰　清末蘭州官書局鉛印本　一冊

620000－1101－0010428　589.91/712

夢痕錄節鈔一卷　（清）汪輝祖撰　清末蘭州官書局鉛印本　一冊

620000－1101－0010429　589.91/712

夢痕錄節鈔一卷　（清）汪輝祖撰　清末蘭州官書局鉛印本　一冊

620000－1101－0010430　589.91/712

夢痕錄節鈔一卷　（清）汪輝祖撰　清末蘭州官書局鉛印本　一冊

620000－1101－0010431　782.874/712.01

夢痕錄餘一卷　（清）汪輝祖口授　（清）汪繼培　（清）汪繼壕記錄　清嘉慶刻本　一冊

620000－1101－0010432　847.7/556

夢綠草堂詩鈔十二卷附一卷末一卷　（清）蔡

壽祺撰　清咸豐七年(1857)刻本　六冊

620000－1101－0010433　847.6/440.2

夢鷗閣題詞一卷　（清）吳家騏撰　夢鷗閣詩鈔一卷　（清）許銓撰　清道光二十六年(1846)刻民國九年(1920)增刻本　一冊

620000－1101－0010434　3027

夢溪筆談二十六卷補筆談三卷續筆談一卷　（宋）沈括撰　明崇禎四年(1631)馬元調刻本　四冊　存二十六卷(夢溪筆談二十六卷)

620000－1101－0010435　121.13/631

夢雪草堂讀易錄五卷　（清）郭楷輯　清嘉慶二十四年(1819)夢雪草堂刻本　五冊

620000－1101－0010436　3944

祕冊彙函二十四種一百四十三卷　（明）沈士龍　（明）胡震亨輯　明萬曆刻本　二冊　存二種三卷(易傳七、十,易解附錄一卷)

620000－1101－0010437　082.72/708.002

祕書廿八種一百二十三卷　（清）汪士漢輯　清嘉慶十六年(1811)周光霽刻本　二十冊

620000－1101－0010438　2645

秘傳花鏡六卷　（清）陳淏子輯　清乾隆刻本　四冊

620000－1101－0010439　435.11/384.001

秘傳花鏡六卷　（清）陳淏子輯　清刻本　一冊　存四卷(二至三、五至六)

620000－1101－0010440　2122

秘傳眼科龍木醫書總論十卷附葆光道人秘傳眼科龍木論一卷　（明）葆光道人撰　明萬曆三年(1575)黃氏刻本　一冊

620000－1101－0010441　413.52/0.906

秘傳眼科一卷　（清）□□撰　清晚期抄本　二冊

620000－1101－0010442　413.55/834

秘授經驗喉科紫珍集良方不分卷　（清）朱翔羽增補　清晚期抄本　一冊

620000－1101－0010443　2046

秘書廿一種九十四卷　（清）汪士漢輯　清康

熙七年(1668)新安汪氏據古今逸史版重編印本 四冊

620000－1101－0010444 2537
秘書廿一種九十四卷 （清）汪士漢輯 清康熙七年(1668)新安汪氏據古今逸史版重編印本 二冊 存四種五卷（楚史檮杌一卷、晉史乘一卷、列仙傳二卷、集異記一卷）

620000－1101－0010445 4588
秘書廿一種九十四卷 （清）汪士漢輯 清乾隆七年(1742)新安汪氏刻文盛堂印本 十六冊

620000－1101－0010446 082.72/708.001
秘書廿一種九十四卷 （清）汪士漢輯 清乾隆七年(1742)新安汪氏刻文盛堂印本 七冊 存十一種三十六卷（汲冢周書十卷、吳越春秋六卷、拾遺記一至五、晉史乘一卷、竹書紀年二卷、中華古今注三卷、三墳一卷、風俗通義四卷、列仙傳二卷、集異記一卷、續齊諧記一卷）

620000－1101－0010447 082.72/708.003
秘書廿一種九十四卷 （清）汪士漢輯 清嘉慶九年(1804)姑蘇聚文堂刻本 十冊 存十九種七十三卷（汲冢周書十卷、吳越春秋六卷、拾遺記十卷、白虎通二卷、山海經十八卷、桂海虞衡志一卷、博異記一卷、高士傳三卷、劍俠傳四卷、集異記一卷、竹書紀二卷、中華古今注三卷、古今注三卷、三墳一卷、風俗通義四卷、列仙傳二、楚史檮杌一卷、晉史乘一卷、續齊諧記一卷）

620000－1101－0010448 082.72/708.004
秘書廿一種九十四卷 （清）汪士漢輯 清晚期刻本 十五冊 存十九種七十四卷（白虎通二卷、風俗通義四卷、列仙傳二卷、山海經十八卷、劍俠傳四卷、博異記一卷、高士傳三卷、吳越春秋六卷、中華古今注三卷、古今注三卷、三墳一卷、博物志十卷、續博物志十卷、桂海虞衡志一卷、楚史檮杌一卷、晉史乘一卷、續齊諧記一卷、集異記一卷、竹書紀年二卷）

620000－1101－0010449 434.61/0.280
棉書一卷 （□）□□撰 清同治十三年(1874)刻本 一冊

620000－1101－0010450 434.61/0.280
棉書一卷 （□）□□撰 清同治十三年(1874)刻本 一冊

620000－1101－0010451 434.61/0.280
棉書一卷 （□）□□撰 清同治十三年(1874)刻本 一冊

620000－1101－0010452 434.61/479
棉業圖說八卷首一卷 （清）農工商部編 清宣統二年(1910)農工商部印刷科鉛印本 二冊

620000－1101－0010453 641
綿津山人詩集二十九卷楓香詞一卷漫堂說詩一卷筠廊偶筆二卷怪石贊一卷 （清）宋犖撰 **雪堂墨品一卷** （清）張仁熙撰 **緯蕭草堂詩三卷** （清）宋至撰 清康熙刻本 十二冊

620000－1101－0010454 642
綿津山人詩集三十四卷楓香詞一卷漫堂說詩一卷 （清）宋犖撰 清康熙刻本 五冊

620000－1101－0010455 1455
綿津山人詩集三十一卷楓香詞一卷漫堂說詩一卷 （清）宋犖撰 清康熙刻本 四冊

620000－1101－0010456 847.4/785
勉行堂詩集二十四卷首一卷 （清）程晉芳撰 清嘉慶二十三年(1818)刻本 一冊

620000－1101－0010457 847.4/785
勉行堂詩集二十四卷首一卷 （清）程晉芳撰 清嘉慶二十三年(1818)刻本 八冊

620000－1101－0010458 847.4/785
勉行堂詩集二十四卷首一卷 （清）程晉芳撰 清嘉慶二十三年(1818)刻本 一冊 存三卷（一至二、首一卷）

620000－1101－0010459 847.4/785.07
勉行堂文集六卷 （清）程晉芳撰 清嘉慶二十五年(1820)刻本 四冊

620000－1101－0010460　847.8/105.5

勉勉鉏室類稿二卷　（清）祁永膺撰　清光緒
三十一年(1905)隴西刻本　一冊

620000－1101－0010461　847.8/105.5

勉勉鉏室類稿五卷　（清）祁永膺撰　清光緒
三十一年(1905)隴西刻本　二冊

620000－1101－0010462　847.8/105.5

勉勉鉏室類稿五卷　（清）祁永膺撰　清光緒
三十一年(1905)刻本　二冊

620000－1101－0010463　1944

勉齋纂序周易廣義六卷　（清）潘元懋輯　周
易本義十二卷　（宋）朱熹撰　清康熙十二年
(1673)劉元琬刻本　四冊

620000－1101－0010464　738.11/880

緬甸國志一卷英領緬甸志一卷緬甸新志一卷
暹羅國志一卷布哈爾志一卷　（清）學部編譯
圖書局編纂　清光緒三十三年(1907)學部編
譯圖書局鉛印本　一冊

620000－1101－0010465　847.9/482

面城精舍褋文乙編一卷　羅振玉撰　清光緒
十八年(1892)刻本　一冊

620000－1101－0010466　681.58/42.001

苗防備覽二十二卷　（清）嚴如熤編　清嘉慶
二十五年(1820)刻本　五冊　存十八卷(一
至三、八至二十二)

620000－1101－0010467　681.58/42

苗防備覽二十二卷　（清）嚴如熤編　清道光
二十三年(1843)刻本　八冊

620000－1101－0010468　681.58/42

苗防備覽二十二卷　（清）嚴如熤編　清道光
二十三年(1843)刻本　七冊

620000－1101－0010469　802.2408/52

苗氏說文四種四十六卷　（清）苗夔撰　清道
光二十一年至咸豐元年(1841－1851)漢專亭
刻本　八冊

620000－1101－0010470　802.2408/52

苗氏說文四種四十六卷　（清）苗夔撰　清道

光二十一年至咸豐元年(1841－1851)漢專亭
刻本　二冊

620000－1101－0010471　802.2408/52

苗氏說文四種四十六卷　（清）苗夔撰　清道
光二十一年至咸豐元年(1841－1851)漢專亭
刻本　八冊

620000－1101－0010472　221.5/854

妙法蓮華經七卷　（後秦）釋鳩摩羅什譯　清
同治十年(1871)金陵刻經處刻本　三冊

620000－1101－0010473　221.5/854

妙法蓮華經七卷　（後秦）釋鳩摩羅什譯　清
同治十年(1871)金陵刻經處刻本　一冊　存
二卷(一至二)

620000－1101－0010474　221.503/942

妙法蓮華經通義二十卷　（明）釋德清著　清
光緒三十四年(1908)金陵刻經處刻本　三冊
存十二卷(九至二十)

620000－1101－0010475　317

妙法蓮華經玄義十卷　（隋）釋智者撰　明萬
曆刻嘉興藏本　二十冊

620000－1101－0010476　847.5/82.50

妙吉祥室詩鈔十三卷詩餘一卷雜存一卷
（清）朱葵之撰　清光緒十年(1884)刻本
六冊

620000－1101－0010477　802

蟻蠓集五卷　（明）盧柟撰　明萬曆三十年
(1602)張其忠刻本　五冊

620000－1101－0010478　1030

蟻蠓集五卷　（明）盧柟撰　明萬曆三十年
(1602)張其忠刻清乾隆十五年(1750)劉晫重
修本　五冊

620000－1101－0010479　1030

蟻蠓集五卷　（明）盧柟撰　明萬曆三十年
(1602)張其忠刻清乾隆十五年(1750)劉晫重
修本　五冊

620000－1101－0010480　692.7/386

岷江紀程一卷楹帖存隅一卷　（清）陳鐘祥撰

清咸豐、同治刻本　一册

620000 – 1101 – 0010481　567.3/0.582

岷州賦役全書不分卷　（清）□□編　清咸豐三年(1853)刻本　三册

620000 – 1101 – 0010482　082.6/609

敏果齋七種六十四卷　（清）許乃釗編　清道光十二年至二十九年(1832 – 1849)錢塘許氏刻本　十六册

620000 – 1101 – 0010483　127.6/112

敏求錄三卷　（清）王三祝撰　清光緒刻本　一册

620000 – 1101 – 0010484　127.6/112

敏求錄三卷　（清）王三祝撰　清光緒刻本　一册

620000 – 1101 – 0010485　097.525.21/828

闈本四子書十九卷　（宋）朱熹撰　清道光四年(1824)刻本　三册　存十三卷(大學一、中庸一、四書句辨一、論語一至十)

620000 – 1101 – 0010486　1352

閩海鐵堂許玼天玉氏詩草不分卷　（清）許玼撰　清抄本　一册

620000 – 1101 – 0010487　848/262

閩中新樂府一卷　林紓撰　清光緒二十三年(1897)刻本　一册

620000 – 1101 – 0010488　585.4/746

名法指掌四卷附洗冤錄四卷　（清）沈辛田輯　清同治七年(1868)京都琉璃廠文寶堂刻本　八册

620000 – 1101 – 0010489　585.4/746.001

名法指掌新例增訂四卷　（清）沈辛田輯（清）鈕大煒增訂　清道光六年(1826)培蔭軒刻本　四册

620000 – 1101 – 0010490　1936

名法指掌增訂二卷附刻便覽一卷　（清）沈辛田輯　清乾隆八年(1743)同德堂刻本　四册

620000 – 1101 – 0010491　585.4/746.002

名法指掌增訂二卷附刻便覽一卷　（清）沈辛

田輯　清刻本　二册

620000 – 1101 – 0010492　667

名公貽牘四卷　（明）項桂芳輯　明萬曆四十三年(1615)刻本　二册

620000 – 1101 – 0010493　072.7/383

名理微不分卷　（清）陳啓彤撰　清光緒抄本　一册

620000 – 1101 – 0010494　856.16/11.30

名人尺牘小品四卷　（清）王元勳　（清）程化駴輯　清光緒七年(1881)刻本　四册

620000 – 1101 – 0010495　831.6/713

明三十家詩選初集八卷二集八卷　（清）汪端輯　清同治十二年(1873)蘊蘭吟館刻本　七册　存十四卷(初集一至六、二集八卷)

620000 – 1101 – 0010496　4290

名山藏一百九卷　（明）何喬遠撰　明崇禎十三年(1640)沈猶龍等刻本　一册　存二卷(典謨記二十八至二十九)

620000 – 1101 – 0010497　448

名山藏一百九卷　（明）何喬遠撰　明崇禎刻本　二十四册　存八十二卷(典謨記二十九卷、坤則記三卷、開聖記二卷、繼體記一卷、分藩記五卷、勳封記二卷、天因記一卷、天歟記二卷、輿地記二卷、刑法記一卷、河漕記一卷、漕運記一卷、錢法記一卷、兵制記一卷、馬政記一卷、茶馬記一卷、鹽法記一卷、臣林記二十六卷、臣林外紀一卷)

620000 – 1101 – 0010498　421

名山勝槩記四十八卷圖一卷附錄一卷　（明）何鏜輯　明崇禎六年(1633)墨繪齋刻本(圖一卷係抄配)　六十册

620000 – 1101 – 0010499　4286

名山勝槩記四十六卷附錄一卷　（明）何鏜輯　明崇禎刻本　一册　存一卷(三十五)

620000 – 1101 – 0010500　2909

名世文宗三十卷名世文宗談藪一卷　（明）胡時化輯　明崇禎元年(1628)郭子章刻本　一

冊　存一卷(談藪一卷)

620000－1101－0010501　1615

名物考二十卷　（明）陳禹謨輯　明末刻本
一冊　存一卷(十三)

620000－1101－0010502　856.177/761.003

名賢手札八卷　（清）郭慶藩輯　清光緒十一
年(1885)上海同文書局石印本　二冊

620000－1101－0010503　856.177/761.001

名賢手札八卷　（清）郭慶藩輯　清光緒二十
五年(1899)上海文盛書局石印本　一冊

620000－1101－0010504　856.177/761

名賢手札八卷　（清）郭慶藩輯　清光緒二十
九年(1903)上海點石齋石印本　二冊

620000－1101－0010505　856.177/761

名賢手札八卷　（清）郭慶藩輯　清光緒二十
九年(1903)上海點石齋石印本　一冊

620000－1101－0010506　856.177/761.002

名賢手札八卷　（清）郭慶藩輯　清光緒石印
本　二冊　存五卷(威毅伯一卷、宮保彭一
卷、沈文肅一卷、肅毅伯一卷、駱文忠一卷)

620000－1101－0010507　150/797

名學不分卷　（英國）穆勒約翰撰　嚴復譯
清光緒三十一年(1905)金粟齋刻本　七冊

620000－1101－0010508　150/797

名學部丙十三卷　（英國）穆勒約翰撰　嚴復
譯　清光緒三十一年(1905)金粟齋刻本　一
冊　存五卷(一至五)

620000－1101－0010509　150/797.001

名學部甲八卷首一卷　（英國）穆勒約翰撰
嚴復譯　清光緒三十一年(1905)金粟齋鉛印
本　二冊

620000－1101－0010510　414.8/7.165

名醫黃士保門診驗方不分卷　（清）□□編
清中晚期翼雲抄本　四冊

620000－1101－0010511　1440

名醫彙粹八卷　（清）羅美輯　清抄本　四冊

620000－1101－0010512　4265

名醫類案十二卷　（明）江瓘編輯　清乾隆三
十五年(1770)知不足齋刻本　一冊　存一卷
(五)

620000－1101－0010513　4591

名醫類案十二卷　（明）江瓘編輯　清乾隆三
十五年(1770)知不足齋刻本　十二冊

620000－1101－0010514　2126

名醫類案十二卷　（明）江瓘編輯　清乾隆三
十五年(1770)知不足齋刻本(卷三至六、八至
十二係補配)　十冊

620000－1101－0010515　414.9/6.719.001

名醫類案十二卷　（明）江瓘編輯　清光緒四
年(1878)刻本　十二冊

620000－1101－0010516　414.9/6.719.002

名醫類案十二卷　（明）江瓘編輯　清晚期刻
本　三冊　存四卷(三至六)

620000－1101－0010517　414.9/6.719.004

名醫類案十二卷　（明）江瓘編輯　清晚期刻
本　一冊　存一卷(九)

620000－1101－0010518　414.9/6.719.003

名醫類案十二卷　（明）江瓘編輯　**續名醫類
案三十六卷**　（清）魏之琇編　清宣統元年
(1909)上海書局石印本　十二冊

620000－1101－0010519　802.225/365

名原二卷　（清）孫詒讓撰　清末民初上海千
頃堂書局石印本　一冊

620000－1101－0010520　802.225/365

名原二卷　（清）孫詒讓撰　清末民初上海千
頃堂書局石印本　一冊

620000－1101－0010521　3885

明八大家集□□卷　（清）張汝瑚輯　清康熙
溫陵書林、郳雪書林刻本　三十五冊　存五
十八卷(劉文成先生集五卷、茅鹿門先生集八
卷、李滄溟先生集六卷、汪南溟先生集六卷、
歸震川先生集十卷、方正學先生集十三卷、王
遵巖先生集十卷)

620000 – 1101 –0010522　1837

**明百家詩鈔十二卷明詩外集一卷明人列傳一
卷**　（清）魯之裕輯　清乾隆七年(1742)刻本
三十六冊

620000 – 1101 –0010523　354

明本釋三卷　（宋）劉荀撰　清乾隆武英殿木
活字印武英殿聚珍版書本　三冊

620000 – 1101 –0010524　082.77/98.07

明辨齋叢書外集十一種二十八卷　（清）余肇
鈞輯　清咸豐、同治長沙余氏刻本　八冊

620000 – 1101 –0010525　2152

明朝紀事本末八十卷　（清）谷應泰撰　清順
治十五年(1658)築益堂刻本　二十四冊

620000 – 1101 –0010526　626.03/924.2

明朝紀事本末八十卷　（清）谷應泰撰　清同
治十三年(1874)江西書局刻本　二十冊

620000 – 1101 –0010527　626.03/924.3

明朝紀事本末八十卷　（清）谷應泰撰　清朝
宗書室木活字印本　二十四冊

620000 – 1101 –0010528　2171

明朝紀事本末八十卷　（清）谷應泰撰　清刻
本　二十四冊

620000 – 1101 –0010529　626.03/924.2.001

明朝紀事本末八十卷　（清）谷應泰撰　清刻
本　十六冊

620000 – 1101 –0010530　626.04/158

明臣殉節事蹟不分卷　（清）丁克昌輯　清光
緒刻本　一冊

620000 – 1101 –0010531　652/360

明臣奏議十二卷首一卷　（清）孫桐生輯　清
光緒十七年(1891)四影閣刻本　八冊

620000 – 1101 –0010532　652/360

明臣奏議十二卷首一卷　（清）孫桐生輯　清
光緒十七年(1891)四影閣刻本　十一冊

620000 – 1101 –0010533　833.16/118

明詞綜十二卷　（清）王昶纂　清嘉慶七年
(1802)刻本　二冊

620000 – 1101 –0010534　846.8/671.002

明大司馬盧公集十二卷首一卷　（明）盧象昇
著　清光緒三十四年(1908)會稽施惠刻本
六冊　存十一卷(一至五、八至十二,首一卷)

620000 – 1101 –0010535　845.15/788

明道文集五卷　（宋）程顥撰　清光緒十八年
(1892)傳經堂刻西京清麓叢書本　一冊

620000 – 1101 –0010536　626.04/88.04

明宮史八卷　（明）劉若愚編　清宣統二年
(1910)上海國學扶輪社鉛印本　二冊

620000 – 1101 –0010537　626.04/88.04

明宮史八卷　（明）劉若愚編　清宣統二年
(1910)上海國學扶輪社鉛印本　二冊

620000 – 1101 –0010538　626.04/88.05

明宮史八卷　（明）劉若愚編　清宣統二年
(1910)上海國學扶輪社鉛印本　二冊

620000 – 1101 –0010539　626.04/88.05

明宮史八卷　（明）劉若愚編　清宣統二年
(1910)上海國學扶輪社鉛印本　二冊

620000 – 1101 –0010540　626.04/88.05

明宮史八卷　（明）劉若愚編　清宣統二年
(1910)上海國學扶輪社鉛印本　一冊　存二
卷(一至二)

620000 – 1101 –0010541　626.099/940

明宮雜詠二十卷　（清）饒智元撰　清光緒十
九年(1893)湘潄館刻本　五冊　存十六卷
(一至六、十一至二十)

620000 – 1101 –0010542　782.24/16

明貢舉考略二卷　（清）黃崇蘭輯　清道光二
十四年(1844)刻本　二冊

620000 – 1101 –0010543　782.24/16.002

明貢舉考略二卷　（清）黃崇蘭輯　清光緒五
年(1879)金陵文英堂刻本　一冊

620000 – 1101 –0010544　782.24/16.001

明貢舉考略一卷　（清）黃崇蘭輯　清光緒八
年(1882)刻本　一冊

620000 – 1101 –0010545　570.7/15.34

明翰林學士當塗陶主敬先生年譜一卷　（清）
夏炘輯　清咸豐三年(1853)刻本　一冊

620000－1101－0010546　652.6/215
明胡端敏公奏議十卷校勘記十卷　（明）胡世
寧撰　清光緒十九年(1893)浙江書局刻本
四冊

620000－1101－0010547　652.6/215
明胡端敏公奏議十卷校勘記十卷　（明）胡世
寧撰　清光緒十九年(1893)浙江書局刻本
一冊　存十一卷(奏議十、校勘記十卷)

620000－1101－0010548　626.013/659
明會要八十卷　（清）龍文彬纂　清光緒十三
年(1887)永懷堂刻本　十九冊　存七十六卷
(一至六十三、六十八至八十)

620000－1101－0010549　626.804/88.001
明季稗史彙編二十七卷　（清）留雲居士輯
清光緒二十二年(1896)上海圖書集成印書局
鉛印本　六冊

620000－1101－0010550　626.804/88.001
明季稗史彙編二十七卷　（清）留雲居士輯
清光緒二十二年(1896)上海圖書集成印書局
鉛印本　六冊

620000－1101－0010551　626.804/88.001
明季稗史彙編二十七卷　（清）留雲居士輯
清光緒二十二年(1896)上海圖書集成印書局
鉛印本　四冊

620000－1101－0010552　626.804/88.003
明季稗史彙編二十七卷　（清）留雲居士輯
清光緒刻本　六冊　存十卷(嘉定屠城紀略
一卷、幸存錄二卷、續幸存錄一卷、也是錄一
卷、求野錄一卷、東明見聞錄一卷、青燐屑二
卷、吳耿尚孔四王合傳一卷)

620000－1101－0010553　626.804/88
明季稗史彙編二十七卷　（清）留雲居士輯
清光緒刻本　四冊　存九卷(續幸存錄一卷、
也是錄一卷、求野錄一卷、江南聞見錄一卷、
粵游見聞一卷、兩廣紀略一、東明聞見錄一
卷、吳耿尚孔四王合傳一卷、揚州十日記一

卷)

620000－1101－0010554　626.804/88
明季稗史彙編二十七卷　（清）留雲居士輯
清光緒刻本　七冊　存十五卷(行在陽秋一
至二卷、嘉定屠城紀略一卷、幸存錄一至二
卷、續幸存錄一卷、求野錄一卷、粵游見聞一
卷、賜姓始末一卷、兩廣紀略一卷、東明聞見
錄一卷、青燐屑一至二卷、吳耿尚孔四王合傳
一卷、揚州十日記一卷)

620000－1101－0010555　626.804/88
明季稗史彙編二十七卷　（清）留雲居士輯
清光緒刻本　一冊　存二卷(吳耿尚孔四王
合傳一卷、揚州十日記一卷)

620000－1101－0010556　626.804/88.002
明季稗史彙編二十七卷　（清）留雲居士輯
清都城琉璃廠刻本　二十冊

620000－1101－0010557　626.804/88
明季稗史彙編二十七卷　（清）留雲居士輯
清都城琉璃廠刻本　十二冊

620000－1101－0010558　626.804/88
明季稗史彙編二十七卷　（清）留雲居士輯
清晚期刻本　十二冊

620000－1101－0010559　626.804/884
明季稗史正編二十七卷　（清）留雲居士輯
清光緒二十九年(1903)鉛印本　六冊

620000－1101－0010560　626.76/602
明季北略二十四卷　（清）計六奇編輯　清道
光都城琉璃廠半松居士木活字印本　十六冊

620000－1101－0010561　626.03/602
明季北略二十四卷南略十八卷　（清）計六奇
編輯　清道光十年(1830)都城琉璃廠半松居
士刻本　十二冊　存二十四卷(北略二十四
卷)

620000－1101－0010562　626.03/602
明季北略二十四卷南略十八卷　（清）計六奇
編輯　清道光十年(1830)都城琉璃廠半松居
士刻本　十八冊　存三十七卷(北略一至十

四、二十至二十四,南略十八卷)

620000－1101－0010563　626.03/602.001
明季南略十八卷　(清)計六奇編輯　清刻本
　十六冊

620000－1101－0010564　626.03/602.002
明季南略十八卷　(清)計六奇編輯　清刻本
　一冊　存二卷(四至五)

620000－1101－0010565　626.03/602.003
明季南略十八卷北略二十四卷　(清)計六奇
編輯　清光緒十三年(1887)上海圖書集成印
書局鉛印本　十冊

620000－1101－0010566　626.04/966
明季三朝野史四卷　(清)顧炎武輯　清光緒
三十四年(1908)石印本　一冊

620000－1101－0010567　626.906/95
明季實錄一卷　(清)顧炎武輯　清光緒十四
年(1888)上海掃葉山房刻槐廬叢書本　一冊

620000－1101－0010568　626.904/70
明季續聞一卷　(明)汪光復撰　清宣統三年
(1911)上海商務印書館鉛印本　一冊

620000－1101－0010569　626.01/381
明紀六十卷　(清)陳鶴纂　清同治十年
(1871)江蘇書局刻本　二十冊

620000－1101－0010570　626.01/37.001
明紀六十卷　(清)陳鶴纂　清光緒十六年
(1890)積山書局石印本　六冊

620000－1101－0010571　626.01/37.001
明紀六十卷　(清)陳鶴纂　清光緒二十八年
(1902)積山書局石印本　六冊

620000－1101－0010572　782.965/723
明李文正公年譜七卷　(清)法式善纂輯
(清)唐仲冕增補　清嘉慶刻本　二冊

620000－1101－0010573　782.123.5/892
明良志略一卷　(清)劉沅撰　清同治八年
(1869)致福樓刻本　一冊

620000－1101－0010574　534/445.002

明呂叔簡先生四禮翼不分卷　(明)呂坤撰
(清)朱軾評　清道光八年(1828)楊懋玖刻本
　一冊

620000－1101－0010575　1836
明人詩鈔正集十四卷續集十四卷　(清)朱琰
輯　清乾隆二十五年(1760)朱氏刻本　九冊
　存二十五卷(正集一至十一、續集十四卷)

620000－1101－0010576　1234
明儒學案六十二卷師說一卷　(清)黃宗羲撰
　清康熙三十年(1691)萬氏刻乾隆四年
(1739)鄭氏續刻光緒八年(1882)馮氏遞修本
　二十四冊

620000－1101－0010577　2091
明儒學案六十二卷師說一卷　(清)黃宗羲撰
　清康熙三十年(1691)萬氏刻乾隆四年
(1739)鄭氏續刻光緒八年(1882)馮氏遞修本
　二十四冊

620000－1101－0010578　782.16/170.003
明儒學案六十二卷師說一卷　(清)黃宗羲撰
　清道光元年(1821)會稽莫氏刻本　十六冊

620000－1101－0010579　782.16/170.003
明儒學案六十二卷師說一卷　(清)黃宗羲撰
　清道光元年(1821)會稽莫氏刻本　十四冊
　存五十七卷(一至三十、三十四至六十)

620000－1101－0010580　782.16/170.001
明儒學案六十二卷師說一卷　(清)黃宗羲撰
　清光緒十四年(1888)南昌縣學刻本　一冊
　存一卷(六十二)

620000－1101－0010581　782.16/170.001
明儒學案六十二卷師說一卷　(清)黃宗羲撰
　清光緒十四年(1888)南昌縣學刻本　十四
冊　存二十六卷(一至八、十六至十七、二十
五至二十六、三十二、三十五至四十四、五十
四至五十五,師說一卷)

620000－1101－0010582　126.09/171.01
明儒學案評節鈔一卷　(清)張世英撰　清宣
統三年(1911)鉛印本　一冊

620000－1101－0010583　782.16/170.002

明儒學案十六卷　（清）黃宗羲撰　清光緒二十八年(1902)上海文瀾書局石印本　四冊

620000－1101－0010584　831.6/713

明三十家詩選初集八卷二集八卷　（清）汪端輯　清同治十二年(1873)蘊蘭吟館刻本　八冊

620000－1101－0010585　831.6/713

明三十家詩選初集八卷二集八卷　（清）汪端輯　清同治十二年(1873)蘊蘭吟館刻本　六冊　存十二卷(初集八卷、二集一至四)

620000－1101－0010586　295/0.463

明聖經不分卷　（清）吳菜撰　清咸豐十年(1860)蘭州刻本　一冊

620000－1101－0010587　3255

明詩別裁集十二卷　（清）沈德潛　（清）周準輯　清乾隆四年(1739)刻本　四冊

620000－1101－0010588　3209

明詩別裁集十二卷　（清）沈德潛　（清）周準輯　清乾隆五十九年(1794)刻本　四冊

620000－1101－0010589　3196

明詩別裁集十二卷　（清）沈德潛　（清）周準輯　清乾隆刻本　六冊

620000－1101－0010590　821.86/37.1

明詩紀事一百八十七卷　（清）陳田輯　清光緒二十三年至宣統三年(1897－1911)貴陽陳氏聽詩齋刻本　三十八冊

620000－1101－0010591　821.86/37.1

明詩紀事一百八十七卷　（清）陳田輯　清光緒二十三年至宣統三年(1897－1911)貴陽陳氏聽詩齋刻本　二十四冊　存一百二十三卷(一至一百二十三)

620000－1101－0010592　821.86/37

明詩紀事一百八十七卷　（清）陳田輯　清光緒二十三年至宣統三年(1897－1911)貴陽陳氏聽詩齋刻本　三十八冊

620000－1101－0010593　821.86/37.1

明詩紀事一百八十七卷　（清）陳田輯　清光緒二十三年至宣統三年(1897－1911)貴陽陳氏聽詩齋刻本　六冊　存三十卷(甲籤一至三十)

620000－1101－0010594　1839

明詩綜一百卷　（清）朱彝尊輯　清康熙刻乾隆西泠吳氏清來堂印本　三十二冊

620000－1101－0010595　1840

明詩綜一百卷　（清）朱彝尊輯　清康熙刻乾隆西泠吳氏清來堂印本　三十六冊

620000－1101－0010596　540

明詩綜一百卷　（清）朱彝尊輯　清康熙刻白蓮涇印本　三十二冊

620000－1101－0010597　3131

明詩綜一百卷　（清）朱彝尊輯　清康熙刻乾隆印本　四十二冊　存八十七卷(一至二十九、四十三至一百)

620000－1101－0010598　2148

明史稿三百十卷目錄三卷　（清）王鴻緒撰　清雍正敬慎堂刻本　六十四冊

620000－1101－0010599　2149

明史稿三百十卷目錄三卷　（清）王鴻緒撰　清雍正敬慎堂刻本　八十冊

620000－1101－0010600　2150

明史稿三百十卷目錄三卷　（清）王鴻緒撰　清雍正敬慎堂刻本　八十冊

620000－1101－0010601　2151

明史稿三百十卷目錄三卷　（清）王鴻緒撰　清雍正敬慎堂刻本　八十冊

620000－1101－0010602　3845

明史稿三百十卷目錄三卷　（清）王鴻緒撰　清雍正敬慎堂刻本　七十六冊　存二百九十九卷(本紀一至十九,志一至七十七,表一至九,列傳一至四十二、四十七至五十六、六十一至一百六十一、一百六十六至二百五十五;目錄下)

620000－1101－0010603　3997

明史稿三百十卷目錄三卷 （清）王鴻緒撰
清雍正敬慎堂刻本 二十八冊 存一百二卷
（本紀十九，志一至二十九、六十至七十七，表
一至九，列傳一至二、八十五至一百二十七）

620000－1101－0010604 626.03/924.2.003
明史紀事本末八十卷 （清）谷應泰輯 清光
緒十三年（1887）廣雅書局刻本 十三冊 存
六十五卷（一至五十五、六十二至六十六、七
十一至七十五）

620000－1101－0010605 626.03/924.2.002
明史紀事本末八十卷 （清）谷應泰輯 清光
緒二十一年（1895）上海積山書局石印本 五
冊 存五十六卷（一至十、二十一至六十六）

620000－1101－0010606 626.03/924.2.002
明史紀事本末八十卷 （清）谷應泰輯 清光
緒二十一年（1895）上海積山書局石印本
九冊

620000－1101－0010607 626.03/924.4
明史紀事本末八十卷 （清）谷應泰輯 清光
緒二十四年（1898）思賢書局刻本 二十冊

620000－1101－0010608 610.81/924
明史論四卷 （清）谷應泰論正 清光緒刻本
二冊

620000－1101－0010609 610.81/924.001
明史論四卷 （清）谷應泰論正 清光緒刻本
一冊 存三卷（一至三）

620000－1101－0010610 626.01/324
明史竊一百五卷 （明）尹守衡撰 清光緒十
二年（1886）刻本 一百十二冊

620000－1101－0010611 626.01/314.001
明史三百三十二卷 （清）張廷玉等撰 清光
緒三年（1877）湖北崇文書局刻本 七十二冊
存二百九十三卷（四十至三百三十二）

620000－1101－0010612 626.01/314.001
明史三百三十二卷 （清）張廷玉等撰 清光
緒三年（1877）湖北崇文書局刻本 八十冊

620000－1101－0010613 626.01/314.001

明史三百三十二卷 （清）張廷玉等撰 清光
緒三年（1877）湖北崇文書局刻本 七十六冊
存三百七卷（一至一百三十四、一百六十至
三百三十二）

620000－1101－0010614 895
明史三百三十二卷目錄四卷 （清）張廷玉等
撰 清乾隆四年（1739）武英殿刻本 一百十
二冊

620000－1101－0010615 4070
明史三百三十二卷目錄四卷 （清）張廷玉等
撰 清乾隆四年（1739）武英殿刻本 三十六
冊 存一百十七卷（一至三十二、三十八至三
十九、四十二至四十三、八十四至八十五、一
百十一至一百十八、一百三十至一百三十三、
一百五十五至一百七十四、一百七十八至一
百九十五、二百五至二百十一、二百八十三至
二百九十四、三百二十七至三百三十二，目錄
四卷）

620000－1101－0010616 4085
明史三百三十二卷目錄四卷 （清）張廷玉等
撰 清乾隆四年（1739）武英殿刻本 五冊
存二十五卷（一百三十四至一百五十四、一百
五十九至一百六十二）

620000－1101－0010617 2153
明史三百三十二卷目錄四卷 （清）張廷玉等
撰 清乾隆刻本 一百十二冊

620000－1101－0010618 4069
明史三百三十二卷目錄四卷 （清）張廷玉等
撰 清乾隆刻本 七十二冊 存二百九十二
卷（一至一百二十五、一百七十至三百三十
二，目錄四卷）

620000－1101－0010619 626.01/30.16
明史三百三十二卷目錄四卷 （清）張廷玉等
撰 清光緒二十九年（1903）五洲同文局石印
本 一百十二冊

620000－1101－0010620 626.01/30.16
明史三百三十二卷目錄四卷 （清）張廷玉等
撰 清光緒十年（1884）上海同文書局影印本

一百十二册

620000－1101－0010621　626.01/30.16

明史三百三十二卷目錄四卷 （清）張廷玉等撰　清光緒十年(1884)上海同文書局影印本　一册　存六卷(一百三十九至一百四十四)

620000－1101－0010622　626.01/314.002

明史三百三十二卷目錄四卷 （清）張廷玉等撰　清光緒十四年(1888)上海圖書集成局鉛印本　八册　存七十五卷(一百九十七至二百七十一)

620000－1101－0010623　4384

明史三百三十二卷目錄四卷 （清）張廷玉等撰　清乾隆四年(1739)武英殿刻本　二册存九卷(二百六十三至二百七十一)

620000－1101－0010624　3159

明孫石臺先生質疑稿三卷 （明）孫揚撰　清乾隆二十八年(1763)東陽縣學刻本　一册

620000－1101－0010625　4154

明孫石臺先生質疑稿三卷 （明）孫揚撰　清乾隆二十八年(1763)東陽縣學刻本　一册

620000－1101－0010626　2858

明堂大道錄八卷 （清）惠棟撰　清乾隆畢氏靈巖山館刻經訓堂叢書本　三册

620000－1101－0010627　936

明堂大道錄八卷禘說二卷 （清）惠棟撰　清乾隆畢氏靈巖山館刻經訓堂叢書本　五册

620000－1101－0010628　626.02/34

明通鑑九十卷目錄二十卷前編四卷附編六卷 （清）夏燮撰　清同治十二年(1873)宜黃官廨刻本　四十八册

620000－1101－0010629　626.02/34

明通鑑九十卷目錄二十卷前編四卷附編六卷 （清）夏燮撰　清同治十二年(1873)宜黃官廨刻本　四十八册

620000－1101－0010630　626.02/34

明通鑑九十卷目錄二十卷前編四卷附編六卷 （清）夏燮撰　清同治十二年(1873)宜黃官

廨刻本　四十八册

620000－1101－0010631　626.02/34.002

明通鑑九十卷首一卷目錄二十卷前編四卷附記六卷 （清）夏燮撰　清光緒二十五年(1899)湖北官書局刻本　四十八册

620000－1101－0010632　626.02/34.001

明通鑑九十卷首一卷目錄二十卷前編四卷附記六卷 （清）夏燮撰　清光緒二十九年(1903)上海點石齋書局石印本　八册

620000－1101－0010633　835/607

明文才調集不分卷 （清）許振褘輯　清光緒十七年(1891)刻本　十二册

620000－1101－0010634　830.6/607

明文才調集不分卷 （清）許振褘輯　清光緒十七年(1891)刻本　十二册

620000－1101－0010635　835.6/443

明文明二集不分卷 （清）路德輯評　清咸豐二年(1852)文筍堂刻本　一册

620000－1101－0010636　1709

明文在一百卷 （清）薛熙纂　（清）何潔輯清康熙三十二年(1693)古淥水園刻本　八册

620000－1101－0010637　835.6/567

明文在一百卷 （清）薛熙纂　（清）何潔輯清光緒十五年(1889)江蘇書局刻本　十册

620000－1101－0010638　835.6/567

明文在一百卷 （清）薛熙纂　（清）何潔輯清光緒十五年(1889)江蘇書局刻本　十册

620000－1101－0010639　835.6/567

明文在一百卷 （清）薛熙纂　（清）何潔輯清光緒十五年(1889)江蘇書局刻本　十册

620000－1101－0010640　1814

明夏赤城先生文集二十三卷 （明）夏鍭撰清光緒十五年(1889)映南軒木活字印本　六册

620000－1101－0010641　856.16/11

明賢尺牘四卷 （清）王元勳　（清）程化騄同輯　清光緒二十六年(1900)鄞增榆園刻本

二冊

620000－1101－0010642　192.11/183
明賢蒙正錄二卷　（清）彭定求纂輯　清光緒
八年（1882）津河廣仁堂刻本　一冊

620000－1101－0010643　192.11/183
明賢蒙正錄二卷　（清）彭定求纂輯　清光緒
八年（1882）津河廣仁堂刻本　一冊

620000－1101－0010644　585.4/797.002
明刑管見錄一卷　（清）穆翰著　清光緒八年
（1882）鉛印本　一冊

620000－1101－0010645　585.4/797
明刑管見錄一卷　（清）穆翰著　清光緒二十
五年（1899）山東臬署刻本　一冊

620000－1101－0010646　585.4/797.001
明刑管見錄一卷　（清）穆翰著　清光緒二十
八年（1902）邠州官舍刻懷潞園叢刊本　一冊

620000－1101－0010647　4048
明性指南二卷　（清）吳穎含撰　清乾隆十八
年（1753）稿本　一冊

620000－1101－0010648　413/120.8
明醫雜著六卷　（明）王綸撰　（明）薛己注
清中晚期刻本　二冊　存四卷（一至二、五至
六）

620000－1101－0010649　127.1/171.002
明夷待訪錄一卷　（清）黃宗羲撰　清光緒二
十三年（1897）上海鴻文局石印本　一冊

620000－1101－0010650　127.1/16
明夷待訪錄一卷　（清）黃宗羲撰　清光緒二
十四年（1898）寶墨齋刻本　一冊

620000－1101－0010651　127.1/171.001
明夷待訪錄一卷　（清）黃宗羲撰　清光緒三
十年（1904）甘肅文學堂刻本　一冊

620000－1101－0010652　413.63/930
明易胎產秘書六卷　（□）□□撰　清中晚期
抄本　一冊

620000－1101－0010653　072.6/603

明齋小識十二卷　（清）諸聯輯著　清同治四
年（1865）刻本　二冊

620000－1101－0010654　846.6/30.85
明張文忠公全集四十六卷附錄二卷　（明）張
居正撰　清光緒二十七年（1901）紅藤碧樹山
館刻本　十六冊

620000－1101－0010655　846.6/30.85
明張文忠公全集四十六卷附錄二卷　（明）張
居正撰　清光緒二十七年（1901）紅藤碧樹山
館刻本　十六冊

620000－1101－0010656　846.7/307
明張文忠公文集十一卷詩集六卷　（明）張居
正撰　清宣統三年（1911）醉古堂石印本
四冊

620000－1101－0010657　2315
明州阿育王山志十卷續志六卷　（明）郭子章
撰　（清）釋畹荃續輯　明萬曆刻本　六冊

620000－1101－0010658　672.34/547
明州繫年錄七卷　（清）董沛撰　清光緒四年
（1878）刻本　三冊

620000－1101－0010659　672.34/547
明州繫年錄七卷　（清）董沛撰　清光緒四年
（1878）刻本　三冊

620000－1101－0010660　118
明珠記二卷　（明）陸采撰　明末毛氏汲古閣
刻六十種曲本　一冊

620000－1101－0010661　118
明珠記二卷　（明）陸采撰　明末毛氏汲古閣
刻六十種曲本　二冊

620000－1101－0010662　847.4/307.01
茗柯詞一卷　（清）張惠言撰　清光緒八年
（1882）刻本　一冊

620000－1101－0010663　847.4/307
茗柯文編五卷　（清）張惠言撰　清光緒七年
（1881）刻本　二冊

620000－1101－0010664　847.4/307
茗柯文編五卷　（清）張惠言撰　清光緒七年

(1881)刻本　二冊

620000－1101－0010665　116

鳴鳳記二卷　（明）王世貞撰　明末毛氏汲古
閣刻六十種曲本　二冊

620000－1101－0010666　847.2/915

鳴鶴堂文集十卷詩集十一卷　（清）任源祥撰
清光緒十五年(1889)刻本　二冊

620000－1101－0010667　847.2/915

鳴鶴堂文集十卷詩集十一卷　（清）任源祥撰
清光緒十五年(1889)刻本　五冊　存十卷
（文集十卷）

620000－1101－0010668　847.2/915

鳴鶴堂文集十卷詩集十一卷　（清）任源祥撰
清光緒十五年(1889)刻本　二冊　存七卷
（文集六至七、詩集七至十一）

620000－1101－0010669　847.2/915

鳴鶴堂文集十卷詩集十一卷　（清）任源祥撰
清光緒十五年(1889)刻本　一冊　存五卷
（詩集一至五）

620000－1101－0010670　555

鳴野山房彙刻帖目四卷　（清）沈復粲編　清
光緒十九年(1893)諸城劉氏味經書屋抄本
八冊

620000－1101－0010671　555

鳴野山房彙刻帖目四卷　（清）沈復粲編　清
光緒十九年(1893)諸城劉氏味經書屋抄本
八冊

620000－1101－0010672　835/98.11

鳴原堂論文二卷　（清）曾國藩撰　清同治十
二年(1873)刻本　一冊

620000－1101－0010673　835/98

鳴原堂論文二卷　（清）曾國藩撰　清晚期志
古堂刻本　二冊

620000－1101－0010674　072.78/828

瞑庵雜識四卷　（清）朱克敬撰　清光緒四年
(1878)長沙刻本　一冊　存二卷(一至二)

620000－1101－0010675　856.6/869.002

摩兜堅齋汲古集聯四續一卷　（清）白遇道纂
清宣統元年(1909)鉛印本　一冊

620000－1101－0010676　856.6/869.001

摩兜堅齋汲古集聯一卷續一卷再續一卷
（清）白遇道纂　清光緒三十二年(1906)鉛印
本　三冊

620000－1101－0010677　856.6/869

**摩兜堅齋汲古集聯一卷續一卷再續一卷三續
一卷**　（清）白遇道纂　清光緒三十年至三十
四年(1904－1908)鉛印本　四冊

620000－1101－0010678　856.6/869

**摩兜堅齋汲古集聯一卷續一卷再續一卷三續
一卷**　（清）白遇道纂　清光緒三十年至三十
四年(1904－1908)鉛印本　四冊

620000－1101－0010679　856.6/869

摩兜堅齋汲古集聯再續一卷　（清）白遇道纂
清光緒三十二年(1906)鉛印本　二冊

620000－1101－0010680　221.4/824

摩訶般若波羅蜜多心經一卷　（清）松溪道人
無垢注　清光緒四年(1878)時習軒刻本
一冊

620000－1101－0010681　226.4/722

摩訶止觀輔行傳弘決四十卷　（唐）釋湛然撰
清光緒金陵刻經處刻本　十一冊　存二十
二卷(一至二、九至二十八)

620000－1101－0010682　856.6/18

莫愁湖楹聯便覽一卷　（清）釋壽安輯　清光
緒五年(1879)刻本　一冊

620000－1101－0010683　856.6/18

莫愁湖楹聯便覽一卷　（清）釋壽安輯　清光
緒五年(1879)刻本　一冊

620000－1101－0010684　682.21/51.41

莫愁湖志六卷首一卷　（清）馬士圖輯　清光
緒八年(1882)刻本　二冊

620000－1101－0010685　682.21/51.41

莫愁湖志六卷首一卷　（清）馬士圖輯　清光
緒八年(1882)刻本　二冊

620000 – 1101 – 0010686　682.21/51.41

莫愁湖志六卷首一卷　（清）馬士圖輯　清光緒八年（1882）刻本　二冊

620000 – 1101 – 0010687　682.21/51.41

莫愁湖志六卷首一卷　（清）馬士圖輯　清光緒八年（1882）刻本　一冊

620000 – 1101 – 0010688　682.21/51.41

莫愁湖志六卷首一卷　（清）馬士圖輯　清光緒八年（1882）刻本　二冊

620000 – 1101 – 0010689　682.21/51.41

莫愁湖志六卷首一卷　（清）馬士圖輯　清光緒八年（1882）刻本　一冊　存二卷（五至六）

620000 – 1101 – 0010690　682.21/51.41

莫愁湖志六卷首一卷楹聯便覽一卷　（清）馬士圖輯　清光緒八年至十七年（1882－1891）刻本　三冊

620000 – 1101 – 0010691　669.8101/383.001

秣陵集六卷圖考一卷金陵歷代紀事年表一卷　（清）陳文述撰　清道光刻本　三冊

620000 – 1101 – 0010692　669.8101/383

秣陵集六卷圖考一卷金陵歷代紀事年表一卷　（清）陳文述撰　清光緒十年（1884）淮南書局刻本　三冊

620000 – 1101 – 0010693　669.8101/383

秣陵集六卷圖考一卷金陵歷代紀事年表一卷　（清）陳文述撰　清光緒十年（1884）淮南書局刻本　三冊

620000 – 1101 – 0010694　1929

墨池編二十卷　（宋）朱長文輯　**印典八卷**（清）朱象賢輯　清雍正十一年（1733）朱氏就閒堂刻本　八冊

620000 – 1101 – 0010695　1938

墨池編二十卷　（宋）朱長文輯　**印典八卷**（清）朱象賢輯　清雍正十一年（1733）朱氏就閒堂刻本　四冊　存八卷（印典八卷）

620000 – 1101 – 0010696　2655

墨池編二十卷　（宋）朱長文輯　**印典八卷**（清）朱象賢輯　清雍正十一年（1733）朱氏就閒堂刻本　八冊

620000 – 1101 – 0010697　3184

墨池編二十卷　（宋）朱長文輯　**印典八卷**（清）朱象賢輯　清雍正十一年（1733）朱氏就閒堂刻本　八冊

620000 – 1101 – 0010698　856.7/906.001

墨輯三編不分卷　（清）傅鍾麟評選　清光緒十一年（1885）京都琉璃廠刻本　八冊

620000 – 1101 – 0010699　856.7/906

墨輯四編戊子科各直省鄉墨不分卷　（清）傅鍾麟評選　清光緒鉛印本　四冊

620000 – 1101 – 0010700　944.9/526

墨林今話十八卷　（清）蔣寶齡撰　清宣統三年（1911）掃葉山房石印本　六冊

620000 – 1101 – 0010701　944.9/526

墨林今話十八卷　（清）蔣寶齡撰　清宣統三年（1911）掃葉山房石印本　六冊

620000 – 1101 – 0010702　856.7/726

墨選觀止不分卷　（清）梁葆慶選評　清中晚期刻本　一冊

620000 – 1101 – 0010703　856.7/906.003

墨選空群錄不分卷　（清）傅鍾麟評選　清光緒元年（1875）山陰古禊潭館傅氏京都琉璃廠刻本　二冊

620000 – 1101 – 0010704　856.7/0.484

墨選清腴初集六卷二集二卷　（清）□□撰　清咸豐、光緒刻本　六冊　存七卷（初集二至六、二集二卷）

620000 – 1101 – 0010705　856.7/0.484.001

墨選清腴六卷　（清）□□輯　清晚期刻本　二冊　存二卷（三、六）

620000 – 1101 – 0010706　711

墨莊漫錄十卷　（宋）張邦基撰　明萬曆商氏半埜堂刻稗海本　二冊

620000 – 1101 – 0010707　121.415/40.30.001

墨子經說解二卷　（清）張惠言撰　清宣統元

年(1909)國學保存會影印本　一冊

620000－1101－0010708　121.415/40.30

墨子經說解二卷　（清）張惠言撰　清晚期上
海國粹學報館石印本　一冊

620000－1101－0010709　121.415/40.30

墨子經說解二卷　（清）張惠言撰　清晚期上
海國粹學報館石印本　一冊

620000－1101－0010710　121.411/11

墨子七十一篇三卷　（戰國）墨翟撰　王闓運
注　墨子佚文一卷　（清）畢沅撰　清光緒三
十年(1904)蕭鶴祥刻本　三冊

620000－1101－0010711　121.41/484

墨子十六卷附篇目考一卷　（戰國）墨翟撰
（清）畢沅校注　清光緒二年(1876)浙江書局
刻二十二子叢書本　四冊

620000－1101－0010712　121.411/484

墨子十六卷附篇目考一卷　（戰國）墨翟撰
（清）畢沅校注　清光緒二年(1876)浙江書局
刻二十二子叢書本　四冊

620000－1101－0010713　64

墨子十五卷　（明）郎兆玉評　明天啓堂策檻
刻本　四冊

620000－1101－0010714　64

墨子十五卷　（明）郎兆玉評　明天啓堂策檻
刻本　四冊

620000－1101－0010715　121.411/35.02

墨子閒詁十五卷目錄一卷附錄一卷後語二卷
（清）孫詒讓撰　清光緒三十三年(1907)刻
本　三冊

620000－1101－0010716　121.411/35.02

墨子閒詁十五卷目錄一卷附錄一卷後語二卷
（清）孫詒讓撰　清光緒三十三年(1907)刻
本　八冊

620000－1101－0010717　359

牡丹亭還魂記二卷　（明）湯顯祖撰　明萬曆
刻本　四冊

620000－1101－0010718　853.66/73.43.001

牡丹亭還魂記二卷　（明）湯顯祖撰　清光緒
十二年(1886)上海同文書局石印本　一冊

620000－1101－0010719　847.7/173

木雞書屋文鈔二十四卷　（清）黃金臺撰　清
咸豐元年(1851)心窗樓刻本　六冊

620000－1101－0010720　858.4/15.02

木皮散人鼓詞一卷　（清）賈鳧西著　乾嘉詩
壇點將錄一卷　（清）□□著　清光緒三十三
年(1907)觀古堂刻本　一冊

620000－1101－0010721　082.78/293

木犀軒叢書二十七種一百四十七卷　（清）李
盛鐸輯　清光緒德化李氏木犀軒刻本　四
十冊

620000－1101－0010722　1488

木鳶集六卷　（清）朱受新撰　清康熙刻本
一冊

620000－1101－0010723　858.419/0.475

目蓮三世寶卷二卷　（清）□□撰　清光緒二
年(1876)鎮江寶善堂善書坊刻本　一冊

620000－1101－0010724　1466

牧愛堂編十二卷　（清）趙吉士撰　清康熙刻
本　八冊

620000－1101－0010725　573.42/380

牧令芻言一卷　（清）陳際唐撰　清光緒三十
四年(1908)刻本　一冊

620000－1101－0010726　573.42/955

牧令書二十三卷保甲書四卷　（清）徐棟輯
清道光二十八年(1848)李煒刻本　十二冊
存二十三卷(牧令書二十三卷)

620000－1101－0010727　573.42/955

牧令書二十三卷保甲書四卷　（清）徐棟輯
清道光二十八年(1848)李煒刻本　二十一冊

620000－1101－0010728　573.42/955.001

牧令書二十三卷保甲書四卷　（清）徐棟輯
清同治四年(1865)成都刻本　二十冊

620000－1101－0010729　573.42/955

牧令書二十三卷保甲書四卷　（清）徐棟輯

清刻本　二十一冊

620000 – 1101 – 0010730　573.42/955

牧令書二十三卷保甲書四卷　（清）徐棟輯
清刻本　二十一冊

620000 – 1101 – 0010731　573.42/947

牧令書輯要十卷　（清）徐棟輯　（清）丁日昌
選評　清同治七年（1868）江蘇書局刻本
十冊

620000 – 1101 – 0010732　573.42/947

牧令書輯要十卷　（清）徐棟輯　（清）丁日昌
選評　清同治七年（1868）江蘇書局刻本
十冊

620000 – 1101 – 0010733　573.42/483

牧令須知七卷　（清）剛毅撰　清光緒二十二
年（1896）甘肅藩署刻本　二冊

620000 – 1101 – 0010734　573.42/483

牧令須知七卷　（清）剛毅撰　清光緒二十二
年（1896）甘肅藩署刻本　一冊

620000 – 1101 – 0010735　573.42/483

牧令須知七卷　（清）剛毅撰　清光緒二十二
年（1896）甘肅藩署刻本　一冊

620000 – 1101 – 0010736　573.42/483

牧令須知七卷　（清）剛毅撰　清光緒二十二
年（1896）甘肅藩署刻本　一冊

620000 – 1101 – 0010737　573.42/483

牧令須知七卷　（清）剛毅撰　清光緒二十二
年（1896）甘肅藩署刻本　一冊

620000 – 1101 – 0010738　573.42/483

牧令須知七卷　（清）剛毅撰　清光緒二十二
年（1896）甘肅藩署刻本　二冊

620000 – 1101 – 0010739　573.42/483

牧令須知七卷　（清）剛毅撰　清光緒二十二
年（1896）甘肅藩署刻本　一冊

620000 – 1101 – 0010740　573.42/118

牧民寶鑑七種□□卷　（清）王文韶輯　清光
緒三十四年（1908）河南官紙刷印所石印本
一冊　存五種六卷（學治臆說二卷、學治續說

一卷、說贅一卷、佐治藥言一卷、續佐治藥言
一卷）

620000 – 1101 – 0010741　573.42/313

牧民忠告二卷　（元）張養浩著　清同治七年
（1868）姑蘇書局刻本　一冊

620000 – 1101 – 0010742　858

**牧雲和尚嬾齋別集十四卷宗本投機頌一卷病
游游刃一卷病游初草一卷病游後草一卷**
（清）釋通門撰　清初毛氏汲古閣刻本（病游
初草一卷、病游後草一卷、係明崇禎毛氏汲古
閣刻本）　八冊

620000 – 1101 – 0010743　3158

幕學舉要一卷　（清）萬維翰撰　清乾隆三十
五年（1770）萬氏刻本　一冊

620000 – 1101 – 0010744　847.7/120

慕陶山房制藝不分卷詩草不分卷詩賦不分卷
（清）王作樞撰　清光緒十六年（1890）安定
王黼堂刻本　四冊

620000 – 1101 – 0010745　1342

慕研齋稿文集十二卷　巨國桂撰　稿本
三冊

620000 – 1101 – 0010746　1343

慕研齋詩草四卷　巨國桂撰　稿本　四冊

620000 – 1101 – 0010747　3401

穆堂別稾五十卷　（清）李紱撰　清乾隆十二
年（1747）刻本　十二冊

620000 – 1101 – 0010748　3403

穆堂初稾五十卷　（清）李紱撰　清乾隆二年
（1737）李光墺刻本　十六冊

620000 – 1101 – 0010749　2544

穆堂初稾二十四卷　（清）李紱撰　清乾隆王
恕無怒軒刻本　六冊

620000 – 1101 – 0010750　782.111/630.001

穆天子傳六卷　（晉）郭璞注　清嘉慶刻廣漢
魏叢書本　一冊

620000 – 1101 – 0010751　782.111/630

穆天子傳六卷首一卷末一卷　（晉）郭璞注

（清）檀萃疏　清晚期石渠閣刻本　四冊

620000－1101－0010752　651.77/211

穆宗毅皇帝聖訓一百二十四卷　（清）穆宗載淳撰　清光緒武英殿刻本　三冊　存三卷（一百二十一至一百二十二、一百二十四）

620000－1101－0010753　847.2/861.001

納蘭詞五卷補遺一卷　（清）納蘭性德著　清光緒六年(1880)仁和許增娛園刻本　二冊

620000－1101－0010754　847.2/861

納蘭詞五卷補遺一卷　（清）納蘭性德著　清末上海有正書局石印本　一冊

620000－1101－0010755　1948

納書楹曲譜正集四卷續集四卷補遺四卷外集二卷納書楹玉茗堂四夢全譜八卷　（清）葉堂撰　清乾隆五十七年至五十九年(1792－1794)葉氏納書楹刻本　二十二冊

620000－1101－0010756　1949

納書楹曲譜正集四卷續集四卷補遺四卷外集二卷納書楹玉茗堂四夢全譜八卷　（清）葉堂撰　清乾隆五十七年至五十九年(1792－1794)葉氏納書楹刻本　十六冊　存十六卷（正集四卷、補遺四卷、四夢全譜八卷）

620000－1101－0010757　2633

納書楹曲譜正集四卷續集四卷補遺四卷外集二卷納書楹玉茗堂四夢全譜八卷　（清）葉堂撰　清乾隆五十七年至五十九年(1792－1794)葉氏納書楹刻本　十冊　存十卷（續集四卷、補遺四卷、外集二卷）

620000－1101－0010758　3118

納書楹曲譜正集四卷續集四卷補遺四卷外集二卷納書楹玉茗堂四夢全譜八卷　（清）葉堂撰　清乾隆五十七年至五十九年(1792－1794)葉氏納書楹刻本　八冊　存八卷（正集四卷、續集一至二、外集二卷）

620000－1101－0010759　3119

納書楹曲譜正集四卷續集四卷補遺四卷外集二卷納書楹玉茗堂四夢全譜八卷　（清）葉堂撰　清乾隆五十七年至五十九年(1792－

1794)葉氏納書楹刻本　四冊　存八卷（四夢全譜八卷）

620000－1101－0010760　072.78/37

耐安類稿五種十卷　（清）陳偉撰　清光緒二十二年(1896)刻本　六冊

620000－1101－0010761　072.78/385

耐安類稿五種十卷　（清）陳偉撰　清光緒二十二年(1896)刻本　六冊

620000－1101－0010762　847.6/331

耐庵奏議存稿十二卷公牘存稿四卷文存六卷詩存三卷　（清）賀長齡撰　清光緒刻本　三冊

620000－1101－0010763　4086

耐歌詞四卷首一卷笠翁詞韻四卷　（清）李漁撰　清康熙刻本　一冊　存三卷（一至二、首一卷）

620000－1101－0010764　413/906.301

男科二卷　（清）傅青主(傅山)撰　清光緒十三年(1887)湖北官書處刻本　一冊

620000－1101－0010765　413/906.301

男科二卷　（清）傅青主(傅山)撰　清光緒十三年(1887)湖北官書處刻本　二冊

620000－1101－0010766　413/906.3

男科二卷續附經驗良方一卷　（清）傅青主(傅山)撰　**十藥神書一卷**　（元）葛可久撰　（清）潘蔚增注　清光緒三十年(1904)刻本　二冊

620000－1101－0010767　766.60/104

南阿新建國史四篇　（日本）福本誠撰　（清）陳志祥譯　清光緒二十八年(1902)上海文明編譯書局鉛印本　二冊

620000－1101－0010768　3127

南邦黎獻集十六卷　（清）鄂爾泰輯　**南國清風集三卷**　（清）鄂容等輯　清雍正三年(1725)慎時哉軒刻本　八冊　存十六卷（南邦黎獻集十六卷）

620000－1101－0010769　835.34/183

南北朝文鈔二卷　（清）彭兆蓀輯　清光緒二年(1876)番禺陳起榮刻本　二冊

620000－1101－0010770　823

南北朝文歸四卷　（明）鍾惺輯　明末古香齋刻本　一冊

620000－1101－0010771　623.405/70

南北史補志十四卷　（清）汪士鐸撰　清光緒四年(1878)淮南書局刻本　六冊

620000－1101－0010772　623.405/70

南北史補志十四卷　（清）汪士鐸撰　清光緒四年(1878)淮南書局刻本　六冊

620000－1101－0010773　623.405/70

南北史補志十四卷　（清）汪士鐸撰　清光緒四年(1878)淮南書局刻本　六冊

620000－1101－0010774　623.4/708

南北史補志十四卷　（清）汪士鐸撰　清光緒四年(1878)淮南書局刻本　六冊

620000－1101－0010775　623.4/708

南北史補志十四卷　（清）汪士鐸撰　清光緒四年(1878)淮南書局刻本　八冊

620000－1101－0010776　438

南北史鈔不分卷　（明）周詩雅輯　明崇禎五年(1632)刻本　六冊

620000－1101－0010777　607/814

南北史捃華八卷　（清）周嘉猷輯　清同治四年(1865)鑒止水齋刻本　四冊

620000－1101－0010778　607/814.001

南北史捃華八卷　（清）周嘉猷輯　清光緒十年(1884)蕉心室刻本　三冊　存六卷(一至六)

620000－1101－0010779　623.401/748

南北史識小錄二十八卷　（清）沈名蓀　（清）朱昆田輯　（清）張應昌補正　清同治十年(1871)武林吳氏清來堂刻本　五冊　存十四卷(北史識小錄一至十四)

620000－1101－0010780　2699

南朝史精語十卷　（宋）洪邁撰　札記一卷

繆荃孫撰　清光緒三十一年(1905)繆氏影刻朱印對雨樓叢書本　一冊

620000－1101－0010781　072.77/526

南湏楛語八卷　（清）蔣超伯輯　清同治十年(1871)兩膚山房刻本　二冊

620000－1101－0010782　847.6/372

南村草堂詩鈔二十二卷　（清）鄧顯鶴撰　清道光刻本　一冊　存三卷(一至三)

620000－1101－0010783　593

南村輟耕錄三十卷　（明）陶宗儀撰　清初抄本　六冊

620000－1101－0010784　336

南都稿三卷　（明）傅振商撰　明崇禎三年(1630)刻本　二冊

620000－1101－0010785　625.1603/65

南渡錄四卷　（宋）辛棄疾撰　清光緒六年(1880)刻本　二冊

620000－1101－0010786　625.1603/65.02

南渡錄四卷　（宋）辛棄疾撰　清光緒國學保存會鉛印本　一冊

620000－1101－0010787　845.15/98.96

南豐先生元豐類稿五十卷集外文二卷　（宋）曾鞏撰　清末至民國初年影印本　十二冊

620000－1101－0010788　1248

南豐先生元豐類藁五十卷　（宋）曾鞏撰　集外文二卷　（宋）曾鞏撰　（清）顧松齡輯　續附一卷　清康熙五十六年(1717)顧松齡刻本　十二冊

620000－1101－0010789　1409

南陔絜膳集一卷中原攬轡集一卷　（清）邊浴禮撰　清道光稿本　一冊

620000－1101－0010790　847.8/102

南岡草堂文存二卷詩選二卷續編一卷　（清）秦際唐撰　清光緒刻本　一冊

620000－1101－0010791　224.3/432

南海慈航三卷　（清）喻鴻輯　清晚期刻本　一冊